2025년판

자본시장법

임 재 연 저

자본시장과 금융투자업에 관한 법률

금융위원회의 설치 등에 관한 법률

금융회사의 지배구조에 관한 법률

주식 · 사채 등의 전자등록에 관한 법률

금융소비자 보호에 관한 법률

가상자산 이용자 보호 등에 관한 법률

박영사

2025년판 머리말

자본시장의 지속적인 발전에 따라 자본시장 관련 법제가 매년 개정되고 중요한 판례들도 축적되고 있다. 본서는 2010년 1월 저자가 성균관대학교 법학전문대학원 교수 시절 초판을 낸 후 최신의 법제를 소개하기 위하여 매년 새로운 판을 발간하여 왔고 그 결과 이번에 열여섯 번째 판인 2025년판을 내게 되었다. 매년 발간될 때마다 학계와 법조 및 기업 실무가들로부터 이론과 실무를 충실하게 다룬 문헌이라는 호평을 받아온 점에 대하여 독자들에게 감사드린다.

2024년판 발간 후에도 자본시장법과 그 시행령이 몇 차례 개정되었고 관련 기관의 규정들도 많이 개정되었는데, 지난 1년간의 중요한 개정 내용을 최대한 충실하게 반영하였고, 특히 개정 원고의 교정 중인 2024년 12월 31일 공포된 시행령 규정도 반영하였다. 그 밖에 2024년판 발간 이후에 나온 대법원 및 하급심 법원의 중요 판례들을 빠짐없이 소개하려고 노력하였다.

이번 판에서도 본서의 정확도와 충실도를 높이기 위하여, 성균관대학교 제자인 김춘 박사(상장회사협의회), 남궁주현 교수(성균관대학교), 노태석 박사(법무법인 태평양 전문위원), 류혁선 박사(카이스트 교수), 박진욱 박사(맥쿼리자산운용), 서동수 차장(한국금융투자협회), 석지웅 박사(한국예탁결제원), 오영표 박사(신영증권), 윤민섭 박사(디지털자산거래소 공동협의체), 이근영 박사(한국거래소) 등이 헌신적으로 원고 내용을 검토하고 중요한 코멘트를 해주었는데 이들의 노고에 감사드리며 앞으로 무궁한 발전을 기원한다.

끝으로 저자가 박영사와 인연을 맺은 1995년 이후 항상 격려해 주시는 안종만 회장님과 본서의 초판 이래 계속 애써 주신 조성호 이사님 및 한두희 과장님에게도 감사드린다.

2025년 2월
저자 씀

차 례

[주요목차]

제1편 총 설

제1장 서 론 — 3
- 제1절 개 관 …… 3
- 제2절 자본시장법 및 관련 법규 · 판례 …… 11

제2장 금융투자상품과 금융투자업 — 31
- 제1절 금융투자상품의 개념 …… 31
- 제2절 증권과 파생상품 …… 42
- 제3절 금융투자업 …… 97

제2편 금융투자업자규제

제1장 진입규제 — 121
- 제1절 개 관 …… 121
- 제2절 인가 · 등록 …… 127

제2장 지배구조규제 — 145
- 제1절 총 론 …… 145

제3장 건전성규제 — 183
- 제1절 재무건전성과 경영건전성 …… 183
- 제2절 대주주와의 거래규제 …… 192

제4장 영업행위 규칙 — 204
- 제1절 공통 영업행위 규칙 …… 204
- 제2절 금융투자업자별 영업행위 규칙 …… 239
- 제3절 금융소비자 보호에 관한 법률 …… 376

제3편 증권의 발행과 유통

제1장 서 론 — 449
- 제1절 증권의 모집과 매출 …… 449
- 제2절 증권의 인수 …… 463

제 2 장 발행공시제도 ---- 468
제 1 절 증권신고서 ---- 468
제 2 절 투자설명서 ---- 518
제 3 절 감 독 ---- 528
제 4 절 손해배상책임 ---- 532
제 5 절 발행공시위반에 대한 형사책임과 과태료 ---- 608
제 3 장 기업의 인수·합병 관련 제도 ---- 611
제 1 절 공개매수 ---- 611
제 2 절 대량보유보고제도 ---- 662
제 3 절 의결권 대리행사권유 ---- 692
제 4 절 공공적 법인 주식의 소유제한 ---- 709
제 4 장 유통공시제도 ---- 712
제 1 절 서 론 ---- 712
제 2 절 정기공시제도 ---- 713
제 3 절 주요사항보고서 ---- 723
제 4 절 공시의무위반에 대한 제재 ---- 728
제 5 절 수시공시 ---- 739
제 6 절 공정공시 ---- 751
제 7 절 전자문서에 의한 신고 ---- 754
제 5 장 주권상장법인에 대한 특례 ---- 756
제 1 절 서 론 ---- 756
제 2 절 적용범위 ---- 757
제 3 절 자기주식 취득·처분의 특례 ---- 758
제 4 절 합병 등의 특례 ---- 776
제 5 절 주식매수청구권의 특례 ---- 789
제 6 절 주식의 발행 및 배정 등에 관한 특례 ---- 814
제 7 절 우리사주조합원에 대한 주식배정 등에 관한 특례 ---- 822
제 8 절 액면미달발행의 특례 ---- 825
제 9 절 주주에 대한 통지 또는 공고의 특례 ---- 827
제10절 사채의 발행 및 배정에 관한 특례 ---- 828
제11절 신종사채·조건부자본증권의 발행 ---- 829
제12절 이익배당의 특례 ---- 837
제13절 주식배당의 특례 ---- 842

제14절 공공적 법인의 배당 등의 특례 843
제15절 의결권배제 · 제한 주식의 특례 844
제16절 주권상장법인 재무관리기준 846
제17절 주식매수선택권 부여신고 등 847
제18절 주권상장법인에 대한 조치 849
제19절 코넥스시장 주권상장법인에 대한 특례 851
제20절 이사회의 성별 구성에 관한 특례 851
제 6 장 기 타 852

제 4 편 불공정거래규제

제 1 장 내부자거래 871
제 1 절 단기매매차익 반환의무와 소유 · 보유상황 보고의무 871
제 2 절 미공개중요정보 이용행위 908
제 2 장 시세조종과 부정거래행위 990
제 1 절 시세조종 990
제 2 절 부정거래행위와 공매도 1020
제 3 절 시장질서 교란행위 1057
제 3 장 불공정거래행위에 대한 제재 1072
제 1 절 손해배상책임 1072
제 2 절 형사책임 1097
제 3 절 과 징 금 1112
제 4 절 부당이득의 산정 1117

제 5 편 집합투자

제 1 장 서 론 1141
제 1 절 개 관 1143
제 2 절 집합투자기구 1153
제 2 장 집합투자기구의 종류 1178
제 1 절 신탁형 집합투자기구 1178
제 2 절 회사형 집합투자기구 1197
제 3 절 조합형 집합투자기구 1221
제 4 절 사모집합투자기구 1227
제 3 장 집합투자증권의 판매와 환매 1265

제 1 절 집합투자증권의 판매 ······ 1265
제 2 절 집합투자증권의 환매 ······ 1275

제 4 장 집합투자재산 ──── 1285
제 1 절 평가 및 회계 ······ 1285
제 2 절 보관 및 관리 ······ 1294

제 5 장 기 타 ──── 1301
제 1 절 감 독 ······ 1301
제 2 절 집합투자기구의 관계회사 ······ 1303
제 3 절 외국 집합투자증권에 대한 특례 ······ 1309

제 6 편 금융투자업 감독기관과 관계기관

제 1 장 금융투자업 감독기관 ──── 1317
제 1 절 감독체계 ······ 1317
제 2 절 감독 및 처분 ······ 1330

제 2 장 금융투자업 관계기관 ──── 1391
제 1 절 한국금융투자협회 ······ 1391
제 2 절 한국예탁결제원 ······ 1395
제 3 절 금융투자상품거래청산회사 ······ 1432
제 4 절 증권금융회사 ······ 1444
제 5 절 신용평가회사 ······ 1448
제 6 절 기타 관계기관 ······ 1462

제 3 장 전자증권제도와 가상자산 규제 ──── 1475
제 1 절 전자증권제도 ······ 1475
제 2 절 가상자산 규제 ······ 1540

제 7 편 금융투자상품시장

제 1 장 거래소와 다자간매매체결회사 ──── 1561
제 1 절 금융투자상품시장 개관 ······ 1561
제 2 절 거 래 소 ······ 1562
제 3 절 다자간매매체결회사 ······ 1630

제 2 장 장외시장 ──── 1638
제 1 절 협회의 장외매매거래업무 ······ 1638
제 2 절 장외거래 ······ 1640

[세부목차]

제1편 총 설

제1장 서 론

제1절 개 관 — 3

Ⅰ. 자본시장 규제의 목적 …… 3

Ⅱ. 자본시장 규제의 연혁과 입법례 …… 4

1. 증권거래법 4
2. 간접투자자산운용업법 10

제2절 자본시장법 및 관련 법규·판례 — 11

Ⅰ. 자본시장법 …… 11

1. 제정배경 11
2. 특 징 12
3. 적용범위 13
4. 개정과정 14

Ⅱ. 관련 법규·판례 …… 30

1. 법령·규정 30
2. 판 례 30

제2장 금융투자상품과 금융투자업

제1절 금융투자상품의 개념 — 31

Ⅰ. 포괄주의의 도입 …… 31

1. 증권거래법상 한정적 열거주의 31
2. 자본시장법상 포괄주의 31

Ⅱ. 금융투자상품의 개념과 범위 …… 31

1. 일반적 정의 32
2. 금융투자상품 개념과 증권·파생상품 개념의 관계 36
3. 제외 규정 36
4. 고난도금융투자상품 37

제2절 증권과 파생상품 — 42

Ⅰ. 증 권 …… 42

1. 증권의 개념 42 2. 증권의 종류 44
Ⅱ. 파생상품 ······ 74
1. 파생상품의 범위 74 2. 파생상품의 분류 76
3. 장내파생상품과 장외파생상품 86
4. 증권과 파생상품의 구별 89 5. 미국의 파생상품규제 92
6. 일본의 파생상품규제 95
제3절 금융투자업 ―― 97
Ⅰ. 금융투자업의 의의 ······ 97
1. 기본 개념 97 2. 기능별 규제 97
3. 적용배제 97 4. 형법상 도박죄와의 관계 100
Ⅱ. 금융투자업의 분류 ······ 101
1. 투자매매업과 투자중개업 101 2. 집합투자업 106
3. 투자자문업과 투자일임업 110 4. 신 탁 업 115
5. 겸영금융투자업자 117
Ⅲ. 영업의 양수도와 폐지 ······ 117
1. 승인사항 117 2. 보고사항 118

제 2 편 금융투자업자규제

제 1 장 진입규제

제1절 개 관 ―― 121
Ⅰ. 무인가·미등록 영업금지 ······ 121
1. 의 의 121 2. 사법상의 효력 121
3. 형사책임 122 4. 불법행위책임 125
Ⅱ. 자본시장법상 진입규제의 특징 ······ 125
1. 금융기능별 규제 125 2. 인가·등록의 변경 125
3. 인가·등록요건의 차등화 126
4. 외국금융투자업자에 대한 업자별 진입규제 126

제2절 인가 · 등록 — 127

Ⅰ. 인가 · 등록의 요건 …… 127

1. 인가 · 등록업무 단위 127 2. 인가요건 129
3. 등록요건 133

Ⅱ. 인가 · 등록의 절차 …… 135

1. 인가절차 135 2. 등록절차 140

Ⅲ. 인가 · 등록의 취소 등 …… 142

1. 인가 · 등록의 취소 142 2. 금융위원회의 조치 143
3. 인가 · 등록의 취소와 해산 144

제 2 장 지배구조규제

제1절 총 론 — 145

Ⅰ. 금융회사의 지배구조에 관한 법률 …… 145

1. 제정목적 145 2. 적용대상 146
3. 외국금융회사의 국내지점에 대한 적용 146
4. 적용배제 146 5. 다른 법률과의 관계 147

Ⅱ. 임 원 …… 147

1. 임원의 의의 147 2. 금융회사 임원의 자격요건 148
3. 주요업무집행책임자 153 4. 임원의 겸직 154

Ⅲ. 이사회 …… 156

1. 이사회의 구성 및 운영 156 2. 이사회내 위원회 158

Ⅳ. 내부통제 및 위험관리 …… 162

1. 내부통제 162 2. 위험관리 166
3. 선관주의의무와 겸직금지 167 4. 금융회사의 의무 168

Ⅴ. 대주주의 건전성 유지 …… 168

1. 대주주 변경승인 168 2. 최대주주의 자격 심사 174

Ⅵ. 파생상품업무책임자 …… 175

Ⅶ. 소수주주권 …… 176

1. 금융회사 176 2. 주권상장법인 178
Ⅷ. 처분 및 제재절차 ····· 179
1. 금융회사에 대한 조치 179 2. 임직원에 대한 제재조치 179
3. 청문 및 이의신청 181 4. 이행강제금 181
Ⅸ. 권한위탁과 공시 ····· 182
1. 권한의 위탁 182 2. 공시의무 182

제 3 장 건전성규제

제1절 재무건전성과 경영건전성 ―― 183
Ⅰ. 재무건전성 유지 ····· 183
1. 영업용순자본비율 183 2. 순자본비율 184
3. 겸영금융투자업자 185 4. 공시의무 185
Ⅱ. 경영건전성기준 ····· 186
1. 경영건전성의 내용 186 2. 경영실태평가 186
3. 적기시정조치 187
Ⅲ. 회계처리 ····· 189
Ⅳ. 경영공시 ····· 190
1. 업무보고서 작성 및 보고 190 2. 경영상황 보고 191
제2절 대주주와의 거래규제 ―― 192
Ⅰ. 대주주와의 거래 제한 ····· 192
1. 증권 등의 소유 금지 192 2. 신용공여의 금지 195
3. 예외적 허용 196 4. 위반에 대한 제재 200
5. 거래의 私法上 효력 201
Ⅱ. 대주주의 부당한 영향력 행사 금지 ····· 203
1. 금지행위 203 2. 자료 제출명령 203

제 4 장 영업행위규제

제1절 공통 영업행위 규칙 ―― 204

Ⅰ. 일반적 의무 ········· 204
1. 투자자 보호의무 204
2. 상 호 205
3. 명의대여의 금지 208
Ⅱ. 겸영업무와 부수업무 ········· 208
1. 겸영업무 208
2. 부수업무 211
Ⅲ. 금융투자업자의 업무위탁 ········· 212
1. 업무위탁의 허용 212
2. 위탁금지업무 216
3. 검사 및 처분 216
Ⅳ. 이해상충관리와 정보교류차단 ········· 217
1. 이해상충의 관리 217
2. 정보교류의 차단 217
3. 이해상충방지의무 위반에 대한 제재 220
Ⅴ. 투자권유규제 ········· 220
1. 총 설 220
2. 투자권유준칙 221
3. 투자권유대행인 222
4. 투자권유 규정의 이관 224
Ⅵ. 기타 규제 ········· 224
1. 직무관련 정보의 이용 금지 224
2. 손실보전 등의 금지 225
3. 약관규제 228
4. 수수료규제 229
5. 자료의 기록 · 유지 230
6. 소유증권의 예탁 231
7. 영업폐지와 거래종결 232
8. 자기매매 232
9. 고객응대직원에 대한 보호 조치 의무 234
10. 손해배상책임 235
11. 외국금융투자업자의 특례 237
제2절 금융투자업자별 영업행위 규칙 ——— 239
Ⅰ. 투자매매업자 · 투자중개업자의 영업행위 규칙 ········· 239
1. 매매형태의 명시 239
2. 자기계약 금지 240
3. 최선집행의무 241
4. 자기주식의 예외적 취득 243
5. 임의매매의 금지 243
6. 불건전 영업행위의 금지 248
7. 신용공여 264
8. 매매명세의 통지 273
9. 투자자예탁금의 별도예치 275
10. 투자자 예탁증권의 예탁 281
11. 투자성 있는 예금 · 보험에 대한 특례 282

12. 종합금융투자사업자 283
13. 온라인소액투자중개업자 292

Ⅱ. 집합투자업자의 영업행위 규칙 305

1. 선관의무 · 충실의무의 개념과 판단기준 305
2. 자산운용의 지시 및 실행 307
3. 자산운용의 제한 309
4. 자기집합투자증권 취득의 제한 319
5. 금전차입 등의 제한 319
6. 이해관계인과의 거래제한 320
7. 취득의 제한 323
8. 불건전 영업행위의 금지 324
9. 성과보수의 제한 327
10. 의 결 권 328
11. 자산운용보고서 331
12. 수시공시 333
13. 집합투자재산에 관한 보고 335
14. 장부 · 서류의 열람 및 공시 337
15. 환매연기 등의 통지 338
16. 파생상품의 운용 특례 338
17. 부동산의 운용 특례 339
18. 청 산 341

Ⅲ. 투자자문업자 · 투자일임업자의 영업행위 규칙 342

1. 선관의무 · 충실의무 342
2. 계약체결과 서면자료교부 342
3. 불건전 영업행위의 금지 344
4. 성과보수의 제한 348
5. 투자일임보고서 349
6. 역외투자자문업자 · 역외투자일임업자 350
7. 유사투자자문업 352

Ⅳ. 신탁업자의 영업행위 규칙 355

1. 선관의무 및 충실의무 355
2. 신탁재산 356
3. 신탁재산 운용의 제한 359
4. 여유자금의 운용 362
6. 불건전 영업행위의 금지 363
7. 신탁계약서의 기재사항 367
8. 수익증권 368
9. 의 결 권 369
10. 장부 · 서류의 열람 및 공시 371
11. 신탁재산의 회계처리 372
12. 회계감사인의 손해배상책임 373
13. 합 병 375
14. 청 산 375
15. 관리형신탁에 관한 특례 376

제3절 금융소비자 보호에 관한 법률 376

Ⅰ. 총 설 ······ 376
1. 제정 목적과 주요 내용 376 2. 적용범위 378
3. 다른 법률과의 관계 379
Ⅱ. 주요 개념 ······ 379
1. 금융상품 379
2. 금융상품판매업과 금융상품판매업자 381
3. 금융상품자문업과 금융상품자문업자 382
4. 금융회사와 금융회사등 383 5. 금융소비자 385
Ⅲ. 금융소비자의 권리와 책무, 국가와 금융상품판매업자등의 책무 ······ 386
1. 금융소비자의 기본적 권리 386 2. 금융소비자의 책무 386
3. 국가의 책무 386 4. 금융상품판매업자등의 책무 386
Ⅳ. 금융상품판매업자등의 등록 ······ 387
1. 금융상품판매업자등을 제외한 영업행위 금지 387
2. 금융상품판매업자등의 등록 387
Ⅴ. 금융상품판매업자등의 영업행위 준수사항 ······ 389
1. 영업행위 일반원칙 389
2. 금융상품판매업자등의 영업행위 준수사항 391
3. 금융상품판매업자등의 업종별 영업행위 준수사항 423
Ⅵ. 금융소비자 보호 ······ 427
1. 금융소비자정책과 금융교육 427 2. 금융분쟁의 조정 429
3. 손해배상책임 430 4. 청약철회권 433
5. 위법계약해지권 436
Ⅶ. 감독 및 처분 ······ 438
1. 금융상품판매업자등에 대한 감독 438
2. 금융위원회의 명령권 438
3. 금융상품판매업자등에 대한 검사 439
4. 금융상품판매업자등에 대한 처분 439
5. 금융상품판매업자등의 임직원에 대한 조치 441
6. 퇴임한 임원 등에 대한 조치내용 통보 442

7. 청문과 이의신청 442
8. 처분 등의 기록 443
9. 과징금 443
10. 업무위탁 445
11. 금융감독원장에 대한 지도·감독 445

제 3 편 증권의 발행과 유통

제 1 장 서 론

제1절 증권의 모집과 매출 ——— 449
Ⅰ. 기본 개념 ······ 449
1. 공모와 사모 449
2. 모집·매출·사모 449
3. 청약과 청약의 권유 451
Ⅱ. 50인의 수 산정기준 ······ 453
1. 합산대상 453
2. 같은 종류의 증권 455
3. 합산제외대상 455
4. 코넥스시장 주권상장법인의 특례 457
5. 매출시 합산대상 457
Ⅲ. 전매기준 ······ 458
1. 의 의 458
2. 적용 요건 458
제2절 증권의 인수 ——— 463
Ⅰ. 직접공모와 간접공모 ······ 463
1. 의 의 463
2. 증권분석기관의 평가의견 464
Ⅱ. 인수의 의의와 종류 ······ 465
Ⅲ. 인수인과 주선인 ······ 466
Ⅳ. 상법상 인수 ······ 467

제 2 장 발행공시제도

제1절 증권신고서 ——— 468

Ⅰ. 의 의 ········ 468
Ⅱ. 증권신고서 제출기준과 제출면제 ········ 469
1. 기준금액 469 2. 증권신고서 제출의 면제 470
3. 사실상 동일한 증권 476 4. 자료요구권 477
Ⅲ. 제출절차 ········ 477
1. 신고의무자 477
2. 증권신고서의 기재사항 및 첨부서류 479
3. 대표이사 등의 확인 · 서명 487 4. 예측정보 489
5. 증권신고서의 심사와 수리거부 491
6. 전자문서에 의한 제출 492
Ⅳ. 일괄신고제도 ········ 493
1. 의 의 493 2. 법적 성격 493
3. 대상 증권 493
4. 일반사채권과 파생결합증권에 대한 일괄신고서 제출 요건 494
5. 발행예정기간 495 6. 발행횟수 495
7. 잘 알려진 기업에 대한 특례 495
8. 기재사항과 첨부서류 496 9. 일괄신고 추가서류 497
10. 일괄신고서의 효력발생시기 497
11. 일괄신고서와 인수인의 손해배상책임 498
Ⅴ. 증권신고서의 효력발생시기 ········ 498
1. 효력발생기간 498 2. 수리 · 효력발생의 의의 499
3. 정정신고서 제출과 효력발생일 499
4. 효력발생시기의 특례 501
5. 국제금융기구의 원화표시채권 발행 503
Ⅵ. 철회신고서 ········ 503
1. 의 의 503 2. 철회가능기간 504
3. 철회의 공시 504
Ⅶ. 정정신고서 ········ 504
1. 금융위원회의 요구에 의한 정정신고서 제출 504

2. 임의정정과 의무정정 506 3. 일괄신고서의 정정신고서 508
4. 정정신고서 제출의 효력 509 5. 위반에 대한 제재 509
Ⅷ. 단계별 규제 ······ 510
1. 증권신고서 수리 전 510 2. 대기기간 511
3. 증권신고의 효력발생 후 513
Ⅸ. 신고서를 제출하지 않는 모집 · 매출 ······ 513
1. 의 의 513 2. 발행인의 조치 514
3. 참조기재방법 516
4. 호가중개시장을 통한 소액매출 516
Ⅹ. 발행공시의무 위반행위의 사법상 효력 ······ 517
제2절 투자설명서 ―― 518
Ⅰ. 자본시장법상 투자설명서 ······ 518
1. 의 의 518 2. 작 성 519
3. 제출과 비치 · 공람 520 4. 종 류 521
5. 투자설명서의 교부 강제 523 6. 집합투자증권과 투자설명서 525
Ⅱ. 미국 증권법상 투자설명서 ······ 526
1. 개 념 526 2. 종 류 526
제3절 감 독 ―― 528
Ⅰ. 수 리 권 ······ 528
Ⅱ. 정정요구권 ······ 528
Ⅲ. 보고 · 자료제출 명령 및 조사권 ······ 529
1. 의 의 529 2. 증표의 휴대 및 제시 529
3. 제 재 529
Ⅳ. 증권발행실적보고서의 제출과 비치 · 공시 ······ 529
Ⅴ. 조 치 권 ······ 531
1. 조치대상자 531 2. 조치사유 531
3. 조치내용 531
Ⅵ. 과 징 금 ······ 532

제4절 손해배상책임 ---- 532
Ⅰ. 총 설 ---- 532
1. 취 지 532 2. 민법상 손해배상책임 533
3. 자본시장법상 손해배상에 의한 피해자 구제의 문제점 535
Ⅱ. 손해배상책임의 발생원인 ---- 535
1. 증권신고서와 투자설명서상의 부실표시 535
2. 중요사항 537 3. 부실표시에 대한 증명책임 538
4. 부실표시의 기준시점 539
Ⅲ. 손해배상청구권자 ---- 539
1. 발행시장에서의 취득자 539 2. 유통시장에서의 취득자 540
Ⅳ. 손해배상책임의 주체 ---- 547
1. 신고인과 신고 당시의 이사 547
2. 증권신고서의 작성을 지시하거나 집행한 자 549
3. 공인회계사 · 감정인 · 신용평가전문가 등 549
4. 기타 확인자 551 5. 인수인 또는주선인 552
6. 투자설명서의 작성 · 교부자 553 7. 매 출 인 553
8. 연대책임 554
Ⅴ. 면책사유 ---- 554
1. 상당한 주의의 항변 554 2. 악의의 항변 560
Ⅵ. 예측정보와 손해배상책임 ---- 560
1. 면책대상 발행인과 거래 560 2. 면책대상 공시자료 561
3. 예측정보의 기재, 표시 방법 563
4. 면책사유 565
Ⅶ. 손해배상액의 범위와 산정방법 ---- 567
1. 손해인과관계 567
2. 변론종결 당시 증권을 소유한 경우 568
3. 변론종결 전에 증권을 처분한 경우 569
4. 과실상계와 책임제한 570 5. 지연손해금 572
6. 관련 문제 572

Ⅷ. 거래인과관계 ······ 573
1. 의 의 573
2. 불요구설 574
3. 요 구 설 574
4. 사견 및 판례 575
Ⅸ. 배상청구권의 소멸 ······ 576
1. 제척기간 576
2. 해당 사실을 안 날의 의미 577
3. 소멸시효와의 차이 578
4. 권리행사기간 579
Ⅹ. 증권관련 집단소송 ······ 579
1. 도입취지 및 시행일 579
2. 기본사항 581
3. 소제기 및 소송허가절차 587
4. 소송절차 597
5. 분배절차 600
6. 벌 칙 606
제5절 발행공시위반에 대한 형사책임과 과태료 ―― 608
Ⅰ. 형사책임 ······ 608
1. 제444조 608
2. 제446조 609
3. 양벌규정 609
Ⅱ. 과 태 료 ······ 610
1. 1억원 이하의 과태료 610
2. 5천만원 이하의 과태료 610

제 3 장 기업의 인수·합병 관련 제도

제1절 공개매수 ―― 611
Ⅰ. 총 설 ······ 611
1. 서 론 611
2. 공개매수의 사전절차 614
3. 공개매수의 개념요소 615
4. 자기주식에 대한 공개매수 618
5. 공개매수사무취급자 618
Ⅱ. 강제공개매수 ······ 619
1. 의 의 619
2. 적용대상 거래 619
3. 매수기간 620
4. 매수장소 621
5. 매수 상대방의 수 621
6. 보유 주식이 5%에 달할 것 623
7. 5% 이상을 보유한 주주가 추가로 행하는 매수 628

8. 예 외 628
9. 의무공개매수 631
10. 사법(私法)상 효력 633

Ⅲ. 공개매수의 절차 633
1. 공개매수의 공고와 공개매수신고서의 제출 633
2. 공개매수기간 638
3. 정정신고와 정정공고 638
4. 공개매수설명서 642
5. 공개매수결과보고서의 제출과 공개매수통지서의 송부 643
6. 신고서 등의 공시 643
7. 교환공개매수 644

Ⅳ. 공개매수에 대한 규제 648
1. 공개매수에 관한 의견표명 648
2. 공개매수의 철회와 응모의 취소 649
3. 별도매수금지 651
4. 공개매수의 조건과 방법 653

Ⅴ. 공개매수규정 위반에 대한 제재 656
1. 의결권제한과 처분명령 656
2. 손해배상책임 658
3. 형사책임 660
4. 금융위원회의 제재 660
5. 과 태 료 662
6. 공개매수와 미공개중요정보 이용행위 662

제2절 대량보유보고제도 662

Ⅰ. 서 론 662
1. 의 의 662
2. 연 혁 663
3. 보고의 종류 665
4. 사법(私法)상 효력 665

Ⅱ. 보고의무자 666
1. 소유에 준하는 보유 666
2. 특별관계자 669

Ⅲ. 보고의무 면제 673
1. 대량보유보고의무 면제 673
2. 변동보고의무 면제 673

Ⅳ. 보고의무의 기준과 내용 675
1. 보유비율 산정방법 675
2. 보고내용 676

Ⅴ. 보고시기 677
1. 보고의무 발생일로부터 5일 677

2. 합산보고 677　　3. 보고기준일 678

Ⅵ. 보고내용 및 보고시기에 관한 특례 ……… 678

1. 보유목적에 따른 특례 678　　2. 보고의무자에 따른 특례 681

Ⅶ. 변경보고 ……… 682

1. 보고사유 682　　2. 보고시기 683

Ⅷ. 발행인에 대한 송부 및 공시 ……… 683

1. 대량보유보고서 등의 발행인에 대한 송부 683

2. 보고서 등의 공시 684

Ⅸ. 냉각기간 ……… 684

1. 의　　의 684　　2. 냉각기간 위반의 효과 685

Ⅹ. 조사 및 정정명령 ……… 685

1. 조 사 권 685　　2. 정정명령 및 조치권 686

XI. 보고의무위반에 대한 제재 ……… 686

1. 의결권제한과 처분명령 686　　2. 손해배상책임 690

3. 형사책임 690　　4. 과징금 691

제3절 의결권 대리행사권유 ——— 692

Ⅰ. 총　　설 ……… 692

1. 의결권 대리행사권유의 의의 692

2. 도입과정 692　　3. 의결권 대리행사권유자 693

4. 의결권피권유자 695

5. 의결권 대리행사권유의 개념 696

6. 권유대상 주식 697

7. 의결권 대리행사의 법률관계 698

8. 위임의 철회 및 종료 699

Ⅱ. 위임장 용지와 참고서류 ……… 700

1. 위임장 용지 700　　2. 참고서류 703

3. 위임장 용지 및 참고서류의 교부방법과 비치 및 열람 705

Ⅲ. 정당한 위임장 용지 및 참고서류의 사용 ……… 706

Ⅳ. 의견표명 ……… 706

Ⅴ. 위임장 용지와 참고서류의 정정 ········· 707
1. 금융위원회의 요구에 의한 정정 707
2. 임의정정과 의무정정 707
Ⅵ. 의결권대리행사권유규제 위반의 효과 ········· 708
1. 금융위원회의 조사 및 조치 708
2. 형사책임 708
3. 손해배상책임 709
4. 주주총회결의하자와의 관계 709
제4절 공공적 법인 주식의 소유제한 ——— 709
Ⅰ. 공공적 법인의 개념과 범위 ········· 709
Ⅱ. 주식의 초과소유제한 ········· 710
1. 소유한도 710
2. 승인에 의한 초과소유 허용 710
3. 초과소유분에 대한 제재 711

제 4 장 유통공시제도

제1절 서 론 ——— 712
Ⅰ. 기업공시제도의 의의 ········· 712
Ⅱ. 공시규제와 내용규제 ········· 712
제2절 정기공시제도 ——— 713
Ⅰ. 사업보고서 ········· 713
1. 사업보고서의 의의 713
2. 사업보고서 제출대상법인 713
3. 사업보고서의 기재사항과 첨부서류 715
4. 사업보고서의 제출기한 717
5. 연결재무제표 718
6. 예측정보 719
7. 대표이사 등의 확인·서명 719
8. 외국법인에 대한 특례 720
9. 사업보고서 등의 공시 721
Ⅱ. 반기보고서와 분기보고서 ········· 722
1. 의 의 722
2. 작성방식 722
3. 중소기업 특례 723
제3절 주요사항보고서 ——— 723

Ⅰ. 의 의 ······ 723
Ⅱ. 제출의무자와 제출기한 ······ 724
1. 제출의무자 724 2. 제출기한 725
Ⅲ. 주요사항과 첨부서류 ······ 725
1. 주요사항 725 2. 첨부서류 727
Ⅳ. 정보의 교환과 거래소 송부 ······ 727
제4절 공시의무위반에 대한 제재 —— 728
Ⅰ. 행정상 제재 ······ 728
1. 금융위원회의 조치권 728 2. 과 징 금 729
Ⅱ. 민사상 제재 ······ 729
1. 손해배상책임의 발생 729 2. 손해배상책임의 주체 730
3. 면책사유 730 4. 예측정보 732
5. 거래인과관계 733 6. 손해인과관계 734
7. 제척기간 736 8. 손해배상액의 제한 737
Ⅲ. 형사상 제재 ······ 738
제5절 수시공시 —— 739
Ⅰ. 의무공시 ······ 739
1. 공시의무의 주체 739 2. 공시사항 739
Ⅱ. 자율공시 ······ 745
Ⅲ. 조회공시 ······ 745
1. 의 의 745 2. 면 제 746
3. 조회공시요구의 방법 746 4. 미확정공시에 대한 재공시 746
Ⅳ. 공시유보 ······ 747
1. 의 의 747 2. 거래소에 의한 공시유보 747
3. 신청에 의한 공시유보 747
Ⅴ. 공시의 실효성 확보 ······ 748
Ⅵ. 불성실공시 ······ 748
1. 의 의 748 2. 불성실공시법인의 지정절차 749

3. 제　　재 750

제6절 공정공시 — 751

Ⅰ. 의　　의 ······ 751

Ⅱ. 규제내용 ······ 752

1. 공정공시대상정보 752　2. 공정공시정보제공자 752
3. 공정공시정보제공대상자 752　4. 공시시한 753
5. 자회사의 공정공시대상정보 753
6. 공정공시의무의 적용예외 753
7. 공정공시의무위반에 대한 제재 754

제7절 전자문서에 의한 신고 — 754

Ⅰ. 의　　의 ······ 754

Ⅱ. 전자공시제도의 이점 ······ 755

제 5 장 주권상장법인에 대한 특례

제1절 서　　론 — 756

Ⅰ. 증권거래법상 특례규정 ······ 756

Ⅱ. 자본시장법상 특례규정 ······ 757

제2절 적용범위 — 757

제3절 자기주식 취득·처분의 특례 — 758

Ⅰ. 상법상 규제 ······ 758

1. 종래의 규제 758　2. 개정상법의 규제 760

Ⅱ. 자본시장법상 규제 ······ 763

1. 취득방법과 취득한도 764　2. 취득절차 766
3. 처분절차 769　4. 공시의무 773
5. 취득·처분 금지기간 775

제4절 합병 등의 특례 — 776

Ⅰ. 특례적용 대상 행위 ······ 776

Ⅱ. 특례 기준 ······ 776
1. 합 병 776
2. 영업 · 자산의 양수도, 주식교환 · 주식이전, 분할 · 분할합병 783
3. 정보의 공시 785
제5절 주식매수청구권의 특례 ―― 789
Ⅰ. 서 론 ······ 789
1. 주식매수청구권의 의의 789 2. 법적성질 790
Ⅱ. 요 건 ······ 791
1. 주주명부에 기재된 주주 791
2. 이사회 결의 후 주식을 취득한 경우 792
3. 의결권 없는 주식 793 4. 대상 주식 793
5. 대상 결의사항 794
Ⅲ. 통지 및 공고 ······ 844
Ⅳ. 반대의사통지와 매수청구 ······ 845
1. 반대의사의 통지 846 2. 총회 참석과 반대 요부 848
3. 매수청구 849
Ⅴ. 매수가격의 결정 ······ 850
1. 협의가격 850 2. 법정 매수가격 851
3. 법원결정가격 852 4. 금융지주회사법상 특례 853
Ⅵ. 주식매수청구권행사의 효과 ······ 855
1. 주식매수대금지급 855 2. 주주의 지위소멸 855
3. 매수대금지급의 지체 855
4. 이익배당 · 신주인수권 · 의결권 등에 관한 문제 856
5. 매수주식의 처리 856
6. 주식매수청구권의 철회와 실효 857
제6절 주식의 발행 및 배정 등에 관한 특례 ―― 858
Ⅰ. 상법상 신주배정 ······ 858
1. 주주우선배정 858 2. 제3자배정 858
Ⅱ. 자본시장법상 신주배정 ······ 859

1. 의 의 859 2. 실권주처리 860
3. 신주인수권증서 발행의무 861 4. 일반공모증자 862
5. 발행가액 864
제7절 우리사주조합원에 대한 주식배정 등에 관한 특례 865
Ⅰ. 우리사주조합원의 정의 866
Ⅱ. 우선배정권 등 866
1. 원 칙 866 2. 예 외 866
3. 절차상 특례 867 4. 확대적용 여부 868
제8절 액면미달발행의 특례 869
Ⅰ. 상 법 869
Ⅱ. 자본시장법 869
제9절 주주에 대한 통지 또는 공고의 특례 870
Ⅰ. 상 법 870
Ⅱ. 자본시장법 870
제10절 사채의 발행 및 배정에 관한 특례 871
Ⅰ. 준용규정 871
Ⅱ. 신주인수권부사채 발행의 특례 871
제11절 신종사채·조건부자본증권의 발행 872
Ⅰ. 상 법 872
Ⅱ. 자본시장법 872
1. 주권상장법인의 재무관리기준에 의한 규제 873
2. 조건부자본증권 875
제12절 이익배당의 특례 880
Ⅰ. 상법상 중간배당 880
1. 개 요 880 2. 중간배당의 요건 881
3. 중간배당의 방법 881
Ⅱ. 자본시장법상 분기배당 및 주주총회 보고제도 882

1. 개 요 882 2. 분기배당제도의 내용 882
3. 상법규정의 준용 884 4. 주주총회 보고 885

제13절 주식배당의 특례 ——— 886

Ⅰ. 상 법 ··· 886

Ⅱ. 자본시장법 ··· 886

제14절 공공적 법인의 배당 등의 특례 ——— 887

Ⅰ. 이익배당 ··· 887

Ⅱ. 준비금의 자본전입 ··· 887

제15절 의결권배제·제한 주식의 특례 ——— 887

Ⅰ. 상 법 ··· 888

Ⅱ. 자본시장법 ··· 888

1. 한도 적용시 불산입 항목 888 2. 발행한도 확대 889
3. 발행방법의 제한 889

제16절 주권상장법인 재무관리기준 ——— 889

Ⅰ. 의의와 준수의무 ··· 889

1. 의 의 889 2. 준수의무 890

Ⅱ. 내 용 ··· 890

제17절 주식매수선택권 부여신고 등 ——— 890

Ⅰ. 주식매수선택권 부여신고 ··· 890

Ⅱ. 사외이사 특례 ··· 891

Ⅲ. 신 고 ··· 891

제18절 주권상장법인에 대한 조치 ——— 892

Ⅰ. 의 의 ··· 892

Ⅱ. 조치사유 ··· 892

제19절 코넥스시장 주권상장법인에 대한 특례 ——— 894

제20절 이사회의 성별 구성에 관한 특례 ——— 894

제 6 장 기 타

Ⅰ. 외국인의 증권 또는 장내파생상품 거래의 제한 ………………………… 895
1. 외국인의 취득한도 제한 895
2. 공공적 법인의 지분증권에 대한 취득제한 896
3. 취득한도초과분에 대한 제재 897
4. 준수사항 897
Ⅱ. 회계감사인에 의한 감사증명 ………………………… 898
1. 회계감사 대상 898 2. 제외 대상 899
3. 기 타 899
Ⅲ. 회계감사인의 손해배상책임 ………………………… 899
1. 주식회사 등의 외부감사에 관한 법률의 준용 899
2. 손해배상책임을 지는 감사인 900
3. 연대책임 901 4. 거래인과관계 902
5. 주의의무 위반 904 6. 손해배상액 905
7. 제척기간 907
8. 민법상의 불법행위책임과의 관계 909
Ⅳ. 보증금 등의 대신 납부 ………………………… 910
1. 의 의 910 2. 거부의 금지 910
3. 평가기준 911
4. 대신 납부할 수 있는 상장증권 911

제 4 편 불공정거래규제

제 1 장 내부자거래

제1절 단기매매차익 반환의무와 소유·보유상황 보고의무 ——— 914
Ⅰ. 단기매매차익 반환의무 ………………………… 914
1. 연 혁 914 2. 내부정보이용 여부 915

3. 제도의 위헌 여부 916　　4. 차익반환의무자 918
5. 내부자로 간주되는 시기 921　　6. 적용대상 거래 923
7. 기간요건 930　　8. 반환절차 932
9. 매매차익산정기준 935　　10. 기　　타 940

Ⅱ. 소유·보유상황 보고의무 ······ 941
1. 특정증권등 소유상황 보고의무 941
2. 장내파생상품의 대량보유상황 보고의무 945

Ⅲ. 특정증권등 거래계획 보고 ······ 946
1. 거래계획 보고의 의의 946　　2. 거래계획의 내용 947
3. 보고의무 면제 947　　4. 보고자의 의무 949
5. 거래계획의 공시 949　　6. 과징금 949
7. 거래계획의 철회 950

제2절 미공개중요정보 이용행위 —— 951

Ⅰ. 서　　론 ······ 951
1. 의　　의 951　　2. 효율적 자본시장 가설 951
3. 내부자거래규제에 대한 반대론과 찬성론 953
4. 미국의 내부자거래규제 954

Ⅱ. 연　　혁 ······ 968
1. 내부자거래규제의 도입과 강화과정 968
2. 증권거래법의 미공개정보이용 관련 규정 개정 969
3. 자본시장법의 미공개중요정보이용 관련 규정 971

Ⅲ. 적용대상증권 ······ 972
1. 상장법인 972　　2. 특정증권등 973

Ⅳ. 내부자와 정보수령자 ······ 974
1. 의　　의 974
2. 내부자와 비내부자 간의 공범 성립 여부 988
3. 정보수령자 관련 문제 991

Ⅴ. 미공개중요정보 ······ 996
1. 미공개정보 996　　2. 중요한 정보 1000

Ⅵ. 상장법인의 업무와 관련된 정보 ········ 1007
1. 의 의 1007
2. 공개매수의 실시·중지 1010
3. 주식등의 대량취득·처분의 실시·중지 1015
Ⅶ. 내부정보의 이용 ········ 1019
1. 거래 관련성 1019
2. 금지행위 1019
Ⅷ. 파생상품 시세에 영향을 미칠 수 있는 정보 누설·이용금지 ········ 1032

제 2 장 시세조종과 부정거래행위

제1절 시세조종 ———— 1033
Ⅰ. 서 론 ········ 1033
1. 시세조종의 의의 1033
2. 연 혁 1034
3. 포괄적 사기금지규정의 필요성 1034
4. 시세조종의 동기 1034
Ⅱ. 시세조종행위의 유형별 규제 ········ 1035
1. 위장매매 1035
2. 매매유인목적행위 1041
3. 시세의 고정·안정행위 1050
4. 연계시세조종 1057
제2절 부정거래행위와 공매도 ———— 1063
Ⅰ. 부정거래행위 ········ 1063
1. 연 혁 1063
2. 미국 증권법과 일본 金融商品取引法의 포괄적 사기금지규정 1068
3. 부정거래행위의 유형 1072
Ⅱ. 공 매 도 ········ 1089
1. 개 관 1089
2. 공매도규제 1090
제3절 시장질서 교란행위 ———— 1100
Ⅰ. 서 론 ········ 1100
Ⅱ. 시장질서 교란행위의 유형 ········ 1100
1. 미공개중요정보이용 관련 시장질서 교란행위 1100
2. 시세조종 관련 시장질서 교란행위 1107

3. 규제대상에서 제외되는 행위 1110
Ⅲ. 시장질서 교란행위에 대한 제재 ………… 1112
1. 과징금 1112
2. 손해배상책임 1113
3. 형사처벌과의 관계 1113
Ⅳ. 불공정거래행위 통보와 정보제공 ………… 1113

제 3 장 불공정거래행위에 대한 제재

제1절 손해배상책임 —— 1115
Ⅰ. 미공개중요정보 이용행위 ………… 1115
1. 의 의 1115
2. 특 징 1115
3. 손해배상책임의 주체 1117
4. 손해배상청구권자 1117
5. 인과관계 1120
6. 고의 · 과실 1120
7. 민법상 불법행위에 기한 손해배상책임과의 관계 1121
8. 손해배상책임의 범위 1122
9. 소멸시효 1124
Ⅱ. 시세조종행위 ………… 1125
1. 의 의 1125
2. 손해배상청구권자 1125
3. 적용대상 금융투자상품 1126
4. 인과관계 1127
5. 손해배상책임의 범위 1128
6. 민법상 불법행위에 기한 손해배상책임과의 관계 1130
7. 소멸시효 1130
8. ELS 조건성취방해 1131
Ⅲ. 부정거래행위 ………… 1132
1. 의 의 1132
2. 손해배상책임의 요건 1132
3. 손해배상책임의 범위 1135
4. 민법상 불법행위에 기한 손해배상책임과의 관계 1135
5. 소멸시효 1136
Ⅳ. 미국의 증권사기소송 ………… 1136
1. 묵시적 사적소권과 명시적 사적소권 1136
2. 시장사기이론 1137
3. 손해배상액 1138
4. 제소기한 1139

제2절 형사책임 ———— 1140
Ⅰ. 총 설 ………… 1140
1. 법 정 형 1140
2. 불고불리(不告不理)의 원칙 1143
3. 포괄일죄 1144
4. 경 합 범 1145
5. 공모공동정범 1146
6. 위법성조각사유 1147
7. 죄형법정주의와의 관계 1148
8. 양벌규정 1149
9. 사법협조자에 대한 형벌감면 1151
10. 범죄수익은닉의 규제 1151

제3절 과 징 금 ———— 1155
Ⅰ. 불공정거래행위에 대한 과징금 도입 ………… 1155
Ⅱ. 과징금 부과 대상 ………… 1155
1. 불공정거래행위에 대한 과징금 1155
2. 시장질서 교란행위에 대한 과징금 1156
3. 위법한 공매도에 대한 과징금 1157
Ⅲ. 과징금 부과기준 ………… 1157
Ⅳ. 과징금의 감면 ………… 1158
1. 감면 대상 1158
2. 미공개중요정보 이용행위등에 대한 감면 1159
3. 과징금 감면 배제 1159

제4절 부당이득의 산정 ———— 1160
Ⅰ. 기본 원리 ………… 1160
1. 책임주의원칙 1160
2. 부당이득의 개념 1160
3. 인과관계 있는 이익 1161
4. 부당이득 산정방법의 법정화 1165
Ⅱ. 위반행위 유형별 부당이득 산정 ………… 1167
1. 미공개중요정보이용행위 1167
2. 시세조종행위 1170
3. 부정거래행위 1175
4. 시장질서교란행위 1176
5. 공매도 규제 위반행위 1176

Ⅲ. 공범의 이익 ······ 1178
1. 공범 전체의 이익 1178　2. 승계적 공동정범 1179
Ⅳ. 이익의 귀속주체 ······ 1180
1. 행위자 본인이 얻은 이익 1180　2. 고객에 귀속된 이익 1180
3. 자금이 혼재된 경우 1181　4. 법인 대표자의 위반행위 1181
5. 정보제공자의 이익 1182

제 5 편 집합투자

제 1 장 서　론

제1절 개　관 —— 1186
Ⅰ. 집합투자 ······ 1186
1. 집합투자 관련 개념 1186　2. 집합투자의 요소 1188
3. 자본시장법상 집합투자에서 배제되는 경우 1190
Ⅱ. 집합투자기구의 업무수행 ······ 1193
1. 의결권 행사 1193　2. 운용업무 수행 1193
3. 집합투자재산의 보관·관리업무 위탁 1194
4. 판매계약의 체결 1194　5. 일반사무관리업무의 위탁 1195
6. 기　타 1195
제2절 집합투자기구 —— 1196
Ⅰ. 집합투자기구 일반론 ······ 1196
1. 집합투자기구의 의의와 유형 1196
2. 적용법규 1196　3. 집합투자의 상호·명칭 1196
4. 집합투자기구의 분류 1197
Ⅱ. 특수한 형태의 집합투자기구 ······ 1200
1. 환매금지형집합투자기구 1200　2. 종류형집합투자기구 1202
3. 전환형집합투자기구 1202　4. 모자형집합투자기구 1203
5. 상장지수집합투자기구 1205

Ⅲ. 집합투자기구의 등록 ··· 1209
1. 등록주체와 등록기관 1209 2. 등록요건 1210
3. 등록신청서의 제출 1211
4. 집합투자기구의 등록과 증권신고서 제출의 이중 규제 1213
Ⅳ. 기 타 ··· 1214
1. 연대책임 1214
2. 자기집합투자증권의 취득 제한 1214
3. 투자신탁·투자익명조합에 관한 규정의 준용 1215
4. 자료의 기록·유지 1215 5. 은행에 대한 특칙 1216
6. 보험회사에 대한 특칙 1217

제 2 장 집합투자기구의 종류

제1절 신탁형 집합투자기구 — 1221
Ⅰ. 법률관계 ··· 1221
1. 신탁계약의 체결 1221 2. 수익자총회 1225
3. 반대수익자의 수익증권매수청구권 1231
4. 투자신탁의 해지 1232 5. 투자신탁의 합병 1235
Ⅱ. 수익증권의 발행과 수익자명부 ··· 1238
1. 수익증권의 발행 1238 2. 수익자명부 1239
제2절 회사형 집합투자기구 — 1240
Ⅰ. 투자회사 ··· 1240
1. 투자회사의 의의 1240 2. 투자회사의 설립과 등록 1240
3. 자 본 금 1242 4. 투자회사의 주식 1242
5. 이사의 선임과 설립경과의 조사 1243
6. 설립등기 1243 7. 제 한 1243
8. 정관의 변경 1244 9. 이사의 구분 1245
10. 이 사 회 1247 11. 주주총회 1248
12. 해 산 1249 13. 청 산 1251
14. 합 병 1252 15. 투자회사에 대한 특례 1252

16. 상법과의 관계 1253

Ⅱ. 투자유한회사 ·· 1253

1. 의 의 1253
2. 투자유한회사의 설립 1254
3. 지분증권 1254
4. 법인이사 1255
5. 사원총회 1255
6. 기타 준용규정 1255
7. 상법과의 관계 1256

Ⅲ. 투자합자회사 ·· 1256

1. 투자합자회사의 설립 1256
2. 업무집행사원 1257
3. 사원총회 1258
4. 준용규정 1258
5. 상법과의 관계 1259

Ⅳ. 투자유한책임회사 ·· 1260

1. 의 의 1260
2. 투자유한책임회사의 설립 1260
3. 지분증권과 지분양도제한 1261
4. 업무집행자 1261
5. 사원총회 1262
6. 기타 준용규정 1262
7. 상법과의 관계 1263

Ⅴ. 회사형 집합투자기구의 비교 ·· 1263

1. 사원의 구성 1263
2. 업무집행 1263
3. 의결기구 1263
4. 감독기구 1263
5. 출자대상 1264
6. 출자재산의 처분 등 1264
7. 지분단위 및 지분양도제한 1264

제3절 조합형 집합투자기구 —— 1264

Ⅰ. 투자합자조합 ·· 1264

1. 도입 경위 1264
2. 투자합자조합의 설립 1265
3. 조합원 구성 1266
4. 조합원총회 1266
5. 투자합자조합의 해산 및 청산 1266
6. 상법 및 민법과의 관계 1267

Ⅱ. 투자익명조합 ·· 1268

1. 투자익명조합의 설립 1268
2. 영 업 자 1268
3. 익명조합원총회 1268
4. 기타 준용규정 1269

5. 다른 법률과의 관계 1269

제4절 사모집합투자기구 1270

Ⅰ. 의 의 1270

Ⅱ. 일반사모집합투자기구 1271

1. 의 의 1271
2. 적격투자자 1271
3. 일반 사모집합투자업 등록 1272
4. 투자권유 · 투자광고 1273
5. 설정 · 설립 · 보고 1276
6. 집합투자재산 운용방법 1277
7. 공모집합투자기구 규정의 적용에 대한 특례 1280
8. 금융위원회의 조치 1282

Ⅲ. 기관전용사모집합투자기구 1284

1. 의 의 1284
2. 설립 및 보고 1284
3. 사원 및 출자 1285
4. 재산운용 규제 일원화 1288
5. 투자목적회사 1289
6. 업무집행사원 1290
7. 지분양도 1297
8. 특례규정 1298
9. 적용배제 1300
10. 기관전용사모집합투자기구에 대한 조치 1302
11. 기업재무안정 사모집합투자기구 1303
12. 창업 · 벤처전문 사모집합투자기구 1305

제 3 장 집합투자증권의 판매와 환매

제1절 집합투자증권의 판매 1308

Ⅰ. 판매방법과 판매주체 1308

1. 판매계약 · 위탁판매계약 1308
2. 투자중개업자의 법적 지위와 책임 1308

Ⅱ. 판매규제 1313

1. 판매가격의 제한 1313
2. 판매수수료 · 판매보수 1316

제2절 집합투자증권의 환매 1318

Ⅰ. 환매절차 1318

1. 환매청구의 상대방과 환매의무자 1318
2. 환매의 방법 1320 3. 소 각 1321
4. 환매와 손해액 산정 1321
Ⅱ. 환매가격과 수수료 ······ 1322
1. 환매가격의 결정 1322 2. 환매수수료 1323
Ⅲ. 환매연기와 일부환매 ······ 1323
1. 환매연기 1323 2. 일부환매 1326
3. 환매불응사유 1326

제 4 장 집합투자재산

제1절 평가 및 회계 ―― 1328
Ⅰ. 집합투자재산의 평가와 기준가격 ······ 1328
1. 시가평가원칙 1328 2. 집합투자재산 평가위원회 1330
3. 집합투자재산 평가기준 1330
4. 집합투자업자의 통보와 신탁업자의 확인 1330
5. 기준가격 1331 6. 사모집합투자기구의 특례 1332
Ⅱ. 집합투자재산의 회계처리 ······ 1332
1. 결산서류의 작성 · 승인 · 공고 1332
2. 집합투자재산의 회계처리 1333
3. 회계감사인의 손해배상책임 1335
Ⅲ. 이익금의 분배와 준비금의 적립 ······ 1336
1. 이익금 범위내의 이익분배 1336 2. 이익금을 초과한 이익분배 1337
제2절 보관 및 관리 ―― 1337
Ⅰ. 선관주의의무 ······ 1337
Ⅱ. 적용배제 ······ 1337
Ⅲ. 신탁업자의 업무제한 ······ 1338
1. 본인 또는 계열회사에 대한 보관 · 관리 금지 1338
2. 집합투자재산의 구분관리와 예탁 1338

3. 집합투자재산에 속하는 자산의 취득 · 처분 등의 이행 1338
4. 자신의 고유재산 등과의 거래제한 1339
5. 이해관계인과의 거래제한 1339 6. 정보 이용 금지 1339
Ⅳ. 운용행위감시 ··· 1340
1. 감시의 주체 및 시정요구 1340 2. 신탁업자의 확인의무 1340
3. 운용행위의 시정요구 미이행 및 공시 1341
4. 시정요구에 대한 이의신청 및 금융위원회의 결정에 따를 의무 1341
5. 확인사항 1341 6. 자료제출 요구권 1342
Ⅴ. 자산보관 · 관리보고서의 교부 ··· 1342
1. 원 칙 1342 2. 교부의무 면제 1343
3. 교부방법 1343 4. 비용 부담 1343

제5장 기 타

제1절 감 독 — 1344
Ⅰ. 투자회사등에 대한 감독 · 검사 ··· 1344
Ⅱ. 집합투자기구의 등록취소 ··· 1344
제2절 집합투자기구의 관계회사 — 1346
Ⅰ. 일반사무관리회사 ··· 1346
1. 일반사무관리회사의 업무 1346 2. 금융위원회 등록 1346
3. 감독 · 검사 1348
4. 일반사무관리회사에 대한 처분 1349
Ⅱ. 집합투자기구평가회사 ··· 1349
1. 등 록 1349 2. 영업행위준칙 1350
3. 준용규정 1350
4. 집합투자기구평가회사에 대한 감독 · 검사 1350
Ⅲ. 채권평가회사 ··· 1351
제3절 외국 집합투자증권에 대한 특례 — 1352
Ⅰ. 외국 집합투자기구의 등록 ··· 1352

1. 등록의무 1352 2. 등록요건 1353
Ⅱ. 외국 집합투자기구의 규제 …… 1354
1. 외국 집합투자증권의 국내 판매 1354
2. 외국 집합투자업자 등에 대한 감독·검사 1355
3. 외국 집합투자기구의 등록취소 1356

제 6 편 금융투자업 감독기관과 관계기관

제 1 장 금융투자업 감독기관

제1절 감독체계 —— 1360
Ⅰ. 금융위원회 …… 1360
1. 금융위원회의 설치 등에 관한 법률 1360
2. 금융위원회의 설치 및 지위 1360
3. 금융위원회의 구성 1360 4. 금융위원회의 운영 1361
5. 금융위원회의 소관 사무 1361
Ⅱ. 증권선물위원회 …… 1362
1. 증권선물위원회의 업무 1362 2. 증권선물위원회의 구성 1362
3. 불공정거래 조사를 위한 압수·수색 1363
Ⅲ. 금융감독원 …… 1363
1. 금융감독원의 설립과 지위 1363
2. 금융감독원의 구성 1363 3. 금융감독원의 업무 1364
Ⅳ. 상호관계 …… 1364
1. 금융위원회·증권선물위원회의 금융감독원에 대한 지도·감독·명령권 1364 2. 금융감독원장의 보고의무 1364
3. 권한의 위임·위탁 1365 4. 증권선물위원회의 심의 1366
5. 금융감독원장에 대한 지시·감독 1367
Ⅴ. 기 타 …… 1367
1. 외국 금융투자감독기관과의 정보교환 1367

2. 금융투자상품 매매의 제한과 정보이용금지 1369
3. 분 담 금 1369
4. 규제의 재검토 1369
5. 미국과 일본의 공적규제기관 1370
6. 민감정보 및 고유식별정보의 처리 1372
제2절 감독 및 처분 1373
Ⅰ. 명령 및 승인 등 1373
1. 금융위원회의 감독의무 · 감독권 1373
2. 금융위원회의 조치명령권 1374
3. 승인사항 1375
4. 보고사항 1376
Ⅱ. 검사 및 조치 1378
1. 금융위원회의 설치 등에 관한 법률 1378
2. 자본시장법 1379
3. 금융기관 검사 및 제재에 관한 규정 1389
Ⅲ. 조사 및 조치 1403
1. 임의조사 1403
2. 강제조사 1408
3. 조사결과에 대한 조치 1414
4. 자본시장조사단 1416
5. 자본시장특별사법경찰 1417
6. 불공정거래행위의 신고 및 신고자 보호 1418
Ⅳ. 과 징 금 1424
1. 과징금 부과 대상 1424
2 과징금 부과의 요건과 절차 1428
3. 불복절차 1429
4. 납부기한 연기 및 분할납부 1430
5. 과징금의 징수 및 체납처분 1431
6. 과오납금의 환급 1431
7. 결손처분 1432
8. 과징금과 다른 제재조치와의 병과 1432

제 2 장 금융투자업 관계기관

제1절 한국금융투자협회 1434

Ⅰ. 설　립 ········· 1434
1. 목　적 1434　2. 법적 성격 1434
3. 회　원 1435　4. 유사명칭 사용금지 1435
Ⅱ. 업　무 ········· 1435
Ⅲ. 감　독 ········· 1437
제2절 한국예탁결제원 ——— 1438
Ⅰ. 설립 및 감독 ········· 1438
1. 설　립 1438　2. 업　무 1439
3. 결제기관과 결제업무규정 1440　4. 예탁업무 영위 등의 금지 1441
5. 업무규정의 승인·보고 1441　6. 검사와 조치 1441
7. 증권예탁결제제도의 통일 1442　8. 증권의 무권화 1442
Ⅱ. 예탁관련제도 ········· 1443
1. 예탁대상증권등의 지정 1443　2. 증권예탁의 법률관계 1444
3. 예탁자의 예탁과 예탁자계좌부 1448
4. 투자자의 예탁과 투자자계좌부 1449
5. 계좌부 기재의 효력 1449　6. 예탁증권의 권리행사 1454
7. 실질주주의 권리행사 1458　8. 실질주주명부 1459
9. 강제집행과 보전처분 1462　10. 실질주주증명서 1465
11. 실질수익자의 권리행사 규정 삭제 1466
12. 외국예탁결제기관 등의 예탁 등에 관한 특례 1467
13. 보고 및 확인 1467　14. 증권등의 관리 1467
15. 발행명세 및 사고증권의 명세 통지 1468
16. 보호예수 1469
제3절 금융투자상품거래청산회사 ——— 1475
Ⅰ. 청산기관 ········· 1475
1. 지정거래소 1475　2. 금융투자상품거래청산회사 1475
Ⅱ. 인　가 ········· 1475
1. 무인가 청산영업행위 금지 1475　2. 인가요건 1476
3. 인가요건의 유지 1477

4. 인가업무단위의 추가 및 인가의 변경 1477

Ⅲ. 임직원과 소유규제 ······ 1477

1. 임직원의 자격 1477
2. 소유규제 1477

Ⅳ. 금융투자상품거래청산회사의 업무 ······ 1478

1. 업무의 범위 1478
2. 청산업무규정 1479
3. 부당한 차별의 금지 1479
4. 결제이행확보 1480
5. 거래정보의 보고 1482
6. 청산대상업자 1482
7. 청산대상거래 1482
8. 청산방법 1483
9. 청산의무거래 1484

Ⅴ. 검사와 조치 ······ 1485

1. 금융감독원장의 검사 1485
2. 금융위원회의 조치 1486

Ⅵ. 준용규정 ······ 1486

제4절 증권금융회사 ―――― 1487

Ⅰ. 업 무 ······ 1487

1. 증권금융업무 1487
2. 겸영업무 1487
3. 부수의무 1488

Ⅱ. 인 가 ······ 1488

Ⅲ. 임 원 ······ 1489

Ⅳ. 준용규정 ······ 1489

Ⅴ. 사채발행 ······ 1489

Ⅵ. 금융투자업자 자금의 예탁 등 ······ 1490

Ⅶ. 금융위원회의 감독과 조치 ······ 1490

1. 감 독 1490
2. 조 치 1490

제5절 신용평가회사 ―――― 1491

Ⅰ. 신용평가와 신용평가업 ······ 1491

Ⅱ. 신용평가업 인가 ······ 1492

1. 무인가 신용평가 금지 1492
2. 인가요건 1493
3. 인가신청 및 심사 1494
4. 예비인가 1494

5. 본 인 가 1494 6. 인가요건유지 1495

Ⅲ. 지배구조와 내부통제기준 ········· 1495

1. 지배구조 1495

2. 내부통제기준과 준법감시인 1495

Ⅳ. 신용평가회사의 업무규제 ········· 1496

1. 신용평가회사의 업무 1496 2. 독립성 · 공정성 · 충실성 1498

3. 신용평가회사의 행위규칙 1498

4. 신용평가서의 제출 및 공시 1501

5. 의결권의 제한 1501

6. 집합투자업자의 집합투자재산명세 제공 1502

Ⅴ. 감독 및 조치 ········· 1502

1. 감독 및 검사 1502 2. 금융위원회의 처분 1502

Ⅵ. 신용평가회사의 책임 ········· 1503

1. 민사책임 1503 2. 형사책임 1504

Ⅶ. 준용규정 ········· 1504

제6절 기타 관계기관 ——— 1505

Ⅰ. 종합금융회사 ········· 1505

1. 업 무 1505 2. 채권의 발행 1506

3. 신용공여한도 1507 4. 대주주와의 거래의 제한 1507

5. 금융위원회의 조치 1508

Ⅱ. 자금중개회사 ········· 1509

1. 업 무 1509 2. 인가요건 1509

3. 행위규제 1510 4. 금융위원회의 조치 1510

Ⅲ. 단기금융회사 ········· 1511

1. 업 무 1511 2. 인가요건 1512

3. 금융위원회의 조치 1512

Ⅳ. 명의개서대행회사 ········· 1513

1. 상법상 명의개서대리인 1513

2. 자본시장법상 명의개서대행회사 1513

Ⅴ. 금융투자 관계 단체 ········ 1516

1. 허 가 제 1516
2. 검사와 조치 1516

제3장 전자증권제도와 가상자산 규제

제1절 전자증권제도 ──── 1518

Ⅰ. 총 설 ········ 1518

1. 상법상 전자등록제도 1518
2. 전자증권법상 전자등록제도 1524
3. 전자문서증권과의 차이 1524
4. 전자증권법 적용 대상 1525
5. 다른 법률과의 관계 1526

Ⅱ. 제도운영기관 ········ 1527

1. 전자등록기관 1527
2. 계좌관리기관 1530

Ⅲ. 계좌의 개설 ········ 1531

1. 발행인관리계좌 1531
2. 고객계좌 및 고객관리계좌 1533
3. 계좌관리기관등 자기계좌 1534
4. 전자증권법상 계좌의 구조 1534

Ⅳ. 전자등록 ········ 1535

1. 전자등록의 의의 1535
2. 전자등록의 신청 1535
3. 전자등록의 유형 1536
4. 전자등록의 효력 1549
5. 전자등록주식등에 대한 증권·증서의 효력 1553

Ⅴ. 전자등록주식등에 대한 권리 행사 ········ 1553

1. 전자등록기관을 통한 권리 행사 1553
2. 소유자명세 1554
3. 소유자증명서 1558
4. 소유내용통지 1560
5. 권리 내용의 열람 1562
6. 전자등록계좌부와 주주명부의 관계 1562

Ⅵ. 전자등록의 안전성 확보 ········ 1565

1. 초과분 해소의무 1565
2. 초과분에 대한 권리행사제한 1567
3. 전자등록 정보 등의 보안 1568
4. 직무 관련 정보의 이용 금지 1569

5. 보고의무 등 1569
6. 계좌간 대체의 전자등록 제한 1570
7. 전자등록 정보 등의 보존 1570 8. 긴급사태 시의 처분 1570
9. 준용규정 1571
Ⅶ. 검사 및 감독 ······ 1571
1. 보고 및 검사 1571 2. 법무부장관의 검사 요청 1571
3. 전자등록기관에 대한 조치 1572
Ⅷ. 단기사채등에 대한 특례 ······ 1576
1. 단기사채등의 의의 1576
2. 발행 절차 및 발행 한도에 관한 특례 1576
3. 사채원부 작성에 관한 특례 1577
4. 사채권자집회에 관한 특례 1577 5. 자본시장법상 특례 1577
Ⅸ. 기 타 ······ 1578
1. 발행 내용의 공개 1578 2. 전자등록증명서 1578
3. 종류주식 전환에 관한 특례 1579
4. 주식의 병합에 관한 특례 1579 5. 주주명부 등에 관한 특례 1580
6. 외국 전자등록기관 등에 관한 특례 1580
7. 민사집행 1581 8. 권한의 위탁 1582
9. 고유식별정보의 처리 1582 10. 전자등록기관의 변경 1582
11. 한국은행에 관한 특례 1583
제2절 가상자산 규제 —— 1583
Ⅰ. 가상자산 일반론 ······ 1583
1. 가상자산의 개념 1583 2. 가상자산의 분류 1585
3. 가상자산의 법적 성격 1586 4. 가상자산의 거래 구조 1587
5. 가상자산과 금융투자상품 1588
Ⅱ. 가상자산이용자보호법 ······ 1590
1. 가상자산과 가상자산사업자 1590
2. 이용자 자산의 보호 1592 3. 불공정거래의 규제 1593
4. 감독 및 처분 1599

제 7 편 금융투자상품시장

제 1 장 거래소와 다자간매매체결회사

제1절 금융투자상품시장 개관 ———— 1604

제2절 거 래 소 ———— 1605

Ⅰ. 거래소 발전과정 ···· 1605

1. 증권거래소의 유가증권시장 1605
2. 한국증권업협회의 협회중개시장 1605
3. 선물거래소의 선물시장 1606
4. 한국증권선물거래소의 설립 1606
5. 자본시장법상 한국거래소 1608

Ⅱ. 거래소 허가제 ···· 1608

1. 무허가 시장개설행위 금지 1608
2. 유사명칭사용금지 1609

Ⅲ. 회 원 ···· 1610

1. 회원의 구분과 지위 1610
2. 거래의 종결 1611

Ⅳ. 업 무 ···· 1611

1. 거래소의 책무 1611
2. 거래소의 업무 1612
3. 청산과 결제 1613
4. 결제이행확보 1621
5. 거래소의 손해배상책임과 구상권 1624
6. 채무변제순위 1625

Ⅴ. 지배구조 ···· 1626

1. 기본사항 1626
2. 임 원 1626
3. 이 사 회 1627
4. 임원의 자격 1627
5. 정보이용금지 1627
6. 감사위원회 1627
7. 이사후보추천위원회 1628

Ⅵ. 거래소시장에 대한 규제 ···· 1628

1. 시장의 개설 1628
2. 증권시장 1629
3. 파생상품시장 1649
4. 시세의 공표 1661

5. 착오거래의 구제 1661
Ⅶ. 시장감시 …… 1663
1. 시장감시위원회 1663 2. 시장감시 1663
3. 이상거래의 심리와 회원의 감리 1664
Ⅷ. 분쟁조정 …… 1667
1. 시장감시위원회의 분쟁조정 1667
2. 분쟁조정절차 1667
3. 금융감독원 금융분쟁조정위원회 1667
Ⅸ. 소유규제 …… 1668
1. 주식소유의 제한 1668 2. 이행강제금 1669
3. 영업양도 등의 승인 1669
4. 거래소 증권의 상장 및 상장폐지의 승인 1670
Ⅹ. 감 독 …… 1670
1. 보고와 검사 1670 2. 금융위원회의 조치 1670
3. 거래소 규정의 승인 1671 4. 긴급사태시의 처분 1671
5. 시장효율화위원회 1672 6. 외국거래소와의 정보교환 1672
제3절 다자간매매체결회사 —— 1673
Ⅰ. 의 의 …… 1673
Ⅱ. 업 무 …… 1673
1. 매매체결대상상품과 매매가격결정방법 1673
2. 업무기준과 업무규정 1675 3. 거래규모와 규제차별 1676
4. 청산 및 결제 1677
Ⅲ. 지정거래소의 감시·감리 …… 1678
1. 지정거래소의 감시 1678
2. 지정거래소의 자료제출요청 및 감리 1678
Ⅳ. 소유규제 …… 1679
Ⅴ. 적용배제규정과 준용규정 …… 1679

제 2 장 장외시장

제1절 협회의 장외매매거래업무 —— 1681

Ⅰ. 호가중개시스템 …… 1681

1. 업무기준 1681
2. 소액매출특례 1682

Ⅱ. 전문투자자간 비상장주권 장외매매거래 …… 1682

제2절 장외거래 —— 1683

Ⅰ. 장외거래의 의의 …… 1683

1. 거래소시장 · 다자간매매체결회사 외에서의 거래 1683
2. 단주거래 1683
3. 장외거래 방법 1684

Ⅱ. 장외증권거래에 대한 규제 …… 1684

1. 채권중개전문회사를 통한 장외거래 1684
2. 채권전문자기매매업자를 통한 장외거래 1685
3. 환매조건부매매 1686
4. 증권대차거래 1688
5. 기업어음증권 등의 장외거래 1691
6. 해외시장 거래 1692
7. 기타 장외거래 1692

Ⅳ. 장외파생상품거래에 대한 규제 …… 1693

1. 일반투자자범위의 확대 1693
2. 파생상품업무책임자 1693
3. 적정성원칙 1693
4. 불초청권유 금지 1694
5. 투자권유준칙 1694
6. 매매규제 1694
7. 장외거래의 청산의무 1695

Ⅴ. 「채무자 회생 및 파산에 관한 법률」의 적용배제 …… 1696

1. 청산결제제도 참가자에 대한 회생절차개시 1696
2. 적격금융거래 당사자에 대한 회생절차개시 1696

▌판례색인 1649

▌국문색인 1668

▌외국어색인 1694

법령 · 규정 약어표

(괄호 · 각주에서의 표기방법)

자본시장법	法
자본시장법 시행령	令
자본시장법 시행규칙	規則
상법	商法
상법 시행령	商令
주식회사의 외부감사에 관한 법률	外監法
주식회사의 외부감사에 관한 법률 시행령	外監令
금융위원회의 설치 등에 관한 법률	金設法
구 간접투자자산운용업법	間投法
구 증권거래법	證法
구 증권거래법 시행령	證令
증권의 발행 및 공시 등에 관한 규정	증권발행공시규정
유가증권시장 상장규정	상장규정
유가증권시장 업무규정	업무규정
유가증권시장 공시규정	공시규정
Securities Act of 1933	SA
Securities Exchange Act of 1934	SEA
金融商品取引法	金商法

※ 괄호 안의 조문 표시에서, 항(項)은 동그라미 숫자로 표시하고[제1항 → ①)], 호(號)는 숫자만으로[제1호 → 1] 표시함.

참고문헌

[국 내 서]

김건식·정순섭, 자본시장법(제4판), 두성사, 2023
김병연외 2인, 자본시장법(제4판), 박영사, 2019
김정수, 자본시장법원론(제2판), SFL그룹, 2014
변제호 외 4인, 자본시장법(제2판), 지원출판사, 2015
이상복, 자본시장법, 박영사, 2021
임재연, 미국증권법, 박영사, 2009
임재연, 자본시장과 불공정거래(제4판), 박영사, 2023
한국증권법학회, 자본시장법 주석서 I·II(개정판), 박영사, 2015

[외 국 서]

Hazen & Lee, *Securities Regulation: Corporate Counsel Guides* (2012)
Collins, *Regulation of Securities, Markets, and Transactions* (2014)
Cox & Hillman, *Securities Regulation* (2018)

川村正幸, 金融商品取引法(第5版), 中央経済社, 2014
河本一郎·大武泰南, 新金融商品取引法読本, 有斐閣, 2014
日野正晴, 詳解金融商品取引法(第2版), 中央経済社, 2016
山下友信·神田秀樹, 金融商品取引法概説(第2版), 有斐閣, 2017
黒沼悦郎, 金融商品取引法入門(第8版), 日本經濟新聞出版社, 2021
松尾直彦, 金融商品取引法(第7版), 商事法務, 2023
梅本剛正, 金融商品取引法, 中央経済社, 2024

제 1 편

총　　설

제 1 장　서　　론
제 2 장　금융투자상품과 금융투자업

제1장
서 론

제1절 개 관

Ⅰ. 자본시장 규제의 목적

「자본시장과 금융투자업에 관한 법률」[1] 제1조는 "자본시장에서의 금융혁신과 공정한 경쟁을 촉진하고 투자자를 보호하며 금융투자업을 건전하게 육성함으로써 자본시장의 공정성·신뢰성 및 효율성을 높여 국민경제의 발전에 이바지함을 목적으로 한다."고 규정한다. 제1조의 규정형식을 보면 "국민경제의 발전에 이바지함"을 최종 목적으로 설정하고, 이를 위한 기본 조건인 자본시장의 공정성·신뢰성·효율성 향상을 위하여 i) 자본시장에서의 금융혁신과 공정한 경쟁 촉진, ii) 투자자 보호, iii) 금융투자업의 건전 육성 등의 구체적인 목표를 설정하고 있다. 여기서 i) 자본시장에서의 금융혁신과 공정한 경쟁 촉진은 공정성, ii) 투자자 보호는 신뢰성, iii) 금융투자업의 건전 육성은 효율성을 위한 각각의 구체적인 목표라 할 수 있다.

결국 자본시장법은 i) 자본시장의 발전, ii) 투자자의 보호, iii) 금융투자업의 육성 등 세 가지를 입법목적으로 규정하는데, 이와 같은 규정형식과 관계없이 자본시장법의 가장 중요하고 궁극적인 목적은 "투자자 보호"이다. 제1조의 규정 중 "자본시장에서의 금융혁신과 공정한 경쟁 촉진"과 "금융투자업의 건전 육성"은 궁극적인 목적인 투자자 보호를 위한 장치 또는 수단이며, "국민경제의 발전"은 자본시장의 공정성·신뢰성·효율성을 통하여 달성하려는 간접적이고 이념적인 목적이라 할 수 있다.[2] 투자자 보호는 각국의 증권규제에 있어서 궁극적인

---

1) 본서에서는 「자본시장과 금융투자업에 관한 법률」을 공식약칭인 "자본시장법"으로 표기한다.
2) 구 증권거래법 제1조도, "이 법은 유가증권의 발행과 매매 기타의 거래를 공정하게 하여

목적이고 자본시장법의 해석에 있어서 가장 중요한 기준이 되고 있다.[3] 자본시장법의 적용대상인 금융투자상품의 경우 파생상품은 물론 증권도 근래에는 무권화(無券化)가 정착되어 가면서 실물 증서 자체가 없어지고 있다. 또한 금융투자상품의 거래는 대부분 공개된 시장에서 불특정다수인 간의 경쟁매매에 의하여 이루어지므로, 이러한 거래방식 자체에서 발생하는 불공정성도 클 수밖에 없다. 위와 같이 금융투자상품 자체의 본질적 성격과 그 거래에 수반되는 필연적인 불공정성 때문에 전통적인 민법·상법·형법 등에 의한 규제만으로는 투자자 보호에 미흡할 수밖에 없고, 자본시장법과 같은 특별법에 의한 규제가 필요하다.

Ⅱ. 자본시장 규제의 연혁과 입법례

1. 증권거래법

(1) 제정배경

해방 후에도 조선증권취인소령(朝鮮證券取引所令)이 잠정적으로 증권시장에 적용되어 왔는데, 1962. 1. 15. 법률 제972호로 증권거래법이 제정·공포되었고 1962. 4. 1.부터 시행되었다. 새로 제정된 증권거래법은 입법 당시 우리나라 증권시장의 수준에 비추어 볼 때, 실제의 입법수요를 고려한 것이라기보다는 증권규제의 선진국인 미국과 일본의 법제를 도입하기 위한 성격이 크다고 볼 수 있다.

(2) 개정과 폐지

증권거래법은 제정 이후 증권시장의 수요에 맞추어 지속적으로 개정되었는데, 증권거래법 개정의 역사는 곧 우리나라 증권시장의 발전과정을 보여주는 것

유가증권의 유통을 원활히 하고 투자자를 보호함으로써 국민경제의 발전에 기여함을 목적으로 한다."고 규정하였는데, 구 증권거래법도 투자자 보호를 1차적인 목적으로 하였다는 것이 통설적인 견해였고, 자본시장법 하에서도 투자자 보호를 가장 핵심적인 목적으로 본다(김건식·정순섭, 22면; 김정수, 22면).

3) 미국 연방증권법은 투자자 보호라는 목적을 직접적으로 선언하고 있지 않지만, 많은 규정에서 "공익과 투자자 보호를 위하여(in the public interest and for the protection of investors)"라는 문구를 사용함으로써, 투자자 보호가 증권규제의 가장 중요하고 1차적인 목적임을 간접적으로 선언하고 있다. 이는 연방증권법 외에 각 州의 증권법도 마찬가지이다. 연방증권법은 증권거래위원회(Securities and Exchange Commission: SEC)에 규칙제정권을 위임하는 대부분의 규정에서, "위원회가 공익과 투자자 보호에 필요하거나 적절한 것으로서 규칙과 규정에 의하여 정하는 바에 따라(as the Commission may, by rules and regulations, prescribe as necessary or appropriate in the public interest and for the protection of investors)"라는 문구를 포함한다.

이라 할 수 있다. 구 증권거래법은 자본시장법의 제정과 함께 자본시장법의 시행 일자로 폐지되었다.[4)]

---

4) 증권거래법 제정 이후 주요 개정내용은 다음과 같다(타법 개정에 의한 개정은 생략함).
1. 1963년 4월 개정(법률 제1334호)
① 1962년의 증권파동을 겪은 후 투자자 보호를 강화하기 위하여 유가증권신고서의 허위기재에 대한 손해배상책임규정 신설
② 정부가 증권거래소에 직접 출자토록 하여 증권거래소를 종래의 주식회사제에서 공영제로 전환
2. 1963년 12월 개정(법률 제1563호)
헌법 개정으로 정부형태가 내각책임제에서 대통령제로 변경됨에 따라 법조문 중 신헌법에 저촉되는 어휘 즉 각령을 대통령령으로 개정하는 등 자구수정 수준의 개정이었다.
3. 1964년 12월 개정(법률 제1679호)
금융기관이 인수한 증권거래소의 주식과 출자증권을 정부가 인수하도록 하는 것이 주된 내용이었다.
4. 1968년 12월 개정(법률 제2066호)
① 증권업을 영업의 종류별로 구분하여 법정 최저자본금에 차등을 두고, 등록제를 허가제로 전환
② 증권회사의 자본충실을 위하여 부채비율과 증권거래준비금에 관한 규제 강화
③ 증권회사 임원의 제3자에 대한 손해배상책임을 가중하는 규정 신설
5. 1973년 2월 개정(법률 제2481호)
비상국무회의에서 의결·개정된 것으로 증권회사의 자본금을 인상하고, 기업공개촉진법에 관련된 규정을 보완하였다.
6. 1974년 12월 개정(법률 제2684호)
① 증권거래준비금적립 의무화
② 시세조종금지의 근거규정 신설
③ 증권관계단체 설립의 허가제
7. 1976년 12월 전면개정(법률 제2920호)
① 기업 등록제도·공개매수제도·상장주식소유제한 등의 도입
② 내부자거래 규제와 증권회사 임직원의 매매거래에 관한 규제 보완
③ 미국의 Securities and Exchange Commission(SEC)과 기능이 유사한 증권관리위원회 및 증권감독원 설립
8. 1982년 3월 개정(법률 제3541호)
① 유가증권신고제도의 공시주의로의 전환
② 내부자거래, 시세조종행위 및 부당권유행위에 대한 규제 강화
③ 상장법인의 경영권안정을 위해 상장주식소유제한 강화
④ 주식매수청구권 신설
9. 1987년 11월 개정(법률 제3945호)
① 유가증권신고제도 개선
② 단기매매차익 반환의무 도입
③ 기업공시제도 개선
④ 대체결제업무 개선
⑤ 투자자문업 제도화
⑥ 실질주주제도 도입
⑦ 증권거래소의 회원제 전환

⑧ 민영화 공기업의 경영권 보호를 위하여 주식보유제한 및 의결권제한 강화

10. 1991년 12월 개정(법률 제4469호)

① 미공개중요정보 이용행위금지규정 신설(188조의2)
② 주식대량보유상황보고제도(5% Rule)와 합병신고제도 도입
③ 연결재무제표 공시제도 도입
④ 유가증권예탁제도 정비
⑤ 새로운 금융상품 고려하여 유가증권의 정의 보완

11. 1994년 1월 개정(법률 제4701호)

금융실명제 실시·금리자율화 등으로 인해 경제·금융여건이 크게 변화함에 따라 이러한 변화에 대처하기 위하여 다음과 같이 개정하였다.

① 상장주식대량소유제한제도 폐지
② 상장법인의 자기주식취득 허용
③ 5% Rule의 보고의무자의 범위 확대
④ 상장법인의 무의결권 우선주주에게도 주식매입청구권을 부여
⑤ 증권대체결제주식회사를 증권예탁원으로 개편

12. 1997년 1월 개정(법률 제5254호)

OECD가입, 주가지수선물시장 및 유가증권옵션시장의 개설, 주식시장개방의 가속화 등 대내외적 상황급변에 따라 정부는 신증권정책을 추진하게 되었고 이에 따라 1997년 1월 개정은 거의 전부문에 걸친 대폭적인 것이었다.

① 증권업무에 대한 규제를 완화하여 재정경제원 장관의 증권회사에 대한 자본금증액명령제도, 유가증권상장명령제도, 상장폐지명령제도, 보증사채발행법인의 증권관리위원회 등록제도 및 지정 등록법인제도 등을 폐지(3조, 28조⑤, 90조, 91조).
② 기업매수·합병(M&A)의 공정성을 높이기 위하여 공개매수신고자가 합산공시하여야 하는 특별관계인의 범위를 확대하고, 공개매수의 요건·기간·절차·제재 조치 등을 규정(21조 내지 27조의2).
③ 증권발행·유통제도를 선진화하기 위하여 상장법인의 일반공모증자제도를 도입하고, 유가증권매매시 전자통신방식의 주문을 허용하며, 투자자 보호를 강화하기 위하여 상장기업의 공시제도를 보완하고, 시세조종행위와 내부자거래에 대한 처벌을 강화(109조②, 186조 내지 186조의5, 189조의3 및 207조의2).
④ 기업의 경쟁 활력을 고취하기 위하여 상장법인 등의 임직원이 정관이 정하는 바에 따라 당해 법인의 주식을 유리한 가격으로 매입할 수 있는 주식매수선택권 제도를 도입(189조의4).
⑤ 1968년에 제정된 자본시장육성에 관한 법률을 폐지하여 기업공개권고제도 등을 폐지하고, 우리사주조합원에 대한 주식우선배정근거, 상장법인과 신종사채발행근거 등 존치가 필요한 사항은 증권거래법으로 이관(191조의2 내지 191조의10).
⑥ 기업 경영의 투명성을 제고하기 위하여 상장기업의 감사 선임·해임시 대주주 본인과 그 특수관계인의 지분을 포함하여 3% 이상에 대하여는 의결권 행사를 제한하고, 일정규모 이상 상장기업의 경우 감사 1인을 상근하도록 함(191조의11① 및 191조의12①).
⑦ 소수주주의 권익보호를 위하여 상장기업의 소수주주권 행사요건을 완화하여, 대표소송제기권 및 이사 해임청구권 등을 행사할 수 있는 소수주주의 범위는 6월 이상 발행 주식 총수의 1% 이상의 주식 보유자로, 회계장부 열람권·주주총회 소집 청구권 등을 행사할 수 있는 소수주주의 범위는 1년 이상 발행주식총수의 3% 이상의 주식 보유자로 규정(191조의13①, 191조의14①).

13. 1997년 12월 개정(법률 제5423호)

① 일부 조문에 나오는 '위원회가 정하는 바'에 따르도록 한 사항들을 '총리령이 정하는 바'에 의하도록 변경.
② 증권회사 및 거래소 임원의 결격사유를 엄격히 규정.
③ 증권투자자 보호기금을 위한 국유재산의 무상양여에 관한 규정을 신설(69조의5).
④ 주권상장법인 또는 협회 등록법인의 주식은 1주의 금액을 100원 이상으로 할 수 있다고 규정(192조의2).
⑤ 중간배당의 근거규정 신설(192조의3).

14. 1998년 1월 개정(법률 제5498호)
증권감독기구개편에 따라 각 해당 조문의 증권관리위원회를 금융감독위원회로 변경하였다.

15. 1998년 2월 개정(법률 제5521호)
대주주 중심의 기업지배구조를 개선하고 자율적인 기업간 인수·합병을 원활히 할 필요성이 증대함에 따라 소수주주권을 강화하고 25% 의무공개매수제도를 폐지함으로써 기업경영의 투명성을 제고하고 기업의 구조조정을 지원하기 위한 개정이다.
① 기업의 구조조정을 지원하기 위해 발행주식총수의 25% 이상을 취득하고자 할 때 50%+1주를 공개매수하도록 한 의무공개매수제도 폐지(21조②).
② 기업의 경영권방어 수단을 확충하기 위해 상장기업이 자기주식을 취득할 수 있는 한도를 발행주식총수의 10%에서 3분의 1로 확대(189조의2).
③ 합병절차를 간소화하기 위해 비상장법인과 상장법인이 합병하고자 하는 경우 비상장법인이 증권관리위원회에 등록해야 하는 기간을 현행 합병승인을 위한 주주총회 6월전에서 3월전으로 단축(190조).
④ 소수주주의 권익보호를 위하여 대표소송 제기권을 행사할 수 있는 상장기업의 소수주주의 지분비율을 발행주식총수의 1천분의 10 이상에서 1만분의 5 이상으로, 이사해임청구권·감사해임청구권 등을 행사할 수 있는 소수주주의 지분비율을 발행주식총수의 1천분의 10 이상에서 1천분의 5 이상으로, 회계장부열람권을 행사할 수 있는 소수주주의 지분비율을 발행주식총수의 1천분의 30 이상에서 1천분의 10 이상으로 완화(191조의13).

16. 1998년 5월 개정(법률 제5539호)
각 해당 조문의 대통령령 또는 총리령으로 정하도록 한 사항을 재정경제부령으로 정하도록 변경하였다.

17. 1999년 2월 개정(법률 제5736호)
① 종전에는 투자일임업을 영위하기 위하여는 재정경제부장관의 허가가 필요하였으나, 금융감독위원회에의 등록만으로 이를 영위할 수 있도록 하는 등 투자자문업 및 투자일임업에 대한 신규진입장벽을 완화(70조의2①,②, 70조의8 및 70조의9).
② 협회중개시장을 활성화하기 위하여 현재 상장법인에 대하여 적용하고 있는 지원제도를 협회 등록법인에 대하여도 확대적용 하도록 하여 우선주발행한도·주식배당한도에 있어서의 특례를 인정하고, 일반공모증자·교환사채 등 신종사채발행 및 자기주식의 취득 등을 허용(189조의2, 189조의3, 191조의2 내지 191조의5 및 191조의8 내지 191조의10).
③ 종전에는 주주의 주식매수청구권행사와 관련하여 회사와 주주가 매수가격에 대하여 협의하지 못하는 경우에는 주식의 매수가격을 이사회의 결의일전 60일 동안의 평균거래가격으로 정하도록 하였으나, 이 경우 주가가 지속적으로 하락하는 때에는 그 가격이 시장가격을 합리적으로 반영하지 못하는 문제점이 있어 기업의 부담이 되므로, 매수가격의 산정방법을 유가증권시장에서 거래된 당해 주식의 거래가격을 기준으로 대통령령이 정하는 방법에 따라 산정된 금액으로 정할 수 있게 함(191조③).
④ 종전에는 상장법인과 합병하고자 하는 비상장법인에 대하여는 합병주주총회일로부터

3월 전에 금융감독위원회에 사전 등록하도록 하였으나, 기업의 구조조정을 지원하기 위하여 이러한 제한을 폐지하고, 회사가 유상증자를 할 때 1주당 발행가액이 액면가액에 미달하는 경우에는 법원의 인가를 받도록 하는 상법의 규정은 상장법인에 대하여는 적용하지 않도록 함(종전 190조 삭제, 191조의5).

⑤ 공시제도의 실효성을 높이기 위하여 공시의무를 위반하거나 공시대상서류에 허위의 기재 등을 한 경우에는 금융감독위원회가 최고 5억원의 범위내에서 과징금을 부과할 수 있도록 함(206조의11 내지 206조의16).

⑥ 증권회사 등 증권관계기관의 경영상 자율성을 높이고 시장기능을 활성화하기 위하여 증권회사의 임원이 될 수 있는 경력기준을 폐지하는 등 영업의 자율성을 제한하는 규제를 대폭 폐지 또는 완화(종전 28조⑦·29조① 및 33조① 폐지).

⑦ 투자상담사 자격증 취득의 경력요건을 완화: 2종 투자상담사 자격시험은 1년 이상의 증권회사근무경력요건을 폐지하여 일반인들도 투자상담사 시험을 치를 수 있도록 하고, 1종 투자상담사 자격시험은 증권회사 재직 여부와 관계없이 2종 투자상담사 자격시험에 합격하거나 증권관계기관에서 과장급 이상으로 5년 이상 근무한 뒤 최근 3년 이내 증권연수원에서 선물. 옵션 관련 과정을 이수하면 응시할 수 있도록 함.

18. 2000년 1월 개정(법률 제6174호)

① 증권업의 허가기준을 보다 구체적으로 정하고, 증권회사의 재무건전성을 판단할 수 있는 기준을 정하고, 허가취소의 근거를 마련하는 등 제도운영의 투명성을 높임(30조, 32조, 32조의2, 54조의2, 54조의3, 55조①).

② 지배구조개선을 위하여 사외이사와 감사위원회에 관한 기준을 명시함(54조의5 및 54조의6, 191조의16①, 191조의17①, 부칙 8조).

③ 발행주식총수의 0.005% 이상의 주식을 보유하는 경우 대표소송의 제기가 가능하도록 하는 등 소수주주권의 행사요건을 현행 상장법인에 적용되는 행사요건의 절반수준으로 완화하여 증권회사의 경영이 보다 투명하게 이루어지도록 함(64조).

④ 종전에는 증권거래소의 예산 및 결산을 금융감독위원회에 보고하도록 하였으나 이를 폐지하고, 증권금융회사가 정관을 변경하는 경우 금융감독위원회의 승인을 받도록 하였으나 앞으로는 변경 후 보고만 하도록 함(114조 삭제, 151조①, 164조, 제175조 및 제178조).

⑤ 협회 등록법인이 경영활동·재무상태 등의 변동상황을 공시하지 아니하거나 불성실하게 공시하는 경우 5억원 이하의 과징금이 부과되도록 함(206조의11③).

19. 2001년 3월 개정(법률 제6423호)

① 증권업의 범위: 유가증권시장 또는 협회중개시장에서 거래되는 주식을 장 종료 후 정보통신망 및 전자정보처리장치에 의하여 동시에 다수의 자를 각 당사자로 하여 상장주식 협회 등록주식을 대상으로 유가증권시장 또는 협회중개시장에서 공표된 당해 주식의 최종시세가격에 의한 유가증권매매의 중개 또는 대리 및 당해 중개업무를 수행함에 필요한 유가증권의 매매를 증권업의 한 형태로 도입(2조⑧3,8).

② 공개매수절차: 종전의 공개매수신고서제출절차를 개정하여, 공개매수를 하고자 하는 자는 공개매수공고를 하고(21조의2①), 공개매수신고서를 당해 공개매수공고를 한 날에 금융감독위원회에 제출하여야 하되, 공개매수공고일이 공휴일 그 밖의 금융감독위원회가 정하는 날에 해당되는 때에는 그 다음 날에 제출할 수 있도록 함(21조의2②).

③ 사외이사후보의 추천: 대형 주권상장법인 또는 협회 등록법인의 사외이사후보추천위원회가 사외이사후보를 추천함에 있어서는 소수주주가 추천한 사외이사후보를 포함시키도록 의무화하고(54조의5③), 감사위원회의 위원장은 사외이사가 맡도록 함(54조의6②).

④ 협회중개시장운영위원회: 협회가 협회중개시장의 운영에 관한 업무를 처리하기 위하여 협회에 협회중개시장운영위원회를 두도록 의무화(172조의2②).
⑤ 이사회 결의에 의한 주식매수선택권 부여: 정관이 정하는 바에 따라 발행주식총수의 10%의 범위안에서 대통령령이 정하는 한도까지 이사회의 결의로 주식매수선택권을 부여할 수 있는 근거규정 신설(189조의4③).
⑥ 협회 등록법인의 사외이사 및 감사위원회 설치 의무화: 협회 등록법인의 경우에도 주권상장법인과 마찬가지로 사외이사제도를 도입하고(191조의16) 대형협회 등록법인에 대하여는 감사위원회 설치 의무화(191조의17).
⑦ 공시의무에 대한 벌칙 강화: 부실, 허위공시법인에 대한 과징금의 상한을 5억원에서 20억원으로 상향조정하고(206조의11①) 형사벌칙 강화(207조의3).

20. 2002년 1월 개정(법률 제6623호)
증권회사가 유가증권의 매매손실이나 사고손실 등에 대비하여 의무적으로 적립하던 증권거래준비금제도를 폐지하고(40조 삭제), 증권거래소와 한국증권업협회가 유가증권시장과 협회중개시장에서의 이상매매와 관련하여 회원의 매매거래상황 등에 관한 자료의 제출을 요청하거나 그와 관련된 업무 및 재산상황 등을 감리할 수 있도록 하고(73조의2 및 162조의3 신설), 주식매수선택권을 당해 법인의 경영이나 해외영업에 기여한 관계회사의 임·직원에 대하여도 주식매수선택권을 부여할 수 있도록 하고(189조의4), 증권선물위원회가 불공정거래행위를 조사하는 경우에는 관계자가 제출한 서류 등을 영치하거나 관계자의 사무소 또는 사업장에 출입하여 장부·서류 등을 조사할 수 있도록 하였다(206조의3).

21. 2002년 4월 개정(법률 제6695호)
상장유가증권 또는 협회중개시장에 등록된 유가증권의 매매거래 등과 관련하여 미공개중요정보를 이용하거나 시세조종 등 불공정거래행위를 함으로써 얻은 이익이나 회피한 손실액이 5억원 이상 50억원 미만인 때에는 3년 이상의 유기징역을, 그 이익 또는 회피한 손실액이 50억원 이상인 때에는 무기 또는 5년 이상의 유기징역에 처하도록 하되, 동 위반행위로 인하여 징역에 처하는 경우에는 10년 이하의 자격정지와 그 위반행위로 인하여 얻은 이익 또는 회피한 손실액의 3배에 상당하는 금액 이하의 벌금을 병과할 수 있도록 형사처벌을 강화하였다.

22. 2003년 10월 개정(법률 제6987호)
증권거래법의 투자자문업 또는 투자일임업에 관한 규정들이 「간접투자자산운용업법」으로 이관되었다.

23. 2003년 12월 개정(법률 제7025호)
유가증권신고서·사업보고서 등 공시서류의 허위기재 및 누락 등을 방지하기 위하여 대표이사 등의 확인 및 서명을 의무화하고, 상법상 업무집행지시자에 대하여도 공시서류의 허위기재 및 누락 등으로 인한 손해배상책임을 지도록 하고(8조④ 및 14조① 1의 2 신설), 불공정 증권거래행위를 증권선물위원회에 신고 또는 제보한 자의 신분상 비밀을 보호하고, 이들에 대한 불이익 대우를 금지하며, 신고 또는 제보에 대한 포상을 할 수 있도록 하고(20조의2 신설), 회계 또는 재무전문가 1인 이상을 감사위원회의 위원으로 포함하도록 하여 감사위원회의 전문성을 제고하고(54조의6②), 불공정거래행위에 관여한 증권회사에 대하여 영업의 전부 또는 일부의 정지를 명할 수 있도록 하고(57조), 주권상장법인 및 협회 등록법인의 주요주주 및 임원에 대한 금전 대여 또는 채무이행의 보증을 금지하고(191의19① 신설), 공시서류의 허위기재 및 중요한 사항의 누락을 인지하고도 이를 진실 또는 정확하다고 증명하여 감사보고서에 그 뜻을 기재한 공인회계사·감정인 또는 신용평가를 전문으로 하는 자를 5년 이하의 징역 또는 3천만원 이하의 벌금에 처하도록 하고(207조의3 제2호), 임원의 보수를 사업보고서에 기재하도록 하되, 기

2. 간접투자자산운용업법

「간접투자자산운용업법」[5]은 간접투자기구 등의 구성과 자산운용 및 투자자 보호에 필요한 사항을 규정함으로써 자본시장의 간접투자를 활성화하여 국민경제의 발전에 이바지함을 목적으로 한다(同法 1조). 간투법은 「증권투자신탁업법」

재사항의 범위를 대통령령으로 정하도록 하고(186조의2), 대통령령이 정하는 주권상장법인 또는 협회 등록법인의 사외이사가 당해 회사 이사 총수의 과반수가 되도록 하였다(191조의16).

24\. 2004년 1월 개정법(법률 제7114호)

2004년 1월 한국증권선물거래소법의 제정으로 유가증권시장과 코스닥시장 및 선물시장 등 3개의 시장이 모두 통합됨에 따라, 증권거래법 제6장 한국증권거래소 부분이 전면적으로 삭제되었다. 그 외에 용어 수정이 법률 전반에 걸쳐 이루어졌다.

25\. 2005년 1월 개정(법률 제7339호)

기업에 대한 적대적인 인수·합병(M&A) 시도의 증가로 기업의 경영권에 대한 위협이 증가하고 있음에도 불구하고 기업의 경영권 방어를 위한 제도적 수단이 불충분하여 공정한 경영권 경쟁이 이루어지지 못하고 기업환경이 악화되는 문제점이 제기되었으므로, 공개매수제도 및 주식의 대량보유 공시제도의 개선을 통하여 공정한 경영권 경쟁환경을 조성하고 기업에 대한 과도한 경영권 위협을 완화하려는 목적으로 다음과 같은 개정하였다.

① 주식등의 공개매수제한 폐지 및 공개매수기간 중 유가증권발행 허용: 공개매수공고일부터 과거 6월간 공개매수를 통하여 주식등을 매수한 사실이 있는 자에 대한 공개매수 제한을 폐지하고, 공개매수기간에도 주식등의 발행인이 경영권 방어를 위하여 의결권에 변동을 초래하는 유가증권의 발행 등을 할 수 있도록 함(23조③,④ 삭제).

② 주식의 대량보유 등의 보고시 경영권에 영향을 주기 위한 목적 여부의 명시 의무화 등: 주식의 대량보유(주식 총수의 5% 이상) 등의 보고시 경영권에 영향을 주기 위한 목적 여부를 명시하여 보유목적을 보고하도록 하고, 보유목적의 경영권에 대한 영향 유무를 기준으로 주식의 대량보유 등의 보고내용을 차등화할 수 있는 근거 마련(200조의2①).

③ 주식 대량보유목적의 변경이 있는 경우의 보고 의무화 등: 주식의 대량보유목적의 변경이 있는 경우 5일 이내에 금융감독위원회와 증권거래소에 보고를 하도록 하고, 보유목적을 발행인의 경영권에 영향을 주기 위한 것으로 보고하는 자에 대하여 5일 동안 의결권을 제한하며, 주식등의 추가취득 금지(200조의2④, 200조의3②).

④ 주식의 대량보유 등의 보고상황 및 그 변동내용 중 중요내용을 허위로 보고하거나 기재를 누락한 자에 대하여 위반주식등에 대한 의결권 행사를 제한하고, 1년 이하의 징역 또는 5백만원 이하의 벌금에 처하도록 함(200조의3①, 210조 5의2호 신설).

26\. 2005년 7월 개정(법률 제7616호)

주식취득을 통하여 증권회사의 지배주주가 되고자 하는 자는 충분한 출자능력 등을 갖추어 금융감독위원회의 사전승인을 얻도록 하고, 승인을 얻지 아니하고 취득한 주식에 대하여는 금융감독위원회가 6개월 이내의 기간을 정하여 처분명령을 할 수 있도록 하는 등 증권회사의 건전성 유지 및 투자자 보호를 위하여 현행 규정상의 일부 미비점을 개선·보완하였다.

5) 이하에서는 규정 인용시 간투법(間投法)으로 약칭한다.

및 「증권투자회사법」을 통합함으로써 동일한 자산운용행위에 대하여 동일한 규제를 적용하고, 투자자 보호장치를 강화하여 자산운용산업에 대한 투자자의 신뢰를 회복할 수 있도록 하는 한편, 자산운용대상의 확대 등 자산운용업에 대한 규제를 개선하여 자산운용산업이 활성화될 수 있도록 하려는 목적으로 2003. 10. 4. 제정되었는데(시행은 공포후 3개월이 경과한 날부터),[6] 자본시장법의 제정에 따라 다른 통합대상 법률과 함께 자본시장법의 시행일자로 폐지되었다.

제 2 절 자본시장법 및 관련 법규·판례

Ⅰ. 자본시장법

1. 제정배경

자본시장법은 종래의 증권거래법·선물거래법·간접투자자산운용업법·신탁업법·종합금융회사에 관한 법률·한국증권선물거래소법 등을 하나의 법으로 통합한 법이다. 자본시장법이 2007. 8. 3. 제정되고 2009. 2. 4. 시행됨에 따라(法 부칙 1조), 이들 통합대상 법은 모두 자본시장법의 시행일에 폐지되었다. 자본시장과 금융산업의 경쟁력 제고를 위한 선진국의 금융법제 선진화의 예로는, 2000년

---

6) 「간접투자자산운용업법」의 주요 내용은 다음과 같다. ⅰ) 간접투자에 대한 일반적인 정의규정을 두어 투자자로부터 자금 등을 모아 경제적 가치가 있는 자산에 운용하는 행위는 간투법의 적용을 받도록 하고(間投法 2조), ⅱ) 간투법에 의하여 허가를 받은 자산운용회사는 투자자로부터 모은 신탁재산에 대하여 투자신탁을 선정·운용하도록 하되, 신탁재산의 보관 및 관리를 위하여 수탁회사와 신탁계약을 체결하고, 수익증권의 판매는 판매회사에 위탁하도록 하고(間投法 2조, 28조 및 55조), ⅲ) 상법상 주식회사의 형태로 설립된 투자회사가 투자자로부터 모은 투자회사재산을 운용하고자 하는 때에는 금융감독위원회에 등록하도록 하고, 투자회사재산의 운용은 자산운용회사에, 투자회사재산의 보관 및 관리는 자산보관회사에, 투자회사 주식의 판매는 판매회사에 각각 위탁하도록 하고(間投法 36조, 41조①, 43조②, 55조 및 128조②), ⅳ) 자산운용회사가 운용할 수 있는 투자대상을 유가증권 외에 파생금융상품·부동산 등으로 확대하되, 투자자 보호를 위하여 투자신탁에 수익자총회 제도와 투자회사에 법인이사 제도를 도입하고, 동일종목에 대한 투자한도 및 이해관계인과의 거래제한 등을 설정하여 간접투자재산이 건전하게 운용될 수 있도록 하고(間投法 69조, 77조 및 87조 내지 92조), ⅴ) 구 증권거래법에 규정하고 있는 투자자문업 또는 투자일임업의 규정을 「간접투자자산운용업법」으로 이관하고, 투자자문업의 자문 및 투자일임업의 일임대상을 유가증권외에 파생상품거래 등으로 확대하는 한편, 겸업제한 등 투자자 보호를 위한 규제를 강화하였다(間投法 145조 내지 147조).

영국의 금융통합법이라 할 수 있는 금융서비스시장법(Financial Services and Market Act: FSMA), 2001년 호주의 금융서비스개혁법(Financial Services Reform Act: FSRA), 2001년 싱가폴의 증권선물법(Securities and Futures Act: SFA), 2006년 일본의 金融商品取引法 등이 있다. 우리나라의 경우 자본시장법의 입법을 위한 준비작업 초기에는 은행, 보험까지 포함한 영국의 FSMA형 금융통합법의 제정을 검토하였으나,7) 예금과 보험은 이미 포괄주의(민법의 소비임치개념 및 상법의 보험개념)에 의한 개념이 정착되어 있고, 투자성 없는 통상의 예금과 보험의 경우 투자자 보호의 필요성이 없고, 은행업계 및 보험업계가 금융통합법 입법에 대하여 완전히 공감대를 형성하지 않는 상황이고, 나아가 입법기술상의 난점도 있으므로 이러한 모든 점을 고려하여 증권과 파생상품에 관한 자본시장만을 대상으로 하는 통합법을 제정하였다.

2. 특 징

(1) 포괄주의에 의한 금융투자상품 개념

금융투자상품의 개념을 정의함에 있어서 자본시장법은 구 증권거래법이 채택하던 한정적 열거주의 대신 포괄주의를 도입하였다.

(2) 금융투자업에 대한 기능별 규제

자본시장법은 금융투자업에 대한 규제에 있어서 구 증권거래법상의 기관별 규제(institutional regulation) 대신 금융투자업의 영위 주체를 불문하고 동일한 금융투자업은 동일한 규제를 받도록 하는 기능별 규제(functional regulation)를 도입하였다.

(3) 금융투자업자의 업무범위 확대

자본시장법은 금융투자업자가 진입요건(투자매매업, 투자중개업, 집합투자업, 신탁업은 인가, 투자자문업 또는 투자일임업은 등록)만 갖추면 금융투자업을 영위할 수 있도록 하고(法 12조①, 法 18조①). 또한 모든 부수업무를 원칙적으로 허용하면서 투자자 보호에 문제가 있는 등 예외적인 경우에만 제한한다.8)

---

7) 영국의 FSMA는 은행·보험·증권 등의 금융업에 대한 감독·규제를 일원화하였다. FSMA에 관한 상세한 내용은, 심 영, "영국의 금융서비스및시장법에 관한 고찰", 상사법연구 제22권 제2호, 한국상사법학회(2003)와 오성근, "영국 금융서비스·시장법상 금융프로모션규제와 입법적 시사점", 한양법학 제21집(2007. 8) 참조.

8) 구 증권거래법은 부수업무를 법령의 규정에 의하여 열거하는 방식(positive 방식)을 채택하

(4) 투자자 보호의 강화

포괄주의에 의한 금융투자상품 개념, 금융투자업자의 업무범위 확대 등으로 인하여 투자자의 이익이 침해될 가능성이 커졌으므로, 자본시장법은 투자권유[9]와 관련하여 투자자 보호를 위한 각종 제도를 명문으로 도입하였다.[10]

3. 적용범위

국내법의 장소적 적용범위에 대하여는 속지주의(屬地主義) 및 속인주의(屬人主義)의 원칙상, 국내법은 국내에서 이루어진 행위 또는 내국인이 행한 행위에 대하여만 적용되는 것이 원칙이다. 이와 달리 외국인의 국외에서 이루어진 행위에 대하여 일정한 경우 국내법을 적용하는 것을 역외적용이라 하는데, 역외적용의 범위와 관련하여 자본시장법 제2조는 국외에서 이루어진 행위로서 그 효과가 국내에 미치는 경우에도 적용한다고 규정함으로써(法 2조),[11] 효과주의원칙을 선언하고 있다.

역외적용은 "국외에서 이루어진 행위"로서 "그 효과가 국내에 미치는 경우"에 문제되므로, 그 일부라도 국내에서 이루어진 행위에 대하여는 속지주의원칙상 당연히 국내법인 자본시장법이 적용되는 것이고, 제2조에 의한 적용이 아니다. 한편 자본시장법은 외국 금융투자업자가 국외에서 내국인을 상대로 하는 영업 중 일정한 경우에는 자본시장법의 적용대상인 금융투자업으로 보지 않는다(法 7조⑥4, 슈 7조④).

였으므로, 증권회사는 법령의 개정이 있어야 새로운 부수업무를 영위할 수 있었다. 이에 자본시장법은 금융투자업자가 모든 부수업무를 취급할 수 있도록 하되 예외적으로 제한하는 방식(negative 방식)으로 전환하였다.

9) 투자권유란 특정 투자자를 상대로 금융투자상품의 매매 또는 투자자문계약·투자일임계약·신탁계약(관리형신탁계약 및 투자성 없는 신탁계약 제외)의 체결을 권유하는 것을 말한다(法 9조④).

10) 다만, 2021년 3월부터 시행된 「금융소비자 보호에 관한 법률」의 제정에 따라 전문투자자와 일반투자자의 구분(法 46조①), 투자자정보확인(法 46조②), 적합성원칙(法 46조③), 적정성원칙(法 46조의2①), 설명의무(法 47조①), 부당권유의 금지(法 49조) 등의 규정이 삭제되고 「금융소비자 보호에 관한 법률」 제4장 제1절 영업행위 일반원칙 부분으로 이관되었다.

11) 「독점규제 및 공정거래에 관한 법률」 제3조도 같은 취지로 "국외에서 이루어진 행위라도 그 행위가 국내 시장에 영향을 미치는 경우에는 이 법을 적용한다."라고 규정한다. 자본시장법의 "그 효과가 국내에 미치는 경우"라고 규정함으로써 "시장"에 한정하지 않는다는 점에서 다르다. 그리고 자본시장법은 효과주의원칙을 선언한 것이고 행위주의원칙을 배제하는 것은 아니다.

4. 개정과정

자본시장법은 시행일을 하루 앞 둔 2009. 2. 3. 개정되었는데, 이는 투자자 보호를 위한 보완규정 외에, 자본시장법 제정 후 증권거래법, 선물거래법 등 통합 대상 법률의 개정 사항을 반영하고, 그 밖에 제정 이후 나타난 일부 미비점을 보완하기 위한 것이다.[12] 자본시장법은 그 후에도 금융환경 변화에 맞추어 지속적으로 개정되고 있다.[13]

---

12) [2009.2.3. 개정법(법률 제9407호)의 주요내용]

가. 금융투자업의 변경인가시 예비인가제도 적용(法 제16조)
이미 인가받은 인가업무 단위 외에 다른 인가업무 단위를 추가하여 금융투자업을 경영하기 위하여 변경인가를 신청하는 경우에는 예비인가제도의 적용을 배제하고 있어 변경인가에 필요한 인력, 물적 설비 등을 인가 신청 시 모두 갖추어야 하는 문제가 있으므로, 변경인가를 신청하는 때에도 예비인가 제도를 적용하되, 변경인가 시에도 최초인가와 같이 대주주 적격성 요건이 적용되도록 하였다.

나. 집합투자업자의 의결권 공시대상 축소(法 87조)
집합투자업자는 집합투자재산에 속하는 주식의 의결권 행사 내용 등을 공시하여야 하나 비상장주식등의 경우에는 공시에 따른 투자자의 이익보다 집합투자업자의 공시 부담이 더 크다는 문제가 있으므로, 집합투자업자가 의결권 행사 내용 등을 공시하여야 하는 주식을 대통령령으로 정하는 주식으로 제한하였다.

다. 신탁업자의 공탁의무 폐지(法 107조 삭제)
신탁업자는 신탁의무의 위반으로 수익자에게 생기게 될 손해를 담보하기 위하여 자본금의 10분의 1 이상의 금액에 상당하는 금전등을 공탁하여야 하나, 이는 자기자본 규제와 중복되는 측면이 있어 신탁업자의 공탁의무를 폐지하였다.

라. 상장법인 등의 반기·분기보고서 제출기한 특례(法 160조)
주권상장법인 등 사업보고서 제출대상법인은 반기·분기보고서를 해당 반기·분기 종료 후 45일 이내에 제출하여야 하나, 향후 국제회계기준이 도입되어 연결재무제표를 기준으로 반기·분기보고서를 작성하여야 하게 되면 현행 제출기한 이내에 제출하기 어려워질 것이라는 문제가 있으므로, 사업보고서 제출대상법인이 재무관련 사항 등을 연결재무제표를 기준으로 작성하여 반기·분기보고서를 금융위원회와 거래소에 제출하는 경우에는 그 최초의 사업연도와 다음 사업연도에 한하여 해당 반기·분기 종료 후 60일 이내에 제출할 수 있도록 하였다.

마. 상장법인 등의 재무특례(法 165조의2부터 165조의18까지 신설)
자본시장법이 시행되는 2009년 2월 4일에 폐지될 예정인 증권거래법에 규정되어 있는 상장법인 등에 대한 특례 중 재무특례 사항을 계속 적용할 수 있도록 자본시장법에 이 관하여 규정하였다.

바. 상장법인의 주식매수청구권제도의 개선(法 165조의5 신설)
증권거래법에 따르면 합병 등에 관한 이사회 결의 내용이 공시되고 나서 주식을 취득하고 주식매수청구권제도를 이용하여 이사회 결의일 이전의 시가로 주식매수를 청구하여 매수가격과 취득가격과의 차액을 얻으려는 단기적 투기거래가 나타나 건전한 합병 등을 방해하는 원인이 되고 있으며, 금융위원회의 주식매수가격 조정제도는 원래 취지와 달리 주식매수 가격에 관한 분쟁을 신속하게 해결하지 못하는 문제가 있었다. 이에 반대주주가 합병 등에 관한 이사회결의 내용이 공시되기 이전에 취득하였음을 증명한

주식과 일정한 경우에는 공시 이후 취득한 주식이라도 주식매수청구권을 인정하고, 금융위원회의 주식매수가격 조정제도를 폐지하고 법원에서 결정하도록 하는 등 주식매수청구권 제도를 개선하여 자본시장법에 반영하였다.

사. 미공개중요정보 이용금지 대상 보완(法 174조)
공개매수, 주식등의 대량취득·처분에 관한 미공개중요정보를 공개매수자 및 대량취득·처분자 본인이 이용하거나 타인에게 이용하게 하는 행위는 금지되어 있지 아니하여 처벌하지 못하는 문제가 있으므로, 공개매수자 및 대량취득·처분자 본인도 해당 거래에 관한 미공개중요정보의 이용행위 금지대상으로 하였다.

아. 상장지수집합투자기구의 연동대상 확대(法 234조)
상장지수집합투자기구는 증권의 종합지수 변동에 연동하여 운용하는 것만을 허용하여 증권 외의 자산의 개별가격에 연동하는 등 다양한 상장지수집합투자기구가 생기기 어려운 점을 보완하기 위하여, 상장지수집합투자기구의 연동대상을 기초자산의 개별가격 또는 종합지수로 확대하였다.

자. 적격투자자 대상 사모집합투자기구 도입(法 249조의2 신설)
사모집합투자기구는 외국에서 운용되는 이른바 헤지펀드(hedge fund)에 비하여 더 엄격한 규제를 적용받고 있으므로, 적격투자자만을 대상으로 하는 사모집합투자기구의 법적 근거를 마련하여, 운용주체를 집합투자업자로 제한하고, 대상 투자자는 대통령령으로 정하는 적격투자자로 제한하되, 자산운용에 관한 규제는 일반사모집합투자기구에 비하여 완화하였다.

차. 상호출자제한기업집단 계열 사모투자전문회사 등에 대한 제한 완화(法 274조)
상호출자제한기업집단의 계열회사인 사모투자전문회사 등은 다른 회사를 계열회사로 편입한 경우 편입일부터 5년 이내에 그 다른 회사의 지분증권을 그 상호출자제한기업집단의 계열회사가 아닌 자에게 처분하여야 하므로 사모투자전문회사 등의 해외진출이 제한되는 문제가 있으므로, 상호출자제한기업집단의 계열회사인 사모투자전문회사 등이 외국기업을 계열회사로 편입하는 경우에는 5년 이내 처분 의무를 적용하지 않도록 하였다.

카. 과징금의 결손처분 및 환급제도 도입(法 434조의2부터 434조의4까지 신설)
금융위원회가 부과하는 과징금에 대한 결손처분 및 환급금·환급가산금에 관한 법적 근거가 없어 미납된 과징금에 대한 결손처분이 어렵고 과오납된 과징금의 환급절차가 복잡한 문제가 있으므로, 징수권의 소멸시효 완성, 체납자의 행방불명 등의 사유가 있으면 미납된 과징금에 대하여 결손처분을 할 수 있도록 하고, 이의신청 재결 또는 법원의 판결 등에 따라 과징금의 과오납이 확정되면 금융위원회가 지체 없이 환급금·환급가산금을 지급할 수 있는 법적 근거를 명시하였다.

타. 외국 금융투자감독기관과의 정보교환 제한 완화(法 437조)
국내에 영향을 미치는 국외에서의 불공정거래행위 등의 발생 가능성이 커짐에 따라 그 조사를 위하여 국제증권감독기구의 다자간협정에 가입하여 외국 금융투자감독기관과 정보교환을 하는 것이 필요하므로 그 정보교환 제약요인을 완화하여 국제기준에 맞는 정보교환을 할 수 있도록 하였다.

파. 양벌규정 개선(法 448조 단서 신설)
현행 양벌규정은 문언상 영업주가 종업원 등에 대한 관리·감독상 주의의무를 다하였는지에 관계없이 영업주를 처벌하도록 하고 있어 책임주의원칙에 위배될 소지가 있으므로, 영업주가 종업원 등에 대한 관리·감독상 주의의무를 다한 때에는 처벌을 면하게 함으로써 양벌규정에도 책임주의원칙이 관철되도록 하였다.

하. 일반투자자에 대한 보호장치 강화 및 장외파생상품 거래에 대한 규제 강화
1) 일반투자자가 파생상품 거래로 과도한 위험에 노출되지 않게 파생상품 거래와 관련

한 금융투자업자의 내부통제 및 일반투자자 보호의무를 명확히 규정할 필요가 있음.

2) 장외파생상품 거래에서는 별도의 의사표시가 없는 한 주권상장법인도 일반투자자의 범위에 포함하여 주권상장법인도 투자권유 규세의 보호를 받도록 함(法 제9조 제5항 제4호 단서 신설).

3) 자산규모 및 금융투자업의 종류 등을 고려하여 대통령령으로 정하는 금융투자업자에 대하여는 상근임원인 파생상품업무 책임자를 1명 이상 두도록 하고, 지정·변경하는 때에는 금융위원회에 통보하도록 함(法 제28조의2 신설).

4) 금융투자업자가 투자권유 없이 파생상품 등을 일반투자자에게 판매하려는 때에는 면담·질문 등을 통하여 그 일반투자자의 투자목적, 재산상황 및 투자경험 등의 정보를 파악하고, 해당 파생상품 등이 그 일반투자자의 투자목적, 재산상황 및 투자경험 등에 비추어 적정하지 아니하다고 판단되는 경우에는 그 사실을 알리도록 하고 일반투자자로부터 확인을 받도록 함(法 제46조의2 신설).

5) 장래의 불확실한 사항에 대한 단정적 판단의 제공행위를 손해배상책임이 인정되는 설명의무 위반의 유형으로 명시함(法 제47조 제3항).

6) 금융투자업자는 일반투자자의 투자목적·재산상황 및 투자경험 등을 고려하여 등급별로 차등화된 투자권유준칙을 마련해야 할 의무를 부담(法 제50조 제1항 단서 신설).

7) 금융투자업자가 투자권유대행인에게 위탁할 수 있는 투자권유의 범위에서 파생상품 등에 대한 투자권유를 제외함(法 제51조 제1항).

8) 금융위원회의 정정신고서 제출 요구 사유에 중요사항의 기재·표시내용이 불분명하여 투자자의 합리적인 투자판단을 저해하거나 투자자에게 중대한 오해를 일으킬 수 있는 경우를 추가함(法 제122조 제1항).

9) 금융투자업자와 일반투자자 간의 장외파생상품 매매는 대통령령으로 정하는 위험회피 목적의 거래에 한하고 금융투자업자에게 이와 관련한 사항을 확인·관련 자료를 보관하도록 하는 등의 기준 준수 의무를 부여하고, 금융감독원장으로 하여금 동 기준의 준수 여부를 감독하도록 함(法 제166조의2 신설).

13) [2010.3.12. 개정법(법률 제10063호)의 개정이유와 주요내용]

(개정이유)

"글로벌 금융위기에 따른 어려움을 겪고 있는 기업들의 재무안정을 지원하기 위하여 기업재무안정투자회사(공모)와 기업재무안정사모투자전문회사를 한시적으로 도입하고, 일반투자자에 대한 보호를 강화하기 위해 장외파생상품에 대한 민간 자율의 사전심의제도를 신설하며, 금융투자업의 신규 또는 변경인가 시 금융투자업자 본인의 요건 및 대주주 요건을 합리적으로 정비하고, 기업어음증권을 「전자어음의 발행 및 유통에 관한 법률」에 따른 전자어음 발행대상에서 제외하며, 집합투자기구의 판매수수료·보수의 상한을 법률에서 직접 규정하는 등 현행 제도의 운영상 나타난 일부 미비점을 개선·보완하려는 것임."

(주요내용)

가. 기업어음증권에 대한 전자어음 발행의무 면제(法 제10조 제3항 신설)

나. 금융투자업 인가·등록 시 금융투자업자에 대한 사회적 신용 요건 도입(法 제12조 제2항 제6호의2 및 제18조 제2항 제5호의2 신설)

다. 변경인가·변경등록 시 대주주 요건 완화(法 제16조 제2항 및 제21조 제2항 신설)

라. 금융투자업자의 임원결격사유 적용대상의 확대(法 제24조)

마. 펀드의 판매수수료 및 판매보수의 상한 설정(法 제76조 제5항)

바. 장외파생상품에 관한 사전심의(法 제166조의2 제1항 제6호, 제286조 제1항 제4호 및 제288조의2 신설, 法 부칙 제2조)

1) 2011년 12월 31일까지는 기초자산 시장이 형성되어 있지 않아 정확한 가치 산정이 곤란한 장외파생상품 및 일반투자자를 대상으로 하는 장외파생상품은 대통령령으로 정

하는 경우를 제외하고는 한국금융투자협회의 사전심의를 거치도록 함.
2) 한국금융투자협회에 장외파생상품의 사전심의업무를 담당하는 장외파생상품심의위원회를 설치하도록 함.
사. 기업재무안정투자회사 특례 신설(法 제234조의2 신설, 法 부칙 제3조)
아. 기업재무안정사모투자전문회사 특례 신설(法 제278조의2 신설, 法 부칙 제3조)
1) 주로 부실징후기업, 구조개선기업 등에 투자하는 기업재무안정사모투자전문회사에 대하여 3년간 한시적 특례를 마련하여, 기업재무안정사모투자전문회사의 재원조달 및 자산운용의 효율성을 제고함.
2) 국민·공무원·사립학교교직원·군인 연금 등 4개 연기금의 재무안정사모투자전문회사에 대한 출자범위를 여유자금운용액의 100분의 10 이내로 제한하고, 시장 혼란을 방지하기 위해 일반 사모투자전문회사의 경우와 같이 6개월 내 주식처분제한 규정을 둠.
[2011.8.4. 개정법(법률 제11040호)의 개정이유]
"특수은행이 투자자문업을 영위할 수 있도록 현행 상법에 따른 주식회사로 제한된 투자자문업 또는 투자일임업을 등록할 수 있는 영업주체의 요건에 대통령령으로 정하는 금융기관을 추가하고, 집합투자업자는 투자운용인력이 변경되는 경우에는 변경되는 투자운용인력의 운용 경력을 공시하도록 함으로써 일반 투자자들의 선택권을 보장하려는 것임."
[2013.4.5. 개정법(법률 제11758호)의 개정이유와 주요내용]
(개정이유) "금융환경 변화를 적극적으로 수용하면서 우리 금융산업의 도약의 계기를 마련하고 투자자의 자본시장에 대한 신뢰성을 높여 공정한 시장질서를 확립하기 위하여 금융투자상품거래청산 제도 등을 도입하고, 최근 상법이 개정됨에 따라 주권상장법인 특례 조항을 정비하려는 것임."
(주요내용)
가. 주권상장법인이 제3자발행 등의 방법으로 신주 배정 시 금융위원회에 제출한 주요사항보고서가 공시된 경우에는 신주발행사항의 통지 또는 공고의무를 적용하지 않도록 함(안 제165조의9).
나. 장외파생거래 등의 결제불이행 위험을 축소하기 위한 G20 정상회의의 합의사항을 국내에 수용하기 위하여 금융투자업자의 채무불이행이 국내 자본시장에 중대한 영향을 줄 우려가 있는 장외파생상품의 매매 등에 대하여는 금융투자상품거래청산회사에서 의무적으로 청산하도록 함(안 제166조의3 신설).
다. 금융투자상품거래청산회사를 설치하여 장외파생상품 등에 대한 청산을 담당하도록 함(안 제323조의2부터 제323조의20까지 신설).
[2013.5.28. 개정법(법률 제11845호)의 개정이유와 주요내용]
(개정이유)
"금융환경 변화를 적극적으로 수용하면서 우리 금융산업의 도약의 계기를 마련하고 투자자의 자본시장에 대한 신뢰성을 높여 공정한 시장질서를 확립하기 위하여 국내 투자은행 및 자산운용산업 등에 관한 규제체계를 전반적으로 정비하며, 자본시장의 경쟁력 강화를 위하여 다자간매매체결회사 제도, 거래소 허가제 등을 도입하고, 투자자 보호를 위하여 우리 자본시장 질서를 교란하는 불공정거래 등에 관한 규제를 정비하는 한편, 집합투자증권 판매시 원칙적으로 간이투자설명서를 통해 설명을 하도록 함으로써 투자자의 이해도를 제고하고, 5억원 이내의 범위에서 대통령령으로 정하는 금액 이상의 보수를 받는 임원의 개인별 보수를 사업보고서에 기재하도록 의무화함으로써 기업경영의 투명성을 제고하며, 미공개중요정보 이용행위나 시세조종 등 불공정거래에 대하여 최소한 불법이익금 이상의 벌금이 부과될 수 있도록 벌금형의 하한선을 마련하여 불공정거래행위를 억제하려는 것임"
(주요내용)
가. 자산운용산업 규제체계의 선진화(제6조 제5항, 제87조, 제98조 등)

1) 다양한 금융자산에 대한 맞춤형 투자수요에 대응할 수 있도록 하기 위하여 집합투자업, 투자일임업 등 금융투자업 상호 간의 구분을 그 특성에 맞추어 명확히 규정함.
2) 집합투자업자가 투자자의 이익 보호를 위하여 선량한 관리자로서의 주의의무 및 충실의무에 따라 집합투자기구의 재산에 속한 주식의 의결권을 행사하도록 함.
3) 다른 회사의 경영권 지배를 목적으로 운용되는 사모투자전문회사의 투자대상에 신주인수권부사채 등을 포함할 수 있도록 투자기준을 명확히 하는 한편, 사모투자전문회사에 대한 감독을 강화하기 위하여 사모투자전문회사의 운용자에 대한 등록제 및 차입 또는 채무보증 등에 대한 보고의무를 부과함.

나. 국내 투자은행의 활성화(제8조 제8항, 제77조의2, 제77조의3 신설)
1) 미래 산업과 대규모 해외프로젝트를 지원할 수 있는 선진형 투자은행의 발전을 촉진하기 위하여, 일반 증권회사에 비하여 기업금융 관련 업무를 원활히 수행하도록 하는 기업대출 업무를 영위하는 종합금융투자사업자를 신설함.
2) 종합금융투자사업자는 투자매매업자·투자중개업자 중에서 3조원 이상으로서 대통령령으로 정하는 자본금 등 일정 요건을 갖추어 금융위원회의 지정을 받도록 함.

다. 자본시장의 경쟁력 제고를 위한 기반 강화(제8조의2, 제9조 제26항, 제373조의2 신설, 제68조, 제78조, 제373조, 제386조)
1) 거래소에 대한 경쟁력 강화 및 불법 장외거래에 대한 규제를 위하여 거래소 법정주의를 폐지하고 거래소 허가제를 도입하는 한편, 금융위원회의 인가를 받아 전자적 방법으로 다수의 자를 거래상대방으로 하여 상장주권 등의 매매체결 업무를 하는 다자간매매체결회사를 설립할 수 있도록 함.
2) 금융투자상품 등에 대하여 공정한 신용평가를 함으로써 보다 신뢰성 있는 투자자보호가 이루어지도록 신용평가회사에 관한 규제를 현행 「신용정보의 보호 및 이용에 관한 법률」에서 「자본시장과 금융투자업에 관한 법률」로 이관하면서 신용평가회사의 평가방법 및 신용평가서 등의 투자자에 대한 공시의무를 확대함.

라. 임원자격제한 요건 등 그 밖의 현행 제도의 미비점 보완(제24조, 제250조 제7항 제1호 및 제251조 제3항 제1호)
1) 은행업 및 보험업 등 다른 금융산업에서의 임원 자격제한요건과 균형을 맞추기 위하여 당연무효사유 외에 금융투자업자의 임원에 대한 자격제한 사유를 추가함.
2) 은행 및 보험회사 등에 대한 과도한 이해상충방지 체계구축의무를 합리적으로 개선하기 위하여 퇴직연금 등의 업무에 대하여는 은행 및 보험회사 등의 이해상충방지 체계구축의무 대상에서 제외함.

마. 불공정거래·공시 등 관련 규제의 실효성 제고(제119조, 제122조, 제125조, 제132조, 제176조 제4항, 제429조 제4항, 제427조의2 신설)
1) 증권모집의 주선인에 대해서도 인수인과 동일한 증권신고서 부실기재에 따른 배상책임을 부담하도록 하는 등 증권의 인수 관련 제도를 정비함.
2) 우리 자본시장 질서를 교란하는 행위에 엄정하게 대응함으로써 투자자를 보호하기 위하여 비상장증권, 장외파생상품을 이용한 시세조종행위 등이 형사처벌의 대상이 된다는 점을 명확히 하고, 합병 등을 통해 우회상장하려는 기업의 미공개중요정보를 이용하는 행위도 불공정거래행위로 처벌할 수 있도록 하는 등 불공정거래 관련 규제체계를 개선함.

바. 집합투자증권을 판매하는 경우 간이투자설명서를 교부하도록 하되, 투자자가 원하는 경우 투자설명서를 교부할 수 있도록 하고, 투자자에게 정식투자설명서를 요청할 수 있는 권리가 있음을 고지토록 하여 투자자 보호를 강화함(제124조 등).

사. 주주총회 및 상장기업의 직접금융 내실화(제152조의2 신설, 제153조, 제165조의6, 제165조의7, 제165조의10, 제165조의11까지, 현행 제314조 제4항·제5항 삭제)

1) 의결권 대리행사 권유에 대한 규제를 합리적으로 개선하기 위하여 상장주권의 의결권 대리행사의 권유를 하는 자가 그 상대방에게 위임장 용지 등을 교부하는 경우 5일 전까지 금융위원회 등에 제출하여야 하던 것을 2일로 단축하고, 상장기업 주주총회의 내실 있는 운영을 위하여 주주총회 활성화의 장애요인으로 작용하던 예탁결제원의 중립적 의결권 행사 제도를 2015년부터 폐지함.

2) 주주배정 방식에서 실권주(失權株)가 유리한 가격으로 제3자에게 배정되는 것을 방지하기 위하여 주주배정 과정에서 실권주가 발생하는 경우에는 원칙적으로 새로운 발행절차를 거치도록 함.

3) 우리사주조합원의 투자자로서의 보호를 강화하기 위하여 발행가액 등이 확정된 후 청약을 할 수 있도록 청약 시점을 개선함.

4) 상장기업의 자금조달 수단을 다양화하기 위하여 조건부자본증권등의 발행을 허용함.

아. 사업보고서 제출대상법인의 사업보고서에 5억원 이내의 범위에서 대통령령으로 정하는 금액 이상의 보수를 받는 임원의 개인별 보수와 그 구체적인 산정기준 및 방법을 기재하도록 함(제159조).

자. 미공개중요정보 이용행위 금지(제174조), 시세조종행위 등의 금지(제176조), 부정거래행위 등의 금지(제178조)를 위반한 자에게 부정거래행위 등으로 얻은 이익 또는 회피한 손실액 1배 이상 3배 이하에 상당하는 금액의 벌금에 처할 수 있도록 하여 벌금형의 하한선을 마련함(제443조, 제447조).

[2013.8.13. 개정법(법률 제12102호)의 개정이유]

"기업재무안정사모투자전문회사 관련 규정의 유효기간이 2013년 6월 12일 만료되었으나, 국내외 경기회복이 지연됨에 따라 기업의 재무구조개선을 지원하기 위한 기업재무안정사모투자전문회사의 기능이 여전히 필요한 점을 고려하여 기업재무안정사모투자전문회사에 대한 특례를 3년간 한시적으로 재규정하고, 창업초기 중소·벤처기업에 특화된 중소기업전용주식시장인 코넥스시장(KONEX)의 시장참여자가 전문투자자 등으로 제한되는 특성 등을 고려하여 코넥스시장 상장법인의 반기·분기보고서의 제출 특례와 사외이사 및 상근감사에 관한 특례를 규정하여 기술력 및 성장성 등을 갖춘 중소·벤처기업이 자본시장을 통해 원활하게 자금조달을 할 수 있도록 지원하려는 것임."

[2014.12.30. 개정법(법률 제12947호)의 개정이유와 주요내용]

(개정이유)

"기존 불공정거래행위에 비하여 위법성의 정도는 낮으나 시장의 건전성을 훼손하는 시장질서 교란행위에 대한 규제를 신설하고, 그 시장질서 교란행위에 대하여는 과징금을 부과하도록 함으로써 불공정거래 규제의 사각지대를 해소하고 투자자를 보호하려는 것임. 또한, 전자투표 및 의결권 대리행사의 권유를 실시한 회사에 한정하여 중립적 의결권 행사(Shadow voting)를 2017년 12월 31일까지 활용할 수 있도록 허용함으로써 감사선임 등을 위한 주주총회의 의결정족수를 충족할 수 있도록 경과조치를 마련하려는 것임. 아울러 퇴직자 상당통보의 대상이 되는 임직원에 대한 조치를 모든 제재조치로 확대함으로써 임직원 제재의 실효성을 제고하려는 것임."

(주요내용)

가. 기존 불공정거래행위와 비교하여 미공개중요정보이용 및 시세조종 규제 범위를 확대함으로써 2차·3차 정보수령자의 이용행위, 목적성 없이 시세에 영향을 주는 행위 등을 금지하도록 하기 위하여 시장질서 교란행위를 신설하고, 시장질서 교란행위에 대하여는 과징금을 부과하도록 함(제178조의2 및 제429조의2 신설).

나. 한국거래소 시장감시위원회의 업무에 불공정거래의 예방 등을 위한 활동 근거를 신설함(제402조 제1항 제4호 신설).

다. 퇴직자 상당통보의 대상이 되는 임직원에 대한 조치를 해임요구·면직뿐만 아니라 임원의 경우 주의에서부터 해임요구, 직원의 경우 주의에서부터 면직 등 모든 제재조치로 확대함(제424조 제3항).

라. 금융위원회는 체납 과징금의 징수를 위하여 필요한 경우 국세과세 등에 관한 정보를 세무관서의 장 등에게 요청할 수 있도록 함(제434조 제4항 신설).

마. 현행 불공정거래행위 금지 위반자에 대하여 징역형을 처할 경우 벌금형을 필요적으로 병과하도록 하고, 불공정거래행위 금지 위반자가 해당 행위를 하여 취득한 재산에 대하여는 반드시 몰수 또는 추징을 하도록 함(제447조 제1항 및 제447조의2 신설).

바. 전자투표 및 의결권 대리행사의 권유를 실시한 회사에 한정하여 중립적 의결권 행사를 2017년 12월 31일까지 활용할 수 있도록 함(법률 제11845호 자본시장과 금융투자업에 관한 법률 일부개정법률 부칙 제18조 신설).

(시행) 개정법은 공포 후 6개월이 경과한 날부터 시행한다. 다만, 제424조 제3항의 개정규정 및 법률 제11845호 자본시장과 금융투자업에 관한 법률 일부개정법률 부칙 제18조의 개정규정은 공포한 날부터 시행한다(부칙 1조).

[2015.7.24. 개정법(법률 제13448호)의 개정이유]

"크라우드펀딩(crowdfunding)은 온라인 플랫폼을 이용해 다수의 소액투자자로부터 자금을 조달하는 방식을 말하는 것으로, 온라인을 통한 소액의 증권공모에 대해 증권신고서 등 기존의 증권발행에 수반되는 공시규제를 대폭 완화하고, 온라인소액투자중개업자를 신설하여 크라우드펀딩이 창업·벤처 기업들의 자금조달 수단으로 활용될 수 있도록 하는 한편, 공시규제 완화에 따르는 정보비대칭 등으로 투자자가 선의의 피해를 보지 않도록 발행인의 재무상황, 사업계획 등의 게재, 투자한도 제한, 발행인의 배상책임, 온라인소액투자중개업자의 적극적 청약권유 금지 등 규제 장치를 마련함으로써 크라우드펀딩이 신뢰성 있고 지속가능한 자금조달 수단으로 안착할 수 있도록 하려는 것임. 또한, 중소 상장기업의 자금조달 여건을 개선하고 우량·유망 비상장기업들의 상장유인을 제고하기 위해 대주주에 의한 편법적 활용가능성이 희박한 모집의 방법에 의할 경우에는 상장기업의 분리형 신주인수권부사채 발행을 다시 허용하고, 다양한 전략을 추구하는 집합투자기구의 출현을 촉진하여 투자자가 다양한 금융투자상품에 투자할 수 있도록 하기 위해 사전적 규제인 최소 자본금 요건을 폐지하려는 것임. 그리고, 창의적이고 혁신적인 자본으로서의 사모펀드(사모집합투자기구)의 순기능이 제고될 수 있도록 사모펀드의 규율체계를 재정립하고, 사모펀드 제도 전반의 규제를 대폭 완화하는 한편, 사모펀드의 투자자를 보호하고 부작용을 최소화할 수 있도록 적격투자자 제도를 도입하고, 사모펀드의 자금차입 및 운용자에 대한 감독을 강화하며, 사모펀드를 활용한 계열회사 우회지원을 제한하는 등 현행 제도를 개선함으로써 사모펀드 산업의 건전한 발전을 통하여 자본시장의 부가가치 창출 기능을 강화하고 우리 경제의 역동성을 제고하려는 것임. 한편, 거래소가 회원의 증권시장 또는 파생상품시장에서의 매매거래의 위약으로 인하여 손해배상의 책임을 지는 경우, 손해배상에 필요한 이행재원의 사용 순서와 구상권 행사를 통하여 추심된 금액의 배분순서를 대통령령으로 정하도록 하려는 것임."

[2016.3.29. 개정법(법률 제14130호)의 개정이유와 주요내용]

(개정이유)

"금융회사는 창구와 콜센터를 중심으로 영업이 이루어지고, 감독당국에 의해 매년 민원발생평가 결과가 발표된다는 특성이 있어 고객 응대 업무를 수행하는 근로자를 보호할 의무를 부과하고 회사가 근로자 보호를 위해 의무적으로 취해야 할 구체적 조치 등을 명시하려는 것임.

부동산펀드와 부동산투자회사법상의 리츠(REITs)는 실질이 동일함에도 근거법률이 달라 규제형평성에 문제가 있으며, 부동산펀드의 효율적 운용에도 제약이 있는 상황이므로, 부동산펀드에 대한 규제를 리츠 수준으로 맞추어 부동산펀드 활성화로 국민의 자산운용 수단

확대 및 부동산시장 수급 개선에 따른 부동산 가격 안정에 기여하고자 하려는 것임. 임원의 개인별 보수 공개가 미등기임원에 대하여는 이루어지고 있지 않으므로, 임원이 아니더라도 보수총액 기준 상위 5명에 해당하는 경우 개인별 보수와 구체적인 산정기준 및 방법을 기재하도록 하여 회사경영의 투명성과 사회적 책임을 강화하며, 임원 등의 개인별 보수 공개가 분기보고서에서도 이루어지는 것이 과도한 측면이 있으므로 연 2회 하도록 하려는 것임. 2012년에 도입된 공매도 잔고 보고제도의 경우 보고의무 위반자에 대한 법률상 제재근거가 미흡하고, 글로벌 금융위기 이후 EU나 일본 등은 공매도 대량 잔고 보유자에 대해서 보유잔고를 공시하도록 하는 제도를 도입하였으나 우리나라의 경우 이러한 제도가 미비한 실정이므로, 공매도 잔고 보고제도의 실효성을 제고함과 동시에 공매도 잔고 대량 보유자에 대한 공시제도를 도입하려는 것임. 파생상품 업무책임자의 지정·변경 및 상장지수집합투자기구인 투자회사의 주식대량보유에 대한 보고의무를 폐지하고, 주요사항보고서의 제출기한을 1일에서 3일로 연장하며, 기관전용사모집합투자기구의 주식 관련 사채권 소유의 그 기산점 기준을 명확하게 하고, 역외투자자문이나 일임업자의 합병, 분할 시 사전승인 의무를 사후보고의무로 변경하는 등 현행 제도의 운영상 나타난 일부 미비점을 개선·보완하려는 것임."

(주요내용)

가. 파생상품업무책임자를 지정·변경하는 경우의 통보의무를 폐지함.

나. 금융회사에 고객 응대 업무를 수행하는 근로자를 보호할 의무를 부과하고 회사가 근로자 보호를 위해 의무적으로 취해야 할 구체적 조치를 명시함(제63조의2).

다. 투자회사의 부동산 투자비율 한도를 폐지하고, 부동산집합투자기구에 대하여 최소투자비율 적용유예기간을 1년으로 연장하며, 부동산 운영 목적의 금전차입을 허용함(제81조 제4항, 제94조 제1항, 제194조 제11항).

라. 사업보고서 제출대상법인은 보수총액 기준 상위 5명의 개인별 보수 등을 이 법의 공포일로부터 2년이 경과한 날부터 공개하도록 하고, 임원 등의 보수는 분기보고서에는 기재하지 않도록 함(제159조 제2항 및 제160조).

마. 주식교환·주식이전·합병·분할·분할합병에 관한 주요사항보고서의 제출기한을 그 사실 발생일의 다음 날에서 그 사실 발생일부터 3일 이내로 연장함(제161조 제1항).

바. 주권상장법인이 이사회의 결의로 이익배당을 정한 경우 이사는 배당액의 산정근거 등의 사항을 주주총회에 보고하도록 함(제165조의12 제9항).

사. 현재 대통령령으로 규정되어 있는 공매도 잔고 보고의무를 법률상 의무로 격상하고, 보고의무 위반자에 대한 과태료 부과 근거를 신설함(제180조의2 및 제449조 제1항 제39호의2·제39호의3).

아. 공매도 잔고가 일정 수준을 넘어서는 경우 매도자에게 자신의 인적사항 및 공매도 잔고 내역 등을 공시하도록 하고, 이를 위반한 자에 대하여는 과태료를 부과할 수 있는 근거를 신설함(제180조의3 및 제449조 제1항 제39호의4).

[2016.12.20. 개정법(법률 제14458호)의 개정이유와 주요내용]

(개정이유)

"글로벌 금융위기 이후 민간자금을 활용한 기업 구조조정 필요성에 따라 한시 도입된 '기업재무안정 사모집합투자기구' 제도가 2016년 11월 만료되었으나 건설·해운·조선 등 업종의 어려움은 커지고 있으며 시장을 통한 선제적인 구조조정 기능의 필요성이 커진 상태임. 이에 기업재무안정 사모집합투자기구를 상시화하여 재무구조 개선이 필요한 기업에 사모집합투자기구를 통한 민간의 자금 공급이 가능하도록 하고, 자본시장을 통한 구조조정이 가능해지도록 하고자 함. 아울러, 창업·벤처기업의 성장기반 조성 및 건전한 발전을 위하여 창업·벤처전문 기관전용사모집합투자기구 제도의 근거를 마련하여 원활한 자금 조달 및 투자 활성화를 유도하고자 함."

(주요내용)

가. 효력이 소멸된 기업재무안정 사모집합투자기구 제도 근거 및 운용방법 규정(제249조의22 신설)

나. 창업·벤처전문 기관전용사모집합투자기구 제도 근거 및 운용방법, 보고의무 규정(제249조의23 신설)

1) 「중소기업창업 지원법」에 따른 창업기업, 「벤처기업육성에 관한 특별조치법」에 따른 벤처기업, 「중소기업 기술혁신 촉진법」에 따른 기술혁신형 중소기업 등에 투자·운용하여 그 수익을 투자자에게 배분하는 것을 목적으로 하는 창업·벤처전문 기관전용사모집합투자기구의 제도적 근거를 마련함.

2) 창업·벤처전문 기관전용사모집합투자기구가 그 집합투자재산을 운용할 때에는 사원이 출자한 날부터 6개월 이상의 기간으로서 대통령령으로 정하는 기간 이내에 출자한 금액의 100분의 50 이상으로서 대통령령으로 정하는 비율 이상을 창업·벤처기업 등이 발행한 증권, 투자목적회사의 지분증권에 대한 투자 등의 방법으로 운용하도록 함.

3) 창업·벤처전문 기관전용사모집합투자기구는 집합투자재산 운용 현황 등을 금융위원회에 보고하도록 함.

[2017.4.18. 개정법(법률 제14827호)의 개정이유와 주요내용]

(개정이유)

"변화된 증권회사의 영업모델과 시장환경을 반영하고, 투자은행 업무와 해외진출을 촉진하는 등 자본시장의 역동성 제고를 위하여 순자본비율(NCR: Net Capital Ratio) 산출방식을 개편하였으나, 장외파생상품 업무취급기준은 여전히 기존의 영업용순자본비율을 유지함에 따라 다수의 증권회사가 이중규제를 받고 있어 이를 개선하고, 현행법은 미공개중요정보 이용행위, 시세조종행위 및 부정거래행위와 관련하여 10년 이하의 징역 또는 그 위반행위로 얻은 이익 또는 회피한 손실액의 1배 이상 3배 이하의 범위에서 벌금에 처할 수 있도록 규정하고 있으나, 실제 법원의 확정 판결시 대부분 집행유예를 선고받는 등 벌칙의 실효성에 대한 논란이 제기되고 있으므로 벌금의 부과 범위를 상향함으로써 벌칙의 실효성을 확보하는 한편, 금전적 제재의 실효성을 제고하기 위하여 과징금과 과태료의 부과한도를 인상하고, 동일·유사한 위반행위에 대하여 과태료·과징금·벌금이 금융업권에 따라 다르게 부과되는 문제점을 개선하는 등 현행 제도의 운영상 나타난 일부 미비점을 개선·보완하려는 것임."

(주요내용)

가. 장외파생상품 업무취급기준(순자본비율) 변경(제166조의2)

장외파생상품을 대상으로 하는 투자매매업자 또는 투자중개업자가 준수하여야 하는 기준을 영업용순자본비율(영업용순자본을 총위험액으로 나눈 값) 100분의 200에서 순자본비율(영업용순자본에 총위험액을 차감한 금액을 필요유지자기자본으로 나눈 값) 100분의 150으로 변경함.

나. 과징금 부과한도 인상(제349조 제1항 및 제428조 제1항)

종합금융회사의 대주주 신용공여 한도초과에 대하여 부과하는 과징금과 금융투자회사의 대주주와의 거래제한 위반 등에 대한 과징금을 위반금액 범위로 상향하는 등 종합금융회사 등에 대하여 부과하는 과징금의 한도를 상향 조정함.

다. 불공정거래 행위 관련 벌금 부과수준 상향(제443조)

미공개중요정보 이용행위, 시세조종행위, 부정거래행위와 같은 불공정거래 행위에 대한 벌금 부과수준을 위반행위로 얻은 이익 또는 회피한 손실액의 1배 이상 3배 이하에서 2배 이상 5배 이하로 상향함.

라. 과태료 부과한도 인상(제449조)

금전적 제재의 실효성 제고를 위하여 과태료 부과한도를 현행 5천만원에서 1억원으로, 현행 1천만원에서 3천만원으로 각각 인상함.

[2017.10.31. 개정법(법률 제15021호)의 개정이유와 주요내용]
(개정이유)
"현행은 일반투자자에 대한 금융투자업자의 설명의무를 위반하여 투자자의 손해가 발생한 경우, 금융투자업자의 손해배상 의무를 규정하고 있는데, 손해액 산정에서 대통령령으로 정하는 금액을 제외하도록 한 규정을 삭제하여 손해액 산정의 범위를 보다 명확하게 하고, 최근 온라인소액투자에 대한 법적 제도 정비와 규제 완화에도 불구하고 투자자별 투자한도, 전매제한기간, 광고규제 등 규제수준이 강하여 온라인소액투자 활성화가 어렵다는 지적에 따라 이에 관한 규정을 정비하는 한편, 자금조달 계획의 동일성 등을 종합적으로 고려하여 둘 이상의 증권의 발행 또는 매도가 사실상 동일한 증권의 발행 또는 매도로 인정되는 경우에는 동일한 증권의 발행 또는 매도로서 증권신고서 제출 등 공모규제 적용여부를 판단하도록 하고, 사업보고서 등의 제출대상법인이 그 회계감사인과 감사보고서 작성을 위하여 부득이 사업보고서 등의 제출기한 연장이 필요하다고 합의하고 신고한 경우 제출기한을 연 1회에 한하여 5영업일 이내에서 연장할 수 있도록 하는 등 현행 제도의 운영상 나타난 일부 미비점을 개선·보완하려는 것임."
(주요내용)
가. 일반투자자에 대한 금융투자업자의 투자권유시 설명의무를 위반하여 손해배상의무가 발생한 경우, 손해액 산정에 있어 대통령령으로 위임한 금액을 가감할 수 있도록 한 것을 삭제함(제48조 제2항).
나. 일반투자자의 최근 1년간 동일 온라인소액증권발행인에 대한 누적투자금액 상한을 500만원으로, 최근 1년간 누적투자금액 상한을 1천만원으로 각각 상향하고, 온라인소액투자중개를 통하여 발행된 증권의 전매제한기간을 6개월로 단축하며, 온라인소액증권발행인의 홈페이지 또는 포털사이트를 통한 온라인소액투자중개업자·온라인소액증권발행인의 명칭, 온라인소액증권발행인의 업종 및 증권의 청약기간에 대한 광고를 허용함(제117조의9 및 제117조의10).
다. 자금조달 계획의 동일성 등을 종합적으로 고려하여 둘 이상의 증권의 발행 또는 매도가 사실상 동일한 증권의 발행 또는 매도로 인정되는 경우에는 동일한 증권의 발행 또는 매도로서 증권신고서 제출 등 공모규제 적용여부를 판단하도록 함(제119조 제8항 및 제130조 제2항 신설).
라. 사업보고서 등의 제출대상법인이 그 회계감사인과 감사보고서 작성을 위하여 부득이 사업보고서 등의 제출기한 연장이 필요하다고 합의하고 신고한 경우 제출기한을 연 1회에 한하여 5영업일 이내에서 연장할 수 있도록 함(제165조).
마. 주권상장법인의 제3자 배정시 금융위원회에 제출한 주요사항보고서가 금융위원회와 거래소에 납입기일의 1주 전까지 공시된 경우에 한하여 상법 제418조 제4항의 주주에 대한 통지·공고의무를 면제하도록 함(제165조의9).

[2018.3.27. 개정법(법률 제15549호)의 개정이유와 주요내용]
(개정이유)
"현행법은 종합금융투자사업자의 전담중개업자의 지위를 인정하면서 기업 신용공여업무를 허용하고 있으나 헤지펀드를 대상으로 하는 전담중개업자로서의 역할 수행에 제약이 존재하여 국제 경쟁력을 후퇴시킨다는 비판이 있어 왔음. 따라서 전담신용공여와 관련하여 증권 외 금전 등에 대한 투자까지 신용공여를 가능하도록 하고 기업신용공여 확대를 위해 신용공여한도를 확대할 필요성이 제기되고 있음. 또한, 현행법은 집합투자업자의 경우 원칙적으로 집합투자기구의 계산으로 금전을 차입할 수 없도록 하고 있으나, 집합투자기구의 운용 및 결제 과정에서 일시적으로 금전의 차입이 필요하며 집합투자재산이 부실화되지 않는다고 인정되는 경우에는 일시적으로 금전차입을 허용할 필요가 있음.
이와 함께, 변액보험 등은 사모단독펀드가 가능하나 집합투자의 개념에 포함되어 있지 않은 점, 기관전용사모집합투자기구가 주식 관련 사채권을 6개월 이상 소유하여야 하는데 그 기산점이 불명확하다는 점, 역외투자자문이나 일임업자는 합병, 분할 시 현실적으로 사전 승인을 받기 어려운 점 등을 고려하여 현행법상 불분명한 내용들을 정비하려는 것임.
또한, 현행법에서는 온라인소액투자중개와 관련하여 제23조 제1항을 인용하여 대주주를 정의하고 있으나, 제23조는 「금융회사의 지배구조에 관한 법률」이 제정됨에 따라 삭제되었는바 이를 정비함으로써 법의 명확성을 제고할 필요가 있음.
한편, 불공정거래 행위를 엄격히 금지하고 있으나, 적발에서 기소까지의 소요되는 기간을 감안할 때, 현행법에 규정된 손해배상 시효를 연장할 필요가 있고, 위반행위에 대한 처벌수준도 강화할 필요가 있다는 지적이 제기되어 왔음. 이에 불공정거래 행위에 대한 손해배상 시효를 연장하고, 위반행위에 대한 처벌수준을 강화하려는 것임"
(주요내용)
가. 보험회사가 설정한 투자신탁이나 다른 법률에 따라 공제사업을 목적으로 설립된 법인·조합이 설정한 집합투자기구 등 복수 투자자성이 인정되나 형식상 1인 투자자인 경우 등에 대하여 집합투자로 인정함(제6조 제5항).
나. 종합금융투자사업자가 전담중개업무를 영위하는 경우 신용공여 대상을 증권 외 금전등에 대한 투자까지 확대하고, 신용공여의 총 한도를 자기자본의 100분의 200으로 하되, 기업금융관련 신용공여와 중소기업 신용공여가 아닌 신용공여의 합계액이 100분의 100을 초과할 수 없도록 함(제77조의3).
다. 집합투자업자가 집합투자기구의 운용 및 결제 과정에서 일시적으로 금전의 차입이 필요하고 투자자 보호 및 건전한 거래질서를 해할 우려가 없을 때 금전을 차입 할 수 있도록 함(제83조 제1항 제3호).
라. 온라인소액투자중개와 관련하여 지배구조와 증권모집의 특례에서 제23조 제1항을 인용하여 대주주를 정의하고 있는 부분을 삭제함(제117조의6 제1항 및 제117조의10제5항).
마. 불공정거래 행위에 대한 손해배상 시효를 연장하고, 위반행위에 대한 처벌수준을 강화함(제175조 제2항, 제177조 제2항, 제179조 제2항 및 제443조).
바. 기관전용사모집합투자기구가 지분증권등을 6개월 간 소유하여야 하는 기간의 기산점을 그 지분증권등을 취득한 날로 명확히 함(제249조의12).
사. 역외투자자문업자 및 역외투자일임업자의 경우 금융투자업 전부의 폐지를 제외한 합병, 분할, 해산 등의 행위를 할 경우 금융위원회에 사후보고 하도록 함(제417조 단서 신설).
[2018. 12. 31. 개정법(법률 제16191호)의 개정이유와 주요내용]
(개정이유)
"기존에는 금융상품의 약관 제·개정 시 사전 신고를 원칙으로 하고 있으나, 최근 금융업 성장에 따라 약관 심사 신청이 급증 추세인 반면에 인적 자원의 한계 등으로 심사가 지연되어 소비자에게 고도화된 금융서비스를 적시에 제공하지 못하는 문제가 있으며 일단 사전심사를 통과한 후에는 금융회사의 책임을 묻는데 한계가 있었음. 이에 사전신고제를 원칙적으로 폐지하여 사후보고제로 전환하되, 소비자 권익에 중대한 영향을 미치는 경우 등에는 사전신고를 하도록 하여 금융산업의 경쟁력을 강화하는 동시에 소비자 권익을 보호하려는 것임.
또한, 국민생활 및 기업활동과 밀접하게 관련되어 있는 신고 민원의 처리절차를 법령에서 명확하게 규정함으로써 관련 민원의 투명하고 신속한 처리와 일선 행정기관의 적극행정을 유도하기 위하여, 약관 또는 표준약관의 제정 또는 변경 신고가 수리가 필요한 신고임을 명시하려는 것임. 한편, 유사투자자문업자의 불법·불건전 영업행위로 인한 투자자 피해 발생을 방지하고, 유사투자자문업자의 건전한 영업행위를 유도하기 위해 유사투자자문업자 신고에 대한 결격요건을 마련하며, 불건전 영업 방지 교육을 사전에 의무적으로 받도록 하고, 편법적 영업행위에 대해 신고사항을 직권으로 말소할 수 있도록 하는 한편, 자료제출 요구 거부 또는 미신고 유사투자자문행위 등에 대한 제재를 강화하는 등 현행 제도의 운영상 나타난 일부 미비점을 개선·보완하려는 것임."
(주요내용)
가. 금융투자업자의 약관 제정·변경 방식을 원칙적으로 사전신고에서 사후보고로 전환하고 7일 이내에 금융위원회 및 협회에 보고하도록 하되, 투자자의 권리나 의무에 중대한 영향을 미칠 우려가 있는 경우 미리 금융위원회에 신고하도록 함(제56조 제1항).
나. 금융위원회가 금융투자업자의 약관 또는 금융투자협회의 표준약관 관련 신고를 받은 경우 그 내용을 검토하여 적법한 경우 신고를 수리하도록 명시함(제56조 제5항 신설).
다. 유사투자자문업자의 결격요건, 신고의 유효기간, 교육수료 의무 등을 신설하고, 유사투자자문업자의 위법한 영업행위에 대한 직권말소의 근거를 마련함(제101조 및 제446조).
[2020. 2. 4. 개정법(법률 제16958호)의 개정이유와 주요내용]
(개정이유 및 주요내용)
"기업 의사결정기구의 성별 대표성을 확보하기 위하여 최근 사업연도말 현재 자산총액이 2조원 이상인 주권상장법인의 경우 이사회의 이사 전원이 특정 성(性)의 이사로 구성되지 않게 노력하도록 하려는 것임."
[2020. 5. 19. 개정법(법률 제17295호)의 개정이유와 주요내용]
(개정이유 및 주요내용)
"겸영·부수업무에 대한 사전보고원칙을 사후보고원칙으로 전환하되 사후감독을 강화하여 투자자 보호에 문제가 발생하지 않도록 개선하고, 업무위탁과 관련된 금융투자업자의 자율성을 제고하기 위하여 금융투자업자가 제3자에게 위탁할 수 있는 업무의 범위를 확대하고 위탁자의 동의를 전제로 재위탁을 원칙적으로 허용하여 금융투자업자의 특화·전문화를 유도하는 한편, 현행 「자본시장과 금융투자업에 관한 법률」은 금융투자업자의 정보교류 차단의 규제 대상과 규제 방식을 법령에서 직접 규정하고 있어 금융투자업의 역동성과 영업활력을 저해하고 있다는 지적이 있는바, 법률에서는 정보교류 차단을 위한 기본원칙만 규정하고 세부 사항은 회사가 자율적으로 설계·운영하는 방식으로 관련 규제를 개선하고자 함."
[2020. 12. 29. 개정법(법률 제17805호)의 개정이유와 주요내용]
(개정이유 및 주요내용)
"현행법 제34조 제2항은 금융투자업자로 하여금 대주주 및 특수관계인에 대해 신용공여를 금지하면서도 금융투자업자의 건전성을 해할 우려가 없는 신용공여로서 대통령령으로 정하는 신용공여에 대하여는 이를 일부 허용하고 있으며, 대통령령에 따라 금융투자업자가 50% 이상 지분을 보유하거나 사실상 경영권을 지배하는 해외현지법인에 대한 신용공여가 허용되고 있음. 반면에 현행법 제77조의3 제9항은 종합금융투자사업자로 하여금 그와 계열회사의 관계에 있는 법인에 대한 신용공여를 금지하고 있으며 예외조항을 마련하고 있지 않은바 종합금융투자사업자의 경우 금융투자업자와 달리 해외현지법인에 대한 신용공여가 불가능함. 이에 따라 종합금융투자사업자의 해외현지법인은 금융투자사업자의 해외현지법인과 달리 해외에서 높은 조달비용을 감수하면서 자금을 조달하게 되어 해외진출에 걸림돌이 되고 있으며 금융투자사업자와의 형평성 문제가 제기되고 있음. 한편, 현행법은 금융투자업자의 대주주에 대한 신용공여를 법률에서 금지하면서도 이를 예외적으로 허용하는 구체적인 사유가 법률에 명시되지 않아 국민의 예측가능성이 낮다는 문제점이 있으므로 이를 법률에 명확히 할 필요가 있음. 이에 대통령령에서 정하고 있는 금융투자업자의 신용공여에 대한 예외적 허용 사유를 법률에 구체적으로 명시하고, 종합금융투자사업자가 50% 이상 지분을 보유하거나 사실상 경영을 지배하는 해외현지법인에 대하여는 예외적으로 신용공여를 허용하여 금융투자업자와의 형평성 문제를 해소하고 종합금융투자사업자의 해외진출을 활성화하려는 것임."
[2021.1.5. 개정법(법률 제17879호)의 개정이유와 주요내용]
(개정이유)

"위법한 공매도는 인위적인 과도한 주가하락으로 이어져 불특정다수의 투자자들에게 광범위한 피해를 미칠 수 있음에도 불구하고 현행법은 무차입공매도 등 불법공매도에 대하여 1억원 이하의 과태료만 부과하도록 규정하고 있어 처벌 수준이 낮은바, 처벌의 위험을 감수하면서 경제적 차익을 위해 위반행위를 저지를 유인이 있음. 또한, 유상증자 계획 공시 후 신주가격 결정 전 공매도를 활용하여 주식발행 기준가격을 낮추고, 이와 동시에 유상증자에 참여하여 기준가보다 할인된 가격으로 신주를 배정받아 공매도 주식의 상환에 활용하여 손쉽게 큰 차익을 추구하는 등 유상증자 시 공매도를 활용한 전략이 문제된 바 있음. 이에 불법공매도에 대하여 형사처벌과 과징금 부과가 가능하도록 하는 등 처벌을 대폭 강화하여 불법공매도의 유인을 근절하고, 유상증자 계획 공시 후 신주가격 결정 전 공매도를 한 자가 해당 유상증자에 참여하는 것을 금지하여 과도한 차익을 얻을 수 없도록 하려는 것임. 또한, 현재 시행령에 규정되어 있는 금융위원회의 예외적인 차입공매도 제한조치의 내용을 법률에 상향하여 규정하고, 차입공매도를 목적으로 하는 증권대차거래에 대하여 거래정보 보관 및 금융당국 제출의무를 부과하는 등 공매도에 대한 관리를 보다 엄격히 함으로써, 시장의 신뢰성을 제고하려는 것임."

(주요내용)

가. 현재 시행령에 규정되어 있는 금융위원회의 예외적인 차입공매도 제한조치의 내용을 법률에 상향하여 규정함(제180조 제3항).

나. 누구든지 증권시장에 상장된 주식에 대한 모집·매출 계획이 공시된 이후부터 모집·매출 가액이 결정되기 전까지 대통령령으로 정하는 기간 동안 해당 종목을 공매도하거나 공매도 주문을 위탁한 경우에는 해당 모집·매출에 따른 주식을 취득하지 못하도록 제한하고, 이를 위반한 경우 과징금을 부과할 수 있도록 함(제180조의4 및 제429조의3 제2항 신설).

다. 차입공매도를 목적으로 상장증권의 대차거래 계약을 체결한 자는 대차거래정보를 5년간 보관하고, 금융위원회 및 거래소가 그 자료의 제출을 요구하는 경우 이를 지체 없이 제출하여야 함(제180조의5 및 제449조 제1항 제39호의5 신설).

라. 금융위원회는 불법공매도를 하거나 불법공매도 주문을 위탁 또는 수탁한 자에 대하여 공매도 주문금액 범위 내에서 과징금을 부과할 수 있도록 하되, 동일한 위반행위로 벌금을 부과 받은 경우에는 과징금 부과를 취소하거나 벌금에 상당하는 금액의 전부 또는 일부를 과징금에서 제외할 수 있도록 함(제429조의3 제1항 및 제3항 신설).

마. 제180조를 위반하여 상장증권에 대하여 허용되지 않는 방법으로 공매도를 하거나 그 위탁 또는 수탁을 한 자는 1년 이상의 유기징역 또는 부당이득액의 3배 이상 5배 이하에 상당하는 벌금에 처함(제443조 제1항 제10호 신설).

바. 위법한 공매도에 대한 형사처벌과 과징금 부과 근거를 신설함에 따라 기존의 과태료 부과근거는 삭제함(현행 제449조 제1항 제39호 삭제).

[2021. 4. 20. 개정법(법률 제18128호)의 개정이유와 주요내용]

(개정이유)

"일련의 사모펀드 부실사태 발생을 고려할 때, 사모펀드 시장에서의 투자자 보호 강화가 시급한 시점이며, 사모펀드 시장의 건전한 성장방안을 모색할 필요성 또한 증대되고 있음. 이에 판매사와 수탁사로 하여금 운용사의 사모펀드 운용현황을 감시·견제하도록 의무를 신설하고, 분기별 운용현황 보고, 자산운용보고서 교부, 개방형펀드 설정 제한, 외부감사 도입 등 일반투자자 보호를 강화하기 위한 다양한 방안을 도입하여 사모펀드 시장에서의 투자자 보호를 강화하는 한편, 현재 운용목적에 따라 전문투자형과 경영참여형으로 구분되는 사모펀드 분류 체계를 투자자 유형에 따라 일반과 기관전용으로 재편하여 운용규제를 일원화하고, 사모펀드 투자자 총수를 현행 49인 이하에서 100인 이하로 확대하되 투자자 보호 필요성이 큰 일반투자자 총수는 그대로 49인 이하로 제한함으로써 사모펀드 시장의 건전한 성장기반을 마련하려는 것임. 그 밖에 일제 강점기부터 사용하던 대차대조표 용어를 2011년 도입된 국제회계기준에 부합하도록 재무상태표로 변경하려는 것임."

(주요내용)

가. 운용목적에 따라 전문투자형과 경영참여형으로 구분되는 사모집합투자기구 분류 체계를 투자자 유형에 따라 일반과 기관전용으로 재편하고, 투자자 총수를 현행 49인에서 100인으로 확대함(제9조 제19항).

나. 전담중개업무를 영위하는 종합금융투자사업자에 대하여 사모펀드 신용공여 관련 위험수준 평가 관리 의무를 부여하고, 신탁업자에 대하여 운용사의 펀드 운용행위에 대한 감시의무를 부과함(제77조의3 및 제249조의8 제2항 제5호 신설).

다. 일제 강점기부터 사용하던 대차대조표 용어를 2011년 도입된 국제회계기준에 부합하도록 재무상태표로 변경함(제165조의12 제4항부터 제6항까지 등).

라. 일반투자자 대상 사모펀드를 투자권유할 때 판매사가 핵심상품설명서를 투자자에게 교부하도록 하고, 펀드가 이에 맞게 운용되는지 확인하여 부합하지 않을 경우 시정요구를 하도록 의무를 부과하며, 운용사가 판매사의 시정요구에 불응 시 이를 금융위원회에 보고하고 투자자에게 통보할 의무를 신설하는 한편, 환매연기 통지 시 판매사의 신규판매를 금지함(제249조의4 및 제249조의8제2항 제1호 신설).

마. 분기별 운용현황 보고 및 영업보고서 기재대상 확대, 일반투자자 대상 펀드의 자산운용보고서 교부, 비시장성 사모펀드의 개방형펀드 설정 금지, 외부감사 도입 의무를 규정함(제249조의7제3항 및 제249조의8제2항 제2호부터 제4호까지 신설).

바. 일반 사모펀드와 기관전용 사모펀드로 재편한 분류 체계 하에서는 그동안 전문투자형 사모펀드와 경영참여형 사모펀드에 각각 적용되는 서로 다른 규제를 완화하여 일원화함(제249조의7 및 제249조의12).

[2021.6.8. 개정법(법률 제18228호)의 개정이유와 주요내용]

(개정이유)

"현행법은 "시세조종행위로 취득한 부당이득"을 몰수 또는 추징하도록 하고 있으나, 불법을 근원적으로 차단하기 위해서는 시세조종행위에 대한 제재를 대폭 강화할 필요가 있으므로 "시세조종행위에 제공하거나 제공하려 한 재산"까지 몰수 또는 추징이 가능하도록 함. 한편, 현행 금융투자업 인가체계가 복잡하고 업무추가에 따른 절차상 부담 등 보완이 필요하다는 지적이 제기되고 있는바, 인가단위 업무 추가 시에는 업무단위 추가등록을 통해 완화된 심사요건을 적용하고, 외국계 금융투자업자의 조직형태 변경 시 신규인가 요건 중 사업계획의 타당성·건전성, 인적·물적 설비, 대주주 요건에 대한 심사를 면제·완화함. 또한, 현행법은 예치금융투자업자의 파산 또는 인가취소 등의 사유가 발생한 경우 예치금융투자업자가 예치기관에 예치·신탁한 투자자예탁금을 인출하여 투자자에게 지급하도록 하고 있으나, 이를 예치기관이 투자자의 청구에 따라 투자자예탁금을 투자자에게 직접 지급하도록 함으로써 투자자예탁금이 보다 안전하고 신속하게 반환될 수 있도록 지원하는 한편, 단기금융업 인가요건에 본인의 사회적 신용요건을 추가하여 부적격한 자가 단기금융업 인가를 받게 될 가능성을 차단하려는 것임. 한편, 현행법에 계좌대여를 처벌할 수 있는 근거는 마련되어 있으나 계좌대여를 알선 또는 중개하는 행위에 대한 명시적인 처벌 근거가 부재한바, 계좌대여 알선·중개 행위가 불법이라는 사실을 국민들에게 널리 알리고 관련 범죄로 인한 피해를 예방할 필요성이 크므로, 계좌대여 알선·중개 금지원칙을 명확히 밝히고 이에 대한 처벌규정을 마련함. 아울러, 투자회사 뿐 아니라 모든 형태의 집합투자기구의 업무를 위탁받은 일반사무관리회사에 대하여 등록을 의무화하여 자본시장법상 규율을 받게 함으로써 집합투자기구 운용의 책임성과 투명성을 확보하려는 것임."

(주요내용)

가. 계좌대여 알선·중개 금지원칙을 법률에 명확히 밝히고, 이를 위반하는 경우 5년 이하

의 징역 또는 2억원 이하의 벌금에 처하도록 함(제11조의2 및 제444조 제1호의2 신설).
나. 금융투자업인가를 받은 기존의 투자매매업자·투자중개업자가 같은 금융투자업의 종류에 속하는 금융투자상품을 구성요소로 하여 인가단위 업무를 추가할 경우 등록제를 적용하도록 하고, 업무단위 추가등록 시 대주주의 사회적 신용요건 및 사업계획 요건에 대한 심사를 면제함(제15조, 제16조의2 신설 등).
다. 외국 금융투자업자가 조직형태를 변경하여 기존 영업을 동일하게 영위하는 경우 단순한 형태변경임을 감안하여 업무추가 등록 기준을 적용함으로써 심사요건 일부를 면제 또는 완화함(제16조의3 신설).
라. 예치금융투자업자의 파산 또는 인가취소 등의 사유가 발생한 경우 현재 예치금융투자업자가 예치기관에 예치·신탁한 투자자예탁금을 인출하여 투자자에게 지급하도록 하고 있으나, 이를 예치기관이 투자자의 청구에 따라 투자자예탁금을 투자자에게 직접 지급하도록 함(제74조).
마. 투자회사형 집합투자기구뿐 아니라 모든 형태의 집합투자기구의 업무를 위탁받은 일반사무관리회사에 대하여 등록을 의무화함(제254조 제1항).
바. 단기금융업자의 인가요건에 본인의 "건전한 재무상태와 사회적 신용을 갖출 것"을 추가함(제360조 제2항 제6호 신설 등).
사. 현재는 "시세조종행위로 취득한 부당이득"을 몰수 또는 추징하도록 하고 있으나, "시세조종행위에 제공하거나 제공하려 한 재산"까지 몰수 또는 추징이 가능하도록 함(제447조의2).

[2023.3.21. 개정법(법률 제19263호)]
(개정이유 및 주요내용)
"금융위원회의 조치명령권 행사요건 및 수단을 명확히 하고 조치명령을 이행하지 않는 경우 1년 이하의 징역 또는 3천만원 이하의 벌금에 처함."

[2023.7.18. 개정법(법률 제19566호)]
(개정이유 및 주요내용)
"불공정거래행위자에 대하여 불공정거래행위로 얻은 이익 또는 회피한 손실액의 2배 이하의 과징금을 부과할 수 있도록 하고, 불공정거래행위나 시장질서교란행위로 인한 부당이득액 산정방식을 위반행위를 통하여 이루어진 거래로 발생한 총수입에서 그 거래를 위한 총비용을 공제한 차액으로 하되 각 위반행위의 유형별 구체적인 산정방식은 대통령령에서 정하도록 하며, 미공개정보 이용행위, 시세조종행위 또는 부정거래행위를 자진신고하거나 수사·재판절차에서 해당사건에 관한 다른 사람의 범죄를 규명하는 진술 또는 증언 등과 관련하여 자신의 범죄로 처벌되는 경우 그 형을 감경 또는 면제받을 수 있도록 하는 등 현행 제도의 운영상 나타난 일부 미비점을 개선·보완함."

[2024.1.23. 개정법(법률 제20137호)]
(주요내용)
○ 주권상장법인의 임원 또는 주요주주가 증권 등의 매매, 그 밖의 거래를 하려는 때에는 거래목적, 거래가격, 거래수량, 거래기간 등 대통령령으로 정하는 사항을 그 거래기간의 개시일 전 30일 이상 90일 이내의 대통령령으로 정하는 기간까지 각각 증권선물위원회와 거래소에 보고하도록 하고, 증권선물위원회와 거래소는 그 거래계획을 공시(이하 사전공시 제도라 함)하여야 하며, 거래계획을 보고하지 아니하고 거래등을 하거나 거래계획에 따라 특정증권등의 거래등을 하지 아니하면 과징금과 형사처벌의 대상이 됨(안 제173조의3제1항·제5항, 제429조 등)
○ 거래계획에 따른 거래기간의 종료일까지는 새로운 거래계획을 보고할 수 없고, 거래기간 종료일 전에 새로운 거래계획을 보고하면 과징금과 형사처벌의 대상이 됨(안 제173조의3제2항, 제429조 등)

[2024.2.13. 개정법(법률 제20305호)]
(개정이유 및 주요내용)
"개별 투자자를 상정하지 않고 다수인을 대상으로 일방적으로 이루어지는 투자에 관한 조언과 관련하여 온라인상에서 일정한 대가를 지급한 고객과 의견을 교환할 수 있는 경우에는 투자자문업으로 보도록 하고, 유사투자자문업자가 임원을 변경한 경우에도 금융위원회에 보고하도록 하며, 유사투자자문업자에 대하여 금융투자업자의 손실보전 및 이익보장 금지 규정을 준용하도록 하고, 유사투자자문업자가 금융회사로 오인하게 하는 표시 또는 광고, 손실보전 또는 이익보장이 되는 것으로 오인하게 하는 표시 또는 광고 등을 하는 행위를 금지하며, 유사투자자문업자가 그 업무나 금융투자상품에 관하여 표시 또는 광고를 하는 경우에 대한 준수사항을 규정하는 한편,
소비자 보호 관련 법령을 위반하여 벌금 이상의 형을 선고받고 그 집행이 끝나거나 면제된 날부터 5년이 지나지 아니한 자, 신고 말소 후 5년이 지나지 아니한 말소에 책임 있는 임원 등에 대해서도 유사투자자문업 신고를 수리하지 아니할 수 있도록 하는 등 현행 제도의 운영상 나타난 일부 미비점을 개선·보완함."
[2024.10.22. 개정법(법률 제20531호)]
(개정이유)
"공매도는 미래 시점의 증권가격의 하락을 예상하여 현재 보유하고 있지 않은 증권을 매도하거나 차입하여 매도하는 거래기법으로, 매도 시점에 보유하고 있지 않은 증권을 매도하는 무차입공매도의 경우 결제 불이행 위험 및 투기 등에 악용할 우려가 있어 현행법에서 금지하고 있는데, 최근 외국인·기관투자자의 불법 무차입공매도 적발이 반복되면서 이에 대한 개선방안을 마련할 필요성이 제기되고 있는바, 공매도의 불법·불공정 문제를 해소하고 투자자를 보호하기 위하여 공매도 제도를 개선함."
(주요내용)
가. 전환사채 또는 신주인수권부사채의 발행 계획이 공시된 이후부터 전환가액 또는 신주인수권행사가액이 결정되기 전까지 일정 기간 동안 차입공매도를 한 경우에는 해당 전환사채 또는 신주인수권부사채의 취득을 제한함(제180조의4 제2항 신설).
나. 차입공매도를 목적으로 대차거래 계약을 체결하려는 경우에는 대통령령으로 정하는 바에 따라 상환기간을 정하도록 함(제180조의5 제3항 신설).
다. 차입공매도를 하려는 법인과 법인으로부터 차입공매도의 위탁을 받는 투자중개업자에게 무차입공매도를 방지하기 위하여 필요한 조치를 할 의무를 부과함(제180조의6 신설).
라. 특정 불공정거래 행위를 하였다고 판단할 상당한 이유가 있고 불법이익 은닉 방지를 위하여 금융거래를 정지할 상당한 필요성이 인정되는 경우 금융위원회가 해당 의심 계좌에 대한 지급정지를 금융회사에 요구할 수 있도록 함(제426조의2 신설).
마. 특정 불공정거래 행위를 한 자에 대하여 금융위원회가 최대 5년간 자기 계산으로 행하는 금융투자상품의 거래, 주권상장법인 등의 임원으로서의 선임·재임을 제한할 수 있도록 함(제426조의3 신설).
바. 특정 불공정거래 행위를 한 자에 대한 벌금형을 그 위반행위로 얻은 이익 또는 회피한 손실액의 3배 이상 5배 이하에서 4배 이상 6배 이하로 상향함(제443조 제1항).
사. 지급정지 조치가 완료되기 전에 명의인 등 제3자에게 누설한 자는 1년 이하의 징역 또는 3천만원 이하의 벌금에 처함(제446조).
아. 무차입공매도 방지조치 의무 위반, 지급정지조치 의무 위반, 제한명령 위반 등에 대하여 1억원 이하의 과태료를 부과하고, 지급정지 조치 통지 의무 위반 등에 대하여 3천만원 이하의 과태료를 부과함(제449조).

Ⅱ. 관련 법규 · 판례

1. 법령 · 규정

자본시장법 외에 자본시장규제와 관련된 법률로는, 「금융위원회의 설치 등에 관한 법률」, 「주식회사 등의 외부감사에 관한 법률」 등이 있다. 구 증권거래법 제9장 제3절의 "상장법인 등에 대한 특례 등"의 규정 중 지배구조에 관한 규정은 상법으로 이관되고, 재무구조에 관한 규정은 자본시장법에 두고 있다. 한편 금융투자상품거래에 있어서는 수요와 상황의 변화가 다양하므로 법률 외에, 시행령과 시행규칙이 오히려 중요한 기준과 요건을 규정하고 있다. 그 외에 보다 구체적이고 기술적인 사항에 대하여는 금융위원회, 한국거래소, 한국금융투자협회, 한국예탁결제원 등이 제정한 각종 규정이 적용된다.

2. 판 례

판례는 미국과 같은 판례법주의국가에서는 제1차적인 法源(判例法)이지만, 우리나라와 같은 대륙법체계국가에서는 사실상의 구속력은 있을 뿐 法源은 아니다. 오래 전부터 증권규제제도가 정비되어 있고 증권관련 분쟁이 많았던 미국에는 증권규제의 법리가 판례를 통하여 많이 축적되어 있으므로 미국의 증권법 판례는 매우 중요한 자료이다. 우리나라의 경우 1980년대까지는 증권법 관련 판례가 많지 않았으나, 그 후 자본시장규모의 확대와 효율적인 감독체계의 구축으로 일임매매나 임의매매, 공시의무위반, 불공정거래 등에 관한 민사 및 형사판례가 축적되고 있다.

제2장

금융투자상품과 금융투자업

제1절 금융투자상품의 개념

Ⅰ. 포괄주의의 도입

1. 증권거래법상 한정적 열거주의

구 증권거래법은 유가증권의 개념과 범위에 관하여 명칭 또는 근거법령을 기초로 한정적으로 열거하는 방식을 취하였다. 따라서 증권규제가 필요한 새로운 금융상품이 시장에 등장하여도 법령에 유가증권으로 규정되지 않는 한 규제대상에 포함되지 않았다. 이러한 규제의 공백으로 인하여 투자자 보호에 미흡하였고, 한편으로는 법적 예측가능성의 결여로 인하여 시장수요에 따른 새로운 상품의 개발도 곤란하였다.

2. 자본시장법상 포괄주의

자본시장법은 이러한 문제를 해결하기 위하여 금융투자상품의 개념과 범위에 관하여 해당 금융상품의 기능적인 속성을 기초로 포괄적으로 정의하는 포괄주의를 도입하였다.

Ⅱ. 금융투자상품의 개념과 범위

자본시장법은 금융투자상품의 개념을 규정함에 있어서 먼저 금융투자상품의 기능과 위험을 기초로 일반적으로 정의하고, 다음으로 상품별로 구체적인 개념을 규정하고, 마지막으로 제외되는 상품을 명시적으로 규정함으로써 단계적인 규정을 두고 있다. 다만 자본시장법의 규정체계상 금융투자상품의 일반적 정의에 해당하더라도 증권 또는 파생상품에 속하지 않는 상품은 금융투자상품에 해당하지 않는다.

1. 일반적 정의

(1) 의 의

자본시장법은 금융투자상품을, i) 이익을 얻거나 손실을 회피할 목적으로, ii) 현재 또는 장래의 특정 시점에 금전, 그 밖의 재산적 가치가 있는 것("금전등")을 지급하기로, iii) 약정함으로써 취득하는 권리로서, iv) 투자성이 있는 것이라고 정의한다(法 3조① 본문). 자본시장법은 금융투자상품을 투자성이 있는 권리로 규정하면서 이를 증권과 파생상품으로 구분하였을 뿐 거래주체나 장소, 적용 법규 등에 따라 범위를 한정하지 않았으므로, 구 자본시장법이 정하는 금융투자상품은 개별 조항에서 달리 정하지 않는 한 투자성을 가진 일정한 권리를 포괄하는 것이라고 볼 수 있다.[1)]

(2) 이익을 얻거나 손실을 회피할 목적

금융투자상품은 "이익을 얻거나 손실을 회피할 목적"을 요소로 한다. 금융투자상품 중 증권은 이익을 얻는 것이 주된 목적이고, 파생상품은 손실을 회피하는 목적도 중요하다.

(3) 금전등의 지급

금융투자상품은 현재 또는 장래의 특정 시점에 금전, 그 밖의 재산적 가치가 있는 것("금전등")을 지급하기로 약정하는 것을 요소로 한다. 무상배포되는 경품응모권과 같이 투자자의 금전등의 지급이 전혀 없는 경우에는 단순한 이익의 기대에 불과하고 추첨결과 무산된 경우에도 기대이익의 상실에 불과하여 투자자 보호의 필요성이 없고 따라서 금융투자상품에 해당하지 않는다. "장래의 특정 시점에서의 지급"은 일반적으로 파생상품에 적용되는 것으로 이해되지만, 장내증권매매도 "T+2"거래일에 결제되므로 이를 엄격히 해석할 것은 아니다. "특정 시점"을 요소로 하므로 지급기일이 확정되어 있거나 확정될 수 있어야 한다. "그 밖의 재산적 가치가 있는 것"은 파생상품거래와 관련하여 현물인도에 의한 결제도 포함시키기 위한 것이다. 따라서 "지급"은 현물인도도 포함하는 개념으로 보

---

1) 대법원 2023. 12. 21. 선고 2017다249929 판결.

아야 한다.

⑷ 계약상의 권리

금융투자상품은 "약정함으로써 취득하는 권리"이므로 계약상의 권리를 의미한다. 파생상품의 경우에는 계약상의 권리를 금융투자상품으로 보아야 하고 그 계약의 이행(권리의 행사)에 의하여 취득하는 결과물은 그 성격에 따라 금융투자상품일 수도 있고 아닐 수도 있다.[2)]

⑸ 투자성

㈎ 투자성의 개념

투자성이란 "그 권리를 취득하기 위하여 지급하였거나 지급하여야 할 금전등의 총액이 그 권리로부터 회수하였거나 회수할 수 있는 금전등의 총액을 초과하게 될 위험", 즉 원본손실위험을 의미한다.

투자성 요건은 자본시장법이 포괄주의방식으로 금융투자상품의 개념을 정의함에 따라, 예금과 보험상품을 자본시장법의 적용대상에서 제외시키기 위한 것이다. 이를 위한 입법방식으로는, 투자성 요건을 명시하는 방법과, 투자성 요건을 명시하지 않고 양도성 예금증서처럼 원본이 보장되는 예금과 보험상품을 금융투자상품에서 제외한다는 규정을 두는 방법이 있는데, 자본시장법은 전자의 방법을 택하였다.[3)] 예금, 대출상품이나 보험상품도 이익을 얻거나 손실을 회피할 목적이 내포되지만 투자성이 결여되어 금융투자상품이 될 수 없다.

투자성 기준에 의하여 금융투자상품과 비금융투자상품(예금 및 보험상품)의 구별기준을 명확하게 되고, 또한 이러한 포괄적인 개념정의에 의하여 시장수요를 충족시킬 수 있는 다양한 금융상품의 개발과 적용범위의 확대를 통한 투자자 보호 목적의 달성이 가능하게 된다.

---

2) 나아가 선물거래의 결제방법 중 기초자산의 계약체결시의 가격과 이행기의 가격과의 차액을 정산하는 차액결제방식(거래소 파생상품시장 업무규정 제2조 제1항 제2호 나목)에 의하면, 권리의 행사에 따라 취득하는 것은 기초자산이 아니고 금전이다.

3) 보험과 파생상품은 위험발생의 우연성을 전제로, 보험은 위험발생으로 인한 손실위험을 보험회사에 전가시키는 것이고, 파생상품은 이를 투자자들에게 전가시키는 것으로서 양자 모두 위험을 전가하는 기능을 한다. 금융투자상품에 해당하는지 여부가 문제되는 것은 변액보험인데(변액종신, 변액연금, 변액유니버설), 변액보험 운용에 의하여 투자손실이 발생할 수 있으므로 금융투자상품으로 보아야 한다. 변액보험을 간접투자자산운용업법상 투자신탁으로 본 판례도 있다(서울고등법원 2010. 3. 31. 선고 2009나97606 판결).

(나) 지급금액과 회수금액

원본손실위험과 관련하여, 실제의 회수금액이 지급금액보다 적은 경우에도 입법정책상 금융투자상품으로 볼 필요가 없는 경우가 있고, 이에 따라 자본시장법 제3조 제1항은 "그 권리를 취득하기 위하여 지급하였거나 지급하여야 할 금전등의 총액(판매수수료 등 대통령령으로 정하는 금액을 제외한다)이 그 권리로부터 회수하였거나 회수할 수 있는 금전등의 총액(해지수수료 등 대통령령으로 정하는 금액을 포함한다)을 초과하게 될 위험(이하 "투자성"이라 한다)이 있는 것"이라고 규정함으로써, 일정한 종류의 금액은 "지급금액"에서 제외하고, 또 다른 일정한 종류의 금액을 "회수금액"에 포함시키고 있다.[4)]

1) 지급금액에서 제외하는 금액

지급금액에서 제외되는 "판매수수료 등 대통령령으로 정하는 금액"은 다음과 같다(令 3조①).

1. 금융투자업자가 투자자로부터 받는 수수료(法 58조①), 집합투자증권의 판매와 관련한 판매수수료(法 76조④) 등 판매수수료와, 그 밖에 용역의 대가로서 투자자, 그 밖의 고객이 지급하는 수수료
2. 보험계약에 따른 사업비와 위험보험료
3. 그 밖에 금융위원회가 정하여 고시하는 금액

2) 회수금액에 포함하는 금액

회수금액에 포함되는 "해지수수료 등 대통령령으로 정하는 금액"은 다음과 같다(令 3조②).

1. 환매수수료(法 236조②), 그 밖에 중도해지로 인하여 투자자, 그 밖의 고객이 지급하는 해지수수료(이에 준하는 것 포함)
2. 각종 세금

4) 보험계약에 따른 사업비와 위험보험료는 지급금액에서 제외되므로 순수보장성보험상품의 경우 회수금액이 지급금액에 미달하더라도 이러한 보험상품은 금융투자상품에 해당하지 않고, 예금을 중도해지하는 경우에도 해지수수료때문에 회수금액이 지급금액에 미달하지만 이러한 예금상품은 금융투자상품에 해당하지 않는다. 이와 같이 자본시장법은 투자성에 관하여 시간가치를 배제하고 지급금액과 회수금액을 단순 비교하므로, 장래에 회수할 금액을 투자시점을 기준으로 한 현가를 고려하면 손실이 발생하여도 자본시장법상으로는 투자성이 인정되지 않는다. 한편, "지급하였거나"와 "회수하였거나"라는 문구는 계약체결 이전에 지급 또는 회수가 있는 것을 의미하는 표현이지만, 금융투자상품은 "… 약정함으로써 취득하는 권리"이므로 권리취득시점은 약정시점이다.

3. 발행인 또는 거래상대방이 파산 또는 채무조정, 그 밖에 이에 준하는 사유로 인하여 당초 지급하기로 약정한 금전등을 지급할 수 없게 됨에 따라 투자자, 그 밖의 고객이 되돌려 받을 수 없는 금액
4. 그 밖에 금융위원회가 정하여 고시하는 금액

㈐ 신용위험과 투자성

원본손실가능성은 시장가격의 변동에 따른 시장위험을 의미하고, 발행인의 도산과 같은 신용위험은 원본손실위험에 해당하지 않는다. 신용위험도 투자성의 요소로 보면 은행이나 보험회사도 도산할 가능성은 항상 있으므로 모든 예금, 일반 채권도 금융투자상품에 해당하는 결과가 되기 때문이다. 따라서 자본시장법은 "발행인 또는 거래상대방이 파산 또는 채무조정, 그 밖에 이에 준하는 사유로 인하여 당초 지급하기로 약정한 금전등을 지급할 수 없게 됨에 따라 투자자, 그 밖의 고객이 되돌려 받을 수 없는 금액"을 회수금액에 포함한다. 반면 발행인이 국가이므로 사실상 발행인의 도산 위험이 없는 국채는 만기까지 보유하는 경우에는 신용위험이 없지만, 금리와 같은 시장상황의 변동에 따라 국채의 시가가 변동하기 때문에 만기 이전의 매매 과정에서 손실을 입게 되는 시장위험은 있으므로 투자성이 인정된다.

㈑ 원금보장형 상품

자본시장법은 '원본손실위험' 개념으로 금융투자상품의 투자성을 정의하는데, 기초자산인 지수 또는 주식의 가격변동에 연동하여 수익률이 달라지는 ELS (Equity Linked Security) 중 투자운용방법에 따라 사실상 원본손실위험이 없는 소위 원금보장형 ELS도 명칭에 불구하고,[5] 자본시장법상 금융투자상품(채무증권)에 해당한다.[6]

---

5) 자본시장법상 금융투자업자가 금융투자상품의 발행이나 판매 그 밖의 거래와 관련하여 원금보장, 원본보존 또는 이와 유사한 의미의 용어를 사용하는 것 자체를 불법으로 보아야 하고, 다만 이는 용어가 문제라는 의미이고 그 상품 자체가 자본시장법상 금지되는 것은 아니라는 설명도 있다(김건식·정순섭, 38면 각주 21).

6) 원금보장형 상품은 일반적으로 원금의 일부를 옵션에 투자함으로써 기초자산의 가격변동에 과실(果實)만 연계되도록 하여 원본손실위험을 배제하는데, 자본시장법은 이러한 과실연계형 상품을 "발행과 동시에 투자자가 지급한 금전등에 대한 이자, 그 밖의 과실(果實)에 대해서만 해당 기초자산의 가격·이자율·지표·단위 또는 이를 기초로 하는 지수 등의 변동과 연계된 증권"이라고 규정하면서 자본시장법상 파생결합증권 개념에서 제외한다(4조⑦1). 이러한 과실연계형 증권은 자본시장법상 채무증권으로 분류되고 상법상 파생결합사채에 해당한다. 따라서 투자매매업 인가를 받고 장외파생상품에 대한 투자매매업 인가를 받은 금융투자업자만 발행할

2. 금융투자상품 개념과 증권 · 파생상품 개념의 관계

자본시장법 제3조 제1항은 금융투자상품의 개념요소를 규정하고, 제2항은 금융투자상품을 증권과 파생상품으로 구분하고 파생상품을 다시 장내파생상품과 장외파생상품으로 구분한다고 규정한다.

제3조 제1항과 제2항의 관계에 대하여, 자본시장법은 금융투자상품을 증권과 파생상품으로 구분한다고 규정하므로(法 3조②), 어느 상품이 금융투자상품으로 인정되려면 제3조 제1항의 요건을 충족하는 것만으로는 부족하고 이에 더하여 제3조 제2항의 구분에 따른 증권 또는 파생상품 중 어느 하나에 해당해야 한다. 그리고 제3조 제2항의 구분에 따른 증권 또는 파생상품 중 어느 하나에 해당하면 당연히 금융투자상품에 해당한다.[7)]

3. 제외 규정

자본시장법은 투자성이 있는 상품 중 다음과 같은 것은 금융투자상품에서 제외한다(法 3조① 단서).

1. 원화로 표시된 양도성 예금증서
2. 수익증권발행신탁(信託法 78조①)이 아닌 신탁으로서 다음과 같은 관리형신탁(금전을 신탁받는 경우는 제외하고 수탁자가 신탁법 제46조부터 제48조까지의 규정에 따라 처분 권한을 행사하는 경우는 포함)의 수익권
   가. 위탁자(신탁계약에 따라 처분권한을 가지고 있는 수익자 포함)의 지시에 따라서만 신탁재산의 처분이 이루어지는 신탁
   나. 신탁계약에 따라 신탁재산에 대하여 보존행위 또는 그 신탁재산의 성질을 변

수 있는 파생결합증권과 달리 이러한 인가를 받지 않고도 상법상 주식회사면 발행할 수 있다.

7) 일단 제3조 제1항의 요건을 충족하는 상품은 모두 금융투자상품이라고 보는 것이 자본시장법이 도입한 금융투자상품 포괄주의에 부합한다는 견해도 있을 수 있다. 그러나 자본시장법은 금융투자상품을 증권과 파생상품으로 구분한다고 규정하고, 증권도 6가지 유형으로 구분한다고 규정하며, 파생상품의 기초자산도 한정하여 규정한다. 이와 같이 자본시장법이 증권과 파생상품의 범위를 한정하여 규정하는 이상 제4조의 증권이나 제5조의 파생상품에 속하지 않는 금융상품은 자본시장법의 적용대상이 될 수 없다. 제3조 제1항의 금융투자상품 개념은 제2항의 증권 또는 파생상품 중 하나에 해당하는 것을 전제로 하기 때문이다. 다만, 파생결합증권과 파생상품의 기초자산에 관한 자본시장법 제4조 제10항 제5호는 "그 밖에 자연적·환경적·경제적 현상 등에 속하는 위험으로서 합리적이고 적정한 방법에 의하여 가격·이자율·지표·단위의 산출이나 평가가 가능한 것"라고 규정하므로 실질적으로는 확장가능성을 전제로 한다고 볼 수 있다.

경하지 않는 범위에서 이용·개량행위만을 하는 신탁

3. 그 밖에 해당 금융투자상품의 특성 등을 고려하여 금융투자상품에서 제외하더라도 투자자 보호 및 건전한 거래질서를 해할 우려가 없는 것으로서 대통령령으로 정하는 금융투자상품[8]

제1호의 양도성 예금증서(CD)는 만기까지 보유하면 원본손실위험이 없지만 만기 전에 매각하는 경우에는 시중금리상황에 따라 원본손실위험이 있다. 그런데 원화로 표시된 양도성 예금증서는 금리변동에 따른 가치변동이 미미할 것이므로 투자자보호를 위한 목적의 자본시장법의 적용대상에서 제외한 것이고,[9] 반면에 외화로 표시된 양도성 예금증서는 환율변동에 따라 가치변동이 클 수 있어서 투자자보호의 필요성 때문에 금융투자상품에서 제외하지 않은 것이다.[10]

제2호의 관리형신탁은 수탁자(신탁업자)는 신탁재산의 운용·처분 권한을 가지지 않는다. 따라서 원본손실이 발생하더라도 이는 수탁자의 행위가 아니라 신탁재산 자체의 가치변동에 의한 것으로 볼 수 있으므로 투자자보호의 필요성이 크지 않기 때문에 금융투자상품에서 제외하는 것이다. 그러나 수익증권발행신탁(信託法 78조①)과 금전신탁수익권(法 103조①1)은 금융투자상품에 해당한다.

4. 고난도금융투자상품

(1) 고난도금융투자상품의 의의

"고난도금융투자상품"이란 다음 중 어느 하나에 해당하는 금융투자상품 중 금융위원회가 정하여 고시하는 방법으로 산정한 최대 원금손실 가능금액이 원금의 20%를 초과하는 것을 말한다(令 2조 7호).[11]

가. 파생결합증권(금적립계좌·은적립계좌는 제외)

나. 파생상품

다. 집합투자증권 중에서 운용자산의 가격결정의 방식이나 손익의 구조를 투자자가

---

8) "대통령령으로 정하는 금융투자상품"이란 상법 제340조의2 또는 제542조의3에 따른 주식매수선택권을 말한다(令 3조③).

9) 그 밖에 원화로 표시된 양도성 예금증서를 자본시장법의 적용대상에서 제외하지 않으면 은행의 기존 영업부문에 직접 큰 영향을 줄 것이라는 정책적 고려도 반영한 것이다.

10) 투자성 있는 예금계약과 투자성 있는 외화예금계약에 관하여는 특칙이 적용된다(法 77조①). 구체적인 내용에 대하여는 [제1편 제3장 제1절과 제2편 제3장 제2절] 참조.

11) 여기서는 자본시장법의 관련 규정 중 고난도금융투자상품, 고난도투자일임계약, 고난도금전신탁에 대한 규정만 인용한다. (상세한 내용은 각 해당 부분 참조)

이해하기 어려운 것으로서 금융위원회가 정하여 고시하는 집합투자증권[12)]

---

12) [금융투자업규정 1－2조의4]

① 영 제2조 제7호 다목에서 "금융위원회가 정하여 고시하는 집합투자증권"이란 집합투자재산 중 영 제2조 제7호 가목 및 라목의 금융투자상품에 운용하는 비중과 파생상품 매매에 따른 위험평가액이 집합투자기구 자산총액에서 차지하는 비중의 합계가 100분의 20을 초과하는 집합투자기구의 집합투자증권을 말한다. 다만, 당해 집합투자규약 및 투자설명서에서 정한 운용방침이나 투자전략이 기초자산의 가격 또는 기초자산의 종류에 따라 다수 종목의 가격수준을 종합적으로 표시하는 지수의 변화에 연동하여 운용하는 것을 목표로 하는 집합투자기구로서 다음 각 호의 요건을 모두 충족하는 집합투자기구의 집합투자증권은 제외한다.

1. 집합투자재산을 운용함에 있어 장외파생상품 또는 파생결합증권에 투자하지 아니할 것. 다만, 가격 또는 지수의 변화에 연동하기 위한 목적으로 법 제390조에 따른 상장규정에서 정한 요건을 충족하는 거래상대방과 장외파생상품을 거래하는 경우는 제외한다.
2. 당해 집합투자기구가 연동하고자 하는 기초자산의 가격 또는 지수가 영 제246조 각 호의 요건을 모두 갖추었을 것
3. 목표로 하는 지수의 변화에 1배 이내의 양의 배율로 연동하여 운용하는 것을 목표로 할 것
4. 집합투자기구의 집합투자증권의 1좌당 또는 1주당 순자산 가치의 변동율과 해당 집합투자기구가 목표로 하는 지수의 변동율 간의 차이가 100분의 10 이내일 것

② 영 제2조 제7호 다목에서 "금융위원회가 정하여 고시하는 집합투자증권"이란 집합투자재산 중 영 제2조 제7호 가목 및 라목의 금융투자상품에 운용하는 비중과 파생상품 매매에 따른 위험평가액이 집합투자기구 자산총액에서 차지하는 비중의 합계가 100분의 20을 초과하는 집합투자기구의 집합투자증권을 말한다. 다만, 당해 집합투자규약 및 투자설명서에서 정한 운용방침이나 투자전략이 기초자산의 가격 또는 기초자산의 종류에 따라 다수 종목의 가격수준을 종합적으로 표시하는 지수의 변화에 연동하여 운용하는 것을 목표로 하는 집합투자기구로서 다음 각 호의 요건을 모두 충족하는 집합투자기구의 집합투자증권은 제외한다.

1. 집합투자재산을 운용함에 있어 장외파생상품 또는 파생결합증권에 투자하지 아니할 것. 다만, 가격 또는 지수의 변화에 연동하기 위한 목적으로 법 제390조에 따른 상장규정에서 정한 요건을 충족하는 거래상대방과 장외파생상품을 거래하는 경우는 제외한다.
2. 당해 집합투자기구가 연동하고자 하는 기초자산의 가격 또는 지수가 영 제246조 각 호의 요건을 모두 갖추었을 것
3. 목표로 하는 지수의 변화에 1배 이내의 양의 배율로 연동하여 운용하는 것을 목표로 할 것
4. 집합투자기구의 집합투자증권의 1좌당 또는 1주당 순자산 가치의 변동율과 해당 집합투자기구가 목표로 하는 지수의 변동율 간의 차이가 100분의 10 이내일 것

③ 제2항에도 불구하고 집합투자증권에 투자하는 집합투자기구의 집합투자증권인 경우에는 다음 각 호의 요건을 모두 충족하는 경우 고난도금융투자상품에 해당한다.

1. 다음 각 호의 합계가 100분의 20을 초과하는 경우

가. 집합투자재산 중 영 제2조 제7호 가목 및 라목의 금융투자상품에 운용하는 비중
나. 파생상품 매매에 따른 위험평가액이 집합투자기구 자산총액에서 차지하는 비중
다. 집합투자재산 중 제2항의 집합투자증권(외국집합투자기구의 집합투자증권의 경우 해당 국가에서 고난도 금융투자상품에 준하여 지정된 것에 한한다)에 운용하는 비중

라. 그 밖에 기초자산의 특성, 가격결정의 방식 또는 손익의 구조를 투자자가 이해하기 어려운 것으로서 금융위원회가 정하여 고시하는 금융투자

금융위원회가 정하여 고시하는 방법으로 산정한 최대 원금손실 가능금액은 다음과 같다(금융투자업규정 1-2조의4①).

1. 시행령 제2조 제7호 가목의 파생결합증권 및 시행령 제2조 제7호 나목의 파생상품 : 해당 금융투자상품의 매매 또는 계약을 위하여 지급하였거나 지급하여야 할 금전 등의 총액(시행령 제3조 제1항 각 호의 금액을 제외한다)으로부터 회수하였거나 만기시까지(중도해지 시점을 포함한다) 회수가 보장된 금전 등의 총액(시행령 제3조 제2항 각 호의 금액을 포함한다)을 제외한 금액
2. 시행령 제2조 제7호 다목에 따른 집합투자증권 : 집합투자재산 중 시행령 제2조 제7호 각 목의 금융투자상품(국내외 증권시장 및 국내외 파생상품시장에 상장되어 거래되는 상품을 포함한다)에서 발생할 수 있는 최대 원금손실 가능금액으로서 한국금융투자협회가 정하는 방법으로 산정된 금액

다만, 거래소시장, 해외증권시장, 해외파생상품시장(法 5조②2)에 상장되어 거래(투자자가 해당 시장에서 직접 매매하는 경우로 한정)되는 상품 또는 전문투자자[법 제9조 제5항 제1호부터 제3호까지의 어느 하나에 해당하는 자, 시행령 제10조 제3항 제1호부터 제6호까지, 제6호의2, 제7호부터 제14호까지의 어느 하나에 해당하는 자(이에 준하는 외국인을 포함) 또는 같은 항 제18호 가목부터 다목까지의 어느 하나에 해당하는 자로 한정]만을 대상으로 하는 상품은 고난도금융투자상품의 범위에서 제외한다(令 2조 7호 단서).

(2) 고난도금융투자상품 관련 규제

(가) 투자매매업자 · 투자중개업자의 불건전영업행위금지

고난도금융투자상품(투자자 보호 및 건전한 거래질서를 해칠 우려가 없는 것으

---

2. 집합투자재산 중 영 제2조 제7호 각 목의 금융투자상품(국내외 증권시장 및 국내외 파생상품시장에 상장되어 거래되는 상품을 포함한다. 이하 이 호에서 같다)에서 발생할 수 있는 최대 원금손실 가능금액이 집합투자기구 자산총액의 100분의 20을 초과하는 경우

④ 제2항 및 제3항의 파생상품 매매에 따른 위험평가액은 제4-54조에 따른 파생상품 위험평가액 산정기준에 따라 산정한다. 다만, 헤지목적의 거래 등 파생상품 매매가 집합투자증권의 가격결정 및 손익결정 구조에 대한 투자자의 이해 및 손실 위험에 미치는 영향이 현저히 낮은 경우로서 한국금융투자협회가 정하는 파생상품 매매는 파생상품 위험평가액 산정에서 제외한다.

로서 금융위원회가 정하여 고시하는 고난도금융투자상품은 제외)을 판매하는 경우 다음 각 목의 어느 하나에 해당하는 행위를 하지 못한다(法 71조 7호, 令 68조⑤).

1. 개인인 일반투자자를 대상으로 하는 다음 중 어느 하나에 해당하는 행위(令 68조⑤2의2)
   가. 판매과정을 녹취하지 않거나 투자자의 요청에도 불구하고 녹취된 파일을 제공하지 않는 행위
   나. 투자자에게 권유한 금융투자상품의 판매과정에서 금융투자상품의 매매에 관한 청약 또는 주문("청약등")을 철회할 수 있는 기간("숙려기간")에 대해 안내하지 않는 행위
   다. 투자권유를 받고 금융투자상품의 청약등을 한 투자자에게 2영업일 이상의 숙려기간을 부여하지 않는 행위
   라. 숙려기간 동안 투자자에게 투자에 따르는 위험, 투자원금의 손실가능성, 최대원금손실 가능금액 및 그 밖에 금융위원회가 정하여 고시하는 사항을 고지하지 않거나 청약등을 집행하는 행위
   마. 숙려기간이 지난 후 서명, 기명날인, 녹취 또는 그 밖에 금융위원회가 정하여 고시하는 방법으로 금융투자상품의 매매에 관한 청약등의 의사가 확정적임을 확인하지 않고 청약등을 집행하는 행위
   바. 청약등을 집행할 목적으로 투자자에게 그 청약등의 의사가 확정적임을 표시해 줄 것을 권유하거나 강요하는 행위
2. 개인인 투자자에게 고난도금융투자상품의 내용, 투자에 따르는 위험 및 그 밖에 금융위원회가 정하여 고시하는 사항을 해당 투자자가 쉽게 이해할 수 있도록 요약한 설명서를 내어 주지 않는 행위. 다만, 다음의 어느 하나에 해당하는 경우는 제외한다(令 68조⑤2의3).
   1) 투자자가 해당 설명서를 받지 않겠다는 의사를 서면, 전신, 전화, 팩스, 전자우편 또는 그 밖에 금융위원회가 정하여 고시하는 방법으로 표시한 경우
   2) 집합투자증권의 판매 시 간이투자설명서(法 124조②3) 또는 핵심상품설명서(法 249조의4② 전단)를 교부한 경우
3. 이사회의 의결(내부통제기준에 따라 이를 위임한 경우를 포함)에 따른 별도의 판매승인을 거치지 않고 영 제2조 제7호에 따른 고난도금융투자상품에 대한 판매여부를 결정하는 행위(令 68조⑤14, 금융투자업규정 4-20조①15)

(나) 신탁업자의 준수사항

신탁업자는 특정금전신탁 계약을 체결(갱신을 포함)하거나 금전의 운용방법을 변경할 때에는 위탁자로 하여금 변경내용을 계약서에 자필로 적도록 하거나

서명, 기명날인 또는 녹취를 통해 변경내용을 확인받아야 하는데, 고난도금융투자상품에 관한 다음과 같은 변경내용을 계약서에 자필로 적도록 해야 한다(令 104조⑥2나).

가. 운용대상을 고난도금융투자상품이 아닌 금융투자상품에서 고난도금융투자상품으로 변경하는 경우
나. 운용대상을 고난도금융투자상품에서 다른 고난도금융투자상품으로 변경하는 경우(종전과 동일한 수익구조의 고난도금융투자상품으로 변경하는 등 위험도가 동일한 고난도금융투자상품으로 변경하는 경우는 제외)
다. 가 및 나에 해당하지 않는 경우로서 운용대상의 위험도를 변경하는 경우

㈐ 금융소비자 정보파악의무

「금융소비자 보호에 관한 법률」상 금융상품판매업자는 고난도금융투자상품에 대하여 일반금융소비자에게 계약체결을 권유하지 아니하고 금융상품 판매 계약을 체결하려는 경우에는 미리 면담·질문 등을 통하여 해당 금융상품 취득 또는 처분 목적, 재산상황, 취득 또는 처분 경험 등의 정보를 파악해야 한다(금소법 18조①, 시행령 12조①2나).

㈑ 청약철회권

「금융소비자 보호에 관한 법률」상 금융상품판매업자등과 고난도금융투자상품(일정 기간에만 금융소비자를 모집하고 그 기간이 종료된 후에 금융소비자가 지급한 금전등으로 집합투자를 실시하는 것만 해당)에 관한 계약의 청약을 한 일반금융소비자는 계약서류를 제공받은 날부터[13] 7일 내에 청약을 철회할 수 있다(금소법 46조①).[14]

㈒ 일괄신고서 제출 제한

고난도금융투자상품에 대한 일괄신고서 제출은 다음과 같은 경우에만 예외적으로 허용된다(令 121조①).

1. 다음 각 목의 어느 하나에 해당하는 파생결합증권
   가. 고난도금융투자상품이 아닌 파생결합증권

13) 계약내용 등이 금융소비자 보호를 해칠 우려가 없는 경우로서 계약서류를 제공하지 아니할 수 있는 경우(시행령 22조②)에는 "계약체결일부터" 7일 내에 청약을 철회할 수 있다.
14) 거래 당사자 사이에 7일보다 긴 기간으로 약정한 경우에는 그 기간 내에 청약을 철회할 수 있다.

나. 고난도금융투자상품 중 오랫동안 반복적으로 발행된 것으로서 기초자산의 구성 및 수익구조가 금융위원회가 정하여 고시하는 기준에 부합하는 파생결합증권

2. 개방형 집합투자증권

가. 환매금지형집합투자기구가 아닌 집합투자기구의 집합투자증권(다만, 고난도금융투자상품으로서 발행기간이 무기한이 아닌 것은 제외)

나. 이에 준하는 외국집합투자증권(다만, 고난도금융투자상품으로서 발행기간이 무기한이 아닌 것은 제외)

(바) 집합투자증권이 고난도금융투자상품에 해당하는 경우

투자신탁을 설정하고자 하는 집합투자업자는 집합투자기구의 집합투자증권이 고난도금융투자상품에 해당하는 경우 그 사실이 기재된 신탁계약서에 의하여 신탁업자와 신탁계약을 체결하여야 한다(法 188조①8, 令 215조 12호, 금융투자업규정 7-8조 5호).

제2절 증권과 파생상품

I. 증 권

1. 증권의 개념

(1) 포괄적 개념

증권은 내국인 또는 외국인이 발행한 금융투자상품으로서 투자자가 취득과 동시에 지급한 금전등 외에 어떠한 명목으로든지 추가로 지급의무를 부담하지 않는 것이다(法 4조①). 자본시장법은 내국인과 외국인을 모두 증권의 발행주체로 규정하고,[15] 추가지급의무의 부존재를 개념 요소로 한 포괄적인 증권 개념을 규정한다. 자본시장법 제4조 제1항은 "지급의무(투자자가 기초자산에 대한 매매를 성립시킬 수 있는 권리를 행사하게 됨으로써 부담하게 되는 지급의무를 제외한다)"라고 규정하는데, 이는 파생결합증권의 경우에는 투자자가 기초자산에 대한 매매를 성립시킬 수 있는 권리를 행사하게 됨으로써 지급의무를 부담하기 때문에 이를

15) 외국인이 발행한 증권과 외화증권은 다른 개념이다. 외화증권이란 외국통화로 표시된 증권 또는 외국에서 지급받을 수 있는 증권을 말한다(외국환거래법 3조①8).

"지급의무"의 의미에서 제외한 것이다.

(2) 미국과 일본의 증권 개념

(가) 미국 증권법

미국의 Securities Act of 1933[16] §2(a)(1)은 증권에 대하여 "문맥상 다른 요건이 없는 한, 증권이라는 용어는, 모든 어음, 주식, 금고주, 증권선물, 담보사채, 무담보사채, 채무증서, 이익분배계약상의 이익 또는 지분의 증서, 담보신탁증서, 설립전 발행증서 또는 인수증서, 양도가능주식, 투자계약, 의결권신탁증서, 증권예탁증서, 석유, 가스 기타 광물에 대한 미분할이익지분, 증권·예금증서·증권의 그룹이나 지수(그에 대한 또는 그 가치에 기한 지분 포함)에 대한 풋(매도옵션)·콜(매수옵션)·스트래들(옵션의 양매도 또는 양매수)·옵션·특권,[17] 전국증권거래소에서 체결된 외환에 관한 풋·콜·스트래들·옵션·특권, 일반적으로 통상 '증권'이라고 인식되는 이익 또는 증서, 이상의 어느 것에 대한 이익 또는 지분증서, 임시적 또는 잠정적 증서, 영수증, 보증서, 인수 또는 매수의 특권 또는 권리를 의미한다."고 규정한다.[18]

(나) 일본 金融商品取引法

金融商品取引法은 먼저 유가증권인 금융상품을 열거하고 그 외에 유통성

---

16) 이하에서는 Securities Act of 1933을 SA로 약칭한다.

17) 미국 증권법상 증권에 대한 풋(매도옵션)·콜(매수옵션)·스트래들(옵션의 양매도 또는 양매수)·옵션·특권(any put, call, straddle, option, or privilege on any security)은 증권으로서 SEC의 규제대상이고, 개별주식에 대한 선물(futures on individual securities)은 CFTC의 규제대상이다.

18) [SA §2(a) Definitions]
When used in this title, unless the context otherwise requires——
(1) The term 'security' means any note, stock, treasury stock, security future, bond, debenture, evidence of indebtedness, certificate of interest or participation in any profit sharing agreement, collateral–trust certificate, preorganization certificate or subscription, transferable share, investment contract, voting–trust certificate, certificate of deposit for a security, fractional undivided interest in oil, gas, or other mineral rights, any put, call, straddle, option, or privilege on any security, certificate of deposit, or group or index of securities (including any interest therein or based on the value thereof), or any put, call, straddle, option, or privilege entered into on a national securities exchange relating to foreign currency, or, in general, any interest or instrument commonly known as a 'security', or any certificate of interest or participation in, temporary or interim certificate for, receipt for, guarantee of, or warrant or right to subscribe to or purchase, any of the foregoing". [Securities Exchange Act of 1934 §3(a)(10)과 ICA §2(a)(36)을 비롯하여 대부분의 주증권법도 SA §2(a)(1)과 거의 같은 내용의 규정을 두고 있다].

기타의 사정을 감안하여 공익 또는 투자자의 보호를 확보하는 것이 필요하다고 인정되는 것은 政令(施行令)에서 증권 또는 증서를 규정하도록 위임함으로써 한정적 열거주의 방식을 채택하고 있다.[19)]

2. 증권의 종류

자본시장법은 증권을 증권에 표시되는 권리의 종류에 따라 채무증권, 지분증권, 수익증권, 투자계약증권, 파생결합증권, 증권예탁증권 등으로 구분하여 규정한다(法 4조②). 제4조 제2항에 구분하여 규정된 증권 외에 다른 유형의 증권은 인정되지 않는다. 자본시장법은 각각의 증권의 개념에 관하여 별도의 구체적인 규정을 두고 있는데(法 4조③ 내지 ⑧), 개별 증권에 따라서는 두 개 이상의 유형에 중복하여 해당할 수도 있다. 그리고 투자계약증권과 파생결합증권 외의 증권은 전통적인 개념의 증권이라 할 수 있다. 한편 자본시장법은 채무증권, 지분증권, 수익증권에 대하여 각각 "그 밖에 이와 유사한 것"을 포함하도록 규정한다(法 4조③ 내지 ⑤). 따라서 새로운 유형의 증권은 이러한 유사성기준에 의하여 판단해야 할 것이다. 다만 "그 밖에 이와 유사한 것"이 포함되더라도 자본시장법은 채무증권의 경우 지급청구권이 표시된 것이어야 하고, 지분증권의 경우 출자지분이 표시된 것이어야 하고, 수익증권의 경우 신탁의 수익권이 표시된 것임을 요구함으로써 증권의 개념이 지나치게 확대되는 것을 방지하고 있다.

⑴ 채무증권

㈎ 채무증권의 분류

"채무증권"이란 국채증권, 지방채증권, 특수채증권(법률에 의하여 직접 설립된 법인이 발행한 채권), 사채권, 기업어음증권, 그 밖에 이와 유사한 것으로서 지급청구권이 표시된 것을 말한다(法 4조③). 자본시장법은 발행주체에 따라 채무증권을 분류하는데, 일반 상거래채권은 유사성을 결여하여 채무증권에 해당하지

19) 다만, 金商法은 미국의 투자계약과 유사한 집단투자스킴지분을 간주유가증권으로 도입하여(金商法 2조②5), 유가증권의 범위가 대폭 확대되었다. 金商法상의 집단투자스킴은 ① 금전의 출자, ② 사업의 영위(타인의 노력), ③ 수익의 배당 또는 재산의 분배를 요건으로 하며, Howey 기준상의 "공동사업(common enterprise)"은 요건으로 하지 않는다. 이는 미국 판례에서 공동사업에서 복수투자자를 전제로 하지 않는 등 Howey 기준이 완화되고 있는 동향이 반영된 것으로 보인다[일본 金商法의 집단투자스킴지분에 대한 상세한 설명은 류혁선·임재연, "일본 금융상품거래법상의 유가증권 개념에 대한 연구", 성균관법학 제21권 제2호(2009. 8) 참조].

않는다.

자본시장법에 규정된 채무증권의 유형은 모두 대량으로 발행되고 거래될 수 있는 것이고, 채무가 증서에 표창된 것이라도 개별 채권자와 채무자간의 채권과 같이 대량의 발행·거래 대상이 아닌 것은 채무증권에 해당하지 않는다.

(나) 국채증권

정부는 국채(국고채권)의 발행 및 상환 등을 효율적으로 관리하기 위하여 공공자금관리기금을 설치하는데(공공자금관리기금법 2조), 국채는 공공자금관리기금의 부담으로 기획재정부장관이 발행한다. 다만, 다른 법률에 특별한 규정이 있는 경우에는 그 법률에 따라 회계·다른 기금 또는 특별계정의 부담으로 기획재정부장관이 이를 발행한다(국채법 3조①).

국채를 발행하고자 할 때에는 국회의 의결을 얻어야 하고(국채법 3조②), 국채는 공개시장에서 발행함을 원칙으로 한다. 다만, 다른 법률이 정하는 바에 따라 특정인으로 하여금 국채를 매입하게 하거나 현금의 지급에 갈음하여 국채를 교부할 수 있다(국채법 3조③).[20] 국채의 시장가격은 무위험자산의 이자율에 의하여 결정되며, 국가의 경제정책에 중요한 지침이 된다. 국채는 정부가 원리금의 지급을 보증하여 가장 신용도가 높은 채권으로서 사실상 상환불능의 위험이 없으므로, 증권신고서 제출절차에 관한 규정의 적용이 면제된다(法 118조).[21]

(다) 지방채증권

지방채는 지방자치단체가 그 재정수요를 충족하기 위하여 도시철도법(도시철도채권), 지방자치법·지방공기업법(지역개발채권) 등에 따라 발행하는 채권으로서 법령이 정하는 절차와 방법에 따라 발행되므로,[22] 국채와 마찬가지로 상환불능의 위험이 거의 없어 증권신고서 제출의무가 면제된다.

---

20) 미국의 국채인 재무부채권은 만기에 따라 만기가 3개월에서 1년까지인 단기재무부채권(treasury bills, T−bill), 만기가 1년을 초과하여 10년까지인 중기재무부채권(treasury notes, T−note), 만기가 10년을 초과하는 장기재무부채권(treasury bonds, T−bond) 등으로 구분된다.

21) 정부 수립 후 20여 종의 국채가 발행되었는데, 현재 발행되고 있는 국채로는, 국고채권(국채)·외국환평형기금채권(외평채)·국민주택채권(제1종) 등이 있다.

22) 지방채는 서울특별시채권·서울도시철도공채증권·강원지역개발채권·대전지역개발채권·대전도시철도채권·인천지역개발채권·인천도시철도공채증권·광주지역개발채권·광주도시철도채권·부산광역시채권·부산지역개발채권·대구지역개발채권·대구도시철도공채증권 등 1천 종목이 넘는다.

(라) 특수채증권

특수채는 특별한 법률에 의하여 설립된 법인(특수법인)이 발행하는 채권으로서, i) 통화량 조절을 위하여 한국은행이 발행하는 통화안정증권 및 금융기관이 장기자금의 조달을 위하여 발행하는 산업금융채·중소기업금융채 등과 같은 금융채와,[23] ii) 공사 및 공단이 발행하는 비금융특수채(한국전력공사채·토지개발채권·한국가스공사채·한국도로공사채 등)로 구분된다.[24] 특수채 중 "대통령령(令 119조①)으로 정하는 법률에 따라 직접 설립된 법인이 발행한 채권"은 증권신고서 제출의무가 면제된다.

(마) 사 채 권

1) 의 의 사채(社債)란 주식회사가 불특정다수인으로부터 자금을 조달할 목적으로 집단적·정형적인 방법으로 부담하는 채무를 말한다. 사채는 상법상 사채는 전환조건 등 특수한 정함이 없는 일반사채와, 전환사채(CB)·신주인수권부사채(BW)·이익참가부사채·교환사채(EB)·상환사채·파생결합사채로 분류되고, 특별법상 사채는 이중상환청구권부채권·조건부자본증권·담보부사채 등으로 분류된다. 유가증권법정주의에 의하여 법령이 규정하는 유형이 아닌 사채의 발행은 허용되지 않는다고 보아야 한다.[25]

2) 전환사채

가) 의 의 전환사채(Convertible Bond: CB)는 일정한 조건에 따라 발행회사의 주식으로 전환청구할 권리가 부여된 사채이다. 전환사채는 투자자에게 회사채의 확정이율과 함께 주가상승시 주식으로의 전환청구권이 인정되므로 일반적으로 낮은 금리로 발행된다. 따라서 발행회사로서는 낮은 금리로 사채를 발행할 수 있고, 사채권자가 전환권을 행사하면 상환부담이 없어지게 되는 장점이 있다.[26]

---

23) 「이중상환청구권부 채권 발행에 관한 법률」에 의하여 "금융회사등"이 발행하는 채권으로서, 발행기관에 대한 상환청구권과 함께 발행기관이 담보로 제공하는 기초자산집합에 대하여 제3자에 우선하여 변제받을 권리를 가지는 이중상환청구권부 채권(커버드본드, Covered Bond)도 특수채이다. 기초자산집합(커버풀, Cover Pool)이란 이중상환청구권부 채권의 원리금 상환을 담보하는 자산으로서 적격요건을 갖추어 금융위원회에 등록된 것을 말한다(同法 2조).

24) 「지방공기업법」에 의하여 도시철도의 건설 및 운영 또는 주택건설사업 등을 목적으로 설립된 공사가 발행하는 채권도 자본시장법상 특수채증권이다(同法 68조⑦).

25) 이와 관련하여 만기(상환일)가 없거나 있어도 연장이 가능하여 발행회사가 원금상환의무는 부담하지 않고 이자만 부담하는 영구채의 발행근거에 대하여 논란의 여지가 있으나 법무부는 허용하는 입장이다.

26) 만기도래시 상환되지 않고 의무적으로(자동적으로) 주식으로 전환되고 전환권불행사시 원

나) 발행절차 전환사채발행에 관하여, 정관에 규정이 없는 것은 이사회가 이를 결정한다. 그러나, 정관의 규정에 의하여 주주총회에서 결정할 수도 있다.[27] 결정사항은, ⅰ) 전환사채의 총액, ⅱ) 전환의 조건, ⅲ) 전환으로 인하여 발행할 주식의 내용, ⅳ) 전환을 청구할 수 있는 기간, ⅴ) 주주에게 전환사채의 인수권을 준다는 뜻과 인수권의 목적인 전환사채의 액, ⅵ) 주주외의 자에게 전환사채를 발행하는 것과 이에 대하여 발행할 전환사채의 액이다(商法 516조②). 전환사채에 관하여는 사채청약서, 채권과 사채원부에 ⅰ) 사채를 주식으로 전환할 수 있다는 뜻, ⅱ) 전환의 조건, ⅲ) 전환으로 인하여 발행할 주식의 내용, ⅳ) 전환을 청구할 수 있는 기간, ⅴ) 주식의 양도에 관하여 이사회의 승인을 얻도록 정한 때에는 그 규정을 기재해야 한다(商法 514조①). 전환사채의 인수권을 가진 주주는 그가 가진 주식의 수에 따라서 전환사채의 배정을 받을 권리가 있다. 그러나 각 전환사채의 금액중 최저액에 미달하는 단수에 대하여는 그렇지 않다(商法 513조의2①). 신주배정일공고에 관한 제418조 제3항의 규정은 주주가 전환사채의 인수권을 가진 경우에 준용된다(商法 513조의2②). 주주가 전환사채의 인수권을 가진 경우에는 각 주주에 대하여 그 인수권을 가지는 전환사채의 액, 발행가액, 전환의 조건, 전환으로 인하여 발행할 주식의 내용, 전환을 청구할 수 있는 기간과 일정한 기일까지 전환사채의 청약을 하지 아니하면 그 권리를 잃는다는 뜻을 통지해야 한다(商法 513조의3①).

다) 발행제한 주주외의 자에 대하여 전환사채를 발행하는 경우에 그 발행할 수 있는 전환사채의 액, 전환의 조건, 전환으로 인하여 발행할 주식의 내용과 전환을 청구할 수 있는 기간에 관하여 정관에 규정이 없으면 주주총회 특별결의로써 이를 정해야 한다. 이 경우 신기술의 도입, 재무구조의 개선 등 회사의 경영상 목적을 달성하기 위하여 필요한 경우에 한한다는 상법 제418조 제2항 단

리금상환청구권도 소멸하는 조건의 사채를 의무전환사채라고 한다. 의무전환사채는 상장폐지 사유인 자본잠식을 회피하기 위하여 발행되는데, 이러한 전환사채가 상법상 허용되는 것인지에 관하여는 명문의 규정은 없으므로 논란이 있다.

27) [대법원 1999. 6. 25. 선고 99다18435 판결] 【이사회결의무효확인】
회사의 정관에 신주발행 및 인수에 관한 사항은 주주총회에서 결정하고 자본의 증가 및 감소는 발행주식 총수의 과반수에 상당한 주식을 가진 주주의 출석과 출석주주가 가진 의결권의 2/3 이상의 찬성으로 의결하도록 규정되어 있는 경우, 전환사채는 전환권의 행사에 의하여 장차 주식으로 전환될 수 있어 이를 발행하는 것은 사실상 신주발행으로서의 의미를 가지므로, 회사가 전환사채를 발행하기 위하여는 주주총회의 특별결의를 요한다.

서의 규정이 준용된다(商法 513조③). 한편 주권상장법인은 경영권분쟁기간중에는 주주에게 사채의 인수권을 부여하여 모집하는 외에는 일반공모발행방식으로만 전환사채를 발행할 수 있는데(증권발행공시규정 5-21조①), 이 경우의 공모는 실질적인 의미에서의 공모에 해당해야 한다.[28)]

3) 신주인수권부사채

가) 의 의 신주인수권부사채(Bond with Warrant: BW)는 사채발행회사에 대한 신주인수권(신주발행청구권)이 부여된 사채로서, 회사로서는 자금조달비용을 낮출 수 있다는 장점이 있다. 신주인수권은 형성권이므로 행사시 회사는 당연히 신주를 발행해야 한다. 신주인수권부사채는 대부분 전환사채와 유사하고, 차이점으로는, 신주인수권을 행사하여도 사채는 존속하므로 만기에 상환되어야 하고, 신주발행의 대가로 별도의 출자를 필요로 하고, 신주의 발행가액이 신주인수권부사채의 금액을 초과할 수 없고, 분리형은 무기명사채로서 유통된다는 점이다. 신주인수권부사채에는 분리형과 비분리형(결합형)이 있다. 비분리형은 발행사항중 "4. 신주인수권만을 양도할 수 있는 것에 관한 사항"을 정하지 않은 경우이고, 분리형은 이를 정하여 신주인수권증권이 채권과 별도로 발행되어 유통되는 경우이다. 상법은 양자 모두 인정한다.

나) 발행절차 회사는 신주인수권부사채를 발행할 수 있다(商法 516조의2①). 이 경우에 i) 신주인수권부사채의 총액, ii) 각 신주인수권부사채에 부여된 신주인수권의 내용, iii) 신주인수권을 행사할 수 있는 기간, iv) 신주인수권만을 양도할 수 있는 것에 관한 사항, v) 신주인수권을 행사하려는 자의 청구가 있는 때에는 신주인수권부사채의 상환에 갈음하여 그 발행가액으로 상법 제516조의9 제1항의 납입이 있는 것으로 본다는 뜻, vi) 주주에게 신주인수권부사채의 인수권을 준다는 뜻과 인수권의 목적인 신주인수권부사채의 액, vii) 주주외의 자에게 신주인수권부사채를 발행하는 것과 이에 대하여 발행할 신주인수권부사채의 액 등으로서 정관에 규정이 없는 것은 이사회가 이를 결정한다. 그러나 정관으로 주주총회에서 이를 결정하도록 정한 경우에는 그에 따른다(商法 516조의2②).

다) 발행제한 주주외의 자에 대하여 신주인수권부사채를 발행하는 경우

28) 1997년 미도파에 대한 적대적 M&A 사건에서 법원은 경영권분쟁기간중에 선착순조건으로 공모발행을 하는 것은 형식은 공모의 방식이지만 실제로는 사모에 해당한다는 이유로 발행을 금지한 사례가 있다.

에 그 발행할 수 있는 신주인수권부사채의 액, 신주인수권의 내용과 신주인수권을 행사할 수 있는 기간에 관하여 정관에 규정이 없으면 주주총회 특별결의로써 이를 정해야 한다(商法 516조의2④). 각 신주인수권부사채에 부여된 신주인수권의 행사로 인하여 발행할 주식의 발행가액의 합계액은 각 신주인수권부사채의 금액을 초과할 수 없다(商法 516조의2③).

4) 이익참가부사채

가) 의 의 이익참가부사채(participating bond: PB)는 사채권자가 그 사채발행회사의 이익배당에 참가할 수 있는 사채를 말한다(商法 469조②1). 종래에는 자본시장법에 따라 주권상장법인만 이익참가부사채를 발행할 수 있었으나, 개정상법이 제469조 제2항 제1호에서 이익참가부사채를 규정함에 따라 모든 주식회사가 이익참가부사채를 발행할 수 있게 되었다.

이익참가부사채는 이익배당에 참가할 수 있다는 점에서 처음부터 주식의 성질을 가지며, 이 점에서 장래 주식으로 변할 가능성을 가지는 사채인 전환사채나 신주인수권부사채와 다르다.

나) 발행절차

(a) 주주에게 발행하는 경우

a) 발행사항의 결정 이익참가부사채를 발행하는 경우에는 다음의 사항으로서 정관에 규정이 없는 것은 이사회가 이를 결정한다. 그러나 정관으로 주주총회에서 이를 결정하도록 정할 수 있다(商令 21조①).

1. 이익참가부사채의 총액
2. 이익배당참가의 조건 및 내용[29]
3. 주주에게 이익참가부사채의 인수권을 준다는 뜻과 인수권의 목적인 이익참가부사채의 가액

b) 이익참가부사채의 배정 이익참가부사채의 인수권을 가진 주주는 그가 가진 주식의 수에 따라 이익참가부사채의 배정을 받을 권리가 있다. 다만, 각 이익참가부사채의 금액 중 최저액에 미달하는 끝수에 대하여는 그러하지 아니하다(商令 21조④).

---

29) 배당률이 가장 중요한 결정사항인데, 보통주의 배당률에 일정률을 가감하는 방식으로 정하거나 우선주식과 같은 방법으로 정하는 것도 가능하다.

c) 배정기준일공고 　회사는 일정한 날을 정하여, 그 날에 주주명부에 기재된 주주가 이익참가부사채의 배정을 받을 권리를 가진다는 뜻을 그 날의 2주일 전에 공고해야 한다. 다만, 그 날이 주주명부폐쇄기간 중일 때에는 그 기간의 초일의 2주일 전에 이를 공고해야 한다(商令 21조⑤).

d) 실권통지·공고 　주주가 이익참가부사채의 인수권을 가진 경우에는 각 주주에게 그 인수권을 가진 이익참가부사채의 액, 발행가액, 이익참가의 조건과 일정한 기일까지 이익참가부사채 인수의 청약을 하지 아니하면 그 권리를 잃는다는 뜻을 통지해야 한다(商令 21조⑥,⑧). 통지에도 불구하고 그 기일까지 이익참가부사채 인수의 청약을 하지 아니한 경우에는 이익참가부사채의 인수권을 가진 자는 그 권리를 잃는다(商令 21조⑨).

ⓑ 주주 외의 자에게 발행하는 경우

a) 발행요건 　주주 외의 자에게 이익참가부사채를 발행하는 경우에 그 발행할 수 있는 이익참가부사채의 가액과 이익배당 참가의 내용에 관하여 정관에 규정이 없으면 상법 제434조에 따른 주주총회의 특별결의로 정해야 한다(商令 21조②). 이익참가부사채를 발행하면 결국 주주에게 배당할 이익이 줄어들게 되므로 주주의 이익을 보호하기 위한 것이다.

b) 소집통지 　이익참가부사채 발행에 관한 결의에 있어서 이익참가부사채의 발행에 관한 의안의 요령은 주주총회의 소집통지·공고에 기재해야 한다(商令 21조③).

c) 사채청약서·채권·사채원부 　사채청약서·채권·사채원부에도 위와 같은 발행사항을 기재해야 한다(商令 25조 1호).

다) 이익참가부사채의 등기 　회사가 이익참가부사채를 발행한 때에는 상법 제476조의 규정[30]에 의한 납입이 완료된 날부터 2주 내에 본점 소재지에서 다음 사항을 등기해야 한다(商令 21조⑩).

1. 이익참가부사채의 총액
2. 각 이익참가부사채의 금액

30) [商法 제476조(납입)]
① 사채의 모집이 완료한 때에는 이사는 지체 없이 인수인에 대하여 각사채의 전액 또는 제1회의 납입을 시켜야 한다.
② 사채모집의 위탁을 받은 회사는 그 명의로 위탁회사를 위하여 제474조 제2항과 전항의 행위를 할 수 있다.

3. 각 이익참가부사채의 납입금액
4. 이익배당에 참가할 수 있다는 뜻과 이익배당 참가의 조건 및 내용

이익참가부사채의 등기사항이 변경된 때에는 본점 소재지에서는 2주일 내, 지점 소재지에서는 3주일 내에 변경등기를 해야 한다 한다(商令 21조⑪). 외국에서 이익참가부사채를 모집한 경우에 등기할 사항이 외국에서 생겼을 때에는 그 등기기간은 그 통지가 도달한 날부터 기산(起算)한다(商令 21조⑫).

5) 교환사채

가) 의 의 교환사채(exchangeable bond: EB)는 "주식이나 그 밖의 다른 유가증권으로 교환할 수 있는 사채"이다(商法 469조②2). 종래에는 자본시장법에 따라 주권상장법인만 교환사채를 발행할 수 있었으나(令 176조의13①), 2011년 개정상법이 제469조 제2항 제2호에서 교환사채를 규정함에 따라 모든 주식회사가 교환사채를 발행할 수 있다.[31)]

교환사채와 전환사채는 그 대상(교환사채는 제3자의 주식 및 자기주식, 전환사채는 해당 회사의 신주)만 다를 뿐, 권리행사 후 사채권이 소멸한다는 점, 주식의 대가는 사채금액으로 충당한다는 점, 권리의 이전은 사채권의 이전에 의한다는 점 등에서 동일하다.[32)]

나) 발행절차

(a) 발행사항의 결정 교환사채를 발행하는 경우에는 이사회가 다음 사항을 결정한다(商令 22조①). 사채청약서 · 채권 · 사채원부에도 같은 사항을 기재해야 한다(商令 25조).

1. 교환할 주식이나 유가증권의 종류 및 내용

31) 기업이 자기주식을 대상으로 교환사채를 발행하게 되면, 일반적으로 보다 낮은 금리로 사채를 발행할 수 있고 자금부담을 줄이면서 효율적으로 주가관리를 할 수 있는 장점이 있다. 즉, 기업이 사채상환자금을 보유하고 있고 주가를 안정시키기 위해 자기주식을 매수하고자 할 때, 먼저 사채상환자금으로 자사주를 매입하고 취득 후 6개월이 경과한 시점에서 취득한 자기주식을 대상으로 교환사채를 발행하면 된다. 공모한 교환사채는 3개월 후부터 교환을 청구할 수 있는데 발행된 교환사채 전부가 즉시 주식으로 교환되지 않을 것이므로 주가관리에 도움이 된다.

32) 반면에 신주인수권부사채는 권리행사 후에도 현금납입형의 경우에는 사채권이 유지되고(대용납입형의 경우에는 소멸함), 주식의 대가도 현금납입 또는 사채금액으로 충당하고, 사채권의 이전도 분리형은 신주인수권증권만을 분리하여 이전할 수 있다(비분리형은 사채권의 이전에 의함).

2. 교환의 조건
3. 교환을 청구할 수 있는 기간[33)]

교환사채의 발행을 위하여 정관의 규정이나 주주총회의 결의는 요구되지 않는다. 교환사채의 교환으로 인하여 신주가 발행되는 것이 아니므로 주주의 이익을 침해하지 않기 때문이다.

주주 외의 자에게 발행회사의 자기주식으로 교환할 수 있는 사채를 발행하는 경우에 사채를 발행할 상대방에 관하여 정관에 규정이 없으면 이사회가 이를 결정한다(商令 22조②).[34)]

(b) 교환의 대상 교환사채와 교환할 주식이나 유가증권의 종류 및 내용을 미리 정해야 한다.[35)] 교환의 대상은 "교환사채발행회사 소유의 주식이나 그 밖의 다른 유가증권"이다(商令 22조①).[36)] "회사 소유의 주식"이라는 표현상 발행주체는 불문하므로, 다른 회사가 발행한 주식은 물론 자기주식도 교환의 대상이다.[37)] 교환사채의 발행가액에 관하여 법령에 아무런 규정이 없지만 교환할 주식의 액면금액 이상이어야 한다.

교환사채의 교환으로 인하여 신주가 발행되는 것이 아니므로, 상법 시행령 제22조 제1항 제1호의 "교환할 주식"에는 회사가 발행하는 신주는 포함하지 않는다.

국공채·회사채와 같이 이율에 의한 수익이 기대되는 증권은 교환의 대상이 될 의미가 없으므로, 결국 교환대상 증권은 주식·전환사채·신주인수권부사채·외국주식예탁증서(DR) 등인데, 현실적으로는 주식을 교환대상으로 하는 경우가 대부분일 것이다.

---

33) 교환청구기간은 사채상환기간 내에서 그 시기와 종기를 정한다.

34) 주주 외의 자에게 이익참가부사채를 발행하는 경우에 그 발행할 수 있는 이익참가부사채의 가액과 이익배당참가의 내용에 관하여 정관에 규정이 없으면 주주총회 특별결의로써 이를 정하여야 하는데(令 21조②), 이는 이익참가부사채의 발행으로 주주에게 배당할 이익이 줄어들기 때문인데, 교환사채는 이익배당에 참가하는 사채가 아니므로 이러한 규정이 없다.

35) 예를 들어 A회사가 소유하는 B회사 보통주식을 주당 1만원으로 평가하여 교환사채 1억원에 대하여 1만주를 교환해 주는 방식이다.

36) 자본시장법상 교환의 대상은 상장증권으로 한정되었으나, 상법상 교환사채는 비상장증권도 교환의 대상이 될 수 있다. 자기주식을 교환대상으로 하는 교환사채를 발행하는 경우 자기주식처분을 위한 이사회의 결의가 필요하다.

37) 종래에는 회사의 자기주식보유는 원칙적으로 금지되었지만, 2011년 개정상법은 자기주식취득을 원칙적으로 허용하므로, 자기주식을 교환대상으로 하는 교환사채의 발행도 가능하도록 한 것이다.

(c) 교환대상 증권의 예탁 교환사채를 발행하는 회사는 사채권자가 교환청구를 하는 때 또는 그 사채의 교환청구기간이 끝나는 때까지 교환에 필요한 주식 또는 유가증권을 한국예탁결제원에 예탁하거나 전자등록기관에 전자등록해야 한다. 이 경우 한국예탁결제원 또는 전자등록기관은 그 주식 또는 유가증권을 신탁재산임을 표시하여 관리해야 한다(商令 22조③).

(d) 교환의 조건 교환의 조건은 교환대상 주식이나 유가증권과의 교환비율 또는 교환가액을 의미한다. 교환대상 주식의 발행회사가 주식배당을 하거나, 준비금의 자본금전입을 하거나, 교환가액보다 낮은 가격으로 유상신주를 발행하는 경우에는 교환가액을 조정해야 한다. 이때 조정을 위한 계산식은 전환사채의 전환가액의 조정방법과 같다.

다) 교환청구절차 교환을 청구하는 자는 교환청구서 2통에 사채권을 첨부하여 회사에 제출해야 한다(商令 22조④, 商法 349조①). 교환청구서에는 교환하려는 주식이나 유가증권의 종류 및 내용, 수와 청구 연월일을 적고 기명날인 또는 서명해야 한다(商令 22조④, 商法 349조②).

라) 교환의 효력 교환의 효력에 관하여 명문의 규정이 없으므로 전환사채의 전환의 경우에 준용되는 상법 제350조(주식전환의 효력발생)를 유추적용하여야 할 것이다. 따라서 주주가 교환을 청구한 경우에는 그 청구한 때에, 회사가 교환을 한 경우에는 사채권제출의 기간이 끝난 때에 교환의 효력이 발생한다(商法 350조①). 주주명부 폐쇄기간중에 전환된 주식의 주주는 명의개서를 할 수 없으므로, 그 기간중의 총회의 결의에 관하여는 의결권을 행사할 수 없다는 제350조 제2항은 유추적용할 필요가 없다.

6) 상환사채

가) 의 의 상환사채는 회사가 소유하는 주식이나 그 밖의 유가증권으로 상환할 수 있는 사채를 말한다(商法 469조②2, 商令 23조①). 교환사채는 주주가 교환을 청구할 수 있는 사채이고, 상환사채는 회사가 상환을 청구할 수 있는 사채이다.[38] 상환사채의 발행사항은 사채청약서 · 채권 · 사채원부에도 기재해야 한다(商令 25조 3호).

38) 전환주식에 있어서 주주전환주식과 회사전환주식의 관계와 같다고 할 수 있다.

나) 발행사항의 결정

(a) 주주에게 발행하는 경우 상환사채를 발행하는 경우에는 이사회가 다음 사항을 결정한다(商令 23조①). 정관의 규정이나 주주총회 결의는 요구되지 않는다.

1. 상환의 목적인 주식이나 유가증권의 종류 및 내용
2. 상환의 조건
3. 회사의 선택 또는 일정한 조건이나 기한의 도래에 따라 주식이나 그 밖의 유가증권으로 상환한다는 뜻

(b) 주주 외의 자에게 발행하는 경우 주주 외의 자에게 발행회사의 자기주식으로 상환할 수 있는 사채를 발행하는 경우에 사채를 발행할 상대방에 관하여 정관에 규정이 없으면 이사회가 이를 결정한다(令 23조②).

다) 상환사채의 예탁 일정한 조건의 성취나 기한의 도래에 따라 상환할 수 있는 경우에는 상환사채를 발행하는 회사는 조건이 성취되는 때 또는 기한이 도래하는 때까지 상환에 필요한 주식 또는 유가증권을 한국예탁결제원에 예탁해야 한다. 이 경우 한국예탁결제원은 그 주식 또는 유가증권을 신탁재산임을 표시하여 관리해야 한다(商令 23조③). 예탁기간은 조건성취 여부가 확정될 때 또는 소정의 기한이 도래한 때까지이다.

라) 상환사채의 상환 상법상 상환사채의 상환에 대한 규정은 없는데, 회사의 상환통지와 사채권자의 채권제출 등의 절차가 필요하다. 회사는 상환사채에 대하여 반드시 회사가 소유하는 주식이나 그 밖의 유가증권으로 상환하여야 하는 것이 아니고, 회사의 선택에 따라 금전으로 상환할 수 있다.

7) 파생결합사채 상법상 파생결합사채란 “유가증권이나 통화 또는 그 밖에 대통령령으로 정하는 자산이나 지표 등”의 변동과 연계하여 미리 정하여진 방법에 따라 상환 또는 지급금액이 결정되는 사채를 말한다(商法 469조②3). “대통령령으로 정하는 자산이나 지표”란 파생결합증권의 기초자산을 규정한 자본시장법 제4조 제10항의 기초자산의 가격 · 이자율 · 지표 · 단위 또는 이를 기초로 하는 지수를 말한다(商令 20조).

자본시장법은 채무증권에 관한 제4조 제3항에서 “사채권(상법 제469조 제2항 제3호에 따른 사채의 경우에는 제7항 제1호에 해당하는 것으로 한정한다. 이하 같다)”이라고 규정하고, 제4조 제7항 제1호는 “발행과 동시에 투자자가 지급한 금전등

에 대한 이자, 그 밖의 과실(果實)에 대해서만 해당 기초자산의 가격·이자율·지표·단위 또는 이를 기초로 하는 지수 등의 변동과 연계된 증권"이라고 규정한다. 또한 뒤에서 보는 바와 같이 과실연계형 증권은 자본시장법상 파생결합증권에서 제외된다(4조⑦1). 따라서 상법상 파생결합사채는 자본시장법상 채무증권으로 분류되고, 자본시장법상 투자매매업 인가를 받을 필요 없이 주식회사면 발행할 수 있다.[39)]

8) 영구채

가) 의 의 영구채란 만기(상환일)가 없거나 있어도 연장이 가능하여 발행회사가 원금상환의무는 부담하지 않고 이자만 부담하는 사채를 말한다.[40)] 영구채는 회사의 청산시에는 원금상환의무가 있고 주주에 대한 잔여재산분배는 채무를 전부 이행한 후에만 가능하다는 점에서 사채의 성격을 부인할 수 없다. 그러나 회사가 청산하지 않는 한 원금상환의무는 부담하지 않고 이자만 부담한다는 점에서 채권으로서 발행되지만 실질은 주식에 가깝기 때문에[41)] 상법상 사채에 해당하는지에 관하여 논란이 많다. 영구채는 발행회사 입장에서는 원금상환부담이 없으므로 효율적인 재무관리가 가능하고, 회계상 자본으로 분류되므로 자기자본비율이 높아지며(따라서 부채비율이 낮아짐), 대주주의 지분비율을 유지할 수 있다는 장점이 있다. 단점이라면 발행금리가 높아서 자금조달비용이 증가한다. 한편, 사채권자로서는 일반 회사채에 비하여 금리가 높다는 이점이 있지만, 필요할 때 원금을 상환받을 수 없다는 부담이 있고 그만큼 발행회사의 신용위험을 장기간 부담하게 된다는 단점이 있다.

영구채는 은행의 자기자본 확충을 위한 수단으로 2002년 은행업감독규정에 신종자본증권으로 처음 도입되었는데, 2013년의 바젤 III의 시행으로 은행은 영구채를 발행할 수 없고 대신 조건부자본증권을 발행하고 있으며, 일반기업은 바

---

39) 이와 달리 파생결합증권은 증권에 대한 투자매매업 인가를 받고 장외파생상품에 대한 투자매매업 인가를 받은 금융투자업자만 발행할 수 있다.

40) 영구채는 perpetual bond 또는 continued bond를 번역한 용어인데, 원금상환의무가 없기 때문에 irredeemable bond라고도 부른다. 2012년 두산인프라코어가 해외에서 발행한 영구채를 시작으로 국내의 많은 기업이 영구채 발행하고 있다.

41) K-IFRS에 의하면 영구채가 일정한 조건을 충족할 경우 자본으로 분류된다. 그리고 은행법상 자기자본이란 국제결제은행의 기준에 따른 기본자본과 보완자본의 합계액을 말하고(은행법 2조 5호), 은행업감독규정상 일정한 조건을 갖춘 영구채는 소위 신종자본증권인 기본자본(tier 1 capital)으로 인정된다.

젤 III가 적용되지 않기 때문에 조건부자본 요건 없는 신종자본증권을 발행할 수 있다.

나) 발행근거 상법상 사채청약서에 "사채의 상환과 이자지급의 방법과 기한"을 기재하여야 하고(474조②8), 사채권(478조②)과 사채원부(488조 3호)에도 동일하게 기재하여야 할 것을 요구할 뿐, 그 내용에 대하여는 아무런 규정이 없다.

영구채는 유가증권법정주의과 관련하여 논란이 없지 않지만, 상법상 사채의 상환기한의 장단이나 만기의 연장에 대한 특별한 제한이 없고, 만기시 상환되지 아니하면 동일한 기한으로 만기가 자동 연장되는 조건의 사채발행 역시 허용된다는 점에 비추어, 영구채와 같은 다양한 사채의 발행이 상법상 허용된다는 것이 법무부의 유권해석이다.[42)]

9) 조건부자본증권 주권상장법인(은행법 제33조 제1항 제2호 또는 제3호에 따라 해당 사채를 발행할 수 있는 자는 제외)은 정관으로 정하는 바에 따라 이사회의 결의로 상법 제469조 제2항(교환사채, 상환사채), 제513조(전환사채) 및 제516조의2(신주인수권부사채)에 따른 사채와 다른 종류의 사채로서 해당 사채의 발행 당시 객관적이고 합리적인 기준에 따라 미리 정하는 사유가 발생하는 경우, 주식으로 전환되는 조건이 붙은 사채(전환형 조건부자본증권)와, 그 사채의 상환과 이자지급 의무가 감면된다는 조건이 붙은 사채(상각형 조건부자본증권), 그 밖에 대통령령으로 정하는 사채를 발행할 수 있다(法 165조의11①).

이를 조건부자본증권(Contingent Capital)이라 하는데, 자본시장법 제4조 제7항에서 파생결합증권에서 배제되고 제3조의 채무증권에 해당한다. 조건부자본증권에 관하여는 주권상장법인에 대한 특례 부분에서 상세히 설명한다.

은행도 금융채로서 조건부자본증권을 발행한다.[43)]

---

42) 법무부는, 회사의 자금조달 수단의 유연화를 도모하는 것이 바람직하나 사채권자의 보호를 위한 방안이 보다 엄격히 수반되어야 할 것이고, 사채계약시 사채권자가 사채의 기한 및 상환내용에 대한 내용을 충분히 인지한 상태에서 사채의 매입 여부를 자신의 의사에 따라 결정할 수 있도록 하는 제도를 마련하고, 사채이자 지연시 사채권자 보호 방안 등에 관한 조정에 대한 신중한 검토가 있어야 한다는 등의 보완책을 제시하고 있다[법무부 상사법무과, 2011. 10. 21.자 민원회신].

43) 은행은 조건부자본증권이 바젤 III 기준에 따라 자기자본으로 인정되므로 BIS 비율 기준을 유지하는 수단으로 발행하고 있는데, 상각형(은행법 33조①2), 은행주식 전환형(은행법 33조①3), 은행지주회사주식 전환형(은행법 33조①4) 등 세 가지 유형의 조건부자본증권을 발행할 수 있고, 그 중 은행지주회사주식 전환형은 비상장은행만 발행할 수 있다. 은행지주회사주식 전환형은 비상장은행 주식으로의 전환 및 그 전환된 주식의 상장은행지주회사 주식과의

10) 이중상환청구권부채권　「이중상환청구권부 채권 발행에 관한 법률」에 의하여 "금융회사등"이 발행하는 채권으로서, 발행기관에 대한 상환청구권과 함께 발행기관이 담보로 제공하는 기초자산집합(커버풀, Cover Pool)에 대하여 제3자에 우선하여 변제받을 권리를 가지는 것을 이중상환청구권부 채권(커버드본드, Covered Bond)이라고 한다. 기초자산집합이란 이중상환청구권부 채권의 원리금 상환을 담보하는 자산으로서 적격요건을 갖추어 금융위원회에 등록된 것을 말한다(同法 2조).

11) 담보부사채　담보부사채(collateralized bond)는 「담보부사채신탁법」에 의하여 발행인재산의 일부를 담보로 하여 발행하는 사채이다. 사채를 발행하는 회사(위탁회사)와 은행 또는 신탁회사(수탁회사)가 신탁계약을 체결하고, 수탁회사는 위탁회사의 자산인 동산·유가증권·부동산 등에 대하여 물상담보권을 취득함과 동시에 사채권자(신탁계약의 수익자)를 위하여 이를 보존·실행할 의무를 부담한다. 「담보부사채신탁법」에 따른 담보부사채에 관한 신탁업, 저작권법에 따른 저작권신탁관리업 등의 경우에는 신탁업으로 보지 않는다(法 7조⑤). 담보부사채의 담보는 물적담보만을 의미하고 인적담보가 제공된 사채(보증사채)는 담보부사채에 해당하지 않는다.

(바) 기업어음증권과 단기사채

1) 기업어음증권　기업어음증권(commercial paper: CP)이란 상거래에 수반하여 발행되는 진성어음과 달리 기업이 사업에 필요한 자금을 조달하기 위하여 발행한 약속어음인데,[44] 구체적으로는 다음과 같은 기관이 내어준 것으로서 "기업어음증권"이라는 문자가 인쇄된 어음용지를 사용하는 것을 말한다(法 4조③, 令 4조).[45][46]

교환에 의하여 은행지주회사주식으로 전환된다.

44) 자산유동화기업어음인 ABCP는 상법과 자본시장법에 근거하여 발행하는데, ABCP와 구별되는 개념으로 자산유동화법에 근거하여, 자산을 보유한 금융기관이나 기업이 유동화전문SPC에 양도한 자산을 기초로 SPC가 발행하는 자산유동화증권(ABS)이 있다.

45) "채무증권"이란 국채증권, 지방채증권, 특수채증권(법률에 의하여 직접 설립된 법인이 발행한 채권), 사채권, 기업어음증권, 그 밖에 이와 유사한 것으로서 지급청구권이 표시된 것을 말하므로(法 4조③), "기업어음증권"이라는 문자가 인쇄된 어음용지를 사용하지 않은 경우에도 "그 밖에 이와 유사한 것"에 해당하면 채무증권에 해당한다.

46) 만기 365일 이상 CP 발행시 전매기준에 해당하여 모집으로 간주되므로 증권신고서 제출이 요구된다(증권발행공시규정 2-2조①5나).

1. 다음과 같은 자
   가. 「은행법」에 따라 인가를 받아 설립된 은행(은행법 제59조에 따라 은행으로 보는 자를 포함)
   나. 「수산업협동조합법」에 따른 수협은행
   다. 「농업협동조합법」에 따른 농협은행
2. 「한국산업은행법」에 따른 한국산업은행
3. 「중소기업은행법」에 따른 중소기업은행

투자매매업자·투자중개업자는 기업어음증권을 매매하거나 중개·주선 또는 대리하는 경우에는 다음과 같은 기준을 준수해야 한다(令 183조①).

1. 둘 이상의 신용평가회사로부터 신용평가를 받은 기업어음증권일 것
2. 기업어음증권에 대하여 직접 또는 간접의 지급보증을 하지 아니할 것

2) 단기사채 「주식·사채의 전자등록에 관한 법률」에 의하여 도입된 단기사채는 사채 또는 법률에 따라 직접 설립된 법인이 발행하는 채무증권에 표시되어야 할 권리로서 다음 요건을 모두 갖추고 전자등록된 것을 말한다(전자증권법 59조).[47][48]

1. 각 사채등의 금액이 1억원 이상일 것
2. 만기가 1년 이내일 것[49]
3. 사채등의 금액을 한꺼번에 납입할 것
4. 만기에 원리금 전액을 한꺼번에 지급한다는 취지가 정해져 있을 것
5. 사채등에 전환권(轉換權), 신주인수권, 그 밖에 다른 권리로 전환하거나 다른 권리를 취득할 수 있는 권리가 부여되지 아니할 것[50]
6. 사채등에 「담보부사채신탁법」 제4조에 따른 물상담보(物上擔保)를 붙이지 아니할 것[51]

---

47) 종래의 전자단기사채는 전자증권법의 제정으로 「전자단기사채등의 발행 및 유통에 관한 법률」이 폐지되면서 단기사채로 명칭이 변경되었다.

48) [제6편 제2장 제7절 전자증권제도] 부분에서 언급하겠지만 본서에서는 「주식·사채의 전자등록에 관한 법률」에 대한 법제처 공식 약칭인 "전자증권법"으로 표기한다.

49) "단기"사채임을 고려한 요건이다.

50) 장기적인 주가 추이를 보면서 전환권이나 신주인수권 행사를 결정하기에는 부적절하기 때문이다.

51) 사채에 「담보부사채신탁법」 제4조에 따른 물상담보를 붙이려면 그 사채를 발행하는 회사(위탁회사)와 신탁업자 간의 신탁계약에 의하여 사채를 발행하여야 하고(同法 3조), 이 경우 신탁업자의 관리감독을 받게 되어 신탁업자가 필요할 때에는 언제든지 사채권자집회를 소집

단기사채도 자본시장법상 채무증권이므로 자본시장법상 면제사유에 해당하지 않는 한 증권신고서를 제출해야 한다. 그런데 증권신고서는 제출 후 7일이 경과하여야 증권신고서의 효력이 발생하여야 하므로 신속한 발행에 큰 장애가 된다. 이에 자본시장법은 만기 3개월 이내인 단기사채를 증권신고서 제출면제대상으로 규정한다(증권발행공시규정 2-2조②7).[52]

3) 신용평가 투자매매업자·투자중개업자가 기업어음증권을 매매하거나 중개·주선 또는 대리하는 경우, 기업어음증권에 대하여 둘 이상의 신용평가회사로부터 신용평가를 받아야 하고, 직접 또는 간접의 지급보증을 하지 아니해야 한다(令 183조①).[53] 단기사채도 CP의 대체수단으로 도입된 것이므로 자본시장법상 투자매매업자 또는 투자중개업자의 CP 장외매매와 관련한 규제가 적용된다(令 183조③).

(2) 지분증권

(가) 지분증권의 분류

"지분증권"이란 자기자본에 대한 지분(equity)을 나타낸다는 의미에서 지분증권(equity security)이라고 부르는데, 주권, 신주인수권이 표시된 것, 법률에 의하여 직접 설립된 법인이 발행한 출자증권, 상법에 따른 합자회사·유한책임회사·유한회사·합자조합·익명조합의 출자지분, 그 밖에 이와 유사한 것으로서 출자지분 또는 출자지분을 취득할 권리가 표시된 것을 말한다(法 4조④).[54]

할 수 있기 때문이다(同法 41조).

52) 증권신고서는 청약권유의 대상이 50인 이상인 경우에만 제출하여야 하는데, 단기사채는 50인 이상의 투자자들 상대로 공모하는 경우는 거의 없을 것이지만, 자본시장법상 간주공모제도가 있어서 전매제한조치를 취하지 않으면 단 1인에게 청약권유를 해도 공모로 간주된다. 단기사채는 기업어음과 달리 전매제한조치인 권면분할금지를 할 수 없으므로 전매가능성 기준에 의하여 공모로 간주될 경우가 많을 것이다. 전매가능성 기준은 청약의 권유를 받는 자의 수가 50인 미만으로서 증권의 모집에 해당되지 아니할 경우에도 해당 증권이 발행일부터 1년 이내에 50인 이상의 자에게 양도될 수 있는 경우로서 증권의 종류 및 취득자의 성격 등을 고려하여 모집으로 보는 기준이다(전매가능성 기준에 관하여는 「증권의 발행 및 공시 등에 관한 규정」 제2-2조 참조).

53) 금융투자업자는 금융투자상품의 매매, 그 밖의 거래와 관련하여 손실보전·이익보장을 할 수 없는데(法 55조), 투자매매업자·투자중개업자가의 기업어음 투자자에 대한 직접 또는 간접의 지급보증 금지를 주의적으로 규정한 것이라 할 수 있다.

54) 유한회사의 지분이나 합자회사의 무한책임사원의 지분은 투자성과 양도성이 거의 제한된다는 이유로 자본시장법의 적용을 배제할 필요가 있다는 견해도 있는데[하삼주, "금융투자상품에 관한 몇 가지 문제점과 보완대책", 고려법학 제49권(2007), 1103면], 개정 자본시장법은 이들 증권에 대하여 일정한 규정만 적용하는 것으로 그 적용범위를 제한한다(法 4조① 단서, 令 3조의2).

(나) 주 권

주권은 주식회사 주주의 지위를 표창하는 증권이다. 주주는 이익배당청구권·의결권·잔여재산분배청구권·신주인수권(preemptive right) 등을 가진다. 증권에 표시될 수 있거나 표시되어야 할 권리는 그 증권이 발행되지 아니한 경우에도 그 증권으로 보므로(法 4조⑨), 아직 주권이 발행되기 전의 주식도 "그 증권"에 해당한다.

(다) 신주인수권이 표시된 것

1) 신주인수권증서　　신주인수권증서는 신주발행시 이사회의 결의에 의하여 신주인수권을 양도할 수 있게 한 경우, 회사가 신주인수권에 양도성을 부여하기 위하여 발행하는 것으로서 주주의 신주인수권을 표시하는 증서이다(商法 416조). 신주인수권의 양도는 신주인수권증서의 교부에 의해야 한다(商法 420조의3①). 신주인수권증서는 주주의 신주인수권에 대해서만 발행할 수 있다. 제3자의 신주인수권은 양도성이 없기 때문이다. 신주인수권증서는 증서의 점유 이전만으로 신주인수권이 양도되므로 무기명증권이다. 상법상 신주인수권증서는 주주의 청구가 있는 때에만 발행한다고 정할 수 있다(商法 416조 5호). 그러나 주권상장법인은 주주배정방식으로 신주를 배정하는 경우 의무적으로 모든 주주에게 신주인수권증서를 발행해야 한다(法 165조의6③).

2) 신주인수권증권　　신주인수권증권(warrant)은 분리형 신주인수권부사채(분리형 BW)의 경우에 채권(bond)과 별도로 발행되는 증권을 말한다. 상법상 분리형은 정관의 규정 또는 이사회의 결정이 있으면 발행할 수 있는데(商法 516조의2②4), 주권상장법인은 신주인수권부사채를 발행할 때 사채권자가 신주인수권증권만을 양도할 수 있는 사채(분리형 신주인수권부사채)는 사모의 방법으로 발행할 수 없다(法 165조의10②).[55]

(라) 특수법인의 출자증권

법률에 의하여 직접 설립된 법인은 상법 이외의 법률에 의하여 설립된 법인(특수법인)을 말한다.

---

55) 자본시장법은 분리형 신주인수권부사채가 편법적인 경영권승계수단 또는 경영권방어수단으로 악용된다는 지적에 따라 2013년 개정시 주권상장법인(상장회사)의 분리형 신주인수권부사채의 발행을 금지하였다가, 과도한 규제라는 문제가 제기됨에 따라 2015년 7월 개정시 분리형 신주인수권부사채의 공모발행은 허용하였다.

㈐ 합자회사 · 유한책임회사 · 유한회사 · 합자조합 · 익명조합의 출자지분

2013년 개정 전 자본시장법은 민법에 따른 조합의 출자지분도 지분증권의 하나로 규정하였으나, 민법상 조합원은 조합채무에 대하여 무한책임을 지므로 자본시장법상 증권의 개념에 해당할 수 없기 때문에 2013년 개정시 제외하였다.[56] 같은 이유로 합자회사 무한책임사원의 출자지분과 합명회사의 출자지분도 자본시장법상 지분증권에 해당하지 않는다.

익명조합의 출자지분은, 영업자가 익명조합원으로부터 출자받은 재산으로 직접 사업을 수행하지 않고 이를 증권, 파생상품 등 금융투자상품에 투자하는 경우(집합투자형 익명조합)에는 지분증권인 동시에 집합투자증권에 해당하고(투자익명조합도 집합투자기구의 하나이다), 영업자가 직접 사업을 수행하는 경우(직접투자형 익명조합)에는 지분증권인 동시에 일정한 요건이 구비되면 투자계약증권에 해당할 수 있다.[57]

㈑ 출자지분 또는 출자지분을 취득할 권리가 표시된 것

이상의 전형적인 지분증권과 유사한 것으로서 출자지분 또는 출자지분을 취득할 권리가 표시된 것도 지분증권에 해당한다. 2013년 개정시 "출자지분을 취득할 권리가 표시된 것"이 추가됨으로써 신주인수권, 워런트와 같이 출자지분이 표시되지는 않지만 출자지분을 취득할 권리가 표시된 것도 지분증권에 해당한다.

⑶ 수익증권

㈎ 수익증권의 분류

수익증권은 신탁재산의 운용에서 발생하는 수익을 분배받고 그 신탁재산을 상환받을 수 있는 수익자의 권리(수익권)가 표시된 증권이다. 자본시장법상 "수익증권"이란 제110조의 수익증권, 제189조의 수익증권, 그 밖에 이와 유사한 것으로서 신탁의 수익권이 표시된 것을 말한다(法 4조⑤).[58]

---

56) 대신 합자조합을 추가하였고, 조합형 집합투자기구 중 종래의 "투자조합"을 "투자합자조합"으로 변경하였다.

57) 과거에 영화제작을 위한 소위 네티즌 펀드를 규제하기 위한 법으로서, 「유사수신행위의 규제에 관한 법률」, 「간접투자자산운용업법」 등이 있었지만, 영화제작자들이 상법상 익명조합을 이용하였고 익명조합은 직접투자에 해당하여 「간접투자자산운용업법」과 증권거래법의 적용대상이 아니었기 때문에 규제대상이 아니었다. 이에 자본시장법은 익명조합의 출자지분도 지분증권의 일종으로 명시적으로 규정하고, 한편으로는 투자익명조합도 집합투자기구의 종류에 포함하여 규정한다.

58) 종래의 신탁업법은 금전신탁에 한하여 수익증권의 발행을 허용하였으나, 자본시장법은 제4조 제5항에서 "그 밖에 이와 유사한 것으로서 신탁의 수익권이 표시된 것"도 수익증권이라고

㈏ 제110조의 수익증권

자본시장법 제110조의 수익증권은 신탁업자가 금전신탁계약에 의한 신탁수익권에 대하여 발행하는 수익증권을 밀한다(法 110조①). 수익증권은 무기명식이 원칙이나 수익자의 청구가 있는 경우에는 기명식으로 할 수 있다(法 110조③).

㈐ 제189조의 수익증권

자본시장법 제189조의 수익증권은 투자신탁을 설정한 집합투자업자가 투자신탁의 수익권을 균등하게 분할하여 발행하는 수익증권을 말한다(法 189조①). 투자신탁의 집합투자업자는 투자신탁재산별로 투자대상자산의 취득·처분 등에 관하여 필요한 지시를 하여야 하며, 그 신탁업자는 집합투자업자의 지시에 따라 투자대상자산의 취득·처분 등을 해야 한다(法 80조① 본문). 수익자는 신탁원본의 상환 및 이익의 분배 등에 관하여 수익증권의 좌수에 따라 균등한 권리를 가진다(法 189조②).

㈑ 그 밖에 이와 유사한 것으로서 신탁의 수익권이 표시된 것

신탁업자가 비금전신탁계약의 수익권에 대하여 발행하는 수익증권은 자본시장법 제4조 제5항의 "그 밖에 이와 유사한 것으로서 신탁의 수익권이 표시된 것"에 해당한다. 자산유동화구조에서 유동화기구를 신탁으로 구성한 경우 발행되는 신탁수익권증서, 신탁업자가 신탁계약에 따라 발행하는 신탁수익권증서 등도 이에 해당한다.[59]

⑷ 투자계약증권

㈎ 의 의

투자계약증권이란 "특정 투자자가 그 투자자와 타인(다른 투자자를 포함한다) 간의 공동사업에 금전등을 투자하고 주로 타인이 수행한 공동사업의 결과에 따른 손익을 귀속받는 계약상의 권리가 표시된 것"을 말한다(法 4조⑥). 이는 포괄

규정함으로써 수익증권의 범위를 확대하였다 다만 관리형신탁의 수익권은 금융투자상품에 해당하지 않는다(法 3조① 단서).

59) 수익권증서는 수익권이 표창된 상법상 유가증권이 아니라 수익권을 표시해주는 증거증권이고 수익권을 양도하는 경우 신탁업자는 기발행 수익권증서를 회수하고 양수인 명의의 새로운 수익권증서를 발급한다. 그리고 수익증권을 발행할 경우에는 금융위원회에 발행 신고를 하여야 하나 수익권증서를 발행할 때에는 별도의 신고절차가 없다. 따라서 수익권증서와 수익증권은 개념적으로나 규제측면에서 상당한 차이가 있다. 그런데 증권의 정의를 규정한 자본시장법 제4조에서는 수익증권의 개념에 수익권증서를 포함시키고 있고, 제110조는 신탁업자만이 "수익증권"을 발행할 수 있다고 규정하는바, 제4조의 수익증권과 제110조의 수익증권을 구별하여 규정할 필요가 있다.

주의원칙을 유지하기 위하여 미국 증권법상 투자계약(investment contract)개념에 대한 Howey 기준을 기초로 한 것이다. 여기서 "금전등"은 "금전, 그 밖의 재산적 가치가 있는 것"이다(法 3조①).

투자계약증권의 개념은 광범위하지만 자본시장법이 종래의 「간접투자자산운용업법」에 비하여 집합투자규제의 범위를 대폭 확대함에 따라 투자계약증권이 실제로 인정되는 범위는 상당히 제한될 것이다. 2022년 4월 증권선물위원회가 ㈜뮤직카우가 발행한 음악 저작권료 참여청구권을 증권으로 인정한 것이 현행법상 투자계약증권의 최초 사례이다.[60]

(나) 미국 증권법상 투자계약증권

1) 의 의 미국의 SA §2(a)(1)과 SEA §3(a)(10)은 증권의 한 종류로 투자계약(investment contract)을 규정하는데, Howey 판결에서 연방대법원은 투자계약에 대하여 투자자가, "공동사업에 금전을 투자해서 오로지 사업자 또는 제3자의 노력에 의하여 이익을 기대하는 경우의 계약, 거래 또는 계획(a contract, transaction or scheme whereby a person invests his money in a common enterprise and is led to expect profits solely from the efforts of the promoter or a third party)"이라고 정의하였다. 위와 같은 ⅰ) 공동사업(common enterprise), ⅱ) 금전의 투자(investment of money), ⅲ) 타인의 노력(efforts of others), ⅳ) 이익의 기대(expectation of profit) 등 네 가지 요소를 가진 기준을 Howey 기준(Howey test)이라 한다.[61]

2) 공동사업

가) 수평적 공동성 기준 수평적 공동성 기준(horizontal commonality test)에 의하면 공동사업은 복수의 투자자의 투자자금이 집합적으로 운용되고(pooling

---

60) ㈜뮤직카우는 증권신고서 및 소액공모 공시서류를 제출하지 않고 증권을 모집매출하여 공시규제 위반에 따른 증권 발행제한, 과징금·과태료 부과 등 제재대상에 해당하였으나, 2022년 4월 증권선물위원회는 ㈜뮤직카우가 발행한 음악 저작권료 참여청구권이 자본시장법상 투자계약증권에 해당하므로 이를 모집·매출하기 위한 증권신고서 또는 소액공모 공시서류를 제출하지 아니한 ㈜뮤직카우에 대해 과징금·과태료 부과 등 제재조치를 할 수 있지만, ① 투자계약증권의 첫 적용사례로 위법에 대한 인식이 낮았던 점, ① 지난 5년여간의 영업으로 17만여 명의 투자자의 사업지속에 대한 기대가 형성되어 있는 점, ③ 문화콘텐츠에 대한 저변 확대 등 관련 산업 활성화에 기여할 여지가 있는 점 등을 종합적으로 감안하여 투자자들이 인식하고 있는 사업내용에 부합하는 투자자 보호장치 마련을 조건으로 자본시장법에 따른 제재절차는 당분간 보류하기로 하였다.

61) Howey 기준에 관한 상세한 설명은 상게서, 70면 이하 참조.

of funds) 손익도 투자자들간에 비율적으로 귀속될 것이 요구된다. 물론 수평적 공동성 기준은 단순히 자금의 집합적 운용만으로 충족되는 것이 아니라 투자자가 기업의 이익과 손실을 공유하여야 한다.[62]

나) 수직적 공동성 기준 수직적 공동성 기준(vertical commonality test)에 의하면, 복수의 투자자가 없더라도(즉, 수평적 공동성이 없더라도) 투자자가 사업자의 능력과 노력에 의하여서 이익을 얻는 경우에는 투자계약으로 인정된다.[63] 수직적 공동성 기준은 투자자금의 집합적 운용을 요구하지 않으므로 투자자가 단 1인이라도 공동성이 인정된다. 따라서 브로커와 고객 간의 투자 관련 계약(일임매매 등)도 수직적 공동성 기준에 의하면 투자계약이 될 수 있다. 다만, 법원은 브로커와 고객 간의 관계에서는 수직적 공동성 기준을 엄격히 해석하여, 사업자의 성공(수입)도 투자자의 성공(투자결과)과 연동됨으로써 사업자와 투자자가 위험을 분담할 것을 요구한다. 즉, 사업자와 투자자 간에 정액수수료약정이 있는 경우에는 수직적 공동성을 부인한다. 이에 따라 투자자가 상품선물회사 직원의 사기적인 권유에 의하여 상품선물거래에 투자하였다는 이유로 선물회사를 상대로 손해배상청구를 한 사건에서, 연방지방법원은 Howey 기준의 공동기업은 직원이 투자자로부터 정액수수료를 받는 경우에는 인정되지 않고, 직원의 수입이 투자자의 투자결과에 직접 연동되는 경우에만 인정된다는 이유로, "투자자와 상품선물회사 간의 투자약정은 증권이 아니므로, 투자자는 상품선물회사를 상대로 SEA에 의한 소를 제기할 수 없다."라고 판시하였다.[64] 일부 연방항소법원은 이러

62) S.E.C. v. SG Ltd., 265 F.3d 42 (1st Cir. 2001). 이 기준을 엄격히 적용한 연방제7항소법원은 Hirk v. Agri-Research Council, Inc., 561 F.2d 96 (7th Cir. 1977). 판결에서 브로커와 선물일임매매에 관한 약정을 한 투자자가 다수인 경우에도 투자자들 간에 공동성이 없다는 이유로 투자계약임을 부인하고, 또한 투자자와 회사 간에 1달 동안 발생하는 수익의 25%를 회사의 자문에 대한 보수로 지급하는 것은 이익분배계약상의 지분 또는 참가증서에 해당하지 않기 때문에 증권이 아니라고 판시하였다.

63) McGill v. American Land & Exploration Co., 776 F.2d 923 (10th Cir. 1985). 한편, King v. Pope, 91 S.W.3d 314 (Tenn. 2002) 판결에서는, 수직적 공동성을 투자자의 수익이 사업자 또는 제3자의 노력과 성공에 귀속되고 종속적일 것을 필요로 하는 좁은 의미의 수직적 공동성과, 투자자의 수익이 사업자의 경험에 종속될 것만을 요구하는 넓은 의미의 수직적 공동성으로 분류한다. "The other test, vertical commonality, has two variants. Narrow vertical commonality requires that the investors' fortunes be "interwoven with and dependent upon the efforts and success of those seeking the investment of third parties." Broad vertical commonality, on the other hand, only requires that the well-being of the investors be dependent on the promoter's experience."

64) Schofield v. First Commodity Corp. of Boston, 638 F.Supp. 4 (D.Mass. 1985).

한 취지를 투자자의 이익이 사업자의 노력에 직결되어 있는 경우라고 표현하기도 한다.[65)]

3) 금전의 투자 금전의 투자(investment of money)라는 요소와 관련하여 반드시 사전적 의미의 금전(cash)을 의미하는 것은 아니고 용역(service)이나 현물(property)도 출자대상이 될 수 있다.

4) 타인의 노력 Howey 사건에서 연방대법원은 투자계약의 요건을 "오로지 사업자나 제3자의 노력에 의하여서만 이익을 얻는 경우(expect profits solely from the efforts of the promoter or a third party)"라고 판시하였는데, 그 후의 판례들은 오로지(solely) 타인의 노력에 의한 이익기대라는 요건을 완화하여 "주로 사업자 또는 제3자의 노력에 의하여서(predominantly, even though not solely, from the efforts of the promoter or a third party)"라고 보다 완화하여 해석하고 있다. 이는 투자자가 경영에 일부 관여하거나 일부 지배력을 가지더라도 증권법의 보호대상에서 제외되지 않도록 하기 위한 것이다. 투자자의 관여가 어떠한 의미에서든지 사업의 성공에 중요한 요인이 된다면 투자계약에 해당하지 않는다.

5) 이익의 기대 투자계약은 이익을 얻기 위한 목적을 전제로 하므로 이익획득이 아닌 다른 목적을 위한 경우에는 투자계약으로 인정되지 않는다. 이익의 기대는 최초 투자에 대한 자본증가 또는 투자자의 기금에서 발생한 이익에 대한 참여를 말한다.

㈐ 자본시장법상 투자계약증권

1) 공동사업

자본시장법상 공동사업의 개념에 관한 정의규정은 없는데, "그 투자자와 타인(다른 투자자를 포함한다) 간의 공동사업"이라는 규정상 미국증권법상 수평적 공동성과 수직적 공동성 모두 포함한다.[66)]

---

65) S.E.C. v. Unique Financial Concepts, Inc., 196 F.3d 1195 (11th Cir. 1999). 같은 맥락에서 Illinois 주법원은 고객이 외환거래의 일임매매계좌에 관한 사안에서 "사업자가 투자이익의 20%를 수수료로 받는 경우 수직적 공동성이 인정되므로 투자계약에 해당한다."라고 판시하였다[Integrated Research Services, Inc. v. Illinois Secretary of State, Securities Dept., 765 N.E.2d 130 (Ill.App. 1 Dist. 2002)]. 이와 같이 사업자가 정액수수료를 받는 경우 수직적 공동성이 인정되지 않지만, 투자자가 확정수익을 받는 경우에는 투자계약으로 인정된다[S.E.C. v. Edwards, 540 U.S. 389 (2004)].

66) 금융위원회는 '공동사업'은 "수평적 공동성 '또는' 수직적 공동성"이 있는 경우를 말한다고 발표한 바 있다[금융위원회, 토큰 증권(Security Token) 발행·유통 규율체계 정비방안(2023. 2.) 관련 붙임 자료 '토큰 증권 가이드라인', 16면)].

2) 금전등의 투자

자본시장법 제3조 제1항의 "금전, 그 밖의 재산적 가치가 있는 것(이하 "금전등"이라 한다)" 규정상 금전등의 범위는 매우 넓다. 가상자산도 재산적 가치가 있는 것으로서 금전등에 포함된다.

3) 주로 타인의 수행

자본시장법은 미국 증권법의 타인의 노력에 대한 완화된 해석을 반영하여 "주로 타인이 수행한 공동사업"이라고 규정한다. 이는 수익이 주로 사업자나 제3자의 노력으로부터 발생하여야 한다는 것을 의미하고, 따라서 한다.[67]

4) 손익을 귀속받는 계약상의 권리

손익을 귀속받는 계약상의 권리는 손익의 귀속을 청구할 수 있는 권리를 의미한다. 손익은 "공동사업의 결과에 따른 손익"을 말하는데, 일반적으로 운영자가 공동사업을 영위하여 거둔 수익에서 비용을 공제하여 얻은 이익 또는 손실을 가리키고, 따라서 투자대상의 가격상승으로 인한 시세차익이나 전매차익은 손익의 범위에 포함되지 아니한다.[68] 위 요건 중 계약상의 권리에 해당하는 요소는 그 권리를 주장할 수 있는 상대방을 전제로 하고, 그 상대방에는 발행인은 물론 제3자도 포함될 수 있다.[69]

㈑ 투자계약증권과 집합투자증권의 관계

하나의 증권이 투자계약증권의 속성과 집합투자증권의 속성을 모두 갖춘 경우 이를 집합투자증권으로 보면 집합투자에 관한 규제가 적용되고, 이를 투자계약증권으로 보면 증권발행규제와 공시규제만 적용된다. 이에 관하여 집합투자증권에 해당되는지 여부를 먼저 검토하고 집합투자증권에 해당되지 아니하면 투자

67) 이정수, "가상자산의 증권성 판단기준 – 서울남부지방법원 2020. 3. 25. 선고 2019가단225099 판결", 상사판례연구 제36권 제2호, 한국상사판례학회(2023. 6), 144면.

68) 김건식 · 정순섭, 64면.

69) 토큰을 보유함으로써 암호화폐 거래소의 수익을 분배받기는 하지만, 그러한 수익 분배는 해당 토큰의 거래를 활성화하기 위하여 토큰 보유자에게 부수적으로 제공하는 이익일 뿐 토큰에 내재된 구체적인 계약상 권리라거나 본질적 기능이라고 볼 수 없는 점, 토큰 자체 거래로 발생하는 시세차익의 취득이 토큰 매수의 가장 큰 동기이고, 이에 관하여 토큰보유자(투자자) 사이에 이해관계가 상충하는 점 등에 비추어 해당 토큰을 자본시장법상 투자계약증권으로 볼 수 없다는 판례로서 서울남부지방법원 2020. 3. 25. 선고 2019가단225099 판결이 있다. 이 판결의 의미와 관련하여 자본시장법상 투자계약증권의 의미 중 개념요건에 있어 일반적인 기대이익, 즉 거래이익만으로 투자계약증권으로 포섭될 수 없다는 점을 명확히 하였다는 것을 드는 견해도 있다(이정수, 전게 논문, 144면).

계약증권에 해당되는지 여부를 검토해야 한다는 견해(투자계약증권 보충성설)와, 투자계약증권과 집합투자증권을 선택적으로 적용할 수 있다는 견해(투자계약증권 독자성설)가 대립한다.

전자에 의하면 증권 발행 관련자는 진입규제 및 운용규제(운용자의 금융투자업 인가취득, 운용보고서의 작성, 운용제한 등)의 적용대상이므로, 원칙적으로 집합투자업 인가를 받고 집합투자기구를 구성하여 집합투자증권을 발행하여야 하며, 자본시장법상 집합투자기구를 이용하지 않고 따라서 해당 증권이 집합투자증권에 해당하지 않는 경우에만 투자계약증권으로 분류한다.

후자에 의하면 증권 발행 관련자는 집합투자업 인가를 받고 집합투자증권을 발행할 수도 있고 아니면 집합투자업 인가를 받지 않고 투자계약증권으로 구성하여 증권 관련 발행규제 및 공시규제(증권신고서, 투자설명서, 사업보고서 등)만을 적용받게 된다.

투자자 보호와 법적 안전성 면에서 투자계약증권의 보충성을 인정하는 견해가 타당하다.[70] 금융당국도 주로 집합투자적 성격을 가진 계약 가운데 자본시장법에 규정된 집합투자기구를 이용하지 않는 투자구조에 자본시장법상 투자계약증권이 적용된다고 해석하면서, ① 투자자의 이익획득 목적이 있을 것, ② 금전 등의 투자가 있을 것, ③ 주로 타인이 수행하는 공동사항에 투자할 것, ④ 원본까지만 손실발생 가능성이 있을 것, ⑤ 지분증권, 채무증권, 집합투자증권 등 정형적인 증권에 해당되지 않는 비정형증권 일 것 등의 기준을 모두 충족할 때 투자계약증권으로 보는 입장이다.[71]

㈒ 자본시장법 적용 제한

투자계약증권은 온라인소액투자중개업자에 관한 제2편 제5장, 증권신고서에 사전공시관한 제3편 제1장(제8편부터 제10편까지의 규정 중 제2편 제5장, 제3편 제1장의 규정에 따른 의무 위반행위에 대한 부분 포함)[72] 및 부정거래행위에 관한 제

70) 미국에서는 투자계약증권의 범위가 매우 넓은 반면, 간투법과 달리 집합투자기구의 범위를 대폭 확대한 자본시장법상 투자계약증권의 범위는 좁을 수밖에 없다. 투자계약증권은 공시규제와 불공정거래 규제에서만 증권으로 취급되므로, 투자계약증권에 투자하는 집합투자기구는 증권이 아닌 혼합자산에 투자하는 것으로 된다.

71) 금융위원회 2014. 3. 16.자 "투자계약증권의 성격에 대한 질의"에 대한 유권해석.

72) 한편, 금융위원회는 혁신금융서비스의 일환으로, 투자계약증권을 발행시 뿐만 아니라 유통시에도 자본시장법상 증권으로 인정하고 일반투자자가 쉽게 접근하기 어려운 자산·권리(미술품, 저작권 등)에 대한 조각투자 방식의 신종증권의 거래를 위하여 한국거래소 유가증권시

178조·제179조를 적용하는 경우에만 증권으로 본다(法 4조① 단서).

(5) 파생결합증권

(가) 개 념

파생결합증권이란 "기초자산의 가격·이자율·지표·단위 또는 이를 기초로 하는 지수 등의 변동과 연계하여 미리 정하여진 방법에 따라 지급하거나 회수하는 금전등이 결정되는 권리가 표시된 것"을 말한다(法 4조⑦).[73] 자본시장법의 파생결합증권에 관한 규정은 기초자산의 범위를 대폭 확대하여 자본시장법의 포괄주의의 취지를 반영하고 있다.

ELS(Equity Linked Securities, 주가연계증권), DLS(Derivative Linked Securities, 기타파생결합증권), ELW(Equity Linked Warrant, 주식워런트증권), ETN(Exchange Traded Note, 상장지수증권) 등이 대표적인 파생결합증권이다.[74]

1) 주가연계증권(ELS) ELS는 특정 주식이나 주가지수와 같은 기초자산의 가격변동에 따라 수익/손실이 발생하는 파생결합증권이다. 발행 당시 정해진 조건이 충족되면 발행인이 일정한 수익금을 투자자에게 지급하고 조건이 충족되지

장 내에 비정형적 신종증권(투자계약증권·비금전신탁수익증권) 시장을 개설하고 거래소 증권시장시스템을 활용한 매매거래·상장·공시·청산결제 등의 서비스를 2024년 상반기 중 서비스를 개시하기로 하였다. 거래소는 허가받은 시장 개설 범위에 투자계약증권 시장이 포함되지 않아 이에 대한 시장 개설 및 운영이 불가능한데, 거래소가 투자계약증권 시장을 개설·운영할 수 있도록 특례를 부여한 것이다. 이를 위하여 분산원장기술 기반 토큰증권이 아닌 기존 전자증권 형태로 상장된다(금융위원회 2023.12.13. 자 보도자료). 예탁결제원도 거래소의 신종증권 시장 개설에 맞추어 전자등록시스템을 구축할 예정이다.

73) 상법상 사채는 매우 넓은 개념이므로 상법상 사채 중에는 자본시장법상 채무증권 외에 파생결합증권, 심지어는 파생상품의 성격을 가지는 것도 많다. 우선 상법상 파생결합사채는 자본시장법 제4조 제7항 제1호(발행과 동시에 투자자가 지급한 금전등에 대한 이자, 그 밖의 과실(果實)에 대하여만 해당 기초자산의 가격·이자율·지표·단위 또는 이를 기초로 하는 지수 등의 변동과 연계된 증권, "과실연계형 증권")에 해당하므로 자본시장법상 파생결합증권이 아니다. 그리고 상법상 전환사채, 신주인수권부사채, 교환사채 등은 사채에 전환청구권, 신주인수권, 교환청구권 등 옵션이 결합된 것이라 할 수 있는데, 자본시장법 제4조 제7항 제4호에 의하여 파생결합증권에서 제외된다. 결국 이들 사채는 모두 자본시장법상 채무증권에 해당한다. 상법과 상법 시행령은 파생결합사채의 개념과 이사회가 결정할 사항 외에는 더 이상의 상세한 규정을 두지 않고 있지만, 자본시장법은 과실연계형 증권을 파생결합증권에서 제외한다. 상법상 사채의 개념상 주식회사는 원본비보장형 파생결합사채를 발행할 수 없다(만일 발행이 가능하다고 해석하더라도 이는 자본시장법상 파생결합증권에 해당하므로 장외파생상품 투자매매업 인가를 받은 금융투자업자가 아닌 일반 주식회사는 발행할 수 없다).

74) 그 밖에 ELB(주가연계파생결합사채. 원금이 보장되나 예금자보호법 적용대상 아님), ELD(주가연계예금, 은행법 시행령 18조의2②2), ELS로 펀드를 구성한 증권집합투자기구인 ELF(주가연계펀드, 法 229조 1호), ELS를 은행 신탁계정에 편입한 ELT(주가연계신탁), DLB(기타파생결합사채) 등도 파생연계증권이다.

못한 경우에는 만기 기초자산의 가격에 따라 손실을 입게 될 수도 있는 금융투자상품이다. ELS는 기초자산에 따라 지수형과 종목형으로 분류되고, 기초자산인 지수나 주식의 가격 변동에 따라 수익과 손실이 발생한다. ELS는 원금보장형으로 발행할 수도 있는데, 이 경우에는 투자금의 대부분을 채권으로 운용하고 나머지만 주식이나 옵션으로 운용함으로써 원금 보장을 추구한다. 원금보장형 ELS는 채무증권에 해당한다.

2) 기타파생결합증권(DLS) DLS는 주가 또는 주가지수만을 기초자산으로 하는 ELS와 달리 금리, 통화, 신용, 상품 등을 기초자산으로 하는 파생결합증권이다. 이들 자산을 기초자산으로 하면서 주가 또는 주가지수가 기초자산의 일부를 구성하는 경우에도 DLS에 해당한다(하이브리드형 DLS).

3) 주식워런트증권(ELW) ELW는 "투자매매업자가 발행하는 파생결합증권으로서 당사자 일방의 의사표시에 따라 증권시장 또는 외국 증권시장에서 매매거래되는 특정 주권의 가격이나 주가지수의 수치의 변동과 연계하여 미리 정하여진 방법에 따라 주권의 매매나 금전을 수수하는 거래를 성립시킬 수 있는 권리를 표시하는 것"을 말한다(금융투자업규정 6-1조 11호).[75)]

4) 상장지수증권(ETN) ETN은 "증권시장이나 해외증권시장에서 매매거래가 되는 지분증권(집합투자증권은 제외) 또는 증권예탁증권(지분증권과 관련된 것만 해당)의 가격이나 이를 기초로 하는 지수의 변동과 연계하여 미리 정하여진 방법에 따라 그 증권의 매매나 금전을 수수하는 거래를 성립시킬 수 있는 권리가 표시된 것"을 말한다(상장규정 138조 3호).

(나) 발행요건

파생결합증권은 증권에 대한 투자매매업(1-1-1) 인가를 받고 장외파생상품에 대한 투자매매업(1-3-1) 인가를 받은 금융투자업자만 발행할 수 있다(令

75) 파생상품의 정의규정인 자본시장법 제5조는 제1항 단서에서 "다만, 해당 금융투자상품의 유통 가능성, 계약당사자, 발행사유 등을 고려하여 증권으로 규제하는 것이 타당한 것으로서 대통령령으로 정하는 금융투자상품은 그러하지 아니하다."라고 규정하고, 시행령 제4조의 3 제1호는 "증권 및 장외파생상품에 대한 투자매매업의 인가를 받은 금융투자업자가 발행하는 증권 또는 증서로서 기초자산(증권시장이나 해외 증권시장에서 매매거래되는 주권 등 금융위원회가 정하여 고시하는 기초자산을 말한다. 이하 이 호에서 같다)의 가격·이자율·지표·단위 또는 이를 기초로 하는 지수 등의 변동과 연계하여 미리 정하여진 방법에 따라 그 기초자산의 매매나 금전을 수수하는 거래를 성립시킬 수 있는 권리가 표시된 증권 또는 증서"라고 규정함으로써, 옵션과 구조가 사실상 동일한 ELW를 명시적으로 파생상품에서 제외하므로 ELW는 증권에 해당한다.

별표 1의 비고 1). 은행의 금적립상품(gold banking)도 파생결합증권이므로, 이를 취급하는 은행도 위와 같이 증권투자매매업 인가와 장외파생상품투자매매업 인가를 받아야 한다.

파생결합증권은 원금보장형, 원금비보장형 모두 발행이 가능하다. 자본시장법 제4조 제7항은 "지급금액 또는 회수금액이 결정되는 권리가 표시된 것"이라고 규정하므로 차액정산형 파생결합증권만 인정하는 것처럼 보이지만 이에 한정할 이론적, 정책적 이유는 없고, 이는 지급금액 또는 회수금액이 다른 자산이나 지표에 의하여 결정된다는 의미로 볼 것이다.[76] 또한 시행령 제139조 제1호 바목은 권리의 행사로 그 기초자산을 취득할 수 있는 파생결합증권도 규정하고,[77] 나아가 2013년 개정 자본시장법은 종래의 "지급금액 또는 회수금액"을 "지급하거나 회수하는 금전등"이라고 변경하였으므로 현물인도형 파생결합증권의 발행이 가능하게 되었다. 한편 자본시장법상 채무증권인 전환사채나 신주인수권부사채도 추가지급의무의 부존재 및 가치파생성으로 인하여 현물인도형 파생결합증권의 특성을 가진다.

㈐ 기초자산

자본시장법에서 기초자산(underlying assets)이란 다음의 제1호부터 제5호까지에 해당하는 것을 말한다(法 4조⑩).

1. 금융투자상품
2. 통화(외국통화 포함)
3. 일반상품(농산물·축산물·수산물·임산물·광산물·에너지에 속하는 물품 및 이 물품을 원료로 하여 제조하거나 가공한 물품, 그 밖에 이와 유사한 것)
4. 신용위험(당사자 또는 제3자의 신용등급의 변동, 파산 또는 채무재조정 등으로 인한 신용의 변동)
5. 그 밖에 자연적·환경적·경제적 현상 등에 속하는 위험으로서 합리적이고 적정한 방법에 의하여 가격·이자율·지표·단위의 산출이나 평가가 가능한 것

---

76) 상법의 파생결합사채에 관한 제469조 제2항 제3호도 "상환 또는 지급금액"이라고 규정하는데, 역시 상환금액 또는 지급금액이 다른 자산이나 지표에 의하여 결정된다는 의미로 해석한다.

77) [令 제139조(공개매수의 적용대상 증권)] 제133조 제1항에서 "의결권 있는 주식, 그 밖에 대통령령으로 정하는 증권"이란 의결권 있는 주식에 관계되는 다음 각 호의 어느 하나에 해당하는 증권(이하 "주식등"이라 한다)을 말한다.
  1. 주권상장법인이 발행한 증권으로서 다음 각 목의 어느 하나에 해당하는 증권
    바. 가목부터 마목까지의 증권을 기초자산으로 하는 파생결합증권(권리의 행사로 그 기초자산을 취득할 수 있는 것만 해당한다)

파생결합증권의 기초자산은 파생상품의 기초자산과 동일하다. 거래소의 파생상품시장 업무규정은 기초자산에 대하여 선물거래의 경우에는 거래의 대상물, 옵션거래의 경우에는 매수인의 일방적 의사표시("권리행사")에 의하여 성립되는 거래의 대상물을 말한다고 규정한다(파생상품시장 업무규정 2조①9).

자본시장법상 기초자산의 범위는 구 증권거래법상 기초자산의 범위에 비하여 대폭 확대되었다. 특히 제5호는 "그 밖에 자연적·환경적·경제적 현상 등에 속하는 위험으로서 합리적이고 적정한 방법에 의하여 가격·이자율·지표·단위의 산출이나 평가가 가능한 것"이라고 규정하므로 기초자산의 범위에 대하여 아무런 제한이 없고 오로지 기초자산의 평가에 있어서 "합리성"과 "적정성"이 요구된다.

"기초자산의 가격·이자율·지표·단위 또는 이를 기초로 하는 지수"라는 규정상 기초자산을 기초로 하는 지수(index)는 상환금액의 연계대상이지만 기초자산 자체와는 구별되는 개념이다. 즉, 지수는 특정 기초자산을 산출기초로 하여 산출기관이 산출한다(KOSPI200 지수의 산출기관은 한국거래소이다).

㈑ 제외대상

파생결합증권에서 제외되는 것은 다음과 같다(法 4조⑦ 단서).

1. 이자연계증권(원금보장형 파생결합증권) : 발행과 동시에 투자자가 지급한 금전등에 대한 이자, 그 밖의 과실(果實)에 대해서만 해당 기초자산의 가격·이자율·지표·단위 또는 이를 기초로 하는 지수 등의 변동과 연계된 증권
2. 옵션계약상의 권리(法 5조①2) : 옵션매수인은 추가지급의무를 부담하지 않지만 증권으로 분류되지 않는다. (제5조 제1항 각 호 외의 부분 단서에 의하여 파생상품에서 제외되는 금융투자상품은 제외)
3. 자본시장법상 조건부자본증권(法 165조의11①)[78]

3의2. 은행법상 조건부자본증권 : 상각형(은행법 33조①2), 은행주식 전환형(은행법 33조①3), 은행지주회사주식 전환형(은행법 33조①4)

3의3. 금융지주회사법상 조건부자본증권 : 상각형(同法 15조의2①2), 전환형(同法 15조의2①3)

3의4. 보험업법 제114조의2 제1항 제1호에서 제3호까지의 규정에 따른 상각형 조건부자본증권, 보험회사주식 전환형 조건부자본증권 및 금융지주회사주식 전환

78) 조건부자본증권은 미리 정한 사유를 기초자산으로 하는 파생결합증권으로 분류할 수 있지만, 발행목적면에서 다른 파생결합증권과 달리 재무구조개선을 목적으로 하고, 이에 따라 발행을 위하여 투자매매업인가를 받을 필요가 없도록 하려는 정책적 고려에 의하여 제외된다.

형 조건부자본증권

4. 교환사채·상환사채(商法 469조②2), 전환사채(商法 513조) 및 신주인수권부사채(商法 제516조의2)
5. 그 밖에 제1호부터 제3호까지, 제3호의2부터 제3호의4까지 및 제4호에 따른 금융투자상품과 유사한 것으로서 대통령령으로 정하는 금융투자상품[令 4조의2 : 상법상 신주인수권증서(商法 420조의2) 및 신주인수권증권(商法 516조의5)]

자본시장법상 조건부자본증권(상법상 교환사채, 상환사채, 전환사채, 신주인수권부사채 등과 다른 종류의 사채로서 해당 사채의 발행 당시 객관적이고 합리적인 기준에 따라 미리 정하는 사유가 발생하는 경우, 주식으로 전환되거나 그 사채의 상환과 이자지급 의무가 감면된다는 조건이 붙은 사채, 그 밖에 대통령령으로 정하는 사채)도 제3호에 의하여 파생결합증권에서 제외되므로, 채무증권에 해당한다.

⑹ 증권예탁증권

㈎ 개 념

증권예탁증권(Depositary Receipt: DR)이란 채무증권, 지분증권, 수익증권, 투자계약증권, 파생결합증권을 예탁받은 자가 그 증권이 발행된 국가 외의 국가에서 발행한 것으로서 그 예탁받은 증권에 관련된 권리가 표시된 것을 말한다(法 4조⑧). 구 증권거래법은 예탁결제원이 발행하는 "국내예탁증권"만 유가증권으로 규정하였으나, 자본시장법은 "그 증권이 발행된 국가 외의 국가에서 발행한 것"이라고 규정하므로 ADR(American Depositary Receipts), GDR(Global Depositary Receipts) 등과 같이 해외에서 발행, 유통되는 해외예탁증권도 포함한다.[79] DR은 일반적으로 해외투자자의 편의를 위해 기업이 해외에서 발행함으로써 주식의 국제적 유통수단으로 이용되는 대체증권으로서, 외국기업이 발행한 증권·증서를 자국의 증권예탁기관에 예탁하게 하고 예탁기관이 이러한 원주권(原株券)을 근거로 자국의 규제에 맞게 발행하는 증서를 말한다. 채권을 대신해서 발행되는 DR도 개념적으로는 가능하지만, 실제로는 주식에 관한 DR이 대부분이다. 예탁증서가 필요한 이유는 유가증권을 외국에서 그대로 유통시키려면 표시통화의 차이점 때문에 투자자의 직접투자가 어렵기 때문이다.

---

79) DR은 상장된 시장에 따라 미국시장에 상장된 DR을 ADR, 나머지 DR을 GDR로 분류한다. GDR은 상장되는 각국의 시장에 따라 한국시장에 상장되는 KDR, 홍콩시장에 상장되는 HDR, 일본 시장에 상장되는 JDR 등으로 분류한다.

(나) 증권예탁증권의 발행인

자본시장법상 증권예탁증권의 "발행인"은 실질적인 발행인이라 할 수 있는 그 기초가 되는 증권을 발행하였거나 발행하고자 하는 자를 말한다(法 9조⑩). 자본시장법상 국내에서 증권예탁증권을 발행하는 업무는 예탁결제원만이 할 수 있다(法 298조②). 자본시장법상 주권상장법인은 증권시장에 상장된 주권을 발행한 법인을 말하는데, 주권과 관련된 증권예탁증권이 증권시장에 상장된 경우에는 그 주권을 발행한 법인을 가리킨다(法 9조⑮).

(다) 주주권 행사 요건

KDR 소유자는 한국예탁결제원이 증권예탁증권의 발행 등에 관한 규정에 따라 작성한 소유자명부의 열람·등사를 청구하려면 KDR을 원주식으로 전환하여야 한다.[80]

(7) 간주증권

이상의 증권에 표시될 수 있거나 표시되어야 할 권리는 그 증권이 발행되지 아니한 경우에도 그 증권으로 본다(法 4조⑨). 투자자 보호라는 자본시장법의 목적에 비추어 증권의 발행이라는 형식보다는 증권에 표시될 권리를 중시하는 것이다.

(8) 자본시장법 적용제한 증권

다음 증권은 온라인소액투자중개업자에 관한 제2편 제5장, 증권신고서에 관한 제3편 제1장(제8편부터 제10편까지의 규정 중 2편 제5장, 제3편 제1장의 규정에

80) [서울남부지방법원 2023. 8. 1.자 2023카합20171 결정] "① DR은 상이한 언어, 법률, 거래관습 등에 따른 주주권 행사, 주권의 이전 및 결제상의 불편을 제거하고 외국투자자 간에 그 나라 주식과 마찬가지로 당해 주식의 거래가 가능하도록 고안된 주식대용증권으로서 그 발행의 기초가 되는 주식과는 구별되는 별도의 유가증권에 해당하는 점, ② DR은 원주청구권을 표창하는 유가증권으로서 소정의 절차를 거쳐야만 주식으로 전환되는 것이고, 투자자들로서는 주로 DR 자체의 매매차익이나 DR과 원주의 가격차를 비교하여 차익거래를 도모하는 것이 목적이므로, DR이 주권으로부터 비롯되기는 하지만 실질적으로 양자는 별개로 보아야 하는 점, ③ 이 사건 KDR은 국내투자자의 편의를 위하여 해외에 있는 주식을 대체하여 국내에서 발행한 증권으로 예탁기관인 한국예탁결제원이 국내에서 해외 원주 발행회사인 채무자를 대신하여 KDR을 발행하고, KDR 소유자를 위하여 원주로의 교환 등 권리행사를 하게 되며, 채무자의 주주명부에도 주주로 기재되는 점, ④ 채무자, 한국예탁결제원, KDR의 소유자들 사이의 이 사건 KDR과 관련된 예탁계약 변경계약서 제35조 제1, 2항에 의하면, '소유자는 의결권 이외에 주주제안권, 회계장부열람권 등 발행회사의 경영에 참가하는 것을 목적으로 하는 주주의 권리의 행사 또는 발행회사를 상대로 하는 소송의 제기를 예탁기관에게 신청할 수 없고, 위와 같은 주주의 권리를 행사하고자 하는 소유자는 KDR을 원주식으로 전환한 후 발행회사에 대하여 직접 행사하여야 한다'고 정하고 있는 점 등에 비추어 보면, 이 사건 KDR은 주주로서의 권리를 표창하는 주식과 동일하다고 보기 어려우므로, 채권자들이 이 사건 KDR을 원주식으로 전환하지 아니한 채 채무자를 상대로 직접 주주로서의 권리를 행사할 수는 없다."

따른 의무 위반행위에 대한 부분 포함) 및 부정거래행위에 관한 제178조·제179조를 적용하는 경우에만 증권으로 본다(法 4조① 단서).

1. 투자계약증권
2. 지분증권, 수익증권 또는 증권예탁증권 중 해당 증권의 유통 가능성, 자본시장법 또는 금융관련 법령에서의 규제 여부 등을 종합적으로 고려하여 대통령령으로 정하는 증권

제2호의 "대통령령으로 정하는 증권"은 상법에 따른 합자회사·유한책임회사·합자조합·익명조합의 출자지분이 표시된 것을 말한다(令 3조의2). 한편, 합자회사의 무한책임사원, 합자조합의 업무집행조합원은 무한책임을 지므로 이들의 출자지분은 추가지급의무의 부존재를 요소로 하는 증권의 개념에 포함되지 않는다. 나머지 증권들을 적용제한 증권으로 규정한 것은 모두 유통가능성이 거의 없기 때문이다. 합자회사의 유한책임사원, 유한책임회사의 사원, 합자조합의 유한책임조합원 등의 지분은 다른 사원의 동의 또는 조합계약상 허용규정이 요구되고, 익명조합원의 지분도 익명조합계약의 당사자인 영업자의 동의 없이 양도할 수 없다.

자본시장법에 따른 투자합자회사·투자유한책임회사·투자합자조합·투자익명조합 등은 집합투자를 위한 기구에 불과하고 상법에 따른 합자회사·유한책임회사·합자조합·익명조합 등은 독자적인 사업주체이므로 양자는 서로 다르다. 따라서 자본시장법은 집합투자증권(집합투자기구에 대한 출자지분)은 적용제한대상에서 제외된다고(즉, 적용대상이라고) 명문으로 규정한다(令 3조의2 단서).

Ⅱ. 파생상품

1. 파생상품의 범위

(1) 파생상품의 개념과 기초자산

파생상품(derivatives)은 기초자산(underlying asset)으로부터 그 가치가 파생되어 나온 상품이므로, 기초자산의 가격을 기초로 손익(수익구조)이 결정되는 금융상품을 말한다.

파생상품에 대한 국제금융거래와 관련한 법적 위험을 최소화하고 파생상품

거래의 활성화를 위하여 표준적인 기본계약서(Master Agreement)를 제정한 국제스왑·파생상품협회(International Swaps and Derivatives Association; ISDA)는 파생상품을 "한 당사자로부터 다른 당사자에게로 위험을 전가하는 금융상품으로서, 그의 가치는 채권, 주식, 통화, 상품, 지수 및 이러한 자산들의 조합과 같은 기초자산의 가격으로부터 도출되는 것"이라고 정의함으로써,[81] 특히 위험전가성을 파생상품의 특성으로 강조한다.

자본시장법은 파생상품을 다음과 같은 계약상의 권리를 말한다고 규정한다(法 5조① 본문).[82]

1. 선도 : 기초자산이나 기초자산의 가격·이자율·지표·단위 또는 이를 기초로 하는 지수 등에 의하여 산출된 금전등을 장래의 특정 시점에 인도할 것을 약정하는 계약
2. 옵션 : 당사자 어느 한쪽의 의사표시에 의하여 기초자산이나 기초자산의 가격·이자율·지표·단위 또는 이를 기초로 하는 지수 등에 의하여 산출된 금전등을 수수하는 거래를 성립시킬 수 있는 권리를 부여하는 것을 약정하는 계약
3. 스왑 : 장래의 일정기간 동안 미리 정한 가격으로 기초자산이나 기초자산의 가격·이자율·지표·단위 또는 이를 기초로 하는 지수 등에 의하여 산출된 금전등을 교환할 것을 약정하는 계약
4. 제1호부터 제3호까지의 규정에 따른 계약과 유사한 것으로서 대통령령으로 정하는 계약

자본시장법상 파생상품의 기초자산은 파생결합증권의 기초자산과 동일하다. 파생상품의 기초자산은 금융상품(financial products)인 경우와 일반상품(commodity)인 경우가 있는데, 이에 기한 파생상품은 결국 모두 금융투자상품이다.[83]

(2) 제외대상

해당 금융투자상품의 유통 가능성, 계약당사자, 발행사유 등을 고려하여 증권으로 규제하는 것이 타당한 것으로서 대통령령으로 정하는 금융투자상품은 제

81) Derivatives: A financial instrument that transfers risk from one party to the other. It derives its value from the price or rate of some other underlying assets such as bonds, loans, equities, currencies, commodities, indices, published rates or combinations of those assets.(ISDA, DCG Glossary).

82) 즉, 파생상품의 거래는 계약이다. 그리고 엄밀히 말하면 "계약상의 권리"뿐이 아니라 "계약상의 의무"도 포함된다.

83) 선물은 기초자산에 따라 상품선물(commodity futures)과 금융선물(financial futures)로 분류되고, 옵션과 스왑도 마찬가지이다.

외된다(法 5조① 단서). 증권과 파생상품 중 어느 것에 해당하는지에 따라 각종 규제의 내용과 정도가 달라지므로 구체적 타당성을 고려하여 규정하려는 것이다.

파생상품에서 제외되는 "대통령령으로 정하는 금융투자상품"은 다음과 같다(令 4조의3).

1. 증권 및 장외파생상품에 대한 투자매매업의 인가를 받은 금융투자업자가 발행하는 증권 또는 증서로서 기초자산(증권시장이나 해외증권시장에서 매매거래되는 주권 등 금융위원회가 정하여 고시하는 기초자산[1. 금융투자상품, 2. 통화(외국통화 포함), 3. 일반상품(法 4조⑩3: 농산물·축산물·수산물·임산물·광산물·에너지에 속하는 물품 및 이 물품을 원료로 하여 제조하거나 가공한 물품, 그 밖에 이와 유사한 것), 4. 신용위험(法 4조⑩4: 당사자 또는 제3자의 신용등급의 변동, 파산 또는 채무재조정 등으로 인한 신용의 변동)]의 가격·이자율·지표·단위 또는 이를 기초로 하는 지수 등의 변동과 연계하여 미리 정하여진 방법에 따라 그 기초자산의 매매나 금전을 수수하는 거래를 성립시킬 수 있는 권리가 표시된 증권 또는 증서
2. 신주인수권증서(商法 420조의2) 및 신주인수권증권(商法 516조의5)[84)]

2. 파생상품의 분류

실제로 거래되는 파생상품은 매우 다양한 구조를 가지므로 자본시장법은 파생상품을 구성하는 기본 구성요소를 상품의 경제적 구조에 따라 선도(forwards, 제1호), 옵션(options, 제2호), 스왑(swaps, 제3호)으로 구분하여 정의한다. 즉, 자본시장법은 선도, 옵션, 스왑 중 어느 하나에 해당하는 계약상의 권리를 파생상품으로 규정하는데, 이러한 규정방식을 기본구성요소방식이라고 한다.

선도거래가 장내에서 이루어지는 것이 선물에 해당하고, 파생상품을 다시 장내, 장외 파생상품으로 분류하므로, 선도 외에 선물을 별도의 파생상품으로 규정하지 않는 것이다.

스왑은 선도거래가 일정 기간 반복되는 것이지만, 별도의 정의규정을 두는 것은 파생상품에 관한 대부분의 법적 문제는 스왑에 관한 것이기 때문이다. 스왑은 기본적으로 비표준화된 거래로서 장외파생상품의 특성을 가진다. 미국에서 "swap"은 매우 폭넓은 개념인데, 최근의 금융개혁법[85)] 입법과정에서 규제가 대

84) 제2호는 파생결합증권에도 해당하지 않고(令 4조의2), 출자지분을 취득할 권리가 표시된 것으로서 지분증권에 해당한다. 제2호의 신주인수권증권은 분리형 신주인수권부사채에서 분리되어 양도되는 것을 말한다.

폭 강화되었다.

(1) 선도 · 선물

(가) 선도거래와 선물거래

제1호의 "기초자산이나 기초자산의 가격 · 이자율 · 지표 · 단위 또는 이를 기초로 하는 지수 등에 의하여 산출된 금전등을 장래의 특정 시점에 인도할 것을 약정하는 계약"은 선도거래를 말하며, 선도거래는 계약체결과 이행이 계약체결 당일 이루어지는 현물거래(spot trading)와 달리 이행기가 계약체결시로부터 일정 기간 경과 후인 거래이다. 즉, 현물거래와 선도거래는 이행기에서 차이가 있을 뿐 계약의 다른 요소는 다르지 않다. 따라서 단시간 내에 종료되는 거래는 선도거래로 볼 수 없다.86)

일반적인 선도거래는 거래 당사자 간의 합의에 따라 다양한 계약조건에 의하여 공인된 거래소를 통하지 않고 자유롭게 이루어진다. 선도거래 중 표준화된 계약조건에 따라 공인된 거래소에서 경쟁매매 방식에 의하여 이루어지는 것을 선물거래라고 한다. 또한 선물거래는 거래소의 청산, 결제시스템에 의하여 일일정산제가 시행되고 그 이행이 보장된다는 점에서 선도거래와 다르다. 자본시장법이 선물(futures)에 대하여 별도로 규정하지 않은 것은 선물도 선도의 일종이고, 위와 같은 점 외에는 개념상 본질적인 차이는 없기 때문이다.

거래소의 파생상품시장 업무규정은 시장에서 이루어지는 다음과 같은 파생상품거래를 "선물거래"라고 규정한다(파생상품시장 업무규정 2조①2).

> 가. 당사자가 장래의 특정 시점에 특정한 가격으로 기초자산을 수수할 것을 약정하는 매매거래
> 나. 당사자가 기초자산에 대하여 사전에 약정한 가격이나 이자율, 지표, 단위 및 지수 등의 수치와 장래의 특정 시점의 해당 기초자산의 가격이나 수치("최종결제가격")와의 차이로부터 산출되는 현금을 수수할 것을 약정하는 거래

(나) 선물거래의 결제방법

선물거래의 결제방법으로는, 이행기에 기초자산 자체가 인도되는 현물인도방식과 기초자산의 계약체결시의 가격과 이행기의 가격과의 차액을 정산하는 차

---

85) 도드-프랭크 월가개혁 및 소비자보호법(Dodd-Frank Wall Street Reform and Consumer Protection Act)에 관하여는 뒤에서 상세히 설명함.

86) 대법원 2015. 9. 10. 선고 2012도9660 판결.

액결제방식(차액정산방식)이 있다. 거래소의 파생상품시장 업무규정 제2조 제1항 제2호 가목은 현물결제방식을, 같은 호 나목은 차액결제방식을 가리킨다. 거래소와 결제회원, 지정결제회원과 매매전문회원은 선물거래의 각 종목에 대하여 거래일마다 장종료 시점을 기준으로 정산가격으로 정산해야 한다. 이 경우 글로벌거래의 각 종목에 대하여는 글로벌거래의 종료 후에 개시되는 정규거래에 포함하여 정산한다(파생상품시장 업무규정 96조①).

(다) 선물거래의 기능[87]

1) 헤지거래 헤징(hedging)은 현물시장에서의 포지션을 유지하고 선물시장에서 그와 반대의 포지션을 취함으로써 가격변동위험을 회피하는 것을 말한다. 현물주식보유자가 사정상 보유종목을 매도하기 곤란한 경우 주가하락의 위험을 피하기 위하여 선물을 매도하는 것을 매도헤징(short hedging)이라고 하고, 자금사정상 보유예정주식 전부를 매수하기 곤란한 경우 장래매수예정주식의 주가상승 위험을 피하기 위하여 선물을 매수하는 것을 매수헤징(long hedging)이라고 한다.

2) 차익거래

가) 의 의 선물거래에서의 차익거래(arbitrage)란 선물시장가격이 일시적인 수급불일치로 균형가격인 이론가격에서 크게 벗어나는 경우, 이 차이를 이용해 무위험수익을 얻는 것을 말한다. 재정거래라고도 한다. 즉, 현물시장과 선물시장에서 서로 다른 입장을 취하는 것인데, 예를 들어 선물시장의 가격이 이론적인 정상가격(현물가격+이자−배당금, 따라서 선물의 만기정산가격은 만기일의 현물가격과 같아진다)보다 높으면 저평가된 현물주식을 사고, 고평가된 선물을 팔아서(매수차익거래) 이론가격을 초과하는 매매차익을 얻는다. 반대로 선물시장의 가격이 이론가격보다 낮으면 현물주식을 팔고 선물을 사서(매도차익거래) 양가격이 정상적인 관계(이론가격에 근접한 상태)에 되돌아 왔을 때 양자를 반대매매하여 매매차익을 얻는다.[88]

나) 프로그램매매 차익거래를 하기 위하여는 선물매도(매수)와 현물매수(매도)를 동시에 해야 하는데, 선물은 시장에서 최근월물 한 종목을 간단하게 매매하면 되지만, 현물은 KOSPI 200지수와 연동시켜야 하므로 KOSPI 200 구성종

87) 여기서는 가장 대표적인 선물거래를 기준으로 설명하지만, 헤지거래, 차익거래, 투기거래는 모든 파생상품거래의 기능이라고 할 수도 있다.

88) 선물가격이 KOSPI 200지수보다 하락하는 것을 backwardation현상이라 하고, 그 반대현상을 contango현상이라고 한다.

목 전부를 대상으로 매매해야 한다. 따라서 차선책으로 지수영향력이 큰 대형주들을 편입시킨 주식군(바스켓)을 구성하여 이를 선물과 연계하여 매매한다. 즉, 주가지수와 연동하여 동일한 수익률을 나타내는 포트폴리오를 만드는 것이다. 바스켓구성은 구성종목수 · 종목선정 · 종목별 가중치 등을 고려하여 이루어진다. 결국 포트폴리오와 KOSPI 200지수와의 수익률차이인 지수추적오차(트래킹 에러)를 최소화하는 것이 중요하다. 이처럼 개별주식을 매매대상으로 하는 것이 아니라 여러 종목의 주식을 아주 짧은 시간에 대량으로 매매하여야 하므로 컴퓨터에 의한 대량주문시스템이 필수적이며, 이를 프로그램매매라고 한다.

3) 투기거래 선물거래는 적은 자금으로 현물거래에 비하여 상대적으로 큰 규모의 거래를 할 수 있으므로 leverage효과가 크다. 투기거래(speculation)는 이러한 leverage효과를 이용하여 선물가격의 변동폭을 이용하여 차익을 얻으려는 것이다.

(2) 옵 션

(가) 의 의

자본시장법 제5조 제1항 제2호의 "당사자 어느 한쪽의 의사표시에 의하여 기초자산이나 기초자산의 가격 · 이자율 · 지표 · 단위 또는 이를 기초로 하는 지수 등에 의하여 산출된 금전등을 수수하는 거래를 성립시킬 수 있는 권리를 부여하는 것을 약정하는 계약"이 옵션거래이다. 제5조 제1항은 이러한 계약상의 권리를 파생상품인 "옵션(option)"으로 규정한다. 옵션거래는 미리 거래조건을 정하고 미래의 어느 시점에 정해진 조건에 따라 거래가 성립하는 점에서 제1호의 선도거래와 유사하지만, 선도거래는 거래 자체가 이미 성립하고 이행기만 장래의 일정 시점으로 정하는 것인데, 옵션거래는 거래의 성립 여부 자체가 장래의 일정 시점에 결정된다는 점에서 다르다. 제2호의 규정상 옵션거래도 선도거래와 같이 현물인수도 없이 차액만을 수수하는 차액결제방식도 포함한다. 옵션의 기초자산은 제2호의 규정과 같이 통상의 기초자산 외에 주가지수, 선물 등과 같은 파생상품인 경우도 있다.[89]

거래소의 「파생상품시장 업무규정」은 시장에서 이루어지는 거래로서 당사자 중 한쪽이 다른 쪽의 의사표시에 의하여 다음과 같은 거래를 성립시킬 수 있는 권리("옵션")를 다른 쪽에게 부여하고, 그 다른 쪽은 그 한쪽에게 대가를 지급할

89) 앞에서 본 바와 같이 미국 증권법은 증권에 대한 옵션을 증권으로 규정한다[SA §2(a)(1)].

것을 약정하는 파생상품거래로 규정한다(파생상품시장 업무규정 2조①3).

1. 기초자산의 매매거래
2 행사가격과 권리행사일의 기초자산의 가격이나 수치("권리행사결제기준가격")와의 차이로부터 산출되는 현금을 수수하는 거래
3. 제2조 제1항 제2호 가목의 선물거래(당사자가 장래의 특정 시점에 특정한 가격으로 기초자산을 수수할 것을 약정하는 매매거래)
4. 제2조 제1항 제2호 나목의 선물거래[당자가 기초자산에 대하여 사전에 약정한 가격이나 이자율, 지표, 단위 및 지수 등의 수치와 장래의 특정 시점의 해당 기초자산의 가격이나 수치("최종결제가격")와의 차이로부터 산출되는 현금을 수수할 것을 약정하는 거래]

(나) 옵션의 분류

1) 콜옵션과 풋옵션　　콜옵션(call option)이란 장래 일정한 날(European option) 또는 일정 기간 동안(American option) 기초자산을 일정 가격에 매수할 수 있는 계약상의 권리이다. 「파생상품시장 업무규정」에 의하면, ⅰ) 기초자산을 수수하는 옵션거래 및 선물옵션거래의 경우에는 권리행사에 의하여 행사가격으로 기초자산의 매수로 되는 거래를 성립시킬 수 있는 옵션, ⅱ) 현금을 수수하는 옵션거래의 경우에는 권리행사에 의하여 행사가격이 권리행사결제기준가격보다 낮은 경우에 그 차이로부터 산출되는 금전을 수령하게 되는 거래를 성립시킬 수 있는 옵션을 말한다(파생상품시장 업무규정 2조①11). 즉, 콜옵션의 매수인이 매수포지션의 취득을 청구할 수 있는 형성권이다.

풋옵션(put option)이란 장래 일정한 날이나 일정 기간 동안 기초자산을 일정 가격에 매도할 수 있는 계약상의 권리이다. 「파생상품시장 업무규정」에 의하면, ⅰ) 기초자산을 수수하는 옵션거래 및 선물옵션거래의 경우에는 권리행사에 의하여 행사가격으로 기초자산의 매도로 되는 거래를 성립시킬 수 있는 옵션, ⅱ) 현금을 수수하는 옵션거래의 경우에는 권리행사에 의하여 행사가격이 권리행사결제기준가격보다 높은 경우에 그 차이로부터 산출되는 금전을 수령하게 되는 거래를 성립시킬 수 있는 옵션을 말한다(파생상품시장 업무규정 2조①12). 즉, 풋옵션의 매수인이 매도포지션의 취득을 청구할 수 있는 형성권이다. 여기서 행사가격(strike price, exercise price)이란 권리행사에 따라 성립되는 거래에 있어서 사전에 설정된 기초자산의 가격 또는 수치를 말한다(파생상품시장 업무규정 2조①10).

2) 권리행사시기에 따른 분류 옵션의 권리를 행사할 수 있는 기간을 옵션의 만기일로 제한하는 경우를 유럽식 옵션(European option)이라 하고, 반대로 만기일까지 아무 때나 권리를 행사할 수 있도록 한 옵션을 미국식 옵션(American option)이라 한다. 후자가 전자에 비해 유리한 경우가 많을 것이므로 그만큼 가격(프리미엄)이 높을 것이다. 우리나라의 KOSPI200 옵션은 유럽형으로 최종거래일에만 행사가 가능하다.[90)]

3) 기초자산에 따른 분류 옵션은 기초자산에 따라 상품옵션과 금융옵션으로 분류되고, 금융옵션은 다시 주식옵션·주가지수옵션·통화옵션·금리옵션 등으로 분류된다.[91)]

---

90) 옵션 거래의 예를 들어보면 KOSPI 200의 가격이 110인 시점에서 주가가 상승할 것으로 판단해 10월물 권리행사가격이 120인 call option을 프리미엄을 2에 10계약을 매수한 경우, 투자원금은 200만원이다. 만기일에 권리행사를 한다면 결제일인 10월 두 번째 목요일의 주가지수에 따라 손익이 달라진다. 예상대로 주가가 올라 만기일에 130을 기록하면 (만기일 주가지수 130−권리행사 가격 120)×10계약×10만원으로 1,000만원의 행사차익을 얻게 된다. 따라서 call option을 매수할 때 지불한 200만원을 빼면 800만원의 순이익이 남는다. 만기에 KOSPI 200의 가격이 손익분기점(권리행사 가격+지불프리미엄)인 122 이상만 되면 이익을 남길 수 있다. 그러나 행사가격인 120 이하로 내려가면 권리를 포기하고 프리미엄인 200만원의 손실을 입는다.

91) 기초자산에 따른 옵션의 분류는 다음과 같다.

1. 상품옵션(commodity option)과 금융옵션(financial option)
   전자는 기초자산이 농·광산물 등의 실물일 경우이고, 후자는 금융상품일 경우이다. 금융옵션은 다시 주식옵션·주가지수옵션·금리(채권) 옵션·통화(외환)옵션으로 나눌 수 있다.
2. 현물옵션(physical option)과 선물옵션(futures option)
   선물옵션이란 현물에 대한 선물계약을 옵션의 기초물로 하는 것이다. 현재 선물거래소에서 상장되어 있는 대부분의 금융선물계약에 대해 선물옵션거래가 이루어지고 있다. call option 매수인은 특정행사가격에 권리를 행사하면 선물매수포지션을 취하고 선물거래증거금을 납부하여야 하고 call option 매도인은 선물매도포지션을 취할 준비를 해야 한다. 즉, 선물옵션을 행사하면 대상현물의 매매를 할 수 있는 것이 아니라 현물에 대한 선물계약이 이루어지는 것이다. 옵션행사에 의한 행사시점의 선물가격과 행사가격과의 차이에 대한 보상이 옵션발행자로부터 옵션행사자에게로 이루어져야 하는 점인데, 원칙적으로는 현금으로 해야 하나 보통은 행사가격에 선물계약을 체결하고 그 즉시 일일정산을 하는 방법을 택한다. 현물옵션보다 선물옵션을 더 선호하는 것은 거래나 청산면에서 현물 자체보다는 선물이 더 편리하기 때문이다.
3. 금융옵션의 종류
   (1) 주식옵션
   개별주식을 기초자산으로 한 주식옵션은 1973년 시카고옵션거래소(Chicago Board of Options Exchange: CBOE)에서 최초로 거래되었다. 미국의 경우 현재 5백개가 넘는 종목의 개별주식에 대한 옵션계약이 5개 거래소(CBOE·PHLX·AMEX·PSE, NYSE)에 상장되어 있으며, 다른 종류의 옵션들에 비해 압도적으로 많은 비중을 차지하고 있다.

(다) 옵션의 매수인과 매도인

call option 또는 put option의 매수인이 권리를 행사하면 옵션거래의 상대방(옵션의 매도인)은 기초자산을 매도하거나 매수할 의무를 부담한다.[92] 옵션매수인이 옵션에 대한 대가로 옵션매도인에게 지급하는 것이 프리미엄(premium)이다.

(라) 옵션과 선물

선물의 경우 매도인·매수인 모두 대상상품의 매매를 이행할 의무를 갖지만 옵션에서는 옵션 매도인만 매매를 이행하는 의무를 부담하고, 옵션 매수인은 매도인에게 매매의 이행을 청구할 권리는 갖지만 의무는 부담하지 않는다. 즉, 옵션은 매수인에게 자신이 유리한 가격조건에서만 행사하고, 불리한 조건에서는 행사하지 않을 수 있는 '선택권'을 주는 것이고, 매수인은 이러한 선택권에 대한 대가인 프리미엄을 매도인에게 지급하는 것이다. call option 매수인은 미리 약정된 가격(권리행사가격)으로 매도인에게 특정자산을 일정 수량 매수할 수 있는 권리를 가지고, call option 매도인은 매수인의 옵션행사시 행사가격에 기초자산을 매도할 의무가 있다. 이와 반대로 put option 매수인은 지정일에 미리 약정된 가격(행사가격)으로 매도인에게 특정자산을 일정 수량 매도할 수 있는 권리를 가지며, put option 매도인은 매수인의 옵션행사시 행사가격에 기초자산을 매수할 의무가 있다.

---

(2) 주가지수옵션

옵션의 대상이 되는 주가지수로는 시장 전체를 대표하는 경우도 있고, 특정부분(예를 들어 소수우량종목·전산업종목·석유가스업종목 등)을 나타내는 것도 있다. 주요 지수로는 S&P100, S&P500, Major Market, NYSE Composite Index 등이 있다.

일반적으로 지수옵션의 계약단위는 특정 행사가격의 지수에 특정한 승수를 곱한 금액수준이다. 개별주식옵션계약과의 중요한 차이점의 하나는 계약청산이 현물(지수구성종목주식)이 아니라 현금결제로 이루어진다는 점이다.

(3) 통화옵션

외국통화나 환율을 대상으로 하는 옵션계약으로서 1982년 미국 필라델피아 증권거래소(Philadelphia Stock Exchange)에서 처음 도입되었다. KIKO도 통화 관련 장외파생상품이다.

(4) 금리옵션

금리의 변화에 의해 그 성과가 결정되는 옵션계약을 총칭한 것으로서 그 기초물에는 특정종류의 금리도 있고 채권상품도 있다. 주요한 것으로는 Eurocurrency(Eurodollar·Euroyen 등)·LIBOR·국공채 등을 들 수 있다.

92) 만기까지의 원리금청구권과 주식으로의 전환권(conversion right)을 선택적으로 행사할 수 있는 전환사채(Convertible Bond: CB), 일정 기간 내에 일정 가격으로 정해진 수의 발행회사 주식을 인수할 수 있는 신주인수권이 부여된 신주인수권부사채(Bond with Warrant: BW) 등은 사채권자가 발행회사의 주식에 대하여 가지는 call option의 성격을 가진다.

(마) 유 용 성

옵션거래는 선물거래에 비하여 시장상황에 따라 보다 다양한 전략의 구사가 가능하며, 위험은 프리미엄(옵션의 시장가격)을 한도로 하나 이익은 무한대이므로 헤지기능과 동시에 이익의 최대화를 모색할 수 있다.[93] 또한 옵션은 불확실한 거래에 대한 헤지기능을 한다. 예를 들어 펀드매니저가 주가하락위험에 대비하여 보유주식을 그대로 보유하면서 put option을 매수해 두면 주가하락시에는 옵션을 행사하고, 주가상승시에는 옵션행사를 포기하면 된다.

(바) 옵션거래의 기본용어

1) 프리미엄　　옵션은 매수인에게만 주어지는 권리이기 때문에 매수인은 매도인에게 프리미엄(premium)을 지급하는데, 이는 옵션의 매매가격이라 할 수 있다.

2) 행사가격　　행사가격(striking price or exercise price)은 권리행사에 따라 성립되는 거래에 있어서 사전에 설정된 기초자산의 가격 또는 수치를 말한다(파생상품시장 업무규정 2조①10). 즉, 행사가격은 옵션매수인이 권리행사시에 기초자산을 매입(call option의 경우) 또는 매도(put option의 경우)할 수 있는 기준가격이다. option 매수인이 권리를 행사하면 이익이 발생하는 경우를 내가격(In－The－Money: ITM)이라 하고, 권리를 행사하면 손실이 발생하는 경우를 외가격(Out－of－The－Money: OTM)이라 하고, 행사가격과 기초자산의 가격이 같아 권리행사로 인한 손익이 없는 경우를 등가격(At－The－Money: ATM)이라 한다.

3) 만 기 일　　만기일(expiration date)은 옵션보유자가 옵션의 권리를 행사

93) 옵션의 위험이 프리미엄을 한도로 하지만 실제의 거래대상은 그 프리미엄이므로 옵션은 그 변동폭이 현물이나 선물에 비하여 매우 크기 때문에 투자원금에 비하여 많은 수익을 얻을 가능성과 많은 손실을 얻을 가능성이 있고, 이러한 옵션거래의 특징을 고려하여 증권회사의 손해배상책임이 부인된 사례도 있다. 증권회사와 주가지수옵션거래 위탁계약을 체결한 고객이 call option 및 put option 종목에 대한 매수주문을 하였음에도 선물·옵션거래에 관한 설명서에서 정한 기본예탁금이 없다거나 전산시스템운용상의 잘못 등의 이유로 거래가 이루어지지 않은 사안에서 법원은 "주가지수옵션거래는 실체가 없는 '주가지수를 매매할 수 있는 권리'를 시장에서 형성된 가격에 따라 매매하는 것으로 투자원금에 비하여 많은 이익을 얻을 수 있는 가능성이 있을 뿐만 아니라 많은 손실을 입을 가능성도 있어 어느 정도의 투기성과 위험성이 필연적으로 수반되는 거래라는 점에 비추어 볼 때, 각 옵션종목에 관하여 정상적으로 매매거래가 이루어졌더라도 고객이 후에 각 해당 종가가 최고치에 도달한 시점에서 이를 전매하여 이익을 얻을 수 있었을 것이라고 추정하기 어려우므로 증권회사에게 손해배상책임이 없다"고 판시하였다(서울지방법원 1998. 9. 1. 선고 98가합5079 판결. 서울고등법원 1999. 12. 3. 선고 98나51680 판결로 항소기각).

할 수 있는 마지막 날이다.

4) 옵션의 가격

가) 가격결정 옵션의 가격(premium)은 내재가치(intrinsic value)와 시간가치(time value)의 合으로 구성된다.

나) 내재가치 옵션의 행사가치(행사가격과 기초자산의 시장가격과의 차이)로서 call option의 경우 행사가격이 시장가격보다 낮을 때, put option의 경우 행사가격이 시장가격보다 높을 때 내재가치를 가진다고 한다.

다) 시간가치 시간가치는 이행기가 길수록 크다. 시간의 경과에 따라 OTM도 ITM으로 변경될 수 있으므로 OTM의 가격도 (+)가 될 수 있는 것이다.

(3) 스 왑

제3호의 "장래의 일정기간 동안 미리 정한 가격으로 기초자산이나 기초자산의 가격·이자율·지표·단위 또는 이를 기초로 하는 지수 등에 의하여 산출된 금전등을 교환할 것을 약정하는 계약"이 스왑(swap)이고, 제5조 제1항은 이러한 계약상의 권리를 파생상품으로 규정한다.[94]

스왑은 양 당사자가 장래의 현금흐름(cash flow)을 교환하는 거래이다. 즉, 스왑은 "장래의 일정기간 동안" 복수의 선도거래가 결합된 형태로서,[95] 양 당사자가 교환대상인 금전등을 받을 권리를 가진다. 선도의 법적 성질은 매매로 보는 것이 일반적이지만, 스왑은 미래의 현금흐름의 교환이므로 비전형계약에 해당한다. 대법원은 스왑거래를 신종 파생금융상품의 하나로 본다.[96]

---

94) 증권에 대한 옵션도 증권으로 규정하는 미국 증권법상 주식을 기초자산으로 하는 스왑을 증권으로 볼 것인지에 관하여 논란이 있었는데, 2000년 제정된 상품선물현대화법(CFMA)이 SA와 SEA에 각각 §2A를 추가함으로써 증권에서 제외하였다.

95) 만일 1회의 교환만 이루어진다면 선도에 해당한다.

96) [대법원 1997. 6. 13. 선고 95누15476 판결] "국제금융거래에서 스왑거래라 함은 이른바 신종 파생금융상품의 하나로 외국환 거래에 있어서 환거래의 당사자가 미래의 이자율 또는 환율변동에서 오는 위험을 회피하기 위하여 채권이나 채무를 서로 교환하는 거래로서, 그 종류로는 크게 보아 이자율 변동으로 인한 고객의 위험을 회피하기 위하여 고객이 부담할 변동이자율에 의한 이자지급채무를 미리 약정된 시기에 고정이자율이나 다른 변동이자율에 따른 이자지급채무로 교환하여 부담하는 이자율스왑과, 차입비용을 절감하고 구성통화의 다양화를 통한 환율변동의 위험을 회피하기 위하여 계약당사자 간에 서로 다른 통화표시 원금과 이자를 미리 약정된 시기에 교환하여 부담하기로 하는 통화스왑이 있다. 이러한 스왑거래를 통하여 고객의 입장에서는 미래의 이자율이나 환율의 변동으로 인하여 입을 수 있는 불측의 손해를 방지할 수 있고, 은행의 입장에서는 고객의 위험을 인수하게 되지만 이자율 변동, 환율변동 등 제반 여건의 변화를 사전에 고려하여 계약조건을 정하고 은행 스스로도 위험을 방어하기 위한 수단으로 다시 다른 은행들과 2차 커버거래를 하거나 자체적으로 위험분산 대책을

스왑은 기초자산에 따라 주식스왑(equity swap), 금리스왑(interest rate swap), 통화스왑(currency swap), 외환스왑(FX swap), 상품스왑(commodity swap) 등으로 분류된다. 자본시장법 제5조 제1항 제3호의 규정상 하나의 스왑거래에서의 복수의 교환시 교환조건은 다르게 정해도 되지만 기초자산은 동일하여야 하고, 기초자산이 달라지면 별개의 스왑거래로 보아야 한다.

근래에 활용도가 높아지고 있는 총수익률스왑(TRS)은 "대출채권이나 증권, 그 밖의 기초자산에서 발생하는 실제현금흐름과 사전에 약정된 확정현금흐름을 교환하는 거래"로서 신용파생상품의 하나로 분류된다.97) TRS 거래의 당사자인 보장매수인은 기초자산으로부터 발생하는 총손익을 보장매도인에게 지급(실제현금흐름의 이전)하고, 보장매도인은 보장매수인에게 약정이자를 지급(고정현금흐름의 이전)하는 구조이다. 이에 따라 보장매수인은 기초자산에 관한 모든 위험을 보장매도인에게 이전함으로써 신용위험과 시장위험을 헤지할 수 있고, 보장매도인은 기초자산의 모든 위험을 보유하는 대신 기초자산을 취득한 자금 부담없이 고수익을 추구할 수 있다. 이러한 거래구조로 인하여 TRS 거래는 신용공여와 동일한 효과를 거둘 수 있고, 이에 따라 법률상 제한되는 신용공여규제를 회피하는 수단인지 여부에 대하여 논란의 대상이 되기도 한다.

(4) 매매계약체결 간주

자본시장법 제5조 제4항은 "제1항 각 호의 어느 하나에 해당하는 계약 중 매매계약이 아닌 계약의 체결은 이 법을 적용함에 있어서 매매계약의 체결로 본다."고 규정한다. 자본시장법은 매매를 중심으로 규정하므로, 파생상품거래, 특히

강구하게 되는데, 국내에는 이러한 스왑거래에 따르는 외국환은행들의 위험을 흡수할 수 있는 금융시장의 여건이 형성되는 단계에 있어 주로 해외의 은행들과 커버거래를 하게 되며, 이러한 스왑거래과정을 통하여 은행은 일정한 이윤을 얻게 된다. 한편 외국은행 지점이 국내기업과 위와 같은 스왑거래를 할 때에는 거래목적에 따라 변형거래가 행하여지고 있는데, 이자율스왑의 변형에 해당하는 것으로는 이자율 스왑계약과 동시에 국내기업이 외국은행 지점으로부터 변동금리부 이자에 해당하는 이자금액을 선취하고 계약만기에 외국은행 지점은 고정금리에 해당하는 이자금액을 후취하는 형태의 거래가 있고, 통화스왑의 변형에 해당하는 것으로는 외국은행 지점이 국내기업이 부담하기로 하는 것보다 높은 고금리 통화의 원금을 지급하기로 하는 통화스왑계약을 체결함과 동시에 이자를 교환하여 기업이 정산이자 차액만큼 외화자금을 선취하고 계약만기에 원금을 계약시의 약정환율로 역교환하는 형태의 거래 등이 있고, 그 밖에도 여러 가지 모습의 변형된 스왑거래가 있으며 그 거래목적도 외국환거래에 있어서의 위험회피, 외화대부, 투기적 이익도모 등 다양하게 이루어지고 있다."

97) 정순섭, "총수익률스왑의 현황과 기업금융법상 과제", BFL 제83호, 서울대학교 금융법센터 (2017. 5), 7면.

스왑은 민법상 매매가 아닌 교환이더라도 자본시장법의 매매를 중심으로 하는 규정의 적용을 위하여 매매계약의 체결로 간주하는 것이다.

⑸ 상장파생상품

한국거래소의 파생상품시장은 주식상품시장, 금리상품시장, 통화상품시장, 일반상품시장, 선물스프레드시장 및 플렉스시장으로 구분되는데, 각 시장의 상품과 거래방식에 관한 구체적인 내용은 [제7편 제1장 제1절 거래소] 부분에서 설명한다.

⑷ 투자자 보호를 위한 기타 규제

자산규모 및 금융투자업의 종류 등을 고려하여 대통령령으로 정하는 금융투자업자(겸영금융투자업자를 포함)[98]는 상근 임원[상법상 업무집행관여자(商法 401조의2①) 포함]인 파생상품업무책임자[99]를 1인 이상 두어야 한다(法 28조의2①). 금융투자업자는 일반투자자에게 투자권유를 하지 아니하고 파생상품을 판매하려는 경우에는 면담·질문 등을 통하여 그 일반투자자의 투자목적·재산상황 및 투자경험 등의 정보를 파악해야 한다(금융소비자보호법 18조①: 적정성원칙).

3. 장내파생상품과 장외파생상품

⑴ 장내파생상품

장내파생상품이란 다음과 같은 것을 말한다(法 5조②).

1. 파생상품시장에서 거래되는 파생상품
2. 해외파생상품시장(파생상품시장과 유사한 시장으로서 해외에 있는 시장과 대통령령으로 정하는 해외파생상품거래가 이루어지는 시장)에서 거래되는 파생상품[100][101]

---

98) "대통령령으로 정하는 금융투자업자"란 다음과 같은 자를 말한다(슈 32조의2①).
   1. 장내파생상품에 대한 투자매매업 또는 투자중개업을 경영하는 자로서 최근 사업연도말일을 기준으로 자산총액이 1천억원 이상인자.
   2. 장외파생상품에 대한 투자매매업 또는 투자중개업을 경영하는 자.

99) "대통령령으로 정하는 파생상품업무책임자"란 금융투자업자의 파생상품업무를 총괄하는 자로서 금융사지배구조법 제5조에 적합한 자를 말한다(슈 32조의2②). "상근"이어야 하므로 다른 기관에 재직하면서 겸직할 수 없다. [제2편 제2장 지배구조규제] 부분에서 언급하겠지만 본서에서는 「금융회사의 지배구조에 관한 법률」에 대한 법제처 공식 약칭인 "금융사지배구조법"으로 표기한다.

100) "대통령령으로 정하는 해외파생상품거래"란 다음과 같은 거래를 말한다(슈 5조).
   1. 런던금속거래소의 규정에 따라 장외(파생상품시장과 비슷한 시장으로서 해외에 있는 시장 밖을 말한다. 이하 이 조에서 같다)에서 이루어지는 금속거래
   2. 런던귀금속시장협회의 규정에 따라 이루어지는 귀금속거래

3. 그 밖에 금융투자상품시장(증권 또는 장내파생상품의 매매를 하는 시장)을 개설하여 운영하는 자가 정하는 기준과 방법에 따라 금융투자상품시장에서 거래되는 파생상품

제1호의 파생상품시장이란 장내파생상품의 매매를 위하여 거래소가 개설하는 시장을 말한다(法 9조⑭). 장내파생상품은 거래소를 통하여 거래되므로 거래소에서의 거래에 적합하기 위하여 표준화 및 대체성의 요건을 갖추어야 하고, 청산결제가 보장되어야 한다. 이에 따라 파생상품시장에서의 매매거래에 따른 매매확인, 채무인수, 차감, 결제증권·결제품목·결제금액의 확정, 결제이행보증, 결제불이행에 따른 처리 및 결제지시업무는 청산기관으로서 거래소가 수행한다(法 378조①). 증권등의 매매거래에 따른 결제업무의 수행은 예탁결제원이 하지만, 파생상품시장에서의 품목인도 및 대금지급업무는 결제기관으로서 거래소가 수행한다(法 378조②).

제3호와 관련하여, FX마진거래는 외국환거래규정상 외환증거금거래에 해당하는데,[102] 제3호는 "미국선물협회의 규정에 따라 장외에서 이루어지는 외국환거래"도 장내파생상품거래의 하나로 규정하므로 FX마진거래는 장내파생상품을 대상으로 하는 투자매매업·투자중개업 인가를 받은 금융투자업자만이 할 수 있다.

일반투자자[금융위원회가 정하여 고시하는 전문투자자(금융투자업규정 5-31조①: 외국환거래규정 제1-2조 제4호에 따른 기관투자가에 해당하지 않는 전문투자자)

---

3. 미국선물협회의 규정에 따라 장외에서 이루어지는 외국환거래
4. 삭제 [2017.5.8.]
5. 선박운임선도거래업자협회의 규정에 따라 이루어지는 선박운임거래
6. 그 밖에 국제적으로 표준화된 조건이나 절차에 따라 이루어지는 거래로서 금융위원회가 정하여 고시하는 거래[1. 대륙간 거래소의 규정에 따라 장외에서 이루어지는 에너지거래, 2. 일본 금융상품거래법에 따라 장외에서 이루어지는 외국환 거래, 3. 유럽연합의 금융상품시장지침에 따라 장외에서 이루어지는 외국환거래 (금융투자업규정 1-3조)]

101) 그러나 위와 같은 거래가 이루어지는 시장의 가격만을 참고로 당사자 간의 합의에 의하여 이루어지는 장외파생상품거래는 자본시장법 제5조 제2항의 해외파생상품거래에 해당하지 않는다. 따라서 이 경우에는 일반투자자가 해외증권시장이나 해외파생상품시장에서 외화증권 및 장내파생상품의 매매거래를 하려는 경우 투자중개업자를 통하여 매매거래를 해야 한다는 규제(令 184조①)는 적용되지 않는다.

102) [외국환거래규정 1-2조]
20-1. "외환증거금거래"라 함은 통화의 실제인수도 없이 외국환은행에 일정액의 거래증거금을 예치한 후 통화를 매매하고, 환율변동 및 통화 간 이자율 격차 등에 따라 손익을 정산하는 거래를 말한다.

포함]는 해외증권시장이나 해외파생상품시장에서 외화증권 및 장내파생상품의 매매거래를 하려는 경우에는 투자중개업자를 통하여 매매거래를 해야 하므로(슈 184조①), 투자자가 직접 해외투자중개업자와 거래하는 것은 허용되지 않고 반드시 국내 투자중개업자에게 위탁자계좌를 개설해야 한다. 투자중개업자는 투자자로부터 해외파생상품시장에서의 매매거래를 수탁하는 경우 투자자와 해외선물중개회사(Futures Commission Merchant, FCM) 간의 거래를 중개하면서 투자자의 재산을 보호하기 위하여 FCM의 자기계산에 의한 매매거래 계좌와 별도의 매매거래 계좌를 FCM에 개설해야 한다(슈 184조②).

(2) 장외파생상품

장외파생상품이란 "파생상품으로서 장내파생상품이 아닌 것"을 말한다(法 5조③).[103] 장외파생상품은 위와 같이 거래소가 청산, 결제업무를 수행하는 장내파생상품에 비하여 상대방 위험(counterparty risk)이 크고 이에 따라 2013년 개정 자본시장법은 장외파생상품의 청산을 위하여 금융투자상품거래청산회사를 도입하였다. 금융투자업자는 다른 금융투자업자 및 외국 금융투자업자와 일정 범위에 장외파생상품의 매매 및 그 밖의 장외거래를 하는 경우 금융투자상품거래청산회사, 외국 금융투자업자(슈 186조의3①)에게 청산의무거래에 따른 자기와 거래상대방의 채무를 채무인수, 경개, 그 밖의 방법으로 부담하게 해야 한다(法 166조의3).

주권상장법인은 원칙적으로 전문투자자에 해당하지만, 장외파생상품거래에 있어서는 전문투자자와 같은 대우를 받겠다는 의사를 금융투자업자에게 서면으로 통지하는 경우에 한하여 전문투자자로 된다(法 9⑤4 단서). 투자자로부터 투자권유의 요청을 받지 아니하고 방문·전화 등 실시간 대화의 방법을 이용하는 불초청권유는 증권과 장내파생상품에 대하여는 허용되나(슈 54조①), 장외파생상품에 대하여는 금지된다(法 49조 3호). 그 밖에 자본시장법은 투자매매업자·투자중개업자가 장외파생상품을 대상으로 하여 투자매매업 또는 투자중개업을 하는 경우에 준수할 기준을 정하고 있다(法 166조의2①).[104]

---

103) 통화의 실제인수도 없이 외국환은행에 일정액의 거래증거금을 예치한 후 통화를 매매하고, 환율변동 및 통화간 이자율 격차 등에 따라 손익을 정산하는 거래인 외환증거금거래(외국환거래규정 1-2조 20-1호)도 장외파생상품에 해당한다.

104) 장외파생상품거래규제에 관하여는 [제7편 제2장 제2절 Ⅳ]에서 상술함.

4. 증권과 파생상품의 구별

⑴ 성질상의 차이

파생상품은 증권과 달리 그 자체가 독자적으로 가치가 결정되는 것이 아니라 기초자산의 가치에 따라 그 가치가 파생적으로 결정되고(가치파생성), 장래 일정 시점에서 결제된다(장래결제성). 그 밖에 전환사채나 신주인수권부사채 등을 파생상품과 구별하기 위하여 "위험전가성"과 "상품생산성"을 파생상품의 특성으로 설명하기도 한다.[105] 증권과 파생상품은 금융투자업 인가에 있어서 별개의 영업대상이므로 별개의 독립된 인가단위에 속한다.

⑵ 추가지급의무의 존재 여부

㈎ 의 의

증권과 파생상품은 모두 투자성 있는 금융투자상품으로서 양자의 구분에 관한 규정이 필요한데, 자본시장법은 증권의 개념에 관하여 "투자자가 취득과 동시에 지급한 금전등 외에 어떠한 명목으로든지 추가로 지급의무를 부담하지 아니하는 것"이라고 규정한다(法 4조①).[106]

추가지급의무를 문언 그대로 "어떠한 명목으로든지 추가로 지급의무를 부담"하는 것으로 해석하면 예컨대 주식 매매시 대금의 일부만 주식의 이전시 지급하고 잔금은 그 후 지급하기로 하는 경우도 추가지급의무가 있는 경우에 해당하고 이에 따라 주식을 증권으로 보지 않고 파생상품으로 보아야 하는 결과가 된다. 따라서 추가지급의무는 단순히 금융투자상품의 이전이 있은 후 추가로 지급되는 "시기상의 추가"를 의미하는 것이 아니라, 원본을 초과하여 지급할 위험(원본초과손실발생가능성), 즉 "수량상의 추가"를 의미한다.[107] 한편 자본시장법은 파생상품의 개념에 관하여는 추가지급의무의 존재를 적극적인 개념요소로 규정하지 않는다. 이와 관련하여 일반적으로 증권에 관한 규정의 반대해석상 파생상품은 추가지급의무를 부담하는 것으로 해석한다. 그러나 파생상품도 대부분은 추

105) "위험전가성", "상품생산성" 등 파생상품의 특성에 관하여는 류혁선, 전게논문, 24면 이하에 상세한 설명 참조.

106) 구 증권거래법 시행규칙 제1조의3 제2항도 대금전액수령과 추가지급의무의 존재 여부를 유가증권과 장외파생상품의 구분기준으로 규정하였다.

107) 물론 그렇다고 하여도 원본초과손실가능성 없는 파생상품도 존재하므로 아래에서 설명하듯이 기본적으로는 추가지급의무를 증권과 파생상품의 구별기준으로 삼는 것은 부적절하다고 본다.

가지급의무가 없으므로 추가지급의무의 존재를 파생상품의 요소로 볼 수는 없다. 단지, 증권은 추가지급의무의 부존재가 개념요소이고, 파생상품은 그렇지 않다는 것으로 해석하는 것이 현실이나 법문에 부합한다.

(나) 현물인도에 의한 결제대금

자본시장법은 투자자가 기초자산에 대한 매매를 성립시킬 수 있는 권리를 행사하게 됨으로써 부담하게 되는 지급의무는 위 추가지급의무에 해당하지 않는다고 규정한다(法 4조①). 이는 파생결합증권에서 현물인도에 의한 결제시 이를 위한 대금지급은 추가지급으로 보지 않는다는 취지이다.

(다) 옵　션

옵션의 경우 매수인은 매수대금인 프리미엄 외에는 추가지급의무가 없지만 자본시장법이 증권으로 분류하지 않고 파생상품으로 분류한 이유는, 옵션의 매도인은 추가지급의무가 있는데 동일한 상품을 매수인의 입장과 매도인의 입장에서 서로 다른 개념으로 설정할 수 없기 때문이다. 구체적으로 보면, 옵션 매수인은 기초자산의 가격변동에 따라 거래의 성립 여부를 선택할 수 있으므로 당초 지급한 옵션매수대금(프리미엄) 외에 추가지급의무는 존재하지 않는다. 따라서 파생상품에 있어서 추가지급위험(원본초과손실가능성)을 요건으로 한다면 옵션은 매도인의 입장에서는 파생상품에 해당하지만 매수인의 입장에서는 파생상품에 해당하지 않는다. 그러나 동일한 상품을 매도인과 매수인의 입장에서 증권과 파생상품으로 구별하는 것은 부적절하고 그렇다면 보다 규제의 정도가 높은 파생상품으로 분류하는 것이 투자자 보호라는 요청에 부응하는 것이므로[108] 옵션은 파생상품으로 분류하는 것이 타당하다.[109]

(라) 파생상품의 필수적 요소 여부

파생상품 중 선도, 선물, 옵션(매수인), 스왑 등은 거래 구조상 추가지급의무가 존재하지 않는다.[110] 따라서 추가지급의무의 부존재는 증권의 개념요소이지만, 그렇다고 하여 추가지급의무의 존재를 파생상품의 필수적인 요소로 볼 것이

108) 추가지급의무의 존재를 기준으로 하는 것은 결국 위험의 정도를 기준으로 투자자 보호의 정도를 달리 하기 위한 것이다.

109) 옵션이 장외에서 거래되는 경우에는 이를 증권으로 볼 필요가 없으므로 일률적으로 파생상품으로 본다고 설명하기도 한다[자본시장통합법 해설서, 한국증권업협회(2007), 110면].

110) 따라서 신용파생금융거래만이 추가지급의무가 존재하는 것으로 분류되는데, 실제로는 신용디폴트스왑(CDS) 외에는 추가지급의무가 존재한다고 보기 어렵다.

아니다. 따라서 자본시장법도 증권의 정의규정인 제4조에서 추가지급의무의 부존재를 명시적으로 규정하지만, 파생상품의 정의규정인 제5조에서는 추가지급의무의 존재를 규정하지 않는다.[111] 옵션매도의 경우에는 계약시점에 받은 금액을 초과하여 지급할 가능성이 있지만, 계약시점에는 지급하지 않고 장래 일정 사유의 발생에 따라 미리 정해진 금액을 지급하는 선도와 스왑은 실제로는 원본 자체가 없다. 따라서 자본시장법이 증권의 정의규정에서만 추가지급의무의 부존재를 규정하고 파생상품의 정의규정에서는 추가지급의무의 존재를 규정하지 않은 것은 타당한 입법이다.

(마) 파생결합증권과 파생상품

자본시장법상 파생결합증권에 관한 제4조 제7항은 제2호에서 옵션계약상의 권리가 파생결합증권에서 제외된다는 점을 명시적으로 규정하고, 파생상품에 관한 제5조는 제1항 단서에서 "해당 금융투자상품의 유통 가능성, 계약당사자, 발행사유 등을 고려하여 증권으로 규제하는 것이 타당한 것으로서 대통령령으로 정하는 금융투자상품"은 파생상품에서 제외된다고 규정하고 이에 따른 시행령 제4조의3 제1호는 "증권 및 장외파생상품에 대한 투자매매업의 인가를 받은 금융투자업자가 발행하는 증권 또는 증서로서 기초자산(증권시장이나 해외 증권시장에서 매매거래되는 주권 등 금융위원회가 정하여 고시하는 기초자산을 말한다. 이하 이 호에서 같다)의 가격·이자율·지표·단위 또는 이를 기초로 하는 지수 등의 변동과 연계하여 미리 정하여진 방법에 따라 그 기초자산의 매매나 금전을 수수하는 거래를 성립시킬 수 있는 권리가 표시된 증권 또는 증서"는 파생상품에서 제외된다고 규정한다.

자본시장법 제4조 제7항에 따라 파생결합증권에서 제외되는 상품이 다시 제5조 제1항에 따라 파생상품에서 제외되는 증권이 됨에 따라 일견 모순되거나 순환론적인 방식의 규정으로 보일 수도 있다. 그러나 제4조 제7항에서 파생결합증권에서 제외되는 상품을 규정한 취지는 금융투자업 인가단위에서 파생결합증권을 발행하려면 증권에 대한 투자매매업(1−1−1 또는 1−1−2)의 금융투자업인가를

111) 구 증권거래법상으로는 파생상품으로 분류되면 이를 취급하려는 증권회사는 겸영인가를 추가로 받을 필요가 있지만, 파생결합증권으로 분류되면 그러한 필요성이 없으므로 의미가 있지만, 자본시장법상으로는 양자 모두 금융투자상품으로서 규제대상이 되므로 구 증권거래법에 비하여 구별의 실익은 크지 않다는 견해도 있다[김홍기, "자본시장통합법상 파생상품 규제의 내용과 제도적 개선과제", 증권법연구 제9권 제1호, 한국증권법학회(2008), 110면].

받은 금융투자업자가 장외파생상품에 대한 투자매매업(1-3-1 또는 1-3-2)의 금융투자업인가를 받은 경우로 한정하므로, 이러한 금융투자업인가를 받지 아니한 일반기업이 자금조달목적으로 제7항 각 호의 증권을 발행할 수 있도록 한 것이다. 예컨대 주가연계증권(ELS)은 파생상품이 아니고 증권(파생결합증권)이지만, 금융투자업자가 파생결합증권을 발행하려면 증권에 대한 투자매매업 인가 외에 장외파생상품에 대한 투자매매업 인가를 받아야 한다.[112] 그리고 자본시장법 제5조 제1항에서 파생상품에서 제외되는 증권인 상품을 규정한 취지는 해당 금융투자상품을 증권으로 규제하는 것이 타당하다는 점을 고려한 것이므로, 두 규정의 취지가 서로 다르다는 점에서 독자적인 의미가 있다.

⑶ 공시규제

증권을 발행하려면 증권신고서를 금융위원회에 제출해야 한다. 그러나 파생상품은 장내파생상품의 경우에는 해당 파생상품을 상장한 거래소가 거래에 필요한 기본정보를 공시하고 있고, 거래도 공식적인 거래소에서 경쟁매매를 통하여 이루어짐에 따라 대부분의 거래정보가 실시간으로 공시되므로 별도의 공시규제가 적용되지 않는다. 그리고 장외파생상품의 경우에는 대부분 개별적인 대면거래의 대상이므로 역시 공시규제가 적용되지 않는다. 이에 따라 기초자산이 동일하더라도 파생결합증권은 공시규제의 적용대상이고, 파생상품은 공시규제의 적용대상이 아니다.

5. 미국의 파생상품규제

⑴ 파생상품거래의 발전과정

미국에서는 시카고상품거래소(CBOT: Chicago Board of Trade)와[113] 시카고상

112) 자본시장법 시행령 [별표 1] 인가업무 단위 및 최저자기자본(제15조 제1항 및 제16조 제3항 관련) "비고 1".

113) 1848년 시카고의 곡물상인들이 곡물의 현물거래와 선도거래를 위하여 설립한 거래소로서, 당시 시카고는 19세기 중반 일리노이와 미시간의 운하 개통으로 미국 중서부 곡창지대의 중심지인 동시에 곡물의 집산지가 되어 밀, 옥수수, 그리고 커피 등 곡물 거래가 활발히 일어났는데, 불확실한 작황에 따른 위험을 회피하기 위하여 선물시장이 탄생하였고, 1865년 선물계약이라는 표준화된 계약기준과 증거금제도를 도입하여 근대적 선물거래제도의 기초를 확립하였고, 선물거래가 활성화되면서 처음에는 곡물만 거래되었으나 금, 은, 동 그리고 원유 등 많은 상품으로 확대되었고, 1975년에는 금융선물을 도입하여 최초로 주택담보증서가 거래되기 시작하였으며, 1982년에는 옵션계약을 도입하였다. 그 후 1997년 DJIA에 대한 주가지수선물 및 주가지수선물옵션을 도입하였다. 그러나 CME와의 합병으로 농산물과 금융상품거래는

업거래소(CME: Chicago Mercantile Exchange)에서[114] 1970년대 초부터 기존의 상품선물거래 외에 통화와 금리 등 금융선물거래가 이루어졌다. 주가지수선물은 CFTC와 SEC 간의 업무영역 다툼을 거쳐 1982년 CFTC와 SEC 간에 증권거래소는 주가지수옵션거래를 취급하고 상품거래소는 주가지수의 선물(선물의 옵션 포함)거래를 취급하기로 합의가 이루어졌다. 이에 따라 1982년 캔자스시티상품거래소(KCBT: Kansas City Board of Trade)에서 Value Line Average Stock Index를 대상으로 주가지수선물거래를 취급하였고, CME는 S&P 500 지수선물거래를 취급하기 시작하였다. 2007년 CME와 CBOT가 통합한 CME Group은 2008년 New York Mercantile Exchange(NYMEX)도 인수하였다. CBOT는 1973년 시카고옵션거래소(CBOE: Chicago Board Options Exchange)를 설립하였는데, CBOE는 현재 미국 최대의 옵션거래소이다.

(2) 증권과 선물의 규제

미국에서는 증권(증권선물 및 증권에 대한 옵션 포함)은 증권거래위원회(SEC: Securities and Exchange Commission)의 규제대상이고,[115] 주가지수선물과 주가지수옵션은 선물로서 상품선물거래위원회(CFTC: Commodity Futures Trading Commission)의 규제대상이다.[116] 상품거래법(CEA: Commodity Exchange Act of 1936)은 모든 선물거래는 CFTC의 인가를 받은 상품거래소에서 거래되어야 한다는 거래소거래요건(exchange trading requirement)을 규정한다.[117]

(3) 상품선물현대화법

연방의회는 대부분의 장외파생상품에 대한 CEA의 규제가 면제되는 근거를 마련하기 위하여 상품선물현대화법(CFMA: Commodity Futures Modernization Act

---

CME GLOBEX(CME가 로이터와 공동으로 개발한 전산거래시스템)로 이전되고 현재는 귀금속(2종)만 CBOT에서 거래되고 있다.

114) CBOT에 이어 두 번째로 축산물거래상인들을 중심으로 1919년 설립된 선물시장으로서 1972년 변동환율제가 도입되면서 7개국의 통화를 대상으로 세계에서 처음으로 통화선물이 거래되었고 1982년에는 유로달러 선물을, 1982년 4월에는 지수 및 옵션거래소라는 하부거래소를 두어 S&P500 주가지수 선물거래를 시작하게 되었다.

115) 미국 증권법상 증권에 대한 풋·콜·스트래들·옵션·특권 등은 파생상품의 성격을 가지지만 증권으로 분류된다[SA §2(a)(1), SEA §3(a)(10)].

116) 선도거래는 조직화된 거래소에서의 거래가 아니므로 CFTC의 규제대상이 아니다.

117) 7 U.S.C. §6(a). CEA의 선물에 대하여 "현재 또는 장래의 선물계약에 따른 모든 ... 서비스, 권리, 이익(all services, rights, and interests ... in which contracts for future delivery are presently or in the future dealt in)"라고 매우 광범위하게 규정므로[7 USC §1(a)(4)], 금융상품을 기초자산으로 하는 파생상품(주가지수선물)도 당연히 포함한다.

of 2000)을 제정하였다.[118] CFMA는 특히 거래상대방의 전문성을 주요한 기준으로 면제기준을 설정하는데, 적격계약참가자(eligible contract participant: ECP)는 금융기관, 투자회사, 총자산 $5 million을 초과하는 상품펀드, 총자산 $10 million을 초과하는 회사 또는 개인 등을 포함한다.[119] 또한, CFMA는 유가증권을 기초자산으로 하는 장외파생상품이 증권에 속하는지 선물에 속하는지 구별함에 있어서, 적격계약참가자 간에 체결되고 가격과 수량을 제외한 중요한 계약조건이 개별협상에 의하여 결정되는 경우 SA와 SEA가 규정하는 증권에 포함되지 않는 것으로 규정한다.[120] 이에 따라 장외파생상품은 거래당사자에 대한 제한은 있지만 (거래당사자에 관한 요건을 구비하면) 증권규제와 선물규제가 면제되었다.

(4) 금융개혁을 위한 입법

금융위기를 계기로 미국에서 금융개혁을 위하여 전개된 입법과정을 보면, 2009년 12월 하원은 Obama 행정부가 2009년 6월 발표한 금융규제개혁안(Financial Regulatory Reform)을 기초로 한 「월가개혁 및 소비자보호법(Wall Street Reform and Consumer Protection Act of 2009)」을 통과시켰다. 또한 2010년 5월 상원은 하원을 통과한 위 법에 Obama 행정부가 2010년 1월 발표한 금융제도개혁안인 볼커룰(Volcker Rule)을 보완한 「미국금융안정회복법(Restoring American Financial Stability Act of 2010)」을 통과시켰다. 결국 2010년 7월 Obama 대통령이 상하양원에서 단일법안으로 통과된 「도드-프랭크 월가개혁 및 소비자보호법(Dodd-Frank Wall Street Reform and Consumer Protection Act)[121]」에 서명함으로써 미국 역사상 가장 획기적인 금융규제개혁을 담은 금융개혁법이 발효되었다.[122] 금융개혁법은

---

118) CFMA는 SEC와 CFTC로 하여금 개별주식선물(single-stock futures, SSF), 이를 기초자산으로 하는 옵션(Options on SSF), 소규모증권지수(Narrow-Based Security Index : NBSI) 등의 증권선물상품(Securities Futures Products)에 대한 공동규제를 하도록 하였고, 2002년 CBOE, CME, CBOT가 합작하여 설립한 OneChicago에서 SSF가 거래되었다.

119) 7 USC §1a(12).

120) 15 U.S.C. §78c-1(a),(b).

121) 이하에서는 Dodd-Frank Wall Street Reform and Consumer Protection Act를 "금융개혁법"으로 약칭한다.

122) 금융개혁법은 대부분의 편(Title)마다 고유의 법명을 가지는 omnibus법으로서, 9개의 법을 신설하고 50여 개의 법을 개정·폐지하는 효력을 가진다. 금융개혁법의 주요 내용은, 금융안정감시위원회(Financial Stability Oversight Council : FSOC)를 설치하고(제1편), 대형 금융기관의 대마불사(too big to fail) 문제를 해결하기 위하여 금융회사 정리절차를 수립하고(제2편), FRB 산하에 소비자금융상품에 대한 규정의 제정 및 관리업무를 수행할 독립한 기구인 소비자금융보호국(Bureau of Consumer Financial Protection)을 설치하고(제10편), 그 밖에

제7장(Title Ⅶ : Wall Street Transparency and Accountability Act of 2010)에서 장외파생상품거래에 대한 각종 규제를 신설·강화하고 있다.[123] 금융개혁법은 규제대상인 장외파생상품을 스왑과 증권기초스왑(security-based swap)으로 구분하여 스왑은 CFTC가, 증권기초스왑은 SEC가 규제하도록 하였다. 또한 상품선물현대화법(CFMA)의 장외파생상품에 대한 규제면제규정을 모두 삭제하였다.[124]

6. 일본의 파생상품규제

(1) 파생상품거래의 발전과정

일본에서는 동경증권거래소에 1988년 동증주가지수(TOPIX: Tokyo Stock Exchange Price Index)의 선물시장, 1989년 옵션시장이 각각 개설되었고, 오사카증권거래소에도 1988년 日經平均(Nikkei 225)[125]의 선물시장, 1989년 옵션시장이 각각 개설되었다.[126]

(2) 파생상품규제법제

종래의 證券取引法은 유가증권을 기초자산으로 하는 파생상품만 규제대상으로 규정하였으나, 2006년 金融商品取引法으로 개편되면서 금융선물거래, 금리·통화스왑, 신용파생상품거래, 기후파생상품거래 등도 규제대상으로 포함되었다. 금융상품[127]과 금융지표[128] 관련 금융파생상품은 金融商品取引法의 적용대상이

보험업 규제의 개혁(제5편), 은행지주회사 등의 건전성 강화(제6편), 스왑시장에 대한 감독 강화(제7편), 투자자 보호와 증권규제의 개혁(제9편) 등 총 16편으로 구성되어 있다.

123) 금융개혁법 제7편은 특정 스왑거래의 청산기구 이용을 의무화하고[§723(a)(3), §763], 규제대상 스왑을 통화, 증권, 원자재 및 기타 자산 등을 기초로 하는 모든 파생상품으로 규정하고[§721(a)(21)], 부보예금기관의 스왑거래를 제한한다[§716(a), (b)].

124) 금융개혁법의 장외파생상품 규제에 관하여는, 맹수석, "Dodd-Frank Act의 장외파생상품거래에 대한 주요 규제내용과 법적 시사점", 증권법연구 제11권 제3호, 한국증권법학회(2010), 77면 이하 참조.

125) Nikkei 225는 1975년부터 일본의 日本經濟新聞이 산출, 발표하는 가격 가중 평균 주가지수로서, 기준시점은 1949. 5. 16.이고 동경증권거래소(TSE: Tokyo Securities Exchange)에 상장된 주식 가운데 유동성이 높은 225개 종목을 대상으로 산정된다. 1986년 9월 Nikkei 225지수를 대상으로 하는 주가지수선물이 싱가포르 국제금융 선물거래소(SIMEX)에 상장되었고, 1988년 오사카증권거래소(OSE: Osaka Securities Exchange, 후에 Osaka Exchange로 상호 변경), 1990년 시카고상업거래소(CME: Chicago Mercantile Exchange)에 상장되어 현재 국제적으로 인정되는 선물지수이다.

126) 동경증권거래소와 오사카증권거래소는 2013년 합병을 통하여 일본거래소그룹(JPX) 산하의 거래소가 되었고, 오사카증권거래소의 현물시장은 동경증권거래소로, 동경증권거래소의 파생상품시장은 오사카증권거래소(2014년 오사카거래소로 명칭 변경)로 각각 이관되었다.

127) 金融商品取引法 제2조 제24항이 규정하는 금융상품은, 金融商品取引法 제2조 제1항과 제2

고, 일반상품을 기초자산으로 하는 파생상품(상품선물·상품지표선물거래)은 商品取引所法의 규제대상이다. 한편 글로벌 금융위기를 계기로 2010년 개정된 金融商品取引法은 장외파생상품의 CCP 청산을 의무화하고, 거래정보 보존·보고제도를 도입하였다.[129)]

(3) 파생상품거래의 분류

金融商品取引法은 파생상품거래의 정의를 포괄적으로 규정하지 않고, 거래장소에 따라 1차적으로 분류하고 있다. 즉, 金融商品取引法 제2조 제20항은 "이 법률에서 "파생상품거래"란 시장파생상품거래(市場デリバティブ取引), 장외파생상품거래(店頭デリバティブ取引) 또는 외국시장파생상품거래(外国市場デリバティブ取引)[130)]를 말한다."고 규정한다. 金融商品取引法은 이와 같이 파생상품거래를 장내시장·장외시장·외국시장 등 거래장소에 따라 분류하고, 구체적으로는 파생상품거래의 구성요소를 선도거래, 선물거래, 옵션거래, 스왑거래, 신용파생거래 등으로 구분하고 이에 대하여 각각 정의하는 방식을 택하고 있다.

항에서 정의하는 유가증권(제1호), 예금계약에 기초한 채권, 기타 권리 또는 그 권리를 표시하는 증권 혹은 증서로써 정령에서 정하는 것으로서 광의의 예금계약(정기예금, 당좌예금, 통지예금 등), 은행권, 외환어음 및 수표, 증표, 채권(제2호, 시행령 1조의17), 통화(제3호), 암호자산(제3호의2), 商品先物取引法 제2조 제1항이 정하는 상품 중 법령이 정하는 일정한 상품(제3호의3), 제1호 내지 제3호의 것 이외에 동일한 종류의 것이 다수 존재하고, 가격변동이 현저한 자산으로써 그 자산에 관련된 파생상품거래(파생상품거래와 유사한 거래를 포함)에 대하여 투자자 보호를 확보할 필요가 있다고 인정되는 것으로써 정령에서 정하는 것(商品取引所法 제2조 제1항에서 규정하는 상품 제외)(제4호), 제1호, 제2호, 제4호의 금융상품 중 내각부령에서 정하는 것에 대하여 금융상품거래소가 시장파생상품거래를 원활히 하기 위하여, 이율, 상환기한, 기타의 조건을 표준화하여 설정한 표준물(제5호) 등이다.

128) 金融商品取引法 제2조 제25항이 규정하는 금융지표는, 금융상품의 가격 또는 금융상품(통화를 제외)의 이율등(제1호), 기상청 기타의 자가 발표하는 기상관측성과에 관련된 수치(제2호), 그 변동에 영향을 미치는 것이 불가능하거나 현저히 곤란하여 사업자의 사업활동에 중대한 영향을 미치는 지표(제2호의 것 제외) 또는 사회경제상황에 관한 통계수치로써 이들 지표 또는 수치에 관련된 파생상품거래(파생상품거래와 유사한 거래를 포함)에 대하여 투자자 보호를 확보할 필요가 있다고 인정되는 것으로써 정령에서 정하는 것(商品先物取引法 제2조 제5항에서 규정하는 상품지수를 제외)(제3호), 그 밖에 제1호 내지 제4호에 근거하여 산출한 수치(제4호) 등이다.

129) 金融商品取引法 제156조의62부터 제156조의84까지.

130) 외국시장파생상품거래란 외국금융상품시장에서 행해지는 거래로서 시장파생상품거래와 유사한 거래를 말한다(金商法 2조㉓).

제 3 절 금융투자업

Ⅰ. 금융투자업의 의의

1. 기본 개념

자본시장법은 금융투자업에 대하여 "이익을 얻을 목적으로 계속적이거나 반복적인 방법으로 행하는 행위로서 투자매매업·투자중개업·집합투자업·투자자문업·투자일임업·신탁업 중 어느 하나에 해당하는 업"이라고 규정한다(法 6조① 각 호 외의 부분).[131]

2. 기능별 규제

자본시장법은 금융투자업에 대하여 투자매매업·투자중개업·집합투자업·투자자문업·투자일임업·신탁업 등으로 구분함으로써(法 6조① 각 호), 기능별 규제체제를 채택하고 있다. 금융투자업자는 개별적인 금융투자업에 대하여 금융위원회의 인가를 받거나 금융위원회에 등록하여 이를 영위하는 자를 말하고, 금융투자업의 분류에 따라 투자매매업자·투자중개업자·집합투자업자·투자자문업자·투자일임업자·신탁업자 등으로 분류된다(法 9조⑩).

3. 적용배제

자본시장법은 제7조 제1항부터 제5항까지에서 개별 금융투자업과 관련하여 금융투자업으로 보지 않는 경우를 규정하고,[132] 그 외에 제7조 제6항에서 대통령령으로 정하는 바에 따라[133] 금융투자업으로 보지 않는 다음과 같은 경우를 규

131) 구 증권거래법상 판례도 증권업에 해당하는지 여부를 판단하기 위한 기준으로 영리목적과 계속·반복성 외에 다양한 사정을 고려해야 한다고 판시한 바 있다(대법원 2006. 4. 27. 선고 2003도135 판결). 그리고 계속·반복의 의사가 있으면 단 1회의 행위라도 계속적이고 반복적인 행위로 보는 것은 대법원의 확립된 판례이다.

132) 이에 관하여는 뒤에서 각 금융투자업별로 설명한다.

133) 다음과 같은 경우에는 해당 호의 금융투자업으로 보지 않는다(令 7조⑤).
1. 자본시장법 제7조 제6항 제1호의 경우: 투자중개업
2. 자본시장법 제7조 제6항 제2호의 경우: 투자매매업
3. 자본시장법 제7조 제6항 제3호의 경우: 투자매매업 또는 투자중개업
4. 자본시장법 제7조 제6항 제4호의 경우: 다음 각 목의 금융투자업

정한다.

1. 거래소(法 8조의2②)가 증권시장 및 파생상품시장을 개설·운영하는 경우
2. 투자매매업자를 상대방으로 하거나 투자중개업자를 통하여 금융투자상품을 매매하는 경우[134)]
3. 일반사모집합투자업자가 자신이 운용하는 일반사모집합투자기구의 집합투자증권을 판매하는 경우
4. 그 밖에 해당 행위의 성격 및 투자자 보호의 필요성 등을 고려하여 금융투자업의 적용에서 제외할 필요가 있는 것으로서 대통령령으로 정하는 경우[135)]

가. 제4항 제1호부터 제3호까지 및 제5호의2: 투자매매업
나. 제4항 제4호: 투자중개업
다. 제4항 제5호 및 제6호: 투자매매업 또는 투자중개업
라. 제4항 제7호: 투자자문업 또는 투자일임업
마. 제4항 제8호 및 제9호: 투자자문업
바. 제4항 제10호: 투자자문업 또는 투자일임업

134) 본인의 매매가 자본시장법상 투자매매업의 개념에 해당하더라도 투자매매업자를 상대방으로 하거나 투자중개업자를 통하여 금융투자상품을 매매하는 경우에는 금융투자업으로 보지 않으므로 이 규정을 이용하면 금융투자업에 관한 규제를 효과적으로 피할 수 있다. 기관투자자들도 이러한 규정으로 인하여 금융투자업 인가를 받지 않아도 된다.

135) "대통령령으로 정하는 경우"란 다음과 같은 경우를 말한다(令 7조④). (제5호부터 제7호까지는 국내기업의 해외자금조달의 편의성을 제고하기 위한 규정이다.)

1. 국가 또는 지방자치단체가 공익을 위하여 관련 법령에 따라 금융투자상품을 매매하는 경우
2. 한국은행이 공개시장 조작(「한국은행법」 68조)을 하는 경우
3. 다음과 같은 자 간 환매조건부매도 또는 환매조건부매수를 하는 경우
   가. 시행령 제10조 제2항(전문투자자에 해당하는 금융기관) 각 호의 자
   나. 시행령 제10조 제3항(전문투자자에 해당하는 자) 제1호부터 제4호까지, 제4호의2 및 제9호부터 제13호까지의 자(이에 준하는 외국인 포함)
   다. 그 밖에 금융위원회가 정하여 고시하는 자(금융투자업규정 1-5조①)
4. 한국금융투자협회(法 283조)가 증권시장에 상장되지 아니한 주권(法 286조①5), 주권을 제외한 지분증권(令 307조②5의2)의 장외매매거래에 관한 업무를 하는 경우
   법 제286조 제1항 제5호(증권시장에 상장되지 않은 주권의 장외매매거래에 관한 업무) 및 시행령 제307조 제2항 제5호의2에 따른 업무(증권시장에 상장되지 않은 지분증권의 장외매매거래에 관한 업무)를 하는 경우
5. 내국인이 국외에서 증권을 모집·사모·매출하는 경우로서 외국 투자매매업자(외국 법령에 따라 외국에서 투자매매업에 상당하는 영업을 하는 자)나 외국 투자중개업자(외국 법령에 따라 외국에서 투자중개업에 상당하는 영업을 하는 자)가 다음과 같은 행위를 하는 경우
   가. 금융위원회가 정하여 고시하는 기준(금융투자업규정 1-5조②)에 따라 그 내국인과 국내에서 인수계약(그 내국인을 위하여 해당 증권의 모집·사모·매출을 하거나 그 밖에 직접 또는 간접으로 증권의 모집·사모·매출을 분담하기로 하는 내용의 계약을 포함)을 체결하는 행위로서 금융위원회의 인정을 받은 경우
   나. 금융위원회가 정하여 고시하는 기준에 따라 그 내국인과 인수계약의 내용을 확정하기 위한 협의만을 국내에서 하는 행위로서 금융위원회에 관련 자료를 미리 제출한 경우

5의2. 외국 투자매매업자가 국외에서 제1항에 따른 파생결합증권을 다음과 같은 기준을 모두 갖추어 발행하는 경우
  가. 외국 투자매매업자가 외국 금융투자감독기관으로부터 해당 파생결합증권의 발행과 관련하여 경영건전성, 불공정거래 방지, 그 밖에 투자자 보호 등에 관한 감독을 받을 것
  나. 경영능력, 재무상태 및 사회적 신용에 관하여 금융위원회가 정하여 고시하는 기준(금융투자업규정 1－5조⑥)에 적합할 것
  다. 금융위원회가 법 또는 법에 상응하는 외국의 법령을 위반한 외국 투자매매업자의 행위에 대하여 법 또는 법에 상응하는 외국의 법령에서 정하는 방법에 따라 행하여진 조사 또는 검사자료를 상호주의의 원칙에 따라 가목의 외국 금융투자감독기관으로부터 제공받을 수 있는 국가의 외국 투자매매업자일 것
  라. 해당 파생결합증권을 국내에서 매매하는 경우 투자매매업자가 그 파생결합증권을 인수하여 전문투자자(제103조 제1호에 따른 특정금전신탁을 운용하는 신탁업자는 제외)에게 이를 취득하도록 하거나 투자중개업자를 통하여 전문투자자에게 그 파생결합증권을 매도할 것. 이 경우 투자매매업자나 투자중개업자는 증권에 관한 투자매매업이나 투자중개업 인가를 받은 자로서 장외파생상품(해당 파생결합증권의 기초자산이나 그 가격·이자율·지표 등과 동일한 것을 기초자산이나 그 가격·이자율·지표 등으로 하는 장외파생상품)에 관한 금융투자업인가를 받은 자로 한정한다.
6. 외국 투자매매업자나 외국 투자중개업자가 국외에서 다음과 같은 행위를 하는 경우
  가. 투자매매업자를 상대방으로 하여 금융투자상품을 매매하거나 투자중개업자를 통하여 금융투자상품의 매매를 중개·주선 또는 대리하는 행위
  나. 국내 거주자(투자매매업자 및 투자중개업자는 제외)를 상대로 투자권유 또는 투자광고를 하지 아니하고 국내 거주자의 매매에 관한 청약을 받아 그 자를 상대방으로 하여 금융투자상품을 매매하거나 그 자의 매매주문을 받아 금융투자상품의 매매를 중개·주선 또는 대리하는 행위지표 등으로 하는 장외파생상품)에 관한 금융투자업 인가를 받은 자로 한정한다.
6의2. 외국 투자신탁이나 외국 투자익명조합의 외국 집합투자업자 또는 외국 투자회사등(法 279조①)이 다음 각 목의 기준을 모두 갖추어 외국 집합투자증권(法 279조①)에 따른 외국 집합투자증권)을 국내에서 판매하는 경우
  가. 해당 외국 집합투자증권에 그 집합투자기구 자산총액의 100분의 100까지 투자하는 집합투자기구(투자신탁 또는 투자익명조합의 경우 그 집합투자재산을 보관·관리하는 신탁업자를 포함)에 대하여 판매할 것
  나. 해당 외국 집합투자증권을 발행한 외국 집합투자기구(法 279조①)는 제80조 제1항 제6호 가목에 따라 그 집합투자재산을 외화자산에 100분의 70 이상 운용하는 것으로서 법 제279조 제1항에 따라 등록한 외국 집합투자기구일 것
7. 외국 투자자문업자·외국 투자일임업자가 국외에서 다음과 같은 자를 상대로 투자권유 또는 투자광고를 하지 아니하고 그 자를 상대방으로 투자자문업이나 투자일임업을 하는 경우
  가. 국가
  나. 한국은행
  다. 제10조 제3항 제4호·제12호의 자
  라. 그 밖에 금융위원회가 정하여 고시하는 자
8. 따로 대가 없이 다른 영업에 부수하여 금융투자상품등(法 6조⑦: 투자자문업의 대상인 금융투자자산)의 가치나 그 금융투자상품등에 대한 투자판단에 관한 자문에 응하는 경우
9. 집합투자기구평가회사(法 258조), 채권평가회사(法 263조), 공인회계사, 감정인, 신용평가를 전문으로 하는 자, 변호사, 변리사 또는 세무사, 그 밖에 이에 준하는 자로서 해당

4. 형법상 도박죄와의 관계

금융투자업자가 금융투자업을 영위하는 경우에는 도박죄를 규정한 형법 제246조를 적용하지 않는다(法 10조②). 이는 금융투자상품 중에서도 주로 파생상품, 특히 장외파생상품거래에서 도박이라는 이유로 행위자가 형사처벌되거나 거래가 私法上 무효로 되는 것을 방지하기 위한 것이다. "금융투자업자가 금융투자업을 영위하는 경우"에만 형법 제246조의 적용이 배제되는 것이고, 비금융투자업자가 금융투자업자를 거치지 않고 거래한 경우에는 여전히 형법 제246조가 적용된다. 그리고 현행 규정상 적용이 배제되는 규정은 형법 제246조(도박, 상습도박)이므로 형법 제247조(도박장소·공간 개설)는 여전히 적용되는지에 관하여 논란의 여지가 있는데, 판례는 금융투자업에 해당하지 않는 경우에만 도박공간개설죄를 인정한다.[136)]

자본시장법은 형법의 도박죄에 관한 규정의 적용 배제만을 명시적으로 규정하고 사법상 효력에 대하여는 규정하지 않지만, 금융투자업의 영위가 도박죄에 해당하지 않는 한 그 사법상의 효력은 명문의 규정이 없어도 인정된다고 보아야 할 것이다.

장외파생상품거래에 도박죄 규정의 적용을 배제하는 것은 선진제국의 공통된 입법례이다. CEA의 거래소집중원칙상 장외파생상품거래도 선물거래에 해당하면 무효로 되므로, 대부분의 장외파생상품에 대한 CEA의 규제를 면제하기 위하여 2000년 제정된 미국의 상품선물현대화법(Commodity Futures Modernization Act of 2000: CFMA)도 적용대상스왑계약(covered swap agreement)에 대하여 주제정법상 도박죄 규정의 적용을 배제하였다. 일본 金融商品取引法도 금융상품거래업자

법령에 따라 자문용역을 제공하고 있는 자(그 소속단체를 포함)가 해당 업무와 관련된 분석정보 등을 제공하는 경우

10. 다른 법령에 따라 건축물 및 주택의 임대관리 등 부동산의 관리대행, 부동산의 이용·개발 및 거래에 대한 상담, 그 밖에 부동산의 투자·운용에 관한 자문 등의 업무를 영위하는 경우

136) [대법원 2015. 4. 23. 선고 2015도1233 판결] "원심판결 이유에 의하면, 원심이 이 사건 사설 사이트에서 실제 선물거래를 중개한 부분에 대해서까지 도박공간개설죄를 적용한 것이 아닌지 의문이 없지 아니하나, 도박공간개설로 인하여 취득한 수익 13,632,906,825원을 추징의 대상으로 삼고 있는 점 등 기록에 비추어 살펴보면, 도박공간개설죄는 가상선물거래로 인한 부분에 대해서만 인정한 것으로 봄이 상당하므로, 이 부분 상고이유 주장은 이유 없다." (가상선물거래의 경우에는 무인가 금융투자업 영위로 보지 않고, 거래소허가를 받지 아니하고 금융투자상품시장을 개설·운영한 것으로 본 판례이다).

또는 은행 등의 금융기관이 중개, 주선 또는 대리하는 장외파생상품거래에 대하여 상습도박 및 도박장개장을 규정한 일본 刑法 제186조의 적용을 배제한다(金商法 202조②).

Ⅱ. 금융투자업의 분류

1. 투자매매업과 투자중개업

(1) 투자매매업

㈎ 자기의 계산

투자매매업이란 "누구의 명의로 하든지 자기의 계산으로" 금융투자상품의 매도·매수, 증권의 발행·인수 또는 그 중개나 청약의 권유, 청약, 청약의 승낙을 영업으로 하는 것을 말한다(法 6조②). 투자매매업은 자기의 계산으로 매매가 이루어진다는 점에서 투자중개업과 구별된다.

"투자매매업자를 상대방으로 하거나 투자중개업자를 통하여 금융투자상품을 매매하는 경우"는 투자매매업에 해당하지 않는다(法 7조⑥2). 따라서 일반투자자나 기관투자자가 자기의 계산으로 계속적·반복적으로 금융투자상품을 매매하더라도 투자매매업자를 상대방으로 하거나 투자중개업자를 통하여 금융투자상품을 매매하는 경우에는 투자매매업에 해당하지 않는다.

㈏ 자기가 증권을 발행하는 경우

기업이 자금조달을 목적으로 증권을 발행하는 경우에는 자본시장법이 규제대상으로 하는 투자매매업으로 보기 곤란하므로, 자본시장법도 자기가 증권을 발행하는 경우에는 투자매매업으로 보지 않는다고 규정한다(法 7조①). 발행증권을 제3자가 인수하는 경우 인수인의 입장에서는 금융투자업이 되지만, 발행회사는 증권의 매매를 영업으로 하는 것이 아니므로 금융투자업 인가를 받을 필요가 없다.[137]

137) 은행이 투자성 있는 예금이 아닌 채권을 발행하여 직접 투자자에게 판매하는 경우나 일반기업의 직접공모의 경우는 투자매매업에 해당하지 않는다. 그리고 은행이 투자성 있는 예금계약을 체결하는 경우에는 투자매매업에 관한 금융투자업인가를 받은 것으로 보고(法 77조①), 보험회사가 투자성 있는 보험계약을 체결하거나 그 중개 또는 대리를 하는 경우에는 투자매매업 또는 투자중개업에 관한 금융투자업인가를 받은 것으로 보므로(法 77조②), 투자성 있는 예금·보험의 경우에는 은행과 보험회사가 금융투자업 인가를 받을 필요가 없다. 이 경우 투자매매업 인가를 받은 것으로 간주될 뿐이므로, 변액보험과 같이 집합투자업에도 해당

그러나 자기가 증권을 발행하는 경우라 하더라도 계속적이고 반복적으로 영리를 목적으로 증권을 발행하는 경우에는 투자자 보호를 위하여 투자매매업에 포함시켜야 힐 필요가 있고, 이에 따라 자본시장법은 다음과 같은 증권을 발행하는 경우에는 자기가 증권을 발행하더라도 투자매매업에서 배제하지 않는다.

1. 투자신탁의 수익증권
2. 대통령령으로 정하는 파생결합증권
3. 투자성 있는 예금계약(法 77조①), 그 밖에 이에 준하는 것으로서 대통령령으로 정하는 계약에 따른 증권
4. 투자성 있는 보험계약(法 77조②)에 따른 증권

제1호의 투자신탁의 수익증권은 다른 집합투자증권과 달리 집합투자업자가 수익증권을 판매하는 경우 수익증권의 발행과 판매의 구별이 어렵기 때문에 집합투자업자는 집합투자업인가 외에 투자매매업인가도 받아야 한다.

제2호의 "대통령령으로 정하는 파생결합증권"은 다음 요건을 "모두" 충족하는 파생결합증권을 제외한 파생결합증권을 말한다(令 7조①).

1. 기초자산이 통화 또는 외국통화로서 지급하거나 회수하는 금전등이 그 기초자산과 다른 통화 또는 외국통화로 표시될 것[138]
2. 증권의 발행과 동시에 금융위원회가 정하여 고시하는 위험회피 목적의 거래가 이루어질 것(금융투자업규정 1-4조의3)
3. 사업에 필요한 자금을 조달하기 위하여 발행될 것
4. 해당 파생결합증권의 발행인이 전문투자자일 것(規則 1조의2)이라는 발행요건 등을 충족할 것

제3호의 "투자성 있는 예금계약, 그 밖에 이에 준하는 것으로서 대통령령으로 정하는 계약에 따른 증권(令 77조의2: "금적립계좌등")"은 은행만이 발행할 수 있다(令 7조②).[139]

1. 제4조 각 호[140]의 어느 하나에 해당하는 자("은행등")가 투자자와 체결하는 계약

하는 경우 보험회사는 집합투자업 인가를 받아야 한다.

138) 따라서 통화 또는 외국통화를 기초자산으로 하지 않는 파생결합증권의 발행은 투자매매업에 해당한다.

139) 은행이 투자성 있는 예금계약, 그 밖에 이에 준하는 것으로서 대통령령으로 정하는 계약을 체결하는 경우에는 투자매매업에 관한 금융투자업인가를 받은 것으로 본다(法 77조①).

에 따라 발행하는 금적립계좌 또는 은적립계좌 [투자자가 은행등에 금전을 지급하면 기초자산인 금(金) 또는 은(銀)의 가격 등에 따라 현재 또는 장래에 회수하는 금전등이 결정되는 권리가 표시된 것으로서 금융위원회가 정하여 고시하는 기준에 따른 파생결합증권(금융투자업규정 1-4조의3)]

2. 그 밖에 증권 및 장외파생상품에 대한 투자매매업의 인가를 받은 자가 투자자와 체결하는 계약에 따라 발행하는 파생결합증권으로서 금융위원회가 투자에 따른 위험과 손익의 구조 등을 고려하여 고시하는 파생결합증권[금융투자업규정 1-4조의3③: 금융투자업자가 발행한 파생결합증권(기초자산이 금 또는 은인 파생결합증권에 한한다)으로서 제2항 각 호의 요건을 모두 충족하는 파생결합증권]

제4호의 "투자성 있는 보험계약에 따른 증권"은 보험회사만이 발행할 수 있다. 보험회사(보험업법 제2조 제8호부터 제10호까지의 자 포함)도 투자성 있는 보험계약을 체결하는 경우 투자매매업 인가를 받은 것으로 본다(法 77조②). 보험회사는 투자성 있는 보험계약의 중개 또는 대리를 하는 경우에는 투자중개업에 관한 금융투자업인가를 받은 것으로 본다(法 77조②).[141]

㈐ 증권의 인수

증권의 인수도 투자매매업에 해당하는데, 인수란 제3자에게 증권을 취득시킬 목적으로 다음과 같은 행위를 하거나 그 행위를 전제로 발행인 또는 매출인[142]을 위하여 증권의 모집·사모·매출을 하는 것을 말한다.[143]

---

140) [令 4조]
1. 다음 각 목의 어느 하나에 해당하는 자(이하 "은행")
가. 「은행법」에 따라 인가를 받아 설립된 은행(같은 법 제59조에 따라 은행으로 보는 자를 포함한다)
나. 「수산업협동조합법」에 따른 수협은행
다. 「농업협동조합법」에 따른 농협은행
2. 「한국산업은행법」에 따른 한국산업은행
3. 최근 「중소기업은행법」에 따른 중소기업은행

141) 은행법상 예금의 중개 또는 대리에 관한 규정은 없다. 반면에 보험회사의 경우 보험업법 제2조가 보험계약의 중개 또는 대리를 규정하므로 보험회사에 대하여만 투자중개업 인가 간주 규정을 두고 있는 것이다.

142) "매출인"이란 증권의 소유자로서 스스로 또는 인수인이나 주선인을 통하여 그 증권을 매출하였거나 매출하려는 자를 말한다(法 9조⑭).

143) 인수를 의미하는 "underwriting"이라는 용어는 과거 영국의 보험관행상 화주가 해상보험에 가입하면서 보험서류에 서명을 하고 보험자가 화주의 성명 밑에 서명을 하는 것에서 유래되었다. 그 후 이 용어는 증권분야에서 단순한 보험자의 개념을 넘어 총액인수·잔액인수·모집주선인수 등 여러 가지 형태의 인수를 포함하는 개념으로 확대되었다. 증권의 인수에 관하여는 [제3편 제2절 증권의 인수] 부분에서 상술한다.

1. 그 증권의 전부 또는 일부를 취득하거나 취득하는 것을 내용으로 하는 계약을 체결하는 것
2. 그 증권의 전부 또는 일부에 대하여 이를 취득하는 자가 없는 때에 그 나머지를 취득하는 것을 내용으로 하는 계약을 체결하는 것

(라) 투자매매업으로 보지 않는 경우

1) 일반사모집합투자기구의 집합투자증권 판매 일반사모집합투자업자가 자신이 운용하는 일반사모집합투자기구의 집합투자증권을 판매하는 경우도 금융투자업으로 보지 않는다(法 7조⑥3).

2) 공익정책상 제외 "국가 또는 지방자치단체가 공익을 위하여 관련 법령에 따라 금융투자상품을 매매하는 경우"와 "한국은행이 공개시장 조작을 하는 경우" 등은 투자매매업에서 제외된다(法 7조⑥4, 令 7조④1,2).

3) 환매조건부매매 환매조건부매매(RP 거래) 중 일반투자자를 상대로 하는 경우에는 투자매매업으로 보고, 전문투자자 등 일정한 조건에 해당하는 전문가들 간의 RP 거래는 투자매매업으로 보지 않는다(令 7조④3).

(2) 투자중개업

(가) 타인의 계산

투자중개업이란 누구의 명의로 하든지 타인의 계산으로 금융투자상품의 매도·매수, 그 중개나 청약의 권유, 청약, 청약의 승낙 또는 증권의 발행·인수에 대한 청약의 권유, 청약, 청약의 승낙[144]을 영업으로 하는 것을 말한다(法 6조③). 자본시장법상 투자중개업은 상법상 중개업보다 넓은 개념인데,[145] 법률효과의 귀속주체와 손익의 귀속주체가 다른 경우로서, 구 증권거래법상 증권회사의 위탁매매업, 매매의 중개업 또는 대리업, 매매거래에 관한 위탁의 중개·주선·대리업, 모집·매출의 주선업, 선물거래법상 선물회사의 선물거래업, 종금사의 중개업 등

144) 증권의 발행·인수에 대한 청약의 권유, 청약, 청약의 승낙을 모집주선이 아닌 발행주선이라 부르는데 이는 사모도 포함하기 때문이다.

145) 상법상 중개는 체결하고자 하는 계약의 양당사자 쌍방과 교섭하여 그들 간에 계약이 체결되도록 조력하는 행위로서 법률행위가 아니고 사실행위이다. 중개는 매매계약의 체결을 위하여 당사자 쌍방과 교섭하는 활동을 의미하므로, 단지 당사자 일방에게 거래에 필요한 정보를 제공하거나 거래의 기회를 제공하는 것, 당사자 간의 합의가 이루어진 후 절차상의 업무를 하는 것 등은 중개가 아니다. 중개계약은 중개를 위탁하는 자와 중개인 간의 계약이다. 중개인은 계약당사자 쌍방에 대하여 선관주의의무를 부담하는데, 자본시장법상 투자중개인은 중개위탁자의 매매상대방인 투자자에 대하여 훨씬 강한 수준의 선관주의의무를 부담한다.

이 이에 해당된다(證法 2조⑧).[146)]

한편 인터넷 시스템으로 비상장증권의 매매를 중개하면서, 가격은 매도인과 매수인의 협의결정하되 대금결제와 증권인도는 시스템운영자를 통하는 경우에도 시스템운영자는 투자중개업자에 해당하고 따라서 금융투자업인가를 받아야 한다.[147)] M&A 중개업무도 주식양도 방식의 경우에는 구체적인 내용에 따라 투자중개업에 해당할 가능성도 있을 것이다.

(나) 위탁매매업무

투자중개업자가 거래소 회원으로서 투자자의 위탁을 받아 자기의 명의로 투자자의 계산으로 하는 매매가 본래의 의미의 위탁매매업무이다.

(다) 중개업무

중개업무는 계약체결 당사자 쌍방과 교섭하여 그들 간에 계약이 체결되도록 조력하는 사실행위이다. 한편 구 증권거래법 관련 사안에서 대법원은 은행의 겸영업무인 M&A 중개업무에 대하여 본질적이고 주요한 부분은 단순한 주식매매의 중개라기보다 주식매매의 중개를 포함하는 포괄적인 금융자문의 성격을 가진다는 이유로 증권거래법상 주식매매의 중개에 해당하지 않는다고 판시한 바 있다.[148)]

(라) 투자중개업으로 보지 않는 경우

투자권유대행인이 투자권유를 대행하는 경우에는 별도의 규제가 적용되기 때문에 투자중개업으로 보지 않는다(法 7조②). 따라서 등록한 투자권유대행인은 투자중개업 인가를 받을 필요 없이 투자권유대행을 할 수 있다.

거래소가 증권시장·파생상품시장을 개설·운영하는 경우에는 투자중개업으로 보지 않는다(法 7조⑥1). 회원 간의 중개행위는 투자중개업의 규제대상에서 배제하기 위한 것이다. 한국금융투자협회가 비상장주권의 장외매매거래에 관한 업무를 하는 경우도 투자중개업으로 보지 않는다(法 7조⑥4, 令 7조③4).

---

146) 구 증권거래법은 증권에 대한 중개업만 규정하였지만, 자본시장법상 투자중개업은 선물거래법의 장내파생상품 중개업과 증권회사의 겸영업무로 규정되었던 장외파생상품 중개업도 포함한다.

147) 한편 이러한 경우는 예탁결제원이 아닌 자가 증권등을 예탁받아 그 증권등의 수수를 갈음하여 계좌 간의 대체로 결제하는 업무를 영위하는 것을 금지하는 제298조 제1항을 위반하는 행위에 해당할 가능성도 있다. 이러한 이유로 비상장주식거래플랫폼을 영위하는 사업자는 금융위원회의 규제샌드박스를 통해 규제유예를 받고 관련 사업을 영위하고 있다("증권플러스", "서울거래소" 등).

148) 대법원 2012. 10. 11. 선고 2010도2986 판결.

⑶ 종합금융투자사업자

종합금융투자사업자란 금융위원회가 종합금융투자사업자로 지정한 투자매매업자·투자중개업자를 말한다(法 8조⑧).

종합금융투자사업자는 전담중개업무를 영위할 수 있으나(法 77조의3①), 그와 계열회사의 관계에 있는 법인(대통령령으로 정하는 해외법인[149] 포함)이 운용하는 일반사모집합투자기구에 대하여 전담중개업무를 제공할 수 없다(法 77조의3⑦).[150]

2. 집합투자업

⑴ 의 의

자본시장법상 "집합투자"란 "2인 이상의 투자자로부터 모은 금전등을 투자자로부터 일상적인 운용지시를 받지 아니하면서 재산적 가치가 있는 투자대상자산[151]을 취득·처분, 그 밖의 방법으로 운용하고 그 결과를 투자자에게 배분하여 귀속시키는 것"을 말한다.[152] 집합투자업이란 이러한 집합투자를 영업으로 하는 것을 말한다(法 6조④).[153]

⑵ 2인 이상의 투자자

"집합투자"란 "2인 이상의 투자자로부터 모은 금전등을 요소로 한다.

자본시장법 제정 당시에는 "2인 이상에게 투자권유를 하여 모은"이라고 규정하였으므로 투자권유를 2인 이상에게 한다면 1인만 투자해도 집합투자에 해당하였는데, 이는 제정 당시 아직도 사모단독펀드가 많은 사정을 고려한 것이다. 그러나 이는 자본시장법상 집합투자의 개념과는 부합하지 않고, 결국 2013년 5

---

149) "대통령령으로 정하는 해외법인"이란 종합금융투자사업자가 기업집단에 속하는 경우로서 그 동일인과 「독점규제 및 공정거래에 관한 법률 시행령」 제4조 제1호 나목부터 라목까지의 어느 하나에 해당하는 관계에 있는 외국법인을 말한다(令 77조의5⑤).

150) 종합금융투자사업자와 전담중개업무에 관하여는 [제4장 제2절 I. 12. 종합금융투자사업자에 관한 특례] 부분에서 상세히 설명한다.

151) 「간접투자자산운용업법」은 자산운용을 전문가에게 위탁하는 "간접투자"를 중심으로 규제하였으나, 자본시장법은 다수의 투자자로부터 자금을 집합하여 함께 운용하는 "집합투자"를 규제의 대상으로 한다. 「간접투자자산운용업법」은 투자대상자산을 구체적으로 한정하여 열거하였으나 자본시장법은 집합투자대상자산을 포괄적으로 규정한다.

152) 집합투자업·투자일임업·신탁업 등은 금융투자업자가 투자자의 자산을 관리·운용하는 업무라는 점에서는 유사하다.

153) 집합투자업 중 일반사모집합투자기구를 통한 집합투자를 영업으로 하는 것을 "일반 사모집합투자업"이라고 하고(法 9조㉘), 집합투자업자 중 일반 사모집합투자업을 영위하는 자를 "일반사모집합투자업자"라고 한다(法 9조㉙).

월 자본시장법 개정시 "2인 이상의 투자자로부터 모은"으로 변경함에 따라 단독펀드는 원칙적으로 허용되지 않는다.

다만, 기금관리주체(국가재정법 8조①) 및 각종 조합의 중앙회 등의 경우에는 투자자가 1인이더라도 집합투자의 다른 요건을 구비한 경우 집합투자자로 본다(法 6조⑥).

(2) 자산의 집합

투자자로부터 모은 금전등은 하나의 집합투자기구에 귀속되어 운용되어야 한다.

(3) 투자자의 일상적 운용지시 배제

집합투자는 투자자의 운용권을 배제하므로, 집합투자업자가 투자자로부터 일상적인 운용지시를 받지 않는 것을 요소로 한다.

(4) 집합투자업으로 보지 않는 경우

다음과 같은 경우는 자본시장법 제6조 제4항의 "집합투자"에 해당하지 않는다(法 6조⑤).[154)]

1. 대통령령으로 정하는 법률[155)]에 따라 사모(私募)의 방법으로 금전등을 모아 운용·배분하는 것으로서 대통령령으로 정하는 투자자(令 6조②)의 총수가 49인[令 6조③: 49인을 계산할 때 다른 집합투자기구(사모투자재간접집합투자기구 또는 부동산·특별자산투자재간접집합투자기구는 제외)가 해당 집합투자기구의 집합투자증권 발행총수의 10% 이상을 취득하는 경우에는 그 다른 집합투자기구의 투자자(제2항에 따른 투자자)의 수를 더한다] 이하인 경우[156)]
2. 「자산유동화에 관한 법률」 제3조의 자산유동화계획에 따라 금전등을 모아 운용·

154) 집합투자, 집합투자기구 등에 관하여는 [제5편 제1장 제1절] 부분에서 상술한다.

155) "대통령령으로 정하는 법률"은 다음과 같다(令 6조①).
1. 「부동산투자회사법」
2. 「선박투자회사법」
3. 「문화산업진흥 기본법」
4. 「산업발전법」
5. 「중소기업창업 지원법」
6. 「여신전문금융업법」
7. 삭제 [2020.8.11 제30934호(벤처투자 촉진에 관한 법률 시행령)]
8. 「소재·부품·장비산업 경쟁력강화를 위한 특별조치법」
9. 「농림수산식품투자조합 결성 및 운용에 관한 법률」

156) 따라서 개별법에 의한 사모펀드는 자본시장법상 집합투자에 해당하지 않는다. 반면에 개별법에 의한 공모펀드는 자본시장법상 집합투자에 해당하지만, 각 개별법에서 자본시장법의 일부 규정을 배제하거나 특례를 두고 있다.

배분하는 경우
3. 그 밖에 행위의 성격 및 투자자 보호의 필요성 등을 고려하여 대통령령으로 정하는 경우

제3호의 대통령령으로 정하는 경우는 다음과 같다(令 6조④).

1. 투자자예탁금(法 74조①)을 예치기관(法 74조③ : 증권금융회사 · 신탁업자)이 예치 또는 신탁받아 운용·배분하는 경우

1의2. 종합금융투자사업자(法 74조의2)가 종합투자계좌업무(法 77조의6①3)를 하는 경우

2. 다음 각 목의 어느 하나에 해당하는 경우로서 신탁업자가 신탁재산을 효율적으로 운용하기 위하여 수탁한 금전을 공동으로 운용하는 경우
   가. 종합재산신탁(法 103조②)으로서 금전의 수탁비율이 40% 이하인 경우
   나. 신탁재산의 운용에 의하여 발생한 수익금의 운용 또는 신탁의 해지나 환매에 따라 나머지 신탁재산을 운용하기 위하여 불가피한 경우
3. 투자목적회사(法 249조의13)가 그 업무를 하는 경우
4. 종합금융회사(法 336조)가 제329조에 따른 어음관리계좌 업무를 하는 경우[157)]
5. 「조세특례제한법」 제104조의31 제1항에 따른 요건을 갖춘 법인이 금전등을 모아 운용 · 배분하는 경우
6. 지분증권의 소유를 통하여 다른 회사의 사업내용을 지배하는 것을 주된 사업으로 하는 국내회사가 그 사업을 하는 경우
7. 「가맹사업거래의 공정화에 관한 법률」 제2조 제1호에 따른 가맹사업을 하는 경우
8. 「방문판매 등에 관한 법률」 제2조 제5호에 따른 다단계판매 사업을 하는 경우
9. 「통계법」에 따라 통계청장이 고시하는 한국표준산업분류에 따른 제조업 등의 사업을 하는 자가 직접 임직원, 영업소, 그 밖에 그 사업을 하기 위하여 통상적으로 필요한 인적 · 물적 설비를 갖추고 투자자로부터 모은 금전등으로 해당 사업을 하여 그 결과를 투자자에게 배분하는 경우. 다만, 사업자가 해당 사업을 특정하고 그 특정된 사업의 결과를 배분하는 경우는 제외한다.
10. 학술 · 종교 · 자선 · 기예 · 사교, 그 밖의 영리 아닌 사업을 목적으로 하는 계(契)인 경우
11. 종중, 그 밖의 혈연관계로 맺어진 집단과 그 구성원을 위하여 하는 영리 아닌 사업인 경우
12. 「민법」에 따른 비영리법인, 「공익법인의 설립 · 운영에 관한 법률」에 따른 공익법인, 「사회복지사업법」에 따른 사회복지법인, 「근로복지기본법」에 따른 우리

157) 어음관리계좌업무는 금융투자상품을 대상으로 하는 업무가 아니기 때문에 투자매매업에도 해당하지 않는다.

사주조합, 그 밖에 관련 법령에 따라 허가·인가·등록 등을 받아 설립된 비영리 법인 등이 해당 정관 등에서 정한 사업목적에 속하는 행위를 하는 경우

13. 투자자로부터 모은 금전등을 투자자 전원의 합의에 따라 운용·배분하는 경우
14. 다른 법인과 합병하는 것을 유일한 사업목적으로 하고 모집을 통하여 주권을 발행하는 법인("기업인수목적회사")이 다음 각 목의 요건을 모두 갖추어 그 사업목적에 속하는 행위를 하는 경우
    가. 주권(최초 모집 이전에 발행된 주권은 제외한다)의 발행을 통하여 모은 금전의 90% 이상으로서 금융위원회가 정하여 고시하는 금액 이상을 주금납입일의 다음 영업일까지 법 제324조제1항에 따라 인가를 받은 자("증권금융회사") 등 금융위원회가 정하여 고시하는 기관에 예치 또는 신탁할 것
    나. 가목에 따라 예치 또는 신탁한 금전을 다른 법인과의 합병등기가 완료되기 전에 인출하거나 담보로 제공하지 않을 것. 다만, 기업인수목적회사의 운영을 위하여 불가피한 경우로서 법 제165조의5에 따른 주식매수청구권의 행사로 주식을 매수하기 위한 경우 등 금융위원회가 정하여 고시하는 경우에는 인출할 수 있다.
    다. 발기인 중 1인 이상은 금융위원회가 정하여 고시하는 규모 이상의 지분증권(집합투자증권은 제외) 투자매매업자일 것
    라. 임원이 「금융회사의 지배구조에 관한 법률」 제5조제1항 각 호의 어느 하나에 해당하지 아니할 것
    마. 최초로 모집한 주권의 주금납입일부터 90일 이내에 그 주권을 증권시장에 상장할 것
    바. 최초로 모집한 주권의 주금납입일부터 36개월 이내에 다른 법인과의 합병등기를 완료할 것
    사. 그 밖에 투자자 보호를 위한 것으로서 금융위원회가 정하여 고시하는 기준을 갖출 것
15. 그 밖에 다음 각 목의 사항을 종합적으로 고려하여 금융위원회가 집합투자에 해당하지 아니한다고 인정하는 경우
    가. 운용에 따른 보수를 받는 전문적 운용자의 존재 여부
    나. 투자자의 투자동기가 전문적 운용자의 지식·경험·능력에 있는지, 투자자와 전문적 운용자 간의 인적 관계에 있는지 여부
    다. 운용 결과가 합리적 기간 이내에 투자금액에 따라 비례적으로 배분되도록 예정되어 있는지 여부
    라. 투자자로부터 모은 재산을 전문적 운용자의 고유재산과 분리할 필요성이 있는지 여부
    마. 집합투자로 보지 아니할 경우에는 투자자 보호가 뚜렷하게 곤란하게 될 가능성이 있는지 여부

3. 투자자문업과 투자일임업

(1) 연 혁

(가) 증권거래법

구 증권거래법은 1987년 개정시 투자자문업의 등록제를 도입하였고, 1997년 개정시 투자자문업자 및 증권회사가 겸영업무로서 투자일임업을 도입하였다. 투자일임업은 도입 당시에는 허가제였으나, 과도한 진입장벽이라는 비판에 따라 1999년 투자일임업도 등록제로 바뀌었다.

(나) 간접투자자산운용업법

2003년 제정되어 2004년 1월부터 시행된 「간접투자자산운용업법」은 종래의 기관별규제에서 기능별규제로 전환하면서 구 증권거래법상의 투자자문업과 투자일임업이 「간접투자자산운용업법」으로 이관되었다. 또한 구 증권거래법상 투자자문업 및 투자일임업은 유가증권만을 대상으로 하였으나, 「간접투자자산운용업법」은 파생상품과 부동산 등으로 투자대상을 확대하였다(間投法 施行令 4조①). 그리고 구 증권거래법상의 투자자문업자 및 투자일임업자에게 요구되던 영업보증금제도를 폐지하고, 투자자문업자는 2억원, 투자일임업자는 20억원 이상의 순자산액을 유지하도록 하였다(間投法 145조②, 施行令 134조).

(다) 다른 금융투자업과의 관계

투자자문업·투자일임업은 업무의 특성상 다른 금융투자업과 결합되기도 한다. 투자매매업자·투자중개업자는 투자매매·투자중개를 위하여 투자자에게 투자조언을 하거나 투자일임을 받을 필요가 있고, 따라서 이들은 투자자문업 또는 투자일임업을 겸영하게 된다. 한편, 투자일임업을 등록한 집합투자업자가 1인의 투자자로부터 재산을 일임받아 운용하는 경우에는 집합투자업을 영위하는 것이 아니라 투자일임업을 겸영하는 것이 된다.158)

(2) 자본시장법상 투자자문업과 투자일임업

(가) 투자자문업

1) 의 의 "투자자문업"이란 금융투자상품, 그 밖에 대통령령으로 정하

158) 특정금전신탁업과 투자일임업은 2인 이상의 투자자를 위하여 집합투자를 영업으로 하는 집합투자업과 달리 고객별로 단독운용한다는 점에서는 같지만, 운용자산의 소유권이 전자는 신탁업자, 후자는 투자자에게 귀속한다는 점에서 다르다.

는 투자대상자산[159](통칭하여 "금융투자자산등")의 가치 또는 금융투자상품등에 대한 투자판단에 관한 자문에 응하는 것을 영업으로 하는 것을 말한다. 여기서 "투자판단"은 금융투자상품의 종류, 종목, 취득·처분, 취득·처분의 방법·수량·가격·시기 등에 대한 판단을 말한다(法 6조⑦). 특정인을 상대로 법령이 정한 투자대상자산의 가치나 금융투자상품등에 대한 투자판단에 관한 자문에 응하는 것이라면 원칙적으로 방법에 대한 제한은 없다. 따라서 서면자문, 구두자문, 전화,[160] 인터넷, SNS 등을 모두 포함한다. 그러나 기업인수·합병의 중개 업무나 그에 수반하여 이루어지는 주식매매의 중개업무 등은 투자자문업의 범위를 벗어난다.[161]

2) 투자자문업으로 보지 않는 경우

가) 개별성 없는 일반적 조언　　간행물·출판물·통신물 또는 방송 등을 통하여 개별성 없는 조언(개별 투자자를 상정하지 아니하고 다수인을 대상으로 일방적으로 이루어지는 투자에 관한 조언)을 하는 경우에는 투자자문업으로 보지 아니한다

---

159) "대통령령으로 정하는 투자대상자산"은 다음과 같다(令 6조의2).
1. 부동산
2. 지상권·지역권·전세권·임차권·분양권 등 부동산 관련 권리
3. 제106조 제2항 각 호의 금융기관에의 예치금
4. 다음 각 호 중 어느 하나에 해당하는 출자지분 또는 권리("사업수익권")
가. 상법에 따른 합자회사·유한책임회사·합자조합·익명조합의 출자지분
나. 민법에 따른 조합의 출자지분
다. 그 밖에 특정사업으로부터 발생하는 수익을 분배받을 수 있는 계약상의 출자지분 또는 권리
5. 다음 각 목의 어느 하나에 해당하는 금지금[조세특례제한법 제106조의3 제1항 각 호 외의 부분에 따른 금지금(金地金)]
가. 거래소(法 8조의2②)가 법 제377조 제1항 제12호에 따른 승인을 받아 그 매매를 위하여 개설한 시장에서 거래되는 금지금
나. 은행이 「은행법 시행령」 제18조 제1항 제4호에 따라 그 판매를 대행하거나 매매·대여하는 금지금
6. 법 제336조 제1항 제1호 또는 법 제360조 제1항에 따라 발행된 어음
시행령 제106조 제2항 각 호의 금융기관은 다음과 같다(令 106조②).
1. 은행 2. 한국산업은행 3. 중소기업은행 4. 증권금융회사 5. 종합금융회사 6. 상호저축은행 7. 농업협동조합 8. 수산업협동조합 9. 신용협동조합 9의2. 산림조합 10. 「우체국 예금·보험에 관한 법률」에 따른 체신관서 10의2. 「새마을금고법」에 따른 새마을금고 11. 제1호부터 제10호까지 및 제10호의2의 기관에 준하는 외국 금융기관
160) [대법원 2007. 11. 29. 선고 2006도119 판결] "불특정 다수인을 상대로 한 경우가 아니라 문의자와 상담자 사이에 1:1 상담 혹은 자문이 행해지는 한 이는 투자자문업에 해당하는 것이고, 비록 그 투자상담이 전화를 통하여 이루어지는 경우라고 할지라도, 이를 두고 불특정다수인을 대상으로 하는 투자조언으로서 유사투자자문업에 해당한다고 할 수는 없다."
161) 대법원 2013. 2. 14. 선고 2010도11507 판결(구 「간접투자자산운용업법」상 투자자문업의 범위에 관한 판례이다).

(法 7조③).

개정 전 자본시장법 제7조 제3항은 "불특정 다수인을 대상으로 발행 또는 송신되고, 불특정 다수인이 수시로 구입 또는 수신할 수 있는 간행물·출판물·통신물 또는 방송 등을 통하여 조언을 하는 경우에는 투자자문업으로 보지 아니한다."라고 규정함으로써 불특정 다수인을 대상으로 하는 조언인 경우 투자자문업에서 배제하였다. 이때 "특정과 불특정"의 구별에 대하여 판례는 "투자판단을 제공받는 상대방의 범위가 한정되어 있다는 의미가 아니라, 투자판단을 제공받는 과정에서 면담·질문 등을 통해 투자판단을 제공받는 상대방의 개별성, 특히 투자목적이나 재산상황, 투자경험 등이 반영된다는 것을 말한다."고 판시함으로써,[162] 특정과 불특정을 단순히 인원수를 기준으로 구별할 것이 아니라 자문 상대방의 개별성·특정성을 중시하는지 여부에 따라 판단하는 입장을 취하였다. 이러한 판례에 따르면 일정 규모 이상의 재산을 가지거나 일정 규모 이상의 거래실적이 있는 다수의 고객들을 대상으로 우편이나 이메일로 금융투자상품을 안내하는 경우에도 "특정"의 개념에 해당할 가능성이 클 것이다.

개정 자본시장법은 이러한 판례의 취지에 따라 "개별성"을 투자자문업과 유사투자자문업을 구별하는 기준으로 명시적으로 규정한다.

고객으로부터 일정한 대가를 받고 개별성 없는 조언을 업으로 영위하는 경우는 투자자문업에 해당하지 않고 유사투자자문업에 해당한다(法 101조①).[163]

그러나 온라인상에서 일정한 대가를 지급한 고객과 의견을 교환할 수 있는 경우에는 투자자문업으로 본다(法 7조③ 단서). 종래의 자본시장법 규정상 소위 주식리딩방과 같은 불법적인 영업을 투자자문업으로 규제하기 어렵다는 문제가 제기되었고,[164] 이에 따라 2024년 개정 자본시장법은 제7조 제3항 단서 규정을 신설하였다. 이와 같이 개정 자본시장법이 "의견 교환 가능성" 규정을 신설함으로써 단체 대화방 등 온라인 "양방향" 채널을 활용하여 유료 회원제로 영업하는 주식리딩방을 투자자문업에 포섭하여 규제할 수 있게 되었다.

나) 외국투자자문업자의 국외투자자문 외국 투자자문업자(이하 "외국 투자자

162) 대법원 2022. 10. 27. 선고 2018도4413 판결.
163) 유사투자자문업에 관하여는 뒤에서 상술한다.
164) 주식리딩방에는 유료회원과 무료회원이 있는데, 엄밀하게는 유료회원에 대한 영업이 규제대상이다. 미국에도 online stock picking site가 있고, 일본에도 온라인 주식 살롱이라는 명칭의 영업이 성행하고 있다.

문업자"라 한다) 또는 같은 호 각 목 외의 부분 단서에 따른 외국 투자일임업자(이하 "외국 투자일임업자"라 한다)가 국외에서 [가. 국가, 나. 한국은행, 다. 시행령 제10조 제3항 제4호(한국투자공사) · 제12호(법률에 따라 설립된 기금 및 그 기금을 관리 · 운용하는 법인)의 자, 라. 그 밖에 금융위원회가 정하여 고시하는 자]를 상대로 투자권유 또는 투자광고를 하지 아니하고 그 자를 상대방으로 투자자문업이나 투자일임업을 하는 경우는 투자자문업으로 보지 않는다(法 7조⑥4, 令 7조④7).

다) 영업에 부수한 무보수 자문 "따로 대가 없이 다른 영업에 부수하여 금융투자상품의 가치나 금융투자상품에 대한 투자판단에 관한 자문에 응하는 경우"에는 투자자문업으로 보지 않는다(法 7조⑥4, 令 7조④8).[165] 여기서 "다른 영업"은 금융투자업을 의미한다. 그 밖에 모든 영업을 의미하는 것으로 해석하면 투자자문업의 범위가 불합리하게 확대되기 때문이다. 자본시장법은 전문가의 분석정보 제공을 투자자문업으로 보지 않는다는 규정을 두고 있는데(法 7조⑥4, 令 7조④9, 令 7조⑤5마목), 이에 한정하여 해석할 필요는 없다.

라) 전문가의 분석정보 제공 집합투자기구평가회사, 채권평가회사, 공인회계사, 감정인, 신용평가를 전문으로 하는 자, 변호사, 변리사 또는 세무사, 그 밖에 이에 준하는 자로서 해당 법령에 따라 자문용역을 제공하고 있는 자(그 소속단체 포함)가 해당 업무와 관련된 분석정보 등을 제공하는 경우에는 투자자문업으로 보지 않는다(法 7조⑥4, 令 7조④9, 令 7조⑤5마목).

마) 부동산 관련 자문 다른 법령에 따라 건축물 및 주택의 임대관리 등 부동산의 관리대행, 부동산의 이용 · 개발 및 거래에 대한 상담, 그 밖에 부동산의 투자 · 운용에 관한 자문 등의 업무를 영위하는 경우는 투자자문업에 해당하지 않는다(法 7조⑥4, 令 7조④10).

㈏ 투자일임업

1) 의 의 자본시장법상 "투자일임업"이란 투자자로부터 금융투자상품등(금융투자상품, 그 밖에 대통령령으로 정하는 투자대상자산)에 대한 투자판단[166]의 전부 또는 일부를 일임받아 투자자별로 구분하여 그 투자자의 재산상태나 투자

---

165) 따라서 은행의 PB가 별도의 보수를 받지 않는다면 고객을 상대로 투자조언을 해도 투자자문업에 해당하지 않는다.

166) "투자판단"은 투자자문업에서와 같은 개념으로서, 금융투자상품등의 종류, 종목, 취득 · 처분, 취득 · 처분의 방법 · 수량 · 가격 및 시기 등에 대한 판단을 말한다(法 6조⑦).

목적 등을 고려하여 금융투자상품등을 취득·처분, 그 밖의 방법으로 운용하는 것을 영업으로 하는 것을 말한다(法 6조⑧).

2) 일임매매와의 관계 자본시장법은 제71조 제6호에서 투자매매업사·투자중개업자의 일임매매를 원칙적으로 금지하면서, 같은 호 단서에서 "투자일임업으로서 행하는 경우"와 "제7조 제4항에 해당하는 경우"에는 일임매매를 할 수 있다고 규정한다. 제7조 제4항은 "투자중개업자가 투자자의 매매주문을 받아 이를 처리하는 과정에서 금융투자상품에 대한 투자판단의 전부 또는 일부를 일임 받을 필요가 있는 경우로서 대통령령으로 정하는 경우"[167]에는 투자일임업으로 보지 아니한다고 규정한다.[168]

3) 강화된 등록요건 투자일임업은 투자결정에 대한 권한이 투자일임업자에게 부여되므로 투자자 보호를 위하여, 자기자본, 인적요건에 있어서 투자일임

---

167) "대통령령으로 정하는 경우"란 투자중개업자가 따로 대가 없이 금융투자상품에 대한 투자판단(法 6조⑦)의 전부나 일부를 일임받는 경우로서 다음과 같은 경우를 말한다(令 7조③).

1. 투자자가 금융투자상품의 매매거래일(하루에 한정한다)과 그 매매거래일의 총매매수량이나 총매매금액을 지정한 경우로서 투자자로부터 그 지정 범위에서 금융투자상품의 수량·가격 및 시기에 대한 투자판단을 일임받은 경우
2. 투자자가 여행·질병 등으로 일시적으로 부재하는 중에 금융투자상품의 가격 폭락 등 불가피한 사유가 있는 경우로서 투자자로부터 약관 등에 따라 미리 금융투자상품의 매도 권한을 일임받은 경우
3. 투자자가 금융투자상품의 매매, 그 밖의 거래에 따른 결제나 증거금의 추가 예탁 또는 자본시장법 제72조에 따른 신용공여와 관련한 담보비율 유지의무나 상환의무를 이행하지 아니한 경우로서 투자자로부터 약관 등에 따라 금융투자상품의 매도권한(파생상품인 경우에는 이미 매도한 파생상품의 매수권한 포함)을 일임받은 경우
4. 투자자가 투자중개업자가 개설한 계좌에 금전을 입금하거나 해당 계좌에서 금전을 출금하는 경우에는 따로 의사표시가 없어도 자동으로 자본시장법 제229조 제5호에 따른 단기금융집합투자기구의 집합투자증권 등을 매수 또는 매도하거나 증권을 환매를 조건으로 매수 또는 매도하기로 하는 약정을 미리 해당 투자중개업자와 체결한 경우로서 투자자로부터 그 약정에 따라 해당 집합투자증권 등을 매수 또는 매도하는 권한을 일임받거나 증권을 환매를 조건으로 매수 또는 매도하는 권한을 일임받은 경우
5. 그 밖에 투자자 보호 및 건전한 금융거래질서를 해칠 염려가 없는 경우로서 금융위원회가 정하여 고시하는 경우

168) 구 증권거래법 제107조 제1항은 증권회사가 고객으로부터 유가증권의 매매거래에 관한 위탁을 받은 경우 그 수량·가격 및 매매의 시기에 한하여 그 결정을 일임받아 매매거래를 할 수 있지만, 그 유가증권의 종류·종목 및 매매의 구분과 방법에 관하여는 고객의 결정이 있어야 한다고 규정하였으나, 자본시장법 제71조 제6호는 투자매매업자·투자중개업자가 투자자로부터 금융투자상품에 대한 투자판단의 전부 또는 일부를 일임받아 투자자별로 구분하여 금융투자상품을 취득·처분, 그 밖의 방법으로 운용하는 행위는 금지하되, 다만, 투자일임업으로서 행하는 경우와 제7조 제4항에 해당하는 경우에는 이를 할 수 있다고 규정한다. 투자매매업자·투자중개업자의 일임매매에 관하여는 [제2편 제4장 제2절 I] 부분 참조.

업은 투자자문업보다 강화된 요건이 적용된다.[169)]

4) 투자일임업으로 보지 않는 경우 투자중개업자가 투자자의 매매주문을 받아 이를 처리하는 과정에서 금융투자상품등에 대한 투자판단의 전부 또는 일부를 일임받을 필요가 있는 경우로서 대통령령으로 정하는 경우[170)]에는 투자일임업으로 보지 않는다(法 7조④). 따라서 이러한 경우에는 투자일임업 등록을 하지 않은 자의 일임매매도 허용된다.

4. 신 탁 업

(1) 신탁법상 신탁

자본시장법상 "신탁"이란 신탁법상 신탁을 말한다(法 9조㉔).[171)] 즉, 신탁이란 신탁을 설정하는 자("위탁자")와 신탁을 인수하는 자("수탁자") 간의 신임관계에 기하여 위탁자가 수탁자에게 특정의 재산(영업이나 저작재산권의 일부를 포함)을 이전하거나 담보권의 설정 또는 그 밖의 처분을 하고 수탁자로 하여금 일정한 자("수익자")의 이익 또는 특정의 목적을 위하여 그 재산의 관리, 처분, 운용, 개발, 그 밖에 신탁 목적의 달성을 위하여 필요한 행위를 하게 하는 법률관계를 말한다(信託法 2조).[172)]

신탁재산은 신탁행위의 대상인 재산권으로서, 수탁자가 위탁자로부터 자기의 이름으로 양수하거나 처분받아 신탁목적에 따라 관리, 처분하여야 할 대상을 말한다. 신탁재산은 수탁자의 명의로 되어 있어도 수탁자의 고유재산과 별개의 것이므로 분리하여 관리해야 한다. 신탁재산은 수탁자의 사망시 상속재산에서 제외되고, 수탁자의 이혼에 따른 재산분할대상에서도 제외된다(信託法 23조). 신탁

169) 투자자문업과 투자일임업의 등록요건에 관하여는 [제2편 제1장 제2절] 부분 참조.

170) 자본시장법에는 이러한 문구의 규정이 다수 있는데, "일임받을 필요가 있는 경우"는 별도의 요건을 규정한 것이 아니고 위임입법의 한계를 설정한 것이므로 "대통령령으로 정하는 경우"에 해당하면 "일임받을 필요가 있는 경우"에 해당하는지 여부를 별도로 판단할 필요가 없다. 같은 취지의 판례로 정정신고서 제출의무에 관한 서울행정법원 2023. 8. 29. 선고 2021구합69080 판결 이유는 제3편 제2장 제1절 Ⅶ. 정정신고서 2. 임의정정과 의무정정 부분 참조.

171) 신탁법은 신탁의 사법관계를 규정하고, 자본시장법은 신탁업자에 대한 행정규제를 규정한다.

172) 원래 신탁업은 은행에만 허용되었으나, 2005년 증권회사에게도 허용되었고 2007년 보험회사에게도 허용되었다. 한편, 제정된 이후 50년 만에 전면적으로 개정된 신탁법은 제2조에서 신탁의 개념 및 신탁재산의 운용방법을 포괄적으로 확대하였다. 신탁법과 자본시장법은 일반법과 특별법의 관계에 있고, 따라서 신탁을 영업으로 하는 경우는 자본시장법이 특별법으로 우선 적용되고, 자본시장법이 규율하지 아니한 부분은 신탁법이 적용될 것이다.

재산에 대하여는 강제집행, 담보권 실행 등을 위한 경매, 보전처분(이하 "강제집행등") 또는 국세 등 체납처분을 할 수 없다. 다만, 신탁 전의 원인으로 발생한 권리 또는 신탁사무의 처리상 발생한 권리에 기한 경우에는 그러하지 아니하다(信託法 22조①). 위탁자, 수익자, 수탁자는 이를 위반한 강제집행등, 체납처분에 대하여 이의를 제기할 수 있다(信託法 22조②,③). 신탁재산에 속하는 채권과 신탁재산에 속하지 않는 채무는 상계(相計)하지 못한다. 다만, 양 채권·채무가 동일한 재산에 속하지 아니함에 대하여 제3자가 선의이며 과실이 없을 때에는 그러하지 아니하다(信託法 25조①). 신탁재산에 속하는 채무에 대한 책임이 신탁재산만으로 한정되는 경우에는 신탁재산에 속하지 않는 채권과 신탁재산에 속하는 채무는 상계하지 못한다. 다만, 양 채권·채무가 동일한 재산에 속하지 아니함에 대하여 제3자가 선의이며 과실이 없을 때에는 그러하지 아니하다(信託法 25조②). 한편, 자본시장법은 금융투자상품에서 관리형신탁의 수익권은 금융투자상품에서 명시적으로 제외한다(法 3조① 단서).[173]

(2) 자본시장법상 신탁업

자본시장법상 신탁업이란 신탁(정확히는 신탁의 인수)을 영업으로 하는 것을 말한다(法 6조⑨). 즉, 자본시장법은 다른 금융투자업과 달리 신탁업에 관하여는 금융투자상품을 기초로 정의하지 않고 신탁을 영업으로 하는 것이라고만 규정한다.[174] 그러나 이는 신탁계약유형의 다양성을 고려한 입법이고 자본시장법의 규제가 적용되려면 여전히 금융투자상품의 요소가 구비되어야 한다. 이와 관련하여 자본시장법 제4조 제5항은 "그 밖에 이와 유사한 것으로서 신탁의 수익권이 표시된 것"을 수익증권이라 규정하고, 반면에 관리형신탁의 수익권은 금융투자상품에 해당하지 않고(法 3조① 단서), 원금보전신탁의 수익권도 금융투자상품에 해당하지 않는다.

(3) 신탁업의 본질적 업무

신탁업의 본질적 업무는 다음과 같다(令 47조①6).[175]

---

173) 관리형신탁은 신탁재산을 운용·처분하지 않기 때문에 투자자 보호의 필요성이 크지 않다는 점을 고려하여 관리형신탁의 수익권을 금융투자상품에서 배제한 것이고, 따라서 관리형신탁은 자본시장법의 금융투자상품을 전제로 하는 규제대상에서 제외되어 있다.

174) 이는 은행의 신탁업 범위가 축소되는 것을 막기 위한 것이라고 한다(김건식·정순섭, 126면).

175) 신탁재산의 경우에는 신탁업자가 그 운용·보관·관리업무를 할 수 있고, 집합투자재산의 경우에는 집합투자업자가 적극적인 운용을 수행하고 신탁업자는 그 보관·관리업무를 한다.

1. 신탁계약(투자신탁의 설정을 위한 신탁계약 포함)과 집합투자재산(투자신탁재산은 제외)의 보관·관리계약의 체결과 해지업무
2. 신탁재산(투자신탁재산 제외)의 보관·관리업무
3. 집합투자재산의 보관·관리업무(운용과 운용지시의 이행 업무 포함)
4. 신탁재산의 운용업무[신탁재산에 속하는 지분증권(지분증권과 관련된 증권예탁증권 포함)의 의결권 행사 포함]

⑷ 신탁업으로 보지 않는 경우

「담보부사채신탁법」에 따른 담보부사채에 관한 신탁업, 저작권법에 따른 저작권신탁관리업 등의 경우에는 신탁업으로 보지 않는다(法 7조⑤). 그러나 담보부사채에 관한 신탁업을 하려는 자는 금융위원회에 등록해야 한다(同法 5조①). 그리고 등록을 할 수 있는 자는 자본시장법에 따른 신탁업자 또는 은행법에 따른 은행으로 한정한다(同法 5조②).

5. 겸영금융투자업자

겸영금융투자업자란 다음과 같은 자로서 금융투자업을 겸영(兼營)하는 자를 말한다(法 8조⑨).

1. 은행법 제2조의 은행
2. 보험업법 제2조의 보험회사
3. 그 밖에 대통령령으로 정하는 금융기관 등(令 7조의2)

Ⅲ. 영업의 양수도와 폐지

1. 승인사항

금융투자업자는 금융투자업의 종류별로 어느 하나에 해당하는 금융투자업의 전부(이에 준하는 경우를 포함)를 ⅰ) 다른 금융투자업자에게 양도하거나, ⅱ) 다른 금융투자업자로부터 양수하거나, ⅲ) 폐지하려면 금융위원회의 승인을 얻어야 한다(法 417조① 제4호부터 제7호까지). 자본시장법 제417조 제1항 제4호부터 제7호까지는 “어느 하나에 해당하는 금융투자업 전부”라고 규정하므로, 금융투자업자가 영위하는 모든 종류의 금융투자업의 전부라는 의미가 아니고 금융투자업의 종류별로 전부를 의미한다고 보아야 한다. 즉, 종류별 금융투자업의 일부를 양수

도하는 경우에는 금융위원회의 승인을 받을 필요가 없다. 금융위원회는 승인을 한 경우 그 내용을 관보 및 인터넷 홈페이지 등에 공고해야 한다(法 417조②).

2. 보고사항

종류별 금융투자업의 일부만을 양수도하거나 폐지하는 경우에는 금융위원회의 승인을 얻을 필요가 없고, 그 사실을 보고하면 된다(法 418조 제6호부터 9호까지). 금융위원회는 그 사실의 중요도에 따라 보고기한을 달리 정하여 고시할 수 있다(令 371조①).

제 2 편

금융투자업자규제

제 1 장 진입규제

제 2 장 지배구조규제

제 3 장 건전성규제

제 4 장 영업행위규제

제1장

진입규제

제1절 개 관

Ⅰ. 무인가·미등록 영업금지

1. 의 의

누구든지 금융투자업인가(변경인가 포함)를 받지 아니하고는 금융투자업(투자자문업, 투자일임업 및 일반 사모집합투자업은 제외[1]))을 영위할 수 없고(法 11조),[2] 이러한 무인가 영업행위를 목적으로 계좌의 대여를 알선하거나 중개할 수 없다(法 11조의2). 또한 금융투자업등록(변경등록 포함)을 하지 아니하고는 투자자문업 또는 투자일임업을 영위할 수 없다(法 17조).

2. 사법상의 효력

판례는 위 규정을 효력규정으로 보아 이를 위반한 행위를 일률적으로 무효라고 할 경우 거래상대방과 사이에 법적 안정성을 심히 해하게 되는 부당한 결과가 초래되므로, 위 규정은 단속규정이라는 입장이다.[3]

---

1) 일반 사모집합투자업의 경우 사모집합투자기구 특례를 두어 별도의 등록요건을 정하고 있고(法 249조의3), 기관전용사모집합투자기구의 업무집행사원의 경우에도 별도의 등록요건이 적용된다. 즉, 기관전용사모집합투자기구의 업무집행사원으로서 기관전용사모집합투자기구의 집합투자재산 운용업무를 영위하려는 자는 소정의 요건을 갖추어 금융위원회에 등록해야 한다(法 249조의15①).

2) 구 증권거래법상 증권업 허가제의 취지에 관하여도 대법원은 "일반 투자자를 보호하고 국민경제의 발전에 기여하기 위하여 증권업자의 인적, 물적, 재산적 요건을 심사하고 재무건전성과 건전한 영업질서의 준수 여부를 감독하기 위한 것"이라고 판시한 바가 있다(대법원 2002. 6. 11. 선고 2000도357 판결).

3) [대법원 2019. 6. 13. 선고 2018다258562 판결] "사법상의 계약 기타 법률행위가 일정한 행위를 금지하는 구체적 법규정을 위반하여 행하여진 경우에 그 법률행위가 무효인가 또는 법

3. 형사책임

금융투자업자에 대한 영업행위규제(conduct of business regulation)는 금융위원회로부터 인가나 등록을 받은 금융투자업자만을 적용대상으로 하므로 인가나 등록을 받지 않은 자가 영업행위규제를 위반하더라도 이를 이유로 형사처벌을 할 수 없고, 따라서 무인가·미등록 영업행위 자체에 대한 형사처벌을 규정할 필요가 있다. 이에 따라 자본시장법은 무인가·미등록 영업행위 자체를 금지하고 그 위반에 대한 형사처벌도 규정한다.4)

금융투자업인가(변경인가 포함)를 받지 아니하고 금융투자업(투자자문업, 투자일임업 및 일반 사모집합투자업은 제외)을 영위한 자(1호), 이러한 무인가영업을 위하여 계좌 대여를 알선하거나 중개한 자(1호의2), 업무 단위 추가등록을 하지 아니하고 투자매매업 또는 투자중개업을 영위한 자, 거짓, 그 밖의 부정한 방법으로 업무 단위 추가등록을 한 자(1호의3), 거짓, 그 밖의 부정한 방법으로 금융투자업인가(변경인가 포함)를 받은 자(2호)는 5년 이하의 징역 또는 2억원 이하의 벌금에 처한다(法 444조). 금융투자업등록(변경등록 포함)을 하지 아니하고 투자자문업 또는 투자일임업을 영위한 자(1호), 거짓, 그 밖의 부정한 방법으로 금융투

원이 법률행위 내용의 실현에 대한 조력을 거부하거나 기타 다른 내용으로 그 효력이 제한되는가의 여부는 당해 법규정이 가지는 넓은 의미에서의 법률효과에 관한 문제의 일환으로서, 그 법규정의 해석 여하에 의하여 정하여진다. 따라서 그 점에 관한 명문의 정함이 있다면 당연히 이에 따라야 할 것이고, 그러한 정함이 없는 때에는 종국적으로 그 금지규정의 목적과 의미에 비추어 그에 반하는 법률행위의 무효 기타 효력 제한이 요구되는지를 검토하여 이를 정할 것이다(대법원 2010. 12. 23. 선고 2008다75119 판결 등 참조). 자본시장법 제17조가 금융투자업등록을 하지 않은 투자일임업을 금지하는 취지는 고객인 투자자를 보호하고 금융투자업을 건전하게 육성하고자 함에 있는바, 위 규정을 위반하여 체결한 투자일임계약 자체가 그 사법상의 효력까지도 부인하지 않으면 안 될 정도로 현저히 반사회성, 반도덕성을 지닌 것이라고 할 수 없을 뿐만 아니라 그 행위의 사법상의 효력을 부인하여야만 비로소 입법 목적을 달성할 수 있다고 볼 수 없고, 오히려 위 규정을 효력규정으로 보아 이를 위반한 행위를 일률적으로 무효라고 할 경우 거래 상대방과 사이에 법적 안정성을 심히 해하게 되는 부당한 결과가 초래되므로, 위 규정은 강행규정이 아니라 단속규정이라고 보아야 한다." (미등록 투자일임업 사안인데, 성과보수에 관하여도 "투자자문과 관련한 투자결과 또는 투자일임재산의 운용실적과 연동된 성과보수를 받는 행위를 금지한 제98조의2의 적용을 받는 투자자문업자나 투자일임업자는 금융위원회에 등록하여 이를 영위하는 자를 의미하므로 투자자문업자 또는 투자일임업자로 등록하지 않은 피고는 위 제98조의2의 적용을 받지 않는다."라고 판시하였다). [同旨: 대법원 2024. 6. 13. 선고 2024다218978 판결(투자자문업 등록을 하지 않고 체결한 투자자문계약의 효력 인정))

4) 자본시장법 제444조 제1호는 무인가 영업행위를, 제445조 제1호는 미등록 영업행위를 처벌대상으로 규정한다.

자업등록(변경등록 포함)을 한 자(2호), 일반 사모집합투자업 등록을 하지 아니하고 일반 사모집합투자업을 영위한 자(25호의2), 거짓, 그 밖의 부정한 방법으로 제249조의3에 따른 일반 사모집합투자업 등록을 한 자(25호의3)는 3년 이하의 징역 또는 1억원 이하의 벌금에 처한다(法 445조).

한편, 죄형법정주의 원칙상 형벌법규의 해석은 엄격하여야 하고, 명문의 형벌법규의 의미를 피고인에게 불리한 방향으로 지나치게 확장해석하거나 유추해석하는 것은 허용될 수 없으며, 자본시장법이 무인가·미등록 영업행위를 한 자를 처벌하고 있는 것은 부적격 금융투자업자의 난립을 막아 그와 거래하는 일반 투자자를 보호하고 금융투자업의 건전한 육성을 통해 국민경제의 발전에 기여할 수 있도록 하는 데 그 목적이 있는 것이므로, 어떤 거래가 자본시장법의 규율을 받는 금융투자상품의 거래에 해당하는지 여부는 그 거래 구조가 기업에 자금을 조달하거나 경제활동에 수반하는 다양한 위험을 회피 또는 분산할 수 있는 순기능을 할 수 있는 것인지 아니면 그러한 순기능을 전혀 할 수 없고 오로지 투기 목적으로만 사용될 수밖에 없는 것인지, 그리고 거래의 내용과 목적 등에 비추어 볼 때 그 거래를 새로운 금융투자상품으로 발전·육성시킬 필요가 있는 것인지, 그 거래 참여자들을 투자자로서 보호할 필요는 있는 것인지, 특히 투기성이 강한 거래라면 투자자의 이익을 제대로 보호하고 건전한 거래질서를 유지할 수 있는 적절한 규제방법이 마련되어 있는지 등을 종합적으로 고려하여 신중하게 판단해야 한다.

따라서 문제된 거래가 일종의 게임 내지 도박에 불과할 뿐, 자본시장법 제5조 제1항 제1호나 제2호의 파생상품에 해당한다고는 볼 수 없다거나,[5] 거래 대

5) [대법원 2015. 9. 10. 선고 2012도9660 판결] "① 이 사건 거래는 고객이 1회에 지불하는 돈이 10만 원 이하의 소액일 뿐만 아니라 거래 시간도 길어야 몇 시간에 불과한 것이어서, 그 속성상 투기 목적으로만 이용될 수 있을 뿐이고 환율 변동의 위험을 회피하는 경제적 수단으로는 사용될 수 없는 구조인 점, ② 이러한 거래 구조와 이 사건 참여자들의 의사 등에 비추어 볼 때 위 거래는 투자자 보호라든지 금융투자업의 육성·발전과는 하등의 관계가 없어 보이는 점, ③ 위 거래에서 피고인이 고객에게 지급하기로 한 돈, 즉 렌트 사용료에다가 다시 렌트 사용료의 90%를 더한 돈은 '사전에 미리 약정한 돈'에 불과하지, 자본시장법 제5조 제1항 제1호 나 제2호의 '기초자산의 가격이나 지수 등에 의하여 산출된 금전'이라고 할 수 없는 점, ④ 일반적으로 옵션 매수인은 기초자산의 가격이 유리하게 움직이면 권리를 행사하여 가격 변동에 따른 이익을 실현하고, 반대로 기초자산의 가격이 불리하게 변동하면 권리행사를 포기하게 되므로, 자본시장법 제5조 제1항 제2호의 옵션거래에서 옵션 매수인의 이익은 무제한인 반면 손실은 프리미엄(옵션거래에서 옵션 매수인이 사거나 팔 수 있는 권리를 취득하는 대가로 옵션 매도인에게 지불하는 것)으로 한정되는 특징이 나타나는데, 이 사건 거래는 고객이 렌트 사용료의 90%의 이익을 얻거나 아니면 렌트 사용료 상당의 손실을 입는 구조로서

상이 자본시장법에서 정한 금융투자상품에 해당한다고 볼 수는 있으나 자본시장법에서 정한 투자매매업의 행위태양에 해당하지 않는다는 이유로,[6] 무인가 금융투자업 영위로 인한 자본시장법위반이 성립하지 않는다는 판례들이 있다.

한편, 자신이 개설한 선물거래계좌를 대여하여 실제의 선물거래를 하게 한 경우는 무인가 금융투자업 영위에 해당하고, 가상선물거래를 하게 한 경우는 무인가 금융투자업 영위에는 해당하지 않지만 거래소허가를 받지 아니하고 금융투자상품시장을 개설·운영한 행위에 해당한다는 판례도 있다.[7]

앞서 본 일반적인 옵션거래의 손익구조에 부합하지 않을 뿐만 아니라, 위 거래에서 고객이 입을 수 있는 손실은 고객이 얻을 수 있는 이익을 상회한다는 점에서 위 렌트 사용료를 프리미엄이라고 볼 수 없는 점, ⑤ 또한 위 거래는 단시간 내에 종료되는 것으로 자본시장법 제5조 제1항 제1호에서 말하는 '장래'의 특정 시점에 인도할 것을 약정한 것이라고도 볼 수 없는 점 등을 종합하면, 이 사건 거래는 10만 원 이하의 소액을 걸고 단시간 내에 환율이 오를 것인지 아니면 내릴 것인지를 맞추는 일종의 게임 내지 도박에 불과할 뿐, 자본시장법 제5조 제1항 제1호나 제2호의 파생상품에 해당한다고는 볼 수 없다. 그리고 위 거래가 같은 법 제5조 제1항 제3호의 파생상품이나 제4조의 증권에 해당하지 않음은 그 문언상 분명하다. 그런데도 원심은 그 판시와 같은 이유로 피고인과 고객 사이의 거래가 자본시장법 제5조 제1항 제2호의 파생상품에 해당한다고 보고 이 사건 공소사실을 유죄로 인정하였으니, 이러한 원심의 판단에는 무인가 금융투자업 영위로 인한 자본시장법위반죄에 관한 법리를 오해하여 판결에 영향을 미친 위법이 있고, 이를 지적하는 취지의 상고이유의 주장은 이유 있다." (원심은 위와 같은 거래를 금융투자상품으로 보았으나, 대법원은 실질적 기준에 의하여 이러한 거래는 게임이나 도박에 불과할 뿐 금융투자상품에 해당하지 않는다고 판단하였다).

6) [대법원 2013. 11. 28. 선고 2012도4230 판결] "○○○에서 회원들이 거래한 대상이 자본시장법에서 정한 금융투자상품에 해당한다고 볼 수는 있으나, 자본시장법에서 정한 투자매매업의 행위 태양은 매도·매수, 발행·인수, 그 청약의 권유, 청약, 청약의 승낙(이하 '매도·매수 등'이라고 한다)을 영업으로 하는 것인데, 피고인은 ○○○를 개설, 운영하면서 회원들로 하여금 한국거래소가 개설한 실제 시장에서 이루어지는 선물거래를 할 수 있게 한 것이 아니라 단지 회원들이 그 선물지수를 기준으로 모의 투자를 할 수 있는 서비스를 제공하고 그 거래 결과에 따라 환전을 해 준 것에 불과하므로, 피고인이 회원들을 상대로 직접 매도·매수 등의 행위를 하였다고 볼 수는 없다. 나아가 ○○○와 같은 불법 금융투자 사이트를 운영하는 사람들이 회원들에게 투자금 편취, 전산오류를 빙자한 이익실현기회 박탈 등의 피해를 입히고 있어 처벌할 필요성이 있다고 하더라도, 그러한 사이트를 개설하여 운영하는 행위를 자본시장법 제444조 제1호, 제11조에서 정한 무인가 금융투자업 영위에 의한 자본시장법 위반죄로 처벌하는 것은 형벌법규의 확장해석 또는 유추해석으로서 죄형법정주의에 반하므로 허용될 수 없다. 그런데도 원심은 그 판시와 같은 이유만으로 피고인이 금융위원회로부터 금융투자업인가를 받지 아니하고 투자매매업을 영업으로 함으로써 금융투자업을 영위하였다고 섣불리 단정하였으니, 이러한 원심의 판단에는 구 자본시장법 제444조 제1호, 제11조에서 정한 무인가 금융투자업 영위에 관한 법리를 오해한 위법이 있다. 이 점을 지적하는 상고이유 주장은 이유 있다."

7) [대법원 2015. 4. 23. 선고 2015도1233 판결] "피고인 등이 회원들에게 위탁증거금이 예치된 증권계좌를 이용하여 거래소와 코스피200 선물 등을 매도·매수하도록 중개한 후 일정비율의 수수료를 지급받고, 그 거래에 따른 최종적인 이익 및 손실이 회원에게 귀속하도록 한 행위는 금융투자업인가를 받지 아니하고 타인의 계산으로 금융투자상품의 매도·매수의 중개를 영업으로 하는 '투자중개업'을 영위한 것으로 보아야 하고, 회원들에게 이 사건 사설 사이트

4. 불법행위책임

자본시장법의 무인가·미등록 영업행위금지규정을 강행규정이 아니라 단속규정이라고 본다면, 무인가·미등록 영업행위 자체를 일률적으로 반사회성, 반도덕성을 지닌 것으로 불법행위를 구성한다고 보기 어렵고, 다만 다른 요인들과 결합하여 불법행위를 구성할 여지가 있을 뿐이다. 구체적으로 이와 같은 행위가 불법행위에 해당하는지는 무인가·미등록 영업의 경위, 단속법규의 목적, 무인가·미등록 영업의 규모, 투자자와 무인가·미등록 영업자의 관계, 투자자들이 무인가·미등록 영업행위임을 알았거나 알 수 있었는지, 투자자들이 이를 알았거나 알 수 있었다면 거래를 하지 아니하였을지 여부 등을 종합적으로 고려하여야 한다.[8)]

Ⅱ. 자본시장법상 진입규제의 특징

1. 금융기능별 규제

자본시장법은 금융기관별 규제(institutional regulation) 체제에서 금융기능별 규제(functional regulation) 체제로 전환하였다. 금융기관을 불문하고 금융기능이 동일하면 동일한 진입규제·건전성규제·영업행위규제가 적용된다.

2. 인가·등록의 변경

금융투자업자가 업무영역을 확장하는 경우 금융기능별로 추가하는 방식이

에서 장내파생상품인 코스피200 지수와 연계하여 가상선물거래를 하도록 하고 그 거래결과에 따라 회원들과 손익을 청산한 행위는 거래소허가를 받지 아니하고 금융투자상품시장을 개설·운영한 것으로 보아야 한다." (同旨: 대법원 2013. 2. 15. 선고 2012도12829 판결, 대법원 2013. 7. 25. 선고 2013도1592 판결, 대법원 2013. 11. 28. 선고 2013도10467 판결)

8) [서울중앙지방법원 2023. 11. 3. 선고 2021가합594997 판결] "원고들은 피고 회사의 금융투자업자 등록 여부보다는 원고 A과 밀접한 인적관계가 있고 투자회사에서 근무한 경험이 있는 피고 E의 투자능력을 신뢰하여 피고 회사에 투자한 것으로 봄이 타당하다. 그렇다면 피고 회사가 자본시장법상 금융투자업 등록을 마치지 아니한 채 원고들과 투자일임계약을 체결한 것만으로는 피고 E의 행위가 현저히 반사회적, 반도덕적인 행위로서 불법행위를 구성한다고 보기 어렵다. 더욱이 후술하듯 피고 E은 원고들로부터 투자 받은 자산으로 실제 투자에 나아간 것으로 보이고 그 과정에서 손실이 발생한 것으로 보이므로, 이와 같이 원고들이 피고 E의 투자능력을 신뢰하고 투자에 나아간 경우, 그로 인한 투자손실 전부에 피고 회사가 자본시장법상 금융투자업 등록을 마치지 아니한 것에 따른 상당인과관계가 미친다고 보기 어렵다."(同旨: 대법원 2015. 9. 10. 선고 2012도9660 판결).

채택되었다.

3. 인가 · 등록요건의 차등화

금융투자업을 영위하려면 업무의 종류에 따라 인가를 받거나 등록을 하여야 하는데, 투자자가 노출되는 위험의 크기에 따라 인가대상과 등록대상으로 구분된다. 자본시장법이 규정하는 6개의 금융투자업 중 투자자문업 또는 투자일임업은 투자자와 직접채권 · 채무관계를 가지는 투자매매업이나 투자자의 자산을 수탁하는 투자중개업 · 집합투자업 · 신탁업 등과 달리, 투자자의 자산을 수탁하지 않는 금융투자업이기 때문에 등록대상으로 한 것이다. 등록제가 사실상의 인가제나 허가제로 운영되지 않도록 사업계획의 타당성과 같은 재량적 판단이 허용되는 진입요건은 도입하지 않았다.[9] 진입규제에 있어서 금융투자업에 따라, ⅰ) 투자매매업, ⅱ) 투자중개업 · 집합투자업 · 신탁업, ⅲ) 투자자문업 · 투자일임업의 순서대로 진입요건의 수준이 정해지고, 금융투자상품의 위험도에 따라, ⅰ) 장외파생상품, ⅱ) 증권, ⅲ) 장내파생상품의 순서대로 진입요건의 수준이 정해진다.[10]

4. 외국금융투자업자에 대한 업자별 진입규제

외국금융투자업자로서 외국에서 영위하고 있는 영업에 상당하는 금융투자업 수행에 필요한 지점, 그 밖의 영업소를 설치한 자는 금융투자업인가를 받을 수 있고(法 12조②1나), 외국투자자문업자로서 투자자문업의 수행에 필요한 지점, 그 밖의 영업소를 설치한 자(法 18조②1나)와 외국투자일임업자로서 투자일임업의 수행에 필요한 지점, 그 밖의 영업소를 설치한 자(法 18조②1다)는 금융투자업등록을 할 수 있다.

외국금융투자업을 경영하기 위하여 국내에 지점, 그 밖의 영업소를 두는 경

---

9) 등록은 행정기관의 재량적 판단여지가 인가제에 비하여 적지만, 행정기관이 법령상의 등록요건을 심사하는 과정에서 사실상 인가제나 허가제와 유사한 형태로 운영될 가능성이 있다. 따라서 자본시장법은 등록의 경우 객관적 기준의 충족 여부만 판단하도록 하고, "심사"라는 용어대신 "검토"라는 용어를 사용하고(法 19조②), "등록을 받은"이 아니라 "등록을 한"이라는 표현을 사용한다(法 42조④). 또한 금융투자업인가를 받지 않은 경우에는 "무인가"라는 용어를 사용하고(제11조) 등록을 하지 않은 경우에는 "미등록"이라는 용어를 사용한다(제17조).

10) 금융투자상품 자체의 위험도에 있어서는 증권보다는 장내파생상품이 위험하지만, 자본시장법은 포괄적인 증권개념과 "장내"파생상품이라는 점을 고려하여 증권을 보다 앞 순위로 정한 것이다.

우에는 해당 지점등 전부를 하나의 금융투자업자로 본다(令 16조⑩ 1문). 즉, 자본시장법은 외국금융투자업자(외국 법령에 따라 외국에서 금융투자업에 상당하는 영업을 영위하는 자)에 대하여 종래의 지점별 진입규제[11]를 폐지하고 업자별 진입규제방식을 채택하였다. 따라서 최초 지점이 진입요건을 갖춘 경우 추가로 지점을 설치하는 경우에도 별도의 진입규제가 적용되지 않는다. 이 경우 외국금융투자업자등은 금융투자업을 경영하기 위하여 국내에 지점등을 추가로 두려는 때에는 금융위원회에 관련 자료를 제출해야 한다(令 16조⑩ 2문).

제 2 절 인가·등록

Ⅰ. 인가·등록의 요건

1. 인가·등록업무 단위

(1) 의 의

(가) 인가업무 단위

금융투자업(투자매매업·투자중개업·집합투자업·신탁업)을 영위하려는 자는 i) 금융투자업의 종류 ii) 금융투자상품의 범위, iii) 투자자의 유형 등 세 가지 사항을 구성요소로 하여 "인가업무 단위"의 전부나 일부를 선택하여 금융위원회로부터 "하나의 금융투자업인가"를 받아야 한다(法 12조①).[12]

(나) 등록업무 단위

투자자문업 또는 투자일임업을 영위하려는 자는 다음과 같은 사항을 구성요소로 하여 "등록업무 단위"의 전부나 일부를 선택하여 금융위원회에 "하나의 금융투자업등록"을 해야 한다(法 18조①).[13]

---

11) 외국증권업자(외국법령에 의하여 외국에서 증권업을 영위하는 자)가 국내에서 증권업을 영위하기 위하여 지점 기타 영업소를 설치하고자 하는 때에는 영업의 종류별로 금융감독위원회의 허가를 받아야 하고(證法 28조의2①), 지점등의 설치허가를 받지 아니한 외국증권업자는 국내거주자를 상대로 하여 증권업을 영위할 수 없다(證法 28조의2③).

12) 하나의 인가를 받거나 하나의 등록을 하므로, 업무추가를 위한 인가 또는 등록은 변경인가(法 16조①) 또는 변경등록(法 21조①)으로 표현한다.

13) 일반 사모집합투자업의 경우 사모집합투자기구 특례를 두어 별도의 등록요건을 정하고 있다(法 249조의3). 기관전용사모집합투자기구의 업무집행사원의 경우에도 특례를 두어 별도의

1. 투자자문업 또는 투자일임업
2. 금융투자상품의 범위(증권, 장내파생상품, 장외파생상품 및 그 밖에 대통령령으로 정하는 투자대상자산)[14]
3. 투자자의 유형(전문투자자 · 일반투자자)

⑵ 업무단위의 세분화

㈎ 금융투자업의 종류

금융투자업의 종류에는 금융투자업의 6가지 업무인 투자매매업, 투자중개업, 집합투자업, 투자자문업, 투자일임업, 신탁업 등으로 구분하고, 투자매매업의 경우 다시 i) 인수업을 포함한 투자매매업 전부를 영위하는 경우(36단위), ii) 인수업무만 영위하는 경우(2단위), iii) 인수업무를 제외한 투자매매업을 영위하는 경우(13단위) 등으로 구분한다. 투자중개업은 증권투자중개업, 장내파생상품투자중개업, 장외파생상품투자중개업 등 3가지로 구분한다.

㈏ 금융투자상품의 범위

1) 인가업무단위 금융투자상품의 일반적인 분류에 비하면 훨씬 세분화된 인가업무 단위가 정해진다.

가) 증 권 증권은 1단계로 채무증권, 집합투자증권을 제외한 지분증권, 집합투자증권으로 구분하고, 2단계로 채무증권은 국공채와 사채로 구분하고, 3단계로 RP업무대상증권은 별도로 규정한다. 즉, 채무증권을 대상으로 하는 투자매매업 외에 채무증권 중 국공채증권만을 대상으로 하는 투자매매업도 독립한 인가업무 단위가 된다.

나) 장내파생상품과 장외파생상품 파생상품은 장내파생상품, 주권을 기초자산으로 하는 장외파생상품, 주권 이외의 것을 기초자산으로 하는 장외파생상품으로 구분하고, 주권외 기초자산의 경우 그 하위에 통화와 이자율을 별도의 기초자

등록요건을 정하고 있다(法 249조의15).

14) "대통령령으로 정하는 투자대상자산"은 다음과 같다(令 20조, 令 6조의2).

1. 부동산
2. 지상권 · 지역권 · 전세권 · 임차권 · 분양권 등 부동산 관련 권리
3. 제106조 제2항 각 호의 금융기관에의 예치금

시행령 제106조 제2항 각 호의 금융기관은 다음과 같다(令 106조②).

1. 은행 2. 한국산업은행 3. 중소기업은행 4. 증권금융회사 5. 종합금융회사 6. 상호저축은행 7. 농업협동조합 8. 수산업협동조합 9. 신용협동조합 9의2. 산림조합 10. 「우체국 예금 · 보험에 관한 법률」에 따른 체신관서 10의2. 「새마을금고법」에 따른 새마을금고 11. 제1호부터 제10호까지 및 제10호의2의 기관에 준하는 외국 금융기관

산으로 세분화한다.

다) 집합투자업의 경우 집합투자업의 경우에는 집합투자기구의 종류에 따라 세분화되는데, 구체적으로는 혼합자산집합투자기구(혼합펀드)를 종합단위로 설정하고 그 하위에 증권펀드·부동산펀드·특별자산펀드 등 집합투자기구를 세부단위로 분류한다.

라) 신탁업의 경우 신탁업의 경우에는 자본시장법 제103조 제1항 각 호의 모든 신탁재산(금전, 증권, 금전채권, 동산·부동산·지상권 등 부동산 관련 권리, 무체재산권)을 취급하는 것을 종합단위로 설정하고, 그 하위에 금전만의 신탁이 가능한 금전신탁(法 103조①1)과 금전 외의 재산을 신탁재산으로 하는 재산신탁(法 103조① 제2호부터 제7호까지)으로 구분하고, 재산신탁의 세부단위로 동산, 부동산, 지상권, 전세권, 부동산임차권, 부동산소유권 이전등기청구권, 그 밖의 부동산 관련 권리를 신탁재산으로 하는 것을 별도로 구분한다(法 103조① 제4호부터 제6호까지).

2) 등록업무 단위 투자자문업과 투자일임업의 경우, 금융투자업의 종류가 투자자문업인지 투자일임업인지 여부와, 투자자의 유형이 일반투자자를 포함하는지 여부만을 구분하고, 금융투자상품의 범위는 "증권, 장내파생상품 및 장외파생상품(즉, 모든 금융투자상품)"으로 동일하고, 금융투자상품의 종류별로 다시 세분화하지 않는다(法 18조①2, 施行令 별표 3). 이로써 등록업무 단위는 인가업무 단위에 비하면 매우 간명하다.

㈐ 투자자의 유형

투자자의 유형을 일반투자자와 전문투자자로 구분하여, 일반투자자와 전문투자자 모두를 대상으로 영위하는 경우와 전문투자자만을 대상으로 영위하는 경우로 업무단위를 구분한다.

2. 인가요건

금융투자업인가를 받으려는 자는 다음과 같은 요건을 모두 갖추어야 한다(法 12조②).

(1) 법적 형태

금융투자업인가를 받으려면, i) 국내금융투자업자의 경우에는 상법에 따른 주식회사이거나 대통령령으로 정하는 금융기관[15]에 해당하여야 하고, ii) 외국금융투자업자(외국법령에 따라 외국에서 금융투자업에 상당하는 영업을 영위하는 자)로서 외국에서 영위하고 있는 영업에 상당하는 금융투자업 수행에 필요한 지점, 기타 영업소를 설치한 자에 해당해야 한다(法 12조②1).

(2) 자기자본

금융투자업인가를 받으려는 자는 인가업무 단위별로 5억원 이상으로서 일정 금액(施行令 별표 1) 이상의 자기자본을 갖추어야 한다(法 12조②2, 令 16조③).[16) 금융투자업자는 업무단위별로 영위하려는 금융투자업마다 규정된 최저자기자본의 합산액을 갖추어야 한다.

(3) 사업계획의 타당성 · 건전성

금융투자업인가를 받으려는 자는 사업계획이 타당하고 건전해야 한다(法 12조②3). 사업계획은 다음과 같은 요건에 적합해야 한다(令 16조④).

1. 수지전망이 타당하고 실현가능성이 있을 것
2. 삭제 [2010. 6. 11]
3. 위험관리와 금융사고 예방 등을 위한 적절한 내부통제장치가 마련되어 있을 것
4. 투자자 보호에 적절한 업무방법을 갖출 것(집합투자증권에 대한 투자매매업 · 투자중개업 인가의 경우에는 해당 신청인의 자기자본 적정성 등을 고려하여 집합투자증권의 매매 · 중개와 관련된 손해의 배상을 보장하기 위한 보험에의 가입을 포함)
5. 법령을 위반하지 아니하고 건전한 금융거래질서를 해칠 염려가 없을 것

(4) 인적 · 물적 설비

금융투자업인가를 받으려는 자는 투자자의 보호가 가능하고 그 영위하고자 하는 금융투자업을 수행하기에 충분한 인력과 전산설비, 그 밖의 물적 설비를 갖추어야 한다(法 12조②4).

(가) 인력 요건

금융투자업 인가의 인력요건은, 경영하려는 금융투자업에 관한 전문성과 건

---

15) "대통령령으로 정하는 금융기관"이란 다음과 같은 금융기관을 말한다(令 16조①).
1. 한국산업은행 2. 중소기업은행 3. 한국수출입은행 4. 농업협동조합중앙회 및 농협은행 5. 수산업협동조합법에 의한 수협은행 6. 은행법에 따른 외국은행의 국내지점 7. 보험업법에 따른 외국보험회사의 국내지점 8. 그 밖에 금융위원회가 정하여 고시하는 금융기관

16) 예컨대, 인수를 포함한 투자매매업으로서 모든 증권을 대상으로 하는 경우에는 500억원, 채무증권만을 대상으로 하는 경우에는 200억원, 국공채만을 대상으로 하는 경우에는 75억원 등으로 각 업무단위마다 최저자기자본이 차등규정되어 있다. 투자중개업으로서 채무증권만을 대상으로 하는 경우에는 10억원이다.

전성을 갖춘 주요직무 종사자[17]와 업무를 수행하기 위한 전산요원 등 필요한 인력이다(令 16조⑤1).

㈏ 물적 설비 요건

금융투자업 인가의 물적 설비 요건은 다음과 같다(令 16조⑤2).

1. 경영하려는 금융투자업을 수행하기에 필요한 전산설비와 통신수단
2. 사무실 등 충분한 업무공간과 사무장비
3. 전산설비 등의 물적 설비를 안전하게 보호할 수 있는 보안설비
4. 정전·화재 등의 사고가 발생할 경우에 업무의 연속성을 유지하기 위하여 필요한 보완설비

(5) 임원의 자격요건과 범위

금융투자업인가를 받으려는 자는 임원이 금융사지배구조법 제5조에 적합해야 한다(法 12조②5). 금융사지배구조법상 임원은 이사, 감사, 집행임원(상법에 따른 집행임원을 둔 경우로 한정) 및 업무집행책임자를 말한다(同法 2조 2호).[18]

---

17) 다음과 같은 주요직무 종사자를 말한다(法 286조①3).
가. 투자권유자문인력(투자권유를 하거나 투자에 관한 자문 업무를 수행하는 자)
나. 조사분석인력(조사분석자료를 작성하거나 이를 심사·승인하는 업무를 수행하는 자)
다. 투자운용인력(집합투자재산·신탁재산 또는 투자일임재산을 운용하는 업무를 수행하는 자)
라. 그 밖에 투자자 보호 또는 건전한 거래질서를 위하여 대통령령으로 정하는 주요직무 종사자

"대통령령으로 정하는 주요직무 종사자"란 다음과 같은 자를 말한다(令 307조①).
1. 투자권유자문 관리인력(투자권유자문인력 관리업무를 수행하는 자)
2. 시행령 제276조 제3항(일반사무관리회사 전문인력 등록요건)에 따른 집합투자재산 계산전문인력
3. 시행령 제280조 제2항(집합투자기구평가회사 전문인력 등록요건)에 따른 집합투자기구평가전문인력
4. 시행령 제285조 제3항(채권평가회사 전문인력 등록요건)에 따른 집합투자재산 평가전문인력
5. 시행령 제324조의3 제4항 제1호(신용평가회사 전문인력 등록요건)에 따른 신용평가전문인력
6. 그 밖에 투자자를 보호하거나 건전한 거래질서를 위하여 등록 및 관리가 필요하다고 금융위원회가 정하여 고시하는 자(금융투자업규정 8-1조: 위험관리전문인력)

18) 자본시장법 제9조 제2항은 "이 법에서 "임원"이란 이사 및 감사를 말한다."라고 규정하고, 금융회사지배구조법 제2조 제2호는 ""임원"이란 이사, 감사, 집행임원(「상법」에 따른 집행임원을 둔 경우로 한정한다) 및 5를 말한다."라고 규정하는 점에 비추어, 특별한 규정이 없다면 금융회사의 경우에는 임원에 업무집행책임자가 포함되고 비금융회사의 경우에는 포함되지 않는다고 해석된다.

(6) 건전한 재무상태 및 사회적 신용 요건

금융투자업인가를 받으려는 자는 대통령령으로 정하는 건전한 재무상태와 사회적 신용을 갖추어야 한다(法 12조②6의2).[19)]

(7) 대주주 · 외국금융투자업자 요건

금융투자업인가를 받으려는 자는 대주주나 외국금융투자업자가 다음과 같은 요건을 갖추어야 한다(法 12조②6).[20)]

(가) 상법상 주식회사 또는 대통령령으로 정하는 금융기관

대주주가 충분한 출자능력, 건전한 재무상태 및 사회적 신용을 갖추어야 한다. 금융사지배구조법상 대주주란 최대주주와 주요주주를 말하는데(同法 2조 6호), 금융투자업 인가요건에 있어서 규제대상은 대주주 외에 최대주주의 특수관계인인 주주도 포함되며,[21)] 최대주주가 법인인 경우 그 법인의 중요한 경영사항

---

19) 대통령령으로 정하는 건전한 재무상태와 사회적 신용이란 다음과 같은 사항을 말한다(令 16조⑧).
1. 건전한 재무상태: 법 제31조에 따른 경영건전성기준(겸영금융투자업자인 경우에는 해당 법령에서 정하는 경영건전성기준을 말한다)을 충족할 수 있는 상태
2. 사회적 신용: 다음 각 목의 모든 요건에 적합한 것. 다만, 그 위반 등의 정도가 경미하다고 인정되는 경우는 제외한다.
   가. 최근 3년간 「금융회사의 지배구조에 관한 법률 시행령」 제5조에 따른 법령("금융관련법령"), 「독점규제 및 공정거래에 관한 법률」 및 「조세범 처벌법」을 위반하여 벌금형 이상에 상당하는 형사처벌을 받은 사실이 없을 것. 다만, 법 제448조, 그 밖에 해당 법률의 양벌 규정에 따라 처벌을 받은 경우는 제외한다.
   나. 최근 3년간 채무불이행 등으로 건전한 신용질서를 해친 사실이 없을 것
   다. 최근 5년간 「금융산업의 구조개선에 관한 법률」에 따라 부실금융기관으로 지정되었거나 법 또는 금융관련법령에 따라 영업의 허가·인가·등록 등이 취소된 자가 아닐 것
   라. 금융관련법령이나 외국 금융관련법령에 따라 금융위원회, 외국 금융감독기관 등으로부터 지점, 그 밖의 영업소의 폐쇄 또는 그 업무의 전부나 일부의 정지 이상의 조치(이에 상당하는 행정처분을 포함)를 받은 후 다음 구분에 따른 기간이 지났을 것
      1) 업무의 전부정지: 업무정지가 끝난 날부터 3년
      2) 업무의 일부정지: 업무정지가 끝난 날부터 2년
      3) 지점, 그 밖의 영업소의 폐쇄 또는 그 업무의 전부나 일부의 정지: 해당 조치를 받은 날부터 1년

20) 대주주는 최대주주와 주요주주로 구분되는데, 제2장 지배구조규제 부분에서 상술한다.

21) 인가요건과 관련된 대주주 적격성 규제에서 "대주주(최대주주의 특수관계인인 주주를 포함하며 ...)"라는 규정상 최대주주와 특수관계인인 주주를 구별하는 것으로 보이는데, 금융사지배구조법 제2조 제6호는 최대주주의 개념에 관하여, "금융회사의 의결권 있는 발행주식(출자지분을 포함한다. 이하 같다) 총수를 기준으로 본인 및 그와 대통령령으로 정하는 특수한 관계가 있는 자(이하 "특수관계인"이라 한다)가 누구의 명의로 하든지 자기의 계산으로 소유하는 주식(그 주식과 관련된 증권예탁증권을 포함한다)을 합하여 그 수가 가장 많은 경우의 그 본인(이하 "최대주주"라 한다)"하고 규정하므로, 특수관계인도 모두 최대주주의 개념에 포함

에 대하여 사실상 영향력을 행사하고 있는 자로서 대통령령으로 정하는 자[22]도 포함된다.

(나) 외국금융투자업자

외국금융투자업자는 충분한 출자능력, 건전한 재무상태 및 사회적 신용을 갖추어야 한다. 외국금융투자업자에 대하여는 국내업자와 달리 대주주요건을 별도로 요구하지 않고, 외국금융투자업자 자신이 충분한 출자능력, 건전한 재무상태 및 사회적 신용을 갖출 것만을 요구하고 있다.

(8) 이해상충방지체계의 구축

금융투자업인가를 받으려는 자는 금융투자업자와 투자자 간, 특정 투자자와 다른 투자자 간의 이해상충(利害相衝)을 방지하기 위한 체계를 갖추어야 한다(法 12조②7). 구체적으로는, i) 이해상충이 발생할 가능성을 파악·평가·관리할 수 있는 적절한 내부통제기준을 갖출 것, ii) 법 제45조 제1항 및 제2항에 따라 정보의 교류를 차단할 수 있는 적절한 체계를 갖출 것 등이 요구된다(令 16조⑨).

3. 등록요건

(1) 법적 형태

투자일임업이나 투자자문업을 영위하는 금융투자업자가 되려면, i) 상법상 주식회사이거나 일정 범위의 금융기관(令 21조①), ii) 외국법령에 따라 외국에서 투자자문업에 상당하는 영업을 영위하는 자(외국투자자문업자)로서 투자자문업의 수행에 필요한 지점, 그 밖의 영업소를 설치한 자, 또는 iii) 외국법령에 따라 외

되는 것으로 보는 것이 타당하다. 금융사지배구조법상 금융위원회의 최대주주 적격성 심사대상은 대주주 변경승인 대상 금융회사의 최대주주 중 최다출자자 1인이라고 규정함으로써 최대주주와 최다출자자를 구별한다. 최다출자자 1인이 법인인 경우 그 법인의 최대주주 중 최다출자자 1인을 말하며, 그 최다출자자 1인도 법인인 경우에는 최다출자자 1인이 개인이 될 때까지 같은 방법으로 선정한다(同法 32조①).

22) "대통령령으로 정하는 자"란 다음과 같은 자를 말한다. 다만, 법인의 성격 등을 고려하여 금융위원회가 정하여 고시하는 경우[금융투자업규정 2-1조②: 최대주주인 법인이 「금융위원회의 설치 등에 관한 법률」 제38조에 따른 검사대상기관으로서 설립근거법에 따른 소유한도 유무, 주식소유의 분산정도 등을 고려하여 금융회사의 최대주주가 그 금융회사를 사실상 지배하고 있지 아니하다고 금융위원회가 인정하는 경우]에는 제1호에 해당하는 자는 제외한다(令 16조⑦).

1. 최대주주인 법인의 최대주주(최대주주인 법인을 사실상 지배하는 자가 그 법인의 최대주주와 명백히 다른 경우에는 그 사실상 지배하는 자를 포함)
2. 최대주주인 법인의 대표자

국에서 투자일임업에 상당하는 영업을 영위하는 자(외국투자일임업자)로서 투자일임업의 수행에 필요한 지점, 그 밖의 영업소를 설치한 자에 해당해야 한다(法 18조②1).[23] 다만, 외국투자사사문업자 또는 외국투자일임업자가 외국에서 국내 거주자를 상대로 직접 영업을 하거나 통신수단을 이용하여 투자자문업 또는 투자일임업을 영위하는 경우에는 적용하지 않는다(法 18조②1 단서).

(2) 자기자본

투자일임업이나 투자자문업을 영위하는 금융투자업자가 되려면, 등록업무 단위별로, 투자자문업은 일반투자자 및 전문투자자를 대상으로 하는 경우 2.5억원, 투자일임업은 일반투자자 및 전문투자자를 대상으로 하는 경우 15억원, 전문투자자만을 대상으로 하는 경우에는 5억원(令 21조①, 施行令 별표 3) 이상의 자기자본을 갖추어야 한다(法 18조②2).

(3) 인적요건

투자자문업을 영위하려면 상근 임직원 1인(다만, 「금융산업의 구조개선에 관한 법률」 제4조에 따른 인가를 받아 합병으로 신설되거나 존속하는 종합금융회사인 경우에는 상근 임직원 4인) 이상의 투자권유자문인력을 갖추어야 하고(令 21조③), 투자일임업을 영위하려면 상근 임직원 2인 이상의 투자운용인력을 갖추어야 한다(法 18조②3). 투자권유자문인력은 투자권유를 하거나 투자에 관한 자문 업무를 수행하는 자를 말하고, 투자운용인력은 집합투자재산·신탁재산 또는 투자일임재산을 운용하는 업무를 수행하는 자를 말한다(法 286조①3). 이 경우 외국투자자문업자 또는 외국투자일임업자가 해당 국가에서 투자권유자문인력 또는 투자운용인력에 상당하는 자를 상기 수 이상 확보하고 있는 때에는 해당 요건을 갖춘 것으로 본다(法 18조②3).

(4) 임원의 자격요건

금융사지배구조법 제5조에 적합하지 아니하면 당연히 투자일임업이나 투자자문업을 영위하는 금융투자업자가 될 수 없다(法 18조②4).

(5) 대주주의 사회적 신용요건

투자일임업이나 투자자문업을 영위하는 금융투자업자가 되려면 대주주나 외국투자자문업자 또는 외국투자일임업자가 각각 대통령령으로 정하는 사회적 신

23) 따라서 개인은 물론 상법상 합명회사, 합자회사, 유한회사 등은 투자자문업이나 투자일임업을 영위할 수 없고, 다만 유사투자자문업(法 101조)은 영위할 수 있다.

용을 갖추어야 한다(法 18조②5, 令 21조⑤,⑥).

⑹ 금융투자업자의 재무상태 · 신용요건

투자일임업이나 투자자문업을 영위하는 금융투자업자가 되려면 대통령령으로 정하는 건전한 재무상태와 사회적 신용을 갖추어야 한다(法 18조②5의2, 令 21조⑦).

⑺ 이해상충방지체계의 구축

금융투자업자와 투자자 간, 특정한 투자자와 다른 투자자 간의 이해상충을 방지하기 위한 체계를 갖추어야 한다(法 18조②6).

Ⅱ. 인가 · 등록의 절차

1. 인가절차

⑴ 인가의 신청 및 심사

㈎ 인가신청서 제출

1) 제 출 처 금융투자업인가를 받으려는 자는 소정의 기재사항[24]과 첨부서류[25]를 갖춘 인가신청서를 금융위원회에 제출해야 한다(法 13조①).

---

24) 금융투자업인가신청서의 기재사항은 다음과 같다(令 17조①).
1. 상호
2. 본점과 지점, 그 밖의 영업소의 소재지
3. 임원에 관한 사항
4. 경영하려는 인가업무 단위(法 12조 제1항에 따른 인가업무 단위)에 관한 사항
5. 자기자본 등 재무에 관한 사항
6. 사업계획에 관한 사항
7. 인력과 전산설비 등의 물적 설비에 관한 사항
8. 대주주나 외국금융투자업자에 관한 사항
9. 이해상충방지체계에 관한 사항
10. 그 밖에 인가요건의 심사에 필요한 사항으로서 금융위원회가 정하여 고시하는 사항

25) 금융투자업인가신청서의 첨부서류는 다음과 같다(令 17조②).
1. 정관(이에 준하는 것 포함)
2. 발기인총회, 창립주주총회 또는 이사회의 의사록 등 설립이나 인가신청의 의사결정을 증명하는 서류
3. 본점과 지점, 그 밖의 영업소의 위치와 명칭을 기재한 서류
4. 임원의 이력서와 경력증명서
5. 인가업무 단위의 종류와 업무방법을 기재한 서류
6. 최근 3개 사업연도의 재무제표와 그 부속명세서(설립 중인 법인은 제외하며, 설립일부터 3개 사업연도가 지나지 아니한 법인의 경우에는 설립일부터 최근 사업연도까지의 재무제표와 그 부속명세서)

2) 참조기재방법 금융투자업인가를 받으려는 자는 예비인가를 신청한 경우로서 예비인가 신청 시에 제출한 예비인가신청서 및 첨부서류의 내용이 변경되지 아니한 경우에는 그 부분을 적시하여 이를 참조하라는 뜻을 기재하는 방법으로 인가신청서의 기재사항 중 일부를 기재하지 아니하거나 첨부서류 중 그 첨부서류의 제출을 생략할 수 있다(令 17조③).

3) 영업개시의무 금융투자업인가를 받은 자는 그 인가를 받은 날부터 6개월 이내에 영업을 시작해야 한다. 다만, 금융위원회가 그 기한을 따로 정하거나 금융투자업인가를 받은 자의 신청을 받아 그 기간을 연장한 경우에는 그 기한 이내에 그 인가받은 영업을 시작할 수 있다(令 17조⑩).

(나) 인가신청서 심사

금융위원회는 인가신청서를 접수한 경우에는 그 내용을 심사하여 3개월(예비인가를 받은 경우에는 1개월) 이내에 금융투자업인가 여부를 결정하고, 그 결과와 이유를 지체 없이 신청인에게 문서로 통지해야 한다. 이 경우 인가신청서에 흠결이 있는 때에는 보완을 요구할 수 있다(法 13조②).[26] 심사기간을 산정함에 있어서 인가신청서 흠결의 보완기간 등 총리령으로 정하는 기간(規則 2조)은 심사기간에 산입하지 않는다(法 13조③).[27] 금융위원회는 금융투자업인가를 하는

---

7. 업무개시 후 3개 사업연도의 사업계획서(추정재무제표를 포함) 및 예상수지계산서
8. 인력, 물적 설비 등의 현황을 확인할 수 있는 서류
9. 인가신청일(인가업무 단위를 추가하기 위한 인가신청 또는 겸영금융투자업자의 인가신청인 경우에는 최근 사업연도말) 현재 발행주식총수의 1% 이상을 소유한 주주의 성명 또는 명칭과 그 소유주식수를 기재한 서류
10. 대주주나 외국금융투자업자가 자본시장법 제12조 제2항 제6호 각 목의 요건을 갖추었음을 확인할 수 있는 서류
11. 이해상충방지체계를 갖추었는지를 확인할 수 있는 서류
12. 그 밖에 인가요건의 심사에 필요한 서류로서 금융위원회가 정하여 고시하는 서류

26) 구체적으로는, 인가신청서를 제출받은 금융위원회는 전자정부법에 따른 행정정보의 공동이용을 통하여 법인 등기사항증명서를 확인하여야 하고(令 17조④), 금융투자업인가의 신청내용에 관한 사실 여부를 확인하고, 이해관계자 등으로부터 수렴된 의견을 고려하여 신청내용이 인가요건을 충족하는지를 심사하여야 하고(令 17조⑤), 금융투자업인가의 신청내용을 확인하기 위하여 필요한 경우에는 이해관계자, 발기인 또는 임원과의 면담 등의 방법으로 실지조사를 할 수 있고(令 17조⑥), 금융투자업인가의 신청내용에 관한 이해관계자 등의 의견을 수렴하기 위하여 신청인, 신청일자, 신청내용, 의견제시의 방법 및 기간 등을 인터넷 홈페이지 등에 공고하여야 하고(令 17조⑦), 이에 따라 접수된 의견 중 금융투자업인가의 신청인에게 불리하다고 인정되는 의견을 금융투자업인가의 신청인에게 통보하고, 기한을 정하여 소명하도록 할 수 있고(令 17조⑧), 금융투자업인가가 금융시장에 중대한 영향을 미칠 염려가 있는 경우 등 필요하다고 인정되는 경우에는 공청회를 개최할 수 있다(令 17조⑨).

27) 제13조 제3항의 개정규정은 개정법 시행(2013. 8. 29.) 후 최초로 금융위원회에 조건의 취소

경우에는 경영의 건전성 확보 및 투자자 보호에 필요한 조건을 붙일 수 있고(法 13조④),[28] 이 경우 그 이행 여부를 확인해야 한다(令 17조⑪). 조건이 붙은 금융투자업인가를 받은 자는 사정의 변경, 그 밖에 정당한 사유가 있는 경우에는 금융위원회에 조건의 취소 또는 변경을 신청할 수 있다. 이 경우 금융위원회는 2개월 이내에 조건의 취소 또는 변경 여부를 결정하고, 그 결과를 지체 없이 신청인에게 문서로 통지해야 한다(法 13조⑤). 인가신청서 또는 조건의 취소·변경신청서의 기재사항·첨부서류 등 인가신청 또는 조건의 취소·변경신청에 관한 사항과 심사의 방법·절차, 그 밖에 필요한 사항은 대통령령으로 정한다(法 13조⑦).

⑵ 인가의 공고

금융위원회는 금융투자업인가를 하거나 그 인가의 조건을 취소 또는 변경한 경우에는 다음과 같은 사항을 관보 및 인터넷 홈페이지 등에 공고해야 한다(法 13조⑥).

1. 금융투자업인가의 내용
2. 금융투자업인가의 조건(조건을 붙인 경우에 한한다)
3. 금융투자업인가의 조건을 취소하거나 변경한 경우 그 내용(조건을 취소하거나 변경한 경우에 한한다)

⑶ 예비인가와 본인가

금융투자업인가("본인가")를 받으려는 자는 미리 금융위원회에 예비인가를 신청할 수 있다(法 14조①). 예비인가신청서에는 본인가신청서의 기재사항을 기재하여야 하고(令 18조①), 소정의 서류를 첨부해야 한다(令 18조②).[29] 예비인가

또는 변경을 신청하는 경우부터 적용한다(부칙 2조).

28) 자본시장법 제13조 제4항이 규정하는 "조건"은 "부담"에 해당한다. 행정법상 "조건"은 그 성취 여부에 따라 행정행위의 효력발생 여부가 결정되는 것이기 때문이다.

29) 예비인가신청서에는 다음과 같은 서류를 첨부해야 한다(令 18조②).
1. 정관이나 정관안(이에 준하는 것 포함)
2. 발기인총회, 창립주주총회 또는 이사회의 의사록 등 설립이나 인가신청의 의사결정을 증명하는 서류
3. 임원(임원으로 선임이 예정된 자를 포함)의 이력서와 경력증명서
4. 인가업무 단위의 종류와 업무방법을 기재한 서류
5. 최근 3개 사업연도의 재무제표와 그 부속명세서(설립 중인 법인은 제외하며, 설립일부터 3개 사업연도가 지나지 아니한 법인의 경우에는 설립일부터 최근 사업연도까지의 재무제표와 그 부속명세서)
6. 업무개시 후 3개 사업연도의 사업계획서(추정재무제표를 포함) 및 예상수지계산서

의 심사 방법 및 절차에 관하여서는 본인가에 관한 규정을 준용하며, 이 경우 "금융투자업인가"는 "예비인가"로 본다(슈 18조③). 금융위원회는 예비인가를 신청받은 경우에는 2개월 이내에 본인가의 요건을 갖출 수 있는지 여부를 심사하여 예비인가 여부를 결정하고, 그 결과와 이유를 지체 없이 신청인에게 문서로 통지해야 한다. 이 경우 예비인가신청에 관하여 흠결이 있는 때에는 보완을 요구할 수 있다(法 14조②). 심사기간을 산정함에 있어서 예비인가신청과 관련된 흠결의 보완기간 등 총리령으로 정하는 기간(規則 3조)은 심사기간에 산입하지 않는다(法 14조③). 금융위원회는 예비인가를 하는 경우에는 경영의 건전성 확보 및 투자자 보호에 필요한 조건을 붙일 수 있다(法 14조④). 예비인가를 받은 자는 예비인가를 받은 날부터 6개월 이내에 예비인가의 내용 및 조건을 이행한 후 본인가를 신청해야 한다. 다만, 금융위원회가 예비인가 당시 본인가 신청기한을 따로 정하였거나, 예비인가 후 예비인가를 받은 자의 신청을 받아 본인가 신청기한을 연장한 경우에는 그 기한 이내에 본인가를 신청할 수 있다(슈 18조④). 금융위원회는 예비인가를 받은 자가 본인가를 신청하는 경우에는 예비인가의 조건을 이행하였는지 여부와 본인가의 요건을 갖추었는지 여부를 확인한 후 본인가 여부를 결정해야 한다(法 14조⑤).

(4) 인가요건의 유지

금융투자업자는 금융투자업인가를 받아 그 영업을 영위함에 있어서 자본시장법 제12조 제2항 각 호의 인가요건을 유지해야 한다. 다만 "대주주가 충분한 출자능력, 건전한 재무상태 및 사회적 신용을 갖출 것"이라는 제6호 가목, "대통령령으로 정하는 건전한 재무상태와 사회적 신용을 갖출 것"이라는 제6호의2는 유지요건에서 제외된다. 그리고 "인가업무 단위별로 5억원 이상으로서 대통령령으로 정하는 금액 이상의 자기자본을 갖출 것"이라는 제2호, "외국금융투자업자

7. 인력, 물적 설비 등(채용, 구매 등이 예정된 인력, 물적 설비 등 포함)의 현황을 확인할 수 있는 서류
8. 예비인가신청일(인가업무 단위를 추가하기 위한 예비인가신청 또는 겸영금융투자업자의 예비인가신청인 경우에는 최근 사업연도말) 현재 발행주식총수의 1% 이상을 소유한 주주의 성명이나 명칭과 그 소유주식수를 기재한 서류
9. 대주주나 외국금융투자업자가 자본시장법 제12조 제2항 제6호 각 목의 요건을 갖추었음을 확인할 수 있는 서류
10. 이해상충방지체계를 갖추었거나 갖출 수 있는지를 확인할 수 있는 서류
11. 그 밖에 예비인가요건의 심사에 필요한 서류로서 금융위원회가 정하여 고시하는 서류

가 충분한 출자능력, 건전한 재무상태 및 사회적 신용을 갖출 것"이라는 제6호 나목의 경우에는 완화된 요건(令 19조①)이 적용된다(法 15조①).

자본시장법 제16조의2에 따라 업무 단위 추가등록을 한 투자매매업자 또는 투자중개업자는 업무 단위 추가등록 이후 그 영업을 영위할 때에는 제12조 제2항 각 호의 요건(같은 항 제3호, 제6호 및 제6호의2는 제외하며, 같은 항 제2호의 경우에는 대통령령으로 정하는 완화된 요건을 말한다)을 유지해야 한다(法 15조②).

⑸ 업무단위 추가와 등록

금융투자업자는 인가받은 인가업무 단위 외에 다른 인가업무 단위를 추가하여 금융투자업을 영위하려는 경우에는 금융위원회의 변경인가를 받아야 한다. 이 경우 예비인가와 본인가에 관한 제14조가 적용된다(法 16조①). 변경인가를 함에 있어서 대주주·외국금융투자업자 요건(法 12조②6)에 관하여는 완화된 요건(令 19조의2)을 적용한다(法 16조②).[30]

자본시장법 제12조에 따라 금융투자업인가를 받은 투자매매업자 또는 투자중개업자(겸영금융투자업자는 제외한다)가 같은 금융투자업의 종류에 속하는 금융투자상품을 구성요소로 하여 대통령령으로 정하는 업무 단위를 추가하여 금융투자업을 영위하려는 경우에는 제12조 제1항에도 불구하고 금융위원회에 이를 등록("업무 단위 추가등록")해야 한다(法 16조의2①). 금융위원회는 업무 단위 추가등록을 결정하는 경우 경영의 건전성 확보 및 투자자 보호에 필요한 조건을 붙일 수 있다(法 16조의2⑤).[31]

⑹ 영업개시 및 유지의무

금융투자업 인가를 받은 자는 그 인가를 받은 날부터 6개월 이내에 영업을 시

30) 자본시장법 제정 당시에는 변경인가에서는 예비인가제도가 적용되지 않았으나, 2009년 2월 개정시 예비인가제도가 적용되도록 개정하였다. 한편, 제정 당시 변경인가에 관하여는 진입요건 중 대주주요건에 대하여 완화한 기준(유지요건)이 적용되었으나(제2항), 위 개정시 완화규정이 삭제되었다. 그러나 2010년 3월 개정시 제2항에 다시 변경인가를 함에 있어서 제12조 제2항 제6호의 인가요건에 관하여는 대통령령으로 정하는 완화된 요건을 적용한다는 규정이 신설되었다. 이는 2010년 3월 개정시 금융투자업자 본인에 대하여 건전한 재무상태와 사회적 신용 요건이 추가됨을 감안하여 대주주에 대하여는 완화된 요건을 적용하기 위한 것이다. 즉, 변경인가·등록시 본인요건을 신규진입시 대주주 요건보다는 완화되지만 업무추가시 대주주 요건에 비하여 강화된 수준으로 정하였다. 대주주요건은 종래의 요건과 동일한 수준으로 규정하되, 차입에 의한 출자금지요건을 추가하는 등 구체화하였다.

31) 투자매매업 등의 업무 단위 추가 및 등록에 관한 제16조의2는 2021년 6월 개정시 신설된 규정으로서 2021.12.9.부터 시행되었다. 업무 단위 추가등록을 한 투자매매업자·투자중개업자의 인가요건의 유지에 관한 제15조 제2항도 같다.

작해야 한다. 다만, 금융위원회가 그 기한을 따로 정하거나 그 기한의 연장을 승인한 경우에는 그 기한 이내에 그 인가받은 영업을 시작할 수 있다(令 17조⑩).[32]

금융투자업자가 인가를 받거나 등록을 한 날부터 6개월(집합투자업, 신탁업, 전문사모집합투자업은 1년) 이내에 영업을 시작하지 아니하거나 영업을 시작한 후 정당한 사유 없이 인가 받거나 등록한 업무를 6개월(집합투자업, 신탁업, 전문사모집합투자업은 1년) 이상 계속해서 하지 아니한 경우는 인가·등록의 취소사유에 해당한다(法 420조①9, 令 373조④1).[33]

2. 등록절차

(1) 등록의 신청과 검토

금융투자업등록을 하려는 자는 등록신청서를 금융위원회에 제출해야 한다(法 19조①).[34] 등록신청서의 기재사항은 인가신청서에 비하면 간단하다. 금융위

32) 이러한 규정상 인가의 경우에는 6개월이 경과하면 인가받은 영업을 할 수 없으므로 영업개시의무 위반에 대하여 금융위원회가 인가를 취소하지 않았더라도 영업을 개시할 수 없다. 그러나 등록의 경우에 대한 시행령 제22조에 이러한 규정이 없으므로 등록이 취소되지 않는 한 등록업자는 언제든지 영업을 시작할 수 있다는 해석이 가능하다.

33) 자본시장법은 영업유지의무를 명시적으로 규정하지 않지만 영업유지의무 위반을 취소사유로 규정함으로써 영업유지의무를 간접적으로 규정하고 있다.

34) 등록신청서의 기재사항은 다음과 같다(令 22조①).

1. 상호
2. 본점의 소재지
3. 임원에 관한 사항
4. 경영하려는 등록업무 단위(法 18조 제1항에 따른 등록업무 단위)에 관한 사항
5. 자기자본 등 재무에 관한 사항
6. 투자권유자문인력 또는 투자운용인력에 관한 사항
7. 대주주나 외국투자자문업자 또는 외국투자일임업자에 관한 사항
8. 이해상충방지체계에 관한 사항
9. 그 밖에 등록의 검토에 필요한 사항으로서 금융위원회가 정하여 고시하는 사항

등록신청서의 첨부서류는 다음과 같다(令 22조②).

1. 정관(이에 준하는 것 포함)
2. 본점의 위치와 명칭을 기재한 서류
3. 임원의 이력서와 경력증명서
4. 등록업무 단위의 종류와 업무방법을 기재한 서류
5. 최근 3개 사업연도의 재무제표와 그 부속명세서(설립 중인 법인은 제외하며, 설립일부터 3개 사업연도가 지나지 아니한 법인의 경우에는 설립일부터 최근 사업연도까지의 재무제표와 그 부속명세서)
6. 투자권유자문인력 또는 투자운용인력의 현황을 확인할 수 있는 서류
7. 등록신청일(등록업무 단위를 추가하기 위한 등록신청이나 겸영금융투자업자의 등록신청인 경우에는 최근 사업연도말) 현재 대주주의 성명이나 명칭과 그 소유주식수를 기재한

원회는 등록신청서를 접수한 경우에는 그 내용을 검토하여 2개월 이내에 금융투자업등록 여부를 결정하고, 그 결과와 이유를 지체 없이 신청인에게 문서로 통지해야 한다. 이 경우 등록신청서에 흠결이 있는 때에는 보완을 요구할 수 있다(法 19조②). 검토기간을 산정함에 있어서 등록신청서 흠결의 보완기간 등 총리령으로 정하는 기간(規則 4조)은 검토기간에 산입하지 않는다(法 19조③). 등록신청서를 제출받은 금융위원회는 전자정부법에 따른 행정정보의 공동이용을 통하여 법인 등기사항증명서를 확인하여야 하고(令 22조③), 금융투자업등록의 신청내용에 관한 사실 여부를 확인하고, 그 신청내용이 등록요건을 충족하는지를 검토해야 한다(令 22조④). 등록에 있어서는 인가신청에 대한 "심사"와 달리 사업계획의 타당성과 건전성과 같은 실질적 기준은 요건이 아니므로, 등록신청에 대한 "검토"는 주로 형식적 요건으로 구성된 등록요건의 구비에 대한 형식적 심사권을 의미한다.[35]

(2) 등록의 공고

금융위원회는 금융투자업등록을 결정한 경우 투자자문업자 등록부 또는 투자일임업자 등록부에 필요한 사항을 기재하여야 하며, 등록결정한 내용을 관보 및 인터넷 홈페이지 등에 공고해야 한다(法 19조⑤).[36]

서류

8. 대주주나 외국투자자문업자 또는 외국투자일임업자가 자본시장법 제18조 제2항 제5호 각 목의 요건을 갖추었음을 확인할 수 있는 서류
9. 이해상충방지체계를 갖추었는지를 확인할 수 있는 서류
10. 그 밖에 등록의 검토에 필요한 서류로서 금융위원회가 정하여 고시하는 서류

35) 김건식·정순섭, 741면. 그러나 자본시장법 시행령 제22조 제4항은 "제1항에 따른 등록신청서를 제출받은 금융위원회는 금융투자업등록의 신청내용에 관한 사실 여부를 확인하고, 그 신청내용이 자본시장법 제18조 제2항에 따른 등록요건을 충족하는지를 검토해야 한다."고 규정하고, 자본시장법 제19조 제4항 제2호는 "등록신청서를 거짓으로 작성한 경우"를 등록거부 사유로 규정한다. 따라서 등록신청에 대한 실질적 심사가 완전히 배제된다기보다는, 인가신청의 경우와 같은 수준의 실질적 심사는 아니더라도 제한된 범위에서는 실질적 심사권이 인정된다고 보아야 할 것이다. 다만 등록신청에 대한 검토가 사실상 인가신청에 대한 심사 수준으로 이루어지는 것을 방지하기 위하여 자본시장법 제19조 제4항은 금융위원회가 금융투자업등록 여부를 결정함에 있어서, i) 금융투자업등록요건을 갖추지 아니한 경우, ii) 등록신청서를 거짓으로 작성한 경우, iii) 보완요구를 이행하지 아니한 경우가 아닌 한 등록을 거부할 수 없다고 규정한다.

36) 투자자문업, 투자일임업의 등록의 경우에는 예비인가의 경우와 달리 예비 등록제도가 없다. 등록요건은 인가요건에 비해 완화되어 있고, 사업계획의 타당성요건이 없으므로 예비 등록제의 필요성이 없기 때문이다.

(3) 등록요건의 유지 · 완화

투자자문업자 또는 투자일임업자는 금융투자업등록 이후 그 영업을 영위함에 있어서 등록요건을 유지하여야 하는데, 건전한 재무상태와 사회적 신용 요건(法 18조② 5의2)은 유지요건에서 제외되며, 자기자본요건과 대주주요건에 한하여 완화된 요건(令 23조)이 적용된다(法 20조).

(4) 업무의 추가 및 변경등록

금융투자업자는 등록한 등록업무 단위 외에 다른 등록업무 단위를 추가할 때마다 신규로 등록신청서를 제출할 필요는 없고, 금융위원회에 변경등록하면 된다(法 21조①). 변경등록을 함에 있어서 대주주·외국금융투자업자 요건(法 18조②5)에 관하여는 완화된 요건(令 23조의2, 23조 2호)을 적용한다(法 21조②).[37)]

(5) 영업개시 및 유지의무

인가의 경우에는 영업개시의무가 명문으로 규정되어 있지만, 등록의 경우에는 영업개시의무에 관한 규정이 없다. 그러나 자본시장법은 등록을 한 날부터 6개월 이내에 영업을 시작하지 아니하거나 영업을 시작한 후 정당한 사유 없이 등록한 업무를 6개월 이상 계속해서 하지 아니한 경우를 등록취소사유로 규정하므로(令 373조④1), 등록의 경우에도 등록 후 6개월 내 영업개시의무가 적용된다.

Ⅲ. 인가·등록의 취소 등

1. 인가·등록의 취소

(1) 취소사유

금융위원회는 금융투자업자가 다음과 같은 경우에는 금융투자업인가, 업무단위 추가등록, 금융투자업등록을 취소할 수 있다(法 420조①).

1. 거짓, 그 밖의 부정한 방법으로 금융투자업의 인가를 받거나 등록한 경우
2. 인가조건 또는 업무 단위 추가등록조건을 위반한 경우
3. 인가요건, 업무 단위 추가등록요건의 유지의무를 위반한 경우
4. 업무의 정지기간 중에 업무를 한 경우
5. 금융위원회의 시정명령 또는 중지명령을 이행하지 아니한 경우

---

37) 변경등록에 관한 제21조 제2항도 위에서 본 바와 같은 변경인가규정과 같은 이유로 2009년 2월 개정시 삭제되었다가 2010년 3월 개정시 다시 신설되었다.

6. 별표 1 각 호의 어느 하나에 해당하는 경우로서 대통령령 제373조 제1항으로 정하는 경우
7. 대통령령 제373조 제2항으로 정하는 금융관련 법령 등을 위반한 경우로서 대통령령 제373조 제3항으로 정하는 경우
8. 그 밖에 투자자의 이익을 현저히 해할 우려가 있거나 해당 금융투자업을 영위하기 곤란하다고 인정되는 경우로서 대통령령으로 정하는 경우[38)]

(2) 취소대상

인가·등록은 복수의 인가업무 단위 및 등록업무 단위를 대상으로 하는 것이므로, 금융투자업의 종류별 인가·등록이 아니라 금융투자업인가, 금융투자업등록으로서 단일인가·단일등록이다. 따라서 금융투자업의 종류별로 금융투자업에 대한 인가 또는 등록이 취소대상으로 되는 것이 아니라, 금융투자업인가 또는 금융투자업등록의 전부가 취소대상이다.

2. 금융위원회의 조치

금융위원회는 금융투자업자가 제420조 제1항 각 호(제6호 제외)의 어느 하나에 해당하거나 별표 1 각 호의 어느 하나에 해당하는 경우에는 다음과 같은 조치를 할 수 있다(法 420조③).

1. 6개월 이내의 업무의 전부 또는 일부의 정지
2. 신탁계약, 그 밖의 계약의 인계명령
3. 위법행위의 시정명령 또는 중지명령
4. 위법행위로 인한 조치를 받았다는 사실의 공표명령 또는 게시명령

---

38) "대통령령으로 정하는 경우"란 다음과 같은 경우를 말한다(令 373조④).
1. 인가를 받거나 등록을 한 날부터 6개월 이내에 영업을 시작하지 아니하거나 영업을 시작한 후 정당한 사유 없이 인가 받거나 등록한 업무를 6개월 이상 계속해서 하지 아니한 경우
2. 업무와 관련하여 부정한 방법으로 타인으로부터 금전등을 받거나 타인에게 줄 금전등을 취득한 경우
3. 자본시장법 제420조 제3항 제1호에 따른 업무정지의 조치를 받은 날부터 1개월(업무정지의 조치를 하면서 1개월을 초과하는 보정기간을 정한 경우에는 그 기간) 이내에 해당 조건을 보정하지 아니한 경우
4. 증권시장 및 파생상품시장에서의 매매, 그 밖의 거래에 관하여 계약을 위반하거나 결제를 이행하지 아니한 경우(거래소의 회원인 투자매매업자 및 투자중개업자의 경우만 해당한다)
5. 같거나 비슷한 위법행위를 계속하거나 반복하는 경우

5. 기관경고
6. 기관주의
7. 그 밖에 위법행위를 시정하거나 방지하기 위하여 필요한 조치로서 대통령령으로 정하는 조치[39]

3. 인가 · 등록의 취소와 해산

금융투자업자(겸영금융투자업자 제외)는 그 업무에 관련된 금융투자업인가와 금융투자업등록이 모두 취소된 경우에는 이로 인하여 해산한다(法 420조②). 외국금융투자업자가 해산, 파산 등의 사유에 해당하게 되면 금융위원회는 그 외국금융투자업자의 지점, 그 밖의 영업소에 대하여 금융투자업인가 또는 금융투자업등록을 취소할 수 있다(法 421조①). 외국금융투자업자의 지점, 그 밖의 영업소는 그 업무에 관련된 금융투자업 인가와 등록이 모두 취소된 경우에는 지체 없이 청산해야 한다(法 421조③).

---

39) "대통령령으로 정하는 조치"란 다음과 같은 조치를 말한다(令 373조⑤).
1. 지점, 그 밖의 영업소의 폐쇄 또는 그 업무의 전부나 일부의 정지
2. 경영이나 업무방법의 개선요구나 개선권고
3. 변상 요구
4. 법을 위반한 경우에는 고발 또는 수사기관에의 통보
5. 다른 법률을 위반한 경우에는 관련 기관이나 수사기관에의 통보
6. 그 밖에 금융위원회가 자본시장법 및 동법 시행령, 그 밖의 관련 법령에 따라 취할 수 있는 조치

제 2 장

지배구조규제

제 1 절 총 론

Ⅰ. 금융회사의 지배구조에 관한 법률

1. 제정목적

「금융회사의 지배구조에 관한 법률」(이하 "금융사지배구조법")[1]의 "금융회사"에는 자본시장법상 금융투자업자 및 종합금융회사가 포함된다. "금융회사 임원의 자격요건, 이사회의 구성 및 운영, 내부통제제도 등 금융회사의 지배구조에 관한 기본적인 사항을 정함으로써 금융회사의 건전한 경영과 금융시장의 안정성을 기하고, 예금자, 투자자, 보험계약자, 그 밖의 금융소비자를 보호하는 것"을 목적으로 한다(同法 1조).[2] 금융사지배구조법의 시행일인 2016. 8. 1.자로 자본시장법의 관련 규정은 삭제되었다.

---

1) 본서에서는「금융회사의 지배구조에 관한 법률」에 대한 법제처 공식 약칭인 "금융사지배구조법"으로 표기한다.

2) 구 증권거래법은 증권회사의 지배구조에 대한 특례를 규정하고, 상장법인에 대한 특례규정을 별도로 두고 있었다. 자본시장법은 금융투자업자에 대한 특례를 규정하고, 구 증권거래법의 상장법인에 대한 특례규정은 당초에는 별도의 법으로 규정할 계획이었으나, 결국 2009년 2월 개정시 특례규정 중 재무구조에 관한 규정은 자본시장법에 편입시키고, 지배구조에 관한 특례규정은 상법에 편입시켰다. 그 후 2015년「금융회사의 지배구조에 관한 법률」이 제정되었고, 2016. 8. 1.부터 시행되었다. 동법은 제정이유에서, "글로벌 금융위기 이후 전 세계적으로 금융회사의 바람직한 지배구조에 관한 중요성이 강조되고 있고, 금융회사의 이사회와 감사위원회의 역할 강화 등 금융회사의 지배구조에 관한 규율을 강화할 필요성이 제기됨에 따라, 이사회의 사외이사 비율, 임원의 자격요건 등 개별 금융업권별로 차이가 나는 지배구조에 관한 사항을 통일적이고 체계적으로 규정하여 금융업 간의 형평성을 제고함. 또한, 이사회와 감사위원회의 기능을 강화하고 위험관리위원회와 위험관리책임자를 두도록 함으로써 금융회사의 책임성을 높이는 한편, 금융회사의 대주주에 대한 자격요건을 주기적으로 심사하도록 함으로써 건전한 경영을 유도하여 금융시장의 안정성을 유지하기 위한 제도적 기반을 마련하려는 것임."이라고 밝히고 있다.

2. 적용대상

금융사지배구조법의 적용대상인 금융회사는 다음과 같다(同法 2조 1호).

가. 은행법에 따른 인가를 받아 설립된 은행
나. 금융투자업자 및 종합금융회사
다. 보험회사
라. 상호저축은행
마. 여신전문금융회사
바. 금융지주회사
사. 그 밖의 법률에 따라 금융업무를 하는 회사로서 대통령령으로 정하는 회사[3)]

3. 외국금융회사의 국내지점에 대한 적용

외국의 법령에 따라 설립되어 외국에서 금융업을 영위하는 자("외국금융회사")의 국내지점에 대하여는 금융사지배구조법 제5조, 제7조, 제4장 및 제7장을 적용하며, 이 경우 외국금융회사의 국내지점의 대표자와 그 밖에 대통령령으로 정하는 사람은 금융사지배구조법에 따른 금융회사의 임원으로 본다(同法 3조②).

4. 적용배제

⑴ 전부적용배제

금융사지배구조법은 다음과 같은 자에게는 적용하지 않는다(同法 3조①).

1. 금융회사의 국외 현지법인(국외지점을 포함)
2. 겸영금융투자업자(法8조⑨) 중 대통령령으로 정하는 자(同法 施行令 6조①)
3. 역외투자자문업자 또는 역외투자일임업자(法100조①)

⑵ 일부적용배제

자산규모, 영위하는 금융업무 등을 고려하여 대통령령으로 정하는 금융회사에 대하여는 다음 사항을 적용하지 아니한다(同法 3조③). 최근 사업연도 말 현재 자산총액이 5조원 미만인 금융투자업자(자산총액이 2조원 이상인 주권상장법인은 제외)가 이에 해당한다(同法 施行令 6조③2).[4)]

---

3) "대통령령으로 정하는 회사"란 한국산업은행, 중소기업은행, 농협은행, 수산업협동조합법에 의한 수협은행이다(同法 施行令 2조).

1. 이사회의 구성·운영에 관한 사항(同法 12조①, ② 본문, 14조)
2. 이사회내 위원회의 설치에 관한 사항(同法 16조①,②)
3. 위험관리위원회에 관한 사항(同法 21조)
4. 보수위원회 및 보수체계 등에 관한 사항(同法 22조)
5. 소수주주권(同法 22조, 보험업법 제2조 제7호에 따른 상호회사인 보험회사의 경우 소수사원권)의 행사에 관한 사항(同法 33조)

5. 다른 법률과의 관계

금융회사의 지배구조에 관하여 다른 금융관계법령에 특별한 규정이 있는 경우를 제외하고는 금융사지배구조법에서 정하는 바에 따른다(同法 4조①). 금융회사의 지배구조에 관하여 금융사지배구조법에 특별한 규정이 없으면 상법을 적용한다(同法 31조②).

Ⅱ. 임 원

1. 임원의 의의

금융사지배구조법상 "임원"이란 이사, 감사, 집행임원(상법에 따른 집행임원을 둔 경우로 한정) 및 업무집행책임자를 말한다(同法 2조 2호). "이사"란 사내이사, 사외이사 및 그 밖에 상시적인 업무에 종사하지 아니하는 이사("비상임이사")를 말하고(同法 2조 3호), "사외이사"란 상시적인 업무에 종사하지 아니하는 이사로서 임원후보추천위원회(同法 17조)의 추천으로 선임되는 사람을 말한다(同法 2조 4호).[5] "업무집행책임자"란 이사가 아니면서 명예회장·회장·부회장·사장·부사장·행장·부행장·부행장보·전무·상무·이사 등 업무를 집행할 권한이 있는 것으로 인정될 만한 명칭을 사용하여 금융회사의 업무를 집행하는 사람을 말한다(同法 2조 5호).[6]

---

4) "대통령령으로 정하는 금융회사" 중 금융투자업자와 종합금융회사는, 최근 사업연도 말 현재 자산총액이 5조원 미만인 회사를 말한다. 다만, 최근 사업연도 말 현재 그 금융투자업자가 운용하는 집합투자재산, 투자일임재산 및 신탁재산(관리형신탁의 재산은 제외)의 전체 합계액이 20조원 이상인 경우는 제외한다(同法 施行令 6조③2).

5) 자본시장법 제9조 제3항도 "이 법에서 "사외이사"란 상시적인 업무에 종사하지 아니하는 사람으로서 「금융회사의 지배구조에 관한 법률」 제17조에 따라 선임되는 이사를 말한다."라고 규정한다.

6) 업무집행책임자는 결국 상법 제401조의2 제3호의 소위 "표현이사"의 개념과 유사하다. 다만, 상법상 표현이사는 임원에 해당하지 않지만 금융사지배구조법상 업무집행책임자는 임원

2. 금융회사 임원의 자격요건

(1) 임원의 자격요건

다음과 같은 자는 금융회사의 임원이 될 수 없다(同法 5조①). 금융회사의 임원으로 선임된 사람이 이에 해당하게 된 경우에는 그 직을 상실한다. 다만, 제7호에 해당하는 사람으로서 대통령령으로 정하는 경우에는 그 직을 잃지 아니한다(同法 5조②).[7)]

1. 미성년자, 피성년후견인 또는 피한정후견인
2. 파산선고를 받은 자로서 복권되지 아니한 자
3. 금고 이상의 실형을 선고받고 그 집행이 끝나거나(집행이 끝난 것으로 보는 경우를 포함) 집행이 면제된 날부터 5년이 지나지 아니한 사람
4. 금고 이상의 형의 집행유예를 선고받고 그 유예기간 중에 있는 사람
5. 금융사지배구조법 또는 금융관계법령에 따라 벌금 이상의 형을 선고받고 그 집행이 끝나거나(집행이 끝난 것으로 보는 경우를 포함) 집행이 면제된 날부터 5년이 지나지 아니한 사람
6. 다음과 같은 조치를 받은 금융회사의 임직원 또는 임직원이었던 사람(그 조치를 받게 된 원인에 대하여 직접 또는 이에 상응하는 책임이 있는 사람으로서 대통령령으로 정하는 사람으로 한정한다)으로서 해당 조치가 있었던 날부터 5년이 지나지 아니한 사람[8)]

에 포함되는 개념이다.

7) "대통령령으로 정하는 경우"란 직무정지, 업무집행정지 또는 정직요구(재임 또는 재직 중이었더라면 조치를 받았을 것으로 통보를 받은 경우를 포함한다) 이하의 제재를 받은 경우를 말한다(同法 施行令 7조④).

8) "대통령령으로 정하는 사람"이란 해당 조치의 원인이 되는 사유가 발생한 당시의 임직원으로서 다음과 같은 사람을 말한다(同法 施行令 4조①).

1. 감사·감사위원회 위원("감사위원")
2. 법 제5조 제1항 제6호 가목 또는 다목에 해당하는 조치의 원인이 되는 사유의 발생과 관련하여 위법·부당한 행위로 금융위원회 또는 「금융위원회의 설치 등에 관한 법률」에 따라 설립된 금융감독원의 원장("금융감독원장")으로부터 주의·경고·문책·직무정지·해임요구, 그 밖에 이에 준하는 조치를 받은 임원(업무집행책임자는 제외)
3. 법 제5조 제1항 제6호 나목에 해당하는 조치의 원인이 되는 사유의 발생과 관련하여 위법·부당한 행위로 금융위원회 또는 금융감독원장으로부터 직무정지·해임요구, 그 밖에 이에 준하는 조치를 받은 임원
4. 법 제5조 제1항 제6호각 목에 해당하는 조치의 원인이 되는 사유의 발생과 관련하여 위법·부당한 행위로 금융위원회 또는 금융감독원장으로부터 직무정지요구·정직요구 이상에 해당하는 조치를 받은 직원(업무집행책임자를 포함)
5. 제2호부터 제4호까지의 제재 대상자로서 그 제재를 받기 전에 퇴임·퇴직한 사람

가. 금융관계법령에 따른 영업의 허가·인가·등록 등의 취소
나. 「금융산업의 구조개선에 관한 법률」 제10조 제1항에 따른 적기시정조치
다. 「금융산업의 구조개선에 관한 법률」 제14조 제2항에 따른 행정처분

7. 금융사지배구조법 또는 금융관계법령에 따라 임직원 제재조치(퇴임·퇴직한 임직원의 경우 해당 조치에 상응하는 통보를 포함)를 받은 사람으로서 조치의 종류별로 5년을 초과하지 않는 범위에서 대통령령으로 정하는 기간이 지나지 아니한 사람[9]
8. 해당 금융회사의 공익성 및 건전경영과 신용질서를 해칠 우려가 있는 경우로서 대통령령으로 정하는 사람[10]

⑵ 사외이사의 자격요건

㈎ 사외이사의 의의와 정원

자본시장법에서 사외이사란 상시적인 업무에 종사하지 않는 사람으로서 금융사지배구조법에 따라 임원후보추천위원회(同法 17조)의 추천으로 선임되는 이사를 말한다(法 9조③, 同法 2조 4호).

금융회사는 사외이사를 3인 이상 두어야 하며(同法 12조①), 사외이사의 수는 이사 총수의 과반수가 되어야 한다.[11] 다만 대통령령으로 정하는 금융회사의

---

9) "대통령령으로 정하는 기간"이란 다음 기간을 말한다(同法 施行令 7조②).
1. 임원에 대한 제재조치의 종류별로 다음 각 목에서 정하는 기간
가. 해임(해임요구 또는 해임권고를 포함): 해임일(해임요구 또는 해임권고의 경우에는 해임요구일 또는 해임권고일)부터 5년
나. 직무정지(직무정지의 요구를 포함) 또는 업무집행정지: 직무정지 종료일(직무정지 요구의 경우에는 직무정지 요구일) 또는 업무집행정지 종료일부터 4년
다. 문책경고: 문책경고일부터 3년
2. 직원에 대한 제재조치의 종류별로 다음 각 목에서 정하는 기간
가. 면직요구: 면직요구일부터 5년
나. 정직요구: 정직요구일부터 4년
다. 감봉요구: 감봉요구일부터 3년
3. 재임 또는 재직 당시 금융관계법령에 따라 그 소속기관 또는 금융위원회·금융감독원장 외의 감독·검사기관으로부터 제1호 또는 제2호의 제재조치에 준하는 조치를 받은 사실이 있는 경우 제1호 또는 제2호에서 정하는 기간
4. 퇴임하거나 퇴직한 임직원이 재임 또는 재직 중이었더라면 제1호부터 제3호까지의 조치를 받았을 것으로 인정되는 경우 그 받았을 것으로 인정되는 조치의 내용을 통보받은 날부터 제1호부터 제3호까지에서 정하는 기간

10) 해당 금융회사가 은행인 경우(1호), 금융지주회사인 경우(2호), 은행 또는 금융지주회사가 아닌 경우(3호)로 구분하여 주로 해당 금융회사의 자산운용과 관련하여 특정 거래기업 등의 이익을 대변할 우려가 있는 사람을 규정한다(同法 施行令 7조③).

11) 이러한 기준은 구 은행법상 은행, 상법상 대규모 상장회사 등의 사외이사와 같다. 다만, 동법 제3조 제3항의 적용배제규정에 따라, 최근 사업연도 말 현재 자산총액이 5조원 미만인 금융투자업자와 최근 사업연도 말 현재의 자산총액이 2조원 이상인 상장회사에게는 이러한 기

경우 이사 총수의 4분의 1 이상을 사외이사로 해야 한다(同法 12조②).[12)13)] 금융회사는 사외이사의 사임·사망 등의 사유로 사외이사의 수가 제1항 및 제2항에 따른 이사회의 구성요건에 미치지 못하게 된 경우에는 그 사유가 발생한 후 최초로 소집되는 주주총회(보험업법 제2조 제7호에 따른 상호회사인 보험회사의 경우 사원총회를 포함)에서 제1항 및 제2항에 따른 요건을 충족하도록 조치해야 한다(同法 12조③).

㈏ 사외이사의 선임

임원후보추천위원회는 임원(사외이사, 대표이사, 대표집행임원, 감사위원에 한정)후보를 추천한다(同法 17조①). 임원후보추천위원회는 3명 이상의 위원으로 구성한다(同法 17조②). 금융회사는 주주총회 또는 이사회에서 임원을 선임하려는 경우 임원후보추천위원회의 추천을 받은 사람 중에서 선임해야 한다(同法 17조③). 임원후보추천위원회가 사외이사 후보를 추천하는 경우에는 금융사지배구조법 제33조 제1항에 따른 주주제안권을 행사할 수 있는 요건을 갖춘 주주가 추천한 사외이사 후보를 포함시켜야 한다(同法 17조④).

㈐ 사외이사의 자격요건

1) 적극적 요건 금융회사의 사외이사는 금융, 경제, 경영, 법률, 회계 등 분야의 전문지식이나 실무경험이 풍부한 사람으로서 대통령령으로 정하는 사람이어야 한다(同法 6조③).[14)]

준이 적용되지 않는다.

12) "대통령령으로 정하는 금융회사"는 다음과 같다(同法 施行令 12조).
   1. 주권상장법인(상법 시행령 제34조 제1항 각 호의 어느 하나에 해당하는 경우는 제외)
   2. 최근 사업연도 말 현재 자산총액이 3천억원 이상인 상호저축은행
   3. 최근 사업연도 말 현재 자산총액이 3천억원 이상인 금융투자업자 또는 종합금융회사
   4. 최근 사업연도 말 현재 자산총액이 3천억원 이상인 보험회사
   5. 최근 사업연도 말 현재 자산총액이 3천억원 이상인 여신전문금융회사(여신전문금융업법에 따른 신용카드업을 영위하지 않는 여신전문금융회사는 최근 사업연도 말 현재 자산총액이 2조원 이상인 경우에 한정)

13) 자산총액 3천억원 이상이고 5조원 미만인 금융투자업자의 경우 이사 총수의 4분의 1 이상을 사외이사로 하여야 하는 것은 명백하지만 이사 총수에 관한 규정이 없는데, 3인 이상을 두어야 한다는 제12조 제1항은 적용배제되지 아니하므로 3인 이상의 사외이사를 두어야 한다는 해석도 가능하지만, 금융위원회는 이사 총수에 관한 제한은 없다고 해석하는 입장이다. 해석상의 논란을 피하기 위하여 입법적인 보완이 필요하다.

14) "대통령령으로 정하는 사람"이란 금융, 경영, 경제, 법률, 회계, 소비자보호 또는 정보기술 등 금융회사의 금융업 영위와 관련된 분야에서 연구·조사 또는 근무한 경력이 있는 사람으로서 사외이사 직무 수행에 필요한 전문지식이나 실무경험이 풍부하다고 해당 금융회사가 판단하는 사람을 말한다(同法 施行令 8조④).

2) 결격사유 다음과 같은 사람은 금융회사의 사외이사가 될 수 없으며, 다만, 사외이사가 됨으로써 최대주주의 특수관계인에 해당하게 된 사람은 사외이사가 될 수 있다(同法 6조①).

1. 최대주주 및 그의 특수관계인(최대주주 및 그의 특수관계인이 법인인 경우에는 그 임직원을 말한다)
2. 주요주주 및 그의 배우자와 직계존속·비속(주요주주가 법인인 경우에는 그 임직원을 말한다)
3. 해당 금융회사 또는 그 계열회사(「독점규제 및 공정거래에 관한 법률」 제2조 제12호 : "계열회사"란 둘 이상의 회사가 동일한 기업집단에 속하는 경우에 이들 각각의 회사를 서로 상대방의 계열회사라 한다.)의 상근(常勤) 임직원 또는 비상임이사이거나 최근 3년 이내에 상근 임직원 또는 비상임이사이었던 사람
4. 해당 금융회사 임원의 배우자 및 직계존속·비속
5. 해당 금융회사 임직원이 비상임이사로 있는 회사의 상근 임직원
6. 해당 금융회사와 대통령령으로 정하는 중요한 거래관계가 있거나 사업상 경쟁관계 또는 협력관계에 있는 법인의 상근 임직원이거나 최근 2년 이내에 상근 임직원이었던 사람[15]

---

15) "대통령령으로 정하는 중요한 거래관계가 있거나 사업상 경쟁관계 또는 협력관계에 있는 법인"은 다음과 같다(同法 施行令 8조①).

1. 최근 3개 사업연도 중 해당 금융회사와의 거래실적 합계액이 자산총액(해당 금융회사의 최근 사업연도 말 현재 재무상태표 상의 자산총액) 또는 영업수익(해당 금융회사의 최근 사업연도 말 현재 손익계산서 상의 영업수익)의 10% 이상인 법인
2. 최근 사업연도 중에 해당 금융회사와 매출총액(해당 금융회사와 거래계약을 체결한 법인의 최근 사업연도 말 현재 손익계산서 상의 매출총액)의 10% 이상의 금액에 상당하는 단일 거래계약을 체결한 법인
3. 최근 사업연도 중에 해당 금융회사가 금전, 유가증권, 그 밖의 증권 또는 증서를 대여하거나 차입한 금액과 담보제공 등 채무보증을 한 금액의 합계액이 다음 각 목의 구분에 따른 자본 또는 자본금의 10% 이상인 법인
   가. 해당 금융회사가 은행, 보험회사 또는 금융지주회사인 경우: 해당 법인의 최근 사업연도 말 현재 재무상태표 상의 자본(해당 금융회사가 보험회사인 경우에는 해당 법인의 자본금)
   나. 해당 금융회사가 금융투자업자, 상호저축은행, 여신전문금융회사인 경우: 해당 금융회사의 최근 사업연도 말 현재 재무상태표 상의 자본금(해당 금융회사가 금융투자업자인 경우에는 해당 금융회사의 자본금)
4. 해당 금융회사의 정기주주총회일(보험업법 제2조 제7호에 따른 상호회사인 보험회사의 경우에는 정기사원총회일을 말한다) 현재 해당 금융회사가 자본금(해당 금융회사가 출자한 법인의 자본금을 말한다)의 5% 이상을 출자한 법인
5. 해당 금융회사와 기술제휴계약을 체결하고 있는 법인
6. 해당 금융회사의 회계감사인(「주식회사 등의 외부감사에 관한 법률」 제3조 제1항에 따른 감사인을 말한다.)으로 선임된 회계법인

7. 해당 금융회사에서 6년 이상 사외이사로 재직하였거나 해당 금융회사 또는 그 계열회사에서 사외이사로 재직한 기간을 합산하여 9년 이상인 사람
8. 그 밖에 금융회사의 사외이사로서 직무를 충실하게 이행하기 곤란하거나 그 금융회사의 경영에 영향을 미칠 수 있는 사람으로서 대통령령으로 정하는 사람(同法 施行令 8조③)[16][17]

---

7. 해당 금융회사와 주된 법률자문, 경영자문 등의 자문계약을 체결하고 있는 법인

16) "대통령령으로 정하는 사람"은 다음과 같다(同法 施行令 8조③).
1. 해당 금융회사의 최대주주와 제1항 각 호의 어느 하나에 해당하는 관계에 있는 법인(제2항 각 호의 어느 하나에 해당하는 법인은 제외)의 상근 임직원 또는 최근 2년 이내에 상근 임직원이었던 사람. 이 경우 제1항 각 호의 "해당 금융회사"는 "해당 금융회사의 최대주주"로 본다.
2. 해당 금융회사가 은행인 경우
 가. 최대주주가 아닌 대주주의 특수관계인
 나. 다음의 어느 하나와 제1항 각 호의 어느 하나의 관계에 있는 법인(제2항 각 호의 어느 하나에 해당하는 법인은 제외)의 상근 임직원 또는 최근 2년 이내에 상근 임직원이었던 사람
  1) 해당 은행, 그 은행의 자회사등 및 자은행
  2) 해당 은행을 자회사로 하는 은행지주회사 및 그 은행지주회사의 자회사등
 다. 나목 1) 또는 2)의 상근 임직원 또는 최근 2년 이내에 상근 임직원이었던 사람의 배우자, 직계존속 및 직계비속
3. 해당 금융회사가 금융지주회사인 경우 해당 금융지주회사의 자회사등과 제1항 각 호의 어느 하나에 해당하는 관계에 있는 법인(제2항 각 호의 어느 하나에 해당하는 법인은 제외)의 상근 임직원 또는 최근 2년 이내에 상근 임직원이었던 사람
4. 해당 금융회사 외의 둘 이상의 다른 주권상장법인의 사외이사, 비상임이사 또는 비상임감사로 재임 중인 사람. 다만, 해당 금융회사가 주권상장법인, 은행 또는 은행지주회사인 경우에는 다음 각 호의 구분에 따른 사람을 말한다.
 가. 해당 금융회사가 주권상장법인인 경우: 해당 금융회사 외의 둘 이상의 다른 회사의 이사·집행임원·감사로 재임 중인 사람
 나. 해당 금융회사가 은행인 경우: 해당 은행 외의 다른 회사(해당 은행의 자회사등, 해당 은행의 자은행, 해당 은행을 자회사로 하는 은행지주회사 및 그 은행지주회사의 자회사등은 제외)의 사외이사, 비상임이사 또는 비상임감사로 재임 중인 사람
 다. 해당 금융회사가 은행지주회사인 경우: 해당 은행지주회사 외의 다른 회사(해당 은행지주회사의 자회사등은 제외)의 사외이사, 비상임이사 또는 비상임감사로 재임 중인 사람
5. 다음 각 목의 어느 하나에 해당하는 사람
 가. 해당 금융회사에 대한 회계감사인으로 선임된 감사반(「주식회사 등의 외부감사에 관한 법률」 제2조 제7호 나목에 따른 감사반) 또는 주된 법률자문·경영자문 등의 자문계약을 체결하고 있는 법률사무소(「변호사법」 제21조 제1항에 따른 법률사무소)·법무조합(「변호사법」 제58조의18에 따른 법무조합)·외국법자문법률사무소(「외국법자문사법」 제2조 제4호에 따른 외국법자문법률사무소)에 소속되어 있거나 최근 2년 이내에 소속되었던 공인회계사, 세무사 또는 변호사
 나. 그 밖에 해당 금융회사에 대한 회계감사 또는 세무대리를 하거나 해당 금융회사와 주된 법률자문, 경영자문 등의 자문계약을 체결하고 있는 공인회계사, 세무사, 변호사 또는 그 밖의 자문용역을 제공하고 있는 사람

사외이사가 된 후 위 결격사유에 해당하게 된 경우에는 그 직을 잃는다(同法 6조②). 금융사지배구조법에 특별한 규정이 없으면 상법을 적용하므로(同法 31조②), 상법상 사외이사에 대한 공통결격사유(商法 382조③)와 상장회사 사외이사에 대한 결격사유(商法 542조의8②) 중 금융사지배구조법에 없는 일부 규정은 금융회사에도 적용된다.

⑶ 임원의 자격요건 적합 여부 보고

금융회사는 임원을 선임하려는 경우 금융사지배구조법 제5조(임원의 자격요건) 및 제6조(사외이사의 자격요건)의 자격요건을 충족하는지를 확인해야 한다(同法 12조①). 금융회사는 임원을 선임한 경우에는 지체 없이 그 선임사실 및 자격요건 적합 여부를 인터넷 홈페이지 등에 공시하고 금융위원회에 보고해야 한다(同法 12조②). 금융회사는 임원을 해임(사임을 포함)한 경우에는 지체 없이 그 사실을 인터넷 홈페이지 등에 공시하고 금융위원회에 보고해야 한다(同法 12조③).

3. 주요업무집행책임자

전략기획, 재무관리, 위험관리 및 그 밖에 이에 준하는 업무로서 대통령령으로 정하는 주요업무를 집행하는 업무집행책임자("주요업무집행책임자")는 이사회의 의결을 거쳐 임면한다(同法 8조①). 주요업무집행책임자의 임기는 정관에 다른 규정이 없으면 3년을 초과하지 못한다(同法 8조②). 주요업무집행책임자와 해당 금융회사의 관계에 관하여는 민법 중 위임에 관한 규정을 준용한다(同法 8조③). 주요업무집행책임자는 이사회의 요구가 있으면 언제든지 이사회에 출석하여

---

6. 해당 금융회사의 지분증권(자본시장법 제4조 제4항에 따른 지분증권) 총수의 1% 이상에 해당하는 지분증권을 보유(자본시장법 제133조 제3항 본문에 따른 보유)하고 있는 사람
7. 해당 금융회사와의 거래(「약관의 규제에 관한 법률」 제2조 제1호에 따른 약관에 따라 이루어지는 정형화된 거래) 잔액이 1억원 이상인 사람
8. 「신용정보의 이용 및 보호에 관한 법률」에 따른 종합신용정보집중기관에 신용질서를 어지럽힌 사실이 있는 자 또는 약정한 기일 내에 채무를 변제하지 아니한 자로 등록되어 있는 자(기업이나 법인인 경우에는 해당 기업이나 법인의 임직원)
9. 「채무자 회생 및 파산에 관한 법률」에 따라 회생 절차 또는 파산 절차가 진행 중인 기업의 임직원
10. 「기업구조조정 촉진법」에 따른 부실징후기업의 임직원

17) 상법 시행령 제34조 제5항도 상장회사 사외이사의 결격사유에 관하여 금융사지배구조법 시행령 제8조 제3항의 금융회사 사외이사의 결격사유와 거의 동일하게 규정한다. 다만, "주된 법률자문계약"에 해석에 있어서 금융감독원의 실무상 매우 넓게 해석하기 때문에 실제로는 금융회사 사외이사의 경우가 훨씬 규제의 폭이 넓다.

요구한 사항을 보고해야 한다(同法 9조).

4. 임원의 겸직

(1) 겸직 제한

금융회사의 상근 임원은 다른 영리법인의 상시적인 업무에 종사할 수 없다. 다만, 다음과 같은 경우에는 상시적인 업무에 종사할 수 있다(同法 10조①).

1. 「채무자 회생 및 파산에 관한 법률」 제74조에 따라 관리인으로 선임되는 경우
2. 「금융산업의 구조개선에 관한 법률」 제10조 제1항 제4호에 따라 관리인으로 선임되는 경우
3. 금융회사 해산 등의 사유로 청산인으로 선임되는 경우

그러나 다음 금융회사의 상근 임원은 다음의 구분에 따라 다른 회사의 상근 임직원을 겸직할 수 있다(同法 10조②).

1. 해당 금융회사가 은행인 경우: 그 은행이 의결권 있는 발행주식 총수의 15%를 초과하는 주식을 보유하고 있는 다른 회사의 상근 임직원을 겸직하는 경우
2. 해당 금융회사가 상호저축은행인 경우: 그 상호저축은행이 의결권 있는 발행주식 총수의 15%를 초과하는 주식을 보유하고 있는 다른 상호저축은행의 상근 임직원을 겸직하는 경우
3. 해당 금융회사가 보험회사인 경우: 그 보험회사가 의결권 있는 발행주식 총수의 15%를 초과하는 주식을 보유하고 있는 다른 회사의 상근 임직원을 겸직하는 경우(「금융산업의 구조개선에 관한 법률」 제2조 제1호 가목부터 아목까지 및 차목에 따른 금융기관의 상근 임직원을 겸직하는 경우는 제외한다)
4. 그 밖에 이해상충 또는 금융회사의 건전성 저해의 우려가 적은 경우로서 대통령령으로 정하는 경우

다른 법령, 제6조(제1항 제3호는 제외), 금융사지배구조법 제1항 및 제3항에도 불구하고 금융지주회사 및 그의 자회사등(금융지주회사법 제4조 제1항 제2호에 따른 자회사등)의 임직원은 다음과 같은 경우에는 겸직할 수 있다(同法 10조④).

1. 금융지주회사의 임직원이 해당 금융지주회사의 자회사등의 임직원을 겸직하는 경우
2. 금융지주회사의 자회사등(금융업을 영위하는 회사 또는 금융업의 영위와 밀접한 관련이 있는 회사로서 대통령령으로 정하는 회사로 한정한다. 이하 이 호에서 같다)의 임직원이 다른 자회사등의 임직원을 겸직하는 경우로서 다음 중 어느 하나

의 업무를 겸직하지 않는 경우
가. 자본시장법 제6조 제4항에 따른 집합투자업(대통령령으로 정하는 경우는 제외)
나. 보험업법 제108조 제1항 제3호에 따른 변액보험계약에 관한 업무
다. 그 밖에 자회사등의 고객과 이해가 상충하거나 해당 자회사등의 건전한 경영을 저해할 우려가 있는 경우로서 금융위원회가 정하여 고시하는 업무

⑵ 겸직 승인 및 보고

금융회사는 해당 금융회사의 임직원이 제10조 제2항부터 제4항까지의 규정에 따라 다른 회사의 임직원을 겸직하려는 경우에는 이해상충 방지 및 금융회사의 건전성 등에 관하여 대통령령으로 정하는 기준("겸직기준")을 갖추어 미리 금융위원회의 승인을 받아야 한다. 다만, 이해상충 또는 금융회사의 건전성 저해의 우려가 적은 경우로서 대통령령으로 정하는 경우에는 다음 중 사항을 대통령령으로 정하는 방법 및 절차에 따라 금융위원회에 보고해야 한다(同法 11조①).

1. 겸직하는 회사에서 수행하는 업무의 범위
2. 겸직하는 업무의 처리에 대한 기록 유지에 관한 사항
3. 그 밖에 이해상충 방지 또는 금융회사의 건전성 유지를 위하여 필요한 사항으로서 대통령령으로 정하는 사항

금융회사는 해당 금융회사의 임원이 다른 금융회사의 임원을 겸직하는 경우(제10조에 따른 겸직은 제외)로서 대통령령으로 정하는 경우에는 대통령령으로 정하는 방법 및 절차에 따라 제1항 각 호의 사항을 금융위원회에 보고해야 한다(同法 11조②). 금융위원회는 금융회사가 겸직기준을 충족하지 않는 경우 또는 제1항 단서에 따른 보고 방법 및 절차를 따르지 아니하거나 보고한 사항을 이행하지 않는 경우에는 해당 임직원 겸직을 제한하거나 그 시정을 명할 수 있다(同法 11조②).

임직원을 겸직하게 한 금융지주회사와 해당 자회사등은 금융업의 영위와 관련하여 임직원 겸직으로 인한 이해상충 행위로 고객에게 손해를 끼친 경우에는 연대하여 그 손해를 배상할 책임이 있다.

다만, 다음과 같은 경우에는 그러하지 아니하다(同法 11조④).

1. 금융지주회사와 해당 자회사등이 임직원 겸직으로 인한 이해상충의 발생 가능성에 대하여 상당한 주의를 한 경우

2. 고객이 거래 당시에 임직원 겸직에 따른 이해상충 행위라는 사실을 알고 있었거나 이에 동의한 경우
3. 그 밖에 금융지주회사와 해당 자회사등의 책임으로 돌릴 수 없는 사유로 손해가 발생한 경우로서 대통령령으로 정하는 경우

Ⅲ. 이사회

1. 이사회의 구성 및 운영

(1) 이사회의 구성

금융회사는 이사회에 사외이사를 3명 이상 두어야 한다(同法 12조①). 사외이사의 수는 이사 총수의 과반수가 되어야 한다. 다만, 대통령령으로 정하는 금융회사의 경우 이사 총수의 4분의 1 이상을 사외이사로 해야 한다(同法 12조②).

"대통령령으로 정하는 금융회사"는 동법 시행령 제6조 제3항에 해당하는 자로서[18] 다음 각 호의 어느 하나에 해당하는 자를 말한다(同法 시행령 12조).

1. 주권상장법인(상법 시행령 제34조 제1항 각 호의 어느 하나에 해당하는 경우는 제외한다)
2. 최근 사업연도 말 현재 자산총액이 3천억원 이상인 상호저축은행
3. 최근 사업연도 말 현재 자산총액이 3천억원 이상인 금융투자업자 또는 종합금융회사
4. 최근 사업연도 말 현재 자산총액이 3천억원 이상인 보험회사
5. 최근 사업연도 말 현재 자산총액이 3천억원 이상인 여신전문금융회사(「여신전문금융업법」에 따른 신용카드업을 영위하지 아니하는 여신전문금융회사는 최근 사업연도 말 현재 자산총액이 2조원 이상인 경우에 한정한다)

금융회사는 사외이사의 사임·사망 등의 사유로 사외이사의 수가 이사회의 법정 구성요건에 미치지 못하게 된 경우에는 그 사유가 발생한 후 최초로 소집

18) "대통령령으로 정하는 금융회사"란 다음 각 호의 어느 하나에 해당하는 자를 말한다. 다만, 해당 금융회사가 주권상장법인(자본시장법상 주권상장법인)으로서 최근 사업연도 말 현재 자산총액이 2조원 이상인 자는 제외한다(동법 시행령 6조③).
2. 최근 사업연도 말 현재 자산총액이 5조원 미만인 금융투자업자 또는 자본시장법에 따른 종합금융회사. 다만, 최근 사업연도 말 현재 그 금융투자업자가 운용하는 집합투자재산, 투자일임재산 및 신탁재산(자본시장법상 관리형신탁의 재산은 제외)의 전체 합계액이 20조원 이상인 경우는 제외한다.

되는 주주총회에서 제1항 및 제2항에 따른 요건을 충족하도록 조치해야 한다(同法 12조③). 따라서 사외이사의 수가 이사회의 구성요건에 미달하더라도 상법상 퇴임이사의 법리가 적용되지 않아서 사외이사의 지위가 계속되지 않고 바로 사임등기 하는 것이 가능하다.[19]

⑵ 이사회 의장의 선임

이사회는 매년 사외이사 중에서 이사회 의장을 선임한다(同法 13조①). 이사회는 사외이사가 아닌 자를 이사회 의장으로 선임할 수 있으며, 이 경우 이사회는 그 사유를 공시하고, 사외이사를 대표하는 자("선임사외이사")를 별도로 선임해야 한다(同法 13조②). 선임사외이사는 다음 업무를 수행한다(同法 13조③).

1. 사외이사 전원으로 구성되는 사외이사회의의 소집 및 주재
2. 사외이사의 효율적인 업무수행을 위한 지원
3. 사외이사의 책임성 제고를 위한 지원

금융회사 및 그 임직원은 선임사외이사가 위와 같은 업무를 원활하게 수행할 수 있도록 적극 협조해야 한다(同法 13조④).

⑶ 지배구조내부규범

지배구조내부규범은 금융회사의 주주와 예금자, 투자자, 보험계약자, 그 밖의 금융소비자의 이익을 보호하기 위하여 그 금융회사의 이사회의 구성과 운영, 이사회내 위원회의 설치, 임원의 전문성 요건, 임원 성과평가 및 최고경영자의 자격 등 경영승계에 관한 사항 등에 관하여 지켜야 할 구체적인 원칙과 절차를 말한다. 금융회사는 지배구조내부규범을 마련하여야 하고(同法 14조①), 다음 사항을 인터넷 홈페이지 등에 공시해야 한다(同法 14조③).

1. 지배구조내부규범을 제정하거나 변경한 경우 그 내용
2. 금융회사가 매년 지배구조내부규범에 따라 이사회 등을 운영한 현황

⑷ 이사회의 권한

다음 사항은 이사회의 심의·의결을 거쳐야 한다(同法 15조①).

---

19) 다만, 사유가 발생한 후 최초로 소집되는 주주총회에서 그 수를 충족하지 못하는 경우에는 관리종목 지정사유가 된다(유가증권시장 상장규정 47조①6가·나). 사외이사 선임 의무 또는 감사위원회 설치 의무 위반으로 관리종목으로 지정된 상태에서 최근 사업연도에도 해당 사유를 해소하지 못한 경우는 주권상장법인의 상장폐지사유이다(유가증권시장 상장규정 48조①6).

1. 경영목표 및 평가에 관한 사항
2. 정관의 변경에 관한 사항
3. 예산 및 결산에 관한 사항
4. 해산·영업양도 및 합병 등 조직의 중요한 변경에 관한 사항
5. 내부통제기준 및 위험관리기준의 제정·개정 및 폐지에 관한 사항
6. 최고경영자의 경영승계 등 지배구조 정책 수립에 관한 사항
7. 대주주·임원 등과 회사 간의 이해상충 행위 감독에 관한 사항

이사회의 심의·의결 사항은 정관으로 정해야 한다(同法 15조②). 상법 제393조 제1항에 따른 이사회의 권한 중 지배인의 선임 또는 해임과 지점의 설치·이전·폐지에 관한 권한은 정관에서 정하는 바에 따라 위임할 수 있다(同法 15조③).

2. 이사회내 위원회

⑴ 이사회내 위원회의 설치 및 구성

금융회사는 상법 제393조의2에 따른 이사회내 위원회로서 다음 위원회를 설치해야 한다. 이 경우 감사위원회는 상법 제415조의2에 따른 감사위원회로 본다(同法 16조①).

1. 임원후보추천위원회
2. 감사위원회
3. 위험관리위원회
4. 보수위원회

금융회사의 정관에서 정하는 바에 따라 감사위원회가 보수 관련 사항(同法 22조①)을 심의·의결하는 경우에는 보수위원회를 설치하지 아니할 수 있다. 다만, 최근 사업연도 말 현재 자산총액이 5조원 이상인 금융회사(同法 施行令 14조)의 경우에는 항상 보수위원회를 설치해야 한다(同法 16조②).

위원회 위원의 과반수는 사외이사로 구성한다(同法 16조③). 위원회의 대표는 사외이사로 한다(同法 16조④).

⑵ 임원후보추천위원회

임원후보추천위원회는 임원(사외이사, 대표이사, 대표집행임원, 감사위원에 한정) 후보를 추천한다(同法 17조①). 임원후보추천위원회는 3명 이상의 위원으로 구성

한다(同法 17조②). 금융회사는 주주총회 또는 이사회에서 임원을 선임하려는 경우 임원후보추천위원회의 추천을 받은 사람 중에서 선임해야 한다(同法 17조③). 임원후보추천위원회가 사외이사 후보를 추천하는 경우에는 제33조 제1항에 따른 주주제안권을 행사할 수 있는 요건을 갖춘 주주가 추천한 사외이사 후보를 포함시켜야 한다(同法 17조④). 임원후보추천위원회의 위원은 본인을 임원 후보로 추천하는 임원후보추천위원회 결의에 관하여 의결권을 행사하지 못한다(同法 17조⑤). 제2항과 제16조 제3항·제4항은 최초로 제12조 제1항에 따른 이사회를 구성하는 금융회사가 그 임원을 선임하는 경우에는 적용하지 아니한다(同法 17조⑥).

(3) 사외이사에 대한 정보제공

금융회사는 사외이사의 원활한 직무수행을 위하여 대통령령으로 정하는 바에 따라 충분한 자료나 정보를 제공해야 한다(同法 18조①). 사외이사는 해당 금융회사에 대하여 그 직무를 수행할 때 필요한 자료나 정보의 제공을 요청할 수 있다. 이 경우 금융회사는 특별한 사유가 없으면 이에 따라야 한다(同法 18조②).

(4) 감사위원회의 구성

감사위원회는 3명 이상의 이사로 구성한다. 이 경우 감사위원회 위원("감사위원") 중 1명 이상은 대통령령으로 정하는 회계 또는 재무 전문가이어야 한다(同法 19조①).[20] 사외이사가 감사위원의 3분의 2 이상이어야 한다(同法 19조②). 금융회사는 감사위원의 사임·사망 등의 사유로 감사위원의 수가 제1항 및 제2항에 따른 감사위원회의 구성요건에 미치지 못하게 된 경우에는 그 사유가 발생

---

20) "대통령령으로 정하는 회계 또는 재무 전문가"는 다음과 같다(同法 施行令 16조①).

1. 공인회계사 자격을 취득한 후 그 자격과 관련된 업무에 5년 이상 종사한 경력이 있는 사람
2. 재무 또는 회계 분야의 석사 이상의 학위가 있는 사람으로서 해당 학위 취득 후 연구기관이나 대학에서 재무 또는 회계 관련 분야의 연구원 또는 조교수 이상의 직에 5년 이상 근무한 경력이 있는 사람
3. 주권상장법인에서 재무 또는 회계 관련 업무에 임원으로 5년 이상 또는 임직원으로 10년 이상 근무한 경력이 있는 사람
4. 국가, 지방자치단체, 「공공기관의 운영에 관한 법률」에 따른 공공기관, 금융감독원, 한국거래소, 자본시장법 제9조 제17항에 따른 금융투자업관계기관(같은 항 제8호에 따른 금융투자 관계 단체는 제외)에서 재무 또는 회계 관련 업무 또는 이에 대한 감독업무에 5년 이상 종사한 경력이 있는 사람
5. 금융위원회의 설치 등에 관한 법률 제38조에 따른 검사대상기관(이에 상응하는 외국금융기관을 포함)에서 재무 또는 회계 관련 업무에 5년 이상 종사한 경력이 있는 사람
6. 그 밖에 제1호부터 제5호까지의 규정에 준하는 사람으로서 금융위원회가 정하여 고시하는 자격을 갖춘 사람(금융회사지배구조감독규정 6조)

한 후 최초로 소집되는 주주총회에서 제1항 및 제2항에 따른 요건을 충족하도록 조치해야 한다(同法 19조③). 따라서 감사위원의 수가 감사위원회의 구성요건에 미달하더라도 상법상 퇴임이사의 법리가 적용되지 않아서 감사위원의 지위가 계속되지 않고 바로 사임등기 하는 것이 가능하다.[21]

(5) 감사위원의 선임

감사위원 후보는 임원후보추천위원회에서 추천한다. 이 경우 위원 총수의 3분의 2 이상의 찬성으로 의결한다(同法 19조④). 금융회사는 감사위원이 되는 사외이사 1명 이상에 대하여는 다른 이사와 분리하여 선임해야 한다(同法 19조⑤). 감사위원을 선임하거나 해임하는 권한은 주주총회에 있다. 이 경우 감사위원이 되는 이사의 선임에 관하여는 감사 선임 시 대주주의 의결권을 발행주식총수의 3%로 제한하는 상법 제409조 제2항 및 제3항을 준용한다(同法 19조⑥). 최대주주, 최대주주의 특수관계인, 그 밖에 대통령령으로 정하는 자[22]가 소유하는 금융회사의 의결권 있는 주식의 합계가 그 금융회사의 의결권 없는 주식을 제외한 발행주식 총수의 3%를 초과하는 경우 그 주주는 3%를 초과하는 주식에 관하여 감사위원이 되는 이사를 선임하거나 해임할 때에는 의결권을 행사하지 못한다. 금융회사는 정관으로 3%보다 낮은 비율을 정할 수 있다(同法 19조⑦).

(6) 상근감사

최근 사업연도 말 현재 자산총액이 1천억원 이상인 금융회사(同法 施行令 16조③)는 회사에 상근하면서 감사업무를 수행하는 감사("상근감사")를 1명 이상 두어야 한다. 다만, 금융사지배구조법에 따른 감사위원회를 설치한 경우(감사위원회 설치 의무가 없는 금융회사가 요건을 갖춘 감사위원회를 설치한 경우를 포함)에는 상근감사를 둘 수 없다(同法 19조⑧). 상근감사를 선임하는 경우 감사 선임 시 의결권 행사의 제한에 관한 제19조 제7항 및 상법 제409조 제2항·제3항을 준용한다(同法 19조⑨). 상근감사 및 사외이사가 아닌 감사위원의 자격요건에 관하여는 사

21) 상법상 상장회사특례에 의하면 감사위원의 수가 감사위원회의 구성요건에 미달하는 경우에는 이러한 선임유예규정이 없어서 감사위원의 지위가 유지되고, 그 결과 감사위원 지위의 전제가 되는 사외이사의 지위도 유지된다. 금융회사가 상장회사인 경우에도 금융사지배구조법이 우선 적용되는 결과 감사위원의 지위가 유지되지 않는다.

22) "대통령령으로 정하는 자"는 다음과 같다(同法 施行令 16조②).

1. 최대주주 또는 그 특수관계인의 계산으로 주식을 보유하는 자
2. 최대주주 또는 그 특수관계인에게 의결권(의결권의 행사를 지시할 수 있는 권한을 포함)을 위임한 자(해당 위임분만 해당한다)

외이사의 자격요건에 관한 제6조 제1항 및 제2항을 준용한다. 다만, 해당 금융회사의 상근감사 또는 사외이사가 아닌 감사위원으로 재임(在任) 중이거나 재임하였던 사람은 제6조 제1항 제3호에도 불구하고 상근감사 또는 사외이사가 아닌 감사위원이 될 수 있다(同法 19조⑩).

⑺ 감사위원회 또는 감사에 대한 지원

감사위원회 또는 감사는 금융회사의 비용으로 전문가의 조력을 구할 수 있다(同法 20조①). 금융회사는 감사위원회 또는 감사의 업무를 지원하는 담당부서를 설치해야 한다(同法 20조②). 금융회사는 감사위원회 또는 감사의 업무 내용을 적은 보고서를 정기적으로 금융위원회가 정하는 바에 따라 금융위원회에 제출해야 한다(同法 20조③). 감사위원(감사위원회가 설치되지 아니한 경우에는 감사)에 대한 정보제공에 관하여는 사외이사에 대한 정보제공에 관한 제18조를 준용한다. 이 경우 "사외이사"는 "감사위원" 또는 "감사"로 본다(同法 20조④).

⑻ 위험관리위원회

위험관리위원회는 다음 각 호에 관한 사항을 심의·의결한다(同法 21조).

1. 위험관리의 기본방침 및 전략 수립
2. 금융회사가 부담 가능한 위험 수준 결정
3. 적정투자한도 및 손실허용한도 승인
4. 위험관리기준의 제정 및 개정
5. 그 밖에 금융위원회가 정하여 고시하는 사항(금융회사지배구조감독규정 8조)

⑼ 보수위원회 및 보수체계

보수위원회는 대통령령으로 정하는 임직원에 대한 보수와 관련한 다음 각 호에 관한 사항을 심의·의결한다(同法 22조①).

1. 보수의 결정 및 지급방식에 관한 사항
2. 보수지급에 관한 연차보고서의 작성 및 공시에 관한 사항
3. 그 밖에 금융위원회가 정하여 고시하는 사항(금융회사지배구조감독규정 9조)

금융회사는 임직원이 과도한 위험을 부담하지 아니하도록 보수체계를 마련해야 한다(同法 22조②). 금융회사는 대통령령으로 정하는 임직원에 대하여 보수의 일정비율 이상을 성과에 연동(連動)하여 미리 정해진 산정방식에 따른 보수

("성과보수")로 일정기간 이상 이연(移延)하여 지급해야 한다. 이 경우 성과에 연동하는 보수의 비율, 이연 기간 등 세부 사항은 대통령령으로 정한다(同法 22조③). 금융회사는 대통령령으로 정하는 임직원의 보수지급에 관한 연차보고서를 작성하고 결산 후 3개월 이내에 금융위원회가 정하는 바에 따라 인터넷 홈페이지 등에 그 내용을 공시해야 한다(同法 22조④). 연차보고서에는 다음 사항이 모두 포함되어야 한다(同法 22조⑤).

1. 보수위원회의 구성, 권한 및 책임 등
2. 임원의 보수총액(기본급, 성과보수, 이연 성과보수 및 이연 성과보수 중 해당 회계연도에 지급된 금액 등)

⑽ 금융지주회사의 완전자회사등의 특례

금융지주회사가 발행주식 총수를 소유하는 자회사 및 그 자회사가 발행주식 총수를 소유하는 손자회사("완전자회사등", 손자회사가 발행주식 총수를 소유하는 증손회사를 포함)는 경영의 투명성 등 시행령 제18조가 정하는 요건에 해당하는 경우에는 사외이사를 두지 아니하거나 이사회내 위원회를 설치하지 아니할 수 있다(同法 23조①). 완전자회사등이 감사위원회를 설치하지 아니할 때에는 상근감사를 선임해야 한다(同法 23조②). 상근감사의 자격요건에 관하여는 사외이사의 자격요건에 관한 제6조 제1항 및 제2항을 준용한다. 다만, 해당 완전자회사등의 상근감사 또는 사외이사가 아닌 감사위원으로 재임 중이거나 재임하였던 사람은 제6조 제1항 제3호(해당 금융회사 또는 그 계열회사의 상근 임직원 또는 비상임이사이거나 최근 3년 이내에 상근 임직원 또는 비상임이사이었던 사람)에도 불구하고 상근감사가 될 수 있다(同法 23조③).

Ⅳ. 내부통제 및 위험관리

1. 내부통제

⑴ 내부통제기준

금융사지배구조법 적용대상인 금융회사는 법령을 준수하고, 경영을 건전하게 하며, 주주 및 이해관계자 등을 보호하기 위하여 금융회사의 임직원이 직무를 수행할 때 준수하여야 할 기준 및 절차("내부통제기준")를 마련해야 한다(同法 24조①).

내부통제기준에는 금융회사의 내부통제가 실효성 있게 이루어질 수 있도록 다음 사항이 포함되어야 한다(同法 施行令 19조①).

1. 업무의 분장 및 조직구조
2. 임직원이 업무를 수행할 때 준수하여야 하는 절차
3. 내부통제와 관련하여 이사회, 임원 및 준법감시인이 수행하여야 하는 역할
4. 내부통제와 관련하여 이를 수행하는 전문성을 갖춘 인력과 지원조직
5. 경영의사결정에 필요한 정보가 효율적으로 전달될 수 있는 체제의 구축
6. 임직원의 내부통제기준 준수 여부를 확인하는 절차·방법과 내부통제기준을 위반한 임직원의 처리
7. 임직원의 금융관계법령 위반행위 등을 방지하기 위한 절차나 기준(임직원의 금융투자상품 거래내용의 보고 등 불공정행위를 방지하기 위한 절차나 기준을 포함)
8. 내부통제기준의 제정 또는 변경 절차
9. 준법감시인의 임면절차
10. 이해상충을 관리하는 방법 및 절차 등(금융회사가 금융지주회사인 경우는 예외)
11. 상품 또는 서비스에 대한 광고의 제작 및 내용과 관련한 준수사항
12. 금융사지배구조법 제11조 제1항에 따른 임직원 겸직이 제11조 제4항 제4호 각 목의 요건을 충족하는지에 대한 평가·관리
13. 그 밖에 내부통제기준에서 정하여야 할 세부적인 사항으로서 금융위원회가 정하여 고시하는 사항[23)]

---

23) 금융회사는 다음 각 호의 사항 및 별표 3의 기준에 따른 사항을 내부통제기준에 포함하여야 한다(금융회사 지배구조 감독규정 11조②).

1. 내부고발자 제도의 운영에 관한 다음 각 목의 사항
   가. 내부고발자에 대한 비밀보장
   나. 내부고발자에 대한 불이익 금지 등 보호조치
   다. 회사에 중대한 영향을 미칠 수 있는 위법·부당한 행위를 인지하고도 회사에 제보하지 않는 사람에 대한 불이익 부과
2. 위법·부당한 행위를 사전에 방지하기 위하여 명령휴가제도 도입 및 그 적용대상, 실시주기, 명령휴가 기간, 적용 예외 등 명령휴가제도 시행에 필요한 사항
3. 사고발생 우려가 높은 단일거래에 대해 복수의 인력 또는 부서가 참여하도록 하는 직무분리기준에 대한 사항
4. 새로운 금융상품 개발 및 금융상품 판매 과정에서 금융소비자 보호 및 시장질서 유지 등을 위하여 준수하여야 할 업무절차에 대한 사항(금융지주회사만 해당한다)
5. 영업점 자체점검의 방법·확인사항·실시 주기 등에 대한 사항
6. 「특정 금융거래정보의 보고 및 이용 등에 관한 법률」 제2조 제4호에 따른 자금세탁행위 및 같은 조 제5호에 따른 공중협박자금조달행위("자금세탁행위등")를 방지하기 위한 다음 각 목의 사항(법 제2조 제1호 나목의 금융투자업자 중 투자자문업자는 제외)

금융지주회사가 금융회사인 자회사등의 내부통제기준을 마련하는 경우 그 자회사등은 내부통제기준을 마련하지 아니할 수 있다(同法 24조②).

금융회사(소규모 금융회사는 제외)는 내부통제기준의 운영과 관련하여 최고경영자를 위원장으로 하는 내부통제위원회를 두어야 한다(同法 施行令 19조②). 금융회사는 내부통제를 전담하는 조직을 마련해야 한다(同法 施行令 19조③).

(2) 준법감시인

(가) 의 의

준법감시인은 금융회사[투자자문업이나 투자일임업 외의 다른 금융투자업을 겸

가. 「특정 금융거래정보의 보고 및 이용 등에 관한 법률」 제2조 제2호에 따른 금융거래에 내재된 자금세탁행위 등의 위험을 식별, 분석, 평가하여 위험도에 따라 관리 수준을 차등화하는 자금세탁 위험평가체계의 구축 및 운영

나. 자금세탁행위등의 방지 업무를 수행하는 부서로부터 독립된 부서 또는 외부전문가가 그 업무수행의 적절성, 효과성을 검토·평가하고 이에 따른 문제점을 개선하기 위한 독립적 감사체계의 마련 및 운영

다. 소속 임직원이 자금세탁행위등에 가담하거나 이용되지 않도록 하기 위한 임직원의 신원사항 확인 및 교육·연수

[별표 3] "4. 해당 금융회사가 금융투자업자인 경우"

가. 집합투자재산이나 신탁재산에 속하는 주식에 대한 의결권 행사와 관련된 법규 및 내부지침의 준수 여부에 관한 사항

나. 집합투자재산이나 신탁재산에 속하는 자산의 매매를 위탁하는 투자중개업자의 선정기준에 관한 사항이다. 지점, 그 밖의 영업소의 설치 및 각 지점별 영업관리자의 지정 등 그 통제에 관한 사항

라. 각 지점별 파생상품(파생결합증권 및 법 제93조에서 정한 집합투자기구의 집합투자증권을 포함) 영업관리자의 지정 등 파생상품 투자자 보호에 필요한 절차나 기준에 관한 사항

마. 투자중개업자의 투자자계좌의 관리·감독에 관한 사항

바. 매매주문의 처리절차·방법이나 기준에 관한 사항

사. 투자자 예탁재산의 보관·관리방법에 관한 사항

아. 언론기관 등에 대한 업무관련 정보의 제공 절차나 기준에 관한 사항

자. 투자자 신용정보의 관리·보호에 관한 사항

차. 「특정 금융거래정보의 보고 및 이용 등에 관한 법률」 제2조 제4호의 자금세탁행위의 효율적 방지체제 구축·운영에 관한 사항

카. 투자자가 제기한 각종 고충·불만사항 및 투자자와 금융투자업자 사이에 발생한 분쟁의 처리기준 및 절차에 관한 사항

타. 기업의 자금조달을 위한 대표주관회사 업무 영위시 업무의 공정한 영위 및 이해상충방지 등에 관한 사항. 이 경우 대표주관회사의 담당직원의 적격기준, 기업실사수행의 최소기간 및 법률·회계전문가 등 참여의무자, 일반적인 조사·검증절차 등에 관한 내용이 포함되어야 한다.

파. 매도 주문 수탁에 관한 사항

하. 신탁사업의 시공사 및 용역업체의 선정에 관한 사항

거. 집합투자업과 다른 금융투자업을 겸영하는 경우 이해상충 방지를 위한 사항

영하지 않는 자로서 최근 사업연도 말 현재 운용하는 투자일임재산의 합계액이 5천억 원 미만인 자는 제외(同法 施行令 20조①)]에서 내부통제기준의 준수 여부를 점검하고 내부통제기준을 위반하는 경우 이를 조사하는 등 내부통제 관련 업무를 총괄하는 사람을 말한다(同法 25조①). 준법감시인은 필요하다고 판단하는 경우 조사결과를 감사위원회 또는 감사에게 보고할 수 있다(同法 25조①). 금융회사는 준법감시인에 대하여 회사의 재무적 경영성과와 연동하지 않는 별도의 보수지급 및 평가 기준을 마련하여 운영해야 한다(同法 25조⑥).

(나) 선임 · 해임

금융회사는 준법감시인을 1명 이상 두어야 하며(同法 25조①), 사내이사 또는 업무집행책임자 중에서 준법감시인을 선임해야 한다. 다만, 최근 사업연도 말 현재 자산총액이 5조원 미만인 금융투자업자(同法 施行令 20조②)[24] 또는 외국금융회사의 국내지점은 사내이사 또는 업무집행책임자가 아닌 직원 중에서 준법감시인을 선임할 수 있다(同法 25조②).[25] 금융회사(외국금융회사의 국내지점은 제외)가 준법감시인을 임면하려는 경우에는 이사회의 의결을 거쳐야 하며, 해임할 경우에는 이사 총수의 3분의 2 이상의 찬성으로 의결한다(同法 25조③). 준법감시인의 임기는 2년 이상으로 한다(同法 25조④).

(다) 자격요건

준법감시인은 다음 요건을 모두 충족한 사람이어야 한다(同法 26조①).

1. 최근 5년간 금융사지배구조법 또는 금융관계법령을 위반하여 금융위원회 또는 금융감독원의 원장, 그 밖에 대통령령으로 정하는 기관으로부터 문책경고 또는 감봉요구 이상에 해당하는 조치를 받은 사실이 없을 것[26]
2. 다음과 같은 사람. 다만, 다음 각 목(라목 후단의 경우는 제외한다)의 어느 하나에 해당하는 사람으로서 라목 전단에서 규정한 기관에서 퇴임하거나 퇴직한 후 5년이 지나지 아니한 사람은 제외한다.

---

24) 주권상장법인으로서 최근 사업연도 말 현재 자산총액이 2조원 이상인 금융회사, 최근 사업연도 말 현재 운용하는 집합투자재산, 투자일임재산 및 신탁재산의 전체 합계액이 20조원 이상인 금융투자업자는 반드시 사내이사 또는 업무집행책임자 중에서 준법감시인을 선임해야 한다.

25) 준법감시인을 직원 중에서 선임하는 경우 「기간제 및 단시간근로자 보호 등에 관한 법률」에 따른 기간제근로자 또는 단시간근로자를 준법감시인으로 선임하여서는 아니 된다(同法 25조⑤).

26) 준법감시인이 된 사람이 제1항 제1호의 요건을 충족하지 못하게 된 경우에는 그 직을 잃는다(同法 26조②).

가. 「금융위원회의 설치 등에 관한 법률」 제38조에 따른 검사 대상 기관(이에 상당하는 외국금융회사를 포함)에서 10년 이상 근무한 사람
나. 금융 관련 분야의 석사학위 이상의 학위소지자로서 연구기관 또는 대학에서 연구원 또는 조교수 이상의 직에 5년 이상 종사한 사람
다. 변호사 또는 공인회계사의 자격을 가진 사람으로서 그 자격과 관련된 업무에 5년 이상 종사한 사람
라. 기획재정부, 금융위원회, 증권선물위원회, 감사원, 금융감독원, 한국은행, 예금보험공사, 그 밖에 금융위원회가 정하여 고시하는 금융 관련 기관에서 7년 이상 근무한 사람. 이 경우 예금보험공사의 직원으로서 부실금융기관 또는 부실우려금융기관과 정리금융회사의 업무 수행을 위하여 필요한 경우에는 7년 이상 근무 중인 사람을 포함한다.
마. 그 밖에 가목부터 라목까지의 규정에 준하는 자격이 있다고 인정되는 사람으로서 대통령령으로 정하는 사람(同法 施行令 21조②1,2)

2. 위험관리

(1) 위험관리기준

금융회사는 자산의 운용이나 업무의 수행, 그 밖의 각종 거래에서 발생하는 위험을 제때에 인식·평가·감시·통제하는 등 위험관리를 위한 기준 및 절차("위험관리기준")를 마련해야 한다(同法 27조①). 그러나 금융지주회사가 금융회사인 자회사등의 위험관리기준을 마련하는 경우 그 자회사등은 위험관리기준을 마련하지 아니할 수 있다(同法 27조②).

(2) 위험관리책임자

금융회사[투자자문업이나 투자일임업 외의 다른 금융투자업을 겸영하지 않는 자로서 최근 사업연도 말 현재 운용하는 투자일임재산의 합계액이 5천억원 미만인 자는 제외(同法 施行令 23조①, 20조①)]는 자산의 운용이나 업무의 수행, 그 밖의 각종 거래에서 발생하는 위험을 점검하고 관리하는 위험관리책임자를 1명 이상 두어야 한다(同法 28조①). 위험관리책임자의 임면, 임기 등에 관하여는 준법감시인의 임면에 관한 제25조 제2항부터 제6항까지를 준용한다. 이 경우 "준법감시인"은 "위험관리책임자"로 본다(同法 28조②). 위험관리책임자는 위험관리에 대한 전문적인 지식과 실무경험을 갖춘 사람으로서 다음 요건을 모두 충족한 사람이어야 한다(同法 28조③).

1. 최근 5년간 금융사지배구조법 또는 금융관계법령을 위반하여 금융위원회 또는 금융감독원장, 그 밖에 대통령령으로 정하는 기관으로부터 문책경고 또는 감봉요구 이상에 해당하는 조치를 받은 사실이 없을 것
2. 다음과 같은 사람일 것. 다만, 다음과 같은 사람으로서 다목에서 규정한 기관에서 퇴임하거나 퇴직한 후 5년이 지나지 아니한 사람은 제외한다.
   가. 「금융위원회의 설치 등에 관한 법률」 제38조에 따른 검사 대상 기관(이에 상당하는 외국금융회사를 포함)에서 10년 이상 근무한 사람
   나. 금융 관련 분야의 석사학위 이상의 학위소지자로서 연구기관 또는 대학에서 위험관리와 관련하여 연구원 또는 조교수 이상의 직에 5년 이상 종사한 사람
   다. 금융감독원, 한국은행, 예금보험공사, 그 밖에 금융위원회가 정하는 금융 관련 기관에서 위험관리 관련 업무에 7년 이상 종사한 사람
   라. 그 밖에 가목부터 다목까지의 규정에 준하는 자격이 있다고 인정되는 사람으로서 대통령령으로 정하는 사람(同法 施行令 23조③, 21조②2)

위험관리책임자가 된 사람이 제3항 제1호의 요건을 충족하지 못하게 된 경우에는 그 직을 잃는다(同法 28조④).

3. 선관주의의무와 겸직금지

준법감시인 및 위험관리책임자는 선량한 관리자의 주의로 그 직무를 수행하여야 하며, 다음 업무를 수행하는 직무를 담당해서는 아니 된다(同法 29조).

1. 자산 운용에 관한 업무
2. 해당 금융회사의 본질적 업무(해당 금융회사가 인가를 받거나 등록을 한 업무와 직접적으로 관련된 필수업무로서 대통령령으로 정하는 업무를 말한다) 및 그 부수업무
3. 해당 금융회사의 겸영(兼營)업무
4. 금융지주회사의 경우에는 자회사등의 업무(금융지주회사의 위험관리책임자가 그 소속 자회사등의 위험관리업무를 담당하는 경우는 제외한다)
5. 그 밖에 이해가 상충할 우려가 있거나 내부통제 및 위험관리업무에 전념하기 어려운 경우로서 대통령령으로 정하는 업무[27]

---

27) "대통령령으로 정하는 업무"란 다음 각 호의 구분에 따른 업무를 말한다. 다만, 시행령 제20조 제2항에 따른 소규모 금융회사의 경우에는 다음 각 호의 구분에 따른 업무를 겸직할 수 있다(同法 施行令 24조②).
   1. 위험관리책임자: 준법감시인의 내부통제 관련 업무
   2. 준법감시인: 위험관리책임자의 위험 점검·관리 업무

4. 금융회사의 의무

금융회사는 준법감시인 및 위험관리책임자가 그 직무를 독립적으로 수행할 수 있도록 해야 한다(同法 21조①). 금융회사는 준법감시인 및 위험관리책임자를 임면하였을 때에는 대통령령으로 정하는 바에 따라 그 사실을 금융위원회에 보고해야 한다(同法 11조②). 금융회사 및 그 임직원은 준법감시인 및 위험관리책임자가 그 직무를 수행할 때 필요한 자료나 정보의 제출을 요구하는 경우 이에 성실히 응해야 한다(同法 21조③). 금융회사는 준법감시인 및 위험관리책임자였던 사람에 대하여 그 직무수행과 관련된 사유로 부당한 인사상의 불이익을 주어서는 아니 된다(同法 21조④).

V. 대주주의 건전성 유지

1. 대주주 변경승인

(1) 승인대상 금융회사

금융회사가 발행한 주식을 취득·양수(취득등 실질적으로 해당 주식을 지배하는 것을 말함)하여 대주주가 되고자 하는 자는 미리 금융위원회의 승인을 받아야 한다. 다만, 대통령령으로 정하는 자는 금융위원회의 승인을 받을 필요가 없다(同法 31조①).[28] 금융회사 중 은행법에 따른 인가를 받아 설립된 은행, 금융지주

28) 대주주 변경승인 대상에서 제외되는 "대통령령으로 정하는 자"는 다음과 같다(同法 施行令 26조④).

1. 국가
2. 예금보험공사
3. 한국산업은행(「금융산업의 구조개선에 관한 법률」에 따라 설치된 금융안정기금의 부담으로 주식을 취득하는 경우만 해당한다)
4. 자본시장법에 따른 일반사모집합투자업자 및 온라인소액투자중개업자의 대주주가 되려는 자. 다만, 자본시장법 시행령 별표 1에 따른 금융투자업 인가를 받은 자의 대주주가 되려는 자는 제외한다.
5. 최대주주 또는 그의 특수관계인인 주주로서 금융회사의 의결권 있는 발행주식 총수 또는 지분의 1% 미만을 소유하는 자. 다만, 제4조 각 호의 어느 하나에 해당하는 자(주요주주)는 제외한다.
6. 「한국자산관리공사의 설립에 관한 법률」에 따른 한국자산관리공사
7. 국민연금공단
8. 회사의 합병·분할에 대하여 금융관련법령에 따라 금융위원회의 승인을 받은 금융회사의 신주를 배정받아 대주주가 된 자

회사법에 따른 은행지주회사, 상호저축은행법에 따른 인가를 받아 설립된 상호저축은행, 자본시장법에 따른 투자자문업자 및 투자일임업자, 여신전문금융업법에 따른 시설대여업자, 할부금융업자, 신기술사업금융업자는 대주주 변경승인 대상에서 제외된다(同法 31조①).

⑵ 적용대상 대주주

자본시장법에서 대주주란 금융사지배구조법 제2조 제6호의 최대주주와 주요주주를 말한다. 이 경우 금융회사는 법인으로 본다(法 9조①). 금융사지배구조법은 최대주주와 주요주주 모두 "누구의 명의로 하든지 자기의 계산으로"라고 규정함으로써, 최대주주 개념에 관하여는 상법의 상장회사특례규정과 다르게 계산주체를 기준으로 규정한다. 따라서 자기의 계산으로 주식을 소유하고 있는 자와 명의상 주주가 상이함에도 증권신고서에 명의상 주주를 최대주주로 기재하였다면, 자본시장법 제429조 제1항 제1호에서 정한 '증권신고서 중 중요사항에 관하여 거짓의 기재를 한 때'에 해당한다.[29)]

㈎ 최대주주

금융사지배구조법상 최대주주는 금융회사의 의결권 있는 발행주식총수를 기준으로 본인 및 그와 대통령령으로 정하는 특수관계인이 누구의 명의로 하든지 자기의 계산으로 소유하는 주식(그 주식과 관련된 증권예탁증권을 포함)을 합하여 그 수가 가장 많은 경우의 그 본인을 말한다(同法 2조 제6호 가목).

최대주주의 특수관계인의 범위는 다음과 같다(同法 施行令 3조①).[30)]

---

29) [대법원 2018. 8. 1. 선고 2015두2994 판결] "A는 홍콩법에 따라 설립된 외국 회사이지만, 한국거래소가 운영하는 유가증권시장에서 증권을 모집하기 위해서는 금융위원회에 증권신고서를 제출해야 한다. 그런데 A는 국제증권감독기구(IOSCO)에서 제정한 공시기준에 맞춰 금융감독원장이 정한 신고서 서식을 사용하지 않았으므로, 자본시장법 제9조 제1항 제1호에 따른 최대주주를 증권신고서에 기재해야 한다. A의 설립 및 유상증자 당시 소외 2가 소외1 명의로 A의 주식을 취득하였으나, 그 주식취득을 위한 자금이 소외 2의 출연에 의한 것이고 그 주식취득에 따른 손익 역시 소외 2에게 귀속된다. 따라서 증권신고서에 기재하여야 하는 자본시장법 제9조 제1항 제1호에 따른 A의 최대주주는 소외 2이다. 그럼에도 이 사건 증권신고서에 포함된 '인수인의 의견'에는 명의상 주주인 소외 1이 최대주주로 기재되어 있으므로, 자본시장법 제429조 제1항 제1호에서 정한 '증권신고서 중 중요사항에 관하여 거짓의 기재를 한 때'에 해당한다."

30) 금융사지배구조법 시행령 제3조 제1항의 특수관계인의 범위는 상장회사 사외이사 결격사유에 관한 상법 시행령 제34조 제4항의 특수관계인 범위와 대체로 같다. 그리고 해당 금융회사가 은행법에 따른 은행[제2조 각 호에 해당하는 자(한국산업은행, 중소기업은행, 농협은행, 수협은행)를 포함], 금융지주회사법에 따른 금융지주회사, 상호저축은행법에 따른 상호저축은행인 경우에는 다음과 같은 자를 특수관계인으로 한다(同法 施行令 3조②).

1. 본인이 개인인 경우에는 다음과 같은 자
   가. 배우자(사실상의 혼인관계에 있는 자를 포함)
   나. 6촌 이내의 혈족
   다. 4촌 이내의 인척
   라. 양자의 생가(生家)의 직계존속
   마. 양자 및 그 배우자와 양가(養家)의 직계비속
   바. 혼인 외의 출생자의 생모
   사. 본인의 금전이나 그 밖의 재산으로 생계를 유지하는 사람 및 생계를 함께 하는 사람
   아. 본인이 혼자서 또는 그와 가목부터 사목까지의 관계에 있는 자와 합하여 법인이나 단체에 30% 이상을 출자하거나, 그 밖에 임원(업무집행책임자는 제외)의 임면 등 법인이나 단체의 중요한 경영사항에 대하여 사실상의 영향력을 행사하고 있는 경우에는 해당 법인 또는 단체와 그 임원(본인이 혼자서 또는 그와 가목부터 사목까지의 관계에 있는 자와 합하여 임원의 임면 등의 방법으로 그 법인 또는 단체의 중요한 경영사항에 대하여 사실상의 영향력을 행사하고 있지 아니함이 본인의 확인서 등을 통하여 확인되는 경우에 그 임원은 제외한다)
   자. 본인이 혼자서 또는 그와 가목부터 아목까지의 관계에 있는 자와 합하여 법인이나 단체에 30% 이상을 출자하거나, 그 밖에 임원의 임면 등 법인이나 단체의 중요한 경영사항에 대하여 사실상의 영향력을 행사하고 있는 경우에는 해당 법인 또는 단체와 그 임원(본인이 혼자서 또는 그와 가목부터 아목까지의 관계에 있는 자와 합하여 임원의 임면 등의 방법으로 그 법인 또는 단체의 중요한 경영사항에 대하여 사실상의 영향력을 행사하고 있지 아니함이 본인의 확인서 등을 통하여 확인되는 경우에 그 임원은 제외)
2. 본인이 법인이나 단체인 경우에는 다음과 같은 자
   가. 임원
   나. 「독점규제 및 공정거래에 관한 법률」에 따른 계열회사 및 그 임원
   다. 혼자서 또는 제1호 각 목의 관계에 있는 자와 합하여 본인에게 30% 이상을 출자하거나, 그 밖에 임원의 임면 등 본인의 중요한 경영사항에 대하여 사실상의 영향력을 행사하고 있는 개인(그와 제1호 각 목의 관계에 있는 자를 포함) 또는 법인(계열회사는 제외), 단체와 그 임원
   라. 본인이 혼자서 또는 본인과 가목부터 다목까지의 관계에 있는 자와 합하여 다른 법인이나 단체에 30% 이상을 출자하거나, 그 밖에 임원의 임면 등 다른 법

---

1. 은행: 은행법 시행령 제1조의4에 따른 특수관계인
2. 금융지주회사: 금융지주회사법 시행령 제3조 제1항에 따른 특수관계인
3. 상호저축은행: 상호저축은행법 시행령 제4조의2 제1항에 따른 특수관계인(同法 施行令 2조).

> 인이나 단체의 중요한 경영사항에 대하여 사실상의 영향력을 행사하고 있는 경우에는 해당 법인, 단체와 그 임원(본인이 임원의 임면 등의 방법으로 그 법인 또는 단체의 중요한 경영사항에 대하여 사실상의 영향력을 행사하고 있지 아니함이 본인의 확인서 등을 통하여 확인되는 경우에 그 임원은 제외)

최대주주가 법인인 경우 그 법인의 중요한 경영사항에 대하여 사실상 영향력을 행사하고 있는 자로서 대통령령으로 정하는 자를 포함한다(同法 31조①).[31]

㈏ 주요주주

자본시장법에서 주요주주란 금융사지배구조법 제2조 제6호의 주요주주를 말한다(令 2조 5호). 이 경우 금융회사는 법인으로 본다(法 9조① 2문).[32] 즉, 자본시장법상 주요주주는 금융사지배구조법 제2조 제6호 나목의 규정에 따라 중 어느 하나에 해당하는 자를 말한다.

1) 누구의 명의로 하든지 자기의 계산으로 법인의 의결권 있는 발행주식총수의 10%[33] 이상의 주식(그 주식과 관련된 증권예탁증권 포함)[34]을 소유한 자

---

31) "대통령령으로 정하는 자"는 다음과 같다(同法 施行令 26조①).
 1. 최대주주인 법인의 최대주주(최대주주인 법인의 주요 경영사항을 사실상 지배하는 자가 그 법인의 최대주주와 명백히 다른 경우에는 그 사실상 지배하는 자를 포함)
 2. 최대주주인 법인의 대표자

32) 구체적인 규정을 보면, 자본시장법 제9조 제1항은 [이 법에서 "대주주"란 「금융회사의 지배구조에 관한 법률」 제2조 제6호에 따른 주주를 말한다. 이 경우 "금융회사"는 "법인"으로 본다.]라고 규정하고, 시행령 제2조 제5호는 ["주요주주"란 「금융회사의 지배구조에 관한 법률」 제2조 제6호 나목에 해당하는 자를 말한다.]라고 규정하는데, 법에서는 대주주를, 시행령에서는 그 중 주요주주를 다소 중복되게 규정한다. 금융사지배구조법 제2조 제6호는 대주주에 관하여 가목에서 [금융회사의 의결권 있는 발행주식(출자지분을 포함한다. 이하 같다) 총수를 기준으로 본인 및 그와 대통령령으로 정하는 특수한 관계가 있는 자(이하 "특수관계인"이라 한다)가 누구의 명의로 하든지 자기의 계산으로 소유하는 주식(그 주식과 관련된 증권예탁증권을 포함한다)을 합하여 그 수가 가장 많은 경우의 그 본인)]를 최대주주라고 규정하고, 나목에서 [1) 누구의 명의로 하든지 자기의 계산으로 금융회사의 의결권 있는 발행주식 총수의 100분의 10 이상의 주식(그 주식과 관련된 증권예탁증권을 포함한다)을 소유한 자, 2) 임원(업무집행책임자는 제외한다)의 임면(任免) 등의 방법으로 금융회사의 중요한 경영사항에 대하여 사실상의 영향력을 행사하는 주주로서 대통령령으로 정하는 자의 어느 하나에 해당하는 자]를 주요주주라고 규정한다. 자본시장법과 시행령이 금융사지배구조법의 규정을 준용함에 따라 규정형식이 다소 중복되는 면이 있기는 하다.

33) 10% 지분을 산정함에 있어서 전환사채, 신주인수권부사채와 같이 장래 주식화할 수 있는 사채도 산입하여야 하는지 여부가 문제인데, 명문의 규정이 없으므로 산입할 수 없다고 보아야 한다. 마찬가지로 특수관계인의 지분은 최대주주에 관하여는 합산을 명문으로 규정하지만 주요주주에 관하여는 명문의 규정이 없으므로 합산할 수 없다고 해석해야 한다. 다만 특수관계인의 지분을 합산하여 10% 이상에 이르게 되면 2)의 사실상 영향력을 행사하는 주주로 인정될 경우가 있을 것이다.

2) 임원(업무집행책임자는 제외)의 임면 등의 방법으로 법인의 중요한 경영사항에 대하여 사실상의 영향력을 행사하는 주주로서 대통령령이 정하는 자 중 어느 하나에 해당하는 자를 말한다.

2)에서 대통령령이 정하는 자는 다음 각 호의 어느 하나에 해당하는 자를 말한다(同法 施行令 4조).[35]

1. 혼자서 또는 다른 주주와의 합의·계약 등에 따라 대표이사 또는 이사의 과반수를 선임한 주주
2. 다음 각 목의 구분에 따른 주주
   가. 법인이 자본시장법상 금융투자업자(겸영금융투자업자는 제외)인 경우
      1) 금융투자업자가 자본시장법에 따른 투자자문업, 투자일임업, 집합투자업, 집합투자증권에 한정된 투자매매업·투자중개업 또는 온라인소액투자중개업 외의 다른 금융투자업을 겸영하지 않는 경우: 임원(상법 제401조의2 제1항 각 호의 자를 포함한다. 이하 이 호에서 같다)인 주주로서 의결권 있는 발행주식 총수의 5% 이상을 소유하는 사람
      2) 금융투자업자가 자본시장법에 따른 투자자문업, 투자일임업, 집합투자업, 집합투자증권에 한정된 투자매매업·투자중개업 또는 온라인소액투자중개업 외의 다른 금융투자업을 영위하는 경우: 임원인 주주로서 의결권 있는 발행주식 총수의 1% 이상을 소유하는 사람
   나. 법인이 금융투자업자가 아닌 경우: 법인(금융지주회사인 경우 그 금융지주회사의 금융지주회사법 제2조 제1항 제2호 및 제3호에 따른 자회사 및 손자회사를 포함)의 경영전략·조직변경 등 주요 의사결정이나 업무집행에 지배적인 영향력을 행사한다고 인정되는 자로서 금융위원회가 정하여 고시하는 주주

⑶ 승인의 요건과 절차

㈎ 승인요건

대주주 변경승인을 받으려면 건전한 경영을 위하여 「독점규제 및 공정거래

---

34) 공개매수, 대량보유보고와 관련하여 전환사채나 신주인수권부사채와 같이 장래 주식으로 전환될 가능성이 있는 증권(잠재주식)도 주식비율 산정시 포함된다.

35) 상법은 주요주주 개념을 상장회사 사외이사 결격사유로 규정하는데(商法 542조의8②), "사실상의 영향력을 행사하는 주주"의 개념에 대하여 구체적인 규정을 두지 않고 있다. 반면에 자본시장법상 주요주주는 금융사지배구조법 제2조 제6호의 주요주주를 말하는데, 자본시장법상 주요주주는 미공개정보이용에 관한 자본시장법 제174조 등과 같이 형사책임의 주체도 되므로 죄형법정주의원칙상 금융사지배구조법 시행령 제4조는 "사실상의 영향력을 행사하는 주주"의 범위를 매우 구체적으로 규정한다.

에 관한 법률」, 「조세범 처벌법」 및 금융관련법령(同法 施行令 5조)을 위반하지 않는 등 대통령령으로 정하는 요건(施行令 별표 1의 요건)을 갖추어야 한다(同法 31조①).

(나) 승인절차

승인을 받으려는 자는 소정 사항(同法 施行令 26조⑥)이 기재된 대주주 변경승인신청서를 기간(同法 施行令 26조⑤) 이내에 금융위원회에 제출해야 한다. 변경승인을 받아야 하는 자는 대주주가 되고자 하는 자이고 해당 금융투자업자가 아니다. 주식의 취득등이 기존 대주주의 사망 등 대통령령으로 정하는 사유로 인한 때에는 취득등을 한 날부터 3개월 이내에서 대통령령으로 정하는 기간 이내에 금융위원회에 승인을 신청해야 한다(同法 31조②).

(4) 위반에 대한 제재

(가) 처분명령

금융위원회는 대주주 변경에 관한 사전승인(同法 31조①)을 받지 아니하고 취득등을 한 주식과 취득등을 한 후 사후승인(同法 31조②)을 신청하지 아니한 주식에 대하여 6개월 이내의 기간을 정하여 처분을 명할 수 있다(同法 31조③).

(나) 의결권 제한

대주주 변경에 관한 사전승인을 받지 아니하거나 사후승인을 신청하지 아니한 자는 승인 없이 취득하거나 취득 후 승인을 신청하지 아니한 주식에 대하여 의결권을 행사할 수 없다(同法 31조④).

(다) 형사벌칙

대주주 변경에 관한 사전승인을 받지 아니하거나 사후승인을 신청하지 아니한 자 또는 주식처분명령에 위반한 자는 1년 이하의 징역 또는 1천만원 이하의 벌금에 처한다(法 42조①).[36]

(5) 투자자문업자 · 투자일임업자의 대주주 변경보고

투자자문업자 및 투자일임업자는 대주주가 변경된 경우에는 이를 2주 이내에

---

36) 금융위원회의 사전승인 없이 주식을 취득하여 금융투자업자의 대주주가 된 경우는 형사처벌대상인데, 위반행위를 계속범으로 보면 그 후의 보유기간 동안도 범죄행위가 계속되므로 공소시효기간이 진행되지 않는다. 그러나 위반행위를 상태범으로 보면 그 후의 보유기간은 위법상태이지만 고의의 범죄행위가 계속되지 않고 당초의 취득시점에 범죄행위가 종료된 것이므로 그 시점부터 공소시효기간을 기산해야 한다. 이에 관한 판례는 없지만 법문의 규정상 상태범으로 보아야 할 것이다.

금융위원회에 보고해야 한다. 이 경우 투자자문업·투자일임업과, 투자매매업·투자중개업·집합투자업·신탁업 중 어느 하나를 함께 영위하는 자로서 대주주 변경승인을 받은 때에는 보고를 한 것으로 본다(同法 31조⑤).

2. 최대주주의 자격 심사

금융위원회의 적격성 심사대상은 대주주 변경승인 대상 금융회사의 최대주주 중 최다출자자 1인이다. 최다출자자 1인이 법인인 경우 그 법인의 최대주주주 중 최다출자자 1인을 말하며, 그 최다출자자 1인도 법인인 경우에는 최다출자자 1인이 개인이 될 때까지 같은 방법으로 선정한다. 결국 개인인 최다출자자 1인이 자격 심사의 대상이다. 다만, 법인 간 순환출자 구조인 경우에는 최대주주 중 대통령령으로 정하는 최다출자자 1인으로 한다.[37] 금융위원회는 적격성 심사대상에 대하여 2년(同法 施行令 27조②)마다 변경승인요건 중 「독점규제 및 공정거래에 관한 법률」, 「조세범 처벌법」 및 금융과 관련하여 금융관계법령을 위반하지 않는 등 대통령령으로 정하는 "적격성 유지요건"(同法 施行令 27조④)에 부합하는지 여부를 심사해야 한다(同法 32조①).

금융회사는 해당 금융회사의 적격성 심사대상이 적격성 유지요건을 충족하지 못하는 사유가 발생한 사실을 인지한 경우 지체 없이(同法 施行令 27조⑤: 그 사실을 알게 된 날부터 7영업일 이내) 그 사실을 금융위원회에 보고해야 한다(同法 32조②). 금융위원회는 심사를 위하여 필요한 경우에는 금융회사 또는 적격성 심사대상에 대하여 필요한 자료 또는 정보의 제공을 요구할 수 있다(同法 32조③).

금융위원회는 심사 결과 적격성 심사대상이 적격성 유지요건을 충족하지 못하고 있다고 인정되는 경우 해당 적격성 심사대상에 대하여 6개월 이내의 기간을 정하여 해당 금융회사의 경영건전성을 확보하기 위한 다음 각 호의 전부 또는 일부를 포함한 조치를 이행할 것을 명할 수 있다(同法 32조④).

1. 적격성 유지요건을 충족하기 위한 조치

37) "대통령령으로 정하는 최다출자자"란 순환출자 구조의 법인이 속한 기업집단의 동일인(같은 호에 따른 동일인을 말한다) 또는 그 밖에 이에 준하는 자로서 금융위원회가 정하는 자를 말한다. 다만, 동일인이 법인인 경우에는 그 법인의 최대주주 중 최다출자자 1인을 말하며, 그 최다출자자 1인도 법인인 경우에는 최다출자자 1인이 개인이 될 때까지 같은 방법으로 선정한다(同法 施行令 27조①).

2. 해당 적격성 심사대상과의 거래의 제한 등 이해상충 방지를 위한 조치
3. 그 밖에 금융회사의 경영건전성을 위하여 필요하다고 인정되는 조치로서 대통령령으로 정하는 조치(同法 施行令 27조⑥)

금융위원회는 심사 결과 적격성 심사대상이 다음과 같은 경우로서 법령 위반 정도를 감안할 때 건전한 금융질서와 금융회사의 건전성이 유지되기 어렵다고 인정되는 경우 5년(同法 施行令 27조⑦) 내에 해당 적격성 심사대상이 보유한 금융회사의 의결권 있는 발행주식(최다출자자 1인이 법인인 경우 그 법인이 보유한 해당 금융회사의 의결권 있는 발행주식) 총수의 10% 이상에 대하여는 의결권을 행사할 수 없도록 명할 수 있다(同法 32조⑤).

1. 제1항에 규정된 법령의 위반으로 금고 1년 이상의 실형을 선고받고 그 형이 확정된 경우
2. 그 밖에 건전한 금융질서 유지를 위하여 대통령령으로 정하는 경우(同法 施行令 27조⑧)

제1항에 규정된 법령의 위반에 따른 죄와 다른 죄의 경합범에 대하여는 형법 제38조에도 불구하고 이를 분리 심리하여 따로 선고해야 한다(同法 32조⑥).

Ⅵ. 파생상품업무책임자

다음과 같은 금융투자업자(겸영금융투자업자 포함)는 상근임원(상법 401조의2 제1항의 업무집행지시자 포함)인 파생상품업무책임자를 1인 이상 두어야 한다(法 28조의2①, 令 32조의2①).

1. 장내파생상품에 대한 투자매매업 또는 투자중개업을 경영하는 자로서 최근 사업연도말일을 기준으로 자산총액이 1천억원 이상인자.
2. 장외파생상품에 대한 투자매매업 또는 투자중개업을 경영하는 자

파생상품업무책임자는 금융투자업자의 파생상품업무를 총괄하는 자로서 임원의 자격요건(同法 5조)에 적합해야 한다(令 32조의2②). 파생상품업무책임자는 다음 업무를 수행한다(法 28조의2②).

1. 파생상품 투자자보호에 필요한 절차나 기준의 수립 및 집행에 관한 관리·감독업무

2. 장외파생상품 매매에 대한 승인 업무
3. 그 밖에 대통령령으로 정하는 업무

Ⅶ. 소수주주권

1. 금융회사

(1) 1만분의 10

6개월 전부터 계속하여 금융회사의 의결권 있는 발행주식 총수의 1만분의 10 이상에 해당하는 주식을 대통령령으로 정하는 바에 따라 보유한 자는 상법 제363조의2(주주제안권)에 따른 주주의 권리를 행사할 수 있다(同法 33조①).[38][39]

(2) 1만분의 150

6개월 전부터 계속하여 금융회사의 발행주식 총수의 1만분의 150 이상(대통령령으로 정하는 금융회사[40]의 경우에는 1만분의 75 이상)에 해당하는 주식을 대통령령으로 정하는 바에 따라 보유한 자는 상법 제366조(임시주주총회소집청구권, 검사인선임청구권) 및 제467조(검사인선임청구권)에 따른 주주의 권리를 행사할 수 있다(同法 33조②).[41]

(3) 10만분의 250

6개월 전부터 계속하여 금융회사의 발행주식 총수의 10만분의 250 이상(대통령령으로 정하는 금융회사의 경우에는 10만분의 125 이상)에 해당하는 주식을 대

---

38) 상법은 일반 규정에서 3%, 상장회사 특례에서 1%(0.5%)로 규정한다.

39) 다음 방법으로 주식을 보유한 자는 제33조 제1항부터 제6항까지의 규정에 따른 주주의 권리를 행사할 수 있다(同法 施行令 28조①).
  1. 주식의 소유
  2. 주주권 행사에 관한 위임장의 취득
  3. 주주 2인 이상의 주주권 공동행사

40) 제33조 제2항 전단, 제3항, 제4항 및 제6항에서 "대통령령으로 정하는 금융회사"란 각각 다음과 같은 금융회사를 말한다(同法 施行令 28조①).
  1. 최근 사업연도 말 현재 자산총액이 5조원 이상인 은행
  2. 최근 사업연도 말 현재 자본금이 1천억원 이상인 금융투자업자
  3. 최근 사업연도 말 현재 자산총액이 5조원 이상으로서 자본금이 1천억원 이상인 보험회
  4. 최근 사업연도 말 현재 자산총액이 7천억원 이상인 상호저축은행
  5. 최근 사업연도 말 현재 자본금이 1천억원 이상인 신용카드업자
  6. 최근 사업연도 말 현재 자산총액이 5조원 이상으로서 최근 사업연도 말 현재 자산총액이 2조원 이상인 자회사를 둘 이상 지배하는 금융지주회사

41) 상법은 일반 규정에서 3%, 상장회사 특례에서 1.5%로 규정한다.

통령령으로 정하는 바에 따라 보유한 자는 상법 제385조(이사해임청구권, 같은 법 제415조에서 준용하는 경우를 포함) 및 제539조(청산인해임청구권)에 따른 주주의 권리를 행사할 수 있다(同法 33조③).[42]

(4) 100만분의 250

6개월 전부터 계속하여 금융회사의 발행주식 총수의 100만분의 250 이상(대통령령으로 정하는 금융회사의 경우에는 100만분의 125 이상)에 해당하는 주식을 대통령령으로 정하는 바에 따라 보유한 자는 상법 제402조(이사의 위법행위 유지청구권)에 따른 주주의 권리를 행사할 수 있다(同法 33조④).[43]

(5) 10만분의 1

6개월 전부터 계속하여 금융회사의 발행주식 총수의 10만분의 1 이상에 해당하는 주식을 대통령령으로 정하는 바에 따라 보유한 자는 상법 제403조(대표소송, 제324조, 제415조, 제424조의2, 제467조의2 및 제542조에서 준용하는 경우를 포함)에 따른 주주의 권리를 행사할 수 있다(同法 33조⑤).[44]

(6) 10만분의 50

6개월 전부터 계속하여 금융회사의 발행주식 총수의 10만분의 50 이상(대통령령으로 정하는 금융회사의 경우에는 10만분의 25 이상)에 해당하는 주식을 대통령령으로 정하는 바에 따라 보유한 자는 상법 제466조에 따른 주주의 권리(회계장부 열람·등사청구권)를 행사할 수 있다(同法 33조⑥).[45]

(7) 승소결과의 귀속

제5항의 주주가 상법 제403조(상법 제324조, 제415조, 제424조의2, 제467조의2 및 제542조에서 준용하는 경우를 포함)에 따른 소송을 제기하여 승소한 경우에는 금융회사에 소송비용, 그 밖에 소송으로 인한 모든 비용의 지급을 청구할 수 있다(同法 33조⑦).

(8) 상법상 소수주주권과의 관계

금융사지배구조법상 소수주주권은 상법의 해당 규정에 따른 소수주주권의 행사에 영향을 미치지 않는다(同法 33조⑧). 즉, 상법 규정의 중첩적 적용을 명문으로 규정하고 있다.

---

42) 상법은 일반 규정에서 3%, 상장회사 특례에서 0.5%(0.25%)로 규정한다.
43) 상법은 일반 규정에서 1%, 상장회사 특례에서 0.05%(0.025%)로 규정한다.
44) 상법은 일반 규정에서 1%, 상장회사 특례에서 1.5%(0.01%)로 규정한다.
45) 상법은 일반 규정에서 3%, 상장회사 특례에서 1%(0.5%)로 규정한다.

2. 주권상장법인

(1) 상장회사 특례규정

상법 제3편 제4장 제13절의 상장회사에 대한 특례규정은 자본시장법상 주권상장법인에 대하여 적용한다(商法 542조의2①). 상법상 상장회사란 자본시장법 제8조의2 제4항 제1호에 따른 증권시장(증권의 매매를 위하여 거래소가 개설하는 시장)에 상장된 주권을 발행한 주식회사를 말한다(商法 542조의2①, 商令 29조①). 다만, 상장회사에 대한 특례규정은 집합투자를 수행하기 위한 기구로서 자본시장법 제6조 제5항에서 정하는 집합투자를 수행하기 위한 기구인 주식회사에는 적용되지 않는다(商法 542조의2① 단서, 商令 29조②). 이는 자본시장법상 주식회사 형태의 집합투자기구인 투자회사를 가리킨다.

(2) 특례규정의 적용범위

구 증권거래법상으로도 주권상장법인 소수주주가 주식보유기간 요건을 구비하지 못한 경우 상법에 규정된 소수주주권을 행사할 수 있는지 여부에 대하여 논란이 있었고, 대법원은 상법에 따라 소수주주권을 행사할 수 있다는 입장이었다.[46] 상법 규정을 형식적으로 해석한다면, 상장회사에 대한 특례인 제13절의 규정과 상법 제3편 제4장의 다른 규정이 충돌하는 경우에는 항상 제13절의 규정만 배타적으로 적용되고, 일반규정은 특례규정이 없는 경우에만 보충적으로 적용되는 결과가 된다. 그러나 상장회사의 소수주주를 보호하기 위하여 특례를 규정한 것인데, 특례규정의 요건을 갖추지 못하였다는 이유로 오히려 상법상 원래의 소수주주권도 행사할 수 없다는 해석은 타당하지 않다.

결국 2020년 12월 개정 상법은 상장회사의 소수주주권에 관한 제542조의6에 제10항으로 "제1항부터 제7항까지는 제542조의2 제2항에도 불구하고 이 장의 다른 절에 따른 소수주주권의 행사에 영향을 미치지 아니한다."라는 규정을 신설함으로써, 상장회사 특례규정 중 특히 소수주주권 관련 규정은 선택적으로 적용할 수 있음을 명시적으로 규정함으로써 논란의 여지를 없앴다.

(3) 상장회사의 소수주주권 행사 요건

상장회사의 경우 소수주주권의 활성화를 통한 기업경영의 투명성제고와 소

---

46) 대법원 2004. 12. 10. 선고 2003다41715 판결.

수주주의 권익보호를 위하여 지분율 요건을 완화하는 대신, 소수주주권의 남용을 방지하기 위하여 보유기간을 요건으로 추가하였다(542조의6).[47] 그리고 상장회사는 정관에서 상법에 규정된 것보다 단기의 주식 보유기간을 정하거나 낮은 주식 보유비율을 정할 수 있다(商法 542조의6⑦).[48] 소수주주권행사의 요건에 있어서 "주식을 보유한 자"란 i) 주식을 소유한 자, ii) 주주권 행사에 관한 위임을 받은 자, iii) 2명 이상 주주의 주주권을 공동으로 행사하는 자를 모두 포함한다(商法 542조의6⑧).

Ⅷ. 처분 및 제재절차

1. 금융회사에 대한 조치

금융위원회는 금융회사가 금융사지배구조법 별표 각 호의 어느 하나에 해당하는 경우에는 다음과 같은 조치를 할 수 있다(同法 34조①).

1. 위법행위의 시정명령
2. 위법행위의 중지명령
3. 금융회사에 대한 경고
4. 금융회사에 대한 주의
5. 그 밖에 위법행위를 시정하거나 방지하기 위하여 필요한 조치로서 대통령령으로 정하는 조치

2. 임직원에 대한 제재조치

금융위원회는 금융회사의 임원(업무집행책임자는 제외)이 별표 각 호의 어느 하나에 해당하는 경우에는 다음과 같은 조치를 할 수 있다(同法 35조①). 금융위원회는 은행의 임원에 대하여는 금융감독원장의 건의에 따라 제1항 제1호 또는 제2호의 어느 하나에 해당하는 조치를 할 수 있으며, 금융감독원장으로 하여금 제1항 제3호부터 제5호까지의 어느 하나에 해당하는 조치를 하게 할 수 있디(同法 35조③1).

47) 美國에서는 소수주주권 중 상당수가 단독주주권이며, 日本에서는 3% 소수주주권을 원칙으로 하나 주주대표소송은 단독주주권이다.

48) 소수주주권행사의 요건인 주식 보유기간이나 주식 보유비율은 정관에 의하여 완화할 수는 있어도 가중할 수는 없다.

1. 해임요구
2. 6개월 이내의 직무정지 또는 임원의 직무를 대행하는 관리인의 선임
3. 문책경고
4. 주의적 경고
5. 주의

금융위원회는 금융회사의 직원(업무집행책임자를 포함)이 별표 각 호의 어느 하나에 해당하는 경우에는 다음과 같은 조치를 할 것을 그 금융회사에 요구할 수 있다(同法 35조②). 금융위원회는 보험회사·여신전문금융회사의 임원에 대하여는 금융감독원장의 건의에 따라 제1항 제1호 또는 제2호의 어느 하나에 해당하는 조치를 할 수 있으며, 금융감독원장으로 하여금 제1항 제3호부터 제5호까지의 어느 하나에 해당하는 조치를 하게 할 수 있다(同法 35조③2).

1. 면직
2. 6개월 이내의 정직
3. 감봉
4. 견책
5. 주의

금융위원회는 은행의 직원에 대하여는 제2항 각 호의 어느 하나에 해당하는 조치를 할 것을 그 금융회사에 요구할 수 있다(同法 35조④1). 금융위원회는 보험회사·여신전문금융회사의 직원에 대하여는 제2항 각 호의 어느 하나에 해당하는 조치를 할 것을 금융감독원장의 건의에 따라 그 금융회사에 요구하거나, 금융감독원장으로 하여금 요구하게 할 수 있다(同法 35조④2).

금융위원회는 금융회사의 임직원에 대하여 조치를 하거나 해당 조치를 하도록 요구하는 경우 그 임직원에 대한 관리·감독의 책임이 있는 임직원에 대한 조치를 함께 하거나, 해당 조치를 하도록 요구할 수 있다. 다만, 관리·감독의 책임이 있는 사람이 그 임직원의 관리·감독에 상당한 주의를 다한 경우에는 조치를 감경하거나 면제할 수 있다(同法 35조⑤).

금융위원회(제3항 또는 제4항에 따라 조치를 하거나 조치를 할 것을 요구할 수 있는 금융감독원장을 포함)는 금융회사의 퇴임한 임원 또는 퇴직한 직원이 재임 또는 재직 중이었더라면 제1항부터 제5항까지에 해당하는 조치를 받았을 것으로

인정되는 경우에는 그 조치의 내용을 해당 금융회사의 장에게 통보할 수 있다. 이 경우 통보를 받은 금융회사의 장은 이를 퇴임·퇴직한 해당 임직원에게 통보해야 한다(同法 35조⑥). 실무상으로는 이러한 조치를 " ... 상당"이라고 표시하는데, 이러한 상당통보로 인하여 임원결격사유에 해당함으로써 직접적으로 취업제한의 불이익을 입게 되어 직업선택의 자유를 제한받게 되므로, 이러한 통보조치도 항고소송의 대상이 되는 행정처분에 해당한다.[49]

3. 청문 및 이의신청

금융위원회는 제35조 제1항부터 제5항까지의 조치 중 임원의 해임요구 또는 직원의 면직요구의 조치를 할 경우 청문을 해야 한다(同法 36조). 금융위원회의 조치(해임요구 또는 면직요구의 조치는 제외)에 대하여 불복하는 자는 그 조치를 고지받은 날부터 30일 이내에 그 사유를 갖추어 금융위원회에 이의를 신청할 수 있다(同法 37조①). 금융위원회는 이의신청에 대하여 60일 이내에 결정을 해야 한다. 다만, 부득이한 사정으로 그 기간 이내에 결정을 할 수 없는 경우에는 30일의 범위에서 그 기간을 연장할 수 있다(同法 37조②).

4. 이행강제금

금융위원회는 대주주변경승인을 받지 아니하고 취득등을 한 주식과 취득등을 한 후 승인을 신청하지 아니한 주식에 대하여 주식처분명령을 받은 자가 그 정한 기간 이내에 그 명령을 이행하지 아니하면 이행기간이 지난 날부터 1일당 그 처분하여야 하는 주식의 장부가액에 1만분의 3을 곱한 금액을 초과하지 않는 범위에서 이행강제금을 부과할 수 있다(同法 39조①). 이행강제금은 주식처분명령에서 정한 이행기간의 종료일의 다음 날부터 주식처분명령을 이행하는 날(주권지급일을 말한다)까지의 기간에 대하여 이를 부과한다(同法 39조②). 금융위원회는 주식처분명령을 받은 자가 주식처분명령에서 정한 이행기간의 종료일부터 90일

---

49) 대법원 2013. 2. 14. 선고 2012두3774 판결. 다만 이 사건에서는 원고가 은행의 임원을 퇴임한 후에 은행법에 상당통보규정이 신설되었으므로 행정법규 불소급의 원칙상 위법한 조치라는 이유로 원심(서울고등법원 2012. 1. 10. 선고 2011누15222 판결)이 금융위원회의 제재처분을 취소하였고, 대법원도 같은 취지로 판시하였다. 이 판결 이후 금융감독당국도 개별법에 근거규정이 신설되기 전에 퇴직한 임원에 대하여는 위법사실통지만 하면서 임원결격사유에 해당하지 않는다는 내용도 통지에 포함하고 있다.

이 지난 후에도 그 명령을 이행하지 아니하면 그 종료일부터 매 90일이 지나는 날을 기준으로 하여 이행강제금을 징수한다(同法 39조③). 이행강제금의 부과 및 징수에 관하여는 은행법 제65조의4부터 제65조의8까지, 제65조의10 및 제65조의 11을 준용한다(同法 37조④).

Ⅸ. 권한위탁과 공시

1. 권한의 위탁

금융위원회는 금융사지배구조법에 따른 권한의 일부를 대통령령으로 정하는 바에 따라 금융감독원장에게 위탁할 수 있다(同法 40조, 시행령 30조).

2. 공시의무

금융회사는 주주총회와 관련하여 주주의 참석률, 안건에 대한 찬반비율 등 대통령령으로 정하는 사항을 공시해야 한다(同法 41조①). 금융회사는 주주가 소수주주권을 행사한 경우 이를 공시해야 한다(同法 41조②).

제3장

건전성규제

제1절 재무건전성과 경영건전성

Ⅰ. 재무건전성 유지

1. 영업용순자본비율

금융투자업자(겸영금융투자업자, 그 밖에 대통령령으로 정하는 금융투자업자를 제외)는 "영업용순자본"을 "총위험액" 이상으로 유지해야 한다(法 30조①).[1)]

"총위험액"에 대한 "영업용순자본"의 비율을 백분율(%)로 표시한 것이 "영업용순자본비율"이다(금융투자업규정 3-6조 5호). 즉, 영업용순자본비율을 100% 이상으로 유지하여야 한다. "영업용순자본비율"은 3종 금융투자업자(신탁업자)에 대한 적기시정조치의 기준이다.

"영업용순자본"은 다음 제1호의 합계액에서 제2호의 합계액을 뺀 금액이다(法 30조①).

1. 자본금·준비금, 그 밖에 총리령으로 정하는 금액[2)]
2. 고정자산, 그 밖에 단기간 내에 유동화가 어려운 자산으로서 총리령으로 정하는 자산[3)]

---

1) 금융투자업규정은 표준방법에 따른 총위험액 산정과 관련하여, 시장위험액은 제3-15조부터 제3-21조까지에서, 신용위험액은 제3-22조에서, 운영위험액은 제3-23조에서 규정한다.

2) "총리령으로 정하는 금액"이란 다음과 같은 금액을 말한다(規則 5조①).
   1. 유동자산에 설정한 대손충당금
   2. 후순위 차입금
   3. 금융리스 부채
   4. 자산평가이익
   5. 제1호부터 제4호까지에서 규정한 사항 외에 자본적 성격을 가지는 부채 등 자본시장법 제30조 제1항에 따른 영업용순자본에 포함시킬 필요가 있다고 금융위원회가 정하여 고시하는 사항

"영업용순자본"은 "기준일 현재 재무상태표의 자산총액에서 부채총액을 차감한 잔액(순재산액) − 차감항목의 합계금액 + 가산항목의 합계금액"의 산식에 따라 산정한다(금융투자업규정 3−11조①).[4)]

"총위험액"은 자산 및 부채에 내재하거나 업무에 수반되는 위험을 금액으로 환산하여 합계한 금액을 말하고(法 30조①), 금융투자업자의 "총위험액"은 "시장위험액, 신용위험액, 운영위험액"의 금액을 합산한 금액으로 한다(금융투자업규정 3−11조②). "시장위험액"이란 시장성 있는 증권 등에서 주가, 이자, 환율 등 시장가격의 변동으로 인하여 금융투자업자가 입을 수 있는 잠재적인 손실액이고(금융투자업규정 3−6조 6호), "신용위험액"이란 거래상대방의 계약불이행 등으로 인하여 발생할 수 있는 잠재적인 손실액이고(금융투자업규정 3−6조 7호), "운영위험액"이란 부적절하거나 잘못된 내부의 절차, 인력 및 시스템의 관리부실 또는 외부의 사건 등으로 인하여 발생할 수 있는 잠재적인 손실액이다(금융투자업규정 3−6조 8호).

2. 순자본비율

"순자본"은 "영업용순자본에서 총위험액을 차감한 금액"이고(금융투자업규정 3−6조 1호), "순자본비율"은 필요유지자기자본(금융투자업규정 3−6조 2호: 인가업무 또는 등록업무 단위별로 요구되는 자기자본을 합계한 금액)에 대한 순자본의 비율을 백분율(%)로 표시한 수치로서 「금융산업의 구조개선에 관한 법률」 제10조 제1항에 따른 자기자본비율을 말한다(금융투자업규정 3−6조 3호).

"순자본비율"은 1종 금융투자업자(투자매매업자·투자중개업자)에 대한 적기시정조치의 기준이다.

순자본비율 산정의 기초가 되는 금융투자업자의 자산, 부채, 자본은 연결재

---

3) "총리령으로 정하는 자산"이란 다음과 같은 금액을 말한다(規則 5조②).
 1. 선급금
 2. 선급비용
 3. 선급법인세
 4. 자산평가손실
 5. 제1호부터 제4호까지에서 규정한 사항 외에 단기간 내에 유동화가 곤란한 자산 등 영업용순자본에서 제외할 필요가 있다고 금융위원회가 정하여 고시하는 사항

4) 금융투자업규정 제3−11조 제1항의 가산항목에 관하여는 제3−12조, 제3−13조(후순위차입금의 경우)에서 규정하고, 차감항목에 관하여는 제3−14조에서 규정한다. 일정한 요건을 충족한 자본증권은 차감에서 제외된다(제3−13조의2).

무제표에 계상된 장부가액을 기준으로 산정하고, 연결 대상 회사가 없는 금융투자업자는 개별재무제표에 계상된 장부가액을 기준으로 산정한다.[5)]

3. 겸영금융투자업자

겸영금융투자업자에게는 개별 법령에 따라 건전성 규제가 이루어지므로 위와 같은 재무건전성기준이 적용되지 않고, ⅰ) 투자자문업자 또는 투자일임업자(다른 금융투자업을 경영하지 않는 경우만 해당), ⅱ) 집합투자업자(집합투자증권 외의 금융투자상품에 대한 투자매매업 또는 투자중개업을 경영하는 자는 제외한다)에게도 위와 같은 재무건전성기준이 적용되지 않는다(令 34조①).

4. 공시의무

금융투자업자는 매 분기의 말일을 기준으로 영업용순자본에서 총위험액을 뺀 금액을 기재한 서면을 해당 분기의 말일부터 45일 이내에 금융위원회에 보고하여야 하며, 보고기간 종료일부터 3개월간 본점과 지점, 그 밖의 영업소에 비치하고, 인터넷 홈페이지 등을 이용하여 공시해야 한다(法 30조③).

---

5) [금융투자업규정 3-10조 (순자본비율 등 산정의 기본원칙)]

① 순자본비율 산정의 기초가 되는 금융투자업자의 자산, 부채, 자본은 법 제33조에 따른 업무보고서의 연결재무제표에 계상된 장부가액(평가성 충당금을 차감한 것)을 기준으로 한다. 다만, 연결 대상 회사의 구체적인 범위는 금융감독원장이 정하며, 연결 대상 회사가 없는 금융투자업자는 개별 재무제표를 기준으로 한다.

② 영업용순자본비율 산정의 기초가 되는 금융투자업자의 자산, 부채, 자본은 법 제33조에 따른 업무보고서의 개별재무제표에 계상된 장부가액(평가성 충당금을 차감한 것)을 기준으로 한다.

③ 시장위험과 신용위험을 동시에 내포하는 자산에 대하여는 시장위험액과 신용위험액을 모두 산정해야 한다.

④ 영업용순자본 산정시 차감항목에 대하여는 원칙적으로 위험액을 산정하지 않는다.

⑤ 영업용순자본의 차감항목과 위험액 산정대상 자산 사이에 위험회피효과가 있는 경우에는 위험액 산정대상 자산의 위험액을 감액할 수 있다.

⑥ 부외자산과 부외부채에 대해서도 위험액을 산정하는 것을 원칙으로 한다.

⑦ 순자본비율은 가결산일 및 결산일 현재를 기준으로 산정하고 법 제33조 제1항에 따른 업무보고서에 포함한다.

Ⅱ. 경영건전성기준

1. 경영건전성의 내용

금융투자업자(겸영금융투자업자 제외)는 경영의 건전성을 유지하기 위하여 다음과 같은 사항에 관하여 금융위원회가 정하여 고시하는 경영건전성기준을 준수하여야 하며, 이를 위한 적절한 체계를 구축·시행해야 한다(法 31조①).

1. 자기자본비율, 그 밖의 자본의 적정성에 관한 사항
2. 자산의 건전성에 관한 사항
3. 유동성에 관한 사항
4. 그 밖에 경영의 건전성 확보를 위하여 필요한 사항으로서, 위험관리에 관한 사항, 외환건전성에 관한 사항, 그 밖에 경영의 건전성 확보를 위하여 필요한 사항으로서 금융위원회가 정하여 고시하는 사항(令 35조①)

2. 경영실태평가

(1) 임의평가

금융위원회는 경영건전성기준을 정함에 있어서 금융투자업자가 영위하는 금융투자업의 종류 등을 고려하여 금융투자업별로 그 내용을 달리 정할 수 있다(法 31조②). 금융위원회는 금융투자업자의 경영건전성 확보를 위한 경영실태 및 위험에 대한 평가를 할 수 있다(法 31조③).

(2) 의무평가

금융위원회는 자산규모 등을 고려하여 대통령령으로 정하는 다음과 같은 금융투자업자에 대하여는 평가를 실시해야 한다(法 31조③ 단서, 令 35조②).

1. 경영실태에 대한 평가의 경우에는 다음 중 어느 하나에 해당하지 않는 금융투자업자
   가. 다자간매매체결회사
   나. 채권중개전문회사(다른 금융투자업을 경영하지 않는 경우만 해당)
   다. 투자자문업자 또는 투자일임업자(다른 금융투자업을 경영하지 않는 경우만 해당)
   라. 외국금융투자업자의 지점, 그 밖의 영업소[6]
   마. 집합투자업자(집합투자증권 외의 금융투자상품에 대한 투자매매업·투자중개업

6) 외국금융투자업자의 지점, 영업소에 대한 경영실태평가규정의 적용이 배제되는데, 그 타당성 여부에 대하여는 의문이다.

을 경영하는 자는 제외)

2. 위험에 대한 평가의 경우에는 다음과 같은 기준을 모두 충족하는 금융투자업자
   가. 최근 사업연도말일을 기준으로 자산총액(재무상태표상의 자산총액에서 투자자예탁금을 뺀 금액)이 1천억원 이상일 것
   나. 장외파생상품에 대한 투자매매업 또는 증권에 대한 투자매매업(인수업을 경영하는 자만 해당)을 경영할 것

3. 적기시정조치

금융위원회는 금융투자업자가 경영건전성기준을 충족하지 못하거나 재무건전성 유지의무를 위반한 경우에는 금융투자업자에 대하여 자본금의 증액, 이익배당의 제한 등 경영건전성 확보를 위한 필요한 조치를 명할 수 있다(法 31조④).

이에 따라 금융투자업규정 제3－6조는 금융투자업자를 1종(21호: 투자매매업자·투자중개업자. 다만, 집합투자업을 영위하면서 투자매매업 또는 투자중개업 중 집합투자증권에 대한 영업만을 인가받은 투자매매업자 또는 투자중개업자는 제외), 2종[22호: 금융위원회의 인가를 받은 집합투자업자(집합투자증권을 제외한 다른 금융투자상품에 대한 투자매매업과 투자중개업을 영위하는 자는 제외한다]. 다만, 집합투자증권을 제외한 다른 금융투자상품에 대한 투자매매업과 투자중개업을 영위하는 자는 제외), 3종(23호: 신탁업자. 다만, 1종 금융투자업자는 제외)으로 구분하고, 제3－26 이하에서 금융투자업자의 종별로 적기시정조치의 기준을 달리 정한다.[7]

구체적으로, 금융투자업규정 제3－26조는 경영개선권고,[8] 제3－27조는 경영

---

7) 1종 금융투자업자는 순자본비율, 2종 금융투자업자는 자기자본, 3종 금융투자업자는 영업용순자본비율을 기준으로 한다.

8) [금융투자업규정 3－26조 (경영개선권고)]
   ② 제1항에서 정하는 필요한 조치란 다음 각 호의 일부 또는 전부에 해당하는 조치를 말한다.
   1. 인력 및 조직운용의 개선
   2. 경비절감
   3. 점포관리의 효율화
   4. 부실자산의 처분
   5. 영업용순자본감소행위의 제한
   6. 신규업무 진출의 제한
   7. 자본금의 증액 또는 감액
   8. 대손충당금 등의 설정
   ④ 금융투자업자는 다음 각 호에 해당하는 경우 지체없이 이를 금융감독원장에게 보고하여야 한다.
   1. 1종 금융투자업자 : 순자본비율이 100%에 미달하는 경우

개선요구,[9] 제3-28조는 경영개선명령,[10] 제3-29조는 조치의 근거 및 이유의

---

2. 2종 금융투자업자 : 자기자본이 최소영업자본액에 미달하는 경우
3. 3종 금융투자업자 : 영업용순자본비율이 150%에 미달하는 경우
⑤ 제4항에 해당하는 금융투자업자는 다음 각 호의 구분에 따른 기준을 충족할 때까지 매달 해당 비율 또는 금액을 다음 달 20일까지 금융감독원장에게 보고하여야 한다.
1. 1종 금융투자업자 : 순자본비율이 100% 이상
2. 2종 금융투자업자 : 자기자본이 최소영업자본액 이상
3. 3종 금융투자업자 : 영업용순자본비율이 150% 이상
⑥ 제4항에 해당하는 금융투자업자는 다음 각 호에 해당하는 경우에는 그 내역을 금융감독원장에게 지체 없이 보고하여야 한다.
1. 1종 금융투자업자 : 영업용순자본이 100분의 10 이상 감소하거나 총위험액이 100분의 10 이상 증가한 때
2. 2종 금융투자업자 : 자기자본이 100분의 10 이상 감소하거나 고객자산운용 필요자본 또는 고유자산운용 필요자본이 100분의 10 이상 증가한 때
3. 3종 금융투자업자 : 영업용순자본이 100분의 10 이상 감소하거나 총위험액이 100분의 10 이상 증가한 때
⑦ 제4항 제1호에 해당하는 1종 금융투자업자는 레버리지비율이 900%를 초과하게 되는 경우에는 지체 없이 레버리지비율을 금융감독원장에게 보고하여야 하며, 레버리지비율이 900% 이하에 이를 때까지 매달 레버리지비율을 다음달 20일까지 금융감독원장에게 보고하여야 한다

9) [금융투자업규정 3-27조 (경영개선요구)]
② 제1항에서 정하는 필요한 조치란 다음 각 호의 일부 또는 전부에 해당하는 조치를 말한다.
1. 고위험자산보유제한 및 자산처분
2. 점포의 폐쇄, 통합 또는 신설제한
3. 조직의 축소
4. 자회사의 정리
5. 임원진 교체 요구
6. 영업의 일부정지
7. 합병·제3자 인수·영업의 전부 또는 일부의 양도·「금융지주회사법」에 따른 금융지주회사(이하 "금융지주회사"라 한다)의 자회사로의 편입(단독 또는 다른 금융기관과 공동으로 금융지주회사를 설립하여 그 금융지주회사의 자회사로 편입하는 경우를 포함한다.)에 관한 계획수립
8. 제3-26조 제2항에서 정하는 사항

10) [금융투자업규정 3-28조 (경영개선명령)]
② 제1항에서 정하는 필요한 조치란 다음 각 호의 일부 또는 전부에 해당하는 조치를 말한다.
1. 주식의 일부 또는 전부소각
2. 임원의 직무집행 정지 및 관리인 선임
3. 합병, 금융지주회사의 자회사로의 편입
4. 영업의 전부 또는 일부의 양도
5. 제3자의 당해 금융투자업 인수
6. 6개월 이내의 영업정지
7. 계약의 전부 또는 일부의 이전
8. 제3-27조 제2항에서 정하는 사항

제시, 제3-30조는 적기시정조치의 유예, 제3-31조는 경영개선계획의 제출 및 평가[11] 등을 규정하고, 별표에서 세부 기준을 정하고 있다.[12]

Ⅲ. 회계처리

금융투자업자는 다음과 같은 방식으로 회계처리를 해야 한다(法 32조①).

---

11) [금융투자업규정 3-31조 (경영개선계획의 제출 및 평가)]

① 제3-26조부터 제3-28조까지에 따라 경영개선권고, 경영개선요구 또는 경영개선명령을 받은 금융투자업자는 당해 조치일로부터 2개월의 범위 내에서 당해 조치권자가 정하는 기한 내에 당해 조치의 내용이 반영된 계획(이하 "경영개선계획"이라 한다)을 금융감독원장에게 제출해야 한다.

② 제3-26조부터 제3-28조까지에 따른 경영개선권고, 경영개선요구 또는 경영개선명령을 받은 금융투자업자가 제출한 경영개선계획에 대하여는 금융위원회가 각각 당해 경영개선계획을 제출받은 날로부터 1개월 이내에 승인여부를 결정해야 한다. 다만, 제3항에 따른 경영평가위원회의 심의가 지연되는 경우에는 15일 이내에서 그 기한을 초과할 수 있다.

③ 제3-26조부터 제3-28조까지에 따라 경영개선권고, 경영개선요구 또는 경영개선명령을 한 경우에는 제2항에 따른 승인여부 결정에 앞서 외부 전문가로 구성된 경영평가위원회의 사전심의를 거쳐야 한다. 다만, 긴급을 요하거나 심의의 실익이 크지 아니하다고 금융감독원장이 인정하는 경우에는 그러하지 아니하다.

④ 제3항에 따라 경영평가위원회가 사전심의를 하는 경우에는 당해 금융투자업자를 출석시켜 의견을 청취할 수 있다.

⑤ 금융위원회는 제3-26조 제1항에 따라 경영개선권고를 받은 금융투자업자가 제출한 경영개선계획의 타당성이 없다고 인정되는 경우 동 계획을 불승인하고, 제3-27조 제2항에서 규정한 조치의 일부 또는 전부를 이행하도록 요구해야 한다.

⑥ 금융위원회는 제3-27조 제1항에 따라 경영개선요구를 받은 금융투자업자가 경영개선계획을 제출하지 아니하거나, 금융투자업자가 제출한 경영개선계획의 타당성이 없다고 인정하여 이를 승인하지 아니하는 경우 제3-27조 제2항에서 규정한 조치의 일부 또는 전부를 이행하도록 요구하고, 금융투자업자가 이를 이행하지 아니하는 경우 제3-28조 제2항에서 규정한 조치의 일부 또는 전부를 이행하도록 명령할 수 있다.

⑦ 금융위원회는 제3-28조 제1항에 따라 경영개선명령을 받은 금융투자업자가 경영개선계획을 제출하지 아니하거나, 금융투자업자가 제출한 경영개선계획의 타당성이 없다고 인정하여 이를 승인하지 아니하는 경우 제3-34조 제3항에서 규정한 일부 또는 전부의 조치를 할 수 있다.

⑧ 제3항의 경영평가위원회의 구성·운영과 관련된 세부사항은 금융감독원장이 정한다.

12) 1종 금융투자업자는 순자본비율을 기준으로 100% 미만인 경우 경영개선권고, 50% 미만인 경우 경영개선요구, 0% 미만인 경우 경영개선명령의 대상이 되고(별표 10의2), 2종 금융투자업자는 자기자본을 기준으로 최소영업자본액에 미달하는 경우 경영개선권고, 필요유지자기자본 이상이면서 소정의 항목을 합산한 금액에 미달하는 경우 경영개선요구, 필요유지자기자본에 미달하는 경우 경영개선명령의 대상이 되고(별표 10의3), 3종 금융투자업자는 영업용순자본비율을 기준으로 150% 미만인 경우 경영개선권고, 120% 미만인 경우 경영개선요구, 100% 미만인 경우 경영개선명령의 대상이 된다(별표 10의4).

1. 회계연도를 금융투자업별로 총리령으로 정하는 기간으로 할 것[13)]
2. 금융투자업자의 고유재산과 신탁재산, 그 밖에 총리령으로 정하는 투자자재산을 명확히 구분하여 회계처리할 것[14)]
3. 증권선물위원회의 심의를 거쳐 금융위원회가 정하여 고시하는 금융투자업자 회계처리준칙 및 외감법 제5조에 따른 회계처리기준을 따를 것

Ⅳ. 경영공시

1. 업무보고서 작성 및 보고

금융투자업자는 매 사업연도 개시일부터 3개월간·6개월간·9개월간 및 12개월간의 업무보고서를 작성하여 그 기간 경과 후 45일 이내에 금융위원회에 제출하여야 하고(法 33조①), 업무보고서를 금융위원회에 제출한 날부터 그 업무보고서 중 중요사항을 발췌한 공시서류를 1년간 본점과 지점, 그 밖의 영업소에 이를 비치하고, 인터넷 홈페이지 등을 이용하여 공시하여야 하고(法 33조②), 업무보고서 외에 매월의 업무 내용을 적은 보고서를 다음 달 말일까지 금융위원회에 제출해야 한다(法 33조④). 분기별 업무보고서 및 월별 업무보고서의 기재사항은 다음과 같다(令 36조③). 제34조 제4항을 위반하여 보고서를 제출하지 않거나 거짓으로 작성하여 제출하면 1억원 이하의 과태료 부과대상이다(法 449조①15의2).

1. 금융투자업자의 개요
2. 금융투자업자가 경영하고 있는 업무의 내용에 관한 사항
3. 재무에 관한 현황
4. 영업에 관한 사항
5. 최대주주(그의 특수관계인 포함)와 주요주주에 관한 사항
6. 특수관계인과의 거래에 관한 사항

---

13) "총리령으로 정하는 기간"은 다음과 같다(規則 6조①).
  1. 투자매매업, 투자중개업, 집합투자업, 투자자문업 및 투자일임업 : 매년 4월 1일부터 다음 해 3월 31일까지의 기간. 다만, 해당 금융투자업자가 외감법 제5조 제1항 제1호에 따른 회계처리기준(K－IFRS)을 도입한 경우 등 금융위원회가 정하여 고시하는 경우에는 회계기간을 1월 1일부터 12월 31일까지로 할 수 있다.
  2. 신탁업, 종합금융회사 및 자금중개회사 : 정관에서 정하는 기간

14) "총리령으로 정하는 투자자재산"은 다음과 같다(規則 6조②).
  1. 투자자가 예탁한 재산, 2. 집합투자재산, 3. 제1호 및 제2호에서 규정한 사항 외에 고유재산, 신탁재산 및 제1호·제2호의 재산과 명확히 구분하여 회계처리할 필요가 있는 것으로서 금융위원회가 정하여 고시하는 투자자재산

7. 지점, 그 밖의 영업소와 인력의 관리에 관한 사항
8. 투자자재산의 현황과 그 보호에 관한 사항
9. 장외파생상품 매매, 그 밖의 거래의 업무내용, 거래현황과 평가손익현황(장외파생상품의 위험을 회피하기 위한 관련 거래의 평가손익 포함) 등에 관한 사항
10. 금융투자업자나 그 임직원이 최근 5년간 금융위원회, 금융감독원장 등으로부터 조치를 받은 경우 그 내용
11. 그 밖에 금융투자업자의 영업이나 경영에 관련된 사항으로서 금융위원회가 정하여 고시하는 사항

2. 경영상황 보고

(1) 보고사항과 보고방법

금융투자업자는 거액의 금융사고 또는 부실채권의 발생 등 금융투자업자의 경영상황에 중대한 영향을 미칠 사항이 발생한 경우에는 그 사실이 발생한 날의 다음 날까지 금융위원회에 보고하고, 인터넷 홈페이지 등을 이용하여 공시해야 한다(法 33조③). 금융투자업의 종류별 구체적인 보고사유는 다음과 같다(令 36조②).

1. 투자매매업·투자중개업인 경우
   가. 거액의 금융사고 또는 부실채권 등이 발생한 경우
   나. 「금융산업의 구조개선에 관한 법률」 제10조에 따른 적기시정조치를 받은 경우
   다. 주요사항보고서를 제출하여야 하는 사실에 해당하는 경우(사업보고서 제출대상법인이 아닌 금융투자업자만 해당)
   라. 투자매매업이나 투자중개업의 경영과 관련하여 해당 법인이나 그 임직원이 형사처벌을 받은 경우
   마. 증권시장(다자간매매체결회사에서의 거래 포함), 파생상품시장 등의 결제를 하지 아니한 경우
   바. 그 밖에 금융위원회가 정하여 고시하는 경우
2. 집합투자업인 경우
   가. 제1호 가목부터 다목까지의 어느 하나에 해당하는 경우. 다만, 투자자 보호와 건전한 거래질서를 해할 우려가 크지 아니한 사항으로서 금융위원회가 정하여 고시하는 사항은 제외한다.
   나. 집합투자업의 경영과 관련하여 해당 법인이나 그 임직원이 형사처벌을 받은 경우
   다. 그 밖에 금융위원회가 정하여 고시하는 경우

3. 투자자문업·투자일임업인 경우
   가. 제1호 가목부터 다목까지의 어느 하나에 해당하는 경우
   나. 투자자문업이나 투자일임업의 경영과 관련하여 해당 법인 또는 그 임직원이 형사처벌을 받은 경우
   다. 그 밖에 금융위원회가 정하여 고시하는 경우
4. 신탁업인 경우
   가. 제1호 가목부터 다목까지의 어느 하나에 해당하는 경우
   나. 신탁업의 경영과 관련하여 해당 법인이나 그 임직원이 형사처벌을 받은 경우
   다. 시공사 또는 위탁자가 발행하는 어음이나 수표가 부도로 되거나 은행과의 거래가 정지되거나 금지된 경우
   라. 그 밖에 금융위원회가 정하여 고시하는 경우

(2) 정정공시와 재공시

금융위원회는 금융투자업자가 공시하는 사항 중 중요사항(法 47조③)에 관하여 거짓의 사실을 공시하거나 중요사항을 빠뜨리는 등 불성실하게 공시하는 경우에는 금융투자업자에 대하여 정정공시나 재공시 등을 요구할 수 있다(슈 36조⑥).

제 2 절 대주주와의 거래규제

Ⅰ. 대주주와의 거래 제한

1. 증권 등의 소유 금지

(1) 금지되는 행위와 거래의 상대방

금융투자업자는 다음과 같은 행위를 할 수 없다(法 34조①).

1. 그 금융투자업자의 대주주가 발행한 증권을 소유하는 행위
2. 그 금융투자업자의 특수관계인(금융투자업자의 대주주 제외) 중 대통령령으로 정하는 자[계열회사를 의미(슈 37조②)]가 발행한 주식, 채권 및 약속어음(기업이 사업에 필요한 자금을 조달하기 위하여 발행한 것에 한한다)을 소유하는 행위. 다만, 대통령령으로 정하는 비율의 범위에서 소유하는 경우를 제외한다.
3. 그 밖에 금융투자업자의 건전한 자산운용을 해할 우려가 있는 행위로서 대통령령으로 정하는 행위

금융투자업자(겸영금융투자업자는 제외, 이하 제3장 제2절에서 같음)가 일정한 거래를 할 수 없는 상대방은 해당 금융투자업자의 대주주(法 34조①1)와 계열회사(法 34조①2)이다. 대주주는 앞에서 본 바와 같이 최대주주와 주요주주를 의미한다.[15] 계열회사란 「독점규제 및 공정거래에 관한 법률」에 따른 계열회사를 말한다(法 25조⑤4). 계열회사가 금융투자업자의 대주주에 해당하는 경우에는 대주주로서 규제대상이므로 계열회사에 포함되지 않는다.

(2) 대주주 발행 증권 소유 금지

금융투자업자는 그 금융투자업자의 대주주가 발행한 증권을 소유하는 행위를 하지 못한다(法 34조①1).

(3) 계열회사 발행 주식·채권·약속어음 등 소유 금지

금융투자업자는 그 금융투자업자의 특수관계인(금융투자업자의 대주주 제외) 중 계열회사(집합투자업자의 경우 그 집합투자업자가 설립·운용하는 투자회사등은 제외: 令 37조②)가 발행한 주식, 채권 및 약속어음(기업이 사업에 필요한 자금을 조달하기 위하여 발행한 것에 한한다)을 소유하는 행위를 하지 못한다(法 34조①2).[16] 다만, 자기자본의 8%(令 37조③)의 범위에서 소유하는 경우를 제외한다(法 34조①2). 여기서 소유가 금지되는 "채권"은 증권으로서의 채권(債券)이고 민사상 채권(債權)은 이에 해당하지 않는다.[17]

---

15) 대주주(최대주주와 주요주주)의 개념에 대하여는 [제1편 제3장 제2절 Ⅱ] 참조.

16) 이는 고유계정에 의한 소유를 규제하는 것이고, 신탁계정에 의한 거래는 자본시장법 제108조에 의하여 원칙적으로 금지된다. 제108조에 의한 규제는 [제2편 제3장 제2절 Ⅳ. 7. 불건전영업행위의 금지] 참조.

17) [서울고등법원 2014. 10. 31. 선고 2014노597 판결] "① 자본시장법이 시행되기 이전에 동일한 취지의 규정이 있었던 구 증권거래법(2007. 8. 3. 법률 제8635호로 폐지되기 전의 것) 제54조의3 제1항 제4호에는 "당해 會社의 최대주주의 특수관계인 중 대통령령으로 정하는 자가 발행한 株式·債券 및 기업어음(企業이 資金調達을 目的으로 발행한 어음을 말한다)을 소유하는 행위. 다만, 대통령령으로 정하는 비율의 범위 안에서 소유하는 경우를 제외한다" 라고 규정되어 있는 점, ② 자본시장법의 영문 번역문에도 'debt' 또는 'liabilities'가 아닌 'bonds'라고 기재되어 있는 점, ③ 사전적 의미로 채권(債券)이란 '국가, 지방자치단체, 은행, 회사 따위가 사업에 필요한 자금을 차입하기 위하여 발행하는 유가증권(공채, 국채, 사채, 지방채 따위가 있다)'이고, 채권(債權)이란 '재산권의 하나로 특정인이 다른 특정인에게 어떤 행위를 청구할 수 있는 권리'인 점, ④ 법 조항 자체를 보더라도 '특수관계인이 발행한 채권'이라고 되어 있는 점 등에 비추어 보면, G증권이 N와 사이에 월세계약을 전세계약으로 전환하여 보유하게 된 증액된 전세보증금 상당의 채권이 '위 특수관계인이 발행하는 채권'에 해당하지 않는다고 봄이 상당하다." (대법원 2017. 4. 26. 선고 2014도15377 판결에 의하여 상고기각으로 확정)

⑷ 금융투자업자의 건전한 자산운용을 해할 우려가 있는 행위

금융투자업자는 금융투자업자의 건전한 자산운용을 해할 우려가 있는 행위로서 대통령령으로 정하는 행위를 할 수 없다(法 34조①3). "금융투자업자의 건전한 자산운용을 해할 우려가 있는 행위로서 대통령령으로 정하는 행위"는 다음과 같다(令 37조④).[18]

1. 대주주나 특수관계인과 거래를 할 때 그 외의 자를 상대방으로 하여 거래하는 경우와 비교하여 해당 금융투자업자에게 불리한 조건으로 거래를 하는 행위
2. 법 제34조 제1항 제1호·제2호 또는 시행령 제37조 제4항 제1호에 따른 제한을 회피할 목적으로 하는 행위로서 다음과 같은 행위
   가. 제3자와의 계약이나 담합 등에 의하여 서로 교차하는 방법으로 하는 거래행위
   나. 장외파생상품거래, 신탁계약, 연계거래 등을 이용하는 행위[19]

자본시장법 제34조 제1항 제3호의 "금융투자업자의 건전한 자산운용을 해할 우려가 있는 행위로서 대통령령으로 정하는 행위"의 해석과 관련하여, "해할 우려가 있는 행위"를 "대통령령으로 정하는 행위"와 별개의 요건인지 여부에 관하여 해석상 논란의 여지가 있다.

위임명령에 규정될 내용 및 범위의 기본사항이 구체적으로 규정되어 있어서 누구라도 당해 법률이나 상위명령으로부터 위임명령에 규정될 내용의 대강을 예측할 수 있어야 하므로,[20] 위 규정들은 별도의 요건이 아니라 대통령령으로 규정되어야 하는 내용 및 범위를 정하여 위임을 하는 형식의 규정으로 보아야 할 것이다.[21] 따라서 만일 시행령에 규정된 행위가 이러한 위임의 범위나 취지에 반한

18) 뒤에서 설명하는 바와 같이, 자본시장법 시행령 제37조 제4항 각 호에 해당하는 행위는 그 자체로 금융투자업자의 건전성을 해할 우려가 있는 행위로 보아야 하므로, 그에 대하여는 특별한 사정이 없는 한 금융투자업자의 건전성을 해할 우려가 있는지 여부를 별도로 판단할 필요가 없다.

19) 제2호 나목은 연계거래라고만 규정할 뿐 연계거래의 개념에 관한 명문의 규정이 없기 때문에 금지되는 연계행위의 개념과 범위에 대한 판단이 불분명하다는 문제가 있다.

20) 대법원 2006. 4. 14. 선고 2004두14793 판결, 대법원 2002. 8. 23. 선고 2001두5651 판결, 대법원 2005. 3. 25. 선고 2004다30040 판결. 미국의 연방증권법은 증권거래위원회(Securities and Exchange Commission: SEC)에 규칙제정권을 위임하는 대부분의 규정에서, "위원회가 공익과 투자자보호에 필요하거나 적절한 것으로서 규칙과 규정에 의하여 정하는 바에 따라(as the Commission may, by rules and regulations, prescribe as necessary or appropriate in the public interest and for the protection of investors)"라는 문구를 포함한다[SEA §13(d), SEA §14(d)(1), SEA §14(e)].

21) "금융투자업자의 건전한 자산운용을 해할 우려가 있는 행위로서 대통령령으로 정하는 행위"

다면 위임입법의 한계를 벗어난 무효의 규정으로 보아야 한다. 다만, 실제로 시행령에 규정되어 있는 행위들은 "건전한 자산운용을 해할 우려가 있는 행위"이기 때문에 위임입법의 한계를 벗어나지 않은 것으로 보인다.

2. 신용공여의 금지

(1) 신용공여의 의의

신용공여란 금전·증권 등 경제적 가치가 있는 재산의 대여, 채무이행의 보증, 자금 지원적 성격의 증권의 매입, 그 밖에 거래상의 신용위험을 수반하는 직접적·간접적 거래로서 대통령령이 정하는 거래를 말한다(法 34조②).[22] 거래의 직접 상대방이 아니더라도 경제적 이익이 실질적으로 귀속하는 경우와 같이 그 거래의 실질적인 당사자를 대주주 등으로 볼 수 있는 경우도 포함된다.[23]

"대통령령이 정하는 거래"는 다음과 같다(令 38조①).

1. 대주주(이하 "그의 특수관계인"을 포함)를 위하여 담보를 제공하는 거래
2. 대주주를 위하여 어음을 배서(어음법 제15조 제1항에 따른 담보적 효력이 없는 배서는 제외)하는 거래
3. 대주주를 위하여 출자의 이행을 약정하는 거래
4. 대주주에 대한 금전·증권 등 경제적 가치가 있는 재산의 대여, 채무이행의 보증, 자금 지원적 성격의 증권의 매입, 제1호부터 제3호까지의 어느 하나에 해당하는 거래의 제한을 회피할 목적으로 하는 거래로서 다음과 같은 거래
   가. 제3자와의 계약 또는 담합 등에 의하여 서로 교차하는 방법으로 하는 거래
   나. 장외파생상품거래, 신탁계약, 연계거래 등을 이용하는 거래
5. 그 밖에 채무인수 등 신용위험을 수반하는 거래로서 금융위원회가 정하여 고시하는 거래[24]

는 별도의 요건을 규정한 것이 아니고 위임입법의 한계를 설정한 것이므로 "대통령령으로 정하는 행위"에 해당하면 "건전한 자산운용을 해할 우려가 있는 행위"에 해당하는지 여부를 별도로 판단할 필요가 없다. 같은 취지의 판례로 정정신고서 제출의무에 관한 서울행정법원 2023. 8. 29. 선고 2021구합69080 판결 이유는 제3편 제2장 제1절 Ⅶ. 정정신고서 2. 임의정정과 의무성성 부분 참조.

22) 서울고등법원 2014. 10. 31. 선고 2014노597 판결.

23) 구 증권거래법상 주권상장법인의 이사에 대한 금전대여 금지에 관한 대법원 2013. 5. 9. 선고 2011도15854 판결도 "위 규정에서 금지하고 있는 금전 등의 대여행위에는 상장법인이 그 이사 등을 직접 상대방으로 하는 경우뿐만 아니라, 그 금전 등의 대여행위로 인한 경제적 이익이 실질적으로 상장법인의 이사 등에게 귀속하는 경우와 같이 그 행위의 실질적인 상대방을 상장법인의 이사 등으로 볼 수 있는 경우도 포함된다고 해석해야 한다."라고 판시하였다.

24) "금융위원회가 정하여 고시하는 거래"는 다음과 같다(금융투자업규정 3-72조).

(2) 제한 내용

금융투자업자는 대주주[제34조 제2항에서의 대주주에는 "그의 특수관계인"을 포함한다(法 34조②)]에 내하여 신용공여(금전·증권 등 경제적 가치가 있는 재산의 대여, 채무이행의 보증, 자금 지원적 성격의 증권의 매입, 그 밖에 거래상의 신용위험을 수반하는 직접적·간접적 거래로서 대통령령으로 정하는 거래)를 하지 못하고, 대주주는 그 금융투자업자로부터 신용공여를 받을 수 없다(法 34조② 본문).

3. 예외적 허용

(1) 예외적으로 허용되는 경우

(가) 증권 등 소유

담보권의 실행 등 권리행사에 필요한 경우, 안정조작(法 176조③1)·시장조성(法 176조③2)을 하는 경우, 그 밖에 금융투자업자의 건전성을 해치지 않는 범위에서 금융투자업의 효율적 수행을 위하여 대통령령으로 정하는 경우에는 예외적으로 위와 같은 행위를 할 수 있고, 이사회 결의도 요구되지 않는다.[25] 이 경우 금융위원회는 각 호별로 그 소유기한 등을 정하여 고시할 수 있다(法 34조① 단서).[26]

"금융투자업자의 건전성을 해치지 않는 범위에서 금융투자업의 효율적 수행을 위하여 대통령령으로 정하는 경우"는 다음과 같다(令 37조①).

---

1. 채무의 인수
2. 자산유동화회사 등 다른 법인의 신용을 보강하는 거래
3. 그 밖에 대주주의 지급불능시 이로 인하여 금융투자업자에 손실을 초래할 수 있는 거래

25) 금융투자업자는 지본시장법 제34조 제1항 제2호 단서 또는 제2항 단서에 해당하는 행위를 하고자 하는 경우에만 이사회 결의를 거쳐야 하기 때문이다(法 34조③). 한편 제34조 제2항에 관한 시행령 제38조 제2항 제3호 가목은 "담보권의 실행 등 권리행사를 위하여 필요한 경우로서 법 제34조 제1항 각 호의 행위를 하는 경우"를 규정하므로 제34조 제1항 단서의 "담보권의 실행 등 권리행사에 필요한 경우"와의 관계가 문제되는데, 제34조 제1항 단서에 의하여 허용되는 거래는 허용되지만 그 중에서 신용공여적 성격이 있는 거래의 경우는 제34조 제2항에 의하여 원칙적으로 금지되고, 다만 담보권실행 등과 같은 예외적 허용사유가 있는 경우에는 이사회결의를 거쳐 허용된다는 취지로 해석해야 한다.

26) 소유기한은 다음과 같다. 다만, 안정조작이나 시장조성을 하는 경우에는 안정조작 및 시장조성이 완료된 날로부터 3개월까지 소유할 수 있다(금융투자업규정 3-71조②).
1. 제1항 제1호, 시행령 제37조 제1항 제1호 가목·나목 및 제2호 가목·나목(제1호 나목에 한한다)·마목의 경우: 취득일 또는 사유발생일부터 3개월
2. 제1항 제2호의 경우: 금융위원회가 정하는 기간
3. 법 제34조 제1항 각 호 외의 부분 단서에 따라 담보권의 실행 등 권리행사를 위한 경우: 취득일부터 3개월

1. 대주주 발행 증권의 소유 관련 (法 34조①1)
   가. 대주주가 변경됨에 따라 이미 소유하고 있는 증권이 대주주가 발행한 증권으로 되는 경우
   나. 인수와 관련하여 해당 증권을 취득하는 경우
   다. 관련 법령에 따라 사채보증 업무를 할 수 있는 금융기관 등이 원리금의 지급을 보증하는 사채권을 취득하는 경우
   라. 특수채증권을 취득하는 경우
   마. 그 밖에 금융투자업자의 경영건전성을 해치지 않는 경우로서 금융위원회가 정하여 고시하는 경우(금융투자업규정 3-71조①: 단주취득의 경우, 그 밖에 금융위원회가 인정하는 불가피한 경우)
2. 계열회사 발행 주식, 채권 및 약속어음 소유 관련 (法 34조①2)
   가. 특수관계인이 변경됨에 따라 이미 소유하고 있는 주식, 채권 및 기업이 사업에 필요한 자금을 조달하기 위하여 발행한 약속어음이 특수관계인이 발행한 주식, 채권 및 약속어음으로 되는 경우
   나. 위 1의 나부터 마까지의 어느 하나에 해당하는 경우
   다. 경영권 참여를 목적으로 지분을 취득하는 경우 등 금융위원회가 정하여 고시하는 출자로 주식을 취득하는 경우
   라. 차익거래나 투자위험을 회피하기 위한 거래로서 금융위원회가 정하여 고시하는 거래를 목적으로 주식, 채권 및 약속어음을 소유하는 경우[27)]
   마. 자기자본의 변동이나 특수관계인이 발행한 주식, 채권[28)] 및 약속어음의 가격변동으로 인하여 자기자본의 8%를 초과하는 경우
   바. 해외집합투자기구를 설립하기 위하여 자기자본의 100%의 범위에서 금융위원회의 확인을 받아 주식을 취득하는 경우
   사. 그 밖에 금융투자업자의 경영건전성을 해치지 않는 경우로서 금융위원회가 정하여 고시하는 경우

㈏ 신용공여

대주주에 대한 신용공여가 다음 각 호의 어느 하나에 해당하는 경우에는 이

---

27) "금융위원회가 정하여 고시하는 거래"란 다음과 같은 거래를 말한다(금융투자업규정 3-71조④).
   1. 차익거래는 주가지수선물 포지션과 당해 지수에 상응하는 주식바스켓 또는 상장지수집합투자기구를 이용한 의도적인 차익거래 또는 상장지수집합투자기구와 주식바스켓을 이용한 의도적인 차익거래를 말한다.
   2. 투자위험을 회피하기 위한 거래는 다른 포지션과 분리되어 별도 관리되고 투자위험을 회피하기 위한 목적으로 계획되고 매매거래됨이 입증된 거래를 말한다.

28) 증권등 소유금지 부분에서 본 바와 같이 여기서 "채권"은 증권으로서의 채권이고 민사상 채권은 이에 해당하지 않는다.

를 할 수 있다(法 34조② 단서).[29][30]

1. 임원에 대하여 연간 급여액(근속기간 중에 그 금융투자업자로부터 지급된 소득세 과세대상이 되는 급여액)과 1억원(令 38조②) 중 적은 금액의 범위에서 하는 신용공여
2. 금융투자업자가 발행주식총수 또는 출자총액의 50% 이상을 소유 또는 출자하거나 대통령령으로 정하는 기준에 의하여 사실상 경영을 지배하는 해외현지법인에 대한 신용공여[31]
3. 그 밖에 금융투자업자의 건전성을 해할 우려가 없는 신용공여로서 대통령령으로 정하는 신용공여[32]

---

29) 2021.6.30.부터 시행된 규정이다. 종래에는 금융투자업자의 대주주에 대한 신용공여를 법률에서 금지하면서도 이를 예외적으로 허용하는 구체적인 사유가 법률에 명시되지 않아 국민의 예측가능성이 낮다는 문제점이 있으므로 이를 법률에 명확히 할 필요가 있었다. 이에 대통령령에서 정하였던 금융투자업자의 신용공여에 대한 예외적 허용 사유(개정 전 시행령 제38조 제2항의 제1호와 제2호)를 법률에 구체적으로 명시하고, 제3호에서 금융투자업자의 건전성을 해할 우려가 없는 신용공여를 대통령령에 위임하였다.

30) [서울고등법원 2014. 10. 31. 선고 2014노597 판결] "금융투자업자의 건전성을 해할 우려가 없는 신용공여로서 자기자본의 8% 범위 내에서 특수관계인(계열회사)이 발행하는 주식, 채권 및 약속어음을 소유하는 행위"에 관하여 설령 대주주와 사이에 신용위험이 수반되는 직접적, 간접적 거래행위인 신용공여행위를 하였다고 하더라도 자기자본의 8% 범위 내에서 특수관계인이 발행하는 주식, 채권 및 약속어음을 매입하여 소유한 행위에 불과하고, 그 밖에 다른 특별한 사정이 없는 이상 위 신용공여행위는 금융투자업자의 건전성을 해할 우려가 없는 신용공여라고 해석함이 상당하다. 다만, 재무구조의 부실로 인하여 금융투자업자의 부실을 초래할 수 있다는 등의 특별한 사정이 있으면 이를 금융투자업자의 건전성을 해할 우려가 있는 신용공여행위로 볼 수 있고, 자본시장법 제34조 제7항은 이를 명문화시킨 것으로 봄이 상당하다." (대법원 2017. 4. 26. 선고 2014도15377 판결에 의하여 상고기각으로 확정).

31) "대통령령으로 정하는 기준에 의하여 사실상 경영을 지배하는 해외현지법인"이란 금융투자업자가 발행주식총수 또는 출자총액의 100분의 50 이상을 소유 또는 출자한 해외현지법인이 그 발행주식총수 또는 출자총액의 100분의 50 이상을 소유 또는 출자한 다른 해외현지법인(금융투자업을 영위하고 있는 법인으로 한정한다)을 말한다(令 38조③). 종래에는 "해외현지법인에 대한 채무보증"이었는데, 2016년 6월 시행령 개정시 "채무보증"이 "신용공여"로 변경되었고, 이에 따라 금융투자업자의 해외현지법인에 대한 직접 대출도 가능하게 되었다.

32) "대통령령으로 정하는 신용공여"란 다음 각 호의 행위가 법 제34조 제2항 각 호 외의 본문에 따른 신용공여에 해당하는 경우 그 신용공여를 말한다(令 38조④).
  1. 담보권의 실행 등 권리행사를 위한 법 제34조 제1항 각 호의 행위
  2. 안정조작(法 176조③1)이나 시장조성(法 176조③2)을 하기 위한 법 제34조 제1항 각 호의 행위
  3. 시행령 제37조 제1항 각 호에 해당하는 사유로 인한 신용공여
  4. 시행령 제37조 제3항에 따른 비율의 범위에서 주식, 채권 및 약속어음(법 제34조 제1항 제2호에 따른 약속어음을 말한다. 이하 제39조에서 같다)을 소유하는 경우. 다만, 금융투자업자의 대주주가 발행한 증권을 소유하는 경우는 제외한다.

한편, 금융지주회사법상 자회사등은 당해 자회사등이 속하는 금융지주회사의 다른 자회사등에 대하여 다음 구분에 의한 한도를 초과하는 신용공여를 할 수 없다(同法 48조①4, 同法 施行令 27조④).

1. 다른 자회사등에 대한 신용공여: 당해 자회사등의 자기자본의 10%
2. 다른 자회사등에 대한 신용공여의 합계액: 당해 자회사등의 자기자본의 20%

(2) 관련 절차

(가) 이사회 결의

금융투자업자는 제34조 제1항 제2호 단서 또는 제2항 단서에 해당하는 행위를 하고자 하는 경우에는 미리 이사회 결의를 거쳐야 한다. 이 경우 이사회 결의는 재적이사 전원의 찬성으로 한다(法 34조③). 다만, 금융위원회가 정하여 고시하는 단일거래 금액[33]이 자기자본의 1만분의 10에 해당하는 금액과 10억원 중 적은 금액의 범위에서 소유하거나 신용공여하려는 행위는 이러한 규제가 적용되지 않는데, 이때 해당 금융투자업자의 일상적인 거래분야의 거래로서 약관에 따른 거래 금액은 단일거래 금액에서 제외한다(令 39조① 단서).[34]

(나) 거래사실의 보고 및 공시의무

금융투자업자는 위와 같은 기준(자기자본의 8% 이내)에 따라 허용되는 증권소유 및 신용공여를 한 경우에는 그 사실을 금융위원회에 지체 없이 보고하고, 인터넷 홈페이지 등을 이용하여 공시해야 한다(法 34조④). 금융투자업자는 보고사항 중 다음과 같은 사항(令 39조①)을 종합하여 분기별로 금융위원회에 보고하고, 인터넷 홈페이지 등을 이용하여 공시해야 한다(法 34조⑤).

1. 예외적 허용사유(法 34조①2 단서)에 따라 주식, 채권 및 약속어음을 소유하는 경우
   가. 분기 말 현재 주식, 채권 및 약속어음의 소유 규모

---

33) "금융위원회가 정하여 고시하는 단일거래 금액"이란 동일한 개인 또는 법인 각각에 대한 개별 신용공여약정에 따른 약정금액(주식, 채권 및 법 제34조 제1항 제2호에 따른 약속어음 취득의 경우에는 단일한 매매계약에 따른 취득금액)을 기준으로 산정한 금액을 말한다. 다만, 동일한 법인 또는 개인에 대하여 같은 날에 다수의 약정이 체결되는 경우에는 개별 약정금액의 합계액을 기준으로 산정한 금액을 말한다(금융투자업규정 3-73조)

34) 공정거래법상 일정규모 이상의 자산총액 등 대통령령이 정하는 기준에 해당하는 기업집단에 속하는 회사("내부거래공시대상회사")가 특수관계인을 상대방으로 하거나 특수관계인을 위하여 대통령령이 정하는 규모 이상의 일정한 거래행위("대규모내부거래")를 하고자 하는 때에는 미리 이사회의 의결을 거친 후 이를 공시해야 한다[위원회의 "대규모내부거래 공시제도 해설(2013)" 참조].

나. 분기중 주식, 채권 및 약속어음의 증감 내역
다. 취득가격이나 처분가격
라. 그 밖에 금융위원회가 정하여 고시하는 사항
2. 예외적 허용사유(法 34조② 각 호 외의 부분 단서)에 따라 신용공여를 하는 경우
가. 분기 말 현재 신용공여의 규모
나. 분기중 신용공여의 증감 금액
다. 신용공여의 거래조건
라. 그 밖에 금융위원회가 정하여 고시하는 사항

금융위원회가 정하여 고시하는 사항은 다음과 같고, 주식, 채권 및 약속어음 취득현황을 발행회사별로 구분하여 공시해야 한다(금융투자업규정 3-74조①).

1. 취득목적
2. 분기 말 현재 보유지분율
3. 분기 말 현재 시가
4. 당해 분기중 처분한 경우 처분가격 및 동 처분에 따른 손익현황

4. 위반에 대한 제재

(1) 금융위원회의 자료제출명령 및 제한조치

금융위원회는 금융투자업자 또는 그의 대주주가 제1항부터 제5항까지의 규정을 위반한 혐의가 있다고 인정될 경우에는 금융투자업자 또는 그의 대주주에게 필요한 자료의 제출을 명할 수 있다(法 34조⑥).

대주주가 발행한 증권의 신규취득 및 신용공여가 예외적으로 허용되는 경우에도, 금융위원회는 금융투자업자의 대주주(회사에 한한다)의 부채가 자산을 초과하는 등 재무구조의 부실로 인하여 금융투자업자의 경영건전성을 현저히 해칠 우려가 있는 다음과 같은 경우(令 40조)에는 금융투자업자에 대하여 증권의 신규취득 및 신용공여를 제한할 수 있다(法 34조⑦).

1. 대주주(회사만 해당, 회사인 특수관계인 포함)의 부채가 자산을 초과하는 경우
2. 대주주가 둘 이상의 신용평가회사[35]에 의하여 투자부적격 등급으로 평가받은 경우

35) 종래에는 신용평가업자로 규정되었으나, 구 「신용정보의 이용 및 보호에 관한 법률」의 개정에 따라 신용평가회사로 변경되었다.

(2) 위반에 대한 제재

금융위원회의 자료제출명령을 위반한 자에 대하여는 1억원 이하의 과태료를 부과한다(法 449조①18). 금융투자업자의 대주주가 발행한 증권소유금지와 계열회사가 발행한 주식등의 소유제한 규정을 위반한 자는 5년 이하의 징역 또는 2억원 이하의 벌금에 처한다(法 444조 3호). 금융투자업자의 대주주에 대한 신용공여 제한을 위반한 경우 금융투자업자와 그로부터 신용공여를 받은 자는 5년 이하의 징역 또는 2억원 이하의 벌금에 처한다(法 444조 4호). 대주주 등과의 거래에 이사회의 승인이 필요한 경우 이사회 결의를 거치지 아니한 자와 대주주 등과의 거래에 대하여 보고 또는 공시를 하지 아니하거나 거짓으로 보고 또는 공시한 자에 대하여는 1억원 이하의 과태료를 부과한다(法 449조①16, 17).

5. 거래의 私法上 효력

자본시장법상 금융투자업자의 대주주에 대한 신용공여 규제는 상법상 상장회사와 이해관계인 간의 거래 규제(商法 542조의9①)와 대체로 같은 내용이다.

상법상 신용공여란 금전등 경제적 가치가 있는 재산의 대여, 채무이행의 보증, 자금 지원적 성격의 증권 매입, 그 밖에 거래상의 신용위험이 따르는 직접적·간접적 거래로서 대통령령으로 정하는 거래를 말한다(商法 542조의9①).

"대통령령으로 정하는 거래"란 다음과 같은 거래를 말한다(商令 35조①).

1. 담보를 제공하는 거래
2. 어음(전자어음의 발행 및 유통에 관한 법률에 따른 전자어음을 포함)을 배서(어음법 제15조 제1항에 따른 담보적 효력이 없는 배서는 제외)하는 거래
3. 출자의 이행을 약정하는 거래
4. 상법 제542조의9 제1항 각 호의 자에 대한 신용공여의 제한(금전·증권 등 경제적 가치가 있는 재산의 대여, 채무이행의 보증, 자금 지원적 성격의 증권의 매입, 제1호부터 제3호까지의 어느 하나에 해당하는 거래의 제한)을 회피할 목적으로 하는 거래로서 자본시장법 제38조 제1항 제4호 각 목의 어느 하나에 해당하는 거래(1. 제3자와의 계약 또는 담합 등에 의하여 서로 교차하는 방법으로 하는 거래, 2. 장외파생상품거래, 신탁계약, 연계거래 등을 이용하는 거래)
5. 자본시장법 시행령 제38조 제1항 제5호에 따른 거래(그 밖에 채무인수 등 신용위험을 수반하는 거래로서 금융위원회가 정하여 고시하는 거래)

판례는 상법 제542조의9 제1항을 위반한 거래의 사법(私法)상 효력에 대하여, i) 위 조항은 강행규정에 해당하므로 위 조항에 위반하여 이루어진 신용공여는 허용될 수 없는 것으로서 사법상 무효이고, 누구나 그 무효를 주장할 수 있다. ii) 법 제398조가 규율하는 이사의 자기거래와 달리, 이사회의 승인 유무와 관계없이 금지되는 것이므로, 이사회의 사전 승인이나 사후 추인이 있어도 유효로 될 수 없다. iii) 상법 제542조의9 제1항을 위반한 신용공여라고 하더라도 제3자가 그에 대해 알지 못하였고 알지 못한 데에 중대한 과실이 없는 경우에는 그 제3자에 대하여는 무효를 주장할 수 없다고 보아야 한다는 상대적 무효설의 입장이다.[36]

금융투자업자는 대주주에 대한 신용공여금지 위반의 경우도 위 판례와 같이 상대적 무효설이 적용된다 할 것이다. 한편, 상법 제542조의9 제1항을 위반하여 신용공여를 한 자는 5년 이하의 징역 또는 2억원 이하의 벌금에 처한다(商法 624의2). 이때 징역과 벌금은 병과할 수 있다(商法 632조).

자본시장법이 금지하는 거래가 신용공여가 아닌 경우에는 상법상 자기거래에 관한 제398조가 적용되는데, 이 경우에도 회사와 거래상대방 사이에서는 무효로 되지만, 회사와 제3자 간에는 원칙적으로 유효하고,[37] 다만 회사가 제3자의 악의 또는 중과실을 증명하면 무효로 된다는 상대적 무효설이 적용된다.[38] 그리고 상법 제398조를 위반하였음을 이유로 무효임을 주장할 수 있는 자는 회사에 한정되고 특별한 사정이 없는 한 거래의 상대방이나 제3자는 그 무효를 주장할 수 없는데,[39] 금융투자업자의 대주주에 대한 신용공여금지 위반의 경우에도 마찬가지로 해석된다.

---

36) 대법원 2021. 4. 29. 선고 2017다261943 판결. 다만, 구 증권거래법상 증권회사의 특수관계인에 대한 신용공여는 사법상 효력에 영향이 없다는 판례가 있었다(대법원 2009. 3. 26. 선고 2006다47677 판결).

37) 대법원 1980. 1. 29. 선고 78다1237 판결.

38) 대법원 2004. 3. 25. 선고 2003다64688 판결, 대법원 2013. 7. 11. 선고 2013다5091 판결; 대법원 2005. 5. 27. 선고 2005다480 판결.

39) 대법원 2015. 7. 23. 선고 2015다1871 판결.

Ⅱ. 대주주의 부당한 영향력 행사 금지

1. 금지행위

금융투자업자의 대주주(그의 특수관계인 포함)는 금융투자업자의 이익에 반하여 대주주 자신의 이익을 얻을 목적으로 다음과 같은 행위를 하지 못한다(法 35조, 令 41조).

1. 부당한 영향력을 행사하기 위하여 금융투자업자에 대하여 외부에 공개되지 아니한 자료 또는 정보의 제공을 요구하는 행위(다만, 금융사지배구조법 또는 상법에 따른 회계장부열람권의 행사에 해당하는 경우는 제외)
2. 경제적 이익 등 반대급부의 제공을 조건으로 다른 주주와 담합하여 금융투자업자의 인사 또는 경영에 부당한 영향력을 행사하는 행위
3. 그 밖에 제1호 및 제2호에 준하는 행위로서 대통령령으로 정하는 행위[40)]

2. 자료 제출명령

금융위원회는 금융투자업자의 대주주가 제35조를 위반한 혐의가 있다고 인정될 경우에는 금융투자업자 또는 그의 대주주에게 필요한 자료의 제출을 명할 수 있다(法 36조).

---

40) "대통령령으로 정하는 행위"란 다음과 같다(令 41조).
1. 금융투자업자로 하여금 위법행위를 하도록 요구하는 행위
2. 금리, 수수료, 담보 등에 있어서 통상적인 거래조건과 다른 조건으로 대주주 자신이나 제3자와의 거래를 요구하는 행위
3. 조사분석자료(法 71조 2호)의 작성과정에서 영향력을 행사하는 행위

제4장

영업행위 규칙

제1절 공통 영업행위 규칙

Ⅰ. 일반적 의무[1)]

1. 투자자 보호의무

금융투자업자는 신의성실의 원칙에 따라 공정하게 금융투자업을 영위해야 한다(法 37조①). 금융투자업자는 금융투자업을 영위함에 있어서 정당한 사유 없이 투자자의 이익을 해하면서 자기가 이익을 얻거나 제3자가 이익을 얻도록 하지 못한다(法 37조②).[2)] 제37조는 제1항에서 신의성실의무, 제2항에서 투자자이익우선의무 등과 같은 일반적·포괄적 의무를 규정한다.[3)] 제37조 제1항의 신의성실의무는 민법 제2조 제1항의 신의성실의 원칙을 주의적으로 규정한 것으로 보는 것이 타당하다. 그리고 제37조 제2항의 규정을 민법 제124조와 상법 제398조가 규정하는 자기거래·쌍방대리의 금지규정으로 보는 견해도 있는데,[4)] 물론 자

1) 자본시장법 제2편 제4장에서는 제1절 공통 영업행위 규칙과 제2절 금융투자업자별 영업행위 규칙으로 구분하고, 제2절은 제1관 투자매매업자 및 투자중개업자의 영업행위 규칙, 제2관 집합투자업자의 영업행위 규칙, 제3관 투자자문업자 및 투자일임업자의 영업행위 규칙, 제4관 신탁업자의 영업행위 규칙 등과 같이 6개 금융투자업의 고유한 특성을 반영하여 각기 특성에 맞추어 별도의 영업행위 규칙을 규정한다[예컨대 자기계약의 금지(투자매매업자), 임의매매 금지(투자중개업자), 집합투자재산의 자산운용제한(집합투자업자), 금전대여 금지(투자자문·일임업자), 고유재산과 신탁재산의 구분(신탁업자) 등]. 금융규제는 건전성규제(prudential regulation)와 영업행위규제(business conduct regulation)로 나눌 수 있는데, 투자자보호를 위하여 영업행위규제가 보다 중시되고 있다.

2) 「금융소비자 보호에 관한 법률」상 일반금융소비자에 대한 계약체결 권유시에만 적용되는 적합성원칙, 적정성원칙, 설명의무와 달리, 자본시장법 제37조의 금융투자업자의 투자자 보호의무는 전문금융소비자 여부, 계약체결 권유 여부를 불문하고 항상 적용된다.

3) 구 증권거래법은 투자자 보호를 위한 일반적보호의무 규정을 두지 않고 증권업감독규정에서 증권회사의 영업의 일반원칙을 규정하였다.

기거래·쌍방대리의 금지가 투자자이익 우선을 위하여 가장 중요한 것이기는 하지만 이에 한정되지는 않는다.

투자자 보호의무는 모든 금융투자업자가 투자자에 대하여 부담하는 일반적·포괄적 투자자 보호의무에 해당하고, 자본시장법 제37조 제1항, 제2항은 그 적용범위를 일반투자자로 제한하고 있지 않다.[5)]

2. 상 호

(1) 상호에 관한 입법주의

(가) 상호진실주의

상호는 반드시 영업주 또는 영업내용의 실체와 부합해야 한다는 입법주의이다(프랑스). 상호진실주의 하에서는 "홍길동 제과점"은 "홍길동"이라는 사람이 영업주인 경우에만 사용이 가능하다. 상호진실주의에 의하면 상대방이 상호를 보고 기업실태를 오인할 염려가 없으나, 상호의 양도 또는 상속시 상호를 계속 사용하기 곤란하다는 문제가 있다.

(나) 상호자유주의

영업의 실체와 무관하게 어떠한 상호든지 자유롭게 사용할 수 있다는 입법주의이다(영미). 이는 거래상대방에게 사인의 동일성 및 영업내용에 대하여 혼란을 줄 염려가 있으나, 상호의 양도 또는 상속시 상호의 속용이 가능하게 된다.

(다) 절충주의

새로 상호를 선정할 때에는 상호진실주의에 의하고, 상호의 변경·양도·상속의 경우에는 상호의 속용을 허용하는 입법주의이다(독일).

(라) 상 법

상인은 그 성명 기타의 명칭으로 상호를 정할 수 있으므로(商法 18조), 상인

4) 김정수, 172면; 자본시장법 주석서 Ⅰ, 189면.

5) [서울남부지방법원 2024.2.29. 선고 2022가단225594 판결] "전문투자자에 해당한다고 하더라도, 일정 요건을 갖추어 금융위원회에 등록을 마쳐 금융투자업을 영위하면서 집합투자업자로부터 구체적으로 자료를 제공받아 상품에 대해 이해하는 투자중개업자에 비하면 그 이해도가 떨어지는 경우가 일반적이고, 전문투자자의 금융투자상품에 관한 전문성도 금융투자상품 전반에 관한 일반적 이해에 기초한 전문성에 불과한 경우가 대다수일 것이며, 특정한 금융투자상품에까지 당연히 그 전문성이 미친다고 보기 어렵고, 자본시장법이 이러한 경우까지도 전문투자자에 대한 투자자보호의무를 배제하는 것은 아니라고 볼 것이다." (투자중개업자에 관한 판례인데, 모든 금융투자업자에게 일반적으로 적용되는 법리이다).

은 영업주의 명칭이나 영업내용과 무관하게 상호를 선정할 수 있는 상호자유주의를 원칙으로 한다. 그러나 회사의 상호에 관하여는 일정한 제한을 두는데, 회사가 아니면 상호에 회사임을 표시하는 문자를 사용하지 못한다. 회사의 영업을 양수한 경우에도 같다(商法 20조). 자연인이 회사라는 명칭을 사용함으로써 영업규모와 신용도를 과장하는 것을 방지하기 위한 것이다. 그리고 회사의 상호에는 그 종류에 따라 합명회사, 합자회사, 유한책임회사, 주식회사 또는 유한회사의 문자를 사용해야 한다(商法 19조). 회사의 종류별로 사원의 책임 다르고 거래상대방에게 미치는 영향이 다르기 때문이다.

㈑ 은행과 보험회사의 상호에 대한 제한

한국은행과 은행이 아닌 자는 그 상호중에 은행이라는 문자를 사용하거나 그 업무를 표시함에 있어서 은행업 또는 은행업무라는 문자를 사용할 수 없다(銀行法 14조). 「한국은행법」과 같은 경우에는 당해 특별법에 그 법인의 명칭을 정하고, 타인이 그 명칭 또는 유사명칭을 사용하지 못하도록 한다. 보험회사는 그 상호 또는 명칭 중에 주로 영위하는 보험업의 종류를 표시해야 한다(保險業法 8조①). 즉, 보험회사는 생명보험과 손해보험도 구분하여 표시해야 한다. 또한 보험회사가 아닌 자는 그 상호 또는 명칭 중에 보험회사임을 표시하는 문자를 사용하지 못한다(保險業法 8조②).

⑵ 자본시장법상 상호규제

㈎ 상호진실주의

금융투자업자가 아닌 자는 그 상호 중에 "금융투자"라는 문자 또는 "financial investment(그 한글표기문자 포함)"나 그와 비슷한 의미를 가지는 다른 외국어문자(그 한글표기문자 포함)"를 사용하지 못한다(法 38조①, 令 42조①). 즉, 자본시장법은 금융투자업자의 상호선정에 관하여 투자자 보호를 위하여 상호진실주의를 채택하고 있다. 다만 자본시장법은 금융투자업자가 아닌 자의 상호사용을 금지하는 방식으로 규정하고, 금융투자업자로 하여금 일정한 의미의 상호사용을 강제하지는 않는다.

㈏ 금융투자업별 규제

증권을 대상으로 하여 투자매매업 또는 투자중개업을 영위하는 자가 아닌 자는 그 상호 중에 "증권"이라는 문자 또는 "securities(그 한글표기문자 포함)나 그와 비슷한 의미를 가지는 다른 외국어문자(그 한글표기문자 포함)"를 사용하지 못한다. 그러나 증권집합투자기구(法 229조 1호)는 이러한 문자를 사용할 수 있다(法 38조②, 令 42조②). 장내파생상품 또는 장외파생상품을 대상으로 하여 투자매매업 또는 투자중개업을 영위하는 자가 아닌 자는 그 상호 중에 "파생" 또는 "선물"이라는 문자 또는 "derivatives 또는 futures(그 한글표기문자 포함)나 그와 비슷한 의미를 가지는 다른 외국어문자(그 한글표기문자 포함)"를 사용하지 못한다(法 38조③, 令 42조③). 집합투자업자가 아닌 자는 그 상호 중에 "집합투자", "투자신탁" 또는 "자산운용"이라는 문자 또는 "collective investment, pooled investment, investment trust, unit trust 또는 asset management(그 한글표기문자 포함)나 그와 비슷한 의미를 가지는 다른 외국어문자(그 한글표기문자 포함)"를 사용하지 못한다. 다만, 투자신탁인 집합투자기구는 "투자신탁"이라는 문자 또는 "investment trust(그 한글표기문자 포함)나 그와 비슷한 의미를 가지는 다른 외국어문자(그 한글표기문자를 포함)"를 사용할 수 있다(法 38조④, 令 42조④). 투자자문업자가 아닌 자는 그 상호 중에 "투자자문"이라는 문자 또는 "investment advisory(그 한글표기문자 포함)나 그와 비슷한 의미를 가지는 다른 외국어문자(그 한글표기문자 포함)"를 사용하지 못한다. 다만, 부동산투자회사법에 따른 부동산투자자문회사는 "투자자문"이라는 문자 또는 "investment advisory(그 한글표기문자 포함)나 그와 비슷한 의미를 가지는 다른 외국어문자(그 한글표기문자 포함)"를 사용할 수 있다(法 38조⑤, 令 42조⑤). 투자일임업자가 아닌 자는 그 상호 중에 "투자일임"이라는 문자 또는 "discretionary investment(그 한글표기문자 포함)나 그와 비슷한 의미를 가지는 다른 외국어문자(그 한글표기문자 포함)"를 사용하지 못한다(法 38조⑥, 令 42조⑥). 신탁업자가 아닌 자는 그 상호 중에 "신탁"이라는 문자 또는 "trust(그 한글표기문자 포함)나 그와 비슷한 의미를 가지는 다른 외국어문자(그 한글표기문자 포함)"를 사용하지 못한다. 다만, i) 집합투자업자, ii) 자본시장법 제7조에 의하여 신탁업으로 보지 않는 담보부사채신탁법에 따른 담보부사채에 관한 신탁업, 저작권법에 따른 저작권신탁관리업 및 컴퓨터프로그램 보호법에 따른 프로그램저작권 위탁관리업무 등을 영위하는 자는 그 상호 중에 "신탁"이라는 문자 또는 "trust(그 한글표기문자 포함)나 그와 비슷한 의미를 가지는 다른 외국어문자(그 한글표기문자 포함)"를 사용할 수 있다(法 38조⑦, 令 42조⑦).

3. 명의대여의 금지

⑴ 상법상 명의대여자의 연대책임

상법상 명의대여란 "타인에게 자기의 성명 또는 상호를 사용하여 영업을 할 것을 허락하는 것"을 말한다. 상법 제24조는 상인의 명의대여 자체는 허용하되, 명의대여자의 연대책임을 규정한다.

⑵ 자본시장법상 명의대여 금지

금융투자업자는 자기의 명의를 대여하여 타인에게 금융투자업을 영위하게 하지 못한다(法 39조①). 자기의 명의를 대여하여 타인에게 금융투자업을 영위하게 한 자는 3년 이하의 징역 또는 1억원 이하의 벌금에 처한다(法 445조 3호).

Ⅱ. 겸영업무와 부수업무

1. 겸영업무[6)]

⑴ 증권거래법상 규제

구 증권거래법이 규정하는 증권회사의 업무로는, 고유업무인 증권업(證法 2조⑧·28조) 외에, 겸영업무로서 ① 구 증권거래법이 규정하는 신용공여업무(證法 49조) 및 증권저축업무(證法 50조), ② 금융관련법령이 정하거나 금융감독위원회가 인가한 업무(證法 51조①1·2), ③ 대통령령이 정하는 부수업무(證法 51조①3) 등이 있었다. 증권회사의 겸영업무는 법정겸영업무와 인가겸영업무로 분류되고, 법정겸영업무는 금융업(證法 또는 금융관련법령에서 규정하고 있는 업무)으로서 해당 법령에서 증권회사가 영위할 수 있도록 한 업무이다.[7)] 인가겸영업무는 대통령령이 정하는 금융업으로서 그 업무의 성격상 증권회사가 겸업하는 것이 가능하다고 금융감독위원회가 인가한 업무이다.[8)] 판례는 증권회사가 위와 같은 업무

---

6) 겸영업무란 다른 법령에서 진입규제의 대상인 업무로서 금융투자업자가 영위하는 업무를 말한다.

7) 구 증권거래법은 증권회사에 대하여 신용공여업무와 증권저축업무를 영위할 수 있도록 규정하는데, 이는 증권업의 원활한 수행을 위하여 필요하기 때문이다. 그 외에 증권회사가 영위할 수 있는 법정겸영업무로서는 「외국환거래법」에 의한 외국환업무, 「간접투자자산운용업법」에 의한 판매회사업무(間投法 26조①)·수탁회사업무(間投法 23조)·자산보관회사업무(間投法 24조), 보험업법에 의한 보험대리점업무·보험중개사업무(保險業法 91조, 87조②2 및 89조②2, 保險業法 施行令 30조② 및 34조②) 등이 있다.

외의 업무를 겸영하더라도 그 행위 자체가 무효로 되는 것은 아니라고 보았다.[9)]

(2) 자본시장법상 규제

금융투자업자(겸영금융투자업자, 그 밖에 대통령령으로 정하는 금융투자업자[10)] 제외)[11)]는 투자자 보호 및 건전한 거래질서를 해할 우려가 없는 금융업무로서 다음과 같은 금융업무를 영위할 수 있다.[12)] 이 경우 금융투자업자는 제2호부터 제5호까지의 업무를 영위하고자 하는 때에는 그 업무를 영위하기 시작한 날부터 2주 이내에 이를 금융위원회에 보고해야 한다(法 40조①).

1. 자본시장법 또는 대통령령으로 정하는 금융관련 법령(令 27조①)에서 인가·허가·등록 등을 요하는 금융업무 중 보험업법 제91조에 따른 보험대리점의 업무 또는 보험중개사의 업무, 그 밖에 대통령령이 정하는 금융업무(令 43조③)[13)]

---

8) 구 증권거래법상의 겸영업무 인가와 해당 관련 법령상의 해당 업무 영위를 위한 인·허가나 등록은 별개의 것이므로, 별도로 받아야 하였는데, 증권회사가 해당 관련 법상 요구되는 금감위의 인·허가를 받거나 금감위에 등록을 하면 증권거래법상의 겸영 인가를 받은 것으로 보았으므로, 해당 업무가 관련 법령상 인·허가나 등록을 요구하는 경우에 인·허가를 얻거나 등록을 하면 증권거래법상의 겸영 인가를 별도로 받을 필요는 없었다.

9) [대법원 1973. 5. 30. 선고 72다1726 판결] "증권회사가 재무부장관의 인가 없이 증권거래법 제2조 제6항 기재 이외의 업무를 겸영하고자 매매행위를 하여도 동 매매행위의 효력에 영향이 없다."

10) "대통령령으로 정하는 금융투자업자"란 다음과 같은 금융투자업자를 말한다(令 43조①).
   1. 자본시장법 제40조 제3호 및 제4호를 적용할 때 투자매매업 또는 투자중개업을 경영하지 않는 금융투자업자
   2. 자본시장법 제40조 제5호를 적용할 때 다음 각 목의 어느 하나에 해당하는 금융투자업만을 경영하는 금융투자업자
      가. 투자자문업
      나. 투자일임업
      다. 투자자문업 및 투자일임업
   3. 그 밖에 금융위원회가 정하여 고시하는 금융투자업자

11) 이들에게는 제40조의 규제가 적용되지 아니하므로 신고의무가 없다.

12) 자본시장법은 구 증권거래법의 인가겸영업무를 고유업무로 편입하고 인가겸영업무에 관한 규정은 따로 두지 않고 있다.

13) "대통령령으로 정하는 금융업무"란 다음과 같은 금융업무를 말한다(令 43조③).
   1. 일반사무관리회사(法 254조⑧)의 업무
   2. 「외국환거래법」에 따른 외국환업무 및 외국환중개업무
   3. 「신용정보의 이용 및 보호에 관한 법률」에 따른 본인신용정보관리업
   4. 「담보부사채신탁법」에 따른 담보부사채에 관한 신탁업무
   5. 「부동산투자회사법」에 따른 자산관리회사의 업무
   6. 「산업발전법(법률 제9584호 산업발전법 전부개정법률로 개정되기 전의 것)」 제14조에 따라 등록된 기업구조조정전문회사의 업무
   7. 「벤처투자 촉진에 관한 법률」 제2조 제10호에 따른 중소기업창업투자회사의 업무
   8. 「여신전문금융업법」에 따른 신기술사업금융업

2. 자본시장법 또는 대통령령으로 정하는 금융관련 법령(令 27조①)에서 정하고 있는 금융업무로서 해당 법령에서 금융투자업자가 영위할 수 있도록 한 업무
3. 국가 또는 공공단체 업무의 대리
4. 투자자를 위하여 그 투자자가 예탁한 투자자예탁금(法 74조①)으로 수행하는 자금이체업무[14)]
5. 그 밖에 그 금융업무를 영위하여도 투자자 보호 및 건전한 거래질서를 해할 우려가 없는 업무로서 대통령령으로 정하는 금융업무(令 43조⑤)[15)]

---

9. 그 밖에 투자자 보호 및 건전한 거래질서를 해칠 염려가 없는 금융업무로서 금융위원회가 정하여 고시하는 금융업무

14) 금융투자업자의 자금이체업무는 투자자예탁금 전액이 증권금융회사에 되므로 금융투자업자의 위험과 분리된다는 점에서 은행의 지급결제업무와 다르다. 금융투자업자는 CMA계좌에서 직접 자금을 이체하는 것이 아니라 자금이 일단 CMA계좌에서 예탁계좌로 이체된 후 예탁계좌의 투자자예탁금으로 자금이체업무를 수행해야 한다. 실무상으로는 대부분 종합계좌가 이용되므로 일임매매를 허용하는 시행령 제7조 제3항 제4호의 규정에 따른 일임매매약정에 의하여 CMA계좌에서 예탁계좌로의 이체가 이루어지는 것으로 보면 된다.

[令 7조]

③ 법 제7조 제4항에서 "대통령령으로 정하는 경우"란 투자중개업자가 따로 대가 없이 금융투자상품에 대한 투자판단(법 제6조 제6항에 따른 투자판단을 말한다.)의 전부나 일부를 일임받는 경우로서 다음 각 호의 어느 하나에 해당하는 경우를 말한다.

4. 투자자가 투자중개업자가 개설한 계좌에 금전을 입금하거나 해당 계좌에서 금전을 출금하는 경우에는 따로 의사표시가 없어도 자동으로 법 제229조 제5호에 따른 단기금융집합투자기구(이하 "단기금융집합투자기구"라 한다)의 집합투자증권 등을 매수 또는 매도하거나 증권을 환매를 조건으로 매수 또는 매도하기로 하는 약정을 미리 해당 투자중개업자와 체결한 경우로서 투자자로부터 그 약정에 따라 해당 집합투자증권 등을 매수 또는 매도하는 권한을 일임받거나 증권을 환매를 조건으로 매수 또는 매도하는 권한을 일임받은 경우

15) "대통령령으로 정하는 금융업무"란 다음과 같은 금융업무를 말한다(令 43조⑤).

1. 「자산유동화에 관한 법률」에 따른 자산관리자의 업무와 유동화전문회사업무의 수탁업무
2. 투자자계좌에 속한 증권·금전등에 대한 제3자 담보권의 관리업무
3. 상법 제484조 제1항에 따른 사채모집의 수탁업무
4. 기업금융업무(法 71조 3호), 그 밖에 금융위원회가 정하여 고시하는 업무와 관련한 대출업무(증권에 대한 투자매매업을 경영하는 경우만 해당)
5. 증권의 대차거래와 그 중개·주선·대리업무(해당 증권에 대한 투자매매업 또는 투자중개업을 경영하는 경우만 해당)
6. 지급보증업무(증권 및 장외파생상품에 대한 투자매매업을 경영하는 경우만 해당)
7. 원화로 표시된 양도성 예금증서의 매매와 그 중개·주선·대리업무(채무증권에 대한 투자매매업 또는 투자중개업을 경영하는 경우만 해당)
8. 대출채권, 그 밖의 채권의 매매와 그 중개·주선·대리업무(채무증권에 대한 투자매매업 또는 투자중개업을 경영하는 경우만 해당)
9. 대출의 중개·주선·대리업무
10. 그 밖에 투자자 보호 및 건전한 거래질서를 해칠 염려가 없는 금융업무로서 금융위원회가 정하여 고시하는 금융업무(금융투자업규정 4-1조③: 1. 금지금 및 은지금의 매매 및 중개업무, 2. 퇴직연금사업자로서 「근로자퇴직급여 보장법」 제7조의 퇴직연금 수급권

금융위원회는 겸영업무 보고내용이 다음과 같은 경우에는 그 겸영업무의 영위를 제한하거나 시정할 것을 명할 수 있다(法 40조②).

1. 금융투자업자의 경영건전성을 저해하는 경우
2. 투자자 보호에 지장을 초래하는 경우
3. 금융시장의 안정성을 저해하는 경우

제한명령 또는 시정명령은 제1항에 따라 보고를 받은 날부터 30일 이내에 그 내용 및 사유가 구체적으로 기재된 문서로 해야 한다(法 40조③). 금융위원회는 보고받은 겸영업무 및 제한명령 또는 시정명령을 한 겸영업무를 대통령령으로 정하는 방법 및 절차에 따라 인터넷 홈페이지 등에 공고해야 한다(法 40조④).

2. 부수업무

(1) 증권거래법상 열거주의

구 증권거래법상 증권회사의 부수업무는,[16] i) 증권업과 관련된 업무, ii) 증권회사가 소유하고 있는 인력·자산 또는 설비 등을 활용하는 업무, iii) 기타 다른 법령에 의하여 허가·인가·승인 또는 등록 등을 필요로 하지 않는 업무 등으로서 대통령령이 정하는 것 등이다(證法 51조①3). 이는 증권회사가 증권업무와 유사하거나 기존의 인력·설비 등의 활용이 가능한 업무는 부수업무로서 영위할 수 있도록 한 것이다. 이와 같이 증권거래법은 부수업무를 법령의 규정에 의하여 열거하는 방식(positive 방식)을 채택하였으므로, 증권회사는 법령의 개정이 있어야 새로운 부수업무를 영위할 수 있었다.

(2) 자본시장법상 포괄주의

자본시장법은 포괄주의로 전환하여 원칙적으로 금융투자업자의 모든 부수업무를 허용하고 예외적으로 제한하는 방식(negative 방식)을 채택하였다.

금융투자업자는 금융투자업에 부수하는 업무를 영위하고자 하는 경우에는 그 업무를 영위하기 시작한 날부터 2주 이내에 이를 금융위원회에 보고해야 한다(法 41조①).[17] 금융위원회는 보고받은 부수업무에 대하여는 대통령령으로 정

을 담보로 한 대출업무)

16) 부수업무란 원래 금융투자업자의 업무에 해당하지 아니하지만 금융투자업자가 시설이나 인력을 활용하여 취급할 수 있는 업무를 말한다.

17) "금융투자업에 부수하는 업무"라는 규정상, 금융투자업자가 취급할 수 있는 부수업무는 자

하는 방법 및 절차에 따라 인터넷 홈페이지 등에 공고해야 한다(法 41조④).

금융위원회는 부수업무 보고내용이 다음과 같은 경우에는 그 부수업무의 영위를 제한하거나 시정할 것을 보고를 받은 날부터 30일 이내에 그 내용 및 사유가 구체적으로 기재된 문서로 명할 수 있다(法 41조②,③).

1. 금융투자업자의 경영건전성을 저해하는 경우
2. 인가를 받거나 등록한 금융투자업의 영위에 따른 투자자 보호에 지장을 초래하는 경우
3. 금융시장의 안정성을 저해하는 경우

제한명령 또는 시정명령을 한 부수업무를 대통령령으로 정하는 방법 및 절차에 따라 인터넷 홈페이지 등에 공고해야 한다(法 41조④, 令 44조②).

Ⅲ. 금융투자업자의 업무위탁

1. 업무위탁의 허용

(1) 허용 범위

금융투자업자는 ⅰ) 고유업무(금융투자업), ⅱ) 겸영업무(法 40조 각 호), ⅲ) 부수업무(法 41조①) 등과 관련하여 그 영위하는 업무의 일부를 제3자에게 위탁할 수 있다. 다만, 대통령령으로 정하는 내부통제업무(해당 업무에 관한 의사결정 권한까지 위탁하는 경우만 해당)는 제3자에게 위탁하여서는 아니 된다(法 42조①).

(2) 본질적 업무와 수탁자의 자격

본질적 업무란 해당 금융투자업자가 인가를 받거나 등록을 한 업무와 직접적으로 관련된 필수업무로서 대통령령으로 정하는 업무를 말한다(法 42조④).[18]

본시장법 제6조 제1항의 투자매매업, 투자중개업, 집합투자업, 투자자문업, 투자일임업, 신탁업 등의 금융투자업에 부수하는 업무에 한하고, 금융투자업에 부수하지 않는 업무(예: 프로스포츠단 운영)는 금융투자업자가 영위할 수 있는 부수업무로 볼 수 없다.

18) "대통령령으로 정하는 업무"란 금융투자업의 종류별로 다음과 같은 업무를 말한다. 다만, 제3호 나목 및 제5호 나목의 업무 중 부동산의 개발, 임대, 관리 및 개량 업무와 그에 부수하는 업무, 제6호 나목 및 다목의 업무 중 채권추심업무 및 그 밖에 투자자 보호 및 건전한 거래질서를 해칠 우려가 없는 경우로서 금융위원회가 정하여 고시하는 업무[금융투자업규정 4-4조의2]는 제외한다(令 47조①).

1. 투자매매업인 경우
   가. 투자매매업 관련 계약의 체결과 해지업무

본질적 업무인 경우 그 본질적 업무를 위탁받는 자는 그 업무 수행에 필요한 인가를 받거나 등록을 한 자이어야 한다. 이 경우 그 업무를 위탁받는 자가 외국금융투자업자로서 소재한 국가에서 외국금융감독기관의 허가·인가·등록 등을 받아 위탁받으려는 금융투자업 또는 제40조 제1호에 따른 금융업무에 상당하는 영업을 하는 경우(令 47조②)에는 인가를 받거나 등록을 한 것으로 본다(法 42조④).[19)]

(3) 위탁계약의 체결

금융투자업자는 제3자에게 업무를 위탁하는 경우에는 다음과 같은 사항을

나. 금융투자상품의 매매를 위한 호가 제시업무
다. 매매주문의 접수, 전달, 집행 및 확인업무
라. 증권의 인수업무
마. 인수대상 증권의 가치분석업무
바. 인수증권의 가격결정, 청약사무수행 및 배정업무
2. 투자중개업(온라인소액투자중개업 제외)인 경우
가. 투자중개업 관련 계약의 체결 및 해지업무
나. 일일정산업무
다. 증거금 관리와 거래종결업무
라. 매매주문의 접수, 전달, 집행 및 확인업무
3. 집합투자업인 경우
가. 투자신탁의 설정을 위한 신탁계약의 체결·해지업무와 투자유한회사, 투자합자회사, 투자유한책임회사, 투자합자조합, 투자익명조합의 설립업무
나. 집합투자재산의 운용·운용지시업무[집합투자재산에 속하는 지분증권(지분증권과 관련된 증권예탁증권 포함)의 의결권 행사를 포함]
다. 집합투자재산의 평가업무
4. 투자자문업인 경우
가. 투자자문계약의 체결과 해지업무
나. 투자자문의 요청에 응하여 투자판단을 제공하는 업무
5. 투자일임업인 경우
가. 투자일임계약의 체결과 해지업무
나. 투자일임재산의 운용업무
6. 신탁업인 경우(나목 및 다목의 업무 중 채권추심업무 및 그 밖에 투자자 보호 및 건전한 거래질서를 해칠 우려가 없는 경우로서 금융위원회가 정하여 고시하는 업무는 제외한다)
가. 신탁계약(투자신탁의 설정을 위한 신탁계약 포함)과 집합투자재산(투자신탁재산 제외)의 보관·관리계약의 체결과 해지업무
나. 신탁재산(투자신탁재산 제외)의 보관·관리업무
다. 집합투자재산의 보관·관리업무(운용과 운용지시의 이행 업무 포함)
라. 신탁재산의 운용업무[신탁재산에 속하는 지분증권(지분증권과 관련된 증권예탁증권 포함)의 의결권 행사 포함]

19) 본질적 업무의 위탁에 대하여는 이와 같은 제한이 있고, 본질적 업무 자체가 위탁금지대상인 것은 아니다. 다만, 본질적 업무(令 47조①)의 상당 부분은 위탁금지대상이다.

포함하는 위탁계약을 체결해야 한다(法 42조②).[20]

1. 위탁하는 업무의 범위
2. 수탁자의 행위제한에 관한 사항
3. 위탁하는 업무의 처리에 대한 기록유지에 관한 사항
4. 그 밖에 투자자 보호 또는 건전한 거래질서를 위하여 필요한 사항으로서 대통령령으로 정하는 사항[21]

(4) 업무위탁의 보고

금융투자업자는 업무를 위탁받은 자가 그 위탁받은 업무를 영위하기 시작한 날부터 2주 이내에 금융위원회에 보고해야 한다. 다만, 이미 보고한 내용을 일부 변경하는 경우로서 변경되는 내용이 경미한 경우 등 금융위원회가 정하여 고시하는 경우에는 금융위원회가 보고시기 및 첨부서류 등을 다르게 정하여 고시할 수 있다(法 42조②, 令 46조①).

위탁받는 업무가 본질적 업무인 경우에는 금융투자업자는 업무를 위탁받은 자가 그 위탁받은 업무를 실제로 수행하려는 날의 7일 전까지 금융위원회에 보고해야 한다(令 46조④).

(5) 금융위원회의 조치

금융위원회는 위탁계약의 내용이 i) 금융투자업자의 경영건전성을 저해하는 경우, ii) 투자자 보호에 지장을 초래하는 경우, iii) 금융시장의 안정성을 저해하는 경우, iv) 금융거래질서를 문란하게 하는 경우에는 해당 업무의 위탁을 제한하거나 시정할 것을 명할 수 있다(法 42조③). 위 4가지 사유의 부존재는 업무위탁의 요건이라 할 수 있다.

---

20) 정보교류차단에 관하여는 "대통령령으로 정하는 회사"라고 규정하고(法 45조②), 시행령 제51조 제1항 제2호에서 "금융투자업자가 외국금융투자업자의 지점, 그 밖의 영업소인 경우에는 그 외국금융투자업자"도 규제대상으로 규정하므로 본지점 간의 정보교류도 규제대상임이 명백하지만, 업무위탁에 관하여는 "제3자"라고만 규정하므로(法 42조②), 외국본점이 국내지점을 기준으로 제3자에 해당하는지 법문상 분명하지 않아서 해석상 논란이 있으므로, 입법적 보완이 필요한 부분이다.

21) "대통령령으로 정하는 사항"이란 다음과 같은 사항을 말한다(令 46조②).
1. 업무위탁계약의 해지에 관한 사항
2. 위탁보수 등에 관한 사항
3. 그 밖에 업무위탁에 따른 이해상충방지체계 등 금융위원회가 정하여 고시하는 사항(금융투자업규정 4-4조)

⑹ 동의에 의한 재위탁

금융투자업자의 업무를 위탁받은 자는 위탁한 자의 동의를 받은 경우에 한정하여 위탁받은 업무를 제3자에게 재위탁할 수 있다(法 42조⑤).

⑺ 정보제공

업무를 위탁한 자는 다음과 같은 기준에 따라 위탁한 업무의 범위에서 위탁받은 자에게 투자자의 금융투자상품의 매매, 그 밖의 거래에 관한 정보 및 투자자가 맡긴 금전, 그 밖의 재산에 관한 정보를 제공할 수 있다(法 42조⑥).[22)]

1. 제공하는 정보는 위탁한 업무와 관련한 정보일 것
2. 정보제공과 관련된 기록을 유지할 것
3. 제공하는 정보에 대한 수탁자의 정보이용에 관하여 관리·감독이 가능할 것

⑻ 업무위탁 운영기준

금융투자업자는 업무위탁을 하고자 하는 경우 투자자정보 보호 및 위험관리·평가 등에 관한 업무위탁 운영기준을 정해야 한다(法 42조⑦).[23)]

⑼ 투자자에 대한 통보

금융투자업자는 업무위탁을 한 내용을 「금융소비자 보호에 관한 법률」 제23조 제1항에 따른 계약서류 및 제123조 제1항에 따른 투자설명서(집합투자업자의 경우 제124조 제2항 제3호에 따른 간이투자설명서 포함. 이하 제64조, 제86조 및 제93조에서 같다)에 기재하여야 하며, 투자자와 계약을 체결한 후에 업무위탁을 하거나 그 내용을 변경한 경우에는 이를 투자자에게 통보해야 한다(法 42조⑧).

⑽ 준용규정

사용자책임에 관한 민법 제756조는 업무를 위탁받은 자(재위탁 받은 자 포함)

22) Chinese Wall의 예외를 인정하는 것이다. 위탁자는 이러한 정보제공의 기준에 적합하도록 수탁자를 선별하여야 하고, 정보제공 후 제공된 정보가 해당 업무 외의 용도로 사용되지 않도록 철저히 관리 감독할 책임을 부담하고, 만일 수탁자의 정보 유용으로 투자자가 손해를 입은 경우 위탁자는 자본시장법 제42조 제9항에 의하여 사용자책임을 진다.

23) 업무위탁 운영기준에 다음과 같은 사항을 포함해야 한다(令 49조②).
1. 업무위탁에 따른 위험관리·평가에 관한 사항
2. 업무위탁의 결정·해지절차에 관한 사항
3. 수탁자에 대한 관리·감독에 관한 사항
4. 투자자정보 보호에 관한 사항
5. 수탁자의 부도 등 우발상황에 대한 대책에 관한 사항
6. 위탁업무와 관련하여 자료를 요구할 수 있는 수단 확보에 관한 사항
7. 그 밖에 금융위원회가 정하여 고시하는 사항(금융투자업규정 4-5조)

가 그 위탁받은 업무를 영위하는 과정에서 투자자에게 손해를 끼친 경우에 준용한다(法 42조⑨). 제54조(직무관련 정보의 이용 금지), 제55조(손실보전 등의 금지) 및 「금융실명거래 및 비밀보장에 관한 법률」 제4조(금융거래의 비밀보장) 등은 업무를 위탁받은 자가 그 위탁받은 업무를 영위하는 경우에 준용한다(法 42조⑩).

2. 위탁금지업무

금융투자업자는 투자자 보호 또는 건전한 거래질서를 해할 우려가 있는 것으로서 대통령령으로 정하는 내부통제업무(해당 업무에 관한 의사결정권한까지 위탁하는 경우만 해당한다)[24]는 제3자에게 위탁하지 못한다(法 42조① 단서).

3. 검사 및 처분

업무를 위탁받은 자는 그 위탁받은 업무와 관련하여 그 업무와 재산상황에 관하여 금융감독원의 원장의 검사를 받아야 한다. 이 경우 제419조 제5항부터 제7항까지 및 제9항을 준용한다(法 43조①). 금융위원회는 업무를 위탁받은 자가 일정한 경우에 해당하면 위탁계약의 어느 한쪽 또는 양쪽 당사자에게 위탁계약의 취소 또는 변경을 명할 수 있고(法 43조②), 위탁계약의 취소 또는 변경 조치를 한 경우에는 그 내용을 기록하고, 이를 유지·관리하여야 하고(法 43조③), 금융투자업자 또는 업무를 위탁받은 자(업무를 위탁받았던 자 포함)는 금융위원회에 자기에 대한 조치 여부 및 그 내용을 조회할 수 있고(法 43조④), 금융위원회는 조회요청을 받은 경우에는 정당한 사유가 없는 한 조치 여부 및 그 내용을 그 조회 요청자에게 통보하여야 하고(法 43조⑤), 제425조(금융투자업인가 취소처분 등에 대한 이의신청 특례)는 위탁계약의 취소 또는 변경명령에 관하여 준용한다(法 43조⑥).

---

24) "대통령령으로 정하는 내부통제업무"란 다음과 같은 업무를 말한다. 다만, 투자자 보호 및 건전한 거래질서를 해칠 우려가 없는 경우로서 금융위원회가 정하여 고시하는 업무는 제외한다(令 45조).

1. 「금융회사의 지배구조에 관한 법률」 제25조 제1항에 따른 준법감시인의 업무 중 금융위원회가 정하여 고시하는 업무를 제외한 업무
2. 「금융회사의 지배구조에 관한 법률」 제28조 제1항에 따른 위험관리책임자의 업무
3. 내부감사업무

Ⅳ. 이해상충관리와 정보교류차단

자본시장법은 개별 금융투자업자별로 이해상충행위를 금지하는 규정을 두고, 일반적 의무로서 이해상충관리의무와 정보교류차단의무를 규정한다. 또한 금융투자업자에게 신의성실의 원칙에 따라 공정하게 금융투자업을 영위할 의무를 부과하는 제37조 제1항도 이해상충행위를 규제하기 위한 포괄적인 근거조항으로 볼 수 있다.

1. 이해상충의 관리

(1) 이해상충 파악 · 평가 · 관리의무

금융투자업자는 금융투자업의 영위와 관련하여 금융투자업자와 투자자 간, 특정 투자자와 다른 투자자 간의 이해상충을 방지하기 위하여 이해상충이 발생할 가능성을 파악·평가하고, 금융사지배구조법 제24조에 따른 내부통제기준이 정하는 방법 및 절차에 따라 이를 적절히 관리해야 한다(法 44조①).

(2) 이해상충 공시 · 감축의무

금융투자업자는 이해상충이 발생할 가능성을 파악·평가한 결과 이해상충이 발생할 가능성이 있다고 인정되는 경우에는 그 사실을 미리 해당 투자자에게 알려야 하며, 그 이해상충이 발생할 가능성을 내부통제기준이 정하는 방법 및 절차에 따라 투자자 보호에 문제가 없는 수준으로 낮춘 후 매매, 그 밖의 거래를 해야 한다(法 44조②). 금융투자업자는 그 이해상충이 발생할 가능성을 낮추는 것이 곤란하다고 판단되는 경우에는 매매, 그 밖의 거래를 하지 못한다(法 44조③).

2. 정보교류의 차단

(1) 금융투자업 간 정보교류차단

금융투자업자는 금융투자업, 겸영업무(法 40조①), 부수업무(法 41조①) 및 종합금융투자사업자에 허용된 업무(法 77조의3)[이하 "금융투자업등"]를 영위하는 경우 내부통제기준이 정하는 방법 및 절차에 따라 제174조 제1항 각 호 외의 부분에 따른 미공개중요정보 등 대통령령으로 정하는 정보의 교류를 적절히 차단해야 한다(法 45조①).[25]

법 제45조 제1항 및 제2항에서 "제174조 제1항 각 호 외의 부분에 따른 미공개중요정보 등 대통령령으로 정하는 정보"란 각각 다음 각 호의 정보("교류차단대상정보")를 말한다(令 50조① 본문).

1. 법 제174조 제1항 각 호 외의 부분에 따른 미공개중요정보
2. 투자자의 금융투자상품 매매 또는 소유 현황에 관한 정보로서 불특정 다수인이 알 수 있도록 공개되기 전의 정보
3. 집합투자재산, 투자일임재산 및 신탁재산의 구성내역과 운용에 관한 정보로서 불특정 다수인이 알 수 있도록 공개되기 전의 정보
4. 그 밖에 제1호부터 제3호까지의 정보에 준하는 것으로서 금융위원회가 정하여 고시하는 정보

다만, 투자자 보호 및 건전한 거래질서를 해칠 우려가 없고 이해상충이 발생할 가능성이 크지 않은 정보로서 금융위원회가 정하여 고시하는 정보는 제외한다(令 50조① 단서).[26]

⑵ 계열회사 및 제3자에 대한 정보교류차단

금융투자업자는 금융투자업등을 영위하는 경우 계열회사를 포함한 제3자에게 정보를 제공할 때에는 내부통제기준이 정하는 방법 및 절차에 따라 제174조 제1항 각 호 외의 부분에 따른 미공개중요정보 등 대통령령으로 정하는 정보의 교류를 적절히 차단해야 한다(法 45조②).

⑶ 정보교류차단 관련 내부통제기준 사항

내부통제기준은 다음 각 호의 사항을 반드시 포함해야 한다(法 45조③).

1. 정보교류 차단을 위해 필요한 기준 및 절차
2. 정보교류 차단의 대상이 되는 정보의 예외적 교류를 위한 요건 및 절차

---

25) 자본시장법은 2020년 5월 개정시(시행일 2021.5.20.) 정보교류 차단 규제 체계를 종래의 '업 단위' 규제에서 '정보 단위' 규제로 전환하고, 구체적인 운영 방식을 법령에서 정하지 않고 회사가 자율적으로 내부통제기준을 설계하도록 하였다.

26) [금융투자업규정 4-6조 (금융투자업자의 정보교류의 차단)]

① 영 제50조 제1항 단서에서 "금융위원회가 정하여 고시하는 정보"란 같은 조 같은 항 제2호 및 제3호까지의 정보 중 이해상충 우려가 없는 정보로서 금융투자업자가 내부통제기준에 반영하여 영 같은 조 제3항 제3호에 따라 게시한 정보를 말한다.

③ 금융위원회는 금융투자업자가 법 제45조 제3항·제4항 및 영 제50조 제2항·제3항에 따라 내부통제기준을 충실하게 설정·운영하고 있는 것으로 인정되는 경우에는 법 제45조 제1항·제2항 및 제54조 제2항을 위반한 임직원에 대한 관리·감독에 상당한 주의를 다한 경우로 보아 법 제422조 제3항 단서에 따라 조치를 감면할 수 있다.

3. 그 밖에 정보교류 차단의 대상이 되는 정보를 활용한 이해상충 발생을 방지하기 위하여 대통령령으로 정하는 사항

위 제3호에서 "대통령령으로 정하는 사항"이란 다음 각 호의 사항을 말한다(令 50조②).

1. 이해상충 발생을 방지하기 위한 조직 및 인력의 운영
2. 이해상충 발생 우려가 있는 거래의 유형화
3. 교류차단대상정보의 활용에 관련된 책임소재
4. 그 밖에 제1호부터 제3호까지의 사항에 준하는 것으로서 금융위원회가 정하여 고시하는 사항

⑷ 금융투자업자의 준수사항

금융투자업자는 정보교류 차단을 위하여 다음 각 호의 사항을 준수해야 한다(法 45조④).

1. 정보교류 차단을 위한 내부통제기준의 적정성에 대한 정기적 점검
2. 정보교류 차단과 관련되는 법령 및 내부통제기준에 대한 임직원 교육
3. 그 밖에 정보교류 차단을 위하여 대통령령으로 정하는 사항

위 제3호에서 "대통령령으로 정하는 사항"은 다음 각 호의 사항을 말한다(令 50조③).

1. 정보교류 차단 업무를 독립적으로 총괄하는 임원(상법 제401조의2 제1항 각 호의 자를 포함) 또는 금융위원회가 정하여 고시하는 총괄·집행책임자의 지정·운영[27]
2. 정보교류 차단을 위한 상시적 감시체계의 운영
3. 내부통제기준 중 정보교류 차단과 관련된 주요 내용의 공개
4. 그 밖에 제1호부터 제3호까지의 사항에 준하는 것으로서 금융위원회가 정하여 고시하는 사항

---

27) [금융투자업규정 4-6조 (금융투자업자의 정보교류의 차단)]
② 영 제50조 제3항 제1호에서 "금융위원회가 정하여 고시하는 총괄·집행책임자"는 정보교류차단 관련 내부통제기준의 준수 여부를 수시로 점검하고, 내부통제기준을 위반하는 경우 이를 조사하는 등의 업무를 전담하는 부서의 장(「금융회사의 지배구조에 관한 법률」 제25조에 따른 준법감시인을 포함한다)을 말한다.

3. 이해상충방지의무 위반에 대한 제재

금융투자업자는 법령에 위반하는 행위를 하거나 그 업무를 소홀히 하여 투자자에게 손해를 발생시킨 경우에는 그 손해를 배상할 책임이 있다(法 64조① 본문). 다만, 배상의 책임을 질 금융투자업자가 투자매매업 또는 투자중개업과 집합투자업을 함께 영위함에 따라 발생하는 이해상충의 방지의무를 위반한 경우에는 그 금융투자업자가 상당한 주의를 하였음을 증명하거나 투자자가 금융투자상품의 매매, 그 밖의 거래를 할 때에 그 사실을 안 경우에는 배상의 책임을 지지 않는다(法 64조① 단서).

V. 투자권유규제

1. 총 설

(1) 투자권유의 의의

투자권유란 특정 투자자를 상대로 금융투자상품의 매매 또는 투자자문계약·투자일임계약·신탁계약(관리형신탁계약 및 투자성 없는 신탁계약 제외)의 체결을 권유하는 것을 말한다(法 9조④). 투자권유는 기본적으로 계약체결을 권유하는 것이므로 민법상 청약의 유인, 즉 투자자로 하여금 청약을 하게끔 하려는 의사표시에 해당하여야 하고, 단순히 금융투자상품을 소개한 경우나 계약이 이미 체결된 이후의 발언 등은 투자권유에 해당하지 않는다.[28]

(2) 투자권유와 단순소개

금융투자업자가 투자자의 요청에 따라 단순히 금융투자상품을 소개만 하고 "체결을 권유하지 않은 경우"에는 법문에 비추어 보면 투자권유에 해당하지 않는데, 실제의 거래에서는 소개만 하였는지 여부가 명확하지 않은 경우가 많을 것이다. 판례는 투자권유에 해당하는 기준을 명시적으로 제시하지는 않고, 설명의 정도, 투자판단에 미치는 영향, 실무처리 관여도, 이익발생 여부 등과 같은 제반 사정을 참작하여 투자권유 해당 여부를 판단하는 입장이다.[29]

헌법재판소도 법원이 설명의 정도, 투자판단에 미치는 영향, 실무처리 관여

28) 대법원 2017. 12. 5. 선고 2014도14924 판결.
29) 대법원 2017. 12. 5. 선고 2014도14924 판결.

도, 이익발생 여부 등과 같은 투자에 관한 제반사정을 종합하여 투자권유에의 해당 여부를 판단하고 있으므로 자본시장법 규정 내용과 법원의 보충적 해석을 통하여 투자권유의 의미가 충분히 확정될 수 있다는 이유로 헌법상 명확성의 원칙에 반하지 않는다는 입장이다.30)

(3) 다른 금융투자업자가 취급하는 금융투자상품

해당 금융투자업자가 취급하는 금융투자상품이 아니고 다른 금융투자업자가 취급하는 금융투자상품의 경우에는 단순소개인지, 투자권유인지 불명확한 경우가 많을 것이다. 이와 관련하여 대법원은, "금융투자업자가 과거 거래 등을 통하여 자신을 신뢰하고 있는 고객에게 다른 금융투자업자가 취급하는 금융투자상품 등을 단순히 소개하는 정도를 넘어 계약체결을 권유함과 아울러 그 상품 등에 관하여 구체적으로 설명하는 등 적극적으로 관여하고, 나아가 그러한 설명 등을 들은 고객이 해당 금융투자업자에 대한 신뢰를 바탕으로 다른 금융투자업자와 계약체결에 나아가거나 투자여부 결정에 있어서 그 권유와 설명을 중요한 판단 요소로 삼았다면, 해당 금융투자업자는 자본시장법 제9조 제4항에서 규정하는 '투자권유'를 하였다고 평가할 수 있고, 그와 같이 평가되는 경우 해당 금융투자업자는 직접 고객과 사이에 금융투자상품 등에 관한 계약을 체결하는 것이 아니라 하더라도 고객에 대하여 해당 금융투자상품에 관한 적합성원칙의 준수 및 설명의무를 부담한다고 보아야 한다."라고 판시한 바가 있다.31)

2. 투자권유준칙

금융투자업자는 투자권유를 함에 있어서 금융투자업자의 임직원이 준수하여야 할 구체적인 기준 및 절차("투자권유준칙")를 정해야 한다. 다만, 파생상품등에 대하여는 일반투자자의 투자목적·재산상황 및 투자경험 등을 고려하여 투자자 등급별로 차등화된 투자권유준칙을 마련해야 한다(法 50조①). 금융투자업자는 투자권유준칙을 정한 경우 이를 인터넷 홈페이지 등을 이용하여 공시해야 한다. 투자권유준칙을 변경한 경우에도 또한 같다(法 50조②). 금융투자협회는 투자권유준칙과 관련하여 금융투자업자가 공통으로 사용할 수 있는 표준투자권유준칙을 제정할 수 있다(法 50조③).

30) 헌법재판소 2010. 6. 24.자 2007헌바101 결정.
31) 대법원 2015. 1. 29. 선고 2013다217498 판결.

3. 투자권유대행인

(1) 투자권유대행인의 의의와 자격

투자권유대행인은 금융투자업자의 위탁을 받아 금융투자상품에 대한 투자권유(파생상품등에 대한 투자권유 제외)를 대행하는 것을 영업으로 하는 자이다. 금융투자업자는 투자권유대행인 외의 자에게 투자권유를 대행하게 할 수 없다(法 52조①).

금융투자업자는 다음과 같은 요건을 모두 갖춘 개인[32]에게 투자권유를 위탁할 수 있다. 이 경우 금융투자업자의 업무위탁에 관한 제42조를 적용하지 않는다(法 51조①).

1. 금융위원회에 투자권유대행인으로 이미 등록된 자가 아닐 것[33]
2. 금융투자상품에 관한 전문 지식이 있는 자로서 협회에서 시행하는 투자권유자문인력 또는 투자운용인력의 능력을 검증할 수 있는 시험에 합격하거나, 보험업법상 보험설계사·보험대리점 또는 보험중개사의 등록요건을 갖춘 개인으로서 보험모집에 종사하고 있는 자(집합투자증권의 투자권유를 대행하는 경우만 해당)로서, 협회가 정하여 금융위원회의 인정을 받은 교육을 마칠 것(令 56조)
3. 등록이 취소된 경우 그 등록이 취소된 날부터 3년이 경과하였을 것

(2) 투자권유대행인의 등록의무

투자권유를 위탁받은 자는 등록 전에는 투자권유를 하지 못하고(法 51조②), 등록된 자("투자권유대행인")는 등록 이후 그 영업을 영위함에 있어서 금융투자상품에 관한 전문 지식이 있는 자로서 제51조 제1항 제2호의 자격을 갖추어야 한다(法 51조⑨, 令 56조).

(3) 투자권유대행기준과 준용규정

금융투자업자는 투자권유대행인이 투자권유를 대행함에 있어서 법령을 준수

32) 투자권유대행인의 업무는 투자중개업과 유사하므로 양자의 구별을 명확히 하기 위하여 주식회사만이 될 수 있는 투자중개업자와 달리 법인은 투자권유대행인이 될 수 없고 개인만이 투자권유대행인이 될 수 있도록 한 것이다. 특히 집합투자증권의 투자권유를 할 수 있는 보험대리점 등을 법인형태로도 허용하면 집합투자증권의 투자중개업 관련 규제와 충돌할 우려가 있기 때문에 이러한 구별이 필요하다.

33) 이는 투자권유대행인이 복수의 금융투자업자로부터 위탁받아 투자권유하는 것을 금지하기 위한 것이다.

하고 건전한 거래질서를 해하는 일이 없도록 성실히 관리하여야 하며, 이를 위한 투자권유대행기준을 정해야 한다(法 52조④).

제48조, 제54조(직무관련 정보의 이용 금지), 제55조(손실보전 등의 금지) 및 「금융실명거래 및 비밀보장에 관한 법률」 제4조는 투자권유대행인이 투자권유를 대행하는 경우에 준용한다(法 52조⑥).

⑷ 검사 및 조치

투자권유대행인은 투자권유의 대행과 관련하여 그 업무와 재산상황에 관하여 금융감독원장의 검사를 받아야 한다. 이 경우 제419조 제5항부터 제7항까지 및 제9항(금융감독원장의 금융투자업자에 대한 검사)을 준용한다(法 53조①). 금융위원회는 투자권유대행인이 다음과 같은 경우에는 금융투자업자의 투자권유대행인 등록을 취소하거나 그 투자권유대행인에 대하여 6개월 이내의 투자권유대행업무 정지를 할 수 있다(法 53조②).

1. 등록요건 유지의무를 위반한 경우
2. 제52조 제6항(法 54조, 55조 및 「금융실명거래 및 비밀보장에 관한 법률」 제4조 제1항, 제4조 제3항부터 제5항까지의 규정을 준용하는 경우에 한한다)을 위반한 경우
3. 검사를 거부·방해 또는 기피한 경우
4. 제419조 제5항에 따른 보고 등의 요구에 불응한 경우
5. 「금융소비자 보호에 관한 법률」 제51조 제1항 제3호부터 제5호까지의 어느 하나에 해당하는 경우
6. 「금융소비자 보호에 관한 법률」 제51조 제2항 각 호 외의 부분 본문 중 대통령령으로 정하는 경우(투자권유대행업무를 정지하는 경우로 한정한다)

금융위원회는 투자권유대행인 등록을 취소하거나 투자권유대행업무를 정지한 경우에는 그 내용을 기록하고, 이를 유지·관리하여야 하고(法 53조③), 그 사실을 인터넷 홈페이지 등에 공고해야 한다(法 53조④). 금융투자업자 또는 투자권유대행인(투자권유대행인이었던 자 포함)은 금융위원회에 자기에 대한 제2항에 따른 조치 여부 및 그 내용을 조회할 수 있다(法 53조⑤). 금융위원회는 조회요청을 받은 경우에는 정당한 사유가 없는 한 조치 여부 및 그 내용을 그 조회 요청자에게 통보해야 한다(法 53조⑥). 금융위원회의 처분 또는 조치를 위한 청문에 관한 제423조(제9호 "금융투자업자 임직원에 대한 해임요구 또는 면직요구"는 제외)는

제2항에 따른 투자권유대행인 등록의 취소에 관하여 준용하고, 금융위원회의 처분, 조치에 대한 이의신청에 관한 제425조는 투자권유대행인 등록의 취소 및 투자권유대행업무의 정지에 관하여 준용한다(法 53조⑦).

4. 투자권유 규정의 이관

「금융소비자 보호에 관한 법률」의 제정(시행은 2021. 3. 25)에 따라 자본시장법의 투자권유에 관한 규제 중 적합성원칙(法 46조), 적정성원칙(法 46조의2), 설명의무(法 48조), 부당권유금지(法 49조), 투자권유대행인의 금지행위(法 52조), 투자광고(法 57조), 계약서류의 교부 및 계약의 해제(法 59조) 등에 관한 규정 중 상당 부분이 삭제되고[34] 주요 내용은 「금융소비자 보호에 관한 법률」로 이관되었다.

이에 따라 본서에서도 자본시장법에서 삭제된 투자권유 관련 내용은 「금융소비자 보호에 관한 법률」 부분에서 설명한다.[35]

Ⅵ. 기타 규제

1. 직무관련 정보의 이용 금지

금융투자업자는 직무상 알게 된 정보로서 외부에 공개되지 아니한 정보를 정당한 사유 없이 자기 또는 제3자의 이익을 위하여 이용하지 못한다(法 54조①).[36] 제54조 제1항을 위반하여 직무상 알게 된 정보로서 외부에 공개되지 아니한 정보를 자기 또는 제3자의 이익을 위하여 이용한 자는 3년 이하의 징역 또는 1억원 이하의 벌금에 처해진다(法 445조 9호).[37]

---

34) 투자권유대행인의 금지행위에 관한 제57조 각 항 중 제2항, 제3항, 제5항은 「금융소비자 보호에 관한 법률」 제정에 따라 삭제되었고 제1항, 제4항, 제6항은 자본시장법에 남아 있다.

35) 「금융소비자 보호에 관한 법률」의 규제대상은 "권유"인데 이는 적용대상인 금융상품에 투자성 상품 외에 예금성 상품, 대출성 상품, 보장성 상품 등도 포함하기 때문이고, 금융소비자보호법상 투자성 상품에 대한 "권유"는 자본시장법상 "투자권유"와 같은 개념으로 보면 된다.

36) 자본시장법 제174조의 미공개중요정보 이용행위와는 업무관련성이 요구되지 않는다는 점과 상장법인·상장예정법인이 발행한 특정증권등에 한정되지 않는다는 점에서 차이가 있다. 또한 제174조는 본인이 이용하는 행위 외에 타인에게 이용하게 하는 행위도 규제하는데, 제54조는 규정형식상 타인에게 이용하게 하는 행위는 규제대상이 아니다. 다만, 구체적인 사안에 따라서는 "자기 또는 제3자의 이익을 위하여 이용하지 못한다."라는 규정의 행위주체가 될 수는 있을 것이다.

금융투자업자 및 그 임직원은 자본시장법 제45조 제1항 또는 제2항에 따라 정보교류 차단의 대상이 되는 정보를 정당한 사유 없이 본인이 이용하거나 제3자에게 이용하게 하여서는 아니 된다(法 54조②). 제54조 제2항을 위반하여 정보교류 차단의 대상이 되는 정보를 정당한 사유 없이 본인이 이용하거나 제3자에게 이용하게 한 자와 정보교류 차단의 대상이 되는 정보를 제공받아 이용한 자는 5년 이하의 징역 또는 2억원 이하의 벌금에 처해진다(法 444조 6호의2).

또한 금융위원회는 금융투자업자 및 그 임직원이 제54조 제2항을 위반한 경우에는 그 금융투자업자, 임직원 및 정보교류 차단의 대상이 되는 정보를 제공받아 이용한 자에게 그 위반행위와 관련된 거래로 얻은 이익(미실현 이익을 포함) 또는 이로 인하여 회피한 손실액의 1.5배에 상당하는 금액 이하의 과징금을 부과할 수 있다(法 428조④).

2. 손실보전 등의 금지

(1) 금지대상행위

금융투자업자는 금융투자상품의 매매, 그 밖의 거래와 관련하여 다음과 같은 행위를 하지 못한다(法 55조). 금융투자업자의 임직원이 자기의 계산으로 하는 경우도 금지된다.[38]

---

37) 제54조의 수범주체에 관하여 제1항은 "금융투자업자"로 규정하고, 제2항은 "금융투자업자 및 그 임직원"이라고 규정하므로 금융투자업자 자체가 아닌 그 임직원은 제1항의 수범주체가 아니다. 다만, 형사책임에 있어서 법인은 범죄의 주체가 될 수 없으므로 형사처벌 규정인 제445조 제9호는 "다음 각 호의 어느 하나에 해당하는 자는 3년 이하의 징역 또는 1억원 이하의 벌금에 처한다."라고 규정하고 제9호에서 "제54조 제1항을 위반하여 직무상 알게 된 정보로서 외부에 공개되지 아니한 정보를 자기 또는 제3자의 이익을 위하여 이용한 자"를 처벌대상으로 규정한다. 즉, 금융투자업자가 아니라 실제의 행위자를 범죄의 주체로 규정한다. 법인은 그 기관인 자연인을 통하여 행위를 하게 되는 것이기 때문에, 자연인이 법인의 기관으로서 범죄행위를 한 경우에도 행위자인 자연인이 그 범죄행위에 대한 형사책임을 지는 것이고, 다만 양벌규정 등 법률이 그 목적을 달성하기 위하여 특별히 규정하고 있는 경우에만 행위자를 벌하는 외에 법률효과가 귀속되는 법인에 대하여도 처벌을 할 수 있을 뿐이다(대법원 2001. 9. 7. 선고 2001도2966 판결). 한편, 자본시장법 제448조 본문은 "법인(단체를 포함한다. 이하 이 조에서 같다)의 대표자나 법인 또는 개인의 대리인, 사용인, 그 밖의 종업원이 그 법인 또는 개인의 업무에 관하여 제443조부터 제446조까지의 어느 하나에 해당하는 위반행위를 하면 그 행위자를 벌하는 외에 그 법인 또는 개인에게도 해당 조문의 벌금형을 과(科)한다."라고 규정하므로, 행위자는 제448조 양벌규정에 의하여도 처벌대상이 된다(대법원 1995. 5. 26. 선고 95도230 판결). 즉, 양벌규정인 제448조의 "그 행위자를 벌하는 외에"라는 규정은 금지규정과 처벌규정의 주체가 다르게 되는 경우 행위자를 처벌하는 근거규정이다.

38) 종래에는 자본시장법 제55조를 유사투자자문업자에게도 준용한다는 규정이 없었고, 유추적

1. 투자자가 입을 손실의 전부 또는 일부를 보전하여 줄 것을 사전에 약속하는 행위
2. 투자자가 입은 손실의 전부 또는 일부를 사후에 보전하여 주는 행위
3. 투자자에게 일정한 이익을 보장할 것을 사전에 약속하는 행위
4. 투자자에게 일정한 이익을 사후에 제공하는 행위

다만, 연금이나 퇴직금의 지급을 목적으로 하는 신탁의 신탁업자가 자본시장법 제103조 제3항에 따라 손실보전·이익보장을 하는 경우와, 그 밖에 건전한 거래질서를 해할 우려가 없는 경우로서 정당한 사유가 있는 경우에는 손실보전·이익보장을 할 수 있다.

(2) 손실보전·이익보장 약정의 효력

(가) 원칙 : 강행규정 위반으로 무효

금융투자업자의 손실보전·이익보장 약정을 금지하는 자본시장법 제55조는 공정한 증권거래질서의 확보를 위하여 제정된 강행법규로서 금융투자업자의 임직원에게 그와 같은 약정을 체결할 권한이 수여되었는지 여부에 불구하고 강행법규 위반으로 무효이다.[39] 따라서 손실보전·이익보장 약정이 유효함을 전제로 일정 기간 동안 법적 조치 등을 취하지 않기로 하는 약정도 당연히 무효로 된다.[40]

이와 같이 무효인 약정에 기하여 투자자가 지급받은 이익금은 결국 금융투자업자의 손실에 기한 법률상 원인이 없는 부당이득으로 투자자에게 지급되었더라도 이는 법률상 원인이 없는 부당이득으로서 다시 금융투자업자에 반환되어야 한다.[41]

손실보전·이익보장 약정은 대부분 투자권유를 하는 과정에서 이루어지는데, 금융투자업자의 임직원이 손실보전·이익보장 약정으로 투자를 권유한 경우에 그 약정은 무효로 되더라도 부당권유로 인한 손해배상책임은 발생한다. 자본시장

용할 수도 없었으므로 약정의 사법적 효력을 부인할 근거가 없었다(서울북부지방법원 2024. 10. 11. 선고 2023나40268 판결). 그러나 2024. 2. 13. 법률 제20305호로 개정되어 2024. 8. 14. 시행된 자본시장법 제101조의2 제1항은 유사투자자문업자에 대하여 자본시장법 제55조를 준용하는 것으로 규정한다.

39) 대법원 2021. 9. 15. 선고 2017다282698 판결. (同旨: 대법원 2002. 12. 26. 선고 2000다56952 판결, 대법원 2001. 4. 24. 선고 99다30718 판결, 대법원 1997. 2. 14. 선고 95다19140 판결). 다만 증권회사 및 그 임직원과 고객 사이가 아닌 사인(私人)들 사이에 이루어진 수익보장약정에 대하여는 수익보장금지원칙을 유추적용할 수 없으므로 그 사법적 효력이 인정된다(대법원 2010. 7. 22. 선고 2009다40547 판결).

40) 대법원 2003. 1. 24. 선고 2001다2129 판결.

41) 대법원 1997. 2. 14. 선고 95다19140 판결.

법 제64조의 손해배상책임 외에, 판례는 오래 전부터 손실보전·이익보장 여부에 관한 적극적 기망행위가 존재하지 않더라도, 경험이 부족한 일반 투자자에게 거래행위에 필연적으로 수반되는 위험성에 관한 올바른 인식 형성을 방해하거나 투자자의 투자 상황에 비추어 과대한 위험성을 수반하는 거래를 적극적으로 권유한 경우에 해당하면 투자자에 대한 보호의무 위반으로 인한 불법행위책임이 성립한다는 입장을 취하여 왔다.42)

금융투자업자의 직원이 투자자의 계좌를 이용하여 투자자의 위임이 없이 임의로 거래를 한 여러 종목의 주식 중 일부 종목에서는 수익이 발생하였다 하더라도, 투자자가 그 종목의 거래를 추인하면 그로 인한 이득은 적법하게 투자자에게 귀속되는 것이므로 다른 종목의 거래에서 발생한 손해를 산정함에 있어서 그 이득을 가지고 손익상계를 할 수는 없다.43)

그리고 금융투자업자의 직원의 업무집행과 관련한 불법행위로 손해를 본 투자자가 직원에게 손해배상을 요구하여 직원이 투자자의 계좌를 운용하여 그 잔고를 불법행위 이전 상태로 복귀하여 주되 만약 차액이 발생하면 이를 책임지기로 합의하고 위 합의에 따라 투자자의 계좌를 운영하였으나 손해가 발생한 경우, 위 합의는 투자수익보장 약정과 일임매매 약정에 해당하는 것으로서 위 약정을 체결한 동기, 거래 경위와 거래 방법 등 제반 사정에 비추어 직원의 위 투자권유 행위가 불법행위에 해당한다면 위 합의 이후에 발생한 손해에 대하여도 금융투자업자의 사용자책임이 인정된다.44)

(나) 예외: 사적 화해 등 정당한 사유에 의한 유효

금융투자업자에 책임 있는 사유로 발생하여 고객에게 전보하여야 할 손실에 대한 보전행위는 허용되어야 하므로, 보전의 대상이 되는 손실이 금융투자업자에게 책임 있는 사유로 인하여 발생한 경우라면 이를 보전하여 준다는 내용의 사후손실 보전약정은 그 범위에서 정당한 사유가 있어 유효하다.45)

나아가 투자자의 손실이 금융투자업자의 책임 있는 사유로 인한 것인지 알 수 없는 상태에서 진행된 금융투자업자와 투자자들 사이의 선지급금 약정도 자본시장의 본질을 훼손하거나 안이한 투자판단을 초래하여 가격 형성의 공정을

42) 대법원 2007. 7. 12. 선고 2006다53344 판결.
43) 대법원 2003. 1. 24. 선고 2001다2129 판결.
44) 대법원 2011. 1. 27. 선고 2010다15776, 15783 판결.
45) 대법원 2011. 1. 27. 선고 2010다15776, 15783 판결.

왜곡하는 행위로 금융투자에 있어서 자기책임원칙에 반한다거나 사회질서에 위반되는 경우가 아니라면 유효하다는 것이 판례의 일반적인 입장이다.[46]

3. 약관규제

(1) 약관의 제정과 변경

금융투자업자는 금융투자업의 영위와 관련하여 약관을 제정 또는 변경하는 경우에는 약관의 제정 또는 변경 후 7일 이내에 금융위원회 및 협회에 보고해야 한다. 다만, 투자자의 권리나 의무에 중대한 영향을 미칠 우려가 있는 경우로서 대통령령으로 정하는 경우에는 약관의 제정 또는 변경 전에 미리 금융위원회에 신고해야 한다(法 56조①).[47]

금융투자업자는 약관을 제정 또는 변경한 경우에는 인터넷 홈페이지 등을 이용하여 공시해야 한다(法 56조②).

(2) 표준약관의 제정과 변경

협회는 건전한 거래질서를 확립하고 불공정한 내용의 약관이 통용되는 것을 방지하기 위하여 금융투자업 영위와 관련하여 표준이 되는 약관("표준약관")을 제정할 수 있다(法 56조③). 협회는 표준약관을 제정 또는 변경하고자 하는 경우에는 미리 금융위원회에 신고해야 한다. 다만, 전문투자자만을 대상으로 하는 표준약관을 제정 또는 변경하는 경우에는 그 표준약관을 제정 또는 변경한 후 7일

---

46) [서울고등법원 2024. 12. 5. 선고 2022다2048906 판결] "금융투자업규정 제4-20조 제1항 본문은 "영 제68조 제5항 제14호에서 '금융위원회가 정하여 고시하는 행위'란 다음 각 호의 어느 하나에 해당하는 행위를 말한다."라고 하면서 그 제7호에서 "다음 각 목의 어느 하나에 해당하는 행위[사전에 준법감시인(준법감시인이 없는 경우에는 감사 등 이에 준하는 자를 말한다)에게 보고한 경우에 한한다]를 제외하고 증권의 매매, 그 밖에 거래와 관련하여 손실을 보전하거나 이익을 보장하는 행위"를, 그 (가)목에서 "투자매매업자·투자중개업자 및 그 임직원이 자신의 위법(과실로 인한 위법을 포함한다. 이하 이 조에서 같다) 행위 여부가 불명확한 경우 사적 화해의 수단으로 손실을 보상하는 행위. 다만, 증권투자의 자기책임원칙에 반하는 경우에는 그러하지 아니하다."라고 각 규정하고 있다."

47) "대통령령으로 정하는 경우"란 다음과 같은 경우를 말한다(令 59조의2①).

1. 약관의 제정으로서 기존 금융서비스의 제공 내용·방식·형태 등과 차별성이 있는 내용을 포함하는 경우
2. 투자자의 권리를 축소하거나 의무를 확대하기 위한 약관의 변경으로서 다음 각 목의 어느 하나에 해당하는 경우
   가. 변경 전 약관을 적용받는 기존 투자자에게 변경된 약관을 적용하는 경우
   나. 기존 금융서비스의 제공 내용·방식·형태 등과 차별성이 있는 내용을 포함하는 경우
3. 그 밖에 투자자 보호 등을 위하여 금융위원회가 정하여 고시하는 경우

이내에 금융위원회에 보고해야 한다(法 56조④).

(3) 공정거래위원회의 시정조치 요청

약관을 신고 또는 보고받거나 표준약관을 신고 또는 보고받은 금융위원회는 그 약관 또는 표준약관을 공정거래위원회에 통보해야 한다. 이 경우 공정거래위원회는 통보받은 약관 또는 표준약관이 「약관의 규제에 관한 법률」 제6조부터 제14조까지의 규정에 위반된 사실이 있다고 인정될 때에는 금융위원회에 그 사실을 통보하고 그 시정에 필요한 조치를 취하도록 요청할 수 있으며, 금융위원회는 특별한 사유가 없는 한 이에 응해야 한다(法 56조⑥).[48]

(4) 금융위원회의 조치: 수리 또는 변경명령

금융위원회는 제1항 단서 또는 제4항 본문에 따른 신고를 받은 경우 그 내용을 검토하여 자본시장법에 적합하면 신고를 수리해야 한다(法 56조⑤).

금융위원회는 약관 또는 표준약관이 자본시장법 또는 금융과 관련되는 법령에 위반되거나 그 밖에 투자자의 이익을 침해할 우려가 있다고 인정되는 경우에는 금융투자업자 또는 협회에 그 내용을 구체적으로 기재한 서면에 의하여 약관 또는 표준약관을 변경할 것을 명할 수 있다(法 56조⑦).

4. 수수료규제

(1) 수수료 공시

금융투자업자는 투자자로부터 받는 수수료의 부과기준 및 절차에 관한 사항을 정하고, 인터넷 홈페이지 등을 이용하여 공시해야 한다(法 58조①).

(2) 수수료차별적용 금지

금융투자업자는 수수료 부과기준을 정함에 있어서 투자자를 정당한 사유 없이 차별하지 못한다(法 58조②).

---

48) 약관에 관한 제56조는 2018년 12월 법률 제16191호로 "금융투자업자는 금융투자업의 영위와 관련하여 약관을 제정 또는 변경하는 경우에는 약관의 제정 또는 변경 후 7일 이내에 금융위원회 및 협회에 보고해야 한다. 다만, 투자자의 권리나 의무에 중대한 영향을 미칠 우려가 있는 경우로서 대통령령으로 정하는 경우에는 약관의 제정 또는 변경 전에 미리 금융위원회에 신고해야 한다."로 개정되었고, 시행일은 2020. 1. 1.이다. 2018년 12월 개정은 사전신고제를 원칙적으로 폐지하여 사후보고제로 전환하되, 소비자 권익에 중대한 영향을 미치는 경우 등에는 사전신고를 하도록 하여 금융산업의 경쟁력을 강화하는 동시에 소비자 권익을 보호하려는 것이다. 제5항으로 "금융위원회는 제1항 단서 또는 제4항 본문에 따른 신고를 받은 경우 그 내용을 검토하여 이 법에 적합하면 신고를 수리해야 한다."라는 규정이 신설되고, 이에 따라 종래의 제5항, 제6항은 제6항, 제7항으로 항 번호가 변경된다.

(3) 협회통보

금융투자업자는 수수료 부과기준 및 절차에 관한 사항을 협회에 통보해야 한다(法 58조③). 협회는 통보받은 사항을 금융투자업자별로 비교하여 공시해야 한다(法 58조④).

5. 자료의 기록 · 유지

(1) 기록유지기간

금융투자업자는 금융투자업 영위와 관련한 자료를 대통령령으로 정하는 자료의 종류별로 다음과 같은 기간(令 62조②, 다만, 금융위원회는 투자자 보호를 해칠 염려가 없는 경우에는 그 기간을 단축하여 고시할 수 있다) 동안 기록 · 유지해야 한다(法 60조①).

1. 영업에 관한 자료
   가. 투자권유 관련 자료: 10년
   나. 주문기록, 매매명세 등 투자자의 금융투자상품의 매매, 그 밖의 거래 관련 자료 및 다자간매매체결회사의 다자간매매체결업무 관련 자료: 10년
   다. 집합투자재산, 투자일임재산, 신탁재산 등 투자자재산의 운용 관련 자료: 10년
   라. 매매계좌 설정 · 약정 등 투자자와 체결한 계약 관련 자료: 10년
   마. 업무위탁 관련 자료: 5년
   바. 부수업무 관련 자료: 5년
   사. 그 밖의 영업 관련 자료: 5년
2. 재무에 관한 자료: 10년
3. 업무에 관한 자료
   가. 주주총회 또는 이사회 결의 관련 자료: 10년
   나. 자본시장법 제161조에 따른 주요사항보고서에 기재하여야 하는 사항에 관한 자료: 5년
   다. 고유재산 운용 관련 자료: 3년
   라. 자산구입 · 처분 등, 그 밖의 업무에 관한 자료: 3년
4. 내부통제에 관한 자료
   가. 내부통제기준, 위험관리 등 준법감시 관련 자료: 5년
   나. 임원 · 대주주 · 전문인력의 자격, 이해관계자 등과의 거래내역 관련 자료: 5년
   다. 그 밖의 내부통제 관련 자료: 3년
5. 그 밖에 법령에서 작성 · 비치하도록 되어 있는 장부 · 서류: 해당 법령에서 정하는 기간(해당 법령에서 정한 기간이 없는 경우에는 제1호부터 제4호까지의 보존기간

을 고려하여 금융위원회가 정하여 고시하는 기간)

(2) 대책의 수립·시행

금융투자업자는 기록·유지하여야 하는 자료가 멸실되거나 위조 또는 변조가 되지 아니하도록 적절한 대책을 수립·시행해야 한다(法 60조②).

6. 소유증권의 예탁

(1) 증권예탁의무

금융투자업자(겸영금융투자업자 제외)는 그 고유재산을 운용함에 따라 소유하게 되는 증권(슈 63조①: 원화로 표시된 양도성 예금증서와 그 밖에 금융위원회가 정하여 고시하는 것 포함)을 예탁결제원에 지체 없이 예탁해야 한다(法 61조① 본문).

(2) 예탁의무의 예외

해당 증권의 유통가능성, 다른 법령에 따른 유통방법이 있는지 여부, 예탁의 실행가능성 등을 고려하여 다음과 같은 경우에는 예탁의무가 없다(法 61조① 단서, 슈 63조②).

1. 자본시장법 및 동법 시행령, 그 밖에 다른 법령에 따라 해당 증권을 예탁결제원에 예탁할 수 있는 증권·증서로 발행할 수 없는 경우
2. 발행인이 투자자와 해당 증권을 예탁결제원에 예탁할 수 있는 증권·증서로 발행하지 아니할 것을 발행조건 등에 따라 약정하는 경우
3. 외화증권을 시행령 제63조 제3항의 방법으로 예탁할 수 없는 경우로서 금융위원회가 정하여 고시하는 외국 보관기관에 예탁하는 경우
4. 그 밖에 해당 증권의 성격이나 권리의 내용 등을 고려할 때 예탁이 부적합한 경우로서 총리령으로 정하는 경우[49]

(3) 외화증권의 예탁

금융투자업자가 "외화증권"[50]을 예탁결제원에 예탁하는 경우에는 금융위원

49) "총리령으로 정하는 경우"란 다음과 같은 경우를 말한다(規則 7조의2).
   1. 해당 증권이 투자계약증권인 경우
   2. 해당 증권이 상법에 따른 합자회사·유한책임회사·합자조합·익명조합의 출자지분이 표시된 것인 경우. 다만, 집합투자증권은 제외한다.
   3. 해당 증권이 발행일부터 만기가 3일 이내에 도래하는 어음인 경우

50) 외화증권이란 외국통화로 표시된 증권 또는 외국에서 지급받을 수 있는 증권을 말한다(외국환거래법 3조①8). 예탁자가 예탁결제원에 예탁한 외화증권을 예탁외화증권이라고 하는데

회가 정하여 고시하는 외국 보관기관에 개설된 예탁결제원 계좌로 계좌대체 등을 통하여 예탁해야 한다(法 61조②, 令 63조③).

7. 영업폐지와 거래종결

⑴ 영업폐지의 공고, 통지

금융투자업자는 금융투자업 또는 지점, 그 밖의 영업소의 영업을 폐지하고자 하는 경우에는 그 뜻을 폐지 30일 전에 전국을 보급지역으로 하는 둘 이상의 일간신문에 공고하여야 하며, 알고 있는 채권자에게는 각각 통지해야 한다(法 62조①).

⑵ 거래종결

금융투자업자는 다음과 같은 경우에는 그 금융투자업자가 행한 금융투자상품의 매매, 그 밖의 거래를 종결시켜야 한다. 이 경우 그 금융투자업자는 그 매매, 그 밖의 거래를 종결시키는 범위에서 금융투자업자로 본다(法 62조②).

1. 투자매매업, 투자중개업, 집합투자업, 신탁업에 해당하는 금융투자업 전부(이에 준하는 경우를 포함)의 폐지의 승인을 받은 경우
2. 투자자문업, 투자일임업에 해당하는 금융투자업 전부(이에 준하는 경우를 포함)의 폐지의 승인을 받은 경우
3. 국내 금융투자업자 또는 외국금융투자업자의 지점등의 금융투자업인가 또는 금융투자업등록이 취소된 경우

8. 자기매매

금융투자업자의 임직원(겸영금융투자업자 중 대통령령으로 정하는 금융투자업자[51]의 경우에는 금융투자업의 직무를 수행하는 임직원에 한한다)은 자기의 계산으로 대통령령으로 정하는 금융투자상품[52]을 매매하는 경우에는 다음과 같은 방법

(외화증권예탁 및 결제에 관한 규정 2조①1), 예탁결제원은 예탁외화증권 및 예치외화자금에 대하여 예탁자별로 예탁자계좌부를 작성·비치하여야 하고(동 규정 8조①), 투자자로부터 예탁받은 외화증권을 예탁결제원에 다시 예탁하는 예탁사는 투자자별로 투자자계좌부를 작성·비치해야 한다(동 규정 9조①).

51) "대통령령으로 정하는 금융투자업자"란 다음과 같은 금융투자업자를 말한다(令 64조①).
1. 자본시장법 제22조 제1호의 자(은행) 및 제2호의 자(보험회사)
2. 시행령 제24조 제1호부터 제3호까지 및 제5호부터 제9호까지의 자

52) 법 제63조 제1항에 따라 다음과 같은 금융투자상품을 매매하는 경우에는 법 제63조 제1항 각 호의 방법에 따라야 한다. 다만, 다음 각 호의 금융투자상품이 법 제9조 제4항에 따른 투

에 따라야 한다(法 63조①).

1. 자기의 명의로 매매할 것
2. 투자중개업자 중 하나의 회사(투자중개업자의 임직원의 경우에는 그가 소속된 투자중개업자에 한하되, 그 투자중개업자가 그 임직원이 매매하려는 금융투자상품을 취급하지 않는 경우에는 다른 투자중개업자를 이용할 수 있다)를 선택하여 하나의 계좌를 통하여 매매할 것. 다만, 금융투자상품의 종류, 계좌의 성격 등을 고려하여 대통령령으로 정하는 경우[53]에는 둘 이상의 회사 또는 둘 이상의 계좌를 통하여 매매할 수 있다.
3. 매매명세를 분기별(투자권유자문인력, 제286조 제1항 제3호 나목의 조사분석인력 및 투자운용인력의 경우에는 월별로 한다. 이하 이 조에서 같다)로 소속 금융투자업자에게 통지할 것

자일임계약에 따라 매매되는 경우에는 법 제63조 제1항 제3호("매매명세를 분기별(투자권유자문인력, 제286조 제1항 제3호 나목의 조사분석인력 및 투자운용인력의 경우에는 월별로 한다. 이하 이 조에서 같다)로 소속 금융투자업자에게 통지할 것")를 적용하지 아니한다(令 64조②).

1. 증권시장에 상장된 지분증권[장외거래 방법(令 178①1)에 의하여 매매가 이루어지는 주권을 포함]. 다만 다음과 같은 것은 제외한다].
   가. 법 제9조 제18항 제2호에 따른 투자회사(이하 "투자회사")의 주권과 투자유한회사·투자합자회사·투자유한책임회사·투자합자조합·투자익명조합의 지분증권
   나. 「근로복지기본법」 제33조에 따라 설립된 우리사주조합 명의로 취득하는 우리사주조합이 설립된 회사의 주식
2. 증권시장에 상장된 증권예탁증권(제1호에 따른 지분증권과 관련된 증권예탁증권만 해당)
3. 주권 관련 사채권(法 68조①)으로서 제1호에 따른 지분증권이나 제2호에 따른 증권예탁증권과 관련된 것
4. 제1호에 따른 지분증권, 제2호에 따른 증권예탁증권이나 이들을 기초로 하는 지수의 변동과 연계된 파생결합증권. 다만, 불공정행위 또는 투자자와의 이해상충 가능성이 크지 아니한 경우로서 금융위원회가 정하여 고시하는 파생결합증권은 제외한다.
5. 장내파생상품
6. 제1호에 따른 지분증권, 제2호에 따른 증권예탁증권이나 이들을 기초로 하는 지수의 변동과 연계된 장외파생상품

53) "대통령령으로 정하는 경우"란 다음과 같은 경우를 말한다(令 64조③).
1. 둘 이상의 회사를 통하여 매매할 수 있는 경우: 다음 각 목의 어느 하나에 해당하는 경우
   가. 금융투자업자의 임직원이 거래하고 있는 투자중개업자가 그 금융투자업자의 임직원이 매매하려는 금융투자상품을 취급하지 않는 경우
   나. 모집·매출의 방법으로 발행되거나 매매되는 증권을 청약하는 경우
   다. 그 밖에 금융위원회가 정하여 고시하는 경우
2. 둘 이상의 계좌를 통하여 매매할 수 있는 경우: 다음 각 목의 어느 하나에 해당하는 경우
   가. 투자중개업자가 금융투자상품별로 계좌를 구분·설정하도록 함에 따라 둘 이상의 계좌를 개설하는 경우
   나. 「조세특례제한법」에 따라 조세특례를 받기 위하여 따로 계좌를 개설하는 경우
   다. 그 밖에 금융위원회가 정하여 고시하는 경우

4. 그 밖에 불공정행위의 방지 또는 투자자와의 이해상충의 방지를 위하여 다음과 같은 방법 및 절차를 준수할 것(令 64조④)
   가. 금융투자상품을 매매하기 위한 계좌를 개설하는 경우에는 소속 금융투자업자의 준법감시인(준법감시인이 없는 경우에는 감사 등 이에 준하는 자)에게 신고할 것
   나. 소속 금융투자업자의 준법감시인이 매매, 그 밖의 거래에 관한 소명을 요구하는 경우에는 이에 따를 것
   다. 소속 금융투자업자의 내부통제기준으로 정하는 사항을 준수할 것
   라. 그 밖에 금융위원회가 정하여 고시하는 방법과 절차를 준수할 것

금융투자업자는 그 임직원의 자기계산에 의한 금융투자상품 매매와 관련하여 불공정행위의 방지 또는 투자자와의 이해상충의 방지를 위하여 그 금융투자업자의 임직원이 따라야 할 적절한 기준 및 절차를 정해야 한다(法 63조②). 금융투자업자는 분기별로 임직원의 금융투자상품의 매매명세를 이러한 기준 및 절차에 따라 확인해야 한다(法 63조③).

9. 고객응대직원에 대한 보호 조치 의무

금융투자업자는 고객을 직접 응대하는 직원("고객응대직원")을 고객의 폭언이나 성희롱, 폭행 등으로부터 보호하기 위하여 다음과 같은 조치를 하여야 하고(法 63조의2①), 고객응대직원은 금융투자업자에 대하여 이러한 조치를 요구할 수 있다(法 63조의2②). 금융투자업자는 이러한 요구를 이유로 고객응대직원에게 불이익을 주어서는 아니 된다(法 63조의2③).

1. 고객응대직원이 요청하는 경우 해당 고객으로부터의 분리 및 업무담당자 교체
2. 고객응대직원에 대한 치료 및 상담 지원
3. 고객응대직원을 위한 상시적 고충처리 기구 설치 또는 「근로자참여 및 협력증진에 관한 법률」 제26조에 따라 고충처리위원을 두는 경우에는 고객응대직원을 위한 고충처리위원의 선임 또는 위촉
4. 그 밖에 고객응대직원의 보호를 위하여 필요한 법적 조치 등 대통령령으로 정하는 조치[54]

---

54) "대통령령으로 정하는 조치"란 다음과 같은 조치를 말한다(令 64조의2).
   1. 고객의 폭언이나 성희롱, 폭행 등(이하 "폭언등"이라 한다)이 관계 법률의 형사처벌규정에 위반된다고 판단되고 그 행위로 피해를 입은 직원이 요청하는 경우: 관할 수사기관 등에 고발

10. 손해배상책임

(1) 손해배상책임의 발생

금융투자업자는 법령·약관·집합투자규약·투자설명서에 위반하는 행위를 하거나 그 업무를 소홀히 하여 투자자에게 손해를 발생시킨 경우에는 그 손해를 배상할 책임이 있다(法 64조① 본문).[55]

(2) 면책사유

배상의 책임을 질 금융투자업자가 제37조 제2항(투자자이익우선의무), 제44조(이해상충의 관리), 제45조(정보교류의 차단), 제71조(투자매매업자·투자중개업자의 불건전 영업행위의 금지) 또는 제85조(집합투자업자의 불건전 영업행위의 금지)를 위반한 경우(투자매매업 또는 투자중개업과 집합투자업을 함께 영위함에 따라 발생하는 이해상충과 관련된 경우에 한한다)로서 그 금융투자업자가 상당한 주의를 하였음을 증명하거나 투자자가 금융투자상품의 매매, 그 밖의 거래를 할 때에 그 사실을 안 경우에는 배상의 책임을 지지 않는다(法 64조① 단서). 금융투자업자의 주의의무 위반에 대한 증명책임전환 규정이다.

(3) 임원의 연대책임

금융투자업자가 손해배상책임을 지는 경우로서 관련되는 임원에게도 귀책사유가 있는 경우에는 그 금융투자업자와 관련되는 임원이 연대하여 그 손해를 배상할 책임이 있다(法 64조②). 직원은 연대책임을 지지 않지만, 손해배상책임을 지게 된 금융투자업자가 해당 직원에 대하여 구상권을 행사할 수 있다.

---

2. 고객의 폭언등이 관계 법률의 형사처벌규정에 위반되지는 아니하나 그 행위로 피해를 입은 직원의 피해정도 및 그 직원과 다른 직원에 대한 장래 피해발생 가능성 등을 고려하여 필요하다고 판단되는 경우: 관할 수사기관 등에 필요한 조치 요구
3. 직원이 직접 폭언등의 행위를 한 고객에 대한 관할 수사기관 등에 고소, 고발, 손해배상 청구 등의 조치를 하는 데 필요한 행정적, 절차적 지원
4. 고객의 폭언등을 예방하거나 이에 대응하기 위한 직원의 행동요령 등에 대한 교육 실시
5. 그 밖에 고객의 폭언등으로부터 직원을 보호하기 위하여 필요한 사항으로서 금융위원회가 정하여 고시하는 조치

55) 자본시장법 제64조는 제48조 제2항과 같은 손해액 추정 규정을 두지 않는다. 이 점에서 민법상 불법행위책임과 실질적인 차이가 없고, 금융상품판매업자등의 손해배상책임에 관한 「금융소비자 보호에 관한 법률」 제44조와도 차이가 없다. 다만, 금융투자업자가 제64조 제1항에 따른 손해배상책임을 지는 경우로서 관련되는 임원에게도 귀책사유(歸責事由)가 있는 경우에는 그 금융투자업자와 관련되는 임원이 연대하여 그 손해를 배상할 책임이 있다는 규정을 두고 있다(法 64조②).

(4) 손해인과관계

자본시장법 제64조는 제48조(설명의무위반으로 인한 손해배상책임)와 달리 손해액을 추정하지 않는다. 이 점에서 민법상 불법행위책임과 실질적인 차이가 없다.[56)]

(5) 과실상계와 손익상계

금융투자업자의 손해배상책임의 범위를 산정함에 있어서 투자자의 과실을 참작하여야 하고 투자자에게 손해배상금의 일부로 지급된 금액에 대한 손익상계를 해야 한다. 그러나 손익상계의 대상은 책임기간 종료 후에 지급된 손해배상금만 대상이고, 책임기간 종료 전에 지급된 손해배상금이 다시 투자금으로 사용되었고 그 후 발생된 손실의 충당에 반영되어 계좌 잔고에 반영되었다면, 별도의 손익상계의 대상이 되지 않는다.[57)]

(6) 불법행위책임

투자자는 법령 등을 위반한 금융투자업자를 상대로 민법상 불법행위에 기한 손해배상을 청구할 수도 있다. 불법행위책임의 법리상 투자자가 손해액을 증명해야 한다.[58)]

민법상 불법행위책임은 자본시장법상 투자자보호의무 위반책임과 마찬가지로, 일반투자자만을 대상으로 하는 것이 아니다. 따라서 전문투자자라 하더라도 불법행위의 일반요건이 구비되면 금융투자업자의 손해배상책임이 발생할 수 있다.

(7) 사용자책임

(가) 책임원인

타인을 사용하여 어느 사무에 종사하게 한 금융투자업자는 피용자가 그 사

---

56) 서울남부지방법원 2014. 1. 17. 선고 2011가합18490 판결.

57) 대법원 2007. 4. 12. 선고 2004다62641 판결(이 사건에서는 월말정산을 하여 이익이 발생하면 투자자에게 85%, 증권회사 직원에게 15%를 분배하기로 한 약정에 따라 증권회사 직원에게 배당금을 지급한 경우, 투자자의 실제 손해액을 산출함에 있어서 총 입금액에서 투자자가 실제로 배당받은 이익금만을 공제하여야 할 것임에도, 원심은 이와 달리 증권회사 직원이 배당받은 이익금까지 공제한 점도 손해액 산정에 관한 법리를 오해한 위법이 있다고 판시하였다).

58) [대법원 2012. 12. 13. 선고 2011다25695 판결] “불법행위로 인한 재산상의 손해는 위법한 가해행위로 인하여 발생한 재산상의 불이익,즉 불법행위가 없었더라면 존재하였을 재산상태와 불법행위가 가해진 이후의 재산상태의 차이를 말하는 것이고, 이러한 손해의 액수에 대한 증명책임은 손해배상을 청구하는 피해자인 원고에게 있으므로, 원고는 불법행위가 없었더라면 존재하였을 재산상태와 불법행위가 가해진 이후의 재산상태가 무엇인지에 관하여 이를 증명할 책임을 진다.”

무집행에 관하여 제3자에게 가한 손해를 배상할 책임이 있다(民法 756조①). 이를 사용자책임이라고 부른다. 사용자책임이 성립하려면 피용자의 제3자에 대한 가해행위가 고의나 과실 및 책임능력 등 불법행위의 성립요건을 갖추어야 한다.

㈏ 사무집행 관련성

'사무집행에 관하여'라는 뜻은, 피용자의 불법행위가 외형상 객관적으로 금융투자업자의 사업활동 내지 사무집행 행위 또는 그와 관련된 것이라고 보일 때에는 주관적 사정을 고려함이 없이 이를 사무집행에 관하여 한 행위로 본다는 것이고, 여기에서 외형상 객관적으로 금융투자업자의 사무집행에 관련된 것인지는, 피용자의 본래 직무와 불법행위의 관련 정도 및 금융투자업자에게 손해발생에 대한 위험 창출과 방지조치 결여의 책임이 어느 정도 있는지를 고려하여 판단해야 한다.[59]

피용자가 사무집행에 관하여 위법행위를 한 경우에는 특별한 사정이 없는 한 금융투자업자는 민법 제756조에 따른 사용자책임을 진다. 피용자가 자본시장법상 불공정거래를 한 경우에도 사용자인 금융투자업자가 손해배상책임을 지는 것도 같은 법리이다.

피용자의 불법행위가 외관상 사무집행의 범위 내에 속하는 것으로 보이는 경우에도 피용자의 행위가 금융투자업자나 금융투자업자에 갈음하여 그 사무를 감독하는 자의 사무집행행위에 해당하지 않음을 피해자 자신이 알았거나 또는 중대한 과실로 알지 못한 경우에는 금융투자업자 또는 금융투자업자에 갈음하여 그 사무를 감독하는 자에 대하여 사용자책임을 물을 수 없다.[60]

㈐ 면책사유

사용자가 피용자의 선임 및 그 사무감독에 상당한 주의를 한 때 또는 상당한 주의를 하여도 손해가 있을 경우에는 사용자책임을 물을 수 없다(民法 756조②).

11. 외국금융투자업자의 특례

(1) 간주규정

외국금융투자업자의 지점, 그 밖의 영업소("국내지점등")에 대하여 자본시장

---

59) 대법원 2011. 11. 24. 선고 2011다41529 판결.
60) 대법원 2011. 11. 24. 선고 2011다41529 판결.

법을 적용함에 있어서 다음과 같은 영업기금(令 65조①)은 이를 자본금으로 보고, 자본금·적립금 및 이월이익잉여금의 합계액은 이를 자기자본으로 보며, 국내대표자는 임원으로 본다(法 65조①).[61]

1. 외국금융투자업자가 지점, 그 밖의 영업소를 설치하거나 영업을 하기 위하여 그 지점, 그 밖의 영업소에 공급한 원화자금
2. 외국금융투자업자의 지점, 그 밖의 영업소("국내지점등")의 적립금으로부터 전입한 자금
3. 외국금융투자업자가 지점, 그 밖의 영업소를 추가로 설치하기 위하여 이미 국내에 설치된 지점, 그 밖의 영업소의 이월이익잉여금에서 전입한 자금

(2) 독립결산과 보전의무

국내지점등은 i) 본점과 독립하여 결산하여야 하고, ii) 결산 결과 해당 국내지점등이 제2항 각 호의 방법으로 국내에 두고 있는 자산의 합계액이 자본시장법 제65조 제1항에 따른 영업기금과 부채의 합계액에 미달하는 경우에는 결산이 확정된 날부터 60일 이내에 보전해야 한다(法 65조②, 令 65조③).

(3) 청산·파산

국내지점등이 청산 또는 파산하는 경우 그 국내에 두는 자산은 국내에 주소 또는 거소가 있는 자에 대한 채무의 변제에 우선 충당해야 한다(法 65조③).[62]

(4) 직무대행자

금융위원회는 다음과 같은 요건을 모두 충족하는 국내지점등의 대표자의 직무를 일시 대행할 자("직무대행자")를 지정하여야 하며, 그 국내지점등은 그 사실을 소재지에서 등기해야 한다. 이 경우 금융위원회는 직무대행자에게 적정한 보수를 지급할 것을 그 국내지점등에 명할 수 있다(法 65조④).

1. 국내지점등의 대표자가 없거나 대표자가 그 직무를 수행할 수 없음에도 불구하고

61) 국내지점등은 영업기금과 부채의 합계액에 상당하는 자산을 다음과 같은 방법(令 65조②)으로 국내에 두어야 한다(法 65조②).
1. 현금이나 국내 금융기관에 대한 예금·적금·부금
2. 국내에 예탁하거나 보관된 증권
3. 국내에 있는 자에 대한 대여금, 그 밖의 채권
4. 국내에 있는 고정자산
5. 그 밖에 국내법에 따라 강제집행이 가능한 자산 중 금융위원회가 정하여 고시하는 자산

62) 다국적 파산에 관한 보편주의와 속지주의 중 자본시장법은 국내채권자의 보호를 위하여 속지주의를 택하였다.

대표자를 새로 선임하지 아니하거나 직무대행자를 지정하지 않는 경우로서 국내지점등과 이해관계가 있는 자가 금융위원회에 직무대행자의 선임을 요구할 것
2. 금융위원회가 제1호의 요구에 따라 그 국내지점등에 대하여 10일 이내에 대표자 또는 직무대행자를 선임하거나 지정할 것을 요청할 것
3. 제2호의 요청을 받은 국내지점등이 제2호에 따른 기간 이내에 대표자 또는 직무대행자를 선임하거나 지정하지 아니할 것

제 2 절 금융투자업자별 영업행위 규칙

Ⅰ. 투자매매업자 · 투자중개업자의 영업행위 규칙

1. 매매형태의 명시

(1) 의 의

투자매매업자·투자중개업자는 투자자로부터 금융투자상품의 매매에 관한 청약·주문을 받는 경우에는 사전에 그 투자자에게 자기가 투자매매업자인지 투자중개업자인지를 밝혀야 한다(法 66조). "사전에"란 매매 주문을 받고 그 주문을 수락하기 전의 의미이다. 매매형태 명시의 방법에 관해서는 특별한 규정이 없으므로 매매형태 명시는 구두 또는 서면에 의할 수 있다.

(2) 위반시의 효과

(개) 사법상 효력

금융투자업자가 매매형태 명시 의무를 위반한 경우에도 그 거래를 당연히 무효로 되는 것은 아니다.

(나) 형사책임

금융투자업자가 사전에 자기가 투자매매업자인지 투자중개업자인지를 밝히지 않고 금융투자상품의 매매 주문을 받은 자는 1년 이하의 징역 또는 3천만원 이하의 벌금에 처한다(法 446조 11호).

(다) 금융위원회의 조치

금융위원회는 매매형태 명시의무를 위반한 금융투자업자 및 그 임직원에 대해서 일정한 조치를 할 수 있다(法 420조①6, 420조③, 422조①,② [法 별표 1] 74).

2. 자기계약 금지

(1) 의 의

투자매매업자·투자중개업자는 금융투자상품에 관한 같은 매매에 있어 자신이 본인이 됨과 동시에 상대방의 투자중개업자가 되어서는 아니 된다(法 67조). 여기서 '본인'은 매매당사자를 가리킨다. 상법상 위탁매매인은 "거래소의 시세 있는 물건의 매매를 위탁받은 때에는" 자신이 직접 매매의 상대방으로서 거래를 성립시킬 수 있는 개입권을 가진다(商法 107조). 그러나 금융투자상품은 상법 제107조에서 말하는 "거래소의 시세 있는 물건"에 해당함에도 불구하고 투자매매업자·투자중개업자의 개입권을 인정하지 않는다. 이는 금융투자상품의 가격이 수시로 변동하므로 시세에 따라서 투자매매업자·투자중개업자가 금융투자상품의 거래에서 자기매매를 할 것인지, 아니면 위탁매매를 할 것인지를 자유로이 선택할 수 있다면 투자자의 이익을 희생시키고 자신의 이익을 도모하는 선택을 할 가능성이 크기 때문이다.

(2) 예외적 허용

다음과 같은 경우에는 자기계약 금지 규정이 적용되지 않는다(法 67조 단서).

1. 투자매매업자·투자중개업자가 증권시장·파생상품시장을 통하여 매매가 이루어지도록 한 경우[63]
2. 그 밖에 투자자 보호 및 건전한 거래질서를 해할 우려가 없는 경우로서 대통령령으로 정하는 경우[64]

---

63) 상법상 개입권은 "거래소의 시세 있는 물건"이면 반드시 거래소에서의 매매가 아니더라도 위탁매매인의 개입권이 인정되나, 자본시장법상으로는 "증권시장·파생상품시장을 통하여 매매가 이루어지도록 한 경우"에만 자기계약이 허용된다. 제67조 단서의 경우에 해당하면 개입권이 인정되는 것과 같은 결과가 되지만 "거래소의 시세 있는 물건"이라 하더라도 제1호와 같이 거래장소에 대한 제한이 있으므로 상법상 개입권이 일반적으로 인정된다고 해석하는 것은 부적절하다.

64) "대통령령으로 정하는 경우"란 다음과 같다(令 66조).

1. 투자매매업자 또는 투자중개업자가 자기가 판매하는 집합투자증권을 매수하는 경우
2. 투자매매업자 또는 투자중개업자가 다자간매매체결회사를 통하여 매매가 이루어지도록 한 경우
3. 종합금융투자사업자가 시행령 제77조의6에 따라 금융투자상품의 장외매매가 이루어지도록 한 경우
4. 그 밖에 공정한 가격 형성과 매매, 거래의 안정성과 효율성 도모 및 투자자의 보호에 우려가 없는 경우로서 금융위원회가 정하여 고시하는 경우

시장을 통한 거래에서는 상대방이 우연적으로 결정되므로 투자매매업자·투자중개업자가 투자자의 상대방이 된다고 하더라도 투자자의 이익을 침해할 가능성이 없기 때문이다. 물론 투자자의 동의가 있는 경우에는 자기계약도 허용된다고 해석된다.[65]

(3) 위반에 대한 형사책임

금융투자업자가 금융투자업자가 자기계약금지규정에 위반하여 금융투자상품을 매매한 경우에는 1년 이하의 징역 또는 3천만원 이하의 벌금에 처한다(法 446조 12호).

3. 최선집행의무

(1) 의　　의

투자매매업자·투자중개업자는 금융투자상품의 매매에 관한 투자자의 청약·주문을 최선의 거래조건으로 집행하여야 하는데(法 68조①), 이를 최선집행의무(duty of best execution)라고 한다. 금융투자업자는 신의성실의 원칙에 따라 공정하게 금융투자업을 영위하여야 하는데(法 37조①), 투자매매업자·투자중개업자에게 적용되는 최선집행의무는 이러한 추상적인 신의성실의무를 구체화한 것이라 할 수 있다.[66]

(2) 적용대상 금융투자상품

다음과 같은 매매에 관하여는 최선집행의무가 적용되지 않는다(法 68조① 단서, 令 66조의2①).

1. 증권시장에 상장되지 아니한 증권의 매매
2. 장외파생상품의 매매
3. 다음과 같은 금융투자상품 중 복수의 금융투자상품시장에서의 거래 가능성 및 투자자 보호의 필요성 등을 고려하여 총리령으로 정하는 금융투자상품의 매매[67]

---

65) 자본시장법 제67조와 같은 취지의 규정인 민법 제124조도 "대리인은 본인의 허락이 없으면 본인을 위하여 자기와 법률행위를 하거나 동일한 법률행위에 관하여 당사자쌍방을 대리하지 못한다."라고 규정한다. 다만, 민법 제124조의 '허락'이라는 용어에 비추어 자본시장법상 동의도 투자자가 자기계약의 존재를 인식하면서 명시적인 의사표시에 의하여 한 경우에만 인정해야 할 것이다.

66) 최선집행의무에 관하여는, 이영철, "개정 자본시장법상 금융투자업자의 최선집행의무에 관한 고찰", 증권법연구 제15권 제2호, 한국증권법학회(2014), 51면 이하 참조.

67) "총리령으로 정하는 금융투자상품"이란 다음과 같은 금융투자상품을 말한다(規則 7조의3).

가. 증권시장에 상장된 증권
나. 장내파생상품

(3) 최선집행기준의 내용

최선집행기준에는 다음 사항을 고려하여 최선의 거래조건으로 집행하기 위한 방법 및 그 이유 등이 포함되어야 한다(令 66조의2②).

1. 금융투자상품의 가격
2. 투자자가 매매체결과 관련하여 부담하는 수수료 및 그 밖의 비용
3. 그 밖에 청약 또는 주문의 규모 및 매매체결의 가능성 등

다만, 투자자가 청약 또는 주문의 처리에 관하여 별도의 지시를 하였을 때에는 그에 따라 최선집행기준과 달리 처리할 수 있다(令 66조의2② 단서). 따라서 투자자가 가격조건보다는 신속하고 확실한 매매를 원하는 경우 투자매매업자·투자중개업자는 그러한 지시에 따르면 된다.

(4) 최선집행기준 공표의무

투자매매업자·투자중개업자는 최선의 거래조건으로 집행하기 위한 기준("최선집행기준")을 마련하고 이를 공표해야 한다(法 68조①). 최선집행기준의 공표 또는 그 변경 사실의 공표는 다음의 모든 방법을 포함하는 방법으로 해야 한다. 이 경우 최선집행기준의 변경 사실을 공표할 때에는 그 이유를 포함해야 한다(令 66조의2③).

1. 투자매매업자 또는 투자중개업자의 본점과 지점, 그 밖의 영업소에 게시하거나 비치하여 열람에 제공하는 방법
2. 투자매매업자 또는 투자중개업자의 인터넷 홈페이지를 이용하여 공시하는 방법

(5) 청약·주문 집행방법

투자매매업자·투자중개업자는 최선집행기준에 따라 금융투자상품의 매매에 관한 청약·주문을 집행해야 한다(法 68조②). 금융투자상품시장의 다양화로 동일 거래종목이 복수의 시장에서 상이한 가격으로 거래될 수 있으므로 투자매매업자·투자중개업자가 투자자의 청약·주문을 최선의 거래조건으로 집행하도록 하기

---

1. 채무증권, 2. 지분증권(주권은 제외), 3. 수익증권, 4. 투자계약증권, 5. 파생결합증권, 6. 증권예탁증권(주권과 관련된 증권예탁증권은 제외), 7. 장내파생상품

위한 것이다.

⑹ 최선집행기준의 점검

투자매매업자·투자중개업자는 3개월마다(令 66조의2⑤). 최선집행기준의 내용을 점검해야 한다. 이 경우 최선집행기준의 내용이 청약·주문을 집행하기에 적합하지 아니한 것으로 인정되는 때에는 이를 변경하고, 그 변경 사실을 공표해야 한다(法 68조③).

⑺ 최선집행기준설명서와 최선집행보고서 교부의무

투자매매업자·투자중개업자는 금융투자상품의 매매에 관한 청약·주문을 받는 경우에는 미리 문서, 전자문서, 팩스(令 66조의2⑥)로 최선집행기준을 기재 또는 표시한 설명서를 투자자에게 교부해야 한다. 다만, 이미 해당 설명서(최선집행기준을 변경한 경우에는 변경한 내용이 기재 또는 표시된 설명서)를 교부한 경우에는 다시 교부할 필요가 없다(法 68조④). 그리고 투자매매업자·투자중개업자가 최선집행기준에 따라 투자자의 청약·주문을 집행한 후 해당 투자자가 그 청약·주문이 최선집행기준에 따라 처리되었음을 증명하는 서면 등을 요구하는 경우에는 금융위원회가 정하여 고시하는 기준과 방법에 따라 해당 투자자에게 제공해야 한다(令 66조의2④).

⑻ 위반에 대한 제재

최선집행의무 위반은 1억원 이하의 과태료부과대상이다(法 449조①28의2). 최선집행의무 위반으로 손해를 입은 투자자는 자본시장법 제64조에 의한 손해배상책임을 물을 수 있다.

4. 자기주식의 예외적 취득

투자매매업자는 투자자로부터 그 투자매매업자가 발행한 자기주식으로서 증권시장(다자간매매체결회사에서의 거래를 포함)의 매매 수량단위 미만의 주식에 대하여 매도의 청약을 받은 경우에는 이를 증권시장 밖에서 취득할 수 있다. 이 경우 취득한 자기주식은 취득일로부터 3개월(令 67조) 이내에 처분해야 한다(法 69조).

5. 임의매매의 금지

⑴ 의 의

임의매매(무단매매)는 투자매매업자·투자중개업자가 투자자나 그 대리인으로부터 금융투자상품의 매매의 청약·주문을 받지 아니하고 투자자로부터 예탁받은 재산으로 금융투자상품의 매매를 하는 것을 말하며, 이러한 임의매매는 위법성이 크므로 엄격히 금지된다(法 70조). 반대매매(마진콜에 의한 반대매매 및 장중 반대매매)는 외형상 임의매매처럼 보이지만 투자자와의 계약(약관)에 의하여 실행되는 것이므로 그 실질은 임의매매에 해당하지 않는다.

(2) 일임매매와의 구별

투자자와 투자매매업자·투자중개업자 간의 실제의 분쟁에서 일임매매[68]와 임의매매의 구별이 중요한 쟁점이 된다. 일임매매와 임의매매의 구분이 애매한 경우가 많으므로, 투자매매업자·투자중개업자 측으로서는 실제로 임의매매에 해당하더라도 일단은 일임매매를 주장하게 마련이고, 반대로 투자자로서는 실제로 일임매매였더라도 일단은 임의매매를 주장하기 마련이다. 이에 관한 일정한 기준은 설정하기 곤란하므로 결국은 구체적인 사안에 따라 결정되는데, 예컨대, 투자자가 투자매매업자·투자중개업자 직원에게 인감과 증권카드를 보관시키고 온라인 거래를 위한 ID와 Password를 가르쳐 준 경우, 또는 투자자가 거래내용을 확인하고도 즉각 해당 직원과 투자매매업자·투자중개업자 측에 이의를 제기하는 등의 조치를 취하지 않는 경우에는 일임매매에 해당할 가능성이 크고, 반면에 투자매매업자·투자중개업자 직원이 투자자에게 고지한 거래내용과 실제의 거래내용이 다르거나, 투자자가 즉각 이의를 제기한 경우에는 임의매매에 해당할 가능성이 클 것이다.[69] 일임매매와 임의매매는 투자자와 직원 간의 대화 내용에 의하여 결정되기 마련인데, 서로 자신에게 유리한 주장을 하므로 사실관계를 밝히기가 용이하지 않고,[70] 그나마 유용한 증거방법은 투자매매업자·투자중개업자에 설치된 전화통화내용에 대한 녹취록이다.[71]

68) 구 증권거래법상 일임매매는 매우 제한적으로만 허용되었고, 대부분의 분쟁은 고객과 증권회사 직원 간의 개별 약정에 의한 포괄적 일임매매의 경우에 발생하였다. 자본시장법은 구 증권거래법에서 제한적으로 허용되던 일임매매제도를 폐지하고 투자일임업으로 흡수하였다.

69) 판례는 투자자의 이의제기 시점을 중시하므로 투자자로서는 이의를 제기하는 경우 후일 재판에서 증거로 사용할 수 있는 방법에 의하여야 할 것이다. 담당직원의 상급자로부터 해결해 주겠다는 말만 듣고 이의를 제기하지 않거나(대법원 2003. 1. 10. 선고 2000다50312 판결), 담당직원이 퇴사한 후 이의를 제기한 경우(대법원 2001. 5. 15. 선고 2001다15484 판결) 등에는 임의매매가 아니라고 판시되었다.

70) 통상 증권회사 직원은 자력이 없으므로 증권회사만을 피고로 하여 소송을 제기하는데, 원고 소송대리인이 직원의 증인적격을 부인하기 위하여 직원도(나아가 그 직원의 감독자인 지점장 등을 포함하여) 공동피고로 하여 제소하는 예도 많다.

(3) 매매결과의 귀속

투자매매업자·투자중개업자가 투자자의 위탁 없이 또는 위탁계약에 따른 권한 범위를 넘는 거래를 한 경우에도 증권시장에서의 매매가 무효로 되는 것은 아니다. 그러나 투자자가 그 거래를 추인하지 않은 이상 투자자에게 그 매매의 결과를 귀속시킬 수 없다. 이 경우 투자자로서는 투자매매업자·투자중개업자에 대하여 거래를 추인하여 유효를 주장하거나, 거래가 투자자에 대하여는 무효임을 전제로 거래대금 상당액의 예탁금의 반환을 청구할 수 있다.[72] 투자자가 임의매매를 추인한 경우 종전의 임의매매가 적법, 유효한 거래로 되므로 그로 인한 손익은 모두 투자자에게 귀속된다. 투자자가 임의매매를 추인하면 임의매매에 대한 손해배상청구도 할 수 없다.[73]

(4) 위탁매수 후 무단매도

증권의 매수는 투자자의 의사에 기한 것이었지만 증권회사 직원이 이를 무단매도한 경우, 손해배상청구권에 대하여 매매거래의 결과가 투자자에게 귀속되지 않기 때문에 투자자에게는 아무런 손해도 발생하지 않고 따라서 투자자의 손해배상청구권이 인정되지 않는다는 견해도 있지만(일본 最高裁判所의 판례이기도 하다), 증권의 소유권이 투자자에게 있는 혼장임치의 성격상 투자자는 공유지분권 침해로 인한 손해배상청구권을 행사할 수 있고 따라서 투자자는 이론적으로는 손해배상청구권과 원물반환청구권을 선택적으로 행사할 수 있다. 다만 증권회사 직원이 투자자의 주식을 일정 기간 동안 수차례 위법하게 처분한 불법행위로 인하여 투자자가 입게 된 손해액은, 임의매매가 없었던 상태에 투자자가 가지고 있던 주식평가액 및 예탁금 등의 잔고와 그 이후 임의매매를 한 이후의 상태 즉 투자자가 임의매매사실을 알고 문제를 제기할 당시에 가지게 된 주식평가액 및 예탁금 등의 잔고의 차액이다.[74] 따라서, 수차례의 임의매매를 한 결과 임의매매 이전에 투자자 계좌에 남아 있던 주식과 같은 종목, 같은 수량의 주식과 조금 더 많은 액수의 예탁금이 남아 있는 경우에는 비록 해당 주식의 가격이 임의매매 이전보다 하락하였다 하더라도 가격 하락에 따른 손해는 임의매매와 관계없이 발생하는 것으로 특별한 사정이 없는 한 이를 손해액의 산정에서 고려할 수 없

71) 증권회사에 설치된 일반전화는 항상 녹음이 되고 일정 기간 보존된다.
72) 서울민사지방법원 1993. 6. 9. 선고 92가단86475 판결.
73) 대법원 2002. 10. 11. 선고 2001다59217 판결.
74) 대법원 2007. 6. 14. 선고 2004다45530 판결.

는 것이고 이러한 경우에는 투자자로서는 아무런 재산상 손해를 입었다고 할 수 없다.[75] 주가지수 선물·옵션상품의 임의매매로 인한 재산상의 손해 역시 그 포지션(선물이나 옵션의 매도 혹은 매수의 결과로 생긴 미결제 약정의 보유상태)의 평가액이 각 상품별 시장가에 의하여 산정될 수 있는 이상, 마찬가지로 임의매매 전후의 잔고의 차이가 손해이다.[76]

한편, 무단처분시의 가격이 통상의 손해이고 그 후 해당 증권 가격의 상승으로 인한 손해는 특별손해로서 만일 문제된 거래 이후 증권의 가격이 상승하였더라도 처분 당시 불법행위자가 증권의 가격이 상승할 것이라는 사정을 알았거나 알 수 있었던 경우에 한하여 손해배상책임이 인정되므로,[77] 투자자의 입장에서 이러한 사실을 입증하기 곤란한 경우에는 원물반환청구권을 행사하는 것이 유리하다. 그리고 임의매매를 원인으로 하여 투자자가 증권의 반환을 청구하였고 투자매매업자·투자중개업자가 증권을 반환하였으나 반환청구 후 실제의 반환시까지 주가가 계속해서 하락한 경우에, 투자자는 임의매매가 없었더라면 주가가 더 이상 하락하기 이전에 주식을 처분함으로써 더 많은 손해를 입는 것을 회피할 수 있었을 것이므로 투자자는 이러한 사정을 입증하여 손해를 배상받을 수 있다고 볼 수도 있지만, 임의매도 후 주가가 하락한 경우 투자자로서는 임의매도를 적극적으로 추인할 것이고 원물반환 또는 손해배상을 청구할 가능성은 거의 없으므로 논의의 실익은 크지 않다.

(5) 무단매수 후 매도위탁

투자매매업자·투자중개업자의 직원이 투자자의 계좌로 증권을 무단매수하였으나 투자자의 매도위탁에 의하여 매도한 경우에는 투자자가 무단매수에 대하여 묵시적 추인을 한 것으로 해석될 수 있다. 그러나 이 경우 묵시적 추인은 매우 제한적으로 인정하여야 할 것이다. 무권대리행위는 그 효력이 불확정 상태에 있다가 본인의 추인 유무에 따라 본인에 대한 효력발생 여부가 결정되는 것으로서, 추인은 무권대리행위가 있음을 알고 그 행위의 효과를 자기에게 귀속시키도록 하는 단독행위인바, 투자자가 임의매수를 묵시적으로 추인하였다고 하기 위하여는 자신이 처한 법적 지위를 충분히 이해하고 진의에 기하여 해당 매매의 손

75) 대법원 2000. 11. 10. 선고 98다39633 판결.
76) 대법원 2006. 2. 10. 선고 2005다57707 판결.
77) 대법원 2000. 11. 24. 선고 2000다1327 판결, 대법원 1993. 9. 28. 선고 93다26618 판결, 대법원 1995. 10. 12. 선고 94다16786 판결, 대법원 2007. 6. 14. 선고 2004다45530 판결.

실이 자기에게 귀속된다는 것을 승인하는 것으로 볼 만한 사정이 있어야 할 것이고, 나아가 임의매매를 사후에 추인한 것으로 보게 되면 그 법률효과는 모두 투자자에게 귀속되고 그 임의매매행위가 불법행위를 구성하지 않게 되어 임의매매로 인한 손해배상청구도 할 수 없게 되므로, 임의매매의 추인, 특히 묵시적 추인을 인정하려면, 투자자가 임의매매 사실을 알고도 이의를 제기하지 않고 방치하였는지 여부, 임의매수에 대해 항의하면서 곧바로 매도를 요구하였는지 아니면 직원의 설득을 받아들이는 등으로 주가가 상승하기를 기다렸는지, 임의매도로 계좌에 입금된 그 증권의 매도대금(예탁금)을 인출하였는지 또는 신용으로 임의매수한 경우 그에 따른 그 미수금을 이의 없이 변제하거나, 미수금 변제독촉에 이의를 제기하지 않았는지 여부 등의 여러 사정을 종합적으로 검토하여 신중하게 판단하여야 할 것이다.[78] 따라서, 투자자가 만일 무단매수를 추인하는 의사는 없지만 추후 법원에서의 재판과정에서 무단매수로 인정되지 않을 때에 대비하여 손해의 확대를 방지할 목적으로 매도위탁하는 것이라면 이러한 취지를 명식적으로 밝힌 후 매도위탁하는 것이 바람직하다.

(6) 업무상배임죄의 성립

임의매매 금지 규정에 위반한 자는 5년 이하의 징역 또는 2억원 이하의 벌금에 처한다(法 444조 7호). 그 외에 임의매매가 업무상배임죄에 해당하는지 여부가 문제되는데, 업무상 배임죄가 성립되기 위하여는 주관적으로 배임행위의 결과 본인에게 재산상의 손해가 발생 또는 발생될 염려가 있다는 인식과 자기 또는 제3자가 재산상의 이득을 얻는다는 인식이 있으면 족한 것이고, 본인에게 재산상의 손해를 가한다는 의사나 자기 또는 제3자에게 재산상의 이득을 얻게 하려는 목적까지는 요하지 않는다. 그런데, 투자매매업자·투자중개업자는 투자자의 예탁금을 투자자의 주문이 있은 경우에 한하여 그 거래의 결제용도로만 사용하여야 하고, 투자자의 위탁 없이 그 거래를 행하지 않아야 할 의무를 부담하며, 투자자와의 신인관계에 기하여 투자자의 재산관리의 사무를 처리하는 지위에 있는 자라고 볼 수 있다. 따라서, 투자매매업자·투자중개업자의 직원이 투자자의 동의를 얻지 않고 증권을 매매한 경우, 증권의 시세변동(매도 후 시세 상승 또는 매수 후 시세하락)으로 인하여 투자자에게 손해가 발생될 염려가 있다는 인식이 미필

78) 대법원 2002. 10. 11. 선고 2001다59217 판결, 대법원 2003. 12. 26. 선고 2003다49542 판결.

적으로나마 있었다고 할 것이고, 한편 매매거래로 인한 수수료가 발생할 것이 투자배임죄의 성립요건인 자기 또는 제3자가 재산상의 이익을 얻는다는 인식도 있다고 할 수 있으므로 투자매매업자·투자중개업자의 직원이 임의매매를 한 경우에는 특별한 사정이 없는 한 업무상 배임죄가 성립한다.[79] 다만 투자매매업자·투자중개업자의 직원이 오로지 고객의 이익을 위한다는 의사에 기하여 매매를 한 것이었다고 볼 수 있는 특별한 객관적 사정이 있다면 배임죄가 성립하지 않을 수도 있겠지만 유가증권 매매거래의 특성 및 절차상 실제의 사안에서 이러한 사정이 인정되는 경우는 거의 없을 것이다.

6. 불건전 영업행위의 금지

자본시장법 제71조는 다음과 같은 불건전 영업행위를 열거하고, 투자매매업자·투자중개업자는 이러한 행위를 하지 못한다고 규정한다. 과태료 부과대상인 제7호를 제외하고 이러한 행위를 한 자는 5년 이하의 징역 또는 2억원 이하의 벌금형에 처한다(法 444조 8호).

1. 투자자로부터 금융투자상품의 가격에 중대한 영향을 미칠 수 있는 매수·매도의 청약·주문을 받거나 받게 될 가능성이 큰 경우 이를 체결시키기 전에 그 금융투자상품을 자기의 계산으로 매수 또는 매도하거나 제3자에게 매수 또는 매도를 권유하는 행위
2. 특정 금융투자상품의 가치에 대한 주장이나 예측을 담고 있는 자료("조사분석자료")를 투자자에게 공표함에 있어서 그 조사분석자료의 내용이 사실상 확정된 때부터 공표 후 24시간이 경과하기 전까지 그 조사분석자료의 대상이 된 금융투자상품을 자기의 계산으로 매매하는 행위
3. 조사분석자료 작성을 담당하는 자에 대하여 대통령령으로 정하는 기업금융업무와 연동된 성과보수를 지급하는 행위
4. 다음과 같은 증권의 모집·매출과 관련한 계약을 체결한 날부터 그 증권이 증권시장에 최초로 상장된 후 대통령령으로 정하는 기간 이내에 그 증권에 대한 조사분석자료를 공표하거나 특정인에게 제공하는 행위
   가. 주권
   나. 대통령령으로 정하는 주권 관련 사채권
   다. 가목 또는 나목과 관련된 증권예탁증권
5. 투자권유대행인 및 투자권유자문인력이 아닌 자에게 투자권유를 하게 하는 행위

---

79) 대법원 1995. 11. 21. 선고 94도1598 판결.

6. 투자자로부터 금융투자상품에 대한 투자판단의 전부 또는 일부를 일임받아 투자자별로 구분하여 금융투자상품을 취득·처분, 그 밖의 방법으로 운용하는 행위. 다만, 투자일임업으로서 행하는 경우와 제7조 제4항에 해당하는 경우에는 이를 할 수 있다.
7. 그 밖에 투자자 보호 또는 건전한 거래질서를 해할 우려가 있는 행위로서 대통령령으로 정하는 행위

다만, 투자자 보호 및 건전한 거래질서를 해할 우려가 없는 경우로서 대통령령으로 정하는 경우에는 이를 할 수 있다(法 71조 단서). 제71조 제1호, 제2호, 제3호, 제5호 등에 관하여 시행령에 의하여 허용되는 경우는 다음과 같다(令 68조 ①).

1. 법 제71조 제1호를 적용할 때 다음과 같은 경우
   가. 투자자의 매매에 관한 청약이나 주문에 관한 정보를 이용하지 아니하였음을 증명하는 경우
   나. 증권시장(다자간매매체결회사에서의 거래 포함)과 파생상품시장 간의 가격 차이를 이용한 차익거래, 그 밖에 이에 준하는 거래로서 투자자의 정보를 의도적으로 이용하지 아니하였다는 사실이 객관적으로 명백한 경우
2. 법 제71조 제2호를 적용할 때 다음과 같은 경우
   가. 조사분석자료의 내용이 직접 또는 간접으로 특정 금융투자상품의 매매를 유도하는 것이 아닌 경우
   나. 조사분석자료의 공표로 인한 매매유발이나 가격변동을 의도적으로 이용하였다고 볼 수 없는 경우
   다. 공표된 조사분석자료의 내용을 이용하여 매매하지 아니하였음을 증명하는 경우
   라. 해당 조사분석자료가 이미 공표한 조사분석자료와 비교하여 새로운 내용을 담고 있지 아니한 경우
3. 법 제71조 제3호를 적용할 때 해당 조사분석자료가 투자자에게 공표되거나 제공되지 아니하고 금융투자업자 내부에서 업무를 수행할 목적으로 작성된 경우
4. 투자권유대행인 및 투자권유자문인력이 아닌 자에게 금적립계좌등에 대한 투자권유를 하게 하는 경우

(1) 선행매매 금지

(가) 금지행위

투자매매업자·투자중개업자는 투자자로부터 금융투자상품의 가격에 중대한 영향을 미칠 수 있는 매수 또는 매도의 청약이나 주문을 받거나 받게 될 가능성

이 큰 경우[80] 이를 체결시키기 전에 그 금융투자상품을 자기의 계산으로 매수 또는 매도하거나 제3자에게 매수 또는 매도를 권유하는 행위를 하지 못한다(法 71조 1호). 즉, 이러한 선행매매(front running)가 금지되는 결과 위탁매매를 자기매매보다 우선하여 행해야 한다.[81]

금융투자상품의 시장가격에 중대한 영향을 미칠 것으로 예상되는 투자자의 매매주문을 위탁받고 이를 시장에 공개하기 전에 해당 주문에 관한 정보를 제3자에게 제공하는 행위도 금지된다. 다만, i) 정보의 제공이 당해 매매주문의 원활한 체결을 위한 것이고, ii) 정보를 제공받는 자가 예상되는 가격변동을 이용한 매매를 하지 아니하거나 주문정보를 다른 제3자에게 전달하지 아니할 것이라고 믿을 수 있는 합리적 근거가 있으며, iii) 매매주문을 위탁한 투자자에 관한 일체의 정보제공이 없다는 요건을 모두 충족하는 정보제공행위는 금지되지 않는다(금융투자업규정 4-20조①4).

㈏ 예외적 허용

선행매매가 시행령에 의하여 허용되는 경우는, ⅰ) 투자자의 매매에 관한 청약이나 주문에 관한 정보를 이용하지 아니하였음을 증명하는 경우, ⅱ) 증권시장(다자간매매체결회사에서의 거래 포함)과 파생상품시장 간의 가격 차이를 이용한 차익거래, 그 밖에 이에 준하는 거래로서 투자자의 정보를 의도적으로 이용하지 아니하였다는 사실이 객관적으로 명백한 경우이다(令 68조①2).

⑵ 조사분석자료 공표 전 매매거래의 금지

㈎ 금지행위

투자매매업자·투자중개업자는 특정 금융투자상품의 가치에 대한 주장이나 예측을 담고 있는 자료("조사분석자료")를 투자자에게 공표함에 있어서 그 조사분석자료의 내용이 사실상 확정된 때부터 공표 후 24시간이 경과하기 전까지 그 조사분석자료의 대상이 된 금융투자상품을 자기의 계산으로 매매하는 행위를 하지 못한다(法 71조 2호).[82][83][84]

---

80) 종래의 증권업감독규정은 "주문을 위탁받게 될 것이 확실한 경우"라고 규정하였는데, 자본시장법이 규정하는 "주문을 받거나 받게 될 가능성이 큰 경우"는 이보다는 넓은 개념으로 볼 수 있다.

81) 금융투자업자의 공통영업행위규제 중 직무상 알게 된 정보로서 외부에 공개되지 아니한 정보를 정당한 사유 없이 자기 또는 제3자의 이익을 위하여 이용하지 못한다는 규정(法 54조)이 있는데, 제71조 제1호는 제54조에 의한 의무를 투자매매업자·투자중개업자에 대하여 보다 구체화한 것이라 할 수 있다.

(나) 예외적 허용

조사분석자료 공표 전 매매거래가 시행령에 의하여 허용되는 경우는, i) 조사분석자료의 내용이 직접 또는 간접으로 특정 금융투자상품의 매매를 유도하는 것이 아닌 경우, ii) 조사분석자료의 공표로 인한 매매유발이나 가격변동을 의도적으로 이용하였다고 볼 수 없는 경우, iii) 공표된 조사분석자료의 내용을 이용하여 매매하지 아니하였음을 증명하는 경우, iv) 해당 조사분석자료가 이미 공표한 조사분석자료와 비교하여 새로운 내용을 담고 있지 아니한 경우이다(令 68조①2).

(3) 조사분석자료 담당자에 대한 성과보수 지급 금지

(가) 금지행위

투자매매업자·투자중개업자는 조사분석자료 작성을 담당하는 자[85]에 대하

---

82) [(금융투자협회) 금융투자회사의 영업 및 업무에 관한 규정 제2-25조(용어의 정의)]
이 장에서 사용하는 용어의 정의는 다음 각 호와 같다.
1. "조사분석자료"란 금융투자회사의 명의로 공표되는 것으로 특정 금융투자상품(집합투자증권은 제외한다)의 가치에 대한 주장이나 예측을 담고 있는 자료를 말한다.
2. "금융투자분석사"란 금융투자회사 임직원으로서 조사분석자료의 작성, 심사 및 승인 등의 업무를 수행하는 자로 전문인력규정 제2-3조에 따라 협회에 등록된 금융투자전문인력을 말한다.
3. "조사분석 담당부서"란 명칭에 관계없이 조사분석자료의 작성, 심사 및 승인 등의 업무를 수행하는 부서를 말한다.
4. "공표"란 조사분석자료의 내용을 다수의 일반인이 인지할 수 있도록 금융투자회사 또는 조사분석 담당부서가 공식적인 내부절차를 거쳐 발표(언론기관 배포·인터넷 게재·영업점비치·영업직원에 대한 통보·전자통신수단에 의한 통지 등 포함)하는 행위를 말한다.

83) 금융투자업규정도 조사분석자료의 작성 및 공표와 관련한 다음과 같은 행위를 금지한다(금융투자업규정 4-20조①6).
가. 조사분석자료를 일반인에게 공표하기 전에 조사분석자료 또는 조사분석자료의 주된 내용을 제3자(나목의 조사분석자료 작성업무에 관여한 자를 제외한다)에게 먼저 제공한 경우 당해 조사분석자료를 일반인에게 공표할 때에는 이를 제3자에게 먼저 제공하였다는 사실과 최초의 제공시점을 함께 공표하지 않는 행위
나. 조사분석자료의 작성업무에 관여한 계열회사, 계열회사의 임직원, 그 밖에 이에 준하는 자가 있는 경우 사전에 그 자에 대하여 자본시장법 제71조 제2호에 따른 매매거래를 하지 아니하도록 요구하지 않는 행위
다. 나목의 요구를 하였으나 이에 응하지 않을 경우 조사분석자료의 작성과정에 관여하지 못하도록 하는 등 필요한 적절한 조치를 취하지 않는 행위

84) 미국에서도 투자자문업자가 조사분석자료에 의한 매수추천 전에 해당 증권을 먼저 매수하거나 매도추천 전에 해당 증권을 먼저 매도함으로써 이익을 얻은 행위를 scalping이라 하는데, IAA §206에 의하여 금지된다. scalping 규제와 관련된 S.E.C. v. Capital Gains Research Bureau, Inc., 375 U.S. 180 (1963) 판결에서 연방대법원은 "SEC가 등록한 투자자문업자로 하여금 고객에게 장기투자를 위하여 매수추천을 한 증권을 그 추천 직전에 자신의 고유계정으로 매수하고 추천 후 시장가격 상승시 즉시 매도하여 차익을 실현하는 거래관행을 고객에게 공개하도록 강제하는 금지명령을 얻을 수 있다."라고 판시하였다.

여 다음과 같은 기업금융업무(令 68조②)와 연동된 성과보수를 지급하는 행위를 하지 못한다(法 71조 3호).

1. 인수업무
2. 모집·사모·매출의 주선업무
3. 기업의 인수 및 합병의 중개·주선·대리업무
4. 기업의 인수·합병에 관한 조언업무

4의2. 설비투자, 사회간접자본 시설투자, 자원개발, 그 밖에 상당한 기간과 자금이 소요되는 프로젝트를 수주(受注)한 기업을 위하여 사업화 단계부터 특수목적기구(특정 프로젝트를 사업으로 운영하고 그 수익을 주주 등에게 배분하는 목적으로 설립된 회사, 그 밖의 기구)에 대하여 신용공여, 출자, 그 밖의 자금지원("프로젝트금융")을 하는 자금조달구조를 수립하는 등 해당 사업을 지원하는 프로젝트금융에 관한 자문업무

4의3. 프로젝트금융을 제공하려는 금융기관 등을 모아 일시적인 단체를 구성하고 자금지원조건을 협의하는 등 해당 금융기관 등을 위한 프로젝트금융의 주선업무

4의4. 4호의2에 따른 자문업무 또는 4호의3에 따른 주선업무에 수반하여 이루어지는 프로젝트금융

5. 사모집합투자기구의 집합투자재산 운용업무(법 제249조의7 제5항 각 호의 방법으로 운용하는 경우로 한정한다)

(나) 예외적 허용

해당 조사분석자료가 투자자에게 공표되거나 제공되지 아니하고 금융투자업자 내부에서 업무를 수행할 목적으로 작성된 경우에는 조사분석자료 담당자에 대한 성과보수 지급이 허용된다(令 68조①3).

(4) 증권의 인수업무와 관련한 조사분석자료의 공표·제공 금지

(가) 금지기간

투자매매업자·투자중개업자는 "ⅰ) 주권, ⅱ) 주권 관련 사채권[令 68조④ : 전환사채권, 신주인수권부사채권, 교환사채권(주권, 전환사채권 또는 신주인수권부사채권과 교환을 청구할 수 있는 교환사채권만 해당한다), 전환형 조건부자본증권], ⅲ) 이와 관련된 증권예탁증권"의 모집·매출과 관련한 계약을 체결한 날부터[86] 그 증권이 증권시장에 최초로 상장된 후 40일(令 68조③) 이내에 그 증권에 대한 조사

---

85) 금융투자협회의 금융투자회사의 영업 및 업무에 관한 규정에서는 이를 금융투자분석사라고 표현한다(협회 규정 2-25조 2호).

86) 따라서 계약이 해지된 경우에는 규제가 적용되지 않는다.

분석자료를 공표하거나 특정인에게 제공하는 행위는 금지된다(法 71조 4호).[87]

㈏ IPO가 아닌 경우

"최초로 상장된 후에" 조사분석자료의 공표, 제공행위가 금지되므로, 상장 후 유상증자 과정에서 인수인으로 참여한 경우에는 조사분석자료의 공표와 특정인에 대한 제공이 허용된다.

⑸ 부적격자에 의한 투자권유대행 금지

투자매매업자·투자중개업자는 투자권유대행인 및 투자권유자문인력이 아닌 자에게 투자권유를 하게 하지 못한다(法 71조 5호). 다만, 투자권유대행인 및 투자권유자문인력이 아닌 자에게 금적립계좌등에 대한 투자권유를 하게 하는 경우는 허용된다(슈 68조①4).

⑹ 일임매매 금지

㈎ 구 증권거래법

구 증권거래법은 증권회사가 고객으로부터 유가증권의 매매거래에 관한 위탁을 받은 경우 그 "수량, 가격 및 매매의 시기에 한하여" 그 결정을 일임받아 매매거래를 할 수 있고, 이 경우 그 "유가증권의 종류, 종목 및 매매의 구분과 방법"에 관하여는 고객의 결정이 있어야 한다고 규정함으로써 일임매매를 제한적으로 허용하였다(證法 107조). 다만, 실제로는 유가증권의 종류, 종목 및 매매의 구분과 방법에 관하여도 일임을 받아 매매거래를 하는 경우가 많고 이에 따른 분쟁도 많았다.

㈏ 자본시장법

투자매매업자·투자중개업자는 투자자로부터 금융투자상품에 대한 투자판단의 전부 또는 일부를 일임받아 투자자별로 구분하여 금융투자상품을 취득·처분, 그 밖의 방법으로 운용하는 행위를 하지 못한다(法 71조 6호). 즉, 자본시장법은 일임매매를 원칙적으로 금지한다.[88]

---

87) 다만, 금융투자협회의 금융투자회사의 영업 및 업무에 관한 규정 제2-29조 제2항은 금융투자회사는 자신이 증권시장에 주권을 최초로 상장하기 위한 대표주관업무를 수행한 법인으로 상장일부터 1년이 경과하지 아니한 법인(제5호)이 발행한 금융투자상품과 해당 법인이 발행한 주식을 기초자산으로 하는 주식선물·주식옵션·주식워런트증권에 대한 조사분석자료를 공표하거나 특정인에게 제공하는 경우 자신과의 이해관계를 조사분석자료에 명시해야 한다고 규정한다.

88) 다만, 자본시장법 제71조 제6호 단서는 "투자일임업으로서 행하는 경우"와 "제7조 제4항에 해당하는 경우"에는 일임매매를 할 수 있다고 규정하고, 제7조 제4항은 "투자중개업자가 투

(다) 사법(私法)상 효력

대법원은 구 증권거래법에서 허용되지 않는 일임매매의 경우에도 사법상 효력에 대해서 일관되게 유효한 것으로 보았다.[89] 나아가 증권회사 직원이 일임매매 계좌를 불법행위인 시세조종행위에 이용하였다 하더라도 그 매매로 인한 일체의 권리관계는 계좌주인 고객에게 귀속된다는 입장이다.[90] 자본시장법은 일임매매를 제한적으로 허용하던 구 증권거래법과 달리 일임매매를 원칙적으로 금지하고 있지만, 투자자와 금융투자업자의 직원 간에 일임매매약정을 하여 일임매매를 하는 경우 금융투자업자가 불건전 영업행위를 금지하는 위 제71조를 위반한 것으로 되어 소정의 제재를 받게 될 뿐이고, 당사자 간의 일임매매약정의 사법(私法)상 효력에는 아무런 영향이 없다고 보아야 한다.[91]

(라) 일임매매와 손해배상책임

1) 일임매매와 과당매매 투자자와 증권회사 간에 일임매매와 관련된 분쟁이 발생하는 것은 대부분 과당매매에 관한 것이다. 일임매매약정을 한 계좌를 관리하는 증권회사 직원이 약정고를 높이기 위하여 과당매매를 하기 마련이기 때문이다. 구증권거래법 하의 포괄적 일임매매의 경우 충실의무 또는 보호의무위반의 문제로 보아 손해배상청구권을 인정하는 것이 판례의 확립된 입장이다.[92] 자본시장법상 예외적으로 허용되는 일임매매의 경우에도 같은 법리가 적용될 것이다.

2) 충실의무와 보호의무 금융투자업자가 일임매매약정을 하였음을 기화로 그 직원이 충실의무나 보호의무를 위반하여 투자자의 이익을 무시하고 회사의 영업실적만을 증대시키기 위하여 무리하게 빈번한 회전매매를 함으로써 투자

자자의 매매주문을 받아 이를 처리하는 과정에서 금융투자상품에 대한 투자판단의 전부 또는 일부를 일임 받을 필요가 있는 경우로서 대통령령으로 정하는 경우에는 투자일임업으로 보지 아니한다."라고 규정한다. "대통령령으로 정하는 경우"란 투자중개업자가 따로 대가 없이 금융투자상품에 대한 투자판단의 전부나 일부를 일임받는 몇 가지 경우인데, [제1편 제2장 제3절 II. 4. 투자자문업과 투자일임업] 부분 참조.

89) 대법원 2002. 3. 29. 선고 2001다49128 판결, 대법원 2005. 10. 7. 선고 2005다11541 판결.

90) 대법원 2002. 12. 26. 선고 2000다23440, 23457 판결.

91) 자본시장법이 적용된 사안에서 많은 하급심이 대법원 2005. 10. 7. 선고 2005다11541 판결을 인용하고 있다(서울중앙지방법원 2022. 12. 13. 선고 2022나48716 판결, 서울고등법원 2022. 5. 12. 선고 2021나2042277 판결, 서울고등법원 2021. 12. 22. 선고 2021나2014685 판결, 서울남부지방법원 2021. 1. 21. 선고 2019가합102087 판결, 대구지방법원 2019. 11. 22. 선고 2019가단100896 판결 등).

92) 대법원 1996. 8. 23. 선고 94다38199 판결.

자에게 손해를 입힌 경우에는 과당매매행위로서 불법행위가 성립된다.93)

3) 과당매매의 판단기준　과당매매행위를 한 것인지의 여부는 고객계좌에 대한 증권회사의 지배 여부, 주식매매의 동기 및 경위, 거래기간과 매매횟수 및 양자의 비율, 매입주식의 평균적 보유기간, 매매주식 중 단기매매가 차지하는 비율, 동일주식의 매입·매도를 반복한 것인지의 여부, 수수료 등 비용을 공제한 후의 이익 여부, 운용액 및 운용기간에 비추어 본 수수료액의 과다 여부, 손해액에서 수수료가 차지하는 비율, 단기매매가 많이 이루어져야 할 특별한 사정이 있는지의 여부 등 제반사정을 참작하여 주식매매의 반복이 전문가로서의 합리적인 선택이라고 볼 수 있는지의 여부를 기준으로 판단해야 한다.94)

4) 손해배상책임의 범위　대법원은 불법행위로 인한 손해배상책임의 범위에 대하여 종래에 일관되게 차액설을 취하여 왔다. 차액설에 의하면 불법행위로 인한 재산상의 손해는 위법한 가해행위로 인하여 발생한 재산상의 불이익이고, 과당매매의 경우 과당매매가 없었더라면 존재하였을 재산상태와 과당매매가 종료된 이후의 재산상태의 차이가 손해로 된다. 한편, 정상거래분을 제외한 순수한 과당매매분(원고의 거래회전율에서 상장주식의 연평균 거래회전율을 공제하여 과당매매비율을 산정하고, 해당 기간 중 종합주가지수의 하락분도 제외)으로 손해를 산정한 판례도 있고,95) 과당매매가 없었더라도 어느 정도의 손실을 피할 수 없었으리라는 사정 등을 적절히 참작하여 합리적인 범위 내에서 책임을 감경한 판례도 있다.96)

(7) 기　타

투자매매업자·투자중개업자는 그 밖에 투자자 보호 또는 건전한 거래질서를 해할 우려가 있는 행위로서 다음과 같은 행위를 하지 못한다(法 71조 7호, 令 68조⑤). 형사처벌대상인 제1호부터 제6호 위반행위자와 달리 제7호 위반행위자는 과태료 부과대상이다.97)

---

93) 대법원 2007. 7. 12. 선고 2006다53344 판결, 대법원 2006. 2. 9. 선고 2005다63634 판결. "회사의 영업실적만을 증대시키기 위하여"라는 요건을 설시한 판례도 있으나(대법원 1997. 10. 24. 선고 97다24603 판결), 이를 요건으로 하지 않은 판례도 있다(대법원 2007. 4. 12. 선고 2004다38907 판결).

94) 대법원 2007. 4. 12. 선고 2004다4980 판결, 대법원 1997. 10. 24. 선고 97다24603 판결.

95) 서울고등법원 2003. 12. 9. 선고 2003다15527 판결.

96) 대법원 2007. 4. 12. 선고 2004다4980 판결

97) 제449조 제29호는 "제71조(제7호에 한한다) ... 를 위반하여 각 해당 조항의 해당 호에 해

1. 일반투자자와 같은 대우를 받겠다는(法 9조⑤ 단서) 전문투자자[일반투자자로의 전환이 인정되지 않는 전문투자자(令 10조①)는 제외]의 요구에 정당한 사유 없이 동의하지 않는 행위

1의2. 시행령 제10조 제3항 제17호 가목에 따른 서류를 제출한 이후에는 전문투자자와 같은 대우를 받지 않겠다는 의사를 표시하기 전까지는 전문투자자로 대우받는다는 사실을 일반투자자에게 설명하지 않고 서류를 제출받는 행위

1의3. 시행령 제10조 제3항 제17호에 따른 요건을 갖추지 못했음을 알고도 전문투자자로 대우하는 행위

2. 일반투자자의 투자목적, 재산상황 및 투자경험 등을 고려하지 아니하고 일반투자자에게 지나치게 자주 투자권유를 하는 행위

2의2. 개인인 일반투자자 중 「금융소비자 보호에 관한 법률」 제17조 제2항 또는 제18조 제1항에 따라 투자목적 · 재산상황 및 투자경험 등의 정보를 파악한 결과 판매 상품이 적합하지 않거나 적정하지 않다고 판단되는 사람 또는 65세 이상인 사람을 대상으로 금융투자상품(투자자 보호 및 건전한 거래질서를 해칠 우려가 없는 것으로서 금융위원회가 정하여 고시하는 금융투자상품[98]은 제외)을 판매하는 경우 다음 각 목의 어느 하나에 해당하는 행위

가. 판매과정을 녹취하지 않거나 투자자의 요청에도 불구하고 녹취된 파일을 제공하지 않는 행위

나. 투자자에게 권유한 금융투자상품의 판매과정에서 금융투자상품의 매매에 관한 청약 또는 주문(이하 "청약등"이라 한다)을 철회할 수 있는 기간(이하 이 호에서 "숙려기간"이라 한다)에 대해 안내하지 않는 행위

다. 투자권유를 받고 금융투자상품의 청약등을 한 투자자에게 2영업일 이상의 숙

당하는 행위를 한 자"를 5천만원 이하의 과태료 부과대상으로 규정한다. 그리고 금융투자업자가 금융관련 법령 위반으로 각종 제재조치(자본시장법 제420조 제3항)를 받는 사유 중, 시행령 제373조 제1항 제5호는 "제71조(제7호는 제외한다)를 위반하여 같은 조 각 호의 어느 하나에 해당하는 행위를 한 경우"를 제재조치 사유로 규정하므로, 제7호 위반은 제재 대상에서 제외된다.

98) [금융투자업규정 4-20조의2 (녹취의무 · 숙려기간 부여의 예외)]

① 영 제68조 제5항 제2호의2에서 "금융위원회가 정하여 고시하는 금융투자상품"이란 다음 각 호의 따른 상품을 제외한 상품(제2항에 따른 상품을 포함한다)을 말한다.

1. 영 제68조 제5항 제2호의2 가목, 라목부터 바목의 경우 : 「금융소비자 보호에 관한 법률 시행령」 제12조 제1항 제2호에 해당하는 투자성 상품[거래소시장, 해외증권시장, 해외파생상품시장에 상장되어 거래(투자자가 해당 시장에서 직접 매매하는 경우로 한정한다)되는 상품을 제외하며, 이하, 이 항에서 "투자성 상품"이라 한다.]

2. 영 제68조 제5항 제2호의2 나목 및 다목의 경우 : 투자성 상품으로서, 투자권유(금융투자상품의 안내·추천·소개 및 설명, 투자자 정보 파악, 상품의 가격 제시, 청약의 접수 및 승낙 등 금융투자상품의 판매를 목적으로 투자자를 상대로 수행하는 행위를 말하며, 영 제99조 제4항 제1호의2의 나목 및 다목과 제109조 제3항 제1호의2 나목 및 다목에서의 권유를 포함한다)를 통해 판매한 상품

려기간을 부여하지 않는 행위

라. 숙려기간 동안 투자자에게 투자에 따르는 위험, 투자원금의 손실가능성, 최대 원금손실 가능금액 및 그 밖에 금융위원회가 정하여 고시하는 사항을 고지하지 않거나 청약등을 집행하는 행위

마. 숙려기간이 지난 후 서명, 기명날인, 녹취 또는 그 밖에 금융위원회가 정하여 고시하는 방법[99]으로 금융투자상품의 매매에 관한 청약등의 의사가 확정적임을 확인하지 않고 청약등을 집행하는 행위

바. 청약등을 집행할 목적으로 투자자에게 그 청약등의 의사가 확정적임을 표시해 줄 것을 권유하거나 강요하는 행위

2의3. 고난도금융투자상품[100](투자자 보호 및 건전한 거래질서를 해칠 우려가 없는 것으로서 금융위원회가 정하여 고시하는 고난도금융투자상품은 제외)을 판매하는 경우 다음 각 목의 어느 하나에 해당하는 행위

가. 개인인 일반투자자를 대상으로 하는 제2호의2 각 목의 어느 하나에 해당하는 행위

나. 개인인 투자자에게 고난도금융투자상품의 내용, 투자에 따르는 위험 및 그 밖에 금융위원회가 정하여 고시하는 사항[101]을 해당 투자자가 쉽게 이해할 수 있도록 요약한 설명서를 내어 주지 않는 행위. 다만, 다음의 어느 하나에 해당하는 경우는 제외한다.

1) 투자자가 해당 설명서를 받지 않겠다는 의사를 서면, 전신, 전화, 팩스, 전자우편 또는 그 밖에 금융위원회가 정하여 고시하는 방법으로 표시한 경우

2) 집합투자증권의 판매 시 간이투자설명서(法 124조②3) 또는 핵심상품설명서(法 249조의4② 전단)를 교부한 경우

3. 투자자(투자자가 법인, 그 밖의 단체인 경우에는 그 임직원 포함) 또는 거래상대방(거래상대방이 법인, 그 밖의 단체인 경우에는 그 임직원 포함) 등에게 업무와 관련하여 금융위원회가 정하여 고시하는 기준(금융투자업규정 4-18조)을 위반하여 직접 또는 간접으로 재산상의 이익을 제공하거나 이들로부터 재산상의 이익을

---

99) [금융투자업규정 4-20조의3 (청약등 의사 확인방법)] 영 제68조 제5항 제2호의2 마목, 제99조 제4항 제1호의2 마목, 제109조 제3항 제1호의2 마목에서 "그 밖에 금융위원회가 정하여 고시하는 방법"이란 다음 각 호의 어느 하나에 해당하는 방법을 말한다.

1. 전자우편, 그 밖에 이와 비슷한 전자통신을 통해 회신받는 방법
2. 우편
3. 전화자동응답시스템을 통해 투자자의 의사를 확인하는 방법

100) 고난도금융투자상품에 대하여는 [제1편 제2장 제1절 금융투자상품의 개념] 참조.

101) [금융투자업규정 4-20조의2 (녹취의무·숙려기간 부여의 예외)]

③ 영 제68조 제5항 제2호의3나목에서 "그 밖에 금융위원회가 정하여 고시하는 사항"이란 다음 각 호와 같다.

1. 해당 상품의 특성과 손실위험에 대한 시나리오 분석결과
2. 해당 상품 목표시장의 내용 및 설정 근거

제공받는 행위

4. 증권의 인수업무 또는 모집·사모·매출의 주선업무와 관련하여 다음과 같은 행위
   가. 발행인이 증권신고서(法 122조 제1항에 따른 정정신고서와 첨부서류 포함)와 투자설명서[예비투자설명서(法 124조②2) 및 간이투자설명서(法 124조②3) 포함) 중 중요사항에 관하여 거짓의 기재 또는 표시를 하거나 중요사항을 기재 또는 표시하지 않는 것을 방지하는 데 필요한 적절한 주의를 기울이지 않는 행위[102]
   나. 증권의 발행인·매출인 또는 그 특수관계인에게 증권의 인수를 대가로 모집·사모·매출 후 그 증권을 매수할 것을 사전에 요구하거나 약속하는 행위
   다. 인수(모집·사모·매출의 주선 포함)하는 증권의 배정을 대가로 그 증권을 배정받은 자로부터 그 증권의 투자로 인하여 발생하는 재산상의 이익을 직접 또는 간접으로 분배받거나 그 자에게 그 증권의 추가적인 매수를 요구하는 행위
   라. 인수하는 증권의 청약자에게 증권을 정당한 사유 없이 차별하여 배정하는 행위
   마. 그 밖에 투자자의 보호나 건전한 거래질서를 해칠 염려가 있는 행위로서 금융위원회가 정하여 고시하는 행위(금융투자업규정 4－19조)

4의2. 주권을 상장하지 않은 증권시장에 주권을 상장하기 위한 모집·매출과 관련하여 이루어지는 다음 각 목의 행위
   가. 증권금융회사를 통해 청약자의 중복청약(투자매매업자 또는 투자중개업자에게 청약한 이후에 다른 투자매매업자 또는 투자중개업자에게 추가로 청약하는 행위를 말하며, 법 제165조의6제4항 제4호에 따른 청약은 제외한다.) 여부를 확인하지 않는 행위
   나. 청약자의 중복청약 사실을 확인했음에도 불구하고 해당 청약자에게 주식을 배정(최초로 청약을 받은 투자매매업자 또는 투자중개업자가 배정하는 경우는 제외한다)하는 행위

5. 금융투자상품의 가치에 중대한 영향을 미치는 사항을 미리 알고 있으면서 이를 투자자에게 알리지 아니하고 해당 금융투자상품의 매수나 매도를 권유하여 해당 금융투자상품을 매도하거나 매수하는 행위
6. 투자자가 자본시장법 제174조·제176조·제178조를 위반하여 매매, 그 밖의 거래를 하려는 것을 알고 그 매매, 그 밖의 거래를 위탁받는 행위
7. 금융투자상품의 매매, 그 밖의 거래와 관련하여 투자자의 위법한 거래를 감추어 주기 위하여 부정한 방법을 사용하는 행위
8. 금융투자상품의 매매, 그 밖의 거래와 관련하여 결제가 이행되지 아니할 것이 명백하다고 판단되는 경우임에도 정당한 사유 없이 그 매매, 그 밖의 거래를 위탁받는 행위

102) 가목은 투자매매업자·투자중개업자의 "상당한 주의의 항변"과 관련된다("상당한 주의의 항변"에 관하여는 후술함).

9. 투자자에게 해당 투자매매업자·투자중개업자가 발행한 자기주식의 매매를 권유하는 행위
10. 투자자로부터 집합투자증권(증권시장에 상장된 집합투자증권 제외)을 매수하거나 그 중개·주선 또는 대리하는 행위. 다만, 자본시장법 제235조 제6항 단서에 따라 매수하는 경우는 제외한다.
11. 손실보전 등의 금지(法 55조) 및 불건전 영업행위의 금지(法 71조)에 따른 금지 또는 제한을 회피할 목적으로 하는 행위로서 장외파생상품거래, 신탁계약, 연계거래 등을 이용하는 행위
12. 채권자로서 그 권리를 담보하기 위하여 백지수표나 백지어음을 받는 행위
12의2. 집합투자업자와의 이면계약 등에 따라 집합투자업자에게 집합투자재산의 운용에 관한 명령·지시·요청 등을 하는 행위
13. 집합투자증권의 판매업무와 집합투자증권의 판매업무 외의 업무를 연계하여 정당한 사유 없이 고객을 차별하는 행위
13의2. 종합금융투자사업자가 제77조의6 제2항을 위반하여 같은 조 제1항 제2호에 따른 단기금융업무를 하는 행위
13의3. 종합금융투자사업자가 제77조의6 제3항을 위반하여 같은 조 제1항 제3호에 따른 종합투자계좌업무를 하는 행위
13의4. 법 제117조의10 제4항 단서에 따라 온라인소액증권발행인이 정정 게재를 하는 경우 온라인소액투자중개업자가 정정 게재 전 해당 증권의 청약의 의사를 표시한 투자자에게 다음 각 목의 행위를 하지 않는 행위
  가. 정정 게재 사실의 통지
  나. 제118조의9 제1항 각 호의 어느 하나에 해당하는 방법을 통한 투자자 청약 의사의 재확인(제130조 제1항 제1호 가목에 따른 모집가액 또는 매출가액이 증액되거나 같은 호 나목에 따른 사항이 변경됨에 따라 정정 게재를 하는 경우는 제외한다)
13의5. 법 제117조의10 제6항 제2호에 따른 투자자가 온라인소액투자중개의 방법을 통하여 증권을 청약하려는 경우 온라인소액투자중개업자가 해당 투자자에게 투자에 따르는 위험 등에 대하여 이해했는지 여부를 질문을 통하여 확인하지 않거나, 확인한 결과 투자자에게 온라인소액투자중개의 방법을 통한 투자가 적합하지 않음에도 청약의 의사표시를 받는 행위
13의6. 청약금액이 모집예정금액에 100분의 80(슈 118조의16⑤)을 곱한 금액을 초과하여 증권의 발행이 가능한 요건이 충족되었음에도 온라인소액투자중개업자가 해당 사실을 청약자에게 통지하지 않는 행위
14. 그 밖에 투자자의 보호나 건전한 거래질서를 해칠 염려가 있는 행위로서 금융위원회가 정하여 고시하는 행위[103]

103) [금융투자업규정 4-20조 (불건전 영업행위의 금지)]
① 영 제68조 제5항 제14호에서 "금융위원회가 정하여 고시하는 행위"란 다음 각 호의 어느 하나에 해당하는 행위를 말한다.
1. 경쟁을 제한할 목적으로 다른 투자매매업자 또는 투자중개업자와 사전에 협의하여 금융투자상품의 매매호가, 매매가격, 매매조건 또는 수수료 등을 정하는 행위
2. 다른 투자매매업자 또는 투자중개업자에 대하여 금융투자상품의 매매호가, 매매가격, 매매조건 또는 수수료 등의 변경을 요구하거나 직접 또는 간접으로 이를 강요하는 행위
3. 투자자의 거래가 탈세의 수단으로 하는 행위라는 사실을 알면서도 이를 지원하거나 알선하는 행위
4. 금융투자상품의 시장가격에 중대한 영향을 미칠 것으로 예상되는 투자자의 매매주문을 위탁받고 이를 시장에 공개하기 전에 당해 주문에 관한 정보를 제3자에게 제공하는 행위. 다만, 다음 각 목의 요건을 모두 충족하는 정보제공행위는 제외한다.
가. 정보의 제공이 당해 매매주문의 원활한 체결을 위한 것일 것
나. 정보를 제공받는 자가 예상되는 가격변동을 이용한 매매를 하지 아니하거나 주문정보를 다른 제3자에게 전달하지 아니할 것이라고 믿을 수 있는 합리적 근거가 있을 것
다. 매매주문을 위탁한 투자자에 관한 일체의 정보제공이 없을 것
5. 투자권유와 관련하여 다음 각 목의 어느 하나에 해당하는 행위
가. 일반투자자를 대상으로 빈번한 금융투자상품의 매매거래 또는 과도한 규모의 금융투자상품의 매매거래를 권유하는 행위. 이 경우 특정거래가 빈번한 거래인지 또는 과도한 거래인지 여부는 다음의 사항을 감안하여 판단한다.
(1) 일반투자자가 부담하는 수수료의 총액
(2) 일반투자자의 재산상태 및 투자목적에 적합한지 여부
(3) 일반투자자의 투자지식이나 경험에 비추어 당해 거래에 수반되는 위험을 잘 이해하고 있는지 여부
(4) 개별 매매거래시 권유내용의 타당성 여부
나. 투자자를 거래상대방으로 하여 매매하는 경우 외에 증권시장 등에서 자기계산에 따라 금융투자상품 매매를 유리하게 또는 원활히 할 목적으로 투자자에게 특정 금융투자상품의 매매를 권유하는 행위
다. 신뢰할 만한 정보·이론 또는 논리적인 분석·추론 및 예측 등 적절하고 합리적인 근거를 가지고 있지 아니하고 특정 금융투자상품의 매매거래나 특정한 매매전략·기법 또는 특정한 재산운용배분의 전략·기법을 채택하도록 투자자에게 권유하는 행위
라. 다음의 어느 하나에 해당하는 일반투자자 외의 일반투자자에게 투자권유를 함에 있어 법 제46조 제2항 및 제3항을 위반하는 행위
(1) 단기금융집합투자기구의 집합투자증권, 국채증권, 지방채증권, 특수채증권, 그 밖에 이에 준하는 것으로서 위험이 높지 않은 증권만을 거래하는 투자자
(2) 투자매매업자 또는 투자중개업자가 법 제46조 제2항 및 제3항에 따른 의무를 부담하지 아니하여도 무방하다는 의사를 서면 또는 전자통신 등의 방법으로 명확하게 표시한 투자자
(3) 투자매매업자 또는 투자중개업자가 투자자에게 투자자정보를 제공하지 아니하면 보호를 받을 수 없다는 점을 통지하였음에도 불구하고 자신의 정보를 제공하지 않겠다는 의사를 서면으로 제출한 투자자. 다만, 당해 투자자가 그 투자자정보 중 일부만을 제공한 경우에는 그 제공된 정보의 범위내에서 법 제46조 제2항 및 제3항을 적용한다.
마. 라목(3) 본문에 해당하는 일반투자자를 상대로 다음의 어느 하나에 해당하는 증권

투자나 거래를 권유하는 행위
(1) 증권시장에 상장되어 있지 아니한 증권으로서 향후 상장이 확정되지 아니한 증권
(2) 증권시장에서 투자경고종목·투자위험종목·관리종목으로 지정된 증권
(3) 투자적격 등급에 미치지 아니하거나 신용등급을 받지 아니한 사채권, 자산유동화증권, 기업어음증권 및 이에 준하는 고위험 채무증권
(4) 신용거래 및 투자자예탁재산규모에 비추어 결제가 곤란한 증권거래
(5) 파생상품(파생결합증권 및 법 제93조에서 정한 집합투자기구의 집합투자증권 포함)거래

바. 해당 영업에서 발생하는 통상적인 이해가 아닌 다른 특별한 사유(인수계약체결, 지급보증의 제공, 대출채권의 보유, 계열회사 관계 또는 자기가 수행 중인 기업인수 및 합병 업무대상, 발행주식총수의 1% 이상 보유 등)로 그 금융투자상품의 가격이나 매매와 중대한 이해관계를 갖게 되는 경우에 그 내용을 사전에 일반투자자에게 알리지 아니하고 특정 금융투자상품의 매매를 권유하는 행위. 다만, 다음의 어느 하나에 해당하는 사유로 이를 알리지 아니한 경우는 제외한다.
(1) 투자자가 매매권유 당시에 당해 이해관계를 알고 있었거나 알고 있었다고 볼 수 있는 합리적 근거가 있는 경우. 다만, 조사분석자료에 따른 매매권유의 경우는 제외한다.
(2) 매매를 권유한 임직원이 그 이해관계를 알지 못한 경우. 다만, 투자매매업자 또는 투자중개업자가 그 이해관계를 알리지 아니하고 임직원으로 하여금 당해 금융투자상품의 매매를 권유하도록 지시하거나 유도한 경우는 제외한다.
(3) 당해 매매권유가 투자자에 대한 최선의 이익을 위한 것으로 인정되는 경우. 다만, 조사분석자료에 따른 매매권유의 경우는 제외한다.

사. 조사분석자료를 작성하거나 이에 영향력을 행사하는 자가 자신의 재산적 이해에 영향을 미칠 수 있는 금융투자상품의 매매를 일반투자자에게 권유하는 경우 그 재산적 이해관계를 고지하지 않는 행위. 이 경우 재산적 이해의 범위, 고지의 내용과 방법에 관한 사항은 협회가 정한다.

아. 특정 금융투자상품의 매매를 권유한 대가로 권유대상 금융투자상품의 발행인 및 그의 특수관계인 등 권유대상 금융투자상품과 이해관계가 있는 자로부터 재산적 이익을 제공받는 행위

자. 바목에 불구하고 일반투자자를 상대로 자신 또는 계열회사가 발행한 증권 중 증권의 발행인이 파산할 경우에 타 채무를 우선 변제하고 잔여재산이 있는 경우에 한하여 당해 채무를 상환한다는 조건이 있거나, 투자적격 등급에 미치지 아니하거나 또는 신용등급을 받지 아니한 사채권, 자산유동화증권, 기업어음증권 및 이에 준하는 고위험 채무증권(이하 "고위험 채무증권 등"이라 한다)의 매매를 권유하는 행위

6. 조사분석자료의 작성 및 공표와 관련하여 다음 각 목의 어느 하나에 해당하는 행위

가. 조사분석자료를 일반인에게 공표하기 전에 조사분석자료 또는 조사분석자료의 주된 내용을 제3자(나목의 조사분석자료 작성업무에 관여한 자를 제외한다)에게 먼저 제공한 경우 당해 조사분석자료를 일반인에게 공표할 때에는 이를 제3자에게 먼저 제공하였다는 사실과 최초의 제공시점을 함께 공표하지 않는 행위

나. 조사분석자료의 작성업무에 관여한 계열회사, 계열회사의 임직원, 그 밖에 이에 준하는 자가 있는 경우 사전에 그 자에 대하여 법 제71조 제2호에 따른 매매거래를 하지 아니하도록 요구하지 않는 행위

다. 나목의 요구를 하였으나 이에 응하지 않을 경우 조사분석자료의 작성과정에 관여하지 못하도록 하는 등 필요한 적절한 조치를 취하지 않는 행위

7. 다음 각 목의 어느 하나에 해당하는 행위[사전에 준법감시인(준법감시인이 없는 경우에는 감사 등 이에 준하는 자를 말한다)에게 보고한 경우에 한한다]를 제외하고 증권의 매매, 그 밖에 거래와 관련하여 손실을 보전하거나 이익을 보장하는 행위
   가. 투자매매업자·투자중개업자 및 그 임직원이 자신의 위법(과실로 인한 위법을 포함한다. 이하 이 조에서 같다)행위여부가 불명확한 경우 사적 화해의 수단으로 손실을 보상하는 행위. 다만, 증권투자의 자기책임원칙에 반하는 경우에는 그러하지 아니하다.
   나. 투자매매업자 또는 투자중개업자의 위법행위로 인하여 손해를 배상하는 행위
   다. 분쟁조정 또는 재판상의 화해절차에 따라 손실을 보상하거나 손해를 배상하는 행위
8. 일중매매거래 및 시스템매매와 관련하여 다음 각 목의 어느 하나에 해당하는 행위
   가. 일중매매거래 및 시스템매매 프로그램의 투자실적에 관하여 허위의 표시를 하거나 과장 등으로 오해를 유발하는 표시를 하는 행위
   나. 일중매매거래나 시스템매매에 수반되는 위험을 일반투자자에게 고지하지 않는 행위. 이 경우 위험고지의 대상·시기·방법 및 내용에 대하여는 협회가 정한다.
   다. 금융투자상품 거래에 관한 경험·지식·재산상태 및 투자목적 등에 비추어 일중매매거래에 적합하다고 보기 어려운 일반투자자를 상대로 일중매매거래기법을 교육하는 등 일중매매거래를 권유하는 행위
   라. 금융투자상품 거래에 관한 경험·지식 등에 비추어 당해 투자자가 시스템매매를 바르게 이해하고 있다고 볼 수 있는 합리적 근거가 있는 경우를 제외하고는 일반투자자를 상대로 특정 시스템매매 프로그램의 이용을 권유하는 행위
9. 설명의무 및 매매거래 전 정보제공과 관련하여 다음 각 목의 어느 하나에 해당하는 행위
   가. <삭제 2021. 3. 25.>
   나. <삭제 2021. 3. 25.>
   다. 「금융소비자 보호에 관한 법률」 제19조 제2항에 따른 설명서를 각 영업점에서 투자자의 접근이 용이한 장소에 비치하거나 전자통신 등의 방법에 따라 공시하는 등 투자자가 언제든지 열람할 수 있도록 하는 조치를 취하지 아니하는 행위
10. 집합투자증권의 판매와 관련하여 다음 각 목의 어느 하나에 해당하는 행위
   가. 특정 집합투자증권 취급시 자기가 받는 판매보수 또는 판매수수료가 다른 집합투자증권 취급시 받는 판매보수 또는 판매수수료보다 높다는 이유로 일반투자자를 상대로 특정 집합투자증권의 판매에 차별적인 판매촉진노력(영업직원에 대한 차별적인 보상이나 성과보수의 제공 및 집중적 판매독려 등)을 하는 행위. 다만, 투자자의 이익에 부합된다고 볼 수 있는 합리적 근거가 있어 판매대상을 단일집합투자업자의 집합투자증권으로 한정하거나 차별적인 판매촉진노력을 하는 경우는 제외한다.
   나. 자기가 행한 집합투자증권의 판매의 대가로 집합투자업자를 상대로 집합투자재산의 매매주문을 자기나 제3자에게 배정하도록 직접 또는 간접으로 요구하는 행위. 다만, 집합투자업자가 사전에 투자설명서에 최선의 매매조건을 제시하는 투자매매업자 또는 투자중개업자가 둘 이상 있는 때에는 판매실적을 감안하여 매매를 위탁하는 투자매매업자 또는 투자중개업자를 선정하겠다고 사전에 공시한 집합투자증권을 투자매매업자 또는 투자중개업자가 판매하는 경우 그 공시내용을 근거로 판매의 대가로 집합투자업자에 대하여 매매주문을 요구하는 경우는 제외한다.
   다. 집합투자증권의 판매의 대가로 자기에게 위탁하는 집합투자재산의 매매거래에 대하여 유사한 다른 투자자의 매매거래보다 부당하게 높은 수수료를 요구하는 행위
   라. <삭제 2021. 3. 25.>
   마. 매 사업연도별로 집합투자증권의 총 판매금액 중 계열회사 또는 계열회사에 준하는 회사인 집합투자업자가 운용하는 집합투자기구의 집합투자증권의 판매금액의 비중(판매금액의 비중을 산정하는 구체적인 기준은 별표12의2와 같다)이 100분의 25를

초과하도록 계열회사 또는 계열회사에 준하는 회사[자기가 해당 회사의 발행주식(의결권 없는 주식은 제외한다) 총수의 100분의 30 이상을 소유한 회사, 상호간 임원 겸임 또는 계열회사로 인정될 수 있는 영업상의 표시행위 등의 사실이 있는 회사 등을 말한다]가 운용하는 집합투자기구의 집합투자증권을 판매하는 행위

바. 법 제192조 제2항 제5호, 법 제202조 제1항 제7호(제211조 제2항, 제216조 제3항 및 제217조의6 제2항에서 준용하는 경우를 포함한다) 및 법 제221조 제1항 제4호(제227조 제3항에서 준용하는 경우를 포함한다)에 따른 해지 또는 해산을 회피할 목적으로 투자자의 수가 1인인 집합투자기구가 발행한 집합투자증권을 다음의 어느 하나에 해당하는 자에게 판매하는 행위

1) 해당 집합투자기구를 운용하는 집합투자업자
2) 해당 집합투자증권을 판매하는 투자매매업자 또는 투자중개업자
3) 해당 집합투자기구의 집합투자재산을 보관·관리하는 신탁업자
4) 1)부터 3)까지에 해당하는 자의 임직원

11. 투자자의 매매주문의 접수·집행 등과 관련하여 다음 각 목의 어느 하나에 해당하는 행위

가. 일반투자자를 거래상대방으로 하여 금융투자상품을 매매거래하는 경우 매매거래 당시의 시장상황 및 투자자의 거래탐색비용 등에 비추어 투자자에게 부당한 거래조건으로 거래하는 행위. 다만, 재고부담 등 정당한 사유로 인하여 거래시세보다 불리한 거래조건을 투자자에게 제시하고 당시의 시세를 투자자에게 사전에 고지하는 경우에는 제외한다.

나. 시장에서의 매매주문을 받은 경우 투자자가 지정한 주문 내용과 방법에 따라 즉시 주문을 당해 시장에 전달하지 않는 행위. 다만, 다음의 요건을 모두 충족하는 경우에는 주문방법(매매거래시장, 주문의 시장전달 시기, 호가방법 등)을 변경하거나 다른 주문과 합하여 일괄처리 할 수 있다.

(1) 매매주문방법의 변경이 투자자의 당초 매매주문의 목적을 달성하는데 더 효과적이라고 볼 수 있는 합리적 근거가 있을 것
(2) 주문에 대한 최선의 매매체결을 위하여 투자매매업자 또는 투자중개업자가 주문방법의 변경이나 다른 주문과 합하여 일괄처리 할 수 있다는 것에 대하여 투자자의 서면 등에 의한 사전에 동의가 있을 것
(3) 주문방법의 변경이나 주문의 일괄처리에 대한 내부통제가 적절히 이루어지고 있을 것

다. 다음의 어느 하나에 해당하는 경우를 제외하고는 계좌명의인 이외의 자로부터 매매거래의 위탁을 받는 행위. 다만, 업무상 통상적인 노력을 기울여 이 목에 따른 정당한 매매주문자로 볼 수 있었던 자로부터 주문을 받은 경우(주문자가 정당한 매매주문자가 아니라는 사실을 알고 있었던 경우는 제외한다)는 제외한다.

(1) 계좌개설 시에 투자자가 매매주문을 대리할 수 있는 자를 서면으로 지정하고 동 대리인이 매매주문을 내는 경우
(2) 위임장 등으로 매매주문의 정당한 권한이 있음을 입증하는 자가 매매주문을 내는 경우
(3) 일임계약에 따라 일임매매관리자가 주문을 내는 경우

라. 단일계좌에서의 거래와 관련하여 계좌명의인이 계좌명의인 이외의 자를 매매주문자, 입출금(고)청구자, 매매거래통지의 수령자 등으로 지정하는 경우 계좌명의인으로부터 위임의사를 서면으로 제출받지 않는 행위

마. 계좌명의인으로부터 라목에 따른 위임의사를 제출받았음에도 불구하고 단일계좌에서 계좌명의인 이외의 자가 행하는 거래에 관한 지시를 거부하는 행위. 다만, 투자

7. 신용공여

(1) 의 의

투자매매업자·투자중개업자는 증권과 관련하여 금전의 융자 또는 증권의 대여 등의 방법으로 투자자에게 신용을 공여할 수 있다. 다만, 투자매매업자는 증권의 인수일부터 3개월 이내에 투자자에게 그 증권을 매수하게 하기 위하여 그 투자자에게 금전의 융자, 그 밖의 신용공여를 하지 못한다(法 72조①). 인수 관련 신용공여를 금지하는 이유는 증권의 인수인이 된 투자매매업자가 증권의 인수와 관련해 신용공여의 이익을 제공함으로써 신용공여의 이익을 제공하지 않는다면 용이하게 처분할 수 없는 증권을 투자자에게 취득시키고 인수의 위험을

매매업자 또는 투자중개업자가 계좌명의인 이외의 자에 대한 위임의 일부 또는 전부를 인정하지 아니하겠다는 의사를 사전에 계좌명의인에게 서면으로 표시한 경우는 제외한다.

바. 투자자가 매매거래의 진정한 의사가 없음이 명백함에도 주문을 수탁하는 행위. 이 경우 진정한 매매거래 의사가 있었는지 여부는 다음의 사항을 감안해야 한다.
(1) 당해 매매주문의 대상이 되는 증권시장 등에 상장된 금융투자상품의 수량 및 평균거래량
(2) 증권시장에 상장된 주권 발행기업의 지분분포
(3) 당해 투자자의 예탁재산 규모 및 거래행태
(4) 매매주문 당시의 호가상황

12. 수수료의 지급 등과 관련하여 다음 각 목의 어느 하나에 해당하는 행위
가. 국내·외에서 금융투자업을 영위하지 않는 자(투자권유대행인을 제외한다)에 대하여 거래대금, 거래량 등 투자자의 매매거래 규모 또는 금융투자업자의 수수료 수입에 연동하여 직접 또는 간접의 대가를 지급하는 행위
나. 투자자로부터 성과보수(예탁자산규모에 연동하여 보수를 받는 경우는 이 절에서 성과보수로 보지 않는다)를 받기로 하는 약정을 체결하는 행위 및 그에 따라 성과보수를 받는 행위

13. 금융투자업자 자기가 발행하였거나 발행하고자 하는 주식(전환사채 등 주식관련사채를 포함한다. 이하 이 호에서 같다)을 일반투자자를 상대로 매수를 권유하거나 매도하는 행위. 다만, 다음 각 목의 어느 하나에 해당하는 경우는 제외한다.
가. 둘 이상의 신용평가회사로부터 모두 상위 2등급 이상에 해당하는 신용등급을 받은 경우
나. 주권상장법인인 금융투자업자가 주식을 모집·매출하는 경우

14. 금융투자상품의 투자중개업자가 투자자의 주문을 다른 금융투자상품의 투자중개업자에게 중개함에 있어 중개수수료 이외의 투자자의 재산을 수탁받는 행위

15. 이사회의 의결(내부통제기준에 따라 이를 위임한 경우를 포함한다)에 따른 별도의 판매승인을 거치지 않고 영 제2조 제7호에 따른 고난도금융투자상품에 대한 판매여부를 결정하는 행위

② 협회는 제1항 제11호 바목에 해당하는 매매주문을 방지하기 위하여 투자매매업자 또는 투자중개업자의 전산업무처리프로그램이 갖추어야 할 최소한의 기준을 정할 수 있다.

부당하게 투자자에게 전가하는 것을 방지하기 위함이다.

(2) 신용공여의 방법

(가) 증권매수대금융자 및 증권대여

투자매매업자·투자중개업자는 다음과 같은 경우 투자자에게 신용을 공여할 수 있다(슈 69조①).[104]

1. 해당 투자매매업자·투자중개업자에게 증권 매매거래계좌를 개설하고 있는 자에 대하여 증권의 매매를 위한 매수대금을 융자하거나 매도하려는 증권을 대여하는 방법
2. 해당 투자매매업자·투자중개업자에게 계좌를 개설하여 전자등록주식등을 보유하고 있거나 증권을 예탁하고 있는 자에 대하여 그 전자등록주식등 또는 증권을 담보로 금전을 융자하는 방법

그러나 투자매매업자·투자중개업자가 전담중개업무를 제공하는 경우에는 다음과 같은 방법으로 그 전담중개업무를 제공받는 일반사모집합투자기구등에 대하여 신용을 공여할 수 있다(슈 69조②).

1. 증권의 매매를 위한 매수대금을 융자하거나 매도하려는 증권을 대여하는 방법
2. 전담중개업무로서 보관·관리하는 일반사모집합투자기구등의 투자자재산인 증권을 담보로 금전을 융자하는 방법

(나) 금융투자업규정

신용공여의 구체적인 기준과 담보의 비율 및 징수방법 등은 금융위원회가 정하여 고시한다(슈 69조③). 신용공여란 투자매매업자·투자중개업자가 증권에 관련하여, (ⅰ) 모집·매출, 주권상장법인의 신주발행에 따른 주식을 청약하여 취득하는데 필요한 자금의 대출(청약자금대출), (ⅱ) 증권시장에서의 매매거래(다자간매매체결회사에서의 매매거래 포함)를 위하여 투자자(개인에 한한다)에게 제공하는 매수대금의 융자(신용거래융자) 또는 매도증권의 대여(신용거래대주), (ⅲ) 투자자의 예탁증권(매도되었거나 환매청구된 증권 포함)을 담보로 하는 금전의 융자(예탁증권담보융자) 등의 방법으로 투자자에게 금전을 대출하거나 증권을 대여하는 것을 말한다(금융투자업규정 4-21조 1호).[105]

---

104) 한편 신용거래와 유사한 거래로서 미수금거래가 있는데, 이는 증권시장에서의 계약체결일과 결제기일 간의 차이를 이용한 거래이다.

신용거래란 신용거래융자 또는 신용거래대주를 받아 결제하는 거래를 말한다(금융투자업규정 4-21조 2호). 담보란 투자매매업자·투자중개업자가 투자자에게 신용공여하면서 그 채무의 이행을 확보하기 위하여 인출제한, 질권 취득, 보관 등의 조치를 취할 수 있는 대상이 되는 증권 등을 말한다(금융투자업규정 4-21조 3호).[106] 신용공여금액이란 투자매매업자·투자중개업자가 투자자에게 제공한 대출금, 신용거래융자금, 신용거래대주 시가상당액을 말한다. 이 경우 (i) 매매계약의 체결에 따라 대출, 융자가 예정되거나 상환이 예정된 대출금, 융자금, (ii) 매매계약의 체결에 따라 대여 혹은 상환이 예정된 신용거래대주 시가상당액 등을 감안하여 산출할 수 있다(금융투자업규정 4-21조 4호). 대용증권이란 신용공여와 관련하여 투자매매업자·투자중개업자가 투자자로부터 현금에 갈음하여 담보로 징구하는 증권으로서 거래소의 업무규정(유가증권시장 업무규정 88조, 코스닥시장 업무규정 43조)에서 정하는 것을 말한다(금융투자업규정 4-21조 5호). 그 외에 금융투자업규정은 신용공여에 관하여 신용공여약정의 체결, 신용공여의 회사별 한도, 담보의 징구, 담보비율, 담보로 제공된 증권의 평가, 담보평가의 특례, 임의상환방법, 신용거래의 제한, 신용거래 종목, 신용공여 한도 및 보고, 매매주문수탁의 제한, 관련 조치, 자료의 제출, 제재조치 등에 관하여 상세한 규정을 두고 있다(금융투자업규정 4-22조부터 4-35조까지).

(3) 신용공여약정의 체결

투자매매업자·투자중개업자가 신용공여를 하고자 하는 경우에는 투자자와 신용공여에 관한 약정을 체결해야 한다. 투자매매업자·투자중개업자는 약정을 체결하는 경우 투자자 본인(법인투자자의 경우에는 그 대리인)의 기명날인 또는 서명을 받거나 「전자서명법」 제18조의2에 따라 본인임을 확인해야 한다(금융투자업규정 4-22조①,②).

---

105) 신용거래는 신용공여의 재원에 따라 투자매매업자·투자중개업자의 자금이나 증권을 빌려주는 경우를 자기신용이라 하고, 증권금융회사(한국증권금융)로부터 빌려서 투자자에게 신용공여하는 경우를 유통금융[증권금융회사의 증권담보대출업무(法 326조①3)]이라 한다.

106) 예탁금은 증권금융에 예치되어야 하고, 예탁증권은 예탁결제원에 예탁되어야 하므로, 인출제한, 보관 등의 방법은 사실상 담보로 이용할 수 없고 질권 설정의 방법만 이용된다. 예탁결제원의 "증권등의 담보관리에 관한 규정" 제80조 제1항도 예탁결제원은 담보대상증권에 대하여 예탁자계좌부상 질권 설정을 하도록 규정한다. 한편, 종합금융투자사업자는 전문투자형 사모집합투자기구로부터 양도담보에 의하여 대외적인 소유권을 취득한 증권을 다시 대여할 수 있다. 증권금융회사의 증권담보대출업무(法 326조①3)에서도 양도담보를 이용할 수 있다.

(4) 신용공여의 회사별 한도

투자매매업자·투자중개업자의 총 신용공여 규모는 자기자본의 범위 이내로 하되, 신용공여 종류별로 투자매매업자·투자중개업자의 구체적인 한도는 금융위원회 위원장이 따로 결정할 수 있다. 자기자본은 시행령 제36조에 따른 분기별 업무보고서에 기재된 개별재무상태표 상의 자본총계를 말한다(금융투자업규정 4-23조①,②).

(5) 담보의 징구

투자매매업자·투자중개업자는 청약자금대출을 함에 있어서는 청약하여 배정받은 증권을 담보로 징구해야 한다. 다만 해당 증권이 교부되지 아니한 때에는 해당 증권이 교부될 때까지 그 납입영수증(청약증거금영수증 포함)으로 갈음할 수 있다. 투자매매업자·투자중개업자는 신용거래융자를 함에 있어서는 매수한 주권(주권과 관련된 증권예탁증권 포함) 또는 상장지수집합투자기구의 집합투자증권을, 신용거래대주를 함에 있어서는 매도대금을 담보로 징구해야 한다. 투자매매업자·투자중개업자가 예탁증권담보융자를 함에 있어서는 가치산정이 곤란하거나 담보권의 행사를 통한 대출금의 회수가 곤란한 증권을 담보로 징구하지 못한다. 이 경우 협회는 그 구체적인 기준을 정할 수 있다(금융투자업규정 4-24조).

(6) 담보비율

투자매매업자·투자중개업자는 투자자의 신용상태 및 종목별 거래상황 등을 고려하여 신용공여금액의 140%(신용거래대주의 경우에는 신용거래대주 시가상당액의 120%) 이상에 상당하는 담보를 징구해야 한다. 다만 매도되었거나 환매청구된 예탁증권을 담보로 하여 매도금액 또는 환매금액 한도 내에서 융자를 하는 경우에는 담보를 징구하지 않아도 된다. 투자매매업자·투자중개업자가 신용거래를 수탁하고자 하는 경우에는 투자자가 주문하는 매매수량에 지정가격(지정가격이 없을 때에는 상한가)을 곱하여 산출한 금액에 투자자의 신용상태 및 종목별 거래상황 등을 고려하여 정한 40% 이상에 상당하는 금액을 보증금으로 징수해야 한다. 이 경우 보증금은 대용증권으로 대신할 수 있다. 투자매매업자·투자중개업자는 신용공여금액에 대한 담보 평가금액의 비율이 투자매매업자·투자중개업자가 정한 일정비율("담보유지비율")에 미달하는 때에는 지체 없이 투자자에게 추가담보의 납부를 요구해야 한다. 다만, 투자자와 사전에 합의한 경우에는 담보의 추가납부를 요구하지 아니하고 투자자의 계좌에 담보로 제공하지 아니한 현금 또는 증권을 추가담보로 징구할 수 있다. 40%의 비율을 산정함에 있어 투자자의 매매거래에 따른 결제를 감안하여 계산할 수 있으며, 담보유지비율을 계산함에 있어 다수의 신용공여가 있을 때에는 이를 합산하여 계산할 수 있다. 투자매매업자·투자중개업자가 징구하는 추가담보는 현금 또는 증권에 한하며, 추가담보를 징구함에 있어서는 가치산정이 곤란하거나 담보권의 행사가 곤란한 증권을 담보로 징구하여서는 아니 된다. 이 경우 협회는 그 구체적인 기준을 정할 수 있다. 투자매매업자·투자중개업자가 투자자에게 추가담보를 요구하는 경우에는 내용증명 우편, 통화내용 녹취 또는 투자자와 사전에 합의한 방법 등 그 요구사실이 입증될 수 있는 방법에 따라야 한다(금융투자업규정 4－25조①－⑦).

(7) 담보로 제공된 증권의 평가

신용공여와 관련하여 담보 및 보증금으로 제공되는 증권(결제가 예정된 증권 포함)의 평가는 다음과 같은 방법에 따른다. 다만, 그 외의 증권의 담보사정가격은 협회가 정한다. 매도되거나 또는 환매 신청된 증권을 담보로 하여 투자매매업자·투자중개업자가 투자자에게 금전을 융자하는 경우에는 당해 증권의 매도가격 또는 융자일에 고시된 기준가격(이에 따른 평가가 불가능한 경우에는 대출일 전일에 고시된 기준가격)을 담보 평가금액으로 한다. 투자매매업자·투자중개업자는 당일 종가 또는 최근일 기준가격에 따른 평가를 적용하지 않기로 투자자와 합의한 경우에는 당해 합의에 따라 담보증권을 평가할 수 있다(금융투자업규정 4－26조).

1. 청약하여 취득하는 주식: 취득가액. 다만, 당해 주식이 증권시장에 상장된 후에는 당일 종가(당일 종가에 따른 평가가 불가능한 경우에는 최근일 기준가격)로 한다.
2. 상장주권(주권과 관련된 증권예탁증권 포함) 또는 상장지수집합투자기구의 집합투자증권: 당일 종가(당일 종가에 따른 평가가 불가능한 경우에는 최근일 기준가격)로 한다. 다만, 「채무자 회생 및 파산에 관한 법률」에 따른 회생절차개시신청을 이유로 거래 정지된 경우에는 투자매매업자·투자중개업자가 자체적으로 평가한 가격으로 한다.
3. 상장채권 및 공모파생결합증권(주가연계증권에 한한다): 2 이상의 채권평가회사가 제공하는 가격정보를 기초로 투자매매업자·투자중개업자가 산정한 가격
4. 집합투자증권(제2호의 집합투자증권 제외): 당일에 고시된 기준가격(당일에 고시된 기준가격에 따른 평가가 불가능한 경우에는 최근일에 고시된 기준가격)

담보를 평가함에 있어 권리발생이 확정된 증권(배정기준일 전전일에 매수하여

결제가 도래하지 않은 주식 포함)을 담보로 제공하고 있는 경우에는 다음과 같은 기간 중에는 당해 권리도 담보로 본다. 이 경우 권리의 평가는 투자매매업자·투자중개업자가 정하는 바에 따른다(금융투자업규정 4-27조).

1. 무상증자시 신주: 기준일 전날부터 증권시장 상장 전일까지
2. 유상증자시 신주인수권: 기준일 전날부터 유상청약 종료일까지
3. 유상증자시 청약한 신주: 유상 청약종료일부터 증권시장 상장 전일까지
4. 청약하여 취득하는 주식: 청약종료일 또는 배정일부터 증권시장 상장 전일까지
5. 합병, 회사분할 등에 의해 상장이 예정된 주식: 출고일부터 증권시장 상장 전일까지
6. 주식배당시 신주: 기준일 전날부터 증권시장 상장 전일까지

(8) 임의상환

(가) 사유와 방법

투자매매업자·투자중개업자는 다음과 같은 경우 그 다음 영업일에 투자자계좌에 예탁된 현금을 투자자의 채무변제에 우선 충당하고, 담보증권, 그 밖의 증권의 순서로 필요한 수량만큼 임의처분하여 투자자의 채무변제에 충당할 수 있다. 다만, 투자매매업자·투자중개업자와 투자자가 사전에 합의한 경우에는 상환기일에도 투자자계좌에 예탁되어 있는 현금으로 채무변제에 충당할 수 있다(금융투자업규정 4-28조①).

1. 투자자가 신용공여에 따른 채무의 상환요구를 받고 상환기일 이내에 상환하지 아니하였을 때
2. 투자자가 담보의 추가납부를 요구받고 투자매매업자·투자중개업자가 정한 납입기일까지 담보를 추가로 납입하지 않았을 때
3. 투자자가 신용공여와 관련한 이자·매매수수료 및 제세금 등의 납부요구를 받고 투자매매업자·투자중개업자가 정한 납입기일까지 이를 납입하지 아니하였을 때

투자매매업자·투자중개업자는 투자자와 사전에 합의하고 시세의 급격한 변동 등으로 인하여 채권회수가 현저히 위험하다고 판단되는 경우에는 투자자에 대하여 담보의 추가납부를 요구하지 아니하거나 추가로 담보를 징구하지 아니하고 필요한 수량의 담보증권, 그 밖에 예탁한 증권을 임의로 처분할 수 있다. 이 경우 투자매매업자·투자중개업자는 처분내역을 지체 없이 투자자에게 내용증명우편, 통화내용 녹취 또는 투자자와 사전에 합의한 방법 등 그 통지사실이 입증

될 수 있는 방법에 따라 통지해야 한다(금융투자업규정 4-28조②). 제1항과 제2항에 따라 투자매매업자·투자중개업자가 증권시장에 상장된 증권을 처분하는 경우에는 투자자와 사전에 합의한 방법에 따라 호가를 제시해야 한다(금융투자업규정 4-28조③). 투자매매업자·투자중개업자가 비상장주권, 비상장채권, 집합투자증권, 그 밖에 투자매매업자·투자중개업자가 처분할 수 없는 증권을 처분하고자 하는 경우 처분방법은 협회가 정한다. 처분대금은 처분제비용, 연체이자, 이자, 채무원금의 순서로 충당한다(금융투자업규정 4-28조⑤). 그리고 신용거래융자금의 임의상환에 관한 법리는 투자자가 매수대금을 납입하지 않아 소위 미수금이 발생하는 경우[107]와, 선물거래의 경우에도 동일하게 적용된다.[108]

㈏ 담보처분의무 여부

임의상환규정에 의하여 금융투자업자가 임의상환을 위한 담보처분의무(반대매매의무)를 부담하지 않는다.[109] 즉, 임의상환을 위한 담보처분(반대매매)은 담보권자인 금융투자업자의 권리이고 의무가 아니다.

㈐ 담보처분시기

증권회사가 고객의 주식을 처분하여 신용융자금에 충당하는 경우 고객에게 일정한 기한을 지정하여 매수대금을 납부하도록 최고하고 그 기한까지 매수대금을 납부하지 않을 경우에 매수주식을 처분하겠다는 뜻을 통지하였다고 하여도 증권회사는 특별한 사정이 없는 한 위 기한이 도과된 후 지체 없이 매수주식을 처분할 의무를 부담하는 것은 아니다.[110] 그러나 증권회사가 고객에게 매수주식을 처분한 날을 특정하여 통지를 한 경우에는 그 날에 매수주식을 처분할 의무가 있으므로 이를 이행하지 않음으로써 고객이 손해를 입었다면 그 손해를 배상할 의무가 있다.[111]

㈑ 담보의 임의처분과 손해배상책임

대용증권의 제공을 질권설정으로 보고 매수유가증권의 보관을 혼장임치로 보면, 담보권자인 증권회사가 아무런 사유 없이 이를 임의처분하면 질권설정자

107) 신용거래융자금의 임의상환에 관한 법리는 투자자가 매수대금을 납입하지 않아 소위 미수금이 발생하는 경우(서울고등법원 1989. 11. 10. 선고 88나29677 판결)와 선물거래의 경우에도 동일하게 적용된다.

108) 대법원 2003. 1. 10. 선고 2000다50312 판결.

109) 대법원 2002. 12. 26. 선고 2000다56952 판결.

110) 대법원 1994. 1. 14. 선고 93다30150 판결, 대법원 2009. 7. 9. 선고 2007다90395 판결.

111) 대법원 1993. 2. 23. 선고 92다35004 판결.

또는 임치인인 투자자에 대한 채무불이행이나 불법행위에 해당한다.

1) 손해배상액 산정기준시점 손해배상액의 산정을 위한 기준시점에 대하여 이행불능시점(임의처분시점)과 사실심변론종결시점 등 두 가지가 있을 수 있는데, 투자자가 불법행위를 원인으로 하여 손해배상을 청구하는 경우에도 특별한 사정이 없는 한 불법행위 당시를 기준으로 하여야 하므로 원칙적으로 이행불능시점을 기준으로 해야 한다. 즉, 두 시점 사이에 증권의 가격이 상승한 경우라 하더라도 투자자가 대용증권과 동종·동량의 증권의 반환을 청구하는 경우라면 몰라도 금전에 의한 손해배상을 청구하는 경우에는 이행불능시점을 기준으로 손해배상액을 산정해야 한다. 판례도 "증권회사가 고객 소유의 주식을 위법하게 처분한 불법행위로 인하여 고객이 입게 된 손해의 액은 원칙적으로 처분 당시의 주식의 시가를 기준으로 결정하여야 하고, 그 후 주식의 가격이 올랐다고 하더라도 그로 인한 손해는 특별한 사정으로 인한 것이어서 증권회사가 주식을 처분할 때 그와 같은 특별한 사정을 알았거나 알 수 있었고 또 고객이 주식의 가격이 올랐을 때 주식을 매도하여 그로 인한 이익을 확실히 취득할 수 있었던 경우에 한하여 고객은 그와 같이 오른 가격에 의한 손해배상을 청구할 수 있다."라는 입장이다.[112)]

2) 배당금 또는 유무상증자와 관련된 손해 증권회사 직원이 투자자소유의 주식을 횡령하여 투자자가 주식반환과 그에 대한 배당금 및 유무상증자에 따른 신주의 인도를 청구한 사건에서 대법원은 "증권매매위탁 약정의 경우에 있어 증권회사가 위탁받은 주식에 관한 이익배당금의 수령이나 무상증자에 의한 신주의 인수를 이행하지 아니하였다면 이는 특단의 사정이 없는 한 위 위탁약정에 관한 채무불이행이 된다고 할 것이므로 증권회사는 위탁자에게 이로 인한 손해를 배상할 의무가 있는 한편, 유상증자의 경우는 위탁자 본인의 청약 및 그에 따른 업무대행 위임에 관한 명시적인 의사표시가 있는 때에 한하여 증권회사가 그 업무를 대행 처리하는 것이 거래관행이어서 특약이 없는 한 유상주식의 인수에 관한 통지나 업무대행이 위탁자와 증권회사 사이의 위탁매매 약정상의 채무에 당연히 포함되는 것은 아니다."라고 판결하였다.[113)] 유상증자의 경우 일반적으로 신주의 발행가액이 시가보다 할인된 가격으로 발행되므로 투자자가 유상증자에 참여하

112) 대법원 1993. 9. 28. 선고 93다26618 판결.
113) 대법원 1991. 5. 24. 선고 90다14416 판결.

지 못함으로써 입는 손해도 통상의 손해로 볼 수 있지만, 실제의 증권시장에서는 유상신주의 발행가액이 청약일의 시가에도 미치지 못하거나 시가보다는 상회하나 그 차이가 크지 않고 향후 주가하락이 예상되면 구주주가 유상청약을 포기하는 경우도 있다. 따라서 유상증자에 참여하였음을 전제로 한 손해가 항상 통상의 손해라고 보기는 곤란하고, 당시 상황에서 합리적인 투자자라면 유상증자에 참여하였을 개연성이 있다는 사실을 투자자가 입증하여야 할 것이다.

(9) 신용거래종목

투자매매업자·투자중개업자가 신용거래에 의해 매매할 수 있는 증권은 증권시장에 상장된 주권(주권과 관련된 증권예탁증권 포함) 및 상장지수집합투자증권으로 한다. 투자매매업자·투자중개업자는 i) 거래소가 투자경고종목, 투자위험종목 또는 관리종목으로 지정한 증권, ii) 거래소가 매매호가전 예납조치 또는 결제전 예납조치를 취한 증권등의 경우에는 신규의 신용거래를 하지 못한다(금융투자업규정 4-30조).

(10) 신용공여 한도 및 보고

투자자별 신용공여한도, 신용공여 기간, 신용공여의 이자율 및 연체이자율 등은 신용공여 방법별로 투자매매업자·투자중개업자가 정한다. 투자매매업자·투자중개업자는 신용공여의 이자율 및 연체이자율, 최저 담보유지비율 등을 정하거나 변경한 경우에는 지체 없이 금융감독원장에게 이를 보고해야 한다(금융투자업규정 4-31조).

(11) 매매주문의 수탁 등 제한

투자매매업자·투자중개업자는 상환기일이 도래한 신용공여가 있는 투자자에 대하여는 신용공여금액의 상환을 위한 주문수탁 이외의 매매주문의 수탁이나 현금 또는 증권의 인출을 거부할 수 있다(금융투자업규정 4-32조).

(12) 신용공여 관련 조치

금융위원회는 신용공여 상황의 급격한 변동, 투자자 보호 또는 건전한 거래질서유지를 위하여 필요한 경우에는 i) 투자매매업자·투자중개업자별 총 신용공여 한도의 변경, ii) 신용공여의 방법별 또는 신용거래의 종목별 한도의 설정, iii) 신용공여시 투자매매업자·투자중개업자가 징구할 수 있는 담보의 제한, iv) 신용거래의 중지 또는 매입증권의 종목제한 등의 조치를 취할 수 있다. 금융위원회는 천재지변, 전시, 사변, 경제사정의 급변, 그 밖에 이에 준하는 사태가 발생

신용공여에는 투자매매업자·투자중개업자에 대하여 신용공여의 일부 또는 전부를 중지하게 할 수 있다. 그 밖에 신용거래와 관련된 배당청구권, 신주인수권 등의 구체적인 처리방법은 금융감독원장이 정한다(금융투자업규정 4-33조).

⒀ 자료의 제출

투자매매업자·투자중개업자는 협회가 정하는 바에 따라 매일 당일의 신용공여 상황 등을 협회에 제출해야 한다. 협회는 투자매매업자·투자중개업자가 i) 투자매매업자·투자중개업자별 총 신용공여 한도, ii) 신용공여의 방법별 또는 신용거래의 종목별 한도를 위반한 때에는 그 위반 내용을 지체 없이 금융감독원장에게 보고해야 한다(금융투자업규정 4-34조).

⒁ 제재조치

금융위원회는 이 절을 위반한 투자매매업자·투자중개업자에 대하여 신용공여의 일부 또는 전부를 중지시키거나, 그 밖에 필요한 조치를 취할 수 있다(금융투자업규정 4-35조). 그러나 신용공여한도를 초과한 대출도 증권회사와 투자자와의 관계에서는 효력이 있다.[114]

8. 매매명세의 통지

⑴ 의　　의

투자매매업자·투자중개업자는 금융투자상품의 매매가 체결된 경우에는 그 명세를 대통령령으로 정하는 방법에 따라 투자자에게 통지해야 한다(法 73조). 이는 임의매매 등의 위법거래를 사전에 방지하고 또한 수수료 수입을 목적으로 하는 과당거래를 미연에 방지하기 위한 것이다. 미국에서도 수수료 수입을 위한 과당거래(churning)는 사기금지규정에 위배된다고 본다.

⑵ 통지의 내용과 방법

투자매매업자·투자중개업자는 다음과 같은 방법으로 통지해야 한다(令 70조 ①).

1. 다음 각 기한 내에 통지할 것
   가. 매매의 유형, 종목·품목, 수량, 가격, 수수료 등 모든 비용, 그 밖의 거래내용: 매매가 체결된 후 지체 없이
   나. 집합투자증권 외의 금융투자상품의 매매가 체결된 경우, 월간 매매내역·손익

114) 대법원 1993. 12. 28. 선고 93다26632, 26649 판결.

내역, 월말 현재 잔액현황·미결제약정현황 등의 내용: 매매가 체결된 날의 다음 달 20일까지

다. 집합투자증권의 매매가 체결된 경우, 집합투자기구에서 발생한 모든 비용을 반영한 실질 투자 수익률, 투자원금 및 환매예상 금액, 그 밖에 금융위원회가 정하여 고시하는 사항: 매월 마지막 날까지

2. 다음 각 목의 방법 중 투자매매업자·투자중개업자와 투자자 간에 미리 합의된 방법(계좌부 등에 따라 관리·기록되지 않는 매매거래는 가목만 해당한다)으로 통지할 것. 다만, 투자자가 보유한 집합투자증권이 법 제234조에 따른 상장지수집합투자기구, 단기금융집합투자기구, 사모집합투자기구의 집합투자증권이거나 평가기준일의 평가금액이 10만원 이하인 경우(집합투자증권의 매매가 체결된 경우에 한정한다) 또는 투자자가 통지를 받기를 원하지 않는 경우에는 지점, 그 밖의 영업소에 비치하거나 인터넷 홈페이지에 접속하여 수시로 조회가 가능하게 함으로써 통지를 갈음할 수 있다.

가. 서면 교부

나. 전화, 전신 또는 팩스

다. 전자우편, 그 밖에 이와 비슷한 전자통신

라. 그 밖에 금융위원회가 정하여 고시하는 방법

(3) 통지의무의 위반과 손해배상책임

투자매매업자·투자중개업자가 통지의무를 게을리 하여 투자자가 손해를 입은 경우에는 통상의 손해를 배상할 책임이 발생하고,[115] 특히 선물거래에 있어서는 일일정산을 하고 그에 따른 위탁증거금의 추가납부나 초과를 결정함으로써 손익이 매일매일 발생할 수 있는 선물계좌의 특성상 통지의무의 중요성이 크다 할 것이다.[116] 또한 통지의무 해태와 손해발생간의 인과관계가 입증되어야 한다.[117] 그리고 선물계좌에 거래 포지션을 보유하고 있는 고객이 어떠한 경위로 이미 위탁증거금의 부족 사유를 알게 된 경우에는 비록 증권회사가 위탁증거금의 추가납부 통지를 게을리하였다고 할지라도 그로 인하여 고객에게 어떠한 손해가 발생하였다고는 할 수 없을 것이므로, 고객은 증권회사에 대하여 이를 이유로 손해배상을 청구할 수 없다는 판례도 있다.[118]

115) 대법원 1991. 1. 11. 선고 90다카16006 판결.
116) 대법원 2003. 1. 10. 선고 2000다50312 판결.
117) 서울고등법원 1990. 3. 30. 선고 89나25207 판결.
118) 대법원 2003. 1. 10. 선고 2000다50312 판결.

(4) 통지의무 위반에 대한 제재

매매명세를 통지하지 않거나 거짓으로 통지한 경우에는 5천만원 이하의 과태료를 부과하며(法 449조②5), 금융투자업자 및 그 임직원에 대한 처분 및 업무위탁계약의 취소·변경 명령의 사유가 된다(法 [별표 1] 81).

9. 투자자예탁금의 별도예치

(1) 별도예치 · 신탁

(가) 투자자예탁금의 의의

투자자예탁금은 투자자로부터 금융투자상품의 매매, 그 밖의 거래와 관련하여 예탁받은 금전을 말한다(法 74조①).

(나) 예치 · 신탁 기관

투자매매업자·투자중개업자는 투자자예탁금을 고유재산과 구분하여 증권금융회사에 예치 또는 신탁해야 한다(法 74조②). 겸영금융투자업자 중 시행령 제71조가 규정하는 투자매매업자·투자중개업자(은행, 한국산업은행, 중소기업은행, 보험회사)는 투자자예탁금을 증권금융회사에 대한 예치·신탁 외에 신탁업자에게 신탁할 수 있다. 이 경우 그 투자매매업자·투자중개업자가 신탁업을 영위하는 경우에는 신탁법 제3조 제1항에 불구하고 자기계약을 할 수 있다(法 74조②). 투자자예탁금을 고유재산과 구분하여 예치·신탁하도록 하는 것은 투자매매업자나 투자중개업자의 재산상태와 관계없이 투자자의 예탁 재산을 보호하기 위한 것이다.

(다) 예치 · 신탁 금액

투자매매업자·투자중개업자는 투자자예탁금의 100% 이상을 예치기관에 예치 또는 신탁해야 한다(슈 75조②). 투자매매업자·투자중개업자가 예치기관에 예치 또는 신탁하여야 하는 투자자예탁금의 범위는 아래 제1호의 금액에서 제2호의 금액을 뺀 것으로 한다(슈 75조①).

1. 다음과 같은 금액의 합계액
   가. 투자자가 금융투자상품의 매매, 그 밖의 거래를 위하여 예탁한 금액
   나. 투자자예탁금의 이용료 등 투자매매업자·투자중개업자가 투자자에게 지급한 금액
   다. 투자자가 보유하는 장내파생상품의 일일정산에 따라 발생한 이익금액
2. 다음과 같은 금액의 합계액

가. 투자자가 증권시장(다자간매매체결회사에서의 거래 포함) 또는 파생상품시장에서 행하는 금융투자상품의 매매, 그 밖의 거래를 위하여 투자매매업자·투자중개업자가 거래소(금융위원회가 정하여 고시하는 자 포함)와 다른 투자매매업자·투자중개업자에게 예탁 중인 금액
나. 투자자가 해외에서 행하는 금융투자상품의 매매, 그 밖의 거래를 위하여 투자매매업자·투자중개업자가 해외증권시장(그 결제기관 포함), 외국 다자간매매체결회사(외국 법령에 따라 외국에서 다자간매매체결회사에 상당하는 업무를 하는 자를 말하며, 그 결제기관 포함) 또는 해외파생상품시장(그 결제기관 포함)과 외국투자매매업자 또는 외국투자중개업자에게 예탁 중인 금액
다. 위탁수수료 등 투자자가 행한 금융투자상품의 매매, 그 밖의 거래와 관련된 모든 비용액
라. 예금자보호법 시행령 제3조 제3항 제1호·제2호·제3호(法 76조 제1항에 따라 투자자가 집합투자증권의 취득을 위하여 투자매매업자·투자중개업자에게 납입한 금전 제외) 및 제4호의 금전
마. 투자자가 보유하는 장내파생상품의 일일정산에 따라 발생한 손실금액

㈑ 투자자예탁금의 인출

예치금융투자업자는 다음과 같은 기준에 따라 예치기관에 예치 또는 신탁한 투자자예탁금을 인출할 수 있다(令 75조③).

1. 이미 예치 또는 신탁한 투자자예탁금이 예치 또는 신탁하여야 할 투자자예탁금보다 많은 경우: 예치 또는 신탁한 투자자예탁금과 예치 또는 신탁하여야 할 투자자예탁금의 차액
2. 우선지급 사유가 발생한 경우: 예치 또는 신탁한 투자자예탁금
3. 투자자로부터 일시에 대량으로 투자자예탁금의 지급청구가 있는 등 금융위원회가 투자자예탁금의 인출이 필요하다고 인정하는 경우: 인정받은 금액

㈒ 신의성실에 의한 관리

예치기관은 예치 또는 신탁받은 투자자예탁금을 자기재산과 구분하여 신의에 따라 성실하게 관리해야 한다(令 75조④).

㈓ 기　　타

투자자예탁금의 범위, 예치 또는 신탁의 시기·주기·비율·방법, 인출 및 관리 등을 위하여 필요한 세부사항은 금융위원회가 정하여 고시한다(令 75조⑤).

(2) 투자자재산의 명시의무

투자매매업자·투자중개업자는 증권금융회사 또는 신탁업자(이하 "예치기관")에게 투자자예탁금을 예치 또는 신탁하는 경우에는 그 투자자예탁금이 투자자의 재산이라는 뜻을 밝혀야 한다(法 74조③).

(3) 상계 등 금지

누구든지 예치기관에 예치 또는 신탁한 투자자예탁금을 상계·압류·가압류를 하지 못하며, 예치금융투자업자는 예치기관에 예치 또는 신탁한 투자자예탁금을 양도하거나 담보로 제공하지 못한다(法 74조④). 예치금융투자업자는 투자자예탁금을 예치 또는 신탁한 투자매매업자·투자중개업자를 말한다.

다만, 다음과 같은 경우에는 예외적으로 양도나 담보제공이 가능하다(令 72조).

1. 예치금융투자업자(法 74조④)가 다른 회사에 흡수합병되거나 다른 회사와 신설합병함에 따라 그 합병에 의하여 존속되거나 신설되는 회사에 예치기관에 예치 또는 신탁한 투자자예탁금을 양도하는 경우
2. 예치금융투자업자가 금융투자업의 전부나 일부를 양도하는 경우로서 양도내용에 따라 양수회사에 예치기관에 예치 또는 신탁한 투자자예탁금을 양도하는 경우
3. 자금이체업무(法 40조①4)와 관련하여 금융위원회가 정하여 고시하는 한도 이내에서 금융위원회가 정하여 고시하는 방법에 따라 예치금융투자업자가 은행에 예치기관에 예치 또는 신탁한 투자자예탁금을 담보로 제공하는 경우
4. 그 밖에 투자자의 보호를 해칠 염려가 없는 경우로서 금융위원회가 정하여 고시하는 경우

(4) 투자자예탁금 우선지급

(가) 우선지급사유

예치기관은 예치금융투자업자가 다음과 같은 경우에는 투자자의 청구에 따라 예치 또는 신탁된 투자자예탁금을 그 투자자에게 우선하여 지급해야 하고(法 74조⑤), 그 예치기관이 우선지급사유에 해당하게 된 경우에는 예치금융투자업자에게 예치 또는 신탁받은 투자자예탁금을 우선하여 지급하여야 한다(法 74조⑪).

1. 인가가 취소된 경우
2. 해산의 결의를 한 경우
3. 파산선고를 받은 경우
4. 투자매매업 및 투자중개업 전부 양도가 승인된 경우

5. 투자매매업 및 투자중개업 전부 폐지가 승인된 경우
6. 투자매매업 및 투자중개업 전부의 정지명령을 받은 경우
7. 그 밖에 제1호부터 제6호까지의 사유에 준하는 사유가 발생한 경우

㈏ 우선지급사유 발생통지

금융위원회는 위와 같은 우선지급사유가 발생한 경우 그 사실을 해당 예치금융투자업자, 예치기관 및 예금보험공사에 즉시 통지해야 한다(法 74조⑥). 통지를 받은 예치기관은 투자자예탁금 별도예치 관련 정보를 예금보험공사에 제공하여야 하고, 그 통지를 받은 날부터 2개월 이내에 투자자예탁금의 지급시기·지급장소, 그 밖에 투자자예탁금의 지급과 관련된 사항을 둘 이상의 일간신문과 인터넷 홈페이지 등을 이용하여 공고해야 한다. 다만, 예치기관은 불가피한 사유가 발생하여 그 기간 내에 공고를 할 수 없는 경우에는 금융위원회의 확인을 받아 1개월의 범위에서 그 기간을 연장할 수 있다(法 74조⑦).

㈐ 우선지급방법

예치기관이 투자자예탁금을 우선지급하는 경우에는 다음 기준에 따라야 한다(슈 73조①).

1. 투자자 및 예치금융투자업자로부터 투자자예탁금에 관한 자료 또는 정보를 제출받아 확인한 후 지급할 것
2. 금융위원회로부터 우선지급사유 발생통지를 받은 날을 기준으로 예치기관에 예치 또는 신탁되어 있는 투자자예탁금의 총액의 범위에서 지급할 것
3. 예치기관에 예치 또는 신탁되어 있는 투자자예탁금 총액을 투자자가 예치금융투자업자에게 예탁한 투자자예탁금 총액으로 나눈 비율에 투자자별 투자자예탁금을 곱한 금액을 기준으로 지급할 것. 다만, 예치기관의 투자자예탁금 총액이 투자자가 예치금융투자업자에게 예탁한 투자자예탁금 총액보다 크거나 같은 경우에는 투자자별 투자자예탁금 전액을 모두 지급한다.

㈑ 우선지급보류

예치기관은 투자자예탁금을 우선지급할 때 투자자가 「예금자보호법」 제21조의2 제1항에 따른 부실관련자에 해당하거나 부실관련자와 대통령령으로 정하는 특수관계(슈 73조의2①: 금융사지배구조법 제3조 제1항 각 호에 해당하는 관계)에 있는 경우에는 그 투자자예탁금에 대하여 대통령령으로 정하는 바에 따라 투자자예

탁금 지급시기 등의 공고일부터 6개월의 범위에서 그 지급을 보류할 수 있다(法 74조⑧). 이 경우 예치기관은 1. 지급보류 금액, 2. 지급보류 사유, 3. 지급보류 기간, 4. 지급보류 사유의 소멸이나 지급보류 기간의 경과에 따른 투자자예탁금의 지급 청구에 관한 사항 등을 투자자에게 서면으로 알려야 한다(令 73조의2②).

(마) 우선지급의 효과

예치기관이 우선지급사유의 발생으로 투자자예탁금을 투자자에게 직접 지급한 경우 예치금융투자업자에 대한 예치기관의 투자자예탁금 지급채무와 투자자에 대한 예치금융투자업자의 투자자예탁금 지급채무는 그 범위에서 각각 소멸한 것으로 본다(令 74조⑩).

(5) 운용방법

예치기관은 다음과 같은 방법으로 투자자예탁금을 운용해야 한다(法 74조⑫).

1. 국채증권 또는 지방채증권의 매수
2. 정부·지방자치단체 또는 대통령령으로 정하는 금융기관[119]이 지급을 보증한 채무증권의 매수
3. 그 밖에 투자자예탁금의 안정적 운용을 해할 우려가 없는 것으로서 대통령령으로 정하는 방법[120]

---

119) "대통령령으로 정하는 금융기관"이란 다음과 같은 금융기관을 말한다(令 74조①).
1. 은행 2. 한국산업은행 3. 중소기업은행 4. 보험회사 5. 투자매매업자·투자중개업자 6. 증권금융회사 7. 종합금융회사 8. 신용보증기금 9. 기술보증기금

120) "대통령령으로 정하는 방법"이란 다음과 같은 방법을 말한다(令 74조②).
1. 증권 또는 원화로 표시된 양도성 예금증서를 담보로 한 대출
2. 한국은행 또는 「우체국 예금·보험에 관한 법률」에 따른 체신관서에의 예치
3. 특수채증권의 매수
4. 그 밖에 투자자예탁금의 안전한 운용이 가능하다고 인정되는 것으로서 금융위원회가 정하여 고시하는 방법

[금융투자업규정 4-40조 (별도예치금의 운용)]
① 영 제74조 제2항 제4호에서 "금융위원회가 정하여 고시하는 방법"이란 다음 각 호의 어느 하나에 해당하는 방법을 말한다.
1. 국제결제은행(BIS) 자기자본비율이 10%를 초과하는 은행이 발행한 채권 중 후순위채권 및 주식관련채권 이외의 채권 및 한국주택금융공사법에 따른 한국주택금융공사가 채권유동화계획에 따라 발행한 주택저당증권의 매입
2. 조건부매수. 단 대상증권은 다음 각 목의 채권에 한한다.
가. 법, 영 및 규정에 따라 예치기관이 별도예치금으로 매입할 수 있는 채권
나. 신용평가업자로부터 A등급 이상의 신용등급을 받은 채권(주식 관련 사채권을 제외한다. 이하 이 호에서 같다)
다. 「증권의 발행 및 공시 등에 관한 규정」 제2-4조의2 제2항에 해당하는 국제신용평가기관으로부터 A등급(이에 상당하는 등급을 포함한다) 이상의 등급을 받은

채권. 단, 미 달러화 투자자예탁금 운용에 한한다.

3. 예금자보호법 등 법령에 따라 원본 이상이 보호되는 예금, 그 밖의 금융상품의 가입 또는 매수
4. 국제결제은행(BIS) 자기자본비율이 8%를 초과하는 은행예금의 가입 또는 양도성 예금증서의 매수
5. 법 제152조 제3항에 따른 공공적 법인이 발행한 채권(주식 관련 사채권은 제외한다)의 매수
6. 법령에 따라 금융위원회의 감독을 받는 금융기관 중 다음 각 목의 구분에 따른 재무건전성의 기준미달로 인한 적기시정조치의 대상(적기시정조치가 유예중인 금융기관 포함)이 아닌 금융기관으로서 예치기관이 채무불이행의 우려가 없다고 인정하는 금융기관에 대한 단기자금의 대출(法 83조 제4항에 따른 단기대출에 한한다)
   가. 「은행법」에 의한 은행 : 국제결제은행(BIS) 자기자본비율
   나. 1종 금융투자업자 : 순자본비율
   다. 2종 금융투자업자(금융위원회의 인가를 받은 자에 한한다) : 최소영업자본액
7. 단기금융집합투자기구의 집합투자증권의 매수
8. 파생상품시장에 상장된 양도성 예금증서 금리선물 및 국채선물에 대한 투자(금리변동위험을 회피하기 위한 매도거래에 한한다). 다만, 투자에 따른 위탁증거금 합계액은 별도예치금의 5%를 초과할 수 없다.
9. 별도 예치한 투자자예탁금의 운용결과 취득한 증권(환매조건부로 매입하거나 담보로 취득한 증권 포함)의 대여(금융감독원장이 정하는 적격금융기관 중 국내금융기관에 대한 대여에 한한다)
10. 미합중국이 발행한 채권의 매수. 단, 미 달러화 투자자예탁금 운용에 한한다.
11. 법 제5조 제1항 제3호의 파생상품 중 현재의 계약환율에 따라 서로 다른 통화를 교환하고 일정 기간 후 최초 계약시점에서 정한 환율에 따라 재교환하는 거래(국제결제은행 자기자본비율이 8%를 초과하는 외국환은행 및 순자본비율이 150% 이상인 1종 금융투자업자와의 거래에 한한다), 동 거래에 따라 교환한 원화의 법 제74조 제12항에 따른 운용 및 그에 부수하는 환전거래. 단, 미 달러화 투자자예탁금 운용에 한한다.

② 제1항 제6호 및 제7호에 따른 별도예치금 운용금액의 합계액은 대출일이 속하는 주의 직전주의 별도예치금 일평균잔액의 30%를 초과하여서는 아니 된다. 다만, 제4－39조 제1항 제2호의 집합투자증권투자자예수금의 운용에 대하여는 이를 적용하지 않는다.

③ 예치기관이 제1항 제9호에 따라 증권을 대여하는 경우 다음 각 호의 어느 하나의 행위를 하여서는 아니 된다.

1. 취득한 증권 종목별로 50%를 초과하여 증권을 대여하는 행위
2. 증권 대여와 관련하여 취득한 자금으로 증권을 재매수하는 행위
3. 담보로 취득한 증권을 담보권의 실행 등 권리행사 이외의 목적으로 매도하는 행위

④ 영 제74조 제2항 제1호에 따른 대출과 제1항 제6호에 따른 개별 투자매매업자 또는 투자중개업자에 대한 단기대출은 그 투자매매업자 또는 투자중개업자의 별도예치금을 재원으로 하되, 단기대출 한도는 대출일이 속하는 주의 직전주의 그 투자매매업자 또는 투자중개업자 별도예치금 일평균잔액의 10%(영업용순자본비율이 200% 미만인 투자매매업자 또는 투자중개업자의 경우에는 5%)에 해당하는 금액으로 한다.

⑤ 예치기관은 별도예치금을 운용함으로써 보유하게 되는 증권 또는 증서 등을 고유재산과 구분하여 보관·관리해야 한다.

⑥ 예치기관은 제4－39조 제1항 제1호의 장내파생상품거래예수금 및 제2호의 집합투자증권투자자예수금을 다른 투자자예탁금과 구분하여 계리해야 한다.

(6) 기　　타

투자매매업자·투자중개업자가 예치기관에 예치 또는 신탁해야 하는 투자자예탁금의 범위, 예치 또는 신탁의 비율, 예치 또는 신탁한 투자자예탁금의 인출, 예치기관의 투자자예탁금 관리, 그 밖에 투자자예탁금의 예치 또는 신탁에 관하여 필요한 사항은 대통령령으로 정한다. 이 경우 예치 또는 신탁의 비율은 투자매매업자·투자중개업자의 재무상황 등을 고려하여 인가받은 투자매매업자·투자중개업자별로 달리 정할 수 있다(法 74조⑬).

10. 투자자 예탁증권의 예탁

(1) 예탁대상증권

투자매매업자·투자중개업자는 금융투자상품의 매매, 그 밖의 거래에 따라 보관하게 되는 투자자 소유의 증권[대통령령으로 정하는 것(1. <삭제> (시행일 2019.9.16.), (삭제 전: 원화로 표시된 양도성 예금증서), 2. 그 밖에 금융위원회가 정하여 고시하는 것)[121) 포함]을 예탁결제원에 지체 없이 예탁해야 한다(法 75조① 본문, 令 76조①). 투자자 예탁증권의 예탁은 투자자예탁금의 예치와 같이 투자매매업자나 투자중개업자의 재산상태와 관계없이 투자자의 예탁 재산을 보호하기 위한 것이다. 투자매매업자·투자중개업자가 예탁대상증권등 외의 증권이나 증서를 보호예수, 그 밖의 방법으로 예탁결제원에 보관하는 경우에는 예탁한 것으로 본다(令 76조③).

투자매매업자·투자중개업자는 외화증권을 예탁결제원에 예탁하는 경우 금융위원회가 정하여 고시하는 외국 보관기관에 개설된 예탁결제원 계좌로 계좌대체 등을 통하여 예탁해야 한다(法 75조②, 令 76조③).

(2) 예　　외

해당 증권의 유통 가능성, 다른 법령에 따른 유통방법이 있는지 여부, 예탁의 실행 가능성 등을 고려하여 다음과 같은 경우에는 예탁결제원에 예탁하지 아니할 수 있다(法 75조① 단서, 令 76조②, 63조②).

1. 자본시장법 및 시행령, 그 밖에 다른 법령에 따라 해당 증권을 예탁결제원에 예탁

121) 어음(法 4조③에 따른 기업어음증권 제외), 기타 증권과 유사하고 집중예탁과 계좌 간 대체에 적합한 것으로서 예탁결제원이 따로 정하는 것을 말한다(금융투자업규정 4-47조, 4-15조①).

할 수 있는 증권·증서로 발행할 수 없는 경우
2. 발행인이 투자자와 해당 증권을 예탁결제원에 예탁할 수 있는 증권·증서로 발행하지 아니할 것을 발행조건 등에 따라 약정하는 경우
3. 외화증권(외국환거래법 3조①8)을 금융위원회가 정하여 고시하는 외국 보관기관에 개설된 예탁결제원 계좌로 계좌대체 등을 통하여 예탁하는 방법으로 예탁할 수 없는 경우로서 금융위원회가 정하여 고시하는 외국 보관기관에 예탁하는 경우
4. 그 밖에 해당 증권의 성격이나 권리의 내용 등을 고려할 때 예탁이 부적합한 경우로서 총리령으로 정하는 경우(規則 7조의2)

11. 투자성 있는 예금·보험에 대한 특례

(1) 투자매매업인가 간주

은행이 투자성 있는 예금계약, 그 밖에 이에 준하는 것으로서 대통령령으로 정하는 계약(令 77조의2: 금적립계좌등의 발행을 위한 계약)을 체결하는 경우에는 투자매매업에 관한 금융투자업인가를 받은 것으로 본다(法 77조①).

보험회사(보험업법 제2조 제8호부터 제10호까지의 자 포함)도 투자성 있는 보험계약을 체결하는 경우 투자매매업 인가를 받은 것으로 본다(法 77조②). 나아가 보험회사는 투자성 있는 보험계약의 중개 또는 대리를 하는 경우에는 투자중개업에 관한 금융투자업인가를 받은 것으로 본다(法 77조②).[122] 이에 따라 금융투자업자 일반에 대한 공통 영업행위 규칙(제2편 제4장 제1절)은 투자성 있는 예금이나 보험을 취급하는 은행이나 보험회사에 적용된다.[123]

(2) 적용배제 규정

은행이 투자성 있는 예금계약을 체결하는 경우와 보험회사가 투자성 있는 보험계약을 체결하거나 그 중개 또는 대리를 하는 경우에는, 제15조(인가요건의 유지), 제39조부터 제45조까지(명의대여의 금지 등), 제56조(약관), 제58조(수수료), 제61조부터 제65조까지(소유증권의 예탁 등), 제2편 제2장(금융투자업자의 지배구조)·제3장(건전경영 유지)·제4장 제2절 제1관(투자매매업자·투자중개업자의 영업행위 규칙) 등을 적용하지 않는다.[124] 보험회사의 경우에는 투자권유대행인에 관

122) 은행법상 예금의 중개 또는 대리에 관한 규정은 없다. 반면에 보험회사의 경우 보험업법 제2조가 보험계약의 중개 또는 대리를 규정하므로 보험회사에 대하여만 투자중개업 인가 간주 규정을 두고 있는 것이다.

123) 은행이나 보험회사가 투자성 있는 예금이나 보험을 취급하려면 은행법과 보험업법에 별도의 근거가 있어야 한다. 현재로서는 외화예금(외화양도성예금증서)과 변액보험이 은행과 보험회사가 취급하는 금융투자상품이다.

한 제51조부터 제53조까지도 적용이 배제된다.[125)]

제3편 제1장(증권신고서)은 그 적용배제의 범위가 다른데, 은행의 경우에는 투자성 있는 외화예금계약을 체결하는 경우에만 적용되지 않고(法 77조①),[126)] 반면에 보험회사의 경우에는 모든 투자성 있는 보험에 대하여 적용이 배제된다(法 77조②).[127)]

12. 종합금융투자사업자

(1) 의　　의

종합금융투자사업자란 투자매매업자·투자중개업자 중 금융위원회가 종합금융투자사업자로 지정한 자를 말한다(法 8조⑧). 종합금융투자사업자는 대형 증권회사를 투자은행(IB: Investment Bank)으로 육성하는 방안으로 2013년 자기자본 3조원 이상을 보유한 주요 증권회사가 종합투자금융투자사업자로 지정되어 기업신용공여와 전담중개업무(PBS: Prim Brokerage Service)를 할 수 있게 되었다.[128)]

---

124) 투자성 있는 예금과 보험을 취급하는 은행, 보험회사가 금융투자라는 명칭을 사용할 리가 없으므로 명의대여금지 규정의 적용을 배제하는 것이고, 나머지 적용배제규정은 은행법과 보험업법의 관련 규정이 적용됨을 고려한 것이다. 즉, 은행이나 보험회사는 이미 은행법과 보험업법에 지배구조에 관한 규정이 있으므로 자본시장법의 지배구조에 관한 규정(法 제2편 제2장)이 적용되지 않는 것이고, 또한 은행법과 보험업법에 의하여 건전성 규제(BIS비율, 지급여력비율)를 받고 있으므로 자본시장법의 건전성규제(法 2편 3장)는 적용하지 않는 것이다.

125) 보험회사에 대하여 투자권유대행인 규정의 적용을 배제한 것은 보험업법 제83조(모집할 수 있는 자) 제1항이 모집(보험계약체결의 중개 또는 대리)을 할 수 있는 자를 다음과 같은 자로 한정하여 규정하고 있음을 고려한 것이다.
1. 보험설계사 2. 보험대리점 3. 보험중개사 4. 보험회사의 임원(대표이사·사외이사·감사 및 감사위원을 제외) 또는 직원 5. 보험대리점 또는 보험중개사의 임원 또는 사용인으로서 이 법에 의하여 모집에 종사할 자로 신고된 자

126) 따라서 원화예금계약의 경우에는 제3편 제1장이 적용된다. 이와 같은 구별은 제3조 제1항 제1호에 의하여 원화표시 CD만 금융투자상품에서 제외되고 외화표시 CD는 금융투자상품에 포함되므로 외화표시 CD에 대한 증권신고서 제출을 면제하기 위한 규정이라 할 수 있다.

127) 보험회사에 대하여 투자권유대행인 규정의 적용을 배제한 것은 보험업법 제83조(모집할 수 있는 자) 제1항이 모집(보험계약체결의 중개 또는 대리)을 할 수 있는 자를 다음과 같은 자로 한정하여 규정하고 있음을 고려한 것이다.
1. 보험설계사 2. 보험대리점 3. 보험중개사 4. 보험회사의 임원(대표이사·사외이사·감사 및 감사위원을 제외) 또는 직원 5. 보험대리점 또는 보험중개사의 임원 또는 사용인으로서 이 법에 의하여 모집에 종사할 자로 신고된 자

128) 그러나 종합금융투자사업자의 미흡한 자본규모로 인하여 기업신용공여 업무보다는 종래의 중개업 영역을 크게 벗어나지 못하는 상황이 계속되자, 금융위원회는 2016년 8월 발표한 초대형 투자은행 육성방안에서 기업금융 재원 확보를 위한 새로운 자금조달 수단으로 자기자본 4조원 이상인 종합금융투자사업자에게 발행어음 업무를, 자기자본 8조원 이상인 종합금융투

(2) 지정기준

금융위원회는 투자매매업자·투자중개업자로서 다음 기준을 모두 충족하는 자를 종합금융투자사업자로 지정할 수 있다(法 77조의2①).

1. 상법에 따른 주식회사일 것
2. 증권에 관한 인수업을 영위할 것
3. 3조원 이상으로서 대통령령이 정하는 금액 이상의 자기자본을 갖출 것[129)]
4. 그 밖에 해당 투자매매업자·투자중개업자의 신용공여 업무수행에 따른 위험관리 능력 등을 고려하여 대통령령으로 정하는 기준[130)]

(3) 종합금융투자사업자의 업무

(가) 전담중개업무

1) 전담중개업무의 의의와 범위　　전담중개업무란 "일반사모집합투자기구

자사업자에게는 종합투자계좌(IMA: Investment Management Account) 업무를 허용하였다. 2023년 12월 현재 9개 증권회사가 종합금융투자사업자로 지정되었고, 그중 4개 사는 초대형 IB로서 발행어음 업무가 허용되었다. IMA 업무는 아직 시행하는 종합금융투자사업자가 없다.

129) "대통령령으로 정하는 금액"은 다음과 같다(令 77조의3①).
1. 전담중개업무, 기업에 대한 신용공여 업무 및 다자간매매체결업무(令 77조의6①1)를 하려는 종합금융투자사업자: 3조원
2. 제1호에 따른 업무 및 단기금융업무(法 360조)를 하려는 종합금융투자사업자: 4조원
3. 제2호에 따른 업무 및 종합투자계좌[고객으로부터 예탁받은 자금을 통합하여 기업신용공여 등 금융위원회가 정하여 고시하는 기업금융 관련 자산("기업금융관련자산") 등에 운용하고, 그 결과 발생한 수익을 고객에게 지급하는 것을 목적으로 종합금융투자사업자가 개설한 계좌]업무(令 77조의6①3)에 따른 업무를 하려는 종합금융투자사업자: 8조원

[令 77조의6①]
1. 증권시장에 상장된 주권, 증권시장에 상장되지 아니한 주권, 그 밖에 금융위원회가 정하여 고시하는 금융투자상품에 관하여 동시에 다수의 자를 거래상대방 또는 각 당사자로 하는 장외매매 또는 그 중개·주선이나 대리업무로서 다음 각 목의 기준에 적합한 업무
   가. 해당 금융투자상품의 매매주문이 금융위원회가 정하여 고시하는 매매금액 또는 매매수량 기준을 초과할 것
   나. 증권시장에 상장된 주권인 경우 그 주권이 상장된 거래소에서 형성된 매매가격에 근거하여 매매가격을 결정할 것

130) "대통령령으로 정하는 기준"은 다음과 같다(令 77조의3②).
1. 종합금융투자사업자의 업무와 관련한 위험관리 및 내부통제 등을 위한 적절한 인력, 전산시스템 및 내부통제장치를 갖출 것
2. 다음 각 목의 요건을 모두 갖출 것
   가. 법 제44조에 따라 이해상충이 발생할 가능성을 파악·평가·관리할 수 있는 적절한 내부통제기준을 갖출 것
   나. 법 제45조 제1항 및 제2항에 따라 정보의 교류를 차단할 수 있는 적절한 체계를 갖출 것

등"에 대하여 다음 업무를 효율적인 신용공여와 담보관리 등을 위하여 대통령령으로 정하는 방법[131]에 따라 연계하여 제공하는 업무를 말한다(法 6조⑩).

1. 증권의 대여 또는 그 중개·주선·대리업무
2. 금전의 융자, 그 밖의 신용공여
3. 일반사모집합투자기구등의 재산의 보관 및 관리
4. 그 밖에 일반사모집합투자기구등의 효율적인 업무 수행을 지원하기 위하여 필요한 업무로서 대통령령으로 정하는 업무

제4호의 "대통령령으로 정하는 업무"란 다음과 같다(令 6조의3③).

1. 일반사모집합투자기구등(法 6조⑩)의 투자자재산(일반사모집합투자기구등의 재산으로서 전담중개업무의 대상이 되는 투자자재산)의 매매에 관한 청약 또는 주문의 집행업무
2. 일반사모집합투자기구등의 투자자재산의 매매 등의 거래에 따른 취득·처분 등의 업무
3. 파생상품의 매매 또는 그 중개·주선·대리업무
4. 환매조건부매매 또는 그 중개·주선·대리업무
5. 집합투자증권의 판매업무
6. 일반사모집합투자기구등의 투자자재산의 운용과 관련한 금융 및 재무 등에 대한 자문업무
7. 다른 투자자의 투자를 유치하거나 촉진하기 위하여 일반사모집합투자기구에 출자(투자신탁의 경우에는 그 수익증권의 매수를 포함한다. 이하 제271조의11 제3항 제2호 단서에서 같다)를 하는 업무

2) 전담중개업무의 사업자와 상대방 종합금융투자사업자가 아니고는 전담중개업무를 영위할 수 없다(法 77조의3①). 전담중개업무의 상대방인 "일반사모집합투자기구등"은 일반사모집합투자기구(法 9조의⑲2)와 그 밖에 대통령령으로 정하는 투자자[132]를 말한다(法 6조⑩).

---

131) "대통령령으로 정하는 방법"이란 제1호부터 제4호까지의 전담중개업무를 서로 연계하여 제공하는 것을 말한다. 이 경우 제2호, 제3호의 업무가 포함되어야 한다(令 6조의3②).

132) "대통령령으로 정하는 투자자"란 다음과 같다(令 6조의3①).
1. 전문투자자인 금융기관(令 10조②)
2. 기금관리·운용법인과 공제사업경영법인(令 10조③12,13) 및 이에 준하는 외국인
3. 기관전용 사모집합투자기구(法 9조⑲1)
4. 법 제279조 제1항에 따른 외국 집합투자기구(법 제9조 제19항에 따른 사모집합투자기구

3) 전담중개업무계약　　종합금융투자사업자는 일반사모집합투자기구등 중 투자대상, 차입 여부 등을 감안하여 대통령령으로 정하는 자[133]에 대하여 전담중개업무를 제공하는 경우에는 미리 해당 일반사모집합투자기구등, 그 밖에 대통령령으로 정하는 자[134]와 다음 사항을 포함하는 내용에 관한 계약을 체결해야 한다(法 77조의3②).

1. 전담중개업무와 관련된 종합금융투자사업자와 일반사모집합투자기구등의 역할 및 책임에 관한 사항
2. 종합금융투자사업자가 일반사모집합투자기구등의 재산을 제3자에 대한 담보, 대여, 그 밖에 대통령령으로 정하는 방법(令 77조의4③: 환매조건부매매, 그 밖에 전담중개업무의 효율적인 수행 등을 고려하여 총리령으로 정하는 방법)으로 이용하는 경우 그 이용에 관한 사항
3. 종합금융투자사업자가 제2호에 따라 이용한 일반사모집합투자기구등의 재산 현황 등에 관한 정보를 일반사모집합투자기구등에게 제공하는 절차 및 방법
4. 그 밖에 대통령령으로 정하는 사항[135]

4) 정보교류의 허용　　금융투자업자는 그 영위하는 "고유재산운용업무·투자매매업·투자중개업"과 "집합투자업·신탁업" 간에 이해상충이 발생할 가능성이 큰 경우에는 정보교류가 금지된다. 그러나 "고유재산운용업무·투자매매업·투자중개업 중 전담중개업무"와 "일반사모집합투자기구등의 투자자재산을 전담중개업무로서 보관·관리하는 신탁업" 간의 경우에는 정보교류행위가 허용된다(令 50조①1 단서).

㈏ 신용공여 업무

1) 신용공여 허용의 취지　　자본시장법상 금융투자업자의 신용공여는, ⅰ) 투자매매업자·투자중개업자가 증권과 관련하여 금전의 융자 또는 증권의 대여의 방법으로 투자자에게 신용을 공여하는 경우,[136] ⅱ) 전담중개업무로서의 금전

에 상당하는 집합투자기구로 한정한다)

133) "대통령령으로 정하는 자"란 일반사모집합투자기구등을 말한다(令 77조의4①).

134) "대통령령으로 정하는 자"란 종합금융투자사업자로부터 전문사모집합투자기구등의 재산의 보관 및 관리업무(法 6조⑩3)를 위탁받은 자 및 일반사모집합투자기구등으로부터 투자회사재산의 계산업무(法 184조⑥2)를 위탁받은 일반사무관리회사를 말한다(令 77조의4②).

135) "대통령령으로 정하는 사항"은 다음과 같다(令 77조의4④).
1. 전담중개업무의 범위와 기준 및 절차 등에 관한 사항
2. 전담중개업무 제공에 따른 수수료 또는 그 밖의 비용 등에 관한 사항
3. 계약 종료의 사유 및 절차, 계약당사자의 채무불이행에 따른 손해배상 등에 관한 사항

의 융자, 그 밖의 신용공여(法 6조⑩2),[137][138] iii) 종합금융투자사업자의 기업에 대한 신용공여 등 세 가지가 있다.

종합금융투자사업자는 자본시장법 또는 다른 금융관련 법령에도 불구하고 기업에 대한 신용공여 업무를 영위할 수 있는데(法 77조의3③1),[139] 이는 종합금융투자사업자가 기업인수자금을 제공하고(bridge loan), 신생기업에 대한 융자 및 보증을 가능하도록 하기 위하여, 미국·영국에서와 같이 투자은행의 기업여신업무를 허용한 것이다.

종합금융투자사업자가 영위할 수 있는 기업에 대한 신용공여의 범위는 다음과 같다(令 77조의5①).

1. 대출
2. 삭제 [2016.6.28] (삭제 전: 지급보증)
3. 기업어음증권에 해당하지 않는 어음의 할인·매입

종합금융투자사업자가 전담중개업무를 영위하는 경우에는 제72조에도 불구하고 증권 외의 금전등에 대한 투자와 관련하여 일반사모집합투자기구등에게 금

136) 투자매매업자·투자중개업자는 i) 해당 투자매매업자·투자중개업자에게 증권 매매거래계좌를 개설하고 있는 자에 대하여 증권의 매매를 위한 매수대금을 융자하거나 매도하려는 증권을 대여하는 방법이나, ii) 해당 투자매매업자·투자중개업자에 증권을 예탁하고 있는 자에 대하여 그 증권을 담보로 금전을 융자하는 방법으로 투자자에게 신용을 공여할 수 있다(令 69조①).

137) 투자매매업자·투자중개업자가 전담중개업무를 제공하는 경우에는 다음과 같은 방법으로 그 전담중개업무를 제공받는 일반사모집합투자기구등에 대하여 신용을 공여할 수 있다(令 69조②).

1. 증권의 매매를 위한 매수대금을 융자하거나 매도하려는 증권을 대여하는 방법
2. 전담중개업무로서 보관·관리하는 일반사모집합투자기구등의 투자자재산인 증권을 담보로 금전을 융자하는 방법

138) [금융투자업규정 4-99조]

2. "전담신용공여"란 영 제69조 제2항에 따라 종합금융투자사업자가 다음 각 목의 어느 하나에 해당하는 방법으로 법 제6조 제10항에 따른 전담중개업무를 제공받는 일반사모집합투자기구등에 대하여 금전을 대출하거나 증권을 대여하는 것을 말한다.
   가. 증권의 매매거래를 위하여 일반사모집합투자기구등에게 제공하는 매수대금의 융자("전담신용거래융자") 또는 매도증권의 대여("전담신용거래대주")
   나. 일반 사모집합투자기구등의 투자자재산인 증권을 담보로 하는 금전의 융자("투자자재산담보융자")

139) 자본시장법에는 기업에 관한 정의 규정이 없는데, 다른 법령(신용보증기금법, 기술신용보증기금법, 「신용정보의 이용 및 보호에 관한 법률」 시행령)의 정의규정과 같이 "사업을 하는 법인과 이들의 단체"로 정의할 수 있고, 또한 SPC도 상법상 회사에 해당하므로 신용공여의 대상인 기업에 포함된다는 것이 금융투자협회의 해석이다.

전의 융자, 그 밖의 신용공여를 할 수 있다. 이 경우 종합금융투자사업자는 일반사모집합투자기구등의 신용공여와 관련한 위험수준에 대하여 평가하고 적정한 수준으로 관리해야 한다(法 77조의3④).

2) 신용공여총액한도 종합금융투자사업자가 기업신용공여, 투자매매업자·투자중개업자로서의 투자자에 대한 신용공여, 일반사모집합투자기구등에 대한 신용공여 등을 하는 경우에는 신용공여의 총 합계액이 자기자본의 200%를 초과할 수 없다. 다만, 종합금융투자사업자 업무의 특성, 해당 신용공여가 종합금융투자사업자의 건전성에 미치는 영향 등을 고려하여 대통령령으로 정하는 경우에는 그러하지 아니하다(法 77조의3⑤).

"대통령령으로 정하는 경우"는 다음과 같다(令 77조의5②).

1. 금융위원회가 정하여 고시하는 방법(금융투자업규정 4-102조의4)에 따라 일반사모집합투자기구등으로부터 받은 담보를 활용하여 제3자로부터 조달한 자금으로 신용공여를 하는 경우
2. 시행령 제68조 제2항 각 호의 업무(기업금융업무)와 관련하여 6개월(規則 7조의5) 이내의 신용공여를 하는 경우
3. 국가, 지방자치단체, 외국 정부, 제362조 제8항 각 호의 금융기관 또는 이에 준하는 외국 금융기관이 원리금의 상환에 관하여 보증한 신용공여(원리금의 상환이 보증된 부분에 한정한다)를 하는 경우

종합금융투자사업자가 제3항 제1호(기업신용공여), 제4항 또는 제72조 제1항 본문에 따라 신용공여를 하는 경우에는 다음 각 호의 신용공여를 제외한 신용공여의 합계액이 자기자본의 100%를 초과할 수 없다(法 77조의3⑥).

1. 「자본시장법」 제71조 제3호에 따른 기업금융업무 관련 신용공여
2. 「중소기업기본법」 제2조 제1항에 따른 중소기업자에 대한 신용공여

3) 동일인한도 종합금융투자사업자로서 신용공여를 하는 경우 동일한 법인 및 그 법인과 대통령령으로 정하는 신용위험을 공유하는 자(令 77조의5③: 「독점규제 및 공정거래에 관한 법률」 제2조 제11호에 따른 같은 기업집단에 속하는 회사)에 대하여 그 종합금융투자사업자의 자기자본의 25%(令 77조의5④)에 해당하는 금액을 초과하는 신용공여를 할 수 없다(法 77조의3⑦).

4) 한도초과 종합금융투자사업자가 추가로 신용공여를 하지 아니하였음

에도 불구하고 자기자본의 변동, 동일차주 구성의 변동 등으로 인하여 제5항부터 제7항까지의 각 한도를 초과하게 되는 경우에는 그 한도를 초과하게 된 날부터 1년 이내에 그 한도에 적합하도록 해야 한다(法 77조의3⑧).

5) 신용공여 대상의 제한 종합금융투자사업자는, ⅰ) 그와 계열회사의 관계에 있는 법인(대통령령으로 정하는 해외법인[140] 포함)에 대한 기업신용공여와, ⅱ) 그 법인이 운용하는 일반사모집합투자기구에 대한 전담중개업무를 제공할 수 없다. 다만, 종합금융투자사업자가 발행주식총수 또는 출자총액의 50% 이상을 소유 또는 출자하거나 대통령령으로 정하는 기준에 의하여 사실상 경영을 지배하는 해외현지법인[141]에 대하여는 대통령령으로 정하는 바[142]에 따라 제3항 제1호에 따른 기업신용공여를 할 수 있다(法 77조의3⑨).

6) 은행법 적용배제 종합금융투자사업자에 대하여는 「한국은행법」과 「은행법」을 적용하지 않는다(法 77조의3⑩). 은행법은 "예금을 받거나 유가증권 또는 그 밖의 채무증서를 발행하여 불특정 다수인으로부터 채무를 부담함으로써 조달한 자금을 대출하는 것을 업으로 하는 것"을 은행업이라고 정의하므로(은행법 2조①1), 종합금융투자사업자의 신용공여업무를 은행법의 적용대상에서 명시적으로 배제하기 위한 것이다.

7) 형사처벌 제77조의3 제5항부터 제7항까지(法 77조의3 제8항에 해당하는 경우는 제외)에 위반하여 신용공여를 한 자, 제77조의3 제8항의 기간 이내에 한도에 적합하도록 하지 아니한 자, 제77조의3 제9항을 위반하여 신용공여를 한 종합금융투자사업자와 그로부터 신용공여를 받은 자는, 5년 이하의 징역 또는 2억원 이하의 벌금에 처한다(法 444조 8의2,3,4호).

---

140) "대통령령으로 정하는 해외법인"이란 종합금융투자사업자가 기업집단에 속하는 경우로서 그 동일인과 「독점규제 및 공정거래에 관한 법률」 시행령 제3조 제1호 나목부터 라목까지의 어느 하나에 해당하는 관계에 있는 외국법인을 말한다(슈 77조의5⑤).

141) "대통령령으로 정하는 기준에 의하여 사실상 경영을 지배하는 해외현지법인"이란 종합금융투자사업자가 발행주식총수 또는 출자총액의 100분의 50 이상을 소유 또는 출자한 해외현지법인이 그 발행주식총수 또는 출자총액의 100분의 50 이상을 소유 또는 출자한 다른 해외현지법인(금융투자업을 영위하고 있는 법인으로 한정한다)을 말한다(슈 77조의5⑥).

142) 법 제77조의3 제9항 단서에 따라 종합금융투자사업자가 해외현지법인에 대해 신용공여를 하는 경우에는 다음 각 호의 구분에 따른 신용공여액에 모두 적합해야 한다(슈 77조의5⑦).
1. 개별 해외현지법인에 대한 신용공여액: 종합금융투자사업자의 자기자본의 100분의 10 이하의 금액
2. 전체 해외현지법인에 대한 신용공여액: 종합금융투자사업자의 자기자본의 100분의 40 이하의 금액

(다) 기타 대통령령으로 정하는 업무

종합금융투자사업자는 해당 종합금융투자사업자의 건전성, 해당 업무의 효율적 수행에 이바지할 가능성 등을 고려하여 종합금융투자사업자에만 허용하는 것이 적합한 업무로서 대통령령으로 정하는 업무를 영위할 수 있다(法 77조의3③2).

1) 장외매매등　　종합금융투자사업자는 증권시장에 상장된 주권, 그 밖에 금융위원회가 정하여 고시하는 금융투자상품에 관하여 동시에 다수의 자를 거래상대방 또는 각 당사자로 하는 장외매매 또는 그 중개·주선이나 대리 업무로서 다음 각 호의 기준에 적합한 업무를 영위할 수 있다(法 77조의3③2, 令 77조의6①1).[143)]

가. 해당 금융투자상품의 매매주문이 금융위원회가 정하여 고시하는 매매금액[(금융투자업규정 4-102조의5) 1. 상장주권: 매매주문금액 1억원 이상, 2. 비상장주권: 매매주문금액 1원 이상] 또는 매매수량 기준을 초과할 것
나. 증권시장에 상장된 주권인 경우 그 주권이 상장된 거래소에서 형성된 매매가격에 근거하여 매매가격을 결정할 것

---

143) 종합금융투자사업자가 장외매매거래에 관한 업무를 수행하는 경우 다음과 같은 기준을 준수해야 한다(令 178조①).

1. 불특정 다수인을 대상으로 협회가 증권시장에 상장되지 않은 주권의 장외매매거래에 관한 업무(法 286조①5)를 수행하거나 종합금융투자사업자가 제77조의6 제1항 제1호에 따라 증권시장에 상장되지 않은 주권의 장외매매거래에 관한 업무를 수행하는 경우: 다음 각 목의 기준에 따를 것
   가. 동시에 다수의 자를 각 당사자로 하여 당사자가 매매하기 위해 제시하는 주권의 종목, 매수하기 위해 제시하는 가격("매수호가") 또는 매도하기 위해 제시하는 가격("매도호가")과 그 수량을 공표할 것
   나. 주권의 종목별로 금융위원회가 정하여 고시하는 단일의 가격 또는 당사자 간의 매도호가와 매수호가가 일치하는 경우에는 그 가격으로 매매거래를 체결시킬 것
   다. 매매거래대상 주권의 지정·해제 기준, 매매거래방법, 결제방법 등에 관한 업무기준을 정하여 금융위원회에 보고하고, 이를 일반인이 알 수 있도록 공표할 것
   라. 금융위원회가 정하여 고시하는 바에 따라 재무상태·영업실적 또는 자본의 변동 등 발행인의 현황을 공시할 것
2. 시행령 제11조 제2항 각 호의 어느 하나에 해당하는 자만을 대상으로 협회가 자본시장법 제286조 제1항 제5호(증권시장에 상장되지 아니한 주권의 장외매매거래에 관한 업무) 및 시행령 제307조 제2항 제5호의2[증권시장에 상장되지 않은 지분증권(주권을 제외한 지분증권)의 장외매매거래에 관한 업무]에 따라 증권시장에 상장되지 않은 지분증권의 장외매매거래에 관한 업무를 수행하는 경우: 다음 각 목의 기준에 따를 것
   가. 매매거래방법 등에 관한 업무기준을 정하여 비상장법인 및 시행령 제11조 제2항 각 호의 어느 하나에 해당하는 자가 알 수 있도록 공표할 것
   나. 그 밖에 금융위원회가 정하여 고시하는 방법으로 업무를 수행할 것

   금융투자협회 또는 종합금융투자사업자 외의 자는 증권시장 및 다자간매매체결회사 외에서 이러한 방법으로 주권 매매의 중개업무를 할 수 없다(令 178조②).

2) 단기금융업무　　종합금융투자사업자는 단기금융업무를 영위할 수 있다(法 77조의3③2, 令 77조의6①2).[144)]

3) 종합투자계좌업무　　종합금융투자사업자는 종합투자계좌 업무를 할 수 있다(法 77조의3③2, 令 77조의6①3).

종합투자계좌란 고객으로부터 예탁받은 자금을 통합하여 기업신용공여 등 금융위원회가 정하여 고시하는 기업금융 관련 자산("기업금융관련자산")[145)] 등에

---

144) 종합금융투자사업자는 단기금융업무를 하는 경우 다음 기준을 준수하여야 한다(令 77조의6②).

1. 고객으로부터 단기금융업무를 통하여 조달한 자금의 합계가 자기자본의 200% 이내일 것. 이 경우 구체적인 비율 산정방식 및 비율 충족 여부에 대한 기준 등 필요한 사항은 금융위원회가 정하여 고시한다.
2. 제1호에 따른 자금으로 운용한 자산을 고유재산과 금융위원회가 정하여 고시하는 방법으로 구분하여 관리할 것
3. 제1호에 따른 자금의 50% 이상을 기업금융관련자산에 운용할 것. 이 경우 구체적인 비율 산정방식 및 비율 충족 여부에 대한 기준 등 필요한 사항은 금융위원회가 정하여 고시한다.
4. 제3호의 방법으로 운용하고 남은 자금을 다음 각 목의 어느 하나에 해당하는 방법으로 운용하지 아니할 것
   가. 개인에 대한 신용공여
   나. 기업금융업무와 관련이 없는 파생상품에 대한 투자
   다. 그 밖에 기업금융업무와 관련성이 없거나 종합금융투자사업자의 경영건전성을 해할 우려가 있는 것으로서 금융위원회가 정하여 고시하는 운용방법
5. 제1호에 따른 자금의 30% 이내에서 금융위원회가 정하여 고시하는 비율을 초과하여 부동산, 부동산 관련 증권 등 금융위원회가 정하여 고시하는 부동산 관련 자산(이하 이 조에서 "부동산관련자산"이라 한다)에 운용하지 아니할 것. 다만, 종합금융투자사업자의 해외 대규모 프로젝트 지원을 위한 경우로서 금융위원회가 정하여 고시하는 경우에는 금융위원회가 별도로 정하여 고시하는 비율까지 운용할 수 있다.
6. 제326조부터 제328조까지의 규정을 준수할 것. 이 경우 "종합금융회사"는 "종합금융투자사업자"로 본다.
7. 그 밖에 기업금융업무와의 관련성 및 종합금융투자사업자의 경영건전성 유지 등을 고려하여 금융위원회가 정하여 고시하는 기준을 준수할 것

145) [금융투자업규정 4-102조의6] ① 영 제77조의6 제1항 제3호에서 "금융위원회가 정하여 고시하는 기업금융 관련 자산"이란 다음 각 호의 어느 하나에 해당하는 것을 말한다.

1. 법 제77조의3 제3항 제1호에 따른 기업에 대한 신용공여 업무를 영위하면서 취득한 대출채권 또는 어음(기업어음증권에 해당하지 아니하는 어음을 말한다)
2. 발행인 또는 인수인으로부터 직접 취득한 발행인이 기업인 증권
3. 프로젝트파이낸싱을 위해 설립된 특수목적기구에 대한 출자지분 및 대출채권
4. 다음 각 목의 어느 하나에 해당하는 기구에 대한 출자지분
   가. 영 제6조 제4항 제14호에 따른 기업인수목적회사
   나. 사모집합투자기구(법 제249조의7 제5항 각 호의 방법으로 집합투자재산을 운용하는 경우로 한정한다)
   다. 집합투자재산의 90% 이상을 다음의 어느 하나에 해당하는 방법으로 운용하는 사모

운용하고, 그 결과 발생한 수익을 고객에게 지급하는 것을 목적으로 종합금융투자사업자가 개설한 계좌를 말한다.

13. 온라인소액투자중개업자

(1) 의 의

온라인소액투자중개란 온라인상에서 누구의 명의로 하든지 타인의 계산으로 일정한 범위의 발행인(1.「중소기업창업 지원법」 제2조 제3호에 따른 창업기업 중 대통령령으로 정하는 자, 2. 그 밖에 대통령령으로 정하는 요건에 부합하는 자)이 대통령령으로 정하는 방법으로 발행하는 채무증권, 지분증권, 투자계약증권의 모집 또는 사모에 관한 중개를 말하고, 온라인소액투자중개업자란 이를 영업으로 하는 투자중개업자를 말한다(法 9조㉗).[146)]

(가) 적격발행인

온라인소액투자중개를 통하여 증권을 발행할 수 있는 발행인은 다음과 같다(法 9조㉗).

1.「중소기업창업 지원법」 제2조 제3호에 따른 창업기업 중 대통령령으로 정하는 자(令 14조의5①).
2. 그 밖에 대통령령으로 정하는 요건에 부합하는 자(令 14조의5②).

집합투자기구
(1) 기업에 대한 대출채권의 매입
(2) 보유재산의 90% 이상을 (1)의 방법으로 운용하는 투자목적회사에 대한 출자
라. 영 제6조 제1항 각 호에 따른 법률에 따라 설립된 투자기구
마. 그 밖에 금융감독원장이 정하는 투자기구
5. 코넥스시장에 주권을 상장한 법인의 주권
6. 신용평가업자로부터 투자부적격 등급, 투자적격 등급 중 최하위 등급 또는 차하위 등급을 받은 회사채(단기사채는 제외한다)
7. 그 밖에 기업 자금 조달과의 관련성을 감안하여 금융감독원장이 정하는 자산

146) 온라인 플랫폼을 이용해 다수의 소액투자자로부터 자금을 조달하는 방식인 크라우드펀딩(crowdfunding)을 도입한 개정 자본시장법은 2016년 1월부터 시행되었는데, 개정법은 온라인을 통한 소액의 증권공모에 대해 발행공시규제를 대폭 완화하고 투자자보호를 위한 규제장치를 마련함으로써 크라우드펀딩이 신뢰성 있고 지속가능한 자금조달 수단으로 안착할 수 있도록 하였다. 자본시장법의 크라우드펀딩 규정은 2012년 4월 제정된 미국의 JOBS 법(Jumpstart Our Business Startups Act) 제3편의 CROWDFUND Act를 모범으로 하였다. 미국의 SEC는 2015년 10월 Regulation Crowdfunding을 제정하였다. [CROWDFUND Act는 Capital Raising Online While Deterring Fraud and Unethical Non-Disclosure Act of 2012의 약칭이다. 한편으로는 대중을 의미하는 crowd와 자금조달을 의미하는 funding을 결합한 용어이기도 하다.]

제1호의 "대통령령으로 정하는 자"란 다음 중 어느 하나에 해당하지 않는 자를 말한다(슈 14조의5①).

1. 주권상장법인(법 제9조 제15항 제3호에 따른 주권상장법인을 말한다. 이하 이 호에서 같다). 다만, 다음 각 목에 모두 해당하는 주권상장법인은 제외한다.
   가. 코넥스시장에 주권을 신규로 상장한 법인으로서 그 상장일부터 3년이 경과하지 않은 법인
   나. 법 제119조 또는 법 제130조에 따른 방식으로 증권의 모집 또는 매출을 한 실적이 없는 법인
2. 다음과 같은 업종을 하는 자. 다만, 창업기업(「중소기업창업지원법」 2조 3호)의 원활한 자금조달의 필요성이 인정되는 업종(업종의 분류는 통계법에 따라 통계청장이 고시하는 한국표준산업분류를 기준으로 한다)으로서 금융위원회가 정하여 고시하는 업종을 하는 자는 제외한다.
   가. 금융 및 보험업
   나. 부동산업
   다. 일반 유흥주점업, 무도 유흥주점업 및 기타 주점업
   라. 무도장 운영업
   마. 그 밖에 다수의 일반투자자로부터 자금을 조달하는 것이 바람직하지 않은 업종으로서 금융위원회가 정하여 고시하는 업종

제2호의 "대통령령으로 정하는 요건에 부합하는 자"는 다음과 같다(슈 14조의5②).

1. 「벤처기업육성에 관한 특별조치법」에 따른 벤처기업 또는 「중소기업 기술혁신 촉진법」에 따른 기술혁신형 중소기업이나 경영혁신형 중소기업으로서 자본시장법 시행령 제14조의5 제1항 제2호에 해당하지 않는 자
2. 「중소기업법」 제2조에 따른 중소기업으로서 다음 요건을 모두 충족하는 자
   가. 「벤처투자 촉진에 관한 법률」 제37조 제1항 제6호에 따른 투자의 대상이 되는 사업으로서 금융위원회가 정하여 고시하는 분야[금융투자업규정 1-9조②: 시행령 제1항 제2호 각 목의 어느 하나에 해당하는 업종을 제외한 분야]와 관련된 사업을 할 것
   나. 중소기업이 1개 이상의 다른 기업(중소기업이 아닌 기업을 포함)과 공동으로 가목에 따른 사업을 하는 경우에는 금융위원회가 정하여 고시하는 기준[금융투자업규정 1-9조③: 사업의 수익 지분 중 중소기업의 비중이 50% 이상인 것]을 갖출 것
3. 「중소기업기본법」 제2조에 따른 중소기업으로서 「사회적기업 육성법」 제2조 제1호에 따른 사회적기업에 해당하는 자

(나) 적격발행증권

온라인소액투자중개를 통하여 발행할 수 있는 증권은 대통령령으로 정하는 방법으로 발행하는 채무증권, 지분증권, 투자계약증권 등이다(法 9조㉗). 따라서 수익증권, 파생결합증권 등은 온라인소액투자중개를 통하여 발행할 수 있는 증권이 아니다.

대통령령으로 정하는 방법이란, 온라인소액투자중개업자의 인터넷 홈페이지[이동통신단말장치에서 사용되는 애플리케이션(Application), 그 밖에 이와 비슷한 응용프로그램을 통하여 온라인소액투자중개업자가 가상의 공간에 개설하는 장소를 포함한다]에 게재한 사항에 관하여온라인소액증권발행인과 투자자 간, 투자자 상호간에 해당 인터넷 홈페이지에서 의견의 교환이 이루어질 수 있도록 한 후에 채무증권, 지분증권 또는 투자계약증권을 발행하는 방법을 말한다(令 14조의4①).

(다) 모집 또는 사모에 관한 중개

모집 또는 사모에 관한 중개는 새로 발행되는 증권에 대하여 온라인소액증권발행인을 위하여 다음과 같은 행위를 하는 것을 말한다.

1. 투자자에게 그 증권의 취득에 관한 청약을 권유하는 행위
2. 제1호의 행위 외에 직접 또는 간접으로 온라인소액증권발행인과 그 증권의 모집 또는 사모를 분담하는 행위
3. 투자자로부터 그 증권의 취득에 관한 청약을 받아 온라인소액증권발행인에게 전달하는 행위

(2) 온라인소액투자중개업자에 대한 규제

(가) 진입규제

1) 등록요건 · 등록유지요건 자본시장법에 따라 온라인소액투자중개업자 등록을 하지 아니한 자는 온라인소액투자중개를 할 수 없다(法 117조의3). 투자중개업 인가를 받은 금융투자업자도 온라인소액투자중개업을 영위하려면 별도의 등록을 해야 한다. 온라인소액투자중개업자 등록을 하려는 자는 다음 요건을 모두 갖추어야 한다(法 117조의4②).

1. 다음과 같은 자일 것
   가. 상법에 따른 주식회사일 것
   나. 외국 온라인소액투자중개업자(외국 법령에 따라 외국에서 온라인소액투자중개

에 상당하는 영업을 영위하는 자)로서 온라인소액투자중개에 필요한 지점, 그 밖의 영업소를 설치한 자
2. 5억원(令 118조의4①) 이상의 자기자본을 갖출 것
3. 사업계획이 타당하고 건전할 것(令 118조의4②)
4. 투자자의 보호가 가능하고 그 영위하고자 하는 업을 수행하기에 충분한 인력과 전산설비, 그 밖의 물적 설비를 갖출 것(令 118조의4③)
5. 임원이 금융사지배구조법 제5조에 적합할 것
6. 대주주(제12조 제2항 제6호 가목의 대주주)147)나 외국 온라인소액투자중개업자가 충분한 출자능력, 건전한 재무상태 및 사회적 신용을 갖출 것(令 118조의4④)
7. 경영건전성기준 등 대통령령으로 정하는 건전한 재무상태와 법령 위반사실이 없는 등 대통령령으로 정하는 건전한 사회적 신용을 갖출 것(令 118조의4⑤)
8. 온라인소액투자중개업자와 투자자 간, 특정 투자자와 다른 투자자 간의 이해상충을 방지하기 위한 체계로서 대통령령으로 정하는 요건을 갖출 것(令 118조의4⑥)

온라인소액투자중개업자는 등록 이후 그 영업을 영위하는 경우 등록요건(제7호는 제외하며, 제2호 및 제6호의 경우에는 대통령령으로 정하는 완화된 요건, 令 118조의6)을 유지해야 한다(法 117조의4⑧).

2) 등록절차 온라인소액투자중개업자 등록을 하려는 자는 등록신청서를 금융위원회에 제출해야 한다(法 117조의4③). 금융위원회는 등록신청서를 접수한 경우에는 그 내용을 검토하여 2개월 이내에 등록 여부를 결정하고, 그 결과와 이유를 지체 없이 신청인에게 문서로 통지해야 한다. 이 경우 등록신청서에 흠결이 있는 때에는 보완을 요구할 수 있다(法 117조의4④). 2개월의 검토기간을 산정할 때 등록신청서 흠결의 보완기간 등 총리령으로 정하는 기간은 검토기간에 산입하지 아니한다(法 117조의4⑤). 금융위원회는 등록 여부를 결정할 때 다음과 같은 사유가 없으면 등록을 거부할 수 없다(法 117조의4⑥).

1. 등록요건(제2항)을 갖추지 아니한 경우
2. 등록신청서(제3항)를 거짓으로 작성한 경우
3. 보완요구(제4항 후단)를 이행하지 아니한 경우

금융위원회는 등록을 결정한 경우 온라인소액투자중개업자등록부에 필요한

147) 제12조 제2항 제6호 가목의 대주주는, 최대주주의 특수관계인인 주주를 포함하며 최대주주가 법인인 경우 그 법인의 중요한 경영사항에 대하여 사실상 영향력을 행사하고 있는 자로서 대통령령으로 정하는 자를 포함한다.

사항을 기재하여야 하며, 등록결정한 내용을 관보 및 인터넷 홈페이지 등에 공고해야 한다(法 117조의4⑦).

㈏ 유사명칭 사용 금지

1) 금융투자 등 유사명칭 사용 금지　　다른 금융투자업(투자중개업 중 온라인소액투자중개에 해당하지 않는 것을 포함)을 영위하지 않는 온라인소액투자중개업자는 상호에 "금융투자" 및 이와 유사한 의미를 가지는 외국어 문자로서 대통령령으로 정하는 문자[令 118조의7: "financial investment"(그 한글표기문자 포함)나 그와 비슷한 의미를 가지는 다른 외국어문자(그 한글표기문자 포함)]를 사용할 수 없다(法 117조의5①).

2) 온라인소액투자중개 등 유사명칭 사용 금지　　온라인소액투자중개업자가 아닌 자는 "온라인소액투자중개" 또는 이와 유사한 명칭을 사용할 수 없다(法 117조의5②).

㈐ 지배구조

1) 대주주변경보고　　온라인소액투자중개업자는 대주주가 변경된 경우에는 이를 2주 이내에 금융위원회에 보고해야 한다(法 117조의6①).

2) 내부통제기준　　온라인소액투자중개업자는 그 임직원이 직무를 수행할 때 준수하여야 할 적절한 기준 및 절차로서 대통령령으로 정하는 사항을 포함하는 내부통제기준(令 118조의8①)을 정해야 한다(法 117조의6②).

3) 적용배제규정　　자본시장법 제28조(내부통제기준 및 준법감시인), 제28조의2(파생상품업무책임자), 제29조(소수주주권), 제30조(재무건전성 유지), 제31조(경영건전성기준)는 온라인소액투자중개업자에 대하여 적용하지 아니한다(法 117조의6③).

㈑ 영업행위규제

1) 금지행위　　온라인소액투자중개업자는 다음과 같은 행위를 할 수 없다.

1. 자신이 온라인소액투자중개를 하는 증권을 자기의 계산으로 취득하거나, 증권의 발행 또는 그 청약을 주선 또는 대리하는 행위(法 117조의7②)
2. 온라인소액투자중개를 통하여 증권을 발행하는 자("온라인소액증권발행인")의 신용 또는 투자 여부에 대한 투자자의 판단에 영향을 미칠 수 있는 자문이나 온라인소액증권발행인의 경영에 관한 자문에 응하는 행위(法 117조의7③)
3. 투자자가 청약의 내용, 투자에 따르는 위험, 증권의 매도 제한, 증권의 발행조건

과 온라인소액증권발행인의 재무상태가 기재된 서류 및 사업계획서의 내용을 충분히 확인하였는지의 여부를 투자자의 서명 등 대통령령으로 정하는 방법[令 118조의9: 1. 투자자로부터 서명(전자서명법에 따른 전자서명을 포함)을 받는 방법, 2. 전자우편, 그 밖에 이와 비슷한 전자통신 방법, 3. 그 밖에 금융위원회가 정하여 고시하는 방법]으로 확인하기 전에 그 청약의 의사 표시를 받는 행위(法 117조의7④)

4. 투자자가 청약의 의사를 표시하지 아니한 상태에서 투자자의 재산으로 증권의 청약을 하는 행위(法 117조의7⑥)
5. 온라인소액증권발행인에 관한 정보의 제공, 청약주문의 처리 등의 업무를 수행할 때 특정한 온라인소액증권발행인 또는 투자자를 부당하게 우대하거나 차별하는 행위. 다만, 투자자가 청약의 의사를 먼저 표시하는 등 대통령령으로 정하는 정당한 사유가 있는 경우[令 118조의10①: 1. 투자자가 증권의 취득에 관한 청약의 권유를 받지 아니하고 그 청약의 의사를 표시하는 경우, 2. 온라인소액증권발행인의 요청이 있는 경우, 3. 그 밖에 건전한 거래질서 및 투자자 보호를 저해할 우려가 크지 아니한 경우로서 금융위원회가 정하여 고시하는 경우]에는 그러하지 아니하다(法 117조의7⑦).

2) 증권청약권유행위의 금지　　온라인소액투자중개업자는 다음과 같은 행위를 제외하고는 증권의 청약을 권유하는 일체의 행위를 할 수 없다(法 117조의7⑩).

1. 제117조의9 제1항 본문에 따른 투자광고를 자신의 인터넷 홈페이지에 게시하거나 같은 항 단서에 따라 같은 항 각 호의 사항을 제공하는 행위
2. 제117조의10제2항에 따라 온라인소액증권발행인이 게재하는 내용을 자신의 인터넷 홈페이지에 게시하는 행위
3. 자신의 인터넷 홈페이지를 통하여 자신이 중개하는 증권 또는 그 온라인소액증권발행인에 대한 투자자들의 의견이 교환될 수 있도록 관리하는 행위. 다만, 온라인소액투자중개업자는 자신의 인터넷 홈페이지를 통하여 공개되는 투자자들의 의견을 임의로 삭제하거나 수정하여서는 아니 된다.
4. 사모의 방식으로 증권의 청약을 권유하는 경우, 온라인소액투자중개업자가 개설한 홈페이지에 온라인소액증권발행인이 게재하는 내용(法 117조의10②)을 특정 투자자에게 전송하는 행위

3) 기타 규제　　온라인소액투자중개업자는 온라인소액증권발행인의 요청에 따라 투자자의 자격 등을 합리적이고 명확한 기준에 따라 제한할 수 있고(法

117조의7⑤), 증권의 청약기간이 만료된 경우에는 증권의 청약 및 발행에 관한 내역을 금융위원회가 정하여 고시하는 방법에 따라 지체 없이 투자자에게 통지하여야 하고(法 117조의7⑧), 증권의 발행한도와 투자자의 투자한도가 준수될 수 있도록 필요한 조치를 취해야 한다(法 117조의15⑨).

4) 적용배제규정 온라인소액투자중개업자는 투자중개업자와 달리 투자자의 계좌를 관리하지 않고 단순히 발행주선 업무만 한다는 특성을 고려하여 자본시장법상 영업행위규제 관련 규정 중 상당부분의 적용이 배제된다. 자본시장법상 금융투자업자에 대한 공통 영업행위 규칙 중 제40조(금융투자업자의 다른 금융업무 영위), 제48조, 제50조부터 제53조까지, 제61조(소유증권의 예탁)와, 투자중개업자에 대한 영업행위 규칙 중 제66조 부터 제70조까지, 제72조 부터 제77조까지, 제77조의2(종합금융투자사업자의 지정 등), 제77조의3(종합금융투자사업자에 관한 특례), 제78조(다자간매매체결회사에 관한 특례)는 및 「금융소비자 보호에 관한 법률」 제17조부터 제19조까지(적합성원칙, 적정성원칙, 설명의무), 제21조(부당권유행위 금지), 제23조(계약서류 제공의무), 제25조 제1항(금융상품판매대리 · 중개업자의 금지행위), 제26조(금융상품판매대리 · 중개업자의 고지의무), 제44조부터 제46조까지의 규정(손해배상책임, 청약철회)은 온라인소액투자중개업자에게 적용하지 아니한다(法 117조의7①). 다만, 투자중개업자의 불건전 영업행위의 금지를 규정한 제71조는 적용된다.

5) 청약증거금의 관리 온라인소액투자중개업자는 투자자로부터 일체의 금전 · 증권, 그 밖의 재산의 보관 · 예탁을 받아서는 아니 되고(法 117조의8①), 투자자의 청약증거금이 대통령령으로 정하는 은행(令 118조의11) 또는 증권금융회사에 예치 또는 신탁되도록 해야 한다(法 117조의8②). 온라인소액투자중개업자는 은행 또는 증권금융회사에 예치 또는 신탁된 투자자의 청약증거금이 투자자의 재산이라는 뜻을 밝혀야 하고(法 117조의8③), 은행 또는 증권금융회사에 예치 또는 신탁된 투자자의 청약증거금을 상계 · 압류(가압류를 포함)하지 못하며, 대통령령으로 정하는 경우[148] 외에는 은행 또는 증권금융회사에 예치 또는 신탁된 투

148) "대통령령으로 정하는 경우"란 다음과 같은 경우를 말한다(令 118조의12).

1. 온라인소액투자중개업자가 다른 회사에 흡수합병되거나 다른 회사와 신설합병함에 따라 그 합병에 의하여 존속되거나 신설되는 회사에 청약증거금 관리기관(법 제117조의8 제2항에 따른 은행 또는 증권금융회사를 말한다.)에 예치 또는 신탁한 청약증거금을 양도하는 경우

자자의 청약증거금을 양도하거나 담보로 제공하여서는 아니 되고(法 117조의8④), 등록취소, 해산결의 등 대통령령으로 정하는 사유가 발생한 경우(令 118조의13①) 은행 또는 증권금융회사에 예치 또는 신탁된 투자자의 청약증거금이 투자자에게 우선하여 지급될 수 있도록 조치해야 한다(法 117조의8⑤). 청약증거금 관리기관은 예치 또는 신탁된 투자자의 청약증거금을 자기재산과 구분하여 신의에 따라 성실하게 관리해야 한다(法 117조의8⑥, 令 118조의14①).

6) 사실확인 온라인소액투자중개업자는 온라인소액투자중개 전에 해당 온라인소액증권발행인에 관한 다음 사항에 관한 사실을 확인해야 한다(法 117조의11①).

1. 온라인소액증권발행인의 재무상황
2. 온라인소액증권발행인의 사업계획이 투자자 보호를 위하여 대통령령으로 정하는 항목(令 118조의18①)을 포함하였는지 여부
3. 온라인소액증권발행인의 대표자 및 경영진의 이력
4. 모집 자금의 사용 계획이 투자자 보호를 위하여 대통령령으로 정하는 항목(令 118조의18②)을 포함하였는지 여부
5. 그 밖에 온라인소액증권발행인의 신뢰성을 확인할 수 있는 사항으로서 대통령령으로 정하는 사항(令 118조의18③)

7) 손해배상책임 온라인소액투자중개업자가 개설한 홈페이지에 게재한 증권의 발행조건과 재무상태 등을 기재한 서류 또는 사업계획서(정정하여 게재한 경우를 포함) 중 중요사항에 관한 거짓의 기재 또는 표시가 있거나, 중요사항이 기재 또는 표시되지 아니함으로써 온라인소액투자중개를 통하여 증권을 취득한 자가 손해를 입은 경우에는 다음과 같은 자는 그 손해에 관하여 배상책임을 진다. 다만, 배상의 책임을 질 자가 상당한 주의를 하였음에도 불구하고 이를 알 수 없었음을 증명하거나 그 증권의 취득자가 취득의 청약을 할 때에 그 사실을 안 경우에는 배상의 책임을 지지 아니한다(法 117조의12①).

---

2. 온라인소액투자중개업자가 온라인소액투자중개업의 전부나 일부를 양도하는 경우로서 양도내용에 따라 양수회사에 청약증거금 관리기관에 예치 또는 신탁한 청약증거금을 양도하는 경우
3. 그 밖에 투자자의 보호를 해칠 염려가 없는 경우로서 금융위원회가 정하여 고시하는 경우(금융투자업규정 4-112조: 온라인소액투자중개업자 영업의 전부 또는 일부의 정지, 결제불이행, 파산 및 회생절차의 개시신청, 그 밖에 이에 준하는 사유가 발생하여 금융감독원장의 동의를 얻어 양도하는 경우)

1. 온라인소액증권발행인
2. 그 증권의 발행조건과 재무상태 등을 기재한 서류 또는 사업계획서의 작성 당시의 온라인소액증권발행인의 대표자 또는 이사(이사가 없는 경우에는 이에 준하는 자, 법인의 설립 전에 작성된 경우에는 그 발기인)
3. 상법상 업무집행관여자(商法 401조의2①로서 그 증권의 발행조건과 재무상태 등을 기재한 서류 또는 사업계획서의 작성을 지시하거나 집행한 자
4. 그 증권의 발행조건과 재무상태 등을 기재한 서류 또는 사업계획서가 진실 또는 정확하다고 증명하여 서명한 공인회계사·감정인 또는 신용평가를 전문으로 하는 자 등(그 소속 단체를 포함) 대통령령으로 정하는 자[149)]
5. 그 증권의 발행조건과 재무상태 등을 기재한 서류 또는 사업계획서에 자기의 평가·분석·확인 의견이 기재되는 것에 동의하고 그 기재 내용을 확인하는 자

제1항에 따른 손해배상액의 산정에 관하여는 제126조(증권신고서·투자설명서의 거짓의 기재 등으로 인한 배상책임)를 준용한다(法 117조의12②). 제1항에 따른 배상의 책임은 그 청구권자가 해당 사실을 안 날부터 1년 이내 또는 해당 증권의 청약기간의 종료일 전 7일부터 3년 이내에 청구권을 행사하지 아니한 경우에는 소멸한다(法 117조의12③).

8) 검사 및 조치 규정 적용배제　　금융감독원장의 금융투자업자에 대한 검사에 관한 규정(法 419조②~④,⑧)은 온라인소액투자중개업자에게 적용하지 않는다(法 117조의16).

(3) 발행인에 대한 규제

(가) 발행한도

온라인소액투자중개의 방법으로 다음 각 호에 모두 해당하는 금액 이하의 증권을 모집하는 경우에는 제119조(모집·매출의 신고서) 및 제130조(신고서를 제출하지 않는 모집·매출: 소액공모)를 적용하지 아니한다(法 117조의10①, 令 118조의15①).[150)]

---

149) "대통령령으로 정하는 자"란 공인회계사, 감정인, 신용평가를 전문으로 하는 자, 변호사, 변리사 또는 세무사, 그 밖에 공인된 자격을 가진 자(그 소속 단체를 포함)을 말한다(令 118조의19).

150) 15억원 산정시 전문투자자등(令 118조의17②)이 온라인소액증권발행인으로부터 증권을 취득하면서 예탁결제원과 다음 사항을 내용으로 하는 계약을 체결한 경우 그 자가 증권 대금으로 납입하는 금액은 제외한다(令 118조의15②).

1. 그 증권을 취득한 후 지체 없이 예탁결제원에 예탁하거나 보호예수할 것
2. 제1호에 따른 예탁 또는 보호예수한 날부터 1년 동안 그 증권을 인출하거나 다른 자에

1. 온라인소액투자중개를 통하여 모집하려는 증권의 모집가액과 해당 모집일부터 과거 1년 동안 이루어진 증권의 모집가액(해당 모집가액 중 채무증권의 상환액은 제외한다) 각각의 합계액이 30억원 이하인 경우. 이 경우 채무증권의 합계액은 15억원을 그 한도로 한다.
2. 시행령 제11조 제1항에 따라 합산을 하는 경우에는 그 합산의 대상이 되는 모든 청약의 권유(해당 권유액 중 채무증권의 상환액은 제외한다) 각각의 합계액이 30억원 이하인 경우. 이 경우 채무증권의 합계액은 15억원을 그 한도로 한다.

㈏ 발행취소

온라인소액투자중개의 방법으로 증권을 모집하는 경우 청약금액이 모집예정금액에 80%(令 118조의16⑤)을 곱한 금액에 미달하는 때에는 그 발행을 취소해야 한다(法 117조의10③).[151]

㈐ 발행인의 정보제공방법

온라인소액증권발행인은 투자자를 보호하기 위하여 증권의 발행조건과 재무상태, 사업계획서 및 그 밖에 대통령령으로 정하는 사항(令 118조의16①,②)을 온라인소액투자중개업자가 개설한 홈페이지에 게재하고, 그 밖에 대통령령으로 정하는 조치(令 118조의16③)를 해야 한다(法 117조의10②).

온라인소액증권발행인은 증권의 청약기간의 종료일부터 7일 전까지 온라인소액투자중개업자가 관리하는 인터넷 홈페이지(法 117조의7⑩3)를 통하여 투자자의 투자판단에 도움을 줄 수 있는 정보를 제공할 수 있다. 다만, 대통령령으로 정하는 바에 따라 투자자의 투자판단에 영향을 미칠 수 있는 중요한 사항을 포함하고 있는 정보가 게재의 내용과 상이한 경우에는 게재의 내용을 즉시 정정하고 온라인소액투자중개업자가 관리하는 인터넷 홈페이지를 통하여 정정 게재(정정 게재일이 청약기간의 말일부터 7일 이내인 경우에는 청약기간의 말일은 그 게재일부터 7일 후로 변경된 것으로 본다)해야 한다(法 117조의10④, 令 118조의16⑥).

㈑ 발행인 · 대주주의 지분매도제한

온라인소액증권발행인과 그 대주주(온라인소액투자중개의 방법으로 자금을 모집하기 직전을 기준으로 한 대주주)는 온라인소액증권발행인이 온라인소액투자중개 방식으로 증권을 발행한 후 1년(令 118조의17①) 동안은 보유한 온라인소액증

게 매도하지 아니할 것

151) 부족분이 아니고 발행 전체가 취소된다. 미국에서는 청약금액이 모집예정금액의 100%에 미달하면 발행이 취소된다.

권발행인의 지분을 누구에게도 매도할 수 없다(法 117조의10⑤).

⑷ 투자자에 대한 규제

㈎ 투지한도

투자자(전문투자자 등 대통령령으로 정하는 자를 제외)가 온라인소액투자중개를 통하여 투자하는 금액은 다음 한도를 초과할 수 없다(法 117조의10⑥, 令 118조의17④).

1. 소득 등 대통령령으로 정하는 요건을 갖춘 자[152)]
   가. 최근 1년간 동일 온라인소액증권발행인에 대한 누적투자금액: 1천만원
   나. 최근 1년간 누적투자금액: 2천만원
2. 제1호의 요건을 갖추지 못한 자
   가. 최근 1년간 동일 온라인소액증권발행인에 대한 누적투자금액: 500만원
   나. 최근 1년간 누적투자금액: 1천만원

㈏ 예탁과 양도제한

투자자는 온라인소액투자중개를 통하여 발행된 증권을 지체 없이 제309조 제5항[153)]에서 정하는 방법으로 예탁결제원에 예탁하거나 보호예수하여야 하며, 그 예탁일 또는 보호예수일부터 6개월간 해당 증권(증권에 부여된 권리의 행사로 취득하는 증권을 포함)을 매도, 그 밖의 방법으로 양도할 수 없다. 다만, 다음과 같은 경우에는 증권을 매도하거나 양도할 수 있다(法 117조의10⑦).[154)]

---

152) "대통령령으로 정하는 요건을 갖춘 자"란 다음과 같다(令 118조의17③).
1. 개인인 경우: 다음 각 목의 어느 하나에 해당하는 사람
   가. 소득세법상 이자소득 및 배당소득의 합계액이 종합과세기준금액을 초과하는 사람
   나. 직전 과세기간의 사업소득금액과 근로소득금액의 합계액이 1억원을 초과하는 사람
   다. 최근 2년간 온라인소액투자중개(증권의 사모에 관한 중개는 제외한다)를 통하여 5회 이상 자한 사람으로서 그 누적 투자금액이 1천5백만원 이상인 사람
   라. 그 밖에 창업기업·벤처기업 등에 대한 투자의 전문성 등을 고려하여 금융위원회가 정하여 고시하는 사람
2. 법인인 경우: 최근 사업연도말 현재 자기자본이 10억원을 초과하는 법인

153) [法 제309조⑤] 예탁자 또는 그 투자자가 증권등을 인수 또는 청약하거나, 그 밖의 사유로 새로 증권등의 발행을 청구하는 경우에 그 증권등의 발행인은 예탁자 또는 그 투자자의 신청에 의하여 이들을 갈음하여 예탁결제원을 명의인으로 하여 그 증권등을 발행할 수 있다.

154) 자본시장법 제117조의10 제7항 단서에 따라 다른 투자자로부터 증권을 매수한 자(제5항 제4호에 해당하는 자는 제외)는 같은 항 본문에 따라 그 증권이 예탁결제원에 예탁 또는 보호예수된 날부터 1년 동안 그 증권(증권에 부여된 권리의 행사로 취득하는 증권을 포함)을 매도, 그 밖의 방법으로 양도할 수 없다. 다만, 법 제117조의10제7항 각 호의 어느 하나에 해당하는 자에 대하여는 그 증권을 매도할 수 있다(令 118조의17⑥).

1. 전문투자자에 대한 매도
2. 해당 증권의 투자 손실가능성 및 낮은 유통 가능성 등을 인지하고 있는 자로서 대통령령으로 정하는 자(令 118조의17⑤)에 대한 매도

㈐ 투자자의 청약철회

투자자는 온라인소액투자중개를 통하여 발행되는 증권의 청약기간의 종료일까지 대통령령으로 정하는 바에 따라[155] 청약의 의사를 철회할 수 있다. 이 경우 온라인소액투자중개업자는 그 투자자의 청약증거금을 지체 없이 반환해야 한다(法 117조의10⑧).

⑸ 투자광고의 특례

온라인소액투자중개업자 또는 온라인소액증권발행인은 온라인소액투자중개업자가 개설한 인터넷 홈페이지 이외의 수단을 통해서 투자광고를 할 수 없다. 다만, 온라인소액투자중개업자 또는 온라인소액증권발행인은 다른 매체를 이용하여 일정한 사항을 제공할 수 있다(法 117조의9①). 온라인소액투자중개업자 또는 온라인소액증권발행인이 아닌 자는 온라인소액투자중개에 대한 투자광고를 할 수 없다(法 117조의9②). 온라인소액투자중개업자 또는 온라인소액증권발행인이 투자광고를 하는 경우 자본시장법에서 규정하지 아니한 사항은 「금융소비자 보호에 관한 법률」의 광고에 관한 제22조의 투자성 상품 관련 규정을 준용해야 할 것이다(法 117조의9③).[156]

⑹ 중앙기록관리기관

온라인소액투자중개업자는 온라인소액증권발행인으로부터 증권의 모집 또는 사모의 중개에 관한 의뢰를 받거나 투자자로부터 청약의 주문을 받은 경우 의뢰 또는 주문의 내용, 온라인소액증권발행인과 투자자에 대한 정보 등 대통령령으로

155) 온라인소액투자중개를 통하여 발행되는 증권의 취득에 관한 청약을 한 투자자가 법 제117조의10 제8항에 따라 증권의 청약기간 종료일까지 그 청약의 의사를 철회하는 경우에는 온라인소액투자중개업자의 인터넷 홈페이지를 통하여 전자문서(「전자문서 및 전자거래 기본법」에 따른 전자문서)의 방법으로 온라인소액투자중개업자에게 그 철회의 의사를 표시해야 한다. 이 경우 온라인소액투자중개업자는 그 인터넷 홈페이지에 해당 투자자가 청약의 의사를 철회할 수 있는 조치를 마련해야 한다(令 118조의17⑦).

156) 자본시장법 제117조의9 제3항은 "온라인소액투자중개업자 또는 온라인소액증권발행인이 투자광고를 하는 경우 이 조에서 규정하지 아니한 사항은 제57조를 준용한다."라고 규정하지만, 자본시장법 제57조는 「금융소비자 보호에 관한 법률」 제정에 따라 삭제되었으므로 「금융소비자 보호에 관한 법률」 제22조(금융상품등에 관한 광고 관련 준수사항)의 투자성 상품 관련 규정이 준용대상일 것이다. 이 부분은 향후 정비가 필요한 규정이다.

정하는 자료(令 118조의20①)를 지체 없이 중앙기록관리기관(대통령령으로 정하는 바에 따라 온라인소액투자중개업자로부터 온라인소액증권발행인과 투자자에 대한 정보를 제공받아 관리하는 기관)에 제공하여야 하고(法 117조의13①, 令 118조의20②,③), 제117조의7 제9항(증권의 발행한도와 투자자의 투자한도)에 따른 조치를 하기 위하여 필요한 사항을 중앙기록관리기관에 위탁해야 한다(法 117조의13②, 令 118조의21①).

중앙기록관리기관은 제공받은 자료를 대통령령으로 정하는 방법에 따라 보관·관리하여야 하고(法 117조의13③, 令 118조의21②), 이를 타인에게 제공할 수 없다. 다만, 온라인소액투자중개업자 또는 해당 온라인소액증권발행인에게 제공하는 경우, 그 밖에 대통령령으로 정하는 경우(令 118조의21③)에는 이를 제공할 수 있다(法 117조의13④).[157)]

(7) 투자자명부의 관리

온라인소액증권발행인은 투자자명부(주주명부 등 증권의 소유자 내역을 기재·관리하는 명부)의 관리에 관한 업무를 예탁결제원에 위탁하여야 하고(法 117조의14①), 예탁결제원은 다음 사항을 기재한 투자자명부를 작성·비치해야 한다(法 117조의14②).

1. 투자자의 주소 및 성명
2. 투자자가 소유하는 증권의 수량
3. 증권의 실물을 발행한 경우에는 그 번호

예탁결제원은 위 정보를 타인에게 제공할 수 없다. 다만, 온라인소액투자중개업자 또는 해당 온라인소액증권발행인에게 제공하는 경우, 「금융실명거래 및 비밀보장에 관한 법률」 제4조 제1항 단서에 따른 경우에는 이를 제공할 수 있다(法 117조의14③, 令 118조의22).

주권의 불소지에 관한 상법 제358조의2 제1항 및 제2항은 온라인소액투자중개를 통하여 발행된 증권에 관하여 준용한다(法 117조의14④).

(8) 전자게시판서비스 제공자의 책임

전자게시판서비스 제공자(「정보통신망 이용촉진 및 정보보호 등에 관한 법률」 제2조 제1항 제9호의 게시판을 운영하는 같은 항 제3호의 정보통신서비스 제공자)는

157) 금융위원회는 2015.8.31. 한국예탁결제원을 중앙기록관리기관으로 선정하였다.

해당 게시판을 통하여 제117조의9 제1항 각 호의 사항의 제공이 이루어지는 경우 이로 인한 투자자 피해가 발생하지 아니하도록 다음 사항을 이행해야 한다(法 117조의15①).

1. 온라인소액증권발행인 또는 온라인소액투자중개업자가 게시판을 이용하여 제117조의9 제1항 각 호의 사항의 제공하는 경우 제117조의9에 따른 의무를 준수하도록 안내하고 권고할 것
2. 게시판을 이용하여 제117조의9 제1항 각 호의 사항을 제공하는 온라인소액증권발행인 또는 온라인소액투자중개업자가 이 법을 위반하는 경우 다음 조치를 이행할 것
   가. 위반자에 대한 접속 제한, 법을 위반하여 게재된 정보의 삭제 등 투자자 피해를 방지하기 위한 조치
   나. 위반자의 법 위반 사실을 금융위원회에 신고
3. 그 밖에 대통령령으로 정하는 사항(令 118조의23)

금융위원회는 전자게시판서비스 제공자가 제1항에 따른 이행을 하지 않는 경우 방송통신위원회에 시정명령을 하거나 과태료를 부과하도록 요구할 수 있다(法 117조의15②).[158]

Ⅱ. 집합투자업자의 영업행위 규칙

1. 선관의무 · 충실의무의 개념과 판단기준

집합투자업자는 투자자에 대하여 선량한 관리자의 주의로써 집합투자재산을 운용하여야 하고, 투자자의 이익을 보호하기 위하여 해당 업무를 충실하게 수행해야 한다(法 79조).[159] 자본시장법에는 선관의무(주의의무)와 충실의무의 구체적인 개념에 관한 규정이 없는데, 상법상 이사의 주의의무와 충실의무의 개념과 같다고 해석된다. 판례도 "투자신탁을 설정한 집합투자업자는 가능한 범위 내에서 수집된 정보를 바탕으로 신중하게 집합투자재산을 운용함으로써 투자자의 이익을 보호하여야 할 의무가 있다. 구체적으로 집합투자재산을 어떻게 운용하여야 하는지는 관계 법령, 투자신탁약관의 내용, 그 시점에서의 경제 상황 및 전망 등

158) 자본시장법상 과태료는 금융위원회가 부과 · 징수하는 것이 원칙이나, 제117조의15에 따라 투자자 피해가 발생하지 아니하도록 하기 위한 사항을 이행하지 아니한 전자게시판서비스 제공자에 대한 과태료는 방송통신위원회가 부과 · 징수한다(法 449조③).

159) 대법원 2003. 7. 11. 선고 2001다11802 판결.

의 제반 사정을 종합적으로 고려하여 판단해야 한다."라고 판시한다.[160)]

한편, 집합투자업자가 투자자에게 교부하는 운용계획서는 구속력 있는 개별 약정은 아니지만 이와 다르게 집합투자기구가 설계·운용된 경우에 투자권유단계에서의 투자자 보호의무 위반 외에 운용단계에서의 선관주의의무 위반에 해당한다.[161)] 그리고, 구 「간접투자자산 운용업법」이 적용된 사안에서 자산운용회사의 투자자보호의무에 관하여 구체적으로 설시하면서, 판매회사도 특별한 사정이 있는 경우에는 투자자보호의무를 부담한다고 설시한 판례도 있다.[162)]

(1) 전문투자자 · 일반투자자

자본시장법 제79조는 공통 영업행위 규칙에서의 적합성 원칙 등과 달리, 금융투자업자로서의 집합투자업자가 부담하는 선관의무·충실의무에 관하여 투자자가 전문투자자인지 일반투자자인지 구별하지 않는다.[163)]

(2) 구 간접투자자산 운용업법상 자산운용회사의 투자자보호의무

구 「간접투자자산 운용업법」상 판매회사도 투자신탁재산의 수익구조나 위험요인과 관련한 주요 내용을 실질적으로 결정하는 등으로 투자신탁의 설정을 사실상 주도하였다고 볼 만한 특별한 사정이 있는 경우에는 투자자보호의무를 부담한다.[164)] 한편, 자산운용회사는 투자신탁에 관하여 올바른 정보를 제공하고 투자신탁의 수익구조와 위험요인에 관한 정보가 불충분할 경우 그러한 사정을 투자자에게 알려야 하는 투자자 보호의무를 부담한다. 그리고 이는 제3자가 투자신탁의 설정을 사실상 주도하였다고 하여 달리 볼 것은 아니다. 따라서 자산운용회사 본인이 직접 설정하거나 운용하는 투자신탁이 아니라 하더라도 그 투자신탁재산의 수익구조나 위험요인과 관련한 주요 내용을 실질적으로 결정하는 등으로 투자신탁의 설정을 사실상 주도하였다고 볼 만한 특별한 사정이 있다면, 자산운용회사가 해당 투자신탁상품을 투자자에게 권유할 때는 투자신탁상품의 투자권유자로서, 투자신탁의 수익구조와 위험요인을 합리적으로 조사하여 올바른 정보를 투자자에게 제공하여야 할 투자자 보호의무를 부담한다고 보아야 한다.[165)][166)]

---

160) 대법원 2018. 9. 28. 선고 2015다69853 판결.
161) 대법원 2012. 11. 15. 선고 2011다10532 판결], 대법원 2007. 9. 6. 선고 2004다53197 판결.
162) 대법원 2015. 11. 12. 선고 2014다15996 판결.
163) 신탁업자의 선관의무·충실의무에 관한 대법원 2019. 7. 11. 선고 2016다224626 판결은 이러한 취지를 확인하고 있다.
164) 대법원 2015. 11. 12. 선고 2014다15996 판결.
165) 대법원 2020. 2. 27. 선고 2016다223494 판결.

2. 자산운용의 지시 및 실행

(1) 자산운용지시

투자신탁의 집합투자업자는 투자신탁재산을 운용함에 있어서 그 투자신탁재산을 보관·관리하는 신탁업자에 대하여 그 지시내용을 전산시스템에 의하여 객관적이고 정확하게 관리할 수 있는 방법(令 79조①)에 따라 투자신탁재산별로 투자대상자산의 취득·처분 등에 관하여 필요한 지시를 하여야 하며, 그 신탁업자는 집합투자업자의 지시에 따라 투자대상자산의 취득·처분 등을 해야 한다(法 80조① 본문). 자본시장법 제80조 제1항 단서와 같은 예외적인 사정이 없는 한 집합투자업자는 내부적으로 의사결정을 할 뿐이고 대외적으로는 신탁업자가 투자신탁재산에 관리·처분권을 행사한다.[167]

(2) 직접취득·처분권

투자신탁의 경우 별도의 법인격이 없으므로 집합투자업자가 신탁업자에게 운용지시를 하고 신탁업자는 이러한 지시에 따라 신탁업자의 명의로 투자대상자산의 취득·처분 등을 하는 것이 원칙이지만, 수시로 가격이 변동하는 자산을 거래하는 경우 이와 같은 원칙에 의하면 적시에 거래하지 못하게 된다. 따라서 자본시장법은 투자신탁재산의 효율적 운용을 위하여 불가피한 경우로서 대통령령으로 정하는 경우[168]에는 자신의 명의로 직접 투자대상자산의 취득·처분 등을

---

166) 간투법상 자산운용회사와 판매회사의 설명의무에 관한 설명은 [제2편 제4장 제1절 V. 3. 설명의무] 부분 참고.

167) 대법원 2022. 6. 30. 선고 2020다271322 판결.

168) "대통령령으로 정하는 경우"란 신탁계약서에 다음 방법을 정하여 투자대상자산을 운용하는 경우를 말한다(令 79조②).
  1. 다음 각 목의 어느 하나에 해당하는 증권의 매매
    가. 증권시장이나 해외증권시장에 상장된 지분증권, 지분증권과 관련된 증권예탁증권, 수익증권 및 파생결합증권
    나. 법 제390조에 따른 증권상장규정에 따라 상장예비심사를 청구하여 거래소로부터 그 증권이 상장기준에 적합하다는 확인을 받은 법인이 발행한 지분증권, 지분증권과 관련된 증권예탁증권, 수익증권 및 파생결합증권
  1의2. 다음 각 목의 어느 하나에 해당하는 채무증권(이와 유사한 것으로서 외국에서 발행된 채무증권을 포함)의 매매
    가. 국채증권
    나. 지방채증권
    다. 특수채증권
    라. 사채권(신용평가회사로부터 신용평가를 받은 것으로 한정한다. 이 경우 신용평가 등에 필요한 사항은 금융위원회가 정하여 고시한다)

할 수 있도록 규정한다(法 80조① 단서). 투자신탁의 집합투자업자(그 투자신탁재산을 보관·관리하는 신탁업자 포함)는 투자대상자산의 취득·처분 등을 한 경우 그 투자신탁새산을 한도로 하여 그 이행 책임을 부담한다. 다만, 그 집합투자업자가 제64조 제1항에 따라 손해배상책임을 지는 경우에는 그러하지 아니하다(法 80조②). 집합투자업자는 투자대상자산을 직접 취득·처분하는 업무를 수행하는 경우에는 투자신탁재산별로 미리 정하여진 자산배분명세에 따라 취득·처분 등의 결과를 공정하게 배분해야 한다. 이 경우 집합투자업자는 자산배분명세, 취득·처분 등의 결과, 배분결과 등에 관한 장부 및 서류를 총리령으로 정하는 방법(規則 9조)에 따라 작성하고 이를 유지·관리해야 한다(法 80조③).[169]

(3) 집합투자기구 명의의 거래

투자신탁을 제외한 집합투자기구의 집합투자업자는 그 집합투자재산을 운용함에 있어서 집합투자기구의 명의(투자익명조합의 경우에는 그 집합투자업자의 명

마. 제183조 제1항 각 호의 기준을 충족하는 기업어음증권 또는 단기사채(전자증권법 제59조에 따른 단기사채 중 같은 법 제2조 제1호 나목에 해당하는 것에 한정한다)

2. 장내파생상품의 매매
3. 자본시장법 제83조 제4항에 따른 단기대출
4. 자본시장법 제251조 제4항에 따른 대출
5. 다음 각 목의 어느 하나에 해당하는 금융기관이 발행·할인·매매·중개·인수 또는 보증하는 어음의 매매
   가. 은행
   나. 한국산업은행
   다. 중소기업은행
   라. 한국수출입은행
   마. 투자매매업자·투자중개업자
   바. 증권금융회사
   사. 종합금융회사
   아. 상호저축은행
6. 양도성 예금증서의 매매
7. 「외국환거래법」에 따른 대외지급수단의 매매거래
8. 투자위험을 회피하기 위한 장외파생상품의 매매 또는 금융위원회가 정하여 고시하는 기준에 따른 자본시장법 제5조 제1항 제3호에 따른 계약의 체결(금융투자업규정 4-49조: 투자신탁의 집합투자업자는 스왑거래를 함에 있어 거래상대방과 기본계약을 체결하고 그에 따라 계속적으로 계약을 체결하는 경우에는 자신의 명의로 직접 거래할 수 있다)

8의2. 환매조건부매매

9. 그 밖에 투자신탁재산을 효율적으로 운용하기 위하여 불가피한 경우로서 금융위원회가 정하여 고시하는 경우

169) 집합투자업자는 일반적으로 복수의 집합투자기구를 운용하는데, 이 경우 투자신탁재산별로 미리 정하여진 자산배분명세에 따라 취득·처분 등의 결과를 공정하게 배분하지 않는다면 집합투자기구 간에 불공정하게 배분될 가능성이 있기 때문이다.

의)로 대통령령으로 정하는 방법에 따라 집합투자재산(투자신탁재산 제외)별로 투자대상자산의 취득·처분 등을 하고, 그 집합투자기구의 신탁업자에게 취득·처분 등을 한 자산의 보관·관리에 필요한 지시를 하여야 하며, 그 신탁업자는 집합투자업자의 지시에 따라야 한다.[170] 이 경우 집합투자업자가 투자대상자산의 취득·처분 등을 함에 있어서는 집합투자업자가 그 집합투자기구를 대표한다는 사실을 표시해야 한다(法 80조⑤). 투자신탁을 제외한 집합투자기구의 집합투자업자가 그 집합투자재산을 운용하는 경우 집합투자재산별로 투자대상자산의 취득·처분 등을 하는 방법 및 그 집합투자기구의 신탁업자에게 취득·처분 등을 한 자산의 보관·관리에 필요한 지시를 하는 방법에 대하여는 제1항 및 법 제80조 제3항·제4항을 준용한다(令 79조③).

3. 자산운용의 제한

(1) 투자대상별 제한

집합투자업자는 집합투자재산을 운용함에 있어서 투자대상별로 다음과 같은 투자한도가 적용된다(法 81조① 본문).

1. 증권[171] 또는 파생상품에 대한 투자한도
   가. 각 집합투자기구 자산총액의 10%(令 80조④)를 초과하여 동일종목의 증권에 투자하는 행위. 이 경우 동일법인 등이 발행한 증권 중 지분증권(그 법인 등이 발행한 지분증권과 관련된 증권예탁증권 포함)과 지분증권을 제외한 증권은 각각 동일종목으로 본다.
   나. 각 집합투자업자가 운용하는 전체 집합투자기구 자산총액으로 동일법인 등이 발행한 지분증권 총수의 20%를 초과하여 투자하는 행위[172]

170) 투자신탁을 제외한 집합투자기구의 경우 별도의 법인격을 가지므로 집합투자업자가 그 집합투자재산을 운용함에 있어서 집합투자기구의 명의로 투자대상자산의 취득·처분 등을 하고, 그 집합투자기구의 신탁업자에게 취득·처분 등을 한 자산의 보관·관리에 필요한 지시를 한다.

171) 이때의 증권에는 집합투자증권, 그 밖에 대통령령으로 정하는 증권을 제외하며, 대통령령으로 정하는 투자대상자산을 포함한다. "대통령령으로 정하는 증권"은 외국 집합투자증권을 말한다(令 80조②). "대통령령으로 정하는 투자대상자산"이란 다음과 같은 투자대상자산을 말한다(令 80조③).
   1. 원화로 표시된 양도성 예금증서
   2. 기업어음증권 외의 어음
   3. 제1호 및 제2호 외에 대출채권, 예금, 그 밖의 금융위원회가 정하여 고시하는 채권(債權)
   4. 사업수익권

다. 각 집합투자기구 자산총액으로 동일법인 등이 발행한 지분증권 총수의 10%를 초과하여 투자하는 행위

라. 대통령령으로 정하는 적격 요건[173]을 갖추지 못한 자와 장외파생상품을 매매하는 행위

마. 파생상품의 매매에 따른 위험평가액[금융투자업규정 4-54조)이 각 집합투자기구의 자산총액에서 부채총액을 뺀 가액(순자산액)의 100%(다만, 가격변동의 위험이 크지 아니한 경우로서 금융위원회가 정하여 고시하는 기준을 충족하는 상장지수집합투자기구 또는 법 제234조 제1항 제1호의 요건을 갖춘 집합투자기구의 경우에는 200%)를 초과하는 투자행위(令 80조⑥)[174]

바. 파생상품의 매매와 관련하여 기초자산 중 동일법인 등이 발행한 증권(그 법인 등이 발행한 증권과 관련된 증권예탁증권 포함)의 가격변동으로 인한 위험평가액이 각 집합투자기구 자산총액의 10%를 초과하여 투자하는 행위

사. 같은 거래상대방과의 장외파생상품 매매에 따른 거래상대방 위험평가액이 각 집합투자기구 자산총액의 10%를 초과하여 투자하는 행위

2. 부동산에 대한 투자한도

가. (처분기간 제한) 부동산을 취득한 후 5년 이내의 범위에서 대통령령으로 정하는 기간[175] 이내에 이를 처분하는 행위. 다만, 부동산개발사업(토지를 택지·

---

172) 가목은 개별 집합투자기구의 자산총액을 지준으로 하는 규제이고, 나목은 집합투자업자가 운용하는 전체 집합투자기구 자산총액을 기준으로 하는 규제이다.

173) "대통령령으로 정하는 적격 요건"이란 다음 요건을 모두 충족하는 것을 말한다(令 80조⑤).
1. 제10조 제1항 각 호의 어느 하나에 해당하는 자일 것
2. 신용평가회사(외국법령에 따라 외국에서 신용평가업무에 상당하는 업무를 수행하는 자를 포함)에 의하여 투자적격 등급 이상으로 평가받은 자일 것

174) "금융위원회가 정하여 고시하는 기준을 충족하는 상장지수집합투자기구 또는 법 제234조 제1항 제1호의 요건을 갖춘 집합투자기구("상장지수집합투자기구 등")"란 다음 각 호의 요건을 모두 충족하는 집합투자기구를 말한다(금융투자업규정 4-52조의2).
1. 당해 상장지수집합투자기구 등이 목표로 하는 지수의 변화의 2배(음의 배율도 포함한다) 이내로 연동하여 운용하는 것을 목표로 할 것
2. 당해 상장지수집합투자기구 등의 투자대상자산이 거래되는 시장에서의 일일 가격 변동폭이 전일종가(해당 시장의 매매거래시간 종료시까지 형성되는 최종가격을 말한다)의 일정비율 이하로 제한될 것
3. 당해 상장지수집합투자기구 등의 집합투자재산을 법 제5조 제1항 제2호부터 제4호에 따른 파생상품이나 장외파생상품에 운용하지 아니할 것

175) "대통령령으로 정하는 기간"이란 다음과 같은 기간을 말한다(令 80조⑦).
1. 국내에 있는 부동산: 1년. 다만, 집합투자기구가 2009년 4월 1일부터 2010년 12월 31일까지 미분양주택(주택법 제38조에 따른 사업주체가 같은 조에 따라 공급하는 주택으로서 입주자모집공고에 따른 입주자의 계약일이 지난 주택단지에서 분양계약이 체결되지 아니하여 선착순의 방법으로 공급하는 주택)을 취득(2010년 12월 31일까지 매매계약을 체결하고 계약금을 납부한 경우를 포함)하는 경우에는 집합투자규약에서 정하는 기간으로 한다.

공장용지 등으로 개발하거나 그 토지 위에 건축물, 그 밖의 공작물을 신축 또는 재축하는 사업)에 따라 조성하거나 설치한 토지·건축물 등을 분양하는 경우, 그 밖에 투자자 보호를 위하여 필요한 경우로서 집합투자기구가 합병·해지 또는 해산되는 경우(令 80조⑧)를 제외한다.

나. (개발사업 시행전 처분제한) 건축물, 그 밖의 공작물이 없는 토지로서 그 토지에 대하여 부동산개발사업을 시행하기 전에 이를 처분하는 행위. 다만, 집합투자기구의 합병·해지 또는 해산, 그 밖에 투자자 보호를 위하여 필요한 경우로서 부동산개발사업을 하기 위하여 토지를 취득한 후 관련 법령의 제정·개정 또는 폐지 등으로 인하여 사업성이 뚜렷하게 떨어져서 부동산개발사업을 수행하는 것이 곤란하다고 객관적으로 증명되어 그 토지의 처분이 불가피한 경우(令 80조⑨)를 제외한다.

3. 집합투자증권(외국집합투자증권 포함)에 대한 투자한도[176]

가. 각 집합투자기구 자산총액의 50%를 초과하여 같은 집합투자업자(외국집합투자업자 포함)가 운용하는 집합투자기구(외국집합투자기구 포함)의 집합투자증권에 투자하는 행위

나. 각 집합투자기구 자산총액의 20%를 초과하여 같은 집합투자기구(외국집합투자기구 포함)의 집합투자증권에 투자하는 행위

다. 집합투자증권에 자산총액의 40%를 초과하여 투자할 수 있는 집합투자기구(외국집합투자기구 포함)의 집합투자증권에 투자하는 행위

라. 각 집합투자기구 자산총액의 5%(令 80조⑩)를 초과하여 사모집합투자기구(사모집합투자기구에 상당하는 외국 사모집합투자기구를 포함)의 집합투자증권에 투자하는 행위

마. 각 집합투자기구의 집합투자재산으로 같은 집합투자기구(외국집합투자기구 포함)의 집합투자증권 총수의 20%를 초과하여 투자하는 행위. 이 경우 그 비율의 계산은 투자하는 날을 기준으로 한다.

바. 집합투자기구의 집합투자증권을 판매하는 투자매매업자 또는 투자중개업자가 받는 판매수수료 및 판매보수와 그 집합투자기구가 투자하는 다른 집합투자기구(제279조 제1항의 외국 집합투자기구 포함)의 집합투자증권을 판매하는 투

1의2. 국내에 있는 부동산 중 주택법 제2조 제1호에 따른 주택에 해당하지 않는 부동산: 1년
2. 국외에 있는 부동산: 집합투자규약으로 정하는 기간

176) 재간접투자한도에 관한 규정인데, 제3호에서 외국집합투자업자는 외국 법령에 따라 집합투자업에 상당하는 영업을 영위하는 자를 말하고, 외국집합투자증권은 집합투자증권과 유사한 것으로서 외국 법령에 따라 외국에서 발행된 것을 말하고, 외국집합투자기구는 집합투자기구와 유사한 것으로서 외국 법령에 따라 설정·설립된 것을 말하고(法 279조①), 외국투자매매업자는 외국 법령에 따라 외국에서 투자매매업에 상당하는 영업을 영위하는 자를 말하고, 외국 투자중개업자는 외국 법령에 따라 외국에서 투자중개업에 상당하는 영업을 영위하는 자를 말한다(法 81조①3바).

자매매업자[외국 투자매매업자(외국 법령에 따라 외국에서 투자매매업에 상당하는 영업을 영위하는 자를 말한다) 포함] 또는 투자중개업자{외국 투자중개업자(외국 법령에 따라 외국에서 투자중개업에 상당하는 영업을 영위하는 자를 말한다) 포함}가 받는 판매수수료 및 판매보수의 합계가 대통령령으로 정하는 기준177)을 초과하여 집합투자증권에 투자하는 행위

4. 그 밖에 투자자 보호 또는 집합투자재산의 안정적 운용 등을 해할 우려가 있는 경우(令 81조①)
   가. 각 집합투자기구에 속하는 증권 총액의 범위에서 금융위원회가 정하여 고시하는 비율(금융투자업규정 4-53조①: 50%)을 초과하여 환매조건부매도(증권을 일정기간 후에 환매수할 것을 조건으로 매도하는 경우)를 하는 행위
   나. 각 집합투자기구에 속하는 증권의 범위에서 금융위원회가 정하여 고시하는 비율(금융투자업규정 4-53조①: 50%)을 초과하여 증권을 대여하는 행위
   다. 각 집합투자기구의 자산총액 범위에서 금융위원회가 정하여 고시하는 비율(금융투자업규정 4-53조②: 20%)을 초과하여 증권을 차입하는 행위

다만, 투자비율은 집합투자기구의 최초 설정일 또는 설립일부터 6개월[부동산집합투자기구(法 229조 2호)의 경우 1년] 이내의 범위에서 대통령령으로 정하는 기간까지는 적용되지 않는다(法 81조④). 위험평가액의 산정방법은 금융위원회가 정하여 고시한다(法 80조②).

(2) 적법투자한도 간주

집합투자재산에 속하는 투자대상자산의 가격 변동 등 다음과 같은 사유(令 81조②)로 불가피하게 투자한도를 초과하게 된 경우에는 초과일부터 3개월178)까지(부도 등으로 처분이 불가능한 투자대상자산은 그 처분이 가능한 시기까지, 令 81조

177) "대통령령으로 정하는 기준"이란 제77조 제4항에서 정한 한도를 말한다(令 80조⑪, 77조④).
1. 판매수수료: 납입금액 또는 환매금액의 2%
2. 판매보수: 집합투자재산의 연평균가액의 1%. 다만, 투자자의 투자기간에 따라 판매보수율이 감소하는 경우로서 금융위원회가 정하여 고시하는 기간(금융투자업규정 4-48조: 2년)을 넘는 시점에 적용되는 판매보수율이 1% 미만인 경우 그 시점까지는 1%에서부터 1.5%까지의 범위에서 정할 수 있다.

178) 다만, 다음 각 호의 경우에는 해당 호에 따른 기간을 말한다(令 81조③ 단서).
1. 집합투자업자의 운용 책임이 강화된 집합투자기구로서 금융위원회가 정하여 고시하는 집합투자기구의 집합투자재산의 경우: 6개월
2. 부도 등으로 처분이 불가능하거나 집합투자재산에 현저한 손실을 초래하지 않으면 처분이 불가능한 투자대상자산의 경우: 그 처분이 가능한 시기
3. 제1호 및 제2호에도 불구하고 제1호에 따른 집합투자기구의 집합투자재산에 속하는 투자대상자산이 제2호에 따른 투자대상자산에 해당하는 경우: 그 처분이 가능한 시기(처분이 가능한 시기가 6개월 미만인 경우에는 6개월)

③)는 그 투자한도에 적합한 것으로 본다(法 81조③).[179]

1. 집합투자재산에 속하는 투자대상자산의 가격 변동
2. 투자신탁의 일부해지 또는 투자회사·투자유한회사·투자합자회사·투자유한책임회사·투자합자조합 및 투자익명조합의 집합투자증권의 일부소각
3. 담보권의 실행 등 권리행사
4. 집합투자재산에 속하는 증권을 발행한 법인의 합병 또는 분할합병
5. 그 밖에 투자대상자산의 추가 취득 없이 투자한도(法 81조①)를 초과하게 된 경우

(3) 운용제한의 예외

위와 같은 운용제한은 투자자 보호를 위한 것이지만, 이를 경직되게 적용하면 오히려 투자자에게 불리할 수도 있으므로, 자본시장법은 투자대상자산의 성격에 따라 투자위험이 크지 않은 경우에는 위와 같은 운용제한에 대한 예외로서, 투자한도를 자산총액의 100%까지, 30%까지, 시가총액비중까지 등으로 분류하여 허용한다(法 81조① 본문, 令 80조①).[180] 다만, 해당 집합투자기구 자산총액의

---

179) 제1호·제3호·제4호는 공모집합투자기구를 전제로 하는 규정이므로 사모집합투자기구에 대하여는 적용되지 않는다(法 249조①).

180) 투자자 보호 및 집합투자재산의 안정적 운용을 해할 우려가 없는 경우로서 대통령령으로 정하는 경우는 다음과 같다(令 80조①).

1. 자본시장법 제81조 제1항 제1호 가목을 적용할 때 다음 각 목의 어느 하나에 해당하는 투자대상자산에 각 집합투자기구[라목부터 사목까지의 경우에는 부동산집합투자기구, 아목부터 타목까지의 경우에는 특별자산집합투자기구로서 그 집합투자규약에 해당 내용을 정한 경우만 해당한다] 자산총액의 100%까지 투자하는 행위
   가. 국채증권
   나. 한국은행통화안정증권
   다. 국가나 지방자치단체가 원리금의 지급을 보증한 채권
   라. 특정한 부동산을 개발하기 위하여 존속기간을 정하여 설립된 회사("부동산개발회사")가 발행한 증권
   마. 부동산, 그 밖에 금융위원회가 정하여 고시하는 부동산(금융투자업규정 4-50조①: 1. 부동산의 매매·임대 등에 따라 발생한 매출채권, 2. 부동산담보부채권) 관련 자산을 기초로 하여「자산유동화에 관한 법률」제2조 제4호에 따라 발행된 유동화증권으로서 그 기초자산의 합계액이 유동화자산 가액의 70% 이상인 유동화증권
   바. 한국주택금융공사법에 따른 주택저당채권담보부채권 또는 주택저당증권(한국주택금융공사법에 따른 한국주택금융공사 또는 제79조 제2항 제5호 가목부터 사목까지의 금융기관이 지급을 보증한 주택저당증권)
   사. 다음의 요건을 모두 갖춘 회사("부동산투자목적회사")가 발행한 지분증권
      (1) 부동산(부동산을 기초자산으로 한 파생상품 등 법 제229조 제2호에 따른 부동산을 말한다) 또는 다른 부동산투자목적회사의 투자증권에 투자하는 것을 목적으로 설립될 것
      (2) 부동산투자목적회사와 그 종속회사(외감법에 따른 종속회사에 상당하는 회사)가

소유하고 있는 자산을 합한 금액 중 부동산 또는 제240조 제4항 제4호에 따른 자산을 합한 금액이 90% 이상일 것

아. 사회기반시설에 대한 민간투자법에 따른 사회기반시설사업의 시행을 목적으로 하는 법인이 발행한 주식 및 채권

자. 사회기반시설에 대한 민간투자법에 따른 사회기반시설사업의 시행을 목적으로 하는 법인에 대한 대출채권

차. 사회기반시설에 대한 민간투자법에 따라 하나의 사회기반시설사업의 시행을 목적으로 하는 법인이 발행한 주식 및 채권을 취득하거나 그 법인에 대한 대출채권을 취득하는 방식으로 투자하는 것을 목적으로 하는 법인(같은 법에 따른 사회기반시설투융자회사는 제외한다)의 지분증권

카. 사업수익권

타. 다음의 요건을 모두 갖춘 회사("특별자산투자목적회사")가 발행한 지분증권

1) 법 제229조 제3호에 따른 특별자산 또는 다른 특별자산투자목적회사의 증권, 그 밖에 금융위원회가 정하여 고시하는 투자대상자산에 투자하는 것을 목적으로 설립될 것

2) 해당 회사와 그 종속회사가 소유하고 있는 자산을 합한 금액 중 특별자산 관련 금액이 90% 이상일 것

1의2. 자본시장법 제81조 제1항 제1호 가목을 적용할 때 외화[법 제301조 제1항 제2호 가목에 따른 국가(홍콩을 포함)의 통화로 한정]로 표시된 단기금융상품에만 투자하는 단기금융집합투자기구가 다음 각 목의 증권에 집합투자기구 자산총액의 100%까지 투자하는 행위

가. 외국정부가 자국의 통화로 표시하여 발행한 국채증권

나. 외국정부가 원리금의 지급을 보증한 채무증권 중 자국의 통화로 표시하여 발행된 채무증권

다. 외국 중앙은행이 자국의 통화로 표시하여 발행한 채무증권

2. 자본시장법 제81조 제1항 제1호 가목을 적용할 때 다음 각 목의 어느 하나에 해당하는 투자대상자산에 각 집합투자기구 자산총액의 30%까지 투자하는 행위

가. 지방채증권

나. 특수채증권(제1호 나목 및 다목은 제외한다) 및 직접 법률에 따라 설립된 법인이 발행한 어음[기업어음증권 및 제79조 제2항 제5호 각 목의 금융기관이 할인·매매·중개 또는 인수한 어음만 해당한다]

다. 파생결합증권

라. 제79조 제2항 제5호 가목부터 사목까지의 금융기관이 발행한 어음 또는 양도성 예금증서와 같은 호 가목, 마목부터 사목까지의 금융기관이 발행한 채권

마. 제79조 제2항 제5호 가목부터 사목까지의 금융기관이 지급을 보증한 채권(모집의 방법으로 발행한 채권만 해당한다) 또는 어음

바. 경제협력개발기구에 가입되어 있는 국가나 투자자 보호 등을 고려하여 총리령으로 정하는 국가(規則 10조의2: 중화인민공화국)가 발행한 채권

사. 「자산유동화에 관한 법률」 제31조에 따른 사채 중 후순위 사채권 또는 같은 법 제32조에 따른 수익증권 중 후순위 수익증권(집합투자규약에서 후순위 사채권 또는 후순위 수익증권에 금융위원회가 정하여 고시하는 비율(금융투자업규정 4-50조②: 1. 「자산유동화에 관한 법률」 제31조에 따라 유동화전문회사가 특정 집합투자기구로부터 양도받은 채권 등을 기초로 하여 발행한 후순위 사채권 또는 같은 법 제32조에 따른 후순위 수익증권을 당해 집합투자기구에서 그 채권 등의 양도금액의 50% 이내에서 취득하는 경우 : 10%, 2. 「조세특례제한법」 제91조의7에 따른 고수익

고위험투자신탁 등의 경우 : 10%, 3. 제1호 및 제2호 이외의 경우 : 50%) 이상 투자하는 것을 정한 집합투자기구만 해당한다)

아. 한국주택금융공사법에 따른 주택저당채권담보부채권 또는 주택저당증권(한국주택금융공사법에 따른 한국주택금융공사 또는 제79조 제2항 제5호 가목부터 사목까지의 금융기관이 지급을 보증한 주택저당증권)

자. 제79조 제2항 제5호 가목부터 사목까지의 규정에 따른 금융기관에 금전을 대여하거나 예치·예탁하여 취득한 채권

2의2. 법 제81조 제1항 제1호 가목을 적용할 때 이 항 제5호의3에 따른 부동산·특별자산투자재간접집합투자기구가 동일한 부동산투자회사(「부동산투자회사법」 제14조의8 제3항에 따른 부동산투자회사를 말한다)가 발행한 지분증권에 부동산·특별자산투자재간접집합투자기구 자산총액의 100분의 50까지 투자하는 행위

3. 자본시장법 제81조 제1항 제1호 가목을 적용할 때 동일법인 등이 발행한 지분증권(그 법인 등이 발행한 지분증권과 관련된 증권예탁증권 포함)의 시가총액비중이 10%를 초과하는 경우에 그 시가총액비중까지 투자하는 행위. 이 경우 시가총액비중은 거래소가 개설하는 증권시장 또는 해외증권시장별로 산정하며 그 산정방법, 산정기준일 및 적용기간 등에 관하여 필요한 사항은 금융위원회가 정하여 고시한다.

3의2. 자본시장법 제81조 제1항 제1호 가목을 적용할 때 동일법인 등이 발행한 증권(그 법인 등이 발행한 증권과 관련된 증권예탁증권을 포함한다. 이하 이 호에서 같다)에 각 집합투자기구 자산총액의 25%까지 투자하는 행위로서 다음 각 목의 요건을 모두 충족하는 행위

가. 투자자 보호 및 집합투자재산의 안정적 운용의 필요성을 고려하여 금융위원회가 정하여 고시하는 법인 등이 발행한 증권에 투자하지 아니할 것

나. 해당 집합투자기구 자산총액의 100분의 50 이상을 다른 동일법인 등이 발행한 증권에 그 집합투자기구 자산총액의 100분의 5 이하씩 각각 나누어 투자할 것. 다만, 제1호 가목부터 다목까지의 어느 하나에 해당하는 증권의 경우에는 각각 100분의 30까지 투자할 수 있고, 제2호 각 목의 어느 하나에 해당하는 증권의 경우에는 각각 100분의 10까지 투자할 수 있다.

3의3. 자본시장법 제81조 제1항 제1호 가목을 적용할 때 동일종목의 증권에 법 제234조 제1항 제1호의 요건을 갖춘 각 집합투자기구 자산총액의 30%까지 투자하는 행위. 다만, 금융위원회가 정하여 고시하는 지수에 연동하여 운용하는 집합투자기구(금융투자업규정 4-51조③: 거래소에서 거래되는 다수 종목의 가격수준을 종합적으로 표시하는 지수로서 금융감독원장이 정하는 지수에 연동하여 운용하는 집합투자기구)의 경우 동일종목이 차지하는 비중이 100분의 30을 초과하는 경우에는 해당 종목이 지수에서 차지하는 비중까지 동일종목의 증권에 투자할 수 있다.

4. 자본시장법 제81조 제1항 제1호 나목 또는 다목을 적용할 때 각 집합투자업자가 운용하는 전체 부동산집합투자기구의 자산총액 또는 각 부동산집합투자기구의 자산총액으로 다음 각 목의 어느 하나에 해당하는 지분증권에 그 지분증권 총수의 100%까지 투자하는 행위

가. 부동산개발회사가 발행한 지분증권

나. 부동산투자목적회사가 발행한 지분증권

4의2. 법 제81조 제1항 제1호 다목을 적용할 때 이 항 제5호의3에 따른 부동산·특별자산투자재간접집합투자기구의 자산총액으로 「부동산투자회사법」 제14조의8 제3항에 따른 동일한 부동산투자회사가 발행한 지분증권의 100분의 50까지 투자하는 행위

5. 자본시장법 제81조 제1항 제1호 나목 또는 다목을 적용할 때 각 집합투자업자가 운용하는 전체 특별자산집합투자기구의 자산총액 또는 각 특별자산집합투자기구의 자산총액

으로 다음 각 목의 어느 하나에 해당하는 지분증권에 그 지분증권 총수의 100%까지 투자하는 행위

가. 사회기반시설에 대한 민간투자법에 따른 사회기반시설사업의 시행을 목적으로 하는 법인이 발행한 주식

나. 사회기반시설에 대한 민간투자법에 따른 하나의 사회기반시설사업의 시행을 목적으로 하는 법인이 발행한 주식 또는 채권을 취득하거나 그 법인에 대한 대출채권을 취득하는 방식으로 투자하는 것을 목적으로 하는 법인(같은 법에 따른 사회기반시설투융자회사는 제외한다)의 지분증권

다. 다음의 어느 하나와 관련된 특별자산에 투자하는 특별자산투자목적회사가 발행한 지분증권

1) 「사회기반시설에 대한 민간투자법」에 따른 사회기반시설사업

2) 선박, 항공기, 그 밖에 이와 유사한 자산으로서 금융위원회가 정하여 고시하는 특별자산

5의2. 법 제81조 제1항 제3호 가목을 적용할 때 일반사모집합투자기구[경영참여 방법에 관한 법 제249조의7 제5항 각 호의 방법으로 집합투자재산을 운용하지 않는 일반사모집합투자기구(즉, 경영참여 목적으로 운용하지 않는 일반사모펀드)로 한정한다] 또는 이와 유사한 집합투자기구로서 법 제279조 제1항에 따라 등록한 외국 집합투자기구가 발행하는 집합투자증권에 자산총액의 50%를 초과하여 투자한 집합투자기구("사모투자재간접집합투자기구")가 같은 집합투자업자(외국 집합투자업자를 포함)가 운용하는 집합투자기구(이와 유사한 집합투자기구로서 법 제279조 제1항에 따라 등록한 외국 집합투자기구를 포함)의 집합투자증권에 각 집합투자기구 자산총액의 100%까지 투자하는 행위

5의3. 법 제81조 제1항 제3호 가목을 적용할 때 다음 각 목의 어느 하나에 해당하는 집합투자기구 등의 집합투자증권(라목의 경우에는 「부동산투자회사법」 제14조의8 제3항에 따른 부동산투자회사가 발행한 지분증권을 포함)에 대한 투자금액을 합산한 금액이 자산총액의 80%를 초과하는 집합투자기구("부동산·특별자산투자재간접집합투자기구")가 같은 집합투자업자가 운용하는 집합투자기구 등의 집합투자증권에 각 집합투자기구 등의 자산총액의 100%까지 투자하는 행위

가. 부동산집합투자기구

나. 제5호 다목1) 및 2)에 해당하는 특별자산에 투자하는 특별자산집합투자기구

다. 다음의 자산에 자산총액의 50%를 초과하여 투자하는 일반사모집합투자기구(법 제249조의7 제5항 각 호의 방법으로 집합투자재산을 운용하지 않는 일반사모집합투자기구로 한정)

1) 법 제229조 제2호에 따른 부동산

2) 나목에 따른 특별자산

3) 제5호 다목에 따른 특별자산투자목적회사가 발행한 지분증권

라. 「부동산투자회사법」 제2조 제1호에 따른 부동산투자회사

마. 제5호 다목에 따른 특별자산투자목적회사에 투자하는 특별자산집합투자기구

5의4. 법 제81조 제1항 제3호 가목을 적용할 때 다음 각 목의 요건을 모두 충족한 집합투자기구가 같은 집합투자업자(외국 집합투자업자를 포함)가 운용하는 집합투자기구(외국 집합투자기구를 포함)의 집합투자증권에 각 집합투자기구 자산총액의 100%까지 투자하는 행위

가. 집합투자재산을 주된 투자대상자산·투자방침과 투자전략이 상이한 복수의 집합투자기구(외국 집합투자기구를 포함)에 투자할 것

나. 집합투자기구가 투자한 집합투자증권의 비율을 탄력적으로 조절하는 투자전략을

활용할 것

다. 집합투자업자가 본인이 운용하는 집합투자기구의 집합투자증권에 각 집합투자기구의 집합투자재산의 50%를 초과하여 투자하는 경우에는 일반적인 거래조건에 비추어 투자자에게 유리한 운용보수 체계를 갖출 것

6. 자본시장법 제81조 제1항 제3호 가목 또는 나목을 적용할 때 다음 각 목의 어느 하나에 해당하는 집합투자증권에 각 집합투자기구(자산총액의 40%를 초과하여 투자할 수 있는 집합투자기구만 해당하되 나목은 자산총액의 60% 이상 채무증권에 투자할 수 있는 증권집합투자기구도 포함) 자산총액의 100%까지 투자하는 행위

가. 집합투자업자(외국집합투자업자를 포함)가 운용하는 집합투자기구(외국집합투자기구의 경우에는 法 279조 제1항에 따라 등록한 것만 해당)의 집합투자재산을 외화자산으로 70% 이상 운용하는 경우에 그 집합투자기구의 집합투자증권

나. 금융위원회가 정하여 고시하는 상장지수집합투자기구(상장지수집합투자기구와 비슷한 것으로서 외국상장지수집합투자기구를 포함)의 집합투자증권(외국집합투자증권의 경우에는 法 279조 제1항에 따라 등록한 집합투자기구의 집합투자증권만 해당한다)

다. 같은 집합투자업자가 운용하는 집합투자기구의 집합투자재산을 둘 이상의 다른 집합투자업자에게 위탁하여 운용하는 경우에 그 집합투자기구의 집합투자증권(같은 집합투자업자가 운용하는 집합투자기구의 자산총액의 90% 이상을 외화자산에 운용하는 경우에 한한다)

6의2. 자본시장법 제81조 제1항 제3호 가목을 적용할 때 같은 집합투자업자가 운용하는 집합투자기구(法 279조 제1항의 외국집합투자기구를 포함)의 집합투자재산을 둘 이상의 다른 집합투자업자에게 위탁하여 운용하는 경우에 그 집합투자기구의 집합투자증권(같은 집합투자업자가 운용하는 집합투자기구의 자산총액의 90% 이상을 외화자산에 운용하는 경우만 해당)에 각 집합투자기구 자산총액의 100%까지 투자하는 행위

7. 자본시장법 제81조 제1항 제3호 나목을 적용할 때 상장지수집합투자기구(투자자 보호 등을 고려하여 금융위원회가 정하여 고시하는 상장지수집합투자기구에 한정)의 집합투자증권이나 같은 집합투자업자가 운용하는 집합투자기구(외국집합투자기구를 포함)의 집합투자재산을 둘 이상의 다른 집합투자업자에게 위탁하여 운용하는 경우에 그 집합투자기구의 집합투자증권(같은 집합투자업자가 운용하는 집합투자기구의 자산총액의 90% 이상을 외화자산에 운용하는 경우만 해당)에 각 집합투자기구 자산총액의 30%까지 투자하는 행위

7의2. 법 제81조 제1항 제3호 나목을 적용할 때 부동산·특별자산투자재간접집합투자기구가 같은 집합투자기구의 집합투자증권에 각 집합투자기구 자산총액의 50%까지 투자하는 행위

8. 자본시장법 제81조 제1항 제3호 가목 또는 나목을 적용할 때 같은 집합투자기구(외국집합투자기구를 포함)에 자본시장법 제251조 제1항에 따라 보험회사가 설정한 각 투자신탁 자산총액의 100%까지 투자하는 행위. 다만, 보험회사가 설정한 전체 투자신탁 자산총액의 50%를 초과하여 그의 계열회사가 운용하는 집합투자기구에 투자하여서는 아니된다.

8의2. 법 제81조 제1항 제3호 다목을 적용할 때 제5호의4 각 목의 요건을 모두 충족하는 집합투자기구의 재산을 다음 각 목의 어느 하나에 해당하는 집합투자기구의 집합투자증권에 투자하는 행위

가. 부동산집합투자기구(이와 유사한 집합투자기구로서 법 제279조 제1항에 따라 등록한 외국 집합투자기구를 포함)의 집합투자증권에 집합투자재산의 40%를 초과하여 투자하는 집합투자기구(법 제279조 제1항에 따라 등록한 외국 집합투자기구를 포함)

나. 특별자산집합투자기구(이와 유사한 집합투자기구로서 법 제279조 제1항에 따라 등

50% 이상을 5% 이하씩 각각 나누어 투자하는 등의 요건을 갖춘 때에는 동일법인 등이 발행한 증권에 집합투자기구 자산총액의 25%까지 투자하는 행위를 허용하고, 기초자산의 지수 등의 변화에 연동하여 운용하는 것을 목표로 하는 집합투자기구의 경우에는 동일법인 등이 발행한 지분증권이나 지분증권을 제외한 증권에 각각 집합투자기구 자산총액의 30%까지 투자하는 행위를 허용한다(令 80조 ①3의2, 3의3).

록한 외국 집합투자기구를 포함)의 집합투자증권에 집합투자재산의 40%를 초과하여 투자하는 집합투자기구(법 제279조 제1항에 따라 등록한 외국 집합투자기구를 포함)

다. 「부동산투자회사법」에 따른 부동산투자회사가 발행한 주식(이와 유사한 것으로서 외국 증권시장에 상장된 주식을 포함)에 집합투자재산의 40%를 초과하여 투자하는 집합투자기구(법 제279조 제1항에 따라 등록한 외국 집합투자기구를 포함)

8의3. 법 제81조 제1항 제3호 라목을 적용할 때 사모투자재간접집합투자기구가 일반사모집합투자기구(법 제249조의7 제5항 각 호의 방법으로 집합투자재산을 운용하지 않는 일반사모집합투자기구로 한정한다) 또는 이와 유사한 집합투자기구로서 법 제279조 제1항에 따라 등록한 외국 집합투자기구의 집합투자증권에 각 집합투자기구 자산총액의 100%까지 투자하는 행위

8의4. 법 제81조 제1항 제3호 라목을 적용할 때 부동산·특별자산투자재간접집합투자기구가 일반사모집합투자기구의 집합투자증권에 각 집합투자기구 자산총액의 100%까지 투자하는 행위

9. 자본시장법 제81조 제1항 제3호 마목을 적용할 때 자본시장법 제251조 제1항에 따라 보험회사가 설정한 투자신탁재산으로 같은 집합투자기구(외국집합투자기구를 포함)의 집합투자증권 총수의 100%까지 투자하는 행위

9의2. 법 제81조 제1항 제3호 마목을 적용할 때 각 집합투자기구의 집합투자재산으로 법 제234조에 따른 상장지수집합투자기구의 집합투자증권 총수의 50%까지 투자하는 행위

9의3. 법 제81조 제1항 제3호 마목을 적용할 때 각 사모투자재간접집합투자기구의 집합투자재산으로 같은 집합투자기구(법 제279조 제1항에 따라 등록한 외국 집합투자기구를 포함)의 집합투자증권 총수의 50%까지 투자하는 행위

9의4. 법 제81조 제1항 제3호 마목을 적용할 때 각 부동산·특별자산투자재간접집합투자기구의 집합투자재산으로 같은 집합투자기구의 집합투자증권 총수의 150%까지 투자하는 행위

10. 자본시장법 제81조 제1항 제3호 바목을 적용할 때 자본시장법 제251조 제1항에 따라 보험회사가 설정한 투자신탁재산으로 자본시장법 제81조 제1항 제3호 바목에 따른 기준을 초과하여 투자하는 행위

11. 「국가재정법」 제81조에 따른 여유자금을 통합하여 운용하는 경우 자본시장법 제81조 제1항 제3호를 적용할 때 같은 호에 따른 기준을 초과하여 투자하는 행위

12. 그 밖에 투자자의 보호 및 집합투자재산의 안정적 운용을 해칠 염려가 없는 행위로서 금융위원회가 정하여 고시하는 행위

4. 자기집합투자증권 취득의 제한

(1) 의 의

투자신탁이나 투자익명조합의 집합투자업자는 집합투자기구의 계산으로 그 집합투자기구의 집합투자증권을 취득하거나 질권의 목적으로 받지 못한다(法 82조 본문). 자기집합투자증권의 취득은 자기주식의 취득과 같이 투자금의 반환과 동일한 효과를 가져와서 자본의 공동화를 초래하기 때문이다.

(2) 예외적 허용

그러나 i) 담보권의 실행 등 권리 행사에 필요한 경우, ii) 반대수익자의 수익증권매수청구에 따라 수익증권을 매수하는 경우에는 집합투자기구의 계산으로 그 집합투자기구의 집합투자증권을 취득할 수 있다(法 82조). 담보권의 실행 등 권리 행사에 필요한 경우에는 취득한 집합투자증권은 취득일부터 1개월 이내에 소각 또는 투자매매업자·투자중개업자를 통하여 매도하는 방법(令 82조)으로 처분해야 한다.

5. 금전차입 등의 제한

(1) 금전의 차입

(가) 의 의

집합투자업자는 집합투자재산을 운용함에 있어서 집합투자기구의 계산으로 금전을 차입하지 못한다(法 83조①). 이는 집합투자기구의 계산으로 금전을 차입하는 경우에는 집합투자기구의 이자부담이 발생하고, 차입을 위한 담보로 집합투자기구가 보유한 자산이 제공되는 것을 방지하기 위한 것이다.

(나) 예외적 허용

집합투자업자는 i) 집합투자증권의 환매청구가 대량으로 발생하여 일시적으로 환매대금의 지급이 곤란한 때, ii) 반대수익자의 수익증권매수청구(法 191조), 투자회사 주주의 주식매수청구(法 201조④)가 대량으로 발생하여 일시적으로 매수대금의 지급이 곤란한 때, iii) 그 밖에 집합투자기구의 운용 및 결제 과정에서 일시적으로 금전의 차입이 필요하고 투자자 보호 및 건전한 거래질서를 해할 우려가 없는 때로서 대통령령으로 정하는 때에는 집합투자기구의 계산으로 금전을 차입할 수 있다(法 83조① 단서).[181] 집합투자업자는 금전을 차입한 경우 그 차입금 전액을 모두 갚기 전까지 투자대상자산을 추가로 매수(파생상품의 전매와 환매는 제외)할 수 없다(令 83조③). 이와 같이 집합투자기구의 계산으로 금전을 차입하는 경우 그 차입금의 총액은 차입 당시 집합투자재산 총액의 10%를 초과하지 못한다(法 83조②).[182] 금전차입의 방법, 차입금 상환 전 투자대상자산의 취득 제한 등에 관하여 필요한 사항은 대통령령으로 정한다(法 83조③).

(2) 금전의 대여

집합투자업자는 집합투자재산을 운용함에 있어서 집합투자재산 중 금전을 대여하지 못한다. 다만, 대통령령으로 정하는 금융기관[183]에 대한 30일 이내의 단기대출은 허용된다(法 83조④).[184]

(3) 채무보증 또는 담보제공

집합투자업자는 집합투자재산을 운용함에 있어서 집합투자재산으로 해당 집합투자기구 외의 자를 위하여 채무보증·담보제공을 하지 못한다(法 83조⑤).

6. 이해관계인과의 거래제한

(1) 의 의

집합투자업자는 집합투자재산을 운용함에 있어서 다음과 같은 이해관계인(令 84조)과 거래행위를 하지 못한다(法 84조① 본문).

---

181) "대통령령으로 정하는 때"란 다음 중 어느 하나에 해당하여 환매대금의 지급이 일시적으로 곤란한 때를 말한다(令 83조②).
  1. 증권시장이나 해외증권시장의 폐쇄·휴장 또는 거래정지, 그 밖에 이에 준하는 사유로 집합투자재산을 처분할 수 없는 경우
  2. 거래 상대방의 결제 지연 등이 발생한 경우
  3. 환율의 급격한 변동이 발생한 경우

182) 집합투자재산으로 부동산을 취득하는 경우(부동산집합투자기구는 운용하는 경우를 포함)에는 금융기관 등에게 부동산을 담보로 제공하는 등의 방법에 따라 집합투자기구의 계산으로 금전을 차입할 수 있는데(法 94조①), 이 경우의 차입금은 제83조 제2항의 차입한도에 포함되지 않는다고 보아야 한다.

183) "대통령령으로 정하는 금융기관"이란 제345조 제1항 각 호의 어느 하나에 해당하는 금융기관을 말한다(令 83조④).

184) 다만 i) 집합투자규약에서 금전의 대여에 관한 사항을 정하고 있으며, ii) 집합투자업자가 부동산에 대하여 담보권을 설정하거나 시공사 등으로부터 지급보증을 받는 등 대여금을 회수하기 위한 적절한 수단을 확보한 경우에는(令 97조④) 집합투자재산으로 부동산개발사업을 영위하는 법인(부동산신탁업자, 부동산투자회사법에 따른 부동산투자회사 또는 다른 집합투자기구)에 대하여, 해당 집합투자기구의 자산총액에서 부채총액을 뺀 가액의 100%를 한도로(法 94조⑥, 令 97조④) 금전을 대여할 수 있다(法 94조②).

1. 집합투자업자의 임직원과 그 배우자
2. 집합투자업자의 대주주와 그 배우자
3. 집합투자업자의 계열회사, 계열회사의 임직원과 그 배우자
4. 집합투자업자가 운용하는 전체 집합투자기구의 집합투자증권(「국가재정법」 제81조에 따라 여유자금을 통합하여 운용하는 집합투자기구가 취득하는 집합투자증권은 제외한다)을 30% 이상 판매·위탁판매한 투자매매업자·투자중개업자
5. 집합투자업자가 운용하는 전체 집합투자기구의 집합투자재산의 100분의 30 이상을 보관·관리하고 있는 신탁업자. 이 경우 집합투자재산의 비율을 계산할 때 다음 각 목의 어느 하나에 해당하는 집합투자기구의 집합투자재산은 제외한다.
   가. 「국가재정법」 제81조에 따라 여유자금을 통합하여 운용하는 집합투자기구
   나. 「주택도시기금법」 제3조 및 제10조에 따라 기금을 위탁받아 운용하는 집합투자기구
   다. 「산업재해보상보험법」 제95조 및 제97조에 따라 기금을 위탁받아 운용하는 집합투자기구
6. 집합투자업자가 법인이사인 투자회사의 감독이사

(2) 예외적 허용

집합투자기구와 이해가 상충될 우려가 없는 거래로서 다음과 같은 경우에는 이를 할 수 있다(法 84조① 단서).

1. 이해관계인이 되기 6개월 이전에 체결한 계약에 따른 거래
2. 증권시장 등 불특정다수인이 참여하는 공개시장을 통한 거래
3. 일반적인 거래조건에 비추어 집합투자기구에 유리한 거래
4. 그 밖에 대통령령으로 정하는 거래

제4호의 "대통령령으로 정하는 거래"는 다음과 같다(令 85조).

1. 이해관계인의 중개·주선 또는 대리를 통하여 금융위원회가 정하여 고시하는 방법(금융투자업규정 4-56조①: 이해관계인이 일정수수료만을 받고 집합투자업자와 이해관계인이 아닌 자 간의 투자대상자산의 매매를 연결시켜 주는 방법)에 따라 이해관계인이 아닌 자와 행하는 투자대상자산의 매매
2. 이해관계인의 매매중개[금융위원회가 정하여 고시하는 매매형식의 중개(금융투자업규정 4-56조①: 집합투자업자가 이해관계인에게 지급한 중개수수료(명목에 불구하고 이해관계인이 매매의 중개를 행한 대가로 취득하는 이익)를 감안할 때 거래의 실질이 중개의 위탁으로 볼 수 있고, 이해관계인이 집합투자업자로부터 매매 또는 중개의 위탁을 받아 집합투자업자 또는 제3자로부터 매입한 투자대상자

산을 지체 없이 제3자 또는 집합투자업자에 매도하는 경우]를 통하여 그 이해관계인과 행하는 다음과 같은 투자대상자산의 매매
가. 채무증권
나. 원화로 표시된 양도성 예금증서
다. 어음(기업어음증권 제외)
3. 각 집합투자기구 자산총액의 10% 이내에서 이해관계인(집합투자업자의 대주주나 계열회사 제외)과 집합투자재산을 다음 방법으로 운용하는 거래
가. 대통령령으로 정하는 금융기관에 대한 30일 이내의 단기대출
나. 환매조건부매수(증권을 일정기간 후에 환매도할 것을 조건으로 매수하는 경우)
4. 이해관계인인 금융기관(令 83조①1)에 따른 금융기관과 이에 준하는 외국금융기관만 해당)에의 예치. 이 경우 집합투자업자가 운용하는 전체 집합투자재산 중 이해관계인인 금융기관에 예치한 금액은 전체 금융기관에 예치한 금액의 10%를 초과하여서는 아니 된다.
5. 이해관계인인 신탁업자와의 거래로서 다음과 같은 거래
가. 「외국환거래법」에 따른 외국통화의 매매(환위험을 회피하기 위한 선물환거래를 포함)
나. 환위험을 회피하기 위한 장외파생상품의 매매로서 법 제5조 제1항 제3호에 따른 계약의 체결(그 기초자산이 외국통화인 경우로 한정한다)
다. 법 제83조 제1항 단서에 따른 금전차입의 거래. 이 경우 신탁업자의 고유재산과의 거래로 한정한다.
5의2. 이해관계인(전담중개업무를 제공하는 제84조 제4호 및 제5호에 따른 이해관계인인 경우만 해당한다)과 전담중개업무로서 하는 거래
5의3. 환매기간을 금융위원회가 정하여 고시하는 기간으로 하여 이해관계인(제7조 제4항 제3호 각 목의 어느 하나에 해당하는 자를 거래상대방 또는 각 당사자로 하는 환매조건부매매의 수요·공급을 조성하는 자로 한정한다)과 환매조건부매매를 하거나 그 이해관계인이 환매조건부매매를 중개·주선 또는 대리하는 거래
6. 그 밖에 거래의 형태, 조건, 방법 등을 고려하여 집합투자기구와 이해가 상충될 염려가 없다고 금융위원회의 확인을 받은 거래[185)]

집합투자업자는 예외적으로 허용되는 이해관계인과의 거래가 있는 경우 또는 이해관계인의 변경이 있는 경우에는 그 내용을 해당 집합투자재산을 보관·관리하는 신탁업자에게 즉시 통보해야 한다(法 84조②).

---

185) 여기서 "확인"은 사실상 "승인"과 같은 수준이라 할 것이다. 집합투자업자의 불건전 영업행위 금지에 관한 시행령 제87조 제1항 제3호 라목의 "인정"도 마찬가지이다.

7. 취득의 제한

(1) 취득한도

집합투자업자는 집합투자재산을 운용함에 있어서 집합투자기구의 계산으로 그 집합투자업자가 발행한 증권을 취득하지 못한다. 단, 투자신탁의 수익증권은 취득할 수 있다(法 84조③). 또한 집합투자업자는 집합투자재산을 운용함에 있어서 그 집합투자업자의 계열회사가 발행한 증권은 대통령령으로 정하는 한도를 초과하여 취득하지 못한다(法 84조④).[186] 취득이 제한되는 계열회사 발행 증권에는 투자신탁의 수익증권, 집합투자증권, 외국집합투자증권, 파생결합증권, 신탁업자의 금전신탁계약에 의한 수익증권"(令 86조②)이 제외되며, 계열회사가 발행한 지분증권과 관련한 증권예탁증권 및 "원화로 표시된 양도성 예금증서, 기업어음증권 외의 어음, 대출채권, 예금, 그 밖에 금융위원회가 정하여 고시하는 채권(債權) 등의 투자대상자산"(令 86조③)을 포함한다(法 84조④).

---

186) "대통령령으로 정하는 한도"는 다음과 같다(令 86조①).

1. 집합투자업자가 운용하는 전체 집합투자기구의 집합투자재산으로 계열회사가 발행한 지분증권(그 지분증권과 관련된 증권예탁증권 포함)을 취득하는 경우에 계열회사가 발행한 전체 지분증권에 대한 취득금액은 집합투자업자가 운용하는 전체 집합투자기구 자산총액 중 지분증권에 투자 가능한 금액의 5%와 집합투자업자가 운용하는 각 집합투자기구 자산총액의 25%. 다만, 다음 각 목의 어느 하나에 해당하는 경우는 제외한다.
   가. 계열회사가 발행한 전체 지분증권의 시가총액비중(令 제80조①3 후단)의 합이 집합투자업자가 운용하는 전체 집합투자기구 자산총액 중 지분증권에 투자 가능한 금액의 5%를 초과하는 경우로서 그 계열회사가 발행한 전체 지분증권을 그 시가총액비중까지 취득하는 경우
   나. 계열회사가 발행한 전체 지분증권의 시가총액비중의 합이 25%를 초과하는 경우로서 집합투자업자가 운용하는 각 집합투자기구에서 그 계열회사가 발행한 전체 지분증권을 그 시가총액비중까지 취득하는 경우
   다. 다수 종목의 가격수준을 종합적으로 표시하는 지수 중 금융위원회가 정하여 고시하는 지수(금융투자업규정 4-57조)의 변화에 연동하여 운용하는 것을 목표로 하는 집합투자기구의 집합투자재산으로 그 계열회사가 발행한 전체 지분증권을 해당 지수에서 차지하는 비중까지 취득하는 경우
2. 각 집합투자업자가 운용하는 전체 집합투자기구의 집합투자재산으로 계열회사(법률에 따라 직접 설립된 법인 제외)가 발행한 증권(法 84조 제4항에 따른 증권 중 지분증권을 제외한 증권)에 투자하는 경우에는 계열회사 전체가 그 집합투자업자에 대하여 출자한 비율에 해당하는 금액. 이 경우 계열회사 전체가 그 집합투자업자에 대하여 출자한 비율에 해당하는 금액은 계열회사 전체가 소유하는 그 집합투자업자의 의결권 있는 주식수를 그 집합투자업자의 의결권 있는 발행주식 총수로 나눈 비율에 그 집합투자업자의 자기자본(자기자본이 자본금 이하인 경우에는 자본금)을 곱한 금액으로 한다.

(2) 의결권 행사방법 제한

집합투자업자는 계열회사의 전체 주식을 각 집합투자기구 자산총액의 5%를 초과하여 취득하는 경우에는 집합투자기구 자산총액의 5%를 기준으로 집합투자재산에 속하는 각 계열회사별 주식의 비중을 초과하는 계열회사의 주식에 대하여는 집합투자재산에 속하는 주식을 발행한 법인의 주주총회에 참석한 주주가 소유하는 주식수에서 집합투자재산에 속하는 주식수를 뺀 주식수의 결의내용에 영향을 미치지 아니하도록 의결권을 행사해야 한다(法 87조②, 令 86조④).[187]

(3) 추가취득 없이 한도초과시

계열회사 발행 증권(法 84조④)을 추가적으로 취득하지 아니하였음에도 불구하고 금융위원회가 정하여 고시하는 사유(금융투자업규정 4-58조)로 인하여 한도를 초과하게 된 때에는 그 사유가 발생한 날부터 3개월 이내에 그 한도에 적합하도록 운용해야 한다(令 86조⑤).

8. 불건전 영업행위의 금지

(1) 금지행위의 유형

집합투자업자는 다음과 같은 행위를 하지 못한다(法 85조 본문).

1. 집합투자재산을 운용함에 있어서 금융투자상품, 그 밖의 투자대상자산의 가격에 중대한 영향을 미칠 수 있는 매수 또는 매도 의사를 결정한 후 이를 실행하기 전에 그 금융투자상품, 그 밖의 투자대상자산을 집합투자업자 자기의 계산으로 매수 또는 매도하거나 제3자에게 매수 또는 매도를 권유하는 행위
2. 자기 또는 대통령령으로 정하는 관계인수인[188]이 인수한 증권을 집합투자재산으로 매수하는 행위
3. 자기 또는 관계인수인이 발행인 또는 매출인으로부터 직접 증권의 인수를 의뢰받아 인수조건 등을 정하는 업무(令 87조③)를 담당한 법인의 특정증권등(法 172조①)에 대하여 인위적인 시세(法 176조②1)의 시세)를 형성하기 위하여 집합투자재산으로 그 특정증권등을 매매하는 행위

---

187) shadow voting을 말한다.(예탁결제원의 shadow voting은 2017.12.31.자로 폐지되었다).

188) "대통령령으로 정하는 관계인수인"이란 다음과 같은 인수인을 말한다(令 87조②).

1. 집합투자업자와 같은 기업집단(「독점규제 및 공정거래에 관한 법률」 15조 211호)에 속하는 인수인
2. 집합투자업자가 운용하는 전체 집합투자기구의 집합투자증권(「국가재정법」 제81조에 따라 여유자금을 통합하여 운용하는 집합투자기구가 취득하는 집합투자증권은 제외한다)을 금융위원회가 정하여 고시하는 비율 이상 판매한 인수인

4. 특정 집합투자기구의 이익을 해하면서 자기 또는 제3자의 이익을 도모하는 행위
5. 특정 집합투자재산을 집합투자업자의 고유재산 또는 그 집합투자업자가 운용하는 다른 집합투자재산, 투자일임재산(투자자로부터 투자판단을 일임받아 운용하는 재산) 또는 신탁재산과 거래하는 행위
6. 제3자와의 계약 또는 담합 등에 의하여 집합투자재산으로 특정 자산에 교차하여 투자하는 행위
7. 투자운용인력이 아닌 자에게 집합투자재산을 운용하게 하는 행위
8. 그 밖에 투자자 보호 또는 건전한 거래질서를 해할 우려가 있는 행위로서 대통령령으로 정하는 행위[189)]

---

189) "대통령령으로 정하는 행위"란 다음과 같은 행위를 말한다(令 87조④).
1. 집합투자규약이나 투자설명서 또는 법 제249조의4제2항 전단에 따른 핵심상품설명서를 위반하여 집합투자재산을 운용하는 행위
2. 집합투자기구의 운용방침이나 운용전략 등을 고려하지 아니하고 집합투자재산으로 금융투자상품을 지나치게 자주 매매하는 행위
3. 집합투자업자가 운용하는 집합투자기구의 집합투자증권을 판매하는 투자매매업자·투자중개업자(그 임직원과 투자권유대행인 포함)에게 업무와 관련하여 금융위원회가 정하여 고시하는 기준(금융투자업규정 4-61조)을 위반하여 직접 또는 간접으로 재산상의 이익을 제공하는 행위
4. 투자매매업자·투자중개업자(그 임직원 포함) 등으로부터 업무와 관련하여 금융위원회가 정하여 고시하는 기준(금융투자업규정 4-62조)을 위반하여 직접 또는 간접으로 재산상의 이익을 제공받는 행위
5. 투자자와의 이면계약 등에 따라 그 투자자로부터 일상적으로 명령·지시·요청 등을 받아 집합투자재산을 운용하는 행위
6. 집합투자업자가 운용하는 집합투자기구의 집합투자증권을 판매하는 투자매매업자·투자중개업자와의 이면계약 등에 따라 그 투자매매업자·투자중개업자로부터 명령·지시·요청 등을 받아 집합투자재산을 운용하는 행위
7. 자본시장법 제55조, 제81조, 제84조 및 제85조에 따른 금지 또는 제한을 회피할 목적으로 하는 행위로서 장외파생상품거래, 신탁계약, 연계거래 등을 이용하는 행위
8. 채권자로서 그 권리를 담보하기 위하여 백지수표나 백지어음을 받는 행위
8의2. 단기금융집합투자기구의 집합투자재산을 제241조 제1항 각 호 외의 자산에 투자하거나 같은 조 제2항에서 정하는 방법 외의 방법으로 운용하는 행위
8의3. 자신이 운용하는 둘 이상의 집합투자기구(교차하거나 순환하여 투자하기 위해 다른 집합투자업자가 운용하는 집합투자기구를 이용하는 경우에는 그 집합투자기구를 포함한다)가 교차하거나 순환하여 투자하는 행위
8의4. 집합투자기구를 운용하는 과정에서 증권을 취득하거나 금전을 대여할 때 그 증권을 발행하거나 금전을 대여받은 자에게 취득 또는 대여의 대가로 자신이 운용하는 집합투자기구에서 발행하거나 발행할 예정인 집합투자증권의 취득을 강요하거나 권유하는 행위
8의5. 법 제192조 제2항 제5호·제202조 제1항 제7호(법 제211조 제2항, 제216조 제3항 및 제217조의6 제2항에서 준용하는 경우를 포함한다) 또는 제221조 제1항 제4호(법 제227조 제3항에서 준용하는 경우를 포함한다)에 따른 해지나 해산을 회피할 목적으로 자신이 운용하는 다른 집합투자기구 또는 다른 집합투자업자가 운용하는 집합투자기구를 이용하는 행위

(2) 허용되는 경우

투자자 보호 및 건전한 거래질서를 해할 우려가 없는 경우로서 대통령령으로 정하는 경우에는 위와 같은 행위를 할 수 있다(法 85조 단서).190)191)

8의6. 집합투자재산을 금전대여로 운용하는 경우 그 금전대여의 대가로 금전이나 이에 준하는 재산적 가치를 지급받는 행위

9. 그 밖에 투자자의 보호와 건전한 거래질서를 해칠 염려가 있는 행위로서 금융위원회가 정하여 고시하는 행위(금융투자업규정 4-63조, 64조)

190) "대통령령으로 정하는 경우"란 다음과 같은 경우를 말한다(令 87조①).

1. 자본시장법 제85조 제1호를 적용할 때 다음 각 목의 어느 하나에 해당하는 경우
 가. 집합투자재산의 운용과 관련한 정보를 이용하지 아니하였음을 증명하는 경우
 나. 증권시장(다자간매매체결회사에서의 거래를 포함)과 파생상품시장 간의 가격 차이를 이용한 차익거래, 그 밖에 이에 준하는 거래로서 집합투자재산의 운용과 관련한 정보를 의도적으로 이용하지 아니하였다는 사실이 객관적으로 명백한 경우

2. 자본시장법 제85조 제2호를 적용할 때 인수일부터 3개월이 지난 후 매수하는 경우

2의2. 자본시장법 제85조 제2호를 적용할 때 인수한 증권이 국채증권, 지방채증권, 「한국은행법」 제69조에 따른 한국은행통화안정증권, 특수채증권 또는 법 제4조 제3항에 따른 사채권(주권 관련 사채권 및 제176조의13 제1항에 따른 상각형 조건부자본증권은 제외) 중 어느 하나에 해당하는 경우. 다만, 사채권의 경우에는 투자자 보호 및 건전한 거래질서를 위하여 금융위원회가 정하여 고시하는 발행조건, 거래절차 등의 기준(금융투자업규정 4-60조)을 충족하는 채권으로 한정한다.

2의3. 법 제85조 제2호를 적용할 때 인수한 증권이 증권시장에 상장된 주권인 경우로서 그 주권을 증권시장에서 매수하는 경우

2의4. 법 제85조 제2호를 적용할 때 일반적인 거래조건에 비추어 집합투자기구에 유리한 거래

3. 자본시장법 제85조 제5호를 적용할 때 집합투자업자가 운용하는 집합투자기구 상호 간에 자산(令 224조 제4항에 따른 미지급금 채무를 포함)을 동시에 한쪽이 매도하고 다른 한쪽이 매수하는 거래("자전거래")로서 다음 각 목의 어느 하나에 해당하는 경우. 이 경우 집합투자업자는 매매거래에 있어서 매매가격, 매매거래절차 및 방법, 그 밖에 투자자 보호를 위하여 금융위원회가 정하여 고시하는 기준(금융투자업규정 4-59조)을 준수해야 한다.
 가. 법, 시행령 및 집합투자기구의 집합투자규약상의 투자한도를 준수하기 위한 경우
 나. 집합투자증권의 환매에 응하기 위한 경우
 다. 집합투자기구의 해지 또는 해산에 따른 해지금액 등을 지급하기 위한 경우
 라. 그 밖에 금융위원회가 투자자의 이익을 해칠 염려가 없다고 인정한 경우

4. 법 제85조 제5호를 적용할 때 특정 집합투자재산을 그 집합투자업자의 고유재산과 제85조 제2호에 따른 매매중개를 통하여 같은 호 각 목의 투자대상자산을 매매하는 경우

5. 법 제85조 제7호를 적용할 때 전자적 투자조언장치를 활용하여 집합투자재산을 운용하는 경우

191) [시행령 제2조]

6. "전자적 투자조언장치"란 다음 각 목의 요건을 갖춘 자동화된 전산정보처리장치를 말한다.
 가. 전자적 투자조언장치를 활용하는 업무의 종류에 따라 다음의 요건을 갖출 것
  (1) 집합투자재산을 운용하는 경우: 집합투자기구의 투자목적·투자방침과 투자전략에 맞게 운용될 수 있는 체계를 갖출 것

9. 성과보수의 제한

(1) 원칙적 금지

집합투자업자는 집합투자기구의 운용실적에 연동하여 미리 정하여진 산정방식에 따른 보수("성과보수")를 받아서는 아니 된다(法 86조①).

(2) 예외적 허용

다음과 같은 경우에는 집합투자업자도 성과보수를 받을 수 있다(法 86조① 단서).[192)]

1. 집합투자기구가 사모집합투자기구인 경우
2. 사모집합투자기구 외의 집합투자기구 중 운용보수의 산정방식, 투자자의 구성 등을 고려하여 투자자 보호 및 건전한 거래질서를 해할 우려가 없는 경우로서 대통령령으로 정하는 경우[193)]

---

(2) 투자자문업 또는 투자일임업을 수행하는 경우: 투자자의 투자목적·재산상황·투자경험 등을 고려하여 투자자의 투자성향을 전자적 투자조언장치를 통하여 분석할 것

나.「정보통신망 이용촉진 및 정보보호 등에 관한 법률」 제2조 제7호에 따른 침해사고 및 재해 등을 예방하기 위한 체계 및 침해사고 또는 재해가 발생하였을 때 피해 확산·재발 방지와 신속한 복구를 위한 체계를 갖출 것

다. 그 밖에 투자자 보호와 건전한 거래질서 유지를 위하여 금융위원회가 정하여 고시하는 요건을 갖출 것(금융투자업규정 1-2조의2)

192) 기관전용사모집합투자기구는 정관에서 정하는 바에 따라 기관전용사모집합투자기구의 집합투자재산으로 업무집행사원에게 보수(운용실적에 따른 성과보수 포함)를 지급할 수 있다(法 249조의14⑪).

193) "대통령령으로 정하는 경우"란 다음 요건을 모두 갖춘 경우를 말한다. 이 경우 성과보수의 산정방식, 지급시기 등에 대하여 필요한 사항은 금융위원회가 정하여 고시한다(令 88조①).

1. 성과보수가 금융위원회가 정하여 고시하는 요건을 갖춘 기준지표에 연동하여 산정될 것
2. 집합투자기구의 운용성과가 기준지표의 성과보다 낮은 경우에는 성과보수를 적용하지 않는 경우보다 적은 운용보수를 받게 되는 보수체계를 갖출 것
3. 삭제[2022.8.30.] [삭제 전: 집합투자기구의 운용성과가 기준지표의 성과를 초과하더라도 해당 운용성과가 부(負)의 수익률을 나타내거나 일정 성과가 금융위원회가 정하여 고시하는 기준에 미달하는 경우(금융투자업규정 4-65조③: 성과보수를 지급하게 됨으로써 당해 집합투자기구의 운용성과가 부의 수익률을 나타내게 되는 경우)에는 성과보수를 받지 아니하도록 할 것]
4. 삭제[2017.5.8.] [삭제 전: 금융위원회가 정하여 고시하는 최소투자금액 이상을 투자한 투자자로만 구성될 것]
5. 집합투자기구의 형태별로 다음 각 목의 구분에 따른 요건을 갖출 것
   가. 다음의 집합투자기구인 경우: 존속기한을 1년 이상으로 설정·설립할 것
      1) 법 제230조에 따른 환매금지형집합투자기구
      2) 법 제230조에 따른 환매금지형집합투자기구가 아닌 집합투자기구로서 설정·설립

⑶ 성과보수의 산정방식 공개

집합투자업자는 성과보수를 받고자 하는 경우에는 그 성과보수의 산정방식, 그 밖에 대통령령으로 정하는 사항[194]을 해당 투자설명서 및 집합투자규약에 기재해야 한다(法 86조②).

10. 의 결 권

⑴ 의결권 행사자

투자신탁재산·투자익명조합재산에 속하는 지분증권(그 지분증권과 관련된 증권예탁증권 포함)의 의결권은 그 투자신탁·투자익명조합의 집합투자업자가 행사해야 하고, 투자신탁이나 투자익명조합의 집합투자업자는 투자자의 이익을 보호하기 위하여 집합투자재산에 속하는 주식의 의결권을 충실하게 행사하여야 한다(法 87조①).

⑵ 의결권 행사의 원칙

집합투자업자는 투자자에 대하여 선량한 관리자의 주의로써 집합투자재산을 운용하여야 하고, 투자자의 이익을 보호하기 위하여 해당 업무를 충실하게 수행하여야 하므로(法 79조), 의결권을 행사하는 집합투자업자는 집합투자재산에 속하는 주식의 의결권을 이러한 원칙에 따라 행사해야 한다(法 37조①). 자본시장법은 이와 별도로 집합투자업자는 집합투자재산에 속하는 주식의 의결권을 충실하게 행사해야 한다고 규정한다(法 87조①).

⑶ 의결권 행사방법의 제한

집합투자업자는 다음과 같은 경우에는 집합투자재산에 속하는 주식을 발행

이후에 집합투자증권을 추가로 발행할 수 없는 집합투자기구

나. 가목에 해당하지 아니하는 집합투자기구인 경우: 존속기한 없이 설정·설립할 것

6. 성과보수의 상한을 정할 것

194) "대통령령으로 정하는 사항"이란 다음 사항을 말한다(令 88조②).

1. 성과보수가 지급된다는 뜻과 그 한도
2. 성과보수를 지급하지 않는 집합투자기구보다 높은 투자위험에 노출될 수 있다는 사실
3. 성과보수를 포함한 보수 전체에 관한 사항
4. 기준지표(법 제86조 제1항 제2호의 경우로 한정한다)
5. 성과보수의 지급시기
6. 성과보수가 지급되지 않는 경우에 관한 사항
7. 그 밖에 투자자를 보호하기 위하여 필요한 사항으로서 금융위원회가 정하여 고시하는 사항(금융투자업규정 4-65조⑥: 1. 집합투자기구의 운용을 담당하는 투자운용인력의 경력, 2. 집합투자기구의 운용을 담당하는 투자운용인력의 운용성과)

한 법인의 주주총회에 참석한 주주가 소유하는 주식수에서 집합투자재산에 속하는 주식수를 뺀 주식수의 결의내용에 영향을 미치지 아니하도록 의결권을 행사해야 한다(法 87조②).

1. 다음과 같은 자가 그 집합투자재산에 속하는 주식을 발행한 법인을 계열회사로 편입하기 위한 경우
   가. 그 집합투자업자 및 그의 특수관계인 및 공동보유자(令 89조①)
   나. 그 집합투자업자에 대하여 사실상의 지배력을 행사하는 자로서 대통령령으로 정하는 자[195]
2. 그 집합투자재산에 속하는 주식을 발행한 법인이 그 집합투자업자와 다음 각 목의 어느 하나에 해당하는 관계가 있는 경우
   가. 계열회사의 관계가 있는 경우
   나. 그 집합투자업자에 대하여 사실상의 지배력을 행사하는 관계로서 대통령령으로 정하는 관계가 있는 경우[196]
3. 그 밖에 투자자 보호 또는 집합투자재산의 적정한 운용을 해할 우려가 있는 경우로서 대통령령으로 정하는 경우

⑷ 의결권 행사방법제한의 범위

집합투자업자는 법인의 합병, 영업의 양도·양수, 임원의 임면, 정관변경, 그 밖에 이에 준하는 사항으로서 투자자의 이익에 명백한 영향을 미치는 사항("주요의결사항")에 대하여 제2항의 방법에 따라 의결권을 행사하는 경우 집합투자재산에 손실을 초래할 것이 명백하게 예상되는 때에는 제1항에 따라 의결권을 충실하게 행사할 수 있다(法 87조③ 본문).

다만, 「독점규제 및 공정거래에 관한 법률」에 따른 상호출자제한기업집단("상호출자제한기업집단")에 속하는 집합투자업자는 집합투자재산으로 그와 계열회사의 관계에 있는 주권상장법인이 발행한 주식을 소유하고 있는 경우에는 다음 요건을 모두 충족하는 방법으로만 의결권을 행사할 수 있다(法 87조③ 단서).

---

195) "대통령령으로 정하는 자"는 다음과 같다(令 89조②).
   1. 관계 투자매매업자·투자중개업자와 및 그 계열회사
   2. 집합투자업자(투자신탁·투자익명조합의 집합투자업자에 한한다)의 대주주(최대주주의 특수관계인인 주주 포함)

196) "대통령령으로 정하는 관계"란 다음과 같은 자가 되는 관계를 말한다(令 89조③).
   1. 관계 투자매매업자·투자중개업자와 및 그 계열회사
   2. 집합투자업자(투자신탁·투자익명조합의 집합투자업자에 한한다)의 대주주(최대주주의 특수관계인인 주주 포함)

1. 그 주권상장법인의 특수관계인(「독점규제 및 공정거래에 관한 법률」 9조①5)이 의결권을 행사할 수 있는 주식의 수를 합하여 그 법인의 발행주식총수의 15%를 초과하지 아니하도록 의결권을 행사할 것
2. 집합투자업자가 제81조 제1항 각 호 외의 부분 단서에 따라 같은 항 제1호 가목의 투자한도를 초과하여 취득한 주식은 그 주식을 발행한 법인의 주주총회에 참석한 주주가 소유한 주식수에서 집합투자재산인 주식수를 뺀 주식수의 결의내용에 영향을 미치지 아니하도록 의결권을 행사할 것

⑸ 의결권 행사제한과 처분명령

집합투자업자는 제81조 제1항(자산운용 제한) 및 제84조 제4항(계열회사가 발행한 증권의 취득)에 따른 투자한도를 초과하여 취득한 주식에 대하여는 그 주식의 의결권을 행사할 수 없다(法 87조④). 집합투자업자는 제3자와의 계약에 의하여 의결권을 교차하여 행사하는 등 제87조 제2항부터 제4항까지의 규정의 적용을 면하기 위한 행위를 할 수 없다(法 87조⑤). 금융위원회는 집합투자업자가 제2항부터 제5항까지의 규정을 위반하여 집합투자재산에 속하는 주식의 의결권을 행사한 경우에는 6개월 이내의 기간을 정하여 그 주식의 처분을 명할 수 있다(法 87조⑥).

⑹ 의결권 행사의 공시

의결권공시대상법인은 각 집합투자재산에서 각 집합투자기구 자산총액의 5% 또는 100억원(令 90조①) 이상을 소유하는 주식을 발행한 법인이다(令 90조①). 집합투자업자는 의결권공시대상법인에 대한 의결권 행사 여부 및 그 내용(의결권을 행사하지 아니한 경우에는 그 사유)을 영업보고서에 기재하는 방법(令 90조②)에 따라 기록·유지해야 한다(法 87조⑦).

집합투자업자는 집합투자재산에 속하는 주식 중 대통령령으로 정하는 주식 [법 제9조 제15항 제3호 가목(증권시장에 상장된 주권을 발행한 법인)에 따른 주권상장법인으로서 법 제87조 제7항에 따른 의결권공시대상법인이 발행한 주식. 법 제9조 제15항 제3호 나목(주권과 관련된 증권예탁증권이 증권시장에 상장된 경우에는 그 주권을 발행한 법인)에 따른 주권상장법인의 경우에는 주식과 관련된 증권예탁증권을 포함한다]의 의결권 행사 내용 등을 다음과 같은 구분에 따라 공시해야 한다(法 87조⑧, 令 91조①).

1. 제2항 및 제3항에 따라 주요의결사항에 대하여 의결권을 행사하는 경우: 의결권

의 구체적인 행사내용 및 그 사유

2. 의결권공시대상법인에 대하여 의결권을 행사하는 경우: 제7항에 따른 의결권의 구체적인 행사내용 및 그 사유
3. 의결권공시대상법인에 대하여 의결권을 행사하지 아니한 경우: 제7항에 따른 의결권을 행사하지 아니한 구체적인 사유

집합투자업자는 매년 4월 30일까지 직전 연도 4월 1일부터 1년간 행사한 의결권 행사 내용 등을 증권시장을 통하여 공시하여야 하고(슈 91조②), 투자자가 그 의결권 행사 여부의 적정성 등을 파악하는 데에 필요한 자료로서 대통령령으로 정하는 자료를 함께 공시해야 한다(法 87조⑨).[197]

11. 자산운용보고서

(1) 자산운용보고서 교부의무

집합투자업자는 자산운용보고서를 작성하여[198][199] 해당 집합투자재산을 보

---

197) "대통령령으로 정하는 자료"란 다음 각 호의 자료를 말한다(슈 91조④).
1. 의결권 행사와 관련된 집합투자업자의 내부지침
2. 집합투자업자가 의결권 행사와 관련하여 집합투자기구별로 소유하고 있는 주식 수 및 증권예탁증권 수
3. 집합투자업자와 의결권 행사 대상 법인의 관계가 시행령 제89조 제1항 또는 같은 조 제2항에서 정하고 있는 관계에 해당하는지 여부

198) 집합투자업자는 자산운용보고서에 다음 사항을 기재해야 한다(法 88조②).
1. 다음 각 목의 어느 하나에 해당하는 날("기준일") 현재의 해당 집합투자기구의 자산·부채 및 집합투자증권의 기준가격
   가. 회계기간의 개시일부터 3개월이 종료되는 날
   나. 회계기간의 말일
   다. 계약기간의 종료일 또는 존속기간의 만료일
   라. 해지일 또는 해산일
2. 직전의 기준일(직전의 기준일이 없는 경우에는 해당 집합투자기구의 최초 설정일 또는 성립일)부터 해당 기준일까지의 기간("해당 운용기간") 중 운용경과의 개요 및 해당 운용기간 중의 손익 사항
3. 기준일 현재 집합투자재산에 속하는 자산의 종류별 평가액과 집합투자재산 총액에 대한 각각의 비율
4. 해당 운용기간 중 매매한 주식의 총수, 매매금액 및 매매회전율(해당 운용기간 중 매도한 주식가액의 총액을 그 해당 운용기간 중 보유한 주식의 평균가액으로 나눈 비율, 슈 92조②).
5. 그 밖에 대통령령으로 정하는 사항

199) 자본시장법 제88조 제2항 제5호에서 "대통령령으로 정하는 사항"이란 다음 각 호와 같다. 다만, 회계기간 개시일로부터 3개월, 6개월, 9개월이 종료되는 날을 기준일(제88조 제2항 제1호에 따른 기준일)로 하여 작성하는 자산운용보고서에는 제2호 및 제7호의 사항을 기재하지

관·관리하는 신탁업자의 확인을 받아 3개월마다 1회 이상 해당 집합투자기구의 투자자에게 교부해야 한다. 다만, 투자자가 수시로 변동되는 등 투자자의 이익을 해할 우려가 없는 경우로서 대통령령으로 정하는 경우에는 자산운용보고서를 투자자에게 교부하지 아니할 수 있다(法 88조①).[200] 자산운용보고서, 영업보고서, 자산보관·관리보고서 등은 집합투자증권에 관한 유통공시라 할 수 있다.[201]

(2) 교부방법

집합투자업자는 투자자에게 자산운용보고서를 교부하는 경우에는 집합투자증권을 판매한 투자매매업자·투자중개업자 또는 전자등록기관을 통하여 기준일

않을 수 있다(令 92조③).
1. 기준일 현재 집합투자재산에 속하는 투자대상자산의 내역
2. 집합투자기구의 투자운용인력에 관한 사항
3. 집합투자기구의 투자환경 및 운용계획
4. 집합투자기구의 업종별·국가별 투자내역
5. 집합투자기구의 투자전략
6. 집합투자기구의 투자대상 범위 상위 10개 종목
7. 집합투자기구의 구조
8. 집합투자기구의 유동성 위험
8의2. 집합투자기구의 운용위험에 대한 관리방안
9. 그 밖에 투자자를 보호하기 위하여 필요한 사항으로서 금융위원회가 정하여 고시하는 사항(금융투자업규정 4-66조②)

200) 대통령령으로 정하는 경우란 다음과 같은 경우를 말한다(令 92조①).
1. 투자자가 자산운용보고서의 수령을 거부한다는 의사를 서면, 전화·전신·팩스, 전자우편 또는 이와 비슷한 전자통신의 방법으로 표시한 경우
2. 집합투자업자가 단기금융집합투자기구를 설정 또는 설립하여 운용하는 경우로서 매월 1회 이상 금융위원회가 정하여 고시하는 방법(금융투자업규정 4-66조①: 자산운용보고서를 집합투자업자, 투자매매업자·투자중개업자 및 협회의 인터넷 홈페이지를 이용하여 공시하는 방법)으로 자산운용보고서를 공시하는 경우
3. 집합투자업자가 법 제230조에 따른 환매금지형집합투자기구를 설정 또는 설립하여 운용하는 경우(230조 제3항에 따라 그 집합투자증권이 상장된 경우만 해당)로서 3개월마다 1회 이상 금융위원회가 정하여 고시하는 방법(금융투자업규정 4-66조①: 자산운용보고서를 집합투자업자, 투자매매업자·투자중개업자 및 협회의 인터넷 홈페이지를 이용하여 공시하는 방법)으로 자산운용보고서를 공시하는 경우
4. 투자자가 소유하고 있는 집합투자증권의 평가금액이 10만원 이하인 경우로서 집합투자규약에 자산운용보고서를 교부하지 않는다고 정하고 있는 경우

201) 자본시장법은 집합투자증권의 발행인을 사업보고서 제출대상법인에서 제외하고(令 167조①1가), 이와 같은 별도의 유통공시제도를 규정한다. 집합투자재산을 보관·관리하는 신탁업자는 집합투자재산에 관하여 제90조 제2항 각 호의 어느 하나의 사유가 발생한 날부터 2개월 이내에 자산보관·관리보고서를 작성하여 투자자에게 교부해야 한다(法 248조①). 또한 신탁업자는 자산보관·관리보고서를 위 기간 이내에 금융위원회 및 협회에 교부해야 한다(法 248조②).

부터 2개월 이내에 직접, 전자우편 또는 이와 비슷한 전자통신의 방법으로 교부해야 한다. 다만, 투자자가 해당 집합투자기구에 투자한 금액이 100만원 이하이거나 투자자에게 전자우편 주소가 없는 등의 경우에는 자본시장법 제89조 제2항 제1호의 방법에 따라 공시하는 것으로 갈음할 수 있으며, 투자자가 우편발송을 원하는 경우에는 그에 따라야 한다(令 92조④). 자산운용보고서를 작성·교부하는 데에 드는 비용은 집합투자업자가 부담한다(令 92조⑤).

(3) 자산운용보고서의 허위기재

집합투자업자가 가격변동이나 금리변동에 따른 위험이 내재한 펀드에 가입한 투자자에게 자산운영보고서를 보내면서 원금 손실이 발생한 사실을 알리지 않고 오히려 수익이 발생한 것처럼 기재한 허위보고서를 보내어 고객으로 하여금 환매시기를 결정할 수 있는 기회를 상실케 함으로써 투자 손실을 입게 한 경우, 선관주의의무 위반으로 인한 손해배상책임 외에 불법행위로 인한 손해배상책임도 진다. 판례는 이때 불법행위로 인한 재산상의 손해는 위법한 가해행위로 인하여 발생한 재산상의 불이익, 즉 그와 같은 허위보고서 송부에 의한 기망행위가 없었더라면 투자자가 환매를 결정하여 얻을 수 있었던 재산상태와 투자자가 위와 같은 기망행위가 있었던 사실을 알고 즉시 환매를 하여 얻었거나 얻을 수 있었던 재산상태(기망행위가 있었던 사실을 알기 전에 환매한 경우에는 그 환매대금)의 차이로 본다.[202][203]

12. 수시공시

(1) 공시사항

투자신탁이나 투자익명조합의 집합투자업자는 다음 사항이 발생한 경우 대통령령으로 정하는 바에 따라 이를 지체 없이 공시해야 한다(法 89조①).

---

202) [대법원 2012. 3. 29. 선고 2011다80968 판결] "허위보고서 송부에 의한 기망행위가 없었더라면 고객이 환매를 결정하여 얻을 수 있었던 재산상태는, 고객의 투자성향과 투자 동기 및 목적, 수익률의 하향 추세 및 반등 가능성의 정도, 전반적인 투자시장의 동향, 당해 펀드나 다른 펀드에서의 다른 투자자들의 환매 동향 등을 종합·참작하여, 합리적인 투자자라면 어느 시기에 판매회사에게 환매를 청구하였을 것인지를 판단한 후 이를 기초로 약관 등에 따라 환매대금을 산정하는 방법으로 정해야 한다."(「간접투자자산운용업법」이 적용된 판례이다).

203) 집합투자업자는 일반적으로 복수의 집합투자기구를 운용하는데, 이 경우 투자신탁재산별로 미리 정하여진 자산배분명세에 따라 취득·처분 등의 결과를 공정하게 배분하지 않는다면 집합투자기구 간에 불공정하게 배분될 가능성이 있기 때문이다.

1. 투자운용인력의 변경이 있는 경우 그 사실과 변경된 투자운용인력의 운용경력(운용한 집합투자기구의 명칭, 집합투자재산의 규모와 수익률)
2. 환매연기 또는 환매재개의 결정 및 그 사유(제230조에 따른 환매금지형집합투자기구의 만기를 변경하거나 만기상환을 거부하는 결정 및 그 사유를 포함한다)
3. 발행인의 부도, 「채무자 회생 및 파산에 관한 법률」에 따른 회생절차개시의 신청 등의 사유로 인하여 금융위원회가 부실자산으로 정하여 고시하는 자산(슈 93조②). 이 발생한 경우 그 명세 및 상각률
4. 집합투자자총회의 결의내용
5. 그 밖에 투자자 보호를 위하여 필요한 사항으로서 대통령령으로 정하는 사항[204]

(2) 공시방법

수시공시는 다음 세 가지 모두의 방법으로 한다(法 89조②). 자본시장법 제정 당시에는 수시공시방법을 시행령에서 규정하고 다음 세 가지 방법 중 하나의 방법으로 공시할 수 있었으나, 2009년 자본시장법 개정시 시행령이 아닌 법률에서 규정하고 세 가지 모두의 방법으로 공시하도록 하였다.[205]

---

204) "대통령령으로 정하는 사항"이란 다음 사항을 말한다(슈 93조③).
1. 투자설명서의 변경. 다만, 다음 각 목의 어느 하나에 해당하는 경우는 제외한다.
   가. 자본시장법 및 동법 시행령의 개정 또는 금융위원회의 명령에 따라 투자설명서를 변경하는 경우
   나. 집합투자규약의 변경에 따라 투자설명서를 변경하는 경우
   다. 투자설명서의 단순한 자구수정 등 경미한 사항을 변경하는 경우
   라. 투자운용인력의 변경이 있는 경우로서 법 제123조 제3항 제2호에 따라 투자설명서를 변경하는 경우
2. 집합투자업자의 합병, 분할, 분할합병 또는 영업의 양도·양수
3. 집합투자업자 또는 일반사무관리회사가 기준가격을 잘못 산정하여 이를 변경하는 경우에는 그 내용(슈 262조① 후단에 따라 공고·게시하는 경우에 한한다)
4. 사모집합투자기구가 아닌 집합투자기구(존속하는 동안 투자금을 추가로 모집할 수 있는 집합투자기구로 한정한다. 이하 이 항에서 같다)로서 설정 및 설립 이후 1년(법 제81조 제3항 제1호의 집합투자기구의 경우에는 설정 및 설립 이후 2년)이 되는 날에 원본액이 50억원 미만인 경우 그 사실과 해당 집합투자기구가 법 제192조 제1항 단서에 따라 해지될 수 있다는 사실
5. 사모집합투자기구가 아닌 집합투자기구가 설정 및 설립되고 1년(법 제81조 제3항 제1호의 집합투자기구의 경우에는 설정 및 설립 이후 2년)이 지난 후 1개월간 계속하여 원본액이 50억원 미만인 경우 그 사실과 해당 집합투자기구가 법 제192조 제1항 단서에 따라 해지될 수 있다는 사실
6. 그 밖에 투자자의 투자판단에 중대한 영향을 미치는 사항으로서 금융위원회가 정하여 고시하는 사항

205) 세 가지 모두의 방법으로 공시할 것을 요구하는 규정에 대하여 투자자에 대한 효율성이 불투명한 반면, 공시의무자의 부담이 지나치게 과중하다는 비판도 있다[박진욱, "집합투자기구의 공시제도 고찰", 증권법연구 제13권 제1호, 한국증권법학회(2012), 131면].

1. 집합투자업자, 집합투자증권을 판매한 투자매매업자·투자중개업자 및 협회의 인터넷 홈페이지를 이용하여 공시하는 방법
2. 집합투자증권을 판매한 투자매매업자·투자중개업자로 하여금 전자우편을 이용하여 투자자에게 알리는 방법
3. 집합투자업자, 집합투자증권을 판매한 투자매매업자·투자중개업자의 본점과 지점, 그 밖의 영업소에 게시하는 방법

(3) 투자회사등에의 준용

집합투자업자(투자신탁·투자익명조합)의 수시공시에 관한 제89조는 투자회사, 투자유한회사, 투자합자회사, 투자합자조합에도 준용된다(法 186조②).

13. 집합투자재산에 관한 보고

(1) 분기영업보고서

집합투자업자(투자신탁·투자익명조합의 집합투자업자에 한한다)는 집합투자재산에 관한 매 분기의 영업보고서를 작성하여 매 분기 종료 후 2개월 이내에 금융위원회 및 협회에 제출해야 한다(法 90조①).[206]

(2) 결산서류

집합투자업자는 집합투자기구에 대하여 i) 집합투자기구의 회계기간 종료, ii) 집합투자기구의 계약기간 또는 존속기간의 종료, iii) 집합투자기구의 해지 또는 해산 등의 사유가 발생한 경우 그 사유가 발생한 날부터 2개월 이내에 제239조에 따른 결산서류(재무상태표·손익계산서·자산운용보고서)를 금융위원회 및 협회에 제출해야 한다(法 90조②).

(3) 공시방법

금융위원회 및 협회는 제출받은 서류를 인터넷 홈페이지 등을 이용하여 공

---

206) 투자신탁·투자익명조합의 집합투자업자는 집합투자재산(투자신탁재산 및 투자익명조합재산만 해당)에 관한 영업보고서를 금융위원회가 정하여 고시하는 기준에 따라 다음과 같은 서류로 구분하여 작성해야 한다(令 94조①).
1. 투자신탁의 설정 현황 또는 투자익명조합의 출자금 변동 상황
2. 집합투자재산의 운용 현황과 집합투자증권(투자신탁 수익증권과 투자익명조합 지분증권만 해당)의 기준가격표
3. 자본시장법 제87조 제8항 제1호·제2호에 따른 의결권의 구체적인 행사내용 및 그 사유를 적은 서류
4. 집합투자재산에 속하는 자산 중 주식의 매매회전율과 자산의 위탁매매에 따른 투자중개업자별 거래금액·수수료와 그 비중

시해야 한다(法 90조③). 협회는 각 집합투자재산의 순자산가치의 변동명세가 포함된 운용실적을 비교하여 그 결과를 인터넷 홈페이지 등을 이용하여 공시해야 한다(法 90조④).

협회는 각 집합투자재산의 운용실적을 비교·공시하는 경우에는 다음과 같은 항목별로 구분하여 금융위원회가 정하여 고시하는 기준에 따라 비교·공시하여야 하고(令 94조②), 집합투자기구의 운용실적을 비교·공시하기 위하여 필요한 범위에서 각 집합투자기구의 집합투자규약, 투자설명서 및 기준가격 등에 관한 자료의 제출을 투자신탁·투자익명조합의 집합투자업자 또는 투자회사·투자유한회사·투자합자회사 및 투자합자조합("투자회사등")에 요청할 수 있다(令 94조③).[207]

1. 집합투자업자
2. 투자매매업자·투자중개업자
3. 집합투자기구의 종류
4. 금융위원회가 정하여 고시하는 주된 투자대상자산[208]
5. 운용보수
6. 판매수수료·판매보수
7. 수익률. 이 경우 사모집합투자기구가 아닌 집합투자기구(존속하는 동안 투자금을 추가로 모집할 수 있는 집합투자기구로 한정한다. 이하 이 호에서 같다)로서 원본액 50억원 미만과 50억원 이상의 집합투자기구의 수익률은 별도로 비교·공시해야 한다.
8. 그 밖에 금융위원회가 정하여 고시하는 것

(4) 보고의무 위반에 대한 제재

영업보고서나 결산서류를 제출하지 아니하거나 거짓으로 작성하여 제출한 자에 대하여는 1억원 이하의 과태료를 부과한다(法 449조①34). 금융투자업자는 위와 같은 보고의무를 위반하여 투자자에게 손해를 가한 경우에는 손해배상책임을 진다(法 64조①). 금융투자업자가 손해배상책임을 지는 경우로서 관련되는 임원에게도 귀책사유가 있는 경우에는 그 금융투자업자와 관련되는 임원이 연대하여 그 손해를 배상할 책임이 있다(法 64조②).

---

207) 투자회사·투자유한회사·투자합자회사 및 투자합자조합 등은 자본시장법 제5편에서 "투자회사등"이라 한다(法 182조①).

208) 주된 투자대상자산의 변경은 주식형펀드에서 채권형펀드로 전환하는 것과 같이, 해당 집합투자규약의 투자목적에 명시된 자산의 변경을 의미한다.

⑸ 투자회사등에의 준용

집합투자업자(투자신탁·투자익명조합)의 공시의무에 관한 제90조는 투자회사, 투자유한회사, 투자합자회사, 투자합자조합에도 준용된다(法 186조②).

14. 장부·서류의 열람 및 공시

⑴ 투자자의 열람권

투자자는 투자신탁·투자익명조합의 집합투자업자(해당 집합투자증권을 판매한 투자매매업자·투자중개업자 포함)에게 영업시간 중에 이유를 기재한 서면으로 그 투자자에 관련된 집합투자재산에 관한 장부·서류의 열람이나 등본 또는 초본의 교부를 청구할 수 있다. 이 경우 그 집합투자업자는 정당한 사유가 없는 한 이를 거절하지 못한다(法 91조①).

열람, 교부를 거절할 수 있는 정당한 사유는 다음과 같다. 이 경우 집합투자업자(法 91조 제1항에 따른 집합투자업자)는 열람이나 교부가 불가능하다는 뜻과 그 사유가 기재된 서면을 투자자에게 내주어야 한다(슈 95조①).

1. 집합투자재산의 매매주문내역 등이 포함된 장부·서류를 제공함으로써 제공받은 자가 그 정보를 거래 또는 업무에 이용하거나 타인에게 제공할 것이 뚜렷하게 염려되는 경우
2. 집합투자재산의 매매주문내역 등이 포함된 장부·서류를 제공함으로써 다른 투자자에게 손해를 입힐 것이 명백히 인정되는 경우
3. 해지 또는 해산된 집합투자기구에 관한 장부·서류로서 제62조 제1항에 따른 보존기한이 지나는 등의 사유로 인하여 투자자의 열람제공 요청에 응하는 것이 불가능한 경우

투자자가 열람이나 등본 또는 초본의 교부를 청구할 수 있는 장부·서류는 i) 집합투자재산 명세서, ii) 집합투자증권 기준가격대장, iii) 재무제표 및 그 부속명세서, iv) 집합투자재산 운용내역서 등이다(슈 95조②).

⑵ 집합투자규약의 공시

집합투자업자는 집합투자규약을 인터넷 홈페이지 등을 이용하여 공시해야 한다(法 91조③).

15. 환매연기 등의 통지

(1) 환매연기통지

투자신탁·투자익명조합의 집합투자업자는 다음과 같은 사유가 발생한 경우 해당 집합투자증권을 판매한 투자매매업자·투자중개업자에게 이를 즉시 통지해야 한다(法 92조①).

1. 제237조 제1항에 따라 집합투자증권의 환매를 연기한 경우(제230조에 따른 환매금지형집합투자기구의 만기를 변경하거나 만기상환을 거부하기로 결정한 경우를 포함한다)
2. 제240조 제3항에 따른 집합투자기구에 대한 회계감사인의 감사의견이 적정의견이 아닌 경우
3. 그 밖에 투자자에게 미치는 영향이 중대한 사유로서 대통령령으로 정하는 경우

(2) 환매연기사유 해소 통지

집합투자업자는 환매연기사유가 해소된 경우에는 해당 집합투자증권을 판매한 투자매매업자·투자중개업자에게 이를 즉시 통지해야 한다(法 92조②).

16. 파생상품의 운용 특례

(1) 위험에 관한 지표의 공시

집합투자업자는 파생상품 매매에 따른 위험평가액이 집합투자기구 자산총액의 10%(令 96조①)를 초과하여 투자할 수 있는 집합투자기구의 집합투자재산을 파생상품에 운용하는 경우에는 계약금액, 그 밖에 "위험에 관한 지표"를 인터넷 홈페이지 등을 이용하여 공시해야 한다. 이 경우 그 집합투자기구의 투자설명서에 해당 위험에 관한 지표의 개요 및 위험에 관한 지표가 공시된다는 사실을 기재해야 한다(法 93조①).

"위험에 관한 지표"란 다음과 같은 지표를 말한다. 다만, 위험에 관한 지표 산출을 위한 자료가 부족하여 지표의 산출이 불가능한 경우 등 금융위원회가 정하여 고시하는 파생상품(금융투자업규정 4-70조; 1. 위험에 관한 지표 산출을 위한 자료가 부족하여 지표의 산출이 불가능한 파생상품, 2. 그 외의 사유로 지표의 산출이 불가능한 파생상품으로서 금융감독원장의 확인을 받은 파생상품)인 경우에는 제2호

를 적용하지 않는다(슈 96조②).[209]

1. 파생상품 매매에 따른 만기시점의 손익구조
2. 시장상황의 변동에 따른 집합투자재산의 손익구조의 변동 또는 일정한 보유기간에 일정한 신뢰구간 범위에서 시장가격이 집합투자기구에 대하여 불리하게 변동될 경우에 파생상품 거래에서 발생할 수 있는 최대손실예상금액
3. 그 밖에 투자자의 투자판단에 중요한 기준이 되는 지표로서 금융위원회가 정하여 고시하는 위험에 관한 지표

(2) 장외파생상품 운용과 위험관리방법

집합투자업자는 장외파생상품 매매에 따른 위험평가액이 집합투자기구 자산총액의 10%를 초과하여 투자할 수 있는 집합투자기구의 집합투자재산을 장외파생상품에 운용하는 경우에는 장외파생상품 운용에 따른 위험관리방법을 작성하여 그 집합투자재산을 보관·관리하는 신탁업자의 확인을 받아 금융위원회에 신고해야 한다(法 93조②).[210]

17. 부동산의 운용 특례

(1) 금전차입과 대여

(가) 금전차입의 허용

집합투자업자는 원칙적으로 집합투자기구의 계산으로 금전을 차입하지 못하지만(法 83조①), 집합투자재산으로 부동산을 취득하는 경우[부동산집합투자기구(229조 2호)를 운용하는 경우 포함]에는 대통령령으로 정하는 방법에 따라 집합투자기구의 계산으로 금전을 차입할 수 있다(法 94조①).

"대통령령으로 정하는 방법"이란 집합투자업자가 다음과 같은 금융기관 등에게 부동산을 담보로 제공하거나 금융위원회가 정하여 고시하는 방법으로 금전을 차입하는 것을 말한다. 다만, 집합투자자총회에서 달리 의결한 경우에는 그 의결에 따라 금전을 차입할 수 있다(슈 97조①).

1. 은행, 한국산업은행, 중소기업은행, 한국수출입은행, 투자매매업자·투자중개업자,

---

209) 집합투자기구의 집합투자재산을 파생상품에 운용하는 경우 투자자에게 공시하여야 하는 위험지표에 대하여는 금융투자업규정 제4-71조에서 상세히 규정한다.

210) 다만 같은 거래상대방과의 장외파생상품 매매에 따른 거래상대방 위험평가액이 각 집합투자기구 자산총액의 10%를 초과하여 투자하는 행위는 금지된다(法 81조①1사).

증권금융회사, 종합금융회사, 상호저축은행
2. 보험회사
3. 「국가재정법」에 따른 기금
4. 다른 부동산집합투자기구
5. 제1호부터 제4호까지의 규정에 준하는 외국금융기관 등

(나) 차입한도

집합투자업자가 자본시장법 제94조 제1항에 따라 금전을 차입하는 경우에 그 차입금 한도는 다음과 같다(令 97조⑦).[211]

1. 부동산집합투자기구의 계산으로 차입하는 경우: 그 부동산집합투자기구의 자산총액에서 부채총액을 뺀 가액의 200%. 다만, 집합투자자총회에서 달리 의결한 경우에는 그 의결한 한도
2. 부동산집합투자기구가 아닌 집합투자기구의 계산으로 차입하는 경우: 그 집합투자기구에 속하는 부동산 가액의 100%의 범위에서 금융위원회가 정하여 고시하는 비율. 이 경우 부동산 가액의 평가는 집합투자재산평가위원회가 제94조 제3항에 따른 집합투자재산평가기준에 따라 정한 가액으로 한다.

(다) 금전대여의 허용

집합투자업자는 원칙적으로 금전을 대여할 수 없지만(法 83조④), i) 집합투자규약에서 금전의 대여에 관한 사항을 정하고 있으며, ii) 집합투자업자가 부동산에 대하여 담보권을 설정하거나 시공사 등으로부터 지급보증을 받는 등 대여금을 회수하기 위한 적절한 수단을 확보한 경우에는(令 97조④) 집합투자재산으로 부동산개발사업을 영위하는 법인(부동산신탁업자, 부동산투자회사법에 따른 부동산투자회사 또는 다른 집합투자기구)에 대하여,[212] 해당 집합투자기구의 자산총액에서 부채총액을 뺀 가액의 100%를 한도로(法 94조⑥, 令 97조④) 금전을 대여할 수 있다(法 94조②).

---

211) 집합투자업자가 자본시장법 제94조 제1항에 따라 금전을 차입하는 경우에는 자본시장법 제83조 제2항의 차입한도와 달리 금융기관의 제한이 없고, 집합투자자총회에서 달리 의결한 경우에는 그 의결한 한도까지 차입이 가능하다.

212) 부동산집합투자기구는 집합투자재산의 운용대상(투자대상)에 따라 개발형, 관리형, 임대형으로 구분할 수 있는데(法 229조), 부동산개발사업을 영위하는 법인에 대한 금전대여만 가능하다.

⑵ 실사보고서와 사업계획서

집합투자업자는 집합투자재산으로 부동산을 취득하거나 처분하는 경우에는 실사보고서를 작성·비치해야 한다(法 94조③). 실사보고서에는 i) 부동산의 현황, ii) 거래가격, iii) 부동산의 거래비용, iv) 부동산과 관련된 재무자료, v) 부동산의 수익에 영향을 미치는 요소, vi) 그 밖에 부동산의 거래 여부를 결정함에 있어 필요한 사항으로서 금융위원회가 정하여 고시하는 사항이 기재되어야 한다(法 94조③, 令 97조⑤). 집합투자업자는 집합투자재산으로 부동산개발사업에 투자하고자 하는 경우에는 사업계획서를 작성하여 「감정평가 및 감정평가사에 관한 법률」에 따른 감정평가법인등으로부터 그 사업계획서가 적정한지의 여부에 대하여 확인을 받아야 하며, 이를 인터넷 홈페이지 등을 이용하여 공시해야 한다(法 94조④). 사업계획서에는 i) 추진일정, ii) 추진방법, iii) 건축계획 등이 포함된 사업계획에 관한 사항, iv) 자금의 조달·투자 및 회수에 관한 사항, v) 추정손익에 관한 사항, vi) 사업의 위험에 관한 사항, vii) 공사시공 등 외부용역에 관한 사항, viii) 그 밖에 투자자를 보호하기 위하여 필요한 사항으로서 금융위원회가 정하여 고시하는 사항이 기재되어야 한다(法 94조④, 令 97조⑥).

⑶ 부동산 등기절차상 특례

투자신탁재산으로 부동산을 취득하는 경우 부동산등기법 제81조(신탁등기의 등기사항)를 적용할 때에는 그 신탁원부에 수익자를 기록하지 아니할 수 있다(法 94조⑤).

18. 청 산

⑴ 청산사무의 감독

금융위원회는 집합투자업을 영위하는 금융투자업자의 청산사무를 감독한다(法 95조①). 금융위원회는 청산사무 및 재산의 상황을 검사하거나 재산의 공탁명령, 그 밖에 청산의 감독에 필요한 명령을 할 수 있다(法 95조②).

⑵ 청산인의 선임과 해임

금융위원회는 집합투자업을 영위하는 금융투자업자가 금융투자업인가의 취소로 인하여 해산한 경우에는 직권으로 청산인을 선임하고(法 95조③), 집합투자업을 영위하는 금융투자업자가 법원의 명령 또는 판결에 의하여 해산하는 경우와 청산인이 없는 경우에는 직권으로 또는 이해관계인의 청구에 의하여 청산인을 선임한다(法 95조④). 금융위원회는 청산인이 업무를 집행함에 있어서 현저하게 부적합하거나 중대한 법령 위반사항이 있는 경우에는 직권으로 또는 이해관계인의 청구에 의하여 청산인을 해임할 수 있다(法 95조⑥).

(3) 청산인의 보수

금융위원회는 청산인을 선임한 경우에는 집합투자업을 영위하는 금융투자업자에게 보수를 주게 할 수 있다. 이 경우 보수액은 금융위원회가 정하여 고시한다(法 95조⑤).

Ⅲ. 투자자문업자 · 투자일임업자의 영업행위 규칙

1. 선관의무 · 충실의무

투자자문업자는 투자자에 대하여 선량한 관리자의 주의로써 투자자문에 응하여야 하며, 투자일임업자는 투자자에 대하여 선량한 관리자의 주의로써 투자일임재산을 운용해야 한다. 투자자문업자 및 투자일임업자는 투자자의 이익을 보호하기 위하여 해당 업무를 충실하게 수행해야 한다(法 96조).[213] 투자자문업자·투자일임업자에게는 아래와 같이 보다 강화된 규제가 적용된다.

자본시장법 제96조는 금융투자업자로서의 투자자문업자·투자일임업자가 부담하는 선관의무·충실의무에 관하여 투자자가 전문투자자인지 일반투자자인지 구별하지 않는다.[214]

2. 계약체결과 서면자료교부

투자자문업자·투자일임업자는 일반투자자와 투자자문계약 또는 투자일임계

213) 「간접투자자산운용업법」은 투자자문업자 및 투자일임업자에 대하여 선관주의의무를 규정하지 않았지만, 투자자문계약 및 투자일임계약이 민법상 위임계약이므로 당연히 민법의 규정에 따라 선관주의의무를 부담하는 것으로 해석되었다. 반면에 자본시장법은 집합투자업, 투자자문업, 투자일임업, 신탁업 등 자산운용과 관련된 모든 금융투자업에 대하여 선관의무 및 충실의무를 규정한다(法 79조·제96조·제102조). 일본에서도 종래의 투자고문업법에서는 선관주의의무가 민법상 위임계약상의 의무라는 이유로 규정하지 않았으나, 金融商品取引法은 충실의무(고객을 위하여 충실하게 투자조언업무를 행해야 한다)와 선관주의의무(고객에 대하여 선량한 관리자의 주의를 가지고 투자조언업무를 행해야 한다)를 명시적으로 규정한다(金商法 41조).

214) 신탁업자의 선관의무·충실의무에 관한 대법원 2019. 7. 11. 선고 2016다224626 판결은 이러한 취지를 확인하고 있다.

약을 체결하고자 하는 경우에는 다음 사항을 기재한 서면자료를 미리 일반투자자에게 교부해야 한다(法 97조①).[215]

1. 투자자문의 범위 및 제공방법 또는 투자일임의 범위 및 투자대상 금융투자상품등
2. 투자자문업·투자일임업의 수행에 관하여 투자자문업자 또는 투자일임업자가 정하고 있는 일반적인 기준 및 절차
3. 투자자문업·투자일임업을 실제로 수행하는 임직원의 성명·주요경력
4. 투자자와의 이해상충방지를 위하여 투자자문업자 또는 투자일임업자가 정한 기준·절차
5. 투자자문계약·투자일임계약과 관련하여 투자결과가 투자자에게 귀속된다는 사실 및 투자자가 부담하는 책임에 관한 사항
6. 수수료에 관한 사항
7. 투자실적의 평가 및 투자결과를 투자자에게 통보하는 방법(투자일임계약의 경우에 한한다)

7의2. 투자자는 투자일임재산의 운용방법을 변경하거나 계약의 해지를 요구할 수 있다는 사실

8. 그 밖에 투자자가 계약체결 여부를 결정하는 데에 중요한 판단기준이 되는 사항으로서 대통령령으로 정하는 사항[216]

투자자문업자·투자일임업자는 일반투자자와 투자자문계약 또는 투자일임계약을 체결하는 경우 「금융소비자 보호에 관한 법률」 제23조 제1항에 따라 일반투자자에게 교부하는 계약서류에 ⅰ) 제1항 각 호의 사항, ⅱ) 계약당사자에 관

---

215) 제97조 제1항의 기재사항은 제47조 제1항의 설명사항과 일부 중복되나, 설명사항의 핵심은 "투자에 따른 위험"인데 제97조는 이를 규정하지 않는다. 다만, 제97조에 따른 서면자료에 제47조 제1항의 설명사항이 포함된 경우에는 설명의무를 이행한 것으로 인정될 수 있고, 나아가 그 설명내용을 일반투자자가 이해하였음을 확인 받은 경우에는 제47조 제2항의 확인의무도 이행한 것으로 인정될 수 있다.

216) "대통령령으로 정하는 사항"은 다음과 같다(令 98조①).

1. 임원 및 대주주에 관한 사항
2. 투자일임계약인 경우에는 투자자가 계약개시 시점에서 소유할 투자일임재산의 형태와 계약종료 시점에서 소유하게 되는 투자일임재산의 형태
3. 투자일임재산을 운용할 때 적용하는 투자방법에 관한 사항
4. 투자일임보고서(法 99조①)의 작성대상 기간

4의2. 자산구성형 개인종합자산관리계약의 경우에는 제2항 제2호 전단에 따라 투자자에게 제시되는 운용방법의 내용 및 같은 호 후단에 따라 둘 이상으로 마련되는 운용방법 간 내용상의 차이에 관한 사항

5. 그 밖에 투자자가 계약체결 여부를 결정하는 데에 중요한 판단기준이 되는 사항으로서 금융위원회가 정하여 고시하는 사항

한 사항, iii) 계약기간 및 계약일자, iv) 계약변경 및 계약해지에 관한 사항, v) 투자일임재산이 예탁된 투자매매업자·투자중개업자, 그 밖의 금융기관의 명칭 및 영업소명 등을 기재해야 한다. 이 경우 그 기재내용은 제1항에 따라 교부한 서면자료에 기재된 내용과 달라서는 아니 된다(法 97조②).

3. 불건전 영업행위의 금지

(1) 투자자문업자·투자일임업자

투자자문업자·투자일임업자는 다음 행위를 하지 못한다(法 98조①).

1. 투자자로부터 금전·증권, 그 밖의 재산의 보관·예탁을 받는 행위
2. 투자자에게 금전·증권, 그 밖의 재산을 대여하거나 투자자에 대한 제3자의 금전·증권, 그 밖의 재산의 대여를 중개·주선 또는 대리하는 행위
3. 투자권유자문인력 또는 투자운용인력이 아닌 자에게 투자자문업 또는 투자일임업을 수행하게 하는 행위
4. 계약으로 정한 수수료 외의 대가를 추가로 받는 행위
5. 투자자문에 응하거나 투자일임재산을 운용하는 경우 금융투자상품등의 가격에 중대한 영향을 미칠 수 있는 투자판단에 관한 자문 또는 매매 의사를 결정한 후 이를 실행하기 전에 그 금융투자상품등을 자기의 계산으로 매매하거나 제3자에게 매매를 권유하는 행위

다만, 투자자 보호 및 건전한 거래질서를 해할 우려가 없는 경우로서 대통령령으로 정하는 경우에는 이를 할 수 있다(法 98조① 단서).[217]

(2) 투자일임업자

투자일임업자는 투자일임재산을 운용함에 있어서 다음과 같은 행위를 하지

---

217) 대통령령이 정하는 경우"는 다음과 같다(令 99조①).

1. 자본시장법 제98조 제1항 제1호 및 제2호를 적용할 때 투자자문업자 또는 투자일임업자가 다른 금융투자업, 그 밖의 금융업을 겸영하는 경우로서 그 겸영과 관련된 해당 법령에서 법 제98조 제1항 제1호 및 제2호에 따른 행위를 금지하지 않는 경우

1의2. 법 제98조 제1항 제3호를 적용할 때 전자적 투자조언장치를 활용하여 일반투자자를 대상으로 투자자문업 또는 투자일임업을 수행하는 경우(소위 robo-adviser 근거 규정)

2. 자본시장법 제98조 제1항 제5호를 적용할 때 다음 각 목의 어느 하나에 해당하는 경우
   가. 투자자문 또는 투자일임재산의 운용과 관련한 정보를 이용하지 아니하였음을 증명하는 경우
   나. 차익거래 등 투자자문 또는 투자일임재산의 운용과 관련한 정보를 의도적으로 이용하지 아니하였다는 사실이 객관적으로 명백한 경우

못한다. 다만, 투자자 보호 및 건전한 거래질서를 해할 우려가 없는 경우로서 대통령령이 정하는 경우는 제외된다(法 98조②).[218]

218) "대통령령이 정하는 경우"는 다음과 같다(令 99조②).

1. 삭제 [2013. 8. 27]
2. 자본시장법 제98조 제2항 제2호를 적용할 때 인수일부터 3개월이 지난 후 매수하는 경우

2의2. 자본시장법 제98조 제2항 제2호를 적용할 때 인수한 증권이 국채증권, 지방채증권, 「한국은행법」 제69조에 따른 한국은행통화안정증권, 특수채증권 또는 법 제4조 제3항에 따른 사채권(주권 관련 사채권 및 제176조의13 제1항에 따른 상각형 조건부자본증권은 제외) 중 어느 하나에 해당하는 경우. 다만, 사채권의 경우에는 투자자 보호 및 건전한 거래질서를 위하여 금융위원회가 정하여 고시하는 발행조건, 거래절차 등의 기준(금융투자업규정 4-73조의3)을 충족하는 채권으로 한정한다.

2의3. 법 제98조 제2항 제2호를 적용할 때 인수한 증권이 증권시장에 상장된 주권인 경우로서 그 주권을 증권시장에서 매수하는 경우

2의4. 법 제98조 제2항 제2호를 적용할 때 일반적인 거래조건에 비추어 투자일임재산에 유리한 거래인 경우

2의5. 법 제98조 제2항 제5호를 적용할 때 투자자의 요구에 따라 동일한 투자자의 투자일임재산 간에 거래하는 경우

3. 자본시장법 제98조 제2항 제6호를 적용할 때 다음 각 목의 어느 하나에 해당하는 경우
   가. 이해관계인이 되기 6개월 이전에 체결한 계약에 따른 거래인 경우
   나. 증권시장 등 불특정 다수인이 참여하는 공개시장을 통한 거래인 경우
   다. 일반적인 거래조건에 비추어 투자일임재산에 유리한 거래인 경우
   라. 환매조건부매매
   마. 투자일임업자 또는 이해관계인의 중개·주선 또는 대리를 통하여 금융위원회가 정하여 고시하는 방법(금융투자업규정 4-74조)에 따라 투자일임업자 또는 이해관계인이 아닌 자와 행하는 투자일임재산의 매매
   바. 이해관계인이 매매중개[금융투자업규정 4-75조: 투자일임업자가 채무증권, 원화로 표시된 양도성 예금증서 또는 어음(기업어음증권을 제외한다)을 이해관계인과 거래하는 경우 이해관계인에게 지급한 중개수수료(명목에 불구하고 이해관계인이 매매의 중개를 행한 대가로 취득하는 이익을 말한다)를 감안할 때 거래의 실질이 중개의 위탁으로 볼 수 있고, 이해관계인이 투자일임업자로부터 매매 또는 중개의 위탁을 받아 투자일임업자 또는 제3자로부터 매입한 채권 등을 지체 없이 제3자 또는 투자일임업자에 매도하는 경우]를 통하여 채무증권, 원화로 표시된 양도성 예금증서 또는 어음(기업어음증권 제외)을 그 이해관계인과 매매하는 경우
   사. 투자에 따르는 위험을 회피하기 위하여 투자일임재산으로 상장지수집합투자기구의 집합투자증권을 차입하여 매도하는 거래인 경우
   아. 그 밖에 금융위원회가 투자자의 이익을 해칠 염려가 없다고 인정하는 경우

3의2. 법 제98조 제2항 제6호 및 같은 항 제9호 나목을 적용할 때 증권에 관한 투자매매업자 또는 투자중개업자인 투자일임업자가 제182조 제2항에 따라 증권의 대차거래 또는 그 중개·주선이나 대리 업무를 하기 위하여 투자자로부터 동의를 받아 투자일임재산(증권인 투자일임재산으로 한정한다. 이하 이 호에서 같다)으로 해당 투자일임업자의 고유재산과 거래하거나 투자자로부터 투자일임재산의 인출을 위임받는 경우. 이 경우 해당 업무를 하기 전에 다음 각 목의 사항에 관하여 준법감시인의 확인을 받아야 한다.
   가. 해당 투자일임재산이 제182조 제2항에 따른 대차거래의 중개의 목적으로만 활용되

1. 정당한 사유 없이 투자자의 운용방법의 변경 또는 계약의 해지 요구에 응하지 않는 행위
2. 자기 또는 관계인수인이 인수한 증권을 투자일임재산으로 매수하는 행위
3. 자기 또는 관계인수인이 대통령령으로 정하는 인수업무를 담당한 법인의 특정증권등에 대하여 인위적인 시세를 형성하기 위하여 투자일임재산으로 그 특정증권등을 매매하는 행위[219)]
4. 특정 투자자의 이익을 해하면서 자기 또는 제3자의 이익을 도모하는 행위[220)]
5. 투자일임재산으로 자기가 운용하는 다른 투자일임재산, 집합투자재산 또는 신탁재산과 거래하는 행위

는지 여부

나. 그 대차거래의 중개로 해당 투자일임재산과 고유재산이 혼화(混和)됨에 따라 투자자 보호와 건전한 거래질서를 저해할 우려가 없는지 여부

다. 그 밖에 금융위원회가 정하여 고시하는 사항

4. 자본시장법 제98조 제2항 제8호를 적용할 때 개별 투자일임재산을 효율적으로 운용하기 위하여 투자대상자산의 매매주문을 집합하여 처리하고, 그 처리 결과를 투자일임재산별로 미리 정하여진 자산배분명세에 따라 공정하게 배분하는 경우
5. 자본시장법 제98조 제2항 제9호 다목을 적용할 때 다음 각 목의 어느 하나에 해당하는 경우

가. 주식매수청구권의 행사

나. 공개매수에 대한 응모

다. 유상증자의 청약

라. 전환사채권의 전환권의 행사

마. 신주인수권부사채권의 신주인수권의 행사

바. 교환사채권의 교환청구

사. 파생결합증권의 권리의 행사

아. 자본시장법 제5조 제1항 제2호에 따른 권리의 행사

자. 투자자의 이익을 보호하기 위하여 금융위원회가 정하여 고시하는 요건을 갖춘 투자일임업자[금융투자업규정 4-75조의2: 투자자의 이익을 보호하기 위하여 투자일임재산에 속하는 주식의 의결권을 충실하게 행사할 수 있도록 의결권 행사의 원칙 및 세부기준, 담당조직 및 조직체계, 이해상충 방지 정책, 투자자에 대한 사후통지 절차 등 의결권 행사와 관련한 사항을 투자일임업자 및 협회의 인터넷 홈페이지를 이용하여 공시한 투자일임업자]가 제10조 제3항 제12호에 따른 기금(이에 준하는 외국인을 포함한다), 같은 항 제13호에 따른 법인(이에 준하는 외국인을 포함한다) 또는 「우정사업 운영에 관한 특례법」 제2조 제2호에 따른 우정사업총괄기관으로부터 위임받은 의결권의 행사. 이 경우 의결권 행사의 제한에 관하여는 법 제112조 제2항부터 제4항까지의 규정을 준용하며, "신탁업자"는 "투자일임업자"로, "신탁재산"은 "투자일임재산"으로, "신탁계약"은 "투자일임계약"으로 본다.

219) 제3호에서 "대통령령으로 정하는 인수업무"란 발행인이나 매출인으로부터 직접 증권의 인수를 의뢰받아 인수조건 등을 정하는 업무를 말하고(令 99조③), "특정증권등"은 내부자의 단기매매차익 반환에 관한 제172조 제1항의 특정증권등을 말하고, "인위적인 시세"는 시세조종행위금지에 관한 제176조 제2항 제1호의 시세를 말한다.

220) 대법원 2021. 11. 25. 선고 2017도11612 판결.

6. 투자일임재산으로 투자일임업자 또는 그 이해관계인의 고유재산과 거래하는 행위
7. 투자자의 동의 없이 투자일임재산으로 투자일임업자 또는 그 이해관계인이 발행한 증권에 투자하는 행위
8. 투자일임재산을 각각의 투자자별로 운용하지 아니하고 여러 투자자의 자산을 집합하여 운용하는 행위
9. 투자자로부터 다음과 같은 행위를 위임받는 행위
   가. 투자일임재산을 예탁하는 투자매매업자·투자중개업자, 그 밖의 금융기관을 지정하거나 변경하는 행위
   나. 투자일임재산을 예탁하거나 인출하는 행위
   다. 투자일임재산에 속하는 증권의 의결권, 그 밖의 권리를 행사하는 행위[221]
10. 그 밖에 투자자 보호 또는 건전한 거래질서를 해할 우려가 있는 행위로서 대통령령으로 정하는 행위[222]

---

221) 자본시장법이 투자일임업자가 투자자로부터 "투자일임재산에 속하는 증권의 의결권, 그 밖의 권리를 행사하는 행위"를 위임받는 행위를 금지하는 것은 투자일임업자가 투자자의 이익에 반하여 의결권을 대리행사할 가능성이 있다는 이유 때문이다. 그러나 미국의 투자자문업자와 일본의 투자운용업자의 의결권 대리행사는 금지되지 않고, 자본시장법은 투자일임업자의 충실의무를 명시적으로 규정하므로 의결권 대리행사 여부나 의결권 행사방향(찬성 또는 반대)에서의 의결권 대리행사의 남용은 이러한 충실의무에 의한 규제로 충분할 것이다.

222) "대통령령으로 정하는 행위"란 다음과 같은 행위를 말한다(令 99조④).
1. 자본시장법 제9조 제5항 단서에 따라 일반투자자와 같은 대우를 받겠다는 전문투자자(令 10조 제1항 각 호의 자는 제외한다)의 요구에 정당한 사유 없이 동의하지 않는 행위
1의2. 시행령 제68조 제5항 제2호의2 각 목 외의 부분에 따른 일반투자자와 투자일임계약(투자자 보호 및 건전한 거래질서를 해칠 우려가 없는 것으로서 금융위원회가 정하여 고시하는 투자일임계약은 제외)을 체결하는 경우 다음 각 목의 어느 하나에 해당하는 행위. "금융위원회가 정하여 고시하는 투자일임계약"은 투자일임재산을 「금융소비자 보호에 관한 법률 시행령」 제12조 제1항 제2호에 해당하는 투자성 상품[거래소시장, 해외증권시장, 해외파생상품시장에 상장되어 거래(투자자가 해당 시장에서 직접 매매하는 경우로 한정한다)되는 상품을 제외한다]에 운용하지 않는 투자일임계약을 말한다(금융투자업규정 4-77조의3).
   가. 계약 체결과정을 녹취하지 않거나 투자자의 요청에도 불구하고 녹취된 파일을 제공하지 않는 행위
   나. 투자권유를 받은 투자자와의 계약 체결과정에서 투자일임계약을 해지할 수 있는 기간(이하 이 호에서 "숙려기간"이라 한다)에 대해 안내하지 않는 행위
   다. 투자권유를 받고 계약을 체결한 투자자에게 2영업일 이상의 숙려기간을 부여하지 않는 행위
   라. 숙려기간 동안 투자자에게 투자에 따르는 위험, 투자원금의 손실가능성, 최대 원금손실 가능금액 및 그 밖에 금융위원회가 정하여 고시하는 사항을 고지하지 않거나 투자일임재산을 운용하는 행위
   마. 숙려기간이 지난 후 서명, 기명날인, 녹취 또는 그 밖에 금융위원회가 정하여 고시하는 방법으로 그 계약 체결 의사가 확정적임을 확인하지 않고 투자일임재산을 운용하는 행위
   바. 투자일임재산을 운용할 목적으로 투자자에게 그 계약 체결 의사가 확정적임을 표시

4. 성과보수의 제한

(1) 원칙적 금지

투자자문업자·투자일임업자는 투자자문과 관련한 투자결과 또는 투자일임재산의 운용실적과 연동된 성과보수를 받을 수 없다(法 98조의2①).[223)]

(2) 예외적 허용

다만, 투자자 보호 및 건전한 거래질서를 해할 우려가 없는 경우로서 대통령령으로 정하는 경우에는 성과보수를 받을 수 있다(法 98조의2① 단서).[224)]

해 줄 것을 권유하거나 강요하는 행위

1의3. 고난도투자일임계약을 체결하는 경우 다음 각 목의 어느 하나에 해당하는 행위

가. 개인인 일반투자자를 대상으로 한 제1호의2 각 목의 어느 하나에 해당하는 행위

나. 개인인 투자자에게 고난도투자일임계약의 내용, 투자에 따르는 위험 및 그 밖에 금융위원회가 정하여 고시하는 사항을 해당 투자자가 쉽게 이해할 수 있도록 요약한 설명서를 내어 주지 않는 행위. 다만, 투자자가 해당 설명서를 받지 않겠다는 의사를 서면, 전신, 전화, 팩스, 전자우편 또는 그 밖에 금융위원회가 정하여 고시하는 방법으로 표시한 경우는 제외한다.

2. 투자일임계약을 위반하여 투자일임재산을 운용하는 행위

2의2. 시행령 제98조 제2항에 따른 자산구성형 개인종합자산관리계약을 체결한 투자일임업자의 경우 같은 항 각 호의 요건에 따르지 아니하는 행위

3. 투자일임의 범위, 투자목적 등을 고려하지 아니하고 투자일임재산으로 금융투자상품을 지나치게 자주 매매하는 행위

4. 투자자(투자자가 법인, 그 밖의 단체인 경우에는 그 임직원 포함) 또는 거래상대방(거래상대방이 법인, 그 밖의 단체인 경우에는 그 임직원 포함) 등에게 업무와 관련하여 금융위원회가 정하여 고시하는 기준(금융투자업규정 4-76조)을 위반하여 직접 또는 간접으로 재산상의 이익을 제공하거나 이들로부터 제공받는 행위

5. 자본시장법 제55조 및 제98조에 따른 금지 또는 제한을 회피할 목적으로 하는 행위로서 장외파생상품거래, 신탁계약, 연계거래 등을 이용하는 행위

6. 채권자로서 그 권리를 담보하기 위하여 백지수표나 백지어음을 받은 행위

7. 그 밖에 투자자 보호 또는 건전한 거래질서를 해칠 염려가 있는 행위로서 금융위원회가 정하여 고시하는 행위(금융투자업규정 4-77조)

223) 투자자문업자·투자일임업자가 투자자의 이익보다는 자신의 성공보수를 염두에 두고 소수종목에 집중투자하는 것을 방지하기 위한 것이다. 특히 투자자문업자·투자일임업자는 집합투자업자와 달리 분산투자의무(예컨대 동일종목 투자한도 10%)가 없으므로 이러한 위험이 크다는 점이 지적되어 왔다. 제98조의2의 개정규정은 개정법 시행(2013. 8. 29.) 후 최초로 체결하는 투자자문계약 및 투자일임계약부터 적용한다(부칙 3조).

224) "대통령령으로 정하는 경우"는 다음과 같다(슈 99조의2①).

1. 투자자가 전문투자자인 경우

2. 투자자가 일반투자자인 경우에는 다음 각 목의 요건을 모두 충족하는 경우

가. 성과보수가 금융위원회가 정하여 고시하는 요건을 갖춘 기준지표(금융투자업규정 4-77조의2①) 또는 투자자와 합의에 의하여 정한 기준수익률("기준지표등")에 연동하여 산정될 것

(3) 연락책임자

투자자문업자·투자일임업자가 제1항 단서에 따라 성과보수를 받고자 하는 경우에는 그 성과보수의 산정방식, 그 밖에 대통령령으로 정하는 사항을 해당 투자자문 또는 투자일임의 계약서류에 기재해야 한다(法 98조의2②).[225]

5. 투자일임보고서

(1) 교부의무

투자일임업자는 투자일임보고서를 작성하여 3개월마다 1회 이상 투자일임계약을 체결한 일반투자자에게 교부하여야 하는데, 투자보고서에는 ⅰ) 투자일임재산의 운용현황, ⅱ) 투자일임재산 중 특정 자산을 그 투자일임업자의 고유재산과 거래한 실적이 있는 경우 그 거래시기·거래실적 및 잔액이 포함되어야 한다(法 99조①).

(2) 기재사항 및 교부방법

투자일임보고서에는 해당 투자일임보고서 작성대상 기간에 대하여 다음과 같은 사항을 기재해야 한다(슈 100조①).

1. 운용경과의 개요 및 손익 현황
2. 투자일임재산의 매매일자, 매매가격, 위탁수수료 및 각종 세금 등 운용현황

나. 운용성과(투자자문과 관련한 투자결과 또는 투자일임재산의 운용실적을 말한다. 이하 이 항에서 같다)가 기준지표등의 성과보다 낮은 경우에는 성과보수를 적용하지 않는 경우보다 적은 운용보수를 받게 되는 보수체계를 갖출 것
다. 운용성과가 기준지표등의 성과를 초과하더라도 그 운용성과가 부(負)의 수익률을 나타내거나 또는 금융위원회가 정하여 고시하는 기준(금융투자업규정 4-77조의2②)에 미달하는 경우에는 성과보수를 받지 아니하도록 할 것
라. 그 밖에 성과보수의 산정방식, 지급시기(금융투자업규정 4-77조의2③: 연 1회로서 투자일임업자와 투자자간 합의한 시기로 한다. 다만, 투자일임업자와 투자자간 합의한 경우에는 지급 주기를 달리 정할 수 있다) 등에 관하여 금융위원회가 정하여 고시하는 요건을 충족할 것

225) "대통령령으로 정하는 사항"은 다음과 같다(슈 99조의2②).
1. 성과보수가 지급된다는 뜻과 그 한도
2. 성과보수를 지급하지 않는 경우보다 높은 투자위험에 노출될 수 있다는 사실
3. 성과보수를 포함한 보수 전체에 관한 사항
4. 기준지표등
5. 성과보수의 지급시기
6. 성과보수가 지급되지 않는 경우에 관한 사항
7. 그 밖에 투자자를 보호하기 위하여 필요한 사항으로서 금융위원회가 정하여 고시하는 사항

3. 투자일임재산에 속하는 자산의 종류별 잔액현황, 취득가액, 시가 및 평가손익
4. 투자일임수수료를 부과하는 경우에는 그 시기 및 금액
5. 그 밖에 투자자를 보호하기 위하여 필요한 사항으로서 금융위원회가 정하여 고시하는 사항(금융투자업규정 4-78조)

투자일임업자는 투자자에게 투자일임보고서를 내주는 경우에는 투자일임보고서 작성대상 기간이 지난 후 2개월 이내에 직접 또는 우편발송 등의 방법으로 내주어야 한다. 다만, 일반투자자가 전자우편 또는 이와 비슷한 전자통신의 방법 또는 이와 비슷한 전자통신의 방법을 통하여 투자일임보고서를 받는다는 의사표시를 한 경우 또는 제99조 제1항 제1호의2에 따른 전자적 투자조언장치를 활용하여 투자일임업을 수행하는 경우에는 전자우편 또는 이와 비슷한 전자통신의 방법을 통하여 보낼 수 있다(令 100조②). 투자일임업자는 제2항 본문에 따라 우편발송 등의 방법으로 내준 투자일임보고서가 3회 이상 반송된 경우 투자자가 요구할 때 즉시 내줄 수 있도록 지점이나 그 밖의 영업소에 투자일임보고서를 비치하는 것으로 그에 갈음할 수 있다(令 100조③).

6. 역외투자자문업자 · 역외투자일임업자

(1) 의 의

외국투자자문업자(외국법령에 따라 외국에서 투자자문업에 상당하는 영업을 영위하는 자) 또는 외국투자일임업자(외국법령에 따라 외국에서 투자일임업에 상당하는 영업을 영위하는 자)가 외국에서 국내 거주자를 상대로 직접 영업을 하거나 통신수단을 이용하여 투자자문업 또는 투자일임업을 영위하는 경우에 역외투자자문업자 · 역외투자일임업자라고 한다(法 100조①).

(2) 적용배제규정

자본시장법상 금융투자업자의 지배구조(法 28조의2), 경영건전성 감독(法 30조부터 33조), 대주주와의 거래제한(法 34조 내지 36조), 상호(法 38조), 금융투자업자의 다른 금융업무 영위(法 40조), 금융투자업자의 부수업무 영위(法 41조), 이해상충관계(法 44조), 정보교류의 차단(法 45조), 투자권유준칙(法 50조), 투자권유대행인의 등록(法 51조), 투자권유대행인의 금지행위 등(法 52조), 약관(法 56조) 및 소유증권의 예탁(法 61조), 금융투자업 폐지 공고(法 62조), 임직원의 금융투자상품매매(法 63조) 등에 관한 규정은 역외투자자문업자 · 역외투자일임업자에게 적

용되지 않는다(法 100조①). 금융사지배구조법도 역외투자자문업자·역외투자일임업자에게 적용되지 않는다(同法 3조①).

(3) 연락책임자

역외투자자문업자·역외투자일임업자는 투자자 보호를 위하여 총리령으로 정하는 연락책임자(規則 11조)를 국내에 두어야 한다(法 100조②).

(4) 관할합의

역외투자자문업자·역외투자일임업자는 국내 거주자와 체결하는 투자자문계약 또는 투자일임계약 내용에 그 계약에 대하여 국내법이 적용되고 그 계약에 관한 소송은 국내법원이 관할한다는 내용을 포함해야 한다(法 100조③).

(5) 불건전 영업행위 예방

역외투자자문업자·역외투자일임업자는 제98조(불건전 영업행위의 금지)에서 정한 사항의 준수 여부 점검 등을 위하여 임직원이 그 직무를 수행함에 있어서 따라야 할 적절한 기준 및 절차를 마련하고, 그 운영실태를 정기적으로 점검해야 한다(法 100조④).

(6) 업무보고서

역외투자자문업자·역외투자일임업자는 매 사업연도 개시일부터 3개월간·6개월간·9개월간 및 12개월간의 업무보고서를 금융위원회가 정하여 고시하는 기준에 따라 작성하여 그 기간이 지난 후 1개월 이내에 금융위원회에 제출해야 한다(法 100조⑤, 令 101조①).

(7) 역외투자일임업자에 대한 제한

역외투자일임업자는 전문투자자 중 대통령령으로 정하는 자[226] 외의 자를 대상으로 투자일임업을 영위하지 못하고(法 100조⑥), 투자일임재산으로 취득한 외화증권을 대통령령으로 정하는 외국보관기관(令 63조②)에 보관해야 한다(法 100조⑦).

(8) 기 타

역외투자일임업자는 금융위원회가 정하여 고시하는 기준에 따라 작성한 투자

---

226) "대통령령으로 정하는 자"란 다음과 같은 자를 말한다(令 101조②).
1. 국가
2. 한국은행
3. 제10조 제2항 제1호부터 제17호까지의 어느 하나에 해당하는 자
4. 제10조 제3항 제1호부터 제14호까지의 어느 하나에 해당하는 자

일임보고서를 월 1회 이상 투자자에게 직접 또는 우편발송 등의 방법으로 내주어야 한다. 다만, 투자자가 전자우편을 통하여 해당 투자일임보고서를 받는다는 의사표시를 한 경우에는 전자우편을 통하여 보낼 수 있다(法 100조⑧, 令 101조④).

7. 유사투자자문업

(1) 유사투자자문업의 의의

투자자문업자 외의 자로서 고객으로부터 일정한 대가를 받고 간행물·출판물·통신물 또는 방송 등을 통하여 행하는 금융투자상품에 대한 투자판단 또는 금융투자상품의 가치에 관한 개별성 없는 조언(개별 투자자를 상정하지 않고 다수인을 대상으로 일방적으로 이루어지는 투자에 관한 조언)을 업으로 영위하는 것을 유사투자자문업이라 한다(法 101조①). 이와 같이 유사투자자문업은 개별성 없는 투자 조언을 의미하므로, 전화 또는 인터넷 등에 의하여 고객과 개별적인 접촉을 통하여 투자조언을 하는 행위는 투자자문업에 해당하고 따라서 투자자문업에 대한 규제가 적용된다.[227)]

(2) 신고 및 보고 의무

유사투자자문업을 영위하고자 하는 자는 금융위원회가 정하여 고시하는 서식에 따라 금융위원회에 신고하여야 하고(法 101조①), 유사투자자문업을 영위하는 자는 ⅰ) 유사투자자문업을 폐지한 경우, ⅱ) 명칭 또는 소재지를 변경한 경우, 또는 ⅲ) 대표자 또는 임원을 변경한 경우에는 2주 이내에 이를 금융위원회에 보고해야 한다(法 101조②). 신고의 유효기간은 신고를 수리한 날부터 5년으로 한다(法 101조⑥). 신고를 하려는 자는 투자자 보호를 위하여 유사투자자문업의 영위에 필요한 교육을 받아야 한다(法 101조⑦).

(3) 자료제출 요구

금융위원회는 유사투자자문업의 질서유지 및 고객보호 등을 위하여 필요하다고 인정되는 경우에는 유사투자자문업을 영위하는 자에 대하여 영업내용 및

---

227) 유사투자자문업의 영업방식으로는 문자(카톡 포함), 전화, 인터넷, SNS, 유튜브 채널 등 다양한데, 특히 운영자가 온라인상에서 고객들과 의견을 교환하면서 매수, 매도 종목과 시점을 알려주는 소위 주식리딩방이 성행하고 있음에도 종래의 규정으로는 투자자문업자로서 규제하지 못하였다. 이에 따라 2024년 개정법은 제101조 제1항에 단서를 신설하여 양방향 채널을 활용한 영업을 금융투자업으로 규제할 수 있도록 하였다. 주식리딩방에는 유료회원과 무료회원이 있는데, 엄밀하게는 유료회원에 대한 영업이 규제대상이다. 미국에도 online stock picking site가 있고, 일본에도 온라인 주식 살롱이라는 명칭의 영업이 성행하고 있다.

업무방법 등에 관한 자료의 제출을 요구할 수 있다. 이 경우 자료의 제출을 요구받은 자는 정당한 사유가 없으면 그 요구에 따라야 한다(法 101조③).

⑷ 금융감독원장의 검사

금융감독원장은 다음과 같은 경우 그 업무와 재산상황에 관하여 검사를 할 수 있고, 검사에 관하여는 제419조를 준용한다(法 101조⑪).

1. 유사투자자문업을 영위하는 자가 제2항에 따른 보고를 하지 않거나 거짓으로 보고한 경우
2. 유사투자자문업을 영위하는 자가 제3항 후단에 따른 정당한 사유 없이 자료제출을 하지 않거나 거짓으로 제출한 경우

⑸ 불건전 영업행위 금지

유사투자자문업자에 대하여는 제55조(손실보전 등의 금지) 및 제98조 제1항(투자자문업자 또는 투자일임업자의 불건전 영업행위의 금지. 제3호를 제외한다)을 준용한다. 이 경우 "금융투자업자" 및 "투자자문업자 또는 투자일임업자"는 "유사투자자문업자"로, "투자자문업 또는 투자일임업"은 "유사투자자문업"으로 본다(法 101조의2①).

⑹ 표시 · 광고 규제

유사투자자문업자는 다음 각 호의 어느 하나에 해당하는 표시 또는 광고를 하여서는 아니 된다(法 101조의2②).

1. 유사사투자자문업자를 금융회사로 오인하게 하는 표시 또는 광고
2. 손실보전 또는 이익보장이 되는 것으로 오인하게 하는 표시 또는 광고
3. 수익률을 사실과 다르게 표시하거나 실현되지 않은 수익률을 제시하는 표시 또는 광고
4. 비교의 대상 및 기준을 명시하지 아니하거나 객관적인 근거 없이 자기의 금융투자상품에 대한 투자판단 또는 금융투자상품의 가치에 관한 조언이 다른 유사투자자문업자보다 유리하다고 주장하는 표시 또는 광고
5. 그 밖에 투자자 보호 또는 건전한 거래질서를 해할 우려가 있는 표시 또는 광고로서 대통령령으로 정하는 표시 또는 광고

개정 전 자본시장법은 유사투자자문업자의 광고행위를 규제할 규정이 없었다. 금융소비자보호법은 광고규제 규정을 두고 있으나 유사투자자문업은 금융소

비자보호법 제2조의 "금융상품자문업"에서 제외되므로(同法 2조 4호 가목) 금융소비자보호법의 광고규제도 적용되지 않는다. 일반 소비자 법규인 「표시 · 광고의 공정화에 관한 법률」은 공정거래위원회가 동법 제15조 제4항을 근거로 유사투자자문업자에 대한 광고 규제를 금융위원회의 업무로 간주하고 있다.[228] 이와 같이 규제의 공백을 고려하여 개정 자본시장법은 유사투자자문업자의 광고행위를 규제하는 규정을 신설하였다.

한편, 유사투자자문업자나 미등록 투자자문업자의 행위가 「표시 · 광고의 공정화에 관한 법률」 상의 허위 · 과장 광고에 해당하는지 여부가 문제된 사건에서, 대법원은 "광고가 소비자를 속이거나 소비자로 하여금 잘못 알게 할 우려가 있는지는 보통의 주의력을 가진 일반 소비자가 당해 광고를 받아들이는 전체적·궁극적 인상을 기준으로 하여 객관적으로 판단해야 한다. 원심은 금융투자상품의 투자에 관하여 정확한 예측을 하는 것은 불가능하고, 나아가 금융투자상품에 투자하면서 손해 없이 큰 수익만을 보장하는 것도 불가능하다는 점을 고려할 때, 피고가 제공하는 정보대로만 투자하면 큰 수익을 볼 것이라는 내용으로 피고들이 한 광고가 보통의 주의력을 가진 일반 소비자를 속이거나 그러한 소비자로 하여금 잘못 알게 할 우려가 있는 것이라고 볼 수 없다."라고 판시한 바 있다.[229]

(7) 유사투자자문업자의 준수사항

유사투자자문업자는 그 업무나 금융투자상품에 관하여 표시 또는 광고를 하는 경우 그 표시 또는 광고에 다음 각 호의 사항을 포함하여야 한다(法 101조의3).

1. 개별적인 투자 상담과 자금운용이 불가능하다는 사항
2. 원금에 손실이 발생할 수 있으며, 그 손실은 투자자에게 귀속된다는 사항
3. 정식 금융투자업자가 아닌 유사투자자문업자라는 사항

(8) 투자자보호의무

불특정 다수인을 대상으로 하는 유사투자자문업은 특정 투자자를 상대로 하는 투자자문업과 구별되기 때문에, 유사투자자문업자에 대하여는 금융투자업에

---

228) [표시 · 광고의 공정화에 관한 법률 제15조(관계 행정기관 등의 장의 협조)]
④ 공정거래위원회는 금융·보험 사업자등이 제3조제1항을 위반하였다고 인정하여 직권으로 조사할 사유가 있는 경우에는 이를 조사하지 아니하고 금융위원회에 통보하여 금융위원회에서 처리하도록 하여야 한다.

229) 대법원 2014. 5. 16. 선고 2012다46644 판결.

관한 규정이 적용되지 않는다. 따라서 금융투자업자를 대상으로 하는 자본시장법상의 적합성원칙 및 설명의무는 유사투자자문업자나 미등록투자자문업자에게 적용되지 않는다.[230)]

다만, 유사투자자문업자가 고객에게 금융투자상품에 대한 투자판단 또는 금융투자상품의 가치에 관한 정보를 제공하고 조언을 할 때 고객의 투자판단에 영향을 미칠 수 있는 중요한 사항에 관하여 허위의 정보를 제공하거나 아무런 합리적이고 객관적인 근거가 없는 정보를 마치 객관적인 근거가 있는 확실한 정보인 것처럼 제공하였고, 고객이 위 정보를 진실한 것으로 믿고 금융투자상품에 관한 거래를 하여 손해를 입었다면, 고객은 유사투자자문업자에 대하여 민법상 불법행위책임을 물을 수 있다. 그리고 이러한 법리는 유사투자자문업자와 고용 등의 법률관계를 맺고 그에 따라 유사투자자문업자의 업무를 직접 수행하는 자에 대하여도 마찬가지로 적용된다.[231)]

Ⅳ. 신탁업자의 영업행위 규칙

1. 선관의무 및 충실의무

(1) 선관의무

신탁업자는 수익자에 대하여 선량한 관리자의 주의로써 신탁재산을 운용해야 한다(法 102조①). 신탁법 제32조도 "수탁자의 선관의무"라는 제목 하에 "수탁자는 선량한 관리자의 주의(注意)로 신탁사무를 처리해야 한다. 다만, 신탁행위로 달리 정한 경우에는 그에 따른다."고 규정한다.

신탁회사가 신탁계약의 체결을 권유하면서 합리적인 투자판단을 할 수 있도록 고객을 보호하여야 할 주의의무를 위반함으로써 고객이 본래 체결하지 않았을 신탁계약을 체결하게 된 경우, 신탁회사는 신탁계약체결로 고객이 입게 된 손해에 관하여 불법행위로 인한 손해배상책임을 지고, 다른 특별한 사정이 없는 한 계약상의 채무불이행에 의한 손해배상책임을 지지는 않는다.[232)]

신탁회사가 특정금전신탁의 신탁재산인 금전의 구체적인 운용방법을 미리

---

230) 대법원 2022. 10. 27. 선고 2018도4413 판결, 대법원 2014. 5. 16. 선고 2012다46644 판결.
231) 대법원 2015. 6. 24. 선고 2013다13849 판결.
232) 대법원 2018. 2. 18. 선고 2013다26425 판결.

정하여 놓고 고객에게 계약체결을 권유하는 등 실질적으로 투자를 권유하였다고 볼 수 있는 경우에는, 신탁회사는 신탁재산의 구체적 운용방법을 포함한 신탁계약의 특성 및 주요 내용과 그에 따르는 위험을 적절하고 합리적으로 조사하고, 그 결과를 고객이 이해할 수 있도록 명확히 설명함으로써 고객이 그 정보를 바탕으로 합리적인 투자판단을 할 수 있도록 고객을 보호하여야 할 주의의무가 있다.[233]

(2) 충실의무

수익자의 이익을 보호하기 위하여 해당 업무를 충실하게 수행해야 한다(法 102조②). 신탁법 제33조도 "수탁자는 수익자의 이익을 위하여 신탁사무를 처리해야 한다."라고 수탁자의 충실의무를 명시적으로 규정한다.[234]

2. 신탁재산

(1) 신탁재산의 제한

자본시장법은 신탁업자가 수탁할 수 있는 신탁재산을 다음과 같이 일정 범위의 재산으로 한정한다(法 103조①).

1. 금전
2. 증권
3. 금전채권
4. 동산
5. 부동산
6. 지상권, 전세권, 부동산임차권, 부동산소유권 이전등기청구권, 그 밖의 부동산 관련 권리
7. 무체재산권(지식재산권 포함)

(가) 종합재산신탁

신탁업자는 하나의 신탁계약에 의하여 위탁자로부터 제1항 각 호의 재산 중 둘 이상의 재산을 종합하여 수탁할 수 있다(法 103조②).

---

233) 대법원 2018. 6. 15. 선고 2016다212272 판결.

234) 신탁업자가 신탁계약체결 이후 투자자의 재산을 관리·운용하는 단계에서 수익자에 대하여 수탁자로서 부담하는 선관주의의무 및 충실의무의 정도는 수익자가 일반투자자인지, 전문투자자인지 여부에 따라 다르지 않다는 것이 판례의 입장이다(대법원 2019. 7. 11. 선고 2016다224626 판결).

(나) 금전신탁　금전신탁은 위탁자로부터 금전을 수탁하여 신탁회사가 운용하여 신탁기간 종료시 수익자에게 금전으로 교부하는 신탁을 말한다. 금전신탁은 운용방법의 지정 여부에 따라, i) 위탁자가 신탁재산인 금전의 운용방법을 지정하는 특정금전신탁과,[235] ii) 위탁자가 신탁재산인 금전의 운용방법을 지정하지 않는 불특정금전신탁으로 구분한다(슈 103조).[236]

(다) 재산신탁

재산신탁은 금전 외의 재산(제2호부터 제7호까지)을 수탁하는 것을 말한다.[237]

1) 증권신탁　증권신탁은 고객으로부터 증권을 수탁하여 관리운용하고 신탁 만기시 신탁재산을 운용현상대로 교부하는 신탁으로서, 관리증권신탁과 운용증권신탁이 있다. 금전채권신탁은 금전채권을 신탁재산으로 수탁하여 이를 관리 또는 추심하고 신탁만기시 수익자에게 지급하는 신탁으로서, 신탁재산으로는 대출채권, 신용카드채권, 리스채권 등이 있다. 동산신탁의 신탁재산은 선박, 항공기, 자동차 등과 같이 등기 또는 등록할 수 있는 재산이어야 한다.

2) 부동산신탁　부동산신탁은 i) 신탁회사가 부동산의 임대차관리, 시설의 유지관리 등을 해 주고 그 수익을 수익자에게 교부하여 주는 "관리신탁", ii) 부동산을 처분을 목적으로 그 소유권을 신탁회사에 이전하고 신탁회사가 부동산을 처분하여 주는 "처분신탁", iii) 부동산의 소유자가 채권자에 대한 자신 또는 타인의 채무이행을 담보하기 위하여 자기 소유의 부동산을 신탁회사에게 이전하고 신탁회사는 채무불이행시 신탁부동산을 처분(환가)하여 채권자에게 변제하고 잔액이 있을 경우 위탁자에게 반환하는 "담보신탁", iv) 토지소유자가 토지를 신탁회사에게 이전하고 신탁회사가 토지를 용지로 조성하거나 지상에 건물을 신축한 후 분양 또는 임대수익을 토지소유자 등 수익자에게 교부하는 "토지개발신탁" 등이 있다.

---

235) 특정금전신탁은 위탁자가 신탁재산인 금전의 운용방법을 지정하는 금전신탁으로서 신탁회사는 위탁자가 지정한 운용방법대로 자산을 운용해야 한다. 그 운용과정에서 신탁회사가 신탁재산에 대하여 선량한 관리자의 주의의무를 다하였다면 자기책임의 원칙상 신탁재산의 운용결과에 대한 손익은 모두 수익자에게 귀속된다(대법원 2018. 6. 15. 선고 2016다212272 판결).

236) 불특정금전신탁은 위탁자의 운용지시권이 없으므로 실질적으로는 집합투자와 동일한데, 현재 불특정금전신탁은 신규설정이 금지되어 있다. (과거에 판매되던 원금보전 연금신탁상품은 기존 가입자의 추가 불입만 가능하다).

237) 전문신탁업은 인가업무단위를 기준으로 하면 금전신탁업(4-11-1, 4-11-2)과 재산신탁업(제2호부터 제7호까지의 신탁재산, 4-12-1, 4-12-2)으로 분류할 수 있고, 동산·부동산신탁업(제4호부터 제6호까지의 신탁재산, 4-121-1, 4-121-2)도 별개의 인가업무단위이다.

부동산신탁업자는 원칙적으로 금전을 수탁할 수 없으나, 부동산개발사업을 목적으로 하는 신탁계약을 체결한 경우에는 그 신탁계약에 의한 부동산개발사업별로 금전을 대통령령으로 정하는 사업비의 15% 이내에서 수탁할 수 있다(法 103조④).[238] 여기서 "대통령령으로 정하는 사업비"란 공사비, 광고비, 분양비 등 부동산개발사업에 드는 모든 비용에서 부동산 자체의 취득가액과 등기비용, 그 밖에 부동산 취득에 관련된 부대비용을 제외한 금액을 말한다(令 104조⑦).

⑵ 신탁재산과 고유재산

신탁재산은 수탁자의 고유재산 및 다른 신탁재산과 분별관리하여야 하고, 다만, 신탁업자가 신탁재산을 효율적으로 운용하기 위하여 수탁한 금전을 공동으로 운용하는 경우에는 예외적으로 공동운용이 허용되고, 이 경우는 집합투자에서 제외된다(法 6조⑤3, 令 6조④2).

수탁자의 이익상반행위 금지행위에 관한 신탁법 제34조 제2항은 자본시장법상 신탁업자에게는 적용하지 아니한다(法 104조①).

신탁업자는 다음과 같은 경우에만 신탁계약이 정하는 바에 따라 신탁재산을 고유재산으로 취득할 수 있다(法 104조②).

1. 신탁행위에 따라 수익자에 대하여 부담하는 채무를 이행하기 위하여 필요한 경우 [금전신탁재산의 운용으로 취득한 자산이 거래소시장(다자간매매체결회사에서의 거래 포함) 또는 이와 유사한 시장으로서 해외에 있는 시장에서 시세(法 176조② 1: 증권시장 또는 파생상품시장에서 형성된 시세, 다자간매매체결회사가 상장주권의 매매를 중개함에 있어서 형성된 시세, 그 밖에 대통령령으로 정하는 시세)가 있는 경우에 한한다]
2. 신탁계약의 해지, 그 밖에 수익자 보호를 위하여 불가피한 경우로서 대통령령으로 정하는 경우(法 103조 제3항에 따라 손실이 보전되거나 이익이 보장되는 신탁계약에 한한다)[239]

---

238) 이 경우 금전신탁에 관한 인가를 받을 필요가 없다.

239) "대통령령으로 정하는 경우"란 다음 요건을 모두 충족하는 경우로서 금융위원회가 인정하는 경우를 말한다(令 105조).

1. 신탁계약기간이 종료되기까지의 남은 기간이 3개월 이내일 것
2. 신탁재산을 고유재산으로 취득하는 방법 외에 신탁재산의 처분이 곤란할 경우일 것
3. 취득가액이 공정할 것

3. 신탁재산 운용의 제한

(1) 운용 방법

신탁업자는 신탁재산에 속하는 금전을 다음과 같은 방법으로 운용해야 한다(法 105조①).

1. 대통령령으로 정하는 증권[240]의 매수
2. 장내파생상품 또는 장외파생상품의 매수
3. 대통령령으로 정하는 금융기관[241]에의 예치
4. 금전채권의 매수
5. 대출
6. 어음의 매수
7. 실물자산의 매수
8. 무체재산권의 매수
9. 부동산의 매수 또는 개발
10. 그 밖에 신탁재산의 안전성·수익성 등을 고려하여 대통령령으로 정하는 방법[242]

신탁업자가 신탁재산에 속하는 금전을 운용하는 경우에는 다음과 같은 기준을 지켜야 한다(令 106조⑤).

1. 특정금전신탁인 경우[그 신탁재산으로 법 제165조의3 제3항에 따라 주권상장법인(법 제9조 제15항 제3호에 따른 주권상장법인)이 발행하는 자기주식을 취득·처

240) "대통령령으로 정하는 증권"은 투자계약증권을 제외한 나머지 유형의 증권을 말한다(令 106조①). 투자계약증권은 2013. 8. 27. 시행령 개정시 제외되었다.

241) "대통령령으로 정하는 금융기관"이란 다음과 같은 금융기관을 말한다(令 106조②).
1. 은행 2. 한국산업은행 3. 중소기업은행 4. 증권금융회사 5. 종합금융회사 6. 상호저축은행 7. 농업협동조합 8. 수산업협동조합 9. 신용협동조합 9의2. 산림조합 10. 「우체국 예금·보험에 관한 법률」에 따른 체신관서 10의2. 「새마을금고법」에 따른 새마을금고 11. 제1호부터 제10호까지 및 제10호의2의 기관에 준하는 외국 금융기관

242) "대통령령으로 정하는 방법"이란 다음과 같은 방법을 말한다(令 106조③).
1. 원화로 표시된 양도성 예금증서의 매수
2. 지상권, 전세권, 부동산임차권, 부동산소유권 이전 등기청구권, 그 밖의 부동산 관련 권리에의 운용
3. 환매조건부매수
4. 증권의 대여 또는 차입
5. 「근로자퇴직급여보장법」 제29조 제2항에 따른 신탁계약으로 퇴직연금 적립금을 운용하는 경우에는 같은 법 시행령 제26조 제1항 나목에 따른 보험계약의 보험금 지급청구권에의 운용
6. 그 밖에 신탁재산의 안정성·수익성 등을 고려하여 금융위원회가 정하여 고시하는 방법

분하는 경우만 해당한다]

가. 자본시장법 제165조의3 제1항 제1호(상법 제341조 제1항에 따른 방법)의 방법으로 취득할 것[243)]

나. 자기주식을 취득한 후 1개월 이내에 처분하거나 처분한 후 1개월 이내에 취득하지 아니할 것

다. 자기주식을 취득하고 남은 여유자금을 금융위원회가 정하여 고시하는 방법 외의 방법으로 운용하지 아니할 것

라. 자기주식의 취득·처분, 신탁계약의 체결·해지 등의 금지기간(令 176조의2② 1호부터 5호까지)에 자기주식을 취득하거나 처분하지 아니할 것

2. 불특정금전신탁인 경우

가. 사모사채(금융위원회가 정하여 고시하는 자가 원리금의 지급을 보증한 사모사채와 담보부사채는 제외)에 운용하는 경우에는 각 신탁재산의 3%를 초과하지 아니할 것

나. 지분증권(그 지분증권과 관련된 증권예탁증권 포함) 및 장내파생상품에 운용하는 경우에는 각 신탁재산의 50%를 초과하지 아니할 것. 이 경우 장내파생상품에 운용하는 때에는 그 매매에 따른 위험평가액(法 81조②)을 기준으로 산정한다.

다. 장외파생상품에 운용하는 경우에는 그 매매에 따른 위험평가액이 각 신탁재산의 10%를 초과하지 아니할 것

라. 동일 법인 등이 발행한 지분증권(그 지분증권과 관련된 증권예탁증권 포함)에 운용하는 경우에는 그 지분증권 발행총수의 15%를 초과하지 아니할 것

마. 그 밖에 금융위원회가 정하여 고시하는 신탁재산의 운용방법에 따를 것

3. 제1호 및 제2호 외의 신탁인 경우 수익자 보호 또는 건전거래질서를 유지하기 위하여 금융위원회가 정하여 고시하는 기준을 따를 것

(2) 차입금지

(가) 원칙적 금지

신탁업자는 신탁의 계산으로 그 신탁업자의 고유재산으로부터 금전을 차입

---

243) 자본시장법 제165조의3 제1항 제1호는 “상법 제341조 제1항에 따른 방법”이라고 규정하는데, 상법 제341조 제1항에 따른 방법은 다음과 같다.

1. 거래소에서 시세가 있는 주식의 경우에는 거래소에서 취득하는 방법
2. 상환주식의 경우 외에 각 주주가 가진 주식 수에 따라 균등한 조건으로 취득하는 것으로서 대통령령으로 정하는 방법

“대통령령으로 정하는 방법”은 다음과 같다(商令 9조①).

1. 회사가 모든 주주에게 자기주식 취득의 통지·공고를 하여 주식을 취득하는 방법
2. 자본시장법 제133조부터 제146조까지의 규정에 따른 공개매수의 방법

할 수 없다(法 105조②).

(나) 예외적 허용

신탁업자는 제103조 제1항 제5호의 재산(부동산), 제6호의 재산(지상권, 전세권, 부동산임차권, 부동산소유권 이전 등기청구권, 그 밖의 부동산 관련 권리)만을 신탁받는 경우, 그 밖에 대통령령으로 정하는 경우에는 신탁의 계산으로 그 신탁업자의 고유재산으로부터 금전을 차입할 수 있다(法 105조②).[244]

(3) 손실보전 · 이익보장 금지

신탁업자는 수탁한 재산에 대하여 손실의 보전이나 이익의 보장을 할 수 없다. 다만, 연금이나 퇴직금의 지급을 목적으로 하는 신탁으로서 금융위원회가 정하여 고시하는 경우에는 손실의 보전이나 이익의 보장을 할 수 있다(令 104조①).[245] 신탁업자는 손실의 보전이나 이익의 보장을 한 신탁재산의 운용실적이 신탁계약으로 정한 것에 미달하는 경우에는 특별유보금(손실의 보전이나 이익의 보장 계약이 있는 신탁의 보전 또는 보장을 위하여 적립하는 금액), 신탁보수, 고유재산의 순으로 충당해야 한다(令 104조②).

(4) 운용실적에 따른 반환

신탁업자는 신탁계약기간이 끝난 경우에는 손실의 보전이나 이익의 보장을 한 경우를 제외하고는 신탁재산의 운용실적에 따라 반환하여야 하고(令 104조③), 위탁자가 신탁계약기간이 종료되기 전에 신탁계약을 해지하는 경우에는 신탁재산의 운용실적에서 신탁계약에서 정하고 있는 중도해지수수료를 빼고 반환해야 한다.[246] 다만, 금융위원회가 정하여 고시하는 사유에 해당하는 경우에는 이를

---

244) "대통령령으로 정하는 경우"란 다음과 같은 경우를 말한다(令 106조④).
1. 부동산개발사업을 목적으로 하는 신탁계약을 체결한 경우(法 103조④)로서 그 신탁계약에 의한 부동산개발사업별로 사업비(令 104조⑥)에 따른 사업비)의 15% 이내에서 금전을 신탁받는 경우
2. 다음 요건을 모두 충족하는 경우로서 금융위원회의 인정을 받은 경우
가. 신탁계약의 일부해지 청구가 있는 경우에 신탁재산을 분할하여 처분하는 것이 곤란할 것
나. 차입금리가 공정할 것

245) 자본시장법 제55조는 금융투자업자의 손실보전·이익보장 금지의무를 규정하는데, 신탁업자에 관하여 별도의 규정을 둔 것은 기존 신탁상품 중 손실보전·또는 이익보장 조건의 상품(노후생활연금신탁·개인연금신탁·퇴직일시금신탁 등)이 있다는 점을 고려하여 단서규정으로 예외를 인정하기 위한 것이다.

246) 위탁자가 그의 귀책사유로 신탁계약을 중도해지하는 경우에 중도해지수수료가 부과되는 것이므로, 위탁자와 신탁업자 간의 합의해지시에는 중도해지수수료가 부과되지 않는다고 해

빼지 않는다(令 104조④).

⑸ 신탁보수

신탁업자는 신탁계약이 정하는 바에 따라 신탁보수를 받을 수 있다(令 104조⑤).

⑹ 특정금전신탁의 운용방법

신탁업자는 특정금전신탁(신탁재산에 금전이 포함된 종합재산신탁을 포함) 계약을 체결(갱신을 포함)하거나 금전의 운용방법을 변경할 때에는 다음 사항을 준수해야 한다. 다만, 수익자 보호 및 건전한 거래질서를 해칠 우려가 없는 경우로서 계약의 특성 등을 고려하여 금융위원회가 정하여 고시하는 특정금전신탁의 경우는 제외한다(令 104조⑥).

1. 계약을 체결할 때: 위탁자로 하여금 신탁재산인 금전의 운용방법으로서 운용대상의 종류·비중·위험도, 그 밖에 위탁자가 지정하는 내용을 계약서에 자필로 적도록 할 것
2. 제1호에서 정한 금전의 운용방법을 변경할 때: 다음 각 목의 사항
   가. 변경되는 운용방법에 따라 취득하는 금융투자상품에 관하여 투자자가 이해할 수 있도록 설명하는 등 금융위원회가 정하여 고시하는 사항을 준수할 것
   나. 위탁자로 하여금 변경내용을 계약서에 자필로 적도록 하거나 서명(「전자서명법」 제2조 제2호에 따른 전자서명을 포함한다), 기명날인 또는 녹취를 통해 변경내용을 확인받을 것. 다만, 다음의 어느 하나에 해당하는 경우에는 그 변경내용을 계약서에 자필로 적도록 해야 한다.
      1) 운용대상을 고난도금융투자상품이 아닌 금융투자상품에서 고난도금융투자상품으로 변경하는 경우
      2) 운용대상을 고난도금융투자상품에서 다른 고난도금융투자상품으로 변경하는 경우(종전과 동일한 수익구조의 고난도금융투자상품으로 변경하는 등 위험도가 동일한 고난도금융투자상품으로 변경하는 경우는 제외)
      3) 1) 및 2)에 해당하지 않는 경우로서 운용대상의 위험도를 변경하는 경우

4. 여유자금의 운용

신탁업자는 자본시장법 제103조 제1항 제5호(부동산) 및 제6호의 재산(지상권·전세권·부동산임차권·부동산소유권 이전 등기청구권·그 밖의 부동산 관련 권리)

석된다. 따라서 해지수수료 면제는 자본시장법 제55조의 손실보전금지나 제58조의 수수료차별금지 등을 위반하는 것이 아니다.

만을 신탁받는 경우 그 신탁재산을 운용함에 따라 발생한 여유자금을 다음과 같은 방법으로 운용해야 한다(法 106조).

1. 대통령령으로 정하는 금융기관[247]에의 예치
2. 국채증권, 지방채증권 또는 특수채증권의 매수
3. 정부 또는 대통령령으로 정하는 금융기관이 지급을 보증한 증권의 매수
4. 그 밖에 위 제103조 제1항 제5호 및 제6호에 따른 신탁재산의 안정성·수익성 등을 저해하지 않는 다음과 같은 방법(슈 107조②)
   가. 단기대출(法 83조④)
   나. 자본시장법 시행령 제106조 제2항 각 호의 금융기관[248]이 발행한 채권(특수채증권 제외)의 매수
   다. 그 밖에 신탁재산의 안정성·수익성 등을 해치지 않는 방법으로서 금융위원회가 정하여 고시하는 방법

6. 불건전 영업행위의 금지

(1) 금지대상 행위

신탁업자는 다음과 같은 행위를 하지 못한다(法 108조).

1. 선행매매금지: 신탁재산을 운용함에 있어서 금융투자상품, 그 밖의 투자대상자산의 가격에 중대한 영향을 미칠 수 있는 매수 또는 매도 의사를 결정한 후 이를 실행하기 전에 그 금융투자상품, 그 밖의 투자대상자산을 자기의 계산으로 매수 또는 매도하거나 제3자에게 매수 또는 매도를 권유하는 행위
2. 인수증권매수금지: 자기 또는 관계인수인이 인수한 증권을 신탁재산으로 매수하는 행위
3. 시세조종목적매매금지: 자기 또는 관계인수인이 대통령령으로 정하는 인수업무[249]를 담당한 법인의 특정증권등(法 172조①의 특정증권등)에 대하여 인위적인 시세(法 176조②1의 시세)를 형성시키기 위하여 신탁재산으로 그 특정증권등을 매매하는 행위

---

247) 제1호 및 제3호에서 "대통령령으로 정하는 금융기관"이란 각각 시행령 제106조 제2항 각 호의 금융기관(신탁재산에 속하는 금전을 예치할 수 있는 금융기관)을 말한다(슈 107조①).

248) "대통령령으로 정하는 금융기관"이란 다음과 같은 금융기관을 말한다(슈 106조②).
1. 은행 2. 한국산업은행 3. 중소기업은행 4. 증권금융회사 5. 종합금융회사 6. 상호저축은행 7. 농업협동조합 8. 수산업협동조합 9. 신용협동조합 9의2. 산림조합 10. 「우체국 예금·보험에 관한 법률」에 따른 체신관서 10의2. 「새마을금고법」에 따른 새마을금고 11. 제1호부터 제10호까지 및 제10호의2의 기관에 준하는 외국 금융기관

249) "대통령령으로 정하는 인수업무"란 발행인 또는 매출인으로부터 직접 증권의 인수를 의뢰받아 인수조건 등을 정하는 업무를 말한다(슈 109조②).

4. 이해상충금지: 특정 신탁재산의 이익을 해하면서 자기 또는 제3자의 이익을 도모하는 행위
5. 자진거래금지: 신탁재산으로 그 신탁업자가 운용하는 다른 신탁재산, 집합투자재산 또는 투자일임재산과 거래하는 행위
6. 고유재산과의 거래금지: 신탁재산으로 신탁업자 또는 그 이해관계인의 고유재산과 거래하는 행위
7. 자기발행증권취득금지: 수익자의 동의 없이 신탁재산으로 신탁업자 또는 그 이해관계인이 발행한 증권에 투자하는 행위[250)]
8. 무자격운용자의 운용금지: 투자운용인력이 아닌 자에게 신탁재산을 운용하게 하는 행위
9. 기타: 그 밖에 수익자 보호 또는 건전한 거래질서를 해할 우려가 있는 행위로서 대통령령으로 정하는 행위[251)]

---

250) 수익자의 동의는 수익증권에 대한 개별적인 동의를 의미하고 포괄적인 동의는 허용되지 않는다고 보아야 한다.

251) "대통령령으로 정하는 행위"란 다음과 같은 행위를 말한다(令 109조③).

1. 전문투자자요구거절금지: 자본시장법 제9조 제5항 단서에 따라 일반투자자와 같은 대우를 받겠다는 전문투자자(令 10조① 각 호의 자는 제외)의 요구에 정당한 사유 없이 동의하지 않는 행위

1의2. 시행령 제68조 제5항 제2호의2 각 목 외의 부분에 따른 일반투자자와 금전신탁계약[투자자 보호 및 건전한 거래질서를 해칠 우려가 없는 것으로서 금융위원회가 정하여 고시하는 금전신탁계약(금융투자업규정 4-93조의2)은 제외한다]을 체결하는 경우 다음 각 목의 어느 하나에 해당하는 행위
   가. 계약 체결과정을 녹취하지 않거나 투자자의 요청에도 불구하고 녹취된 파일을 제공하지 않는 행위을 부여하지 않는 행위
   나. 투자권유를 받은 투자자와의 계약 체결과정에서 금전신탁계약을 해지할 수 있는 기간(이하 이 호에서 "숙려기간"이라 한다)에 대해 안내하지 않는 행위
   다. 투자권유를 받고 금전신탁계약을 체결한 투자자에게 계약을 해지할 수 있는 2영업일 이상의 숙려기간을 부여하지 않는 행위
   라. 숙려기간 동안 투자자에게 투자에 따르는 위험, 투자원금의 손실가능성, 최대 원금손실 가능금액 및 그 밖에 금융위원회가 정하여 고시하는 사항을 고지하지 않거나 신탁재산을 운용하는 행위
   마. 숙려기간이 지난 후 서명, 기명날인, 녹취 또는 그 밖에 금융위원회가 정하여 고시하는 방법으로 그 계약 체결 의사가 확정적임을 확인하지 않고 신탁재산을 운용하는 행위
   바. 신탁재산을 운용할 목적으로 투자자에게 그 계약 체결 의사가 확정적임을 표시해 줄 것을 권유하거나 강요하는 행위

1의3. 고난도금전신탁계약을 체결하는 경우 다음 각 목의 어느 하나에 해당하는 행위
   가. 개인인 일반투자자를 대상으로 한 제1호의2 각 목의 어느 하나에 해당하는 행위
   나. 개인인 투자자에게 고난도금전신탁계약의 내용, 투자에 따르는 위험 및 그 밖에 금융위원회가 정하여 고시하는 사항을 해당 투자자가 쉽게 이해할 수 있도록 요약한 설명서를 내어 주지 않는 행위. 다만, 투자자가 해당 설명서를 받지 않겠다는 의사를 서면, 전신, 전화, 팩스, 전자우편 또는 그 밖에 금융위원회가 정하여 고시하는

방법으로 표시한 경우는 제외한다.
2. 신탁계약위반금지: 신탁계약을 위반하여 신탁재산을 운용하는 행위
3. 과당매매금지: 신탁계약의 운용방침이나 운용전략 등을 고려하지 아니하고 신탁재산으로 금융투자상품을 지나치게 자주 매매하는 행위
4. 이익수수금지: 수익자(수익자가 법인, 그 밖의 단체인 경우에는 그 임직원 포함) 또는 거래상대방(거래상대방이 법인, 그 밖의 단체인 경우에는 그 임직원 포함) 등에게 업무와 관련하여 금융위원회가 정하여 고시하는 기준을 위반하여 직접 또는 간접으로 재산상의 이익을 제공하거나 이들로부터 재산상의 이익을 제공받는 행위
5. 집합운용금지: 신탁재산을 각각의 신탁계약에 따른 신탁재산별로 운용하지 아니하고 여러 신탁계약의 신탁재산을 집합하여 운용하는 행위. 다만, 다음과 같은 경우에는 이를 할 수 있다.
   가. 제6조 제4항 제2호에 해당하는 경우(신탁재산의 운용에 의하여 발생한 수익금의 운용 또는 신탁의 해지·환매에 따라 나머지 신탁재산을 운용하기 위하여 불가피한 경우로서, 신탁업자가 신탁재산을 효율적으로 운용하기 위하여 수탁한 금전을 공동으로 운용하는 경우)
   나. 다른 투자매매업자 또는 투자중개업자와 합병하는 등 금융위원회가 정하여 고시하는 요건을 갖춘 신탁업자가 제104조 제1항 단서에 따라 손실의 보전이나 이익의 보장을 한 신탁재산(그 요건을 갖춘 날부터 3년 이내에 설정한 신탁의 신탁재산으로 한정한다)을 운용하는 경우
6. 집합운용광고금지: 여러 신탁재산을 집합하여 운용한다는 내용을 밝히고 신탁계약의 체결에 대한 투자권유를 하거나 투자광고를 하는 행위
7. 교차투자금지: 제3자와의 계약 또는 담합 등에 의하여 신탁재산으로 특정 자산에 교차하여 투자하는 행위
8. 탈법행위금지: 자본시장법 제55조·제105조·제106조·제108조 및 시행령 제104조 제1항에 따른 금지 또는 제한을 회피할 목적으로 하는 행위로서 장외파생상품거래, 신탁계약, 연계거래 등을 이용하는 행위
9. 담보취득제한: 채권자로서 그 권리를 담보하기 위하여 백지수표나 백지어음을 받는 행위
10. 보험계약에 따른 보험금청구권을 수탁하는 경우 다음 각 목의 어느 하나에 해당하는 행위
    가. 다음의 요건을 모두 충족하는 보험계약 외의 보험계약에 따른 보험금청구권을 수탁하는 행위
        1) 피보험자의 사망을 보험사고로 하는 보험계약으로서 피보험자의 사망으로 인한 보험금이 금융위원회가 정하여 고시하는 금액 이상일 것
        2) 보험계약자, 피보험자 및 위탁자가 동일인일 것
        3) 신탁계약 체결 당시 보험수익자로 지정된 자는 다음의 어느 하나에 해당하는 자일 것
           가) 보험계약자 본인
           나) 보험계약자의 배우자, 직계비속 또는 직계존속
        4) 보험약관에 따른 대출(이하 이 호에서 "보험계약대출"이라 한다)이 없을 것
        5) 그 밖에 수익자 보호 및 건전한 거래질서 유지를 위하여 필요한 사항으로서 금융위원회가 정하여 고시하는 요건을 갖출 것
    나. 다음의 요건을 모두 충족하는 신탁계약 외의 신탁계약을 체결하는 행위
        1) 피보험자의 사망을 보험사고로 하는 보험계약에 다른 종류의 보험사고로 인한 보험금에 관한 사항이 부가된 경우 수탁재산은 피보험자의 사망으로 인한 보험금청구권으로 한정할 것

(2) 예외적 허용대상 행위

다만, 수익자 보호 및 건전한 거래질서를 해할 우려가 없는 다음과 같은 경우에는 신탁업자는 위 금지행위도 할 수 있다(法 108조 단서, 슈 109조①).

1. 선행매매(法 108조 1호)
   가. 신탁재산의 운용과 관련한 정보를 이용하지 아니하였음을 증명하는 경우
   나. 증권시장(다자간매매체결회사에서의 거래 포함)과 파생상품시장 간의 가격 차이를 이용한 차익거래, 그 밖에 이에 준하는 거래로서 신탁재산의 운용과 관련한 정보를 의도적으로 이용하지 아니하였다는 사실이 객관적으로 명백한 경우
2. 인수증권매수(法 108조 2호): 인수일부터 3개월이 지난 후 매수하는 경우

2의2. 인수증권매수(法 108조 2호): 인수한 증권이 국채증권, 지방채증권, 「한국은행법」 제69조에 따른 한국은행통화안정증권, 특수채증권 또는 법 제4조 제3항에 따른 사채권(주권 관련 사채권 및 제176조의13 제1항에 따른 상각형 조건부자본증권은 제외) 중 어느 하나에 해당하는 경우. 다만, 사채권의 경우에는 투자자 보호 및 건전한 거래질서를 위하여 금융위원회가 정하여 고시하는 발행조건, 거래절차 등의 기준을 충족하는 채권으로 한정한다.

2의3. 법 제108조 제2호를 적용할 때 인수한 증권이 증권시장에 상장된 주권인 경우로서 그 주권을 증권시장에서 매수하는 경우

2의4. 법 제108조 제2호를 적용할 때 일반적인 거래조건에 비추어 신탁재산에 유리한 거래인 경우

3. 자전거래(法 108조 5호): 같은 신탁업자가 운용하는 신탁재산 상호 간에 자산을 동시에 한쪽이 매도하고 다른 한쪽이 매수하는 거래로서 다음 과 같은 경우. 이 경우 매매가격, 매매거래 절차 및 방법, 그 밖에 필요한 사항은 금융위원회가 정하여 고시한다.
   가. 신탁계약의 해지(일부해지를 포함)에 따른 해지금액 등을 지급하기 위하여 불가피한 경우
   나. 그 밖에 금융위원회가 수익자의 이익을 해칠 염려가 없다고 인정하는 경우
4. 고유재산과의 거래(法 108조 6호). 다만, 「근로자퇴직급여 보장법」에 따른 특정금전신탁의 경우에는 다음 각 목(라목은 제외한다)의 어느 하나에 해당하는 경우

---

2) 신탁계약의 수익자로 지정된 자는 보험계약자의 배우자, 직계비속 또는 직계존속 중 어느 하나에 해당하는 자일 것
3) 「상법」 제733조에 따른 보험수익자의 지정 또는 변경의 권리를 제한하지 않을 것
4) 보험계약대출을 하는 경우 신탁계약이 무효가 됨을 계약내용에 명시할 것
5) 그 밖에 수익자 보호 및 건전한 거래질서 유지를 위하여 필요한 사항으로서 금융위원회가 정하여 고시하는 요건을 갖출 것

11. 기타: 그 밖에 수익자의 보호 또는 건전한 거래질서를 해칠 염려가 있는 행위로서 금융위원회가 정하여 고시하는 행위(금융투자업규정 4-93조)

중 신탁재산으로 신탁업자의 원리금 지급을 보장하는 고유재산과 거래하는 경우는 제외한다.

가. 이해관계인이 되기 6개월 이전에 체결한 계약에 따른 거래
나. 증권시장 등 불특정다수인이 참여하는 공개시장을 통한 거래
다. 일반적인 거래조건에 비추어 신탁재산에 유리한 거래
라. 환매조건부매매
마. 신탁업자 또는 이해관계인의 중개·주선 또는 대리를 통하여 금융위원회가 정하여 고시하는 방법에 따라 신탁업자 및 이해관계인이 아닌 자와 행하는 투자대상자산의 매매
바. 신탁업자나 이해관계인의 매매중개(금융위원회가 정하여 고시하는 매매형식의 중개)를 통하여 그 신탁업자 또는 이해관계인과 행하는 채무증권, 원화로 표시된 양도성 예금증서 또는 어음(기업어음증권 제외)의 매매
사. 신탁업자가 신탁재산을 고유재산으로 취득할 수 있는 경우(法 104조②) 또는 신탁의 계산으로 그 신탁업자의 고유재산으로부터 금전을 차입할 수 있는 경우(法 105조②)의 거래
아. 예금거래(수탁액이 3억원 이상인 특정금전신탁 또는 「자산유동화에 관한 법률」 제3조에 따른 자산유동화계획에 의한 여유자금운용)
자. 금액의 규모 또는 시간의 제약으로 인하여 다른 방법으로 운용할 수 없는 경우로서 일시적인 자금의 대여(그 신탁재산을 운용하는 신탁업자에게 대여하는 경우만 해당)
차. 그 밖에 금융위원회가 거래의 형태, 조건, 방법 등을 고려하여 신탁재산과 이해가 상충될 염려가 없다고 인정하는 거래

5. 집합운용(令 109조③5): 개별 신탁재산을 효율적으로 운용하기 위하여 투자대상자산의 매매주문을 집합하여 처리하고, 그 처리 결과를 신탁재산별로 미리 정하여진 자산배분명세에 따라 공정하게 배분하는 경우

7. 신탁계약서의 기재사항

신탁업자는 위탁자와 신탁계약을 체결하는 경우 「금융소비자 보호에 관한 법률」 제23조 제1항에 따라 위탁자에게 교부하는 계약서류에 다음 사항을 기재해야 한다(法 109조).[252]

1. 위탁자, 수익자 및 신탁업자의 성명 또는 명칭

252) 신탁계약의 경우에는 자본시장법 제123조의 투자설명서 교부의무가 없고 신탁계약서를 교부하면 된다. 다만 투자자보호를 위하여 특정금전신탁계약을 체결하는 개인투자자에게는 금융투자협회가 정하는 설명서를 교부해야 한다(금융투자업규정 4-93조 29호).

2. 수익자의 지정 및 변경에 관한 사항
3. 신탁재산의 종류·수량과 가격
4. 신탁의 목적
5. 계약기간
6. 신탁재산의 운용에 의하여 취득할 재산을 특정한 경우에는 그 내용
7. 손실의 보전 또는 이익의 보장을 하는 경우 그 보전·보장 비율 등에 관한 사항
8. 신탁업자가 받을 보수에 관한 사항
9. 신탁계약의 해지에 관한 사항
10. 그 밖에 수익자 보호 또는 건전한 거래질서를 위하여 필요한 사항으로서 대통령령으로 정하는 사항[253)]

8. 수익증권

(1) 수익증권의 발행

자본시장법 제110조는 금전신탁계약에 의한 수익권이 표시된 수익증권에 관한 특칙이다.[254)] 신탁업자는 금전신탁계약에 의한 수익권이 표시된 수익증권을 발행할 수 있다(法 110조①). 신탁업자는 금전신탁계약에 의한 수익증권을 발행하고자 하는 경우에는 i) 수익증권 발행계획서, ii) 자금운용계획서, iii) 신탁약관이나 신탁계약서 등을 첨부하여 금융위원회에 미리 신고해야 한다(法 110조②, 令 111조①).[255)] 수익증권은 무기명식으로 한다. 다만, 수익자의 청구가 있는 경

253) "대통령령으로 정하는 사항"이란 다음 사항을 말한다(令 110조).
1. 수익자가 확정되지 아니한 경우에는 수익자가 될 자의 범위·자격, 그 밖에 수익자를 확정하기 위하여 필요한 사항
2. 수익자가 신탁의 이익을 받을 의사를 표시할 것을 요건으로 하는 경우에는 그 내용
3. 신탁법 제4조 제1항에 따른 등기·등록 또는 같은 조 제2항에 따른 신탁재산의 표시와 기재에 관한 사항
4. 수익자에게 교부할 신탁재산의 종류 및 교부방법·시기
5. 신탁재산의 관리에 필요한 공과금·수선비, 그 밖의 비용에 관한 사항
6. 신탁계약 종료 시의 최종계산에 관한 사항
7. 그 밖에 건전한 거래질서를 유지하기 위하여 필요한 사항으로서 금융위원회가 정하여 고시하는 사항(금융투자업규정 4-94조)

254) 종래의 신탁업법은 금전신탁에 한하여 수익증권의 발행을 허용하였으나, 자본시장법은 제4조 제5항에서 "그 밖에 이와 유사한 것으로서 신탁의 수익권이 표시된 것"도 수익증권이라고 규정함으로써 수익증권의 범위를 대폭 확대하였다. 다만, 관리형신탁의 수익권은 금융투자상품에 해당하지 않는다(法 3조① 단서). 한편 자본시장법은 금전신탁에 한하여 수익증권을 발행할 수 있도록 규정하고 있으나(法 제110조①), 신탁법은 신탁의 종류에 관계없이 모든 신탁이 수익증권을 발행할 수 있도록 규정하고 있으므로 금전 이외의 재산신탁도 수익증권을 발행할 수 있다(信託法 제78조).

255) 수익증권에는 다음 사항을 기재하고 신탁업자의 대표자가 이에 기명날인 또는 서명해야 한

우에는 기명식으로 할 수 있다(法 110조③). 기명식 수익증권은 수익자의 청구에 의하여 무기명식으로 할 수 있다(法 110조④). 수익증권이 발행된 경우에는 해당 신탁계약에 의한 수익권의 양도 및 행사는 그 수익증권으로 해야 한다. 다만, 기명식 수익증권의 경우에는 수익증권으로 하지 아니할 수 있다(法 110조⑥).

(2) 수익증권의 매수

신탁법 제36조는 수탁자는 누구의 명의로도 신탁의 이익을 향수하지 못한다고 규정하는데, 이는 신탁이익의 향수주체는 수익자이고 수탁자는 수익자를 겸할 수 없다는 것을 의미한다. 그러나 자본시장법은 신탁업자가 수익증권을 그 고유재산으로 매수할 수 있고, 신탁법 제36조를 적용하지 않는다고 규정한다(法 111조). 신탁업자는 수익증권을 그 고유재산으로 매수하는 경우에는 법 제104조 제4항에 따라 산정한 가액으로 매수해야 한다(令 112조).

9. 의 결 권

(1) 의결권 행사와 충실의무

신탁재산으로 취득한 주식에 대한 권리는 신탁업자가 행사한다. 이 경우 신탁업자는 수익자의 이익을 보호하기 위하여 신탁재산에 속하는 주식의 의결권을 충실하게 행사해야 한다(法 112조①).

(2) 의결권 행사방법 제한

신탁업자는 신탁재산에 속하는 주식의 의결권을 행사함에 있어서 다음과 같은 경우에는 신탁재산에 속하는 주식을 발행한 법인의 주주총회의 참석 주식수에서 신탁재산에 속하는 주식수를 뺀 주식수의 결의내용에 영향을 미치지 아니하도록 의결권을 행사해야 한다(法 112조②, 令 113조).

다(法 110조⑤).

1. 신탁업자의 상호
2. 기명식의 경우에는 수익자의 성명 또는 명칭
3. 액면액
4. 운용방법을 정한 경우 그 내용
5. 손실의 보전 또는 이익의 보장에 관한 계약을 체결한 경우에는 그 내용
6. 신탁계약기간
7. 신탁의 원금의 상환과 수익분배의 기간 및 장소
8. 신탁보수의 계산방법
9. 수익증권의 발행일, 수익증권의 기호 및 번호(令 111조②)

1. 다음과 같은 자가 그 신탁재산에 속하는 주식을 발행한 법인을 계열회사로 편입하기 위한 경우
   가. 신탁업자 또는 그의 특수관계인 및 공동보유자
   나. 신탁업자에 대하여 사실상의 지배력을 행사하는 자(신탁업자의 대주주, 최대주주의 특수관계인인 주주)
2. 신탁재산에 속하는 주식을 발행한 법인이 그 신탁업자와 다음과 같은 관계에 있는 경우
   가. 계열회사의 관계에 있는 경우
   나. 신탁업자에 대하여 사실상의 지배력을 행사하는 관계(신탁업자의 대주주가 되는 관계)
3. 그 밖에 수익자의 보호 또는 신탁재산의 적정한 운용을 해할 우려가 있는 경우로서 대통령령으로 정하는 경우

(3) 의결권 행사방법제한의 범위

신탁재산에 속하는 주식을 발행한 법인의 합병, 영업의 양도·양수, 임원의 선임, 그 밖에 이에 준하는 사항으로서 신탁재산에 손실을 초래할 것이 명백하게 예상되는 경우에는 위와 같은 제한이 적용되지 않는다(法 112조② 단서). 이러한 적용배제규정은 상호출자제한기업집단에 속하는 신탁업자에게는 적용하지 않는다(法 112조⑤).

(4) 의결권 제한

신탁업자는 신탁재산에 속하는 주식이 다음과 같은 경우에는 그 주식의 의결권을 행사할 수 없다(法 112조③).

1. 동일법인이 발행한 주식 총수의 15%를 초과하여 주식을 취득한 경우 그 초과하는 주식
2. 신탁재산에 속하는 주식을 발행한 법인이 자기주식을 확보하기 위하여 신탁계약에 따라 신탁업자에게 취득하게 한 그 법인의 주식

신탁업자는 제3자와의 계약 등에 의하여 의결권을 교차하여 행사하는 등 의결권 행사방법의 제한을 면하기 위한 행위를 하지 못한다(法 112조④).

(5) 금융위원회의 처분명령

금융위원회는 신탁업자가 위와 같은 규정을 위반하여 신탁재산에 속하는 주식의 의결권을 행사한 경우에는 6개월 이내의 기간을 정하여 그 주식의 처분을

명할 수 있다(法 112조⑥).

⑹ 의결권 행사의 공시

신탁업자는 합병, 영업의 양도·양수, 임원의 선임 등 경영권의 변경과 관련된 사항에 대하여 의결권을 행사하는 경우에는 다음과 같은 방법에 따라 인터넷 홈페이지 등을 이용하여 공시해야 한다(法 112조⑦, 令 114조①).

1. 의결권을 행사하려는 주식을 발행한 법인이 주권상장법인인 경우에는 주주총회일 5일 전까지 증권시장을 통하여 의결권을 행사하려는 내용을 공시할 것
2. 의결권을 행사하려는 주식을 발행한 법인이 주권상장법인이 아닌 경우: 자본시장법 제89조 제2항 제1호의 방법(집합투자업자, 집합투자증권을 판매한 투자매매업자·투자중개업자 및 협회의 인터넷 홈페이지를 이용하여 공시하는 방법)에 따라 공시하여 일반인이 열람할 수 있도록 할 것

10. 장부·서류의 열람 및 공시

⑴ 열 람 권

수익자는 신탁업자에게 영업시간 중에 이유를 기재한 서면으로 그 수익자에 관련된 신탁재산에 관한 장부·서류의 열람이나 등본 또는 초본의 교부를 청구할 수 있다. 이 경우 그 신탁업자는 정당한 사유가 없는 한 이를 거절하지 못한다(法 113조①).

정당한 사유란 다음과 같은 경우를 말한다. 이 경우 신탁업자는 열람이나 교부가 불가능하다는 뜻과 그 사유가 기재된 서면을 수익자에게 내주어야 한다(令 115조①).

1. 신탁재산의 운용내역 등이 포함된 장부·서류를 제공함으로써 제공받은 자가 그 정보를 거래 또는 업무에 이용하거나 타인에게 제공할 것이 뚜렷하게 염려되는 경우
2. 신탁재산의 운용내역 등이 포함된 장부·서류를 제공함으로써 다른 수익자에게 손해를 입힐 것이 명백히 인정되는 경우
3. 신탁계약이 해지된 신탁재산에 관한 장부·서류로서 보존기한(令 62조①)이 지나는 등의 사유로 인하여 수익자의 열람제공 요청에 응하는 것이 불가능한 경우[256]

256) 자료의 종류별 보존기한은 [제2편 제3장 제1절 Ⅶ. 6. 자료의 기록·유지] 부분 참조.

⑵ 열람권의 대상

수익자가 열람이나 등본 또는 초본의 교부를 청구할 수 있는 장부·서류는 다음과 같다(令 115조①).

1. 신탁재산 명세서
2. 재무제표 및 그 부속명세서
3. 신탁재산 운용내역서

11. 신탁재산의 회계처리

⑴ 회계처리기준

신탁업자는 신탁재산에 관하여 회계처리를 하는 경우 금융위원회가 증권선물위원회의 심의를 거쳐 정하여 고시한 회계처리기준에 따라야 한다(法 114조①).

금융위원회는 회계처리기준의 제정 또는 개정을 한국회계기준원(令 116조)에게 위탁할 수 있다. 이 경우 한국회계기준원은 회계처리기준을 제정 또는 개정한 때에는 이를 금융위원회에 지체 없이 보고해야 한다(法 114조②).

⑵ 회계감사

신탁업자는 신탁재산에 대하여 그 신탁업자의 매 회계연도 종료 후 2개월 이내에 외감법 제2조 제7호에 따른 감사인("회계감사인")의 회계감사를 받아야 한다. 다만, 수익자의 이익을 해할 우려가 없는 경우로서 다음과 같은 경우(令 117조)에는 회계감사를 받지 아니할 수 있다(法 114조③).

1. 다음과 같은 금전신탁인 경우
   가. 특정금전신탁
   나. 이익의 보장을 하는 금전신탁(손실만을 보전하는 금전신탁은 제외한다)
   다. 회계감사 기준일 현재 수탁원본이 300억원 미만인 금전신탁
2. 금전 외의 재산(法 103조① 2호부터 7호까지)의 신탁인 경우

신탁업자는 신탁재산의 회계감사인을 선임하거나 교체하는 경우에는 그 선임일 또는 교체일부터 1주 이내에 금융위원회에 그 사실을 보고해야 한다(法 114조④). 회계감사인은 신탁업자가 행하는 수익증권의 기준가격 산정업무 및 신탁재산의 회계처리 업무를 감사할 때 관련 법령을 준수하였는지 여부를 감사하고 그 결과를 신탁업자의 감사(감사위원회가 설치된 경우에는 감사위원회)에게 통보해

야 한다(法 114조⑤).

(3) 회계감사인의 지위

회계감사인은 감사기준 및 회계감사기준에 따라 회계감사를 실시해야 한다(法 114조⑥). 회계감사인은 신탁업자에게 신탁재산의 회계장부 등 관계 자료의 열람·복사를 요청하거나 회계감사에 필요한 자료의 제출을 요구할 수 있다. 이 경우 신탁업자는 지체 없이 이에 응하여야 하고(法 114조⑦). 회계감사인의 비밀엄수의무에 관한 외감법 제20조는 신탁재산의 회계감사에 관하여 준용한다(法 114조⑧). 신탁업자는 회계감사인을 선임하거나 교체하려는 경우에는 감사의 동의(감사위원회가 설치된 경우에는 감사위원회의 의결)를 받아야 한다(令 118조①). 신탁재산에 관한 회계감사기준은 금융위원회가 증권선물위원회의 심의를 거쳐 정하여 고시한다(令 118조②). 신탁재산에 대한 회계감사와 관련하여 회계감사인의 권한은 자본시장법 및 외감법에서 정하는 바에 따른다(令 118조③). 회계감사인은 신탁재산에 대한 회계감사를 마친 때에는 다음 사항이 기재된 회계감사보고서를 작성하여 신탁업자에게 지체 없이 제출해야 한다(令 118조④).

1. 신탁재산의 재무상태표
2. 신탁재산의 손익계산서
3. 신탁재산의 수익률계산서
4. 신탁업자와 그 특수관계인과의 거래내역

신탁업자는 회계감사인으로부터 회계감사보고서를 제출받은 경우에는 이를 지체 없이 금융위원회에 제출하여야 하고(令 118조⑤), 금융위원회가 정하여 고시하는 방법에 따라 해당 수익자가 회계감사보고서를 열람할 수 있도록 하여야 하고(令 118조⑥), 회계감사에 따른 비용은 그 회계감사의 대상인 신탁재산에서 부담한다(令 118조⑦).

12. 회계감사인의 손해배상책임

(1) 회계감사인의 책임

회계감사인은 신탁재산에 대한 회계감사의 결과 회계감사보고서 중 중요사항에 관하여 거짓의 기재 또는 표시가 있거나 중요사항이 기재 또는 표시되지 아니함으로써 이를 이용한 수익자에게 손해를 끼친 경우에는 그 수익자에 대하여 손해를 배상할 책임을 진다(法 115조①). 이 경우 외감법 제2조 제7호 나목에 따른 감사반이 회계감사인인 때에는 그 신탁재산에 대한 감사에 참여한 자가 연대하여 손해를 배상할 책임을 진다(法 115조①).

(2) 연대책임과 비례책임

회계감사인이 수익자에 대하여 손해를 배상할 책임이 있는 경우로서 그 신탁업자의 이사·감사(감사위원회가 설치된 경우에는 감사위원회의 위원)에게도 귀책사유가 있는 경우에는 그 회계감사인과 신탁업자의 이사·감사는 연대하여 손해를 배상할 책임을 진다. 다만, 손해를 배상할 책임이 있는 자가 고의가 없는 경우에 그 자는 법원이 귀책사유에 따라 정하는 책임비율에 따라 손해를 배상할 책임이 있다(法 115조②). 그러나 손해배상을 청구하는 자의 소득인정액(「국민기초생활 보장법」 제2조 제8호에 따른 소득인정액)이 그 손해배상 청구일이 속하는 달의 직전 12개월간의 소득인정액 합산금액이 1억5천만원(令 118조의2) 이하인 경우에는 회계감사인과 신탁업자의 이사·감사는 연대하여 손해를 배상할 책임이 있다(法 115조③).

책임비율에 따라 손해를 배상할 책임이 있는 자 중 배상능력이 없는 자가 있어 손해액의 일부를 배상하지 못하는 경우에는 배상능력이 없는 자를 제외한 자가 각자 책임비율의 50%(外監令 37조②)의 범위에서 손해액을 추가로 배상할 책임을 진다(法 115조④, 외감법 31조⑥).

(3) 면책사유

감사인 또는 감사에 참여한 공인회계사가 그 임무를 게을리하지 아니하였음을 증명하는 경우에는 손해배상책임을 지지 않는다(法 115조④, 외감법 31조⑦). 따라서 원고는 피고의 과실을 증명할 필요가 없고, 피고가 무과실을 증명하여야 면책된다.

(4) 제척기간

회계감사인의 손해배상책임은 그 청구권자가 해당 사실을 안 날부터 1년 이내 또는 감사보고서를 제출한 날부터 8년 이내에 청구권을 행사하지 아니한 때에는 소멸한다. 다만, 감사인을 선임할 때 계약으로 그 기간을 연장할 수 있다(法 115조④, 외감법 31조⑨).

13. 합　　병

(1) 의　　의

신탁업자가 합병하는 경우 합병 후 존속하는 신탁업자 또는 합병으로 인하여 설립된 신탁업자는 합병으로 인하여 소멸된 신탁업자의 신탁에 관한 권리의무를 승계한다(法 116조①).

(2) 공탁명령

금융위원회는 신탁업자가 그 목적을 변경하여 다른 업무를 행하는 회사로서 존속하는 경우에는 그 회사가 신탁에 관한 채무 전부를 변제하기에 이르기까지 재산의 공탁을 명하거나, 그 밖에 필요한 명령을 할 수 있다. 합병으로 인하여 신탁업자가 아닌 회사가 신탁업자의 임무 종료를 위하여 필요한 사무를 처리하는 동안에도 또한 같다(法 116조③).

14. 청　　산

(1) 청산인의 선임 및 청산사무 감독

신탁업자가 합병 또는 파산 이외의 사유로 해산한 경우에는 금융위원회는 신탁업을 영위하는 금융투자업자의 청산사무를 감독하고(法 117조, 95조①), 청산사무 및 재산의 상황을 검사하거나 재산의 공탁명령, 그 밖에 청산의 감독에 필요한 명령을 할 수 있다(法 117조, 95조②). 청산인의 선임은 해산사유에 따라, ⅰ) 신탁업을 영위하는 금융투자업자가 금융투자업인가의 취소로 인하여 해산한 경우에는 직권으로 청산인을 선임하고(法 117조, 95조③), ⅱ) 신탁업을 영위하는 금융투자업자가 법원의 명령 또는 판결에 의하여 해산하는 경우와 청산인이 없는 경우에는 직권으로 또는 이해관계인의 청구에 의하여 청산인을 선임한다(法 117조, 95조④).

(2) 청산인의 보수

금융위원회가 청산인을 선임한 경우에는 신탁업을 영위하는 금융투자업자에게 보수를 주게 할 수 있다. 이 경우 보수액은 금융위원회가 정하여 고시한다(法 117조, 95조⑤).

(3) 청산인의 해임

금융위원회는 청산인이 업무를 집행함에 있어서 현저하게 부적합하거나 중

대한 법령 위반사항이 있는 경우에는 직권으로 또는 이해관계인의 청구에 의하여 청산인을 해임할 수 있다(法 117조, 95조⑥).

15. 관리형신탁에 관한 특례

신탁재산 중 금전·증권·금전채권을 제외한 나머지 신탁재산만을 수탁받는 신탁업자가 관리형신탁계약을 체결하는 경우 그 신탁재산에 수반되는 금전채권을 수탁할 수 있다(法 117조의2①). 이에 따른 신탁재산의 운용방법 및 제한에 관하여 필요한 사항은 대통령령으로 정한다(法 117조의2②).[257]

제 3 절 금융소비자 보호에 관한 법률

Ⅰ. 총 설

1. 제정 목적과 주요 내용

「금융소비자 보호에 관한 법률」[258]은 금융소비자의 권익 증진과 금융상품판매업 및 금융상품자문업의 건전한 시장질서 구축을 위하여 금융상품판매업자 및 금융상품자문업자의 영업에 관한 준수사항과 금융소비자 권익 보호를 위한 금융소비자정책 및 금융분쟁조정절차 등에 관한 사항을 규정함으로써 금융소비자 보호의 실효성을 높이고 국민경제 발전에 이바지함을 목적으로 한다(금소법 1조).

금융소비자보호법은 ⅰ) 금융소비자의 권익 증진, ⅱ) 건전한 시장질서 구축, ⅲ) 국민경제의 발전 등을 입법목적으로 규정하는데, 규정형식과 관계없이 가장 중요하고 궁극적인 목적은 "금융소비자 보호"이고, 건전한 시장질서 구축은 이를 위한 장치 또는 수단이고, 국민경제의 발전은 이념적인 목적이라 할 수 있다.[259]

---

257) 신탁업자가 법 제117조의2 제1항에 따라 금전채권을 수탁한 경우 그 금전채권에서 발생한 과실인 금전은 다음과 같은 방법으로 운용해야 한다(슈 118조의3①).
1. 제106조 제2항 각 호의 금융기관에의 예치
2. 국채증권, 지방채증권 또는 특수채증권의 매수
3. 국가 또는 제106조 제2항 각 호의 금융기관이 지급을 보증한 증권의 매수
4. 그 밖에 신탁재산의 안정성 및 수익성 등을 고려하여 총리령으로 정하는 방법

258) 이하에서는 「금융소비자 보호에 관한 법률」을 "금융소비자보호법" 또는 "금소법"(조문 표시의 경우)으로 약칭한다.

금융소비자보호법의 주요내용은 다음과 같다.[260]

---

259) 개별법의 제정 목적은 다음과 같다.
1. 은행법 제1조: 이 법은 은행의 건전한 운영을 도모하고 자금중개기능의 효율성을 높이며 예금자를 보호하고 신용질서를 유지함으로써 금융시장의 안정과 국민경제의 발전에 이바지함을 목적으로 한다.
2. 자본시장법 제1조: 이 법은 자본시장에서의 금융혁신과 공정한 경쟁을 촉진하고 투자자를 보호하며 금융투자업을 건전하게 육성함으로써 자본시장의 공정성·신뢰성 및 효율성을 높여 국민경제의 발전에 이바지함을 목적으로 한다.
3. 보험업법 제1조: 이 법은 보험업을 영위하는 자의 건전한 운영을 도모하고 보험계약자·피보험자 그 밖의 이해관계인의 권익을 보호함으로써 보험업의 건전한 육성과 국민경제의 균형있는 발전에 기여함을 목적으로 한다.

260) 주요내용은 구체적으로 다음과 같다.
1. 금융상품 유형 분류 및 금융회사 등 업종 구분(제3조 및 제4조)
금융상품을 속성에 따라 예금성 상품, 대출성 상품, 투자성 상품 및 보장성 상품으로 유형을 분류하고, 금융 관계 법률에 따른 금융회사 등에 대하여 영업행위에 따라 금융상품직접판매업자, 금융상품판매대리·중개업자 또는 금융상품자문업자로 업종을 구분함.
2. 금융상품판매업자 및 금융상품자문업자 등록 근거 마련(제12조)
금융상품판매업 등을 영위하려는 자에 대한 금융위원회 등록 근거를 마련하고, 금융상품자문업을 신설하여 금융소비자에게 금융상품 취득과 처분결정에 관한 자문을 할 수 있도록 함.
3. 금융상품판매업자 등의 영업행위 준수사항 마련(안 제13조부터 제23조까지)
금융소비자가 자신의 연령, 재산상황 등에 적합한 금융상품 계약을 체결할 수 있도록 보장성 상품의 위험보장범위, 대출성 상품의 금리 및 중도상환수수료 부과 여부 등 금융상품의 중요사항에 대한 설명의무, 금융상품 등에 관한 광고에 포함시켜야 하는 사항 및 금융상품판매대리·중개업자의 업무내용 고지의무 등 영업행위 준수사항을 금융상품의 유형 및 금융상품판매업자 등의 업종에 따라 마련함.
4. 금융교육 지원 및 금융교육협의회 설치 등(제30조 및 제31조)
금융위원회는 금융소비자에 대하여 금융교육 관련 지원을 할 수 있도록 하고, 금융소비자의 능력 향상을 위한 교육프로그램을 개발하도록 하며, 금융소비자가 알기 쉽게 금융상품의 주요내용을 비교하여 공시할 수 있도록 하고, 금융교육에 대한 정책을 심의·의결하기 위하여 금융위원회에 금융교육협의회를 설치하는 한편, 금융감독원장은 금융상품판매업자 등의 금융소비자 보호실태를 평가하여 그 결과를 공표할 수 있도록 함.
5. 금융분쟁의 조정제도 개선(안 제33조부터 제43조까지)
금융분쟁조정이 신청된 사건에 대하여 소송이 진행 중일 때에 수소법원(受訴法院)은 소송절차를 중지할 수 있도록 하고, 일반금융소비자가 조정을 신청한 2천만원 이하의 소액분쟁사건의 경우 분쟁조정절차가 완료되기 전까지는 은행, 보험회사 등 조정대상기관이 법원에 소송을 제기할 수 없도록 하여 금융소비자의 권리구제 관련 부담을 경감함.
6. 금융상품판매업자 등의 손해배상책임 강화(제44조 및 제45조)
금융상품판매업자 등이 설명의무를 위반하여 금융소비자에게 손해를 발생시킨 경우 고의 또는 과실 여부에 대한 입증책임을 부담하도록 하여 금융소비자의 입증부담을 완화하고, 금융상품판매대리·중개업자가 대리·중개업무 중 위법행위로 금융소비자에게 손해를 발생시킨 경우 상대적으로 배상능력이 충분한 금융상품직접판매업자가 손해배상책임을 부담하도록 함.
7. 금융소비자의 청약철회권 및 위법한 계약 해지권 도입(제46조 및 제47조)
금융상품 또는 금융상품자문에 관한 계약을 체결한 일반금융소비자가 대출성 상품의

1. 금융상품 유형 분류 및 금융회사 등 업종 구분(제3조 및 제4조)
2. 금융상품판매업자 및 금융상품자문업자 등록 근거 마련(제12조)
3. 금융상품판매업자 등의 영업행위 준수사항 마련(안 제13조부터 제23조까지)
4. 금융교육 지원 및 금융교육협의회 설치 등(제30조 및 제31조)
5. 금융분쟁의 조정제도 개선(안 제33조부터 제43조까지)
6. 금융상품판매업자 등의 손해배상책임 강화(제44조 및 제45조)
7. 금융소비자의 청약철회권 및 위법한 계약 해지권 도입(제46조 및 제47조)

2. 적용범위

금융소비자보호법은 자본시장법상 "집합투자"에 해당하지 않는 소위 "개별법에 의한 사모집합투자기구"에는 적용하지 않는다(금소법 5조, 法 6조⑤1).

[자본시장법 제6조 제5항]

1. 대통령령으로 정하는 법률[261]에 따라 사모(私募)의 방법으로 금전등을 모아 운용·배분하는 것으로서 대통령령으로 정하는 투자자(令 6조②)의 총수가 49인[令 6조③: 49인을 계산할 때에는 다른 집합투자기구(사모투자재간접집합투자기구 또는 부동산·특별자산투자재간접집합투자기구는 제외)가 해당 집합투자기구의 집합투자증권 발행총수의 10% 이상을 취득하는 경우에는 그 다른 집합투자기구의 투자자(제2항에 따른 투자자)의 수를 합하여 계산] 이하인 경우

금융소비자보호법 제17조부터 제19조까지(적합성원칙, 적정성원칙, 설명의무), 제21조(부당권유행위 금지), 제23조(계약서류 제공의무), 제25조 제1항(금융상품판매

경우 계약서류를 제공받은 날부터 14일 등 일정기간 내에 청약을 철회할 수 있도록 하고, 금융소비자가 금융상품판매업자 등의 위법한 행위로 금융상품에 관한 계약을 체결한 경우 계약체결일부터 5년의 범위에서 서면 등으로 계약을 해지할 수 있도록 함.

8. 과징금 제도의 도입(제57조)
금융상품판매업자 등이 설명의무 등 영업행위 준수사항을 위반한 경우 제재의 실효성을 제고하기 위하여 해당 위반행위와 관련된 계약으로 인한 수입 또는 이에 준하는 금액의 100분의 50 이내에서 과징금을 부과할 수 있도록 함.

261) "대통령령으로 정하는 법률"은 다음과 같다(令 6조①).
1. 「부동산투자회사법」
2. 「선박투자회사법」
3. 「문화산업진흥 기본법」
4. 「산업발전법」
5. 「벤처투자 촉진에 관한 법률」
6. 「여신전문금융업법」
7. <삭제>
8. 「소재·부품·장비산업 경쟁력강화를 위한 특별조치법」
9. 「농림수산식품투자조합 결성 및 운용에 관한 법률」

대리·중개업자의 금지행위), 제26조(금융상품판매대리·중개업자의 고지의무), 제44조부터 제46조까지의 규정(손해배상책임, 청약철회)은 온라인소액투자중개업자에게 적용하지 아니한다(法 117조의7①).

3. 다른 법률과의 관계

금융소비자 보호에 관하여 다른 법률에서 특별히 정한 경우를 제외하고는 금융소비자보호법에서 정하는 바에 따른다(금소법 6조).

Ⅱ. 주요 개념

1. 금융상품

(1) 금융상품의 범위

금융소비자보호법의 적용대상(금융상품)은 다음과 같다(금소법 2조 1호).[262]

가. 은행법에 따른 예금·대출
나. 자본시장법에 따른 금융투자상품
다. 보험업법에 따른 보험상품
라. 상호저축은행법에 따른 예금·대출
마. 여신전문금융업법에 따른 신용카드·시설대여·연불판매·할부금융
바. 그 밖에 가목부터 마목까지의 상품과 유사한 것으로서 대통령령으로 정하는 것[263][264]

---

262) 금융소비자보호법은 금융상품을 직접 정의하지 않고 개별 금융법상 규정된 금융상품을 차용하여 간접적으로 정의한다. 이에 따라, 상품 속성이 같은 은행예금과 저축은행예금을 별도로 규정한다. 구체적으로는 개별 금융법상 금융회사가 취급하는 상품은 모두 포함하고 있다. 금융상품을 직접 정의하는 것은 입법기술상 어렵고, 판매행위를 규제하는 법에서 각 개별 업권의 금융상품을 정의하는 것이 바람직하지 않다는 지적에 따른 것이다. 다만, 간접적인 정의 방식은 새로운 금융상품 출현시 해당 개별 법령의 개정을 통해 반영해야 한다는 문제가 있고, 이는 시행령과 금융위원회 규정으로 보완해야 할 것이다.

263) "대통령령으로 정하는 것"은 다음 각 호의 금융상품을 말한다(금소법 시행령 2조①).
1. 「대부업 등의 등록 및 금융이용자 보호에 관한 법률」 제2조 제1호에 따른 대부
2. 「신용협동조합법」에 따른 예탁금, 대출 및 공제
3. 「온라인투자연계금융업 및 이용자 보호에 관한 법률」 제2조 제1호에 따른 연계투자 및 연계대출
4. 자본시장법 제9조 제4항에 따른 신탁계약 및 투자일임계약
5. 「중소기업은행법」에 따른 예금 및 대출
6. 「한국산업은행법」에 따른 예금 및 대출

자본시장법은 투자권유를 "특정 투자자를 상대로 금융투자상품의 매매 또는 투자자문계약·투자일임계약·신탁계약(관리형신탁계약 및 투자성 없는 신탁계약 제외)의 체결을 권유하는 것"이라고 정의하는데(法 9조④), 금융소비자보호법 시행령 제2조 제1항은 "4. 자본시장법상 제9조 제4항에 따른 신탁계약 및 투자일임계약"을 금융소비자보호법의 적용대상인 금융상품으로 규정한다.

(2) 금융상품의 유형

금융상품은 다음과 같이 구분한다. 다만, 개별 금융상품이 다음 상품유형 중 둘 이상에 해당하는 속성이 있는 경우에는 해당 상품유형에 각각 속하는 것으로 본다(금소법 3조).[265]

1. 예금성 상품: 은행법·상호저축은행법에 따른 예금 및 이와 유사한 것으로서 대통령령으로 정하는 금융상품
2. 대출성 상품: 은행법·상호저축은행법에 따른 대출, 신용카드·시설대여·연불판매·할부금융 및 이와 유사한 것으로서 대통령령으로 정하는 금융상품
3. 투자성 상품: 자본시장법에 따른 금융투자상품 및 이와 유사한 것으로서 대통령령으로 정하는 금융상품[266]

---

7. 그 밖에 제1호부터 제6호까지의 금융상품에 준하는 금융상품으로서 금융위원회가 정하여 고시하는 것

264) 시행령 제2조 제1항 제7호에서 "금융위원회가 정하여 고시하는 것"이란 다음 각 호의 어느 하나에 해당하는 것을 말한다(금융소비자보호 감독규정 2조①).
1. 다음 각 목의 자가 계약에 따라 금융소비자로부터 금전을 받고 장래에 그 금전과 그에 따른 이자 등의 대가를 지급하기로 하는 계약
   사. 자본시장법에 따른 금융투자업자 및 증권금융회사
   아. 자본시장법에 따른 종합금융회사
2. 다음 각 목의 자가 금융소비자에 어음 할인·매출채권 매입(각각 금융소비자에 금전의 상환을 청구할 수 있는 계약으로 한정한다)·대출·지급보증 또는 이와 유사한 것으로서 금전 또는 그 밖의 재산적 가치가 있는 것(이하 "금전등"이라 한다)을 제공하고 장래에 금전등 및 그에 따른 이자 등의 대가를 받기로 하는 계약
   마. 「온라인투자연계금융업 및 이용자 보호에 관한 법률」에 따른 온라인투자연계금융업자
   바. 자본시장법에 따른 금융투자업자, 단기금융회사 및 자금중개회사

265) 금융소비자보호법은 종래 개별 업권별 규제로 인한 규제회피, 규제사각 문제를 해결하기 위하여 "동일기능, 동일규제" 원칙 하에서 금융상품과 금융상품판매업의 유형을 분류한다.

266) "대통령령으로 정하는 금융상품"이란 다음 각 호의 금융상품을 말한다(금소법 시행령 3조③).
1. 연계투자
2. 신탁계약
3. 투자일임계약
4. 제2조 제1항 제7호에 따른 금융상품 중 자본시장법 제3조 제1항에 따른 금융투자상품과

4. 보장성 상품: 보험업법에 따른 보험상품 및 이와 유사한 것으로서 대통령령으로 정하는 금융상품

2. 금융상품판매업과 금융상품판매업자

(1) 금융상품판매업

이익을 얻을 목적으로 계속적 또는 반복적인 방법으로 하는 행위로서 다음과 같은 업(業)을 말한다.[267] 다만, 해당 행위의 성격 및 금융소비자 보호의 필요성을 고려하여 금융상품판매업에서 제외할 필요가 있는 것으로서 대통령령으로 정하는 것[268][269]은 제외한다(금소법 2조 2호).

가. 금융상품직접판매업: 자신이 직접 계약의 상대방으로서 금융상품에 관한 계약의 체결을 영업으로 하는 것 또는 자본시장법에 따른 투자중개업[270]

나. 금융상품판매대리·중개업: 금융상품에 관한 계약의 체결을 대리하거나 중개하는 것을 영업으로 하는 것[271]

유사한 것으로서 금융위원회가 정하여 고시하는 금융상품

267) 금융소비자보호법은 금융상품의 제조와 판매를 구분하여 제조는 개별 금융법에 맡기고 판매에 관하여 규제한다. 그런데, 예금성 상품, 대출성 상품, 보장성 상품은 은행과 보험회사가 제조하여 판매하는 금융상품인데, 투자성 상품은 비제조자가 판매하는 경우가 많다. 이에 따라 예금성 상품, 대출성 상품, 보장성 상품은 등은 판매가 단순히 해당 금융상품을 내용으로 하는 계약체결이지만, 투자성 상품의 경우 판매가 매매, 위탁매매, 매매의 중개·주선·대리 등 다 양한 형태를 가지는 경우가 많다.

268) "대통령령으로 정하는 것"은 다음과 같다(금소법 시행령 2조②).

1. 「담보부사채신탁법」에 따른 신탁업
2. 자본시장법 제7조 제6항 제1호, 제2호 또는 제4호에 해당하는 업[(금융투자업으로 보지 않는 경우) 1. 거래소가 증권시장 또는 파생상품시장을 개설·운영하는 경우, 2. 투자매매업자를 상대방으로 하거나 투자중개업자를 통하여 금융투자상품을 매매하는 경우, 4. 그 밖에 해당 행위의 성격 및 투자자 보호의 필요성 등을 고려하여 금융투자업의 적용에서 제외할 필요가 있는 것으로서 대통령령으로 정하는 경우]
3. 「저작권법」에 따른 저작권신탁관리업
4. 그 밖에 제1호부터 제3호까지의 영업에 준하는 영업으로서 금융위원회가 정하여 고시하는 것

269) 금소법 시행령 제2조 제2항 제4호에서 "금융위원회가 정하여 고시하는 것"이란 다음 각 호의 어느 하나에 해당하는 영업을 말한다(금융소비자보호 감독규정 2조②). <3호 – 7호는 생략>

1. 자본시장법에 따른 경영참여형 사모집합투자기구의 업무집행사원이 지분증권을 사원에게 취득하게 하는 업(업무집행사원이 출자의 이행을 요구하는 때에 출자하기로 약정하게 하는 행위를 포함한다)
2. 자본시장법에 따른 관리형신탁 또는 투자성 없는 신탁계약을 업으로 영위하는 것

270) 은행이 자신이 발행한 채권을 직접 판매하는 경우 자본시장법상 투자매매업자에는 해당하지 않지만, 금융소비자보호법상 금융상품직접판매업자로서 판매규제를 받는다.

(2) 금융상품판매업자

금융상품판매업을 영위하는 자로서 대통령령(금소법 시행령 2조③)으로 정하는 금융 관계 법률에서 금융상품판매업에 해당하는 업무에 대하여 인허가 또는 등록을 하도록 규정한 경우에 해당 법률에 따른 인허가를 받거나 등록을 한 자(금융관계법률에서 금융상품판매업에 해당하는 업무에 대하여 해당 법률에 따른 인허가를 받거나 등록을 하지 아니하여도 그 업무를 영위할 수 있도록 규정한 경우에는 그 업무를 영위하는 자를 포함) 및 제12조 제1항에 따라 금융상품판매업의 등록을 한 자를 말하며, 다음과 같이 구분한다(금소법 2조 3호).

가. 금융상품직접판매업자: 금융상품판매업자 중 금융상품직접판매업을 영위하는 자(은행, 보험사, 저축은행 등 금융회사 등)
나. 금융상품판매대리·중개업자: 금융상품판매업자 중 금융상품판매대리·중개업을 영위하는 자(투자권유대행인, 보험설계·중개사, 보험대리점, 카드·대출모집인 등)

3. 금융상품자문업과 금융상품자문업자

(1) 금융상품자문업

금융상품자문업은 이익을 얻을 목적으로 계속적 또는 반복적인 방법으로 금융상품의 가치 또는 취득과 처분결정에 관한 자문("금융상품자문")에 응하는 것을 말한다. 다만, 다음과 같은 것은 제외한다(금소법 2조 4호).[272]

가. 불특정 다수인을 대상으로 발행되거나 송신되고, 불특정 다수인이 수시로 구입하거나 수신할 수 있는 간행물·출판물·통신물 또는 방송 등을 통하여 조언을 하는 것
나. 변호사, 변리사, 세무사가 해당 법률에 따라 자문업무를 수행하는 경우 등 해당 행위의 성격 및 금융소비자 보호의 필요성을 고려하여 금융상품자문업에서 제외할 필요가 있는 것으로서 대통령령으로 정하는 것[273]

---

271) 대리와 중개는 법률행위의 위임 여부를 기준으로 구분하여, 금융상품직접판매업자로부터 대리권한을 위임받아 금융상품계약과 관련하여 의사를 표시하거나 수령하는 경우는 대리에 해당하고, 대리권한의 위임 없이 금융회사와 금융소비자 간 금융상품계약이 체결되도록 조력하는 경우는 중개에 해당한다. 즉, 중개는 사실행위이다.

272) 금융소비자보호법은 자본시장법상 투자자문업을 확대하여 금융상품 전반에 대한 자문을 수행하는 금융상품자문업을 신설했다.

273) "대통령령으로 정하는 것"은 다음과 같다(금소법 시행령 2조④).
1. 변호사, 변리사 또는 세무사가 변호사법, 변리사법 및 세무사법 등에 따라 수행하는 법 제2조 제4호 각 목 외의 부분 본문에 따른 금융상품자문

⑵ 금융상품자문업자

금융상품자문업자는 금융상품자문업을 영위하는 자로서 금융관계 법률에서 금융상품자문업에 해당하는 업무에 대하여 인허가 또는 등록을 하도록 규정한 경우에 해당 법률에 따른 인허가를 받거나 등록을 한 자 및 제12조 제1항에 따라 금융상품자문업의 등록을 한 자를 말한다(금소법 2조 5호).

4. 금융회사와 금융회사등

⑴ 금융회사

금융소비자보호법의 적용대상인 "금융회사"는 다음과 같다(금소법 2조 6호).[274]

가. 은행법에 따른 은행(중소기업은행법 제3조 제3항, 한국산업은행법 제3조 제1항, 신용협동조합법 제6조 제3항, 농업협동조합법 제161조의11 제8항, 수산업협동조합법 제141조의4 제2항, 상호저축은행법 제36조 제4항에 따라 은행법의 적용을 받는 중소기업은행, 한국산업은행, 신용협동조합중앙회의 신용사업 부문, 농협은행, 수협은행 및 상호저축은행중앙회를 포함)
나. 자본시장법 제8조에 따른 투자매매업자, 투자중개업자, 투자자문업자, 투자일임업자, 신탁업자 또는 같은 법 제336조에 따른 종합금융회사
다. 보험업법에 따른 보험회사(농업협동조합법 제161조의12 제1항에 따른 농협생명보험 및 농협손해보험을 포함)
라. 상호저축은행법에 따른 상호저축은행
마. 여신전문금융업법에 따른 여신전문금융회사
바. 그 밖에 가목부터 마목까지의 자와 유사한 자로서 금융소비자 보호의 필요성을 고려하여 대통령령으로 정하는 자[275]

---

2. 자본시장법에 따른 집합투자기구평가회사, 채권평가회사, 신용평가회사, 그 밖에 이에 준하는 자가 해당 법률에 따라 수행하는 금융상품자문
3. 금융상품판매업자가 따로 대가를 받지 않고 금융상품판매업에 부수하여 수행하는 금융상품자문
4. 그 밖에 제1호부터 제3호까지의 금융상품자문에 준하는 자문으로서 금융위원회가 정하여 고시하는 것(금융소비자보호감독규정 2조④: 감정인, 공인회계사가 해당 법률에 따라 법 제2조 제4호 각 목 외의 부분 본문에 따른 금융상품자문에 응하는 것).

274) 농업협동조합, 수산업협동조합, 산림조합, 새마을금고 등은 금융소비자보호법의 적용대상이 아닌데, 향후 입법적인 보완이 예상된다.

275) "대통령령으로 정하는 자"는 다음과 같다(금소법 시행령 2조⑤).
1. 법 제12조 제1항에 따라 등록을 한 금융상품직접판매업자 및 금융상품자문업자
2. 자본시장법 제8조 제9항에 따른 겸영금융투자업자

⑵ 금융회사등

금융소비자보호법의 적용대상인 "금융회사등"은 다음과 같다(금소법 2조 7호).

가. 금융회사
나. 자본시장법 제51조 제9항에 따른 투자권유대행인
다. 보험업법 제2조 제9호에 따른 보험설계사
라. 보험업법 제2조 제10호에 따른 보험대리점
마. 보험업법 제2조 제11호에 따른 보험중개사
바. 여신전문금융업법 제2조 제16호에 따른 겸영여신업자
사. 여신전문금융업법 제14조의2 제1항 제2호에 따른 모집인
아. 그 밖에 가목부터 사목까지의 자와 유사한 자로서 금융소비자 보호의 필요성을 고려하여 대통령령으로 정하는 자[276]

⑶ 금융회사등의 업종구분

금융회사등은 다음과 같이 금융소비자보호법에 따른 금융상품직접판매업자, 금융상품판매대리·중개업자 또는 금융상품자문업자로 구분한다.[277] 다만, 다음과 같은 금융회사등이 해당 호에서 정하지 않는 금융상품판매업등(금융상품판매업과 금융상품자문업)을 다른 법률에 따라 겸영하는 경우에는 겸영하는 업에 해당하는 금융상품판매업자등[278]에도 해당하는 것으로 본다(금소법 4조).

1. 은행법에 따른 은행: 금융상품직접판매업자 또는 금융상품판매대리·중개업자
2. 자본시장법에 따른 투자매매업자: 금융상품직접판매업자 또는 금융상품판매대리·

---

276) "대통령령으로 정하는 자"는 다음과 같다(금소법 시행령 2조⑥).
1. 등록을 한 금융상품판매대리·중개업자
2. 「대부업 등의 등록 및 금융이용자 보호에 관한 법률」에 따른 다음 각 목의 자
가. 「대부업 등의 등록 및 금융이용자 보호에 관한 법률」 제3조 제2항에 따라 등록한 대부업자
나. 「대부업 등의 등록 및 금융이용자 보호에 관한 법률」 제3조 제1항 또는 제2항에 따라 대부중개업의 등록을 한 자로서 대부업자와 위탁계약을 체결하여 중개업무를 수행하는 자("대부중개업자")
3. 신용협동조합중앙회(공제사업 부문만 해당)
4. 「온라인투자연계금융업 및 이용자 보호에 관한 법률」에 따른 온라인투자연계금융업자
5. 「온라인투자연계금융업 및 이용자 보호에 관한 법률」에 따른 온라인투자연계금융업자
6. 자본시장법에 따른 집합투자업자, 증권금융회사, 단기금융회사 및 자금중개회사
7. 그 밖에 제1호부터 제6호까지의 자에 준하는 자로서 금융위원회가 정하여 고시하는 자

277) 금융소비자보호법은 대출모집인 등 법적 등록근거가 없던 판매채널에 대한 규제의 공백을 해결하기 위하여 진입규제(인적·자격 요건 등)를 규정한다.

278) 금융상품판매업자 또는 금융상품자문업자를 "금융상품판매업자등"이라 한다(금소법 2조 9호)

중개업자
3. 자본시장법에 따른 투자중개업자: 금융상품직접판매업자 또는 금융상품판매대리·중개업자
4. 자본시장법에 따른 투자자문업자: 금융상품자문업자
5. 자본시장법에 따른 투자일임업자: 금융상품직접판매업자
6. 자본시장법에 따른 신탁업자: 금융상품직접판매업자 또는 금융상품판매대리·중개업자
7. 자본시장법에 따른 종합금융회사: 금융상품직접판매업자 또는 금융상품판매대리·중개업자
8. 자본시장법에 따른 투자권유대행인: 금융상품판매대리·중개업자
9. 보험업법에 따른 보험회사: 금융상품직접판매업자 또는 금융상품판매대리·중개업자
10. 보험업법에 따른 보험설계사: 금융상품판매대리·중개업자
11. 보험업법에 따른 보험대리점: 금융상품판매대리·중개업자
12. 보험업법에 따른 보험중개사: 금융상품판매대리·중개업자
13. 상호저축은행법에 따른 상호저축은행: 금융상품직접판매업자 또는 금융상품판매대리·중개업자
14. 여신전문금융업법에 따른 여신전문금융회사 및 같은 법에 따른 겸영여신업자: 금융상품직접판매업자 또는 금융상품판매대리·중개업자
15. 여신전문금융업법에 따른 모집인: 금융상품판매대리·중개업자
16. 제2조 제7호 아목에 해당하는 금융회사등: 대통령령으로 정하는 금융상품판매업자 또는 금융상품자문업자

5. 금융소비자

금융상품에 관한 계약의 체결 또는 계약체결의 권유를 하거나 청약을 받는 것("금융상품계약체결등")에 관한 금융상품판매업자의 거래상대방 또는 금융상품자문업자의 자문업무의 상대방인 전문금융소비자 또는 일반금융소비자를 말한다(금소법 2조 8호).[279] 금융소비자는 자본시장법상 금융투자업자의 거래상대방인 투자자를 포함하는 개념이다.[280]

---

279) 전문금융소비자와 일반금융소비자의 개념과 범위에 관하여는 금융상품판매업자등의 영업행위 준수사항 부분에서 설명한다.

280) 금융소비자보호법의 제정에 따라 자본시장법의 투자권유규제에 관한 전문투자자와 일반투자자의 구분(法 46조①), 투자자정보확인(法 46조②), 적합성원칙(法 46조③), 적정성원칙(法 46조의2①), 설명의무(法 47조①), 부당권유의 금지(法 49조) 등의 규정이 삭제되고 금융소비자보호법으로 이관되었다. 자본시장법상 투자자보호를 위한 투자권유규제는 이하의 관련 부분에서 설명한다.

Ⅲ. 금융소비자의 권리와 책무, 국가와 금융상품판매업자등의 책무

1. 금융소비자의 기본적 권리

금융소비자는 다음과 같은 기본적 권리를 가진다(금소법 7조).

1. 금융상품판매업자등의 위법한 영업행위로 인한 재산상 손해로부터 보호받을 권리
2. 금융상품을 선택하고 소비하는 과정에서 필요한 지식 및 정보를 제공받을 권리
3. 금융소비생활에 영향을 주는 국가 및 지방자치단체의 정책에 대하여 의견을 반영시킬 권리
4. 금융상품의 소비로 인하여 입은 피해에 대하여 신속·공정한 절차에 따라 적절한 보상을 받을 권리
5. 합리적인 금융소비생활을 위하여 필요한 교육을 받을 권리
6. 금융소비자 스스로의 권익을 증진하기 위하여 단체를 조직하고 이를 통하여 활동할 수 있는 권리

2. 금융소비자의 책무

금융소비자는 금융상품판매업자등과 더불어 금융시장을 구성하는 주체임을 인식하여 금융상품을 올바르게 선택하고, 제7조에 따른 금융소비자의 기본적 권리를 정당하게 행사해야 한다(금소법 8조①). 금융소비자는 스스로의 권익을 증진하기 위하여 필요한 지식과 정보를 습득하도록 노력해야 한다(금소법 8조②).

3. 국가의 책무

국가는 제7조에 따른 금융소비자의 기본적 권리가 실현되도록 하기 위하여 다음과 같은 책무를 진다(금소법 9조).

1. 금융소비자 권익 증진을 위하여 필요한 시책의 수립 및 실시
2. 금융소비자 보호 관련 법령의 제정·개정 및 폐지
3. 필요한 행정조직의 정비 및 운영 개선
4. 금융소비자의 건전하고 자주적인 조직활동의 지원·육성

4. 금융상품판매업자등의 책무

금융상품판매업자등은 제7조에 따른 금융소비자의 기본적 권리가 실현되도록 하기 위하여 다음과 같은 책무를 진다(금소법 10조).

1. 국가의 금융소비자 권익 증진시책에 적극 협력할 책무
2. 금융상품을 제공하는 경우에 공정한 금융소비생활 환경을 조성하기 위하여 노력할 책무
3. 금융상품으로 인하여 금융소비자에게 재산에 대한 위해가 발생하지 아니하도록 필요한 조치를 강구할 책무
4. 금융상품을 제공하는 경우에 금융소비자의 합리적인 선택이나 이익을 침해할 우려가 있는 거래조건이나 거래방법을 사용하지 아니할 책무
5. 금융소비자에게 금융상품에 대한 정보를 성실하고 정확하게 제공할 책무
6. 금융소비자의 개인정보가 분실·도난·누출·위조·변조 또는 훼손되지 아니하도록 개인정보를 성실하게 취급할 책무

Ⅳ. 금융상품판매업자등의 등록

1. 금융상품판매업자등을 제외한 영업행위 금지

누구든지 금융소비자보호법에 따른 금융상품판매업자등을 제외하고는 금융상품판매업등을 영위해서는 아니 된다(금소법 11조).

2. 금융상품판매업자등의 등록

(1) 등록의무

금융상품판매업등을 영위하려는 자는 금융상품직접판매업자, 금융상품판매대리·중개업자 또는 금융상품자문업자별로 제3조에 따른 예금성 상품, 대출성 상품, 투자성 상품 및 보장성 상품 중 취급할 상품의 범위를 정하여 금융위원회에 등록해야 한다.

다만, 다음과 같은 경우에는 등록을 하지 아니하고 금융상품판매업등을 영위할 수 있다(금소법 12조①).

1. 금융관계 법률에서 금융상품판매업등에 해당하는 업무에 대하여 인허가를 받거나 등록을 하도록 규정한 경우
2. 금융관계 법률에서 금융상품판매업등에 해당하는 업무에 대하여 해당 법률에 따른 인허가를 받거나 등록을 하지 아니하여도 업무를 영위할 수 있도록 규정한 경우

(2) 금융상품직접판매업자·금융상품자문업자 등록요건

금융상품직접판매업자 또는 금융상품자문업자로 등록하려는 자는 다음 요건

을 모두 갖추어야 한다. 다만, 금융상품직접판매업자는 제6호의 요건을 적용하지 아니한다(금소법 12조②).

1. 인적·물적 설비 요건: 금융소비자 보호 및 업무 수행이 가능하도록 대통령령으로 정하는 인력과 전산설비, 그 밖의 물적 설비를 갖출 것
2. 자기자본 요건: 제1항에 따라 등록하려는 업무별로 대통령령으로 정하는 금액 이상의 자기자본을 갖출 것
3. 재무상태·신용 요건: 대통령령으로 정하는 건전한 재무상태와 사회적 신용을 갖출 것
4. 임원 자격 요건: 임원이 제4항 제1호 각 목의 어느 하나에 해당하지 아니할 것
5. 이해 상충 방지 요건: 금융소비자와의 이해 상충을 방지하기 위한 체계로서 대통령령으로 정하는 요건을 갖출 것
6. 독립성 요건: 금융상품판매업자와 이해관계를 갖지 않는 자로서 다음 각 목의 요건을 갖출 것
   가. 금융상품판매업(자본시장법 제6조 제8항에 따른 투자일임업은 제외)과 그 밖에 대통령령으로 정하는 금융업을 겸영하지 아니할 것
   나. 금융상품판매업자(자본시장법 제8조 제6항에 따른 투자일임업자는 제외한다. 이하 이 항에서 같다)와 「독점규제 및 공정거래에 관한 법률」 제2조 제12호에 따른 계열회사 또는 대통령령으로 정하는 관계가 있는 회사("계열회사등")가 아닐 것
   다. 임직원이 금융상품판매업자의 임직원 직위를 겸직하거나 그로부터 파견받은 자가 아닐 것
   라. 그 밖에 금융소비자와의 이해 상충 방지를 위하여 대통령령으로 정하는 요건

(3) 금융상품판매대리·중개업자 등록요건

금융상품판매대리·중개업자로 등록하려는 자는 다음 각 호의 요건을 모두 갖추어야 한다(금소법 12조③).

1. 교육 이수 등 자격 요건: 교육 이수 등 대통령령으로 정하는 자격(금소법 시행령 6조①: 금융위원회가 정하여 고시하는 바에 따라 취급하려는 금융상품 및 금융소비자보호 등에 관한 교육을 이수한 것을 말한다. 이 경우 금융상품판매대리·중개업자로 등록하려는 자가 법인인 경우에는 법인의 대표 또는 임원이 해당 교육을 이수해야 한다)을 갖출 것
2. 임원 자격 요건: 제4항 제2호 각 목의 어느 하나에 해당하지 아니할 것(금융상품판매대리·중개업자로 등록하려는 법인의 경우에는 임원이 제4항 제2호 각 목의 어느 하나에 해당하지 아니할 것)

3. 그 밖에 금융소비자 권익 보호 및 건전한 거래질서를 위하여 필요한 사항으로서 금융상품판매대리·중개업자의 업무 수행기준, 필요한 인력의 보유 등 대통령령으로 정하는 요건을 갖출 것[281]

Ⅴ. 금융상품판매업자등의 영업행위 준수사항

1. 영업행위 일반원칙

(1) 영업행위 준수사항 해석의 기준

누구든지 금융소비자보호법 제4장의 영업행위 준수사항에 관한 규정을 해석·적용하려는 경우 금융소비자의 권익을 우선적으로 고려하여야 하며, 금융상품 또는 계약관계의 특성 등에 따라 금융상품 유형별 또는 금융상품판매업자등의 업종별로 형평에 맞게 해석·적용되도록 해야 한다(금소법 13조).[282]

(2) 신의성실의무·공정의무

금융상품판매업자등은 금융상품 또는 금융상품자문에 관한 계약의 체결, 권

281) "대통령령으로 정하는 요건"이란 다음 사항을 말한다(금소법 시행령 6조②).
1. 업무 수행기준 마련
2. 다음 각 목의 인력 구비
가. 업무 수행에 필요한 전문성을 갖춘 인력 1명 이상
나. 전산 설비의 운용·유지 및 관리를 전문적으로 수행할 수 있는 인력 1명 이상
3. 다음 각 목의 설비 구비
가. 컴퓨터 등 정보통신설비
나. 전자적 업무처리에 필요한 설비
다. 고정사업장
라. 사무장비 및 통신수단
마. 업무 관련 자료의 보관 및 손실방지 설비
바. 전산설비 등을 안전하게 보호할 수 있는 보안설비
4. 자본시장법 시행령 제16조 제8항 제2호에 따른 사회적 신용. 이 경우 같은 호 가목 중 "「독점규제 및 공정거래에 관한 법률」"은 "「독점규제 및 공정거래에 관한 법률」 제3조의2, 제19조 또는 제23조, 제23조의2 또는 제23조의3"으로 본다.
5. 금융소비자의 손해배상을 위해 5천만원 이상의 범위에서 금융위원회가 정하여 고시하는 보증금을 예탁하거나 이와 같은 수준 이상의 보장성 상품에의 가입
6. 「전자금융거래법」에 따른 전자적 장치에 이해상충행위 방지를 위한 기준이 포함된 소프트웨어의 설치(제6호는 「전자금융거래법」에 따른 전자적 장치를 이용한 자동화 방식을 통해서만 금융상품판매대리·중개업을 영위하려는 경우에만 적용한다).

282) 금융소비자보호법은 영업행위 규제에 관하여, 공통적으로 적용되는 영업행위 일반원칙을 먼저 규정하고, 금융상품의 유형별 영업행위 준수사항과 금융상품판매업자등의 업종별 영업행위 준수사항을 규정한다. 이는 유형이나 업종별 특성을 고려하지 않고 금융소비자보호법과 개별 금융업법이 중복 적용되는 경우 발생할 수 있는 문제점을 고려하여, 금융소비자의 권익을 우선적으로 고려하도록 명시한 것이다.

리의 행사 및 의무의 이행을 신의성실의 원칙에 따라 해야 한다(금소법 14조①). 금융상품판매업자등은 금융상품판매업등을 영위할 때 업무의 내용과 절차를 공정히 하여야 하며, 정당한 사유 없이 금융소비자의 이익을 해치면서 자기가 이익을 얻거나 제3자가 이익을 얻도록 해서는 아니 된다(금소법 14조②).[283]

제14조는 금융상품판매업자등의 거래상대방인 금융소비자가 일반금융소비자인지, 전문금융소비자인지를 불문하고 적용된다.

(3) 차별금지

금융상품판매업자등은 금융상품 또는 금융상품자문에 관한 계약을 체결하는 경우 정당한 사유 없이 성별·학력·장애·사회적 신분 등을 이유로 계약조건에 관하여 금융소비자를 부당하게 차별해서는 아니 된다(금소법 15조). 차별사유의 정당성과 차별의 부당성 여부를 판단할 객관적인 기준이 없으므로 실제로 적용하는 단계에서 애매한 점이 있다.[284]

(4) 관리책임

금융상품판매업자등은 임직원 및 금융상품판매대리·중개업자(보험업법 제2조 제11호에 따른 보험중개사는 제외)가 업무를 수행할 때 법령을 준수하고 건전한 거래질서를 해치는 일이 없도록 성실히 관리해야 한다(금소법 16조①).[285]

(5) 내부통제기준

법인인 금융상품판매업자등으로서 대통령령으로 정하는 자는 관리업무를 이행하기 위하여 그 임직원 및 금융상품판매대리·중개업자가 직무를 수행할 때 준수하여야 할 기준 및 절차("내부통제기준")를 대통령령으로 정하는 바에 따라 마련해야 한다(금소법 16조②).[286]

---

283) 제14조는 금융소비자에게는 적용되지 않고 금융상품판매업자등에게만 적용된다. 즉, 신의성실의무는 금융소비자의 의무가 아니고 금융상품판매업자등의 의무이다.

284) 차별금지사유 중 "연령"은 없지만 연령을 사유로 한 차별은 허용된다는 취지가 아니고, 고령인 금융소비자는 개념상 보호의 대상이지 차별의 대상이 아니기 때문에 굳이 연령을 차별사유로 규정하지 않은 것으로 보인다.

285) 금융상품판매업자등의 임직원 및 금융상품판매대리·중개업자에 대한 관리책임은 민법상 사용자책임과 대리의 법리에 의하여도 인정되지만, 금융소비자보호법은 금융상품판매업자등의 책임을 명확히 하기 위하여 명문의 규정을 따로 둔 것이다.

286) 금융사지배구조법상 내부통제는 법령 준수, 경영건전성 확보를 위한 것이고, 금융소비자보호법상 내부통제는 금융상품판매업자등의 판매행위 관리책임을 이행하기 위한 것이다.

2. 금융상품판매업자등의 영업행위 준수사항

(1) 적합성원칙과 적정성원칙

(가) 적합성원칙

적합성원칙은 금융상품판매업자 또는 금융상품자문업자(이하 "금융상품판매업자등")가 일반금융소비자의 제반 상황에 적합한 계약체결등만 권유해야 한다는 원칙이다. 구체적으로는 금융상품판매업자등이 일반금융소비자에게 계약체결등을 권유하기 전에 금융소비자에 대한 정보를 파악해야 하고, 그 일반금융소비자에게 부적합한 계약체결등을 권유하지 못한다는 원칙이다.

1) 금융소비자 분류확인의무　적합성원칙은 일반금융소비자에게만 적용되고 전문금융소비자에게는 적용되지 아니하므로, 금융상품판매업자등은 금융상품 계약체결등을 하거나 자문업무를 하는 경우에는 상대방인 금융소비자가 일반금융소비자인지 전문금융소비자인지를 확인해야 한다(금소법 17조①).

가) 금융소비자의 분류

(i) 분류기준　금융소비자보호법은 전문금융소비자를 위험감수능력이 있는 금융소비자로 정의하면서 유형별로 열거하여 규정하고, 일반금융소비자는 전문금융소비자가 아닌 금융소비자라고 규정한다.

(ii) 전문금융소비자　전문금융소비자란 금융상품에 관한 전문성 또는 소유자산규모 등에 비추어 금융상품 계약에 따른 위험감수능력이 있는 금융소비자로서 다음 각 목의 어느 하나에 해당하는 자를 말한다(금소법 2조 9호).

가. 국가[287)]
나. 한국은행법에 따른 한국은행
다. 대통령령으로 정하는 금융회사[시행령 2조⑧: 모든 금융회사]
라. 주권상장법인. 투자성 상품 중 대통령령으로 정하는 금융상품계약체결등[시행령 2조⑨: 장외파생상품에 대한 계약의 체결 또는 계약체결의 권유를 하거나 청약을 받는 것("계약체결등")]을 할 때에는 전문금융소비자와 같은 대우를 받겠다는 의사를 금융상품판매업자등에게 서면으로 통지하는 경우만 해당한다.[288)]

---

287) 여기서 국가란 헌법과 정부조직법 등의 법률에 따라 설치된 중앙행정기관, 국회, 대법원, 헌법재판소, 중앙선거관리위원회 등과 각 부처를 가리킨다(자본시장법상 전문투자자에 대한 금융위원회 2009.6.2. 유권해석).

288) 따라서 주권상장법인은 원칙적으로 전문투자자에 해당하지만 장외파생상품거래에 있어서는 서면에 의하여 다른 의사표시를 하지 않은 한 일반투자자에 해당한다.

마. 그 밖에 금융상품의 유형별로 대통령령으로 정하는 자[289)]

가목부터 마목은 위험감수능력이 있는 금융소비자를 예시한 규정이 아니고 한정적으로 열거한 규정이다. 따라서 자본시장법상 전문투자자의 범위는 법령상 명백하게 인정되는 경우를 제외하고는 한정적으로 해석해야 한다는 판례는 금융소비자보호법상 전문금융소비자에도 적용된다.[290)] 다만, 가목부터 마목까지 중 어느 하나에 해당하면 위험감수능력이 있는지 여부는 별도로 판단할 필요 없이 전문금융소비자에 해당한다.

(iii) 일반금융소비자 전문금융소비자가 아닌 금융소비자를 말한다(금소법 2조 10호).

나) 대리인을 상대로 한 계약체결권유 금융소비자가 대리인을 통하여 거래를 하는 경우 전문금융소비자 여부를 본인을 기준으로 판단하여야 할지, 대리인을 기준으로 판단하여야 할지에 관하여 명문의 규정이 없지만, 전문금융소비자인지 여부는 당연히 본인을 기준으로 판단하여야 한다.[291)]

---

289) "대통령령으로 정하는 자"란 다음 각 호의 구분에 따른 자를 말한다(금소법 시행령 2조 ⑩).(투자성 상품의 경우 자본시장법상 일반투자자·전문투자자의 개념과 대체로 같다.)

1. 예금성 상품
   <각 목 생략>
2. 대출성 상품
   <각 목 생략>
3. 투자성 상품: 다음 각 목에 해당하는 자(장외파생상품에 관한 계약의 체결 또는 계약 체결의 권유를 하거나 청약을 받는 경우에는 전문투자자와 같은 대우를 받겠다는 의사를 서면으로 알린 경우로 한정한다)
   가. 「주식·사채 등의 전자등록에 관한 법률」에 따른 전자등록기관
   나. 자본시장법 시행령 제10조 제3항 제16호에 따른 법인·단체
   다. 자본시장법 시행령 제10조 제3항 제17호에 따른 개인
   라. 투자성 상품을 취급하는 금융상품판매대리·중개업자
   마. 제1호 가목부터 라목까지에 해당하는 자
   바. 그 밖에 가목부터 마목까지의 자에 준하는 자로서 금융위원회가 정하여 고시하는 자
4. 보장성 상품
   <각 목 생략>

290) [서울고등법원 2022. 6. 10. 선고 2021나2028370 판결] "어떠한 기금이 법률에 설립 근거를 두고 있다는 사정만으로는 자본시장법 시행령 제10조 제3항 제12호9)에서 전문투자자로 규정하고 있는 '법률에 따라 설립된 기금'에 해당한다고 단정할 수 없고, 특히 그 기금의 설치 여부가 임의적인 경우에는 더욱 그러하다(대법원 2021. 4. 1. 선고 2018다218335 판결 등 참조)."

291) 그러나 뒤에서 설명하는 바와 같이, 설명의무와 설명의 정도는 대리인을 기준으로 판단하여야 할 것이다.

다) 금융소비자 간 전환

(i) 일반금융소비자로의 전환　전문금융소비자 중 대통령령으로 정하는 자[292]가 일반금융소비자와 같은 대우를 받겠다는 의사를 금융상품판매업자등에게 서면으로 통지하는 경우 금융상품판매업자등은 정당한 사유가 있는 경우를 제외하고는 이에 동의하여야 하며,[293] 금융상품판매업자등이 동의한 경우에는 해당 금융소비자는 일반금융소비자로 본다(금소법 2조 9호 단서).[294]

(ii) 전문금융소비자로의 전환　일반금융소비자의 전문금융소비자로의 전환은 원칙적으로 허용되지 않고, 예외적으로 주권상장법인은 장외파생상품에 관한 계약의 체결 또는 계약체결의 권유를 하거나 청약을 받는 경우에는 일반금융소비자에 해당하는데, 전문금융소비자와 같은 대우를 받겠다는 의사를 금융상품판매업자등에게 서면으로 통지하는 경우에는 전문금융소비자로 전환된다(금소법 2조 9호 라목 단서). 이 경우 전문금융소비자의 일반금융소비자로의 전환과 달리

---

292) "대통령령으로 정하는 자"란 다음 각 호의 구분에 따른 자를 말한다(금소법 시행령 2조⑦).
1. 대출성 상품
<각 목 생략>
2. 투자성 상품: 다음 각 목에 해당하는 자
가. 주권상장법인
나. 「국가재정법」 별표 2에 따른 법률에 따라 설치된 기금(「기술보증기금법」에 따른 기술보증기금 및 「신용보증기금법」에 따른 신용보증기금은 제외한다)을 관리·운용하는 공공기관
다. 개별 법률에 따라 공제사업을 영위하는 법인·조합·단체
라. 자본시장법 시행령 제10조 제3항 제16호에 따른 법인·단체
마. 자본시장법 시행령 제10조 제3항 제17호에 따른 개인
바. 주권을 외국 증권시장에 상장한 법인
사. 지방자치단체
3. 보장성 상품
<각 목 생략>

293) 자본시장법은 일반투자자와 같은 대우를 받겠다는(法 9조⑤ 단서) 전문투자자의 요구에 정당한 사유 없이 동의하지 않는 행위는 투자매매업자·투자중개업자의 불건전 영업행위로서 과태료부과대상 중 하나로 규정한다(法 71조 7호, 令 68조⑤1).

294) 자본시장법은 일반투자자로 전환이 가능한 전문투자자는 다음 중 어느 하나에 "해당하지 아니하는" 전문투자자로 규정하였다(令 10조①). 이들은 전문투자자 중에서도 위험감수능력이 특히 높다고 보아 일반투자자로의 전환을 인정하지 않는 것이다.
1. 국가
2. 한국은행
3. 제2항 제1호부터 제17호까지의 어느 하나에 해당하는 자
4. 제3항 제1호부터 제11호까지의 어느 하나에 해당하는 자
5. 제3항 제18호 가목부터 다목까지의 어느 하나에 해당하는 자
6. 제3호 및 제4호에 준하는 외국인

금융상품판매업자등의 동의 없이 서면통지만으로 전환된다.

(iii) 전환의 범위 금융소비자 간 전환에 있어서 금융소비자가 서면으로 통지한 금융상품판매업자등에 대하여서만 일반금융소비자와 전문금융소비자 간의 전환이 인정된다. 따라서 동일한 금융소비자가 금융상품판매업자등별로 일반금융소비자가 되기도 하고 전문금융소비자가 될 수도 있다. 한편, 투자자 간 전환은 원칙적으로 금융소비자가 서면으로 통지한 금융상품판매업자등과의 모든 거래에 적용되나, 금융소비자가 특정 거래로 한정하여 전환통지를 한 경우에는 동일한 금융상품판매업자등와의 다른 거래에서는 여전히 일반금융소비자로 보아야 한다.

2) 금융소비자 정보파악의무

가) 일반금융소비자의 정보 금융상품판매업자등은 일반금융소비자에게 다음과 같은 금융상품 계약체결을 권유(금융상품자문업자가 자문에 응하는 경우를 포함)하는 경우에는 면담·질문 등을 통하여 다음과 같은 구분에 따른 정보를 파악해야 한다(금소법 17조②).

1. 보장성 상품: 보험업법 제108조 제1항 제3호에 따른 변액보험 등 대통령령으로 정하는 보장성 상품
   가. 일반금융소비자의 연령
   나. 재산상황(부채를 포함한 자산 및 소득에 관한 사항)
   다. 보장성 상품 계약체결의 목적
2. 투자성 상품(자본시장법 제9조 제27항에 따른 온라인소액투자중개의 대상이 되는 증권 등 대통령령으로 정하는 투자성 상품은 제외) 및 운용 실적에 따라 수익률 등의 변동 가능성이 있는 금융상품으로서 대통령령으로 정하는 예금성 상품
   가. 일반금융소비자의 해당 금융상품 취득 또는 처분 목적
   나. 재산상황
   다. 취득 또는 처분 경험
3. 대출성 상품
   가. 일반금융소비자의 재산상황
   나. 신용 및 변제계획[295]
4. 그 밖에 일반금융소비자에게 적합한 금융상품 계약의 체결을 권유하기 위하여 필요한 정보로서 대통령령으로 정하는 사항[296]

---

295) 신용의 내용은 「신용정보의 이용 및 보호에 관한 법률」에 따른 신용정보 또는 자본시장법에 따른 신용등급으로 한정한다(금소법 시행령 11조⑤).

이를 금융소비자가 일반금융소비자인지 전문금융소비자인지의 여부를 확인할 의무와 함께 고객파악의무(know-your-customer-rule)라고 한다. "계약체결을 권유하는 경우"라는 문구상, 계약체결을 권유할 의도가 없는 경우에는 정보파악의무가 없다.

금융상품판매업자등이 일반금융소비자의 정보를 파악하고 그 정보에 대해 해당 일반금융소비자의 확인을 받아야 하는 금융상품의 범위는 다음 각 호와 같다(금소법 시행령 11조①).

1. 다음 각 목의 보장성 상품
   가. 보험업법에 따른 변액보험
   나. 보험료 또는 공제료의 일부를 자본시장법에 따른 금융투자상품의 취득·처분 또는 그 밖의 방법으로 운용할 수 있도록 하는 보험 또는 공제
   다. 보험업법에 따른 보험상품 중 보험료의 납입과 보험금의 지급이 모두 외국통화로 이루어지는 보험(보험료의 납입과 보험금의 지급이 원화로 환산하여 이루어지는 보험을 포함한다)
2. 다음 각 목의 상품을 제외한 투자성 상품
   가. 온라인소액투자중개의 대상이 되는 증권(자본시장법 제4조 제1항의 증권)
   나. 연계투자
   다. 그 밖에 가목 및 나목의 금융상품에 준하는 것으로서 그 특성 및 위험 등을 고려하여 금융위원회가 정하여 고시하는 금융상품
3. 대출성 상품

나) 일반금융소비자의 확인 금융상품판매업자등은 일반금융소비자의 정보를 파악하고, 일반금융소비자로부터 서명(전자서명법 제2조 제2호에 따른 전자서명

---

296) "대통령령으로 정하는 사항"이란 다음 각 호의 구분에 따른 정보을 말한다(금소법 시행령 11조③).
1. 보장성 상품: 다음 각 목의 정보
   가. 금융상품을 취득·처분한 경험
   나. 금융상품에 대한 이해도
   다. 기대이익 및 기대손실 등을 고려한 위험에 대한 태도
2. 투자성 상품: 다음 각 목의 정보
   가. 일반금융소비자의 연령
   나. 제1호 나목 및 다목에 따른 정보
3. 대출성 상품: 다음 각 목의 정보
   가. 일반금융소비자의 연령
   나. 계약체결의 목적(대출만 해당한다)

을 포함), 기명날인, 녹취 또는 그 밖에 대통령령으로 정하는 방법[297]으로 확인을 받아 이를 유지·관리하여야 하며, 확인받은 내용을 일반금융소비자에게 지체 없이 제공해야 한다(금소법 17조② 후단).[298]

다) 상품파악의무 명문의 규정은 없지만, 정보파악의무에는 상품파악의무(know-your-product-rule)도 포함된다고 볼 것이다. 이는 권유 대상 상품에 대한 합리적인 조사를 전제로 한다. 권유 대상 상품을 파악하지 않고서는 부적합권유의 가능성을 피할 수 없기 때문이다.

3) 부적합계약체결 권유 금지 금융상품판매업자등은 제2항 각 호의 구분에 따른 정보를 고려하여 그 일반금융소비자에게 적합하지 아니하다고 인정되는 계약체결을 권유해서는 아니 된다(금소법 17조③). 즉, 적합성원칙에 의하여 부담하는 의무는 "적합한 계약체결을 권유할 적극적 의무"가 아니라 "부적합한 계약체결을 권유하지 않을 소극적 의무"이다.

이 경우 적합성 판단 기준은 제2항 각 호의 구분에 따라 대통령령으로 정한다(금소법 17조④).[299]

적합성 판단의 한계에 대하여, 일반적으로는 적합하지 않다고 판단될 경우에는 그 사실을 경고하는 것이 그 한계이고, 계약의 내용을 투자자에게 적합하도록 변경하여 권유하거나 투자자의 손실을 제한할 수 있는 다른 거래조건을 모색하여 권유할 의무까지는 인정되지 않는다.[300]

---

297) "대통령령으로 정하는 방법"이란 일반금융소비자의 의사를 전달하는 데에 금융위원회가 정하여 고시하는 기준을 충족하는 수단으로서 안전성과 신뢰성이 확보된 전자적 수단을 이용하여 일반금융소비자의 확인을 받을 수 있는 방법을 말한다(금소법 시행령 11조②).

298) 통상 고객이 투자정보확인서에 표시하는 바에 따라 투자성향을 파악하는데, 투자정보확인서의 표시를 적합성원칙 준수 여부를 판단하는 절대적인 기준으로 볼 수는 없고 고객의 실제 투자경험과 투자경력 등을 종합하여 판단하여야 할 것이다.

299) "적합성 판단 기준은 다음 각 호의 구분에 따른다. 다만, 해당 기준의 적용이 현저히 불합리하다고 인정되는 경우로서 금융위원회가 정하여 고시하는 사유에 해당하는 때에는 해당 고시에서 정하는 기준에 따를 수 있다(금소법 시행령 11조④).

1. 제1항 제1호 및 제2호에 따른 보장성 상품 또는 투자성 상품: 금융위원회가 정하여 고시한 바에 따라 일반금융소비자의 정보를 파악한 결과 손실에 대한 감수능력이 적정한 수준일 것
2. 제1항 제3호에 따른 대출성 상품: 금융위원회가 정하여 고시한 바에 따라 일반금융소비자의 정보를 파악한 결과 상환능력이 적정한 수준일 것

300) 그러나 자본시장법이 적용된 하급심판례로서 "피신청인 은행은 이 사건 계약의 내용이 신청인들의 주된 거래 목적인 환위험 회피에 적합한 것인지, 그리고 그 계약으로 인하여 신청인들이 그 재무구조나 영업상황, 위험관리능력 등에 비하여 과도한 위험에 노출되지는 않는지 등을 미리 점검하여 그 계약의 내용이 신청인들에게 적합하지 아니하다고 인정되는 경우

적합성원칙은 적합하지 않은 계약체결을 권유하지 못한다는 원칙이므로, 계약체결 권유 없이 고객이 스스로 원하여 계약을 체결하는 경우에는 적용되지 않는다.

4) 일반사모집합투자기구의 집합투자증권　금융상품판매업자등이 일반사모집합투자기구(法 249조의2)의 집합투자증권을 판매하는 경우에는 적합성 원칙을 적용하지 아니한다. 다만, 자본시장법 제249조의2에 따른 적격투자자 중 일반금융소비자 등 대통령령으로 정하는 자가 대통령령으로 정하는 바에 따라 요청하는 경우에는 그러하지 아니하다(금소법 17조⑤).[301)]

5) 사전고지의무　제5항에 따른 금융상품판매업자등은 같은 항 단서에 따라 대통령령으로 정하는 자에게 제1항부터 제3항까지의 규정의 적용을 별도로 요청할 수 있음을 대통령령으로 정하는 바에 따라 미리 알려야 한다(금소법 17조⑥).

6) 손해배상책임　자본시장법은 금융투자업자의 적합성원칙과 적정성원칙을 주의적·선언적인 것으로 보아 그 위반에 대하여 명시적인 민형사책임에 관한 규정을 두지 않았고, 따라서 금융투자업자의 손해배상책임을 규정한 제64조가 적용된다고 해석하였다.[302)] 그런데 금융소비자보호법은 제44조에서 금융상품판매업자등의 손해배상책임을, 제45조에서 금융상품직접판매업자의 손해배상책임을 규정한다.[303)]

7) 사법상 효력　금융투자업자가 적합성원칙·적정성원칙을 위반하여 거래를 하였더라도 거래의 사법상 효력에는 영향이 없다. 이는 설명의무 위반의 경

에는 그러한 계약의 체결을 권유하지 않거나 혹은 계약의 내용을 신청인들에게 적합하도록 변경하여 계약의 체결을 권유하여야 할 의무가 있다고 할 것이다."라는 판례가 있다(서울중앙지방법원 2008. 12. 30.자 2008카합3816 결정).

301) 자본시장법 제249조의2에 따른 적격투자자 중 일반금융소비자는 제17조 제5항 본문에 따른 금융상품판매업자등에게 제1항부터 제3항까지의 규정(적합성 원칙)을 적용해 줄 것을 다음 방법으로 요청할 수 있다. 이 경우 해당 금융상품판매업자등은 제17조 제6항에 따라 다음 방법으로 요청할 수 있다는 사실을 미리 알려야 한다(금소법 시행령 11조⑤).

1. 서면 교부
2. 우편 또는 전자우편
3. 전화 또는 팩스
4. 휴대전화 문자메시지 또는 이에 준하는 전자적 의사표시

302) 한편, 자본시장법 제64조는 일정한 범위의 위반(제37조 제2항, 제44조, 제45조, 제71조, 제85조 위반의 경우)에 대하여서만 상당한 주의의 항변과 악의의 항변을 규정하므로 적합성원칙·적정성원칙 위반에 대하여는 이러한 항변이 적용되지 않는다고 해석하였다.

303) 금융소비자보호법 제44조와 제45조에 따른 손해배상책임에 관하여는 뒤에서 상술한다.

우에도 마찬가지이다.

(나) 적정성원칙

1) 금융소비자 정보파악의무 금융상품판매업자는 대통령령으로 각각 정하는 보장성 상품, 투자성 상품 및 대출성 상품에 대하여 일반금융소비자에게 계약체결을 권유하지 아니하고 금융상품 판매 계약을 체결하려는 경우에는 미리 면담·질문 등을 통하여 다음과 같은 구분에 따른 정보를 파악해야 한다(금소법 18조①).[304][305]

---

304) 금융상품판매업자가 일반금융소비자의 정보를 파악해야 하는 금융상품의 범위는 다음 각 호와 같다(금소법 시행령 12조①).

1. 금소법 시행령 제11조 제1항 제1호에 따른 보장성 상품
2. 다음 각 목의 투자성 상품
   가. 파생상품 및 파생결합증권(자본시장법 시행령 제7조 제2항 각 호의 증권은 제외)
   나. 사채(社債) 중 일정한 사유가 발생하는 경우 주식으로 전환되거나 원리금을 상환해야 할 의무가 감면될 수 있는 사채(상법 제469조 제2항, 제513조 또는 제516조의2에 따른 사채는 제외)
   다. 고난도금융투자상품, 고난도투자일임계약 및 고난도금전신탁계약
   라. 그 밖에 가목부터 다목까지의 규정에 준하는 것으로서 일반금융소비자의 보호를 위해 금융위원회가 정하여 고시하는 금융상품
3. 다음 각 목의 대출성 상품
   가. 주택법 제2조 제1호에 따른 주택을 담보로 하는 대출
   나. 증권, 지식재산권 또는 금융위원회가 정하여 고시하는 재산을 담보로 계약을 체결하는 대출성 상품
   다. 그 밖에 가목 및 나목의 금융상품에 준하는 것으로서 일반금융소비자의 보호를 위해 금융위원회가 정하여 고시하는 금융상품

305) 금소법 시행령 제12조 제1항 라목에서 "금융위원회가 정하여 고시하는 금융상품"이란 다음 각 호의 금융상품을 말한다(금융소비자보호 감독규정 11조①).

1. 자본시장법 제93조 제1항에 따른 집합투자기구의 같은 법에 따른 집합투자증권(이하 "집합투자증권"이라 한다). 다만, 다음 각 목의 사항에 모두 해당하는 집합투자기구의 집합투자증권(같은 법에 따른 상장지수집합투자기구가 목표로 하는 지수의 변화에 1배를 초과한 배율로 연동하거나 음의 배율로 연동하여 운용하는 것을 목표로 하는 상장지수집합투자기구의 집합투자증권이 아닌 경우로 한정한다)은 제외한다.
   가. 자본시장법에 따른 장외파생상품이나 같은 법에 따른 파생결합증권(이하 "파생결합증권"이라 한다)에 투자하지 아니할 것
   나. 기초자산(자본시장법 제4조 제10항에 따른 "기초자산"을 말한다. 이하 같다)의 가격 또는 기초자산의 종류에 따라 다수 종목의 가격수준을 종합적으로 표시하는 지수의 변화에 연동하여 운용하는 것을 목표로 하는 자본시장법에 따른 집합투자기구(이하 "집합투자기구"라 한다)일 것
   다. 연동하고자 하는 기초자산의 가격 또는 지수가 자본시장법 시행령제246조 각 호의 요건을 모두 갖출 것
   라. 1좌당 또는 1주당 순자산가치의 변동율과 집합투자기구가 목표로 하는 지수의 변동율의 차이가 100분의 10 이내로 한정될 것
2. 집합투자재산의 100분의 50을 초과하여 파생결합증권에 운용하는 집합투자기구의 집합

1. 보장성 상품: 제17조 제2항 제1호 각 목의 정보
2. 투자성 상품: 제17조 제2항 제2호 각 목의 정보
   가. 일반금융소비자의 해당 금융상품 취득 또는 처분 목적
   나. 재산상황
   다. 취득 또는 처분 경험
3. 대출성 상품: 제17조 제2항 제3호 각 목의 정보
4. 금융상품판매업자가 금융상품 판매 계약이 일반금융소비자에게 적정한지를 판단하는데 필요하다고 인정되는 정보로서 대통령령으로 정하는 사항

2) 부적정상품 고지의무　　금융상품판매업자는 제1항 각 호의 구분에 따라 확인한 사항을 고려하여 해당 금융상품이 그 일반금융소비자에게 적정하지 아니하다고 판단되는 경우에는 대통령령으로 정하는 바에 따라 그 사실을 알리고, 그 일반금융소비자로부터 서명, 기명날인, 녹취, 그 밖에 대통령령으로 정하는 방법으로 확인을 받아야 한다.

이 경우 적정성 판단 기준은 제1항 각 호의 구분에 따라 대통령령으로 정한다(금소법 18조②).[306] 금융상품판매업자가 금융상품의 유형별로 파악하여야 하는 정보의 세부적인 내용은 대통령령으로 정한다(금소법 18조③).

3) 일반사모집합투자기구의 집합투자증권　　금융상품판매업자가 자본시장법 제249조의2에 따른 일반사모집합투자기구의 집합투자증권을 판매하는 경우에는 제1항과 제2항을 적용하지 아니한다. 다만, 제249조의2에 따른 적격투자자 중 일

투자증권
3. 다음 각 목의 금융상품 중 어느 하나를 취득·처분하는 금전신탁계약(자본시장법 제110조 제1항의 "금전신탁계약"을 말한다)의 수익증권(이와 유사한 것으로서 신탁계약에 따른 수익권이 표시된 것을 포함한다)
   가. 제1호 각 호 외의 본문에 따른 집합투자증권
   나. 자본시장법에 따른 파생상품 및 파생결합증권(같은 법 시행령 제7조 제2항 각 호의 증권은 제외한다)
   다. 자본시장법 시행령에 따른 고난도금융투자상품, 고난도금전신탁계약 및 고난도투자일임계약
   라. 사채(社債) 중 일정한 사유가 발생하는 경우 주식으로 전환되거나 원리금을 상환해야 할 의무가 감면될 수 있는 사채(상법 제469조 제2항, 제513조 및 제516조의2에 따른 사채는 제외한다)

306) 금융상품판매업자는 해당 금융상품이 일반금융소비자에게 적정하지 않다는 사실을 알리는 경우에는 제11조 제5항 각 호의 방법으로 알려야 한다. 이 경우 금융상품판매업자는 다음 각 호의 자료를 함께 제공해야 한다(금소법 시행령 12조④).
1. 법 제19조 제2항에 따른 금융상품의 적정성 판단 결과 및 그 이유를 기재한 서류
2. 법 제19조 제2항에 따른 설명서

반금융소비자 등 대통령령으로 정하는 자가 대통령령으로 정하는 바에 따라 요청하는 경우에는 그러하지 아니하다(금소법 18조④). 금융상품판매업자는 위 제4항 단서에 따라 대통령령으로 정하는 자에게 제1항과 제2항의 적용을 별도로 요청할 수 있음을 대통령령으로 정하는 바에 따라 미리 알려야 한다(금소법 18조⑤).

4) 적합성원칙과의 차이점

가) 계약체결 권유 여부 적합성원칙은 계약체결을 권유하는 경우에 적용되고, 적정성원칙은 권유하지 않는 경우에 적용된다. 즉, 적정성원칙은 금융상품판매업자가 계약체결을 권유하지 않고 고객의 매수 요청에 응하여 단순히 매매계약의 체결을 집행하는 경우에도 적용된다. 계약체결을 권유하지 않는 경우 일반금융소비자에 대한 일반적 위험고지의무를 규정한 것이라는 점에 의의가 있다.

나) 적용주체 적합성원칙은 금융상품판매업자등에게 적용되나 적정성원칙은 금융상품판매업자에게만 적용되고 금융상품자문업자에게는 적용되지 않는다.

다) 확인이 필요한 경우 적합성원칙에 있어서는 항상 일반금융소비자로부터 확인받도록 규정하나, 적정성원칙에 있어서는 "해당 금융상품이 그 일반금융소비자에게 적정하지 아니하다고 판단되는 경우"에만 확인받도록 규정한다는 점에서 차이가 있다. 적정성원칙은 계약체결 권유 없이 일반금융소비자에게 일정한 상품을 판매하려는 경우에 적용된다는 점에서 규정상 차이를 둔 것으로 보인다. 다만, 적정성원칙은 위험고지의무를 포함한다.

㈐ 자본시장법상 전문투자자와 일반투자자

1) 전문투자자 자본시장법상 전문투자자[307]는 금융투자상품에 관한 전문성 구비 여부, 소유자산규모 등에 비추어 투자에 따른 위험감수능력이 있는 투자자로서 다음과 같은 투자자를 말한다(法 9조⑤).[308]

1. 국가
2. 한국은행

307) 자본시장법은 전문투자자 외에 적격투자자[1. 전문투자자로서 대통령령으로 정하는 투자자, 2. 1억원 이상으로서 대통령령으로 정하는 금액 이상을 투자하는 개인 또는 법인, 그 밖의 단체(「국가재정법」 별표 2에서 정한 법률에 따른 기금과 집합투자기구를 포함)]에 관하여도 규정한다(法 249조의2).

308) 제1호부터 제5호에 해당하면 모두 전문투자자이고, 위험감수능력이 있는지 여부는 별도로 판단할 필요 없다.

3. 대통령령으로 정하는 금융기관(令 10조②)
4. 주권상장법인. 다만, 금융투자업자와 장외파생상품 거래를 하는 경우에는 전문투자자와 같은 대우를 받겠다는 의사를 금융투자업자에게 서면으로 통지하는 경우에 한한다.
5. 그 밖에 대통령령으로 정하는 자(令 10조③)[309][310]

---

309) "대통령령으로 정하는 자"란 다음과 같은 자를 말한다. 다만, 제12호부터 제17호까지에 해당하는 자가 금융투자업자와 장외파생상품 거래를 하는 경우에는 전문투자자와 같은 대우를 받겠다는 의사를 금융투자업자에게 서면으로 통지하는 경우만 해당한다(令 10조③). 이는 기금이나 자방자치단체 등이 투자위험이 큰 장외파생상품의 거래로 인하여 과도한 손실을 입을 가능성을 고려한 것이다. 제16호 및 제17호는 일반투자자가 전문투자자로 전환할 수 있는 요건을 의미한다. 그리고 제12호의 "법률에 따라 설립된 기금"은 특별법에 따라 설립된 기금(「국민연금법」에 의한 국민연금기금, 「공무원연금법」에 의한 공무원연금기금)을 가리키고, 「공익법인의 설립운영에 관한 법률」에 따라 설립된 재단법인은 해당하지 않는다.

1. 예금보험공사 및 정리금융회사 2. 한국자산관리공사 3. 한국주택금융공사 4. 한국투자공사 5. 협회 6. 예탁결제원 6의2. 「주식·사채 등의 전자등록에 관한 법률」 제2조 제6호에 따른 전자등록기관 7. 거래소 8. 금융감독원 9. 집합투자기구 10. 신용보증기금 11. 기술보증기금 12. 법률에 따라 설립된 기금(제10호 및 제11호는 제외한다) 및 그 기금을 관리·운용하는 법인 13. 법률에 따라 공제사업을 경영하는 법인 14. 지방자치단체 15. 해외증권시장에 상장된 주권을 발행한 국내법인

16. 다음 각 목의 요건을 모두 충족하는 법인 또는 단체(외국법인 또는 외국단체 제외)
   가. 금융위원회에 나목의 요건을 충족하고 있음을 증명할 수 있는 관련 자료를 제출할 것
   나. 관련 자료를 제출한 날 전날의 금융투자상품 잔고가 100억원(주식회사 등의 외부감사에 관한 법률에 따라 외부감사를 받는 주식회사는 50억원) 이상일 것
   다. 관련 자료를 제출한 날부터 2년이 지나지 아니할 것
17. 다음 각 목의 요건을 모두 충족하는 개인. 다만, 다만, 외국인인 개인, 「조세특례제한법」 제91조의18 제1항에 따른 개인종합자산관리계좌에 가입한 거주자인 개인(같은 조 제3항 제2호에 따라 신탁업자와 특정금전신탁계약을 체결하는 경우 및 시행령 제98조 제1항 제4호의2 및 같은 조 제2항에 따라 투자일임업자와 투자일임계약을 체결하는 경우로 한정한다) 및 전문투자자와 같은 대우를 받지 않겠다는 의사를 금융투자업자에게 표시한 개인은 제외한다.
   가. 금융위원회가 정하여 고시하는 금융투자업자에게 나목 및 다목의 요건을 모두 충족하고 있음을 증명할 수 있는 관련 자료를 제출할 것
   나. 관련 자료를 제출한 날의 전날을 기준으로 최근 5년 중 1년 이상의 기간 동안 금융위원회가 정하여 고시하는 금융투자상품을 월말 평균잔고 기준으로 5천만원 이상 보유한 경험이 있을 것
   다. 금융위원회가 정하여 고시하는 소득액(금융투자업규정 1-7조③ : 본인 1억원 이상 또는 배우자 소득 합산 1.5억원 이상)·자산(금융투자업규정 1-7조④ : 배우자 자산 합산 5억 이상. 부동산 관련 자산 차감) 기준이나 금융 관련 전문성(금융투자업규정 1-7조⑤) 요건을 충족할 것[*소득액·자산·전문성 중 택일적 요건]
18. 다음 각 목의 어느 하나에 해당하는 외국인
   가. 외국정부
   나. 조약에 따라 설립된 국제기구
   다. 외국중앙은행
   라. 제1호부터 제17호까지의 자에 준하는 외국인. 다만, 조세특례제한법 제91조의18 제

전문투자자와 일반투자자를 구별하는 취지와 입법 목적, 구별 기준 등에 비추어, 전문투자자의 범위는 자본시장법과 그 시행령에 따라 명백하게 인정되는 경우를 제외하고는 한정적으로 해석해야 한다.[311] 전문투자자로 대우 받고자 하

1항에 따른 개인종합자산관리계좌에 가입한 거주자인 외국인(같은 조 제3항 제2호에 따라 신탁업자와 특정금전신탁계약을 체결하는 경우 및 시행령 제98조 제1항 제4호의2 및 같은 조 제2항에 따라 투자일임업자와 투자일임계약을 체결하는 경우로 한정한다)은 제외한다.

310) [금융투자업규정 1-7조의2]

① 시행령 제10조 제3항 제17호에서 "금융위원회가 정하여 고시하는 금융투자업자"란 자본시장법 제31조 제3항 단서에 따른 금융투자업자 중 시행령 제35조(경영건전성기준) 제2항 제2호 각 목의 기준을 모두 충족하는 자를 말한다.

② 금융위원회가 정하여 고시하는 금융투자상품이란 다음 각 호의 금융투자상품을 말한다.

1. 사채권(A등급 이하) 및 기업어음증권(A2등급 이하)
2. 지분증권
3. 파생결합증권
4. 집합투자증권(단, 사모집합투자기구의 집합투자증권 및 증권집합투자기구의 집합투자증권에 한한다)

③ 금융위원회가 정하여 고시하는 소득액이란 제17호 가목에 따른 관련 자료를 제출한 날을 기준으로 본인의 직전년도 소득액이 1억원 이상이거나 본인과 그 배우자의 직전년도 소득액의 합계금액이 1억5천만원 이상일 것을 말한다.

④ 금융위원회가 정하여 고시하는 자산 기준이란 제17호 가목에 따른 관련 자료를 제출한 날 전날을 기준으로 본인과 그 배우자의 총자산가액 중 다음 각 호의 금액을 차감한 가액이 5억원 이상일 것을 말한다.

1. 본인 또는 그 배우자가 소유하는 부동산에 거주중인 경우 해당 부동산의 가액
2. 본인 또는 그 배우자가 임차한 부동산에 거주중인 경우 임대차계약서상의 보증금 및 전세금
3. 본인과 그 배우자의 총부채 중 거주중인 부동산으로 담보되는 금액을 제외한 금액

⑤ 영 제10조 제3항 제17호 다목에서 "금융위원회가 정하여 고시하는 금융 관련 전문성 요건"을 충족하는 자는 다음 각 호의 어느 하나에 해당하는 자(해당 분야에서 1년 이상 종사)를 말한다.

1. 공인회계사·감정평가사·변호사·변리사·세무사
2. 법 제286조 제1항 제3호 다목에 따라 한국금융투자협회에서 시행하는 투자운용인력의 능력을 검증할 수 있는 시험에 합격한 자
3. 영 제285조 제3항 제1호에 따른 시험(*금융투자상품을 분석하는 능력을 검증하기 위하여 협회에서 시행하는 시험)에 합격한 자
4. 재무위험관리사 시험에 합격한 자(이에 준하는 국제 자격증 소지자를 포함한다)
5. 법 제286조 제1항 제3호 각 목의 어느 하나에 해당하는 주요직무 종사자(*가. 투자권유자문인력 나. 조사분석인력 다. 투자운용인력)의 등록요건을 갖춘 자 중 협회가 정하는 자

311) [대법원 2021. 4. 1. 선고 2018다218335 판결] "어떠한 기금이 법률에 설립근거를 두고 있다는 사정만으로는 자본시장법 시행령 제10조 제3항 제12호에서 전문투자자로 규정하고 있는 '법률에 따라 설립된 기금'에 해당한다고 단정할 수 없고, 특히 그 기금의 설치 여부가 임의적인 경우에는 더욱 그러하다. 따라서 근로복지기본법 제50조, 제52조에 따라 한국도로공사 근로자의 생활안정과 복지증진을 위하여 고용노동부장관의 인가를 받아 설립된 법인인 한국

는 개인투자자는 전문투자자 전환절차를 거쳐야 한다.

자본시장법은 전문투자자 외에 적격투자자 개념도 규정한다.312)

2) 일반투자자 일반투자자는 전문투자자가 아닌 투자자를 말한다(法 9조⑥).

3) 투자자 간 전환 전문투자자 중 대통령령으로 정하는 자가 일반투자자와 같은 대우를 받겠다는 의사를 금융투자업자에게 서면으로 통지하는 경우 금융투자업자는 정당한 사유가 있는 경우를 제외하고는 이에 동의하여야 하며, 금융투자업자가 동의한 경우에는 해당 투자자는 일반투자자로 본다(法 9조⑤ 단서).

주권상장법인이 금융투자업자와 장외파생상품 거래를 하는 경우에는 일반투자자에 해당하는데, 이때 전문투자자와 같은 대우를 받겠다는 의사를 금융투자업자에게 서면으로 통지하는 경우에 한하여 전문투자자로 본다(法 9조⑤4 단서).

4) 투자자보호의무 자본시장법 제37조 제1항, 제2항은 그 적용범위를 일반투자자로 제한하고 있지 않고, 따라서 투자자 보호의무는 모든 금융투자업자가 투자자에 대하여 부담하는 일반적·포괄적 투자자 보호의무에 해당한다.313)

(2) 설명의무

(가) 설명의무의 대상

금융상품판매업자등은 일반금융소비자에게 계약체결을 권유(금융상품자문업자가 자문에 응하는 것을 포함)하는 경우 및 일반금융소비자가 설명을 요청하는 경우에는 금융상품에 관한 중요한 사항(일반금융소비자가 특정 사항에 대한 설명만을 원하는 경우 해당 사항으로 한정한다)을 일반금융소비자가 이해할 수 있도록 설명해야 한다(금소법 19조①).314)

도로공사 사내근로복지기금은 자본시장법 시행령 제10조 제3항 제12호에서 전문투자자로 규정하고 있는 '법률에 따라 설립된 기금'에 해당한다고 보기 어렵다."

312) 자본시장법은 사모펀드 투자적격자인 적격투자자를 1. 전문투자자로서 대통령령으로 정하는 투자자, 2. 1억원 이상으로서 대통령령으로 정하는 금액(令 271조②) 이상을 투자하는 개인 또는 법인, 그 밖의 단체(「국가재정법」 별표 2에서 정한 법률에 따른 기금과 집합투자기구를 포함)로 구분한다(法 249조의2). 개인전문투자자는 사모펀드에 투자할 수 있는 적격투자자 요건도 동시에 갖추게 되고(전문투자자인 적격투자자), 시행령 제271조 제2항에 의하면 전문투자자 아닌 개인도 일정 금액[1. 법 제249조의7 제1항 각 호의 금액을 합산한 금액이 일반사모집합투자기구의 자산총액에서 부채총액을 뺀 가액의 200%를 초과하지 않는 일반사모집합투자기구에 투자하는 경우: 3억원, 2. 제1호 외의 일반사모집합투자기구에 투자하는 경우: 5억원] 이상 투자하면 적격투자자로 인정된다(기타 적격투자자).

313) 서울남부지방법원 2024. 2. 29. 선고 2022가단225594 판결.

314) 자본시장법상 설명의무는 금융투자업자가 일반투자자를 상대로 투자권유를 하는 경우에 인

금융소비자보호법은 자본시장법과 마찬가지로 위험감수능력이 있음을 고려하여 전문금융소비자를 설명의무의 대상에서 제외하였다.[315] 다만, 부실설명 중 거짓과 왜곡(금소법 19조③)은 전문금융소비자에 대한 투자권유에도 적용되는 제21조(부당권유행위의 금지) 제1호와 제2호에도 해당하므로 제21조 위반에 해당한다.

본인이 아닌 대리인에게 설명하는 경우, 전문금융소비자인지 여부는 본인을 기준으로 판단하고, 설명의무 이행 여부와 설명의 정도는 대리인을 기준으로 판단하여야 할 것이다. 즉, 전문금융소비자의 대리인이 전문금융소비자의 자격을 갖추지 못한 경우 일반금융소비자가 이해할 수 있도록 설명해야 한다.[316]

일반금융소비자가 설명사항의 내용을 잘 알고 있는 경우에도 설명의무는 인정되고,[317] 다만, 설명의 방법과 정도에 이러한 사정이 반영될 것이다.

정되는데, 금융소비자보호법상 일반금융소비자가 설명을 요청하는 경우에도 설명의무가 있다.

315) 이 점에서 판매회사의 설명의무에 관하여 전문투자자를 적용대상에서 제외하지 않았던 「구 간접투자자산운용업법」과 다르다.

[대법원 2015. 2. 26. 선고 2014다17220 판결] "구 간접투자자산 운용업법에 의한 판매회사는 투자자에게 투자신탁의 수익구조와 위험요인에 관한 올바른 정보를 제공함으로써 투자자가 그 정보를 바탕으로 합리적인투자판단을 할 수 있도록 투자자를 보호하여야 할 주의의무를 부담한다. 그리고 이러한 투자권유단계에서 판매회사의 투자자 보호의무는 투자자가 일반투자자가 아닌 전문투자자라는 이유만으로 배제된다고 볼 수는 없고, 다만 투자신탁재산의 특성과 위험도 수준, 투자자의 투자 경험이나 전문성 등을 고려하여 투자자 보호의무의 범위와 정도를 달리 정할 수 있다." (공무원연금공단, 종금사, 손보사 등에 펀드투자권유를 한 자산운용회사의 설명의무에 관하여도 대법원 2015. 3. 26. 선고 2014다214588 판결은 같은 취지로 판시하였다).

316) 자본시장법상 설명의무의 대상 및 정도에 관한 하급심판례 중 같은 취지의 판례가 있다. ... "투자자의 대리인이 금융투자업자의 설명을 듣고 대리권의 범위 내에서 투자 결정을 내리고 투자를 한 경우 금융투자업자가 설명의무를 다하였는지를 판단함에 있어서, 설명의무의 범위 및 정도를 가늠하기 위한 투자자의 투자 목적, 위험감수의사 및 능력, 투자경험 등 판단의 기초자료는 투자자 본인을 기준으로 하되, 금융투자업자의 인식과 비슷한 수준으로 인식할 수 있을 정도로 설명이 이루어졌는지는 대리인을 기준으로 판단해야 한다."(서울중앙지방법원 2012. 9. 27. 선고 2011가합78083 판결). 일반투자자의 대리인이 전문투자자인 경우에도 대리인을 기준으로 설명의무의 정도를 판단해야 하는 것인지에 관하여는, 전문투자자에 대하여는 설명의무 자체가 없으므로, 대리인이 개인 전문투자자라 하더라도 일단 설명의무를 이행하는 한 설명의 정도와 방법은 일반투자자의 경우와 같아야 할 것이다.

317) 계약자나 그 대리인이 그 내용을 충분히 잘 알고 있는 경우에는 그러한 사항에 대하여서까지 금융기관에게 설명의무가 인정된다고 할 수는 없다는 판례도 있지만(대법원 2010. 11. 11. 선고 2010다55699 판결), 이는 민법 제750조의 불법행위에 관한 사안이고, 일반금융소비자가 내용을 충분히 알고 있다는 이유만으로 설명의무가 부인되지 않는다.

(나) 설명사항

설명사항은 금융상품에 관한 중요한 사항이다(금소법 19조①).[318)]

1. 다음 각 목의 구분에 따른 사항
   가. 보장성 상품
      1) 보장성 상품의 내용
      2) 보험료(공제료를 포함)
      3) 보험금(공제금을 포함) 지급제한 사유 및 지급절차
      4) 위험보장의 범위
      5) 그 밖에 위험보장 기간 등 보장성 상품에 관한 중요한 사항으로서 대통령령으로 정하는 사항(금소법 시행령 13조①).
   나. 투자성 상품
      1) 투자성 상품의 내용[319)]
      2) 투자에 따른 위험
      3) 대통령령으로 정하는 투자성 상품[320)]의 경우 대통령령으로 정하는 기준에 따라 금융상품직접판매업자가 정하는 위험등급[321)]

---

318) 자본시장법은 "금융투자업자는 일반투자자를 상대로 투자권유를 하는 경우에는 금융투자상품의 내용, 투자에 따르는 위험, 그 밖에 대통령령으로 정하는 사항을 일반투자자가 이해할 수 있도록 설명해야 한다."라고 규정하였는데, "대통령령으로 정하는 사항"은 다음과 같다(法 47조①, 令 53조①).
   1. 금융투자상품의 투자성에 관한 구조와 성격
   2. 수수료에 관한 사항
   3. 조기상환조건이 있는 경우 그에 관한 사항
   4. 계약의 해제·해지에 관한 사항
   5. 투자자문업자가 투자권유를 하는 경우에는 다음 각 목의 사항
      가. 투자자문업자가 시행령 제60조 제3항 제4호 각 목의 요건("독립"이라는 문자 표시 요건)을 충족한 자에 해당하는지 여부
      나. 투자자문을 제공하는 금융투자상품등(법 6조⑥)의 종류와 범위
      다. 투자자문 제공 절차와 투자자문수수료 등 관련 비용의 규모 및 산정방식
      라. 그 밖에 투자자와 이해상충이 발생할 수 있는 사항으로서 금융위원회가 정하여 고시하는 사항

319) "투자성 상품의 내용"이란 다음 각 호의 구분에 따른 사항을 말한다(금소법 시행령 13조②).
   1. 연계투자
   2. 자본시장법 제103조 제1항 제2호부터 제7호까지의 규정에 따른 신탁계약

320) "대통령령으로 정하는 투자성 상품"이란 다음 각 호의 금융상품을 제외한 투자성 상품을 말한다(금소법 시행령 13조②).
   1. 연계투자
   2. 자본시장법 제103조 제1항 제2호부터 제7호까지의 재산에 관한 신탁계약

321) 금융상품직접판매업자가 위험등급을 정하는 경우에는 금융위원회가 정하여 고시하는 바에 따라 다음 각 호의 사항을 고려해야 한다(금소법 시행령 13조③).

4) 그 밖에 금융소비자가 부담해야 하는 수수료 등 투자성 상품에 관한 중요한 사항으로서 대통령령으로 정하는 사항[322)]

다. 예금성 상품

1) 예금성 상품의 내용

2) 그 밖에 이자율, 수익률 등 예금성 상품에 관한 중요한 사항으로서 대통령령으로 정하는 사항(금소법 시행령 13조⑤).

라. 대출성 상품

1) 금리 및 변동 여부, 중도상환수수료(금융소비자가 대출만기일이 도래하기 전 대출금의 전부 또는 일부를 상환하는 경우에 부과하는 수수료를 의미) 부과 여부 · 기간 및 수수료율 등 대출성 상품의 내용

2) 상환방법에 따른 상환금액 · 이자율 · 시기

3) 저당권 등 담보권 설정에 관한 사항, 담보권 실행사유 및 담보권 실행에 따른 담보목적물의 소유권 상실 등 권리변동에 관한 사항

4) 대출원리금, 수수료 등 금융소비자가 대출계약을 체결하는 경우 부담하여야 하는 금액의 총액

5) 그 밖에 대출계약의 해지에 관한 사항 등 대출성 상품에 관한 중요한 사항으로서 대통령령으로 정하는 사항(금소법 시행령 13조⑥).

2. 제1호 각 목의 금융상품과 연계되거나 제휴된 금융상품 또는 서비스 등("연계 · 제휴서비스등")이 있는 경우 다음 각 목의 사항

가. 연계 · 제휴서비스등의 내용

나. 연계 · 제휴서비스등의 이행책임에 관한 사항

다. 그 밖에 연계 · 제휴서비스등의 제공기간 등 연계 · 제휴서비스등에 관한 중요한 사항으로서 대통령령으로 정하는 사항[323)]

---

1. 자본시장법에 따른 기초자산의 변동성
2. 자본시장법에 따른 신용등급
3. 금융상품 구조의 복잡성
4. 최대 원금손실 가능금액
5. 그 밖에 제1호부터 제4호까지의 사항에 준하는 것으로서 금융위원회가 정하여 고시하는 사항

322) "대통령령으로 정하는 사항"이란 다음 각 호의 사항을 말한다(금소법 시행령 13조④).
1. 금융소비자가 부담해야 하는 수수료
2. 계약의 해지 · 해제
3. 증권의 환매(還買) 및 매매
4. 「온라인투자연계금융업 및 이용자 보호에 관한 법률」 제22조 제1항 각 호의 정보
5. 그 밖에 제1호부터 제4호까지의 사항에 준하는 것으로서 금융위원회가 정하여 고시하는 사항

323) "대통령령으로 정하는 사항"이란 다음 각 호의 사항을 말한다(금소법 시행령 13조⑦).
1. 연계 · 제휴서비스등(금융상품과 연계되거나 제휴된 금융상품 또는 서비스 등을 말한다. 이하 같다)의 제공기간

3. 제46조에 따른 청약철회의 기한 · 행사방법 · 효과에 관한 사항
4. 그 밖에 금융소비자 보호를 위하여 대통령령으로 정하는 사항[324)]

㈐ 설명의무의 내용

1) 설명의 방법

가) 일반금융소비자 기준　　금융상품판매업자등은 설명사항을 일반금융소비자가 이해할 수 있도록 설명해야 한다(금소법 19조①).

"일반금융소비자가 이해할 수 있도록" 설명해야 한다고 규정하는데, 일반적이고 평균적인 금융소비자를 기준으로 설명하여야 하는지, 개별적인 금융소비자를 기준으로 설명하여야 하는지는 설명의무에 관한 규정만으로는 불분명하다. 그러나 적합성에 관한 규정에서 금융상품판매업자등은 일반금융소비자에게 계약체결을 권유하는 경우 면담 · 질문 등을 통하여 일반금융소비자의 정보를 파악해야 한다고 규정하므로(금소법 17조②), 일반적인 금융소비자가 아니라 개별적인 금융소비자를 기준으로 설명하여야 할 것이다.

나) 설명의 정도　　금융상품판매업자등이 일반금융소비자에게 어느 정도의 설명을 하여야 하는지는 해당 금융상품의 특성 및 위험도의 수준,[325)] 금융소비자의 투자경험 및 능력 등을 종합적으로 고려하여 판단해야 한다.[326)][327)]

2) 설명서 제공의무　　금융상품판매업자등은 설명에 필요한 설명서를 일반금융소비자에게 제공해야 한다. 다만, 금융소비자 보호 및 건전한 거래질서를 해칠 우려가 없는 경우로서 대통령령으로 정하는 경우에는 설명서를 제공하지 아

---

2. 연계 · 제휴서비스등의 변경 · 종료에 대한 사전통지

324) "대통령령으로 정하는 사항"이란 다음 각 호의 사항을 말한다(금소법 시행령 13조⑧).
1. 민원처리 및 분쟁조정 절차
2. 「예금자보호법」 등 다른 법률에 따른 보호 여부(대출성 상품은 제외)
3. 그 밖에 일반금융소비자의 의사결정 지원 또는 권익보호를 위해 필요한 것으로서 금융위원회가 정하여 고시하는 사항

325) 예컨대, 추가지급의무가 존재하는 파생상품의 경우에는 투자권유시 추가지급의무에 관하여 설명하여야 할 것이고, 그 밖에 장내파생상품보다는 장외파생상품의 경우에, 선물보다는 옵션의 경우에 각각 발생가능한 손익에 관한 설명의무의 정도가 달라질 것이다.

326) 대법원 2018. 9. 28. 선고 2015다69853 판결.

327) 회사채 투자권유에 관한 판례는 금융투자업자가 투자자에게 사채권의 신용등급과 아울러 해당 신용등급의 의미와 그것이 전체 신용등급에서 차지하는 위치에 대하여 투자자가 이해할 수 있도록 설명하였다면, 특별한 사정이 없는 한 금융투자업자는 사채권의 원리금 상환 여부에 영향을 미치는 발행기업의 신용위험에 관하여 설명을 다하였다는 입장이다(대법원 2015. 9. 15. 선고 2015다216123 판결).

니할 수 있다(금소법 19조②).

가) 설명서 제공 시기와 방법 금융상품판매업자등은 일반금융소비자에게 설명을 하기 전에 다음 방법으로 설명서를 제공해야 한다(금소법 시행령 14조③).

1. 서면교부
2. 우편 또는 전자우편
3. 휴대전화 문자메시지 또는 이에 준하는 전자적 의사표시

나) 설명서에 포함될 사항 설명서에는 법 제19조 제1항 각 호의 사항이 포함되어야 한다. 다만, 일반금융소비자에게 자본시장법 제123조 제1항에 따른 투자설명서 또는 간이투자설명서를 제공하는 경우에는 해당 내용을 제외할 수 있다(금소법 시행령 14조①).

다만, 금융투자업자는 투자자가 그 내용을 충분히 잘 알고 있는 사항이거나 금융투자업자로서도 투자권유 당시 합리적으로 예측할 수 있는 투자 위험이 아닌 경우에는 그러한 사항에 대하여서까지 설명의무가 인정된다고 할 수는 없다.[328)]

다) 설명서 작성시 준수사항 금융상품판매업자등은 설명서 내용을 작성하는 경우에 다음 사항을 준수하여야 한다(금소법 시행령 14조①, 금융소비자보호 감독규정 13조①).

1. 일반금융소비자가 쉽게 이해할 수 있도록 알기 쉬운 용어를 사용하여 작성할 것
2. 계약 내용 중 일반금융소비자의 선택에 따라 재산상 이익에 상당한 영향을 미칠 수 있는 사항이 있는 경우에는 일반금융소비자가 선택할 수 있는 사항들을 쉽게 비교할 수 있도록 관련 정보를 제공할 것
3. 중요한 내용은 부호, 색채, 굵고 큰 글자 등으로 명확하게 표시하여 알아보기 쉽게 작성할 것

---

328) [서울고등법원 2024. 9. 27. 선고 2024나2000328 판결] "구 간접투자자산 운용업법에 따라 투자신탁의 수익증권을 판매하는 판매회사가 고객에게 수익증권의 매수를 권유할 때에는 그 투자에 따르는 위험을 포함하여 당해 수익증권의 특성과 주요내용을 명확히 설명함으로써 고객이 그 정보를 바탕으로 합리적인 투자판단을 할 수 있도록 고객을 보호하여야 할 주의의무가 있고 이러한 주의의무를 위반한 결과 고객에게 손해가 발생한 때에는 불법행위로 인한 손해배상책임이 성립한다고 할 것이나, 수익증권 투자자가 그 내용을 충분히 잘 알고 있는 사항이거나 수익증권의 판매를 전문적으로 하는 판매회사로서도 투자권유 당시 합리적으로 예측할 수 있는 투자 위험이 아닌 경우에는 그러한 사항에 대하여서까지 판매회사에게 설명의무가 인정된다고 할 수는 없다(대법원 2015. 2. 26. 선고 2014다17220 판결 등 참조). 이는 자본시장법에 따라 금융투자업자가 투자자들에 대하여 부담하는 설명의무에 있어서도 마찬가지이다."

4. 일반금융소비자가 해당 금융상품에 관한 계약으로 받을 수 있는 혜택이 있는 경우 그 혜택 및 혜택을 받는데 필요한 조건을 함께 알 수 있도록 할 것
5. 일반금융소비자의 계약 체결여부에 대한 판단이나 권익 보호에 중요한 영향을 줄 수 있는 사항으로서 다음 각 목의 사항을 요약하여 설명서의 맨 앞에 둘 것(핵심설명서). 다만, 예금성 상품 등 설명서의 내용이 간단하여 요약이 불필요한 금융상품은 제외할 수 있다.
   가. 유사한 금융상품과 구별되는 특징
   나. 금융상품으로 인해 발생 가능한 불이익에 관한 사항(민원·분쟁 또는 상담요청이 빈번하여 일반금융소비자의 숙지가 필요한 사항 및 다음의 구분에 따른 사항을 반드시 포함해야 한다)
   1) 투자성 상품: 위험등급의 의미 및 유의사항
   <이하 생략>

3) 설명확인의무 금융상품판매업자등은 설명한 내용을 일반금융소비자가 이해하였음을 서명, 기명날인, 녹취 또는 그 밖에 대통령령으로 정하는 방법[329]으로 확인을 받아야 한다. 다만, 금융소비자 보호 및 건전한 거래질서를 해칠 우려가 없는 경우로서 대통령령으로 정하는 경우에는 설명서를 제공하지 아니할 수 있다(금소법 19조②).[330][331]

---

329) 설명서에는 일반금융소비자에게 설명한 내용과 실제 설명서의 내용이 같다는 사실에 대해 법 제19조 제1항에 따른 설명을 한 사람의 서명(전자서명법 제2조 제2호에 따른 전자서명을 포함)이 있어야 한다. 다만, 다음 각 호의 계약에 대한 설명서는 제외한다(금소법 시행령 14조②).
   1. 예금성 상품 또는 대출성 상품에 관한 계약
   2. 「전자금융거래법」에 따른 전자적 장치를 이용한 자동화 방식을 통해서만 서비스가 제공되는 계약

330) "대통령령으로 정하는 경우"란 다음 각 호의 경우를 말한다(금소법 시행령 14조④).
   1. 금융상품자문업자가 다음 각 목의 내용이 포함된 서류를 일반금융소비자에게 제공한 경우
      가. 해당 금융소비자의 자문에 대한 답변 및 그 근거
      나. 자문의 대상이 된 금융상품의 세부정보 확인 방법
      다. 그 밖에 일반금융소비자의 이해를 위해 필요한 사항으로서 금융위원회가 정하여 고시하는 사항
   2. 온라인투자연계금융업자가 일반금융소비자에게 「온라인투자연계금융업 및 이용자 보호에 관한 법률」 제22조 제1항 각 호의 정보를 모두 제공하거나 같은 법 제24조 제1항 각 호의 사항을 모두 설명한 경우
   3. 대부업자 또는 대부중개업자가 일반금융소비자에게 「대부업 등의 등록 및 금융이용자 보호에 관한 법률」 제6조 제1항 각 호의 사항을 모두 설명한 경우
   4. 기존 계약과 동일한 내용으로 계약을 갱신하는 경우
   5. 그 밖에 제1호부터 제4호까지의 경우에 준하는 것으로서 금융위원회가 정하여 고시하는 경우[금융소비자보호감독규정 13조②: 1. 기본 계약을 체결하고 그 계약내용에 따라 계속적·반복적으로 거래를 하는 경우(2호 이하는 생략)].

(라) 부실설명금지

금융상품판매업자등은 제1항에 따른 설명을 할 때 일반금융소비자의 합리적인 판단 또는 금융상품의 가치에 중대한 영향을 미칠 수 있는 사항으로서 대통령령으로 정하는 사항[금소법 시행령 13조⑨: 금소법 제19조 제1항 각 호의 구분에 따른 사항]을 거짓으로 또는 왜곡(불확실한 사항에 대하여 단정적 판단을 제공하거나 확실하다고 오인하게 할 소지가 있는 내용을 알리는 행위를 말한다)하여 설명하거나 대통령령으로 정하는 중요한 사항[금소법 시행령 13조⑨]을 빠뜨려서는 아니 된다(금소법 19조③).

(3) 불공정영업행위의 금지

금융상품판매업자등은 우월적 지위를 이용하여 금융소비자의 권익을 침해하는 다음과 같은 행위("불공정영업행위")를 해서는 아니 된다(금소법 20조①).[332]

1. 대출성 상품, 그 밖에 대통령령으로 정하는 금융상품에 관한 계약체결과 관련하여 금융소비자의 의사에 반하여 다른 금융상품의 계약체결을 강요하는 행위
2. 대출성 상품, 그 밖에 대통령령으로 정하는 금융상품에 관한 계약체결과 관련하여 부당하게 담보를 요구하거나 보증을 요구하는 행위
3. 금융상품판매업자등 또는 그 임직원이 업무와 관련하여 편익을 요구하거나 제공받는 행위
4. 대출성 상품의 경우 다음과 같은 행위
   가. 자기 또는 제3자의 이익을 위하여 금융소비자에게 특정 대출 상환방식을 강요하는 행위

---

331) 설명의무와 설명확인의무는 별개이므로, 설명확인을 받았다고 하여 일반금융소비자가 이해할 수 있도록 설명하였다는 사실이 간주되거나 추정되는 것은 아니다. 다만 설명확인을 받은 경우에는 일반금융소비자에게 이해할 수 있도록 설명하였다는 사실이 사실상 추정될 것이다. 물론 전문금융소비자라거나 계약체결 권유에 해당하지 않아서 설명의무가 없는 경우에는 설명확인의무도 없다. 그리고 손해배상청구소송에서의 증명책임에 관하여 설명의무 위반에 대한 증명책임 전환규정이 없으므로, 금융소비자가 금융상품판매업자등의 설명의무 불이행을 증명할 책임을 부담한다. 금융소비자가 설명의무의 불이행을 증명하는 것이 현실적으로 용이하지 아니하므로, 특히 금융상품판매업자등이 설명확인까지 받은 경우에는 손해배상책임이 인정되기 매우 어려울 것이다. 한편 민법 제750조의 일반불법행위로 인한 손해배상책임은 과실책임으로서 원고가 피고의 고의·과실을 증명해야 한다. 그러나 자본시장법 제64조 제1항은 "배상의 책임을 질 금융투자업자가 상당한 주의를 하였음을 증명하거나 투자자가 금융투자상품의 매매, 그 밖의 거래를 할 때에 그 사실을 안 경우에는 배상의 책임을 지지 않는다." 고 규정하므로 자본시장법 제64조 제1항에 기한 소송에서는 증명책임이 전환되어 피고(금융투자업자)가 자신의 무과실을 증명해야 한다.

332) 불공정영업행위금지 규정은 일반금융소비자와 전문금융소비자 모두에게 적용된다. 부당권유금지와 위법계약해지권도 마찬가지이다.

나. 1)부터 3)까지의 경우를 제외하고 수수료, 위약금 또는 그 밖에 어떤 명목이든 중도상환수수료를 부과하는 행위
   1) 대출계약이 성립한 날부터 3년 이내에 상환하는 경우
   2) 다른 법령에 따라 중도상환수수료 부과가 허용되는 경우
   3) 금융소비자 보호 및 건전한 거래질서를 해칠 우려가 없는 행위로서 대통령령으로 정하는 경우

다. 개인에 대한 대출 등 대통령령으로 정하는 대출상품의 계약과 관련하여 제3자의 연대보증을 요구하는 경우

5. 연계·제휴서비스등이 있는 경우 연계·제휴서비스등을 부당하게 축소하거나 변경하는 행위로서 대통령령으로 정하는 행위.[333] 다만, 연계·제휴서비스등을 불가피하게 축소하거나 변경하더라도 금융소비자에게 그에 상응하는 다른 연계·제휴서비스등을 제공하는 경우와 금융상품판매업자등의 휴업·파산·경영상의 위기 등에 따른 불가피한 경우는 제외한다.
6. 그 밖에 금융상품판매업자등이 우월적 지위를 이용하여 금융소비자의 권익을 침해하는 행위

금융상품판매업자등의 불공정영업행위의 구체적인 유형 또는 기준은 다음 각 호의 구분에 따른다(금소법 시행령 15조④).

1. 제1호: 다음 각 목의 행위
   가. 가. 금융소비자에게 제3자의 명의를 사용하여 다른 금융상품의 계약을 체결할 것을 강요하는 행위
   나. 금융소비자에게 다른 금융상품직접판매업자를 통해 다른 금융상품에 관한 계약을 체결할 것을 강요하는 행위
   다. 금융소비자가 「중소기업기본법」에 따른 중소기업인 경우 그 대표자 또는 관계인(금융위원회가 정하여 고시하는 자로 한정한다)에게 다른 금융상품의 계약체결을 강요하는 행위
   라. 그 밖에 가목부터 다목까지의 행위에 준하는 것으로서 금융위원회가 정하여 고시하는 금융소비자의 의사에 반하여 다른 금융상품의 계약체결을 강요하는 행위

---

333) 제5호에서 "대통령령으로 정하는 행위"는 다음과 같은 행위를 말한다(금소법 시행령 15조③).
   1. 연계·제휴서비스등을 축소·변경한다는 사실을 금융위원회가 정하여 고시하는 바에 따라 미리 알리지 않고 축소하거나 변경하는 행위
   2. 연계·제휴서비스 등을 정당한 이유 없이 금융소비자에게 불리하게 축소하거나 변경하는 행위. 다만, 연계·제휴서비스 등이 3년 이상 제공된 후 그 연계·제휴서비스등으로 인해 해당 금융상품의 수익성이 현저히 낮아진 경우는 제외한다.

2. 제2호: 다음 각 목의 행위
   가. 담보 또는 보증이 필요 없음에도 이를 요구하는 행위
   나. 해당 계약의 체결에 통상적으로 요구되는 일반적인 담보 또는 보증 범위보다 많은 담보 또는 보증을 요구하는 행위
3. 제6호: 다음 각 목의 행위
   가. 금융소비자의 계약의 변경·해지 요구 또는 계약의 변경·해지에 대해 정당한 사유 없이 금전을 요구하거나 그 밖의 불이익을 부과하는 행위
   나. 계약 또는 법령에 따른 금융소비자의 이자율·보험료 인하 요구에 대해 정당한 사유 없이 이를 거절하거나 그 처리를 지연하는 행위
   다. 법 제17조 제2항에 따라 확인한 금융소비자의 정보를 이자율이나 대출 한도 등에 정당한 사유 없이 반영하지 않는 행위
   라. 그 밖에 가목부터 다목까지의 행위에 준하는 것으로서 금융위원회가 정하여 고시하는 행위

(4) 부당권유행위 금지

(가) 부당권유행위의 의의

금융상품판매업자등은 계약체결을 권유(금융상품자문업자가 자문에 응하는 것을 포함)하는 경우에 다음과 같은 행위를 해서는 아니 된다(금소법 21조 본문). 부당권유행위 금지는 일반금융소비자에 대하여는 물론 전문금융소비자에게도 적용된다. 다만, 양자에 대한 의무의 정도는 다르게 보아야 할 것이다.

1. 불확실한 사항에 대하여 단정적 판단을 제공하거나 확실하다고 오인하게 할 소지가 있는 내용을 알리는 행위[334)]
2. 금융상품의 내용을 사실과 다르게 알리는 행위
3. 금융상품의 가치에 중대한 영향을 미치는 사항을 미리 알고 있으면서 금융소비자에게 알리지 않는 행위[335)]

---

334) [대법원 2018. 9. 28. 선고 2015다69853 판결] (자본시장법 제49조 제2호에 관한 판결이다) "'불확실한 사항에 대하여 단정적 판단을 제공하거나 확실하다고 오인하게 할 소지가 있는 내용을 알리는 행위'란 투자자의 합리적인 투자판단 또는 해당 금융투자상품의 가치에 영향을 미칠 수 있는 사항 중 객관적으로 진위가 분명히 판명될 수 없는 사항에 대하여 진위를 명확히 판단해 주거나 투자자에게 그 진위가 명확하다고 잘못 생각하게 할 가능성이 있는 내용을 알리는 행위를 말한다. 나아가 어떠한 행위가 단정적 판단 제공 등의 행위에 해당하는지는 통상의 주의력을 가진 평균적 투자자를 기준으로 금융투자업자가 사용한 표현은 물론 투자에 관련된 제반 상황을 종합적으로 고려하여 객관적·규범적으로 판단해야 한다."(同旨: 대법원 2017. 12. 5. 선고 2014도14924 판결)

335) 자본시장법 제49조(부당권유의 금지)는 허위내용과 단정적 판단 제공만 규정하고 누락에 대하여는 규정하지 않았지만, 금융소비자보호법은 제3호에서 "알리지 아니하는 행위"도 규정

4. 금융상품 내용의 일부에 대하여 비교대상 및 기준을 밝히지 아니하거나 객관적인 근거 없이 다른 금융상품과 비교하여 해당 금융상품이 우수하거나 유리하다고 알리는 행위
5. 보장성 상품의 경우 다음과 같은 행위
   가. 금융소비자(이해관계인으로서 대통령령으로 정하는 자[시행령 16조②: 해당 보장성 상품의 계약에 따른 보장을 받는 자)가 보장성 상품 계약의 중요한 사항을 금융상품직접판매업자에게 알리는 것을 방해하거나 알리지 아니할 것을 권유하는 행위를 포함한다.
   나. 금융소비자가 보장성 상품 계약의 중요한 사항에 대하여 부실하게 금융상품직접판매업자에게 알릴 것을 권유하는 행위
6. 투자성 상품의 경우 다음과 같은 행위
   가. 불초청권유: 금융소비자로부터 계약의 체결권유를 해줄 것을 요청받지 아니하고 방문·전화 등 실시간 대화의 방법을 이용하는 행위[336]
   나. 재권유: 계약의 체결권유를 받은 금융소비자가 이를 거부하는 취지의 의사를 표시하였는데도 계약의 체결권유를 계속하는 행위
7. 그 밖에 금융소비자 보호 또는 건전한 거래질서를 해칠 우려가 있는 행위로서 대통령령으로 정하는 행위

위 제1호는 자본시장법 제49조 제2호와 동일한 규정인데, 대법원은 형사판결에서 제49조 제2호의 문언 해석상 금융투자업자가 일단 불확실한 사항에 대하여 단정적 판단 제공 등의 행위를 한 이상 이로써 바로 위 조항 위반죄가 성립한다고 판시하였다.[337] 이와 관련하여, 헌법재판소도 해당 규정이 죄형법정주의의 명확성원칙과 과잉금지원칙에 위배되지 않는다고 판시한 바 있다.[338]

제7호에서 "대통령령으로 정하는 행위"란 다음 행위를 말한다(금소법 시행령 16조③).

1. 내부통제기준에 따른 직무수행 교육을 받지 않은 자로 하여금 계약체결 권유와 관련된 업무를 하게 하는 행위[339]
2. 법 제17조 제2항에 따른 일반금융소비자의 정보를 조작하여 권유하는 행위

한다.

336) E-mail, 문자메시지, 서신, 출판물 등의 방법을 이용하는 것은 실시간 대화의 방법이 아니므로 허용된다고 해석된다.

337) 대법원 2017. 12. 5. 선고 2014도14924 판결.

338) 헌법재판소 2017. 5. 25.자 2014헌바459 결정.

339) 제1호는 상품숙지의무 규정인데, 상품숙지의무 이행 여부에 대한 판단은 금융회사가 개별 금융상품에 필요한 직무교육 사항을 내규로 정하여 이행했는지를 기준으로 판단할 수 있다.

3. 투자성 상품에 관한 계약의 체결을 권유하면서 일반금융소비자가 요청하지 않은 다른 대출성 상품을 안내하거나 관련 정보를 제공하는 행위
4. 그 밖에 제1호부터 제3호까지의 행위에 준하는 것으로서 금융상품에 대한 금융소비자의 합리적 판단을 저해하는 금융위원회가 정하여 고시하는 행위[340)]

(나) 부당권유가 아닌 행위

금융소비자 보호 및 건전한 거래질서를 해칠 우려가 없는 행위로서 대통령령으로 정하는 행위는 부당권유행위에 해당하지 않는다(금소법 21조 단서). "대통령령으로 정하는 행위"는 다음과 같은 행위를 말한다(금소법 시행령 16조①).

1. 다음 각 목의 구분에 따른 투자성 상품에 대한 법 제21조 제6호 가목에 따른 행위(금융상품판매업자등이 계약의 체결권유를 하기 전에 금융소비자의 연락처 등 개인정보의 취득경로, 권유하려는 금융상품의 종류·내용 등 금융위원회가 정하여 고시하는 사항을 금융소비자에게 미리 안내하고 해당 금융소비자가 계약의 체결권유를 받을 의사를 표시한 경우로 한정한다)
   가. 전문금융소비자의 경우: 장외파생상품 및 연계투자를 제외한 투자성 상품
   나. 일반금융소비자의 경우: 다음의 금융상품을 제외한 투자성 상품
   1) 장외파생상품 및 연계투자
   2) 자본시장법에 따른 장내파생상품
   3) 자본시장법에 따른 일반 사모집합투자기구의 집합투자증권
   4) 자본시장법에 따른 고난도금융투자상품, 고난도투자일임계약, 고난도금전신탁계약
2. 금융위원회가 정하여 고시하는 다른 금융상품[341)]에 대한 법 제21조 제6호 나목에

---

340) "금융위원회가 정하여 고시하는 행위"란 다음 각 호의 행위를 말한다(금융소비자보호감독규정 15조④).
1. 투자성 상품의 가치에 중대한 영향을 미치는 사항을 알면서 그 사실을 금융소비자에 알리지 않고 그 금융상품의 매수 또는 매도를 권유하는 행위
2. 자기 또는 제3자가 소유한 투자성 상품의 가치를 높이기 위해 금융소비자에게 해당 투자성 상품의 취득을 권유하는 행위
3. 금융소비자가 자본시장법 제174조, 제176조 또는 제178조에 위반되는 매매, 그 밖의 거래를 하고자 한다는 사실을 알고 그 매매, 그 밖의 거래를 권유하는 행위
4. 금융소비자("신용카드 회원")의 사전 동의 없이 신용카드를 사용하도록 유도하거나 다른 대출성 상품을 권유하는 행위
5. 법 제17조를 적용받지 않고 권유하기 위해 일반금융소비자로부터 계약 체결의 권유를 원하지 않는다는 의사를 서면 등으로 받는 행위

341) 시행령 제16조 제1항 제2호에 따라 다음 각 호의 구분에 따른 금융상품은 각각 다른 유형의 금융상품으로 본다(금융소비자보호감독규정 15조①).
1. 자본시장법에 따른 금융투자상품

따른 행위[342)]

3. 투자성 상품에 대한 계약의 체결권유를 받은 금융소비자가 이를 거부하는 취지의 의사를 표시한 후 금융위원회가 정하여 고시하는 기간(금융소비자보호감독규정 15조③: 1개월)이 지난 경우에 해당 상품에 대한 법 제21조 제6호 나목에 따른 행위

(다) 부당권유행위에 대한 책임

부당권유행위금지 규정을 위반한 경우에도 그 거래의 사법(私法)상 효력은 인정되고, 이에 대한 구제책으로는 민사상 책임과 행정제재 등이 있다.[343)]

자본시장법상 금융투자업자는 법령·약관·집합투자규약·투자설명서에 위반하는 행위를 하거나 그 업무를 소홀히 하여 투자자에게 손해를 발생시킨 경우에는 그 손해를 배상할 책임이 있다(法 64조① 본문). 금융투자업자의 부당권유금지 위반이 민법상 불법행위책임의 요건을 충족한 경우 불법행위에 기한 손해배상책임도 발생할 수 있다. 물론 두 책임은 경합적으로 주장할 수 있다.

(라) 설명의무와의 차이

설명의무의 내용과 부당권유행위의 내용 중 일부는 중복된다. 특히 "설명의

가. 수익증권, 나. 장내파생상품, 다. 장외파생상품, 라. 증권예탁증권, 마. 지분증권, 바. 채무증권, 사. 투자계약증권, 아. 파생결합증권

2. 자본시장법에 따른 신탁계약
   가. 자본시장법 제103조 제1항 제1호의 신탁재산에 대한 신탁계약
   나. 자본시장법 제103조 제1항 제2호부터 제7호까지의 신탁재산에 대한 신탁계약
3. 자본시장법에 따른 투자자문계약 또는 투자일임계약
   가. 자본시장법에 따른 장내파생상품에 관한 계약
   나. 자본시장법에 따른 장외파생상품에 관한 계약
   다. 자본시장법에 따른 증권에 관한 계약

제1항에도 불구하고 다음 각 호의 어느 하나에 해당하는 금융상품은 다른 유형의 금융상품으로 본다(금융소비자보호 감독규정 15조②).

1. 기초자산의 종류가 다른 장외파생상품
2. 금융상품의 구조[다음 각 목의 사항(가. 선도, 나. 스왑, 다. 옵션)을 말한다]가 다른 장외파생상품

342) 즉, 불초청권유는 증권과 장내파생상품에 대하여는 허용되고 장외파생상품에 대하여서만 금지된다.

343) 자본시장법은 제49조 제1호(거짓의 내용을 알리는 행위)·제2호(불확실한 사항에 대하여 단정적 판단을 제공하거나 확실하다고 오인하게 할 소지가 있는 내용을 알리는 행위)에 해당하는 행위를 한 자는 3년 이하의 징역 또는 1억원 이하의 벌금에 처하고(법445조 6호), 제3호부터 제5호까지의 어느 하나에 해당하는 행위를 한 자는 1억원 이하의 과태료를 부과하였다(법 449조①22). 금융소비자보호법은 모든 부당권유행위를 과태료 부과대상으로 규정한다. 이에 따라 자본시장법 제445조 제6호와 제449조 제1항 제22호는 삭제되었다(시행: 2021. 3. 25).

무에 관한 제19조 제1항에 따라 금융상품에 관한 중요한 사항을 설명하는데 필요한 역량을 법령, 내부통제기준 등에 따라 갖추지 않은 사람이 권유하는 행위" 도 부당권유행위의 한 유형이다(금소법 시행령 16조③1).

양자를 비교하면, 설명의무는 금융상품에 관한 중요한 사항을 일반금융소비자가 이해할 수 있도록 설명하여야 하는 의무이고, 부당권유행위 금지의무는 잘못된 내용, 사실과 다른 내용을 알리거나 금융상품의 가치에 중대한 영향을 미치는 사항을 알리지 않으면서 계약체결을 권유하는 행위를 말한다. 그리고 설명의무는 일반금융소비자를 대상으로 하는 경우에만 적용되고, 부당권유행위 금지는 모든 금융소비자를 대상으로 하는 경우에 적용된다.

(5) 광고 관련 준수사항

(가) 금융상품등에 관한 광고의 의의

금융소비자보호법은 "금융상품판매업자등의 업무에 관한 광고"와 "금융상품에 관한 광고"를 "금융상품등에 관한 광고"로 규정한다(금소법 22조①).[344]

금융소비자보호법은 '광고'에 대해 별도의 정의규정을 두고 있지 않는데, 금융감독당국은 「표시·광고의 공정화에 관한 법률」(이하 "표시·광고법")상 광고의 정의를 차용하여, 광고란 '사업자가 자기 또는 다른 사업자의 상품 또는 용역의 내용, 거래조건, 그 밖에 그 거래에 관한 사항을 신문, 방송, 전기통신 등을 통해 소비자에 널리 알리거나 제시하는 행위'라고 보면서, 불특정 다수를 대상으로 금융거래를 유인하기 위해 금융상품 관련 정보를 게시하는 것은 광고에 해당한다는 입장이다.[345] 따라서 금융소비자보호법상 광고도 표시·광고법의 적용대상이므로, 금융상품등에 관한 광고를 할 때 표시·광고법 제4조 제1항에 따른 표시·광고사항이 있는 경우에는 표시·광고법에서 정하는 바에 따른다(금소법 19조⑤).

(나) 금융상품등에 관한 광고의 주체

1) 광고주체의 원칙적 범위　금융상품판매업자등이 아닌 자 및 투자성 상품에 관한 금융상품판매대리·중개업자 등 대통령령으로 정하는 금융상품판매업

344) 은행법·자본시장법·보험업법·여전법 등에서 규정하던 광고규제를 금융소비자보호법으로 통합이관하였는데, 자본시장법과 금융소비자보호법은 단순한 정보제공에 대해 특별한 규제를 하지 않지만, 금융상품의 광고에 대해서는 그 주체를 원칙적으로 금융상품판매업자등으로 제한하는 등의 규제를 하고, 적합성 원칙, 적정성 원칙, 설명의무, 부당권유의 금지 등에 대하여 엄격한 규제를 적용한다.

345) 금융위원회/금융감독원, 금융소비자보호법 FAQ 답변(2차), 2021. 3. 17. 2면.

자등은 금융상품등에 관한 광고를 할 수 없다(금소법 22조①).

광고가 금지되는 "대통령령으로 정하는 금융상품판매업자등"은 다음과 같은 자를 말한다(금소법 시행령 17조①).

1. 금융상품판매업자등의 업무에 관한 광고의 경우: 투자성 상품을 취급하는 금융상품판매대리·중개업자
2. 금융상품에 관한 광고의 경우: 금융상품판매대리·중개업자. 다만, 금융상품직접판매업자가 금융위원회가 정하여 고시하는 바(금융소비자보호 감독규정 16조① : "허용하기 전에 그 광고가 법령에 위배되는지를 확인해야 한다")에 따라 금융상품판매대리·중개업자에게 허용한 경우(투자성 상품을 취급하는 경우는 제외)는 제외한다.

2) 예외적 허용 다음과 같은 기관("협회등"), 그 밖에 금융상품판매업자등이 아닌 자로서 금융상품판매업자등을 자회사 또는 손자회사로 하는 금융지주회사 등 대통령령으로 정하는 자[346]는 금융상품등에 관한 광고를 할 수 있다(금소법 22조① 단서).[347]

1. 한국금융투자협회
2. 생명보험협회
3. 손해보험협회
4. 상호저축은행중앙회
5. 여신전문금융업협회
6. 그 밖에 제1호부터 제5호까지의 기관에 준하는 기관으로서 대통령령으로 정하는 기관[348]

---

346) "대통령령으로 정하는 자"는 다음 각 호의 자를 말한다(금소법 시행령 17조②).
  1. 금융상품판매업자등을 자회사 또는 손자회사로 하는 금융지주회사
  2. 증권의 발행인 또는 매출인(해당 증권에 관한 광고를 하는 경우로 한정)
  3. 주택도시보증공사
  4. 한국주택금융공사
  5. 집합투자업자
  6. 그 밖에 제1호부터 제5호까지의 자에 준하는 자로서 금융위원회가 정하여 고시하는 자

347) 삭제된 자본시장법 제57조 제1항도 금융투자협회와 금융투자업자를 자회사 또는 손자회사로 하는 금융지주회사는 투자광고를 할 수 있으며, 증권의 발행인 또는 매출인은 그 증권에 대하여 투자광고를 할 수 있다고 규정하였다.

348) "대통령령으로 정하는 기관"은 다음 각 호의 기관을 말한다(금소법 시행령 17조③).
  1. 「대부업 등의 등록 및 금융이용자 보호에 관한 법률」 제18조의2에 따라 설립된 대부업 및 대부중개업 협회
  2. 민법 제32조에 따라 설립된 전국은행연합회

(다) 광고의 방법과 내용

1) 광고의 방법 금융상품판매업자등(제1항 단서에 해당하는 자를 포함)이 금융상품등에 관한 광고를 하는 경우에는 금융소비자가 금융상품의 내용을 오해하지 아니하도록 명확하고 공정하게 전달해야 한다(금소법 22조②).

금융상품판매업자등(법 제22조 제1항 단서에 따른 각종 협회 포함)이 금융상품등에 관한 광고를 하는 경우에는 금융소비자가 광고의 내용을 쉽게 이해할 수 있도록 광고의 글자, 영상 및 음성 등 전달방법에 관하여 금융위원회가 정하여 고시하는 기준을 준수해야 한다(금소법 시행령 19조①).

2) 광고에 포함되어야 하는 내용 금융상품판매업자등이 하는 금융상품등에 관한 광고에는 다음과 같은 내용이 포함되어야 한다. 다만, 제17조 제5항 본문에 따른 투자성 상품[일반사모집합투자기구의 집합투자증권]에 관한 광고에 대하여는 그러하지 아니하다(금소법 22조③).

1. 금융상품에 관한 계약을 체결하기 전에 금융상품 설명서 및 약관을 읽어 볼 것을 권유하는 내용
2. 금융상품판매업자등의 명칭, 금융상품의 내용349)
3. 다음 각 목의 구분에 따른 내용
   가. 보장성 상품의 경우: 기존에 체결했던 계약을 해지하고 다른 계약을 체결하는 경우에는 계약체결의 거부 또는 보험료 등 금융소비자의 지급비용("보험료등")이 인상되거나 보장내용이 변경될 수 있다는 사항
   나. 투자성 상품의 경우

---

3. 신용협동조합중앙회
4. 그 밖에 제1호부터 제3호까지의 기관에 준하는 자로서 금융위원회가 정하여 고시하는 기관(금융소비자보호 감독규정 16조② : 온라인투자연계금융협회)

349) "금융상품의 내용"이란 다음 각 호의 구분에 따른다(금소법 시행령 18조①).
1. 금융상품의 내용: 다음 각 목의 사항
   가. 금융상품의 명칭
   나. 이자율(「대부업 등의 등록 및 금융이용자 보호에 관한 법률」 제9조 제1항에 따른 대부이자율 및 연체이자율을 포함한다)
   다. 수수료
2. 투자에 따른 위험: 다음 각 목의 사항
   가. 원금 손실 발생 가능성
   나. 원금 손실에 대한 소비자의 책임
3. 대출조건: 다음 각 목의 사항
   가. 갖춰야 할 신용 수준에 관한 사항
   나. 원리금 상환방법

1) 투자에 따른 위험
2) 과거 운용실적을 포함하여 광고를 하는 경우에는 그 운용실적이 미래의 수익률을 보장하는 것이 아니라는 사항

다. 예금성 상품의 경우: 만기지급금 등을 예시하여 광고하는 경우에는 해당 예시된 지급금 등이 미래의 수익을 보장하는 것이 아니라는 사항(만기 시 지급금이 변동하는 예금성 상품으로서 대통령령으로 정하는 금융상품의 경우에 한정한다)
라. 대출성 상품의 경우: 대출조건

4. 그 밖에 금융소비자 보호를 위하여 대통령령으로 정하는 내용

㈑ 금지행위

금융상품판매업자등이 금융상품등에 관한 광고를 하는 경우 다음과 같은 구분에 따른 행위를 해서는 아니 된다(금소법 22조④).

1. 보장성 상품
가. 보장한도, 보장 제한 조건, 면책사항 또는 감액지급 사항 등을 빠뜨리거나 충분히 고지하지 아니하여 제한 없이 보장을 받을 수 있는 것으로 오인하게 하는 행위
나. 보험금이 큰 특정 내용만을 강조하거나 고액 보장 사례 등을 소개하여 보장내용이 큰 것으로 오인하게 하는 행위
다. 보험료를 일(日) 단위로 표시하거나 보험료의 산출기준을 불충분하게 설명하는 등 보험료등이 저렴한 것으로 오인하게 하는 행위
라. 만기 시 자동갱신되는 보장성 상품의 경우 갱신 시 보험료등이 인상될 수 있음을 금융소비자가 인지할 수 있도록 충분히 고지하지 않는 행위
마. 금리 및 투자실적에 따라 만기환급금이 변동될 수 있는 보장성 상품의 경우 만기환급금이 보장성 상품의 만기일에 확정적으로 지급되는 것으로 오인하게 하는 행위 등 금융소비자 보호를 위하여 대통령령으로 정하는 행위[350)]

---

350) 제1호 마목에서 "대통령령으로 정하는 행위"란 다음 각 호의 행위를 말한다(금소법 시행령 20조①).
1. 이자율 및 투자실적에 따라 만기환급금이 변동될 수 있는 보장성 상품의 경우 만기환급금이 보장성 상품의 만기일에 확정적으로 지급되는 것으로 오인하게 하는 행위
2. 보험료를 일(日) 단위로 표시하는 등 금융소비자의 경제적 부담이 작아 보이도록 하거나 계약체결에 따른 이익을 크게 인지하도록 하여 금융상품을 오인하게끔 표현하는 행위
3. 비교대상 및 기준을 분명하게 밝히지 않거나 객관적인 근거 없이 다른 금융상품등과 비교하는 행위
4. 불확실한 사항에 대해 단정적 판단을 제공하거나 확실하다고 오인하게 할 소지가 있는 내용을 알리는 행위
5. 계약체결 여부나 금융소비자의 권리·의무에 중대한 영향을 미치는 사항을 사실과 다르게 알리거나 분명하지 않게 표현하는 행위

2. 투자성 상품
   가. 손실보전(損失補塡) 또는 이익보장이 되는 것으로 오인하게 하는 행위. 다만, 금융소비자를 오인하게 할 우려가 없는 경우로서 대통령령으로 정하는 경우(금소법 시행령 20조②: 자본시장법 시행령 제104조 제1항 단서에 따라 손실을 보전하거나 이익을 보장하는 경우)는 제외한다.
   나. 대통령령으로 정하는 투자성 상품(금소법 시행령 20조③): 집합투자증권)에 대하여 해당 투자성 상품의 특성을 고려하여 대통령령으로 정하는 사항[351] 외의 사항을 광고에 사용하는 행위
   다. 수익률이나 운용실적을 표시하는 경우 수익률이나 운용실적이 좋은 기간의 수익률이나 운용실적만을 표시하는 행위 등 금융소비자 보호를 위하여 대통령령으로 정하는 행위[352]
3. 예금성 상품
   가. 이자율의 범위·산정방법, 이자의 지급·부과 시기 및 부수적 혜택·비용을 명확히 표시하지 아니하여 금융소비자가 오인하게 하는 행위
   나. 수익률이나 운용실적을 표시하는 경우 수익률이나 운용실적이 좋은 기간의 것만을 표시하는 행위 등 금융소비자 보호를 위하여 대통령령으로 정하는 행위
4. 대출성 상품
   가. 대출이자율의 범위·산정방법, 대출이자의 지급·부과 시기 및 부수적 혜택·비용을 명확히 표시하지 아니하여 금융소비자가 오인하게 하는 행위
   나. 대출이자를 일 단위로 표시하여 대출이자가 저렴한 것으로 오인하게 하는 행위 등 금융소비자 보호를 위하여 대통령령으로 정하는 행위

---

6. 그 밖에 제1호부터 제5호까지의 행위에 준하는 것으로서 금융소비자의 합리적 의사결정을 저해하거나 건전한 시장질서를 훼손할 우려가 있다고 금융위원회가 정하여 고시하는 행위

351) 제2호 나목에서 "대통령령으로 정하는 사항"이란 다음 각 호의 사항을 말한다(금소법 시행령 20조③).
   1. 집합투자증권을 발행한 자의 명칭, 소재지 및 연락처
   2. 집합투자증권을 발행한 자의 조직 및 집합투자재산 운용 인력
   3. 집합투자재산 운용 실적
   4. 집합투자증권의 환매
   5. 그 밖에 제1호부터 제4호까지의 행위에 준하는 것으로서 집합투자증권의 특성 등을 고려하여 금융위원회가 정하여 고시하는 사항(금융소비자보호 감독규정 19조②).

352) 제2호 다목, 제3호 나목, 제4호 나목에서 "대통령령으로 정하는 행위"란 다음 각 호의 행위를 말한다(금소법 시행령 20조④).
   1. 제1항 제2호부터 제5호까지의 규정에 따른 행위
   2. 투자성 상품 또는 예금성 상품의 수익률이나 운용실적을 표시하는 경우 수익률이나 운용실적이 좋은 기간의 수익률이나 운용실적만을 표시하는 행위
   3. 그 밖에 제1호 및 제2호의 행위에 준하는 것으로서 금융소비자의 합리적 의사결정을 방해하거나 건전한 시장질서를 훼손할 우려가 있다고 금융위원회가 정하여 고시하는 행위

(마) 광고의 감독

1) 감시와 통보 협회등은 금융상품판매업자등의 금융상품등에 관한 광고와 관련하여 대통령령으로 정하는 바에 따라 제1항부터 제4항까지의 광고 관련 기준을 준수하는지를 확인하고 그 결과에 대한 의견을 해당 금융상품판매업자등에게 통보할 수 있다(금소법 19조⑥).

2) 내부통제기준 금융상품판매업자등은 광고를 하려는 경우에 금융사지배구조법 제25조 제1항에 따른 준법감시인(준법감시인이 없는 경우에는 감사 등 이에 준하는 자)의 심의를 받는 등 내부통제기준에 따른 절차를 거쳐야 한다(금소법 시행령 19조②).

(바) 투자광고와 투자권유

금융소비자보호법은 금융상품의 성격에 따라 구분하여 광고에 포함되어야 하는 내용을 규정하는데(금소법 22조③), 투자성 상품에 관한 투자광고와 투자권유는 개념상으로는 엄격히 구분되나 실무상으로는 그 구별이 명확하지 않다. 투자권유와 투자광고를 구별하는 기준으로 정보제공의 대상이 불특정 다수인지가 주요 요소로 취급되지만,[353] 광고는 민법상 청약의 유인에 해당하고 자본시장법상 청약의 권유에 해당하고 따라서 투자중개업자 직원이 관리 고객들에게 종목추천 문자를 발송하는 것과 같이 특정, 다수인을 대상으로 하는 경우는 투자광고와 투자권유에 동시에 해당할 수 있다.[354] 결국 투자광고와 투자권유의 구별은 정보제공 대상의 특정 여부 또는 인원수의 다소만을 기준으로 할 수는 없고, 청약의사를 표시하도록 하는 유인행위에 해당하는지 여부 등을 투자자 보호의 관점에서 종합적으로 살펴 판단하여야 할 것이다.[355]

353) 기본적으로는 투자권유와 투자광고를 구별하는 기준으로 정보제공의 대상이 불특정 다수인지를 주요 기준으로 삼고, 사실상 불특정 다수로 볼 수 있을 정도로 연령이나 특정 소득계층을 기준으로 포괄 분류된 소비자군에 대해 동일한 정보를 알리는 행위는 투자광고에 해당하고, 다양한 정보의 조합을 통해 소비자군을 세분화하여 사실상 특정 소비자에 맞춤형으로 상품정보를 제공한다고 볼 수 있는 경우에는 권유에 해당한다는 것이 금융감독당국의 입장이다[금융위원회/금융감독원, 금융소비자보호법 FAQ 답변(3차), 2021. 4. 26., 4면)].

354) 금융투자협회, 투자광고심사 매뉴얼 2021년 9월, 4면, 5면.

355) 금융위원회/금융감독원, 금융소비자보호법 FAQ 답변(1차), 2021. 2. 18., 3면. 한편, 증권신고의 대상이 되는 증권의 모집·매출, 그 밖의 거래를 위하여 청약의 권유 등을 하고자 하는 경우에는 정식투자설명서, 예비투자설명서, 간이투자설명서 중 한 가지를 반드시 사용하여야 하지만, 인수인의 명칭과 증권의 발행금액을 포함하지 않는 등 금융위원회가 정하여 고시하는 기준에 따라 광고 등의 방법으로 단순히 그 사실을 알리거나 안내하는 경우는 청약의 권유에서 제외한다는 자본시장법 시행령 제2조 제2호 단서 규정에 따라 투자광고는 청약의 권

⑹ 계약서류 제공의무

㈎ 계약서류 제공

금융상품직접판매업사 및 금융상품자문업자는 금융소비자와 금융상품 또는 금융상품자문에 관한 계약을 체결하는 경우 금융상품의 유형별로 대통령령으로 정하는 계약서류[356]를 금융소비자에게 지체 없이 제공해야 한다. "지체없이" 계약서류를 제공하여야 하므로 일본 金融商品取引法 제37조의3이 규정하는 바와 같은 사전 서면교부의무는 없다. 다만, 계약내용 등이 금융소비자 보호를 해칠 우려가 없는 경우로서 대통령령으로 정하는 경우에는 계약서류를 제공하지 아니할 수 있다(금소법 23조①).[357]

㈏ 증명책임

계약서류의 제공 사실에 관하여 금융소비자와 다툼이 있는 경우에는 금융상품직접판매업자 및 금융상품자문업자가 이를 증명해야 한다(금소법 23조②). 금융상품직접판매업자 및 금융상품자문업자는 계약서류 자체를 체계적으로 잘 보관하고 있으므로 그 증명이 용이함으로 고려한 것이다.

㈐ 계약서류 제공 방식

금융상품직접판매업자 및 금융상품자문업자가 계약서류를 제공하는 때에는

유에서 제외된다. 사실상 총모집금액이 정해져 있다 하더라도 투자안내자료에서는 "총모집금액(예정)"이라고 표시하고, "본 안내문은 청약의 권유를 목적으로 하지 않으며 청약의 권유는 투자설명서, 간이투자설명서에 따릅니다."라는 문구를 기재하는 것이 일반적이다.

356) "대통령령으로 정하는 계약서류"란 다음 각 호의 구분에 따른 서류를 말한다(금소법 시행령 22조①).
1. 금융상품 계약서
2. 금융상품의 약관
3. 금융상품 설명서(금융상품판매업자만 해당)
4. 상법에 따른 보험증권(보장성 상품 중 보험만 해당)

357) "대통령령으로 정하는 경우"란 다음과 같은 경우를 말한다(금소법 시행령 22조②).
1. 다음 각 목의 법률에 따라 계약서류가 제공된 경우
가. 「대부업 등의 등록 및 금융이용자 보호에 관한 법률」
나. 자본시장법(온라인소액투자중개업자만 해당)
다. 「온라인투자연계금융업 및 이용자 보호에 관한 법률」
2. 그 밖에 계약 내용이나 금융상품의 특성 등을 고려할 때 계약서류를 제공하지 않아도 금융소비자 보호가 저해될 우려가 없는 경우로서 금융위원회가 정하여 고시하는 경우 [금융소비자보호 감독규정 21조②: 1. 기본 계약을 체결하고 그 계약내용에 따라 계속적·반복적으로 거래를 하는 경우, 2. 기존 계약과 동일한 내용으로 계약을 갱신하는 경우, 3. 법인인 전문금융소비자와 계약을 체결하는 경우(영 제22조 제1항 제3호에 따른 설명서만 해당]

다음 각 호의 방법으로 제공한다. 다만, 금융소비자가 다음 각 호의 방법 중 특정 방법으로 제공해 줄 것을 요청하는 경우에는 그 방법으로 제공해야 한다(금소법 시행령 22조③).

1. 서면교부
2. 우편 또는 전자우편
3. 휴대전화 문자메시지 또는 이에 준하는 전자적 의사표시[358]

3. 금융상품판매업자등의 업종별 영업행위 준수사항

(1) 미등록자를 통한 금융상품판매 대리·중개 금지

금융상품판매업자는 금융상품판매대리·중개업자가 아닌 자에게 금융상품계약체결등을 대리하거나 중개하게 해서는 아니 된다(금소법 24조).

(2) 금융상품판매대리·중개업자의 금지행위

금융상품판매대리·중개업자는 다음과 같은 행위를 해서는 아니 된다(금소법 25조①).

1. 금융소비자로부터 투자금, 보험료 등 계약의 이행으로서 급부를 받는 행위. 다만, 금융상품직접판매업자로부터 급부 수령에 관한 권한을 부여받은 경우로서 대통령령으로 정하는 행위[359]는 제외한다.
2. 금융상품판매대리·중개업자가 대리·중개하는 업무를 제3자에게 하게 하거나 그러한 행위에 관하여 수수료·보수나 그 밖의 대가를 지급하는 행위. 다만, 금융상품직접판매업자의 이익과 상충되지 아니하고 금융소비자 보호를 해치지 않는 경우로서 대통령령으로 정하는 행위(금소법 시행령 23조②)는 제외한다.
3. 그 밖에 금융소비자 보호 또는 건전한 거래질서를 해칠 우려가 있는 행위로서 대통령령으로 정하는 행위[360]

---

358) 금융상품판매업자등은 계약서류를 전자우편 또는 이에 준하는 전자적 의사표시로 교부하는 경우에 금융소비자가 「전자금융거래법」에 따른 전자적 장치를 통해 계약서류를 확인하는데 필요한 소프트웨어 및 안내자료를 제공해야 한다(금융소비자보호 감독규정 2조①).

359) "대통령령으로 정하는 행위"란 보장성 상품에 관한 계약과 관련하여 보험료 또는 공제료를 수령하는 행위를 말한다(금소법 시행령 23조①).

360) "대통령령으로 정하는 행위"란 다음과 같은 행위를 말한다(금소법 시행령 23조③).

1. 금융상품직접판매업자를 대신하여 계약을 체결하는 행위. 다만, 상법 제646조의2에 따라 보험대리점이 해당 금융상품직접판매업자로부터 계약에 관한 의사표시를 할 수 있는 권한을 받은 경우는 제외한다.
2. 금융소비자를 대신하여 계약을 체결하는 행위
3. 금융소비자로 하여금 금융상품직접판매업자 또는 금융상품자문업자로 오인할 수 있는

금융상품판매대리·중개업자는 금융상품판매 대리·중개 업무를 수행할 때 금융상품직접판매업자로부터 정해진 수수료 외의 금품, 그 밖의 재산상 이익을 요구하거나 받아서는 아니 된다(금소법 25조②).361)

(3) 금융상품판매대리·중개업자의 고지의무

금융상품판매대리·중개업자는 금융상품판매 대리·중개 업무를 수행할 때 금융소비자에게 다음과 같은 사항 모두를 미리 알려야 한다(금소법 26조①).

1. 금융상품판매대리·중개업자가 대리·중개하는 금융상품직접판매업자의 명칭 및 업무 내용
2. 하나의 금융상품직접판매업자만을 대리하거나 중개하는 금융상품판매대리·중개업자인지 여부
3. 금융상품직접판매업자로부터 금융상품 계약체결권을 부여받지 아니한 금융상품판매대리·중개업자의 경우 자신이 금융상품계약을 체결할 권한이 없다는 사실
4. 제44조와 제45조에 따른 손해배상책임에 관한 사항
5. 그 밖에 금융소비자 보호 또는 건전한 거래질서를 위하여 대통령령으로 정하는 사항362)

상호를 광고나 영업에 사용하는 행위
4. 금융상품직접판매업자에게 자신에게만 대리·중개 업무를 위탁하거나 다른 금융상품판매대리·중개업자에게 위탁하지 않도록 강요하는 행위
5. 다른 금융상품판매대리·중개업자의 명의를 사용하거나 다른 금융상품판매대리·중개업자가 자신의 명의를 사용하도록 하는 행위
6. 그 밖에 제1호부터 제5호까지의 행위에 준하는 것으로서 금융위원회가 정하여 고시하는 행위[금융소비자보호감독규정 22조: 3. 투자성 상품에 관한 계약의 체결을 대리하거나 중개하는 행위로서 다음 각 목의 어느 하나에 해당하는 행위. 가. 자본시장법에 따른 투자일임재산이나 같은 법에 따른 신탁재산을 각각의 금융소비자별 또는 재산별로 운용하지 않고 모아서 운용하는 것처럼 투자일임계약이나 신탁계약의 계약체결등(계약의 체결 또는 계약 체결의 권유를 하거나 청약을 받는 것을 말한다)을 대리·중개하거나 광고하는 행위, 나. 금융소비자로부터 금융투자상품을 매매할 수 있는 권한을 위임받는 행위, 다. 투자성 상품에 관한 계약의 체결과 관련하여 제3자가 금융소비자에 금전을 대여하도록 대리·중개하는 행위, 라. 보험업법에 따른 보험설계사가 위탁계약을 체결하지 않은 같은 법에 따른 보험회사의 투자성 상품에 관한 계약의 체결을 대리·중개하는 행위]

361) "재산상 이익"은 다음 각 호의 사항을 말한다(금소법 시행령 23조④).
1. 금전등의 지급 또는 대여
2. 금융상품판매대리·중개업 수행 시 발생하는 비용 또는 손해의 보전
3. 금융상품직접판매업자가 취급하는 금융상품에 대한 계약 체결 시 우대 혜택
4. 그 밖에 제1호부터 제3호까지의 이익에 준하는 것으로서 금융위원회가 정하여 고시하는 재산상 이익

362) "대통령령으로 정하는 사항"이란 다음 각 호의 사항을 말한다(금소법 시행령 24조①).
1. 법 제25조 제1항 제1호 본문에 따라 급부를 받을 수 있는지 여부
2. 시행령 제23조 제2항 제1호 각 목에 따른 위탁계약을 체결한 경우 그 업무를 위탁한 금

금융상품판매대리·중개업자는 금융상품판매 대리·중개 업무를 수행할 때 자신이 금융상품판매대리·중개업자라는 사실을 나타내는 표지를 게시하거나 증표를 금융소비자에게 보여 주어야 한다(금소법 26조②).

(4) 금융상품자문업자의 영업행위준칙

금융상품자문업자는 금융소비자에 대하여 선량한 관리자의 주의로 자문에 응해야 한다(금소법 27조①). 금융상품자문업자는 금융소비자의 이익을 보호하기 위하여 자문업무를 충실하게 수행해야 한다(금소법 27조②).

금융상품자문업자는 자문업무를 수행하는 과정에서 다음 사항을 금융소비자에게 알려야 하며, 자신이 금융상품자문업자라는 사실을 나타내는 표지를 게시하거나 증표를 금융소비자에게 내보여야 한다(금소법 27조③).

1. 제12조 제2항 제6호 각 목의 요건을 갖춘 자("독립금융상품자문업자")인지 여부
2. 금융상품판매업자로부터 자문과 관련한 재산상 이익을 제공받는 경우 그 재산상 이익의 종류 및 규모. 다만, 경미한 재산상 이익으로서 대통령령으로 정하는 경우는 제외한다.
3. 금융상품판매업을 겸영하는 경우 자신과 금융상품계약체결등 업무의 위탁관계에 있는 금융상품판매업자의 명칭 및 위탁 내용
4. 자문을 제공하는 금융상품의 범위
5. 자문업무의 제공 절차
6. 그 밖에 금융소비자 권익 보호 또는 건전한 거래질서를 위하여 대통령령으로 정하는 사항[363)]

독립금융상품자문업자가 아닌 자는 "독립"이라는 문자 또는 이와 같은 의미를 가지고 있는 외국어 문자로서 대통령령으로 정하는 문자("독립문자")를 명칭이나 광고에 사용할 수 없다(금소법 27조④).

독립금융상품자문업자는 다음과 같은 행위를 할 수 없다(금소법 27조⑤).

융상품판매대리·중개업자의 명의와 위탁받은 업무 내용
3. 금융소비자가 제공한 신용정보 또는 개인정보 등은 금융상품직접판매업자가 보유·관리한다는 사실(보험업법에 따른 보험중개사의 경우는 제외)
4. 그 밖에 제1호부터 제3호까지의 사항에 준하는 것으로서 금융위원회가 정하여 고시하는 사항

363) "대통령령으로 정하는 사항"이란 다음 각 호의 사항을 말한다(금소법 시행령 25조②).
1. 자문업무에 따른 보수 및 그 결정 기준
2. 제1호에 따른 보수 외에 추가로 금전등을 요구하지 않는다는 사실
3. 금융소비자의 금융상품 취득·처분에 따른 손실에 대해 책임을 지지 않는다는 사실

1. 금융소비자의 자문에 대한 응답과 관련하여 금융상품판매업자(임직원을 포함)로부터 재산상 이익을 받는 행위. 다만, 금융상품판매업자의 자문에 응하여 그 대가를 받는 경우 등 대통령령으로 정하는 경우[시행령 23조④: 금융상품판매업자의 계산으로 하는 거래에 관한 자문에 응하여 대가를 받는 경우]는 제외한다.
2. 그 밖에 금융소비자와의 이해상충이 발생할 수 있는 행위로서 대통령령으로 정하는 행위[364]

(5) 자료의 기록 · 유지 · 관리의무

(가) 금융상품판매업자등의 의무

금융상품판매업자등은 금융상품판매업등의 업무와 관련한 자료로서 대통령령으로 정하는 자료(금소법 시행령 26조①)를 기록하여야 하며, 자료의 종류별로 10년(금소법 시행령 26조②) 동안 유지 · 관리해야 한다(금소법 28조①).[365] 금융상품판매업자등은 기록 및 유지 · 관리하여야 하는 자료가 멸실 또는 위조되거나 변조되지 아니하도록 적절한 대책을 수립· 시행해야 한다(금소법 28조②).

(나) 금융소비자의 자료열람요구권

1) 자료열람요구권 행사절차　　금융소비자는 분쟁조정 또는 소송의 수행 등 권리구제를 위한 목적으로 금융상품판매업자등이 기록 및 유지 · 관리하는 자료의 열람(사본의 제공 또는 청취를 포함)을 요구할 수 있다(금소법 28조③). 금상품판매업자등은 열람을 요구받았을 때에는 해당 자료의 유형에 따라 요구받은 날

364) "대통령령으로 정하는 행위"란 다음과 같은 행위를 말한다(금소법 시행령 25조⑤).
1. 특정 금융상품직접판매업자의 금융상품으로 한정하여 자문에 응하는 행위
2. 금융소비자의 개인정보 및 신용정보 등을 자신 또는 제3자의 이익을 위해 사용하는 행위
3. 특정 금융상품판매업자 또는 특정 금융상품을 광고하는 행위
4. 자문업무에 관한 계약을 체결한 이후에 그 금융소비자의 동의 없이 자문업무를 제3자에게 위탁하는 행위
5. 그 밖에 제1호부터 제4호까지의 행위에 준하는 것으로서 금융위원회가 정하여 고시하는 행위[금융소비자보호감독규정 24조: 투자성 상품에 관한 금융상품자문업을 영위하는 경우로서, 1. 임원 · 직원이 자본시장법 제63조 제1항 각 호의 방법을 준수하지 않고 자기의 계산으로 자본시장법 시행령 제64조 제2항 각 호의 어느 하나에 해당하는 금융상품을 매매하는 행위, 2. 분기별로 임원 · 직원의 투자성 상품을 매매한 내역을 확인하는 경우에 자본시장법 제63조 제2항에 따른 기준 및 절차를 준수하지 않는 행위, 3. 자본시장법 제98조 제1항 제5호에 해당하는 행위, 4. 자본시장법 제98조의2 제1항에 해당하는 행위의 어느 하나에 해당하는 행위].

365) 상법 제33조 제1항은 "상인은 10년간 상업장부와 영업에 관한 중요서류를 보존해야 한다. 다만, 전표 또는 이와 유사한 서류는 5년간 이를 보존해야 한다."라고 규정하는데, 금융소비자보호법 제28조 제1항은 "업무와 관련한 자료"라고 규정하므로 "영업에 관한 중요서류"에 비하여 범위가 넓다.

부터 10일 이내의 범위에서 대통령령으로 정하는 기간 내에 금융소비자가 해당 자료를 열람할 수 있도록 하여야 한다. 이 경우 해당 기간 내에 열람할 수 없는 정당한 사유가 있을 때에는 금융소비자에게 그 사유를 알리고 열람을 연기할 수 있으며, 그 사유가 소멸하면 지체 없이 열람하게 해야 한다(금소법 28조④).

2) 자료열람 제한·거절사유 금융상품판매업자등은 다음과 같은 경우에는 금융소비자에게 그 사유를 알리고 열람을 제한하거나 거절할 수 있다(금소법 28조⑤).

1. 법령에 따라 열람을 제한하거나 거절할 수 있는 경우
2. 다른 사람의 생명·신체를 해칠 우려가 있거나 다른 사람의 재산과 그 밖의 이익을 부당하게 침해할 우려가 있는 경우
3. 그 밖에 열람으로 인하여 해당 금융회사의 영업비밀(「부정경쟁방지 및 영업비밀보호에 관한 법률」 제2조 제2호에 따른 영업비밀)이 현저히 침해되는 등 열람하기 부적절한 경우로서 대통령령으로 정하는 경우[366]

3) 통지방법 금융상품판매업자등은 법 제28조 제4항부터 제6항까지의 규정에 따른 열람, 열람의 연기 및 열람의 제한·거절을 알리는 경우에는 금융위원회가 정하여 고시하는 바에 따라 문서로 해야 한다. 다만, 법 제28조 제4항 전단에 따라 열람을 알리는 경우에는 전화, 팩스, 전자우편 또는 휴대전화 문자메시지 등의 방법으로 이를 알릴 수 있다(금소법 시행령 26조⑤).

Ⅵ. 금융소비자 보호

1. 금융소비자정책과 금융교육

(1) 금융소비자정책

금융위원회는 금융소비자의 권익 보호와 금융상품판매업등의 건전한 시장질서 구축을 위하여 금융소비자정책을 수립해야 한다(금소법 29조①). 금융위원회는 금융소비자의 권익 증진, 건전한 금융생활 지원 및 금융소비자의 금융역량 향상

366) “대통령령으로 정하는 경우”란 다음 각 호의 경우를 말한다(금소법 시행령 26조⑥).
1. 「부정경쟁방지 및 영업비밀보호에 관한 법률」 제2조 제2호에 따른 영업비밀을 현저히 침해할 우려가 있는 경우
2. 개인정보의 공개로 인해 사생활의 비밀 또는 자유를 부당하게 침해할 우려가 있는 경우
3. 열람하려는 자료가 열람목적과 관련이 없다는 사실이 명백한 경우

을 위하여 노력해야 한다(금소법 29조②).

(2) 금융교육

금융위원회는 금융교육을 통하여 금융소비자가 금융에 관한 높은 이해력을 바탕으로 합리적인 의사결정을 내리고 이를 기반으로 하여 장기적으로 금융복지를 누릴 수 있도록 노력하여야 하며, 예산의 범위에서 이에 필요한 지원을 할 수 있다(금소법 30조①). 금융위원회는 금융환경 변화에 따라 금융소비자의 금융역량 향상을 위한 교육프로그램을 개발해야 한다(금소법 30조②). 금융위원회는 금융교육과 학교교육·평생교육을 연계하여 금융교육의 효과를 높이기 위한 시책을 수립·시행해야 한다(금소법 28조③). 금융위원회는 3년마다 금융소비자의 금융역량에 관한 조사를 하고, 그 결과를 금융교육에 관한 정책 수립에 반영해야 한다(금소법 30조④). 금융위원회는 금융교육에 관한 업무를 대통령령으로 정하는 바에 따라 금융감독원장 또는 금융교육 관련 기관·단체에 위탁할 수 있다(금소법 30조⑤). 금융교육에 대한 정책을 심의·의결하기 위하여 금융위원회에 금융교육협의회를 둔다(금소법 31조①).[367]

(3) 기타 소비자보호제도

(가) 금융상품 비교공시

금융위원회는 금융소비자가 금융상품의 주요 내용을 알기 쉽게 비교할 수 있도록 금융상품의 유형별로 금융상품의 주요 내용을 비교하여 공시할 수 있다(금소법 32조①).

(나) 금융소비자 보호실태 평가

금융감독원장은 대통령령으로 정하는 금융상품판매업자등의 금융소비자 보호실태를 평가하고 그 결과를 공표할 수 있다(금소법 32조②).

(다) 금융소비자를 보호기준

대통령령으로 정하는 금융상품판매업자등은 금융소비자 불만 예방 및 신속한 사후구제를 통하여 금융소비자를 보호하기 위하여 그 임직원이 직무를 수행할 때 준수하여야 할 기본적인 절차와 기준("금융소비자보호기준")을 정해야 한다

367) 금융선진국에서는 금융교육을 통한 금융이해력(Financial Literacy) 증진에 관한 법제와 기구가 일찌감치 도입되었다. 미국의 "Fair and Accurate Credit Transactions Act of 2003"의 일부인 "Financial Literacy and Education Improvement Act"에 의하여 설립된 "Financial Literacy and Education Commission", 영국의 "Money Advice Service: MAS", 호주의 "Financial Literacy Foundation" 등이 대표적인 예이다.

(금소법 32조③).

2. 금융분쟁의 조정

(1) 금융분쟁조정위원회

「금융위원회의 설치 등에 관한 법률」 제38조 각 호의 기관("조정대상기관"), 금융소비자 및 그 밖의 이해관계인 사이에 발생하는 금융 관련 분쟁의 조정에 관한 사항을 심의·의결하기 위하여 금융감독원에 금융분쟁조정위원회를 둔다(금소법 33조①). 조정대상기관, 금융소비자 및 그 밖의 이해관계인은 금융과 관련하여 분쟁이 있을 때에는 금융감독원장에게 분쟁조정을 신청할 수 있다(금소법 36조①).

금융감독원장은 분쟁조정 신청을 받았을 때에는 관계 당사자에게 그 내용을 통지하고 합의를 권고할 수 있다.

다만, 분쟁조정의 신청내용이 다음과 같은 경우에는 합의를 권고하지 아니하거나 조정위원회에의 회부를 하지 아니할 수 있다(금소법 36조②).

1. 신청한 내용이 분쟁조정대상으로서 적합하지 아니하다고 금융감독원장이 인정하는 경우
2. 신청한 내용이 관련 법령 또는 객관적인 증명자료 등에 의하여 합의권고절차 또는 조정절차를 진행할 실익이 없는 경우
3. 그 밖에 제1호나 제2호에 준하는 사유로서 대통령령으로 정하는 경우

(2) 조정의 효력

양 당사자가 조정안을 수락한 경우 해당 조정안은 재판상 화해와 동일한 효력을 갖는다(금소법 39조).

(3) 시효의 중단

분쟁조정의 신청은 시효중단의 효력이 있다(금소법 40조①). 중단된 시효는 다음과 같은 때부터 새로이 진행한다(금소법 40조③).

1. 양 당사자가 조정안을 수락한 경우
2. 분쟁조정이 이루어지지 아니하고 조정절차가 종료된 경우

다만, 제36조 제2항에 따라 합의권고를 하지 아니하거나 조정위원회에 회부하지 아니할 때에는 그러하지 아니하다(금소법 40조① 단서). 이 경우에 1개월 이

내에 재판상의 청구, 파산절차참가, 압류 또는 가압류, 가처분을 한 때에는 시효는 최초의 분쟁조정의 신청으로 인하여 중단된 것으로 본다(금소법 40조②).

⑷ 소송중지와 조정중지

조정이 신청된 사건에 대하여 신청 전 또는 신청 후 소가 제기되어 소송이 진행 중일 때에는 수소법원(受訴法院)은 조정이 있을 때까지 소송절차를 중지할 수 있다(금소법 41조①).

조정위원회는 소송절차가 중지되지 않는 경우에는 해당 사건의 조정절차를 중지해야 한다(금소법 41조②). 조정위원회는 조정이 신청된 사건과 동일한 원인으로 다수인이 관련되는 동종·유사 사건에 대한 소송이 진행 중인 경우에는 조정위원회의 결정으로 조정절차를 중지할 수 있다(금소법 41조③).

⑸ 소제기 금지(조정이탈금지)

조정대상기관은 다음 요건 모두를 충족하는 분쟁사건("소액분쟁사건")에 대하여 조정절차가 개시된 경우에는 조정위원회의 조정안을 제시받기 전에는 소를 제기할 수 없다. 다만, 합의권고나 조정위원회 회부를 하지 않는다는 서면통지를 받거나 조정회부 60일 내에 조정안을 제시받지 못한 경우에는 그러하지 아니하다(금소법 42조).

1. 일반금융소비자가 신청한 사건일 것
2. 조정을 통하여 주장하는 권리나 이익의 가액이 2천만원(금소법 시행령 35조) 이하일 것

3. 손해배상책임

⑴ 금융상품판매업자등의 손해배상책임

㈎ 금융상품판매업자등의 손해배상책임

금융상품판매업자등(금융상품판매업자 또는 금융상품자문업자)이 고의 또는 과실로 금융소비자보호법을 위반하여 금융소비자에게 손해를 발생시킨 경우에는 그 손해를 배상할 책임이 있다(금소법 44조①).[368)]

---

368) 자본시장법은 금융투자업자가 법령·약관·집합투자규약·투자설명서에 위반하는 행위를 하거나 그 업무를 소홀히 하여 투자자에게 손해를 발생시킨 경우에는 그 손해를 배상할 책임이 있다는 규정을 두고 있다(법 64조①). 금융소비자보호에 관하여 다른 법률에서 특별히 정한 경우를 제외하고는 금융소비자보호법에서 정하는 바에 따르므로(금소법 6조), 금융투자업자는 자본시장법 제64조 제1항에 따라 금융소비자보호법 제44조가 적용될 여지가 거의 없다.

(나) 설명의무 위반에 대한 손해배상책임

금융상품판매업자등이 설명의무에 관한 금융소비자보호법 제19조를 위반하여 금융소비자에게 손해를 발생시킨 경우에는 그 손해를 배상할 책임을 진다. 다만, 그 금융상품판매업자등이 고의 및 과실이 없음을 입증한 경우에는 그러하지 아니하다(금소법 44조②).[369] 금융소비자보호법 제44조 제2항은 일반금융소비자에 대한 설명의무를 규정한 제19조 위반에 대한 규정이므로 전문금융소비자에게는 적용되지 않는다. 고의·과실에 대한 입증책임은 전환되지만, 설명의무위반 자체(예: 설명서 작성방법과 제공의무 위반, 중요사항에 대한 거짓, 왜곡 설명과 설명 누락 등)는 손해배상청구소송의 증명책임의 원칙에 따라 일반금융소비자가 입증해야 한다.[370]

(다) 금융투자업자의 설명의무 위반에 대한 손해배상책임

1) 의 의 자본시장법은 금융투자업자가 금융소비자보호법 제19조 제1항 또는 제3항을 위반한 경우 이로 인하여 발생한 일반투자자의 손해를 배상할 책임이 있다는 규정을 두고 있다(法 48조①).[371][372]

앞에서 본 바와 같이, 자본시장법은 금융투자업자의 주의의무 위반에 대한 증명책임전환 규정을 두고 있다. 즉, 배상의 책임을 질 금융투자업자가 제37조 제2항(투자자이익우선의무), 제44조(이해상충관리), 제45조(정보교류차단), 제71조(투자매매업자투자중개업자의 불건전영업행위금지) 또는 제85조(집합투자업자의 불건전영업행위금지)를 위반한 경우로서 그 금융투자업자가 상당한 주의를 하였음을 증명하거나 투자자가 금융투자상품의 매매, 그 밖의 거래를 할 때에 그 사실을 안 경우에는 배상의 책임을 지지 않는다고 규정한다(법 64조① 단서). 또한 금융투자업자가 손해배상책임을 지는 경우로서 관련되는 임원에게도 귀책사유가 있는 경우에는 그 금융투자업자와 관련되는 임원이 연대하여 그 손해를 배상할 책임이 있다(法 64조②).

369) 민법의 일반원칙상, 채무불이행의 경우에는 채무자가 책임을 면하기 위하여는 고의나 과실 없이 이행할 수 없게 되었음을 입증해야 하고(민법 390조 단서), 불법행위의 경우에는 피해자가 고의 또는 과실을 입증해야 하는데, 금융소비자보호법 제44조 제2항은 이러한 고의·과실에 대한 입증책임을 전환하는 규정이다. 금융투자업자 아닌 금융상품판매업자등의 설명의무 위반으로 인한 손해배상책임에 대하여는 금융소비자보호법 제44조 제2항의 규정에 따라 고의·과실에 대한 입증책임이 전환되므로 금융상품판매업자등이 책임을 면하려면 고의·과실이 없음을 입증해야 한다.

370) 서울고등법원 2013. 10. 16. 선고 2012나105927 판결.

371) 자본시장법 제48조 제1항은 "제19조 제1항 또는 제3항을 위반한 경우"라고 규정하므로 금융소비자보호법 제19조 제2항은 손해배상책임 원인에서 제외하고 있다. 제2항은 제1항의 설명의무 이행을 확인하기 위한 규정이고 그 자체가 손해발생의 원인이 아니기 때문이다. 그런데 제외된 금융소비자보호법 제19조 제2항은 설명확인의무 외에 설명서제공의무도 규정하고 있으므로 체계적인 해석이 어려운 문제가 있다. 제19조 제2항 위반의 경우 금융상품판매업자등의 손해배상책임에 관한 금융소비자보호법 제44조 제1항은 적용되는 것인지, 아니면 제2항은 아예 손해배상책임 원인이 아니라는 것인지 규정 간 모순이 있어서 해석상 논란의 여지가

자본시장법 제48조는 금융투자업자가 일반투자자의 손해를 배상할 책임을 규정하므로 금융소비자보호법상 전문금융소비자에 대하여는 적용될 여지가 없다. 그러나 전문금융소비자라 하더라도 구체적인 사실관계에 따라서는 금융투자업자의 고객보호의무 위반에 해당할 수 있고, 이러한 경우 민법 제750조의 불법행위책임은 발생할 수 있다. 다만 이러한 경우에는 자본시장법 제48조 제2항과 달리 손해액이 추정되지 아니하므로 투자자가 손해액을 증명해야 한다.

2) 손해액의 추정 금융투자상품의 취득으로 인하여 일반투자자가 지급하였거나 지급하여야 할 금전등의 총액에서 그 금융투자상품의 처분, 그 밖의 방법으로 그 일반투자자가 회수하였거나 회수할 수 있는 금전등의 총액을 뺀 금액을 손해액으로 추정한다(法 48조②). 금융소비자보호법은 이러한 손해액 추정규정을 두고 있지 않다.

자본시장법 제48조의 규정형식상 거래인과관계는 요구되지 않고, 손해액은 추정된다. 금융투자업자가 설명의무 등을 위반함에 따른 일반투자자의 손해는 미회수금액의 발생이 확정된 시점에 현실적으로 발생하고, 그 시점이 투자자가 금융투자업자에게 갖는 손해배상청구권의 지연손해금 기산일이 된다.[373)]

(2) 금융상품직접판매업자의 손해배상책임

금융상품직접판매업자는 금융상품계약체결등의 업무를 대리·중개한 금융상품판매대리·중개업자(제25조 제1항 제2호 단서에서 정하는 바에 따라 대리·중개하

있다.

372) 금융소비자보호법 제6조에 따라 금융투자업자의 설명의무 위반에 대하여는 금융소비자보호법 제44조 제2항이 아닌 자본시장법 제48조 제1항, 제2항이 적용된다. 그 결과 금융소비자보호법 제44조 제2항은 금융투자업자 아닌 금융상품판매업자등의 설명의무 위반에 대하여 적용되는데, 자본시장법 제48조와 금융소비자보호법 제44조의 규정상 차이로 인하여 두 규정의 정합성에 대하여는 논란의 여지가 있다. 특히 자본시장법 제48조의 규정상 금융투자업자의 설명의무 위반에 대하여는 고의·과실에 대한 입증책임이 전환되지 않고, 금융소비자보호법 제44조 제2항의 규정상 금융투자업자 아닌 금융상품판매업자등의 설명의무 위반에 대하여는 고의·과실에 대한 입증책임이 전환되므로, 금융투자업자의 금융소비자가 상대적으로 약하게 보호된다는 문제점이 있다.

373) 따라서 금융투자상품을 취득하기 위하여 금전을 지급할 당시에 미회수 금액의 발생이 이미 객관적으로 확정되어 있었다면, 금융투자상품을 취득하기 위하여 금전을 지급한 시점이 금융투자업자에 대한 손해배상청구권의 지연손해금 기산일이 된다(대법원 2018. 9. 28. 선고 2015다69853 판결. "이 사건 펀드의 기초자산인 전환우선주식의 가치가 0원이므로, 이 사건 수익증권으로부터 회수할 수 있는 금액도 0원이다. 결국 원고들의 손해액은 투자원금 상당액이고, 전환우선주식의 발행회사인 OO저축은행의 재정상태에 비추어 이러한 손해는 원고들이 투자금을 지급할 당시 이미 객관적으로 확정되어 있었다.")

는 제3자를 포함하고, 보험업법 제2조 제11호에 따른 보험중개사는 제외한다) 또는 보험업법 제83조 제1항 제4호에 해당하는 임원 또는 직원("금융상품판매대리·중개업자등")이 대리·중개 업무를 할 때 금융소비자에게 손해를 발생시킨 경우에는 그 손해를 배상할 책임이 있다. 다만, 금융상품직접판매업자가 금융상품판매대리·중개업자등의 선임과 그 업무 감독에 대하여 적절한 주의를 하였고 손해를 방지하기 위하여 노력한 경우에는 그러하지 아니하다(금소법 45조①).

금융상품직접판매업자의 손해배상책임은 금융상품판매대리·중개업자등에 대한 금융상품직접판매업자의 구상권 행사를 방해하지 않는다(금소법 45조②).[374)]

(3) 불법행위책임

금융소비자는 금융상품판매업자등이 고의 또는 과실로 금융소비자보호법을 위반하여 금융소비자에게 손해를 발생시킨 경우에는 민법상 불법행위에 기한 손해배상을 청구할 수도 있다. 금융소비자보호법 제17조의 적합성원칙, 제18조의 적정성원칙, 제19조의 설명의무 등은 일반금융소비자에게만 적용되나, 민법상 불법행위책임은 일반금융소비자만을 대상으로 하는 것이 아니므로 전문금융소비자라 하더라도 불법행위의 일반요건이 구비되면 금융상품판매업자등에게 손해배상을 청구할 수 있다.

4. 청약철회권

(1) 철회기간

금융상품판매업자등과 대통령령으로 정하는 보장성 상품, 투자성 상품, 대출성 상품[375)] 또는 금융상품자문에 관한 계약의 청약을 한 일반금융소비자는 다음

---

374) 금융소비자보호법 제45조는 금융소비자보호법 시행 이후 금융상품판매대리·중개업자가 대리·중개 업무를 하는 경우부터 적용한다(금소법 부칙 5조).

375) "대통령령으로 각각 정하는 보장성 상품, 투자성 상품, 대출성 상품"이란 다음 각 호의 구분에 따른 금융상품을 말한다(금소법 시행령 37조①).

1. 보장성 상품: 다음 각 목의 것을 제외한 금융상품
   가. 보증보험 중 청약철회를 위해 제3자의 동의가 필요한 보증보험
   나. 「자동차손해배상 보장법」에 따른 책임보험. 다만, 일반금융소비자가 동종의 다른 책임보험에 가입한 경우는 제외한다.
   다. 해당 금융상품에 대한 보장기간이 1년 이내의 범위에서 금융위원회가 정하여 고시하는 기간 이내인 금융상품
   라. 그 밖에 청약철회가 건전한 시장질서를 해칠 우려가 높은 것으로서 금융위원회가 정하여 고시하는 보장성 상품
2. 투자성 상품: 다음 각 목의 금융상품. 다만, 일반금융소비자가 법 제46조 제1항 제2호에

과 같은 구분에 따른 기간(거래 당사자 사이에 다음과 같은 기간보다 긴 기간으로 약정한 경우에는 그 기간) 내에 청약을 철회할 수 있다(금소법 46조①).

1. 보장성 상품: 일반금융소비자가 상법 제640조에 따른 보험증권을 받은 날부터 15일과 청약을 한 날부터 30일 중 먼저 도래하는 기간
2. 투자성 상품, 금융상품자문: 다음과 같은 날부터 7일
   가. 제23조 제1항 본문에 따라 계약서류를 제공받은 날
   나. 제23조 제1항 단서[계약내용 등이 금융소비자 보호를 해칠 우려가 없는 경우로서 대통령령으로 정하는 경우에는 계약서류를 제공하지 아니할 수 있다]에 따른 경우: 계약체결일
3. 대출성 상품: 다음과 같은 날[다음 각 목의 날보다 계약에 따른 금전·재화·용역("금전·재화등")의 지급이 늦게 이루어진 경우에는 그 지급일]부터 14일
   가. 제23조 제1항 본문에 따라 계약서류를 제공받은 날
   나. 제23조 제1항 단서에 따른 경우 계약체결일

(2) 청약철회의 효력발생

청약철회는 다음과 같은 시기에 효력이 발생한다(금소법 46조②).

1. 보장성 상품, 투자성 상품, 금융상품자문: 일반금융소비자가 청약철회의사를 표시하기 위하여 서면을 발송한 때
2. 대출성 상품: 일반금융소비자가 청약철회의사를 표시하기 위하여 서면등을 발송하고, 다음 각 목의 금전·재화등(이미 제공된 용역은 제외. 일정한 시설을 이용하거나 용역을 제공받을 수 있는 권리를 포함)을 반환한 때 <각 목 생략>

따른 청약철회의 기간 이내에 예탁한 금전등을 운용하는 데 동의한 경우는 제외한다.
가. 고난도금융투자상품(일정 기간에만 금융소비자를 모집하고 그 기간이 종료된 후에 금융소비자가 지급한 금전등으로 집합투자를 실시하는 것만 해당)
나. 고난도투자일임계약
다. 신탁계약(자본시장법에 따른 금전신탁은 제외)

3. 대출성 상품: 다음 각 목의 것을 제외한 금융상품
   가. 「여신전문금융업법」에 따른 시설대여·할부금융·연불판매(법 제46조 제1항 제3호에 따른 청약철회의 기간 이내에 해당 계약에 따른 재화를 제공받은 경우만 해당한다)
   나. 「온라인투자연계금융업 및 이용자 보호에 관한 법률」에 따른 연계대출
   다. 자본시장법 제72조 제1항에 따른 신용의 공여(법 제46조 제1항 제3호에 따른 청약철회의 기간 이내에 담보로 제공된 증권을 처분한 경우만 해당한다)
   라. 그 밖에 청약철회가 건전한 시장질서를 해칠 우려가 높은 것으로서 금융위원회가 정하여 고시하는 대출성 상품

⑶ 투자성 상품의 철회제한

투자성 상품에 관한 계약의 경우 그 계약 내용에 금융상품직접판매업자가 계약서류를 제공받은 날 또는 금융소비자 보호를 해칠 우려가 없는 경우로서 계약서류를 제공하지 않은 경우 계약체결일부터 각 7일(금소법 46조①2) 내에 일반금융소비자가 예탁한 금전등을 지체 없이 운용하는데 일반금융소비자가 동의한다는 사실이 포함된 경우에 그 일반금융소비자는 청약을 철회할 수 없다(금소법 시행령 37조①2).

⑷ 반환방법

청약이 철회된 경우 금융상품판매업자등이 일반금융소비자로부터 받은 금전·재화등의 반환은 다음과 같은 방법으로 한다(금소법 46조③).

1. 보장성 상품: 금융상품판매업자등은 청약철회를 접수한 날부터 3영업일 이내에 이미 받은 금전·재화등을 반환하고, 금전·재화등의 반환이 늦어진 기간에 대하여는 대통령령으로 정하는 바에 따라 계산한 금액을 더하여 지급할 것
2. 투자성 상품, 금융상품자문: 금융상품판매업자등은 청약철회를 접수한 날부터 3영업일 이내에 이미 받은 금전·재화등을 반환하고, 금전·재화등의 반환이 늦어진 기간에 대하여는 대통령령으로 정하는 바에 따라 계산한 금액을 더하여 지급할 것. 다만, 대통령령으로 정하는 금액 이내인 경우에는 반환하지 아니할 수 있다.
3. 대출성 상품: 금융상품판매업자등은 일반금융소비자로부터 제2항 제2호에 따른 금전·재화등, 이자 및 수수료를 반환받은 날부터 3영업일 이내에 일반금융소비자에게 대통령령으로 정하는 바에 따라 해당 대출과 관련하여 일반금융소비자로부터 받은 수수료를 포함하여 이미 받은 금전·재화등을 반환하고, 금전·재화등의 반환이 늦어진 기간에 대하여는 대통령령으로 정하는 바에 따라 계산한 금액을 더하여 지급할 것

금융상품판매업자등이 일반금융소비자에게 금전(이자 및 수수료를 포함)을 반환하는 경우에는 해당 일반금융소비자가 지정하는 계좌로 입금해야 한다(금소법 시행령 37조⑥). 금융상품판매업자등이 일반금융소비자에게 금전·재화·용역을 반환하는 경우에 그 반환이 늦어진 기간에 대해서는 해당 금융상품의 계약에서 정해진 연체이자율을 금전·재화·용역의 대금에 곱한 금액을 일 단위로 계산하여 지급한다(금소법 시행령 37조⑦). 그 외에 청약철회권의 행사 절차 및 방법 등에 관하여 필요한 세부 사항은 금융위원회가 정하여 고시한다(금소법 시행령 37조⑧).

(5) 청약철회의 효과

청약이 철회된 경우 금융상품판매업자등은 일반금융소비자에 대하여 청약철회에 따른 손해배상 또는 위약금 등 금전의 지급을 청구할 수 없다(금소법 46조④).

보장성 상품의 경우 청약이 철회된 당시 이미 보험금의 지급사유가 발생한 경우에는 청약철회의 효력은 발생하지 아니한다. 다만, 일반금융소비자가 보험금의 지급사유가 발생했음을 알면서 청약을 철회한 경우에는 그러하지 아니하다(금소법 46조⑤).

제1항부터 제5항까지의 규정에 반하는 특약으로서 일반금융소비자에게 불리한 것은 무효로 한다(금소법 46조⑥).

5. 위법계약해지권

(1) 계약해지 요구기간

금융소비자는 금융상품판매업자등이 금융사지배구조법 제17조 제3항, 제18조 제2항, 제19조 제1항·제3항, 제20조 제1항 또는 제21조를 위반하여 대통령령으로 정하는 금융상품[376]에 관한 계약을 체결한 경우 5년 이내의 대통령령으로 정하는 기간[377] 내에 서면등으로 해당 계약의 해지를 요구할 수 있다(금소법 47조①).

(2) 수락 여부 통지

금융상품판매업자등은 해지를 요구받은 날로부터 10일 이내에 금융소비자에게 수락 여부를 통지하여야 하며, 거절할 때에는 거절사유를 함께 통지해야 한다(금소법 47조①).

376) "대통령령으로 정하는 금융상품"이란 금융소비자와 금융상품직접판매업자 또는 금융상품자문업자 간 계속적 거래가 이루어지는 금융상품 중 금융위원회가 정하여 고시하는 금융상품[금융소비자보호 감독규정 31조①: 금융소비자와 금융상품직접판매업자 또는 금융상품자문업자 간 계속적 거래(계약의 체결로 자본시장법 제9조 제22항에 따른 집합투자규약이 적용되는 경우에는 그 적용기간을 포함한다)가 이루어지고 금융소비자가 해지 시 재산상 불이익이 발생하는 금융상품 중, 1. 「온라인투자연계금융업 및 이용자 보호에 관한 법률」에 따른 온라인투자연계금융업자와 체결하는 계약, 2. 자본시장법에 따른 원화로 표시된 양도성 예금증서, 3. 자본시장법 시행령에 따른 표지어음, 4. 그 밖에 제1호부터 제3호까지의 규정과 유사한 금융상품을 제외한 것]을 말한다(금소법 시행령 38조①).

377) "대통령령으로 정하는 기간"이란 금융소비자가 계약 체결에 대한 위반사항을 안 날부터 1년 이내의 기간을 말한다. 이 경우 해당 기간은 계약체결일부터 5년 이내의 범위에 있어야 한다(금소법 시행령 38조②).

(3) 해지의 정당한 사유

금융상품판매업자등이 정당한 사유 없이 금융소비자의 해지 요구를 따르지 않는 경우 금융소비자는 해당 계약을 해지할 수 있다(금소법 47조②).

금융상품판매업자등이 금융소비자의 해지 요구를 따르지 않아도 되는 정당한 사유란 다음과 같은 경우를 말한다(금소법 시행령 38조④).

1. 위반사실에 대한 근거를 제시하지 않거나 거짓으로 제시한 경우
2. 계약 체결 당시에는 위반사항이 없었으나 금융소비자가 계약 체결 이후의 사정변경에 따라 위반사항을 주장하는 경우
3. 금융소비자의 동의를 받아 위반사항을 시정한 경우
4. 그 밖에 제1호부터 제3호까지의 경우에 준하는 것으로서 금융위원회가 정하여 고시하는 경우[378]

(4) 해지의 효과

계약이 해지는 계약의 효력을 장래에 향하여 소멸시키는 행위이므로, 계약이 해지된 경우 계약이 소급적으로 무효로 되는 것이 아니고 해지시점 이후부터 무효로 된다.[379] 한편, 금융상품판매업자등은 수수료(중도상환수수료, 환매수수료

378) "금융위원회가 정하여 고시하는 경우"란 다음 각 호의 어느 하나에 해당하는 경우를 말한다(금융소비자보호 감독규정 31조④).
1. 금융상품판매업자등이 계약의 해지 요구를 받은 날부터 10일 이내에 법 위반사실이 없음을 확인하는데 필요한 객관적·합리적인 근거자료를 금융소비자에 제시한 경우. 다만, 10일 이내에 금융소비자에 제시하기 어려운 경우에는 다음 각 목의 구분에 따른다.
   가. 계약의 해지를 요구한 금융소비자의 연락처나 소재지를 확인할 수 없거나 이와 유사한 사유로 법 제47조 제1항 후단에 따른 통지기간 내 연락이 곤란한 경우: 해당 사유가 해소된 후 지체 없이 알릴 것
   나. 법 위반사실 관련 자료 확인을 이유로 금융소비자의 동의를 받아 법 제47조 제1항 후단에 따른 통지기한을 연장한 경우: 연장된 기한까지 알릴 것
2. 금융소비자가 금융상품판매업자등의 행위에 법 위반사실이 있다는 사실을 계약을 체결하기 전에 알았다고 볼 수 있는 명백한 사유가 있는 경우

379) 위법계약해지권의 취지는 위법한 계약에 대해 소비자가 해지에 따른 재산상 불이익을 해지시점 이후부터 받지 않도록 하는데 있고, 위법한 계약에 따른 손해배상을 요구하는 손해배상청구권과는 성격이 다르다. 따라서 계약 체결 후 해지시점까지의 계약에 따른 서비스 제공과정에서 발생한 비용(대출 이자, 카드 연회비, 펀드 수수료·보수, 투자손실, 위험보험료 등)은 원칙적으로 계약해지 후 소비자에게 지급해야 할 금전의 범위에 포함되지 않기 때문에 환급되지 않는다. 위법계약해지에 따른 환매 관련 기준은, 일반적으로 해지일 다음날을 기준으로 집합투자규약, 투자설명서에서 정한 방법에 따라 환매대금을 산정하고, ETF와 같은 거래소 상장 상품은 해지일 다음날 거래소 장(場) 시작 전(8:40~9:00) 단일가 경쟁매매로 결정된 시가에 따라 일괄 처분하고, 폐쇄형 펀드는 해지일 다음날에 가장 근접한 기준가격(자본시장법상 집합투자재산평가위원회가 평가)에 따른다(금융위원회 2021.3.25.자 보도자료).

등), 위약금 등 계약의 해지와 관련된 비용[시행령 38조⑦: 계약의 해지와 관련하여 금융상품직접판매업자등에 직접적·간접적으로 발생하는 일체의 비용]을 요구할 수 없다(금소법 47조③).

Ⅶ. 감독 및 처분

1. 금융상품판매업자등에 대한 감독

금융위원회는 금융소비자의 권익을 보호하고 건전한 거래질서를 위하여 금융상품판매업자등이 금융소비자보호법 또는 동법에 따른 명령이나 처분을 적절히 준수하는지를 감독해야 한다(금소법 48조①).

등록을 한 금융상품자문업자는 매 사업연도 개시일부터 3개월간·6개월간·9개월간 및 12개월간의 업무보고서를 작성하여 각각의 기간 경과 후 45일(금소법 시행령 39조①) 내에 업무보고서를 금융위원회에 제출해야 한다(금소법 48조②). 등록한 금융상품판매업자등 중 대통령령으로 정하는 자는 등록요건 중 대통령령으로 정하는 사항이 변동된 경우 1개월 이내에 그 변동사항을 금융위원회에 보고해야 한다(금소법 48조③).

2. 금융위원회의 명령권

금융위원회는 금융소비자의 권익 보호 및 건전한 거래질서를 위하여 필요하다고 인정하는 경우에는 금융상품판매업자등에게 다음 사항에 관하여 시정·중지 등 필요한 조치를 명할 수 있다(금소법 49조①).

1. 금융상품판매업자등의 경영 및 업무개선에 관한 사항
2. 영업의 질서유지에 관한 사항
3. 영업방법에 관한 사항
4. 금융상품에 대하여 투자금 등 금융소비자가 부담하는 급부의 최소 또는 최대한도 설정에 관한 사항
5. 그 밖에 금융소비자의 권익 보호 또는 건전한 거래질서를 위하여 필요한 사항으로서 대통령령으로 정하는 사항[380]

---

380) "대통령령으로 정하는 사항"은 다음과 같다(금소법 시행령 40조①).
1. 내부통제기준 및 금융소비자보호기준
2. 수수료 및 보수

금융위원회는 금융상품으로 인하여 금융소비자의 재산상 현저한 피해가 발생할 우려가 있다고 명백히 인정되는 경우로서 대통령령으로 정하는 경우[381]에는 그 금융상품을 판매하는 금융상품판매업자에 대하여 해당 금융상품 계약체결의 권유 금지 또는 계약체결의 제한·금지를 명할 수 있다(금소법 49조②).

3. 금융상품판매업자등에 대한 검사

금융상품판매업자등은 그 업무와 재산상황에 관하여 금융감독원장의 검사를 받아야 한다(금소법 50조①). 금융감독원장은 검사를 할 때 필요하다고 인정하는 경우에는 금융상품판매업자등에게 업무 또는 재산에 관한 보고, 자료의 제출, 관계인의 출석 및 의견 진술을 요구하거나 금융감독원 소속 직원으로 하여금 금융상품판매업자등의 사무소나 사업장에 출입하여 업무상황이나 장부·서류·시설 또는 그 밖에 필요한 물건을 검사하게 할 수 있다(금소법 50조②). 검사를 하는 사람은 그 권한을 표시하는 증표를 지니고 관계인에게 보여 주어야 한다(금소법 50조③). 금융감독원장은 검사를 한 경우에는 그 결과를 금융위원회에 보고해야 한다. 이 경우 금융소비자보호법 또는 동법에 따른 명령이나 처분을 위반한 사실이 있을 때에는 그 처리에 관한 의견서를 첨부해야 한다(금소법 50조④). 금융감독원장은 외감법에 따라 금융상품판매업자등이 선임한 외부감사인에게 해당 금융상품판매업자등을 감사한 결과 알게 된 정보, 그 밖에 영업행위와 관련되는 자료의 제출을 사용목적에 필요한 최소한의 범위에서 서면으로 요구할 수 있다(금소법 50조⑤).

4. 금융상품판매업자등에 대한 처분

(1) 처분 사유

금융위원회는 금융상품판매업자등 중 등록을 한 금융상품판매업자등이 다음 각 호의 어느 하나에 해당하는 경우에는 금융상품판매업등의 등록을 취소할 수 있다. 다만, 제1호에 해당하는 경우에는 그 등록을 취소해야 한다(금소법 51조①).

1. 거짓이나 그 밖의 부정한 방법으로 등록을 한 경우
2. 금융소비자보호법 제12조 제2항 또는 제3항에서 정한 요건을 유지하지 않는 경

---

381) "대통령령으로 정하는 경우"란 투자성 상품, 보장성 상품 또는 대출성 상품에 관한 계약 체결 및 그 이행으로 인해 금융소비자의 재산상 현저한 피해가 발생할 우려가 있다고 명백히 인정되는 경우를 말한다(금소법 시행령 40조②).

우. 다만, 일시적으로 등록요건을 유지하지 못한 경우로서 대통령령으로 정하는 경우는 제외한다.
3. 업무의 정지기간 중에 업무를 한 경우
4. 금융위원회의 시정명령 또는 중지명령을 받고 금융위원회가 정한 기간 내에 시정하거나 중지하지 아니한 경우
5. 그 밖에 금융소비자의 이익을 현저히 해칠 우려가 있거나 해당 금융상품판매업등을 영위하기 곤란하다고 인정되는 경우로서 대통령령으로 정하는 경우

(2) 금융상품판매업자등에 대한 조치

(가) 조치의 종류

금융위원회는 금융상품판매업자등이 제1항 제2호부터 제5호까지의 어느 하나에 해당하거나 금융소비자보호법 또는 동법에 따른 명령을 위반하여 건전한 금융상품판매업등을 영위하지 못할 우려가 있다고 인정되는 경우로서 대통령령으로 정하는 경우에는 대통령령으로 정하는 바에 따라 다음 각 호의 어느 하나에 해당하는 조치를 할 수 있다. 다만, 제1호의 조치는 금융상품판매업자등 중 등록을 한 금융상품판매업자등에 한정한다(금소법 51조②).

1. 6개월 이내의 업무의 전부 또는 일부의 정지
2. 위법행위에 대한 시정명령
3. 위법행위에 대한 중지명령
4. 위법행위로 인하여 조치를 받았다는 사실의 공표명령 또는 게시명령
5. 기관경고
6. 기관주의
7. 그 밖에 위법행위를 시정하거나 방지하기 위하여 필요한 조치로서 대통령령으로 정하는 조치

(나) 조치의 특례

1) 은행법에 따른 은행 금융위원회는 제2조 제6호 가목(은행법에 따른 은행)에 해당하는 금융상품판매업자등에 대하여는 금융감독원장의 건의에 따라 제2항 제2호, 제4호 및 제7호의 어느 하나에 해당하는 조치를 하거나 금융감독원장으로 하여금 제2항 제3호, 제5호 및 제6호에 해당하는 조치를 하게 할 수 있다(금소법 51조③1).

2) 기타 금융상품판매업자등 금융위원회는 제2조 제6호 다목(보험회사)·

마목(여신전문금융회사), 제2조 제7호 라목(보험대리점)·마목(보험중개사)·바목(겸영여신업자)에 해당하는 금융상품판매업자등에 대하여는 금융감독원장의 건의에 따라 제2항 제2호부터 제7호까지의 어느 하나에 해당하는 조치를 하거나 금융감독원장으로 하여금 제2항 제5호 또는 제6호에 해당하는 조치를 하게 할 수 있다(금소법 51조③2).

5. 금융상품판매업자등의 임직원에 대한 조치

(1) 임원에 대한 조치

금융위원회는 법인인 금융상품판매업자등의 임원이 금융소비자보호법 또는 동법에 따른 명령을 위반하여 건전한 금융상품판매업등을 영위하지 못할 우려가 있다고 인정되는 경우로서 대통령령으로 정하는 경우에는 1. 해임요구, 2. 6개월 이내의 직무정지, 3. 문책경고, 4. 주의적 경고, 5. 주의 중 어느 하나에 해당하는 조치를 할 수 있다(금소법 52조①).

제1항에도 불구하고 제2조 제6호 가목·다목·마목, 같은 조 제7호 라목·마목·바목에 해당하는 금융상품판매업자등의 임원에 대하여는 다음 각 호에서 정하는 바에 따른다(금소법 52조③).

1. 금융위원회는 제2조 제6호 가목에 해당하는 금융상품판매업자등의 임원에 대하여는 금융감독원장의 건의에 따라 제1항 제1호 또는 제2호의 조치를 할 수 있으며, 금융감독원장으로 하여금 제1항 제3호부터 제5호까지의 어느 하나에 해당하는 조치를 하게 할 수 있다.
2. 금융위원회는 제2조 제6호 다목·마목, 같은 조 제7호 라목·마목·바목에 해당하는 금융상품판매업자등의 임원에 대하여는 금융감독원장의 건의에 따라 제1항 각 호의 어느 하나에 해당하는 조치를 하거나, 금융감독원장으로 하여금 제1항 제3호부터 제5호까지의 어느 하나에 해당하는 조치를 하게 할 수 있다.

(2) 직원에 대한 조치

금융위원회는 금융상품판매업자등의 직원이 금융소비자보호법 또는 동법에 따른 명령을 위반하여 건전한 금융상품판매업등을 영위하지 못할 우려가 있다고 인정되는 경우로서 대통령령으로 정하는 경우에는 1. 면직, 2. 6개월 이내의 정직, 3. 감봉, 4. 견책, 5. 주의 중 어느 하나에 해당하는 조치를 할 것을 그 금융상품판매업자등에게 요구할 수 있다(금소법 52조②).

제2항에도 불구하고 제2조 제6호 가목·다목·마목, 같은 조 제7호 라목·마목·바목에 해당하는 금융상품판매업자등의 직원에 대하여는 다음 각 호에서 정하는 바에 따른다(금소법 52조④).

1. 금융감독원장은 제2조 제6호가목에 해당하는 금융상품판매업자등의 직원에 대하여는 제2항 각 호의 어느 하나에 해당하는 조치를 그 금융상품판매업자에게 요구할 수 있다.
2. 금융위원회는 제2조 제6호다목·마목, 같은 조 제7호 라목·마목·바목에 해당하는 금융상품판매업자등의 직원에 대하여는 제2항 각 호의 어느 하나에 해당하는 조치를 할 것을 금융감독원장의 건의에 따라 그 금융상품판매업자에게 요구하거나 금융감독원장으로 하여금 요구하게 할 수 있다.

(3) 관리·감독자에 대한 조치

금융위원회 또는 금융감독원장은 제1항부터 제4항까지의 규정에 따라 금융상품판매업자등의 임직원에 대하여 조치를 하거나 금융상품판매업자등에게 조치를 요구하는 경우 그 임직원에 대해서 관리·감독의 책임이 있는 임직원에 대한 조치를 함께 하거나 이를 요구할 수 있다. 다만, 관리·감독의 책임이 있는 사람이 그 임직원의 관리·감독에 적절한 주의를 다한 경우에는 조치를 감경하거나 면제할 수 있다(금소법 50조⑤).

6. 퇴임한 임원 등에 대한 조치내용 통보

금융위원회(제52조에 따라 조치를 하거나 조치를 할 것을 요구할 수 있는 금융감독원장을 포함한다)는 금융상품판매업자등의 퇴임한 임원 또는 퇴직한 직원이 재임 또는 재직 중이었더라면 제52조에 따른 조치를 받았을 것으로 인정되는 경우에는 그 받았을 것으로 인정되는 조치의 내용을 해당 금융상품판매업자등의 장에게 통보할 수 있다. 이 경우 통보를 받은 금융상품판매업자등은 그 내용을 해당 임원 또는 직원에게 통보해야 한다(금소법 53조).

7. 청문과 이의신청

(1) 청문 대상 조치

금융위원회는 다음 각 호의 어느 하나에 해당하는 처분 또는 조치를 하려면 청문을 해야 한다(금소법 54조).

1. 제51조 제1항에 따른 금융상품판매업자등에 대한 등록의 취소
2. 제52조 제1항부터 제5항까지의 조치 중 임원의 해임요구 또는 직원의 면직요구

(2) 이의신청

제51조 및 제52조에 따른 처분 또는 조치(등록의 취소, 해임요구 또는 면직요구는 제외한다)에 불복하는 자는 처분 또는 조치를 고지받은 날부터 30일 이내에 불복 사유를 갖추어 이의를 신청할 수 있다(금소법 55조①). 금융위원회는 제1항에 따른 이의신청에 대하여 60일 이내에 결정을 해야 한다. 다만, 부득이한 사정으로 그 기간 내에 결정을 할 수 없을 경우에는 30일의 범위에서 그 기간을 연장할 수 있다(금소법 55조②).

8. 처분 등의 기록

금융위원회 및 금융감독원장은 제49조, 제51조 또는 제52조에 따라 처분 또는 조치를 한 경우에는 그 내용을 기록하고 유지·관리해야 한다(금소법 56조①). 금융상품판매업자등은 제52조에 따른 금융위원회 또는 금융감독원장의 요구에 따라 해당 임직원을 조치한 경우와 제53조에 따라 퇴임한 임원 등에 대한 조치의 내용을 통보받은 경우에는 그 내용을 기록하고 유지·관리해야 한다(금소법 56조②). 금융상품판매업자등 또는 그 임직원(임직원이었던 사람을 포함한다)은 금융위원회, 금융감독원 또는 금융상품판매업자등에게 자기에 대한 제49조 또는 제51조부터 제53조까지에 따른 처분 또는 조치 여부 및 그 내용의 조회를 요청할 수 있다(금소법 56조③). 금융위원회, 금융감독원 또는 금융상품판매업자등은 제3항에 따른 조회를 요청받은 경우에는 정당한 사유가 없으면 처분 또는 조치 여부 및 그 내용을 그 조회요청자에게 통보해야 한다(금소법 56조④)

9. 과징금

(1) 금융상품직접판매업자 또는 금융상품자문업자의 위반행위

(가) 수입등의 50% 이내 과징금

금융위원회는 금융상품직접판매업자 또는 금융상품자문업자가 다음 각 호의 어느 하나에 해당하는 경우 그 위반행위와 관련된 계약으로 얻은 수입 또는 이에

준하는 금액("수입등")의 50% 이내에서 과징금을 부과할 수 있다(금소법 57조①).

1. 제19조 제1항을 위반하여 중요한 사항을 설명하지 아니하거나 같은 조 제2항을 위반하여 설명서를 제공하지 아니하거나 확인을 받지 아니한 경우
2. 제20조 제1항 각 호의 어느 하나에 해당하는 행위를 한 경우
3. 제21조 각 호의 어느 하나에 해당하는 행위를 한 경우
4. 제22조 제3항 또는 제4항을 위반하여 금융상품등에 관한 광고를 한 경우

㈏ 수입등의 산정 기준

위반행위와 관련된 계약으로 얻은 수입등의 산정에 관한 사항은 금융시장 환경변화로 인한 변동요인, 금융상품 유형별 특성, 금융상품계약체결등의 방식 및 금융상품판매업자등의 사업규모 등을 고려하여 대통령령으로 정한다(금소법 57④).[382]

㈐ 10억원 이하 과징금

위반행위를 한 자가 그 위반행위와 관련된 계약으로 얻은 수입등이 없거나 수입등의 산정이 곤란한 경우로서 대통령령으로 정하는 경우[383]에는 10억원을 초과하지 않는 범위에서 과징금을 부과할 수 있다(금소법 57조① 단서).

⑵ 금융상품판매대리·중개업자 또는 소속 임직원의 위반행위

금융위원회는 금융상품직접판매업자가 금융상품계약체결등을 대리하거나 중개하게 한 금융상품판매대리·중개업자(금융소비자보호법 또는 다른 금융 관련 법령에 따라 하나의 금융상품직접판매업자만을 대리하는 금융상품판매대리·중개업자로 한정한다) 또는 금융상품직접판매업자의 소속 임직원이 제1항 각 호의 어느 하나에 해당하는 행위를 한 경우에는 그 금융상품직접판매업자에 대하여 그 위반행위와 관련된 계약으로 얻은 수입등의 50% 이내에서 과징금을 부과할 수 있다. 다만, 금융상품직접판매업자가 그 위반행위를 방지하기 위하여 해당 업무에 관하여 적절한 주의와 감독을 게을리하지 아니한 경우에는 그 금액을 감경하거나 면제할 수 있다(금소법 57조②).

---

382) 금융소비자보호법의 나머지 과징금 관련 규정(제58조부터 제64조까지) 자본시장법상 과징금 관련 규정(제430조부터 제434조의4까지)과 거의 같으므로 여기서는 설명을 생략한다.

383) "대통령령으로 정하는 경우"는 다음과 같다(금소법 시행령 43조②).

1. 영업실적이 없는 등의 사유로 위반행위와 관련된 계약에 따른 수입등이 없는 경우
2. 재해로 인해 수입등을 산정하는데 필요한 자료가 소멸되거나 훼손되는 등의 이유로 수입등을 산정하기가 곤란한 경우

(3) 업무정지처분을 갈음하는 과징금부과

금융위원회는 금융상품판매업자등에 대하여 제51조 제2항 제1호에 따라 업무정지를 명할 수 있는 경우로서 업무정지가 금융소비자 등 이해관계인에게 중대한 영향을 미치거나 공익을 침해할 우려가 있는 경우에는 대통령령으로 정하는 바에 따라 업무정지처분을 갈음하여 업무정지기간 동안 얻을 이익의 범위에서 과징금을 부과할 수 있다(금소법 57조③).

10. 업무위탁

금융위원회는 금융소비자보호법에 따른 업무의 일부를 대통령령으로 정하는 바에 따라 금융감독원장 또는 협회등에 위탁할 수 있다(금소법 65조①). 금융감독원장은 금융소비자보호법에 따른 업무의 일부를 대통령령으로 정하는 바에 따라 협회등에 위탁할 수 있다(금소법 65조②). 금융위원회 또는 금융감독원장의 업무의 일부를 위탁받아 수행하는 협회등의 임직원은 형법 제129조부터 제132조까지의 규정(뇌물 관련 규정)을 적용할 때에는 공무원으로 본다(금소법 65조③).

11. 금융감독원장에 대한 지도·감독

금융위원회는 금융소비자보호법에 따른 권한을 행사하는 데에 필요한 경우에는 금융감독원장에 대하여 지도·감독, 그 밖에 감독상 필요한 조치를 명할 수 있다(금소법 66조①). 금융감독원은 금융소비자보호법에 따라 금융위원회의 지도·감독을 받아 이 법에 따라 부여된 업무, 금융위원회로부터 위탁받은 업무를 수행한다(금소법 66조②).

제3편

증권의 발행과 유통

제1장 서 론
제2장 발행공시제도
제3장 기업의 인수·합병 관련 제도
제4장 유통공시제도
제5장 주권상장법인에 대한 특례
제6장 기 타

제 1 장

서 론

제 1 절 증권의 모집과 매출

Ⅰ. 기본 개념

1. 공모와 사모

기업이 자금을 조달하기 위하여 증권을 발행하는 방법은 특정소수의 투자자를 상대로 발행하는 사모(private placement)와 불특정다수의 투자자를 상대로 하는 공모(public offering, public placement)로 나뉜다. 자본시장법은 입법기술상 공모와 사모를 투자자의 수(50인)에 의하여 구별한다. 공모와 사모의 개념은 공시의무와 관련되는데, 사모의 경우에는 자본시장법상의 증권신고서 제출의무가 면제되어 투자자들이 발행인[1]에 관한 관한 정보를 충분히 알지 못한 상태에서 증권을 취득한다.

2. 모집 · 매출 · 사모

자본시장법상 공모는 모집과 매출로 구분된다.[2] 모집은 "대통령령으로 정하는 방법에 따라 산출한 50인[3] 이상의 투자자에게 새로 발행되는 증권의 취득의

1) 발행인이란 증권을 발행하였거나 발행하고자 하는 자를 말한다. 다만, 증권예탁증권을 발행함에 있어서는 그 기초가 되는 증권을 발행하였거나 발행하고자 하는 자를 말한다(法 9조⑩).
2) 상법상 주식 및 사채의 모집은 자본시장상의 공모 개념에 한정되지 않고 사모(私募)도 포함한다. 모집설립에서의 모집도 발기인 외의 자로 하여금 주식의 일부를 인수하게 하는 방식의 설립을 의미하고, 자본시장법상의 공모와는 다른 개념이다.
3) [대법원 2005. 9. 30. 선고 2003두9053 판결] "법 제2조, 제8조 제1항 및 법 시행령 제2조의4 제1항에서 50인 이상의 자를 상대로 유가증권을 모집하는 발행인으로 하여금 유가증권신고서를 제출하도록 한 취지는, 투자자인 청약권유 대상자에게 발행인의 재무상황이나 사업내용 등에 관한 정보가 충분히 제공되도록 함으로써 투자자를 보호함과 아울러 유가증권 시장의 건전한 발전을 도모하기 위한 것이므로, 유가증권신고서의 제출 대상인 유가증권의 모집에

청약을 권유하는 것"을 말하고(法 9조⑦), 매출은 "대통령령으로 정하는 방법에 따라 산출한 50인 이상의 투자자에게 이미 발행된 증권의 매도의 청약을 하거나 매수의 청약을 권유하는 것"을 말한다(法 9조⑨).[4] 이와 같이 모집은 신규로 발행되는 증권을 대상으로 하는 반면, 매출은 이미 발행된 증권을 대상으로 하는 점에서 차이가 있다.

사모의 본래의 의미는 공모가 아닌 것, 즉 모집이나 매출이 아닌 것이다. 그런데 자본시장법은 "사모"에 관하여, "새로 발행되는 증권의 취득의 청약을 권유하는 것으로서 모집에 해당하지 아니하는 것"이라고 규정한다(法 9조⑧).[5] 자본시장법이 이와 같이 사모의 정의규정에서 새로 발행되는 증권만을 대상으로 규정한 것은 인수에 관한 정의규정인 제9조 제11항이 증권을 모집·매출 외에 사모의 경우도 포함하여 규정하므로,[6] 만일 이미 발행된 증권의 매도청약이나 매수청약의 권유를 사모에 관한 정의규정에 포함시키면 제9조 제11항의 규정상 투자자 간의 직접거래도 사모의 개념에 포함됨에 따라 인수의 개념이 지나치게 넓어진다는 문제점이 있기 때문이다.

자본시장법 제9조는 모집에 대하여는 "취득의 청약을 권유"라는 용어를 사용하고, 매출에 대하여는 "매수의 청약을 권유"라는 용어를 사용한다. 이와 같이

해당하는지 여부를 판단함에 있어서는 특별한 사정이 없는 한, 신규로 발행되는 유가증권의 취득의 청약을 권유받는 자를 모두 합산하여 법 제2조, 법 시행령 제2조의4 제1항에 규정된 50인의 청약권유 대상자 수를 산정하여야 할 것이나, 다만 예외적으로 발행인으로부터 설명을 듣지 아니하고도 발행인의 재무상황이나 사업내용 등의 정보에 충분히 접근할 수 있는 위치에 있을 뿐만 아니라, 그것을 판단할 수 있는 능력을 갖추고 있어 스스로 자기이익을 방어할 수 있는 자는 50인의 청약권유 대상자 수에서 제외하여야 할 것이고, 따라서 50인의 청약권유 대상자 수를 산정함에 있어서 제외되는 자를 규정한 법 시행령 제2조의4 제3항 제7호 및 신고규정 제2조 각 호의 규정 역시 위와 같은 취지에 비추어 제한적으로 해석되어야 할 것이다."

4) 이러한 정의규정상 공모의 주체는 발행인이고, 매출의 주체는 매출인이다.

5) 자본시장법 제9조 제8항이 새로 발행되는 증권만을 대상으로 규정하는 것은 인수 규정과 관련된 입법기술상의 문제 때문인데, 규정상 이미 발행된 증권의 매도청약이나 매수청약의 권유로서 매출에 해당하지 않는 경우에는(50 미만인 경우) 그 본질은 사모이지만 사모에도 해당하지 않는다. 따라서 이미 발행된 증권의 경우에는 매출도 아니고 사모도 아닌 개념이 존재한다.

6) 자본시장법에서 "인수"란 제3자에게 증권을 취득시킬 목적으로 다음과 같은 행위를 하거나 그 행위를 전제로 발행인 또는 매출인을 위하여 증권의 모집·사모·매출을 하는 것을 말한다(法 9조⑪).

1. 그 증권의 전부 또는 일부를 취득하거나 취득하는 것을 내용으로 하는 계약을 체결하는 것
2. 그 증권의 전부 또는 일부에 대하여 이를 취득하는 자가 없는 때에 그 나머지를 취득하는 것을 내용으로 하는 계약을 체결하는 것

취득과 매수라는 용어를 구분한 것은 모집의 경우에는 증권이 아직 발행되지 않았기 때문에 이미 발행된 증권의 매수와 구별하기 위하여 "취득"이라는 용어를 사용하는 것이다.

3. 청약과 청약의 권유

(1) 청 약

민법상 청약은 일방이 타방에게 일정한 내용의 계약을 체결할 것을 제의하는 상대방 있는 의사표시이다. 청약에 대하여 상대방이 승낙을 하면 계약이 성립한다. 따라서 이러한 효력(승낙적격)이 있는 의사표시를 하면 취득의 청약 또는 매도의 청약에 해당한다. 계약이 성립하기 위한 법률요건인 청약은 그에 응하는 승낙만 있으면 곧 계약이 성립하는 구체적, 확정적 의사표시여야 하므로 청약은 계약의 내용을 결정할 수 있을 정도의 사항을 포함시키는 것이 필요하다.[7] 청약은 이에 대응하는 상대방의 승낙과 결합하여 일정한 내용의 계약을 성립시킬 것을 목적으로 하는 확정적인 의사표시인 반면 청약의 유인은 이와 달리 합의를 구성하는 의사표시가 되지 못하므로 피유인자가 그에 대응하여 의사표시를 하더라도 계약은 성립하지 않고 다시 유인한 자가 승낙의 의사표시를 함으로써 비로소 계약이 성립하는 것으로서 서로 구분되는 것이다.[8]

(2) 청약의 권유

(가) 의 의

자본시장법상 "청약의 권유"란 "권유받는 자에게 증권을 취득하도록 하기 위하여 신문·방송·잡지 등을 통한 광고, 안내문·홍보전단 등 인쇄물의 배포, 투자설명회의 개최,[9] 전자통신 등의 방법[일반사모집합투자기구의 집합투자증권을 판매하는 금융투자업자가 그 사모집합투자기구의 투자광고를 하는 방법(法 249조의5)에 따른 투자광고의 방법을 포함]으로 증권 취득청약의 권유 또는 증권 매도청약이나 매수청약의 권유 등 증권을 발행 또는 매도한다는 사실을 알리거나 취득의 절차를 안내하는 활동"을 말한다(令 2조 2호 본문). 즉, 청약의 권유는 고객에 대한 "판매활동"을 의미한다. 따라서 반드시 서면에 의하여야 하는 것은 아니고 위

7) 대법원 2005. 12. 8. 선고 2003다41463 판결.
8) 대법원 2007. 6. 1. 선고 2005다5812 판결.
9) "투자설명회의 개최"와 관련하여, 규정의 취지상 참석인원의 규모는 무관하고, 극단적으로 일대일 상담도 회의로 볼 수 있을 것이다.

와 같은 방법을 사용한 경우에는 구두에 의한 판매활동도 자본시장법상 청약의 권유에 해당한다.10)

"권유받는 자에게 증권을 취득하도록 하기 위하여"라는 규정상, 이러한 목적이 없는 통상의 기업홍보활동은 청약의 권유에 해당하지 않는다.

자본시장법상 청약의 권유는 민법상 청약의 유인에 해당한다. 자본시장법 제6조 제2항은 "투자매매업이란 누구의 명의로 하든지 자기의 계산으로 금융투자상품의 매도·매수, 증권의 발행·인수 또는 그 중개나 청약의 권유, 청약, 청약의 승낙을 영업으로 하는 것을 말한다."라고 규정하고, 제6조 제3항은 "투자중개업이란 누구의 명의로 하든지 타인의 계산으로 금융투자상품의 매도·매수, 그 청약의 권유, 청약, 청약의 승낙 또는 증권의 발행·인수에 대한 청약의 권유, 청약, 청약의 승낙을 영업으로 하는 것을 말한다."라고 규정하는데,11) "청약의 권유, 청약, 청약의 승낙"을 병렬적으로 규정한 것으로 보아 청약의 권유는 상대방으로 하여금 계약을 하도록 유인하는 청약의 유인으로 보아야 할 것이다. 이러한 청약의 유인 내지 청약의 권유는 상대방으로 하여금 매도나 매수를 유도하는 행위이기 때문에 권유받은 상대방이 권유자의 권유에 응하여 청약의 의사표시를 하더라도 계약이 성립하지 않고, 다시 권유자가 승낙의 의사표시를 별도로 해야 한다.

다만 자본시장법상 청약의 권유행위는 권유자가 제시한 조건에 부합하는 청약이 있으면 항상 승낙을 한 것으로 간주하겠다는 조건이 있는 권유행위이므로, 권유자로부터 청약의 권유를 받은 자 중 특정인이 예정된 수량·가격·기간 등의 조건으로 취득하겠다는 청약을 하면 그 즉시 권유자가 승낙의 의사표시를 한 것으로 간주되어 매매가 성립한다. 그러나 이 경우에도 승낙 없이 매매가 이루어지는 것이 아니라 어디까지나 청약에 대한 승낙에 의하여 매매가 성립하는 것이고, 단지 권유자가 승낙의 의사표시를 별도로 하지 않아도 승낙의 의사표시를 한 것으로 간주된다는 것이다. 이와 같이 청약의 권유자는 장차 신규로 발행할 증권 또는 기발행 증권에 대하여 그들의 청약과 동시에 승낙의 의사표시를 한 것으로 간주되므로 권유 당시에 매매조건이 확정되어 있어야 하고, 그 내용이 불확정적

10) 다만, 증권신고서 제출 대상인 증권에 관하여 청약의 권유를 하려면 반드시 투자설명서, 예비투자설명서 또는 간이투자설명서에 의해야 한다.

11) 증권의 발행·인수에 대한 청약의 권유, 청약, 청약의 승낙을 모집주선이 아닌 발행주선이라 부르는 것은 사모도 포함하기 때문이다.

이거나 불분명한 경우에는 청약과 승낙에 의한 매매의 성립이 불가능하다.

(나) 제외되는 경우

"청약의 권유" 개념은 자본시장법상 민형사상 책임의 근거가 되는데, 위와 같은 규정에 의하면 그 개념이 지나치게 확대되므로, 증권을 발행하는 경우에도 인수인의 명칭과 증권의 발행금액을 포함하지 않는 등 금융위원회가 정하여 고시하는 기준[12]에 따라 다음 사항 중 전부나 일부에 대하여 광고 등의 방법으로 단순히 그 사실을 알리거나 안내하는 경우는 제외한다(令 2조 2호 단서).[13]

1. 발행인의 명칭
2. 발행 또는 매도하려는 증권의 종류와 발행 또는 매도 예정금액
3. 증권의 발행이나 매도의 일반적인 조건
4. 증권의 발행이나 매출의 예상 일정
5. 그 밖에 투자자 보호를 해칠 염려가 없는 사항으로서 금융위원회가 정하여 고시하는 사항

Ⅱ. 50인의 수 산정기준

1. 합산대상

모집, 매출과 관련하여 50인을 산출하는 경우에는 청약의 권유를 하는 날 이전 6개월 이내에 해당 증권과 같은 종류의 증권에 대하여 모집이나 매출에 의하지 아니하고 청약의 권유를 받은 자를 합산한다(令 11조①).

"모집이나 매출에 의하지 아니하고"는 증권신고서를 제출하지 않고 청약의 권유를 한 경우를 말한다. 과거 6개월 이내에 증권신고서를 제출한 경우에는 이로써 발행인에 대한 정보가 공시되었으므로 그 후에 행하여진 청약의 권유만 합

12) [증권발행공시규정 1-3조 (청약권유 제외기준 등)] 영 제2조 제2호 단서에서 "금융위원회가 정하여 고시하는 기준"이란 청약의 권유에서 제외되는 단순 사실의 광고 또는 안내 방법으로서 다음 각 호에 따라야 한다.
  1. 인수인의 명칭을 표시하지 않을 것
  2. 증권의 발행금액 및 발행가액을 확정하여 표시하지 않을 것
  3. 증권신고의 대상이 되는 증권의 거래를 위한 청약의 권유는 투자설명서, 예비투자설명서 또는 간이투자설명서에 따른다는 뜻을 명시할 것

13) "발행인의 명칭"과 "발행 또는 매도 예정금액"은 "청약의 권유" 개념에서 제외되지만, 투자자의 오판으로 인한 피해를 방지하기 위하여 "인수인의 명칭"과 "확정된 발행금액 및 발행가액"은 "청약의 권유" 개념에서 제외되지 않는다.

산대상으로 된다. 즉, 해당 취득의 청약을 권유하는 날부터 과거 6개월 이내에 해당 증권과 같은 종류의 증권에 대하여 취득의 청약을 권유받은 자가 50인 미만으로서 모집에 해당되지 아니한 경우 그 청약 권유 대상자를 이번의 청약권유 대상자와 합산하고, 해당 매도청약이나 매수청약의 권유를 하는 날부터 과거 6개월 이내에 해당 증권과 같은 종류의 증권에 대하여 매도청약을 받거나 매수청약을 권유받은 자가 50인 미만으로서 매출에 해당되지 아니한 경우 그 대상자를 이번의 청약권유 대상자와 합산한다. 신고서 제출이 면제되는 경우(法 130조)에도 증권신고서가 제출되지 않았으므로 과거 6개월 이내에 이루어진 것이라면 합산대상이다. "청약의 권유를 하는 날"에 대하여는 법령에 명문의 규정은 없으므로, 구체적인 청약의 권유를 한 날로 해석하여야 할 것이다. "청약의 권유를 받은 자"를 합산하는 것이고 실제로 증권을 취득하거나 매수한 투자자를 의미하는 것이 아니다. 판례는 발행인이 직접 청약을 권유한 대상자가 50인 미만이라면 순차 또는 간접적인 청약권유에 응하여 최종적으로 주금을 납입하고 주권을 교부받은 자가 50인 이상이라 하더라도 간주모집에 해당하지 않는 한 증권의 "모집"에 해당한다고 볼 수 없다는 입장이다.[14)]

---

14) [대법원 2004. 2. 13. 선고 2003도7554 판결] "발행인이 신규로 발행되는 유가증권의 취득의 청약을 권유하는 행위가 증권거래법령상의 '모집'에 해당되어 발행인에게 당해 유가증권에 관하여 금융감독위원회에 신고서를 제출할 의무가 있다고 하기 위해서는, 우선 유가증권 발행인이 '신규로 발행되는 유가증권을 취득하도록 하기 위하여 신문·방송·잡지 등을 통한 광고, 안내문·홍보전단 등 인쇄물의 배포, 투자설명회의 개최, 전자통신 기타 이에 준하거나 이와 유사한 방법으로 유가증권을 발행 또는 매도한다는 사실을 알리거나 취득의 절차를 안내하는 활동'을 하는 경우라야 하고, 나아가 발행인으로부터 그와 같은 방법으로 권유받는 자의 수가 50인 이상이거나 적어도 그와 같은 방법으로 청약의 권유를 하는 날부터 과거 6월 이내에 당해 유가증권과 동일한 종류의 유가증권에 대하여 '모집 또는 매출에 의하지 아니하고'(즉, 위에서 열거된 바와 같은 방법에 의하지 아니하고) 청약의 권유를 받은 자까지 합산(다만, 발행인의 주주, 임원 등은 일정한 경우 그 합산에서 제외된다)하여 그 수가 50인 이상인 때이어야 한다고 할 것이다." [이 사건의 원심 판결은, "청약의 권유는 발행인이 직접 유가증권의 취득의 청약을 권유하는 경우뿐만 아니라 발행인을 통하여 순차 또는 간접적으로 청약을 권유하여 투자자가 유가증권의 모집에 응하는 경우도 유가증권의 모집의 대상자에 포함된다고 보는 것이 상당하다고 할 것이다. 원심이 적법하게 조사하여 채택한 증거들에 의하면, 피고인이 직접 또는 순차로 이 사건 주식에 대한 청약을 권유하여 그에 응하여 주금을 납입하고 주식을 교부받은 자가 55명에 이르는 사실을 인정할 수 있고, 위 인정사실과 앞서 든 증거들을 종합하여 보면, 원심판결 판시 위 범죄사실을 충분히 인정할 수 있으므로, 이에 관한 항소논지는 이유 없다."라고 판시하였다(서울고등법원 1995. 9. 28. 선고 93구13744 판결)].

2. 같은 종류의 증권

"같은 종류의 증권"의 범위는 투자자 보호와 관련하여 중요한 문제인데, 자본시장법 제4조 제2항이 규정하는 증권의 종류(채무증권·지분증권·수익증권·투자계약증권·파생결합증권·증권예탁증권)를 기준으로 판단해야 한다는 해석도 있으나,[15] 금융감독원의 실무는 자본시장법 제4조가 증권의 종류별로 다시 개별 증권을 열거하고 있으므로 열거된 개별 증권의 구분에 따라 같은 종류의 증권 여부를 판단해야 한다는 입장이다.[16]

3. 합산제외대상

공시규제에 의하여 보호할 필요가 없는 투자자는 모집·매출과 관련한 50인에 합산되지 않는데, 자본시장법 시행령은 전문가와 연고자로 분류하여 규정한다(令 11조① 단서).

1. 전 문 가
   가. 전문투자자
   나. 삭제 [2016.6.28.]
   다. 공인회계사법에 따른 회계법인
   라. 신용평가업인가를 받은 신용평가회사
   마. 발행인에게 회계, 자문 등의 용역을 제공하고 있는 공인회계사·감정인·변호사·변리사·세무사 등 공인된 자격증을 가지고 있는 자
   바. 그 밖에 발행인의 재무상황이나 사업내용 등을 잘 알 수 있는 전문가로서 금융위원회가 정하여 고시하는 자[17]
2. 연 고 자

---

15) 김건식·정순섭, 184면.

16) 예컨대 채무증권의 경우 국채증권, 지방채증권, 특수채증권, 사채권(파생결합사채 포함), 기업어음증권 등은 다른 종류의 증권으로 보고, 나아가, 상법상 다른 종류의 주식(보통주, 우선주, 혼배주 등)은 같은 종류의 증권에 해당되지 않는다고 본다[금융감독원, "기업공시 실무안내"(2022.12.), 207면].

17) [증권발행공시규정 2-1조 (청약권유대상자의 수에서 제외되는 자)]
   ② 영 제11조 제1항 제1호 바목에서 "금융위원회가 정하여 고시하는 자"란 다음 각 호의 어느 하나에 해당하는 자를 말한다.
   1. 「중소기업창업지원법」에 따른 중소기업창업투자회사
   2. 그 밖에 제1호 및 영 제11조 제1항 제1호 각 목의 전문가와 유사한 자로서 발행인의 재무내용이나 사업성을 잘 알 수 있는 특별한 전문가라고 금융감독원장이 정하는 자

가. 발행인의 최대주주와 발행주식총수의 5% 이상을 소유한 주주
나. 발행인의 임원(商法 401조의2 제1항 각 호의 자를 포함) 및 근로복지기본법에 따른 우리사주조합원
다. 발행인의 계열회사와 그 임원
라. 발행인이 주권비상장법인(주권을 모집하거나 매출한 실적이 있는 법인은 제외한다)[18]인 경우에는 그 주주
마. 외국법령에 따라 설립된 외국기업인 발행인이 종업원의 복지증진을 위한 주식매수제도 등에 따라 국내 계열회사의 임직원에게 해당 외국기업의 주식을 매각하는 경우에는 그 국내 계열회사의 임직원
바. 발행인이 설립 중인 회사인 경우에는 그 발기인
사. 그 밖에 발행인의 재무상황이나 사업내용 등을 잘 알 수 있는 연고자로서 금융위원회가 정하여 고시하는 자[19]

---

18) 상장법인은 증권시장에 상장된 증권(상장증권)을 발행한 법인, 비상장법인은 상장법인을 제외한 법인을 말하고, 주권상장법인은 증권시장에 상장된 주권을 발행한 법인(주권과 관련된 증권예탁증권이 증권시장에 상장된 경우에는 그 주권을 발행한 법인), 주권비상장법인은 주권상장법인을 제외한 법인을 말한다(法 9조⑮).

19) [증권발행공시규정 2-1조 (청약권유대상자의 수에서 제외되는 자)]
③ 영 제11조 제1항 제2호 사목에서 "금융위원회가 정하여 고시하는 자"란 다음 각 호의 어느 하나에 해당하는 자를 말한다.
1. 발행인(설립중인 회사 제외)의 제품을 원재료로 직접 사용하거나 발행인(설립중인 회사 제외)에게 자사제품을 원재료로 직접 공급하는 회사 및 그 임원
2. 발행인(설립중인 회사 제외)과 대리점계약 등에 의하여 발행인의 제품 판매를 전업으로 하는 자 및 그 임원
3. 발행인이 협회 등 단체의 구성원이 언론, 학술 및 연구 등 공공성 또는 공익성이 있는 사업을 영위하기 위하여 공동으로 출자한 회사(설립중인 회사 포함)인 경우 해당 단체의 구성원
4. 발행인이 지역상공회의소, 지역상인단체, 지역농어민단체 등 특정지역 단체의 구성원이 그 지역의 산업폐기물 처리, 금융·보험서비스 제공, 농수축산물의 생산·가공·판매 등의 공동사업을 영위하기 위하여 공동으로 출자한 회사(설립중인 회사 포함)인 경우 해당 단체의 구성원
5. 발행인이 동창회, 종친회 등의 단체 구성원이 총의에 의하여 공동의 사업을 영위하기 위하여 공동으로 출자한 회사(설립중인 회사 포함)인 경우 해당 단체의 구성원
6. 사업보고서 제출대상법인이 아닌 법인("사업보고서 미제출법인")의 주주가 그 사업보고서 미제출법인의 합병, 주식의 포괄적 교환·이전, 분할 및 분할합병의 대가로 다른 사업보고서 미제출법인이 발행한 증권을 받는 경우 그 주주
7. 기타 제1호부터 제6호까지 및 영 제11조 제1항 제2호 각 목의 연고자와 유사한 자로서 발행인의 재무내용이나 사업성을 잘 알 수 있는 특별한 연고자라고 감독원장이 정하는 자

4. 코넥스시장 주권상장법인의 특례

한국거래소가 중소기업기본법 제2조에 따른 중소기업이 발행한 주권 등을 매매하기 위하여 개설한 증권시장으로서 금융위원회가 정하여 고시하는 증권시장("코넥스시장")에 주권을 상장한 법인(해당 시장에 주권을 상장하려는 법인 포함)이 발행한 주권 등 또는 장외매매거래(令 178조①2)가 이루어지는 지분증권의 경우에는 다음과 같은 자를 합산 대상자에서 제외한다(令 11조②).

1. 전문투자자
2. 제1항 제1호 다목부터 바목까지의 어느 하나에 해당하는 자
3. 제1항 제2호 각 목의 어느 하나에 해당하는 자(연고자)
4. 집합투자의 적용이 배제되는 법률(令 6조①)에 따라 설립되거나 설정된 집합투자기구
5. 그 밖에 중소기업 또는 벤처기업에 대한 투자의 전문성 등을 고려하여 금융위원회가 정하여 고시하는 자[20]

5. 매출시 합산대상

증권시장에서의 거래에도 매출에 대한 50인의 산정기준을 적용한다면 증권시장의 기능을 상실할 것이다. 따라서 매출에 대하여는 증권시장 및 다자간매매체결회사 밖에서 청약의 권유를 받는 자를 기준으로 그 수를 산출한다(令 11조④).[21]

---

20) "금융위원회가 정하여 고시하는 자"는 다음과 같다. 다만, 제2호의2 및 제3호에 해당하는 자는 영 제178조 제1항 제2호에 따른 증권시장에 상장되지 아니한 지분증권의 장외매매거래 대상에서 제외한다(증권발행공시규정 2-2조의3②).
   1. 「벤처기업육성에 관한 특별조치법」 제13조에 따른 개인투자조합
   2. 「벤처기업육성에 관한 특별조치법」 제2조의2 제1항 제2호 가목(8)에 해당하는 자
   2의2. 「조세특례제한법」 제91조의15 제1항에 따른 고위험고수익투자신탁에 해당하는 투자일임재산의 명의자
   2의3. 자본시장법 제249조의15에 따라 금융위원회에 등록한 업무집행사원
   2의4. 「벤처기업육성에 관한 특별조치법」 제4조의3 제1항 제3호에 따른 상법상 유한회사 또는 유한책임회사
   2의5. 「벤처기업육성에 관한 특별조치법」 제4조의3 제1항 제4호에 따른 외국투자회사
   3. 한국거래소의 「코넥스시장 업무규정」 제62조에 따른 기본예탁금을 납부한 자
   4. 「중소기업창업지원법」 제2조 제4호의2에 따른 창업기획자

21) 따라서 주권상장법인은 원칙적으로 전문투자자에 해당하지만 장외파생상품거래에 있어서는 서면에 의하여 다른 의사표시를 하지 않은 한 일반투자자에 해당한다.

Ⅲ. 전매기준

1. 의 의

청약의 권유를 받는 자의 수가 50인 미만으로서 증권의 모집에 해당되지 아니할 경우에도 해당 증권이 발행일부터 1년 이내에 50인 이상의 자에게 양도될 수 있는 경우로서 증권의 종류 및 취득자의 성격 등을 고려하여 금융위원회가 정하여 고시하는 전매기준에 해당하는 경우에는 모집으로 본다(令 11조③). 이러한 전매제한규정은 소수인을 대상으로 증권을 1차로 발행하고 이를 다시 50인 미만의 다수인에게 전매되게 하는 경우, 또는 50인 미만의 자를 대상으로 수회에 걸쳐 모집하는 경우 등도 모집의 개념에 포함시키기 위한 것이다. 시행령 제11조 제1항이 규정하는 "50인의 수 합산에서 제외되는 대상"만을 대상으로 증권을 발행하는 경우에도 전매기준(전매가능성 기준)에 해당하는 경우에는 모집으로 간주된다. 매출의 경우에는 전매기준을 적용하면 증권의 유통성이 크게 저해되므로 간주모집에 해당하는 제도가 없다. 따라서 대주주 1인이 49인에게 매각하고 이들이 각각 49인에게 매각하는 일종의 다단계매각의 경우에는 매출의 요건인 "50인 이상"에 해당하지 않는다. 다만, 해당 증권이 법 제165조의10제2항에 따라 사모의 방법으로 발행할 수 없는 사채(분리형 신주인수권부사채)인 경우에는 그러하지 아니하다(令 11조③ 단서).

2. 적용 요건

아래의 규정에 의하면 증권을 신규로 발행하는 경우 단 1인에게 발행하더라도 명시적인 전매제한조치를 취하지 않는 한 대부분이 증권의 모집에 해당하는 결과가 된다.[22)]

[증권의 발행 및 공시 등에 관한 규정][23)]
제2-2조(증권의 모집으로 보는 전매기준)
① 영 제11조 제3항에서 "금융위원회가 정하여 고시하는 전매기준에 해당하는 경우"란 다음 각 호의 어느 하나에 해당하는 경우를 말한다.

22) 특히 소수의 투자자를 상대로 유가증권을 발행하는 경우에도 과거에 모집실적이 있으면 간주모집에 해당함에도 실무자가 이를 간과하여 소정의 절차를 밟지 않는 바람에 회사가 감독당국으로부터 제재를 받는 사례가 많다.
23) 본서의 각주에서는 "증권발행공시규정"으로 약칭한다.

1. 지분증권(지분증권과 관련된 증권예탁증권 포함)의 경우에는 같은 종류의 증권이 모집·매출된 실적이 있거나 증권시장(코넥스시장 제외)에 상장된 경우 [분할 또는 분할합병(商法 530조의12에 따른 물적분할 제외)[24]으로 인하여 설립된 회사가 발행하는 증권은 분할되는 회사가 발행한 증권과 같은 종류의 증권으로 본다] 또는 기업인수목적회사와 합병하려는 법인이 합병에 따라 발행하는 경우
2. 지분증권이 아닌 경우(기업어음증권 제외)에는 50매 이상으로 발행되거나 발행 후 50매 이상으로 권면분할되어 거래될 수 있는 경우. 다만, 전자증권법에 따른 전자등록 또는 은행법에 따른 등록발행의 경우에는 매수가 아닌 거래단위를 기준으로 적용한다.
3. 전환권, 신주인수권 등 증권에 부여된 권리의 목적이 되는 증권이 제1호·제2호에 해당되는 경우
4. 삭제 [2009. 7. 6]
5. 자본시장법 제4조 제3항에 따른 기업어음증권(이하 "기업어음"이라 한다)의 경우에는 다음 각목의 어느 하나에 해당하는 경우
   가. 50매 이상으로 발행되는 경우
   나. 기업어음의 만기가 365일 이상인 경우
   다. 기업어음이 시행령 제103조에 따른 특정금전신탁에 편입되는 경우
6. 법 제4조 제7항에 따른 파생결합증권이 시행령 제103조 제1호에 따른 특정금전신탁에 편입되는 경우

② 제1항에도 불구하고 증권을 발행함에 있어 다음 각 호의 어느 하나에 해당하는 경우에는 제1항에 따른 전매기준에 해당되지 않는 것으로 본다.

1. 증권을 발행한 후 지체 없이 한국예탁결제원에 전자등록하거나 예탁하고 그 전자등록일 또는 예탁일부터 1년간 해당 증권(증권에 부여된 권리의 행사로 취득하는 증권 포함)을 인출하거나 매각하지 않기로 하는 내용의 예탁계약을 예탁결제원과 체결한 후 그 예탁계약을 이행하는 경우 또는 「금융산업의 구조개선에 관한 법률」 제12조 제1항에 따라 정부 또는 예금보험공사가 부실금융기관에 출자하여 취득하는 지분증권에 대하여 취득일부터 1년 이내에 50인 이상의 자에게 전매되지 않도록 필요한 조치를 취하는 경우
2. 제1항 제2호 중 50매 미만으로 발행되는 경우에는 증권의 권면에 발행 후 1년 이내 분할금지특약을 기재하는 경우. 다만, 전자등록 또는 등록발행의 경우에는 거래단위를 50단위 미만으로 발행하되 발행 후 1년 이내에는 최초 증권 발행시의 거래단위 이상으로 분할되지 않도록 조치를 취하는 경우를 말한다.

---

24) 인적분할은 전매기준에 의하여 모집에 해당하므로 모집가액이 10억원 이상이면 증권신고서를 제출하여야 하나, 물적분할은 청약권유의 상대방이 1인이고 전매기준에도 해당하지 아니하므로 가액에 관계없이 제출대상이 아니다. 인적분할의 경우에도 모집가액이 10억원 미만이면 제출의무가 없지만, 제출면제에 따른 발행인의 조치의무는 있다.

3. 제1항 제3호에 해당되는 경우에는 권리행사금지기간을 발행 후 1년 이상으로 정하는 경우
4. 채무증권(기업어음은 제외한다)으로서 다음 각 목의 요건을 모두 충족하는 경우
   가. 다음 (1)부터 (4)까지에 해당하는 자(이하 "적격기관투자자"라 한다)가 발행인 또는 인수인으로부터 직접 취득하고, 감독원장이 정하는 바에 따라 적격기관투자자 사이에서만 양도·양수될 것. 단, 제5호의 유동화증권을 발행하기 위하여 자산유동화전문회사에 양도하는 경우에는 그러하지 아니하다.
      (1) 영 제10조 제1항 제1호부터 제4호까지의 자(令 제10조 제2항 제11호, 같은 조 제3항 제5호부터 제8호까지에 해당하는 자는 제외한다)
      (2) 주권상장법인, 영 제10조 제3항 제12호, 제13호 및 제16호에 해당하는 자
      (3) 「중소기업진흥에 관한 법률」에 따른 중소기업진흥공단
      (4) <삭제(2016.6.28.)>
      (5) (1)부터 (4)까지의 적격기관투자자에 준하는 외국인
   나. 직전 사업연도말 총자산이 2조원 이상인 기업이 발행한 증권이 아닐 것. 다만, 제1－2조 제6항에 따른 원화표시채권 또는 외화표시채권을 발행하는 경우에는 그러하지 아니하다.
5. 유동화증권으로서 다음 각 목의 요건을 모두 충족하는 경우
   가. 제4호 각 목의 요건을 충족하는 채무증권이 유동화자산의 80% 이상일 것
   나. 적격기관투자자가 발행인 또는 인수인으로부터 직접 취득하고, 감독원장이 정하는 바에 따라 적격기관투자자 사이에서만 양도·양수될 것
6. 제1항 제5호 다목 및 제6호의 경우에는 발행인이 특정금전신탁의 위탁자를 합산하여 50인 이상(令 제11조 제1항 제1호 및 제2호에 해당하는 자는 제외한다)이 될 수 없다는 뜻을 인수계약서와 취득계약서에 기재하고, 발행인 또는 기업어음, 파생결합증권을 인수한 금융투자업자가 그러한 발행조건의 이행을 담보할 수 있는 장치를 마련한 경우
7. 단기사채(전자증권법 제2조 제1호 나목에 따른 권리로서 같은 법 제59조 각 호의 요건을 모두 갖추고 전자등록된 것)로서 만기가 3개월 이내인 경우
8. 근로복지기본법에 따라 우리사주조합원이 우리사주조합을 통해 취득한 주식을 같은 법 제43조에 따른 수탁기관에 전자등록 또는 예탁하고 그 전자등록일 또는 예탁일로부터 1년간 해당 주식(주식에 부여된 권리의 행사로 취득하는 주식을 포함)을 인출하거나 매각하지 않기로 하는 내용의 계약을 수탁기관과 체결한 후 그 계약을 이행하는 경우
9. 온라인소액투자중개를 통해 지분증권을 모집한 발행인이 다음 각목의 요건을 모두 충족하는 경우
   가. 영 제118조의17 제2항 각 호에 해당하는 자에게 온라인소액투자중개를 통해 모집한 지분증권과 같은 종류의 증권을 발행할 것

나. 온라인소액투자중개 이외의 방법으로 같은 종류의 증권을 모집 또는 매출한 실적이 없을 것

다. 같은 종류의 증권이 증권시장(제2-2조의3 제1항에 따른 코넥스시장을 제외한다)에 상장되어 있지 않을 것

라. 온라인소액투자중개를 통해 모집의 방법으로 최근 발행된 지분 증권에 대하여 법 제117조의10 제7항에 따른 매도 또는 양도가 제한되는 기간('제한기간')이 경과하지 않은 때에는, 해당 증권을 지체 없이 예탁결제원에 전자등록하거나 예탁하고 제한기간의 종료일까지 인출하거나 매각하지 않기로 하는 내용의 계약을 예탁결제원과 체결한 후 그 계약을 이행할 것

③ 예탁결제원은 제2항 제1호 본문에 따라 예탁된 증권에 대하여 다음 각 호의 어느 하나에 해당하는 사유가 발생하는 경우 발행인의 신청에 의하여 해당 증권의 인출을 허용할 수 있다. 이 경우 예탁결제원은 사유가 종료되는 대로 해당 증권이나 전환권 등 권리의 행사에 따라 취득한 증권을 지체 없이 재예탁하도록 해야 한다.

1. 통일규격증권으로 교환하기 위한 경우
2. 전환권, 신주인수권 등 증권에 부여된 권리행사를 위한 경우
3. 회사의 합병, 분할, 분할합병, 또는 주식의 포괄적 교환·이전에 따라 다른 증권으로 교환하기 위한 경우
4. 액면 또는 권면의 분할 또는 병합에 따라 새로운 증권으로 교환하기 위한 경우
5. 전환형 조건부자본증권을 주식으로 전환하기 위한 경우
6. 기타 상기 사유와 유사한 것으로서 감독원장이 인정하는 경우

제2-2조의2(해외증권 발행시 증권의 모집으로 보는 전매기준)

① 제2-2조에도 불구하고 해외에서 증권을 발행하는 경우(청약의 권유, 청약 등 발행과 관련한 주요 행위가 해외에서 이루어지는 경우를 말한다) 해당 증권, 해당 증권에 부여된 권리 또는 그 권리의 행사에 따라 발행되는 증권 등(이하 이 조에서 "해당 증권 등"이라 한다)을 「외국환거래법」에 따른 거주자(증권의 발행과 관련한 인수계약에 따라 해당 증권을 취득하는 금융투자업자를 제외한다. 이하 이 조에서 같다)가 해당 증권의 발행 당시 취득 가능하거나 또는 발행일부터 1년 이내에 취득 가능한 조건으로 발행하는 경우(외국법인등에 관하여는 다음 각 호의 어느 하나에 해당하는 외국법인등이 해외에서 증권을 발행하는 경우에 한한다)에는 영 제11조 제3항에서 "금융위원회가 정하여 고시하는 전매기준에 해당하는 경우"로 본다.

1. 외국법인등이 국내에 증권을 상장한 경우
2. 최근 사업연도 말을 기준으로 외국법인등이 발행한 지분증권 발행주식총수의 20% 이상을 거주자가 보유하고 있는 경우

② 제1항에도 불구하고 다음 각 호의 어느 하나에 해당하는 경우에는 제1항에 따른 전매기준에 해당되지 않는 것으로 본다.

1. 발행당시 또는 발행일부터 1년 이내에 해당 증권등을 거주자에게 양도할 수 없다는 뜻을 해당 증권의 권면(실물발행의 경우에 한한다), 인수계약서, 취득계약서 및 청약권유문서에 기재하고, 발행인 또는 인수한 금융투자업자가 취득자로부터 그러한 발행조건을 확인·서명한 동의서를 징구하고, 해당 동의서의 이행을 담보할 수 있는 장치를 강구한 후 발행하는 경우
2. 발행 후 지체 없이 발행지의 공인 예탁결제기관에 예탁하고 그 예탁일부터 1년 이내에는 이를 인출하지 못하며 거주자에게 해당 증권 등을 양도하지 않는다는 내용의 예탁계약을 체결한 후 그 예탁계약을 이행하는 경우
3. 전환사채권·신주인수권부사채권·교환사채권이 아닌 사채권으로서 제2-2조 제2항 제4호(가목은 제외한다)에 따라 적격기관투자자가 취득(발행시점에서 발행인 또는 인수인으로부터 취득하는 것을 포함)하고 적격기관투자자 사이에서만 양도·양수되는 경우로서 다음 각목의 요건을 모두 충족하는 경우
   가. 외국통화로 표시하여 발행하고 외국통화로 원리금을 지급할 것
   나. 발행금액의 80% 이상을 거주자 외의 자에게 배정할 것(발행시점에서 발행인 또는 인수인으로부터 취득하는 것에 한한다)
   다. 사채권이 감독원장이 정하는 해외주요시장에 상장되거나 해외주요시장 소재지국의 외국금융투자감독기관에 등록 또는 신고, 그 밖에 모집으로 볼 수 있는 절차를 거친 것
   라. 발행당시 또는 발행일부터 1년 이내에 전문투자자가 아닌 거주자에게 해당 사채권을 양도할 수 없다는 뜻을 해당 사채권의 권면(실물발행의 경우에 한한다), 인수계약서, 취득계약서 및 청약권유문서에 기재하는 조치를 취할 것
   마. 발행인과 주관회사(주관회사가 있는 경우에 한한다. 이하 이 목에서 같다)가 가목부터 라목까지의 조치를 취하고 관련 증빙서류를 발행인 및 주관회사가 각각 또는 공동으로 보관할 것
4. 외국법인등이 외국통화로 표시된 증권을 해외에서 발행하는 경우로서 발행당시 또는 발행일로부터 1년 이내에 해당 증권 등을 거주자에게 양도할 수 없다는 뜻을 해당 증권의 권면(실물발행의 경우에 한한다), 인수계약서, 취득계약서 및 청약권유문서에 기재하고 국내 금융투자업자가 해당 증권 등을 중개 또는 주선하지 않는 경우
5. 그 밖에 발행당시 또는 발행일부터 1년 이내에 거주자가 해당 증권등을 취득할 수 없는 구조로 발행되는 경우

제2-2조의3(코넥스시장에 관한 특례 등)

① 영 제11조 제2항 각 호 외의 부분에서 "금융위원회가 정하여 고시하는 증권시장"이란 한국거래소[법 부칙(법률 제11845호) 제15조 제1항에 따라 거래소허가를 받은 것으로 보는 한국거래소(이하 "한국거래소"라 한다)]의 「코넥스시장 업무규정」에 따른 코넥스시장(이하 "코넥스시장"이라 한다)을 말한다.

② 영 제11조 제2항 제5호에서 "금융위원회가 정하여 고시하는 자"란 다음 각 호의 어느 하나에 해당하는 자를 말한다. 다만, 제2호의2 및 제3호에 해당하는 자는 영 제178조 제1항 제2호에 따른 증권시장에 상장되지 아니한 지분증권의 장외매매거래 대상에서 제외한다.

1. 「벤처기업육성에 관한 특별조치법」 제13조에 따른 개인투자조합
2. 「벤처기업육성에 관한 특별조치법」 제2조의2 제1항 제2호 가목(8)에 해당하는 자

2의2. 「조세특례제한법」 제91조의15 제1항에 따른 고위험고수익투자신탁에 해당하는 투자일임재산의 명의자

2의3. 자본시장법 제249조의15에 따라 금융위원회에 등록한 업무집행사원

2의4. 「벤처기업육성에 관한 특별조치법」 제4조의3 제1항 제3호에 따른 상법상 유한회사 또는 유한책임회사

2의5. 「벤처기업육성에 관한 특별조치법」 제4조의3 제1항 제4호에 따른 외국투자회사

3. 한국거래소의 「코넥스시장 업무규정」 제62조에 따른 기본예탁금을 납부한 자
4. 「중소기업창업지원법」 제2조 제4호의2에 따른 창업기획자

제2절　증권의 인수

Ⅰ. 직접공모와 간접공모

1. 의　　의

직접공모(direct public offerings: DPO)란 "인수인의 인수 없이 행하는 모집 또는 매출"을 말한다(슈 125조①2바). 발행인의 신용도가 높은 경우에는 인수인을 통하지 않고 발행인이 모든 위험을 부담하면서 직접공모에 의하여 증권을 발행할 수 있다. 그리고, 소규모의 자금을 조달하는 경우에는 인수수수료 및 회계사 보수 등을 절약할 수 있고, 특히 인수인이 시장조성의무 등을 이유로 발행가격을 낮추고자 하는 현상도 피할 수 있는 등 직접공모의 장점도 있다.

그러나 발행시장은 최초로 시장에 증권이 등장하는 공모발행이라는 점에서 그 증권의 가치평가가 어렵고, 투자판단에 필요한 정보가 부족한 경우가 많으며, 그 결과 투자자들이 증권시장에 대한 신뢰와 투자에 대한 확신을 가지기 어려운 특징이 있다. 이 때문에 증권의 모집·매출은 발행회사가 직접 공모하기보다는 인수인을 통하여 간접공모를 하는 것이 통상인데, 그 이유는 발행회사로서는 인

수인이 가지는 공신력에 의하여 공모가 성공할 가능성이 높아질 뿐만 아니라 공모 차질로 인한 위험을 부담하게 되는 보험자의 역할을 기대할 수 있고, 투자자들은 시장의 '문지기(Gatekeeper)' 기능을 하는 인수인의 평판을 신뢰하여 그로부터 투자판단에 필요한 정보의 취득·확인·인증 등을 용이하게 제공받을 수 있기 때문이다.

대부분의 경우에는 인수기관의 공신력에 의하여 공모가 성공할 가능성이 높게 되고, 인수기관이 공모차질로 인한 위험을 부담하는 보험자의 역할을 하기 때문에, 간접공모에 따른 비용에 불구하고 인수인을 통한 간접공모가 일반적으로 이용된다.

2. 증권분석기관의 평가의견

주권비상장법인(설립 중인 법인 포함)이 집합투자증권 및 유동화증권 외의 증권을 직접공모하기 위하여 제출하는 증권신고서에는, i) 금융위원회가 정하여 고시하는 요건을 갖춘 분석기관("증권분석기관")의 평가의견을 모집·매출에 관한 사항으로서 기재하여야 하고[다만, 금융위원회가 정하여 고시하는 경우에는 이를 생략할 수 있다(令 125조①2바)], ii) 증권분석기관의 평가의견서, 이러한 평가와 관련하여 기밀이 새지 아니하도록 하겠다는 증권분석기관 대표자의 각서 등을 첨부해야 한다(令 125조②9).[25] 증권신고서에 증권분석기관의 부당한 평가의견이 기재되거나 그 평가의견서가 첨부된 경우 증권분석기관은 자본시장법 제125조 제1항 제4호의 "그 증권신고서의 기재사항 또는 그 첨부서류에 자기의 평가·분석·확인 의견이 기재되는 것에 대하여 동의하고 그 기재내용을 확인한 자"로서 손해배상책임을 진다. 또한 증권분석기관은 공모에 응한 투자자들이 부당한 평가의견으로 인하여 손해를 입은 경우 민법상 불법행위에 기한 손해배상책임도 진다.[26]

25) 시행령 제125조의 규정을 보면, 기재사항에 관한 제1항은 주권비상장법인(설립 중인 법인 포함)이 직접공모에 관한 신고서를 제출하는 경우로 명시하지만, 첨부서류에 관한 제2항은 이를 명시적으로 규정하지 않기 때문에 해석상 논란의 여지가 있는데, 첨부서류의 경우에도 주권비상장법인이 직접공모하는 경우로 명시하는 것이 바람직하다.

26) 대법원 2010. 1. 28. 선고 2007다16007 판결.

Ⅱ. 인수의 의의와 종류

"인수"란 제3자에게 증권을 취득시킬 목적으로 다음과 같은 행위를 하거나 그 행위를 전제로 발행인 또는 매출인을 위하여 증권의 모집·사모·매출을 하는 것을 말한다(法 9조⑪).[27]

1. 그 증권의 전부 또는 일부를 취득하거나 취득하는 것을 내용으로 하는 계약을 체결하는 것
2. 그 증권의 전부 또는 일부에 대하여 이를 취득하는 자가 없는 때에 그 나머지를 취득하는 것을 내용으로 하는 계약을 체결하는 것

제1호는 총액인수(firm commitment underwriting), 제2호는 잔액인수(stand-by underwriting)를 말하는데, 모두 "제3자에게 증권을 취득시킬 목적"을 전제로 하므로 순수하게 투자목적으로 취득하는 경우는 제외된다.

총액인수는 증권을 발행함에 있어서 인수인이 제3자에게 증권을 취득시킬 목적으로 그 증권의 발행인으로부터 그 전부 또는 일부를 취득 또는 매수하는 것을 말한다. 인수인이 인수한 증권을 전량 매출하지 못하게 되는 부담과 매출시까지의 가격변동에 따른 위험부담에 불구하고 총액인수를 하는 것은 그 발행과 관련된 위험을 부담하는 대신 수수료가 높기 때문이다. 잔액인수는 증권을 발행함에 있어서 이를 취득하는 자가 없는 때에 인수인이 그 잔여분을 취득하는 것이다. 즉, 모집·매출시 해당 증권의 전부 또는 일부에 대하여 취득 또는 매수하는 자가 없는 경우에는 인수인이 그 잔액부분을 발행인 또는 소유자로부터 취득

27) 구 증권거래법은 인수인이 수수료를 받고 발행인을 위하여 해당 증권의 모집·매출을 주선하거나 기타 직접 또는 간접으로 증권의 모집·매출을 분담하는 모집주선(best effort under-writing)도 인수의 한 유형으로 규정하였다(證法 2조⑥3). 모집·매출을 주선하거나 이를 분담하는 것은 다른 제3자가 증권의 모집·매출을 함에 있어서 그를 위하여 해당 증권의 매도의 청약을 하거나 취득 또는 매수의 청약을 권유하는 행위이다. 이 경우 모집이나 매출의 주체는 발행인이나 매출을 하는 제3자이며, 인수인은 모집이나 매출이 원활하게 이루어질 수 있도록 노력만 하면 되므로 모집·매출의 잔량이 생겨도 이를 인수할 의무가 없고, 발행자가 이를 처리하게 된다. 따라서 인수인은 수수료 수입이 주목적이 될 것이며, 그 성격상 수수료도 총액인수나 잔액인수의 경우 수수하는 발행위험부담을 고려한 대가(매매차익·수수료 등)보다 낮은 수준이다. 따라서, 발행증권 전량의 소화에 자신이 있는 기업은 인수인에게 많은 인수수수료를 지급하지 않기 위하여 증권회사를 단순한 대리인으로 활용하는 것이다. 결국 인수인이 발행증권의 미매각 위험을 부담하는 것이 아니므로 자본시장법은 이를 인수의 개념에서 제외하였다.

또는 매수하기로 하는 계약을 해당 발행인 또는 소유자와 체결하는 것이다. 증권을 발행함에 있어서 발행인 대신 인수인이 위험을 부담하는 것으로서, 주선분에 대한 수수료 수입 외에 잔액인수분에 대한 매매차익도 발생할 수 있다. 증권의 모집시 인수인이 총액인수한 증권을 납입기일 이전에 매출하는 경우의 성격이 문제된다. 신주발행의 효력은 납입기일 다음 날부터 인정되므로, 이러한 경우는 "이미 발행된 증권"을 매출하는 것이라 할 수 없다. 그러나 자본시장법은 모집의 주체를 발행인에 국한하므로 이와 같은 행위를 모집행위라고 볼 수 없으며, 실질적으로는 잔액인수에 해당하는 것이다. 따라서 이는 인수인이 납입기일에 납입하는 것을 정지조건으로 인수와 매출의 효력이 동시에 발생한다고 하거나, 납입기일의 납입불이행을 해제조건으로 그 효력이 발생하는 것으로 보는 조건부총액인수에 의한 매출이라고 할 수 있다.

Ⅲ. 인수인과 주선인

"인수인"이라 함은 증권을 모집·사모·매출하는 경우 "인수"를 하는 자를 말한다(法 9조⑫).[28] 자본시장법은 인수인에 대하여 정당한 투자설명서의 교부 및 배상책임(法 123조·125조), 금융위원회에 의한 보고나 자료의 제출명령 또는 검사(法 131조), 금융위원회의 금융투자업 인가(法 12조①), 신용공여의 제한(法 72조①) 및 벌칙 등의 규제를 가하고 있다. 통상 공동인수의 경우 주간사인수인 또는 대표주관회사가 인수인들과 인수단계약을 체결하고 또한 인수단을 대표한다.

2013년 개정 자본시장법은 "주선인"의 개념을 신설하여 "제11항에 따른 행위 외에 발행인 또는 매출인[29]을 위하여 해당 증권의 모집·사모·매출을 하거나 그 밖에 직접 또는 간접으로 증권의 모집·사모·매출을 분담하는 자"를 주선인이라 정의한다(法 9조⑬). 따라서, 증권의 모집·매출을 분담하는 청약사무취급기관은 주선인에 해당한다.[30]

---

28) SA §2(11)은 인수인(underwriter)에 대하여 "증권의 분매(分賣)를 목적으로 발행인으로부터 이를 매수하는 자, 증권의 분매에 관련하여 발행인을 위하여 매도청약 또는 매도를 하는 자" (any person who has purchased from an issuer with a view to, or offers or sells for an issuer in connection with, the distribution of any security …)라고 정의한다.

29) [法 9조]
⑭ 이 법에서 "매출인"이란 증권의 소유자로서 스스로 또는 인수인이나 주선인을 통하여 그 증권을 매출하였거나 매출하려는 자를 말한다.

Ⅳ. 상법상 인수

상법상 인수(subscription)는 발행되는 증권을 취득하기 위한 청약 및 배정을 말하고, 자본시장법상 인수(underwriting)는 발행된 증권의 미매각 위험을 부담하는 행위라는 점에서 다르다. 상법 및 담보부사채신탁법 등에서 규정하고 있는 인수(subscription)는 인수업무가 증권업으로서 전문화되기 이전부터 사용되어 온 개념으로서 증권의 발행시 그것을 발행인으로부터 원시적으로 취득하는 계약을 의미하며, 이 계약으로 증권을 배정받은 자가 배정분에 대한 인수인이 된다. 자본시장법상 증권의 인수는 제3자에게 그 증권을 취득시킬 목적으로 그 증권의 전부 또는 일부를 취득하는 것인데, 이러한 목적을 전제로 한다는 점에서 상법상 인수와 다르다. 따라서 이러한 목적이 없이 단순한 투자목적으로 신규발행증권을 취득하거나 기발행 증권을 매수하면, 그것은 자본시장법상 인수가 아닌 상법상 인수에 해당하게 된다. 잔액인수에 관한 자본시장법 제9조 제11항 제2호는 목적을 명문으로 규정하지 않지만, 단순히 수수료를 받고 발행인을 위하여 해당 증권의 모집·매출을 주선하는 경우와 달리 증권의 발행위험을 부담하는 동시에 매출로 인한 매매차익을 얻게 되므로 잔액인수도 이러한 목적을 전제로 한다고 보아야 한다.

30) 종래에는 공모절차에서 청약사무를 취급하는 증권회사의 경우 자본시장법 제125조 제1항 제5호가 규정하는 인수인에 해당하지 아니하므로 제6호가 규정하는 "투자설명서를 작성하거나 교부한 자"로서 손해배상책임의 주체가 될 수 있다고 해석하였는데, 2013년 개정법에 새로 도입된 개념인 주선인에 해당하므로 제5호에 의하여 책임주체가 된다.

제 2 장

발행공시제도

제 1 절 증권신고서

Ⅰ. 의 의

증권의 모집가액 또는 매출가액 각각의 총액이 일정금액 이상인 경우, 발행인이 그 모집·매출에 관한 신고서를 금융위원회에 제출하여 수리되어야만 그 증권의 모집·매출을 할 수 있다(法 119조①).[1] 금융투자상품 중 파생상품은 증권신고서 제출의무가 없다. 자본시장법이 증권신고서를 요구하는 것은 상법에 의하여 요구되는 주식청약서나 사채청약서만으로는 투자자에 대한 공시자료로 부족하므로,[2] 발행인으로 하여금 해당 증권에 대한 정보를 공시하게 하여 투자자를 보호

---

1) "수리"는 타인의 행위를 유효한 행위로 받아들이는 행위를 의미한다.

2) [商法 제474조 (공모발행, 사채청약서)]

① 사채의 모집에 응하고자 하는 자는 사채청약서 2통에 그 인수할 사채의 수와 주소를 기재하고 기명날인 또는 서명해야 한다.

② 사채청약서는 이사가 이를 작성하고 다음의 사항을 기재해야 한다.

1. 회사의 상호
2. 자본과 준비금의 총액
3. 최종의 대차대조표에 의하여 회사에 현존하는 순재산액
4. 사채의 총액
5. 각사채의 금액
6. 사채발행의 가액 또는 그 최저가액
7. 사채의 이율
8. 사채의 상환과 이자지급의 방법과 기한
9. 사채를 수회에 분납할 것을 정한 때에는 그 분납금액과 시기
10. 채권을 기명식 또는 무기명식에 한한 때에는 그 뜻

10의2. 채권을 발행하는 대신 전자등록기관의 전자등록부에 사채권자의 권리를 등록하는 때에는 그 뜻

11. 전에 모집한 사채가 있는 때에는 그 상환하지 아니한 금액
12. 삭제 [2011.4.14.] (삭제 전: 구사채를 상환하기 위하여 제470조 제1항의 제한을 초

하기 위한 것이다.

Ⅱ. 증권신고서 제출기준과 제출면제

1. 기준금액

소액을 모집·매출하는 경우에도 증권신고서 제출을 요구한다면 발행회사로서는 상당한 시간과 비용이 소요되어 조달금액에 비하여 불합리하게 많은 부담이 되므로 일정금액 이하의 자금을 조달하는 경우에는 증권신고 의무를 면제하는 것이 타당하다. 이에 따라 자본시장법은 증권의 모집·매출을 하기 위하여 신고서를 제출하여야 하는 경우를 다음과 같이 규정한다(令 120조①). 이러한 기준이 미달하는 경우의 모집·매출(소규모공모)은 "신고서를 제출하지 않는 모집·매출"로서 증권신고서 제출이 면제된다(法 130조①).[3]

1. 모집·매출하려는 증권(제3호 각 목의 증권은 제외)의 모집가액 또는 매출가액과 해당 모집일 또는 매출일부터 과거 1년 동안 이루어진 증권의 모집·매출로서 그 신고서를 제출하지 아니한 모집가액 또는 매출가액[소액출자자(그 증권의 발행인과 인수인 제외)가 시행령 제178조 제1항 제1호에 따른 장외거래 방법에 따라 증권을 매출하는 경우에는 해당 매출가액은 제외한다] 각각의 합계액이 10억원 이상인 경우
2. 시행령 제11조 제1항에 따라 합산을 하는 경우(청약의 권유를 하는 날 이전 6개월

과하여 사채를 모집하는 때에는 그 뜻)
13. 사채모집의 위탁을 받은 회사가 있는 때에는 그 상호와 주소
13의2. 사채관리회사가 있는 때에는 그 상호와 주소
13의3. 사채관리회사가 사채권자집회결의에 의하지 아니하고 제484조 제4항 제2호의 행위를 할 수 있도록 정한 때에는 그 뜻
14. 제13호의 위탁을 받은 회사가 그 모집액이 총액에 달하지 못한 경우에 그 잔액을 인수할 것을 약정한 때에는 그 뜻
15. 명의개서대리인을 둔 때에는 그 성명·주소 및 영업소

③ 사채발행의 최저가액을 정한 경우에는 응모자는 사채청약서에 응모가액을 기재해야 한다.

3) 증권신고서 제출이 면제되는 경우는 ⅰ) 사모, ⅱ) 신고서제출면제 모집·매출, ⅲ) 청약이나 청약의 권유가 없는 경우(무상증자, 주식배당, 전환권행사, 신주인수권행사 등에 의한 신주발행) 등이 있다. 미국의 SA도 "Exempted Transactions(면제거래)"라는 제목 하에 SA §5의 적용이 면제되는 구체적인 거래를 규정하는 SA §4, "Exempted securities(면제증권)"이라는 제목 하에 "면제거래"성격의 규정을 별도로 두고 있는 SA §3(a), "Additional exemptions(추가면제사유)"라는 제목 하에 소액공모를 규정하는 SA §3(b), "General Exemptive Authority(일반면제권한)"라는 제목 하에 SEC가 거래당사자, 증권, 거래 등의 종류를 불문하고 공공의 이익과 투자자 보호에 필요하거나 적절한 한도에서 SA와 관련된 SEC Rule의 적용을 면제할 수 있도록 하는 SA §28 등 여러 유형의 면제거래를 규정한다.

이내에 해당 증권과 같은 종류의 증권에 대하여 모집이나 매출에 의하지 아니하고 청약의 권유를 받은 자를 합산하면 50인 이상이 되어 공모에 해당하는 경우)에는 그 합산의 대상이 되는 모든 청약의 권유 각각의 합계액이 10억원 이상인 경우

3. 다음 각 목의 증권을 모집·매출하려는 경우
   가. 투자계약증권
   나. 금융소비자보호법 제18조 제1항에 따라 적정성원칙이 적용되는 증권

제1호의 “소액출자자”란 해당 법인이 발행한 지분증권총수의 1%에 해당하는 금액과 3억원 중 적은 금액 미만의 지분증권을 소유하는 자(法 제159조 제1항 본문에 따른 사업보고서 제출대상 법인의 경우에는 지분증권총수의 10% 미만의 지분증권을 소유하는 자를 말한다)를 말한다. 다만, 그 법인의 최대주주 및 그 특수관계인은 소액출자자로 보지 않는다(令 120조②).

제2호에서 6개월간의 공모와 사모는 합산하지 않는다. 이에 따라 공모와 사모가 교대로 이루어지면 증권신고서의 제출을 회피할 수 있다는 문제점이 있다. 모집과 매출 간에도 모집가액 또는 매출가액에 대하여 “각각의 총액(法 119조①)”, “각각의 합계액(令 120조①1)”이라고 명시적으로 규정되어 있으므로 모집가액, 매출가액을 별도로 계산해야 한다. “모집 또는 매출”의 가액을 기준으로 하므로 청약이나 청약의 권유만 하고 실제의 취득, 매매의 결과는 이루어지지 않은 경우에도 증권신고서 제출대상이고, 모집·매출시 그 가액이 확정되지 않은 경우에는 후에 확정된 가액을 기준으로 보아야 한다.

제3호는 투자자 보호를 강화하는 취지에서 증권의 발행 규모와 관계없이 증권신고서를 제출해야 하는 경우를 규정한다.

2. 증권신고서 제출의 면제

(1) 의 의

증권신고제도는 그 자체가 번거롭고 비용을 요하며, 이와 관련하여 민·형사상의 제재도 따르기 때문에 증권신고제도의 적용을 받는다는 것은 특히 발행인에 대해서 상당한 부담이 되므로 투자자 보호에 문제가 없는 일정한 경우에는 신고의무를 면제할 필요가 있다. 이에 자본시장법은 “국채증권, 지방채증권, 대통령령으로 정하는 법률에 따라 직접 설립된 법인이 발행한 채권, 그 밖에 다른 법률에 따라 충분한 공시가 행하여지는 등 투자자 보호가 이루어지고 있다고 인정되는

증권으로서 대통령령으로 정하는 증권"에 관하여는 제3편 제1장(증권신고서)을 적용하지 않는다고 규정한다(法 118조).[4] 이러한 증권은 발행인과 증권에 대하여 이미 충분히 공시되어 있다고 볼 수 있거나 발행인의 신용이 높기 때문에 공익 또는 투자자 보호에 문제가 없으므로 증권신고서의 제출이 면제되는 것이다.

⑵ 제118조에 의한 면제증권

㈎ 국채증권, 지방채증권

국채증권, 지방채증권은 발행인의 신용이 높아서 사실상 채무불이행 가능성이 없고 공익 또는 투자자 보호에 문제가 없기 때문에 증권신고서의 제출을 면제하는 것이다.[5] 한편, 외국 국채에 관하여는 명문의 면제규정이 없는 이상 증권신고서 제출의무를 부인할 수 없다. 다만, 정책적으로는 일정한 범위의 국가(예컨대, OECD 회원국)·국제기구가 발행하는 국채에 관하여는 증권신고서의 제출을 면제하는 것이 바람직하므로, 시행령 제124조의2 제2항에서 해당 외국정부·국제기구의 신용등급 등 일정한 요건을 규정한다.

㈏ 특 수 채

증권신고서 제출이 면제되는 채권의 발행인으로서 대통령령으로 정하는 "법률에 따라 직접 설립된 법인"은 한국은행을 비롯한 국책은행과 공기업 등이다(令 119조①). 특수채는 관련 특별법에 의하여 감독관청이 그 발행에 대한 감독을 하므로 면제증권으로 규정하는 것이다. 자본시장법의 "법률에 따라 직접 설립된 법인"에 관하여 시행령은 한국은행법·한국산업은행법·중소기업은행법·한국수출입은행법 등의 법률을 열거함에 따라, 일반시중은행들의 은행채는 면제증권에 포함되지 않게 되었다.

㈐ 투자성 있는 예금과 보험

은행이 투자성 있는 외화예금계약을 체결하는 경우와 보험회사가 투자성 있는 보험계약을 체결하거나 그 중개 또는 대리를 하는 경우에는 제3편 제1장(증권신고서)을 적용하지 않는다(法 77조①,②).

---

4) 구 증권거래법은 유가증권의 개념에 있어서 열거주의를 채택하고 있었으므로 규정된 유가증권이 유가증권신고서 제출대상이었는데, 자본시장법은 포괄주의를 채택하고 있으므로 제118조에 의한 면제증권이 아닌 모든 증권이 증권신고서 제출대상이다.

5) 다만 외국의 예에서 보듯이 지방자치단체도 과도한 투자로 인하여 사실상 파산상태에 이르는 경우도 있을 수 있으므로 지방채증권을 일률적으로 면제증권으로 규정하는 것의 타당성에 대하여는 검토할 필요가 있다.

㈑ 기타 면제증권

그 밖에 다른 법률에 따라 충분한 공시가 행하여지는 등 투자자 보호가 이루어지고 있다고 인정되는 증권으로서 대통령령으로 정하는 증권은 다음과 같다(令 119조②).

1. 국가 또는 지방자치단체가 원리금의 지급을 보증한 채무증권[6]
2. 국가 또는 지방자치단체가 소유하는 증권을 미리 금융위원회와 협의하여 매출의 방법으로 매각하는 경우의 그 증권[7]
3. 지방공기업법 제68조 제1항부터 제6항까지의 규정[8]에 따라 발행되는 채권 중 도시철도의 건설 및 운영과 주택건설사업을 목적으로 설립된 지방공사가 발행하는 채권[9]
4. 국제금융기구에의 가입조치에 관한 법률 제2조 제1항에 따른 국제금융기구가 금융위원회와의 협의를 거쳐 기획재정부장관의 동의를 받아 발행하는 증권
5. 한국주택금융공사법에 따라 설립된 한국주택금융공사가 채권유동화계획에 의하여 발행하고 원리금 지급을 보증하는 주택저당증권 및 학자금대출증권
6. 단기사채등으로서 만기가 3개월 이내인 경우

---

6) 국채증권, 지방채증권과 같이 사실상 채무불이행 위험이 없기 때문이다. 구 증권거래법상으로는 면제대상증권이 아니었는데, 자본시장법에 의하여 새롭게 면제대상증권으로 추가되었다.

7) "금융위원회와 협의하여"라는 조건 하에 공시의무가 면제되는 것이므로 "협의"는 금융위원회가 실질적인 감독을 할 수 있는 정도의 것으로 보아야 한다.

8) [지방공기업법 제68조 (사채발행 및 차관)]
① 공사는 지방자치단체의 장의 승인을 얻어 사채를 발행하거나 외국차관을 할 수 있다. 이 경우 사채발행의 한도는 대통령령으로 정한다.
② 삭제 [2002. 3. 25]
③ 지방자치단체의 장은 제1항의 규정에 의하여 발행하는 사채가 대통령령이 정하는 기준을 초과하는 경우에는 제1항에 따른 승인을 하기 전에 미리 행정안전부장관의 승인을 얻어야 한다. 이 경우 대통령령으로 정하는 기준은 공사의 부채비율, 경영성과 등을 고려해야 한다.
④ 지방자치단체는 사채의 상환을 보증할 수 있다.
⑤ 삭제 [2002. 3. 25]
⑥ 사채의 발행·매각 및 상환에 필요한 사항은 조례로 정한다.
⑦ 도시철도의 건설 및 운영 또는 주택건설사업 등을 목적으로 설립된 공사가 제1항부터 제6항까지의 규정에 따라 발행하는 채권에 대하여 「자본시장과 금융투자업에 관한 법률」을 적용할 때에는 같은 법 제4조 제3항에 따른 특수채증권으로 본다.
(제4항과 같이 지방자치단체는 사채의 상환을 보증할 수 있을 뿐, 보증할 의무가 있는 것은 아니므로 투자자 보호를 위하여 지방자치단체가 보증한 사채만 면제증권으로 제한할 필요성이 있다).

9) 구 증권거래법상으로는 지방공사가 발행하는 채권은 면제대상증권이었으나, 자본시장법은 면제대상 채권의 발행인을 "도시철도의 건설 및 운영과 주택건설사업을 목적으로 설립된 지방공사"로 한정하였다.

집합투자증권에 해당하는 지분증권이나 수익증권은 면제증권이 아니므로 증권신고서 제출대상이다. 물론 이러한 집합투자증권 중 모집·매출금액이 10억원에 미달하거나 사모집합투자기구의 집합투자증권은 증권신고서 제출대상이 아니다.[10)]

(3) 매출에 관한 증권신고서 제출의무 면제

증권신고서 제출의무에 관한 제119조 제1항부터 제5항까지의 규정에도 불구하고 발행인 및 같은 종류의 증권에 대하여 충분한 공시가 이루어지고 있는 등 대통령령으로 정한 사유에 해당하는 때에는 매출에 관한 증권신고서를 제출하지 아니할 수 있다(法 119조⑥).[11)] 이미 발행인과 매출대상 증권에 대하여 충분한 공

---

10) 자본시장법에서 "사모집합투자기구"란 ⅰ) 집합투자증권을 사모로만 발행하는 집합투자기구로서, ⅱ) 기관투자자 등 전문투자자를 제외한 투자자의 총수가 100인 이하인 것을 말하며, 기관전용사모집합투자기구와 일반사모집합투자기구로 구분된다(法 9조⑲). 이 경우 사모집합투자기구의 투자자 총수는 다음 각 호의 구분에 따른 투자자의 수를 합산한 수로 한다. 이 경우 투자자의 총수를 계산할 때 다른 집합투자기구(시행령 제80조 제1항 제5호의2에 따른 사모투자재간접집합투자기구, 같은 항 제5호의3에 따른 부동산·특별자산투자재간접집합투자기구 또는 같은 호 각 목의 어느 하나에 해당하는 집합투자기구 등에 대한 투자금액을 합산한 금액이 자산총액의 80%를 초과하는「부동산투자회사법」제49조의3 제1항에 따른 공모부동산투자회사는 제외)가 그 집합투자기구의 집합투자증권 발행총수의 10% 이상을 취득하는 경우에는 그 다른 집합투자기구의 투자자의 수를 더해야 한다(令 14조②).

1. 기관전용 사모집합투자기구: 법 제249조의11 제1항에 따른 무한책임사원 및 같은 조 제6항 각 호에 따른 유한책임사원
2. 일반 사모집합투자기구: 법 제249조의2 각 호에 따른 투자자

11) "대통령령으로 정한 사유에 해당하는 때"란 다음 요건을 모두 충족하였을 때를 말한다(令 124조의2①).

1. 발행인이 사업보고서 제출대상법인으로서 최근 1년간 사업보고서·반기보고서 및 분기보고서를 기한 내에 제출하였을 것
2. 발행인이 최근 1년간 공시위반으로 법 제429조에 따른 과징금을 부과받거나 시행령 제138조·제175조에 따른 조치를 받은 사실이 없을 것
3. 최근 2년 이내에 매출하려는 증권과 같은 종류의 증권에 대한 증권신고서가 제출되어 효력이 발생한 사실이 있을 것
4. 증권시장에 상장하기 위한 목적의 매출이 아닐 것
5. 투자매매업자 또는 투자중개업자를 통하여 매출이 이루어질 것
6. 그 밖에 금융위원회가 정하여 고시하는 요건을 충족할 것

제1항에도 불구하고 외국정부가 발행한 국채증권 또는 법 제9조 제16항 제5호에 해당하는 자가 발행한 채무증권으로서 다음 각 호의 요건을 모두 충족한 경우에는 법 제119조 제6항에 따라 매출에 관한 증권신고서를 제출하지 아니할 수 있다(令 124조의2②).

1. 해당 외국정부 또는 법 제9조 제16항 제5호에 해당하는 자의 신용등급 등이 금융위원회가 정하여 고시하는 기준을 충족할 것
2. 투자매매업자 또는 투자중개업자를 통하여 매출이 이루어질 것
3. 제2호에 따른 투자매매업자 또는 투자중개업자가 해당 증권 및 증권의 발행인에 관한 정보를 금융위원회가 정하여 고시하는 방법에 따라 인터넷 홈페이지 등에 게재할 것
4. 그 밖에 금융위원회가 정하여 고시하는 요건을 충족할 것

시가 이루어진 경우에는 공시규제를 완화한 것이다. 그리고 매출에 관한 증권신고서 제출의무가 면제되는 경우에는 신고서를 제출하지 않는 모집·매출시 발행인의 조치의무도 면제된다(法 130조① 단서).

⑷ 해석상 면제

명문의 규정은 없지만 사모의 경우에는 해석상 당연히 증권신고서 제출의무가 면제된다.[12] 무상증자·주식배당·전환사채권자의 전환권 행사 등과 같이 권유행위가 없고 주금납입이 없는 경우에도 유가증권신고 의무가 면제된다. 이러한 경우의 증권은 그 자체의 특성상 공시의무가 면제되는 것이 아니라 해당 거래의 특성상 공시의무가 면제되는 것이므로, 정확히는 면제거래의 증권이다. 한편 현행법상 매출의 개념에 의하면 금융투자업자가 보유중인 증권을 매매, 중개하는 경우 증권신고서의 제출이 요구되는데, 이미 발행시 충분한 공시가 이루어진 경우에는 예외규정을 두는 방안도 검토할 만하다.

⑸ IR(Investor Relation)

증권신고제도와 관련하여 기업이 주주 및 일반투자자, 기관투자자 등에게 회사경영과 관련된 각종 정보를 제공하고 설명하는 적극적인 홍보활동 또는 투자설명회를 하여 투자자의 관심을 불러일으키는 경우가 많은데, 비록 증권의 모집·매출에 대한 언급을 하지 않더라도 이를 무제한으로 허용하면 증권신고서 제출제도에 대한 규제를 편법으로 회피하는 수단이 될 우려가 있다. 반면에 증권신고서 제출제도를 지나치게 엄격히 운용하면 이러한 IR활동이 위축되고, 이는 기업의 입장은 물론 투자자의 입장에서도 바람직한 현상이 아니다. 기업의 IR활동

---

12) [대법원 2003. 4. 11. 선고 2003도739 판결] "유가증권의 모집을 함에 있어서는 신규로 발행되는 유가증권의 취득의 청약을 위 시행령 제2조의4 제5항 의 방법으로 권유받는 자의 수가 50인 이상이어야만 비로소 증권거래법 제2조 제3항 의 "유가증권의 모집"에 해당하여 증권거래법의 규율을 받게 되어 유가증권 모집에 있어서 금융감독위원회에 대한 신고의무가 있는 것이고, 그에 미달하는 경우는 그와 같은 신고의무는 없는 것이라고 풀이할 것이다. 원심판결 이유에 의하면, 원심은, 피고인은 유가증권의 모집가액이 10억 원 이상인 경우에는 금융감독위원회에 신고서를 제출하여 수리된 후가 아니면 유가증권모집을 할 수 없음에도 2000. 6. 일자불상경 서울 이하 불상지에서 세진광업 주식회사 주권 14억 원 상당을 발행하였다는 이 사건 증권거래법위반 공소사실에 대하여, 위와 같은 법리를 전제로 하여 2000. 6.경을 전후하여 피고인으로부터 위 14억 원 상당의 세진광업 주식회사 신규 발행 주권의 취득의 청약을 권유받은 자의 수가 50인 이상임을 인정할 만한 아무런 증거가 없다는 이유로 이 부분 공소사실은 범죄의 증명이 없는 때에 해당한다고 판단하였는바, 원심판결을 기록에 비추어 살펴보면, 원심의 위와 같은 사실인정과 판단은 정당하고, 거기에 주장과 같은 채증법칙 위배로 인한 사실오인의 위법이 있다고 할 수 없다."

은 규제대상이 아니라 오히려 장려대상이므로, 증권신고서를 제출하기 전에 기업정보를 제공하는 활동이 어느 정도까지 허용되는지에 관하여는 위 두 가지 문제점을 모두 고려하여 원칙적으로는 IR을 넓게 허용하고, 다만 통상의 정보제공 활동의 범위를 초과하여 특정증권의 모집·매출에 대한 투자자의 관심을 야기시키는 것은 금지된다고 해야 한다.

(6) 해외증권발행과 증권신고서 제출면제 여부

자본시장법 제2조는 국외에서 이루어진 행위로서 그 효과가 국내에 미치는 경우에도 적용한다고 규정하므로, 해외증권도 "그 효과가 국내에 미치는 경우"에는 당연히 자본시장법이 적용되고 이에 따라 발행인은 증권신고서를 제출해야 한다.[13] "그 효과가 국내에 미치는 경우"에 관하여 "증권의 발행 및 공시 등에 관한 규정" 제2－2조의2는 "해외에서 증권을 발행하는 경우(청약의 권유, 청약 등 발행과 관련한 주요 행위가 해외에서 이루어지는 경우) 해당 증권, 해당 증권에 부여된 권리 또는 그 권리의 행사에 따라 발행되는 증권 등"을 적용대상으로 하는데, "해당 증권"뿐 아니라 "해당 증권에 부여된 권리 또는 그 권리의 행사에 따라 발행되는 증권 등"도 포함한 이유는 우리 기업이 발행한 증권(原株)을 기초로 발행된 예탁증권(DR) 소지인이 언제든지 원주를 인출할 수 있기 때문이다. 또한, 국내시장 유입 가능성이 높은 경우로서 국내에 증권을 상장한 외국법인등, 외국법인등이 발행한 지분증권 발행주식 총수의 20% 이상을 거주자가 보유하고 있는

13) 구 증권거래법상 국내기업의 해외증권발행시 유가증권신고서 제출의무가 있는지 여부에 관하여, 대법원은 청약권유가 해외에서 이루어지고, 발행국의 금융기관을 통한 대금결제 및 발행국의 결제기관을 통한 증권의 인도 등이 이루어지는 경우, 해외증권의 발행을 위한 유가증권신고서 제출이 요구되지 않고, 발행국에서 적용되는 절차에 따르면 된다는 속지주의를 채택하여 왔다. 자본시장법 제정 이전인 2006. 11. 30 개정된 유가증권의 발행 및 공시 등에 관한 규정 제12조 제1항 제6호는 전매제한조치를 취하지 않은 해외증권 발행의 경우 유가증권신고서를 제출하도록 하였는데, 아래 대법원 판례는 이러한 규정이 신설되기 이전의 것이다. 다만 위 규정은 상위법의 위임이 없는 규정이라는 비판이 있었는데, 자본시장법은 제2조를 둠으로써 이러한 문제를 해결하였다.

[대법원 2004. 6. 17. 선고 2003도7645 전원합의체 판결] "상장회사가 해외에서 해외투자자를 상대로 전환사채를 공모함에 있어서 내국인이 최초 인수자인 해외투자자로부터 재매수하기로 하는 이면계약을 별도로 체결하였다 할지라도, 해외투자자와 발행회사 사이의 투자계약은 여전히 유효한 것이고, 또한 증권거래법 제8조 제1항에 의한 유가증권발행신고서 제출의무는 국내 발행시장에서 모집에 응하는 투자자를 보호하기 위한 것임에 비추어 볼 때, 국내투자자가 유통시장에서 그 이면약정에 따라 이를 다시 인수하였는지 여부를 불문하고 해외에서 발행된 전환사채에 대하여는 증권거래법 제8조 제1항에 의한 유가증권발행신고서 제출의무가 인정되지 아니한다."

외국법인등의 경우에도 전매기준이 적용되어 증권신고서 제출의무가 부과된다.

3. 사실상 동일한 증권

자금조달 계획의 동일성 등 대통령령으로 정하는 사항을 종합적으로 고려하여 둘 이상의 증권의 발행 또는 매도가 사실상 동일한 증권의 발행 또는 매도로 인정되는 경우에는 하나의 증권의 발행 또는 매도로 보아 제119조 제1항(모집 매출의 신고)을 적용한다(法 119조⑧).[14]

"대통령령으로 정하는 사항"은 다음과 같다(令 129조의2①).

1. 증권의 발행 또는 매도가 동일한 자금조달 계획에 따른 것인지 여부. 이 경우 증권의 기초자산 또는 운용대상자산이 별도로 있는 경우에는 해당 증권의 기초자산 또는 운용대상자산, 투자위험 및 손익의 구조 등의 유사성 여부를 기준으로 판단한다.
2. 증권의 발행 또는 매도의 시기가 6개월 이내로 서로 근접한지 여부
3. 발행 또는 매도하는 증권이 같은 종류인지 여부
4. 증권의 발행 또는 매도로 인하여 발행인 또는 매도인이 수취하는 대가가 같은 종류인지 여부
5. 둘 이상의 증권의 발행인이 다르더라도 모집 또는 매출하는 자가 동일한지 여부

이는 복수의 형식적 발행인(복수의 SPC를 설립하는 경우가 많다)들을 통해 각각 49인 이하의 투자자에게 청약을 권유하는 소위 시리즈펀드를 규제함으로써 공모규제의 범위를 확대하기 위한 것이다.[15]

---

14) 자본시장법 제119조 제8항의 시행일은 2018.5.1.이다. 따라서 시행일 전에 설정된 시리즈펀드에는 적용되지 않는다. "'사실상 동일한 증권'은 그 문언상으로도 '같은 종류의 증권'과 같은 의미이거나 혹은 '같은 종류의 증권'에 당연히 포함되는 개념으로 해석되지는 않는다. 자본시장법 부칙(2017. 10. 31.) 단서는 자본시장법 제119조 제8항의 개정규정은 공포 후 6개월이 경과한 날부터 시행한다고 규정하고 있는바, 이는 위 규정이 확인적·선언적 규정이 아니라는 점을 뒷받침하기도 한다." (서울고등법원 2022.11.23. 선고 2021누62203 판결).

15) [서울고등법원 2022.11.23. 선고 2021누62203 판결] "이 사건 각 시리즈펀드 중 각 개별 펀드의 구성에 관하여 보건대, [별지1] 목록 '위반 회수'란 제11항의 경우 각 개별 펀드는 주식회사 F에 대한 사모 회사채 99%, 현금(콜, 예금) 1%로 동일하고, 각 개별 펀드의 설정일은 서로 다르지만 그 시간 간격이 최대 6일에 불과하고 상환일도 2018. 6. 19.로 모두 동일하다. 각 개별 펀드의 선취판매수수료 또는 신탁보수에 다소 차이가 있기는 하지만 그 차이가 0.01% 내지 0.02%로 미미하고, 선취판매수수료와 신탁보수에다가 기타 비용 등을 합산한 총 보수 및 비용은 모두 동일하며, 각 개별 펀드의 예상수익률과 목표 수익률도 모두 동일하다(갑 제3호증 참조). (4) [별지1] 목록 '위반 회수'란 제15항 중 '펀드 구분'란 제44항과 제48항을 비교하여 보더라도, 각 개별 펀드의 구성은 주식회사 G에 대한 사모 회사채 99%, 현금(콜, 예금) 1%

4. 자료요구권

자료요구권 행사 대상인 종속회사란 발행인이 지배회사로서 그 회사와 「주식회사 등의 외부감사에 관한 법률」 제1조의2 제2호에 따른 대통령령으로 정하는 지배·종속의 관계에 있는 경우 그에 종속되는 회사를 말하며, 국제회계기준 등 발행인이 적용한 회계기준에 따라 연결재무제표 작성대상 종속회사를 보유한 외국법인등의 경우에는 해당 회계기준에 따른 종속회사를 말한다. 종속회사가 있는 법인("연결재무제표 작성대상법인") 중 증권신고서를 제출하여야 하는 법인은 증권신고서의 작성을 위하여 필요한 범위에서 종속회사에게 관련 자료의 제출을 요구할 수 있다(法 119조의2①). 연결재무제표 작성대상법인 중 증권신고서를 제출하여야 하는 법인은 증권신고서의 작성을 위하여 필요한 자료를 입수할 수 없거나 종속회사가 제출한 자료의 내용을 확인할 필요가 있는 때에는 종속회사의 업무와 재산상태를 조사할 수 있다(法 119조의2②).

Ⅲ. 제출절차

1. 신고의무자

(1) 발 행 인

자본시장법상 "발행인"이란 증권을 발행하였거나 발행하고자 하는 자를 말하고, 증권예탁증권을 발행함에 있어서는 그 기초가 되는 증권을 발행하였거나 발행하고자 하는 자를 말한다(法 9조⑩). "증권을 발행하고자 하는 자"에 발기인도 포함되므로 설립중인 회사의 발기인이 증권을 모집하는 경우에도 증권신고서 제출의무가 있다. 외국인도 자본시장법상 발행인에 해당하고,[16] 자연인은 증권을 발행할

로 동일하다. 예상수익률에서 총 보수 및 비용을 공제한 목표수익률도 연 2.50%로 동일하다(을 제9호증 참조). 채권에 대한 예상수익률에 차이가 있기는 하지만 이는 투자기간의 차이에서 기인한 것으로 보이고(그 차이도 13일에 불과하다), 달리 예상수익률에 따라 펀드의 종류가 달라진다고 볼 정도로 예상수익률의 차이에 실질적인 의미가 있다고 보기도 어렵다(대법원 2023.3.30. 선고 2022두67289 판결에 의하여 심리불속행으로 상고 기각되어 확정).

16) 증권의 발행인으로서의 외국인은 다음과 같은 자를 말한다(法 9조⑯).

1. 외국정부
2. 외국지방자치단체
3. 외국공공단체
4. 외국법령에 따라 설립된 외국기업

수 없다.

(2) 매출의 경우

(가) 신고 수체 : 발행인

발행인 이외의 자가 증권을 매출하려는 경우 해당 증권의 발행인이 증권신고서를 제출하지 않으면 매출행위는 할 수 없게 된다. 발행인이 증권신고서를 제출하지 않은 상태에서 증권의 소유자가 매출을 한다면 제119조 제1항을 위반한 자는 발행인이 아니라 증권의 매출인이다. 증권의 모집뿐 아니라 매출의 경우에까지 발행인이 신고하여야 하는 이유는 증권신고제도에 의한 공시가 요구되는 기업에 관한 정보에 대하여는 발행인이 준비하는 것이 가장 적절하고 정확하기 때문이다. 모집의 경우에는 모집주체와 신고의무자가 일치하지만, 매출의 경우에는 발행인 자신이 매출하는 경우도 있지만 대부분은 기발행주식을 대량으로 소유하는 주주가 매출하게 되므로 매출주체와 신고주체가 다르게 된다.[17]

(나) 발행인의 신고의무 여부

매출주체와 신고주체가 다른 경우, 매출을 하려는 주주는 발행인에 대하여 신고를 요청하여야 하고, 발행인이 신고서를 제출하지 않는 한 자본시장법이 규정하는 매출방식에 의한 매각을 하지 못한다. 이와 관련하여 발행인이 매출하려는 주주의 요청에 반드시 응할 의무가 있는지 여부가 문제인데, 주주와 회사 간에 특약이 없는 한 회사가 주주의 요청에 반드시 응할 법적 의무는 없다고 해석된다.[18] 따라서 매출을 예정하는 주주는 출자를 하면서 계약서(주식인수계약서)에

---

5. 조약에 따라 설립된 국제기구
6. 그 밖에 외국에 있는 법인 등으로서 대통령령으로 정하는 자

제6호에서 "대통령령으로 정하는 자"란 다음과 같은 자를 말한다(슈 13조②).

1. 외국법령에 따라 설정·감독하거나 관리되고 있는 기금이나 조합
2. 외국정부, 외국지방자치단체 또는 외국공공단체에 의하여 설정·감독하거나 관리되고 있는 기금이나 조합
3. 조약에 따라 설립된 국제기구에 의하여 설정·감독하거나 관리되고 있는 기금이나 조합

17) 모집의 주체는 항상 발행인에 국한되어 있으나 매출의 주체는 발행인인 경우도 있지만 발행인 이외의 제3자인 경우가 대부분이고, 기업공개를 위하여 대주주가 소유하는 기발행주식수를 분산시킬 목적으로 매도하려는 경우에 인수인이 이를 총액인수한 후 일반투자자에게 매출하는 예도 많다. 발행인도 보유하는 자기주식을 매출하는 경우가 있을 수 있으므로 발행인의 경우는 모집, 발행인 아닌 제3자의 경우는 매출이라는 식의 분류는 부적절하다.

18) 이에 대하여는, 주주가 신고비용을 부담하는 경우에는 따로 정관에 주식양도를 제한하고 있는 경우가 아닌 한 회사가 폐쇄회사(closed company)의 성격을 유지할 권리를 가지지 아니하므로 증권신고서 제출을 거부할 수 없다고 보아야 한다는 견해도 있다(김건식·정순섭, 188면). 그러나 증권을 보유한 자가 보유증권을 처분하려는 경우 반드시 매출의 방법에 의하

발행인의 증권신고서 제출협력의무가 명시되도록 하는 것이 안전하다.

(3) 집합투자증권의 발행인

집합투자증권의 발행인은 금융위원회에 증권신고서를 제출해야 한다. 투자회사·투자유한회사·투자합자회사·투자합자조합 등과 같은 회사형·조합형 집합투자기구는 당연히 해당 집합투자기구가 발행인이고, 투자신탁의 수익증권과 투자익명조합의 지분증권도 집합투자업자가 발행인으로서 증권신고서 제출의무를 부담한다. 다른 법률에 의하여 설정·설립된 집합투자기구[19] 중 공모펀드는 자본시장법상 증권신고서 제출 대상이다.

2. 증권신고서의 기재사항 및 첨부서류

(1) 집합투자증권 및 유동화증권 외의 증권

(가) 기재사항

집합투자증권 및 유동화증권 외의 증권에 대한 증권신고서의 기재사항은 다음과 같다(令 125조①).

1. 대표이사 및 신고업무를 담당하는 이사의 제124조 각 호의 사항에 대한 서명
2. 모집·매출에 관한 다음 사항
   가. 모집·매출에 관한 일반사항
   나. 모집·매출되는 증권의 권리내용
   다. 모집·매출되는 증권의 취득에 따른 투자위험요소
   라. 모집·매출되는 증권의 기초자산에 관한 사항(파생결합증권 및 금융위원회가 정하여 고시하는 채무증권의 경우만 해당)
   마. 모집·매출되는 증권에 대한 인수인의 의견(인수인이 있는 경우만 해당)
   바. 주권비상장법인(설립 중인 법인 포함)이 인수인의 인수 없이 지분증권(지분증권과 관련된 증권예탁증권 포함)의 모집·매출("직접공모")에 관한 신고서를 제출하는 경우에는 금융위원회가 정하여 고시하는 요건을 갖춘 분석기관("증

지 않고 소수의 자에게 청약의 권유를 하여 처분하는 방법도 있으므로, 특별한 사정이 없는 한 증권보유자가 매출을 위하여 발행인에게 증권신고서의 제출을 요구할 권리는 없다고 보아야 한다. 발행인으로서는 증권신고서를 제출하는 경우 비용문제 뿐 아니라 기재내용과 관련하여 과중한 민형사책임을 부담할 수도 있기 때문이다.

19) 부동산투자회사법상의 부동산투자회사(REIT), 선박투자회사법상 선박투자회사, 산업발전법상 기업구조조정조합(CRC 조합) 등이 그 예이다. 다만, 자본시장법 시행 당시 다른 법률에 따라 이미 설정·설립된 집합투자기구는 자본시장법이 적용되지 아니하므로 증권신고서의 제출 없이도 집합투자증권을 계속 발행할 수 있다(法 부칙 28조⑦).

권분석기관", 증권발행공시규정 2－5조①: 1. 인수업무 및 모집·사모·매출의 주선업무를 인가받은 자, 2. 신용평가회사, 3. 회계법인, 4. 채권평가회사)의 평가의견. 다만, 금융위원회가 정하여 고시하는 경우(증권발행공시규정 2－5조⑤)에는 이를 생략할 수 있다.

사. 자금의 사용목적

아. 그 밖에 투자자를 보호하기 위하여 필요한 사항으로서 금융위원회가 정하여 고시하는 사항(증권발행공시규정 2－6조①: 시장조성 또는 안정조작에 관한 사항 등)

3. 발행인에 관한 다음 사항(설립 중인 법인의 경우에는 금융위원회가 정하여 고시하는 사항, 증권발행공시규정 2－6조②)[20]

가. 회사의 개요

나. 사업의 내용

다. 재무에 관한 사항

라. 회계감사인의 감사의견

마. 이사회 등 회사의 기관 및 계열회사에 관한 사항

바. 주주에 관한 사항

사. 임원 및 직원에 관한 사항

아. 이해관계자와의 거래내용

자. 그 밖에 투자자를 보호하기 위하여 필요한 사항으로서 금융위원회가 정하여 고시하는 사항[21]

---

20) 「주식회사 등의 외부감사에 관한 법률 시행령」 제3조 제1항에 따른 종속회사가 있는 법인("연결재무제표 작성대상법인")의 경우에는 제1항 제3호 다목에 따른 재무에 관한 사항, 그 밖에 금융위원회가 정하여 고시하는 사항은 「주식회사 등의 외부감사에 관한 법률」 제2조 제3호에 따른 연결재무제표("연결재무제표")를 기준으로 기재하되 그 법인의 재무제표를 포함하여야 하며, 제1항 제3호 라목에 따른 회계감사인의 감사의견은 연결재무제표와 그 법인의 재무제표에 대한 감사의견을 기재해야 한다.

21) [증권발행공시규정 2－6조(증권신고서의 기재사항 및 첨부서류)]

③ 영 제125조 제1항 제3호 자목에서 "금융위원회가 정하여 고시하는 사항"이란 다음 각 호의 사항을 말한다.

1. 부속명세서
2. 주요사항보고서 및 거래소 공시사항 등의 진행·변경상황
3. 우발채무 등
4. 자금의 사용내역에 관한 사항
5. 발기인 및 주주인 지분증권 투자매매업자에 관한 사항(기업인수목적회사에 한한다. 이하 제6호에서 같다)
6. 영 제6조 제4항 제14호에서 정하는 요건의 충족 여부에 관한 사항
7. 그 밖에 투자자 보호를 위하여 필요한 사항

가. 주주총회 의사록 요약

나. 제재현황

다. 결산기이후 발생한 주요사항

(나) 점부서류

집합투자증권 및 유동화증권 외의 증권에 대한 증권신고서에는 다음과 같은 서류를 첨부해야 한다. 이 경우 금융위원회는 전자정부법에 따른 행정정보의 공동이용을 통하여 법인 등기사항증명서를 확인해야 한다(令 125조②).

1. 정관 또는 이에 준하는 것으로서 조직운영 및 투자자의 권리의무를 정한 것
2. 증권의 발행을 결의한 주주총회(설립 중인 법인인 경우에는 발기인 총회) 또는 이사회의사록[그 증권의 발행이 제3자배정(商法 418조②)에 따른 발행인 경우에는 그 증권의 발행의 구체적인 경영상 목적, 그 주주 외의 자와 발행인과의 관계 및 그 주주 외의 자의 선정경위를 포함]의 사본, 그 밖에 증권의 발행결의를 증명할 수 있는 서류
3. 법인 등기사항증명서에 준하는 것으로서 법인 설립을 증명할 수 있는 서류(법인 등기사항증명서로 확인할 수 없는 경우로 한정한다)
4. 증권의 발행에 관하여 행정관청의 허가·인가 또는 승인 등을 필요로 하는 경우에는 그 허가·인가 또는 승인 등이 있었음을 증명하는 서류
5. 증권의 인수계약을 체결한 경우에는 그 계약서의 사본
6. 다음과 같은 증권을 증권시장에 상장하려는 경우에는 거래소로부터 그 증권이 상장기준에 적합하다는 확인을 받은 상장예비심사결과서류(코넥스시장에 상장하려는 경우에는 상장심사결과서류)
   가. 지분증권(집합투자증권 제외)
   나. 증권예탁증권(지분증권과 관련된 것만 해당)
   다. 파생결합증권(증권시장이나 해외증권시장에서 매매거래되는 가목 또는 나목의 증권의 가격이나 이를 기초로 하는 지수의 변동과 연계하여 미리 정하여진 방법에 따라 가목 또는 나목의 증권의 매매나 금전을 수수하는 거래를 성립시킬 수 있는 권리가 표시된 것만 해당)
7. 예비투자설명서를 사용하려는 경우에는 예비투자설명서
8. 간이투자설명서를 사용하려는 경우에는 간이투자설명서
9. 직접공모의 경우에는 다음과 같은 서류
   가. 증권분석기관의 평가의견서
   나. 가목의 평가와 관련하여 기밀이 새지 아니하도록 하겠다는 증권분석기관 대표자의 각서
   다. 청약증거금관리계약에 관한 계약서 사본 및 같은 계약에 따라 청약증거금을 예치하기 위하여 개설한 계좌의 통장 사본

라. 중소기업기준검토표 등
마. 장래계획에 관한 사항의 추진실적

10. 그 밖에 투자자를 보호하기 위하여 필요한 서류로서 금융위원회가 정하여 고시하는 서류(증권발행공시규정 2-6조⑧)

(2) 집합투자증권

(가) 기재사항

집합투자증권의 증권신고서의 기재사항은 다음과 같다(令 127조①).

1. 대표이사 및 신고업무를 담당하는 이사의 서명
2. 모집·매출에 관한 다음 사항
   가. 모집·매출에 관한 일반사항
   나. 모집·매출되는 집합투자증권의 권리내용
   다. 모집·매출되는 집합투자증권의 취득에 따른 투자위험요소
   라. 모집·매출되는 집합투자증권에 대한 인수인의 의견(인수인이 있는 경우만 해당)
   마. 그 밖에 투자자를 보호하기 위하여 필요한 사항으로서 금융위원회가 정하여 고시하는 사항
3. 집합투자기구에 관한 다음 사항
   가. 집합투자기구의 명칭
   나. 투자목적·투자방침과 투자전략에 관한 사항
   다. 운용보수, 판매수수료·판매보수, 그 밖의 비용에 관한 사항
   라. 출자금에 관한 사항(투자신탁인 경우 제외)
   마. 재무에 관한 사항. 다만, 최초로 증권신고서를 제출하는 경우는 제외한다.
   바. 집합투자업자(투자회사인 경우 발기인과 감독이사를 포함)에 관한 사항
   사. 투자운용인력에 관한 사항
   아. 집합투자재산의 운용에 관한 사항
   자. 집합투자증권의 판매와 환매에 관한 사항
   차. 집합투자재산의 평가와 공시에 관한 사항
   카. 손익분배와 과세에 관한 사항
   타. 신탁업자와 일반사무관리회사(일반사무관리회사가 있는 경우만 해당)에 관한 사항
   파. 자본시장법 제42조에 따른 업무위탁에 관한 사항(그 업무위탁이 있는 경우만 해당)
   하. 그 밖에 투자자를 보호하기 위하여 필요한 사항으로서 금융위원회가 정하여 고시하는 사항

(나) 첨부서류

집합투자증권의 증권신고서에는 다음과 같은 서류를 첨부해야 한다. 이 경

우 금융위원회는 전자정부법에 따른 행정정보의 공동이용을 통하여 법인 등기사항증명서를 확인해야 한다(令 127조②).

1. 집합투자규약(부속서류 포함)
2. 법인 등기사항증명서에 준하는 것으로서 법인 설립을 증명할 수 있는 서류(법인 등기사항증명서로 확인할 수 없는 경우로 한정하며, 투자신탁, 투자합자조합 및 투자익명조합인 경우는 제외)
3. 출자금의 납부를 증명할 수 있는 서류(투자신탁인 경우 제외)
4. 다음과 같은 자와 체결한 업무위탁계약서(그 부속서류를 포함한다. 이하 이 호에서 같다)의 사본. 다만, 나목 또는 다목의 자와 체결한 업무위탁계약서 사본의 경우에는 해당 사업연도에 같은 내용의 업무위탁계약서 사본을 이미 첨부하여 제출하였으면 그 업무위탁계약서 사본으로 갈음할 수 있다.
   가. 집합투자업자(투자신탁 및 투자익명조합인 경우 제외)
   나. 신탁업자
   다. 일반사무관리회사(그 일반사무관리회사와 업무위탁계약을 체결한 경우만 해당)
   라. 자본시장법 제42조에 따른 업무수탁자(그 업무수탁자와 업무위탁계약을 체결한 경우만 해당)
5. 삭제 [2009. 7. 1][22)]
6. 집합투자증권의 인수계약을 체결한 경우에는 그 계약서의 사본
7. 그 밖에 투자자를 보호하기 위하여 필요한 서류로서 금융위원회가 정하여 고시하는 서류

(3) 유동화증권

(가) 자산유동화의 의의와 유형

자산유동화란 유동성 없는 자산을 증권으로 전환하여 자본시장에서 현금화하는 거래를 의미한다. 이때의 증권을 유동화증권이라 한다. 「자산유동화에 관한 법률」 제2조 제1호는 자산을 증권으로 전환하기 위한 특별목적기구의 법적 형태에 따라 가목에서 라목까지 다음과 같은 행위를 자산유동화로 정의한다.

1) 회 사 형　　유동화전문회사(자산유동화업무를 전업으로 하는 외국법인 포함)가 자산보유자로부터 유동화자산을 양도받아 이를 기초로 유동화증권을 발행하고, 해당 유동화자산의 관리·운용·처분에 의한 수익이나 차입금 등으로 유동화증권의 원리금 또는 배당금을 지급하는 일련의 행위를 말한다(가목).

22) 삭제된 규정은 "투자매매업자 또는 투자중개업자와 판매계약 또는 위탁판매계약을 체결한 경우에는 그 계약서(부속서류를 포함)의 사본"이다.

2) 신 탁 형

가) 신탁선행형 자본시장법에 따른 신탁업자("신탁업자")가 자산보유자로부터 유동화자산을 신탁받아 이를 기초로 유동화증권을 발행하고, 해당 유동화자산의 관리·운용·처분에 의한 수익이나 차입금 등으로 유동화증권의 수익금을 지급하는 일련의 행위를 말한다(나목).[23]

나) 증권발행선행형 신탁업자가 유동화증권을 발행하여 신탁받은 금전으로 자산보유자로부터 유동화자산을 양도받아 해당 유동화자산의 관리·운용·처분에 의한 수익이나 차입금 등으로 유동화증권의 수익금을 지급하는 일련의 행위를 말한다(다목).[24]

3) 간접유동화 유동화전문회사 또는 신탁업자가 다른 유동화전문회사 또는 신탁업자로부터 유동화자산 또는 이를 기초로 발행된 유동화증권을 양도 또는 신탁받아 이를 기초로 하여 유동화증권을 발행하고 당초에 양도 또는 신탁받은 유동화자산 또는 유동화증권의 관리·운용·처분에 의한 수익이나 차입금 등으로 자기가 발행한 유동화증권의 원리금·배당금 또는 수익금을 지급하는 일련의 행위를 말한다(라목).

(나) 자산유동화의 구성요소

1) 유동화자산 "유동화자산"이라 함은 자산유동화의 대상이 되는 채권·부동산 기타의 재산권을 말한다(同法 2조 3호). 자산유동화를 위한 양도나 신탁의 대상이 될 수 없는 채권은 유동화자산이 될 수 없다.

2) 자산보유자 "자산보유자"라 함은 유동화자산을 보유하고 있는 모든 자가 아니라 다음과 같은 자로 제한된다(同法 2조 2호).

가. 한국산업은행법에 의한 한국산업은행
나. 한국수출입은행법에 의한 한국수출입은행
다. 중소기업은행법에 의한 중소기업은행

---

23) 나목은 위탁자와 수익자가 다른 타익신탁에 해당하고, 유동화자산을 신탁받으므로 재산신탁형이라고도 부른다. 자본시장법 제110조에 의하면 신탁업자는 금전신탁의 경우에만 수익증권을 발행할 수 있지만, 「자산유동화에 관한 법률」 제32조 제1항은 신탁업자가 자산유동화계획에 따라 수익증권을 발행할 수 있다고 규정하고, 제2항은 이 경우 자본시장법 제110조 제1항부터 제4항까지를 적용하지 않는다고 규정한다. 다만 신탁법 개정안은 모든 신탁이 신탁계약에서 정하면 수익증권을 발행할 수 있도록 하고 있다.

24) 다목은 유동화증권을 투자자에게 발행하므로 자익신탁에 해당하고, 유동화증권을 발행하여 금전을 신탁받으므로 금전신탁형이라고도 부른다.

라. 은행법에 의한 인가를 받아 설립된 은행(은행법 제59조, 새마을금고법 제6조 및 신용협동조합법 제6조에 따라 은행으로 보는 자를 포함)
마. 삭제 [2011. 5. 19] (삭제 전: 장기신용은행법에 의한 장기신용은행)
바. 자본시장과 금융투자업에 관한 법률에 따른 투자매매업자·투자중개업자·집합투자업자 또는 종합금융회사
사. 보험업법에 의한 보험사업자
아. 삭제 [2007. 8. 3]
자. 삭제 [2007. 8. 3]
차. 상호저축은행법에 의한 상호저축은행
카. 여신전문금융업법에 의한 여신전문금융회사
타. 한국자산관리공사
파. 한국토지주택공사법에 따른 한국토지주택공사
하. 삭제 [2012. 12. 18] (삭제 전: 대한주택공사법에 의한 대한주택공사)
거. 주택도시기금법에 따른 주택도시기금을 운용·관리하는 자
너. 신용도가 우량한 법인(외국법인과 당해 외국법인이 설립하는 국내법인 포함)으로서 금융위원회가 미리 정하는 기준에 따라 당해 법인이 보유하는 자산에 대하여 자산유동화의 필요성이 있다고 금융위원회가 인정하는 법인
더. 기업구조조정투자회사법 제2조 제3호의 규정에 의한 기업구조조정투자회사
러. 농업협동조합법에 따른 농협은행
머. 수산업협동조합법에 의한 수협은행
버. 가목 내지 머목에 준하는 자로서 대통령령이 정하는 자

3) 특별목적기구 자산을 증권으로 전환하기 위한 특별목적기구의 법적 형태는 위와 같이 회사형, 신탁형, 간접유동화 등이 있는데, 일반적으로 회사형 특별목적기구인 유동화전문회사가 이용되고 있다. 유동화전문회사는 상법상 유한회사로서(同法 17조①), 상법의 유한회사에 관한 규정이 적용된다(同法 17조②).

4) 유동화증권 유동화증권이라 함은 유동화자산을 기초로 하여 제3조의 규정에 의한 자산유동화계획에 따라 발행되는 출자증권·사채·수익증권 기타의 증권·증서를 말한다(同法 2조 4호). 출자증권·사채는 유동화전문회사가 발행하고,[25] 수익증권은 신탁업자가 발행한다. 유동화증권의 발행총액은 양도 또는 신탁받은 유동화자산의 매입가액 또는 평가가액의 총액을 한도로 한다. 다만, 제22조 제5호의 규정에 의한 차입금액은 당해 발행총액에 포함하지 않는다(同法 33조).

25) 상법상 유한회사와 달리 유동화전문회사는 사채를 발행할 수 있다.

(다) 유동화증권의 증권신고서 기재사항과 첨부서류

1) 기재사항 유동화증권의 증권신고서 기재사항은 다음과 같다(令 128조①).

1. 대표이사 및 신고업무를 담당하는 이사의 확인·서명
2. 모집·매출에 관한 다음 사항
   가. 모집·매출에 관한 일반사항
   나. 모집·매출되는 유동화증권의 권리내용
   다. 모집·매출되는 유동화증권의 취득에 따른 투자위험요소
   라. 모집·매출되는 유동화증권에 대한 인수인의 의견(인수인이 있는 경우만 해당)
   마. 자금의 사용목적
3. 발행인에 관한 다음 사항
   가. 회사의 개요
   나. 임원에 관한 사항
   다. 업무의 위탁에 관한 사항
4. 「자산유동화에 관한 법률」 제2조 제2호에 따른 자산보유자에 관한 다음 사항
   가. 자산보유자의 개요
   나. 사업의 내용
   다. 재무에 관한 사항
   라. 임원에 관한 사항
5. 유동화자산에 관한 다음 사항
   가. 유동화자산의 종류별 세부명세
   나. 유동화자산의 평가내용
   다. 유동화자산의 양도 등의 방식 및 세부계획
6. 「자산유동화에 관한 법률」 제3조에 따른 자산유동화계획 등에 관한 다음 사항
   가. 자산유동화계획의 세부구조
   나. 유동화증권의 발행과 상환계획 등
   다. 「자산유동화에 관한 법률」 제10조에 따른 자산관리자와 자산의 관리방법 등
   라. 자금의 차입과 운용계획
7. 그 밖에 투자자를 보호하기 위하여 필요한 사항으로서 금융위원회가 정하여 고시하는 사항

2) 첨부서류 유동화증권의 증권신고서에는 다음과 같은 서류를 첨부해야 한다. 이 경우 금융위원회는 전자정부법에 따른 행정정보의 공동이용을 통하여 법인 등기사항증명서를 확인해야 한다(令 128조②).

1. 시행령 제125조 제2항 제1호부터 제5호까지의 서류
2. 자산관리위탁계약서 사본
3. 업무위탁계약서 사본
4. 그 밖에 투자자를 보호하기 위하여 필요한 서류로서 금융위원회가 정하여 고시하는 서류

⑷ 참조방식 기재

증권신고서를 제출하는 경우 증권신고서에 기재하여야 할 사항이나 그 첨부서류에 이미 제출된 것과 같은 부분이 있는 때에는 그 부분을 적시하여 이를 참조하라는 뜻을 기재한 서면으로 갈음할 수 있다(法 119조④).

⑸ 금융위원회의 별도 고시

금융위원회는 그 외에 집합투자증권, 유동화증권을 포함한 증권신고서의 서식과 작성방법 등에 관하여 필요한 사항을 정하여 고시한다(令 127조③, 128조③). 또한, 금융위원회는 투자자 보호 등을 위하여 필요하다고 인정되는 경우에는 제125조부터 제128조까지의 규정에도 불구하고 외국기업 등 발행인의 성격, 자본시장법 제4조 제2항 각 호에 따른 증권의 구분 및 종류 등을 고려하여 증권신고서의 기재사항 및 첨부서류를 달리 정하여 고시할 수 있다(令 129조).[26]

3. 대표이사 등의 확인 · 서명

⑴ 의 의

증권신고서를 제출하는 경우 신고 당시 해당 발행인의 대표이사(집행임원 설치회사의 경우 대표집행임원) 및 신고업무를 담당하는 이사(대표이사 및 신고업무를 담당하는 이사가 없는 경우 이에 준하는 자)는 그 증권신고서의 기재사항 중 중요사항에 관하여 거짓의 기재 또는 표시가 있거나 중요사항의 기재 또는 표시가 누락되어 있지 아니하다는 사실 등 대통령령으로 정하는 사항[27]을 확인 · 검토하

26) 금융위원회가 "달리 정하여 고시"할 수 있으므로, 시행령 제125조부터 제128조의 규정에 의한 기재사항 및 첨부서류가 금융위원회가 정하는 바와 다른 경우 금융위원회가 정하는 기재사항과 첨부서류가 우선한다고 해석해야 한다.

27) "대통령령으로 정하는 사항"이란 다음 사항을 말한다(令 124조).
1. 자본시장법 제119조 제3항에 따른 증권신고서의 기재사항 중 중요사항에 관하여 거짓의 기재 또는 표시가 없고, 중요사항의 기재 또는 표시가 빠져 있지 아니하다는 사실
2. 증권신고서의 기재 또는 표시 사항을 이용하는 자로 하여금 중대한 오해를 일으키는 내용이 기재 또는 표시되어 있지 아니하다는 사실

고 이에 각각 서명해야 한다(法 119조⑤). 증권신고서의 부실표시에 대하여 발행인 및 관계자들이 손해배상책임을 지게 되므로, 손해배상책임을 지는 자 중 발행인의 대표이사와 신고업무를 담당한 이사의 책임을 명확히 하기 위하여 이들에게 기재사항에 대한 확인·검토 후 서명을 하도록 하는 것이다.

(2) 확인 · 서명 의무자

증권신고서의 기재사항 중 중요사항에 관하여 거짓의 기재 또는 표시가 있거나 중요사항의 기재 또는 표시가 누락되어 있지 아니하다는 사실 등을 확인·검토해야 하는 자는 신고 당시 해당 발행인의 대표이사 및 신고업무를 담당하는 이사(대표이사 및 신고업무를 담당하는 이사가 없는 경우 이에 준하는 자)이다. 신고업무를 담당하는 이사는 회사의 정관상 신고 등 공시업무를 담당하는 이사가 정해져 있는 경우에는 그 이사를 가리키고, 그 외에는 실제로 직접 업무를 수행한 이사를 가리킨다. "(대표이사 및 신고업무를 담당하는 이사가 없는 경우 이에 준하는 자)"란 대표이사나 이사의 결원 또는 직무집행정지시 법원의 결정이나 정관의 규정에 의하여 그 직무를 대행하는 자를 말한다. "이에 준하는 자"는 반드시 이사의 지위에 있어야 하는 것은 아니다. 공동대표이사 등 이사가 단독으로 업무를 수행함에 제한이 있는 경우에는 관련된 대표이사들이 공동으로 확인·서명하여야 하며, 각자 대표이사인 경우에는 1인의 대표이사가 확인·서명을 해도 된다.

(3) 확인 · 서명의 내용

대표이사와 신고업무 담당이사가 확인·검토해야 할 사항은 증권신고서의 기재사항 중 중요사항에 관하여 거짓의 기재 또는 표시가 있거나 중요사항의 기재 또는 표시가 누락되어 있지 아니하다는 사실 등 대통령령으로 정하는 사항이다. "중요사항"은 "투자자의 합리적인 투자판단 또는 해당 금융투자상품의 가치에 중대한 영향을 미칠 수 있는 사항"을 말한다(法 47조③). "대통령령으로 정하는 사항"이란 다음 사항을 말한다(令 124조).

1. 증권신고서의 기재사항 중 중요사항에 관하여 거짓의 기재 또는 표시가 없고, 중요사항의 기재 또는 표시가 빠져 있지 아니하다는 사실
2. 증권신고서의 기재 또는 표시 사항을 이용하는 자로 하여금 중대한 오해를 일으

---

3. 증권신고서의 기재사항에 대하여 상당한 주의를 다하여 직접 확인·검토하였다는 사실
4. 외감법 제4조에 따른 외부감사대상 법인인 경우에는 같은 법 제8조에 따라 내부회계관리제도가 운영되고 있다는 사실

키는 내용이 기재 또는 표시되어 있지 아니하다는 사실
3. 증권신고서의 기재사항에 대하여 상당한 주의를 다하여 직접 확인·검토하였다는 사실
4. 외감법 제4조에 따른 외부감사대상 법인인 경우에는 같은 법 제8조에 따라 내부회계관리제도가 운영되고 있다는 사실

⑷ 서 명

대표이사와 신고업무를 담당하는 이사는 자신들의 확인·검토한 사항에 대하여 각자 서명을 해야 한다. 서명이라고 규정되어 있으므로 기명·날인은 허용되지 않는다.

4. 예측정보

⑴ 의 의

자본시장법은 "발행인은 증권신고서·일괄신고서에 발행인의 미래의 재무상태나 영업실적 등에 대한 예측 또는 전망에 관한 사항으로서 다음 각 호의 사항(예측정보)을 기재 또는 표시할 수 있다."고 규정하고(法 119조③),[28] 공개매수신고서(法 134조④)와 사업보고서(法 159조⑥)에 대하여도 이러한 예측정보를 기재 또는 표시할 수 있다고 규정한다.

예측정보란 위 규정과 같이 과거의 확정된 정보가 아니라 "발행인의 미래의 재무상태나 영업실적 등에 대한 예측 또는 전망에 관한 사항"을 말하고, 미국 증권법의 "향후전망정보(forward-looking information)"에 해당한다.

이러한 예측정보에 관하여, 발행인의 입장에서는 낙관적인 예측정보를 공시하면 증권의 매도에 도움이 되겠지만, 그 본질상 다른 결과가 초래될 가능성이 있는 예측정보를 공시서류에 포함시키는 것은 자본시장법 제125조의 손해배상책임과, 제444조의 형사책임이 부담되어 확정된 과거의 정보(hard information)가 아니면 공시를 회피하려고 할 것이다.

반면에 투자자의 입장에서는 증권의 매매에 대한 판단을 함에 있어서 가장 관심을 크게 가지는 것은 해당 증권의 장래가치에 관한 것이고, 증권의 장래가치는 현재의 기업실적과 함께 미래의 예상실적도 고려하여야 하므로, 예측정보는

28) 자본시장법의 예측정보에 관한 규정은 구 증권거래법 제8조 제2항 및 제14조 제2항의 규정과 거의 같다.

투자판단에 매우 중요하게 고려할 요소라 할 것이다.

이와 같이, 투자자를 위하여 예측정보의 자발적 공시를 장려하는 한편, 일정한 요건 하에 예측정보에 대한 면책을 허용할 필요가 있으므로, 1999년 증권거래법 개정시 이에 관한 규정이 신설되었다.[29] 자본시장법도 예측정보와 다른 결과가 발생할 가능성이 상존하는 점을 고려하여, 일정한 범위의 예측정보를 일정한 방법에 의하여 기재하는 것을 허용하고, 예측정보의 부실표시에 대한 손해배상책임에 있어서 확정된 과거 정보의 부실표시에 대한 책임과 달리 면책되는 일정한 요건을 규정하고 있다.

(2) 대　　상

자본시장법이 규정하는 예측정보의 구체적인 범위는 다음과 같다(法 119조③).

1. 매출규모·이익규모 등 발행인(투자신탁의 수익증권 및 투자익명조합의 지분증권의 경우에는 그 투자신탁 및 투자익명조합)의 영업실적, 그 밖의 경영성과에 대한 예측 또는 전망에 관한 사항
2. 자본금규모·자금흐름 등 발행인의 재무상태에 대한 예측 또는 전망에 관한 사항
3. 특정한 사실의 발생 또는 특정한 계획의 수립으로 인한 발행인의 경영성과 또는 재무상태의 변동 및 일정시점에서의 목표수준에 관한 사항
4. 그 밖에 발행인의 미래에 대한 예측 또는 전망에 관한 사항으로서 대통령령으로 정하는 사항

이는 미국의 PSLRA가 규정하는 예측정보의 범위와 유사한데, PSLRA의 MD&A와 같은 정보는 예측정보에 포함하지 않는다. 또한, PSLRA는 예측정보와 관련된 가정도 예측정보의 범위에 속하는 것으로 규정하나, 자본시장법은 이를 면책을 위한 기재 또는 표시방법으로 규정한다.[30] 주권비상장법인의 직접공모를 위한 증권신고서에 기재하는 증권분석기관의 평가의견은 예측정보에 해당하지 않는다.[31]

(3) 기재방법

이 경우 예측정보의 기재 또는 표시는 i) 그 기재 또는 표시가 예측정보라는 사실이 밝혀져 있고, ii) 예측 또는 전망과 관련된 가정이나 판단의 근거가

---

29) 증권거래법이 도입한 예측정보에 대한 규제는 미국에서 이미 20년 전부터 법제화되고 그 법리가 발전되어 온 "forward-looking information"을 모델로 하고, PSLRA의 예측정보에 관한 규정을 기초로 한 것이다.

30) 자본시장법 제125조 제2항 제1호: "예측 또는 전망과 관련된 가정이나 판단의 근거"

31) 대법원 2010. 1. 28. 선고 2007다16007 판결.

밝혀져 있고, iii) 그 기재 또는 표시에 대하여 예측치와 실제 결과치가 다를 수 있다는 주의문구가 밝혀져 있어야 한다(法 119조③, 125조② 1호·2호·4호).

5. 증권신고서의 심사와 수리거부

(1) 심사의 범위

증권신고서에 대한 금융위원회의 심사범위는, i) 형식적 심사 대상인 "증권신고서의 형식을 제대로 갖추었는지 여부"와, ii) 실질적 심사 대상인 "증권신고서중 중요사항에 대한 거짓의 기재 또는 표시가 있거나 중요사항이 기재 또는 표시되지 아니하였는지 여부" 등이다. 즉 금융위원회는 증권신고서에 대한 형식적 심사권 외에 실질적 심사권도 가진다. 금융위원회는 증권신고서에 대한 심사시 "증권의 가치"는 심사할 권한이 없다. 따라서 증권신고의 효력 발생은 그 증권신고서의 기재사항이 진실 또는 정확하다는 것을 인정하거나 정부에서 그 증권의 가치를 보증 또는 승인하는 효력을 가지지 않는다(法 120조③). 물론 증권의 가치와 관련된 중요사항에 관하여 부실표시가 있는 경우에는 수리를 거부하거나 정정신고서의 제출을 요구할 수 있다.

(2) 심사 통지

효력발생기간을 계산함에 있어 금융위원회가 신고서를 수리하면 접수된 날에 수리된 것으로 본다. 이 경우 금융위원회가 신고서를 수리한 때에는 신고서를 제출한 발행인에게 이를 서면으로 통지한다. 다만, 정정신고서를 수리한 때에는 그 통지를 생략할 수 있다(증권발행공시규정 2-3조⑤).

(3) 수리 거부

금융위원회는 i) "증권신고서의 형식을 제대로 갖추지 아니한 경우"와, ii) "증권신고서중 중요사항에 대한 거짓의 기재 또는 표시가 있거나 중요사항이 기재 또는 표시되지 아니한 경우"에만 증권신고서의 수리를 거부할 수 있다(法 120조 제2항의 반대해석). "중요사항"은 "투자자의 합리적인 투자판단 또는 해당 금융투자상품의 가치에 중대한 영향을 미칠 수 있는 사항"을 말한다(法 47조③).

(4) 정정신고서 제출 요구

금융위원회는 i) 증권신고서의 형식을 제대로 갖추지 아니한 경우, 또는 ii) 그 증권신고서 중 중요사항에 관하여 거짓의 기재 또는 표시가 있거나 중요사항이 기재 또는 표시되지 아니한 경우와 중요사항의 기재나 표시내용이 불분명하여 투자자의 합리적인 투자판단을 저해하거나 투자자에게 중대한 오해를 일으킬 수 있는 경우에는 그 증권신고서에 기재된 증권의 취득 또는 매수의 청약일 전일까지 그 이유를 제시하고 그 증권신고서의 기재내용을 정정한 신고서("정정신고서")의 제출을 요구할 수 있다(法 122조①).

6. 전자문서에 의한 제출

자본시장법에 따라 금융위원회, 증권선물위원회, 금융감독원장, 거래소, 협회 또는 예탁결제원에 신고서·보고서, 그 밖의 서류 또는 자료 등을 제출하는 경우에는 전자문서의 방법으로 할 수 있다(法 436조①). 자본시장법 및 시행령, 그 밖의 다른 법령에 따라 금융위원회, 증권선물위원회, 금융감독원장, 거래소, 협회 또는 예탁결제원에 신고서·보고서, 그 밖의 서류 또는 자료 등("신고서 등")을 제출하는 자는 정보통신망 이용촉진 및 정보보호 등에 관한 법률에 따른 정보통신망을 이용한 전자문서(컴퓨터 등 정보처리능력을 가진 장치에 의하여 전자적인 형태로 작성되어 송·수신 또는 저장된 문서형식의 자료로서 표준화된 것)의 방법에 의할 수 있다(令 385조①). 전자문서의 방법에 의하여 신고서 등을 제출할 때 필요한 표준서식·방법·절차 등은 금융위원회가 정하여 고시한다. 이 경우 금융위원회는 해당 신고서 등이 거래소, 협회 또는 예탁결제원에 함께 제출되는 것일 때에는 그 표준서식·방법·절차 등을 정하거나 변경함에 있어서 미리 해당 기관의 의견을 들을 수 있다(令 385조②). 거래소, 협회 또는 예탁결제원의 업무 관련 규정에 따라 제출하는 신고서 등의 경우에는 제2항 전단에도 불구하고 해당 기관이 이를 정할 수 있다(令 385조③). 신고서 등을 제출하는 자가 전자문서의 방법에 의하는 경우에 그 전자문서의 효력과 도달시기 등 전자문서에 관한 사항은 정보통신망 이용촉진 및 정보보호 등에 관한 법률에서 정하는 바에 따른다(令 385조④). 일반인도 금융감독원의 DART(Data Analysis, Retrieval and Transfer System), 거래소의 KIND(Korea Investor's Network for Disclosure System)라는 전자공시시스템에 의하여 각종 공시자료를 언제든지 무상으로 받아 볼 수 있다.[32]

32) 금융투자협회의 전자공시서비스를 통하여 금융투자회사의 모든 공시를 검색할 수 있다.

Ⅳ. 일괄신고제도

1. 의 의

증권의 종류, 발행예정기간, 발행횟수, 발행인의 요건 등을 고려하여 일정기간 동안 모집하거나 매출할 증권의 총액을 일괄하여 기재한 신고서를 일괄신고서라 한다. 증권신고서는 모집·매출할 때마다 제출하는 것이 원칙인데, 일괄신고서를 금융위원회에 제출하여 수리된 경우에는 그 기간 중에 그 증권을 모집하거나 매출할 때마다 제출하여야 하는 신고서를 따로 제출하지 아니하고 그 증권을 모집하거나 매출할 수 있다. 미국과 일본에서도 일괄신고제도가 주로 회사채를 중심으로 운용되고 있다.[33] 그러나 투자설명서는 공모시마다 제출하여야 하고, 투자설명서에는 일괄신고추가서류에 기재된 내용과 다른 내용을 표시하거나 그 기재사항을 누락할 수 없다. 다만, 기업경영 등 비밀유지와 투자자 보호와의 형평 등을 고려하여 기재를 생략할 필요가 있는 사항으로서 대통령령으로 정하는 사항에 대하여는 그 기재를 생략할 수 있다(法 123조②).

2. 법적 성격

일괄신고서가 제출되는 시점에서는 발행할 증권 및 발행조건 등이 전혀 확정되지 아니하므로 일괄신고서에는 단지 발행예정기간 및 발행예정액만이 기재된다. 따라서 제반 발행조건이 실제로 확정되는 것은 일괄신고추가서류의 제출이 있어야 하므로 일괄신고서는 기존의 증권신고서와는 전혀 다른 별개의 신고서로 보아야 한다. 다만, 일괄신고서에 대하여도 특별한 규정이 있는 경우를 제외하고는 증권신고서에 대한 제규정이 당연히 적용된다.

3. 대상 증권

일괄신고서를 제출할 수 있는 증권은 다음과 같다, 다만, 조건부자본증권은 제외한다(슈 121조①).

1. 주권

33) 일괄신고제도는 투자자 보호에 문제가 없는 경우 증권발행 절차의 간소화를 통하여 기동성 있는 증권의 발행이 가능하도록 하는 동시에 발행비용을 절감할 목적으로 1980년대 초부터 미국에서 일괄 등록제도(shelf registration)라 하여 처음 시행되었다.

2. 주권 관련 사채권 및 이익참가부사채권
3. 제2호의 사채권을 제외한 사채권(일반사채권)
4. 다음 각 목의 어느 하나에 해당하는 파생결합증권
   가. 고난도금융투자상품이 아닌 파생결합증권
   나. 고난도금융투자상품 중 오랫동안 반복적으로 발행된 것으로서 기초자산의 구성 및 수익구조가 금융위원회가 정하여 고시하는 기준에 부합하는 파생결합증권
5. 개방형 집합투자증권[34)]
   가. 환매금지형집합투자기구가 아닌 집합투자기구의 집합투자증권(다만, 고난도금융투자상품으로서 발행기간이 무기한이 아닌 것은 제외)
   나. 이에 준하는 외국집합투자증권(다만, 고난도금융투자상품으로서 발행기간이 무기한이 아닌 것은 제외)

4. 일반사채권과 파생결합증권에 대한 일괄신고서 제출 요건

일반사채권과 파생결합증권에 대한 일괄신고서를 제출하는 자는 다음 요건을 모두 갖추어야 한다(슈 121조④).

1. 다음과 같은 자로서 사채권(전환사채권·신주인수권부사채권·이익참가부사채권 및 주권과 교환을 청구할 수 있는 교환사채권 제외)과 파생결합증권 중 같은 종류에 속하는 증권을 최근 1년간 모집·매출한 실적이 있을 것
   가. 최근 1년간 사업보고서와 반기보고서를 제출한 자
   나. 최근 1년간 분기별 업무보고서 및 월별 업무보고서를 제출한 금융투자업자
2. 최근 사업연도의 재무제표에 대한 회계감사인의 감사의견이 적정일 것
3. 최근 1년 이내에 금융위원회로부터 증권의 발행을 제한하는 조치를 받은 사실이 없을 것

분할 또는 분할합병으로 인하여 설립 또는 존속하는 법인은 다음과 같은 요건을 모두 충족하는 경우에는 위 제4항의 요건을 구비하지 못하더라도 일괄신고서를 제출할 수 있다(슈 121조⑤). 따라서 이러한 법인은 최소한 하나의 사업연도가 경과하여야 일괄신고서를 이용할 수 있다.

1. 분할 전 또는 분할합병 전의 법인이 위 제4항에 따른 요건을 충족할 것
2. 분할 또는 분할합병으로 인하여 설립된 법인의 최근 사업연도 재무제표에 대한 회계감사인의 감사의견이 적정일 것

---

34) 환매금지형(폐쇄형)집합투자기구의 경우에는 일반적으로 IPO 후 추가모집 없이 만기까지 운용되기 때문에 제외하는 것이다.

5. 발행예정기간

일괄신고서에 의하여 모집·매출을 할 수 있는 기간을 발행예정기간이라 한다. 일괄신고서의 발행예정기간은 일괄신고서의 효력발생일부터 2개월 이상 1년 이내의 기간으로 한다. 다만, 개방형 집합투자증권 또는 금적립계좌등인 경우에는 해당 집합투자규약 또는 발행계약에서 정한 존속기간 또는 계약기간(집합투자규약 또는 발행계약에서 존속기간 또는 계약기간을 정하지 아니한 경우에는 무기한으로 한다)을 발행예정기간으로 한다(令 121조②). 따라서 존속기간을 무기한으로 하는 개방형집합투자증권의 경우에는 일괄신고서를 한번 제출하면 사실상 증권신고서 제출이 면제되는 증권으로 된다. 개방형 집합투자증권인 경우 IPO 후에도 계속하여 추가적인 집합투자증권의 발행이 이루어진다는 것을 고려한 것이다. 다만 이 경우에도 발행예정 집합투자증권의 총수 범위 내라는 제한은 있다.

6. 발행횟수

일괄신고서를 제출한 자는 발행예정기간 중 3회 이상 그 증권을 발행해야 한다(令 121조③).[35]

7. 잘 알려진 기업에 대한 특례

일괄신고서에 기재된 발행예정기간 동안[36] 다음과 같은 요건을 모두 충족한 자는 소위 "잘 알려진 기업"[37]으로서 시행령 제121조 제1항 제1호부터 제3호까지의 증권[38]에 대한 일괄신고서를 제출하는 경우, 발행예정기간을 2년 이내로 연장할 수 있으며, 또한 발행예정기간 중 3회 이상 그 증권을 발행해야 한다는 시

---

35) 발행예정기간은 일괄신고서의 효력발생일부터 2개월 이상 1년 이내의 기간인데, 발행예정기간 3회 이상 그 증권을 발행해야 한다는 것은 회사채를 발행하는 법인이 일괄신고제도를 이용하기 어려운 제약요인이 되고 있으므로 입법론상 재검토가 필요한 부분이다.

36) "일괄신고서에 기재된 발행예정기간 동안" 요건을 충족하여야 하므로 일반 기업이 발행예정기간 중간에 잘 알려진 기업의 요건을 충족하더라도 특례 적용대상이 아니다.

37) "잘 알려진 기업"은 미국의 2005년 공모개혁(Securities Offering Reform)에서 채택된 well−known seasoned issuer(WKSI) 제도를 도입한 것이다.

38) 시행령 제121조 제1항 제1호부터 제3호까지의 증권은 다음과 같다.
   1. 주권
   2. 주권관련 사채권 및 이익참가부사채권
   3. 제2호의 사채권을 제외한 사채권(일반사채권)

행령 제121조 제3항이 적용되지 않는다(令 121조⑥).

1. 주권상장법인으로서 주권이 상장된 지 5년이 경과하였을 것
2. 최근 사업연도의 최종 매매거래일 현재 시가총액이 5천억원 이상일 것. 이 경우 시가총액은 해당 주권상장법인의 주권의 가격(증권시장에서 성립된 최종가격)에 발행주식총수를 곱하여 산출한 금액을 말한다.
3. 최근 3년간 사업보고서·반기보고서 및 분기보고서를 기한 내에 제출하였을 것
4. 최근 3년간 공시위반으로 금융위원회 또는 거래소로부터 금융위원회가 정하여 고시하는 제재를 받은 사실이 없을 것
5. 최근 사업연도의 재무제표에 대한 회계감사인의 감사의견이 적정일 것
6. 최근 3년간 법에 따라 벌금형 이상의 형을 선고받거나 외감법 제5조에 따른 회계처리기준의 위반과 관련하여 같은 법에 따라 벌금형 이상의 형을 선고받은 사실이 없을 것

8. 기재사항과 첨부서류

(1) 기재사항

집합투자증권을 제외한 증권의 일괄신고서의 기재사항은 다음과 같다(令 126조①).

1. 대표이사 및 신고업무를 담당하는 이사의 서명
2. 발행예정기간
3. 발행예정금액
4. 증권신고서의 발행인에 관한 기재사항
5. 그 밖에 투자자를 보호하기 위하여 필요한 사항으로서 금융위원회가 정하여 고시하는 사항

(2) 첨부서류

집합투자증권을 제외한 증권의 일괄신고서에는 다음과 같은 서류를 첨부해야 한다. 이 경우 금융위원회는 전자정부법에 따른 행정정보의 공동이용을 통하여 법인 등기사항증명서를 확인해야 한다(令 126조②).

1. 정관 또는 이에 준하는 것으로서 조직운영과 투자자의 권리의무를 정한 것
2. 일괄하여 신고할 것을 결의한 이사회의사록이나 그 결의를 증명할 수 있는 서류의 사본
3. 법인 등기사항증명서에 준하는 것으로서 법인 설립을 증명할 수 있는 서류(법인

등기사항증명서로 확인할 수 없는 경우로 한정한다)
4. 회계감사인의 감사보고서
5. 외감법상 연결재무제표의 작성의무가 있는 경우에는 회계감사인이 작성한 연결재무제표에 대한 감사보고서
6. 그 밖에 투자자를 보호하기 위하여 필요한 서류로서 금융위원회가 정하여 고시하는 서류39)

9. 일괄신고 추가서류

일괄신고서를 제출한 발행인은 그 증권을 모집하거나 매출할 때마다 일괄신고추가서류를 제출해야 한다. 다만 개방형 집합투자증권과 금적립계좌등은 반복적으로 판매와 환매가 이루어지기 때문에 일괄신고서에 기초하여 증권신고를 하지만 일괄신고추가서류를 제출할 필요가 없다(法 119조② 후단, 令 122조①). 그러나 이 경우에도 투자설명서는 제출해야 한다. 일괄신고추가서류의 기재사항은 다음과 같은데(令 122조②), 일괄신고추가서류의 기재내용은 일괄신고서(정정신고서 포함)의 기재내용을 변경하는 내용이어서는 아니 된다(令 122조③).

1. 대표이사 및 신고업무를 담당하는 이사의 서명(투자자 보호를 해칠 염려가 없는 경우로서 금융위원회가 정하여 고시하는 경우에는 생략 가능)
2. 모집·매출의 개요
3. 일괄신고서상의 발행예정기간 및 발행예정금액
4. 발행예정기간 중에 이미 모집·매출한 실적
5. 모집·매출되는 증권에 대한 인수인의 의견(인수인이 있는 경우만 해당)
6. 그 밖에 투자자를 보호하기 위하여 필요한 사항으로서 금융위원회가 정하여 고시하는 사항

10. 일괄신고서의 효력발생시기

자본시장법은 기업자금조달의 신속을 위하여 일괄신고서에 의하여 모집 또

39) "금융위원회가 정하여 고시하는 서류"란 제4항 제3호 다목 및 라목을 말한다(증권발행공시규정 2-4조⑦).
다. 회계감사인의 반기감사보고서 또는 반기검토보고서(법 제160조에 따라 반기보고서를 제출하는 법인이 반기재무제표가 확정된 이후에 신고서를 제출하는 경우에 첨부해야 할 반기감사보고서 또는 반기검토보고서)
라. 회계감사인의 분기감사보고서 또는 분기검토보고서(슈 제170조 제1항 제2호 단서에 따른 금융기관·주권상장법인이 분기재무제표가 확정된 이후에 신고서를 제출하는 경우에 첨부해야 할 분기감사보고서 또는 분기검토보고서)

는 매출되는 채무증권의 경우, 증권신고의 효력발생시기를 증권신고서가 수리된 날부터 5일로 단축하였다(規則 12조①1라). 일괄신고서를 제출하여 수리된 경우에는 그 후 발행예정기간 동안은 일괄신고추가서류만 제출하고 별도의 수리 및 효력발생절차 없이 증권을 모집 또는 매출할 수 있다. 따라서 일괄신고추가서류를 제출하여야 하는 경우에는 발행인은 그 일괄신고추가서류를 제출하는 날 투자설명서를 금융위원회에 제출해야 한다(法 123조①).

11. 일괄신고서와 인수인의 손해배상책임

일괄신고는 발행인에게는 시간과 비용을 절약할 수 있는 제도이지만, 증권신고와 관련하여 손해배상책임의 주체가 될 수 있는 인수인으로서는 최초발행시의 증권신고서에 대하여 상당한 주의를 하였다 하더라도 그 후 발행되는 참고서류에 대하여는 충분한 조사를 하기 곤란하다는 문제점이 있다.

V. 증권신고서의 효력발생시기

1. 효력발생기간

증권신고는 그 증권신고서가 금융위원회에 제출되어 수리된 날부터 증권의 종류 또는 거래의 특성 등을 고려하여 총리령으로 정하는 기간(規則 12조)이 경과한 날에 그 효력이 발생한다(法 120조①).[40] 증권신고의 효력발생시기는 그 증권신고서가 수리된 날부터 다음과 같은 기간이 경과한 날이다(規則 12조①).

1. 채무증권의 모집 또는 매출인 경우에는 7일. 다만, 다음과 같은 채무증권인 경우에는 5일
   가. 담보부사채
   나. 보증사채권[41]

40) 이러한 기간을 대기기간(waiting period)이라고도 한다. 대기기간은 위원회가 신고서를 심사하고 정정명령 등을 할 수 있는 심사기간이고, 투자자가 투자여부를 결정할 수 있는 냉각기간(cooling period)이기도 하다.

41) "보증사채권"이란 다음과 같은 금융기관이 원리금의 지급을 보증한 사채권을 말한다(令 362조⑧).
   1. 은행
   2. 한국산업은행법에 따른 한국산업은행
   3. 중소기업은행법에 따른 중소기업은행

다. 자산유동화계획에 따라 발행되는 사채권
라. 일괄신고서에 의하여 모집 또는 매출되는 채무증권

2. [일반공모] 지분증권의 모집·매출인 경우에는 15일. 다만, 주권상장법인(투자회사 제외)의 주식의 모집·매출인 경우에는 10일, [주주배정·제3자배정] 주식(투자회사의 주식 제외)의 모집·매출인 경우에는 7일
3. 증권시장에 상장된 환매금지형집합투자기구의 집합투자증권의 모집·매출인 경우에는 10일, 주주 등 출자자 또는 수익자에게 배정하는 방식의 환매금지형집합투자기구의 집합투자증권의 모집·매출인 경우에는 7일
4. 제1호부터 제3호까지에 해당하는 증권의 모집·매출 외의 경우에는 15일

2. 수리·효력발생의 의의

증권신고의 효력 발생은 그 증권신고서의 기재사항이 진실 또는 정확하다는 것을 인정하거나 정부에서 그 증권의 가치를 보증 또는 승인하는 효력을 가지지 않는다(法 120조③).

효력발생기간을 계산함에 있어 금융위가 신고서를 수리하면 접수된 날에 수리된 것으로 본다. 이 경우 금융위가 신고서를 수리 또는 수리거부를 한 때에는 신고서를 제출한 발행인에게 이를 서면, 정보통신망 이용촉진 및 정보보호 등에 관한 법률에 따른 정보통신망을 이용한 전자문서 또는 팩스의 방법으로 통지한다.

3. 정정신고서 제출과 효력발생일

(1) 정정신고서 수리일로부터 계산

일반적으로 정정신고서를 제출하는 경우에는 그 정정신고서가 수리된 날에 그 증권신고서가 수리된 것으로 보아 그때부터 효력을 재계산해야 한다.

모집가액, 매출가액, 발행이자율 및 이와 관련된 사항의 변경으로 인하여 정정신고서를 제출하는 경우에는 그 정정신고서가 수리된 날부터 3일이 지난 날에 효력이 발생한다(規則 12조②1). 그리고 집합투자기구의 등록된 사항을 변경하기

---

4. 보험회사
5. 투자매매업자
6. 증권금융회사
7. 종합금융회사
8. 신용보증기금법에 따른 신용보증기금(신용보증기금이 지급을 보증한 보증사채권에는 사회기반시설에 대한 민간투자법에 따라 산업기반신용보증기금의 부담으로 보증한 것 포함)
9. 기술보증기금법에 따른 기술보증기금

위하여 정정신고서를 제출하는 경우에는 그 정정신고서가 수리된 다음 날에 효력이 발생한다(規則 12조②2).[42]

(2) 당초의 신고서 효력 발생일에 영향을 미치지 않는 경우

(가) 일정 범위 내의 변경

신고서를 제출한 자가 다음과 같은 사유로 정정신고서를 제출하는 경우에는 당초의 신고서 효력 발생일에 영향을 미치지 않는다(증권발행공시규정 2-3조②).

1. 증권시장에 상장하기 위하여 지분증권(지분증권과 관련된 증권예탁증권 포함)을 모집 또는 매출하는 경우로서 모집 또는 매출할 증권수를 당초에 제출한 신고서의 모집 또는 매출할 증권수의 80% 이상과 120% 이하에 해당하는 증권수로 변경하는 경우
2. 초과배정옵션계약을 추가로 체결하거나 초과배정 수량을 변경하는 경우
3. 공개매수의 대가로 교부하기 위하여 신주를 발행함에 있어서 발행예정주식수가 변경되는 경우
4. 채무증권(주권 관련 사채권은 제외한다)을 모집 또는 매출하는 경우로서 모집가액 또는 매출가액의 총액을 당초에 제출한 신고서의 모집가액 또는 매출가액의 총액의 80% 이상과 120% 이하에 해당하는 금액으로 변경하는 경우

(나) 경미한 사항의 정정

사소한 문구수정 등 투자자의 투자판단에 크게 영향을 미치지 않는 경미한 사항을 정정하기 위하여 정정신고서를 제출하는 경우에도 당초의 효력 발생일에 영향을 미치지 않는다(증권발행공시규정 2-3조③).

(다) 미확정 기재 후 정정신고서 제출

지분증권을 모집 또는 매출하는 경우 모집 또는 매출가액을 결정하기 전에 신고서를 제출하는 때에는 다음 각 호의 사항에 대한 기재를 하지 않을 수 있다. 이 경우 그 산정방법 또는 인수인이 확정된 후 추후 기재한다는 사실을 기재하여 신고서를 제출해야 한다(증권발행공시규정 2-12조①).

1. 모집 또는 매출가액
2. 청약증거금
3. 인수증권수

---

42) 제2호는 집합투자기구만 해당하는데, 정정신고서 제출로 인한 집합투자증권의 발행이 중단되지 않도록 하기 위한 것이다.

4. 인수조건
5. 인수인(모집 또는 매출하는 증권의 발행인 또는 매출인으로부터 해당 증권의 인수를 의뢰받아 인수조건 등을 결정하고 해당 모집 또는 매출과 관련된 업무를 통할하는 자(이하 "주관회사"라 한다)를 제외한다)

전환사채권, 신주인수권부사채권 또는 교환사채권을 발행함에 있어서 필요한 경우 전환가액, 신주인수권행사가액 또는 교환가액 등에 대하여는 그 산정 또는 결정방법만을 기재한 신고서를 제출할 수 있다(증권발행공시규정 2-12조②). 채무증권을 발행함에 있어서 필요한 경우 발행가액과 발행이자율에 대하여는 그 산정 또는 결정방법만을 기재한 신고서를 제출한 후 발행가액 또는 인수인 등이 확정된 때에는 정정신고서를 제출할 수 있다(증권발행공시규정 2-12조③).

이상과 같은 경우 발행가액 또는 인수인 등이 확정된 때에는 정정신고서를 제출해야 한다. 이 경우 당초의 신고서 효력발생일에 영향을 미치지 아니한다(증권발행공시규정 2-12조④).

(3) 정정신고서가 먼저 수리된 경우

증권의 종류별로 정한 효력발생기간(規則 12조① 각 호)이 경과하기 전에 정정신고서가 수리되어 발효하는 경우에는 원래의 효력발생기간에 의한다(規則 12조② 단서).

4. 효력발생시기의 특례

(1) 효력발생기간의 단축

(가) 단축의 필요성

금융위원회는 다음과 같이 증권신고의 효력발생시기를 앞당길 필요가 있는 경우에는 효력발생기간을 단축하여 효력발생시기를 따로 정하여 고시할 수 있다(規則 12조③).

1. 해당 증권신고서의 내용이 이미 일반인에게 널리 알려져 있거나 쉽게 이해될 수 있을 것
2. 해당 증권의 발행인이 시행령 제119조 제1항 각 호의 어느 하나에 해당하는 법률에 따라 직접 설립되었거나 국가·지방자치단체로부터 업무감독을 받는 자 또는 금융위원회가 정하여 고시하는 국제기구 또는 단체로서 이미 일반인에게 그 공공성을 널리 인정받고 있을 것

(나) 단축기간

규칙 제12조에 따라 금융위원회가 따로 정하는 효력발생시기는 다음과 같다(증권발행공시규정 2−3조①).

1. 일괄신고서의 정정신고서는 수리된 날부터 3일이 경과한 날[43]에 그 효력이 발생한다. 다만, 일괄신고서의 정정신고서가 수리된 날부터 3일이 경과한 날이 당초의 일괄신고서의 효력이 발생하는 날보다 먼저 도래하는 경우에는 당초의 일괄신고서의 효력이 발생하는 날에 그 효력이 발생한다.
2. 사업보고서, 반기보고서, 분기보고서 또는 신고서를 제출한 사실이 있는 법인이 신고서의 기재사항 중 발행인에 관한 사항이 이미 제출한 사업보고서·반기보고서 및 분기보고서 또는 신고서와 동일한 내용의 신고서를 제출하는 경우 무보증사채권(보증사채권 또는 담보부사채권을 제외한 사채권)의 발행을 위한 신고서는 수리된 날부터 5일, 보증사채권, 담보부사채권의 발행을 위한 신고서는 수리된 날부터 3일이 경과한 날에 각각 그 효력이 발생한다. 다만, 관공서의 공휴일에 관한 규정 제2조에 따른 휴일은 그 기간에 산입하지 않는다.
3. 사채권의 발행을 위하여 신고서를 제출한 자가 사채거래수익률 등의 변동으로 인한 발행가액의 변경 또는 발행이자율의 변경을 위하여 정정신고서를 제출하는 경우에는 정정신고서가 수리된 다음 날에 그 효력이 발생한다. 다만, 당초 신고서의 효력이 발생하기도 전에 정정신고서가 수리되어 그 효력이 발생하게 되는 경우에는 당초의 신고서의 효력이 발생하는 날에 그 효력이 발생한다.
4. 삭제 [2013. 9. 17] (삭제 전: 만기시 최저지급액을 발행가액 이상으로 정한 파생결합증권의 모집 또는 매출의 경우에는 7일)
5. 법 제4조 제7항 제1호에 해당하는 증권의 모집 또는 매출을 위하여 신고서를 제출한 자가 시장상황의 변동 등으로 동 증권의 지급금액 결정방식을 변경하기 위하여 정정신고서를 제출하는 경우에는 정정신고서를 수리한 날부터 3일이 경과한 날에 그 효력이 발생한다. 다만, 제2호 단서의 공휴일은 효력발생기간에 산입하지 아니하며 규칙 제12조 제1항에서 정한 기간이 경과하기 전에 정정신고서가 수리되어 그 효력이 발생하게 되는 경우에는 당초의 신고서의 효력이 발생하는 날에 그 효력이 발생한다.
6. 집합투자기구간 합병을 위해 신고서를 제출하는 경우로서 수익자총회일의 2주전부터 합병계획서 등을 공시하는 경우에는 그 신고서가 수리된 날부터 3일이 경과한 날에 그 효력이 발생한다.
7. 제1호에도 불구하고 영 제7조 제2항에 따른 금적립계좌등의 발행을 위하여 제출

43) "3일이 경과한 날"이란 3일이 완전히 경과한 후를 의미하므로 제출일을 기준으로 하면 5일째 되는 날을 의미한다.

한 일괄신고서가 효력이 발생한 후에 제출하는 정정신고서는 수리된 날에 그 효력이 발생한다.

(2) 효력발생기간의 연장

금융위원회는 증권의 발행인이 다음 중 어느 하나에 해당하여 증권신고(정정신고를 포함한다)의 효력발생시기를 투자자 보호 또는 건전한 거래질서를 위하여 연장할 필요가 있는 경우에는 시행규칙 제12조 제1항 및 제2항에 따른 기간에서 3일을 연장할 수 있다. 다만, 제1항 제1호 가목·나목 또는 라목에 해당하는 채무증권을 모집 또는 매출하는 경우와 주권비상장법인이 증권시장에 상장하기 위하여 지분증권을 모집 또는 매출하는 경우에는 그러하지 아니하다(規則 12조④).

1. 최근 사업연도의 재무제표에 대한 외감법 제2조 제7호에 따른 감사인의 감사의견이 적정의견이 아닌 경우
2. 법 제159조 제1항 본문에 따른 사업보고서 제출대상법인이 제출한 최근 사업연도의 사업보고서 또는 반기·분기보고서상 자본금 전액이 잠식된 경우
3. 사업보고서 제출대상법인이 사업보고서, 반기보고서 또는 분기보고서를 법정기한 내에 제출하지 아니한 경우
4. 그 밖에 투자자 보호 또는 건전한 거래질서를 위하여 증권신고의 효력발생시기를 연장할 필요가 있다고 금융위원회가 정하여 고시하는 경우

5. 국제금융기구의 원화표시채권 발행

"국제금융기구에의 가입조치에 관한 법률"에 규정된 국제금융기구(同法 2조①)가 원화표시채권을 발행하기 위하여 증권신고서를 제출하는 경우에는 증권신고서가 수리된 날부터 5일이 경과한 날에 효력이 발생한다(증권발행공시규정 2-3조④).

Ⅵ. 철회신고서

1. 의 의

증권의 발행인은 증권신고를 철회하고자 하는 경우에는 그 증권신고서에 기재된 증권의 취득 또는 매수의 청약일 전일까지 철회신고서를 금융위원회에 제출해야 한다(法 120조④).

2. 철회가능기간

증권신고서를 철회하고자 하는 경우에는 증권신고서에 기재된 증권의 취득 또는 매수의 청약일 전일까지 금융위원회에 철회신고서를 제출해야 한다. 철회신고서의 경우 제출하는 것으로 족하며, 별도의 수리행위는 불필요하다.44)

3. 철회의 공시

발행인은 투자설명서를 그 증권신고의 효력이 발생하는 날에 금융위원회에 제출하여야 하며, 이를 총리령으로 정하는 장소(規則 13조)에 비치하고 일반인이 열람할 수 있도록 하여야 하므로(法 123조①), 증권신고의 철회도 공시하는 절차가 필요하다.

Ⅶ. 정정신고서

1. 금융위원회의 요구에 의한 정정신고서 제출

⑴ 의 의

금융위원회는 ⅰ) 증권신고서의 형식을 제대로 갖추지 아니한 경우, 또는 ⅱ) 그 증권신고서 중 중요사항에 관하여 거짓의 기재 또는 표시가 있거나 중요사항이 기재 또는 표시되지 아니한 경우와 중요사항의 기재나 표시내용이 불분명하여 투자자의 합리적인 투자판단을 저해하거나 투자자에게 중대한 오해를 일으킬 수 있는 경우에는 그 증권신고서에 기재된 증권의 취득 또는 매수의 청약일 전일까지 그 이유를 제시하고 그 증권신고서의 기재내용을 정정한 신고서(정정신고서)의 제출을 요구할 수 있다(法 122조①).

⑵ 사 유

금융위원회의 정정요구사유는 증권신고서의 수리거부사유와 동일하다. 즉, 금융위원회가 정정신고서의 제출을 요구할 수 있는 사유는, ⅰ) 증권신고서의 형식을 제대로 갖추지 아니한 경우, 또는 ⅱ) 그 증권신고서 중 중요사항에 관하여 거짓의 기재 또는 표시가 있거나 중요사항이 기재 또는 표시되지 아니한 경우와

---

44) 구 증권거래법상 철회가능기간은 증권신고의 효력발생시점까지였으나 자본시장법은 정정신고서 제출시기에 맞추어 증권의 취득 또는 매수의 청약일 전일까지로 연장하였다.

중요사항의 기재나 표시내용이 불분명하여 투자자의 합리적인 투자판단을 저해하거나 투자자에게 중대한 오해를 일으킬 수 있는 경우이다(法 122조①).

"중요사항"의 개념에 대하여 명문의 규정은 없지만, 전술한 바와 같이 미공개중요정보에 관한 제174조 제1항의 규정과 같이, "투자자의 투자판단에 중대한 영향을 미칠 수 있는 정보"와 같은 개념으로 보아야 할 것이다. 따라서 투자자의 투자판단에 실질적인 영향을 미칠 가능성이 없는 중요하지 않은 사항에 관한 부실표시는 정정요구의 사유가 되지 않는다.

(3) 기 간

금융위원회는 증권신고서에 기재된 증권의 취득 또는 매수의 청약일 전일까지 정정신고서의 제출을 요구할 수 있다. 일괄신고서는 그 발행예정기간 종료 전까지 정정신고서를 제출할 수 있으므로(法 122조④), 금융위원회의 정정요구도 동일한 기간 동안 할 수 있다고 보아야 한다.

(4) 방 법

자본시장법 규정상 정정요구의 방법에는 제한이 없으나, 반드시 "그 이유를 제시하고" 정정신고서의 제출을 요구해야 한다.

(5) 효 과

(가) 증권신고서 수리일

정정신고서를 제출하는 경우에는 그 정정신고서가 수리된 날에 그 증권신고서가 수리된 것으로 본다.[45]

(나) 증권신고서 미수리

금융위원회의 정정신고서 제출요구가 있는 경우 그 증권신고서는 그 요구를 한 날부터 수리되지 아니한 것으로 본다(法 122조②). 정정신고서가 제출될 때까지는 공모절차가 전면 중단되므로 금융위원회의 정정신고서 제출요구는 부실 증권신고서에 대한 가장 효과적인 제재수단이라 할 수 있다.

(다) 정정신고서 미제출시 철회 간주

발행인이 정정신고서 제출를 받은 후 대통령령으로 정하는 기한 이내에 정정신고서를 제출하지 않는 경우에는 해당 증권신고서를 철회한 것으로 본다(法 122조⑥).[46]

---

45) 정정신고서 제출과 증권신고서 효력발생일에 관하여는 위에서 설명한 부분[Ⅶ. 정정신고서 4. 정정신고서 제출의 효력] 참조.

2. 임의정정과 의무정정

(1) 임의정정

증권신고서(일괄신고추가서류를 포함)를 제출한 자는 그 증권신고서의 기재사항을 정정하고자 하는 경우에는 그 증권신고서에 기재된 증권의 취득 또는 매수의 청약일 전일까지 정정신고서를 제출할 수 있다(法 122조③). 이는 부실표시로 인한 민형사상의 책임을 면하기 위하여도 필요하다. 발행인의 의사에 의한 정정은 그 사유에 아무런 제한이 없다.

(2) 의무정정

증권신고서를 제출한 자는 i) 대통령령으로 정하는 중요한 사항을 정정하고자 하는 경우와, ii) 투자자 보호를 위하여 그 증권신고서에 기재된 내용을 정정할 필요가 있는 경우로서 대통령령으로 정하는 경우에는 반드시 정정신고서를 제출해야 한다(法 122조③).

i)에서 "대통령령으로 정하는 중요한 사항"이란 다음 사항을 말한다(令 130조①).

1. 집합투자증권을 제외한 증권인 경우
   가. 모집가액 또는 매출가액 · 발행이율 등 발행조건
   나. 배정기준일 · 청약기간 · 납입기일
   다. 자금의 사용목적
   라. 인수인 · 보증기관 · 수탁회사
   마. 그 밖에 투자자의 합리적인 투자판단이나 해당 증권의 가치에 중대한 영향을 미칠 수 있는 사항으로서 금융위원회가 정하여 고시하는 사항[47)]
2. 집합투자증권인 경우
   가. 모집가액 또는 매출가액, 발행예정기간, 발행예정금액 등 발행조건
   나. 인수인(인수인이 있는 경우만 해당)
   다. 자본시장법 제182조 제1항에 따라 등록한 사항을 변경하는 경우

---

46) 정정신고서 제출요구가 있는 경우 그 증권신고서는 그 요구를 한 날부터 수리되지 아니한 것으로 보지만, 발행절차가 종료된 것은 아니므로, 투자자들은 발행절차가 계속 진행중인 것으로 오인할 우려가 있기 때문에 철회간주규정을 신설한 것이다.

47) "금융위원회가 정하여 고시하는 사항"은 다음과 같다(증권발행공시규정 2-13조①).
   1. 증권 발행과 관련된 담보 · 보증 또는 기초자산
   2. 발행증권의 수
   3. 모집 · 매출되는 증권의 취득에 따른 투자위험요소

라. 그 밖에 투자자의 합리적인 투자판단이나 해당 집합투자증권의 가치에 중대한 영향을 미칠 수 있는 사항으로서 금융위원회가 정하여 고시하는 사항[48]

ii)에서 "투자자 보호를 위하여 그 증권신고서에 기재된 내용을 정정할 필요가 있는 경우로서 대통령령으로 정하는 경우"란 다음과 같은 경우를 말한다(令130조②).

1. 증권신고서의 기재나 표시내용이 불분명하여 그 증권신고서를 이용하는 자로 하여금 중대한 오해를 일으킬 수 있는 내용이 있는 경우
2. 발행인(투자신탁의 수익증권이나 투자익명조합의 지분증권인 경우에는 그 투자신탁·투자익명조합)에게 불리한 정보를 생략하거나 유리한 정보만을 강조하는 등 과장되게 표현된 경우
3. 집합투자증권을 제외한 증권인 경우에는 다음과 같은 사실이 발생한 때
   가. 최근 사업연도의 재무제표 또는 반기보고서, 분기보고서가 확정된 때
   나. 발행인의 사업목적이 변경된 때
   다. 영업의 양도·양수 또는 합병계약이 체결된 때
   라. 발행인의 경영이나 재산 등에 중대한 영향을 미치는 소송의 당사자가 된 때
   마. 발행한 어음이나 수표가 부도로 되거나 은행과의 당좌거래가 정지되거나 금지된 때
   바. 영업활동의 전부나 중요한 일부가 정지된 때
   사. 「채무자 회생 및 파산에 관한 법률」에 따른 회생절차개시의 신청이 있은 때
   아. 자본시장법, 상법, 그 밖의 법률에 따른 해산사유가 발생한 때
4. 집합투자증권인 경우에는 다음과 같은 사실이 발생한 때
   가. 최근 결산기의 재무제표가 확정된 때
   나. 집합투자기구 간의 합병계약이 체결된 때
   다. 집합투자재산 등에 중대한 영향을 미치는 소송이 제기된 때

"투자자 보호를 위하여 그 증권신고서에 기재된 내용을 정정할 필요가 있는 경우로서 대통령령으로 정하는 경우"라는 문구와 관련하여, "투자자 보호를 위하여 그 증권신고서에 기재된 내용을 정정할 필요가 있는 경우"는 정정신고서 제출의무에 관한 별도의 요건을 규정한 것이 아니므로 "대통령령으로 정하는 경우"에 해당하면 "투자자 보호를 위하여 그 증권신고서에 기재된 내용을 정정할 필요가 있는 경우"에 해당하는지 여부를 별도로 판단할 필요가 없다.[49]

---

48) "금융위원회가 정하여 고시하는 사항"은 모집·매출되는 증권의 취득에 따른 투자위험요소를 말한다(증권발행공시규정 2-13조②).

⑶ 정정신고서 제출기간

정정신고서제출기간은 증권신고서에 기재된 증권의 취득 또는 매수의 청약일 전일까지이다(法 122조③).

3. 일괄신고서의 정정신고서

⑴ 의 의

일괄신고서에 대한 정정신고서도 제출할 수 있다. 일괄신고추가서류는 제출과 동시에 별도의 효력발생기간이 없이 증권을 발행할 수 있으므로 정정절차가 없고, 정정의 대상은 일괄신고서 자체이다.

⑵ 제출기간

통상의 정정신고서는 증권의 취득 또는 매수의 청약일 전일까지 제출할 수 있지만, 일괄신고서를 제출한 자는 그 발행예정기간 종료 전까지 정정신고서를 제출할 수 있다(法 122조④).

⑶ 정정사항

일괄신고서의 경우 개방형 집합투자증권을 제외하고는 발행예정기간과 발행예정금액에 대한 정정은 허용되지 않는다(法 122조④). 다만, 발행예정금액의 20%

---

49) [서울행정법원 2023. 8. 29. 선고 2021구합69080 판결] "헌법 제75조는 "대통령은 법률에서 구체적으로 범위를 정하여 위임받은 사항과 법률을 집행하기 위하여 필요한 사항에 관하여 대통령령을 발할 수 있다."라고 규정함으로써 위임입법의 한계를 설정하고 있고, 이에 따라 법률에는 대통령령 등 하위법규에 규정될 내용 및 범위의 기본 사항이 가능한 한 구체적이고도 명확하게 규정되어 있어서 누구라도 당해 법률 그 자체로부터 대통령령 등에 규정될 내용의 대강을 예측할 수 있어야 한다. 이를 토대로 자본시장법 제122조 제3항 2문 후단의 문언을 살펴보면, "투자자 보호를 위하여 그 증권신고서에 기재된 내용을 정정할 필요가 있는 경우로서 대통령령으로 정하는 경우"라고 규정함으로써 대통령령인 자본시장법 시행령에 규정될 구체적인 내용을 정하여 위임한 것이고, 자본시장법 시행령 제130조 제2항 각 호는 위와 같은 위임에 따라 투자자 보호를 위하여 그 증권신고서에 기재된 내용을 정정할 필요가 있는 경우에 관하여 구체적으로 규정한 것이다. 결국 자본시장법 제122조 제3항 2문 후단의 "투자자 보호를 위하여 그 증권신고서에 기재된 내용을 정정할 필요가 있는 경우" 부분은 대통령령에 구체적으로 범위를 정하여 위임함으로써 위임입법의 한계를 설정한 것이지, 별도의 요건을 규정한 것으로 볼 수 없다. 원고들의 주장과 같이 자본시장법 시행령 제130조 제2항 각 호에 해당하는 경우에도 투자자 보호를 위해 정정할 필요가 있는 경우에 해당하는지 별도로 판단해야 한다면, 정정신고서를 제출해야 하는 경우에 관한 수범자의 예측가능성을 현저히 침해할 수밖에 없다. 더욱이 자본시장법 제122조 제3항 2문 후단은 단순한 절차 규정이 아니라 과징금부과(자본시장법 제429조 제1항 제2호)의 근거 조항일 뿐만 아니라 형사처벌(자본시장법 제444조 제14호)의 구성요건 조항이라는 점까지 고려하면 원고들의 위 주장을 더욱 받아들이기 어렵다."

이하로 감액되는 발행예정금액은 정정할 수 있다.[50)]

⑷ 효력발생시기

일괄신고서의 정정신고서는 수리된 날부터 3일이 경과한 날에 그 효력이 발생한다. 다만, 일괄신고서의 정정신고서가 수리된 날부터 3일이 경과한 날이 당초의 일괄신고서의 효력이 발생하는 날보다 먼저 도래하는 경우에는 당초의 일괄신고서의 효력이 발생하는 날에 그 효력이 발생한다(증권발행공시규정 2-3조①1).

4. 정정신고서 제출의 효력

정정신고서가 제출된 경우에는 그 정정신고서가 수리된 날에 그 증권신고서가 수리된 것으로 본다(法 122조⑤).[51)] 금융위원회로부터 정정요구를 받은 후 3개월(令 130조⑤) 이내에 발행인이 정정신고서를 제출하지 않는 경우에는 해당 증권신고서를 철회한 것으로 본다(法 122조⑥).

5. 위반에 대한 제재

⑴ 과 징 금

금융위원회는 증권신고서 등의 거짓 기재 등으로 인하여 배상책임을 질 자가 정정신고서를 제출하지 아니하거나, 해당 서류의 중요한 사항에 관하여 거짓의 기재 또는 표시를 하거나 중요사항을 기재 또는 표시를 하지 아니한 때에는 신고서상의 모집·매출가액의 3%(20억원을 초과하는 경우에는 20억원)에 해당하는 과징금을 부과할 수 있다(法 429조①).

⑵ 형사상 제재

정정신고서 중 중요사항에 관하여 거짓의 기재 또는 표시를 하거나 중요사항을 기재 또는 표시하지 아니한 자 및 그 중요사항에 관하여 거짓의 기재 또는 표시가 있거나 중요사항의 기재 또는 표시가 누락되어 있는 사실을 알고도 서명을 한 자와 그 사실을 알고도 이를 진실 또는 정확하다고 증명하여 그 뜻을 기재한 공인회계사·감정인 또는 신용평가를 전문으로 하는 자와(法 444조 13호),

---

50) 다만, 투자자 보호 등을 위하여 필요하다고 인정되는 경우에는 금융위원회가 그 한도를 발행예정금액의 20% 이하로 정하여 고시할 수 있다(令 130조④).

51) 증권신고서가 수리된 후에는 효력이 발생하기 전에도 모집·매출은 할 수 있는데(法 119조①), 정정신고서의 제출 전까지 이루어진 모집·매출은 증권신고서가 수리되기 전의 모집·매출에 해당하여, 제119조 제1항 위반 문제가 발생한다.

정정신고서를 제출하지 아니한 자(法 444조 14호)는 5년 이하의 징역 또는 2억원 이하의 벌금에 처한다.

Ⅷ. 단계별 규제

1. 증권신고서 수리 전

(1) 청약, 청약의 권유 금지

자본시장법은 증권의 모집가액 또는 매출가액 각각의 총액이 일정금액 이상인 경우, 발행인이 그 모집·매출에 관한 신고서를 금융위원회에 제출하여 수리되어야만 그 증권의 모집·매출을 할 수 있다고 규정하는데(法 119조①), 금지되는 행위는 모집의 경우는 "증권의 취득의 청약을 권유"하는 것이고, 매출의 경우는 "증권의 매도의 청약을 하거나 매수의 청약을 권유"하는 것이다. 즉, 증권신고서 수리 전에는 청약, 청약의 권유 등이 금지된다. 이를 위반한 경우 형사처벌(法 444조 12호)과, 과징금의 제재(法 429조①2)를 받게 된다. 청약의 권유란 "권유받는 자에게 증권을 취득하도록 하기 위하여 신문·방송·잡지 등을 통한 광고, 안내문·홍보전단 등 인쇄물의 배포, 투자설명회의 개최, 전자통신 등의 방법으로 증권 취득청약의 권유 또는 증권 매도청약이나 매수청약의 권유 등 증권을 발행 또는 매도한다는 사실을 알리거나 취득의 절차를 안내하는 활동"을 말한다(令 2조 2호 본문).

증권신고서를 "금융위원회에 제출하여 수리되어야만" 모집·매출이 가능하므로,[52] 증권신고서 제출 후 수리 전에 금지되는 행위는 증권신고서 제출 전과 같다. 다만, 증권발행공시규정 제2-3조 제5항은 "효력발생기간을 계산함에 있어 금융위가 신고서를 수리하면 접수된 날에 수리된 것으로 본다."고 규정하므로, 증권신고서 제출 후 수리 전에 모집·매출행위를 먼저 한 후에 수리가 되더라도 이 경우에는 접수일에 수리된 것으로 간주되므로 문제되지 않는다. 또한 자본시

52) 증권신고서가 수리되면 효력 발생 전이라도 청약의 권유나 청약은 가능하며 이 경우 청약의 권유는 예비투자설명서나 간이투자설명서를 사용해야 한다(法 124조②). 그러나 청약 후 증권신고서의 내용이 정정되는 경우(청약일 전일까지 정정신고서 제출 가능) 기청약자의 이익이 침해될 우려가 있을 뿐만 아니라 기 청약자의 청약 취소 가능 여부 등 청약절차에 논란이 발생하여 혼란의 우려가 있으므로, 실무상으로는 효력 발생이전에 신고서의 심사를 완료하여 사실상 효력 발생으로 신고서의 내용이 확정되게 하며, 그 이후 청약일정을 정하도록 하고 있다.

장법 第120조 제2항은 "금융위원회는 증권신고서의 형식을 제대로 갖추지 아니한 경우 또는 그 증권신고서 중 중요사항에 관하여 거짓의 기재 또는 표시가 있거나 중요사항이 기재 또는 표시되지 아니한 경우를 제외하고는 그 수리를 거부하여서는 아니 된다."고 규정하고, 이에 따라 실무상으로는 형식상의 미비점이 없으면 접수일에 수리를 하고 있으므로 이러한 경우도 거의 발생하지 않는다.

(2) 허용되는 행위

증권신고서 제출 전에는 모집의 경우는 증권의 취득청약의 권유가 금지되고, 매출의 경우는 증권의 매도청약 또는 매수청약의 권유가 금지되지만, 자본시장법 시행령 제2조 제2호는 인수인의 명칭과 증권의 발행금액을 포함하지 않는 등 금융위원회가 정하여 고시하는 기준에 따라 다음과 같은 사항 중 전부나 일부에 대하여 광고 등의 방법으로 단순히 그 사실을 알리거나 안내하는 경우는 "청약의 권유" 개념에서 제외하므로 증권신고서 제출 전에도 허용된다.[53)]

1. 발행인의 명칭
2. 발행 또는 매도하려는 증권의 종류와 발행 또는 매도 예정금액
3. 증권의 발행이나 매도의 일반적인 조건
4. 증권의 발행이나 매출의 예상 일정
5. 그 밖에 투자자 보호를 해칠 염려가 없는 사항으로서 금융위원회가 정하여 고시하는 사항

2. 대기기간

(1) 의 의

증권신고서 수리 후 증권신고의 효력이 발생하기 전의 기간을 대기기간(waiting period) 또는 숙고기간(cooling period)라고 한다. 증권신고서가 수리된 후에는 모집·매출을 할 수 있다. 그러나 증권신고의 효력이 발생하지 아니한 증권의 취득 또는 매수의 청약이 있는 경우에 그 증권의 발행인·매출인과 그 대리인은 그 청약의 승낙을 하지 못한다(法 121조①). 즉. 증권신고서가 수리된 후 효력발생기간이 경과되지 않은 경우에는 모집·매출행위만 가능하고, 그 증권을 취득하게 하거나 매도할 수 없다.

---

53) "발행인의 명칭"과 "발행 또는 매도 예정금액"은 "청약의 권유" 개념에서 제외되지만, 투자자의 오판으로 인한 피해를 방지하기 위하여 "인수인의 명칭"과 "확정된 발행금액 및 발행가액"은 "청약의 권유" 개념에서 제외되지 않는다.

(2) 매수인의 승낙

매출에 있어서는 일반적으로 매출인은 매도청약을 하고 상대방 투자자(매수인)가 승낙을 하는데, 자본시장법 제121조 제1항은 "매출인의 승낙"만 금지하고 매수인의 승낙은 금지하지 않는다. 따라서 매출인이 매도청약을 하고 매수인이 승낙하는 것은 현행 규정상 금지대상이 아니다. 이러한 경우에는 죄형법정주의 원칙상 매출인은 처벌대상이 되지 않고,[54] 매매 자체도 사법(私法)상 유효하므로 향후 매수인의 승낙도 금지하도록 입법적인 보완이 필요한 부분이다.

(3) 일괄신고의 경우

일괄신고추가서류를 제출하는 경우에는 별도의 효력발생기간이 없기 때문에 이 경우에는 효력발생 여부가 기준이 아니라 일괄신고추가서류의 제출 여부를 기준으로 해야 한다. 따라서 자본시장법은 일괄신고추가서류가 제출되지 아니한 경우 그 증권의 발행인·매출인과 그 대리인은 그 증권에 관한 취득 또는 매수의 청약에 대한 승낙을 할 수 없다고 규정한다(法 121조②).

(4) 투자설명서 사용의무

(가) 의 의

증권신고의 대상이 되는 증권의 모집·매출, 그 밖의 거래를 위하여 청약의 권유 등을 하고자 하는 경우에는 정식투자설명서(제1호), 예비투자설명서(제2호), 간이투자설명서(제3호) 중 한 가지를 반드시 사용해야 한다(法 124조②). 따라서 이를 사용하지 않고 다른 투자관련 자료만을 제공하는 것은 허용되지 않는다. 이는 청약권유의 상대방인 투자자들에게 충분한 정보가 제공되도록 하기 위한 것이다. 다만 정식투자설명서는 증권신고의 효력이 발생하기 전에는 작성하기 곤란하므로 실제로는 예비투자설명서, 간이투자설명서가 사용된다.

(나) 사용의 의미

투자설명서의 사용을 투자설명서의 교부로 해석하는 견해도 있지만, 여기서 "사용"은 반드시 투자설명서를 교부하는 것 외에 투자설명서의 내용을 구두로 설명하는 바와 같이 교부 외의 방법으로 사용하는 경우도 포함된다고 보아야 한다.

자본시장법 시행령 제2조 제2항에 의하면 서면뿐 아니라 구두에 의하여 청약을 권유하는 것도 자본시장법상 청약의 권유에 포함되므로, 구두청약의 경우에

---

54) 자본시장법 제121조를 위반하여 증권에 관한 취득 또는 매수의 청약에 대한 승낙을 한 자는 1년 이하의 징역 또는 3천만원 이하의 벌금에 처한다(法 446조 20호).

도 투자설명서의 사용이 강제되기 때문이다.

3. 증권신고의 효력발생 후

⑴ 투자자의 청약에 대한 승낙

증권신고의 효력이 발생한 경우, 증권의 취득 또는 매수의 청약이 있는 경우에 그 증권의 발행인·매출인과 그 대리인은 그 청약을 승낙할 수 있다(法 121조①). 즉, 증권신고의 효력이 발생한 후에는 증권을 취득하게 하거나 매도할 수 있다.

⑵ 투자설명서의 제출과 비치

증권을 모집하거나 매출하는 경우 그 발행인은 대통령령으로 정하는 방법에 따라 작성한 투자설명서 및 간이투자설명서(모집·매출하는 증권이 집합투자증권인 경우로 한정한다)를 그 증권신고의 효력이 발생하는 날(일괄신고추가서류를 제출하여야 하는 경우에는 그 일괄신고추가서류를 제출하는 날)에 금융위원회에 제출하여야 하며, 이를 총리령으로 정하는 장소(規則 13조)에 비치하고 일반인이 열람할 수 있도록 해야 한다(法 123조①).

⑶ 투자설명서의 교부 강제

누구든지 증권신고의 효력이 발생한 증권을 취득하고자 하는 자에게 투자설명서(집합투자증권의 경우 투자자가 투자설명서의 교부를 별도로 요청하지 않는 경우에는 간이투자설명서를 말한다)를 미리 교부하지 아니하면 그 증권을 취득하게 하거나 매도할 수 없다(法 124조①).

Ⅸ. 신고서를 제출하지 않는 모집·매출

1. 의 의

증권신고서를 제출하지 아니하고 증권을 모집·매출하는 발행인은 투자자를 보호하기 위하여 재무상태에 관한 사항의 공시, 그 밖에 대통령령으로 정하는 조치를 해야 한다(法 130조①). 이는 기준금액에 미달하여 증권신고서 제출의무가 없는 모집·매출의 경우에도 투자자 보호의 필요성이 없는 것은 아니고, 나아가 증권신고서 제출기준을 회피하는 경우에 투자자를 보호하기 위한 것이다.

다만, 발행인 및 같은 종류의 증권에 대하여 충분한 공시가 이루어지고 있는 등 대통령령으로 정한 사유에 해당하여[55] 매출에 관한 증권신고서 제출의무가 면제되는 경우(法 119조⑥)에는 발행인의 공시·조치의무도 면제된다(法 130조① 단서).

2. 발행인의 조치

발행인이 하여야 하는 조치는 단계별로 다음과 같다(令 137조①).

(1) 증권의 모집·매출 전

발행인(투자신탁의 수익증권이나 투자익명조합의 지분증권인 경우에는 그 투자신탁·투자익명조합을 말하며, 사업보고서 제출대상법인 및 시행령 제176조 제1항 각 호에 따른 외국법인등은 제외한다)의 재무상태와 영업실적을 기재한 서류를 금융위원회에 제출해야 한다. 이 경우 해당 서류(집합투자증권인 경우 제외)는 금융위원회가 정하여 고시하는 바에 따라[56] 회계감사인의 회계감사를 받거나 공인회계사의 확인과 의견표시를 받은 것이어야 한다(제1호).[57]

---

55) 매출에 관한 증권신고서 제출의무가 면제되는 경우는 다음과 같다(令 124조의2①).
1. 발행인이 사업보고서 제출대상법인으로서 최근 1년간 사업보고서·반기보고서 및 분기보고서를 기한 내에 제출하였을 것
2. 발행인이 최근 1년간 공시위반으로 법 제429조에 따른 과징금을 부과받거나 시행령 제138조·제175조에 따른 조치를 받은 사실이 없을 것
3. 최근 2년 이내에 매출하려는 증권과 같은 종류의 증권에 대한 증권신고서가 제출되어 효력이 발생한 사실이 있을 것
4. 증권시장에 상장하기 위한 목적의 매출이 아닐 것
5. 투자매매업자 또는 투자중개업자를 통하여 매출이 이루어질 것
6. 그 밖에 금융위원회가 정하여 고시하는 요건을 충족할 것

56) [증권발행공시규정 2-17조 (신고서를 제출하지 아니하는 모집·매출)]
① 법 제130조에 따라 신고서를 제출하지 아니하고 모집 또는 매출(이하 "소액공모"라 한다)을 하는 자가 영 제137조 제1항 제1호의 "금융위원회가 정하여 고시"하는 바에 따라 금융위에 미리 제출하는 서류는 다음 각 호와 같다.
   1. 설립 후 1사업연도가 경과한 법인의 경우에는 최근 사업연도의 회계감사인의 감사보고서(최근 사업연도 경과 후 반기결산일이 지난 경우에는 반기 검토보고서 포함) 또는 최근월 말일을 기준으로 한 회계감사인의 감사보고서
   2. 설립 후 1사업연도가 경과하지 아니한 법인의 경우에는 최근월 말일을 기준으로 한 회계감사인의 감사보고서

57) 주권비상장법인의 직접공모시 필요한 증권분석기관의 평가의견(令 125조①)은 증권신고서를 제출하는 경우에 요구되는 것이므로 주권비상장법인의 직접공모가 신고서제출면제 모집·매출에 해당하는 경우에는 증권분석기관의 평가의견이 요구되지 않는다. 다만 신고서제출면제 모집·매출의 경우 발행인의 재무상태와 영업실적을 기재한 서류를 금융위원회에 제출하여야 하고 이 경우 해당 서류는 회계감사인의 회계감사를 받거나 공인회계사의 확인과 의견표시를 받은 것이어야 하므로 비슷한 수준의 규제가 적용된다고 볼 수 있다.

⑵ 청약의 권유를 하는 경우

청약의 권유를 하는 경우에는 ⅰ) 증권신고서의 기재사항[58] 중 대표이사 및 신고업무를 담당하는 이사의 서명을 제외한 사항, ⅱ) 해당 증권의 모집가액 또는 매출가액, 청약기간, 납부기간(令 131조② 제2호부터 제4호까지)을 인쇄물 등에 기재하거나 표시해야 한다. 이 경우 재무상태와 영업실적에 관하여 제출된 서류의 내용과 다른 내용이나 거짓의 사실을 기재하거나 표시하지 못한다(제2호).

⑶ 증권의 모집·매출을 시작한 경우

증권의 모집·매출의 개시일 3일 전까지 청약의 권유방법과 위 제2호에 따라 인쇄물 등에 기재하거나 표시한 내용을 금융위원회에 제출해야 한다. 증권의 모집·매출을 시작한 후 청약의 권유방법이나 인쇄물 등에 기재하거나 표시한 내용을 변경한 경우에도 또한 같다(제3호).

⑷ 청약증거금관리계약

증권에 관한 투자매매업자·투자중개업자, 시행령 제4조 각 호의 자(은행·한국산업은행·중소기업은행), 증권금융회사에 해당하는 자 중 어느 하나와 청약증거금의 예치, 보관 및 투자자에 대한 반환 등에 관한 사항을 포함하는 청약증거금관리계약을 체결하고 계좌를 개설해야 한다(제3호의2).

⑸ 결과보고

증권의 모집·매출이 끝난 경우에는 지체 없이 그 모집·매출 실적에 관한 결과를 금융위원회에 보고해야 한다(제4호).

⑹ 결산서류 제출

다음 결산에 관한 서류를 매 사업연도 경과 후 90일 이내에 금융위원회에 제출해야 한다. 다만, 사업보고서 제출대상법인(法 159조①), 외국법인등(令 176조①), 매 사업연도말 모집 또는 매출한 증권의 소유자 수가 25명 미만인 법인, 모집 또는 매출한 증권의 상환 또는 소각을 완료한 법인과 보증사채권(令 362조⑧)만을 발행한 법인의 경우에는 제출의무가 없다(제5호).

가. 재무상태표와 그 부속 명세서
나. 손익계산서와 그 부속 명세서
다. 이익잉여금처분계산서 또는 결손금처리계산서

---

58) 집합투자증권인 경우에는 제127조 제1항 제2호 및 제3호의 사항을, 유동화증권인 경우에는 제128조 제1항 제2호부터 제7호까지의 사항을 말한다.

라. 회계감사인의 감사보고서(회계감사인의 회계감사를 받은 법인만 해당)

3. 참조기재방법

발행인이 금융위원회에 발행인(투자신탁의 수익증권이나 투자익명조합의 지분증권인 경우에는 그 투자신탁·투자익명조합)의 재무상태와 영업실적에 관한 서류를 제출하여야 하는 경우로서 해당 증권의 모집·매출 전에 행하여진 모집·매출시에 제출한 서류가 있고 그 제출한 서류의 내용이 변경되지 아니한 경우에는 그 서류를 참조하라는 뜻을 기재한 서면으로 그 발행인의 재무상태와 영업실적에 관한 서류의 제출을 갈음할 수 있다(令 137조②).[59]

4. 호가중개시장을 통한 소액매출

(1) 의 의

금융투자협회가 증권시장에 상장되지 아니한 주권의 장외매매거래에 관하여 운영하는 호가중개시장은 증권시장에 포함되지 않으므로 이를 통하여 비상장주권의 매도를 위한 호가 제시는 자본시장법상 매출에 해당한다. 그러나 호가중개시스템을 통한 소액매출의 경우 형식상 매출에 해당하더라도 신고서를 제출하지 않는 모집·매출시 발행인의 조치를 이행한 것으로 간주한다(令 137조③).

(2) 적용대상

증권의 매출이 다음과 같은 요건을 "모두" 충족하는 경우에는 해당 증권의 발행인은 신고서를 제출하지 않는 모집·매출시 발행인의 조치를 이행한 것으로 본다(令 137조③).

1. 해당 증권의 매출이 협회를 통한 장외거래(令 178조①1) 방법에 의할 것[60]
2. 소액출자자(해당 증권의 발행인과 인수인 제외)가 매출하는 것일 것[61]

---

59) 증권신고서를 제출하는 경우 증권신고서에 기재하여야 할 사항이나 그 첨부서류에 이미 제출된 것과 같은 부분이 있는 때에도 그 부분을 적시하여 이를 참조하라는 뜻을 기재한 서면으로 갈음할 수 있다(法 119조④).

60) 호가중개시스템을 이용한 매도라 하더라도 그 금액이 10억원 이상인 경우에는 증권신고서를 제출해야 한다. 자본시장법 제130조는 "제119조 제1항에 따른 신고서를 제출하지 아니하고 증권을 모집·매출하는 경우"에 대한 특례를 규정하는 것이므로 해당 매출이 위와 같은 금액에 해당하게 되면 증권신고서 제출대상이 된다.

61) 소액출자자라 함은 해당 법인이 발행한 지분증권의 1%에 해당하는 금액과 3억원 중 적은 금액 미만의 지분증권을 소유하는 자(그 법인의 최대주주와 특수관계인은 제외)를 말한다(令 120조②). 증권의 매출을 하기 위하여 신고서를 제출하여야 하는 금액기준(10억원)과 관련하

3. 해당 증권의 발행인이 다음과 같은 내용을 금융위원회가 정하여 고시하는 방법(증권발행공시규정 2－18조①)에 따라 공시할 것[62]
   가. 발행인에 관한 사항
   나. 발행인의 재무상태와 영업실적에 관한 사항을 기재한 서류

X. 발행공시의무 위반행위의 사법상 효력

증권신고서를 제출하지 않고 이루어진 모집·매출, 증권신고서 등에 부실표시가 있는 경우, 투자설명서의 교부 없이 계약을 체결한 경우에도 자본시장법상 거래 자체의 사법(私法)상 효력에 대한 아무런 규정이 없다. 이에 대하여는 자본시장법 규정은 효력규정으로 볼 수 없고, 또한 위와 같은 법령 위반행위가 민법 제103조의 반사회질서의 법률행위에 해당한다고 볼 수도 없으므로 사법(私法)상 효력에는 아무런 영향이 없다는 것이 통설이다.

다만, 증권매매계약의 이행이 완료되기 전에도 사법상 효력을 인정하여야 하는지에 대하여는 견해가 대립한다. 이에 대하여는 자본시장법이 방지하고자 하는 것은 투자자에게 정보를 제공함이 없이 증권을 취득시키는 것이라는 점을 들어 이행단계별로 계약의 효과를 날리 보아 증권매매계약의 이행이 완료되기 전에는 그러한 계약을 무효로 보아야 한다는 견해도 있다.[63]

그러나 증권의 가격이 상승할 수도 있으므로 계약을 무효로 하는 것이 항상

여, 매출하려는 증권의 매출가액과 해당 매출일부터 과거 1년 동안 이루어진 증권의 매출로서 그 신고서를 제출하지 아니한 매출가액의 합계액을 산정함에 있어서 소액출자자가 호가중개시스템에 따라 증권을 매출하는 경우의 매출가액은 제외한다(令 120조①1).

62) [증권발행공시규정 2－18조 (호가중개시스템을 통한 소액매출시의 특례)]
① 영 제137조 제3항 제3호의 규정에서 "금융위원회가 정하여 고시하는 방법"이란 발행인이 매출을 하는 날의 3일전까지 다음 각 호의 서류를 금융위 및 한국금융투자협회에 제출하여 공시하는 것을 말한다.
1. 영 제137조 제1항 제3호에 따라 금융위에 제출하는 기재 또는 표시내용 중 발행인에 관한 사항만을 기재한 서류
2. 제2－17조 제1항의 서류
② 사업보고서 제출대상법인이 사업보고서를 매출을 하는 날의 3일 전일 현재 이미 금융위에 제출하여 공시하고 있는 경우에는 제1항에 따른 공시의무를 면제한다.
③ 발행인은 제1항 제1호의 서류를 매결산기별 및 매반기별로 그 변동사항을 정정하여 제출해야 한다. 이 경우 제출시기는 각각 결산기 경과 후 90일 이내 또는 반기 경과 후 45일 이내로 하며, 감사보고서 또는 반기검토보고서를 각각 첨부해야 한다.
④ 제1항 제1호의 서류에 대한 세부적인 기재내용 및 방법 등은 감독원장이 정한다.

63) 김건식·정순섭, 229면.

투자자에게 유리한 것은 아니고, 그렇다고 하여 증권의 가격이 상승한 경우와 하락한 경우에 투자자의 선택에 의하여 계약의 무효를 주장할 수 있다고 해석하는 것도 불공평하다. 또한 발행공시의무 위반으로 인하여 손해를 입은 투자자는 제125조의 손해배상책임 규정에 의하여 구제받을 수 있으므로 이행단계와 관계없이 일률적으로 계약의 사법상 효력을 인정하는 것이 거래의 안전을 위하여 타당하다.

제 2 절 투자설명서

I. 자본시장법상 투자설명서

1. 의 의

증권을 모집하거나 매출하는 경우 그 발행인은 대통령령으로 정하는 방법에 따라 작성한 투자설명서[64] 및 간이투자설명서(모집·매출하는 증권이 집합투자증권인 경우로 한정한다)를 그 증권신고의 효력이 발생하는 날(일괄신고추가서류를 제출하여야 하는 경우에는 그 일괄신고추가서류를 제출하는 날)에 금융위원회에 제출하여야 하며, 이를 총리령으로 정하는 장소(規則 13조)에 비치하고 일반인이 열람할 수 있도록 해야 한다(法 123조①). 자본시장법에는 투자설명서에 대한 정의규정이 없으므로 해석에 의하여 개념을 설정하여야 할 것인데, 투자설명서를 제출하지 아니한 경우에는 형사책임이 발생하고(法 446조), 투자설명서 중 중요사항에 관하여 거짓의 기재 또는 표시가 있거나 중요사항이 기재 또는 표시되지 아니함으로써 증권의 취득자가 손해를 입은 경우에는 손해배상책임(法 125조)과 형사책임(法 444조)이 발생하므로, 법령에 의하여 투자설명서의 개념을 명확하게 정하는 것이 바람직하다.

투자설명서의 개념에 대한 학설은 크게 실질설과 형식설로 구분된다. 실질설에 의하면, 실질적으로 증권의 투자권유를 목적으로 발행인이 기업내용에 대한 정보를 담은 문서 또는 자료는 모두 투자설명서에 해당한다고 보아야 하고, 따라

64) 구 증권거래법은 "사업설명서"라는 용어를 사용하였다.

서 투자설명서라는 명칭이 없어도 투자에 관한 일체의 자료는 투자설명서에 해당한다. 형식설로는, 법령에 투자설명서의 구성(표제부와 본문)과 기재사항이 규정되어 있으므로 이러한 규정에 의해 작성된 문서만이 투자설명서로 볼 수 있다고 하는 견해와,[65] 반드시 투자설명서라는 명칭을 사용하여야 하는 것은 아니지만, 모집·매출에 기하여 법률상 의무로 작성된 것이어야 하고, 그 기재내용은 법과 시행령에서 정한 사항 이상을 기재한 것이어야 하고, 작성된 투자설명서는 일반인에게는 열람에 제공되고 청약자에게 교부된 것이라는 요건을 갖춘 청약권유문서만 제125조의 책임이 적용된다는 견해가 있다.[66] 형식설을 취하는 입장에서는 투자설명서의 개념에 포함되지 않는 방법에 의하여 청약권유를 한 경우에도 민법 제750조의 불법행위책임이 적용되므로 투자자 보호에 문제가 없다고 주장하지만(후술하는 바와 같이 판례에 의하면 투자설명서의 허위기재에 관하여도 민법상 불법행위책임을 구할 수 있다),[67] 자본시장법에 투자설명서에 관한 손해배상책임 규정이 존재하고, 손해배상책임발생의 요건에 있어서 민법상의 불법행위책임과 차이가 있는 이상 실질설이 투자자 보호에 보다 적합하다고 할 수 있다.

2. 작 성

(1) 작 성 자

증권을 모집·매출하는 경우 그 발행인은 증권신고의 효력이 발생하는 날에 투자설명서를 금융위원회에 제출하여야 하므로(法 123조①), 발행인은 이때 투자설명서를 작성해야 한다.

(2) 기재 사항

투자설명서에는 증권신고서(일괄신고추가서류를 포함)에 기재된 내용과 다른 내용을 표시하거나 그 기재사항을 누락할 수 없다(法 123조② 본문).[68]

---

65) 김정수, 437면.

66) 이준섭, "증권집단소송의 도입과 증권거래법상 손해배상책임체계의 개선방안", 증권법연구 제4권 제2호, 한국증권법학회(2003), 13면.

67) 상게논문, 14면, 각주 13.

68) 자본시장법 제123조 제2항은 "투자설명서에는 증권신고서(法 119조 제2항의 일괄신고추가서류를 포함한다. 이하 이 장에서 같다)에 기재된 내용과 다른 내용을 표시하거나 그 기재사항을 누락하여서는 아니 된다."고 규정함으로써 증권신고서에 일괄신고추가서류만 포함시키고 정정신고서는 포함하지 않고 있다. 그러나 이는 입법상의 오류이며 정정신고서도 포함시켜야 할 것이다.

다만, 기업경영 등 비밀유지와 투자자 보호와의 형평 등을 고려하여 기재를 생략할 필요가 있는 사항으로서 i) 군사기밀보호법 제2조에 따른 군사기밀에 해당하는 사항, ii) 발행인의 업무나 영업에 관한 것으로서 금융위원회의 확인을 받은 사항에 대하여는 그 기재를 생략할 수 있다(法 123조② 단서, 令 131조⑤).

(3) 작성 방식

투자설명서는 표제부와 본문으로 구분하여 작성하여야 하는데(令 131조①), 소정의 사항을 기재해야 한다.

(가) 표제부 기재사항

투자설명서의 표제부 기재사항은 다음과 같다(令 131조②).

1. 증권신고의 효력발생일
2. 해당 증권의 모집가액 또는 매출가액
3. 청약기간
4. 납부기간
5. 해당 증권신고서의 사본과 투자설명서의 열람 장소
6. 증권시장에서 안정조작이나 시장조성이 행하여질 수 있다는 뜻
7. 청약일 전날(개방형 집합투자증권 및 금적립계좌등인 경우에는 청약일 이후에도 해당)까지는 해당 증권신고서의 기재사항 중 일부가 변경될 수 있다는 뜻
8. 정부가 증권신고서의 기재사항이 진실 또는 정확하다는 것을 인정하거나 해당 증권의 가치를 보증 또는 승인하는 것이 아니라는 뜻
9. 그 밖에 투자자를 보호하기 위하여 필요한 사항으로서 금융위원회가 정하여 고시하는 사항(증권발행공시규정 2-14조①: 1. 발행회사의 명칭, 2. 증권의 종목, 3. 대표주관회사의 명칭)

(나) 본문 기재사항

투자설명서의 본문에는 증권신고서를 제출하는 경우 그 증권의 종류에 따른 신고서의 기재사항을, 일괄신고추가서류를 제출하는 경우에는 그 서류의 기재사항을 기재해야 한다(令 131조③).

3. 제출과 비치·공람

발행인은 투자설명서를 그 증권신고의 효력이 발생하는 날 또는 일괄신고추가서류를 제출하는 날에 금융위원회에 제출하여야 하고 이를 해당 증권의 발행

인의 본점, 금융위원회, 한국거래소, 청약사무를 취급하는 장소 등(規則 13조①)에 비치하고 일반인이 열람할 수 있도록 해야 한다(法 123조①).

4. 종 류

증권신고의 대상이 되는 증권의 모집·매출, 그 밖의 거래를 위하여 청약의 권유 등을 하고자 하는 경우에는 다음과 같은 세 가지 투자설명서 중 한 가지를 반드시 사용해야 한다(法 124조②).

(1) 투자설명서(제1호)

증권신고의 효력이 발생한 후 정식의 투자설명서를 사용할 수 있다. 증권신고의 효력발생일에 금융위원회에 제출하여야 하는 투자설명서를 말한다. "사용"은 "교부"와 다른 개념으로서 청약의 권유에 이용하는 것을 의미한다. 예비투자설명서를 제출한 경우로서 증권신고의 효력이 발생할 때까지 증권신고서의 기재사항에 변경이 없는 경우에는 그 증권신고의 효력이 발생한 후에 예비투자설명서를 투자설명서로 사용할 수 있다. 이 경우 예비투자설명서의 표제부는 제2항 각 호의 사항이 기재된 투자설명서의 표제부로 바꿔야 한다(令 131조④).

(2) 예비투자설명서(제2호)

예비투자설명서는 증권신고서가 수리된 후 신고의 효력이 발생하기 전에 발행인이 대통령령으로 정하는 방법에 따라 작성한 것으로,[69] 해당 증권신고서가 금융위원회에 제출되었으나 아직 증권신고의 효력이 발생하지 아니하고 있다는 뜻과 효력발생일까지는 그 기재사항 중 일부가 변경될 수 있다는 뜻이 기재되어야 한다. 예비투자설명서는 증권신고의 효력발생 전에는 증권신고서의 내용이 변경될 가능성이 있으므로 이러한 취지를 기재한 투자설명서로서, 예비투자설명서에 의하면 청약의 권유는 할 수 있으나 승낙은 하지 못한다.

(3) 간이투자설명서(제3호)

간이투자설명서는 증권신고서가 수리된 후 신문·방송·잡지 등을 이용한 광

---

69) 예비투자설명서의 표제부에는 다음과 같은 사항을 기재해야 한다(令 133조①).

1. 제131조 제2항 제2호부터 제6호까지의 사항
2. 해당 증권신고서가 금융위원회에 제출되었으나 아직 증권신고의 효력이 발생하지 아니하고 있다는 뜻과 효력발생일까지는 그 기재사항 중 일부가 변경될 수 있다는 뜻
3. 그 밖에 투자자를 보호하기 위하여 필요한 사항으로서 금융위원회가 정하여 고시하는 사항

고, 안내문·홍보전단 또는 전자전달매체를 통하여 발행인이 대통령령으로 정하는 방법에 따라 작성한 것으로서(令 134조①),[70] 투자설명서에 기재하여야 할 사항 중 그 일부를 생략하거나 중요한 사항만을 발췌하여 기재 또는 표시한 문서, 전자문서, 그 밖에 이에 준하는 기재 또는 표시를 말한다. 간이투자설명서는 증권신고의 효력이 발생한 후에도 사용할 수 있는데, 증권신고의 효력이 발생하기 전과 후의 기재사항이 다르다. 간이투자설명서에 소정의 사항을 기재 또는 표시하는 경우에는 발행인(투자신탁의 수익증권과 투자익명조합의 지분증권인 경우에는 그 투자신탁과 투자익명조합을 말한다)에게 불리한 정보를 생략하거나 유리한 정보만을 가려 뽑아 기재 또는 표시할 수 없다(令 134조②). 간이투자설명서에 의하여도 청약의 권유는 가능하나 승낙은 하지 못한다. 간이투자설명서는 "문서, 전자문서, 그 밖에 이에 준하는 기재 또는 표시"를 말하므로 구두에 의한 것은 해당하지 않는다.

(4) 집합투자증권의 경우

집합투자증권의 경우 간이투자설명서를 사용할 수 있다. 다만, 투자자가 투자설명서의 사용을 별도로 요청하는 경우에는 그러하지 아니하다(法 124조③). 집합투자증권의 간이투자설명서를 교부하거나 사용하는 경우에는 투자자에게 투자설명서를 별도로 요청할 수 있음을 알려야 한다(法 124조④).

---

70) 간이투자설명서에는 다음과 같은 사항을 기재하거나 표시해야 한다(令 134조①).
1. 해당 증권신고의 효력이 발생하기 전인 경우에는 다음 각 목의 사항
   가. 국민연금법에 따른 국민연금기금
   나. 해당 증권신고서가 금융위원회에 제출되었으나 아직 증권신고의 효력이 발생하지 아니하고 있다는 뜻과 효력발생일까지는 그 기재사항 중 일부가 변경될 수 있다는 뜻
   다. 제125조 제2항 제6호 각 목의 증권을 증권시장에 상장하려는 경우에는 거래소로부터 그 증권이 상장기준에 적합하다는 확인을 받은 상장예비심사결과(코넥스시장에 상장하려는 경우에는 상장심사결과)
   라. 제131조 제3항에 따라 투자설명서의 본문에 기재하여야 할 사항으로서 투자자를 보호하기 위하여 기재하거나 표시하는 것이 필요하다고 금융위원회가 정하여 고시하는 사항
   마. 그 증권의 모집·매출과 발행인(투자신탁의 수익증권이나 투자익명조합의 지분증권인 경우에는 그 투자신탁·투자익명조합을 말한다)에 관한 구체적인 내용은 예비투자설명서 또는 투자설명서를 참조하라는 뜻
2. 해당 증권신고의 효력이 발생한 후인 경우에는 다음 각 목의 사항
   가. 제131조 제2항 제1호부터 제8호까지의 사항
   나. 제1호 다목부터 마목까지의 사항

5. 투자설명서의 교부 강제

(1) 의 의

누구든지 증권신고의 효력이 발생한 증권을 취득하고자 하는 자에게 투자설명서를 미리 교부하지 아니하면 그 증권을 취득하게 하거나 매도할 수 없다(法 124조①).

(2) 교부의무의 면제

전문투자자나 그 밖에 다음과 같은 자에게는 투자설명서를 교부할 필요가 없다(令 132조).

1. 시행령 제11조 제1항 제1호 다목부터 바목까지 및 제1항 제2호 각 목의 어느 하나에 해당하는 자71)

1의2. 시행령 제11조 제2항 제2호 및 제3호에 해당하는 자

2. 투자설명서를 받기를 거부한다는 의사를 서면, 전화·전신·팩스, 전자우편 및 이와 비슷한 전자통신, 그 밖에 금융위원회가 정하여 고시하는 방법으로 표시한 자
3. 이미 취득한 것과 같은 집합투자증권을 계속하여 추가로 취득하려는 자. 다만, 해당 집합투자증권의 투자설명서의 내용이 직전에 교부한 투자설명서의 내용과

---

71) [令 11조①]

1. 다음 각 목의 어느 하나에 해당하는 전문가
   다. 「공인회계사법」에 따른 회계법인
   라. 신용평가업인가를 받은 신용평가회사
   마. 발행인에게 회계, 자문 등의 용역을 제공하고 있는 공인회계사·감정인·변호사·변리사·세무사 등 공인된 자격증을 가지고 있는 자
   바. 그 밖에 발행인의 재무상황이나 사업내용 등을 잘 알 수 있는 전문가로서 금융위원회가 정하여 고시하는 자
2. 다음 각 목의 어느 하나에 해당하는 연고자
   가. 발행인의 최대주주(법 제9조 제1항 제1호에 따른 최대주주를 말한다.)와 발행주식총수의 5% 이상을 소유한 주주
   나. 발행인의 임원(상법 제401조의2 제1항 각 호의 자를 포함한다. 이하 이 호에서 같다) 및 「근로복지기본법」에 따른 우리사주조합원
   다. 발행인의 계열회사와 그 임원
   라. 발행인이 주권비상장법인(주권을 모집하거나 매출한 실적이 있는 법인은 제외한다)인 경우에는 그 주주
   마. 외국 법령에 따라 설립된 외국 기업인 발행인이 종업원의 복지증진을 위한 주식매수제도 등에 따라 국내 계열회사의 임직원에게 해당 외국 기업의 주식을 매각하는 경우에는 그 국내 계열회사의 임직원
   바. 발행인이 설립 중인 회사인 경우에는 그 발기인
   사. 그 밖에 발행인의 재무상황이나 사업내용 등을 잘 알 수 있는 연고자로서 금융위원회가 정하여 고시하는 자

같은 경우만 해당한다.

⑶ 교부대상 투자설명서

자본시장법 제124조에 의하여 교부하여야 하는 투자설명서는 증권신고의 효력이 발생한 후의 투자설명서로서 증권신고의 효력발생 전에 사용된 예비투자설명서 또는 간이투자설명서는 교부대상이 아니다.

⑷ 전자문서에 의한 투자설명서

투자설명서는 서면에 의한 것을 교부하는 것이 원칙이지만, 다수의 투자자들에게 일일이 투자설명서를 교부한다는 것은 현실적으로 어려우므로 자본시장법은 다음의 요건을 모두 충족하는 경우 전자문서(法 436조)에 의한 교부를 인정한다(法 124조①).

1. 전자문서에 의하여 투자설명서를 받는 것을 전자문서를 받을 자(전자문서수신자)가 동의할 것
2. 전자문서수신자가 전자문서를 받을 전자전달매체의 종류와 장소를 지정할 것
3. 전자문서수신자가 그 전자문서를 받은 사실이 확인될 것
4. 전자문서의 내용이 서면에 의한 투자설명서의 내용과 동일할 것

⑸ 위반에 대한 제재

발행인·매출인·인수인·주선인이 투자설명서를 교부하지 않고 증권을 취득하게 하거나 매도한 경우, 금융위원회는 증권신고서 등에 대한 정정명령, 그 증권의 발행·모집·매출, 그 밖의 거래를 정지 또는 금지하거나 대통령령으로 정하는 조치를 할 수 있다(法 132조).

투자설명서에 관한 자본시장법 제123조, 제124조의 규정을 위반한 자는 1년 이하의 징역 또는 3천만원 이하의 벌금에 처한다(法 446조)[72) 다만, 자본시장법은 투자설명서의 교부의무자에 대하여 "누구든지"라고 규정하는데 이와 같이 형

72) [法 제446조 (벌칙)] 다음 각 호의 어느 하나에 해당하는 자는 1년 이하의 징역 또는 3천만원 이하의 벌금에 처한다.

21. 제123조 제1항, 제137조 제1항 또는 제153조를 위반하여 투자설명서, 공개매수설명서 또는 위임장 용지 및 참고서류를 제출하지 아니한 자
22. 제124조 제1항을 위반하여 투자설명서를 미리 교부하지 아니하고 증권을 취득하게 하거나 매도한 자
23. 제124조 제2항을 위반하여 제2항 각 호의 어느 하나에 해당하는 방법에 따르지 아니하고 청약의 권유 등을 한 자

사처벌의 대상인 점을 감안하면, 투자설명서 교부의무자의 범위를 명확히 할 필요가 있다.

6. 집합투자증권과 투자설명서

⑴ 제출과 공시

집합투자증권을 모집하거나 매출하는 경우 그 발행인은 대통령령으로 정하는 방법에 따라 작성한 투자설명서 및 간이투자설명서(모집·매출하는 증권이 집합투자증권인 경우로 한정한다)를 그 증권신고의 효력이 발생하는 날(일괄신고추가서류를 제출하여야 하는 경우에는 그 일괄신고추가서류를 제출하는 날)에 금융위원회에 제출하여야 하며, 이를 총리령으로 정하는 장소(規則 13조)에 비치하고 일반인이 열람할 수 있도록 해야 한다(法 123조①).

⑵ 신탁업자의 의무

집합투자재산을 보관·관리하는 신탁업자는 집합투자재산과 관련하여 투자설명서가 법령 및 집합투자규약에 부합하는지 여부를 확인해야 한다(法 247조⑤).

⑶ 개방형 집합투자증권·금적립계좌등의 특례

개방형 집합투자증권 및 금적립계좌등은 일괄신고서에 기초하여 증권신고를 하지만 일괄신고추가서류를 제출할 필요는 없다(法 119조② 후단, 令 122조①).[73] 그러나 이 경우에도 투자설명서는 제출해야 한다. 원래 일괄신고서에 의한 증권의 발행에 있어서 발행인은 일괄신고추가서류를 제출하는 날에 투자설명서를 금융위원회에 제출하여야 하나, 개방형 집합투자증권 및 금적립계좌등의 경우에는 일괄신고추가서류를 제출할 의무가 없으므로 발행인은 별도의 규정에 따라 투자설명서를 제출해야 한다.

대통령령으로 정하는 집합투자증권 및 파생결합증권(令 131조⑥: 개방형 집합투자증권 및 금적립계좌등)의 발행인은 통상의 투자설명서 외에 다음의 구분에 따라 투자설명서·간이투자설명서를 금융위원회에 추가로 제출하여야 하며, 이를 해당 증권의 발행인의 본점, 금융위원회, 한국거래소, 청약사무를 취급하는 장소

73) 개방형과 환매금지형을 구별하여 개방형에 대하여서만 일괄신고제도를 이용할 수 있도록 하고 이에 관한 특례도 규정하는 것은 일괄신고제의 취지에 부합하지 않고, 개방형은 수시로 집합투자증권을 발행한다는 점 외에 환매금지형과 실질적으로 다르지 않음에도 불구하고 서로 다른 규제를 하는 것은 부적절하다는 견해도 있다(김은집, "자본시장통합법상 펀드 증권신고서제도에 대한 소고", 증권법연구 제9권 제2호, 한국증권법학회(2008), 36면).

등(規則 13조①)에 비치하고 일반인이 열람할 수 있도록 해야 한다. 다만, 위 집합투자증권·파생결합증권의 모집·매출을 중지한 경우에는 제출·비치 및 공시를 하지 아니할 수 있다(法 123조③).

1. 투자설명서·간이투자설명서를 제출한 후 1년(規則 13조②)마다 1회 이상 다시 고친 투자설명서·간이투자설명서를 제출할 것
2. 변경등록을 한 경우 변경등록의 통지를 받은 날부터 5일 이내에 그 내용을 반영한 투자설명서·간이투자설명서를 제출할 것

Ⅱ. 미국 증권법상 투자설명서

1. 개 념

투자설명서의 개념은 매우 광범위하여 투자의 권유를 목적으로 교부되는 자료는 letter, newsletter, report, confirmation 등 어떠한 명칭에도 불구하고 모두 투자설명서로 본다. 따라서 연방증권법상 등록신고의 효력발생 후에는 주간통상의 방법이나 수단을 이용한 어떠한 서면청약도 투자설명서이다. 다만, 투자설명서와 함께 제공되거나 투자설명서가 먼저 교부된 후에 제공되는 서면은 투자설명서로 보지 않기 때문에 이를 "free writing"이라고 부른다. 따라서 일반적으로 주증권법상 요구되는 증권매매를 위한 확약서(written confirmation)는 투자설명서의 교부와 동시에 또는 그 후에 제공되면 (투자설명서에 해당하지 아니하므로) SA §10이 요구하는 모든 정보를 담지 않아도 된다.[74]

2. 종 류

(1) 정식투자설명서

미국증권법상 대기기간이 경과하여 등록신고의 효력이 발생한 후(post-effective period)에는 모든 증권거래가 허용되므로 인수인과 딜러는 누구에게나 매도를 할 수 있다. 등록신고의 효력이 발생한 후 유일한 제한은 SA §5(b)로서, 서면이나 방송(TV, radio)에 의한 모든 투자설명서는 SA §10에 의하여 발행가액과 인수인에 관한 정보를 완전히 포함하여야 하고[이 점은 대기기간에도 같다, SA §5(b)(1)], 정보를 완전히 포함한 정식투자설명서(final prospectus)가 매수인이 증권을 인도

74) 미국의 Prospectus에 관한 상세한 설명은 졸저 「미국증권법」, 180면 이하 참조.

받기 이전 또는 최소한 동시에(before or at the same time) 매수인에게 교부되어야 한다[SA §5(b)(2)]. 정식투자설명서는 등록신고의 효력이 발생한 후에 교부된다는 의미에서 정식(final)이라는 표현을 사용하지만 원래의 투자설명서를 의미한다.

(2) 예비투자설명서와 묘석광고

일반적으로 등록신고의 효력발생일에 근접한 시기가 되어야 발행가액(offering price)과 인수인에 관한 부분과 같이 SA §10(a)가 요구하는 정보가 확정되므로, 이러한 정보가 포함된 투자설명서의 작성 자체가 사실상 불가능하다. 이에 따라 실제로는 투자설명서에 의한 청약은 이용이 곤란하고 예비투자설명서와 묘석광고가 이용된다. 대기기간 동안에 허용되는 가장 중요한 서면청약은 등록신고서의 중요한 내용 중 발행가액과 인수인에 관한 부분 등을 제외한 예비투자설명서(preliminary prospectus or red herring)에 의한 청약이다. SEC는 발행인이 증권발행에 참여할 것으로 예상되는 모든 인수인과 딜러에게 예비투자설명서를 사전에 배포하지 않는 경우에는, 증권발행 실무상 반드시 필요한 대기기간의 단축(acceleration) 신청을 받아들이지 아니함으로써(Rule 460), 사실상 예비투자설명서의 배포를 의무화하고 있다. SEC가 예비투자설명서의 배포를 사실상 의무화하는 이유는 투자자에게 사전에 충분한 정보가 제공되도록 하기 위한 것이다. 등록신고서의 발효 후 교부되는 정식투자설명서(final prospectus)는 투자자에게 증권과 거의 동시에 교부되므로, 실제로는 투자판단에 별다른 도움이 되지 못하기 때문이다. 예비투자설명서도 SA §10이 규정하는 투자설명서에 해당하지만, 등록신고서가 유효하게 되어 투자자에 대한 정식투자설명서의 교부가 가능하면 더 이상 사용할 수 없다. 한편 묘석광고(tombstone ad)란 신문에 실리는 증권의 공모에 관한 간단한 광고를 말한다. 묘석광고에는 발행인, 증권의 종류, 발행가액, 투자설명서 수령방법 등과 같은 기본적인 내용만 포함하고, 또한 광고내용에서 대기기간 동안에는 매수청약에 대한 승낙이 불가능함과 광고 자체가 매도청약이 아님을 밝혀야 한다. SA §2(a)(10)과 Rule 134는 광고뿐 아니라 등록신고서 제출후의 모든 편지, 통지 등의 경우에도 적용된다. 일반적인 관행은 증권의 분매자가 등록신고의 효력발생일 전에 예비투자설명서를 투자자에게 교부하고 등록신고의 효력이 발생하면 예비투자설명서에 누락된 정보(발행가액)를 제공하고 계약을 체결한다. 발행가액은 대개 등록신고의 효력이 발생하기 직전에 결정되므로 예비투자설명서에는 기재되지 않기 때문에 발행가액이 정해지면 원래는 투자설명서를 다시 정식으로 작성해야 한다. 그러나 SEC는 이러한 불편을 해결하기 위하여 예비투자설명서의 기재가 변경되거나 누락된 부분만을 담은 서면을 투자자에게 교부하면 정식투자설명서의 교부의무가 이행된 것으로 본다. 이와 같이 부분적으로 보충하는 서면을 "abbreviated term sheet"라고 한다. 실제로는 정식의 투자설명서보다는 이러한 term sheet를 교부하는 경우도 많다.

(3) 간이투자설명서

발행인은 순자산 $5 million 이상 또는 지난 3년간의 순이익이 $500,000 이상인 경우에는 간이투자설명서(summary prospectus)에 의한 청약을 할 수 있다. 간이투자설명서는 예비투자설명서와는 달리 등록신고의 효력발생 후에도 이용할 수 있다[SA §5(b)(1)]. 다만, 정식투자설명서(final prospectus)가 매수인이 증권을 인도받기 이전 또는 최소한 동시에(before or at the same time) 매수인에게 교부되어야 한다는 §5(b)(2)는 적용된다.

제 3 절 감 독

I. 수 리 권

증권의 모집가액 또는 매출가액 각각의 총액이 일정금액 이상인 경우, 발행인이 그 모집·매출에 관한 신고서를 금융위원회에 제출하여 수리되어야만 그 증권의 모집·매출을 할 수 있다(法 119조①). 금융위원회는 증권신고의 효력발생시기를 앞당길 필요가 있는 경우에는 위 제1항 및 제2항에 따른 기간을 단축하여 효력발생시기를 따로 정하여 고시할 수 있다(規則 12조③).

II. 정정요구권

금융위원회는 증권신고서의 형식을 제대로 갖추지 아니한 경우 또는 그 증권신고서 중 중요사항에 관하여 거짓의 기재 또는 표시가 있거나 중요사항이 기재 또는 표시되지 아니한 경우와 중요사항의 기재나 표시내용이 불분명하여 투자자의 합리적인 투자판단을 저해하거나 투자자에게 중대한 오해를 일으킬 수 있는 경우에는 그 증권신고서에 기재된 증권의 취득 또는 매수의 청약일 전일까지 그 이유를 제시하고 그 증권신고서의 기재내용을 정정한 신고서(정정신고서)의 제출을 요구할 수 있다(法 122조①).

Ⅲ. 보고 · 자료제출 명령 및 조사권

1. 의 의

금융위원회는 투자자 보호를 위하여 필요한 경우에는 증권신고의 신고인, 증권의 발행인 · 매출인 · 인수인, 그 밖의 관계인에 대하여 참고가 될 보고 또는 자료의 제출을 명하거나, 금융감독원장에게 그 장부 · 서류, 그 밖의 물건을 조사하게 할 수 있다(法 131조①).

2. 증표의 휴대 및 제시

조사를 하는 자는 그 권한을 표시하는 증표를 지니고 이를 관계인에게 내보여야 한다(法 131조②).

3. 제 재

위와 같은 보고 또는 자료의 제출명령이나 증인의 출석, 증언 및 의견의 진술요구에 불응한 자에 대하여는 3천만원 이하의 과태료를 부과한다(法 449조③8).

Ⅳ. 증권발행실적보고서의 제출과 비치 · 공시

증권신고의 효력이 발생한 증권의 발행인은 금융위원회가 정하여 고시하는 방법[75]에 따라 그 발행실적에 관한 증권발행실적보고서를 금융위원회에 제출해

75) [증권발행공시규정 2-19조 (증권발행실적보고서)]
① 법 제128조에 따라 발행인은 모집 또는 매출을 완료한 때[초과배정옵션(주식공모시 인수회사가 당초 공모하기로 한 주식의 수량을 초과하는 주식을 청약자에게 배정하는 것을 조건으로 하여 그 초과배정 수량에 해당하는 신주를 발행회사로부터 미리 정한 가격으로 취득할 수 있는 권리를 말한다) 계약을 인수회사와 체결한 경우에는 동 옵션의 권리행사로 인한 주식발행이 완료되었거나 동 옵션의 권리행사기한 도래로 주식이 새로이 발행되지 아니하는 것이 확정된 때를 말한다] 지체 없이 발행실적보고서를 금융위에 제출해야 한다. 다만, 일괄신고서의 효력이 발생한 발행인은 추가서류를 제출하여 모집

야 한다(法 128조). 금융위원회는 i) 증권신고서 및 정정신고서, ii) 투자설명서(집합투자증권의 경우 간이투자설명서를 포함), iii) 증권발행실적보고서 등을 3년간 일정한 장소에 비치하고, 인터넷 홈페이지 등을 이용하여 공시해야 한다(法 129조).[76] 다만, 기업경영 등 비밀유지와 투자자 보호와의 형평 등을 고려하여 i) 군사기밀보호법 제2조에 따른 군사기밀에 해당하는 사항, ii) 발행인 또는 그 종속회사(「주식회사 등의 외부감사에 관한 법률 시행령」 제3조 제1항에 따른 종속회사)의 업무나 영업에 관한 것으로서 금융위원회의 확인을 받은 사항 등은 제외하고 비치·공시를 할 수 있다(슈 136조).

또는 매출을 완료한 때 지체 없이 발행실적보고서를 금융위에 제출해야 한다.

② 발행실적보고서에는 다음 각 호의 사항을 기재해야 한다.
1. 발행인의 명칭 및 주소
2. 주관회사의 명칭
3. 청약 및 배정에 관한 사항
4. 공시의 이행에 관한 사항
5. 증권의 교부일, 상장일 및 증자 등기일
6. 유상증자 전후의 주요주주의 지분변동상황
7. 신주인수권증서의 발행내역
8. 주주가 주식인수의 청약을 하지 아니한 주식의 처리내역
9. 조달된 자금의 사용내역

③ 합병 등의 증권신고서에 대한 발행실적보고서에는 다음 각 호의 사항을 기재해야 한다.
1. 합병 등의 일정
2. 최대주주 및 주요주주 지분변동 상황
3. 주식매수청구권 행사
4. 채권자보호에 관한 사항
5. 합병 등 관련 소송의 현황
6. 신주배정 등에 관한 사항
7. 합병 등 전·후의 요약재무정보

④ 영 제121조 제1항에 따른 개방형 집합투자증권의 발행인이 집합투자기구별로 각 회계기간의 순발행실적(총판매금액에서 총환매금액을 차감한 금액) 등을 기재한 발행실적보고서를 회계기간말부터 1개월 이내에 금융위에 제출하는 경우 제1항에 따른 발행실적보고서를 제출한 것으로 본다.

⑤ 그 밖에 발행실적보고서의 서식 및 작성방법 등에 관하여 필요한 사항은 감독원장이 정한다.

76) [증권발행공시규정 2-20조 (신고서 등의 제출부수 및 공시)]

① 발행인은 신고서, 일괄신고서·추가서류, 정정신고서, 철회신고서, 증권발행실적보고서 및 제2-17조·제2-18조에 따른 신고서류는 각각 2부씩, 투자설명서, 예비투자설명서 및 간이투자설명서는 각각 1부씩 금융위에 제출해야 한다. 각 서류의 첨부서류도 또한 같다.

② 금융위는 제1항에 따라 제출된 서류를 접수한 날부터 3년간 공시한다. 다만, 신고서(정정신고서, 일괄신고서·추가서류 및 철회신고서를 포함)는 이를 수리한 날부터 증권발행실적보고서 접수 후 3년이 되는 날까지 공시한다.

Ⅴ. 조 치 권

1. 조치대상자

금융위원회는 증권신고의 신고인, 증권의 발행인·매출인 또는 인수인에 대하여 일정한 조치를 할 수 있다. 조사대상자 중 "그 밖의 관계인"은 조치대상에서 제외된다.

2. 조치사유

금융위원회의 조치사유는 다음과 같다.

1. 증권신고서·정정신고서 또는 증권발행실적보고서를 제출하지 아니한 경우
2. 증권신고서·정정신고서 또는 증권발행실적보고서 중 중요사항에 관하여 거짓의 기재 또는 표시가 있거나 중요사항이 기재 또는 표시되지 아니한 경우
3. 제121조를 위반하여 증권의 취득 또는 매수의 청약에 대한 승낙을 한 경우
4. 투자설명서에 관하여 제123조·제124조를 위반한 경우
5. 예비투자설명서 또는 간이투자설명서에 의한 증권의 모집·매출, 그 밖의 거래에 관하여 제124조 제2항을 위반한 경우
6. 제130조에 따른 조치를 하지 아니한 경우

3. 조치내용

금융위원회가 취할 수 있는 조치는 증권신고서 등에 대한 정정명령, 그 증권의 발행·모집·매출, 그 밖의 거래를 정지 또는 금지하거나 대통령령으로 정하는 조치[77]를 할 수 있다(法 132조). 이러한 조치에 위반한 자는 1년 이하의 징역 또는 3천만원 이하의 벌금에 처한다(法 446조 24호).

---

77) 대통령령으로 정하는 조치는 다음과 같다(令 138조).
  1. 1년의 범위에서 증권의 발행 제한
  2. 임원에 대한 해임권고
  3. 법을 위반한 경우에는 고발 또는 수사기관에의 통보
  4. 다른 법률을 위반한 경우에는 관련 기관이나 수사기관에의 통보
  5. 경고 또는 주의

Ⅵ. 과 징 금

금융위원회는 증권신고서 등의 부실표시로 인하여 배상책임을 질 자가, i) 증권신고서·투자설명서, 그 밖의 제출서류 중 중요사항에 관하여 거짓의 기재·표시를 하거나 중요사항을 기재·표시하지 아니한 때,[78] 또는 ii) 증권신고서·투자설명서, 그 밖의 제출서류를 제출하지 아니한 때에는 증권신고서상의 모집가액·매출가액의 3%(20억원을 초과하는 경우에는 20억원)을 초과하지 않는 범위에서 과징금을 부과할 수 있다(法 429조①). 과징금은 각 해당 규정의 위반행위가 있었던 때부터 5년이 경과하면 이를 부과할 수 없다(法 429조⑤).

제4절 손해배상책임

Ⅰ. 총 설

1. 취 지

자본시장법은 발행시장에서의 공시의무위반에 대한 손해배상책임에 관하여 피해자의 충분한 구제와 위반자에 대한 효과적인 책임추궁을 위하여 민법의 불법행위책임의 일반원칙을 일부 수정하여 규정한다. 민법상 불법행위책임을 묻기 위하여는 발행인의 고의·과실, 손해액, 인과관계 등을 증명하여야 하는데, 이러한 부담을 줄여주기 위하여 자본시장법에 특칙이 규정된 것이다. 자본시장법은 증권신고서와 투자설명서의 부실표시로 인한 손해배상책임에 대하여 규정하는데, 증권신고서에는 일괄신고서, 일괄신고추가서류, 정정신고서 등이 포함되고, 투자설명서에도 예비투자설명서와 간이투자설명서가 포함된다. 다만 자본시장법은 증권신고서의 효력이 발생하기 전이나 투자설명서를 교부하지 않고 그 증권을 취득하게 하거나 매도하는 행위에 대한 손해배상책임은 규정하지 않는다.

78) 부실표시 여부는 신고서 작성시가 아니라 신고서 제출시를 기준으로 판단하여야 하고, 또한 정정신고서 제출기한이 청약일 전일이므로 결국 최종 판단시점은 청약일 전일로 보아야 한다.

2. 민법상 손해배상책임

자본시장법상의 손해배상책임과 민법상 불법행위책임의 요건이 동시에 충족되는 경우, 투자자는 두 가지 청구권을 모두 행사할 수 있다. 특히 증권신고서·투자설명서 등과 관련된 손해배상책임에 관하여는 대개 두 가지 청구권의 요건이 동시에 충족되는데, 일반적으로 자본시장법상의 책임규정이 투자자에게 유리하므로 민법에 의한 불법행위책임을 물을 필요는 없다. 민법상 불법행위책임을 물을 경우에는 자본시장법이 규정하는 배상액산정방법이 아닌 일반원칙에 따라 손해의 범위를 증명해야 한다. 또한 민법상 불법행위책임에서는 불법행위와 손해발생 간의 인과관계에 대하여 원고(손해배상청구권자)가 이를 증명하여야 하는데, 자본시장법상의 손해배상 책임에서는 피고가 인과관계의 부존재를 증명할 책임이 있다.

원고가 불법행위로 인한 손해배상청구를 하려면 명시적으로 불법행위책임을 주장하고 그에 따른 입증을 해야 한다. 원고가 청구원인으로 명시적인 언급이 없이 투자자보호의무 등 위반으로 인한 불법행위책임을 주장하는 경우 피고에게 적절한 방어의 기회가 제공되었다고 보기 어렵다. 따라서 법원은 원고가 불법행위책임 주장도 하는 것인지에 대하여 석명권을 행사하여 그 주장의 취지를 명확히 한 다음 그에 맞는 요건사실에 관한 주장·증명을 할 수 있게 하고 피고에게도 분명해진 청구원인에 대하여 충분하게 반박할 수 있는 기회를 제공하여야 한다.[79]

한편, 거래소에 상장될 수 없는 부실기업의 주식을 불법으로 상장하였음을 원인으로 하는 손해배상청구소송에 있어서는 인과관계의 증명부담을 대폭 완화하여, 원고는 피고의 행위와 부실기업의 불법 상장 사이에 상당인과관계가 있다는 점, 원고가 선의로 당해 주식을 매수함으로 인ㅅ하여 손해를 입었다는 점을 입증함으로써 족하고, 이에 대하여 원고의 손해가 예기치 못한 경제사정의 급변

79) [대법원 2024. 12. 12. 선고 2021다300137 판결] "불법행위로 인한 재산상의 손해는 위법한 가해행위로 인하여 발생한 재산상의 불이익,즉 불법행위가 없었더라면 존재하였을 재산상태와 불법행위가 가해진 이후의 재산상태의 차이를 말하는 것이고, 이러한 손해의 액수에 대한 증명책임은 손해배상을 청구하는 피해자인 원고에게 있으므로, 원고는 불법행위가 없었더라면 존재하였을 재산상태와 불법행위가 가해진 이후의 재산상태가 무엇인지에 관하여 이를 증명할 책임을 진다."

등 주식의 불법 상장 이외의 다른 원인에 의한 것임을 피고가 증명하지 못하는 한 책임을 면할 수 없다는 하급심 판례도 있다.80)

원고가 처음부터 민법상 불법행위책임을 묻는 경우는 거의 없고, 대개는 자본시장법에 규정된 단기의 제척기간에 비하여 민법 제766조에 규정된 소멸시효기간(손해 및 가해자를 안 날부터 3년, 불법행위를 한 날부터 10년)이 훨씬 장기이므로 부득이하게 민법상 불법행위로 인한 손해배상청구권은 행사하는 경우가 많다. 민법상 불법행위책임은 이와 같이 자본시장법상의 손해배상책임과는 달리 소멸시효기간이 적용되므로 민법이 인정하는 시효중단제도가 적용된다. 다만, 손해배

80) [서울지방법원 남부지원 1994. 5. 6. 선고 92가합11689 판결] "일반적으로 불법행위로 인한 손해배상 청구사건에 있어서 청구자인 피해자는 자신이 입은 손해가 피청구자인 상대방의 가해행위로 인한 것임을 입증해야 한다. 그러나, 이 사건에서처럼 증권거래소에 상장될 수 없는 부실기업의 주식이 불법으로 상장되었음을 원인으로 하는 손해배상청구소송에 있어서까지 이를 엄격히 요구하게 되면 다음과 같은 이유로 사회 형평의 관념에 맞지 않게 된다. 즉, 기업을 공개하면 그 기업은 신주발행을 통하여 막대한 자본을 조달하게 되고, 공개 전의 주주는 증권거래소를 통하여 그 주식을 처분함으로써 투하자본을 회수하기가 용이해지며, 한편 그 주식은 증권거래소를 통하여 불특정 다수의 투자자들 사이에 거래되게 된다. 일반적으로 주식시장에서 어떤 주식을 매도 또는 매수하고자 하는 사람은 당해 회사의 자산상태, 사업전망 및 정부의 경제시책, 경제계의 제반 상황과 업계의 전망, 물가, 금리 등 경제적 요인과 기타 국내외 정치상황, 국제문제 등 복합적 요인을 합리적으로 고려하여, 그 주식을 보유함으로써 이익배당 또는 주식가격의 상승을 통하여 이익을 얻을 수 있고, 그 이익률이 적어도 다른 종목의 주식이나 주식 이외의 다른 투자 대상 분야의 기대수익률을 상회하리라는 합리적 기대가 가능할 때 이를 매수하고, 그 반대일 경우 이를 매도하기 때문에, 당해 주식의 시장가격은 특별한 사정이 없는 한 거래 당사자의 위와 같은 평가가 일치되는 지점에서 형성되며, 따라서 위와 같은 주식시장의 특성상 적자가 누적되고 재무구조가 취약하여 처음부터 기업공개의 요건을 갖추지 못한 부실기업이 기업공개의 요건을 갖춘 건전한 기업인 것처럼 분식하여 불법으로 기업을 공개한 후 부도를 내어 기업의 존속 자체가 어려워지는 경우에는 그 주식의 시장가격이 급락하여 위와 같은 사정을 알지 못하고 당해 주식을 매수하였던 투자자들은 필연적으로 손해를 입게 된다. 그런데, 주식시장에서는 불특정다수인들 사이에 비대면적, 집단적으로 수시로 거래가 이루어지는 관계로 그 거래의 상대방이라는 개념이 존재할 여지가 없고, 위에서 본 바와 같은 가격결정 구조의 특성상 상장된 기업의 주식 가격은 그 주식이나 당해 기업 자체에 관한 사항 이외의 다른 요인들에 의하여 영향을 받는 경우도 많이 있을 뿐 아니라, 주식 가격의 급락을 초래하는 기업의 부도도 여러가지 복합적 요인에 의하여 발생하기 때문에 피해자가 가해행위와 손해발생 간의 인과관계의 모든 과정을 증명하는 것은 극히 어렵거나 사실상 불가능한 경우가 대부분이다. 따라서, 이 사건과 같이 증권거래소에 상장될 수 없는 부실기업의 주식을 불법으로 상장하였음을 원인으로 하는 손해배상청구소송에 있어서 청구자인 피해자는 피청구자의 행위와 부실기업의 불법 상장 사이에 상당 인과관계가 있다는 점, 청구자가 선의로 당해 주식을 매수함으로 인하여 손해를 입었다는 점을 입증함으로써 족하고, 이에 대하여 가해자는 피해자의 손해가 예기치 못한 경제사정의 급변 등 주식의 불법 상장 이외의 다른 원인에 의한 것임을 입증하지 못하는 한 책임을 면할 수 없다고 봄이 상당하다 할 것이다."

상청구 전에 금융감독원 등 관련 기관에 진정서를 제출하는 것은 민법이 규정하는 소멸시효중단사유가 될 수 없다.[81]

한편, 이사의 경우에는 상법 제401조 제1항에 따른 이사의 제3자에 대한 손해배상책임도 발생한다.[82]

3. 자본시장법상 손해배상에 의한 피해자 구제의 문제점

자본시장법은 과실에 대한 증명책임의 전환, 손해배상액의 추정 등 민법상의 불법행위책임의 일반원칙에 비하여 피해자에게 유리한 측면도 있지만, i) 일반투자자로서는 증권신고서·투자설명서의 부실표시 여부를 파악하기 곤란하고, ii) 증권신고서·투자설명서 등에 부실표시가 있는 증권의 시장가격이 하락하더라도 투자자는 증권의 시장가격이 증권시장의 제반 요인에 따라 변동하므로 투자자가 스스로 불운으로 돌리고 소송제기를 포기하는 경향이 있고, iii) 관련 투자자 전원의 손해를 합산하면 큰 금액이겠지만, 투자자 개인의 손해는 각자 손해배상청구 소송을 제기하기에는 각각 소요되는 비용과 시간에 비추어 상대적으로 작기 때문에 소송제기의 동기로서 약하고, 증권관련 집단소송은 여러 가지 제약 때문에 활용되기 어렵다는 문제가 지적되고 있다.

Ⅱ. 손해배상책임의 발생원인

1. 증권신고서와 투자설명서상의 부실표시

증권신고서와 투자설명서 중 중요사항에 관하여 거짓의 기재 또는 표시가 있거나 중요사항이 기재 또는 표시되지 아니함으로써 증권의 취득자가 손해를 입은 경우에는 일정한 범위의 자는 그 손해에 관하여 배상의 책임을 진다(法 125조①).[83] 증권신고서에는 정정신고서(法 125조①)와 일괄신고서(法 119조③), 일괄신고 추가서류(法 119조② 후단)도 포함된다. 투자설명서에는 예비투자설명서, 간이투자설명서 모두 포함된다(法 125조①). 그러나 자본시장법 제130조의 신고서를 제출하지 않는 모집·매출의 경우에는 제125조가 적용되지 않고, 그 밖에 증

81) 대법원 2000. 3. 28. 선고 98다48934 판결.

82) 상법 제401조 제1항에 따른 이사의 제3자에 대한 손해배상책임에 관하여는 뒤에서 설명한다.

83) 중요사항에 관한 상세한 내용은 양기진, "자본시장법상 중요사항 판단기준의 분석", 선진상사법률연구 제86호, 법무부(2019.4), 145면 이하 참고.

권신고서와 투자설명서에 해당하지 않는 자료에 부실표시가 있는 경우에는 자본시장법에 의한 손해배상책임이 발생하지 않는다.[84] 따라서 이 경우에는 민법상 불법행위에 기한 손해배상책임을 물어야 할 것인데, 입법론으로는 미국, 일본과 같이 투자설명서를 포함한 제반 투자권유문서 및 구두에 의한 표시도 포함하는 것이 바람직하다는 것이 학계의 일반적인 견해이다. 다만, 증권신고서나 투자설명서가 아닌 다른 문서에 기하거나 구두에 의한 청약의 권유에 대하여도 포괄적 사기금지에 관한 제179조에 의한 손해배상책임이 인정될 여지는 있다.[85]

자본시장법 제125조는 "중요사항에 관하여 거짓의 기재 또는 표시가 있거나 중요사항이 기재 또는 표시되지 아니함으로써 증권의 취득자가 손해를 입은 경우"[86]라고 규정하고, 투자자에게 오해를 불러일으키는 표시(誤認表示, misleading statement)에 관하여는 명시적으로 규정하지 않는다.[87] 다만, 증권신고서를 제출하는 경우 신고 당시 해당 발행인의 대표이사 및 신고업무를 담당하는 이사는 그 증권신고서의 기재사항 중 중요사항에 관하여 거짓의 기재 또는 표시가 있거나 중요사항의 기재 또는 표시가 누락되어 있지 아니하다는 사실 등의 사항을 확인·검토하고 이에 각각 서명하여야 하는데(法 119조⑤), 이에 관한 시행령 제124조 제2호는 "증권신고서의 기재 또는 표시 사항을 이용하는 자로 하여금 중대한 오해를 일으키는 내용이 기재 또는 표시되어 있지 아니하다는 사실"도 확인·검토 사항으로 열거하고 있다.[88] 미국의 SA[89]와 일본 金融商品取引法[90]은

84) [서울지방법원 1991. 3. 22. 선고 89가합53281 판결] "상장법인의 결산속보공시제도는 한국증권거래소에서 증권거래법의 명문규정 없이 1986 사업연도 12월말 결산법인을 대상으로 하여 협조사항으로 실시하다가 1989년 3월말 결산 법인부터 폐지키로 한 제도로서 이에 의한 결산속보는 증권거래법 제14조 소정의 유가증권신고서나 사업설명서와는 본질적인 성격을 달리하므로, 위 결산속보를 허위기재하였다 하더라도 위 유가증권신고서나 사업설명서를 허위기재한 경우의 배상책임과 손해배상액에 대하여 규정하고 있는 같은 법 제14조와 제15조가 동일하게 적용되지는 아니한다."

85) 제178조 제1항 제2호는 "중요사항에 관하여 거짓의 기재 또는 표시를 하거나 타인에게 오해를 유발시키지 아니하기 위하여 필요한 중요사항의 기재 또는 표시가 누락된 문서, 그 밖의 기재 또는 표시를 사용하여 금전, 그 밖의 재산상의 이익을 얻고자 하는 행위"를 부정거래행위의 유형으로 규정한다(제178조 위반에 대한 손해배상책임규정이 제179조이다). 제178조 제1항 제2호는 "중요사항에 관하여 거짓의 기재 또는 표시를 하거나 타인에게 오해를 유발시키지 아니하기 위하여 필요한 중요사항의 기재 또는 표시가 누락된 문서, 그 밖의 기재 또는 표시를 사용하여 금전, 그 밖의 재산상의 이익을 얻고자 하는 행위"를 부정거래행위의 유형으로 규정한다(제178조 위반에 대한 손해배상책임규정이 제179조이다).

86) 본서에서는 이를 문맥에 따라서는 "부실표시"로 약칭하기도 한다.

87) 오인표시도 부실표시에 포함된다고 해석하는 견해: 김건식·정순섭, 231면.

88) 대표이사 및 담당 이사의 확인서명에 관하여는 앞에서 상술함.

오인표시에 관하여 명문으로 규정한다.

2. 중요사항

손해배상책임이 발생하려면 증권신고서와 투자설명서 중 투자자에게 오해를 일으키지 않기 위하여 필요한 중요사항에 관하여 거짓의 기재 또는 표시가 있거나 중요사항이 기재 또는 표시되지 아니함으로써 증권의 취득자가 손해를 입어야 한다.[91] 여기서 투자자란 손해배상청구를 하는 투자자가 아니라 시장의 합리적인 투자자를 의미한다.[92] 즉, 중요사항이란 "투자자의 합리적인 투자판단 또는 해당 금융투자상품의 가치에 중대한 영향을 미칠 수 있는 사항"을 말한다(法 47조③).[93] 유상증자를 실시하면서 해외자회사에 대한 파산신청 사실을 공시하지 않은 것도 중요사항의 기재 누락에 해당하고,[94] 최대주주가 자기의 계산으로 소유하는 주식에 관하여 증권신고서에 명의상 주주를 최대주주로 기재하였다면, 중요사항에 관하여 거짓의 기재를 한 때에 해당한다.[95]

---

89) SA §11 (a)는 "In case any part of the registration statement, …, contained an untrue statement of a material fact or omitted to state a material fact required to be stated therein or necessary to make the statement therein not misleading, …"라고 규정한다.

90) [金商法 第18조]

① 유가증권신고서 중에 중요한 사항에 대하여 허위의 기재가 있거나 기재하여야 하는 중요한 사항 혹은 오해의 소지를 없애기 위해 필요한 중요한 사실의 기재가 결여된 때에 유가증권신고서의 신고자는 유가증권을 모집 또는 매출에 의해 취득한 자에 대하여 손해배상책임을 진다. 다만, 유가증권을 취득한 자가 취득청약 시에 기재가 허위이거나 결여되어 있는 점을 알고 있었던 때에는 그러하지 아니하다.

91) 구 증권거래법 제14조 제1항은 "허위의 기재 또는 표시가 있거나 중요한 사항이 기재 또는 표시되지 아니함으로써 …"라고 규정하였으므로 허위기재나 표시는 중요한 사항뿐 아니라 모든 사항을 대상으로 하고 누락은 중요한 사항만을 대상으로 하는 것처럼 보인다는 지적을 받아왔는데 자본시장법은 이러한 지적을 반영하였다.

92) [대법원 2015. 12. 10. 선고 2012다16063 판결] "원심은, 시장의 합리적인 투자자를 기준으로 하여 위와 같은 사정들에 대한 심리를 다하지 아니한 채, 원고를 기준으로 앞에서 본 판시 사정들만을 들어 2008년 사업보고서, 2009년 1분기 분기보고서 및 반기보고서 중 중요사항에 관하여 부실표시가 있다고 판단하였다. 따라서 이러한 원심의 판단에는 자본시장법 제162조에서 정한 중요사항에 관한 법리를 오해함으로써 판결에 영향을 미친 위법이 있다."

93) [대법원 2018. 8. 1. 선고 2015두2994 판결] "'중요사항'이란 '투자자의 합리적인 투자판단 또는 해당 금융투자상품의 가치에 중대한영향을 미칠 수 있는 사항'을 말한다."

94) 대법원 2018. 12. 13. 선고 2018도13689 판결.

95) [대법원 2018. 8. 1. 선고 2015두2994 판결] "구 자본시장과 금융투자업에 관한 법률(2013. 5. 28. 법률 제11845호로 개정되기 전의 것, 이하 '자본시장법'이라고 한다) 제119조 제6항, 구 자본시장과 금융투자업에관한 법률 시행령(2010. 6. 11. 대통령령 제22197호로 개정되기 전의 것) 제125조 제3항, 구 증권의 발행 및 공시에 관한 규정(2009. 7. 6. 금융위원회고시 제

구 증권거래법상의 판례는 "당해 법인의 재산·경영에 관하여 중대한 영향을 미치거나 유가증권의 공정거래와 투자자 보호를 위하여 필요한 사항으로서 투자자의 투자판단에 영향을 미칠 수 있는 사항"이라고 판시하였는데,96) 자본시장법 하에서도 동일하게 해석하고 있다.97) 미국 증권법에서는 모든 정황을 고려하여 합리적인 투자자(reasonable investor)가 투자판단을 함에 있어서 중요하다고 생각할 실질적인 가능성(substantial likelihood)이 있는 사항을 의미한다.

기재가 필요한 사항을 확장하면 기재누락이 손쉽게 인정되고 누구든 기재누락에서 벗어날 수 없다. 또한 과도한 공시를 요구하면 추가적인 비용과 시간이 발생하고, 이에 따라 증권발행·유통이 위축되고 자본시장의 효율성은 낮아진다. 따라서 정보의 부족뿐만 아니라 범람 또한 피하기 위하여 '중요사항'이라는 개념으로 의무적 공시의 범위가 제한된다.98)

3. 부실표시에 대한 증명책임

손해배상청구권자는 증권신고서, 투자설명서의 중요사항에 관하여 거짓의 기재 또는 표시가 있거나 중요사항이 기재 또는 표시되지 아니하였다는 사실을 증명해야 한다. 다만, 현실적으로 증권신고서와 투자설명서의 내용에 관한 모든 재무 및 영업에 관한 자료는 발행인측이 보관하고 있고 원고가 이러한 자료를 입수하기가 어려우므로 원고가 증권신고서와 투자설명서에 허위기재 또는 누락

2009호로개정되기 전의 것) 제2조 제9항의 순차적 위임에 따라 금융감독원장이 제정한 공시서식 작성기준 제81조에 따르면, 증권신고서에 최대주주의 이름과 최대주주가 소유하는 주식의 종류별 수량 등을 기재해야 한다. 공시서식 작성기준 제12조 제7호에 따르면, '최대주주'란 자본시장법 제9조 제1항 제1호의 최대주주, 즉 '법인의 의결권있는 발행주식총수를 기준으로 본인 및 그와 대통령령으로 정하는 특수한 관계가 있는 자가 누구의 명의로 하든지 자기의 계산으로 소유하는 주식(그 주식과 관련된 증권예탁증권 포함)을 합하여 그 수가 가장 많은 경우의 그 본인'을 말한다. 따라서 주식취득을 위한 자금이 본인의 출연에 의한 것이고 주식취득에 따른 손익이 본인에 귀속된다면 본인 아닌 제3자의 명의로 주식을 취득하였더라도 증권신고서에 그 본인을 최대주주로 기재해야 한다. 최대주주에 관한 사항은 합리적인 투자자가 투자판단에 중요하게 고려할 상당한 개연성이 있는 중요사항에 해당한다. 따라서 자기의 계산으로 주식을 소유하고 있는 자와 명의상 주주가 상이함에도 증권신고서에 명의상 주주를 최대주주로 기재하였다면, 자본시장법 제429조 제1항 제1호에서 정한 '증권신고서 중 중요사항에 관하여 거짓의 기재를 한 때'에 해당한다.

96) 대법원 2009. 7. 9. 선고 2009도1374 판결.

97) 서울고등법원 2011. 6. 9. 선고 2010노3160 판결, 서울고등법원 2011. 8. 26. 선고 2011노183 판결.

98) 대법원 2015. 12. 23. 선고 2013다88447 판결.

이 존재한다는 사실을 증명하는 것은 용이하지 않다는 문제는 있다.

4. 부실표시의 기준시점

중요사항에 관하여 거짓의 기재·표시 또는 기재·표시의 누락이 있는지는 거짓의 기재·표시나 누락이 이루어진 시기를 기준으로 판단하여야 하고,99) 그 후에 변경된 사정이 있거나, 기재내용 중 이행되지 아니한 사항이 있다 하더라도 부실표시에 해당하지 않는다고 보아야 한다.100) 작성만 되고 제출되지 아니한 신고서는 문제될 수 없으므로, "거짓의 기재·표시나 누락이 이루어진 시기"는 신고서 작성시가 아니라 신고서 제출시를 의미한다. 또한 정정신고서 제출기한이 청약일 전일이므로 결국 최종 판단시점은 청약일 전일로 보아야 할 것이다.

Ⅲ. 손해배상청구권자

1. 발행시장에서의 취득자

자본시장법 제125조 제1항은 "… 중요사항에 관하여 거짓의 기재 또는 표시가 있거나 중요사항이 기재 또는 표시되지 아니함으로써 증권의 취득자가 손해를 입은 경우에는 다음 각 호의 자는 그 손해에 관하여 배상의 책임을 진다. 다만, … 그 증권의 취득자가 취득의 청약을 할 때에 그 사실을 안 경우에는 배상의

---

99) 대법원 2015. 12. 10. 선고 2012다16063 판결. 서울서부지방법원 2018. 11. 20.자 2016카기44 결정은 "중요사항에 관하여 거짓의 기재·표시 또는 기재·표시의 누락이 있는지는 기재·표시나 누락이 이루어진 시기를 기준으로 판단해야 한다. 사후적으로 발생·인식한 사실관계를 토대로 과거의 기준시점으로 돌아가 판단한다면 일종의 '사후 과잉확신편견'(Hindsight bias)에 빠질 수 있다. 중요사항은 회고적 관점이 아니라 투자자가 부실공시를 신뢰하고 주식거래를 선택하였다는 당시의 시점과 시장 상황 등을 기초로 검토해야 한다."라고 판시한다.

100) [서울고등법원 1999. 7. 23. 선고 98나50335 판결] "… 위 조항 소정의 '허위의 기재 또는 표시가 있거나 중요한 사항을 기재 또는 표시하지 아니한 경우'라 함은 '투자자에게 유가증권의 가치를 판단하는데 오해를 일으키지 않도록 하기 위하여 필요한 중요한 사항'에 관한 것이어야 하고, 그에 해당하는지 여부는 그 기재가 행하여진 때를 기준으로 보통의 신중한 투자자가 증권을 매수하기 전에 당연히 알아야 할 사항을 사실대로 기재하지 않고, 거짓되게 기재한 것인지를 기준으로 판단해야 할 것이로되, 이는 주로 회사의 영업 및 손익상황, 재무구조 등 일반인들이 투자를 하기 전에 파악해야 할 기업현황에 대한 정확한 정보에 관하여 모집 또는 매출 당시 사실과 달리 기재하거나 이를 과장한 경우 또는 투자자가 알아야 할 사실을 고의로 숨긴 경우를 말하는 것이지 모집당시에는 전혀 예측할 수 없었던 기업외적인 사항이나 그 후의 사정변경 등에 의하여 발생할 수 있는 상황까지 예상하고, 그에 대비하여 기재할 것을 요구하는 것은 아니라 할 것이다."

책임을 지지 않는다."고 규정하므로 발행시장에서의 취득자는 당연히 손해배상청구권자이다.[101]

2. 유통시장에서의 취득자

(1) 자본시장법 제125조에 의한 손해배상청구권

위와 같이 자본시장법은 손해배상청구권자를 단순히 '증권의 취득자'라고만 규정할 뿐, 부실표시가 있는 증권신고서·투자설명서에 기한 모집·매출에 의하여 증권을 취득한 자뿐만 아니라, 유통시장에서 증권을 매수한 자도 손해배상을 청구할 수 있는지 여부에 관하여 명확하게 규정하지 아니하므로 이들도 손해배상청구권을 행사할 수 있는지가 문제된다.

(가) 포 함 설

유통시장에서의 취득자도 자본시장법 제125조에 기한 손해배상청구권자에 포함하는 견해가 제시하는 근거는 다음과 같다.[102)103]

1) 금융위원회는 증권신고서·투자설명서·증권발행실적보고서 등의 서류를 3년간 일정한 장소에 비치하고, 인터넷 홈페이지 등을 이용하여 공시하여야 하는데(法 129조), 이들 공시서류의 부실기재에 의하여 유통시장에서 거래되는 주식의 가격도 영향을 받게 된다.

2) 발행공시 후 최초의 사업보고서·반기보고서가 제출되기 전에는 발행시장에서 공

---

101) 구 증권거래법 제14조 제1항도 "… 허위의 기재 또는 표시가 있거나 중요한 사항이 기재 또는 표시되지 아니함으로써 증권의 취득자가 손해를 입은 때에는 …", "… 그 증권의 취득자가 취득의 청약시에 그 사실을 안 때에는 그러하지 아니하다."고 규정하였다.

102) 김정수, 560면, 이동신, "유가증권 공시서류의 부실기재에 관한 책임", 재판자료 제90집 증권거래에 관한 제문제(上), 법원도서관(2001), 365면.

103) 종래에는, 유통시장에서의 허위공시(구체적으로는 사업보고서, 반기보고서 및 분기보고서의 부실기재)로 인한 책임을 규정한 구 증권거래법 제186조의5가 "… 제14조 내지 제16조, 제18조, 제19조 및 제20조의 규정은 사업보고서, 반기보고서 및 분기보고서의 경우에 이를 준용한다."고 규정하므로, 구 증권거래법 제14조(자본시장법 제125조에 해당)에 기한 손해배상청구권자에서 유통시장에서의 취득자를 제외하면 위와 같은 준용규정과 논리적으로 모순된다는 견해도 있었으나, 위 준용규정은 사업보고서 등의 부실기재에 대하여 제14조 내지 제16조에 의한 손해배상청구권을 행사할 수 있다는 것이고 사업보고서 등의 부실기재는 유통시장에서의 취득자에게만 문제 되므로 당연히 유통시장에서의 취득자도 사업보고서 등의 부실기재에 대하여는 제14조 내지 제16조에 의한 손해배상청구권을 행사할 수 있는 것이고, 유통시장에서의 취득자가 증권신고서의 부실기재에 대하여 제14조 내지 제16조에 의한 손해배상청구권을 행사할 수 있는 것으로 해석할 수 없다. 더구나, 자본시장법에서는 사업보고서의 부실기재에 관한 제162조는 구 증권거래법 제186조의5와 달리 준용 방식이 아니라 직접 손해배상책임에 관하여 규정하므로 더 이상 포함설의 논거가 될 수 없다.

시된 증권신고서·투자설명서상의 정보에 기하여 주가가 형성되므로, 발행공시 후 사업보고서·반기보고서가 제출되기까지의 기간 동안 해당 증권을 유통시장에서 전득한 자는 보호해야 한다.

3) 일본 金融商品取引法과 달리 자본시장법은 전득자에 관한 규정을 따로 두고 있지 아니하므로 제125조의 적용범위에서 반드시 전득자를 제외할 필요가 없다.

(나) 불포함설

유통시장에서의 취득자를 손해배상청구권자에 포함시키지 않는 견해의 근거는 다음과 같다.

1) 자본시장법 제125조 제1항은 "… 중요사항에 관하여 거짓의 기재 또는 표시가 있거나 중요사항이 기재 또는 표시되지 아니함으로써 증권의 취득자가 손해를 입은 경우에는 다음 각 호의 자는 그 손해에 관하여 배상의 책임을 진다. 다만, … 그 증권의 취득자가 취득의 청약을 할 때에 그 사실을 안 경우에는 배상의 책임을 지지 않는다."고 규정하는데, 이는 발행시장에서의 취득자만을 전제로 한 취지이다.
2) 자본시장법은 발행시장에서의 공시책임과 유통시장에서의 공시책임을 엄격히 구분한다. 유통시장에서의 공시책임에 관한 제162조는 구 증권거래법과 달리 제125조를 준용하지 않고 직접 손해배상책임에 관하여 규정한다.
3) 유통시장에서의 취득자에 대한 별도의 규정을 두고 있는 일본 金融商品取引法과 달리 우리 자본시장법에는 이러한 규정이 없으므로 유통시장에서의 취득자도 손해배상청구권자에 포함된다고 볼 수 없다.

(다) 판 례

대법원 2002. 5. 14. 선고 99다48979 판결(팬택 주식 사건), 대법원 2002. 9. 24. 선고 2001다9311, 9328 판결(옌트 주식 사건), "우리 증권거래법이 증권의 발행시장에서의 공시책임과 유통시장에서의 공시책임을 엄격하게 구분하고, 그 책임요건을 따로 정하고 있는 점, 증권거래법 제14조의 손해배상 책임 규정은 법이 특별히 책임의 요건과 손해의 범위를 정하고, 책임의 추궁을 위한 입증책임도 전환시켜 증권 발행시장에 참여하는 투자자를 보호하기 위하여 규정한 조항인 점에 비추어, 증권의 유통시장에서 해당 증권을 인수한 자는 위와 같은 증권 발행신고서 등의 허위 기재시 해당 관여자에게 민법상 불법행위 책임을 물을 수 있는 경우가 있을 수 있음은 별론으로 하고, 구 증권거래법 제14조 소정의 손해배상 청구권자인 증권 취득자의 범위에는 포함되지 않는다고 봄이 타당하다."라고 판시한 이래,[104)] 유통시장에서의 취득자는 자본시장법 제125조에 의한 손해배상 청구권자에 포함되지 않는다는 것이 판례의 확립된 입장이다.[105)]

한편, 대법원 2008. 11. 27. 선고 2008다31751 판결은 "(증권거래)법은 증권거래의 공정성을 확보하고 투자자를 보호하기 위하여 유가증권의 발행인으로 하여금 유가증권의 내용이나 발행회사의 재산, 경영상태 등 투자자의 투자판단에 필요한 기업 내용을 신속·정확하게 공시하게 하는 제도를 두고 있고, 그와 같은

---

104) 위 두 사건의 대법원 판결요지는 동일하지만 원심판결은 증권거래법상의 손해배상을 구하는 주위적 청구에 대하여 다른 입장이었다. 2001다9311, 9328 판결에서는 "원고들의 경우 모집 또는 매출의 절차에 따라 이 사건 주식을 취득한 자들이 아니라 일반적 유통시장인 협회중개시장에서 유가증권을 취득하는 자들로서 그 손해배상청구권자인 유가증권의 취득자에 해당하지 않는다"는 이유로 원고들의 청구를 기각하였다. 그러나, 팬택 주식 사건에서는 "원고들이 주장하는 바와 같은 시장조성 포기가능성의 기재 누락은 위 법조 소정 '허위의 기재 또는 표시가 있거나 중요한 사항을 기재 또는 표시하지 아니한 경우'에 해당하지 않는다"는 이유로(즉, 유통시장에서의 취득자라는 문제 이전에 허위기재 또는 기재누락의 중요성이 부인됨) 원고들의 청구를 기각하였다(민법상 불법행위에 기한 손해배상을 구하는 예비적 청구는 인용함). 그 후 대법원은 원심의 위와 같은 해석(시장조성 포기가능성의 기재 누락은 위 법조 소정 '허위의 기재 또는 표시가 있거나 중요한 사항을 기재 또는 표시하지 아니한 경우'에 해당하지 않는다)에 대하여 별도의 판단을 하지 않은 채 (옌트 주식 사건의 원심판결과 같이) 원고들이 유통시장에서의 취득자라는 이유로 바로 주위적 청구를 기각하였다.

105) [대법원 2015. 12. 23. 선고 2013다88447 판결] "자본시장법 제125조 제1항 본문은 증권신고서(정정신고서 및 첨부서류를 포함한다. 이하 같다)와 투자설명서(예비투자설명서 및 간이투자설명서를 포함한다. 이하 같다)중 중요사항에 관하여 거짓의 기재 또는 표시가 있거나 중요사항이 기재 또는 표시되지 아니함으로써 증권의 취득자가 손해를 입은 경우에는 자본시장법 제125조 제1항 본문 각 호의 자가 그 손해에 관하여 배상의 책임을 진다고 규정하고 있다. 자본시장법이 증권의 발행시장에서의 공시책임과 유통시장에서의 공시책임을 엄격하게 구분하면서 그 손해배상청구권자와 책임요건을 따로 정하고 있는 점, 자본시장법 제125조 제1항의 손해배상책임 규정은 법이 특별히 책임의 요건과 손해의 범위를 정하고, 책임의 추궁을 위한 증명책임도 전환시켜 증권 발행시장에 참여하는 투자자를 보호하기 위하여 규정한 조항인 점, 자본시장법 제3편 제1장의 다른 조에서 말하는 '청약'은 모두 발행시장에서의 증권의 취득 또는 매수의 청약을 의미하므로 같은 장에 속한 자본시장법 제125조 제1항 단서에서 증권 취득자의 악의를 판단하는 기준 시로 정한 '취득의 청약을 할 때'도 발행시장에서 증권의 취득 또는 매수의 청약을 할 때로 보는 것이 자연스러운 점 등에 비추어 보면, 증권의 유통시장에서 해당 증권을 인수한 자는 증권신고서와 투자설명서의 거짓의 기재 등으로 해당 관여자에게 민법상 불법행위책임을 물을 수 있는 경우가 있을 수 있음은 별론으로 하더라도, 자본시장법 제125조에 정한 손해배상청구권자인 증권 취득자의 범위에는 포함되지 않는다고 봄이 타당하다(대법원 2002. 5. 14. 선고 99다48979 판결, 대법원 2002. 9. 24. 선고 2001다9311, 9328 판결 등 참조). 상고이유에서 원심판결이 대법원판례에 상반되는 판단을 하였다고 하면서 원용하고 있는 대법원 2008. 11. 27. 선고 2008다31751 판결 등은, 유통시장에서 유가증권을 취득한 자가 사업보고서의 부실표시를 이유로 구 증권거래법 제186조의5에 기하여 손해배상을 청구한 사안에서 같은 법 제186조의5가 같은 법 제14조내지 제16조를 준용하고 있으므로 같은 법 제14조에 따른 손해배상청구를 할 수 있다고 판단한 취지이므로 이 사건과는 사안을 달리한다. 따라서 원심판결이 대법원판례에 상반되는 판단을 하였다고 할 수 없다."

공시제도의 일환으로 법 제186조의2 제1항은 "주권상장법인 등 대통령령이 정하는 법인은 그 사업보고서를 각 사업연도 경과 후 90일 내에 금융감독위원회 등에 제출해야 한다."고 규정하고 있으며, 법 제186조의5는 사업보고서의 허위기재 등 유통시장의 부실공시로 인한 손해배상책임에 관하여 유가증권신고서의 허위기재 등으로 인한 손해배상책임에 관한 법 제14조 내지 제16조를 준용하고 있다. 따라서 법 제14조에 따른 손해배상을 청구할 수 있는 사람은 "모집 또는 매출"에 의하여 발행시장에서 유가증권을 취득한 사람에 한정되는 것이 아니고, 유통시장에서 유가증권을 취득한 사람도 포함된다고 보아야 한다."라고 판시함으로써 포함설을 채택한 것인지 여부에 대하여 논란이 있었으나,[106] 대법원 2015. 12. 23. 선고 2013다88447 판결은 "대법원 2008. 11. 27.선고 2008다31751판결 등은 유통시장에서 유가증권을 취득한 자가 사업보고서의 부실표시를 이유로 구 증권거래법 제186조의5에 기하여 손해배상을 청구한 사안에서 같은 법 제186조의5가 같은 법 제14조 내지 제16조를 준용하고 있으므로 같은 법 제14조에 따른 손해배상청구를 할 수 있다고 판단한 취지이므로 이 사건과는 사안을 달리한다."라고 판시함으로써 기존 판례의 의미를 명확히 하였다.

(라) 입 법 례

1) 미 국

가) 유통시장에서의 취득자 SA §11(a)가 "누구든지 그러한(부실표시가 있는 등록신고서에 의하여 발행된) 증권을 매입한 자(any person acquiring such security)"라고 규정하고, 손해배상액의 한도에 관한 §11(e)는 "원고가 해당 증권의 매입시 지출한 금액(그러나 증권의 공모발행가격을 초과할 수 없다)"이라고 규정하므로 괄호안의 규정상 발행시장에서 매수한 자뿐 아니라 유통시장에서 매수한 자도 손해배상을 청구할 수 있다. 소제기 전에 증권을 이미 처분한 자도 손해배상을 청구할 수 있다[SA §11(e)].

나) 추적요건 유통시장에서의 취득자가 손해배상청구권을 행사하는 경우

106) 대법원 2010. 8. 19. 선고 2008다92336 판결도 같은 취지로 판시하였다. 대법원 2008다31751 판결을 포함설에 따른 판례라고 하더라도, 구 증권거래법 제14조에 따른 손해배상을 청구할 수 있는 사람은 유통시장에서의 취득자도 포함된다는 중요한 근거로서 제186조의5가 제14조 내지 제16조를 준용한다는 것을 들었다. 그러나 자본시장법은 구 증권거래법과 달리 유통시장에서의 허위공시책임에 관한 책임 규정인 제162조가 제125조를 준용하지 않고 직접 손해배상책임에 관하여 규정한다. 이 점에서도 위 판례의 중요한 근거가 더 이상 유지되지 않는다고 할 수 있다.

에는 다음과 같은 제한이 있다. 위 Hertzberg v. Dignity Partners 판결에서 연방 제9항소법원이 "해당 등록신고서에 의한 증권의 매수인(anyone who purchased stock under registration statement at issue)"이라고 판시한 바와 같이, SA §11(a)의 "누구든지"는 허위표시나 누락이 있는 등록신고서에 기하여 발행된 유가증권의 매입자로 제한되고, 만일 유가증권이 수차례의 등록신고서에 기하여 발행되었다면 원고가 매입한 유가증권이 여러 등록신고서 중 어느 것에 기하여 발행된 것인지 증명해야 한다. 해당 증권이 부실표시된 등록신고서에 의하여 발행된 것인지 추적할 수 있는 경우에만(추적요건, tracing requirement) 소제기가 가능하므로 실제로는 소제기가 용이하지 않다. Hertzberg 사건의 발행인인 Dignity Partners는 단 한번만 주식을 공모발행하였기 때문에 이러한 추적요건이 충족되었지만, 일반적으로는 이와 같이 단 한 번의 신고서에 기하여 발행된 유가증권만이 유통되는 예는 많지 않을 것이다.107)

2) 일 본 金融商品取引法은 "해당 유가증권을 해당 모집 또는 매출에 응하여 취득한 자"를 원칙적인 손해배상청구권자로 규정하지만(金商法 18조①, 21조①), 이와 별도로 제22조는 그 후의 취득자를 손해배상청구권자로 규정한다.

(마) 소 결

입법론으로는 유통시장에서의 취득자도 일정한 범위에서는 손해배상청구권자에 포함시키는 것도 검토할 만하다. 그러나 현행법의 해석론으로는 자본시장법 제125조가 규정하는 손해배상청구권은 "모집 또는 매출"에 의하여 증권을 취득한 자에게만 인정되고, 유통시장에서 증권을 취득한 자는 자본시장법에 의하여 손해배상청구를 행사할 수 없다는 불포함설이 타당하다. 위 대법원 2015. 12. 23. 선고 2013다88447 판결은 불포함설에 따르는 근거로서, "자본시장법이 증권의 발행시장에서의 공시책임과 유통시장에서의 공시책임을 엄격하게 구분하면서 그 손해배상청구권자와 책임요건을 따로 정하고 있는 점, 자본시장법 제125조 제1항의 손해배상책임 규정은 법이 특별히 책임의 요건과 손해의 범위를 정하고, 책임의 추궁을 위한 증명책임도 전환시켜 증권 발행시장에 참여하는 투자자를 보호하기 위하여 규정한 조항인 점, 자본시장법 제3편 제1장의 다른 조에서 말하는 '청약'은 모두 발행시장에서의 증권의 취득 또는 매수의 청약을 의미하므로 같은

107) 미국증권법상 추적요건에 관한 상세한 내용은 졸저 「미국증권법」 264-265면 참조.

장에 속한 자본시장법 제125조 제1항 단서에서 증권 취득자의 악의를 판단하는 기준 시로 정한 '취득의 청약을 할 때'도 발행시장에서 증권의 취득 또는 매수의 청약을 할 때로 보는 것이 자연스러운 점 등"을 들고 있다.[108]

(2) 민법 제750조에 의한 손해배상청구권

이미 발행된 증권의 시장가격도 증권신고서, 투자설명서의 부실기재에 의하여 영향을 받을 수 있고, 투자자가 자기 판단과 책임 하에 투자를 하는 것이라 하더라도 증권신고서의 부실기재에 관한 위험까지 부담하여야 하는 것은 아니므로 유통시장에서의 취득자가 만일 발행공시서류의 부실기재로 인하여 손해를 입은 경우에는 발행인 및 발행관련자에 대하여 민법상 불법행위로 인한 손해배상청구권을 행사할 수 있다. 대법원 2002. 5. 14. 선고 99다48979 판결, 대법원 2002. 9. 24. 선고 2001다9311, 9328 판결도 "유가증권발행신고서 등의 허위 기재 시 해당 관여자에게 민법상 불법행위 책임을 물을 수 있는 경우가 있을 수 있음은 별론으로 하고 …"라고 판시함으로써 민법상 불법행위책임의 성립가능성을 인정하였다. 위 2013다88447 판결도 증권의 유통시장에서 해당 증권을 인수한 자는 증권신고서와 투자설명서의 거짓의 기재 등으로 해당 관여자에게 민법상 불법행위책임을 물을 수 있는 경우가 있을 수 있다고 판시하였다.[109]

다만, 이 경우 유통시장에서 거래한 물량 전체에 대하여 발행인이 손해배상책임을 지게 되면 지나치게 과다하므로 발행주식총수 중 해당 발행주식수의 비율에 해당하는 범위로 손해배상책임을 제한하는 것이 바람직할 것이다.[110]

(3) 자본시장법 제64조에 의한 손해배상청구권

금융투자업자는 법령·약관·집합투자규약·투자설명서에 위반하는 행위를 하거나 그 업무를 소홀히 하여 투자자에게 손해를 발생시킨 경우에는 그 손해를 배상할 책임이 있으므로(法 64조① 본문), 유통시장에서의 취득자는 자본시장법 제64조에 기한 손해배상청구를 할 수도 있다.[111]

---

108) 미국 증권법상의 추적요건을 적용하더라도 집중예탁제도를 취하고 있는 현행 법제상 공개된 시장에서 거래된 증권이나 거래상대방을 특정한다는 것은 본질적으로 불가능하므로, 현실적으로는 단 1회의 주식발행만 있거나 장외에서 거래한 경우에만 손해배상청구가 가능할 것이다.

109) 同旨: 변제호 외 4인, 438면; 김건식·정순섭, 237면(다만, 책임의 무한정 확대는 곤란하므로 일정한 기간 내의 취득자로 한정할 필요가 있다고 한다).

110) 同旨: 김연미, 전게 논문, 214면. [SA §11(g)의 규정과 같이 공모가액(price at which the security was offered to the public)을 한도로 하는 방법도 제시하고 있다].

(4) 유통시장에서의 취득자와 거래인과관계

발행시장에서의 취득자가 자본시장법 제125조의 규정에 의하여 손해배상청구권을 행사하는 경우에는 거래인과관계(transaction causation, 허위기재된 내용을 신뢰하고 증권을 취득한 사실)를 증명할 필요가 없다.

그러나 유통시장에서의 취득자가 민법 제750조 또는 자본시장법 제64조에 기한 손해배상청구권을 행사하는 경우에는 모두 거래인과관계의 존재가 요구된다. 이때 매매당사자 간의 직접거래에서 거래인과관계의 존재를 증명하는 것은 증명의 어려움은 있더라도 증명 자체는 가능하다. 그러나 직접거래가 아닌 다수거래자간의 경쟁매매가 이루어지는 시장에서의 거래에 관하여 거래인과관계를 증명하는 것은 현실적으로 매우 어렵다. 대법원은 이러한 어려움을 고려하여 불법행위책임에 대하여도 미국에서 발전하여 온 시장에 대한 사기이론(fraud on the market theory)을 전제로 거래인과관계를 인정하기도 하였는데,[112] 시장에 대한 사기이론은 증권법상의 법리이므로 민법상 불법행위책임에는 적용되지 않는다고 보는 것이 논리적이라는 지적도 있다. 앞에서 본 바와 같이 민법 제750조에 의한 손해배상청구에 있어서 하급심판례는 대체로 원고가 인과관계의 존재를 증명할 것을 요구한다.[113]

다만, 증권신고서·투자설명서를 신뢰하여 발행시장에서 증권을 취득하였던 자가 그 후 위와 같은 신뢰를 바탕으로 유통시장에서 추가로 동일한 증권을 취득한 자가 민법 제750조 또는 자본시장법 제64조에 기한 손해배상청구를 하는 경우에는 발행시장에서 증권을 취득하지 않고 유통시장에서 최초로 취득한 경우에 비하면 인과관계의 증명이 한층 용이할 것이다.[114]

---

111) 서울고등법원 2013. 10. 16. 선고 2012나80103 판결, 서울중앙지방법원 2013. 10. 25. 선고 2013가합504531 판결.

112) 대법원 1997. 9. 12. 선고 96다41991 판결.

113) 서울중앙지방법원 2013. 10. 25. 선고 2013가합504531 판결(법원은 발행시장에서 해당 증권을 취득한 원고는 증권신고서, 투자설명서의 기재를 신뢰하고 신주를 인수하였고 그 후 위와 같은 신뢰 하에 유통시장에서 해당 주식을 매수하였다고 할 수 있다는 이유로 거래인과관계의 존재를 인정하였다).

114) 대법원 2015. 12. 23. 선고 2013다88447 판결의 원심 판결인 서울고등법원 2013. 10. 16. 선고 2012나80103 판결에서 서울고등법원은 "이 사건 유상증자에서 이 사건 증권신고서 및 투자설명서의 기재를 신뢰하고 신주를 인수하였고 그 후 위와 같은 신뢰 하에 유통시장에서 주식을 추가로 매수하였다고 할 수 있으므로, 원고 A, B, C의 경우에는 피고들의 업무소홀 및 위법행위와 유통시장에서의 주식 취득 사이에 거래인과관계가 입증되었다 할 수 있다. 그러나 이 사건 유상증자에서 주식을 취득한 바가 없이 유통시장에서만 주식을 취득한 D, E의 경

Ⅳ. 손해배상책임의 주체

모집·매출에 관한 증권신고서 제출의무는 발행인에게만 있지만 손해배상책임이 미치는 범위는 모집·매출절차에 관여한 자에게까지 포함한다. 증권신고서·투자설명서 등의 부실표시에 기하여 증권의 취득자에게 손해배상책임을 지는 자의 범위는 다음과 같다(法 125조①). 책임의 주체를 위와 같이 광범위하게 규정한 것은 이들이 책임을 지지 않으려면 스스로 진실한 정보의 완전공개가 이루어지도록 주의를 기울이라는 취지라고 볼 수 있다.

1. 그 증권신고서의 신고인과 신고 당시의 발행인의 이사(이사가 없는 경우 이에 준하는 자를 말하며, 법인의 설립 전에 신고된 경우에는 그 발기인)
2. 상법 제401조의2 제1항 각 호의 어느 하나에 해당하는 자로서 그 증권신고서의 작성을 지시하거나 집행한 자
3. 그 증권신고서의 기재사항 또는 그 첨부서류가 진실 또는 정확하다고 증명하여 서명한 공인회계사·감정인 또는 신용평가를 전문으로 하는 자 등(그 소속단체를 포함) 대통령령으로 정하는 자
4. 그 증권신고서의 기재사항 또는 그 첨부서류에 자기의 평가·분석·확인 의견이 기재되는 것에 대하여 동의하고 그 기재내용을 확인한 자
5. 그 증권의 인수인·주선인(인수인·주선인이 2인 이상인 경우에는 대통령령으로 정하는 자)
6. 그 투자설명서를 작성하거나 교부한 자
7. 매출의 방법에 의한 경우 매출신고 당시의 매출인

1. 신고인과 신고 당시의 이사

(1) 신 고 인

신고인은 증권을 발행하였거나 발행하고자 하는 법인을 말한다. 자본시장법 제119조가 증권의 모집·매출시 증권신고서 제출의무자를 발행인으로 제한하므로 증권의 신규발행의 경우는 물론 매출의 경우에도 발행인이 신고인이 된다. 발행인이 주주의 매출을 위하여 신고서를 제출할 의무가 있는 것은 아니므로 스스

우에는 이 사건 증권신고서 및 투자설명서의 기재 내용을 신뢰하고 이로 인하여 주식을 취득하였음을 인정할 아무런 증거가 없다."라고 판시하면서 유통시장에서 추가로 주식을 매수한 원고들의 민법상 불법행위에 기한 손해배상청구를 인용하였다. 상고심에서도 증권신고서상의 허위기재, 기재누락이 없다는 이유로 파기되었다.

로 신고서를 제출한 경우에 책임의 주체가 된다. 따라서 모집의 경우는 물론 매출의 경우에도 발행인이 신고서를 제출한 이상 신고인으로서 책임을 지고, 매출의 경우에는 매출되는 증권의 소유자도 책임을 지게 된다(제7호).

(2) 신고 당시의 이사

자본시장법 제125조 제1항 제1호의 "신고 당시"가 신고서제출시·수리시·효력발생시 중 구체적으로 언제를 의미하는지에 관한 구체적인 규정은 없으나, 증권신고서상의 부실표시가 손해배상책임의 요건이고 한편으로는 청약일 전일까지는 정정신고서를 제출할 수 있으므로 신고서 제출시의 이사와 신고서의 효력발생시의 이사는 모두 손해배상책임의 주체가 된다고 해석해야 한다.[115] 그리고 "신고 당시"라는 규정상, 신고 후에 이사로 선임된 자와, 신고 전에 사임, 해임 등으로 이사의 지위를 상실한 자는 책임주체가 될 수 없다. 다만, 법률 또는 정관에 정한 이사의 원수(員數)를 결한 경우에는 임기의 만료 또는 사임으로 인하여 퇴임한 이사는 새로 선임된 이사가 취임할 때까지 이사의 권리·의무가 있으므로(商法 386조①), 이들 퇴임이사는 새로운 이사가 취임할 때까지는 계속 책임주체로 된다.

(3) 상법상 이사의 손해배상책임

상법상 이사가 고의 또는 중대한 과실로 인하여 그 임무를 게을리한 때에 그 이사는 제3자에 대하여 연대하여 손해배상책임을 진다(商法 401조①). 상법상 이사의 제3자에 대한 손해배상책임은 최소한 중과실이 요구되므로 경과실만으로도 인정되는 자본시장법상 손해배상을 청구하는 것이 투자자에게 유리하다. 다만, 자본시장법상 제척기간은 최대 3년인 반면, 상법 제401조에 기한 이사의 제3자에 대한 손해배상책임은 상법이 인정하는 법정책임으로서 소멸시효기간이 10년이므로,[116] 3년의 제척기간을 도과한 경우에는 자본시장법상 손해배상을 청구할 수 없고 상법상 손해배상을 청구해야 한다.

한편, 이사의 행위가 이사회의 결의에 의한 것인 때에는 그 결의에 찬성한 이사도 연대하여 책임을 지며, 의사록에 이의를 한 기재가 없는 때에는 찬성한 것으로 추정된다(商法 401조②, 399조②·③). 이사회 의사록에 이의를 제기한 기재가 있는 경우에는 재무제표 부실기재에 관한 결의에 찬성한 것이 아니지만, 자

115) SA §11(a)(2)는 "등록신고서 제출일 현재"라고 규정한다.
116) 대법원 2006. 12. 22. 선고 2004다63354 판결.

본시장법상 책임주체는 "신고 당시의 발행인의 이사"이고 배상책임을 질 자가 상당한 주의를 하였음에도 불구하고 이를 알 수 없었음을 증명한 경우에만 면책되므로(法 125조① 단서), 이사회 결의에 반대했다는 것만으로는 손해배상책임을 면할 수 없다.

⑷ 감 사

감사는 이사의 직무집행을 감사하고 언제든지 이사에 대하여 영업에 관한 보고를 요구하거나 회사의 업무와 재산상태를 조사할 수 있는 지위에 있는데, 입법론적으로는 투자자 보호를 위하여 일본과 같이 감사도 손해배상채무자에 포함시켜야 할 것이다. 상법에 의하면 감사도 악의 또는 중대한 과실로 임무를 해태한 때에는 제3자에 대한 손해배상책임을 지고(商法 414조②), 회사나 제3자에 대하여 손해배상책임이 있는 경우에 이사와 연대하여 배상할 책임이 있다(商法 414조③).

2. 증권신고서의 작성을 지시하거나 집행한 자

상법 제401조의2 제1항 각 호의 어느 하나에 해당하는 자로서[117] 그 증권신고서의 작성을 지시하거나 집행한 자도 손해배상책임의 주체이다(제2호). 제1호의 이사는 법인 등기부상 이사로 등재된 소위 등기이사만을 가리키고, 비등기이사는 제2호가 규정하는 자로서 그 증권신고서의 작성을 지시하거나 집행한 자에 해당하는 경우에만 책임주체가 된다.

3. 공인회계사·감정인·신용평가전문가 등

증권신고서의 기재사항 또는 그 첨부서류가 진실 또는 정확하다고 증명하여 서명한 공인회계사·감정인 또는 신용평가를 전문으로 하는 자 등(그 소속단체를 포함) 대통령령으로 정하는 자도 손해배상책임의 주체이다(제3호). "대통령령으로 정하는 자"란 공인회계사, 감정인, 신용평가를 전문으로 하는 자, 변호사, 변리사

117) [商法 제401조의2 (업무집행지시자 등의 책임)]
① 다음 각 호의 1에 해당하는 자는 그 지시하거나 집행한 업무에 관하여 제399조·제401조 및 제403조의 적용에 있어서 이를 이사로 본다.
1. 회사에 대한 자신의 영향력을 이용하여 이사에게 업무집행을 지시한 자
2. 이사의 이름으로 직접 업무를 집행한 자
3. 이사가 아니면서 명예회장·회장·사장·부사장·전무·상무·이사 기타 회사의 업무를 집행할 권한이 있는 것으로 인정될 만한 명칭을 사용하여 회사의 업무를 집행한 자

또는 세무사 등 공인된 자격을 가진 자(그 소속단체를 포함)를 말한다(令 135조 ①). 실제로는 공인회계사·변호사·변리사 개인이 아니라 회계법인·법무법인·특허법인 등이 회사와 계약을 체결하는 예가 많기 때문에(외감법상 감사인은 회계법인과 한국공인회계사회에 등록한 감사반 만이 될 수 있다, 외감법 제2조 제7호 나목), 이들이 속한 단체도 책임주체로 규정하고, 시행령에 의하여 전문가의 범위를 확대할 수 있도록 하였다. 공인회계사는 외감법 제46조에 의하여도 손해배상책임을 지는데, 자본시장법 제125조는 이들 규정에 대한 특별규정이라 할 수 있다.

자본시장법 제125조 제1항 제3호의 '진실 또는 정확하다고 증명하여 서명한'의 의미는 반드시 객관적으로 진실하거나 정확하다는 것을 증명한다는 내용의 의견표명에 한정되는 것이 아니라, 자신의 지위에 따라 합리적으로 기대되는 조사를 한 후 거짓기재 또는 기재누락이 없다고 믿을 만한 합리적인 근거가 있다는 내용의 의견표명도 포함한다.[118]

공인회계사, 감정인 등은 증권신고서의 기재사항 또는 그 첨부서류가 진실 또는 정확하다고 증명하여 서명한 경우에만 책임을 지므로,[119] 실제로는 다른 책임주체에 비하여 책임범위가 좁은 편이다.[120]

118) 서울남부지방법원 2014. 1. 17. 선고 2011가합18490 판결(중국고섬의 KDR의 취득자들이 거래소, 대표주관 및 공동주관회사, 회계법인 등을 상대로 제기한 소송에 대한 판결).

119) [서울고등법원 2016. 4. 15. 선고 2014나2000572 판결] "(1) 피고 B회계법인이 작성한 감사보고서나 검토보고서는 증권신고서에 첨부될 것을 직접 목적으로 작성되는 서류라고 볼 수 없을 뿐만 아니라, 이 사건 각 후순위사채에 관한 증권신고서의 첨부서류로 제출된 위 각 감사보고서 및 검토보고서에는 피고 B회계법인이나 그 대표이사의 서명이 되어 있지 않다. (2) 자본시장법 제119조 제7항, 자본시장법 시행령 제125조 제2항, 증권의 발행 및 공시 등에 관한 규정 제2-6조 제8항 제1의 가, 하목, 제5의 각 목의 내용에 따르면, 무보증사채권을 발행하는 경우 증권신고서에 감사보고서와 검토보고서를 첨부해야 한다. 그러나 위 규정에서 지분증권을 발행하는 경우에는 첨부해야 될 서류로 위 감사보고서 및 검토보고서와는 별도로 주권 상장 시 발행회사의 재무상황에 대한 회계감사인의 확인서 등의 서류를 규정하고 있는 반면, 무보증사채권을 발행하는 경우에는 위와 같은 회계감사인의 확인서 등 서류의 첨부를 요구하고 있지도 않다. (3) 이 사건 각 후순위사채의 증권신고서에 첨부된 감사보고서나 검토보고서에는 피고 B회계법인의 감사 또는 검토 기준일 당시의 의견이 기재되어 있을 뿐, 이 사건 각 후순위사채 발행 당시를 기준으로 A의 재무상태에 대해 확인을 하였다는 취지의 서류가 첨부되어 있지는 않다. 또한, 피고 B회계법인이 위 각 증권신고서의 첨부 서류에 위 각 감사보고서 내지 검토보고서에 기재되어 있는 자기의 평가·분석·확인 의견이 기재되는 것에 동의하였다거나 그 기재내용을 확인하였다는 취지의 기재를 찾아볼 수 없다. (4) 그밖에 피고 B회계법인이 이 사건 각 후순위사채에 대한 증권신고서에 첨부되는 감사보고서 및 검토보고서가 진실 또는 정확하다고 증명하여 서명하였다거나, 위 각 증권신고서의 첨부서류에 위 각 감사보고서 내지 검토보고서에 기재되어 있는 자기의 평가·분석·확인·의견이 기재되는 것에 동의하였다거나 그 기재내용을 확인하였다는 사실을 인정할 증거도 없다."

4. 기타 확인자

증권신고서의 기재사항 또는 그 첨부서류에 자기의 평가·분석·확인 의견이 기재되는 것에 대하여 동의하고 그 기재내용을 확인한 자도 손해배상책임의 주체이다(제4호). 이는 발행인이 전문가의 의견을 임의로 증권신고서에 기재하는 것을 방지하는 한편, 해당 전문가도 기재되는 것에 동의하려면 그 내용에 대하여 책임을 지게 함으로써 투자자를 보호하기 위한 것이다. 물론, 기재되는 것에 동의할 뿐 아니라 기재내용까지 확인할 것이 요구되므로, 자기의견이 기재되는 것에 동의를 하였더라도 실제로 기재된 내용을 확인하였다는 표시가 없으면 책임주체가 되지 않는다. 기재사항의 범위에 대하여 아무런 제한이 없으므로 예측정

120) 한편, 서울남부지방법원 2014. 1. 17. 선고 2011가합18490 판결은 다음과 같은 이유로 회계법인의 책임을 부인하였다. ① C회계법인이 이 사건 감사보고서의 기재와 같이 '연결재무제표가 중대하게 왜곡표시되지 아니하였다는 것을 합리적으로 확신'하도록 감사를 계획하고 실시할 것을 요구하는 회계감사기준에 따라, '감사의견 표명을 위한 합리적인 근거를 제공하고 있다고 감사인이 믿는' 감사를 실시하여, '연결재무제표가 회계기간의 경영성과 그리고 자본의 변동과 현금흐름의 내용을 중요성의 관점에서 적정하게 표시하고 있'다는 의견을 표명하고 서명한 것은 위 조항에서 말하는 증권신고서의 기재사항 또는 그 첨부서류가 진실 또는 정확하다고 증명하여 서명한 것에 포함된다고 할 것이나, ② 이 사건 검토보고서의 기재와 같이 '재무제표가 중요하게 왜곡표시되지 아니하였다는 것에 관해 보통수준의 확신을 얻도록' 검토를 계획하고 실시할 것을 요구하는 반기재무제표검토준칙에 따라, '주로 질문과 분석적 절차에 의거 수행되어 감사보다는 낮은 수준의 확신을 제공'하는 검토를 실시하여, '연결재무제표가 중요성의 관점에서 국제재무보고기준의 IAS 34 중간재무보고 기준서에 위배되어 작성되었다는 점이 발견되지 아니하였'고 '감사를 실시하지 아니하였으므로 감사의견을 표명하지 아니'한다는 의견을 표명하고 서명한 것은 위 조항에서 말하는 증권신고서의 기재사항 또는 그 첨부서류가 진실 또는 정확하다고 증명하여 서명한 것에 포함된다고 할 수 없다. C회계법인이 ① 이 사건 증권신고서 등 중에서 이 사건 감사보고서와 그 대상인 2007년, 2008년, 2009년 각 재무제표와 관련된 사항에 관하여는 자본시장법 제125조 제1항 제3호에서 정한 손해배상의무자에 해당한다고 할 것이나, ② 그 외의 사항(이 사건 검토보고서와 그 대상인 2010. 1. 1.부터 2010. 6. 30.까지의 재무제표와 관련된 사항 포함)에 관하여는 위 조항에서 정한 손해배상의무자에 해당한다고 할 수 없다. 2007년, 2008년, 2009년 각 재무제표상 "현금 및 현금성자산, 담보제공 단기성예금"에 관하여는 회계감사기준과 회계감사기준 적용지침 및 반기재무제표검토준칙에 따라 중국고섬의 주요 거래은행에 대해 잔고 내역에 관한 외부조회를 하는 등의 주의의무를 다하였으므로 이 사건 감사보고서의 거짓기재에 대하여는 자본시장법 제125조 제1항 단서상의 면책이 인정되고, 민법 제750조상의 불법행위도 인정되지 않는다. 외감법 제17조(註: 현행법의 제31조이다) 제2항의 규정에 따라 손해배상책임을 지는 감사인은 외감법 제2조에 따라 외부감사의 대상이 되는 회사에 대하여 외부감사를 하는 같은 법 제3조의 감사인에 한정된다고 할 것(대법원 2002. 9. 24. 선고 2001다9311, 9328 판결 참조)이다. C회계법인이 이 사건 감사보고서와 관련하여 중국고섬에 대하여 수행한 감사가 외감법 제2조에서 정한 외부감사에 해당한다고 인정할 아무런 증거가 없으므로, C회계법인은 외감법 제17조 제2항에 따라 손해배상책임을 지는 감사인에 해당한다고 볼 수 없다.

보를 비롯한 모든 정보가 포함된다.

5. 인수인 또는 주선인

(1) 인수인과 주선인의 개념

자본시장법상 “인수”는 증권을 모집·사모·매출하는 경우 다음과 같은 행위를 하는 것을 말하고(法 9조⑪), “인수인”은 이러한 인수행위를 하는 자를 말한다(法 9조⑫).

1. 제3자에게 그 증권을 취득시킬 목적으로 그 증권의 전부 또는 일부를 취득하는 것(총액인수)
2. 그 증권의 전부 또는 일부에 대하여 이를 취득하는 자가 없는 때에 그 나머지를 취득하는 것을 내용으로 하는 계약을 체결하는 것(잔액인수)

“주선인”은 제11항에 따른 행위(인수) 외에 발행인 또는 매출인[121]을 위하여 해당 증권의 모집·사모·매출을 하거나 그 밖에 직접 또는 간접으로 증권의 모집·사모·매출을 분담하는 자를 말한다(法 9조⑬).

(2) 책임주체

해당 증권의 인수인 또는 주선인도 제125조에 의한 손해배상책임의 주체이다(제5호). 인수인 또는 주선인이 2인 이상인 경우 다음과 같은 자가 손해배상책임의 주체이다(令 135조②).

1. 인수인[122]
2. 발행인 또는 매출인[123]으로부터 인수 외의 방법으로 그 발행인 또는 매출인을 위하

---

121) [法 9조]
⑭ 이 법에서 “매출인”이란 증권의 소유자로서 스스로 또는 인수인이나 주선인을 통하여 그 증권을 매출하였거나 매출하려는 자를 말한다.

122) 2017. 5. 8. 대통령령 제28040호로 개정되기 전의 시행령 제135조 제2항 제1호는 “발행인 또는 매출인으로부터 직접 증권의 인수를 의뢰받아 인수조건 등을 정하는 인수인”이라고 규정하였다. 2017. 5. 8. 시행령 개정이유에 의하면, 손해배상책임을 대표인수인에서 해당 증권 인수에 참여한 모든 인수인으로 확대하기 위하여 제1호를 “인수인”으로 변경한 것이다. 인수인을 손해배상책임의 주체로 규정하는 취지는 간접금융에 있어서는 금융기관이 자금의 최종수요자인 기업에 관한 모든 정보를 수집하고 분석·판단한 후 자금을 제공하고 회수불능의 위험은 금융기관 자신이 부담하지만, 일반투자자에 비하여 전문적인 지식을 가지고 있으므로, 발행인과 인수계약을 체결하여 증권의 모집·매출과정에서 업무를 통하여 증권이나 그 발행인에 관한 정보가 투자자에게 제공되도록 인수인에게 증권신고서의 부실기재에 대한 손해배상책임을 지게 하는 것이다.

여 해당 증권의 모집·사모·매출을 할 것을 의뢰받거나 그 밖에 직접 또는 간접으로 증권의 모집·사모·매출을 분담할 것을 의뢰받아 그 조건 등을 정하는 주선인

한편, 위 제1호가 2017년 5월 현행 규정과 같이 개정되기 전 사안에서, 실제로는 증권의 상장을 위한 증권의 평가, 인수조건의 결정 등의 업무에 참여하지 않고 대표주관회사로부터 증권을 배정받은 인수인에 불과하다는 이유로 공동주관회사의 책임을 부인한 하급심 판례가 있었으나,[124] 대법원은 공동주관계약 및 인수계약에 의하여 증권의 발행을 위한 '주관회사'로서의 지위를 취득한 경우, 실제로 주관회사로서의 업무를 수행하지 않은 공동주관회사도 시행령 제135조 제2항에 정한 '증권의 발행인으로부터 직접 증권의 인수를 의뢰받아 인수조건 등을 결정하는 인수인'에 해당한다고 판시하였다.[125] 결국 2017년 5월 개정으로 인수인이면 과징금 부과대상이 됨으로써 입법에 의하여 논란이 해결되었다.

6. 투자설명서의 작성·교부자

투자설명서를 작성하거나 교부한 자도 손해배상책임의 주체이다(제6호). 앞에서 본 바와 같이 주관회사(주간사회사) 아닌 인수회사는 인수계약체결사에 해당하지 않지만 투자설명서 교부자로서 책임주체가 된다.

7. 매 출 인

"매출인"이란 증권의 소유자로서 스스로 또는 인수인이나 주선인을 통하여 그 증권을 매출하였거나 매출하려는 자를 말한다(法 9조⑭). 매출의 방법에 의한 경우 매출신고 당시의 매출인도 손해배상책임의 주체이다(제7호). 매출할 정도로 대량의 증권을 소유하는 자는 일반적으로 발행인에 대하여 지배력·영향력을 행사할 수 있는 지위에 있고, 이러한 지위를 이용하여 신고서 작성시 그 내용에 영향을 줄 수 있으므로 손해배상책임의 주체로 보는 것이다.

---

123) 구 증권거래법 제14조 제1항 제3호는 발행인과 인수계약을 체결한 자만을 책임주체로 규정하므로, 매출인과 인수계약을 체결한 인수인은 책임주체에서 제외된다는 지적을 받았는데, 자본시장법은 이 부분을 입법적으로 해결하였다.

124) 서울고등법원 2015. 12. 9. 선고 2015누36623 판결.

125) 대법원 2020. 2. 27. 선고 2016두30750 판결.

8. 연대책임

이들 손해배상책임주체들 상호간의 책임이 어떠한 법적 성격을 가지는지에 관하여는 명문의 규정이 없지만 공동불법행위자의 부진정연대책임(joint and several liability)이라고 해석해야 한다. 따라서, 손해배상청구권자는 어느 한 배상책임자에게 손해의 전부에 대한 배상을 청구할 수 있고, 손해배상을 한 채무자는 다른 채무자에게 각각의 부담부분에 대한 구상권을 행사할 수 있다.[126] 투자자 보호를 위하여는 연대책임에 대한 명문의 규정을 두는 것이 바람직하다는 것이 일반적인 견해이지만, 증권관련 집단소송의 도입에 따라 이러한 연대책임은 너무 과중하다는 문제점도 제기되고 있다. 특히, 사외이사의 경우에는 이러한 연대배상책임이 너무 가혹하므로 미국의 예와 같이 연대책임에서 제외하는 경우를 인정하여야 할 것이다. 1995년 제정된 증권소송개혁법(Private Securities Litigation Reform Act of 1995, PSLRA)은 사외이사의 경우 증권법위반을 명백히 인식하면서 위반행위를 한 경우(knowingly committed a violation)에만 연대책임을 지고[SA §11(f)(2)(A)가 PSLRA인 SEA §21D(f)를 준용함], 그렇지 않은 경우에는 자신이 초래한 손해에 비례한 책임(proportionate liability)을 지도록 규정함으로써 이들의 책임을 경감하였다.

Ⅴ. 면책사유

1. 상당한 주의의 항변

(1) 의 의

배상의 책임을 질 자가 상당한 주의를 하였음에도 불구하고 이를 알 수 없었음을 증명한 경우에는 배상의 책임을 지지 않는다(法 125조① 단서).

(2) 증명책임

자본시장법 제125조는 증명책임을 전환하여 피고(손해배상채무자)가 자신의 무과실을 증명하도록 하였다. 반면에, 상당한 주의를 한 경우에는 이사의 제3자에 대한 손해배상책임에 관한 상법 제401조의 요건인 중과실이나, 일반불법행위로 인한 손해배상책임에 관한 민법 제750조의 요건인 과실이 인정되지 않으므로

126) 대법원 2021. 6. 10. 선고 2019다226005 판결.

손해배상책임도 발생하지 않는다. 다만, 후자의 두 경우에는 자본시장법상 증명책임 전환규정이 없으므로 원고가 피고의 중과실이나 과실을 증명해야 한다는 점이 다르다.

⑶ 주의의 정도

㈎ 지위에 따른 구분

상당한 주의의 항변을 하기 위해서는 자신의 지위와 특성에 따라 합리적으로 기대되는 조사를 하였으며, 그에 의해 문제된 사항이 진실이라고 믿을 만한 합리적인 근거가 있음을 증명해야 한다.[127] 미국 증권법과 일본 金融商品取引法도 발행관련자들의 면책사유를 개별적으로 규정한다.

㈏ 전문정보와 비전문정보

요구되는 주의의무의 정도를 전문정보인지 여부에 따라 구별한 하급심 판례는, 인수인이 발행회사로부터 제공받은 정보에 대한 적절한 검증을 실시함에 있어 "인수인이 발행회사로부터 제공받은 정보에 대한 적절한 검증을 실시함에 있어 전문가 의견이나 분석이 반영된 정보에 대하여는 그 내용이 진실하지 않다고 의심할 만한 합리적 근거가 없고, 비전문정보에 대하여는 그 내용이 진실하다고 믿을 만한 합리적 근거가 있다면 인수인으로서는 적절한 검증을 하였다고 볼 수 있다."라고 판시한다.[128]

㈐ 발행회사의 사정

발행회사가 자금사정에 어려움을 겪고 있거나 경영이 불투명한 때에는 그렇지 않은 회사에 비하여 더욱 엄격한 조사와 검증을 실시하여 증권신고서 및 투자설명서에 거짓 기재 또는 기재 누락이 없도록 하여야 할 주의의무가 있다.[129]

⑷ 외국 입법례

㈎ 미국 증권법

면책사유인 상당한 주의의 정도는 피고가 전문가(expert)인지 여부와 등록신고서의 부실표시 부분이 전문가 담당부분(expertised portion)인지 여부에 의하여 차이가 있다.[130] 전문가 담당부분의 예로는, 변호사의 법률의견서, 회계사가 감사한 재무정보 등이다.

---

127) 대법원 2002. 9. 24. 선고 2001다9311, 9328 판결.
128) 서울고등법원 2013. 10. 16. 선고 2012나80103 판결.
129) 서울중앙지방법원 2013. 10. 25. 선고 2013가합504531 판결.
130) SA §11(b)(3).

1) 전문가의 전문가 담당부분에 대한 책임 전문가는 자신이 작성한 부분에 대하여, 합리적인 조사를 거쳐 등록신고서의 해당부분에 허위표시나 누락이 없다고 믿을 합리적인 근거가 있고, 실제로 그렇게 믿었음(he had, after reasonable investigation, reasonable ground to believe and actually believed)을 증명하면 면책된다. 따라서 회계사는 회계 및 감사 기능에 있어서 과실 기준(standard of negligence)이 적용된다. 회계사에게 전문가로서 요구되는 기준은 GAAP(generally accepted accounting principles)에 따랐다는 점만으로 충족되는 것은 아니다.[131] 합리적인 근거가 인정되려면, 전문가로서 요구되는 기준(professional standards)에 따라 등록신고서의 기재내용에 대한 합리적인 조사(reasonable investigation)를 해야 한다. 합리적인 조사는 등록신고서의 허위표시 또는 누락에 대하여 알지 못하였다거나 책임있는 임직원에게 문의를 한 정도만으로는 부족하고 자신이 직접 그 진위 여부를 조사해야 한다. 전문가는 담당부분 외의 부분에 대하여는 책임을 지지 않고, 담당부분이 자신이 작성한 내용과 다르거나 자신이 작성한 보고서, 감정서의 내용과 다르다는 것을 증명하면 면책된다.

2) 비전문가의 전문가 담당부분에 대한 책임 비전문가는 전문가 담당부분에 대하여 허위표시나 누락이 있다고 믿을 만한 합리적인 근거가 없었고 실제로 믿지 않았다는 사실을(… he had no reasonable ground to believe and did not believe) 증명하면 면책되므로, 다른 비전문가의 담당부분을 검토하는 경우에 비하여 낮은 수준의 주의의무가 요구된다. 즉, 이 경우 합리적인 조사의무도 없고, 부실표시가 존재한다고 의심할 만한 근거가 없어서 믿지 않았다는 것만 증명하면 면책된다. BarChris 판결에서도 대부분의 비전문가는 전문가담당부분에 대하여 면책되었다. 그러나 전문가 담당부분에 부실표시가 있다고 믿을 만한 합리적인 근거가 있는 경우에는 비전문가도 합리적인 조사를 할 의무가 있다. 발행인의 사외이사로서 등록신고서의 초안을 작성한 변호사라도 작성부분에 대한 인증(certification)을 하지 않은 경우에는 일반적으로 비전문가에 해당한다. 그러나 등록신고서를 작성한 변호사가 사내이사이고 인증까지 한 경우에는 전문가로서 높은 수준의 주의의무를 부담한다. 일반적으로 회계사는 재무제표에 대하여 인증을 하므로 전문가가 되지만, 변호사는 등록신고서를 작성하더라도 통상은 인증을 하

131) U.S. v. Simon, 425 F.2d 796 (2d Cir. 1969).

지 않기 때문에 전문가에 해당하지 않는다.

3) 비전문가의 전문가 담당부분 외의 부분에 대한 책임 비전문가는 전문가 담당부분 외의 부분에 대한 검토시 전문가의 전문가 담당부분에 대한 책임과 같이, 합리적인 조사를 거쳐 등록신고서의 해당부분에 허위표시나 누락이 없다고 믿을 합리적인 근거가 있고 실제로 그렇게 믿었음(he had, after reasonable investigation, reasonable ground to believe and actually believed)을 증명하면 면책된다. 비전문가의 합리적인 조사와 믿음에 대한 합리적 근거에 있어서, 합리성의 기준(standard of reasonableness)은 전문가와 달리 신중한 자(prudent person)가 자기 자신의 재산을 관리하는 경우에(in the management of his own property) 요구되는 정도라 할 수 있는데, 실제로는 발행인과의 관계, 자격, 경력, 정보접근가능성 등에 의하여 다양한 기준이 적용된다. 인수인은 비전문가로서 비전문가담당부분에 대한 검토시, 발행인의 이사나 변호사를 맹신하면 면책될 수 없고 합리적인 조사를 해야 한다. 통상 주간사 인수인이 다른 인수인단(underwriter syndicate)을 위하여 주의의무를 가지고 조사를 하는데, 주간사 인수인의 주의의무 위반시 다른 인수인들도 연대책임을 진다. 사내이사와 집행임원에게 요구되는 주의의무의 수준은 인수인의 그것보다 높다. 그러나 모든 사내이사와 집행임원에게 같은 수준의 주의의무가 요구되는 것은 아니고, 각자의 지위에 따라 다르게 된다. 그러나 이들은 등록신고서의 정확성을 보증하는 지위에 있으므로 면책될 가능성은 크지 않다.[132] 사외이사도 비전문가 담당부분에 대한 주의의무가 요구되지만, 사내이사의 주의의무보다는 낮은 수준이 요구된다. 그러나 사외이사도 이사회에 출석하여 등록신고서 초안을 검토하고 의문사항에 대하여 사내이사나 전문가에게 문의하는 것이 요구되고, 이를 이행하지 않은 경우에는 면책될 수 없다.[133]

(나) 일본 金融商品取引法

金融商品取引法 제21조 제2항은 발행관련자들의 면책사유를 개별적으로 규정한다.

(5) 손해배상채무자별 면책사유

(가) 발 행 인

자본시장법은 제125조 제1항 단서가 규정하는 면책대상에서 발행인을 제외

132) Feit v. Leasco Data Processing Equipment Corp., 332 F.Supp. 544 (E.D.N.Y. 1971).
133) Weinberger v. Jackson, Not Reported in F.Supp., 1990 WL 260676 (N.D.Cal. 1990).

하지 않는다. 그러나 미국과 일본에서는 투자자 보호를 철저히 하기 위하여 발행인에 대하여는 상당한 주의의 항변을 인정하지 않고 엄격책임(strict liability)을 묻고 있다.

(나) 이　사

신고 당시 해당 법인의 이사는 증권신고서상의 중요사항에 대한 허위기재나 누락을 몰랐고, 상당한 주의를 하였더라도 알 수 없었음(선의·무과실)을 증명하면 배상책임이 없다. 여기서 '상당한 주의를 하였음에도 불구하고 이를 알 수 없었음'을 증명한다는 것은 '자신의 지위에 따라 합리적으로 기대되는 조사를 한 후 그에 의하여 거짓의 기재 등이 없다고 믿었고 그렇게 믿을 만한 합리적인 근거가 있었음'을 증명하는 것을 말한다.[134] 이사에게 요구되는 주의의무의 정도는 이사의 회사에서의 지위에 따라 다르다. 예를 들어 상근이사는 사외이사에 비하여, 재무담당이사는 영업담당이사에 비하여 보다 고도의 주의의무가 요구된다. 그러나 실질적인 직무를 수행하지 않은 명목상의 사외이사도 면책을 주장하려면 상당한 주의를 다하였어야 한다.[135] 신고 당시의 이사라 하더라도 신고서의 내용에 이의를 제기하고 서명을 거부한 이사는 면책된다고 보아야 한다.

(다) 공인회계사 및 감정인

공인회계사 등 외부전문가는 증권신고서의 기재내용 중 직접 작성한 부분(감사의견·감사보고서)이 아닌 다른 부분에 대하여는 고의·과실이 없다는 사실을 증명하기 용이할 것이므로 대부분 면책될 것이다. 일본 金融商品取引法도 같은 취지의 규정을 둔다(金商法 21조②2). 그러나, 직접 작성한 부분에 대하여는 업무의 특수성으로 보아 면책사유 증명이 매우 곤란하고, 예외적으로 그 부분의 작성을 위하여 발행인이 외부전문가에게 허위자료를 제공하였고 외부전문가가 허위자료임을 알 수 없었던 경우에만 면책증명이 가능할 것이다. 외감법은 감사인 또는 감사에 참여한 공인회계사가 그 임무를 게을리 하지 아니하였음을 증명하는 경우에는 손해배상책임을 지지 않는다고 규정한다(外監法 31조⑤).

(라) 인 수 인

증권의 공모 절차에서 인수인은 증권신고서나 투자설명서 중 중요사항에 관

134) 대법원 2015. 12. 23. 선고 2015다210194 판결, 대법원 2014. 12. 24. 선고 2013다76253 판결, 대법원 2007. 9. 21. 선고 2006다81981 판결.

135) 대법원 2014. 12. 24. 선고 2013다76253 판결.

하여 거짓기재 또는 기재누락을 방지하는데 필요한 적절한 주의를 기울여야 하고(法 71조 7호, 令 68조⑤4가), 이를 위하여 인수인은 단순히 신주 발행회사가 제공하는 정보에만 의존할 것이 아니라, 선량한 관리자로서의 주의를 가지고 일반정보의 수집, 발행회사와의 면담이나 질문을 통한 추가정보의 확인, 객관적 정보를 제공하는 제3자로부터의 의견 청취 및 발행회사가 제시한 중요자료에 대한 독립적인 검증의 실시 등 개별 정보의 특성에 맞는 합리적인 노력을 기울여야 할 의무가 있다. 이때 인수인이 발행회사로부터 제공받은 정보에 대한 적절한 검증을 실시함에 있어 전문가 의견이나 분석이 반영된 정보, 즉 전문정보에 대하여는 그 내용이 진실하지 않다고 의심할 만한 합리적 근거가 없다면 인수인으로서 적절한 검증을 하였다고 볼 수 있으나, 그렇지 않은 정보, 즉 비전문정보에 대하여는 그 내용이 진실하다고 믿을 만한 합리적 근거가 있어야 인수인으로서 적절한 검증을 하였다고 볼 수 있다.[136]

따라서 인수인은 외부감사인이 감사한 재무서류에 관한 부분에 대하여는 면책사유 증명이 용이할 것이다.[137]

㈒ 매출증권의 소유자

매출증권의 소유자에게는 발행인의 이사와 같은 수준의 주의의무를 요구할 수 없고, 특히 매출증권의 소유자가 발행인에 대한 영향력이나 지배력을 행사할 수 있는 대주주이면 주의의무의 정도가 높지만, 기관투자가의 경우에는 요구되는 주의의무의 정도가 낮을 것이므로 대주주에 비하여 면책사유의 증명이 보다 용이할 것이다.

---

136) 서울남부지방법원 2014. 1. 17. 선고 2011가합18490 판결.

137) [서울지방법원 남부지원 1994. 5. 6. 선고 92가합11689 판결] “기업공개 주간사회사인 증권회사에게 공개예정기업의 재무제표 및 그에 대한 감사보고서가 진실한 것인지 여부를 확인하여야 할 의무가 있다고 하려면, 적어도 주간사회사에게 공개예정기업에 대하여 그 회계장부와 관련 서류의 열람 또는 제출을 요구하고, 그 업무와 자산상태를 조사할 수 있는 권한 또는 별도의 감사인을 선임하여 공개예정기업에 대하여 감사를 할 수 있는 권한이 있다고 볼 수 있어야 할 것인데, 주간사회사에게 위와 같은 권한이 있다고 인정할 아무런 근거규정이 없는 이상 기업공개 주간사회사로서는 공개예정기업이 기업공개의 요건을 갖추었는지 여부를 분석하는 데 필요한 재무사항에 관하여는 주식회사의 외무감사에 관한 법률에 의하여 엄격한 자격기준 및 감사기준이 마련되고, 허위감사에 대한 제재에 의하여 그 진실성이 담보되는 외부감사인의 감사보고서와 그 감사를 받은 재무제표를 진실한 것으로 믿고 이를 기준으로 분석을 하는 것으로 족하다 할 것이고, 더 나아가 위 재무제표 및 감사보고서가 진실한 것인지 여부를 다시 확인하여야 할 의무까지는 없다고 보아야 할 것이다.”

2. 악의의 항변

해당 증권의 취득자가 취득의 청약을 할 때에 부실표시를 안 경우에는 손해배상책임이 면제된다. 증명책임에 관한 명문의 규정은 없지만, 면책을 주장하는 자가 취득자의 악의를 증명할 책임이 있다고 보아야 한다.[138] 판례도 같은 입장이다.[139] 미국 증권법에서도 청구권자가 증권을 매수할 당시에 부실표시 사실을 알고 있었으면 발행인 관련자들은 면책된다.[140] 원고가 증권신고서를 읽어보지도 않았고 나아가 읽어 보았어도 그 내용과 관계없이 다른 사정에 의한 판단에 기하여 반드시 그 증권을 매수하였을 것이라 하더라도 이로써 원고의 악의가 인정되는 것은 아니다. 취득자의 악의는 "취득의 청약을 할 때"를 기준으로 판단하여야 하므로, 취득시에 선의였으면 그 후 어떠한 사정에 의하여 부실표시를 알게 되었다 하더라도 손해배상청구권에는 영향이 없다. 선의가 과실에 의한 것이라 하더라도 마찬가지이다. 일반적으로 취득자에게 공시된 사항에 대하여 그 진위를 조사할 의무까지는 없기 때문에 주의의무의 위반을 살펴볼 필요가 없기 때문이다.

Ⅵ. 예측정보와 손해배상책임

1. 면책대상 발행인과 거래

(1) 면책대상 발행인

예측정보에 관한 면책대상은 자본시장법 제125조 제1항 각 호의 자이다(法 125조②). 즉, 부실표시로 인한 손해배상책임의 주체는 모두 일정한 요건을 갖춘 예측정보에 대하여는 손해에 관하여 배상의 책임을 지지 않는다. 전술한 바와 같

138) 김건식 · 정순섭, 242면.

139) [대법원 2007. 9. 21. 선고 2006다81981 판결] "증권거래법(이하 "법"이라고만 한다) 제186조의5에 의하여 준용되는 법 제14조의 규정을 근거로 주식의 취득자가 사업보고서의 내용을 공시할 당시의 당해 주권상장법인의 이사에 대하여 사업보고서의 허위기재 등으로 인하여 입은 손해의 배상을 청구하는 경우, 배상의무자인 이사가 책임을 면하기 위해서는 자신이 '상당한 주의를 하였음에도 불구하고 이를 알 수 없었음'을 증명하거나 그 유가증권의 취득자가 '취득의 청약시에 그 사실을 알았음'을 입증하여야 하고(제14조① 단서 참조), ..."

140) SA §11(a) "… any person acquiring such security (unless it is proved that at the time of such acquisition he knew of such untruth or omission) may, either at law or in equity, in any court of competent jurisdiction, sue."

이 미국 증권법상으로는 면책규정의 적용이 배제되는 발행인의 범위에 대하여 매우 상세히 규정되어 있지만, 자본시장법은 이와 달리 예측정보의 면책규정이 적용되지 않는 발행인에 대하여는 별도의 명시적인 규정을 두고 있지 않다.

(2) 최초공모 제외

자본시장법 제125조 제3항은 "제2항은 주권비상장법인이 최초로 주권을 모집 또는 매출하기 위하여 증권신고서를 제출하는 경우에는 적용하지 아니한다."고 규정한다.[141] 최초공모(initial public offering: IPO)를 면책거래에서 제외하는 취지는, 증권시장에 대한 공시경험이 없는 회사의 경우 예측정보를 지나치게 많이 포함하여 공시하는 것을 억제함으로써 투자자를 보호하기 위한 것이다. 미국의 SA §27A(b) (2)도 IPO와 관련되는 경우에는 면책규정의 적용대상에서 명시적으로 제외한다.

2. 면책대상 공시자료

(1) 의 의

회사의 경영진이 예측정보를 공시하는 방법으로는, (ⅰ) 법령이 규정하는 공시의무에 따라 감독기관에 제출하는 공시서류에 포함하는 방법과, (ⅱ) 감독기관을 통하지 않고 직접 공시하는 방법이 있다. (ⅱ)의 경우, ⅰ) 기관투자자나 analyst 등을 상대로 하는 투자설명회(IR), ⅱ) 언론매체의 직접취재 또는 분석에 의한 기사, ⅲ) 일반투자자를 상대로 하는 경영진의 발표 등의 방법이 있는데, ⅲ)의 경우도 공개된 장소에서 참석자들을 상대로 하는 예도 있으나 대부분은 언론매체를 통하여 경영진의 발표내용이 투자자에게 전달된다. 그러나 자본시장법상 면책규정이 적용되는 "예측정보"는 "발행인(투자신탁의 수익증권 및 투자익명조합의 지분증권의 경우에는 그 투자신탁 및 투자익명조합)의 미래의 재무상태나 영업실적 등에 대한 예측 또는 전망에 관한 사항으로서, 증권신고서(法 119조③), 투자설명서(法 123조②), 공개매수신고서(法 134조④), 사업보고서(法 159조⑥) 등에 기재 또는 표시된 것"에 한하고, 그 외의 서류에 의하거나 위 (ⅱ)와 같이 경영진이 직접 공시하는 경우에는 면책대상이 될 수 없다.[142]

141) 이는 2004년 증권거래법 개정시 도입된 제도이다.

142) 미국 증권법상으로는 구두에 의한 예측공시도 일정 요건 하에 손해배상책임의 면제가 인정된다.

(2) 구두에 의한 예측정보

자본시장법상 투자설명서의 개념은, 구두에 의한 예측정보의 개념과 그에 대한 면책을 인정하는 미국 증권법과는 달리, 반드시 서면임을 요한다. 따라서 투자설명서의 개념에 대한 실질설과 형식설 어느 것에 의하더라도 구두에 의한 설명은 투자설명서의 개념에 해당할 수 없다.

(3) 공개매수신고서

구 증권거래법은 예측정보를 공개매수신고서에도 기재 또는 표시할 수 있도록 허용하고(法 21조③), 손해배상책임에 관한 제14조 제1항은 준용하면서도(法 25조의3①),[143] 공개매수신고서에 예측정보가 부실표시된 경우에 이에 대한 민사책임의 면책특례규정인 제14조 제2항을 준용하는 규정을 명시하고 있지 않으므로 공개매수의 경우에는 면책특례의 적용이 배제된다고 해석되었다. 이러한 규정의 취지에 대하여, 공개매수신고서에 대상회사에 대한 예측정보의 공시남용으로 대상회사의 주주의 주식매도를 위한 투자판단상 혼란을 초래할 수 있고, 그 결과 대상회사의 경영권이전에 따른 투자위험이 있는 점을 우려한 때문이라는 것이 일반적인 해석이었지만,[144] 논란의 대상이 되었던 규정이다. 그러나 자본시장법은 공개매수자 등의 배상책임에 관한 제142조 제2항에서 제125조 제2항과 동일한 내용의 규정을 둠으로써 입법적으로 논란을 해결하였다.[145]

---

143) [구 증권거래법 제25조의3(공개매수자의 배상책임)]
① 제14조 제1항의 규정은 다음 각 호의 자가 공개매수신고서 및 그 공고, 제23조의2의 규정에 의한 정정신고서 및 그 공고와 공개매수설명서와 관련하여 응모주주에게 끼친 손해에 관하여 이를 준용한다.

144) 송종준, "예측정보의 부실공시와 민사책임구조", 증권법연구 제1권 제1호, 한국증권법학회(2000), 26면.

145) [法 제142조]
② 예측정보가 다음 각 호에 따라 기재 또는 표시된 경우에는 제1항에 불구하고 제1항 각 호의 자는 그 손해에 관하여 배상의 책임을 지지 아니한다. 다만, 응모주주가 주식등의 응모를 할 때에 예측정보 중 중요사항에 관하여 거짓의 기재 또는 표시가 있거나 중요사항이 기재 또는 표시되지 아니한 사실을 알지 못한 경우로서 제1항 각 호의 자에게 그 기재 또는 표시와 관련하여 고의 또는 중대한 과실이 있었음을 증명한 경우에는 배상의 책임을 진다.
1. 그 기재 또는 표시가 예측정보라는 사실이 밝혀져 있을 것
2. 예측 또는 전망과 관련된 가정 또는 판단의 근거가 밝혀져 있을 것
3. 그 기재 또는 표시가 합리적 근거 또는 가정에 기초하여 성실하게 행하여졌을 것
4. 그 기재 또는 표시에 대하여 예측치와 실제 결과치가 다를 수 있다는 주의문구가 밝혀져 있을 것

3. 예측정보의 기재, 표시 방법

(1) 의 의

자본시장법 제125조 제2항은 배상의무자가 손해배상책임을 면하기 위하여는 예측정보가 다음의 4가지 방법에 의하여 기재 또는 표시되어야 한다고 규정한다.146)

(가) 예측정보 명시(제1호)

"그 기재 또는 표시가 예측정보라는 사실"이 밝혀져 있어야 한다.

투자자로 하여금 과거의 확정된 정보로 오해하지 않도록 하기 위한 것이다.147)

(나) 가정, 판단의 근거(제2호)

"예측 또는 전망과 관련된 가정이나 판단의 근거"가 밝혀져 있어야 한다.

예측정보는 그 성격상 지나치게 낙관적인 내용, 더 나아가 허풍 수준의 내용이 될 가능성이 있으므로 공시자가 사전에 이러한 부실표시를 피하도록 하기 위한 것이다.148)

(다) 합리적 근거, 성실성(제3호)

"그 기재 또는 표시가 합리적 근거나 가정에 기초하여 성실하게 행하여졌을 것"이 요구된다.149) 따라서, 합리성과 성실성의 두 가지 요건을 모두 갖추어야 면책규정이 적용된다. 이러한 합리성과 성실성이 인정되는 한 예측정보와 다른 결과가 발생한 것만으로는 책임이 인정되지 않는다. 합리성 결여의 예로는 지나치게 낙관적인 전망을 들 수 있다. 기재 또는 표시 당시 합리성과 성실성이 존재하는 경우 예측 자체를 후에 변경한 것만으로는 책임이 발생하지 않는다. 그러

---

146) 예측정보의 기재 또는 표시는 i) 그 기재 또는 표시가 예측정보라는 사실이 밝혀져 있고, ii) 예측 또는 전망과 관련된 가정이나 판단의 근거가 밝혀져 있고, iii) 그 기재 또는 표시에 대하여 예측치와 실제 결과치가 다를 수 있다는 주의문구가 밝혀져 있어야 하므로(法 119조③, 125조②1·2 및 4), 제125조 제2항의 면책사유 중 제3호는 기재 또는 표시방법이 아니기 때문에 제외된 것이다.

147) PSLRA의 "피고가 예측정보와 다른 결과를 가져올 수 있는 중요한 요소를 열거하면서(identifying important factors that could cause actual results to differ materially from those in the forward-looking statement)"의 규정과 같은 취지이다[SA §27A(c)(1)(A)(i)].

148) 전술한 바와 같이, 자본시장법은 "예측 또는 전망과 관련된 가정이나 판단의 근거"를 면책을 위한 기재 또는 표시방법으로 규정하는 반면, PSLRA는 예측정보와 관련된 가정(assumptions)도 예측정보의 범위에 속하는 것으로 규정한다.

149) SEC Rule 175, Rule 3b-6도 "기재내용이 합리적 근거에 기하지 않았거나 성실하지 않게 공시된 경우(such statement was made without a reasonable basis or was disclosed other than in good faith)"에만 책임을 진다는 면책규정을 두고 있다.

나, 새로운 정보로 인하여 기존의 예측정보가 합리성을 유지할 수 없는 경우에는 예측정보를 갱신할 의무가 있다고 할 것이다.

(라) 주의문구(제4호)

"그 기재 또는 표시에 대하여 예측치와 실제 결과치가 다를 수 있다는 주의문구가 밝혀져 있을 것"이 요구된다. 이는 미국의 판례에서 채택되고 PSLRA에 의하여 성문화된 "주의표시의 원칙(bespeaks caution doctrine)"을 도입한 것이다. 자본시장법 규정상 명시되어 있지는 않지만, 주의표시원칙은 "의미 있는(meaningful)" 주의문구에만 적용된다고 보아야 한다.[150] 기재 또는 당시 이미 가능성이 희박하다는 것을 배상의무자가 알고 있었던 경우의 예측정보에 대하여는 주의표시원칙이 적용되지 않는다.

(2) 민사책임과 형사책임에서의 차이

자본시장법 제119조 제3항은 예측정보의 기재, 표시 방법에 관하여, "제125조 제2항 제1호·제2호 및 제4호의 방법"에 따라야 한다고 규정하고, 공개매수신고서와 사업보고서에 관하여도 동일한 취지로 규정한다.[151] 제125조 제2항은 예측정보로 인한 손해배상책임을 면제받기 위한 요건으로서, 그 기재 또는 표시 방법을 규정하므로, 예측정보로 인한 손해배상책임이 면제되려면 제1호 내지 제4호의 방법이 모두 구비되어야 한다. 예측정보의 기재, 표시 방법에 관한 제119조 제3항과 배상의무자가 손해배상책임을 면하기 위한 제125조 제2항의 규정상의 차이를 보면, 제119조 제3항은 제125조 제2항의 제1호 내지 제4호 중 제3호(그 기재 또는 표시가 합리적 근거나 가정에 기초하여 성실하게 행하여졌을 것)는 예측정보의 기재 또는 표시방법에서 제외하고 있다. 한편, 제444조 제12호는 "제119조(제5항 제외)를 위반하여 증권을 모집 또는 매출한 자"는 5년 이하의 징역 또는 2억원 이하의 벌금에 처한다고 규정한다. 따라서, 이상의 규정을 종합하여 보면,

150) PSLRA는 "피고가 예측정보와 다른 결과를 가져올 수 있는 중요한 요소를 열거하면서 의미 있는 주의문구를 담은 경우(meaningful cautionary statements identifying important factors that could cause actual results to differ materially from those in the forward-looking statement)"라고 명시적으로 규정한다[§27A(c)(1)(A)(i)].

151) 자본시장법 제134조 제4항도 "공개매수자는 공개매수신고서에 그 주식등의 발행인의 예측정보를 기재 또는 표시할 수 있다. 이 경우 예측정보의 기재 또는 표시는 제125조 제2항 제1호·제2호 및 제4호의 방법에 따라야 한다."고 규정하고, 사업보고서에 관한 제159조 제6항도 "사업보고서 제출대상법인은 사업보고서에 그 법인의 예측정보를 기재 또는 표시할 수 있다. 이 경우 예측정보의 기재 또는 표시는 제125조 제2항 제1호·제2호 및 제4호의 방법에 따라야 한다."고 규정한다.

ⅰ) 형사책임에 있어서는 제444조가 제119조 위반을 대상으로 하므로 예측정보의 기재 또는 표시에 있어서 위 제3호의 방법에 의하지 않더라도 형사처벌대상이 아니고, ⅱ) 민사손해배상책임에 있어서는 제125조 제2항이 적용되므로 위 제3호의 방법도 구비되어야 면책된다.

4. 면책사유

(1) 취득자의 악의

(가) 의 의

자본시장법 제125조 제2항 단서는 "다만, 그 증권의 취득자가 취득의 청약시에 예측정보 중 중요사항에 관하여 거짓의 기재 또는 표시가 있거나 중요사항이 기재 또는 표시되지 아니한 사실을 알지 못한 경우로서 제1항 각 호의 자에게 그 기재 또는 표시와 관련하여 고의 또는 중대한 과실이 있었음을 증명한 경우에는 배상의 책임을 진다."고 규정한다. 이러한 책임요건상, 취득자의 악의는 배상의무자의 면책사유가 된다. 통상의 부실표시에 관한 제125조 제1항 단서도 "다만, … 그 증권의 취득자가 취득의 청약을 할 때에 그 사실을 안 경우에는 배상의 책임을 지지 아니한다."고 규정하므로, 그 규정방식은 다르지만 예측정보에 대한 면책사유와 동일한 취지로 규정한다. 제125조 제2항 단서의 규정상 취득자의 선의와 배상의무자의 고의 또는 중과실이 모두 구비되어야 배상의무자의 책임이 발생하므로, 배상의무자는 고의 또는 중과실이 있다 하더라도 취득자가 악의이면 면책된다. 취득자의 악의는 취득시를 기준으로 판단하여야 하므로 취득자가 취득시에 허위나 누락에 대하여 선의였으면, 그 후 어떠한 사정에 의하여 이를 알게 되었다 하더라도 손해배상청구권에는 영향이 없다. 취득자에게는 선의만 요구되므로 과실이 있는 경우에도 면책규정이 적용되지 않는다. 일반적으로 취득자에게 공시된 사항에 대하여 그 진위를 조사할 의무까지는 없기 때문에 주의의무의 위반을 살펴볼 필요가 없기 때문이다. 다만, 상법의 손해배상책임규정의 해석에 있어서 일반적으로 중과실은 악의와 동일시하므로, 취득자에게 중과실이 있는 경우에는 악의와 동일하게 보아야 할 것이다.

(나) 증명책임

자본시장법 제125조 제1항 단서는 "다만, … 그 증권의 취득자가 취득의 청약을 할 때에 그 사실을 안 경우에는 배상의 책임을 지지 아니한다."라고 규정하고, 예측정보에 관한 제125조 제2항 단서도 "다만, 그 증권의 취득자가 취득의 청약 시에 예측정보 중 중요사항에 관하여 거짓의 기재 또는 표시가 있거나 중요사항이 기재 또는 표시되지 아니한 사실을 알지 못한 경우로서 …"라고 규정한다. 즉, 자본시장법은 배상의무자의 면책사유인 상당한 주의 또는 선의, 무중과실에 대하여는 확정된 정보인 경우와(배상의무자), 예측정보인 경우(취득자)에 대하여 증명책임을 명시적으로 규정한다. 그러나 취득자의 악의에 대한 증명책임에 대하여는 두 가지 경우에 모두 누가 증명책임을 부담하는지에 대하여 명시적으로 규정하지 않고 있다. 증명책임은 법규적용의 전제인 요증사실(要證事實)의 부존재로 법규를 적용할 수 없을 때 당사자가 입을 불이익 또는 불이익의 위험이다. 즉, 요증사실의 존부가 미확정시(진위불명) 해당 사실이 부존재로 취급되어 법률판단을 받게 되는 당사자 일방의 위험 또는 불이익을 말한다.[152] 증명책임의 분배에 있어서 명문의 규정이 없는 경우 통설인 법률요건분류설에 따르면 권리근거사실(권리근거규정의 요건사실), 권리소멸사실(권리소멸사실의 요건사실), 불공정한 법률행위, 통정허위표시 등과 같은 권리장애사실(권리장애규정의 요건사실) 등은 각각 이를 주장하는 자가 그 사실에 대한 증명책임을 부담한다. 따라서, 이와 같은 증명책임의 법리상 면책사유는 면책을 주장하는 배상의무자에게 있다고 해석하여야 하므로, 취득자의 악의는 확정된 정보, 예측정보의 경우에 모두 배상의무자가 증명할 책임을 진다고 보아야 한다.[153] 미국와 일본에서도 배상책임자가 취득자의 악의를 증명하면 면책된다.

(2) 배상의무자의 선의 · 무중과실

(가) 의　　의

자본시장법 제125조 제2항 단서는 "다만, 그 증권의 취득자가 … 제1항 각호의 자에게 그 기재 또는 표시와 관련하여 고의 또는 중대한 과실이 있었음을 증명한 경우에는 배상의 책임을 진다."고 규정한다. 따라서, 이러한 규정상 배상의무자의 선의, 무중과실이 면책사유가 된다.

(나) 증명책임

위와 같이 예측정보에 관한 제125조 제2항 단서는 증권의 취득자가 배상의

---

152) 강현중, 「민사소송법(제6판)」(박영사, 2004), 528면, 이시윤, 「신민사소송법(제4판)」(박영사, 2008), 478면.

153) 同旨: 김정수, 468면.

무자의 고의 또는 중과실에 대한 증명책임이 있다고 규정하나, 통상의 부실표시에 관한 제125조 제1항 단서는 "다만, 배상의 책임을 질 자가 상당한 주의를 하였음에도 불구하고 이를 알 수 없었음을 증명하거나 … 경우에는 배상의 책임을 지지 아니한다."고 규정한다. 제125조 제1항과 제2항의 각 단서 규정을 비교하여 보면, 일반적인 공시사항에 관하여는 배상의무자(피고)가 부실표시에 대한 과실 없음을 증명할 책임을 부담하고, 예측정보에 관하여는 증권의 취득자(원고)가 부실표시와 관련한 피고의 고의 또는 중과실 있음을 증명할 책임을 부담한다. 즉, 통상의 부실표시에 대하여는 민법상 일반불법행위책임과 달리 배상의무자(피고)가 과실의 부존재를 증명할 책임을 지도록 증명책임을 전환하면서도, 예측정보에 대한 부실표시에 관하여는 증명책임을 전환하지 않고 취득자(원고)가 피고의 고의 또는 중과실을 증명하도록 한다. 증명책임상의 이러한 차이로 인하여 예측정보의 부실표시에 대한 책임이 인정되는 범위는 매우 좁아지는데, 이는 예측정보의 부실표시에 대한 책임을 완화하여 예측정보의 자발적 공시를 적극적으로 장려하기 위한 입법정책에 기인한 것으로 볼 수 있다.

Ⅶ. 손해배상액의 범위와 산정방법

1. 손해인과관계

㈎ 손해액 추정 규정

자본시장법은 손해배상할 금액을 청구권자가 해당 증권을 취득함에 있어서 실제로 지급한 금액에서 다음 금액을 뺀 금액으로 추정한다(法 126조①).[154]

1. 손해배상을 청구하는 소송의 변론이 종결될 때의 그 증권의 시장가격(시장가격이 없는 경우에는 추정처분가격)
2. 변론종결 전에 그 증권을 처분한 경우에는 그 처분가격

투자자가 민법상 불법행위에 기한 손해배상을 청구하는 경우에는 위와 같은 추정규정이 적용되지 않고 불법행위의 법리가 적용된다. 따라서 판례가 채택하고 있는 차액설에 의하여 불법행위 유무에 따른 재산상태 차액(즉, 실제 매수가액에

154) 사업보고서와 감사보고서의 거짓 기재로 인한 손해배상책임에 관한 제162조 제3항, 제170조 제2항의 규정과 동일하다.

서 허위기재 등이 없는 경우의 정상가격을 뺀 금액)이 손해에 해당하고, 다른 특별한 사정이 없는 한 배상책임의 범위도 이를 기초로 정한다. 그 결과 거래인과관계 등과 같은 불법행위의 요건을 모두 증명할 수 있다면 불법행위에 기한 손해배상을 청구하는 것이 유리한 경우도 있을 수 있다.

(나) 증명책임

배상책임을 질 자는 청구권자가 입은 손해액의 전부 또는 일부가 중요사항에 관하여 거짓의 기재 또는 표시가 있거나 중요사항이 기재 또는 표시되지 아니함으로써 발생한 것이 아님을 증명한 경우에는 그 부분에 대하여 배상책임을 지지 아니한다(法 126조②). 이와 같이 손해인과관계에 대한 증명책임이 전환되어 배상책임자가 손해인과관계의 부존재를 증명할 책임을 부담하므로, 배상청구권자는 손해인과관계의 존재를 증명할 필요가 없다. 즉, 증권의 취득자는 증권신고서나 투자설명서에 중요사항에 관하여 부실표시가 존재하는 사실과 자신이 손해를 입은 사실만 증명하면 되고, 중요사항에 관하여 부실표시와 손해 간의 인과관계의 존재를 증명할 책임이 없다(나아가 피고의 고의 또는 과실에 대하여도 뒤에서 보는 바와 같이 증명책임이 전환되므로 원고가 증명할 필요가 없다).

(다) 증명방법

손해인과관계의 부존재의 증명은 직접적으로 문제된 당해 허위공시 등 위법행위가 손해 발생에 아무런 영향을 미치지 아니하였다는 사실이나 부분적으로만 영향을 미쳤다는 사실을 증명하는 방법 또는 간접적으로 문제된 당해 허위공시 등 위법행위 이외의 다른 요인에 의하여 손해의 전부 또는 일부가 발생하였다는 사실을 증명하는 방법으로 가능하다. 판례는 손해액 추정조항의 입법 취지에 비추어 볼 때 예컨대 허위공시 등의 위법행위 이후 매수한 주식의 가격이 하락하여 손실이 발생하였는데 그 가격 하락의 원인이 문제된 당해 허위공시 등 위법행위 때문인지 여부가 불분명하다는 정도의 증명만으로는 위 손해액의 추정이 깨어진다고 볼 수 없다는 입장이다.[155]

2. 변론종결 당시 증권을 소유한 경우

변론종결시의 증권의 시장가격(시장가격이 없는 경우에는 추정처분가격)을 기

155) 대법원 2007. 9. 21. 선고 2006다81981 판결, 대법원 2007. 10. 25. 선고 2006다16758, 16765 판결.

준으로 하는 것은 민사소송절차를 염두에 둔 것인데, 이와 관련하여 항소심 변론 종결시까지 장기간이 소요되는 경우에 여러 가지 요인이 주가에 반영되고, 자본시장법 제126조 제2항의 책임제한규정이 있지만 피고의 증명이 용이하지 않다는 문제가 있으므로 제소시를 기준으로 하는 것이 타당하다는 견해도 있다. 그러나 제소시를 기준으로 하는 경우에는 원고가 주가수준을 고려하여 가장 유리한 때에 제소하게 되어 지나치게 원고에게 유리하다는 문제가 있다. 미국 SA §11 (e)(1)은 "제소시의 가치(the value thereof as of the time such suit was brought)"로 규정하고,[156] 일본 金融商品取引法 제19조 제1항 제1호도 "손해배상을 청구하는 때의 시장가액"이라고 규정한다.

다만, 증권신고서의 거짓 기재 사실이 밝혀진 이후 그로 인한 충격이 가라앉고 허위정보로 인하여 부양된 부분이 모두 제거되어 일단 정상적인 주가가 형성되면 정상주가 형성일 이후의 주가변동은 특별한 사정이 없는 한 증권신고서의 거짓 기재와 인과관계가 없으므로, 정상주가 형성일 이후에 주식을 매도하였거나 변론종결일까지 계속 보유 중인 사실이 확인되는 경우 자본시장법 제126조 제1항이 정하는 손해액 중 정상주가와 실제 처분가격(또는 변론종결일의 시장가격)의 차액 부분에 대하여는 손해인과관계 부존재의 증명이 있다고 보아야 하고, 이 경우 손해액은 계산상 매수가격에서 정상주가 형성일의 주가를 공제한 금액이 된다.[157]

3. 변론종결 전에 증권을 처분한 경우

손해배상청구권자가 해당 증권을 취득함에 있어서 실제로 지급한 금액에서 그 처분가격을 공제한 금액이 손해배상액으로 추정된다. 처분 후 시장가격의 변

156) 배상액 산정의 구체적인 방법으로는 증권의 매수가격(amount paid for the security)에서, i) 판결시까지 증권을 보유하는 경우에는 소제기시의 가격을 공제한 차액, ii) 소제기 이전에 증권시장에서 처분한 경우에는 처분가격을 공제한 차액, iii) 소제기 이후 판결 이전에 처분한 경우에는 처분가격을 공제한 차액으로 하되, iii)의 배상액은 i)의 배상액을 초과할 수 없다. 증권의 매수가격은 발행가액을 초과할 수 없으므로, 원고가 증권의 공모 후 발행가액보다 높은 가격으로 증권을 매수한 경우에도 발행가액을 기준으로 배상액을 산정한다. 만일 소제기시의 가격이 투매(panic selling)로 인하여 비정상적인 수준에서 형성된 경우 법원이 이를 고려하여 가격을 조정할 수도 있고, 소제기 후 증권의 시장가격이 상승하더라도 원고는 손해를 줄이기 위하여 증권을 매도할 의무는 없다.

157) 대법원 2016. 12. 15. 선고 2015다243163 판결(사업보고서, 감사보고서의 거짓 기재에 관한 사안이다).

동은 배상액 산정에 영향을 주지 않는다. 여기서 처분가격은 공개시장에서의 처분가격만을 가리키지 않고 장외시장, 대면거래에서의 처분가격도 이에 해당한다. 물론 지나치게 저가에 처분한 경우에는 피고가 신의칙위반을 이유로 배상액의 감경을 주장할 수도 있겠으나 실제로 신의칙위반으로 인정될 경우는 별로 없을 것이다.

4. 과실상계와 책임제한

(1) 과실상계

판례는 발행공시의무 위반에 관한 손해배상청구소송에서 민법상 불법행위를 청구원인으로 하는 소송뿐 아니라 자본시장법상의 소송에서도 손해배상책임의 범위를 정함에 있어서 과실상계 또는 공평의 원칙에 기한 책임제한을 적용하는 경우가 많다.[158]

투자자가 자금사정이나 재무상태에 문제가 있다는 점이 알려진 회사의 주식을 취득하였다는 사정과 주가가 계속 하락하였음에도 그 중간의 적당한 때에 증권을 처분하지 아니하고 매도를 늦추어 매도가격이 낮아졌다는 사정 등은 과실상계의 사유가 될 수 없다.[159]

또한 공동불법행위책임은 가해자 각 개인의 행위에 대하여 개별적으로 그로 인한 손해를 구하는 것이 아니라 가해자들이 공동으로 가한 불법행위에 대하여 그 책임을 추궁하는 것이므로, 공동불법행위로 인한 손해배상책임의 범위는 피해자에 대한 관계에서 가해자들 전원의 행위를 전체적으로 함께 평가하여 정하여야 하나, 이는 과실상계를 위한 피해자의 과실을 평가함에 있어서 공동불법행위

---

158) 대법원 2020. 2. 27. 선고 2019다223747 판결.

159) [대법원 2007. 10. 25. 선고 2006다16758, 16765 판결] "허위공시 등의 위법행위로 인하여 주식 투자자가 입은 손해의 배상을 구하는 사건에 있어서 자금사정이나 재무상태에 문제가 있다는 점이 알려진 회사의 주식을 취득하였다는 사정은 투자자의 과실이라고 할 수 없고, 또한 재무상태가 공시내용과 다르다는 사실이 밝혀진 후 정상주가를 형성하기 전까지 주가가 계속 하락하였음에도 그 중간의 적당한 때에 증권을 처분하지 아니하고 매도를 늦추어 매도가격이 낮아졌다는 사정은 장래 시세변동의 방향과 폭을 예측하기 곤란한 주식거래의 특성에 비추어 특별한 사정이 없는 한 과실상계의 사유가 될 수 없을 뿐만 아니라, 정상주가가 형성된 이후의 주가변동으로 인한 매도가격의 하락분은 일반적으로 허위공시와의 인과관계 자체를 인정할 수 없어 손해배상의 대상에서 제외될 것이고 그 경우 그 주가변동에 관한 사정은 손해에 아무런 영향을 주지 못하므로 이 단계에서 주식의 매도를 늦추었다는 사정을 과실상계의 사유로 삼을 수도 없다."

자 전원에 대한 과실을 전체적으로 평가해야 한다는 것이지, 공동불법행위자 중에 고의로 불법행위를 행한 자가 있는 경우에는 피해자에게 과실이 없는 것으로 보아야 한다거나 모든 불법행위자가 과실상계의 주장을 할 수 없게 된다는 의미는 아니다.[160]

(2) 책임제한

과실상계는 그 적용에 있어서 법리상의 제한이 있으므로 판례는 제125조, 제126조가 적용되는 손해배상청구소송에서도 일반불법행위에 기한 소송에서와 같이 신의칙 내지 공평의 원칙에 기한 책임제한의 법리를 광범위하게 인정하여 왔다.[161] 또한 판례는 원래 미국의 증권법판례에서 발전해 온 시장에 대한 사기이론(fraud on the market theory)을 민법상 불법행위에 기한 손해배상소송에서도 적용해 오고 있는데,[162] 자본시장법상의 손해배상책임과 민법상 불법행위에 기한 손해배상책임은 동일한 사실관계를 기초로 그 법률구성만 달리 한 것이라는 시각

---

160) 대법원 2020. 2. 27. 선고 2019다223747 판결.

161) [대법원 2007. 10. 25. 선고 2006다16758, 16765 판결] "주식 가격의 변동요인은 매우 다양하고 여러 요인이 동시에 복합적으로 영향을 미치는 것이기에 어느 특정 요인이 언제 어느 정도의 영향력을 발휘한 것인지를 가늠하기가 극히 어렵다는 점을 감안할 때, 허위공시 등의 위법행위 이외에도 매수시점 이후 손실이 발생할 때까지의 기간 동안의 당해 기업이나 주식시장의 전반적인 상황의 변화 등도 손해 발생에 영향을 미쳤을 것으로 인정되나, 성질상 그와 같은 다른 사정에 의하여 생긴 손해액을 일일이 증명하는 것이 극히 곤란한 경우가 있을 수 있고, 이와 같은 경우 손해분담의 공평이라는 손해배상제도의 이념에 비추어 그러한 사정을 들어 손해배상액을 제한할 수 있다."

[대법원 2015. 12. 23. 선고 2015다210194 판결] "불법행위로 인한 손해의 발생 또는 확대에 관하여 피해자에게도 과실이 있거나 가해자의 책임을 제한할 사유가 있는 때에는 가해자의 손해배상의 범위를 정함에 있어 당연히 이를 참작하여야 하고, 다만 가해행위가 사기,횡령, 배임 등의 영득행위인 경 우 등 과실상계나 책임의 제한을 인정하게 되면 가해자로 하여금 불법행위로 인한 이 익을 최종적으로 보유하게 하여 공평의 이념이나 신의칙에 반하는 결과를 가져오는 경우에만 예외적으로 과실상계나 책임의 제한이 허용되지 않는다. 사채(社債) 발행과 관련한 자본시장법 제125조, 제126조에 의한 손해배상청구소송에서 사채 발행회사의 신용위험이나 사채 가격의 변동요인은 매우 다양하고 여러 요인이 동시에 복합적으로 영향을 미치는 것이어서 어느 특정 요인이 언제 어느 정도의 영향력을 발휘한 것인지를 가늠하는 것이 극히 어렵다는 점을 감안할 때, 증권신고서에 거짓의 기재를 하는 등의 위법행위 외에 사채의 취득시점 이후 손실이 발생할 때까지의 기간 동안 발행회사나 채권시장의 전반적인 상황 변화, 경기 변동 등도 손해 발생에 영향을 미친 것으로 인정되는 경우, 그러한 사정에 의하여 생긴 손해액을 일일이 증명 하는 것이 성질상 곤란한 점에 비추어 그러한 사정을 들어 손해배상액을 제한할 수 있다고 봄이 타당하다. 그리고 과실상계 또는 책임제한사유에 관한 사실인정이나 그 비율을 정하는 것은 원칙적으로 사실심의 전권사항이지만, 그것이 형평의 원칙에 비추어 현저히 불합리하여서는 안된다."

162) 대법원 1997. 9. 12. 선고 96다41991 판결.

에서 본다면 반드시 서로 다른 법리를 적용하여야 할 것은 아니라고 볼 수 있다.

한편, 판례는 주식가격의 변동요인이 매우 다양하고 여러 요인이 동시에 복합적으로 영향을 미치는 것이므로 어느 특정 요인이 언제 어느 정도의 영향력을 발휘한 것인지를 가늠하기가 극히 어려운 사정을 감안하면, 증권신고서나 투자설명서의 거짓 기재 이외에 주식을 취득할 때부터 손실이 발생할 때까지의 발행회사나 주식시장의 전반적인 상황 변화 등도 손해 발생에 영향을 미쳤음이 인정되나 성질상 그로 인한 손해액을 일일이 증명하는 것이 극히 곤란한 경우에도 그러한 사정을 들어 손해배상액을 제한할 수 있다는 입장이다.[163]

5. 지연손해금

불법행위로 인한 손해배상채무에 대하여는 원칙적으로 별도의 이행 최고가 없더라도 공평의 관념에 비추어 불법행위로 그 채무가 성립함과 동시에 지연손해금이 발생한다.[164] 그런데 판례는 증권신고서·투자설명서의 중요사항에 관한 부실 기재로 인한 손해배상책임은 민법상 불법행위책임과는 별도로 인정되는 법정책임이지만[165] 그 실질은 민법상 불법행위책임과 같다는 이유로 손해배상채무의 지연손해금의 발생시기도 민법상 불법행위책임에 기한 손해배상채무의 경우와 같다는 입장이다.[166]

6. 관련 문제

주주우선배정원칙에 따라 유상증자결과 유상청약한 주주가 종전부터 보유해오던 주식과 유상증자로 신규발행된 주식을 함께 보유하다가, 그 중 일부를 변론종결 전에 처분한 경우 현재의 증권예탁제도상 이를 종전보유지분이 처분된 것인지 아니면 신규취득지분이 처분된 것인지 구분할 수 없다는 문제가 있다(유통시장에서 주식을 취득한 경우에는 자본시장법상의 손해배상을 청구할 수 없어도 민법상의 일반불법행위에 기한 손해배상은 청구할 수 있다). 이 경우 취득자가 종전보유지분과 신규취득지분을 변론종결 전에 전부 한꺼번에 처분하거나 변론종결 당시까지 모두 보유하고 있는 경우가 아니면 처분가격과 변론종결시의 시장가격의

163) 대법원 2020. 2. 27. 선고 2019다223747 판결.
164) 대법원 2011. 1. 13. 선고 2009다103950 판결.
165) 대법원 1998. 4. 24. 선고 97다32215 판결.
166) 대법원 2015. 11. 27. 선고 2013다211032 판결.

높고 낮음에 따라 손해배상의무자 또는 손해배상청구권자 어느 일방에게 불리하게 되지만, 헌법재판소는 위헌이 아니라고 결정하였다.[167] 그리고, 증권의 취득을 위하여 실제로 지급한 액(취득가액)에서 시장가격 또는 처분가격을 공제한 금액을 손해액으로 산정하므로, 만일 취득가액 보다 시장가격 또는 처분가격이 높으면 아무리 피고가 위법행위를 하였어도 손해가 없는 것이 된다. 또한, 청구권자가 증권을 취득한 후 배당금(주식) 또는 이자(채권)와 같은 직접과실(direct product)을 수령한 경우에는 손해배상의 법리상 이를 취득가액에서 공제해야 한다. 그러나 청구권자가 증권의 취득으로 세법상의 혜택(소득공제 또는 세액공제)을 받은 경우에는[168] 이를 직접과실로 볼 수 없으므로 공제대상으로 볼 수 없다.[169]

Ⅷ. 거래인과관계

1. 의 의

위법행위로 인하여 피해자가 일정한 거래를 하였을 때 위법행위와 거래 사이에 거래인과관계(transactional causation)가 있다고 한다. 즉, 취득자가 부실한 공시서류의 내용을 진실한 것으로 신뢰하고 증권을 취득한 경우에 거래인과관계

167) [헌법재판소 2003. 12. 18.자 2002헌가23 결정] "사업보고서의 허위기재를 이유로 하는 손해배상청구소송에서, 피고들은 증권거래법 제186조의5에 의하여 준용되는 같은 법 제15조① 이 헌법에 위배되어 무효라고 주장하면서 위헌심판제청신청을 하여, 법원이 위 신청을 받아들여 위헌심판제청결정을 하였다. 이에 헌법재판소는 "손해발생 대상의 특정은 증권거래법상의 손해배상책임이든 민법상의 일반불법행위책임이든 불문하고 모든 손해배상책임에 있어서 꼭 필요하다. 이 사건에서 문제가 된 부실공시로 인한 손해배상책임은, ① '손해배상을 구하는 유가증권의 특정(손해배상을 구하는 유가증권이 수회에 걸쳐 취득한 동일회사의 동종 유가증권 중 언제 취득한 유가증권인지의 특정)', ② '특정된 유가증권의 취득가액, 변론종결시의 시장가격(또는 변론종결 전의 처분가격)의 확정', ③ '손해배상액의 산정'이라는 세 과정을 거쳐야 하는바, '손해배상을 구하는 유가증권이 언제 취득한 유가증권인지'를 입증하는 문제는 손해배상액 산정규정인 위 규정이 적용되기 이전 단계의 문제로서 위 규정과는 직접적인 관련이 없으므로, 그와 같은 입증이 불가능하다는 문제 역시 위 규정이 규율하는 범위 밖의 것이다. 또한 이 사건에서 법관이 손해가 발생한 유가증권을 특정함에 있어 어떤 해석방법을 취하느냐에 따라 손해배상의 액수가 달라질 수 있지만, 이것은 손해가 발생한 유가증권이 어느 유가증권인지를 결정하는 것에 관한 해석론 즉, 위 ① 단계에서의 해석론에 의해 좌우된 결과일 뿐, 위 손해배상액 산정규정에 의하여 야기된 문제가 아니다. 그렇다면 위 규정은 손해배상청구권자나 손해배상의무자의 재산권을 침해하는 것이라 할 수 없다"고 합헌결정을 하였다.

168) 벤처기업육성에 관한 특별조치법 제14조, 조세특례제한법 제6조.

169) 황동욱, 156면.

가 인정된다. 거래인과관계는 "신뢰" 및 "신뢰에 기한 거래"로 구성되지만, 일반적으로 "거래인과관계"와 "신뢰"라는 용어는 혼용되고 있다. 거래인과관계란 투자자가 부실공시라는 사실을 알았더라면(즉, 신뢰하지 않았다면) 해당 증권을 취득하지 않았을 것이라는 관계이므로, 손해배상책임의 원인인 부실공시내용은 합리적인 투자자의 투자판단에 실질적인 영향을 미칠 정도의 것, 즉, 중요한 것이어야 한다. 거래인과관계에 대한 시장사기이론도 이러한 중요성을 전제로 한다.

증권신고서의 부실기재로 인한 손해배상청구를 위하여 이러한 거래인과관계가 요구되는지에 관하여 견해가 대립하고 있다.

2. 불요구설

자본시장법은 취득자의 손해배상청구에 있어서 거래인과관계를 요건으로 규정하지 아니하므로 취득자는 증권신고서 또는 투자설명서를 보고 그 내용을 신뢰하였기 때문에 증권을 취득하였다는 것을 증명할 필요가 없다는 견해이다.170) 또한 공시서류를 볼 것인지 여부도 투자자의 선택에 맡겨져 있는데 공시서류를 보지 않았다고 해서 손해배상청구를 부정한다면 공시서류를 참조할 것을 강요당하는 것이므로, 배상의무자가 면책되기 위하여는 취득자가 증권신고서 등을 보지 않았다는 점을 증명하는 것만으로는 부족하고 취득자가 부실기재를 알았다는 점(악의)을 증명해야 한다고 설명하기도 한다.171)

3. 요 구 설

취득자의 손해배상청구에 있어서 거래인과관계도 요건이라는 견해의 논거는 다음과 같다.

① 사실상 추정설: 거래인과관계에 대하여는 손해인과관계와 같은 증명책임 전환규정이 없기 때문에 거래인과관계에 대한 증명책임 자체는 취득자에게 있으며, 다만, 취득자가 신뢰를 추정할 만한 간접사실을 증명하면 이에 기하여 신뢰가 사실상 추정된다는 견해이다.172) 실질적인 주식가치를 제대로 평가한 분석기

170) 김정수, 553면.

171) 김건식 · 정순섭, 252면.

172) 이동신, "유가증권 공시서류의 부실기재에 관한 책임", 재판자료 제90집 증권거래에 관한 제문제(上), 법원도서관(2001), 397면(간접사실을 인정함에 있어서, 중요성에 기초한 신뢰의 추정, 시장에 대한 사기이론 등 미국에서 판례에 의하여 발전한 이론도 우리 법의 해석론으

관의 평가의견이 증권신고서에 기재되었더라면 투자자들이 그와 상당히 차이가 있는 공모가액으로는 공모에 응하지 않았을 것이라는 사정이 인정되는 경우에는 다른 특별한 사정이 없는 한 분석기관의 부당한 평가와 그 평가의견을 제공받은 투자자들이 공모에 응하여 입은 손해 사이에는 상당인과관계가 인정된다는 판례도 같은 맥락이라 할 수 있다.173)

② 증명책임전환설: 투자자가 증권회사 직원의 도움을 받는 경우 어차피 그 직원은 공시서류에 기재된 정보에 기하여 투자권유를 할 것이므로 투자자의 투자결정과 부실한 공시서류 사이에 인과관계를 부정할 수 없고, 다만, 거래인과관계를 취득자가 증명하여야 하는 것이 아니라 배상의무자가 거래인과관계의 부존재를 증명하여야 면책된다는 견해이다.

③ 간접지득포함설: 직접 또는 간접으로 해당 증권신고서 등을 읽고 난 후 그 기재내용을 신뢰하지 않으면서도 해당 증권을 취득한 것은 일종의 투기적인 행위이고, 직접은 물론 간접으로라도(증권회사 직원, 투자상담사 등으로부터 증권신고서 등의 내용에 대한 설명을 듣게 된 경우) 증권신고서 등을 읽지 않고 따라서 증권신고서 등의 기재내용이 무엇인지도 모르면서 증권을 취득한 자도 역시 투기적 행위인데, 이들은 성실하고 합리적인 투자자를 보호하기 위한 자본시장법의 보호대상이 아니므로 원칙적으로 거래인과관계의 증명이 요구된다는 견해이다. 이러한 견해에서는 거래인과관계의 증명방법으로서 증권신고서 등을 직접 읽어본 경우 외에 증권회사 직원 등을 통하여 간접적으로 읽은 경우도 포함되고, 특히 유상신주와 회사채의 발행시에는 시장에 대한 사기이론에 의하여 신뢰의 추정이 가능하다고 본다.174)

4. 사견 및 판례

만일 거래인과관계를 손해배상청구권행사의 요건으로 본다면, 취득자가 ① 증권신고서나 투자설명서의 부실기재내용을 보고, ② 그 내용을 신뢰하면서(즉, 부실기재라는 사실을 모르면서), 증권을 취득한 경우에만 거래인과관계가 존재하는 것이 된다. 그러나, 실제로 대부분의 투자자는 증권신고서나 투자설명서를 보지

로 원용할 만하다고 설명한다).

173) 대법원 2010. 1. 28. 선고 2007다16007 판결.

174) 황동욱, 「불법증권거래와 손해배상」(동현출판사, 1997), 38면~42면.

도 않기 때문에 ①의 단계에서 이미 거래인과관계의 증명이 사실상 불가능하게 된다는 문제가 있다. 한편, 허위기재의 경우에는 그러한 허위기재를 신뢰하고 거래를 하였다는 사실에 대한 증명이 사실상 불가능함을 떠나 이론상 증명이 불가능한 것은 아니다. 그러나 누락의 경우에는 공시자료를 보았어도 신뢰할 기재내용이 아예 없기 때문에 누락된 내용에 대한 신뢰를 증명한다는 것은 이론상으로도 불가능할 것이다. 이처럼 거래인과관계의 증명이 사실상, 이론상 불가능하다는 점을 고려하여 자본시장법 제125조는 거래인과관계를 손해배상책임의 요건으로 규정하지 않은 것으로 보아야 한다.[175)]

판례는 구증권거래법이 적용된 사건에서, "주식거래에서 대상 기업의 재무상태는 주가를 형성하는 가장 중요한 요인 중의 하나이고, 대상 기업의 사업보고서의 재무제표에 대한 외부감사인의 회계감사를 거쳐 작성된 감사보고서는 대상 기업의 재무상태를 드러내는 가장 객관적인 자료로서 일반 투자자에게 제공·공표되어 그 주가형성에 결정적인 영향을 미치는 것이어서, 주식투자를 하는 일반 투자자로서는 그 대상 기업의 재무상태를 가장 잘 나타내는 사업보고서의 재무제표와 이에 대한 감사보고서가 정당하게 작성되어 공표된 것으로 믿고 주가가 당연히 그에 바탕을 두고 형성되었으리라는 생각 아래 대상 기업의 주식을 거래한 것으로 보아야 한다."라고 판시한 이래 시장사기이론에 의하여 거래인과관계를 사실상 추정함으로써 투자자를 보호하는 입장을 취하고 있다.[176)]

Ⅸ. 배상청구권의 소멸

1. 제척기간

자본시장법 제125조에 따른 배상의 책임은 그 청구권자가 해당 사실을 안

175) 그러나 민법상 불법행위를 원인으로 한 손해배상책임에서는 거래인과관계가 요구된다.

176) 대법원 2007. 10. 25. 선고 2006다16758, 16765 판결. 사업보고서의 허위기재로 인한 손해배상청구소송에서 미국에서 발전한 시장에 대한 사기이론을 반영한 것이다. 시장에 대한 사기이론은 증권시장에서 거래하는 투자자는 시장에서 형성된 가격이 모든 공정한 정보가 반영되어 있다는 신뢰를 가지고 거래를 하는 것으로 보아야 하기 때문에, 허위기재나 누락이 중요한 것이라면 시장가격의 형성에 영향을 주게 되었으므로 이러한 행위는 시장에 대한 사기에 해당하고 시장을 신뢰하고 거래한 투자자에 대한 사기도 성립한다는 이론으로서, 투자자는 거래인과관계를 입증하지 않더라도 손해배상청구권을 가진다고 해석한다. 판결 선고 후 현재까지 수많은 하급심 판결에서 인용되고 있는 대표적인 판례이다.

날부터 1년 이내 또는 해당 증권에 관하여 증권신고서의 효력이 발생한 날부터 3년 이내에 청구권을 행사하지 아니한 경우에는 소멸한다(法 127조). 미공개중요정보이용, 시세조종, 부정거래행위 등 불공정거래에 관한 자본시장법 제175조, 제177조, 179조 등은 "시효로 인하여 소멸한다."라고 규정하는 반면, 제127조는 "시효"라는 문구가 없이 단지 "소멸한다"라고만 규정하므로, 제127조는 소멸시효기간이 아닌 제척기간에 해당한다.177)

2. 해당 사실을 안 날의 의미

청구권자가 해당 사실을 안 날은 청구권자가 증권신고서 등의 중요사항에 관하여 거짓의 기재 또는 표시가 있거나 중요사항이 기재 또는 표시되지 아니한 사실을 현실적으로 인식한 때라고 볼 것이다. 미국의 SA는 SA §11에 기한 소송은 청구권자가 허위표시나 누락을 발견한 날 또는 합리적 주의를 기울여 발견하였어야 하는 날부터 1년 또는 증권이 선의로 공모된 날부터 3년의 제소기간(limitation of actions)이 적용되고, 일본 金融商品取引法은 "상당한 주의를 기울였으면 알 수 있을 때로부터"라고 규정한다. 자본시장법에는 이러한 규정이 없으므로 중요사항에 대한 허위기재나 누락을 "현실적으로 인식한 때부터" 제척기간이 진행한다고 해석해야 한다.

다만, 현실적 인식의 기준과 관련하여, 일반인이 그와 같은 허위기재나 기재누락의 사실을 인식할 수 있는 정도라면 특별한 사정이 없는 한 청구권자도 그러한 사실을 현실적으로 인식하였다고 본다.178) 즉, 유가증권 취득자의 주관적 상태를 기준으로 하지 않고 객관적으로 일반인이 부실공시를 인식할 수 있는 정

177) 同旨: 김건식·정순섭, 176면; 김정수, 578면.

178) [대법원 2007. 10. 25. 선고 2006다16758, 16765 판결] "'당해 사실을 안 날'이란 청구권자가 사업보고서의 허위기재나 기재누락의 사실을 현실적으로 인식한 때라고 볼 것이고, 일반인이 그와 같은 사업보고서의 허위기재나 기재누락의 사실을 인식할 수 있는 정도라면 특별한 사정이 없는 한 청구권자도 그러한 사실을 현실적으로 인식하였다고 봄이 상당하다." [同旨: 대법원 1997. 9. 12. 선고 96다41991 판결(이 사건에서 증권거래소가 한국강관의 주식매매거래를 1994. 11. 6.부터 11. 8.까지 정지시켰는데, 원심은 원고가 늦어도 11. 8.경 피고의 부실감사 사실을 알았다고 인정하고 그로부터 1년이 경과한 후에 소가 제기되었다는 이유로 증권거래법상의 손해배상청구를 기각하였다), 대법원 2008. 7. 10. 선고 2006다79674 판결, 서울중앙지방법원 2024. 12. 13. 선고 2015가합9047 판결(2012 회계연도에 대한 제46기 감사보고서가 유효하지 않다는 내용의 2013 회계연도 감사보고서가 공시된 사안으로 이때 일반인 역시 위 내용을 충분히 인식할 수 있었을 것이라고 판시함)].

도인지 여부에 의하여 판단한다. 따라서 일반인이 그 부실표시의 사실을 인식할 수 있는 정도였다는 사정을 피고가 증명하면 특별한 사정이 없는 한 청구권자 역시 그 때 그러한 사실을 현실적으로 인식한 것으로 본다.

3. 소멸시효와의 차이

제척기간은 소멸시효기간과 달리 시효의 중단·정지, 시효이익의 포기 제도가 없고,[179] 재판과정에서 당사자의 주장이 없어도 법원이 직권으로 조사하여 적용할 수 있다.

자본시장법상 제125조에 따른 손해배상책임(法 127조), 회계감사인의 손해배상책임(法 241조④, 외감법 31조⑨) 등 제척기간의 기산일은 "청구권자가 해당 사실을 안 날"이다. 즉, 허위기재나 기재누락 사실을 안 날이 제척기간의 기산일이고 행위자에 대하여서는 알지 못하더라도 위와 같은 부실기재 사실을 안 날이 기산일이 된다.

반면에 자본시장법상 불공정거래로 인한 손해배상책임의 소멸시효 기산일은 통상 "제OOO조를 위반한 행위가 있었던 사실을 안 때"라고 규정한다(法 175조②, 177조②, 179조②). 따라서 이 경우에는 행위자까지 알아야 소멸시효의 기산일이 된다.

민법상 불법행위로 인한 손해배상청구책임의 경우에는 "피해자나 그 법정대리인이 그 손해 및 가해자를 안 날"이 소멸시효의 기산일이라고 명시적으로 규정한다(民法 766조①).[180]

---

179) 시효의 중단·정지에 관한 대법원 2003. 1. 10. 선고 2000다26425 판결, 대법원 2004. 7. 22. 선고 2004두2509 판결, 시효이익의 포기에 관한 대법원 2014. 6. 26. 선고 2013다63356 판결. 학계의 다수설도 판례와 같은 입장이다.

180) [대법원 2007. 1. 11. 선고 2005다28082 판결 손해배상] "대우전자 주식회사의 분식회계를 밝히지 못한 외부감사인에 대하여 제기된 불법행위로 인한 손해배상청구사건에서, 대우전자 주식회사를 포함한 대우그룹 전체 계열사에 대한 회계법인들의 심사 결과 발표시점 또는 그에 따른 구조조정방안 발표시점에서는 그 실시기준과 외부감사의 기업회계기준이 서로 달라 위 실사 결과의 차이가 분식회계로 인한 것인지 또는 분식회계를 밝혀내지 못한 것이 외부감사인의 주의의무위반에 해당하는지를 원고가 현실적이고도 구체적으로 인식하였다고 보기 어려워, 민법 제766조 제1항의 단기소멸시효의 기산점을 증권선물위원회의 외부감사인 등에 대한 징계건의 또는 그에 따른 재경부장관의 징계처분이 이루어진 때로 본다." (외부감사인의 주의의무위반에 해당하는지를 원고가 현실적이고도 구체적으로 인식한 날이 소멸시효의 기산일이다)

4. 권리행사기간

제척기간이 붙은 청구권 중 법조의 문언상[181] 또는 그 권리의 성질상 재판상 권리행사를 요하는 경우(예건대 상속회복청구권, 점유보호청구권)에는 그 제척기간은 제소기간으로 보아야 한다. 그러나 제척기간 내에 소를 제기해야 한다는 특별한 규정이 없이 단순히 일정한 기간 내에 그 권리를 행사해야 한다고 규정하거나[182] 일정한 기한 내에 권리를 행사하지 아니하면 소멸한다고 규정한 경우에는 그 성질상 권리자의 의사표시만으로 효과가 발생하는 경우에는 제척기간 내에 재판 외에서 청구권 행사의 의사표시를 함으로써 그 권리가 보전될 수 있다.[183][184] 따라서 자본시장법 제127조의 제척기간은 제소기간이 아니라 권리행사기간에 해당한다.

권리행사기간 내에 권리를 행사하지 않고 소를 제기한 경우 소멸시효 완성의 경우와 달리 제척기간이 도과한 부적법한 소로서 각하대상이다.[185]

X. 증권관련 집단소송

1. 도입취지 및 시행일

"증권관련 집단소송"이란 증권의 매매 또는 그 밖의 거래과정에서 다수인에게

181) 예컨대, 상법 제814조는 운송인의 송하인·수하인에 대한 채권·채무의 소멸기간에 관하여 "... 1년 이내에 재판상 청구가 없으면 소멸한다."라고 규정함으로써 단순한 권리행사기간이 아니라 제소기간임을 명시하고 있다. 그 밖에도 민법 제406조 제2항의 채권자취소소송과 가족법상 각종 제소기간 규정들이 있다.

182) 예컨대, 민법 제146조의 법률행위 취소권, 제556조 제2항의 증여계약해지권 등을 비롯하여 가족법상 각종 권리행사기간 규정들이 있다.

183) 서울고등법원 2011. 8. 17. 선고 2011나14345 판결(구 증권거래법상 단기매매차익 반환청구권의 기간에 관한 판결로서, 대법원 2012. 1. 12. 선고 2011다80203 판결에 의하여 확정되었다). 같은 취지: 대법원 1993. 7. 27. 선고 92다52795 판결, 대법원 2002. 4. 26. 선고 2001다8097 판결, 대법원 2003. 6. 27. 선고 2003다20190 판결, 대법원 2004. 1. 27. 선고 2001다24891 판결, 대법원 2005. 7. 14. 선고 2004다67011 판결, 대법원 2006. 9. 8. 선고 2006다26694 판결 등.

184) 한편, 제척기간이 붙은 형성권 중 권리자의 일방적 의사표시에 의하여 법률관계를 변동시키는 일반적 형성권의 경우에는 재판 외에서 의사표시를 하는 방법으로 권리를 행사하여 이를 보전할 수 있고, 의사표시뿐만 아니라 형성판결을 필요로 하는 이른바 형성소권의 경우에는 그 권리의 성질상 권리행사를 위해서는 소의 제기를 요하므로 제척기간 내에 소를 제기해야 한다.

185) 서울중앙지방법원 2024. 12. 13. 선고 2015가합9047 판결.

피해가 발생한 경우 증권관련 집단소송법에 따라 그 중의 1인 또는 수인이 대표당사자가 되어 수행하는 손해배상소송을 말한다(同法 2조 1호).[186] "증권"은 자본시장법 제4조에 따른 증권을 말한다(同法 2조 6호).[187] 민사소송법상 공동이해관계자의 구제를 위한 제도로서 공동소송과 선정당사자소송이 있지만 증권불공정거래와 같이 수많은 피해자의 구제문제를 일거에 해결하기에는 부적절하다. 이에 따라 증권의 거래과정에서 발생한 집단적인 피해를 효율적으로 구제하고 이를 통하여 기업의 경영투명성을 높이기 위하여 증권관련 집단소송에 관하여 민사소송법에 대한 특례를 정하는 것을 목적(증권관련 집단소송법 1조)으로 증권관련 집단소송법이 2004. 1. 20. 법률 제7074호로 공포되었고 2005. 1. 1.부터 시행되었다.[188] 증권관련 집단소송에 관하여 증권관련 집단소송규칙이 적용되고, 동 규칙에 특별한 규정이 없는 경우에는 민사소송규칙을 적용한다(동 규칙 2조).[189] 집단소송을 도입한 대표적인 나라는 미국·캐나다이고, 일본은 집단소송법을 제정하지 않고 민사소송법 제268조에 대규모소송에 관한 특칙을 두었다. 독일에서는 집단소송은 도입하지 않고 소비자의 집단적 피해구제를 위한 단체소송(Verbandsklage)제도를 두고 있다.

집단소송절차의 가장 큰 특징은 법원이 주도적인 역할을 한다는 점이다. 즉, 소제기, 대표당사자의 선정·사임, 소의 취하, 소송상 화해 등은 법원의 허가를

186) 이하에서는 증권관련 집단소송을 증권집단소송으로 약칭한다.

187) 증권관련 집단소송은 미국에서 발전한 class action을 모태로 하는 제도이다. class action은 다수의 피해자(투자자나 소비자)들이 청구원인과 쟁점이 공통적으로 관련된 손해배상청구권을 가지는 경우, 피해자들이 개별적인 소송에 의하지 않고 하나의 공동피해자집단(class)을 구성하여 하나의 소송절차에서 재판하기 위하여, 그 집단의 일부가 대표원고(lead plaintiff)가 되어 구성원 전체를 위하여 제기하는 소송을 말한다. 미국식 class action의 판결은 제외신청을 하지 아니한 구성원에게도 그 효력이 미친다(opt-out). class action은 증권사기소송, 독점금지법소송, 공해환경소송, 인권관련소송, 제조물책임소송 등에 널리 활용된다. 다만, 열차나 항공기사고와 같이 다수의 사상자가 발생한 사건의 경우에는 손해배상액의 산정 기준 등이 각 피해자마다 다를 수 있으므로 일반적으로는 class action에 부적합한 것으로 본다. class action이 필요한 이유는 소액의 피해를 입은 다수의 피해자들이 개별적으로 소송을 제기해야 한다면, 시간과 비용을 고려하여 소송에 의한 권리구제를 포기할 가능성이 크기 때문이다. 피고로서도 동일한 사안을 원인으로 한 다수의 소송이 제기되는 것보다는 하나의 소송에서 해결할 수 있으면 방어를 위한 노력이나 비용면에서 편리한 점은 있다. 이 점에서 법률이 정한 일정 요건을 갖춘 기관이나 단체가 당사자가 되어 개인적 피해구제가 아닌 금지청구를 하는 독일식 단체소송(Verbandsklage)과 다르다. 우리나라에도 소비자기본법 제70조부터 제79조까지에 단체소송제도가 도입되어 있다.

188) 증권관련 집단소송법은 발행공시의무 위반에 대하여만 적용되는 것은 아니지만, 본서에서는 편의상 이 곳에서 설명한다.

189) 실제로 진행중인 증권집단소송에 관한 중요한 공고는 대법원 홈페이지에서 [대국민서비스 > 공고 > 증권관련집단소송] 순으로 들어가면 볼 수 있다.

받아야 유효하고, 나아가 분배관리인의 선임, 분배계획안의 인가 및 수정 등도 법원의 권한이다.

2. 기본사항

(1) 총 원

(가) 총원의 범위의 확정

"총원"이란 증권의 매매 또는 그 밖의 거래과정에서 다수인에게 피해가 발생한 경우 그 손해의 보전에 관하여 공통의 이해관계를 가지는 피해자 전원을 말한다(同法 2조 2호).

증권관련 집단소송의 허가결정서에 기재하여야 하는 '총원의 범위'는 증권 발행회사, 증권의 종류, 발행시기, 피해의 원인이 된 증권의 거래행위 유형, 피해기간 등을 특정하는 방법으로 확정하되, 소송허가결정 확정 후 지체 없이 총원을 구성하는 구성원에게 소송허가결정을 고지하여야 하는 점을 고려할 때 관련 자료에 의하여 특정인이 구성원에 해당하는지를 판단할 수 있을 정도로 명확해야 한다.[190]

한편 증권관련 집단소송법의 적용 범위에 해당하는 주식 발행회사 등의 법령 위반행위로 문제가 되는 주식을 취득하였다가 이를 피해기간 동안 그대로 보유하지 않고 일부를 처분하였으나 손해배상을 구하는 주식이 언제 취득한 주식인지를 특정할 수 없는 경우에, 먼저 취득한 주식을 먼저 처분한 것으로 의제하는 이른바 선입선출법과 나중에 취득한 주식을 먼저 처분한 것으로 의제하는 이른바 후입선출법 등의 방법이 있고, 총원의 범위를 어떤 방법으로 특정하는지에 따라 총원의 범위와 손해액의 규모에 차이가 생길 수 있지만, 대표당사자가 선택한 방법이 특히 불합리하다거나 그 방법에 의하여 총원의 범위를 확정하는 것이 불가능하다는 등의 특별한 사정이 없는 한 대표당사자가 선택한 방법에 따라 총원의 범위를 확정할 수 있다.

또한, 현행의 증권예탁제도 아래에서는 특정의 증권이라도 일단 예탁기관에 예탁되면 다른 동종의 증권과 혼합되어 특정할 수 없게 되므로, 그 결과 예탁기관에 예탁된 증권을 매매하는 경우 매매목적물인 증권의 특정이 불가능하다. 이

---

190) 통상 "피고 OO 주식회사가 발행한 기명식 보통주식을 20**. *. *. 부터 20**. *. *.까지 취득하였다가 그 이후 주식을 매도하였거나 현재까지 보유한 자"라고 표기한다.

러한 사정을 고려하면, 예탁기관에 예탁되어 있는 주식을 피해기간 중 일부 매도한 구성원이 존재할 수 있는 경우에 이른바 선입선출법에 의하여 총원의 범위를 확정한다고 하여 위법하다고 볼 수 없다.[191]

(나) 총원의 범위의 변경

법원은 필요하다고 인정할 때에는 직권 또는 신청에 의하여 결정으로 총원의 범위를 변경할 수 있고, 이러한 결정에 대하여는 즉시항고를 할 수 있고, 법원은 이러한 결정에 의하여 구성원에서 제외되는 자와 새로이 구성원이 되는 자에게 결정내용을 고지해야 한다. 이 경우 새로이 구성원이 되는 자에 대하여는 증권집단소송법 제18조 제1항 각 호의 사항(소송허가결정시 고지사항)을 함께 고지해야 한다(同法 27조).[192]

(2) 구성원

"구성원"이란 총원을 구성하는 각각의 피해자를 말하고(同法 2조 3호),[193] "제외신고"란 구성원이 증권집단소송에 관한 판결 등의 기판력을 받지 아니하겠다는 의사를 법원에 신고하는 것을 말한다(同法 2조 5호).

(3) 제외신고

구성원은 제외신고기간 내에 서면으로 법원에 제외신고를 할 수 있고, 제외신고기간이 만료되기 전에 증권집단소송의 목적으로 된 권리와 동일한 권리에 대하여 개별적으로 소를 제기하는 자는 제외신고를 한 것으로 본다.[194] 제외신고

191) 대법원 2016. 11. 4.자 2015마4027 결정.

192) [증권관련 집단소송규칙 제19조 (총원의 범위 변경신청)]
① 법 제27조 제1항의 규정에 의하여 총원의 범위의 변경을 구하는 대표당사자 또는 피고는 신청의 취지와 이유를 기재한 신청서를 제출해야 한다.
② 법원이 총원의 범위를 변경하는 결정을 하는 경우에는 대표당사자와 피고를 심문해야 한다.

193) [서울고등법원 2017. 8. 4.자 2016라21279 결정] "대표당사자들은 당심에 이르러 총원의 범위를 변경신청하면서, 주식회사 OO 회사채 발행회차의 범위를 당소 소송허가신청서에 기재된 '256회차~258회차, 260회차~268회차'에서 '262회차~268회차'로 축소하여 기재한 사실은 이 법원에 현저하고, 이 사건 기록에 의하면 대표당사자들 중 C는 제256회 회사채를, E는 제261회 회사채를 각 취득하여 보유하고 있을 뿐 제262회차~268회차 회사채는 보유하고 있지 않은 사실이 소명된다(2017.6.30.자 대표당사자들 준비서면). 위와 같이 변경 신청된 총원의 범위를 기준으로 볼 때, 대표당사자들 중 적어도 C, E 2인은 이 사건 손해의 보전에 관하여 공통의 이해관계를 가지는 피해자 중 한명인 '구성원'에 해당되지 않음이 명백하여, 집단소송법 제1조 제1항에서 정한 대표당사자의 자격이 결여되어 있다. 따라서, 총원 구성원이 될 수 없는 2인을 대표당사자로 포함하고 있는 이 사건 본안소송은 집단소송법 제11조의 요건을 충족하지 못한다고 할 것이다."

194) 제외신고 양식은 http://www.scourt.go.kr/img/notice/100204_suwon_2.pdf 참조(수원지방

기간 내에 소를 취하한 경우에는 그러하지 아니하고, 증권집단소송의 피고는 개별적으로 제기된 소에 관하여 법원에 신고하여야 하고, 법원은 제외신고나 소제기신고된 사항을 대표당사자와 피고에게 통지해야 한다(同法 28조). 집단소송은 미국·캐나다에서 채택된 제외신고형(opt-out)과 일부 유럽 국가(이탈리아)에서 채택한 참가신청형(opt-in)으로 분류되는데, 우리나라의 증권관련 집단소송법은 제외신고형이다.

⑷ 관할법원 및 병합심리

증권집단소송은 피고의 보통재판적 소재지를 관할하는 지방법원 본원 합의부의 전속관할로 한다(同法 4조). 동일한 분쟁에 관하여 여러 개의 증권집단소송의 소송허가신청서가 동일한 법원에 제출된 경우 법원은 이를 병합심리하여야 하고, 동일한 분쟁에 관한 수개의 증권집단소송의 소송허가신청서가 각각 다른 법원에 제출된 경우[195] 관계법원에 공통되는 직근상급법원은 관계법원이나 소를 제기하는 자, 대표당사자 또는 피고의 신청에 의하여 결정으로 이를 심리할 법원을 정하고,[196] 여러 개의 증권집단소송을 심리할 법원으로 결정된 법원은 이를

법원 2009가합8829 사건).

195) 제4조의 규정상 피고들의 보통재판적 소재지가 다른 경우에는 복수의 증권집단소송을 피고별로 서로 다른 법원에 제기해야 한다.

196) [증권관련 집단소송규칙 제9조 (심리할 법원지정의 신청 등)]

① 법 제14조 제2항의 규정에 의하여 심리할 법원지정을 신청하는 때에는 그 사유를 적은 신청서를 공통되는 직근상급법원에 제출해야 한다.

② 신청서를 제출받은 법원은 소송이 계속된 법원과 법 제7조 제1항의 규정에 의하여 소를 제기한 자, 법 제10조 제1항 제4호의 규정에 의하여 신청서를 제출한 구성원, 대표당사자 및 피고에게 그 취지를 통지해야 한다.

[증권관련 집단소송규칙 제10조 (심리할 법원지정신청에 대한 처리)]

① 법 제14조 제2항의 규정에 의한 신청을 받은 법원은 그 신청에 정당한 이유가 있다고 인정하는 때에는 심리할 법원을 지정하는 결정을, 이유가 없다고 인정하는 때에는 신청을 기각하는 결정을 해야 한다.

② 제1항의 결정을 한 경우에는 소송이 계속된 법원과 법 제7조 제1항의 규정에 의하여 소를 제기한 자, 법 제10조 제1항 제4호의 규정에 의하여 신청서를 제출한 구성원, 대표당사자 및 피고에게 그 결정정본을 송달해야 한다.

③ 소송이 계속된 법원이 직근상급법원으로부터 다른 법원을 심리할 법원으로 지정하는 결정정본을 송달받은 때에는, 그 법원의 법원사무관등은 바로 그 결정정본과 소송기록을 지정된 법원에 보내야 한다.

[증권관련 집단소송규칙 제11조 (소송절차의 정지)]

법 제14조 제2항의 규정에 의한 심리할 법원지정신청이 있는 때에는 그 신청에 대한 결정이 있을 때까지 소송절차를 정지해야 한다. 다만, 긴급한 필요가 있는 행위를 하는 경우에는 그러하지 아니하다.

병합심리하여야 하고, 법원은 병합심리하는 경우에는 소를 제기하는 자, 소송허가신청서를 제출한 구성원 또는 대표당사자들의 의견을 들어 소송을 수행할 대표당사자 및 소송대리인을 정할 수 있으며,[197] 법원의 위 결정에 대하여는 불복할 수 없다(同法 14조).

(5) 소송대리인

(가) 의의와 자격

증권집단소송의 원고와 피고는 변호사를 소송대리인으로 선임하여야 하는데, 증권집단소송의 대상이 된 증권을 소유하거나 그 증권과 관련된 직접적인 금전적 이해관계가 있는 등의 사유로 인하여 이 법에 따른 소송절차에서 소송대리인의 업무를 수행하기에 부적절하다고 판단될 정도로 총원과 이해관계가 충돌되는 자는 증권집단소송의 원고 측 소송대리인이 될 수 없다(同法 5조).[198]

최근 3년간 3건 이상의 증권집단소송 대표당사자의 소송대리인으로 관여하였던 자는 증권집단소송의 원고 측 소송대리인이 될 수 없다. 다만, 여러 사정에 비추어 볼 때 위와 같은 요건을 충족하는 데에 지장이 없다고 법원이 인정하는 자는 그러하지 아니하다(同法 11조③).

(나) 소송대리인의 사임 등

증권집단소송의 원고 측 소송대리인은 정당한 이유가 있을 때에는 법원의 허가를 받아 사임할 수 있고, 대표당사자는 상당한 사유가 있을 때에는 법원의 허가를 받아 소송대리인을 해임, 추가선임 또는 교체할 수 있고,[199] 원고 측 소송대리인 전원이 사망 또는 사임하거나 해임된 경우에는 소송절차는 중단되고, 이 경우 대표당사자는 법원의 허가를 받아 소송대리인을 선임하여 소송절차를

197) [증권관련 집단소송규칙 제12조 (병합사건의 대표당사자 및 소송대리인 지정의 효력)]
① 법 제14조 제4항의 규정에 의하여 소송을 수행할 대표당사자 및 소송대리인으로 지정된 자는 병합된 사건 전체의 대표당사자 및 소송대리인이 된다.
② 제1항의 경우 다른 대표당사자 및 소송대리인은 그 지위를 상실한다.

198) 변호사강제주의는 사실상 원고에게만 적용된다. 피고가 소송대리인을 선임하지 않는다는 이유로 소송절차를 진행하지 않는다면 원고에게 불이익한 결과가 되기 때문이다.

199) [증권관련 집단소송규칙 제18조 (소송대리인의 변경)]
① 법 제26조 제2항의 규정에 의하여 새로운 소송대리인을 선임하고자 하는 대표당사자는 법원에 다음 각 호의 사항을 기재한 허가신청서를 제출해야 한다.
1. 소송대리인의 성명·명칭 또는 상호 및 주소
2. 소송대리인의 경력
3. 변호사 보수에 관한 약정
② 제1항의 규정에 의한 신청서에는 법 제9조 제3항 각 호의 서류를 첨부해야 한다.

수계하여야 하고, 소송절차의 중단 후 1년 이내에 수계신청이 없는 때에는 그 증권집단소송은 취하된 것으로 본다(同法 26조).

⑹ 대표당사자

㈎ 의의와 자격

"대표당사자"란 법원의 허가를 받아 총원을 위하여 증권집단소송절차를 수행하는 1인 또는 수인의 구성원을 말한다(同法 2조 4호). 대표당사자는 구성원 중 해당 증권집단소송으로 인하여 얻을 수 있는 경제적 이익이 가장 큰 자 등 총원의 이익을 공정하고 적절하게 대표할 수 있는 구성원이어야 한다(同法 11조①). 증권집단소송의 원고 측 소송대리인은 총원의 이익을 공정하고 적절하게 대리할 수 있는 자이어야 한다(同法 11조②).

법원이 대표당사자로 선임한 자가 대표당사자로서 요건을 갖추지 못한 사실이 밝혀지거나, 소송허가 절차에서 대표당사자들이 총원 범위 변경 신청을 하였고 대표당사자들 가운데 일부가 변경 신청된 총원 범위에 포함되지 않게 된 경우, 법원은 대표당사자의 요건을 갖추지 못한 자를 제외하고 증권집단소송의 소를 제기한 자 및 대표당사자가 되기를 원하여 신청서를 제출한 구성원 중 법에 정한 요건을 갖춘 자로서 대표당사자를 구성할 수 있는지 여부 및 그 증권관련집단소송의 소송허가 신청이 제3조(적용범위)와 제12조(소송허가 요건)의 요건을 갖추었는지 여부를 심리 하여, 소송허가 신청이 위와 같은 요건을 갖추었다면 증권관련집단소송을 허가해야 한다.[200]

최근 3년간 3건 이상의 증권집단소송에 대표당사자로 관여하였던 자는 증권집단소송의 대표당사자가 될 수 없다. 다만, 여러 사정에 비추어 볼 때 위와 같은 요건을 충족하는 데에 지장이 없다고 법원이 인정하는 자는 그러하지 아니하다(同法 11조③).

㈏ 대표당사자의 선임

대표당사자가 되기를 원하는 구성원은 경력과 신청의 취지를 기재한 신청서에 증권집단소송법 제9조 제2항의 문서를 첨부하여 법원에 제출해야 한다. 법원은 공고를 한 날부터 50일 이내에 증권집단소송법 제7조 제1항에 따라 소를 제기하는 자와 같은 조 제1항 제4호에 따라 신청서를 제출한 구성원 중 증권집단

200) 대법원 2018. 7. 5.자 2017마5883 결정(증권관련집단소송허가신청).

소송법 제11조에 따른 요건을 갖춘 자로서 총원의 이익을 대표하기에 가장 적합한 자를 결정으로 대표당사자로 선임한다.[201] 이러한 결정에 대하여는 불복할 수 없다. 대표당사자가 둘 이상인 경우에는 「민사소송법」 제67조 제1항 및 제2항을 준용한다(同法 20조). 이러한 결정에 대하여는 불복할 수 없다. 대표당사자로 선임된 자는 소를 제기하는 자 중 대표당사자로 선임되지 아니한 자가 붙인 인지의 액면금액을 그에게 지급해야 한다(同法 10조⑥).[202] 구성원은 증권집단소송의 계속 중에 법원의 허가를 받아 대표당사자가 될 수 있다. 이러한 허가결정에 관하여는 제13조 제2항 및 제3항을 준용하고,[203] 허가결정에 대하여는 불복할 수 없다(同法 21조).[204]

(다) 대표당사자의 사임

대표당사자는 정당한 이유가 있을 때에는 법원의 허가를 받아 사임할 수 있다(同法 23조). 대표당사자의 전부가 사망 또는 사임하거나 증권집단소송법 제22조 제1항에 따라 소송수행이 금지된 경우에는 소송절차는 중단되고, 이 경우 대표당사자가 되려는 구성원은 증권집단소송법 제21조에 따른 법원의 허가를 받아 중단된 소송절차를 수계하여야 하고, 소송절차의 중단 후 1년 이내에 수계 신청이 없는 때에는 소가 취하된 것으로 본다(同法 24조). 법원은 제21조, 제23조, 제24조에 따라 대표당사자가 변경된 경우에는 적절한 방법으로 구성원에게 그 사실을 고지해야 한다(同法 25조).[205]

---

201) 대표당사자선임결정은 http://www.scourt.go.kr/img/notice/171123_seoul.pdf 참조(서울중앙지방법원 2017. 11. 23. 선고 2015가합9047 판결).

202) [증권관련 집단소송규칙 제7조 (대표당사자 선임을 위한 심문)]
법원은 법 제10조 제4항의 규정에 의한 대표당사자 선임결정을 함에 있어 법 제7조 제1항의 규정에 의하여 소를 제기하는 자와 법 제10조 제1항 제4호의 규정에 의하여 신청서를 제출한 구성원을 심문해야 한다.
[증권관련 집단소송규칙 제8조 (소송허가절차에서의 대표당사자 심문)]
법원은 법 제13조 제2항의 규정에 의한 심문을 함에 있어 법 제7조 제1항에 의하여 소를 제기하는 자 이외의 자가 대표당사자로 선임된 경우에는 그 대표당사자를 심문할 수 있다.

203) [증권관련 집단소송법 제13조 (대표당사자 선임을 위한 심문)]
② 증권관련집단소송의 허가 여부에 관한 재판은 제7조 제1항에 따라 소를 제기하는 자와 피고를 심문(審問)하여 결정으로 한다.
③ 법원은 제2항에 따른 재판을 함에 있어서 손해배상청구의 원인이 되는 행위를 감독·검사하는 감독기관으로부터 손해배상청구 원인행위에 대한 기초조사 자료를 제출받는 등 직권으로 필요한 조사를 할 수 있다.

204) [증권관련 집단소송규칙 제16조 (대표당사자 허가신청)]
법 제21조의 규정에 의하여 대표당사자가 되기를 원하는 구성원은 경력과 신청의 취지를 기재한 신청서에 법 제9조 제2항 각 호의 문서를 첨부하여 법원에 제출해야 한다.

(라) 대표당사자 소송수행금지결정

법원은 대표당사자가 총원의 이익을 공정하고 적절하게 대표하고 있지 못하거나 그 밖의 중대한 사유가 있을 때에는 직권으로 또는 다른 대표당사자의 신청에 의하여 그 대표당사자의 소송수행을 결정으로 금지할 수 있다(同法 22조).

3. 소제기 및 소송허가절차

(1) 적용범위

증권집단소송의 소는 주권상장법인이 발행한 증권의 매매 또는 그 밖의 거래로 인한 것으로서, 다음의 손해배상청구에 한하여 제기할 수 있다(同法 3조①). 이와 같이 자본시장법은 자본시장법에 따른 손해배상청구만 집단소송의 대상으로 규정하므로 민법상 불법행위규정에 따른 손해배상청구는 병합하여 제기할 수 없다.

1. 자본시장법 제125조의 규정에 따른 손해배상청구(발행시장에서의 공시의무 위반으로 인한 손해배상책임)
2. 자본시장법 제162조의 규정에 따른 손해배상청구(유통시장에서의 공시의무위반으로 인한 손해배상책임)
3. 자본시장법 제175조, 제177조, 제179조의 규정에 따른 손해배상청구(불공정거래

---

205) [증권관련 집단소송규칙 제17조 (대표당사자 변경의 고지방법)]
① 법 제25조의 규정에 의한 고지는 전자통신매체를 이용하여 공고함으로써 한다.
② 법원사무관등은 공고한 날짜와 방법을 기록에 표시해야 한다.
[증권관련 집단소송규칙 제28조 (소송비용액확정결정에 의한 권리실행)]
대표당사자는 민사소송법 제110조의 규정에 의하여 소송비용액의 확정결정을 받을 수 있는 때에는 그 확정결정을 받아 권리를 실행해야 한다.
[증권관련 집단소송규칙 제29조 (대표당사자의 금전 등 보관)]
① 대표당사자가 권리실행으로 금전을 취득한 경우에는 법원보관금취급규칙이 정하는 바에 따라 보관해야 한다.
② 대표당사자가 권리실행으로 금전 외의 물건을 취득한 경우에는 그 보관방법에 관하여 법원의 허가를 받아야 한다.
[증권관련 집단소송규칙 제30조 (권리실행의 결과보고)]
대표당사자는 법 제40조 제3항의 규정에 의하여 법원에 권리실행 결과보고를 할 때에는 다음 각 호의 사항을 기재한 결과보고서 및 자료를 제출해야 한다.
1. 집행권원의 표시
2. 권리실행의 방법
3. 권리실행으로 취득한 금전 등의 종류·수량 및 보관방법
4. 집행권원 중 집행이 완료되지 아니한 부분
5. 기타 필요한 사항

금지위반으로 인한 손해배상책임)

4. 자본시장법 제170조의 규정에 따른 손해배상청구(회계감사인의 손해배상책임)

제1항에 따른 손해배상청구는 주권상장법인이 발행한 증권의 매매 또는 그 밖의 거래로 인한 것이어야 한다(同法 3조②). 따라서 주권비상장법인이 발행한 증권의 매매 그 밖의 거래로 인한 손해배상청구는 증권집단소송의 적용대상이 아니다.[206]

⑵ 소장과 소송허가신청서의 제출

대표당사자가 되기 위하여 증권집단소송의 소를 제기하는 자는 소장과 소송허가신청서를 법원에 제출해야 한다. 증권집단소송의 소장에 붙이는 인지액은 「민사소송 등 인지법」 제2조 제1항의 규정에 의하여 산출된 금액의 2분의 1에 같은 조 제2항 제2항의 규정(1항에 따라 계산한 인지액이 1천원 미만이면 그 인지액은 1천원으로 하고, 1천원 이상이면 100원 미만은 계산하지 아니한다)을 적용한 금액으로 한다. 이 경우 인지액의 상한은 5천만원으로 한다. 증권집단소송의 항소심 및 상고심에서의 인지액에 대하여는 「민사소송 등 인지법」 제3조의 규정을 준용한다. 법원은 소장 및 소송허가신청서가 제출된 사실을 자본시장법에 따라 거래소허가를 받은 거래소로서 금융위원회가 지정하는 거래소("지정거래소")에 즉시 통보하여야 하며, 지정거래소는 그 사실을 일반인이 알 수 있도록 공시해야 한다(同法 7조). 소장과 소송허가신청서는 별개의 서면으로 작성·제출해야 한다(同規則 3조).

동일한 분쟁에 관하여 여러 개의 증권집단소송의 소송허가신청서가 동일한 법원에 제출된 경우 법원은 이를 병합심리(倂合審理)해야 한다(同法 14조①). 동일한 분쟁에 관한 여러 개의 증권집단소송의 소송허가신청서가 각각 다른 법원에 제출된 경우 관계 법원에 공통되는 바로 위의 상급법원은 관계 법원이나 제7조 제1항에 따라 소를 제기하는 자, 대표당사자 또는 피고의 신청에 의하여 결정으로 이를 심리할 법원을 정한다(同法 14조②). 여러 개의 증권집단소송을 심리할 법원으로 결정된 법원은 이를 병합심리해야 한다(同法 14조③). 병합심리하는 경

206) 대법원 2023. 6. 23.자 2018마6745 결정(주권상장법인이 아닌 주식회사 동양레저, 주식회사 동양인터내셔널, 티와이석세스제일차 주식회사 등이 발행한 증권은 주권상장법인이 발행한 증권에 해당하지 않음을 전제로 이 부분 손해배상청구는 증권집단소송법 제3조 제2항의 요건을 충족하지 못하였다고 판시하였다).

우 법원은 소를 제기하는 자, 대표당사자선임신청서를 제출한 구성원 또는 대표당사자들의 의견을 들어 소송을 수행할 대표당사자 및 소송대리인을 정할 수 있다(同法 14조④). 제2항 및 제4항의 결정에 대하여는 불복할 수 없다(同法 14조⑤).

(3) 소송허가요건

(가) 제3조의 요건

증권집단소송은 주권상장법인이 발행한 증권의 매매 또는 그 밖의 거래로 인한 것으로서, 제3조가 규정하는 손해배상청구에 한하여 제기할 수 있다.

(나) 제12조의 요건

증권집단소송사건은 다음과 같이 다수성·공통성·효율성 요건을 구비해야 한다.[207] 그러나 소가 제기된 후에는 이러한 요건을 충족하지 못하게 된 경우에도 제소의 효력에는 영향이 없다(同法 12조).

1. 구성원이 50인 이상이고, 청구의 원인이 된 행위 당시를 기준으로 이 구성원의 보유 증권의 합계가 피고 회사의 발행 증권 총수의 1만분의 1 이상일 것[208]

---

207) 미국의 증권집단소송은 FRCP Rule 23(a)가 정하고 있는 class action 절차에 따른다. 증권집단소송에 관하여 FRCP는 별도의 절차를 규정하지 않고, Private Securities Litigation Reform Act of 1995(PSLRA)가 이에 대한 상세한 규정을 두고 있으므로, 증권집단소송에는 FRCP와 PSLRA가 함께 적용된다. FRCP에 따르면 class action이 성립하고 유지되기 위하여는 첫째, 6개의 선결조건을 갖추어야 하고[FRCP Rule 23(a)], 둘째 연방민사소송법이 정하는 세 가지 소송유형 중 하나에 해당해야 한다[FRCP Rule 23(b)]. class action의 성립을 위한 1차적 선결요건인 6개의 요건 중 두 가지는 판례와 학설에 의하여 인정되는 묵시적 요건이고, 나머지 네 가지는 FRCP Rule 23(a)가 규정하고 있다. 묵시적 요건은 i) 일정한 기준과 방법에 의하여 식별할 수 있는 집단(definable class)이 존재할 것, ii) 대표당사자가 집단의 구성원일 것이고, FRCP Rule 23(a)가 정하고 있는 명시적 요건은 iii) 다수성의 요건(numerousity): 개별당사자소송이나 공동소송에 의하는 것이 불가능할 정도로 당사자의 수가 다수이고(일반적으로 당사자의 수가 40명 이상이면 다수집단이라는 요건이 충족된다고 본다), iv) 구성원 간에 사실상·법률상의 쟁점에 공통성(commonality)이 있고, v) 대표자의 공격방어방법이 구성원들의 공격방어방법과 같은 전형성(typicality)이 있고, vi) 대표당사자가 집단의 이익을 충분하고 적절하게 대표(adequacy of representative)할 수 있어야 한다. class action이 유지되려면 위 FRCP Rule 23(a)가 규정하는 모든 요건 외에, 당해소송이 FRCP Rule 23(b)가 규정하는 다음 중 하나에 해당해야 한다. 즉, i) 개별소송에 의할 경우 모순되는 판결이 나오거나 소송당사자가 아닌 다른 구성원들의 권리를 해하게 되는 경우, ii) 금지명령적 구제(injunctive relief)나 선언적 구제(declaratory relief)가 적절한 경우, iii) 공정하고 효율적인 분쟁해결을 위하여 다른 방법보다 우월한 경우 등이다.

208) 증권집단소송법 제3조 제1호(발행공시의무 위반), 제2호(유통공시의무 위반)의 경우에는 발행회사도 피고로 되겠지만, 제3조(불공정거래금지 위반), 제4호(회계감사인의 책임) 등의 경우에는 발행회사는 예외적으로 불공정거래 등에 관여하지 않는 한 원칙적으로 피고가 될 여지가 없다. 그러나 제12조 제1호의 "피고 회사의 발행 증권"이라는 규정상 모든 경우에 발행회사가 피고로 되어야 한다는 이상한 결론이 된다. 이 부분은 입법적인 보완이 필요하다.

2. 적용 대상 손해배상청구로서 법률상 또는 사실상의 중요한 쟁점이 모든 구성원에게 공통될 것
3. 증권집단소송이 총원의 권리실현이나 이익보호에 적합하고 효율적인 수단일 것
4. 소송허가신청서의 기재사항 및 첨부서류에 흠결이 없을 것

1) 구성원의 다수성　　제1호의 다수성(numerousity) 요건과 관련하여, 미국의 FRCP Rule 23(a)은 당사자의 수를 특정하여 규정하지 않고 개별당사자소송이나 공동소송에 의하는 것이 불가능할 정도로 당사자의 수가 다수일 것을 요구한다. 따라서 개별 사건에 따라서 당사자가 20여 명인 경우에도 인가된 사례가 있는 반면 당사자가 수백명인 경우에도 인가되지 않은 사례도 있다. 증권집단소송법은 모집·매출에서와 같이 50인이라는 기준을 명시하므로 법해석의 안정성은 높지만 사안의 구체적인 사정이 고려되지 않는다는 문제점은 있다. 실제로는 원고당사자가 1천명을 넘는 경우에도 당사자의 수로 인하여 야기되는 특별한 절차상의 문제 없이 공동소송으로 진행되는 사례도 적지 않다.

"피고 회사의 발행 증권 총수의 1만분의 1 이상일 것"을 요건으로 규정한 것은 상법상 상장회사 주주의 대표소송제기권 요건과 동일하게 규정한 것이다. 남소를 방지하기 위한 요건이지만 너무 과중한 규제라는 비판의 대상이 되는 요건으로서 집단소송법 개정법안에서는 삭제되었다. 한편, 반드시 발행인만이 피고가 되는 것이 아니라 인수인·회계법인 등도 피고가 될 수 있으므로 "피고 회사의 발행 증권 총수의 1만분의 1 이상일 것"은 부적절한 표현이고, 피고 회사는 "구성원이 보유하고 있는 증권을 발행한 회사"를 의미한다.[209)]

209) [대법원 2016. 11. 4.자 2015마4027 결정] "증권관련 집단소송법 제12조 제1항 제1호 는 구성원이 보유하고 있는 증권의 합계가 '피고 회사'의 발행 증권 총수의 1만분의 1이상일 것을 규정하고 있어, 문언만보면 구성원이 보유하고 있는 증권을 발행한 회사만이 증권관련 집단소송의 피고가 될 수 있는 것처럼 해석될 여지가 없지 않다. 그러나 증권관련 집단소송법 제3조에 정한 증권관련 집단소송의 적용 범위에 속하는 손해배상청구의 상대방이 될 수 있는 자가 반드시 증권 발행회사에 한정되지 않는 점, 증권관련 집단소송법이 토지관할을 피고의 보통재판적 소재지를 관할하는 지방법원 본원 합의부의 전속관할로 규정하면서도(제4호) 동일한 분쟁에 관한 여러 개의 증권관련 집단소송의 소송허가신청서가 각각 다른 법원에 제출된 경우 관계 법원에 공통되는 바로 위의 상급법원이 결정으로 심리할 법원을 정하도록 규정함으로써(제14조 제2항) 동일한 분쟁에 관하여 증권 발행회사 외에도 증권관련 집단소송법 제3조 에 정한 손해배상청구의 상대방이 될 수 있는 다른 채무자를 상대로 증권관련 집단소송이 제기될 수 있음을 전제하고 있는 점 등을 종합하면, 입법자의 의사가 증권관련 집단소송의 피고를 증권 발행회사만으로 한정하려는 것이라고 볼 수 없다. 따라서 증권관련 집단소송법 제12조 제1항 제1호 에서 말하는 '피고 회사'는 문언에도 불구하고 '구성원이 보유하고 있는 증권을 발행한 회사'라고 해석함이 타당하다."

2) 쟁점의 공통성 제2호는 "법률상 또는 사실상의 중요한 쟁점"이 모든 구성원에게 공통될 것을 요구하는데,[210] "중요한 쟁점"이라는 규정상 모든 쟁점이 공통될 것까지 요구되는 것은 아니다. 발행시장이나 유통시장에서의 공시의무 위반의 경우에는 공통성(commonality) 요건에 별다른 문제가 없지만, 일정 기간에 걸쳐서 여러 가지 유형으로 이루어진 불공정거래의 경우에는 공통성 요건 충족 여부에 관하여 논란이 있을 수 있다. 위 2014카기3556 결정도, i) 분식회계와 관계없는 회사채를 매수한 자도 구성원에 포함되어 있고, ii) 판매행위에 대하여 사기죄로 유죄판결을 받은 회사채와 무죄판결을 받은 회사채의 매수자들이 구성원에 포함되어 있고, iii) 발행시장에서의 취득자뿐 아니라 자본시장법 제125조에 따른 손해배상청구권자가 아닌 유통시장에서의 취득자도 구성원에 포함되어 있으므로 모든 구성원에게 법률상 쟁점이 공통된다고 볼 수 없다고 판시하였다. 다만, 공통성 요건은 모든 구성원의 청구원인 가운데 중요사실이 공통되면 충족되고, 각 구성원의 청구에 약간의 다른 사실이 존재한다거나 개별 구성원에 대한 항변

210) [서울서부지방법원 2018. 11. 20.자 2016카기44 결정] "제2호가 요구하는 쟁점의 공통성은 구성원 전체에 공통되는 사실상·법률상 문제로서 공통쟁점이 구성원의 개별쟁점을 압도할 것을 의미한다. 구성원이 집단소송에서 주장하는 청구원인 가운데 중요사실이 공통되고, 집단소송을 통한 구제수단이 다른 일반소송절차를 통한 구제수단보다 효율적이어야 한다는 것이다. ... 구 자본시장법 제170조의 규정 내용 및 앞서 본 기본 법리에 의하면, 특별한 사정이 없는 한 투자자는 동양네트웍스의 재무상태를 가장 잘 나타내는 이 사건 재무제표 및 이 사건 감사보고서가 정당하게 작성, 공표된 것으로 신뢰하고 주가가 당연히 그에 바탕을 두고 형성되었다고 생각하여 주식거래를 한 것으로 일응 추정되고, 구성원으로서는 이와 같은 추정에 따라 본안소송절차에서 '거래 인과관계 내지 신뢰 요건'(이하 '거래 인과관계'라 한다)을 별도로 증명할 필요가 없다(나아가 손해액은 구 자본시장법 제170조 제2항에 따라 산정된 금액으로 추정된다). 이러한 추정은 구성원 모두에 대하여 일반적으로 인정되므로, 공통쟁점이 개별쟁점을 압도하고 집단적인 소송절차가 경제적이고 우월할 것을 요구하는 집단소송을 유지하는 기초도 된다. 그런데 만약 소송허가절차에서 거래 인과관계의 추정이 복멸되고 유지될 수 없다는 점이 인정된 경우에도 소송허가를 한다면, 본안소송절차에서 구성원으로서는 거래 인과관계에 관한 각자의 고유한 사실관계를 개별적으로 주장, 증명하여야 하고, 법원으로서는 이에 대하여 개별적으로 판단할 수밖에 없다. 이로써 공통쟁점의 압도와 집단소송의 경제성·우월성이 유지되기 어렵고, 결국 효율성과 공통성은 저해될 수밖에 없다. 따라서 소송허가절차에서 대표당사자는 특별한 사정이 없는 한 거래 인과관계의 추정을 인정받고 이에 따라 거래 인과관계라는 쟁점의 범위에서는 사실상 효율성과 공통성의 추정까지 인정받을 수 있되, 그 상대방인 피고는 직접적으로 거래 인과관계의 추정이 인정되지 않는다고 다투거나(예컨대, 주가가 기재누락에 의하여 영향받지 않았다, 구성원이 시장가격의 진실성을 신뢰하지 않았다거나 기재누락에도 불구하고 거래를 하였을 것이라는 등), 또는 간접적으로 거래 인과관계의 추정을 위하여 전제되어야 하는 사실관계가 부존재하고 허물어졌다거나 양립 가능한 다른 사실관계가 존재하여 거래 인과관계의 추정이 복멸되거나 유지될 수 없다고 다툼으로써 대표당사자에 의한 효율성의 소명을 저지할 수 있다고 봄이 상당하다."라고 판시한다.

사항이 존재한다는 사정만으로 위 요건이 흠결된다고 볼 수 없다.[211)212)]

3) 절차의 효율성 제3호의 효율성(적합성) 요건은 법률상·사실상의 공통쟁점이 구성원의 개별 쟁점보다 우월하여(superiority), 공동소송이나 선정당사자 제도에 비하여 총원의 권리실현이나 이익보호에 적합하고 효율적인 수단일 것을 의미한다. 즉, 다수 구성원들의 피해 회복을 위하여 소송경제상 집단소송이 다른 구제수단보다 경제적일 것이 요구된다.[213)]

위 2014카기3556 결정에서는, 집단소송이 '총원의 권리 실현이나 이익보호에 적합하고 효율적인 수단인지' 여부를 판단함에 있어서는 구성원들의 수 및 피해액수, 집단소송 이전에 이미 개별 구성원에 의하여 제기된 소송의 유무·진행정도·내용, 집단소송이 아니라면 다수의 구성원들 즉, 소액다수의 투자자가 사실상 법률적 구제를 받기가 어려운지, 개별적인 소송보다 집단소송으로 함이 구성원들에게 더 이익인지 여부 등 제반사정을 종합적으로 고려하여 판단하여야 할 것이라고 판시하면서, ⅰ) 구성원들의 투자대상이 회사채, 특정금전신탁 등으로 구별되고, ⅱ) 구성원 중 일부가 민사소송을 제기하여 일부 사건은 판결이 선고되었다는 이유로 개별적인 민사소송보다 더 효율적이라거나 적합하다고 보기 어렵다고 판시하였다.

㈐ 소송허가절차의 심리대상

증권관련 집단소송법은 '제2장 소의 제기 및 허가 절차'에 관한 부분에서 증

211) 대법원 2016. 11. 4.자 2015마4027 결정.

212) [서울서부지방법원 2018. 11. 20.자 2016카기44 결정] "손해배상책임의 성립 여부는 원칙적으로 소송허가절차가 아닌 본안소송절차의 심리 대상이다. 다만, 소송허가절차에서 대표당사자로서는 적어도 본안소송청구가 집단소송법에서 정한 적용 범위에 포함된다는 적용 범위 해당성, 그리고 같은 측면에서 구성원 모두가 적용 범위에 해당하는 공통적인 본안소송청구를 제기한다는 공통성을 신청의 이유로서 소명하여야 하고(집단소송법 제13조 제1항 참조), 법원으로서는 소송허가절차와 본안소송절차의 준별을 해하지 아니하고, 본안소송청구가 집단소송의 적용 범위에 해당되지 않음이 명백한지 여부, 이에 따라 소송허가 요건으로서 공통성이 소명되었는지 여부를 판단하는 한도 내에서 손해배상의 원인이 되는 행위 등 본안소송청구에 관하여 심리할 수 있다고 봄이 상당하다. 만약 소송허가절차에서 법원이 오로지 대표당사자의 주장 자체에만 한정하여 적용 범위의 해당 여부를 판단하거나 본안소송청구에 관하여 전혀 심리할 수 없다면, 소송허가절차가 형해화되고 집단소송의 적용 범위에 해당하지 않음이 명백하고 이에 따라 공통성도 결여된 사건에 대하여도 소송허가가 인정되어 구성원이나 피고 모두에게 불필요한 본안소송절차가 후속되는 부당한 결과가 발생할 수 있기 때문이다."

213) 대법원 2016. 11. 4.자 2015마4027 결정. 서울서부지방법원 2018. 11. 20.자 2016카기44 결정은 "소송허가의 요건으로서 집단소송법 제12조 제1항 제3호가 요구하는 효율성은 집단소송이 다른 구제수단보다 경제적이고 우월할 것을 요구하는 '경제성'과 '우월성'을 포함하는 것으로 해석된다."라고 판시한다.

권관련 집단소송의 허가요건을 별도로 정하고(同法 11조, 12조), 대표당사자가 소송허가 신청의 이유를 소명하도록 하며(同法 13조①), 소송허가요건에 적합한 경우에만 결정으로 증권관련 집단소송을 허가하도록 하는 등(同法 21조) 소송허가결정이 확정되어야 비로소 본안소송절차를 진행할 수 있도록 규정함으로써, 증권관련 집단소송이 집단소송이라는 특수한 절차로 진행되어야 할 필요가 있는지를 판단하는 절차인 소송허가절차와 집단소송의 본안소송절차를 분리하고 있다. 따라서 소송허가절차에서 대표당사자가 소명할 대상은 소송허가요건이고, 본안소송절차에서 다루어질 손해배상책임의 성립 여부 등은 원칙적으로 소송허가절차에서 심리할 대상이 아니다.[214][215]

이와 같이 손해배상책임의 성립 여부는 원칙적으로 본안소송에서 다루어질 사항이지 소송허가 여부를 결정하는 단계에서의 심리대상이라고 볼 수 없지만, 집단소송의 청구원인이 그 주장 자체로 증권집단소송법 제3조 각 호의 손해배상청구의 범위나 대상에 해당하지 않는다면 소송허가요건을 충족하지 못한 것이다.

청구원인이 되는 주장 자체가 형식상으로 소정의 손해배상청구의 범위에 해당한다 하더라도 그 주장이 막연한 의혹이나 추측 또는 해당 증권의 만기에 상환되지 않아 손해가 발생하였다는 결과적 사실에 기초하였을 뿐, 그 주장에 관한 구체적 사실의 기재가 없거나 그 주장에 상당한 정도의 개연성이 있다는 점이 소명되지 않았다면 소송허가요건을 충족하지 못한 것이다.[216]

나아가 법원은 증권관련 집단소송법 제12조 제1항 제2호에서 정한 '제3조 제1항 각 호의 손해배상청구로서 법률상 또는 사실상의 중요한 쟁점이 모든 구성원에게 공통될 것'이라는 소송허가요건이 충족되는지를 판단하는 데에 필요한 한도 내에서 손해배상청구의 원인이 되는 행위 등에 대하여 심리를 할 수 있다

214) 대법원 2016. 11. 4.자 2015마4027 결정.

215) 따라서 소송허가결정과 본안청구의 인용 여부는 별개의 문제이다. 실제로, 2013. 10. 8. 사업보고에 첨부된 재무제표상의 허위기재 또는 기재누락을 원인으로 제기된 증권관련 집단소송에서, 2015. 2. 12. 제1심의 소송허가결정, 2016. 1. 29. 제2심의 항고기각결정, 2016. 6. 10. 대법원의 재항고기각결정으로 소송허가결정이 확정되었으나, 이어서 진행된 본안소송에서는 재무제표상의 허위기재 또는 기재누락이 인정되지 않는다는 이유로 기각된 사례가 있다(서울중앙지방법원 2020. 9. 18. 선고 2013가합74313 판결).

216) 서울중앙지방법원 2016. 9. 29.자 2014카기3556 결정(원고들이 주장하는 증권신고서상의 중요사항에 관한 허위기재나 기재누락이 합리적인 투자자들이 이용할 수 있는 정보 전체의 맥락이 변경될 정도가 아니라는 점과, 일부 피고가 상당한 주의를 다하여 자본시장법 제125조 제1항 단서에 의하여 면책된다는 점을 이유로 불허가결정을 하였다).

는 것이 판례의 입장이다.[217)]

제척기간에 관하여도 법원은 소송허가절차에서 제척기간 도과가 명백한지 여부를 판단하는 한도 내에서 본안소송청구와 관련된 일부 사실관계를 심리할 수 있다.[218)]

⑷ 소송허가절차

㈎ 소장과 소송허가신청서의 기재사항

소장에는 1. 소를 제기하는 자와 그 법정대리인, 2. 원고측 소송대리인, 3. 피고, 4. 청구의 취지와 원인, 5. 총원의 범위 등을 적어야 하고(同法 8조), 소송허가신청서에는 1. 제7조 제1항의 규정에 의하여 소를 제기하는 자와 그 법정대리인, 2. 원고측 소송대리인, 3. 피고, 4. 총원의 범위, 5. 제7조 제1항의 규정에 의하여 소를 제기하는 자와 원고측 소송대리인의 경력, 6. 허가신청의 취지와 원인, 7. 변호사 보수에 관한 약정 등을 적어야 한다(同法 9조①).

소를 제기하는 자는 소송허가신청서에 1. 해당 증권집단소송을 수행하기 위하여 또는 소송대리인의 지시에 따라 해당 증권집단소송과 관련된 증권을 취득하지 아니하였다는 사실, 2. 최근 3년간 대표당사자로 관여한 증권집단소송의 내역을 진술한 문서를 첨부하여야 하고(同法 9조②), 소송허가신청서에는 소송대리인이 1. 최근 3년간 소송대리인으로 관여한 증권집단소송의 내역, 2. 제5조 제2항에 위반되지 않는다는 사실을 진술한 문서를 첨부해야 한다(同法 9조③).[219)]

---

217) 대법원 2016. 11. 4.자 2015마4027 결정, 서울서부지방법원 2018. 11. 20.자 2016카기44 결정.

218) [서울서부지방법원 2018. 11. 20.자 2016카기44 결정] "소송허가절차에서 개별적인 구성원별로 구체적인 '기재누락의 사실을 현실적으로 인식'하였는지 여부를 심리하는 것은 본안소송절차와의 준별을 해하는 것으로 적절하지 않다. 다만, 앞서 본 기본 법리에 의하면 일반인이 기재누락을 인식할 수 있는 정도라면 당해 청구권자 역시 그러한 사실을 인식하였다고 볼 수 있으므로, 피고로서는 대표당사자나 구성원 개인이 아니라 구성원 전반 또는 구성원 중 상당수에 대하여 제척기간 도과가 인정될 수 있다고 다툼으로써 소송허가 요건으로서 효율성과 공통성의 소명을 저지할 수 있다고 할 것이다. 제척기간 도과는 특별한 사정에 해당하기는 하나, 본안소송절차에서 본안 판단에 이르기 이전 단계부터 구성원 중 상당수에 대하여 제척기간을 준수하였는지 여부를 두고 다툼이 발생하고, 구성원별로 구구한 주장, 증명, 판단이 후속될 수 밖에 없다면 공통쟁점의 압도와 집단소송의 경제성·우월성은 유지되기 어렵기 때문이다."

219) [증권관련 집단소송규칙 제5조 (증권관련집단소송에의 관여)]

① 법 제9조 제2항·제3항 또는 제11조 제3항의 규정에 의한 최근 3년간 관여한 증권관련 집단소송은 소의 제기일부터 역산하여 3년 이내에 대표당사자 또는 대표당사자의 소송대리인으로 선임된 증권관련집단소송으로 한다.

② 증권관련집단소송의 대표당사자, 대표당사자의 소송대리인으로 선임된 자는 그 후 소송수행금지·사임·변경·해임·교체 등의 사정이 발생한 경우에도 최초 선임된 시점에 그 증권관련집단소송에 관여한 것으로 본다.

㈏ 소 제기의 공고

법원은 소장 및 소송허가신청서가 접수된 날부터 10일 이내에 1. 증권집단소송의 소가 제기되었다는 사실, 2. 총원의 범위, 3. 청구의 취지 및 원인의 요지, 4. 대표당사자가 되기를 원하는 구성원은 공고가 있는 날부터 30일 이내에 법원에 신청서를 제출해야 한다는 사실을 공고해야 한다(同法 10조①).220) 이러한 공고는 전국을 보급지역으로 하는 일간신문에 게재하는 등 대법원규칙으로 정하는 방법에 의한다(同法 10조②).221) 소를 제기하는 자는 공고에 필요한 비용을 예납하여야 하고, 공고비용을 예납하지 않는 경우에는 재판장은 즉시 5일 이내의 기간을 정하여 공고비용을 예납할 것을 명해야 한다. 소를 제기하는 자가 이러한 기간 이내에 공고비용을 예납하지 아니한 때에는 재판장은 명령으로 소장 및 소송허가신청서를 각하할 수 있고, 각하명령에 대하여는 즉시항고할 수 있다(同法施行規則 4조).

㈐ 소송허가절차와 소송불허가결정

대표당사자는 소송허가 신청의 이유를 소명해야 한다. 증권집단소송의 허가 여부에 관한 재판은 소를 제기하는 자와 피고를 심문하여 결정으로 한다. 법원은 위 재판을 함에 있어서 손해배상청구의 원인이 되는 행위를 감독·검사하는 감독기관으로부터 손해배상청구 원인행위에 대한 기초조사 자료를 제출받는 등 직권으로 필요한 조사를 할 수 있다(同法 13조).

법원은 제3조(적용범위)·제11조(대표당사자 및 소송대리인의 요건) 및 제12조(소송허가 요건)의 규정에 적합한 경우에 한하여 (그리고 상당하다고 인정하는 때에는 결정으로 총원의 범위를 조정하여)222) 결정으로 증권집단소송을 허가할 수 있다.223) 법원은 소송허가결정을 하는 때에는 고지·공고·감정 등에 필요한 비용의

---

220) 소제기 공고는 http://www.scourt.go.kr/img/notice/170929_seoul.pdf 참조(서울중앙지방법원 2015가합9047 사건).

221) [증권관련 집단소송규칙 제6조 (소제기의 공고)]
① 법 제10조 제1항의 규정에 의한 공고는 전국을 보급지역으로 하는 일간신문에 게재함으로써 한다.
② 법원서기관·법원사무관·법원주사 또는 법원주사보(이하 "법원사무관등"이라 한다)는 공고한 날짜와 방법을 기록에 표시해야 한다.

222) 법원은 총원의 범위를 감축할 수도 있고 확대할 수도 있다.

223) class action이 제기되면 대표원고가 각 구성원에게 class action이 제기되었고, 일정 기간 내에 제외신청을 할 수 있음을 명시해야 한다. 법원은 이상의 성립 및 유지 요건이 구비된 경우, class action으로서의 인가(class certification)를 한다. 이러한 인가는 불복의 대상이 아니고, 특별한 사

예납을 명해야 한다(同法 16조).[224] 허가결정에 대하여는 즉시항고할 수 있다(同法 15조④). 대표당사자는 증권집단소송의 불허가결정에 대하여 즉시항고할 수 있고, 불허가결정이 확정된 때에는 증권집단소송의 소가 제기되지 아니한 것으로 본다(同法 17조).[225] 허가요건을 충족하지 못한 허가신청에 대하여는 불허가결정을 한다.[226]

㈑ 소송허가결정의 고지

법원은 소송허가결정이 확정된 때에는 지체 없이 다음과 같은 사항을 구성원에게 고지해야 한다(同法 18조).[227][228] 법원은 아래 사항을 지정거래소에 즉시 통보하여야 하고, 통보를 받은 지정거래소는 그 내용을 일반인이 알 수 있도록 공시해야 한다(同法 19조).

정이 없는 한 직무집행영장(mandamus)의 대상도 아니다[Green v. Occidental Petroleum Corp., 541 F.2d 1335 (9th Cir. 1976)]. 대표당사자가 상대방과 소송상 화해를 할 경우에도 법원의 허가를 얻어야 화해의 효력이 발생한다.

224) [증권관련 집단소송규칙 제13조 (소송비용 예납명령)]
① 법 제16조의 규정에 의한 소송비용의 예납은 소송허가결정이 확정된 날부터 상당한 기간으로 정하여 명해야 한다.
② 대표당사자가 제1항의 예납명령을 이행하지 아니한 때에는 법원은 소송허가결정을 취소하고 소송불허가결정을 할 수 있다.
③ 법원은 전자통신매체를 이용하여 제2항의 결정을 공고하여야 하고, 법원사무관등은 공고한 날짜와 방법을 기록에 표시해야 한다.
④ 제2항의 결정에 대하여는 즉시항고할 수 있다.

225) [증권관련 집단소송규칙 제14조 (소송허가 여부 결정의 송달)]
소송허가결정·소송불허가결정 및 제13조 제2항의 규정에 의한 결정은 대표당사자 및 피고에게 그 결정등본을 송달해야 한다.

226) 소송불허가결정은 http://www.scourt.go.kr/img/notice/181120_slseobu.pdf 참조(서울서부지방법원 2018. 11. 20.자 2016카기44 결정).

227) [증권관련 집단소송규칙 제15조 (소송허가결정의 구성원에 대한 고지)]
① 법 제18조 제2항의 규정에 의한 구성원에 대한 고지는 우편법 제14조 제1항 제1호의 규정에 의한 통상우편을 발송함으로써 한다. 다만, 법원은 우편물발송 대행업체에 위 발송업무를 위탁할 수 있다.
② 법원은 대표당사자, 피고 또는 증권예탁원, 한국증권거래소, 한국증권업협회 등에게 법원이 지정하는 방법에 따라 구성원의 성명 및 주소가 입력된 전자파일의 제출을 요구할 수 있다.
③ 합리적 노력에 의하여도 주소 등을 확인할 수 없는 구성원에 대하여는 제1항의 규정에 불구하고 법 제18조 제3항의 규정에 의한 일간신문 게재로 구성원에 대한 고지를 한 것으로 본다.
④ 법원사무관등은 고지한 날짜와 방법을 기록에 표시해야 한다.

228) 소송허가결정 공고는 http://www.scourt.go.kr/img/notice/181120_slnambu_2.pdf 참조(서울남부지방법원 2013카기2787 사건에 대한 2018. 8. 22.자 소송허가결정 공고).

1. 대표당사자와 그 법정대리인의 성명·명칭 또는 상호 및 주소
2. 원고측 소송대리인의 성명·명칭 또는 상호 및 주소
3. 피고의 성명·명칭 또는 상호 및 주소
4. 총원의 범위
5. 청구의 취지 및 원인의 요지
6. 제외신고의 기간과 방법
7. 제외신고를 한 자는 개별적으로 소를 제기할 수 있다는 사실
8. 제외신고를 하지 아니한 구성원에 대하여는 증권집단소송에 관한 판결 등의 효력이 미친다는 사실
9. 제외신고를 하지 아니한 구성원은 증권집단소송의 계속중에 법원의 허가를 받아 대표당사자가 될 수 있다는 사실
10. 변호사 보수에 관한 약정
11. 그 밖에 법원이 필요하다고 인정하는 사항

⑸ 시효중단의 효력

증권집단소송의 소 제기로 인한 시효중단의 효력은, ⅰ) 불허가결정이 확정된 경우, ⅱ) 구성원에서 제외된 경우, ⅲ) 제외신고를 한 때부터 6개월 이내에 그 청구에 관하여 소가 제기되지 아니한 경우에 소멸한다(同法 29조).

4. 소송절차

⑴ 직권증거조사 및 증거보전

증권집단소송절차에서 법원은 필요하다고 인정하는 때에는 직권으로 증거조사를 할 수 있다(同法 30조). 구성원들의 이익보호를 위하여 대표당사자가 제출하는 증거 외에 직권증거조사를 허용하는 것이다. 그리고 직권증거조사의 보충성이 완화되어, 법원은 필요하다고 인정할 때에는 구성원과 대표당사자를 신문할 수 있다(同法 31조).[229] 또한, 법원은 미리 증거조사를 하지 아니하면 그 증거를 사용하기 곤란한 사정이 있지 아니한 경우에도 필요하다고 인정할 때에는 당사자의 신청에 의하여 증거조사를 할 수 있다(同法 33조). 미리 증거조사를 하지 아니하면 그 증거를 사용하기 곤란한 사정이 있다고 인정한 때에 한하여 증거보전을 할 수 있다는 민사소송법 제375조의 증거보전의 요건을 완화한 것이다.[230]

229) [증권관련 집단소송규칙 제20조 (구성원의 신문)]
법 제31조의 규정에 의한 구성원에 대한 신문은 당사자신문에 관한 민사소송법 제367조 내지 제373조의 규정을 준용한다.

(2) 문서제출명령과 문서송부촉탁

법원은 필요하다고 인정할 때에는 소송과 관련 있는 문서를 가지고 있는 자에게 그 문서의 제출을 명하거나 송부를 촉탁할 수 있고, 문서제출 명령이나 문서송부 촉탁을 받은 자는 정당한 이유 없이 그 제출이나 송부를 거부할 수 없다. 다만, i)「공공기관의 정보공개에 관한 법률」 제4조 제3항 및 제9조 제1항 각 호의 사유가 있는 문서와, ii)「민사소송법」에 따라 제출을 거부할 수 있는 문서는 예외이다. 그리고 대표당사자와 피고는 법원에 문서제출명령 등을 신청할 수 있다(同法 32조).

(3) 손해배상액의 산정

손해배상액의 산정에 관하여 자본시장법이나 그 밖의 다른 법률에 규정이 있는 경우에는 그에 따르고(同法 34조①), 법원은 제1항의 규정에 의하거나 증거조사를 통하여도 정확한 손해액을 산정하기 곤란한 경우에는 여러 사정을 고려하여 표본적·평균적·통계적 방법 또는 그 밖의 합리적인 방법으로 손해액을 정할 수 있다(同法 34조②).[231]

(4) 소취하·화해 또는 청구포기의 제한

증권집단소송의 경우 소의 취하, 소송상의 화해 또는 청구의 포기는 법원의 허가를 받지 아니하면 그 효력이 없고,[232] 법원은 소의 취하, 소송상의 화해 또는 청구의 포기의 허가에 관한 결정을 하려는 경우에는 미리 구성원에게 이를 고지하여 의견을 진술할 기회를 주어야 한다(同法 35조①,②).[233] 즉, 처분권주의

230) [증권관련 집단소송규칙 제21조 (증거보전)]
① 법 제33조의 규정에 의한 증거보전신청은 법 제7조 제1항의 규정에 의하여 대표당사자가 되기 위하여 소를 제기하거나 제기할 자도 신청할 수 있다.②법원은 법 제33조의 규정에 의한 신청이 있는 경우 증거조사를 할 필요성이 있는지에 관하여 신청인을 심문해야 한다.

231) 손해배상액산정은 원칙적으로 각 구성원의 거래내역에 따라 구성원별로 산정된 손해액을 합산함으로써 총원 전체의 손해액을 산정하여야 하지만, 실제의 사건에서 구성원이 상당히 다수인 경우에는 이와 같은 방법으로 손해액을 산정하는 것이 불가능한 경우가 많을 것인데, 제2항에 의하여 이러한 경우에는 개별 구성원의 손해액을 산정하지 않고 총원 전체의 손해액을 산정하는 방법도 허용된다. 물론 제2항은 제1항에 의한 손해액 산정이 불가능한 경우에 한하여 보충적으로만 적용되어야 한다.

232) 화해허가결정은 http://www.scourt.go.kr/portal/notice/securities/securities.jsp 참조(수원지방법원 2010. 4. 30.자 2009가합8829 결정).

233) [증권관련 집단소송규칙 제22조 (화해 등의 허가신청)]
① 법 제35조 제1항의 소의 취하, 소송상의 화해 또는 청구의 포기(이하 "화해 등"이라고 한다)에 대한 허가를 받고자 하는 당사자는 법원에 허가신청서를 제출해야 한다.
② 제1항의 허가신청서에는 대표당사자, 대표당사자의 소송대리인, 피고 및 화해 등에 관

의 원칙이 상당부분 제한된다. 대표당사자와 피고간의 결탁에 의하여 구성원이 피해를 입게 될 가능성이 있으므로 법원의 허가를 요하도록 하는 것이다. 법원의 허가결정에 대하여 개별 구성원은 불복할 수 없다고 해석해야 한다.

⑸ 쌍방불출석규정의 적용배제

증권집단소송에 관하여는 쌍방불출석시 소취하간주에 관한 민사소송법 제268조의 규정을 적용하지 않는다(同法 35조④). 소취하제한에 관한 동법 제35조 제1항의 적용을 피하기 위한 탈법행위를 방지하기 위한 것이다.[234)]

여한 제3자 사이의 화해 등에 관련된 일체의 합의내용을 기재한 서면을 첨부해야 한다.
③ 법원은 법 제35조 제2항의 규정에 의한 고지 전에도 당사자를 심문하거나 직권으로 필요한 조사를 할 수 있다.
[증권관련 집단소송규칙 제23조 (화해 등의 고지)]
① 법 제35조 제2항의 규정에 의한 고지는 다음 각 호의 사항을 포함해야 한다.
1. 총원의 범위
2. 화해 등의 이유
3. 원고측에 지급될 총 금액 및 증권당 금액
4. 변호사 보수
5. 분배의 기준 및 방법
6. 제24조 제1항의 규정에 의한 심문의 일시 및 장소
7. 원고측 소송대리인의 주소·연락처 및 문의 방법
② 민사소송법 제225조의 규정에 의한 화해권고결정, 민사조정법 제28조의 규정에 의한 조정의 성립, 제30조의 규정에 의한 조정에 갈음하는 결정을 하는 경우에는 법 제35조 제2항·제3항의 규정을 준용한다.
[증권관련 집단소송규칙 제24조 (화해 등 허가 여부 결정)]
① 법원은 화해 등의 허가 여부를 결정하기 위하여 당사자를 심문해야 한다.
② 구성원은 서면으로 의견을 제출하거나 심문기일에 출석하여 의견을 진술할 수 있다.
[증권관련 집단소송규칙 제25조 (소송허가결정 확정전의 화해 등 허가신청)]
① 당사자는 소송허가결정 확정 전에도 제22조의 규정에 의하여 구성원에게 효력을 미치기 위한 화해 등 허가신청을 할 수 있다.
② 법원은 제1항의 경우 법 제35조 제2항의 규정에 의한 고지를 법 제18조 제1항의 규정에 의한 소송허가결정의 고지와 동시에 해야 한다. 다만, 화해 등에 대한 허가여부 결정은 소송허가결정에서 정한 제외신고의 기간이 경과된 후에 해야 한다.

234) [民訴法 제208조 (판결서의 기재사항 등)]
① 판결서에는 다음 각 호의 사항을 적고, 판결한 법관이 서명날인해야 한다.
1. 당사자와 법정대리인
2. 주문
3. 청구의 취지 및 상소의 취지
4. 이유
5. 변론을 종결한 날짜. 다만, 변론 없이 판결하는 경우에는 판결을 선고하는 날짜
6. 법원

⑹ 판 결

판결서에는 민사소송법 제208조 제1항 각 호의 사항[235] 외에, 1. 원고측 소송대리인과 피고측 소송대리인, 2. 총원의 범위, 3. 제외신고를 한 구성원 등을 적어야 한다(同法 36조①). 법원은 금전 지급의 판결을 선고할 때에는 여러 사정을 고려하여 지급의 유예, 분할지급 또는 그 밖의 적절한 방법에 의한 지급을 허락할 수 있다(同法 36조②). 법원은 판결의 주문과 이유의 요지를 구성원에게 고지해야 한다(同法 36조③). 확정판결은 제외신고를 하지 아니한 구성원에 대하여도 그 효력이 미친다(同法 37조).[236]

⑺ 상소취하·상소권포기의 제한

소취하·화해 또는 청구포기의 제한에 관한 동법 제35조의 규정은 상소의 취하 또는 상소권의 포기에 관하여도 준용되므로 이때에도 법원의 허가가 있어야 하고, 대표당사자가 정하여진 기간 이내에 상소하지 아니한 경우에는 상소제기기간이 끝난 때부터 30일 이내에 구성원이 법원의 허가를 받아 상소를 목적으로 하는 대표당사자가 될 수 있으며,[237] 이와 같이 대표당사자가 된 자의 상소는 법원의 허가를 받은 날부터 2주 이내에 제기해야 한다(同法 38조).

⑻ 소송참가

명문의 규정은 없지만, 증권집단소송에서도 민사소송상 공동소송참가와 보조참가를 허용할 필요가 있다.

5. 분배절차

⑴ 의 의

증권집단소송법상 판결절차에서는 손해액의 총액만 산정하고 구성원의 개별적인 몫은 별도의 분배절차에 의한다. 즉, 분배에 관한 법원의 처분·감독 및 협력 등은 제1심 수소법원의 전속관할로 한다(同法 39조). 그리고 대표당사자만 집행권원의 주체로 규정하므로, 대표당사자는 집행권원을 취득하였을 때에는 지체

235) [증권관련 집단소송규칙 제26조 (양쪽 당사자가 출석하지 아니한 경우의 절차)]
양쪽 당사자가 변론준비기일 또는 변론기일에 출석하지 아니하거나 출석하였다 하더라도 변론하지 아니한 때에는 재판장은 다시 변론준비기일 또는 변론기일을 정할 수 있다.

236) 원고 승소판결은 http://www.scourt.go.kr/img/notice/180717_slnambu.pdf 참조(서울남부지방법원 2018. 7. 13. 선고 2011가합19387 판결).

237) [증권관련 집단소송규칙 제27조 (상소를 목적으로 하는 대표당사자)]
법 제38조 제2항의 규정에 의한 대표당사자의 허가에 관하여는 제16조를 준용한다.

없이 그 권리를 실행하여야 하고, 권리실행으로 금전등을 취득한 경우에는 대법원규칙으로 정하는 바에 따라 이를 보관하여야 하고, 권리실행이 끝나면 그 결과를 법원에 보고해야 한다(同法 40조).[238)]

(2) 분배관리인

법원은 직권으로 또는 대표당사자의 신청에 의하여 분배관리인을 선임하여야 하고,[239)] 분배관리인은 법원의 감독 하에 권리실행으로 취득한 금전등의 분배업무를 수행하고,[240)] 법원은 분배관리인이 분배업무를 적절히 수행하지 못하거나 그 밖의 중대한 사유가 있을 때에는 직권 또는 신청에 의하여 분배관리인을 변

---

238) [증권관련 집단소송규칙 제30조 (권리실행의 결과보고)]
대표당사자는 법 제40조 제3항의 규정에 의하여 법원에 권리실행 결과보고를 할 때에는 다음 각 호의 사항을 기재한 결과보고서 및 자료를 제출해야 한다.

239) [증권관련 집단소송규칙 제32조 (수인의 분배관리인의 직무집행)]
① 분배관리인이 수인인 경우에는 공동으로 그 직무를 행한다. 다만, 법원의 허가를 받아 직무를 분장할 수 있다.
② 분배관리인이 수인인 경우 분배관리인에 대한 의사표시는 그 중 1인에 대하여 할 수 있다.

240) [증권관련 집단소송규칙 제33조 (분배관리인의 금전 등 보관)]
① 법 제41조 제1항·제3항의 규정에 의하여 분배관리인이 선임되거나 변경된 경우 대표당사자 및 변경전 분배관리인은 보관중인 금전 등을 선임되거나 변경된 분배관리인에게 즉시 인계해야 한다.
② 분배관리인의 금전 등 보관방법에 관하여는 제29조를 준용한다.
[증권관련 집단소송규칙 제34조 (분배계획안의 작성·제출 및 공고)]
① 권리실행으로 금전을 취득한 경우 분배관리인은 분배계획안에 권리실행금에 대한 이자의 귀속 및 처분에 관한 사항을 포함해야 한다.
② 분배계획안에는 소송비용 및 권리실행비용을 지출하였음을 소명할 수 있는 자료를 첨부해야 한다.
③ 법원은 전자통신매체를 이용하여 분배계획안을 공고하여야 하고, 법원사무관등은 공고한 날짜와 방법을 기록에 표시해야 한다.
[증권관련 집단소송규칙 제40조 (분배관리인의 소송기록 열람·복사)]
분배관리인은 권리확인을 위하여 필요한 경우 법원에 보관된 소송기록을 열람 및 복사할 수 있다.
[증권관련 집단소송규칙 제41조 (분배관리인의 권리확인)]
① 법 제49조 제4항의 규정에 의한 권리확인의 결과에는 다음 각 호의 사항이 포함되어야 한다.
1. 권리신고인의 성명 및 주소
2. 권리신고의 내용
3. 권리확인의 내용
4. 권리확인에 이의가 있는 때에는 그 통지를 받은 날부터 2주일 이내에 법원에 그 권리의 확인을 구하는 신청을 할 수 있다는 취지
② 법 제49조 제4항의 규정에 의한 권리확인의 결과 통지는 권리신고를 한 자 및 피고가 그 통지를 수령한 일자를 확인할 수 있는 방법에 의해야 한다.

경할 수 있다(同法 41조).[241] 법원은 분배업무를 공정하고 공평하게 효율적으로 관리할 수 있는 자를 분배관리인으로 선임하여야 하는데, 실무상으로는 특별한 사정이 없는 한 대표당사자의 소송대리인이었던 변호사를 분배관리인으로 선임하고 있다. 분배관리인의 직무상 행위에 관한 손해배상청구권은 분배종료보고서를 제출한 날부터 2년이 지나면 소멸하고, 다만, 분배관리인의 부정행위로 인한 손해배상청구권인 경우에는 그러하지 아니하다(同法 56조).

(3) 분배계획안

(가) 분배계획안의 제출

분배관리인은 법원이 정한 기간 이내에 분배계획안을 작성하여 법원에 제출하여야 하는데, 분배계획안에는 다음과 같은 사항을 적어야 한다(同法 42조).[242][243]

1. 총원의 범위와 채권의 총액
2. 집행권원의 표시금액, 권리실행금액 및 분배할 금액
3. 제44조 제1항의 규정에 따른 공제항목과 그 금액
4. 분배의 기준과 방법
5. 권리신고의 기간·장소 및 방법
6. 권리의 확인방법

---

241) [증권관련 집단소송규칙 제31조 (분배관리인의 선임 및 변경)]
① 법 제41조 제1항·제3항의 규정에 의한 분배관리인의 선임·변경신청은 신청의 취지와 이유를 기재한 서면으로 해야 한다.
② 법원은 분배업무를 공정하고 공평하게 효율적으로 관리할 수 있는 자를 분배관리인으로 선임하거나 변경해야 한다.
③ 법원은 기간을 정하여 분배관리인에게 분배계획안을 제출할 것을 명해야 한다. 위 명령은 분배관리인의 선임·변경 결정과 동시에 할 수 있다.

242) [증권관련 집단소송규칙 제33조 (분배관리인의 금전 등 보관)]
① 법 제41조 제1항·제3항의 규정에 의하여 분배관리인이 선임되거나 변경된 경우 대표당사자 및 변경전 분배관리인은 보관중인 금전 등을 선임되거나 변경된 분배관리인에게 즉시 인계해야 한다.
② 분배관리인의 금전 등 보관방법에 관하여는 제29조를 준용한다.
[증권관련 집단소송규칙 제34조 (분배계획안의 작성·제출 및 공고)]
① 권리실행으로 금전을 취득한 경우 분배관리인은 분배계획안에 권리실행금에 대한 이자의 귀속 및 처분에 관한 사항을 포함해야 한다.
② 분배계획안에는 소송비용 및 권리실행비용을 지출하였음을 소명할 수 있는 자료를 첨부해야 한다.
③ 법원은 전자통신매체를 이용하여 분배계획안을 공고하여야 하고, 법원사무관등은 공고한 날짜와 방법을 기록에 표시해야 한다.

243) 분배계획안 제출서는 http://www.scourt.go.kr/portal/notice/securities/securities.jsp 참조(서울중앙지방법원 2017. 11. 23.자 2012가합17061 결정).

7. 분배금의 수령기간, 수령장소 및 수령방법
8. 그 밖에 필요하다고 인정되는 사항

(나) 분배의 기준

분배의 기준은 판결이유중의 판단이나 화해조서 또는 인낙조서의 기재내용에 따르고, 권리신고기간내에 신고하여 확인된 권리의 총액이 분배할 금액을 초과하는 경우에는 안분비례의 방법으로 분배한다(同法 43조).

(다) 분배에서 제외하는 비용

분배관리인은 권리실행으로 취득한 금액에서 ⅰ) 소송비용 및 변호사 보수, ⅱ) 권리실행비용, ⅲ) 분배비용(분배관리인에게 지급하는 것이 타당하다고 인정되는 액수의 보수를 포함) 등의 비용을 공제할 수 있고,[244] 분배계획안의 인가를 받기 전에 이러한 비용을 지급하려면 법원의 허가를 받아야 하고, 법원은 분배관리인·대표당사자 또는 구성원이 신청한 경우에는 소송의 진행과정·결과 등 여러 사정을 참작하여 변호사 보수를 감액할 수 있는데, 이 경우 법원은 신청인과 대표당사자의 소송대리인을 심문하여야 하고, 이러한 신청은 분배계획안의 인가 전까지 하여야 하고, 이에 관한 법원의 결정에 대하여는 즉시항고를 할 수 있다(同法 44조). 변호사보수는 감액만 가능하고 증액은 허용되지 않는다.[245]

---

244) [증권관련 집단소송규칙 제37조 (분배하지 아니하는 결정)]
① 분배관리인은 권리실행으로 취득한 금액이 법 제44조 제1항 각 호의 비용의 지급에 부족하다고 판단되는 경우에도 분배계획안을 작성·제출해야 한다. 다만, 이 경우에 분배계획안에는 법 제42조 제2항 제4호 내지 제7호의 기재를 생략할 수 있다.
② 법원은 법 제46조 제2항의 규정에 의하여 분배계획안의 내용을 수정하더라도 권리실행으로 취득한 금액이 법 제44조 제1항 각 호의 비용을 지급하기에 부족하다고 판단하는 경우에 한하여 분배하지 아니한다는 결정을 할 수 있다.

245) [증권관련 집단소송규칙 제35조 (분배에서 제외하는 비용 등)]
① 법 제44조 제1항 제1호의 소송비용은 민사소송비용법에 의하여 산정된 소송비용으로 한다.
② 법 제44조 제2항의 규정에 의한 분배계획 인가전 비용지급 허가신청은 취지와 이유를 기재한 서면으로 해야 한다.

[증권관련 집단소송규칙 제36조 (변호사 보수의 감액)]
① 법 제44조 제3항의 규정에 의한 변호사 보수 감액 신청은 취지와 이유를 기재한 서면으로 해야 한다.
② 법원은 변호사 보수를 감액함에 있어서 다음 사항을 고려해야 한다.
1. 변호사 보수에 관한 약정
2. 소송의 소요기간 및 사안의 난이도
3. 승소금액·권리실행금액·구성원에게 분배되는 금액
4. 소송대리인의 변론 내용

㈑ 비용지급에 부족한 경우

법원은 권리실행으로 취득한 금액이 제44조가 규정하는 공제항목의 비용을 지급하기에 부족한 경우에는 분배하지 않는다는 결정을 하여야 하고, 이러한 결정이 있는 경우 분배관리인은 법원의 허가를 받아 권리실행한 금액을 적절한 방법으로 공제항목의 비용에 분배해야 한다(同法 45조).

⑷ 분배계획안의 인가

법원은 분배계획안이 공정하며 형평에 맞다고 인정되면 결정으로 이를 인가하여야 하고, 상당하다고 인정할 때에는 직권으로 분배계획안을 수정하여 인가할 수 있는데, 이 경우 법원은 미리 분배관리인을 심문하여야 하고, 법원의 이러한 결정에 대하여는 불복할 수 없다(同法 46조). 법원은 분배계획을 인가하였을 때에는 적절한 방법으로 1. 집행권원의 요지, 2. 분배관리인의 성명 및 주소, 3. 분배계획의 요지 등을 구성원에게 고지해야 한다(同法 47조). 법원은 상당한 이유가 있다고 인정하는 때에는 직권 또는 분배관리인의 신청에 의하여 결정으로 분배계획을 변경할 수 있고, 법원의 이러한 결정에 대하여는 불복할 수 없고, 법원은 분배계획을 변경하는 경우 필요하다고 인정하는 때에는 상당한 방법으로 변경의 내용을 구성원에게 고지해야 한다(同法 48조).

⑸ 권리신고 및 권리확인

구성원은 분배계획에서 정하는 바에 따라 권리신고 기간 내에 분배관리인에게 권리를 신고하여야 하고, 책임 없는 사유로 권리신고 기간 내에 신고를 하지 못한 경우에는 그 사유가 종료된 후 1개월이 지나기 전에 신고할 수 있으나, 증권집단소송법 제53조에 따른 공탁금의 출급청구 기간이 끝나기 전에 신고하여야 하고, 분배관리인은 신고된 권리를 확인하여야 하며, 권리신고를 한 자 및 피고에게 권리확인의 결과를 통지해야 한다(同法 49조). 권리신고를 한 자 또는 피고는 분배관리인의 권리확인에 이의가 있을 때에는 확인 결과를 통지받은 날부터 2주일 이내에 법원에 그 권리의 확인을 구하는 신청을 할 수 있고, 법원은 이에 대하여 결정으로 재판하여야 하고, 법원의 이러한 결정에 대하여는 불복할 수 없다(同法 50조).[246]

---

5. 소송대리인이 변론준비 및 변론에 투입한 시간
6. 그 밖에 변호사 보수의 적정성을 판단하기 위하여 필요한 사항

③ 제2항 제5호의 사항을 판단하기 위하여 필요한 자료는 대표당사자의 소송대리인이 제출하거나 법원이 그 제출을 요구할 수 있다.

⑹ 분배 및 잔여금 처리

㈎ 잔여금의 공탁

분배관리인은 분배금의 수령기간이 지난 후 남은 금액이 있을 때에는 지체 없이 이를 공탁해야 한다(同法 51조).[247)]

㈏ 분배보고서

분배관리인은 분배금의 수령기간이 지난 후 ⅰ) 권리신고를 한 자의 성명·주소 및 신고금액, ⅱ) 권리가 확인된 자 및 확인금액, ⅲ) 분배받은 자 및 분배금액, ⅳ) 남은 금액, ⅴ) 그 외에 필요한 사항 등을 기재한 분배보고서를 법원에 제출하고, 이해관계인이 열람할 수 있도록 2년간 법원에 갖추어 두어야 한다(同法 52조).

㈐ 수령기간 경과후의 지급

권리가 확인된 구성원으로서 분배금의 수령기간 내에 분배금을 수령하지 아니한 자 또는 신고기간이 지난 후에 권리를 신고하여 권리를 확인받은 자는 수

---

246) [증권관련 집단소송규칙 제38조 (분배계획 및 변경의 고지방법)]
① 법 제47조 및 제48조 제3항의 규정에 의한 고지는 전자통신매체를 이용하여 공고함으로써 한다.
② 법원사무관등은 공고한 날짜와 방법을 기록에 표시해야 한다.
[증권관련 집단소송규칙 제39조 (권리신고)]
법 제49조 제1항 및 제2항의 규정에 의한 권리신고에는 다음 각 호의 사항을 기재하여야 하고, 권리확인에 필요한 자료를 첨부해야 한다.
1. 권리신고인의 성명 및 주소(전자우편주소 포함)
2. 권리신고의 내용
3. 분배액을 송금받기 위한 금융기관 등의 계좌번호
[증권관련 집단소송규칙 제42조 (법원에 대한 권리확인신청)]
① 법 제50조 제1항의 규정에 의한 권리확인신청은 신청의 취지와 이유를 기재한 서면으로 해야 한다.
② 제1항의 신청서에는 분배관리인으로부터 통지받은 권리확인의 결과 및 권리확인에 필요한 자료를 첨부해야 한다.
[증권관련 집단소송규칙 제43조 (법원의 권리확인)]
① 법원은 권리확인을 위하여 필요한 때에는 권리신고를 한 자, 피고 또는 분배관리인을 심문하거나 직권으로 필요한 조사를 할 수 있다.
② 법원은 권리확인신청이 부적법하다고 인정한 때에는 이를 각하해야 한다.
③ 법원은 권리확인신청 중 이유가 있는 부분에 한하여 이를 확인하고, 나머지 신청은 이를 기각해야 한다.
④ 법원은 권리확인신청서가 접수된 날부터 3월 이내에 결정해야 한다.
⑤ 권리확인신청에 대한 결정은 분배관리인에게도 고지해야 한다.

247) [증권관련 집단소송규칙 제44조 (잔여금을 공탁할 곳)] 법 제51조의 규정에 의한 공탁은 수소법원 소재지의 공탁소에 해야 한다.

령기간이 지난 후에 6개월 까지만 공탁금의 출급을 청구할 수 있다(同法 53조).

(라) 분배종료보고서

분배관리인은 공탁금의 출급청구기간이 만료된 때에는 지체 없이 법원에 분배종료보고서를 제출하여야 하고, 분배종료보고서에는 i) 수령기간이 지난 후에 분배금을 받은 자의 성명, 주소 및 분배금액, ii) 지급한 분배금의 총액, iii) 남은 금액의 처분 내용, iv) 분배비용, v) 그 밖에 필요한 사항을 기재하여야 하고, 분배종료보고서도 이해관계인이 열람할 수 있도록 2년간 법원에 갖추어 두어야 한다(同法 54조).

(마) 잔여금의 처분

법원은 분배종료보고서가 제출된 경우 남은 금액이 있을 때에는 직권으로 또는 피고의 출급청구에 의하여 이를 피고에게 지급한다(同法 55조).

(바) 금전외의 물건의 분배

권리의 실행으로 취득한 금전외의 물건을 분배하는 경우에는 그 성질에 반하지 않는 범위에서 금전에 준하여 분배하고, 분배관리인은 법원의 허가를 받아 권리의 실행으로 취득한 금전외의 물건의 전부 또는 일부를 금전으로 환산해서 분배할 수 있다(同法 57조).[248]

(사) 추가분배

분배종료보고서가 제출된 후에 새로이 권리실행이 가능하게 된 경우의 분배절차에 관하여는 제39조 내지 제57조의 규정을 준용한다(同法 58조).

6. 벌 칙

(1) 형사벌칙

(가) 배임수재

증권집단소송의 소를 제기하는 자, 대표당사자, 원고측 소송대리인 또는 분배관리인이 그 직무에 관하여 부정한 청탁을 받고 금품 또는 재산상의 이익을 수수(收受)·요구 또는 약속한 경우에는 다음과 같은 구분에 따라 처벌한다(同法 60조①).

248) [증권관련 집단소송규칙 제46조 (금전외의 물건의 환가)]
분배관리인은 법 제57조 제2항의 규정에 의하여 금전외의 물건을 환가하는 경우에 그 환가방법에 대하여도 법원의 허가를 받아야 한다.

1. 수수·요구 또는 약속한 금품 또는 재산상의 이익의 가액(이하 "수수액"이라 한다)이 1억원 이상인 경우: 무기 또는 10년 이상의 유기징역에 처하되, 수수액에 상당하는 금액 이하의 벌금을 병과(倂科)할 수 있다.
2. 수수액이 3천만원 이상 1억원 미만인 경우: 5년 이상의 유기징역에 처하되, 수수액에 상당하는 금액 이하의 벌금을 병과할 수 있다.
3. 수수액이 3천만원 미만인 경우: 7년 이하의 징역 또는 1억원 이하의 벌금에 처한다.

증권집단소송의 소를 제기하는 자, 대표당사자, 원고측 소송대리인 또는 분배관리인이 그 직무에 관하여 부정한 청탁을 받고 제3자에게 금품 또는 재산상의 이익을 공여하게 하거나 공여하게 할 것을 요구 또는 약속한 경우에도 제1항과 같은 형에 처한다(同法 60조②). 제1항 및 제2항의 죄에 대하여는 10년 이하의 자격정지를 병과할 수 있다(同法 60조③).

㈏ 배임증재

증권집단소송의 소를 제기하는 자, 대표당사자, 원고측 소송대리인 또는 분배관리인에게 그 직무에 관하여 부정한 청탁을 하고 금품 또는 재산상의 이익을 약속 또는 공여한 자나 공여의 의사를 표시한 자는 7년 이하의 징역 또는 1억원 이하의 벌금에 처한다(同法 61조①). 제1항의 행위에 제공할 목적으로 제3자에게 금품을 교부하거나 그 정을 알면서 교부받은 자도 제1항과 같은 형에 처한다(同法 61조②).

㈐ 몰수 · 추징

제60조 및 제61조의 죄를 범한 자 또는 그 정을 아는 제3자가 취득한 금품 또는 재산상의 이익은 몰수하며, 몰수할 수 없을 때에는 그 가액을 추징(追徵)한다(同法 62조).

⑵ 과 태 료

다음과 같은 자에게는 3천만원 이하의 과태료를 부과한다(同法 63조).

1. 소송허가신청서의 총원의 범위를 거짓으로 적은 자
2. 제9조 제2항·제3항의 문서를 거짓으로 작성하여 첨부한 자[249]

249) [증권관련 집단소송법 제9조 (소송허가신청서의 기재사항 및 첨부서류)]
② 제7조 제1항에 따라 소를 제기하는 자는 소송허가신청서에 다음 각 호의 사항을 진술한 문서를 첨부해야 한다.
1. 해당 증권관련집단소송을 수행하기 위하여 또는 소송대리인의 지시에 따라 해당 증

3. 정당한 이유 없이 법원의 문서제출명령 또는 문서송부촉탁을 거부한 자

제 5 절 발행공시위반에 대한 형사책임과 과태료

Ⅰ. 형사책임

1. 제444조

다음과 같은 경우에는 5년 이하의 징역 또는 2억원 이하의 벌금에 처한다(法 444조).

1. 제119조(제5항 제외)를 위반하여 증권을 모집·매출한 자(제12호)
2. 다음과 같은 서류 중 중요사항에 관하여 거짓의 기재 또는 표시를 하거나 중요사항을 기재 또는 표시하지 아니한 자 및 그 중요사항에 관하여 거짓의 기재 또는 표시가 있거나 중요사항의 기재 또는 표시가 누락되어 있는 사실을 알고도 제119조 제5항에 따른 서명을 한 자와 그 사실을 알고도 이를 진실 또는 정확하다고 증명하여 그 뜻을 기재한 공인회계사·감정인 또는 신용평가를 전문으로 하는 자(제13호)
   가. 제119조에 따른 증권신고서[250] 또는 일괄신고추가서류
   나. 제122조에 따른 정정신고서

권관련집단소송과 관련된 증권을 취득하지 아니하였다는 사실
2. 최근 3년간 대표당사자로 관여한 증권관련집단소송의 내역
③ 소송허가신청서에는 소송대리인이 다음 각 호의 사항을 진술한 문서를 첨부해야 한다.
1. 최근 3년간 소송대리인으로 관여한 증권관련집단소송의 내역
2. 제5조 제2항에 위반되지 아니한다는 사실

250) [대법원 2006. 10. 26. 선고 2006도5147 판결] 【증권거래법위반·상법위반·공정증서원본불실기재·불실기재공정증서원본행사·근로기준법위반·공문서위조·위조공문서행사·여권불실기재미수·특정경제범죄가중처벌등에관한법률위반(배임)·무고·부정수표단속법위반·특정경제범죄가중처벌등에관한법률위반(횡령)·사기·조세범처벌법위반】 "유상증자에 의한 유가증권을 발행함에 있어 사채업자의 자금을 유상증자를 위한 주금납입 계좌에 일시적으로 입금한 다음 주금납입금보관증명서를 발급받아 증자 등기 경료 직후 이를 인출하여 사채업자에게 반환하는 방법으로 주금납입을 가장하거나, 실제로는 주금납입이 이루어지지 않았음에도 위조된 주금납입금보관증명서를 제출하여 증자 등기가 경료되게 한 경우에는, 비록 형식상으로는 유상증자의 외형을 갖추었다 하더라도 실질적으로는 자금을 조달할 의도나 목적이 없어 납입한 주금이 전혀 자본금으로 편입되지 않으므로, 주금의 가장납입 또는 위조된 주금납입금보관증명서에 의한 증자 등기를 경료할 의도 하에 마치 실질적인 자금조달에 의하여 유상증자를 할 것처럼 구 증권거래법(2003. 12. 31. 법률 제7025호로 개정되기 전의 것) 제8조의 유가증권신고서를 작성하여 금융감독위원회에 제출하는 행위는 같은 법 제207조의3 제2호의 유가증권신고서의 중요한 사항에 관하여 허위의 기재를 한 경우에 해당한다."

다. 제123조에 따른 투자설명서(집합투자증권의 경우 제124조 제2항 제3호에 따른 간이투자설명서를 포함)
3. 제122조 제3항을 위반하여 정정신고서를 제출하지 아니한 자(제14호)

2. 제446조

다음과 같은 경우에는 1년 이하의 징역 또는 3천만원 이하의 벌금에 처한다(法 446조).

1. 제124조 제1항을 위반하여 투자설명서(집합투자증권의 경우 제124조 제2항 제3호에 따른 간이투자설명서를 포함)을 미리 교부하지 아니하고 증권을 취득하게 하거나 매도한 자(제22호)
2. 제124조 제2항을 위반하여 제2항 각 호의 어느 하나에 해당하는 방법에 따르지 아니하고 청약의 권유 등을 한 자(제23호)
3. 제132조, 제146조 제2항, 제151조 제2항, 제158조 제2항, 제164조 제2항에 따른 금융위원회의 처분을 위반한 자(제24호)

3. 양벌규정

(1) 의 의

법인(단체를 포함)의 대표자나 법인 또는 개인의 대리인, 사용인, 그 밖의 종업원이 그 법인 또는 개인의 업무에 관하여 위와 같은 위반행위를 하면 그 행위자를 벌하는 외에 그 법인 또는 개인에게도 해당 조문의 벌금형을 과한다(法 448조).[251] 사용인, 종업원 등은 정식고용계약이 체결되지 않은 경우에도 직접 또는 간접으로 법인 또는 개인의 통제감독 하에 있는 자도 포함된다.[252]

(2) 행위자 처벌 근거

자본시장법 제444조 제12호는 "제119조(제5항 제외)를 위반하여 증권을 모집 또는 매출한 자"로 규정하는데, 금지규정(法 119조)의 주체(법인)와 처벌규정(法 444조)의 주체(행위자)가 다르게 된다. 따라서 법인의 대표이사가 증권신고서를 제출하지 않고 증권을 모집·매출한 경우 모집, 매출의 법적 주제444조에 의하여 처벌받는 것이 아니라 양벌규정인 제448조의 "그 행위자를 벌하는 외에"라는 규정에 의하여 처벌받는 것으로 해석해야 한다. 즉, "그 행위자를 벌하는 외에"라

---

251) 양벌규정에 대하여는 제4편 제3장 제2절에서 상술함.
252) 대법원 1993. 5. 14. 선고 93도344 판결.

는 규정은 금지규정과 처벌규정의 주체가 다르게 되는 경우에 행위자를 처벌하는 근거규정이 된다.[253]

(3) 면 책

다만, 법인 또는 개인이 그 위반행위를 방지하기 위하여 해당 업무에 관하여 상당한 주의와 감독을 게을리 하지 아니한 경우에는 양벌규정이 적용되지 않는다(法 448조 단서).

Ⅱ. 과 태 료

1. 1억원 이하의 과태료

신고서를 제출하지 아니하고 증권을 모집·매출하는 발행인으로서, 투자자를 보호하기 위하여 재무상태에 관한 사항의 공시, 그 밖에 대통령령으로 정하는 조치를 하지 아니한 자에 대하여는 1억원 이하의 과태료가 부과될 수 있다(法 449조①36).

2. 5천만원 이하의 과태료

증권발행실적보고서를 제출하지 아니하거나 거짓으로 작성하여 제출한 자, 또는 금융위원회의 보고 또는 자료의 제출명령이나 증인의 출석, 증언 및 의견의 진술 요구에 불응한 자에 대하여는 5천만원 이하의 과태료를 부과한다(法 449조③7,8).

---

253) 대법원 1995. 5. 26. 선고 95도230 판결.

제3장

기업의 인수·합병 관련 제도

제1절 공개매수

I. 총 설

1. 서 론

(1) 공개매수의 정의

공개매수(tender offer, take-over bid)는 주로 기업지배권을 획득하거나 강화하기 위하여 장외에서 단기간에 대량으로 필요한 수의 주식을 매수하는 행위를 말한다. 자본시장법 제133조 제1항은 "이 절에서 "공개매수"란 불특정 다수인에 대하여 의결권 있는 주식, 그 밖에 대통령령으로 정하는 증권("주식등")의 매수(다른 증권과의 교환 포함)의 청약을 하거나 매도(다른 증권과의 교환 포함)의 청약을 권유하고 증권시장 및 다자간매매체결회사(이와 유사한 시장으로서 해외에 있는 시장 포함)[1] 밖에서 그 주식등을 매수하는 것을 말한다."고 규정한다.[2] 미국에서는 SEA와 SEC Rule이 공개매수(tender offer)에 적용되는 여러 가지 제한을 규정

1) 구 증권거래법상으로는 해외증권시장에서 증권을 매수하는 경우 공개매수에 해당하는지에 대하여 명문의 규정이 없었기 때문에 논란의 여지가 있었으나, 자본시장법은 해외증권시장도 "증권시장"에 포함한다고 명시적으로 규정한다. 따라서 해외증권시장에서 증권예탁증권을 매수한 결과 의결권 있는 발행주식총수의 5% 이상이 되는 경우에도 강제공개매수의 대상이 되지 않는다.

2) 구 증권거래법 제21조 제3항은 "이 장에서 "공개매수"라 함은 불특정다수인에 대하여 주식등의 매수(다른 유가증권과의 교환을 포함한다. 이하 이 장에서 같다)의 청약을 하거나 매도(다른 유가증권과의 교환을 포함한다. 이하 이 장에서 같다)의 청약을 권유하고 유가증권시장 및 코스닥시장 밖에서 당해 주식등을 매수하는 것을 말한다."고 규정함으로써, 강제공개매수에 관한 규정을 제1항에서 먼저 규정하여 규정의 순서가 바뀐 모습이었는데, 자본시장법은 제133조 제1항에서 먼저 공개매수의 개념을 규정하고, 제3항에서 강제공개매수에 관하여 규정한다.

하고 있으나, 공개매수의 개념을 유연하게 해석하면 보다 효율적인 규제를 할 수 있다는 이유에서, 공개매수에 대한 정의규정은 두고 있지 않고, 결국 법원의 판례에 의해 공개매수에 대한 개념이 형성되어 왔다. 판례에 의하여 정립된 공개매수 판단기준은 8요소기준(eight-factor test)과,[3] 제반정황기준[4]이 있다.

(2) 공개매수의 목적과 분류

공개매수의 기본적인 목적은 주식을 단기간에 대량으로 매수하여 발행회사의 지배권을 획득하는 것이다. 회사의 지배권을 획득하기 위한 방법으로는 i) 공개매수, ii) 합병, iii) 대상회사의 영업양수 등이 있는데, 합병과 영업양수는 대상회사의 이사회 및 주주총회의 승인이 필요하여 적대적 M&A의 경우에는 현 경영진을 상대로 위임장경쟁을 하여야 하는 부담이 있으므로, 대상회사의 경영진의 동의가 필요 없이 개별적인 주주들을 대상으로 하여 발행주식의 과반수 의결권을 가진 주식을 매수함으로써 지배권획득이 가능한 공개매수의 방법이 유리하다.

---

3) 8요소기준은 Wellman v. Dickson, 475 F. Supp. 783 (S.D.N.U. 1979), aff'd., 682 F. 2d 355 (2d Cir. 1982), cert. denied, 460 U.S. 1069(1983) 판결에서 유래하였기 때문에 Wellman 기준이라고도 하는데, 다음의 8가지 요소를 포함한다. 다만 많은 판례는 8가지 요소는 하나의 지침일 뿐이므로 8요소 전부가 구비되었다고 하여 항상 공개매수에 해당하는 것도 아니고 대부분 요건이 구비되지 않았다고 하여 항상 공개매수에 해당하지 않는 것도 아니라는 입장이다.

1. 권유(Solicitation): 매수인이 주주들에게 적극적이고 광범위한 권유(active and wide-spread solicitation)를 한 경우
2. 비율(Percentage): 발행인의 주식의 상당 비율(substantive percentage)에 대한 권유가 있는 경우
3. 프리미엄(Premium): 매수청약(offer to purchase)이 통상적인 시장가격(prevailing market price)에 프리미엄이 가산된 경우
4. 확정 조건(Firm terms): 청약조건에 협상의 여지가 없이 확정적인 경우
5. 조건부 청약(Contingent): 청약이 고정된 최소 주식수(fixed minimum number of shares)의 청약 또는 고정된 최대 주식수(fixed maximum number of shares)의 매수를 조건부로 하는 경우
6. 확정기한부청약(Limited time): 청약이 제한된 기간(limited period of time)에만 승낙이 가능한 경우
7. 매도압력(Pressure): 주주가 자신의 주식을 매도하도록 압력을 받는 경우
8. 공표(Public announcements): 주식의 매집 이전에 또는 그에 수반하여(preceding or accompanying the accumulation of stock) 매수계획을 공개적으로 발표한 경우

4) Wellman 판결 후 연방제2항소법원은 8요소 기준은 단정적인 기준이 아니라고 하면서, "제반 정황(totality of the circumstances)에 비추어 Williams Act를 적용하지 않는다면 주주가 매매 여부를 판단하기 위한 충분한 정보를 가지지 못할 실질적 위험(substantial risk of insufficient information)이 있는 경우에 이를 공개매수로 인정할 수 있다."라고 판시하였다[Hanson Trust PLC v. SCM Corp., 774 F.2d 47 (2d Cir. 1985)].

한편, 공개매수제도는 회사의 지배권 획득 외에도 그와 대응하는 측면이라 할 수 있는 지배권 강화를 위한 주식취득방법으로도 활용되고, 「독점규제 및 공정거래에 관한 법률」상 지주회사의 요건을 충족하기 위하거나 상장폐지를 목적으로 주식을 취득하는 방법으로도 활용된다.[5] 그 밖에 발행회사가 자기주식을 취득하는 방법으로 공개매수가 이용된다.[6]

이와 같이 공개매수는 전통적으로 적대적 M&A의 수단으로 활용되었지만, 기존경영진과의 관계에 따라 기존 지배권자의 의사에 반하여 현 경영진을 강제로 배제하고 지배권을 획득하려는 적대적 공개매수와 기존 경영진과의 합의 하에 지배권을 양도양수하기 위한 우호적 공개매수로 분류된다.

(3) 규제의 필요성

공개매수도 기본적으로는 주식의 매매에 불과한데 특별한 규제가 필요한 이유는 단순히 주식의 매매에 그치는 것이 아니라 매매의 결과 회사의 지배권이 변동될 만큼의 지분이 매매되는 것이기 때문이다. 즉, 공개매수자가 대상회사의 주주로부터 불공정하게 주식을 매수할 가능성이 있고, 대상회사의 경영진이 경영권 방어를 위하여 부당한 방어책을 사용할 경우 주주들의 이익에 반하게 될 가능성이 있다. 이러한 상황에서 특히, 대상회사의 주주들이 충분한 정보에 접근하지 못한 상태에서 성급한 매도청약을 하는 것을 방지함으로써 주주들의 이익을 보호하기 위하여 공개매수에 대한 규제가 필요한 것이다. 또한 공개매수는 장외매수이므로 장내매수에 비하여 투명성이 보장되지 않는다. 따라서 공개매수자로 하여금 매수기간·매수수량·매수가격 등을 공시하도록 하여 투자자 보호와 주주의 평등한 대우를 보장하기 위한 여러 가지 규제가 필요하다. 이에 1976년 12월

---

5) 우리나라에서는 1994년 미국의 나이키사가 상장법인인 삼나스포츠 주식에 대하여 공개매수를 하여 기존의 지분과 합작선인 삼양통상의 지분을 합하여 90% 이상의 지분을 소유하게 된 것이 최초의 공개매수사례이다. 그러나 이는 상장폐지를 위한 목적으로 공개매수를 한 것이고, 회사의 지배권을 획득하기 위한 본래의 의미의 공개매수는 1994년 10월 한솔제지가 동해종합금융(후에 한솔종금으로 상호변경)의 주식에 대하여 한 공개매수가 최초이다. 지배권 강화(경영권 안정)를 위한 공개매수의 경우에는 대주주가 아니라 발행회사가 자기주식을 취득하는 방법도 활용된다.

6) 상법상 회사가 자기주식을 취득하는 방법은, 1. 거래소에서 시세가 있는 주식의 경우에는 거래소에서 취득하는 방법과, 2. 각 주주가 가진 주식 수에 따라 균등한 조건으로 취득하는 것으로서 대통령령으로 정하는 방법이 있고(商法 341조①), 제2호의 "대통령령으로 정하는 방법"은 1. 회사가 모든 주주에게 자기주식 취득의 통지·공고를 하여 주식을 취득하는 방법과, 2. 자본시장법 제133조부터 제146조까지의 규정에 따른 공개매수의 방법이 있다(商令 9조①).

증권거래법 개정시 공개매수제도가 도입되었고, 현행 자본시장법도 공개매수에 대한 각종 절차상의 규제와 함께 특별한 경우에는 공개매수절차에 의한 주식등의 취득을 강제하고 있다.

2. 공개매수의 사전절차

(1) 대상회사의 물색

공개매수에는 일반적으로 M&A 중개회사·회계법인·법무법인 등이 관여하는데, 공개매수를 위한 첫 단계로서 공개매수자는 공개매수의 대상회사를 물색한다. 대상회사는 공개회사로서 공개매수자와 같은 업종인 경우도 있고 다른 업종인 경우도 있다. 일반적으로 i) 동종업종의 다른 기업에 비하여 PER(price earning ratio, 주가수익비율)이 낮은 회사, ii) 부동산을 많이 소유하여 부동산자산가치가 상승하였음에도 주가에 반영되지 않은 회사, iii) 현금흐름(cash flow)이 원활하고 현금보유가 많은 회사, iv) 주식의 지분분산이 잘 되어 대주주의 지분비율이 낮은 회사, v) 부채비율이 낮아서 차입여력이 많은 회사, vi) 대상회사의 현재의 경영진이 비효율적으로 경영을 하고 있어서 주식이 저평가되어 있고 공개매수자가 지배권을 획득하여 경영하면 회사의 주가가 상승할 것이라고 판단되는 회사, vii) 대상회사가 여러 업종의 사업을 하고 있으며 공개매수자가 이러한 대상회사의 지배권을 획득하여 업종별로 사업을 분할하여 매도하면 현재의 주가수준보다 많은 이익이 예상되는 회사 등이 공개매수의 대상이 될 가능성이 있다. 결국 중요한 점은 주가가 회사의 자산가치에 미치지 못하는 경우로서 기업인수 전문가(raiders)도 회사를 매수하여 경영하는 것 자체를 목적으로 하기보다는 매수를 통하여 실제 자산가치와 주가와의 차익을 얻을 것을 목적으로 하는 경우가 많다.

(2) 사전매수

공개매수의 대상회사가 확정되었다 하더라도 공개매수자는 즉시 공개매수에 들어가지 않고 공개시장에서 대상회사의 주식의 일부를 매수하여 일정한 지분을 획득하는데 이를 "발판취득(toehold acquisition, block purchase)" 또는 "잠행매수(creeping tender offer)"라고 한다.[7]

---

7) 통상 대량보유보고제도(5% Rule)로 인하여 실제로는 5% 미만의 주식만 취득하게 된다. 다만, 자본시장법 제174조 제2항은 공개매수의 실시라는 미공개중요정보를 이용한 사전매수를 금지하므로, 이에 대한 민형사상 책임을 지게 될 가능성이 있다.

(3) 공개매수자금의 조달

공개매수자 자신의 자금에 의하여 공개매수자금의 전부를 조달하는 방법도 있지만 대개는 자신의 신용이나 자산을 이용하거나 대상회사의 자산이나 신용을 이용하여 자금을 조달하기도 한다. 특히, 기업인수자가 대상회사의 자산이나 신용을 이용한 차입금에 의하여 인수자금을 조달하는 방법을 "LBO(leveraged buyout)"라고 한다.

3. 공개매수의 개념요소

(1) 불특정다수인

청약의 상대방은 불특정일 뿐 아니라 다수일 것이 요구된다. 그리고 불특정다수인이어야 하는 것은 매수의 상대방이 아니라 매수청약(또는 매도청약의 권유)의 상대방이다. '다수인'의 범위에 대하여 어느 정도의 인원을 판단기준으로 하여야 하는지에 대하여 법령에 특별한 규정이 없는데, 증권의 모집·매출시 적용되는 50인을 기준으로 판단해야 한다고 견해도 있으나,[8] 강제공개매수의 요건인 과거 6개월간 해당 주식의 양도인을 합산하여 10인 이상인지 여부(令 140조②)를 기준으로 보는 것이 타당하다.[9]

(2) 대상증권

공개매수의 적용대상은 의결권 있는 주식 및 이와 관련되는 증권("주식등")인데, 구체적으로는 다음과 같다(令 139조).[10]

1. 주권상장법인이 발행한 증권[11]
   가. 주권
   나. 신주인수권이 표시된 것

---

8) 안상현·유석호 "공개매수규제의 적용범위", BFL 제55호, 서울대학교 금융법센터(2012. 9), 17면(다만, 자본시장법 시행령의 청약권유의 개념이 그대로 공개매수에 적용되는지에 대하여 논란이 있을 수 있으므로 입법론적으로 명확히 하는 것이 바람직하다고 하면서, 공개매수를 증권매출의 역전된 형태로 이해하면 매출의 요건인 50인을 기준으로 삼는 것이 입법론상 고려해 볼 만하다고 설명한다).

9) 同旨: 김정수, 767면.

10) 자본시장법 제174조의 대량보유보고의 대상증권도 공개매수의 적용대상 증권과 같다.

11) 주권비상장법인이 발행한 증권은 일반적으로 주권상장법인의 증권과 달리 규제의 필요성이 별로 없기 때문에, 제2호의 증권만 적용대상으로 규정한다. 물론 "주식등" 외의 증권에 대하여도 공개매수와 유사한 방식에 의하여 매수할 수 있지만, 이는 자본시장법이 규정하는 공개매수에 해당하지 않고, 따라서 자본시장법상의 규제가 적용되지 않는다.

다. 전환사채권
라. 신주인수권부사채권[12]
마. 교환사채권
바. 파생결합증권(권리의 행사로 그 기초자산을 취득할 수 있는 것만 해당)[13]
2. 주권상장법인 외의 자가 발행한 증권
가. 제1호에 따른 증권과 관련된 증권예탁증권
나. 제1호에 따른 증권이나 가목의 증권과 교환을 청구할 수 있는 교환사채권
다. 제1호에 따른 증권이나 가목·나목의 증권을 기초자산으로 하는 파생결합증권(권리의 행사로 그 기초자산을 취득할 수 있는 것만 해당)

무의결권주식도 정관에 정한 우선적 배당을 하지 않는다는 결의가 있으면 그 총회의 다음 총회부터 그 우선적 배당을 받는다는 결의가 있는 총회의 종료 시까지는 의결권이 부활되므로(商法 344조의3①), 이때는 "공개매수의 대상인 주식등"이 된다.

(3) 매수청약 또는 매도청약의 권유

공개매수자가 불특정다수인을 상대로 매수청약 또는 매도청약의 권유를 해야 한다. 응모주주의 "응모행위"가 공개매수자의 매수청약에 대한 승낙인지, 매도청약의 권유에 따른 매도청약인지에 관하여 논란이 있다.

이와 관련하여 "응모한 주식등의 전부를 공개매수기간이 종료한 날의 다음 날 이후 지체 없이 매수해야 한다."라는 규정(法 141조①)은 주주의 응모를 승낙으로 파악하면 설명하기 곤란하고, 응모의 취소에 관한 규정(法 139조④)도 주주의 응모행위를 승낙으로 보면 승낙에 의하여 계약이 성립한 후 승낙을 취소한다는 어색한 결과가 발생한다는 이유로, 주주의 응모는 매도청약에 해당하며, 다만 공개매수자는 공고한 조건에 따라 승낙할 의무를 부담하는 것으로 보아야 한다는 견해가 있다.[14]

그러나 공개매수의 정의에 관한 제133조 제1항은 "매수의 청약"과 "매도의 청약을 권유"하는 행위를 구분하여 규정하며, 응모주주의 응모취소에 관한 제139조 제4항도 "응모"를 "매수의 청약에 대한 승낙 또는 매도의 청약"이라고 구분하

12) 분리형 신주인수권부사채에서 신주인수권증권이 분리되고 남은 사채는 의결권 있는 주식과 관련 없으므로 이에 해당되지 않는다.
13) 권리의 행사로 그 기초자산을 취득할 수 있는 것만 해당하므로, ELS, ELW 등과 같이 차액을 현금결제하는 파생결합증권은 공개매수의 대상이 아니다. (2.다.의 경우도 마찬가지이다)
14) 김건식·정순섭, 370면.

여 규정하므로, 주주의 응모를 항상 매도청약이라고 보는 것은 곤란하고, 공개매수의 조건 여하에 따라 공개매수공고 및 주주의 응모를 구분하여 해석하는 것이 타당하다.

즉, 응모한 주식등의 전부를 조건 없이 매수하기로 하는 경우에는 공개매수의 공고는 확정적 의사표시이므로 매수청약으로 보고, 주주의 응모는 승낙으로 보아야 한다. 반면에 응모한 주식등의 총수가 공개매수예정 주식등의 수에 미달할 경우 응모 주식등의 전부를 매수하지 않는다는 조건 또는 응모한 주식등의 총수가 공개매수예정 주식등의 수를 초과할 경우에는 공개매수예정 주식등의 수의 범위에서 비례 배분하여 매수하고 그 초과 부분의 전부 또는 일부를 매수하지 않는다는 조건을 공개매수공고에 게재하고 공개매수신고서에 기재한 경우에는 그 조건에 따라 응모한 주식등의 전부 또는 일부를 매수하지 아니할 수 있으므로(法 141조① 단서), 이러한 경우 공개매수의 공고는 확정적 의사표시가 아니므로 매도청약의 권유로, 주주의 응모는 매도청약으로 보는 것이 타당하다.

한편 매매계약의 체결시점에 관하여, 주주의 응모를 승낙으로 보는 경우에는 응모에 의하여 매매계약이 체결되는 것이고, 다만 제139조 제4항에 의하여 응모주주는 공개매수기간 중에는 언제든지 응모를 취소할 수 있다. 그리고 주주의 응모를 청약으로 보는 경우에는 공개매수자는 공개매수절차의 특성상 공개매수기간 중에는 개별적인 응모에 대한 승낙을 할 수 없고 공개매수기간 종료시점에 전체 응모에 대하여 동시에 승낙을 해야 한다. 그리고 공개매수자가 공개매수신고서에 기재한 매수조건과 방법에 따라 응모한 주식등의 전부를 공개매수기간이 종료하는 날의 다음 날 이후 지체 없이 매수해야 한다는 제141조 제1항은 응모주주에게 매수대금을 지체 없이 지급하라는 취지의 규정으로 해석하여야 할 것이다.

(4) 증권시장·다자간매매체결회사 밖에서의 매수

증권시장 및 다자간매매체결회사(이와 유사한 시장으로서 해외에 있는 시장을 포함) 안에서의 매수는 공개매수 규제가 적용되지 않는다. 누구나 거래에 참여할 수 있으므로 주주 간에 평등이 보장되고, 또한 거래수량과 가격이 공개되어 공정하게 이루어지기 때문이다.

매도와 매수 쌍방당사자 간의 계약, 그 밖의 합의에 따라 종목, 가격과 수량 등을 결정하고, 그 매매의 체결과 결제를 증권시장을 통하는 방법으로 하는 주식

등의 매수는 증권시장에서의 매수로 보지 않는다(令 144조).[15]

(5) 주식의 수량

공개매수가 성립하기 위해서는 취득 주식의 수량이 의결권 있는 발행주식총수의 5% 이상이 되어야 한다는 견해도 있으나, 이는 강제공개매수의 요건일 뿐이고 제133조 제1항의 공개매수의 정의규정에는 아무런 수량기준도 정해져 있지 않다. 따라서 5% 미만이라도 불특정 다수인에게 매도청약을 권유하여 매수하는 것이라면 공개매수에 해당하므로 공개매수에 관한 자본시장법의 규제대상이다. 다만, 소량의 주식을 굳이 공개매수절차를 통하여 매수하는 일은 실제로는 드물 것이다.

4. 자기주식에 대한 공개매수

자기주식도 공개매수의 대상이 된다. 주권상장법인이 제165조의3 제1항의 방법 또는 상법 제341조 제1항 각 호의 방법으로 자기주식을 취득하는 경우에는 주주총회 결의를 규정한 상법 제341조 제2항에도 불구하고 이사회의 결의로써 자기주식을 취득할 수 있다(法 165조의3③). 이때에도 자기주식의 취득금액에 대하여 상법상 배당가능액을 초과하지 못한다는 제한이 적용된다. 상장폐지를 목적으로 자기주식에 대한 공개매수를 하기도 한다.

자기주식은 의결권이 없으므로 발행회사가 자기주식을 취득하더라도 지배권 변동에 영향을 주는 것은 아니지만, 자기주식을 취득하는 과정에서 특정 주주에게만 이익을 주면 주주평등원칙에 반하거나 내부자거래 또는 시세조종 등의 우려가 있으므로, 자본시장법상 강제공개매수의 요건에 해당하는 경우에는 자기주식의 취득도 반드시 공개매수의 방법에 의해야 한다. 자기주식에 대한 공개매수를 하는 경우 공개매수를 결의한 이사회 당일 결의 내용을 공시하여야 하고[공시규정 7조①2가(3)], 그 다음 날까지 주요사항보고서를 제출해야 한다(法 161조①8).

5. 공개매수사무취급자

공개매수사무취급자란 공개매수를 하고자 하는 자를 대리하여 매수·교환·

15) 이에 관하여는 강제공개매수의 요건 부분에서 상술한다.

입찰, 그 밖의 유상취득(이하 "매수등")을 할 주식등의 보관, 공개매수에 필요한 자금 또는 교환대상 증권의 지급, 그 밖의 공개매수 관련 사무를 취급하는 자를 말한다(法 133조②). "그 밖의 공개매수 관련 사무"는 공개매수신고서의 작성, 제출 등 실무적인 업무를 의미한다.

Ⅱ. 강제공개매수

1. 의 의

주식등을 대통령령으로 정하는 기간 동안 증권시장 밖에서 대통령령으로 정하는 수 이상의 자로부터 매수등을 하고자 하는 자는 그 매수등을 한 후에 본인과 그 특별관계자가 보유하게 되는 주식등의 수의 합계가 그 주식등의 총수의 5% 이상이 되는 경우(본인과 그 특별관계자가 보유하는 주식등의 수의 합계가 그 주식등의 총수의 5% 이상인 자가 그 주식등의 매수등을 하는 경우를 포함)에는 공개매수를 해야 한다(法 133조③).

자본시장법 제133조 제3항의 적용기준에 해당하는 경우에는 반드시 자본시장법의 공개매수 규제에 따라 주식등을 매수해야 하는데, 위와 같은 적용기준에 해당하지 않지만 매수자가 스스로 자본시장법상 공개매수와 같은 방법에 의하여 주식을 매수하는 경우(임의공개매수)와 구별하여 강제공개매수라고 한다.[16)]

2. 적용대상 거래

공개매수가 강제되는 경우의 취득방법인 "매수등"은 "매수·교환·입찰, 그 밖의 유상취득"을 말한다(法 133조②). 어떠한 거래유형이든 유상거래이면 강제공개매수대상이다. 매매의 일방예약이나 유가증권옵션도 권리자가 해당 매매예약완결권 또는 옵션을 행사하면 매수인으로서의 지위를 가지므로 강제공개매수규정이 적용되는 유상양수에 해당한다. 유상취득이 아닌 상속, 증여 등에 의하여 주식등을 취득하는 경우는 강제공개매수의 요건인 "매수등"이 아니고, 처음부터 공개매수의 개념에 포함되지 않는다. 신주발행에 의한 주식인수도 유상취득에는

16) 강제공개매수와 비교되는 개념으로 의무공개매수가 있다. 통상은 상장회사의 지배권을 확보할 정도의 주식을 취득하게 되는 경우 나머지 주식 중 일정 수량을 공개매수의 방법으로 추가로 매수해야 하는 경우를 의무공개매수라고 한다. 의무공개매수에 관하여는 뒤에서 설명한다.

해당하지만, 공개매수는 기발행 주식등만을 대상으로 하는 것이므로 이것 역시 공개매수의 개념에 포함되지 않는다. 또한 법률의 규정, 금전의 신탁계약, 담보계약 기타 계약에 의하여 주식의 처분권한이나 의결권 또는 의결권을 지시할 수 있는 권리를 취득하는 경우에도 주식의 소유관계를 이전하는 것을 목적으로 하는 매수·교환·입찰 또는 양수가 아니므로 공개매수의 대상이 아니다.[17]

3. 매수기간

"대통령령으로 정하는 기간"이란 해당 주식등의 매수등을 하는 날부터 과거 6개월간을 말한다(令 140조①). 따라서 6개월을 넘는 기간에 이루어진 매수의 경우는 매도인의 수나 5% 산정시 합산하지 않는다. 6개월의 기간과 관련하여, 원래 공개매수는 단기간에 지배권변동의 가능성이 있는 주식등을 음성적으로 매집하는 것을 규제하기 위한 것인데, 6개월이라는 기간은 너무 장기간이어서 강제공개매수의 적용대상이 지나치게 광범위하게 되므로 적절한 기간으로 단축하는 것이 바람직하다는 지적도 있다.

"과거 6개월간"이라는 규정상 매수 당시 "향후 6개월 내에" 공개매수를 의도하였다 하더라도 이러한 선행매수는 강제공개매수에 관한 규정에 위배되지 않는다. 강제공개매수에 관한 규정을 위반한 행위는 형사처벌의 대상이 되므로 죄형법정주의의 원칙상 "과거 6개월간"이라는 규정을 엄격히 해석하여야 하기 때문이다.[18] 반면에 공개매수기간 후의 후행매수는 "과거 6개월간"이라는 규정상

---

17) 상법은 "지배주주에 의한 소수주식의 전부 취득"이라는 제목 하에, 제360조의24에서 지배주주의 매도청구권을, 제360조의25에서 소수주주의 매수청구권을, 제360조의26에서 주식의 이전시기를 규정한다. 이는 지배주주가 회사의 발행주식의 95% 이상을 보유하는 경우 지배주주의 매도청구권과 소수주주의 매수청구권을 인정하는 제도를 도입한 것이다. 자본시장법상 공개매수 또는 보고의무에 적용되는 특수관계인 개념은 상법상 지배주주에 의한 소수주식의 전부 취득에는 적용되지 않는다. 따라서 95% 이상의 주식을 보유한 지배주주에 해당하는지 여부는 개별 주주만을 기준으로 판단하여야 하고, 공동경영 기타 공동의 목적이 있는 복수 주주의 보유주식은 합산하지 않는다. 한편, 지배주주의 매도청구가 강제공개매수의 요건을 갖추더라도 상법상 특별히 인정된 절차에 의한 취득이므로 자본시장법상 강제공개매수절차가 요구되지 않는다(물론 95% 확보하기 위하여 공개매수를 하는 경우에는 강제공개매수규제가 적용된다).

18) 별도매수금지의 예외사유인 "해당 주식등의 매수등의 계약을 공개매수공고 전에 체결하고 있는 경우로서 그 계약체결 당시 공개매수의 적용대상에 해당하지 아니하고 공개매수공고와 공개매수신고서에 그 계약사실과 내용이 기재되어 있는 경우"의 규정(法 140조 단서, 令 151조)도 이러한 선행매수가 위법이 아님을 전제로 하는 것이라 할 수 있다.

강제공개매수의 요건에 해당한다. 따라서 공개매수 종료 후 6개월 내에 해당 주식을 추가로 취득하려면 장내매수를 하거나 새로운 공개매수에 의해야 한다.

4. 매수장소

주식의 매수가 증권시장 밖에서 이루어지는 경우에만 공개매수규정이 적용되므로, 장내에서 주식을 매수하는 경우에는 취득 후 보유지분에 관계없이 공개매수에 의하지 않고 얼마든지 주식을 취득할 수 있다. 제133조 제3항의 강제공개매수규정에는 제1항과 달리 증권시장 외에 "다자간매매체결회사와 유사한 시장으로서 해외에 있는 시장을 포함한다."라는 규정이 없지만 이를 포함하여 해석하여야 한다. 따라서 "다자간매매체결회사와 유사한 시장으로서 해외에 있는 시장"에서의 매수는 강제공개매수 대상이 아니다. 그러나 제3항을 적용함에 있어서 증권시장에서의 경쟁매매 외의 방법에 의한 주식등의 매수로서 대통령령으로 정하는 매수의 경우에는 증권시장 밖에서 행하여진 것으로 본다(法 133조④). 여기서 증권시장에서의 매수로 보지 않는 매수란 "매도와 매수 쌍방당사자 간의 계약, 그 밖의 합의에 따라 종목, 가격과 수량 등을 결정하고, 그 매매의 체결과 결제를 증권시장을 통하는 방법으로 하는 주식등의 매수"를 말한다(令 144조). 따라서 시간외 대량매매[19] 방식에 의한 주식 취득도 강제공개매수의 대상이다.[20]

5. 매수 상대방의 수

강제공개매수의 요건인 매수 상대방의 수에 관하여, 자본시장법 제133조 제3항은 "대통령령이 정하는 수 이상의 자로부터 매수등을 하고자 하는 자"라고 규정하고, 시행령 제140조 제2항은 "대통령령으로 정하는 수 이상의 자"란 해당 주식등의 매수등을 하는 상대방의 수와 6개월 동안 그 주식등의 매수등을 한 상대

19) [업무규정 35조 (시간외대량매매)]
① 시간외대량매매는 시간외시장의 호가접수시간 동안 종목, 수량 및 가격이 동일한 매도호가 및 매수호가로 회원이 매매거래를 성립시키고자 거래소에 신청하는 경우 당해 종목의 매매거래를 성립시키는 방법으로 한다. 다만, 당일(장개시전 시간외시장의 경우에는 전일로 한다) 정규시장의 매매거래시간중 매매거래가 성립하지 아니한 경우에는 매매거래를 성립시키지 아니한다.
(시간외시장의 호가접수시간은 오전 7시 30분~9시, 오후 3시 10분~6시이다).

20) 이러한 매매는 형식적으로는 경쟁매매로 보이지만 실질적으로는 상대매매이고 강제공개매수의 규제를 회피하기 위하여 장내거래의 외관을 이용하는 것을 방지하기 위한 것이다.

방의 수의 합계가 10인 이상인 자를 말한다고 규정한다. 이는 실제의 매도인이 '10인 미만'인 경우에까지 굳이 공개매수를 강제함으로써 주주들을 보호할 필요가 없기 때문에 '10인 이상의 매도인'을 강제공개매수 요건으로 규정하는 것이다.

자본시장법은 "매수등을 하고자 하는 자"라고 규정하고, 시행령은 "매수등을 하는 상대방의 수와 6개월 동안 그 주식등의 매수등을 한 상대방의 수"라고 규정하는데, 실제 매도인의 수를 기준으로 하여야 하는지, 또는 매수청약 또는 매도청약의 권유를 받은 상대방의 수를 기준으로 하여야 하는지에 대하여 해석상 논란이 있다.[21] 처음에 10인 이상의 자를 상대로 매수청약 또는 매도청약의 권유를 하였으나 실제로 매도한 주주가 10인 미만인 경우, 매도인의 수를 기준으로 하면 강제공개매수의 대상이 아니고, 매수청약 또는 매도청약의 권유를 받은 상대방의 수를 기준으로 하면 강제공개매수의 대상이다. 전자와 같은 해석이 현행 규정에 보다 부합하지만, 후자의 해석이 그 취지에 부합하고 주주에게 보다 유리하다. 그리고 응모주주의 수는 공개매수절차가 종료되어야 알 수 있으므로 실무상으로는 매수청약 대상자가 10인 이상이면 일단 공개매수를 공고하고 공개매수신고서를 제출해야 한다. 이 부분은 제도의 취지와 실무상의 절차를 고려하여 입법적인 보완이 필요한 부분이다.

10인 이상이라는 기준에 해당하지 않는 한 회사의 지배권에 큰 영향을 미치는 정도의 지분매수도 강제공개매수의 대상이 아니다. 이러한 경우 현 지배주주에게도 지배권방어의 기회를 주는 것이 공평하고 또한 일부 주주가 지배권프리미엄을 독점적으로 향유하는 것도 부당하므로 인원수에 관계없이 강제공개매수의 대상으로 하는 것도 입법론적으로는 검토할 만하다는 견해도 있으나, 강제공개매수의 대상이 지나치게 넓어지므로 일응은 현행 규정이 적절하다고 본다.[22]

한편, 매수 상대방의 수를 산정함에 있어서 비록 구성원의 개성이 중요한 합자조합 형태의 집합투자기구(투자합자조합)라 하더라도 조합원의 수가 아닌 집합

21) 권유상대방의 수라는 견해(주석서 I, 578면)와, 매도인의 수라는 견해(김·정, 264면)가 있고, 이와 관련하여 자본시장법 제133조 제3항은 권유상대방의 수, 시행령 제140조 제2항은 매도청약을 한 상대방의 수라고 해석되므로 상호모순이라는 지적도 있다(김정수, 772면).

22) 증권시장 밖에서 주식의 대량보유자·차익거래자·기관투자자 등과의 사적 교섭에 의하여 짧은 시간에 대량주식을 매입하는 소위 street sweep에 대하여 강제공개매수의 기준에 해당하므로 자본시장법상 금지된다는 견해도 있지만(김정수, 769면), 이러한 경우는 10인 이상의 매도인이라는 요건상 강제공개매수의 기준에 부합하지 않는다고 보아야 할 것이다(同旨: 주석서 I, 572면).

투자기구 단위로 산정하여야 할 것이다.[23)]

6. 보유 주식이 5%에 달할 것

(1) 보유 주체

5% 요건은 매수하는 주식의 규모가 아니라 매수 결과 본인과 특별관계자가 보유하게 된 지분 비율을 기준으로 적용한다. 5% 산정시 본인 및 특별관계자의 보유분을 합산하는데, 여기서 특별관계자는 특수관계인 및 공동보유자를 말한다(슈 141조①). 5% 미만의 주식을 보유하는 것은 회사의 지배권에 별다른 영향을 미치지 않는다고 보아 공개매수절차에 의한 취득을 강제하지 않는 것이다. 특수관계인을 형식적 기준에 의한 특별관계자, 공동보유자를 실질적 기준에 의한 특별관계자라고도 한다.

㈎ 특수관계인

특수관계인은 금융사지배구조법 제3조 제1항 각 호의 어느 하나에 해당하는 자를 말한다(슈 2조 4호).

1. 본인이 개인인 경우에는 다음과 같은 자
   가. 배우자(사실상의 혼인관계에 있는 자를 포함)
   나. 6촌 이내의 혈족
   다. 4촌 이내의 인척
   라. 양자의 생가(生家)의 직계존속
   마. 양자 및 그 배우자와 양가(養家)의 직계비속
   바. 혼인 외의 출생자의 생모
   사. 본인의 금전이나 그 밖의 재산으로 생계를 유지하는 사람 및 생계를 함께 하는 사람
   아. 본인이 혼자서 또는 그와 가목부터 사목까지의 관계에 있는 자와 합하여 법인이나 단체에 30% 이상을 출자하거나, 그 밖에 임원(업무집행책임자는 제외한다. 이하 이 조에서 같다)의 임면 등 법인이나 단체의 중요한 경영사항에 대하여 사실상의 영향력을 행사하고 있는 경우에는 해당 법인 또는 단체와 그 임원(본인이 혼자서 또는 그와 가목부터 사목까지의 관계에 있는 자와 합하여 임원의 임면 등의 방법으로 그 법인 또는 단체의 중요한 경영사항에 대하여

23) 同旨: 박진표, "공개매수규제의 개선에 관한 제언", BFL 제55호, 서울대학교 금융법센터(2012. 9), 83면. 나아가 집합투자업자나 수탁회사가 아닌 집합투자기구의 수를 기분으로 해야 한다고 설명하는데, 명문의 규정이 없지만 타당한 해석이다.

사실상의 영향력을 행사하고 있지 아니함이 본인의 확인서 등을 통하여 확인되는 경우에 그 임원은 제외한다)

자. 본인이 혼자서 또는 그와 가목부터 아목까지의 관계에 있는 자와 합하여 법인이나 단체에 30% 이상을 출자하거나, 그 밖에 임원의 임면 등 법인이나 단체의 중요한 경영사항에 대하여 사실상의 영향력을 행사하고 있는 경우에는 해당 법인 또는 단체와 그 임원(본인이 혼자서 또는 그와 가목부터 아목까지의 관계에 있는 자와 합하여 임원의 임면 등의 방법으로 그 법인 또는 단체의 중요한 경영사항에 대하여 사실상의 영향력을 행사하고 있지 아니함이 본인의 확인서 등을 통하여 확인되는 경우에 그 임원은 제외한다)

2. 본인이 법인이나 단체인 경우에는 다음과 같은 자

가. 임원[24]

나. 「독점규제 및 공정거래에 관한 법률」에 따른 계열회사 및 그 임원

다. 혼자서 또는 제1호 각 목의 관계에 있는 자와 합하여 본인에게 30% 이상을 출자하거나, 그 밖에 임원의 임면 등 본인의 중요한 경영사항에 대하여 사실상의 영향력을 행사하고 있는 개인(그와 제1호 각 목의 관계에 있는 자를 포함) 또는 법인(계열회사는 제외한다. 이하 이 호에서 같다), 단체와 그 임원

라. 본인이 혼자서 또는 본인과 가목부터 다목까지의 관계에 있는 자와 합하여 다른 법인이나 단체에 30% 이상을 출자하거나, 그 밖에 임원의 임면 등 다른 법인이나 단체의 중요한 경영사항에 대하여 사실상의 영향력을 행사하고 있는 경우에는 해당 법인, 단체와 그 임원(본인이 임원의 임면 등의 방법으로 그 법인 또는 단체의 중요한 경영사항에 대하여 사실상의 영향력을 행사하고 있지 아니함이 본인의 확인서 등을 통하여 확인되는 경우에 그 임원은 제외한다)

(나) 공동보유자

1) 의 의 　공개매수제도와 주식의 대량보유보고제도와 관련하여 주식의 보유시 합산대상이 되는 공동보유자는 본인과 합의나 계약 등에 따라 다음의 어느 하나에 해당하는 행위를 할 것을 합의한 자를 말한다(令 141조②).

1. 주식등을 공동으로 취득하거나 처분하는 행위
2. 주식등을 공동 또는 단독으로 취득한 후 그 취득한 주식을 상호양도하거나 양수하는 행위
3. 의결권(의결권의 행사를 지시할 수 있는 권한 포함)을 공동으로 행사하는 행위

---

24) 임원은 이사와 감사를 말하고, 사실상 임원은 특수관계인에 해당하지 않는다. 다만, 공동보유자에 해당하는 경우가 많을 것이다.

2) 주식등을 공동으로 취득하는 행위　주식등의 취득에 공동목적만 있으면 족하고 의결권의 행사에 대한 공동목적은 요구되지 않는다. 따라서 실제의 의결권 행사방향이 다르더라도 주식등의 취득에 공동목적이 있으면 공동보유자에 해당한다.

3) 취득한 주식을 상호양도하거나 양수하는 행위　주식등을 취득하는 단계에서는 합의나 계약관계가 없더라도, 그 후 취득주식을 상호 양도하거나 양수하는 것은 주식등의 취득단계에서 합의나 계약관계가 있었던 것과 다를 바 없기 때문이다. 나아가 주식등의 차명보유에 의하여 공동보유자에서 벗어나는 것을 막기 위한 규정이다.

4) 의결권을 공동으로 행사하는 행위　이 경우에는 같은 방향으로 의결권이 공동으로 행사되어야 한다. 본인과 합의나 계약 등에 따라 의결권공동행사를 합의한 자만 공동보유자가 될 수 있으므로, 우연히 의결권의 행사방향이 동일한 경우는 이에 해당하지 않는다.

(다) 제외대상

특수관계인이나 공동보유자에 포함되는 자라도 소유주식의 수가 1,000주 미만이거나 공동보유자에 해당하지 아니함을 증명하는 경우에는 공개매수와 보고의무에 관한 규정을 적용할 때 특수관계인으로 보지 않는다(슈 141조③). 1,000주 미만의 소량의 주식은 회사의 지배관계에 영향을 주지 않을 것이기 때문이다. 1,000주 미만의 주식등을 소유하는 자도 공동보유자에 해당하는 경우에는 특별관계자로서 합산대상이 된다. 따라서 본인과의 특수관계인인지 여부는 결국 공동목적 보유자인지 여부에 따라 주로 결정된다.[25] 그리고 규정의 문맥상 공동보유자에 해당하지 않더라도 자동적으로 특수관계인에서 제외되는 것이 아니라 보고의무자가 이를 증명하는 경우에만 특수관계인에서 제외되는데, 소유주식의 수가 1,000주 미만인 경우에는 문맥상 이를 증명하지 않더라도 특수관계인에서 제외된다고 해석된다.

(2) 보　유

공개매수의 적용대상 요건으로서의 보유는 소유 기타 이에 준하는 경우로서

25) 기관투자자의 입장에서는 운용목적의 계열사 주식에 대하여 대주주와 합산의무가 인정된다면 자산운용에 많은 어려움이 초래되므로, 공동보유자가 아님을 증명함으로써 보고의무를 면할 수 있다.

대통령령이 정하는 경우를 포함하는데(法 133조③), 구체적으로는 다음과 같은 경우를 말한다(令 142조).

1. 누구의 명의로든지 자기의 계산으로 주식등을 소유하는 경우(예: 차명소유)
2. 법률의 규정이나 매매, 그 밖의 계약에 따라 주식등의 인도청구권을 가지는 경우(예: 매매계약에 따른 이행기 미도래인 경우)26)
3. 법률의 규정이나 금전의 신탁계약·담보계약, 그 밖의 계약에 따라 해당 주식등의 의결권(의결권의 행사를 지시할 수 있는 권한 포함)을 가지는 경우
4. 법률의 규정이나 금전의 신탁계약·담보계약·투자일임계약, 그 밖의 계약에 따라 해당 주식등의 취득이나 처분의 권한을 가지는 경우
5. 주식등의 매매의 일방예약을 하고 해당 매매를 완결할 권리를 취득하는 경우로서 그 권리행사에 의하여 매수인으로서의 지위를 가지는 경우(예: 매수포지션을 취한 경우)
6. 주식등을 기초자산으로 하는 자본시장법 제5조 제1항 제2호(옵션)에 따른 계약상의 권리를 가지는 경우로서 그 권리의 행사에 의하여 매수인으로서의 지위를 가지는 경우
7. 주식매수선택권을 부여받은 경우로서 그 권리의 행사에 의하여 매수인으로서의 지위를 가지는 경우27)

(3) 의결권 있는 주식

5% 산정은 의결권 있는 주식을 전제로 산정하여야 하므로 자기주식·상호보유주식과 같이 원래는 의결권 있는 주식이지만 보유자에 따라 의결권이 없는 주식의 수는 산입되지 않는다. 그러나 무의결권우선주라도 의결권이 부활한 경우에는 산입대상이 된다.

(4) 보유비율 산정방법

5% 산정시 분자가 되는 주식등의 수와 분모가 되는 주식등의 총수는 총리령이 정하는 방법에 따라 산정한 수로 한다(法 133조⑤).

(가) 주식등의 수

증권의 종류별로 시행규칙 제14조가 정하는 "주식등의 수"는 다음과 같다(規則 14조①).

---

26) 한국예탁결제원에 의무예탁되어 있는 주식을 매수하는 경우도 이에 해당한다.
27) 권리의 행사에 의하여 매수인으로서의 지위를 가지는 것으로 충분하고, 권리의 행사로 기초자산을 취득하는 것까지는 요구하지 않는다. 다만, 현물인도방식만 해당하고 차액결제방식은 제외된다.

1. 주권인 경우: 그 주식의 수
2. 신주인수권이 표시된 것인 경우: 신주인수권의 목적인 주식의 수(신주인수권의 목적인 주식의 발행가액총액 및 발행가격이 표시되어 있는 경우에는 해당 발행가액총액을 해당 발행가격으로 나누어 얻은 수)
3. 전환사채권인 경우: 권면액을 전환에 의하여 발행할 주식의 발행가격으로 나누어 얻은 수. 이 경우 1 미만의 단수는 계산하지 않는다.
4. 신주인수권부사채권인 경우: 신주인수권의 목적인 주식의 수
5. 교환사채권인 경우: 다음과 같은 수
   가. 교환대상 증권이 제1호부터 제4호까지, 제6호 및 제7호에 따른 증권인 경우에는 교환대상 증권별로 제1호부터 제4호까지, 제6호 및 제7호에서 정하는 수
   나. 교환대상 증권이 교환사채권인 경우에는 교환대상이 되는 교환사채권을 기준으로 하여 교환대상 증권별로 제1호부터 제4호까지, 제6호 및 제7호에서 정하는 수
6. 파생결합증권인 경우: 다음과 같은 수
   가. 기초자산이 되는 증권이 제1호부터 제5호까지 및 제7호에 따른 증권인 경우에는 기초자산이 되는 증권별로 제1호부터 제5호까지 및 제7호에서 정하는 수
   나. 기초자산이 되는 증권이 파생결합증권인 경우에는 기초자산이 되는 파생결합증권을 기준으로 하여 기초자산이 되는 증권별로 제1호부터 제5호까지 및 제7호에서 정하는 수
7. 증권예탁증권인 경우: 그 기초가 되는 증권별로 제1호부터 제6호까지에서 정하는 수

㈏ 주식등의 총수

5% 산정시 분모가 되는 "주식등의 총수"는 "의결권 있는 발행주식 총수(자기주식 포함)"와 해당 매수등을 한 후에 본인과 그 특별관계자가 보유하는 "주식등의 수"를 합하여 계산한 수로 한다(規則 14조②). 본인과 그 특별관계자가 보유하는 주식등에는 주권, 교환사채권의 교환대상이 되는 주권, 파생결합증권의 기초자산이 되는 주권 및 증권예탁증권의 기초가 되는 주권은 제외된다. 이러한 주권들은 이미 의결권 있는 발행주식 총수에 포함되어 있기 때문에 이를 합산하면 중복계산이 되기 때문이다. 그러나 자기주식은 "의결권 있는 주식"은 아니지만 장래 의결권 있는 주식이 될 수 있으므로 분모에 합산하는 것이다.

㈐ 기 타

신주인수권을 표시하는 증서, 전환사채권, 신주인수권부사채권 등 잠재주식의 경우에는 그 증권에 부여된 권리 행사로 인하여 취득하게 되는 주식수가 확

정되어 있으므로 분자와 분모에 모두 합산된다. 따라서 주주별로 "주식등의 총수"는 달라지게 된다. 다만 본인이 보유하지 않고 타인이 보유하는 잠재주식은 이를 분모에 합산하지 않는다.[28)]

그리고 주식매수선택권을 부여받은 경우에는 "주식등의 수"와 "주식등의 총수"에 해당 주식매수선택권의 행사에 따라 매수할 의결권 있는 주식을 각각 더한다. 다만, 자기주식을 대상으로 하는 주식매수선택권의 경우에는 "주식등의 총수"에 더하지 아니한다(規則 14조③).

주식등의 수 및 "주식등의 총수"를 산정함에 있어서 기준이 되는 것은 의결권이므로, 원래 의결권이 있는 주식도 일정한 경우(자기주식, 상호보유주식, 법령위반으로 의결권이 제한되는 주식, 법령에 의한 의결권제한 주식등) 의결권이 없게 되므로 합산대상에서 제외되고, 무의결권주식도 회사가 우선 배당을 하지 못해 의결권이 부활하면 의결권 있는 주식에 합산된다. 공개매수에서의 보유비율에 관한 산식은 대량보유보고제도(5% Rule)에도 동일하게 적용된다.

7. 5% 이상을 보유한 주주가 추가로 행하는 매수

제133조 제3항은 "본인과 그 특별관계자가 보유하는 주식등의 수의 합계가 그 주식등의 총수의 5% 이상인 자가 그 주식등의 매수등을 하는 경우를 포함한다."고 규정하므로 이미 5% 이상의 주식을 보유하는 자가 추가로 "해당 주식등의 매수등을 하는 경우"에도 강제공개매수의 대상이다. 그러나 이 규정을 엄격히 해석하면 5% 이상의 주식을 보유하는 자가 장외에서 10인 이상으로부터 1인당 1주씩 10주를 매수하거나, 아니면 극단적으로 1인으로부터 단 1주라도 매입하는 경우에도 강제공개매수의 대상이라는 결과가 되므로, 적정한 범위에 대하여 입법적으로 명확히 하는 것이 바람직하다.[29)]

8. 예 외

다음과 같은 경우에는 강제공개매수의 요건에 해당하더라도 공개매수 외의

28) 강제공개매수는 경영권에 영향을 줄 가능성이 있는 경우를 규제하기 위한 것이므로 본인과 그 특별관계자 아닌 자가 보유하는 잠재주식은 분모에 합산하지 않는 것이다.

29) 이 같은 해석상의 불합리를 해결하기 위하여 장외에서 5% 미만을 매수하는 경우에는 의무공개매수의 대상이 되지 않는 것으로 보는 견해도 있는데(김정수, 74면), 입법론으로는 몰라도 해석론의 한계를 벗어난다고 본다.

방법으로 매수등을 할 수 있다(法 133조③ 단서, 令 143조).

(1) 소각을 목적으로 하는 주식등의 매수(제1호)

회사가 소각을 목적으로 자기주식을 취득하는 것은 지배권획득을 목적으로 하는 것이 아니므로 제외대상이 된다. 이러한 경우에도 강제공개매수대상으로 하여야 주주평등원칙에 부합된다는 견해도 있지만,[30] 공개매수는 지배권거래의 투명성을 주목적으로 하는 것이므로 지배권획득의 목적이 없는 경우는 제외하는 것이 타당하다.

(2) 주식매수청구에 응한 주식의 매수(제2호)

주식매수청구에 응한 주식의 매수도 회사가 자기주식을 취득하는 것으로서 회사지배권변동과 관계없는 거래이므로 제외대상이다.[31]

(3) 신주인수권이 표시된 것, 전환사채권, 신주인수권부사채권 또는 교환사채권의 권리행사에 따른 주식등의 매수등(제3호)

외관상 주식의 유상양수에 해당하지만, 신주인수권을 표시하는 증서·전환사채권·신주인수권부사채권·교환사채권 등이 이미 잠재주식으로서 공개매수대상주식수 산정시 반영되었고, 이미 취득한 권리를 행사하는 단계에서 다시 공개매수를 강제할 필요가 없기 때문이다.

(4) 파생결합증권의 권리행사에 따른 주식등의 매수등(제4호)

파생결합증권은 그 취득시 이미 공개매수의 대상이었으므로, 그 권리를 행사하는 단계에서 다시 공개매수를 강제할 필요가 없기 때문이다.

(5) 특수관계인으로부터의 주식등의 매수등(제5호)

특수관계인으로부터의 매수는 본인 및 특수관계인의 합산보유 주식등의 수에 변동이 없으므로 제외대상으로 규정한다. 특수관계인 중 소유주식의 수가 1,000주 미만이거나 공동보유자에 해당하지 아니함을 증명하는 경우에는 특수관계인으로 보지 아니하므로(令 141조③), 이들로부터의 매수는 제외대상이 아니다.

(6) 금융위원회가 정하여 고시하는 주식등의 매수등(제7호)[32]

다른 투자자의 이익을 해칠 염려가 없는 경우로서 금융위원회가 정하여 고

---

30) 김건식·정순섭, 349면.

31) 주식매수청구에 응한 주식의 매수는 회사쪽이 아니라 매도하는 주주가 주도권을 행사하는 경우이므로 굳이 공개매수의 대상으로 하지 않는 것이라고 설명하는 견해도 있다(김건식·정순섭, 349면).

32) 종래의 제6호("전자적증권중개에 의한 주식의 매수")는 2013년 시행령 개정시 삭제되었다.

시하는 주식등의 매수등도 강제공개매수의 요건에 해당하더라도 공개매수 외의 방법으로 매수등을 할 수 있다. 금융위원회가 정한 경우는 다음과 같다(증권발행공시규정 3-1조).

1. 기업의 경영합리화를 위하여 법률의 규정 또는 정부의 허가·인가·승인 또는 문서에 의한 지도·권고 등에 따른 주식등의 매수등
2. 정부의 공기업민영화계획 등에 의하여 정부(한국은행, 한국산업은행 및 정부투자기관 포함)가 처분하는 주식등의 매수등
3. 회생절차개시 또는 파산을 법원에 신청한 회사의 주식등 또는 해당 회사 보유 주식등을 법원의 허가·인가·결정·명령 또는 문서에 의한 권고 등에 따라 처분하는 경우 동 주식등의 매수등
4. 채권금융기관(기업구조조정촉진법 2조②1) 또는 채권은행(기업구조조정촉진법 2조②2)이 「기업구조조정 촉진법」 제5조 또는 제13조에 따라 채권금융기관 또는 채권은행의 공동관리절차가 개시된 부실징후기업의 주식등을 제3자에게 매각하는 경우 그 주식등의 매수등

4의2. 채권금융기관이 자율적인 협약에 따라 구조조정이 필요한 기업의 주식등을 제3자에게 처분하는 경우로서 다음 각 목의 요건을 충족하는 경우 그 주식등의 매수등
  가. 복수의 채권금융기관이 협약에 참여하여 공동으로 의사결정을 할 것
  나. 협약에 참여한 채권금융기관이 대출금의 출자전환 외에 채권재조정 등 기업의 경영정상화를 위한 조치를 취하였을 것
  다. 주식등의 매수자가 협약에 참여한 모든 채권금융기관으로부터 주식등을 매수할 것. 다만 협약에 참여한 채권금융기관간 합의가 있는 경우 그러하지 아니하다.

5. 「금융산업의 구조개선에 관한 법률」 제10조에 따른 적기시정조치에 따라 해당 금융기관이 이행하는 사항과 관련되는 다음과 같은 주식등의 매수등
  가. 해당 금융기관이 발행하는 주식등의 취득
  나. 해당 금융기관이 보유한 주식등의 매수등
  다. 제3자의 해당 금융기관 주식등의 매수등
6. 「예금자보호법」 제2장에 따른 예금보험공사가 부실금융기관의 경영합리화를 위하여 관련법규 등에서 정하는 바에 따라 행하는 부실 금융기관 주식등의 매수등 및 예금보험공사가 동 주식등을 처분하는 경우의 해당 주식등의 매수등
7. 「국유재산의 현물출자에 관한 법률」에 따라 정부가 국유재산을 정부출자기업체에 현물출자하고 그 대가로 해당 회사가 발행하는 주식등의 취득
8. 「외국인투자촉진법」 제5조부터 제7조까지의 규정에 따라 외국투자가가 취득한 주식등을 처분하는 경우의 해당 주식등의 매수등 또는 외국인투자기업의 합작당사

자가 주식등을 처분하는 경우 합작계약에 따라 우선매입권을 가진 다른 합작당사자의 해당 주식등의 매수등
9. 금융기관이 관련법규에 따른 자본금요건을 충족하기 위하여 발행하는 주식의 취득 또는 자기자본비율 등 재무요건을 충족하기 위하여 감독원장 등에게 경영개선계획서 등을 제출하고 발행하는 주식의 취득
10. 제5호에 따른 자본금 증액시 일반주주의 대량실권 발생이 예상되어 해당 금융기관의 최대주주 및 그 특수관계인이 증자를 원활하게 하기 위하여 불가피하게 행하는 해당 금융기관 주식등의 매수등
11. 금융투자업규정 제6－7조에 따른 주식의 종목별 외국인 전체취득한도에 달하거나(한도에서 단주가 부족한 경우를 포함) 초과한 종목을 증권회사의 중개에 의하여 외국인간에 매매거래를 하는 경우 해당 주식의 매수
12. 증권시장에 상장하기 위하여 모집·매출하는 주식을 인수한 투자매매업자가 증권신고서에 기재한 바에 따라 모집·매출한 주식을 매수하는 경우 해당 주식의 매수
13. 공개매수사무취급자가 공개매수개시이전 해당 주식을 차입하여 매도한 경우 이의 상환을 위한 장내매수
14. 주채무계열(은행업감독규정 제79조 제1항에 따른 주채무계열을 말한다.)이 주채권은행(은행업감독규정 제80조 제1항에 따른 주채권은행을 말한다)과 은행법 제34조, 은행업감독규정 제82조 제3항 및 은행업감독업무시행세칙 제52조 제4항에 근거하여 체결한 재무구조개선약정에 따라 재무구조 개선을 위하여 주채무계열 및 그 공동보유자가 보유한 주식등을 처분하는 경우의 해당 주식등의 매수등

9. 의무공개매수

(1) 개념과 연혁

상장회사의 지배권을 확보할 정도의 주식을 취득하게 되는 경우 나머지 주식 중 일정 수량을 공개매수의 방법으로 추가로 매수해야 하는 경우를 의무공개매수라고 한다. 의무공개매수제도는 1997년 1월 증권거래법 개정시 상장회사의 주식등의 매수등을 하고자 하는 자는 당해 매수등을 한 후에 본인과 특별관계자가 보유하게 되는 주식등의 수의 합계가 당해 주식등의 총수의 25% 이상이 되는 경우 일정한 예외사유에 해당하지 않는 한 대통령이 정하는 수(주식등의 총수의 50%에 1를 더한 수에서 기보유 주식등의 수를 공제한 수) 이상의 주식등을 공개매수하여야 하는 제도로 도입되었다.[33] 의무공개매수는 소수주주도 경영권 프리미엄

33) 구 증권거래법상 의무공개매수시 공개매수가격은 다음 가격 이상이어야 한다(證法 25조의2

을 균점할 기회를 제도적으로 도입된 것이고, 강제공개매수와 달리 장내거래와 장외거래 모두에 적용되었다. 그러나 의무공개매수제도는 우호적 M&A에도 적용되어 M&A에 부정적인 영향을 준다는 지적이 있었고, 특히 1997년 말의 외환위기를 계기로 자금지원의 조건에 따라 전반적인 경제법령을 주도하던 IMF, IBRD가 적대적 M&A와 기업구조조정의 활성화에 장애가 된다는 이유로 폐지를 요구하여 의무공개매수제도는 제대로 시행되지도 못하고 1998년 2월 증권거래법 개정시 폐지되었다.

⑵ 외국의 의무공개매수제도 현황

우리나라와 유사한 법제를 가진 일본의 金融商品取引法은 매수 후 주권등 보유비율이 3분의 1을 초과하는 경우 당해 매수는 원칙적으로 공개매수에 의하도록 하고(金商法 27조의2①2).[34] 매수 후 주권등 보유비율이 3분의 2 이상이 되는 경우에는 발행회사의 발행한 모든 주권등에 대하여 매수를 권유하고 응모한 주식 전체를 매수할 의무를 규정한다(金商法 27조의2－5).

2006년 5월 발효된 EU의 기업인수지침은 일정 비율(각국에서 자율적으로 정할 수 있는데, 영국, 독일, 프랑스 등 주요국은 30%를 채택하였다) 이상의 의결권 있는 주식을 취득하는 경우 모든 주식에 대한 공개매수의무를 규정한다. 한편, 미국의 경우 의무공개매수를 규정한 주회사법은 없고, 연방증권법에서도 절차적인 면에 중점을 두고 공개매수시 요구되는 공시절차에 관하여 규정한다.

⑶ 입법 동향

지배주주의 경영권 프리미엄 독점에 대한 문제제기가 확산되고 국회에 관련 법안이 제출되자 금융위원회는 2022년 12월 M&A 과정에서 피인수기업의 일반주주도 보유 지분을 '경영권 프리미엄'이 반영된 가격에 인수자에게 '매각'할 수 있는 충분한 기회를 보장하기 위하여 의무공개매수제도를 도입하겠다고 발표하였다.

---

②, 證令 13조의3).

1. 공개매수신고서를 제출하는 날부터 과거 1년간 공개매수자가 당해 공개매수대상 주식등의 매수등을 한 최고거래가격과 공개매수신고서를 제출하는 날의 전일에 유가증권시장 또는 협회중개시장에서 성립한 가격(종가를 기준으로 한다)중 높은 가격
2. 공개매수자가 제1호의 기간동안 당해 공개매수대상 주식등의 매수등을 하지 아니한 경우에는 공개매수신고서를 제출하는 날의 전일에 유가증권시장 또는 협회중개시장에서 성립한 가격(종가를 기준으로 한다)

34) 3분의 1은 주주총회 특별결의 요건(과반수 출석 및 출석 주주의 3분의2)을 고려한 것이다.

10. 사법(私法)상 효력

공개매수규정은 효력규정이 아니라 단속규정이므로, 이 규정에 위반하여 주식을 취득하였다 하더라도 사법상 거래의 효력에는 영향이 없다. 자본시장법 제145조가 규정하는 의결권제한과 처분명령도 공개매수규정에 위반한 주식취득이 사법상 유효함을 전제로 하는 것이다.

Ⅲ. 공개매수의 절차

1. 공개매수의 공고와 공개매수신고서의 제출

(1) 공개매수의 공고

공개매수를 하고자 하는 자는 일반일간신문 또는 경제분야의 특수일간신문 중 전국을 보급지역으로 하는 둘 이상의 신문에(令 145조①) 다음과 같은 사항을 공고해야 한다(法 134조①). 자기주식에 대한 공개매수가 아닌 한 별도의 공시의무는 없다.[35)]

1. 공개매수를 하고자 하는 자
2. 공개매수할 주식등의 발행인[36)]
3. 공개매수의 목적
4. 공개매수할 주식등의 종류 및 수
5. 공개매수기간·가격·결제일 등 공개매수조건
6. 매수자금의 명세, 그 밖에 투자자 보호를 위하여 필요한 사항으로서 대통령령으로 정하는 사항[37)]

---

35) 자기주식에 대한 공개매수를 하는 경우 공개매수를 결의한 이사회 당일 결의 내용을 공시하여야 하고[공시규정 7조①2가(3)], 그 다음 날까지 주요사항보고서를 제출해야 한다(法 161조①).

36) 공개매수할 주식등과 관련된 증권예탁증권, 교환사채권과 파생결합증권의 경우에는, 다음과 같은 자를 발행인으로 본다(令 145조②,③).
  1. 증권예탁증권의 경우에는 그 기초가 되는 주식등의 발행인
  2. 교환사채권의 경우에는 교환의 대상이 되는 주식등의 발행인
  3. 파생결합증권의 경우에는 그 기초자산이 되는 주식등의 발행인

37) "대통령령으로 정하는 사항"이란 다음과 같은 사항을 말한다(令 145조④).
  1. 공개매수자와 그 특별관계자의 현황
  2. 공개매수사무취급자에 관한 사항
  3. 공개매수의 방법

공개매수자는 이러한 공개매수공고일부터 공개매수를 할 수 있다. 일본에서도 주식의 매수청약을 하거나 매도청약을 권유하는 방법으로 "공고"에 의할 것이 요구된다(金商法 27조의2⑥).

⑵ 공개매수신고서의 제출

㈎ 의 의

공개매수공고를 한 자("공개매수자")는 공개매수공고에 기재된 내용과 다른 내용을 표시하거나 그 기재사항이 누락되지 않도록(令 146조①) 다음과 같은 사항을 기재한 공개매수신고서를 공개매수공고일에 금융위원회와 거래소에 제출해야 한다. 다만, 공개매수공고일이 공휴일(근로자의 날 제정에 관한 법률에 따른 근로자의 날 및 토요일 포함), 그 밖에 금융위원회가 정하여 고시하는 날에 해당되는 경우에는 그 다음 날에 제출할 수 있다. 이와 같은 동시신고제 하에서는 대기기간이 존재하지 아니하므로[38] 공개매수신고서의 제출 여부와 관계없이 공개매수공고에 의하여 공개매수의 효력이 발생한다. 따라서 자본시장법상의 공개매수신고서 제출은 감독당국의 심사를 위한 절차로서의 의미가 크다.

㈏ 기재사항

공개매수신고서에는 공개매수공고에 기재된 내용과 다른 내용을 표시하거나 그 기재사항을 빠뜨려서는 아니 된다(令 146조①). 공개매수신고서의 기재사항은 필수기재사항(法 134조②, 令 146조②)과 예측정보에 관한 임의기재사항(法 134조④)이 있다.

---

4. 공개매수할 주식등의 발행인의 임원이나 최대주주와 사전협의가 있었는지와 사전협의가 있는 경우에는 그 협의내용
5. 공개매수가 끝난 후 공개매수대상회사에 관한 장래 계획
6. 공개매수공고 전에 해당 주식등의 매수등의 계약을 체결하고 있는 경우에는 그 계약사실 및 내용
7. 공개매수신고서와 공개매수설명서의 열람장소

38) 종래에는 공개매수자는 공개매수공고일부터 3일의 대기기간이 경과하지 아니하면 공개매수를 하지 못하였는데(공개매수 사전신고제), 증권 보유자가 충분히 판단하고 응모할 수 있도록 함으로써 투자자를 보호하기 위한 것이다. 그러나, 증권의 모집시 대기기간 중 예비사업설명서·간이사업설명서 등을 사용하여 매수청약(또는 매도청약의 권유)을 하는 것이 허용되었고, 예비사업설명서제도는 공개매수설명서에 관해서도 준용되었으므로, 예비공개매수설명서 등을 사용하면 대기기간 중에도 사실상 매수청약·매도청약의 권유가 가능하였다. 따라서 이러한 사전신고제의 의미는 크게 퇴색되고 실질적으로는 미국이나 일본에서와 같은 동시신고제와 크게 다르지 않았는데, 2004년 12월 증권거래법 개정시 이러한 대기기간 규정이 삭제되고, 동시신고제가 채택되었다.

1) 필수적 기재사항

1. 공개매수자 및 그 특별관계자에 관한 사항
2. 공개매수할 주식등의 발행인
3. 공개매수의 목적
4. 공개매수할 주식등의 종류 및 수
5. 공개매수기간·가격·결제일 등 공개매수조건
6. 공개매수공고일 이후에 공개매수에 의하지 아니하고 주식등의 매수등을 하는 계약이 있는 경우에는 그 계약의 내용
7. 매수자금의 명세, 그 밖에 투자자 보호를 위하여 필요한 사항으로서 대통령령으로 정하는 사항[39][40]

---

39) "대통령령으로 정하는 사항"이란 다음과 같은 사항을 말한다(令 146조②).
1. 공개매수사무취급자에 관한 사항
2. 공개매수대상회사의 현황
3. 공개매수의 방법
4. 공개매수에 필요한 자금이나 교환대상 증권의 조성내역(차입인 경우에는 차입처 포함)
5. 공개매수자와 그 특별관계자의 최근 1년간 공개매수대상회사의 주식등의 보유상황과 거래상황
6. 공개매수대상회사의 임원이나 최대주주와 사전협의가 있었는지와 사전협의가 있는 경우에는 그 협의내용
7. 공개매수가 끝난 후 공개매수대상회사에 관한 장래계획
8. 공개매수의 중개인이나 주선인이 있는 경우에는 그에 관한 사항
9. 공개매수신고서와 공개매수설명서의 열람장소

40) [증권발행공시규정 3-2조(공개매수신고서의 기재사항 등)]
① 영 제146조 제5항에 따라 공개매수신고서에 기재하여야 할 사항은 다음 각 호와 같다.
1. 공개매수자 및 그 특별관계자에 관한 사항
가. 공개매수자 및 그 특별관계자의 현황
나. 공개매수자가 법인인 경우 해당 법인이 속해 있는 기업집단
다. 공개매수자가 법인인 경우 해당 법인의 재무에 관한 사항
2. 공개매수할 주식등의 발행인
가. 공개매수대상회사 및 그 특별관계자의 현황
나. 공개매수대상회사가 속해 있는 기업집단
3. 공개매수의 목적
4. 공개매수할 주식등의 종류 및 수
가. 공개매수예정 주식등의 종류 및 수
나. 공개매수후 소유하게 되는 주식등의 수
다. 공개매수대상회사의 발행 주식등의 총수
5. 공개매수 기간·가격·결제일 등 공개매수조건
가. 공개매수 기간·가격·결제일 등 일반적 조건
나. 결제의 방법
6. 공개매수공고일 이후에 공개매수에 의하지 아니하고 주식등의 매수등을 하는 계약이 있는 경우에는 해당 계약의 내용
7. 매수자금의 내역

2) 임의적 기재사항 공개매수자는 공개매수신고서에 그 주식등의 발행인의 예측정보를 기재 또는 표시할 수 있다(法 134조④). 이 경우 예측정보의 기재 또는 표시는 제125조 제2항 제1호·제2호 및 제4호의 방법에 따라야 한다.41)

가. 공개매수에 필요한 금액 이상의 금융기관 예금잔고 기타 자금보유 내역
나. 다른 증권과의 교환에 의한 공개매수의 경우에는 교환의 대가로 인도할 증권의 보유 내역
다. 「독점규제 및 공정거래에 관한 법률」 제8조의2 제2항 제2호의 기준에 해당하지 아니할 목적으로 현물출자를 받기 위하여 공개매수를 하고자 하는 경우에는 신주의 발행 내용

8. 공개매수사무취급자(이하 "사무취급회사"라 한다)에 관한 사항
   가. 사무취급회사명
   나. 사무취급회사의 공개매수 관련업무 수행범위
   다. 사무취급회사의 본·지점 소재지 및 전화번호
9. 공개매수대상회사의 현황
   가. 최근 분기 및 최근 3사업연도 재무 및 손익 상황
   나. 공개매수공고일 이전 6월간의 공개매수대상회사 주식등의 거래상황
10. 공개매수의 방법
   가. 청약의 방법
   나. 철회의 방법
   다. 청약주식등의 매입방법
   라. 공개매수신고의 정정 및 철회의 방법 등
11. 공개매수에 필요한 자금 또는 교환대상 증권의 조성내역(차입의 경우 차입처를 포함)
   가. 공개매수에 필요한 자금 조성내역
   나. 교환대상 증권의 조성 내역
   다. 교환의 대가로 인도할 증권 발행회사의 현황
12. 공개매수자 및 그 특별관계자의 최근 1년간 공개매수대상회사의 주식등의 보유상황 및 거래상황
13. 공개매수대상회사의 임원 또는 최대주주와의 사전협의가 있는지 여부와 사전협의가 있는 경우 그 협의내용
14. 공개매수 종료후 공개매수대상회사에 관한 장래계획
15. 공개매수의 중개인 또는 주선인이 있는 경우 그에 관한 사항
   가. 법인명 또는 성명
   나. 법인의 설립목적 및 사업내용
16. 공개매수신고서 및 공개매수설명서의 열람장소

② 영 제146조 제4항 제4호 및 제5호의 서류(본문에 따른 서류를 말한다)는 공개매수신고서 제출일전 3일 이내에서 동일한 날짜를 기준으로 하여 작성해야 한다.

41) [法 제125조]
② 예측정보가 다음 각 호에 따라 기재 또는 표시된 경우에는 제1항에 불구하고 제1항 각 호의 자는 그 손해에 관하여 배상의 책임을 지지 아니한다. 다만, 그 증권의 취득자가 취득의 청약 시에 예측정보 중 중요사항에 관하여 거짓의 기재 또는 표시가 있거나 중요사항이 기재 또는 표시되지 아니한 사실을 알지 못한 경우로서 제1항 각 호의 자에게 그 기재 또는 표시와 관련하여 고의 또는 중대한 과실이 있었음을 증명한 경우에는 배상의 책임을 진다.
1. 그 기재 또는 표시가 예측정보라는 사실이 밝혀져 있을 것

3) 첨부서류 공개매수신고서의 첨부서류, 그 밖에 공개매수신고서에 관하여 필요한 사항은 대통령령으로 정한다(法 134조⑤).[42]

⑶ 공개매수신고서 사본의 송부

공개매수자는 공개매수신고서를 제출한 경우에는 지체 없이 그 사본을 공개매수할 주식등의 발행인에게 송부해야 한다(法 135조). 이는 물론 대상회사의 경영진으로 하여금 공개매수에 신속하게 대처할 수 있는 기회를 주기 위한 것이다. 공개매수할 주식등의 발행인에는 그 주식등과 관련된 증권예탁증권, 교환사채권, 파생결합증권 등의 경우에는 대통령령으로 정하는 자[43]를 말하므로(法 134조①2), 증권예탁증권, 교환사채권, 파생결합증권을 공개매수하는 경우에도 그 기초가 되거나 교환의 대상이 되는 주식등의 발행인에게 그 사본을 송부해야 한다(令 145

---

2. 예측 또는 전망과 관련된 가정이나 판단의 근거가 밝혀져 있을 것
4. 그 기재 또는 표시에 대하여 예측치와 실제 결과치가 다를 수 있다는 주의문구가 밝혀져 있을 것

42) 공개매수신고서에는 다음과 같은 서류를 첨부해야 한다. 이 경우 금융위원회는 전자정부법에 따른 행정정보의 공동이용을 통하여 공개매수자의 주민등록표 등본(개인인 경우) 또는 법인 등기사항증명서(법인인 경우)를 확인하여야 하며, 공개매수자가 주민등록표 등본의 확인에 동의하지 않는 경우에는 주민등록표 등본을 첨부하도록 해야 한다(令 146조④).
1. 공개매수자가 외국인인 경우에는 주민등록표 등본에 준하는 서류
2. 공개매수자가 법인, 그 밖의 단체인 경우에는 정관과 법인 등기사항증명서에 준하는 서류(법인 등기사항증명서로 확인할 수 없는 경우로 한정한다.
3. 공개매수 관련 사무에 관한 계약서 사본
4. 공개매수에 필요한 금액 이상의 금융기관 예금잔액, 그 밖에 자금의 확보를 증명하는 서류
5. 다른 증권과의 교환에 의한 공개매수인 경우에는 공개매수자가 교환의 대가로 인도할 증권의 확보를 증명하는 서류. 다만, 「독점규제 및 공정거래에 관한 법률」 제18조 제2항 제2호에 따른 기준에 해당하지 아니할 목적으로 현물출자를 받기 위하여 공개매수를 하려는 경우에는 신주의 발행을 증명하는 서류
6. 다른 증권과의 교환에 의한 공개매수에 관하여 증권신고 또는 일괄신고를 하여야 하는 경우에는 그 신고서에 기재할 사항의 내용과 같은 내용을 기재한 서류
7. 주식등의 매수등에 행정관청의 허가·인가 또는 승인이 필요한 경우에는 그 허가·인가 또는 승인이 있었음을 증명하는 서류
8. 공개매수공고 내용
9. 공개매수공고 전에 해당 주식등의 매수등의 계약을 체결하고 있는 경우에는 그 계약서의 사본
10. 그 밖에 공개매수신고서의 기재사항을 확인하는 데에 필요한 서류로서 금융위원회가 정하여 고시하는 서류

43) "대통령령으로 정하는 자"란 다음과 같은 자를 말한다(令 145조③).
1. 증권예탁증권의 경우에는 그 기초가 되는 주식등의 발행인
2. 교환사채권의 경우에는 교환의 대상이 되는 주식등의 발행인
3. 파생결합증권의 경우에는 그 기초자산이 되는 주식등의 발행인

조②,③).

2. 공개매수기간

공개매수기간은 공개매수신고서 제출일(공고일, 공고일이 공휴일에 해당하면 그 다음 날)로부터 20일 이상 60일 이내의 기간으로 정할 수 있다(法 134조③, 令 146조③). 그리고 해당 공개매수기간 중 해당 공개매수에 대항하는 공개매수(대항공개매수)가 있는 경우에는 대항공개매수기간의 종료일까지 그 기간을 연장할 수 있다(令 147조 제3호 다목). 대항공개매수의 개념과 관련하여, 예컨대 A의 공개매수에 대하여 B가 대항공개매수를 하고 이에 A가 정정신고를 통하여 공개매수가격을 인상한 경우 B의 입장에서 이를 대항공개매수로 볼 수 있는지 논란이 있다. 이에 관하여는 새로운 공개매수신고서가 제출된 경우가 아니므로 대항공개매수로 볼 수 없다는 견해도 있으나, B의 공개매수에 대항하기 위한 정정신고서가 제출된 것이므로 B는 대항공개매수가 있는 경우로 보아 공개매수기간을 연장하거나 공개매수를 철회할 수 있다고(法 139조① 단서) 해석하는 것이 타당하다.

공개매수기간에 대하여 장기와 단기를 함께 규정하는 것은 위와 같이 외국의 입법례에서도 볼 수 있는데, 단기는 주주에게 응모 여부에 대하여 충분히 검토할 시간적 여유를 주기 위한 것이고, 장기는 매수기간의 장기화로 인한 불안정한 상황을 방지하기 위한 것이다. 다만, 위 20일 이상 60일 이내의 기간은 역일(曆日) 기준이므로 공휴일도 포함하여 계산한다. 외국에서는 공휴일을 제외한 거래일을 기준으로 정하는 예가 많다.

3. 정정신고와 정정공고

(1) 금융위원회의 정정신고서 제출 요구

(가) 의 의

금융위원회는 공개매수신고서의 형식을 제대로 갖추지 아니한 경우 또는 그 공개매수신고서 중 중요사항에 관하여 거짓의 기재 또는 표시가 있거나 중요사항이 기재 또는 표시되지 아니한 경우에는 공개매수기간이 종료하는 날까지 그 이유를 제시하고 그 공개매수신고서의 기재내용을 정정한 신고서("정정신고서")의 제출을 요구할 수 있다(法 136조①). "중요사항"은 "투자자의 투자판단에 중대한 영향을 미칠 수 있는 정보"와 같은 개념으로 보아야 할 것이다. 증권신고서의 경우에는 "중요사항의 기재나 표시내용이 불분명하여 투자자의 합리적인 투자판단을 저해하거나 투자자에게 중대한 오해를 일으킬 수 있는 경우"도 정정요구사유로 법에서 규정하는데(法 122조①), 공개매수신고서의 경우에는 총리령에서 유사하게 규정한다.44)

(나) 사 유

금융위원회가 정정신고서의 제출을 요구할 수 있는 사유는, i) 공개매수신고서의 형식을 제대로 갖추지 아니한 경우, 또는 ii) 그 공개매수신고서 중 중요사항이 기재 또는 표시되지 아니한 경우이다.

금융위원회의 정정요구사유는 증권신고서의 정정요구사유와 거의 같다.

(다) 요구기간

금융위원회는 공개매수기간이 종료하는 날까지 정정신고서의 제출을 요구할 수 있다.

(라) 방 법

자본시장법 규정상 정정요구의 방법에는 제한이 없으나, 반드시 "그 이유를 제시하고" 정정신고서의 제출을 요구해야 한다.

(마) 효 과

금융위원회의 요구가 있는 경우 그 공개매수신고서는 그 요구를 한 날부터 제출되지 아니한 것으로 본다(法 136조②).

진행되어 오던 공개매수절차가 일시 정지되는 것이 아니라 그 요구 시점부터 공개매수신고서의 제출이 없는 것으로 된다. 그러나 공개매수는 공고에 의하여 공개매수의 효력이 발생하고 공개매수신고서의 제출 여부에 따라 공개매수의 효력에 영향을 주는 것은 아니다. 단지 공개매수신고서의 제출이 없는 것으로서 금융위원회의 행정처분 또는 행정조치의 대상이 된다.45)

---

44) [規則 제15조] 법 제136조 제3항 본문에서 "총리령으로 정하는 경우"란 다음 각 호의 어느 하나에 해당하는 경우를 말한다.

1. 법 제134조 제2항에 따른 공개매수신고서(이하 "공개매수신고서"라 한다)의 기재나 표시내용이 불분명하여 그 공개매수신고서를 이용하는 자로 하여금 중대한 오해를 일으킬 수 있는 내용이 있는 경우
2. 법 제134조 제2항에 따른 공개매수자(이하 "공개매수자"라 한다)에게 불리한 정보를 생략하거나 유리한 정보만을 강조하는 등 과장되게 표현된 경우

45) 금융위원회는 정정신고서의 제출이 없으면 투자자 보호를 위하여 필요한 때에는 공개매수를 정지 또는 금지하거나 대통령령이 정하는 조치를 취할 수 있다(法 146조②). "대통령령이 정하는 조치"로는 1년의 범위에서 공개매수의 제한(공개매수자 및 공개매수자의 특별관계자

(2) 임의정정과 의무정정

(가) 임의정정

공개매수자는 공개매수조건, 그 밖에 공개매수신고서의 기재사항을 정정하고자 하는 경우에는 공개매수기간이 종료하는 날까지 금융위원회와 거래소에 정정신고서를 제출해야 한다(法 136조③). 이는 거짓의 기재 등으로 인한 민형사상의 책임을 면하기 위하여도 필요하다. 임의정정은 그 사유에 아무런 제한이 없다. 다만, 매수가격의 인하, 매수예정 주식등의 수의 감소, 매수대금 지급기간의 연장(자본시장법 제136조 제4항 제1호의 경우 제외),[46] 그 밖에 다음과 같은 공개매수조건 등은 변경할 수 없다(令 147조).

1. 공개매수기간의 단축
2. 응모주주에게 줄 대가의 종류의 변경. 다만, 응모주주가 선택할 수 있는 대가의 종류를 추가하는 경우는 제외한다.
3. 공개매수 대금지급기간의 연장을 초래하는 공개매수조건의 변경. 다만, 다음과 같은 경우는 제외한다.
   가. 정정신고서 제출일 전 3일의 기간 중 해당 주식등의 증권시장에서 성립한 가격(최종가격 기준)의 산술평균가격이 공개매수가격의 90% 이상인 경우 또는 대항공개매수(法 139조①)가 있는 경우의 매수가격 인상
   나. 공개매수공고 후 해당 주식등의 총수에 변경이 있는 경우 또는 대항공개매수가 있는 경우의 매수예정 주식등의 수의 증가
   다. 대항공개매수가 있는 경우의 공개매수기간의 연장(그 대항공개매수기간의 종료일까지로 한정)

이와 같이 공개매수조건을 주주들에게 불리하게 변경하는 것을 허용하지 않

에 한한다), 1년의 범위에서 공개매수사무취급업무의 제한(공개매수사무취급자에 한한다), 임원에 대한 해임권고, 법 위반의 경우 고발 또는 수사기관에의 통보, 다른 법률을 위반한 경우 관련기관 또는 수사기관에의 통보, 경고 또는 주의 등이다(令 152조). 또한 공개매수신고서 및 그 정정신고서의 신고인과 그 대리인 등이 정정신고서를 제출하지 않은 경우에는 공개매수신고서에 기재된 공개매수예정총액(공개매수할 주식등의 수량을 공개매수가격으로 곱하여 산정한 금액)의 3%(20억원 한도)를 초과하지 않는 범위에서 과징금을 부과할 수 있다(法 429조②).

46) [法 제136조]

④ 공개매수자가 제1항 또는 제3항에 따라 공개매수신고서의 정정신고서를 제출하는 경우 공개매수기간의 종료일은 다음 각 호와 같다.

1. 그 정정신고서를 제출한 날이 제134조 제1항 제5호에 따라 공고한 공개매수기간 종료일 전 10일 이내에 해당하는 경우에는 그 정정신고서를 제출한 날부터 10일이 경과한 날

는 이유는 만일 공개매수자가 공개매수를 철회하고자 할 때(法 제139조에 의하면 공개매수자의 철회는 원칙적으로 허용되지 않는다), 주주들이 수용할 수 없는 정도로 열악한 조건으로 매수조건을 변경함으로써 주주들의 응모포기를 유도하여 실질적으로는 공개매수를 철회하는 것과 같은 효과를 거둘 수 있기 때문이다. 그러나 대상회사가 주식분할을 한 경우에는 예외적으로 공개매수가격을 인하할 수 있도록 입법적 보완이 필요하다.

(나) 의무정정

의무정정사유는 투자자 보호를 위하여 그 공개매수신고서에 기재된 내용을 정정할 필요가 있는 경우로서 총리령으로 정하는 경우이다.

"총리령으로 정하는 경우"란 다음과 같은 경우를 말한다(規則 15조).

1. 공개매수신고서의 기재나 표시내용이 불분명하여 그 공개매수신고서를 이용하는 자로 하여금 중대한 오해를 일으킬 수 있는 내용이 있는 경우
2. 공개매수자에게 불리한 정보를 생략하거나 유리한 정보만을 강조하는 등 과장되게 표현된 경우

(다) 정정신고서 제출기간

공개매수자는 공개매수기간이 종료하는 날까지 정정신고서를 제출할 수 있다.

(3) 정정신고서에 따른 공개매수종료일

공개매수자가 제1항·제3항에 따라 공개매수신고서의 정정신고서를 제출하는 경우 공개매수기간의 종료일은, i) 그 정정신고서를 제출한 날이 공고한 공개매수기간 종료일 전 10일 이내에 해당하는 경우에는 그 정정신고서를 제출한 날부터 10일이 경과한 날, ii) 10일 이내에 해당하지 않는 경우에는 그 공개매수기간이 종료하는 날이다(法 136조④). i)의 경우에는 공개매수기간이 정정신고서 제출일로부터 10일 더 연장되는 것이고, ii)의 경우에는 공개매수기간의 종료일에 변동이 없게 된다. 공개매수신고서의 정정신고서가 제출되는 경우에는 투자판단에 필요한 정보에 변경이 있는 것이므로 공개매수기간을 연장하는 것이고,[47] 공개매수기간의 연장여부를 당초 공개매수 종료일 전 10일을 기준으로 결정한 것은 정정신고로 인하여 그 공개매수기간이 과도하게 연장되지 않도록 하기 위

47) 미국에서도 공개매수자가 공개매수기간종료전에 가격이나 주식수를 변경하는 경우에는 10일의 기간이 연장된다.

한 것이다. 공개매수신고서 제출일(공고일, 공고일이 공휴일에 해당하면 그 다음 날)로부터 20일 이상 60일 이내이므로 정정신고에 의하여 가능한 공개매수기간은(공개매수기간 종료일에 정정신고서가 제출된 경우) 최장 70일 이내이다.

(4) 정정공고와 사본송부

공개매수자는 정정신고서를 제출한 경우에는 지체 없이 그 사실과 정정한 내용(공개매수공고에 포함된 사항에 한한다)을 공고해야 한다. 이 경우 공고의 방법은 공개매수공고의 방법에 따른다(法 136조⑤). 공개매수자는 공개매수신고서의 정정신고서를 제출한 경우에는 지체 없이 그 사본을 공개매수할 주식등의 발행인에게 송부해야 한다(法 136조⑥). "지체 없이"는 명확한 개념이 아니므로 정정신고서의 제출과 동시 또는 그 다음 날이라고 명시적으로 규정하는 것이 바람직하다.

(5) 이전응모주주

명문의 규정은 없으나 매수 조건이 변경된 경우에는 그 이전에 응모한 주주에 대해서도 당연히 변경된 조건이 적용된다. 따라서 매수가격을 높인 경우에는 모든 응모주주에게 동일한 가격을 적용하여 매수해야 한다.

4. 공개매수설명서

(1) 공개매수설명서의 의의

공개매수설명서는 대상회사 주주들에게 응모 여부의 판단에 필요한 정보를 제공하기 위한 서류이다.

(2) 공개매수설명서의 작성 · 제출 · 비치 · 열람

공개매수자는 공개매수를 하고자 하는 경우에는 공개매수설명서를 작성하여야 하는데, 공개매수설명서에는 자본시장법 제134조 제2항이 규정하는 사항을 기재해야 한다. 다만 공개매수자가 주권상장법인인 경우에는 금융위원회가 정하여 고시하는 사항의 기재를 생략할 수 있다(令 148조). 공개매수자는 공개매수설명서를 금융위원회와 거래소에 제출해야 한다(法 137조① 전단). 공개매수공고일이 공휴일, 그 밖에 금융위원회가 정하여 고시하는 날에 해당하는 경우에는 그 다음 날에 제출할 수 있다(法 137조① 후단, 134조② 단서). 그리고 공개매수설명서는 공개매수사무취급자의 본점과 지점, 그 밖에 영업소, 금융위원회, 거래소에 비치하고 일반인이 열람할 수 있도록 해야 한다(法 137조① 전단, 規則 16조).

(3) 공개매수설명서의 부실기재 금지

공개매수설명서에는 공개매수신고서에 기재된 내용과 다른 내용을 표시하거나 그 기재사항을 누락할 수 없다(法 137조②). 공개매수신고서와 다른 내용을 표시하거나 중요사항을 누락한 경우에는 금융위원회는 공개매수를 정지하거나 금지 하는 등의 조치를 내릴 수 있다(法 146조②).

(4) 공개매수설명서 교부의무

공개매수자는 공개매수할 주식등을 매도하고자 하는 자에게 공개매수설명서를 미리 교부하지 아니하면 그 주식등을 매수하지 못한다. 공개매수설명서를 금융위원회, 거래소 및 공개매수사무취급자의 본·지점에 비치하였다 하더라도 이로써 교부의무가 면제되는 것은 아니다. 공개매수설명서가 전자문서의 방법에 따르는 때에는 보다 엄격한 다음과 같은 요건을 모두 충족하는 때에 이를 교부한 것으로 본다(法 137조③).

1. 전자문서에 의하여 공개매수설명서를 받는 것을 전자문서수신자가 동의할 것
2. 전자문서수신자가 전자문서를 받을 전자전달매체의 종류와 장소를 지정할 것
3. 전자문서수신자가 그 전자문서를 받은 사실이 확인될 것
4. 전자문서의 내용이 서면에 의한 공개매수설명서의 내용과 동일할 것

5. 공개매수결과보고서의 제출과 공개매수통지서의 송부

공개매수자는 금융감독위원회가 정하는 바에 의하여[48] 공개매수결과보고서를 금융감독위원회와 거래소에 제출해야 한다(法 143조). 공개매수자는 공개매수기간이 종료한 때에는 매수의 상황, 매수예정 주식등 또는 반환주식등 및 기타 결제 등에 필요한 사항을 기재한 공개매수통지서를 응모자에게 지체 없이 송부해야 한다(증권발행공시규정 3-7조).

6. 신고서 등의 공시

금융위원회와 거래소는 다음과 같은 서류를 그 접수일부터 3년간 비치하고, 인터넷 홈페이지 등을 이용하여 공시해야 한다(法 144조).

48) [증권발행공시규정 3-8조(결과보고)] 법 제143조의 규정에서 "금융위원회가 정하여 고시하는 방법"이란 공개매수자는 공개매수가 종료한 때에 지체 없이 공개매수로 취득한 공개매수자의 보유 주식등의 수, 지분율 등을 기재한 공개매수결과보고서를 금융위원회와 거래소에 제출하는 것을 말한다.

1. 공개매수신고서 및 정정신고서
2. 공개매수설명서
3. 공개매수에 대한 의견표명내용을 기재한 문서
4. 공개매수 철회신고서
5. 공개매수결과보고서

7. 교환공개매수

(1) 의 의

공개매수의 정의에 관한 자본시장법 제133조 제1항은 매수와 매도의 개념에 "다른 증권과의 교환"을 포함하므로, 교환공개매수(exchange offer)도 허용된다. 교환의 대상인 증권은 이미 발행된 것은 물론이고 공개매수자가 신규로 발행하는 것도 포함한다. 교환공개매수는 현금 없이도 대상회사를 인수할 수 있고 일정한 경우 세제상의 특례가 적용된다는 장점이 있다.

(2) 법적 구성

교환공개매수는 교환대상이 공개매수자가 발행하는 신주인 경우에는 결국 공개매수자가 현물출자에 의한 신주를 발행하는 것에 해당하므로, 상법상 법원에 의한 현물출자 심사절차를 받아야 하고, 또한 50인 이상의 투자자에게 공개매수자가 새로 발행하는 증권의 취득의 청약을 권유하는 것(모집)에 해당하고 나아가 증권신고서 제출의무의 일정 요건에 해당하는 경우에는 증권신고서를 제출해야 한다. 이와 같이, 교환공개매수의 경우 공개매수절차 외에 현물출자와 주식모집이라는 두 가지 절차가 함께 이루어짐에 따라 법규정의 충돌문제가 있고, 또한, 통상의 공개매수에서는 시가보다 높은 가격으로 매수하여야 공개매수를 성사시킬 수 있는데 현물출자에서는 현물출자의 대상인 주식을 시가보다 높게 평가하는 것을 규제하므로 가치평가의 충돌문제가 발생할 수 있다.[49] 그러나, 교환공개매수에서 원래의 목적은 공개매수이고, 다만 그 대가를 현금이 아닌 신주로 교부하는 절차에서 현물출자가 이루어지는 것이므로 어디까지나 공개매수의 법리를 중심으로 해석하여야 할 것이다.

---

49) 교환공개매수의 경우 현물출자절차와 관련된 문제점은 노혁준, "교환공개매수를 통한 지주회사의 설립", 지주회사와 법(2005), 263면, 노혁준, "주식의 교환공개매수에 관한 연구", 상사법연구 제23권 제2호(2005), 10면 참조.

(3) 절 차

(가) 특 징

교환공개매수는 상법상 현물출자에 따른 규제와 자본시장법상 공개매수 및 증권발행에 따른 규제를 동시에 받게 되므로, 그 절차가 매우 복잡한 반면, 공개매수의 성격상 신속하게 진행되어야 할 필요성이 있다. 통상은 먼저 법원에 감정인의 감정서를 첨부하여 현물출자에 따른 신주발행인가신청을 하여 인가를 받은 후 금융위원회에 증권신고서를 제출하고, 그 후 공개매수의 공고와 공개매수신고서 제출절차를 밟게 된다. 결국, 이러한 과정에서 공개매수에 관한 정보가 사전에 공개되므로(또한 주주들의 입장에서는 교부대상인 주식의 평가에 대한 판단도 어려워서) 적대적 공개매수(hostile tender offer)의 경우에는 교환공개매수방법이 활용되기 어렵고, 대상회사 경영진과의 협의에 의한 우호적 공개매수(friendly tender offer)의 경우에 많이 활용된다. 미국에서도 80년대까지는 주로 현금을 지급하는 조건의 적대적 공개매수가 성행하였으나 90년대 들어와서는 공개매수자의 주식을 교부하는 조건의 우호적 공개매수가 늘어나게 되었다.

(나) 검사인의 조사 및 법원의 심사

상법상 신주발행시 현물출자를 하는 자가 있는 경우에는 이사는 제416조 제4호(현물출자를 하는 자의 성명과 그 목적인 재산의 종류, 수량, 가액과 이에 대하여 부여할 주식의 종류와 수)의 사항을 조사하게 하기 위하여 검사인의 선임을 법원에 청구해야 한다(商法 422조① 본문). 그러나 검사인을 선임하는 경우 시간과 비용이 많이 소요되는 점을 고려하여 상법 제422조 제1항 단서는 공인된 감정인의 감정으로 검사인의 조사에 갈음할 수 있도록 규정하고, 따라서 대부분은 이 규정에 의하여 검사인선임신청을 하지 않고 회계법인의 감정보고서에 대한 인가신청을 하며, 법원은 이 경우 검사인선임신청사건에 준하여 상사비송사건으로 처리한다. 조사절차 미이행만으로는 신주발행 및 변경등기의 당연무효사유는 아니지만,[50] 현물출자가 과대평가되었다면 무효사유가 된다(통설).

법원은 검사인의 조사보고서 또는 감정인 감정결과를 심사하여 현물출자 관련 사항(제416조 제4호의 사항: 현물출자를 하는 자의 성명과 그 목적인 재산의 종류,

50) [대법원 1980. 2. 12. 선고 79다509 판결] "주식회사의 현물출자에 있어서 이사는 법원에 검사인의 선임을 청구하여 일정한 사항을 조사하도록 하고 법원은 그 보고서를 심사하도록 되어 있으나 이와 같은 절차를 거치지 아니한 신주발행 및 변경등기가 당연무효가 된다고 볼 수 없다."

수량, 가액과 이에 대하여 부여할 주식의 종류와 수)을 부당하다고 인정한 때에는 이를 변경하여 이사와 현물출자를 한 자에게 통고할 수 있다(商法 422조③). 법원의 변경에 불복하는 현물출자를 한 자는 그 주식의 인수를 취소할 수 있다(商法 422조④). 법원의 통고가 있은 후 2주 내에 주식의 인수를 취소한 현물출자를 한 자가 없는 때에는 현물출자 관련 사항은 법원의 통고에 따라 변경된 것으로 본다(商法 422조⑤).[51)]

상법 규정상 법원의 인가에 의하여 비로소 현물출자가 이행되는 것이 아니라, 법원의 현물출자의 심사 완료 전에도 신주의 청약과 인수는 할 수 있고, 다만 현물출자가 완료된 후 사후적인 절차로서 출자된 재산에 대한 감정결과의 적정성을 심사하는 절차가 법원의 인가절차이다.[52)]

현물출자자의 특정과 관련하여 상법 제416조 제4호는 현물출자시 "현물출자를 하는 자의 성명"을 이사회 결의사항으로 규정하고, 법원이 변경결정을 한 경우 현물출자를 한 자에게 통고할 수 있으므로(商法 422조②), 현물출자시 현물출자자가 특정되어야 하는 것이 원칙이다. 그러나 교환공개매수의 경우에는 모든 주주에게 동일한 매도청약기회가 부여되고 상장주식과 같이 현물출자목적물의 정당한 가치평가가 가능한 경우에는 굳이 현물출자자가 특정되지 않아도 되고, 따라서 현물출자자에 대한 통고규정은 이미 현물출자를 이행한 자가 있는 경우에만 적용되는 것으로 해석하는 것이 타당하다. 신주발행시 현물출자의 심사는 이사회 결의에 의하여 이미 확정된 현물출자자와 출자목적물을 대상으로 이루어지므로 교환공개매수의 경우와 같이 장래 이행될 현물출자목적물에 대하여 법원이 현물출자심사를 할 수 있는지도 의문이나, 교환공개매수의 경우에는 미리 현물출자를 이행할 수도 없고, 또한 법원이 현물출자시 이사회 의사록을 요구하므로 신주발행에 관한 이사회 결의를 현물출자심사의 대상으로 보아야 할 것이다.

---

51) 다만, 2011년 개정상법은 거래소의 시세 있는 유가증권으로서 대통령령이 정한 방법으로 산정된 시세를 초과하지 않는 경우 검사인의 조사를 면제하므로(商法 422조②2), 현물출자에 관한 설명은 공개매수의 규제대상인 증권(令 139조) 중 이에 해당하지 않는 증권에 한하여 적용된다.

52) 그러나, 실무상으로는 법원의 인가결정이 있어야 적법한 현물출자로 인정하므로(자본금변경등기신청시 인가결정이 있어야 하고, 상장신청시 법인 등기부 등본이 첨부되어야 한다), 증권신고서 및 공개매수신고서 제출시 인가결정 후에 매수청약을 할 수 있도록 대기기간을 고려하여 절차를 밟고 있다.

㈐ 공개매수신고서 제출

공개매수자는 공개매수신고서에 기재한 매수조건에 따라 매수하여야 하며, 공개매수에 관한 정정신고서를 제출할 수는 있지만, 만일 공개매수개시 후 법원이 현물출자목적물인 주식의 가격을 인하하는 변경결정을 하면 이는 공개매수가격의 인하를 의미하고, 이는 허용되지 않는 정정사항이다.[53] 이와 같이 공개매수신고서에 기재한 매수조건 중 매수가격의 인하는 허용되지 않고, 현물출자에 대한 법원의 변경결정은 매수가격의 인하를 의미하므로, 이를 종합하면 공개매수자는 공개매수신고서를 제출한 후 현물출자에 대한 법원의 변경결정이 있으면 공개매수를 할 수 없게 되는 결과가 된다. 결국 법원의 현물출자심사절차가 완료된 후에만 공개매수신고서를 제출할 수 있다는 문제가 있다.

다만, 2011년 개정상법 제422조 제2항은 현물출자목적물의 가액이 상법 시행령이 정한 방법으로 산정된 시세를 초과하지 않는 경우에는 검사인의 조사에 관한 상법 제422조 제1항을 적용하지 않는다고 규정하므로 이 경우 법원의 변경결정에 관한 상법 제422조 제3항도 적용되지 않는다.[54]

---

53) [法 제136조]

③ 공개매수자는 공개매수조건, 그 밖에 공개매수신고서의 기재사항을 정정하고자 하는 경우 또는 투자자 보호를 위하여 그 공개매수신고서에 기재된 내용을 정정할 필요가 있는 경우로서 총리령으로 정하는 경우에는 공개매수기간이 종료하는 날까지 금융위원회와 거래소에 정정신고서를 제출해야 한다. 다만, 매수가격의 인하, 매수예정 주식등의 수의 감소, 매수대금 지급기간의 연장(제4항 제1호의 경우를 제외한다), 그 밖에 대통령령으로 정하는 공개매수조건 등은 변경할 수 없다.

54) 다음과 같은 경우에는 검사인의 조사에 관한 제422조 제1항을 적용하지 않는다(商法 422조②).

1. 현물출자의 목적인 재산의 가액이 자본금의 5분의 1을 초과하지 아니하고 5천만원(商令 14조①)을 초과하지 않는 경우
2. 현물출자의 목적인 재산이 거래소의 시세 있는 유가증권인 경우 상법 제416조 본문에 따라 결정된 가격이 대통령령으로 정한 방법으로 산정된 시세를 초과하지 않는 경우
3. 변제기가 도래한 회사에 대한 금전채권을 출자의 목적으로 하는 경우로서 그 가액이 회사장부에 기재된 가액을 초과하지 않는 경우
4. 그 밖에 제1호부터 제3호까지의 규정에 준하는 경우로서 대통령령으로 정하는 경우

위 제2호에서 "대통령령으로 정한 방법으로 산정된 시세"라 함은 다음 금액 중 낮은 금액을 말한다(商令 14조②). 다만, 이 규정은 현물출자의 목적인 재산에 그 사용, 수익, 담보제공, 소유권 이전 등에 대한 물권적 또는 채권적 제한이나 부담이 설정된 경우에는 적용하지 않는다(商令 14조③).

1. 상법 제416조의 이사회 또는 주주총회의 결의가 있은 날("결의일")부터 소급하여 1개월간의 거래소에서의 평균 종가, 결의일부터 소급하여 1주일간의 거래소에서의 평균 종가 및 결의일 직전 거래일의 거래소에서의 종가를 산술평균하여 산정한 금액
2. 결의일의 직전 거래일의 거래소에서의 종가

㈑ 증권신고서

교환공개매수절차에서 인수회사의 신주 발행이 증권신고서 제출요건에 해당하는 경우 증권신고서를 제출해야 한다. 이때 신주발행이 청약권유의 상대방이 불특정된 일반공모증자(法 165조의6)에 해당하는지 또는 청약권유의 상대방이 특정된 제3자배정증자에 해당하는지에 대하여 명문의 규정은 없지만, 공개매수 공고 후에 대상회사의 주식을 취득한 자도 청약권유의 상대방이 되므로 특정된 상대방으로 보기는 어렵다. 따라서, 교환공개매수는 일반공모증자에 해당한다고 보는 것이 타당하다.[55] 공개매수공고는 청약의 권유에 해당하고, 청약의 권유는 증권신고서를 금융위원회에 제출하여 수리되지 아니하면 할 수 없으므로,[56] 반드시 증권신고서가 수리된 후 공개매수공고와 공개매수신고서제출 등의 절차를 밟아야 한다.

Ⅳ. 공개매수에 대한 규제

1. 공개매수에 관한 의견표명

(1) 의견표명 방법

공개매수신고서가 제출된 주식등의 발행인은 광고·서신(전자우편 포함), 그 밖의 문서에 의하여 그 공개매수에 관한 의견을 표명할 수 있다(法 138조①, 令 149조①).[57] 이는 대상회사의 주주가 공개매수에 대한 응모 여부를 결정하는데 공개매수자의 공개매수설명서뿐 아니라 발행인(경영진)의 의견을 참고할 수 있도록 하기 위한 것이다. 의견표명에는 공개매수에 대한 발행인의 찬성·반대 또는 중립의 의견에 관한 입장과 그 이유가 포함되어야 하며, 의견표명 이후에 그 의견에 중대한 변경이 있는 경우에는 지체 없이 제1항에서 정한 방법에 따라 그 사실을 알려야 한다(令 149조②).

---

55) 일반공모증자와 제3자배정증자는 기준주가 산정기준일과 할인율이 다르므로 구별의 의미가 있다.

56) [法 제119조]

① 증권의 모집 또는 매출(대통령령으로 정하는 방법에 따라 산정한 모집가액 또는 매출가액 각각의 총액이 대통령령으로 정하는 금액 이상인 경우에 한한다)은 발행인이 그 모집 또는 매출에 관한 신고서를 금융위원회에 제출하여 수리되지 아니하면 이를 할 수 없다.

57) 구 증권거래법 제25조는 "의견표시"라는 용어를 사용하였다.

(2) 의견표명문서의 제출

발행인은 의견을 표명한 경우에는 그 내용을 기재한 문서를 지체 없이 금융위원회와 거래소에 제출해야 한다(法 138조②). 문서가 아닌 구두에 의한 의견표시는 현실적으로 규제할 수 없으므로 허용된다고 보아야 하고, 금융위원회와 거래소에 그 내용을 기재한 문서를 제출할 의무도 없다.

(3) 의견표명의무 여부

자본시장법은 발행인의 의견표명권을 규정하였을 뿐 의견표명의무는 규정하지 않는데, 의견표명은 어디까지나 주주의 판단에 도움이 되도록 하기 위한 것이고 발행인이 의견을 표명하지 않고 주주의 판단에 맡기는 것이 반드시 회사나 주주의 이익에 반한다고 볼 수 없으므로, 발행인이 반드시 의견을 표명하여야 할 의무를 부담하는 것은 아니다. 즉, 의견표명은 발행인의 재량권에 속하므로 발행인은 공개매수에 대한 찬성, 반대, 중립의견, 의견불표명 하나의 입장을 선택할 수 있다. 그러나, 입법론상으로는 대상회사 주주의 보호를 위하여는 대상회사의 의견표명의무와 표명시점을 명시하는 것이 바람직하다.

(4) 부실의견표명에 대한 제재

발행인의 이사 또는 이사회가 하는 의견표시는 상법상 인정되는 이사의 선관주의의무·충실의무에 의한 것이므로, 의견표시는 지배권방어를 위한 것이 아니라 중립적인 지위에서 성실하고 합리적인 조사를 거쳐 전체 주주에게 최선의 방향을 제시하는 것이어야 하고, 그 내용에 있어서 중요한 사항을 누락하거나 오해를 일으키지 않는 것이어야 한다.[58] 부실한 의견표시는 손해배상책임의 원인이 되는데, 자본시장법에는 이에 대한 특별한 규정이 없으므로 민법상 불법행위에 기한 손해배상책임 규정이 적용된다.

2. 공개매수의 철회와 응모의 취소

(1) 원칙적 금지

공개매수자는 공개매수공고일 이후에는 공개매수를 철회할 수 없다(法 139조① 본문). 공개매수의 철회를 원칙적으로 금지하는 것은 미공개중요정보 이용행위나 시세조종행위 등의 불공정거래로 인한 주주들의 피해를 방지하기 위한

58) 구 증권거래법 시행령 제13조는 이러한 취지를 규정하였는데, 자본시장법 시행령에는 규정이 없다. 입법적인 보완이 필요한 부분이다.

것이다.

(2) 예외적 허용

대항공개매수(공개매수기간 중 그 공개매수에 대항하는 공게메수)가 있는 경우, 공개매수자가 사망·해산·파산한 경우, 그 밖에 투자자 보호를 해할 우려가 없는 경우로서 대통령령으로 정하는 경우에는 공개매수기간의 말일까지 철회할 수 있다(法 139조① 단서). 이는 공개매수자 또는 대상회사에 중대한 사정변경이 생겨서 공개매수를 계속 진행하도록 강제하는 것은 부당하기 때문이다. 시행령은 다음과 같이 공개매수자에게 발생한 사유(제1호)와 공개매수대상회사에게 발생한 사유(제2호)로 분류하여 규정한다(令 150조).

1. 공개매수자가 발행한 어음 또는 수표가 부도로 되거나 은행과의 당좌거래가 정지 또는 금지된 경우
2. 공개매수대상회사에 다음 중 어느 하나의 사유가 발생한 경우에 공개매수를 철회할 수 있다는 조건을 공개매수공고시 게재하고 이를 공개매수신고서에 기재한 경우로서 그 기재한 사유가 발생한 경우
   가. 합병, 분할, 분할합병, 주식의 포괄적 이전 또는 포괄적 교환
   나. 주요사항보고서의 제출사유 중 중요한 영업이나 자산의 양도·양수(令 171조②)
   다. 해산
   라. 파산
   마. 발행한 어음이나 수표의 부도
   바. 은행과의 당좌거래의 정지 또는 금지
   사. 주식등의 상장폐지
   아. 천재지변·전시·사변·화재, 그 밖의 재해 등으로 인하여 최근 사업연도 자산총액의 10% 이상의 손해가 발생한 경우

(3) 철회절차

공개매수자는 공개매수를 철회하고자 하는 경우에는 철회신고서를 금융위원회와 거래소에 제출하고, 그 내용을 공고해야 한다. 이 경우 공고의 방법은 공개매수공고의 방법에 따른다(法 139조②). 그리고 공개매수자는 공개매수의 철회신고서를 제출한 경우에는 지체 없이 그 사본을 공개매수를 철회할 주식등의 발행인에게 송부해야 한다(法 139조③).

(4) 응모주주의 응모취소권

공개매수자의 공개매수철회가 원칙적으로 금지되는 반면, 응모주주는 공개

매수기간 중에는 언제든지 응모를 취소할 수 있다. 이 경우 공개매수자는 응모주주에 대하여 그 응모의 취소에 따른 손해배상 또는 위약금의 지급을 청구할 수 없다(法 139조④). 앞에서 본 바와 같이, 응모한 주식등의 전부를 조건 없이 매수하기로 하는 경우에는 공개매수의 공고를 매수청약으로 보고 주주의 응모는 승낙으로 보므로 응모시점에 매매계약이 성립하고, 다만 응모주주는 매매계약이 성립한 후에도 공개매수기간 중에는 언제든지 응모를 취소할 수 있으며, 응모는 취소에 의하여 소급적으로 무효로 된다. 그리고 일정한 경우 응모 주식등의 전부 또는 일부를 매수하지 않는다는 조건이 명시된 경우 주주의 응모는 매도청약에 해당하여도 역시 공개매수기간 중에는 언제든지 응모를 취소할 수 있다. 공개매수기간 종료시 공개매수조건이 충족되면 매매계약이 성립하게 되므로 그 후에는 응모주주의 취소권이 인정되지 않는다. 따라서 자본시장법은 응모주주의 취소권 행사기간을 "공개매수기간 중"이라고 명시한다. 공개매수기간이 공개매수자의 의사에 의하여 자발적으로 또는 공개매수가격과 공개매수주식수의 변경으로 인하여 강제적으로 연장되는 경우에는 응모주주의 취소기간도 새로 연장된 기간이 종료할 때까지 연장된다. 취소기간의 연장은 보다 유리한 조건의 다른 공개매수(대항공개매수)가 있을 때 응모주주가 기왕의 응모를 취소하고 보다 유리한 조건으로 주식을 매도할 수 있도록 하기 위한 것이다. 응모취소의 방법에 관하여 명문의 규정이 없지만, 민법의 일반원칙에 따라 주주가 공개매수자 또는 공개매수사무취급자에게 통지하면 될 것이다.

3. 별도매수금지

(1) 원칙적 금지

공개매수자(그 특별관계자 및 공개매수사무취급자 포함)는 공개매수공고일부터 그 매수기간이 종료하는 날까지 그 주식등을 공개매수에 의하지 아니하고는 매수등을 하지 못한다(法 140조 본문). "매수등"은 매수·교환·입찰, 그 밖의 유상취득을 말한다(法 133조②). 대상회사 주주와의 직접거래(장외거래)와 증권시장에서의 매수도 금지된다. 이는 공개매수가격이 일반적으로 시장가격에 비하여 높은데, 시장에서 공개매수가격보다 낮은 가격에 주식을 매수할 수 있도록 하면 주주평등원칙과 모든 주주에게 높은 가격을 보장하여야 하는 원칙(best price rule)에 위배되고, 나아가 불공정거래를 방지하기 위한 것이다. 장내매수와 장외매수 모두 금지된다.[59] 자기의 계산이라면 타인의 명의로 매수하는 것도 금지된다.

별도매수금지원칙은 공개매수자(그 특별관계자 및 공개매수사무취급자 포함)에게 적용되고 공개매수 대상회사에게는 적용되지 않는다.[60]

(2) 예외적 허용

공개매수에 의하지 아니하고 그 주식등의 매수등을 하더라도 다른 주주의 권익침해가 없는 경우로서 다음과 같은 경우에는 공개매수에 의하지 아니하고 매수등을 할 수 있다(法 140조 단서, 令 151조).[61] 명문의 규정은 없지만 공개매수자가 유상증자(주주배정·제3자배정·일반공모증자)에 참여하여 신주를 배정받는 것은 허용된다고 보아야 할 것이다.

1. 해당 주식등의 매수등의 계약을 공개매수공고 전에 체결하고 있는 경우로서 그 계약체결 당시 공개매수의 적용대상에 해당하지 아니하고 공개매수공고와 공개매수신고서에 그 계약사실과 내용이 기재되어 있는 경우[62]
2. 공개매수사무취급자가 공개매수자와 그 특별관계자 외의 자로부터 해당 주식등의 매수등의 위탁을 받는 경우

59) 공개매수가격보다 낮은 가격에 주식을 매수하는 것만을 금지하는 것은 아니고, 일반적인 현상은 아니지만 공개매수가격보다 높은 가격에 주식을 매수하는 것도 금지된다.

60) [서울중앙지방법원 2024. 10. 2. 선고 2024카합21412 결정] "공동보유자인지 여부는 '주식등을 공동으로 취득하거나 처분하는 행위, 주식 등을 공동 또는 단독으로 취득한 후 그 취득한 주식을 상호양도하거나 양수하는 행위, 의결권(의결권의 행사를 지시할 수 있는 권한을 포함한다)을 공동으로 행사하는 행위'를 할 것을 합의하였는지 여부를 기준으로 판단하여야 한다(자본시장법 시행령 제141조 제2항 제1, 2, 3호). 채권자와 F이 주식 등을 공동으로 취득하거나 처분하는 행위, 취득한 주식 등을 상호양도하거나 양수하는 행위, 의결권을 공동으로 행사하는 행위 등에 관하여 명시적인 합의를 한 사실은 없다. ... 상호 법적다툼을 하고 있는 점 등을 고려하면, 채권자와 F은 '주식의 공동취득·공동처분·상호 양수·의결권 공동행사 등'에 관하여 합의한 사실이 없다고 보는 것이 타당하다."

61) 제1호에 해당하는 경우는 아니지만, 공개매수자가 주식매수선택권을 행사하는 경우와 공개매수자에 대한 상대방의 권리행사에 의한 주식매수도 제1호의 취지상 허용된다고 보아야 할 것이다.

62) 공개매수공고 전에 계약을 체결한 후 공개매수기간중에 매수(거래종결)하는 것은 제1호의 규정상 명백히 허용된다. 그러나 공개매수공고 전에 지배주주와 해당 주식에 대한 매매계약을 체결하고 공개매수기간 후에 공개매수의 성공을 조건으로 계약을 이행하기로 약정하는 경우, 계약체결시점을 기준으로 하면 강제공개매수의 요건에 해당하지 않지만 계약이행시점을 기준으로 하면 새로운 강제공개매수의 요건에 해당할 것이다. 결국 제140조의 "매수등"이 계약체결을 가리키는 것인지 계약이행(거래종결)을 가리키는 것인지가 문제인데, 제1호의 "공개매수공고와 공개매수신고서에 그 계약사실과 내용이 기재되어 있는 경우"에는 굳이 새로운 공개매수로 볼 것은 아니다. 일반투자자는 어차피 이러한 기재를 보고 공개매수에 응할지 여부를 결정할 것이므로 계약이행을 반드시 새로운 공개매수에 의하도록 강제할 필요는 없기 때문이다.

(3) 위반에 대한 제재

자본시장법은 별도매수금지에 대하여 민사책임을 별도로 규정하지 않지만, 일본에서는 공개매수자가 별도매수한 가격에서 공개매수가격을 공제한 차액과 응모주주의 응모주권수(안분비례에 의하여 매도하지 못한 수량 제외)를 곱한 금액 상당의 손해배상책임을 인정한다.

(4) 특수관계인의 별도매수

"공개매수자(그 특별관계자 및 공개매수사무취급자를 포함)"라는 규정과 관련하여, 공개매수자의 특별관계자가 해당 공개매수뿐 아니라 새로운 공개매수에 의하여도 주식을 매수할 수 없는지에 관하여 논란이 있는데, 규정의 취지상 새로운 공개매수에 의한 주식매수도 금지된다고 해석하는 것이 타당하다.[63]

한편, 공개매수자와 그 특수관계인 사이에 대상회사에 대한 지배권에 대한 분쟁이 야기된 경우에도 현행 규정상 특수관계인이 공개매수에 의하지 않고는 주식을 매수할 수 없다면 공개매수에 대항할 수 없게 된다는 문제점이 있다. 다만, 특수관계인에 관한 규정에 해당하는 자도 공동보유자가 아님을 증명하면 특수관계인으로 보지 않기 때문에(令 141조③), 이 점을 증명하면 해당 특수관계인은 공개매수에 의하지 않고 주식을 매수할 수 있다. 대상회사가 공개매수자의 특수관계인인 경우에도 대상회사가 공개매수자와 공동보유자가 아님을 증명하면 자기주식을 취득할 수 있다.

4. 공개매수의 조건과 방법

(1) 전부매수 · 즉시매수의무

(가) 원　　칙

공개매수자는 공개매수신고서에 기재한 매수조건과 방법에 따라 응모한 주식등의 전부를 공개매수기간이 종료하는 날의 다음 날 이후 지체 없이 매수해야 한다(法 141조① 본문). 이와 같이 자본시장법은 전부매수·즉시매수의무만을 명시적으로 규정할 뿐, 매수대가의 결제방법과 시기에 관하여는 구체적인 규정을 두지 않고 있다. 공개매수신고서에 공개매수조건으로서 결제일을 기재하도록 하

63) 만일 새로운 공개매수에 의한 주식매수를 허용한다면 공개매수자가 자본시장법상 각종 규제를 회피하기 위하여 특별관계자를 동원하여 새로운 공개매수를 할 것이라는 문제점이 있기 때문이다. 예컨대 특별관계자와의 공모에 의하여 특별관계자의 공개매수를 대항공개매수라고 주장하면서 공개매수의 기간연장, 공개매수의 철회 등에 대한 규제를 회피할 수 있다.

지만(法 134조①5), "지체 없이 매수"해야 한다는 규정만으로는 응모주주에게 확실한 대가수령이 보장되지 않는다. 이에 따라 시행령 제146조 제4항은 공개매수신고서에, i) 공개매수에 필요한 금액 이상의 금융기관 예금잔액, 그 밖에 자금의 확보를 증명하는 서류(제4호)와, ii) 다른 증권과의 교환에 의한 공개매수인 경우에는 공개매수자가 교환의 대가로 인도할 증권의 확보를 증명하는 서류. 다만, 「독점규제 및 공정거래에 관한 법률」 제8조의2 제2항 제2호에 따른 기준에 해당하지 아니할 목적으로 현물출자를 받기 위하여 공개매수를 하려는 경우에는 신주의 발행을 증명하는 서류(제5호)를 첨부하도록 한다.

(나) 예　　외

다음과 같은 조건을 공개매수공고에 게재하고 공개매수신고서에 기재한 경우에는 그 조건에 따라 응모한 주식등의 전부 또는 일부를 매수하지 아니할 수 있다(法 141조① 단서).

1. 응모한 주식등의 총수가 공개매수 예정주식등의 수에 미달할 경우 응모 주식등의 전부를 매수하지 않는다는 조건
2. 응모한 주식등의 총수가 공개매수 예정주식등의 수를 초과할 경우에는 공개매수 예정 주식등의 수의 범위에서 비례 배분하여 매수하고 그 초과 부분의 전부 또는 일부를 매수하지 않는다는 조건

공개매수의 목적은 대상회사의 경영권을 확보하기 위한 것이므로 경영권확보에 필요한 주식수에 미치지 못하는 경우에까지 프리미엄을 지급하면서 매수할 필요가 없으므로 공개매수자는 공개매수발표시 필요한 최소한도의 주식을 확보할 수 있을 것을 조건부로 할 수 있는 것이다. 즉, 공개매수자는 모든 주식을 매수하겠다는 매수청약뿐 아니라, 일부만 매수하겠다는 매수청약을 할 수도 있다. 이 경우 만일 매도청약을 한 주식수가 이러한 최소한도에 미치지 못할 경우에는 공개매수자는 아무런 매수의무가 발생하지 않으므로 이를 매수하지 않을 자유가 있다.

제1호와 관련하여, 공개매수신고서에 "응모한 주식등의 총수가 공개매수 예정주식등의 수에 미달할 경우 응모 주식등의 전부를 매수하지 아니한다는 조건"을 기재한 공개매수자가 공개매수 예정주식등의 수에 미달한 응모 주식을 매수하는 것은 명시적 규정은 없지만 허용된다고 보아야 한다. 물론 이 경우에도 예

정주식등의 수에 미달함이 확실시됨에 따라 응모를 하지 않은 주주가 불리하게 될 수도 있지만 응모 주식 전부를 매수하는 한 이를 금지할 필요는 없을 것이다. 실제의 공개매수신고서에도 위와 같은 경우 반드시 매수하지 "아니한다"는 취지로 기재하지는 않고 매수하지 "아니할 수 있다"고 기재하는 예가 많다.

제2호와 같이 응모한 주식등의 총수가 공개매수 예정주식등의 수를 초과할 경우 각 응모주주로부터 동등한 비율의 주식을 매수해야 한다는 원칙을 비율매수원칙(pro rata purchase rule)이라고 한다. 이 원칙은 공개매수자가 주주들로 하여금 경쟁적으로 성급하게 공개매수에 응하게 하고, 다른 공개매수자의 출현을 방지하기 위하여 선착순을 조건으로 하는 것을 금지한 것으로서, 1968년 제정된 Williams Act의 가장 중요한 내용이다. 공개매수 예정주식등의 수를 초과한 응모주식등의 총수 전부를 매수하는 것도 응모주주의 의사에 부합하는 것이므로 허용된다고 해석된다.

⑵ 주주차별금지

㈎ 매수가격 균일원칙

공개매수자가 공개매수를 하는 경우 그 매수가격은 균일해야 한다(法 141조 ②). 매수가격이 균일하지 않으면 공개매수에서 주주를 차별하는 것이 가능하고, 공개매수가 경쟁입찰식으로 되면 주주는 가격인하압력을 받게 될 것이고, 만일 응모 시기가 앞설수록 가격을 유리하게 차이를 둔다면 주주가 조급하게 응모하게 된다는 문제가 있기 때문에 자본시장법은 공개매수가격의 균일성을 요구한다. 따라서 공개매수자는 공개매수기간 종료 전까지는 매수가격을 증액변경할 수 있지만, 가격변경 전에 이미 공개매수에 응한 주식에 대하여도 증액 변경된 금액을 교부해야 한다.

㈏ 기타 조건의 균일

자본시장법 제141조 제2항은 매수가격의 균일성에 대하여서만 규정하지만, 매수기간·결제일 등 기타 조건의 균일성도 요구된다.

㈐ 매수대상 차별금지

자본시장법에 명문의 규정은 없지만, 공개매수자가 일부 주주의 응모를 배제하는 것은 주주평등원칙에 반하므로 허용되지 않는다고 해석해야 한다. 통상의 경우 공개매수자는 일정 지분을 매수하기만 하면 되므로 굳이 특정 주주의 청약자격을 제한할 필요는 없지만, 예외적으로 적대적 M&A에 대한 방어책으로 자기주식에 대한 공개매수(self tender offer)를 하는 공개매수자의 경우에는, 적대적 M&A를 시도하는 집단이 매집한 주식을 고가에 처분하기 위하여 공개매수절차에서 매도청약하는 것을 원천적으로 봉쇄하기 위하여 이들 특정 주주를 제외하는 경우가 있는데, 이는 허용되지 않는다.[64)]

V. 공개매수규정 위반에 대한 제재

1. 의결권제한과 처분명령

(1) 의 의

강제공개매수 또는 공개매수공고 및 공개매수신고서의 제출의무에 위반하여 주식등의 매수등을 한 경우에는 그 날부터 그 주식(그 주식등과 관련한 권리행사 등으로 취득한 주식 포함)에 대한 의결권을 행사할 수 없고, 금융위원회는 6개월 이내의 기간을 정하여 그 주식등(그 주식등과 관련한 권리 행사 등으로 취득한 주식 포함)의 처분을 명할 수 있다(法 145조).[65)]

(2) 의결권제한

(가) 제한범위

의결권 행사는 금융위원회의 처분이 없이도 공개매수규정을 위반하여 매수등을 한 날부터 자동적으로 금지된다. 제한되는 것은 의결권뿐이고, 그 외의 주주권은 존속한다.[66)]

---

64) 이러한 청약자격제한의 적법성에 대하여 Delaware 주법원이 Unocal 판결에서 차별적인 공개매수를 허용하는 판결을 하여, 과도하게 기존 경영진을 보호하는 것이라는 비판을 받았는데, 결국 판결 이후의 비판여론을 수용하여 SEC는 자기주식의 공개매수에 관한 Rule 13e-4(f)(8)과 통상의 공개매수에 관한 Rule 14d-10을 제정하여 위 판결에 대한 반대입장을 분명히 하면서 공개매수는 매수대상 증권의 모든 보유자를 상대로 하여야 하고 일부 주주를 배제하는 것은 허용하지 않았다. 위 규칙은 "unless … tender offer is open to all security holders of the class of securities subject to the tender offer …"의 경우에는 공개매수를 금지한다고 규정하는데 이를 "All holders rule"이라고 한다.

65) 자본시장법 제145조가 규정하는 의결권제한과 처분명령은 강제공개매수규정에 위반한 주식취득이 사법상 유효함을 전제로 하는 것으로 볼 수 있다.

66) 자본시장법에 의하여 의결권을 행사할 수 없는 주식의 수는 보통결의의 결의요건인 상법 제368조 제1항과 특별결의의 결의요건인 상법 제434조의 발행주식총수나 출석한 주주의 의결권의 수에 산입하지 않는다. 다만 회사의 정관에 상법상 의결정족수 요건에 추가하여 성립정족수 요건으로 발행주식의 총수의 일정한 수가 출석할 것을 규정한 경우에는 위 의결권을 행사할 수 없는 주식의 수는 성립정족수에 관한 발행주식의 총수에는 산입한다[상업등기선례 제201112-1호(2011. 12. 1.자 사법등기심의관-2947 질의회답)](「독점규제 및 공정거래에 관

(나) 제한기간

공개매수규정을 위반하여 주식등을 매수한 그 날부터 의결권 행사가 금지된다. 의결권 행사가 언제까지 금지되는지에 관하여는 명시적인 규정이 없지만, 그 주식등의 처분시로 보는 것이 타당하다.[67]

(다) 제한방법

처분명령과 달리 금융위원회의 조치가 없어도 법률에 의하여 자동적으로 의결권이 제한된다. 의결권 행사금지 위반은 의결권이 행사된 주주총회 결의의 효력을 다투는 소송에서 공개매수규정 위반을 주장하는 당사자가 의결권제한을 주장할 수 있다. 의결권제한을 주장하는 당사자는 사전에 법원에 의결권 행사금지 가처분 등을 신청할 수도 있다. 다만 실제로는 회사(경영진)측은 주주총회의 진행절차에서 의결권을 부인하면 되므로 회사측이 의결권 행사금지가처분을 신청할 필요는 없고, 오히려 보고의무위반을 다투는 당사자가 의결권 행사허용가처분을 신청하는 예가 있다.

(3) 처분명령

공개매수규정을 위반하여 주식등을 매수한 경우 금융위원회는 6개월 이내의 기간을 정하여 그 주식등(그 주식등과 관련한 권리 행사 등으로 취득한 주식 포함)의 처분을 명할 수 있다(法 145조). 처분방법에 관하여는 아무런 제한이 없으므로 장내 또는 장외에서 처분할 수 있다. 처분명령의 취지상 특별관계자에게 처분하는 것은 허용되지 않는다. 한편, 공개매수자가 처분명령을 받고 처분을 하면서 동시에 매수를 병행하면 처분명령의 실효성이 없게 되므로[68] 처분명령과 매수금지명령을 함께 할 필요성이 실무상 제기되는데, 매수를 금지할 명문의 규정이 없고 공개매수자 외의 자도 매수를 할 수 있으므로 현행법의 해석론상으로는 매수금지명령은 허용되지 않는다고 보아야 한다.

(4) 의결권제한 및 처분명령의 대상

대량보유보고의무 위반의 경우에는 "위반분에 대하여"라고 명시적으로 규정

한 법률」에 따라 의결권을 행사할 수 없는 주식의 수에 관한 질의회답이다).

67) 구 증권거래법 시행령 제12조는 "당해 주식(당해 주식과 관련한 권리행사 등으로 취득한 주식 포함)을 처분하여 의결권을 행사할 수 없게 되는 날의 전날까지" 행사할 수 없다고 규정하였다.

68) 나아가 의결권 행사의 금지기간은 그 주식등의 처분시까지로 본다면, 재매수를 허용함으로써 오히려 금지되었던 의결권 행사가 가능하게 된다는 문제도 있다.

되어 있지만(法 150조①), 공개매수규정 위반에 대하여는 "그 주식등"이라고만 규정되어 있으므로 공개매수규정을 위반하여 매수등을 한 주식등 전부가 의결권제한과 처분명령의 대상으로 보아야 한다.69)

2. 손해배상책임

(1) 손해배상책임의 원인

공개매수신고서(그 첨부서류 포함) 및 그 공고, 정정신고서(그 첨부서류 포함) 및 그 공고 또는 공개매수설명서 중 중요사항에 관하여 거짓의 기재 또는 표시가 있거나 중요사항이 기재 또는 표시되지 아니함으로써 응모주주가 손해를 입은 경우에 손해배상책임이 발생한다(法 142조①).

(2) 손해배상책임의 주체

손해배상책임의 주체는 i) 공개매수신고서 및 그 정정신고서의 신고인(신고인의 특별관계자를 포함하며, 신고인이 법인인 경우 그 이사를 포함)과 그 대리인, ii) 공개매수설명서의 작성자와 그 대리인이다(法 142조① 본문). 이들의 책임은 부진정연대책임이다. 따라서 각 채무자가 각각 독립하여 손해의 전부에 대한 책임을 지지만, 어느 한 채무자가 배상채무를 이행하면 그 부분에 대하여는 모든 채무자의 채무가 소멸한다.

(3) 손해배상청구권자

자본시장법 제142조 제1항의 규정상 "응모주주"만이 손해배상청구권을 행사할 수 있다. 따라서 공개매수신고서의 내용을 보고 응모를 포기한 주주는 "응모주주가 손해를 입은 경우"라는 규정상, 손해배상을 청구할 수 있는 자는 "응모주주"에 한정되므로 비록 그 내용이 허위라 하더라도 손해배상청구권을 행사할 수 없다.

(4) 손해인과관계

손해배상책임이 발생하려면 공개매수공고 또는 공개매수신고서에 중요사항

69) 1998년 2월 증권거래법 개정시 폐지된 25%의무공개매수제도와 관련하여, 신성무역 주식에 대한 의무공개매수위반사건에서, 사보이호텔측과 공동보유관계에 있는 개인 2명이 25% 이상 취득시 의무공개매수하도록 한 구 증권거래법의 규정을 위반하여 합산지분이 22.67%인 상태에서 주식을 추가 취득함으로써 25%를 초과하게 되었다는 이유로, 당시의 증권관리위원회가 25% 초과분이 아닌 당초의 지분인 22.67%를 초과하는 주식 전부를 3월 이내에 처분하도록 명한 일이 있다.

에 관하여 거짓의 기재 등이 있고, 응모주주에게 손해가 발생하였고, 거짓의 기재 등과 손해 사이에 인과관계가 있어야 한다. 그런데, 통상 공개매수가격은 시장가격에 비하여 높기 때문에 응모주주가 손해인과관계를 증명하는 것은 용이하지 않을 것이다.

(5) 면책사유

배상의 책임을 질 자가 상당한 주의를 하였음에도 불구하고 이를 알 수 없었음을 증명하거나 응모주주가 응모를 할 때에 그 사실을 안 경우에는 배상의 책임을 지지 않는다(法 142조① 단서). 즉, 피해자가 가해자의 고의·과실을 증명하여야 하는 일반불법행위로 인한 손해배상책임과 달리, 공개매수자가 선의·무과실에 대한 증명책임을 부담하므로, 불법행위의 주관적 요건인 고의·과실에 대한 증명책임이 전환된 것이다. 이와 같이 응모주주의 악의에 대한 증명책임이 공개매수자에게 있으므로 민법상의 불법행위책임과 달리 공개매수자가 그 부존재를 증명하여야 면책된다.

(6) 예측정보

예측정보가 다음과 같은 방법으로 기재 또는 표시된 경우에는 자본시장법 제142조 제1항에 불구하고 제1항 각 호의 자는 그 손해에 관하여 배상의 책임을 지지 않는다. 다만, 응모주주가 주식등의 응모를 할 때에 예측정보 중 중요사항에 관하여 거짓의 기재 또는 표시가 있거나 중요사항이 기재 또는 표시되지 아니한 사실을 알지 못한 경우로서 제1항 각 호의 자에게 그 기재 또는 표시와 관련하여 고의 또는 중대한 과실이 있었음을 증명한 경우에는 배상의 책임을 진다(法 142조②).

1. 그 기재 또는 표시가 예측정보라는 사실이 밝혀져 있을 것
2. 예측 또는 전망과 관련된 가정 또는 판단의 근거가 밝혀져 있을 것
3. 그 기재 또는 표시가 합리적 근거 또는 가정에 기초하여 성실하게 행하여졌을 것
4. 그 기재 또는 표시에 대하여 예측치와 실제 결과치가 다를 수 있다는 주의문구가 밝혀져 있을 것

(7) 손해배상액의 추정

손해배상액은 손해배상을 청구하는 소송의 변론이 종결될 때의 그 주식등의 시장가격(시장가격이 없는 경우에는 추정처분가격)에서 응모의 대가로 실제로 받은

금액을 뺀 금액으로 추정한다(法 142조③).

(8) 손해배상액의 제한

손해배상책임을 질 자는 응모주주가 입은 손해액의 전부 또는 일부가 중요사항에 관하여 거짓의 기재 또는 표시가 있거나 중요사항을 기재 또는 표시하지 아니함으로써 발생한 것이 아님을 증명한 경우에는 그 부분에 대하여 배상의 책임을 지지 않는다(法 142조④).

(9) 제척기간

손해배상책임은 응모주주가 해당 사실을 안 날부터 1년 이내 또는 해당 공개매수공고일부터 3년 이내에 청구권을 행사하지 아니한 경우에는 소멸한다(法 142조⑤). 규정상 시효로 소멸한다는 표현이 없으므로 이는 소멸시효기간이 아니라 제척기간으로 보아야 한다.

3. 형사책임

공개매수에 대한 규제를 위반한 다음과 같은 자는 5년 이하의 징역 또는 2억원 이하의 벌금에 처한다(法 444조).

1. 공개매수공고 또는 공개매수신고서, 정정신고서 또는 정정공고, 공개매수설명서 중, 중요사항에 관하여 거짓의 기재 또는 표시를 하거나 중요사항을 기재 또는 표시하지 아니한 자
2. 공개매수공고, 정정공고 등을 하지 아니한 자
3. 공개매수신고서를 제출하지 아니한 자

강제공개매수 또는 제140조를 위반하여 공개매수에 의하지 아니하고 주식등의 매수등을 한 자는 3년 이하의 징역 또는 1억원 이하의 벌금에 처한다(法 445조 19호). 공개매수설명서를 미리 교부하지 아니하고 주식등을 매수한 자와, 금융위원회의 처분명령을 위반한 자는 1년 이하의 징역 또는 3천만원 이하의 벌금에 처한다(法 446조).

4. 금융위원회의 제재

(1) 조사 및 조치

금융위원회는 투자자 보호를 위하여 필요한 경우에는 공개매수자, 공개매수

자의 특별관계자, 공개매수사무취급자, 그 밖의 관계인에 대하여 참고가 될 보고 또는 자료의 제출을 명하거나, 금융감독원장에게 그 장부·서류, 그 밖의 물건을 조사하게 할 수 있다. 이 경우 제131조 제2항을 준용한다(法 146조①). 금융위원회는 다음과 같은 경우에는 공개매수자, 공개매수자의 특별관계자 또는 공개매수사무취급자에 대하여 이유를 제시한 후 그 사실을 공고하고 정정을 명할 수 있으며, 필요한 때에는 그 공개매수를 정지 또는 금지하거나 대통령령으로 정하는 조치[70]를 할 수 있다. 이 경우 그 조치에 필요한 절차 및 조치기준을 정하여 총리령으로 정한다(法 146조①).

1. 공개매수공고 또는 정정공고를 하지 아니한 경우
2. 공개매수신고서, 정정신고서 또는 공개매수결과보고서를 제출하지 아니한 경우
3. 공개매수공고, 공개매수신고서, 정정신고서, 정정공고 또는 공개매수결과보고서 중 중요사항에 관하여 거짓의 기재 또는 표시가 있거나 중요사항이 기재 또는 표시되지 아니한 경우
4. 공개매수신고서, 정정신고서 또는 철회신고서의 사본을 발행인에게 송부하지 아니한 경우
5. 공개매수신고서·정정신고서·철회신고서 신고서 사본에 신고서에 기재된 내용과 다른 내용을 표시하거나 그 내용을 누락하여 송부한 경우
6. 공개매수설명서에 관하여 제137조를 위반한 경우
7. 공개매수철회 관련 규정을 위반하여 공개매수를 철회한 경우
8. 공개매수공고일부터 그 매수기간이 종료하는 날까지 그 주식등을 공개매수에 의하지 아니하고 매수등을 한 경우
9. 전부매수·즉시매수의무에 위반하여 공개매수를 한 경우
10. 공개매수규정 위반으로 의결권을 행사할 수 없는 주식의 의결권을 행사하거나, 처분명령을 위반한 경우

⑵ 과 징 금

공개매수와 관련한 과징금 부과대상은, i) 공개매수신고서·정정신고서·공

---

70) "대통령령으로 정하는 조치"란 다음과 같은 조치를 말한다(令 152조).
1. 1년의 범위에서 공개매수의 제한(공개매수자와 공개매수자의 특별관계자만 해당)
2. 1년의 범위에서 공개매수사무 취급업무의 제한(공개매수사무취급자만 해당)
3. 임원에 대한 해임권고
4. 법을 위반한 경우에는 고발 또는 수사기관에의 통보
5. 다른 법률을 위반한 경우에는 관련기관이나 수사기관에의 통보
6. 경고 또는 주의

개매수설명서, 그 밖의 제출서류 또는 공고 중 중요사항에 관하여 거짓의 기재 또는 표시를 하거나 중요사항을 기재 또는 표시하지 아니한 때, ii) 공개매수신고서·정정신고서·공개매수설명서, 그 밖의 제출서류를 세출하지 아니하거나 공고하여야 할 사항을 공고하지 아니한 때이고, 과징금 부과액은 공개매수신고서에 기재된 공개매수 예정총액의 3%(20억원을 초과하는 경우에는 20억원) 이하의 금액이다. 이 경우 공개매수 예정총액은 공개매수할 주식등의 수량을 공개매수가격으로 곱하여 산정한 금액으로 한다(法 429조②).

5. 과 태 료

과태료 부과대상자는, i) 공개매수신고서·정정신고서·철회신고서 사본을 송부하지 아니한 자, ii) 그 사본에 신고서 또는 보고서에 기재된 내용과 다른 내용을 표시하거나 그 내용을 누락하여 송부한 자이고, 과태료 부과액은 1억원 이하이다(法 449조①37,38).

6. 공개매수와 미공개중요정보 이용행위

미공개중요정보 이용행위의 금지에 관한 제174조 제2항은 공개매수에 관한 정보 이용행위에 대하여 내부자거래와 같이 규제하고 있다. 자본시장법 제정 당시에는 공개매수자 본인은 규제대상에서 제외되었었는데, 2009년 2월 개정시 공개매수자 본인도 규제대상으로 포함되고, 다만 공개매수를 목적으로 거래하는 경우에는 그 적용대상에서 제외되었다(法 174조②1).[71]

제 2 절 대량보유보고제도

I. 서 론

1. 의 의

주권상장법인의 주식등을 5% 이상 보유하게 된 자는 그 날부터 5일 이내에,

71) 공개매수에 관한 정보 이용행위에 대하여는 미공개중요정보 이용행위 부분에서 상술함.

그 보유 주식등[상장지수집합투자기구(234조①)인 투자회사의 주식은 제외]의 수의 합계가 그 주식등의 총수의 1% 이상 변동된 경우에는 그 변동된 날부터 5일 이내에 금융위원회와 거래소에 보고해야 한다(法 147조①).[72] 대량보유보고제도에서의 "주식등"은 공개매수규제의 대상증권(令 139조)과 같다. 대량보유보고제도는 일정 비율 이상의 주식 취득과 변동을 신속하게 공시함으로써, 적대적 M&A를 목적으로 하는 음성적인 주식매집을 규제함으로써 경영권에 대한 불공정한 침탈을 방지하고, 증권시장의 투명성과 공정성 확보를 통하여 일반투자자를 보호하기 위한 제도로서, 세계 각국이 도입하고 있는 제도이다.

자본시장법상의 대량보유보고제도를 신규보고의무의 기준에 따라 5% Rule이라고 하는데, i) 경영진을 위하여는 적대적 M&A를 위하여 음성적인 주식매집을 통하여 기습적으로 경영권을 획득하려는 세력에 대한 방어책이 되고, ii) 외부의 경영권 경쟁자에게는 지분변동에 대한 상황을 파악하여 경영권 획득방법의 수립에 참고할 수 있는 정보가 되고, iii) 일반투자자와 소수주주에게는 투자전략과 지분보유 여부의 결정에 참고할 수 있는 중요한 정보가 된다. 따라서, 5% Rule은 경영진만을 위한 제도라기보다는 경영권 경쟁자 및 기타 투자자들이 지분보유 및 변동에 대한 정보에 동등하게 접근할 수 있도록 하는 기능을 하고,[73] 나아가 규제당국의 입장에서는 단기매매차익 반환의무 또는 미공개중요정보이용 등과 같은 불공정거래를 감시하기 위한 수단도 된다.[74]

2. 연 혁

(1) 내부자(임원 · 주요주주)의 소유주식보고제도

1982년 3월 증권거래법 개정으로 상장법인의 임원 또는 주요주주는 임원 또

---

72) 주권상장법인의 주식소유상황보고는 증권선물위원회에 하여야 하는데(法 173조①), 대량보유보고는 금융위원회에 하여야 하는 점이 다르다.

73) 대량보유보고제도의 기능을 투자자를 위한 정보제공기능과 경영진과 잠재적인수인 간의 경쟁촉진기능으로 분류하여 설명하기도 한다(김건식 · 정순섭, 300면).

74) 한편 상법 제342조의3은 "회사가 다른 회사의 발행주식총수의 10분의 1을 초과하여 취득한 때에는 그 다른 회사에 대하여 지체 없이 이를 통지해야 한다."고 규정하므로 상법상 주식회사도 주식대량취득현황을 파악할 수 있도록 한다. 상법상 통지의무제도는 주권상장법인에게만 적용되는 자본시장법상의 대량보유보고제도와 달리 상법상 모든 주식회사에 적용된다. 그러나 상법상 통지의무제도는 회사 아닌 조합이나 개인이 취득한 경우에는 적용되지 않고, 또한 상법상 특별관계자라는 개념이 없으므로 회사가 단독으로 취득한 경우에만 적용된다는 점에서 자본시장법상의 대량보유보고제도와 다르다.

는 주요주주가 된 날부터 10일 이내에 주식소유상황을, 그 소유주식비율에 변동이 있는 때에는 이미 소유하고 있는 주식의 권리이행에 따른 비율변동의 경우를 제외하고는 그 변동이 있는 날부터 10일 이내에 그 소유주식비율의 변동내용을 금융감독위원회와 증권거래소에 보고할 의무가 신설되었으나, 불비한 점이 많아 본래의 취지를 제대로 살리지 못하다가, 1991년 12월 증권거래법 개정시 대부분의 미비점이 보완되었다.[75]

(2) 주식대량보유상황보고제도의 도입

주식대량보유상황보고제도는 1991년 12월 증권거래법 개정시 도입된 제도로서, 종래의 소유주식보고제도가 내부자거래 등 불공정거래의 감시를 주된 목적으로 하는 데에 반하여, 내부자 및 외부자의 지분변동상황을 공시하기 위하여 신설된 제도이다. 주식대량보유상황보고제도가 도입된 당시에는 주식소유제한제도(證法 200조)가 있었기 때문에 보고의무자를 본인에 한정하였으나, 1994년 1월 증권거래법 개정시 주식소유제한제도가 원칙적으로 폐지됨에 따라 그 보완책으로 본인 외에 특별관계자의 보고의무를 규정하면서 그 기준도 소유 개념에서 보유개념으로 변경되었다. 한편 1997년 4월부터 주식소유제한제도가 폐지되면서, 특수관계인의 범위가 확대되고, 공동보유자 개념이 도입되었다. 이에 따라 주식대량보유상황보고제도는 불공정거래보다는 적대적 M&A를 목적으로 하는 음성적인 주식매집을 방지하는 공시장치로서 그 중요성이 높아지게 되어, 1997년 12월 개정시 공개매수제도에 준하여(證法 200조의2②, 21조①) 보고의무자 및 적용대상증권의 범위를 확대하고 보고의무 위반에 대한 제재도 강화하였다. 그리고 1998년 증권거래법 개정시 5% Rule을 코스닥상장법인에까지 적용하도록 하여, 코스닥상장법인의 주식보유자도 금융감독위원회와 협회(현재는 거래소)에 주식의 대량보유상황을 보고하도록 하였다(證法 200조의2①).

---

75) 당시 보완된 내용을 보면, ① 보고대상주식을 "당해 상장법인의 주식"이라고 명시하였고, ② 소유주식수가 변동되더라도 소유주식비율이 변동되지 않는 경우와 관련하여 "그 소유주식수에 변동이 있는 때에는"이라고 규정하였고, ③ 소유비율 변동시마다 보고함으로 인한 업무처리의 번잡을 피하기 위하여 "그 변동이 있는 날이 속하는 달의 다음달 10일까지"라고 보고기한을 명시하였고, ④ 기존 소유주식의 권리이행에 따른 비율변동의 경우에도 보고토록 하였다.

3. 보고의 종류

⑴ 신규보고(대량보유보고)

주권상장법인의 주식등을 5% 이상 보유하게 된 자는 그 날부터 5일 이내에 그 보유상황, 보유목적, 그 보유 주식등에 관한 주요계약내용 등을 금융위원회와 거래소에 보고해야 한다(法 147조①).

⑵ 변동보고(지분변동보고)

주권상장법인의 주식등을 5% 이상 보유하게 된 자가 그 보유 주식등의 수의 합계가 그 주식등의 총수의 1% 이상 변동(증가·감소 모두 해당)된 경우에는 그 변동된 날부터 5일 이내에 그 변동내용을 금융위원회와 거래소에 보고해야 한다(法 147조①).[76]

⑶ 변경보고(목적변동보고)

대량보유보고 또는 변동보고를 한 자는 그 보유목적이나 그 보유 주식등에 관한 주요계약내용 등 대통령령으로 정하는 중요한 사항[77]의 변경이 있는 경우에는 5일 이내에 금융위원회와 거래소에 보고해야 한다(法 147조④).

4. 사법(私法)상 효력

대량보유보고규정은 효력규정이 아니라 단속규정이므로, 주식을 취득한 후 이 규정을 위반하였다 하여도 주식취득에 관한 사법상 거래의 효력에는 영향이 없다. 대량보유보고의무 위반에 대한 의결권제한과 처분명령도 주식취득이 사법상 유효함을 전제로 하는 것이다.

---

76) 주식등을 5% 이상 보유자의 보유비율이 1% 이상 변동하여야 하므로, 예컨대 발행주식총수가 10,000주인 경우 500주를 보유한 주주가 추가로 599주를 보유하게 될 때까지는 변동보고의무가 없고, 600주 이상이 되는 때 비로소 변동보고의무가 발생한다.

77) "주요계약내용 등 대통령령으로 정하는 중요한 사항"이란 다음과 같은 사항을 말한다(令 155조).

1. 보유목적
2. 보유 주식등에 대한 신탁·담보계약, 그 밖의 주요계약 내용(해당 계약의 대상인 주식등의 수가 그 주식등의 총수의 1% 이상인 경우만 해당)
3. 보유 형태(소유와 소유 외의 보유 간에 변경이 있는 경우로서 그 보유 형태가 변경되는 주식등의 수가 그 주식등의 총수의 1% 이상인 경우만 해당)

Ⅱ. 보고의무자

1. 소유에 준하는 보유

대량보유보고의무는 주권상장법인의 일정 지분에 대한 "소유에 준하는 보유"를 요건으로 하는데(취득장소가 장내인지 장외인지는 불문), 공개매수에 있어서 보유의 개념에 관한 시행령 제142조는 대량보유보고의무에도 적용되고, 이에 따라 다음과 같은 경우를 소유에 준하는 보유로 본다.

1. 누구의 명의로든지 자기의 계산으로 주식등을 소유하는 경우
2. 법률의 규정이나 매매, 그 밖의 계약에 따라 주식등의 인도청구권을 가지는 경우
3. 법률의 규정이나 금전의 신탁계약·담보계약, 그 밖의 계약에 따라 해당 주식등의 의결권(의결권의 행사를 지시할 수 있는 권한 포함)을 가지는 경우[78]
4. 법률의 규정이나 금전의 신탁계약·담보계약·투자일임계약, 그 밖의 계약에 따라 해당 주식등의 취득이나 처분의 권한을 가지는 경우[79]
5. 주식등의 매매의 일방예약을 하고 해당 매매를 완결할 권리를 취득하는 경우로서 그 권리행사에 의하여 매수인으로서의 지위를 가지는 경우
6. 주식등을 기초자산으로 하는 자본시장법 제5조 제1항 제2호(옵션)에 따른 계약상의 권리를 가지는 경우로서 그 권리의 행사에 의하여 매수인으로서의 지위를 가지는 경우
7. 주식매수선택권을 부여받은 경우로서 그 권리의 행사에 의하여 매수인으로서의 지위를 가지는 경우

제1호는 소위 차명으로 주식등을 보유하는 실질소유자의 보고의무를 규정한 것이다.[80] 여기서 "자기의 계산"이란 손익의 귀속주체가 동일인인 경우를 뜻하는

78) 금융감독원 공시실무에 의하면, 투자신탁의 위탁자인 집합투자업자는 주식등의 취득·처분권한 및 의결권 행사권한을 가지므로 보고의무가 있다. 반면에 신탁업자는 주식등의 취득·처분권한이나 의결권 행사권한이 없으므로 보고의무가 없다. 특정금전신탁의 경우에는 위탁자는 주식등의 취득·처분권한 및 의결권 행사권한을 가지므로 물론 보고의무가 있고, 수탁자인 신탁업자도 소유자로서 의결권 행사권한을 가지므로 보고의무가 있다. 즉, 특정금전신탁의 경우에는 위탁자와 수탁자 모두 보고의무가 있다[금융감독원, "기업공시실무안내"(2021.12), 492면].

79) 채무자가 주식등을 담보로 제공하는 것은 시행령 155조 제2호의 "보유 주식등에 대한 신탁·담보계약, 그 밖의 주요계약 내용(해당 계약의 대상인 주식등의 수가 그 주식등의 총수의 1% 이상인 경우만 해당한다)"에 해당하므로 담보제공한 채무자가 자본시장법 제147조 제4항에 따라 중요사항변경보고를 해야 한다. 그러나 이 경우에도 채무자는 주식등에 대한 인도청구권은 가지므로(슈 142조 2호) 변동보고의무는 없고, 담보권자가 1% 이상의 담보처분시 변동보고의무가 발생한다.

것이고,[81] 자기가 실질적인 지배력을 가지고 있는 모든 주식을 뜻하는 것은 아니다.[82] 증권의 실제 소유자에게 계좌명의를 빌려주었다 하더라도 보고의무 위반을 공모한 것이 아닌 이상 보고의무 위반죄의 공동정범의 죄책을 지지 않는다는 하급심 판례가 있다.[83]

제2호 내지 제7호는 장래 주식을 소유할 것이 예상되거나, 소유하지는 않지만 주식에 대한 의결권을 갖거나 의결권의 행사를 지시할 수 있는 권한을 가지는 경우를 '보유'로 규정한다.[84]

제4호의 처분권한은 주식의 매매행위와 같은 사실행위를 할 수 있는 권한을 의미하는 것이 아니라 주식의 매매행위로 인한 법률적 효과를 자신에게 귀속시킬 수 있는 권한을 의미한다.[85] 금융기관이나 사채업자가 주식등을 담보로 자금을 대여하는 경우 통상 담보설정약정서에 담보가치가 일정 수준 이하로 하락하거나 기타 일정한 사유가 발생하면 채무자가 기한의 이익을 상실하고 따라서 채권자가 즉시 그 담보를 처분할 수 있도록 되어 있으므로 이러한 사유가 발생하는 경우 처분권을 취득하는 채권자와 처분권을 상실하는 채무자 모두 각각 보고의무를 부담한다.[86] 그런데 채권자는 대개 처분권 취득시에는 보고를 하지 않고

80) 일반적으로 계좌명의자가 주식의 소유자로서 아무런 권리를 행사하지 않거나, 제3자에게 처분권한을 위임하거나, 주식매도대금을 제3자가 사용하고 주식매도에 따른 세금도 제3자가 납부하는 경우에는 차명계좌로 인정될 가능성이 크다[서울중앙지방법원 2009. 8. 14. 선고 2008고합1308, 2009고합290(병합) 판결).

81) 서울중앙지방법원 2009. 1. 22. 선고 2008고합569 판결.

82) 서울고등법원 1997. 5. 13.자 97라51 결정. 이 결정은 1997. 1. 13. 법률 제5254호로 개정되기 전의 구 증권거래법 제200조 제1항의 주식소유상한(소위 10% 룰) 위반을 원인으로 한 의결권 행사금지 가처분사건에 관한 것인데, 보고의무 위반의 경우에도 법리가 적용될 것이다.

83) 수원지방법원 2013. 6. 26. 선고 2013노1182 판결.

84) [대법원 2011. 7. 28. 선고 2008도5399 판결] "피고인 1은 자신이 차명으로 매수한 공소외 1 주식회사 주식 740만 2,000주의 소유권을 공소외 3 주식회사로부터 위 주권을 교부받은 2005. 4. 18. 취득하였고, 피고인 1로부터 다시 공소외 1 주식회사 주식 일부를 각 매수한 공소외 4 등은 각 해당 주권을 피고인 1로부터 교부받은 날에 그 소유권을 취득하였다고 할 것인데 그 소유권취득일은 피고인 1이 주권을 교부받은 2005. 4. 18. 이후가 될 수밖에 없다. 그렇다면 피고인 1은 장외에서 주식을 취득하는 경우의 대량보유상황 보고기준일이 되는 계약체결일(구 증권거래법 시행령 제86조의4 제2항 제4호)인 2005. 4. 1.을 기준으로 매도인인 공소외 3 주식회사에 대하여 자신이 매수한 공소외 1 주식회사 주식 740만 2,000주 전부에 관하여 주권의 인도청구권을 가지고 있었으므로 구 증권거래법 시행령 제10조의4 제2호에 따라 위 740만 2,000주 전부에 관하여 보유자로서 그 보유상황을 보고할 의무가 있다고 할 것이다."

85) 서울중앙지방법원 2009. 1. 22. 선고 2008고합569 판결(대법원 2010. 12. 9. 선고 2009도6411 판결로 확정됨).

처분을 실행한 후에 보고를 하는 예가 많은데, 엄밀하게는 처분권 취득시에도 보고를 해야 한다. 그리고, 채권자는 대개 채무자에게 담보를 처분한 후에 처분사실을 통보하는데 이와 같이 채무자는 처분권 상실을 뒤늦게 알게 된 경우에는 보고의무 지연에 대한 형사상, 행정상 제재를 하지 않는 것이 합리적일 것이다.

제5호, 제6호에 관하여는 그 종국적인 권리를 행사하여야만 '보유'로 본다는 것이 아니고, 권리의 종국적 행사 이전에 그와 같은 권리의 취득 자체를 '보유'로 규정한 것으로 해석하는 것이 타당하다고 할 것이고, 이와 같이 풀이하는 것이 장래의 권리를 규정한 다른 각 호 즉 제2호, 제4호, 제7호의 규정과 비교하여서도 균형이 맞는 해석이라는 것이 판례의 입장이다.87)

---

86) 법문에 "담보계약"이라고 규정되어 있지만, 실무상으로는 담보계약의 체결만으로는 "보유"로 보지 않고 채무자의 채무불이행시 채권자가 담보물처분권을 행사할 수 있는 경우에만 "보유"로 본다. 그리고 채권자가 일정한 경우 담보주식을 처분할 수 있는 경우 실제로는 채무자의 요청에 의하여 채권자가 담보주식을 처분한 경우에도 보고의무를 부담한다는 하급심 판례도 있다(서울중앙지방법원 2006. 7. 27. 선고 2005고합1056 판결).

87) [대법원 2002. 7. 22. 선고 2002도1696 판결] "(1) 원심은, 본인과 그 특별관계자가 상장법인의 발행주식 총수의 5% 이상을 보유하게 되거나, 5% 이상 소유자에게 1% 이상의 변동이 있는 경우 금융감독위원회와 증권거래소에 주식의 대량 보유 상황 및 변동 내용을 보고하여야 함에도 불구하고, 피고인은 위에서 본 바와 같이 2000. 4. 19. 아세아종금 주식 620만 주를 이머징창투 명의로 매입하고도 5일 이내에 그 내용을 금융감독위원회와 증권거래소에 보고하지 않았다는 공소사실에 대하여, 피고인은 위 주식의 취득 당시 이머징창투가 모던벤처캐피탈과 스타벤처컨설팅에 200억 원을 대출하고, 그 담보로 위 주식 620만 주를 취득하는 것으로 하되, 이머징창투의 모던벤처캐피탈과 스타벤처컨설팅에 대한 대출금의 상환기일을 대출일로부터 30일로 정하고, 대여금 채무의 변제는 대주가 담보 주식의 소유권을 대주에게 귀속시키거나 이를 처분하여 대여금 채무의 변제에 충당하는 방법으로 하기로 하는 내용으로 계약서를 작성하였는데, 그 문언에 따르면, 마치 30일이 지나야 이머징창투가 그 주식의 소유권을 갖거나 처분권한을 갖는 것처럼 보이는 면이 없지는 아니하나, 계약당사자인 아세아종금의 S(모던벤처캐피탈과 스타벤처컨설팅)와 피고인(이머징창투)은 매매의 의사를 가지고 위와 같은 법률행위를 한 것이므로(위 620만 주의 시가는 74억 원에 불과하였기 때문에 모던벤처캐피탈과 스타벤처컨설팅이 200억 원을 변제하고 620만 주의 주식을 되찾아 간다는 것은 상상할 수 없는 일이다), 위 계약서에 의한 가장에도 불구하고 피고인의 이머징창투는 2000. 4. 19.경 위 620만 주의 아세아종금 주식에 대하여 매매로 인하여 소유권을 취득하였다는 이유로 피고인의 보고의무를 인정하고 증권거래법 제210조 제5호, 제200조의2 제1항 위반의 점을 유죄로 판단하였다. (2) 원심의 판단과 같이 사실상 피고인이 2000. 4. 19.경 계약시점에서 사실상 위 620만 주 주식의 소유권을 확정적으로 취득하였다고 봄이 상당하고, 주식의 명의개서를 하지 않았더라도 계약상 피고인측에서 의결권을 포함한 주주로서의 모든 권리를 행사하고, 주권까지 교부받은 이상 피고인이 이를 사실상 처분할 수도 있는 지위에 있었다고 보여지므로 위 원심의 판단에는 증권거래법상 보유의 개념에 대한 법리오해 및 사실오인의 위법이 없다. (3) 나아가 가사 계약서의 문언과 같이 피고인이 위 주식 620만 주에 대한 소유권을 2000. 4. 19.경 취득하지 못하였다고 할지라도 이는 소유에 준하는 보유의 개념을 정한 증권거래법 시행령 제10조의4 제3호 소정 '법률의 규정 또는 금전의 신탁계약·담보계약

2. 특별관계자

⑴ 특수관계인

보고의무의 요건인 5% 또는 1% 산정시 본인과 특별관계자의 보유분을 합산하고, 특별관계자는 특수관계인과 공동보유자로 분류되는데, 공개매수에도 적용되는 금융사지배구조법 시행령 제3조 제1항의 특수관계인 규정은 대량보유보고의무에도 적용된다.

⑵ 공동보유자

공동보유자는 "본인과 합의나 계약 등에 따라 다음의 어느 하나에 해당하는 행위를 할 것을 합의한 자"를 말한다(令 141조②).

1. 주식등을 공동으로 취득하거나 처분하는 행위
2. 주식등을 공동 또는 단독으로 취득한 후 그 취득한 주식을 상호양도하거나 양수하는 행위
3. 의결권과 의결권 행사를 지시할 수 있는 권한을 공동으로 행사하는 행위[88]

기타 계약에 의하여 당해 주식등의 취득 또는 처분권한이나 의결권(의결권의 행사를 지시할 수 있는 권한을 포함한다)을 갖는 경우'에 해당한다 할 것이므로, 피고인에게 위 증권거래법상의 보고의무를 인정함에 지장이 없다고 할 것이어서 결과적으로 원심의 판단에는 보유의 개념에 대한 법리오해 및 사실오인의 위법이 있다고 할 수 없다{피고인은 상고이유로 피고인의 이머징창투가 2000. 4. 19.경 취득한 권리가, 주식 620만 주의 가격이 30일이 경과한 후 대여금 상당액인 204억 원 이상으로 오르는 경우에 위 주식을 취득할 수 있는 것으로서 매매예약의 완결권 내지는 증권옵션이라고 주장하고 있으나, 기록에 비추어 살펴보면, 위 계약서의 문언만으로는 그와 같이 보기가 어려울 뿐 아니라 나아가 증권거래법상 소유에 준하는 '보유'에 대한 같은 법 시행령 제10조의4 제4호, 제5호를 포함한 같은 조 제2호 내지 제6호의 규정은 장래 주식을 소유할 것이 예상되거나, 소유하지는 않지만 주식에 대한 의결권을 갖거나 의결권의 행사를 지시할 수 있는 권한을 가지는 경우를 '보유'로 규정한 것으로, 특히 위 시행령 제10조의4 중 제4호, 제5호에 관하여는 피고인이 주장하는 바와 같이 그 종국적인 권리를 행사하여야만 '보유'로 본다는 것이 아니고, 권리의 종국적 행사 이전에 그와 같은 권리의 취득 자체를 '보유'로 규정한 것으로 해석하는 것이 타당하다고 할 것이고, 이와 같이 풀이하는 것이 장래의 권리를 규정한 다른 각 호 즉, 제2호, 제3호, 제6호의 규정과 비교하여서도 균형이 맞는 해석이라고 보여지므로, 피고인의 주장과 같이 피고인이 2000. 4. 19.경 위 시행령 제10조의4 제4호(매매예약완결권취득), 제5호(증권옵션취득)의 각 권리를 취득한 것으로 본다 하더라도 이 역시 증권거래법상 '보유'의 개념에 해당하여 어느 모로 보나 피고인의 상고이유는 받아들일 수 없다."

88) 제3호의 "의결권과 의결권 행사를 지시할 수 있는 권한을 공동으로 행사하는 행위"와 관련하여 기존 주주들이 그들의 주식이 지배권행사에 충분하다는 인식 하에 공동으로 지배권을 행사하기로 합의만 하고, 그 후 주식을 추가로 매도하거나 매수하지 않고 단지 기존 보유 주식을 계속 보유하는 경우에도 공동보유자로서 보고의무가 있다. 그리고 의결권자문회사가 동일한 경우와 소위 "소액주주연대"와 같은 주주 집단을 구성하는 경우에는 제3호에 의하여 공

증권의 실제 소유자에게 계좌명의를 빌려준 경우에는 공동보유자에 해당하지 않는다.[89)]

공동보유자를 특별관계인의 범주에 포함한 것은 1인이 아닌 복수의 투자사로 구성된 집단이 적대적 M&A에 나서는 경우에 대비하기 위한 것이다. 공동보유자의 보고의무가 인정되려면 본인과의 합의 또는 계약 등에 따라 위와 같은 행위를 하기로 합의하여야 하는데, 합의는 반드시 명시적인 서면에 의한 것뿐 아니라 묵시적인 것도 포함한다. 예컨대, 형제간인 두 사람이 어느 회사의 주식을 동일한 시기에 계속 매수한다면 두 사람을 공동보유자로 인정할 수 있다. 물론 보고의무위반을 이유로 금융위원회나 법원이 각종의 행정적·사법적 제재를 하거나 다른 이해관계인이 의결권 행사금지가처분을 신청하는 경우 최소한 묵시적 합의는 있어야 하는데, 보고의무를 부인하는 측이 공동보유자가 아님을 증명해야 한다는 것은 전술한 바와 같다.[90)]

⑶ 제외대상

특수관계인이나 공동보유자에 포함되는 자라도 소유주식의 수가 1,000주 미만이거나 공동보유자에 해당하지 아니함을 증명하는 경우에는 공개매수와 보고의무에 관한 규정을 적용할 때 특수관계인으로 보지 않는다(令 141조③).

⑷ 특별관계자의 보고방법

㈎ 단독보고

본인과 특별관계자의 관계는 고정된 것이 아니고 상대적인 것이므로, 누구든지 자신을 기준으로 하여 법령상 특별관계자에 해당하는 자와의 지분 합계가 5% 이상이 된다면 위와 같은 보고의무를 부담하여야 한다. 즉, 자본시장법은 본

동보유자로 인정될 가능성이 있다. 인터넷 사이트에서 소액주주들을 대상으로 유상감자, 주식배당 등의 주주제안 추진에 관한 글을 게시하고, 소액주주들에게 위임장, 잔고증명서, 인감증명서(주주명부 열람 및 등사 청구용, 주주제안서 제출용, 주주총회 의결권 행사 위임용), 신분증 사본 등을 보내 달라고 요청하여 소액주주들로부터 위임장을 받은 사안에서, 제3호의 공동보유자에 해당함에도 불구하고 보고의무를 위반하였다는 이유로 의결권이 제한된 하급심 판례가 있다(부산지방법원 2015. 3. 25.자 2015카합10128 결정).

89) 서울고등법원 2011. 6. 9. 선고 2010노3160 판결(대법원 2011. 10. 27. 선고 2011도8109 판결로 확정됨), 서울중앙지방법원 2007. 12. 21. 선고 2007고합569 판결.

90) 주식등을 취득하는 경우뿐 아니라 처분하는 경우에도 공동보유자로 인정되는 점은 미국에서도 마찬가지이다. 예를 들어 어느 회사의 주식을 가지고 있는 두 주주가 상호 의사연결에 의하여 주식을 같은 기간 중에 매도한다면 이는 공동보유자에 해당하여 SEC Schedule 13D에 의한 보고를 해야 한다[SEC Rule 13d−5(b)(1)].

인이 단독으로 자신과 특별관계자의 주식 보유상황을 보고하는 것을 원칙적인 보고방식으로 규정하고 있다. 예를 들어 예컨대, 갑과 을이 각자를 기준으로 서로가 서로에게 특별관계자의 관계에 있어 상호 보유 주식을 합산해야 하는 경우 그 지분 합계가 5% 이상이라면 각자가 모두 '본인'으로서 보고할 의무를 부담하고, 수인 중 '최대주주'에 해당하는 자만 보고의무를 부담하는 것이 아니다. 이때 갑은 자신과 을의 보유상황을 보고하여야 하고, 을도 마찬가지로 자신과 갑의 보유상황을 보고하여야 한다. 변동보고의 경우에도 '갑', '을' 각자에게 보고의무가 발생한다.[91] 그러나 만약 갑의 입장에서는 을이 특별관계자에 해당하지만 을의 입장에서는 갑이 특별관계자가 아닌 경우에는 갑에게만 보고의무가 있을 뿐이다.[92]

(나) 대표자연명보고

본인과 그 특별관계자가 함께 보고하는 경우에는 보유 주식등의 수가 가장 많은 자를 대표자로 선정하여 연명으로 보고할 수 있다(令 153조④). 단독보고는 특별관계자들이 실질적으로 동일한 내용에 관하여 개별적으로 보고서를 작성하여야 하는 불편함이 있으므로, 자본시장법 시행령 제153조 제4항은 특별관계자들이 주식등의 수가 가장 많은 자를 대표자로 선정하여 연명으로 각자의 주식 보유상황을 하나의 보고서로 제출하는 것을 허용하고 있다.

대표자연명보고의 경우에도 대표자뿐 아니라 특별관계자 전원이 보고의무자이다. 즉, 대표보고자에 의한 보고는 자신의 보고의무를 이행함과 동시에 대리인의 자격으로서 특별관계자의 보고의무까지 이행하는 것이 된다.

따라서 보고사항에 허위 또는 누락이 있는 경우 대표자 외에 모든 특별관계자도 각자의 보유주식에 대하여 보고의무위반에 대한 책임을 진다.[93]

(다) 대표자연명보고

최다주식 보유자가 변경되면 대표자를 변경하여 다시 연명보고를 해야 한다. 본인 및 특별관계자의 지분 전체는 변동되지 않고 내부적으로 소유지분만이 변동된 경우에는 합산공시의 취지상 다시 연명보고할 필요가 없으나, 전체지분이 변동되지 않았더라도 내부자간의 지분변동으로 최다주식소유자가 변경된 경우에는 최다주식소유자가 자기를 기준으로 다시 연명보고를 해야 한다.[94] 연명보고를

91) 서울중앙지방법원 2010. 3. 17.자 2010카합521 결정.
92) 서울남부지방법원 2021. 3. 23. 선고 2019노1760 판결.
93) 서울중앙지방법원 2010. 3. 17.자 2010카합521 결정.
94) 사설투자조합을 결성하여 특정 회사의 주식을 보유하는 경우, 각각의 조합원은 위 시행령

하는 경우에는 특별관계자는 그 대표자에게 보고를 위임한다는 뜻을 기재한 위임장을 제출하고, 대표자는 제출 받은 위임장사본을 최초연명보고시 주식등의 대량보유 및 변동보고서에 첨부하여 금융위에 제출해야 한다(증권발행공시규정 3-11조①). 연명보고를 한 이후 대량변동이 있는 때에는 연명보고를 한 대표자가 대량변동보고를 해야 한다. 다만, 대표자가 변경되는 경우에는 변경된 대표자가 보고를 해야 한다(증권발행공시규정 3-11조②).

(5) 특별관계자 관계의 해소와 보고의무

특별관계자 관계는 그 기초가 된 신분관계의 해소(특수관계인), 합의나 계약의 종료(공동보유자)로 해소된다. 당사자 간의 계약상 해지가 허용되지 않는 조건이 있는 경우에도 그 위반에 대한 책임문제는 발생하지만 일방당사자의 의사표시만으로 해지가 인정된다. 또한 특별관계자들 간에 경영권분쟁이 발생한 결과 주주총회의 이사해임결의를 통하여 사실상의 영향력을 행사하던 주주가 특수관계인 지위를 상실하면 자동적으로 나머지 특별관계자들과의 특별관계자 관계가 해소된다.

특별관계자 각자의 지분에 변동은 없지만 특별관계자 관계의 해소로 이탈한 주주의 지분이 종전 전체 지분의 1% 이상인 경우 각자의 지분에 변동이 없더라도 특별관계자에게 변동보고의무가 있는지에 관하여 논란의 여지가 있다.

그런데 자본시장법 제147조 제1항이 지분변동사유를 불문하고 변동보고를 의무화하고 있고,[95] 변동보고에 의하여 특별관계자 관계의 해소를 공시할 필요성도 있으므로 각자의 지분에 아무런 변동이 없더라도 특별관계자의 지분이 감소한 이상 보고의무가 인정된다고 해석하는 것이 타당하다.

다만, 변동보고의무를 위반한 경우 발행주식총수의 5%를 초과하는 부분 중 위반분만이 의결권제한과 처분명령의 대상인데(法 150조①), 특별관계자의 보고의무 위반에 대한 위반분(지분 감소분)은 이탈한 주주에게 귀속된 지분이므로 의결권제한과 처분명령의 대상이 되지 않는다.[96]

제142조 제1호의 "누구의 명의로든지 자기의 계산으로 주식등을 소유하는 경우"에 해당하므로 조합원별로 보고의무를 부담하나, 조합원들은 모두 공동보유자에 해당하므로 대표조합원 명의로 연명보고하여야 하는 것이 원칙이지만, 만일 대표조합원이 아닌 다른 조합원이 소유 주식수가 가장 많다면 그 조합원 명의로 연명보고를 해야 한다.

95) 김건식 · 정순섭, 343면.

96) 이와 같이 보고의무위반에 대한 의결권제한과 처분명령이라는 제재의 효과는 없지만 자본시장법상 보고의무 위반에 대한 형사처벌규정(法 444조 18호, 445조 20호)이 적용되므로 특

Ⅲ. 보고의무 면제

1. 대량보유보고의무 면제

자본시장법은 구 증권거래법과 달리,[97] 대량보유보고의무 면제자를 규정하지 않는다. 국가, 지방자치단체 등은 경영권 분쟁과 관련이 없지만 주식등의 대량보유정보는 경영권 관련 당사자뿐 아니라, 주식등의 시장가격에도 영향을 주므로 일반투자자에게도 중요한 정보이기 때문이다. 다만 뒤에서 보는 바와 같이, 국가, 지방자치단체 등의 보고의무이행부담을 완화하기 위하여 이들의 대량보유보고의무는 그 보고내용과 보고시기를 달리 정한다(法 147조① 2문).

2. 변동보고의무 면제

주식등을 5% 이상 보유한 자의 보유비율이 1% 이상 변동하였으나 그 보유주식등의 수가 변동되지 아니한 경우와 그 밖에 대통령령으로 정하는 경우는 변동된 경우로 보지 않는다(法 147조① 1문). 대통령으로 정하는 경우는 다른 주주와 동등한 비율로 변동하거나 보고의무자의 의사와 무관하게 보유비율이 변동하는 경우를 말한다.

구체적으로는 다음과 같은 경우 1% 이상의 지분변동이 있어도 변동보고의무가 면제된다(令 153조⑤).

1. 주주가 가진 주식수에 따라 배정하는 방법으로 신주를 발행하는 경우로서 그 배

별관계자로서는 보고의무를 이행할 필요가 있다. 의결권행사금지가처분사건에서 지분율 변동에 따른 보고의무 위반에 따른 제150조 제1항의 의결권제한이 주식매입에만 적용되고 주식처분에는 적용되지 않는다고 해석하면서 형사처벌규정에 의하여 보고의무 이행을 강제할 수 있다는 점을 고려하면 이러한 해석이 부당하지 않다고 판시한 판례도 있다(서울중앙지방법원 2010. 3. 17.자 2010카합521 결정). 이와 관련하여 특별관계의 해소로 인한 지분변동에 관하여 보고의무를 규정하지 않은 것은 입법의 불비에 해당하지만, 죄형법정주의의 원칙상 입법의 불비를 확장해석이나 유추해석에 의하여 형사처벌의 범위를 확대하는 것은 위헌이라고 설명하는 견해도 있다[이철송, "대량보유보고제도의 엄격해석론", 증권법연구 제12권 제2호, 한국증권법학회(2011), 203면].

97) 구 증권거래법 시행령은 주식대량보유상황보고제도의 취지에 비추어 그 적용의 필요성이 없는 자, 즉 국가, 지방자치단체 및 예산회계법 제7조의 규정에 의한 정부의 기금, 증권금융회사, 법인세법 시행령 제17조 제1항 제6호의 규정에 의한 조합(조합원 공동으로 주권상장법인 또는 코스닥상장법인의 주식을 소유하게 되거나 그 소유주식수가 변경된 경우에 한함), 기타 주식등의 보유상황과 변동양태 등을 참작하여 일반인에게 공개할 필요가 없다고 인정되는 자(당해 주식등의 발행인)에 대하여는 보고의무를 면제하였다(제86조의3).

정된 주식만을 취득하는 경우
2. 주주가 가진 주식수에 따라 배정받는 신주인수권에 의하여 발행된 신주인수권증서를 취득하는 것만으로 보유 주식등의 수가 증가하는 경우
3. 삭제 [2016.12.30] (삭제 전: 자기주식의 취득 또는 처분으로 보유 주식등의 비율이 변동된 경우)
4. 자본감소로 보유 주식등의 비율이 변동된 경우
5. 신주인수권이 표시된 것(신주인수권증서 제외), 신주인수권부사채권·전환사채권 또는 교환사채권에 주어진 권리행사로 발행 또는 교환되는 주식등의 발행가격 또는 교환가격 조정만으로 보유 주식등의 수가 증가하는 경우

보유주식수의 증감이 없이 보유비율이 1% 이상 변동되는 경우는 다른 전환사채권자가 전환청구를 하거나 신주인수권부사채권자가 신주인수권을 행사하는 경우, 유상증자에 참여하지 않고 실권한 경우 등이 있으며, 유상증자분 중 일부가 우리사주조합에 배정되거나 타인이 실권하여 납입되지 않은 경우에는 그 배정된 주식만을 취득하면 보유비율이 1% 이상 변동될 수 있다. 변동보고의무가 면제되는 경우라 하더라도 대량보유보고의무까지 자동적으로 면제되는 것은 아니다. 따라서 전환가액의 조정으로 말미암아 처음으로 보유비율이 발행 주식 등의 5%를 초과하게 된 경우는 보유주식수가 증가하는 경우이므로 보고의무가 면제되지 않는다.98)

98) [대법원 2004. 6. 17. 선고 2003도7645 판결] "원심판결 이유에 의하면 원심은, 피고인이 2000. 11. 13.부터 같은 해 12. 18.까지 사이에 S사 발행의 전환사채 300만 달러 상당을 매수하여 보유하고 있었던 사실, 피고인이 보유하고 있던 위 전환사채는 2000. 12. 26. S사에서 전환가액을 3,304원으로 조정하기 이전에는 그 전환예정 주식 수가 S사의 주식 총수의 100분의 5 이상을 넘지 않았는데, 위와 같이 전환가액이 조정됨으로써 전환예정 주식 수가 1,024,757주가 되어 그 보유비율이 12.24%에 이르게 된 사실, 그럼에도 피고인이 그 보유상황을 2001. 1. 2.까지 보고하지 아니한 사실을 각 인정한 다음, 이처럼 전환가액의 조정으로 말미암아 처음으로 보유비율이 발행 주식 등의 5%를 초과하게 된 경우도 증권거래법 제200조의2 제1항의 주식 등을 대량보유한 때에 해당하므로 그 상황을 보고할 의무가 발생하고, 여기에 변동보고의무의 면제자에 관한 증권거래법시행령 제86조의5 제3호의 규정이 적용될 여지는 없으며, 그 밖에 피고인의 위 경우가 증권거래법시행령 제86조의3 소정의 보유상황 등의 보고의무가 면제되는 경우에 해당하지도 아니한다고 판단하였다. 관계 증거를 기록에 비추어 살펴보면, 원심의 위와 같은 사실인정 및 판단은 정당한 것으로 수긍할 수 있고, 거기에 상고이유에서 주장하는 바와 같은 법리오해 등의 위법이 있다고 할 수 없다."

Ⅳ. 보고의무의 기준과 내용

1. 보유비율 산정방법

보유비율 산정시 분자가 되는 주식등의 수와 분모가 되는 주식등의 총수는 총리령이 정하는 방법에 따라 산정한 수로 한다(法 147조②).

(1) 주식등의 수

"주식등"은 공개매수에 관한 자본시장법 제133조 제1항이 규정하는 "의결권 있는 주식, 그 밖에 대통령령으로 정하는 증권"이므로, 자기주식과 같이 의결권 없는 주식은 제외한다. 증권의 종류별로 총리령이 정하는 "주식등의 수"는 다음과 같다(規則 17조①).[99]

1. 주권인 경우: 그 주식의 수
2. 신주인수권이 표시된 것인 경우: 신주인수권의 목적인 주식의 수(신주인수권의 목적인 주식의 발행가액총액 및 발행가격이 표시되어 있는 경우에는 해당 발행가액총액을 해당 발행가격으로 나누어 얻은 수)
3. 전환사채권인 경우: 권면액을 전환에 의하여 발행할 주식의 발행가격으로 나누어 얻은 수. 이 경우 1 미만의 단수는 계산하지 않는다.
4. 신주인수권부사채권인 경우: 신주인수권의 목적인 주식의 수
5. 교환사채권인 경우: 다음과 같은 수
   가. 교환대상 증권이 제1호부터 제4호까지, 제6호 및 제7호에 따른 증권인 경우에는 교환대상 증권별로 제1호부터 제4호까지, 제6호 및 제7호에서 정하는 수
   나. 교환대상 증권이 교환사채권인 경우에는 교환대상이 되는 교환사채권을 기준으로 하여 교환대상 증권별로 제1호부터 제4호까지, 제6호 및 제7호에서 정하는 수
6. 파생결합증권인 경우: 다음과 같은 수
   가. 기초자산이 되는 증권이 제1호부터 제5호까지 및 제7호에 따른 증권인 경우에는 기초자산이 되는 증권별로 제1호부터 제5호까지 및 제7호에서 정하는 수
   나. 기초자산이 되는 증권이 파생결합증권인 경우에는 기초자산이 되는 파생결합증권을 기준으로 하여 기초자산이 되는 증권별로 제1호부터 제5호까지 및 제7호에서 정하는 수
7. 증권예탁증권인 경우: 그 기초가 되는 증권별로 제1호부터 제6호까지에서 정하는 수

---

99) 소유에 준하는 보유라는 개념상 공동보유자 간에 주식등의 수가 중복 산정되는 경우가 있을 수 있다.

(2) 주식등의 총수

보유비율 산정시 분모가 되는 "주식등의 총수"는 "의결권 있는 발행주식 총수(자기주식 포함)"와 대량보유등을 하게 된 날에 본인과 그 특별관계자가 보유하는 "주식등의 수"를 합하여 계산한 수로 한다(規則 17조②). 회사가 보유하는 자기주식은 의결권이 없지만 처분하면 의결권 있는 주식이 되므로 분모(주식등의 총수)에 합산하는 것이다. 그리고 본인과 그 특별관계자가 보유하는 주식등에는 주권, 교환사채권의 교환대상이 되는 주권, 파생결합증권의 기초자산이 되는 주권 및 증권예탁증권의 기초가 되는 주권은 제외된다. 이러한 주권들은 이미 의결권 있는 발행주식총수에 포함되어 있으므로 이를 합산하면 중복계산이 되기 때문이다.

주식매수선택권을 부여받은 경우에는 "주식등의 수"와 "주식등의 총수"에 해당 주식매수선택권의 행사에 따라 매수할 의결권 있는 주식을 각각 더한다. 다만, 자기주식을 대상으로 하는 주식매수선택권의 경우에는 "주식등의 총수"에 더하지 아니한다(規則 17조③).[100)]

2. 보고내용

보고의무자는 그 i) 보유상황, ii) 보유목적, iii) 그 보유 주식등에 관한 주요계약내용, iv) 그 밖에 대통령령으로 정하는 사항을 보고해야 한다.

대통령령이 정하는 보고사항은 다음과 같다(令 153조②).

1. 대량보유자와 그 특별관계자에 관한 사항
2. 보유 주식등의 발행인에 관한 사항
3. 변동 사유
4. 취득 · 처분의 일자 · 가격 · 방법
5. 보유 형태
6. 취득에 필요한 자금이나 교환대상물건의 조성내역(차입인 경우에는 차입처 포함)
7. 기타 금융위원회가 정하여 고시하는 사항(증권발행공시규정 3-10조①)

보유목적이라 함은 발행인의 경영권에 영향을 주기 위한 목적 여부를 말한다(法 147조① 전단). 따라서 보고시 경영권에 영향을 주기 위하여 주식등을 보유한

---

100) 대량보유보고의무의 요건인 보유비율에 관한 산식은 공개매수의 경우와 같다.

것인지의 여부를 밝혀야 한다. 보유주식등에 관한 주요계약 내용은 제도의 취지상 보유지분의 변동이나 보유목적의 변경을 야기할 수 있는 계약을 의미하고, 보유주식등에 대한 담보권 설정계약, 의결권 행사와 관련된 계약 등이 이에 해당한다.

V. 보고시기

1. 보고의무 발생일로부터 5일

대량보유보고 및 변동보고는 보고의무 발생일부터 5일 이내에 해야 한다(法 147조①).[101] 일본에서도 5일 이내에 보고하도록 하고, 미국에서는 증권 취득 후 10일 이내에 보고할 것을 요구한다. 최초의 보유상황보고의무가 발생한 이후 보고기간 내에 변동보고사유가 발생한 경우에는(5% 취득한 후 보고기간 내에 1% 이상을 처분 또는 추가 취득한 경우) 양자를 함께 보고해야 한다. 보고의무의 산정기준인 5일에는 대통령령으로 정하는 날[102]은 산입하지 않는다(法 147조①). 따라서 5일 이내란 보고의무 발생일 다음날부터 위와 같은 공휴일 등을 제외하고 5일째 되는 날까지를 의미한다.

2. 합산보고

이와 같이 5일의 유예기간이 있으므로 만일 계속 주식을 매수한 자가 즉시 보고하여 매수사실이 공시되었으면 주가가 상승하였을 것인데 5일 이내에 보고를 하지 않음으로써 아직 상승하지 않은 주가 수준에서 주식을 추가매수할 수 있게 된다. 따라서, 자본시장법은 주식등의 대량보유상황·보유목적 또는 그 변동내용을 보고하는 날 전일까지 새로 변동내용을 보고하여야 할 사유가 발생한 경우 새로 보고하여야 하는 변동내용은 당초의 대량보유상황, 보유목적 또는 그 변동내용을 보고할 때 이를 함께 보고해야 한다고 규정한다(法 147조③).

---

101) 만일 5% 이상의 주식등을 매수하였다가 매수한 당일 그 일부를 매도한 결과 5% 미만의 주식등을 보유하게 된 경우에는 보고의무가 없다고 보아야 한다. "그 날부터 5일 이내에" 보고하여야 하므로 주식등의 대량보유는 매 거래시점이 아닌 일(日) 단위로 판단하여야 하기 때문이다.

102) "대통령령으로 정하는 날"이란 다음의 날을 말한다(令 153조①).

1. 공휴일
2. 근로자의 날 제정에 관한 법률에 따른 근로자의 날
3. 토요일

3. 보고기준일

주식등의 대량보유자가 주식등의 보유상황이나 변동내용을 보고하여야 하는 경우에 그 보고기준일은 다음과 같은 날로 한다(令 153조③).

1. 주권비상장법인이 발행한 주권이 증권시장에 상장된 경우에는 그 상장일
2. 흡수합병인 경우에는 합병을 한 날, 신설합병인 경우에는 그 상장일
3. 증권시장(다자간매매체결회사에서의 거래를 포함)에서 주식등을 매매한 경우에는 그 계약체결일[103)]
4. 증권시장(다자간매매체결회사에서의 거래를 포함) 외에서 주식등을 취득하는 경우에는 그 계약체결일
5. 증권시장(다자간매매체결회사에서의 거래를 포함) 외에서 주식등을 처분하는 경우에는 대금을 받는 날과 주식등을 인도하는 날 중 먼저 도래하는 날
6. 유상증자로 배정되는 신주를 취득하는 경우에는 주금납입일의 다음 날
7. 주식등을 차입하는 경우에는 그 차입계약을 체결하는 날, 상환하는 경우에는 해당 주식등을 인도하는 날
8. 주식등을 증여받는 경우에는 민법에 따른 효력발생일, 증여하는 경우에는 해당 주식등을 인도하는 날
9. 상속으로 주식등을 취득하는 경우로서 상속인이 1인인 경우에는 단순승인이나 한정승인에 따라 상속이 확정되는 날, 상속인이 2인 이상인 경우에는 그 주식등과 관계되는 재산분할이 종료되는 날
10. 제1호부터 제9호까지 외의 사유로 인하여 보고하여야 하는 경우에는 민법·상법 등 관련 법률에 따라 해당 법률행위 등의 효력이 발생하는 날

Ⅵ. 보고내용 및 보고시기에 관한 특례

1. 보유목적에 따른 특례

(1) 보유목적의 범위

보유목적이 발행인의 경영권에 영향을 주기 위한 것(임원의 선임·해임 또는 직무의 정지, 이사회 등 회사의 기관과 관련된 정관의 변경 등 대통령령으로 정하는

103) 구 증권거래법은 "결제일"을 기준으로 규정하였으나 자본시장법은 "계약체결일"을 기준으로 규정하므로, T+2 결제방식인 장내거래의 경우 보고기간이 2일 단축되는 결과가 된다. 주권상장법인의 임원 또는 주요주주가 특정증권등의 소유상황을 보고하여야 하는 경우에 그 보고기간의 기준일은 "취득일"이므로 "매매체결일 + 2영업일"이다.

것)이 "아닌" 경우에는 그 보고내용 및 보고시기 등을 대통령령으로 달리 정할 수 있다(法 147조① 후단).[104]

보유목적이 발행인의 경영권에 영향을 주기 위한 것은 다음과 같은 것을 위하여 회사나 그 임원에 대하여 사실상 영향력을 행사하는 것을 말하고, 사실상 영향력을 행사하는 것에는 상법, 그 밖의 다른 법률에 따라 상법 제363조의2(주주제안권)·제366조(소수주주의 주주총회 소집청구권)에 따른 권리를 행사하거나 이를 제3자가 행사하도록 하는 것과 자본시장법 제152조에 따라 의결권 대리행사를 권유하는 것을 포함하며, 단순히 의견을 전달하거나 대외적으로 의사를 표시하는 것은 제외한다(令 154조①).

1. 임원의 선임·해임 또는 직무의 정지. 다만, 상법 제385조 제2항(이사해임청구소송, 상법 제415조에서 준용하는 경우 포함) 또는 제402조(이사의 법령·정관 위반행위에 대한 유지청구권)에 따른 권리를 행사하는 경우에는 적용하지 않는다.
2. 이사회 등 상법에 따른 회사의 기관과 관련된 정관의 변경. 다만, 시행령 제154조 제2항 각 호에 해당하는 자(특례 적용 전문투자자), 그 밖에 금융위원회가 정하여 고시하는 자가 투자대상기업 전체의 지배구조 개선을 위해 사전에 공개한 원칙에 따르는 경우에는 적용하지 않는다.
3. 회사의 자본금의 변경. 다만, 상법 제424조(신주발행유지청구권) 등 법률에 따른 권리를 행사하는 경우에는 적용하지 않는다.
4. <삭제> [2020.1.29] [삭제 전: 회사의 배당의 결정. 다만, 법률에 따라 설립된 기금(신용보증기금 및 기술보증기금은 제외) 및 그 기금을 관리·운용하는 법인(令 10조③12)에 해당하는 자가 하는 경우에는 적용하지 아니한다].
5. 회사의 합병, 분할과 분할합병
6. 주식의 포괄적 교환과 이전
7. 영업전부의 양수·양도 또는 금융위원회가 정하여 고시하는 중요한 일부의 양수·양도[105]

---

104) 보유목적은 구체적으로 기재하지 않고 "회사 또는 그 임원에 대한 사실상의 영향력 행사"와 같이 기재해도 된다.

105) [증권발행공시규정 3-13조(경영권에 영향을 주기 위한 것)]
① 영 제154조 제1항 제7호에서 "금융위원회가 정하여 고시하는 중요한 일부의 양수·양도"란 다음 각 호의 어느 하나에 해당하는 양수·양도를 말한다.
1. 양수·양도하고자 하는 영업부문의 자산액이 최근 사업연도말 현재 자산총액의 100분의 10 이상인 양수·양도
2. 양수·양도하고자 하는 영업부문의 매출액이 최근 사업연도말 현재 자산총액의 100분의 10 이상인 양수·양도
3. 영업의 양수로 인하여 인수할 부채액이 최근 사업연도말 현재 자산총액의 100분의

8. 자산 전부의 처분 또는 금융위원회가 정하여 고시하는 중요한 일부의 처분[106]
9. 영업전부의 임대 또는 경영위임, 타인과 영업의 손익 전부를 같이하는 계약, 그 밖에 이에 준하는 계약의 체결, 변경 또는 해약
10. 회사의 해산

(2) 특례의 내용

시행령 제154조 제2항에 따른 전문투자자가 아닌 자의 보유목적이 자본시장법 제148조에 따른 발행인의 경영권에 영향을 주기 위한 것이 아닌 경우에는 다음과 같이 보고할 수 있다(令 154조③).

1. 단순투자 목적인 경우: 상법 제369조(의결권)·제418조 제1항(주주의 신주인수권)·제462조(이익배당)에 따른 권리 등 보유하는 주식등의 수와 관계없이 법률에 따라 보장되는 권리만을 행사하기 위한 것인 경우에는 다음 사항을 모두 기재한 보고서로 보고할 수 있으며, 그 보유 상황에 변동이 있는 경우에는 그 변동이 있었던 달의 다음 달 10일까지 보고할 수 있다.
   가. 보유 상황
   나. 보유 목적
   다. 제153조 제2항 제1호(대량보유자와 특별관계자)·제2호(발행인)와 제4호(취득 또는 처분 일자·가격 및 방법)의 사항
   라. 주식등의 보유기간 동안 주식등의 수와 관계없이 보장되는 권리의 행사 외의 행위를 하지 아니하겠다는 확인
2. 단순투자 목적이 아닌 경우: 다음 사항을 모두 기재한 보고서로 보고하되, 그 보유 상황에 변동이 있는 경우에는 그 변동이 있었던 날부터 10일 이내에 보고할 수 있다.
   가. 단순투자 목적인 경우에 대한 제1호 가목부터 다목까지의 사항
   나. 취득에 필요한 자금이나 교환대상물건의 조성내역(차입인 경우에는 차입처를 포함)(令 153조②6)
   다. 보유주식등에 관한 주요계약내용

경영권에 영향을 미칠 목적이 없어 기존에 약식으로 보고하였던 자라고 할

---

10 이상인 양수·양도

106) [증권발행공시규정 3-13조(경영권에 영향을 주기 위한 것)]
② 영 제154조 제1항 제8호에서 "금융위원회가 정하여 고시하는 중요한 일부의 처분"이란 처분하고자 하는 자산액이 최근 사업연도말 현재 자산총액의 100분의 10 이상인 처분을 말한다. 다만 제4-4조(중요한 자산양수·도의 예외 등) 각 호의 어느 하나에 해당하는 자산의 처분은 제외한다.

지라도 그 후의 변동보고에 관하여 계속 특례가 적용되는 것은 아니고 변동되는 내용이 무엇인지에 따라 보고기한이 상이하다.[107)]

2. 보고의무자에 따른 특례

(1) 특례적용의 범위

전문투자자 중 다음과 같은 자(令 154조②)의 경우에는 그 보고내용 및 보고시기 등을 대통령령으로 달리 정할 수 있다(法 147조① 후단).

1. 국가
2. 지방자치단체
3. 한국은행
4. 그 밖에 그 보고내용과 보고시기 등을 달리 정할 필요가 있는 자로서 금융위원회가 정하여 고시하는 자[108)]

(2) 특례의 내용

(가) 국가 · 지방자치단체 · 한국은행

전문투자자 중 제2항 제1호부터 제3호에 해당하는 자는 다음 사항을 모두 기재한 보고서로 주식등의 보유 또는 변동이 있었던 분기의 다음 달 10일까지 보고할 수 있다(令 154조④).

1. 보고하여야 할 사유가 발생한 날의 보유 상황 및 변동 내용
2. 주식등을 대량보유(법 제147조 제1항에 따른 대량보유)하게 된 자("대량보유자")와 그 특별관계자에 관한 사항
3. 보유 주식등의 발행인(법 제148조에 따른 발행인)에 관한 사항

(나) 금융위원회가 정하여 고시하는 자

전문투자자 중 보고내용과 보고시기 등을 달리 정할 필요가 있는 자로서 금

107) 서울남부지방법원 2021. 3. 23. 선고 2019노1760 판결. 즉, ① 단순히 보유 주식 수(보유 상황)에만 변동이 있는 경우에는 그 변동이 있었던 달의 다음 달 10일까지 이를 보고하면 되지만, ② 주식의 보유 목적이나 보유 형태, 보유 주식등에 대한 신탁·담보계약 등 주요계약 내용에 변동이 생긴 경우라면 '그 변동일로부터 5일 이내'에 보고를 해야 한다.

108) [증권발행공시규정 3-14조(보고특례 적용 전문투자자)] 영 제154조 제2항에서 "보고내용과 보고시기 등을 달리 정할 필요가 있는 자"란 시행령 제10조 제2항 제9호, 제3항 제1호부터 제8호까지, 제10호부터 제13호까지 중 어느 하나에 해당하는 자로서 경영권에 영향을 미칠 목적이 없는 자를 말한다.

융위원회가 정하여 고시하는 자(슈 154조②4)는 다음과 같이 보고할 수 있다(슈 154조⑤).[109]

1. 보유 목적이 법 제148조에 따른 발행인[110]의 경영권에 영향을 주기 위한 것인 경우에는 제3항 제1호 가목부터 다목의 사항을 모두 기재한 보고서로 보고할 수 있다.
2. 보유목적이 법 제148조에 따른 발행인의 경영권에 영향을 주기 위한 것이 아닌 경우에는 다음과 같이 보고할 수 있다.
   가. 단순투자 목적인 경우: 다음의 사항을 모두 기재한 보고서로 보고하되, 주식등의 보유 또는 변동이 있었던 분기의 다음 달 10일까지 보고할 것
      1) 시행령 제154조 제4항 각 호의 사항
      2) 보유목적
      3) 주식등의 보유기간 동안 주식등의 수와 관계없이 보장되는 권리의 행사 외의 행위를 하지 아니하겠다는 확인
   나. 단순투자 목적이 아닌 경우: 다음의 사항을 모두 기재한 보고서로 보고하되, 주식등의 보유 또는 변동이 있었던 달의 다음 달 10일까지 보고할 것
      1) 시행령 제154조 제4항 각 호의 사항
      2) 보유목적

Ⅶ. 변경보고

1. 보고사유

변경보고의 보고사유는 보유목적(단순투자목적과 경영참가목적)의 변경과 보유주식등에 관한 주요계약내용 등 대통령령으로 정하는 중요한 사항의 변경이다(法 147조④).[111]

---

109) 종래에는 경영권 영향 목적이 없는 경우에는 단순투자 목적 여부를 구별하지 않고 그 변동이 있었던 분기의 다음 달 10일까지 그 변동내용을 보고할 수 있었는데, 2020년 1월 시행령 개정시 경영권 영향 목적은 없으나 적극적인 유형의 주주활동(이익배당, 지배구조 개선 관련 주주활동)을 하는 경우에는 (소위 일반투자) 단순투자의 경우보다 공시의무를 강화하였다.

110) 법 제148조는 "해당 주식등의 발행인(대통령령으로 정하는 주식등의 경우에는 대통령령으로 정하는 자를 말한다)"라고 규정하는데, "대통령령으로 정하는 자"는 다음과 같다(슈 156조).
   1. 교환사채권의 경우에는 교환의 대상이 되는 주식등의 발행인
   2. 파생결합증권의 경우에는 그 기초자산이 되는 주식등의 발행인
   3. 증권예탁증권의 경우에는 그 기초가 되는 주식등의 발행인

111) 과거에 경영참가목적으로 보고를 한 뒤 시세차익을 얻기 위한 시세조종행위를 하거나, 보유목적을 단순투자 목적이라고 공시한 후 경영참여행위를 함으로써 5% Rule의 규제의 허점을 악용하는 사례가 발생하고, 나아가, 보유목적을 변경하지 않은 채 경영참여행위를 하는 사

"주요계약내용 등 대통령령으로 정하는 중요한 사항"이란 다음과 같은 사항을 말한다(令 155조).

1. 보유목적[112]
2. 보유 주식등에 대한 신탁·담보계약, 그 밖의 주요계약 내용(해당 계약의 대상인 주식등의 수가 그 주식등의 총수의 1% 이상인 경우만 해당)
3. 보유 형태(소유와 소유 외의 보유 간에 변경이 있는 경우로서 그 보유 형태가 변경되는 주식등의 수가 그 주식등의 총수의 1% 이상인 경우만 해당)[113]
4. 단순투자 목적 여부

경영참가목적은 반드시 확정적일 필요가 없다고 해석한 하급심판례도 있다.[114]

2. 보고시기

변경보고는 보고사유 발생일로부터 5일내에 해야 한다(法 147조④).[115]

Ⅷ. 발행인에 대한 송부 및 공시

1. 대량보유보고서 등의 발행인에 대한 송부

주식등의 대량보유, 변동, 변경 등을 보고한 자는 지체 없이 그 사본을 해당 주식등의 발행인(대통령령으로 정하는 주식등의 경우에는 대통령령으로 정하는 자)에게 송부해야 한다(法 148조).[116] "대통령령으로 정하는 주식등의 경우에는 대통령

례도 많았다. 이에 2005년 1월 증권거래법 개정시 보유목적의 변경도 보고의무의 대상으로 명시하였고, 경영참가목적으로 주식을 취득하거나 보유목적을 변경한 경우 보고일부터 5일 동안 추가취득 및 의결권 행사를 금지하는 냉각기간제도가 도입되었다. 자본시장법은 증권거래법의 규정과 거의 동일하게 규정한다.

112) 보유목적은 언제든지 자유롭게 변경할 수 있는데, 단순투자목적에서 경영참가목적으로의 변경 또는 그 반대 방향의 변경 모두 변경보고의 대상이다.

113) 주식을 대여하면 소유에서 보유로, 주식매수선택권을 행사하면 보유에서 소유로 보유형태가 변경된다.

114) 서울행정법원 2008. 9. 5. 선고 2008구합23276 판결.

115) 특례대상 전문투자자의 경우 신규보고와 변동보고는 분기의 다음 달 10일까지 보고하면 되고, 변경보고는 다른 투자자들과 마찬가지로 보고사유 발생일로부터 5일이다. 자본시장법 시행 당시에는 보유목적이나 보고의무자에 대한 특례규정과 같이 변경이 있었던 달의 다음달 10일까지 보고하면 되었으나, 변경보고에 대한 특례는 둘 필요성이 없다는 지적에 따라 2009년 7월 시행령 개정시 이와 같은 보고시기에 대한 특례가 제외되었다.

116) 구 증권거래법은 발행인에 대한 사본송부의무를 규정하지 않았으나, 자본시장법은 상시 공시자료를 검색하여야 하는 발행인의 부담을 덜어주기 위하여 사본송부의무를 신설하였다.

령으로 정하는 자"란 다음과 같은 자를 말한다(令 156조). 이러한 증권들의 발행인과 교환 또는 기초가 되는 증권의 발행인이 다를 수 있기 때문이다.

1. 교환사채권의 경우에는 교환의 대상이 되는 주식등의 발행인
2. 파생결합증권의 경우에는 그 기초자산이 되는 주식등의 발행인
3. 증권예탁증권의 경우에는 그 기초가 되는 주식등의 발행인

2. 보고서 등의 공시

금융위원회 및 거래소는 주식등의 대량보유, 변동, 변경 등에 관하여 제출받은 보고서를 3년간 비치하고, 인터넷 홈페이지 등을 이용하여 공시해야 한다(法 149조).

Ⅸ. 냉각기간

1. 의 의

주식등의 보유목적을 발행인의 경영권에 영향을 주기 위한 것으로 보고하는 자는 그 보고하여야 할 사유가 발생한 날(신규 또는 추가 취득 및 보유목적의 변경일)부터[117] 보고한 날 이후 5일(공휴일, 근로자의 날, 토요일 제외)까지[118] 그 발행인의 주식등을 추가로 취득하거나 보유 주식등에 대하여 그 의결권을 행사할 수 없다(法 150조②). 이를 냉각기간(cooling period)이라고 한다. 5일의 보고기한을 이용하여 추가로 주식등을 취득하거나, 이미 보유하고 있던 주식등의 보유목적을 경영권에 영향을 주기 위한 것으로 변경한 후 즉시 의결권 행사를 함으로써 경영진의 방어 기회를 박탈하는 행위를 방지하기 위한 제도이다.

보유목적이 경영권에 영향을 주기 위한 신규보고 및 경영권에 영향을 줄 목적의 변경보고(단순투자목적에서 경영참가목적으로의 변경)에 냉각기간이 적용된다. 변동보고에도 냉각기간이 적용되는지에 대하여 논란이 있는데,[119] 냉각기간은 인

117) 구 증권거래법 제200조의3 제2항은 보고일부터 5일간의 냉각기간을 규정하였으므로, 보고기간 중에 주주총회가 개최되는 경우 의결권 행사가 제한되지 않는다는 문제점이 있었다. 이에 자본시장법은 "보고하여야 할 사유가 발생한 날부터" 보고한 날 이후 5일까지의 냉각기간을 규정함으로써 의결권행사제한 개시일을 앞당겼다.

118) 따라서 예컨대 4월 29일 경영참가를 목적으로 5% 이상의 지분을 장내매수하고 5월 6일 보고서를 제출한 경우 5월 8일이 토요일이고 9일이 일요일이면 냉각기간은 4월 30일부터 5월 13일까지이다.

수합병 시도의 대상이 되는 회사에 방어대책을 강구할 수 있는 최소한의 시간을 부여하여 은밀한 주식매입을 통한 불의의 타격을 방지하고자 하는 데 그 목적이 있고, 법문상으로도 "주식등의 보유 목적을 발행인의 경영권에 영향을 주기 위한 것으로 보고하는 자"라고 규정하므로, 냉각기간은 보유목적을 경영참가로 하여 신규보고를 하거나 보유목적을 단순투자 등에서 경영참가로 변경하여 보고하는 경우에만 적용되고 그 이외에 단순 지분변동보고에는 적용되지 않는 것으로 해석하는 것이 타당하다. 같은 취지의 하급심 판례도 있다.[120]

2. 냉각기간 위반의 효과

냉각기간 중 추가취득 금지를 위반하고 주식등을 추가로 취득한 자는 그 추가 취득분에 대하여 그 의결권을 행사할 수 없으며, 금융위원회는 6개월 이내의 기간을 정하여 그 추가 취득분의 처분을 명할 수 있다(法 150조③). 의결권 행사가 제한되는 주식등의 범위는 신규보고와 보유목적 변경보고의 경우에는 그 보유 주식등 중 5% 이상에 해당되는 부분이고, 변동보고의 경우에는 해당 변동분이다.

X. 조사 및 정정명령

1. 조 사 권

금융위원회는 투자자 보호를 위하여 필요한 경우에는 주식등의 대량보유, 변동, 변경 등의 보고서를 제출한 자, 그 밖의 관계인에 대하여 참고가 될 보고

---

119) (지분변동보고에도 적용된다는 견해) 김정수, 749면; 이상복, 1229면. (지분변동보고에는 적용되지 않는다는 견해) 김건식·정순섭, 356면; 이철송, "대량보유보고제도의 엄격해석론", 증권법연구 제12권 제2호, 한국증권법학회(2011), 206면. 금융감독원과 거래소의 실무도 변동보고의 경우 냉각기간을 적용하지 않는다[금융감독원, "기업공시실무안내"(2022.12), 390면; 한국거래소, "증권시장의 지분공시 및 불공정거래 규제제도 해설"(2019. 12), 33면].

120) 서울중앙지방법원 2010. 3. 17.자 2010카합521 결정. 인수합병 시도가 최초로 이루어질 때 냉각기간을 부여함으로써 위 조항의 목적은 충분히 달성될 수 있고, 그 이후 대량주식보유 상황에 관한 보고가 있을 때마다(특히 보고의 종류를 가리지 않고 냉각기간이 설정된다는 신청인 주장에 의하면 주식의 담보제공 등과 같이 지분율 변동과 관계없는 보고 이후에도 일정 기간 주식 취득이 금지되는 부당한 결과가 초래된다) 냉각기간이 반복적으로 설정되는 것은 공격 대상 회사의 현 경영진에게만 일방적으로 유리하여 경영권 분쟁 발생시 공정한 경쟁 환경을 조성하려는 입법취지에 반하게 된다고 판시하였다.

또는 자료의 제출을 명하거나, 금융감독원장에게 그 장부·서류, 그 밖의 물건을 조사하게 할 수 있다. 이 경우 증권신고서에 관한 제131조 제2항을 준용한다(法 151조①).

2. 정정명령 및 조치권

금융위원회는 제출된 보고서의 형식을 제대로 갖추지 아니한 경우 또는 그 보고서 중 중요사항에 관하여 거짓의 기재 또는 표시가 있거나 중요사항의 기재 또는 표시가 누락된 경우에는 그 이유를 제시하고 그 보고서의 정정을 명할 수 있으며, 필요한 때에는 거래를 정지 또는 금지하거나 대통령령으로 정하는 조치를 할 수 있다(法 151조②).

"대통령령으로 정하는 조치"란 다음과 같은 조치를 말한다(令 159조).

1. 임원에 대한 해임권고
2. 법을 위반한 경우에는 고발 또는 수사기관에의 통보
3. 다른 법률을 위반한 경우에는 관련기관이나 수사기관에의 통보
4. 경고 또는 주의

XI. 보고의무위반에 대한 제재

1. 의결권제한과 처분명령

(1) 의 의

자본시장법이 규정하는 보고의무를 이행하지 않은 자 또는 중요한 사항(令 157조)을 거짓으로 보고하거나 그 기재를 누락한 자는 대통령령으로 정하는 기간 동안 의결권 있는 발행주식총수의 5%를 초과하는 부분 중 위반분에 대하여 그 의결권을 행사할 수 없고, 금융위원회는 6개월 이내의 기간을 정하여 그 위반분의 처분을 명할 수 있다(法 150조①).[121]

"대통령령으로 정하는 중요한 사항"이란 각각 다음과 같은 것을 말한다(令 157조).[122]

---

121) 의결권제한과 처분명령 사유는 중요한 사항을 거짓으로 보고하거나 그 기재를 누락한 경우인데, 취득자금은 시행령 제157조 각 호가 규정하지 아니하므로 취득자금에 관한 허위기재는 의결권제한사유가 아니라는 하급심결정도 있다(서울서부지방법원 2017. 11. 2.자 2017카합50538 결정).

1. 대량보유자와 그 특별관계자에 관한 사항
2. 보유목적
3. 보유 또는 변동 주식등의 종류와 수
4. 취득 또는 처분 일자
5. 보유 주식등에 관한 신탁·담보계약, 그 밖의 주요계약 내용

(2) 의결권제한

(가) 제한범위

의결권 있는 발행주식총수의 5%를 초과하는 부분 중 위반분에 대하여 그 의결권을 행사할 수 없다.[123)]

특별관계자가 보유한 주식에 관하여는, 주식보유자 각자에게 보고의무가 부여되는 것이고 법적인 의결권 행사주체도 주식보유자 각자이므로, 보고의무 위반에 따른 의결권 제한 등 제재의 대상은 보고의무를 부담하는 주식보유자 각자가 보유한 주식을 의미하고 다른 특별관계자의 주식은 포함되지 않는다.

의결권 행사는 금융위원회의 처분이 없이도 대량보유보고규정을 위반한 날부터 자동적으로 금지된다. 제한되는 것은 의결권뿐이고, 그 외의 주주권은 존속한다.[124)]

(나) 제한기간

의결권 행사 제한기간은 다음과 같다(令 158조).

1. 고의나 중과실로 자본시장법 제147조 제1항·제3항·제4항에 따른 보고를 하지 아니한 경우 또는 제157조 각 호의 사항을 거짓으로 보고하거나 그 기재를 빠뜨린 경우에는 해당 주식등의 매수등을 한 날부터 그 보고(그 정정보고 포함)를 한 후 6개월이 되는 날까지의 기간

122) 구 증권거래법 제200조의3 제1항은 제200조의2 제4항의 목적변경보고의무를 위반한 경우를 제재의 대상에 포함시키지 않았다. 이는 목적변경에 대한 보고의무를 신설하면서 이를 반영하지 않았기 때문인데, 자본시장법은 모두 제재대상에 포함시켰다.

123) 법문은 "이상" 대신 "초과"라는 용어를 사용하고 있지만 5% 이상 보유가 보고의무의 요건이므로 엄밀하게는 5% 이상 중 위반분이 의결권 제한 대상이다. 다만, 실제로는 단 1주의 차이에 불과하다.

124) 의결권제한주식의 수는 보통결의 및 특별결의의 결의요건 중 발행주식총수나 출석한 주주의 의결권의 수에 산입하지 않는다. 다만 회사의 정관에 상법상 의결정족수 요건에 추가하여 성립정족수 요건으로 발행주식의 총수의 일정한 수가 출석할 것을 규정한 경우에는 위 의결권을 행사할 수 없는 주식의 수는 성립정족수에 관한 발행주식의 총수에는 산입한다는 점은 공개매수규정 위반의 경우와 같다.

2. 자본시장법 및 동법 시행령, 그 밖의 다른 법령에 따라 주식등의 대량보유상황이나 그 변동·변경내용이 금융위원회와 거래소에 이미 신고되었거나, 정부의 승인·지도·권고 등에 따라 주식등을 취득하거나 처분하였다는 사실로 인한 착오가 발생하여 자본시장법 제147조 제1항·제3항·제4항에 따른 보고가 늦어진 경우에는 해당 주식등의 매수등을 한 날부터 그 보고를 한 날까지의 기간

시행령 제158조는 제1호에서 고의나 중과실, 허위보고 등의 경우에는 그 보고나 정정보고를 한 후 6개월이 되는 날까지의 기간, 제2호에서 금융위원회와 거래소에 이미 신고되었거나, 정부의 승인에 따른 취득·처분 사실로 인한 착오 등으로 지연보고를 한 경우에는 해당 주식등의 매수등을 한 날부터 그 보고를 한 날까지의 기간과 같이 보고의무 위반사유의 중요도에 따라 의결권제한기간을 차등적으로 규정한다. 행위자가 보고의무 관련 법령을 인지하고 있는 상황에서 제2호에 해당하는 사정이 없는 경우에는 다른 특별한 사정이 없는 한 제1호의 중과실에 의한 보고의무 위반으로 인정될 것이다.[125]

제2호의 사유로서, 보고의무자가 임원등의 주식대량보유상황보고에 따라 신고한 경우가 이미 신고된 경우라 할 수 있는데 금융위원회나 거래소 중 어느 한 곳에만 신고한 경우에는 적용되지 않는다. 또한 금산법이나 은행법상 주식취득에 대한 금융위원회의 승인을 받은 경우가 정부의 승인에 따른 취득·처분 사실로 인한 착오에 해당할 것이다. 제2호에 해당하는 사정이 있더라도 시행령 제157조가 규정하는 사항에 대하여 허위기재나 누락이 있으면 제1호가 적용된다.

㈐ 제한방법

처분명령과 달리 금융위원회의 조치가 없어도 법률에 의하여 자동적으로 의결권이 제한된다는 점과, 의결권제한을 주장하는 방법 등은 공개매수규정 위반의 경우와 같다.[126]

---

125) [서울남부지방법원 2021. 3. 23. 선고 2019노1760 판결] "이미 여러 차례 연명보고의 형식으로 주식의 대량보유 및 변동 상황에 관한 보고를 하여 왔던 피고인이 2013. 12. 24.경의 유상증자로 변동보고를 해야 하는 상황을 분명히 인식하였음에도 보고기한 내에 이를 하지 않았다면 미필적으로나마 범행의 고의가 있었다고 할 것이고, 보고기한을 하루 넘겼다는 사정만으로 이를 과실에 의한 것으로 볼 것은 아니다." (대법원 2023. 2. 2. 선고 2021도4152 판결에 의하여 상고기각으로 확정).

126) 의결권 행사금지 위반은 의결권이 행사된 주주총회 결의의 효력을 다투는 소송에서 보고의무위반을 주장하는 당사자가 의결권제한을 주장할 수 있다. 의결권제한을 주장하는 당사자는 사전에 법원에 의결권 행사금지가처분 등을 신청할 수도 있다. 다만 실제로는 회사(경영진)측은 주주총회의 진행절차에서 의결권을 부인하면 되므로 회사측이 의결권 행사금지가처분

(3) 처분명령

금융위원회는 보고의무자에 대하여 6개월 내의 기간을 정하여 보고의무 위반분에 대한 처분을 명할 수 있다(法 150조① 후단). 다만 처분명령에 대하여 헌법상 보장된 재산권을 고려하여 원칙적으로는 처분을 명하지 않고 극히 예외적인 경우에만 처분을 명하여야 할 것이다.[127] 자본시장법상 처분방법에 관하여는 아무런 제한이 없으므로 장내처분과 장외처분이 모두 가능한 것으로 보이지만, 제도의 취지상 금융위원회가 처분명령을 하면서 특정인이 매수할 수 없도록 처분방법을 제한할 수 있다고 본다.[128] 한편, 보고의무 위반자가 처분명령을 받고 처분을 하면서 동시에 주식을 재매수하면 처분명령의 실효성이 없게 되고 오히려 의결권을 즉시 행사할 수 있게 되므로,[129] 처분명령과 매수금지명령을 함께 할 수 있는지 여부가 문제된다. 매수를 금지할 명문의 규정이 없고 보고의무 위반자 외의 자도 매수를 할 수 있으므로 현행법의 해석론상으로는 매수금지명령은 허용되지 않는다고 보아야 한다.[130][131]

을 신청할 필요는 없고, 오히려 보고의무위반을 다투는 당사자가 의결권 행사허용가처분을 신청하는 예가 있다. 2002년과 2003년에 걸친 KCC의 현대엘리베이터 주식에 대한 보고의무 위반 사건에서, KCC측은 의결권 행사허용가처분신청, 현대엘리베이터측은 의결권 행사금지가처분신청 등을 한 사례가 있다.

127) 현대엘리베이터 주식에 대한 보고의무 위반사건에서 증권선물위원회가 2004년 2월 KCC 계열사의 대량보유(변동)보고의무 위반사건에서 100일 내에 장내에서 매각하도록 하는 처분명령을 하면서, 신고대량매매나 시간외매매 등 특정인과의 거래가 아닌 불특정다수에게 주식을 매각하도록 명령한 사례가 있다. 처분명령 대상주식은 정 명예회장이 사모펀드를 통해 보유하고 있는 지분 12.91%와 KCC 계열사가 보유중인 뮤추얼펀드 지분 7.87% 등 총 20.78%, 148만1855주이다.

128) 현대엘리베이터 주식에 대한 보고의무 위반사건에서 내려진 처분명령도 장내매각으로 처분하되, 나아가 신고대량매매나 시간외매매 등 특정인과의 거래가 아닌 불특정다수에게 주식을 매각하도록 하는 조건이었다.

129) 특히 고의나 중과실로 보고의무를 위반한 경우 정정보고 후 6개월이 되는 날까지의 기간 동안 의결권이 제한되는데, 처분명령에 따라 처분을 하면서 다시 매수하여 적법하게 보고의무를 이행하면 바로 의결권을 행사할 수 있게 된다. 처분명령 없이 위반자가 스스로 처분하고 재매수하는 경우도 의결권제한을 피할 수 있는 방법이지만 이는 자의적인 처분이므로 규제할 수 없는 것이고, 처분명령의 경우와 같은 차원에서 볼 수는 없을 것이다.

130) 현대엘리베이터 주식에 대한 보고의무 위반사건에서 증권선물위원회가 처분명령을 하였으나, KCC는 처분명령 바로 다음 날 현대엘리베이터 주식 57만1500주에 대하여 매수가격은 주당 7만원, 청약기간은 2003. 2. 18.부터 4. 13.까지로 하여 공개매수를 발표하였고, 관련 당사자들이 법원에 의결권 행사허용가처분신청, 의결권 행사금지가처분신청 등 법적 공방이 계속되었다. KCC의 공개매수 결과 경쟁율이 1.56대 1이어서 KCC는 주당 0.6288주 비율로 매수한 일이 있다.

131) 처분자의 재취득금지에 반대하는 견해로는, 이철송, "대량보유보고제도의 엄격해석론", 증

(4) 의결권제한 및 처분명령의 대상

공개매수의 경우와 달리, 보고의무위반으로 인한 의결권제한과 처분명령의 대상은 "5%를 초과하는 부분 중 위반분"이다.[132] 위반의 대상이 되는 것은 보고의무이므로 위반분은 보고의무를 위반한 부분을 의미한다. 한편, 변동보고 중 주식 처분 등으로 인하여 지분이 1% 이상 감소하였으나 변동보고의무를 위반한 경우 처분한 지분만 위반분에 해당하는데, 이미 처분된 주식에 대한 의결권제한이나 처분명령은 무의미하므로 변동보고의 경우 지분율이 증가한 경우에만 의결권제한이나 처분명령이 적용된다.[133]

2. 손해배상책임

일반투자자가 보고의무자의 보고의무위반을 이유로 자본시장법 제147조의 규정에 기하여 직접 손해배상을 청구할 수는 없고, 민법 제750조의 불법행위책임 요건을 충족하면 이에 기한 손해배상을 청구할 수는 있다.

3. 형사책임

주식등의 대량보유 등의 보고서류 또는 금융위원회의 정정요구에 따른 정정보고서 중 대통령령으로 정하는 중요한 사항에 관하여 거짓의 기재 또는 표시를 하거나 중요한 사항을 기재 또는 표시하지 아니한 자는 5년 이하의 징역 또는 2

권법연구 제12권 제2호, 한국증권법학회(2011), 207면 참조. 한편 이와 달리 의결권이 제한되는 기간까지 재취득을 금지하거나 새로 취득한 주식에 대해서도 원래의 의결권제한기간 동안 의결권을 제한할 수 있도록 입법할 필요가 있다는 견해도 있다[유석호, "주식등의 대량보유상황보고 관련 법적 쟁점과 과제", 증권법연구 제6권 제2호, 한국증권법학회(2005), 107면]. 대량보유보고제도의 실효성을 고려한 것이지만, 처분명령 자체가 위헌의 소지가 있으므로 매우 제한적으로 운용하여야 하는 제도인데, 여기서 더 나아가 입법적으로 처분주식의 재취득을 금지하거나 재취득주식의 의결권을 제한한다면 위헌의 가능성이 훨씬 커질 것이다.

132) 신규보고나 변동보고 중 기존 주식 전체에 관련된 변동사유(보유목적 변경, 주식 전체에 대한 담보 설정 등)가 있는 경우에는 보고의무자가 보유한 주식 전체가 보고의무의 대상이 되나 단순한 지분율 변동으로 인한 변동보고의 경우에는 전체 주식이 아니라 종전 보고 이후 변동된 부분만이 보고의무의 대상이다. 예컨대 6% 주식을 보유하게 되어 신규보고를 이행한 주주가 그 후 보유목적 등의 변경 없이 추가로 3%의 지분을 취득하면, 당해 3%의 주식만이 보고의무의 대상이다. 이때 변동보고를 하지 않은 경우 보고의무를 위반한 부분, 즉 위반분은 추가 취득한 3%의 주식이다.

133) 앞에서 본 바와 같이 보고의무 위반에 대한 의결권제한과 처분명령은 지분 증가에만 적용되고 지분 감소에는 적용되지 않지만, 자본시장법상 보고의무 위반에 대한 형사벌칙규정(法 444조 18호, 445조 20호)은 지분 감소의 경우에도 보고의무를 강제하는 효과가 있다.

억원 이하의 벌금에 처한다(法 444조 18호). 주식등의 대량보유, 변동, 변경보고의무를 이행하지 아니한 자는 3년 이하의 징역 또는 1억원 이하의 벌금에 처한다(法 445조 20호). 금융위원회의 처분명령을 위반한 자와 금융위원회의 조치를 위반한 자에 대하여는 1년 이하의 징역 또는 3천만원 이하의 벌금에 처한다(法 446조 24호, 26호). 실제로는 개인투자자들이 법규에 대한 무지로 인하여 보고의무를 위반하는 사례가 많은데, 실무상으로는 고의성이 없는 경우에는 주의나 경고만 받고 형사처벌 대상이 되는 경우는 많지 않다. 보고의무 위반으로 형사처벌의 대상이 되는 경우는 대개는 다른 규정(불공정거래에 관한 규정 등)위반이 있을 때이다.

보고의무 위반으로 인한 자본시장법 위반죄는 구성요건이 부작위에 의해서만 실현될 수 있는 진정부작위범에 해당하므로, 보고의무자와 공통된 의무가 부여되어 있지 않은 경우 보유보고 의무자의 위반행위에 공모가담하더라도 자본시장법 제445조 제20호 위반죄의 공동정범은 성립할 수 없다.[134)]

보고의무위반과 관련하여 공소시효의 기산점이 문제되는데, 보고의무에 있어서 보고하지 않은 지분변동(취득 또는 처분) 자체가 위법이 아니라 그 지분변동에 대한 보고불이행이 위법행위이다(5일이 경과한 후에는 보고의무가 소멸한 것이 아니라 이미 보고의무위반죄라는 범죄행위가 종료되었고 다만 그 위법상태만 계속되는 것이고, 그 후 1% 이상 지분변동이 생기면 또 하나의 새로운 범죄행위가 성립). 따라서 공소시효는 범죄가 종료된 시점인 보고의무위반시점부터 기산한다.

4. 과징금

금융위원회는 다음과 같은 경우 해당 주권상장법인이 발행한 주식의 대통령령으로 정하는 방법에 따라 산정된 시가총액의 10만분의 1(5억원을 초과하는 경우에는 5억원)을 초과하지 않는 범위에서 과징금을 부과할 수 있다.[135)]

---

134) [대법원 2022. 1. 13. 선고 2021도11110 판결] "주권상장법인의 주식 등 변경 보고의무 위반으로 인한 자본시장법 위반죄는 구성요건이 부작위에 의해서만 실현될 수 있는 진정부작위범에 해당한다. 진정부작위범인 주식 등 변경 보고의무 위반으로 인한 자본시장법 위반죄의 공동정범은 그 의무가 수인에게 공통으로 부여되어 있는데도 수인이 공모하여 전원이 그 의무를 이행하지 않았을 때 성립할 수 있다(대법원 2008. 3. 27. 선고 2008도89 판결, 대법원 2009. 2. 12. 선고 2008도9476 판결, 대법원 2021. 5. 7. 선고 2018도12973 판결 참조)."

135) 과징금은 위반행위가 있었던 때부터 5년이 경과하면 이를 부과할 수 없다(法 429조⑤).

1. 제147조 제1항·제3항 또는 제4항을 위반하여 보고를 하지 아니한 경우
2. 보고서류(法 147조) 또는 정정보고서(法 151조②) 중 대통령령으로 정하는 중요한 사항에 관하여 거짓의 기재 또는 표시를 하거나 중요한 사항을 기재 또는 표시하지 아니한 경우

제 3 절 의결권 대리행사권유

Ⅰ. 총 설

1. 의결권 대리행사권유의 의의

의결권 대리행사란 주주가 주주총회에 직접 출석하여 질문과 토론을 거쳐 표결에 참가할 수 없는 경우에 대리인으로 하여금 의결권을 행사할 수 있게 하는 것으로서, 의결권의 행사에 관심이 없는 소수주주의 의사를 총회의 결의에 반영시켜 임원·대주주 등의 전횡으로부터 주주를 보호하고 동시에 회사로 하여금 용이하게 정족수를 갖추게 하기 위하여 필요한 제도이다. 의결권 대리행사권유(proxy solicitation)란 회사의 경영진 또는 주주가 주주총회에서 다수의 의결권을 확보할 목적으로 다수의 주주들에게 위임장 용지를 송부하여 의결권 행사의 위임을 권유하는 행위를 말한다. 주식회사는 그 규모의 대형화와 경영의 전문화에 따라 경영과 자본이 분리되고 주식이 다수의 주주에게 분산되어 왔으며, 특히 대형공개회사의 경우 일반소액주주들은 주주총회에 직접 참석하는 예가 거의 없어 주주총회에서의 결의가 이루어지려면 이들 소액주주들의 의결권을 누군가가 대리행사하여야 하므로 의결권 대리행사 및 그 권유제도가 필요하게 된 것이다.

2. 도입과정

의결권 대리행사권유에 관하여 과거에는 "주주는 대리인으로 하여금 그 의결권을 행사하게 할 수 있다. 이 경우에는 그 대리인은 대리권을 증명하는 서면을 총회에 제출해야 한다."라는 상법 제368조 제3항의 규정 외에는 이를 규제하는 제도가 없었는데, 1976년 증권거래법 개정시 의결권 대리행사권유에 대한 제한규정이 신설되었다. 우리나라에서는 의결권 대리행사는 널리 활용되나 대주주

의 지분율이 높고, 특히 계열회사 간의 상호주형태로 주식이 보유되고 있어 경영권이 외국에 비하여 안정되어 있기 때문에 의결권 대리행사를 위한 권유제도는 별로 이용되어 오지 않았다. 그러나 적대적 기업인수가 활성화되면 주식을 취득하는 방법 외에 위임장경쟁(proxy contest)이 활성화될 것이 예상되고, 또한 주식이 일반 투자자에게 널리 분산될수록 의결권 대리행사권유제도의 중요성이 높아질 것으로 보인다.

3. 의결권 대리행사권유자

(1) 권유방법

상장주권(그 상장주권과 관련된 증권예탁증권 포함)의 의결권 대리행사권유를 하고자 하는 자("의결권권유자")는 그 권유에 있어서 그 상대방("의결권피권유자")에게 대통령령으로 정하는 방법에 따라 위임장 용지 및 참고서류를 교부해야 한다(法 152조①).[136)137)] 다만 국가기간산업 등 국민경제상 중요한 산업을 영위하는 법인으로서 대통령령으로 정하는 상장법인("공공적 법인")의 경우에는 그 공공적 법인만이 그 주식의 의결권 대리행사권유를 할 수 있다(法 152조③). 이는 공공적 법인의 경영권분쟁을 방지하고자 하는 취지이다.

(2) 대리인의 자격

대리인의 자격에는 원칙적으로 제한이 없으므로, 무능력자나 법인도 대리인이 될 수 있다. 대리인 자격을 주주로 제한하는 정관 규정의 효력에 관하여는 여러 견해가 있는데, ⅰ) 주주총회의 교란방지에 의한 회사이익을 보호할 필요가 있다는 점을 근거로 하는 유효설과, ⅱ) 의결권 대리행사는 상법이 인정한 주주

136) 구 증권거래법 제199조 제1항은 "누구든지 대통령령이 정하는 바에 의하지 아니하고는 상장주식 또는 코스닥상장 주식의 의결권의 행사를 자기 또는 타인에게 대리하게 할 것을 권유하지 못한다."고 규정하였는데, "… 권유하지 못한다."고 규정하지만, 이는 의결권 대리행사권유 자체를 금지하려는 취지가 아니라 상법이 규정하는 의결권 대리행사의 남용을 규제하려는 취지로 해석되었다. "누구든지"라고 규정되어 있으므로 경영진이나 주주가 아닌 제3자라도 주주총회의 목적사항과 특별한 이해관계를 가지고 있는 경우에는 의결권 대리행사권유가 허용된다.

137) 공공적 법인은 다음의 요건을 모두 충족하는 법인 중에서 금융위원회가 관계 부처장관과의 협의와 국무회의에의 보고를 거쳐 지정하는 법인으로 한다(令 162조).
1. 경영기반이 정착되고 계속적인 발전가능성이 있는 법인일 것
2. 재무구조가 건실하고 높은 수익이 예상되는 법인일 것
3. 해당 법인의 주식을 국민이 광범위하게 분산 보유할 수 있을 정도로 자본금 규모가 큰 법인일 것

의 권리로서 정관에 의한 제한은 허용되지 않는다는 무효설과, iii) 유효설을 원칙으로 하되, 법인주주가 그 임직원을, 개인주주가 그 가족을 대리인으로 선임하는 것은 총회교란의 우려가 없으므로 제한할 수 없다는 절충설이 있다. 판례는 절충설의 입장이다.[138] 주주가 소유한 전주식에 대하여 1인의 대리인을 선임해야 한다는 견해도 있지만, 의결권의 공동대리를 허용하는 견해가 일반적이다. 의결권불통일행사의 요건을 갖춘 경우에는 주식의 일부씩 여러 대리인에게 나누어 대리행사하게 할 수 있다.

(3) 발행인과 의결권권유자와의 관계

발행인이 의결권 대리행사의 권유를 하는 경우 발행인 아닌 의결권권유자는 그 발행인에 대하여 다음과 같은 행위를 할 것을 요구할 수 있다(法 152조의2①).[139] 발행인은 이러한 요구가 있는 경우에는 요구받은 날부터 2일[공휴일, 근로자의 날, 토요일은 제외(令 153조의2①)] 이내에 이에 응해야 한다(法 152조의2②).[140]

---

138) [대법원 2009. 4. 23. 선고 2005다22701, 22718 판결] "상법 제368조 제3항의 규정은 주주의 대리인의 자격을 제한할 만한 합리적인 이유가 있는 경우에는 정관의 규정에 의하여 상당하다고 인정되는 정도의 제한을 가하는 것까지 금지하는 취지는 아니라고 해석되는바, 대리인의 자격을 주주로 한정하는 취지의 주식회사의 정관 규정은 주주총회가 주주 이외의 제3자에 의하여 교란되는 것을 방지하여 회사 이익을 보호하는 취지에서 마련된 것으로서 합리적인 이유에 의한 상당한 정도의 제한이라고 볼 수 있으므로 이를 무효라고 볼 수는 없다. 그런데 위와 같은 정관규정이 있다 하더라도 주주인 국가, 지방공공단체 또는 주식회사 등이 그 소속의 공무원, 직원 또는 피용자 등에게 의결권을 대리행사하도록 하는 때에는 특별한 사정이 없는 한 그들의 의결권 행사에는 주주 내부의 의사결정에 따른 대표자의 의사가 그대로 반영된다고 할 수 있고 이에 따라 주주총회가 교란되어 회사 이익이 침해되는 위험은 없는 반면에, 이들의 대리권 행사를 거부하게 되면 사실상 국가, 지방공공단체 또는 주식회사 등의 의결권 행사의 기회를 박탈하는 것과 같은 부당한 결과를 초래할 수 있으므로, 주주인 국가, 지방공공단체 또는 주식회사 소속의 공무원, 직원 또는 피용자 등이 그 주주를 위한 대리인으로서 의결권을 대리행사하는 것은 허용되어야 하고 이를 가리켜 정관규정에 위반한 무효의 의결권 대리행사라고 할 수는 없다."

139) 두 가지 중 하나의 행위만 요구할 수 있다.

140) 발행인 자신이 의결권 대리행사권유를 할 수 있는지 여부에 대하여 논란이 있는데, 법인을 대리인으로 하든 자연인을 대리인으로 하든, 자기의 의사결정에 자기가 참여한다는 것은 논리적으로 모순이므로 허용되지 않고, 실제로 행하여지는 회사 명의의 의결권 대리행사권유는 법률상으로는 경영진에 의한 의결권 대리행사권유로 보아야 할 것이라는 견해가 있다(김건식·정순섭, 369면). 그러나, 회사라고 하여 항상 위임장권유를 할 수 없다고 볼 것은 아니고, 회사가 임직원을 통하지 않고 회사 자신이 직접 자기의 의사결정에 참여하여 주주의 대리인이 된다는 것은 불가능하므로 회사를 대리인으로 하여 의결권 대리행사권유를 하는 것은 허용될 수 없지만, 회사가 자연인을 대리인으로 하여 의결권 대리행사권유를 하는 것은 가능하다고 보아야 할 것이다. 발행인과 의결권권유자와의 관계에 관한 제152조의2도 "발행인이 의결권 대리행사의 권유를 하는 경우"를 규정하고 있으며, 위임장 용지 및 참고서류의 교부방법에 관한 자본시장법 시행령 제160조 제4호도 의결권권유자가 해당 상장주권의 발행인인

1. 발행인이 아닌 의결권권유자에 대하여 주주명부의 열람·등사를 허용하는 행위
2. 발행인이 아닌 의결권권유자를 위하여 그 의결권권유자의 비용으로 위임장 용지 및 참고서류를 주주에게 송부하는 행위

4. 의결권피권유자

자본시장법 시행령 제161조 제1호는 "해당 상장주권의 발행인(그 특별관계자를 포함)과 그 임원(그 특별관계자를 포함) 외의 자가 10인 미만의 의결권피권유자에게 그 주식의 의결권 대리행사권유를 하는 경우"를 자본시장법 제152조의 적용대상에서 제외한다.[141][142] 회사가 소유하는 자기주식은 의결권이 없으므로 회사는 당연히 피권유자가 될 수 없다. 일부 주주만을 상대로 하는 의결권 대리행사권유가 허용되는지 여부에 관하여, 회사(발행인) 또는 그 임원이 회사의 비용으로 권유하는 경우에는 주주평등원칙상 허용되지 않지만, 회사 아닌 제3자는 일부 주주만을 상대로 의결권 대리행사권유할 수 있다고 보아야 한다.[143] 일부의안을 대상으로 하는 권유의 허용 여부도 일반적으로 발행인이 권유하는 경우에는 원칙적으로 전체 의안을 대상으로 권유하여야 하고, 발행인 아닌 자가 권유하는 경우에는 일부 의안에 대하여 권유할 수 있다고 본다.[144]

경우에는 주주총회 소집 통지와 함께 보내는 방법도 규정한다.

141) 위임장규칙의 적용대상을 피권유자의 수만을 기준으로 정하면 그 10인 이상의 주주가 소유하는 주식수가 극히 미미한 경우에도 적용대상에 포함되므로 불필요한 규제가 된다. 따라서 일정한 보유지분도 기준에 포함시켜서, 예를 들어 10인 이상이면서 보유주식이 발행주식총수의 5% 이상인 경우로 적용대상을 제한하는 것이 바람직하므로, 입법적인 보완이 필요하다.

142) SEC Rule 14a－2에 의하면 적용이 제외되는 사유가 광범위하게 규정되어 있으므로 중요한 일부만 보면 다음과 같다. SEC Rules 14a－3 내지 14a－8, 14a－10 내지 14a－14는, ① 비경영진이 권유하였을 때에는 그 대상이 10인 미만인 경우(즉 대상이 10인 이상이면 그 중 아무도 위임장권유에 응하지 않았어도 적용대상이 된다. 그리고 경영진이 위임장권유를 하였을 때에는 그 대상이 단 1인이라도 적용대상이다), ② 주주와 사업상 관계있는 자가 그 주주에게 의결권 행사에 관한 조언을 하는 경우 등에는 적용되지 않고, SEC Rules 14a－3 내지 14a－14는, ① 주주가 위임장권유에 관한 합리적인 비용변상 외에 아무런 수수료나 대가를 받지 않고 위임장권유를 하는 경우, ② 브로커가 실질주주(beneficial owner)에게 의결권 행사에 대한 지시를 요청하거나, 실질주주가 주주명부의 명의자로부터 위임장 용지를 얻기 위하여 요청하는 경우, ③ 등록요건에 따른 공모 및 매출에 관련된 권유를 하는 경우, ④ 위임장 용지 및 참고서류를 취득할 수 있는 곳을 주주에게 알리는 의사표시와 발행인의 상호, 주주가 채택할 제안을 확인하는 것을 내용으로 하는 신문광고 등의 매체를 통한 권유 등의 경우에는 적용되지 않는다.

143) 김건식·정순섭, 370면.

144) 종래에 주주총회 목적사항 중 발행인의 요청에 의하여 예탁결제원이 중립적 의결권 행사(shadow voting)를 할 수 있는 사항에 대하여는 발행인도 일부 의안에 대한 의결권 대리행사

5. 의결권 대리행사권유의 개념

(1) 의 의

의결권 대리행사권유의 개념에 대하여 구 증권거래법은 명확한 정의규정을 두지 않았고 해석상 의결권을 목적으로 하는 일련의 권유활동 전부를 포함하는 것으로 보았다. 그러나 자본시장법은 규제대상을 명확히 하기 위하여, 의결권대리행사권유는 다음과 같은 행위를 말한다고 규정한다(法 152조②).

1. 자기 또는 제3자에게 의결권의 행사를 대리시키도록 권유하는 행위
2. 의결권의 행사 또는 불행사를 요구하거나 의결권 위임의 철회를 요구하는 행위
3. 의결권의 확보 또는 그 취소 등을 목적으로 주주에게 위임장 용지를 송부하거나, 그 밖의 방법으로 의견을 제시하는 행위

(2) 의결권 대리행사권유로 보지 않는 행위

(가) 취 지

의결권 대리행사권유의 범위를 지나치게 넓게 파악하면 주주들 간의 의견교환도 주주들의 수가 10인 이상이 되면 의결권대리행사권유에 해당하게 되고 그렇게 되면 자본시장법이 정한 절차에 소요되는 비용이 주주들에게 상당한 부담이 되어, 자칫하면 주주총회를 앞두고 주주들 간의 자유로운 의견교환이 억제되는 문제가 있다. 따라서 의결권 대리행사권유의 개념에 대하여 위임장의 취득을 목적으로 하지 않는 경우 등을 제외함으로써 불필요한 규제는 해소할 필요가 있다.

(나) 제외대상

이에 자본시장법은 "다만 의결권피권유자의 수 등을 고려하여 대통령령으로 정하는 경우에는 의결권 대리행사의 권유로 보지 아니한다."고 규정하고(法 152조② 단서), 대통령령이 규정하는 의결권대리행사권유로 보지 않는 행위는 다음과 같다(슈 161조).

1. 해당 상장주권의 발행인(그 특별관계자 포함)과 그 임원(그 특별관계자 포함) 외의 자가 10인 미만의 의결권피권유자에게 그 주식의 의결권 대리행사권유를 하는 경우[145]

권유가 가능하다고 해석하였다. 그러나, 발행인의 요청에 의한 예탁결제원의 의결권 행사제도는 당초 2015년부터 폐지될 예정이었으나, 일정한 조건 하에 제한된 사항에 대하여서 2017년말까지 3년간 폐지가 유예되었다가 2018년부터 완전히 폐지되었다.

2. 신탁, 그 밖의 법률관계에 의하여 타인의 명의로 주식을 소유하는 자가 그 타인에게 해당 주식의 의결권 대리행사권유를 하는 경우[146)]
3. 신문·방송·잡지 등 불특정 다수인에 대한 광고를 통하여 자본시장법 제152조 제2항 각 호의 어느 하나에 해당하는 행위를 하는 경우로서 그 광고내용에 해당 상장주권의 발행인의 명칭, 광고의 이유, 주주총회의 목적사항과 위임장 용지, 참고서류를 제공하는 장소만을 표시하는 경우[147)]

6. 권유대상 주식

자본시장법 제152조 제1항은 "상장주권(그 상장주권과 관련된 증권예탁증권 포함)의 의결권 대리행사의 권유"를 전제로 하므로 비상장회사의 주권에 대한 의결권 대리행사권유는 자본시장법의 규제가 적용되지 않고, 실제로도 주식분산이 되어 있지 아니하여 규제의 필요성도 없을 것이다. 또한 의결권대리행사권유이므로 상장회사의 주권이라도 상법상 의결권 없는 주식[148)]도 물론 적용대상이 아니다. 그리고 상장주권에 대한 위임장권유만 규제하였던 구 증권거래법과 달리 자본시장법은 그 상장주권과 관련된 증권예탁증권에 대한 위임장권유도 규제한다.[149)] 신탁 기타 법률관계에 의하여 타인의 명의로 주식을 소유하는 자가 그 타인에 대하여 해당 주식의 의결권 대리행사를 권유하는 경우도 규제의 필요성이 없으

145) 피권유자의 수가 10인 미만인 경우에는 일반적으로 권유제도의 남용이 문제되지 않기 때문이다. 회사의 직원이 권유하는 경우 개인적으로 권유하는 것이라면 적용대상에서 제외되지만 임원의 지시에 의하여 권유하는 것이면 제외되지 않는다. 발행인의 특별관계자에는 임원도 당연히 포함되므로(숙 8조 제2호 가목) 특별히 임원에 대한 규정을 둘 필요는 없다. 앞으로 정비되어야 할 부분이다. 한편 원래 자본시장법상 임원은 이사 및 감사를 말하므로(法 9조 ②), 상법 제401조의2 제1항 각 호의 자(업무집행지시자 등)는 임원으로서가 아니라 발행인의 특별관계자로서 제외대상이 된다. 발행인의 특별관계자의 범위가 매우 넓기 때문에 피권유자의 수가 10인 미만인 경우에도 발행인의 관계자의 권유는 대부분 의결권 대리행사권유에 해당한다.

146) 형식상은 의결권 대리행사권유이지만 실질주주가 의결권을 행사하기 위한 방법이므로 규제대상에서 제외하는 것이다. 실제로도 주식양수도계약시 주주명부폐쇄로 인하여 명의개서를 할 수 없는 경우에는 양수인이 양도인에게 위임장의 교부를 요구하여 의결권을 행사하는 예가 많다.

147) 이는 그 실질이 의결권 대리행사권유가 아니라 광고이고, 주주를 상대로 하는 것이 아니라 불특정 다수인을 상대로 하는 것이기 때문이다.

148) 상법상 의결권 없는 주식으로는, 자기주식(同法 369조②), 무의결권우선주(同法 370조), 특별이해관계인의 주식(同法 368조④), 회사, 모회사 및 자회사 또는 자회사가 다른 회사의 발행주식의 총수의 10분의 1을 초과하는 주식을 가지고 있는 경우 그 다른 회사가 가지고 있는 회사 또는 모회사의 주식(同法 369조③), 감사선임의 경우 3%를 초과하는 주식(同法 409조②) 등이 있다.

149) 그러나 해외기업의 증권예탁증권에 대한 위임장권유는 자본시장법의 규제대상이 아니다.

므로 규제대상에서 제외된다(令 161조 2호).

7. 의결권 대리행사의 법률관계

(1) 위임계약의 성립

권유자가 주주에게 위임장을 보냄으로써 의결권위임을 권유하는 것은 청약에 해당하고, 주주가 대리권을 수여하는 취지로 위임장을 다시 권유자에게 보내는 것은 승낙에 해당하여 이러한 청약과 승낙에 의하여 의결권 대리행사를 목적으로 하는 위임계약이 성립한다.[150]

(2) 주주의 의사에 반한 대리권행사

권유자는 위임장 용지에 나타난 의결권피권유자의 의사에 반하여 의결권을 행사할 수 없다(法 152조②). 그러나 대리인이 피권유자의 의사에 반하여 의결권을 행사하거나 의결권을 아예 행사하지 않은 경우에도, 의결권대리행사권유제도에 관한 규정이 효력규정이 아닌 단속규정이라는 점을 고려하여 주주와 대리인 간의 위임계약 위반으로 인한 손해배상문제만 발생할 뿐 그 의결권의 행사는 유효하고 주주총회결의의 효력에도 영향이 없다고 보아야 한다. 다만 발행인이 의결권대리행사권유자인 경우에는 주주의 의사를 알고 있었으므로 주주의 의사에 반한 의결권 행사는 무효이고(民法 130조), 주주총회결의취소의 사유가 된다고 보아야 할 것이다. 이렇게 되면 권유자가 발행인인지 여부에 따라 주주총회결의의 효력이 좌우된다는 문제는 있지만, 주주와 권유자(대리인) 간의 개인적인 계약위반으로 주주총회결의의 효력이 부인되는 것은 회사법상의 기본법리에 반하므로, 발행인이 권유한 경우에만 주주총회결의에 하자가 있는 것으로 보아야 한다.

(3) 상법상 규제

상법상 주주는 대리인으로 하여금 그 의결권을 행사하게 할 수 있다. 이 경우에는 그 대리인은 대리권을 증명하는 서면을 총회에 제출해야 한다(商法 368조③). 의결권 대리행사는 무제한적으로 인정되는 것은 아니고, 그 의결권 대리행사로 인하여 주주총회의 개최가 부당하게 저해되거나 혹은 회사의 이익이 부당하게 침해될 염려가 있는 등의 특별한 사정이 있는 경우에는 회사가 이를 거절할 수 있다.[151]

---

150) 김건식·정순섭, 372면.

151) [대법원 2001. 9. 7. 선고 2001도2917 판결] 【업무방해·방실수색】 "주주의 자유로운 의결권

8. 위임의 철회 및 종료

(1) 의 의

위임계약은 각 당사자가 언제든지 해지할 수 있으므로(民法 689조①), 주주는 대리인이 의결권을 행사하기 전에는 언제든지 의결권 대리행사를 위한 위임을 철회할 수 있다. 철회의 의사표시는 위임장소지인에게 통지함으로써 할 수도 있고, 다른 사람에게 다시 위임장을 교부하는 방법으로도 할 수 있다. 이와 같이 위임장철회에 있어서 특별한 방식이나 철회의 이유를 표시하는 것 등은 필요 없지만, 상대방에 대한 철회의 의사표시는 필요하다. 그러나 회사의 권유에 따라 주주가 위임장을 송부한 경우에는 상대방에 대한 직접적인 해지의 의사표시가 어렵기 때문에 주주 자신이 직접 주주총회 회의장소에 출석하여 투표함으로써 위임장철회의 의사표시를 하는 것처럼 위임자에 대하여 별도의 또는 개별적인 의사표시가 없어도 묵시적으로 위임장철회를 할 수 있다. 민법은 당사자의 일방이 부득이한 사유 없이 상대방의 불리한 시기에 위임계약을 해지한 때에는 그 손해를 배상해야 한다고 규정하지만(民法 689조②), 의결권 대리행사는 일반적으로 주주의 이익을 위해서만 있는 것이므로 주주총회결의의 성립 전에 적법하게 철회한다면 민법상의 손해배상책임이 발생할 여지가 실제로는 거의 없을 것이다.

(2) 철회불능위임장

민법상 위임계약은 각 당사자가 언제나 임의로 해지할 수 있으므로 해지권 포기약정은 무효로 보아야 한다. 따라서 위임장에 철회금지의 표시가 있더라도 위임인은 언제나 위임장을 철회할 수 있다.

(3) 주주의 사망 등

의결권 대리행사를 위임한 주주가 사망 또는 파산하거나 수임인이 금치산선

행사를 보장하기 위하여 주주가 의결권의 행사를 대리인에게 위임하는 것이 보장되어야 한다고 하더라도 주주의 의결권 행사를 위한 대리인 선임이 무제한적으로 허용되는 것은 아니고, 그 의결권의 대리행사로 말미암아 주주총회의 개최가 부당하게 저해되거나 혹은 회사의 이익이 부당하게 침해될 염려가 있는 등의 특별한 사정이 있는 경우에는 회사는 이를 거절할 수 있다고 보아야 할 것이다. 그리고 주주가 자신이 가진 복수의 의결권을 불통일행사하기 위하여는 회일의 3일 전에 회사에 대하여 서면으로 그 뜻과 이유를 통지하여야 할 뿐만 아니라, 회사는 주주가 주식의 신탁을 인수하였거나 기타 타인을 위하여 주식을 가지고 있는 경우외에는 주주의 의결권 불통일행사를 거부할 수 있는 것이므로, 주주가 위와 같은 요건을 갖추지 못한 채 의결권 불통일행사를 위하여 수인의 대리인을 선임하고자 하는 경우에는 회사는 역시 이를 거절할 수 있다고 할 것이다."

고를 받은 때에는 위임이 종료한다(民法 690조). 그러나 회사에 이러한 사유에 관한 통지가 도착하기 전에 대리인이 의결권을 행사하면 적법한 의결권 행사로 보아야 할 것이다.

Ⅱ. 위임장 용지와 참고서류

1. 위임장 용지

⑴ 서면에 의한 의결권 대리행사의 위임

상법 제368조 제3항은 주주의 대리인으로서 의결권을 행사하려는 자에 대하여 대리권을 증명하는 서면을 제출할 것을 요구하므로 의결권을 위임하려는 주주는 대리인을 지정하여 위임장에 서명해야 한다.[152] 일반적으로 수권행위는 서면에 의하고, 회사는 의결권대리행사권유 없이는 주주총회를 제대로 진행할 수 없으므로, 실무상 회사의 경영진측이 미리 위임장 용지를 인쇄하여 주주총회소집통지를 할 때 이를 함께 보내서 현경영진에게 의결권 행사를 위임하라는 권유를 하게 된다.

⑵ 위임장과 위임장 용지

㈎ 위임장 용지와 위임장의 구분

권유자가 피권유자에게 의결권 대리행사를 권유하기 위하여 주주총회소집통지서와 함께 보내는 것이 위임장 용지이고, 피권유자가 이에 기명날인하여 다시 권유자에게 보낸 것이 위임장이다. 위임장이란 의결권의 대리권을 증명하는 서면이며, 대리인은 주주로부터 받은 위임장(proxy)에 의하여 대리권을 증명하여야 하므로 대리인의 정확한 표현은 위임장소지인(proxy holder)이라 할 수 있다.

㈏ 대리권의 증명

대리권증명서면은 대리권의 존부에 관한 법률관계를 명확히 하여 주주총회결의의 성립을 원활하게 하기 위한 데 그 목적이 있다고 할 것이므로 대리권을 증명하는 서면은 위조나 변조 여부를 쉽게 식별할 수 있는 원본이어야 하고, "특별한 사정이 없는 한" 사본은 그 서면에 해당하지 아니하고, 팩스를 통하여 출력

152) 동일 주주가 복수의 위임장(소위 중복위임장)을 교부한 경우에는 1차적으로 적법한 위임장을 우선적으로 유효한 위임장으로 인정하되, 적법한 위임장 중에서는 뒤의 날짜에 작성된 위임장을 유효한 것으로 인정한다. 다만 위임장을 작성하면서 실제의 작성일이 아닌 주주총회 날짜를 기재하는 경우 또는 공란으로 두는 경우도 있으므로 실무상 곤란한 문제가 있다.

된 팩스본 위임장 역시 성질상 원본으로 볼 수 없다.[153] 권유자가 송부한 위임장 용지에 필요한 사항을 기재하여 반송하지 않고 주주가 직접 위임장을 별도로 작

153) 대법원 2004. 4. 27. 선고 2003다29616 판결.
[대법원 1995. 2. 28. 선고 94다34579 판결] 【신주발행무효】
(위임사실이 이미 명백히 증명되었다는 특별한 사정이 인정된 경우)
2. 상법 제368조 제3항은 주주의 의결권을 대리행사하고자 하는 자는 대리권을 증명하는 서면을 총회에 제출하도록 규정하고 있는바, 위 규정은 대리권의 존부에 관한 법률관계를 명확히 하여 주주총회 결의의 성립을 원활하게 하기 위한데 그 목적이 있다고 할 것이므로, 대리권을 증명하는 서면은 위조나 변조여부를 쉽게 식별할 수 있는 원본이어야 하고 특별한 사정이 없는 한 사본은 그 서면에 해당하지 않는다고 할 것이다. 그러나 이 사건에서 피고 회사의 주주는 원고 이광찬과 피고 회사의 대표이사들인 위 이병걸, 박성동의 3인뿐이었고, 위 이병걸과 박성동은 원고 김승성과 같은 김호성이 같은 이광찬의 단순한 명의수탁자에 불과하다는 사실을 잘 알면서 오랜 기간 동안 피고 회사를 공동으로 경영하여 왔으며, 원고 이광찬의 위임장 원본을 제출하였고 또 미리 의결권을 위 이일우 변호사로 하여금 대리행사하게 하겠다는 의사를 임시주주총회 개최 전에 피고 회사에 통보까지 하였다면, 위 26,800주의 주식을 소유하고 있는 원고 이광찬이 그 소유주식 전부에 대한 의결권을 위 이일우 변호사에게 위임하였다는 사실은 충분히 증명되었다고 할 것이어서, 피고 회사의 대표이사들인 위 이병걸과 박성동은 위 이일우 변호사의 의결권 대리행사를 제한하여서는 안 된다고 할 것이다. 그러므로 원고 이광찬 소유 주식 중 주주명부상에 위 김승성과 김호성의 명의로 되어 있는 11,840주(전체 발행주식의 17.6퍼센트)에 대하여 의결권의 대리행사를 부당하게 제한하여 이루어진 위 임시주주총회의 정관변경결의에는 결의방법상의 하자가 있다고 할 것이다. 그러나 위 임시주주총회가 정당한 소집권자에 의하여 소집되었고 그 주주총회에서 정족수가 넘는 주주의 출석으로 출석주주 전원의 찬성에 의하여 결의가 이루어졌다면, 위와 같은 정도의 결의방법상의 하자는 주주총회결의의 부존재 또는 무효사유가 아니라 단순한 취소사유가 될 수 있을 뿐이고(대법원 1989. 5. 23. 선고 88다카16690 판결, 대법원 1993. 10. 12. 선고 92다21692 판결, 대법원 1993. 12. 28. 선고 93다8719 판결 등 참조), 한편 상법 제376조의 규정에 의하면 주주총회결의취소의 소는 결의의 날로부터 2개월 내에 제기할 수 있도록 되어 있으므로, 이 사건 임시주주총회결의일로부터 2개월 이상 경과한 후에 제기된 이 사건 신주발행무효의 소에서는 위와 같은 취소사유에 해당하는 하자를 들어 위 임시주주총회결의의 효력을 다툴 수는 없는 것이므로, 위와 같은 주주총회결의의 하자만으로 위 신주발행이 무효라고 볼 수 없다는 취지의 원심의 판단은 정당하다. 또 원심이 확정한 사실에 의하면, 피고 회사가 원고 이광찬에게 상법 제418조① 소정의 주주의 신주인수권을 배제한 바 없고 오히려 위 원고가 피고 회사로부터 신주배정통지를 받고도 그 주식대금을 납입하지 아니하여 실권된 것임을 알 수 있으므로, 가사 소론과 같이 위 주주총회결의 이전에 원고 이광찬과 피고 회사의 대표이사들인 위 이병걸, 박성동 사이에 회사의 경영권에 관하여 분쟁이 있었고, 원고 이광찬이 그 소유주식을 위 이병걸과 박성동에게 양도하고 회사 경영에서 탈퇴하려고 하였지만 그 양도대금에 관한 합의가 이루어지지 않은 상태에서 위와 같이 발행주식총수를 현저하게 증가시키는 신주발행이 이루어짐으로써 피고 회사에 대한 위 원고의 지배력이 현저하게 약화되고, 그로 인하여 위 원고가 위 이병걸 등에게 적정한 주식대금을 받고 주식을 양도하는 것이 더욱 어려워지게 되었다고 하더라도, 그러한 사유만으로는 위 신주발행이 현저하게 불공정한 방법에 의한 신주발행으로서 무효라고 볼 수도 없으므로, 같은 취지의 원심의 판단 또한 정당하다. 논지는 모두 이유가 없다.

성하여 대리인에게 교부한 경우에는 주주 본인의 의사에 의하여 작성된 것인지 여부를 확인할 수 있어야 하고, 주주총회 현장에서 이를 확인할 수 없는 경우에는 회사가 의결권 행사를 거부할 수 있다고 보아야 한다.

(3) 찬반명기

권유자가 피권유자에게 제공하는 위임장 용지는 주주총회의 목적사항 각 항목에 대하여 의결권피권유자가 찬반을 명기할 수 있도록 해야 한다(法 152조④). 일반적으로 주주총회에서의 의결권 행사를 위한 위임장은 의안별로 위임하도록 된 것일 필요가 없고 수권(授權)의 범위도 1회의 대리권 수여로 수회의 총회에 대한 포괄적인 대리권의 수여가 가능하다고 보는 견해도 있지만,[154] 의결권대리행사권유시에는 가급적 주주의 명시적인 의사가 반영되도록 하기 위하여 목적사항 각 항목별로 찬부를 명기할 수 있게 된 위임장 용지를 이용하도록 한 것이다.[155] 그러나 해당 위임장에 의한 의결권 대리행사를 권유하지 않는 의안에 대해서까지 찬부를 명기할 수 있도록 요구되지는 않는다.

(4) 기재사항

위임장 용지는 의결권피권유자가 다음과 같은 사항에 대하여 명확히 기재할 수 있도록 작성되어야 한다(令 163조①).[156]

1. 의결권을 대리행사하도록 위임한다는 내용
2. 의결권권유자 등 의결권을 위임받는 자
3. 의결권피권유자가 소유하고 있는 의결권 있는 주식 수
4. 위임할 주식 수
5. 주주총회의 각 목적사항과 목적사항별 찬반(贊反) 여부
6. 주주총회 회의시 새로 상정된 안건이나 변경 또는 수정 안건에 대한 의결권 행사

---

154) 대리권 증명서면을 1회 제출하고 수회의 총회에서 의결권을 대리행사할 수 있는지에 관하여, 실제상의 필요성(예: 은행관리를 받고 있는 회사)을 근거로 포괄적 대리권의 수여가 가능하다는 견해와, 이를 허용하면 우리 법제에서 허용하지 않는 의결권신탁을 허용하는 결과이므로 부정해야 한다는 견해가 있고, 동일한 총회에서 여러 상이한 의안에 대한 포괄적 수권이 가능하다는 취지의 판례는 있으나, 여러 총회에 대한 포괄적 위임 가능 여부에 관한 판례는 아직 없다.

155) 이에 대하여 일부 의안에 대한 권유를 허용하면 의결권대리행사권유에 따르는 남용이 우려되므로 특히 경영진이 권유하는 경우에는 일부 의안만에 대한 의결권대리행사권유가 허용되지 않는다는 견해도 있다(송종준, 260면).

156) 제3호부터 제8호까지의 사항은 의결권권유자가 기재하는 것이 아니라 의결권피권유자가 기재할 사항이므로, 施行令 제163조 제1항은 의결권권유자가 의결권피권유자가 이러한 사항을 명확히 기재할 수 있도록 위임장 용지를 작성할 것을 요구한다.

위임 여부와 위임 내용
7. 위임일자와 위임시간(주주총회의 목적사항 중 일부에 대하여 우선 의결권을 대리 행사하도록 위임하는 경우에는 그 위임일자와 위임시간을 말한다)[157]
8. 위임인의 성명과 주민등록번호(법인인 경우에는 명칭과 사업자 등록번호)

의결권대리행사권유는 통상 위임장에 대리인란을 기재하지 않은 상태에서 주주에게 발송하고, 이를 받은 주주는 대리인란을 보충하지 않은 채 반송하는 것이 관행이다. 이러한 백지위임장이 교부된 경우 주주총회 개최시까지 위임장에 대리인의 성명이 보충되지 아니하였다고 하더라도 그 위임장을 소지한 자를 대리인으로 지정한 것으로 보아야 할 것이므로, 그 위임장을 소지한 자가 총회에 출석한 이상 그 회원 역시 총회에 출석한 것으로 보아야 한다.[158] 위임장에 대리인의 성명이 기재되지 않은 경우에는, 권유자가 대리인란을 보충기재할 수 있는데, 이는 권유자가 복임권(復任權)을 행사한 것으로 볼 수도 있고 주주로부터 대리인선임까지 위임받아 이를 수행한 것으로 볼 수 있다.[159] 어느 경우에나 권유자가 대리인의 성명을 보충기재하였더라도 그 기재된 자는 주주의 대리인이지 권유자의 대리인이 아니다. 위임장 용지의 구체적인 기재내용, 서식과 작성방법 등에 관하여 필요한 사항은 금융위원회가 정하여 고시한다(슈 163조③).

2. 참고서류

(1) 의 의

참고서류란 권유자가 위임장 용지와 함께 피권유자에게 제공하여야 하는 서류로서 의결권 대리행사에 관한 구체적인 사항이 기재되어야 한다.

(2) 기재사항

참고서류에는 다음과 같은 사항이 기재되어야 한다(슈 163조②).

1. 의결권대리행사권유에 관한 다음과 같은 사항
   가. 의결권권유자의 성명이나 명칭, 의결권권유자가 소유하고 있는 주식의 종류 및 수와 그 특별관계자가 소유하고 있는 주식의 종류 및 수
   나. 의결권권유자의 대리인의 성명, 그 대리인이 소유하고 있는 주식의 종류 및 수

157) 위임의 선후에 따른 효력이 문제되므로 위임일자를 기재하도록 하는 것이다.
158) 대법원 1998. 10. 13. 선고 97다44102 판결.
159) 회사가 주주에게 의결권 행사를 권유할 때에는 통상 대리인란을 백지로 하여 주주로부터 기명날인을 받고 다시 회사가 대리할 자의 성명을 보충하고 그로 하여금 대리행사시킨다.

(대리인이 있는 경우만 해당)

다. 의결권권유자 및 그 대리인과 해당 주권상장법인과의 관계

2. 주주총회의 목적사항

3. 의결권대리행사권유를 하는 취지

참고서류의 구체적인 기재내용, 서식과 작성방법 등에 관하여 필요한 사항은 금융위원회가 정하여 고시한다(슈 163조③, 증권발행공시규정 3－15조).

증권발행공시규정은 주주총회의 목적에 따라 기재할 내용을 구체적으로 규정하는데(증권발행공시규정 3－15조③), 특히 2020년 1월 개정시 주주총회의 목적이 이사, 감사, 감사위원회 위원의 선임인 경우에는 후보자에 대한 면밀한 검증을 위하여, ① 후보자의 세부 경력사항 기술을 의무화하고, ② 독립성·전문성을 판단할 수 있도록 직무 수행계획(사외이사)과 ③ 이사회의 추천 사유 등을 주주총회 참고서류에 기재하도록 하며, 임원 선임시 제공되는 참고서류의 내용이 사실과 일치한다는 후보자의 확인·서명을 첨부하도록 하였다.160) 또한, 임원 보수

160) [증권발행공시규정 3－15조]

③ 제1항에 따른 주주총회의 목적이 다음 각 호의 1에 해당하는 사항인 경우에는 그 내용을 기재해야 한다. 다만, 권유자가 해당 상장주권의 발행회사, 그 임원 또는 대주주가 아닌 경우 또는 주주총회 목적사항에 반대하고자 하는 자인 경우에는 주주총회의 목적사항의 제목만 기재할 수 있다.

3. 이사의 선임에 관한 것인 경우

가. 후보자의 성명·생년월일·주된 직업 및 세부 경력사항

나. 후보자가 사외이사 또는 사외이사가 아닌 이사 후보자인지 여부

다. 후보자의 추천인 및 후보자와 최대주주와의 관계

라. 후보자와 해당 법인과의 최근 3년간의 거래내역. 이 경우의 거래내역은 금전, 증권 등 경제적 가치가 있는 재산의 대여, 담보제공, 채무보증 및 법률고문계약, 회계감사계약, 경영자문계약 또는 이와 유사한 계약등(후보자가 동 계약등을 체결한 경우 또는 동 계약등을 체결한 법인·사무소 등에 동 계약등의 계약기간 중 근무한 경우의 계약등을 말한다)으로 하되 약관 등에 따라 불특정다수인에게 동일한 조건으로 행하는 정형화된 거래는 제외한다.

마. 후보자(사외이사 선임의 경우에 한한다)의 직무수행계획

바. 가목부터 마목까지의 사항이 사실과 일치한다는 후보자의 확인·서명

사. 후보자에 대한 이사회의 추천 사유

4. 감사위원회 위원의 선임에 관한 것인 경우

가. 사외이사인 감사위원회의 위원의 선임에 관한 것인 경우에는 제3호 가목, 다목 및 라목, 바목 및 사목의 내용

나. 사외이사가 아닌 감사위원회의 위원의 선임에 관한 것인 경우에는 제3호 가목, 다목 및 라목, 바목 및 사목의 내용

5. 감사의 선임에 관한 것인 경우

가. 권유시에 감사후보자가 예정되어 있을 경우에는 제3호 가목, 다목 및 라목, 바목

한도가 실제 지급금액 대비 적정한지 판단할 수 있도록 전년도 임원 보수총액 정보도 제공하도록 하였다.[161)]

3. 위임장 용지 및 참고서류의 교부방법과 비치 및 열람

(1) 교부방법

의결권권유자는 그 권유에 있어서 다음과 같은 방법으로 위임장 용지 및 참고서류를 다음과 같은 방법으로 의결권 대리행사의 권유 이전이나 그 권유와 동시에 의결권피권유자에게 교부해야 한다(法 152조①, 令 160조).

1. 의결권권유자가 의결권피권유자에게 직접 내어주는 방법
2. 우편 또는 팩스에 의한 방법
3. 전자우편을 통한 방법(의결권피권유자가 전자우편을 통하여 위임장 용지 및 참고서류를 받는다는 의사표시를 한 경우만 해당)
4. 주주총회 소집 통지와 함께 보내는 방법[의결권권유자가 해당 상장주권(그 상장주권과 관련된 증권예탁증권 포함)의 발행인인 경우만 해당한다]
5. 인터넷 홈페이지를 이용하는 방법[162)]

(2) 사전제출 및 비치 · 열람

의결권권유자는 위임장 용지 및 참고서류를 의결권피권유자에게 제공하는 날 2일 전까지 이를 금융위원회와 거래소에 제출하여야 하며, 다음과 같은 장소에 비치하여 일반인이 열람할 수 있도록 해야 한다(法 153조, 規則 18조).[163)]

및 사목의 내용
나. 권유시에 감사후보자가 예정되어 있지 아니한 경우에는 선임예정 감사의 수

161) [증권발행공시규정 3－15조③]
9. 이사의 보수 한도 승인에 관한 것인 경우
가. 당기 및 전기의 이사의 수
나. 당기의 이사 전원에 대한 보수총액 또는 최고 한도액
다. 전기의 이사 전원에 대하여 실제 지급된 보수총액 및 최고 한도액
10. 감사의 보수 한도 승인에 관한 것인 경우
가. 당기 및 전기의 감사의 수
나. 당기의 감사 전원에 대한 보수총액 또는 최고 한도액
다. 전기의 감사 전원에 대하여 실제 지급된 보수총액 및 최고 한도액

162) 전자위임장권유제도의 실무적 활용 가능성을 증대시키기 위하여 웹을 통한 집단적 권유를 가능하게 하는 법적 근거이다. 인터넷 홈페이지에는 발행회사의 홈페이지와 발행회사로부터 전자위임장 관리사무를 위탁받은 기관(예컨대 한국예탁결제원)의 홈페이지가 포함된다. 이러한 홈페이지는 주주의 의결권 위임의 편의와 위임장 관리의 공정성을 위하여 「전자서명법」 제2조에 따른 공인전자서명의 공인인증서에 기초한 전자서명에 의한 전자적 수여가 가능해야 한다.

1. 주권상장법인의 본점과 지점, 그 밖의 영업소
2. 명의개서대행회사
3. 금융위원회
4. 거래소

2일에는 공휴일, 근로자의 날, 토요일은 제외된다(令 164조, 153조①).[164] 그리고 금융위원회와 거래소도 제출된 위임장 용지를 참고서류와 함께 접수일로부터 3년간 비치하고 인터넷 홈페이지 등을 이용하여 공시해야 한다(法 157조).

Ⅲ. 정당한 위임장 용지 및 참고서류의 사용

의결권권유자는 위임장 용지 및 참고서류 중 의결권피권유자의 의결권 위임 여부 판단에 중대한 영향을 미칠 수 있는 사항("의결권 위임 관련 중요사항")에 관하여 거짓의 기재 또는 표시를 하거나 의결권 위임 관련 중요사항의 기재 또는 표시를 누락할 수 없다(法 154조).

Ⅳ. 의견표명

의결권대리행사권유대상이 되는 상장주권의 발행인은 의결권대리행사권유에 대하여 의견을 표명한 경우에는 그 내용을 기재한 서면을 지체 없이 금융위원회와 거래소에 제출해야 한다(法 155조). 자본시장법은 의견표명에 관한 서면제출의무를 발행인에 대해서만 부과하고 주주에 대하여는 부과하지 않는다. 일반적으로는 주주에게까지 이러한 의무를 부담시킬 필요성이 없기 때문이다. 다만 위임장경쟁이 벌어지면 발행인(경영진)과 반대 입장에 있는 주주도 의결권대리행사권유에 대하여 의견을 표명하는 경우가 있을 수 있는데, 이러한 경우에도 현행 규정상으로는 서면제출의무가 없다는 문제가 있다.

---

163) 종래에는 5일전까지 제출하도록 규정하였으나 2013년 개정시 2일전으로 변경되었다. 이는 회의일 전 10일부터 60일 사이에 소집통지를 하도록 규정하는 미국의 경우[MBCA §7.05(a)]에 비하면 상법상 주주총회 소집통지기간은 2주로서 단기인 점과 금융감독원의 서류검토가 형식적 요건에 대한 심사이므로 2일의 심사기간도 문제되지 않는다는 점이 고려된 것이다.

164) 따라서 예컨대 5월 3일이 토요일, 4일이 일요일이고, 5월 6일 권유를 개시하려면 5월 1일이 근로자의 날이므로 4월 30일까지 제출해야 한다.

Ⅴ. 위임장 용지와 참고서류의 정정

1. 금융위원회의 요구에 의한 정정

금융위원회는 ⅰ) 위임장 용지 및 참고서류의 형식을 제대로 갖추지 아니한 경우, 또는 ⅱ) 위임장 용지 및 참고서류 중 의결권 위임 관련 중요사항에 관하여 거짓의 기재 또는 표시가 있거나 의결권 위임 관련 중요사항이 기재 또는 표시되지 아니한 경우에는 그 이유를 제시하고 위임장 용지 및 참고서류를 정정하여 제출할 것을 요구할 수 있다(法 156조①). 정정요구가 있는 경우에는 당초 제출한 위임장 용지 및 참고서류는 제출하지 아니한 것으로 본다(法 156조②).

2. 임의정정과 의무정정

(1) 임의정정

권유자는 대통령령으로 정하는 중요한 사항[165]을 정정하고자 하는 경우 그 권유와 관련된 주주총회일 7일(대통령령으로 정하는 날 제외) 전까지 이를 정정하여 제출할 수 있다(法 156조③ 전단).

(2) 의무정정

의무정정사유는 ⅰ) 대통령령으로 정하는 중요한 사항을 정정하고자 하는 경우, 또는 ⅱ) 투자자 보호를 위하여 그 위임장 용지 및 참고서류에 기재된 내용을 정정할 필요가 있는 경우로서 대통령령으로 정하는 경우[166] 등이다(法 156조③ 후단).

---

165) "대통령령으로 정하는 중요한 사항"이란 다음의 어느 하나에 해당하는 사항을 말한다(슈 165조②).
1. 의결권권유자 등 의결권을 위임받는 자
2. 의결권대리행사권유에 관한 다음 각 목의 사항
가. 의결권권유자가 소유하고 있는 주식의 종류 및 수와 그 특별관계자가 소유하고 있는 주식의 종류 및 수
나. 의결권권유자의 대리인의 성명, 그 대리인이 소유하고 있는 주식의 종류 및 수(대리인이 있는 경우만 해당)
다. 의결권권유자 및 그 대리인과 해당 주권상장법인과의 관계
3. 주주총회의 목적사항

166) "대통령령으로 정하는 경우"란 의결권대리행사권유를 하는 취지가 다음의 어느 하나에 해당하는 경우를 말한다(슈 165조③).
1. 기재나 표시사항이 불분명하여 의결권피권유자로 하여금 중대한 오해를 일으킬 수 있는 경우
2. 의결권권유자에게 불리한 정보를 생략하거나 유리한 정보만을 강조하는 등 과장되게 표현된 경우

(3) 정정기간

정정기간은 그 권유와 관련된 주주총회일 7일(공휴일, 근로자의 날, 토요일 제외, 令 165조①) 전까지이다(法 156조③ 전단).

Ⅵ. 의결권대리행사권유규제 위반의 효과

1. 금융위원회의 조사 및 조치

(1) 조 사 권

금융위원회는 투자자 보호를 위하여 필요한 경우에는 의결권권유자, 그 밖의 관계인에 대하여 참고가 될 보고 또는 자료의 제출을 명하거나, 금융감독원장에게 그 장부·서류, 그 밖의 물건을 조사하게 할 수 있다. 이 경우 증권신고서에 관한 제131조 제2항을 준용한다(法 158조①).

(2) 정정명령 등 조치권

금융위원회는 다음과 같은 경우에는 의결권권유자에 대하여 이유를 제시한 후 그 사실을 공고하고 정정을 명할 수 있으며, 필요한 때에는 의결권대리행사권유를 정지 또는 금지하거나 대통령령으로 정하는 조치를 할 수 있다. 이 경우 그 조치에 필요한 절차 및 조치기준은 총리령으로 정한다(法 158조②).

1. 위임장 용지 및 참고서류를 의결권피권유자에게 교부하지 아니한 경우
2. 공공적 법인이 아닌 자가 의결권대리행사권유를 한 경우
3. 위임장 용지 및 참고서류에 관하여 제153조(비치 및 열람) 또는 제154조(정당한 위임장 용지 사용)를 위반한 경우
4. 위임장 용지 및 참고서류 중 의결권 위임 관련 중요사항에 관하여 거짓의 기재 또는 표시가 있거나 의결권 위임 관련 중요사항이 기재 또는 표시되지 아니한 경우
5. 의무정정사유가 있음에도 정정서류를 제출하지 아니한 경우

2. 형사책임

의결권권유자가 위임장 용지 및 참고서류 중 의결권피권유자의 의결권 위임 관련 중요사항에 관하여 거짓의 기재 또는 표시를 하거나 의결권 위임 관련 중요사항의 기재 또는 표시를 누락한 경우에는(法 154조) 5년 이하의 징역 또는 2억원 이하의 벌금에 처하며(法 444조 19호), 의결권대리행사권유에 관한 규정(法

152조① 또는 ③)을 위반하여 권유한 자는 3년 이하의 징역 또는 1억원 이하의 벌금에 처하며(法 445조 21호), 위임장 용지 및 참고서류를 제출하지 아니하거나 정정서류를 제출하지 않은 자는 1년 이하의 징역 또는 3천만원 이하의 벌금에 처한다(法 446조 21호, 27호).

3. 손해배상책임

자본시장법은 의결권대리행사권유에 관한 손해배상책임에 관한 특별규정을 두지 않고 있으므로, 의결권대리행사권유에 관한 규정을 위반한 경우에 대하여는 민법상 불법행위에 기한 손해배상책임을 물어야 하는데, 요건을 증명하기 곤란하다는 문제가 있다.

4. 주주총회결의하자와의 관계

의결권 대리행사권유자의 행위가 이와 같이 형사처벌의 대상인 경우, 그 위임장에 의한 의결권 행사가 주주총회결의취소사유가 되는지 여부에 대하여 확립된 이론이나 판례는 없다. 결국 이 문제는 의결권 대리행사권유의 하자가 "주주총회 소집절차 또는 결의방법이 법령 또는 정관에 위반하거나 현저하게 불공정한 때"에 해당하는지 여부에 따라 결정될 것인데, 위 형사처벌 대상 행위 중 적어도 자본시장법 제154조의 허위기재 또는 누락에 의한 의결권 대리행사권유는 의결권피권유자의 의결권 위임 여부 판단에 중대한 영향을 미칠 수 있는 것이다. 따라서 그 위임장에 의한 의결권 행사는 주주총회결의취소사유로 보아야 할 것이다.[167]

제4절 공공적 법인 주식의 소유제한

Ⅰ. 공공적 법인의 개념과 범위

공공적 법인이라 함은 국가기간산업 등 국민경제상 중요한 산업을 영위하는

---

167) 총회의 소집절차 또는 결의방법이 법령 또는 정관에 위반하거나 현저하게 불공정한 때 또는 그 결의의 내용이 정관에 위반한 때에는 주주·이사 또는 감사는 결의의 날부터 2개월 이내에 결의취소의 소를 제기할 수 있다(商法 376조①).

법인으로서 대통령령이 정하는 상장법인을 말한다(法 152조③). 이는 법률적 개념이라기보다는 정치사회적 개념의 용어라 할 수 있다. 공공적 법인은 다음과 같은 요건을 모두 충족하는 법인 중에서 금융위원회가 관계 부처장관과의 협의와 국무회의에의 보고를 거쳐 지정하는 법인으로 한다(令 162조).

1. 경영기반이 정착되고 계속적인 발전가능성이 있는 법인일 것
2. 재무구조가 건실하고 높은 수익이 예상되는 법인일 것
3. 해당 법인의 주식을 국민이 광범위하게 분산 보유할 수 있을 정도로 자본금 규모가 큰 법인일 것

Ⅱ. 주식의 초과소유제한

1. 소유한도

누구든지 공공적 법인이 발행한 주식을 누구의 명의로 하든지 자기의 계산으로 다음과 같은 기준을 초과하여 소유할 수 없다. 이 경우 의결권 없는 주식은 발행주식총수에 포함되지 아니하며, 그 특수관계인의 명의로 소유하는 때에는 자기의 계산으로 취득한 것으로 본다(法 167조①).[168]

1. 그 주식이 상장된 당시에 발행주식총수의 10% 이상을 소유한 주주는 그 소유비율
2. 그 외의 자는 발행주식총수의 3% 이내에서 정관이 정하는 비율

이 경우에 의결권이 없는 주식은 총발행주식에 포함되지 아니하며, 그 특수관계인의 명의로 소유하는 때에는 자기의 계산으로 취득한 것으로 본다. 이는 특정집단이 공공적 법인의 주식을 매집하면 공공성이 침해될 것이기 때문에 이를 사전에 방지하기 위한 것이다.

2. 승인에 의한 초과소유 허용

소유비율 한도에 관하여 금융위원회의 승인을 받은 경우에는 그 소유비율 한도까지 공공적 법인이 발행한 주식을 소유할 수 있다(法 167조②).[169]

---

168) 공공적 법인이 발행한 지분증권에 대한 외국인 또는 외국법인등의 취득제한에 대하여는 뒤에서 설명한다.

169) [증권발행공시규정]
제3-16조(주식의 대량취득 승인절차) 법 제167조 제1항의 기준을 초과하여 공공적법인 발

3. 초과소유분에 대한 제재

소유상한기준을 초과하여 사실상 주식을 소유하는 자는 그 초과분에 대하여는 의결권을 행사할 수 없으며, 금융위원회는 그 기준을 초과하여 사실상 주식을 소유하고 있는 자에 대하여 6개월 이내의 기간을 정하여 그 기준을 충족하도록 시정할 것을 명할 수 있다(法 167조③).

행주식을 취득하고자 하는 자는 대량주식취득승인신청서에 다음 각 호의 서류를 첨부하여 금융위에 그 승인을 신청해야 한다.

1. 가족관계 등록부 기본증명서 또는 법인 등기부 등본
2. 주식취득의 사유설명서
3. 해당 주식 발행인의 최대주주의 소유비율을 초과하여 주식을 취득하고자 하는 경우에는 최대주주의 의견서

제3-17조(주식의 대량취득의 승인간주)

① 다음 각 호의 1의 사유로 법 제167조 제1항의 기준을 초과하여 취득한 주식은 금융위의 승인을 얻어 이를 취득한 것으로 본다.
  1. 합병·상속 또는 유증
  2. 준비금의 자본전입 또는 주식배당
  3. 유상증자(주주권의 행사로 취득한 경우에 한한다)
  4. 대주주(주주1인과 특수관계인의 소유주식수가 10% 이상인 주주. 이에 해당하는 자가 없는 경우에는 최대주주)외의 주주가 실권한 주식의 인수
  5. 정부 소유주식에 대한 정부로부터의 직접 취득
  6. 정부의 취득

② 공공적법인이 상장된 당시에 총발행주식의 10% 이상을 소유한 주주외의 주주가 법 제167조 제1항 제2호에서 정한 비율을 초과하여 소유하는 주식은 금융위의 승인을 얻어 이를 취득한 것으로 본다.

제3-18조(주식의 대량취득 보고)

① 금융위의 승인을 얻어 주식을 취득한 자(제38조 제1항 제1호부터 제5호까지의 규정에 따라 취득한 자를 포함한다)는 취득기간의 종료일부터 10일 이내에 금융위에 대량주식취득보고서를 제출해야 한다.

② 제1항에 따라 주식취득의 보고를 하는 때에는 주식취득의 사실을 확인할 수 있는 서류를 첨부해야 한다. 이 경우 금융위의 승인의 내용대로 주식을 취득하지 아니한 때에는 그 사유서를 첨부해야 한다.

[위 제3-16조, 3-17조, 3-18조는 각각 금융투자업규정 제5-51조, 제5-52조, 제5-53조와 같다]

제4장

유통공시제도

제1절 서 론

Ⅰ. 기업공시제도의 의의

기업공시제도(corporate disclosure system)는 증권의 발행인으로 하여금 증권의 내용이나 발행회사의 재산 및 경영상태 등 투자자의 투자판단에 필요한 기업내용을 신속·정확히 공시하게 함으로써, 투자자가 증권이나 발행회사의 실태를 정확하게 파악하고 자신의 자유로운 판단과 책임 하에 투자결정을 하도록 하는 제도로서, 증권거래의 공정성을 확보하고 투자자를 보호함에 그 목적이 있다. 투자자들은 이러한 공시내용을 참고하여 증권을 매매하게 되므로, 정기공시 및 수시공시의 내용은 투자자의 투자행위에 의하여 시시각각으로 해당기업의 주가에 반영된다고 할 수 있다. 자본시장법상 공시의 유형으로는, i) 증권신고서·증권발행실적보고서 등과 같은 "발행공시", ii) 정기공시(사업보고서·반기보고서·분기보고서), 수시공시(주요사항보고서·거래소 수시공시)와 같은 "유통공시", iii) 대량보유보고·소유상황보고와 같은 "지분공시" 등이 있다.

Ⅱ. 공시규제와 내용규제

증권의 발행 및 유통과정에 대한 규제로는, 증권행정기관이 실질심사를 거쳐 부실한 투자대상인지 여부를 직접 판단하여 이를 투자자의 투자대상에서 제외함으로써 사실상 승인 또는 허가를 할 권한을 가지는 내용규제(merit regulation)와, 발행인으로 하여금 해당 증권에 대한 투자의사결정에 필요한 정보를 투자자에게 충분히 제공하도록 함으로써 투자자로 하여금 공시된 정보를 이용하여 자신의 판단과 책임 하에 투자를 하도록 하는 공시규제(disclosure regulation) 등 두 가지 방식이 있다.[1] 따라서 내용규제 하에서는 증권행정기관의 실질심사와 승인을 거쳐 증권이 매매되는 것이므로, 해당 심사결과를 믿고 거래한 투자자가 손해를 입게 되면 발행인과 함께 증권행정기관도 책임을 져야 하는 결과가 된다. 반면, 공시규제 하에서는 발행인은 회사의 제반 현황을 증권행정기관이 규정한 대로 공시할 의무만을 부담하게 되며, 해당 증권의 투자와 관련된 모든 위험은 전적으로 투자자가 부담하고, 발행인이 공시하여야 할 사항을 공시하지 않거나 사실과 다르게 공시한 경우에는 해당 발행인이 그에 따른 책임을 부담하므로, 증권행정기관은 발행인이 공시한 사항에 대하여 정확성을 인정하거나 또는 증권의 가치를 보증할 하등의 책임이 없으며, 발행인이 공시하도록 되어 있는 제반사항을 제도화된 절차에 따라 적절하게 공시하였는지 여부만을 감독한다.

제 2 절 정기공시제도

Ⅰ. 사업보고서

1. 사업보고서의 의의

사업보고서는 제출대상법인이 매 사업연도 종료 후 금융위원회와 한국거래소에 제출하는 연차보고서(annual report)이다.

2. 사업보고서 제출대상법인

(1) 제출의무자

사업보고서 제출대상법인은 i) 주권상장법인, ii) 대통령령으로 정하는 법인이다(法 159조①).

대통령령으로 정하는 사업보고서 제출대상법인은 다음과 같다(令 167조①).

1. 주권 외에 일정한 증권을 증권시장에 상장한 발행인(상장법인)
   가. 주권 외의 지분증권(집합투자증권과 자산유동화계획에 따른 유동화전문회사이

---

1) 김건식 · 정순섭, 164면. 내용규제와 공시규제를 실질심사주의와 공시주의라는 용어로 표현하기도 한다(윤승한, 277면).

발행하는 출자지분 제외)
나. 무보증사채권(담보부사채권과 보증사채권을 제외한 사채권)
다. 전환사채권 · 신주인수권부사채권 · 이익참가부사채권 또는 교환사채권
라. 신주인수권이 표시된 것
마. 증권예탁증권(주권 또는 가목부터 라목까지의 증권과 관련된 증권예탁증권만 해당)
바. 파생결합증권

2. 제1호 외에 다음과 같은 증권을 모집 · 매출(法 130조 본문에 따른 "신고서를 제출하지 않는 모집 · 매출" 제외)한 발행인(비상장법인)[2)]
가. 주권
나. 제1호 각 목의 어느 하나에 해당하는 증권
3. 외감법상 외부감사대상 법인(해당 사업연도에 처음 외부감사대상이 된 법인은 제외)으로서 제2호 각 목의 어느 하나에 해당하는 증권별로 그 증권의 소유자 수(금융위원회가 정하여 고시하는 방법에 따라 계산한 수)[3)]가 500인 이상인 발행인(증권의 소유자 수가 500인 이상이었다가 500인 미만으로 된 경우로서 각각의 증권마다 소유자의 수가 모두 300인 이상인 발행인 포함)

(2) 제출의무 면제

(가) 제출 가능성 · 실효성이 없는 경우

파산, 그 밖의 사유로 인하여 사업보고서의 제출이 사실상 불가능하거나 실효성이 없는 경우로서 대통령령으로 정하는 경우에는 사업보고서를 제출하지 아니할 수 있다(法 159조① 단서, 令 167조②).

1. 파산한 경우
2. 상법 제517조, 그 밖의 법률에 따라 해산사유가 발생한 경우
3. 주권상장법인 또는 자본시장법 시행령 제167조 제1항 제1호에 따른 발행인의 경우에는 상장의 폐지요건에 해당하는 발행인으로서 해당 법인에게 책임이 없는 사

2) 주권상장법인 또는 제1호에 따른 상장법인으로서 해당 증권의 상장이 폐지된 발행인을 포함한다.

3) [증권발행공시규정 4-2조 (사업보고서 제출대상법인 등)] 영 제167조 제1항 제3호에 따른 증권의 소유자 수는 해당 증권별로 최근 사업연도말을 기준으로 하여 다음 각 호에서 정하는 방법에 따라 산정한다[따라서 우리사주조합의 경우 조합 명의로 등재되어 있으면 1인으로 산정한다(금융감독원, 기업공시 실무안내(2022), 112면)].
1. 주권의 경우에는 주주명부 및 실질주주명부상의 주주수로 한다.
2. 주권 외의 증권의 경우에는 모집 또는 매출에 의하여 증권을 취득한 자의 수로 하되, 2회 이상 모집 또는 매출을 한 경우에는 그 각각의 수를 모두 더하고 중복되는 자를 빼 준다. 다만, 해당 법인이 그 증권의 실질 소유자의 수를 증명하는 경우에는 그 수로 한다.

유로 사업보고서의 제출이 불가능하다고 금융위원회의 확인을 받은 경우[4]

4. 자본시장법 시행령 제167조 제1항 제2호에 따른 발행인의 경우에는 제2호 각 목의 어느 하나에 해당하는 증권으로서 각각의 증권마다 소유자 수가 모두 25인 미만인 경우로서 금융위원회가 인정한 경우. 다만, 그 소유자의 수가 25인 미만으로 감소된 날이 속하는 사업연도의 사업보고서는 제출해야 한다.
5. 자본시장법 시행령 제167조 제1항 제3호에 따른 발행인의 경우에는 제2호 각 목의 어느 하나에 해당하는 증권으로서 각각의 증권마다 소유자의 수가 모두 300인 미만인 경우. 다만, 그 소유자의 수가 300인 미만으로 감소된 날이 속하는 사업연도의 사업보고서는 제출해야 한다.

㈏ 이미 공시한 경우

그 법인이 증권신고서 등을 통하여 이미 직전 사업연도의 사업보고서에 준하는 사항을 공시한 경우에는 직전 사업연도의 사업보고서를 제출하지 아니할 수 있다(法 159조③ 단서).

3. 사업보고서의 기재사항과 첨부서류

(1) 기재사항

사업보고서 제출대상법인은 사업보고서에 다음 사항을 기재해야 한다(法 159조②).[5][6]

1. 회사의 목적, 상호, 사업내용
2. 임원보수(상법, 그 밖의 법률에 따른 주식매수선택권을 포함하되, 대통령령으로 정하는 것에 한함)[7]
3. 임원 개인별 보수와 그 구체적인 산정기준 및 방법[임원 개인에게 지급된 보수가 5억원(令 168조②) 이상인 경우에 한정]

3의2. 보수총액 기준 상위 5명의 개인별 보수와 그 구체적인 산정기준 및 방법[개인

4) 상장폐지 자체는 사업보고서 제출면제사유가 아니다.

5) 사업보고서 제출대상법인은 사업보고서를 작성함에 있어서 금융위원회가 정하여 고시하는 기재방법 및 서식에 따라야 한다(法 159조④). 자본시장법 제정 당시에는 구 증권거래법과 같이 세그멘트정보공시를 강제하였으나 기업들의 입장을 고려하여 2009년 2월 개정시 회계기준에 따라 작성하도록 하였다.

6) 미국에서도 2010년 제정된 「도드-프랭크 월가개혁 및 소비자보호법」(Dodd-Frank Wall Street Reform and Consumer Protection Act)은 Subtitle E(§951-§957))에서 CEO, CFO 및 보수총액 기준 상위 3명의 보수를 공시하도록 함으로써 보수에 대한 규제를 강화하였다.

7) "대통령령으로 정하는 것"이란 임원 모두에게 지급된 그 사업연도의 보수 총액을 말한다(令 168조①).

에게 지급된 보수가 5억원(令 168조②) 이상인 경우에 한정][8]
4. 재무에 관한 사항
5. 그 밖에 대통령령으로 정하는 사항

제5호의 "대통령령으로 정하는 사항"은 다음과 같다(令 168조③).[9]

1. 대표이사와 제출업무를 담당하는 이사의 확인·서명
2. 회사의 개요
3. 이사회 등 회사의 기관 및 계열회사에 관한 사항
4. 주주에 관한 사항
5. 임원 및 직원에 관한 사항
6. 회사의 대주주(그 특수관계인 포함) 또는 임직원과의 거래내용
7. 재무에 관한 사항과 그 부속명세[10]
8. 회계감사인의 감사의견
9. 그 밖에 투자자에게 알릴 필요가 있는 사항으로서 금융위원회가 정하여 고시하는 사항

(2) 첨부서류

사업보고서에는 다음과 같은 서류를 첨부해야 한다. 다만, 제1호의 연결재무제표에 대한 감사보고서는 제5항에서 정한 기한 내에(제5항에 따라 사업보고서를 제출하는 법인만 해당) 제출할 수 있다(法 159조②, 令 168조⑥).

1. 회계감사인의 감사보고서(그 법인의 재무제표에 대한 감사보고서와 연결재무제표에 대한 감사보고서)
2. 상법 제447조의4에 따른 감사의 감사보고서
3. 법인의 내부감시장치[이사회의 이사직무집행의 감독권과 감사(감사위원회가 설치

---

8) 보수총액 기준 상위 5명의 개인별 보수를 공시함으로써 미등기 지배주주의 보수를 파악할 수 있다.

9) 구 증권거래법은 사업보고서, 반기보고서의 경우 유가증권신고서에 관한 공시 유보에 관한 규정을 준용하여 기업경영 등 비밀유지와 투자자 보호와의 형평을 고려하여 일반인의 열람에 제공하지 아니할 필요가 있는 것으로서 ① 군사기밀보호법 제2조의 규정에 의한 군사상의 기밀에 해당하는 사항, ② 발행인의 업무 또는 영업에 관한 것으로서 위원회의 승인을 얻은 사항에 대하여 공시유보를 인정하였다(法 18조 단서, 令 9조, 6조). 그러나 수시공시의 경우에는 그 성격상 공시유보제도가 인정되지 않았다.

10) 제7호와 관련하여, 반드시 주주총회의 승인을 받은 재무제표를 의미하는 것은 아니고, 감사인 감사결과 수정된 재무제표를 기준으로 하고, 정기주주총회에서 승인받지 않은 경우 그 사실 및 사유를 기재하면 된다.

된 경우에는 감사위원회)의 권한, 그 밖에 법인의 내부감시장치]의 가동현황에 대한 감사의 평가의견서

4. 삭제 [2013. 8. 27] (삭제 전: 기업집단결합재무제표)[11]
5. 그 밖에 금융위원회가 정하여 고시하는 서류

4. 사업보고서의 제출기한

(1) 사업연도 경과 후 90일

사업보고서 제출대상법인은 그 사업보고서를 각 사업연도 경과 후 90일 이내에 금융위원회와 거래소에 제출해야 한다(法 159조①).[12]

(2) 최초 제출

최초로 사업보고서를 제출하여야 하는 법인은 사업보고서 제출대상법인에 해당하게 된 날부터 5일 이내에 그 직전 사업연도의 사업보고서를 금융위원회와 거래소에 제출해야 한다. 만일 사업보고서의 제출기간(각 사업연도 경과 후 90일 이내) 중에 사업보고서 제출대상법인에 해당하게 된 경우에는 그 제출기한까지 제출하면 된다(法 159조③).

(3) 제출기한의 연장

사업보고서 제출대상법인은 그 회계감사인과 감사보고서 작성을 위하여 부득이 사업보고서등의 제출기한 연장이 필요하다고 미리 합의하고 사업보고서등의 제출기한 만료 7일 전까지 금융위원회와 거래소에 기한 연장 사유를 기재하여 신고한 경우에는 연 1회에 한정하여 사업보고서등 제출기한을 5영업일 이내에서 연장하여 제출할 수 있다(法 165조③).[13]

---

11) 자본시장법 제159조 제5항은 사업보고서 제출대상법인이 외감법 제1조의3에 따라 기업집단결합재무제표를 작성하여야 하는 기업집단의 소속회사인 경우에는 기업집단결합재무제표를 사업연도 종료 후 6개월 이내에 금융위원회와 거래소에 제출해야 한다고 규정하고, 시행령 제168조 제6항 제4호에서 첨부서류로 규정하였지만, 외감법 제1조의3은 2009. 2. 3.자로 삭제되었으므로 자본시장법 규정도 정비된 것이다.

12) 아래와 같이 K-IFRS 미적용법인 중 최근 사업연도말 현재의 자산총액이 2조원 이상인 법인은 사업연도 경과 후 90일이고, 2조원 미만인 법인은 개별재무제표 기준시 90일, 연결재무제표 기준시 120일이다.

13) 상장법인 등이 사업보고서 제출기한을 준수하지 못할 경우 관리종목 지정 및 상장폐지 등의 제재조치를 받을 수 있는데, 회사와 감사인간 이견이 조율되지 않거나 감사증거가 적시에 확보되지 못한 상황에서도 무리하게 제출기한에 맞추고자 할 경우 부실한 감사보고서가 제출될 수 있다는 문제를 고려하여 2017.10.31. 추가된 규정이다.

5. 연결재무제표

(1) 의 의

"연결재무제표"란 주식회사와 다른 회사가 대통령령으로 정하는 지배·종속의 관계에 있는 경우 지배하는 회사("지배회사")가 작성하는 i) 연결재무상태표, ii) 연결손익계산서 또는 연결포괄손익계산서, iii) 연결자본변동표, iv) 연결현금흐름표, v) 주석 등을 말한다(外監法 2조 제3호, 外監令 3조②).

연결재무제표는 계열기업 전체의 재무상황과 경영성과를 파악할 수 있도록 하고, 상호출자·내부거래 및 불공정거래 등을 상계·제거하거나 적절히 공시함으로써 개별 재무제표의 왜곡을 방지하는 효과를 거두게 한다. 사업보고서를 제출하여야 하는 법인 중 외감법 시행령 제3조 제1항에 따른 종속회사가 있는 법인을 "연결재무제표 작성대상법인"이라 한다(法 119조의2①).

(2) 사업보고서의 기재사항과 연결재무제표

연결재무제표 작성대상법인은 사업보고서 기재사항 중 i) 재무에 관한 사항과 그 부속명세, 그 밖에 금융위원회가 정하여 고시하는 사항은 연결재무제표를 기준으로 기재하되 그 법인의 재무제표를 포함하여야 하며, ii) 회계감사인의 감사의견은 연결재무제표와 그 법인의 재무제표에 대한 감사의견을 기재해야 한다(令 168조④). 최근 사업연도말 현재의 자산총액이 2조원 미만인 법인 중 한국채택국제회계기준(K-IFRS)[14]을 적용하지 않는 법인은 그 법인의 재무제표를 기준으로 재무에 관한 사항과 그 부속명세, 그 밖에 금융위원회가 정하여 고시하는 사항(비재무사항)을 기재하고, 그 법인의 재무제표에 대한 회계감사인의 감사의견을 기재한 사업보고서를 제출기한까지 제출할 수 있다. 이 경우 그 사업연도의 종료 후 90일이 지난 날부터 30일 이내에 연결재무제표를 기준으로 한 재무에 관한 사항과 그 부속명세, 그 밖에 금융위원회가 정하여 고시하는 사항과 연결재무제표에 대한 회계감사인의 감사의견을 보완하여 제출해야 한다(令 168조⑤).

(3) 자료요구권 등

연결재무제표 작성대상법인 중 사업보고서 제출대상법인은 사업보고서등의 작성을 위하여 필요한 범위에서 종속회사에게 관련 자료의 제출을 요구할 수 있

14) 외감법 시행령 제6조 제1항에 따라 한국회계기준원이 제정한 회계처리기준으로서 국제회계기준에 따라 채택한 기준을 말한다.

다(法 161조의2①). 연결재무제표 작성대상법인 중 사업보고서 제출대상법인은 사업보고서등의 작성을 위하여 필요한 자료를 입수할 수 없거나 종속회사가 제출한 자료의 내용을 확인할 필요가 있는 때에는 종속회사의 업무와 재산상태를 조사할 수 있다(法 161조의2②).

6. 예측정보

사업보고서 제출대상법인은 사업보고서에 그 법인의 예측정보를 기재 또는 표시할 수 있다. 이 경우 예측정보의 기재 또는 표시는 증권신고서의 예측정보 기재방법(法 125조②1,2,4)에 따라야 한다(法 159조⑥). 즉, 예측정보의 기재 또는 표시방법은, ⅰ) 그 기재 또는 표시가 예측정보라는 사실이 밝혀져 있을 것, ⅱ) 예측 또는 전망과 관련된 가정이나 판단의 근거가 밝혀져 있을 것, ⅲ) 그 기재 또는 표시에 대하여 예측치와 실제 결과치가 다를 수 있다는 주의문구가 밝혀져 있을 것 등이 충족되어야 한다.[15]

7. 대표이사 등의 확인·서명

사업보고서를 제출하는 경우 제출 당시 그 법인의 대표이사(집행임원 설치회사의 경우 대표집행임원) 및 제출업무를 담당하는 이사는 그 사업보고서의 기재사항 중 중요사항에 관하여 거짓의 기재 또는 표시가 있거나 중요사항의 기재 또는 표시가 누락되어 있지 아니하다는 사실 등 대통령령으로 정하는 사항을 확인·검토하고 이에 각각 서명해야 한다(法 159조⑦, 令 169조).

확인·검토의 대상인 "대통령령으로 정하는 사항"은 다음과 같다.

1. 사업보고서의 기재사항 중 중요사항에 관하여 거짓의 기재 또는 표시가 없고, 중요사항의 기재 또는 표시를 빠뜨리고 있지 아니하다는 사실
2. 사업보고서의 기재 또는 표시 사항을 이용하는 자로 하여금 중대한 오해를 일으키는 내용이 기재 또는 표시되어 있지 아니하다는 사실
3. 사업보고서의 기재사항에 대하여 상당한 주의를 다하여 직접 확인·검토하였다는 사실
4. 외감법 제2조에 따른 외부감사대상 법인인 경우에는 같은 법 제2조의2 및 제2조의3에 따라 내부회계관리제도가 운영되고 있다는 사실

15) 제162조 제2항의 면책사유 중 제3호 "그 기재 또는 표시가 합리적 근거나 가정에 기초하여 성실하게 행하여졌을 것"은 기재방법이 아니므로 제외된 것이다.

8. 외국법인에 대한 특례

(1) 의 의

자본시장법상 "외국법인등"은, 외국정부, 외국지방자치단체, 외국공공단체, 외국법령에 따라 설립된 외국기업, 조약에 따라 설립된 국제기구, 그 밖에 외국에 있는 법인 등으로서 대통령령으로 정하는 자[16]를 말한다(法 9조⑯). 외국법인이 국내에서 공모 또는 상장할 경우, 사업보고서제도의 외국기업에 대한 적용문제를 정비하기 위하여 외국법인등의 경우에는 대통령령으로 정하는 기준 및 방법에 따라 제출의무를 면제하거나 제출기한을 달리하는 등 그 적용을 달리할 수 있다(法 165조①).[17] 금융위원회는 외국법인등의 종류·성격, 외국법령 등을 고려하여 외국법인등의 사업보고서 등의 구체적인 기재내용, 첨부서류 및 서식 등을 달리 정하여 고시한다(令 176조⑦).

(2) 제출의무 면제

다음과 같은 외국법인등에 대하여는 사업보고서 제출의무를 면제한다(令 176조①).

1. 외국정부
2. 외국지방자치단체
3. 외국의 법령에 따라 설립되어 공익사업을 영위하는 외국공공단체로서 외국정부 또는 외국지방자치단체가 지분을 보유하고 있는 외국공공단체
4. 국제금융기구에의 가입조치에 관한 법률 제2조 제1항 각 호의 어느 하나에 해당하는 국제금융기구

(3) 제출기간 연장

사업보고서 제출의무가 면제되지 않은 외국법인등은 사업보고서를 각 사업연도 경과 후 120일(90일에 30일 연장) 이내에 제출할 수 있고, 반기보고서 및 분기보고서

---

16) "대통령령으로 정하는 자"란 다음과 같은 자를 말한다(令 13조①).
1. 외국법령에 따라 설정·감독하거나 관리되고 있는 기금이나 조합
2. 외국정부, 외국지방자치단체 또는 외국공공단체에 의하여 설정·감독하거나 관리되고 있는 기금이나 조합
3. 조약에 따라 설립된 국제기구에 의하여 설정·감독하거나 관리되고 있는 기금이나 조합

17) 그 외에 증권시장에 지분증권을 상장한 외국법인등은 주요사항보고서를 제출하여야 하는 경우 외에 추가로 일정한 경우 금융위원회가 정하여 고시하는 날까지 주요사항보고서를 금융위원회에 제출해야 한다(令 176조⑤). [주요사항보고서에 관하여는 제3편 제4장 제3절 참조].

도 각각의 제출기간인 45일이 지난 후 15일 이내에 제출할 수 있다(令 176조②).

⑷ 약식제출 허용

외국법인등이 사업보고서 등에 상당하는 서류를 해당 국가에 제출한 경우에는 그 날부터 10일(주요사항보고서의 경우에는 5일) 이내에 사업보고서 등을 제출하거나 해당 국가에서 제출한 사업보고서 등에 상당하는 서류에 금융위원회가 정하여 고시하는 요약된 한글번역문을 첨부하여 제출할 수 있다(令 176조③).

⑸ 개별재무제표제출면제

사업보고서·반기보고서·분기보고서를 제출하는 외국법인등은 금융위원회가 정하여 고시하는 사유에 해당하는 때에는 연결재무제표에 상당하는 서류를 제출한 경우 그 외국법인등의 재무제표를 제출하지 아니할 수 있다. 이 경우 그 외국법인등은 사업보고서·반기보고서·분기보고서에 다음과 같은 사항을 기재하지 아니할 수 있다(令 176조④).

1. 사업보고서의 경우
   가. 그 외국법인등의 재무제표를 기준으로 한 재무에 관한 사항과 그 부속명세
   나. 그 외국법인등의 재무제표에 대한 회계감사인의 감사의견
2. 반기보고서·분기보고서의 경우
   가. 그 외국법인등의 재무제표를 기준으로 한 재무에 관한 사항과 그 부속명세
   나. 그 외국법인등의 재무제표에 대한 회계감사인의 감사의견 또는 확인과 의견 표시

9. 사업보고서 등의 공시

금융위원회와 거래소는 사업보고서·반기보고서·분기보고서·주요사항보고서를 3년간 일정한 장소에 비치하고, 인터넷 홈페이지 등을 이용하여 공시해야 한다. 이 경우 기업경영 등 비밀유지와 투자자 보호와의 형평 등을 고려하여 대통령령으로 정하는 사항[18]을 제외하고 비치 및 공시할 수 있다(法 163조).

18) "대통령령으로 정하는 사항"이란 다음과 같은 사항을 말한다(令 174조).
1. 군사기밀보호법 제2조에 따른 군사기밀에 해당하는 사항
2. 사업보고서 제출대상법인 또는 그 종속회사의 업무나 영업에 관한 것으로서 금융위원회의 확인을 받은 사항

Ⅱ. 반기보고서와 분기보고서

1. 의 의

사업보고서 제출대상법인은 그 사업연도 개시일부터 6개월간의 사업보고서("반기보고서")와 사업연도 개시일부터 3개월간 및 9개월간의[19] 사업보고서("분기보고서")를 각각 그 기간 경과 후 45일 이내에 금융위원회와 거래소에 제출하여야 하되, 사업보고서 제출대상법인이 재무에 관한 사항과 그 부속명세, 그 밖에 금융위원회가 정하여 고시하는 사항을 연결재무제표를 기준으로 기재하여 작성한 반기보고서와 분기보고서를 금융위원회와 거래소에 제출하는 경우에는 그 최초의 사업연도와 그 다음 사업연도에 한하여 그 기간 경과 후 60일 이내에 제출할 수 있다(法 160조).[20]

2. 작성방식

(1) 사업보고서 규정의 준용

반기보고서와 분기보고서에 대하여는, 사업보고서에 관한 제159조 제2항(기재사항과 첨부서류, 분기보고서의 경우 개인별 보수에 관한 제3호 및 제3호의2는 제외) · 제4항(금융위원회의 고시에 따른 기재방법과 서식) · 제6항(예측정보의 기재 또는 표시), 제7항(대표이사, 이사의 확인 · 서명)이 준용된다(法 160조).

(2) 기재사항

반기보고서와 분기보고서에 기재해야 할 사항에 관하여는 제168조 제1항부터 제4항(제4항은 한국채택국제회계기준을 적용하는 연결재무제표 작성대상법인만 해당한다)까지의 규정을 준용한다(令 170조①).

1. 반기보고서인 경우에는 다음과 같은 회계감사인의 확인 및 의견표시로 갈음할 수 있다.
   가. 한국채택국제회계기준을 적용하는 연결재무제표 작성대상법인인 경우: 그 법인의 재무제표에 대한 회계감사인의 확인 및 의견표시와 연결재무제표에 대한 회계감사인의 확인 및 의견표시
   나. 가목 외의 법인: 그 법인의 재무제표에 대한 회계감사인의 확인 및 의견표시

---

19) 4분기보고서는 사업보고서와 중복되므로 제외된다.
20) 이러한 공시일정상 4분기 실적확인은 장기간(90일)이 소요된다.

2. 분기보고서인 경우에는 회계감사인의 감사의견을 생략할 수 있다. 다만, 금융기관(「금융위원회의 설치 등에 관한 법률」 제38조에 따른 검사대상기관) 또는 최근 사업연도말 현재의 자산총액이 5천억원 이상인 주권상장법인의 분기보고서는 제1호에 따른다.

(3) 첨부서류

반기보고서와 분기보고서에는 다음과 같은 서류를 첨부해야 한다(令 170조③).

1. 반기보고서인 경우에는 회계감사인의 반기감사보고서나 반기검토보고서. 다만, 한국채택국제회계기준을 적용하는 연결재무제표 작성대상법인인 경우에는 회계감사인의 연결재무제표에 대한 반기감사보고서나 반기검토보고서를 함께 제출해야 한다.
2. 분기보고서인 경우에는 회계감사인의 분기감사보고서나 분기검토보고서(令 170조 제1항 제2호 단서에 따른 법인만 해당). 다만, 한국채택국제회계기준을 적용하는 연결재무제표 작성대상법인인 경우에는 회계감사인의 연결재무제표에 대한 분기감사보고서나 분기검토보고서를 함께 제출해야 한다.

3. 중소기업 특례

코넥스시장에 상장된 주권을 발행한 법인의 경우에는 대통령령으로 정하는 기준 및 방법에 따라 반기·분기보고서의 제출의무를 면제하거나 제출기한을 달리하는 등 그 적용을 달리할 수 있다(法 165조②).

제 3 절 주요사항보고서

Ⅰ. 의 의

사업보고서 제출대상법인은 자본시장법상 주요사항으로 규정된 사실이 발생한 경우에는 그 내용을 기재한 주요사항보고서를 금융위원회에 제출해야 한다(法 161조①).

기업은 정기적으로 사업보고서 등 공시서류를 작성하여 금융위원회와 거래소에 제출함으로써 일반투자자들이 외부에서 해당 기업의 경영 및 재무상황을 알 수 있도록 하지만, 급변하는 경제환경에서 이와 같이 정기적인 공시방법에 의하여 공개되는 정보만으로는 투자자들의 투자판단에 부족하기 때문에, 투자자의 투자판단에 영향을 미칠만한 중요한 정보가 발생하는 경우, 기업으로 하여금 이를 수시로 공시하도록 하는 제도가 수시공시제도이다. 엄밀하게는 사업보고서 제출대상법인은 금융위원회와 거래소에 보고서를 제출하고 금융위원회와 거래소는 이와 같이 제출된 서류를 비치·공시하는 것인데, 실무상으로나 규정상으로나 기업에 대하여도 공시라는 용어가 혼용되고 있다.21) 수시공시제도는 강화할수록 투자자 보호에 도움이 되지만 기업 입장에서는 수시공시를 위한 인력과 비용의 부담이 있고, 기업내부정보가 조기에 유포된다는 불이익이 있을 수 있다. 따라서 미국, 일본에서는 수시공시사항에 대하여 증권법 차원에서의 공적 규제를 하지 않고 자율규제기관(SRO)의 규제를 받도록 하고 있다. 그러나 구 증권거래법은 수시공시사항을 법에 구체적으로 열거하는 입법방식을 취하여 왔다.

자본시장법은 구 증권거래법상 수시공시사항 중 공적 규제가 필요한 사항(주요사항)을 별도로 분류하여 금융위원회에 대한 보고사항으로 규정하고, 나머지 사항은 공적규제가 아닌 자율규제로 전환하여 거래소의 규제를 받도록 하고 있다.22)

Ⅱ. 제출의무자와 제출기한

1. 제출의무자

주요사항보고서 제출의무자는 사업보고서 제출대상법인과 같다. 그리고 증권시장에 지분증권을 상장한 외국법인등23)은 주요사항보고서를 제출하여야 하는

21) 수시공시규정에서는 "신고"라는 용어를 사용하고, 조회공시에서는 "공시"라는 용어를 사용하는데, 조회공시의 경우에도 "공시를 요구할 수 있다."고 규정되어 있지만 실제의 절차를 보면 상장법인이 직접 공시를 하는 것이 아니라 공시담당기관인 금융위원회와 한국거래소 등에 신고함으로써 그 의무를 이행하는 것이고(신고 없이 직접 공시하면 오히려 공시의무위반이 된다) 동 기관이 공시를 대행하는 것이므로 양자의 절차상 차이가 없다. 따라서, 실제의 절차에 맞도록 "신고"라는 용어로 통일하는 것이 바람직하다.

22) 자본시장법상 유통공시제도는 정기공시와 비정기공시로 구분되고, 비정기공시는 다시 주요사항보고서와 수시공시로 구분된다. 정기공시와 주요사항보고서는 법정공시(공적규제)에 속하고, 수시공시는 자율공시에 속한다.

23) 외국지주회사(외국법령에 따라 설립된 회사로서 지분증권의 소유를 통하여 다른 회사의 사업내용을 지배하는 것을 주된 사업으로 하는 회사)의 경우에는 그 외국지주회사의 자회사(외

경우 외에 다음과 같은 경우에도 금융위원회가 정하여 고시하는 날까지 주요사항보고서를 금융위원회에 제출해야 한다(令 176조⑤).

1. 지분증권의 양도제한, 외국법인등의 국유화 등 외국법인등이나 그 출자자에게 중대한 영향을 미치는 외국법령 등이 변경된 때
2. 외국법인등의 주식등에 대하여 외국에서 공개매수 또는 안정조작·시장조성이 행하여지는 때
3. 외국금융투자감독기관 또는 외국거래소로부터 관계법규 위반으로 조치를 받은 때
4. 외국거래소로부터 매매거래 정지·해제, 상장폐지 조치를 받은 때

2. 제출기한

주요사항보고서는 주요사항에 해당하는 사실이 발생한 경우에는 그 사실이 발생한 날의 다음 날까지 제출하여야 하고, 상법상 주식교환·주식이전·합병·분할·분할합병의 경우에는 그 사실이 발생한 날부터 3일 이내에 제출해야 한다(法 161조①).

Ⅲ. 주요사항과 첨부서류

1. 주요사항

사업보고서 제출대상법인은 다음과 같은 사실이 발생한 경우에는 그 사실이 발생한 날의 다음 날까지(제6호의 경우에는 그 사실이 발생한 날부터 3일 이내에) 그 내용을 기재한 보고서("주요사항보고서")를 금융위원회에 제출해야 한다. 이 경우 제159조 제6항(예측정보) 및 제7항(대표이사 등의 확인·서명)을 준용한다(法 161조①).

1. 발행한 어음 또는 수표가 부도로 되거나 은행과의 당좌거래가 정지 또는 금지된 때
2. 영업활동의 전부 또는 중요한 일부가 정지되거나 그 정지에 관한 이사회 등의 결정이 있은 때
3. 「채무자 회생 및 파산에 관한 법률」에 따른 회생절차개시의 신청이 있은 때
4. 자본시장법, 상법, 그 밖의 법률에 따른 해산사유가 발생한 때
5. 대통령령으로 정하는 경우에 해당하는 자본 또는 부채의 변동에 관한 이사회 등

국지주회사가 채택하고 있는 회계처리기준에 따라 연결대상이 되는 회사)를 포함한다.

의 결정이 있은 때[24)]

6. 주식의 포괄적 교환, 주식의 포괄적 이전, 합병, 회사의 분할 및 분할합병 사실이 발생한 때
7. 대통령령으로 정하는 중요한 영업 또는 자산을 양수하거나 양도할 것을 결의한 때[25)]
8. 자기주식을 취득(자기주식의 취득을 목적으로 하는 신탁계약의 체결 포함) 또는 처분(자기주식의 취득을 목적으로 하는 신탁계약의 해지를 포함)할 것을 결의한 때[26)]
9. 그 밖에 그 법인의 경영·재산 등에 관하여 중대한 영향을 미치는 사항으로서 대통령령으로 정하는 사실이 발생한 때[27)]

---

24) "대통령령으로 정하는 경우에 해당하는 자본 또는 부채의 변동"이란 다음과 같은 것을 말한다. 다만, 해당 자본 또는 부채의 변동이 증권의 모집 또는 매출에 따른 것으로서 증권신고서를 제출하는 경우는 제외한다(令 171조①).
   1. 자본의 증가 또는 감소
   2. 다음 증권의 발행에 따른 부채의 증가
      가. 조건부자본증권
      나. 만기가 자동적으로 연장되거나 발행자가 만기를 연장할 수 있는 사채로서 금융위원회가 정하여 고시하는 사채

25) "대통령령으로 정하는 중요한 영업 또는 자산을 양수하거나 양도할 것을 결의한 때"란 다음의 결의를 한 때를 말한다(令 171조②).
   1. 양수·양도하려는 영업부문의 자산액(장부가액과 거래금액 중 큰 금액)이 최근 사업연도말 현재 자산총액(한국채택국제회계기준을 적용하는 연결재무제표 작성대상법인인 경우에는 연결재무제표의 자산총액)의 10% 이상인 양수·양도
   2. 양수·양도하려는 영업부문의 매출액이 최근 사업연도말 현재 매출액(한국채택국제회계기준을 적용하는 연결재무제표 작성대상법인인 경우에는 연결재무제표의 매출액)의 10% 이상인 양수·양도
   3. 영업의 양수로 인하여 인수할 부채액이 최근 사업연도말 현재 부채총액(한국채택국제회계기준을 적용하는 연결재무제표 작성대상법인인 경우에는 연결재무제표의 부채총액)의 10% 이상인 양수
   4. 삭제 [2016.6.28.] (삭제 전: 영업전부의 양수)
   5. 양수·양도하려는 자산액(장부가액과 거래금액 중 큰 금액)이 최근 사업연도말 현재 자산총액(한국채택국제회계기준을 적용하는 연결재무제표 작성대상법인인 경우에는 연결재무제표의 자산총액)의 10% 이상인 양수·양도. 다만, 일상적인 영업활동으로서 상품·제품·원재료를 매매하는 행위 등 금융위원회가 정하여 고시하는 자산의 양수·양도는 제외한다.

26) 자기주식에 대한 질권설정 등 담보제공 자체는 주식의 소유권에 대한 변동을 가져오지 않으므로 처분에 해당하지 않고 따라서 주요사항보고서를 제출할 필요 없으나, 담보권이 실행되면 자기주식의 처분에 해당하므로 이사회결의와 주요사항보고서 제출이 필요하다[금융감독원 기업공시 실무안내(2022.12.), 175면].

27) "대통령령으로 정하는 사실이 발생한 때"란 다음과 같은 것을 말한다(令 171조③).
   1. 「기업구조조정 촉진법」 제5조 제2항 각 호의 어느 하나에 해당하는 관리절차가 개시되거나 같은 법 제12조에 따라 공동관리절차가 중단된 때
   2. 시행령 제167조 제1항 제2호 각 목의 어느 하나에 해당하는 증권에 관하여 중대한 영향을 미칠 소송이 제기된 때
   3. 해외증권시장에 주권의 상장 또는 상장폐지가 결정되거나, 상장 또는 상장폐지된 때 및

2. 첨부서류

사업보고서 제출대상법인은 주요사항보고서를 제출하는 경우에는 보고대상 주요사항별로 다음과 같은 서류나 그 사본을 첨부해야 한다(法 161조②, 令 171조④).

1. 법 제161조 제1항 제1호 중 어음이나 수표가 부도로 된 경우에는 은행의 부도 확인서 등 해당 사실을 증명할 수 있는 서류
2. 법 제161조 제1항 제1호 중 은행과의 당좌거래가 정지되거나 금지된 경우에는 은행의 당좌거래정지 확인서 등 해당 사실을 증명할 수 있는 서류
3. 법 제161조 제1항 제2호의 경우에는 이사회의사록, 행정기관의 영업정지 처분 명령서 등 영업정지 사실을 증명할 수 있는 서류
4. 법 제161조 제1항 제3호의 경우에는 법원에 제출한 회생절차개시신청서 등 해당 사실을 증명할 수 있는 서류
5. 자본시장법 제161조 제1항 제4호의 경우에는 이사회의사록, 파산결정문 등 해당 사유 발생 사실을 증명할 수 있는 서류
6. 자본시장법 제161조 제1항 제5호부터 제8호까지의 경우에는 이사회의사록 등 해당 사실을 증명할 수 있는 서류
7. 자본시장법 제161조 제1항 제9호의 경우에는 통지서·소장 등 해당 사실을 증명할 수 있는 서류
8. 그 밖에 투자자 보호를 위하여 필요하다고 금융위원회가 정하여 고시하는 서류

Ⅳ. 정보의 교환과 거래소 송부

금융위원회는 제출된 주요사항보고서가 투자자의 투자판단에 중대한 영향을

외국금융투자감독기관 또는 외국거래소 등으로부터 주권의 상장폐지, 매매거래정지, 그 밖의 조치를 받은 때

4. 전환사채권, 신주인수권부사채권 또는 교환사채권의 발행에 관한 결정이 있은 때. 다만, 해당 주권 관련 사채권의 발행이 증권의 모집 또는 매출에 따른 것으로서 증권신고서를 제출하는 경우는 제외한다.
5. 다른 법인의 지분증권이나 그 밖의 자산("지분증권등")을 양수하는 자에 대하여 미리 정한 가액으로 그 지분증권등을 양도(제2항 제1호·제5호에 해당하는 양수·양도로 한정한다)할 수 있는 권리를 부여하는 계약 또는 이에 상당하는 계약체결에 관한 결정이 있은 때
6. 조건부자본증권이 주식으로 전환되는 사유가 발생하거나 그 조건부자본증권의 상환과 이자지급 의무가 감면되는 사유가 발생하였을 때
7. 그 밖에 그 법인의 경영·재산 등에 관하여 중대한 영향을 미치는 사항으로서 금융위원회가 정하여 고시하는 사실이 발생한 때

미칠 우려가 있어 그 내용을 신속하게 알릴 필요가 있는 경우에는 대통령령으로 정하는 방법[28]에 따라 행정기관, 그 밖의 관계기관에 대하여 필요한 정보의 제공 또는 교환을 요청할 수 있다. 이 경우 요청을 받은 기관은 특별한 사유가 없는 한 이에 협조해야 한다(法 161조④). 금융위원회는 주요사항보고서가 제출된 경우 이를 거래소에 지체 없이 송부해야 한다(法 161조⑤).[29]

제4절 공시의무위반에 대한 제재

Ⅰ. 행정상 제재

1. 금융위원회의 조치권

금융위원회는 투자자 보호를 위하여 필요한 경우에는 사업보고서 제출대상법인, 그 밖의 관계인에 대하여 참고가 될 보고 또는 자료의 제출을 명하거나, 금융감독원장에게 그 장부·서류, 그 밖의 물건을 조사하게 할 수 있다. 이 경우 조사를 하는 자는 그 권한을 표시하는 증표를 지니고 이를 관계인에게 내보여야 한다(法 164조①, 131조②). 금융위원회는 ⅰ) 사업보고서 등을 제출하지 아니하거나, ⅱ) 사업보고서 등 중 중요사항에 관하여 거짓의 기재 또는 표시가 있거나 중요사항이 기재 또는 표시되지 아니한 경우 사업보고서 제출대상법인에 대하여 이유를 제시한 후 그 사실을 공고하고 정정을 명할 수 있으며, 필요한 때에는 증

---

28) 금융위원회는 다음 기관에 정보의 제공을 요청하는 사유를 기재한 문서(전자문서 포함) 또는 팩스의 방법으로 필요한 정보의 제공을 요청할 수 있다(슈 172조).
  1. 법 제161조 제1항 제1호의 사항에 관하여는 「어음법」 제38조 및 「수표법」 제31조에 따른 어음교환소로 지정된 기관
  2. 법 제161조 제1항 제3호·제4호 및 제171조 제3항 제2호의 사항에 관하여는 관할 법원
  3. 제171조 제3항 제1호의 사항에 관하여는 「기업구조조정 촉진법」 제2조 제5호에 따른 주채권은행 또는 같은 법 제22조에 따른 채권금융기관협의회
  4. 그 밖의 사항에 관하여는 해당 정보를 소유하고 있는 행정기관, 그 밖의 관계 기관

29) 한편 거래소도 주권등상장법인이 수시공시사항을 신고한 경우에는 이를 지체 없이 금융위원회에 송부해야 한다(法 392조③). 따라서 주요사항보고서는 금융위원회에 제출하고, 수시공시사항은 거래소에 신고하지만 결국은 금융위원회와 거래소에 모두 송부되는 결과가 된다. 반면에 사업보고서·반기보고서·분기보고서 등은 처음부터 금융위원회와 거래소에 모두 제출한다. 한편 현행 공시시스템상 금융위원회의 DART에 제출된 공시는 거래소로 자동전송되고, 거래소의 KIND에 제출된 공시도 DART시스템으로 자동전송된다.

권의 발행, 그 밖의 거래를 정지 또는 금지하거나 대통령령으로 정하는 조치[30]를 할 수 있다(法 164조②).

2. 과 징 금

금융위원회는 사업보고서 제출대상법인이 i) 사업보고서, 반기보고서, 분기보고서 중 중요사항에 관하여 거짓의 기재 또는 표시를 하거나 중요사항을 기재 또는 표시하지 아니하거나, ii) 사업보고서, 반기보고서, 분기보고서를 제출하지 않는 경우에는 직전 사업연도 중에 증권시장에서 형성된 그 법인이 발행한 주식(그 주식과 관련된 증권예탁증권 포함)의 일일평균거래금액의 10%(20억원을 초과하거나 그 법인이 발행한 주식이 증권시장에서 거래되지 아니한 경우에는 20억원)을 초과하지 않는 범위에서 과징금을 부과할 수 있다(法 429조③). 과징금은 각 해당 규정의 위반행위가 있었던 때부터 5년이 경과하면 이를 부과하지 못한다(法 429조⑤).

Ⅱ. 민사상 제재

1. 손해배상책임의 발생

사업보고서·반기보고서·분기보고서·주요사항보고서("사업보고서등") 및 그 첨부서류(회계감사인의 감사보고서 제외) 중 중요사항에 관하여 거짓의 기재[31] 또

30) "대통령령으로 정하는 조치"란 다음과 같은 조치를 말한다(令 175조).
1. 1년의 범위에서 증권의 발행 제한
2. 임원에 대한 해임권고
3. 법을 위반한 경우에는 고발 또는 수사기관에의 통보
4. 다른 법률을 위반한 경우에는 관련기관이나 수사기관에의 통보
5. 경고 또는 주의

31) [대법원 2012. 10. 11. 선고 2010다86709 판결] "사업보고서의 재무제표는 일반투자자가 회사의 재무상황을 가늠할 수 있는 가장 중요한 투자의 지표인 점, 사업보고서의 재무제표는 기업회계기준에 따라 작성되어야 하는데 기업회계기준은 회계처리 및 재무제표를 작성할 때 경제적 사실과 거래의 실질을 반영하여 회사의 재무상태 및 경영성과 등을 공정하게 표시하도록 규정하고 있는 점 등을 고려하면, 기업회계기준에서 허용하는 합리적·객관적 범위를 넘어 자산을 과대평가하여 사업보고서의재무제표에 기재하는 것은 가공의 자산을 계상하는 것과 마찬가지로 경제적 사실과 다른 허위의 기재에 해당한다는 전제 아래, 위 사업보고서 등의 재무제표에는 기업회계기준이 허용하는 합리적·객관적 범위를 넘어 자산이 과대계상되어 있으므로, 위 사업보고서 등은 구 증권거래법 제186조의5, 제14조 제1항에서 정한 '허위기재'가 있는 경우에 해당한다."

는 표시가 있거나 중요사항이 기재 또는 표시되지 아니함으로써 사업보고서 제출대상법인이 발행한 증권(그 증권과 관련된 증권예탁증권, 그 밖에 대통령령으로 정하는 증권[32] 포함)의 취득자 또는 처분자가 손해를 입은 경우에 손해배상책임이 발생한다(法 162조①).[33] 제162조 제1항은 회계감사인의 감사보고서를 회계감사인의 책임대상에서 명시적으로 제외하고, 제170조에서 회계감사인의 감사보고서로 인한 책임을 규정한다. 다만 제170조는 모든 감사보고서가 아니라 사업보고서 등에 첨부된 감사보고서만 책임대상으로 규정한다.

2. 손해배상책임의 주체

손해배상책임의 주체는 다음과 같다(法 162조①).

1. 그 사업보고서 등의 제출인과 제출당시의 그 사업보고서 제출대상법인의 이사[34]
2. 상법 제401조의2 제1항 각 호의 어느 하나에 해당하는 자로서 그 사업보고서 등의 작성을 지시하거나 집행한 자
3. 그 사업보고서 등의 기재사항 및 그 첨부서류가 진실 또는 정확하다고 증명하여 서명한 공인회계사·감정인 또는 신용평가를 전문으로 하는 자 등(그 소속단체 포함) 대통령령으로 정하는 자[35]
4. 그 사업보고서 등의 기재사항 및 그 첨부서류에 자기의 평가·분석·확인 의견이 기재되는 것에 대하여 동의하고 그 기재내용을 확인한 자

3. 면책사유

배상의 책임을 질 자가 상당한 주의를 하였음에도 불구하고 이를 알 수 없었음을 증명하거나 그 증권의 취득자 또는 처분자가 그 취득 또는 처분을 할 때

---

32) "대통령령으로 정하는 증권"이란 다음과 같은 증권을 말한다(令 173조).
  1. 해당 증권(그 증권과 관련된 증권예탁증권을 포함한다. 이하 이 항에서 같다)과 교환을 청구할 수 있는 교환사채권
  2. 해당 증권 및 제1호에 따른 교환사채권만을 기초자산으로 하는 파생결합증권

33) 구 증권거래법은 수시공시에 관한 제186조 제4항과 정기공시에 관한 제186조의5는 모두 유가증권신고서와 사업설명서에 관한 제14조 내지 제16조를 준용하는 방식으로 규정하였는데, 그로 인하여 해석상의 논란이 일부 있었다. 이에 자본시장법은 증권신고서에 관한 규정과 거의 같지만 독립한 손해배상규정을 두고 있다.

34) 이사의 제3자에 대한 손해배상책임(商法 401조)에 관한 문제는 증권신고서의 부실기재에 관한 손해배상책임 부분에서 설명한 바와 같다.

35) "대통령령으로 정하는 자"란 공인회계사, 감정인, 신용평가를 전문으로 하는 자, 변호사, 변리사 또는 세무사 등 공인된 자격을 가진 자(그 소속 단체 포함)를 말한다(令 173조②).

에 그 사실을 안 경우에는 배상의 책임을 지지 않는다(法 162조① 단서). 여기서 '상당한 주의를 하였음에도 불구하고 이를 알 수 없었음'을 증명한다는 것은 '자신의 지위에 따라 합리적으로 기대되는 조사를 한 후 그에 의하여 거짓의 기재 등이 없다고 믿었고 그렇게 믿을 만한 합리적인 근거가 있었음'을 증명하는 것을 말한다.[36] 실질적인 직무를 수행하지 않은 명목상의 사외이사라도 면책을 주장하려면 상당한 주의를 다하였어야 한다.[37]

이사의 감시의무와 관련하여, 대법원은 "대표이사는 회사의 영업에 관하여 재판상 또는 재판 외의 모든 행위를 할 권한이 있으므로(상법 제389조 제3항, 제209조 제1항), 모든 직원의 직무집행을 감시할 의무를 부담함은 물론, 이사회의 구성원으로서 다른 대표이사를 비롯한 업무담당이사의 전반적인 업무집행을 감시할 권한과 책임이 있다. 따라서 대표이사는 다른 대표이사나 업무담당이사의 업무집행으로 작성된 재무제표의 중요사항에 허위기재 등을 의심할 만한 사유가 있는데도 적절한 조치를 취하지 않고 방치해서는 안 된다."라고 판시하면서, 특히 내부통제시스템이 합리적으로 구축되고 정상적으로 운영되었는지 여부의 판단에 있어서 매우 엄격한 기준을 적용한다.[38]

---

36) 대법원 2015. 12. 23. 선고 2015다210194 판결, 대법원 2014. 12. 24. 선고 2013다76253 판결, 대법원 2007. 9. 21. 선고 2006다81981 판결.

37) [대법원 2014. 12. 24. 선고 2013다76253 판결] "원심은, 피고 A은 자본시장법 제162조 제1항에 의하여 특별한 사정이 없는 한 B의 제16기 사업보고서에 중요사항이 허위기재됨으로써 원고들이 입은 손해를 배상할 책임이 있다고 한 다음, 피고 A은 B의 제16기 사업보고서 제출 당시 B의 사외이사의 지위에 있기는 하였으나 출근을 하거나 이사회에 참석하여 결의에 참여하는 등 사외이사로서의 실질적인 활동은 없었던 점, B의 제16기 재무제표에 대한 외부감사 당시 피고 ㅁㅁ회계법인에 제출된 피고 A 명의의 확인서는 당시 대표이사였던 C이 임의로 작성한 것이라는 점 등에 비추어 보면, 피고 A은 B 제16기 사업보고서의 허위기재와 아무런 관련이 없거나 그가 상당한 주의를 하였더라도 그 허위기재 사실을 알 수 없었을 것으로 판단된다고 하여 피고 A의 면책 주장을 받아들였다. 그러나 주식회사의 이사는 선량한 관리자의 주의로써 대표이사 및 다른 이사들의 업무집행을 전반적으로 감시하고 특히 재무제표의 승인 등 이사회에 상정된 안건에 관하여는 이사화의 일원으로서 의결권을 행사함으로써 대표이사 등의 업무집행을 감시·감독할 지위에 있으며, 이는 사외이사라고 하여 달리 볼 것이 아닌바, 피고 A이 회사에 출근하지도 않고 이사회에 참석하지도 않았다는 것은 사외이사로서의 직무를 전혀 수행하지 아니하였음을 나타내는 사정에 불과하고, 위 사정과 그 밖에 원심이 들고 있는 사정들은 피고 A이 그의 지위에 따른 상당한 주의를 다하였다는 사정이 아님은 물론이며 상당한 주의를 다하였더라도 허위기재 사실을 알 수 없었다고 볼 사정도 되지 아니한다."

38) [대법원 2022. 7. 28. 선고 2019다202146 판결] "고도로 분업화되고 전문화된 대규모 회사에서 대표이사와 업무담당이사가 내부적인 사무분장에 따라 각자의 전문 분야를 전담하여 처리하는 것이 불가피한 경우라고 할지라도 그러한 사정만으로 다른 대표이사나 이사들의 업무집행에 관한 감시의무를 면할 수 없다. 그러한 경우 합리적인 정보·보고시스템과 내부통제시스

4. 예측정보

예측정보가 다음과 같은 방법으로 기재 또는 표시된 경우에는 제1항 각 호의 자는 그 손해에 관하여 배상의 책임을 지지 않는다(法 162조②).

1. 그 기재 또는 표시가 예측정보라는 사실이 밝혀져 있을 것
2. 예측 또는 전망과 관련된 가정 또는 판단의 근거가 밝혀져 있을 것
3. 그 기재 또는 표시가 합리적 근거 또는 가정에 기초하여 성실하게 행하여졌을 것
4. 그 기재 또는 표시에 대하여 예측치와 실제 결과치가 다를 수 있다는 주의문구가 밝혀져 있을 것

다만, 해당 증권의 취득자 또는 처분자가 그 취득 또는 처분을 할 때에 예측정보 중 중요사항에 관하여 거짓의 기재 또는 표시가 있거나 중요사항이 기재 또는 표시되지 아니한 사실을 알지 못한 경우로서 제1항 각 호의 자에게 그 기재 또는 표시와 관련하여 고의 또는 중대한 과실이 있었음을 증명한 경우에는 배상의 책임을 진다(法 162조② 단서).

템(이하 '내부통제시스템'이라 한다)을 구축하고 그것이 제대로 작동하도록 노력을 다해야 한다. 이러한 내부통제시스템은 회사가 사업운영상 준수해야 하는 제반 법규를 체계적으로 파악하여 그 준수 여부를 관리하고, 위반사실을 발견한 경우 즉시 신고 또는 보고하여 시정조치를 강구할 수 있는 형태로 구현되어야 한다. 특히 회사 업무의 전반을 총괄하여 다른 이사의 업무집행을 감시·감독해야 할 지위에 있는 대표이사는 회계부정이나 오류를 사전적으로 예방하고 사후적으로 적발·시정할 수 있는 내부통제시스템을 구축하고 그것이 제대로 작동하도록 노력을 다해야 한다. 만일 대표이사가 이러한 노력을 전혀 하지 않거나 위와 같은 시스템을 통한 감시·감독의무의 이행을 의도적으로 외면한 결과 다른 이사 등의 회계업무에 관한 위법한 업무집행을 방지하지 못하였다면, 대표이사로서 감시의무를 게을리하였다고 볼 수 있다. 내부통제시스템이 합리적으로 구축되고 정상적으로 운영되었는지는 어떠한 제도가 도입되어 있고 어떠한 직위가 존재하였다고 해서 곧바로 긍정할 수 있는 것은 아니다. 제도의 내용이나 직위에 부여된 임무가 무엇인지, 그러한 제도가 실질적으로 운영되고 있고 임무가 정상적으로 수행되었는지를 살펴 판단해야 하고, 구 자본시장과 금융투자업에 관한 법률 제162조에 근거한 손해배상책임을 면하고자 하는 이사 등이 이를 증명해야 한다. 이는 회계업무와 관련하여 구 주식회사의 외부감사에 관한 법률에 따른 내부회계관리제도가 도입되거나 재무담당임원(CFO)이 임명되어 있는 경우에도 마찬가지이다." (투자자들이 분식회계로 인한 허위공시로 손해를 입었다고 주장하며 대표이사와 회계법인을 상대로 손해배상을 청구한 사건에서, 원심은 전체손해 중 대표이사와 회계법인의 손해배상책임을 각각 60%, 30%로 제한하였고, 대법원은 원심의 판단이 형평의 원칙에 비추어 현저하게 불합리하다고 볼 수 없다고 인정했다).

5. 거래인과관계

자본시장법 제162조 제1항은 "중요사항에 관하여 거짓의 기재 또는 표시가 있거나 중요사항이 기재 또는 표시되지 아니함으로써 사업보고서 제출대상법인이 발행한 증권(그 증권과 관련된 증권예탁증권, 그 밖에 대통령령으로 정하는 증권 포함)의 취득자 또는 처분자가 손해를 입은 경우"라고 규정하므로, 손해인과관계만 요구하고 거래인과관계는 요구하지 않는다.[39] 나아가 대법원은 사업보고서의 허위기재로 인한 손해배상청구소송에서 시장사기이론에 입각하여 거래인과관계를 인정하고 있다.[40] 이는 미국에서 발전한 시장에 대한 사기(fraud on the market)이론이 반영된 것이라 할 수 있다. 시장에 대한 사기이론은 증권시장에서 거래하는 투자자는 시장에서 형성된 가격이 모든 공정한 정보가 반영되어 있다는 신뢰를 가지고 거래를 하는 것으로 보아야 하기 때문에, 허위기재나 누락이 중요한 것이라면 시장가격의 형성에 영향을 주게 되었으므로 이러한 행위는 시장에 대한 사기에 해당하고 시장을 신뢰하고 거래한 투자자에 대한 사기도 성립한다는 이론으로서, 투자자는 거래인과관계(신뢰)의 존재를 입증하지 않더라도 손해배상청구권을 가진다고 해석한다.[41]

---

39) 반면에, 회계감사인의 손해배상책임에 관한 제170조 제1항은 "선의의 투자자가 사업보고서 등에 첨부된 회계감사인(외국회계감사인 포함)의 감사보고서를 신뢰하여 손해를 입은 경우"라고 규정함으로써 손해배상청구권자가 거래인과관계를 증명해야 한다.

40) [대법원 2007. 10. 25. 선고 2006다16758, 16765 판결(대우전자 사건)] "주식거래에서 대상 기업의 재무상태는 주가를 형성하는 가장 중요한 요인 중의 하나이고, 대상 기업의 사업보고서의 재무제표에 대한 외부감사인의 회계감사를 거쳐 작성된 감사보고서는 대상 기업의 재무상태를 드러내는 가장 객관적인 자료로서 일반 투자자에게 제공·공표되어 그 주가형성에 결정적인 영향을 미치는 것이어서, 주식투자를 하는 일반 투자자로서는 그 대상 기업의 재무상태를 가장 잘 나타내는 사업보고서의 재무제표와 이에 대한 감사보고서가 정당하게 작성되어 공표된 것으로 믿고 주가가 당연히 그에 바탕을 두고 형성되었으리라는 생각 아래 대상 기업의 주식을 거래한 것으로 보아야 한다."

41) 대법원은 거래인과관계를 사실상 추정하면서 거래인과관계가 인정되는 거래에 대해서만 손해배상책임을 인정한다(대법원 2016. 12. 15. 선고 2016다206932 판결). 금융당국이 거짓 기재 등의 위법행위가 있었던 사실을 정식으로 공표하기 전에 회사가 과거 제무재표와 다르게 새로운 정보를 반영하여 작성한 재무제표를 공시하여 정보가 새롭게 갱신된 이상 그 이후에 주식을 취득한 주주가 분식회계로 작성된 과거의 공시서류를 신뢰하여 매수하였다는 거래인과관계의 추정은 번복될 수 있다(대법원 2022. 9. 7. 선고 2022다228056 판결). 거래인과관계에 관해서는 남궁주현, "자본시장법상 회사의 부실공시로 인한 주주의 손해배상청구에서의 인과관계 – 대법원 2022. 9. 7. 선고 2022다228056 판결을 중심으로", 사법 제70권, 사법발전재단(2024), 457면 이하 참조.

6. 손해인과관계

(가) 손해배상액 추정 규정

자본시장법은 손해배상할 금액을 청구권자가 그 증권을 취득 또는 처분함에 있어서 실제로 지급한 금액 또는 받은 금액과 다음과 같은 금액(처분의 경우에는 제1호에 한한다)과의 차액으로 추정한다(法 162조③).[42]

1. 손해배상을 청구하는 소송의 변론이 종결될 때의 그 증권의 시장가격(시장가격이 없는 경우에는 추정처분가격)
2. 변론종결 전에 그 증권을 처분한 경우에는 그 처분가격

(나) 증명책임

이러한 손해배상액 추정규정으로 인하여 피고가 손해인과관계의 부존재에 대한 증명책임을 진다. 즉, 배상책임을 질 자는 청구권자가 입은 손해액의 전부 또는 일부가 중요사항에 관하여 거짓의 기재 또는 표시가 있거나 중요사항이 기재 또는 표시되지 아니함으로써 발생한 것이 아님을 증명한 경우에는 그 부분에 대하여 배상책임을 지지 않는다(法 162조④). 따라서 사업보고서 제출인은 손해의 전부 또는 일부와 사업보고서의 거짓 기재 사이에 인과관계가 없다는 점을 증명하여야 그 책임의 전부 또는 일부를 면할 수 있다.[43] 이와 같이 배상책임자가 손해인과관계의 부존재를 증명할 책임을 부담하므로, 배상청구권자는 손해인과관계의 존재를 증명할 필요가 없다.[44]

---

42) 선의의 투자자가 사업보고서 등에 첨부된 회계감사인의 감사보고서를 신뢰하여 손해를 입은 경우 그 회계감사인이 배상할 금액에 관한 자본시장법 제170조 제2항의 규정과 동일하다.

43) [대법원 2022. 9. 7. 선고 2022다228056 판결] "손해 인과관계 부존재의 증명은 문제 된 사업보고서 등의 거짓 기재가 손해의 발생에 아무런 영향을 미치지 아니하였다는 사실 혹은 부분적 영향을 미쳤다는 사실을 직접적으로 증명하는 방법 또는 문제 된 사업보고서 등의 거짓 기재 이외의 다른 요인에 의하여 손해의 전부 또는 일부가 발생하였다는 사실을 간접적으로 증명하는 방법으로도 가능하다. 후자의 경우, 특정한 사건이 발생하기 이전 자료를 기초로 특정한 사건이 발생하지 않았다고 가정하였을 경우 예상할 수 있는 추정 기대수익과 시장에서 관측된 실제수익률의 차이인 추정 초과수익률 수치를 이용하여 특정한 사건이 주가에 미친 영향이 통계적으로 의미가 있는 수준인지를 분석하는 사건연구(event study) 방법을 사용할 수도 있다. 그러나 투자자 보호의 측면에서 손해액 추정조항을 둔 자본시장법 제162조 제3항 및 제170조 제2항의 입법 취지에 비추어 볼 때, 거짓 기재가 포함된 사업보고서 등이 공시된 이후 매수한 주식의 가격이 하락하여 손실이 발생하였는데 사업보고서 등의 공시 혹은 그 공표 이후의 주식가격의 형성이나 하락이 문제 된 사업보고서 등의 거짓 기재 때문인지 분명하지 않다는 정도의 증명만으로 손해액의 추정이 깨진다고 할 수 없다."

(다) 증명방법

손해인과관계 부존재의 증명은 문제 된 사업보고서의 거짓 기재가 손해의 발생에 아무런 영향을 미치지 아니하였다는 사실 혹은 부분적 영향을 미쳤다는 사실을 직접적으로 증명하는 방법 또는 문제 된 사업보고서의 거짓 기재 이외의 다른 요인에 의하여 손해의 전부 또는 일부가 발생하였다는 사실을 간접적으로 증명하는 방법으로도 가능하다. 후자의 경우, 특정한 사건이 발생하기 이전 자료를 기초로 특정한 사건이 발생하지 않았다고 가정하였을 경우 예상할 수 있는 추정 기대수익과 시장에서 관측된 실제수익률의 차이인 추정 초과수익률 수치를 이용하여 특정한 사건이 주가에 미친 영향이 통계적으로 의미가 있는 수준인지를 분석하는 사건연구(event study) 방법을 사용할 수도 있다. 또한 투자자 보호의 측면에서 손해배상액 추정조항을 둔 자본시장법의 입법 취지에 비추어, 거짓 기재가 포함된 사업보고서가 공시된 이후 매수한 주식의 가격이 하락하여 손실이 발생하였는데 사업보고서의 공시 혹은 그 공표 이후의 주식가격의 형성이나 하락이 문제 된 사업보고서의 거짓 기재 때문인지 분명하지 않다는 정도의 증명만으로 손해액의 추정이 깨진다고 할 수 없다.[45]

(라) 위법행위 공표 전 처분

거짓 기재 등의 위법행위가 있었던 사실이 정식으로 공표되기 이전에 투자자가 매수한 주식을 허위공시 등의 위법행위로 말미암아 부양된 상태의 주가에 모두 처분하였다고 하더라도 그 공표일 이전에 거짓 기재 등의 위법행위가 있었다는 정보가 미리 시장에 알려진 경우에는 주가가 이로 인한 영향을 받았을 가능성을 배제할 수 없다. 이러한 정보가 미리 시장에 알려지지 않았다는 사정을 증명하거나 다른 요인이 주가에 미친 영향의 정도를 증명하거나 또는 매수시점과 매도시점에서 허위공시 등의 위법행위가 없었더라면 존재하였을 정상적인 주가까지 증명하는 등의 사정이 없는 한, 공표 전 매각분이라는 사실의 증명만으로

44) [대법원 2015. 1. 29. 선고 2014다207283 판결] "주식의 취득자 또는 처분자가 주권상장법인 등에 대하여 사업보고서의 거짓 기재 등으로 인하여 입은 손해의 배상을 청구하는 경우에, 주식의 취득자 또는 처분자는 자본시장법 제162조 제4항의 규정에 따라 사업보고서의 거짓 기재 등과 손해 발생 사이의 인과관계의 존재에 대하여 증명할 필요가 없고, 주권상장법인 등이 책임을 면하기 위하여 이러한 인과관계의 부존재를 증명해야 한다."

45) 대법원 2002. 10. 11. 선고 2002다38521 판결, 대법원 2007. 9. 21. 선고 2006다81981 판결, 대법원 2007. 10. 25. 선고 2006다16758, 16765 판결, 대법원 2010. 8. 19. 선고 2008다92336 판결, 대법원 2015. 1. 29. 선고 2014다207283 판결, 대법원 2022. 9. 7. 선고 2022다228056 판결.

인과관계 부존재가 증명되었다고 할 수는 없다. 특히 문제된 허위공시의 내용이 분식회계인 경우에는 그 성질상 주가에 미치는 영향이 분식회계 사실의 공표를 갈음한다고 평가할 만한 유사정보(예컨대 외부감사인의 한정의견처럼 회계투명성을 의심하게 하는 정보, 회사의 재무불건전성을 드러내는 정보 등)의 누출이 사전에 조금씩 일어나기 쉽다는 점에서 더더욱 공표 전 매각분이라는 사실 자체의 증명만으로 인과관계 부존재가 증명되었다고 보기는 어렵다.[46)]

(마) 위법행위 공표 후 처분 또는 보유

일반적으로 분식회계(재무제표의 부실기재) 및 부실감사 사실이 밝혀진 후 그로 인한 충격이 가라앉고 그와 같은 허위정보로 인하여 부풀려진 부분이 모두 제거되어 일단 정상적인 주가가 형성되면 그와 같은 정상주가의 형성일 이후의 주가변동은 달리 특별한 사정이 없는 한 분식회계 및 부실감사와 아무런 인과관계가 없다고 할 것이므로, 그 정상주가 형성일 이후에 당해 주식을 매도하였거나 변론종결일까지 계속 보유중인 사실이 확인되는 경우 제162조 제3항이 정하는 손해액 중 위 정상주가와 실제 처분가격(또는 변론종결일의 시장가격)과의 차액 부분에 대하여는 손해인과관계 부존재의 증명이 있다고 보아야 할 것이고, 이 경우 손해액은 계산상 매수가격에서 위 정상주가 형성일의 주가를 공제한 금액이 된다.[47)]

7. 제척기간

배상책임은 그 청구권자가 해당 사실을 안 날부터 1년 이내 또는 해당 제출일부터 3년 이내에 청구권을 행사하지 아니한 경우에는 소멸한다(法 162조⑤). "해당 사실을 안 날"은 청구권자가 사업보고서 등의 중요사항에 관하여 거짓의 기재 또는 표시가 있거나 중요사항이 기재 또는 표시되지 아니한 사실을 현실적으로 인식한 때라고 볼 것이고, 일반인이 그와 같은 사업보고서의 허위기재나 기재누락의 사실을 인식할 수 있는 정도라면 특별한 사정이 없는 한 청구권자도 그러한 사실을 현실적으로 인식하였다고 봄이 상당하다.[48)] 판례는 제척기간을 재

46) 대법원 2024. 7. 25. 선고 2022다213627 판결, 대법원 2022. 9. 7. 선고 2022다228056 판결, 대법원 2007. 9. 21. 선고 2006다81981 판결.

47) 대법원 2022. 9. 7. 선고 2022다228056 판결(同旨: 대법원 2007. 9. 21. 선고 2006다81981 판결, 대법원 2007. 10. 25. 선고 2006다16758, 16765 판결, 대법원 2010. 8. 19. 선고 2008다92336 판결, 대법원 2012. 10. 11. 선고 2010다86709 판결).

판상 청구를 위한 제소기간이 아니라 재판상 또는 재판외의 권리를 행사해야 하는 기간이다.[49]

8. 손해배상액의 제한

⑴ 과실상계 등 책임제한

자본시장법 제162조 제1항이 적용되는 손해배상청구소송에 있어서도 손해의 공평 부담이라는 손해배상법의 기본 이념이 적용된다는 점에 있어서는 아무런 차이가 없으므로, 피해자에게 손해의 발생 및 확대에 기여한 과실이 있다는 점을 이유로 과실상계를 하거나 공평의 원칙에 기한 책임의 제한을 하는 것은 가능하다.[50] 과실상계나 손해부담의 공평을 기하기 위한 책임제한에 관한 사실인정 또는 그 비율은 형평의 원칙에 비추어 현저하게 불합리하다고 인정되지 않는 한 사실심의 전권사항이다.[51]

⑵ 고의의 불법행위와 책임제한

고의의 불법행위에 대한 과실상계허용 문제에 관하여는, 피해자의 부주의를 이용하여 고의로 불법행위를 저지른 자가 바로 그 피해자의 부주의를 이유로 자신의 책임을 감하여 달라고 주장하는 것이 허용되지 않는 것은 그와 같은 고의적 불법행위가 영득행위에 해당하는 경우 과실상계와 같은 책임의 제한을 인정하게 되면 가해자로 하여금 불법행위로 인한 이익을 최종적으로 보유하게 하여 공평의 이념이나 신의칙에 반하는 결과를 가져오기 때문이다. 따라서 고의에 의한 불법행위의 경우에도 위와 같은 결과가 초래되지 않는 경우에는 과실상계나 공평의 원칙에 기한 책임의 제한은 가능하다.[52]

⑶ 투자자의 과실 여부

허위공시 등의 위법행위로 인하여 주식 투자자가 입은 손해의 배상을 구하는 사건에 있어서 자금사정이나 재무상태에 문제가 있다는 점이 알려진 회사의 주식을 취득하였다는 사정은 투자자의 과실이라고 할 수 없다. 또한 재무상태가

---

48) 대법원 2010. 8. 19. 선고 2008다92336 판결, 대법원 2007. 10. 25. 선고 2006다16758, 16765 판결.

49) 대법원 2012. 1. 12. 선고 2011다80203 판결.

50) 대법원 2007. 10. 25. 선고 2006다16758, 16765 판결.

51) 대법원 2008. 5. 15. 선고 2007다37721 판결, 대법원 2010. 1. 28. 선고 2007다16007 판결, 대법원 2022. 7. 28. 선고 2019다202146 판결.

52) 대법원 2007. 10. 25. 선고 2006다16758, 16765 판결.

공시내용과 다르다는 사실이 밝혀진 후 정상주가를 형성하기 전까지 주가가 계속 하락하였음에도 그 중간의 적당한 때에 증권을 처분하지 아니하고 매도를 늦추어 매도가격이 낮아졌다는 사정은 장래 시세변동의 방향과 폭을 예측하기 곤란한 주식거래의 특성에 비추어 특별한 사정이 없는 한 과실상계의 사유가 될 수 없다. 뿐만 아니라, 정상주가가 형성된 이후의 주가변동으로 인한 매도가격의 하락분은 일반적으로 허위공시와의 인과관계 자체를 인정할 수 없어 손해배상의 대상에서 제외될 것이고 그 경우 그 주가변동에 관한 사정은 손해에 아무런 영향을 주지 못하므로 이 단계에서 주식의 매도를 늦추었다는 사정을 과실상계의 사유로 삼을 수도 없다.[53]

Ⅲ. 형사상 제재

사업보고서, 반기보고서, 분기보고서, 주요사항보고서, 정정명령에 따라 제출하는 사업보고서 중 중요사항에 관하여 거짓의 기재 또는 표시를 하거나 중요사항을 기재 또는 표시하지 아니한 자 및 그 중요사항에 관하여 거짓의 기재 또는 표시가 있거나 중요사항의 기재 또는 표시가 누락되어 있는 사실을 알고도 제119조 제5항 또는 제159조 제7항에 따른 서명을 한 자와 그 사실을 알고도 이를 진실 또는 정확하다고 증명하여 그 뜻을 기재한 공인회계사·감정인 또는 신용평가를 전문으로 하는 자는 5년 이하의 징역 또는 2억원 이하의 벌금에 처한다(法 444조 13호). 제159조, 제160조, 제161조 제1항을 위반하여 사업보고서·반기보고서·분기보고서나 주요사항보고서를 제출하지 아니한 자는 1년 이하의 징역 또는 3천만원 이하의 벌금에 처한다(法 446조 28호).

53) 대법원 2007. 10. 25. 선고 2006다16758, 16765 판결.

제 5 절 수시공시

Ⅰ. 의무공시

1. 공시의무의 주체

거래소가 규제하는 수시공시사항의 구체적인 내용은 거래소의 공시규정에서 정한다. 거래소는 주권, 그 밖에 대통령령으로 정하는 증권을 상장한 법인("주권등상장법인")의 기업내용 등의 신고·공시 및 관리를 위하여 주권등상장법인 공시규정을 정해야 한다. 이 경우 거래소가 개설·운영하는 둘 이상의 증권시장에 대하여 별도의 공시규정으로 정할 수 있다(法 391조①).[54] 즉, 구 증권거래법은 수시공시의무의 주체로 주권상장법인만을 규정하였으나 자본시장법은 이 보다 훨씬 넓은 개념인 "주권등상장법인"으로 규정한다.

"그 밖에 대통령령으로 정하는 증권"이란 다음과 같은 증권을 말한다(令 360조).

1. 사채권
2. 파생결합증권
3. 증권예탁증권
4. 그 밖에 공시규정으로 정하는 증권

2. 공시사항

공시규정에는 다음과 같은 사항이 포함되어야 한다(法 391조②).

1. 주권등상장법인이 신고하여야 하는 내용에 관한 사항
2. 주권등상장법인이 신고함에 있어서 준수하여야 할 방법 및 절차에 관한 사항
3. 주권등상장법인에 관한 풍문이나 보도 등의 사실 여부 및 그 법인이 발행한 증권의 가격이나 거래량의 현저한 변동의 원인 등에 대한 거래소의 신고 또는 확인 요구에 관한 사항

---

54) 거래소의 증권시장 공시규정에는 유가증권시장 공시규정, 코스닥시장 공시규정 및 코넥스시장 공시규정이 있는데, 유가증권시장 공시규정과 코스닥시장 공시규정은 그 내용이 유사하고, 코넥스시장은 중소기업을 위한 특수시장으로 공시의무가 완화되어 있다. 이하에서는 유가증권시장 공시규정을 기초로 설명하고, 유가증권시장 공시규정을 "공시규정"으로 약칭한다.

4. 주권등상장법인의 경영상 비밀유지와 투자자 보호와의 형평 등을 고려하여 신고·공시하지 아니할 사항
5. 주권등상장법인이 신고한 내용의 공시에 관한 사항
6. 주권등상장법인의 제1호부터 제4호까지의 위반유형, 위반 여부 결정기준 및 조치 등에 관한 사항
7. 매매거래의 정지 등 주권등상장법인의 관리에 관한 사항
8. 주권등상장법인의 신고의무 이행실태의 점검에 관한 사항
9. 그 밖에 주권등상장법인의 신고 또는 공시와 관련하여 필요한 사항

유가증권시장 공시규정은 공시사항에 해당하는 사실 또는 결정(이사회의 결의 또는 대표이사 그 밖에 사실상의 권한이 있는 임원·주요주주 등의 결정, 이 경우 이사회의 결의는 상법 제393조의2에 따른 이사회 내 위원회의 결의를 포함) 내용을 원칙적으로 그 사유 발생일 당일에 거래소에 신고하여야 하고, 일정 사항은 사유 발생일 다음 날까지 거래소에 신고하여야 하도록 규정한다. 또한 동 규정 제7조 제1항은 수시공시사항을 해당 유가증권시장 주권상장법인의, i) 영업 및 생산활동에 관한 사항(1호), ii) 재무구조에 변경을 초래하는 사항(2호), iii) 기업경영활동에 관한 사항(3호) 등으로 분류하고, 각 항목별로 구체적인 공시사항을 규정한다.[55)]

---

55) [공시규정 7조(주요경영사항)]

① 유가증권시장 주권상장법인은 다음 각 호의 어느 하나에 해당하는 때에는 그 사실 또는 결정(이사회의 결의 또는 대표이사 그 밖에 사실상의 권한이 있는 임원·주요주주 등의 결정을 말하며, 이 경우 이사회의 결의는 상법 제393조의2에 따른 이사회 내 위원회의 결의를 포함한다.) 내용을 그 사유 발생일 당일에 거래소에 신고해야 한다. 다만, 제1호 다목, 제2호중 가목(7)·나목(4)·다목(4)·라목(4), 제3호중 가목(1)과 나목(5)에 해당하는 경우에는 사유 발생일 다음 날까지 거래소에 신고해야 한다.

1. 해당 유가증권시장 주권상장법인의 영업 및 생산활동에 관한 다음 각 목의 어느 하나에 해당하는 사실 또는 결정이 있은 때
   가. 최근 사업연도 매출액의 5%(최근 사업연도말 자산총액이 2조원 이상인 유가증권시장주권상장법인, "대규모법인"의 경우 2.5%) 이상에 해당하는 영업 또는 주된 영업의 일부 또는 전부가 정지되거나 그 정지에 관한 행정처분이 있은 때(그 영업의 인가·허가 또는 면허의 취소·반납과 그에 상당하는 생산품에 대한 판매활동의 정지를 포함한다)
   나. 최근 사업연도 매출액의 5%(대규모법인의 경우 2.5%) 이상을 차지하는 거래처와의 거래가 중단된 때
   다. 최근 사업연도 매출액의 5%(대규모법인의 경우 2.5%) 이상의 단일판매계약 또는 공급계약을 체결한 때 및 해당 계약을 해지한 때
   라. 최근 사업연도 매출액의 5%(대규모법인의 경우 2.5%) 이상의 제품에 대한 수거·파기 등을 결정한 때
   마. 최근 사업연도 매출액의 5%(대규모법인의 경우 2.5%) 이상을 생산하는 공장에서

생산활동이 중단되거나 폐업된 때

2. 해당 유가증권시장 주권상장법인의 재무구조에 변경을 초래하는 다음 각 목의 어느 하나에 해당하는 사실 또는 결정이 있은 때
   가. 해당 유가증권시장 주권상장법인이 발행하는 증권에 관한 다음의 어느 하나에 해당하는 사실 또는 결정이 있은 때
      (1) 증자 또는 감자에 관한 결정이 있은 때
      (2) 주식의 소각에 관한 결정이 있은 때. 이 경우 (1)에 따른 자본금 감소의 방법으로 하는 사항은 (1)에 의하여 신고해야 한다.
      (3) 자기주식의 취득 또는 처분(신탁계약 등의 체결, 해지 또는 연장을 포함한다), 신탁계약 등의 체결을 통해 취득한 자기주식의 유가증권시장 외에서의 처분에 관한 결정이 있은 때
      (4) 상법 제329조의2 및 제440조에 따른 주식분할 또는 병합(자본감소를 위한 주식병합은 제외한다)에 관한 결정이 있은 때
      (5) 상법 제329조에 따라 액면주식을 무액면주식으로 전환하거나 무액면주식을 액면주식으로 전환하기로 하는 결정이 있은 때
      (6) 주권 관련 사채권(법 제165조의10제1항에 따른 사채와 「은행법」 제33조 제1항 제3호에 따른 은행주식 전환형 조건부자본증권을 말한다) 등과 관련하여 다음의 어느 하나에 해당하는 때
         ㈎ 전환사채, 신주인수권부사채, 교환사채 또는 증권예탁증권(외국에서 이와 유사한 증권 또는 증서가 발행되는 경우를 포함한다)의 발행에 관한 결정이 있은 때
         ㈏ 조건부자본증권(법 제165조의11제1항에 따른 조건부자본증권과 「은행법」 제33조 제1항 제2호부터 제4호까지의 규정에 따른 조건부자본증권을 말한다.)의 발행에 관한 결정이 있은 때
         ㈐ 조건부자본증권이 주식으로 전환되는 사유가 발생하거나 그 조건부자본증권의 상환과 이자지급 의무가 감면되는 사유가 발생한 때
      (7) 해외증권시장에 주권등의 상장을 추진하거나 이미 상장한 유가증권시장 주권상장법인이 다음의 어느 하나에 해당되는 때
         ㈎ 해외증권시장에 주권등을 상장하기 위한 결정이 있은 때 및 해당 주권등을 상장한 때
         ㈏ 해외증권시장에 상장 후 해당국 증권감독기관 또는 증권거래소 등에 기업내용을 정기 또는 수시로 신고·공시하거나 보고서 그 밖의 관련서류를 제출한 때. 다만, 국내 증권관계법령 및 이 편에 따라 신고 또는 공시하거나 제출하는 사항과 중복되는 경우는 제외한다.
         ㈐ 해외증권시장에서의 상장폐지를 결정하거나 해당국 증권감독기관 또는 증권거래소로부터 매매거래정지, 상장폐지, 그 밖의 조치를 받은 때 및 상장폐지된 때
         ㈑ 해당국 증권거래소로부터 조회공시를 요구받은 때
      (8) 해당 법인이 발행한 주권을 상장폐지 하기로 결정한 때
      (9) 발행한 어음이 위·변조된 사실을 확인한 때
   나. 해당 유가증권시장 주권상장법인의 투자활동에 관한 다음의 어느 하나에 해당하는 사실 또는 결정이 있은 때
      (1) 자기자본의 10%(대규모법인의 경우 5%) 이상에 상당하는 신규시설투자, 시설증설 또는 별도공장의 신설에 관한 결정이 있은 때
      (2) 최근 사업연도말 자산총액의 5%(대규모법인의 경우 2.5%) 이상의 유형자산

(임대를 목적으로 하는 부동산을 포함한다.)의 취득 또는 처분에 관한 결정 [법 시행령 제103조 제1호에 따른 특정금전신탁 또는 법 제9조 제19항에 따른 사모집합투자기구(해당 법인이 자산운용에 사실상의 영향력을 행사하는 경우에 한한다)에 의한 취득 및 처분을 포함한다. 이하 이 목 (3)에서의 취득 또는 처분에서 같다]이 있은 때

(3) 자기자본의 5%(대규모법인의 경우 2.5%) 이상의 출자(타법인이 발행한 주식 또는 출자증권의 취득을 말한다.) 또는 출자지분 처분에 관한 결정이 있거나, 주권 관련 사채권의 취득 또는 처분에 관한 결정이 있은 때. 다만, 다음의 어느 하나에 해당하는 경우에는 그러하지 아니하다.

(가) 공개매수에 의한 출자. 다만, 외국기업이 발행한 주권을 대상으로 하는 외국법률에 의한 공개매수의 경우에는 해당 국가에서 공개매수신고서 또는 이에 준하는 서류를 제출하는 때에 이를 신고해야 한다.

(나) 금융기관(「금융위원회의 설치 등에 관한 법률」 제38조 각 호의 어느 하나에 해당하는 기관을 말한다)의 단기매매증권의 취득·처분(담보권 등 권리실행에 의한 출자·출자지분 처분을 포함한다)

(4) 자기자본의 5%(대규모법인의 경우 2.5%) 이상을 출자(최근 사업연도말 재무상태표상의 가액을 기준으로 한다)하고 있는 주권비상장법인(코스닥시장상장법인을 포함한다)이 제3호 나목(1)부터 (3)까지의 어느 하나에 해당된 사실이 확인된 때

다. 해당 유가증권시장 주권상장법인의 채권·채무에 관한 다음의 어느 하나에 해당하는 사실 또는 결정이 있은 때

(1) 자기자본의 10%(대규모법인의 경우 5%) 이상에 해당하는 단기차입금의 증가에 관한 결정이 있은 때. 이 경우 단기차입금에는 모집 외의 방법으로 발행되는 만기 1년 이내의 사채금액을 포함하며, 기존의 단기차입금 상환을 위한 차입금은 제외한다.

(2) 자기자본의 5%(대규모법인의 경우 2.5%) 이상의 채무를 인수하거나 면제하여 주기로 결정한 때

(3) 자기자본의 5%(대규모법인의 경우 2.5%) 이상의 담보제공(타인을 위하여 담보를 제공하는 경우에 한한다.) 또는 채무보증(입찰·계약·하자·차액보증 등의 이행보증과 납세보증은 제외한다.)에 관한 결정이 있은 때. 이 경우 그 결정일 또는 사유발생일 현재의 채무자별 담보제공 또는 채무보증 잔액을 함께 신고해야 한다.

(4) 제2호 다목 (3)에 해당하는 채무자가 제3호 나목 (1)부터 (3)까지의 어느 하나에 해당된 사실이 확인된 때

(5) 발행한 사채와 관련하여 자기자본의 5%(대규모법인의 경우 2.5%) 이상의 금액에 상당하는 원리금의 지급을 이행하지 못한 때. 이 경우 신고금액의 산정은 해당 사업연도에 발생한 미지급금 중 기 신고분을 제외한 누계금액을 기준으로 한다.

(6) 「신용정보의 이용 및 보호에 관한 법률」 시행령 제21조 제2항의 금융기관으로부터 받은 대출금과 관련하여 자기자본의 5%(대규모법인의 경우 2.5%) 이상의 금액에 상당하는 원리금의 지급을 이행하지 못한 때. 이 경우 신고금액의 산정은 해당 사업연도에 발생한 미지급금액 중 기 신고분을 제외한 누계금액을 기준으로 한다.

(7) 자기자본의 5%(대규모법인의 경우 2.5%) 이상의 타인에 대한 선급금 지급, 금전의 가지급, 금전대여 또는 증권의 대여에 관한 결정이 있은 때. 이 경우

종업원(최대주주등 이외의 자인 경우에 한한다)·우리사주조합에 대한 대여의 경우에는 제외한다.

라. 해당 유가증권시장 주권상장법인의 손익에 관한 다음의 어느 하나에 해당하는 사실 또는 결정이 있은 때

(1) 천재·지변·전시·사변·화재 등으로 인하여 최근 사업연도말 자산총액의 5%(대규모법인의 경우 2.5%) 이상의 재해(최근 사업연도말 재무제표상의 가액을 기준으로 한다)가 발생한 때

(2) 자기자본의 5%(대규모법인의 경우 2.5%) 이상의 벌금·과태료·추징금 또는 과징금 등이 부과된 사실이 확인된 때

(3) 임·직원 등(퇴직자 포함)의 횡령·배임혐의가 확인된 때 및 그 혐의가 사실로 확인된 때. 단, 임원이 아닌 직원 등의 경우에는 횡령·배임금액이 자기자본의 5%(대규모법인의 경우 2.5%) 이상인 경우로 한한다.

(4) 파생상품의 거래(위험회피 목적의 거래로서 회계처리기준에 따른 높은 위험회피효과를 기대할 수 있는 경우를 제외한다)로 인하여 자기자본의 5%(대규모법인의 경우 2.5%) 이상의 손실(미실현분을 포함한다)이 발생한 때. 이 경우 신고금액의 산정은 해당 사업연도에 발생한 손실 중 기 신고분을 제외한 누계손실을 기준으로 하며, 다수의 파생상품 거래가 있는 경우에는 손실과 이익을 상계한다.

(5) 자기자본의 5%(대규모법인의 경우 2.5%) 이상의 금액에 상당하는 임원 등(퇴직한 자를 포함한다)의 가장납입 혐의가 확인된 때 및 그 혐의가 사실로 확인된 때

(6) 매출채권 이외의 채권에서 발생한 손상차손(채권별 손상차손 금액을 합산하여 산정하며 해당 사업연도에 발생한 누계금액을 기준으로 한다)이 자기자본의 50%(대규모법인의 경우 25%) 이상인 사실을 확인한 때. 이 경우 그 사유발생일 현재의 손상차손 대상 채권별 잔액을 함께 신고해야 한다.

마. 해당 유가증권시장 주권상장법인의 결산에 관한 다음의 어느 하나에 해당하는 사실 또는 결정이 있은 때

(1) 외감법 제23조 제1항에 따라 회계감사인으로부터 감사보고서를 제출받은 때. 이 경우 해당 감사보고서상 다음의 어느 하나에 해당하는 사실이 확인된 때에는 이를 함께 신고해야 한다.

㈎ 감사의견 부적정, 의견거절 또는 감사범위의 제한으로 인한 한정

㈏ 최근 사업연도의 자기자본이 자본금의 50% 이상 잠식(지배회사 또는 지주회사인 유가증권시장주권상장법인의 경우에는 비지배지분을 제외한 자본총계를 기준으로 한다). 이 경우 자본금 전액이 잠식된 경우에는 별도로 표시해야 한다.

㈐ 최근 사업연도의 매출액(재화의 판매 및 용역의 제공에 한한다. 이하 같은 목 (3) 및 제40조 제2항 제4호 가목(3) 에서 같다)이 50억원 미만

(2) 회계감사인의 반기검토보고서상 검토의견이 부적정 또는 의견거절인 때

(3) 최근사업연도의 결산결과 다음의 어느 하나에 해당하는 사실이나 결정이 있은 때. 이 경우 결산주주총회의 소집을 통지·공고하기 이전까지 이를 신고하여야 하며, 매출액·영업손익·당기순손익 항목 및 자산·부채·자본총계 현황을 함께 신고해야 한다.

㈎ 최근사업연도 매출액, 영업손익 또는 당기순손익이 직전사업연도 대비 100분의 30(대규모법인의 경우 100분의 15) 이상 증가 또는 감소

㈏ (1)의 ㈏ 및 ㈐에 해당하는 경우

---

(4) 주식배당에 관한 결정이 있은 때. 이 경우 사업연도말 10일전까지 그 예정내용을 신고해야 한다.
(5) 현금·현물배당(法 165조의12에 따른 분기배당 및 상법 제462조의3에 따른 중간배당을 포함한다)에 관한 결정이 있은 때 및 중간배당(분기배당을 포함한다)을 위한 주주명부폐쇄기간(기준일을 포함한다)을 결정한 때. 이 경우 해당 배당신고는 세칙이 정하는 시가배당률에 의하여야 하며 액면배당률은 이를 표시하지 아니한다.
(6) 회계처리기준 위반행위와 관련하여 다음의 어느 하나에 해당하는 때
㈎ 해당 법인·그 임직원(퇴직자 포함)이 「외부감사 및 회계 등에 관한 규정」에 따라 증권선물위원회로부터 검찰고발 또는 검찰통보 조치된 사실과 그 결과가 확인된 때
㈏ 해당 법인·그 임직원(퇴직자 포함)이 회계처리기준 위반행위를 사유로 검찰에 의하여 기소되거나 그 결과가 확인된 때. 다만, ㈎에 따라 신고한 경우에는 그러하지 아니하다.
㈐ 임원이 「외부감사 및 회계 등에 관한 규정」에 따라 증권선물위원회로부터 해임권고 의결된 사실이 확인된 때

3. 해당 유가증권시장 주권상장법인의 기업경영활동에 관한 다음 각 목의 어느 하나에 해당하는 사실 또는 결정이 있은 때
가. 해당 유가증권시장 주권상장법인의 지배구조 또는 구조개편에 관한 다음의 어느 하나에 해당하는 사실 또는 결정이 있은 때
(1) 최대주주가 변경된 사실이 확인된 때
(2) 삭제 [2015.7.22.] [삭제 전: 감사(감사위원회 위원을 포함한다. 이하 이 조에서 같다)가 임기만료 외의 사유로 퇴임한 때]
(3) 지주회사인 유가증권시장 주권상장법인의 자회사가 새로이 편입 또는 탈퇴된 때
(4) 상법 제3편제4장제2절제2관 또는 제3관에 따른 주식교환 또는 주식이전의 결정이 있은 때
(5) 상법 제374조·제522조·제530조의2 및 제530조의12 및 법 시행령 제171조 제2항 제1호부터 제4호까지에서 규정한 사실에 관한 결정이 있은 때
(6) 상법 제527조의2에 따른 간이합병 또는 제527조의3에 따른 소규모합병에 관한 결정이 있은 때
나. 해당 유가증권시장 주권상장법인의 존립에 관한 다음의 어느 하나에 해당하는 사실 또는 결정이 있은 때
(1) 발행한 어음 또는 수표가 부도로 되거나 은행과의 당좌거래가 정지 또는 금지된 때
(2) 「채무자 회생 및 파산에 관한 법률」에 따른 다음의 어느 하나에 해당하는 경우
㈎ 회생절차 개시·종결·폐지 신청을 한 때 및 법원으로부터 회생절차 개시·종결 또는 폐지, 회생절차 개시신청 기각, 회생절차 개시결정 취소, 회생계획 인가·불인가 등의 결정사실을 통보받은 때
㈏ 파산신청을 한 때 및 법원으로부터 파산선고 또는 파산신청에 대한 기각결정 사실을 통보 받은 때
(3) 상법 제517조 및 그 밖의 법률에 따른 해산사유가 발생한 때. 다만, 상법 제227조 제4호 및 제517조 제1호의2에 따른 해산사유에 해당하는 경우에는 그러하지 아니하다.
(4) 거래은행 또는 금융채권자(「기업구조조정 촉진법」 제2조 제2호에 따른 금융채권자)가 법인의 경영관리 또는 공동관리를 개시·중단 또는 해제하기로 결

Ⅱ. 자율공시

유가증권시장 주권상장법인은 주요경영사항 외에 투자판단에 중대한 영향을 미칠 수 있거나 투자자에게 알릴 필요가 있다고 판단되는 사항으로서 세칙에서 정하는 사항의 발생 또는 결정이 있는 때에는 그 내용을 거래소에 신고할 수 있다. 이 경우 그 신고는 사유발생일 다음 날까지 해야 한다(공시규정 28조).

Ⅲ. 조회공시

1. 의 의

공시규정에는 주권등상장법인에 관한 풍문이나 보도 등의 사실 여부 및 (특별히 풍문이 없더라도) 그 법인이 발행한 증권의 가격이나 거래량의 현저한 변동의 원인 등에 대한 거래소의 신고 또는 확인 요구에 관한 사항이 포함되어야 한다(法 391조②3). 유가증권시장 공시규정에 의하면, 거래소는 풍문 및 보도("풍문

정한 사실이 확인된 때

(5) 주채권은행 또는 금융채권자협의회(「기업구조조정 촉진법」 제22조에 따른 금융채권자협의회)와 경영정상화 계획의 이행을 위한 약정을 체결한 때

다. 해당 유가증권시장 주권상장법인에 대하여 다음의 소송 등의 절차가 제기·신청되거나 그 소송 등이 판결·결정된 사실을 확인한 때. 다만, (4)의 경우에는 소송의 제기(상소를 포함한다)·허가신청, 소송허가 결정, 소송불허가 결정, 소취하(상소취하를 포함한다)·화해·청구포기(상소권포기를 포함한다)의 허가신청·결정 및 판결의 사실 등을 확인한 때

(1) 유가증권시장 주권상장법인이 발행한 상장 또는 상장대상 증권의 발행에 대한 효력, 그 권리의 변경 및 그 증권의 위조 또는 변조에 관한 소송

(2) 청구금액이 자기자본의 5%(대규모법인의 경우 2.5%) 이상인 소송 등

(3) 임원의 선임·해임을 위한 소수주주의 법원에 대한 주주총회 소집허가 신청, 임원의 선임·해임 관련 주주총회결의의 무효·취소의 소, 임원의 직무집행정지 가처분 신청 등 임원의 선임·해임 또는 직무집행과 관련한 경영권분쟁 소송

(4) 증권관련 집단소송법에 따른 소송

라. 주주총회소집을 위한 이사회결의 또는 주주총회결의가 있은 때. 이 경우 사업목적 변경, 사외이사의 선임·해임, 감사(감사위원회 위원을 포함한다)의 선임·해임, 집중투표제의 도입·폐지 등 투자판단에 중대한 영향을 미칠 수 있는 사항에 대하여는 이를 구분하여 명기해야 한다.

4. 제1호부터 제3호까지 이외에 해당 유가증권시장주권상장법인의 영업·생산활동, 재무구조 또는 기업경영활동 등에 관한 사항으로서 주가 또는 투자자의 투자판단에 중대한 영향을 미치거나 미칠 수 있는 사실 또는 결정이 있은 때. 이 경우 제28조에서 정하는 사항은 제외한다.

등")의 사실 여부의 확인을 위하여 조회공시를 요구할 수 있으며, 조회공시를 요구받은 유가증권시장 주권상장법인은 공시요구시점이 오전인 경우에는 당일 오후까지, 오후인 경우에는 다음 날 오전까지(공시규정 제40조 제2항의 매매거래정지 사유로 조회공시를 요구받은 경우에는 그 다음 날까지) 이에 응해야 한다. 다만, 풍문 등의 내용이 사항별로 1월 또는 3월 이내에 이미 공시한 사항인 경우에는 조회공시를 요구하지 아니할 수 있다(공시규정 12조①). 그리고 거래소는 풍문 등이 없더라도 유가증권시장 주권상장법인이 발행한 주권등의 가격 또는 거래량이 거래소가 따로 정하는 기준에 해당하는 경우에는 해당 유가증권시장 주권상장법인에 대하여 중요한 정보(주요경영사항, 공정공시사항, 자율공시사항)의 유무에 대한 조회공시를 요구할 수 있으며, 조회공시를 요구받은 유가증권시장 주권상장법인은 요구받은 다음 날까지 이에 응해야 한다. 다만, 유가증권시장 주권상장법인의 주권등의 가격 또는 거래량이 본문의 규정에 의한 최근 조회공시 요구일부터 15일 이내에 다시 본문의 규정에 의한 기준에 해당되는 경우에는 조회공시를 요구하지 아니할 수 있다(공시규정 12조②).

2. 면 제

다만, i) 다른 법령, 규정 등에 의하여 불가피한 경우, ii) 천재·지변·전시·사변·경제사정의 급변 그 밖에 이에 준하는 사태가 발생하는 경우에 해당하는 경우에는 조회공시를 요구하지 아니할 수 있다(공시규정 12조③).

3. 조회공시요구의 방법

거래소는 유가증권시장 주권상장법인의 대표이사, 공시책임자 또는 공시담당자에게 세칙으로 정하는 방법에 의하여 조회공시를 요구하고, 공시매체를 통하여 당해 조회공시 요구사실 및 그 내용을 공표한다(공시규정 13조①). 유가증권시장 주권상장법인은 조회공시 요구사항이 제7조 제1항 제3호 가목(1) 또는 같은 목 (5) 등에 관련되는 사항으로서 필요한 경우에는 최대주주 등의 확인을 거쳐 조회공시를 해야 한다(공시규정 13조②).

4. 미확정공시에 대한 재공시

유가증권시장 주권상장법인이 조회공시를 해당 유가증권시장 주권상장법인의 의사결정 과정중에 있다는 내용으로 공시("미확정공시")한 경우에는 그 공시일부터 1월 이내에 해당 공시사항에 대한 확정내용 또는 진척상황을 재공시해야 한다. 다만, 미확정공시일부터 1월 이내에 확정내용 또는 진척상황의 재공시가 사실상 곤란하다고 인정되는 경우에는 해당 유가증권시장 주권상장법인이 미확정공시시에 명시한 기한 내에 재공시하게 할 수 있다(공시규정 14조①). 미확정공시를 재공시하는 경우에는 당해 의사결정 과정에 대한 구체적인 상황이 포함되어야 한다(공시규정 14조②).

Ⅳ. 공시유보

1. 의 의

공시규정에는 "주권등상장법인의 경영상 비밀유지와 투자자 보호와의 형평 등을 고려하여 신고·공시하지 아니할 사항"이 포함되어야 한다(法 391조②4).

2. 거래소에 의한 공시유보

거래소는 i) 공시내용이 군사기밀보호법 등 법률에 의한 기밀에 해당되는 때, ii) 공시내용이 관계 법규를 위반하고 있음이 확인되는 때, iii) 공시내용의 근거사실이 확인되지 않거나 그 내용이 투자자의 투자판단에 혼란을 야기시킬 수 있다고 판단되는 때, iv) 미확정공시를 재공시하는 경우 재공시의 내용이 이미 공시한 내용과 유사하다고 인정되는 때, v) 재공시하는 경우에는 당해 의사결정 과정에 대한 구체적인 상황이 포함되지 않은 때, vi) 주요경영사항 또는 자율공시사항 또는 이에 준하는 사항이 아닌 것으로서 건전한 거래질서를 해칠 우려가 있다고 판단되는 때에는 그 사유가 해소될 때까지 이의 공시를 일정기간 유보할 수 있다(공시규정 43조).

3. 신청에 의한 공시유보

유가증권시장 주권상장법인은 경영상 비밀유지를 위하여 필요한 경우 일정한 사항에 대하여 공시유보를 거래소에 신청할 수 있다. 이 경우 사전에 거래소와 협의해야 한다(공시규정 43조의2①). 거래소는 공시유보 신청에 대하여 기업경영 등 비밀유지와 투자자 보호와의 형평을 고려하여 공시유보가 필요하다고 인정되는 경우 이를 승인할 수 있다(공시규정 43조의2②). 유가증권시장 주권상장법인은 공시가 유보된 사항에 대하여 비밀을 준수하여야 하며, 해당 유보기간이 경과하거나 유보조건이 해제되는 경우에는 그 다음 날까지 이를 신고해야 한다(공시규정 43조의2③).

Ⅴ. 공시의 실효성 확보

은행은 주권등상장법인에 대하여 ⅰ) 발행한 어음이나 수표가 부도로 된 경우, ⅱ) 은행과의 당좌거래가 정지 또는 금지된 경우에는 이를 지체 없이 거래소에 통보해야 한다(法 392조①).[56] 거래소는 ⅰ) 제391조 제2항 제1호의 신고사항(주권등상장법인이 신고하여야 하는 내용에 관한 사항)과, ⅱ) 제2항 제3호에 따른 신고 또는 확인 요구사항(주권등상장법인에 관한 풍문이나 보도 등의 사실 여부 및 그 법인이 발행한 증권의 가격이나 거래량의 현저한 변동의 원인 등에 대한 거래소의 신고 또는 확인 요구에 관한 사항)에 대하여 투자자의 투자판단에 중대한 영향을 미칠 우려가 있어 그 내용을 신속하게 알릴 필요가 있는 경우에는 대통령령으로 정하는 방법에 따라 행정기관, 그 밖의 관계기관에 대하여 필요한 정보의 제공 또는 교환을 요청할 수 있다. 이 경우 요청을 받은 기관은 특별한 사유가 없는 한 이에 협조해야 한다(法 392조②). 거래소는 주권등상장법인이 수시공시사항을 신고한 경우에는 이를 지체 없이 금융위원회에 송부해야 한다(法 392조③). 금융위원회는 거래소로부터 송부받은 경우에는 이를 인터넷 홈페이지 등을 이용하여 공시해야 한다(法 392조④).

Ⅵ. 불성실공시

1. 의 의

"불성실공시"란 유가증권시장 주권상장법인이 공시규정에 따른 신고의무를 성실히 이행하지 아니하거나 이미 신고한 내용을 번복 또는 변경하여 공시불이행, 공시번복 또는 공시변경의 유형에 해당된 경우를 말한다(공시규정 2조⑤). "불

56) 주권등상장법인의 고의적인 은폐로 인하여 투자자들이 손해를 입게 되는 것을 방지하기 위한 제도이다.

성실공시법인"이라 함은 불성실공시에 해당된 유가증권시장 주권상장법인을 말한다(공시규정 2조⑥). 공시불이행은 i) 공시사항의 신고기한까지 이를 신고하지 아니하거나, 공시내용의 근거사실이 확인되지 않거나 그 내용이 투자자의 투자판단에 혼란을 야기시킬 수 있다고 판단되는 경우, ii) 공시사항을 거짓으로 또는 잘못 공시하거나 중요사항을 기재하지 아니하고 공시한 경우, iii) 기업지배구조보고서를 거짓으로 공시한 경우, iv) 유보기간이 경과하거나 유보조건이 해제된 다음 날까지 이를 공시하지 아니한 경우, v) 거래소의 정정요구에도 불구하고 해당 정정시한까지 공시내용을 정정하여 공시하지 않은 경우 등을 말한다(공시규정 29조). 공시번복은 i) 이미 공시한 내용의 전면취소, 부인 또는 이에 준하는 내용을 공시한 때, ii) 조회공시 요구 또는 풍문 등의 내용을 부인공시하거나 공시한 후 1월(일정한 사항에 경우 3월) 이내에 이를 전면취소, 부인 또는 이에 준하는 내용을 공시한 때, iii) 조회공시 요구에 응하여 답변공시 한 후 그 날부터 15일 이내에 답변공시한 사항외의 세칙에서 정하는 사항을 공시한 때 등을 말한다(공시규정 30조). 공시변경은 이미 공시한 사항을 사후에 중요하게 변경하는 경우를 말한다(공시규정 31조).

2. 불성실공시법인의 지정절차

(1) 불성실공시법인 지정 예고

거래소는 유가증권시장 주권상장법인이 불성실공시법인에 해당된 경우에는 해당 법인에 대하여 불성실공시법인으로 지정예고한다(공시규정 33조①). 거래소가 불성실공시법인으로 지정예고한 경우에는 공시매체 등에 그 사실을 게재하고, 당해 법인에게 통보한다(공시규정 33조②).

(2) 예고에 대한 이의신청

불성실공시법인 지정예고를 통보받은 당해 법인이 그 지정예고 내용에 대하여 이의가 있는 때에는 그 통보받은 날부터 7일 이내에 거래소에 이의를 신청할 수 있다(공시규정 34조①). 거래소는 특별한 사유가 없는 한 이의신청기간종료일부터 10일 이내에 유가증권시장 상장·공시위원회의 심의를 거쳐 심의일로부터 3일 이내에 해당 유가증권시장 주권상장법인에 대한 불성실공시법인지정 여부, 부과벌점, 제35조의2에 따른 공시위반제재금의 부과 여부 및 제38조의2에 따른 공시책임자·공시담당자의 교체요구 여부 등을 결정해야 한다. 다만, 위반의 내용 등을 감안하여 위원회의 심의가 필요하지 않다고 인정하는 경우에는 위원회의 심의를 거치지 아니할 수 있다(공시규정 34조②).

⑶ 불성실공시법인의 지정

거래소는 유가증권시장 주권상장법인이 불성실공시법인에 해당된다고 결정한 경우에는 해당 유가증권시장 주권상장법인을 불성실공시법인으로 지정한다. 다만, 해당 유가증권시장주권상장법인의 성실공시 이행정도 등을 고려하여 세칙으로 정하는 바에 따라 불성실공시법인 지정을 6개월간 유예할 수 있다(공시규정 35조①). 거래소는 유가증권시장주권상장법인을 불성실공시법인으로 지정하는 경우 해당 법인에 대하여 공시위반내용의 경중 및 공시지연기간 등을 감안하여 세칙이 정하는 바에 따라 벌점을 부과한다(공시규정 35조②).

3. 제 재

⑴ 공시위반제재금

거래소는 유가증권시장 주권상장법인을 불성실공시법인으로 지정하는 경우 벌점부과 이외에 10억원 이내에서 공시위반제재금을 부과할 수 있다(공시규정 35조의2①). 구 증권거래법상 수시공시의무위반과 달리 자본시장법은 수시공시를 거래소의 자율규제권에 맡겼으므로 형사처벌의 대상에서 제외하는 대신 공시위반제재금을 신설하였다.

⑵ 불성실공시법인 지정 사실 공표

거래소는 유가증권시장 주권상장법인을 불성실공시법인지정 등을 한 경우에는 세칙이 정하는 바에 따라 공시매체 등에 그 사실 등을 게재한다(공시규정 36조).

⑶ 매매거래정지

거래소는 조회공시에 불응하거나 불성실공시법인으로 지정된 경우 해당 유가증권시장 주권상장법인이 발행한 주권등에 대하여 매매거래를 정지할 수 있다(공시규정 40조①).

⑷ 불성실공시의 적용예외

거래소는 다음과 같은 경우에는 불성실공시에 관한 규정을 적용하지 아니할 수 있다(공시규정 32조①).

1. 다른 법령, 규정 등에 의해 불가피한 경우

2. 천재 · 지변 · 전시 · 사변 · 경제사정의 급격한 변동 그 밖에 이에 준하는 사태가 발생하는 경우
3. 공익 또는 투자자 보호를 위하여 필요하다고 인정하는 경우
4. 공시규정 제15조 및 제16조에서 정하는 사항을 제47조에 따라 공시한 경우. 이 경우 제30조 및 제31조의 규정에 한한다.
5. 해당 유가증권시장 주권상장법인이 귀책사유가 없음을 입증하는 경우
6. 그 밖에 경미한 사항으로서 주가에 미치는 영향이 크지 않다고 거래소가 인정하는 경우(다만, 최근 1년 이내에 제3항에 따른 주의조치를 받은 경우는 제외)

제 6 절 공정공시

I. 의 의

공정공시제도는 미국에서 2000년 10월부터 시행된 Regulation FD(Fair Disclosure)를 모델로 하여 2002년 11월 도입된 것으로서, 미국에서 공정공시제도가 도입된 취지는 기업의 정보를 특정인에게만 선별적으로 제공됨으로써(selective disclosure, 이는 마치 내부자거래규제에 있어서 정보제공행위와 유사하다) 시장참가자들간의 정보의 불균형이 초래됨에도 불구하고 연방대법원이 증권분석가의 역할을 고려하여 일정한 조건 하에 이를 허용하기 때문에(Dirks 판결이 대표적인 예이다) 기업이 선별적으로 정보를 공시하는 경우, 의도적(intentional)인 경우에는 동시에(simultaneously), 비의도적(우발적)인 경우(non-intentional)에는 즉시(promptly) 시장에 공시하도록 한 것이다.[57] 우리나라의 공정공시제도는 자율규제기관인 거래소의 유가증권시장 공시규정 및 코스닥시장 공시규정에 의하여 시행되고 있다.[58] 즉, 상장법인은 공정공시정보제공자가 공정공시대상정보를 공정공시정보제공대상자에게 선별적으로 제공하는 경우에는 그 사실 및 내용을 거래소에 신고함으로써(공시규정 15조①), 일반투자자에게도 공시해야 한다.

---

57) 따라서, 회사의 실적과 관련하여 공식적인 발표 직전 몇 분 전에라도 언론에 먼저 정보를 제공하면 공정공시 위반에 해당한다.
58) 이하에서 편의상 "유가증권시장 공시규정"을 인용하면서 괄호 안에서는 "공시규정"이라고만 표시한다.

Ⅱ. 규제내용

1. 공정공시대상정보

유가증권시장 주권상장법인은 공정공시정보제공자가 다음과 같은 사항("공정공시대상정보")을 공정공시정보제공대상자에게 선별적으로 제공하는 경우에는 그 사실 및 내용을 거래소에 신고해야 한다(공시규정 15조①).

1. 장래 사업계획 또는 경영계획
2. 매출액, 영업손익, 법인세비용차감전계속사업손익 또는 당기순손익 등에 대한 전망 또는 예측
3. 제21조의 규정에 의하여 사업보고서, 반기보고서 및 분기보고서("사업보고서 등")를 제출하기 이전의 당해 사업보고서 등과 관련된 매출액, 영업손익, 법인세비용차감전계속사업손익 또는 당기순손익 등 영업실적
4. 제7조 내지 제11조의 규정에서 정하는 사항과 관련된 것으로서 그 신고시한이 경과되지 아니한 사항

2. 공정공시정보제공자

"공정공시정보제공자"라 함은 다음과 같은 자를 말한다(공시규정 15조②).

1. 해당 유가증권시장 주권상장법인 및 그 대리인
2. 해당 유가증권시장 주권상장법인의 임원(이사·감사 또는 사실상 이와 동등한 지위에 있는 자를 포함)
3. 공정공시대상정보에 대한 접근이 가능한 해당 유가증권시장 주권상장법인의 직원(공정공시대상정보와 관련이 있는 업무수행부서 및 공시업무 관련부서의 직원)

3. 공정공시정보제공대상자

"공정공시정보제공대상자"라 함은 다음과 같은 자를 말한다(공시규정 15조③).

1. 자본시장법에 의한 투자매매업자·투자중개업자·투자회사·집합투자업자·투자자문업자·투자일임업자와 그 임·직원 및 이들과 위임 또는 제휴관계가 있는 자
2. 전문투자자(제1호에서 정하는 자 제외) 및 그 임·직원
3. 제1호 및 제2호의 규정에 따른 자의 업무와 동일하거나 유사한 업무를 수행하는 외국의 전문투자자 및 그 임·직원
4. 방송법에 의한 방송사업자 및 신문 등의 진흥에 관한 법률에 의한 신문·통신 등

언론사(이와 동일하거나 유사한 업무를 수행하는 국내외 법인 포함) 및 그 임·직원
5. 정보통신망 이용촉진 및 정보보호 등에 관한 법률에 의한 정보통신망을 이용하는 증권정보사이트 등의 운영자 및 그 임·직원
6. 공정공시대상정보를 이용하여 유가증권시장 주권상장법인의 증권을 매수하거나 매도할 것으로 예상되는 해당 증권의 소유자
7. 제1호 내지 제6호에 준하는 자로서 거래소가 정하는 자

4. 공시시한

공정공시대상정보의 신고는 당해 정보가 공정공시정보제공대상자에게 제공되기 이전까지 해야 한다. 다만, 공정공시정보제공자가 경미한 과실 또는 착오로 제공한 경우에는 제공한 당일에 이를 신고하여야 하며, 해당 유가증권시장 주권상장법인의 임원이 그 제공사실을 알 수 없었음을 소명하는 경우에는 이를 알게 된 날에 신고할 수 있다(공시규정 15조④).

5. 자회사의 공정공시대상정보

지주회사인 유가증권시장 주권상장법인은 해당 유가증권시장 주권상장법인의 공정공시정보제공자가 자회사의 공정공시대상정보를 공정공시정보제공대상자에게 제공하는 경우 공시규정 제15조 및 제17조에 따라 거래소에 신고해야 한다. 이 경우 자회사의 범위는 지주회사가 소유하고 있는 자회사 주식의 최근 사업연도말 재무상태표상 가액(사업연도중 편입하는 경우에는 그 취득가액)이 지주회사의 최근 사업연도말 자산총액의 10% 이상인 자회사로 한다(공시규정 16조).

6. 공정공시의무의 적용예외

다음과 같은 경우에는 공정공시규제가 적용되지 않는다(공시규정 18조).

1. 공정공시정보제공자가 보도목적의 취재에 응하여 「방송법」에 의한 방송사업자 및 「신문 등의 진흥에 관한 법률」에 의한 신문·통신 등 언론사(이와 동일하거나 유사한 업무를 수행하는 국내외 법인을 포함) 및 그 임·직원에게 공정공시대상정보를 제공하는 경우
2. 공정공시정보제공자가 다음과 같은 자에게 공정공시대상정보를 제공하는 경우
   가. 변호사·공인회계사 등 해당 유가증권시장 주권상장법인과의 위임계약에 따른 수임업무의 이행과 관련하여 비밀유지의무가 있는 자

나. 합법적이고 일상적인 업무의 일환으로 제공된 정보에 대하여 비밀을 유지하기로 명시적으로 동의한 자
다. 금융위원회로부터 신용평가업 인가를 받은 자
라. 가목 내지 다목에 준하는 자로서 거래소가 정하는 자

7. 공정공시의무위반에 대한 제재

공정공시의무를 위반한 경우에는 공시불이행으로 보므로(공시규정 29조 1호, 2호), 불성실공시법인지정·공시위반제재금·불성실공시법인 지정 사실 공표·매매거래정지 등의 제재를 받는다(공시규정 35조, 35조의2, 36조, 40조).

제7절 전자문서에 의한 신고

I. 의 의

자본시장법에 따라 금융위원회, 증권선물위원회, 금융감독원장, 거래소, 협회 또는 예탁결제원에 신고서·보고서, 그 밖의 서류 또는 자료 등을 제출하는 경우에는 전자문서의 방법으로 할 수 있다(法 436조①). 전자문서에 의한 신고 등의 방법 및 절차, 그 밖에 필요한 사항은 대통령령으로 정한다(法 436조②). 자본시장법 및 동법 시행령, 그 밖의 다른 법령에 따라 금융위원회, 증권선물위원회, 금융감독원장, 거래소, 협회 또는 예탁결제원에 신고서·보고서, 그 밖의 서류 또는 자료 등("신고서 등")을 제출하는 자는 「정보통신망 이용촉진 및 정보보호 등에 관한 법률」에 따른 정보통신망을 이용한 전자문서(컴퓨터 등 정보처리능력을 가진 장치에 의하여 전자적인 형태로 작성되어 송·수신 또는 저장된 문서형식의 자료로서 표준화된 것)의 방법에 의할 수 있다(令 385조①). 전자문서의 방법에 의하여 신고서 등을 제출할 때 필요한 표준서식·방법·절차 등은 금융위원회가 정하여 고시한다. 이 경우 금융위원회는 해당 신고서 등이 거래소, 협회 또는 예탁결제원에 함께 제출되는 것일 때에는 그 표준서식·방법·절차 등을 정하거나 변경함에 있어서 미리 해당 기관의 의견을 들을 수 있다(令 385조②). 거래소, 협회 또는 예탁결제원의 업무 관련 규정에 따라 제출하는 신고서 등의 경우에는 해당 기관이

이를 정할 수 있다(令 385조③). 신고서 등을 제출하는 자가 전자문서의 방법에 의하는 경우에 그 전자문서의 효력과 도달시기 등 전자문서에 관한 사항은 「정보통신망 이용촉진 및 정보보호 등에 관한 법률」에서 정하는 바에 따른다(令 385조④).

Ⅱ. 전자공시제도의 이점

전자공시제도에 의하여 법인의 입장에서는 방대한 서류를 작성하여 해당 기관에 직접 제출하는 수고가 덜어지므로 시간과 비용면에서 많은 절약이 된다. 일반투자자의 입장에서도 공시서류 비치장소를 직접 방문할 필요 없이 인터넷으로 용이하게 제반 공시자료를 검색할 수 있으므로 공정성과 형평성이 높아지고, 감독당국의 입장에서도 공시서류의 접수와 처리절차가 자동화되어 업무처리의 효율이 높아지고 공시내용의 정확성을 확보할 수 있다.

제5장

주권상장법인에 대한 특례

제1절 서　　론

Ⅰ. 증권거래법상 특례규정

구 증권거래법은 제9장 제3절에서 상법(제3편 회사)에 대한 다수의 특례를 두고 있었다. 이러한 많은 특례규정으로 인하여 증권거래법은 상법의 특별법 중 가장 중요한 법이 되었고, 법률실무상으로도 상장회사에 대하여는 상법 보다는 증권거래법이 적용되는 경우가 훨씬 많게 되었다. 외국의 입법례와 달리 구 증권거래법에 상법에 대한 특례규정이 다수 포함된 것은 1997년 「자본시장육성에관한법률」이 폐지되면서, 그 법의 많은 규정이 증권거래법으로 이관되었기 때문이다(1997년 1월 법률 제5254호로 증권거래법이 개정될 당시의 상황을 보면, OECD가입, 주가지수선물시장 및 유가증권옵션시장의 개설, 주식시장개방의 가속화 등 대내외적 상황급변에 따라 정부가 소위 신증권정책을 추진하게 되었고 이에 따라 1997년 1월 개정은 거의 전부문에 걸친 대폭적인 것이었다).[1)]

1) 증권거래법에 규정된 상법의 특례규정은, 제189조 주식의 소각, 제189조의2 자기주식의 취득, 제189조의3 일반공모증자, 제189조의4 주식매수선택권, 제190조 주권상장법인 또는 코스닥상장법인과의 합병, 제190조의2 합병 등, 제191조 주주의 주식매수청구권, 제191조의2 의결권 없는 주식의 특례, 제191조의3 주식배당의 특례, 제191조의4 신종사채의 발행, 제191조의5 사채발행의 특례, 제191조의6 공공적 법인의 배당 등의 특례, 제191조의7 우리사주조합에 대한 우선배정, 제191조의8 보증금 등의 대신납부, 제191조의9 [삭제], 제191조의10 주주총회의 소집공고, 제191조의11 감사의 선임, 해임, 제191조의12 감사의 자격 등, 제191조의13 소수주주권의 행사, 제191조의14 주주제안, 제191조의15 액면미달발행의 특례, 제191조의16 사외이사의 선임, 제191조의17 감사위원회, 제191조의18 집중투표에 대한 특례, 제191조의19 주요주주 등 이해관계자와의 거래, 제192조의3 배당에 대한 특례 등이다.

Ⅱ. 자본시장법상 특례규정

증권규제의 고유 영역에 속하지 않는 특례규정을 계속해서 증권거래법에 두는 것이 바람직한지에 관하여 논란이 있어 오던 차에, 자본시장법이 제정되고, 증권거래법이 폐지되는 입법과정에서 증권거래법의 상장법인에 관한 특례규정이 자본시장법에 포함되지 않았고, 이와 관련하여 당시 재정경제부는 "상장법인에 관한 법률안"을 입법예고하였다. 법무부도 상장회사에 관한 특례규정을 상법 또는 상법특례법(가칭)에 포함시키기 위한 "상법특례법제정특별위원회"를 구성하였고, 동 위원회에서 특례규정을 독립된 법이 아닌 상법에 이관하기로 하고 그에 따른 개정시안을 마련하였다.[2] 상장회사에 관한 특례를 규정하는 법률의 소관부처에 대하여, 법체계의 정합성과 경제현실의 신속한 반영 중 어느 것을 보다 중시하느냐에 따라 법무부가 적합하다는 시각과, 재정경제부가 적합하다는 시각이 있을 수 있는데, 소관부처를 정하는 문제는 이론 보다는 정책적인 판단에 속하는 것이다. 결국 부처간의 이견조정을 거쳐서 자본시장법과 상법의 개정과정에서 증권거래법의 특례규정 중 지배구조에 관한 특례는 상법에서 규정하고, 재무관리에 관한 특례는 자본시장법에서 규정하게 되었다.

제 2 절 적용범위

주권상장법인에 대한 특례에 관한 제3편 제3장의2는 외국법인등과 투자회사에는 적용되지 않는다(法 165조의2①). 다만, 주권상장법인 재무관리기준에 관한 제165조의16 및 금융위원회의 조치에 관한 제165조의18은 외국법인등에도 적용된다. 자본시장법의 주권상장법인에 대한 특례에 관한 제3편 제3장의2는 주권상장법인에 관하여 상법 제3편에 우선하여 적용한다(法 165조의2②).

2) 당시의 개정시안의 내용과 구체적인 검토에 대하여는 졸고, "상장법인 특례규정에 관한 상법개정시안 검토", 인권과 정의 373호, 대한변호사협회(2007. 9), 129면 이하 참조.

제 3 절 자기주식 취득·처분의 특례

Ⅰ. 상법상 규제

1. 종래의 규제

2011년 상법 개정 이전에는 회사가 "자기의 계산"으로 자기주식을 취득하는 것은 원칙적으로 금지되었다. 즉, 회사가 제3자의 명의로 자기주식을 취득하더라도 회사의 계산으로 취득하는 경우에는 금지대상이었다.[3] 다만 판례는 회사가 직접 자기 주식을 취득하지 아니하고 제3자 명의로 회사 주식을 취득하였을 때 금지되는 자기주식취득에 해당하려면, 주식취득을 위한 자금이 회사의 출연에 의한 것이고 주식취득에 따른 손익이 회사에 귀속되는 경우이어야 한다고 판시하였다.[4]

상법규정에 위반한 자기주식 취득의 효력에 대하여, i) 상법 제341조는 단속규정이고, 위반행위에 대하여는 이사의 손해배상책임으로 해결하면 되고 주식취득 자체의 효력에는 영향이 없다는 견해, ii) 원칙적으로 무효로 보되 거래의 안전을 위하여 일정한 경우에는 유효로 보는 견해, iii) 자기주식취득은 출자환급과 같은 결과가 되어 자본충실원칙에 반하므로, 제341조를 강행규정으로 보아 상대방의 선의, 악의를 불문하고 무효라는 견해가 있다. 자기주식취득규제의 취

---

3) 이사가 상법 규정을 위반함으로써 회사로 하여금 자기주식을 취득하게 한 경우에는 회사에 대하여 연대하여 이로 인한 손해를 배상할 책임이 발생하였다(제399조).

4) [대법원 2011. 4. 28. 선고 2009다23610 판결] 【주주총회결의취소】 "갑 주식회사 이사 등이 을 주식회사를 설립한 후 갑 회사 최대 주주에게서 을 회사 명의로 갑 회사 주식을 인수함으로써 을 회사를 통하여 갑 회사를 지배하게 된 사안에서, 갑 회사가 을 회사에 선급금을 지급하고, 을 회사가 주식 인수대금으로 사용할 자금을 대출받을 때 대출원리금 채무를 연대보증하는 방법으로 을 회사로 하여금 주식 인수대금을 마련할 수 있도록 각종 금융지원을 한 것을 비롯하여 갑 회사 이사 등이 갑 회사의 중요한 영업부문과 재산을 을 회사에 부당하게 이전하는 방법으로 을 회사로 하여금 주식취득을 위한 자금을 마련하게 하고 이를 재원으로 위 주식을 취득하게 함으로써 결국 을 회사를 이용하여 갑 회사를 지배하게 된 사정들만으로는, 을 회사가 위 주식 인수대금을 마련한 것이 갑 회사의 출연에 의한 것이라는 점만을 인정할 수 있을 뿐, 갑 회사 이사 등이 설립한 을 회사의 위 주식취득에 따른 손익이 갑 회사에 귀속된다는 점을 인정할 수 없으므로, 을 회사의 위 주식취득이 갑 회사의 계산에 의한 주식취득으로서 갑 회사의 자본적 기초를 위태롭게 할 우려가 있는 경우로서 상법 제341조가 금지하는 자기주식의 취득에 해당한다고 볼 수 없다."

지에 비추어 iii)의 견해가 타당하고 판례도 무효설의 입장에서,[5] 타인의 명의로 취득한 경우나,[6] 취득의 동기에 있어서 회사 또는 주주나 회사채권자 등에게 생길지도 모르는 중대한 손해를 회피하기 위하여 부득이 한 사정이 있다고 하더라도 무효로 보았다.[7]

---

5) [대법원 2006. 10. 12. 선고 2005다75729 판결] "상법은 주식회사가 자기의 계산으로 자기주식을 취득하는 것을 원칙적으로 금지하면서, 예외적으로 일정한 경우에만 그 취득이 허용되는 것으로 명시하고 있다. 따라서 상법 제341조, 제341조의2, 제342조의2 또는 증권거래법 등이 명시적으로 이를 허용하고 있는 경우 외에는, 회사의 자본적 기초를 위태롭게 하거나 주주 등의 이익을 해한다고 할 수 없는 것이 유형적으로 명백한 경우가 아닌 한 자기주식의 취득은 허용되지 아니하고, 위와 같은 금지규정에 위반하여 회사가 자기주식을 취득하거나 취득하기로 하는 약정은 무효이다. 한편, 주식회사가 자기주식을 취득할 수 있는 경우로서 상법 제341조 제3호가 규정하고 있는 '회사의 권리를 실행함에 있어 그 목적을 달성하기 위하여 필요한 때'라 함은 회사가 그 권리를 실행하기 위하여 강제집행, 담보권의 실행 등을 함에 있어 채무자에게 회사의 주식 이외에 재산이 없을 때 회사가 자기주식을 경락 또는 대물변제로 취득하는 경우 등을 말하므로(대법원 1977. 3. 8. 선고 76다1292 판결 참조), 원고의 피고로부터의 자기주식 매수가 그에 해당한다고 보기도 어렵다."

[대법원 2003. 5. 16. 선고 2001다44109 판결] "주식회사가 자기의 계산으로 자기의 주식을 취득하는 것은 회사의 자본적 기초를 위태롭게 하여 회사와 주주 및 채권자의 이익을 해하고 주주평등의 원칙을 해하며 대표이사 등에 의한 불공정한 회사지배를 초래하는 등의 여러 가지 폐해를 생기게 할 우려가 있으므로 상법은 일반 예방적인 목적에서 주식회사가 자기의 계산으로 자기주식을 취득하는 것을 원칙적으로 금지하면서, 예외적으로 일정한 경우에만 그 취득이 허용되는 것으로 명시하고 있다. 따라서 상법 제341조, 제341조의2, 제342조의2 또는 증권거래법 등이 명시적으로 이를 허용하고 있는 경우 외에는, 회사의 자본적 기초를 위태롭게 하거나 주주 등의 이익을 하면서, 예외적으로 자기주식의 취득이 허용되는 경우를 유형적으로 분류하여 명시하고 있으므로 상법 제341조, 제341조의2, 제342조의2 또는 증권거래법 등에서 명시적으로 자기주식의 취득을 허용하는 경우 외에, 회사가 자기주식을 무상으로 취득하는 경우 또는 타인의 계산으로 자기주식을 취득하는 경우 등과 같이, 회사의 자본적 기초를 위태롭게 하거나 주주 등의 이익을 해한다고 할 수 없는 것이 유형적으로 명백한 경우에도 자기주식의 취득이 예외적으로 허용되지만, 그 밖의 경우에 있어서는, 설령 회사 또는 주주나 회사채권자 등에게 생길지도 모르는 중대한 손해를 회피하기 위하여 부득이 한 사정이 있다고 하더라도 자기주식의 취득은 허용되지 아니하는 것이고 위와 같은 금지규정에 위반하여 회사가 자기주식을 취득하는 것은 당연히 무효이다."

6) [대법원 2003. 5. 16. 선고 2001다44109 판결] 【채무부존재확인】 "회사 아닌 제3자의 명의로 회사의 주식을 취득하더라도 그 주식취득을 위한 자금이 회사의 출연에 의한 것이고 그 주식취득에 따른 손익이 회사에 귀속되는 경우라면, 상법 기타의 법률에서 규정하는 예외사유에 해당하지 않는 한, 그러한 주식의 취득은 회사의 계산으로 이루어져 회사의 자본적 기초를 위태롭게 할 우려가 있는 것으로서 상법 제341조가 금지하는 자기주식의 취득에 해당한다."

7) [대법원 2003. 5. 16. 선고 2001다44109 판결] "주식회사가 자기의 계산으로 자기의 주식을 취득하는 것은 회사의 자본적 기초를 위태롭게 하여 회사와 주주 및 채권자의 이익을 해하고 주주평등의 원칙을 해하며 대표이사 등에 의한 불공정한 회사지배를 초래하는 등의 여러 가지 폐해를 생기게 할 우려가 있으므로 상법은 일반 예방적인 목적에서 주식회사가 자기의 계산으로 자기주식을 취득하는 것을 원칙적으로 금지하면서, 예외적으로 일정한 경우에만 그 취득이 허용되는 것으로 명시하고 있다. 따라서 상법 제341조, 제341조의2, 제342조의2 또는

다만 회사가 i) 주식을 소각하기 위한 때, ii) 회사의 합병 또는 다른 회사의 영업전부의 양수로 인한 때, iii) 회사의 권리를 실행함에 있어 그 목적을 달성하기 위하여 필요한 때,[8] iv) 단주의 처리를 위하여 필요한 때, v) 주주가 주식매수청구권을 행사한 때, vi) 주식매수선택권을 위한 때에는 예외적으로 회사의 계산으로 자기주식을 취득할 수 있었다(商法 341조 제1호부터 제5호까지, 341조의2). 그리고 회사가 증여 또는 유증 등에 의하여 무상으로 자기주식을 취득하는 것은 자본충실의 원칙에 반하지 아니하므로 허용되었다.[9] 주권상장법인이 상법 제341조 각 호에 따라 자기주식을 취득한 경우에는 상법 제342조가 규정하는 바에 따라 처분할 의무가 있었다.

2. 개정상법의 규제

2011년 개정상법은 자기주식의 취득을 일정한 요건 하에 제한적으로 허용한다. 즉, 배당가능이익의 범위 내에서는 취득목적에 제한 없이 자기주식을 취득할

증권거래법 등이 명시적으로 이를 허용하고 있는 경우 외에는, 회사의 자본적 기초를 위태롭게 하거나 주주 등의 이익을 하면서, 예외적으로 자기주식의 취득이 허용되는 경우를 유형적으로 분류하여 명시하고 있으므로 상법 제341조, 제341조의2, 제342조의2 또는 증권거래법 등에서 명시적으로 자기주식의 취득을 허용하는 경우 외에, 회사가 자기주식을 무상으로 취득하는 경우 또는 타인의 계산으로 자기주식을 취득하는 경우 등과 같이, 회사의 자본적 기초를 위태롭게 하거나 주주 등의 이익을 해한다고 할 수 없는 것이 유형적으로 명백한 경우에도 자기주식의 취득이 예외적으로 허용되지만, 그 밖의 경우에 있어서는, 설령 회사 또는 주주나 회사채권자 등에게 생길지도 모르는 중대한 손해를 회피하기 위하여 부득이 한 사정이 있다고 하더라도 자기주식의 취득은 허용되지 아니하는 것이고 위와 같은 금지규정에 위반하여 회사가 자기주식을 취득하는 것은 당연히 무효이다. 회사 아닌 제3자의 명의로 회사의 주식을 취득하더라도 그 주식취득을 위한 자금이 회사의 출연에 의한 것이고 그 주식취득에 따른 손익이 회사에 귀속되는 경우라면, 상법 기타의 법률에서 규정하는 예외사유에 해당하지 않는 한, 그러한 주식의 취득은 회사의 계산으로 이루어져 회사의 자본적 기초를 위태롭게 할 우려가 있는 것으로서 상법 제341조가 금지하는 자기주식의 취득에 해당한다."

8) [대법원 1977. 3. 8. 선고 76다1292 판결] 【주주명의변경무효확인등】 "주식회사가 자기 주식을 취득할 수 있는 경우로서 상법 제341조 제3호가 규정한 회사의 권리를 실행함에 있어서 그 목적을 달성하기 위하여 필요한 때라 함은 회사가 그의 권리를 실행하기 위하여 강제집행, 담보권의 실행 등에 당하여 채무자에 회사의 주식 이외에 재산이 없는 때에 한하여 회사가 자기 주식을 경락 또는 대물변제 등으로 취득할 수 있다고 해석되며 따라서 채무자의 무자력은 회사의 자기 주식취득이 허용되기 위한 요건사실로서 자기주식 취득을 주장하는 회사에게 그 무자력의 입증책임이 있다."

9) [대법원 1996. 6. 25. 선고 96다12726 판결] 【주주권확인】 "회사는 원칙적으로 자기의 계산으로 자기의 주식을 취득하지 못하는 것이지만, 회사가 무상으로 자기주식을 취득하는 때와 같이 회사의 자본적 기초를 위태롭게 하거나 회사 채권자와 주주의 이익을 해한다고 할 수가 없는 경우에는 예외적으로 자기주식의 취득을 허용할 수 있다."

수 있도록 하고, 자기주식의 취득방법에 있어서도 주주에게 공평한 기회를 부여하는 방법을 채택함으로써 주주평등원칙 위반 문제도 해소하였다(商法 341조).[10] 특정목적에 의한 자기주식취득의 경우에는 "주식을 소각하기 위한 때"를 삭제하고 종래의 규정을 유지하고, 취득한도액도 제한하지 않는다(商法 341조의2).

(1) 일반적인 취득

(가) 자기주식취득의 원칙적 허용

회사는 자기의 명의와 계산으로 자기주식을 취득할 수 있다(商法 341조①). 따라서 회사가 타인의 명의 또는 타인의 계산으로 자기주식을 취득하는 것은 허용되지 않는다. 다만 위탁매매인의 지위에 있는 회사(증권회사)가 고객의 계산으로 자기주식을 취득하는 것은 허용된다. 이사 등이 누구의 명의로 하거나 회사의 계산으로 부정하게 회사의 주식을 취득한 경우에는 5년 이하의 징역 또는 1천5백만원 이하의 벌금형에 처한다(商法 625조 2호).

(나) 취득의 절차적 요건

자기주식을 취득하려는 회사는 미리 주주총회의 보통결의로, i) 취득할 수 있는 주식의 종류 및 수, ii) 취득가액의 총액의 한도, iii) 1년을 초과하지 않는 범위에서 자기주식을 취득할 수 있는 기간 등을 결정해야 한다. 다만, 이사회의 결의로 이익배당을 할 수 있다고 정관에서 정하고 있는 경우에는 이사회의 결의로써 주주총회의 결의에 갈음할 수 있다(商法 341조②). 이러한 절차적 요건을 구비하지 아니한 자기주식취득의 효력은 대표이사의 전단적 대표행위의 효력에 준하여 해석하면 된다. 즉, 주주총회의 결의가 필요한 경우에 주주총회결의 없는 자기주식의 취득은 무효로 되고, 이사회결의 없는 자기주식의 취득은 상대적 무효설에 따라, 원칙적으로는 무효이지만 거래의 안전을 위하여 선의의 상대방에게 그 무효를 주장할 수 없다.

(다) 취득방법에 대한 규제

상법상 배당가능이익의 범위 내에서의 자기주식 취득방법은 다음과 같다(商法 341조①).

---

10) 판례는 "이와 같이 개정 상법이 자기주식취득 요건을 완화하였다고 하더라도 여전히 법이 정한 경우에만 자기주식취득이 허용된다는 원칙에는 변함이 없고 따라서 위 규정에서 정한 요건 및 절차에 의하지 않은 자기주식취득 약정은 효력이 없다."라는 입장이다(대법원 2021. 10. 28. 선고 2020다208058 판결).

1. 거래소의 시세있는 주식의 경우에는 거래소에서 취득하는 방법
2. 상환주식의 경우를 제외하고, 각 주주가 가진 주식 수에 따라 균등한 조건으로 취득하는 것으로서 대통령령으로 정하는 방법

제2호의 "대통령령으로 정하는 방법"은 다음과 같다(商令 9조①).

1. 회사가 모든 주주에게 자기주식 취득의 통지·공고를 하여 주식을 취득하는 방법
2. 자본시장법 제133조부터 제146조까지의 규정에 따른 공개매수의 방법

"거래소의 시세 있는 주식"이란 자본시장법상 상장주식을 의미한다. 그리고 "균등한 조건"은 물론 주주평등원칙을 위한 것으로, 비상장회사의 자기공개매수, 주주평등원칙 하에 직접취득 등이 있을 수 있다. 자기주식의 취득방법에 위반한 자기주식취득은 무효이다. 회사가 해당 영업연도의 결산기의 배당가능이익을 초과하여 자기주식을 취득한 경우의 이사의 차액배상책임(商法 341조④)은 그 취득방법이 적법한 경우만 적용되고, 취득방법이 위법한 경우에는 취득 자체가 무효이므로 이러한 차액배상책임이 발생하지 않는다.

(라) 취득한도

1) 배당가능액 한도 자기주식 취득가액의 총액은 직전 결산기의 대차대조표상의 순자산액에서, i) 자본금의 액, ii) 그 결산기까지 적립된 자본준비금과 이익준비금의 합계액, iii) 그 결산기에 적립하여야 할 이익준비금의 액, iv) 대통령령으로 정하는 미실현이익 등을 뺀 금액(배당가능액)[11]을 초과하지 못한다(商法 341조①단서, 462조①).

2) 차액배상책임 회사는 해당 영업연도의 결산기에 대차대조표상의 순자산액이 위 i)부터 iv)까지의 금액의 합계액에 미치지 못할 우려가 있는 때에는 자기주식을 취득할 수 없다(商法 341조③). "해당 영업연도"란 자기주식을 취득한 날이 속하는 영업연도를 의미한다. 순자산액은 총자산에서 부채를 공제한 잔액이다. 해당 영업연도의 결산기에 배당가능이익이 대차대조표상의 순자산액이, 위

11) "대통령령으로 정하는 미실현이익"이라 함은 상법 제446조의2의 회계원칙에 따른 자산 및 부채에 대한 평가로 인하여 증가한 대차대조표상의 순자산액으로 미실현손실과 상계하지 아니한 금액을 말한다(商令 19조). 2011년 개정상법은 회사의 회계장부에 기재될 자산의 평가방법을 규정하였던 제452조를 삭제함으로써 이를 기업회계기준에 위임하고 있다. 이에 따라 기업회계기준에 의한 미실현이익이 배당가능이익에 포함될 수 있으므로 배당가능액 산정시 미실현이익을 배제하는 규정을 둔 것이다.

ⅰ)부터 ⅳ)까지의 금액의 합계액에 미치지 못함에도 불구하고 회사가 자기주식을 취득한 경우 이사는 회사에 대하여 연대하여 그 미치지 못한 금액을 배상할 책임이 있다. 다만, 이사가 위와 같은 부족의 우려가 없다고 판단하는 때에 주의를 게을리하지 아니하였음을 증명한 때에는 그렇지 않다(商法 341조④). 법문상 배당가능이익이 있는 한 이사의 책임은 발생하지 않는다. 이사에게 무과실에 대한 증명책임이 있는데, 통상의 경우에는 이사의 무과실을 증명하는 것이 어렵겠지만, 예컨대 전혀 예상하지 못했던 대형사고 등으로 인하여 해당 영업연도의 배당가능이익이 부족하게 된 경우에는 이사의 무과실이 인정될 수 있을 것이다. 다만, 이사는 결손금액을 전부 배상하여야 하는 것이 아니고, 자기주식취득과 인과관계 있는 결손금액만 배상할 책임이 있다.

⑵ 특정목적에 의한 취득

회사는 다음의 경우에는 배당가능이익에 의한 제한 없이 자기주식을 취득할 수 있다(商法 341조의2).

1. 합병 또는 다른 회사의 영업전부의 양수로 인한 때
2. 회사의 권리를 실행함에 있어 그 목적을 달성하기 위하여 필요한 때
3. 단주(端株)의 처리를 위하여 필요한 때
4. 주주가 주식매수청구권을 행사한 때

⑶ 자기주식의 처분

회사가 보유하는 자기주식을 처분하는 경우에 다음 사항으로서 정관에 규정이 없는 것은 이사회가 결정한다(商法 342조).

1. 처분할 주식의 종류와 수
2. 처분할 주식의 처분가액과 납입기일
3. 주식을 처분할 상대방 및 처분방법

Ⅱ. 자본시장법상 규제

주권상장법인은 자기주식을 취득(자기주식을 취득하기로 하는 신탁업자와의 신탁계약의 체결 포함)하거나 이에 따라 취득한 자기주식을 처분(자기주식을 취득하기로 하는 신탁업자와의 신탁계약의 해지를 포함)하는 경우에는 대통령령으로 정하

는 요건·방법 등의 기준에 따라야 한다(法 165조의3④).

1. 취득방법과 취득한도

(1) 취득방법

주권상장법인은 다음과 같은 방법으로 자기주식을 취득할 수 있다(法 165조의3①).

1. 상법 제341조 제1항에 따른 방법[12)]
2. 신탁계약에 따라 자기주식을 취득한 신탁업자로부터 신탁계약이 해지되거나 종료된 때 반환받는 방법(신탁업자가 해당 주권상장법인의 자기주식을 상법 제341조 제1항의 방법으로 취득한 경우로 한정한다)

(2) 취득한도

주권상장법인이 자기주식을 취득하는 경우 취득가액의 총액은 상법 제462조 제1항에 따른 이익배당을 할 수 있는 한도[13)] 이내이어야 한다(法 165조의3②). 취득주식수에 대한 제한은 없다.

구체적으로, 주권상장법인이 자본시장법 제165조의3에 따라 자기주식을 취득할 수 있는 금액의 한도는 직전 사업연도말 재무제표를 기준으로 상법 제462조 제1항에 따른 이익배당을 할 수 있는 한도의 금액에서 아래 제1호부터 제3호까지의 금액을 공제하고 제4호의 금액을 가산한 금액으로 한다(증권발행공시규정 5-11조①).[14)]

---

12) 상법 제341조 제1항에 따른 방법은 1. 거래소에서 시세가 있는 주식의 경우에는 거래소에서 취득하는 방법, 2. 상환주식의 경우 외에 각 주주가 가진 주식 수에 따라 균등한 조건으로 취득하는 것으로서 대통령령으로 정하는 방법인데, "대통령령으로 정하는 방법"은 다음과 같다(商令 9조①).
   1. 회사가 모든 주주에게 자기주식 취득의 통지·공고를 하여 주식을 취득하는 방법
   2. 자본시장법 제133조부터 제146조까지의 규정에 따른 공개매수의 방법

13) 상법상 이익배당한도란 직전 결산기의 대차대조표상 순자산액(자산총계-부채총계)으로부터 자본금의 액, 그 결산기까지 적립된 자본준비금과 이익준비금의 합계액, 그 결산기에 적립하여야 할 이익준비금의 액, 미실현이익을 공제한 것을 말한다(商法 462조①).

14) 직전 사업연도말 재무제표는 주요사항보고서를 제출하는 사업연도의 직전 사업연도의 감사결과 수정 후 주주총회에서 승인된 재무제표를 말한다. 결산기 이후 주주총회 전에 주요사항보고서를 제출할 때에는 직전 사업연도의 재무제표가 주주총회 승인 전의 것이므로 전전연도의 재무제표를 기준으로 한다. (12월말이 결산기인 법인의 경우 2016년 1월에 자기주식 취득한도를 계산할 때에는 2014년 주주총회에서 승인된 재무제표를 기준으로 해야 한다).

1. 직전 사업연도말 이후 상법 및 자본시장법에 따라 자기주식을 취득한 경우 그 취득금액(자기주식의 취득이 진행 중인 경우에는 해당 최초취득일부터 취득금액한도 산정시점까지 발생한 자기주식의 취득금액 포함)
2. 신탁계약이 있는 경우 그 계약금액(일부해지가 있는 경우에는 해당 신탁계약의 원금 중에서 해지비율 만큼의 금액을, 직전 사업연도말 현재 해당 신탁계약을 통하여 취득한 자기주식이 있는 경우에는 해당 신탁계약의 원금 중에서 취득한 자기주식에 해당하는 금액을 각각 차감한 금액을 말한다)
3. 직전 사업연도말 이후의 정기주주총회에서 결의된 이익배당금액 및 상법 제458조 본문의 규정에 따라 해당 이익배당에 대하여 적립하여야 할 이익준비금(자본시장법 제165조의12에 따라 이사회에서 결의된 분기 또는 중간배당금액 및 해당 분기 또는 중간배당에 대하여 적립하여야 할 이익준비금을 포함)
4. 직전 사업연도말 이후 상법 및 자본시장법에 따라 처분한 자기주식(상법 제343조 제1항 후단에 따라 소각한 주식은 제외한다)이 있는 경우 그 처분주식의 취득원가(이동평균법을 적용하여 산정한 금액)

(3) 위반시 효과

(가) 취득방법 위반

자본시장법에 규정된 자기주식의 취득방법을 위반한 경우에는 주주평등원칙을 정면으로 무시한 것이므로 취득분 전부를 무효로 보아야 한다. 따라서 자기주식취득의 원인행위인 회사와 주주 간의 매매 또는 교환에 관한 계약은 무효로 된다.[15)]

(나) 취득한도 위반

주권상장법인이 자기주식을 취득함에 있어서 취득금액의 한도를 위반한 경우에는 그 위반분(배당가능이익한도를 초과한 부분)만 무효로 된다.[16)]

---

15) 회사가 상법 제341조를 위반하여 자기주식을 취득한 사건에서 대법원은 자기주식 취득은 무효이고, 이를 화해의 내용으로 한 경우 그 화해조항도 무효라고 판시하였다(대법원 2003. 5. 16. 선고 2001다44109 판결).

16) 다만, 거래소에서 취득한 경우 회사가 거래소에서 취득한 자기주식의 매도인과 그의 매도주식수를 특정할 수 없어서 원상회복이 불가능하다는 현실적인 문제가 있다. 그리고 종래에는 주권상장법인이 배당가능액 한도 내에서 적법하게 취득한 후 배당가능액 한도의 감소로 취득한도를 초과하여 자기주식을 취득하게 된 경우 그 날부터 3년 이내에 그 초과분을 처분하여야 하였으나(令 176조의3), 2013년 시행령 개정시 제176조의3을 삭제하였다.

2. 취득절차

(1) 이사회 결의

상법 제341조 제2항 단서는 "제1항에 따라 자기주식을 취득하려는 회사는 미리 주주총회의 결의로 다음 각 호의 사항을 결정하여야 한다. 다만, 이사회의 결의로 이익배당을 할 수 있다고 정관에서 정하고 있는 경우에는 이사회의 결의로써 주주총회의 결의에 갈음할 수 있다."고 규정하는데, 주권상장법인은 자본시장법 제165조의3 제1항의 방법에 따라[17] 자기주식을 취득하는 경우 상법 제341조 제2항에도 불구하고 이사회의 결의로써 자기주식을 취득할 수 있다(法 165조의3③).[18]

주권상장법인이 자본시장법 제165조의3에 따라 자기주식을 취득하거나 신탁계약을 체결하려는 경우 이사회는 다음 사항을 결의해야 한다. 다만, 주식매수선택권의 행사에 따라 자기주식을 교부하는 경우[19]와 신탁계약의 계약기간이 종료한 경우에는 그러하지 아니하다(令 176조의2①).

1. 상법 제341조 제1항에 따른 방법에 따라 자기주식을 취득·처분하려는 경우에는 취득·처분의 목적·금액 및 방법, 주식의 종류 및 수, 그 밖에 금융위원회가 정하여 고시하는 사항[20]

---

17) 자본시장법 제165조의3 제3항은 "제1항의 방법 또는 상법 제341조 제1항 각 호의 어느 하나에 해당하는 방법으로"라고 규정하는데, 자본시장법 제165조의3 제1항 제1호는 "상법 제341조 제1항에 따른 방법"이라고 규정하므로, "또는" 이하의 문구는 불필요하다.

18) 자본시장법은 "상법 제341조 제2항에도 불구하고"라고 규정하므로 문언상으로는 정관에 규정이 없어도 이사회의 결의로써 자기주식을 취득할 수 있다고 해석된다. 다만, 상법과의 정합성을 고려하고 또한 주권상장법인의 경우 일반소액주주의 예견가능성을 위하여 입법론상으로는 정관의 규정을 요건으로 명시하는 것이 타당하다.

19) [증권발행공시규정 5-4조]

② 주권상장법인이 주식매수선택권 행사에 따라 자기주식을 교부하기 위하여 자기주식을 취득하고자 하는 경우로서 다음 각 호의 요건을 충족하는 경우에는 제1항 전단의 규정에 불구하고 자기주식 취득에 관하여 새로운 이사회 결의를 할 수 있다.

1. 종전의 이사회결의에 따른 자기주식 취득이 주식매수선택권의 행사에 따라 자기주식을 교부하는 것을 목적으로 하지 않을 것
2. 새로운 이사회 결의일 현재 주식매수선택권의 행사가능일이 이미 도래하였거나 행사가능일이 3월 이내에 도래하는 경우로서 주식매수선택권 행사에 따라 자기주식을 교부하기로 한 수량 이내에서 취득할 것. 이 경우 해당 주권상장법인은 그 사실을 입증할 수 있는 서류를 법 제161조에 따른 주요사항보고서에 첨부해야 한다.

③ 주권상장법인이 주식매수선택권의 행사에 따라 교부할 목적으로 취득하고 있는 자기주식은 해당 취득에 대한 취득결과보고서 제출전이라도 이를 취득목적에 따라 교부할 수 있다. 이 경우 교부된 자기주식은 제5-9조 제3항 및 제5-11조 제1항의 규정을 적용함에 있어 취득결과보고서 제출시점까지는 처분되지 않은 것으로 본다.

2. 신탁계약에 따라 자기주식을 취득한 신탁업자로부터 신탁계약이 해지되거나 종료된 때 반환받는 방법에 따라 자기주식을 취득·처분하기 위하여 신탁계약을 체결하려는 경우에는 체결의 목적·금액, 계약기간, 그 밖에 금융위원회가 정하여 고시하는 사항[21]

⑵ 취득기간

주권상장법인이 자본시장법 제165조의3 제1항(취득방법) 및 제2항(취득가액의 한도)에 따라 자기주식을 취득하려는 경우에는 자본시장법 제391조(거래소 공시규정)에 따라 이사회 결의 사실이 공시된 날의 다음 날부터 3개월 이내에 금융위원회가 정하여 고시하는 방법에 따라 증권시장에서 자기주식을 취득해야 한다(슈 176조의2③).[22] 신탁계약에 따른 취득은 신탁계약기간 동안 일부 취득도 가능

20) [증권발행공시규정 5-1조 (자기주식취득·처분에 관한 이사회결의 사항)] 주권상장법인이 시행령 제176조의2 제1항 제1호에 따라 이사회결의를 거쳐야 할 사항은 다음 각 호와 같다.
 1. 취득의 경우
  가. 취득의 목적
  나. 취득예정금액
  다. 주식의 종류 및 수
  라. 취득하고자 하는 주식의 가격
  마. 취득방법
  바. 취득하고자 하는 기간
  사. 취득 후 보유하고자 하는 예상기간
  아. 취득을 위탁할 투자중개업자의 명칭
  자. 그 밖에 투자자 보호를 위하여 필요한 사항
 2. 처분의 경우
  <생략>

21) [증권발행공시규정 5-2조 (신탁계약에 의한 자기주식취득·처분에 관한 이사회결의 사항)] 주권상장법인이 시행령 제176조의2 제1항 제2호에 따라 이사회결의를 거쳐야 할 사항은 다음 각 호와 같다.
 1. 신탁계약의 체결의 경우
  가. 체결목적
  나. 체결금액
  다. 계약일자 및 계약기간
  라. 계약을 체결하고자 하는 신탁업자의 명칭
  마. 그 밖에 투자자 보호를 위하여 필요한 사항
 2. 처분의 경우
  <생략>

22) [증권발행공시규정 5-4조 (자기주식의 취득기간 등)]
 ① 주권상장법인은 취득결과보고서를 제출한 경우에 한하여 자기주식 취득에 관하여 새로운 이사회 결의를 할 수 있으며, 영 제176조의2 제3항에 따른 기간 이내에 결의한 취득신고주식수량을 모두 취득하지 못한 경우에는 해당 취득기간 만료 후 1월이 경과하여야 새로운 이사회 결의를 할 수 있다. 다만, 보통주를 취득하기 위하여 취득에 관한 이사회

하고(처분도 같음) 신탁계약은 연장이 가능하므로, 직접취득과 같은 취득수량이나 취득기간에 대한 제약이 없다.

(3) 매수주문방법

(가) 일반원칙

자기주식의 취득은 그 취득규모와 매수주문방법에 따라 증권시장에서의 시세에 큰 영향을 줄 수 있으므로 증권발행공시규정은 자기주식취득을 위한 매수주문방법에 관하여 일정한 규제를 하고 있다. 주권상장법인이 증권시장을 통하여 자기주식을 취득하기 위하여 매수주문을 하고자 할 때에는 다음과 같은 방법에 따라야 한다(증권발행공시규정 5-5조①).

1. 거래소가 정하는 바에 따라 장개시 전에 매수주문을 하는 경우 그 가격은 전일의 종가와 전일의 종가를 기준으로 100분의 5 높은 가격의 범위 이내로 하며, 거래소가 정하는 정규시장의 매매거래시간 중에 매수주문(정정매수주문을 포함. 이하 같음)을 하는 경우 그 가격은 거래소의 증권시장업무규정에서 정하는 가격의 범위 이내로 할 것. 이 경우 매매거래시간 중 매수주문은 거래소가 정하는 정규시장이 종료하기 30분전까지 제출해야 한다.
2. 1일 매수주문수량은 취득신고주식수 또는 이익소각신고주식수의 10%에 해당하는 수량과 이사회결의일 전일을 기산일로 하여 소급한 1개월간의 일평균거래량의 25%에 해당하는 수량 중 많은 수량 이내로 할 것. 다만, 그 많은 수량이 발행주식총수의 1%에 해당하는 수량을 초과하는 경우에는 발행주식총수의 1%에 해당하는 수량 이내로 할 것
3. 매수주문일 전일의 장 종료 후 즉시 제4호의 규정에 의한 위탁 투자중개업자로 하여금 1일 매수주문수량등을 거래소에 신고하도록 할 것
4. 매수주문 위탁 투자중개업자를 1일 1사로 할 것(자기주식 취득 또는 이익소각에 관한 이사회결의상의 취득기간 중에 매수주문을 위탁하는 투자중개업자는 5사를 초과할 수 없다)

(나) 시간외 대량매매의 방법

주권상장법인은 다음과 같은 경우에는 거래소가 정하는 시간외 대량매매의 방법에 따라 자기주식을 취득할 수 있다(증권발행공시규정 5-5조②).

1. 정부, 한국은행, 예금보험공사, 한국산업은행, 중소기업은행, 한국수출입은행 및 정

결의를 하였으나 다시 상법 제344조의3 제1항에 따른 의결권 없거나 제한되는 주식을 취득하고자 하는 경우에는 후단의 규정을 적용하지 아니한다.

부가 납입자본금의 50% 이상을 출자한 법인으로부터 자기주식을 취득하는 경우
2. 정부가 주권상장법인의 자기주식 취득과 관련하여 공정경쟁 촉진, 공기업 민영화 등 정책목적 달성을 위하여 허가·승인·인가 또는 문서에 의한 지도·권고를 하고 금융위에 요청한 경우로서 금융위가 투자자 보호에 문제가 없다고 인정하여 승인하는 경우

(다) 주식매수선택권 행사에 따른 취득의 경우

주권상장법인이 주식매수선택권 행사에 따라 자기주식을 교부하기 위하여 자기주식 취득에 관한 이사회 결의를 한 때에는 매수주문가격 및 1일 매수주문 수량 등의 적용에 있어서 각각의 이사회 결의를 기준으로 적용한다(증권발행공시 규정 5-5조③).

(라) 특례조치

거래소는 시장상황 급변 등으로 투자자 보호와 시장안정을 유지하기 위하여 즉각적인 조치가 필요한 경우 1일 매수주문수량을 이사회 결의 주식수 이내로 하여 주권상장법인이 자기주식을 취득(이익소각을 위하여 자기주식을 취득하는 경우를 포함)하도록 할 수 있다. 거래소는 제1항의 조치를 취하거나 이를 변경할 경우에는 금융위의 승인을 받아야 한다(증권발행공시규정 5-6조①).

(마) 투자중개업자의 위탁거부

자기주식의 취득·처분을 위탁받은 투자중개업자는 해당 주권상장법인이 시행령 제176조의2 제2항을 위반하여 자기주식의 매수를 위탁하는 것임을 안 경우에는 그 위탁을 거부해야 한다(증권발행공시규정 5-7조, 5-9조).

3. 처분절차

(1) 이사회 결의

주권상장법인이 자기주식을 처분하거나 신탁계약을 해지하려는 경우[23] 이사회는 다음과 같은 사항을 결의해야 한다(令 176조의2① 본문).[24] 다만, 주식매수

23) 신탁계약을 체결 또는 해지하는 경우에는 이사회의 결의가 요구되지만, 신탁계약을 해지하지 않고 신탁업자가 자기주식을 처분하는 경우에는 이사회의 결의가 요구되지 않는다는 판례가 있다(서울중앙지방법원 2015. 3. 27.자 2015카합80223 결정).

24) 주권상장법인이 장외에서 자기주식을 처분하는 경우는 제1호와 제2호에 해당하지 않고 증권발행공시규정도 이사회결의사항으로 규정하지 않아서 이사회결의 없이 처분할 수 있는지에 관하여 논란의 여지가 있는데, 상대방을 특정할 수 없는 증권시장에서의 처분과 달리 장외에서의 처분은 상대방을 특정할 수 있으므로 자기주식 처분시 이사회가 결정할 사항을 규

선택권의 행사에 따라 자기주식을 교부하는 경우와 신탁계약의 계약기간이 종료한 경우에는 이사회의 결의가 요구되지 않는다(令 176조의2① 단서).

1. 증권시장에서 처분하려는 경우에는 취득 또는 처분의 목적·금액 및 방법, 주식의 종류 및 수, 그 밖에 금융위원회가 정하여 고시하는 사항[25]
2. 신탁계약을 해지하려는 경우에는 해지의 목적·금액, 계약기간, 그 밖에 금융위원회가 정하여 고시하는 사항[26]

(2) 처분기간

주권상장법인의 자기주식 처분기간은 이사회 결의 사실이 공시된 날의 다음 날부터 3월 이내로 한다(증권발행공시규정 5-9조①).[27] 한편, 주주의 주식매수청

정하는 상법 제342조 제3호(주식을 처분할 상대방 및 처분방법)에 따라 이사회결의가 요구된다고 해석하는 것이 타당하다. 주권상장법인의 자기주식 처분 관련 사건에서 "정관에 별도의 규정이 없는 한 상장회사의 이사회는 자기주식을 처분하는 데 가격의 결정이나 상대방의 선택에 있어 재량권을 가진다."라고 설시한 판례(서울고등법원 2015. 7. 16.자 2015라20503 결정)도 처분상대방이 이사회결의사항임을 전제로 한 것이다.

25) [증권발행공시규정 5-1조(자기주식취득·처분에 관한 이사회결의 사항)] 주권상장법인이 시행령 제176조의2 제1항 제1호에 따라 이사회결의를 거쳐야 할 사항은 다음 각 호와 같다.
1. 취득의 경우
<생략>
2. 처분의 경우
가. 처분목적
나. 처분예정금액
다. 주식의 종류 및 수
라. 처분하고자 하는 주식의 가격
마. 처분방법
바. 처분하고자 하는 기간
사. 처분을 위탁할 투자중개업자의 명칭
아. 그 밖에 투자자 보호를 위하여 필요한 사항

26) [증권발행공시규정 5-2조(신탁계약에 의한 자기주식취득·처분에 관한 이사회결의 사항)] 주권상장법인이 시행령 제176조의2 제1항 제2호에 따라 이사회결의를 거쳐야 할 사항은 다음 각 호와 같다.
1. 신탁계약의 체결의 경우
<생략>
2. 신탁계약의 해지(일부해지를 포함한다.)의 경우
가. 해지목적
나. 해지금액
다. 해지일자
라. 해지할 신탁업자의 명칭
마. 그 밖에 투자자 보호를 위하여 필요한 사항

27) [증권발행공시규정 5-9조 (자기주식 처분기간 등)]
① 제5-4조 제1항 및 제5-8조의 규정은 자기주식의 처분에 관하여 이를 준용한다. 이 경

구권 행사에 의하여 주권상장법인이 매수한 주식은 해당 주식을 매수한 날부터 5년 내에 처분해야 한다(法 165조의5④, 令 176조의7④). 신탁계약에 따른 취득과 처분은 신탁계약기간 동안 가능한데, 앞에서 본 바와 같이 신탁계약은 연장이 가능하므로 직접취득과 같은 제약이 없다.

투자매매업자는 투자자로부터 그 투자매매업자가 발행한 자기주식으로서 증권시장의 매매 수량단위 미만의 주식에 대하여 매도주문을 받은 경우에는 이를 증권시장 밖에서 취득할 수 있는데, 이 경우 취득한 자기주식은 취득일부터 3개월 내에 처분해야 한다(法 69조, 令 67조).

(3) 매도주문방법

(가) 일반원칙

자기주식의 처분은 그 처분규모와 매수주문방법에 따라 증권시장에서의 시세에 큰 영향을 줄 수 있으므로 증권발행공시규정은 자기주식처분을 위한 매도주문방법에 관하여 일정한 규제를 하고 있다. 자본시장법 제165조의3에 따라 취득한 자기주식을 처분하고자 하는 주권상장법인이 증권시장에서 취득한 자기주식을 처분하고자 하는 주권상장법인이 증권시장을 통하여 자기주식을 처분하기 위하여 매도주문을 할 때에는 다음과 같은 방법에 따라야 한다(증권발행공시규정 5-9조⑤).[28]

우 "취득"은 "처분"으로 보며 처분기간은 법 제391조에 따라 이사회 결의 사실이 공시된 날의 다음날부터 3월 이내로 한다. 다만, 주식매수선택권의 행사에 따라 자기주식을 교부하는 경우에는 이를 준용하지 아니하며, 자기주식을 교환대상으로 하는 교환사채 발행을 통하여 처분하는 경우에는 제5-8조를 준용하지 아니한다.

② 주식매수선택권의 행사에 따라 자기주식을 교부하는 경우에는 동일한 주주총회 또는 이사회결의로 부여한 주식매수선택권의 최초 행사에 대하여 자기주식을 교부하는 날의 5일전까지 동 주식매수선택권의 행사기간 중 행사가능한 자기주식수에 대한 주요사항보고서를 제출하여야 하며, 이 경우 주요사항보고서를 제출한 때에 자기주식을 처분한 것으로 본다.

③ 주권상장법인이 자기주식을 교환대상으로 하는 교환사채의 발행을 완료한 때에는 그 날로부터 5일 이내에 자기주식의 처분에 관한 결과보고서(이하 "처분결과보고서"라 한다)를 제출하여야 하며, 동 처분결과보고서에는 처분(교환사채 발행)내역을 증명할 수 있는 서류를 첨부해야 한다.

④ 주식매수선택권의 행사에 따라 자기주식을 교부하는 경우와 신탁계약의 계약기간이 종료된 경우에는 그 처분결과보고서의 제출을 생략할 수 있다.

28) 법 제165조의3에 따라 자기주식을 취득한 주권상장법인이 법 제78조의 다자간매매체결회사를 통하여 자기주식을 처분하기 위하여 매도주문을 할 때에는 제5항의 방법을 준용한다(증권발행공시규정 5-9조⑦).

1. 거래소가 정하는 바에 따라 장개시전에 매도주문을 하는 경우 그 가격은 전일의 종가와 전일종가를 기준으로 2 호가가격단위 낮은 가격의 범위 이내로 하며, 거래소가 정하는 정규시장의 매매거래시간 중에 매도주문(정정매도주문을 포함. 이하 같음)을 하는 경우 그 가격은 거래소의 증권시장업무규정에서 정하는 가격의 범위 이내로 할 것. 이 경우 매매거래시간 중 매도주문은 거래소가 정하는 정규시장이 종료하기 30분전까지 제출해야 한다.
2. 1일 매도주문수량은 처분신고주식수의 10%에 해당하는 수량과 처분신고서 제출일 전일을 기산일로 하여 소급한 1개월간의 일평균거래량의 25%에 해당하는 수량 중 많은 수량 이내로 할 것. 다만, 그 많은 수량이 발행주식총수의 1%에 해당하는 수량을 초과하는 경우에는 발행주식총수의 1%에 해당하는 수량 이내로 할 것
3. 매도주문일 전일의 장 종료 후 즉시 제4호의 규정에 의한 위탁 투자중개업자로 하여금 1일 매도주문수량 등을 거래소에 신고하도록 할 것
4. 매도주문 위탁 투자중개업자를 1일 1사로 할 것(처분에 관한 이사회 결의에 정한 처분기간 중에 매도주문을 위탁하는 투자중개업자는 5사를 초과할 수 없다)

㈏ 시간외 대량매매의 방법

주권상장법인이 자기주식을 거래소가 정하는 시간외대량매매의 방법으로 처분하고자 하는 경우에는 일반원칙에 의한 매도주문가격과 1일 매도주문수량에 관한 규정은 적용하지 않는다. 이 경우 매도주문의 호가는 당일(장 개시 전 시간외대량매매의 경우에는 전일) 종가를 기준으로 5% 낮은 가격과 5% 높은 가격의 범위 이내로 해야 한다(증권발행공시규정 5-9조⑥).

㈐ 투자중개업자의 위탁거부

자기주식의 처분을 위탁받은 투자중개업자는 해당 주권상장법인이 위 규정에 위반하여 자기주식의 매도를 위탁하는 것임을 안 경우에는 그 위탁을 거부해야 한다(증권발행공시규정 5-9조⑧).

(4) 교환·상환사채의 발행

주권상장법인이 자기주식을 교환대상으로 하거나 자기주식으로 상환하는 사채권을 발행한 경우에는 그 사채권을 발행하는 때에 자기주식을 처분한 것으로 본다(令 176조의2④).[29]

---

29) [증권발행공시규정 5-9조(자기주식 처분기간 등)]
③ 주권상장법인이 자기주식을 교환대상으로 하는 교환사채의 발행을 완료한 때에는 그 날로부터 5일 이내에 자기주식의 처분에 관한 결과보고서(이하 "처분결과보고서"라 한다)를 제출하여야 하며, 동 처분결과보고서에는 처분(교환사채 발행)내역을 증명할 수 있

4. 공시의무

⑴ 주요사항보고서 제출

주권상장법인은 "자기주식을 취득(자기주식의 취득을 목적으로 하는 신탁계약의 체결 포함) 또는 처분(자기주식의 취득을 목적으로 하는 신탁계약의 해지를 포함) 할 것을 결의한 때" 그 사실이 발생한 날의 다음 날까지 그 내용을 기재한 주요사항보고서를 금융위원회에 제출해야 한다(法 161조①8).[30] 금융위원회는 주요사항보고서가 제출된 경우 이를 거래소에 지체 없이 송부해야 한다(法 161조⑤). 자기주식의 취득과 처분에 대하여 사전공시를 요구하는 것은 미공개중요정보 이용으로 인한 불법내부자거래를 방지하고 감독당국이 그 취득의 적법성 여부를 사전에 객관적으로 검토하기 위한 것이다.[31]

⑵ 취득· 처분결과보고서 제출

주권상장법인이 자기주식의 취득을 완료하거나 이를 취득하고자 하는 기간이 만료된 때에는 그 날부터 5일 이내에 자기주식의 취득에 관한 결과보고서("취득결과보고서")를 금융위에 제출해야 한다(증권발행공시규정 5-8조①).[32] 주권상장법인은 예외적으로 허용되는 경우(증권발행공시규정 5-4조②,③)가 아닌 한, 취득결과보고서를 제출한 경우에 한하여 자기주식 취득에 관하여 새로운 이사회 결의를 할 수 있다(증권발행공시규정 5-4조① 전단). 자기주식 취득에 관하여 신탁계약을 체결한 주권상장법인은 해당 계약을 체결한 후 3개월이 경과한 때에는 그날부터 5일 이내에 신탁계약에 따라 신탁업자가 취득하여 보유하고 있는 자기주식 상황보고서("신탁계약에 의한 취득상황보고서")를 금융위에 제출해야 한다.[33]

는 서류를 첨부해야 한다.

30) 주요사항보고서 제출의무는 사업보고서 제출대상법인의 의무인데, 주권상장법인은 당연히 사업보고서 제출대상법인에 포함된다.

31) 주요사항보고서 제출 후 주가가 상승하여 취득신고수량대로 취득하면 취득예정금액을 초과하는 경우가 문제되는데, 배당가능이익 한도를 초과하지 않는다면 허용되는 것으로 본다 [금융감독원, "기업공시 실무안내"(2021.12.), 181면].

32) [증권발행공시규정 5-8조(자기주식 취득결과의 보고)]

① 법 제165조의3에 따라 주권상장법인이 자기주식의 취득을 완료하거나 이를 취득하고자 하는 기간이 만료된 때에는 그 날부터 5일 이내에 자기주식의 취득에 관한 결과보고서(이하 "취득결과보고서"라 한다)를 금융위에 제출해야 한다.

② 취득결과보고서에는 다음 각 호의 서류를 첨부해야 한다.

1. 매매거래의 내역을 증명할 수 있는 서류
2. 취득에 관한 이사회 결의 내용대로 취득하지 않았을 경우에는 그 사유서 및 소명자료

주권상장법인이 자기주식을 처분하면 처분결과보고서를 금융위원회에 제출하여야 하는데, 그 절차는 취득결과보고서와 동일하고, 증권발행공시규정 제5-9조는 처분기간, 교환사채 발행에 따른 처분결과보고서, 매도주문방법 등에 관하여 상세히 규정한다.34) 주권상장법인이 자기주식 취득에 관한 신탁계약을 해지하는 이사회 결의를 한 때에는 신탁계약을 해지한 날부터 5일 이내에 신탁계약해지결과보고서를 금융위원회에 제출해야 한다.35)

(3) 변동보고의무 면제

주권상장법인의 주식등을 대량보유하게 된 자가 그 보유 주식등의 수의 합계가 그 주식등의 총수의 1% 이상 변동된 경우에는 그 변동된 날부터 5일 이내에 그 변동내용을 금융위원회와 거래소에 보고해야 한다(法 147조①). 이를 변동

---

33) [증권발행공시규정 5-10조 (신탁계약에 의한 자기주식의 취득상황보고 및 해지결과의 보고 등)]

① 자기주식 취득에 관하여 신탁계약을 체결한 주권상장법인은 해당 계약을 체결한 후 3월이 경과한 때에는 그날부터 5일 이내에 신탁계약에 따라 신탁업자가 취득하여 보유하고 있는 자기주식 상황보고서(이하 "신탁계약에 의한 취득상황보고서"라 한다)를 금융위에 제출해야 한다.

③ 제1항의 규정에 의한 신탁계약에 의한 취득상황보고서에는 보고대상 기간 중 해당 신탁계약을 통하여 취득한 자기주식의 취득 결과를 확인할 수 있는 서류를 첨부하여야 하며, 제2항의 규정에 의한 신탁계약해지결과보고서에는 신탁계약 해지사실을 확인할 수 있는 서류를 첨부해야 한다.

④ 신탁계약에 따라 자기주식을 취득하여 보유하고 있는 주권상장법인은 자기주식 보유상황을 해당연도 각 분기 말을 기준으로 사업보고서 및 분·반기보고서에 기재해야 한다.

34) [증권발행공시규정 5-9조(자기주식 처분기간 등)]

① 제5-4조 제1항 및 제5-8조의 규정은 자기주식의 처분에 관하여 이를 준용한다. 이 경우 "취득"은 "처분"으로 보며 처분기간은 법 제391조에 따라 이사회 결의 사실이 공시된 날의 다음날부터 3월 이내로 한다. 다만, 주식매수선택권의 행사에 따라 자기주식을 교부하는 경우에는 이를 준용하지 아니하며, 자기주식을 교환대상으로 하는 교환사채 발행을 통하여 처분하는 경우에는 제5-8조를 준용하지 아니한다.

④ 주식매수선택권의 행사에 따라 자기주식을 교부하는 경우와 신탁계약의 계약기간이 종료된 경우에는 그 처분결과보고서의 제출을 생략할 수 있다.

35) [증권발행공시규정 5-10조 (신탁계약에 의한 자기주식의 취득상황보고 및 해지결과의 보고 등)]

② 주권상장법인이 자기주식 취득에 관한 신탁계약을 해지하는 이사회 결의를 한 때에는 신탁계약을 해지한 날부터 5일 이내에 신탁계약의 해지결과보고서(이하 "신탁계약해지결과보고서"라 한다)를 금융위에 제출해야 한다.

③ 제1항의 규정에 의한 신탁계약에 의한 취득상황보고서에는 보고대상 기간 중 해당 신탁계약을 통하여 취득한 자기주식의 취득 결과를 확인할 수 있는 서류를 첨부하여야 하며, 제2항의 규정에 의한 신탁계약해지결과보고서에는 신탁계약 해지사실을 확인할 수 있는 서류를 첨부해야 한다.

보고의무라고 하는데, "자기주식의 취득 또는 처분으로 보유 주식등의 비율이 변동된 경우"에는 변동보고의무가 면제된다(令 153조⑤3).

5. 취득 · 처분 금지기간

주권상장법인은 다음과 같은 기간 동안에는 자기주식의 취득 · 처분 및 신탁계약의 체결 · 해지를 할 수 없다(令 176조의2②).

1. 다른 법인과의 합병에 관한 이사회 결의일부터 과거 1개월간
2. 유상증자의 신주배정에 관한 기준일(일반공모증자의 경우에는 청약일) 1개월 전부터 청약일까지의 기간
3. 준비금의 자본전입에 관한 이사회 결의일부터 신주배정기준일까지의 기간
4. 시장조성을 할 기간
5. 미공개중요정보가 있는 경우 그 정보가 공개되기 전까지의 기간[36)]
6. 처분(신탁계약의 해지 포함) 후 3개월간 또는 취득(신탁계약의 체결 포함) 후 6개월간[37)]

---

36) 해당 미공개중요정보의 이용 여부를 불문하고 금지된다는 점이 제174조의 미공개중요정보 이용행위금지와 다르다. 다만, 미공개중요정보를 인식한 상태에서 거래를 한 경우에는 특별한 사정이 없는 한 그 정보를 이용하여 거래를 한 것으로 보므로 정보를 인식한 경우에는 두 규정 모두 적용된다. 그리고 취득 · 처분금지 규정을 위반한 경우, 금융위원회는 주권상장법인에 대하여 이유를 제시한 후 그 사실을 공고하고 정정을 명할 수 있으며, 필요하면 그 법인의 주주총회에 대한 임원의 해임 권고, 일정 기간 증권의 발행 제한, 그 밖에 대통령령으로 정하는 조치를 할 수 있다(法 165조의18).

37) 다만, 다음과 같은 경우에는 위 기간 중에도 취득 또는 처분 및 신탁계약의 체결 또는 해지를 할 수 있다(令 176조의2②6 단서). 신탁계약체결 후 6개월이 경과하면 주요사항보고서를 제출하고 신탁계약을 해지할 수 있다[금융감독원, "기업공시 실무안내"(2021.12.), 177면].
가. 임직원에 대한 상여금으로 자기주식을 교부하는 경우
나. 주식매수선택권의 행사에 따라 자기주식을 교부하는 경우
다. 취득가액의 한도를 초과하는 자기주식을 처분하는 경우
라. 임직원에 대한 퇴직금 · 공로금 또는 장려금 등으로 자기주식을 지급(「근로복지기본법」에 따른 사내근로복지기금에 출연하는 경우를 포함)하는 경우
마. 「근로복지기본법」 제2조 제4호에 따른 우리사주조합에 처분하는 경우
바. 법령 또는 채무이행 등에 따라 불가피하게 자기주식을 처분하는 경우
사. 「공기업의 경영구조개선 및 민영화에 관한 법률」의 적용을 받는 기업이 민영화를 위하여 그 기업의 주식과의 교환을 청구할 수 있는 교환사채권을 발행하는 경우
아. 국가 또는 「예금자보호법」에 따른 예금보험공사로부터 자기주식을 취득한 기업이 그 주식과 교환을 청구할 수 있는 교환사채권을 발행하는 경우(자목의 경우 제외한다). 이 경우 교환의 대상이 되는 자기주식의 취득일부터 6개월이 지난 후에 교환을 청구할 수 있는 교환사채권만 해당한다.
자. 아목에 따른 기업이 교환사채권을 해외에서 발행하는 경우로서 자기주식을 갈음하여 발행하는 증권예탁증권과 교환을 청구할 수 있는 교환사채권을 발행하는 경우

주권상장법인이 금전의 신탁계약에 따라 신탁업자에게 자기주식을 취득하게 한 경우, 자기주식의 취득·처분 금지기간이 개시되는 때에는 지체 없이 그 신탁업자에게 그 기간이 개시된다는 사실을 통보해야 한다(슈 176조의2⑤).

제 4 절 합병 등의 특례

Ⅰ. 특례적용 대상 행위

주권상장법인은 ⅰ) 다른 법인과의 합병, ⅱ) 대통령령으로 정하는 중요한 영업 또는 자산의 양수 또는 양도, ⅲ) 주식의 포괄적 교환 또는 포괄적 이전, ⅳ) 분할 또는 분할합병 등의 어느 하나에 해당하는 행위("합병등")를 하려면 대통령령이 정하는 요건·방법 등의 기준에 따라야 한다(法 165조의4①).

Ⅱ. 특례 기준

1. 합 병

(1) 합병가액의 산정

주권상장법인(기업인수목적회사 제외)이 그 계열회사(계열회사가 아닌 법인 중 합병을 위한 이사회 결의일부터 최근 1년 이내에 계열회사의 관계에 있었던 법인을 포함)와 합병하려는 경우 또는 주권상장법인인 기업인수목적회사가 다른 법인과 합병하려는 경우에는 다음 각 호의 방법에 따라 산정한 합병가액에 따라야 한다. 이 경우 주권상장법인이 제1호 또는 제2호 가목 본문에 따른 가격을 산정할 수 없는 경우에는 제2호 나목에 따른 가격으로 하여야 한다(슈 176조의5①).

차. 자기주식의 취득일부터 금융위원회가 정하여 고시하는 기간이 경과한 후 자기주식을 기초로 하는 증권예탁증권을 해외에서 발행하기 위하여 자기주식을 처분하는 경우

카. 자본시장법 제165조의3 제1항 제2호[2. 신탁계약에 따라 자기주식을 취득한 신탁업자로부터 신탁계약이 해지되거나 종료된 때 반환받는 방법(신탁업자가 해당 주권상장법인의 자기주식을 상법 제341조 제1항의 방법으로 취득한 경우로 한정한다)]에 따라 자기주식을 취득하는 경우

(가) 주권상장법인 간 합병(제1호)

주권상장법인 간 합병의 경우에는 합병을 위한 이사회 결의일과 합병계약을 체결한 날 중 앞서는 날의 전일을 기산일로 한 다음 각 목의 종가(증권시장에서 성립된 최종가격)를 산술평균한 가액("기준시가")을 기준으로 10%(주권상장법인인 기업인수목적회사가 다른 법인과 합병하는 경우에는 30%)의 범위에서 할인 또는 할증한 가액. 이 경우 가목 및 나목의 평균종가는 종가를 거래량으로 가중산술평균하여 산정한다(令 176조의5①1).[38]

가. 최근 1개월간 평균종가. 다만, 산정대상기간 중에 배당락 또는 권리락이 있는 경우로서 배당락 또는 권리락이 있은 날부터 기산일까지의 기간이 7일 이상인 경우에는 그 기간의 평균종가로 한다.
나. 최근 1주일간 평균종가
다. 최근일의 종가

(나) 주권상장법인과 주권비상장법인 간 합병(제2호)

주권상장법인(코넥스시장에 주권이 상장된 법인은 제외)과 주권비상장법인 간 합병의 경우에는 다음의 기준에 따른 가격에 의한다(令 176조의5①2).

가. 주권상장법인의 경우에는 제1호의 가격. 다만, 제1호의 가격이 자산가치에 미달하는 경우에는 자산가치로 할 수 있다.
나. 주권비상장법인의 경우에는 자산가치와 수익가치를 가중산술평균한 가액

나목에 따른 가격으로 산정하는 경우에는 금융위원회가 정하여 고시하는 방법에 따라 산정한 유사한 업종을 영위하는 법인의 가치(상대가치)를 비교하여 공시하여야 하며, 가목과 나목에 따른 자산가치·수익가치 및 그 가중산술평균방법과 상대가치의 공시방법은 금융위원회가 정하여 고시한다(令 176조의5②). 주권비상장법인은 자산가치와 수익가치를 2:3으로 하여 가중산술평균한다.[39]

---

38) "합병을 위한 이사회 결의일과 합병계약을 체결한 날 중 앞서는 날의 전일"은 반드시 거래일일 필요가 없으므로 토요일·공휴일이라도 상관없다. 합병을 위한 이사회나 합병계약체결을 토요일·공휴일에도 할 수 있기 때문이다. 따라서 1개월, 1주일에 포함된 토요일·공휴일은 고려할 필요가 없다[同旨: 이승환·이희웅, "상장회사간 포괄적 주식교환의 실무적 문제", 상사법연구 제33권 제1호, 한국상사법학회(2014), 84면].

39) [증권발행공시규정 5-13조 (합병가액의 산정기준)]
① 영 제176조의5 제2항에 따른 "자산가치·수익가치 및 그 가중산술평균방법과 상대가치의 산출방법·공시방법"에 대하여 이 조에서 달리 정하지 않는 사항"은 감독원장이 정한다.

주권상장법인(코넥스시장에 주권이 상장된 법인은 제외)이 주권비상장법인과 합병하여 주권상장법인이 되는 경우에는 주권상장법인과 주권비상장법인 간 합병에 관한 위와 같은 요건 외에 추가로 다음과 같은 요건을 충족해야 한다(令 176조의5④). 우회상장을 규제하기 위한 것이다.

1. <삭 제>
2. 합병의 당사자가 되는 주권상장법인이 주요사항보고서를 제출하는 날이 속하는 사업연도의 직전사업연도의 재무제표를 기준으로 자산총액·자본금 및 매출액 중 두 가지 이상이 그 주권상장법인보다 더 큰 주권비상장법인이 다음과 같은 요건을 충족할 것
   가. 거래소의 증권상장규정(法 390조)에서 정하는 재무 등의 요건
   나. 감사의견, 소송계류, 그 밖에 공정한 합병을 위하여 필요한 사항에 관하여 상장규정에서 정하는 요건

㈐ 주권상장법인인 기업인수목적회사

주권상장법인인 기업인수목적회사가 투자자 보호와 건전한 거래질서를 위하여 금융위원회가 정하여 고시하는 요건을 갖추어 그 사업목적에 따라 다른 법인과 합병하여 그 합병법인이 주권상장법인이 되려는 경우에는 다음 각 목의 기준에 따른 가액으로 합병가액을 산정할 수 있다(令 176조의5③).

1. 주권상장법인인 기업인수목적회사의 경우: 시행령 제176조 제1항 제1호에 따른 가액
2. 기업인수목적회사와 합병하는 다른 법인의 경우: 다음 각 목의 구분에 따른 가액
   가. 다른 법인이 주권상장법인인 경우: 시행령 제176조 제1항 제1호에 따른 가격. 다만, 이를 산정할 수 없는 경우에는 제1항 각 호 외의 부분 후단을 준용한다.
   나. 다른 법인이 주권비상장법인인 경우: 기업인수목적회사와 협의하여 정하는 가액

㈑ 다른 증권시장에 주권이 상장된 법인과의 합병

특정 증권시장에 주권이 상장된 법인이 다른 증권시장에 주권이 상장된 법인과 합병하여 특정 증권시장에 상장된 법인 또는 다른 증권시장에 상장된 법인

---

② 제1항에 따른 합병가액은 주권상장법인이 가장 최근 제출한 사업보고서에서 채택하고 있는 회계기준을 기준으로 산정한다.

[증권발행공시규정 시행세칙 4조(합병가액의 산정방법)] 규정 제5-13조에 따른 자산가치·수익가치의 가중산술평균방법은 자산가치와 수익가치를 각각 1과 1.5로 하여 가중산술평균하는 것을 말한다(자산가치는 제5조에서, 수익가치는 제6조에서 구체적으로 규정한다).

이 되는 경우에는 제4항(합병가액을 시행령 제176조 제1항 제1호에 따라 산정한 경우에는 제4항 제1호는 제외)을 준용한다. 이 경우 "주권상장법인"은 "합병에도 불구하고 같은 증권시장에 상장되는 법인"으로, "주권비상장법인"은 "합병에 따라 다른 증권시장에 상장되는 법인"으로 본다(슈 176조의5⑤).

⑵ 이사회 의견서

주권상장법인이 다른 법인과 합병을 하려는 경우에는 합병에 관한 이사회 결의 이전에 다음 각 호의 사항에 관한 이사회 의견서를 작성해야 한다. 이 경우 이사회 의견서에 이사 전원이 기명날인 또는 서명해야 한다(슈 176조의5⑥).

1. 합병의 목적 및 기대효과
2. 합병가액의 적정성
3. 합병비율 등 거래조건의 적정성
4. 합병에 반대하는 이사가 있는 경우 합병에 반대하는 사유
5. 그 밖에 합병과 관련된 사항으로서 금융위원회가 정하여 고시하는 사항

⑶ 외부평가기관

㈎ 평가를 받아야 하는 경우

주권상장법인이 다른 법인과 합병하는 경우 다음과 같은 구분에 따라 합병가액의 적정성에 대하여 외부평가기관의 평가를 받아야 한다(슈 176조의5⑧).

1. 주권상장법인(기업인수목적회사는 제외)이 그 계열회사인 주권상장법인과 합병하는 경우로서 다음과 같은 경우[40]
   가. 삭제(2024.11.26.) [삭제 전: 주권상장법인이 시행령 제176조 제1항 제1호에 따라 합병가액을 산정하면서 기준시가의 10%를 초과하여 할인 또는 할증된 가액으로 산정하는 경우]
   나. 주권상장법인이 시행령 제176조의5 제1항 제2호 나목(자산가치와 수익가치를 가중산술평균한 가액)에 따라 산정된 합병가액에 따르는 경우
   다. 주권상장법인이 그 계열회사인 주권상장법인과 합병하여 주권비상장법인이 되

40) 주권상장법인(기업인수목적회사는 제외)이 주권상장법인과 합병하는 경우에는 원칙적으로 외부평가기관의 평가를 받을 의무가 없고, 기준시가의 10% 이상을 할증 또는 할인 발행하거나(가목), 본질가치법으로 산정하거나(나목), 합병 후 비주권상장법인이 되는 경우(다목)에만 외부평가기관의 평가를 받아야 한다. 다만, 나목 단서와 같은 예외사유가 있는 경우에는 외부평가기관의 평가를 받을 의무가 없다. 한편, 실제의 상장회사 간 합병 사례에서 상장회사의 합병가액을 기준시가보다 할인 또는 할증하여 정하는 사례는 거의 없고 이 경우에는 외부평가기관의 평가대상이 아니다.

는 경우. 다만, 제1항 제1호에 따라 산정된 합병가액에 따르는 경우 또는 다른 회사의 발행주식 총수를 소유하고 있는 회사가 그 다른 회사를 합병하면서 신주를 발행하지 않는 경우는 제외한다.

2. 주권상장법인이 그 계열회사인 주권비상장법인과 합병하는 경우로서 다음 각 목의 어느 하나에 해당하는 경우
   가. 주권상장법인이 시행령 제176조 제1항 제2호 나목(자산가치와 수익가치를 가중산술평균한 가액)에 따라 산정된 합병가액에 따르는 경우
   나. 주권상장법인이 주권비상장법인과 합병하여 주권상장법인이 되는 경우. 다만, 다른 회사의 발행주식 총수를 소유하고 있는 회사가 그 다른 회사를 합병하면서 신주를 발행하지 않는 경우는 제외한다.
   다. 주권상장법인(코넥스시장에 주권이 상장된 법인은 제외)이 그 계열회사인 주권비상장법인과 합병하여 주권비상장법인이 되는 경우. 다만, 합병의 당사자가 모두 제1항 제1호에 따라 산정된 합병가액에 따르는 경우 또는 다른 회사의 발행주식 총수를 소유하고 있는 회사가 그 다른 회사를 합병하면서 신주를 발행하지 않는 경우는 제외한다.
3. 주권상장법인이 그 계열회사 외의 법인과 합병하는 경우(코넥스시장에 주권이 상장된 법인이 그 계열회사 외의 법인과 합병하는 경우는 제외)
4. 기업인수목적회사가 다른 주권상장법인과 합병하는 경우로서 그 주권상장법인이 제1항 제2호 나목(자산가치와 수익가치를 가중산술평균한 가액)에 따라 산정된 합병가액에 따르는 경우

㈏ 외부평가기관의 자격

주권상장법인은 합병 등을 하는 경우 투자자 보호 및 건전한 거래질서를 위하여 대통령령으로 정하는 바에 따라 외부의 전문평가기관("외부평가기관")으로부터 합병 등의 가액, 그 밖에 대통령령으로 정하는 사항에 관한 평가를 받아야 한다(法 165조의4②). 외부평가기관은 다음과 같은 자로 한다(令 176조의5⑨).

1. 인수업무, 모집·사모·매출의 주선업무 업무를 인가받은 자
2. 신용평가회사
3. 공인회계사법에 따른 회계법인

㈐ 감사의 동의 또는 감사위원회의 의결

주권상장법인이 그 계열회사와 합병하는 경우에는 외부평가기관의 선정에 대하여 감사의 동의(감사위원회가 설치된 경우에는 감사위원회의 의결)를 받아

야 한다(令 176조의5⑩).

(라) 외부평가업무품질관리규정

외부평가기관은 외부평가업무의 품질을 관리하기 위하여 금융위원회가 정하여 고시하는 바에 따라 외부평가의 절차, 이해상충 방지 등에 관한 사항을 정한 규정("외부평가업무품질관리규정")을 마련해야 한다(令 176조의5⑪).

(마) 평가업무금지기간

외부평가기관은 다음과 같은 경우 그 기간 동안 평가업무를 할 수 없다. 다만, 제4호의 경우에는 해당 특정회사에 대한 평가업무만 할 수 없다(令 176조의5⑫).

1. 인수업무, 모집·사모·매출의 주선업무 업무를 인가받은 자가 금융위원회로부터 주식의 인수업무 참여제한의 조치를 받은 경우에는 그 제한기간
2. 신용평가회사가 신용평가업무와 관련하여 금융위원회로부터 신용평가업무의 정지처분을 받은 경우에는 그 업무정지기간
3. 회계법인이 외감법에 따라 업무정지조치를 받은 경우에는 그 업무정지기간
4. 회계법인이 외감법에 따라 특정회사에 대한 감사업무의 제한조치를 받은 경우에는 그 제한기간

(바) 평가업무금지대상

외부평가기관이 평가의 대상이 되는 회사와 금융위원회가 정하여 고시하는 특수관계에 있는 경우에는 합병에 대한 평가를 할 수 없다(令 176조의5⑬).[41]

---

41) [증권발행공시규정 5-14조(외부평가기관의 평가제한 등)] 영 제176조의5 제10항에서 "금융위원회가 정하여 고시하는 특수한 관계에 있는 경우"라 함은 다음 각 호의 어느 하나에 해당하는 경우를 말한다.

1. 외부평가기관이 합병당사회사에 그 자본금의 3% 이상을 출자하고 있거나 합병당사회사가 외부평가기관에 3% 이상을 출자하고 있는 경우
2. 외부평가기관에 그 자본금의 5% 이상을 출자하고 있는 주주와 합병당사회사에 그 자본금의 5% 이상을 출자하고 있는 주주가 동일인이거나 특수관계인인 경우. 다만, 그 동일인이 기관투자자로서 외부평가기관 및 합병당사회사와 제5호의 관계에 있지 아니한 경우에는 그러하지 아니하다.
3. 외부평가기관의 임원이 합병당사회사에 1% 이상을 출자하고 있거나 합병당사회사의 임원이 외부평가기관에 1% 이상을 출자하고 있는 경우
4. 외부평가기관 또는 합병당사회사의 임원이 합병당사회사 또는 외부평가기관의 주요주주의 특수관계인인 경우
5. 동일인이 외부평가기관 및 합병당사회사에 대하여 임원의 임면 등 법인의 주요경영사항에 대하여 사실상 영향력을 행사하는 관계가 있는 경우
6. 외부평가기관이 합병당사회사의 회계감사인(평가대상 재무제표에 대한 회계감사인을 포함한다)인 경우

(사) 평가업무제한

금융위원회는 외부평가기관의 합병 등에 관한 평가가 현저히 부실한 경우, 그 밖에 투자자 보호 또는 건전한 거래질서를 해할 우려가 있는 경우로서 대통령령으로 정하는 경우에는 평가 업무를 제한할 수 있다(法 165조의4③).[42] 평가업무가 제한되는 경우는 다음과 같다(令 176조의5⑭).

1. 외부평가기관이 제11항을 위반하여 외부평가업무업무품질관리규정을 마련하지 않은 경우
2. 외부평가기관이 제12항 또는 제13항을 위반한 경우
3. 외부평가기관의 임직원이 평가와 관련하여 알게 된 비밀을 누설하거나 업무 외의 목적으로 사용한 경우
4. 외부평가기관의 임직원이 합병 등에 관한 평가와 관련하여 금융위원회가 정하여 고시하는 기준을 위반하여 직접 또는 간접으로 재산상의 이익을 제공받은 경우
5. 그 밖에 투자자 보호와 외부평가기관의 평가의 공정성·독립성을 해칠 우려가 있는 경우로서 금융위원회가 정하여 고시하는 경우

금융위원회는 외부평가기관에 대하여 3년의 범위에서 일정한 기간을 정하여 평가 업무의 전부 또는 일부를 제한할 수 있다(令 176조의5⑮).

(4) 적용 제외

법률의 규정에 따른 합병에 관하여는 제1항부터 제5항까지, 제7항, 제8항 및 제10항부터 제14항까지를 적용하지 아니한다. 다만, 합병의 당사자가 되는 법인이 계열회사의 관계에 있고 합병가액을 제1항 제1호에 따라 산정하지 아니한 경우에는 합병가액의 적정성에 대하여 외부평가기관에 의한 평가를 받아야 한다(令 176조의5⑯).

(5) 존속회사의 자본증가액과 소멸회사의 순자산가액

존속회사의 증가할 자본액은 소멸회사의 순자산가액의 범위 내로 제한되는 것이 원칙이다. 그러나 합병당사자의 전부 또는 일방이 주권상장법인인 경우 법령에 의한 합병비율 산정방법에 따르면 주권상장법인은 합병가액을 최근 유가증권시장에서의 거래가격을 기준으로 산정하므로, 소멸회사가 주권상장법인이든 주권비상장법인이든 어느 경우나 존속회사가 발행할 합병신주의 액면총액이 소

42) 금융위원회가 정하여 고시하는 특수관계에 있는 중요한 경우는 외부평가기관이 합병당사회사의 감사인인 경우이다(증권발행공시규정 5-14조 6호).

멸회사의 순자산가액을 초과할 수도 있으므로, 존속회사의 증가할 자본액이 반드시 소멸회사의 순자산가액의 범위 내로 제한된다고 할 수는 없다.[43)]

(6) 자기주식에 대한 특례

주권상장법인이 다른 법인과 합병을 하려는 경우에는 합병으로 존속되는 회사는 자신이 보유하는 합병으로 소멸되는 회사의 주식과 합병으로 소멸되는 회사의 자기주식에 대하여 신주를 배정하거나 자기주식을 이전할 수 없다(슈 176조의5⑦).[44)]

2. 영업 · 자산의 양수도, 주식교환 · 주식이전, 분할 · 분할합병

(1) 특례적용 영업 · 자산의 양수도

특례적용대상인 "대통령령으로 정하는 중요한 영업 또는 자산의 양수 또는 양도"란 다음과 같은 것을 말한다(슈 176조의6①, 슈 171조②).[45)]

1. 양수 · 양도하려는 영업부문의 자산액(장부가액과 거래금액 중 큰 금액)이 최근 사업연도말 현재 자산총액(한국채택국제회계기준을 적용하는 연결재무제표 작성대상법인인 경우에는 연결재무제표의 자산총액)의 10% 이상인 양수 · 양도
2. 양수 · 양도하려는 영업부문의 매출액이 최근 사업연도말 현재 매출액(한국채택국제회계기준을 적용하는 연결재무제표 작성대상법인인 경우에는 연결재무제표의 매출액)의 10% 이상인 양수 · 양도
3. 영업의 양수로 인하여 인수할 부채액이 최근 사업연도말 현재 부채총액(한국채택국제회계기준을 적용하는 연결재무제표 작성대상법인인 경우에는 연결재무제표의 부채총액)의 10% 이상인 양수
4. 삭제 [2016.6.28.] (삭제 전: 영업전부의 양수)
5. 양수 · 양도하려는 자산액(장부가액과 거래금액 중 큰 금액)이 최근 사업연도말 현재 자산총액(한국채택국제회계기준을 적용하는 연결재무제표 작성대상법인인 경

43) 대법원 2008. 1. 10. 선고 2007다64136 판결.

44) 주권상장법인의 자기주식이 본연의 목적인 주주가치 제고에 활용되도록 하기 위하여 주권상장법인이 보유하고 있는 자기주식이 최근 사업연도말일을 기준으로 발행주식총수의 100분의 5 이상인 경우에는 자기주식 보유 목적, 처분 · 소각계획 등이 포함된 자기주식보고서를 작성하여 이사회 승인을 받도록 하고, 주권상장법인이 다른 법인과의 합병, 분할 또는 분할합병을 하려는 경우에는 합병으로 소멸되는 회사 또는 분할회사가 보유하고 있는 자기주식 등에 대하여 신주 배정 등을 하지 아니하도록 하려는 것이다. 이 규정은 개정된 시행령의 시행일(2024.12.31.) 이후 다른 법인과의 합병, 분할 또는 분할합병에 관한 이사회의 결의가 있는 경우부터 적용한다.

45) 시행령 제171조 제2항은 주요사항보고서 제출사유이다.

우에는 연결재무제표의 자산총액)의 10% 이상인 양수·양도. 다만, 일상적인 영업활동으로서 상품·제품·원재료를 매매하는 행위 등 금융위원회가 정하여 고시하는 자산의 양수·양도는 제외한다.

(2) 합병가액 산정방식의 준용

주식의 포괄적 교환 또는 포괄적 이전과 분할합병에 관하여는 제176조의5 제1항(분할되는 법인의 합병대상이 되는 부분의 합병가액 산정에 관하여는 같은 항 제2호 나목)을 준용한다. 다만, 주식의 포괄적 이전으로서 그 주권상장법인이 단독으로 완전자회사가 되는 경우에는 그러하지 아니하다(令 176조의6②).[46)]

(3) 외부평가기관의 평가

중요한 영업·자산의 양수·양도, 주식의 포괄적 교환, 포괄적 이전 또는 분할합병을 하려는 경우에는 각각 영업·자산의 양수·양도 가액, 주식의 포괄적 교환 비율, 포괄적 이전 비율 또는 분할합병 비율의 적정성에 대하여 외부평가기관(제176조의5 제9항·제10항에 따라 합병에 대한 평가를 할 수 없는 외부평가기관 제외)의 평가를 받아야 한다. 다만, 다음과 같은 경우에는 외부평가기관의 평가를 받지 아니할 수 있다(令 176조의6③).

1. 중요한 자산의 양수·양도 중 증권시장을 통한 증권의 매매, 자산의 경매 등 외부평가기관의 평가 필요성이 적은 자산의 양수·양도로서 금융위원회가 정하여 고시하는 경우[47)]

---

46) [헌법재판소 2015. 5. 28.자 2013헌바82, 2014헌바347·356(병합) 결정] "상장법인이 다른 법인과 주식교환을 하는 경우 주식교환비율 등의 요건·방법에 관한 기준은 양 회사의 규모, 재산상태, 영업성적, 사업전망, 국민경제적인 기능, 주식의 객관적인 가치평가 방식 등 다양한 요소에 의하여 복합적으로 형성되는 기술적·전문적·가변적인 사항으로서 자본시장의 제도나 환경의 변화에 빠르게 대처할 필요가 있으므로 그 세부적인 사항은 탄력성이 있는 행정입법에 위임할 필요성이 인정된다. 한편, 자본시장법상 주권상장법인에 관한 특례규정이 추구하는 입법목적 및 체계, 상장주식의 특수성, 관련규정 등을 종합하여 보면, 결국 이 사건 자본시장법 조항에 의하여 대통령령에 규정될 주식교환비율의 산정기준은 '조직재편행위의 공정성과 적정성을 담보함으로써 주주의 이익을 도모할 수 있도록 주권상장법인의 경우에는 증권시장에서 거래가 형성된 주가를 기준으로 하되, 주가조작 등의 위험을 배제하기 위하여 주식교환 행위가 공표되기 전 일정기간의 평균 시세'가 될 것임을 충분히 예측할 수 있다. 따라서 이 사건 자본시장법 조항은 포괄위임금지원칙에 위배되지 아니한다."

47) [증권발행공시규정 5-14조의2(외부평가기관의 평가면제 등) 영 제176조의6 제3항 단서에서 "금융위원회가 정하여 고시하는 경우"란 다음 각 호의 어느 하나에 해당하는 경우를 말한다.
1. 증권시장 또는 다자간매매체결회사를 통해 증권을 양수·양도한 경우
2. 민사집행법에 따른 경매를 통해 자산을 양수·양도한 경우
3. 제1호 및 제2호에 준하는 것으로서 외부평가기관의 평가필요성이 적은 자산의 양수·양

2. 완전자회사(商法 360조의15)가 되는 주권상장법인이 완전모회사가 되는 주권상장법인의 계열회사인 경우
3. 완전자회사(商法 360조의15)가 되는 주권상장법인이 완전자회사가 되는 다른 주권상장법인의 계열회사인 경우로서 완전모회사가 되는 법인이 주권상장법인인 경우
4. 코넥스시장에 상장된 법인과 주권비상장법인 간의 중요한 영업 또는 자산의 양수·양도, 주식의 포괄적 교환 및 포괄적 이전 또는 분할합병의 경우

⑷ 준용규정

중요한 영업·자산의 양수·양도, 주식의 포괄적 교환, 포괄적 이전, 분할·분할합병에 관하여는, 금융위원회의 외부평가기관에 대한 제재규정(令 176조의5 ⑪)과, 법률의 규정에 따른 합병에 관하여 제176조의5 제6항, 제10항 및 제14항부터 제16항까지를 준용한다(令 176조의6④).

3. 정보의 공시

구 증권거래법은 합병, 중요한 영업 또는 자산의 양도·양수, 주식의 포괄적 교환·포괄적 이전, 분할·분할합병의 경우 해당 행위에 대한 신고제를 채택하였으나, 자본시장법은 이러한 신고제를 폐지하고, 그 대신 주요사항보고서를 제출하도록 하고, 또한 증권발행공시규정은 이러한 행위로 인하여 증권을 모집·매출하는 경우에는 증권신고서에 소정의 사항을 기재하고 소정의 서류를 첨부하도록 규정한다.[48]

도의 경우

48) [증권발행공시규정 2-9조 (합병의 증권신고서의 기재사항 및 첨부서류)]
① 제2-6조에도 불구하고 합병으로 인하여 증권을 모집 또는 매출하는 경우에는 영 제129조에 따라 증권신고서에 다음 각 호의 사항을 기재해야 한다.
1. 법 제119조 제5항에 따른 대표이사 및 이사의 영 제124조 각 호의 사항에 대한 서명
2. 합병의 개요
가. 합병에 관한 일반사항
나. 합병가액과 상대가치(令 제176조의5 제2항에 따라 상대가치를 공시해야 하는 경우에 한한다) 및 각각에 대한 산출근거(외부평가가 의무화된 경우 외부평가기관의 합병비율의 적정성에 대한 평가의견을 포함한다)
다. 합병의 요령
라. 모집 또는 매출되는 증권의 주요 권리내용
마. 모집 또는 매출되는 증권의 취득에 따른 투자위험요소
바. 출자·채무보증 등 당사회사 간의 이해관계에 관한 사항
사. 주식매수청구권에 관한 사항
아. 그 밖에 투자자 보호를 위하여 필요한 사항

---

3. 당사회사에 관한 사항(신설합병의 경우에는 소멸회사를 말한다)
   가. 회사의 개요
   나. 사업의 내용
   다. 재무에 관한 사항
   라. 회계감사인의 감사의견
   마. 이사회 등 회사의 기관 및 계열회사에 관한 사항
   바. 주주에 관한 사항
   사. 임원 및 직원 등에 관한 사항
   아. 그 밖에 투자자 보호를 위하여 필요한 사항

② 제1항의 신고서에는 다음 각 호의 서류를 첨부해야 한다.

1. 합병당사회사 및 신설합병회사의 정관 또는 이에 준하는 것으로서 조직운영 및 투자자의 권리의무를 정한 것
2. 합병당사회사의 합병 주주총회 소집을 위한 이사회의 의사록 사본 또는 그 밖에 이에 준하는 서류
3. 합병당사회사의 법인 등기부 등본
4. 합병에 관하여 행정관청의 허가·인가 또는 승인 등을 필요로 하는 경우에는 그 허가·인가 또는 승인 등이 있었음을 증명하는 서류
5. 합병계약서 및 계획서 사본
6. 합병당사회사의 최근 3사업연도 재무제표에 대한 회계감사인의 감사보고서(합병당사회사가 주권상장법인인 경우로서 최근 사업연도에 대한 회계감사인의 감사가 종료되지 않은 경우에는 그 직전 2사업연도에 대한 회계감사인의 감사보고서를 말한다). 다만, 다음 각 목의 어느 하나에서 정하는 요건에 해당하는 경우에는 같은 목에서 정하는 서류로 제출할 수 있다.
   가. 외감법 제2조에 따른 외부감사 대상법인 또는 법 제159조에 따른 사업보고서 제출대상법인(이하 이 장에서 "외부감사의무법인"이라 한다)으로서 설립 후 3사업연도가 경과하지 아니한 경우에는 경과한 사업연도에 대한 감사보고서
   나. 외부감사의무법인이 아닌 법인으로서 영 제176조의5 제3항 제2호의 규정을 적용받는 경우에는 동 규정에 따른 감사의견을 입증할 수 있는 감사보고서 등의 서류
   다. 외부감사의무법인이 아닌 법인으로서 영 제176조의5 제3항 제2호의 규정을 적용받지 않는 경우에는 회사 제시 최근 3사업연도 재무제표
7. 합병당사회사의 최근 3사업연도 회계감사인의 연결감사보고서(최근 사업연도에 대한 회계감사인의 감사가 종료되지 않은 경우에는 그 직전 2사업연도, 설립 후 3사업연도가 경과하지 아니한 경우에는 경과한 사업연도에 대한 감사보고서를 말한다)
8. 합병당사회사의 반기재무제표에 대한 회계감사인의 반기감사보고서 또는 반기검토보고서(法 160조에 따른 반기보고서 제출대상법인에 해당하지 않는 경우에는 회사 제시 반기재무제표로 한다)
9. 합병당사회사의 분기재무제표에 대한 회계감사인의 분기감사보고서 또는 분기검토보고서(法 160조에 따른 분기보고서 제출대상법인으로서 영 제170조 제1항 제2호 단서의 규정을 적용받지 않는 경우에는 회사 제시 분기재무제표로 한다)
10. 합병당사회사 중 주권비상장법인의 경우에는 주주명부
11. 제1항 제2호 나목에 따른 외부평가기관의 평가의견서
12. 예비투자설명서를 사용하려는 경우에는 예비투자설명서
13. 간이투자설명서를 사용하려는 경우에는 간이투자설명서
14. 이사회 의견서(令 176조의5⑥)

③ 상법 제527조의3에 따른 소규모합병으로서 피합병회사가 주권상장법인이 아닌 경우와

집합투자기구간 합병하는 경우에 신고서를 제출하는 자는 제1항 및 제2항에도 불구하고 감독원장이 정하는 바에 따라 기재사항 및 첨부서류 등의 일부를 생략한 신고서를 제출할 수 있다.

제2-10조(영업 및 자산양수·도, 주식의 포괄적 교환·이전, 분할 및 분할합병의 증권신고서의 기재사항 및 첨부서류)

① 제2-6조에도 불구하고 영업양수·도로 인하여 증권을 모집 또는 매출하는 경우에는 영 제129조에 따라 증권신고서에 다음 각 호의 사항을 기재해야 한다.

1. 제2-9조 제1항 제1호
2. 영업양·수도의 개요
   가. 영업양수·도의 일반사항
   나. 영업양수·도가액 및 산출근거(외부평가가 의무화된 경우 외부평가기관의 양수·도 가액의 적정성에 대한 평가의견을 포함한다)
   다. 영업양수·도의 요령
   라. 양수 또는 양도하고자 하는 영업의 내용
   마. 모집 또는 매출되는 증권의 주요 권리내용
   바. 모집 또는 매출되는 증권의 취득에 따른 투자위험요소
   사. 출자·채무보증 등 당사회사 간의 이해관계에 관한 사항
   아. 주식매수청구권에 관한 사항
   자. 그 밖에 투자자 보호를 위하여 필요한 사항
3. 제2-9조 제1항 제3호(이 경우 당사회사는 증권신고서를 제출하는 회사를 말한다)

② 제1항의 증권신고서의 첨부서류는 제2-9조 제2항을 준용한다. 이 경우 당사회사는 증권신고서를 제출하는 회사를 말한다.

③ 제2-6조에도 불구하고 자산양수·도로 인하여 증권을 모집 또는 매출하는 경우에는 영 제129조에 따라 증권신고서에 다음 각 호의 사항을 기재해야 한다.

1. 제2-9조 제1항 제1호
2. 자산양·수도의 개요
   가. 자산양수·도의 일반사항
   나. 자산양수·도 가액 및 산출근거(외부평가가 의무화된 경우 외부평가기관의 양수·도 가액 적정성에 대한 평가의견을 포함한다)
   다. 자산양수·도의 요령
   라. 양수 또는 양도하고자 하는 자산의 내용
   마. 모집 또는 매출되는 증권의 주요 권리내용
   바. 모집 또는 매출되는 증권의 취득에 따른 투자위험요소
   사. 출자·채무보증 등 당사회사 간의 이해관계에 관한 사항
   아. 주식매수청구권에 관한 사항
   자. 그 밖에 투자자 보호를 위하여 필요한 사항
3. 제2-9조 제1항 제3호(이 경우 당사회사는 증권신고서를 제출하는 회사를 말한다)

④ 제3항의 증권신고서의 첨부서류는 제2-9조 제2항을 준용한다. 이 경우 당사회사는 증권신고서를 제출하는 회사를 말한다.

⑤ 제2-6조에도 불구하고 주식의 포괄적 교환·이전으로 인하여 증권을 모집 또는 매출하는 경우에는 영 제129조에 따라 증권신고서에 다음 각 호의 사항을 기재해야 한다.

1. 제2-9조 제1항 제1호
2. 주식의 포괄적 교환·이전의 개요
   가. 주식의 포괄적 교환·이전의 일반사항
   나. 주식의 포괄적 교환·이전 비율 및 산출근거(외부평가가 의무화된 경우 외부평가

사업보고서 제출대상법인은 합병 사실이 발생한 경우에는 합병에 관한 사실이 발생한 날부터 3일 이내에 그 내용을 기재한 주요사항보고서를 금융위원회에 제출해야 한다(法 161조①6). 그리고 주권상장법인이 합병 등의 사유로 자본시장법 제161조에 따라 주요사항보고서를 제출한 이후 합병 등을 사실상 종료한 때에는 지체 없이 이와 관련한 사항을 기재한 서면을 금융위에 제출해야 한다. 다

기관의 교환·이전 비율 적정성에 대한 평가의견을 포함한다)
다. 주식의 포괄적 교환·이전의 요령
라. 모집 또는 매출되는 증권의 주요 권리내용
마. 모집 또는 매출되는 증권의 취득에 따른 투자위험요소
바. 출자·채무보증 등 당사회사 간의 이해관계에 관한 사항
사. 주식매수청구권에 관한 사항
아. 그 밖에 투자자 보호를 위하여 필요한 사항
3. 제2-9조 제1항 제3호(이 경우 당사회사는 주식의 포괄적 교환의 경우에는 완전모회사 및 완전자회사가 되는 회사, 주식의 포괄적 이전의 경우에는 완전자회사가 되는 회사를 말한다)

⑥ 제5항의 증권신고서의 첨부서류는 제2-9조 제2항을 준용한다. 이 경우 제2항 제5호는 주식이전계획서를 말하며, 당사회사는 주식의 포괄적 교환의 경우에는 완전모회사 및 완전자회사가 되는 회사, 주식의 포괄적 이전의 경우에는 완전자회사가 되는 회사를 말한다.

⑦ 제2-6조에도 불구하고 분할로 인하여 증권을 모집 또는 매출하는 경우에는 영 제129조에 따라 증권신고서에 다음 각 호의 사항을 기재해야 한다.
1. 제2-9조 제1항 제1호
2. 분할의 개요
가. 분할에 관한 일반사항
나. 분할의 요령
다. 분할되는 영업 및 자산의 내용
라. 모집 또는 매출되는 증권의 주요 권리내용
마. 모집 또는 매출되는 증권의 취득에 따른 투자위험요소
바. 그 밖에 투자자 보호를 위하여 필요한 사항
3. 제2-9조 제1항 제3호(이 경우 당사회사는 분할되는 회사를 말한다)

⑧ 제7항의 증권신고서의 첨부서류는 제2-9조 제2항(제11호는 제외한다)을 준용한다. 이 경우 제2항 제5호는 분할계획서를 말하며, 당사회사는 분할되는 회사를 말한다.

⑨ 제2-6조에도 불구하고 분할합병으로 인하여 증권을 모집 또는 매출하는 경우에는 영 제129조에 따라 증권신고서에 다음 각 호의 사항을 기재해야 한다.
1. 제2-9조 제1항 제1호
2. 분할합병의 개요
가. 제2-9조 제1항 제2호 각 목의 사항
나. 분할되는 영업 및 자산의 내용
3. 제2-9조 제1항 제3호(이 경우 당사회사는 분할되는 회사 및 분할합병의 상대방회사를 말한다)

⑩ 제9항의 증권신고서의 첨부서류는 제2-9조 제2항을 준용한다. 이 경우 당사회사는 분할되는 회사 및 분할합병의 상대방회사를 말한다.

⑪ 제1항, 제3항, 제5항, 제7항, 제9항의 증권신고서의 서식 및 작성방법 등에 관하여 필요한 사항은 감독원장이 정한다.

만, 증권발행실적보고서를 제출하는 경우에는 이러한 제출의무가 없다. “합병 등을 사실상 종료한 때”는 다음과 같은 때이다(증권발행공시규정 5－15조).

1. 합병 등기를 한 때
2. 등기 등 사실상 영업양수·양도를 종료한 때
3. 관련 자산의 등기 등 사실상 자산양수·양도를 종료한 때
4. 분할 또는 분할합병 등기를 한 때
5. 주식교환을 한 날 또는 주식이전에 따른 등기를 한 때

제 5 절 주식매수청구권의 특례

Ⅰ. 서 론

1. 주식매수청구권의 의의

(1) 주권비상장법인

상법상 주식매수청구권은 주주총회의 결의에 반대하는 주주가 이에 관한 이사회결의가 있는 때에 주주총회 전에 회사에 대하여 서면으로 그 결의에 반대하는 의사를 통지하고 그 총회의 결의일부터 20일 이내에 주식의 종류와 수를 기재한 서면으로 회사에 대하여 자기가 소유하고 있는 주식의 매수를 청구할 수 있는 권리이다(商法 360조의5①, 374조의2①, 522조의3①).[49]

49) 한편 상법 제335조 제1항 단서는 주식양도제한을 허용하여 정관이 정하는 바에 따라 이사회의 승인을 얻도록 할 수 있다고 규정한다. 주주가 서면에 의한 주식양도승인청구를 한 경우 회사는 1월 이내에 주주에게 그 승인 여부를 통지하여야 하는데, 회사가 양도승인거부통지를 하는 경우 주주는 그 통지를 받은 날부터 20일 이내에 회사에 대하여 양도의 상대방의 지정 또는 그 주식의 매수를 청구할 수 있고(商法 335조의2), 이때 영업양도 등의 주주총회 결의에 반대하는 주주의 주식매수청구권에 관한 상법 제374조의2 제2항 내지 제4항이 준용된다(商法 335조의6). 주식을 양도하려는 주주가 회사로부터 주식양도 승인거부의 통지를 받은 경우에는 그 주식을 취득한 자도 취득승인청구를 할 수 있고, 나아가 주식매수청구권을 행사할 수 있다(商法 335조의2④, 제335조의7②). 그러나, 한국거래소의 유가증권시장 상장규정 제32조 제1항 제14호는 “주식양도의 제한이 없을 것”을 상장요건으로 규정하므로 주권상장법인의 경우에는 주식양도제한 자체가 인정되지 않는다. 따라서, 정관에 의한 주식양도제한에 관한 규정은 주권상장법인의 경우에는 적용되지 아니하고 상법상의 일반 주식회사(비상장회사)에만 적용된다.

⑵ 주권상장법인

상법 제360조의3(주식교환) · 제360조의9(간이주식교환) · 제360조의16(주식이전) · 제374조(영업양도 등) · 제522조(합병) · 제527조의2(간이합병) 및 제530조의3(상법 제530조의2에 따른 분할합병 및 같은 조에 따른 분할로서 대통령령으로 정하는 경우만 해당한다)에서 규정하는 의결사항에 관한 이사회 결의에 반대하는 주주(상법 제344조의3 제1항에 따른 의결권이 없거나 제한되는 종류주식의 주주를 포함)는 주주총회 전(상법 제360조의9에 따른 완전자회사가 되는 회사의 주주와 상법 제527조의2에 따른 소멸하는 회사의 주주의 경우에는 상법 제360조의9 제2항 및 제527조의2 제2항에 따른 공고 또는 통지를 한 날부터 2주 이내)에 해당 법인에 대하여 서면으로 그 결의에 반대하는 의사를 통지한 경우에만 자기가 소유하고 있는 주식(반대 의사를 통지한 주주가 제391조에 따라 이사회 결의 사실이 공시되기 이전에 취득하였음을 증명한 주식과, 이사회 결의 사실이 공시된 이후에 취득하였지만 대통령령으로 정하는 경우에 해당함을 증명한 주식만 해당)을 매수하여 줄 것을 해당 법인에 대하여 주주총회의 결의일(상법 제360조의9에 따른 완전자회사가 되는 회사의 주주와 같은 법 제527조의2에 따른 소멸하는 회사의 주주의 경우에는 같은 법 제360조의9 제2항 및 제527조의2 제2항에 따른 공고 또는 통지를 한 날부터 2주가 경과한 날)부터 20일 이내에 주식의 종류와 수를 기재한 서면으로 청구할 수 있다(法 165조의5①).[50]

2. 법적성질

주주의 주식매수청구권은 "청구권"이라는 명칭에 불구하고 그 실질은 형성권이다.[51] 따라서 주주가 주식매수청구권을 행사하면 회사의 승낙 여부와 관계없

---

50) 자본시장법은 주권상장법인에 관한 특례를 규정하지만, 주식이 거래되는 공개시장이 존재하는 경우에는 주식매수청구권을 행사할 필요 없이 공개시장에서 주식을 매도하면 되며, 또한 주식매수청구권을 인정한다 하더라도 그 평가액은 공개시장에서의 주가와 차이가 미미할 것이다. 따라서 미국 일부 제정법은 전국증권거래소에 상장된 주식에 대하여는 주식매수청구권을 인정하지 않는다. 그러나 MBCA는 이러한 경우에도 주주에게 주식매수청구권을 인정하는데, 그 취지는 합병 당시의 주가가 매우 저조하고 특히 합병발표가 주가에 영향을 미친 경우에는 법원이 공정하게 평가한 주가에 비하여 시장주가가 낮을 수밖에 없고 이는 주주에게 불공정하게 손해를 입힌다는 것이다. 다만, 이례적으로 CCC §1300(b)는 NYSE에 상장된 주식이나 일정한 장외시장에서 거래되는 주식에 대하여는 주식매수청구권을 인정하지 않지만 사외주의 5% 이상을 소유하는 주주의 요구가 있는 경우에는 주식매수청구권을 인정한다고 규정한다.

51) 정관에 의한 주식양도제한시 지정매수인의 매도청구권(335조의4①), 전환주식의 전환청구권(350조①), 전환사채권자의 전환청구권(516조②, 350조①) 등도 법문에 불구하고 그 실질은 형성권이다. 민법상 공유물분할청구권(民法 268조), 지상물매수청구권(民法 283조), 지료증감청

이 주식매매계약이 성립한다.[52)]

Ⅱ. 요 건

1. 주주명부에 기재된 주주

주식매수청구권을 행사할 수 있는 주주는 주주명부에 기재된 주주이다. 주주명의개서 정지기간(주주명부폐쇄 기간)중에 주식을 양수한 자는 주주명부에 명의개서를 할 수 없기 때문에 이 권리가 인정되지 않는다. 따라서 주식매수청구권을 행사할 수 있는 주주는 주주명부폐쇄기간 초일 또는 기준일에 주주명부에 주주로 기재된 자와 그의 포괄승계인이어야 하는바, 주주명부에 기재된 주주라 하더라도 이미 주식을 양도한 자는 현재의 주주가 아니므로 자신을 위하여서는 물론 양수인을 위하여서도 주식매수청구권을 행사할 수 없다.[53)] 마찬가지로 주식을 양수하였으나 명의개서를 하지 않은 실질상의 주주는 주식매수청구권을 행사할 수 없다.[54)] 그러나 주식을 예탁결제원에 예탁한 예탁자의 고객은 실질주주증명서에 의하여 본인이 직접 회사에 대하여 반대통지와 매수청구를 하거나, 예탁자를 경유하여 예탁결제원으로 하여금 주식매수청구권을 행사하게 할 수 있다.[55)] 자기

구권(民法 286조), 부속물매수청구권(民法 316조) 등은 법문에 불구하고 그 실질은 형성권이다. 형성권은 권리자의 일반적인 법률행위 또는 사실행위에 의하여 법률관계를 발생·변경·소멸을 일으키는 권리인 실체법상의 형성권(해제권·취소권) 외에 상법상 각종 형성의 소와 같이 재판상의 권리를 행사하고 그 판결에 의하여 효과를 발생시키는 경우도 있다. 실체법상의 형성권은 그 권리의 존부에 대한 확인청구의 대상은 될 수 있지만 형성의 소의 대상은 되지 않는다(대법원 1968. 11. 19. 선고 68다1882 판결). 반면에 민법상 채권자취소권(民法 406조), 혼인취소권(民法 816조), 친생부인권(民法 846조) 등은 재판상의 권리행사에 의해야 한다.

52) [대법원 2011. 4. 28. 선고 2010다94953 판결] "영업양도에 반대하는 주주의 주식매수청구권에 관하여 규율하고 있는 상법 제374조의2 제1항 내지 제4항의 규정 취지에 비추어 보면, 영업양도에 반대하는 주주의 주식매수청구권은 이른바 형성권으로서 그 행사로 회사의 승낙 여부와 관계없이 주식에 관한 매매계약이 성립하고, … "

53) 반대 견해: 권기범, 671면(양도인이 양수인의 부탁을 받아 매수청구를 하는 것은 무방하다고 한다). 이와 관련하여 분할합병 후 주식을 제3자에게 매도한 소수주주가 분할합병승인을 위한 주주총회의 소집통지를 받지 못하여 주식매수청구권 행사기회를 갖지 못하였다는 이유로 분할합병무효의 소를 제기한 경우, 주식매수청구권이 반대주주의 투하자본 회수를 위한 제도라는 점을 고려하여 이미 투하자본을 회수하였다는 이유로 청구를 재량기각한 판례(대법원 2010. 7. 22. 선고 2008다37193 판결)도 있는데, 이 판례는 분할합병 당시 주식을 소유하였다가 분할합병 후 주식을 제3자에게 양도한 사안에 관한 것이다.

54) 다만, 반대의사를 통지한 주주가 주식을 양도하면서 주식양도계약의 부수조건으로 양수인이 명의개서청구를 일정 기간 보류하고 양도인이 본인 또는 양수인을 위하여 주식매수청구권을 행사하기로 약정할 가능성은 있다.

주식에 대하여는 주식매수청구권이 인정되지 않고, 합병의 일방 당사회사가 보유하는 타방 당사회사의 주식에 관하여도 의결권의 불통일행사를 제한하는 상법 제368조의2 및 신의칙상 주식매수청구권을 행사할 수 없다고 보아야 한다.[56] 우리사주조합원은 필요적 예탁기간(1년) 내라 하더라도 한국증권금융주식회사로부터 예탁된 우리사주를 인출하여 주식매수청구권을 행사할 수 있다.

2. 이사회 결의 후 주식을 취득한 경우

(1) 주권비상장법인

상법은 "자기가 소유하고 있는 주식"이라고만 규정하므로 주식매수청구권이 인정되는 시점이 문제인데, 영업양도·회사합병 등에 관한 이사회 결의 후의 주식취득이라고 하여 주주가 반드시 그 결의에 대하여 악의라고 할 수 없고 또한 원래 주식의 거래는 본질적으로 시세차익을 위한 투기적 요소가 포함되어 있으므로, 투자자인 반대주주가 투하자본을 회수할 수 있도록 주식매수청구권은 주주명부상의 주주에 대하여 일률적으로 인정되어야 할 것이다.

(2) 주권상장법인

주권상장법인의 경우 주식매수청구권을 행사할 수 있는 주식은 ⅰ) 반대 의사를 통지한 주주가 이사회 결의 사실이 공시되기 이전에 취득하였음을 증명한 주식과, ⅱ) 이사회 결의 사실이 공시된 이후에 취득하였지만 이사회 결의 사실이 공시된 날의 다음 영업일까지[57] 다음과 같은 행위가 있는 경우(令 176조의7 ②)에 해당함을 증명한 주식 등이다.

1. 해당 주식에 관한 매매계약의 체결

---

55) 예탁결제원은 투자자의 신청에 의하여 예탁증권에 관한 권리를 행사할 수 있다(法 314조 ①). 여기서 "권리를 행사할 수 있다."고 규정되어 있으나, 예탁결제원은 예탁계약상의 수치인 또는 수임인으로서 투자자의 신청이 있는 경우 권리를 의무적으로 행사해야 한다. 예탁결제원이 모든 주주권을 행사할 수 있는 것은 아니고, 예탁결제원의 "증권등예탁업무규정"은 신청에 의하여 행사할 수 있는 권리를 명시하고 있는데, 증권등예탁업무규정 "제3관 신청에 의한 권리행사"는 제50조(권리행사의 방법)에서 "법 제314조 제1항에 따라 예탁결제원은 예탁자로부터 예탁증권등에 관한 권리행사의 신청이 있는 경우에 그 신청내용에 따라 예탁결제원 명의로 그 권리를 행사한다."고 규정하고, 구체적인 권리에 따라 제55조(주식매수청구권의 행사)의 규정을 두고 있다.

56) 권기범, 기업구조조정법(제2판), 삼지원(1999), 218면.

57) 다음 날이 아니고 다음 영업일이므로, 합병에 대한 공시가 금요일에 있었다면 월요일에 매매계약이 체결된 주식에 대하여도 주식매수청구권이 인정된다.

2. 해당 주식의 소비대차계약의 해지
3. 그 밖에 해당 주식의 취득에 관한 법률행위

이러한 규제에 대하여 이사회 결의 사실이 공시되었다고 하여 반드시 이를 알고 주식을 매수하였다고 볼 수 없고, 이를 알고 매수하였더라도 공시 후에 실제로 결의사항이 최종적으로 진행될지도 알 수 없으므로 과도한 규제라는 지적이 있는데,58) 주식매수청구권의 행사 외에 다른 동기에 의하여 주식을 매수하였으나 개인적 사정이나 시장의 상황이 달라져서 주식매수청구권을 행사하는 경우에도 공시 이후라는 주식매수시점을 일률적으로 권리행사의 허용 여부를 결정한다는 것은 불합리하므로 타당한 지적이다.

3. 의결권 없는 주식

상법 제344조의3 제1항에 따른 의결권이 없거나 제한되는 종류주식의 주주도 주식매수청구권을 행사할 수 있다(法 165조의5①).59)

4. 대상 주식

"자기가 소유하고 있는 주식"은 총회 전의 반대통지, 총회에서의 반대, 매수청구의 각 단계에서 변동 없이 동일성이 인정되어야 한다. 또한 주주총회에서 전량의 주식으로써 반대하였더라도 매수청구 자체는 일부 주식에 대하여서만 하는 것도 인정된다. 주주명부폐쇄 후 주주총회 전에 주식이 양도되면 양도인은 주주총회에서의 의결권은 있지만 주식을 이미 양도하였으므로, 양수인은 주주명부폐쇄 후 주식을 양수하여 주주총회에서의 의결권이 없으므로 양자 모두 주식매수청구권을 행사할 수 없다.

---

58) 송옥렬, 918면.

59) 상법상 반대주주가 주주총회에 참석하여 결의에 반대하여야 하는 것은 요건이 아니므로, 의결권 없는 주주도 반대의사를 사전에 통지하면 주식매수청구권을 행사할 수 있다(통설). 그런데 의결권 없는 주주에게는 원칙적으로 주주총회의 소집통지를 할 필요가 없으므로(363조⑦ 본문), 반대의사의 사전통지를 할 기회를 상실할 가능성이 있다. 따라서 2015년 개정상법은 소집통지서에 적은 회의의 목적사항에 상법상 반대주주의 주식매수청구권이 인정되는 사항이 포함된 경우에는 의결권이 없거나 제한되는 주주에게도 주주총회의 소집통지를 하도록 규정한다(363조⑦ 단서).

5. 대상 결의사항

⑴ 주권비상장법인

영업양도 등(商法 374조의2②), 주식교환·이전(商法 360조의5①), 합병(商法 522조의3) 등의 경우에 반대주주의 주식매수청구권이 인정된다. 영업의 중요한 일부의 양도의 경우 양도회사는 특별결의가 요구되나, 양수인은 회사의 영업에 중대한 영향을 미치는 다른 회사의 영업 일부의 양수만 특별결의사항이므로 회사에 미치는 중요성 여부에 따라 주식매수청구권 행사 여부가 달라진다. 주주총회결의를 거치지 않는 사항 중에서도 반대주주의 주식매수청구권이 인정되는 것으로, 간이합병(商法 527조의2), 간이분할합병(商法 530조의11②), 간이주식교환(商法 530조의5②) 등이 있다.

⑵ 주권상장법인

자본시장법은 상법 제360조의3(주식교환)·제360조의9(간이주식교환)·제360조의16(주식이전)·제374조(영업양도등)·제522조(합병)·제527조의2(간이합병) 및 제530조의3(상법 제530조의2에 따른 분할합병 및 같은 조에 따른 분할로서 대통령령으로 정하는 경우만 해당한다)[60]에서 규정하는 의결사항을 주식매수청구권 대상결의사항으로 규정한다(法 165조의5①).

회사분할의 경우에는 이론상 주주의 지위에 차이가 없으므로 원칙적으로 주식매수청구권이 인정되지 않는다. 종전의 회사재산과 영업이 물리적, 기능적으로 분리될 뿐 주주의 권리는 신설회사에 그대로 미치기 때문이다. 회사분할과 영업양도의 가장 큰 차이점이다.

다만, 자본시장법 제165조의5 제1항은 "제530조의3(상법 제530조의2에 따른 분할합병 및 같은 조에 따른 분할로서 대통령령으로 정하는 경우만 해당한다) ..."이라고 규정하고, 위 규정에 따른 시행령 제176조의7 제1항은 "상법 제530조의12에 따른 물적 분할이 아닌 분할의 경우로서 분할에 의하여 설립되는 법인이 발행하

60) 회사분할의 경우에는 이론상 주주의 지위에 차이가 없으므로 주식매수청구권이 인정되지 않는다. 따라서 자본시장법 제165조의5 제1항도 "주권상장법인이 상법 … 제530조의3(상법 제530조의2에 따른 분할합병 및 같은 조에 따른 분할로서 대통령령으로 정하는 경우만 해당한다) ..."라고 규정한다. 종래 주권상장법인의 물적분할에 반대하는 주주의 권리보호가 미흡하다는 문제점을 개선·보완하기 위하여 2022년 12월 시행령 개정에 따라 물적분할의 경우가 포함되었다.

는 주권이 증권시장에 상장되지 아니하는 경우(거래소의 상장예비심사결과 그 법인이 발행할 주권이 상장기준에 부적합하다는 확인을 받은 경우를 포함한다)"라고 규정한다.[61] 이는 분할에 의하여 신설되는 법인이 주권비상장법인(비상장회사)이 되는 경우에도 분할회사의 주주가 주식매수청구권을 행사할 수 있도록 한 것이다.

한편 물적분할에 의하여 주주들이 불이익을 받는 경우를 고려하여 2022년 12월 시행령 개정에 의하여 시행령 제176조의7 제1항에 추가된 제2호는 "상법 제530조의12에 따른 물적 분할(분할합병은 제외한다)의 경우"라고 규정함에 따라 물적 분할의 경우에 주식매수청구권이 인정된다.[62]

Ⅲ. 통지 및 공고

(1) 주권비상장법인

주식매수청구권이 인정되는 사항에 관한 주주총회의 경우, 소집의 통지·공고를 하는 때에는 주식매수청구권의 내용 및 행사방법을 명시해야 한다(商法 374조②).

(2) 주권상장법인

자본시장법도 주권상장법인은 주식교환·이전, 영업양도 등, 합병, 분할합병(상법 제530조의2에 따른 분할합병 및 같은 조에 따른 분할로서 대통령령으로 정하는 경우만 해당한다)에 관한 주주총회 소집의 통지·공고를 하거나, 간이주식교환 및 간이합병에 관한 통지·공고를 하는 경우에는 주식매수청구권의 내용 및 행사방법을 명시하여야 하고, 이 경우에는 의결권이 없거나 제한되는 종류주식의 주주에게도 그 사항을 통지하거나 공고해야 한다고 규정한다(法 165조의5⑤).[63]

회사가 주식매수청구권의 내용과 행사방법에 관한 통지를 하지 않은 이상,

---

61) 2022년 12월 시행령 개정에 의하여 시행령 제176조의7 제1항에 제2호가 추가됨에 따라 기존 규정은 제1호로 되었다.

62) 분할합병의 경우에는 자본시장법 제165조의5 제1항에 의하여 주식매수청구권이 인정되므로 시행령 규정에 "(분할합병은 제외한다)"라는 문구가 포함되었다.

63) 한편, 상법 제363조 제8항은 의결권 없는 주주에게는 소집통지나 공고를 하지 않아도 된다는 취지로 규정하고, 반면에 자본시장법 제165조의5 제5항 제2문의 "이 경우 같은 법 제344조의3 제1항에 따른 의결권이 없거나 제한되는 종류주식의 주주에게도 그 사항을 통지하거나 공고해야 한다"와 같은 규정이 없으므로, 비상장회사의 경우 의결권 없는 주주에게도 통지를 하여야 하는지에 관하여 논란이 있을 수 있다. 그러나 비상장회사의 경우에도 무의결권주의 주주에게 주식매수청구권을 인정하지 아니할 이론적인 근거는 없으므로, 상법에 이러한 규정이 없는 것은 입법상의 불비로서 향후 상법개정시 보완되어야 할 것이다.

총회 전 서면으로 합병결의에 반대하는 의사를 통지하지 않았고 총회에서도 합병에 반대하는 의사를 명백히 표하지 않은 채 기권을 한 주주도 주식매수청구권을 행사할 수 있다.[64)]

Ⅳ. 반대의사통지와 매수청구

1. 반대의사의 통지

(1) 의 의

이사회 결의에 반대하는 주주는 주주총회 전에 해당 법인에 대하여 서면으로 그 결의에 반대하는 의사를 통지한 경우에만 주식매수청구권을 행사할 수 있다. 반대의 대상은 이사회의 결의이다. 통지사실은 주주가 입증해야 한다. 이사가 1인인 소규모회사의 경우 이사회 결의가 아닌 주주총회의 소집통지가 있는 때에 반대의사통지를 할 수 있다(商法 383조④). 반대의사의 통지사실은 주주가 입증해야 한다. 주주는 반대의사의 통지를 한 후에도 이를 철회하고 주주총회에서 찬성투표를 할 수 있으므로, 주식매수청구권행사 여부에 관한 입장이 확정되지 않은 경우에도 일단 반대의사의 통지를 하는 것이 유리하다.

(2) 반대의 대상인 결의

상법 제374조의2 제1항은 "그 결의에 반대하는 의사"라고 규정하는데, 여기서 "그 결의"가 이사회결의를 가리키는지 주주총회결의를 가리키는지 명확하지

64) [서울고등법원 2011. 12. 9.자 2011라1303 결정] "갑 주식회사가 주주들에게 합병반대주주의 주식매수청구권에 관한 내용과 행사방법을 명시하지 않은 소집통지서를 발송하여 임시주주총회를 개최한 다음 을 주식회사와의 합병 승인 안건을 통과시켰는데, 총회 전 서면으로 합병에 반대하는 의사를 통지하지 않은 주주 병이 위 안건에 대하여 기권을 한 후 총회 결의일로부터 20일 내에 갑 회사에 내용증명을 발송하여 주식매수청구를 한 사안에서, 상법 제530조 제2항에서 준용하는 같은 법 제374조 제2항에 따른 주식매수청구권은 합병 등에 반대하는 소수주주를 보호하기 위한 규정으로서 일반 주주 입장에서는 회사가 주주총회의 소집통지를 하면서 주식매수청구권의 행사방법 등을 사전에 고지하여 주지 않을 경우 사실상 주식매수청구권을 행사하지 못할 가능성이 큰 점, 상법에서 반대주주가 주주총회 전에 회사에 대하여 서면으로 결의에 반대하는 의사를 통지하도록 한 취지는 합병을 추진하는 회사로 하여금 반대주주의 현황을 미리 파악하여 총회결의에 대비할 수 있게 하기 위함인데, 어차피 을 회사가 갑 회사 주식의 85% 가량을 보유하고 있어 합병결의 정족수를 채우는 데 아무런 문제가 없었던 점 등을 고려할 때, 甲 회사가 상법 제374조 제2항에 따른 주식매수청구권의 내용과 행사방법에 관한 통지를 하지 않은 이상, 병은 총회 전 서면으로 합병결의에 반대하는 의사를 통지하지 않았고 총회에서도 합병에 반대하는 의사를 명백히 표하지 않은 채 기권을 하였다 하더라도 주식매수청구권을 행사할 수 있다."

않고, 다만 제1항 서두에 "제374조의 규정에 의한 결의사항에 반대하는 주주는" 이라고 되어 있고 제374조의 규정에 의한 결의는 주주총회 특별결의를 가리키므로 법문상으로는 주주총회결의에 반대하는 의사를 의미하는 것처럼 보인다. 그러나 주식교환에 관한 제360조의5 제1항(360조의22에 의하여 주식이전에 준용)과 합병에 관한 제522조의3 제1항은 이사회결의를 반대의 대상으로 명시하고 있다.[65] 또한 자본시장법도 상법 제360조의3(주식교환)·제360조의9(간이주식교환)·제360조의16(주식이전)·제374조(영업양도)·제522조(합병)·제527조의2(간이합병) 및 제530조의3(제530조의2에 따른 분할합병의 경우만 해당)에서 규정하는 의결사항에 관한 이사회 결의에 반대하는 주주는 주주총회 전에 해당 법인에 대하여 서면으로 그 결의에 반대하는 의사를 통지한 경우에만 자기가 소유하고 있는 주식을 매수하여 줄 것을 해당 법인에 대하여 주주총회의 결의일부터 20일 이내에 주식의 종류와 수를 기재한 서면으로 청구할 수 있다고 규정한다(法 165조의5①). 따라서 상법 제374조의2 제1항도 다른 규정에 비하여 문맥이 완전하지 않지만 그 해석에 있어서는 이사회결의를 반대의 대상으로 해석하는 것이 타당하다. 그리고 이사회결의에 대한 반대의사를 통지한 주주는 주주총회에서 의안이 가결되어야 회사에 대한 매수청구를 할 수 있다는 점에서도, 반대의 대상은 이사회결의이고 주주총회결의가 아니라고 할 것이다.

(3) 통지방법

통지서면의 방법이나 기재사항에 대하여는 특별한 규정이 없으므로, 자신이 주주라는 점과 주식의 종류·수 및 그 의안에 반대한다는 뜻이 기재되면 충분하다.[66] 주주명부상의 주주는 회사로 직접 통지하여야 하지만, 주식을 예탁한 실질

---

65) [商法 제360조의5(반대주주의 주식매수청구권)]

① 제360조의3 제1항의 규정에 의한 승인사항에 관하여 이사회의 결의가 있는 때에 그 결의에 반대하는 주주는 주주총회 전에 회사에 대하여 서면으로 그 결의에 반대하는 의사를 통지한 경우에는 그 총회의 결의일부터 20일 이내에 주식의 종류와 수를 기재한 서면으로 회사에 대하여 자기가 소유하고 있는 주식의 매수를 청구할 수 있다.

[商法 제522조의3(합병반대주주의 주식매수청구권)]

① 제522조 제1항의 규정에 의한 결의사항에 관하여 이사회의 결의가 있는 때에 그 결의에 반대하는 주주는 주주총회 전에 회사에 대하여 서면으로 그 결의에 반대하는 의사를 통지한 경우에는 그 총회의 결의일부터 20일 이내에 주식의 종류와 수를 기재한 서면으로 회사에 대하여 자기가 소유하고 있는 주식의 매수를 청구할 수 있다.

66) MBCA에 의하면 주식매수청구권을 행사하려는 주주는 주주총회의 결의 전에 회사에 대해 서면으로 결의에 반대한다는 의사를 통지하고(notice to the corporation), 주주총회에서 거래를 승인하는 방향으로 의결권을 행사하지 않아야 한다[MBCA §13.21(a)]. 회사는 주주총회에

주주는 해당 예탁자를 통하여 통지하면 된다.

주권상장법인의 경우, 통상은 주주총회소집통지서와 함께 우송하는 주식매수청구권 행사안내서의 하단에 반대의사통지서 양식이 포함되어 있으므로 그 양식을 절취하여 주주번호·주주명·소유주식의 종류 및 수 등과 주주의 주소·주민등록번호·연락전화번호와 함께 기명날인하여 우송하면 된다. 통지는 회사 본점의 주식담당자에게 우송하면 되지만, 지점에 대해 한 경우 일반적으로 지점은 그 영업소로서의 성격상 이를 수령할 권한을 갖지 않으므로 그 통지가 인정되지 않고, 지점이 이를 본점에 송부하면 그 도달시에 통지된 것으로 해석한다.

(4) 통지기간

주주총회 전에 통지하여야 하므로 통상은 주주총회 전일까지 통지하겠지만, 주주총회 당일이라도 주주총회개회 전에 통지하면 유효한 통지로 보아야 한다. 이 사전통지는 회사로 하여금 영업양도·회사합병 등에 반대하는 주주의 수 등의 현황을 파악하게 하여 주주총회의 결의에 대비하고 매수준비를 갖추게 하는 예고적 의미를 가진다. 통지는 주주총회개최 전에 회사에 도달되어야 한다(民法 111조①).

(5) 간이합병·간이주식교환의 경우

합병할 회사의 일방이 합병 후 존속하는 경우에 소멸회사의 총주주의 동의가 있거나 그 회사의 발행주식총수의 90% 이상을 존속회사가 소유하고 있는 때에는 소멸회사의 주주총회의 승인은 이를 이사회의 승인으로 갈음할 수 있다(商法 527조의2①). 이를 간이합병이라 하는데, 간이합병의 경우 소멸회사는 합병계약서를 작성한 날부터 2주 내에 주주총회의 승인을 얻지 아니하고 합병을 한다는 뜻을 공고하거나 주주에게 통지해야 한다. 다만, 총주주의 동의가 있는 때에는 그러하지 아니하다(商法 527조의2②). 이러한 공고 또는 통지를 한 날부터 2주 내에 회사에 대하여 서면으로 합병에 반대하는 의사를 통지한 주주는 그 기간이 경과한 날부터 20일 이내에 주식의 종류와 수를 기재한 서면으로 회사에 대하여 자기가 소유하고 있는 주식의 매수를 청구할 수 있다(商法 522조의3②). 간이주식교환(商法 360조의9)의 경우에도 완전자회사가 되는 회사의 주주는 간이주식교환

서 거래가 승인되면 반대주주들에게 주식매수청구에 관한 통지서와 양식을 송부해야 한다(notice by the corporation)[§13.22(a)]. 이 통지에는, ① 지급청구지의 주소와 주식을 보관할 장소 및 시기, ② 지급청구 후 주식의 거래가 금지되는 기간, ③ 지급청구서 양식, ④ 통지서 도착 후 30일 이후 60일 이내의 범위에서 정한 지급청구기간, ⑤ 관련법규의 사본 등을 포함해야 한다[§13.22(b)].

의 공고 또는 통지를 한 날부터 2주 이내에 반대의사를 통지해야 한다(商法 360조의5②).

2. 총회 참석과 반대 요부

주식매수청구권은 회사가 합병·영업양도 등 회사의 존립에 관한 기본적인 변경사항을 의결하는 경우에 이에 반대하는 군소주주가 당해 법인에 대하여 자기가 소유하는 주식을 매수해 줄 것을 요청하는 주주보호 장치로서, 반대주주가 주주총회에 참석하여 반대하는 것은 요건이 아니다. 오히려 반대주주가 주주총회에서 해당 의안에 반대함으로써 의안의 가결이 곤란하게 될 수도 있으므로, 회사의 입장에서는 반대주주의 총회 참석을 요구할 이유가 전혀 없다. 다만, 반대통지를 한 주주가 총회에 참석하여 찬성의 투표를 한 경우에는 반대의사의 철회로 보아야 하므로 주식매수청구권을 행사할 수 없다.[67] 반대주주가 주주총회에 출석하지 않더라도 그 주주의 의결권은 반대표에 가산해야 한다는 견해도 있으나,[68] 현행 상법상 주주가 주주총회에 출석하지 않고 의결권을 행사할 수 있는 방법은 서면투표와 전자투표만 인정되기 때문에, 반대통지를 한 주주의 의결권수를 반대투표한 의결권수에 포함시킬 수는 없다. 또한 반대주주의 의결권수는 출석한 주주의 의결권수에서 제외된다. 이에 따라 반대주주의 의결권수가 전체 의결권수의 3분의 1을 초과하는 경우에도 해당 의안의 가결이 가능하다. 따라서 발행주식총수의 65%에 해당하는 의결권을 가진 주주가 반대의사를 통지하고 주주총회에 출석하지 않은 경우에도 나머지 35%에 해당하는 의결권을 가진 주주들이 특별결의사항을 가결시킬 수 있다. 의안에 반대하는 주주의 의결권이 훨씬 많은데도 의안이 가결되므로 이상한 결과로 보이지만, 이사회결의에 대하여 반대의사를 통지한 주주는 주주총회의 의안 자체를 부결시키려는 목적보다는(만일 부결시키려는 목적이 있었다면, 반대통지에 불구하고 주주총회에서 반대투표를 하면 된다), 의안이 가결되면 주식매수청구권을 행사하겠다는 의사를 가지고 있었다고 볼 수 있으므로, 반대주주의 의사에 반한 결의라고 볼 수는 없다.

---

67) MBCA §13.21(a)도 주주총회에 출석하여 거래를 승인한다는 방향으로 의결권을 행사하지 않을 것을 요구한다.

68) 이철송, 575면(60%의 주주가 사전반대를 하고 주주총회에 출석하지 않고 40%의 주주가 출석하여 찬성한 경우의 예를 들면서, 반대자가 더 많은데도 의안이 가결되는 모순이 생기기 때문이라고 설명한다).

3. 매수청구

(1) 매수청구권자

회사에 대하여 주주로서의 권리를 행사할 수 있는 주주로서,[69] 사전에 당해 회사에 대하여 서면으로 반대의사를 통지한 주주가 주식매수청구권자이다. 주식매수청구권을 행사할 수 있는 주주는 반대의사의 통지시부터 매수청구시까지 주주의 지위를 유지해야 한다. 동일한 주주가 반대통지와 매수청구를 하여야 하므로, 반대의사를 통지한 후 주식을 매도하였다가 다시 동일 수량을 매수한 주주는 주식매수청구권이 인정되지 않는다. 반대의사를 통지한 주주로부터 주주총회일 전에 주식을 양수한 자가 주식매수청구권을 행사할 수 있는지 여부는 투기적인 동기에서 주식을 취득한 자까지 보호할 필요는 없으므로 이를 부인하는 것이 타당하다는 견해가 있는데,[70] 이는 결국 입법정책에 의하여 결정될 문제라고 할 것이다.

(2) 청구기간

상법상 반대의사를 통지한 주주는 총회의 결의일부터 20일 이내에 주식의 종류와 수를 기재한 서면으로 회사에 대하여 자기가 소유하고 있는 주식의 매수를 청구할 수 있다(商法 360조의5①, 374조의2①). 자본시장법도 주주는 주주총회 전에 반대의사를 통지하면 주식매수청구권이 인정되는데, 이 권리를 행사하기 위한 절차로서 먼저 매수청구주주는 주주총회의 결의일로부터 20일 이내에 주식의 종류와 수를 기재한 서면으로 매수청구를 해야 한다고 규정한다(法 165조의5①). 상법 제360조의9(간이주식교환)에 따른 완전자회사가 되는 회사의 주주와, 상법 제527조의2(간이합병)에 따른 소멸하는 회사의 주주의 경우에는 상법 360조의9 제2항 및 제527조의2 제2항에 따른 공고 또는 통지를 한 날부터 2주가 경과한 날부터 20일을 기산한다. 20일의 기간은 제척기간인데, 매수청구기간을 단기간으로 제한한 것은 항상 주가가 변동하는 것과 관련하여 매수인측과 매도인측의 이해가 상이하기에 이들의 법률관계를 신속히 처리함으로써 회사나 주주 쌍방 및 회사경영의 불안정한 상태를 제거하기 위한 것이다.

---

69) 회사에 대하여 주주로서의 권리를 행사할 수 있는 주주는 주주명부폐쇄기간 초일 또는 기준일에 주주명부에 주주로 기재된 자와 그의 포괄승계인이다.

70) 권기범(기), 263면.

(3) 매수청구서의 기재사항

매수청구서의 기재사항으로서 주식의 종류와 수의 기재가 요구되지만, 회사가 수종의 주식을 발행하지 않고 단순히 어느 한 종류의 주식만을 발행하고 있는 때는 당연히 주식의 종류는 기재할 필요가 없다.

V. 매수가격의 결정

1. 협의가격

자본시장법상 상장회사 주식의 매수가격은 주주와 해당 법인 간의 협의로 결정한다(法 165조의5③).[71] 주주와 회사 간의 협의방법에 관하여 현행법이 정하는 바가 없어서 개별협의나 단체협의가 모두 가능하지만, 회사가 모든 반대주주들과 협의하는 것은 비현실적이므로 실무상으로는 회사가 법령에 의하여 산정된 매수가액을 제기하고 반대주주가 주식매수청구권 행사시 이에 대한 이의 여부를 표시하도록 한다. 구체적으로 주권상장법인은 예컨대 합병의 경우 합병신고서에 자본시장법 시행령 규정에 의한 법정매수가격을 "협의를 위한 회사의 제시가격"으로 기재하고, "합병 당사 법인이나 매수를 청구한 주주가 그 매수가격에 반대하는 경우에는 법원에 대하여 그 매수가격의 결정을 청구할 수 있음"을 주석에 기재한다. 따라서 실제로는 회사와 개별주주 간의 협의에 의하여 개별적인 매수가격을 정하는 것이 아니라, 주식매수청구를 한 주주가 회사가 제시한 하나의 매수가격에 응할지 여부를 결정하게 되므로, 법원에서 다투어지는 경우가 아닌 한 협의가격이 주주별로 달라지는 경우는 없게 된다.

2. 법정 매수가격

협의가 이루어지지 않는 경우의 매수가격은 이사회 결의일 이전에 증권시장에서 거래된 해당 주식의 거래가격을 기준으로 하여 대통령령으로 정하는 방법에 따라 산정된 금액으로 한다.[72] 대통령령으로 정하는 방법에 따라 산정된 금액

71) 상법상 매수가격은 원칙적으로 주주와 회사 간의 협의에 의하여 결정하고(협의가액), 협의가 이루어지지 않을 때에는 회사 또는 주식매수청구를 한 주주가 법원에 매수가액결정을 청구하여 법원이 결정한 가격(법원결정가격)을 매수가격으로 한다(商法 374조의2④·⑤).

72) 구 증권거래법 제191조 제3항은 "당해 법인이나 매수를 청구하는 주식수의 30% 이상이 그 매수가격에 반대하는 경우에는 금융감독위원회가 그 매수가격을 조정할 수 있고, 매수가격조

은 다음과 같다(令 176조의7③).

1. 증권시장에서 거래가 형성된 주식은 다음과 같은 방법에 따라 산정된 가격의 산술평균가격
   가. 이사회 결의일 전일부터 과거 2개월(같은 기간 중 배당락 또는 권리락으로 인하여 매매기준가격의 조정이 있는 경우로서 배당락 또는 권리락이 있은 날부터 이사회 결의일 전일까지의 기간이 7일 이상인 경우에는 그 기간)간 공표된 매일의 증권시장에서 거래된 최종시세가격을 실물거래에 의한 거래량을 가중치로 하여 가중산술평균한 가격
   나. 이사회 결의일 전일부터 과거 1개월(같은 기간 중 배당락 또는 권리락으로 인하여 매매기준가격의 조정이 있는 경우로서 배당락 또는 권리락이 있은 날부터 이사회 결의일 전일까지의 기간이 7일 이상인 경우에는 그 기간)간 공표된 매일의 증권시장에서 거래된 최종시세가격을 실물거래에 의한 거래량을 가중치로 하여 가중산술평균한 가격
   다. 이사회 결의일 전일부터 과거 1주일간 공표된 매일의 증권시장에서 거래된 최종시세가격을 실물거래에 의한 거래량을 가중치로 하여 가중산술평균한 가격
2. 증권시장에서 거래가 형성되지 아니한 주식은 자산가치와 수익가치를 가중산술평균한 가액(令 176조의5①2나)

3. 법원결정가격

해당 법인이나 매수를 청구한 주주가 법정 매수가격에 대하여도 반대하면 법원에 매수가격의 결정을 청구할 수 있다(法 165조의5③ 단서).[73)]

정신청은 매수종료일의 10일전까지 해야 한다."고 규정하였으나, 자본시장법은 이러한 조정가격제도를 폐지하였다(法 165조의3③).

73) 매수청구일로부터 30일 이내에 매수가액에 대한 협의가 이루어지지 아니한 경우, 회사 또는 주식의 매수를 청구한 주주는 법원에 대하여 매수가액의 결정을 청구할 수 있다(商法 374조의2④). 반대주주는 총회의 결의일부터 20일 이내에 주식매수청구를 할 수 있고, 매수청구일로부터 30일 이내에 매수가액에 대한 협의가 이루어지지 아니한 경우, 회사 또는 주주가 법원에 매수가액결정을 청구할 수 있으므로, 결국 매수청구일로부터 50일 경과 후에 법원에 매수가액결정을 청구할 수 있다. 한편 주주와 회사 간에 협의가 이루어지지 아니한 경우에는 회사가 제시한 가액을 주식의 매수를 청구한 주주에게 지급하도록 하고, 주주가 위 가액을 수령하더라도 법원에 매수가액결정을 청구할 권리에는 영향을 미치지 않는다는 취지를 명문으로 규정하는 것이 바람직하다. 상법이 법원에 매수가액결정청구를 할 기간을 규정하지 않은 것은 입법의 불비이고 상법 제374조의2 제2항의 회사의 매수기간(매수청구일로부터 2월)은 반대주주의 권리행사기간을 의미하는 것이므로 주주는 이 기간 내에 법원에 매수가액결정을 청구해야 한다고 해석하는 견해도 있으나(이철송, 578면), 이러한 해석에 따르면 결국 위 매수기간을 제소기간으로 보는 결과가 되고 따라서 이를 도과하여 제기된 소는 부적법각하되어야 하는데, 이는 주주의 주식매수청구권을 부당하게 제한하는 것으로서 명문의 규정이

주주 또는 해당 법인이 법원에 매수가격의 결정을 청구한 경우, 법원은 원칙적으로 해당 법인의 시장주가를 참조하여 매수가격을 산정하여야 한다. 일반적으로 주권상장법인의 시장주가는 증권시장에 참여한 다수의 투자자가 법령에 근거하여 공시되는 해당 기업의 자산내용, 재무상황, 수익력, 장래의 사업전망 등 해당 법인에 관한 정보에 기초하여 내린 투자 판단에 의하여 해당 기업의 객관적 가치가 반영되어 형성된 것으로 볼 수 있고, 주권상장법인의 주주는 통상 시장주가를 전제로 투자행동을 취한다는 점에서 시장주가를 기준으로 매수가격을 결정하는 것이 해당 주주의 합리적 기대에 합치하기 때문이다.

다만 이처럼 시장주가에 기초하여 매수가격을 산정하는 경우라고 하여 법원이 반드시 자본시장법 시행령 제176조의7 제3항 제1호에서 정한 산정 방법에 따라서만 매수가격을 산정하여야 하는 것은 아니다. 법원은 공정한 매수가격을 산정한다는 매수가격 결정 신청사건의 제도적 취지와 개별 사안의 구체적 사정을 고려하여 이사회 결의일 이전의 어느 특정일의 시장주가를 참조할 것인지, 또는 일정 기간 동안의 시장주가의 평균치를 참조할 것인지, 그렇지 않으면 자본시장법 시행령 제176조의7 제3항 제1호에서 정한 산정 방법에 따라 산정된 가격을 그대로 인정할 것인지 등을 합리적으로 결정할 수 있다.[74]

없는 한 찬성하기 어렵다.

74) [대법원 2022. 4. 14.자 2016마5394,5395,5396 결정] "해당 상장주식이 유가증권시장에서 거래가 형성되지 아니한 주식이거나 시장주가가 가격조작 등 시장의 기능을 방해하는 부정한 수단에 의하여 영향을 받는 등으로 해당 주권상장법인의 객관적 가치를 반영하지 못하고 있다고 판단될 경우에는, 시장주가를 배제하거나 또는 시장주가와 함께 순자산가치나 수익가치 등 다른 평가요소를 반영하여 해당 법인의 상황이나 업종의 특성 등을 종합적으로 고려한 공정한 가액을 산정할 수도 있으나, 단순히 시장주가가 순자산가치나 수익가치에 기초하여 산정된 가격과 다소 차이가 난다는 사정만으로 시장주가가 주권상장법인의 객관적 가치를 반영하지 못한다고 쉽게 단정하여서는 아니 된다(대법원 2011. 10. 13. 자 2008마264 결정 참조). 주권상장법인의 주식매수가격 결정 시 자본시장법 시행령 제176조의7 제3항 제1호에서 합병계약 체결에 관한 이사회 결의일 전일 무렵의 시장주가를 기초로 가격을 산정하도록 하는 것은 그 주식의 가치가 합병에 의하여 영향을 받기 전의 시점을 기준으로 공정한 가액을 산정하기 위한 것이다. ... 일반적으로 서로 독립된 상장법인 사이의 합병 사실은 합병계약 체결에 관한 이사회 결의 등이 공시됨으로써 비로소 대외적으로 명확하게 알려질 것이기 때문이다. 따라서 합병 사실이 공시되지는 않았으나 자본시장의 주요 참여자들이 합병을 예상함에 따라 시장주가가 이미 합병의 영향을 받았다고 인정되는 경우까지 반드시 이사회 결의일 전일을 기준으로 주식매수가격을 산정하여야 한다고 볼 수 없다. 무엇보다도 합병이 대상회사에 불리함을 이유로 반대하는 주주에 대하여 합병의 영향으로 공정한 가격보다 낮게 형성된 시장주가를 기준으로 주식매매대금을 산정하는 것은 합병에 반대하여 주식매수청구권을 행사한 주주에게 지나치게 불리하여 합리적이지 않기 때문이다. 판례도 이사회에서 합병 여부를 결의하기 전에 대표이사가 노조 대표와 면담을 하면서 합병계획을 발표한 사건에서 합병

4. 금융지주회사법상 특례

(1) 매수가격의 산정

주식교환 또는 주식이전에 의하여 자회사가 금융지주회사의 주식을 취득하거나 손자회사가 자회사의 주식을 취득한 때에는 당해 주식중 다음과 같은 자기주식의 교환대가로 배정받은 금융지주회사 또는 자회사의 주식에 대하여 상법 제342조의2의 규정(자회사의 모회사 주식 처분기간)을 적용함에 있어서 동조 제2항중 "6월"은 "3년"으로 본다(同法 62조의2①).

1. 주식교환 또는 주식이전에 반대하는 주주의 주식매수청구권 행사로 인하여 취득한 자기주식
2. 상법 제341조 제1항 또는 자본시장법 제165조의3에 따라 취득한 자기주식으로서 주식교환계약서의 승인에 관한 이사회 결의일 또는 주식이전승인에 관한 이사회 결의일부터 주식매수청구권 행사만료일까지 매입한 자기주식

금융지주회사를 설립(금융지주회사등이 자회사 또는 손자회사를 새로 편입하는 경우를 포함)하거나 기존 자회사 또는 손자회사의 주식을 모두 소유하기 위한 주식교환 또는 주식이전에 관하여 상법의 규정을 적용함에 있어서 상법 제354조 제4항 본문(합병에 관한 주주명부폐쇄기간 및 기준일 공고기간), 제360조의4 제1항 각 호 외의 부분(이사의 주식교환 서류 비치기간), 제360조의5 제2항(간이주식교환 반대주주의 매수청구기간), 제360조의9 제2항 본문(완전자회사의 주주총회의 승인을 얻지 않는 주식교환 공고,통지 기간), 제360조의10제4항(완전모회사의 주식교환의 승인을 얻지 않는 주식교환 공고,통지 기간), 제360조의17 제1항 각 호 외의 부분(이사의 주식이전 서류 비치기간) 및 제363조 제1항 본문(주주총회 소집통지기간) 중

계획 발표 전날을 기준일로 하여 주식매수가액을 결정한 원심의 판단을 수긍한 바 있다(대법원 2011. 10. 13. 자 2008마264 결정). ... 구 B물산(주)가 소외 1 등의 이익을 위하여 의도적으로 실적을 부진하게 하였다거나 국민연금공단이 구 B물산(주)의 주가를 낮출 의도로 2015. 3.경부터 구 B물산(주)의 주식을 지속적으로 매도하였다는 사실이 증명되지 않았는데도, 원심이 그러한 사정에 대한 의심에 합리적인 이유가 있다는 점을 이 사건 합병계약에 관한 이사회 결의일 전일 무렵의 시장주가가 구 B물산(주)의 객관적 가치를 반영하지 못하는 근거로 들고 있는 부분은 부적절하나, C(주) 상장일 전일을 기준일로 선택하여 자본시장법 시행령에서 정한 방법을 유추적용하여 산정된 가격을 구 B물산(주) 주식의 공정한 가액으로 판단한 원심의 결론은 결과적으로 정당하고, 달리 재판에 영향을 미친 헌법·법률·명령 또는 규칙을 위반한 잘못을 찾아볼 수 없다."(삼성물산과 제일모직 합병 사안)

"2주"는 각각 "7일"로, 상법 제360조의5 제1항(반대의사를 통지한 주주의 주식매수 청구기간) · 제2항 중 "20일"은 각각 "10일"로, 상법 제360조의8 제1항 각 호 외의 부분(주권실효절차를 위한 완전자회사의 공고, 통지기간) 중 "1월전에"는 "5일전에"로, 상법 제360조의10제5항 중 "주식교환에 반대하는 의사를 통지한 때에는"은 "주식교환에 반대하는 의사를 제4항의 통지 또는 공고의 날부터 7일 이내에 통지한 때에는"으로, 상법 제360조의19 제1항 제2호(주권실효절차를 위한 완전자회사의 공고, 통지기간)중 "1월을 초과하여 정한 기간내에"는 "5일 이상의 기간을 정하여 그 기간내에"로, 상법 제374조의2 제2항(회사의 매수기간)중 "2월 이내에"는 "1월 이내에"로 본다(同法 62조의2②).

금융지주회사를 설립하거나 기존 자회사 또는 손자회사의 주식을 모두 소유하기 위한 주식교환 또는 주식이전에 반대하는 주주와 회사간에 주식 매수가격에 관한 협의가 이루어지지 않는 경우의 주식 매수가격은 다음과 같이 산정된 금액으로 한다(同法 62조의2③).

1. 당해 회사가 주권상장법인인 경우: 주식교환계약서의 승인 또는 주식이전승인에 관한 이사회의 결의일 이전에 증권시장에서 거래된 당해 주식의 거래가격을 기준으로 대통령령이 정하는 방법에 따라 산정된 금액
2. 당해 회사가 제1호외의 회사인 경우: 회계전문가에 의하여 산정된 금액. 이 경우 회계전문가의 범위와 선임절차는 대통령령으로 정한다.

(2) 매수가격의 조정

금융지주회사를 설립하거나 기존 자회사 또는 손자회사의 주식을 모두 소유하기 위하여 주식교환 또는 주식이전을 하는 회사 또는 상법 제360조의5에 따라 주식매수를 청구한 주식수의 30% 이상을 소유하는 주주가 제3항의 규정에 의하여 산정된 주식의 매수가격에 반대하는 경우 당해 회사 또는 주주는 상법 제374조의2 제2항에 따라 매수를 종료하여야 하는 날의 10일 전까지 금융위원회에 그 매수가격의 조정을 신청할 수 있다(同法 62조의2④).[75]

75) 금융위원회가 조정한 매수가격은 조정을 신청하지 않은 모든 주주에게 적용된다는 것이 금융위원회의 유권해석이다(2013년 외환은행과 하나금융지주 간의 주식교환사례).

Ⅵ. 주식매수청구권행사의 효과

1. 주식매수대금지급

주식매수청구를 받으면 해당 법인은 매수청구기간이 종료하는 날부터 1개월 이내에 해당 주식을 매수해야 한다(法 165조의5②). 주식매수청구권은 형성권이므로 행사와 동시에 매매계약체결의 효과가 발생하며, 1월은 매수대금의 지급기한으로 보아야 하고, 이 기간 동안에는 법정이자는 지급되지 않는다. 상법은 2월의 주식매수 기간을 규정한다(商法 374조의2②).

2. 주주의 지위소멸

주식매수청구권은 그 성질이 일종의 형성권이라서 반대주주가 주식의 매수청구를 하면 회사의 승낙과 관계없이 회사가 매수하여야 하는 것이지만, 주주가 매수청구를 한 때에 주주의 자격이 당연히 소멸하는 것은 아니고 회사가 대금을 지급하는 때에 주주의 지위가 소멸하고 주식의 이전도 이루어진다고 해석된다.

3. 매수대금지급의 지체

주권상장법인이 주주의 주식매수청구에 불응하는 경우, 주주는 주식매수대금의 지급을 청구할 수 있고, 그 외에 상법 제401조 제1항에 기하여 이사를 상대로 손해배상청구를 할 수 있다. 1개월의 매수기간 내에 회사가 주식대금을 지급하지 않는 경우에는 이행지체(民法 387조①)에 해당하게 되고, 따라서 이 매수기간 이후에는 지체로 인한 법정이자까지도 지급해야 한다. 이때의 지체이자율은 상사이율로서 연 6푼으로 보아야 한다(商法 54조).

4. 이익배당 · 신주인수권 · 의결권 등에 관한 문제

(1) 이익배당 · 신주인수권 등의 자익권

주주가 주식의 매수를 청구한 후 그 대금을 지급받기 전에 이익배당이나 신주인수가 행하여지는 경우에는 주식매수청구권을 행사한 주주는 매수청구를 한 때에 이미 주주로서의 지위라기보다는 매수대금에 대한 채권자로서의 지위를 가진다고 할 것이며, 또한 회사가 매수하는 매수가격 자체가 배당금이나 신주인수 등의 기대가치까지 포함된 가격이라고 볼 것이므로 이들 주주에게는 배당금이나 신주인수권을 인정할 필요가 없다고 보아야 한다. 그러나 주식매수청구권이 철회되거나 실효된 경우에는 정상의 주주의 지위로서의 이익배당청구권과 신주인수권 등이 대금지급청구권과 지연이자지급청구권에 대신하여 부활한다.

(2) 의결권 등의 공익권

의결권 등은 합병무효의 소·결의취소의 소 등의 주주의 소권이 매수청구된 주식과 관련되는 수도 있고 매수대금이 지급되기까지는 소권과 같이 의결권 등의 사원권적 권리를 자기의 매수청구권과 관련시켜 행사하는 경우도 있다. 그리고 의결권은 공익권으로서 회사의 이익을 위하여 행사되는 면도 있으므로 매수청구한 주주도 주식대금을 지급받기 전에는 의결권이 인정된다 할 것이다.

5. 매수주식의 처리

주권상장법인이 주주의 주식매수청구권 행사에 의하여 매수한 주식은 해당 주식을 매수한 날부터 5년 내에 처분해야 한다(法 165조의5④, 令 176조의7④).[76]

6. 주식매수청구권의 철회와 실효

(1) 주주의 철회

주식매수청구권은 주주의 권리이며, 그 행사 여부는 주주의 자유이므로 주식매수청구권 행사기간 내에는 회사에 대한 포기의 의사표시로써 주식매수청구를 철회할 수 있다. 그러나 행사기간이 경과한 후에도 철회할 수 있는지에 관하여 논란이 있는데, 형성권은 일단 행사되면 특별한 규정 내지 이유가 없는 한 일방적인 철회가 금지된다고 해석되므로 주주가 주식의 매수를 청구한 후에는 일방적인 철회는 불가능하고 회사의 동의를 얻어야 철회할 수 있다.[77]

(2) 회사의 철회

회사가 영업양도·회사합병 등의 결의를 철회하는 결의를 하고 그 절차를

---

76) 개정 전 상법은 자기주식의 취득을 원천적으로 금지하는 동시에 예외적으로 이를 허용하는 경우에도 그 보유기간에 대한 엄격한 규정을 두었다(개정 전 상법 제342조). 그러나 개정상법은 취득목적이 무엇인지를 불문하고 모든 취득한 자기주식의 보유기간에 대한 제한을 삭제하고, 자기주식처분에 관한 사항은 정관의 규정에 따르고, 정관에 규정이 없는 것은 이사회의 결정에 의하도록 하였다. 따라서 비상장회사의 경우, 주주의 주식매수청구권 행사에 의하여 자기주식을 취득한 회사는 자기주식의 보유 여부를 자유롭게 결정할 수 있다.

77) 일반적으로 회사의 입장에서는 매수대금의 부담을 덜기 위하여 행사기간경과 후의 철회에 동의할 가능성이 클 것이다

중단하면 주식매수청구권은 실효한다. 주식매수청구의 원인이 되는 주주총회 결의가 없어졌기 때문이다. 주식매수청구권이 철회되거나 실효된 때에는 주주는 매수대금을 받지 못하고 정상적인 주주의 지위를 회복한다.

(3) 판결에 의한 무효

합병·분할합병·주식교환·주식이전 등의 무효소송에서 무효판결이 확정되더라도 판결의 소급효가 제한되므로 장래에 행하여서만 실효된다. 따라서 판결확정 당시 아직 매수대금이 지급되지 않았으면 매수청구의 실효로 종결되고, 만일 매수대금이 지급되었다면 판결의 소급효제한으로 이미 이루어진 주식매수에는 영향이 없다. 만일 원고 전원에게 매수대금이 지급되었다면 원고들은 주주의 지위를 상실하므로 당사자적격의 흠결로 소가 각하될 것이다. 그러나 원고 중 일부만이 당사자적격을 상실한 상태에서 합병무효판결이 선고되는 경우, 합병무효판결은 이미 매수대금을 지급받아 당사자적격을 상실한 원고에게도 효력이 미치지만(대세적 효력), 판결의 소급효제한으로 주주는 대금을 반환할 필요가 없다. 영업양도·영업양수의 경우에는 상법상 이에 관한 별도의 소가 규정되어 있지 아니하므로 주주총회결의 취소·무효확인의 소를 제기하여야 하고, 결의 취소·무효확인판결은 소급효가 제한되지 아니하므로 이미 주식매수가 완료되었더라도 원상회복을 해야 한다.

제6절 주식의 발행 및 배정 등에 관한 특례

Ⅰ. 상법상 신주배정

1. 주주우선배정

회사가 신주를 발행할 경우 주주는 정관에 다른 정함이 없으면 그가 가진 주식의 수에 따라서 우선적으로 신주의 배정을 받을 권리가 있다(商法 418조①). 신주를 주주 이외의 제3자에게 배정하면 기존 주주의 지분율이 낮아지고, 또한 신주의 발행가액이 시가보다 낮으면 기존 주주에게 경제적인 손실이 초래되기 때문이다.

2. 제3자배정

(1) 법 률

법률에 의하여 제3자에게 신주인수권이 부여되는 경우로는, 전환사채권자 또는 신주인수권부사채권자 · 우리사주조합원에 가입한 종업원 · 신주발행방식으로 주식매수선택권을 부여받은 자 등이다.

(2) 정 관

회사는 정관에 정하는 바에 따라 주주 외의 자에게 신주를 배정할 수 있다. 다만, 이 경우에는 신기술의 도입, 재무구조의 개선 등 회사의 경영상 목적을 달성하기 위하여 필요한 경우에 한한다(商法 제418조②).[78][79]

상법은 주주와 회사의 이익을 조화시킬 목적으로 주주의 신주인수를 원칙으로 하되, 자금조달의 유연성과 기동성을 위하여 정관에 특별히 정하는 경우에는 주주 외의 제3자가 우선적으로 신주를 배정받을 수 있는 권리를 부여할 수 있도록 하였다. 상법상 정관에 의하여 신주인수권이 부여될 수 있는 제3자는 개인별로 특정될 필요는 없지만, 전현직 종업원 · 전현직 임원 등과 같이 그 범위는 특정되어야 하고, 부여대상, 주식의 종류와 수 등도 확정되어야 하므로, 일반인을 대상으로 하는 공모증자는 상법상으로는 허용되지 않는다. 제3자의 신주인수권은 지배주주와 현경영진의 경영권 방어를 위하여 이용될 가능성이 있으므로, 주주총회의 특별결의 뿐 아니라 합리성(合理性)이 요구된다. 상법도 "회사는 … 정관에 정하는 바에 따라 주주 외의 자에게 신주를 배정할 수 있다. 다만, 이 경우에는 신기술의 도입, 재무구조의 개선 등 회사의 경영상 목적을 달성하기 위하여 필요한 경우에 한한다."고 규정하는데(商法 418조②), 제3자의 신주인수권에 대하여 합리성이 요구된다는 취지가 반영된 것으로 보아야 한다.

78) 현물출자가 주주의 신주인수권의 예외인지 여부에 관하여 견해가 대립하지만, 예외라고 보는 견해에서도 商法 제418조 제2항 단서의 경영상 목적 요건이 현물출자에 적용 또는 유추적용된다고 본다.

79) 굳이 정관을 변경하지 않더라도 정관변경과 같은 요건인 주주총회 특별결의에 의하여 제3자에게 신주인수권을 부여할 수 있다는 견해도 있지만(이철송, 860면), 이는 법문에 명백히 반한다.

Ⅱ. 자본시장법상 신주배정

1. 의 의

주권상장법인이 신주(제3호의 경우에는 이미 발행한 주식 포함)를 배정하는 경우 다음과 같은 방식에 따른다(法 165조의6①).

1. 주주에게 그가 가진 주식 수에 따라서 신주를 배정하기 위하여 신주인수의 청약을 할 기회를 부여하는 방식(주주배정증자방식)
2. 신기술의 도입, 재무구조의 개선 등 회사의 경영상 목적을 달성하기 위하여 필요한 경우 주주배정증자방식 외의 방법으로 특정한 자(해당 주권상장법인의 주식을 소유한 자를 포함)에게 신주를 배정하기 위하여 신주인수의 청약을 할 기회를 부여하는 방식(제3자배정증자방식)
3. 주주배정증자방식 외의 방법으로 불특정 다수인(해당 주권상장법인의 주식을 소유한 자를 포함)에게 신주인수의 청약을 할 기회를 부여하고 이에 따라 청약을 한 자에 대하여 신주를 배정하는 방식(일반공모증자방식)

즉, 주권상장법인은 상법상의 주주배정·제3자배정 외에 일반공모에 의하여도 신주를 발행할 수 있다.[80]

2. 실권주처리

(1) 발행철회원칙

주권상장법인은 신주를 배정하는 경우 그 기일까지 신주인수의 청약을 하지 아니하거나 그 가액을 납입하지 아니한 주식["실권주(失權株)"]에 대하여 발행을 철회해야 한다(法 165조의6② 본문).[81] 이는 종래의 실권주처리방식에 대하여 문

80) 주권비상장법인도 회사의 규모와 주주구성에 따라서는 신속한 자금조달을 위하여 일반공모증자를 해도 그에 따른 특별한 문제가 없는 경우가 있으므로, 상법에도 일반공모증자제도를 도입하여 회사와 주주가 선택할 수 있도록 하는 것도 입법론상으로는 검토할 만하다. 한편 실제로는 주식뿐 아니라 전환사채의 공모사례도 적지 않지만, 자본시장법상 전환사채의 일반공모에 대한 근거규정은 없다. 상법 제513조 제3항은 정관의 규정 또는 주주총회 특별결의에 의하여 주주 외의 자에 대한 전환사채발행을 허용하는데, 문제는 이 경우 신주의 제3자배정과 마찬가지로 제3자의 범위가 특정되어야 하므로 일반공모발행은 허용되지 않는다. 또한 상법 제418조 제2항 단서의 '회사의 경영상 목적 달성을 위하여 필요한 경우'라는 제한도 적용된다(商法 513조③ 제2문). 따라서 전환사채나 신주인수권부사채의 경우에도 주식과 같이 일반공모발행의 근거규정을 자본시장법에 둘 필요가 있다.

81) 신주인수인이 청약기일까지 주식인수의 청약을 하였더라도 납입기일에 납입하지 않는 경우에는 실권주가 발생한다. 다만, 실무상으로는 청약기일에 납입금과 동액의 청약증거금을

제점으로 지적되었던 변칙적인 경영권상속이나 기타 부정한 이득의 취득을 방지하기 위한 것이다.[82]

(2) 발행철회원칙의 예외

금융위원회가 정하여 고시하는 방법에 따라 산정한 가격[83] 이상으로 신주를 발행하는 경우로서, 다음과 같은 경우에는 그러하지 아니하다(法 165조의6② 단서).

1. 실권주가 발생하는 경우 대통령령으로 정하는 특수한 관계(令 176조의8①: 계열회사의 관계)에 있지 아니한 투자매매업자가 인수인으로서 그 실권주 전부를 취득하는 것을 내용으로 하는 계약을 해당 주권상장법인과 체결하는 경우[84]
2. 주주배정증자방식의 경우 신주인수의 청약 당시에 해당 주권상장법인과 주주 간의 별도의 합의에 따라 실권주가 발생하는 때에는 신주인수의 청약에 따라 배정받을 주식수를 초과하는 내용의 청약("초과청약")을 하여 그 초과청약을 한 주주에게 우선적으로 그 실권주를 배정하기로 하는 경우. 이 경우 신주인수의 청약에 따라 배정받을 주식수에 대통령령으로 정하는 비율(令 176조의8②: 20%)을 곱한

청약과 동시에 납입하게 하므로 실권주는 청약기일에 사실상 확정된다.

82) 종래에는, 실권주가 발생한 경우 이사회는 실권주의 발행을 철회하고 미발행주식으로 유보하거나, 제3자에게 배정하는 방법 중 하나를 선택할 수 있다. 실권된 신주를 제3자에게 발행하는 것에 관하여 정관에 반드시 근거 규정이 있어야 하는 것은 아니다(대법원 2012. 11. 15. 선고 2010다49380 판결). 이사회가 실권주를 제3자에게 배정하는 경우 당초의 발행가액이 시가보다 현저하게 낮아도 이를 변경할 필요가 없다(대법원 2009. 5. 29. 선고 2007도4949 전원합의체 판결).

83) [증권발행공시규정 5-15조의2(실권주 철회의 예외 등)] ① 법 제165조의6 제2항 각 호 외의 부분 단서에서 "금융위원회가 정하여 고시하는 방법에 따라 산정한 가격"이란 청약일전 과거 제3거래일부터 제5거래일까지의 가중산술평균주가(그 기간 동안 증권시장에서 거래된 해당 종목의 총 거래금액을 총 거래량으로 나눈 가격을 말한다.)에서 다음 각 호의 어느 하나의 할인율을 적용하여 산정한 가격을 말한다. 다만, 주권상장법인이 증권시장에서 시가가 형성되어 있지 않은 종목의 주식을 발행하고자 하는 경우에는 제5-18조 제3항["권리내용이 유사한 다른 주권상장법인의 주식의 시가(동 시가가 없는 경우에는 적용하지 아니한다) 및 시장상황 등을 고려하여 이를 산정")]을 준용한다.
1. 법 제165조의6 제1항 제1호의 방식(주주배정)으로 신주를 배정하는 방식: 40%
2. 법 제165조의6 제1항 제2호의 방식(제3자배정)으로 신주를 배정하는 방식: 10%
3. 법 제165조의6 제1항 제3호의 방식(일반공모)으로 신주를 배정하는 방식: 30%

84) 금융투자협회의 "증권 인수업무 등에 관한 규정"은 인수회사가 실권주를 인수한 후 이를 일반청약자에게 공모하는 경우에는 다음과 같이 배정한다고 규정한다(9조①6).
1. 고위험고수익투자신탁등에 해당 실권주 공모주식의 5% 이상을 배정할 것. 다만, 코스닥시장 주권상장법인의 공모증자의 경우에는 10% 이상을 배정한다.
2. 해당 공모증자가 코스닥시장 주권상장법인의 공모증자인 경우 벤처기업투자신탁(사모의 방법으로 설정된 벤처기업투자신탁의 경우 최초 설정일로부터 1년 6개월 이상의 기간 동안 환매가 금지된 벤처기업투자신탁을 말한다)에 해당 실권주 공모주식의 25% 이상을 배정할 것

주식수를 초과할 수 없다.
3. 그 밖에 주권상장법인의 자금조달의 효율성, 주주 등의 이익 보호, 공정한 시장질서 유지의 필요성을 종합적으로 고려하여 대통령령으로 정하는 경우

제3호에서 "대통령령으로 정하는 경우"란 다음과 같은 경우를 말한다(令 176조의8③).

1. 자본시장법 제130조에 따라 신고서를 제출하지 않는 모집·매출의 경우
2. 주권상장법인이 우리사주조합원(令 176조의9②1)에 대하여 자본시장법 제165조의7 또는 근로복지기본법 제38조 제2항에 따라 발행되는 신주를 배정하지 않는 경우로서 실권주를 우리사주조합원에게 배정하는 경우

3. 신주인수권증서 발행의무

상법상 신주인수권증서는 주주의 청구가 있는 때에만 발행한다고 정할 수 있다(商法 416조 5호). 그러나 주권상장법인은 주주배정증자방식(法 165조①1)으로 신주를 배정하는 경우 의무적으로 모든 주주에게 신주인수권증서를 발행해야 한다. 이 경우 주주 등의 이익 보호, 공정한 시장질서 유지의 필요성 등을 고려하여 대통령령으로 정하는 방법에 따라 신주인수권증서가 유통될 수 있도록 해야 한다(法 165조의6③).[85]

"대통령령으로 정하는 방법"이란 다음과 같은 경우를 말한다. 이 경우 신주인수권증서의 상장 및 유통의 방법 등에 관하여 필요한 세부사항은 금융위원회가 정하여 고시한다(令 176조의8④).[86]

---

85) 주주배정증자방식으로 신주를 배정하는 경우 주주에게 신주인수권증서를 발행하도록 하는 것은 경제적인 이유로 신주청약을 할 수 없는 주주에게 경제적 손실을 회복할 수 있는 기회를 주는 동시에, 회사로서도 그만큼 실권주발생이 줄어든다는 점을 고려한 것이다. 자본시장법 제165조의6 제3항의 개정규정은 개정법 시행(2013. 8. 29.) 후 최초로 신주를 발행하는 이사회의 의결이 있는 경우부터 적용한다(부칙 5조).

86) [증권발행공시규정 5-19조(신주인수권증서의 발행·상장 등)]
① 주권상장법인이 주주배정증자방식의 유상증자를 결의하는 때에는 법 제165조의6 제3항에 따른 신주인수권증서의 발행에 관한 사항을 정해야 한다.
② 제1항의 주권상장법인은 해당 신주인수권증서를 증권시장에 상장하거나 자기 또는 타인의 계산으로 매매할 금융투자업자(주권상장법인과 계열회사의 관계에 있지 아니한 금융투자업자를 말한다. 이하 이 조에서 같다)를 정해야 한다.
③ 영 제176조의8 제4항 각 호 외의 부분 후단 중 "신주인수권증서의 상장 및 유통의 방법 등에 관하여 필요한 세부사항"이란 금융투자업자가 회사 내부의 주문·체결 시스템을 통하여 신주인수권증서를 투자자 또는 다른 금융투자업자에게 매매하거나 중개·주선

1. 증권시장에 상장하는 방법
2. 둘 이상의 금융투자업자(주권상장법인과 계열회사의 관계에 있지 아니한 투자매매업자 또는 투자중개업자를 말한다)를 통하여 신주인수권증서의 매매 또는 그 중개·주선·대리업무가 이루어지도록 하는 방법. 이 경우 매매 또는 그 중개·주선·대리업무에 관하여 필요한 세부사항은 금융위원회가 정하여 고시한다.

4. 일반공모증자

(1) 의　　의

주권상장법인은 상법 제418조 제1항(주주에 대한 신주배정) 및 제2항(3자에 대한 신주배정) 단서에도 불구하고 정관으로 정하는 바에 따라 이사회 결의로써 대통령령으로 정하는 일반공모증자 방식으로 신주를 발행할 수 있다(法 165조의6①3). "대통령령으로 정하는 일반공모증자 방식"이란 주주의 신주인수권을 배제하고 불특정 다수인(해당 법인의 주주 포함)을 상대방으로 하여 신주를 모집하는 방식을 말한다(令 176조의8①).[87]

(2) 배정방식

일반공모증자의 방식으로 신주를 배정하는 경우에는 정관으로 정하는 바에 따라 이사회의 결의로 다음과 같은 방식으로 신주를 배정해야 한다(法 165조의6④).

1. 신주인수의 청약을 할 기회를 부여하는 자의 유형을 분류하지 아니하고 불특정 다수의 청약자에게 신주를 배정하는 방식
2. 우리사주조합원에 대하여 신주를 배정하고 청약되지 아니한 주식까지 포함하여 불특정 다수인에게 신주인수의 청약을 할 기회를 부여하는 방식
3. 주주에 대하여 우선적으로 신주인수의 청약을 할 수 있는 기회를 부여하고 청약되지 아니한 주식이 있는 경우 이를 불특정 다수인에게 신주를 배정받을 기회를 부여하는 방식[88]

또는 대리하는 것을 말한다. 이 경우 인터넷 홈페이지·유선·전자우편 등을 통하여 신주인수권증서를 매수할 투자자 또는 다른 금융투자업자를 탐색하는 것을 포함한다.

87) 실제로는 주식뿐 아니라 전환사채의 공모사례도 적지 않지만, 자본시장법상 전환사채의 일반공모에 대한 근거규정은 없다. 상법 제513조 제3항은 정관의 규정 또는 주주총회 특별결의에 의하여 주주 외의 자에 대한 전환사채발행을 허용하는데, 문제는 이 경우 신주의 제3자배정과 마찬가지로 제3자의 범위가 특정되어야 하므로 일반공모발행은 허용되지 않는다. 또한 상법 제418조 제2항 단서의 "회사의 경영상 목적 달성을 위하여 필요한 경우"라는 제한도 적용된다(513조 제3항 제2문). 따라서 전환사채나 신주인수권부사채의 경우에도 주식과 같이 일반공모발행의 근거규정을 자본시장법에 둘 필요가 있다.

88) 이러한 방식을 주주우선공모증자방식이라고 한다(증권발행공시규정 5-16조③).

4. 투자매매업자·투자중개업자가 인수인·주선인으로서 마련한 수요예측 등 대통령령으로 정하는 합리적인 기준[令 176조의8⑤: 수요예측(발행되는 주식의 가격 및 수량 등에 대한 투자자의 수요와 주식의 보유기간 등 투자자의 투자성향을 인수인·주선인이 전문투자자를 대상으로, 발행되는 주식에 대한 수요와 투자성향 등을 파악하는 방법에 따라 파악하는 것]에 따라 특정한 유형의 자에게 신주인수의 청약을 할 수 있는 기회를 부여하는 경우로서 금융위원회가 인정하는 방식

(3) 경영상 목적

회사는 정관에 정하는 바에 따라 주주 외의 자에게 신주를 배정하는 것은 신기술의 도입, 재무구조의 개선 등 회사의 경영상 목적을 달성하기 위하여 필요한 경우에 한한다는 상법 제418조 제2항과 같은 요건이 자본시장법상 일반공모증자에도 적용되는지에 관하여 종래에는 자본시장법상 명문의 규정이 없었다. 일반공모증자도 주주의 신주인수권을 배제한다는 면에서 보면 제3자배정의 실질적 요건에 관한 상법 제418조 제2항이 유추적용되어야 할 필요성이 있고, 반면에 일반공모증자는 불특정다수인을 대상으로 한다는 면을 보면 굳이 상법 제418조 제2항을 유추적용할 필요성이 없다고 볼 수도 있다는 점에서 논란이 있었는데, 일반공모증자방식으로 신주를 발행하는 경우에는 상법 제418조 제2항이 적용되지 않는다는 하급심 판례가 있었다.[89] 결국 2013년 개정자본시장법은 제165조의6 제4항 단서에서 "이 경우 상법 제418조 제1항 및 같은 조 제2항 단서를 적용하지 아니한다."라고 규정함으로써 경영상 목적 요건을 명문으로 배제하였다.

5. 발행가액

증권발행공시규정은 주권상장법인이 일반공모증자방식 및 제3자배정증자방식으로 유상증자를 하는 경우의 발행가액결정에 관하여 상세히 규정한다.[90] 신주

89) 2003년 KCC와 현대엘리베이터 간의 경영권 분쟁 과정에서 현대엘리베이터가 1천만주의 신주를 일반공모증자방식으로 발행하려고 하자 KCC가 신주발행금지 가처분을 신청하면서 양측의 법적공방에 따라 관심을 끌게 되었다. 당시 현대엘리베이터의 정관 제9조 제2항은 상법 제418조 제2항과 같은 요건 하에 발행할 수 있다고 규정하고 있었다. 본건 신주발행은 회사의 경영을 위한 자금조달이 필요하다고 볼 사정이 없음에도 경영권 방어의 목적으로 이루어진 것으로서 본건 신주발행은 상법과 정관에 위배하여 주주의 신주인수권을 위법하게 침해한 것에 해당한다는 이유로 가처분신청을 인용하였다(수원지방법원 여주지원 2003. 12. 12.자 2003카합369 결정). 즉, 정관에 일반공모증자에 관하여 상법 제418조 제2항과 같은 내용의 규정을 두고 있다면 상법과 정관에 위배하여 주주의 신주인수권을 위법하게 침해하는 것이라고 판시하였다.

90) [증권발행공시규정 5-18조(유상증자의 발행가액 결정)]

---

① 주권상장법인이 일반공모증자방식 및 제3자배정증자방식으로 유상증자를 하는 경우 그 발행가액은 청약일전 과거 제3거래일부터 제5거래일까지의 가중산술평균주가(그 기간 동안 증권시장에서 거래된 해당 종목의 총 거래금액을 총 거래량으로 나눈 가격을 말한다.)를 기준주가로 하여 주권상장법인이 정하는 할인율을 적용하여 산정한다. 다만, 일반공모증자방식의 경우에는 그 할인율을 30% 이내로 정하여야 하며, 제3자배정증자방식의 경우에는 그 할인율을 10% 이내로 정해야 한다.

② 제1항 본문에 불구하고 제3자배정증자방식의 경우 신주 전체에 대하여 제2-2조 제2항 제1호 전단의 규정에 따른 조치(1년간의 보호예수) 이행을 조건으로 하는 때에는 유상증자를 위한 이사회결의일(발행가액을 결정한 이사회결의가 이미 있는 경우에는 그 이사회결의일로 할 수 있다) 전일을 기산일로 하여 과거 1개월간의 가중산술평균주가, 1주일간의 가중산술평균주가 및 최근일 가중산술평균주가를 산술평균한 가격과 최근일 가중산술평균주가 중 낮은 가격을 기준주가로 하여 주권상장법인이 정하는 할인율을 적용하여 산정할 수 있다.

③ 제1항 및 제2항에 따라 기준주가를 산정하는 경우 주권상장법인이 증권시장에서 시가가 형성되어 있지 않은 종목의 주식을 발행하고자 하는 경우에는 권리내용이 유사한 다른 주권상장법인의 주식의 시가(동 시가가 없는 경우에는 적용하지 아니한다) 및 시장상황 등을 고려하여 이를 산정한다.

④ 주권상장법인이 다음 각 호의 어느 하나에 해당하는 경우에는 제1항 단서에 따른 할인율을 적용하지 아니할 수 있다.

1. 금융위원회 위원장의 승인을 얻어 해외에서 주권 또는 주권과 관련된 증권예탁증권을 발행하거나 외자유치 등을 통한 기업구조조정(출자관계에 있는 회사의 구조조정을 포함)을 위하여 국내에서 주권을 발행하는 경우
2. 기업구조조정촉진을 위한 금융기관협약에 의한 기업개선작업을 추진중인 기업으로서 금산법 제11조 제6항 제1호의 규정에 의하여 같은 법 제2조 제1호의 금융기관(이하 이 절에서 "금융기관"이라 한다)이 대출금 등을 출자로 전환하기 위하여 주권을 발행하거나, 「기업구조조정촉진법」에 의하여 채권금융기관 공동관리 절차가 진행 중인 기업으로서 채권금융기관이 채권재조정의 일환으로 대출금 등을 출자로 전환하기 위하여 주권을 발행하는 경우
3. 금산법 제12조, 「예금자보호법」 제37조부터 제38조의2까지에 따라 정부 또는 「예금자보호법」에 의하여 설립된 예금보험공사의 출자를 위하여 주권을 발행하는 경우
4. 금융기관이 공동(은행법 제8조의 규정에 의하여 은행업을 인가받은 자를 1 이상 포함해야 한다)으로 경영정상화를 추진중인 기업이 경영정상화계획에서 정한 자에게 제3자배정증자방식으로 주권을 발행하는 경우
5. 「채무자 회생 및 파산에 관한 법률」에 의한 회생절차가 진행 중인 기업이 회생계획 등에 따라 주권을 발행하는 경우
6. 코넥스시장에 상장된 주권을 발행한 법인이 다음 각 목의 어느 하나에 해당하면서 제3자배정증자방식(대주주 및 그의 특수관계인을 대상으로 하는 경우는 제외한다)으로 주권을 발행하는 경우
   가. 신주가 발행주식총수의 100분의 20 미만이고, 그 발행에 관한 사항을 주주총회의 결의로 정하는 경우
   나. 신주가 발행주식총수의 100분의 20 이상이고, 그 발행에 관한 사항을 주주총회의 특별결의로 정하는 경우

⑤ 제1항에도 불구하고 코넥스시장에 상장된 주권을 발행한 법인이 수요예측(대표주관회사가 협회가 정하는 기준에 따라 법인이 발행하는 주식 공모가격에 대해 기관투자자 등을 대상으로 해당 법인이 발행하는 주식에 대한 매입희망 가격 및 물량을 파악하는 것을

발행가격을 규제하는 것은 시가보다 현저히 낮은 가액으로 신주를 발행하여 주식가치를 희석시키는 등 기존주주의 손해를 야기할 우려가 있으므로 이를 방지하기 위한 것이다. 다만, 발행가격이 시가에 근접하여야 하므로 신속한 대규모 자금조달이 필요한 경우 자금조달에 제약이 되는 점은 있다. 한편 증권발행공시규정은 발행가액의 공고·통지에 관하여도 규정한다.[91)]

제 7 절 우리사주조합원에 대한 주식배정 등에 관한 특례

Ⅰ. 우리사주조합원의 정의

자본시장법상 우리사주조합원은 근로복지기본법에 따른 우리사주조합원을 말한다(法 165조의7①).[92)]

Ⅱ. 우선배정권 등

1. 원 칙

"대통령령으로 정하는 주권상장법인 또는 주권을 유가증권시장(令 176조의9②)에 상장하려는 법인"이 주식을 모집하거나 매출하는 경우 상법 제418조에도 불구하고 해당 법인의 우리사주조합원(근로복지기본법에 따른 우리사주조합원)에

말한다)을 통해 일반공모증자방식으로 유상증자를 하는 경우에는 제1항을 적용하지 아니한다. <신설 2019.11.21.>

91) [증권발행공시규정 5-20조 (발행가액등의 공고·통지)]
① 주주우선공모증자방식에 따라 신주를 발행하고자 하는 주권상장법인이 그 유상증자를 결의하는 때에는 우선 청약할 수 있는 주주를 정하기 위한 주주확정일을 정하고 그 확정일 2주 전에 이를 공고해야 한다.
② 주주배정증자방식 또는 주주우선공모증자방식으로 유상증자를 하는 주권상장법인은 발행가액이 확정되는 때에 그 발행가액을 지체 없이 주주에게 통지하거나 정관에 정한 신문에 공고해야 한다.
③ 신주를 발행하는 주권상장법인은 그 발행가액이 확정되는 때에 그 내용을 지체 없이 공시해야 한다.

92) 우리사주조합원의 우선배정은 상장법인의 재무관리에 관한 특례로서의 성격이 없음에도 과거 종업원의 후생복지를 위하여 자본시장육성법에 도입된 제도가 구 증권거래법을 거쳐서 자본시장법에도 규정되고 있다.

대하여 모집하거나 매출하는 주식총수의 20%를 배정해야 한다(法 165조의7① 본문). "대통령령으로 정하는 주권상장법인"은 한국거래소가 자본시장법 제4조 제2항의 증권의 매매를 위하여 개설한 증권시장으로서 금융위원회가 정하여 고시하는 증권시장(令 176조의9②: 유가증권시장)에 주권이 상장된 법인을 말한다(令 176조의9①).[93]

2. 예 외

다음과 같은 경우에는 우리사주조합원의 우선배정권이 인정되지 않는다(法 165조의7① 단서).

(1) 외국인투자기업

외국인투자촉진법에 따른 외국인투자기업 중 대통령령으로 정하는 법인이 주식을 발행하는 경우에는 우리사주조합원의 우선배정권이 인정되지 않는다.

(2) 대통령령으로 정하는 경우

해당 법인이 우리사주조합원에 대하여 우선배정을 하기 어려운 경우로서 대통령령으로 정하는 경우[94]에도 우리사주조합원의 우선배정권이 인정되지 않는다.

---

93) 근로복지기본법도 대체로 동일하게 규정한다. 다만, 유가증권시장 주권상장법인과 그 외의 시장 주권상장법인을 구별하여, 유가증권시장주권상장법인에 관한 제38조 제1항은 "우리사주조합원은 ... 우선적으로 배정받을 권리가 있다."라고 규정하고, 그 외의 시장 주권상장법인에 관한 제2항은 "우리사주조합원에게 ... 우선적으로 배정할 수 있다."라고 규정하므로, 코스닥시장 주권상장법인은 우선배정할 의무가 없다.

94) "대통령령으로 정하는 경우"란 다음과 같은 경우를 말한다(令 176조의9③).

1. 주권상장법인(유가증권시장에 주권이 상장된 법인)이 주식을 모집 또는 매출하는 경우 우리사주조합원(근로복지기본법에 따른 우리사주조합의 조합원)의 청약액과 자본시장법 제165조의7 제1항 각 호 외의 부분 본문에 따라 청약 직전 12개월간 취득한 해당 법인 주식의 취득가액(취득가액이 액면액에 미달하는 경우에는 액면액)을 합산한 금액이 그 법인으로부터 청약 직전 12개월간 지급받은 급여총액(소득세과세대상이 되는 급여액)을 초과하는 경우
2. 다음 각 목의 요건을 모두 충족하는 경우
   가. 주식의 모집·매출 규모 및 우리사주조합원의 주금납입능력, 그 밖에 금융위원회가 정하여 고시하는 사유에 비추어 주식총수의 100분의 20까지 우리사주조합원이 청약하기 어려운 경우일 것
   나. 「근로복지기본법」에 따른 우리사주조합이 우리사주조합원총회의 의결에 따라 가목의 비율 미만으로 모집하거나 매출하는 주식을 배정받기를 원한다는 의사를 법 제165조의7 제1항 각 호 외의 부분 본문에 따른 법인에게 서면으로 표시할 것
   다. 법 제165조의7 제1항 각 호 외의 부분 본문에 따른 법인이 이 호 나목에 따라 표시된 배정비율에 따라 주식을 배정하는 데 서면으로 동의할 것

⑶ 소유주식수

우리사주조합원이 소유하는 주식수가 신규로 발행되는 주식과 이미 발행된 주식의 총수의 20%를 초과하는 경우에는 우선배정권이 없다(法 165조의7②). 우리사주조합원의 소유주식수는 제119조 제1항에 따라 증권의 모집·매출에 관한 신고서를 금융위원회에 제출한 날(일괄신고서를 제출하여 증권의 모집·매출에 관한 신고서를 제출하지 않는 경우에는 주주총회 또는 이사회의 결의가 있은 날)의 직전일의 주주명부상 우리사주조합의 대표자 명의로 명의개서된 주식에 따라 산정한다. 다만, 「근로복지기본법」 제43조 제1항에 따른 수탁기관을 통해서 전자증권법 제2조 제2호에 따라 전자등록된 주식의 경우에는 같은 법 제22조 제2항에 따른 고객계좌부에 따라 산정하고, 수탁기관이 예탁결제원에 예탁한 주식의 경우에는 자본시장법 제310조 제1항에 따른 투자자계좌부에 따라 산정한다(令 176조의9④).

3. 절차상 특례

주주배정증자방식으로 신주를 발행하는 경우 우리사주조합원에 대한 배정분에 대하여는 상법 제419조 제1항부터 제3항까지의 신주인수권자에 대한 최고 규정[95)]을 적용하지 않는다(法 165조의7③). 종래에는 주주배정방식의 특성상 우리사주조합원에게 먼저 배정하고 실권한 분량을 포함하여 주주에게 배정함에 따라 발행가격이 확정되기 전에 조합원이 주주보다 먼저 청약을 해야 하므로 조합원에게 불리하였는데, 실권한 분량에 대하여 따로 주주에게 배정하지 않도록 함으로써 조합원도 발행가격 확정 후 주주와 같은 날에 청약할 수 있도록 한 것이다.

4. 확대적용 여부

전환사채(신주발행의 측면에서 전환사채와 사실상 동일한 신주인수권부사채도 포함) 발행의 경우에도 우리사주조합원의 우선배정권이 인정되는지 여부가 문제되

---

95) [商法 제419조(신주인수권자에 대한 최고)]
① 회사는 신주의 인수권을 가진 자에 대하여 그 인수권을 가지는 주식의 종류 및 수와 일정한 기일까지 주식인수의 청약을 하지 아니하면 그 권리를 잃는다는 뜻을 통지해야 한다. 이 경우 제416조 제5호 및 제6호에 규정한 사항의 정함이 있는 때에는 그 내용도 통지해야 한다.
② 제1항의 통지는 제1항의 기일의 2주간 전에 이를 해야 한다.
③ 제1항의 통지에도 불구하고 그 기일까지 주식인수의 청약을 하지 아니한 때에는 신주의 인수권을 가진 자는 그 권리를 잃는다.

나,[96] 대법원은 자본시장법 규정의 문언상 우리사주조합원의 우선배정권의 대상인 주식에 사채는 포함되지 아니하므로 관련 규정이 직접 적용될 수 없고, 법률적 성격이나 경제적 기능 및 제도의 취지가 다르므로 유추해석도 할 수 없다고 판시하였다.[97]

제 8 절 액면미달발행의 특례

I. 상 법

상법은 자본충실원칙에 따라 원칙적으로 액면미달발행을 금지하지만(商法 330조), 회사의 실적부진으로 발행가액을 액면가액 이상으로 정하여서는 자본조달이 곤란한 경우가 있으므로, 주주총회의 특별결의와 법원의 인가를 얻어서 액면미달발행을 할 수 있도록 규정한다(商法 417조).[98] 액면미달발행의 요건은, 회사성립 후 2년 경과, 주주총회의 특별결의, 법원의 인가 등이다. 법원의 인가를 얻은 날부터 1월 이내에 발행하여야 하고, 법원은 이 기간을 연장하여 인가할 수 있다(商法 417조④).

96) 확대적용설은 전환사채발행무효의 소에 신주발행무효의 소에 관한 상법 제429조가 유추적용된다는 것을 근거로 든다.

97) 대법원 2014. 8. 28. 선고 2013다18684 판결(우리사주조합원이 신주인수권부사채에 대한 우선배정권을 주장한 사건인데, 대법원은 우리사주조합원이 우선적으로 주식을 배정받을 받을 권리가 있지만 우선배정의 대상인 주식에 사채의 일종인 신주인수권부사채가 포함되지 않음이 문언의 해석상 분명하므로, 관련 조항들이 신주인수권부사채의 발행에 직접 적용될 수는 없다고 판시하고, 나아가 유추해석의 가능성에 관하여도, (i) 신주인수권부사채는 미리 확정된 가액으로 일정한 수의 신주 인수를 청구할 수 있는 신주인수권이 부여된 점을 제외하면 보통사채와 법률적 성격에서 차이가 없고, (ii) 신주인수권부사채에 부여된 신주인수권은 장래 신주의 발행을 청구할지 여부를 선택할 수 있는 권리로서 주식의 양도차익에 따라 신주인수권의 행사 여부가 달라질 수 있는 것이므로 우리사주조합원의 주식우선배정권과는 법률적 성격이나 경제적 기능에서 차이가 있으며, (iii) 우리사주제도는 근로자로 하여금 우리사주조합을 통하여 소속 회사의 주식을 취득·보유하게 함으로써 근로자의 생산성 향상과 노사협력 증진을 도모하기 위하여 채택된 제도이고, 동 제도의 취지에 따라 우리사주조합원에게 부여된 주식우선배정권은 주주의 신주인수권을 법률상 제한하는 것인 점 등을 고려하면, 우리사주조합원에게 주식 외에 신주인수권부사채까지 우선적으로 배정받을 권리가 있다고 유추해석할 수 없다고 판시하였다).

98) 회사설립시에는 액면 이하의 발행이 허용되지 않고(商法 330조), 설립 후 2년이 경과한 후에 가능하다(商法 417조).

Ⅱ. 자본시장법

주권상장법인은 법원의 인가 없이 주주총회의 특별결의만으로 주식을 액면미달의 가액으로 발행할 수 있다. 다만, 해당 법인이 상법 제455조 제2항에 따른 상각을 완료하지 아니한 경우에는 액면미달의 가액으로 발행할 수 없다(法 165조의8①).[99] 주주총회의 결의에서는 주식의 최저발행가액을 정해야 한다. 이 경우 최저발행가액은 대통령령으로 정하는 방법에 따라 산정한 가격 이상이어야 한다(法 165조의8②).

"대통령령으로 정하는 방법에 따라 산정한 가격"이란 다음과 같은 방법에 따라 산정된 가격 중 높은 가격의 70%를 말한다(令 176조의10).

1. 주식의 액면미달가액 발행을 위한 주주총회의 소집을 결정하는 이사회의 결의일 전일부터 과거 1개월간 공표된 매일의 증권시장에서 거래된 최종시세가격의 평균액
2. 주주총회소집을 위한 이사회의 결의일 전일부터 과거 1주일간 공표된 매일의 증권시장에서 거래된 최종시세가격의 평균액
3. 주주총회소집을 위한 이사회의 결의일 전일의 증권시장에서 거래된 최종시세가격

주권상장법인은 주주총회에서 다르게 정하는 경우를 제외하고는 액면미달주식을 주주총회의 결의일부터 1개월 이내에 발행해야 한다(法 165조의8③).

제 9 절 주주에 대한 통지 또는 공고의 특례

Ⅰ. 상 법

주주 외의 자에게 신주를 배정하는 경우 회사는 신주발행사항의 결정에 관한 규정인 상법 제416조 제1호(신주의 종류와 수)·제2호(신주의 발행가액과 납입기일), 제2호의2(무액면주식의 경우에는 신주의 발행가액 중 자본금으로 계상하는 금액), 제3호(신주의 인수방법) 및 제4호(현물출자를 하는 자의 성명과 그 목적인 재산

---

99) 상법 제455조는 2011년 상법 개정시 삭제되었으므로 자본시장법의 해당 규정도 정비가 필요하다.

의 종류, 수량, 가액과 이에 대하여 부여할 주식의 종류와 수)에서 정하는 사항을 그 납입기일의 2주 전까지 주주에게 통지하거나 공고해야 한다(商法 418조④).[100] 이는 제418조 제2항의 요건을 갖추지 못한 경우 주주로 하여금 신주발행유지청구를 할 기회를 주기 위하여 2011년 개정상법에서 도입한 것이다. 이러한 통지·공고 절차의 흠결은 신주발행무효사유가 된다. 다만, 이 규정은 전환사채와 신주인수권부사채의 경우에는 준용되지 않는다.

Ⅱ. 자본시장법

주권상장법인이 제165조의6 또는 상법 제418조 제2항의 방식으로 신주를 배정할 때 제161조 제1항 제5호(대통령령으로 정하는 경우에 해당하는 자본 또는 부채의 변동에 관한 이사회 등의 결정이 있은 때)에 따라 금융위원회에 제출한 주요사항보고서가 금융위원회와 거래소에 그 납입기일의 1주 전까지[101] 공시된 경우에는 상법 제418조 제4항(제3자배정 신주발행시 주주에 대한 통지·공고에 관한 규정)을 적용하지 않는다(法 165조의9). 주권상장법인의 경우 주요사항보고서에 의한 공시가 충분히 이루어지기 때문에 신속·원활한 자금조달을 위하여 주주에 대한 통지·공고를 할 필요가 없도록 한 것이다.

---

100) [상업등기선례 201204-2] "총주주의 동의가 있는 때에는 그 기간을 단축하거나 통지 또는 공고를 생략할 수 있을 것이다. 신주발행을 결정한 이사회결의일과 납입기일과의 시간적 간격이 2주가 되지 않아 통지 또는 공고 기간을 단축한 경우에는 그 변경등기신청서에 당해 기간의 단축에 관한 총주주의 동의가 있음을 증명하는 서면을 첨부해야 한다. 또한 통지 또는 공고를 생략한 경우에는 통지 또는 공고를 하였음을 증명하는 서면에 갈음하여 통지 또는 공고 생략에 관하여 총주주의 동의가 있음을 증명하는 서면을 첨부하여 변경등기를 신청할 수 있다." (2012. 04. 23. 사법등기심의관-1144 질의회답)

101) "그 납입기일의 1주 전까지"는 주요사항보고서를 금융위원회와 거래소에 공시한 경우, 제3자배정의 경우라도 상법상 납입기일 2주전 통지·공고의무를 면제하도록 하였으나, 이에 근거하여 일부 상장법인이 납입기일 직전에 주요사항보고서를 공시함에 따라 기존 주주들이 신주발행유지청구권 등 주주권을 사실상 행사하기 어렵게 된 사례가 발생하는 문제점을 개선하고자 2017.10.31. 개정시(2018.5.1. 시행) 추가된 문구이다.

제10절 사채의 발행 및 배정에 관한 특례

Ⅰ. 준용규정

주권상장법인(은행법 제33조 제1항 제2호 또는 제3호에 따라 해당 사채를 발행할 수 있는 자는 제외)이 다음과 같은 사채(주권 관련 사채권)를 발행하는 경우에는 주식의 발행 및 배정 등에 관한 특례(신주인수권증서 발행 특례 제외)인 제165조의6 제1항·제2항 및 제4항, 주주에 대한 통지 또는 공고의 특례규정인 제165조의9를 준용한다(法 165조의10①). 형식적으로는 사채에 해당하지만 그 실질이 주식에 가까운 점을 고려한 것이다.

1. 전환형 조건부자본증권(165조의11①, 주식으로 전환되는 조건이 붙은 사채로 한정)
2. 상법 제469조 제2항 제2호(교환사채, 상환사채), 제513조(전환사채) 및 제516조의2(신주인수권부사채)에 따른 사채

Ⅱ. 신주인수권부사채 발행의 특례

상법상 회사는 신주인수권부사채를 발행하는 경우에 정관의 규정 또는 이사회의 결정으로 "신주인수권만을 양도할 수 있는 것에 관한 사항"을 정할 수 있다. 상법상 신주인수권부사채는 비분리형과 분리형이 있고, 분리형인 경우에는 채권과 함께 신주인수권증권을 발행해야 한다(商法 516조의5①). 그러나 주권상장법인이 신주인수권부사채를 발행하는 경우에는 사채권자가 신주인수권증권만을 양도할 수 있는 사채는 사모의 방법으로 발행할 수 없다(法 165조의10②). 즉, 주권상장법인은 분리형 신주인수권부사채를 공모의 방법으로는 발행할 수 있다.[102][103]

102) 종래에 분리형신주인수권부사채가 대주주의 경제적 이익과 편법적인 경영권승계수단으로 악용된다는 비판이 제기되었기 때문에(특히 대주주가 신주인수권부사채에서 분리된 워런트를 저가에 매집한 후 주가하락으로 신주인수권 행사가액이 계속 하향조정하게 되면 신주인수권 행사에 의하여 발행주식수 대비 매우 높은 비율의 신주를 확보하게 된다), 2013. 5. 28. 자본시장법 개정시 주권상장법인의 분리형 신주인수권부사채 발행을 금지하는 제165조의10제2항을 신설하였으나(2013. 8. 29. 시행), 중소 상장기업의 자금조달 여건을 개선하고 우량·유망 비상장기업들의 상장유인을 제고하기 위해 2015년 7월 개정시 대주주에 의한 편법적 활용가능성이 희박한 모집의 방법에 의할 경우에는 상장기업의 분리형 신주인수권부사채 발행을 다시 허용하였다. 개정법의 시행일은 공포일인 2015. 7. 24.이다(부칙 1조 2호).

제11절 신종사채·조건부자본증권의 발행

Ⅰ. 상 법

종래에는 상법상 특수사채로서 전환사채와 신주인수권부사채만 규정되었는데, 2011년 개정상법은 다양한 사채의 발행을 허용하기 위하여, 이익배당에 참가할 수 있는 사채, 주식 그 밖의 다른 유가증권으로 교환 또는 상환할 수 있는 사채 및 유가증권이나 통화 그 밖의 대통령령으로 정하는 자산이나 지표 등의 변동과 연계하여 미리 정하여진 방법에 따라 상환 또는 지급금액이 결정되는 사채를 발행할 수 있도록 하였다(商法 469조②).

Ⅱ. 자본시장법

1. 주권상장법인의 재무관리기준에 의한 규제

주권상장법인이 전환사채 또는 신주인수권부사채를 발행하는 경우 전환사채의 발행제한 및 전환금지기간, 전환사채의 전환가액 결정 및 조정, 신주인수권부사채의 발행 등에 관하여 증권발행공시규정 제5장 제3절의 재무관리기준이 적용된다.[104)]

---

103) 개정전 자본시장법은 주권상장법인이 발행하는 전환사채 또는 신주인수권부사채의 발행금액은 상법 제470조에 따른 사채의 총액에 산입하지 않는다고 규정하였으나(法 165조의10), 2011년 상법개정에 의하여 사채발행한도에 관한 제470조가 삭제되었고, 이에 따라 개정법도 위 규정을 삭제하였다.

104) [증권발행공시규정]

제5-21조 (전환사채의 발행제한 및 전환금지기간)

① 주권상장법인은 다음 각 호의 기간 중에는 상법 제513조의2 제1항에 따라 주주에게 사채의 인수권을 부여하여 모집하거나 영 제176조의8 제1항의 방법으로 사채를 모집하는 방식(이하 이 절에서 "공모발행방식"이라 한다) 외의 방법으로 전환사채를 발행할 수 없다.

1. 법 제29조에 따른 소수주주(이하 "소수주주"라 한다)가 해당 주권상장법인의 임원의 해임을 위하여 주주총회의 소집을 청구하거나 법원에 그 소집의 허가를 청구한 때에는 청구시부터 해당 임원의 해임여부가 결정될 때까지의 기간
2. 소수주주가 법원에 해당 주권상장법인의 임원의 직무집행의 정지를 청구하거나 주주총회결의의 무효·취소 등의 소를 제기하는 등 해당 주권상장법인의 경영과 관련된 분쟁으로 소송이 진행중인 기간
3. 제1호 및 제2호에 준하는 해당 주권상장법인의 경영권분쟁사실이 신고·공시된 후 그

절차가 진행중인 기간

② 주권상장법인이 전환사채를 발행하는 경우에는 그 발행 후 1년이 경과한 후에 전환할 수 있는 조건으로 이를 발행해야 한다. 다만, 공모발행방식으로 발행하는 경우에는 그 발행 후 1월이 경과한 후에 전환할 수 있는 조건으로 이를 발행할 수 있다.

③ 주권상장법인이 최대주주 또는 그의 특수관계인(이하 이 조에서 "최대주주등"이라 한다)에게 전환사채매수선택권을 부여하는 전환사채를 발행하는 경우(주권상장법인이 자신이 발행한 전환사채를 취득한 후 최대주주등에게 매도하는 경우를 포함한다)에는 최대주주등이 전환사채매수선택권의 행사로 각자 발행당시 보유(누구의 명의로든지 자기의 계산으로 소유하는 경우를 말한다)한 주식 비율을 초과하여 주식을 취득할 수 없도록 하는 조건으로 이를 발행하여야 한다.

제5-22조 (전환사채의 전환가액 결정)

① 주권상장법인이 전환사채를 발행하는 경우 그 전환가액은 전환사채 발행을 위한 이사회결의일 전일을 기산일로 하여 그 기산일부터 소급하여 산정한 다음 각 호(법 제165조의6 제1항 제2호의 방법으로 발행하는 경우로서 전환사채 발행을 위한 이사회결의일부터 납입일까지의 기간이 1개월 미만인 경우에는 제3호를 적용하지 아니한다)의 가액 중 높은 가액(令 176조의8 제1항의 방법으로 사채를 모집하는 방식으로 발행하는 경우에는 낮은 가액) 이상으로 한다. 다만, 전환에 따라 발행할 주식이 증권시장에서 시가가 형성되어 있지 않은 종목의 주식인 경우에는 제5-18조 제3항을 준용한다.

1. 1개월 가중산술평균주가, 1주일 가중산술평균주가 및 최근일 가중산술평균주가를 산술평균한 가액
2. 최근일 가중산술평균주가
3. 청약일전(청약일이 없는 경우에는 납입일) 제3거래일 가중산술평균주가(법 제165조의6 제1항 제2호의 방법으로 발행하는 경우로서 전환사채 발행을 위한 이사회결의일부터 납입일까지의 기간이 1개월 이상인 경우에는 실제 납입일전 제3거래일 가중산술평균주가)

② 제1항에 불구하고 주권상장법인이 발행하는 전환사채가 다음 각 호의 어느 하나에 해당하는 경우에는 전환가액을 제1항 본문의 규정에 의하여 산정한 가액의 100분의 90 이상으로 할 수 있다.

1. 2 이상의 신용평가회사가 평가한 해당 채권의 신용평가 등급(해당 채권의 발행일부터 과거 3월 이내에 평가한 채권의 등급이 있는 경우 그 등급으로 갈음할 수 있다)이 투기 등급(BB+ 이하)인 경우
2. 해당 사채를 「자산유동화에 관한 법률」에 따라 발행하는 유동화증권의 기초자산으로 하는 경우

③ 다음 각 호의 어느 하나에 해당하는 주권상장법인이 금융기관의 대출금 또는 사채를 상환하기 위하여 전환사채를 발행하는 경우에는 제1항 및 제2항의 규정을 적용하지 아니할 수 있다.

1. 기업구조조정 촉진을 위한 금융기관협약에 의하여 기업개선작업을 추진중인 기업
2. 금융기관이 공동(은행법 제8조의 규정에 의하여 은행업을 인가받은 자를 1 이상 포함해야 한다)으로 경영정상화를 추진중인 기업이 경영정상화계획에서 정한 자를 대상으로 전환사채를 발행하는 경우 해당 기업

제5-23조 (전환가액의 하향조정) 주권상장법인이 전환가액을 하향하여 조정할 수 있는 전환사채를 발행하는 경우에는 다음 각 호의 방법에 따라야 한다.

1. 전환사채의 발행을 위한 이사회에서 증자·감자·주식배당, 또는 시가변동 등 조정을 하고자 하는 각 사유별로 전환가액을 조정할 수 있다는 내용, 전환가액을 조정하는 기준이 되는 날(이하 "조정일"이라 한다) 및 구체적인 조정방법을 정해야 한다. 전환

사채의 발행을 위한 이사회에서 다음 각 목의 사항(나목의 사항은 공모발행방식으로 발행하는 경우에는 적용하지 아니한다)을 정하여야 한다.

가. 증자·주식배당 또는 시가변동 등 전환가액을 하향조정 하고자 하는 각 사유별로 전환가액을 조정할 수 있다는 내용, 전환가액을 조정하는 기준이 되는 날(이하 "조정일"이라 한다) 및 구체적인 조정방법

나. 시가변동에 따라 전환가액을 하향조정할 수 있다는 내용을 정한 경우 하향조정 이후 다시 시가가 상승하면 가목에 따른 조정일에 전환가액을 상향조정 해야한다는 내용 및 구체적인 조정방법

2. 시가하락에 따른 전환가액의 조정시 조정 후 전환가액은 다음 각 목의 가액 이상으로 해야 한다.

가. 발행당시의 전환가액(조정일 전에 신주의 할인발행 등의 사유로 전환가액을 이미 조정한 경우에는 이를 감안하여 산정한 가액)의 100분의 70에 해당하는 가액. 다만, 정관의 규정으로 전환가액의 조정에 관한 사항을 주주총회의 특별결의로 정하도록 하고 해당 전환사채 발행시 주주총회에서 조정 후 전환가액의 최저한도(이하 "최저조정가액"이라 한다) 및 해당 사채의 금액을 구체적으로 정한 경우에는 주주총회에서 정한 최저조정가액

나. 조정일 전일을 기산일로 하여 제5-22조 제1항 본문의 규정에 의하여 산정(제3호는 제외한다)한 가액

3. 제1호 나목에 따라 전환가액을 상향조정하는 경우 조정 후 전환가액은 발행당시의 전환가액(조정일 전에 신주의 할인발행 등 또는 감자 등의 사유로 전환가액을 이미 하향 또는 상향 조정한 경우에는 이를 감안하여 산정한 가액)이내에서 제2호 각 목의 가액 이상으로 하여야 한다.

4. 시가변동 외 증자·주식배당 등 주식가치 하락사유에 따른 전환가액의 조정시 조정 후 전환가액은 증자·주식배당 등으로 인하여 주식가치가 하락한 비율을 적용하여 산정한 가액 이상으로 하여야 한다.

제5-23조의2 (전환가액의 상향조정)

① 주권상장법인이 전환사채를 발행하는 경우에는 감자·주식병합 등 주식가치 상승사유가 발생하는 경우 감자·주식병합 등으로 인한 조정비율만큼 상향하여 반영하는 조건으로 이를 발행해야 한다. 단, 감자·주식병합 등을 위한 주주총회 결의일 전일을 기산일로 하여 제5-22조 제1항 본문의 규정에 의하여 산정(제3호는 제외한다)한 가액(이하 이 항에서 "산정가액"이라 한다)이 액면가액 미만이면서 기산일 전에 전환가액을 액면가액으로 이미 조정한 경우(전환가액을 액면가액 미만으로 조정할 수 있는 경우는 제외한다.)에는 조정 후 전환가액은 산정가액을 기준으로 감자·주식병합 등으로 인한 조정비율만큼 상향조정한 가액 이상으로 할 수 있다.

② 제1항에도 불구하고 주권상장법인이 정관의 규정으로 전환가액의 조정에 관한 사항을 주주총회의 특별결의로 정하도록 하고 해당 전환사채 발행시 주주총회에서 최저조정가액 및 해당 사채의 금액을 구체적으로 정한 경우에는 최저조정가액 이상으로 상향하여 반영하는 조건으로 이를 발행할 수 있다.

③ 주권상장법인이 「기업구조조정 촉진법」에 의한 부실징후기업의 관리, 「채무자 회생 및 파산에 관한 법률」에 의한 회생절차 개시 등 관련 법령에 의해 전환사채를 발행하는 경우에는 제1항 및 제2항을 적용하지 아니할 수 있다.

제5-24조 (신주인수권부사채의 발행)

① 제5-21조, 제5-22조 제1항 및 제5-23조의 규정은 신주인수권부사채의 발행에 관하여 이를 준용한다.

② 주권상장법인이 신주인수권부사채를 발행하는 경우 각 신주인수권부사채에 부여된 신

2. 조건부자본증권

(1) 의 의

주권상장법인(은행법 제33조 제1항 제2호 또는 제3호에 또는 금융지주회사법 제15조의2 제1항 제2호·제3호 또는 보험업법 제114조의2 제1항 제1호·제2호에 따라 해당 사채를 발행할 수 있는 자는 제외)은 정관으로 정하는 바에 따라 이사회의 결의로 상법 제469조 제2항(교환사채, 상환사채), 제513조(전환사채) 및 제516조의2(신주인수권부사채)에 따른 사채와 다른 종류의 사채로서 해당 사채의 발행 당시 객관적이고 합리적인 기준에 따라 미리 정하는 사유가 발생하는 경우, 주식으로 전환되는 조건이 붙은 사채(전환형 조건부자본증권)와, 그 사채의 상환과 이자지급 의무가 감면된다는 조건이 붙은 사채(상각형 조건부자본증권), 그 밖에 대통령령으로 정하는 사채를 발행할 수 있다(法 165조의11①).[105] 이를 조건부자본증권(Contingent Capital)이라 한다. 이러한 사채의 내용, 발행사항 및 유통 등의 방법, 조건의 세부내용 등 필요한 사항은 대통령령으로 정한다(法 165조의5②).

조건부자본증권은 무보증사채권(담보부사채권과 보증사채권을 제외한 사채권), 전환사채권·신주인수권부사채권·이익참가부사채권·교환사채권 등과 같이 상장채권에 포함되므로(공시규정 53조②), 조건부자본증권을 상장한 발행인은 채권상장법인이 된다.[106]

(2) 조건부자본증권의 발행인

자본시장법상 조건부자본증권의 발행인은 주권상장법인인데, 대부분 주권비상장법인인 은행도 조건부자본증권을 발행할 수 있도록 2016년 3월 금융지주회

주인수권의 행사로 인하여 발행할 주식의 발행가액의 합계액은 각 신주인수권부사채의 발행가액을 초과할 수 없다.

③ 삭제 [2013. 9. 17] (삭제 전: 주권상장법인이 공모발행방식 외의 방법으로 분리형 신주인수권부사채를 발행하는 경우에는 사채의 발행일부터 해당 사채 만기의 3분의 1에 해당하는 기간(그 기간이 1년 이하인 경우에는 1년)이 경과하기 전까지는 해당 신주인수권부사채의 신주인수권증권이 분리된 사채만을 매입하지 않는 조건으로 이를 발행해야 한다).

105) 실제 적용되는 상각조건으로는 부실금융기관 지정, 경영개선명령 등이 있다.

106) 전환형 조건부자본증권은 사채가 주식으로 전환된다는 점에서 전환사채와 여러모로 유사한데, 전환사채는 투자자가 전환 여부를 결정하나, 조건부자본증권은 발행 당시 미리 정한 사유가 발생하는 경우에 주식으로 전환되고, 발행인의 조달금리면에서는 조건부자본증권이 전환사채보다 높지만 유사시 자본확충 효과가 있다는 차이가 있다.

사법과 은행법이 개정되었다.[107]

(3) 전환형 조건부자본증권

(가) 정관의 규정

전환형 조건부자본증권을 발행하고자 하는 주권상장법인은 정관에 다음 사항을 기재해야 한다(슈 176조의12①).

1. 전환형 조건부자본증권을 발행할 수 있다는 뜻
2. 전환형 조건부자본증권의 총액
3. 전환의 조건
4. 전환으로 인하여 발행할 주식의 종류와 내용
5. 주주에게 전환형 조건부자본증권의 인수권을 준다는 뜻과 인수권의 목적인 전환형 조건부자본증권의 액
6. 주주 외의 자에게 전환형 조건부자본증권을 발행하는 것과 이에 대하여 발행할 전환형 조건부자본증권의 액

전환사유 발생에 따른 조건부자본증권의 주식으로의 전환가격, 그 밖에 조건부자본증권의 발행 및 유통 등에 관하여 필요한 세부사항은 금융위원회가 정하여 고시한다(슈 176조의12⑧).[108]

---

107) 이에 따라 은행은 상각형(은행법 33조①2), 은행주식 전환형(은행법 33조①3), 은행지주회사주식 전환형(은행법 33조①4) 등 세 가지 유형의 조건부자본증권을 발행할 수 있고, 그 중 은행지주회사주식 전환형은 비상장은행만 발행할 수 있다. 은행지주회사주식 전환형은 비상장은행 주식으로의 전환 및 그 전환된 주식의 상장은행지주회사 주식과의 교환에 의하여 은행지주회사주식으로 전환된다.

108) [증권발행공시규정]
제5-25조 (전환형 조건부자본증권의 전환가액 결정 등)
① 전환형 조건부자본증권을 발행하는 경우 주식의 전환가격은 전환사유별로 다음 각 호의 방법에 따라 정해야 한다. 다만, 전환으로 인하여 발행할 주식이 증권시장에서 시가가 형성되어 있지 않은 종목의 주식인 경우에는 제5-18조 제3항을 준용한다.
1. 전환사유가 발행인의 재무건전성 악화 등 제2항 제1호에 따른 사유 등에 해당하는 경우: 전환사유가 발생한 때에 다음 각 목의 방법에 따라 산정한 가격 중 가장 높은 가격
가. 전환사유 발생일 전 제3거래일부터 제5거래일까지의 가중산술평균주가를 기준으로 제5-22조 제2항에 따른 할인율을 적용하여 산정한 가격
나. 발행인이 전환으로 인하여 발행할 주식수의 예측 등을 위하여 조건부자본증권의 발행시 정한 가격
다. 전환으로 인하여 발행할 주식의 액면가액(무액면주식을 제외한다)
2. 전환사유가 발행인의 경영성과 또는 재무구조의 개선 등 제2항 제2호에 따른 사유 등에 해당하는 경우: 다음 각 목의 방법에 따라 산정한 가격 중 가장 높은 가격 이상일 것. 다만, 전환 전에 주식배당 또는 시가변동 등 주식가치 하락사유가 발생하거나

(나) 주식전환사유의 기준

전환형 조건부자본증권을 발행하는 경우 그 조건부자본증권의 주식 전환사유는 적정한 방법에 의하여 산출 또는 관찰이 가능한 가격·지표·단위·지수 또는 「금융산업의 구조개선에 관한 법률」 제10조에 따른 적기시정조치 등의 사건으로서 다음의 기준을 모두 충족해야 한다(令 176조의12②).

1. 발행인, 그 발행인의 주주 및 투자자 등 조건부자본증권의 발행과 관련하여 이해관계를 가지는 자의 통상적인 노력에 따라 변동 또는 발생하기 곤란한 사유등으로서 금융위원회가 정하여 고시하는 요건에 부합할 것
2. 사유등이 금융위원회가 정하여 고시하는 기준과 방법에 따라 증권시장 등을 통하여 충분히 공시·공표될 수 있을 것

(다) 등록발행

주권상장법인이 전환형 조건부자본증권을 발행하는 경우 전자등록의 방법으로 발행해야 한다(令 176조의12③).

(라) 사채청약서 · 사채원부 기재사항

전환형 조건부자본증권에 관하여는 사채청약서 및 사채원부에 다음 사항을 기재해야 한다(令 176조의12④).

1. 조건부자본증권을 주식으로 전환할 수 있다는 뜻
2. 전환사유 및 전환의 조건

감자·주식병합 등 주식가치 상승사유가 발생한 경우 제5-23조 또는 제5-23조의2를 준용한다.

가. 조건부자본증권의 발행을 위한 이사회의 결의일 전일부터 과거 1개월 가중산술평균주가, 1주일 가중산술평균주가 및 결의일 전일의 가중산술평균주가를 산술평균한 가액

나. 조건부자본증권의 발행을 위한 이사회의 결의일 전일의 가중산술평균주가

다. 청약일 전 제3거래일의 가중산술평균주가

② 영 제176조의12 제2항 제1호에서 "금융위원회가 정하여 고시하는 요건"이란 다음 각 호의 어느 하나에 해당하는 경우를 말한다.

1. 다음 각 목의 어느 하나에 해당하는 경우
   가. 조건부자본증권을 발행한 발행인이 금산법 제2조 제2호에 따른 부실금융기관으로 지정된 경우
   나. 조건부자본증권을 발행한 발행인이 「기업구조조정 촉진법」 제4조에 따라 주채권은행으로부터 부실징후기업에 해당한다는 사실을 통보받은 경우
2. 그 밖에 발행인의 경영성과 또는 재무구조의 개선 등 조건부자본증권을 발행할 당시 미리 정한 일정시점에서의 목표수준에 관한 사항이 달성되는 경우

3. 전환으로 인하여 발행할 주식의 종류와 내용

(마) 효력발생

전환형 조건부자본증권의 주식전환은 전환사유가 발생한 날부터 3영업일이 되는 날에 그 효력이 발생한다(슈 176조의12⑤).

(바) 등기사항

주권상장법인이 전환형 조건부자본증권을 발행한 경우에는 상법 제476조에 따른 납입이 완료된 날부터 2주일 이내에 본점 소재지에서 다음 사항을 등기해야 한다(슈 176조의12⑥).

1. 전환형 조건부자본증권의 총액
2. 각 전환형 조건부자본증권의 금액
3. 각 전환형 조건부자본증권의 납입금액
4. 제4항 각 호에서 정한 사항

(사) 준용규정

전환형 조건부자본증권 발행에 대하여는 상법 제424조, 제424조의2 및 제429조부터 제432조까지의 규정을, 전환형 조건부자본증권의 주식으로의 전환에 대하여는 상법 제339조, 제346조 제4항, 제350조 제2항을 준용한다(슈 176조의12⑦).

(아) 실권주발행철회의 예외

실권주발행철회의 예외를 규정한 제165조의6 제2항을 준용하는 경우 "금융위가 정하여 고시하는 방법에 따라 산정한 가격"이란 주권 관련 사채권을 통한 주식의 취득가격을 각각 다음 방법을 통해 산정한 것을 말한다(증권발행공시규정 5－15조의4).

1. 전환형 조건부자본증권 중 전환사유가 제5－25조 제2항 제1호에 해당하는 사채: 제5－25조 제1항 제1호에 따라 산정한 가격
2. 전환형 조건부자본증권 중 전환사유가 제5－25조 제2항 제2호에 해당하는 사채: 제5－25조 제1항 제2호에 따라 산정한 가격
3. 상법 제469조 제2항 제2호(교환사채와 상환사채), 제513조(전환사채) 및 제516조의2(신주인수권부사채)에 따른 사채: 제5－22조에 따라 산정한 가격

(4) 상각형 조건부자본증권

(가) 정관의 규정

상각형 조건부자본증권을 발행하고자 하는 주권상장법인은 정관에 다음 사항을 기재해야 한다(슈 176조의13①).

1. 상각형 조건부자본증권을 발행할 수 있다는 뜻
2. 상각형 조건부자본증권의 총액
3. 사채의 상환과 이자지급 의무가 감면("채무재조정")되는 조건
4. 채무재조정으로 인하여 변경될 조건부자본증권의 내용

(나) 사채청약서 · 사채원부 기재사항

상각형 조건부자본증권에 관하여는 사채청약서 및 사채원부에 다음 사항을 기재해야 한다(슈 176조의13②).

1. 조건부자본증권에 대한 채무재조정이 발생할 수 있다는 뜻
2. 채무재조정 사유 및 채무재조정의 조건
3. 채무재조정으로 인하여 변경될 조건부자본증권의 내용

(다) 효력발생일

상각형 조건부자본증권의 채무재조정은 채무재조정 사유가 발생한 날부터 3 영업일이 되는 날에 그 효력이 발생한다(슈 176조의13③).

(라) 준용규정

상각형 조건부자본증권의 채무재조정 사유에 대하여는 시행령 제176조의12 제2항(전환형 조건부자본증권의 주식전환사유의 기준)을, 발행에 대하여는 같은 조 제3항(전환형 조건부자본증권의 등록발행)을 준용한다(슈 176조의13④).

제12절 이익배당의 특례

Ⅰ. 상법상 중간배당

1. 개 요

상법은 중간배당만 규정하고, 분기배당은 규정하지 않는다. 연 1회의 결산기를 정한 회사는 영업연도중 1회에 한하여 이사회의 결의로 일정한 날을 정하여 그 날의 주주에 대하여 이익을 배당(중간배당)할 수 있음을 정관으로 정할 수 있다(商法 제462조의3①). 중간배당의 본질에 관하여, i) 직전 사업연도에서 이월된 잉여금만 중간배당의 재원이 될 수 있다는(商法 462조의3②) 前期利益後給說(다수설)과, ii) 직전 사업연도에서 이월된 잉여금 외에 배당기준일까지 발행한 당기의 이익도 중간배당의 재원이라는 當期利益先給說이 있다. 직전결산기의 이익을 중간배당의 한도로 규정한 제462조의2 제2항에 비추어 i)의 견해가 타당하다. 구 증권거래법은 배당투자를 유도하고 결산기에 자금 지급이 집중되는 현상을 완화하는 차원에서 중간배당제도를 도입하여 1998년 1월 1일 이후 최초로 개시하는 사업연도부터 적용하였으나(법률 제5423호 부칙 ②), 1998년 상법 개정에 의하여 일반 회사의 경우에도 투자자들의 자본회수기간을 단축하기 위하여 중간배당제를 도입함에 따라(商法 462조의3) 중간배당에 관한 특례를 규정한 구 증권거래법 제192조의3의 중요성이 줄어들었다. 이에 자본시장법은 중간배당에 관한 규정을 두지 않는다.

2. 중간배당의 요건

(1) 실질적 요건

(가) 중간배당가능이익의 존재

전기이익후급설에 의하면, 직전 사업연도에서 이월된 잉여금(미처분 이익)이 없으면 당해 영업연도 전반기에 이익이 발생하였더라도 중간배당을 할 수 없다. 중간배당은 직전 결산기의 대차대조표상의 순자산액에서 다음 금액을 공제한 액을 한도로 한다(商法 462조의3②).

1. 직전 결산기의 자본금의 액

2. 직전 결산기까지 적립된 자본준비금과 이익준비금의 합계액
3. 직전 결산기의 정기총회에서 이익으로 배당하거나 또는 지급하기로 정한 금액
4. 중간배당에 따라 당해 결산기에 적립하여야 할 이익준비금

(나) 당기에도 배당가능이익 발생 예상

회사는 당해 결산기의 대차대조표상의 순자산액이 제462조 제1항 각 호의 금액(배당가능이익 산정시 공제금액)의 합계액에 미치지 못할 우려가 있는 때에는 중간배당을 할 수 없다(商法 462조의3③). 이와 같이 "우려"만으로 중간배당이 금지되므로, 당해 결산기의 대차대조표상의 순자산액이 제462조 제1항 각 호의 금액의 합계액에 미치지 못할 가능성이 "확실히" 없어야 중간배당이 가능하다.

(2) 형식적 요건

연 1회의 결산기를 정한 회사는 영업연도중 1회에 한하여 이사회의 결의로 일정한 날을 정하여 그날의 주주에 대하여 이익을 배당(중간배당)할 수 있음을 정관으로 정할 수 있다(商法 462조의3①).

3. 중간배당의 방법

이익배당은 각 주주가 가진 주식의 수에 따라 지급한다. 그러나 종류주식을 발행한 경우에는 그렇지 않다(商法 464조). 중간배당은 영업연도중 1회에 한하여 할 수 있다. 중간배당에 관한 종래의 상법 제462조의3 제1항은 "…금전으로 이익을" 배당할 수 있다고 규정하였으므로 현물에 의한 중간배당은 허용되지 않았으나, 2011년 개정상법은 "금전으로"를 삭제함으로써 중간배당의 경우에도 정관의 규정에 의한 현물배당이 가능하게 되었다. 다만 중간배당은 주주총회 결의가 아니라 이사회 결의에 의하여 결정되므로, 주식배당은 배제된다. 회사는 중간배당금을 정기총회의 재무제표승인 또는 이사회의 중간배당결의일로부터 1월 이내에 지급해야 한다. 다만, 정기총회 또는 이사회에서 배당금의 지급시기를 따로 정한 경우에는 그에 따른다(商法 464조의2①).

Ⅱ. 자본시장법상 분기배당 및 주주총회 보고제도

1. 개 요

구 증권거래법은 2003년 12월 개정시 분기배당제도를 도입하였고, 자본시장법은 이를 그대로 규정하고 있다.

2. 분기배당제도의 내용

(1) 분기배당제도의 의의

연 1회의 결산기를 정한 주권상장법인은 정관으로 정하는 바에 따라 사업연도 중 그 사업연도 개시일부터 3월, 6월 및 9월 말일부터 45일 이내의 이사회 결의로써 금전으로 이익배당("분기배당")을 할 수 있다(法 165조의12①).

(2) 분기배당의 요건

(가) 결산기의 요건

분기배당은 연 1회의 결산기를 정한 회사에 한하여 할 수 있다. 연 2회의 결산기를 정한 회사는 어차피 6개월을 주기로 배당이 가능하므로 별도의 분기배당제도를 둘 필요가 적기 때문이다.

(나) 정관의 규정

분기배당을 실시하려면 정관에 분기배당에 관한 규정이 있어야 한다.

(다) 배당의 종류

분기배당은 주주총회의 결의에 의하지 않고 이사회의 결의에 의한 것이기 때문에 금전배당만 허용될 뿐 현물배당이나 주주총회의 결의를 요건(商法 462조의2①)으로 하는 주식배당은 허용되지 않는다.

(라) 이사회의 결의

통상적인 배당과는 달리 분기배당은 이사회결의에 의하고 주주총회의 추인을 요하지 않는다. 분기배당 여부는 정관에 규정이 있는 한 이사회의 재량에 속한다. 분기배당을 위한 이사회결의는 사업연도 개시일부터 3월, 6월 및 9월 말일로부터 45일 이내에 해야 한다(法 165조의12①).

(마) 지급시기

분기배당금은 이사회결의가 있은 날부터 1개월 이내에 지급해야 한다. 다만, 정관 또는 이사회에서 그 지급시기를 따로 정한 경우에는 그에 따른다(法 165조의12③).

(바) 대 상

보통 분기배당을 결정하는 이사회에서 분기배당기준일을 정하게 되며, 기준일자의 주주에게 분기배당을 받을 자격이 부여된다. 분기배당을 결정하는 이사회가 아닌 별도의 이사회에서 분기배당기준일을 정할 수도 있다. 또한, 정관에 분기배당을 받을 기준일을 특정하여 규정할 수도 있다. 정관에 분기배당기준일을 특정하여 규정한 경우 기준일 설정을 2주간 전에 공고할 필요가 없다.

(3) 분기배당의 한도와 재원

(가) 한 도

분기배당은 결산실적 또는 이익이 확정되지 않은 상황에서 이익배당을 함으로써 회사재산을 사외유출시키는 것이고, 이사회의 결의만으로 가능하므로 자본충실을 해할 위험이 높다. 따라서 분기배당은 직전 결산기의 재무상태표상의 순자산액에서 다음과 같은 금액을 뺀 금액을 한도로 한다(法 165조의12④).

1. 직전 결산기의 자본금의 액
2. 직전 결산기까지 적립된 자본준비금과 이익준비금의 합계액
3. 직전 결산기의 정기총회에서 이익배당을 하기로 정한 금액
4. 분기배당에 따라 해당 결산기에 적립하여야 할 이익준비금의 합계액

(나) 재 원

분기배당은 직전결산기의 재무상태표를 기준으로 하여 정기총회에서 미처분한 이익을 재원으로 하여 실시하는 것으로서 이익배당의 후급이라 할 수 있다. 그러나 장차 당해 결산기의 손익계산결과 손실이 발생한다면 상법 제462조 제1항이 정하는 배당요건을 위반하여 이익 없이 배당을 하는 결과가 된다.[109] 따라서 해당 결산기의 재무상태표상의 순자산액이 상법 제462조 제1항 각 호의 금액의 합계액에 미치지 못할 우려가 있으면 분기배당을 하지 못한다(法 165조의12⑤).

---

109) [商法 제462조 (이익의 배당)]
① 회사는 대차대조표상의 순자산액으로부터 다음의 금액을 공제한 액을 한도로 하여 이익배당을 할 수 있다.
1. 자본금의 액
2. 그 결산기까지 적립된 자본준비금과 이익준비금의 합계액
3. 그 결산기에 적립하여야 할 이익준비금의 액
4. 대통령령으로 정하는 미실현이익

(4) 분기배당에 관한 이사의 책임

해당 결산기의 재무상태표상의 순자산액이 상법 제462조 제1항 각 호의 금액의 합계액에 미치지 못함에도 불구하고 분기배당을 한다는 이사회 결의에 찬성한 이사는 해당 법인에 대하여 연대하여 그 차액(분기배당액의 합계액이 그 차액보다 적을 경우에는 분기배당액의 합계액)을 배상할 책임이 있다. 다만, 그 이사가 상당한 주의를 하였음에도 불구하고 제5항의 우려가 있다는 것을 알 수 없었음을 증명하면 배상할 책임이 없다(法 165조의12⑥). 이사에게 무과실책임을 지우는 것은 가혹하므로 과실책임으로 하되 이사에게 무과실에 대한 증명책임을 부담시키는 것이다.[110] 증명책임이 이사에게 있으므로 회사는 순자산액이 상법 제462조 제1항 각 호의 금액의 합계액에 미치지 않는다는 사실만으로 일단 이사에게 연대책임을 추궁할 수 있다. 이사회의 분기배당결의에 찬성한 이사도 연대하여 책임을 지며, 이사의 책임을 면제하기 위하여는 총주주의 동의를 요한다(商法 399조②).

3. 상법규정의 준용

상법 제340조 제1항(주식의 등록질)·제344조 제1항(종류주식)·제354조 제1항(주주명부의 폐쇄와 기준일)·제458조(이익준비금)·제464조(이익배당기준) 및 제625조 제3호(위법배당에 대한 처벌)의 규정의 적용에 관하여는 분기배당을 상법 제462조 제1항의 규정에 의한 이익의 배당으로 보고, 상법 제635조 제1항 제22호의2의 규정의 적용에 관하여는 제3항의 기간을 상법 제464조의2 제1항(배당금지급시기)의 기간으로 본다(法 165조의12⑦).[111] 제6항에 따라 이사가 연대책임을

---

110) 분기배당제도는 소액주주의 권익증대와 배당투자정착을 위하여 도입된 것인데, 분기배당제한 규정의 실효성을 확보하기 위한 이사의 책임규정이 엄격하기 때문에 분기배당제도정착에 장애가 될 가능성이 있다.

111) 이에 따라 분기배당에 관하여 다음과 같이 적용된다.
(商法 제340조①) 주식을 질권의 목적으로 한 경우에 질권자는 회사로부터 분기배당액을 지급받아 다른 채권자에 우선하여 자기채권의 변제에 충당할 수 있다.
(商法 제344조①) 회사는 분기배당에 관하여 내용이 다른 종류주식을 발행할 수 있다.
(商法 제423조①) 신주의 인수인은 납입 또는 현물출자의 이행을 한 때에는 다음 날부터 주주의 권리의무가 있는데, 이 경우 신주에 대한 분기배당에 관하여는 정관이 정하는 바에 따라 그 청구를 한 때가 속하는 분기 말일의 직전 영업연도말에 전환된 것으로 할 수 있다.
(商法 제516조②) 상법상 전환사채의 전환에 대하여 준용되는 질권의 물상대위(商法 399조), 전환주식의 경우 전환으로 인하여 발행하는 주식의 발행가액(商法 348조), 전환의 효력(商法 350조) 및 전환의 등기(商法 351조)에 관한 규정이 준용된다(商法 516조②).
(商法 제516조의9) 신주인수권부사채의 행사에 의하여 신주의 발행가액을 전액을 납입한

지는 경우에 관하여는 상법 제399조 제3항(이사회결의 찬성추정) 및 제400조(총주주동의에 의한 이사책임면제)를 준용하고, 제4항을 위반하여 분기배당을 한 경우에 관하여는 상법 제462조 제2항 및 제3항(위법배당금 반환청구)을 준용한다(法 165조의12⑧).

4. 주주총회 보고

주권상장법인이 상법 제462조 제2항 단서에 따라 이사회의 결의로 이익배당을 정한 경우 이사는 배당액의 산정근거 등 대통령령으로 정하는 사항을 주주총회에 보고해야 한다(法 165조의12⑨).112)

제13절 주식배당의 특례

Ⅰ. 상 법

주식배당은 이사회의 승인과 주주총회의 보통결의를 거쳐야 한다(商法 462조의2①). 상법상 주식배당은 이익배당총액의 50%에 상당하는 금액을 초과하지 못한다(商法 462조의2① 단서). 주식배당에 있어서도 주주평등원칙이 적용된다. 주식

주주에 대하여 적용되는 신주인수권 행사의 효력발생에 관한 규정(商法 350조②)이 준용된다.

(商法 제354조①) 회사는 분기배당을 받을 자를 정하기 위하여 일정한 기간을 정하여 주주명부의 기재변경을 정지하거나 일정한 날에 주주명부에 기재된 주주 또는 질권자를 그 권리를 행사할 주주 또는 질권자로 볼 수 있다.

(商法 제458조) 회사는 그 자본의 2분의 1에 달할 때까지 매분기별 금전에 의한 분기배당액의 10분의 1 이상의 금액을 이익준비금으로 적립해야 한다.

(商法 제464조) 분기배당은 각 주주가 가진 주식의 수에 따라 지급한다. 다만 분기배당에 관하여 내용이 다른 종류주식을 발행한 경우에는 그러하지 아니하다.

(商法 제625조 제3호) 이사가 법령 또는 정관의 규정에 위반하여 분기배당을 한 때에는 5년 이하의 징역 또는 1천 500만원 이하의 벌금에 처한다.

(商法 제635조① 제22호의2) 정관에서 달리 정하지 않은 경우 이사회의 결의일부터 20일 내에 분기배당금을 지급하지 않은 때에는 500만원 이하의 과태료에 처한다.

112) "대통령령으로 정하는 사항"이란 다음과 같은 것을 말한다(令 176조의14①).

1. 배당액의 산정근거
2. 직전 회계연도와 비교하여 당기순이익 대비 배당액의 비율이 현저히 변동한 경우 변동내역 및 사유
3. 그 밖에 이익배당에 관한 주주의 권익을 보호하기 위한 것으로서 금융위원회가 정하여 고시하는 사항

배당으로 발행되는 신주의 발행가액은 주식의 권면액으로 하여야 하므로(商法 462조의2②) 주주총회에서 발행가액을 정할 필요가 없고, 또한 액면가액 미만의 가액이나 액면가액을 초과하는 가액으로 발행할 수 없다. 주식으로 배당할 이익의 금액 중 주식의 권면액에 미달하는 단수가 있는 경우, 종래에는 그 부분을 금전으로 배당하도록 하여 주가가 액면가를 상회하는 경우에는 주주가 손실을 입게 되었으나, 1995년 상법개정에 의하여 거래소의 시세가 있는 주식(상장주식)은 거래소를 통하여 매각하고 그 대금을 배당하도록 하였다(商法 462조의2③, 443조①).

Ⅱ. 자본시장법

주권상장법인은 이익배당총액에 상당하는 금액까지는 새로 발행하는 주식으로 이익배당을 할 수 있다. 다만, 해당 주식의 시가가 액면액에 미치지 못하면 상법 제462조의2 제1항 단서에 따라 이익배당총액의 50%에 상당하는 금액을 초과하지 못한다(法 165조의13①). 이때 해당 주식의 시가는 주식배당을 결의한 주주총회일의 직전일부터 소급하여 그 주주총회일이 속하는 사업연도의 개시일까지 사이에 공표된 매일의 증권시장에서 거래된 최종시세가격의 평균액과 그 주주총회일의 직전일의 증권시장에서 거래된 최종시세가격 중 낮은 가액으로 한다(令 176조의14).

제14절 공공적 법인의 배당 등의 특례

Ⅰ. 이익배당

공공적 법인은 이익이나 이자를 배당할 때 정부에 지급할 배당금의 전부 또는 일부를 해당 법인의 주주 중 다음과 같은 자가 정부[113]로부터 직접 매수하여 계속 소유하는 주식 수에 따라 배당금을 지급할 수 있다(法 165조의14①, 令 176조의15①).

113) 한국은행, 한국산업은행, 그 밖에 공공기관의 운영에 관한 법률에 따른 공공기관 중 금융위원회가 지정하는 기관이 그 소유하는 공공적 법인의 발행주식을 매각한 경우에는 그 기관을 포함한다.

1. 해당 주식을 발행한 법인의 우리사주조합원
2. 연간소득수준 및 소유재산규모 등을 고려하여 대통령령으로 정하는 기준에 해당하는 자[114)]

Ⅱ. 준비금의 자본전입

공공적 법인은 준비금의 전부 또는 일부를 자본에 전입할 때에는 정부에 대하여 발행할 주식의 전부 또는 일부를 대통령령으로 정하는 기준 및 방법에 따라 공공적 법인의 발행주식을 일정 기간 소유하는 주주에게 발행할 수 있다(法 165조의14②).[115)]

제15절 의결권배제·제한 주식의 특례

Ⅰ. 상 법

의결권의 배제·제한에 관한 종류주식의 총수는 발행주식총수의 4분의 1을 초과하지 못한다. 이 경우 의결권이 없거나 제한되는 종류주식이 발행주식총수의 4분의 1을 초과하여 발행된 경우에는 회사는 지체 없이 그 제한을 초과하지 아니하도록 하기 위하여 필요한 조치를 해야 한다(商法 344조의3②). 종래의 상법은 "의결권 없는 주식의 총수는 발행주식의 총수의 4분의 1을 초과하지 못한다."고 규정하므로(종래의 商法 370조②), 이를 초과하여 발행한 의결권 없는 주식은 무효로 보아야 한다. 그러나 개정상법은 "이 경우 의결권이 없거나 제한되는 종류주식이 발행주식총수의 4분의 1을 초과하여 발행된 경우에는 회사는 지체 없이 그 제한을 초과하지 아니하도록 하기 위하여 필요한 조치를 해야 한다."고 규정

114) "대통령령으로 정하는 기준에 해당하는 자"란 다음과 같은 자를 말한다(令 176조의15②).
1. 「한국주택금융공사법」 시행령 제2조 제1항에 따른 근로자
2. 「농어가 목돈마련저축에 관한 법률」 시행령 제2조 제1항에 따른 농어민
3. 연간소득금액이 720만원 이하인 자

115) 공공적 법인은 자본시장법 제165조의14 제2항에 따른 주식의 발행이 필요한 경우에는 제165조의14 제1항 각 호의 어느 하나에 해당하는 자가 정부로부터 직접 매수하여 계속 소유하는 주식 수에 따라 배정한다(令 176조의15③). 제165조의14 제2항에 따라 주식을 취득한 자는 취득일부터 5년간 그 주식을 보유해야 한다(令 176조의15④).

하므로, "초과하여 발행된 경우"라는 규정상 초과발행주식도 무효로 되는 것이 아니라고 해석된다. 회사가 상당 기간이 경과하도록 "필요한 조치"를 하지 않는 경우, 의결권을 배제, 제한하는 정함이 무효로 된다고 해석한다.

Ⅱ. 자본시장법

1. 한도 적용시 불산입 항목

상법 제344조의3 제1항에 따라 의결권이 없거나 제한되는 주식의 총수에 관한 한도를 적용할 때 주권상장법인(주권을 신규로 상장하기 위하여 주권을 모집하거나 매출하는 법인 포함)이 다음과 같은 경우에 발행하는 의결권 없는 주식은 그 한도를 계산할 때 산입하지 않는다(法 165조의15①).

1. 대통령령으로 정하는 방법[116]에 따라 외국에서 발행한 주권 관련 사채권, 그 밖에 주식과 관련된 증권의 권리행사로 주식을 발행하는 경우[117]
2. 국가기간산업 등 국민경제상 중요한 산업을 경영하는 법인 중 대통령령으로 정하는 기준에 해당하는 법인[118]으로서 금융위원회가 의결권 없는 주식의 발행이 필요하다고 인정하는 법인이 주식을 발행하는 경우[119]

2. 발행한도 확대

위 제1항 각 호의 어느 하나에 해당하는 의결권 없는 주식과 상법 제344조의3 제1항에 따라 의결권이 없거나 제한되는 주식을 합한 의결권 없는 주식의 총수는 발행주식총수의 2분의 1을 초과할 수 없다(法 165조의15②).

---

116) "대통령령으로 정하는 방법"이란 주권상장법인과 주식을 신규로 상장하기 위하여 주식을 모집·매출하는 법인이 해외증권을 의결권 없는 주식으로 발행하는 것을 말한다(令 176조의16①).

117) 국내기업의 경영권을 안정적으로 유지하면서 해외에서의 원활한 자본조달을 위한 것이다.

118) "대통령령으로 정하는 기준에 해당하는 법인"이란 다음과 같은 법인을 말한다(令 176조의16②).

1. 정부(한국은행·한국산업은행 및 「공공기관의 운영에 관한 법률」에 따른 공공기관 포함)가 주식 또는 지분의 15% 이상을 소유하고 있는 법인
2. 다른 법률에 따라 주식취득 또는 지분참여가 제한되는 사업을 하고 있는 법인

119) 외국인투자촉진법, 방위사업법, 은행법 등에 의하여 주식소유가 제한되거나 정부의 인허가 등이 요건인 경우 해당 법인의 경영권을 안정적으로 유지하면서 자본조달이 가능하도록 하기 위한 것이다.

3. 발행방법의 제한

의결권이 없거나 제한되는 주식 총수의 발행주식총수에 대한 비율이 4분의 1을 초과하는 주권상장법인은 발행주식총수의 2분의 1 이내에서 대통령령으로 정하는 방법에 따라 신주인수권의 행사, 준비금의 자본전입 또는 주식배당 등의 방법으로 의결권 없는 주식을 발행할 수 있다(法 165조의15③).[120] 주권상장법인이 상법상 발행한도인 발행주식총수의 4분의 1을 초과하여 의결권없는 주식을 발행하는 경우 발행한도는 위 제2항에 의하여 발행주식총수의 2분의 1까지는 허용하되, 그 발행방법에 일정한 제한을 가하는 것이다.

제16절 주권상장법인 재무관리기준

I. 의의와 준수의무

1. 의 의

금융위원회는 투자자를 보호하고 공정한 거래질서를 확립하기 위하여 다음과 같은 사항에 관하여 주권상장법인 재무관리기준을 정하여 고시하거나, 그 밖에 필요한 권고를 할 수 있다. 다만, 주권과 관련된 증권예탁증권이 증권시장에 상장된 경우에는 그 주권을 발행한 법인에 대하여는 주권상장법인 재무관리기준을 다르게 정할 수 있다(法 165조의16①).

1. 유상증자의 요건에 관한 사항
1의2. 주권 관련 사채권의 발행에 관한 사항
2. 배당에 관한 사항
3. 대통령령으로 정하는 해외증권의 발행에 관한 사항[121]

---

120) 의결권 없는 주식을 발행하는 방법은 다음과 같다(슈 176조의16③).
1. 주주 또는 사채권자에 의한 신주인수권·전환권 등의 권리행사
2. 준비금의 자본전입
3. 주식배당
4. 주식매수선택권의 행사

121) "대통령령으로 정하는 해외증권"이란 주권상장법인이 해외에서 발행하는 주권·주권 관련 사채권·이익참가부사채권·증권예탁증권 그 밖에 이와 비슷한 증권을 말한다(슈 176조의17①).

4. 그 밖에 건전한 재무관리에 필요한 것으로서 대통령령으로 정하는 사항[122]

2. 준수의무

주권상장법인은 재무관리기준에 따라야 한다(法 165조의16②).

Ⅱ. 내 용

주권상장법인 재무관리기준은 증권발행공시규정 제5장 제3절에서 규정한다.

제17절 주식매수선택권 부여신고 등

Ⅰ. 주식매수선택권 부여신고

상법 제340조의2 또는 제542조의3에 따른 주식매수선택권을 부여한 주권상장법인은 주주총회 또는 이사회에서 주식매수선택권을 부여하기로 결의한 경우 대통령령으로 정하는 방법에 따라 금융위원회와 거래소에 그 사실을 신고하여야 하며, 금융위원회와 거래소는 신고일부터 주식매수선택권의 존속기한까지 그 사실에 대한 기록을 갖추어 두고, 인터넷 홈페이지 등을 이용하여 그 사실을 공시해야 한다(法 165조의17①). 해당 주권상장법인은 신고서에 주주총회 의사록 또는 이사회 의사록을 첨부해야 한다(令 176조의18조①).

Ⅱ. 사외이사 특례

「공기업의 경영구조개선 및 민영화에 관한 법률」,[123] 금융사지배구조법, 그

---

122) "대통령령으로 정하는 사항"이란 다음과 같은 사항을 말한다(令 176조의17②).
1. 이익참가부사채권의 발행에 관한 사항
2. 결손금에 관한 사항
3. 계산서류 및 재무에 관한 사항의 신고 및 공시방법에 관한 사항

123) [공기업의 경영구조개선 및 민영화에 관한 법률 제5조 (이사)]
① 이사는 상임이사와 비상임이사로 구분하되, 주주총회에서 선임한다.
제8조 (이사후보의 추천)

밖의 법률에 따라 선임된 주권상장법인의 비상임이사 또는 사외이사는 상법에 따른 요건 및 절차 등에 따라 선임된 사외이사로 본다(法 165조의17②).[124)]

Ⅲ. 신 고

주권상장법인은 사외이사를 선임 또는 해임하거나 사외이사가 임기만료 외의 사유로 퇴임한 경우에는 그 내용을 선임·해임 또는 퇴임한 날의 다음 날까지 금융위원회와 거래소에 신고해야 한다(法 165조의17③).

---

① 상임이사후보를 사장이 추천하는 경우에는 이사회의 동의를 얻어야 한다. 이 경우 사장을 제외한 상임이사는 이사회의 결의에 참여할 수 없다.
② 비상임이사후보는 정관이 정하는 바에 의하여 주주 또는 주주협의회가 추천한다.
제9조 (비상임이사의 자격요건 등)
① 비상임이사가 될 수 있는 자는 경제·경영·법률 또는 관련 기술 등에 관한 전문적인 지식이나 경험이 있는 자로 한다.
② 제1항의 규정에 불구하고 대상기업과 중대한 이해관계가 있는 자는 비상임이사가 될 수 없다.
③ 제2항의 규정에 의한 중대한 이해관계가 있는 자의 범위는 정관으로 정한다.

124) 다른 법률에 따라 선임된 비상임이사 또는 사외이사에 관하여 다른 법률이 정하는 요건과 절차 외에 상법이 정하는 요건과 절차를 다시 갖추어야 하는 부담을 덜어주기 위한 것이다. "상법에 따른 요건"이라는 문구상 상법의 사외이사 관련 자격요건 규정과 결격사유 규정에 불구하고 상법에 따른 요건에 따라 선임된 사외이사로 본다는 취지이다. 그런데 2022. 2. 3. 법률 제18795호로 개정된 "공공기관운영법" 제25조 제3항, 제26조 제3항에 따르면 공기업과 준정부기관은 3년 이상 재직한 해당 기관 소속 근로자중에서 근로자대표(근로자의 과반수로 조직된 노동조합이 있는 경우 그 노동조합의 대표자)의 추천이나 근로자 과반수의 동의를 받은사람(소위 "노동이사") 1명을 비상임이사로 선임하여야 하는데, 이러한 노동이사를 상법상 요건을 갖춘 사외이사로 보아야 하는지 아니면 기타비상무이사로 보아야 하는지에 대하여 해석상 논란의 여지가 있다. 이와 관련하여 "이 장은 주권상장법인에 관하여 상법 제3편에 우선하여 적용한다."라고 명시하는 자본시장법 제165조의2 제2항에 따르면, 자본시장법 제165조의17을 포함한 자본시장법 제3장의2의 규정들은 주권상장법인에 관하여 사외이사의 자격요건에 관한 상법 제382조를 포함한 상법 제3편에 우선하여 적용되므로 상법상 요건을 갖춘 사외이사로 보는 것이 타당하다.

제18절 주권상장법인에 대한 조치

Ⅰ. 의 의

자본시장법은 주권상장법인에 대한 특례를 규정하면서, 자본시장법에 의한 규정이나 명령 또는 금융위원회의 명령에 위반하는 경우에 금융위원회가 이에 대한 정정명령, 해당법인의 임원해임 권고 등의 행정적 조치를 할 수 있는 권한을 규정한다.

Ⅱ. 조치사유

금융위원회는 다음과 같은 경우에는 주권상장법인(제16호의 경우 은행법 제33조 제1항 제2호 또는 제3호에 따라 해당 사채를 발행할 수 있는 자는 제외)에 대하여 이유를 제시한 후 그 사실을 공고하고 정정을 명할 수 있으며, 필요하면 그 법인의 주주총회에 대한 임원의 해임 권고, 일정 기간 증권의 발행 제한, 그 밖에 대통령령으로 정하는 조치[125]를 할 수 있다. 이 경우 그 조치에 필요한 절차 및 조치기준은 총리령으로 정한다(法 165조의18).

1. 취득한도(배당가능액 한도)를 위반하여 자기주식을 취득한 경우
2. 자본시장법이 정하는 요건·방법 등의 기준을 위반하여 자기주식을 취득(자기주식을 취득하기로 한 신탁업자와의 신탁계약의 체결을 포함)하거나 처분(자기주식을 취득하기로 한 신탁업자와의 신탁계약의 해지를 포함)한 경우
3. 제165조의4 제1항을 위반하여 같은 항 각 호의 어느 하나에 해당하는 행위를 한 경우
4. 제165조의4 제2항을 위반하여 외부평가기관으로부터 평가를 받지 아니한 경우
5. 제165조의5 제2항을 위반하여 주식매수청구기간이 종료하는 날부터 1개월 이내에 해당 주식을 매수하지 아니한 경우

---

125) 대통령령으로 정하는 조치란 시행령 제138조 제3호부터 제5호까지의 조치를 말한다(令 176조의18②).

3. 자본시장법을 위반한 경우에는 고발 또는 수사기관에의 통보
4. 다른 법률을 위반한 경우에는 관련 기관이나 수사기관에의 통보
5. 경고 또는 주의

6. 제165조의5 제4항을 위반하여 대통령령으로 정하는 기간 이내에 주식을 처분하지 아니한 경우
7. 제165조의5 제5항의 절차를 위반하여 통지 또는 공고를 하거나, 같은 항에 따른 통지 또는 공고를 하지 아니한 경우
8. 제165조의6 제2항을 위반하여 실권주의 발행을 철회하지 아니한 경우
9. 제165조의6 제3항을 위반하여 신주인수권증서를 발행하지 아니하거나 유통될 수 있도록 하지 아니한 경우
10. 제165조의6 제4항을 위반하여 불특정 다수인(해당 주권상장법인의 주식을 소유한 자를 포함)에게 신주를 배정한 경우
11. 제165조의7을 위반하여 우리사주조합원에 대하여 주식의 배정을 한 경우
12. 제165조의8 제1항 단서를 위반하여 액면미달의 가액으로 주식을 발행한 경우
13. 제165조의8 제2항을 위반하여 최저발행가액을 정하지 아니하거나 같은 항 후단에 따른 방법에 따라 산정하지 아니한 경우
14. 제165조의8 제3항을 위반하여 주주총회의 결의일부터 1개월 이내에 주식을 발행하지 아니한 경우
15. 제165조의10을 위반하여 사채를 발행한 경우
16. 제165조의11을 위반하여 조건부자본증권 등을 발행한 경우
17. 제165조의12 제1항 및 제2항을 위반하여 이사회 결의를 거치지 아니하고 분기배당을 한 경우
18. 제165조의12 제3항을 위반하여 분기배당금을 지급하지 아니한 경우
19. 제165조의12 제5항을 위반하여 분기배당을 한 경우
20. 제165조의13 제1항을 위반하여 주식배당을 한 경우
21. 제165조의13 제2항을 위반하여 주식의 시가를 산정한 경우
22. 제165조의15 제2항을 위반하여 의결권이 없거나 제한되는 주식을 발행한 경우
23. 제165조의16 제2항을 위반하여 재무관리기준에 따르지 아니한 경우
24. 제165조의17 제1항을 위반하여 같은 항에 따른 방법에 따라 주식매수선택권 부여에 관한 신고를 하지 아니한 경우
25. 제165조의17 제3항을 위반하여 사외이사의 선임·해임 또는 퇴임 사실을 신고하지 아니한 경우

제19절 코넥스시장 주권상장법인에 대한 특례

코넥스시장에 상장된 주권을 발행한 법인에 대하여는 상장회사의 사외이사에 관한 상법 제542조의8(제1항 단서, 제4항 및 제5항 제외)[126] 및 상근감사에 관

한 제542조의10을 적용하지 아니한다(法 165조의19, 令 176조의19).

제20절 이사회의 성별 구성에 관한 특례

최근 사업연도말 현재 자산총액[금융업 또는 보험업을 영위하는 회사의 경우 자본총액(재무상태표상의 자산총액에서 부채총액을 뺀 금액) 또는 자본금 중 큰 금액]이 2조원 이상인 주권상장법인의 경우 이사회의 이사 전원을 특정 성(性)의 이사로 구성하지 아니해야 한다(法 165조의20). 개정법 시행 당시 이 규정에 적합하지 아니한 주권상장법인은 개정법 시행일부터 2년 이내에(2022.8.5.까지) 개정규정에 적합하도록 해야 한다(부칙 2조).

126) 코넥스시장 주권상장법인은 중소기업기본법 제2조에 따른 중소기업이므로 상법 제542조의8 제1항 단서, 제4항, 제5항(사외이사 후보추천위원회)은 대규모 상장회사에 관한 규정이라 당초부터 적용대상이 아니다.

제6장

기 타

Ⅰ. 외국인의 증권 또는 장내파생상품 거래의 제한

1. 외국인의 취득한도 제한

외국인 또는 외국법인등에 의한 증권 또는 장내파생상품의 매매, 그 밖의 거래에 관하여는 대통령령으로 정하는 기준 및 방법에 따라 그 취득한도 등을 제한할 수 있다(法 168조①).[1] 외국인이란 외국국적 보유자로서 국내에 6개월 이상 주소 또는 거소를 두지 아니한 개인을 말한다.[2]

한편 자본시장법 외에 외국인투자제한을 규정한 개별법도 다수 있다. 구체적으로는, (ⅰ) 기간통신사업자의 주식(의결권 있는 주식에 한하며 주식예탁증서 등

1) 초창기에 주식에 대한 외국인주식투자 한도의 변천과정을 보면, 1992년 1월 외국인이 직접적으로 국내기업의 발행주식에 투자할 수 있게 된 당시에는 외국인의 투자한도는 총발행주식의 10%, 외국인 개인 1인당 한도는 3%로 제한되었는데, 그 후 지속적으로 확대되어 1994년 12월 12%로, 1995년 7월 15%로 지속적으로 확대되어 오다가 1997년 11월 3일 한도확대시 총한도는 28%, 1인당 한도는 7%로 확대되었다. 그 후 외환위기사태로 인한 IMF와의 협상결과에 따라 1997년 12월 30일 종목당 주식투자한도가 55%, 1인당 투자한도가 50%로 확대되었고(이때 국공채와 특수채 및 회사채 등 채권에 대한 외국인 투자한도 30%가 폐지되어 투자가 전면 자유화되었고, 투자신탁회사의 외국인전용수익증권(외수증권)발행한도가 폐지되었다), 결국 주식의 경우 1998년 5월 25일로 상장법인 및 코스닥상장법인에 대한 종목당 및 1인당 외국인의 주식투자한도가 전면폐지되었다. 공공적 법인에 대한 투자한도도 종목당 종래의 25%에서 30%로, 1인당 1%에서 3%로 확대되었다. 채권의 경우 1994년 중소기업전환사채가 개방된 이래 1997년 10월 만기 5년 이상 회사채, 1997년 12월 만기 3년 이상 회사채 등에 대한 외국인투자가 허용되었고, 1998년 1월 국공채, 특수채, 만기 3년 미만 회사채가 개방되어 완전 개방 수준에 이르렀다. 주식과 채권에 이어 단기금융시장도 1998년 2월 8일 재정경제부가 발표한 "단기금융시장개방계획"에 의하여 1998년 2월 16일부터 기업어음·무역어음·상업어음에 대한 외국인투자가 제한 없이 허용되어 완전히 개방되어 자본시장은 거의 완전개방수준에 이르렀다. 나아가 1998년 7월 1일부터 양도성예금증서(CD)·환매조건부채권(RP) 등 단기금융상품의 취득과 10% 미만의 국내비상장주식의 취득이 허용되었다.

2) 종래에는 내외국인의 개념을 국적을 기준으로 분류하였으나 1997년 1월 개정시 외국국적 보유자도 국내에 6월 이상 주소나 거소를 두면 내국인대우를 받게 되었다.

의결권을 가진 주식의 등가물 및 출자지분을 포함)은 외국정부 또는 외국인 모두가 합하여 그 발행주식 총수의 49%를 초과하여 소유하지 못하고(전기통신사업법 7조), (ⅱ) 「방송법」상 ⅰ) 외국의 정부나 단체, ⅱ) 외국인, ⅲ) 외국의 정부나 단체 또는 외국인이 당해 법인의 주식 또는 지분 총수의 50%를 초과하여 주식 또는 지분을 소유하고 있는 법인 등은 각종 방송사업자에 대한 투자가 제한되고(방송법 14조, 동법 시행령 14조), (ⅲ) 신문을 발행하거나 발행하고자 하는 자가 외국인 또는 외국의 정부나 단체로부터 재산의 출연을 받은 때에는 대통령령이 정하는 바에 따라 출연을 받은 날부터 15일 이내 또는 등록신청시에 등록관청에 신고하여야 하고(신문 등의 진흥에 관한 법률 15조①), (ⅳ) 외국인이 소유하거나 임차하는 항공기는 등록할 수 없고, 다만, 대한민국의 국민 또는 법인이 임차하거나 그 밖에 항공기를 사용할 수 있는 권리를 가진 자가 임차한 항공기는 등록할 수 있다(항공법 6조①).

「외국인투자촉진법」도 외국인투자에 대한 제한을 규정한다. 외국인투자는 외국인이 대한민국법인(설립중인 법인 포함) 또는 대한민국국민이 경영하는 기업이 발행한 의결권 있는 주식총수나 출자총액의 10% 이상을 소유하는 것을 말한다(외국인투자촉진법 시행령 2조②1). 외국인투자제한의 구체적인 내용을 보면, ⅰ) 국가의 안전과 공공질서의 유지에 지장을 주는 경우, ⅱ) 국민의 보건위생 또는 환경보전에 해를 끼치거나 미풍양속에 현저히 어긋나는 경우, ⅲ) 대한민국의 법령을 위반하는 경우에는 외국인투자를 제한할 수 있고(외국인투자촉진법 4조②), 외국인은 대통령령으로 정하는 방위산업체를 경영하는 기업의 기존주식등의 취득에 의한 외국인투자를 하려는 경우에는 미리 산업통상부장관의 허가를 받아야 하고, 허가받은 내용 중 외국인투자금액, 외국인투자비율 등 대통령령으로 정하는 사항을 변경할 때에도 위와 같은 허가를 받아야 한다(외국인투자촉진법 6조①).

2. 공공적 법인의 지분증권에 대한 취득제한

외국인 또는 외국법인등에 의한 공공적 법인의 주식 취득에 관하여는 위와 같은 제한에 추가하여 그 공공적 법인의 정관이 정하는 바에 따라 따로 이를 제한할 수 있다(法 168조②).

외국인 또는 외국법인등은 금융위원회가 정하여 고시하는 경우를 제외하고는 누구의 명의로든지 자기의 계산으로 다음과 같은 취득한도를 초과하여 공공적 법인이 발행한 지분증권을 취득할 수 없다. 이 경우 한도초과분의 처분, 취득한도의 계산기준·관리 등에 관하여 필요한 사항은 금융위원회가 정하여 고시한다(令 187조①).

1. 종목별 외국인 또는 외국법인등의 1인 취득한도: 해당 공공적 법인의 정관에서 정한 한도
2. 종목별 외국인 및 외국법인등의 전체 취득한도: 해당 종목의 지분증권 총수의 40%

금융위원회는 증권시장(다자간매매체결회사에서의 거래 포함) 및 파생상품시장의 안정과 투자자 보호를 위하여 필요하다고 인정하는 경우에는 위 취득한도 제한 외에 증권 또는 장내파생상품(파생상품시장에서 거래되는 것만 해당한다)에 대하여 업종별, 종류별 또는 종목별·품목별 취득한도를 정하여 고시할 수 있다(令 187조②). 외국예탁결제기관은 해외에서 증권예탁증권을 발행할 목적으로 국내법인이 발행한 지분증권을 취득하려는 경우에는 그 지분증권을 발행한 국내법인으로부터 미리 동의를 받아야 한다. 다만, 그 지분증권을 새로 발행하는 경우, 그 밖에 금융위원회가 정하여 고시하는 경우는 제외한다(令 187조③).

3. 취득한도초과분에 대한 제재

외국인 또는 외국법인이 주식취득제한을 위반한 경우 그 주식에 대한 의결권을 행사할 수 없으며, 금융위원회는 이에 위반하여 증권 또는 장내파생상품을 매매한 자에게 6개월 이내의 기간을 정하여 그 시정을 명할 수 있다(法 168조③).

4. 준수사항

외국인 또는 외국법인등은 상장증권 또는 장내파생상품(파생상품시장에서 거래되는 것만 해당)을 매매하거나 그 밖의 거래를 하려는 경우에는 다음과 같은 기준을 준수해야 한다(令 188조).

1. 다음 각 목의 증권을 취득 또는 처분하기 위하여 투자매매업자 또는 투자중개업자에게 매매거래 계좌를 개설하는 경우에는 금융위원회가 정하여 고시하는 방법 및 절차에 따라 본인의 인적 사항 등의 확인을 거쳐 개설할 것
   가. 상장증권
   나. 증권시장에 상장하기 위하여 모집·매출하는 증권 등 상장이 예정된 증권

2. 상장증권을 매매하는 경우에는 다음 각 목의 기준을 준수할 것
   가. 금융위원회가 정하여 고시하는 경우를 제외하고는 증권시장(다자간매매체결회사에서의 거래를 포함한다)을 통하여 매매할 것
   나. 매매거래 계좌의 개설, 매수증권의 보관, 국내 대리인의 선임, 매매내역의 보고 등에 관하여 금융위원회가 정하여 고시하는 기준을 충족할 것
3. 장내파생상품을 매매하는 경우에는 매매거래 계좌의 개설, 매매내역의 보고 등에 관하여 금융위원회가 정하여 고시하는 기준을 충족할 것
4. 상장증권을 매매 외의 방식으로 거래하는 경우에는 그 거래내역의 신고 등에 관하여 금융위원회가 정하여 고시하는 기준을 충족할 것

Ⅱ. 회계감사인에 의한 감사증명

1. 회계감사 대상

금융위원회와 거래소에 재무에 관한 서류를 제출하는 자 중 대통령령으로 정하는 자는 外監法에 따라 회계감사를 받아야 한다(法 169조①). "대통령령으로 정하는 자"란 다음과 같은 자를 말한다(令 189조①).

1. 사업보고서 제출대상법인
2. 비상장법인으로서 시행령 제167조 제1항 제2호[3]에 해당하는 증권에 대하여 증권

---

3) [令 제167조]
   ① 법 제159조 제1항 본문에서 "대통령령으로 정하는 법인"이란 다음 각 호의 어느 하나에 해당하는 법인을 말한다.
   1. 다음 각 목의 어느 하나에 해당하는 증권을 증권시장에 상장한 발행인
      가. 주권 외의 지분증권[집합투자증권과 자산유동화계획에 따른 유동화전문회사 등(「자산유동화에 관한 법률」 제3조에 따른 유동화전문회사 등을 말한다)이 발행하는 출자지분은 제외한다]
      나. 무보증사채권(담보부사채권과 제362조 제8항에 따른 보증사채권을 제외한 사채권을 말한다)
      다. 전환사채권 · 신주인수권부사채권 · 이익참가부사채권 또는 교환사채권
      라. 신주인수권이 표시된 것
      마. 증권예탁증권(주권 또는 가목부터 라목까지의 증권과 관련된 증권예탁증권만 해당한다)
      바. 파생결합증권
   2. 제1호 외에 다음 각 목의 어느 하나에 해당하는 증권을 모집 또는 매출(法 130조에 따른 모집 또는 매출은 제외한다)한 발행인(주권상장법인 또는 제1호에 따른 발행인으로서 해당 증권의 상장이 폐지된 발행인을 포함)
      가. 주권
      나. 제1호 각 목의 어느 하나에 해당하는 증권

신고서를 제출하지 아니하고 모집·매출을 한 법인

2. 제외 대상

기업경영 등 비밀유지 및 기업부담과 투자자 보호와의 형평 등을 고려하여 대통령령으로 정하는 사항은 외감법상 회계감사의 대상이 아니다(法 169조① 단서). "대통령령으로 정하는 사항"이란 다음과 같은 사항을 말한다(令 189조②).

1. 재무에 관한 서류 중 제131조 제5항 각 호의 어느 하나에 해당하는 사항이 기재된 부분
2. 반기보고서와 분기보고서 중 재무에 관한 서류. 다만, 반기보고서와 제170조 제1항 제2호 단서에 해당하는 법인이 제출하는 분기보고서의 경우에는 회계감사인의 확인과 의견표시가 있는 것만 해당한다.

3. 기 타

금융위원회는 투자자 보호를 위하여 필요하다고 인정되는 경우에는 위 회계감사를 한 회계감사인 또는 회계감사를 받은 법인에 대하여 자료의 제출 및 보고를 명하거나, 그 밖에 필요한 조치를 할 수 있다(法 169조②). 외국법인등이 외국금융투자업 관련 법령에 따라 회계감사를 받은 경우로서 대통령령으로 정하는 기준을 충족하였을 경우에는 위 회계감사를 받은 것으로 본다.[4] 이 경우 제2항은 외국금융투자업관련 법령에 따라 회계감사를 한 회계감사인("외국회계감사인") 또는 회계감사를 받은 외국법인등에게 준용한다(法 169조③).

Ⅲ. 회계감사인의 손해배상책임

1. 주식회사 등의 외부감사에 관한 법률의 준용

회계감사인의 손해배상책임에 관한 외감법 제31조 제2항부터 제9항까지의

4) 외국법인등이 다음에 해당하는 경우에는 회계감사를 받은 것으로 본다(令 190조).
1. 제176조 제1항 각 호의 어느 하나에 해당하는 외국법인등이 외국법령이나 설립의 근거가 되는 조약·정관·규정 등에 따라 감사를 받은 경우
2. 외국법령에 따라 설립된 외국기업이 외국법령에 따라 외부감사를 받은 경우. 다만, 외국기업이 채택하고 있는 회계처리기준이 외감법에 따른 회계처리기준과 다른 경우에는 금융위원회가 정하여 고시하는 사항을 기재한 서류를 해당 감사보고서와 함께 제출해야 한다.

규정은 선의의 투자자가 사업보고서 등에 첨부된 회계감사인(외국회계감사인 포함)의 감사보고서를 신뢰하여 손해를 입은 경우 그 회계감사인의 손해배상책임에 관하여 준용한다(法 170조①). 외감법 제31조 제2항은 "감사인이 중요한 사항에 관하여 감사보고서에 기재하지 아니하거나 거짓으로 기재를 함으로써 이를 믿고 이용한 제3자에게 손해를 발생하게 한 경우에는 그 감사인은 제3자에게 손해를 배상할 책임이 있다."라고 규정한다.5)

감사인의 손해배상책임이 인정되기 위해서는 손해배상을 청구하는 자가 감사인이 중요한 사항에 관하여 감사보고서에 기재하지 아니하거나 거짓으로 기재를 하였다는 점을 주장·증명해야 한다.6)

감사인의 손해배상책임은 감사인이 고의로 중요한 사항에 관하여 감사보고서에 기재하지 아니하거나 거짓으로 기재한 경우뿐만 아니라 과실로 중요한 사항에 관하여 기재하지 아니하거나 거짓으로 기재한 경우에도 인정된다.7)

증권발행인의 재무상태는 주가를 형성하는 가장 중요한 요인 중의 하나이고, 발행인의 재무제표에 대한 외부감사인의 회계감사를 거쳐 작성된 감사보고서는 발행인의 정확한 재무상태에 관한 가장 객관적인 자료로서 증권의 가격 형성에 중요한 영향을 미치는 것이기 때문에 외부감사인의 책임이 인정되는 것이다.8)

2. 손해배상책임을 지는 감사인

외감법 제31조 제2항의 규정에 따라 손해배상책임을 지는 감사인은 외감법 제2조에 따라 외부감사를 하는 감사인에 한정되고, 외감법은 "외부감사를 받는 회사의 회계처리와 외부감사인의 회계감사에 관하여 필요한 사항을 정함으로써 이해관계인을 보호하고 기업의 건전한 경영과 국민경제의 발전에 이바지함"을 목적으로 하고(外監法 1조), 외부감사의 대상이 되는 회사 및 감사의 범위에 관하여 '직전사업년도말의 자산총액이 500억원 이상인 주식회사'와 '재무제표'로 한정

5) 회계감사인의 손해배상책임에 관하여는, 남궁주현, "자본시장법상 회계감사인의 손해배상책임", 증권법연구 제22권 제2호, 한국증권법학회(2021), 23면 이하 참조.

6) 대법원 2020. 7. 9. 선고 2016다268848 판결.

7) 대법원 2016. 12. 15. 선고 2015다243163 판결.

8) 한편 외감법 제31조 제1항은 "감사인이 그 임무를 게을리하여 회사에 손해를 발생하게 한 경우에는 그 감사인은 회사에 대하여 손해를 배상할 책임이 있다. 이 경우 감사반인 감사인의 경우에는 해당 회사에 대한 감사에 참여한 공인회계사가 연대하여 손해를 배상할 책임을 진다."고 규정함으로써, 감사인의 회사에 대한 손해배상책임도 규정한다.

하고 있고(外監法 4조, 外監令 5조①1), 그러한 감사를 실시할 수 있는 감사인에 대하여 '공인회계사법 제23조의 규정에 의한 회계법인(外監法 2조 제7호 가목)' 또는 '공인회계사법 제41조의 규정에 의하여 설립된 한국공인회계사회에 총리령이 정하는 바에 의하여 등록을 한 감사반(外監法 2조 제7호 나목)'으로 한정하고 있음에 비추어 볼 때, 위 제17조 제2항의 규정에 따라 손해배상책임을 지는 감사인은 외감법 제4조에 따라 외부감사의 대상이 되는 회사에 대하여 외부감사를 하는 외감법 제2조의 감사인에 한정된다.[9]

다만, 연결재무제표에 대한 감사보고서에 중요한 사항을 기재하지 아니하거나 거짓으로 기재를 한 책임이 종속회사 또는 관계회사의 감사인에게 있는 경우에는 해당 감사인은 이를 믿고 이용한 제3자에게 손해를 배상할 책임이 있다(外監法 31조② 단서). 감사반인 감사인의 경우에는 해당 회사에 대한 감사에 참여한 공인회계사가 연대하여 손해를 배상할 책임을 진다(外監法 31조③).

3. 연대책임

(1) 연대책임원칙

감사인이 회사 또는 제3자에게 손해를 배상할 책임이 있는 경우에 해당 회사의 이사 또는 감사(감사위원회가 설치된 경우에는 감사위원회위원)도 그 책임이 있으면 그 감사인과 해당 회사의 이사 및 감사는 연대하여 손해를 배상할 책임이 있다(外監法 31조④).

(2) 비례책임

다만, 손해를 배상할 책임이 있는 자가 고의가 없는 경우에 그 자는 법원이 귀책사유에 따라 정하는 책임비율에 따라 손해를 배상할 책임이 있다(外監法 31조④ 단서). 회계감사인의 비례책임은 감사보고서와 관련된 청구에 관하여서만 적용되고, 기타의 공시의무 위반에 대하여는 적용되지 않는다.[10]

(3) 연대책임으로의 환원

그러나 손해배상을 청구하는 자의 소득인정액(「국민기초생활 보장법」 제2조 제9호에 따른 소득인정액)이 그 손해배상 청구일이 속하는 달의 직전 12개월간의

---

9) 대법원 2002. 9. 24. 선고 2001다9311, 9328 판결.

10) 비례책임에 관하여는 최문희, "회계감사인의 비례책임제도의 쟁점과 바람직한 운용방안", 저스티스 통권 제144호, 한국법학원(2014.10) 240면 이하 참조.

소득인정액 합산금액이 1억 5천만원 이하인 경우(外監令 37조①)에는 감사인과 해당 회사의 이사·감사는 연대하여 손해를 배상할 책임이 있다(外監法 31조⑤).

⑷ 추가배상책임

책임비율에 따라 손해를 배상할 책임이 있는 자 중 배상능력이 없는 자가 있어 손해액의 일부를 배상하지 못하는 경우에는 배상능력이 없는 자를 제외한 자가 각자 책임비율의 50%(外監令 17조②)의 범위에서 손해액을 추가로 배상할 책임을 진다(外監法 31조⑥). 무자력에 따른 추가손해배상청구를 할 수 있는 시점에 대한 규정은 따로 없는데, 외감법상 소멸시효기간규정을 고려하여 손해배상소송의 확정판결시 무자력을 알거나 알았다고 보아 그 때로부터 1년 내에 추가손해배상을 청구할 수 있다고 해석하는 것이 타당하다.

4. 거래인과관계

제170조 제1항은 "외감법 제31조 제2항부터 제9항까지의 규정은 선의의 투자자가 사업보고서등에 첨부된 회계감사인(외국회계감사인을 포함한다. 이하 이 조에서 같다)의 감사보고서를 신뢰하여 손해를 입은 경우 그 회계감사인의 손해배상책임에 관하여 준용한다."라고 규정하고, 외감법 제31조 제2항은 "감사인이 중요한 사항에 관하여 감사보고서에 적지 아니하거나 거짓으로 적음으로써 이를 믿고 이용한 제3자에게 손해를 발생하게 한 경우에는 그 감사인은 제3자에게 손해를 배상할 책임이 있다."라고 규정한다. 즉, 제170조는 "감사보고서를 신뢰하여", 외감법 제31조는 "감사보고서에 적지 아니하거나 거짓으로 적음으로써 이를 믿고 이용한"이라고 규정함으로써 명시적으로 거래인과관계를 요구한다. 따라서 자본시장법 제170조에 기한 손해배상청구소송에서는 원고가 거래인과관계를 증명해야 한다.[11]

다만, 판례는 투자자로서는 그 대상 기업의 재무상태를 가장 잘 나타내는 사업보고서의 재무제표와 이에 대한 감사보고서가 정당하게 작성되어 공표된 것으로 믿고 주가가 당연히 그에 바탕을 두고 형성되었으리라는 생각 아래 대상 기업의 주식을 거래한 것으로 보아야 한다는 입장이다.[12] 즉, 판례는 시장사기이론

11) 반면에 발행공시에 관한 제125조 제1항은 "중요사항에 관하여 거짓의 기재 또는 표시가 있거나 중요사항이 기재 또는 표시되지 아니함으로써 증권의 취득자가 손해를 입은 경우에는"이라고 규정하므로 거래인과관계는 요구되지 않거나 사실상 추정된다고 해석한다. 유통공시에 관한 제162조 제1항도 제125조와 같은 형식으로 규정하므로 거래인과관계가 요구되지 않는다고 해석한다.

의 논리에 따라 거래인과관계의 존재가 사실상 추정되는 것으로 본다.

그러나 구증권거래법 제190조와 제정 당시의 자본시장법 제170조는 모두 단순히 '선의의 투자자'만을 요건으로 규정하였으나, 2009. 2. 3. 개정 자본시장법 제170조는 그에 더하여 '감사보고서를 신뢰하여 손해를 입은 경우'를 명시적인 요건으로 규정하는 점에 비추어[13] 이러한 판례의 입장이 제170조의 입법취지에 부합하는지에 대하여는 논란의 여지가 있다.

한편, 거래인과관계의 기초인 시장사기이론은 공시내용의 중요성을 전제로 하므로 정보의 중요성이 부인되는 경우에는 거래인과관계의 추정이 복멸된다. 물론 외감법 제31조 제2항은 "감사인이 중요한 사항에 관하여 감사보고서에 기재하지 아니하거나 거짓으로 기재를 함"을 요건으로 하므로 정보의 중요성이 부인되는 경우에는 거래인과관계의 존부와 관계없이 손해배상책임이 발생하지 않는다. 따라서 정보의 중요성 부인에 의한 거래인과관계 추정의 복멸은 증권집단소송의 소송허가절차에서 의미가 있다.[14]

---

12) [대법원 2020. 4. 29. 선고 2014다11895 판결] "주식거래에서 대상 기업의 재무상태는 주가를 형성하는 가장 중요한 요인 중의 하나이고, 대상 기업의 사업보고서의 재무제표에 대한 외부감사인의 회계감사를 거쳐 작성된 감사보고서는 대상 기업의 재무상태를 드러내는 가장 객관적인 자료로서 투자자에게 제공·공표되어 주가형성에 결정적인 영향을 미치는 것이어서, 주식투자를 하는 투자자로서는 대상 기업의 재무상태를 가장 잘 나타내는 사업보고서의 재무제표와 이에 대한 감사보고서가 정당하게 작성되어 공표된 것으로 믿고 주가가 당연히 그에 바탕을 두고 형성되었으리라는 생각 아래 대상기업의 주식을 거래한 것으로 보아야 한다." (同旨: 대법원 2016. 12. 15. 선고 2015다243163 판결, 대법원 2016. 12. 15. 선고 2015다60597 판결, 대법원 2007. 10. 25. 선고 2006다16758, 16765 판결).

13) 각 법률의 규정을 비교해보면 다음과 같다.

[2008. 3. 14. 개정 전 증권거래법 제190조 제1항]

① 선의의 투자자에 대한 감사인의 손해배상책임은 「주식회사의 외부감사에 관한 법률」 제17조 제2항 내지 제4항의 규정을 준용한다.

[2008. 3. 14. 개정 증권거래법 제170조]

① 선의의 투자자에 대한 감사인의 손해배상책임은 「주식회사의 외부감사에 관한 법률」 제17조 제2항 내지 제7항의 규정을 준용한다.

[제정 당시 자본시장법 제170조]

① 「주식회사의 외부감사에 관한 법률」 제17조 제2항 제9항까지의 규정은 선의의 투자자에 대한 회계감사인(외국회계감사인을 포함한다)의 손해배상책임에 관하여 준용한다.

[2009. 2. 3. 개정 자본시장법 제170조]

① 「주식회사의 외부감사에 관한 법률」 제17조 제2항 제7항까지의 규정은 선의의 투자자가 사업보고서등에 첨부된 회계감사인(외국회계감사인을 포함한다. 이하 이 조에서 같다)의 감사보고서를 신뢰하여 손해를 입은 경우 그 회계감사인의 손해배상책임에 관하여 준용한다.

14) [서울서부지방법원 2018. 11. 20.자 2016카기44 결정] "(1) 거래 인과관계의 추정은 대체로

5. 주의의무 위반

(1) 고의 또는 과실

감사인의 손해배상책임은 감사인이 고의로 중요한 사항에 관하여 감사보고서에 기재하지 아니하거나 거짓으로 기재한 경우뿐만 아니라 과실로 중요한 사항에 관하여 기재하지 아니하거나 거짓으로 기재한 경우에도 인정된다.[15]

실제로 주의의무를 다하였다고 인정한 최근의 판례에서 대법원은, "사후적으로 재무제표에서 일부 부정과 오류가 밝혀졌다고 하더라도, 감사인이 감사업무를 수행하면서 전문가적 의구심을 가지고 충분하고 적합한 감사증거를 확보하여 경영자 진술의 정당성 여부를 판단하기 위한 확인절차를 거치는 등 회계감사기준 등에 따른 통상의 주의의무를 다하였다면, 그 임무를 게을리하지 아니하였음을 증명하였다고 봄이 타당하다."라고 판시한 바 있다.[16]

한국공인회계사회가 정하는 회계감사기준은 특별한 사정이 없는 한 일반적으로 공정·타당하다고 인정되는 것으로서(外監法 16조①), 감사인의 주의의무 위

다음과 같은 이른바 '시장사기이론'을 수용한 것으로 이해된다. 즉 효율적인 자본시장에서 거래되는 증권의 가격은 공개된 모든 중요정보를 반영하고 따라서 부실공시도 반영하게 된다. 일반 투자자는 모든 정보를 고려하기보다는 증권의 가격이 공개된 모든 중요정보를 반영하고 있다는 '가격의 진실성'에 따라 증권을 거래한다. 따라서 투자자가 시장가격에 증권을 거래하였다면 부실표시를 포함한 모든 중요정보를 신뢰하였다는 사실이 추정된다는 것이다. 설령 완전한 시장사기이론을 수용하지는 않았더라도, 적어도 자본시장의 전문가들은 공개된 중요정보를 고려하므로 이러한 정보는 통상적으로 증권의 가격에 영향을 미친다는 전제를 세우고 있다고 볼 수 있다. 이러한 추정은, 그 경제학적 타당성이나 현실성 여부는 별론으로 하고, 비대면 거래가 대부분인 자본시장에서 일반 투자자가 거래 인과관계를 입증하기가 상당히 곤란하기 때문에 증명책임을 완화하기 위하여 인정된 것으로 볼 수 있다. (2) 투자자는 이러한 추정으로 증명책임의 부담에서 벗어날 수 있으나, 이는 어디까지나 복멸이 가능한 추정으로서 실제로 복멸이 되었다면 원칙으로 돌아가 직접 부실공시를 신뢰하고 증권거래를 하였다는 사실을 증명해야 한다. 설령 시장사기이론이나 자본시장 효율성의 가정에 다소 부당한 측면이 있다고 하더라도, 대표당사자가 직접 신뢰 요건을 증명하지 않고 시장사기이론에 따라 추정의 이익을 향유하였다면, 피고로서는 시장사기이론에서 요구하는 전제를 공격함으로써 추정을 복멸하거나, 또는 반대로 시장사기이론의 전제와 양립 가능한 다른 사실관계를 주장함으로써 추정이 유지될 수 없게 할 수 있어야 한다고 봄이 형평의 원칙에도 부합한다." (항고 없이 확정)

15) 대법원 2016. 12. 15. 선고 2015다60597 판결.

16) 대법원 2020. 7. 9. 선고 2016다268848 판결. 회계법인이 저축은행에 대한 회계감사를 수행한 후 감사보고서에 '적정'의견을 표시하자, 저축은행이 회사채를 발행하면서 증권신고서에 '회계법인이 저축은행의 재무제표에 관하여 적정 의견을 제출하였다'고 기재하였는데, 위 회사채를 취득하였다가 저축은행의 파산으로 손해를 입은 투자자가 회계법인을 상대로 손해배상을 구한 사안이다.

반 여부 판단에 있어서 중요한 기준이 된다.[17)]

(2) 증명책임

(가) 증명책임의 전환

감사인 또는 감사에 참여한 공인회계사가 그 임무를 게을리하지 아니하였음을 증명하는 경우에는 손해배상책임을 지지 않는다(外監法 31조⑦).[18)] 증명책임이 전환된 결과, 손해배상청구소송절차에서 원고는 피고의 과실을 증명할 필요가 없고, 피고가 무과실을 증명하여야 면책된다.[19)]

(나) 증명책임전환의 예외

다만, 다음과 같은 자가 감사인 또는 감사에 참여한 공인회계사에 대하여 손해배상 청구의 소를 제기하는 경우에는 그 자가 감사인 또는 감사에 참여한 공인회계사가 임무를 게을리하였음을 증명해야 한다(外監法 31조⑦ 단서).

1. 외감법에 따라 감사인을 선임한 회사
2. 은행
3. 농협은행 또는 수협은행
4. 보험회사
5. 종합금융회사
6. 상호저축은행

6. 손해배상액

(1) 손해배상액의 추정

회계감사인이 배상할 금액은 청구권자가 그 증권(그 증권과 관련된 증권예탁증권, 그 밖에 대통령령으로 정하는 증권 포함)을 취득 또는 처분함에 있어서 실제

---

17) 대법원 2020. 7. 9. 선고 2016다268848 판결.

18) [대법원 2016. 12. 15. 선고 2015다60597 판결] "가. 구 자본시장법 제170조 제1항, 구 외부감사법 제17조 제2항에 근거한 감사보고서의 거짓 기재로 인한 손해배상책임의 경우, 손해액은 구 자본시장법 제170조 제2항에 따라 산정된 금액으로 추정되고, 감사인은 구 자본시장법 제170조 제3항에 따라 손해의 전부 또는 일부와 감사보고서의 거짓 기재 사이에 인과관계가 없다는 점을 증명하여 책임의 전부 또는 일부를 면할 수 있다. 그리고 이러한 손해 인과관계 부존재의 증명은 직접적으로 문제된 감사보고서의 거짓 기재가 손해 발생에 아무런 영향을 미치지 아니하였다는 사실이나 부분적 영향을 미쳤다는 사실을 증명하는 방법 또는 간접적으로 문제된 감사보고서의 거짓 기재 이외의 다른 요인에 의하여 손해의 전부 또는 일부가 발생하였다는 사실을 증명하는 방법으로 가능하다(대법원 2015. 1. 29. 선고 2014다207283 판결, 대법원 2016. 10. 27. 선고 2015다218099 판결 등 참조)."

19) 대법원 2020. 7. 9. 선고 2016다268848 판결.

로 지급한 금액 또는 받은 금액과 다음의 어느 하나에 해당하는 금액(처분의 경우에는 제1호에 한한다)과의 차액으로 추정한다(法 170조②).[20]

1. 손해배상을 청구하는 소송의 변론이 종결될 때의 그 증권의 시장가격(시장가격이 없는 경우에는 추정처분가격)
2. 변론종결 전에 그 증권을 처분한 경우에는 그 처분가격

(2) 손해인과관계 부존재의 증명

배상책임을 질 자는 청구권자가 입은 손해액의 전부 또는 일부가 중요사항에 관하여 거짓의 기재 또는 표시가 있거나 중요사항이 기재 또는 표시되지 아니함으로써 발생한 것이 아님을 증명한 경우에는 그 부분에 대하여 배상책임을 지지 않는다(法 170조③).[21] 손해인과관계 부존재의 증명은 직접적으로 문제 된 사업보고서 등이나 감사보고서의 거짓 기재가 손해 발생에 아무런 영향을 미치지 아니하였다는 사실이나 부분적 영향을 미쳤다는 사실을 증명하는 방법 또는 간접적으로 문제 된 사업보고서 등이나 감사보고서의 거짓 기재 이외의 다른 요인에 의하여 손해의 전부 또는 일부가 발생하였다는 사실을 증명하는 방법으로 가능하다.[22]

그러나 허위공시 등 위법행위 이후 주식 가격의 형성이나 그 위법행위 공표 이후 주식 가격의 하락이 해당 허위공시 등 위법행위 때문인지가 불분명하다는 증명만으로 구 자본시장과 금융투자업에 관한 법률 제170조 제2항에 따른 손해배상액의 추정이 깨진다고 볼 수 없다.[23]

---

20) 증권신고서, 사업보고서의 부실기재에 대한 손해배상액 추정규정인 제126조 제1항, 제170조 제2항의 규정과 동일하다.

21) [대법원 2011. 1. 13. 선고 2008다36930 판결] "감사인이 금융기관에 대한 조회서의 주소를 제대로 확인하지 아니한 잘못이 있다고 하더라도 그와 관련한 피감사회사의 모든 손해에 대하여 감사인이 손해배상책임을 져야 한다고 볼 수는 없고, 그 손해배상책임을 인정하기 위해서는 감사인의 잘못과 피감사회사의 손해 사이에 상당인과관계가 있음이 인정되어야 하며, 상당인과관계의 유무를 판단함에 있어서는 일반적인 결과발생의 개연성은 물론이고, 감사인의 의무를 부과하는 법령 기타 행동규범의 목적, 가해행위의 태양 및 피침해이익의 성질 및 피해의 정도 등을 종합적으로 고려해야 한다."

22) [대법원 2016. 12. 15. 선고 2015다243163 판결] "손해 인과관계 부존재의 증명은 직접적으로 문제 된 사업보고서 등이나 감사보고서의 거짓 기재가 손해 발생에 아무런 영향을 미치지 아니하였다는 사실이나 부분적 영향을 미쳤다는 사실을 증명하는 방법 또는 간접적으로 문제 된 사업보고서 등이나 감사보고서의 거짓 기재 이외의 다른 요인에 의하여 손해의 전부 또는 일부가 발생하였다는 사실을 증명하는 방법으로 가능하다." (同旨: 대법원 2016. 12. 15. 선고 2015다60597 판결).

(마) 위법행위 공표 후 처분 또는 보유

그리고 일반적으로 사업보고서 등이나 감사보고서의 거짓 기재 사실이 밝혀진 이후 그로 인한 충격이 가라앉고 허위정보로 인하여 부양된 부분이 모두 제거되어 일단 정상적인 주가가 형성되면 정상주가 형성일 이후의 주가변동은 특별한 사정이 없는 한 사업보고서 등이나 감사보고서의 거짓 기재와 인과관계가 없으므로, "정상주가 형성일 이후에" 주식을 매도하였거나 변론종결일까지 계속 보유 중인 사실이 확인되는 경우 자본시장법 제162조 제3항, 제170조 제2항이 정하는 손해액 중 정상주가와 실제 처분가격(또는 변론종결일의 시장가격)의 차액 부분에 대하여는 자본시장법 제162조 제4항, 제170조 제3항의 손해인과관계 부존재의 증명이 있다고 보아야 하고, 이 경우 손해액은 계산상 매수가격에서 정상주가 형성일의 주가를 공제한 금액이 된다.24)

(3) 과실상계와 책임제한

한편, 손해의 공평한 부담이라는 손해배상법의 기본 이념이 적용되어야 하므로 피해자에게 손해의 발생 및 확대에 기여한 과실이 있는 사정을 들어 과실상계를 하거나 공평의 원칙에 기하여 책임을 제한할 수 있다.25) 손해배상사건에서 과실상계나 손해부담의 공평을 기하기 위한 책임제한에 관한 사실인정이나 그 비율을 정하는 것은 그것이 형평의 원칙에 비추어 현저하게 불합리하다고 인정되지 않는 한 사실심의 전권사항에 속한다.26)

7. 제척기간

회계감사인의 손해배상책임은 그 청구권자가 해당 사실을 안 날부터 1년 이

23) 대법원 2022. 7. 28. 선고 2019다202146 판결, 대법원 2022. 9. 7. 선고 2022다228056 판결.

24) 대법원 2016. 12. 15. 선고 2015다243163 판결, 대법원 2016. 10. 27. 선고 2015다218099 판결, 대법원 2007. 10. 25. 선고 2006다16758, 16765 판결.

25) [대법원 2016. 12. 15. 선고 2015다243163 판결] "주식 가격의 변동요인은 매우 다양하고 여러 요인이 동시에 복합적으로 영향을 미치므로 어느 특정 요인이 언제 어느 정도의 영향력을 발휘한 것인지를 가늠하기가 극히 어려운 사정을 감안할 때, 사업보고서 등이나 감사보고서의 거짓 기재 외에도 매수한 때부터 손실이 발생할 때까지의 기간 동안의 해당 기업이나 주식시장의 전반적인 상황 변화 등도 손해 발생에 영향을 미쳤을 것으로 인정되나 성질상 다른 사정에 의하여 생긴 손해액을 일일이 증명하는 것이 극히 곤란한 경우가 있을 수 있고, 이와 같은 경우 손해분담의 공평이라는 손해배상제도의 이념에 비추어 그러한 사정을 들어 손해배상액을 제한할 수 있다."(同旨: 대법원 2016. 12. 15. 선고 2015다60597 판결).

26) 대법원 2020. 4. 29. 선고 2014다11895 판결, 대법원 2016. 12. 15. 선고 2015다60597 판결.

내 또는 감사보고서를 제출한 날부터 8년 이내에 청구권을 행사하지 아니한 때에는 소멸한다(外監法 31조⑨).[27] 여기서 "해당 사실을 안 날"은 손해배상채권자 본인을 기준으로 하는 것이 아니라 일반인을 기준으로 판단하여야 하므로, 일반인이 그와 같은 감사보고의 기재 누락이나 허위 기재의 사실을 인식할 수 있는 정도라면 특별한 사정이 없는 한 손해배상청구권자 역시 그러한 사실을 현실적으로 인식하였다고 인정된다.[28] 판례는 제척기간을 재판상 청구를 위한 제소기간이 아니라 재판상 또는 재판외의 권리행사기간이라고 본다.[29] 다만, 감사인을 선임할 때 계약으로 그 기간을 연장할 수 있다(外監法 31조⑨ 단서).

한편, 위와 같은 제척기간이 투자자의 재산권을 침해하는 것인지에 관하여 헌법재판소는 "제척기간이 지나치게 단기간이어서 선의의 투자자가 회계감사인에 대하여 손해배상청구권을 행사하는 것을 현저히 곤란하게 하거나 사실상 불가능하게 한다고 볼 수는 없으므로, 입법자의 재량범위를 벗어나지 않았다."라는 이유로 투자자의 재산권 침해를 인정하지 않았다.[30]

---

27) "해당 사실을 안 날"에 대하여 판례에서 많이 채택하는 기준시점은 금융위원회, 금융감독원 등이 해당 사안에 대하여 기관, 임직원에 대한 제재를 결정하고 이를 발표한 시점이다(서울고등법원 2018. 2. 9. 선고 2017나2023996 판결).

28) [대법원 1997. 9. 12. 선고 96다41991 판결] "소외 회사는 1993. 11. 8. 증권거래소의 시황방송망을 통하여 1993. 11. 5. 증권관리위원회로부터 감사보고서에 대한 일반감리를 한 결과 나타난 중요한 재무내용 변경으로 인하여 조치받은 점을 직접 공시한 사실, 원고는 1989. 3. 20.부터 ○○○○증권 주식회사 불광동지점에 계좌를 개설하여 거래를 해오면서 거래시에는 증권회사 직원에게 일임하지 않고 자신이 주식시세를 검토한 후 구체적으로 종목을 지정하여 객장에 나오거나 전화를 통하여 소외 회사의 주식 외에 다른 회사들의 주식들을 수시로 매수하고 다시 매각하였던 사실이 인정되는바, 사실관계가 이와 같다면 일반 주식투자자로서는 늦어도 1993. 11. 8.경에는 피고의 부실감사 사실을 인식할 수 있었다고 할 것이므로, 특별한 사정이 없는 한 자신이 직접 주식시세를 검토한 후 구체적으로 종목을 지정하는 방법으로 거래를 하여 온 원고로서도 그 무렵 이와 같은 사실을 현실적으로 인식하게 되었다고 봄이 합리적이라고 할 것이다. 그렇다면, 원심이, 원고는 늦어도 1993. 11. 8.경 피고의 부실감사 사실을 알았다고 할 것인데 그로부터 1년이 경과한 이후에 이 사건 소를 제기하였으므로 원고의 증권거래법상의 손해배상청구권은 소멸되었다고 판단한 조치는 정당하고, 거기에 상고이유에서 지적하는 바와 같은 법리오해나 채증법칙 위배로 인한 사실오인의 위법이 없다. 이 부분 상고이유는 받아들일 수 없다."

29) 대법원 2012. 1. 12. 선고 2011다80203 판결.

30) [헌법재판소 2017. 6. 29.자 2015헌바376 결정] (자본시장과 금융투자업에 관한 법률 제170조 제1항 등 위헌소원) "'감사보고서를 제출한 날부터 3년 이내'의 기간은, 그 기간 이내에 선의의 투자자가 감시당국의 공시 및 수사기관의 발표 등을 통하여 위 기간 내에 감사보고서의 부실기재를 인식할 수 있는 가능성을 열어두면서도, 위 기간이 지나면 소송의 증가와 장기화로 인하여 야기될 수 있는 회계감사인의 불안정한 법적 지위를 제거함으로써 선의의 투자자와 회계감사인의 충돌하는 이익을 조정하고, 나아가 자본시장의 안정을 도모하기 위한 합리

8. 민법상의 불법행위책임과의 관계

⑴ 청구권경합

자본시장법 제170조 제1항에 의한 회계감사인의 선의의 투자자에 대한 손해배상책임은 그 발생요건이 특정되어 있고, 그에 대한 증명책임이 전환되어 있을 뿐만 아니라 손해배상액이 추정되어 선의의 투자자가 보다 신속하게 구제받을 수 있으나, 증권시장의 안정을 도모하기 위하여 그 책임을 물을 수 있는 기간이 단기간으로 제한되어 있는데, 이는 민법상의 불법행위 책임과는 별도로 인정되는 책임이라 할 것이다. 따라서 회계감사인의 부실감사로 인하여 손해를 입게 된 선의의 투자자는 감사인에 대하여 자본시장법상의 손해배상 책임과 민법상의 불법행위 책임을 선택적으로 물을 수 있다.[31]

⑵ 손해배상책임발생의 요건

회계감사인의 부실감사에 관하여 민법상 불법행위책임을 묻기 위하여는 배상청구권자가 감사인의 고의 또는 과실, 투자자의 손해의 발생, 인과관계의 존재, 손해액 등에 대하여 별도로 주장·증명을 해야 한다. 대법원은 불법행위책임에 기한 손해배상소송에서도 "피고 회사의 소외 회사에 대한 감사보고서가 정당하게 작성되어 소외 회사의 정확한 재무상태를 나타내는 것으로 믿고 그 주가는 당연히 그것을 바탕으로 형성되었으리라는 생각 아래 소외 회사의 주식을 거래한 것으로 보아야 할 것"이라고 판시함으로써 시장에 대한 사기 이론의 법리를 적용하여 거래인과관계를 사실상 추정하고 있다.[32]

적인 수단이 된다. 선의의 투자자들은 구 증권거래법·자본시장법상 손해배상책임과 민법의 불법행위책임을 다 함께 물을 수 있으므로, 심판대상조항들에 따른 제척기간이 경과하더라도 여전히 민법의 불법행위책임에 따른 손해배상청구를 할 수 있다.
이상을 종합하여 보면, 심판대상조항들이 규정한 제척기간이 지나치게 단기간이어서 선의의 투자자가 회계감사인에 대하여 손해배상청구권을 행사하는 것을 현저히 곤란하게 하거나 사실상 불가능하게 한다고 볼 수는 없으므로, 입법자의 재량범위를 벗어나지 않았다. 따라서 심판대상조항들은 청구인들의 재산권을 침해하지 아니한다."

31) 대법원 1998. 4. 24. 선고 97다32215 판결, 대법원 1999. 10. 22. 선고 97다26555 판결.

32) 대법원 1997. 9. 12. 선고 96다41991 판결. 이 사건에서 원심은 "원고가 분식된 재무제표와 부실한 감사보고서를 신뢰하고 이를 투자 판단의 자료로 삼아 주식을 취득하게 되었는지에 관하여는 이를 인정할 아무런 증거가 없고, 원고가 위 재무제표와 부실한 감사보고서를 이용하여 주식을 매수하였다고 하더라도 이로 인하여 발생한 손해는 증권거래법 제15조에 법정된 손해가 아니라 원고가 매수할 당시 분식결산이 이루어지지 않았다면 형성되었을 소외 회사의 주식 가격과 원고의 실제 취득 가격과의 차액 상당이라고 할 것인데 이에 관하여 아무런 주

(3) 손해배상책임의 범위

회계감사인의 부실감사로 손해를 입은 투자자가 민법상의 불법행위책임에 기한 손해배상청구권을 행사하는 경우 손해배상액의 산정은 자본시장법상의 손해배상청구권을 행사하는 경우에 적용되는 자본시장법 제170조 제2항이 적용되지 않는다. 따라서, 불법행위책임의 법리에 따라 회사의 분식결산 및 감사인의 부실감사로 인한 손해액은 이러한 분식결산 및 부실감사로 인하여 상실하게 된 주가상당액이고, 이 경우 상실하게 된 주가 상당액은 특별한 사정이 없는 한 분식결산 및 부실감사가 밝혀져 거래가 정지되기 전에 정상적으로 형성된 주가와 분식결산 및 부실감사로 인한 거래정지가 해제되고 거래가 재개된 후 계속된 하종가를 벗어난 시점에 정상적으로 형성된 주가, 또는 그 이상의 가격으로 매도한 경우에는 그 매도가액과의 차액 상당이라고 볼 수 있다.[33)]

Ⅳ. 보증금 등의 대신 납부

1. 의 의

국가·지방자치단체 또는 「공공기관의 운영에 관한 법률」에 따른 공공기관("공공기관")에 납부할 보증금 또는 공탁금 중 대통령령으로 정하는 보증금이나 공탁금은 상장증권으로 대신 납부할 수 있다(法 171조①). 상장증권은 거래소에서 시세가 형성되기 때문에 현금 대용으로 허용되는 것이다. "대통령령으로 정하는 보증금이나 공탁금"이란 다음과 같은 보증금이나 공탁금을 말한다(令 192조①).

1. 입찰보증금
2. 계약보증금
3. 하자보수보증금
4. 법령에 따른 공탁금

2. 거부의 금지

국가·지방자치단체 또는 공공기관은 보증금·공탁금을 상장증권으로 대신

장·입증이 없다"는 이유로 원고의 피고에 대한 민법상 불법행위로 인한 손해배상 청구를 기각하였으나, 대법원은 원심판결을 파기하였다.

33) 대법원 2020. 4. 29. 선고 2014다11895 판결, 대법원 1999. 10. 22. 선고 97다26555 판결.

납부하는 경우 이를 거부하지 못한다(法 171조②).

3. 평가기준

국가·지방자치단체 또는 공공기관에 대신 납부할 수 있는 상장증권 및 그 상장증권의 대신 납부하는 가액은 거래소가 정하는 대용가격(代用價格)으로 평가한다(法 171조③, 令 192조③).

4. 대신 납부할 수 있는 상장증권

보증금이나 공탁금으로 대신 납부할 수 있는 상장증권은 i) 채무증권(기업어음증권 제외), ii) 지분증권 등이다.[34)]

---

34) [法 제4조]

③ 이 법에서 "채무증권"이란 국채증권, 지방채증권, 특수채증권(법률에 의하여 직접 설립된 법인이 발행한 채권을 말한다.), 사채권, 기업어음증권(기업이 사업에 필요한 자금을 조달하기 위하여 발행한 약속어음으로서 대통령령으로 정하는 요건을 갖춘 것을 말한다.), 그 밖에 이와 유사(유사)한 것으로서 지급청구권이 표시된 것을 말한다.

④ 이 법에서 "지분증권"이란 주권, 신주인수권이 표시된 것, 법률에 의하여 직접 설립된 법인이 발행한 출자증권, 상법에 따른 합자회사·유한회사·익명조합의 출자지분, 민법에 따른 조합의 출자지분, 그 밖에 이와 유사한 것으로서 출자지분이 표시된 것을 말한다.

제 4 편

불공정거래규제

제 1 장 내부자거래

제 2 장 시세조종과 부정거래행위

제 3 장 불공정거래행위에 대한 제재

제 1 장

내부자거래

제 1 절 단기매매차익 반환의무와 소유·보유상황 보고의무

Ⅰ. 단기매매차익 반환의무

1. 연 혁

(1) 제도의 의의

단기매매차익 반환제도는 미공개정보를 "이용할 가능성이 있는 지위에 있는" 임직원과 주요주주가 해당 법인의 유가증권을 단기매매(short swing)함으로써 이익을 얻은 경우, 해당 법인이 그 이익을 그 법인에게 제공할 것을 청구할 수 있는 제도이다. 단기매매차익 반환제도는 외국에서도 유사한 요건 하에 일반적으로 인정된다.

(2) 증권거래법 규정의 변천

단기매매차익 반환규정은 1976년 12월 증권거래법에 도입될 당시에는 "그 직무 또는 지위에 의하여 지득한 비밀을 이용하여"라고 규정함으로써[1] 직무관련성과 내부정보이용을 요건으로 하고, 반환청구권을 행사하는 회사가 이러한 요건을 증명하도록 하였다. 그 후 1982년 3월 증권거래법 개정시 해당 법인 외에 증권관리위원회도 반환청구권자로 추가하였고, 1987년 11월 증권거래법 개정시 본문 규정에서 "그 직무 또는 지위에 의하여 지득한 비밀을 이용하여"라는 문구를 삭제하고, 단서에서 "그 직무 또는 지위에 의하여 지득한 비밀을 이용하여 이익

---

1) [증권거래법(법률 제2920호 1976. 12. 22 전문개정) 제188조]
② 상장법인의 임원·직원 또는 주요주주는 그 직무 또는 지위에 의하여 지득한 비밀을 이용하여 그 자가 그 법인의 주식을 매수한 후 6월 이내에 매도하거나 그 법인의 주식을 매도한 후 6월 내에 매수하여 이익을 얻은 경우에는 당해 법인은 그 이익을 그 법인에게 제공할 것을 청구할 수 있다.

을 얻은 것이 아님을 입증할 때에는 그러하지 아니하다."고 규정함으로써, 직무관련성과 내부정보이용에 대한 입증책임을 내부자가 부담하도록 전환하였다.[2] 한편 1991년 12월 증권거래법 개정시 위와 같은 단서를 삭제함으로써 직무관련성과 내부정보이용 요건을 완전히 배제하는 한편, 적용대상 유가증권에 전환사채, 신주인수권부사채 등도 포함되도록 확대하고, 사실상의 지배주주도 반환의무자에 포함하였다.[3][4]

(3) 자본시장법 규정

자본시장법은 단기매매차익 반환의무의 요건에 관하여, "주권상장법인의 임원(상법 401조의2 제1항 각 호의 자를 포함한다. 이하 이 장에서 같다), 직원(직무상 제174조 제1항의 미공개중요정보를 알 수 있는 자로서 대통령령으로 정하는 자에 한한다. 이하 이 조에서 같다) 또는 주요주주가 다음 각 호의 어느 하나에 해당하는 금융투자상품(이하 "특정증권등"이라 한다)을 매수(권리 행사의 상대방이 되는 경우로서 매수자의 지위를 가지게 되는 특정증권등의 매도를 포함한다. 이하 이 조에서 같다) 한 후 6개월 이내에 매도(권리를 행사할 수 있는 경우로서 매도자의 지위를 가지게 되는 특정증권등의 매수를 포함한다. 이하 이 조에서 같다)하거나 특정증권등을 매도한 후 6개월 이내에 매수하여 이익을 얻은 경우에는 그 법인은 그 임직원 또는 주요주주에게 그 이익(이하 "단기매매차익"이라 한다)을 그 법인에게 반환할 것을 청구할 수 있다."고 규정한다(法 172조①).

2. 내부정보이용 여부

구 증권거래법상 내부정보이용 요건에 관한 변천과정을 요약하면, ⅰ) 1976

---

2) [증권거래법(법률 제3945호 1987. 11. 28 일부개정) 제188조]
② 상장법인 또는 등록법인의 임원·직원 또는 주요주주가 그 법인의 주식을 매수한 후 6월 이내에 매도하거나 그 법인의 주식을 매도한 후 6월 내에 매수하여 이익을 얻은 경우에는 당해 법인 또는 위원회는 그 이익을 그 법인에게 제공할 것을 청구할 수 있다. 다만, 그 자가 그 직무 또는 지위에 의하여 지득한 비밀을 이용하여 이익을 얻은 것이 아님을 입증할 때에는 그러하지 아니하다.

3) [증권거래법(법률 제4469호 1991. 12. 31 일부개정) 제188조]
② 상장법인 또는 등록법인의 임원·직원 또는 주요주주가 그 법인의 주권등을 매수한 후 6월 이내에 매도하거나 그 법인의 주권등을 매도한 후 6월 이내에 매수하여 이익을 얻은 경우에는 당해 법인 또는 위원회는 그 이익을 그 법인에게 제공할 것을 청구할 수 있다.

4) 서울고등법원 2001. 5. 9. 선고 2000나21378 판결.

년 도입 당시에는 내부정보이용을 요건으로 하였고, ii) 1987년 개정시 내부정보이용에 대한 입증책임을 전환하였고, iii) 1991년 개정시 내부정보이용 요건을 완전히 배제하였다.

단기매매차익 반환제도는 내부자가 속한 법인의 차익반환청구권을 내용으로 하지만, 제도의 본래의 취지는 법인의 이익을 보호하려는 것이 아니라 내부자거래의 상대방인 일반투자자를 보호하려는 것이다. 임직원과 주요주주는 내부정보에 접할 수 있는 지위에 있고, 이들이 그 내부정보를 이용하여 해당 법인의 증권에 대한 거래를 한다면 거래의 상대방인 일반투자자로서는 상당한 불이익과 위험에 노출되기 때문이다. 물론, 미공개정보이용금지에 관한 자본시장법 제174조의 규정에 의하여 일반투자자에 대한 구제가 어느 정도 이루어지겠지만 일반투자자가 법적인 구제책을 취하는 것은 실제로는 용이하지 않다, 이러한 거래를 사전에 예방하는 차원에서 거래 자체는 허용하되, 특히 단기매매로 인한 이익은 내부정보이용에 의한 부당한 이익일 가능성이 크므로 그 이익을 해당 법인에게 반환하도록 하는 간접적인 규제를 하는 것이다.[5] 따라서 내부자가 단기매매차익을 얻은 경우 내부정보의 이용 여부와 관계없이 해당 법인에 반환해야 한다. 즉, 단기매매차익 반환규정의 목적은 내부정보를 이용하여 부당한 이익을 얻는 것을 방지하기 위한 것이지만, 내부정보의 불공정한 이용을 사전에 예방하기 위하여 내부정보의 이용 여부에 불구하고 차익반환의무가 발생한다. 이에 관하여 미공개정보의 이용을 전제로 하는 것이라고 판시한 일부 하급심판례도 있었으나,[6] 내부정보의 이용 여부와 관계없다는 것이 대법원의 확립된 판례이고,[7] 헌법재판소도 같은 입장이다.[8]

3. 제도의 위헌 여부

헌법 제23조 제1항은 "모든 국민의 재산권은 보장된다. 그 내용과 한계는 법률로 정한다."고 규정하는데, 자본시장법상의 단기매매차익 반환의무가 내부정보

5) 대법원 2008. 3. 13. 선고 2006다73218 판결.

6) 서울지방법원 남부지원 2003. 3. 24. 선고 99가합7825 판결.

7) 대법원 2004. 2. 13. 선고 2001다36580 판결, 대법원 2004. 5. 28. 선고 2003다60396 판결.

8) [헌법재판소 2002. 12. 18.자 99헌바105, 2001헌바48(병합) 결정] "이 사건 법률조항은 회사의 내부자가 6월의 단기간 동안에 당해 회사의 주식거래를 한 경우에는 실제로 내부정보를 이용하였는지 여부에 관계없이 그러한 거래로 인하여 발생하는 차익을 모두 회사에 반환하도록 함으로써 내부자거래에 대한 예방적·간접적 규제를 하는 데 그 취지가 있다고 할 것이다."

이용 여부와 관계없이 성립한다면 헌법상 보장된 재산권침해에 해당하는지 여부가 문제될 수 있다. 내부자라도 자기가 속한 회사의 주식을 매매할 권리가 있지만, 내부자라는 지위를 이용하여 알게 된 중요한 정보를 이용하여 거래를 한다면 일반투자자가 이로 인하여 피해를 입을 가능성이 있으므로 적절한 규제가 있어야 한다. 그러나 거래 자체를 금지하는 것은 현실성이 없으므로 거래는 허용하되 단기매매로 인한 차익은 거래를 한 본인에게 귀속시키지 않고 회사에 귀속시킴으로써 이들의 내부자거래를 간접적으로 규제하려는 목적으로 도입된 것이 단기매매차익 반환제도이다. 또한, 헌법 제23조 제2항은 "재산권의 행사는 공공복리에 적합하도록 해야 한다."고 규정하므로 단기매매차익 반환의무가 헌법상 보장된 재산권의 본질적 내용을 침해하는 것이라고 볼 수 없다. 헌법재판소도 단기매매차익 반환규정이 합헌이라는 입장을 확고히 하고 있다.[9)]

---

9) [헌법재판소 2002. 12. 18.자 99헌바105, 2001헌바48(병합) 결정] (중요 판시 부분만 발췌함)

1. 입법목적의 정당성 및 방법의 적정성: 이 사건 법률조항의 입법목적은 내부자거래를 규제함으로써 일반 투자자들의 이익을 보호함과 동시에 증권시장의 공평성, 공정성을 확보함으로써 일반투자자들의 증권시장에 대한 신뢰를 확보하고 이를 바탕으로 국가경제의 발전에 기여함에 있다고 할 것이므로 그 입법목적이 정당함은 명백하다. 나아가 이러한 목적의 달성을 위하여 내부정보를 이용하였을 개연성이 큰 내부자의 단기주식거래로 인한 이익을 회사로 반환하도록 하여 그러한 거래를 무익하게 하고 있는바, 이는 내부자거래에 대한 상당한 억지효과를 가질 것이 예상되므로 그 방법도 또한 적정하다고 보인다.
2. 수단의 최소침해성: 이 사건 법률조항이 반환책임의 요건을 객관화하여 엄격한 반환책임을 내부자에게 부과하고, 법 제188조 제8항 및 이에 근거한 법시행령 제86조의6 등에서 반환책임의 예외를 한정적으로 열거하여 이에 해당하지 않는 한 반환책임의 예외를 인정하지 않는다고 하더라도, 이 사건 법률조항의 입법목적과 단기매매차익 반환의 예외를 정한 시행령 제86조의6의 성격 및 헌법 제23조가 정하는 재산권 보장의 취지를 고려하면 내부정보를 이용할 가능성조차 없는 주식거래의 유형에 대하여는 이 사건 법률조항이 애당초 적용되지 않는다고 해석하여야 할 것이므로 내부자의 단기매매에 대하여 법과 법시행령이 정하는 예외사유에 해당하지 않는 한 엄격한 반환책임을 부과하였다고 하여 이를 두고 최소침해원칙에 위배된다고 할 수 없다.
3. 법익의 균형성: 이 사건 법률조항은 단기매매차익을 반환하게 함으로써 일반 투자자들의 이익을 보호함과 동시에 증권시장의 공평성, 공정성을 확보함으로써 일반투자자들의 증권시장에 대한 신뢰를 확보하고자 하는 데 비해, 이로 인하여 제한되는 청구인들과 같은 내부자의 재산권에 대한 제한은 내부자에게 일체의 주식거래를 금지하는 것이 아니라 단지 단기매매에 해당하는 경우 그 이익을 회사로 반환하도록 하는 데 그친다.
4. 소결론: 따라서 이 사건 법률조항에 의한 제한은 내부자거래를 규제함으로써 일반 투자자들의 이익을 보호함과 동시에 증권시장의 공평성, 공정성을 확보하려는 입법목적을 달성하기 위하여 불가피한 것이고 공공의 복리를 위하여 헌법상 허용된 필요하고도 합리적인 제한이라 할 것이므로, 과잉금지의 원칙에 위반하여 재산권의 본질적 내용을 침해한 것이라고 볼 수 없다.

4. 차익반환의무자

(1) 주권상장법인의 임직원 · 주요주주

주권상장법인은 i) 증권시장에 상장된 주권을 발행한 법인, ii) 주권과 관련된 증권예탁증권이 증권시장에 상장된 경우에는 그 주권을 발행한 법인을 말한다(法 9조⑮3).

단기매매차익 반환의무자는 주권상장법인의 임원(商法 401조의2①의 업무집행관여자 포함), 직무상 미공개중요정보를 알 수 있는 직원, 주요주주 등이다(法 172조①). 이들 반환의무자의 계산으로 거래한 이상 타인 명의로 거래를 한 경우에도 단기매매차익 반환의무가 발생한다. 다만, 자금의 최초 출처가 이들 내부자라는 점만으로는 부족하고, 매매명의자의 행위를 내부자의 행위와 동일시할 수 있는 경우에 해당하여야 반환의무가 발생한다.[10)]

임원 등으로부터 정보를 수령한 자(tippee)에 대하여도 단기매매차익 반환의무가 적용되는지 여부에 관하여 논란이 있으나, 이들에 대하여도 적용된다는 해석은 명문의 규정에 반하고 별도로 자본시장법 제174조(미공개중요정보 이용행위 금지) 위반 여부를 판단하여야 할 것이다.

미공개중요정보 이용행위 금지에 관한 제174조와 달리 상장예정법인은 제172조의 규제대상이 아니므로, 주권상장 전의 매수·매도는 규제대상이 아니다. 상장 폐지 후의 매수·매도도 규제대상이 아니다.

(2) 임원과 직원

(가) 임 원

임원은 이사 및 감사를 말한다(法 9조②).[11)] 이사는 사내이사, 사외이사를 불문한다. 이는 미공개중요정보 이용행위가 금지되는 임원의 범위와 같다. 임원에는 업무집행관여자(商法 401조의2①)를 포함한다.[12)] 상법 제401조의2 제1항 제1

---

10) 대법원 2007. 11. 30. 선고 2007다24459 판결.

11) 2011년 개정상법은 집행임원제도를 도입하였으므로, 향후 자본시장법 개정시 집행임원도 포함되어야 할 것이다. 다만 개정 전이라도 집행임원은 상법 제401조의2가 규정하는 "업무집행관여자"로서 적용대상이 될 것이다.

12) 상법 제401조의2가 규정하는 "업무집행관여자"는, 1. 회사에 대한 자신의 영향력을 이용하여 이사에게 업무집행을 지시한 자, 2. 이사의 이름으로 직접 업무를 집행한 자, 3. 이사가 아니면서 명예회장·회장·사장·부사장·전무·상무·이사 기타 업무를 집행할 권한이 있는 것으로 인정될 만한 명칭을 사용하여 회사의 업무를 집행한 자 등이다. 이들은 그 지시하거나

호의 '회사에 대한 자신의 영향력을 이용하여 이사에게 업무집행을 지시한 자'에는 자연인뿐만 아니라 법인인 지배회사도 포함된다.[13)]

(나) 직 원

직원이란 해당 법인의 임원을 제외한 모든 피용자로서 정규직원 외에 계약직원도 포함된다. 구 증권거래법에 의하면 모든 직원이 원칙적으로 규제 대상이었는데, 직원 중에도 직무와 지위에 따라 내부정보와 무관한 자가 있을 수 있는데, 이와 관련하여 입법론상으로는 지위의 고하에 불구하고 직원은 반환채무자의 범위에서 제외하는 것이 바람직하다는 견해도 있었다.[14)] 그러나 직원을 일률적으로 적용대상으로 하는 것은 타당성면에서 의문이 있지만, 임원이 아니더라도 중요한 내부정보에 접근할 수 있는 직원이 있을 수 있으므로 직원이라고 하여 반드시 임원에 비하여 정보접근성이 제한되는 것이 아니다. 결국은 어느 부서에서 어떠한 업무에 종사하느냐에 따라서 정보접근성이 달라지므로, 정보접근성의 정도에 따라 최소한도의 범위에서 직원을 차익반환의무자의 범위에 포함하는 것이 바람직하다. 외국의 입법례를 보아도, 미국의 SEA와 일본 金融商品取引法상 직원은 단기매매차익 반환의무의 적용대상이 아니다.

이에 자본시장법은 "직무상 제174조 제1항의 미공개중요정보를 알 수 있는 자로서 대통령령으로 정하는 자에 한한다."고 규정함으로써 직원은 원칙적으로 적용대상에서 배제하고, 미공개중요정보를 알 수 있는 일정 범위의 자만 적용대상으로 규정한다. 일본 金融商品取引法 제164조 제1항도 "상장회사 등의 임원 또는 주요주주"만을 규제대상으로 하고, 직원은 제외한다. "대통령령으로 정하는 자"란 다음과 같은 자로서 증권선물위원회가 미공개중요정보를 알 수 있는 자로 인정하는 자를 말한다(令 194조).[15)]

집행한 업무에 관하여 제399조(회사에 대한 책임)·제401조(제3자에 대한 책임) 및 제403조(주주의 대표소송)의 적용에 있어서 이를 이사로 보는데, 이는 소위 비등기임원으로서 회사의 업무집행에 영향력을 행사하는 자에게 이사와 같은 책임을 지게 하기 위한 규정이다. 이러한 업무집행관여자는 대부분 직원이나 주요주주에 해당하므로 이들을 따로 규제대상에 포함시킬 실익은 크지 않다는 설명도 있지만(김·정, 343면), 직원의 경우에는 직무상 제174조 제1항의 미공개중요정보를 알 수 있는 자로서 대통령령으로 정하는 자에 한하여 규제대상이므로 업무집행관여자를 규제대상으로 명시적으로 포함시킬 필요가 있다.

13) 대법원 2006. 8. 25. 선고 2004다26119 판결.

14) 노태악, "내부자거래 등 관련 행위의 규제", 증권거래에 관한 제문제(上), 법원도서관(2001), 465면.

15) "증권선물위원회가 미공개중요정보를 알 수 있는 자로 인정하는 자"란 "그 법인의 재무·회

1. 그 법인에서 주요사항보고서 제출사유(法 161조①)[16]에 해당하는 사항의 수립·변경·추진·공시, 그 밖에 이에 관련된 업무에 종사하고 있는 직원
2. 그 법인의 재무·회계·기획·연구개발에 관련된 업무에 종사하고 있는 직원

(3) 주요주주

(가) 의 의

자본시장법에서 주요주주란 금융사지배구조법 제2조 제6호 나목의 주요주주를 말한다(令 2조 5호). 이 경우 금융회사는 법인으로 본다(法 9조① 2문). 즉, 자본시장법상 주요주주는 금융사지배구조법 제2조 제6호 나목 1) 또는 2)에 해당하는 자를 말한다.[17]

1) 누구의 명의로 하든지 자기의 계산으로 법인의 의결권 있는 발행주식총수의 10% 이상의 주식(그 주식과 관련된 증권예탁증권 포함)을 소유한 자

2) 임원(업무집행책임자는 제외)의 임면 등의 방법으로 법인의 중요한 경영사항에 대하여 사실상의 영향력을 행사하는 주주로서 대통령령이 정하는 자

(4) 투자매매업자

단기매매차익 반환의무에 관한 제172조 제1항·제2항은 주권상장법인이 모집

계·기획·연구개발·공시 담당부서에 근무하는 직원"을 말한다(단기매매차익 반환 및 불공정거래 조사·신고 등에 관한 규정 5조 1호). 따라서 실제로 구분의 실익이 있는지 여부를 떠나 엄밀하게는 "업무종사요건"과 "부서근무요건"이 모두 구비되어야 규제대상 직원이 된다.

16) 사업보고서 제출대상법인은 다음 사실이 발생한 경우에는 그 사실이 발생한 날의 다음 날까지 그 내용을 기재한 보고서("주요사항보고서")를 금융위원회에 제출해야 한다(法 161조①).
   1. 발행한 어음 또는 수표가 부도로 되거나 은행과의 당좌거래가 정지 또는 금지된 때
   2. 영업활동의 전부 또는 중요한 일부가 정지되거나 그 정지에 관한 이사회 등의 결정이 있은 때
   3. 「채무자 회생 및 파산에 관한 법률」에 따른 회생절차개시 또는 간이회생절차개시의 신청이 있은 때
   4. 자본시장법, 상법, 그 밖의 법률에 따른 해산사유가 발생한 때
   5. 대통령령으로 정하는 경우에 해당하는 자본 또는 부채의 변동에 관한 이사회 등의 결정이 있은 때
   6. 상법 제360조의2, 제360조의15, 제522조 및 제530조의2에 규정된 사실이 발생한 때
   7. 대통령령으로 정하는 중요한 영업 또는 자산을 양수하거나 양도할 것을 결의한 때
   8. 자기주식을 취득(자기주식의 취득을 목적으로 하는 신탁계약의 체결을 포함) 또는 처분(자기주식의 취득을 목적으로 하는 신탁계약의 해지를 포함)할 것을 결의한 때
   9. 그 밖에 그 법인의 경영·재산 등에 관하여 중대한 영향을 미치는 사항으로서 대통령령으로 정하는 사실이 발생한 때

17) 상세한 내용은 [제2편 제2장(지배구조규제) 제1절 V. 대주주의 건전성 유지] 부분의 설명 참조.

·사모·매출하는[18] 특정증권등을 인수한 투자매매업자가 인수계약을 체결한 날부터 3개월 이내에 매수 또는 매도하여 그 날부터 6개월 이내에 매도 또는 매수하는 경우(시행령 제198조 제4호의 경우는 제외)에 준용한다(法 172조⑦). 시행령 198조 제4호의 "모집·사모·매출하는 특정증권등의 인수에 따라 취득하거나 인수한 특정증권등을 처분하는 경우"는 제외되므로, 인수계약을 체결한 투자매매업자가 별도로 매매한 경우에 적용된다. 그리고 투자매매업자가 안정조작이나 시장조성을 위하여 매매하는 경우에는 해당 안정조작이나 시장조성기간 내에 매수 또는 매도하여 그 날부터 6개월 이내에 매도 또는 매수하는 경우(시행령 제198조 제3호의 경우는 제외)에 준용한다(令 199조). 이 경우에도 시행령 198조 제3호의 안정조작이나 시장조성을 위한 매매는 제외된다. 이는 투자매매업자가 인수업무 수행중 취득한 정보를 이용하여 이익을 얻는 것을 방지하기 위한 것으로, 외국에서 보기 드문 입법례인데 우리나라 업계의 문제점이 반영된 규정이다.

5. 내부자로 간주되는 시기

(1) 주요주주

(가) 이전 기준과 동시 기준

주요주주는 임직원의 경우와 달리 매도·매수한 시기 중 어느 한 시기에 있어서 주요주주가 아닌 경우에는 단기매매차익 반환의무를 부담하지 않는다(法 172조⑥). 따라서 주요주주가 아닌 자가 매수로 인하여 주요주주가 된 경우에는 단기매매차익 반환의무가 적용되지 않고, 매수 이전부터 주요주주임을 요건으로 한다는 의미에서 이를 이전 기준('prior to' test)이라고 한다. 주식을 매수하여 주요주주가 되는 때에도 단기매매차익 반환의무가 적용된다는 동시 기준('simultaneously with' test)은 주식을 매수하여 비로소 주요주주가 된 것이므로 매수 당시 회사의 내부정보를 이용하였다고 볼 수 없고, 특히 제172조 제6항의 "매수한 시기"를 "매수한 후"로 해석하는 것은 부당하며, 규정의 형식과 취지상 "매수할 당시"로 해석

---

18) [法 제9조] ⑦ 이 법에서 "모집"이란 대통령령으로 정하는 방법에 따라 산출한 50인 이상의 투자자에게 새로 발행되는 증권의 취득의 청약을 권유하는 것을 말한다.
⑧ 이 법에서 "사모"란 새로 발행되는 증권의 취득의 청약을 권유하는 것으로서 모집에 해당하지 아니하는 것을 말한다.
⑨ 이 법에서 "매출"이란 대통령령으로 정하는 방법에 따라 산출한 50인 이상의 투자자에게 이미 발행된 증권의 매도의 청약을 하거나 매수의 청약을 권유하는 것을 말한다.

하여야 하므로 타당하지 않다.

한편 주요주주가 주식을 매도함으로써 주요주주의 지위를 상실하게 되는 경우에도 차익반환의무가 있는지 여부가 문제되는데, 위 제6항의 "매도한 시기"를 "매도한 후"라고 해석하여 매도한 후에도 주요주주의 지위를 유지하여야만 단기매매차익 반환의무가 있다고 해석하는 견해도 있다. 그러나 "매도한 시기"를 위와 같이 해석하는 것은 무리이고, "매수한 시기"와 마찬가지로 "매도할 당시"로 해석하여 반환의무를 인정하여야 할 것이다. 이상과 같이 해석하면 만일 증권을 전혀 소유하지 않은 투자자가 6%씩 3회에 걸쳐 증권을 매수하였다가 모두 매도하였다면 주요주주가 된 이후의 단기매매로 인한 차익인 세번째 매수한 증권으로부터의 이익만 반환의 대상이 된다. 그 반대로 증권을 매도함으로써 10% 미만의 증권소유자로 된 경우에는 위 규정의 목적에 비추어 차익반환의무를 부담한다고 보아야 한다.

(나) 주주로 되는 시기

주식의 양도는 주권의 교부로서 그 효력이 발생하므로,[19] 주주가 되는 시기에 관하여 실제로 증권을 인도받은 시점을 기준으로 삼는 것이 원칙이다. 그러나 단기매매차익 반환의무가 미공개정보이용의 사전예방을 위한 제도라는 점을 고려하면 2거래일 후에 결제가 확실히 이행되는 장내거래의 경우에는 계약체결일을 기준으로 삼는 것이 타당하다. 이렇게 해석하지 않으면 주식매수계약을 체결하고 주식을 교부받기 전에 다시 매도하는 경우에는 단기매매차익 반환의무가 없다는 결론이 되므로 제도의 취지에 부합하지 않는다. 한편 장외거래의 경우에는 계약체결 후에 여러 가지 사정으로 주식이 매수인에게 인도되지 않을 수도 있으므로, 계약체결일을 기준으로 하되 주식인도의 불이행을 해제조건부로 하여 이러한 경우에는 매수인의 주요주주로서의 지위가 소급적으로 상실되는 것으로 보아야 한다.

단기매매차익 반환의무는 순수한 민사상 채무이므로 죄형법정주의에 상응하는 수준으로 엄격하게 해석할 필요는 없을 것이다.[20] 증권시장에서 하루 동안

---

19) 투자자계좌부 또는 예탁자계좌부에 증권의 양도를 목적으로 계좌 간 대체의 기재를 하거나 질권설정을 목적으로 질물인 뜻과 질권자를 기재한 경우에는 증권의 교부가 있었던 것으로 본다(法 311조②).

20) 그러나 미공개중요정보 이용행위에 있어서는 이와 달리 실제로 증권을 인도받은 날을 기준으로 삼아야 한다. 단기매매차익 반환의무는 순수한 민사상 채무이지만, 미공개중요정보 이

10% 이상의 지분을 매수하는 경우에도 1회의 거래에 의하는 예는 드물고 대개는 수차례의 거래에 의하는데, 엄밀히는 하루 중 수차례의 거래 중 어느 특정 거래가 이루어짐으로써 10% 이상의 지분을 소유하게 되고 하루에 수차례 매매를 함으로써 10%를 초과하였다가 다시 미달되거나 하는 경우도 있을 수 있는데, 특히 장내거래의 경우 T+2에 의하여 3일째 되는 날 한 번에 결제가 이루어지므로 수차례의 거래는 일별(日別)로 합산하여 단일 거래로 보아야 한다.

(2) 임 직 원

임직원에 관하여는 주요주주에 관한 제172조 제6항과 같은 규정이 없으므로 주요주주와 달리 증권을 매도하거나 매수한 어느 한 시기에만 임직원의 지위에 있으면 적용대상이다.[21] 그러므로 임직원이 주식을 매수한 후 퇴임하고 매수일로부터 6개월 이내에 주식을 매도하거나, 주식을 매도한 후 퇴임하고 매도일로부터 6개월 이내에 그 주식을 다시 매수하였다면 이익을 회사에 반환할 책임이 있다. 또한 임직원이 취임 전에 주식을 매수하였다가 취임 후 매수일로부터 6개월 이내에 매도하거나, 취임 전에 주식을 매도하였다가 취임 후 매도일로부터 6개월 이내에 매수한 경우에는 그 이익을 회사에 반환할 책임이 있다. 그러나 임직원이 퇴임한 후 주식을 매수하였다가 매도한 경우에는 이익반환의무가 발생하지 않는다. 직원이 매매거래 당시 정직처분을 받아 신분상의 제한이 있었다 하더라도 이러한 사정만으로 내부정보에의 접근 가능성이 완전히 배제된다고 볼 수 없고 따라서 단기차익 반환의무를 부담한다.[22]

6. 적용대상 거래

(1) 특정증권등

단기매매차익 반환규정의 적용대상인 금융투자상품("특정증권등")은 다음과 같다(法 172조①).

(가) 주권상장법인이 발행한 증권(제1호)

주권상장법인이 발행한 증권은 원칙적으로 전부 단기매매차익 반환의무의 대상이고, 전환증권도 포함된다. 무의결권주식도 포함된다.

용행위는 형사처벌의 대상이므로 규제의 범위를 근거 없이 확대해석하는 것은 죄형법정주의에 반하기 때문이다.

21) 대법원 2008. 3. 13. 선고 2006다73218 판결.

22) 대법원 2008. 3. 13. 선고 2006다73218 판결.

다만, 다음과 같은 증권은 제외한다(令 196조).

1. 채무증권(다만, 다음과 같은 증권은 반환의무의 대상이다)
   가. 전환사채권
   나. 신주인수권부사채권
   다. 이익참가부사채권
   라. 그 법인이 발행한 지분증권(이와 관련된 증권예탁증권 포함)이나 가목부터 다목까지의 증권(이와 관련된 증권예탁증권 포함)과 교환을 청구할 수 있는 교환사채권
2. 수익증권
3. 파생결합증권(제4호에 해당하는 파생결합증권 제외)

(나) 증권예탁증권(제2호)

"증권예탁증권"이란 주권상장법인이 발행한 채무증권, 지분증권, 수익증권, 투자계약증권, 파생결합증권 등을 예탁받은 자가 그 증권이 발행된 국가 외의 국가에서 발행한 것으로서 그 예탁받은 증권에 관련된 권리가 표시된 것을 말한다(法 4조⑧).

(다) 교환사채권(제3호)

그 법인 외의 자가 발행한 것으로서 제1호·제2호의 증권과 교환을 청구할 수 있는 교환사채권도 단기매매차익 반환의무의 대상이다.

(라) 증권을 기초자산으로 하는 금융투자상품(제4호)

제1호부터 제3호까지의 증권만을 기초자산으로 하는 금융투자상품도 단기매매차익 반환의무의 대상이다. 따라서 증권을 기초자산으로 하는 선물·옵션도 규제대상이다.

(2) 매 매

(가) 매매에 포함되는 거래

구 증권거래법과 마찬가지로 자본시장법도 단기매매의 '매수', '매도'에 관한 개념을 적극적으로 규정하고 있지 않고 있는데, 일반적으로 단기매매차익 반환의무의 적용대상인 매매는 대가가 지급되고 주식의 소유권이 이전되는 것을 의미하므로 상속이나 증여에 의한 무상취득, 주식배당, 주식분할, 주식병합에 의한 주식취득은 매수 또는 매도에 해당하지 않는다고 해석한다.

교환은 민법상으로는 매매와 구분되는 개념이지만 교환목적물을 서로 일정

한 가격으로 정하여 교환하는 경우에는 매매에 준하여 단기매매차익 반환의무가 적용된다고 보아야 한다. 대물변제도 매매에 포함되고 나아가, 비전형적인 유상취득행위도 해당 거래의 성격이나 비자발성의 정도, 거래의 동기 및 결과 등에 따라서는 매수로 보아야 하는 경우도 있다.[23)]

또한 자본시장법 제172조 제1항은 "매수(권리 행사의 상대방이 되는 경우로서 매수자의 지위를 가지게 되는 특정증권등의 매도를 포함한다. 이하 이 조에서 같다)" ... "매도(권리를 행사할 수 있는 경우로서 매도자의 지위를 가지게 되는 특정증권등의 매수를 포함한다. 이하 이 조에서 같다)"라고 규정하는데, 이는 put option의 매도는 매수로, put option의 매수는 매도로 본다는 취지이다. call option의 매도, 매수는 기초자산의 매도, 매수와 사실상 동일한 효과를 가지므로 특별히 규정하지 않는다.[24)]

㈏ 법령에 의한 반환의무 면제사유

임직원 또는 주요주주로서 행한 매도 또는 매수의 성격 그 밖의 사정 등을 고려하여 다음과 같은 경우에는 단기매매차익의 반환의무가 발생하지 않는다(法 172조⑥, 令 198조). 시행령 제198조가 규정하는 면제사유는 예시적인 것이 아니라 한정적으로 열거된 것이다.[25)]

1. 법령에 따라 불가피하게 매수하거나 매도하는 경우
2. 정부의 허가·인가·승인 등이나 문서에 의한 지도·권고에 따라 매수하거나 매도하는 경우

---

23) 한편, 대물변제의 경우, 채무자는 임의성이 있으므로 규제대상 매매에 해당하지만, 채권자 입장에서는 임의성이 없으므로 규제대상 매매에 해당하지 않는다는 견해도 있다(김상철, 전게논문, 231면).

24) 다만, 파생상품의 권리행사가격이 기초증권의 가격보다 높은 경우에 권리를 행사하는 것은 비정상적이므로 내부정보 이용가능성이 있고, 따라서 이 경우에는 파생상품의 권리행사도 기초증권의 매수로 볼 수 있는지에 관하여 논란의 여지가 있다.

25) 대법원 2004. 2. 13. 선고 2001다36580 판결. 헌법재판소도 "이 사건 법률조항이 반환책임의 요건을 객관화하여 엄격한 반환책임을 내부자에게 부과하고, (증권거래)법 제188조 제8항 및 이에 근거한 법시행령 제86조의6 등에서 반환책임의 예외를 한정적으로 열거하여 이에 해당하지 않는 한 반환책임의 예외를 인정하지 않는다고 하더라도, 이 사건 법률조항의 입법목적과 단기매매차익 반환의 예외를 정한 시행령 제86조의6의 성격 및 헌법 제23조가 정하는 재산권 보장의 취지를 고려하면 내부정보를 이용할 가능성조차 없는 주식거래의 유형에 대하여는 이 사건 법률조항이 애당초 적용되지 않는다고 해석하여야 할 것이므로 내부자의 단기매매에 대하여 법과 법시행령이 정하는 예외사유에 해당하지 않는 한 엄격한 반환책임을 부과하였다고 하여 이를 두고 최소침해원칙에 위배된다고 할 수 없다."라고 판시한 바 있다[헌법재판소 2002. 12. 18.자 99헌바105, 2001헌바48(병합) 결정].

3. 안정조작이나 시장조성을 위하여 매수·매도 또는 매도·매수하는 경우
4. 모집·사모·매출하는 특정증권등의 인수에 따라 취득하거나 인수한 특정증권등을 처분하는 경우[26)]
5. 주식매수선택권의 행사에 따라 주식을 취득하는 경우[27)]
6. 이미 소유하고 있는 지분증권, 신주인수권이 표시된 것, 전환사채권 또는 신주인수권부사채권의 권리행사에 따라 주식을 취득하는 경우
7. 증권예탁증권의 예탁계약 해지에 따라 자본시장법 제172조 제1항 제1호에 따른 증권을 취득하는 경우
8. 자본시장법 제172조 제1항 제1호에 따른 증권 중 제196조 제1호 라목에 따른 교환사채권 또는 제172조 제1항 제3호에 따른 교환사채권의 권리행사에 따라 증권을 취득하는 경우
9. 모집·매출하는 특정증권등의 청약에 따라 취득하는 경우
10. 근로복지기본법 제36조부터 제39조까지 또는 제44조에 따라 우리사주조합원이 우리사주조합을 통하여 회사의 주식을 취득하는 경우(그 취득한 주식을 같은 법 제43조에 따라 수탁기관을 통하여 보유하는 경우만 해당한다)[28)]
11. 주식매수청구권의 행사에 따라 주식을 처분하는 경우
12. 공개매수에 응모함에 따라 주식등을 처분하는 경우
13. 그 밖에 미공개중요정보를 이용할 염려가 없는 경우로서 증권선물위원회가 인정하는 경우[29)]

---

26) 종래의 "임원·주요주주의 주식상황보고 및 단기매매차익반환에 관한 규정" 제9조의2 제2호는 "제8조의 규정에 의하여 모집·매출하는 주권등의 청약"이라고 규정하고 "사모"는 포함하지 않았다. 다만, 주권상장법인이 모집·사모·매출하는 특정증권등을 인수한 투자매매업자가 인수계약을 체결한 날부터 3개월 이내에 매수 또는 매도하여 그 날부터 6개월 이내에 매도 또는 매수하는 경우(시행령 198조 제4호의 경우는 제외)에 준용한다는 특칙(法 172조⑦)이 있다. 이 특칙은 시행령 198조 제4호의 "모집·사모·매출하는 특정증권등의 인수에 따라 취득하거나 인수한 특정증권등을 처분하는 경우"에는 적용되지 않으므로, 인수계약을 체결한 투자매매업자가 별도로 매매한 경우에만 적용된다.

27) 제5호의 규정상 주식매수선택권을 행사하여 취득한 주식을 6개월 내에 매도하더라도 단기매매차익반환의 대상이 아니다. 그러나 해당 주식을 매도한 날을 기준으로 전후 6개월 내에 매도가격보다 낮은 가격으로 주식을 매수한 경우에는 단기매매차익반환의 대상이 된다.

28) 우리사주조합의 해산으로 조합원이 주식을 취득하는 것은 법률의 규정(근로복지기본법 39조②)에 따른 무상취득이므로 단기매매차익 반환의무가 발생하지 않는다.

29) 다음과 같은 경우를 말한다(단기매매차익 반환 및 불공정거래 조사·신고 등에 관한 규정 8조).
1. 유상신주발행시 발생한 실권주 또는 단수주의 취득
2. 집합투자규약에 따라 집합투자업자가 행하는 매매
3. 공로금·장려금·퇴직금 등으로 지급받는 주식의 취득
4. 이미 소유하고 있는 특정증권등의 권리행사로 인한 주식의 취득
5. 증권시장에서 허용되는 최소단위 미만의 매매
6. 「국민연금법」에 따른 국민연금기금, 「공무원연금법」에 따른 공무원연금기금, 「사립학교교직원연금법」에 따른 사립학교교직원연금기금의 관리나 운용을 위한 매매로서 다음 각

제6호와 관련하여, "이미 소유하고 있는 지분증권, 신주인수권이 표시된 것, 전환사채권 또는 신주인수권부사채권의 권리행사에 따라 주식을 취득하는 경우"라는 규정상 취득한 유상신주를 매도한 경우에는 규제대상 매매라는 취지의 하급심 판례(수원지방법원 2006. 2. 14. 선고 2004가합19015 판결)가 있었으나, 항소심인 서울고등법원 2006. 9. 6. 선고 2006나32851 판결은 이러한 경우에도 규제대상 매매가 아니라는 취지에서, "피고가 유상증자로 인하여 취득한 신주가 포함되어 있다고 인정할 수 있는 아무런 증거가 없으므로 이를 전제로 하는 피고의 위 주장도 역시 이유 없다."라고 판시하였다.

한편, 제3자배정에 의한 신주인수의 경우에 관하여, 서울고등법원 2001. 5. 18. 선고 2000나22272 판결은, 민법상의 전형적인 매매 외에 상법이나 구 증권거래법이 정하는 다양한 방식에 의한 유상취득이나 처분행위도 증권거래법 제188조 제2항의 매도와 매수에 해당하는 것으로 판시하였고, 이 판결은 상고심(2001다42684)에서 상고각하판결이 선고되어 원심판결이 확정되었다.

파생상품의 권리행사로 인한 기초증권 취득도 반환의무 면제사유 중 제5호, 제6호, 제8호 등과 달리 해석할 이유가 없으므로 반환의무 면제사유에 해당하는 것으로 해석하는 것이 타당하다.

(다) 해석에 의한 반환의무 면제사유

1) 내부정보 부당이용 가능성이 없는 거래 　단기매매차익 반환제도의 입

목의 요건을 모두 갖춘 경우

가. 발행인의 경영권에 영향을 주기 위한 것(令 제154조 제1항이 정하는 것)이 아닐 것

나. 미공개중요정보의 이용을 방지하기 위하여 다음의 요건을 모두 갖춘 것으로 증권선물위원회가 의결로써 인정하는 경우. 이 경우 증권선물위원회는 내부통제기준의 적정성, 내부통제기준에 대한 준수 내용 등을 종합적으로 고려해야 한다.

1) 의결권 행사 및 이와 관련된 업무를 전담하는 부서(이하 수탁자책임 부서라 한다)와 특정증권등의 운용 관련 업무를 수행하는 부서(이하 운용부서라 한다) 간 독립적 구분

2) 수탁자책임 부서와 운용 부서 간 사무공간 및 전산설비 분리

3) 수탁자책임 부서가 업무 과정에서 알게 된 정보를 운용부서 또는 외부 기관에 부당하게 제공하는 행위의 금지 및 이를 위반한 임직원에 대한 처리 근거 마련

4) 수탁자책임 부서가 운용부서 또는 외부 기관과 의결권 행사 또는 이와 관련된 업무에 관한 회의를 하거나 통신을 한 경우 그 회의 또는 통신에 관한 기록의 작성 및 유지

5) 1)부터 4)까지의 사항을 포함하는 내부통제기준의 마련

7. 그 밖에 증권선물위원회가 의결로써 미공개중요정보를 이용할 염려가 없는 경우로 인정하는 경우

법 목적, 자본시장법 시행령 제198조에 정해진 예외사유의 성격 그리고 헌법 제23조가 정하는 재산권보장의 취지를 고려하면, 자본시장법 시행령 제198조에서 정한 예외사유에 해당하지 않더라도 객관적으로 볼 때 내부정보를 부당하게 이용할 가능성이 전혀 없는 유형의 거래에 대하여는 법원이 자본시장법 제172조 제1항의 매수 또는 매도에 해당하지 아니하는 것으로 보아 그 적용을 배제할 수 있다. 그리고 여기서 내부정보에 대한 부당한 이용의 가능성을 판단할 때에는 객관적으로 볼 때 내부자가 임의로 거래하였는지 여부 및 그가 내부정보에 접근할 수 있는 가능성이 있었는지 여부를 고려하여야 하고, 만약 비자발적인 유형의 거래가 아니거나 내부정보에의 접근 가능성을 완전히 배제할 수 없는 유형의 거래인 경우에는 내부정보에 대한 부당한 이용의 가능성이 있다고 보아야 할 것이므로 자본시장법 제172조 제1항의 적용 대상인 매수 또는 매도에 해당하여 단기매매차익의 반환책임을 피할 수 없다.[30]

헌법재판소도 내부정보를 이용할 가능성조차 없는 유형의 거래에 대하여는 단기매매차익 반환규정이 적용되지 않는다고 해석하는 한 최소침해원칙에 반하는 것이 아니라는 입장이다.[31] 따라서 상법상 합병과 회사분할, 주식의 포괄적 교환과 주식의 포괄적 이전 등에 의한 주식의 취득은 개별 주주의 의사에 불구하고 단체법적 법리가 적용되는 거래로서 내부정보이용 가능성이 없으므로 규제대상 매매에 해당하지 않는다.[32]

다만, 대법원은 "내부정보의 이용가능성이 전혀 없는 유형의 거래"를 매우 엄격히 해석하므로 실제로 대법원이 이러한 유형의 거래로 인정한 사례는 거의 없고,[33] 근래에 특별한 사정을 고려하여 인정한 사례가 있다.[34]

---

30) 대법원 2016. 3. 24. 선고 2013다210374 판결.

31) 헌법재판소 2002. 12. 18.자 99헌바105, 2001헌바48(병합) 결정.

32) 서울중앙지방법원 2008. 6. 20. 선고 2007가합90062 판결.

33) [대법원 2004. 2. 13. 선고 2001다36580 판결] "원고 회사의 주가하락 및 원고 회사에 대한 적대적 인수합병에 대한 방어책으로서 주식을 매수하였다거나, 백화점의 경영악화로 인하여 부득이 금강개발에 원고 회사의 경영권을 양도하기 위한 수단으로 주식을 매도한 것이라 하여도, 이는 객관적으로 볼 때, 애당초 내부정보의 이용가능성이 전혀 없는 유형의 거래에는 해당하지 않는다고 봄이 상당하므로, ..."

[대법원 2004. 5. 28. 선고 2003다60396 판결] "피고가 대량취득하였던 주식을 매도한 것은 비록 계속 보유할 경우의 경제적 손실을 회피하기 위한 동기에서 비롯된 것이었다 할지라도 피고 스스로 경제적 이해득실을 따져본 후 임의로 결정한 다음 공개시장을 통하여 매도한 것으로 보여질 뿐 비자발적인 유형의 거래로 볼 수 없을 뿐만 아니라, ..."

[대법원 2008. 3. 13. 선고 2006다73218 판결] "피고가 정직처분을 받아 직원으로서의 신분

2) 담보권의 설정 및 실행　　주식을 담보(질권 또는 양도담보)로 금전을 차용하는 경우에는 담보권설정자와 담보권자간의 실질적인 의사가 금전차용 및 그에 따른 담보권설정이지 주식의 소유권을 이전한다는 것이 아니므로 담보권설정행위 자체를 주식의 매도로 볼 수 없다. 한편, 담보권자가 담보권실행 차원에서 주식을 매도하는 경우가 있는데 이러한 경우 담보권설정자가 아닌 담보권자의 의사에 기한 처분이므로 담보권설정자가 비자발적 매도로 인한 차익을 반환할 의무를 부담하는 것은 부당하다는 견해가 있다. 그러나 이러한 견해에 의하면 단기매매차익 반환의무를 회피하기 위하여 담보권설정자와 담보권자가 공모하여 담보권설정 후 담보권실행 명목으로 주식을 매도하는 경우를 규제할 수 없으므로 제도의 실효성을 현저히 약화시키는 결과가 된다. 일반적으로 주식에 관한 담보권설정계약에는 주가하락으로 인하여 담보가치가 일정 수준 이하로 되면 담보권자가 임의로 주식을 처분할 수 있도록 하는 내용이 포함되어 있고 이에 기하여 담보권자가 주식을 처분할 수 있는 것이다. 이러한 조건을 내용으로 하는 담보권설정계약이 체결되었다면 담보권설정자가 일정한 조건 하에 처분권을 담보권자에게 위임한 것으로 볼 수 있으므로 이러한 경우에도 담보권설정자가 차익반환의무를 부담한다는 취지의 하급심 판례가 있다.[35)]

3) 선행거래와 후행거래　　주식매도 후 6개월 이내에 신주인수를 하는 경

및 임무수행상의 제한을 받고 있는 상태에서 위와 같이 주식을 매수하였다 할지라도 피고 스스로 경제적 이해득실을 따져본 후 임의로 결정한 다음 공개시장을 통하여 매수한 것으로 ..."

34) 대법원 2024. 5. 9. 선고 2020다2616 판결. (구 기업구조조정 촉진법에 따라 개시된 갑 주식회사에 대한 채권금융기관 공동관리절차에서 이를 주관한 주채권은행이자 채권금융기관 협의회(이하 '협의회'라 한다)의 구성원인 을 은행이, 갑 회사의 상장유지를 위하여 협의회의 심의·의결에 따라 이루어진 대출금의 출자전환으로 갑 회사의 주식을 취득하였다가 이후 이를 매도하여 단기매매차익을 얻자, 갑 회사가 을 은행을 상대로 그 차익의 반환을 구한 사안에서, 위 출자전환과 주식매도 중 어느 하나의 거래가 적용 예외사유에 해당한다면 자본시장과 금융투자업에 관한 법률 제172조 제1항에서 정한 단기매매차익 반환규정의 적용이 배제된다는 전제하에, 부실징후기업의 구조조정 내지 이를 통한 경영정상화를 목적으로 협의회의 심의·의결에 따라 해당 기업에 대한 채권재조정으로서 대출금의 출자전환에 따른 주식의 취득은 객관적으로 볼 때 내부정보의 이용가능성이 없는 유형의 거래에 해당한다고 해석함이 타당한 점과 갑 회사의 경영정상화에 필요한 상장유지를 위해서는 출자전환이 불가피하였다고 보일 뿐이고 채권금융기관들의 경제적 이해득실을 고려하여 주식의 취득 여부나 취득 시기, 취득 조건 등이 임의로 결정되었다고 볼 수는 없는 점을 주된 이유로 들어, 위 출자전환은 객관적으로 볼 때 그 거래 유형 자체에 내부정보를 부당하게 이용할 가능성이 있다고 보기 어려우므로 자본시장법 제172조 제1항의 단기매매차익 반환규정이 적용될 수 없다고 본 원심판단에 법리오해 등의 잘못이 없다고 한 사례).

35) 서울중앙지방법원 2008. 6. 20. 선고 2007가합90062 판결.

우 또는 신주인수 후 6개월 이내에 주식을 매도한 경우와 같이 한 쌍의 거래에서 반환의무 면제사유에 해당하는 거래가 후행하든 선행하든 반환의무대상이 아닙니다.[36]

7. 기간요건

⑴ 6개월 이내

단기매매차익 반환의무는 특정증권등을 매수(권리 행사의 상대방이 되는 경우로서 매수자의 지위를 가지게 되는 특정증권등의 매도를 포함)한 후 6개월 이내에 매도(권리를 행사할 수 있는 경우로서 매도자의 지위를 가지게 되는 특정증권등의 매수를 포함)하거나 특정증권등을 매도한 후 6개월 이내에 매수하여 이익을 얻은 경우에 발생한다. 기간의 계산은 법령, 재판상의 처분 또는 법률행위에 다른 정한 바가 없으면 민법 제5장의 규정에 의한다(民法 155조). 민법상 기간을 일, 주, 월 또는 년으로 정한 때에는 기간의 초일은 산입하지 않는다. 그러나 그 기간이 오전 영시로부터 시작하는 때에는 그러하지 아니하다(民法 157조). 기간을 주, 월 또는 년으로 정한 때에는 역(曆)에 의하여 계산하고, 주, 월 또는 년의 처음으로부터 기간을 기산하지 아니한 때에는 최후의 주, 월 또는 년에서 그 기산일에 해당한 날의 전일로 기간이 만료하고, 월 또는 년으로 정한 경우에 최종의 월에 해당일이 없는 때에는 그 월의 말일로 기간이 만료한다(民法 160조). 그런데 자본시장법 시행령 제195조 제1항 제1호는 민법 규정과 달리 초일을 산입한다고 규정하므로 "6개월 이내"라 함은 매수 또는 매도를 한 다음 날이 아닌 당일부터 기산하여 역(曆)에 의하여 6개월이 되는 날까지를 의미한다. 따라서 매수계약체결일이 2005. 10. 28.이면 초일을 산입하여 역(曆)에 의하여 6개월이 되는 날인 2006. 4. 27.까지가 "6개월 이내"의 기간이고, 그 다음 날인 2006. 4. 28. 매도계약을 체결한 경우에는 단기매매차익 반환의 대상이 되는 거래가 아니다.[37]

⑵ 계약체결일 기준

매매시기에 관한 기준에 관하여, 자본시장법 시행령 제200조 제4항은 주권상장법인의 임원이나 주요주주가 그 특정증권등의 소유상황의 변동을 보고하여

---

36) 서울중앙지방법원 2007. 9. 6. 선고 2007가합30237 판결, 서울중앙지방법원 2007. 12. 21. 선고 2005가합57139 판결.

37) 서울중앙지방법원 2007. 6. 1. 선고 2006가합92511 판결의 사안이다.

야 하는 경우의 그 변동일에 대하여, "ⅰ) 증권시장(다자간매매체결회사에서의 거래 포함.)이나 파생상품시장에서 특정증권등을 매매한 경우에는 그 결제일, ⅱ) 증권시장이나 파생상품시장 외에서 특정증권등을 매수한 경우에는 대금을 지급하는 날과 특정증권등을 인도받는 날 중 먼저 도래하는 날, ⅲ) 증권시장이나 파생상품시장 외에서 특정증권등을 매도한 경우에는 대금을 수령하는 날과 특정증권등을 인도하는 날 중 먼저 도래하는 날"이라고 규정하므로, 단기매매차익 반환의무에 있어서도 계약체결일과 결제일이 다른 경우에는 결제일을 기준으로 적용 여부를 판단해야 한다는 해석도 있을 수 있다. 그러나 민법상 매매는 매매대금의 지급과 소유권의 이전을 약정하는 낙성계약이므로 자본시장법 제172조 제1항이 규정하는 매수와 매도는 정확하게는 매수약정과 매도약정을 의미한다. 따라서 6개월 이내의 기간의 기산점이 되는 "매수한 후"와 "매도한 후"는 결제일이 아닌 계약체결일을 기준으로 해야 한다. 나아가 단기매매차익 반환의무의 발생요건인 6개월에 대하여는 동 규정의 입법취지가 미공개정보의 이용을 방지하기 위한 것이므로 매매의사를 표시한 시점인 계약체결일을 기준으로 하여야 할 것이고, 또한 장외거래의 경우 계약체결일에 대금지급과 증권인도가 이행되는 경우도 많지만, 당사자 간의 합의에 의하여 이행기를 별도로 정하는 경우도 있으므로, 장내거래와 장외거래를 통일적으로 규율하기 위하여서도 계약체결일을 기준으로 하는 것이 타당하다. 판례도 6개월 이내의 단기매매인지 여부는 계약체결일을 기준으로 판단해야 한다고 판시한다.[38)]

(3) 기존 보유 증권과의 관계

주권상장법인의 내부자가 6개월 이내에 그 법인이 발행한 증권을 매수·매도하였다면 그 매수와 매도의 수량이 일치하는 범위에서 단기매매차익을 반환할 책임이 있고, 이는 내부자가 단기매매차익 반환의 대상이 되는 6개월의 기간 이전에 이미 그 주권상장법인이 발행한 동일한 증권을 보유하고 있었다 하더라도 마찬가지이다.[39)]

---

38) 대법원 2011. 3. 10. 선고 2010다84420 판결.

39) [대법원 2023. 8. 31. 선고 2022다253724 판결] "① 자본시장법 제172조 제1항의 단기매매차익 반환제도는 주권상장법인의 내부자가 6개월 이내의 단기간에 그 법인의 증권 등을 사고파는 경우 미공개 내부정보를 이용하였을 개연성이 크다는 점에서 내부자의 실제 미공개 내부정보 이용 여부나 내부정보를 이용하여 이득을 취하려는 의사가 있었는지 여부를 묻지 않고 내부자로 하여금 그 거래로 얻은 이익을 법인에 반환하도록 한 것으로, 이는 내부자가 6개월이라는 단기간 동안 법인의 증권 등을 거래하는 행위를 간접적으로 규제하려는 데 그 취

8. 반환절차

(1) 증권선물위원회의 통보와 공시

증권선물위원회는 단기매매차익의 발생사실을 알게 된 경우에는 해당 법인에 이를 통보해야 한다. 이 경우 그 법인은 통보받은 내용을 다음과 같은 사항이 지체 없이 공시되도록 인터넷 홈페이지 등을 이용하여 공시해야 한다(法 172조 ③, 令 197조).

1. 단기매매차익을 반환해야 할 자의 지위[임원(商法 제401조의2 제1항의 업무집행관여자 포함), 직원 또는 주요주주]
2. 단기매매차익 금액(임원별·직원별 또는 주요주주별로 합산한 금액)
3. 증권선물위원회로부터 단기매매차익 발생사실을 통보받은 날
4. 해당 법인의 단기매매차익 반환 청구 계획
5. 해당 법인의 주주(주권 외의 지분증권이나 증권예탁증권을 소유한 자 포함)는 그 법인으로 하여금 단기매매차익을 얻은 자에게 단기매매차익의 반환청구를 하도록 요구할 수 있으며, 그 법인이 요구를 받은 날부터 2개월 이내에 그 청구를 하지 않는 경우에는 그 주주는 그 법인을 대위(代位)하여 청구를 할 수 있다는 뜻

지가 있다. ② 자본시장법 제172조 제1항은 6개월 내 매수와 매도행위가 있을 것을 규정하고 있을 뿐, 매도한 증권이 반드시 6개월 이내에 매수한 증권으로 특정될 것을 요하거나 6개월 이전에 매수한 동일한 증권이 있을 경우 그 수량만큼의 반환책임이 면제되는 것으로 규정하고 있지 않다. 오히려 자본시장법은 매도 후 6개월 이내에 매수가 이루어진 경우에도 단기매매차익의 반환을 규정함으로써 매도·매수의 대상증권이 동일한 것으로 특정되지 않아도 그 책임을 인정하고 있다. 또한 주요주주의 경우 매도·매수 중 어느 한 시기에 있어서 주요주주가 아니라면 단기매매차익 반환규정이 적용되지 않는데(자본시장법 제172조 제6항), 이미 10% 이상의 주식을 보유한 주요주주의 6개월 이내 매도·매수 또는 매수·매도는 자본시장법 제172조 제1항의 규제 대상에 포함함으로써, 단기매매차익 반환의 대상이 되는 6개월의 기간 이전에 동일한 증권을 보유하고 있었던 경우에도 6개월 이내에 매수·매도가 이루어졌다면 반환책임이 성립하는 것을 전제로 하고 있다. ③ 6개월의 기간 이전에 이미 동일한 증권을 보유한 경우 단기매매차익 반환책임을 인정하더라도 재산권을 사실상 과도하게 제한하는 결과를 초래한다고 보기도 어렵다. 즉, 6개월 이내에 단순히 매도만 있는 경우에는 단기매매차익 반환책임이 성립하지 않고 매도와 함께 매수가 있어야 그 반환책임이 성립할 수 있다. 단기매매차익을 산정함에 있어서도 6개월 이내에 '매도된 증권'과 '매수된 증권'의 수량 중 적은 수량에 한하여 반환책임이 있을 뿐(자본시장과 금융투자업에 관한 법률 시행령 제195조 제1항), 매도된 증권에서 발생한 차익을 전부 반환하라고 하거나 '매도한 증권'과 '6개월 이전에 매수한 증권'과의 차익을 반환대상으로 하고 있지는 않다." (임원이 회사 주식 18만주를 보유한 상황에서 추가로 198,481주를 취득한 후 6개월 내에 18만주를 매도한 사안이다).

(2) 반환청구권자

단기매매차익 반환의 1차적인 청구권자는 해당 법인이다. 따라서 해당 법인의 주주(주권 외의 지분증권 또는 증권예탁증권을 소유한 자를 포함)는 그 법인으로 하여금 제1항에 따른 단기매매차익을 얻은 자에게 단기매매차익의 반환청구를 하도록 요구할 수 있으며, 그 법인이 그 요구를 받은 날부터 2개월 이내에 그 청구를 하지 않는 경우에는 그 주주는 그 법인을 대위(代位)하여 그 청구를 할 수 있다(法 172조②).[40] 이때 소수주주의 대표소송과 달리 단독주주권이고 주식의 보유기간에 대한 제한도 없다. 또한 단기매매차익 반환청구권은 의결권과도 관계없으므로 무의결권주식의 주주도 해당 법인을 대위하여 청구할 수 있다.

만일 해당 법인이 반환청구를 하기는 하였으나 불합리하게 적은 금액의 반환청구만 하는 경우에는 자본시장법이 규정한 반환청구의무를 이행하지 않은 것으로 보고 주주의 대위청구를 허용하여야 할 것이다. 이에 대하여, 이는 일반적인 대위권행사의 법리에 반하므로 해당 법인이 그 권리를 행사한 이상 그 방법이나 결과가 불합리하더라도 대위권행사는 불가능하며 보조참가의 방법에 의하여서만 관여할 수 있다는 견해도 있다.[41] 그러나 민사소송법상 보조참가인은 피참가인의 소송행위와 저촉되는 소송행위를 할 수 없는 등(民訴法 76조②) 소송행위에 제한이 있는 점을 고려해 보면 단기매매차익 반환제도의 취지를 살리기에는 부족하므로, 보다 적극적인 해석을 해야 할 것이다.

(3) 반환된 이익의 귀속

주주가 원고이더라도 단기매매차익의 귀속처는 주주가 아닌 해당 법인이다. 따라서 소장의 청구취지에는 해당 법인에 대한 지급을 명하는 표현을 기재해야 한다. 판결의 효력은 해당 법인에게도 미친다고 해석해야 한다. 이익의 귀속처가 주주가 아닌 해당 법인이므로 문제된 거래 이후에 주주가 된 자도 대위청구를 할 수 있다.

(4) 상 계

임직원이나 주요주주가 해당 법인에 대한 이익반환을 거부하는 경우, 소송

40) 구 증권거래법은 증권선물위원회의 대위청구권을 규정하였으나, 미국이나 일본에서는 증권감독기관의 대위청구권을 인정하지 않고, 이에 따라 자본시장법은 해당 법인의 주주만 대위청구권자로 규정한다.

41) 노태악, "내부자거래 등 관련 행위의 규제", 증권거래에 관한 제문제(上), 법원도서관(2001), 478면.

을 제기하지 않고 법인이 이들에게 지급할 금전과 같은 금액으로 상계할 수 있는지 문제된다. 임직원에 대한 급여는 근로기준법상 상계가 불가능하지만, 주요주주에 대한 배당금에 대하여는 법인이 주요주주에게 상계의 의사표시를 함으로써 이익을 회수할 수 있을 것이다.

(5) 소송비용 등 청구

단기매매차익 반환청구를 위하여 대위소송을 제기한 주주가 승소한 경우에는 그 주주는 회사에 대하여 소송비용, 그 밖에 소송으로 인한 모든 비용의 지급을 청구할 수 있다(法 172조④). 구 증권거래법은 수행에 필요로 한 실비액을 청구할 수 있다고 규정하였는데, 자본시장법은 "소송으로 인한 모든 비용"으로 규정함으로써 청구할 수 있는 비용을 대폭 확대하였다.

(6) 반환청구권 행사기간

해당 법인이나 주주의 단기매매차익 반환청구권은 이익을 취득한 날부터 2년 이내에 행사하지 아니한 경우에는 소멸한다(法 172조⑤). 이는 제척기간으로서 미국과 일본에서도 모두 2년이다. 판례는 제척기간을 재판상 또는 재판외의 권리행사기간이며 재판상 청구를 위한 출소기간이 아니라는 입장이다.[42]

제척기간의 기산일은 매매계약일이 아닌 "이익을 취득한 날"이다. 굳이 이익취득일이라는 규정을 한 취지는 계약체결과 계약이행 간에 시차가 있을 수 있기 때문이고(유가증권시장이나 코스닥시장에서 매매를 하는 경우에는 매매체결일로부터 3일째 되는 날 대금결제와 주식인도가 이루어지므로 시차가 있고 장외거래에 있어서도 당사자 간의 거래내용에 따라 시차가 있을 수 있다), 또한 임원 등의 매매사실이 공시되어야 현실적으로 법인의 반환청구가 가능한데 임원 등이 매매사실을 보고하는 기준일은 결제일 등이기 때문이다.

제척기간과 관련하여, 내부자의 단기매매사실이 뒤늦게 밝혀져서 주주가 해당 법인에게 반환청구하도록 요구한 시점에서 2개월이 경과하기 전에 2년의 제소기간이 도래하는 경우가 있을 수 있다. 상법 제403조는 소수주주가 대표소송을 제기하기 전에 이유를 기재한 서면으로 회사에 대하여 이사의 책임을 추궁할 소를 제기할 것을 청구할 수 있고 감사가 이 청구를 받은 날부터 30일 이내에 소를 제기하지 아니한 때에는 소수주주는 즉시 회사를 위하여 소를 제기할 수

42) 대법원 2012. 1. 12. 선고 2011다80203 판결.

있는데, 만일 이 기간의 경과로 인하여 회사에 회복할 수 없는 손해가 생길 염려가 있는 경우에는 회사에 대한 청구를 할 필요 없이 또는 청구를 하였더라도 30일의 기간을 기다릴 필요 없이 즉시 소를 제기할 수 있다고 규정한다. 여기서 회복할 수 없는 손해가 생길 염려라는 것은 시효완성, 재산도피 등으로 법률상 또는 사실상 이사에 대한 책임추궁이 무의미하게 되는 것을 의미한다.

따라서 자본시장법에 명시적인 준용규정이 없더라도 상법의 위 규정을 유추적용하여 제척기간 도과 등 회복할 수 없는 손해가 생길 염려가 있는 경우에는 규정된 2개월이 경과하기 전이라도 제척기간이 경과하기 전에 회사에 반환청구를 요구하였던 주주가 소송을 제기할 수 있다고 해석할 필요가 있다.

9. 매매차익산정기준

(1) 선입선출법

(가) 의 의

일정한 기간 동안 주식의 거래가 빈번하게 중복되는 경우에 매매차익을 산정하는 방법으로 개개의 매매거래대상 주권을 확인하는 방식은 실제로는 불가능하므로 i) 수수료 및 거래세를 공제한 매도대금총액과 매수대금총액과의 차액에 의하는 총액차감법, ii) 6개월 내의 거래량을 가중치로 한 매도평균가격에서 매수평균가격을 공제하여 차익을 산정하는 평균법(average price test), iii) 매수한 순서와 매도한 순서를 맞추어 순서대로 매도가격에서 매수가격을 공제하여 차액을 산정하는 선입선출법(first－in－first－out computation), iv) 6개월 내의 매수분은 최저가부터, 매도분은 최고가부터 순서대로 배열하고 거래량을 가중치로 하여 매도가격에서 매수가격을 공제하여 차익만 합산하고 차손은 공제하지 않음으로써 가능한 최대의 이익(maximum possible profits)을 산정하는 매수최저가매도최고가방식(lowest－in－highest－out test) 등이 있다. 종래에는 거래량을 가중치로 한 가중평균법을 채택하고 해당 기간 중 발생한 이익액과 손실액 사이의 상쇄(offsets)를 허용하였으나, 2000년 9월 증권거래법 시행령 개정에 의하여 선입선출법을 채택하였다.[43]

---

43) 가중평균법에 의하면 거래량매수단가와 매도단가의 차액에 매수수량과 매도수량 중 일치하는 수량을 곱하여 매매차익을 계산하므로 차손부분이 반영되나, 선입선출법에 의하면 순차대응방식으로 계산하게 되어 차손부분은 반영되지 않고 차익부분만 반영되므로 매매차익이 가중평균법보다 높게 나오게 되어 있고, 나아가 전체적으로는 차손이 발생하였어도 차익반환

자본시장법 시행령이 정하는 단기매매차익의 산정기준은 다음과 같고(슈 195조①~④) 구체적인 기준과 방법 등 필요한 세부사항은 증권선물위원회가 정하여 고시한다(슈 195조⑥).

(나) 1회의 매매

해당 매수(권리 행사의 상대방이 되는 경우로서 매수자의 지위를 가지게 되는 특정증권등의 매도를 포함) 또는 매도(권리를 행사할 수 있는 경우로서 매도자의 지위를 가지게 되는 특정증권등의 매수를 포함) 후 6개월(초일을 산입한다) 이내에 매도 또는 매수한 경우에는 매도단가에서 매수단가를 뺀 금액에 매수수량과 매도수량 중 적은 수량("매매일치수량")을 곱하여 계산한 금액에서 해당 매매일치수량분에 관한 매매거래수수료와 증권거래세액 및 농어촌특별세액을 공제한 금액을 이익으로 계산하는 방법. 이 경우 그 금액이 "0원 이하"인 경우에는 이익이 없는 것으로 본다(슈 195조①1).[44]

단기매매차익 반환의무의 적용기준을 체결일로 보는 이상,[45] 반환할 매매차익의 범위도 체결일을 기준으로 산정해야 한다.[46]

그리고 "매매거래수수료와 증권거래세액 및 농어촌특별세액을 공제한 금액"은 증권시장 내에서의 거래를 전제로 한 규정이어서 장외거래에서의 공제범위를 이에 국한된다고 볼 필요는 없다. 따라서 장외에서의 주식 매도에 따른 "법률비용" 및 "양도소득세와 이에 부수하는 주민세"는 주식 매도로 인하여 이익을 얻었

의무가 발생하게 된다. 예컨대, ① 2010. 6. 1. 주당 14,000원에 2만주 매수, ② 2010. 7. 1. 주당 15,000원에 1만주 매도, ③ 2010. 8. 1. 주당 11,000원에 1만주 매수, ④ 2010. 9. 1. 주당 10,000원에 3만주 매도, ⑤ 2010. 10. 1. 주당 8,000원에 1만주 매수한 경우, 편의상 수수료, 세금 등은 반영하지 아니하면, ① 2010. 6. 1. 주당 14,000원에 매수한 2만주 중 1만주는 2010. 7. 1. 주당 15,000원에 매도하여 이익 1,000만원, ② 나머지 1만주는 2010. 9. 1. 주당 10,000원에 매도하여 4,000만원 손실, ③ 2010. 8. 1. 주당 11,000원에 매수한 1만주는 2010. 9. 1. 주당 10,000원에 매도하여 1,000만원 손실, ④ 2010. 9. 1. 주당 10,000원에 매도한 나머지 1만주는 2010. 10. 1. 주당 8,000원에 매수하여 2,000만원 이익으로서, 손실을 0으로 처리하고 이익만 합산하면 반환의무의 대상인 단기매매차익은 3,000만원이다.

44) "이 경우 그 금액이 0원 이하인 경우에는 이익이 없는 것으로 본다."라는 규정으로 인하여, 구체적인 차익 산정시 손실이 반영되지 않게 된다. 따라서 실제의 차익보다 큰 금액을 반환하여야 하거나, 심지어는 실제로는 손실이 발생한 경우에도 반환할 차익이 인정되기도 하는데, 이러한 징벌적 성격의 규정에 대하여 단기매매차익 반환제도의 취지상 타당하다고 보는 것이 일반적이다[성희활, "자본시장법상 단기매매차익 반환제도에 관한 고찰", 증권법연구 제12권 제2호, 한국증권법학회(2011), 302면].

45) 대법원 2011. 3. 10. 선고 2010다84420 판결.

46) 대법원 2010. 8. 19. 선고 2007다66002 판결.

음을 전제로 한 것으로서 주식매도에 당연히 수반되는 비용이므로 매매거래수수료 및 증권거래세액과 마찬가지로 피고가 얻은 매매차익에서 공제해야 한다.[47]

(다) 2회 이상의 매매

해당 매수 또는 매도 후 6개월 이내에 2회 이상 매도 또는 매수한 경우에는 가장 시기가 빠른 매수분과 가장 시기가 빠른 매도분을 대응하여 제1호에 따른 방법으로 계산한 금액을 이익으로 산정하고, 그 다음의 매수분과 매도분에 대하여는 대응할 매도분이나 매수분이 없어질 때까지 같은 방법으로 대응하여 제1호에 따른 방법으로 계산한 금액을 이익으로 산정하는 방법. 이 경우 대응된 매수분이나 매도분 중 매매일치수량을 초과하는 수량은 해당 매수 또는 매도와 별개의 매수 또는 매도로 보아 대응의 대상으로 한다(令 195조①2).

(2) 종류나 종목이 다른 경우

위와 같이 이익을 계산하는 경우 매수가격·매도가격은 특정증권등의 종류 및 종목에 따라 다음과 같이 정하는 가격으로 한다(令 195조②).[48]

(가) 종류는 같으나 종목이 다른 경우

매수 특정증권등과 매도 특정증권등이 종류는 같으나 종목이 다른 경우에는, 매수 후 매도하여 이익을 얻은 경우에는 매도한 날의 매수 특정증권등의 최종가격을 매도 특정증권등의 매도가격으로 하고, 매도 후 매수하여 이익을 얻은 경우에는 매수한 날의 매도 특정증권등의 최종가격을 매수 특정증권등의 매수가격으로 한다(令 195조②1).

(나) 종류가 다른 경우

매수 특정증권등과 매도 특정증권등이 종류가 다른 경우에는, 지분증권 외의 특정증권등의 가격은 당해 특정증권등의 매매일의 당해 특정증권등의 권리행사의 대상이 되는 지분증권의 종가로 한다(令 195조②2, 단기매매차익 반환 및 불공정거래 조사·신고 등에 관한 규정 6조①). 이 경우 그 수량의 계산에 있어서, 당해 특정증권등의 매매일에 당해 특정증권등의 권리행사가 이루어진다면 취득할

47) 서울고등법원 2007. 8. 23. 선고 2006나89550 판결.

48) 자본시장법 시행령 규정과 달리, 구 증권거래법 시행령 제83조의5 제1항이 유가증권의 종류는 같으나 종목이 다른 경우에 대하여만 규정하고 종류가 다른 경우에 대하여는 규정하지 않고 있으므로, 종류가 다른 유가증권의 매매(예: 전환사채의 매도와 주식의 매수)에 대하여는 단기매매차익 반환의무의 적용대상인지 여부에 대하여 논란이 있었는데, 자본시장법은 종류가 다른 경우에 대하여 명문으로 규정한다.

수 있는 것으로 환산되는 지분증권의 수량으로 한다. 이 경우 환산되는 지분증권의 수량 중 1주 미만의 수량은 절사한다(슈 195조③, 단기매매차익 반환 및 불공정거래 조사·신고 등에 관한 규정 6조②).

(3) 가격 및 수량의 환산

이상의 규정에 따라 이익을 계산하는 경우에 매수 또는 매도 후 특정증권등의 권리락·배당락 또는 이자락, 그 밖에 이에 준하는 경우로서 증권선물위원회가 정하여 고시하는 사유가 있는 경우에는 이를 고려하여 환산한 가격 및 수량을 기준으로 이익을 계산한다(슈 195조④). "증권선물위원회가 정하여 고시하는 사유"라 함은 자본의 증감, 합병, 배당, 주식분할, 주식병합 등을 말하고(단기매매차익 반환 및 불공정거래 조사·신고 등에 관한 규정 7조①), 주식의 매수 또는 매도 후 주식의 권리락 또는 배당락이 있은 때에는 별지산식에 따라 환산한 매매단가 및 수량을 기준으로 하여 단기매매차익을 계산하고(단기매매차익 반환 및 불공정거래 조사·신고 등에 관한 규정 7조②),[49] 동일인이 자기의 계산으로 다수의 계좌

---

49) 「단기매매차익 반환 및 불공정거래 조사·신고 등에 관한 규정」의 별지산식 "매매단가 및 수량의 환산기준"은 다음과 같다.

1. 자본의 증가
   가. 주식을 매수한 후 자본의 증가에 따라 배정된 신주를 취득한 경우
      • 매수단가 = [주식매수가격 + (1주당 납입액 × 1주당 배정비율)] / [1 + 1주당 배정비율]
      • 매수수량 = 매수주식의 수량 + 배정신주의 수량
   나. 주식을 매도한 후 자본의 증가에 따라 배정된 신주발행이 이루어진 경우
      • 매도단가 = [주식매도가격+(1주당 납입액 × 1주당 배정비율)] / [1+1주당 배정비율]
      • 매도수량 = 매도주식의 수량 + 배정신주의 수량
2. 합 병
   가. 매수한 주식을 발행한 회사의 합병에 따라 합병회사(존속 또는 신설회사)로부터 신주를 취득한 경우
      • 매수단가 = 합병전 주식의 매수가격 × 합병비율
      • 매수수량 = 합병에 의하여 취득한 신주의 수량
   나. 매수후 매도한 주식을 발행한 회사의 합병이 이루어진 경우
      • 매도단가 = 합병전 주식의 매도가격 × 합병비율
      • 매도수량 = 매도주식에 대하여 배정된 신주의 수량
3. 배 당
   가. 주식을 매수하여 배당받을 권리를 취득한 경우
      • 매수단가 = (주식의 매수가격 – 1주당 현금배당액) / 1 + 주식배당율
      • 매수수량 = 매수주식의 수량 + 배당신주의 수량
   나. 주식을 매도한 후 배당이 이루어진 경우
      • 매도단가 = (주식의 매도가격 – 1주당 현금배당액) / 1 + 주식배당율

를 이용하여 매매한 경우에는 전체를 1개의 계좌로 보고(단기매매차익 반환 및 불공정거래 조사·신고 등에 관한 규정 7조③), 단기매매차익을 산정하는 경우에는 무상증자 또는 배당에 대한 세금과 기타 매매와 관련한 미수연체이자, 신용이자 등은 고려하지 않는다(단기매매차익 반환 및 불공정거래 조사·신고 등에 관한 규정 7조④). 6개월의 기간 동안에 지급된 이익배당이나 이자를 차익 계산에 반영하여야 하는지 여부에 관하여 명문의 규정이 없는데, 논란의 소지가 있으므로 명문의 규정을 두는 것이 바람직하다.

(4) 위헌 여부

자본시장법 시행령 제195조는 선입선출법을 채택하면서 이익액과 손해액의 상쇄를 허용하지 않고 제1항 제1호에서 "이 경우 그 금액이 0원 이하인 경우에는 이익이 없는 것으로 본다."고 규정함으로써, 차익반환의무자는 실제로 주식의 매매로 인하여 이익을 얻지 못하고, 오히려 손해를 입었을 때에도 규정된 방식에 의하여 산정된 이익액을 회사에 반환해야 한다. 원래 제1호는 6개월 동안 단 1회의 매수와 매도가 있었던 경우를 대상으로 하는 규정이고 이때 매도단가에서 매수단가를 뺀 금액이 0원 이하이면 애당초 반환할 차익이 없기 때문에 "이 경우 … 본다."라는 부분은 불필요한 규정이다. 그럼에도 불구하고 이 부분을 제1호의 말미에 규정한 이유는, 수회의 거래를 하는 통상적인 경우에 적용되는 제2호에 이 부분을 규정하면 수회의 거래를 하여 결과적으로 순손실이 발생한 경우에는 차익반환의무가 없게 되는 결과가 되므로 굳이 제1호의 말미에 규정한 것이다. 시행령의 이러

• 매도수량 = 매도주식의 수량 + 배당신주의 수량

다. 당해주식이 배당락된 후 배당이 확정되기 전에는 직전사업연도의 배당률을 적용

4. 주식분할

가. 매수한 주식의 액면분할에 따라 신주를 취득한 경우

• 매수단가 = 분할전 주식의 매수가격 × 분할후 액면가액 / 분할전 액면가액

• 매수수량 = 분할에 의하여 취득한 신주의 수량

나. 매도한 후 주식의 액면분할이 이루어진 경우

• 매도단가 = 분할전 주식의 매도가격 × 분할후 액면가액 / 분할전 액면가액

• 매도수량 = 매도주식에 대하여 배정된 신주의 수량

5. 주식병합

가. 매수한 주식의 액면병합에 따라 신주를 취득한 경우

• 매수단가 = 병합전 주식의 매수가격 × 병합후 액면가액 / 병합전 액면가액

• 매수수량 = 병합에 의하여 취득한 신주의 수량

나. 매도한 후 주식의 액면병합이 이루어진 경우

• 매도단가 = 병합전 주식의 매도가격 × 병합후 액면가액 / 병합전 액면가액

• 매도수량 = 매도주식에 대하여 배정된 신주의 수량

한 규정에 대하여 위헌문제가 제기되었으나, 대법원은 이에 대하여, i) 기본권제한에 관한 최소침해의 원칙 또는 과잉금지의 원칙 등에 반하여 헌법 제23조가 보장하는 재산권을 침해하는 것이라고 할 수 없고, ii) 포괄위임입법금지의 원칙에 반하는 위헌규정이라고 할 수는 없고, iii) 위임의 근거가 되는 법률이 없는 위임명령이라거나 그 위임의 범위를 넘어선 것이라고 할 수는 없다고 선고하였다.[50]

10. 기 타

(1) 미공개중요정보 이용행위로 인한 손해배상책임과의 관계

미공개중요정보 이용행위의 금지에 관한 제174조의 규정 및 그에 따른 손해배상책임에 관한 제175조의 규정에 의한 손해배상책임요건과 제172조의 규정에 의한 단기매매차익 반환책임의 성립요건이 모두 충족되는 경우도 있을 수 있다. 이러한 경우 내부자가 2중으로 책임을 지는 것은 타당하지 않고 제174조의 규정에 의한 책임이 우선한다고 보아 내부자거래로 인한 손해배상책임액을 공제한 이익만을 해당 법인에게 반환하여야 하고, 나아가 해당 법인에게 매매차익을 반환한 후에 내부자거래로 인한 손해배상책임을 지게 된 경우에는 해당 법인으로부터 배상액상당을 반환받을 수 있다는 견해도 있다. 그러나 이는 내부자거래를 한 자를 지나치게 보호하는 것이다. 물론 단기매매차익 반환제도는 근본적으로 법인에게 단기매매로 인한 이익을 귀속시키려는 제도가 아니므로(내부자로 하여금 단기매매를 하도록 하여 법인의 이익을 증대하려는 제도가 아니다) 내부자의 단기매매로 인한 차익을 법인에게 반환하도록 함으로써 내부자의 내부정보를 이용한 거래(특히 단기매매)를 억제하기 위한 것이지만, 내부자거래로 인한 손해배상액과 단기매매차익 반환은 별개의 제도이기 때문에 2중의 책임은 불가피하다고 보아야 한다.

(2) 경영권프리미엄과의 관계

지배주식의 양도와 함께 경영권이 주식양도인으로부터 주식양수인에게 이전하는 경우 그와 같은 경영권의 이전은 지배주식의 양도에 따르는 부수적인 효과에 불과하고, 그 양도대금은 지배주식 전체에 대하여 지급되는 것으로서 주식 그 자체의 대가임이 분명하므로, 제172조 제1항에 규정된 법인의 내부자가 주식을 매수한 후 6개월 이내에 그 주식과 함께 경영권을 이전하면서 취득한 경영권 프

50) 대법원 2005. 3. 25. 선고 2004다30040 판결.

리미엄 또한 주식의 단기매매로 인하여 얻은 이익에 해당한다.[51)]

⑶ 실질적으로 동일 주체간의 거래

㈎ 유가증권집중예탁제도 관련 문제

예탁결제원은 예탁자가 예탁한 유가증권을 다른 예탁자가 예탁한 유가증권과 분리하지 않고 종류·종목별로 혼합하여 보관할 수 있고(法 309조④) 혼합보관에 의하여 예탁증권에 대한 고객이나 예탁자의 단독소유권이 소멸되고 공유지분권으로 변경된다. 유가증권의 집중예탁은 수수료를 받고 유가증권을 보관하는 임치계약과 유가증권의 계좌대체·원리금수령 등의 임무를 수행하는 위임계약의 혼합계약관계이고, 고객과 예탁자는 예탁증권 총량에 대한 공유권자로서 예탁한 유가증권과 동일한 유가증권의 반환을 청구할 수 있는 것이 아니라 동종·동량의 유가증권의 반환만을 청구할 수 있다. 만일 동일한 유가증권의 반환을 청구할 수 있다면 집중예탁의 목적을 달성할 수 없기 때문에 혼장임치의 개념이 필요하다.

㈏ 동일인이 계산주체인 계좌 간의 매매거래(가장매매)

차명계좌를 통하여 보유하고 있던 주식을 실명계좌 또는 다른 차명계좌로 옮기기 위하여 공개시장에서 실질적으로 동일한 시점에 서로 다른 계좌 간에 매도주문과 매수주문을 한 경우에도, 혼장임치의 개념상 매도한 주식과 매수한 주식이 특정된 동일한 주식이 될 수 없다. 따라서, 이러한 경우 실질적으로는 소유권의 변동이 없었지만 단기매매차익 반환의무가 발생하는지가 문제되는데, 대법원은 두 계좌 간의 매도가격과 매수가격이 정확히 일치하는 수량에 관한 한 단기매매차익 반환의무의 적용대상인 매매에 해당하지 않는다고 본다.[52)]

Ⅱ. 소유 · 보유상황 보고의무

1. 특정증권등 소유상황 보고의무

⑴ 보고의무자와 보고기간

주권상장법인의 임원[53)] 또는 주요주주는 임원 또는 주요주주가 된 날부터

51) 대법원 2004. 2. 13. 선고 2001다36580 판결, 대법원 2004. 2. 12. 선고 2002다69327 판결.

52) 대법원 2005. 3. 25. 선고 2004다30040 판결.

53) 제4편 제1장의 임원은 상법상 업무집행관여자(商法 401조의2①)를 포함한다. 그리고 해당 주권상장법인의 임원을 의미하고, 계열회사의 임원은 업무집행관여자에 해당하지 않는 한 포함되지 않는다.

5일(대통령령으로 정하는 날은 산입하지 아니한다) 이내에 누구의 명의로 하든지 자기의 계산으로 소유하고 있는 특정증권등의 소유상황을, 그 특정증권등의 소유상황에 변동이 있는 경우(대통령령으로 정하는 경미한 소유상황의 변동[54] 제외)에는 그 변동이 있는 날부터 5일까지 그 내용을 대통령령으로 정하는 방법에 따라 각각 증권선물위원회와 거래소에 보고해야 한다. 이 경우 대통령령으로 정하는 부득이한 사유[55]에 따라 특정증권등의 소유상황에 변동이 있는 경우와 전문투자자 중 대통령령으로 정하는 자[56]에 대하여는 그 보고 내용 및 시기를 대통령령으로 달리 정할 수 있다(法 173조①).

보고기간에 산입되지 않는 "대통령령으로 정하는 날"이란 주식등의 대량보유 등의 보고에 관한 제153조 제1항이 규정하는, i) 공휴일, ii) 근로자의 날 제정에 관한 법률에 따른 근로자의 날, iii) 토요일 등을 말한다(令 200조①).

단기매매차익 반환의무와 달리 임원과 주요주주만 보고의무를 부담하고, 직원은 보고의무의 주체에서 제외된다. 임원에는 상법 제401조의2 제1항의 업무집행관여자도 포함되는데, 이들에게까지 보고의무를 부담시켜야 하는지에 관하여는 그 타당성이 의문이다.

⑵ 보고대상 증권

보고대상 증권은 단기매매차익 반환의무의 대상인 특정증권이다. 의결권 없는 주식도 포함된다는 점이 주식등의 대량보유보고의무의 대상과 다른 점이다. 금융사지배구조법상 주요주주는 "누구의 명의로 하든지 자기의 계산으로 법인의

---

54) "대통령령으로 정하는 경미한 소유상황의 변동"이란 증권선물위원회가 정하여 고시하는 바에 따라 산정된 특정증권등의 변동 수량이 1천주 미만이고, 그 취득 또는 처분금액이 1천만원 미만인 경우를 말한다. 다만, 직전 보고일 이후 증권선물위원회가 정하여 고시하는 바에 따라 산정된 특정증권등의 변동 수량의 합계가 1천주 이상이거나 그 취득 또는 처분금액의 합계액이 1천만원 이상인 경우는 제외한다(令 200조⑤).

55) "대통령령으로 정하는 부득이한 사유"는 다음과 같다(令 200조⑥).
   1. 주식배당
   2. 준비금의 자본전입
   3. 주식의 분할 또는 병합
   4. 자본의 감소

56) "대통령령으로 정하는 자"란 다음과 같은 자로서 특정증권등의 보유목적이 해당 법인의 경영권에 영향을 주기 위한 것(제154조 제1항에 따른 것을 말한다)이 아닌 자를 말한다(令 200조⑦).
   1. 제10조 제1항 제1호·제2호의 어느 하나에 해당하는 자
   2. 제10조 제3항 제1호부터 제14호까지(제5호·제9호 및 제13호는 제외한다)의 어느 하나에 해당하는 자

의결권 있는 발행주식총수의 10% 이상의 주식(그 주식과 관련된 증권예탁증권 포함)을 소유한 자"이므로(同法 2조 제6호 나목), 소유상황보고의무자인 주요주주를 정할 때에는 의결권 없는 주식은 제외하나, 보고의무의 경우에는 의결권 없는 주식도 포함한다.[57)]

(3) 보고기간의 기준일

주권상장법인의 임원(商法 401조의2의 업무집행관여자 포함) 또는 주요주주가 특정증권등의 소유상황을 보고하여야 하는 경우에 그 보고기간의 기준일은 다음과 같다(令 200조③).

1. 주권상장법인의 임원(商法 401조의2①의 업무집행관여자 포함)이 아니었던 자가 해당 주주총회에서 임원으로 선임된 경우: 그 선임일
2. 상법 제401조의2 제1항의 업무집행관여자인 경우: 해당 지위를 갖게 된 날
3. 주권상장법인이 발행한 주식의 취득 등으로 해당 법인의 주요주주가 된 경우: 그 취득 등을 한 날(매매체결일 + 2거래일)
4. 주권비상장법인이 발행한 주권이 증권시장에 상장된 경우: 그 상장일
5. 주권비상장법인의 임원(商法 401조의2①의 업무집행관여자 포함) 또는 주요주주가 합병, 분할합병 또는 주식의 포괄적 교환·이전으로 주권상장법인의 임원이나 주요주주가 된 경우: 그 합병, 분할합병 또는 주식의 포괄적 교환·이전으로 인하여 발행된 주식의 상장일

(4) 변 동 일

주권상장법인의 임원이나 주요주주가 그 특정증권등의 소유상황의 변동을 보고하여야 하는 경우의 그 변동일은 다음과 같다(令 200조④). 장내매매인 경우에는 결제일이고,[58)] 장외매매인 경우에는 대금지급일과 증권인도일 중 먼저 도래

57) 주식등대량보유상황보고의무는 의결권 있는 주식을 전제로 하고, 특정증권소유상황보고의무는 의결권 없는 주식도 포함하므로 의결권 없는 주식을 일부 보유한 주주는 두 보고내용이 서로 다르게 되는 경우도 있다.

58) 주식등의 대량보유자가 증권시장에서 주식등을 매매하여 주식등의 보유상황이나 변동내용을 보고하여야 하는 경우에 그 보고기준일은 그 계약체결일이다(令 153조③3). 구 증권거래법은 "결제일"을 기준으로 규정하였으나 자본시장법은 "계약체결일"로 변경하여 T+2 결제방식인 장내거래의 경우 보고기간이 2일 단축되는 결과가 되었다. 그러나 자본시장법은 증권시장이나 파생상품시장에서 특정증권등을 매매한 경우 특정증권등의 소유상황과 그 변동의 보고를 하는 경우의 보고기준일을 그 결제일로 규정하는데, 양자의 보고기준일을 다르게 규정한 취지를 굳이 찾는다면 대량보유보고의무는 경영권에 영향이 있는 음성적인 증권매집을 방지하기 위한 것이고, 소유상황보고의무는 주요주주와 임원의 특정증권 소유상황을 파악하기 위한 것이기 때문이다. 그러나 입법론적으로는 자본시장법이 양자의 보고시기를 5일로 일치

하는 날이다.

1. 증권시장(다자간매매체결회사에서의 거래 포함)이나 파생상품시장에서 특정증권등을 매매한 경우에는 그 결제일
2. 증권시장(다자간매매체결회사에서의 거래 포함)이나 파생상품시장 외에서 특정증권등을 매수한 경우에는 대금을 지급하는 날과 특정증권등을 인도받는 날 중 먼저 도래하는 날
3. 증권시장(다자간매매체결회사에서의 거래 포함)이나 파생상품시장 외에서 특정증권등을 매도한 경우에는 대금을 수령하는 날과 특정증권등을 인도하는 날 중 먼저 도래하는 날
4. 유상증자로 배정되는 신주를 취득하는 경우에는 주금납입일의 다음날
5. 특정증권등을 차입하는 경우에는 그 특정증권등을 인도받는 날, 상환하는 경우에는 그 특정증권등을 인도하는 날
6. 특정증권등을 증여받는 경우에는 그 특정증권등을 인도받는 날, 증여하는 경우에는 그 특정증권등을 인도하는 날
7. 상속으로 특정증권등을 취득하는 경우로서 상속인이 1인인 경우에는 단순승인이나 한정승인에 따라 상속이 확정되는 날, 상속인이 2인 이상인 경우에는 그 특정증권등과 관계되는 재산분할이 종료되는 날
8. 기타 민법·상법 등 관련 법률에 따라 해당 법률행위 등의 효력이 발생하는 날

(5) 변동보고기간의 예외

주권상장법인의 임원 또는 주요주주는 대통령령으로 정하는 부득이한 사유로 특정증권등의 소유상황에 변동이 있는 경우 그 변동이 있었던 달의 다음 달 10일까지 그 변동내용을 보고할 수 있다(令 200조⑧).

대통령령으로 정하는 전문투자자로서 특정증권등의 보유 목적이 해당 법인의 경영권에 영향을 주기 위한 것(令 제154조①)이 아닌 자(令 200조⑦)는 특정증권등의 소유상황에 변동이 있는 경우, 1) 단순투자 목적인 경우에는 그 변동이 있었던 분기의 다음 달 10일까지, 2) 단순투자 목적이 아닌 경우에는 그 변동이 있었던 달의 다음 달 10일까지 그 변동내용을 보고할 수 있다(令 200조⑨).

(6) 보고서 기재사항과 비치·공시

주권상장법인의 임원(商法 제401조의2 제1항의 업무집행관여자 포함) 또는 주요주주는 특정증권등의 소유상황과 그 변동의 보고를 하는 경우에는 보고서에

시킨 이상 보고기준일도 계약체결일로 일치시키는 것이 필요하다고 본다.

i) 보고자, ii) 해당 주권상장법인, iii) 특정증권등의 종류별 소유현황 및 그 변동에 관한 사항을 기재해야 한다(令 200조②).

증권선물위원회와 거래소는 특정증권 소유상황에 관한 보고서를 3년간 갖추어 두고, 인터넷 홈페이지 등을 이용하여 공시해야 한다(法 173조②).

(7) 대량보유보고의무와의 관계

자본시장법 제147조는 보유주체를 불문하고 주권상장법인의 주식등을 대량보유하게 된 자는 그 날부터 5일 이내에 그 보유상황, 보유목적, 그 보유 주식등에 관한 주요계약내용, 그 밖에 대통령령으로 정하는 사항을 대통령령으로 정하는 방법에 따라 금융위원회와 거래소에 보고하여야 하며, 그 보유 주식등의 수의 합계가 그 주식등의 총수의 1% 이상 변동된 경우에는 그 변동된 날부터 5일 이내에 그 변동내용을 대통령령으로 정하는 방법에 따라 금융위원회와 거래소에 보고해야 한다고 규정한다. 제173조의 특정증권등 소유상황보고는 보고의무의 주체가 임원과 주요주주로 한정되고, 보고할 기관도 금융위원회가 아니라 증권선물위원회라는 점에서 다르다. 위 두 가지 보고의무를 동시에 위반하는 경우에는 각각의 보고의무의 취지와 내용이 다르므로 제445조 제20호의 제147조 위반죄와 제446조 제31호의 제173조 위반죄는 상상적 경합범이 아니라 실체적 경합범의 관계에 있다고 보아야 한다. 제147조의 대량보유상황보고의무 위반의 경우와 달리 제173조의 소유상황보고의무 위반의 경우에는 의결권이 제한되지 않는다.

2. 장내파생상품의 대량보유상황 보고의무

동일 품목의 장내파생상품(일반상품, 그 밖에 대통령령으로 정하는 것을 기초자산으로 하는 것으로서 파생상품시장에서 거래되는 것만 해당)[59]을 금융위원회가 정하여 고시하는 수량[60] 이상 보유하게 된 자는 그 날부터 5일(공휴일, 근로자의 날,

---

59) "대통령령으로 정하는 것"은 이란 금융위원회가 정하여 고시하는 기준과 방법에 따른 주가지수를 말한다(令 200조의2①). "금융위원회가 정하여 고시하는 기준과 방법에 따른 주가지수"란 한국거래소의 유가증권시장에 상장된 주권 중 200종목에 대하여 기준일인 1990년 1월 3일의 지수를 100 포인트로 하여 한국거래소가 산출하는 시가총액방식의 주가지수("코스피200")를 말한다(금융투자업규정 6-29조①). 종래에는 일반상품인 금과 돈육을 기초자산으로 하는 장내파생상품으로 한정하였는데, 2011년 소위 도이치증권 옵션쇼크사태를 계기로 2013년 개정시 코스피200을 추가하였다.

60) [금융투자업규정 6-29조 (장내파생상품의 대량보유 보고)]

② 법 제173조의2 제1항 전단에서 "금융위원회가 정하여 고시하는 수량"이란 다음 각 호의 품목별 미결제약정(장 종료시점을 기준으로 최종거래일까지 소멸하지 아니한 장내파생

토요일 제외) 이내에 그 보유 상황, 그 밖에 대통령령으로 정하는 사항[61]을 대통령령으로 정하는 방법에 따라 금융위원회와 거래소에 보고하여야 하며, 그 보유 수량이 금융위원회가 정하여 고시하는 수량[62] 이상으로 변동된 경우에는 그 변동된 날부터 5일 이내에 그 변동 내용을 대통령령으로 정하는 방법에 따라 금융위원회와 거래소에 보고해야 한다(法 173조의2①).[63] 장내파생상품의 대량보유상황 보고의무는 특정증권등 소유상황 보고의무와 달리 주권상장법인의 임원이나 주요주주에게만 적용되는 것이 아니다.

Ⅲ. 특정증권등 거래계획 보고

1. 거래계획 보고의 의의

주권상장법인의 임원 또는 주요주주가 특정증권등의 매매, 그 밖의 거래를

상품거래약정을 말한다. 이하 이 조에서 같다) 수량을 말한다.
1. 금을 대상으로 하는 장내파생상품거래의 경우
가. 거래단위(1계약의 크기)가 중량 1천그램인 경우: 30계약
나. 거래단위가 중량 1백그램인 경우: 300계약
2. 돈육을 대상으로 하는 장내파생상품거래의 경우: 300계약
3. 코스피200을 대상으로 하는 장내파생상품의 경우: 10,000계약(한국거래소의 파생상품시장규정에서 정하는 미결제약정수량의 보유한도 적용방법에 따라 산출한 수량을 말하며, 그 수량을 산출함에 있어서 차익거래관련 수량 및 헤지거래관련 수량을 포함한다. 이하 제3항 제3호에서 같다)

61) "대통령령으로 정하는 사항"이란 다음과 같은 사항을 말한다(令 200조의2③).
1. 대량보유자 및 그 위탁을 받은 금융투자업자에 관한 사항
2. 해당 장내파생상품거래의 품목 및 종목
3. 해당 장내파생상품을 보유하게 된 시점, 가격 및 수량
4. 제1호부터 제3호까지의 사항과 관련된 사항으로서 금융위원회가 정하여 고시하는 사항

62) [금융투자업규정 6-29조(장내파생상품의 대량보유 보고)]
③ 법 제173조의2 제1항 후단에서 "금융위원회가 정하여 고시하는 수량"이란 다음 각 호의 품목별 미결제약정 수량을 말한다.
1. 금을 대상으로 하는 장내파생상품거래의 경우
가. 거래단위가 중량 1천그램인 경우: 6계약
나. 거래단위가 중량 1백그램인 경우: 60계약
2. 돈육을 대상으로 하는 장내파생상품거래의 경우: 60계약
3. 코스피200을 대상으로 하는 장내파생상품의 경우: 2,000계약

63) 금융위원회와 거래소에 보고하여야 할 자가 위탁자인 경우에는 금융투자업자로 하여금 대신하여 보고하게 할 수 있으며, 장내파생상품의 대량보유 상황이나 그 변동 내용을 보고하는 날 전날까지 새로 변동 내용을 보고하여야 할 사유가 발생한 경우에는 새로 보고하여야 하는 변동 내용은 당초의 대량보유 상황이나 그 변동 내용을 보고할 때 함께 보고해야 한다(令 200조의2④).

하려는 때에는 거래목적, 거래가격, 거래수량, 거래기간 등 거래계획을 그 거래기간의 개시일 전 30일(令 200조의3④)까지 각각 증권선물위원회와 거래소에 보고하여야 한다(法 173조의3①).[64]

2. 거래계획의 내용

보고할 거래계획은 거래목적, 거래가격, 거래수량, 거래기간(30일 내로 한정), 거래하려는 특정증권등의 종류 및 종목, 거래계획 보고자에 관한 사항, 그 밖에 투자자 보호와 시장 예측가능성 제고에 필요한 사항으로서 증권선물위원회가 정하여 고시하는 사항을 말한다(令 200조의3③).

3. 보고의무 면제

(1) 보고의무 면제자

다음과 같은 자는 보고의무가 면제된다.

1. 제10조 제1항 제1호부터 제3호까지의 규정에 따른 자
2. 제10조 제3항 제1호부터 제14호까지의 규정에 따른 자
3. 법 제6조 제5항 제1호에서 정하는 바에 따라 금전등을 모아 운용·배분하는 자 및 그 금전등의 운용·배분을 수행하기 위하여 설정·설립한 기구(「벤처투자 촉진에 관한 법률」 제2조 제8호에 따른 개인투자조합은 제외한다)
4. 법 제249조의13 제1항에 따른 투자목적회사
5. 「중소기업진흥에 관한 법률」 제68조에 따른 중소벤처기업진흥공단
6. 제1호부터 제5호까지의 자에 준하는 외국인

(2) 부득이한 사유로 하는 매매

다음과 같이 부득이한 사유로 하는 매매, 그 밖의 거래에 대하여는 보고의무가 면제된다.

1. 단기매매차익반환 예외사유에 관한 시행령 제198조 제1호부터 제12호까지의 어느 하나에 해당하는 사유로 하는 매매, 그 밖의 거래
2. 상속 또는 주식배당에 따른 특정증권등의 취득
3. 새로 발행되는 특정증권등의 취득

---

64) 미국의 내부자 사전거래계획 제출제도를 참고한 것인데, 상장회사 내부자의 지분거래 계획이 일반투자자에게 공개될 수 있도록 사전공시 의무를 부과한 것이다.

4. 공개매수에 의한 특정증권등의 취득
5. 최대주주 변경을 수반하는 주식 양수·양도 계약(이하 이 호 및 제6호에서 "최대주주변경계약"이라 한다)에 따른 특정증권등의 양수·양도(최대주주변경계약과 관련한 권리행사 또는 의무이행으로 인한 특정증권등의 양수·양도를 포함한다)
6. 다음 각 목의 요건을 모두 충족하는 주식 양수·양도 계약에 따른 특정증권등의 양수·양도(해당 주식 양수·양도 계약과 관련한 권리행사 또는 의무이행으로 인한 특정증권등의 양수·양도를 포함한다)
   가. 최대주주변경계약과 관련하여 이루어지는 계약일 것
   나. 최대주주변경계약 양도인의 특별관계자와 최대주주변경계약 양수인 간에 체결되는 계약일 것
7. 채권자의 담보권 실행에 따른 특정증권등의 처분
8. 다음 각 목의 어느 하나에 해당하는 사유로 하는 특정증권등의 취득이나 이전 또는 처분
   가. 합병
   나. 분할 또는 분할합병
   다. 주식의 포괄적 교환 또는 포괄적 이전
   라. 제171조 제2항 각 호의 어느 하나에 해당하는 양수·양도
9. 주요주주가 「상속세 및 증여세법」 제71조 제1항에 따라 허가받은 연부연납 세액의 납부 재원을 마련하기 위하여 하는 특정증권등의 매도
10. 그 밖에 미공개중요정보를 이용할 염려가 없는 경우로서 증권선물위원회가 정하여 고시하는 사유로 하는 매매, 그 밖의 거래[65]

(3) 거래수량 및 거래금액에 의한 면제

거래계획의 거래수량 및 거래금액과 그 거래계획의 개시일 기준 과거 6개월간 거래수량 및 거래금액을 합산하여 다음 각 호의 요건을 모두 충족하는 경우에는 보고의무가 면제된다(슈 200조의3⑤). 제1호의 거래수량 및 제2호의 거래금액 산정에 필요한 사항은 증권선물위원회가 정하여 고시한다.

---

65) "미공개중요정보를 이용할 염려가 없는 경우로서 증권선물위원회가 정하여 고시하는 사유"란 다음 각 호의 사항을 말한다(조사신고규정 9조의3).
1. 공로금·장려금·퇴직금 등으로 지급받는 특정증권등의 취득
2. 이미 소유하고 있는 특정증권등의 권리행사로 인한 특정증권등의 취득
3. 그 밖에 증권선물위원회가 의결로써 미공개중요정보를 이용할 염려가 없는 경우로 인정하는 경우
4. 그 밖에 미공개중요정보를 이용할 염려가 없는 경우로서 증권선물위원회가 인정하는 경우

1. 거래수량: 특정증권등 총수량의 100분의 1 미만
2. 거래금액: 50억원 미만

4. 보고자의 의무

거래계획 보고자는 그 거래계획을 보고한 때부터 그 거래계획에 따른 거래기간의 종료일까지는 새로운 거래계획을 보고하여서는 아니 된다(法 173조의3②). 거래계획 보고자는 그 거래계획에 따라 특정증권등의 거래등을 하여야 한다. 다만, 거래 당시의 시장 상황 등을 반영하여 필요한 경우에 한하여 거래금액의 100분의 30 이하의 비율로서 대통령령으로 정하는 바에 따라 거래계획과 달리 거래등을 할 수 있다(法 173조의3③).

5. 거래계획의 공시

증권선물위원회와 거래소는 제1항에 따라 보고된 거래계획(철회된 경우를 포함)을 3년간 갖추어 두고, 인터넷 홈페이지 등을 이용하여 공시하여야 한다(法 173조의3⑤).

6. 과징금

금융위원회는 거래계획 등을 보고하여야 하는 자가 다음 각 호의 어느 하나에 해당하는 경우에는 같은 조에 따른 주권상장법인이 발행한 주식의 시가총액(대통령령으로 정하는 방법에 따라 산정된 금액)의 1만분의 1(20억원을 초과하는 경우에는 20억원)을 초과하지 아니하는 범위에서 과징금을 부과할 수 있다(429조⑤).[66]

1. 법 제173조의3 제1항에 따른 거래계획에 대통령령으로 정하는 중요사항을 기재 또는 표시하지 아니하거나 거짓으로 기재 또는 표시한 때
2. 법 제173조의3 제1항을 위반하여 거래계획을 보고하지 아니하고 특정증권등의 거래등을 한 때

66) 한편, 1년 이하의 징역 또는 3천만원 이하의 벌금에 처하는 행위를 규정한 제446조에 다음과 같이 제31호의2부터 제31호의4까지를 각각 신설하였다.
31의2. 제173조의3제1항에 따른 거래계획에 대통령령으로 정하는 중요사항을 기재 또는 표시하지 아니하거나 거짓으로 기재 또는 표시한 자
31의3. 제173조의3제1항을 위반하여 거래계획을 보고하지 아니하고 특정증권등의 거래등을 한 자
31의4. 제173조의3제3항을 위반하여 거래계획에 따라 특정증권등의 거래등을 하지 아니한 자

3. 법 제173조의3 제2항을 위반하여 거래기간의 종료일 이전에 새로운 거래계획을 보고한 때
4. 법 제173조의3 제3항을 위반하여 거래계획에 따라 특정증권등의 거래등을 하지 아니한 때
5. 법 제173조의3 제4항을 위반하여 거래계획을 철회한 때

7. 거래계획의 철회

거래계획 보고자는 사망, 파산 등 대통령령으로 정하는 부득이한 사유[67]가 발생하는 때에는 증권선물위원회와 거래소에 보고한 후 그 거래계획을 철회할 수 있다(法 173조의3④).[68]

거래계획보고자는 시행령 제200조의3 제7항 제2호부터 제5호까지의 규정에 따른 사유로 거래계획의 철회를 보고하려는 경우에는 해당 사유가 발생한 날의 다음 영업일(해당 사유가 발생한 날부터 거래기간 개시일까지의 기간이 5영업일 이상인 경우에는 해당 사유가 발생한 날부터 5영업일이 되는 날과 거래기간 개시일 전 3영업일이 되는 날 중 먼저 도래하는 날)까지 다음 각 호의 사항을 기재한 철회보고서를 증권선물위원회와 거래소에 각각 제출해야 한다(숙 200조의3⑧).

1. 철회하려는 거래계획
2. 철회사유

---

67) "대통령령으로 정하는 부득이한 사유"란 다음 각 호의 사유를 말한다(슈 200조의3⑦).
1. 거래계획보고자가 사망한 경우
2. 거래계획보고자에 대하여 「채무자 회생 및 파산에 관한 법률」에 따른 회생절차 또는 파산절차가 개시된 경우
3. 거래계획보고자에 대하여 「기업구조조정 촉진법」 제8조에 따른 공동관리절차 또는 같은 법 제21조에 따른 주채권은행 관리절차가 개시된 경우
4. 특정증권등의 가격이 거래계획 보고일 전 최종 종가를 기준으로 증권선물위원회가 정하여 고시하는 범위 이상으로 변동하는 경우
5. 그 밖에 거래계획보고자가 거래계획을 준수하기 어렵다고 인정되는 경우로서 증권선물위원회가 정하여 고시하는 경우

68) 거래계획의 철회를 보고하려는 경우에는 해당 사유가 발생한 날의 다음 영업일(해당 사유가 발생한 날부터 거래기간 개시일까지의 기간이 5영업일 이상인 경우에는 해당 사유가 발생한 날부터 5영업일이 되는 날과 거래기간 개시일 전 3영업일이 되는 날 중 먼저 도래하는 날)까지 다음 각 호의 사항을 기재한 철회보고서를 증권선물위원회와 거래소에 각각 제출해야 한다(슈 200조의3⑧).
1. 철회하려는 거래계획
2. 철회사유
3. 그 밖에 거래계획의 철회에 관련된 사항으로서 증권선물위원회가 정하여 고시하는 사항

3. 그 밖에 거래계획의 철회에 관련된 사항으로서 증권선물위원회가 정하여 고시하는 사항

제 2 절 미공개중요정보 이용행위

Ⅰ. 서 론

1. 의 의

자본시장법 제174조 제1항은 미공개중요정보 이용행위를 규제하는 일반적 규정으로서 “다음 각 호의 어느 하나에 해당하는 자(제1호부터 제5호까지의 어느 하나의 자에 해당하지 아니하게 된 날부터 1년이 경과하지 아니한 자를 포함)는 상장법인[6개월 이내에 상장하는 법인 또는 6개월 이내에 상장법인과의 합병, 주식의 포괄적 교환, 그 밖에 대통령령으로 정하는 기업결합 방법[69]에 따라 상장되는 효과가 있는 비상장법인(“상장예정법인등”)을 포함]의 업무 등과 관련된 미공개중요정보(투자자의 투자판단에 중대한 영향을 미칠 수 있는 정보로서 대통령령으로 정하는 방법에 따라 불특정 다수인이 알 수 있도록 공개되기 전의 것을 말한다. 이하 이 항에서 같다)를 특정증권등(상장예정법인등이 발행한 해당 특정증권등 포함)의 매매, 그 밖의 거래에 이용하거나 타인에게 이용하게 하지 못한다.”고 규정한다.

2. 효율적 자본시장 가설

현재의 주가에는 항상 관련정보가 반영되어 있다는 효율적 자본시장가설(Efficient capital market hypothesis: ECMH)은 증권거래비용이 없고, 정보가 모든 시장참여자에게 균등하게 공개되고, 모든 시장참여자들이 정보를 비슷하게 해석한

69) “대통령령으로 정하는 기업결합방법”이란 다음과 같은 경우로서 그 결과 비상장법인의 대주주 또는 그의 특수관계인(“대주주등”)이 상장법인의 최대주주가 되는 방법을 말한다(슈 201조①).
1. 상장법인이 비상장법인으로부터 법 제161조 제1항 제7호에 해당하는 중요한 영업을 양수하고, 그 대가로 해당 상장법인이 발행한 주식등을 교부하는 경우
2. 상장법인이 비상장법인의 대주주등으로부터 법 제161조 제1항 제7호에 해당하는 중요한 자산을 양수하고, 그 대가로 해당 상장법인이 발행한 주식등을 교부하는 경우
3. 비상장법인의 대주주등이 상법 제422조에 따라 상장법인에 현물출자를 하고, 그 대가로 해당 상장법인이 발행한 주식등을 교부받는 경우

다고 가정을 할 때 주가에 반영되는 정보의 범위에 따라 다음과 같이 분류된다.[70)]

(1) 약형 가설(weak-form ECMH)

현재의 주가에는 시장가격의 역사적 유형(historical pattern)에 포함된 모든 정보가 반영되어 있고, 따라서 이러한 과거의 역사적 정보를 이용하더라도(즉 기술적 분석 및 차트 분석을 하더라도) 이미 현재의 시장가격에 반영되어 있으므로 투자자가 시장에서 초과수익을 얻을 수 없다는 가설이다.

(2) 준강형 가설(semi strong-form ECMH)

현재의 주가에는 과거의 역사적 정보뿐 아니라 기업회계정보, 배당 및 유무상증자 등 이미 공개된 정보가 완전히 반영되어 있어 어떠한 투자자도 공개적으로 이용가능한 정보만으로는(즉 기술적인 분석을 하더라도) 시장에서 초과수익을 얻을 수 없다는 가설이다.[71)]

(3) 강형 가설(strong-form ECMH)

현재의 주가에는 과거의 역사적 정보, 공개된 정보뿐 아니라 미공개된 내부정보를 포함한 모든 정보가 이미 반영되어 있다는 가설이다. 이에 의하면 시장가격과 진정한 가격이 일치하므로 어떠한 정보도 시장주가에 추가적인 영향을 줄 만한 가치가 없고, 공개된 시장에서의 가격에 반영되지 않은 정보를 특권적으로 누리는 투자자집단은 없다는 것인데, 각종 내부정보가 난무하는 증권시장의 현실과는 괴리가 있다.[72)]

위 세 가지 가설 중에서도 준강형 가설이 내부자거래와 관련하여 일반적으로 받아들여지는데, 이에 의하면 만일 공개되지 아니한 중요한 내부정보가 공개되었으면 시장주가가 달라졌을 것이므로 이러한 정보를 공개하지 않고 증권거래를 한 내부자는 내부정보의 공개 여부에 따른 차액 상당의 이익을 얻거나 손해를 회피하게 된다.[73)]

70) 효율적 시장가설에 대한 상세한 설명은, 최승재, "효율적 시장가설의 규범 포섭", 증권법연구 제12권 제1호, 한국증권법학회(2011), 83면 이하 참조.

71) 따라서 중요한 정보는 시장가격에 즉각 반영되므로 소위 "소문에 사고 뉴스에 팔라"는 증시격언에도 부합하는 셈이다.

72) 내부정보라도 내부자거래규제가 적용되지 않는 정도의 정보가 많으므로, 내부자들의 거래 중 법규위반에 해당하지 않는 경우가 있을 수 있다(예를 들어 중요한 사항이 공개되기 며칠 전에 증권을 매매하면 위법이지만 몇 년 앞서 매매한다면 위반으로 볼 수 없고 오히려 장기적 전망에 밝은 투자로 인식된다). 또한 매도인은 증권가격의 하락을, 매수인은 상승을 기대하기 때문에 거래가 성사되는 것이고 모든 사람이 같은 정보에 기한 같은 판단을 하면 거래 자체가 이루어지기 곤란하다는 점에서 강형 가설은 채택할 수 없다.

3. 내부자거래규제에 대한 반대론과 찬성론

내부자거래규제에 대한 반대론자들은, 미공개중요정보가 주가에 조기 반영되어 시장의 효율성(market efficiency) 또는 금융자원분배의 효율성(allocation efficiency)이 높아지고, 내부자가 회사의 업적이 향상될 것이라는 것을 알고 그 정보가 공개되기 전에 해당 회사의 주식을 매수하였다가 그 정보가 공개된 후 고가에 매도하여 얻는 이익은 회사의 실적향상에 기여한 내부자가 받을 보수의 일부가 되며, 나아가 내부자거래가 있으면 정보가 공개된 경우에 비하여 주가가 급격하게 변동하지 않고 보다 완만하게 움직여서 결국은 진정한 가격에 접근하고, 내부자와 반대방향의 투자자는 내부자거래가 없을 때에 비하여 조금이라도 고가로 증권을 매도하거나 저가로 증권을 매수할 수 있으므로 실제로는 어느 누구도 피해를 입지 않는다는 등의 이유로 내부자거래의 순기능을 강조한다.

반면에 규제찬성론자들은, 내부정보에 접하기 어려운 일반투자자가 증권시장에 대한 신뢰를 상실하여 증권시장을 떠나는 결과가 초래되고, 회사의 실적이 악화될 것이라는 정보를 아는 내부자가 그 정보의 공개 전에 보유주식을 매도함으로써 손해를 회피하는 경우에는 내부자의 보수이론으로는 설명될 수 없고, 회사의 실적이 악화될 것이라는 정보가 완전히 공개되었더라면 그 상대방은 보다 고가로 매도하거나 저가로 매수할 수 있었을 것이라는 문제를 지적한다. 결국, 규제반대론자들이 내세우는 효율성(efficiency)과 규제찬성론자들이 내세우는 공정성(fairness)을 비교하여 판단할 문제인데, 미국에 비하여 특히 단기투자가 성행

73) 준강형 가설에 의하면 내부정보가 공개되면 증권은 진정한 가격으로 거래되는 것이므로, 내부자거래로 인하여 손해를 입은 투자자란 이러한 정보가 미공개된 기간 중에 증권을 거래한 자로서 내부자거래가 없었더라면 다르게 투자하였을 투자자를 의미한다. 예를 들어 만일 내부자가 미공개중요정보에 기하여 증권을 매수하였고, 그 직후에 그 전부터 증권을 소유하여 오던 외부자가 증권을 매도한 경우에 내부자의 거래로 인하여 시장주가의 변동이 없다면(실제로는 내부자거래가 있고 나서 바로 주가가 변동하는 일은 거의 없고 대개는 정보가 공개될 무렵과 가까운 시기에 주가가 변동할 것이다), 내부자거래가 없었더라도 외부자는 어차피 동일한 가격에 증권을 매도하였을 것이므로 외부자가 내부자거래로 인하여 어떠한 손해를 입었는지가 문제인데, 만일 미공개중요정보가 공개되었더라면 외부자는 증권을 매도하지 않았거나 보다 고가에 매도하였을 것이므로 이러한 점에서 손해를 입었다 할 수 있다. 물론 회사가 항상 모든 중요한 정보를 즉시 공개할 의무가 있는 것은 아니라는 반론이 있는데, 그렇기 때문에 내부자로서는 정보를 공개하지 않으려면 증권거래도 하지 않아야 한다는 원칙이 적용된다. 만일 내부자가 정보미공개기간 중에 증권을 거래하지 않았을 때에는 위와 같이 증권을 매도한 외부자는 내부자거래로 인한 손해를 입었다 할 수 없는 것이다.

하는 우리나라에서는 효율성보다는 공정성이 훨씬 중요하다고 할 것이고, 대법원과 헌법재판소도 내부자거래규제의 필요성을 선언하고 있다.[74]

4. 미국의 내부자거래규제

(1) 내부자거래규제의 법리

(가) 공개 또는 회피 의무

내부자가 중요한 정보를 공개하지 않는 것만으로 바로 Rule 10b－5 위반이 되는 것이 아니라, 정보가 공개되지 않은 기간에 거래를 하여야만 Rule 10b－5 위반에 해당한다. 즉, 공개의무 있는 자가 Rule 10b－5 위반에 해당하지 않으려면 공개와 회피 중에서 택일하여야 하는 것이다. 정보공개요구에 대하여 회사나 내부자 입장에서 보면, 정보가 완전하지 않은 시기상조의 단계에서(prematurely) 공개됨으로써 손해배상책임문제가 야기될 수 있다. 따라서 Rule 10b－5는 정보의 무조건적인 공개를 요구하는 것이 아니라 미공개중요정보(material nonpublic information)를 이용한 거래를 하지 말라는 취지이고, 이에 따라 내부자는 정보를 공개하든지, 아니면 이러한 정보에 기한 거래를 회피할 의무(duty to disclose or abstain rule)가 있는 것이다.

(나) 내부자거래 관련 규정

SEA §10(b)나 Rule 10b－5는 내부자거래에 관하여 명시적으로 규정하지 않는다. 즉, SEA는 내부자거래를 금지하는 규정을 두지 않는데, 그렇다면 내부자거래를 사기로 보아 규제할 수밖에 없고, 어떠한 경우의 내부자거래가 사기에 해당하는지가 내부자거래 규제의 핵심적인 문제이다. 1934년 SEA 제정 당시에는 §16이 내부자거래규제의 중요한 역할을 하였다. SEA §16(1)은 주식소유보고의무, §16(2)는 단기매매차익 반환의무, §16(3)은 공매도금지 등을 규정한다. 그러나 내부자거래를 비롯하여 증권사기를 효율적으로 규제할 필요가 인식되자 SEC는 1942년 §10(b)에 근거하여 Rule 10b－5를 제정하였다. Rule 10b－5는 적극적 부실표시를 하지 않은 내부자의 거래를 명시적으로 규정하지는 않지만 비공개에 의한 내부자거래에도 적용된다. Rule 10b－5는 증권사기에 관한 일반규정이지만 내부자거래가 가장 중요한 적용대상이고, 한편 공개매수의 경우에는 Rule

74) 대법원 1994. 4. 26. 선고 93도695 판결, 헌법재판소 2002. 12. 18.자 99헌바105, 2001헌바48(병합) 결정.

14e－3이 적용된다. 그 외에 내부자거래제재법(Insider Trading Sanctions Act of 1984: ITSA), 내부자거래 및 증권사기집행법(Insider Trading and Securities Fraud Enforcement Act of 1988: ITSFEA)과 같이 내부자거래의 규제를 위한 특별입법이 수차례 있었고, 우편전신사기법(Mail and Wire Fraud Statute), 조직범죄통제법(Organized Crime Control Act of 1970)의 제9장으로 1982년에 추가된 법률인 RICO법(Racketeer Influence and Corrupt Organization Act) 등도 내부자거래규제에서 중요한 역할을 하고 있다. 또한, SEC는 내부자거래에 대한 규제를 명확히 하기 위하여 2000년 Rule 10b5－1과 Rule 10b5－2를 제정하였다.

1) Rule 10b5-1 Rule 10b5－1은 SEA §10(b)와 Rule 10b－5가 금지하는 "시세조종적이거나 사기적인 수단(Manipulative or Deceptive Devices)은 증권의 발행인, 그 발행인의 주주 또는 미공개중요정보의 정보원(source of material non－public information)에 대하여 직접, 간접 또는 파생적으로 부담하는 믿음과 신뢰관계에 위반하여 증권이나 발행인에 관한 미공개중요정보에 기하여 증권을 매수 또는 매도하는 것을 의미한다."고 규정한다. Rule 10b5－1은 그러나 "scienter" 요건을 변경하는 것은 아니다. 그리고 Rule 10b5－1은 미공개중요정보에 기한 거래(trading on the basis of material nonpublic information)의 의미에 대하여, 거래시점에서 미공개중요정보를 인식(awareness of information)함을 의미한다고 규정하지만[Rule 10b5－1(b)], 한편으로는 그 정보가 거래에서 중요한 요소가 아니었음을 피고가 증명하면 면책된다고 규정한다[Rule 10b5－1(c)]. 피고의 면책을 위한 적극적 항변(affirmative defenses)으로는, 사전에 예정된 거래(prearranged trading)와 기관투자자의 거래(institutional trading)가 있다.

2) Rule 10b5-2 가족관계나 친분관계와 같은 비사업적 관계에서 내부정보가 제공된 경우 이들에게도 신인의무를 인정하여 내부자거래로 규제할 것인지에 관하여, SEC는 2000년 비밀유지의무 또는 믿음과 신뢰의 관계가 존재하는 경우를 예시적으로 열거하는 Rule 10b5－2를 제정하였다.

(2) 내부자거래규제이론

(가) 정보의 소유이론

정보소유이론(possession theory)은 공개되지 아니한 정보를 소유하는 자는 정보를 공개하거나 그 정보에 기한 거래를 회피할 의무를 부담하므로 증권거래자가 공개되지 아니한 정보를 소유하였다는 것 자체가 책임의 근거가 된다는 이론으로서, 이에 의하면 내부자로부터 정보를 도청한 자도 규제대상이 되는데, 1970년대까지 미국의 판례가 채택한 지배적인 견해였다. 이는 회사의 내부정보에 직접·간접으로 접근할 수 있는 자가 그 정보에 기하여 증권거래에 관여하는 경우에는 거래당사자 간에 정보가 불균형한 상태가 된다는 의미에서 정보평등이론(equal access theory)이라고도 불리는데, SEC가 Cady, Roberts & Co., 40 S.E.C. 907 심결에서 정보소유이론을 채택한 후, 연방제2항소법원은 Texas Gulf Sulphur 판결에서 공개 또는 회피의무를 인정함으로써 정보소유이론을 정식으로 채택하였고, 그 후의 Shapiro 판결에서는 정보소유이론에 입각하여 정보제공자와 정보수령자의 책임범위도 확대하였다.75)

Texas Gulf Sulphur 판결은 내부자거래에 관한 정보의 소유이론을 확립한 사건으로 내부자거래에서 나타나는 여러 가지 문제를 잘 보여주는 사례이기 때문에 내부자거래에 관한 미국의 모든 문헌에서 중요하게 다루고 있는 사건이다.

[판례] S.E.C. v. Texas Gulf Sulphur Co., 401 F.2d 833 (2d Cir. 1968), cert. denied, 394 U.S. 976 (1969)

〈판결요지〉

1. SEA의 기본목표는 증권거래에 있어서의 공정성(fairness in securities transaction)을 높이고 불공정하고 형평법에 반하는 행위를 방지하기 위한 것이다. 이에 적용되는 규칙과 규제는 대면거래(face−to−face transaction)이거나 증권거래소에서의 불특정인 사이의 거래이거나 장외시장거래 등 모든 거래에 적용된다. Rule 10b−5는 모든 투자자가 불특정인 사이의 증권시장에서 그들의 거래와 관련된 중요한 정보에 비교적 동등하게 접근할 수 있는 권리를 보장하기 위하여 특별히 만들어진 것이다. Rule 10b−5의 요소는 일반에게 공개되지 않았거나 공개되지 않을 회사의 내부정보에 직접, 간접으로 접근할 수 있는 사람은 회사의 증권을 거래함으로써 그 정보를 자기 개인의 이익을 위하여 이용할 수 없다는 것이다.
2. 대부분의 청구를 기각한 사실심판결의 주요요지는 1964. 4. 9. 이전에는 중요한 정보가 존재하지 않았다는 것이다. 중요성판단의 기준은 합리적인 사람이 증권거래에 있어서 그 정보를 중요하다고 간주하는지 여부이다.
3. Rule 10b−5는 회사의 내부자가 증권에 영향을 줄 것으로 예상되는 정보를 공개할 것을 요구하지 않는다. 그러한 정보의 공개가 정당하게 유보될 수 있는 상황은 많다. 그러나 유보하기로 적법하게 결정되면 내부자는 정보가 공개될 때까지

75) Shapiro v. Merrill Lynch, Pierce, Fenner & Smith, Inc., 495 F.2d 156 (2d Cir. 1974).

는 회사의 증권을 거래할 수 없다. 내부자는 그의 전문적인 분석능력이나 금융에 관한 안목으로부터 얻어지는 예상이나 숙련된 추측을 공개할 것으로 기대되지 않는다. 공개되어야 할 것은 그의 분석에 대한 사실적 근거이다.

4. 사실의 중요성을 판단하기 위하여서는 제시된 사실발생의 가능성과 기업규모와 관련된 사실발생의 중대성이 균형을 이루어야 한다. K－55－1로부터 얻어진 시추견본 분석결과에 이러한 원칙을 적용하면 이는 중요한 정보이다. 시추견본 분석결과는 많은 전문가들에 의하여 가장 인상적이고, 예상을 초과하는 것으로 설명되었다. 최초 시추견본의 중요성의 가장 중요한 객관적인 지표는 직접적인 정보를 가진 직원 4인이 회사의 증권에 $100,000 이상을 투자하였다는 것이다. 이들 중 일부투자자들은 전에 증권투자를 해 본 일이 없었다. 외부투자자들은 견본분석에 대한 정보를 소유하였더라면 이를 그들의 투자과정을 결정할 중요한 요소로 삼았을 것임이 명백하다.
5. 이는 정보가 반드시 공개되어야 한다는 것이 아니라 내부자는 정보를 공개하지 않고는 그들의 이익을 위하여 그 정보에 기한 거래를 할 수 없는 것이다. Texas Gulf Sulphur사와 개인들은 K지역과 그들이 원하는 부근지역을 취득하여야 하므로 공개를 유보할 유효한 이유를 가지고 있었다. 그러나 그들은 증권을 매수할 것을 선택하였고, 피고 Drake의 경우에는 부하직원들에게 정보를 제공하여 이들이 정보공개가 억제된 기간에 증권을 매수하였다. 게다가 토지취득계획을 지휘하면서 동시에 회사의 증권을 매수한 회사의 직원들은 가치 있는 발견이라는 충분한 지식을 가진 것으로 간주하였음이 틀림없으므로 책임을 져야 한다.
6. Crawford는 4. 15.와 4. 16.에 증권을 매수하였고 Coates는 회사의 완전한 공식발표를 읽은 직후인 4. 16.에 증권을 매수하였다. 양인은 중요한 정보가 공개된 후에 증권을 매수하였다고 주장한다. 그러나 공개는 유효적절한 공개를 의미하는 것이지 단지 기술적인 공개를 의미하는 것은 아니다. 그들이 증권을 매수하였을 당시에는 회사의 공개가 널리 전파되지 않았다. 양인의 매수는 Dow Jones wire service가 공개의 내용을 발표하기 전이었다.
7. 두 피고는 정보가 유효적절하게 공개되었다고 진정으로 믿었다고 주장한다. 연방증권법 특히 Rule 10b－5에 기한 책임은 사기를 범할 특별한 의사의 증명을 요건으로 하지 않는다. 적용 기준은 어느 정도의 scienter는 포함하지만 이는 과실있는 행위 또는 주의의무위반 또는 비합리적인 행위 등의 증명으로 충분하다. 양인이 증권매수시에 중요한 정보가 유효적절하게 일반인에게 전파되었다고 합리적으로 믿었다고 할 수 없다.
8. 임원, 이사들이 주식매수선택권(stock options) 청약에 대하여 승낙을 하였다. 이러한 유형의 거래와 실제의 매매를 포함하는 거래 간에는 합리적인 차이가 없다. 이사회가 주식매수선택권을 부여한 1964. 2.경에는 피고들이 중요하다고 이미 판단된 발견에 관한 정보를 이사들에게 공개할 것을 유보하고 있었다. 피고들은 주

식매수선택권을 제안 받고 이를 승낙하기 전에 중요한 정보를 공개할 의무를 부담하였다. 그들이 공개하지 않았다는 사실에 의하여 주식매수선택권은 취소되고 Rule 10b−5가 적용된다. 사실심은 최고경영진이 아니었던 두 직원이 주식매수선택권을 승낙한 것에 대하여 책임을 인정하지 않았고 원고도 그 판결에 대한 항소를 적당하다고 보지 않았으므로 그들의 책임에 대한 판단을 할 필요가 없다.

〈해 설〉

1. SEC가 1963. 11. 8.부터 1964. 4. 16.까지 증권을 거래한 내부자들과, 비록 위 기간에 직접 증권을 매매하지 않았지만 1964. 4. 12.자 오해유발 보도(misleading press release)에 의하여 외부투자자들로 하여금 증권을 매도하도록 유인하여 Rule 10b−5를 위반한 회사를 상대로 제기한 소송인데, 법원은 원고가 주장한 "disclose or abstain"원칙을 받아들여서 미공개중요정보를 가진 내부자에게 이를 공개하거나 거래를 회피할 의무를 인정하였다.
2. 이 판결에서 연방제2항소법원은 정보의 중요성에 관하여 가능성(probability)과 중대성(magnitude)을 함께 고려해야 한다는 기준을 제시하였는데, SEC가 1963. 11. 8.부터 1964. 4. 16.까지 증권을 거래한 내부자들과 비록 위 기간에 직접 증권을 매매하지 않았지만 1964. 4. 12.자 허위보도자료에 의하여 외부투자자들로 하여금 증권을 매도하게 유인하여 Rule 10b−5를 위반한 회사를 상대로 제기한 소송으로서, 법원은 "disclose or abstain" 원칙을 채택하여 미공개중요정보를 가진 내부자에게 이를 공개하거나 거래를 회피할 의무가 있다고 판시하였다.
3. 법원은, ⅰ) 누구든지 자기의 계산으로 어떠한 회사의 증권을 거래할 때 자기의 개인적 이익을 위해서가 아니라 오로지 회사를 위해서만 이용하여야 하므로 정보를 직접, 간접으로 입수할 수 있는 자는 자기와 거래를 하는 상대방, 즉 일반투자자는 이용할 수 없다는 것을 알면서 위와 같은 정보를 이용해서는 안 되는 것이고, ⅱ) 중요한 내부정보를 가진 자는 누구든지 그것을 일반투자자에게 공개하든가 또는 회사의 비밀을 지키기 위하여 그것을 공개할 수 없거나 공개하지 않기로 결정한 경우에는 그 내부정보가 아직 공개되어 있지 않은 동안에는 당해증권을 거래하는 것을 회피해야 한다고 판시한 것이다. 또한 법원은 내부자가 증권을 거래하기 위하여 기다려야 할 정보공개시기에 대하여 정보의 공개가 기술적으로 있었다는 것만으로는 부족하고 그 정보가 일반인에게 전파되어야 한다고 판시하였다. 즉, 언론기관의 종사자들이 아는 정도로는 안 되고 광범위하게 배포되는 언론매체나 Dow Jones broad tape 등에 나타날 것을 요구하였다.
4. 환송 후 사실심법원은 1964. 4. 16. 이전에 증권, 주식매수선택권을 매수한 모든 내부자들에게 그 이익상당액, 즉, 최종 공개 다음 날의 평균주가와 그들이 실제로 지불하였던 주가와의 차액과, 그들로부터 정보를 수령하여 투자를 한 정보수령자들(tippees)이 얻은 이익상당액을 회사에 반환할 것을 명하고, 동시에 이러한 손해배상금은 5년간 기금으로 유지하여 내부자거래로 인하여 손해를 입은 외부투자

자들에 대한 손해배상금을 지급하고 5년 이내에 개인투자자들에게 지급되지 않은 잔액은 회사에 귀속되는 것을 명하였고 이 판결은 항소심[76]에서 그대로 유지되어 확정되었다.

(나) 신인의무이론

1) 의 의 정보소유이론에 의하면 내부자거래로 인한 책임범위가 지나치게 확대되므로, 정보의 소유자라고 하여도 신인의무를 부담하는 경우에만 공개의무를 부담하고, 이러한 공개의무가 있을 때에만 Rule 10b−5 위반이 되며 단지 정보를 소유하고 있다는 사실만으로는 공개의무가 인정되지 않는다는 것이 신인의무이론(信認義務理論, fiduciary duty theory)인데, 신임의무이론(信任義務理論) 또는 신뢰관계이론이라고도 불린다.

신인의무이론이 최초로 채택된 Chiarella 판결에서는 "… 매도인들이 믿음과 신뢰를 가진 자도 아니므로(… and was not a person in whom sellers had placed their trust and confidence)"라는 문구가 처음 사용되었고(즉, 회사 또는 주주 나아가 거래상대방과 믿음과 신뢰의 관계에 있는 자만이 정보에 대한 공시의무를 부담하기 때문에 내부자거래의 규제대상이라고 본다) 이에 따라 믿음과 신뢰의 관계이론(relationship of trust and confidence theory)이라고 불렸다.[77]

---

76) S.E.C. v. Texas Gulf Sulphur Co., 312 F.Supp. 77 (S.D.N.Y. 1970), aff'd 446 F.2d 1301 (2d Cir. 1971).

77) [Chiarella v. United States, 445 U.S. 222 (1980)]

<사 안>

피고인(Chiarella)은 기업의 재무관련 서류의 인쇄와 출판을 하는 인쇄업체인 Pandick Press의 조판실 직원으로서 아직 공개되지 아니한 5건의 공개매수(tender offer)와 관련된 서류를 보게 되었는데, 공개매수를 하는 회사나 대상회사의 이름은 최종 인쇄 전까지는 공란 또는 가명이었다. 그러나 피고인은 서류의 다른 내용을 이용하여 대상회사를 알아낸 후 대상회사의 주식을 매수하여 약 $30,000의 이익을 얻었다는 혐의로 SEA §10(b)와 Rule 10b−5 위반 혐의로 기소되었다. 이 사건에서는 피고인이 거래상대방(잠재적 주식매도인)에게 미공개중요정보를 공개할 의무가 있는지 여부가 쟁점이었는데, 1심과 2심에서는 유죄로 인정되었으나 연방대법원에서 파기되었다.

<판결요지>

1. 연방지방법원

피고인은 거래를 하기 전에 모든 사람에 대하여 미공개중요정보를 공개할 의무를 부담한다.

2. 연방항소법원

누구든지 미공개중요정보를 받는 사람은 이를 공개하지 않으면 그러한 정보를 가진 사람들에게 불공정한 이익이 생기므로 공개 전에 이를 이용한 거래를 할 수 없다(Non−public information may not use it to trade before disclosure, since otherwise

그러나, 3년 후인 1983년 있었던 Dirks 판결[78]에서 "fiduciary duty to shareholder"라는 문구가 사용된 후에는 신인의무이론(fiduciary duty theory)이라고도 부른다. 연방대법원은 Dirks 판결에서 회사법상의 신인의무에서 공시의무가 발생한다고 보았는데, Chiarella 판결의 믿음과 신뢰의 관계는 이러한 회사법상의 신인의무관계보다 넓은 개념이라 할 수 있다. 연방대법원은 인쇄업체 종업원의 형사책임에 관한 Chiarella 판결과 정보수령자인 증권분석가에 대한 SEC의 징계처분의 적법성에 관한 Dirks 판결에서 모두 Rule 10b−5 위반을 부인하였다. 즉, 연방대법원은 Chiarella 판결에서는 "피고인과 거래상대방 사이에 믿음과 신뢰의

an unfair advantage is created in those with such information).

3. 연방대법원

(1) 종업원은 주주들과 종전에 거래를 한 일이 없고 주주들의 대리인이나 수탁자도 아니고, 매도인들이 믿음과 신뢰를 가진 자도 아니므로, 그의 지식을 주주 또는 대상회사에게 말할 의무가 없고, 따라서 이를 공개하지 않았다는 이유로는 처벌받을 수 없다(employee could not be convicted on theory of failure to disclose his knowledge to stockholders or target companies as he was under no duty to speak, in that he had no prior dealings with the stockholders and was not their agent or fiduciary and was not a person in whom sellers had placed their trust and confidence, but dealt with them only through impersonal market transactions).

(2) 미공개시장정보의 소유만으로는 §10(b)의 공개의무가 발생하지 않는다(section 10(b) duty to disclose does not arise from mere possession of nonpublic market information).

(3) 거래당사자 간에 신뢰관계로부터 야기되는 공개의무가 있다면 증권거래와 관련된 중요한 정보에 대한 침묵은 Rule 10b−5에 기한 사기가 될 수 있다. 예를 들면 회사의 경영자 및 기타 내부자들은 증권을 거래하기 전에 M&A에 관한 시도를 주주들에게 공개할 의무를 부담한다(Silence of material information in connection with the purchase or sale of securities may be fraud under Rule 10b−5 if there is a duty to disclose arising from a relationship of trust. For example, corporate managers and other insiders have such a duty to disclose a takeover attempt to their shareholders before trading in the company's stock).

(4) 이 사건에서 피고인은 내부자가 아니었고 대상회사로부터 비밀의 정보를 받지도 않았다. 당사자 간에 믿음과 신뢰의 관계가 없으면 공개의무도 없다(Here, petitioner was not an insider and he received no confidential information from the target company. No duty to disclose arises unless there is some relationship of a fiduciary or trust between the parties).

<해 설>

연방대법원은 미공개의 중요한 정보를 가진 모든 자는 공개 또는 회피의무를 부담한다는 종래의 정보소유이론을 부정하고 신인의무이론을 채택하여, ⅰ) 발행회사나 주주에 대하여 신인의무를 부담하는 자가 신인의무를 위반하거나, ⅱ) 타인의 신인의무위반을 알면서 이익을 얻는 경우에만 Rule 10b−5 위반에 해당한다고 판시한 것이다.

78) 뒤의 정보수령자 부분에서 소개함.

관계가 없으므로 피고인이 단지 정보를 소유하고 있다는 사실만으로는 적극적인 공시의무가 없다"는 이유로 Rule 10b－5 위반을 부인하였고, Dirks 판결에서는 "정보수령자는 내부자가 정보수령자에게 정보를 공개함으로써 주주들에 대한 신인의무를 위반하고 정보수령자가 내부자의 신인의무위반이 있다는 것을 알았거나 알았어야 하는 경우에만 Rule 10b－5 위반"이라고 판시하였다.

2) 규제대상이 아닌 거래

가) 우연히 알게 된 정보에 기한 거래 신인의무이론에 의하면 미공개중요정보를 소유하였더라도 부정한 방법이 아닌 자기 자신의 노력과 지식에 의하여 얻어진 정보 또는 우연히 알게 된 정보에 기하여 증권거래를 하였더라도 Rule 10b－5 위반에 해당하지 않는다.[79)]

나) 가족, 친지로부터 정보를 수령한 경우 정보에 관하여 신인의무를 부담할 때에만 내부자가 되는 것이고 단지 수령자가 친지로부터 정보를 수령한 사실만으로는 신인의무가 발생하지 않는다.[80)]

다) 문 제 점 신인의무이론은 믿음과 신뢰의 관계 또는 신인관계를 전제로 하므로, 내부자거래의 규제대상이 너무 제한되고, 한편으로는 이러한 신뢰관계나 신인의무의 존재 여부의 판단이 명확하지 않다는 문제점이 있다.

라) Rule 14e-3 Chiarella 판결에서와 같이 신인의무이론에 의하면 공개매수 대상회사 또는 그 주주와 사이에 아무런 신인관계가 없는 자가 공개매수 관련 정보를 이용하여 대상회사의 주식을 매수하더라도 Rule 10b－5 위반이 아니다. 공개매수정보를 이용한 거래에 관한 1980년의 Chiarella 판결, 1984년의 Materia 판결 이후 SEC가 제정한 Rule 14e－3는 연방대법원의 Chiarella 판결의 취지에 정면으로 반하는 것이므로 공개매수와 관련한 사기적 행위의 금지에 관한 SEA §14(e)에 의하여 SEC에 위임된 규칙제정권한범위 내의 것인지 여부에 대한 논란이 있었다. O'Hagan 판결에서, 연방제8항소법원은 "Rule 14e－3은 신인의무 위반을 전제로 하지 않고, 누군가가 중요한 정보를 공개하지 않고 공개매수 대상회사의 증권을 거래하면 그것만으로 사기라고 보기 때문에 이 규칙은 SEA의 위임범위를 벗어난 것"이라고 판시하였다. 그러나 연방대법원은 사기적인 행위와 관행을 방지하는 것으로 합리적으로 고안된 것이면 그 자체가 사기적인 행위가

79) S.E.C. v. Switzer, 590 F.Supp. 756 (W.D.Okl. 1984).
80) United States v. Chestman, 947 F.2d 551 (2d Cir. 1991).

아니라도 SEC가 금지할 수 있고, SEC는 공개매수와 관련된 내부자거래 증명상의 난점을 해결하기 위하여 신인의무 위반의 증명이 요구되지 않는 "공시 또는 거래회피"의무를 Rule 14e－3에 규정한 것이고,[81] 이 규정은 SEA §14(e)에 의하여 SEC에 위임된 예방적 권한이 적절히 사용된 것이라고 판시하였다.

(다) 부정유용이론

1) 의 의 신인의무이론에 의하면 거래상대방에 대한 신인의무 또는 회사 및 주주에 대한 신인의무를 위반한 내부자거래가 규제대상이 되므로, 회사외부자의 거래에 대하여는 Rule 10b－5가 적용되기 곤란하다. 이와 같이 회사외부자(corporate outsider)의 미공개중요정보 이용을 규제하기 위하여 대두된 이론이 부정유용이론(misappropriation theory)으로, 이는 자신에게 정보접근을 허용한 정보원(source of information)에 대한 비밀유지의무(duty of confidentiality)를 위반하여 미공개중요정보를 유용한 경우에는 내부자거래(증권사기)로서 위법하다는 이론이다.[82] 부정유용이론은 회사외부자의 미공개중요정보 이용행위도 규제하기 위하여 정보원에 대한 비밀유지의무를 위반하여 정보를 유용하는 행위를 금하는 것이다. 다만, 부정유용이론이 적용되려면 정보원과 정보이용자간에 비밀유지에 관한 합의 또는 규정이 요구된다.

2) 부정유용이론의 발전과정

가) Chiarella 판결 부정유용이론이 최초로 제기된 것은 Chiarella 사건에서이다.

(i) 연방대법원은 Chiarella 판결에서 신인의무이론에 의하여 피고인의 형사책임을 부인하였으나, 피고인이 미공개중요정보를 유용하여 거래를 한 것이 Rule 10b－5 위반에 해당하는지 여부에 대하여는 판단을 보류하였다.

(ii) 검찰은 예비적 상고이유에서 피고인이 서류상에 포함된 정보를 유용함으로써 고용주인 인쇄업자를 고용한 공개매수자에 대하여 침묵을 지킬 의무가 있고 이를 위반하면 공개매수자 및 주식매수인에 대하여 사기행위를 한 것으로서 Rule 10b－5를 위반한 것이라고 주장하였는데, 연방대법원은 이를 부인하지 않으면서도 배심원에게 그에 관한 설시(jury instruction)를 하지 않았기 때문에 과

81) SEC Rule 14e－3는 "신인의무 위반 여부를 불문하고", 공개매수자 외에는 어느 누구도 공개매수자 또는 대상회사로부터 얻은 것으로 알고 있거나 알 수 있는 이유가 있었던 미공개중요정보를 이용한 거래를 공개매수과정에서는 할 수 없다고 규정한다.

82) 이를 정보원에 대한 사기(fraud－on－the－source)라고 표현하기도 한다.

연 이러한 의무가 있는지, 있다면 그 위반이 Rule 10b-5 위반이 되는지에 관하여 판단을 하지 않는다고 판시하였다.

(iii) 그러나 Burger 대법관은 반대의견에서 부정유용이론에 입각하여 미공개중요정보를 유용한 사람은 이를 공개하거나 거래를 회피할 절대적인 의무가 있다고[83] 판시하였다.

나) 연방항소법원의 부정유용이론에 기한 판례

(i) 형사사건 연방대법원의 정보의 유용이론에 대한 위와 같은 유보적인 태도로 인하여 위 판례 이후 연방제2항소법원은 부정유용이론에 의하여 부정하게 얻은 정보에 기하여 증권을 거래한 자의 형사책임을 인정하였는데, Newman에 대한 형사판결에서 최초로 부정유용이론이 채택되었다.[84] 그리고 특히 Chiarella 사건과 같이 인쇄소의 직원이 기소된 사건인 Materia 판결에서도 연방제2항소법원은 정보를 유용하여 거래하는 것은 Rule 10b-5가 규정하는 사기 또는 기만(fraud or deceit)에 해당하며, SEA §10(b)의 입법취지도 내부자의 사기적인 거래만을 대상으로 한 것이 아니라 기타의 자에 의한 거래도 대상으로 하려는 것이고, 피고인이 비밀유지의무를 위반하여 거래함으로써 인쇄소의 명예를 손상하여 결국 인쇄소에 대한 사기를 범한 것이라는 이유로 피고인의 형사책임을 인정하였고,[85] 이후 SEC는 Rule 14e-3을 제정하여 공개매수에 관하여 위 피고인과 같은 자가 정보를 이용하여 거래하는 것을 방지하고 있다.

(ii) 민사사건 그러나 미공개중요정보의 이용으로 인하여 손해를 입은 일반투자자에 의한 손해배상소송에서는 원고와 피고 간에 믿음과 신뢰의 관계가 있어야 손해배상청구권이 인정되므로, 부정유용이론은 형사사건에만 적용되고 민사사건에는 적용되지 않는다. 민사사건의 원고는 피고가 원고에게 부담하는 의무를 위반한 사실을 증명하여야 하고, 따라서 피고가 증권의 발행인 아닌 다른 출처로부터 얻은 정보에 기하여 증권을 거래한 경우에는 부정유용이론에 의하여 내부자거래로 인한 형사책임은 인정되어도 피해자에 대한 손해배상책임은 인정되지 않는다.[86]

---

83) "Rule 10b-5 requires that when a person misappropriates non-public information, he has an absolute duty to disclose that information or to refrain from trading."

84) United States v. Newman, 664 F.2d 12 (2d Cir. 1981), cert. denied, 464 U.S. 863 (1983).

85) S.E.C. v. Materia, 745 F.2d 197 (2d Cir. 1984), cert. denied, 471 U.S. 1053 (1985).

86) Moss v. Morgan Stanley Inc., 719 F.2d 5 (2d Cir. 1983). 형사사건에 관한 United States v.

다) Carpenter 판결 연방항소법원은 부정유용이론을 채택하여 정보원에 대한 비밀유지의무를 위반하여 미공개중요정보를 이용한 거래를 한 자의 형사책임을 인정하여 왔으나, 연방대법원은 여전히 유보적인 태도를 취하였다.87)

Newman, 664 F.2d 12 (2d Cir. 1981), cert. denied, 464 U.S. 863(1983) 판결에서는 형사책임이 인정되었으나 동일한 사실관계에서 민사책임이 부인된 사례이다. 피용자는 사용자에 대하여 공개 또는 회피의무가 있으나 일반투자자들에 대하여서까지 공개의무가 있는 것은 아니므로 투자자에 대한 민사책임을 지지 않는다는 것이다. 다만, 이 사건에서는 원고의 청구가 기각되었으나, 이 사건 이후에 제정된 ITSFEA이 적용된다면 원고의 청구가 인용되었을 것이다. ITSFEA는 이 사건의 판례를 번복하기 위하여 제정된 것으로서 미공개중요정보에 기하여 증권을 매매한 사람은 같은 종류의 증권을 동시기에 거래한 누구에게도 책임을 진다고 규정한다.

87) [Carpenter v. United States, 484 U.S. 19 (1987)]

<사 안>

1. Winans는 The Wall Street Journal의 증권란에 "거리에서 듣는다(Heard on the Street)"라는 칼럼을 쓰는 기자인데, 이 칼럼은 증권투자와 관련된 정보를 전하는 것으로서 증권시장에 상당한 영향이 있는 것이었다. Winans는 어느 회사의 임원으로부터 그 회사의 주식에 관한 흥미 있는 사실을 들었는데, Wall Street Journal의 정책 및 관행에 의하면 칼럼이 게재된 신문이 발행되기 전의 시점에서는 칼럼의 내용은 신문사의 비밀의 자산이라고 보았고, 직원들이 이러한 정보를 외부에 누설하는 것을 금하고, 특히 담당기자의 증권거래를 금하였다. 당시 다른 기자에 비하여 보수가 적어서 돈이 부족하였던 Winans와 개인적으로 친한 사이인 동료직원 Carpenter는 증권브로커들에게 이 칼럼의 내용과 발표시기에 관하여 미리 전하여 주었다.
2. 그 브로커들은 위 칼럼이 시장에 끼치는 영향을 이용하여 주식을 매매하였고, SEC가 이러한 내부자거래를 밝혀내기 전까지 피고들이 얻은 이익은 $690,000이었다. 피고들은 Rule 10b-5 및 Mail and Wire Fraud Statute 위반죄로 기소되어 연방지방법원에서 유죄판결을 선고받고 항소하였다. 피고들은 항소심에서 자신들은 내부자나 준내부자(quasi-insiders)가 아니고, 이들로부터 얻은 미공개중요정보를 유용한 것이 아니므로 무죄라고 주장하였다.

<판결요지>

1. 연방항소법원
   (1) Rule 10b-5의 규정은 매우 광범위하게 적용되는데, 어떠한 자의, 어떠한 정도의 사기에 이르는 어떠한 행위도 금지한다. 사기는 증권거래자에게 직접 행하여야만 하는 것이 아니다(Rule 10b-5's language is very broad; it prohibits any person from committing any act that amounts to any fraud. The fraud does not have to be committed directly on a buyer or seller of securities).
   (2) 그러므로 Rule 10b-5는 내부자뿐 아니라 이 사건과 같이 외부자가 미공개중요정보를 유용할 경우에도 적용된다. 이 사건에서 사기는 신문사에 대하여 행하여졌다. 피고들의 사기는 사후에 증권시장에서의 증권매매와 관련된 것이었다(Therefore, Rule 10b-5 applies to the conversion of material nonpublic information by insiders, or, as here, by others. D's fraud was in connection with the later purchase or sale of securities).
2. 연방대법원
   (1) 서면계약이 없는 경우에도 피용자는 고용기간 내에 얻은 비밀정보(confidential information)를 보호할 신인의무가 있다.

라) Bryan 판결 O'Hagan 판결 직전에, 연방제4항소법원은 비디오복권회사의 임원으로서 복권단말기의 단독공급자로 선정된 회사의 주식을 매수한 피고인에 대한 Bryan 판결에서 부정유용이론을 명시적으로 배척하였다.[88)]

---

(2) Winans는 계획의 수행에 우편과 전신을 이용하였으므로 Mail and Wire Fraud Statute을 위반한 형사책임이 있다. 그는 직업상 얻은 정보에 관련되는 비밀준수의무를 위반함으로써 신문사의 재산을 유용하였다. Mail and Wire Fraud Statute는 유형의 재산 뿐 아니라 무형의 재산을 절취한 경우에도 적용된다(Since Winans used the mails and phones in fulfillment of this scheme, he is guilty of the federal crimes of mail fraud and wire fraud. By breaching his duty of confidentiality with respect to information he learned on the job, he misappropriated the Journal's property. Federal mail and wire fraud statutes cover the stealing of intangible as well as tangible property).

<해 설>

1. 이 사건에서는 부정유용이론을 채택한 연방지방법원과 연방항소법원은 Winans가 The Wall Street Journal을 이용한 사기를 범하였으므로 Winans나 정보수령자와 반대방향에서 증권을 매매한 투자자는 Winans가 진정한 내부자인 것과 마찬가지로 손해를 입는 것이므로 Winans는 증권의 매매와 관련된 사기를 범하였으므로 Rule 10b－5를 위반한 것이라고 판시하였다. 즉, Winans가 신문사의 피용자로서 직무상 지득한 신문사의 미공개중요정보(칼럼의 내용과 발표시기)를 유용함으로써 발행인 또는 주주에 대한 신인의무를 위반한 것이 아니지만 고용주에 대한 신인의무를 위반한 것이라는 이유로 유죄판결이 선고되었다.
2. 연방대법원은 연방우편전신사기법(Mail and Wire Fraud Statute) 위반의 점에 대하여서는 The Wall Street Journal이 우편에 의하여 배포된다는 이유로 8인의 대법관 전원일치 의견으로(8－0) 유죄를 인정하였고, Rule 10b－5의 규정의 위반 여부에 대하여는 의견이 나뉘어져서(4－4) 부정유용이론의 채택여부판단을 보류한 채 원심의 판결이 유지되었다.
3. Carpenter 판결 이후에도 연방항소법원들(2d, 3d, 7th, 9th Circuit)은 수차례에 걸쳐 정보의 유용이론을 채택하여 발행인으로부터 얻어진 정보가 아니더라도 이를 유용한 경우에는 Rule 10b－5 위반이 된다고 인정한 바가 있다.
4. 결국은 ITSFEA의 제정에 의하여 SEA §20A는 비록 원고를 동시기에 거래한 자(contemporaneous trader)로 한정하였지만 정보의 출처를 묻지 않고 부정유용자의 책임을 인정하였다.

88) [United States v. Bryan, 58 F.3d 933 (4th Cir. 1995)]

<판결요지>

1. 비록 신인의무위반으로 행한 정보의 부정유용은 일반적으로 기망을 수반하지만, 증권사기책임의 취지에서 볼 때 대부분의 사안에서 그러한 부정유용은 부실표시나 비공개에 해당하지 않는다(Although misappropriation of information in breach of fiduciary duty may, in generalized sense, involve deception, in most cases such misappropriation will not constitute "misrepresentation" or "nondisclosure" for purposes of securities fraud liability).
2. 증권과 직접 관련되지 않거나 이해관계가 없는 개인으로부터의 정보의 부정유용은 증권법과 관계없다(Misappropriation of information from individual who is in no way connected with or even interested in securities is simply not the kind of conduct with which the securities laws are concerned).

마) O'Hagan 판결　　결국 연방대법원은 1997년 공개매수대리인인 law firm에 소속된 변호사가 공개매수정보를 이용하여 증권을 거래한 사건에서 부정유용이론을 정식으로 채택하였다.89)

---

3. 증권의 매도인이나 매수인이 아니거나 그 외의 다른 방법으로 증권의 실제 혹은 제안된 매수나 매도에 관련이 있거나 재정상의 이해관계가 있는 자에게 부담하는 신인의무 위반으로는, 비록 매수나 매도에 의하여 그러한 위반이 수반되더라도, SEA에 의한 형사책임은 정보의 단순한 부정유용에 입각할 수 없고, 그러한 행위는 SEA가 규정하는 증권의 매매와 관련하여 사기에 해당하지는 않는다(Criminal liability under the Securities Exchange Act cannot be predicated upon the mere misappropriation of information in breach of fiduciary duty owed to one who is neither purchaser nor seller of securities, or in any other way connected with or financially interested in an actual or proposed purchase or sale of securities, even when such breach is followed by the purchase or sale of securities; such conduct simply does not constitute fraud in connection with the purchase or sale of securities within the meaning of the Act).

89) [United States v. O'Hagan, 521 U.S. 642 (1997)]

<사 안>

1. 1988. 7. 런던 소재 법인인 Grand Metropolitan PLC는 미네아폴리스 소재 법인인 Pillsbury의 보통주를 공개매수하기 위하여 Minnesota 주의 law firm인 Dorsey & Whitney을 공개매수대리인으로 선임하였다. 당시 James Herman O'Hagan은 Dorsey & Whitney의 파트너 변호사였고, 위 업무에는 참여하지 않았다. 1988. 10. 4. Grand Metropolitan PLCGM은 Pillsbury 주식에 대한 공개매수를 발표하였다.
2. Dorsey & Whitney가 Grand Metropolitan PLC의 대리인으로 업무수행 중이던 1988. 8. 18.부터 O'Hagan은 Pillsbury 주식에 관한 call option과 보통주를 매수하였고, 공개매수가 발표되자 call option과 주식을 매도하여 $4.30 million의 이득을 얻었다.
3. 연방지방법원은 피고인에 대한 57개의 공소사실을 모두 유죄로 인정하고 41개월의 징역형을 선고하였으나, 연방제8항소법원은 부정유용이론은 채택할 수 없다고 판시하면서 피고인에 대한 모든 공소사실에 대하여 무죄를 선고하였다.

<판결요지>

1. SEA §10(b)에 의한 형사책임은 부정유용이론에 근거할 수 있다. 부정유용이론에 의하면 정보원에 대한 신인의무를 위반하여 정보의 이용을 공개하지 않으면서 개인적 이익을 위해 중요한 비밀정보를 이용하여 증권을 거래하는 자의 책임을 물을 수 있다(Criminal liability under §10(b) of Securities Exchange Act may be predicated on misappropriation theory, which permits imposition of liability on person who trades in securities for personal profit using material, confidential information without disclosing such use to source of information, in breach of fiduciary duty to source).
2. 부정유용이론에 의하면, 공개매수에 의한 매수 전에 대상회사의 주식을 공개매수자를 대리하는 law firm의 구성원으로서 얻은 내부정보에 기하여 매수한 피고인은 Rule 10b-5 위반의 증권사기의 책임을 질 수 있다(Defendant who purchased stock in target corporation prior to its being purchased in tender offer, based on inside information he acquired as member of law firm representing tender offeror, could be found guilty of securities fraud in violation of Rule 10b-5 under misappropriation theory).
3. 회사의 주주들과 회사내 지위로 인하여 비밀정보를 얻은 내부자들 사이에 믿음과 신뢰의 관계가 존재하므로 그러한 정보에 기한 거래는 §10(b)에 의한 사기적 수단에 해당한다(trading on such information qualifies as "deceptive device" under section 10(b)

3) 비밀유지의무 부정유용이론은 정보원에 대한 비밀유지의무를 전제로 하는데, 가장 문제되는 경우는 가족관계에 기인한 비밀유지의무이다. O'Hagan 판결 이전인 1991년 Chestman 판결에서 연방제2항소법원은 가족관계만으로는 비밀유지의무가 발생하지 않는다고 판시하면서 피고인의 내부자거래로 인한 형사책임을 부인하였다.90) 그러나 SEC는 2000년 Chestman 판결과 같이 가족간에 비밀

because relationship of trust and confidence exists between shareholders of corporation and those insiders who have obtained confidential information by reason of their position with that corporation).

4. 회사내부자가 정보가 없는 주주들로부터 불공정한 이득을 얻는 것을 금지하기 위하여 필요하기 때문에, 회사 내에서의 그들의 지위 때문에 비밀 정보를 취득한 내부자들과 기업의 주주 사이에 믿음과 신뢰의 관계에 의하여 공개 또는 회피 의무가 발생한다(Relationship of trust and confidence between shareholders of corporation and those insiders who have obtained confidential information by reason of their position with that corporation gives rise to duty to disclose, or to abstain from trading, because of necessity of preventing corporate insider from taking unfair advantage of uninformed stockholders).
5. SEA §10(b)와 Rule 10b−5에 기한 부정유용이론은 공개시 회사의 증권가격에 영향을 줄 비밀정보에 접근할 수 있으나 회사의 주주들에게 신인의무나 기타 다른 의무를 부담하지 않는 회사외부자들에 의한 남용으로부터, 증권시장의 건전성을 보호하기 위하여 고안되었다(Misappropriation theory of liability under §10(b) of Securities Exchange Act and Rule 10b−5 is designed to protect integrity of securities markets against abuses by outsiders to corporation who have access to confidential information that will affect corporation's security price when revealed, but who owe no fiduciary or other duty to that corporation's shareholders).
6. 미공개중요정보에 기하여 거래를 하는 자가 양측에 충실의무 및 신인의무를 부담하면서 어느 일방에게만 공개하는 경우, 부정유용이론에 의하여 Rule 10b−5 위반의 책임을 질 수 있다(Where person trading on basis of material, nonpublic information owes duty of loyalty and confidentiality to two entities or persons, but makes disclosure to only one, trader may still be liable for violation of Rule 10b−5 under misappropriation theory).

90) [United States v. Chestman, 947 F.2d 551 (2d Cir. 1991)]
<사 안>
유통업체의 지배주주인 Waldbaum은 위 회사에 대한 공개매수를 계획하고 그 전초작업으로서 지배주식을 매수하려는 자에게 자신의 지배주식을 시장주가의 두 배의 가격으로 매도하기로 합의하였다. 그는 여동생에게 이러한 거래의 내용을 말하였고 여동생은 그녀의 딸에게 이 말을 전했고 딸의 남편인 Loeb는 이 말을 전해 듣고 다시 이를 자신의 증권브로커인 Chestman에게 말하였다. 피고인은 증권시장에서 주당 $25에 주식을 매수하였고 이에 Rule 10b−5와 14e−3(공개매수에 관한 내부자거래금지규정) 위반으로 기소되었다.
<판결요지>
1. 피고인이 Rule 10b−5 위반으로 처벌받으려면, i) 사위인 Loeb가 정보원(source of information)인 아내 및 처가식구들(in−laws)에 대한 신인의무를 위반하였다는 사실과, ii) Loeb의 이러한 신인의무위반을 피고인이 알았다는 사실이 증명되어야 한다.
2. 정보원과 정보제공자(tipper)간에 단순한 가족관계가 있는 사실만으로는 정보제공자

유지에 대한 명시적인 약속(express promise of confidentiality)이 없고 단지 합리적인 기대(reasonable expectation)만 있는 경우에는 Rule 10b−5 위반으로 될 수 없다는 판례에 대한 보완책으로 Rule 10b5−2를 제정하였다. 즉, Rule 10b5−2에 의하면 가족 간에 명시적이든 묵시적이든 비밀유지에 대한 기대가 있는 경우에 적용된다. 일부 법원은 가족구성원이 내부자로 의제되는지 여부에 관한 전통적인 내부자거래 사건에서도 종래의 비밀유지관행에 기하여 일방 배우자가 이러한 비밀유지에 대한 합리적인 기대(reasonable expectation of confidentiality)를 가지는 경우 상대 배우자도 신인의무를 부담한다고 판시한다.[91]

4) 부정유용이론의 문제점 부정유용이론은 정보원에 대한 믿음과 신뢰의 위반을 전제로 하는데, 정보를 정보원으로부터 절취 또는 편취한 경우에는 당초부터 이러한 믿음과 신뢰 관계가 없다는 문제가 있고, 나아가 정보원에게 거래의사를 알리고 그로부터 정보이용을 허락받은 경우에는 공개 또는 회피 의무 위반이 아니라는 문제가 있다. 또한, 정보원과 피상적인 관계(superficial relationship)만 있는 자가 우연히 정보원을 통하여 알게 된 경우에도[92] 믿음과 신뢰의 관계를 전제로 하는 부정유용을 인정할 수 없다는 문제가 있다.

Ⅱ. 연 혁

1. 내부자거래규제의 도입과 강화과정

1962년 증권거래법 제정 당시에는 내부자거래를 규제하는 규정이 없었으나

(tipper)의 신인의무를 인정할 수 없으므로 처로부터 정보를 얻은 Loeb는 정보에 대한 신인의무를 부담하지 않고 따라서 피고인은 Rule 10b−5를 위반하지 않았다.

3. Rule 14e−3은 Rule 10b−5와는 달리 신인의무위반에 의하여 얻어진 정보일 것을 요건으로 하지 않고, SEC가 이같은 규칙을 제정한 것은 모법의 위임범위를 벗어난 것이 아니다.

<해 설>

Rule 10b−5 위반에 대하여는 전원합의체(en banc) 판결이었는데 11인의 판사 중 5인은 유죄 취지의 반대의견이었는데, 반대의견은 가족의 회사에 대한 지배로부터 이익을 얻는 가족구성원들은 가족내부의 일상적인 의사소통과정에서 얻어진 중요한 정보를 공개하지 아니할 의무가 있다고 판시하였다.

91) S.E.C. v. Yun, 327 F.3d 1263 (11th Cir. 2003)(이 판결에 대한 구체적인 사실관계와 판결요지는 졸저 「미국증권법」, 442면−446면 참조).

92) 신인의무이론에서 본 S.E.C. v. Switzer, 590 F.Supp. 756 (W.D.Okl. 1984) 판결의 사안이 그 예이다.

증권시장의 발전에 따라 1976년 12월 전면 개정시 상장법인 임직원 및 주요주주에 대해 단기매매차익 반환의무를 부과하고 공매도의 금지가 도입되었다. 1982년 3월 개정시 단기차익반환 청구권자에 증권관리위원회를 추가하고 상장법인 주요주주·임원에 대해 소유주식상황·변동보고의무가 도입되었다. 이때까지는 내부자거래를 금지하는 직접적인 조항이 없었으며 단지 내부자거래를 제한하기 위한 간접조항으로서 임직원 및 주요주주의 공매도금지규정 및 단기매매차익 반환규정과 임원 및 주요주주의 소유주식비율변동보고규정을 두었는데, 이는 미국의 내부자거래규제의 핵심조항인 SEA §10(b)와 SEC Rule 10b-5를 제외한 §16만을 계수한 일본법을 그대로 따른 것이다. 다만, 미국에서는 내부자거래규제의 보호법익에 관하여, 전통적으로는 내부자거래를 신임의무를 위반하는 사기행위로 보면서 발행회사 또는 그 주주에 대한 신임의무를 보호법익으로 보지만(다만 근래에는 정보유용이론에 의하여 소속기관에 대한 신임의무위반도 규제대상에 포함되어 규제의 범위가 보다 확대되었다), 우리나라는 유럽 각국의 법제와 같이 내부자거래를 정보의 비대칭을 이용한 범죄로 보면서 시장의 완전성(Integrity)을 보호법익으로 본다.[93]

2. 증권거래법의 미공개정보이용 관련 규정 개정

(1) 1987년 11월 개정법

1987년 증권거래법 개정시 SEA §10(b), SEC Rule 10b-5의 법리를 도입하여 미공개정보이용 행위를 규제할 수 있는 포괄적 금지규정(증권거래법 105조④3)을 신설하고,[94] 동 규정을 위반한 자에 대하여는 3년 이하의 징역 또는 2천만원 이하의 벌금에 처할 수 있도록 하였다(證法 208조 3호). 그리고 형사책임과는 별도로 손해배상책임도 인정하였다(證法 106조). 내부자의 단기매매차익 반환규정의 실효성확보를 위해 내부정보이용 여부에 대한 입증책임을 내부자가 부담하도

---

93) 헌법재판소 1997. 3. 27.자 94헌바24 결정도 이러한 취지에서, "요컨대 내부자거래규제의 취지는 증권매매에 있어 정보면에서의 평등성 즉 공정한 입장에서 자유로운 경쟁에 의하여 공정한 거래를 하게 함으로써 증권시장의 거래에 참여하는 자로 하여금 가능한 동등한 입장과 동일한 가능성 위에서 증권거래를 할 수 있도록 투자자를 보호하고 증권시장의 공정성을 확립하여 투자자에게 그 신뢰감을 갖게 하려는 데에 있는 것이다."라고 밝히고 있다.

94) 당시 추가된 제3호는 다음과 같다. "3. 특정 유가증권에 관하여 일반적으로 공개되지 아니한 정보를 직무 또는 지위에 의하여 지득한 자가 그 정보를 이용하거나 타인으로 하여금 이를 이용하게 하는 것"

록 전환하였으며(證法 188조②), 증관위의 조사요구에 불응한 자에 대하여는 형사벌칙을 부과할 수 있도록 함으로써(證法 208조 4호) 내부자거래 규제제도의 실효성을 크게 제고하였다.95)

⑵ 1991년 12월 개정법

1991년 12월 개정법은 구법 제105조 제4항 제3호를 삭제하는 대신 그 규정내용을 대폭 손질하여 제188조의2(내부자거래의 금지)와 제188조의3(내부자거래의 배상책임)을 제9장 "상장법인의 관리" 내에 독립조문으로 신설하는 한편, 제188조의 제목을 "내부자거래의 제한"에서 "내부자의 단기매매차익 반환 등"으로 변경함으로써 내부자거래규제 조항 상호간에 통일적인 해석이 가능하도록 체계화하였다. 또한 개정법은 내부자의 범위를 구체적으로 열거하고 있는 일본의 입법례를 참고하여 회사내부자·준내부자 및 정보수령자를 내부자의 범위에 포함시켰고(證法 188조의2①), 내부정보의 범위를 구 증권거래법 제186조 제1항에서 규정하고 있는 상장법인의 신고사항으로 구체화하되 미국 판례법상 확립된 "중요성"의 해석기준을 받아들여 신고사항 중 "투자자의 투자판단에 중대한 영향을 미칠 수 있는 정보"로 한정하는 한편, 정보의 공개기준에 대하여는 재무부령으로 정하도록 하였다(證法 188조의2②). 그리고 내부자거래에 대한 사후제재수단인 벌칙에 관하여 3년 이하의 징역형과 2천만원 이하의 벌금형을 규정하되, 위법행위로 얻은 이익 또는 회피한 손실액의 3배에 해당하는 금액이 2천만원을 초과하는 경우에 그 이익 또는 회피손실액의 3배 이내에서 벌금형에 처하도록 하였다(證法 208조).

⑶ 1997년 1월 개정법

1997년 1월 개정법은 내부자거래에 관한 규정을 위반한 자에 대하여 징역과 벌금을 병과할 수 있게 하였다(證法 214조).

---

95) 구 증권거래법상 최초의 내부자거래규제는 1976년 12월 도입된 단기매매차익 반환제도이다. 도입될 당시에는 "그 직무 또는 지위에 의하여 지득한 비밀을 이용하여"라고 규정함으로써 직무관련성과 내부정보이용을 요건으로 하고, 반환청구권을 행사하는 회사가 이러한 요건을 증명하도록 하였다. 그 후 1987년 11월 개정시 본문 규정에서 "그 직무 또는 지위에 의하여 지득한 비밀을 이용하여"라는 문구를 삭제하고, 단서에서 "그 직무 또는 지위에 의하여 지득한 비밀을 이용하여 이익을 얻은 것이 아님을 입증할 때에는 그러하지 아니하다."고 규정함으로써, 직무관련성과 내부정보이용 여부에 대한 입증책임을 내부자가 부담하도록 전환하였고, 1991년 12월 개정시 위와 같은 단서를 삭제함으로써 직무관련성과 내부정보이용 요건을 완전히 배제하였다.

⑷ 2002년 4월 개정법

2002년 4월 개정법은 내부자거래에 대한 사후제재수단인 벌칙제도에 관하여, 얻은 이익이나 회피한 손실액이 5억원 이상 50억원 미만인 때에는 3년 이상의 유기징역을, 그 이익 또는 회피한 손실액이 50억원 이상인 때에는 무기 또는 5년 이상의 유기징역에 처하도록 하며, 위반행위로 말미암아 징역에 처하는 경우에는 10년 이하의 자격정지를 병과할 수 있도록 하였다(證法 207조의2②,③). 또한, 벌금형을 병과하는 경우에는 그 위반행위로 얻은 이익 또는 회피손실액의 3배에 상당하는 금액 이하의 벌금에 처하도록 하였다(證法 214조②).[96]

3. 자본시장법의 미공개중요정보이용 관련 규정

⑴ 제정 당시의 미공개중요정보 이용행위 관련 규정

자본시장법은 구 증권거래법의 "미공개정보" 대신 "미공개중요정보"라는 용어를 사용하고, 내부자인 법인에 계열회사를 포함함으로써 계열회사의 임직원과 대리인도 규제대상이 되었다. 구 증권거래법은 "당해 법인과 계약을 체결하고 있는 자"만을 준내부자로 규정하였으므로 회사와 계약체결을 위한 교섭 단계에서 미공개중요정보에 접하게 되는 상대방은 준내부자라고 볼 수 없었는데, 자본시장법은 "체결을 교섭하고 있는 자"도 준내부자에 명시적으로 포함함으로써 이러한 문제점을 입법적으로 해결하였다. 특정증권의 개념을 규정함으로써 적용대상 증권의 범위를 확대하였고, 미공개중요정보 이용행위의 규제대상인 중요한 정보를 "투자자의 투자판단에 중대한 영향을 미칠 수 있는 정보"라고 명시하였다. 주식등에 대한 공개매수의 실시·중지에 관한 정보 외에, 주식등의 대량취득·처분에 관한 정보도 미공개중요정보 이용행위 금지대상으로 규정하였다.

⑵ 2013년 5월 개정법의 미공개중요정보 이용행위 관련 규정

2013년 5월 개정법은 6개월 이내에 상장하는 법인뿐 아니라 6개월 이내에 상장법인과의 합병, 주식의 포괄적 교환, 그 밖에 대통령령으로 정하는 기업결합 방법에 따라 상장되는 효과가 있는 비상장법인("상장예정법인등")을 규제대상으로 추가하였고, 해석상의 논란을 해소하기 위하여 "공개매수자"와 "주식등의 대량취

---

96) 구 증권거래법 하의 판례의 동향에 대하여는, 노태악, "최근 판례에 나타난 내부자거래 규제의 법리 -「자본시장과 금융투자업에 관한 법률」의 제정에 덧붙여 - ", BFL 제25호, 서울대학교 금융법센터(2007. 9), 24면 이하 참조.

득·처분자"를 "공개매수를 하려는 자"와 "주식등의 대량취득·처분을 하려는 자"로 개정하였다. 또한 "상당한 기간 동안 주식등을 보유하는 등 미공개중요정보를 이용할 의사가 없다고 인정되는 경우"에는 사전매수(발판매수)를 허용하였다. 주식등의 대량취득·처분의 경우에도 같은 취지로 규정한다.

Ⅲ. 적용대상증권

미공개중요정보 이용행위 금지의 대상은 상장법인이 발행한 특정증권이다(法 174조①). 단기매매차익 반환 대상인 특정증권과는 발행인이 주권상장법인이 아닌 상장법인이라는 점에서 차이가 있다.

1. 상장법인

단기매매차익 반환의무는 주권상장법인의 임직원과 주요주주를 규제대상으로 하지만, 미공개중요정보 이용행위 금지의 적용대상은 상장법인을 기초로 정해진다. 상장법인은 증권시장에 상장된 증권("상장증권")을 발행한 법인을 말하고(法 9조⑮1), 미공개중요정보 이용행위 금지의 적용대상인 상장법인에는 ⅰ) 6개월 이내에 상장하는 법인, ⅱ) 6개월 이내에 상장법인과의 합병, 주식의 포괄적 교환, 그 밖에 대통령령으로 정하는 기업결합 방법에 따라 상장되는 효과가 있는 비상장법인("상장예정법인등")을 포함한다. 6개월 이내에 상장하는 법인을 포함하는 이유는, 비상장법인은 상장법인과는 달리 발행시장, 유통시장의 건전성 훼손이나 이로 인한 투자자 보호 등의 문제가 없으므로 규제대상에서 제외되지만, 상장이 조만간 예정되어 있는 비상장법인의 경우 상장 전에 그 상장정보를 이용하는 불공정거래의 가능성이 있으므로 규제대상으로 하는 것이다. 또한 대통령령으로 정하는 기업결합 방법에 따라 상장되는 효과가 있는 비상장법인도 포함하는 것은 우회상장 정보이용에 대한 규제를 할 필요가 있기 때문이다.[97] 비상장법인이 발행한 증권이나 비상장법인의 미공개중요정보이용은 자본시장법 제174조의 규제대상이 아니다.[98]

97) 종래에는 우회상장하는 경우는 규제대상에서 제외되었는데, 우회상장을 목적으로 하는 M&A 관련 계약의 체결에 따라 제4호가 적용될 수도 있지만, 우회상장도 규제대상에 포함되도록 입법적인 보완이 필요하다는 지적에 따라 2013년 개정 자본시장법에 포함되었다(입법적 보완의 필요성에 관하여는 본서 2013년판, 864면 참조).

2. 특정증권 등

(1) 주식 및 주식 관련 사채 등

미공개중요정보 이용행위 금지의 대상은 상장법인 및 상장예정법인이 발행한 특정증권등이다. 특정증권등은 내부자의 단기매매차익 반환에 관한 제172조 제1항이 규정하는 다음과 같은 금융투자상품을 말한다(다만, 단기매매차익 반환 대상인 특정증권의 발행인은 주권상장법인이라는 점에서 차이가 있다). 구 증권거래법은 일반사채도 규제대상으로 규정하였으나 자본시장법은 이를 제외하였다.

1. 그 법인이 발행한 증권(대통령령으로 정하는 증권 제외)[99]
2. 제1호의 증권과 관련된 증권예탁증권
3. 그 법인 외의 자가 발행한 것으로서 제1호·제2호의 증권과 교환을 청구할 수 있는 교환사채권
4. 제1호부터 제3호까지의 증권만을 기초자산으로 하는 금융투자상품[100]

(2) 해당 법인이 발행한 증권 외의 금융투자상품

구 증권거래법은 "당해 법인이 발행한 유가증권"을 규제대상으로 규정하였으나, 자본시장법은 특정증권등(상장예정법인등이 발행한 해당 특정증권등 포함)을 규제대상으로 하므로 해당 법인의 증권을 기초자산으로 하는 다른 법인이 발행한 교환사채, DR, 주식옵션, 주식선물 등을 거래한 경우도 모두 규제대상이 되었

---

98) 다만, 금융투자업자의 경우는 직무상 알게 된 정보로서 외부에 공개되지 아니한 정보를 정당한 사유 없이 자기 또는 제3자의 이익을 위하여 이용하지 못한다는 자본시장법 제54조 제1항의 적용대상은 될 수 있다.

99) 제외되는 증권은 다음과 같다(令 196조).
1. 채무증권(다만, 다음과 같은 증권 제외)
   가. 전환사채권
   나. 신주인수권부사채권
   다. 이익참가부사채권
   라. 그 법인이 발행한 지분증권(이와 관련된 증권예탁증권 포함)이나 가목부터 다목까지의 증권(이와 관련된 증권예탁증권 포함)과 교환을 청구할 수 있는 교환사채권
2. 수익증권
3. 파생결합증권(法 172조① 4에 해당하는 파생결합증권 제외)

100) "4. 제1호부터 제3호까지의 증권만을 기초자산으로 하는 금융투자상품"이라는 법문상, 그 외의 증권이나 코스피200선물, 코스피200옵션 등의 장내파생상품이 기초자산에 포함된 ELS와 같은 파생결합증권은 규제대상이 아니다. 개별주식선물이나 개별주식옵션과 달리 지수선물이나 지수옵션은 개별 상장법인의 업무상정보와의 관련성이 미흡하므로 규제대상에서 제외하는 것이다.

고, 이에 따라 규제의 공백은 대부분 해결되었다. 그러나 그 외의 금융투자상품에 대한 미공개중요정보 이용행위에 대하여는 자본시장법의 적용대상이 아니고, 피해자는 민법의 불법행위에 기한 손해배상청구권을 행사할 수 있다. 이와 관련하여 A사의 내부자가 A사의 내부적인 문제로 경쟁사인 B사가 유리하게 될 것이라는 정보를 이용하여 B사의 주식을 매수하는 경우 분명히 내부자는 정보의 비대칭으로 인한 이익을 얻게 되는데, 이와 같이 내부자가 "특정증권등"에 포함되지 않는 금융투자상품을 거래하는 소외 대체적 내부자거래(substitute insider trading)도 규제대상으로 보아야 하는지에 관하여 논란의 여지가 있다. SEC Rule 10b-5에 의하여 내부자거래가 규제되고, 신인의무이론과 정보유용이론에 의하여 내부자거래규제의 법리가 발전해 온 미국에서는 대체적 내부자거래도 규제대상이 되어야 한다는 견해도 있다.[101] 그러나 현행 자본시장법 규정상 대체적 내부자거래는 규제대상이 될 수 없고, 구체적인 사안에 따라 부정거래행위를 규정하는 제178조 제1항 제1호의 적용가능성을 살펴보아야 할 것이다.

(3) 신규발행증권

"그 법인이 발행한 증권"과 관련하여 기발행된 증권을 매매하는 것만 규제대상인지, 발행시장에서의 취득도 규제대상인지에 관하여 법문의 해석을 두고 논란의 여지가 있다. 기발행 증권만을 규제대상으로 보는 것이 "그 법인이 발행한 증권"이라는 법문에 보다 부합하지만, 한편으로는 발행시장에서의 취득도 회사와 취득자 간에 정보의 비대칭이 있을 수 있으므로 규제대상에서 제외할 이유가 없고 신규발행증권도 발행되는 순간 "발행한 증권"으로 되므로 신규발행증권도 규제대상으로 보아야 한다는 해석도 가능하다. 이에 관한 판례는 아직 보이지 않는다.

Ⅳ. 내부자와 정보수령자

1. 의 의

내부자거래를 규제하는 이유는 내부자가 직무상 알게 된 미공개중요정보를 이용하여 특정증권등을 매매한다면 이와 같은 정보를 알지 못하는 일반투자자의 희생 하에 부당한 이득을 얻는 불공정거래가 되기 때문이다. 내부자만이 미공개

101) 상세한 내용에 관하여는, 장근영, "내부자거래 제한규정의 미적용행위에 관한 고찰", 증권법연구 제5권 제2호, 한국증권법학회(2004), 282면 이하 참조.

중요정보의 이용이 금지되므로(法 174조①) 중요한 미공개중요정보에 기한 거래를 하였다 하여 항상 내부자거래규제 대상이 되는 것이 아니라 거래자가 내부자(insider)이거나 정보수령자(tippee)이어야 한다. 이들만이 "공개 또는 회피 의무"를 부담하기 때문이다. 따라서 미공개중요정보에 기한 모든 거래가 위법한 것은 아니고, 예를 들어 회사와 아무런 관계도 없는 사람이 회사의 업무와 관계없이 우연히 공개되지 않은 중요한 정보를 알게 되어 이에 기하여 증권을 매매한다면 원칙적으로 이는 적법한 것이다.[102] 제1호부터 제5호까지의 내부자는 다음과 같은 자와 이에 해당하지 아니하게 된 날부터 1년이 경과하지 아니한 자이다(法 174조①). 제6호는 이들로부터 미공개중요정보를 받은 정보수령자이다.[103]

1. 그 법인(그 계열회사를 포함) 및 그 법인의 임직원·대리인으로서 그 직무와 관련하여 미공개중요정보를 알게 된 자
2. 그 법인(그 계열회사를 포함)의 주요주주로서 그 권리를 행사하는 과정에서 미공개중요정보를 알게 된 자
3. 그 법인에 대하여 법령에 따른 허가·인가·지도·감독, 그 밖의 권한을 가지는 자로서 그 권한을 행사하는 과정에서 미공개중요정보를 알게 된 자
4. 그 법인과 계약을 체결하고 있거나 체결을 교섭하고 있는 자로서 그 계약을 체결·교섭 또는 이행하는 과정에서 미공개중요정보를 알게 된 자
5. 제2호부터 제4호까지의 어느 하나에 해당하는 자의 대리인(이에 해당하는 자가 법인인 경우에는 그 임직원 및 대리인 포함)·사용인, 그 밖의 종업원(제2호부터 제4호까지의 어느 하나에 해당하는 자가 법인인 경우에는 그 임직원 및 대리인)으로서 그 직무와 관련하여 미공개중요정보를 알게 된 자
6. 제1호부터 제5호까지의 어느 하나에 해당하는 자(제1호부터 제5호까지의 어느 하나의 자에 해당하지 아니하게 된 날부터 1년이 경과하지 아니한 자를 포함)로부터 미공개중요정보를 받은 자

---

102) 대학축구팀의 코치인 피고가 운동장에서 우연히 어느 회사 사장 부부의 뒤에 있다가 이들 부부의 대화를 듣고 회사가 해산된다는 정보를 듣게 되자 주식을 매수하여 이익을 얻은 사건에서, 법원은 "사장은 내부자이지만 부인에게 회사의 해산에 대한 정보를 말함으로써 어떠한 경제적 이익도 얻지 않았다. 피고는 미공개중요정보를 얻었고 이에 기한 거래로 이익을 얻었지만 정보수령자(tippee)에 해당하지 않고 따라서 SEC Rule 10b−5의 위반에 대한 책임을 지지 않는다."라고 판시하였다[S.E.C. v. Switzer, 590 F.Supp. 756(W.D.Okl. 1984)].

103) 제1호부터 제5호까지의 내부자는 "이에 해당하지 아니하게 된 날부터 1년이 경과하지 아니한 자"를 포함하므로, 제6호의 규정 중 "(제1호부터 제5호까지의 어느 하나의 자에 해당하지 아니하게 된 날부터 1년이 경과하지 아니한 자를 포함)" 부분은 불필요한 문구이다.

⑴ 내 부 자

㈎ 해당 법인

해당 법인을 내부자거래의 주체에 포함한 것은 법인이 자기주식의 취득과 처분과정에서 미공개중요정보를 이용하는 것을 규제하기 위한 것이다. 1999년 2월 증권거래법 개정시 미공개중요정보 이용행위금지의 주체로 법인이 추가되고 해당 법인의 금지위반행위가 처벌의 대상으로 되었으므로, 해당 법인의 임직원 또는 대리인이 미공개중요정보를 이용하여 법인의 업무에 관하여 자사의 주식을 매각하는 경우에도 그 법인의 임직원 또는 대리인이 형사처벌되는지 여부가 문제되는데, 자본시장법 제448조가 "법인(단체를 포함한다. 이하 이 조에서 같다)의 대표자나 법인 또는 개인의 대리인, 사용인, 그 밖의 종업원이 그 법인 또는 개인의 업무에 관하여 제443조부터 제446조까지의 어느 하나에 해당하는 위반행위를 하면 그 행위자를 벌하는 외에 그 법인 또는 개인에게도 해당 조문의 벌금형을 과한다."고 규정하므로(즉, 법인의 업무라 하더라도 행위자를 벌하도록 규정한 것을 보면), 임직원의 미공개중요정보 이용행위는 그것이 자신의 이익을 추구할 목적으로 자기의 계산으로 하는 것이든 또는 해당 법인에게 이익이 귀속될 자사주식의 처분(이 경우 해당 법인도 당연히 처벌대상이다)처럼 타인의 이익을 위하여 타인의 계산으로 하는 것이든 아무런 제한 없이 모두 포함된다고 보아야 한다.[104)]

여기서 '타인'은 증권회사 직원이 고객의 계좌를 통하여 미공개중요정보를 이용한 거래를 하거나, 회사의 직원이 회사 명의의 계좌를 통하여 미공개중요정보를 이용한 거래를 하는 경우에 그로 인한 수익이 고객 또는 회사에 귀속되는 경우를 가리키고, 그러한 경우에는 타인의 이익을 위하여 타인의 계산으로 거래하는 경우도 미공개중요정보 이용행위에 해당한다.[105)]

㈏ 계열회사

구 증권거래법은 "당해 법인 및 그의 임원·직원·대리인"이라고 규정하였으

---

104) 대법원 2002. 4. 12. 선고 2000도3350 판결(임원들이 회사가 부도위기에 처해 있으며 감자에 관한 이사회결의가 예정되어 있는 상황에서 회사가 차명으로 보유중이던 자기주식을 매각한 사건임).

105) 이익의 귀속주체인 '타인'은 미공개중요정보 이용행위의 간접정범에서 범행의 도구가 되는 '타인'과 구별되는 개념이다. 형법 제34조 제1항에 의하면 간접정범은 범죄의 기수에서 더 나아가 결과의 발생도 요건으로 하는데, 정범인 간접정범에게 수익이 귀속되지 않고 범행의 단순한 도구가 되는 타인에게 수익이 귀속되는 경우에는 간접정범의 요건인 범죄행위의 결과를 발생하게 한 것으로 보기 어렵다.

므로 계열회사 임직원의 미공개중요정보 이용행위를 규제할 수 없었다. 그러나 자본시장법은 "그 법인(그 계열회사를 포함한다. 이하 이 호 및 제2호에서 같다)"라고 규정하므로, 내부자인 법인에 계열회사가 포함되고 따라서 계열회사의 임직원과 대리인도 내부자에 포함된다. 계열회사는 「독점규제 및 공정거래에 관한 법률」에 따른 것으로 2 이상의 회사가 동일한 기업집단에 속하는 경우에 해당한다(「독점규제 및 공정거래에 관한 법률」 2조 12호).[106] 따라서 동일한 기업집단에 속하는 회사의 임직원, 주요주주들은 다른 계열회사의 미공개중요정보를 이용할 수 없다. 자본시장법 제174조 제1항의 제1호와 제2호만 규제대상에 계열회사를 포함하고 제3호와 제4호는 계열회사를 포함하지 아니하므로, 계열회사에 대하여 법령에 따른 허가·인가·지도·감독, 그 밖의 권한을 가지는 자와, 계열회사와 계약을 체결하고 있거나 체결을 교섭하고 있는 자는 규제대상이 아니다. 그리고 규제대상 정보는 업무관련성이 요구되므로 자본시장법 제174조 제2항과 제3항의 경우가 아닌 한 외부정보는 규제대상이 아니다. 따라서 A라는 모회사의 임원이 B라는 자회사의 증권을 매매하는 경우 항상 규제대상이 되는 것은 아니고 B의 정보를 이용한 경우에만 규제대상이 된다. 물론 A와 B에 공통된 정보는 규제대상이다.[107] 통상 자회사의 경영실적은 모회사에게 그대로 영향을 주므로, 자회사에게 중요한 정보는 모회사의 업무에 관련된 정보로 인정될 가능성이 크다. 이 경우에는 자회사의 정보인 동시에 모회사의 정보가 된다. 그러나 모회사와 자회사 간의 대규모납품계약의 체결이나 자회사의 중요한 경영상의 결정을 모회사가 결정하는 경우 외에는, 모회사의 정보가 자회사의 정보로 되는 경우는 많지 않을 것이다. 한편, 계열회사의 정보가 규제대상이 되려면 내부자가 그 계열회사의 업무와 관련된 업무를 담당해야 한다는 직무관련성도 요구된다.

(다) 법인의 임직원 · 대리인

내부자는 회사에 고용되어 있는 기회에 얻은 미공개중요정보를 이용하여 거래를 하지 않을 신임의무를 부담하는 지위에 있는 자이므로 임원을 비롯한 고위

---

106) 기업집단이란 i) 동일인이 회사인 경우 동일인과 그 동일인이 지배하는 하나 이상의 회사의 집단, ii) 동일인이 회사가 아닌 경우 그 동일인이 지배하는 2 이상의 회사의 집단으로, 대통령령이 정하는 기준에 의하여 사실상 그 사업내용을 지배하는 회사의 집단을 의미한다(「독점규제 및 공정거래에 관한 법률」 2조 11호).

107) 대법원 1995. 6. 30. 선고 94도2792 판결도 자회사의 화재발생사실을 모회사의 중요한 정보로 인정하였다.

직원은 당연히 내부자로 되고, 하위직원들도 고용되어 있는 기회에 정보를 얻게 되면 내부자로 되어 적용대상이 된다. 직원은 고용계약관계를 불문하고 법인의 지휘·명령 하에 있으면 이에 해당하므로, 임시직·아르바이트사원·파견근로자 등은 모두 이에 해당한다. 단기매매차익 반환의무와 달리 모든 직원이 규제 대상이다. 법인의 대리인에는 해당 법인의 업무에 관한 대리권을 부여받은 변호사·회계사 등이 포함된다.

(라) 주요주주

1) 의 의 주요주주는 단기매매차익 반환의무의 적용대상인 주요주주와 같다. 10% 지분을 산정함에 있어서 특수관계인의 지분은 최대주주에 관하여는 합산을 명문으로 규정하지만 주요주주에 관하여는 명문의 규정이 없으므로 합산할 수 없다고 해석해야 한다. 즉, 주요주주는 개별 주주 1인을 기준으로 판단해야 한다.[108] 다만 특수관계인의 지분을 합산하여 10% 이상에 이르게 되면 사실상 영향력을 행사하는 주주로 인정될 경우가 있을 것이다. 단기매매차익 반환의무에 있어서는 주주가 되는 시기를 계약체결일로 보는 것이 타당하나, 미공개중요정보 이용행위에 있어서는 이와 달리 실제로 증권을 인도받은 날을 기준으로 삼아야 한다. 단기매매차익 반환의무는 순수한 민사상 채무이지만, 미공개중요정보 이용행위는 형사처벌의 대상이므로 규제의 범위를 근거 없이 확대해석하는 것은 죄형법정주의에 반하기 때문이다.

2) 권리행사과정 미공개중요정보 이용행위 금지의 적용대상인 주요주주는 "그 법인의 주요주주로서 그 권리를 행사하는 과정에서 미공개중요정보를 알게 된 자"이다. 미공개중요정보 이용행위를 규제하기 위한 직무관련성 요건과 관련하여, 임직원과 달리 주요주주에게는 특정 직무라는 것이 없으므로 "그 권리를 행사하는 과정에서"라는 제한이 규정된 것이다. 따라서 주요주주가 주주로서의 권리를 행사하는 과정에서 알게 된 미공개중요정보를 이용하는 경우에는 회사내부자로서 내부자거래 규제의 대상이 되나, 권리행사와 관계없이 알게 된 정보의 이용은 허용된다.[109] 다만, 대부분의 경우 주요주주는 회사내부자를 통하여 정보

108) 서울고등법원 2008. 6. 24. 선고 2007노653 판결.

109) 이와 관련하여 "미공개중요정보 이용행위는 중요정보에 접근할 수 있는 자의 해당 정보이용에 의한 시장에 대한 신뢰 손상을 방지하기 위하여 규제하는 것이므로 해당 정보에 접근할 수 있는 우월한 지위 내지 접근수단을 보유한 것으로 충분하다고 볼 것이고, 따라서 구체적인 권리행사 외에도 주요주주라는 지위에서 정보를 지득할 수 있는 경우를 일반적으로 규제대상으

에 접하게 될 것이므로 이 경우에는 정보수령자로서의 책임을 지게 된다.

(2) 준내부자

(가) 의 의

원래는 내부자가 아니지만 해당 법인과의 일정한 관계에 있는 자는 준내부자로서 규제대상이 된다. 자본시장법이 규정하는 준내부자는 "3. 그 법인에 대하여 법령에 따른 허가·인가·지도·감독, 그 밖의 권한을 가지는 자로서 그 권한을 행사하는 과정에서 미공개중요정보를 알게 된 자"와 "4. 그 법인과 계약을 체결하고 있거나 체결을 교섭하고 있는 자로서 그 계약을 체결·교섭 또는 이행하는 과정에서 미공개중요정보를 알게 된 자"이다.

(나) 범 위

제4호의 규정과 관련된 사례로는, M&A 및 컨설팅 계약을 체결한 자가 제3자배정 유상증자정보를 이용한 경우,[110] 신주인수계약을 체결한 자가 감자정보를 이용한 경우,[111] 외자유치에 관한 자문계약을 체결한 자가 외자유치 정보를 이용한 경우,[112] 손실보전약정을 체결한 자가 자금사정 악화 정보를 이용한 경우,[113] 자금대차계약을 체결한 자가 수표부도 사실을 안 경우,[114] 경영자문계약을 체결한 자가 경영진의 긴급체포 사실을 안 경우,[115] 투자유지자문계약을 체결한 자가 우회상장 정보를 이용한 경우,[116] 등이 있다. 그러나 대주주와 주식양수도 계약을 체결한 상대방 당사자는 해당 법인과 계약을 체결한 자에 해당하지 않는다.[117] 다만 양수도지분이 10%(발행 주식등의 총수에 대한 취득·처분하는 주식등의 비율) 이상인 경우에는 제174조 제3항 제4호의 "대량취득·처분을 하는 자와 계약을 체결하고 있거나 체결을 교섭하고 있는 자로서 그 계약을 체결·교섭 또는 이행

로 보아야 한다"는 견해도 있다[안수현, "자본시장법 시행 이후 불공정거래 규제 변화와 과제", BFL 제40호, 서울대학교 금융법센터(2010), 72면]. 그러나 법정형의 고저에 따라 죄형법정주의의 적용 여부가 달라지는 것은 아니지만, 법정최고형이 무기징역인 범죄의 구성요건을 이와 같이 확대해석하는 것은 죄형법정주의의 명확성원칙에 위반되는 것이라 할 것이다.

110) 서울고등법원 2009. 3. 19. 선고 2008노2314 판결.

111) 대법원 2007. 7. 26. 선고 2007도4716 판결.

112) 대법원 2007. 7. 12. 선고 2007도3782 판결.

113) 서울중앙지방법원 2006. 8. 18. 선고 2006노1559 판결.

114) 서울지방법원 2000. 7. 6. 선고 2000고단2425 판결.

115) 수원지방법원 2003. 7. 25. 선고 2003고단1044 판결.

116) 수원지방법원 성남지원 2007. 10. 24. 선고 2007고단1954 판결.

117) 대법원 2003. 9. 2. 선고 2003도3455 판결.

하는 과정에서 대량취득·처분의 실시·중지에 관한 미공개정보를 알게 된 자"에 해당할 가능성은 있다. 자본시장법상 이용이 금지되는 미공개중요정보는 상장법인의 업무 등과 관련된 정보이고, 주식등의 대량취득·처분의 실시·중지에 관한 정보는 업무관련성이 없는 외부정보에 해당하지만 경영권에 영향을 줄 가능성이 있는 대량취득·처분의 경우에는 규제대상이다.[118] 구 증권거래법은 "당해 법인과 계약을 체결하고 있는 자"만을 준내부자로 규정하였으므로 회사와 계약체결을 위한 교섭 단계에서 이미 상대방은 회사의 미공개중요정보에 접하게 되는 경우가 많지만, 이러한 경우에는 법문상 준내부자라고 볼 수 없었다. 다만 판례는 본계약이 아직 체결되기 전이라도 본계약의 진행과 관련한 상호합의사항에 대한 비밀유지합의를 한 경우에는 중요한 정보에 접근할 수 있는 계약이므로 규제대상인 준내부자에 해당하고, 나아가 비록 위 계약이 그 효력을 발생하기 위한 절차적 요건을 갖추지 아니하였다고 하더라도 "당해 법인과 계약을 체결하고 있는 자"에 해당한다고 보았다.[119] 이에 자본시장법은 "체결을 교섭하고 있는 자"도 준내부자에 명시적으로 포함함으로써 이러한 문제점을 입법적으로 해결하였다. 해당 법인과 계약관계에 있는 자에는 감사계약에 의한 외부감사인, 특정증권등의 모집이나 매출을 위하여 인수계약을 체결한 증권회사, 명의개서대행회사, 거래은행, 변호사 또는 회계사, 컨설팅회사 등이 포함된다.[120] 준내부자를 규제하는 이유가 정보에 대한 접근가능성이 있기 때문이므로, 계약체결 과정에서 지득한 정보를 이용한 거래를 한 경우에는 그 후 계약이 성립하지 않거나 무효로 되었다고 하더라도 미공개중요정보 이용행위의 성립에는 영향이 없다.[121]

---

118) 규제대상인 취득·처분은 다음의 요건을 모두 충족하는 취득·처분을 말한다(令 201조④).
   1. 보유목적이 발행인의 경영권에 영향을 주기 위한 것(令 154조①)으로 할 것(취득의 경우만 해당)
   2. 금융위원회가 정하여 고시하는 비율(10%) 이상의 대량취득·처분일 것
   3. 그 취득·처분이 주식등의 대량보유보고대상(法 147조①)에 해당할 것

119) 대법원 2010. 5. 13. 선고 2007도9769 판결.

120) SEC Rule 10b－5도 회사에 고용되어 일하는 것은 아니지만 회사의 정보에 관하여 특별한 신탁적 관계에 있는 외부전문가인 고문변호사, 공인회계사 등을 오직 회사를 위하여 정보를 이용하여야 하는 추정내부자(constructive insider) 또는 임시내부자(temporary insiders)로서 그 적용대상으로 규정하고 있으며, 따라서 추정내부자가 미공개중요정보에 기하여 거래를 하거나 이러한 정보를 타인(정보수령자)에게 제공하여 타인으로 하여금 거래를 하게 하면 SEC Rule 10b－5 위반에 기한 책임을 진다.

121) 서울중앙지방법원 2007. 7. 20. 선고 2007고합159 판결[이 사건은 상장법인과 제3자배정 유상증자에 참여하는 신주인수계약을 체결한 피고인이 그 정보를 타인에게 이용하게 하였는데,

⑶ 내부자의 대리인 · 사용인 · 종업원

제2호부터 제4호까지의 어느 하나에 해당하는 자의 대리인(이에 해당하는 자가 법인인 경우에는 그 임직원 및 대리인 포함) · 사용인, 그 밖의 종업원(제2호부터 제4호까지의 어느 하나에 해당하는 자가 법인인 경우에는 그 임직원 및 대리인)으로서 그 직무와 관련하여 미공개중요정보를 알게 된 자도 미공개중요정보 이용행위 금지의 대상이다(法 174조①5). 정식 고용계약이 체결되지 않은 경우에도 사실상의 통제 · 감독 하에 있으면 종업원으로 인정된다.[122] 제5호는 "제2호부터 제4호까지"라고 규정하고 제1호는 제외한다. 따라서 A상장법인의 대리인이 B법인인 경우 B법인의 임직원 및 대리인은 제5호의 규제대상에 포함되지 않는다. 그리고 제5호는 "대리인(이에 해당하는 자가 법인인 경우에는 그 임직원 및 대리인 포함)"이라고 규정하므로, 대리인인 법인의 임직원만 규제대상이고 그 주요주주는 규제대상이 아니다. 따라서 B법인이 A상장법인의 주요주주인 경우 B법인의 임직원과 대리인만 규제대상이고, B법인의 주요주주는 규제대상에 포함되지 않는다. 이에 따라 B법인의 주요주주가 B법인을 통하여 A법인의 주요 경영사항에 대하여 사실상 영향력을 행사하면서 A법인의 미공개중요정보를 이용하더라도, 정보수령자에 해당하지 않는 한 규제대상이 아니다. 이상의 문제점은 제5호를 개정하여야 해결될 것이다.

⑷ 내부자 지위의 연장

내부자 또는 준내부자의 지위에 해당하는 자뿐 아니라, 이에 해당하지 아니하게 된 날부터 1년이 경과하지 아니한 자도 규제대상이다. 물론 이때에도 내부자 또는 준내부자의 지위에 있는 동안에 직무와 관련하여 또는 권리를 행사하는 과정에서 미공개중요정보를 알게 된 자이어야 하고, 퇴임 후 알게 된 경우에는

피고인은 신주인수계약에 대한 이사회 결의가 서면결의로 부적법하기 때문에 동 계약도 이사회의 결의가 없으므로 무효로 되었다고 주장한 사안인데, "주식회사의 신주발행은 주식회사의 업무집행에 준하는 것으로서 대표이사가 그 권한에 기하여 신주를 발행한 이상 신주발행은 유효하고, 설령 신주발행에 관한 이사회의 결의가 없거나 이사회의 결의에 하자가 있더라도 이사회의 결의는 회사의 내부적 의사결정에 불과하므로 신주발행의 효력에는 영향이 없다"는 판례(대법원 2007. 2. 22. 선고 2005다77060, 77077 판결)에 비추어 보면, 이러한 경우에는 당연히 준내부자로서 규제대상이 된다고 해석하여야 할 것이다].

122) [대법원 1993. 5. 14. 선고 93도344 판결] "증권거래법 제215조 제2항(양벌규정) 소정의 법인의 종업원에는 법인과 정식의 고용계약이 체결되어 근무하는 자뿐만 아니라 법인의 대리인, 사용인 등이 자기의 보조자로서 사용하고 있으면서 직접 또는 간접으로 법인의 통제 감독 하에 있는 자도 포함한다."

정보수령자에 해당하지 않는 한 규제대상이 아니다.

(5) 직무관련성

회사내부자와 준내부자는 그 직무와 관련하여 미공개중요정보를 알게 된 경우에만 내부자거래의 규제대상이다. 물론 정보수령자는 개념상 정보제공자와 달리 직무관련성이 요구되지 않는다. 자본시장법은 내부자의 유형별로 직무관련성을 규정한다. 즉, 제174조 제1항은 ⅰ) 법인의 임직원·대리인은 그 직무와 관련하여, ⅱ) 주요주주는 그 권리를 행사하는 과정에서, ⅲ) 법인에 대하여 법령에 따른 허가·인가·지도·감독, 그 밖의 권한을 가지는 자는 그 권한을 행사하는 과정에서, ⅳ) 그 법인과 계약을 체결하고 있거나 체결을 교섭하고 있는 자는 그 계약을 체결·교섭 또는 이행하는 과정에서, ⅴ) 내부자·준내부자의 대리인·사용인, 그 밖의 종업원은 그 직무와 관련하여, 각 미공개중요정보를 알게 된 자라고 규정한다. 모회사와 자회사 간의 합병정보를 이용하여 모회사의 임원이 자회사 주식을 매수한 경우 주요주주의 임원으로서 그 직무와 관련하여 미공개중요정보를 알게 된 자(法 174조①5)에 해당한다.[123]

직무관련성이 인정되려면 원칙적으로 자신의 직무수행중 얻은 정보에 해당하여야 한다. 따라서 같은 회사나 법인에 소속된 직원들이라도 부서가 다르면 특별한 경우가 아닌 한 직무관련성이 인정되지 않을 것이다.[124] 다만, 하급심 판례는 직무관련성의 범위를 다소 넓게 해석하여 다른 직원이 담당하던 업무와 관련되는 정보라 하더라도 같은 부서의 같은 사무실 내에서 파기된 자료에 의하여 정보를 얻은 경우와,[125] 심지어는 구내식당에서 담당 임원으로부터 정보를 들어서 알게 된 경우에도[126] 직무관련성을 인정한다. 또한, 연구기관의 연구원이 사내 전산망을 통하여 정보를 얻은 경우에도 연구원이라는 지위를 이용하여 일반투자자들에게 접근이 허용되지 않는 정보를 취득한 것이라는 이유로 직무관련성을 인정한 판례가 있다.[127]

---

123) 서울고등법원 2007. 6. 8. 선고 2007노402 판결.

124) 서울남부지방법원 2017. 5. 25. 선고 2016노220-1(분리) 판결(대법원 2019. 7. 12. 선고 2017도9087 판결에 의하여 상고기각으로 확정).

125) 서울지방법원 2002. 1. 23. 선고 2001고단10894 판결(담당 직원이 파기한 이사회결의서 문안을 보고 정관변경정보를 얻은 사안이다).

126) 서울중앙지방법원 2007. 12. 26. 선고 2007노3274 판결.

127) 서울중앙지방법원 2008. 11. 27. 선고 2008고합236 판결(대법원 2010. 2. 25. 선고 2009도4662 판결에 의하여 상고기각으로 확정).

그러나 주식매매내역으로 보아 미공개중요정보를 이용한 개연성이 크다 하더라도 정보 관련 담당 직원이 정보유출을 부인하는 등 직무와 관련하여 정보를 알게 되었다고 볼 수 없다면 그와 같은 사무실에서 근무한 사실만으로는 직무관련성이 인정되지 않는다는 하급심 판례도 있다.[128]

(6) 정보수령자

(가) 의 의

정보수령자는 내부자로부터 미공개중요정보를 받은 자로서 제174조 제1항 제6호도 "제1호부터 제5호까지의 어느 하나에 해당하는 자(제1호부터 제5호까지의 어느 하나의 자에 해당하지 아니하게 된 날부터 1년이 경과하지 아니한 자를 포함)로부터 미공개중요정보를 받은 자"라고 명시하고 있다.

정보수령자가 정보제공자로부터 정보를 전달받았다고 인정하기 위해서는 단순히 정보의 이동이 있었다는 객관적 사실만으로는 충분하지 않고, 정보제공자가 직무와 관련하여 알게 된 미공개중요정보를 전달한다는 점에 관한 인식이 있어야 한다.[129]

정보수령자가 정보를 제공받고 미공개중요정보임을 인식하면서 거래를 하였다면 정보를 이용한 거래라고 추정된다.

주요주주나 임직원이 직무관련성 없이 내부자로부터 정보를 얻은 경우에는 정보수령자에 해당한다. 법인 내부의 업무집행과정에서 임직원 간에 정보가 공유되는 경우에는 수령자가 직무상 미공개중요정보를 알게 된 것이므로 1차정보수령자가 아니라 내부자에 해당한다.

(나) 규제의 범위

제174조 제1항은 내부자 외에 내부자로부터 미공개중요정보를 받은 자도 "타인에게 이용하게 하여서는 아니 된다."고 규정하는데, 전전유통하는 모든 단계의 정보를 전부 규제대상으로 하는 것은 비현실적이고, 정보라는 것은 그 성격상 그 전달과정에서 상당히 변질되기 마련이어서 전달과정이 많아지고 시간이 경과할수록 단순한 풍문(rumor)수준의 넓은 의미의 정보가 되기 마련이므로 규제대상 정보수령자의 범위를 제한할 필요가 있다.[130]

---

128) 수원지방법원 2008. 7. 30. 선고 2008노1134 판결.
129) 대법원 2017. 10. 31. 선고 2015도8342 판결.
130) 대법원 2002. 1. 25. 선고 2000도90 판결.

특히 제6호는 "(내부자로부터) 미공개중요정보를 받은 자"라고 규정한다. 따라서 내부자와 내부자로부터 정보를 전달받은 1차수령자가 "이용행위"와 "이용하게 하는 행위"의 규제대상(수범자)이다.[131)]

자본시장법 규정상 1차수령자가 그 정보를 이용하지 않고 그로부터 정보를 전달받은 2차수령자가 그 정보를 이용하는 경우 2차수령자는 규제대상이 아니지만 2차수령자의 정보이용을 인식하면서 정보를 제공한 내부자와 1차수령자가 규제대상이다.[132)]

이와 같이 해석하면 내부자나 정보수령자로부터 미공개중요정보를 받은 사람이 직접 미공개중요정보를 이용한 증권거래를 하지 않고 다른 사람을 통하여 자기의 계산으로 거래를 하는 경우에는 그 내부관계가 밝혀지기 전에는 규제대상에서 벗어난다는 문제가 있지만, 제174조 제1항에 위반한 자는 형사책임을 지게 되므로 죄형법정주의 원칙상 그 적용범위는 제한적으로 해석해야 한다.

일본 金商法은 직무상 해당 정보를 전달받은 자가 소속된 법인의 다른 임원 등이 그 직무에 관하여 당해 정보를 지득한 경우에는 그 정보가 공개되기 전에는 해당 상장회사 등의 특정유가증권등에 관한 매매를 할 수 없다고 규정함으로써(金商法 166조③), 자본시장법에 비하여 정보수령자의 범위를 다소 확대하고 있다.

㈐ 허위정보 수령자

정보수령자도 내부자로부터 제공받은 정보가 허위의 것이어서 결과적으로 손해를 입은 경우에는 정보제공자를 상대로 손해배상청구를 할 수 있고, 다만 손해배상책임의 범위에 있어서 본인의 불법행위가 인정되면 과실상계이론에 따라 적절한 범위에서 감액될 것이다.[133)]

131) 판례와 저자의 舊著 증권거래법을 비롯한 대부분의 문헌에서는 1차정보수령자, 2차정보수령자라는 용어가 사용되나, 1차정보와 2차정보를 구별하는 용어처럼 보일수도 있으므로 본서에서는 1차수령자, 2차수령자라고 표기한다.

132) 대법원 2002. 1. 25. 선고 2000도90 판결, 대법원 2003. 1. 10. 선고 2002도5871 판결.

133) 미국에서는 제3자의 SEC Rule 10b−5위반행위의 교사자와 방조자(Abettors and aiders)도 SEC Rule 10b−5의 규정에 의한 책임을 지는데, 예를 들어 변호사·공인회계사 또는 은행이 이에 해당한다. SEC Rule 10b−5의 위반행위를 교사, 방조한 자의 손해배상책임이 인정되려면, ① 교사·방조자 외에 독립하여 직접 위반행위를 한 자가 별도로 있고 ② 교사·방조자가 직접위반행위자의 위반행위를 알면서, ③ 교사·방조자가 직접위반행위에 대하여 어느 정도의 실질적인 역할을 하였어야 한다. 교사·방조자의 scienter(고의성)와 관련하여 recklessness(인식있는 과실)로 충분한지에 대하여 ① 직접위반행위자와 마찬가지로 교사, 방조자도 일반적으로 recklessness에 기하여 책임이 발생한다는 견해, ② 교사·방조자가 독립한 의무(independent duty), 예를 들면 직접위반행위를 공개할 의무를 위반한 경우에만 recklessness

㈑ 정보의 구체성

정보수령자의 미공개중요정보는 내부자가 직접 업무상 지득한 정보에 비하여 구체적이어야 한다. 정보제공자가 제공한 내용이 단순히 미공개중요정보의 존재를 암시하는 것에 지나지 않거나, 모호하고 추상적이어서 정보수령자가 그 정보를 이용하더라도 여전히 일반투자자와 같은 정도의 경제적 위험을 부담하게 되는 경우에는 특별한 사정이 없는 한 미공개중요정보에 해당하지 않는다.[134) 정보의 구체성이 없으면 규제대상 미공개중요정보의 요건인 중요성이 결여되므로 어차피 미공개중요정보이용에 해당하지 않는 경우가 많을 것이다.

다만, 정보를 알게 된 시점에서 해당 증권이 반드시 특정될 필요는 없고, 관련 자료에 의하여 용이하게 어느 종목인지 파악할 수 있으면 규제대상 미공개중요정보가 된다.[135)

그리고 구체적인 정보의 제공이 없이 특정 주식에 대한 거래만을 추천하는 경우도 정보의 비대칭을 이용한 불공정거래의 가능성은 있지만 현행 규정의 해석상 정보제공 없는 단순한 거래의 추천까지 규제대상으로 볼 수는 없다.

㈒ 매매의 권유

내부자가 외부자에게 미공개중요정보 자체를 제공하지 않고 단지 매매를 권유하는 경우에는 "정보를 받은 자"라는 법문상 규제대상이 아니다.

㈓ 미국 증권법상 정보수령자 규제

1) 의 의 정보수령자(tippee)는 내부자가 아니면서 내부자로부터 미공개중요정보를 얻어 증권을 거래한 자를 말한다. 정보수령자가 내부자로부터 제공받은 정보가 허위의 것이어서 결과적으로 손해를 입은 경우에는 정보제공자를

에 기하여 책임이 발생한다는 견해, ③ 독립한 의무가 없는 경우에도 사기를 교사·방조할 실제의 목적에 가까운(closer to an actual intent to aid in the fraud) 의사가 있으면 교사, 방조자가 recklessness에 기하여 책임을 진다는 견해 등이 있다. 교사·방조자가 ① 위반행위를 방지하기 위하여 말을 할 의무가 있거나, ② 위반행위를 방조하려는 의식적인 목적(conscious intent)이 있으면 미공개·부작위에 대하여도 책임을 지게 된다.

134) 대법원 2017. 10. 31. 선고 2015도8342 판결.

135) 시장질서 교란행위에 관한 과징금부과처분취소사건에서, 대규모 블록딜에 관하여 입수한 자료에 나오는 시가총액 및 거래량과 일치하는 종목을 확인하여 거래한 경우 미공개중요정보임을 인정한 사례가 있다(서울행정법원 2019. 1. 10. 선고 2017구합89377 판결). 미국 연방대법원이 내부자거래와 관련하여 신인의무이론을 최초로 채택한 것으로 유명한 Chiarella v. United States, 445 U.S. 222 (1980) 판결도 공개매수와 관련된 서류에 공개매수를 하는 회사나 대상회사의 이름은 최종 인쇄 전까지는 공란 또는 가명이었는데, 피고인은 서류의 다른 내용을 이용하여 대상회사를 알아낸 후 대상회사의 주식을 매수한 사안이다.

상대로 구제를 청구할 수 있다.[136] 정보수령자의 책임은 신인의무이론을 정보제공자와 정보수령자 간의 관계에 적용한 것이다.

2) 책임요건

가) 정보제공자의 책임 정보제공자는 정보수령자의 거래상대방에 대한 신인의무를 위반한 경우에만 정보수령자의 내부자거래에 대하여 책임을 진다. 정보수령자의 거래상대방은 회사의 주주가 될 것이다. 연방대법원은 Dirks 판결에서 정보제공자의 신인의무 위반에 대하여 정보제공자가 정보제공으로 인한 개인적 이익(personal benefit)이 있는지 여부를 기준으로 삼았는데, 개인적 이익을 매우 넓게 해석하여 금전적 이익 외에 장래에 금전적 이익이 얻어질 수 있는 평판(reputation), 정보교환의 기대, 심지어는 정보제공으로 인한 좋은 기분까지도 포함하였다. 그러나 Dirks 판결의 사안과 같이 내부자가 회사의 비리를 고발하기 위하여 정보를 제공한 경우 개인적 이익이 존재하지 않고 따라서 신인의무 위반도 없다.[137]

---

136) Bateman Eichler, Hill Richards, Inc. v. Berner, 105 S.Ct. 2622 (1985).

137) [판례] Dirks v. S.E.C., 463 U.S. 646 (1983)

<사 안>

1. Dirks는 기관투자자들을 위하여 보험회사 주식을 주로 대상으로 하는 증권분석가(security analysis)인데, Equity Funding of America(EFA)의 전직 중역이었던 Secrist로부터 EFA가 재보험자들에게 팔기 위하여 허위의 보험증권을 만드는 부정행위로 인하여 위 회사의 자산이 과대계상되어 있다는 사실을 알았다. Dirks는 위 회사의 임직원들을 상대로 조사를 하여 사실임을 확인한 후 Wall Street Journal에 이를 기고할 생각이었으나 거절당하였다. Dirks와 그가 근무하던 증권회사는 EFA의 주식을 소유하고 있지 않았는데, Dirks는 자신의 고객들에게 이러한 사실을 알렸고 이들이 위 회사의 주식을 매도하여 손실을 피할 수 있었다.
2. SEC는 Dirks를 상대로 징계처분을 하였고, 이에 Dirks는 연방항소법원에 이의신청을 하여 기각되자 연방대법원에 상소하였다. 이 사건에서는 그와 같은 정보수령자도 항상 거래 전에 정보공개의무가 있는지 여부가 쟁점이었다.

<판결요지>

1. 정보수령자는 내부자로부터 부당하게 알게 된 미공개중요정보에 관하여서만, 내부자의 주주들에 대한 미공개중요정보의 공개 또는 거래회피의무를 승계한다. 일반적으로 그 공개가 내부자의 신인의무위반이 되는지 여부는 정보제공의 목적에 의하여 결정된다. 그 기준은 내부자가 공개로 인하여 직접, 간접으로 개인적 이익을 얻는지 여부이다. 만일 내부자가 개인적으로 이익을 얻지 못한다면 그는 주주들에 대한 신인의무를 위반한 것이 아니고 따라서 정보제공자의 파생적 위반도 있을 수 없다(Tippees inherit the insider's duty to shareholders to disclose material nonpublic information before trading or to refrain from trading only when the information has been improperly disclosed to them by the insider. The disclosure constitutes a breach of the insider's fiduciary duty. The test is whether the insider will receive a direct or indirect

나) 정보수령자의 책임 정보수령자(tippee)가 내부자거래에 대한 책임을

personal benefit from the disclosure. If the insider does not stand to personally gain, he has not breached his duty to the shareholders, and there can be no derivative breach by the tippee).

2. Dirks에게 EFA의 활동에 대한 정보를 제공한 자는 제공으로 인하여 아무런 개인적 이익을 얻지 않았다. 그들은 사기를 폭로하려는 욕구에서 동기가 유발되었다 할 것이다. 내부자들은 그들의 의무를 위반하지 않았으므로, Dirks는 미공개중요정보를 그의 고객들에게 알려주었을 때 Equity Funding of America의 주주들에 대한 어떠한 파생적 의무도 부담하지 않았다(Those who provided Dirks with the information about Equity Funding of America's conduct did not receive any personal benefit from the disclosure. The facts showed that they were motivated by a desire to expose the fraud. The insiders did not breach their duty, so Dirks was not under any derivative obligation to Equity Funding of America's shareholders when he passed the nonpublic information to his clients).
3. 정보수령자는 내부자가 정보수령자에게 정보를 공개함으로써 주주들에 대한 신인의무를 위반하였고 정보수령자가 내부자의 신인의무위반이 있다는 것을 알았거나 알았어야 하는 경우에만, 회사의 주주들에 대하여 미공개중요정보를 이용한 거래를 하지 않는다는 신인의무를 부담한다(A tippee assumes a fiduciary duty to the shareholders of a corporation not to trade on material nonpublic information only when the insider has breached his fiduciary duty to the shareholders by disclosing the information to the tippee and the tippee knows or should know that there has been a breach).

<해 설>

1. 이 판결 역시 정보소유이론이 아닌 신인의무이론에 입각하여 그 전에 있었던 Chiarella 판결의 입장을 재확인한 것이다. 연방대법원은 정보수령자의 책임이 인정되려면 ⅰ) 내부자가 개인적 이익을 얻기 위하여 정보를 제공하였고, ⅱ) 정보수령자가 정보제공자의 신인의무위반을 알았거나 알았어야 한다는 이유로, 정보수령자일 뿐 내부자가 아닌 Dirks의 Rule 10b-5 위반을 부인하였다. 즉, 정보수령자인 Dirks의 책임은 내부자로서 정보를 제공한 Secrist의 책임으로부터 파생되는 것이고, 내부자는 그의 정보공개로 인하여 직, 간접적으로 개인적인 이익을 얻을 때에만(personally will benefit, directly or indirectly from his disclosure) 회사에 대하여 신인의무를 위반한 것이 된다는 것이다. 그러한 이익은 내부자가 정보수령자로부터 금전적이거나 기타 개인적인 이익을 취하였거나 비밀정보를 증여하였을 때에만 발생하는데, Secrist는 이 사건에서 아무런 이익을 취한 바가 없었으므로 신인의무를 위반하지 않았고, 따라서 Dirks도 파생적인 책임을 지지 않는다고 판시한 것이다. 이때 이익은 반드시 금전적일 필요는 없고 평판상의 이익이나 친구에 대한 선물도 이익에 포함된다.
2. 3인의 대법관(Blackmun, Brennan, Marshall)의 반대의견(dissenting opinion)은 정보수령자의 책임이 정보제공자의 책임으로부터 파생된다는 점은 인정하고, 다만 정보제공자가 개인적인 이익을 취하는지 여부와 관계없이 주주들에게 고의로 손해를 입히면 신인의무위반이 되는데, 이 사건에서 Secrist는 자신의 정보제공으로 인한 주가하락에 의하여 주주들이 손해를 입는다는 사실을 알고 있었으므로 신인의무를 위반한 것이라고 판시하였다. 즉, 반대의견의 취지는 Dirks의 고객이 내부정보에 기하여 이익을 보았고 선량한 일반 투자자들이 이러한 이익을 부담해 주었으므로 Rule 10b-5 위반이라는 것이다.
3. 다만, 이 사건은 정보제공자의 책임이 문제된 사건이 아니고, SEC의 정보수령자에 대한 징계처분의 적법성이 문제된 사건이므로, 정보제공자의 책임요건이 직접적으로 설시되지 않고 정보수령자의 책임과 관련하여 설시되었다.

지려면, ⅰ) 내부자(정보제공자)가 발행인이나 주주에 대한 신인의무를 위반하여 정보를 제공하였고, ⅱ) 정보수령자가 내부자의 신인의무위반을 알았거나 과실로 알지 못하였어야 한다. 이러한 요건이 구비되면 정보수령자는 공개 또는 회피의무를 부담한다. 정보수령자는 위와 같은 요건이 구비되지 않는 한 자신의 이익을 위하여 정보를 이용한 거래를 하였더라도 내부자거래의 책임이 없다.

3) 정보수령자의 정보제공 정보수령자가 정보를 이용한 거래를 하지 않고 다시 이 정보를 제3자에게 제공한 경우에도 최초의 정보제공자의 내부자로서의 신인의무 위반이 없으면(개인적 이익이 없이 정보를 제공하였다면) 중간의 정보제공자가 개인적 이익을 얻고 정보를 제공하였더라도 내부자거래로 인한 책임은 발생하지 않는다. 이러한 경우의 규제를 위하여 일부 판례는 부정유용이론을 적용하는 예도 있다.[138] 한편, 정보수령자가 제2정보수령자(브로커)에게 정보를 제공하였으나 그 제2정보수령자가 직접 정보를 이용한 거래를 하지 않고 대신 고객에게 정보를 제공하고 고객의 거래로 인한 수수료 수입을 얻은 경우에도 내부자거래의 책임을 진다는 판례도 있다.[139]

4) Regulation FD 종래에는 발행인이 일반투자자에게는 제공되지 않은 정보를 기관투자자나 증권분석가에게만 선별적으로 제공하는(selective disclosure) 관행이 있었다. 이 경우에는 정보제공자가 개인적 이익을 얻는 경우는 거의 없을 것이기 때문에 내부자거래의 법리가 적용되지 않아서 기관투자자와 일반투자자 사이의 정보의 불균형이 문제되었다. 이에 따라 SEC가 2000년 제정한 Regulation FD (공정공시 규정)에 의하면 회사가 브로커－딜러, 투자자문업자, 투자회사등에게 정보를 제공한 경우에는 반드시 일반투자자에게도 같은 정보를 제공해야 한다.

2. 내부자와 비내부자 간의 공범 성립 여부

(1) 신분자와 비신분자의 공범관계

내부자, 준내부자, 정보수령자는 진정신분범인데 비신분자도 형법 제33조의 공범과 신분 규정에 의하여 공동정범, 교사범, 방조범이 될 수 있다. 따라서 비신분자가 신분자에게 자금을 제공하거나 자신의 계좌를 이용하도록 협조함으로써

138) U.S. v. Victor Teicher & Co., L.P., 785 F.Supp. 1137 (S.D.N.Y. 1992). 부정유용이론에 의하면 직전의 정보원(source of information)에 대한 비밀유지의무를 위반하면 내부자거래의 책임을 진다.

139) Shapiro v. Merrill Lynch, Pierce, Fenner & Smith, Inc., 495 F.2d 156 (2d cir. 1974).

신분자의 미공개중요정보 이용행위에 가담하면 공범관계가 성립한다.[140)]

(2) 간접정범의 의의

미공개중요정보를 보유하고 있는 내부자가 타인의 매매 기타 거래를 통하여 이익을 얻기 위하여 미공개중요정보를 이용한 거래임을 알지 못하는 타인에게 특정증권등의 매매 기타 거래를 하도록 사주하여 그 타인이 매매 기타 거래를 하는 경우 간접정범이 성립한다.[141)] 내부자가 미공개중요정보를 이용한 거래임을 아는 타인에게 미공개중요정보를 이용한 거래를 하게 하는 경우는 간접정범의 문제가 아니고, 그 자체로 자본시장법 제443조 제1항 제1호 등이 정하는 바에 따라 객관적 구성요건으로서 "이용하게 하는 행위"에 직접 해당하므로 간접정범과 구별된다. 비신분자가 신분자를 이용하여 내부자거래의 간접정범이 될 수는 없고, 신분자가 비신분자를 이용하여 미공개중요정보 이용행위를 하는 경우에는 간접정범으로 처벌된다.

(3) 간접정범의 성립요건

(가) 피이용자의 요건

피이용자는 형법 제34조 제1항의 "어느 행위로 인하여 처벌되지 아니하는 자 또는 과실범으로 처벌되는 자"이다. 그 중에서 "어느 행위로 인하여 처벌되지 아니하는 자"는 구성요건해당성, 위법성 또는 책임이 없어서 범죄가 성립하지 않는 자를 말한다. 미공개중요정보 이용행위에 있어서는, 피이용자가 미공개중요정보를 알지 못하는 경우 구성요건해당성이 없어서 범죄가 성립하지 않는 자에 해당한다.

(나) 이용자의 요건

1) "우월한 의사지배" 간접정범의 본질을 정범으로 보는 통설의 입장에서는 간접정범을 "우월한 의사지배"를 통하여, 처벌되지 않거나 과실범으로 처벌되는 자를 이용하여 범죄행위의 결과를 발생하게 하는 경우로 본다.[142)] 따라서

---

140) 창원지방법원 2003. 8. 14. 선고 2003고단951 판결(공동정범 인정), 서울남부지방법원 2004. 10. 15. 선고 2004노948 판결(방조범 성립).

141) 형법 제34조 제1항은 간접정범이라는 제목 하에 "어느 행위로 인하여 처벌되지 않는 자 또는 과실범으로 처벌되는 자를 교사 또는 방조하여 범죄행위의 결과를 발생하게 한 자는 교사 또는 방조의 예에 의하여 처벌한다."고 규정한다. 간접정범의 본질은 공범이 아니라 정범이라는 것이 형법학계의 통설이다.

142) "우월한 의사지배"는 간접정범의 적극적인 요건이고, 따라서 형법 제34조 제1항의 "교사 또는 방조"라는 문언은 형법 제31조 제1항과 제32조 제1항의 "교사 또는 방조"와 달리, 피이용자가 범죄의 결과가 발생하는 행위를 하도록 하는 이용자의 "우월한 의사지배"를 전제로 하는 의미이다. 이용자의 "우월한 의사지배"가 인정되려면, (i) 객관적으로는 피이용자의 의

미공개중요정보를 보유한 내부자(이용자)가 타인(피이용자)에게 먼저 적극적으로 매매 기타 거래를 권유한 것이 아니라 타인이 먼저 매매 기타 거래에 관한 의사결정을 주도적으로 하고 이를 내부자에게 알린 경우에는 내부자가 그 타인의 매매 기타 거래를 만류하지 않거나 심지어는 매수자금을 대여하는 등의 협력을 하였다 하더라도 "이용행위"의 간접정범은 성립하지 않는다(또한 뒤에서 보는 바와 같이 내부자가 정보를 제공하지 않은 이상 "이용하게 한 행위"도 성립하지 않는다).

2) 교사 또는 방조의 의미　형법 제34조 제1항은 "… 교사 또는 방조하여"라고 규정하지만, 간접정범의 개념상 피이용자로 하여금 자유로운 의사결정에 의하여 범죄를 결의하게 하는 것(교사)이나 이미 범죄의사를 가진 자를 원조하는 것(방조)은 해당하지 않는다. 즉, 여기서 교사 또는 방조란 형법총칙상의 교사범과 방조범에서의 교사 또는 방조와 같은 의미가 아니라, 통설과 같은 "우월한 의사지배" 또는 판례와 같은 "타인의 행위를 적극적으로 유발하고 이를 이용하는 행위"를 의미한다.

3) 범죄행위의 결과발생　"범죄행위의 결과발생"은 구성요건에 해당하는 사실을 실현하는 것을 말한다. 따라서 미공개중요정보를 보유한 내부자가 그 정을 모르는 타인으로 하여금 우월한 의사지배를 통하여 매매 기타 거래를 하게 한 경우 그로 인한 이익이 내부자에게 전혀 귀속되지 않고 그 타인에게 귀속되는 경우에는 범죄행위의 결과발생 요건이 구비되지 아니하므로 간접정범이 성립하지 않는다. 형법 제34조 제1항은 간접정범의 경우 범죄의 기수에서 더 나아가

사가 지배당하는 상황이 존재하여야 하고, (ii) 주관적으로는 이용자에게, i) 피이용자를 도구로 이용하여 미공개중요정보를 이용하려는 의사와, ii) "우월한 의사지배"를 하려는 의사가 존재해야 한다. 이때 "우월한 의사지배"는 계약관계, 고용관계 등으로 인한 일반적인 지배상황을 의미하는 것이 아니라, 피이용자가 범죄의 결과가 발생하는 행위를 하도록 이용자가 먼저 그리고 주도적으로 의사결정을 하는 상황을 의미한다. 이와 같이 행위에 대한 피이용자의 의사결정에 있어서 이용자가 피이용자의 의사를 주도적인 입장에서 지배하여야 이용자의 "우월한 의사지배"가 존재하는 것이므로, 피이용자가 먼저 행위를 하겠다는 의사결정을 하고 이용자가 단지 이를 수용하거나 도와주는 경우에는 이용자의 "우월한 의사지배"가 존재한다고 할 수 없고, 따라서 이러한 경우에는 간접정범이 성립하지 않는다. 판례도 이러한 취지에서, "… 처벌되지 아니하는 타인의 행위를 적극적으로 유발하고 이를 이용하여 자신의 범죄를 실현한 자는 위 법조항이 정하는 간접정범으로서의 죄책을 지게 되고 …"라고 판시한 바 있다(대법원 2008. 9. 11. 선고 2007도7204 판결). 위 판결에서 "타인의 행위를 적극적으로 유발"한다는 것은 그러한 행위를 할 의사가 없었던 타인으로 하여금 이용자(간접정범)가 먼저 적극적인 권유 등의 방법을 통하여 주도적으로 그러한 행위를 하게 하는 것을 의미한다. 바로 이러한 경우에 이용자의 "우월한 의사지배"가 인정되기 때문이다.

결과의 발생도 요건으로 규정하므로 범죄행위의 결과발생은 단순한 거래의 완료(기수)와 구별되는 것으로 해석하여야 한다. 따라서 정범인 간접정범에게 수익이 귀속되지 않고 범행의 단순한 도구가 되는 타인에게 수익이 귀속된 경우에는 형법 제34조 제1항이 간접정범의 요건으로 규정한 범죄행위의 결과를 발생하게 한 것으로 볼 수 없다고 해석하는 것이 죄형법정주의원칙에도 부합한다.

이때의 이익은 반드시 직접적인 경제적 이익만을 가리키는 것이 아니라 간접적이거나 비경제적인 이익도 포함한다. 따라서 피이용자가 이용자의 채무자이거나 계속적 거래관계에 있는 자인 경우 피이용자가 증권거래로 인하여 이익을 얻는 것이 채권자인 이용자의 채권확보나 영업활동에 도움이 되는 경우도 이익으로 볼 수 있고, 나아가 거래의 추천으로 이용자의 명성이나 평판이 높아져서 이용자의 다른 영업에 도움이 되는 경우에도 이익이 있는 것으로 볼 수 있다.[143)]

3. 정보수령자 관련 문제

(1) 단순전달자를 통하여 정보를 받은 수령자의 지위

내부자가 "타인에게 정보를 이용하게 하는 행위"를 하는 것이 금지되므로, 내부자가 정보제공의 상대방으로 하여금 그 정보를 이용하게 하려는 의사로 정보를 제공하는 행위가 금지된다. 따라서 내부자가 사정을 모르는 단순전달자에 불과한 A를 통하여 B에게 정보를 제공한 경우 B가 1차수령자에 해당한다. 만일 A가 단순전달자로서 정보를 전달한 것이 아니라 내부자가 B에게 정보를 이용하게 하려는 것임을 알면서 정보를 전달한 경우에는 "타인에게 정보를 이용하게 하는 행위"에 대하여 신분없는 공동정범이 된다.

이와 같이 정보전달자가 정을 모르면서 단순히 심부름을 한 사자에 불과한 경우에는 그로부터 정보를 전달받은 자는 외관상 2차수령자에 해당하는 경우에도 처벌 대상이 되므로 실제 사건에서 정보전달자가 사자인지 여부는 처벌범위 확정에 있어서 중요하다.[144)]

---

143) 구 증권거래법 제188조의4 제4항의 '부당한 이득'에 대하여 대법원은 "유가증권의 처분으로 인한 행위자의 개인적이고 유형적인 경제적 이익에 한정되지 않고, 기업의 경영권 획득, 지배권 확보, 회사 내에서의 지위 상승 등 무형적 이익 및 적극적 이득뿐 아니라 손실을 회피하는 경우와 같은 소극적 이득, 아직 현실화되지 않는 장래의 이득도 모두 포함하는 포괄적인 개념으로 해석하는 것이 상당"하다고 판시함으로써 넓은 의미로 보았다(대법원 2009. 7. 9. 선고 2009도1374 판결, 대법원 2010. 5. 13. 선고 2010도2541 판결).

144) [서울남부지방법원 2017. 5. 25. 선고 2016노220-1(분리) 판결]"검사 주장과 같이 피고인들

(2) 공범 성립 문제

(가) 형법총칙의 공범규정 적용 여부

내부자로부터 미공개 내부정보를 수령한 제1차 정보수령자가 다른 사람에게 유가증권의 매매 기타 거래와 관련하여 당해 정보를 이용하게 하는 행위에 있어서는 제1차 정보수령자로부터 당해 정보를 전달받는 제2차 정보수령자의 존재가 반드시 필요하고, 제2차 정보수령자가 제1차 정보수령자와의 의사 합치 하에 그로부터 미공개 내부정보를 전달받아 유가증권의 매매 기타 거래와 관련하여 당해 정보를 이용하는 행위가 당연히 예상된다.[145]

제174조 제1항은 "매매, 그 밖의 거래에 이용하거나 타인에게 이용하게 하여서는 아니 된다."고 규정하는데, 여기서 "이용하게 한 자"는 형법상의 교사범을 규정한 것이 아니라(만일 교사범을 규정한 것이라면 특별히 이를 규정할 필요 없이 형법의 일반이론에 의하여 당연히 교사범으로 처벌받을 것이다), 이용하게 한 행위를 독자적인 범죄구성요건행위로 규정한 것으로 보아야 한다. 따라서 이용하게 한 자는 형법상의 교사범이 아니라 정범에 해당한다. 1차수령자가 미공개중요정보를 다른 사람에게 이용하게 하는 제174조 제1항 위반죄가 성립하는 데 필수불가결인 2차수령자의 미공개중요정보 이용행위를 처벌하는 규정이 없는 이상, 그 입법취지에 비추어 2차수령자가 1차수령자로부터 미공개중요정보를 전달받아 이용한 행위가 일반적인 형법 총칙상의 공모, 교사, 방조에 해당된다고 하더라도 2차수령자를 1차수령자의 "이용하게 하는 행위"의 공범으로서 처벌할 수는 없다.[146] 이는 형법상 대향범의 법리에 관하여 확립된 판례이다.[147] 대향자 중 일방만 처벌되는 경우 처벌규정이 없는 대향자에게 공범규정이 적용되는지에 관하여,

---

의 앞선 단계에 있는 제1차 정보수령자들을 단순한 사자로 볼 수 있는 경우로는 피고인들과 준내부자들 사이의 의사 연락 하에 이루어지는 정보전달에 개입하여 제1차 정보수령자들이 심부름을 하는 경우를 생각할 수 있다. 그러나 이 사건의 제1차 정보수령자들은 모두 회계사들로서 피고인들과의 협의 내지 요청에 따라 자신의 인적관계 등을 활용하여 피고인들이 직접 알지 못하는 준내부자들을 접촉하고 그들로부터 적극적으로 정보를 취득하는 행위를 한 점, 준내부자들은 피고인들의 존재를 정확히 인지하지 않은 상태에서 주식거래에 이용될 수 있다는 사정을 어느 정도 인식하고서도 제1차 정보수령자들에게 정보를 전달한 점 등에 비추어 보면, 정보취득 과정에서 제1차 정보수령자들과 피고인들 사이의 공모가 있었다 하더라도 그들이 단순한 사자에 해당한다고 보기 어렵다." (대법원 2019. 7. 12. 선고 2017도9087 판결에 의하여 상고기각으로 확정).

145) 대법원 2019. 7. 12. 선고 2017도9087 판결.

146) 대법원 2002. 1. 25. 선고 2000도90 판결.

147) 대법원 2015. 2. 12. 선고 2012도4842 판결.

대법원은 "매도, 매수와 같이 2인 이상의 서로 대향된 행위의 존재를 필요로 하는 관계에 있어서는 공범이나 방조범에 관한 형법총칙 규정의 적용이 있을 수 없고, 따라서 매도인에게 따로 처벌규정이 없는 이상 매도인의 매도행위는 그와 대향적 행위의 존재를 필요로 하는 상대방의 매수범행에 대하여 공범이나 방조범관계가 성립되지 아니한다."라고 판시함으로써 이러한 경우에도 공범규정의 적용을 부인한다.[148]

물론, 정보제공자와 정보수령자의 외부에서 각 대향자들에게 관여하는 행위에 대하여는 일반적인 공범이 성립한다.

(나) 공동가담

1차수령자가 내부자로부터 받은 정보를 거래에 '이용한 행위'에 2차수령자가 공동가담한 경우에는 형법총칙의 공범규정이 적용된다. 대법원도 2000도90 판결의 판결이유에서, "증권거래법 제188조의2 제1항의 금지행위로는 그 정보를 직접 이용하는 행위와 다른 사람으로 하여금 이용하게 하는 행위가 있으니 원심으로서는 피고인에 대한 이 사건 공소사실을 석명하여 제1심 공동피고인이 제1차로 정보를 받은 단계에서 그 정보를 거래에 막바로 '이용한 행위'에 피고인이 공동가담하였다는 것인지 또는 제1심 공동피고인이 제1차로 받은 정보를 다른 사람인 피고인으로 하여금 제2차로 받게한 뒤 '이용하게 한 행위'에 공동가담하였다는 것인지를 밝힌 다음 구분된 그 공소사실에 대응하여 심리·판단하는 것이 바람직하였다. 그럼에도 피고인에 대한 공소사실의 행위형태가 정확하게 석명, 심리되지 아니한 이 사건에서, 피고인이 제1차 정보수령자인 제1심 공동피고인으로부터 미공개 내부정보를 제1차 정보수령과 별개의 기회에 제2차로 수령한 후 이용한 행위를 들어 피고인을 제1심 공동피고인과 법 제188조의2 제1항 위반죄의 공동정범의 유죄로 인정한 원심판결에는 공소사실의 특정, 공동정범의 증명에 관한 심리를 다하지 아니하였거나 법 제188조의2 제1항 위반죄나 필요적 공범에 관한 법리를 오해함으로써 판결의 결과에 영향을 끼친 잘못이 있으므로 이를 지적하는 상고이유의 주장을 받아들인다."라고 판시한 바와 같이, 1차수령자가 내부자로부터 받은 정보를 거래에 '이용한 행위'에 2차수령자가 공동가담한 경우라면 공범의 적용은 당연히 가능하다.[149]

---

148) 대법원 2001. 12. 28. 선고 2001도5158 판결.

149) 대법원 2002. 1. 25. 선고 2000도90 판결의 환송심 법원은 1차수령자가 회사내부자로부터

실제로 이러한 법리가 적용된 판례로서, 2차수령자가 주식매매거래를 함에 있어서 1차수령자가 주식매수자금의 대부분을 제공하였고 주식매매차익의 60%가 1차수령자에게 귀속된 사건에서, 대법원은 1차수령자가 1차로 정보를 받은 단계에서 그 정보를 거래에 막바로 이용한 행위에 해당하고 2차수령자는 1차수령자의 이러한 행위에 공동 가담한 것으로 보아야 한다고 판시하였다.150) 한편 내부자가 비내부자에게 정보를 제공하면서 범죄행위를 교사한 경우 정보를 이용하게 한 행위와 정보 이용행위의 교사범이 함께 성립한다.

㈐ 사전공모

위 2000도90 판결의 판시 내용 중, "피고인이 제1차 정보수령자인 제1심 공동피고인으로부터 미공개 내부정보를 제1차 정보수령과 별개의 기회에 제2차로 수령한 후 이용한 행위" 부분과 관련하여, 1차 수령자가 2차 수령자 사전 공모에 따라 정보를 취득한 경우 '별개의 기회'가 아닌 '같은 기회'에 정보를 취득한 것으로 볼 수 있으므로 2차수령자도 1차수령자와 같은 기회에 정보를 취득한 것으로 보아 처벌대상이 되는지에 대하여는 논란의 여지가 있다.

그러나 판례는 엄격한 죄형법정주의원칙에 따라, 1차 수령자가 2차 수령자로 하여금 그 정보를 이용하도록 하는 과정에서 1, 2차 수령자 사이에 정보취득과 전달 또는 이용에 관한 협의가 일정 부분 있을 수밖에 없는데, 그와 같은 협의가 정보취득 전에 있었는지 후에 있었는지에 따라 형사 처벌 여부를 달리할 특별한 필요성이 있다고 보기 어렵고, 나아가 2차수령자가 미공개중요정보를 내부자로부터 직접 받지 않고 1차수령자로부터 받은 이상 '별개의 기회'에 정보를 받았다고 봄이 타당하다는 이유로 2차수령자에 대한 공범규정의 적용을 부인하는 입장이다.151)

받은 미공개중요정보를 거래에 바로 이용한 행위에 2차수령자가 공동가담하였다는 취지의 예비적 공소사실에 대하여 이를 인정할 만한 증거가 없으므로 범죄의 증명이 없다고 판시하였다(서울지방법원 2002. 10. 2. 선고 2002노1389 판결).

150) 대법원 2009. 12. 10. 선고 2008도6953 판결. 원심은, 피고인은 이 사건 내부정보에 관한 2차 정보수령자에 불과하여 구 증권거래법 제188조의2 제1항 소정의 내부정보 이용행위 금지 의무자에 해당하지 않고, 따라서 피고인이 그 정보를 이용하여 파루의 주식을 거래하였다 하더라도 법 제207조의2 제2항으로 처벌할 수 없으며, 또한 원심 공동피고인 1이 1차로 이 사건 내부정보를 받은 단계에서 그 정보를 거래에 막바로 이용한 행위에 피고인이 공동 가담한 것으로 볼 수도 없다는 이유로, 피고인에 대한 위 공소사실에 대하여 무죄를 선고하였다(광주고등법원 2008. 7. 10. 선고 2007노281 판결)].

151) [서울남부지방법원 2017. 5. 25. 선고 2016노220-1(분리) 판결] "제1차 정보수령자가 제2차

이와 같이 2차 정보수령자가 1차 정보수령자와 정보취득을 사전에 공모하였다 하더라도 1차 정보수령자의 이용행위에 공동가담하지 않은 이상 2차 정보수령자를 처벌할 수 없음은 물론, 1차 정보수령자가 2차 정보수령자로 하여금 그 정보를 이용하도록 하는 과정에서 1, 2차 정보수령자 사이에 정보취득과 전달 또는 이용에 관한 협의가 일정 부분 있을 수밖에 없는데, 그와 같은 협의가 정보취득 전에 있었는지, 후에 있었는지에 따라 형사처벌 여부를 달리할 특별한 필요성이 있다고 보기 어렵다.[152]

(3) 기수시기

이와 같이 1차수령자가 2차수령자에게 정보를 제공하는 행위가 "이용하게 한 행위"로서 독자적인 범죄구성요건에 해당한다면 이용하게 한 행위에 나아감으로써 실행의 착수가 있으며 기수시기는 2차수령자가 해당 정보를 이용하는 행위를 한 때이다. 따라서, 1차수령자는 정보를 제공하였어도 2차수령자가 실제로 해당 정보를 이용하여야 1차수령자가 처벌대상이 된다. 2차수령자가 정보를 제공받고 나아가 정보의 이용을 승낙하고도 실행행위(실제의 정보 이용행위)를 하지

정보수령자로 하여금 그 정보를 이용하도록 하는 과정에서 제1, 2차 정보수령자 사이에 정보취득과 전달 또는 이용에 관한 협의가 일정 부분 있을 수밖에 없는데, 대법원 2000도90 판결(정보취득을 사전에 협의한 사안이다)은 그와 같은 협의가 형법상 공모, 방조, 교사에 해당한다 하더라도 제1차 정보수령자 외의 제2차 이하 정보수령자를 형사처벌할 수 없다고 밝히고 있는바, 그와 같은 협의가 정보취득 전에 있었는지, 후에 있었는지에 따라 형사처벌 여부를 달리할 특별한 필요성이 있다고 보기 어렵다. 검사는 위 대법원 판례가 "제1차 정보 수령과는 '다른 기회'에 미공개 내부정보를 다시 전달받은 제2차 정보수령자 이후의 사람이 처벌되지 않는다"고 언급하였다는 점을 강조하며, 피고인들이 제1차 수령자들과 사전 공모에 따라 정보를 취득한 이상 '다른 기회'가 아닌 '같은 기회'에 취득한 것으로 보아야 하므로 피고인들을 단순한 제2차 정보수령자로 볼 수 없다거나 제2차 정보수령자라 하더라도 처벌되어야 한다고 주장한다. 그러나 앞서 본 바와 같이 정보취득과 관련한 공모가 이루어진 시점에 따라 형사처벌의 필요성을 다르게 볼 필요성이 보이지 않고, 위 판례의 사안 또한 사전 공모에 따라 정보를 취득한 것인바, 제2차 정보수령자가 미공개중요정보를 내부자(준내부자)로부터 직접 받지 않고 제1차 정보수령자로부터 받은 이상 위 판례에서 언급한 '다른 기회'에 정보를 받았다고 봄이 타당하다." (대법원 2019. 7. 12. 선고 2017도9087 판결에 의하여 상고기각으로 확정).

152) [서울남부지방법원 2017. 5. 19. 선고 2016노1132 판결] "2차 정보수령자가 1차 정보수령자와 정보취득을 사전에 공모하였다 하더라도 1차 정보수령자의 이용행위에 공동가담하지 않은 이상 2차 정보수령자를 처벌할 수 없다. 한편 1차 정보수령자가 2차 정보수령자로 하여금 그 정보를 이용하도록 하는 과정에서 1, 2차 정보수령자 사이에 정보취득과 전달 또는 이용에 관한 협의가 일정 부분 있을 수밖에 없는데, 원심에서 든 대법원 판례(정보취득을 사전에 협의한 사안이다)는 그와 같은 협의가 형법상 공모, 방조, 교사에 해당한다 하더라도 1차 정보수령자 외의 2차 이하 정보수령자를 형사처벌할 수 없다고 밝히고 있는바, 그와 같은 협의가 정보취득 전에 있었는지, 후에 있었는지에 따라 형사처벌 여부를 달리할 특별한 필요성이 있다고 보기 어렵다." (대법원 2018. 6. 28. 선고 2017도8108 판결에 의하여 상고기각으로 확정).

않은 경우, 1차수령자는 미수범이 되고 자본시장법상 미수범을 처벌하는 규정이 없으므로 처벌대상이 아니다. 물론 2차수령자가 매매에 따른 이행행위까지 하지 않았어도 매매계약의 체결로서 1차수령자는 기수범이 된다. 한편 미공개중요정보 이용행위의 범죄구성요건에 관하여 이용행위설을 취하는 경우에는 2차수령자의 매매체결 전이라도 매매호가시 1차수령자의 범죄행위도 기수가 될 것이다.

(4) 공소사실의 특정

형사소송법 제254조 제4항은 "공소사실의 기재는 범죄의 일시·장소와 방법을 명시하여 사실을 특정할 수 있도록 해야 한다."라고 규정하는데, 이는 심판의 대상을 한정함으로써 심판의 능률과 신속을 꾀함과 동시에 방어의 범위를 특정하여 피고인의 방어권 행사를 쉽게 해 주기 위한 것이므로, 검사는 위 세 가지 특성요소를 종합하여 다른 사실과의 식별이 가능하도록 범죄 구성요건에 해당하는 구체적 사실을 기재해야 한다.[153]

따라서 내부자가 정보수령자에게 정보를 제공한 경우, 자본시장법이 규정하고 있는 미공개중요정보 이용행위금지 위반죄에 관한 공소사실이 특정되려면, 제공된 정보의 내용, 제공방법 및 제공시기 등에 관하여만 특정하는 것으로는 부족하고, 정보수령자가 제공받은 미공개중요정보를 언제 어떻게 매매거래에 이용하였는지에 관한 구체적인 범죄사실이 적시되어야 한다.[154]

V. 미공개중요정보

1. 미공개정보

(1) 공개방법의 제한과 대기기간

"미공개"의 의미에 대하여 자본시장법은 "대통령령으로 정하는 방법에 따라 불특정 다수인이 알 수 있도록 공개되기 전의 것"이라고 규정한다(法 174조①).

153) 대법원 2001. 4. 27. 선고 2001도506 판결. 다만, 공소장에 범죄의 일시, 장소, 방법 등이 구체적으로 적시되지 않았더라도 공소사실을 특정하도록 한 법의 취지에 반하지 아니하고, 공소범죄의 성격에 비추어 그 개괄적 표시가 부득이한 경우에는, 그 공소내용이 특정되지 않아 공소제기가 위법하다고 할 수 없다. 특히 포괄적 일죄에 있어서는 그 일죄의 일부를 구성하는 개개의 행위에 대하여 구체적으로 특정되지 아니하더라도 그 전체 범행의 시기와 종기, 범행방법, 피해자나 상대방, 범행횟수나 피해액의 합계 등을 명시하면 그로써 범죄사실은 특정된 것으로 보아야 한다(대법원 2006. 9. 8. 선고 2006도388 판결).

154) 대법원 2004. 3. 26. 선고 2003도7112 판결.

즉, 일반투자자에게 공개되어 공개시장에 광범위하게 유포되기 전의 미공개중요정보가 이에 해당한다.[155] 자본시장법 시행령은 다음과 같은 방법으로 정보를 공개하고 각각의 기간이나 시간이 경과하여야 공개된 것으로 규정한다(슈 201조②). 이는 내부자의 입장에서 보면 증권거래를 할 수 있는 대기기간 또는 주지기간이라 할 수 있다. 이같은 대기기간이 인정되는 것은 일반투자자가 보도에 접하여 투자 여부를 결정할 시간적 여유가 필요한 반면, 내부자들은 이미 정보를 입수하고 투자 여부를 결정할 충분한 시간적 여유가 있었기 때문이다.

1. 법령에 따라 금융위원회 또는 거래소에 신고되거나 보고된 서류에 기재되어 있는 정보: 그 내용이 기재되어 있는 서류가 금융위원회 또는 거래소가 정하는 바에 따라 비치된 날부터 1일
2. 금융위원회 또는 거래소가 설치·운영하는 전자전달매체를 통하여 그 내용이 공개된 정보: 공개된 때부터 3시간[156]
3. 「신문 등의 진흥에 관한 법률」에 따른 일반일간신문 또는 경제분야의 특수일간신문 중 전국을 보급지역으로 하는 둘 이상의 신문에 그 내용이 게재된 정보: 게재된 날의 다음 날 0시부터 6시간. 다만, 해당 법률에 따른 전자간행물의 형태로 게재된 경우에는 게재된 때부터 6시간으로 한다.[157]
4. 「방송법」에 따른 방송 중 전국에서 시청할 수 있는 지상파방송[158]을 통하여 그 내용이 방송된 정보: 방송된 때부터 6시간[159]
5. 「뉴스통신진흥에 관한 법률」에 따른 연합뉴스사를 통하여 그 내용이 제공된 정보:

155) S.E.C. v. Texas Gulf Sulphur Co., 401 F.2d 833 (2d Cir. 1968) 판결의 사안에서, 이사인 Coates는 사장의 기자회견 직후인 10:20경 브로커를 통하여 Texas Gulf Sulphur Co.의 주식 매수를 시작하였는데, 법원은 비록 기자회견 내용에 대하여 신문독자들이나 방송청취자들이 그 내용을 알게 되었다 하더라도 그러한 보도는 정보를 전파하는 일련의 과정에서의 단순히 하나의 단계에 불과하므로 기자회견 내용이 Dow Jones의 전광판(broad tape)에 의하여 공개되었다 하더라도 상당한 대기기간(waiting period)이 경과하여야만 내부자의 거래가 허용된다고 판시하였다.

156) 종래에는 24시간이었는데, 2009. 7. 1. 시행령 개정시 3시간으로 대폭 단축되었다. 「신문 등의 진흥에 관한 법률」 제2조 제2호는 특수일간신문을 산업·과학·종교·교육 또는 체육 등 특정 분야(정치를 제외한다)에 국한된 사항의 보도·논평 및 여론 등을 전파하기 위하여 매일 발행하는 간행물이라고 규정하는데, 지본시장법 시행령은 "경제분야의 특수일간신문"만 규정하므로, 스포츠신문은 제외된다. 서울중앙지방법원 2008. 11. 27. 선고 2008고합236 판결에서도 "스포츠한국은 「정기간행물의 등록 등에 관한 법률」이 정한 일반일간신문 또는 경제분야의 특수일간신문에 해당하지 아니하고, ..."라고 판시한 바 있다.

157) 종래에는 "게재된 날부터 1일"이었는데, 2009. 7. 1. 시행령 개정시 단축되고, 전자간행물 부분이 추가되었다.

158) KBS1, KBS2, MBC, SBS, EBS1, EBS2 등이다.

159) 종래에는 12시간이었는데, 2009. 7. 1. 시행령 개정시 6시간으로 단축되었다.

제공된 때부터 6시간

기간의 계산에 있어서 달리 정한 바가 없으면 민법의 규정에 의하고(民法 155조), 민법상 기간을 시·분·초로 정한 때에는 즉시로부터 기산하고(民法 156조), 기간을 일·주·월·년으로 정한 때에는 역법적 계산법(曆法的 計算法)을 채택하고, 초일(初日)은 산입하지 않는다(民法 157조 본문). 그런데, 제1호는 대기기간에 대하여 "… 비치된 날부터 1일"이라고 규정하므로 비치일부터 1일이 완전히 경과해야 한다. 즉, 서류비치일이 15일이면 오전 0시에 시작하는 경우(이때에는 민법 157조 단서에 따라 초일을 산입한다)가 아닌 한 15일의 남은 시간은 고려하지 않고 다음 날인 16일이 완전히 경과한 17일 0시 이후가 되어야 정보가 공개된 것으로 본다. 제2호부터 제5호까지는 3시간 또는 6시간이 경과된 정보임을 요건으로 하므로 민법 제156조에 의하여 즉시로부터 기산한다.

(2) 공개주체

어떤 정보가 회사의 의사로 대통령령으로 정하는 방법에 따라 공개되기까지는 그 정보는 여전히 내부자거래의 규제대상이 되는 정보에 속한다는 것은 확립된 판례이다.[160] 자본시장법 시행령은 공개주체를 해당 법인(해당 법인으로부터 공개권한을 위임받은 자를 포함)[161] 또는 그 법인의 자회사(商法 제342조의2 제1항에 따른 자회사를 말하며, 그 자회사로부터 공개권한을 위임받은 자를 포함)로 규정한다. 이와 같은 공개주체의 의사에 의하여 공개하기 전에 언론의 추측보도 등 다른 방법에 의하여 정보가 공개되더라도 "미공개" 정보에 해당한다.[162] 법령상 공개주체가 익명을 요구하여 보도기관이 정보원을 공개하지 않는 경우에도 법령상 공개주체에 의한 공개로 볼 수 있는지에 대하여는 논란의 여지가 있는데, 일본 최고재판소는 이러한 사안에서 "미공개" 정보라고 판시한 바 있다.[163]

---

160) 대법원 2017. 1. 12. 선고 2016도10313 판결, 대법원 1995. 6. 29. 선고 95도467 판결.

161) 대법원 2000. 11. 24. 선고 2000도2827 판결, 대법원 2006. 5.12. 선고 2004도491 판결.

162) 대법원 2006. 5. 12. 선고 2004도491 판결, 대법원 1995. 6. 29. 선고 95도467 판결, 대법원 2000. 11. 24. 선고 2000도2827 판결, 대법원 2006. 5. 11. 선고 2003도4320 판결.

서울중앙지방법원 2008. 11. 27. 선고 2008고합236 판결(이 사건에서 변호인들은 스포츠신문의 기사를 근거자료로 제출하였으나, 법원은 "스포츠한국은 정기간행물의 등록 등에 관한 법률이 정한 일반일간신문 또는 경제분야의 특수일간신문에 해당하지 아니하고, 그 기사 역시 P사의 의사에 의해 게재된 것으로는 보이지 않는다."라고 판시하였다. 현행 자본시장법 시행령 제201조 제2항은 「신문 등의 진흥에 관한 법률」에 따른 일반일간신문 또는 경제분야의 특수일간신문을 공개방법으로 규정한다.)

⑶ 상대거래에 대한 예외

공개시장에서의 거래가 아니라 거래당사자 간의 직접 협상에 의한 상대거래의 경우, 거래의 목적인 증권 관련 내부정보가 이미 거래당사자에게 알려진 상태에서 거래가 이루어졌다면 공개되지 아니한 중요한 정보를 이용한 것으로 볼 수 없으므로 이러한 거래는 미공개중요정보이용에 해당하지 않는다.[164)]

다만, 이러한 경우 거래당사자인 법인의 담당 직원이 거래의 상대방으로부터 그 증권 관련 내부정보를 전해 들었음에도 이를 정식으로 법인의 의사결정권자에게 보고하거나 그에 관한 지시를 받지 아니한 채 거래의 상대방으로부터 거래의 성사를 위한 부정한 청탁금을 받고서 법인에 대한 배임적 의사로 거래가 이루어지도록 한 경우에는 거래당사자에 대하여 위 내부정보의 완전한 공개가 이루어졌다고 볼 수 없다.[165)]

한편, 확립된 판례는 없으나 시간외 대량매매에도[166)] 상대거래에 대한 예외가 인정된다. 다만 주권상장법인이나 그 임직원이 거래상대방에게 정보를 제공하는 경우 비밀유지약정을 하지 않으면 주권상장법인의 공정공시의무 위반이 문제될 것이다.

⑷ 위헌 여부

구 증권거래법상 처벌법규의 구성요건의 일부인 "미공개"의 개념을 하위규정에 위임한 것에 대하여 그 위헌 여부가 문제되었으나, 헌법재판소는 위임하고 있는 사항은 해당 법인이 다수인으로 하여금 알 수 있도록 일반인에게 정보를 공개하는 방법과 그 방법에 따라 그 정보가 공개된 것으로 보게 되는 시점에 관한 것뿐이므로 위헌이 아니라고 결정하였다.[167)]

⑸ 다른 방법에 의한 공개와 중요성 요건

이와 같이 정보공개방법이 법정되어 있으므로 인터넷을 통하여 정보가 전달되는 경우 시행령이 정하는 공개방법에 비하여 훨씬 공개의 폭이 넓고 공개의 속도가 빠르지만 위 5가지 공개방법에 의하여 공개되지 않은 이상 미공개정보에

163) 最高裁第一小法廷平成 28・11・28 決定 平成27年(あ)第168号.
164) 대법원 2003. 6. 24. 선고 2003도1456 판결.
165) 대법원 2006. 5. 11. 선고 2003도4320 판결.
166) 시간외대량매매는 시간외시장의 호가접수시간(오전 7시 30분 ~ 9시, 오후 3시 10분 ~ 6시) 동안 회원이 종목, 수량 및 가격이 동일한 매도호가 및 매수호가로 매매거래를 성립시키고자 거래소에 신청하여 당해 종목의 매매거래를 성립시키는 방법이다(유가증권시장 업무규정 35조①).
167) 헌법재판소 1997. 3. 27.자 94헌바24 결정.

해당한다. 그러나 인터넷 등을 통하여 일반에 널리 공개된 경우 실제로는 정보의 중요성 요건이 결여될 가능성이 있을 것이다.

대법원은 회사가 직접 정보를 공개한 사실이 없는 이상 비록 일간신문 등에 유사한 내용으로 추측 보도된 사실이 있다고 하더라도 그러한 사실만으로는 일반인에게 공개된 정보라거나 중요한 정보로서의 가치를 상실한다고는 볼 수 없다는 입장이다.[168]

한편, 메신저나 문자메시지 등을 통하여 일시에 광범위한 수신자들에게 정보를 제공한 사건에서, 제1심판결은 해당 정보가 대중에게 알려짐으로써 특정인이 아닌 개인투자자들까지 이용할 수 있게 되어 “미공개중요정보를 이용하게 하는 행위”에 대한 고의를 인정하기 어렵다고 판시하였으나,[169] 제2심판결은 내부자 자신이 접촉 가능한 다수에게 정보를 전달한다고 하더라도 그 정보를 접하는 사람은 시장 전체로 보면 소수에 불과하므로 정보를 접한 사람이 많다고 하여 공개정보가 되는 것은 아니라고 판시하였다.[170]

(6) 정보의 공개를 기대하기 어려운 경우

해당 정보가 법인내부의 범죄나 비리에 관련된 것이어서 정보의 공개를 기대하기 어려운 경우라고 하더라도, 그 정보가 일반투자자들의 투자판단에 중대한 영향을 미칠 수 있는 것이기만 하면 그 정보가 일반인에게 공개되기 전의 내부자거래는 금지된다.[171]

2. 중요한 정보

(1) 중요한 정보의 범위

(가) 수시공시사항과의 연계성 삭제

미공개중요정보 이용행위의 규제대상인 중요한 정보는 “투자자의 투자판단

168) 대법원 1995. 6. 29. 선고 95도467 판결.

169) 서울남부지방법원 2016. 1. 7. 선고 2014고합480 판결.

170) 서울고등법원 2017. 10. 19. 선고 2016노313 판결. (피고인이 야후메신저로 340명, 사내 메신저로 1900명, 문자메시지로 1,058명에게 전달한 경우인데, 정보를 알게 된 기관투자자들이 106만주를 순매도하는 동안 개인투자자들은 104만주를 순매수한 사건이다). 다만, 이 판결은 상고심에서 다른 쟁점(제174조 제1항의 “타인”이 반드시 수범자로부터 정보를 직접 수령한 자로 한정되는지 여부)에 대한 법리오해와 심리미진으로 파기되었다(대법원 2020. 10. 29. 선고 2017도18164 판결).

171) 대법원 1994. 4. 26. 선고 93도695 판결.

에 중대한 영향을 미칠 수 있는 정보"이다(法 174조①). 즉, 모든 정보가 규제대상인 것이 아니고, 투자자의 투자판단에 중대한 영향을 미칠 수 있는 정보, 즉 중요한 정보만이 규제대상이다.

구 증권거래법 제188조의2 제2항은 "제1항에서 "일반인에게 공개되지 아니한 중요한 정보"라 함은 제186조 제1항 각 호의 1에 해당하는 사실 등에 관한 정보중 투자자의 투자판단에 중대한 영향을 미칠 수 있는 것으로서 당해 법인이 총리령이 정하는 바에 따라 다수인으로 하여금 알 수 있도록 공개하기 전의 것을 말한다."고 규정함으로써, 수시공시사항과 연계하여 정보의 중요성을 규정하는 방식을 취하였다.

이에 따라 위 규정이 중요한 정보를 한정적으로 열거한 것인지, 예시적으로 규정한 것인지에 관하여 논란이 있었으나, 대법원은 "… 위 제2항에서 '일반인에게 공개되지 아니한 중요한 정보'를 정의함에 있어 '제186조 제1항 각 호의 1에 해당하는 사실 등에 관한 정보 중'이란 표현을 사용하고 있다고 하더라도 같은 법 제186조 제1항 및 제2항 등 관계 규정에 비추어 볼 때 이는 위 제186조 제1항 제1호 내지 제13호 소정의 사실들만을 미공개중요정보 이용행위금지의 대상이 되는 중요한 정보에 해당하는 것으로 제한하고자 하는 취지에서가 아니라, 중요한 정보인지의 여부를 판단하는 기준인 '투자자의 투자판단에 중대한 영향을 미칠 수 있는 정보'를 예시하기 위한 목적에서라고 보아야 한다."라고 판시하였고,[172] "증권거래법 제188조의2 제2항에 정한 '투자자의 투자판단에 중대한 영향을 미칠 수 있는 정보'라 함은 증권거래법 제186조 제1항 제1호 내지 제12호에 유형이 개별적으로 예시되고 제13호에 포괄적으로 규정되어 있는 '법인의 경영·재산 등에 관하여 중대한 영향을 미칠 사실'들 가운데 합리적인 투자자라면 그 정보의 중대성과 사실이 발생할 개연성을 비교 평가하여 판단할 경우 유가증권의 거래에 관한 의사를 결정함에 있어서 중요한 가치를 지닌다고 생각하는 정보를 가리킨다."라고 판시함으로써 예시적 규정으로 보는 입장을 분명히 하였다.[173]

학계의 통설적 견해도 위 판례와 같이 예시적 규정으로 보았는데, 자본시장법은 "투자자의 투자판단에 중대한 영향을 미칠 수 있는 정보"라고 명시적으로 규정하여 대법원 판례의 취지를 그대로 수용함으로써 구 증권거래법 규정의 해

172) 대법원 2000. 11. 24. 선고 2000도2827 판결.
173) 대법원 2010. 5. 13. 선고 2007도9769 판결, 대법원 2008. 11. 27. 선고 2008도6219 판결.

석에 관한 논란을 입법적으로 해결하였다.

㈏ 결정정보와 발생정보

반드시 상장법인의 의결기관 또는 업무집행기관이 결정한 사항만이 상장법인의 업무에 관한 중요한 정보로 되는 것은 아니고, 외부적 요인에 의하여 생성되거나(피소당하는 경우) 상장법인 내부에서 그러나 상장법인의 의사와 무관하게 생성되는 정보(화재발생)도 중요한 정보이고, 그 정보의 내용이 상장법인의 업무와 관련되면 업무관련성도 인정된다. 이와 같이 미공개중요정보는 정보 생성의 원인에 따라 상장법인의 의결기관 또는 업무집행기관이 중요한 사항을 하기로 결정하거나 하지 않기로 결정하는 것(결정정보)과 상장법인의 의사와 관계없이 발생한 정보(발생정보)로 분류할 수 있다. 자본시장법은 이러한 구별을 하지 않고 있지만, 일본 金融商品取引法은 결정정보와 발생정보를 구별하여 규정한다.[174]

⑵ 투 자 자

투자자란 해당 시점에서 투자자집단을 대표할 만한 표준적인 투자자를 말하므로 투자자의 주관적인 특성은 전혀 무시하고 합리적인 투자자(reasonable investor)를 가정하여 객관적으로만 판단해야 한다.[175] 여기서 합리적인 투자자란 반드시 증권에 문외한인 일반투자자만을 가리키는 것이 아니라 전문투자자도 합리적인 투자자의 범주에 포함된다고 보아야 한다.

⑶ 투자판단에 대한 중대한 영향을 미칠 수 있는 정보

투자자의 투자판단에 중대한 영향을 미칠 수 있는 정보란 "합리적인 투자자가 유가증권을 매수 또는 계속 보유할 것인가 아니면 처분할 것인가를 결정하는 데 중요한 가치가 있는 정보, 바꾸어 말하면 일반 투자자들이 일반적으로 안다고 가정할 경우에 증권의 가격에 중대한 영향을 미칠 수 있는 사실"을 말한다.[176] 대법원은 종래의 구 증권거래법 하의 판례에서도 동일한 취지로 판시함으로써,[177] 미국 증권법상의 "개연성/ 중대성 기준"과 "상당한 가능성 기준"을 함께

---

174) 金商法 제166조는 결정정보는 자본금의 감소, 주식의 분할, 주식교환, 주식이전, 합병, 회사의 분할, 해산 등과 같이 구체적으로 열거하고, 발생정보는 대부분을 시행령에서 규정한다.

175) 대법원 2000. 11. 24. 선고 2000도2827 판결.

176) 대법원 2017. 1. 12. 선고 2016도10313 판결, 대법원 2018. 12. 28. 선고 2018도16586 판결.

177) [대법원 1995. 6. 29. 선고 95도467 판결] "상장회사의 추정 영업실적이 전년도에 비하여 대폭으로 호전되었다는 사실은 그 회사의 유가증권의 가격에 중대한 영향을 미칠 것임이 분명하므로, 그에 관한 매출액, 순이익 등의 추정 결산실적 등의 정보는 중요한 정보에 해당한다." (同旨: 대법원 2009. 11. 26. 선고 2008도9623 판결, 대법원 1994. 4. 26. 선고 93도695 판결).

채택하여 왔다.[178)]

(4) 정보생성시기

실제의 기업활동에 있어서 아무런 단계를 거치지 않고 단번에 생성되는 정보는 드물고 대부분의 정보는 완성에 이르기까지 여러 단계를 거치게 된다. 예를 들어, 합병의 경우에는 대상회사의 물색과 조사, 합병을 위한 예비 협상 등 많은 단계를 거쳐서 비로소 이사회가 합병결의를 하는 것이고, 부도의 경우에도 자금난이 계속 심화되는 상황을 거쳐서 부도에 이르게 되는데, 이와 같이 합병과 부도가 확실하게 된 경우에 비로소 중요한 정보가 생성된 것으로 보면 미공개중요정보이용에 대한 규제의 실효성이 없게 된다.

따라서 공시의무가 부과되는 사항에 관한 이사회결의가 있거나 최종부도가 발생한 시점 이전이라도, 합리적인 투자자가 특정증권등의 거래에 관하여 의사결정을 함에 있어서 중요한 정보로 간주할 정도의 정보라면 그 시점에서 이미 중요한 정보가 생성된 것으로 보아야 하고, 그 정보가 반드시 객관적으로 명확하고 확실할 것까지 필요로 하는 것은 아니다.[179)] 즉, 결정정보나 발생정보뿐 아니라 결정예정정보 또는 발생예정정보도 중요한 정보가 될 수 있다. 구체적으로는 거래소 상장폐지가 사실상 확정된 때,[180)] 합병에 관한 최종합의가 이루어진 때, CEO가 실무진에게 공개매수 추진을 지시한 때, 발행한 어음의 부도처리가 확실시되는 때,[181)] 계열회사 사장의 그룹 부회장에 대한 보고문건에 자본확충계획이 포함되어 있는 때,[182)] 경영진과 대주주 간의 무상증자 합의시점[183)]에는 이미 정

178) 미국 증권법상 정보의 중요성에 관한 개연성/중대성 기준(probability－magnitude test)은 S.E.C. v. Texas Gulf Sulphur Co., 401 F.2d 833 (2d Cir. 1968) 판결에서 최초로 채택된 것으로서, 당시 피고들은 광물시추견본의 상업성이 확실하지 않아서 공시할 사항이 아니었다고 주장하였는데, 법원은 해당 정보가 사실로 확정될 개연성(probability)과 그 정보가 공개될 경우 주가에 영향을 미칠 중대성(magnitude)이 인정되면 중요한 정보로 보아야 한다고 판시하였다. 상당한 가능성 기준(substantially likelihood test)은 연방대법원이 위임장설명서의 부실표시로 Rule 14a－9 위반이 문제된 TSC Industries, Inc. v. Northway, Inc., 426 U.S. 438 (1976) 판결에서 최초로 채택하였고, 그 후 Basic Inc. v. Levinson, 485 U.S. 224 (1988) 판결에서 모든 사기금지규정에 적용된다고 선언한 것으로서, 합리적인 투자자가 투자판단에 있어서 그 정보를 중요하다고 여길 만한 상당한 가능성이 있으면 그 정보는 중요한 정보라는 것이다.

179) 대법원 1994. 4. 26. 선고 93도695 판결.

180) 대법원 1995. 6. 29. 선고 95도467 판결.

181) 대법원 2000. 11. 24. 선고 2000도2827 판결.

182) 대법원 2008. 11. 27. 선고 2008도6219 판결.

183) 서울중앙지방법원 2008. 12. 10. 선고 2008노3093 판결(이러한 합의에 따라 무상증자에 관한 이사회 결의가 있을 것이라는 정보도 무상증자의 실시에 관한 정보로 본 판결).

보가 생성된 것으로 보아야 한다.

정보생성시점에 관하여는, "일반적으로 법인 내부에서 생성되는 중요정보란 갑자기 완성되는 것이 아니라 여러 단계를 거치는 과정에서 구체화되는 것으로서 중요정보의 생성 시기는 반드시 그러한 정보가 객관적으로 명확하고 확실하게 완성된 때를 말하는 것이 아니라, 합리적인 투자자의 입장에서 그 정보의 중대성과 사실이 발생할 개연성을 비교 평가하여 유가증권의 거래에 관한 의사결정에 있어서 중요한 가치를 지닌다고 생각할 정도로 구체화되면 그 정보가 생성된 것이다."라는 것이 확립된 판례이다.[184]

그리고 자사주 취득 후 이익소각 정보를 이용한 사건에서 대법원은 주가부양이 필요하다는 막연한 사실에 관한 주식시장의 인식과 회사내부에서 실제로 그 방안을 구체적으로 검토하고 있다는 사실의 확인은 정보로서의 가치가 다르므로 자사주취득 후 이익소각 방안이 확정되기 전이라도 회사내부에서 구체적으로 검토하고 있다는 정보는 해당 주식의 거래에 관한 의사결정의 판단자료로 삼기에 충분하다고 판시하였다.[185]

---

184) 대법원 2008. 11. 27. 선고 2008도6219 판결, 대법원 2009. 11. 26. 선고 2008도9623 판결, 대법원 2009. 7. 9. 선고 2009도1374 판결. "법인 내부의 의사결정 절차가 종료되지 않아 아직 실현 여부가 확정되지 않은 정보라도 합리적인 투자자가 정보의 중대성과 현실화될 개연성을 평가하여 투자에 관한 의사결정에 중요한 가치를 지닌다고 받아들일 수 있을 정도로 구체화된 것이면 중요정보로 생성된 것이라고 볼 수 있다."라는 판례도 있다[대법원 2017. 1. 25. 선고 2014도11775 판결, 同旨: 서울고등법원 2018. 5. 17. 선고 2018노52 판결(대법원 2018. 10. 25. 선고 2018도8443 판결에 의하여 상고기각으로 확정)]. 여러 경로와 수단을 통하여 취득한 법인 내·외부의 정보들에 대하여 진위를 검증하고 이를 조합하는 과정을 거쳐 점진적으로 구체화되는 과정을 거쳐서 내부 정보가 생성되는 것이고, 이러한 과정을 거쳐 생성된 정보가 여전히 합리적인 근거가 없는 풍문이나 단순한 추측 수준에 머무르는 경우에는 합리적인 투자자들의 투자판단에게 영향을 미칠 수 있는 중요정보라고 할 수 없다는 판시도 있다(서울남부지방법원 2021.1.22. 선고 2019고단1005 판결).

185) 대법원 2009. 11. 26. 선고 2008도9623 판결. 원심인 서울고등법원 2008. 10. 10. 선고 2008노1552 판결에서 "피고인 1이 피고인 2에게 '자사주 취득 후 이익소각'을 검토하고 있다는 사실을 알려 준 2004. 1. 중순경에는 그 정보의 실행여부가 다분히 유동적이고 불확정적이어서 상당한 정도의 개연성이 있었다거나 그 정보가 실제 투자자들의 투자판단에 중대한 영향을 미치는 것으로 보기 어렵다는 이유로 이 사건 공소사실에 대하여 무죄를 선고한 것은 정당하다(피고인들이 2004. 2. 5.경 주식을 거래할 차명계좌를 개설하였고, 그 직후인 2. 9. 주식소각 품의서에 실무자의 결재가 있었으며, 2. 11. 회장의 결재 및 이사회 결의에 따른 공시가 있었던 점에 비추어 보면, 피고인 1이 2004. 1. 중순 이후 어느 시점에서 피고인 2에게 좀 더 구체화된 개연성 있는 미공개정보를 주었을 여지가 있어 보이기는 하나, 이 또한 검사가 제출한 자료만으로는 합리적인 의심을 할 여지가 없을 정도로 사실이라는 확신을 가지게 하기에는 부족하다)"는 이유로 무죄를 선고하였으나, 대법원은 2004. 1. 중순경에는 이미 미공개중요정보로서 생성되었다고 판시하였다. 대표이사와 대주주 간에 무상증자를 하기로 합의하였으면

계약 또는 협약 등과 관련한 정보는 반드시 계약서가 작성되어야만 생성되는 것이 아니고 그 교섭이 상당히 진행되거나 계약사항의 주요부분에 대한 합의가 이루어진 경우에는 이미 정보로서 생성된 것으로 볼 수 있다.[186)]

⑸ 미공개와 적극적 부실표시

자본시장법 제174조는 미공개중요정보의 이용행위를 금지하는데, 이는 소위 침묵에 의한 내부자거래를 규제하는 것이고, 적극적으로 허위기재나 누락에 의한 경우에는 시세조종에 관한 제176조에 의한 규제대상이 될 것이다. 제176조는 내부자만을 대상으로 하지 않고 시세조종 등 불공정거래를 한 모든 행위자를 규제대상으로 하는데, 하나의 거래에 있어서 적극적인 부실표시와 단순한 미공개가 모두 포함되는 경우에는 물론 제174조 및 제176조가 모두 적용된다.

⑹ 정보의 진실성

자본시장법에 명문의 규정은 없지만 진실한 정보만이 내부자거래규제의 대상이 된다. 단순한 추측 정보와 같이 정확성이 결여되거나 추상적인 것은 내부자거래 규제의 대상이 되는 정보라고 할 수 없고, 또한 완전 허구의 사항이라면 이를 정보라 할 수도 없으므로, 적어도 투자판단에 중대한 영향을 미칠 수 있는 정보라고 하려면 그 정보에 어느 정도의 정확성이 인정되어야 하기 때문이다. 그러나 중요한 정보가 반드시 객관적으로 명확하고 확실할 것까지 요구하지 않는다.[187)]

회사가 다른 의도로 허위정보를 생성한 경우 이를 지득한 내부자가 거래를 한 후 이러한 허위내용이 공시되면 시세에 영향을 주겠지만(예를 들어 대표이사가 시세조종의 의도로 실제로는 체결되지도 않은 계약이 체결되었다는 허위내용의 공시를 회사로 하여금 하게 하면 호재성 자료가 될 것이다), 허위사실까지 내부자거래규제의 대상으로 삼을 수는 없다고 보아야 한다. 허위정보도 합리적인 투자자의 투자판단에 중대한 영향을 줄 수는 있지만, 이러한 경우에는 내부자거래보다는 시세조종의 법리에 의하여 해결하여야 할 것이다. 그러나 정보의 실질적인 전부가 허위 또는 과장된 것이 아니라, 그 일부에 허위 또는 과장된 부분이 포함된 경우에는 이를 이유로 정보의 중요성을 부정할 수는 없다.[188)]

이사회결의 전이라도 정보가 생성된 것이라는 하급심 판례로는, 서울중앙지방법원 2008. 12. 10. 선고 2008노3093 판결 참조.

186) 수원지방법원 2008. 8. 29. 선고 2008고합112 판결.

187) 대법원 1994. 4. 26. 선고 93도695 판결, 대법원 2003. 9. 5. 선고 2003도3238 판결, 대법원 2010. 2. 25. 선고 2009도4662 판결.

미국 증권법상 "시장에 대한 사기이론"과 대비되는 "시장의 진실이론(truth on the market theory)"에 의하면, 만약 진실된 정보가 이미 시장에 알려진 경우, 즉, 시장에 참여하는 전문가가 회사의 공시사항이 부실표시에 해당한다는 것을 알고 있는 경우에는 회사의 부실표시가 시장을 기망할 수 없으므로 그 부실표시는 중요성이 부인된다. Wielgos v. Commonwealth Edison Co., 892 F.2d 509 (7th Cir. 1989) 판결에서 연방제7항소법원은 "회사가 증권발행 당시 합리적 근거(reasonable basis) 없이 원자력발전소의 건설원가에 대하여 매우 낙관적으로 추정하여 공시하였으나 시장의 전문가들은 공시사항이 실제와 다르다는 점과 경영진의 편향된 낙관주의(biased optimism)를 이미 알고 있었으므로 정보의 중요성이 부인된다."라고 판시하였다. Ganino v. Citizens Utilities Co., 228 F.3d 154 (2d Cir. 2000) 판결에서 연방제2항소법원도 시장에 대한 사기이론에 의한 추정을 시장진실이론에 의하여 번복할 수 있다고 판시하였다.

(7) 중요한 정보의 사례

판례에서 볼 수 있는 호재성 정보의 사례로는, 추정결산실적 정보,[189] 무상증자 정보,[190] M&A 성사 정보,[191] 투자유치정보,[192] 제3자배정 유상증자 정보,[193] 우회상장 정보,[194] 자기주식 취득 정보,[195] 대규모 수출계약 및 투자유치 정보,[196] 합병 정보,[197] 해외전환사채 발행 정보[198] 등이 있고,[199] 악재성 정보의 사례로

188) 대법원 2010. 2. 25. 선고 2009도4662 판결(발행회사의 대표이사가 나노이미지센서의 개발발표로 인하여 시세조종으로 유죄판결을 선고받자, 발행회사와 계약관계에 있는 연구기관의 연구원으로서 이러한 정보를 이용한 행위로 기소된 피고인이 진실한 정보가 아니라는 이유로 무죄를 주장한 사건), 서울중앙지방법원 2008. 11. 27. 선고 2008고합236 판결.

189) 대법원 1995. 6. 29. 선고 95도467 판결.

190) 대법원 2005. 4. 29. 선고 2005도1835 판결.

191) 대법원 2005. 9. 9. 선고 2005도4653 판결.

192) 서울고등법원 2005. 6. 30. 선고 2005노566 판결.

193) 대법원 2010. 5. 13. 선고 2007도9769 판결.

194) 서울고등법원 2007. 10. 19. 선고 2007노1819 판결.

195) 서울지방법원 2003. 11. 5. 선고 2002노12538 판결(다만, 대법원 2004. 3. 26. 선고 2003도7112 판결에서 공소사실이 특정되지 않았다는 이유로 파기되었다).

196) 수원지방법원 2005. 1. 14. 선고 2004고단2946 판결.

197) 수원지방법원 2007. 12. 26. 선고 2007고단4009 판결.

198) 서울지방법원 2003. 8. 6. 선고 2003고합94, 442(병합) 판결.

199) 통상 공개되었다면 주가가 상승할 정보(호재)인지 또는 주가가 하락할 정보(악재)인지 여부를 기준으로 정보의 중요성을 판단하게 되는데, 실제로는 호재성 정보가 공개되면서 오히려 주가가 하락하는 예도 없지 않다. 이는 호재성 정보의 미공개 기간 중 내부자의 미공개중요정보이용행위로 인하여 주가가 최고치에 이르게 되고 공개될 시점이 다가옴에 따라 내부자

는, 부도 정보,[200] 대규모 적자 발생 정보,[201] 계열회사의 수익성 악화 정보,[202] 부실금융기관 지정 정보,[203] 경영진 긴급체포 정보,[204] 회계법인의 감사의견 거절 정보,[205] 무상감자 정보,[206] 경영진의 회사자금 횡령 정보,[207] 화의개시신청 정보,[208] 재무구조악화로 인한 대규모 유상증자 정보,[209] 대규모 영업손실 발생 정보[210] 등이 있다.

Ⅵ. 상장법인의 업무와 관련된 정보

1. 의 의

(1) 상장법인의 업무

(가) 상장법인의 범위

규제대상인 정보는 "상장법인[6개월 이내에 상장하는 법인 또는 6개월 이내에 상장법인과의 합병, 주식의 포괄적 교환, 그 밖에 대통령령으로 정하는 기업결합 방법에 따라 상장되는 효과가 있는 비상장법인("상장예정법인등")을 포함]의 업무 등"과 관련된 미공개중요정보이다. 계열회사는 위 "상장법인"에 해당하지 아니하므로 계열회사의 업무와 관련된 정보는 규제대상이 아니다.[211] 그러나 두 계열회사 간에 밀접한 거래관계(대규모 납품계약의 체결)나 자금관계(보증관계로 인한 연쇄부도 발생 가능성)가 있는 경우에는 사안에 따라서 계열회사의 정보가 동시에 해당 상

가 차익실현을 위하여 정보 공개 전에 미리 매도하는 경우도 있기 때문이다.

200) 대법원 2000. 11. 24. 선고 2000도2827 판결.
201) 대법원 1995. 6. 30. 선고 94도2792 판결.
202) 서울지방법원 2003. 5. 14. 선고 2003노1891 판결.
203) 서울지방법원 2002. 6. 11. 선고 2002고단4430 판결.
204) 수원지방법원 2003. 7. 25. 선고 2003고단1044 판결.
205) 수원지방법원 성남지원 2012. 11. 23. 선고 2011고단1945 판결.
206) 대구지방법원 2005. 7. 22. 선고 2005노1343 판결, 의정부지방법원 고양지원 2009. 11. 6. 선고 2009고단1319 판결.
207) 서울고등법원 2007. 5. 10. 선고 2007노322 판결.
208) 청주지방법원 2008. 5. 7. 선고 2008노195 판결.
209) 대법원 2008. 11. 27. 선고 2008도6219 판결.
210) 수원지방법원 2010. 4. 23. 선고 2010고합72 판결.
211) 미공개중요정보이용의 주체에 계열회사도 포함되지만, 업무관련 정보는 계열회사별로 구별해야 한다. 따라서 계열회사인 A 또는 B의 내부자가 A의 정보를 A의 증권매매에 이용하거나 B의 정보를 B의 증권매매에 이용하는 것은 금지되지만, A의 정보를 B의 증권매매에 이용하거나 B의 정보를 A의 증권매매에 이용하는 것은 금지되지 않는다. 물론 A, B 양사에 공통된 정보인 경우에는 위와 같은 경우 모두 정보이용이 금지된다.

장법인의 정보로 될 수 있다.

(나) 업무의 범위

자본시장법 제174조 제1항은 "업무 등"이라고 규정하는데, 업무와 무관한 정보도 포함된다고 해석하면 지나치게 책임범위가 넓어지게 되어 부당하다. 따라서 "업무 등"이라는 문구는 업무와 직접 관련되는 정보뿐 아니라 간접적으로 관련되는 정보도 포함된다는 의미로 보는 것이 타당하다.

(2) 업무관련성

(가) 의 의

"업무 등과 관련된 미공개중요정보"라는 규정상 특정증권의 가격에 영향을 주는 정보라 하더라도 해당 상장법인의 업무와 무관한 정보는 규제대상이 아니다. 즉, 해당 상장법인의 업무와 관련된 정보가 내부정보로서 규제대상이다.

법인의 업무 등과 관련하여 법인 내부에서 생성된 것이면 거기에 일부 외부적 요인이나 시장정보가 결합되어 있더라도 미공개중요정보에 해당한다.[212)]

소송 제기나 회계감사인의 감사의견 거절 등과 같이 외부에서 생성된 정보라도 해당 법인의 업무와 관련된 정보면 규제대상 정보이고, 따라서 내부정보, 외부정보라는 구분보다는 기업정보(내부정보 및 업무관련성 있는 외부정보), 시장정보라는 구분이 보다 타당하다.

주식등에 대한 공개매수의 실시·중지에 관한 정보와 주식등의 대량취득, 처분에 관한 정보는 업무관련성이 없는 외부정보에 해당하지만 미공개중요정보 이용행위 금지대상으로서 별도의 규정에 의하여 규제된다. 이에 관하여는 항을 바꾸어 설명한다.

(나) 시장정보

증권시장에서 특정증권등에 대한 가격에 영향을 주는 정보라도 해당 상장법인의 업무와 관련이 없는 정보, 예컨대 특정 주식이나 업종에 대한 주가흐름의 분석, 증권전문가의 주가예측 등과 같은 정보는 소위 시장정보로서 업무관련성이 없는 외부정보이다. 그러나 해당 상장법인이 자체적으로 작성한 영업환경전망이나 예상실적 등은 내부정보에 해당한다.

---

212) 대법원 2017. 10. 31. 선고 2015도5251 판결, 대법원 2017. 1. 25. 선고 2014도11775 판결.

(다) 정책정보

정부정책도 관련 상장법인의 주가에 영향을 줄 수 있고, 따라서 투자자들의 투자판단에 중대한 영향을 준다. 예컨대, 특정 산업에 대한 지원정책은 관련 상장법인의 주가상승요인이 될 것이다. 이러한 정책정보도 업무관련성이 없는 외부정보이다.

(라) 준내부자가 생성한 정보

1) 규제대상 정보인지 여부 정부기관의 인허가결정, 기업의 위법행위 관련 조사결과(금융위원회나 금융감독원, 공정거래위원회, 경찰 또는 검찰 등의 조사 및 그에 따른 처분) 등은 제174조 제1항 제3호의 "그 법인에 대하여 법령에 따른 허가·인가·지도·감독, 그 밖의 권한을 가지는 자가 그 권한을 행사하는 과정에서 미공개중요정보를 알게 된 정보"에 해당한다. 그리고 주요 거래상대방의 거래결정, 사업자 선정결정, 입찰결과 등은 제4호의 "그 법인과 계약을 체결하고 있거나 체결을 교섭하고 있는 자가 그 계약을 체결·교섭 또는 이행하는 과정에서 미공개중요정보를 알게 된 정보"에 해당한다.[213]

이들 준내부자의 대리인, 사용인, 종업원 등은 제5호에 의한 규제대상이다.

업무처리 절차상 준내부자가 해당 상장법인보다 먼저 미공개중요정보를 알게 되는 경우도 많을 것인데, 준내부자로부터 해당 정보를 알게 된 상장법인 관계자의 지위는 다음과 같이 구별할 필요가 있다.

2) 상장법인 관계자가 제1호의 내부자로 되는 경우 해당 상장법인 관계자(대표이사 또는 관련 업무 담당 임직원)가 준내부자와 공동으로 정보를 생성하거나, 준내부자로부터 공식 절차(서면·전자문서·구두 등의 방법으로 정보의 내용을 통고·전달·설명하는 경우)에 따라 해당 정보에 접하는 경우에는 그 때부터 해당 정보가 업무관련성 및 직무관련성 있는 내부정보로서 규제대상이 되고, 해당 상장법인 관계자는 제1호의 내부자("법인의 임직원·대리인으로서 그 직무와 관련하여 미공개중요정보를 알게 된 자")로서 규제 대상이 된다.

3) 상장법인 관계자가 제6호의 정보수령자로 되는 경우 해당 상장법인 관계자가 준내부자로부터 비공식 절차(예컨대, 무단 유출을 포함하여 권한 없는 자로부터 정보를 받은 경우)에 따라 해당 정보에 접하는 경우에는 직무와 관련하여 알

213) 일부 외부적 요인이나 시장정보가 결합되어 있더라도 미공개중요정보에 해당한다는 대법원 2017. 10. 31. 선고 2015도5251 판결은 상장법인 내부에서 생성된 정보에 관한 사안이다.

게 된 정보로 볼 수 없으므로 제1호의 내부자에 해당하지 않는다. 이 경우 해당 상장법인 관계자는 준내부자로부터 "미공개중요정보를 받은 자"에 해당하므로 제6호의 정보수령자가 된다.[214)]

따라서 상장법인 관계자가 해당 정보의 1차수령자라면 형사처벌 대상이지만, 준내부자로부터 정보를 수령한 1차수령자로부터 정보를 수령한 2차수령자라면 형사처벌 대상이 될 수 없다. 이 경우는 시장질서 교란행위에 해당할 것이므로 과징금 부과대상이 된다.

(3) 금융투자업자의 미공개정보이용금지

금융투자업자는 직무상 알게 된 정보로서 외부에 공개되지 아니한 정보를 정당한 사유 없이 자기 또는 제3자의 이익을 위하여 이용하지 못하고(法 54조), 이를 위반한 경우에는 3년 이하의 징역 또는 1억원 이하의 벌금에 처한다(法 445조 9호). 자본시장법 제174조의 미공개중요정보 이용행위와 비교하면 업무관련성이 요구되지 않는다는 점과 상장법인·상장예정법인이 발행한 특정증권등에 한정되지 않는다는 점에서 차이가 있다. 또한 제174조는 본인이 이용하는 행위 외에 타인에게 이용하게 하는 행위도 규제하는데, 제54조는 규정형식상 타인에게 이용하게 하는 행위는 규제대상이 아니다. 다만, 구체적인 사안에 따라서는 "자기 또는 제3자의 이익을 위하여 이용하지 못한다."라는 규정의 행위주체가 될 수는 있을 것이다.

2. 공개매수의 실시·중지

(1) 증권거래법상 규제

미공개정보 이용행위의 금지에 관한 구 증권거래법 제188조의2는 공개매수의 경우에도 준용되었는데, 공개매수의 경우에 미공개정보는 대상회사의 업무 등

214) 법인 내부의 범죄나 비리에 대한 수사 결과, 감독기관의 감독 결과, 행정청의 행정처분 예정 정보, 법인을 상대로 한 소 제기 사실 등은 법인 외부에서 발생한 정보이기는 하지만 법인이 수행한 업무, 법인 내부에서 발생한 사건에 기초한 정보로서, 공식적인 방법에 의하여 취득한 경우는 물론 비공식적인 방법으로 취득한 경우에도 법인 내부에서 공동으로 생성된 내부정보라고 설시한 하급심 판결이 있는데(서울남부지방법원 2021. 1. 22. 선고 2019고단1005 판결), 비공식적인 방법으로 취득한 정보도 법인 내부에서 생성한 정보라는 판시는 "직무와 관련하여 알게 된"이라는 법문상 죄형법정주의원칙을 위반한 해석으로 보인다. 다만, 이 사건에서는 공식적으로 취득한 정보를 이용한 일부 피고인에 대하여는 유죄가 선고되었고, 공식적으로 전달되지 않은 또 다른 정보를 이용하였다는 혐의로 기소된 다른 피고인들에 대하여는 해당 정보의 중요성이 부인되어 정보 전달 경위와 관계없이 무죄가 선고되었다.

과 관련하여 발생한 정보가 아니라 공개매수의 실시·중지에 관한 정보이다.

공개매수자도 공개매수에 관하여 정보의 생성자에 해당하지만 구 증권거래법이 공개매수자의 미공개정보 이용행위를 금지하는 제188조의2 제3항을 둔 이상, 공개매수자는 다른 M&A 추진자와는 달리 정보의 생성자라도 미공개정보를 이용한 사전매수도 금지되었다. 나아가 공개매수자는 명문의 제외규정이 없으므로 공개매수를 목적으로 거래하는 경우까지도 금지된다는 문제점이 있었다.[215]

(2) 자본시장법상 규제

(가) 규제대상 주체

다음과 같은 자는 "주식등"에 대한 공개매수의 실시·중지에 관한 미공개정보(대통령령으로 정하는 방법[216]에 따라 불특정 다수인이 알 수 있도록 공개되기 전의 것)를 그 "주식등과 관련된 특정증권등"의 매매, 그 밖의 거래에 이용하거나 타인에게 이용하게 하지 못한다(法 174조②).[217] 제2항의 적용대상인 공개매수예정자에는 상장법인과 비상장법인 모두 포함된다.

1. 공개매수예정자(그 계열회사를 포함) 및 공개매수예정자의 임직원·대리인으로서 그 직무와 관련하여 공개매수의 실시·중지에 관한 미공개정보를 알게 된 자
2. 공개매수예정자의 주요주주로서 그 권리를 행사하는 과정에서 공개매수의 실시·중지에 관한 미공개정보를 알게 된 자
3. 공개매수예정자에 대하여 법령에 따른 허가·인가·지도·감독, 그 밖의 권한을 가지는 자로서 그 권한을 행사하는 과정에서 공개매수의 실시·중지에 관한 미공개정보를 알게 된 자
4. 공개매수예정자와 계약을 체결하고 있거나 체결을 교섭하고 있는 자로서 그 계약을 체결·교섭 또는 이행하는 과정에서 공개매수의 실시·중지에 관한 미공개정보를 알게 된 자

---

215) 이러한 문제점 때문에 자본시장법 제정 당시에는 공개매수자 본인의 매수는 금지하지 않았지만, 2009년 2월의 개정시 공개매수자도 규제대상에 포함시키고 대신 공개매수를 목적으로 거래하는 경우는 규제대상에서 배제한다는 단서 규정을 추가하였다.

216) "대통령령으로 정하는 방법"이란 공개매수자(그로부터 공개권한을 위임받은 자를 포함)가 시행령 제201조 제2항 각 호의 어느 하나에 해당하는 방법으로 정보를 공개하고 해당 호에서 정한 기간 또는 시간이 지나는 것을 말한다(令 201조③).

217) 자본시장법 제134조 제2항은 "공개매수공고를 한 자(이하 "공개매수자"라고 한다)는 …"이라고 규정하므로 "공개매수자"란 그 개념상 공개매수공고를 한 후에만 존재할 수 있고, 법문을 엄격히 해석하면 "공개매수자"는 공개매수공고 전에는 존재하지도 않고 따라서 공개매수에 관한 정보를 이용하여 대상증권을 미리 매수할 수 없으므로 위와 같은 규정은 그 해석상의 혼란을 초래하였다. 이에 2013년 5월 개정시 "공개매수를 하려는 자(이하 이 조에서 "공개매수예정자"라 한다)"라고 규정함으로써 해석상의 논란을 해결하였다.

5. 제2호부터 제4호까지의 어느 하나에 해당하는 자의 대리인(이에 해당하는 자가 법인인 경우에는 그 임직원 및 대리인 포함)·사용인, 그 밖의 종업원(제2호부터 제4호까지의 어느 하나에 해당하는 자가 법인인 경우에는 그 임직원 및 대리인)으로서 그 직무와 관련하여 공개매수의 실시·중지에 관한 미공개정보를 알게 된 자
6. 공개매수예정자 또는 제1호부터 제5호까지의 어느 하나에 해당하는 자(제1호부터 제5호까지의 어느 하나의 자에 해당하지 아니하게 된 날부터 1년이 경과하지 아니한 자를 포함)로부터 공개매수의 실시·중지에 관한 미공개정보를 받은 자

㈏ 규제대상 정보와 거래

제174조 제2항의 규제대상인 정보는 "주식등"에 대한 공개매수의 실시·중지에 관한 미공개정보이고, 규제대상 거래는 주식등과 관련된 "특정증권등"의 매매, 그 밖의 거래이다. 정보와 관련된 "주식등"의 개념(法 133조①, 슈 139조)과 거래와 관련된 "특정증권등"의 개념(法 172조①, 슈 196조)은 넓으면서 서로 중복되는 측면이 있다.

1) 주식등 　제2항의 규제대상인 정보는 주식등의 공개매수에 관한 정보인데, 공개매수의 적용대상인 의결권 있는 주식 및 이와 관련되는 증권("주식등")은 다음과 같다(슈 139조).

1. 주권상장법인이 발행한 증권218)
   가. 주권
   나. 신주인수권이 표시된 것
   다. 전환사채권
   라. 신주인수권부사채권219)
   마. 교환사채권
   바. 파생결합증권(권리의 행사로 그 기초자산을 취득할 수 있는 것만 해당)220)
2. 주권상장법인 외의 자가 발행한 증권
   가. 제1호에 따른 증권과 관련된 증권예탁증권

218) 주권비상장법인이 발행한 증권은 일반적으로 주권상장법인의 증권과 달리 규제의 필요성이 별로 없기 때문에, 제2호의 증권만 적용대상으로 규정한다. 물론 "주식등" 외의 증권에 대하여도 공개매수와 유사한 방식에 의하여 매수할 수 있지만, 이는 자본시장법이 규정하는 공개매수에 해당하지 않고, 따라서 자본시장법상의 규제가 적용되지 않는다.

219) 분리형 신주인수권부사채에서 신주인수권증권이 분리되고 남은 사채는 의결권 있는 주식과 관련 없으므로 이에 해당되지 않는다.

220) 권리의 행사로 그 기초자산을 취득할 수 있는 것만 해당하므로, ELS, ELW 등과 같이 차액을 현금결제하는 파생결합증권은 공개매수의 대상이 아니다. (2.다.의 경우도 마찬가지이다)

나. 제1호에 따른 증권이나 가목의 증권과 교환을 청구할 수 있는 교환사채권
다. 제1호에 따른 증권이나 가목·나목의 증권을 기초자산으로 하는 파생결합증권 (권리의 행사로 그 기초자산을 취득할 수 있는 것만 해당)

"공개매수의 대상인 주식등"은 의결권 있는 주식을 전제로 하지만 "공개매수의 대상인 주식등과 관련된 특정증권등"은 의결권 있는 주식을 전제로 하는지에 관하여 법문상으로는 의결권을 전제로 규정하지만 공개매수규제의 목적과 미공개중요정보 이용행위규제의 목적이 다르기 때문에 논란의 여지가 있다. 물론 무의결권주식도 정관에 정한 우선적 배당을 하지 않는다는 결의가 있으면 그 총회의 다음 총회부터 그 우선적 배당을 받는다는 결의가 있는 총회의 종료시까지는 의결권이 부활되므로(商法 344조의3①), 이때는 "공개매수의 대상인 주식등"이 된다.

2) 특정증권등 제2항은 위 주식등과 관련된 특정증권등의 매매, 그 밖의 거래에 미공개정보를 이용하거나 타인에게 이용하게 하는 행위를 규제대상으로 한다. "특정증권등"은 다음과 같다(法 172조①).

1. 그 법인이 발행한 증권(대통령령으로 정하는 증권을 제외한다)
2. 제1호의 증권과 관련된 증권예탁증권
3. 그 법인 외의 자가 발행한 것으로서 제1호 또는 제2호의 증권과 교환을 청구할 수 있는 교환사채권
4. 제1호부터 제3호까지의 증권만을 기초자산으로 하는 금융투자상품

제1호의 "대통령령으로 정하는 증권"은 다음과 같다(令 196조).

1. 채무증권(다만, 다음과 같은 증권은 반환의무의 대상이다)
   가. 전환사채권
   나. 신주인수권부사채권
   다. 이익참가부사채권
   라. 그 법인이 발행한 지분증권(이와 관련된 증권예탁증권 포함)이나 가목부터 다목까지의 증권(이와 관련된 증권예탁증권 포함)과 교환을 청구할 수 있는 교환사채권
2. 수익증권
3. 파생결합증권(제4호에 해당하는 파생결합증권 제외)

㈐ 중요성 요건

제174조 제2항은 "공개매수의 실시 또는 중지에 관한 정보에 관한 미공개정보"라고 규정함으로써 "미공개중요정보"가 아니라 "미공개정보"를 요건으로 한다. 이는 공개매수의 실시·중지 자체가 공개매수 대상 주식등과 관련된 특정증권등의 가격에 영향을 미치는 중대한 사안이고, 따라서 투자자의 투자판단에 중대한 영향을 미치는 정보이므로 별도로 중요성 요건을 명시적으로 규정하지 않은 것이다.[221)]

한편, 제174조 제2항은 공개매수예정자 및 그 내부자가 공개매수 대상회사의 주식등의 특정증권등을 거래하는 것을 규제하는 규정이고, 이들이 공개매수예정자의 특정증권등을 거래하는 경우에는 제174 제1항의 규제대상이다.

따라서 이 경우에는 제1항의 규정에 따라 정보의 중요성이 요구된다. 공개매수예정자의 입장에서는 공개매수의 실시 또는 중지에 관한 정보는 그 규모에 따라 당연히 중요한 정보가 되는 것은 아니므로 이러한 차이는 타당하다.

다만, 일반적으로는 공개매수예정자의 입장에서도 공개매수의 실시 또는 중지에 관한 정보는 중요성이 인정되는 경우가 많을 것이다.

㈑ 공개매수대상회사의 내부자

공개매수대상회사의 내부자는 법문상 규제대상에서 제외되고, 정보수령자가 될 수 있을 뿐이다.

㈒ 예외적 허용

공개매수예정자가 공개매수공고 이후에도 상당한 기간 동안 주식등을 보유하는 등 주식등에 대한 공개매수의 실시·중지에 관한 미공개정보를 그 주식등과 관련된 특정증권등의 매매, 그 밖의 거래에 이용할 의사가 없다고 인정되는 경우에는 그러하지 아니하다(法 174조② 단서).[222)]

---

221) 반면에 미국의 SEC Rule 14e-3은 정보의 중요성을 명시적 요건으로 규정한다. (... in possession of material information relating to such tender offer which information is nonpublic ...)

222) 자본시장법 제정 당시의 제174조 제2항 제1호는 "공개매수자의 계열회사 및 공개매수자(그 계열회사를 포함한다)의 임직원·대리인으로서 …"라고 규정함으로써, 공개매수자 본인을 규제대상자에 포함하지 않았으나, 2009년 2월 개정시 제1호에 공개매수자 본인을 그 계열회사와 함께 규제대상에 포함시키고, 각 호 외의 부분에 "다만, 공개매수자가 공개매수를 목적으로 거래하는 경우에는 그러하지 아니하다."라는 규정을 추가하였다. 이는 공개매수에 관한 미공개중요정보를 공개매수자 본인이 이용하거나 타인에게 이용하게 하는 행위를 금지하고, 오직 공개매수를 목적으로 거래하는 경우만 허용하기 위한 것이다. 위 단서규정을 "공개매수를

"상당한 기간동안"에 관하여 판례나 유권해석이 없어서 형사처벌의 근거규정으로서 요구되는 명확성이 결여되는 면이 있는데, 사견으로는 공개매수결과보고서 제출시점부터 6개월 정도를 상당한 기간으로 보는 것이 합리적이라고 본다.[223)]

3. 주식등의 대량취득·처분의 실시·중지

(1) 증권거래법상 규제

구 증권거래법은 공개매수와 달리, 주식등의 대량취득·처분에 대하여는 아무런 규제를 하지 않았다. 이에 따라 M&A를 추진하는 자가 그 추진과정에서 주식을 매수하는 경우, 이들은 정보생성자로서 내부자나 준내부자에 해당하지 않았고, 정보수령자의 범위에 해당 회사의 인수를 위한 일방 당사자는 포함되지 않았다.[224)]

목적으로 거래하는 경우"라는 문구로 보아 공개매수를 개시하기 전의 사전매수를 허용하는 취지로 해석하는 견해도 있었지만, 당시 입법예고의 개정안 주요내용에 의하면 "공개매수, 주식등의 대량취득·처분에 관한 미공개중요정보를 공개매수자 및 대량취득·처분자 본인이 이용하거나 타인에게 이용하게 하는 행위는 금지대상으로 규정하고 있지 않아 동 행위를 처벌하지 못하는 문제가 있음", "공개매수자 및 대량취득·처분자 본인도 해당 거래에 관한 미공개중요정보의 이용행위 금지대상에 포함", "공개매수자 및 대량취득·처분자 본인의 미공개중요정보 이용행위를 효과적으로 금지할 수 있게 됨에 따라 미공개중요정보 이용행위 금지에 관한 규제 공백을 제거할 수 있을 것으로 기대됨"이라고 밝힌 바 있다(금융위원회 공고 제2008-109). 즉, 위 단서규정은 공개매수자가 공개매수에 관한 정보를 이용하여 공개매수 대상 증권을 사전매수하는 것을 금지하려는 것이다. 그러나 대량보유보고제도에 의하여 일정수준 이상의 지분보유상황의 보고가 요구된다는 점과, 공개매수를 하려는 자 본인이 공개매수를 앞두고 일부 지분을 취득하는 것까지 금지하는 것은 규제의 타당성과 실효성 면에서 논란이 많았다. 특히 주식등에 대한 공개매수의 실시·중지에 관한 미공개정보를 그 주식등과 관련된 특정증권등의 매매, 그 밖의 거래에 이용할 의사가 없다고 인정되는 경우에까지 매수를 금지하는 것은 불합리하다는 비판을 받았다. 이에 2013년 개정법은 단서규정을 "공개매수를 하려는 자(이하 이 조에서 "공개매수예정자"라 한다)가 공개매수공고 이후에도 상당한 기간 동안 주식등을 보유하는 등 주식등에 대한 공개매수의 실시·중지에 관한 미공개중요정보를 그 주식등과 관련된 특정증권등의 매매, 그 밖의 거래에 이용할 의사가 없다고 인정되는 경우에는 그러하지 아니하다."라고 개정함으로써 이러한 예외적인 경우에는 매수가 금지되지 않도록 하였다.

223) [증권발행공시규정 3-8조(결과보고)] 법 제143조의 규정에서 "금융위원회가 정하여 고시하는 방법"이란 공개매수자는 공개매수가 종료한 때에 지체 없이 공개매수로 취득한 공개매수자의 보유 주식등의 수, 지분율 등을 기재한 공개매수결과보고서를 금융위원회와 거래소에 제출하는 것을 말한다.

224) 대법원 2003. 11. 14. 선고 2003도686 판결(이 판결에서는 피고인이 주식양수계약을 체결한 계약 당사자로서 공동으로 해당 정보를 생산한 자에 해당하므로 정보수령자에 해당하지 않는다는 판시가 주된 내용인데, 금융감독원의 조사단계와 검찰의 기소단계에서는 정보수령자 여부 이전에 경영권양도가 상장법인의 업무와 관련된 정보에 해당하는지 여부에 대한 논란이 있었던 사건이다).

(2) 자본시장법상 규제

(가) 규제대상 주체

다음과 같은 자는 "주식등"의 대량취득·처분(경영권에 영향을 줄 가능성이 있는 대량취득·처분으로서 대통령령으로 정하는 취득·처분)의 실시·중지에 관한 미공개정보(대통령령으로 정하는 방법[225]에 따라 불특정 다수인이 알 수 있도록 공개되기 전의 것)를 그 "주식등"과 관련된 특정증권등의 매매, 그 밖의 거래에 이용하거나 타인에게 이용하게 하지 못한다(法 174조③).

1. 대량취득·처분을 하려는 자(그 계열회사를 포함) 및 대량취득·처분을 하려는 자의 임직원·대리인으로서 그 직무와 관련하여 대량취득·처분의 실시·중지에 관한 미공개정보를 알게 된 자
2. 대량취득·처분을 하려는 자(그 계열회사를 포함)의 주요주주로서 그 권리를 행사하는 과정에서 대량취득·처분의 실시·중지에 관한 미공개정보를 알게 된 자
3. 대량취득·처분을 하려는 자에 대하여 법령에 따른 허가·인가·지도·감독, 그 밖의 권한을 가지는 자로서 그 권한을 행사하는 과정에서 대량취득·처분의 실시·중지에 관한 미공개정보를 알게 된 자
4. 대량취득·처분을 하려는 자와 계약을 체결하고 있거나 체결을 교섭하고 있는 자로서 그 계약을 체결·교섭 또는 이행하는 과정에서 대량취득·처분의 실시·중지에 관한 미공개정보를 알게 된 자
5. 제2호부터 제4호까지의 어느 하나에 해당하는 자의 대리인(이에 해당하는 자가 법인인 경우에는 그 임직원 및 대리인 포함)·사용인, 그 밖의 종업원(제2호부터 제4호까지의 어느 하나에 해당하는 자가 법인인 경우에는 그 임직원 및 대리인)으로서 그 직무와 관련하여 대량취득·처분의 실시·중지에 관한 미공개정보를 알게 된 자
6. 대량취득·처분을 하려는 자 또는 제1호부터 제5호까지의 어느 하나에 해당하는 자(제1호부터 제5호까지의 어느 하나의 자에 해당하지 아니하게 된 날부터 1년이 경과하지 아니한 자를 포함)로부터 대량취득·처분의 실시·중지에 관한 미공개정보를 알게 된 자[226]

제6호와 관련하여, 주식 등의 대량취득·처분과 관련된 내부자로부터 미공개정보를 알게 된 모든 경우가 이에 해당한다고 보게 되면 처벌범위가 명확하지

---

225) "대통령령이 정하는 방법"이란 대량취득·처분을 할 자(그로부터 공개권한을 위임받은 자를 포함)가 시행령 제201조 제2항 각 호의 어느 하나에 해당하는 방법으로 정보를 공개하고 해당 호에서 정한 기간 또는 시간이 지나는 것을 말한다(令 201조⑤).

226) 대법원 2017. 10. 31. 선고 2015도8342 판결.

않거나 지나치게 넓어지고 법적 안정성을 침해하게 되어 죄형법정주의에 반하므로 이를 제한할 필요가 있다. 따라서 제6호의 "대량취득·처분의 실시 또는 중지에 관한 미공개정보를 알게 된 자"는 대량취득·처분을 하려는 자 또는 제1호부터 제5호까지의 어느 하나에 해당하는 자로부터 당해 정보를 전달받은 자로 제한하여 해석하는 것이 타당하고, 판례도 같은 입장이다.[227)]

(나) 규제대상 정보와 거래

제174조 제3항의 규제대상인 정보는 "주식등"에 대한 대량취득·처분의 실시·중지에 관한 미공개정보이고, 규제대상 거래는 주식등과 관련된 "특정증권등"의 매매, 그 밖의 거래이다. 제174조 제3항도 제2항과 같이 "미공개중요정보"가 아니라 "미공개정보"를 요건으로 규정한다.

정보와 관련된 "주식등"의 개념과 거래와 관련된 "특정증권등"의 개념은 제2항의 공개매수 관련 규제와 같다.

(다) 대량취득 · 처분의 개념

규제대상인 "대량취득·처분"이란 다음의 요건을 "모두" 충족하는 취득·처분을 말한다(令 201조④).

1. 보유목적이 발행인의 경영권에 영향을 주기 위한 것(令 154조①)[228)]으로 할 것

---

227) 대법원 2017. 10. 31. 선고 2015도8342 판결.

228) 자본시장법 제147조 제1항 후단에서 "대통령령으로 정하는 것"이란 다음 각 호의 어느 하나에 해당하는 것을 위하여 회사나 그 임원에 대하여 사실상 영향력을 행사(상법, 그 밖의 다른 법률에 따라 상법 제363조의2·제366조에 따른 권리를 행사하거나 이를 제3자가 행사하도록 하는 것과 법 제152조에 따라 의결권 대리행사를 권유하는 것을 포함하며, 단순히 의견을 전달하거나 대외적으로 의사를 표시하는 것은 제외한다)하는 것을 말한다(令 154조①).
1. 임원의 선임·해임 또는 직무의 정지. 다만, 상법 제385조 제2항(같은 법 제415조에서 준용하는 경우를 포함한다) 또는 제402조에 따른 권리를 행사하는 경우에는 적용하지 않는다.
2. 이사회 등 상법에 따른 회사의 기관과 관련된 정관의 변경. 다만, 제2항 각 호의 어느 하나에 해당하는 자(국가, 지방자치단체, 한국은행) 또는 그 밖에 금융위원회가 정하여 고시하는 자가 투자대상기업 전체의 지배구조 개선을 위해 사전에 공개한 원칙에 따르는 경우에는 적용하지 않는다.
3. 회사의 자본금의 변경. 다만, 상법 제424조에 따른 권리(신주발행유지청구권)를 행사하는 경우에는 적용하지 않는다.
4. <2020. 1. 29.> [삭제 전 규정: 회사의 배당의 결정]
5. 회사의 합병, 분할과 분할합병
6. 주식의 포괄적 교환과 이전
7. 영업전부의 양수·양도 또는 금융위원회가 정하여 고시하는 중요한 일부의 양수·양도
8. 자산 전부의 처분 또는 금융위원회가 정하여 고시하는 중요한 일부의 처분

(취득의 경우만 해당)

2. 금융위원회가 정하여 고시하는 비율 이상의 대량취득·처분일 것[229]
3. 그 취득·처분이 주식등의 대량보유보고대상(法 147조①)에 해당할 것[230]

위와 같은 대량취득·처분의 개념상, 대량취득·처분은 대상 주식등과 관련된 특정증권등의 가격에 영향을 미치는 중대한 사안이고, 따라서 투자자의 투자판단에 중대한 영향을 미치는 정보이므로 별도로 중요성 요건을 명시적으로 규정하지 않은 것으로 보인다.

한편, 주식등의 대량취득·처분을 하려는 자 또는 그 내부자가 대량취득·처분을 하려는 자의 특정증권등의 매매, 그 밖의 거래에 대량취득·처분의 실시·중지에 관한 미공개정보를 이용하는 경우는 제174 제3항이 아니라 제1항이 적용된다. 이 경우에는 법령상 정보의 중요성이 명시적으로 요구되지만, 일반적으로는 대량취득·처분을 하려는 자에게도 대량취득·처분의 실시 또는 중지에 관한 정보는 중요한 정보로 인정되는 경우가 많을 것이다.

㈑ 주식등 발행회사의 내부자

대량취득·처분의 대상인 주식등의 발행회사의 내부자는 법문상 규제대상에서 제외되고, 정보수령자가 될 수 있을 뿐이다.

㈒ 예외적 허용

대량취득·처분을 하려는 자[231]가 대량보유보고서에 대한 금융위원회 및 거

---

9. 영업전부의 임대 또는 경영위임, 타인과 영업의 손익 전부를 같이하는 계약, 그 밖에 이에 준하는 계약의 체결, 변경 또는 해약
10. 회사의 해산

229) [자본시장조사 업무규정 54조 (미공개정보 관련 대량취득·처분의 최소비율요건)]
① 시행령 제201조 제4항 제2호의 규정에서 금융위가 정하여 고시하는 비율이란 다음 각 호의 비율 중 낮은 비율을 말한다.
1. 10%(발행 주식등의 총수에 대한 취득·처분하는 주식등의 비율)
2. 취득·처분을 통하여 최대주주 등이 되거나(발행 주식등의 총수를 기준으로 누구의 명의로 하든지 특수관계인 및 자기의 계산으로 소유하는 주식등을 합하여 그 수가 가장 많게 되는 경우를 말한다) 되지 않게 되는 경우 그 변동비율
② 제1항 각 호의 규정에 따른 주식등의 수의 계산은 법 시행규칙 제17조의 규정에서 정하는 방법에 따른다.

230) 제3호의 주식등의 대량보유보고는 주권상장법인에 적용되는 제도이므로, 결국 제174조 제3항은 대상회사가 주권상장법인인 경우에만 적용된다.

231) 제3항 단서는 대량취득·처분의 개념에 관한 시행령 제201조 제4항 각 호와 소유에 준하는 보유의 개념에 관한 시행령 제142조 각 호의 취지상 원칙상 대량취득의 경우에만 적용되고 대량처분의 경우에는 적용되지 않는다고 해석된다. 다만 대량처분 관련 정보를 이용한 경우

래소의 공시(法 149조) 이후에도 상당한 기간 동안 주식등을 보유하는 등 주식등에 대한 대량취득의 실시·중지에 관한 미공개정보(대통령령으로 정하는 방법[232]에 따라 불특정 다수인이 알 수 있도록 공개되기 전의 것)를 그 주식등과 관련된 특정증권등의 매매, 그 밖의 거래에 이용할 의사가 없다고 인정되는 경우에는 그러하지 아니하다(法 174조③ 단서).[233]

제3항 단서는 대량취득·처분을 하려는 자 본인에게만 적용되고, 비록 1인회사의 1인주주라 하더라도 단서가 적용되지 않는다.[234]

"상당한 기간"에 관하여는 판례나 유권해석이 없어서 형사처벌의 근거규정으로서 요구되는 명확성이 결여되는 면이 있다. 사견으로는 주식대량보유·변경 보고기간 종료시점부터 6개월 정도를 상당한 기간으로 보는 것이 합리적이라고 본다.

Ⅶ. 내부정보의 이용

1. 거래 관련성

금지되는 행위는 "미공개중요정보를 해당 법인이 발행한 특정증권등의 매매, 그 밖의 거래에 이용하거나 다른 사람으로 하여금 이를 이용하게 하는 행위"이다. 즉, 특정증권등의 매매, 그 밖의 거래에 정보를 이용하는 행위가 금지되므로, 정보를 이용하였더라도 매매, 그 밖의 거래를 한 경우가 아니면 규제대상이 아니다. 여기서 매매, 그 밖의 거래에는 장외거래도 포함한다.

2. 금지행위

(1) 매매, 그 밖의 거래

미공개중요정보를 특정증권등의 매매, 그 밖의 거래에 이용하거나 타인에게

에도 매도 후 상당 기간 재매수하지 않은 것 외에 그 정보를 거래에 이용할 의사가 없다고 인정될 정도로 특별한 사정이 있다면 단서 규정이 적용될 수 있다. 물론 이는 극히 예외적인 경우일 것이다.

232) "대통령령으로 정하는 방법"이란 대량취득·처분을 할 자(그로부터 공개권한을 위임받은 자를 포함)이 제2항 각 호의 어느 하나에 해당하는 방법으로 정보를 공개하고 해당 호에서 정한 기간 또는 시간이 지나는 것을 말한다(令 201조⑤).

233) 제3항 단서 및 제1호는 공개매수 관련 정보에 관한 제2항 단서 및 제1호의 규정과 같은 취지에서 2009년 및 2013년 개정되었다.

234) 대법원 2014. 3. 13. 선고 2013도12440 판결.

이용하게 하는 행위가 금지된다. "그 밖의 거래"는 합병, 분할, 주식교환, 주식이전 등 회사법상 거래도 포함한다. 물론 유상거래만을 의미하므로 증여는 포함하지 않는다. 유상거래이면 매매에 한정하지 않고, 담보설정 등과 같이 소유권의 이전이 없는 경우에도 규제대상이다.

(2) 정보를 이용하는 행위

(가) 의 의

1) 정보이용의 개념 해당 정보가 매매, 그 밖의 거래에서 그 정보가 거래 여부, 거래량, 거래가격 등 제반 거래조건의 결정에 중요한 요인으로 작용하여 만일 그러한 정보가 없었더라면 다른 결정을 내렸을 경우에는 "그 정보를 이용하는 행위"에 해당한다.235)

2) 정보의 보유와 인식 "정보를 이용하는 행위"가 금지되는 것이므로, 단지 정보를 보유한 상태에서 매매, 그 밖의 거래를 한 것만으로는 미공개중요정보 이용행위로 볼 수 없고, 그 정보를 이용하여 거래를 한 것이어야 한다. 정보를 인식한 상태에서 거래를 한 경우에는 "특별한 사정이 없는 한" 정보를 이용하여 거래한 것으로 보는 것이 상당하다는 것이 판례의 입장이다.236)

판례는 이와 같이 정보를 보유한 경우와 정보를 인식한 경우를 개념적으로 구별하여 후자의 경우에만 정보를 이용한 것으로 보는데, "정보"라 함은 물리적인 실체가 아니라 "인간의 판단이나 행동에 필요한 또는 실정에 대하여 알고 있는 지식"이라는 사전적 의미를 가지므로, 실제의 상황에서 정보의 보유와 정보의 인식을 구별하는 것은 용이하지 않다. 정보임을 모르면서 정보를 보유한다고 할 수 없으므로(비교하자면, 정보가 포함된 물건을 보유하는 경우는 물건을 보유하는 것이지 정보를 보유하는 것이 아니다), 내부자거래 규제에 있어서 정보의 보유와 인식을 구별하는 것은 무의미하다 할 수 있다. 미국의 판례에서도 "knowing possession", 즉 알면서 보유하는 것으로 표현하는 것도 이러한 맥락으로 볼 수 있다.

이와 같이 정보를 보유하면 특별한 사정이 없는 한 정보를 인식하는 것이고, 정보를 인식하면서 거래하는 경우에는 특별한 사정이 없는 한 정보를 이용하는 것으로 볼 수 있으므로, 결국은 정보를 보유하면서 거래를 하는 경우에는 특별한

235) 서울중앙지방법원 2007. 2. 9. 선고 2006고합332 판결.

236) 대법원 2017. 1. 12. 선고 2016도10313 판결, 서울중앙지방법원 2007. 7. 20. 선고 2007고합159 판결, 서울동부지방법원 2011. 12. 30. 선고 2011고합221 판결.

사정이 없는 한 정보를 이용하여 거래하는 것으로 인정될 가능성이 클 것이다.

3) 미국의 내부자거래 규제 미국의 연방제2항소법원은 정보의 이용 요건에 관하여 정보를 알면서 보유하면(knowing possession) 요건을 충족한다고 판시하였다.237)

그러나 연방제11항소법원은 단순한 정보의 보유 또는 내부자가 미공개중요정보를 보유하는 동안 거래를 하였다는 증명만으로는 내부자거래규제를 당연히 위반한 것으로 되지 않고 정보를 이용하여야 하고, 다만, 정보의 보유에 의하여 그 이용이 추정되고, 이러한 추정은 신뢰성 있고 전적으로 진정한 설명에 의하여 번복될 수 있다고 판시하였다.238)

나아가 연방제9항소법원은 Rule 10b－5 위반의 형사사건에서 이러한 추정을 인정하지 않고, 정보의 이용 요건은 정황에 의하여도 그 증명이 가능하므로 증명이 불가능한 것은 아니라는 이유로 검찰이 피고인의 정보 이용을 입증할 것을 요구하였다.239)

---

237) [United States v. Teicher, 987 F.2d 112 (2d Cir. 1993)] "피고인들이 알면서 보유한 미공개중요정보를 이용하여 주식을 매수 또는 매도하였는지 여부를 검찰이 증명할 필요는 없다는 것이다. 검찰은 피고인들이 미공개중요를 알면서 보유하는 동안 증권을 매수 또는 매도하였다는 것만 증명하는 것으로 충분하다." (the government need not prove that the defendants purchased or sold securities because of the material nonpublic information that they knowingly possessed. It is sufficient if the government proves that the defendants purchased or sold securities while knowingly in possession of the material nonpublic information).

238) [S.E.C. v. Adler, 137 F.3d 1325 (11th Cir. 1998)] "(Mere knowing possession, or proof that insider traded while in possession of material nonpublic information, is not per se violation of insider trading laws), (rebuttable through credible and wholly innocent explanation)"

239) [United States v. Smith, 155 F.3d 1051 (9th Cir. 1998)]

<판결요지>

1. Rule 10b－5는 '이용' 요건을 수반한다(Rule 10b－5 entails a "use" requirement).
2. '이용' 요건이 형사사건에서 검찰의 증명을 보다 곤란하게 한다는 것을 인정하나, 그 어려움은 결코 극복하기 어려운 것은 아니다. 예를 들어, 한번도 투자해 본 적 없는 개인이 미공개중요정보를 소유하게 된 바로 다음날 상당한 금액의 돈을 call option에 투자하였다고 가정하면, 검찰이 이러한 상황 또는 독특한 거래 형태, 비정상적으로 큰 거래 규모와 같이 투자자가 내부 정보를 이용하였다고 볼 만한 상황에서 '이용' 요건을 증명하는데 별 어려움이 없을 것이다(We appreciate that a "use" requirement renders criminal prosecutions marginally more difficult for the government to prove. The difficulties, however, are by no means insuperable. Suppose, for instance, that an individual who has never before invested comes into possession of material nonpublic information and the very next day invests a significant sum of money in

이와 같이 연방항소법원들 간에 정보의 이용 요건에 대한 해석이 일치하지 않자, SEC는 2000년 Rule 10b5－1에서 미공개중요정보에 "기하여 한" 거래(trading on the basis of material nonpublic information)를 Rule 10b－5가 금지하는 내부자거래로 규정하고,[240] "on the basis of"의 의미에 대하여, 거래시점에서 정보를 인식(aware of the information)하는 것을 의미한다고 규정하였다.[241] 그러나 한편으로는 그 정보가 거래에서 중요한 요소가 아니었음을 피고가 증명하면 면책된다고 규정하므로,[242] Adler 판결과 큰 차이는 없다고 할 수 있다. 피고가 면책되기 위한 적극적 항변(affirmative defenses)으로는, Rule 10b5－1(c)(1)의 사전에 예정된 거래(prearranged trading)와, Rule 10b5－1(c)(2)의 기관투자자의 거래(institutional trading) 등이 있다.

(나) 정보를 이용하지 않은 거래

내부자가 내부정보를 인식한 상황에서 한 거래임에도 불구하고 정보이용행위로 되지 않을 특별한 사정으로는, i) 내부자가 내부정보를 취득하기 전에 이미 매매를 결심하였거나 이미 성립된 계약에 따라 이행을 한 것에 불과한 경우,[243] ii) 내부자가 피치 못할 사정으로 거래를 할 수밖에 없는 경우, iii) 내부정보가 공개되기 전과 후의 거래가 같은 형태인 경우[244] 등이 있다.

i)의 경우에는 그러한 결심이 외부에 표시되거나 외부에서 객관적으로 확인할 수 있는 정황이 있어야 정보를 이용하지 않은 거래로 인정될 것이다.

ii)의 예로는, 강제집행을 피하기 위하여 유일한 재산인 주식을 처분하는 경

---

substantially out－of－the－money call options. We are confident that the government would have little trouble demonstrating "use" in such a situation, or in other situations in which unique trading patterns or unusually large trading quantities suggest that an investor had used inside information).

240) SEC Rule 10b5－1(a).

241) SEC Rule 10b5－1(b).

242) SEC Rule 10b5－1(c).

243) [대법원 2017. 1. 12. 선고 2016도10313 판결] "△△ 지분 인수라는 정보는 위 피고인들이 공소외 4 회사의 워런트(warrant)를 행사하여 받은 대금 등으로 인수대금을 조달하겠다는 계획과 동시에 비로소 구체화되었다. 위 피고인들이 인수대금 조달 계획에 따라 워런트를 행사한 것은 △△ 지분 인수라는 정보가 생성될 당시 성립된 계약에 따라 그 이행을 한 것에 불과하다. 따라서 위 피고인들이 △△ 지분 인수라는 정보를 보유하고 있었다고 볼 수 있을지언정 나아가 이러한 정보를 이용한 것으로 보기 어렵다."

244) 서울중앙지방법원 2008. 11. 27. 선고 2008고합236 판결(피고인이 정보를 지득한 전과 후의 매매형태에 별다른 차이점이 없었던 사안).

우가 있다. 이와 달리 다른 재산이 있음에도 불구하고 정보를 알게 된 후 주식을 매도하는 경우에는 매도의 불가피성을 인정할 수 없다.

iii)의 예로는, 주식의 대량보유자가 일시대량매각에 의한 시장가격의 폭락을 피하기 위하여 매일 일정수량의 주식을 시장에서 처분하던 중 정보를 알게 된 후 종전과 같은 형태로 주식을 계속 처분하는 경우가 있다. 물론 정보를 알게 된 후 종전의 매매형태와 달리 대량 투매하였다면 정보를 이용한 거래에 해당한다.

(다) 이용행위 판단기준

미공개중요정보를 이용한 것으로 보려면 정보가 매매 등 거래 여부와 거래량, 거래가격 등 거래조건을 결정하는 데 중요한 영향을 미친 것으로 인정되어야 하고, 이는 피고인이 정보를 취득한 경위 및 정보에 대한 인식의 정도, 정보가 거래에 관한 판단과 결정에 미친 영향 내지 기여도, 피고인의 경제적 상황, 거래를 한 시기, 거래의 형태나 방식, 거래 대상이 된 증권 등의 가격 및 거래량의 변동 추이 등 여러 사정을 종합적으로 살펴서 판단해야 한다.[245)]

해당 정보가 거래를 하게 된 유일한 요인일 필요는 없고 여러 요인 중 하나의 요인인 경우에도 이용행위에 해당한다. 즉, 내부자의 거래가 전적으로 내부정보 때문에 이루어졌음이 요구되는 것이 아니라 거래를 하게 된 다른 요인이 있더라도 정보의 이용이 거래의 한 요인이 된 경우에는 규제대상인 미공개중요정보 이용행위에 해당한다.[246)]

기존의 투자패턴에 비하여 매우 이례적인 것으로서 다른 특별한 정보가 없는 이상 이러한 형태의 투자를 하기는 어려웠을 때에는 정보를 이용한 행위로 될 가능성이 클 것이다.[247)]

악재성 미공개중요정보를 지득하고 비로소 보유주식을 매도하기 시작하였다면 수일에 걸쳐서 분할매도한 것만으로 정보의 이용을 부인하기는 어려울 것이다.[248)]

계속 보유할 의사로 주식을 매수하였다고 하더라도 미공개중요정보를 이용하여 매수시기를 조절함으로써 주식매수가액을 절감하였다는 점에는 변함이 없

245) 대법원 2017. 1. 25. 선고 2014도11775 판결, 대법원 2017. 10. 31. 선고 2015도3707 판결.

246) 대법원 2017. 9. 21. 선고 2017도7843 판결.

247) 서울중앙지방법원 2008. 11. 27. 선고 2008고합236 판결.

248) 나아가 분할매도의 동기에 관하여, 다른 투자자나 시장이 모르게 은밀한 방법으로 보유주식을 처분하거나, 일시에 대량처분함으로 인한 손실을 줄이고자 하는 의도로 분할매도한 것으로 본 판례도 있다[서울고등법원 2018. 5. 17. 선고 2018노52 판결(대법원 2018. 10. 25. 선고 2018도8443 판결에 의하여 상고기각으로 확정)].

으므로 미공개중요정보를 이용한 것으로 본 판례도 있다.[249]

다만, 객관적으로 미공개중요정보를 일반적으로 취득·이용할 지위에 있지 않은 경우, 정보를 취득·이용하였다는 직접적인 증거가 없고 합리적인 의심이 존재한다면 정황만으로 공소사실을 유죄로 인정할 수는 없다.[250]

㈑ 범죄구성요건

자본시장법은 규제대상 행위에 대하여 "정보를 이용하는 거래행위"가 아닌 "정보를 거래에 이용하는 행위"로 규정하는 형식을 취한다. 이와 같은 규정 형식 때문에 내부자거래의 범죄구성요건을 "정보를 거래에 이용하는 행위"로 보아야 하는지 아니면 "정보를 이용한 거래"로 보아야 하는지에 대하여 논란의 여지가 있다. 이하에서는 편의상 전자를 "이용행위설", 후자를 "거래행위설"이라 지칭하고, 또한 장내거래를 전제로 설명한다.[251]

먼저 이용행위설에 의하면, 정보의 이용행위가 구성요건의 내용인 "일정한 행위"이고 거래의 성립은 "결과"이므로, 정보를 이용하는 행위인 주문에 의하여 호가가 증권시장에 표시됨과 동시에 매매체결 여부를 불문하고 기수가 된다.[252][253] 그

---

249) 서울남부지방법원 2017. 9. 21. 선고 2017노390 판결(대법원 2018. 4. 12. 선고 2017도16693 판결에 의하여 상고기각으로 확정).

250) 대법원 2008. 11. 27. 선고 2008도6219 판결.

251) 이하의 내용 중 주문은 장외거래인 경우에는 청약으로 보면 될 것이다. 그리고 민사책임에 관하여는 거래가 이루어지지 않은 이상 원고의 손해도 발생하지 않는 것이고 손해배상책임이 발생할 여지도 없다. 따라서 이용행위설은 형사책임에 있어서 범죄의 성립 여부에 한정된 논의이다.

252) 기수란 범죄의 실행에 착수하여 구성요건을 완전히 실현한 경우를 의미한다.

253) 주문은 위탁자가 시장에서 매매거래를 하기 위하여 거래소의 회원에게 하는 매도 또는 매수의 의사표시이고, 호가는 거래소의 회원이 시장에서 매매거래를 하기 위하여 시장에 표시하는 매도 또는 매수의 의사표시를 말한다. 다만 대부분의 거래는 홈트레이딩시스템에 의하여 이루어지고 이 경우에는 주문과 호가가 사실상 동시에 이루어지므로 실제로는 시점상의 차이는 없다고 볼 수 있다. 그러나 내부자가 투자중개업자를 통하여 주문하는 경우에는 상황에 따라서는 주문과 호가 간에 시차가 있을 수 있고, 나아가 주문이 호가로 표시되지 않거나 주문과 다른 호가가 표시될 수도 있으므로 양자는 구별되는 개념으로 보아야 한다. 이와 같이 주문과 호가의 개념을 구별한다면, 이용행위설에 의하는 경우 주문시점에 실행의 착수가 있고 호가시점이 기수시점이다. 다만 내부자가 홈트레이딩시스템을 이용하는 경우에는 주문과 호가가 동시에 이루어지므로 실행의 착수시점과 기수시점이 일치하게 된다. 이와 같이 미공개중요정보를 이용하는 자의 의사표시시점이 아닌 제3자(거래소 회원)의 의사표시시점을 기준으로 기수시점을 정하는 것이 되어 불합리한 면이 있다. 그러나 내부자거래는 정보의 비대칭을 해소하기 위하여 규제대상이 되는 것이고, 호가가 있기 전에는 주문만으로 정보의 비대칭문제가 발생하지 아니하므로 호가시점을 기수시점으로 보아야 할 것이다. 거래행위설에서도 엄밀하게는 미공개중요정보를 이용하는 자는 주문행위를 하는 것이므로 주문시점을 미공개중요정보 이용행위의 실행의 착수시점으로 보는 것이 법리에 맞지만, 위와 같은 이유에

리고 내부자가 매매체결 전에 주문을 취소한 경우에도 이미 기수로 되고 주문취소에 의한 거래불성립은 양형에 참작할 사유에 불과하다. 또한 내부자가 매매주문 후 미공개중요정보를 알게 되어 주문을 취소하는 경우에는 그와 같은 주문취소행위가 미공개중요정보 이용행위로서 형사처벌을 받게 된다. 즉, 미공개중요정보를 알고 주문을 한 경우에는 주문행위가 미공개중요정보 이용행위에 해당하여 거래라는 결과의 발생 없이도 범죄구성요건에 해당하고, 주문을 한 후 미공개중요정보를 알고 주문을 취소한 경우에도 주문취소행위가 미공개중요정보 이용행위에 해당한다.[254]

다음으로 거래행위설은 거래행위를 구성요건의 내용인 "일정한 행위"로 보고, 거래로 인한 이익의 취득 또는 손실의 회피를 구성요건의 내용이 아닌 "결과"로 본다. 거래행위설에 의하면, 미공개중요정보에 기한 주문행위는 실행의 착수에 불과하고 매매가 체결되어야 기수가 된다. 따라서 내부자가 미공개중요정보에 기하여 주문을 하여 증권시장에 호가가 표시되었으나 그 호가에 상응하는 다른 호가가 없어서 매매가 체결되지 않거나,[255] 주문 후 스스로 주문을 취소한 경우에는 자본시장법상 미수범 처벌규정이 없는 이상 처벌대상이 될 수 없다.[256] 그리고 내부자가 자신의 주문에 의하여 증권시장에 호가가 표시된 후 미공개중요정보를 알게 되어 의도하였던 매매를 하지 않는 것이 유리하다고 판단하여 매매체결 전에 주문을 취소한 경우, 거래행위설에 의하면 거래의 포기행위는 범죄구성요건에 해당하지 아니하므로 주문취소행위는 내부자거래의 실행의 착수로도 볼 수 없으므로 미수범 처벌 규정에 관계없이 처벌대상이 아니다.[257]

서 호가시점을 실행의 착수시점으로 본다.

254) 다만 정보를 모르는 상태에서 주문을 한 후 정보를 알게 되었으나 주문을 취소하지 않은 경우에는, 이용행위설에 의하더라도 처벌대상이 아니라고 보아야 할 것이다. 주문을 취소하지 아니한 행위는 기존의 상태를 그대로 유지하는 것일 뿐 정보 이용행위로 볼 수 없는데, 이러한 경우 주문을 취소할 작위의무를 인정할 근거가 없고, 거래를 회피하기 위하여 기존의 주문을 취소할 것을 기대하기 어렵기 때문이다.

255) 이때의 미수는 행위자가 의도한 범죄를 완성하지 못한 협의의 미수(障碍未遂)에 해당한다.

256) 이때의 미수는 범죄의 실행에 착수한 자가 그 범죄의 완성 전에 자의로 범행을 중단한 中止未遂에 해당한다.

257) 자본시장법상 미공개중요정보 이용행위 금지규정을 위반한 범죄에 대하여, 이용행위설은 구성요건 내용상 일정한 행위만 있으면 충분하고 결과발생을 필요로 하지 않는 범죄인 형식범으로 보고, 거래행위설은 구성요건 내용상 범죄행위와 함께 결과발생까지 필요로 하는 범죄인 침해범(결과범)으로 본다. 이에 따라 자본시장법상 금지되는 이용행위의 개념에 대하여, 이용행위설은 결과(거래)발생을 포함하지 않는다고 보고, 거래행위설은 거래라는 결과의 발

이상의 내용을 요약하면, 내부자가 미공개중요정보에 기하여 매매주문을 하였는데 거래가 성립하지 않은 경우, 이용행위설에 의하면 당초의 주문(호가)시점에 기수가 되어 처벌대상이 되지만, 거래행위설에 의하면 이러한 경우는 기수에 이르지 못하고 자본시장법상 미수범 처벌규정이 없으므로 처벌대상이 아니다. 그리고 내부자가 주문 후 미공개중요정보를 알게 되어 주문을 취소한 경우, 이용행위설에 의하면 주문취소행위가 정보 이용행위로 되어 처벌대상이지만 거래행위설에 의하면 이러한 주문취소행위는 범죄구성요건에 해당하지 아니하므로 처벌대상이 아니다.

자본시장법은 규제대상 행위를 명확하게 규정하지 않아서 해석상 논란의 여지가 있는데, 법문상 "매매, 그 밖의 거래에 이용"이라고 규정되어 있으므로 이를 형식적으로 해석하면 이용행위설에 입각한 것으로 볼 수도 있다. 그러나 거래가 이루어지지 않은 경우에도 형사책임을 인정하는 것은 지나친 확대해석으로 죄형법정주의의 명확성의 원칙상 허용된다고 볼 수 없다. 또한 주문을 한 자가 자신에게 불리한 정보를 알게 된 후에도 주문을 취소하지 않고 거래를 계속 시도할 것을 기대할 수도 없는 것이다. 즉, 내부자는 거래를 회피할 의무는 있어도 손해발생이 예상되는 상황에서 거래를 할 의무는 없는 것으로 보아야 한다.[258] 특히 이용행위설은 법문에 충실한 해석이라는 점을 근거로 들고 있는데, 이와 관련하여 구 증권거래법은 "매매 기타 거래와 관련하여 그 정보를 이용하거나"라고 규정하였으므로 거래행위보다는 이용행위에 중점을 둔 형식으로 규정하였지만, 자본시장법은 "매매, 그 밖의 거래에 이용하거나"로 규정하고 있으므로 매매, 그 밖의 거래에 중점을 둔 형식으로 규정한다. 이러한 법문의 차이를 보면 자본

생을 포함한다고 본다. 거래행위설은 나아가 실행행위와 결과발생 간의 인과관계도 필요로 한다고 본다. 한편 미공개중요정보 이용행위를 침해범으로 보더라도 자본시장법상 다른 불공정거래행위(시세조종행위, 부정거래행위) 금지규정 위반죄는 형식범이다. 이들 범죄는 미공개중요정보 이용행위 금지규정 위반죄와 달리 시세조종이나 부정거래라는 결과의 발생을 필요로 하지 않기 때문이다.

258) 미국 증권법상 내부자가 중요한 정보를 공개하지 않는 것만으로 바로 Rule 10b-5 위반이 되는 것이 아니라, 정보가 공개되지 않은 기간에 증권거래를 하여야만 Rule 10b-5 위반에 해당한다. 즉, 공개의무 있는 자가 Rule 10b-5 위반에 해당하지 않으려면 공개와 회피 중에서 택일하여야 하는 것이다. 정보공개요구에 대하여 회사나 내부자 입장에서 보면, 정보가 완전하지 않은 시기상조의 단계에서(prematurely) 공개됨으로써 손해배상책임문제가 야기될 수 있다. 따라서 Rule 10b-5는 정보의 무조건적인 공개를 요구하는 것이 아니라 미공개정보를 이용한 거래를 하지 말라는 취지이고, 이에 따라 내부자는 정보를 공개하든지, 아니면 이러한 정보에 기한 거래를 회피할 의무(duty to disclose or abstain rule)가 있는 것이다.

시장법은 거래행위설에 입각하여 해석하는 것이 오히려 법문에 부합하는 해석이라 할 수 있다. 따라서 거래행위설에 따라 거래의 성립시점을 기수시점으로 보고, 사유의 여하를 불문하고 거래가 성립하지 않은 이상 형사처벌대상이 아니라고 해석해야 한다. 자본시장법이 "정보를 거래에 이용하는 행위"라는 규정형식을 취한 것은 정보이용요건의 중요성을 강조하는 동시에 "정보를 이용하지 않은 거래행위"는 규제대상이 아니라는 취지를 규정한 것으로 해석하는 것이 타당하다. 그리고 이상과 같은 해석상의 논란을 피하기 위하여 위와 같은 규정형식을 거래행위설에 기초한 명백한 표현으로 변경하는 것이 바람직하다.

(마) 미공개중요정보를 이용한 거래의 포기

미공개중요정보 이용행위는 호재성 정보를 특정증권등을 매수하거나 악재성 정보를 특정증권등을 매도하는데 이용하는 "적극적 이용행위"와, 특정증권등을 매도하려고 하였으나 호재성 정보에 기하여 매도를 유보하거나 특정증권등을 매수하려고 하였으나 악재성 정보에 기하여 매수를 유보하는 "소극적 이용행위"로 구분할 수 있다.[259] 만일 "소극적 이용행위"도 규제대상으로 본다면 매매의사를 결정한 내부자가 매매주문(또는 호가)을 하기 전에 미공개중요정보에 기하여 그 매매의사를 단념할 때 실행의 착수와 동시에 기수가 된다. 이러한 "소극적 이용행위"도 규제대상으로 보아야 하는지에 관하여는 논란의 여지가 있지만, i) "소극적 이용행위" 자체로는 증권시장에 호가가 표시되지 아니하므로 증권거래의 공정성이나 투자자의 신뢰가 손상될 우려가 없고, ii) 당초의 매매의사에 따라 매매를 시도하면 손해를 입게 될 가능성이 명백함에도 불구하고 매매를 기대하는 것은 불가능하고 만일 매매를 강제한다면 내부자에게 오히려 불공평한 결과가 되고, iii) 당초의 매매의사대로 매매를 하지 않은 부작위를 미공개중요정보를 이용하는 작위와 동등한 가치로 평가하는 것은 부당하고,[260] iv) 내부자거래유보로 인하여 내부자가 얻는 이익은 미공개중요정보를 모르는 대중투자자의 손실에 의하여 얻어진 것으로 볼 수 없으므로, "소극적 이용행위"는 규제대상이 아니라고 보아야 한다.

---

259) 소극적 이용행위를 내부자거래유보(insider abstention)이라고 표현하기도 한다[장근영, "내부자거래 제한규정의 미적용행위에 관한 고찰", 증권법연구 제5권 제2호, 한국증권법학회(2004), 261면].

260) 박순철, "미공개중요정보 이용행위에 관한 연구", 성균관대학교 박사학위논문, 139면.

(3) 정보를 이용하게 하는 행위

(가) 의 의

미공개중요정보를 타인에게 "이용하게 하는 행위"는 타인으로 하여금 특정증권등의 매매 기타 거래에 미공개중요정보를 이용하도록 그 타인에게 정보를 알려주는 것이다. 자본시장법이 "이용하게 하는 행위"를 규제하는 이유는, 정보의 제공에 의하여 정보수령자에게 그 정보를 이용한 거래를 할 동기가 부여되고, 이에 따른 정보의 비대칭이 야기되어 결국은 정보수령자의 위법행위가 성립하기 때문이다.

(나) 요 건

1) 객관적 요건 "이용하게 하는 행위"의 객관적 요건은 내부자가 타인으로 하여금 특정증권등의 매매 기타 거래에 미공개중요정보를 이용하도록 그 타인에게 정보를 알려주는 것이다. 이때 수범자(내부자 및 제6호의 1차수령자)로부터 전달받은 정보를 이용하는 타인은 반드시 수범자로부터 정보를 직접 수령한 자로 한정되지 않는다. 따라서 정보의 직접 수령자(2차수령자)가 당해 정보를 거래에 이용하게 하는 경우뿐만 아니라 위 직접 수령자를 통하여 정보전달이 이루어져 당해 정보를 제공받은 자가 위 정보를 거래에 이용하게 하는 경우도 위 금지행위에 포함된다.[261]

자본시장법 제174조 제1항은 "특정증권등의 매매, 그 밖의 거래에 이용하거나 타인에게 이용하게 하는 행위"로 규정하므로, 정보를 제공하더라도 특정증권등의 매매 기타 거래와 관련 없는 용도(예컨대 사업상 활용)에 이용하게 하는 행위는 자본시장법의 규제대상이 아니다.

자신의 말에 따를만한 주식 보유자에게 정보의 구체적인 내용을 알려주지 않으면서 단지 보유주식을 처분하라고 알려준 경우에는 이용하게 한 행위 또는 구체적인 상황에 따라서 이용행위의 간접정범에 해당할 수도 있다.[262]

2) 주관적 요건

"이용하게 하는 행위"의 수범자(내부자, 1차수령자)는 정보수령자가 당해 정보를 이용하여 특정증권 등의 매매, 그 밖의 거래를 한다는 점을 인식하면서 정보를 제공해야 한다. 수범자의 위와 같은 인식은 반드시 확정적일 필요는 없고

---

261) 대법원 2020. 10. 29. 선고 2017도18164 판결.
262) 대전지방법원 천안지원 2011. 5. 25. 선고 2010고합228 판결.

미필적인 정도로도 충분하며, 위와 같은 인식 여부는 제공 대상인 정보의 내용과 성격, 정보제공의 목적과 동기, 정보제공행위 당시의 상황과 행위의 태양, 정보의 직접 수령자와 전달자 또는 이용자 사이의 관계와 이에 관한 정보제공자의 인식, 정보제공 시점과 이용 시점 사이의 시간적 간격 및 정보이용행위의 태양 등 제반사정을 종합적으로 고려하여 판단해야 한다.[263)]

"이용하게 하는 행위"가 성립하기 위하여는 내부자가 정보수령자가 그 정보를 이용한 거래를 할 것이라는 점을 인식하면서 제공하는 것으로 족하고, 그 정보를 특정증권등의 매매 기타 거래에 이용하도록 적극적으로 권유하는 것까지 요구되지 않는다.

"이용하게 하는 행위"가 성립하기 위하여 내부자가 정보수령자에게 정보를 이용한 거래를 하도록 권유할 것까지 요구되지는 않지만, 적어도 정보수령자가 그 정보를 이용한 거래를 할 것이라는 점을 인식하면서 정보를 제공하여야 규제대상이다. 이때 인식의 내용은, 자신이 제공하는 정보가 미공개중요정보라는 사실과, 정보수령자가 그 정보를 특정증권등의 매매 기타 거래와 관련하여 이용할 계획 또는 적어도 이용할 가능성이 있다는 사실을 알거나 예견하는 것이다.

반면에 내부자가 지인에게 비밀유지를 당부하면서 정보를 알려 준 경우에는 "이용하게 하는 행위"에 해당하지 않는다. 그리고 내부자에게 매매 기타 거래에 정보를 이용하게 할 의사가 없었다면 우연히 또는 불법적인 방법으로(예컨대, 관리소홀로 인한 유출이나 의도적인 누설) 정보가 전달되더라도 내부자는 "이용하게 하는 행위"에 해당하지 않는다.

3) 인과관계 "이용하게 하는 행위"에 해당하려면 정보제공행위와 정보수령자의 정보 이용행위 간에 인과관계가 존재해야 한다.[264)] 즉, 정보수령자가 내부자가 제공한 정보를 이용하여 특정증권등의 매매 기타 거래를 하였어야 하고, 만일 내부자가 정보수령자에게 정보를 제공하였더라도 그 정보수령자가 이미 다른 경로로 그 정보를 얻고 거래를 결심한 상태라면 정보제공행위와 정보수령자의 이용행위 간에 인과관계가 존재하지 아니하므로 내부자가 미공개중요정보를 타인에게 이용하게 하는 행위를 한 것으로 볼 수 없다.[265)]

263) 대법원 2020. 10. 29. 선고 2017도18164 판결.
264) 대법원 2020. 10. 29. 선고 2017도18164 판결.
265) 서울중앙지방법원 2007. 12. 21. 선고 2007고합569 판결.

(다) 관련 문제

1) "정보제공행위"와 "이용하게 하는 행위" "정보제공행위"와 "이용하게 하는 행위"는 개념상 구별되지만, "이용하게 하는 행위"는 "정보제공행위"를 내포하거나 이를 전제로 한다. 정보를 제공하지 않은 경우에는 어떠한 경우에도 "이용하게 하는 행위"에 해당하지 않고, 따라서 정보제공자만이 "이용하게 하는 행위"의 주체가 될 수 있다. 자본시장법 제174조 제1항은 "미공개중요정보를 … 타인에게 제공하여서는 아니 된다."고 규정하지 않고 "미공개중요정보를 … 타인에게 이용하게 하여서는 아니 된다."고 규정한다. 이 같은 규정형식에 불구하고 위 규정은 타인에게 정보를 제공함으로써 그 타인이 그 정보를 거래에 이용하게 하는 것을 금지하는 취지이고, 정보제공과 무관한 "이용하게 하는 행위"까지 규제대상으로 보는 취지는 아니다. 자본시장법이 정보제공행위 자체를 직접적인 규제대상으로 규정하지 않고 정보를 이용하게 하는 행위를 직접적인 규제대상으로 규정한 것은 정보의 제공 없는 "이용하게 하는 행위"도 규제대상으로 하는 취지가 아니라, 내부자가 정보를 제공하였더라도 정보수령자가 그 정보를 이용한 거래를 하지 않은 경우에는 "이용하게 하는 행위"에 해당하지 않는다는 취지로 해석해야 한다. 그리고 "미공개중요정보를 ... 이용하거나 타인에게 이용하게 하여서는 아니 된다"는 규정의 문언상 "이용"의 목적어는 "정보"이고, 따라서 정보 아닌 다른 어떠한 것을 제공하더라도 자본시장법이 규제하는 "이용하게 하는 행위"에 해당하지 않는다. 내부자거래규제에 대한 법리가 오래전부터 발전해 온 미국에서는 정보를 의미하는 "Tip"이라는 용어에 기초하여 정보제공자를 "Tipper", 정보수령자를 "Tippee"라고 부르는데, 미국의 내부자거래규제의 법리를 도입한 자본시장법을 해석함에 있어서 정보의 제공 없이 주식취득자금을 대여하는 경우는 "이용하게 하는 행위"로 볼 수 없다. 미국의 수많은 내부자거래 관련 판례 중에서도 타인의 내부자거래에 대하여 정보를 제공하지 않은 내부자의 민·형사책임이 인정된 예는 없다.

2) 정보수령자의 정보이용 정보수령자가 정보를 이용하여 거래할 가능성이 있음을 인식하면서 정보를 제공하였더라도 정보수령자가 실제로 거래를 하지 않은 경우에는 거래당사자 간의 정보의 비대칭문제가 없으므로 굳이 이에 대한 민형사상의 제재를 할 필요가 없다. 따라서 정보제공자의 "이용하게 하는 행위"는 정보수령자가 해당 정보를 이용하는 때에 기수가 되고 처벌대상이 된다. 또한

자본시장법 제174조 제1항은 "정보를 제공하여서는 아니 된다."고 규정하지 않고 "이용하게 하여서는 아니 된다."고 규정하는데, 내부자가 정보를 제공하였더라도 정보수령자가 그 정보를 이용한 거래를 하지 않은 경우에는 "이용하게 하는 행위"가 있다고 볼 수 없다.

3) 정보를 보유한 내부자의 의무　　내부자가 타인에게 정보를 제공함으로써 적극적으로 정보를 이용하게 하는 행위가 제174조 제1항의 "이용하게 하는 행위"이고, 비록 내부자 자신의 정보라 하더라도 내부자가 정보를 제공한 사실이 없는 한 타인의 정보 이용행위를 방지하지 못하였더라도 "이용하게 하는 행위"로 볼 수 없다. 내부자는 타인이 정보를 이용하여 거래하는 것을 방지할 의무는 없기 때문이다. 그 타인이 내부자의 가족이거나 내부자로부터 증권매수자금을 차용하거나 증권매매에 관한 의견을 구한 경우에도 내부자는 자신이 정보를 제공하지 않은 한 "이용하게 하는 행위"를 한 것이 아니다. 즉, 자본시장법이 금지행위로 규정하는 "이용하게 하는 행위"는 내부자가 적극적으로 타인에게 정보를 제공함으로써 그 타인으로 하여금 정보를 이용하게 하는 행위만을 가리키고, 내부자가 정보를 제공한 사실이 없는 이상, 여하한 상황에서도 타인의 거래행위를 금지시키지 못한 것을 "이용하게 하는 행위"로 볼 수 없다. 이는 그 타인과 내부자 간에 일정한 친족관계, 고용관계, 계약관계 등이 있더라도 마찬가지이다. 나아가 그 타인이 내부자로부터 증권매수자금을 차용하거나 내부자에게 해당 증권의 매매에 관한 의견 또는 조언을 구한 경우에도, 내부자는 그 타인에게 정보를 제공하지 않은 이상 그 타인의 증권거래를 방지하지 못하였다고 하여 "이용하게 하는 행위"를 한 것이 아니다. 자본시장법 제174조 제1항의 "미공개중요정보를 … 타인에게 이용하게 하여서는 아니 된다"는 규정을 정보제공과 무관한 개념인 "이용하게 하는 행위"까지도 금지대상으로 규정하는 것으로 확장해석한다면 죄형법정주의의 명확성원칙에 위반되는 것이고, 더구나 법정형의 상한이 무기징역인 점을 고려하면 미공개중요정보 이용행위의 구성요건은 명확성의 원칙이 보다 강하게 요구된다 할 것이다.[266)]

266) 범죄의 성립과 처벌은 법률에 의해야 한다는 죄형법정주의원칙의 내용 중 명확성의 원칙은 형벌법규의 구성요건과 법적 효과는 일반 국민이 사전에 예측할 수 있도록 명확하게 규정해야 한다는 원칙이다. 형벌법규의 내용이 추상적이거나 불명확한 경우에는 유추적용과 확장해석의 위험이 많아지고 결국 국민의 자유와 권리를 보장하려는 죄형법정주의에 위반되는 것이다.

Ⅷ. 파생상품 시세에 영향을 미칠 수 있는 정보 누설·이용금지

다음과 같은 자로서 파생상품시장에서의 시세에 영향을 미칠 수 있는 정보를 업무와 관련하여 알게 된 자와 그 자로부터 그 정보를 전달받은 자는 그 정보를 누설하거나, 장내파생상품 및 그 기초자산의 매매나 그 밖의 거래에 이용하거나, 타인으로 하여금 이용하게 하지 못한다(法 173조의2②).

1. 장내파생상품의 시세에 영향을 미칠 수 있는 정책을 입안·수립 또는 집행하는 자
2. 장내파생상품의 시세에 영향을 미칠 수 있는 정보를 생성·관리하는 자
3. 장내파생상품의 기초자산의 중개·유통 또는 검사와 관련된 업무에 종사하는 자

위 규정을 위반하여 파생상품시장에서의 시세에 영향을 미칠 수 있는 정보를 누설하거나, 장내파생상품 및 그 기초자산의 매매나 그 밖의 거래에 이용하거나, 타인으로 하여금 이용하게 한 자는 3년 이하의 징역 또는 1억원 이하의 벌금에 처한다(法 445조 22호의2).

제 2 장

시세조종과 부정거래행위

제 1 절 시세조종

Ⅰ. 서 론

1. 시세조종의 의의

증권의 가격은 시장에서 수요공급의 원칙에 따라 정해지는 것이 원칙인데, 인위적인 조작에 의하여 이러한 가격을 조정하는 행위를 시세조종이라고 한다. 일반적으로 업계와 언론에서는 법률상의 용어인 시세조종보다는 보다 어감이 강한 주가조작이라는 용어가 보다 널리 사용되는데, 두 용어는 기본적으로 동일한 의미이다.[1] 자본시장법 제176조는 시세조종행위를 금지하는 규정으로서 위장거래에 의한 시세조종(제1항), 허위표시에 의한 시세조종(제2항), 시세의 고정·안정행위(제3항), 연계시세조종행위(제4항) 등을 규정하였다. 시세조종은 민법상 법률행위의 취소사유인 사기에 해당하고 형법상의 범죄인 사기죄에 해당하지만, 실제로는 이들 규정에 의한 규제가 효과적이지 않기 때문에 특별히 자본시장법에 시세조종에 대한 행위유형과 그에 대한 민형사책임을 규정한 것이다. 그러나 실제의 매매에 있어서 정상적인 매매행위와 시세조종행위는 구별이 용이하지 않다. 특히, 투자자들 사이에 발행회사의 주가관리는 불법적인 것이나 부도덕한 것이 아니라고 인식되는 실정이어서(나아가 주가가 하락하는 경우 주주들이 발행회사에 주가관리를 하도록 압력을 넣기도 한다) 발행회사가 주가관리를 내세워 공공연하게

---

1) 법률에 주가조작이라는 용어가 사용된 예는 "주식회사 지앤지 대표이사 이용호의 주가조작·횡령사건 및 이와 관련된 정·관계 로비 의혹사건 등의 진상규명을 위한 특별검사의 임명 등에 관한 법률(제정 2001. 11. 26 법률 제6520)"과 "한나라당 대통령후보 이명박의 주가조작 등 범죄혐의의 진상규명을 위한 특별검사의 임명 등에 관한 법률(제정 2007. 12. 28. 법률 제8824)" 등이 있다.

시세조종행위를 하는 실정이다.[2)]

2. 연 혁

구 증권거래법은 1962년 제정 당시부터 시세조종행위를 금지하는 제105조를 두었으며 1982년 3월 개정시 제105조에 제4항을 신설하여 “위계 등에 의한 재산 취득행위”도 규제대상으로 하는 한편, 조의 제목도 “시세조종의 금지”에서 “시세조종 등 불공정거래의 금지”로 변경하였다가 1997년 1월 개정시 조문개정 및 이관으로 종전 규정은 삭제되고 제188조의4가 신설되었다.

3. 포괄적 사기금지규정의 필요성

불공정거래에 대한 효과적인 규제를 위하여는 증권사기에 관한 포괄적인 금지규정(catch-all provision)이 필요한데, 구 증권거래법은 증권거래에 있어 사기를 포괄적으로 금지하는 미국의 SEA §10(b) 및 SEC Rule 10b-5나 일본의 證券取引法(현재는 金融商品取引法) 제157조와 같은 규정을 두지 않고 개별적인 금지규정만을 두고 있었으므로 시세조종행위를 비롯한 증권사기행위에 대한 규제가 미흡하였다. 다만, 구 증권거래법 제188조의4 제4항이 완전하지는 않지만 포괄적인 사기금지규정의 역할을 하고 있었다. 이러한 미비점을 개선하고자 자본시장법은 완전한 의미의 포괄적 사기금지 조항으로서 제178조를 별도의 독립된 조항으로 규정한다.

4. 시세조종의 동기

시세조종의 가장 일반적인 동기는 보유하거나 매집중인 증권의 가격을 인위적으로 상승시킨 후 일반투자자에게 매도하여 차익을 얻는 것이다. 그러나 그 외에도 시세조종의 동기로는, 신주,[3)] 전환사채,[4)] 신주인수권부사채[5)] 등의 발행가격을 높이거나 원활한 발행을 위한 경우, 담보로 제공한 증권에 대한 사채업자의

2) 심지어는 과거 장기적인 주가침체시 정부가 나서서 투신사(현재의 자산운용사) 등 기관투자자들에게 증시회복을 위한다는 정책적인 이유로 소위 순매수원칙(총매도금액보다 총매수금액이 많도록 유지하는 원칙)을 강요하기도 하였다.

3) 서울고등법원 2004. 4. 2. 선고 2003노3374 판결.

4) 대법원 2002. 12. 10. 선고 2002도5407 판결(구 증권거래법 제188조의4 제2항의 시세조종과 제4항의 사기적 부정거래행위를 모두 인정하였다).

5) 대법원 2004. 1. 27. 선고 2003도5915 판결.

담보권실행을 방지하기 위한 경우,[6] 합병반대주주의 주식매수청구권 행사를 억제하기 위한 경우[7] 등이 있다.

Ⅱ. 시세조종행위의 유형별 규제

1. 위장매매

(1) 의 의

통정매매와 가장매매를 통칭하여 위장거래(fictitious transaction)라고 하는데, 한정된 자금을 반복하여 사용할 수 있으므로 일반적으로 많은 자금이 소요되지 않는 시세조종행위이기 때문에, 현실의 매매에 의한 시세조종과정에서도 통정매매와 가장매매가 활용된다. 누구든지 상장증권 또는 장내파생상품의 매매에 관하여 그 매매가 성황을 이루고 있는 듯이 잘못 알게 하거나,[8] 그 밖에 타인에게 그릇된 판단을 하게 할 목적으로 다음과 같은 행위를 하지 못한다(法 176조①).

1. 자기가 매도하는 것과 같은 시기에 그와 같은 가격 또는 약정수치로 타인이 그 증권 또는 장내파생상품을 매수할 것을 사전에 그 자와 서로 짠 후 매도하는 행위
2. 자기가 매수하는 것과 같은 시기에 그와 같은 가격 또는 약정수치로 타인이 그 증권 또는 장내파생상품을 매도할 것을 사전에 그 자와 서로 짠 후 매수하는 행위
3. 그 증권 또는 장내파생상품의 매매를 함에 있어서 그 권리의 이전을 목적으로 하지 않는 거짓으로 꾸민 매매를 하는 행위
4. 제1호부터 제3호까지의 행위를 위탁하거나 수탁하는 행위

(2) 행위유형

(가) 통정매매(제1호 · 제2호)

통정매매(matched orders)는 자기가 매도(매수)하는 것과 같은 시기에 그와 같은 가격으로 타인이 그 유가증권을 매수(매도)할 것을 사전에 그 타인과 통정한 후 매도하는 행위를 의미한다. 자본시장법은 구체적으로, ⅰ) 자기가 매도하는 것과 같은 시기에 그와 같은 가격 또는 약정수치로 타인이 그 증권 또는 장

---

6) 서울중앙지방법원 2006. 12. 19. 선고 2006고합729 판결.
7) 서울중앙지방법원 2007. 6. 22. 선고 2007고합11 판결.
8) 구 증권거래법 제188조의4 제1항은 "… 매매거래에 관하여 그 거래가 성황을 이루고 있는 듯이 잘못 알게 하거나 …"라고 규정하였으나, 자본시장법은 "매매거래"를 "매매"로, "거래가 성황을"을 "매매가 성황을"로 변경하였다.

내파생상품을 매수할 것을 사전에 그 자와 서로 짠 후 매도하는 행위(제1호), ii) 자기가 매수하는 것과 같은 시기에 그와 같은 가격 또는 약정수치로 타인이 그 증권 또는 장내파생상품을 매도할 것을 사전에 그 자와 서로 짠 후 매수하는 행위(제2호)를 통정매매라고 규정한다. 여기서 타인이란 매매로 인한 손익이 달리 귀속되는 자를 뜻하는 것으로서, 반드시 매도인과 매수인 사이에 직접적인 협의가 이루어져야 하는 것은 아니고 그 중간에 매도인과 매수인을 지배·관리하는 주체가 있어 그가 양자 사이의 거래가 체결되도록 주도적으로 기획·조종한 결과 실제 매매가 체결되는 경우도 포함한다.[9]

증권회사 직원이 서로 다른 손익의 귀속 주체들로부터 각 계좌의 관리를 위임받아 함께 관리하면서 거래가 성황을 이루고 있는 듯이 잘못 알게 하거나 기타 타인으로 하여금 그릇된 판단을 하게 할 목적으로 각 계좌 상호 간에 같은 시기에 같은 가격으로 매매가 이루어지도록 하는 행위도 위 통정매매에 해당한다. 그러나 이 경우 자본시장법 제443조가 규정하는 "그 위반행위로 얻은 이익 또는 회피한 손실액"에는 제3자인 고객에게 귀속된 이익은 포함되지 않는다.[10]

통정매매는 해당 종목의 거래 부족으로 시세가 적정 수준에 이르지 못하는 경우, 그 종목의 매매가격, 담보가격이나 장부가격 등의 근거가 되는 시세를 형성하고자 하는 의도에서 많이 이용되고, 명시적인 통정뿐 아니라 묵시적인 통정도 포함한다. 대량매매(장중대량매매와[11] 시간외 대량매매[12])는 매매의 쌍방 당사자가 동일한 가격과 동일한 수량의 매도·매수주문을 내어 매매계약을 체결시키는 행위이다. 이는 경쟁매매과정에서 처리하기 곤란하거나 경쟁매매에 의하면 주가의 급등락이 우려될 정도의 대량거래를 하려는 경우, 주가에 영향을 미치지 않

9) 대법원 2013. 9. 26. 선고 2013도5214 판결.

10) 대법원 2011. 2. 24. 선고 2010도7404 판결, 서울고등법원 2008. 11. 26. 선고 2008노1251 판결.

11) [업무규정 31조 (장중대량매매)]
① 장중대량매매는 정규시장의 매매거래시간 동안 종목, 수량 및 가격이 동일한 매도호가 및 매수호가로 회원이 매매거래를 성립시키고자 거래소에 신청하는 경우 당해 종목의 매매거래를 성립시키는 방법으로 한다. 다만, 당해 호가의 접수직전까지 정규시장에서 매매거래가 성립하지 아니한 경우에는 매매거래를 성립시키지 아니한다.

12) [업무규정 35조 (시간외대량매매)]
① 시간외대량매매는 시간외시장의 호가접수시간 동안 종목, 수량 및 가격이 동일한 매도호가 및 매수호가로 회원이 매매거래를 성립시키고자 거래소에 신청하는 경우 당해 종목의 매매거래를 성립시키는 방법으로 한다. 다만, 당일(장개시전 시간외시장의 경우에는 전일로 한다) 정규시장의 매매거래시간중 매매거래가 성립하지 아니한 경우에는 매매거래를 성립시키지 아니한다.

고 신속하게 주문을 처리할 수 있는 거래방식이다. 거래소의 업무규정은 일정한 요건 하에서 이러한 매매를 허용한다. 대량매매도 경쟁매매원칙에 반하는 통정매매의 유형에 속하지만 매매성황 오인이나 오판 유발의 목적이 없으므로 금지되는 시세조종행위의 유형이 아니다.[13)]

(나) 가장매매(제3호)

가장매매(wash sales)는 외관상 매도인과 매수인간에 권리의 이전을 목적으로 하는 매매로 보이지만, 실제로는 권리의 이전을 목적으로 하지 않는 매매이다. 이 점에서 실질적으로 권리의 이전이 이루어지는 통정매매와 다르다.[14)] 즉, 가장매매라 함은 매수계좌와 매도계좌가 동일한 경우 또는 그 계좌가 다르더라도 계산 주체가 동일한 경우를 의미한다.

(다) 위탁행위 또는 수탁행위(제4호)

통정매매나 가장매매가 성립하는 경우에만 금지대상이 되는 것이 아니라 이러한 매매를 증권회사에 위탁하는 행위도 금지대상이다. 또한, 이러한 매매를 수탁하는 행위도 금지대상이므로, 매매를 수탁하는 투자중개업자의 직원도 통정매매나 가장매매에 해당한다는 사실을 인식하였다면 금지대상이 된다. 자본시장법은 미수범 처벌규정을 두지 않는데, 위탁행위 또는 수탁행위에 대한 처벌규정은 사실상 시세조종행위의 미수범을 처벌할 수 있는 근거규정의 역할을 한다.

(3) 요 건

(가) 규제대상 상품과 거래장소

위장매매의 규제대상은 상장증권 또는 장내파생상품이다. 상장법인이 발행한 모든 증권이 규제대상이 되는 것은 아니고 상장법인이 발행한 증권 중 상장증권만이 규제대상이다. 거래장소에 대한 제한규정이 없지만 거래대상이 상장증권 특히 장내파생상품이므로 거래소시장에서의 거래만 규제대상으로 보아야 한다.

(나) 매 매

제1호 내지 제3호는 매매의 성립을 전제로 하는 것이지만, 제4호가 "이상의 행위의 위탁 또는 수탁을 하는 행위"라고 규정하므로 위탁 후 매매가 성립되지 않은 경우에도 규제대상이다.[15)] 증권회사의 반대매매 물량이 시장에 유통되는 것

13) 목적은 구성요건의 주관적 요소이므로, 업무규정에 따른 대량매매는 위법성조각사유가 없는 경우가 아니라 구성요건해당성이 없는 경우이다.

14) 대법원 2013. 7. 11. 선고 2011도15056 판결.

15) 통정매매, 가장매매에 관한 구 증권거래법 제188조의4 제1항 각 호의 범죄가 위험범이라는

을 막기 위하여 증권회사 직원으로부터 통보받은 반대매매 시점과 수량에 맞추어 매수주문을 한 경우에도 이를 통정매매로 인정한 하급심판례도 있다.[16]

(다) 매매성황에 대한 오인 또는 오판 유발의 목적

1) 의 의 통정매매와 가장매매가 시세조종으로서 규제의 대상이 되려면 거래가 대량으로 이루어져 일반 투자자로 하여금 그 매매가 성황을 이루고 있는 듯이 잘못 알게 하거나 기타 타인으로 하여금 그릇된 판단을 하게 할 목적이 있어야 하고, 이로 인하여 투자자의 투자판단에 실질적인 영향을 미칠 정도이어야 한다. 투자상담사가 고객 계좌의 신용만기에 따른 반대매매를 피하기 위하여 일단 매도하였다가 다시 동일 물량을 유지하기 위하여 동일 가격에 매수하는 과정에서 통정매매를 한 경우, 이는 금지되는 통정매매라기 보다는 고객의 요청에 따른 거래이고 매매의 성황에 대한 오인 또는 오판 유발의 목적이 인정되지 아니하므로 시세조종으로 볼 수 없다.[17]

한편 종래의 선물거래법 제31조는 선물거래에 관한 시세조종행위에 대하여 구 증권거래법과 달리 목적을 요건으로 규정하지 않았다.[18] 하급심법원도 이와 관련하여 "선물거래는 주식거래와 달리 거래의 일방이 이익을 얻으면 상대방이 반드시 손해를 입게 되는 제로섬(zero sum) 게임이기 때문에 거래성황오인목적이

이유로 매매의 성립은 요건이 아니라고 설명하는 견해도 있지만[이성호, "범죄체계론상 사기죄의 새로운 조명, 관련 범죄와의 비교를 중심으로", 형사법연구, 제22호(2004 겨울), 133면], 제4호의 규정(구 증권거래법과 자본시장법의 규정이 같다)이 있으므로 매매의 성립이 요구되지 않는 것으로 해석하는 것이 법문에 충실한 해석이다.

16) 서울중앙지방법원 2007. 1. 12. 선고 2006고합770 판결.

17) 대법원 2008. 11. 27. 선고 2007도6558 판결.

18) [선물거래법 제31조]

① 누구든지 선물거래에 관하여 다음 각 호의 행위를 하여서는 아니 된다.

1. 자기가 행하는 선물거래를 청약하는 시기에 그와 동일한 가격 또는 약정수치로 당해 선물거래를 성립시킬 수 있는 청약을 타인이 할 것을 사전에 통정하여 당해 선물거래를 청약하는 행위
2. 거래에 있어서 그 권리의 이전을 목적으로 하지 아니하는 가장된 거래를 하는 행위
3. 제1호 또는 제2호의 행위를 위탁하거나 수탁하는 행위
4. 단독 또는 타인과 공동으로 선물거래를 유인할 목적으로 당해 선물거래가 성황을 이루고 있는 것으로 오인하게 하거나 선물거래의 시세를 고정 또는 변동시키는 거래행위
5. 선물거래를 유인할 목적으로 당해 선물거래의 시세가 자기 또는 타인의 시장조작에 의하여 변동한다는 뜻을 유포하는 행위

5의2. 선물거래에서 자신이 부당한 이익을 얻거나 제3자로 하여금 부당한 이익을 얻게 할 목적으로 단독 또는 타인과 공동으로 선물거래 대상품목의 시세를 고정 또는 변동시키는 행위

6. 기타 공정한 선물거래를 해하는 것으로서 대통령령이 정하는 행위

나 오판목적 없이도 불법적인 통정매매가 가능하기 때문"이라고 판시하였다.[19] 반면에 자본시장법은 장내파생상품거래의 통정매매나 가장매매에 대하여 종래에는 요건이 아니었던 '목적성'을 요건으로 규정하는데, 위와 같은 파생상품거래의 특성상 목적의 존재는 증권에 비하여 매우 폭넓게 인정하여야 할 것이다.

2) 목적의 정도 주관적 요건인 '거래가 성황을 이루고 있는 듯이 잘못 알게 하거나 기타 타인으로 하여금 그릇된 판단을 하게 할 목적'은 다른 목적과의 공존 여부나 어느 목적이 주된 것인지는 문제되지 아니하고, 그 목적에 대한 인식의 정도는 적극적 의욕이나 확정적 인식임을 요하지 아니하고 미필적 인식이 있으면 족하며, 투자자의 오해를 실제로 유발하였는지 여부나 타인에게 손해가 발생하였는지 여부 등은 문제가 되지 않는다.[20] 여기서 투자자 또는 타인이란 특정 투자자가 아닌 일반적인 투자자집단을 대표할 만한 평균적 수준의 합리적인 투자자를 말하고, 그릇된 판단이란 유가증권의 매매에 관한 의사결정을 말한다.

3) 매매유인목적 필요 여부 통정매매 및 가장매매는 제2항의 허위표시에 의한 시세조종과는 달리 매매유인목적은 요구되지 않는다.[21]

4) 목적에 관한 증명 불법목적의 증명과 관련하여 자본시장법 제176조 제1항·제2항의 규정형식상 원고가 행위자의 불법목적을 증명해야 한다. 그러나 행위자의 내심의 목적을 직접증거에 의하여 증명한다는 것은 거의 불가능하다는 문제점이 있다. 법원은 이러한 증명상의 문제점을 보완하기 위하여, 당사자가 목적에 대하여 자백하지 않더라도 그 유가증권의 성격과 발행된 유가증권의 총수,

---

19) 서울중앙지방법원 2005. 5. 6. 선고 2004노4301 판결.

20) 대법원 2009. 4. 9. 선고 2009도675 판결【증권거래법위반(피고인3에 대하여 인정된 죄명: 증권거래법위반방조)】(同旨: 대법원 2004. 3. 26. 선고 2003도7112 판결, 대법원 2002. 7. 22. 선고 2002도1696 판결, 대법원 2001. 11. 27. 선고 2001도3567 판결, 대법원 2010. 6. 24. 선고 2007도9051 판결, 대법원 2013. 7. 11. 선고 2011도15056 판결).

21) 대법원 2001. 11. 27. 선고 2001도3567 판결(원심은 피고인들이 공모하여 공소사실 기재와 같이 통정 매도·매수행위를 하고 가장된 매매거래를 한 사실은 인정하고서도, 피고인들에게 거래에 관하여 매수세력을 섭외하여 삼익주택 주식을 10만 주 이상 대량매매하는 과정에서 시세조종을 통하여 주가를 인위적으로 상승시키거나 하락을 최소한으로 억제시켜 일반투자자로 하여금 위 주식의 매매거래가 정상수급의 원칙에 의하여 성황을 이루고 있는 듯이 오인시켜 거래를 유인할 목적이 있었음을 인정할 증거가 없다는 이유로 피고인들의 증권거래법위반의 공소사실에 대하여 이를 유죄로 인정한 제1심판결을 파기하고 무죄를 선고하였다. 그러나 대법원은 "… 같은 조 제2항에서 요구되는 '매매거래를 유인할 목적'이나 제3항이 요구하는 '시세를 고정시키거나 안정시킬 목적', 그밖에 '시세조종을 통하여 부당이득을 취득할 목적' 등이 요구되는 것도 아니다."라는 이유로 원심판결을 파기하였다)(同旨: 대법원 2013. 7. 11. 선고 2011도15056 판결).

매매의 동기와 태양(순차적 가격상승주문 또는 가장매매, 시장관여율의 정도, 지속적인 종가관여 등), 그 유가증권의 가격 및 거래량의 동향, 전후의 거래상황, 거래의 경제적 합리성 및 공정성 등의 간접사실을 종합적으로 고려하여 판단할 수 있다는 입장이다.[22)]

㈑ 같은 시기 · 같은 가격

통정매매는 같은 시기에 같은 가격으로 매매가 이루어질 것을 요건으로 한다. "같은 시기"와 관련하여, 매도주문과 매수주문이 반드시 동일한 시기에 있어야만 통정매매가 성립하는 것이 아니고, 쌍방의 주문이 시장에서 대응하여 성립할 가능성이 있는 시간이면 통정매매가 성립한다. 나아가, 매도주문이 체결되지 않고 남아 있는 상황에서 통모한 상대방이 매수주문을 내서 매매가 성립하게 되면 동시기의 주문에 의한 매매는 아니지만 통정매매에 의한 시세조종이 성립한다.[23)]

그러나 매도주문과 매수주문 간에 현저히 시차가 있는 경우에는 "같은 시기"의 매매로 보기 어려울 것이다. "같은 가격"도 쌍방의 주문이 대응하여 성립할 가능성이 있는 범위 내의 가격을 의미한다.[24)] 자본시장법은 주문수량의 일치("같은 수량")는 요구하지 않는다. 실제의 통정매매에서 주문수량이 일치하는 경우가 대부분이지만 주문자가 의도적으로 주문수량이 일치하지 않도록 주문하는 경우도 있으므로 통정매매의 요건으로서는 같은 시기와 같은 가격만 요구된다.

⑷ 고객계좌를 이용한 시세조종

통정매매는 자기가 매도(매수)하는 것과 같은 시기에 그와 같은 가격으로 타인이 그 유가증권을 매수(매도)할 것을 사전에 그 타인과 통정한 후 매도하는 행위를 의미하는데, 타인이란 매매로 인한 손익이 달리 귀속되는 자를 뜻하는 것으로서, 동일인이 서로 다른 손익의 귀속 주체들로부터 각 계좌의 관리를 위임받아 함께 관리하면서 거래가 성황을 이루고 있는 듯이 잘못 알게 하거나 기타 타인으로 하여금 그릇된 판단을 하게 할 목적으로 각 계좌 상호 간에 같은 시기에 같은 가격으로 매매가 이루어지도록 하는 행위도 통정매매에 해당한다. 따라서 증권회사 직원이 고객계좌를 이용하여 시세조종행위를 한 경우에는 손익의 귀속 주체가 다르므로 가장매매가 아니라 통정매매에 해당한다. 그러나 만일 손익의

---

22) 대법원 2001. 11. 27. 선고 2001도3567 판결, 대법원 2002. 7. 22. 선고 2002도1696 판결.

23) 김건식 · 정순섭, 450면.

24) 서울중앙지방법원 2008. 5. 23. 선고 2007고합243 판결.

귀속주체가 동일하다면 가장매매에 해당한다. 다만, 전체 시세조종기간 동안의 통정매매와 가장매매를 한 경우에는 포괄일죄가 성립한다.[25)]

2. 매매유인목적행위

(1) 행위유형

누구든지 상장증권 또는 장내파생상품의 매매를 유인할 목적으로 다음과 같은 행위를 하지 못한다(法 176조②).

1. 그 증권 또는 장내파생상품의 매매가 성황을 이루고 있는 듯이 잘못 알게 하거나 그 시세(증권시장 또는 파생상품시장에서 형성된 시세, 다자간매매체결회사가 상장주권의 매매를 중개함에 있어서 형성된 시세, 그 밖에 대통령령으로 정하는 시세)를 변동시키는 매매 또는 그 위탁이나 수탁을 하는 행위
2. 그 증권 또는 장내파생상품의 시세가 자기 또는 타인의 시장 조작에 의하여 변동한다는 말을 유포하는 행위
3. 그 증권 또는 장내파생상품의 매매를 함에 있어서 중요한 사실에 관하여 거짓의 표시 또는 오해를 유발시키는 표시를 하는 행위

제1호는 실제로 가장 많이 발생하는 소위 현실거래에 의한 시세조종을 규제하는 것이고, 제2호와 제3호는 소위 표시에 의한 시세조종행위를 규제하는 것인데, 제1호의 경우에 매매의 위탁, 수탁도 금지되므로 매매의 성립은 요건이 아니고, 제2호와 제3호의 경우에는 행위유형상 행위자의 매매나 그 위탁은 요건이 아니며, 행위자의 매매유인행위에 의하여 타인이 실제로 매매 또는 그 위탁을 하였음도 요건이 아니다.

(2) 매매유인목적

(가) 의 의

매매유인목적이라 함은 인위적인 조작을 가하여 시세를 변동시킴에도 불구하고 투자자에게는 그 시세가 유가증권시장에서의 자연적인 수요 공급의 원칙에 의하여 형성된 것으로 오인시켜 유가증권의 매매에 끌어들이려는 목적을 말한다.

25) 대법원 2013. 7. 11. 선고 2011도15056 판결(원심은 통정매매를 가장매매로 본 잘못이 있었는데, 대법원은 이는 행위 태양을 잘못 파악한 것에 불과할 뿐이고, 그 전체 시세조종기간 동안의 이 사건 시세조종행위를 모두 구 증권거래법 제188조의4 소정의 불공정거래행위금지위반의 포괄일죄로 보아 유죄로 인정한 결론은 정당하므로 위 잘못은 판결에 영향이 없다고 판시하였다).

(나) 판단기준

제2호 및 제3호의 경우에는 규정된 각각의 행위가 있으면 그로부터 행위자에게 유인목적이 있었다고 인정하는데 무리가 없지만, 제1호의 경우에는 외관상으로 정상적인 매매와 구분하기 곤란하므로 매매유인목적은 행위자의 자백이 없는 한 직접적인 증명이 곤란하다. 예를 들어, 주식을 매집하면 주가가 상승하게 되어 외관상 시세변동행위에 해당하지만 주식매집의 동기가 매매유인이 아니라 순수하게 지분을 확대하거나 나아가 경영권을 획득하기 위한 것이라면 매매유인목적을 인정하기 곤란할 것이다.[26]

결국 이 문제는 거래의 동기·매매의 전후사정·거래의 경제적 합리성 등을 고려하여, 직전가격에 비하여 인위적으로 고가 또는 저가를 형성하기 위하여 경제적인 합리성을 결여한 매매주문(통상의 거래관행을 벗어난 주문)을 하는 것인지 여부에 따라 인정할 수밖에 없을 것이다.

통상의 거래관행을 벗어난 주문을 한 경우에는 유인목적의 존재가 사실상 추정되므로 행위자는 책임을 면하기 위하여는 유인목적을 수반하지 않은 정상적인 매매주문이었음을 증명하여야 할 것이다. 또한, 행위자에게 금전적인 이해관계(담보권자로부터 주가하락으로 인하여 추가담보를 요구받고 있는 경우나 전환사채의 발행을 원활하게 하기 위한 경우 등)가 있으면 유인목적이 인정될 가능성이 높을 것이다.

통정매매, 가장매매에서의 목적과 같이, 이러한 목적은 다른 목적과의 공존여부나 어느 목적이 주된 것인지는 문제되지 아니하고, 그 목적에 대한 인식만 있으면 되는데 그 인식의 정도는 적극적 의욕이나 확정적 인식임을 요하지 아니하고 미필적 인식이 있으면 족하며, 투자자의 오해를 실제로 유발하였는지 여부나 타인에게 손해가 발생하였는지 여부 등도 문제가 되지 아니하고, 이러한 목적은 당사자가 이를 자백하지 않더라도 그 유가증권의 성격과 발행된 유가증권의 총수, 매매의 동기와 태양(순차적 가격상승주문 또는 가장매매, 시장관여율의 정도, 지속적인 종가관여 등), 그 유가증권의 가격 및 거래량의 동향, 전후의 거래상황, 거래의 경제적 합리성 및 공정성 등의 간접사실을 종합적으로 고려하여 판단할

26) 실제로 시세변동행위사건에서 행위자들은 대부분 주식매수에 따른 자연적인 주가상승일 뿐 매매유인목적으로 시세를 변동시킨 것이 아니라고 주장하는데, 주가상승 후 매도함으로써 이득을 취하였다면 모르지만 주식을 계속 보유하는 경우에까지 유인목적이 있다고 인정하기 곤란할 것이다.

수 있다.[27)]

따라서 유상증자를 앞두고 원활한 유상증자를 하기 위하여 거래량을 증가시키기 위한 경우에도 매매유인목적이 인정된다.[28)] 그러나 주가 변화 추이, 매수주식 수와 매매 횟수 및 기타 사정 등에 비추어, 주식매수행위가 주가상승에 절대적인 영향을 미쳤다고 보기 어렵고, 공개 주식시장에서의 정상적인 수요·공급의 시장 원리에 반하여 소외 회사의 주가를 부당하게 형성할 의도가 없는 경우에는 매매유인목적을 인정할 수 없다.[29)]

시세조종행위의 성립을 위하여 매매유인목적만 있으면 되고 유인된 결과 매매가 실제로 이루어지는 것은 요건이 아니다. 따라서 형사책임에 있어서는 피해자의 손해발생과 시세조종행위자의 이익취득은 요건이 아니고, 다만 제175조에 기한 손해배상책임은 피해자의 손해발생을 요건으로 한다.

(3) 매매성황오인유발행위 또는 시세변동행위(제1호)

(가) 규제대상 상품

규제대상 상품은 상장증권 또는 장내파생상품이다.[30)]

(나) 거래장소

매매장소에 대한 제한규정이 없지만 매매대상이 상장증권 특히 장내파생상품이므로 거래소시장에서의 시세조종행위만 규제대상으로 보아야 한다.

(다) 단일 매매

현실거래에 의한 시세조종행위에 대하여 자본시장법은 미국 증권법과 일본 金融商品取引法과 달리 일련의 매매(일련의 거래, series of transaction)라는 요건을 규정하지 않는다.[31)] 단일 매매보다는 대부분 일련의 매매를 통하여 시세조종이 이루어지겠지만, 주가 변동을 위한 적극적인 행위라면 반드시 일련의 매매인 경우뿐 아니라 단일 매매(시가 또는 종가 형성에 영향을 주기 위한 주문을 하는 경우

---

27) 대법원 2018. 4. 12. 선고 2013도6962 판결, 대법원 2001. 6. 26. 선고 99도2282 판결, 대법원 2002. 6. 14. 선고 2002도1256 판결, 대법원 2002. 7. 22. 선고 2002도1696 판결, 대법원 2002. 7. 26. 선고 2001도4947 판결, 대법원 2003. 12. 12. 선고 2001도606 판결, 대법원 2011. 4. 28. 선고 2010도7622 판결, 대법원 2011. 7. 14. 선고 2011도3180 판결.

28) 대법원 2009. 4. 9. 선고 2009도675 판결, 대법원 2002. 7. 26. 선고 2001도4947 판결.

29) 대법원 2010. 7. 22. 선고 2009다40547 판결.

30) 위장매매의 경우와 같이, 상장법인이 발행한 모든 증권이 규제대상이 되는 것은 아니고 상장법인이 발행한 증권 중 상장증권만이 규제대상이다.

31) 이와 달리 자본시장법 제176조 제3항은 "증권 또는 장내파생상품에 관한 일련의 매매 또는 그 위탁이나 수탁을 하는 행위"를 금지대상으로 규정한다.

포함)라도 시세조종행위로 인정될 수 있다. 그러나 이 경우에는 목적의 존재 여부를 계속적인 매매에 비하여 보다 엄격하게 판단하여야 할 것이다.

(라) 위탁행위와 수탁행위

"시세를 변동시키는 매매 또는 그 위탁이나 수탁을 하는 행위"도 금지대상이므로 매매의 성립은 요건이 아니고, 또한 이러한 매매를 수탁하는 행위도 금지된다.

(마) 공 모

단독으로 한 행위뿐 아니라 타인과 공모한 경우도 제1호의 적용대상이다. 공모는 공범자 상호간에 직접 또는 간접으로 범죄의 공동실행에 관한 암묵적인 의사연락이 있으면 족하며, 이에 대한 직접증거가 없더라도 정황사실과 경험법칙에 의하여 이를 인정할 수 있다.[32] 공모의 경우에는 가담자 각자의 역할이 (단독인 경우에 비하여) 크지 않더라도 매매유인목적이 인정될 가능성은 클 것이다. 다만, 다수의 행위자가 관련되었지만, 사전합의에 의한 것이 아니라 서로 우연히 공통된 행위를 한 경우에는 "공모"로 볼 수 없다.

(바) 매매성황오인유발행위

"상장증권 또는 장내파생상품의 매매가 성황을 이루고 있는 듯이 잘못 알게" 하는 매매에 해당하는지의 여부는 당사자가 이를 자백하지 않더라도 그 증권의 성격과 발행된 증권의 총수, 가격 및 거래량의 동향, 전후의 거래상황, 거래의 경제적 합리성과 공정성, 가장 혹은 허위매매 여부, 시장관여율의 정도, 지속적인 종가관리 등 거래의 동기와 태양 등의 간접사실을 종합적으로 고려하여 이를 판단할 수 있다.[33] 이러한 매매성황오인유발행위로서 통정매매와 가장매매가 실제로 많이 활용되는데, 여기서 "매매"가 실제로 체결될 것까지 요구되지는 않기 때문에, 소위 허수주문도 이러한 오인유발행위에 해당한다.

(사) 시세변동매매와 그 위탁, 수탁행위

1) 현실매매와 시세조종 제1호의 "시세를 변동시키는 매매"가 일반적인 의미의 시세조종행위로서 "현실매매에 의한 시세조종"이라고 하는데, 시세를 변동시키는 매매 또는 그 위탁이나 수탁을 하는 행위라 함은 "증권시장에서 수요

32) 대법원 2004. 3. 26. 선고 2002도7112 판결.

33) 대법원 2009. 4. 9. 선고 2009도675 판결, 대법원 1994. 10. 25. 선고 93도2516 판결, 대법원 2001. 6. 26. 선고 99도2282 판결, 대법원 2002. 7. 26. 선고 2001도4947 판결, 대법원 2002. 7. 22. 선고 2002도1696 판결.

공급의 원칙에 의하여 형성되는 증권 또는 장내파생상품의 가격을 인위적으로 상승 또는 하락시켜 왜곡된 가격을 형성하는 매매 또는 그 위탁이나 수탁을 하는 행위"를 말한다.[34] 실제로는 매매성황오인은 일반적으로 시세변동을 초래하게 되므로 제1호가 규정하는 행위유형의 중점은 시세를 변동시키는 매매이다.

2) 시세조종의 방법　　시세조종의 방법은 매우 다양한데 실제의 판례에서 판시된 예로는, 직전체결가 대비 고가매수주문, 시세변동을 위한 상대매도호가 대비 고가매수주문, 시세급변을 유도하기 위한 상한가매수주문, 거래성황 또는 타인의 그릇된 판단을 유도하기 위한 운용계좌 상호간 매매주문, 매일 한정된 물량을 계속적·순차적·계좌별·시간대별로 번갈아 가면서 소량·대량·분할·집중매수하는 방법으로 시초가 고가매수·당일최고가 형성을 위한 고가매수·종가 상승을 위한 고가매수·체증식 고가매수·시가고정을 위한 분할 또는 집중매수 등이 있다.[35]

3) 허수주문　　매수 또는 매도주문량이 많은 것처럼 보이기 위하여 매매를 할 의사 없이 하는 일련의 허수주문행위도 시세조종행위의 요건을 갖추면 시세를 변동시키는 매매 또는 그 위탁이나 수탁을 하는 행위에 해당한다.[36] 허수주문은 인위적으로 주가를 올리거나 내리기 위하여 실제로는 매수 또는 매도할 의사가 없이 매수 또는 매도주문을 낸 후 체결되기 전에 주문을 취소하는 방법이 이용되는데, 실제로는 시세조종행위에 해당하는 주문으로 파악하기가 용이하지 않다.[37] 예를 들어, 허매수주문 여부의 판단에 있어서 매수호가가 당일 최저시세보다 높거나, 하루 중의 가격변동폭이 큰 경우에는 빈번한 주문의 취소, 정정이 있지 않았다면 단순히 거래가 체결되지 않았다고 하여 시세조종으로 보기는 곤란하다.[38] 또한 매수주문 중 일부 허매수주문으로 보이는 주문이 있다 하더라도 대부분의 고가매수주문에 의하여 매매가 체결된 경우, 가격급등락이 심하여 혹시 가격이 급락하는 경우 저가에 대량매수할 의도로 저가매수주문을 하는 경우에는 시세조종으로 보기 어렵다. 일반적으로 판례에 나타난 법원의 판단기준을 보면

34) 대법원 1994. 10. 25. 선고 93도2516 판결.
35) 서울지방법원 1999. 5. 12. 선고 98고단13351 판결.
36) 대법원 2002. 6. 14. 선고 2002도1256 판결.
37) 특히 전산시스템의 발전에 따라, 고객의 매매주문이 금융상품거래업자에 의해서 체크되지 않고 서버만을 경유하여 거래소시장에 회송되는 경우[DMA(direct market access) 주문], 시세조종행위의 적발 및 판단이 보다 어렵게 된다.
38) 대법원 2008. 11. 27. 선고 2007도6558 판결.

통정매매, 가장매매가 이루어진 경우에는 시세조종으로 인정될 가능성이 크고, 그렇지 않은 경우에는 일부 고가매수주문이나 허매수주문이 있다 하더라도 시세조종으로 인정될 가능성이 작다.[39)]

4) 시세변동의 원인과 결과 시세변동의 원인과 관련하여, 오로지 행위자의 행위에 의하여 시세가 변동되었다는 사실은 요구되지 않고, 시세변동의 다른 사정이 있다 하더라도 행위자의 행위가 시세변동의 주된 요인이면 된다. 또한, 각각의 매매가 객관적으로 시세를 변동시킬 필요가 없고 행위자의 일련의 매매가 전체적으로 시세를 변동시키면 된다. 또한 "시세를 변동시키는 매매"는 그로 인하여 실제로 시세가 변동될 필요까지는 없고, 일련의 행위가 이어진 경우에는 전체적으로 그 행위로 인하여 시세를 변동시킬 가능성이 있으면 충분하다.[40)] 인위적인 방법에 의한 시세의 고정, 안정은 넓은 의미에서 보면 본래 형성될 정상적인 시세를 비정상적인 가격으로 변동시키는 것으로 볼 수 있지만 제176조 제3항이 시세의 고정, 안정행위를 규제하므로 제2항보다는 제3항의 적용대상으로 보아야 할 것이다.

5) 상장시초가의 변동 제1호의 시세변동행위와 관련하여, 신규 발행 유가증권이 최초 상장되는 경우에 상장시초가 형성과정에서 왜곡된 가격(대개 비정상적으로 높은 가격)을 형성하기 위한 주문행위가 문제되는데, 대법원은 이에 대하여 유통시장에서 기형성된 기준가격(시세)이 없다는 이유로 제1호가 규정하는 시세변동행위에 해당하지 않는다고 판시하였으나,[41)] 상장시초가 형성과정에서도 정상적인 수요공급의 원칙에 의한 가격이 아니라 매매거래를 유인할 목적으로 왜곡된 주문을 하여 비정상적인 시초가를 형성한 경우도 넓은 의미에서의 유통시장에서의 시세조종으로 보아야 할 것이라는 비판을 받아 왔다. 자본시장법 제176조 제2항 제1호는 이와 관련하여 "시세(증권시장 또는 파생상품시장에서 형성된 시세, 다자간매매체결회사가 상장주권의 매매를 중개함에 있어서 형성된 시세, 그 밖에 대통령령으로 정하는 시세를 말한다. 이하 같다)"라고 규정하고, 시행령 제202조는 "법 제176조 제2항 제1호에서 "대통령령으로 정하는 시세"란 상장(금융위원회가 정하여 고시하는 상장을 포함한다)되는 증권에 대하여 증권시장에서 최초로 형성되

39) 서울고등법원 2009. 3. 19. 선고 2008노2314 판결.
40) 대법원 2008. 12. 11. 선고 2006도2718 판결.
41) 대법원 1994. 10. 25. 선고 93도2516 판결.

는 시세를 말한다."고 규정함으로써 이에 관한 논란을 입법적으로 해결하였다.

6) 주가관리　　시세변동매매 거래와 관련하여 소위 주가관리와의 구분이 문제되는데 우리나라에서는 그 동안 주가관리라는 명목으로 공공연하게 시세조종이 이루어졌음에도 불구하고 감독당국이나 일반투자자들이 다른 종류의 시세조종에 비하여 그 불법성에 대하여 관대한 입장을 취하여 왔다. 그러나 주가관리도 시세조종에 해당하지만 그 동안은 대부분 공개적으로 행하여지기 때문에 그 위법성의 정도가 중하지 않다는 이유로 규제의 범위에서 벗어나는 경우가 많았을 뿐인데, '유가증권의 매매거래가 성황을 이루고 있는 듯이 잘못 알게 하거나 그 시세를 변동시키는 매매거래'에 해당하는지의 여부는 그 유가증권의 성격과 발행된 유가증권의 총수, 매매거래의 동기와 유형, 그 유가증권 가격의 동향, 종전 및 당시의 거래상황 등을 종합적으로 고려하여 판단하여야 할 것이므로, 주가관리라는 부수적인 목적이 있더라도 이와 같은 기준에 해당하는 경우에는 시세조종행위로 보아야 할 것이다.[42]

7) 정상거래와 시세조종의 관계　　실제의 사안에서는 현실매매에 의한 시세조종행위는 정상적인 매매와의 구분이 애매한 경우도 많다. 현실매매에 있어서 법원이 시세조종을 부인한 사례를 보면 법원이 채택하는 대체적인 기준을 가늠할 수 있다. 고가매수주문이 문제되는 경우, 행위자가 호가를 점차 상승시키며 계속적으로 매매주문을 내고, 빈번하게 매매주문을 취소 또는 정정하고, 통정매매 또는 가장매매를 하는 등의 경우에는 비록 실제로 물량을 확보하기 위한 매수라 하더라도 시세조종에 해당할 가능성이 크다. 그러나 이러한 상황이 보이지 않고 행위자가 매수한 주식의 대부분을 그대로 보유하고 있고, 적극적으로 물량확보를 위하여 직전가 또는 상대호가 대비 다소 고가의 매수주문을 하거나 실제 매수가 가능하다고 판단되는 호가에 매수하고자 저가분할매수주문을 한 것으로 보이는 경우나,[43] 적대적 M&A를 위하여 시장에서 주식을 매수하는 과정에서 굳이 시세를 올릴 이유나 필요가 없고, 행위자의 매수로 인한 실제의 주가 변동이 미미한 경우에는[44] 시세조종으로 인정되기 곤란하다.

또한 고가매수주문·허매수주문은 가급적 저가에 주식을 대량매수하기 위한

---

42) 대법원 2002. 7. 26. 선고 2001도4947 판결; 대법원 2001. 6. 26. 선고 99도2282 판결.

43) 서울고등법원 2005. 10. 19. 선고 2005노1123 판결.

44) 서울고등법원 2005. 10. 26. 선고 2005노1530 판결.

투자방법이기도 하므로 시세조종의 의사가 있었는지 여부의 판단에 통정매매·가장매매가 함께 이루어졌는지가 중요한 요소가 된다.[45]

8) 파생상품거래와 시세변동　　선물거래와 옵션거래에서는 시장전체상황, 해당 선물 또는 옵션종목의 호가변동상황, 기초자산의 시세와 거래량상황에 따라 순간적인 투자판단에 의하여 매도 또는 매수주문을 하기도 하고 취소하기도 하는 것이 일반적인 투자기법이다. 이와 같이 선물거래와 옵션거래에서는 주문과 주문취소를 빈번하고 반복적으로 하는 것이 필연적이므로, 정상적인 거래도 외관상으로는 통정매매 또는 허수주문에 의한 시세조종행위로 보이는 경우가 많다. 그러나 선물거래와 옵션거래의 특성상 빈번한 주문취소가 있다고 하여 거래성황오인목적이나 매매유인목적을 가진 시세조종행위로 판단하는 것은 곤란하다.

연계시세조종이 아닌 파생상품 자체의 거래에서 시세조종이 문제된 사례가 많지 않아서 판례도 별로 없는 상황인데, 국채선물거래에서 시세조종이 인정된 판례와[46] 옵션거래에서 시세조종이 부인된 판례가 있다.[47]

(4) 시세조작유포행위(제2호)

(가) 행위 유형

상장증권 또는 장내파생상품의 시세가 자기 또는 타인의 시장 조작에 의하여 변동한다는 말을 유포하는 행위가 규제대상이다. 소위 작전종목에 대한 정보를 유포하는 행위가 이에 해당한다.[48]

"상장증권 또는 장내파생상품의 시세"란 거래소시장에서 형성되는 구체적인 가격을 말하고, "시세가 자기 또는 타인의 시장 조작에 의하여 변동한다는 말"은 정상적인 수요·공급에 따라 자유경쟁시장에서 형성될 시세 및 거래량을 시장요인에 의하지 아니한 다른 요인으로 인위적으로 변동시킬 수 있다는 말을 의미한다.[49] 그러나 상당히 구체적인 내용이 요구되며, 단지 일반적인 풍문수준의 말은 이에 해당하지 않는다. "유포"에는 반드시 인쇄물·통신·ARS 기타 공개적인 매체에 의한 것뿐 아니라 개별접촉에 의한 구두전달행위도 포함된다. 근래에는 인

---

45) 서울고등법원 2009. 3. 19. 선고 2008노2314 판결.
46) 대법원 2008. 12. 11. 선고 2006도2718 판결.
47) 서울고등법원 2018. 1. 19. 선고 2016고합437 판결.
48) 서울고등법원 2004. 6. 23. 선고 2004노714 판결, 서울지방법원 2002. 3. 6. 선고 2002고단1118 판결.
49) 대법원 2018. 4. 12. 선고 2013도6962 판결.

터넷이나 SNS를 통한 유포행위가 대부분을 차지한다.

상장증권 또는 장내파생상품의 시세가 "자기 또는 타인의 시장조작에 의하여 변동한다는 말을 유포하는 행위"가 금지대상이므로, 단순히 어느 주식의 가격이 어느 정도까지 상승할 것이라는 발언만으로는 부족하고 자기 또는 타인의 시세조종에 의한 시세변동임을 명시적이든 묵시적이든 표시한 경우에만 금지대상이 된다.

㈏ 제2호의 행위유형과의 차이

제2호의 행위유형은 제3호가 규정하는 "그 증권 또는 장내파생상품의 매매를 함에 있어서"라는 요건이 없으므로, 반드시 매매에 수반되어야 하는 것이 아니고, "시장조작에 의하여 변동한다는 말을 유포하는 행위"라는 표현상 행위자가 그러한 말을 유포하는 것만으로 제2호가 규정하는 행위유형에 해당하고, 행위자에게 실제로 시장조작의 의도가 있었을 필요가 없다.

또한 제3호는 "거짓의 표시 또는 오해를 유발시키는 표시를 하는 행위"를 규제대상으로 규정하지만, 제2호는 "자기 또는 타인의 시장조작에 의하여 변동한다는 말"이라고만 규정하므로 변동한다는 말의 내용이 거짓인지 여부는 문제되지 않는다.

(5) 허위표시 · 오해유발표시행위(제3호)

㈎ 행위 유형

상장증권 또는 장내파생상품의 매매를 함에 있어서 중요한 사실에 관하여 거짓의 표시 또는 오해를 유발시키는 표시를 하는 행위가 규제대상이다.[50] 거짓의 표시를 반드시 매매의 상대방에게 하여야 하는 것은 아니다.

㈏ 중요한 사실

"매매를 함에 있어서 중요한 사실"은 당해 법인의 재산·경영에 관하여 중대한 영향을 미치거나 상장증권 등의 공정거래와 투자자 보호를 위하여 필요한 사항으로서 투자자의 투자판단에 영향을 미칠 수 있는 사항을 의미한다.[51] 해당 기

50) 서울지방법원 1999. 5. 12. 선고 98고단13351 판결의 예를 보면, 특정주식에 대해 5% 이상의 공동보유 보고를 하게 되면 주식투자가들의 관심을 끌어 매수세를 유발하여 시세상승요인이 된다는 점을 이용하여 공동보유자들이 아닌 8명이 보유한 주식에 대해 동인들이 5% 이상을 공동보유하는 것이라는 취지의 내용들이 담긴 주식 대량보유보고서를 작성한 다음, 동 보고서를 증권관리위원회 등에 제출·보고함으로써 유가증권의 매매 기타 거래와 관련된 중요한 사항에 관하여 허위의 표시를 한 행위에 대하여 본 규정위반으로 처벌받았다.

51) 대법원 2018. 4. 12. 선고 2013도6962 판결.

업 고유의 정보만이 아니라 동종업종의 전망 또는 경쟁업체의 동향 등 기업외적 정보도 포함한다.

㈐ 중요성 판단 기준

중요성 판단의 기준은 내부자거래에 관한 제174조 제1항이 "투자자의 투자판단에 중대한 영향을 미칠 수 있는 정보"라고 규정하는 것과 동일하게 보아야 할 것이다.[52] "거짓의 표시"에 비하여 "오해를 유발시키는 표시"는 훨씬 넓은 개념이다.

부정거래행위 등의 금지에 관한 제178조 제1항 제2호는 "중요사항에 관하여 거짓의 기재 또는 표시를 하거나 타인에게 오해를 유발시키지 아니하기 위하여 필요한 중요사항의 기재 또는 표시가 누락된 문서, 그 밖의 기재 또는 표시를 사용하여 금전, 그 밖의 재산상의 이익을 얻고자 하는 행위"를 규제대상으로 규정하는데, 이는 제3호의 규정과 유사하지만, 한편으로는 매매유인목적을 요구하지 않고 규제대상 금융투자상품이나 거래장소에 대한 제한도 없다. 따라서 제178조 제1항 제2호는 제176조 제2항 제3호에 의한 규제의 공백을 보완하는 기능을 한다.

㈑ 주관적 요건

구 증권거래법은 제3호에서 "고의"를 요구하였으므로, 과실에 의한 허위표시는 물론 규제대상이 아니고 소위 인식있는 과실이나 중과실의 경우도 "고의로"라는 명문의 규정에 비추어 금지대상이 아니라고 해석하였다. 자본시장법은 이러한 고의 요건을 삭제하였는데, 실제로는 구 증권거래법의 규정과 차이가 없다고 보아야 한다. 과실, 중과실에 의한 허위표시나 오해유발표시를 하는 행위는 과실범에 대한 명시적인 처벌규정이 없는 한 형사처벌의 대상이 될 수 없다.

손해배상책임에 관한 제177조 제1항이 "제176조를 위반한 자"라고 규정하므로 매매유인목적이 요구되고, 따라서 고의가 없는 경우에는 손해배상책임도 역시 없다고 보아야 할 것이다.

3. 시세의 고정 · 안정행위

(1) 안정조작과 시장조성의 의의

누구든지 상장증권 또는 장내파생상품의 시세를 고정시키거나 안정시킬 목

52) 대법원 2009. 7. 9. 선고 2009도1374 판결.

적으로 그 증권 또는 장내파생상품에 관한 일련의 매매 또는 그 위탁이나 수탁을 하는 행위를 하지 못한다.

시세를 고정시킨다는 것은 본래 정상적인 수요·공급에 따라 자유경쟁시장에서 형성될 증권 등의 시세에 시장요인에 의하지 아니한 다른 요인으로 인위적인 조작을 가하여 시세를 형성 및 고정시키거나 이미 형성된 시세를 고정시키는 것을 말하는 것으로서, 시세고정 목적의 행위인지는 증권 등의 성격과 발행된 증권 등의 총수, 가격 및 거래량의 동향, 전후의 거래상황, 거래의 경제적 합리성과 공정성, 시장관여율의 정도, 지속적인 종가관리 등 거래의 동기와 태양 등의 간접사실을 종합적으로 고려하여 판단한다.[53)]

다만, 위와 같은 광의의 안정조작에 해당하더라도 다음과 같은 경우에는 예외적으로 허용된다(法 176조③).[54)]

1. 투자매매업자(모집·매출되는 증권의 발행인 또는 소유자와 인수계약을 체결한 투자매매업자로서 대통령령으로 정하는 자에 한한다)가 대통령령으로 정하는 방법에 따라 증권의 가격을 안정시킴으로써 증권의 모집·매출을 원활하도록 하기 위한 매매거래("안정조작")를 하는 경우
2. 투자매매업자가 대통령령으로 정하는 방법에 따라 모집·매출한 증권의 수요·공급을 조성하는 매매거래("시장조성")를 하는 경우
3. 모집·매출되는 증권 발행인의 임원 등 대통령령으로 정하는 자[55)]가 투자매매업

---

53) 따라서 자본시장법 제176조 제3항을 위반하여 상장증권의 매매 등에 의하여 시세를 고정시킴으로써 타인에게 손해를 입힌 경우에 상당인과관계가 있는 범위 내에서는 민법 제750조의 불법행위책임을 지며, 이러한 법리는 금융투자상품의 기초자산인 증권의 시세를 고정시켜 타인에게 손해를 가한 경우에도 마찬가지로 적용된다(대법원 2016. 3. 24. 선고 2013다2740 판결).

54) 제176조 제3항 본문에서 금지되는 행위를 광의의 안정조작, 단서 및 각 호에서 예외적으로 허용되는 안정조작과 시장조성을 협의의 안정조작으로 구별하기도 한다(김건식·정순섭, 494면).

55) "발행인의 임원 등 대통령령으로 정하는 자"란 다음과 같은 자를 말한다(令 206조).
1. 모집·매출되는 증권의 발행인의 이사
2. 매출되는 증권의 소유자. 다만, 인수계약에 따라 증권이 양도된 경우에는 그 증권을 양도한 자를 소유자로 본다.
3. 모집·매출되는 증권의 발행인이 다른 회사에 대하여 또는 다른 회사가 그 발행인에 대하여 다음 각 목의 어느 하나에 해당하는 관계가 있는 경우에는 그 회사 또는 그 회사의 이사
   가. 지분증권총수의 30%를 초과하는 지분증권을 소유하고 있는 관계
   나. 지분증권총수의 10%를 초과하는 지분증권을 소유하고 있는 관계로서 제2조 제5호에 해당하는 관계

자에게 안정조작을 위탁하는 경우
4. 투자매매업자가 제3호에 따라 안정조작을 수탁하는 경우
5. 모집·매출되는 증권의 인수인이 투자매매업자에게 시장조성을 위탁하는 경우
6. 투자매매업자가 제5호에 따라 시장조성을 수탁하는 경우

이 규정은 안정조작(stabilization)과 시장조성(market making)을 원칙적으로 금지하면서도 동시에 일정한 조건 하에 예외적으로 허용하는 근거규정이 되기도 한다.[56] 시세를 적극적으로 변동시키는 행위뿐 아니라 시세의 고정(capping)이나 안정(stabilization)도 다수투자자의 경쟁매매 및 정상적인 수요와 공급에 의한 가격결정을 왜곡시키는 것이므로 시세조종에 해당한다. 안정조작은 투자매매업자(모집·매출되는 증권의 발행인 또는 소유자와 인수계약을 체결한 투자매매업자로서 대통령령으로 정하는 자)가 대통령령으로 정하는 방법에 따라 상장증권의 모집·매출을 원활히 하기 위하여 그 증권의 모집·매출의 청약기간의 종료일 전 30일의 범위에서 대통령령으로 정하는 날부터 그 청약기간의 종료일까지의 기간 동안 증권의 가격을 안정시킴으로써 증권의 모집·매출을 원활하도록 하기 위한 매매거래를 말한다. 시장조성은 투자매매업자(모집·매출되는 증권의 발행인 또는 소유자와 인수계약을 체결한 투자매매업자로서 대통령령으로 정하는 자)가 대통령령으로 정하는 방법에 따라 모집·매출한 증권의 수요·공급을 그 증권이 상장된 날부터 6개월의 범위에서 대통령령으로 정하는 기간 동안 조성하는 매매거래를 말한다.

시세를 고정시키거나 안정시킬 목적은 현재의 시장가격을 고정시키거나 안정시키는 경우뿐 아니라, 행위자가 일정한 가격을 형성하고 그 가격을 고정시키거나 안정시키는 경우에도 인정된다.

⑵ 일련의 매매

구 증권거래법 제188조의4 제3항은 단순히 "매매거래"라고 규정하였으나, 자본시장법은 시세고정 또는 안정시키는 행위에 대하여는 다른 유형의 시세조종행위와 달리 "일련의 매매"라고 규정함으로써 시세고정 또는 안정을 목적으로 하는 매매라 하더라도 단일 매매에 의한 경우는 규제대상이 아닌 것으로 규정한

4. 모집·매출되는 증권의 발행인 또는 소유자가 안정조작을 위탁할 수 있는 자로 지정하여 미리 금융위원회와 거래소에 통지한 자

56) 대법원 2004. 10. 28. 선고 2002도3131 판결.

다. 증권거래법 위반 사건에서 대법원은 "유가증권의 시세를 고정시키거나 안정시킬 목적은 유가증권의 현재의 시장가격을 고정시키거나 안정시키는 경우뿐 아니라, 행위자가 일정한 가격을 형성하고 그 가격을 고정시키거나 안정시키는 경우에도 인정되고, 행위자가 그러한 목적을 가지고 매매거래를 한 것이라면, 그 매매거래가 일정한 기간 계속 반복적으로 이루어져야 하는 것이 아니라 한 번의 매매거래도 증권거래법 제188조의4 제3항의 구성요건을 충족한다."라고 판시한 바 있다.[57] 그러나 "일련의 매매"라고 규정하는 자본시장법 하에서도 대법원이 같은 입장을 취할지는 의문이다.

⑶ 목적의 범위

상장증권 또는 장내파생상품의 시세를 고정시키거나 안정시킬 목적은 상장증권 또는 장내파생상품의 현재의 시장가격을 고정시키거나 안정시키는 경우뿐 아니라, 행위자가 일정한 가격을 형성하고 그 가격을 고정시키거나 안정시키는 경우에도 인정된다. 따라서, 시행령에서 정한 요건과 절차를 위반한 안정조작과 시장조성만이 금지되는 것이 아니라, 주식을 높은 가격으로 자전거래시키기 위하여 시장조작에 의하여 높은 가격을 형성하는 매매거래를 하고 그 가격으로 자전거래를 하였다면, 그 매매거래 행위는 상장증권 또는 장내파생상품의 시세를 고정시킬 목적으로 한 것이라고 인정할 수 있다.[58]

⑷ 안정조작·시장조성을 할 수 있는 자와 이를 위탁할 수 있는 자

모집·매출되는 증권의 발행인 또는 소유자와 인수계약을 체결한 투자매매업자로서 안정조작 및 시장조성을 할 수 있는 자는 i) 증권신고서를 제출하는 경우에는 그 신고서에 안정조작이나 시장조성을 할 수 있다고 기재된 투자매매업자이고, ii) 증권신고서를 제출하지 않는 경우에는 인수계약의 내용에 안정조작이나 시장조성을 할 수 있다고 기재된 투자매매업자이다(令 203조).[59] 이와 같은 제한은 안정조작 또는 시장조성을 명분으로 내세워 증권의 공정한 가격형성과 유통저해를 유발하는 것을 방지하기 위한 것이다.

⑸ 투자설명서에의 기재

투자매매업자는 그 증권의 투자설명서에 안정조작(또는 시장조성)을 할 수

57) 대법원 2004. 10. 28. 선고 2002도3131 판결.
58) 대법원 2004. 10. 28. 선고 2002도3131 판결.
59) 이하의 내용에서 투자매매업자란 시행령 제203조에 따라 안정조작, 시장조성을 할 수 있는 투자매매업자를 가리킨다.

있다는 뜻과, 안정조작(또는 시장조성)을 할 수 있는 증권시장의 명칭을 기재한 경우만 안정조작(또는 시장조성)을 할 수 있다. 다만, 증권신고서를 제출하지 않는 경우에는 인수계약의 내용에 이를 기재해야 한다(令 204조①, 205조③).

(6) 장 소

투자매매업자는 투자설명서나 인수계약의 내용에 기재된 증권시장 외에서는 안정조작 또는 시장조성을 하지 못한다(令 204조②, 205조③).

(7) 기 간

(가) 안정조작기간

안정조작기간은 해당 증권의 모집·매출의 청약기간의 종료일 전 30일의 범위에서 대통령령으로 정하는 날[60]부터 그 청약기간의 종료일까지의 기간이다.

(나) 시장조성기간

시장조성기간은 해당 증권이 상장된 날부터 1개월 이상 6개월 이하의 범위에서 인수계약으로 정하는 날까지의 기간이다(令 205조④).

(8) 신 고

(가) 안정조작신고

투자매매업자는 안정조작을 할 수 있는 기간 중에 최초의 안정조작을 한 경우에는 지체 없이 다음과 같은 사항을 기재한 안정조작신고서를 금융위원회와 거래소에 제출해야 한다(令 204조③).

1. 안정조작을 한 투자매매업자의 상호
2. 다른 투자매매업자와 공동으로 안정조작을 한 경우에는 그 다른 투자매매업자의 상호
3. 안정조작을 한 증권의 종목 및 매매가격
4. 안정조작을 개시한 날과 시간
5. 안정조작기간
6. 안정조작에 의하여 그 모집·매출을 원활하게 하려는 증권의 모집·매출가격과 모집·매출가액의 총액
7. 안정조작을 한 증권시장의 명칭

60) "대통령령으로 정하는 날"이란 모집되거나 매출되는 증권의 모집·매출의 청약기간의 종료일 전 20일이 되는 날을 말한다. 다만, 20일이 되는 날과 청약일 사이의 기간에 모집가액 또는 매출가액이 확정되는 경우에는 그 확정되는 날의 다음 날을 말한다(令 204조⑦).

(나) 시장조성신고

투자매매업자는 시장조성을 하려는 경우에는 i) 시장조성을 할 투자매매업자의 상호, ii) 다른 투자매매업자와 공동으로 시장조성을 할 경우에는 그 다른 투자매매업자의 상호, iii) 시장조성을 할 증권의 종목, iv) 시장조성을 개시할 날과 시간, v) 시장조성을 할 기간, vi) 시장조성을 할 증권시장의 명칭 등을 기재한 시장조성신고서를 미리 금융위원회와 거래소에 제출해야 한다(令 205조①).

(9) 가격의 제한

(가) 안정조작가격의 제한

투자매매업자는 다음과 같은 가격을 초과하여 안정조작의 대상이 되는 증권을 매수하지 못한다(令 204조④).

1. 안정조작개시일의 경우
   가. 최초로 안정조작을 하는 경우: 안정조작개시일 전에 증권시장에서 거래된 해당 증권의 직전 거래가격과 안정조작기간의 초일 전 20일간의 증권시장에서의 평균거래가격 중 낮은 가격. 이 경우 평균거래가격의 계산방법은 금융위원회가 정하여 고시한다.[61]
   나. 최초 안정조작 이후에 안정조작을 하는 경우: 그 투자매매업자의 안정조작 개시가격
2. 안정조작개시일의 다음 날 이후의 경우: 안정조작 개시가격(같은 날에 안정조작을 한 투자매매업자가 둘 이상 있는 경우에는 이들 투자매매업자의 안정조작 개시가격 중 가장 낮은 가격)과 안정조작을 하는 날 이전에 증권시장에서 거래된 해당 증권의 직전거래가격 중 낮은 가격

---

61) [증권발행공시규정 2-21조 (안정조작의 기준가격)]
① 영 제204조 제4항 제1호에서 "금융위원회가 정하여 고시하는 평균거래가격"이란 다음 각 호의 가격을 말한다.
1. 증권시장에서 거래가 형성된 증권은 다음 각 목의 방법에 따라 산정된 가격의 산술평균가격
   가. 안정조작기간의 초일 전일부터 과거 20일(동 기간 중에 배당락, 권리락 또는 행사가격 조정 등으로 인하여 매매기준가격의 조정이 있는 경우로서 배당락, 권리락 또는 행사가격 조정 등이 있은 날부터 안정조작기간의 초일 전일까지의 기간이 7일 이상이 되는 경우에는 그 기간)간 공표된 매일의 증권시장에서 거래된 최종시세가격을 실물거래에 의한 거래량을 가중치로 하여 가중산술평균한 가격
   나. 안정조작기간의 초일 전일부터 과거 7일간 공표된 매일의 증권시장에서 거래된 최종시세가격을 실물거래에 의한 거래량을 가중치로 하여 가중산술평균한 가격
2. 증권시장에서 거래가 형성되지 아니한 주식은 해당 법인의 자산상태·수익성 기타의 사정을 참작하여 감독원장이 정하는 가격

(나) 시장조성가격의 제한

투자매매업자는 시장조성의 대상이 되는 증권의 모집·매출가격을 초과하여 매수하거나 모집·매출가격을 밑도는 가격으로 매도하지 못한다. 다만, 권리락·배당락 또는 이자락이 발생한 경우에는 이를 고려하여 계산한 가격을 기준으로 한다(슈 205조②).

(10) 안정조작·시장조성보고서의 제출

투자매매업자는 안정조작을 한 증권시장마다 안정조작개시일부터 안정조작 종료일까지의 기간 동안 안정조작증권의 매매거래에 대하여 해당 매매거래를 한 날의 다음 날까지 i) 안정조작을 한 증권의 종목, ii) 매매거래의 내용, iii) 안정조작을 한 투자매매업자의 상호 등을 기재한 안정조작보고서를 작성하여 금융위원회와 거래소에 제출해야 한다(슈 204조⑤). 시장조성보고서도 이와 같은 방식으로 제출한다(슈 205조③).

(11) 신고서·보고서의 공시

금융위원회와 거래소는 안정조작(또는 시장조성)신고서와 안정조작(또는 시장조성)보고서를 i) 신고서의 경우: 이를 접수한 날, ii) 보고서의 경우: 안정조작(또는 시장조성) 종료일의 다음 날부터 3년간 비치하고, 인터넷 홈페이지 등을 이용하여 공시해야 한다(슈 204조⑥, 205조③).

(12) 시장조성 포기와 손해배상청구권자

투자설명서에 시장조성을 할 수 있다는 뜻과, 시장조성을 할 수 있는 증권시장의 명칭을 기재한 투자매매업자가 시장조성을 하지 아니하면 자본시장법 제125조 제1항이 규정하는 "투자설명서 중 중요사항에 관하여 거짓의 기재 또는 표시가 있거나 중요사항이 기재 또는 표시되지 아니함으로써 증권의 취득자가 손해를 입은 경우"에 해당하므로, 피해자는 자본시장법에 의한 손해배상과 민법 제750조에 기한 손해배상을 경합적으로 청구할 수 있다. 이때 시장조성이 이루어지는 대상이 되는 증권이 유통시장에서 거래되는 주식 전체가 된다고 하더라도, 그와 같은 시장조성의 보호대상이 되는 증권의 보유자로서 시장조성 포기로 인한 손해배상을 구할 수 있는 자는 해당 증권의 발행에 참가하여 이를 인수한 투자자들과 그들로부터 해당 증권을 특정하여 직접 인수한 투자자이고, 유통시장에서 불특정한 증권을 매수한 자는 제외된다.[62]

4. 연계시세조종

(1) 의 의

누구든지 증권, 파생상품 또는 그 증권·파생상품의 기초자산[63] 중 어느 하나가 거래소에 상장되거나 그 밖에 이에 준하는 경우로서 대통령령으로 정하는 경우(令 206조의2: 거래소가 그 파생상품을 장내파생상품으로 품목의 결정을 하는 경우)에는 그 증권 또는 파생상품에 관한 매매, 그 밖의 거래(제4항에서 "매매등")와 관련하여 다음과 같은 행위를 할 수 없다(法 176조④).

1. 파생상품의 매매등에서 부당한 이익을 얻거나 제3자에게 부당한 이익을 얻게 할 목적으로 그 파생상품의 기초자산의 시세를 변동 또는 고정시키는 행위
2. 파생상품의 기초자산의 매매등에서 부당한 이익을 얻거나 제3자에게 부당한 이익을 얻게 할 목적으로 그 파생상품의 시세를 변동 또는 고정시키는 행위
3. 증권의 매매등에서 부당한 이익을 얻거나 제3자에게 부당한 이익을 얻게 할 목적으로 그 증권과 연계된 증권으로서 대통령령으로 정하는 증권 또는 그 증권의 기초자산의 시세를 변동 또는 고정시키는 행위
4. 증권의 기초자산의 매매등에서 부당한 이익을 얻거나 제3자에게 부당한 이익을 얻게 할 목적으로 그 증권의 시세를 변동 또는 고정시키는 행위
5. 파생상품의 매매등에서 부당한 이익을 얻거나 제3자에게 부당한 이익을 얻게 할 목적으로 그 파생상품과 기초자산이 동일하거나 유사한 파생상품의 시세를 변동 또는 고정시키는 행위

자본시장법 제176조 제4항은 파생상품과 기초자산 간의 연계시세조종행위(제1호, 제2호)와, 증권과 증권 또는 그 증권의 기초자산 간의 연계시세조종행위(제3호, 제4호), 파생상품 간의 연계시세조종행위(제5호)를 금지한다. 제176조 제2

---

62) 대법원 2002. 9. 24. 선고 2001다9311, 9328 판결.

63) 자본시장법에서 "기초자산"이란 다음과 같은 것을 말한다(法 4조⑩).
1. 금융투자상품
2. 통화(외국의 통화를 포함)
3. 일반상품(농산물·축산물·수산물·임산물·광산물·에너지에 속하는 물품 및 이 물품을 원료로 하여 제조하거나 가공한 물품, 그 밖에 이와 유사한 것을 말한다)
4. 신용위험(당사자 또는 제3자의 신용등급의 변동, 파산 또는 채무재조정 등으로 인한 신용의 변동을 말한다)
5. 그 밖에 자연적·환경적·경제적 현상 등에 속하는 위험으로서 합리적이고 적정한 방법에 의하여 가격·이자율·지표·단위의 산출이나 평가가 가능한 것

항의 시세변동행위는 매매를 유인할 목적을 요건으로 하는데, 제176조 제4항의 시세변동행위는 자기 또는 제3자에게 부당한 이익을 얻게 할 목적을 요건으로 한다는 점에서 다르다.

(2) 연계시세조종행위의 규제 연혁

2000년 선물거래법 개정시 시세조종 조항인 제31조 제1항에 제5의2호로 "선물거래에서 자신이 부당한 이익을 얻거나 제3자로 하여금 부당한 이익을 얻게 할 목적으로 단독 또는 타인과 공동으로 선물거래 대상품목의 시세를 고정 또는 변동시키는 행위"를 추가하여 현·선 연계시세조종행위를 규제하기 시작하였고, 2007년 선물거래법 시행령 개정시 제7조 제2호에서 "선물거래 대상품목의 거래에서 자신이 부당한 이익을 얻거나 제3자로 하여금 부당한 이익을 얻게 할 목적으로 단독 또는 타인과 공동으로 선물의 시세를 고정 또는 변동시키는 행위"를 규정함으로써 현·선 연계시세조종행위의 규제를 시작하였다.[64] 자본시장법은 제176조 제4항에서 연계시세조종행위의 유형을 규정하면서 제정 당시에는 제2호에서 "증권의 매매에서 부당한 이익을 얻거나 제3자에게 부당한 이익을 얻게 할 목적으로 그 증권을 기초자산으로 하는 장내파생상품의 시세를 변동 또는 고정시키는 행위"라고 규정하였으나, 2009년 2월 개정시 "증권"을 "장내파생상품의 기초자산"으로 변경하였다. 그러나 규제의 공백에 관한 문제점이 지적되었고, 이에 따라 2013년 개정법은 위와 같이 광범위하게 연계시세조종행위를 규제한다.

(3) 가격의 연계성

연계시세조종행위는 가격조작상품과 이익획득상품이 동일한 전통적인 시세조종행위와 달리 가격조작상품과 이익획득상품이 별개의 시장에서 별개의 매매제도에 따라 이루어지는 것이고, 다만 이들 상품 간에 가격의 연계성이 있어야 한다.

(4) 연계시세조종 규제대상 상품과 거래

연계시세조종행위의 대상거래는 "증권, 파생상품 또는 그 증권·파생상품의 기초자산 중 어느 하나가 거래소에 상장되거나 그 밖에 이에 준하는 경우로서

---

64) [선물거래법 시행령 제7조 (불공정행위)]
법 제31조 제1항 제6호에서 "대통령령이 정하는 행위"라 함은 다음 각 호의 어느 하나에 해당하는 행위를 말한다.
1. 법 제31조 제1항 제4호의 행위를 위탁하거나 수탁하는 행위
2. 선물거래 대상품목의 거래에서 자신이 부당한 이익을 얻거나 제3자로 하여금 부당한 이익을 얻게 할 목적으로 단독 또는 타인과 공동으로 선물의 시세를 고정 또는 변동시키는 행위

대통령령으로 정하는 경우(令 206조의2: 거래소가 그 파생상품을 장내파생상품으로 품목의 결정을 하는 경우)에는 그 증권 또는 파생상품에 관한 매매, 그 밖의 거래" 이다. 2013년 개정 전에는 제176조 제4항 각 호 외의 부분에서 "상장증권 또는 장내파생상품의 매매와 관련하여"라고 규정하였으므로, 증권시장·파생상품시장에 상장된 것만 시세조종대상상품이라고 해석되었고, 이에 따라 ELS(equity linked securities, 주가연계증권)와 기초자산 간의 연계시세조종행위의 성립가능성 여부에 대하여 논란이 많았는데, 2013년 개정법은 시세조종대상상품을 "증권 또는 파생상품 또는 그 증권·파생상품의 기초자산 중 어느 하나가 거래소에 상장되거나 그 밖에 이에 준하는 경우"로 규정함으로써 입법적으로 해결하였다.

(5) 연계시세조종행위의 유형

(가) 파생상품의 기초자산과 파생상품 간 연계시세조종

1) 의 의 기초자산과 파생상품 간 연계시세조종행위로서 금지되는 행위는, i) 파생상품의 매매등에서 부당한 이익을 얻거나 제3자에게 부당한 이익을 얻게 할 목적으로 그 파생상품의 기초자산의 시세를 변동 또는 고정시키는 행위와(法 176조④1), ii) 파생상품의 기초자산의 매매등에서 부당한 이익을 얻거나 제3자에게 부당한 이익을 얻게 할 목적으로 그 파생상품의 시세를 변동 또는 고정시키는 행위이다(法 176조④2). 제1호는 예컨대 선물, 옵션의 매매에서 부당한 이익을 얻을 목적으로 그 기초자산(증권 또는 상품)의 시세를 변동 또는 고정시키는 행위를 대상으로 하고, 제2호는 그 반대방향의 연계시세조종행위를 대상으로 한다.

2) 제1호의 시세조종

가) 개별종목 증권과 개별파생상품 주식과 개별주식에 대한 선물 또는 주식옵션 간의 연계시세조종행위의 성립에 대하여는 이론이 없다. 파생결합증권인 ELW[65]와 주식선물 간의 연계시세조종도 이론상 가능하지만 자본시장법은 이를 규제하지 않고 있다. 그러나 기초자산이 동일한 파생결합증권과 장내파생상품 간의 가격연관성이 있는 한 양자 간의 연계시세조종 가능성도 있으므로 규제의 필요성이 있다.[66]

---

65) ELW(Equity Linked Warrant)는 특정 주가나 주가지수의 변동과 연계하여 만기시 주권의 매매 또는 현금을 수수하는 권리가 부여된 증권이다.

66) 예컨대 삼성전자콜ELW와 삼성전자선물은 동일한 기초자산인 삼성전자 주식의 가격에 영향을 받게 되므로 ELW와 선물의 가격은 기초자산을 매개체로 하여 서로 영향을 받게 된다.

나) 다수종목과 지수 KOSPI200을 구성하는 종목을 프로그램매수에 의하여 대량 매수함으로써 KOSPI200의 시세를 변동시키는 방법에 의한 연계시세조종도 가능하다.

다) 개별종목과 지수 KOSPI200을 구성하는 종목 중 특정 개별종목의 시세를 인위적으로 변동시킴으로써 KOSPI200의 시세를 변동시키는 방법은 개별종목의 시가총액이 KOSPI200 구성종목의 시가총액 중 차지하는 비율의 한계 때문에 실제로는 연계시세조종이 곤란하다. 그러나 삼성전자와 같은 종목은 KOSPI200에 대한 영향력이 매우 크므로 대량매수 또는 매도에 의하여 KOSPI200의 급등락을 초래할 수 있기 때문에 이론상으로는 연계시세조종이 얼마든지 가능하다.

3) 제2호의 시세조종 제2호의 시세조종행위는 "파생상품의 기초자산의 매매등에서 부당한 이익을 얻거나 제3자에게 부당한 이익을 얻게 할 목적으로 그 파생상품의 시세를 변동 또는 고정시키는 행위"로서 일반적으로 그 가능성은 크지 않다. 파생상품은 증권에 비하여 그 시세를 변동시키기 곤란하고, 선물시장의 규모상 선물시장에서 시세를 변동시켜 현물시장에서 이익을 얻기 위하여는 필요한 비용이 너무 커서 시세조종의 실익이 거의 없기 때문이다.

가) 개별파생상품과 개별종목 증권 현·선 연계시세조종에서 본 바와 같이, 주식선물 또는 주식옵션과 개별주식 간의 연계시세조종행위의 성립은 가능하나, 주식선물과 ELW 간의 연계시세조종은 현행법상 규제대상으로 보기 어렵다.

나) 지수와 개별종목 통상의 개별종목의 시세와 지수변동 간의 상관관계가 크지 않기 때문에 실제로는 연계시세조종이 곤란하고, 다만 지수선물과 ETF[67] 간의 연계시세조종은 상대적으로 그 가능성이 크다고 할 수 있다.

다) 지수와 다수종목 KOSPI200 선물을 상승시킴으로써 대량의 프로그램매수를 유발하여 다수의 개별종목시세를 상승시키는 방법이다.

㈏ 증권과 연계증권 · 기초자산 간 연계시세조종

1) 행위유형 증권과 연계증권·기초자산 간 연계시세조종행위로서 금지되는 행위는, i) 증권의 매매등에서 부당한 이익을 얻거나 제3자에게 부당한 이익을 얻게 할 목적으로 그 증권과 연계된 증권으로서 대통령령으로 정하는 증권 또는 그 증권의 기초자산의 시세를 변동 또는 고정시키는 행위와(法 176조④3),

---

67) ETF(Exchange Traded Fund)는 특정 주가지수의 움직임과 수익률에 연동되도록 설계된 지수연동형 펀드로서 거래소에 상장되어 일반 주식과 같은 방법으로 매매할 수 있다.

ii) 증권의 기초자산의 매매등에서 부당한 이익을 얻거나 제3자에게 부당한 이익을 얻게 할 목적으로 그 증권의 시세를 변동 또는 고정시키는 행위이다(法 176조④4). 제4호의 규제대상 금융투자상품은 파생결합증권이다.

2) 연계시세조종 대상 증권 제3호의 규제대상인 증권은 다음과 같다(令 207조).

1. 전환사채권이나 신주인수권부사채권의 매매에서 부당한 이익을 얻거나 제3자에게 부당한 이익을 얻게 할 목적인 경우에는 그 전환사채권이나 신주인수권부사채권과 연계된 다음과 같은 증권
   가. 그 전환사채권이나 신주인수권부사채권과 교환을 청구할 수 있는 교환사채권
   나. 지분증권
   다. 그 전환사채권이나 신주인수권부사채권을 기초자산으로 하는 파생결합증권
   라. 그 전환사채권이나 신주인수권부사채권과 관련된 증권예탁증권
2. 교환사채권의 매매에서 부당한 이익을 얻거나 제3자에게 부당한 이익을 얻게 할 목적인 경우에는 그 교환사채권의 교환대상이 되는 다음과 같은 증권
   가. 전환사채권이나 신주인수권부사채권
   나. 지분증권
   다. 파생결합증권
   라. 증권예탁증권
3. 지분증권의 매매에서 부당한 이익을 얻거나 제3자에게 부당한 이익을 얻게 할 목적인 경우에는 그 지분증권과 연계된 다음과 같은 증권
   가. 전환사채권이나 신주인수권부사채권
   나. 그 지분증권과 교환을 청구할 수 있는 교환사채권
   다. 그 지분증권을 기초자산으로 하는 파생결합증권
   라. 그 지분증권과 관련된 증권예탁증권
   마. 그 지분증권 외의 지분증권
4. 파생결합증권의 매매에서 부당한 이익을 얻거나 제3자에게 부당한 이익을 얻게 할 목적인 경우에는 그 파생결합증권의 기초자산으로 되는 다음과 같은 증권
   가. 전환사채권이나 신주인수권부사채권
   나. 교환사채권(가목, 다목 또는 라목과 교환을 청구할 수 있는 것만 해당한다)
   다. 지분증권
   라. 증권예탁증권
5. 증권예탁증권의 매매에서 부당한 이익을 얻거나 제3자에게 부당한 이익을 얻게 할 목적인 경우에는 그 증권예탁증권의 기초로 되는 다음과 같은 증권
   가. 전환사채권이나 신주인수권부사채권

표시를 하거나 필요한 사실의 표시가 누락된 문서를 이용하여 타인에게 오해를 유발하게 함으로써 금전 기타 재산상의 이익을 얻고자 하는 행위(제2호)를 하지 못한다고 규정하였다. 대법원은 구 증권거래법이 사기적 부정거래행위를 금지하는 취지에 관하여, "증권거래에 관한 사기적 부정거래가 다수인에게 영향을 미치고 증권시장 전체를 불건전하게 할 수 있기 때문에 증권거래에 참가하는 개개의 투자자의 이익을 보호함과 함께 투자자 일반의 증권시장에 대한 신뢰를 보호하여 증권시장이 국민경제의 발전에 기여할 수 있도록 함에 그 목적이 있다고 할 것"이라고 판시한 바 있다.[73)]

구 증권거래법 제188조의4 제1항은 "상장유가증권 또는 코스닥상장 유가증권의 매매거래"라고 규정하고, 제2항은 "유가증권시장 또는 코스닥시장에서의 매매거래"라고 규정하고, 제3항은 "유가증권시장 또는 코스닥시장에서의 매매거래"라고 규정함으로써 거래대상, 거래장소, 거래방법에 대한 제한을 두었고, 또한 "그 거래가 성황을 이루고 있는 듯이 잘못 알게 하거나 기타 타인으로 하여금 그릇된 판단을 하게 할 목적으로"(제1호), "매매거래를 유인할 목적으로"(제2호), "유가증권의 시세를 고정시키거나 안정시킬 목적으로"(제3호)라고 각각 목적을 적용요건으로 규정하였다. 반면에 제4항은 상장여부나 장내거래 여부를 불문하고 적용대상으로 규정함으로써 비록 명시적인 규정이 없지만 발행시장의 경우에도 적용된다고 해석되었고, "매매거래" 외에 "기타 거래"도 적용대상으로 규정함으로써 담보계약이나 교환거래도 적용대상임을 분명히 하였고, 무엇보다도 목적을 직접적으로 요구하지 않았다. 따라서 구 증권거래법 제188조의4 제4항도 포괄적 사기금지 규정으로서의 기능을 한다는 견해도 많았다. 다만 제4항 제1호의 경우 '부당한 이익을 얻기 위하여' 라고 규정하고, 제2호도 '타인에게 오해를 유발하게 함으로써'라고 규정함으로써 간접적인 목적성은 제시하고 있었다.

구 증권거래법이 사기적 부정거래행위를 금지하였던 것은 증권거래에 관한 사기적 부정거래가 다수인에게 영향을 미치고 증권시장 전체를 불건전하게 할 수 있기 때문에 증권거래에 참가하는 개개의 투자자의 이익을 보호함과 함께 투자자 일반의 증권시장에 대한 신뢰를 보호하여 증권시장이 국민경제의 발전에

73) 대법원 2001. 1. 19. 선고 2000도4444 판결, 대법원 2002. 7. 22. 선고 2002도1696 판결, 대법원 2003. 11. 14. 선고 2003도686 판결. 대법원 2008. 5. 15. 선고 2007도11145 판결, 대법원 2011. 3. 10. 선고 2008도6335 판결.

기여할 수 있도록 함에 그 목적이 있다. 그런데 위 제4항은 "부당한 이익을 얻기 위하여"(제1호), "금전 기타 재산상의 이익을 얻고자 하는"이라고 규정함으로써 간접적인 표현이나마 목적성을 제시하였고, 또한 행위유형을 너무 구체적으로 규정함으로써 다양한 유형의 증권사기행위를 규제하는 포괄적 사기금지규정으로서의 기능이 반감되고 있었다. 이와 관련하여, 제188조의4 제4항 제1호와 제2호를 일괄하여 사기적 거래행위로 설시한 판례도 있다.74)

⑵ 자본시장법의 포괄적 사기금지 규정

자본시장법은 완전히 포괄적인 사기금지 규정의 필요성을 반영하여, 증권의 경우 모집·사모·매출을 포함한다고 규정함으로써 발행시장을 명시적으로 적용범위에 포함시키고, SEA §10(b) 및 SEC Rule 10b-5와 같은 '포괄적 사기금지 조항'과 유사한 규정을 제176조의 다른 시세조종행위와 구별하여 제178조 제1항 제1호에 규정한다. 다양하게 급변하는 증권범죄의 특성상 포괄적 규정은 불가피하고, 이는 대부분의 국가에서 불공정거래에 대한 포괄적 규정을 두는 이유이기도 하다.

판례도 "자본시장법이 제178조 제2항에서 사기적 부정거래행위를 금지하는 것은, 상장증권 등의 거래에 관한 사기적 부정거래가 다수인에게 영향을 미치고, 증권시장 전체를 불건전하게 할 수 있기 때문에, 상장증권 등의 거래에 참가하는 개개 투자자의 이익을 보호함과 함께 투자자 일반의 증권시장에 대한 신뢰를 보호하여, 증권시장이 국민경제의 발전에 기여할 수 있도록 하는 데 그 목적이 있다."라는 입장이다.75)

⑶ 규정 상호간의 관계

판례는 자본시장법 제176조 및 제178조에 해당하는 수개의 행위를 단일하고 계속된 범의하에서 일정기간 계속하여 반복한 범행이라 할 것이고, 이 범죄의 보호법익은 증권시장에서의 증권거래의 공정성 및 유통의 원활성 확보라는 사회적 법익이며 각각의 증권 소유자나 발행자 등 개개인의 재산적 법익은 직접적인 보호법익이 아닌 점에 비추어 위 각 범행의 피해법익의 동일성도 인정되므로, 불공정거래행위금지위반의 포괄일죄가 성립한다는 입장이다.76) 결국 제178조 제1항

74) 대법원 2001. 1. 19. 선고 2000도4444 판결.
75) 대법원 2018. 4. 12. 선고 2013도6962 판결.
76) [대법원 2011. 10. 27. 선고 2011도8109 판결] "시세조종행위와 부정거래행위 등의 금지를 규정하고 있는 자본시장과 금융투자업에 관한 법률(이하 '자본시장법'이라고 한다) 제176조와

제1호의 중요한 의미는 일반적, 포괄적인 규정으로서 불공정거래에 관한 여타 규정의 적용이 곤란한 경우에도 적용될 수 있다는 점이다.

그러나 통정·가장·현실매매 등을 통한 시세조종과 부정한 수단·계획·기교 또는 허위시세 이용에 의한 사기적 부정거래는 그 구성요건적 행위태양이 상이하고, 통정·가장·현실매매 등을 통한 시세조종에 부정한 수단·계획·기교 또는 허위시세 이용이 반드시 부수적으로 수반된다고 볼 수 없으므로 통정·가장·현실매매 등을 통한 시세조종행위가 성립한다 하더라도 부정한 수단·계획·기교 또는 허위시세 이용에 의한 사기적 부정거래행위가 인정되려면 어떠한 행위를 부정하다고 할지는 그 행위가 법령 등에서 금지된 것인지, 다른 투자자로 하여금 잘못된 판단을 하게 함으로써 공정한 경쟁을 해치고 선의의 투자자에게 손해를 전가하여 자본시장의 공정성, 신뢰성과 효율성을 해칠 위험이 있는지를 고려하여 판단해야 한다는 하급심 판결도 있다.[77]

(4) 죄형법정주의 명확성원칙

죄형법정주의의 명확성원칙이란 법률이 처벌하고자 하는 행위가 무엇이며 그에 대한 형벌이 어떠한 것인지를 누구나 예견할 수 있고, 그에 따라 자신의 행위를 결정할 수 있도록 구성요건을 명확하게 규정할 것을 의미한다.[78] 자본시장법 제178조 제1항 제1호는 법정형이 최고 무기징역인 범죄의 구성요건이면서도 "부정한"이라는 추상적인 용어를 사용하기 때문에, 죄형법정주의의 명확성원칙 위반 여부가 문제된다.[79] 자본시장법 제178조 제1항 제1호가 "자본시장의 신뢰

제178조의 보호법익은 주식 등 거래의 공정성 및 유통의 원활성 확보라는 사회적 법익이고 주식의 소유자 등 개개인의 재산적 법익은직접적인 보호법익이 아니므로, 주식시세조종 등의 목적으로 자본시장법 제176조와 제178조에 해당하는 수개의 행위를 단일하고 계속된 범의 아래 일정기간 계속하여 반복한 경우, 자본시장법 제176조와 제178조 소정의 시세조종행위 및 부정거래행위 금지 위반의 포괄일죄가 성립한다(대법원 2009. 4. 9. 선고 2009도675 판결 참조)." [同旨: 대법원 2018. 4. 12. 선고 2013도6962 판결. 구 증권거래법상 판례도 구 증권거래법 제188조의4의 각 항이 규정하는 시세조종에 해당하는 수개의 시세조종행위는 포괄일죄가 성립한다고 판시하였다(대법원 2005. 11. 10. 선고 2004도1164 판결)].

77) 서울중앙지방법원 2023. 10. 13. 선고 2022고합1025 판결.

78) 헌법재판소 2002. 4. 25.자 2001헌가27 결정, 헌법재판소 2006. 11. 30.자 2006헌바53 결정.

79) 제178조 제1항 제1호와 유사한 규정인 미국의 Rule 10b-5의 (a)와 관련하여, 미국에서도 "void for vagueness"원칙이 확립되어 있으나 한편으로는 우리나라와 달리 판례법도 法源이므로 제정법(statute)의 입법시 이러한 판례법의 존재와 역할이 고려되고, 궁극적으로는 법원이 명확성원칙을 구현한다고 할 수 있다. 이에 따라 연방증권법은 SEC에 규칙제정권을 위임하는 대부분의 규정에서, "위원회가 공익과 투자자 보호에 필요하거나 적절한 것으로서 규칙과 규정에 의하여 정하는 바에 따라(as the Commission may, by rules and regulations,

성 및 효율성 확보"와 "투자자 보호"라는 규제목적에 따라 도입된 것이므로 어느 정도 시장참여자들이 예측가능한 정도로 구체성과 명확성을 갖추고 있다고 보는 견해도 있고,[80] 법원의 역할에 의한 명확성 구현은 한계가 있으므로, 금융감독당국이 시장상황을 반영한 구체적인 guide line을 제시하고 수시로 보완하는 것이 중요하다는 점을 강조하는 견해도 있다.[81]

헌법재판소는 "처벌법규의 구성요건이 명확해야 한다고 하더라도 입법권자가 모든 구성요건을 단순한 의미의 서술적인 개념에 의하여 규정해야 한다는 것은 아니고, 다소 광범위하여 법관의 보충적인 해석을 필요로 하는 개념을 사용하였다고 하더라도 통상의 해석방법에 의하여 건전한 상식과 통상적인 법감정을 가진 사람이라면 해당 처벌법규의 보호법익과 금지된 행위 및 처벌의 종류와 정도를 알 수 있도록 규정하였다면 헌법이 요구하는 처벌법규의 명확성의 원칙에 배치되는 것이 아니다."라고 판시하였다.[82] 헌법재판소는 또한 "명확성의 원칙을 강조한 나머지 만일 모든 구성요건을 단순한 서술적 개념으로만 규정할 것을 요구한다면 처벌법규의 구성요건이 지나치게 구체적이고 정형적이 되어 부단히 변화하는 다양한 생활관계를 제대로 규율할 수 없게 될 것이기 때문에, 법규범이 불확정개념을 사용하는 경우라도 법률해석을 통하여 법원의 자의적인 적용을 배제하는 합리적이고 객관적인 기준을 얻는 것이 가능한 경우는 명확성의 원칙에 반하지 아니한다."라는 입장이다.[83]

헌법재판소의 이러한 입장에 의하면 자본시장법 제178조 제1항 제1호를 위헌이라고 보기는 어렵다. 그러나 헌법재판소가 명확성의 원칙에 반하지 않는다는 근거로 설시한, "통상의 해석방법에 의하여 건전한 상식과 통상적인 법감정을 가진 사람이 해당 처벌법규의 보호법익과 금지된 행위 및 처벌의 종류와 정도를 알 수 있도록 규정하였다면"이라는 판시와, "법규범이 불확정개념을 사용하는 경

---

prescribe as necessary or appropriate in the public interest and for the protection of investors)"라고 규정함으로써 포괄적으로 위임하는 경우가 많다.

80) 김건식 · 정순섭, 474면.

81) 성희활, "사기적 부정거래에서 위계의 적용 문제", 증권법연구 제8권 제1호, 한국증권법학회(2007), 79면. 이러한 guide line이 있으면 "통상의 해석방법에 의하여 건전한 상식과 통상적인 법감정을 가진 사람이라면 해당 처벌법규의 보호법익과 금지된 행위 및 처벌의 종류와 정도"를 알 수 있을 것이고, 그렇다면 위헌의 소지가 상당 부분 해소될 것이다.

82) 헌법재판소 2006. 11. 30.자 2006헌바53 결정.

83) 헌법재판소 2007. 10. 25.자 2006헌바50 결정.

우라도 법률해석을 통하여 법원의 자의적인 적용을 배제하는 합리적이고 객관적인 기준을 얻는 것이 가능한 경우"라는 판시에 비추어, 자본시장법 제178조 제1항 제1호는 매우 엄격한 기준에 의하여 해석하여야 할 것이다.[84]

2. 미국 증권법과 일본 金融商品取引法의 포괄적 사기금지규정

(1) 미국 증권법

(가) SEA § 10(b)

1) 포괄적 사기금지 규정 SEA §10은 "누구든지 직접 또는 간접으로 주간 통상의 방법이나 수단, 우편 또는 전국증권거래소의 시설을 이용하여 다음에 열거하는 행위를 하는 것은 위법이다."고 규정하고, subsection (b)는 "시세조종적이거나 사기적인 수단"이라는 제목 하에 "SEC가 공익이나 투자자 보호를 위하여 필요하거나 적절한 것으로서 정하는 규칙과 규정을 위반하여 전국증권거래소의 등록증권, 비등록증권 또는 증권을 기초로 하는 스왑계약의 매수 또는 매도에 관하여 시세조종적이거나 사기적인 수단 또는 책략(manipulative or deceptive device or contrivance)을 이용하는 것"을 위법한 행위로 규정한다. SEA §10(b)는 모든 증권의 매수 또는 매도와 관련한 사기행위를 포괄적으로 금지하는 규정이다.[85]

2) 적용 범위 SEA §10(b)는 매매주체가 누구인지, 등록증권인지, 공개회사인지 등의 여부에 관계없이 모든 증권거래에 적용되고, 적용이 면제되는 예외가 없으므로 대부분의 증권관계소송에서 근거법규로 적용된다.

(나) Rule 10b-5

SEA §10(b)는 사기적인 방법의 이용이 위법(unlawful)이라고 규정할 뿐 금지되는 행위를 직접 규정하지 않고 이를 SEC의 규칙에 위임하고 있다. 이에 SEC는 세부사항을 규정하기 위하여 Rule 10b-5를 제정하였다. SEC가 1942년 SEA §10(b)에 기하여 제정한 Rule 10b-5는 다음과 같이 규정한다.[86]

---

84) 서울고등법원 2011. 6. 9. 선고 2010노3160 판결(대법원 2011. 10. 27. 선고 2011도8109 판결에 의하여 상고기각으로 확정).

85) SEA §10(a)는 공매도(short sale)에 관한 규정이다.

86) Rule 10b-5는 증권의 매수 또는 매도와 관련한(in connection with) 피고의 부실표시 또는 사기를 요건으로 한다. 이를 "in connection with" 요건이라 한다. 피고의 행위는 매매와의 관련성만 요구되고, 피고가 실제로 증권을 매매하는 것은 요건이 아니다. 따라서 증권의 발행인이 증권을 매매하지 않았더라도 부실표시나 사기에 대한 책임을 진다. 간혹 일부 국내 문헌에는 "in connection with the purchase or sale of any security."를 (c)의 말미에 연결하여 소

[Rule 10b-5]

It shall be unlawful for any person, directly or indirectly, by the use of any means or instrumentality of interstate commerce, or of the mails, or of any facility of any national securities exchange,

(a) To employ any device, scheme, or artifice to defraud,

(b) To make any untrue statement of a material fact or to omit to state a material fact necessary in order to make the statements made, in the light of the circumstances under which they were made, not misleading, or

(c) To engage in any act, practice, or course of business which operates or would operate as a fraud or deceit upon any person,

in connection with the purchase or sale of any security.

누구든지 증권의 매수 또는 매도와 관련하여, 직접 또는 간접으로 주간통상의 방법이나 수단, 우편, 또는 전국증권거래소의 시설을 이용하여, 다음과 같은 행위를 하는 것은 위법이다.

(a) 사기를 위하여 수단, 계획 또는 기교를 사용하는 것

(b) 중요한 사실에 관하여 허위표시를 하거나, 표시가 행하여진 당시의 상황에 비추어 오해를 방지하기 위하여 필요한 중요한 사실의 표시를 누락하는 것

(c) 타인에 대한 사기 또는 기망이 되거나 될 수 있는 행위, 관행 또는 영업절차에 종사하는 것

(2) 일본 金融商品取引法

(가) 규 정

일본에서는 1947년 證券取引法 제정시 Rule 10b-5와 유사한 규정을 제58조 제1항에 두었고, 金融商品取引法은 동일한 내용을 제157조에서 규정한다. 金融商品取引法 제158조는 위계 등의 사용을 금지한다.87)

[金商法 제157조]

누구든지 다음에 규정하는 행위를 하여서는 아니 된다.

개하나, 정확히는 (c)에 이어지는 문구가 아니라 (a), (b), (c) 모두에 연결되는 문구이다.

87) 金融商品取引法과 자본시장법의 대응하는 규정을 보면, 金融商品取引法 제157조 제1호부터 제3호까지는 자본시장법 제178조 제1항 제1호부터 제3호까지에 해당하고, 金融商品取引法 제158조는 자본시장법 제178조 제2항에 해당한다. 한편, 우리나라에서는 자본시장법에 부정거래행위가 도입된 후 부정한 수단등을 사용하는 행위에 관한 자본시장법 제178조 제1항 제1호가 널리 적용되고 있지만, 일본에서는 구성요건의 불명확을 이유로 위계에 관한 金融商品取引法 제158조가 광범위하게 적용되고 있다.

1. 유가증권의 매매 기타 거래 또는 파생금융상품거래 등에 대하여 부정한 수단, 계획 또는 기교를 하는 것
2. 유가증권의 매매 기타 거래 또는 파생금융상품거래 등에 대하여 중요한 사항에 대한 허위표시가 있거나 오해를 일으키지 않기 위해 필요한 중요한 사실에 대한 표시가 빠져 있는 문서 기타 표시를 사용하여 금전 기타 재산을 취득하는 것
3. 유가증권의 매매 기타 거래 또는 파생금융상품거래 등을 유인할 목적으로 허위의 시세를 이용하는 것]

[金商法 제158조]
누구든지 유가증권의 모집, 매출 혹은 매매 기타 거래 혹은 파생금융상품거래 등을 위하거나, 유가증권등(유가증권, 옵션 또는 파생금융상품거래에 관련된 금융상품(유가증권 제외) 혹은 금융지표를 말함. 제168조 제1항, 제173조 제1항 및 제197조 제2항에서 같음)의 시세변동을 도모할 목적으로 소문을 유포하고, 위계를 사용하거나 폭행 혹은 협박을 하여서는 아니 된다.

㈏ 부정한 수단의 의의

證券取引法 제58조 제1항, 金融商品取引法 제157조는 Rule 10b－5의 "사기를 위하여"라는 요건 대신 "부정(不正)"을 요건으로 규정한다. 金融商品取引法 제157조 제1호의 "부정한 수단(不正の手段)"에 관하여 最高裁判所가 "유가증권의 거래에 한하고 그에 관하여 사회통념상 부정하다고 인정되는 일체의 수단을 말한다."라고 판시한 바 있는데, 이 판례의 사안인 那須硫黃礦業(株) 사건의 사안은 피고인이 주권을 담보로 금융기관에서 대출받을 것을 계획하고, 담보가치를 높이기 위하여 인위적으로 높은 주가를 형성하고자 가장매매를 통하여 1주에 60엔 내지 75엔의 가격을 형성하게 한 경우이다. 원심인 東京高裁는 "(證券取引法 제58조 제1호의) 부정한 수단이란, 거래소거래와 장외거래 여부를 불문하고 유가증권의 매매 그 밖의 거래에 대하여 사기적행위, 즉, 타인으로 하여금 착오에 빠지게 하여 자기 또는 타인의 이익을 얻으려는 것으로 해석하는 것이 상당하고, 이와 같이 부정한 수단을 해석한다면 그 의미가 막연하지 아니하므로 피고인의 위헌주장도 그 전제를 결여한다."라고 판시하였다.[88] 그러나 最高裁判所는 "피고인은 부정한 수단의 의의와 내용이 막연하므로 위헌무효라고 주장하나, 부정한 수단은 유가증권의 거래에 한하고 그에 관하여, 사회통념상 부정하다고 인정되는 일체의 수단을 말하는 것이고, 그 의미가 명확하여 그 자체에 있어서 범죄구성요

88) 東京高判昭和 38·7·10 東高刑時報 14－7－116.

건을 명확히 하는 것으로 인정된다."라고 판시하였다.[89] 즉, 東京高裁는 부정한 수단을 사기적 행위로 보는 다소 제한적인 해석을 시도하였으나, 最高裁判所는 사기적 행위에 한하지 않고 사회통념상 부정하다고 인정되는 일체의 수단을 말하는 것이라고 해석하면서도 범죄구성요건이 명확하므로 위헌이 아니라고 판시함으로써 폭넓게 해석할 수 있다고 판시한 것이다.[90] 다만 "부정한 수단은 유가증권의 거래에 한하고 그에 관하여, 사회통념상 부정하다고 인정되는 일체의 수단을 말하는 것"이라는 最高裁判所의 판시는 "부정한 수단"과 "부정하다고 인정되는 일체의 수단"의 동어반복적인 설명이어서 "그 의미가 명확하여 그 자체에 있어서 범죄구성요건을 명확히 하는 것으로 인정된다."라는 판단의 근거로는 다소 부족해 보인다.

일본에서의 학설은 위 東京高裁 판결과 마찬가지로 金融商品取引法 제157조 제2호와 제3호에서 구체적으로 열거한 행위가 모두 사기적 행위임에 비추어 제1호의 부정수단도 사기적 행위라고 보는 견해와, 위 最高裁判所 판시와 마찬가지로 사회통념상 부정하다고 인정되는 모든 수단을 의미하는 것으로 보는 견해로 나뉘어져 있다. 어느 견해를 취하더라도 동 규정이 극히 추상적인 규정이어서 실제의 사건에 적용하기 곤란하므로 매우 제한적으로만 적용해야 한다는 것이 종래의 일반적인 견해이다. 이 那須硫黃礦業(株) 사건에 대한 最高裁判所의 결정은 舊證券取引法 제58조 제1호 및 이에 해당하는 金融商品取引法 제157조 제1호의 부정한 수단에 관한 最高裁判所의 유일한 형사판례라고 하는데, 그 이유에 대하여 많은 학자들이 해당 규정의 중한 법정형에 비하여 구성요건이 매우 추상적이어서 죄형법정주의의 견지에서 문제가 있기 때문에 검찰에서도 적용을 자제하기 때문이라고 한다.

---

89) 最判昭和 40·5·25 刑集155－831.

90) 한편 사후손실보전을 이유로 野村證券 주주들이 대표소송을 제기한 사건에서 원심인 東京高裁는 "구 證券取引法 제58조 제1호 위반이 성립하기 위하여는 증권거래에 관하여 기망행위와 그에 의한 착오가 존재할 것이 필요하다. 그러나 본건 손실보전에 관하여는 피항소인들에 의한 기망행위와 그에 의한 착오가 존재하는 것을 인정하기에 충분한 증거는 없으므로, 참가인들의 구 證券取引法 제58조 제1호 위반의 주장은 이유가 없다."라고 판시하여 부정수단에 기망이 필요하다고 보았고(東京高判平成 7·9·26 判時1549号11頁), 상고심에서 最高裁判所는 상고를 기각하면서 단순히 손실보전이 구 證券取引法 제58조 제1호 위반이 아니라는 원심의 판단은 정당하다고 판시하였다(最判平成 12·7·7 民集54－6－1767).

3. 부정거래행위의 유형

(1) 금융투자상품의 매매, 그 밖의 거래

(가) 규 정

제178조 제1항이 금지하는 행위는 "금융투자상품의 매매(증권의 경우 모집·사모·매출 포함), 그 밖의 거래와 관련된 다음과 같은 행위"이다.[91]

1. 부정한 수단, 계획 또는 기교를 사용하는 행위
2. 중요사항에 관하여 거짓의 기재 또는 표시를 하거나 타인에게 오해를 유발시키지 아니하기 위하여 필요한 중요사항의 기재 또는 표시가 누락된 문서, 그 밖의 기재 또는 표시를 사용하여 금전, 그 밖의 재산상의 이익을 얻고자 하는 행위
3. 금융투자상품의 매매, 그 밖의 거래를 유인할 목적으로 거짓의 시세를 이용하는 행위

제178조 제2항이 금지하는 행위는 "금융투자상품의 매매, 그 밖의 거래를 할 목적이나 그 시세의 변동을 도모할 목적으로 풍문의 유포, 위계(僞計)의 사용, 폭행 또는 협박"이다.

(나) 적용대상

1) 적용대상 상품 시세조종에 관한 제176조는 "상장증권 또는 장내파생상품"이라고 규정하는 반면, 제178조는 "금융투자상품"이라고만 규정하므로 상장 여부를 불문하고 모든 금융투자상품이 부정거래행위의 대상이 된다.[92] 따라서 상장증권·비상장증권과 장내파생상품·장외파생상품 모두 부정거래행위 규정의 적용대상이다.

---

91) "자본시장법 제178조 제1항 제1호, 제2항에서 규정하고 있는 '금융투자상품의 매매와 관련하여 부정한 수단이나 기교를 사용하는 행위' 및 '위계의 사용'에 해당된다"(대법원 2011. 7. 14. 선고 2011도3180 판결)라는 판례와 같이, 제178조 제1항 제1호의 부정한 수단과 제2항의 위계가 동시에 성립하는 사안도 많다.

92) 포괄적 시세조종행위를 규정한 구 증권거래법 제188조의4 제4항은 이와 달리 규제대상 증권을 "유가증권"이라고 규정하므로 파생상품은 규제대상이 아니었다. 대법원은 "상장유가증권 또는 협회중개시장에 등록된 유가증권은 물론 같은 법 제2조 제1항 각 호와 제2항이 정의한 유가증권에 포함되는 모든 유가증권"을 규제대상 증권이라고 판시한 바 있다(대법원 2006. 4. 14. 선고 2003도6759 판결). 하급심에서도 제3시장 거래주식(서울지방법원 2003. 1. 8. 선고 2002고단11557 판결), 전환사채(서울지방법원 2000. 2. 11. 선고 99고단13171 판결), 장외거래 주식(서울지방법원 2002. 7. 3. 선고 2002노4911 판결) 등을 적용대상 증권이라고 판시하였다.

투자계약증권과 대통령령으로 정하는 증권[93]은 내부자거래와 시세조종 관련 규정을 적용하는 경우에는 증권으로 보지 않고, 부정거래행위 관련 규정(제178조, 제179조)을 적용하는 경우에만 증권으로 본다.

2) 적용대상 거래 거래 장소도 장내거래에 한하지 않고 장외에서의 대면거래[94]의 경우도 규제대상이다.[95] 그러나 이 규정이 주로 대상으로 삼는 것은 당연히 유통시장에서의 거래이다.[96]

"그 밖의 거래"는 담보설정계약·합병계약·교환계약 등을 포함한다.[97]

금융투자상품의 매매, 그 밖의 거래와 관련한 행위인지 여부나 허위의 여부 및 부당한 이득 또는 경제적 이익의 취득 도모 여부 등은 그 행위자의 지위, 발행회사의 경영상태와 그 주가의 동향, 그 행위 전후의 제반 사정 등을 종합적으로 고려하여 객관적인 기준에 의하여 판단해야 한다.

특정 시점의 기초자산 가격 또는 그와 관련된 수치에 따라 권리행사 또는 조건성취의 여부가 결정되거나 금전 등이 결제되는 구조로 되어 있는 금융투자상품(ELS)의 경우에 사회통념상 부정하다고 인정되는 수단이나 기교 등을 사용하여 그 금융투자상품에서 정한 권리행사나 조건성취에 영향을 주는 행위를 하였다면, 이는 그 금융투자상품의 거래와 관련하여 부정행위를 한 것으로서 자본시장법 제178조 제1항 제1호를 위반한 행위에 해당한다는 판례도 있다.[98]

(다) 거래와의 관련성

제178조 제1항은 "누구든지 ... 매매, 그 밖의 거래와 관련하여 ... 행위를 하여서는 아니 된다."고 규정하는데, "매매, 그 밖의 거래와 관련하여"라는 문구에

---

93) 대통령령으로 정하는 증권은 상법에 따른 합자회사·유한책임회사·합자조합·익명조합의 출자지분을 말한다. 다만, 자본시장법 제9조 제21항에 따른 집합투자증권(집합투자기구에 대한 출자지분)은 제외한다(令 3조의2).

94) 구 증권거래법이 적용된 사안으로서 장외에서의 대면거래에 관한 판례로는, 서울지방법원 2000. 2. 11. 선고 99고단13171 판결이 있다.

95) 대법원 2006. 4. 14. 선고 2003도6759 판결.

96) 김건식·정순섭, 473면.

97) 합병의 경우: 대법원 2011. 3. 10. 선고 2008도6335 판결, 신주인수권부사채 발행의 경우: 서울중앙지방법원 2004. 4. 9. 선고 2004고합267 판결.

98) 대법원 2015. 4. 9.자 2013마1052,1053 결정. (이 사건에서 ELS 투자자들이 피고의 부정거래행위를 원인으로 증권집단소송의 소장을 제출하면서 소송허가신청을 하였는데, 원심에서는 피고의 부정거래행위로 인하여 원고들이 ELS의 매매, 교환, 담보제공 등 적극적으로 거래한 바가 없다는 이유로 불허가결정을 하였는데, 재항고심에서 대법원이 원심결정을 파기환송하였다.)

비추어 "매매, 그 밖의 거래"의 주체를 불문하므로 위반행위자가 실제로 매매거래를 할 것이 요구되지 않고 제3자가 거래를 한 경우도 규제대상이다. 따라서 어떠한 거래도 이루어지지 않은 경우에는 부정거래행위가 성립하지 않는다. 다만, 부정거래행위로 인하여 예정되었던 거래를 하지 않게 된 경우(즉, 거래를 포기한 경우)는 규제대상이다.[99]

"그 밖의 거래"에는 증권의 모집·매출·공개매수는 물론 합병·주식교환도 포함된다.

(라) 주관적 요건

제178조의 적용에 있어서 제176조의 시세조종행위와 같은 소정의 목적은 요구되지 않지만 자본시장법상 과실범에 대한 형사처벌규정이 없으므로 모든 객관적 구성요건의 요소에 대한 고의가 있어야 함은 당연하다.

(마) 판단기준

금융투자상품의 거래와 관련하여 어느 행위가 자본시장법 제178조에서 금지하고 있는 부정행위에 해당하는지는, 해당 금융투자상품의 구조 및 거래방식과 경위, 그 금융투자상품이 거래되는 시장의 특성, 그 금융투자 상품으로부터 발생하는 투자자의 권리·의무 및 그 종료 시기, 투자자와 행위자의 관계, 행위 전후의 제반 사정 등을 종합적으로 고려하여 판단해야 한다.[100]

(2) 제1항 제1호(부정한 수단, 계획 또는 기교)

(가) 의 의

누구든지 금융투자상품의 매매(증권의 경우 모집·사모·매출 포함), 그 밖의 거래와 관련하여 부정한 수단, 계획 또는 기교를 사용하는 행위를 하지 못한다(法 178조①1).

자본시장법 제178조 제1항 제1호의 "수단, 계획 또는 기교"는 Rule 10b-5의 "device, scheme, or artifice"를 그대로 번역한 것인데, 미국에서도 "device", "scheme", "artifice" 등의 의미를 명확히 구별하여 적용하지 않는 경향이므로 자본시장법의 적용에 있어서도 이를 각각 명확히 구별하여 적용할 필요는 없을 것

99) 손해배상책임에 관한 제179조 제1항은 손해배상채무자에 대하여 "제178조를 위반한 자"라고 규정하므로 실제로 매매거래를 하지 않고 제178조 제1항 각 호의 행위를 한 자도 손해배상책임을 진다. 반면에 제178조 제2항은 "매매, 그 밖의 거래를 할 목적"이 요구되므로 위반행위자가 거래를 한 경우만 규제대상이다.

100) 대법원 2018. 9. 28. 선고 2015다69853 판결.

이다. 구체적인 적용에 있어서 수단은 Rule 10b－5의 "device"에 해당하는 용어로서 원래는 자본시장법상 내부자거래나 시세조종을 구성하는 것이 아닌 방법이 불공정거래를 위한 목적에 사용되는 경우이고, 계획은 Rule 10b－5의 "scheme"에 해당하는 용어로서 형법상의 행위단계에서 본다면 예비행위를 포함한 일련의 준비행위 및 방조행위를 가리키고,[101] 기교는 Rule 10b－5의 "artifice"에 해당하는 용어로서 수단이나 계획에 비하면 어느 정도 정형화된 행위로서 과당매매(churning), 스캘핑(scalping),[102] 선행매매(front running) 등이 이에 해당하는 행위로 볼 수 있을 것이다.

한편 미공개중요정보이용에 있어서 2차 이후의 정보수령자는 현행법상 미공개중요정보이용행위를 금지하는 제174조의 적용대상이 아니고, 2014년 12월 개정법에 의하여 신설된 시장질서 교란행위에 해당한다. 이러한 2차 이후의 정보수령자의 행위를 자본시장법 제178조 제1항 제1호의 "부정한 수단, 계획 또는 기교를 사용하는 행위"에 해당한다고 보아 제178조에 의하여 규제하려는 견해도 있을 수 있다. 그러나 자본시장법 제178조 제1항에 해당하는 미국의 SEC Rule 10b－5는 내부자거래에 일반적으로 적용되는 규정이지만, 자본시장법은 미공개중요정보이용행위에 관하여 제174조에서 별도로 규정하므로, 미공개중요정보이용행위는 제174조가 적용되는 규제대상이 아니면 제178조의 적용에 의한 규제대상도 될 수 없다고 해석하는 것이 죄형법정주의의 명확성원칙, 유추해석금지원칙에 부합한다고 할 것이다.

㈏ 기망성과 부정성

자본시장법은 일본 金融商品取引法과 같이 Rule 10b－5의 "사기를 위하여"라는 요건 대신 "부정성"을 요건으로 규정한다. 자본시장법 제178조 제1항 제1호의 해석에 관하여 기망행위를 요하는지 여부에 대하여 하급심 판례는 일치하지 않았다.[103]

101) 그러나 단순한 예비, 음모 단계의 행위는 규제대상이 아니다. 소위 "작전"의 의미에 가까운 용어로 볼 수 있다는 설명도 있다(변제호 외 4인, 734면).

102) scalping은 미국증권법상 투자자문업자가 매수추천 전에 해당 증권을 먼저 매수하거나 매도추천 전에 해당 증권을 먼저 매도함으로써 이익을 얻은 행위를 말한다. 자본시장법도 투자매매업자·투자중개업자는 특정 금융투자상품의 가치에 대한 주장이나 예측을 담고 있는 자료("조사분석자료")를 투자자에게 공표함에 있어서 그 조사분석자료의 내용이 사실상 확정된 때부터 공표 후 24시간이 경과하기 전까지 그 조사분석자료의 대상이 된 금융투자상품을 자기의 계산으로 매매하는 행위를 하지 못한다고 규정한다(法 71조 2호).

그러나 대법원은 '부정한 수단, 계획 또는 기교'란 사회통념상 부정하다고 인정되는 일체의 부정한 수단, 계획 또는 기교를 말한다고 판시함으로써 일본 最高裁判所와 같이 기망을 요하지 않는 입장을 일관되게 취한다.[104)]

자본시장법 제178조 제1항 제1호의 입법당시, 미국 Rule 10b-5의 "사기를 위하여"라는 요건 대신 일본 金融商品取引法 제157조의 "부정성"을 요건으로 규정한 점과, 자본시장법 제178조 제1항 제2호, 제3호 및 제2항은 기망적 요소를 구성요건으로 하는 "거짓의 기재 또는 표시를 한 문서 등을 이용하는 행위", "거짓의 시세를 이용하는 행위", "풍문의 유포, 위계사용행위" 등을 규정하고 있는데 반하여, 제178조 제1항 제1호는 기망적 요소를 구성요건으로 하지 아니한 점에 비추어 기망을 요하지 않는다는 대법원 판례는 타당하다.[105)]

다만, 자본시장법 제178조 제1항 제1호의 규정 중, "수단, 계획, 기교" 자체는 규범적 판단의 대상이 아니고, "부정한"이라는 용어가 유일한 규범적 차원에서의 판단대상이어서, 제1호에서 정한 "수단, 계획, 기교"를 사용하는 행위는, 적어도 제178조 제1항 제2호, 제3호 및 제2항에서 보다 구체화되고 동일한 법정형이 적용되는 부정거래행위에 준하는 정도의 불법성을 지닌 것이어야 하고, 그 밖에 자본시장법상 보다 가벼운 규제에 해당하는 다른 조항을 통하여 처벌하더라도 자본시장법의 목적 달성에 지장을 초래하지 않는 경우에는 이에 해당하지 않는다는 것이 판례의 입장이므로,[106)] 기망을 요건으로 하는지 여부는 실제의 적용에 있어서 의미 있는 차이가 없다. 한편, 판례는 제178조 제2항의 "위계"는 거래상대방이나 불특정 투자자를 기망하여 일정한 행위를 유인할 목적의 수단, 계획, 기교 등을 말한다고 보므로,[107)] 기망성 있는 경우는 통상 제178조 제2항을 적용

---

103) 기망행위를 요한다는 취지의 판례: 서울중앙지방법원 2010. 10. 14. 선고 2010고합458 판결, 기망행위를 요하지 않는다는 취지의 판례: 서울중앙지방법원 2011. 11. 28. 선고 2011고합600 판결.

104) 대법원 2011. 10. 27. 선고 2011도8109 판결, 대법원 2014. 1. 16. 선고 2013도9933 판결, 대법원 2016. 8. 29. 선고 2016도6297 판결, 대법원 2018. 4. 12. 선고 2013도6962 판결.

105) 기망성을 요건으로 하지 않는다고 보는 견해: 김건식·정순섭, 653면; 변제호 외 4인, 735면. (다만, 김학석·김정수, 203, 204면은 다수설과 판례가 기망성을 요건으로 하지 않는다고 설명하면서, 제178조 제1항 제2호, 제3호, 제2항이 기망성을 요건으로 규정하므로 제1호의 부정한 수단, 계획 또는 기교도 기망에 준하는 정도의 불법성을 지녀야 한다고 설명한다)

106) 서울중앙지방법원 2011. 11. 28. 선고 2011고합600 판결, 서울중앙지방법원 2014. 6. 13. 선고 2013고합17 판결.

107) 대법원 2018. 4. 12. 선고 2013도6962 판결.

한다.

(다) 해석원칙

어떠한 행위를 부정하다고 할지는 그 행위가 법령 등에서 금지된 것인지, 다른 투자자들로 하여금 잘못된 판단을 하게 함으로써 공정한 경쟁을 해치고 선의의 투자자에게 손해를 전가하여 자본시장의 공정성·신뢰성·효율성을 해칠 위험이 있는지를 고려해야 한다.[108)]

어느 행위가 금융투자상품의 거래와 관련하여 자본시장법 제178조에서 금지하는 부정행위에 해당하는지 여부는, 금융투자상품의 구조와 거래방식 및 거래경위, 금융투자상품이 거래되는 시장의 특성, 금융투자상품으로부터 발생하는 투자자의 권리·의무 및 그 종료 시기, 투자자와 행위자의 관계, 행위 전후의 제반 사정 등을 종합적으로 고려하여 판단하여야 한다.[109)]

또한 자본시장법 제178조 제1항 제1호의 해석에 있어서 죄형법정주의와 최대한 조화를 이룰 수 있도록 신중을 기하여야 함을 강조한 판례도 있다.[110)]

(라) 적용사례

제178조 제1항 제1호에 해당하는 사안으로서, 투자수익보장약정을 체결한 후 차명으로 유상증자에 참여하는 경우,[111)] 합병신주를 차명으로 인수한 경우,[112)] 기자의 지위를 이용하여 경제전문지 기사를 이용한 경우,[113)] ELS 상환조건성취를 방해한 경우,[114)] 투자자문업자 등이 특정 증권을 자신의 계산으로 매수

108) 대법원 2018. 4. 12. 선고 2013도6962 판결, 대법원 2022. 5. 26. 선고 2018도13864 판결.

109) 대법원 2023. 12. 21. 선고 2017다249929 판결, 대법원 2015. 4. 9.자 2013마1052,1053 결정. 대법원은 소위 ELW 사건에 관한 판례들을 통하여, "금융투자업자 등이 특정투자자에 대하여만 투자기회 또는 거래수단을 제공한 경우에는 그 금융거래시장의 특성과 거래참여자의 종류와 규모, 거래의 구조와 방식, 특정 투자자에 대하여만 투자기회 등을 제공하게 된 동기와 방법, 이로 인하여 다른 일반투자자들의 투자기회 등을 침해함으로써 다른 일반투자자들에게 손해를 초래할 위험이 있는지 여부, 이와 같은 행위로 인하여 금융상품 거래의 공정성에 대한 투자자들의 신뢰가 중대하게 훼손되었다고 볼 수 있는지 등의 사정을 구 자본시장법의 목적·취지에 비추어 종합적으로 고려하여 판단해야 한다."라고 판시한 바 있다(대법원 2014. 1. 16. 선고 2013도4064 판결, 대법원 2014. 1. 16. 선고 2013도9933 판결, 대법원 2014. 1. 23. 선고 2013도4065 판결, 대법원 2014. 1. 23. 선고 2013도8127 판결, 대법원 2014. 2. 13. 선고 2013도1206 판결).

110) 서울고등법원 2011. 6. 9. 선고 2010노3160 판결(대법원 2011. 10. 27. 선고 2011도8109 판결에 의하여 상고기각으로 확정).

111) 대법원 2011. 10. 27. 선고 2011도8109 판결.

112) 서울고등법원 2011. 6. 9. 선고 2010노3160 판결.

113) 서울중앙지방법원 2012. 6. 25. 선고 2012고단2326 판결.

114) 대법원 2015. 4. 9.자 2013마1052 결정. 그러나 대법원 2016. 3. 24. 선고 2012다108320 판

한 다음 추천 후 그 증권의 시장가격이 상승할 때에 차익을 남기고 매도한 경우,[115] 구체적인 상장 계획이 없는 주식회사의 비상장 주식을 매수하면 곧 상장되어 높은 수익을 얻을 수 있는 것처럼 거짓말하는 방법으로 비상장 주식을 높은 가격에 판매한 경우[116] 등이 있다.

(마) 보호법익과 위험범

자본시장법상 부정거래행위 금지규정을 위반한 범죄는 재산적 법익이 아닌 사회적 법익이 보호법익이고,[117] 구성요건이 보호하고 있는 보호법익에 대한 침해의 위험성만 있으면 성립하는 위험범이다. 반면에 자본시장법상 부정거래행위와 유사한 행위를 대상으로 하는 형법상 사기죄는 "사람을 기망하여 재물의 교부를 받거나 재산상의 이익을 취득하거나, 제3자로 하여금 재물의 교부를 받게 하거나 재산상의 이익을 취득"하게 하는 범죄이다. 보호법익이 보호받는 정도에 있어서, 형법상 사기죄는 구성요건의 내용이 보호법익(재산권)의 침해가 있을 것을 요구하므로 침해범이다. 그러나 부정한 수단 등을 사용하는 경우 제179조에 기한 손해배상청구를 하기 위하여는 물론 손해라는 결과가 발생해야 한다.

(바) 주관적 요건

제178조의 규정상 시세조종행위에서와 같은 목적은 요구되지 않지만 행위자가 부정한 수단, 계획 또는 기교를 사용한다는 인식은 해야 한다.

(3) 제1항 제2호(부실표시 사용행위)

(가) 의　　의

자본시장법 제178조 제1항 제2호는 "중요사항에 관하여 거짓의 기재 또는 표시를 하거나 타인에게 오해를 유발시키지 아니하기 위하여 필요한 중요사항의 기재 또는 표시가 누락된 문서, 그 밖의 기재 또는 표시를 사용하여 금전, 그 밖의 재산상의 이익을 얻고자 하는 행위"를 부정거래행위로서 금지한다. 이는 금융투자상품의 거래에 관한 부정거래행위가 다수인에게 영향을 미치고 자본시장 전체를 불건전하게 할 수 있기 때문에 거래에 참가하는 개개 투자자의 이익을 보

결은 피고의 주식매도행위가 델타헤지의 원리에 부합하지 아니하는 거래로서 사기적 부정거래행위에 해당한다는 원고의 주장을 모두 배척하였다.

115) 서울남부지방법원 2019. 4. 10. 선고 2018고단3255 판결.

116) 서울중앙지방법원 2023. 3. 23. 선고 2022고합577등 판결, 서울중앙지방법원 2023. 4. 7. 선고 2022고합900 판결.

117) 대법원 2011. 10. 27. 선고 2011도8109 판결.

호함과 함께 자본시장의 공정성과 신뢰성을 높이기 위한 것이다.[118)]

“문서, 그 밖의 기재 또는 표시를 사용하여”라는 규정상 대량보유 보고의무 또는 소유상황 보고를 아예 하지 않는 경우는 이에 해당하지 않는다.[119)]

제1호의 행위와 달리 제2호의 행위는 과실에 의한 행위도 금지된다. 다만 자본시장법에 과실범 처벌규정이 없는 이상 행위자는 형사책임은 지지 않고 민사손해배상책임만 진다. 제178조 제1항 제2호는 시세조종에 관한 제176조 제2항 제3호의 “그 증권 또는 장내파생상품의 매매를 함에 있어서 중요한 사실에 관하여 거짓의 표시 또는 오해를 유발시키는 표시를 하는 행위”와 매우 유사하지만, “상장증권 또는 장내파생상품의 매매를 유인할 목적으로”하는 행위만 금지되므로, 규제대상 금융투자상품, 거래장소, 목적성 면에서 차이가 있고, 따라서 제176조 제2항 제3호에 의한 규제의 공백을 보완하는 기능을 한다. ⅰ) 거짓의 기재 또는 표시와, ⅱ) 오해유발을 피하기 위하여 필요한 중요사항의 기재 또는 표시가 누락을 일반적으로 부실표시(허위표시+누락)로 통칭한다.

㈏ 중요사항

1) 중요사항의 의의　　“중요사항”은 해당 법인의 재산·경영에 관하여 중대한 영향을 미치거나 특정 증권 등의 공정거래와 투자자 보호를 위하여 필요한 사항으로서 투자자의 투자판단에 영향을 미칠 수 있는 사항을 의미한다. 해당 상장증권 또는 장내파생상품의 매매에 있어서의 중요한 사실을 의미하므로, 해당 기업 고유의 정보만이 아니라 동종업종의 전망 또는 경쟁업체의 동향 등 기업외적 정보도 포함한다. 여기서 중요사항은 미공개중요정보와 궤를 같이 하는 것이다.[120)]

2) 중요성 판단의 기준　　중요성 판단의 기준은 미공개정보의 중요성에 관하여 제174조 제1항이 “투자자의 투자판단에 중대한 영향을 미칠 수 있는 정보”라고 규정하는 것과 동일하게 보아야 할 것이다. 중요성에 대한 기준은 투자자의 주관적인 특성은 전혀 무시하고 합리적인 투자자(reasonable investor)를 가정하여 객관적으로만 판단한다. 합리적인 투자자란 반드시 증권에 문외한인 일반투자자만을 가리키는 것이 아니라 전문투자자도 합리적인 투자자의 범주에 포함된다고

---

118) 대법원 2018. 9. 28. 선고 2015다69853 판결.
119) 대법원 2010. 12. 9. 선고 2009도6411 판결, 대법원 2011. 7. 28. 선고 2008도5399 판결.
120) 대법원 2016. 8. 29. 선고 2016도6297 판결, 대법원 2009. 7. 9. 선고 2009도1374 판결.

보아야 한다.121)

3) 중요성 인정 사례 최대주주 또는 주요주주에 관하여 대량보유보고서에 기재된 허위사실들은 회사의 경영에 관하여 중대한 영향을 미치거나 기업환경에 중대한 변경을 초래할 수 있는 사실로서 일반 투자자의 투자판단에 영향을 미칠 수 있는 사실에 해당한다.122) 5% 이상의 주식을 대량보유한 자가 '경영참여'를 목적으로 주식을 취득하였다는 사실은 일반 투자자의 입장에서 볼 때 경영권을 유지하려는 자와 새로이 경영권을 확보하려는 자 사이에 지분경쟁이 생길 것으로 생각하여 투자의 합리적인 의사결정에 영향을 미칠 소지가 다분한 점에 비추어 대량보유(변동)보고서에 기재하는 '보유목적 또는 변동사유'는 중요한 사실에 해당한다.123) 경영참여로 취득목적을 공시한 사람들의 취득자금이 본인자금인지 차입금인지 여부는 그 공시의 진정성, 추가주식취득의 가능성, 경영권분쟁의 발생이나 M&A의 성공가능성과 그 후의 투자 적정성 등을 판단하는 기본적이고 중요한 자료이므로 취득자금의 내역도 중요사항이다.124) 대량보유보고서의 차명주식 보유 및 매도 여부는 투자자의 투자 판단에 영향을 미칠 수 있는 중요사항이다.125)

(다) 부실표시

금지되는 행위는 "거짓의 기재 또는 표시"와 "오해를 유발시키지 아니하기 위하여 필요한 중요사항의 기재 또는 표시가 누락"이다.126) "기재 또는 표시"는

121) 미국 증권법상 중요성 판단의 기준으로, i) 해당 정보가 사실로 확정될 개연성(probability)과 그 정보가 공개될 경우 주가에 영향을 미칠 중대성(magnitude)이 인정되면 중요한 정보로 보아야 한다는 개연성-중대성 기준(probability-magnitude test)과, ii) 합리적인 투자자가 누락된 사실의 공개가 제공된 정보의 전체맥락을 현저하게 변경하는 것으로 볼 고도의 가능성(substantial likelihood that disclosure of omitted fact would have been viewed by reasonable investor as having significantly altered "total mix" of information made available)이 있어야 한다는 고도의 가능성 기준(substantially likelihood test)이 있다[TSC Industries, Inc. v. Northway, Inc., 426 U.S. 438 (1976); Ganino v. Citizens Utilities Co., 228 F.3d 154 (2d Cir. 2000); Oran v. Stafford, 226 F.3d 275 (3d Cir. 2000)]. [이들 판례의 구체적인 사안과 판결요지에 관하여는 졸저 「미국증권법」(박영사, 2009), 332면 이하 참조].

122) 대법원 2003. 11. 14. 선고 2003도686 판결.

123) 서울행정법원 2008. 9. 5. 선고 2008구합23276 판결, 서울중앙지방법원 2005. 7. 8. 선고 2005고합108 판결, 부산지방법원 2005. 1. 25. 선고 2004고단6886 판결.

124) 대법원 2006. 2. 9. 선고 2005도8652 판결.

125) 서울고등법원 2011. 6. 9. 선고 2010노3160 판결.

126) 구 증권거래법 제188조의4 제4항 제2호는 "허위의 표시", "표시가 누락"이라고 규정하였으나 자본시장법은 "거짓의 기재 또는 표시", "기재 또는 표시가 누락"이라고 규정함으로써 "기재"를 추가하였으나, 어차피 "표시"에는 "기재" 개념이 포함되므로 특별히 의미상의 차이는

구체적으로 특정되어야 한다.[127)]

"오해를 유발시키지 아니하기 위하여 필요한 중요사항의 기재 또는 표시가 누락"은 "거짓의 기재 또는 표시"보다는 넓은 개념이다.

1) 부실표시와 문서이용 여부 문서의 이용을 요건으로 규정한 구 증권거래법과 달리,[128)] 자본시장법은 제178조 제1항 제2호는 "… 문서, 그 밖의 기재 또는 표시를 사용하여"라고 규정하므로, 반드시 문서를 이용하는 방법뿐 아니라 강연회, TV, 라디오를 통하여 거짓의 표시를 한 경우도 포함한다.

중요사항에 관하여 허위 또는 부실 표시된 재무제표가 구체적인 상황에서 투자자의 투자 판단에 영향을 미칠 수 있는 사항에 관하여 오해를 유발할 수 있음을 알면서도, 이를 금전, 그 밖의 재산상의 이익을 얻는 기회로 삼기 위하여 적극적으로 활용하는 행위는 자본시장법 제178조 제1항 제2호에서 정한 '문서의 사용행위'에 포함된다.[129)]

2) 목적과 인과관계 "중요사항에 관하여 거짓의 기재 또는 표시를 하거나 타인에게 오해를 유발시키지 아니하기 위하여 필요한 중요사항의 기재 또는 표시가 누락된 문서, 그 밖의 기재 또는 표시를 사용하여 금전, 그 밖의 재산상의 이익을 얻고자 하는 행위"라는 목적범 형식으로 규정되어 있으므로, 그 문언의 해석상 일단 위와 같은 기재 또는 표시를 사용한 이상 그로써 바로 위 규정 위반죄가 성립하는 것이고, 그 사용행위로 인하여 실제 '타인에게 오해를 유발'하거나 '금전 기타 재산상의 이익을 얻을 것'을 요하지 않으므로, 위와 같은 기재 또는 표시를 사용한 행위와 타인의 오해 사이의 인과관계 여부는 위 규정 위반의 성립에 아무런 영향을 미치지 않는다.[130)]

3) 부실표시 판단기준 금융투자상품의 거래와 관련하여 어느 행위가 자본시장법 제178조에서 금지하고 있는 부정행위에 해당하는지는, 해당 금융투자상품의 구조 및 거래방식과 경위, 그 금융투자상품이 거래되는 시장의 특성, 그

없다.

127) 서울고등법원 2023. 7. 6. 선고 2022노2197 판결.

128) 구 증권거래법 제188조의4 제4항 제2호는 "문서를 이용하여"라는 요건을 규정하였다. 따라서 구 증권거래법 하의 판례는 "문서의 이용"이라는 요건이 충족되지 않는 경우 사기적 부정거래행위의 성립을 부인하였다(대법원 2010. 12. 9. 선고 2009도6411 판결, 대법원 2009. 7. 9. 선고 2009도1374 판결).

129) 대법원 2016. 8. 29. 선고 2016도6297 판결.

130) 대법원 2016. 8. 29. 선고 2016도6297 판결.

금융투자 상품으로부터 발생하는 투자자의 권리·의무 및 그 종료 시기, 투자자와 행위자의 관계, 행위 전후의 제반 사정 등을 종합적으로 고려하여 판단해야 한다.[131] 회사가 공시를 통하여 거짓의 표시를 하였는지 여부가 문제되는 경우, 공시내용 자체가 허위인지 여부에 의하여 판단하여야 할 것이지 실제로 공시내용을 실현할 의사와 능력이 있었는지 여부에 의하여 판단할 것은 아니다. 따라서, 주주총회의 결의를 거쳐 회사의 사업목적을 추가하는 정관변경을 한 다음 그 사실을 공시하거나 기사화한 것은 비록 실현가능성이 없는 내용이라 하더라도 허위사실을 유포하거나 허위의 표시를 한 것으로 볼 수는 없다.[132] 그리고 수익보장약정 하에 제3자배정 유상증자에 참여한 경우 유상증자 참여 자체는 허위가 아니므로 자본시장법 제178조 제1항 제2호의 "중요사항에 관하여 거짓의 기재"로 볼 수 없다는 판례도 있다.[133]

4) 부실표시 인정 사례

자본시장법 제178조 제2항의 규정과 유사한 구 증권거래법 제188조의4 제4항 제1호의 "허위사실유포"와 제2호의 "부실표시"가 인정된 사례로는, 증권신고서의 재무제표 관련 사항[134] 또는 증자대금 사용목적[135]을 허위로 기재하는 경우, 주식대량보유상황보고시 경영판단목적이라고 기재함으로써 적대적 M&A를 가장하여 주가를 상승시킨 경우,[136] 재벌그룹 관련자 또는 유명 연예인이 경영권을 인수한 것처럼 가장하는 경우,[137] 임원·주요주주 소유주식보고서에 차명주식 처분내역을 기재하지 않은 경우,[138] 차명으로 취득한 주식을 대량보유상황보고서에 기재하지 않은 경우,[139] 취득자금의 조성내역을 허위로 기재하는 경

131) 대법원 2018. 9. 28. 선고 2015다69853 판결.

132) 대법원 2003. 11. 14. 선고 2003도686 판결.

133) 서울고등법원 2011. 6. 9. 선고 2010노3160 판결(다만, 제178조 제1항 제1호의 성립은 인정하였고, 대법원 2011. 10. 27. 선고 2011도8109 판결로 확정되었다).

134) 서울중앙지방법원 2005. 4. 28. 선고 2005고합65 판결(항소심인 서울고등법원 2006. 11. 30 선고 2005노946, 2557 판결에서도 유지됨).

135) 서울중앙지방법원 2011. 9. 22. 선고 2011고합268 판결.

136) 서울고등법원 2008. 10. 15. 선고 2008노1447 판결(대법원 2008.1.15. 선고 2008도9866 판결에 의하여 확정되었다), 대법원 2008. 4. 24. 선고 2007도9476 판결, 대법원 2006. 2. 9. 선고 2005도8652 판결.

137) 서울고등법원 2009. 2. 5. 선고 2008노210 판결.

138) 서울고등법원 2009. 1. 23. 선고 2008노2564 판결.

139) 서울고등법원 2008. 6. 4. 선고 2008노145 판결. [그러나 소규모 차명주식의 누락은 부실표시에 해당하지 않는다는 판례도 있다(서울고등법원 2011. 6. 9. 선고 2010노3160 판결)].

우,[140] 허위수출계약을 공시하는 경우,[141] 허위의 해외투자유치 발표,[142] 최대주주와의 거래를 타법인 출자로 공시한 경우,[143] 기자들에게 허위의 보도자료를 배포한 경우,[144] 주식공모를 앞두고 발행가격을 높이거나 원활한 발행을 위한 허위사실의 유포,[145] 주식대량보유상황보고서의 취득자금을 허위로 자기자금이라고 기재한 경우[146] 등이 있다.

그러나 주식대량보유상황보고의무 자체를 이행하지 않은 경우에는 구 증권거래법 제188조의4 제4항 제2호 위반이 아니라는 판례가 있다.[147]

또한, 공시된 내용이 객관적 사실과 일치하지 아니한 부분이 있다 하더라도 그것이 자본시장법 제178조 제1항 제2호가 정하고 있는 '중요사항'에 해당하는 경우에만 규제대상이 된다. 이와 관련하여 전환사채 취득자금 조성경위 및 원천이 사실은 차입금인데 자기자금으로 기재한 사안에서, 그것이 주가나 투자자에게 큰 영향을 미치는 것이라고 보기 어려운 경우에는 중요사항에 해당하지 않는다는 판례가 있다.[148]

㈑ 금전, 그 밖의 재산상의 이익

"재산상의 이익"은 적극적 이익은 물론 손실을 회피하는 소극적 이익도 포함하는데, "재산상의 이익"에 기업의 경영권 획득이나 지배권 확보 등도 포함하는지에 관하여, 대법원은 구 증권거래법 제188조의4 제4항의 '부당한 이득'에 관한 사건에서 "유가증권의 처분으로 인한 행위자의 개인적이고 유형적인 경제적 이익에 한정되지 않고, 기업의 경영권 획득, 지배권 확보, 회사 내에서의 지위 상승 등 무형적 이익 및 적극적 이득뿐 아니라 손실을 회피하는 경우와 같은 소극적 이득, 아직 현실화되지 않는 장래의 이득도 모두 포함하는 포괄적인 개념으로

140) 대법원 2006. 2. 9. 선고 2005도8652 판결.
141) 서울고등법원 2007. 5. 10. 선고 2007노322 판결.
142) 대법원 2002. 7. 22. 선고 2002도1696 판결.
143) 서울고등법원 2005. 10. 21. 선고 2005노684 판결.
144) 서울고등법원 2009. 1. 22. 선고 2008노2315 판결(대법원 2011. 10. 27. 선고 2009도1370 판결에 의하여 확정되었다). 구 증권거래법이 적용된 판례로서, 허위사실을 기재한 보도자료를 기자들에게 배포한 이상 기자들이 실제로 이를 언론에 보도하지 아니하거나 보도자료와 다르게 허위사실을 다소 축소하여 보도하였다 하더라도 범죄 성립에 영향이 없다고 판시하였다.
145) 서울고등법원 2004. 4. 2. 선고 2003노3374 판결.
146) 서울고등법원 2023. 2. 17. 선고 2020노2289 판결.
147) 대법원 2011. 7. 28. 선고 2008도5399 판결.
148) 서울고등법원 2019. 8. 22. 선고 2018노3161 판결(상고 없이 확정).

해석하는 것이 상당"하다고 판시함으로써 넓은 의미로 보았다.[149] 자본시장법은 구 증권거래법과 달리 "재산상"이라는 수식어를 추가하였으나 "기업의 경영권 획득, 지배권 확보, 회사 내에서의 지위 상승"도 간접적으로는 재산상의 이익에 해당한다고 볼 수 있다는 것이 통설적인 견해이다.[150] 제178조 제1항 제2호가 명문으로 규정하지 않지만, 행위자 외에 제3자로 하여금 재산상의 이익을 얻게 하고자 하는 행위도 금지대상으로 보아야 한다.

한편, 합병신고서의 "합병 전후의 최대주주 및 주요주주의 주식변동현황"을 기재하면서 차명주식 중 일부를 누락한 사안에서 누락된 주식수가 소규모라는 이유로 구 증권거래법 제188조의4 제4항 제2호의 "금전 또는 재산상 이익을 얻으려는 목적이 있다고 추정할 수 없다."라는 판례도 있다.[151]

⑷ 제1항 제3호(거짓의 시세 이용)

제178조 제1항 제3호는 "금융투자상품의 매매, 그 밖의 거래를 유인할 목적으로 거짓의 시세를 이용하는 행위"를 금지되는 부정거래행위의 유형으로 규정한다. 매매유인목적이 요구된다는 점에서 시세조종에 관한 제176조 제2항의 규정과 유사하다. 그러나 제176조 제2항은 상장증권 또는 장내파생상품만을 적용대상으로 하나, 제178조 제1항은 모든 금융투자상품을 적용대상으로 한다는 점에서 적용범위가 보다 넓다.

⑸ 제2항(풍문의 유포, 위계사용 등의 행위)

㈎ 의 의

제178조 제2항은 "누구든지 금융투자상품의 매매, 그 밖의 거래를 할 목적이나 그 시세의 변동을 도모할 목적으로 풍문의 유포, 위계(僞計)의 사용, 폭행 또는 협박을 하지 못한다."고 규정한다. 구 증권거래법은 "부당한 이익을 얻기 위하여 고의로 허위의 시세 또는 허위의 사실 기타 풍설을 유포하거나 위계를 쓰는 행위"를 금지하였는데,[152] 자본시장법은 "부당한 이익을 얻기 위하여 고의

149) 대법원 2009. 7. 9. 선고 2009도1374 판결, 대법원 2002. 7. 22. 선고 2002도1696 판결.

150) 구성요건의 일부가 되면서 동시에 법정형 상한선의 기준이 되기도 하는 제443조 소정의 "위반행위로 인하여 얻은 이익 또는 회피한 손실액"도 "재산상"이라는 수식어가 없지만 결국은 "재산상 이익"을 가리키는 것이라 할 것이다.

151) 대법원 2011. 6. 30. 선고 2010도10968 판결.

152) [증권거래법 제188조의4]
④ 누구든지 유가증권의 매매 기타 거래와 관련하여 다음 각 호의 1에 해당하는 행위를 하지 못한다.

로"라는 문구를 삭제하였다. 구 증권거래법상으로도 위 삭제된 문구는 실제로는 별다른 의미가 없었다. "허위의 시세 또는 허위의 사실 기타 풍설을 유포하거나 위계를 쓰는 행위"가 있으면 "부당한 이득을 얻기 위하여 고의로"라는 요건이 당연히 인정될 것이기 때문이다.

제178조 제2항에서 사기적 부정거래행위를 금지하는 것은, 금융투자상품의 매매, 그 밖의 거래에 관한 사기적 부정거래가 다수인에게 영향을 미치고 금융투자상품시장 전체를 불건전하게 할 수 있기 때문에 금융투자상품의 거래에 참가하는 개개 투자자의 이익을 보호함과 함께 투자자 일반의 시장에 대한 신뢰를 보호하여 금융투자상품시장이 국민경제의 발전에 기여할 수 있도록 하는 데 목적이 있다. 그러므로 매매, 그 밖의 거래를 할 목적인지 여부나 위계인지 여부 등은 행위자의 지위, 행위자가 특정 진술이나 표시를 하게 된 동기와 경위, 그 진술 등이 미래의 재무상태나 영업실적 등에 대한 예측 또는 전망에 관한 사항일 때에는 합리적인 근거에 기초하여 성실하게 행하여진 것인지, 그 진술 등의 내용이 거래상대방이나 불특정 투자자들에게 오인·착각을 유발할 위험이 있는지, 행위자가 그 진술 등을 한 후 취한행동과 주가의 동향, 행위 전후의 제반 사정 등을 종합적·전체적으로 고려하여 객관적인 기준에 따라 판단해야 한다.[153)]

(나) 풍문의 유포

1) 풍문의 개념 구 증권거래법은 "허위의 사실 기타 풍설을 유포하는 행위"를 금지대상으로 규정하였으므로, 규정형식상 "풍설"도 "일체의 거짓 소문"으로 해석하였다.[154)] 자본시장법은 단순히 "풍문의 유포"만을 금지대상으로 규정하는데, "풍문"이란, "시장에 알려짐으로써 주식 등의 시세의 변동을 일으킬 수 있을 정도의 사실로서, 합리적 근거가 없는 것"이다.[155)] 허위내용을 요건으로 하지 않으므로 행위자가 진실이라고 믿었더라도 금지대상이 된다. 다만 실제로 문제되는 풍문은 대부분 허위 내용의 풍문일 것이다.

---

1. 부당한 이득을 얻기 위하여 고의로 허위의 시세 또는 허위의 사실 기타 풍설을 유포하거나 위계를 쓰는 행위

153) 대법원 2018. 4. 12. 선고 2013도6962 판결.

154) 구 증권거래법상 "허위"는 객관적 기준에 의하여 판단하여야 하므로 행위자가 허위사실이라고 믿었더라도 실제로는 진실이었다면 금지대상이 아니고, 실제로는 허위사실이었다 하더라도 행위자가 허위라는 사실을 몰랐다면 이것도 금지대상이 아니다. "고의로"라는 요건이 요구되기 때문이다.

155) 서울고등법원 2013. 3. 22. 선고 2012노3764 판결.

2) 유포의 개념 　풍문의 "유포"에 대하여는 방법이나 수단에 대한 제한이 없으므로 인터넷, 휴대폰문자, 이메일 등 모든 방법이 포함된다. 일반적으로 "유포"는 불특정다수인에게 전파하는 행위를 말하지만 특정인에게 전파하는 것도 포함하는 개념이다.[156] 관련 판례로서, 허위의 기업홍보자료를 작성하여 기업설명회 자리에서 애널리스트들에게 배포한 경우,[157] 허위사실을 기재한 보도자료를 기자들에게 배포는 되었으나 실제로 보도되지 않거나 축소보도된 경우,[158] 신규사업을 추진할 만한 경제적 여건을 갖추고 있지 못하고 그에 관한 진지한 의사가 없었음에도 기사를 통해 일반 투자자들에게 조만간 사업을 추진할 듯한 외양을 갖춘 경우[159] 등에 풍문의 유포가 인정되었다.

(다) 위계사용행위

1) 위계의 개념 　일반적으로 형법상 위계란 "타인의 부지 또는 착오를 이용하는 일체의 행위"를 말하고 기망뿐 아니라 유혹의 경우도 포함하는데, 대법원은 "위계란 거래 상대방이나 불특정 투자자를 기망하여 일정한 행위를 유인할 목적의 수단, 계획, 기교 등을 말하는 것이고, 기망이라 함은 객관적 사실과 다른 내용의 허위사실을 내세우는 등의 방법으로 타인을 속이는 것을 의미한다."라고 판시한다.[160]

구 증권거래법이 규정하던 "고의로"라는 문구가 삭제되었다는 점을 근거로 "과실에 의한 위계"도 규제대상이라는 설명도 있지만,[161] 법문상 금융투자상품의 매매, 그 밖의 거래를 할 목적이나 그 시세의 변동을 도모할 목적을 전제로 하므로 과실에 의한 위계는 규제대상이 아니라고 보아야 한다. 형사책임에 있어서는 고의가 당연한 요건이므로 특별히 규정할 필요가 없으며,[162] 민사책임에 있어서

156) 서울고등법원 2009. 1. 22. 선고 2008노2315 판결.
157) 서울고등법원 2011. 9. 22. 선고 2011노2691 판결.
158) 서울고등법원 2009. 1. 22. 선고 2008노2315 판결(대법원 2011. 10. 27. 선고 2009도1370 판결에 의하여 상고기각으로 확정).
159) 서울고등법원 2023. 8. 25. 선고 2023노393 판결.
160) 대법원 2008. 5. 15. 선고 2007도11145 판결, 대법원 2010. 12. 9. 선고 2009도6411 판결, 대법원 2011. 7. 14. 선고 2011도3180 판결, 대법원 2018. 4. 12. 선고 2013도6962 판결, 대법원 2022. 5. 26. 선고 2018도13864 판결.
161) 자본시장법 주석서 I 960면.
162) 형법 제13조는 "죄의 성립요소인 사실을 인식하지 못한 행위는 벌하지 아니한다. 단, 법률에 특별한 규정이 있는 경우에는 예외로 한다."고 규정한다. 따라서 법률에 특별한 규정이 없으면 과실행위는 처벌대상이 아니다.

도 "위계"의 개념상 과실에 의한 위계는 실제로는 인정하기 어려울 것이다. 한편 구 증권거래법 하에서는 "위계"의 개념을 가급적 넓게 해석하여야 규제의 공백이 줄어든다고 보았으나, 자본시장법은 제178조 제1항 제1호에서 포괄적 사기금지규정을 도입하였으므로 "위계"의 중요성은 상당히 줄어들었다고 할 수 있다.[163)]

2) 위계의 판단기준 위계인지 여부는 행위자의 지위, 행위자가 특정 진술이나 표시를 하게 된 동기와 경위, 그 진술 등이 미래의 재무상태나 영업실적 등에 대한 예측 또는 전망에 관한 사항일 때에는 합리적인 근거에 기초하여 성실하게 행하여진 것인지, 그 진술 등의 내용이 거래 상대방이나 불특정 투자자들에게 오인·착각을 유발할 위험이 있는지, 행위자가 그 진술 등을 한 후 취한행동과 주가의 동향, 행위 전후의 제반 사정 등을 종합적·전체적으로 고려하여 객관적인 기준에 따라 판단해야 한다.[164)]

3) 위계 인정 사례

가) 감자 검토계획 객관적으로 보아 감자 등을 할 법적 또는 경제적 여건을 갖추고 있지 아니하거나 또는 임직원이 감자 등을 진지하고 성실하게 검토·추진하려는 의사를 갖고 있지 않은데도, 감자 등의 검토계획의 공표에 나아간 경우에는, 이러한 행위는 투자자들의 오인·착각을 이용하여 부당한 이득을 취하려는 기망적인 수단, 계획 내지 기교로서 '위계를 쓰는 행위'에 해당한다.[165)]

나) 해외투자유치 해외펀드의 투자를 유치하는 듯한 허위의 모습을 갖추는 것은 위계 및 허위사실 유포에 해당한다.[166)] 그러나 실제로 외국인이 자신의 자금을 가지고 그의 계산 하에 실재하는 외국법인 명의 혹은 계좌를 이용하여 주식시장에서 주식을 매수한 행위는 객관적 측면에서 모두 사실에 부합하는 것

163) 상법상 가장납입이 가지는 증권사기의 잠재적 위험성을 고려하여 가장납입을 자본시장법 제178조 제1항 제1호(부정한 수단, 계획 또는 기교를 사용하는 행위) 또는 제2항(풍문의 유포, 위계의 사용)의 부정거래행위로 보는 견해로서, 김태진, "가장납입에 관한 새로운 해석론", 상사법연구 제32권 제1호, 한국상사법학회(2013), 342면 이하 참조.

164) 대법원 2018. 4. 12. 선고 2013도6962 판결.

165) 대법원 2011. 3. 10. 선고 2008도6335 판결. 원심은 "이사회 결의나 기자간담회에서의 발표 및 발언에 의하면, 감자는 추후에 결정될 것이고 그 가능성이 크다는 것으로서, 구체적인 내용이 확정되었다는 것은 아닌바, 이러한 경우, 감자에 관하여 구체적인 계획을 가지고 있지 않더라도, 자신의 목표를 달성하기 위하여 그 감자가 필요하거나 유용한 방안이라고 인식하면서 그 실행 가능성을 검토하고 있었다면, 위 기자간담회에서의 발표나 발언이 허위의 사실 유포나 위계에 해당한다고 할 수는 없다고 할 것이다."라고 판시하면서 무죄를 선고하였으나(서울고등법원 2008. 6. 24. 선고 2008노518 판결), 대법원은 원심판결을 파기하였다.

166) 대법원 2010. 12. 9. 선고 2009도6411 판결.

으로서 아무런 허위내용이 없어 기망행위로 볼 수 없으므로, 피고인들이 위 주식 거래를 함에 있어 관련 외국법인의 실체를 과장하거나 그에 관한 허위의 정보를 제공하는 등 허위사실을 내세웠다는 특별한 사정이 없는 이상, 위와 같은 투자행태를 법률이 금지하는 위계의 사용에 해당한다고 볼 수 없다.[167)]

다) 인터넷사이트 인터넷사이트 게시판에 언론의 호재성 보도를 계속 올리면서 자신의 주식을 매도한 경우도 위계에 해당할 가능성이 크다.[168)] 그러나 인터넷사이트 게시판과 관련하여, 공간(公刊)된 자료나 기업의 공시자료, 관련 신문기사의 내용을 그대로 전재(全載)하는 것은 해당 자료의 허위성을 명백히 인식하고서 그에 편승하기 위한 것이라는 등의 특단의 사정이 없는 한 위 죄가 성립될 여지는 없다는 판례와,[169)] 인터뷰 내용에 비하여 과장된 보도라는 이유로 위계가 부인된 판례도 있다.[170)]

최근의 판례는, "투자자문업자, 증권분석가, 언론매체 종사자, 투자 관련 웹사이트 운영자 등이 추천하는 증권을 자신이 선행매수하여 보유하고 있고 추천 후에 이를 매도할 수도 있다는 증권에 관한 자신의 이해관계를 표시하지 않은 채 증권의 매수를 추천하는 행위는 자본시장법 제178조 제1항 제1호에서 정한 '부정한 수단, 계획, 기교를 사용하는 행위'에 해당한다. 또한 위와 같은 행위는 투자자의 오해를 초래하지 않기 위하여 필요한 중요사항인 개인적인 이해관계의 표시를 누락함으로써 투자자에게 객관적인 동기에서 증권을 추천한다는 인상을 주어 거래를 유인하려는 행위로서 자본시장법 제178조 제2항에서 정한 '위계의 사용'에도 해당한다."라고 판시한 바 있다.[171)]

㈑ 폭행 또는 협박

금융투자상품의 매매, 그 밖의 거래를 할 목적이나 그 시세의 변동을 도모할 목적으로 하는 폭행 또는 협박을 금지하는 것은 자본시장법 규정으로서는 다소 이례적이지만 제178조의 적용범위에 공백이 없도록 하기 위한 규정이다. 협박은 공포심을 일으키기에 충분한 정도의 해악을 고지하는 것이어야 한다.[172)]

---

167) 대법원 2010. 12. 9. 선고 2009도6411 판결.
168) 서울중앙지방법원 2012. 11. 29. 선고 2012고합142 판결.
169) 서울중앙지방법원 2012. 9. 21. 선고 2012고합662 판결(서울고등법원 2013. 1. 17. 선고 2012노3290 판결에 의하여 확정.)
170) 서울중앙지방법원 2006. 9. 29. 선고 2006고합115 판결(대법원 2008. 5. 15. 선고 2007도11145 판결에 의하여 확정되었다).
171) 대법원 2022. 5. 26. 선고 2018도13864 판결.

Ⅱ. 공 매 도

1. 개 관

⑴ 공매도의 의의

자본시장법상 공매도란 "소유하지 아니한 상장증권의 매도(naked short sale, 무차입공매도)"와 "차입한 상장증권으로 결제하고자 하는 매도(covered short sale, 차입공매도)"를 말한다(法 180조①). 공매도는 공매도한 증권의 가격이 하락하면 매도인이 이익을 얻게 되므로 투기적인 성격이 강한 거래행위이다. 공매도를 규제하는 것은 결제불이행에 따른 시스템리스크가 유발될 가능성이 있고, 증권시장의 안정성과 공정한 가격형성을 해치는 불공정거래(미공개중요정보 이용행위, 시세조종행위, 부정거래행위 등)의 수단으로 이용될 우려가 있기 때문이다. 그러나 결제불이행 가능성이 없고 불공정거래가 개입하지 않는 경우에는 공매도 자체를 불법한 거래라고 할 수 없으므로, 자본시장법은 공매도의 금지를 원칙으로 하면서, 한편으로는 공매도를 할 수 있는 길을 널리 열어두고 있다.

⑵ 증권거래법과 자본시장법상 공매도규제의 차이

구 증권거래법 제188조 제1항은 "주권상장법인 또는 코스닥상장법인의 임원·직원 또는 주요주주는 유가증권시장 또는 코스닥시장에 상장된 주권(외국주권·외국주권예탁증서 및 출자증권을 포함한다)·전환사채권·신주인수권부사채권·신주인수권을 표시하는 증서, 그 밖에 총리령으로 정하는 유가증권(이하 "주권등"이라 한다)중 자신이 소유한 것이 아니면 이를 매도하지 못한다."고 규정함으로써, 내부자의 소유하지 아니한 유가증권의 공매도를 금지하고, 위반행위에 대하여 형사처벌을 규정하였다.

그러나 자본시장법 제180조 제1항은 "누구든지 증권시장(다자간매매체결회사에서의 증권의 매매거래를 포함한다. 이하 이 장에서 같다)에서 상장증권(대통령령으로 정하는 증권에 한한다)에 대하여 다음과 같은 매도(이하 "공매도"라 한다)를 하거나 그 위탁 또는 수탁을 하지 못한다. 다만, 제2호에 해당하는 경우로서(이하 "차입공매도"라 한다) 증권시장의 안정성 및 공정한 가격형성을 위하여 대통령령으로 정하는 방법에 따르는 경우에는 이를 할 수 있다."고 규정하고, 금지되는

---

172) 서울중앙지방법원 2012. 11. 29. 선고 2012고합142 판결.

공매도의 유형을 "소유하지 아니한 상장증권의 매도(제1호)"와 "차입한 상장증권으로 결제하고자 하는 매도(제2호)"로 규정한다. 즉, 자본시장법은 규제대상 거래주체를 내부자에 한정하지 않고 모든 자로 확대하고, 차입한 상장증권으로 결제하고자 하는 공매도도 금지한다.

2. 공매도규제

(1) 예외적 허용

(가) 공매도로 보지 않는 경우

다음과 같은 경우는 형식적으로는 소유하지 않는 증권의 매도에 해당하지만, 현실적으로 결제불이행 가능성이 없으므로 규제의 필요성이 없기 때문에 아예 공매도로 보지 않는다(法 180조②).

1. 증권시장에서 매수계약이 체결된 상장증권을 해당 수량의 범위에서 결제일 전에 매도하는 경우
2. 전환사채·교환사채·신주인수권부사채 등의 권리 행사, 유·무상증자, 주식배당 등으로 취득할 주식을 매도하는 경우로서 결제일까지 그 주식이 상장되어 결제가 가능한 경우
3. 그 밖에 결제를 이행하지 아니할 우려가 없는 경우로서 대통령령으로 정하는 경우

"결제를 이행하지 아니할 우려가 없는 경우로서 대통령령으로 정하는 경우"란 다음과 같은 매도로서 결제일까지 결제가 가능한 경우를 말한다(令 208조③).

1. 매도주문을 위탁받는 투자중개업자 외의 다른 보관기관에 보관하고 있거나, 그 밖의 방법으로 소유하고 있는 사실이 확인된 상장증권의 매도
2. 상장된 집합투자증권의 추가발행에 따라 받게 될 집합투자증권의 매도
3. 상장지수집합투자기구의 집합투자증권의 환매청구에 따라 받게 될 상장증권의 매도
4. 증권예탁증권에 대한 예탁계약의 해지로 취득할 상장증권의 매도
5. 대여 중인 상장증권 중 반환이 확정된 증권의 매도
6. 증권시장 외에서의 매매에 의하여 인도받을 상장증권의 매도
7. 제1항 제1호부터 제4호까지의 증권을 예탁하고 취득할 증권예탁증권의 매도
8. 그 밖에 계약, 약정 또는 권리 행사에 의하여 인도받을 상장증권을 매도하는 경우로서 증권시장 업무규정으로 정하는 경우

(나) 허용되는 차입공매도

차입공매도로서 "증권시장의 안정성 및 공정한 가격형성을 위하여 대통령령으로 정하는 방법에 따르는 경우에는 이를 할 수 있다."고 규정한다(法 180조①). 공매도가 허용되기 위한 "대통령령으로 정하는 방법"이란 차입공매도에 대하여 증권시장 업무규정에서 정하는 가격으로 다음과 같은 방법에 따라 하는 것을 말한다(令 208조②).

1. 투자자(거래소의 회원이 아닌 투자매매업자나 투자중개업자를 포함)가 거래소의 회원인 투자중개업자에게 매도주문을 위탁하는 경우
   가. 증권의 매도를 위탁하는 투자자는 그 매도가 공매도인지를 투자중개업자에게 알릴 것. 이 경우 그 투자자가 해당 상장법인의 임직원인 경우에는 그 상장법인의 임직원임을 함께 알릴 것
   나. 투자중개업자는 투자자로부터 증권의 매도를 위탁받는 경우에는 증권시장 업무규정으로 정하는 방법에 따라 그 매도가 공매도인지와 그 공매도에 따른 결제가 가능한지를 확인할 것
   다. 투자중개업자는 공매도에 따른 결제를 이행하지 아니할 염려가 있는 경우에는 공매도의 위탁을 받거나 증권시장(다자간매매체결회사에서의 증권의 매매거래 포함)에 공매도 주문을 하지 아니할 것
   라. 투자중개업자는 투자자로부터 공매도를 위탁받은 경우에는 그 매도가 공매도임을 거래소에 알릴 것
2. 거래소의 회원인 투자매매업자나 투자중개업자가 매도에 관한 청약이나 주문을 내는 경우에는 그 매도가 공매도임을 거래소에 알릴 것

금융위원회는 증권시장의 안정성 및 공정한 가격형성을 저해할 우려가 있는 경우에는 대통령령으로 정하는 바에 따라 차입공매도를 제한할 수 있다(法 180조③).

(2) 규제대상 증권

공매도가 금지되는 증권은 상장증권으로서 다음과 같은 증권이다(令 208조①).[173]

1. 전환사채권, 신주인수권부사채권, 이익참가부사채권 또는 교환사채권
2. 지분증권

173) 주식 관련 사채권을 제외한 모든 채권, 투자계약증권, 파생상품 등은 투자자보호의 필요성이나 금융투자상품의 특성상 공매도규제의 대상이 아니다.

3. 수익증권
4. 파생결합증권
5. 제1호부터 제4호까지의 증권과 관련된 증권예탁증권

⑶ 규제대상 거래자

구 증권거래법상 공매도가 금지되는 자는 주권상장법인 또는 코스닥상장법인의 임원·직원 또는 주요주주였으나, 자본시장법으로는 누구든지 제180조 제1항이 규정하는 공매도를 하는 것은 금지된다.

⑷ 공매도 호가의 제한

거래소 업무규정은 회원은 자본시장법 제180조 제1항 제1호의 공매도를 하거나 그 위탁을 받아 호가를 하여서는 아니 되고 다만 일정한 경우 이를 공매도로 보지 않는다고 규정한다(유가증권시장 업무규정 17조①).[174] 그리고 제2호의 차

---

174) [업무규정 17조 (공매도호가의 제한)]

① 회원은 법 제180조 제1항 제1호의 공매도를 하거나 그 위탁을 받아 호가를 하여서는 아니 된다. 다만, 다음 각 호의 어느 하나에 해당하는 경우에는 이를 공매도로 보지 아니한다.

1. 시장에서 매수계약이 체결된 상장증권을 해당 수량의 범위에서 결제일 전에 매도하는 경우
2. 전환사채·교환사채·신주인수권부사채 등의 권리행사, 유·무상증자, 주식배당 등으로 취득할 주식을 매도하는 경우로서 결제일까지 그 주식이 상장되어 결제가 가능한 경우
3. 결제일까지 결제가 가능한 경우로서 다음 각 목의 어느 하나에 해당하는 경우
   가. 매도주문을 위탁받는 투자중개업자 외의 다른 보관기관에 보관하고 있거나, 그 밖의 방법으로 소유하고 있는 사실이 확인된 상장증권의 매도
   나. 상장된 집합투자증권의 추가발행에 따라 받게 될 집합투자증권의 매도
   다. 법 제234조에 따른 상장지수집합투자기구의 집합투자증권의 환매청구에 따라 받게 될 상장증권의 매도
   라. 증권예탁증권에 대한 예탁계약의 해지로 취득할 상장증권의 매도
   마. 대여 중인 상장증권 중 반환이 확정된 증권의 매도
   바. 시장 외에서의 매매, 그 밖의 계약에 의하여 인도받을 상장증권의 매도
   사. 법시행령 제208조 제1항 제1호부터 제4호까지의 증권을 예탁하고 취득할 증권예탁증권의 매도
   아. 회원이 호가를 하는 날의 장종료후 시간외시장에서 상장증권을 매수하기로 위탁자와 약정한 경우로서 해당 수량 범위에서의 상장증권의 매도

② 회원은 법 제180조 제1항 제2호의 공매도(이하 "차입공매도"라 한다)를 하거나 그 위탁을 받아 호가를 하는 경우에는 다음 각 호의 방법에 따라 호가를 해야 한다.

1. 회원이 위탁자로부터 매도주문을 위탁받는 경우
   가. 그 매도가 차입공매도인지를 위탁자로부터 통보 받을 것. 이 경우 그 위탁자가 해당 상장법인의 임직원인 경우에는 그 사실을 포함하여 통보 받을 것
   나. 회원은 그 매도가 차입공매도인지와 그 차입공매도에 따른 결제가 가능한지를 확인할 것

입공매도를 하거나 그 위탁을 받아 호가를 하는 경우에는 소정의 방법에 따라 호가를 해야 한다고 규정한다(유가증권시장 업무규정 17조② 내지 ⑤). 또한, 차입공매도의 경우 공매도 후 주가가 하락하면 공매도자는 이익을 얻게 되므로 공매도를 하면서 주가의 하락을 유도하게 된다. 이에 따라 차입공매도를 하거나 그 위탁을 받아 호가를 하는 경우에는 직전의 가격 이하의 가격으로 호가할 수 없고, 다만 직전의 가격이 그 직전의 가격(직전의 가격과 다른 가격으로서 가장 최근에 형성된 가격)보다 높은 경우에는 직전의 가격으로 호가할 수 있다고 규정한다(유가증권시장 업무규정 18조①).[175] 이를 업-틱 룰(up-tick rule)이라 한다. 그러나 지수차익

다. 회원은 차입공매도에 따른 결제를 이행하지 아니할 염려가 있는 경우에는 차입공매도의 위탁을 받거나 차입공매도 호가를 제출하지 아니할 것

라. 회원은 그 매도가 차입공매도인 경우 이를 거래소에 알릴 것

2. 회원이 차입공매도 호가를 제출하는 경우 그 매도가 차입공매도임을 거래소에 알릴 것

③ 회원은 제2항 제1호 나목에 따른 확인을 다음 각 호의 방법으로 해야 한다. 다만, 회원이 위탁자로부터 차입공매도주문을 제출하지 아니한다는 확약을 받고 해당 위탁자계좌에 대해 차입공매도주문이 제출되지 않도록 전산조치를 한 경우는 제2항 제1호 나목에 따른 확인을 이행한 것으로 본다.

1. 위탁자로부터 매도 주문 수탁시 차입공매도 여부, 차입계약 성립 여부를 통보 받을 것

2. 제1호의 통보는 다음 각 목의 어느 하나의 방법으로 할 것

가. 문서에 의한 방법

나. 전화·전보·팩스·전자우편 등의 방법

다. 컴퓨터 그 밖의 이와 유사한 전자통신의 방법

3. 통보 받은 내용은 세칙에서 정하는 방법으로 기록·유지할 것

④ 제3항에도 불구하고 회원이 위탁자로부터 차입공매도 주문을 제출하지 아니한다는 확약을 받고 해당 위탁자 계좌에 대해 차입공매도 주문이 제출되지 않도록 전산조치를 한 경우에는 제2항 제1호 나목에 따른 확인을 이행한 것으로 본다. 다만, 위탁자가 해당 계좌에서 공매도를 한 경우 회원은 그 사실을 안 날의 다음 매매거래일부터 120일간 제3항의 방법으로 제2항 제1호 나목에 따른 확인을 해야 한다.

⑤ [삭제]

⑥ 거래소는 제2항에 불구하고 다음 각 호의 어느 하나에 해당하는 종목에 대한 차입공매도를 제한할 수 있다. 다만, 세칙으로 정하는 매매거래를 위한 차입공매도 호가의 경우에는 예외로 한다.

1. 주가하락률 및 차입공매도 비중 등이 세칙으로 정하는 기준에 해당하는 종목

2. 법 시행령 제180조 제3항에 따라 금융위원회가 증권시장의 안정성 및 공정한 가격형성을 저해할 우려가 있다고 판단하여 거래소의 요청에 따라 범위, 매매거래의 유형, 기한 등을 정하여 차입공매도를 제한한 종목

⑦ 거래소는 시장관리상 필요한 경우에는 회원에게 공매도 및 차입공매도와 관련된 자료의 제출을 요구할 수 있다.

175) [업무규정 18조 (차입공매도호가의 가격제한)]

① 회원이 법시행령 제208조 제2항에 따라 차입공매도를 하거나 그 위탁을 받아 호가를 하는 경우에는 직전의 가격 이하의 가격으로 호가할 수 없다. 다만, 직전의 가격이 그 직전의 가격(직전의 가격과 다른 가격으로서 가장 최근에 형성된 가격을 말한다)보다 높

거래 등 일정한 경우에는 업-틱 룰이 적용되지 않고, 직전의 가격 이하의 가격으로 호가할 수 있다.[176] 다만 위와 같이 거래소 업무규정에 의하여 회원의 공매도와 수탁을 규제하는 것보다는, 자본시장법이 구 증권거래법과 달리 모든 시장 참여자를 공매도의 규제대상으로 하므로 법령에서 규제하는 것이 바람직하다.

⑸ 순보유잔고의 보고와 공시

상장증권을 차입공매도한 자("매도자", 대통령령으로 정하는 거래[177]에 따라 증

은 경우에는 직전의 가격으로 호가할 수 있다.

176) [업무규정 18조 (차입공매도호가의 가격제한)]

② 제1항의 규정에 불구하고 다음 각 호의 어느 하나에 해당하는 경우에는 직전의 가격 이하의 가격으로 호가할 수 있다.

1. 지수 구성종목의 주식집단과 해당 지수에 대한 선물거래종목 또는 옵션거래종목간의 가격차이를 이용하여 이익을 얻을 목적으로 주식집단과 선물거래종목 또는 옵션거래종목을 연계하여 거래하는 것으로서 세칙으로 정하는 거래를 위하여 주식집단을 매도하는 경우
2. 기초주권과 당해 기초주권에 대한 선물거래종목 또는 옵션거래종목간의 가격차이를 이용하여 이익을 얻을 목적으로 기초주권과 선물거래종목 또는 옵션거래종목을 연계하여 거래하는 것으로서 세칙으로 정하는 거래를 위하여 기초주권을 매도하는 경우
3. 상장지수집합투자기구 집합투자증권을 매도하는 경우

3의2. 상장지수증권을 매도하는 경우

4. 주식예탁증권(외국주식예탁증권을 포함한다. 이하 이 호에서 같다)과 원주의 가격차이를 이용하여 이익을 얻을 목적으로 주식예탁증권과 원주를 연계하여 거래하는 것으로서 세칙으로 정하는 거래를 위하여 매도하는 경우
5. 제20조의2 제1항에 따라 주식워런트증권에 대하여 유동성공급호가를 제출하는 경우
6. 주식워런트증권에 대하여 제20조의2 제1항의 규정에 의한 유동성공급호가를 제출하는 회원이 매수하거나 매도한 주식워런트증권의 가격변동에 따른 손실을 회피하거나 줄이기 위하여 기초주권을 매도하는 경우
7. 상장지수펀드에 대하여 제20조의2 제1항의 규정에 의한 유동성공급호가를 제출하는 회원이 매수한 상장지수펀드의 가격변동에 따른 손실을 회피하거나 줄이기 위하여 기초주권을 매도하는 경우

7의2. 상장지수증권에 대하여 제20조의2 제1항에 따른 유동성공급호가를 제출하는 회원이 매수한 상장지수증권의 가격변동에 따른 손실을 회피하거나 줄이기 위하여 기초주권을 매도하는 경우

8. 파생상품시장 업무규정 83조의 규정에 의하여 시장조성자가 시장조성계좌를 통하여 매수한 선물거래종목 또는 매수하거나 매도한 옵션거래종목의 가격변동에 따른 손실을 회피하거나 줄이기 위하여 기초주권을 매도하는 경우

177) "대통령령으로 정하는 거래"란 다음과 같은 거래를 말한다(슈 208조의2①).

1. 상장주권이 아닌 증권의 거래
2. 증권시장업무규정 및 법 제393조 제2항에 따른 파생상품시장업무규정에서 정한 유동성공급 및 시장조성을 위한 상장주권의 거래
3. 제2호에 따른 유동성공급 및 시장조성으로 인하여 미래에 발생할 수 있는 경제적 손실을 부분적 또는 전체적으로 줄이기 위한 상장주권의 거래
4. 그 밖에 증권시장의 원활한 운영을 위하여 불가피하고 증권시장에 미치는 영향이 경미

권을 차입공매도한 자는 제외)는 해당 증권에 관한 매수, 그 밖의 거래에 따라 보유하게 된 순보유잔고(令 208조의2③)가 발행주식 수의 일정 비율을 초과하는 경우에는 매도자의 순보유잔고에 관한 사항과 그 밖에 필요한 사항을 금융위원회와 거래소에 보고해야 한다(法 180조의2①).[178] 보고주체는 투자중개업자가 아니고 공매도를 한 개인 또는 법인이다.

순보유잔고는 상장증권의 종목별로 제1호의 수량에서 제2호의 수량을 차감하여 산정한다.

1. 보유총잔고: 매도자(法 180조의2①)가 금융위원회가 정하여 고시하는 시점("기준시점")에 보유하고 있는 다음 각 목의 증권의 수량을 합한 수량
   가. 누구의 명의이든 자기의 계산으로 소유하고 있는 증권(법률의 규정이나 금전의 신탁계약·투자일임계약, 그 밖의 계약 등에 따라 해당 증권의 취득이나 처분에 대한 권한을 타인이 행사하는 경우는 제외)의 수량
   나. 법률의 규정이나 계약에 따라 타인에게 대여 중인 증권의 수량
   다. 법률의 규정이나 금전의 신탁계약·투자일임계약, 그 밖의 계약 등에 따라 타인을 위하여 해당 증권의 취득이나 처분의 권한을 가지는 경우 그에 상응하는 증권의 수량
   라. 그 밖에 법률의 규정이나 계약 등에 따라 인도받을 증권의 수량
2. 차입총잔고: 매도자가 기준시점에 인도할 의무가 있는 다음 각 목의 증권의 수량을 합한 수량
   가. 기준시점 전에 차입하고 기준시점에 해당 차입증권을 상환하지 아니한 증권의 수량
   나. 그 밖에 법률의 규정이나 계약 등에 따라 인도할 의무가 있는 증권의 수량

금융위원회는 제출된 보고서에 거짓의 기재 또는 표시가 있거나 기재사항이 누락된 경우에는 그 이유를 제시하고 그 보고서의 정정을 명할 수 있다(法 180조의2②). 전문투자자로서 보고의무가 있는 자는 5년(令 208조의2②) 동안 순보유잔

한 경우로서 금융위원회가 정하여 고시하는 상장주권의 거래

178) 다음과 같은 매도자는 순보유잔고에 관한 사항을 기재한 보고서를 금융위원회와 해당 증권이 상장된 거래소에 제출해야 한다(令 208조의2④).

1. 해당 증권의 종목별 발행총수(기준시점에 증권시장에 상장되어 있는 수량으로 한정)에 대한 일별 순보유잔고의 비율("순보유잔고 비율")이 음수로서 그 절댓값이 1만분의 1 이상인 자. 다만, 금융위원회가 정하여 고시하는 방법에 따라 산정한 일별 순보유잔고의 평가액이 1억원 미만인 자는 제외한다(즉, 0.01% 이상이면서 1억원 이상).
2. 해당 증권의 순보유잔고 비율이 음수인 경우로서 금융위원회가 정하여 고시하는 방법에 따라 산정한 일별 순보유잔고의 평가액이 10억원 이상인 자

고 산정에 관한 자료를 보관하여야 하며, 금융위원회가 자료제출을 요구하는 경우 이를 지체 없이 제출해야 한다(法 180조의2③).

상장주권(令 208조의3①)의 종목별 발행총수 대비 매도자의 해당 증권에 대한 종목별 순보유잔고의 비율이 일별 순보유잔고 비율이 음수로서 그 절댓값이 1만분의 1 이상인 매도자(단, 금융위원회가 정하여 고시하는 방법에 따라 산정한 일별 순보유잔고의 평가액이 1억원 미만인 경우는 제외), 해당 증권의 순보유잔고 비율이 음수인 경우로서 금융위원회가 정하여 고시하는 방법에 따라 산정한 일별 순보유잔고의 평가액이 10억원 이상인 매도자의 경우(令 208조의3②)에는 매도자에 관한 사항, 순보유잔고에 관한 사항, 그 밖에 대통령령으로 정하는 사항을 공시해야 한다(法 180조의3①).

(6) 공매도거래자의 모집·매출에 따른 증권 취득 제한

누구든지 증권시장에 상장된 주식에 대한 모집 또는 매출 계획이 공시된 이후부터 해당 주식의 모집가액 또는 매출가액이 결정되기 전까지 대통령령으로 정하는 기간[179] 동안 모집 또는 매출 대상 주식과 동일한 종목에 대하여 증권시장에서 공매도를 하거나 공매도 주문을 위탁한 경우에는 해당 모집 또는 매출에 따른 주식을 취득하여서는 아니 된다. 다만, 모집가액 또는 매출가액의 공정한 가격형성을 저해하지 않는 경우로서 대통령령으로 정하는 경우[180]에는 그러하지 아니하다(法 180조의4①).

누구든지 주권상장법인의 전환사채 또는 신주인수권부사채 발행 계획이 공시된 이후부터 전환가액 또는 신주인수권행사가액이 결정되기 전까지 대통령령으로 정하는 기간 동안 해당 주권상장법인의 주식에 대하여 증권시장에서 공매

179) "대통령령으로 정하는 기간"이란 상장주식에 대한 모집 또는 매출 계획이 처음 공시된 날(법 제123조, 제129조, 제130조 및 제391조에 따라 공시된 날 중 가장 빨리 공시된 날을 말한다)의 다음 날부터 해당 공시 또는 변경공시에 따른 모집가액 또는 매출가액이 결정되는 날까지의 기간을 말한다(令 208조의4①).

180) "대통령령으로 정하는 경우"란 다음 각 호의 어느 하나에 해당하는 경우를 말한다(令 208조의4②).

1. 제1항에 따른 기간 이내에 전체 공매도 주문수량보다 많은 수량의 주식을 가격경쟁에 의한 거래 방식으로 매수(증권시장업무규정에 따른 정규시장의 매매거래시간에 매수한 경우로 한정한다)한 경우. 이 경우 해당 매수 시점은 매매계약 체결일을 기준으로 한다.
2. 금융위원회가 정하여 고시하는 바에 따라 해당 주식에 대한 유동성을 공급하기 위해 공매도를 하거나 공매도 주문을 위탁한 경우
3. 그 밖에 제1호 또는 제2호에 준하는 경우로서 증권시장의 원활한 거래를 위해 금융위원회가 정하여 고시하는 사유에 해당하는 경우

도를 하거나 공매도 주문을 위탁한 경우에는 해당 사채 발행에 따른 전환사채 또는 신주인수권부사채를 취득하여서는 아니 된다. 다만, 전환가액 또는 신주인수권행사가액의 공정한 가격형성을 저해하지 아니하는 경우로서 대통령령으로 정하는 경우에는 그러하지 아니하다(法 180조의4②).[181]

⑺ 차입공매도를 위한 대차거래

차입공매도를 목적으로 상장증권의 대차거래 계약을 체결한 자는 계약체결 일시, 종목 및 수량 등 대통령령으로 정하는 대차거래정보[182]를 대통령령으로 정하는 방법[183]으로 5년간 보관하여야 하고(法 180조의5①), 대차거래정보의 보관의무를 지는 자는 금융위원회 및 거래소가 그 자료의 제출을 요구하는 경우 이를 지체 없이 제출해야 한다(法 180조의5②).

차입공매도를 목적으로 대통령령으로 정하는 상장증권의 대차거래 계약을 체결하려는 자는 대통령령으로 정하는 바에 따라 상환기간을 정하여 계약을 체결하여야 한다(法 180조의5③). 증권의 대차거래의 중개·주선이나 대리업무를 하려는 자는 차입자가 차입공매도를 목적으로 대차거래 계약을 체결하는 경우 제3항의 상환기간이 적용되도록 대차거래 계약을 구분하여 관리하여야 한다(法 180조의5④).

---

181) 외국인·기관투자자의 불법 무차입공매도 적발이 반복되면서 이에 대한 개선방안을 마련할 필요성이 제기되었고 이에 따라 2024년 10월 개정 자본시장법은 공매도의 불법·불공정 문제를 해소하고 투자자를 보호하기 위한 공매도 제도 개선으로서, 제180조의5 제3항과 제4항, 제180조의6을 신설하였다(시행일은 2025. 3. 31).

182) "계약체결 일시, 종목 및 수량 등 대통령령으로 정하는 대차거래정보"란 다음 각 호의 거래정보를 말한다(令 208조의5①).

1. 계약체결 일시
2. 계약상대방의 성명(법인인 경우 법인명을 말한다)
3. 계약종목 및 계약수량
4. 결제일
5. 상장증권의 대차기간 및 대차수수료율
6. 그 밖에 제1호부터 제5호까지의 거래정보에 준하는 것으로서 금융위원회가 정하여 고시하는 거래정보

183) "대통령령으로 정하는 방법"이란 다음 각 호의 요건을 모두 갖춘 방법을 말한다(令 208조의5②).

1. 정보통신처리장치를 통해 대차거래정보를 전자적으로 보관할 것
2. 대차거래정보의 위·변조 또는 훼손을 방지할 수 있는 설비 또는 시스템을 갖출 것
3. 대차거래정보의 불법 접근을 방지하기 위한 절차 및 기준을 마련할 것
4. 그 밖에 제1호부터 제3호까지의 요건에 준하는 것으로서 대차거래정보의 효율적 보관을 위해 금융위원회가 정하여 고시하는 요건(금융투자업규정 6-35조)을 갖출 것

(8) 무차입공매도 방지조치

대통령령으로 정하는 상장증권을 차입공매도하려는 법인은 임직원이 공매도 관련 직무를 수행할 때 준수하여야 할 기준 및 절차를 마련하고 전산설비를 갖추는 등 제180조 제1항 각 호 외의 부분 단서에 따른 차입공매도에 해당하지 아니하는 공매도("무차입공매도")를 방지하기 위하여 필요한 조치를 하여야 한다(法 180조의6①). 투자중개업자는 법인으로부터 공매도의 위탁을 받는 경우 그 법인이 제1항에 따른 조치를 하였는지 확인하는 등 대통령령으로 정하는 방법에 따라 무차입공매도를 방지하기 위한 조치를 하여야 한다(法 180조의6②).

(9) 공매도 관련 제재

(가) 형사벌칙

자본시장법 제180조를 위반하여 상장증권에 대하여 허용하지 않는 방법으로 공매도를 하거나 그 위탁 또는 수탁을 한 자는 1년 이상의 유기징역 또는 그 위반행위로 얻은 이익 또는 회피한 손실액의 4배 이상 6배 이하에 상당하는 벌금에 처한다. 다만, 그 위반행위로 얻은 이익 또는 회피한 손실액이 없거나 산정하기 곤란한 경우 또는 그 위반행위로 얻은 이익 또는 회피한 손실액의 6배에 해당하는 금액이 5억원 이하인 경우에는 벌금의 상한액을 5억원으로 한다(法 443조①10).[184]

자본시장법 제180조 위반에 대한 법정형은 다른 불공정거래행위와 같지만, 징역·벌금의 필요적 병과 대상이 아니라 임의적 병과 대상이며(法 447조②), 자본시장법 제447조의2에 따른 몰수·추징 규정도 적용되지 않는다.

(나) 과징금

금융위원회는 제180조를 위반하여 상장증권에 대하여 허용되지 않는 방법으로 공매도를 하거나 공매도 주문을 위탁 또는 수탁한 자에 대하여 다음 각 호의 구분에 따른 위반금액을 초과하지 않는 범위에서 과징금을 부과할 수 있다(法 429조의3①).

1. 공매도를 하거나 공매도 주문을 위탁한 경우에는 제180조를 위반한 공매도 주문금액

184) 종래에는 자본시장법 제180조 위반의 경우는 제443조 제2항의 징역형 가중 적용대상이 아니었으나, 2024년 10월 자본시장법 개정에 따라 가중 적용대상이 되었다(개정 규정의 시행일은 2025. 3. 31.)

2. 공매도 주문을 수탁한 경우에는 제180조를 위반한 공매도 주문금액

금융위원회는 제180조의4를 위반한 자에 대하여 5억원 이하의 과징금을 부과할 수 있다. 다만, 그 위반행위와 관련된 거래로 얻은 이익(미실현 이익 포함) 또는 이로 인하여 회피한 손실액의 1.5배에 해당하는 금액이 5억원을 초과하는 경우에는 그 이익 또는 회피한 손실액의 1.5배에 상당하는 금액 이하의 과징금을 부과할 수 있다(法 429조의3②).

금융위원회는 과징금을 부과할 때 행위자가 동일한 위반행위로 형사벌칙 규정인 제443조 제1항 제10호에 따라 벌금을 부과받은 경우에는 과징금 부과를 취소하거나 벌금에 상당하는 금액의 전부 또는 일부를 과징금에서 제외할 수 있다(法 429조의3③).

㈐ 과태료

다음과 같은 자에 대하여는 1억원 이하의 과태료를 부과한다(法 449조①).

1. 제180조의2 제1항을 위반하여 순보유잔고를 보고하지 아니하거나 순보유잔고의 보고에 관하여 거짓의 기재 또는 표시를 한 자(39의2호)
2. 제180조의2 제2항을 위반하여 금융위원회의 정정명령을 이행하지 아니하거나 정정명령에 따른 보고에 관하여 거짓의 기재 또는 표시를 한 자(39의3호)
3. 제180조의3을 위반하여 공시를 하지 아니하거나 거짓으로 공시한 자(39의4호)
4. 제180조의5 제1항을 위반하여 대차거래정보를 보관하지 아니하거나 자료제출 요구에 따르지 아니한 자(39의5호)
5. 제180조의5 제3항에 따른 상환기간을 위반하여 차입공매도를 목적으로 상장증권의 대차거래 계약을 체결하였거나, 같은 조 제4항을 위반하여 대차거래 계약을 구분하여 관리하지 아니한 자(39의6)
6. 제180조의6 제1항 또는 제2항을 위반하여 무차입공매도를 방지하기 위한 조치를 하지 아니한 자(39의7)[185)]

185) 자본시장법 제180조의2 제3항을 위반하여 자료를 보관하지 아니하거나 금융위원회의 자료제출 요구에 응하지 아니한 자에 대하여는 3천만원 이하의 과태료를 부과한다(法 449조③8의4).

제 3 절 시장질서 교란행위

Ⅰ. 서 론

미공개중요정보이용행위 규제에 있어서 2차 이후의 정보수령자가 규제대상에서 벗어나는 외에 직무관련성과 업무관련성 요건으로 인하여 규제가 제한되고, 시세조종 규제에 있어서도 목적성 요건으로 인하여 역시 규제가 제한되므로, 이러한 규제의 공백을 보완하기 위한 방안이 필요하게 되었다.

이에 따라 2014년 12월 30일 공포된 개정 자본시장법(법률 제12947호, 시행일은 공포일로부터 6개월이 경과한 2015년 7월 1일)은 제178조의2(시장질서 교란행위의 금지) 및 제429조의2(시장질서 교란행위에 대한 과징금)를 신설함으로써 시장질서 교란행위에 대한 규제가 도입되었다. 이는 기존 불공정거래행위에 비하여 위법성의 정도는 낮으나 시장의 건전성을 훼손하는 시장질서 교란행위에 대한 규제를 신설하고, 그 시장질서 교란행위에 대하여는 과징금을 부과하도록 함으로써 불공정거래 규제의 사각지대를 해소하고 투자자를 보호하려는 것이다.

Ⅱ. 시장질서 교란행위의 유형

1. 미공개중요정보이용 관련 시장질서 교란행위

(1) 규제대상 상품 · 행위자 · 정보

(가) 규제대상 상품: 지정 금융투자상품

미공개중요정보이용 관련 시장질서 교란행위의 규제대상 상품은, i) 증권시장에 상장된 증권[상장예정법인등(法 174조①)이 발행한 증권 포함], ii) 장내파생상품, iii) 이를 기초자산으로 하는 파생상품이다. 자본시장법은 이를 모두 포괄하여 "지정 금융투자상품"이라 한다.[186] 상장예정법인은 6개월 이내에 상장하는 법인 또는 6개월 이내에 상장법인과의 합병, 주식의 포괄적 교환, 그 밖에 대통령

186) 상장증권에 관한 대규모 블록딜이 있을 것이라는 미공개중요정보를 이용하여 해당 상장증권에 관한 매도스왑거래를 한 경우를 미공개중요정보이용 관련 시장질서 교란행위로 인정한 하급심 판례가 있다(서울행정법원 2019.1.10. 선고 2017구합89377 판결).

령으로 정하는 기업결합 방법에 따라 상장되는 효과가 있는 비상장법인을 말한다(法 172조①).

"장내파생상품"에는 개별주식선눌, 개별주식옵션, 지수선물, 지수옵션 등 거래소에서 거래되는 모든 파생상품이 포함된다. 그리고 "이를 기초자산으로 하는 파생상품"에는 장외파생상품도 포함된다.

미공개중요정보이용행위의 규제대상인 "특정증권등"[187] 중 제1호는 "그 법인이 발행한 증권"라고 규정하므로 상장 여부를 불문하고 발행인이 상장법인이면 제외대상에 해당하지 않는 한 모두 포함된다. 그러나 시장질서 교란행위의 규제대상인 "지정 금융투자상품"은 "증권시장에 상장된 증권"이라고 규정하므로 규제대상이 상장증권으로 한정된다. 따라서 특정증권등에 해당하더라도 상장되지 않은 증권(제2호의 증권예탁증권, 제3호의 교환사채권)은 시장질서 교란행위의 규제대상이 아니다.

특정증권등 중 제4호는 "제1호부터 제3호까지의 증권만을 기초자산으로 하는 금융투자상품"이고, 시장질서 교란행위의 규제대상인 "지정 금융투자상품"은 "상장증권이나 장내파생상품을 기초자산으로 하는 파생상품"이다. 따라서 제1호부터 제3호까지의 증권 외의 증권이나 장내파생상품을 기초자산으로 하는 파생상품은 "특정증권등"에 포함되지 않는다. 반면에, 상장증권·장내파생상품을 기초자산으로 하는 파생상품은 "지정 금융투자상품"에 포함된다.[188] 다만, 이를 기초자산으로 하는 증권(파생결합증권)은 파생상품이 아니므로 "지정 금융투자상품"에 포함되지 않는다.[189]

---

187) 미공개중요정보이용행위의 규제대상인 특정증권등은 다음과 같고, 상장예정법인(6개월 이내에 상장하는 법인 또는 6개월 이내에 상장법인과의 합병, 주식의 포괄적 교환, 그 밖에 대통령령으로 정하는 기업결합 방법에 따라 상장되는 효과가 있는 비상장법인)등이 발행한 해당 특정증권등을 포함한다(法 172조①).

1. 그 법인이 발행한 증권(대통령령으로 정하는 증권을 제외한다)
2. 제1호의 증권과 관련된 증권예탁증권
3. 그 법인 외의 자가 발행한 것으로서 제1호 또는 제2호의 증권과 교환을 청구할 수 있는 교환사채권
4. 제1호부터 제3호까지의 증권만을 기초자산으로 하는 금융투자상품

188) 개별주식선물이나 개별주식옵션과 달리 지수선물이나 지수옵션은 개별 상장법인의 업무상 정보와의 관련성이 미흡하므로 제174조 제1항의 규제대상에서 제외한 것인데, 시장질서 교란행위는 업무관련성을 요건으로 하지 아니하므로 시장정보나 정책정보에 영향을 받는 장내파생상품을 기초자산으로 하는 파생상품도 "지정 금융투자상품"에 포함시킨 것이다

189) "이를 기초자산으로 하는 파생상품"이라고 규정하므로 ELS와 같은 파생결합증권은 규제대

시세조종 관련 시장질서 교란행위는 상장증권 또는 장내파생상품을 규제대상으로 하는 점에서 미공개중요정보이용 관련 시장질서 교란행위와 다르다.

(나) 규제대상 행위자

미공개중요정보이용 관련 시장질서 교란행위의 규제대상 행위자는 다음과 같다(法 178조의2①1).

가. 자본시장법 제174조 각 항 각 호의 어느 하나에 해당하는 자로부터 나온 미공개중요정보 또는 미공개정보인 정을 알면서 이를 받거나 전득(轉得)한 자
나. 자신의 직무와 관련하여 규제대상 정보를 생산하거나 알게 된 자
다. 해킹, 절취(竊取), 기망(欺罔), 협박, 그 밖의 부정한 방법으로 정보를 알게 된 자
라. 위 나목 또는 다목의 어느 하나에 해당하는 자로부터 나온 정보인 정을 알면서 이를 받거나 전득(轉得)한 자

1) 가목의 행위자

가) 정보의 출처 가목이 규정하는 미공개중요정보의 출처는 "자본시장법 제174조 각 항 각 호의 어느 하나에 해당하는 자"이다.[190] 따라서 제174조 제1항 제6호의 정보수령자도 가목이 규정하는 정보의 출처이다.

나) 제174조 제1항 제6호의 정보수령 제178조의2 제1항 단서는 제174조에 해당하는 경우에는 본문을 적용하지 아니한다고 규정하므로 제174조 제1항 제1호부터 제6호까지에 해당하는 자는 시장질서 교란행위 금지 규정의 적용대상자가 아니다. 즉, 제178조의2 제1항 제1호 가목의 "받은 자"에는 제174조 제1항 각 호 중 제6호에 해당하는 자로부터 미공개중요정보를 받은 자만 포함되고, 제1호부터 제5호까지에 해당하는 자로부터 미공개중요정보를 받은 자는 바로 제174조 제1항 제6호에 해당하므로 시장질서 교란행위 금지 규정의 적용대상자가 아니다.[191]

상에서 제외된다. 또한 ELS 상품은 대부분 비상장증권이므로 "증권시장에 상장된 증권"에도 해당하지 않는다. 규제의 사각지대를 해소하기 위하여는 미공개중요정보이용 관련 시장질서 교란행위의 규제대상 상품에 관한 규정 중 "... 기초자산으로 하는 파생상품"은 "... 기초자산으로 하는 금융투자상품"으로 변경하는 것이 바람직하다.

190) 가목은 "자본시장법 제174조 각 항 각 호의 어느 하나에 해당하는 자로부터 나온 미공개중요정보 또는 미공개정보"라고 규정하는데, 이는 제174조 제2항과 제3항이 미공개중요정보"라고 규정한 제1항과 달리 "미공개정보"로 규정한 것에 맞춘 것인데, 규제대상 정보에 관한 제2호 가목은 "그 정보가 지정 금융투자상품의 매매등 여부 또는 매매등의 조건에 중대한 영향을 줄 가능성이 있을 것"이라고 규정하므로 구별할 실익은 없다.

191) 서울행정법원 2018. 7. 13. 선고 2017구합77398 판결.

다) 2차 이후의 수령자 가목은 종래에 미공개중요정보이용규제의 범위에 포함되지 않았던 2차 이후의 정보수령자를 규제대상으로 규정한다. 2차, 3차 정보수령자는 물론 그 후의 전득자도 모두 규제대상 행위자가 된다. 다만, 전득자도 미공개중요정보 또는 미공개정보인 정, 즉 정보의 출처가 내부자라는 점을 알면서 정보를 전득하여야 규제대상이 된다.

가목의 "이를 받거나 전득(轉得)한 자"라는 문언과 관련하여 1차수령자로부터 받은 자가 2차수령자이고, 그로부터 전득한 자는 3차수령자이므로 3차수령자까지만 규제대상자인지 여부에 대하여 논란이 있을 수 있다. 실제로 5차수령자가 가목의 전득자에 해당하는지에 관하여 다투어진 행정소송(과징금부과처분취소사건)에서 원고가 가목은 3차수령자까지만 규제대상자로 규정한 것이라고 주장하였으나, '전득한 자'에는 내부자로부터 미공개중요정보를 받은 사람으로부터 직접 전해들은 사람뿐만 아니라 그 사람으로부터 순차 전해들은 사람도 포함된다고 본 하급심 판례가 있다.[192]

이렇게 해석하면 극단적으로는 10차 이후의 정보수령자도 규제대상이 되는 문제가 있지만, 이 경우에는 어차피 아래 규제대상 정보의 요건 중 제2호 가목 "그 정보가 지정 금융투자상품의 매매등 여부 또는 매매등의 조건에 중대한 영향을 줄 가능성이 있을 것"에 해당하지 않을 가능성이 클 것이다.

라) 인식의 정도 정보를 받거나 전득한 자는 미공개중요정보 또는 미공개정보인 정을 알면서 정보를 받았거나 전득하였어야 규제대상이 된다. "정을 알면서"는 확정적인 인식까지는 아니더라도 "정을 알 것으로 합리적으로 기대할 수 있는" 정도는 되어야 한다.

2) 나목의 행위자

가) 직무관련성 해당 상장법인과의 관계에서 직무관련성을 요구하는 제174조와 달리 시장질서 교란행위에서는 "자신의 직무"라고 규정하므로 해당 상장법인과 무관한 직무라도 모두 포함된다. 즉, 나목의 "자신의 직무"는 "모든 행위자의 직무"로 해석된다.

"자신의 직무와 관련하여"라는 규정상 직무수행 중 알게 된 정보라 하더라도 정보의 내용이 직무와 관련성이 없다면 규제대상 정보가 아니다. 예컨대 택시기

192) 서울행정법원 2018. 7. 12. 선고 2017구합78025 판결.

사나 식당 종업원이 근무 중에 우연히 알게 된 정보가 이에 해당한다. 다만, 법원은 대체로 직무관련성의 범위를 넓게 보는 입장이다. 하급심 판례는 다른 직원이 담당하던 업무와 관련되는 정보라 하더라도 같은 부서의 같은 사무실 내에서 파기된 자료에 의하여 정보를 얻은 경우,[193] 구내식당에서 담당 임원으로부터 정보를 들어서 알게 된 경우,[194] 연구기관의 연구원이 사내 전산망을 통하여 정보를 얻은 경우 등에도 일반투자자들에게 접근이 허용되지 않는 정보를 취득한 것이라는 이유로 직무관련성을 인정한 판례가 있다.[195] 특히, 시장질서 교란행위 관련 사건에서, 자신의 업무를 하던 중 같은 층 바로 옆방을 사용하는 다른 부서 임직원의 대화를 듣고 정보를 취득한 경우도 직무관련성을 인정한 판례도 있다.[196]

나) 정보생산자 나목은 제174조 제1항과 달리 정보를 생산한 자도 규제대상으로 규정한다. 제174조는 공개매수, 주식등의 대량취득·처분의 경우에만 정보생산자도 규제대상으로 하는데, 시장질서 교란행위는 정보생산자의 정보이용 규제를 모든 경우로 확대하였다. "정보를 생산한 자"는 "정보를 알게 된 자"와 달리 당연히 직무관련성이 인정될 것이다.

3) 다목의 행위자 다목은 범죄에 해당하는 행위를 예시적으로 규정하고 "그 밖의 부정한 방법"을 추가하였다. "그 밖의 부정한 방법"은 사회통념상 부정한 방법으로 정보를 알게 된 모든 경우를 의미한다. 다만, 예시된 범죄행위 유형에 비추어 그에 준하는 정도의 불법성을 내포해야 할 것이다.

4) 라목의 행위자 내부자로부터 정보를 받은 자를 규정한 가목과 달리, 라목은 내부자 아닌 자(나목 또는 다목에 해당하는 자)로부터 나온 정보인 정을 알면서 정보를 받거나 전득한 자를 규제대상으로 한다. 라목은 가목과 비교하면 정보의 출처가 내부자인지 여부만 다르고 나머지 법리는 같으므로, 나목 또는 다목에 해당하는 자로부터 정보를 받은 1차수령자와 그 후의 모든 전득자를 규제대상으로 하고, 나목 또는 다목에 해당하는 정보인 정을 알면서 정보를 받거나 전득한 자가 규제대상이다.

㈐ 규제대상 정보

시장질서 교란행위 규제대상 미공개중요정보는 다음 항목 모두에 해당하는

193) 서울지방법원 2002. 1. 23. 선고 2001고단10894 판결.
194) 서울중앙지방법원 2007. 12. 26. 선고 2007노3274 판결.
195) 서울중앙지방법원 2008. 11. 27. 선고 2008고합236 판결.
196) 서울행정법원 2018. 6. 7. 선고 2007구합79592 판결.

정보이다(法 178조의2①2).

가. 그 정보가 지정 금융투자상품의 매매등 여부 또는 매매등의 조건에 중대한 영향을 줄 가능성이 있을 것
나. 그 정보가 투자자들이 알지 못하는 사실에 관한 정보로서 불특정 다수인이 알 수 있도록 공개되기 전일 것

1) 정보의 중요성 자본시장법 제174조 제1항은 규제대상 중요정보를 "투자자의 투자판단에 중대한 영향을 미칠 수 있는 정보"라고 규정하는데, 위 가목은 "매매등 여부 또는 매매등의 조건에 중대한 영향을 줄 가능성이 있을 것"이라고 규정한다. 그런데 매매 여부나 매매 조건은 결국 투자자의 투자판단의 내용이라 할 수 있으므로 표현상의 차이에 불구하고 같은 의미로 해석된다.

다만, 위 가목은 "중대한 영향을 줄 가능성"이라고 규정하는데, 제174조 제1항의 정보에 관하여 판례는 "정보의 중대성과 현실화될 개연성"을 투자의사결정을 위한 평가대상으로 본다.[197] 단순한 "가능성"이 "개연성"에 비하여 상대적으로 넓은 개념으로 볼 수 있으므로, 시장질서 교란행위의 규제대상 정보의 범위는 중요성 면에서 미공개중요정보이용행위의 규제대상 정보의 범위에 비하여 상대적으로 넓다고 볼 수 있다.

2) 정보의 범위 시장질서 교란행위 규제에서는 미공개중요정보규제에 관한 제174조 제1항의 업무관련성을 요건으로 하지 않기 때문에 규제대상 정보의 범위가 광범위하다. 따라서 시장정보와 정책정보 중 특정 금융투자상품이 아닌 시장 전체에 영향을 주는 정보인 경우에도 시장질서 교란행위의 규제대상 정보에 해당한다.

제2호의 정보는 위와 같이 그 범위가 광범위하므로 형사처벌이 아닌 과징금 부과 대상이라 하더라도 규제의 범위가 지나치게 넓다는 지적이 있을 수 있다. 그러나 제2호 가목은 "중대한 영향"을 요건으로 규정함으로써 규제대상 정보를 중요정보로 제한하고, 제1항은 "제1호에 해당하는 자는 제2호에 해당하는 정보를 ..."이라고 규정하면서 정보를 이용하는 주체를 제1호 가목부터 라목까지의 유형으로 제한하고 있으므로 제2호의 정보는 제1호의 주체가 이용하는 경우에만 규제대상 정보에 해당한다. 따라서 제2호에서 업무관련성이 요구되지 않더라도 규

197) 대법원 2017. 1. 25. 선고 2014도11775 판결.

제대상인 시장질서 교란행위의 범위가 무제한으로 확대되지는 않을 것이다.[198)]

3) 정보공개방법 나목과 관련하여, 미공개중요정보이용행위에 관한 제174조 제1항은 "대통령령으로 정하는 방법에 따라 불특정 다수인이 알 수 있도록 공개되기 전의 것"이라고 규정하는데, 시장질서 교란행위 규제에서는 "그 정보가 투자자들이 알지 못하는 사실에 관한 정보로서 불특정 다수인이 알 수 있도록 공개되기 전일 것"이라는 규정 외에는 따로 대통령령으로 정하는 방법에 한정한다는 규정이 없다. 따라서 죄형법정주의의 원칙상 어떠한 방법으로든 불특정 다수인이 알 수 있도록 공개되면 미공개정보가 아니고 규제대상 정보에 해당하지 않는다고 해석해야 할 것이다. 다만, 반대 취지로 판시한 하급심판례가 있다.[199)]

(2) 규제대상 행위의 범위

(가) 매매, 그 밖의 거래

규제대상 행위는 규제대상 정보를 지정 금융투자상품의 매매, 그 밖의 거래("매매등")에 이용하거나 타인에게 이용하게 하는 행위이다(法 178조의2① 본문).

규제대상 행위가 "매매, 그 밖의 거래"라는 점은 제174조의 경우와 같다. "그 밖의 거래"는 유상거래만을 의미하고, 증여는 포함되지 않는다. 유상거래이면 매매에 한정하지 않고, 담보설정 등과 같이 소유권의 이전이 없는 경우에도 규제대상이다.

(나) 명의와 계산

자신의 계산으로 "매매, 그 밖의 거래"를 타인의 명의로 한 경우는 규제대상으로 보아야 할 것이다. 그러나 타인의 계산으로 하는 "매매, 그 밖의 거래"도 규제대상으로 보아야 할 것인지에 대하여는 논란의 여지가 있다. 이와 관련하여 위반행위자가 이익귀속주체의 대표자 또는 대리인으로서 거래한 경우라면 투자자보호 및 건전시장유지라는 규제의 취지에 비추어 규제대상으로 보아야 한다는 하급심 판례가 있다.[200)]

---

198) 예컨대, 어떠한 시장정보를 생성한 자로부터 몇 단계를 거쳐서 정보를 알게 된 제3자가 그 정보를 이용하여 거래하는 경우, 제1호 라목의 주체는 전득자를 포함하고 전득자의 범위에 제한이 없지만, 제1호 라목의 "어느 하나에 해당하는 자로부터 나온 정보인 정을 알면서 이를 받거나 전득(轉得)한 자"라는 사실과 제2호 가목의 "중대한 영향을 줄 가능성이 있을 것"이라는 사실이 입증되어야 시장질서 교란행위에 해당하는데, 정보는 시장에서 널리 확산될수록 중요성과 정을 알았다는 사실의 입증이 어려워지므로 법문에 불구하고 규제대상이 무한확대되지는 않는다.

199) 서울행정법원 2018. 7. 13. 선고 2017구합77398 판결.

(다) 이용행위와 이용하게 하는 행위

1) 이용행위 "정보를 이용하는 행위"가 금지되므로 단지 정보를 "보유"한 상태에서 매매, 그 밖의 거래를 한 것만으로는 미공개중요정보 이용행위로 볼 수 없고, 그 정보를 "이용"하여 거래를 한 것이어야 한다. 다만, 미공개중요정보를 단순히 보유한 정도를 넘어 "인식"한 상태에서 유가증권 거래를 한 경우에는 특별한 사정이 없는 한 그것을 이용하여 유가증권 거래를 한 것으로 보는 것이 상당하다.[201)]

2) 이용하게 하는 행위 "이용하게 하는 행위"의 객관적 요건은 내부자가 타인으로 하여금 특정증권등의 매매 기타 거래에 미공개중요정보를 이용하도록 그 타인에게 정보를 알려주는 것이고, 주관적 요건으로서 내부자가 자신이 제공하는 정보를 정보수령자가 특정증권등의 매매 기타 거래에 이용하게 하려는 의사(고의 또는 미필적 고의)를 가지고 있어야 한다.

규제대상 정보를 이용하는 행위와 이용하게 하는 행위 모두 규제대상인데, 정보가 전전유통되는 경우 정보제공자 A는 자신이 정보를 제공한 B의 이용행위에 대하여서만 책임을 지고, B로부터 해당 정보를 수령한 C의 이용행위에 대하여서는 책임을 지지 않는다고 해석하는 것이 타당하다.

2. 시세조종 관련 시장질서 교란행위

(1) 규제대상 상품

시세조종 관련 시장질서 교란행위의 규제대상 상품은 상장증권 또는 장내파생상품이므로 장외파생상품을 포함하는 미공개중요정보이용 관련 시장질서 교란행위의 규제대상 상품에 비하여 그 범위가 좁다.

(2) 규제대상 행위의 범위

규제대상 행위는 미공개중요정보이용 관련 시장질서 교란행위의 규제대상 행위자와 달리 제한이 없다. 즉, 누구든지 상장증권 또는 장내파생상품에 관한 매매등과 관련하여 다음과 같은 행위를 할 수 없다(法 178조의2② 본문).[202)]

---

200) 펀드 운용자의 위반행위로 인한 이익의 최종 귀속주체는 펀드의 투자자라 하더라도 위반행위자가 계산주체의 대표자인 경우에는 시장질서 교란행위에 해당한다고 보았다(서울행정법원 2019.1.10. 선고 2017구합89377 판결).

201) 서울중앙지방법원 2007. 7. 20. 선고 2007고합159 판결.

202) 제176조 제4항 제3호의 연계시세조종행위에 직접적으로 대응하는 행위 유형은 없다. 호가

1. 거래 성립 가능성이 희박한 호가를 대량으로 제출하거나 호가를 제출한 후 해당 호가를 반복적으로 정정·취소하여 시세에 부당한 영향을 주거나 줄 우려가 있는 행위
2. 권리의 이전을 목적으로 하지 아니함에도 불구하고 거짓으로 꾸민 매매를 하여 시세에 부당한 영향을 주거나 줄 우려가 있는 행위
3. 손익이전 또는 조세회피 목적으로 자기가 매매하는 것과 같은 시기에 그와 같은 가격 또는 약정수치로 타인이 그 상장증권 또는 장내파생상품을 매수할 것을 사전에 그 자와 서로 짠 후 매매를 하여 시세에 부당한 영향을 주거나 영향을 줄 우려가 있는 행위
4. 풍문을 유포하거나 거짓으로 계책을 꾸미는 등으로 상장증권 또는 장내파생상품의 수요·공급 상황이나 그 가격에 대하여 타인에게 잘못된 판단이나 오해를 유발하거나 상장증권 또는 장내파생상품의 가격을 왜곡할 우려가 있는 행위

㈎ 목적성 요건과 고의 요건

제178조의2 제2항(시세조종 관련 시장질서 교란행위)은 목적성 없이 시세에 영향을 주는 행위 등을 금지하기 위하여 신설된 규정이다. 따라서 시세조종행위에 관한 제176조가 규정하는 거래성황오인목적이나 매매거래유인목적을 요건에서 배제하였다. 따라서 이러한 목적이 없는 시세조종성 거래(가장성 주문, 허수성 주문 등)가 주된 규제대상일 것이다. 다만, 제3호의 가장성 매매는 "손익이전 또는 조세회피 목적"을 명시적인 요건으로 한다.

제1호의 호가대량제출과 관련하여 시스템오류로 인한 대량주문과 같이 성질상 고의가 없는 경우도 있을 수 있다(제2호부터 제4호까지는 규정상 행위자의 고의를 전제로 하고, 미공개중요정보이용 관련 시장질서 교란행위는 그 성질상 고의가 내포된다).

㈏ 제1호의 행위

제1호는 허수성 호가를 규정한다. 제176조 제2항은 "매매를 유인할 목적"을 요건으로 규정하는 반면 제1호는 이러한 목적을 규정하지 않는다는 점에서 차이가 있다. 다만, 이러한 목적이 없는 허수성 호가 제출을 모두 규제하는 것은 불합리하므로 제1호는 "시세에 부당한 영향을 주거나 줄 우려가 있는 행위"라고 규정함으로써 규제의 범위를 제한한다.

제출이나 매매를 요건으로 규정하지 아니한 제4호의 경우 행위자가 매매를 하지 않는 경우에도 규제대상 행위인지 여부에 대하여 논란의 여지가 있는데, 최소한 공범의 매매를 요건으로 한다고 해석하는 것이 타당하다. 그리고 각 호에 나오는 "우려"는 불명확한 용어인데, 단순한 가능성보다는 개연성에 가까운 개념으로 해석하여야 할 것이다.

(다) 제2호의 행위

제2호는 가장성 매매를 규정한다. 제2호는 "권리의 이전을 목적으로 하지 아니함에도 불구하고 거짓으로 꾸민 매매"라고 규정하고, 시세조종 중 가장매매에 관한 제176조 제1항은 "권리의 이전을 목적으로 하지 아니하는 거짓으로 꾸민 매매"라고 규정하므로 행위유형은 동일하다.

제176조 제1항은 "매매가 성황을 이루고 있는 듯이 잘못 알게 하거나, 그 밖에 타인에게 그릇된 판단을 하게 할 목적"을 규정하는 반면 제2호는 이러한 목적에 관하여 규정하지 않는다는 점에서 차이가 있다. 다만, 이러한 목적이 없는 가장성 매매를 규제하는 것은 불합리하므로 제2호는 "... 매매를 하여 시세에 부당한 영향을 주거나 줄 우려가 있는 행위"라고 규정함으로써 규제의 범위를 제한한다.

제176조 제1항 제4호는 "제1호부터 제3호까지의 행위를 위탁하거나 수탁하는 행위"라고 규정하는 반면, 이러한 규정이 없는 제2호, 제3호의 행위에 위수탁 행위는 포함되지 않는다.

(라) 제3호의 행위

제3호는 통정성 매매를 규정한다. 제3호는 "손익이전 또는 조세회피 목적"이라고 규정하고, 시세조종에 관한 제176조 제1항은 "매매가 성황을 이루고 있는 듯이 잘못 알게 하거나, 그 밖에 타인에게 그릇된 판단을 하게 할 목적"이라고 규정하므로 어떠한 목적을 요건으로 한다는 점에서는 같고 그 목적의 범위에서 차이가 있다. 이는 종래에 증여세 포탈 목적으로 이루어지는 장내파생거래를 제176조 제1항으로 규제하기 어려운 점을 고려하여 도입한 규정이다. 다만, 제3호는 "시세에 부당한 영향을 주거나 영향을 줄 우려가 있는 행위"라고 규정하는데, 이러한 행위가 있으면 제176조 제1항의 "매매가 성황을 이루고 있는 듯이 잘못 알게 하거나, 그 밖에 타인에게 그릇된 판단을 하게 할 목적"이 인정될 가능성이 있을 것이다.

(마) 제4호의 행위

제4호의 행위는 부정거래행위에 관한 제178조 제2항의 행위유형과 유사하다. 특히 제4호의 "풍문을 유포하거나 거짓으로 계책을 꾸미는"은 제178조 제2항의 "풍문의 유포, 위계(僞計)의 사용"과 실질적으로는 같은 의미이다.

또한, 제178조 제2항은 "금융투자상품의 매매, 그 밖의 거래를 할 목적이나 그 시세의 변동을 도모할 목적으로"라고 규정하고, 제4호는 "상장증권 또는 장내파생상품의 수요·공급 상황이나 그 가격에 대하여 타인에게 잘못된 판단이나 오해를 유발하거나 상장증권 또는 장내파생상품의 가격을 왜곡할 우려가 있는 행위"라고 규정하므로 규제대상 상품의 범위에 있어서 다소의 차이는 있지만, 주관적 요건에서는 별다른 차이가 없다. 즉, 통상의 경우 제4호의 행위를 거래를 할 목적(제178조 제2항이 규정하는 목적)이 없이 하는 사례는 드물 것이므로 구체적인 사안이 제178조 제2항의 부정거래행위에 해당하는 것인지, 제178조의2 제2항의 시장질서 교란행위에 해당하는 것인지 구별하기 어려운 경우가 많을 것이다.

물론, 제4호의 경우 호가제출(제1호)이나 매매(제2호, 제3호)를 요건으로 규정하지 아니하므로 반드시 매매를 요건으로 하는 것은 아니다. 그리고 제4호는 제1호부터 제3호까지와 달리 "시세에 부당한 영향을 주거나 줄 우려가 있는 행위"라고 규정하지 않지만, "오인·오해유발"이나 "가격왜곡"은 결국은 시세에 부당한 영향을 주거나 줄 우려가 있는 행위라 할 수 있다.

전산오류로 입고된 주식을 매도한 사안에서 제4호의 풍문 유포와 거짓 계책을 넓게 해석한 하급심 판결이 있다.[203]

3. 규제대상에서 제외되는 행위

(1) 미공개중요정보이용 관련 시장질서 교란행위

다음과 같은 행위는 미공개중요정보이용 관련 시장질서 교란행위에서 제외된다(法 178조의2① 단서).[204]

1. 투자자보호 및 건전한 시장질서를 해할 우려가 없는 행위로서 대통령령으로 정하는 경우
2. 그 행위가 제173조의2 제2항(장내파생상품 시세에 영향을 미칠 수 있는 정보의 누설·이용행위),[205] 제174조(미공개중요정보 이용행위 금지), 제178조(부정거래

---

203) 서울행정법원 2020. 8. 13. 선고 2019구합80428 판결.

204) 자본시장법 제54조(직무관련 정보의 이용금지), 제71조 제1호(선행매매 금지), 제71조 제2호(조사분석자료 공표 전 매매거래의 금지) 등은 배제되지 아니하므로, 중복 적용될 수 있다.

205) 다음과 같은 자로서 파생상품시장에서의 시세에 영향을 미칠 수 있는 정보를 업무와 관련하여 알게 된 자와 그 자로부터 그 정보를 전달받은 자는 그 정보를 누설하거나, 장내파생상품 및 그 기초자산의 매매나 그 밖의 거래에 이용하거나, 타인으로 하여금 이용하게 하지 못한다(法 173조의2②).

1. 장내파생상품의 시세에 영향을 미칠 수 있는 정책을 입안·수립 또는 집행하는 자

행위)에 해당하는 경우

제1호의 "대통령령으로 정하는 경우"란 다음과 같은 경우를 말한다(令 207조의2).

1. 규제대상 주체(法 178조의2①1가)가 미공개중요정보 또는 미공개정보(法 제174조 제2항의 공개매수의 실시·중지에 관한 정보, 제3항의 주식등의 대량취득·처분의 실시·중지에 관한 정보)를 알게 되기 전에 다음 행위를 함으로써 그에 따른 권리를 행사하거나 의무를 이행하기 위하여 지정 금융투자상품의 매매, 그 밖의 거래를 하는 경우
   가. 지정 금융투자상품에 관한 계약을 체결하는 행위
   나. 투자매매업자 또는 투자중개업자에게 지정 금융투자상품의 매매등에 관한 청약 또는 주문을 제출하는 행위
   다. 가목 또는 나목에 준하는 행위로서 금융위원회가 정하여 고시하는 행위
2. 규제대상 주체(法 178조의2①1나,다,라)가 규제대상 정보(法 178조의2①2)를 생산하거나 그러한 정보를 알게 되기 전에 제1호 각 목에 해당하는 행위를 함으로써 그에 따른 권리를 행사하거나 의무를 이행하기 위하여 지정 금융투자상품의 매매등을 하는 경우
3. 법령 또는 정부의 시정명령·중지명령 등에 따라 불가피하게 지정 금융투자상품의 매매등을 하는 경우
4. 그 밖에 투자자보호 및 건전한 시장질서를 해할 우려가 없는 경우로서 금융위원회가 정하여 고시하는 경우[206]

(2) 시세조종 관련 시장질서 교란행위

자본시장법 제178조의2 제2항이 규정하는 행위가 시세조종에 관한 제176조

---

2. 장내파생상품의 시세에 영향을 미칠 수 있는 정보를 생성·관리하는 자
3. 장내파생상품의 기초자산의 중개·유통 또는 검사와 관련된 업무에 종사하는 자

206) "금융위원회가 정하여 고시하는 경우"란 다음과 같은 경우를 말한다.(조사업무규정 55조②).
1. 법 제172조 제1항 제2호에 따른 증권예탁증권의 예탁계약 해지에 따라 법 제172조 제1항 제1호에 따른 증권을 취득하는 경우
2. 주식배당 또는 준비금의 자본금 전입에 의해 주식을 취득하는 경우
3. 증권시장과 파생상품시장 간의 가격 차이를 이용한 차익거래, 그 밖에 이에 준하는 거래로서 법 제178조의2 제1항 제2호에 해당하는 정보를 의도적으로 이용하지 아니하였다는 사실이 객관적으로 명백한 경우
4. 그 밖에 투자자보호 및 건전한 시장질서를 해할 우려가 없는 경우로서 증선위가 의결로써 인정하는 경우

또는 부정거래행위에 관한 제178조에 해당하는 경우는 규제대상에서 제외된다(法 178조의2② 단서). 미공개중요정보이용 관련 시장질서 교란행위와 달리 "투자자보호 및 건전한 시장질서를 해할 우려가 없는 행위로서 대통령령으로 정하는 경우"라는 제외사유는 없다.

(3) 단서 규정의 해석

어떠한 행위가 자본시장법 제173조의2 제2항, 제174조, 제176조, 제178조에 해당하는 경우 설령 그 행위가 자본시장법 제178조의2가 정하는 시장질서 교란행위의 구성요건까지 동시에 충족하는 경우라 하더라도 시장질서 교란행위 관련 규정이 적용되지 않는다. 이때 "해당하는 경우"를 실제 형사처벌까지 받는 경우로 해석하는 것은 부당하고, 행위자가 해당 행위에 대하여 기소유예처분을 받은 경우에도 시장질서 교란행위 규정이 적용되지 않는다.[207]

Ⅲ. 시장질서 교란행위에 대한 제재

1. 과징금

금융위원회는 시장질서 교란행위자에 대하여 5억원 이하의 과징금을 부과할 수 있다. 다만, 그 위반행위와 관련된 거래로 얻은 이익(미실현이익을 포함)[208] 또는 이로 인하여 회피한 손실액에 1.5배에 해당하는 금액이 5억원을 초과하는 경우에는 그 이익 또는 회피한 손실액의 1.5배에 상당하는 금액 이하의 과징금을 부과할 수 있다(法 429조의2).[209] 자본시장법상 과징금의 부과는 과징금 부과대상

207) 서울고등법원 2022. 5. 13. 선고 2020누53226 판결. 따라서 전산오류로 잘못 입고된 주식을 매도한 사건에서 일부 행위자는 제178조 제1항 제1호 위반으로 형사처벌되고(서울남부지방법원 2019. 4. 10. 선고 2018고단3255 판결), 사안이 경미하다는 이유로 검찰에서 기소유예처분을 받은 일부 행위자에 대하여 증권선물위원회가 제178조의2 제2항 제4호 위반으로 과징금을 부과하였는데, 제178조의2 제2항 단서를 근거로 과징금부과처분의 취소를 명한 판례도 있다.

208) 시장질서 교란행위와 관련된 이익을 산정할 때 미실현이익을 포함하도록 하는 규정은 미공개중요정보 이용행위, 시세조종 등의 불공정거래행위로 인한 이익을 산정하는 경우 미실현이익을 포함해야 한다는 판례의 입장을 입법적으로 반영한 것으로 보인다. 그러나, 한편으로는 시장질서 교란행위와 관련된 이익을 산정할 때 이와 같이 명문으로 미실현이익도 포함된다고 규정함으로써, 그러한 명문의 규정이 없는 미공개중요정보 이용행위, 시세조종 등의 경우에는 반대해석에 의하여 미실현이익이 포함되지 않는다는 반론의 여지가 있으므로 입법적으로 명확히 할 필요가 있는 부분이다.

209) 과징금 부과의 요건과 절차에 관하여는 [제6편 제1장 제2절 IV. 과징금] 부분 참조.

자(제429조 제4항 제외)에게 각 해당 규정의 위반행위에 대하여 고의 또는 중대한 과실이 있는 경우에 한한다(法 430조①). 그러나 시장질서 교란행위에 대한 과징금에 관하여는 "고의 또는 중대한 과실이 있는 경우에 한한다"라는 규정이 없으므로, 경과실의 경우에도 부과대상이다. 다만, 자본시장조사 업무규정상 고의가 없는 경우에는 과징금 하향조정 사유가 된다.

2. 손해배상책임

시장질서 교란행위로 인하여 손해를 입은 피해자는 행위자를 상대로 손해배상청구를 할 수 있다. 다만, 불공정거래와 달리 손해배상책임의 특칙규정이 없으므로 민법 제750조의 불법행위에 기한 손해배상청구를 하여야 하는데, 불법행위책임의 요건 중 거래인과관계를 증명하기 어려운 문제점이 있다. 시장질서 교란행위로 인한 손해배상청구소송은 증권관련 집단소송법의 적용대상이 아니다.

3. 형사처벌과의 관계

제173조의2 제2항(장내파생상품 시세에 영향을 미칠 수 있는 정보의 누설·이용행위), 제174조(미공개중요정보 이용행위 금지), 제176조(시세조종행위), 제178조(부정거래행위)에 해당하는 기존의 불공정거래인 행위는 시장질서 교란행위 규제대상 행위에 포함되지 않는다. 따라서 시장질서 교란행위는 형사처벌의 대상이 아니고, 이와 같이 불공정거래와 시장질서 교란행위는 양립할 수 없으므로 같은 행위에 대하여 형사처벌을 받는 동시에 과징금을 부과받는 경우는 있을 수 없다.

만일 시장질서 교란행위에 해당한다는 이유로 과징금이 부과된 후 해당 행위가 기존의 불공정거래에 해당하는 경우에는 과징금부과가 취소되어야 한다. 그 반대로 불공정거래로 기소된 후 무죄판결이 확정된 행위가 시장질서 교란행위에 해당한다면 과징금 부과대상이다.

Ⅳ. 불공정거래행위 통보와 정보제공

증권선물위원회는 제429조(공시위반에 대한 과징금) 및 제429조의2(시장질서 교란행위에 대한 과징금)의 과징금 사건이 제173조의2 제2항, 제174조, 제176조 또는 제178조의 위반 혐의가 있다고 인정하는 경우에는 검찰총장에게 이를 통보해야 한다(法 178조의3①). "과징금 사건"이라는 문구상 과징금을 부과할 사건으로 일응 보이지만, 제173조의2 제2항, 제174조, 제176조 또는 제178조의 위반행위는 시장질서 교란행위와 양립할 수 없으므로, 증권선물위원회가 제재절차를 진행한 결과 과징금을 부과할 사건인 경우에는 통보할 필요가 없고, 과징금을 부과할 사건이 아닌 경우에는 통보한다는 의미로 해석된다.

증권선물위원회는 검찰총장이 제173조의2 제2항, 제174조, 제176조 또는 제178조를 위반한 자를 소추하기 위하여 관련 정보를 요구하는 경우에는 이를 제공할 수 있다(法 178조의3②).

제3장

불공정거래행위에 대한 제재

제1절 손해배상책임

Ⅰ. 미공개중요정보 이용행위

1. 의 의

미공개중요정보 이용행위에 관한 제174조를 위반한 자는 해당 특정증권등의 매매, 그 밖의 거래를 한 자가 그 매매, 그 밖의 거래와 관련하여 입은 손해를 배상할 책임을 진다(法 175조①). 제175조는 일반불법행위로 인한 손해배상책임을 규정한 민법 제750조에 의하면 미공개중요정보 이용행위의 피해자가 손해배상청구권을 행사하기 곤란하다는 점을 고려한 특칙이다. 일본 金融商品取引法은 내부자거래로 인한 손해배상책임규정을 두고 있지 아니하므로, 피해자는 민법상 불법행위책임(일본 民法 709조)에 기하여 손해배상청구를 하여야 하므로, 피고의 고의·과실, 인과관계 등을 주장, 입증해야 한다.

2. 특 징

일반적인 시세조종행위는 주가를 인위적으로 상승시키기 위한 것인데(주가를 인위적으로 하락시키기 위한 시세조종행위도 있지만 실제로는 매우 예외적인 경우이다), 이 경우에는 시세조종행위로 인하여 형성된 주가로서 투자자가 실제로 매수한 주가(조작주가)는 시세조종이 없었다면 매수 당시 형성되었으리라고 인정되는 주가(정상주가)에 비하여 높기 때문에, 대법원 판례와 같이 조작주가와 정상주가와의 차액을 손해로 보는 점에 대하여 별다른 문제가 없고, 단지 시세조종 이외의 사정으로 인한 해당 기업의 주가변동과 매도시점에 아직 시세조종의 영향이 남아 있는 경우 이를 반영하는 방식 등이 검토되고 있다. 그러나 미공개중요정보

이용행위의 경우에는, 예를 들어 주가의 상승에 관계된 정보(호재성 정보)가 공개되기 전에 내부자가 주식을 매수하게 되면, 이러한 매수세력의 존재에 의하여 주가는 매수세력의 크기에 비례한 상승영향을 받을 것이고, 그렇다면 이때 매도한 투자자로서는 내부자거래 유무에 관계없이 주식을 매도하였을 것인데 내부자거래가 없었을 때에 비하여 고가에 주식을 매도하게 된 것이므로 내부자의 거래행위로 손해를 입었다고 보기 어렵고 오히려 이익을 얻었다고 볼 수도 있다. 반대로, 주가의 하락에 관계된 정보(악재성 정보)가 공개되기 전에 내부자가 주식을 매도하게 되면, 이러한 매도세력의 존재에 의하여 주가는 매도세력의 크기에 비례한 하락영향을 받을 것이고, 그렇다면 이때 매수한 투자자로서는 내부자거래 유무에 관계없이 주식을 매수하였을 것인데 내부자거래가 없었을 때에 비하여 저가에 주식을 매수하게 된 것이므로 내부자의 거래행위로 손해를 입었다고 보기 어렵고 오히려 이익을 얻었다고 볼 수도 있다.[1] 그러나 이는 매매의 결과만을 두고 판단한 것이고, 매매에 이르게 된 동기나 과정을 본다면, 위 투자자는 만일 정보가 공개되었다면 매매를 하지 않았음은 물론 오히려 그 반대방향의 매매를 하였을 것이므로 이 점에서 내부자의 정보비공개행위로 인하여 손해를 입었다고 볼 수 있다.[2] 이러한 이유로 내부자거래와 관련하여 투자자가 입게 되는 손해는 내부자의 '거래행위'가 아닌 '정보비공개행위'로 인하여 발생한 것으로 보는 것이 논리적이라는 견해도 있고, 미국 연방제2항소법원의 Shapiro v. Merrill Lynch, Pierce, Fenner & Smith, Inc., 495 F. 2d 288 (2d Cir. 1974) 판결과 Elkind v. Liggett & Myers, Inc., 635 F.2d 156 (2d Cir. 1980) 판결도 같은 취지이다. 그러나 중요한 정보 중에도 공개할 의무가 없는 정보도 많고, 또한 제175조 제1항은 '제174조를 위반한 자'를 손해배상책임의 주체로 규정하는데 제174조는 '정보의 비공개행위'가 아닌 '미공개중요정보 이용행위'를 금지대상으로 규정하므로, '거래행위'보다 '정보의 비공개'를 손해발생의 주원인으로 보는 것은 자본시장법의 명문의 규정과 일치하지 않는다. 다만 정보의 비공개행위를 항상 위법하다고 보는

1) 이러한 이유로 證券取引法에 내부자거래에 관하여 손해배상규정을 두지 않은 것이라고 설명하기도 한다[川村和夫, 註解證券取引法(有斐閣, 1997), 1211면].

2) 자본시장법의 '미공개' 정보라는 표현은 '정보'를 기준으로 아직 공개되지 아니한 정보라는 의미이고, 내부자거래를 한 '특정 내부자'를 기준으로 그가 정보를 공개하지 않고 거래한 경우에는 정보를 '비공개'하였다는 표현이 보다 적절하므로 여기서도 '미공개' 정보와 정보의 '비공개'를 혼용하여 사용한다.

것이 아니라 내부자의 거래시점에서의 정보비공개행위만을 위법하다고 해석하면 논리적으로 무리가 없고, 정보의 이용행위가 금지되는 이유는 바로 그 정보가 공개되기 전이기 때문이므로 정보의 이용행위와 정보의 미공개는 하나의 위법행위의 양면으로 볼 수 있다. 이와 같이 해석하면 위의 사안과 같은 경우에도 내부자의 손해배상책임을 인정하는 데 무리가 없을 것이다.

3. 손해배상책임의 주체

손해배상책임의 주체는 내부자, 준내부자, 정보수령자로서 미공개중요정보 이용행위를 금지하는 제174조를 위반한 자이다. 현행법상 2차수령자는 미공개중요정보 이용행위에 대한 책임이 없으므로 피해자에게는 1차수령자만 손해배상책임을 진다. 책임주체가 위반행위로 인하여 이익을 얻거나 손실을 회피하였다는 것은 손해배상책임의 요건이 아니다.

4. 손해배상청구권자

자본시장법 제175조 제1항은 "해당 특정증권등의 매매, 그 밖의 거래를 한 자"를 손해배상청구권자로 규정한다. 따라서 매매, 그 밖의 거래를 위탁하였으나 현실적으로 매매하지 않은 자는 청구권자가 될 수 없다.

(1) 해당 특정증권등

"해당 특정증권등"[3]이란 내부자가 내부정보를 이용하여 거래한 바로 그 특정증권등으로서 발행인이 동일하더라도 종류나 종목이 다른 특정증권등을 거래한 경우에는 본조의 손해배상책임이 발생하지 않는다.[4] 따라서 내부자가 내부정

---

3) [法 172조①]
1. 그 법인이 발행한 증권(대통령령으로 정하는 증권 제외)
2. 제1호의 증권과 관련된 증권예탁증권
3. 그 법인 외의 자가 발행한 것으로서 제1호·제2호의 증권과 교환을 청구할 수 있는 교환사채권
4. 제1호부터 제3호까지의 증권만을 기초자산으로 하는 금융투자상품

(구 증권거래법은 "당해 법인이 발행한 유가증권"을 매매한 내부자만 규제하였으므로 대부분의 파생상품은 "당해 법인이 발행한 유가증권이 아니므로" 규제대상이 아니었다. 이에 자본시장법은 "특정증권등"의 범위에 다른 법인이 발행한 금융투자상품도 포함되므로 규제의 폭이 훨씬 넓어졌다. 다만 손해배상청구권을 행사할 수 있는 자는 여전히 "해당 특정증권등"의 매매, 그 밖의 거래를 한 자로 한정된다).

4) 미공개중요정보 이용행위는 "특정증권등"의 거래를 대상으로 하는데, 참고로 시세조종의 배상책임에서는 "상장증권 또는 장내파생상품"의 거래를, 부정거래행위의 배상책임에서는 모

보를 이용하여 특정 종류의 주식(보통주)을 거래한 경우, 해당 주식으로의 교환 또는 전환의 대상으로 하는 사채권(EB, CB), 우선주, 옵션 등을 거래한 자는 그 내부자에 대하여 손해배상청구를 할 수 없다.

(2) 매 매

특정증권등의 가격상승에 영향을 줄 수 있는 미공개중요정보에 기하여 특정증권등을 매수하였을 때뿐 아니라 가격하락에 영향을 줄 수 있는 미공개중요정보에 기하여 특정증권등을 매도하였을 때에도 결국은 하락폭만큼 이익을 얻은 것이므로 매도와 매수 모두 규제의 대상이 되는 것이다. 이에 해당하는 매매라고 하기 위하여는 매매계약의 이행은 요구되지 않지만 적어도 매매계약의 체결은 요구된다. 따라서 단지 매도청약 또는 매수청약을 한 것만으로는 부족하다.

(3) 기타 거래

매매뿐 아니라 교환 등 일체의 양도와 담보권설정이나 담보권취득 등의 거래를 한 자도 손해배상책임을 진다.

(4) 거래장소

규제대상 특정증권등의 발행인은 상장법인으로 제한되지만, 규제대상인 거래장소는 반드시 장내일 필요는 없고 장외거래도 규제대상이다. 이와 달리, 시세조종에 관한 제177조 제1항은 "제176조를 위반한 자는 그 위반행위로 인하여 형성된 가격에 의하여 해당 상장증권 또는 장내파생상품의 매매를 하거나 위탁을 한 자가 그 매매 또는 위탁으로 인하여 입은 손해를 배상할 책임을 진다."고 규정한다.

(5) 손해배상청구권자의 범위

(가) 동시기 거래자로 보는 견해

미공개중요정보를 이용한 거래를 원인으로 손해배상청구를 하려는 청구권자는 해당 특정증권등을 내부자의 거래와 같은 시기에 내부자와 반대방향으로 거래하였어야 한다. 손해배상청구권자의 범위를 이와 같이 정하는 이유는, "해당 특정증권등을 거래하기만 하였으면 손해배상청구권가 된다면 손해배상청구권자의 범위가 지나치게 넓어지고, 내부자와 직접거래한 당사자만이 손해배상청구권가 된다면 손해배상청구권자의 범위가 지나치게 좁아지게 되므로, 양자의 절충안으로 동시기의 개념이 필요하기 때문이다.

든 "금융투자상품"의 거래를 대상으로 한다.

법원도 같은 취지에서, "내부자거래를 한 자가 손해배상책임을 부담하는 상대방인 '해당 유가증권의 매매 기타 거래를 한 자'를 내부자가 거래한 것과 같은 종목의 유가증권을 거래한 모든 사람으로 해석한다면 내부자가 거래한 유가증권의 수량이 해당 유가증권의 전체 시장규모에 비추어 극히 미미한 경우에까지 해당 유가증권 거래자 모두에게 손해배상책임을 부담하는 것으로 되어 내부자거래를 한 자에게 지나치게 가혹할 뿐만 아니라, 그러한 경우에는 내부자거래행위와 손해발생 사이의 인과관계를 인정하기도 어려울 것이므로 위 규정의 위와 같은 입법취지에도 맞지 아니하고, 반면에 '해당 유가증권의 매매 기타 거래를 한 자'를 해당 유가증권의 매매거래에 있어서의 내부자의 직접 거래 상대방만으로 한정한다면 위와 같이 거래 상대방의 확인이 어려운 경우가 대부분인 증권시장의 특성상 위 규정이 적용될 경우는 거의 없어 그 입법취지가 몰각된다 할 것이다. 그러므로 위 규정의 입법취지에 비추어 볼 때 내부자거래를 한 자가 손해배상책임을 부담하는 상대방인 '해당 유가증권의 매매 기타 거래를 한 자'라 함은 내부자가 거래한 것과 같은 종목의 유가증권을 동시기에 내부자와는 반대방향으로 매매한 자를 의미한다고 해석함이 상당하다 할 것"이라고 판시한다.[5]

어느 정도의 시간적 인접성이 있어야 같은 시기로 인정되는지에 관하여 법령에 별도의 규정이 없으므로 대기기간이 경과하기 전의 거래는 동시기(同時期)의 거래로 볼 수 있는지가 문제이다. 그러나 이렇게 해석하면 중요한 정보가 시행규칙 제36조의 방법으로 공개되고 대기기간이 경과하기 전까지의 모든 거래자가 손해배상청구를 할 수 있게 되는데, 이는 지나치게 책임추궁의 범위가 확대되어 정당한 손해배상청구권을 넘어 투기적 이익까지 인정되는 결과가 될 것이므로 부당하다. 따라서 법원이 각 사안별로 제반 정황을 고려하되 원칙적으로 내부자의 거래개시시점부터 내부자의 거래종료일까지로 보는 것이 타당할 것이다.

(나) 직접거래당사자로 보는 견해

위 신정제지 사건의 항소심판결은 원고와 피고 간에 직접거래관계가 인정된다고 판시하면서 1심판결을 지지하였다.[6] 그러나 거래소의 전산체결시스템상 모

---

5) 서울지방법원 남부지원 1994. 5. 6. 선고 92가합11689 판결(IPO 후 몇 달 만에 부도가 발생한 회사의 주거래은행이 부도발생사실이 공시되기 바로 전 날 보유주식 전량을 시장에서 매도한 사건이다).

6) 서울고등법원 1996. 6. 14. 선고 94나21162 판결(이 사건에서 신정제지 주식 1만주를 매수한 원고의 매수주문은 오전 9시 37분부터 9시 46분까지 전량 체결되었고, 피고의 매도주문은

든 거래당사자의 주문은 개별적으로 전산처리되고 체결된 거래의 직접거래당사자를 사후에 확인하는 것이 기술적으로 가능하다고 하지만, 소송당사자인 원고에게 개별적인 거래체결내역을 증명하라고 요구하면 손해배상청구권자의 범위가 지나치게 제한된다는 문제가 있다.

5. 인과관계

자본시장법 제175조 제1항은 "매매, 그 밖의 거래와 관련하여 입은 손해를 배상할 책임을 진다."고 규정함으로써 손해인과관계의 증명만 요구하고, 거래인과관계의 증명은 요구하지 않는다. 즉, 손해배상청구권자는 내부자거래사실의 존재 외에는 손해가 매매거래와 관련하여 입은 것이라는 사실만 증명하면 된다. 거래인과관계와 관련하여, 거래인과관계의 증명도 필요하며 다만, 내부자거래의 특성상 내부자거래가 없었더라도 (중요한 미공개 정보의 존재를 모르는) 다른 투자자로서는 거래를 하였을 것이기 때문에 거래인과관계를 증명하는 것은 본질적으로 불가능하므로, 미공개중요정보 이용행위가 발생하였고, 해당 정보가 투자자의 투자판단에 중대한 영향을 미칠 수 있는 경우에는, 그와 동시기에 거래한 투자자는 (중요한 미공개중요정보의 부존재에 대한, 또는 가격의 공정성에 대한) 신뢰에 기하여 거래를 한 것으로 추정되는 것으로 보는 견해도 있다. 이와 같이 해석하면 원고에게 이러한 신뢰가 없었음을 피고가 증명하면 추정이 번복된다. 그러나 "매매, 그 밖의 거래와 관련하여 입은 손해를 배상할 책임을 진다."라는 문언상 손해배상청구에 있어서 거래인과관계는 요구되지 않는다고 해석하는 것이 타당하다.

6. 고의 · 과실

손해배상청구권자는 내부자의 고의나 과실을 증명할 필요가 없다. 따라서 청구권자가 자신이 내부자가 거래를 한 동일한 시기에 반대방향의 거래를 하였다는 사실과 손해액 및 손해인과관계만 증명하면 된다.

동시호가에서 일부 체결되고 나머지는 10시 이후까지 모두 체결되었고, 법원은 이러한 체결시점으로 보아 직접거래당사자관계가 인정된다고 판시하였다).

7. 민법상 불법행위에 기한 손해배상책임과의 관계

(1) 일반불법행위책임

제175조는 일반불법행위에 관한 민법 제750조의 특칙이다. 통설·판례인 청구권경합설에 의하면 자본시장법에 의한 손해배상청구권과 민법에 의한 손해배상청구권은 청구권경합의 관계에 있으므로, 손해배상청구권자는 자본시장법 제175조에 기한 손해배상청구권과 민법 제750조에 기한 손해배상청구권을 선택적으로 행사할 수 있다. 이는 제177조, 제179조의 경우에도 같다.

(2) 사용자책임

타인을 사용하여 어느 사무에 종사하게 한 금융투자업자는 피용자가 그 사무집행에 관하여 제3자에게 가한 손해를 배상할 책임이 있다(民法 756조①). 사용자책임이 성립하려면 피용자의 제3자에 대한 가해행위가 고의나 과실 및 책임능력 등 불법행위의 성립요건을 갖추어야 한다. 따라서 금융투자업자의 피용자가 제175조 제1항에 의하여[7] 손해배상책임을 지는 경우 금융투자업자는 사용자로서 민법 제756조에 따라 손해배상책임을 진다.

'사무집행에 관하여'라는 뜻은, 피용자의 불법행위가 외형상 객관적으로 사용자의 사업활동 내지 사무집행 행위 또는 그와 관련된 것이라고 보일 때에는 주관적 사정을 고려함이 없이 이를 사무집행에 관하여 한 행위로 본다는 것이고, 여기에서 외형상 객관적으로 사용자의 사무집행에 관련된 것인지는, 피용자의 본래 직무와 불법행위의 관련 정도 및 사용에게 손해발생에 대한 위험 창출과 방지조치 결여의 책임이 어느 정도 있는지를 고려하여 판단해야 한다.[8]

피용자가 사무집행에 관하여 위법행위를 한 경우에는 특별한 사정이 없는 한 사용자는 민법 제756조에 따른 사용자책임을 진다. 피용자가 자본시장법상 불공정거래를 한 경우에도 사용자가 손해배상책임을 지는 것도 같은 법리이다.

피용자의 불법행위가 외관상 사무집행의 범위 내에 속하는 것으로 보이는 경우에도 피용자의 행위가 사용자나 사용자에 갈음하여 그 사무를 감독하는 자의 사무집행행위에 해당하지 않음을 피해자 자신이 알았거나 또는 중대한 과실로 알지 못한 경우에는 사용자나 사용자에 갈음하여 그 사무를 감독하는 자에

7) 제177조, 제179조의 경우도 마찬가지이다.
8) 대법원 2011. 11. 24. 선고 2011다41529 판결.

대하여 사용자책임을 물을 수 없다.[9]

사용자가 피용자의 선임 및 그 사무감독에 상당한 주의를 한 때 또는 상당한 주의를 하여도 손해가 있을 경우에는 사용자책임을 물을 수 없다(民法 756조 ②).

8. 손해배상책임의 범위

(1) 상당인과관계

증권신고서와 투자설명서의 중요사항에 관하여 거짓의 기재 또는 표시가 있거나 중요사항이 기재 또는 표시되지 아니함으로써 증권의 취득자가 손해를 입은 경우의 손해배상책임에 관하여는 자본시장법 제126조가 배상액산정방법을 구체적으로 규정하나, 미공개중요정보 이용행위로 인한 손해배상책임에 관한 제175조 제1항은 "그 매매, 그 밖의 거래와 관련하여 입은 손해"라고만 규정할 뿐 손해액의 구체적인 산정방식을 규정하지 않는다. 불법행위의 법리상 피고는 위법행위와 상당인과관계 있는 손해에 대하여만 배상책임을 진다. 즉, 내부자는 미공개중요정보 이용행위와 인과관계 없는 손해에 대하여는 배상책임을 지지 않게 된다. 다만, 내부자거래는 적극적 부실표시가 아닌 미공개(침묵)에 의한 거래이므로 상당인과관계의 범위를 정하기가 곤란하다는 문제점이 있다.

위법한 시세조종행위가 있다 하더라도 시세조종행위에 의하여 실제의 주가에 영향을 주지 않았다면 손해가 발생하였다고 할 수 없으므로 손해배상책임도 없다.[10]

(2) 손해의 산정방법

내부자거래로 인한 손해의 산정방법에 관하여, 종래에 일부 하급심은 비록 준용규정은 없지만 구 증권거래법 제15조 제1항(자본시장법 제126조 제1항에 해당하는 규정)을 준용하기도 하였다.[11] 그러나 실제로 정보가 공개된 시점이 아니라 재판진행절차에 따라서 얼마든지 지연될 수 있는 변론종결시점을 기준으로 해야 한다는 근본적인 문제점이 있는 조문을 준용규정도 없이 적용하는 것에 대하여는 비판이 많았다. 이와 관련하여 외부감사인의 부실감사를 원인으로 민법상 불

---

9) 대법원 2011. 11. 24. 선고 2011다41529 판결.

10) 서울고등법원 2003. 9. 19. 선고 2002나16981 판결.

11) 서울지방법원 남부지원 1994. 5. 6. 선고 92가합11689 판결.

법행위에 기한 손해배상책임을 구한 사건에서 "부실감사가 밝혀져 거래가 정지되기 직전에 정상적으로 형성된 주가와 부실감사로 인한 거래정지가 해제되고 거래가 재개된 후 계속된 하종가를 벗어난 시점에서 정상적으로 형성된 주가와의 차액 상당"을 손해로 본 판례[12]의 취지에 따라 정보가 공개되고 일정 기간 경과한 후의 주가와 비내부자가 실제로 거래한 주가와의 차액을 손해로 보는 방법과,[13] 시세조종사건에서의 판례와 같이 내부자거래가 없었다면 형성되었을 가격과 내부자거래로 인하여 형성된 가격으로서 피해자가 실제로 거래한 가격의 차액을 손해로 보는 방법 등이 있는데,[14] 아직 확립된 판례가 없고 학설도 일치하지 않는다. 외부감사인의 손해배상책임을 관한 판결에서 채택한 방법에 의하는 경우, 미공개중요정보가 공개되고 일정기간 경과 후의 주가와 청구권자가 실제로 거래한 주가와의 차액이 손해가 될 것인데, 미공개중요정보가 주가에 충분히 반영되었다고 인정할 수 있는 시기를 객관적 기준에 의하여 정할 수 있는지 의문이다.

(3) 이익 기준과 손해 기준

내부자가 얻은 이익의 규모에 불구하고 내부자와 같은 시기에 거래한 투자자의 손해 전부를 배상하여야 하는지(원고의 손해 기준), 또는 내부자가 얻은 이익의 범위 내에서만 손해를 배상하면 되는지(피고의 이익 기준)에 관하여도 아직 확립된 판례나 학설이 없다.[15] 전자에 의하면 내부자의 현실적인 변제능력을 무시한 막대한 배상을 명하는 것은 지나치게 가혹한 결과가 되고, 후자에 의하면 과도한 금액의 배상은 피할 수 있지만 내부자는 적발된 경우에도 적어도 민사적으로는 순손실을 입지 않는 결과가 된다는 문제가 있다. 증권집단소송법에 의하면 법원은 손해배상액의 산정에 관하여 제반사정을 참작하여 표본적·평균적·통계적 방법 그 밖의 합리적 방법으로 정할 수 있으므로(同法 34조②), 적정 수준에서 법원이 결정할 수 있을 것이다.

---

12) 대법원 1998. 4. 24. 선고 97다32215 판결.

13) 미국의 증권소송개혁법(PSLRA)은 차액배상을 전제로 하면서 §21D(e)도 "원고의 거래가격"과 "시장에 올바른 정보가 공시된 이후 90일 동안의 평균거래가격"과의 차액을 초과할 수 없다고 규정한다.

14) 대법원 2004. 5. 28. 선고 2003다69607, 69614 판결.

15) 뒤에서 보는 바와 같이 ITSFEA는 배상액에 대하여 내부자거래로 인하여 위반자가 획득한 이익이나 회피한 손실의 범위 내로 한정하였다. 다만, ITSFEA는 민사제재금을 도입하였기 때문에 그와 같은 제도가 없는 우리나라에서는 그대로 적용하기 곤란할 것이다.

9. 소멸시효

(1) 자본시장법 제175조 제2항의 소멸시효

미공개중요정보 이용행위에 관한 손해배상청구권은 청구권자가 제174조를 위반한 행위가 있었던 사실을 안 날부터 2년간 또는 그 행위가 있었던 날부터 5년간 이를 행사하지 아니한 경우에는 시효로 인하여 소멸한다(法 175조②).[16]

이와 같이 손해배상청구권의 소멸시효기간을 단기로 한 취지는 증권거래로 인한 분쟁을 빨리 끝냄으로써 증권시장의 안정을 도모하기 위한 것인데, 지나치게 단기의 소멸시효기간 때문에 피해자의 구제에 미흡하다는 문제가 있다. 소멸시효의 기산점이 되는 "위반행위가 있었던 사실을 안 때"라 함은 문언 그대로 피해자가 불공정거래행위가 있었다는 사실을 알았어야 한 때(constructive notice)가 아니라 현실적으로 인식한 때(actual notice)라고 보아야 하고, 그 인식의 정도는 일반인이라면 불공정행위의 존재를 인식할 수 있는 정도면 족하다.[17] 위반자에 대한 유죄의 형사판결이 선고되거나 확정된 때부터 기산되는 것은 아니다.[18]

(2) 민법 제766조의 소멸시효

민법상 불법행위로 인한 손해배상의 청구권은 피해자나 그 법정대리인이 그 손해 및 가해자를 안 날로부터 3년간 또는 불법행위를 한 날로부터 10년을 경과한 때까지 이를 행사하지 아니하면 시효로 인하여 소멸한다(民法 766조①,②).[19] 금융투자업자가 제175조 제1항에 의하여[20] 손해배상책임을 지는 경우에도 민법 제766조의 소멸시효가 적용된다.[21]

---

16) 2018.3.27. 개정 전 규정은 "위반한 행위가 있었던 사실을 안 날부터 1년간 또는 그 행위가 있었던 날부터 3년간"이었다.

17) 대법원 1993. 12. 21. 선고 93다30402 판결.

18) 대법원 2002. 12. 26. 선고 2000다23440, 23457 판결.

19) 서울고등법원 2018. 2. 9. 선고 2017나2023996 판결(대법원 2018. 6. 28. 선고 2018다223566 판결에 의하여 심리불속행 상고기각으로 확정).

20) 제177조, 제179조의 경우도 마찬가지이다.

21) 서울고등법원 2018. 5. 10. 선고 2017나2037841 판결(대법원 2018. 9. 13. 선고 2018다241403 판결에 의하여 상고기각으로 확정).

Ⅱ. 시세조종행위

1. 의 의

시세조종행위를 규정한 자본시장법 제176조를 위반한 자는 다음 각 호의 구분에 따른 손해를 배상할 책임을 진다(法 177조①).

1. 그 위반행위로 인하여 형성된 가격에 의하여 해당 증권 또는 파생상품에 관한 매매등을 하거나 그 위탁을 한 자가 그 매매등 또는 위탁으로 인하여 입은 손해
2. 제1호의 손해 외에 그 위반행위(제176조 제4항 각 호의 어느 하나에 해당하는 행위로 한정한다)로 인하여 가격에 영향을 받은 다른 증권, 파생상품 또는 그 증권·파생상품의 기초자산에 대한 매매등을 하거나 그 위탁을 한 자가 그 매매등 또는 위탁으로 인하여 입은 손해
3. 제1호 및 제2호의 손해 외에 그 위반행위(제176조 제4항 각 호의 어느 하나에 해당하는 행위로 한정한다)로 인하여 특정 시점의 가격 또는 수치에 따라 권리행사 또는 조건성취 여부가 결정되거나 금전등이 결제되는 증권 또는 파생상품과 관련하여 그 증권 또는 파생상품을 보유한 자가 그 위반행위로 형성된 가격 또는 수치에 따라 결정되거나 결제됨으로써 입은 손해

제2호와 제3호는 제176조 제4항의 연계시세조종행위에 대하여서만 적용된다. 개정 전 자본시장법 제177조 제1항은 위 제1호와 같이 "그 위반행위로 인하여 형성된 가격에 의하여 해당 상장증권 또는 장내파생상품의 매매를 하거나 위탁을 한 자"만을 손해배상청구권자로 규정하였는데, "해당 상장증권 또는 장내파생상품"이 연계시세조종의 경우 시세조종의 직접 대상인 가격조작상품만을 가리키는 것인지, 이익획득상품도 포함하는 것인지 법문상 불명확하였기 때문에 비상장증권인 이익획득상품(ELS)의 투자자가 제177조 제1항에 기한 손해배상청구를 할 수 있는지 여부에 관하여 논란이 있었다. 이에 2013년 개정법은 제3호를 신설하여 이러한 논란을 입법적으로 해결하였다.

2. 손해배상청구권자

(1) 매매요건

자본시장법 제177조 제1항 제1호와 제2호는 "그 위반행위로 인하여 ... 매매등을 하거나 그 위탁을 한 자"를 손해배상청구권자로 규정한다. 이러한 매매요건

은 물론 남소방지를 위한 것이다. 그러나 제3호는 이러한 매매요건을 요구하지 않고 "그 증권 또는 파생상품을 보유한 자"를 손해배상청구권자로 규정한다. 앞서 본 바와 같이 적극적인 매매를 하지 않고 단지 ELS 상품을 보유하고 있는 투자자도 손해배상을 청구할 수 있도록 하기 위한 것이다. "위탁을 한 자"도 손해배상청구권자로 규정되어 있지만 위탁만 하고 매매를 하지 않은 자는 실제로는 손해를 입는 경우가 없을 것이므로 위탁만 한 자가 손해배상을 받는 경우는 없을 것이다.

⑵ 장외거래자의 손해배상청구권

유상신주의 발행가액은 청약일 전 일정기간의 시가를 근거로 기준가격을 정하고 여기에 일정 할인율을 적용하여 결정하므로, 기발행주식에 대한 시세조종은 당연히 유상신주의 발행가액에 영향을 미친다. 그런데 구 증권거래법상 유가증권의 모집·매출에 있어서 모집·매출가액 산정의 기준이 되는 유가증권(구주)의 가격을 피고가 인위적으로 높게 형성되게 하고, 이에 따라 높게 형성된 발행가액에 의하여 유상신주의 청약을 한 주주는 구 증권거래법 제188조의5 제1항이 규정하는 "유가증권시장 또는 코스닥시장"에서 매매거래를 한 것이 아니므로 손해배상을 청구할 수 없었다. 유상신주의 청약은 장외거래이므로 구 증권거래법 제188조의5가 적용되지 않기 때문이다. 따라서 이러한 경우에는 민법상 불법행위에 기한 손해배상청구권만 행사할 수 있다. 그런데 자본시장법 제177조 제1항은 위와 같은 장소적 제한 요건을 삭제하였으므로 유상신주의 청약을 한 주주도 규정상으로는 손해배상청구권을 행사할 수 있다. 그러나 피고의 구체적인 시세조종행위가 자본시장법 제176조 제1항 내지 제4항에 해당하여야 청약주주가 손해배상을 청구할 수 있는데, 위와 같은 경우 피고의 행위가 제176조 제1항부터 제4항까지의 어느 규정에도 해당하지 않을 가능성이 클 것이다. 따라서 자본시장법 하에서도 위와 같은 경우 제177조 제1항에 기한 손해배상을 청구하기는 용이하지 않고, 다만 제178조의 부정거래행위에 해당할 여지는 있을 것이다.

3. 적용대상 금융투자상품

자본시장법 제177조 제1항은 "증권 또는 파생상품"의 매매를 하거나 위탁을 한 자를 손해배상청구권자로 규정하므로, 비상장증권과 장외파생상품의 매매와 관련한 시세조종에 대하여도 제177조가 적용된다.[22]

4. 인과관계

(1) 거래인과관계

(가) 의 의

자본시장법 제177조 제1항은 "그 위반행위로 인하여 형성된 가격에 의하여 해당 상장증권 또는 장내파생상품의 매매를 하거나 위탁을 한 자"를 손해배상책임의 주체로 규정한다. 그런데 원고가 시장에서 매매를 하면 당연히 피고의 시세조종으로 인하여 형성된 가격에 의하여 매매를 한 것이다. 따라서 원고는 피고의 위반행위로 인하여 거래를 하였다는 거래인과관계를 별도로 증명할 필요가 없다.

(나) 시장사기이론

매매당사자 간의 직접거래에서는 거래인과관계의 존재를 증명하는 것은 그 증명의 어려움은 있더라도 증명 자체는 가능하지만, 불특정다수인 사이에서 경쟁매매가 이루어지는 공개시장에서는 이러한 인과관계를 증명하는 것은 현실적으로 불가능하다. 따라서 미국 증권법상으로는 시장에 대한 사기이론(fraud on the market theory)에 의하여 원고가 시세조종에 의하여 영향을 받은 시장가격에 의하여 거래를 한 경우에는 거래인과관계의 존재가 추정되는 것으로 본다.

(2) 손해인과관계

원고는 손해인과관계를 증명해야 한다. 손해인과관계의 증명방법에 관하여, 대법원 2007. 11. 30. 선고 2006다58578 판결은 "특정 회사의 주식에 대한 시세조종행위라는 위법행위와 그 주식의 매매거래 또는 위탁을 한 자가 입은 손해의 발생과 사이에 상당인과관계가 존재하는지 여부를 판단하기 위하여 이른바 사건연구(event study)방식의 분석을 활용하는 경우, 시세조종행위가 발생한 기간(이른바 사건기간) 이전의 일정 기간(이른바 추정기간)의 종합주가지수, 업종지수 및 동종업체의 주가 등 공개된 지표 중 가장 적절한 것을 바탕으로 도출한 회귀방정식을 이용하여 사건기간 동안의 정상수익률을 산출한 다음 이를 기초로 추정한 '사건기간 중의 일자별 정상주가'와 '사건기간 중의 일자별 실제주가'를 비교하여 그 차이가 통계적으로 의미가 있는 경우에 한하여 시세조종행위의 영향으

---

22) 종래의 자본시장법은 "상장증권 또는 장내파생상품"이라고 규정하였으므로 비상장증권과 장외파생상품의 매매와 관련한 시세조종에 대하여도 제177조가 적용되지 않는다고 해석되었는데, 2013년 개정법은 입법적으로 적용범위를 확대하였다.

로 인하여 주가가 변동되었다고 보아 상당인과관계가 존재한다는 판단을 하게 되는 것"이라고 판시하였다.

5. 손해배상책임의 범위

시세조종으로 인한 손해배상책임은 시세조종행위와 상당인과관계 있는 손해에 대하여서만 인정된다. 미국에서는 이를 손해인과관계(loss causation)이라 하는데, 우리 법제의 상당인과관계에 해당한다. 구 증권거래법과 자본시장법은 시세조종으로 인한 손해배상책임의 범위에 관하여 아무런 규정을 두고 있지 않는데, 종래에 여러 가지 산정방법이 채택되었다.

(1) 자본시장법 제126조 유추적용

구 증권거래법 제188조의5의 해석에 관하여 일부 판례는 제188조의5가 제15조를 준용하지 않음에도 불구하고 제15조의 규정을 유추적용하여 피해자가 당해 유가증권을 취득함에 있어서 실지로 지급한 액에서 당해 유가증권에 관하여 소송이 제기되어 있는 때에는 변론종결시에 있어서의 시장가격(시장가격이 없는 경우에는 추정처분가격)을, 변론종결 전에 당해 유가증권을 처분한 때에는 그 처분가격을 공제한 금액을 손해액으로 보는 방식(실손해산정방식)을 채택하기도 하였다.[23] 그러나 이 방법에 의하면 피해자가 그 주식을 처분하였는지 여부와 처분한 경우라면 처분시점의 주가수준이라는 우연한 사정에 의하여 손해의 범위가 달라지고, 경제상황의 변동과 주식시장의 시황 등과 같이 시세 형성과 관련 있는 다양한 요소를 전혀 참작하지 않은 것이고, 무엇보다도 명문의 규정이 없다는 점에서 채택하기 어렵다.

(2) 선순환종료시 주가에 의한 차액산정방식

감사인의 부실감사를 원인으로 하는 민법상의 불법행위책임에 관한 판결에서 채택된 방법으로서, 부실감사가 밝혀지기 전의 주가와, 부실감사가 밝혀진 후 부실감사로 인한 거래정지가 해제되고 거래가 재개된 후 계속된 하종가를 벗어난 시점에 정상적으로 형성된 주가의 차액, 또는 그 이상의 가격으로 매도한 경우에는 그 매도가액과의 차액 상당이라고 보는 견해인데, 시세조종행위가 계속되는 동안 매수하였다가 그 기간 안에 매도하는 경우에는 인과관계 있는 손해라고

23) 부산고등법원 1998. 8. 27. 선고 98나574 판결.

인정하기 곤란하므로 역시 채택하기 곤란하다.

(3) 차액산정방식

현재 대법원이 채택하고 있는 방식으로, 시세조종행위가 없었다면 형성되었을 가격(정상주가)과 시세조종행위로 인하여 형성된 가격으로서 피해자가 실제로 거래한 가격(조작주가)의 차액을 "매매거래 또는 위탁에 관하여 입은 손해"로 보아야 한다는 것이다.[24] 정상주가의 산정방법으로는, 전문가의 감정을 통하여 그와 같은 시세조종행위가 발생하여 그 영향을 받은 기간(사건기간) 중의 주가동향과 그 사건이 없었더라면 진행되었을 주가동향을 비교한 다음 그 차이가 통계적으로 의미가 있는 경우 시세조종행위의 영향으로 주가가 변동되었다고 보고, 사건기간 이전이나 이후의 일정 기간의 종합주가지수, 업종지수 및 동종업체의 주가 등 공개된 지표 중 가장 적절한 것을 바탕으로 도출한 회귀방정식을 이용하여 사건기간 동안의 정상수익률을 산출한 다음 이를 기초로 사건기간 중의 정상주가를 추정하는 금융경제학적 방식 등의 합리적인 방법에 의할 수 있다.[25] 이러한 법리는 민법상 불법행위를 이유로 손해배상을 청구하는 경우에도 적용된다.[26] 사건연구방식의 분석을 활용하는 경우, 사건기간 중의 일자별 정상주가와 사건기간 중의 일자별 실제주가를 비교하여 그 차이가 통계적으로 의미가 있는 경우에 한하여 시세조종행위의 영향으로 인하여 주가가 변동되었다고 보아 상당인과관계가 존재한다는 판단을 하게 되는 것이므로, 사건기간과 추정기간을 정확히 설정하는 것이 중요하다.[27]

한편, 증권회사 직원의 임의매매로 인한 손해배상청구사건에서 대법원은 "일반적으로 불법행위로 인한 재산상의 손해는 위법한 가해행위로 인하여 발생한 재산상의 불이익, 즉 불법행위가 없었더라면 존재하였을 재산상태와 불법행위가 가해진 이후의 재산상태의 차이를 말하는 것"이라고 판시하였는데, 이와 같은 판시는 손익비교방식에 보다 가까운 취지라 할 수 있다.[28]

---

24) 대법원 2004. 5. 27. 선고 2003다55486 판결, 대법원 2004. 5. 28. 선고 2003다69607, 69614 판결, 대법원 2004. 6. 11. 선고 2000다72916 판결.

25) 서울고등법원 2003. 12. 9. 선고 2002나3343, 2002나3350 판결.

26) 대법원 2015. 5. 14. 선고 2013다11621 판결.

27) 대법원 2007. 11. 30. 선고 2006다58578 판결.

28) 대법원 2003. 12. 26. 선고 2003다49542 판결.

(4) 이득반환청구

피고가 매매로 인한 이익을 얻었더라도 손해배상의 법리상 그 이득의 반환을 청구할 수는 없다. 자본시장법 제177조 제1항이 장내거래를 요건으로 규정하지는 않지만, 대면거래의 경우에는 제176조 각 항이 규정하는 시세조종행위가 인정될 수 없으므로 결국 민법상 취소나 해제의 법리에 의하여 해결하여야 할 것이다. 매매당사자 간의 대면거래인 경우에는 매매계약의 취소나 해제가 가능하므로 원상회복에 갈음하는 손해배상으로서 원고는 피고가 얻은 부당이득까지 반환청구할 수 있다.

6. 민법상 불법행위에 기한 손해배상책임과의 관계

피용자가 사무집행에 관하여 시세조종행위를 한 경우 특별한 사정이 없는 한 사용자는 민법 제756조에 따른 사용자책임을 진다.[29] 손해배상청구권자는 자본시장법 제177조에 기한 손해배상청구권과 민법 제750조에 기한 손해배상청구권을 선택적으로 행사할 수 있다.

7. 소멸시효

시세조종에 대한 손해배상청구권은 청구권자가 제176조를 위반한 행위가 있었던 사실을 안 때부터 2년간, 그 행위가 있었던 때부터 5년간 이를 행사하지 아니한 경우에는 시효로 인하여 소멸한다(法 177조②).[30]

민법상 불법행위로 인한 손해배상의 청구권은 피해자나 그 법정대리인이 그 손해 및 가해자를 안 날로부터 3년간 또는 불법행위를 한 날로부터 10년을 경과한 때까지 이를 행사하지 아니하면 시효로 인하여 소멸한다(民法 766조①,②).

시세조종에 대한 손해배상청구권의 소멸시효와 관련하여 기산일이 문제인데, 모 외국계 증권회사가 옵션거래만기일에 대량의 기초자산인 주식을 매도하여 옵션가격을 폭락시킨 사안과 관련된 손해배상소송에서 전문 금융투자업자가 아

---

29) 서울고등법원 2018. 2. 9. 선고 2017나2045804 판결.

30) 2018. 3. 27. 개정된 규정으로, 시행일은 2018. 9. 28.이다.
[개정 전 법률 제15021호 제177조]
② 제1항에 따른 손해배상청구권은 청구권자가 제176조를 위반한 행위가 있었던 사실을 안 날부터 1년간 또는 그 행위가 있었던 날부터 3년간 이를 행사하지 아니한 경우에는 시효로 인하여 소멸한다.

닌 개인투자자들인 원고들이 금융상품시장에 대한 이해와 경험이 비교적 풍부하였다고 하더라도, 금융위원회 등의 조사결과 발표, 검찰의 기소, 언론보도 등이 이루어진 무렵에 위법한 가해행위의 존재, 가해행위와 손해의 발생 사이에 상당인과관계가 있다는 사실이나 사용관계 등 불법행위의 요건사실을 현실적·구체적으로 인식하였다고 볼 수 없다는 이유로, 소멸시효항변을 받아들인 원심을 파기한 대법원 판례가 있다.[31)]

반면에, 금융투자업자(증권회사)가 원고인 사건에서는 자본시장법 제177조 제2항의 소멸시효, 민법 제766조의 소멸시효 모두 금융위원회와 금융감독원이 시세조종을 확인하고 검찰고발 등의 조치를 하였다는 공식발표를 한 시점에서, 자본시장법 제176조 위반행위를 하였음을 알았다고 봄이 상당하고, 민법 제766조의 손해 및 가해자를 알았다고 보아 원고들의 손해배상청구권은 소멸시효 완성으로 소멸한 것으로 판시한 판례도 있다.[32)]

대법원이 두 판례에서 상반된 입장을 취한 것은 원고가 개인투자자들인 경우와 전문투자자인 금융투자업자인 경우를 구별한 것으로 보인다.

8. ELS 조건성취방해

증권회사가 기초자산인 주식의 중간평가일 종가에 따라 중도상환조건의 성취 여부가 결정되어 투자자에게 지급할 중도상환금의 지급시기와 금액이 달라지는 주가연계증권(ELS)을 발행하여 판매한 경우 대법원은 "증권회사가 기초자산의 가격변동에 따른 위험을 회피하고 자산운용의 건전성을 확보하기 위하여 위험회피거래를 한다고 하더라도, 약정 평가기준일의 기초자산 가격 또는 지수에 따라 투자자와의 사이에서 이해가 상충하는 때에는 그와 관련된 위험회피거래는 시기, 방법 등에 비추어 합리적으로 하여야 하며, 그 과정에서 기초자산의 공정한 가격형성에 영향을 끼쳐 조건의 성취를 방해함으로써 투자자의 이익과 신뢰를 훼손하는 행위를 하여서는 안 된다."라는 입장이다.[33)]

---

31) 대법원 2018. 7. 24. 선고 2018다215664 판결, 대법원 2018.9.13. 선고 2018다241403 판결.
32) 서울고등법원 2018. 2. 9. 선고 2017나2023996 판결(대법원 2018. 6. 28. 선고 2018다223566 판결에 의하여 심리불속행 상고기각으로 확정됨).
33) 대법원 2015. 5. 14. 선고 2013다2757 판결.

Ⅲ. 부정거래행위

1. 의 의

부정거래행위로 인한 손해배상책임을 규정한 자본시장법 제179조는 내부자거래로 인한 손해배상책임규정인 제175조, 시세조종으로 인한 손해배상책임규정인 제177조와 같이 민법상 손해배상책임에 대한 특칙이다. 부정거래행위에 관한 제178조는 다소 추상적인 개념의 용어를 사용하는데, 위반행위의 존재에 대하여는 피해자가 증명해야 한다. 실제로는 피해자가 직접 증거를 수집하는 것은 곤란하고 대부분은 금융감독기관의 조사결과, 검찰의 수사결과, 법원의 판결결과에 의하여 증거를 확보한다.

2. 손해배상책임의 요건

(1) 과실에 의한 위반행위

손해배상책임은 일반적으로 고의 또는 과실을 요구하지만, 제178조 제1항 제1호의 "부정한", 제3호의 "거짓의 시세 이용", 제2항의 "풍문의 유포, 위계(僞計)의 사용, 폭행 또는 협박" 등의 개념상 과실에 의한 위반행위는 인정하기 어려울 것이다. 제178조 제1항 제2호의 "허위표시 또는 누락"은 개념상 과실에 의한 위반행위가 성립할 수 있겠지만, "금전, 그 밖의 재산상의 이익을 얻고자 하는 행위"라는 요건상 이러한 행위를 한다는 인식이 있어야 하므로 역시 과실에 의한 위반행위를 인정하기 어렵다.[34)]

---

34) 미국 증권법상 Rule 10b－5(1),(3)은 사기적인 행위를 명시적으로 규정하지만, Rule 10b－5(2)는 "make any untrue statement of a material fact or omit to state a material fact"라고 규정하여 반드시 사기의 고의를 요건으로 한다고 표현하지 않으므로 과실(negligence)만으로도 주관적 요건이 충족된다고 해석될 여지가 있고 이에 관한 종래의 판례는 그 결론이 일치되지 않았다. 결국 1976년 Hochfelder 판결에서 연방대법원은 "Rule 10b－5에 기한 책임은 사기의 의도(intent to deceive, manipulate, or defraud)로서, 고의와 과실의 중간 정도의 상태, 또는 위법에 대한 실제의 인식이 존재하는 것을 의미하는 "scienter"를 요건으로 한다."라고 판시하였다. 연방대법원은 Hochfelder 판결에서 "recklessness"만으로도 Rule 10b－5에 기한 책임이 인정되는지에 대하여는 의견표명을 유보하였는데, 그 후의 대부분의 연방항소법원들은 "recklessness"만으로도 Rule 10b－5에 기한 책임을 인정한다(미국 판례는 일반적으로 "recklessness"를 "중과실(gross negligence)"과 동일시하는데, 우리 법제의 미필적 고의 내지 인식 있는 과실과 유사한 개념이므로, 중과실에 비하면 보다 고의에 가까운 개념이라 할 수 있다).

⑵ 거래요건

자본시장법 제179조 제1항은 손해배상채무자에 대하여 "제179조를 위반한 자"라고만 규정하므로 반드시 거래를 하지 않더라도 손해배상책임의 주체가 될 수 있다. 반면에, 손해배상청구권자에 대하여는 "금융투자상품의 매매, 그 밖의 거래를 한 자"라고 규정하므로 매매, 그 밖의 거래를 한 자만이 손해배상을 청구할 수 있다.

부정행위로 인하여 금융투자상품을 거래하게 된 투자자에게 손해가 발생하는 경우만이 아니라 부정행위와 상관없이 "부정행위와 관련된 해당 금융투자상품"을 거래한 투자자에 대하여도 해당 금융투자상품의 구조·내용에 따라 부정행위로 인한 손해가 발생하는 경우가 있다. 자본시장법 제179조 제1항은 제178조가 금지하는 부정행위를 한 자로 하여금 손해배상책임을 부담하도록 하였으므로, 후자의 경우에도 부정행위자는 해당 금융투자상품의 거래와 관련하여 손해를 입은 투자자에 대하여 자본시장법 제179조 제1항에 따라 손해배상책임을 부담한다.[35)]

한편, 손해배상청구권자의 거래시점에 대하여는 제179조 제1항의 "그 위반행위로 인하여 금융투자상품의 매매, 그 밖의 거래를 한 자"라는 문구상 거래를 한 후의 위반행위로 인한 손해에 대하여는 제179조에 의한 손해배상청구를 하지 못하고 민법상 불법행위에 기한 손해배상을 청구할 수 있다고 해석하는 것이 일반적인 견해였으나, 최근의 대법원 판례는 부정거래행위에 있어서 손해배상청구권자의 범위를 넓게 해석하여, "그 위반행위로 인하여 그 금융투자상품의 투자자의 권리·의무의 내용이 변경되거나 결제되는 금액이 달라져 투자자가 손해를 입었다면 그 투자자는 그 부정거래행위자에 대하여 자본시장법 제179조 제1항에 따라 손해배상을 청구할 수 있다."라는 입장이다.[36)]

⑶ 인과관계

시세조종성 부정거래행위에 직접 영향을 받아서 투자판단을 하고 주식을 거래하였다고 주장하는 투자자는 그 시세조종성 부정거래행위와 자신의 주식 거래 사이의 인과관계를 증명함으로써 제179조 제1항의 손해배상청구를 할 수 있고,

35) 대법원 2023. 12. 21. 선고 2017다249929 판결.

36) 대법원 2015. 4. 9.자 2013마1052, 2013마1053 결정(따라서 대법원 판례에 의하면 거래 후의 위반행위로 인한 손해에 대하여도 제179조에 기한 손해배상청구권이 발생한다. 원심에서는 피고의 부정거래행위로 인하여 원고들이 ELS의 매매, 교환, 담보제공 등 적극적으로 거래한 바가 없다는 이유로 불허가결정을 하였는데, 재항고심에서 대법원이 파기환송하였다).

나아가 그렇지 않은 투자자라 하더라도 시세가 시장에서의 자연적인 수요·공급의 원칙에 의하여 형성되었으리라는 생각 아래 그 주식을 거래한 것으로 볼 수 있으므로, 그 시세조종성 부정거래행위로 형성된 가격에 의하여 해당 주식을 거래하였음을 증명함으로써 제179조 제1항의 손해배상청구를 할 수 있다.[37)]

(4) 대립하는 이해관계

손해배상책임을 지는 부정거래행위자에는 금융투자상품의 거래에 관여한 발행인이나 판매인뿐 아니라, 발행인과 스와프계약 등 금융투자상품과 연계된 다른 금융투자상품을 거래하여 권리행사나 조건성취와 관련하여 투자자와 대립되는 이해관계를 가지게 된 자도 포함된다. 그러나 부정행위를 한 경우에도 부정행위와 관련된 금융투자상품의 투자자로서 대립하는 이해관계를 가지지 않는 자에 대하여는 손해배상책임을 부담하지 않는다.[38)]

(5) 적용대상

제179조 제1항은 제177조 제1항과 달리 적용대상을 “해당 상장증권 또는 장내파생상품”으로 한정하지 아니하므로 자본시장법상 모든 금융투자상품이 적용대상이다.

(6) 거래장소

제179조는 매매 등의 장소와 관련하여 금융투자상품의 매매 또는 그 밖의 거래가 거래소시장에서 이루어질 것을 요구하지 않는다. 구 증권거래법 제188조

37) 대법원 2024. 11. 14. 선고 2019다292750 판결. 원심(서울고등법원 2019. 10. 31. 선고 2015나2000630 판결)은, 손해배상책임이 인정되기 위해서는 원고들이 개별 유형의 시세조종행위 내지 부정거래행위로 인하여 주식을 거래함으로써 손해를 입게 되었다는 점을 원고별로 개별적으로 증명해야 한다는 전제에서, “피고 U 등의 여러 유형별 시세조종행위 내지 부정거래행위와 이에 상응하여 원고들에게 개별적으로 발생한 손해의 유형과 액수를 특정한 후 이를 토대로 원고들 개인별 상황을 고려하는 방식으로 감정신청을 하고 인과관계 및 손해액을 증명하라.”고 석명권을 행사하였지만, 원고들이 그에 응하지 않는 등으로 증명을 다하지 않았다는 이유로 원고들의 이 사건 청구를 모두 기각하였으나, 대법원은 파기환송판결을 하였다.

38) 대법원 2023. 12. 21. 선고 2017다249929 판결. 이 사건에서 원고들은 코스피200 지수옵션을 매수하였고, 피고 도이치은행은 장 마감 동시호가 시간에 코스피200 구성종목 200개 중 198개 종목의 보유 주식 전량 약 2조 3,700억 원 상당을 직전가 대비 4.5%~10% 가량 낮은 가격으로 매도하였다. 이에 따라 옵션의 만기일에 코스피200 지수가 원고들의 옵션 행사가격인 250포인트보다 낮아졌기 때문에, 원고들은 콜옵션을 행사할 수 없게 되었고, 피고 도이치은행은 투기적 포지션을 구성하는 합성선물과 풋옵션 등을 통하여 약 436억 원, 피고 도이치증권은 약 11억 원의 수익을 얻었다. 그러나 대법원은 피고들이 원고의 옵션거래 상대방이 아니고 나아가 이 사건 행위 당시 이 사건 옵션거래와 연계된 금융투자상품을 거래하는 등으로 원고들과 대립하는 이해관계를 가지고 있다는 증거가 없다는 이유로 피고들의 손해배상책임을 부인하였다.

의4 제1항 내지 제3항은 "유가증권시장 또는 코스닥시장"에서의 행위를 전제로 하였으므로 원고적격을 "유가증권시장 또는 코스닥시장에서 당해 유가증권의 매매거래 또는 위탁을 한 자"로 제한하였다. 그러나 제4항은 "유가증권시장 또는 코스닥시장"에서의 행위일 것을 요구하지 않았으므로 제4항의 경우에까지 손해배상청구권자의 자격을 제한하는 것은 타당성을 결여하는 것이고, 이에 따라 제188조의5 제1항의 "유가증권시장 또는 코스닥시장에서"라는 요건은 삭제하는 것이 바람직하다는 지적을 받아 왔다. 이에 자본시장법은 제178조 위반행위로 인한 손해배상책임을 규정한 제179조에 거래장소에 대한 제한을 두지 않았다. 이는 포괄적 사기금지 조항인 제178조의 부정거래행위가 장외에서도 이루어질 수 있으므로 타당한 입법이다.

3. 손해배상책임의 범위

제179조도 제177조와 마찬가지로 손해배상액 산정방법에 대하여 규정하지 않는데, 기본적으로는 시세조종행위에 관한 손해배상책임과 같이 해석하여야 할 것이다. 다만 제177조 제1항은 "매매등 또는 위탁으로 인하여 입은 손해"라고 규정하는 반면, 제179조 제1항은 "매매, 그 밖의 거래와 관련하여 입은 손해"라고 규정한다. 입법자가 손해배상책임의 범위에 대하여 차이를 두기 위하여 다른 표현을 사용한 것으로 볼 수도 있지만, 제179조 제1항의 법문상 손해배상청구를 할 수 있는 자는 "매매, 그 밖의 거래를 한 자"이므로 실제로는 "인하여 입은 손해"와 "관련하여 입은 손해"의 차이가 없을 것이다. 미공개중요정보 이용행위에 관한 제175조 제1항도 제179조 제1항과 같이 "매매, 그 밖의 거래와 관련하여 입은 손해"라고 규정한다.

4. 민법상 불법행위에 기한 손해배상책임과의 관계

손해배상청구권자는 자본시장법 제179조에 기한 손해배상청구권과 민법 제750조에 기한 손해배상청구권을 선택적으로 행사할 수 있다. 그리고 피용자가 사무집행에 관하여 시세조종행위를 한 경우 특별한 사정이 없는 한 사용자는 민법 제756조에 따른 사용자책임을 진다.

5. 소멸시효

제179조 제2항은 "제1항에 따른 손해배상청구권은 청구권자가 제178조를 위반한 행위가 있었던 사실을 안 때부터 2년간, 그 행위가 있었던 때부터 5년간 이를 행사하지 아니한 경우에는 시효로 인하여 소멸한다."라고 규정하는데, 이는 제177조 제2항의 내용과 동일하다.

Ⅳ. 미국의 증권사기소송

1. 묵시적 사적소권과 명시적 사적소권

(1) 묵시적 사적소권

SEA는 Rule 10b－5는 모든 증권의 거래와 관련된 사기 및 부실표시에 관하여 적용되는 일반적인 사기금지규정인데, 위반행위에 대한 형사처벌은 규정하나 사적소권(私的訴權)에 관하여는 명시적으로 규정하지 않는다. 그러나 법원이 Rule 10b－5의 적용에 있어서 적극적인 입장을 취함에 따라 1940년대부터 직접 계약관계가 없어도 묵시적 사적소권(implied private right of action)을 인정하였고, 잠차 Rule 10b－5 소송의 남용으로 인한 폐해문제가 심각해지자 법원은 다시 증권매매를 요건으로 하고, "scienter"를 명시적 요건으로 보고, 연방의회도 1995년 증권소송의 남소를 규제하기 위한 사적증권소송개혁법(Private Securities Litigation Reform Act of 1995, PSLRA)을 제정하였다. 그러나 원고들이 연방법인 PSLRA의 적용을 피하여 주법원에 제소하는 경우가 늘어나자 연방의회는 1998년 증권소송통일표준법(Securities Litigation Uniform Standards Act of 1998, SLUSA)을 제정함으로써 일정한 범위의 증권소송은 연방법원에 제기하도록 하였다.

(2) 명시적 사적소권

연방의회가 1988년 내부자거래의 규제범위를 명확히 하고, 특히 조직적인 내부자거래를 규제하기 위하여 제정한 내부자거래 및 증권사기집행법(Insider Trading and Securities Fraud Enforcement Act of 1988: ITSFEA)은 명시적 사적소권을 인정한다.

2. 시장사기이론

(1) 거래인과관계의 추정

증권사기소송에서 원고는 증권의 매매와 관련하여 피고의 부실표시를 신뢰하였다는 사실(즉, 거래인과관계의 존재)을 증명해야 한다. 그런데 원고는 피고가 직접 거래를 한 것이 아니라 시장에서 증권을 매매한 것이므로 이러한 거래인과관계를 증거에 의하여 증명하는 것은 사실상 불가능하다. 이에 연방대법원은 Basic Inc. v. Levinson, 485 U.S. 224 (1988) 판결에서, 시장에 대한 사기가 있을 때에 모든 주주가 이를 신뢰하였음이 추정된다는 "시장에 대한 사기이론(fraud on the market theory)"을 정식으로 채택하였다. 시장사기이론은 공개시장에서의 주가는 항상 공개된 모든 중요한 정보가 반영된다는 효율적 자본시장가설(efficient capital market hypothesis)을 기초로 한다. 원고는 피고의 직접적인 부실표시를 신뢰하지 않았다 하더라도 시장사기이론에 의하여 시장의 완전성(integrity of the market)을 신뢰함으로써 족하다.

시장사기이론에 기한 추정은, 1) 효율적 시장에서 거래되는 증권의 가격에는 모든 중요한 공개정보가 반영된 것(the price of a security traded in an efficient market reflects all material public information)이라는 추정과, 2) 증권의 매수인은 시장가격의 완전성을 신뢰한 것(the buyer of a security may be presumed to have relied on the integrity of the market price)이라는 추정 등 두 가지 추정을 의미한다. 즉, 피고의 부실표시가 중요한 사실에 관한 것이어서 시장가격에 영향을 주었고 원고가 피고의 부실표시에 직접 접하지 않았더라도 그러한 시장에서 증권을 매매하였다면 피고의 부실표시를 신뢰한 것으로 추정된다는 것이다.

시장사기이론에 의한 거래인과관계의 사실상의 추정은 번복이 허용되는 추정(rebuttable presumption)이므로, 부실표시가 중요한 사항에 관한 것이 아니어서 시장가격에 영향을 주지 않았다거나, 원고가 표시의 허위성을 알았거나 시장가격의 완전성을 신뢰하지 않았다는 사실 등을 피고가 증명하면 위 추정이 번복된다.

(2) 증권집단소송과 시장사기이론

시장사기이론에 의하여 거래인과관계 요건을 용이하게 증명할 수 있게 됨에 따라 증권집단소송이 크게 활성화되었다. 미국 사법제도의 특성에 따라 일단 집단소송이 제기되면 피고 입장에서 막대한 소송비용을 고려하여 책임의 유무를 떠나 원고 측과 합의를 시도하게 되는 문제점 때문에 증권집단소송의 발판이라 할 수 있는 시장사기이론에 대한 논란이 많을 수밖에 없는데, 연방대법원은 이에 대하여 최근에 주목할 만한 판결을 선고하였다.

연방대법원은 2013년 선고한 Amgen Inc. v. Connecticut Retirement Plans and Trust Funds, 133 S.Ct. 1184 (2013) 판결에서, 시장사기이론의 기초인 중요성 요건은 집단소송 허가단계에서는 증명할 필요가 없다고 판시하였으나, 2014년 6월 23일 선고한 Halliburton Co. v. Erica P. John Fund, Inc., 134 S.Ct. 2398 (2014) 판결에서 시장사기이론을 채택한 Basic 판결을 유지하면서도, 피고가 집단소송 허가단계에서 문제된 허위공시가 시장주가에 영향을 미치지 않았다는 사실을 증명하면 거래인과관계의 추정을 번복할 수 있다고 판시하였다. 즉, 시장사기이론의 핵심은 부실표시가 시장가격에 영향을 주었다는 추정인데, 연방대법원은 1) 원고는 부실표시가 시장가격에 영향을 주었다는 점을 증명할 필요가 없고, 2) 피고는 “집단소송 허가단계에서” 부실표시가 시장가격에 영향을 주지 않았다는 증거에 의하여 시장사기이론에 의한 추정을 번복시킬 수 있다고 판시함으로써, Basic 판결이 채택한 시장사기이론에 대한 지지를 확고히 하면서도 피고에게 집단소송 허가단계에서 시장사기이론에 의한 추정을 번복할 기회를 부여하였다.

3. 손해배상액

(1) 손해배상액 산정기준

Rule 10b－5에 기한 손해배상소송에서 손해배상액의 산정 기준에 관하여는 피고의 이익을 기준으로 산정하는 방법과 원고의 손해를 기준으로 산정하는 방법이 있다. 이익을 기준으로 하는 방법은, ⅰ) 피고의 이익을 기초로 배상액을 산정하는 방법과, ⅱ) 거래로 인한 원고의 기대이익을 기초로 배상액을 산정하는 방식(benefit－of－the－bargain damages)이 있는데, 실제로 Rule 10b－5 소송에서 법원이 ⅱ)의 방식을 채택하는 예는 많지 않다. 손해를 기준으로 하는 방법은 전통적인 불법행위의 법리에 의한 것으로, 일반적으로는 매매당시 진정한 정보가 모두 반영되었으면 형성되었을 증권의 진정한 가격과 실제의 매매가격과의 차액에 의하고, 이를 차액배상(out－of－pocket damages)이라 한다. 구체적으로는, ① 매매당시 내부정보가 공개되었으면 형성되었을 증권의 진정한 가격과 실제의 매매가격과의 차액을 손해로 보는 방법, ② 매매당시가 아니라 정보가 공개된 후 일정한 기간이 지난 시점의 진정한 가격과의 차액을 손해액이라고 보는 방법, ③ 법원에서의 재판시의 주가를 기준으로 하는 방법 등이 있다.

(2) 손해배상책임의 제한

피고가 원고들의 모든 손해를 배상해야 한다면 피고의 책임범위가 피고의 이익을 훨씬 초과하므로 피고의 책임을 제한할 필요성이 있다. 이에 따라 피고의 책임이 적정범위로 제한해야 한다는 판례도 있었고,[39] 1980년 Elkind 판결에서 연방제2항소법원은 내부자거래의 경우 피고가 얻은 이익을 한도로 배상액을 한도로 한다고 판시하였다.[40] 1988년 제정된 ITSFEA는 명시적 사적소권을 인정하면서, "손해배상책임의 범위를 피고가 얻은 이익 또는 회피한 손해액(profit gained or loss avoided)을 초과할 수 없다."고 규정한다. 따라서, 내부자는 내부자거래로 얻은 이익만 반환하면 되고, 반환된 이익은 배상청구권자들 사이에 안분비례방식에 의하여 분배된다. 나아가, 1995년 제정된 PSLRA는 "SEA에 의한 사적소송에서 손해배상액은 소송의 원인인 부실표시를 시정하는 정보가 시장에 배포된 후 90일간의 평균거래가격과 원고의 실제의 매수가격 또는 매도가격과의 차액을 초과할 수 없다."고 규정한다. 부실표시를 시정하는 정보가 시장에 배포된 후 90일 동안의 평균거래가격이란 거래당시 모든 정보가 공개되었음을 전제로 한 가격을 의미한다는 점에서 차액배상설의 기준을 전제로 하는 규정이다.

4. 제소기한

SEA §20A(b)(4)는 동시기의 거래자(contemporaneous trader)의 청구권에 대하여는 최종거래시로부터 5년의 제소기한을 규정한다. 그러나 그 외에 일반적인 Rule 10b-5에 기한 청구권에 대하여는 SEA가 제소기한에 관하여 명시적으로 규정하지 않아 일부법원은 주증권법에 규정된 기간을 적용하는데, 연방대법원은 Lampf 판결에서 "원고가 위반행위를 발견한 날부터 1년 내이고 위반행위시로부터 3년 내에 제소해야 한다."라고 판시하였고,[41] 이를 "Lampf period"라고 한다. 소위 1년/3년의 제소기한(one-and-three-year provisions)은 SEA §9(e)에 규정

---

39) Friedrich v. Bradford, 542 F.2d 307 (6th Cir. 1976), cert. denied, 429 U.S. 1053 (1977).
40) Elkind v. Liggett & Myers, Inc., 635 F.2d 156 (2d Cir. 1980).
41) Lampf, Pleva, Lipkind, Prupis & Petigrow v. Gilbertson, 501 U.S. 350 (1991).

된 것인데, 이러한 기간은 명시적 사적소권의 경우에는 적용되지 않는다.

제 2 절 형사책임

Ⅰ. 총 설

1. 법 정 형

(1) 기본 법정형

미공개중요정보이용·시세조종·부정거래행위 등에 관한 규정을 위반한 자는 1년 이상의 유기징역 또는 그 위반행위로 얻은 이익 또는 회피한 손실액의 4배 이상 6배 이하에 상당하는 벌금에 처한다. 다만, 그 위반행위로 얻은 이익 또는 회피한 손실액이 없거나 산정하기 곤란한 경우 또는 그 위반행위로 얻은 이익 또는 회피한 손실액의 6배에 해당하는 금액이 5억원 이하인 경우에는 벌금의 상한액을 5억원으로 한다(法 443조①).[42][43] "산정하기 곤란한 경우"는 죄형법정주의 원칙상 이익산정이 불가능할 정도를 의미하는 것은 아니라 할 것이다.[44]

42) 종래에는 "3배 이상 5배 이하에 상당하는 벌금", "5배에 해당하는 금액"이었으나, 2024년 10월 자본시장법 개정에 따라 법정형이 강화되었다(개정 규정의 시행일은 2025. 3. 31.). 벌금형의 배수는 구증권거래법에 처음 도입된 당시의 "3배 이하(하한선 없음)"가 자본시장법 제정시 그대로 유지되어 오다가 2013년 개정시 하한선을 도입하여 "1배 이상 3배 이하"로 되었고, 2017년 개정시 "2배 이상 5배 이하", 2018년 개정시 "3배 이상 5배 이하"와 같이 순차로 강화되었다.

43) 이는 미국 증권거래법상의 민사제재금(civil penalty)을 형사제재인 벌금형식으로 수용한 것으로 볼 수 있으나, 미국의 민사제재금 제도와는 실제운용 및 기능면에서 큰 차이가 있다. 즉, SEC는 내부자거래 조사결과 혐의를 발견하면 형사적 제재를 위한 고발보다는 민사제재금을 부과함으로써 효율적으로 내부자거래에 대처하고 있다. 일본 金商法은 불공정거래 유형별로 차등적으로 형벌을 규정하는데(미공개중요정보이용은 5년 이하의 징역 또는 500만엔 이하의 벌금, 시세조종(159조)과 부정거래(157조, 158조)는 10년 이하의 징역 또는 1천만엔 이하의 벌금), 부당이득의 규모에 따른 가중규정이 없다. 한편, 金商法은 불공정거래행위에 대하여 과징금도 규정하는데, 미공개중요정보이용의 경우 행위자가 정보공개 6개월 전에 실제로 매도, 매수한 가격과 정보공개 후 2주간 사이에 가장 높은 가격(악재인 경우에는 가장 낮은 가격)과의 차액이고, 시세조종과 부정거래의 경우에도 유사하게 규정하는데 다만 그 기간이 2주간이 아니라 1개월이다.

44) "위반행위로 얻은 이익 또는 회피한 손실액이 없거나 산정하기 곤란한 경우"라는 문구는 2014년 12월 개정시 추가되었는데, 개정 전에는 얻은 이익 또는 회피한 손실액이 없는 경우에는 범죄의 성립 자체를 부인할 것인지에 대한 논란을 입법적으로 해결하였다. 다만, 위반행위로 얻은 이익 또는 회피한 손실액이 없거나 오히려 손실을 입은 경우에는 다수의 피해자가

헌법재판소는 이와 같은 배수벌금 방식에 관하여 죄형법정주의에서 파생된 명확성의 원칙에 위배되지 않는다고 판시한 바 있다.[45)]

(2) 징역형의 가중

위반행위로 얻은 이익이나 회피한 손실액이 5억원 이상인 경우에는 징역형을 다음과 같이 가중한다(法 443조②).

1. 이익 또는 회피한 손실액이 50억원 이상인 경우에는 무기 또는 5년 이상의 징역에 처한다.
2. 이익 또는 회피한 손실액이 5억원 이상 50억원 미만인 경우에는 3년 이상의 유기징역에 처한다.

자본시장법상 불공정거래에 대한 징역형 가중은 「특정경제범죄가중처벌등에 관한 법률」 제3조의 법정형을 도입한 것이다. 위반행위로 얻은 이익은 범죄구성요건의 일부로서 그 가액에 따라 형벌을 가중하고 있으므로, 이를 적용할 때에는 위반행위로 얻은 이익의 가액을 엄격하고 신중하게 산정함으로써 범죄와 형벌 사이에 적정한 균형이 이루어져야 한다는 죄형균형 원칙이나 형벌은 책임에 기초하고 책임에 비례하여야 한다는 책임주의 원칙을 훼손하지 않도록 유의하여야 한다.[46)] 헌법재판소는 징역형 가중에 대하여도 합헌 결정을 한 바 있다.[47)]

존재하는 등과 같은 특수한 경우가 아니면 형사처벌 대상이 될 가능성이 별로 없을 것이다. 물론 "산정하기 곤란한 경우"에는 당연히 가벌성이 있다.

45) [헌법재판소 2003. 9. 25.자 2002헌바69, 2003헌바41(병합) 결정] "이 사건 법률조항에 사용된 '위반행위', '얻은', '이익' 등의 개념 자체는 애매하거나 모호한 점이 없으며, 이 사건 규정은 '위반행위로 얻은 이익'이라고 표현하고 있을 뿐 위반행위와 직접적인 인과관계가 있는 이익만을 의미하는 것으로 한정하여 규정하고 있지 않으므로, 건전한 상식과 통상의 법감정을 가진 일반인의 입장에서 '위반행위로 얻은 이익'을 위반행위가 개입된 거래에서 얻은 총수입에서 총비용을 공제한 액수(시세차익)로 파악하는데 별다른 어려움이 없으므로, 이 사건 법률조항은 죄형법정주의에서 파생된 명확성 원칙에 위배되지 않는다."(심판 대상 조문은 구증권거래법 제207조의2 단서 중 "위반행위로 얻은 이익" 부분이다).

46) 대법원 2011. 10. 27. 선고 2011도8109 판결.

47) [헌법재판소 2011. 2. 24.자 2009헌바29 결정] "사기적 부정거래행위에 대한 종래의 처벌규정이 그 해악의 중대성에 비하여 미약하다는 판단 하에 이러한 범죄를 근절하고자 하는 목적에서 이 사건 법률조항들을 신설하게 된 것인 점, 가중처벌의 기준금액을 5억 원 또는 50억 원으로 정하여 보호법익에 심대한 피해를 야기하여 중하게 처벌할 필요성이 있는 극소수의 중대범죄만으로 엄격하게 규율대상을 한정하고 있는 점, 사기적 부정거래행위는 조직성과 전문성, 지능성을 갖춘 영리범이라서 쉽게 근절하기 어렵고, 불특정 다수의 투자자들에게 미칠 수 있는 손해와 주식시장의 신뢰성 상실로 국가경제에 야기할 수 있는 폐해가 크다는 점 등을 종합하여 고려해 보면, 이 사건 법률조항들이 형벌 본래의 목적과 기능을 달성함에 있어 필요한 정도를 일탈하였다고 할 수 없다."

⑷ 자격정지 병과

위 규정을 위반한 자를 징역에 처하는 경우에는 10년 이하의 자격정지를 병과할 수 있다(法 443조③).

⑸ 징역 · 벌금의 필요적 병과

불공정거래에 대한 처벌규정인 제443조 제1항 및 제2항에 따라 징역에 처하는 경우에는 제443조 제1항에 따른 벌금을 병과한다(法 447조①). 즉, 이 경우에는 필요적 병과이다.[48] 자본시장법상 불공정행위에 대한 필요적 병과 규정에 대하여 헌법재판소는 형벌과 책임간의 비례원칙에 위배된다고 볼 수 없어 합헌이라는 입장이다.[49]

⑹ 필요적 몰수 · 추징

제443조 제1항 각 호(단, 공매도 규정 위반에 관한 제10호는 제외)의 어느 하나에 해당하는 자가 해당 행위를 하여 취득한 재산은 몰수하며, 몰수할 수 없는 경우에는 그 가액을 추징한다(法 447조의2①). 제443조 제1항 제4호부터 제7호까지(시세조종에 관한 제176조 제1항부터 제4항까지를 위반한 경우)의 어느 하나에 해당하는 자가 해당 행위를 위하여 제공하였거나 제공하려 한 재산은 몰수하며, 몰수할 수 없는 경우에는 그 가액을 추징한다(法 447조의2②).[50][51]

몰수 · 추징의 대상이 되는지 여부나 추징액은 증거에 의하여 인정해야 하지만, 엄격한 증명이 있어야 하는 것은 아니다.[52]

---

48) 2014년 12월 개정시 필요적 병과로 변경되었다. 한편, 자본시장법 제443조 제1항 제10호(제180조를 위반하여 상장증권에 대하여 허용하지 아니하는 방법으로 공매도를 하거나 그 위탁 또는 수탁을 한 자) 및 제444조부터 제446조까지의 규정에 해당되는 죄를 범한 자에게는 징역과 벌금을 병과할 수 있다(法 447조②). 이러한 임의적 병과의 경우 법원은 공소장에 기재된 적용법조의 유무나 검사의 구형 여부와 관계없이 그 심리 · 확정한 사실에 대하여 재량으로 벌금형의 병과 여부를 정할 수 있다(대법원 2000. 12. 22. 선고 2000도4267 판결, 대법원 2010. 4. 29. 선고 2009도14993 판결, 대법원 2011. 2. 24. 선고 2010도7404 판결).

49) 헌법재판소 2003. 12. 18.자 2002헌가23 결정.헌법재판소 2020. 12. 23.자 2018헌바230 결정.

50) 부정거래행위에 대한 제8호, 제9호는 제2호의 적용대상이 아니고, 공매도규정 위반에 대한 제10호는 제1항 및 제2항의 적용대상에서 제외된다.

51) 제2항은 2021년 6월 개정시 신설된 규정인데, "시세조종행위에 제공하거나 제공하려 한 재산"까지 몰수 또는 추징이 가능하도록 한 것이다. 단, 개정법 시행일인 2021. 12. 9. 이후 제443조 제1항 제4호부터 제7호까지의 어느 하나에 해당하는 죄를 범하고 그 범죄행위를 위하여 제공하였거나 제공하려 한 재산을 몰수 · 추징하는 경우부터 적용한다(부칙6조).

52) 대법원 2006. 4. 7. 선고 2005도9858 판결.

2. 불고불리(不告不理)의 원칙

(1) 이익 · 손실액

검사의 공소제기가 없으면 심판할 수 없다는 것이 불고불리의 원칙이다.

초기의 판례는 구 증권거래법 관련 사건에서 위반행위로 얻은 이익 또는 회피한 손실액의 3배에 해당하는 금액이 금 2천만원(자본시장법은 5억원)을 초과하는 때에는 그 얻은 이익 또는 회피손실액의 3배에 상당하는 금액 이하의 벌금에 처하도록 규정하고 있으므로, 그 위반행위로 얻은 이익 또는 회피한 손실액의 3배에 해당하는 금액이 금 2천만원을 초과한다는 사실이 구성요건의 일부가 되는데,[53] 불고불리의 원칙을 엄격하게 요구하는 입장을 취하지는 않았다. 즉, 대법원은 공소장의 공소사실에 명시적으로 이득 또는 회피한 손실액이 기재되어 있지 않더라도, 기록에 의하여 이익 또는 회피한 손실액이 2천만원을 초과하는 것이 명백하게 인정되는 경우와,[54] 시세조종 사건에서 공소장의 본문의 내용과 일체가 되어 공소사실을 이루는 공소장에 첨부된 별지에 이익을 산정할 수 있는 기초자료가 명시되어 있고 그 기재를 종합하면 피고인이 얻은 이익의 3배액이 2천만원을 초과한 것으로 볼 수 있고 검사도 이를 전제로 구형하는 경우에[55] 불고불리의 원칙에 위배되지 않는다고 판시한 바 있다. 그러나 그 후의 판례에서 대법원은, 형사소송법의 불고불리의 원칙상 법원은 구 증권거래법 제207조의2의 단서 규정과 같은 '위반행위로 얻은 이익 또는 회피한 손실액의 3배에 해당하는 금액이 2천만원(자본시장법은 5억원)을 초과'함에 대하여 명시적인 공소제기가 없으면 심판할 수 없다고 판시하고,[56] 검사가 구 증권거래법 제207조의2의 단서 규정을 적용하여 기소를 한 경우 법원으로서는 먼저 공소사실에 기재된 위반행위로 얻은 이익 또는 회피한 손실액이 인정되는지 여부를 심리하여 이 점을 확정한 후 위 단서 규정을 적용하여 형을 정해야 한다고 판시함으로써,[57] 불고불리의 원칙을 엄격히 적용하는 입장을 취하고 있다. 다만 특히 포괄일죄에 있어서는 그 일죄의

53) 대법원 2000. 11. 24. 선고 2000도2827 판결, 대법원 2002. 7. 26. 선고 2002도1855 판결, 대법원 2002. 7. 26. 선고 2001도4947 판결, 대법원 2003. 11. 28. 선고 2002도2215 판결, 대법원 2004. 3. 26. 선고 2003도7112 판결.

54) 대법원 2000. 11. 24. 선고 2000도2827 판결.

55) 대법원 2002. 7. 26. 선고 2002도1855 판결.

56) 대법원 2003. 11. 28. 선고 2002도2215 판결.

57) 대법원 2004. 3. 26. 선고 2003도7112 판결.

일부를 구성하는 개개의 행위에 대하여 구체적으로 특정되지 아니하더라도 그 전체 범행의 시기와 종기, 범행방법, 피해자나 상대방, 범행횟수나 피해액의 합계 등을 명시하면 그로써 범죄사실이 특정된 것으로 보아야 한다.[58)]

(2) 방어권 행사에 실질적인 불이익이 초래되는지 여부

피고인의 방어권 행사에 실질적인 불이익을 초래할 염려가 없는 경우에는 법원이 공소장변경절차 없이 일부 다른 사실을 인정하거나 적용법조를 달리한다 할지라도 불고불리의 원칙에 위배되지 아니한다.[59)][60)] 따라서 포괄일죄를 구성하는 범행 중 일부인 통정매매를 공소장변경절차 없이 가장매매로 판단한 데에 잘못이 있다 하더라도, 그와 같은 잘못은 판결에 영향을 미친 위법이라고 할 수 없다.[61)]

3. 포괄일죄

동일 죄명에 해당하는 수개의 행위를 단일하고 계속된 범의 하에 일정기간 계속하여 행하고 그 피해법익도 동일한 경우에는 형법의 죄수론(罪數論)상 이들 각 행위를 포괄하여 하나의 범죄로 처단하여야 하는데, 이를 포괄일죄(包括一罪)라고 한다. 그런데 자본시장법 제176조는 시세조종행위의 유형을 네 개의 항으로 구분하여 규정하는데, "하나의 시세조종행위"에 어느 범위까지 포함되는지에 관하여 법률상 명시적으로 규정되어 있지 아니하므로, 각 항에 규정된 각각의 시세조종행위를 유형별로 또는 항별로 별개의 범죄로 보아야 하는지, 아니면 포괄하여 하나의 범죄로 보아야 하는지, 그리고 주식 종목별로 범죄가 성립하는 것인지, 단일 종목을 대상으로 하는 각각의 주문행위마다 범죄가 성립하는 것인지, 아니면 종목을 불문하고 모든 주문행위가 포괄하여 하나의 범죄로 되는 것인지에 관하여 문제된다. 이와 관련하여 대법원은 168개 종목에 관하여 시세조종행위를 한 사안과,[62)] 여러 항이 규정하는 시세조종에 해당하는 수개의 시세조종행위를 한 사안에서 모두 포괄일죄가 성립한다고 판시하였다.[63)]

---

58) 대법원 2005. 11. 10. 선고 2004도1164 판결.
59) 대법원 2005. 11. 10. 선고 2004도1164 판결.
60) 대법원 2005. 11. 10. 선고 2004도1164 판결.
61) 대법원 2013. 7. 11. 선고 2011도15056 판결.
62) 대법원 2002. 6. 14. 선고 2002도1256 판결.
63) 대법원 2011. 1. 13. 선고 2010도9927 판결, 대법원 2005. 11. 10. 선고 2004도1164 판결, 대법원 2002. 7. 26. 선고 2002도1855 판결.

자본시장법 제178조 제1항 및 제2항 위반행위(부정거래행위)도 모두 포괄하여 부정거래행위금지 위반의 포괄일죄를 구성한다고 보아야 한다.[64)]

한편 시세조종행위와 부정거래행위 등의 금지를 규정하고 있는 제176조와 제178조의 보호법익은 주식 등 거래의 공정성 및 유통의 원활성 확보라는 사회적 법익이고 주식의 소유자 등 개개인의 재산적 법익은 직접적인 보호법익이 아니므로, 주식시세조종 등의 목적으로 자본시장법 제176조와 제178조에 해당하는 수개의 행위를 단일하고 계속된 범의 아래 일정기간 계속하여 반복한 경우, 자본시장법 제176조와 제178조 소정의 시세조종행위 및 부정거래행위금지 위반의 포괄일죄가 성립한다.[65)]

포괄일죄의 법리상 피고인이 포괄일죄의 관계에 있는 범행의 일부를 실행한 후 공범관계에서 이탈하였으나 다른 공범자에 의하여 나머지 범행이 이루어진 경우, 피고인이 관여하지 않은 부분에 대하여도 죄책을 부담한다.[66)]

4. 경 합 범

(1) 시세조종행위 간에 시차가 있는 경우

어느 기간 동안 단일 범의 하에서 시세조종행위를 한 후 그와 다른 범의 하에서 별도의 시세조종행위를 행한 경우 1차 시세조종행위와 2차 시세조종행위는 실체적 경합범의 관계에 있고 시세조종으로 인한 이익은 각 범행별로 따로 산정해야 한다.[67)] 부정거래행위도 마찬가지이다.

그러나 미공개중요정보이용행위는 이용대상인 정보가 동일한 이상 행위 간에 시차가 있더라도 단일하고 계속된 범의 하에 일정기간 계속하여 행하고 그 피해법익도 동일하므로 포괄일죄가 성립한다.

(2) 보고의무위반과 불공정거래행위

보고의무는 불공정거래행위를 예방·적발하기 위한 제도라는 면도 있지만,

---

64) 서울고등법원 2009. 1. 23. 선고 2008노2564 판결(증권거래법 188조의4 제4항 각 호에 관한 판결이다).

65) 대법원 2011. 10. 27. 선고 2011도8109 판결, 대법원 2009. 4. 9. 선고 2009도675 판결. 다만 죄수평가를 잘못하였다 하더라도 결과적으로 처단형의 범위에 아무런 차이가 없는 경우에는 판결 결과에 영향을 미친 위법이 있다고 보기 어렵다(대법원 2003. 2. 28. 선고 2002도7335 판결).

66) 대법원 2011. 1. 13. 선고 2010도9927 판결.

67) 대법원 2007. 3. 30. 선고 2007도877 판결, 서울지방법원 2002. 10 .30. 선고 2002노2509 판결.

기본적으로는 적대적 M&A를 위한 음성적인 주식매집을 규제함으로써 경영권에 대한 불공정한 침탈을 방지하고, 증권시장의 투명성과 공정성 확보를 통하여 일반투자자를 보호하기 위한 제도이고, 이와 같이 규제의 취지가 다른 보고의무위반과 불공정거래행위는 법조경합관계로 볼 수 없다.[68]

5. 공모공동정범

(1) 의 의

2인 이상이 범죄에 공동 가공하는 공범관계에서 공모는 법률상 어떤 정형을 요구하는 것이 아니고, 2인 이상이 공모하여 어느 범죄에 공동 가공하여 그 범죄를 실현하려는 의사의 결합만 있으면 되는 것으로서, 비록 전체의 모의과정이 없었다고 하더라도 수인 사이에 순차적으로 또는 암묵적으로 상통하여 그 의사의 결합이 이루어지면 공모관계가 성립하고, 이러한 공모가 이루어진 이상 실행행위에 직접 관여하지 아니한 자라도 다른 공모자의 행위에 대하여 공동정범으로서의 형사책임을 지는 것이고,[69] 이와 같은 공모에 대하여는 직접증거가 없더라도 정황사실과 경험법칙에 의하여 이를 인정할 수 있다.[70] 따라서 시세변동 거래행위에 의한 시세조종을 공모한 일부 피고인의 통정매매 및 매매거래 유인목적의 거래상황 오인행위 부분도 모두 위 공모자들 사이에 묵시적으로 의사의 연락이 있었다고 보는 것이 타당하다.[71] 그리고 반드시 미리 모의한 것은 아니라고 하더라도 어느 일방의 지시 내용에 따라 주식매매를 할 경우 시세조종에 해당할 수 있다는 점을 인식하고 있었음에도 그에 따른 주식매매 주문을 한 경우, 시세조종행위에 결정적인 역할을 수행하였다고 볼 수 있다.[72] 보유주식의 매도금지 약속을 한 경우에도 시세조종행위의 공모공동정범에 해당할 수 있고,[73] 시세조종 전문가를 소개해준 경우에도 시세조종행위의 공모공동정범에 해당할 수 있다.[74]

68) 서울중앙지방법원 2009. 1. 22. 선고 2008고합569, 720(병합), 721(병합) 판결.
69) 대법원 2000. 3. 14. 선고 99도4923 판결, 대법원 2005. 12. 9. 선고 2005도5569 판결.
70) 대법원 2003. 12. 12. 선고 2001도606 판결. 대법원 2004. 5. 28. 선고 2004도1465 판결, 대법원 2005. 11. 10. 선고 2004도1164 판결, 대법원 2009. 2. 12. 선고 2008도6551 판결.
71) 대법원 2002. 7. 26. 선고 2001도4947 판결.
72) 서울중앙지방법원 2013. 7. 19. 선고 2012고합766 판결.
73) 서울중앙지방법원 2003. 1. 15. 선고 2002노9639 판결.
74) 서울남부지방법원 2010. 8. 2. 선고 2010고합27 판결.

(2) 주관적 요건의 증명방법

공모공동정범에 있어서 공모나 모의는 범죄사실을 구성하는 것으로서 이를 인정하기 위하여는 엄격한 증명이 요구된다. 그러나 피고인이 그 실행행위에 직접 관여한 사실을 인정하면서도 공모의 점과 함께 범의를 부인하는 경우에는, 이러한 주관적 요소로 되는 사실은 사물의 성질상 범의와 상당한 관련성이 있는 간접 사실을 증명하는 방법에 의하여 이를 증명할 수밖에 없고,[75] 무엇이 상당한 관련성이 있는 간접 사실에 해당할 것인가는 정상적인 경험칙에 바탕을 두고 치밀한 관찰력이나 분석력에 의하여 사실의 연결상태를 합리적으로 판단하는 방법에 의하여야 할 것이다.[76]

(3) 시세조종의 방조

시세조종의 방조범으로 인정된 사례를 보면, 시세조종자금을 대부한 사채업자,[77] 자신의 증권계좌를 시세조종에 이용하도록 한 계좌주,[78] 자신의 사무소를 시세조종행위를 위한 장소로 빌려 준 경우[79] 등이다.

6. 위법성조각사유

형법상 위법성조각사유인 정당행위, 정당방위, 긴급피난, 자구행위, 피해자의 승낙 등이 시세조종행위에도 적용되는지 여부가 문제되지만, 금융투자상품거래의 특성상 실제로 위법성조각사유가 적용되는 범위는 매우 제한적이다. 정당행위는 법령에 의한 행위 또는 업무로 인한 행위 기타 사회상규에 위배되지 않는 행위인데(형법 20조), ELW(equity linked warrant) 시장에서 ELW의 가격형성을 위하여 LP(liquidity provider, 유동성공급자)가 매도 및 매수호가를 통한 시장조성행위(market making)를 하는 경우, LP의 시장조성행위는 비록 시세조종행위의 유형에 속하더라도 ELW 시장에서의 LP의 역할을 고려하면 위법성조각사유인 정당행위에 해당한다고 보아야 할 것이다.

정당방위는 자기 또는 타인의 법익에 대한 현재의 부당한 침해를 방위하기

75) 대법원 2009. 2. 12. 선고 2008도6551 판결.
76) 대법원 2002. 7. 26. 선고 2001도4947 판결, 대법원 2003. 12. 12. 선고 2001도606 판결, 대법원 2007. 11. 15. 선고 2007도6336 판결. 하급심에서의 무죄 사례로는, 서울고등법원 2005. 10. 19. 선고 2005노1123 판결.
77) 서울지방법원 2003. 4. 10. 선고 2002고합1086 판결.
78) 대법원 2007. 3. 30. 선고 2007도877 판결.
79) 서울고등법원 2009. 1. 6. 선고 2008노1506 판결.

위한 상당한 행위이다(형법 21조). 시세조종행위와 관련된 정당방위는 타인의 시세변동행위에 대하여 자신이 허수주문 또는 현실거래에 의하여 타인의 시세조종행위로 인하여 변동한 시세를 원상태로 되돌리는 경우에 볼 수 있는데, 이 과정에서 급등한 가격으로 매수한 투자자와 같이 새로운 피해자가 발생할 수 있고, 자본시장법상 범죄의 보호법익은 개인적 법익이 아니라 불특정다수의 투자자가 관련되는 사회적 법익(공정한 거래질서 또는 시장의 건전성)인데, 형법상 사회적 법익을 위한 정당방위는 인정되지 않는다. 긴급피난은 자기 또는 타인의 법익에 대한 현재의 위난을 피하기 위한 행위로서 상당한 이유가 있는 경우를 말한다(형법 22조). 긴급피난행위에 대하여 상당한 이유가 있다고 하기 위하여는 보충성, 균형성, 수단의 적격성, 상대적 최소피난의 원칙이 요구되는데, 시세조종에 대한 위와 같은 대응행위는 이러한 요건을 갖출 수 없을 것이다. 자구행위도 상당한 이유가 있어야 하고(형법 23조), 피해자의 승낙은 처분할 수 있는 자의 승낙이어야 하므로(형법 24조) 사회적 법익에 대하여는 적용될 수 없다.

7. 죄형법정주의와의 관계

이익 또는 회피한 손실액이 양형의 기준일 뿐 아니라 범죄구성요건이기도 하므로 이익이나 손실액의 산출방법과 관련하여 죄형법정주의가 요구하는 형벌법규의 명확성의 원칙에 반하는 것이라는 주장도 있지만, 처벌법규의 입법목적이나 그 전체적 내용, 구조 등을 살펴보아 사물의 변별능력을 제대로 갖춘 일반인의 이해와 판단으로서 그의 구성요건 요소에 해당하는 행위유형을 정형화하거나 한정할 합리적 해석기준을 찾을 수 있다면 죄형법정주의에 반하는 것이 아닌데, 규정상의 이익액을 산출해 낼 합리적 해석기준이 분명하여 처벌규정으로서의 명확성을 지니는 것이어서 헌법 제12조의 죄형법정주의에 위반되지 않는다는 것이 대법원의 입장이고, 헌법재판소도 위헌이 아니라고 결정하였다.[80)]

80) 대법원 2002. 7. 26. 선고 2002도1855 판결. 이 사건의 피고인이 상고심 계속 중에 증권거래법 제207조의2 단서 중 "위반행위로 얻은 이익" 부분이 헌법에 위반된다고 주장하면서 위헌여부 심판의 제청신청을 하였으나 기각되자 헌법소원심판을 청구하였는데, 헌법재판소도 "증권거래법 제207조의2의 단서 중 "위반행위로 얻은 이익" 부분은 헌법에 위반되지 아니한다"고 선언하였다. 헌법재판소는 증권거래법상 사기적 부정거래행위에 관한 헌법재판소 2011. 2. 24.자 2009헌바29 결정에서 동일하게 합헌결정을 하였다.

8. 양벌규정

(1) 의 의

법인(단체 포함)의 대표자나 법인 또는 개인의 대리인, 사용인, 그 밖의 종업원이 그 법인 또는 개인의 업무에 관하여 제443조부터 제446조까지의 어느 하나에 해당하는 위반행위를 하면 그 행위자를 벌하는 외에 그 법인 또는 개인에게도 해당 조문의 벌금형을 과한다(法 448조).

자본시장법에 양벌규정을 따로 둔 취지는, 법인은 기관을 통하여 행위하므로 법인이 대표자를 선임한 이상 그의 행위로 인한 법률효과와 이익은 법인에게 귀속되어야 하고 법인 대표자의 범죄행위에 대하여는 법인 자신이 책임을 져야 하기 때문이다. 법인 대표자의 법규위반행위에 대한 법인의 책임은 법인 자신의 법규위반행위로 평가될 수 있는 행위에 대한 법인의 직접책임이다.[81)]

자본시장법 제448조의 규정상, 법인의 대표자, 대리인, 사용인, 그 밖의 종업원은 모두 위반행위를 한 행위자가 될 수 있고, 이러한 위반행위를 한 행위자가 처벌대상이다. 사용인, 종업원에는 정식고용계약이 체결되지 않은 경우에도 직접 또는 간접으로 법인 또는 개인의 통제 감독 하에 있는 자도 포함된다.[82)]

법인의 대표자가 행위자로 되려면 위반행위에 대하여 업무상 결재를 하였어야 하고(양벌규정의 "업무에 관하여"라는 규정상), 전결규정에 의하여 대표자 아닌 다른 임원이 결재한 경우에는 그 임원이 행위자가 된다. 업무상 결재 없이 종업원이 한 위반행위인 경우에는 그 종업원이 행위자이다.

(2) 업무관련성

법인의 임직원 또는 피용자의 범칙행위에 의하여 법인을 처벌하기 위한 요건으로서 '법인의 업무에 관하여' 행한 것으로 보기 위하여는 객관적으로 법인의 업무를 위하여 하는 것으로 인정할 수 있는 행위가 있어야 하고, 주관적으로는 피용자 등이 법인의 업무를 위하여 한다는 의사를 가지고 행위함을 요하며, 위 요건을 판단함에 있어서는 법인의 적법한 업무의 범위, 피용자 등의 직책이나 직위, 피용자 등의 범법행위와 법인의 적법한 업무 사이의 관련성, 피용자 등이 행

---

81) 대법원 2018. 4. 12. 선고 2013도6962 판결(同旨: 헌법재판소 2010. 7. 29. 선고 2009헌가25 등 전원재판부 결정).

82) 대법원 1993. 5. 14. 선고 93도344 판결.

한 범법행위의 동기와 사후처리, 피용자 등의 범법행위에 대한 법인의 인식 여부 또는 관여 정도, 피용자 등이 범법행위에 사용한 자금의 출처와 그로 인한 손익의 귀속 여하 등 여러 사정을 심리하여 결정해야 한다.[83)]

(3) 이익의 귀속주체

법인에 대하여 병과되는 벌금형의 상한은 법인에 귀속된 이익을 기준으로 하고 대표자가 개인적으로 얻은 이익은 포함되지 않는다.[84)] 주식회사의 주식이 사실상 1인의 주주에 귀속하는 1인회사의 경우에도 회사와 주주는 별개의 인격체로서, 1인회사의 재산이 곧바로 1인주주의 소유라고 할 수 없기 때문에 양벌규정에 따른 법인의 책임에는 영향이 없다.[85)]

(4) 행위자 처벌 근거

"그 행위자를 벌하는 외에"라고 규정하므로 회사의 임직원이 회사의 업무로(회사의 이익을 위하여) 미공개중요정보를 이용하여 자기주식을 취득하거나 시세조종행위를 한 경우, 양벌규정의 "그 행위자"로서 처벌받는다. "그 행위자를 벌하는 외에"라는 문구는 이와 같은 경우에 임직원의 처벌근거가 된다.[86)] 임직원이 개인적인 업무로(개인적 이익을 위하여) 불공정거래를 한 경우에는 양벌규정이 아닌 직접의 처벌규정에 의하여 처벌받는다.

(5) 면 책

법인 또는 개인이 그 위반행위를 방지하기 위하여 해당 업무에 관하여 상당한 주의와 감독을 게을리 하지 아니한 경우에는 처벌받지 않는다(法 448조 단서). 단서 규정은 2009년 2월 자본시장법 개정시 추가되었는데, 이러한 개정은 종업원의 위반행위에 대하여 양벌조항으로서 개인인 영업주에게도 동일하게 무기 또는 2년 이상의 징역형의 법정형으로 처벌하도록 규정하고 있는 '보건범죄단속에 관한 특별조치법' 제6조 중 제5조에 의한 처벌 부분이 형사법상 책임원칙에 반하는지 여부에 관하여 헌법재판소가 위헌결정을 함에 따른 것이다.[87)]

---

83) 대법원 1997. 2. 14. 선고 96도2699 판결(관세법 위반 사건이다). 同旨 : 대법원 2006. 6. 15. 선고 2004도1639 판결.

84) 대법원 2003. 12. 12. 선고 2001도606 판결.

85) 대법원 2018. 4. 12. 선고 2013도6962 판결.

86) 대법원 1995. 5. 26. 선고 95도230 판결. 증권신고서 관련 양벌규정 적용상의 쟁점은 제3편 제2장 제5절 참조.

87) 헌법재판소 2007. 11. 29.자 2005헌가10 결정. 그 후 구 증권거래법의 양벌규정에 대하여도 위헌결정이 있었다[헌법재판소 2013. 6. 27.자 2013헌가10 결정].

"법인 또는 개인이 그 위반행위를 방지하기 위하여 해당 업무에 관하여 상당한 주의와 감독을 게을리 하지 아니한 경우"라는 규정상 마치 법인 또는 개인에게 입증책임이 있는 것처럼 보이지만, 형사사건에서는 검사가 입증할 책임을 부담하므로 규정형식에 불구하고 검사가 입증해야 한다. 따라서 단서 규정의 신설로 인하여 양벌규정으로 법인이 실제로 처벌받는 경우는 대폭 줄어들었다.

9. 사법협조자에 대한 형벌감면

자본시장법 제173조의2 제2항, 제174조, 제176조 또는 제178조를 위반한 자가 수사기관에 자수(증권선물위원회에 자진신고한 경우를 포함)하거나 수사·재판절차에서 해당 사건에 관한 다른 사람의 범죄를 규명하는 진술 또는 증언이나, 그 밖의 자료제출행위 또는 범인검거를 위한 제보와 관련하여 자신의 범죄로 처벌되는 경우에는 그 형을 감경 또는 면제할 수 있다(法 448조의2①).

이는 「독점규제 및 공정거래에 관한 법률」 제44조의 "자진신고자 등에 대한 감면" 제도를 자본시장법상 형벌과 과징금 감면사유로 도입한 것이다.[88)]

금융위원회는 미공개중요정보 이용행위등을 한 자가 증권선물위원회에 자진신고한 경우에는 법 제448조의2 제1항에 따른 형의 감면을 위하여 제376조 제1항 제11호 다목에 따라 검찰총장에게 통보를 할 때 해당 자진신고 내용을 검찰총장에게 통보해야 한다(슈 379조의2④).

10. 범죄수익은닉의 규제

(1) 의 의

「범죄수익은닉의 규제 및 처벌 등에 관한 법률」은 범죄수익의 몰수 및 추징에 관한 특례를 규정함으로써 특정범죄를 조장하는 경제적 요인을 근원적으로 제거하여 건전한 사회질서의 유지에 이바지함을 목적으로 한다(同法 1조). 동법이 규정한 중대범죄에는 자본시장법의 미공개중요정보 이용행위와 시세조종행위가 포함된다(同法 별표).[89)]

---

88) 형법 제52조 제1항도 "죄를 지은 후 수사기관에 자수한 경우에는 형을 감경하거나 면제할 수 있다."라고 규정함으로써 자수한 경우에 대한 형의 임의적 감면제도를 두고 있다. 또한 「특정범죄신고자 등 보호법」 제16조와 「부패방지 및 국민권익위원회의 설치와 운영에 관한 법률」 제66조도 같은 취지로 규정한다.

89) [범죄수익은닉의 규제 및 처벌 등에 관한 법률 제2조 (정의)]

⑵ 범죄수익의 은닉 · 가장

다음과 같은 자는 5년 이하의 징역 또는 3천만원 이하의 벌금에 처하고(同法 3조①), 미수범(同法 3조②) 및 예비음모자(同法 3조③)도 처벌된다.

1. 범죄수익 등의 취득 또는 처분에 관한 사실을 가장한 자
2. 범죄수익의 발생원인에 관한 사실을 가장한 자
3. 특정범죄를 조장하거나 또는 적법하게 취득한 재산으로 가장할 목적으로 범죄수익 등을 은닉한 자

헌법재판소는 제1호의 "가장", 제3호의 "은닉" 부분에 대하여 해당 부분의 의미가 문언상 명백하고, 법관의 법보충 작용인 해석을 통하여 위 조항들이 각 규정하고 있는 구체적인 의미와 내용을 명확히 정립하고 구체화할 수 있어, 건전한 상식과 통상적인 법감정을 가진 사람은 해당 부분의 의미와 내용을 명확히 이해하고 구별할 수 있으므로 죄형법정주의의 명확성원칙에 위반되지 아니한다고 결정하였다.90)

⑶ 범죄수익의 수수

그 정황을 알면서 범죄수익 등을 수수(收受)한 자는 3년 이하의 징역 또는 2

---

1. "특정범죄"라 함은 재산상의 부정한 이익을 취득할 목적으로 범한 죄로서 별표에 규정된 죄(이하 "중대범죄"라 한다)와 제2호 나목에 규정된 죄를 말한다. 이 경우 중대범죄 및 제2호 나목에 규정된 죄와 다른 죄가 형법 제40조의 관계에 있는 경우에는 그 다른 죄를 포함하며, 외국인이 대한민국외에서 한 행위로서 그 행위가 대한민국내에서 행하여졌다면 중대범죄 또는 제2호 나목에 규정된 죄에 해당하고 행위지의 법령에 의하여 죄에 해당하는 경우 당해 죄를 포함한다.
2. "범죄수익"이란 다음 각 목의 어느 하나에 해당하는 것을 말한다.
   가. 중대범죄의 범죄행위에 의하여 생긴 재산 또는 그 범죄행위의 보수로서 얻은 재산
   나. 성매매알선 등 행위의 처벌에 관한 법률 제19조 제2항 제1호(성매매알선 등행위 중 성매매에 제공되는 사실을 알면서 자금·토지 또는 건물을 제공하는 행위에 한한다), 폭력행위 등 처벌에 관한 법률 제5조 제2항·제6조(제5조 제2항의 미수범에 한한다), 국제상거래에 있어서 외국공무원에 대한 뇌물방지법 제3조 제1항, 특정경제범죄 가중처벌 등에 관한 법률 제4조, 국제형사재판소 관할 범죄의 처벌 등에 관한 법률 제8조부터 제16조까지, 공중 등 협박목적을 위한 자금조달행위의 금지에 관한 법률 제6조 제1항·제4항의 죄에 관계된 자금 또는 재산
3. "범죄수익에서 유래한 재산"이라 함은 범죄수익의 과실로서 얻은 재산, 범죄수익의 대가로서 얻은 재산 및 이들 재산의 대가로서 얻은 재산 그 밖에 범죄수익의 보유 또는 처분에 의하여 얻은 재산을 말한다.
4. "범죄수익 등"이라 함은 범죄수익, 범죄수익에서 유래한 재산 및 이들 재산과 이들 재산외의 재산이 혼화된 재산을 말한다.

90) 헌법재판소 2019. 5. 30.자 2017헌바228 결정.

천만원 이하의 벌금에 처한다. 따라서, 만일 금융투자업자의 직원이 미공개중요정보 이용행위나 시세조종행위에 가담한 대가로 수익의 일부를 받으면 이 규정에 의한 처벌대상이 된다. 다만, 법령상의 의무이행으로서 제공된 것을 수수한 자 또는 계약(채권자가 상당한 재산상의 이익을 제공하는 것에 한한다)시에 그 계약에 관련된 채무의 이행이 범죄수익 등에 의하여 행하여지는 것이라는 정황을 알지 못하고 그 계약에 관련된 채무의 이행으로서 제공된 것을 수수한 자는 처벌대상이 아니다(同法 4조). 회피한 손실액도 추징대상이다.91)

(4) 범죄수익의 몰수 · 추징

(가) 몰수 · 추징의 대상

다음의 재산은 몰수할 수 있다(同法 8조).

1. 범죄수익
2. 범죄수익에서 유래한 재산
3. 제3조 · 제4조의 범죄행위에 관계된 범죄수익 등
4. 제3조 · 제4조의 범죄행위에 의하여 생긴 재산 또는 그 범죄행위의 보수로서 얻은 재산
5. 제3호 · 제4호의 규정에 의한 재산의 과실 또는 대가로서 얻은 재산 또는 이들 재산의 대가로서 얻은 재산 그 밖에 그 재산의 보유 또는 처분에 의하여 얻은 재산

몰수할 재산을 몰수할 수 없거나 그 재산의 성질, 사용 상황, 그 재산에 관한 범인 외의 자의 권리 유무, 그 밖의 사정으로 인하여 그 재산을 몰수하는 것이 적절하지 아니하다고 인정될 때에는 그 가액(價額)을 범인으로부터 추징할 수 있다(同法 10조①).

추징은 본래 몰수할 수 있었음을 전제로 하는 것이고, 자본시장법 제447조의2가 규정하는 몰수의 대상인 '제443조 제1항 각 호의 어느 하나에 해당하는 자가 해당 행위를 하여 취득한 재산'에는 자본시장법 제443조 제1항에 규정된 '위반행위로 얻은 이익'이 포함되는데, 위반행위로 취득한 재산이 특정되지 않았던 것은 몰수할 수 없고 그 가액을 추징할 수도 없다.92)

추징의 대상이 되는지 여부는 엄격한 증명을 필요로 하는 것은 아니나, 그

91) 대법원 2012. 1. 27. 선고 2011도14247 판결.

92) 서울고등법원 2021. 9. 30. 선고 2019노32 판결(대법원 2022. 12. 29. 선고 2021도13540 판결에 의하여 상고기각으로 확정). (同旨: 대법원 2009. 7. 9. 선고 2009도1374 판결, 대법원 2015. 10. 29. 선고 2015도12838 판결).

대상이 되는 범죄수익을 특정할 수 없는 경우에는 추징할 수 없다. 또한 「범죄수익은닉의 규제 및 처벌 등에 관한 법률」 제10조 소정의 몰수와 추징은 임의적인 것이므로 그 추징의 요건에 해당되는 재산이라도 이를 추징할 것인지의 여부는 법원의 재량에 맡겨져 있다.[93] 그러나 자본시장법 제447조의2는 제443조 제1항 각 호의 행위를 한 자가 해당 행위를 하여 취득한 재산은 몰수하며, 몰수할 수 없는 경우에는 그 가액을 추징한다고 규정함으로써 필요적 몰수·추징을 규정한다.[94]

㈏ 인과관계

몰수·추징 대상으로 정한 불법수익은 위반행위와 관련된 거래로 인한 이익 또는 회피한 손실액으로서 위반행위로 인하여 발생한 위험과 인과관계가 인정되는 것을 의미하는데, 반드시 직접적인 인과관계가 있는 것에 한정되는 것은 아니다.[95]

㈐ 공범으로부터의 몰수 · 추징

여러 사람이 공동으로 불공정거래행위를 한 경우에는 그 분배받은 이익, 즉 실질적으로 귀속한 이익만을 개별적으로 몰수·추징하여야 하고, 그 분배받은 금원을 확정할 수 없을 때에는 이를 평등하게 분할한 금원을 몰수·추징해야 한다.[96]

(5) 추징보전

자본시장법위반 형사사건에서는 대부분의 경우 대상 재산이 몰수하기 적절하지 않은 경우이므로 추징을 하게 된다. 「범죄수익은닉의 규제 및 처벌 등에 관한 법률」에 따른 몰수·추징은 「마약류 불법거래 방지에 관한 특례법」의 해당 규정이 준용되는데(同法 12조), 확정판결에 의한 추징금 집행을 보전하기 위한 추징보전에는 제52조부터 제59조까지가 준용된다.

---

93) 대법원 2010. 4. 15. 선고 2009도13890 판결, 대법원 2009. 7. 9. 선고 2009도1374 판결.

94) 일본 金融商品取引法 제198조의2도 필요적 몰수·추징을 원칙으로 규정하고, 예외적으로 임의적 몰수를 규정한다. 필요적 몰수·추징에 관한 제447조의2는 2014. 12. 30. 개정법에 신설된 규정인데, 시행일인 2015. 7. 1. 전의 행위에 대하여는 종전 규정에 따른다.

95) 대법원 2011. 7. 28. 선고 2008도5399 판결.

96) 대법원 2014. 5. 29. 선고 2011도11233 판결, 대법원 2007. 11. 30. 선고 2007도635 판결, 대법원 2010. 1. 28. 선고 2009도13912 판결.

제3절 과 징 금

Ⅰ. 불공정거래행위에 대한 과징금 도입

불공정거래행위에 대한 형사제재는 엄격한 증명책임 문제로 효과적으로 이루어지지 않는 경우가 많다. 이에 따라 불공정거래행위에 대한 보충적인 제재수단으로 형사처벌 외에 과징금을 도입하는 방안이 논의되어 오다가,[97] 2014년 12월 30일 자본시장법 개정에 의하여 불공정거래행위의 한 유형으로 시장질서 교란행위에 대한 규정을 신설하고 시장질서 교란행위에 대한 제재로서 과징금을 부과하도록 하였다. 그 후에도 자본시장법 제4편(불공정거래의 규제)의 제1장 내부자거래, 제2장 시세조종, 제3장 부정거래행위 등은 과징금 부과대상이 아니었는데,[98] 2023년 7월 18일 개정 자본시장법(법률 제19566호, 시행일은 공포일로부터 6개월이 경과한 2024년 1월 19일)은 종래의 시정질서 교란행위에 대한 과징금 규정인 제429조의2를 개정하여 불공정거래행위에 대한 과징금 규정을 신설하였다.

Ⅱ. 과징금 부과 대상

1. 불공정거래행위에 대한 과징금

(1) 법정과징금

금융위원회는 다음 각 호의 어느 하나에 해당하는 자에 대하여 그 위반행위로 얻은 이익(미실현 이익을 포함) 또는 이로 인하여 회피한 손실액의 2배에 상당하는 금액 이하의 과징금을 부과할 수 있다. 다만, 그 위반행위와 관련된 거래로

97) 과징금도입에 대한 신중론은 자본시장법은 불공정거래에 대한 벌금형이 얻은 이익 또는 회피한 손실의 3배액으로 규정하는데 이는 미국의 민사제재금 부과기준과 유사하고, 또한 「범죄수익은닉의 규제 및 처벌 등에 관한 법률」에 의하여 불공정거래로 인한 부당이득의 환수가 가능하므로 불공정거래에 대한 과징금 도입은 신중히 결정되어야 한다는 점을 든다. 과태료, 과징금, 벌금 등을 비교해 보면, 과태료, 과징금의 부과주체는 행정청(이의제기시 법원), 벌금의 부과주체는 법원이고, 불복절차는 각각 비송사건(과태료), 행정소송, 형사소송 등이다.

98) 다만, 과징금 부과기준과 관련하여, 과징금 부과대상 위반행위가 내부자거래 및 시세조종 등 자본시장법 제4편에 따른 불공정거래행위와 관련이 있는 경우에는 법정최고액의 50% 이상을 과징금으로 부과해야 한다는 제한규정은 있다(令 379조②2다).

얻은 이익 또는 이로 인하여 회피한 손실액이 없거나 산정하기 곤란한 경우에는 40억원 이하의 과징금을 부과할 수 있다(法 429조의2①).

1. 제173조의2 제2항 위반 : 파생상품시장에서의 시세에 영향을 미칠 수 있는 정보를 누설하거나, 장내파생상품 및 그 기초자산의 매매나 그 밖의 거래에 이용하거나, 타인으로 하여금 이용하게 한 자
2. 제174조 위반 : 미공개중요정보 이용행위를 한 자
3. 제176조 위반 : 시세조종행위 등을 한 자
4. 제178조 위반 : 부정거래행위 등을 한 자

(2) 과징금과 벌금

금융위원회는 과징금을 부과할 때 동일한 위반행위로 제443조 제1항(불공정거래에 대한 일반 법정형) 또는 제445조 제22호의2(파생상품시장에서의 시세에 영향을 미칠 수 있는 정보를 누설하거나, 장내파생상품 및 그 기초자산의 매매나 그 밖의 거래에 이용하거나, 타인으로 하여금 이용하게 한 자)에 따라 벌금을 부과받은 경우에는 과징금 부과를 취소하거나 벌금에 상당하는 금액(몰수나 추징을 당한 경우 해당 금액을 포함)의 전부 또는 일부를 과징금에서 제외할 수 있다(法 429조의2②).[99] 검찰총장은 금융위원회가 과징금을 부과하기 위하여 수사 관련 자료를 요구하는 경우에는 필요하다고 인정되는 범위에서 이를 제공할 수 있다(法 429조의2③).

2. 시장질서 교란행위에 대한 과징금

금융위원회는 시장질서 교란행위자에 대하여 5억원 이하의 과징금을 부과할 수 있다. 다만, 그 위반행위와 관련된 거래로 얻은 이익(미실현이익을 포함) 또는 이로 인하여 회피한 손실액에 1.5배에 해당하는 금액이 5억원을 초과하는 경우에는 그 이익 또는 회피한 손실액의 1.5배에 상당하는 금액 이하의 과징금을 부과할 수 있다(法 429조의2④).[100]

99) 일본 金融商品取引法은 과징금납부명령시점을 기준으로 형사재판이 확정된 경우, 계속중인 경우, 기소가 과징금 납부기한 내에 이루어진 경우 등으로 나누어 형사제재와 과징금을 조정하는 규정을 두고 있다.

100) 자본시장법상 불공정거래에 대한 형사벌칙규정에서는 "위반행위로 얻은 이익"이라고 규정하고, 시장질서 교란행위자에 대한 과징금규정에서는 "위반행위와 관련된 거래로 얻은 이익"이라고 규정하여 문구상 차이가 있다. 이 점에 착안하여 시장질서 교란행위자의 "위반행위와 관련된 거래로 얻은 이익"은 "위반행위로 얻은 이익"보다 넓은 개념으로 해석할 여지도 있으나, 종래의 판례는 일관되게 "위반행위로 얻은 이익"을 "위반행위와 관련된 거래로 인한 이

3. 위법한 공매도에 대한 과징금

위법한 공매도에 대한 과징금에 대하여는 공매도 관련 제재 부분에서 상세히 설명하였으므로 여기서는 생략한다.

Ⅲ. 과징금 부과기준

불공정거래행위에 대한 과징금 부과기준은 자본시장법 시행령 별표 19의2와 같다.[101]

익"이라고 판시하고 있다[대법원 2011. 10. 27. 선고 2011도8109 판결. 구 증권거래법 관련 판례도 마찬가지이다(대법원 2010. 4. 15. 선고 2009도13890 판결, 대법원 2009. 7. 9. 선고 2009도1374 판결)]. 따라서 문구상의 차이에 불구하고 양자는 차이가 없는 것으로 보는 것이 타당하다. 다만, 위반행위와 관련된 거래로 인한 이익 전부가 아니고 그 위반행위로 인하여 발생한 위험과 인과관계가 인정되는 것을 의미한다.

101) [令 379조(과징금의 부과기준)]

① <생략 : 금융투자업자에 대한 과징금>

② 금융위원회는 법 제428조 제3항·제4항, 제429조, 제429조의2 및 제429조의3에 따라 과징금을 부과하는 경우에는 다음 기준을 따라야 한다.

1. 위반행위가 다음 각 목의 어느 하나에 해당하는 경우에는 해당 각 목의 구분에 따른 기준을 따를 것
   가. 법 제428조 제4항에 규정된 위반행위의 경우: 위반 정도에 대하여는 다음의 사항을 종합적으로 고려하여 판단할 것
      1) 위반행위와 관련된 거래로 얻은 이익(미실현 이익을 포함한다) 또는 이로 인하여 회피한 손실액
      2) 제50조 제1항에 따른 교류차단대상정보를 이용하게 된 경위
      3) 위반행위가 제2호 가목에 해당하는지 여부
   나. 법 제429조에 규정된 위반행위의 경우: 위반 내용에 대하여는 계량적 위반 사항과 비계량적 위반 사항으로 구분하며, 위반 정도에 대하여는 다음의 사항을 종합적으로 고려하여 판단할 것
      1) 위반행위가 당기순이익 또는 자기자본 등에 미치는 영향
      2) 위반행위가 제2호 각 목의 어느 하나에 해당하는지 여부
   다. 법 제429조의2에 규정된 위반행위의 경우: 위반 정도에 대하여는 다음의 사항을 종합적으로 고려하여 판단할 것
      1) 위반행위와 관련된 거래로 얻은 이익(미실현 이익을 포함한다) 또는 이로 인하여 회피한 손실액
      2) 법 제173조의2 제2항에 따른 파생상품시장에서의 시세에 영향을 미칠 수 있는 정보, 미공개중요정보, 법 제178조의2 제1항 제2호에 해당하는 정보를 생산하거나 알게 된 경위(법 제176조 및 제178조의2 제2항의 위반행위로 제외)
      3) 위반행위가 시세 또는 가격에 미치는 영향
      4) 위반행위가 제2호 가목에 해당하는지 여부

Ⅳ. 과징금의 감면

1. 감면 대상

금융위원회는 자본시장법 제173조의2 제2항, 제174조, 제176조 또는 제178조를 위반한 자가 수사기관에 자수(증권선물위원회에 자진신고한 경우를 포함)하거나 해당 사건에 관한 다른 사람의 범죄를 규명하는 진술 또는 증언이나, 그 밖의 자료제출행위 또는 범인검거를 위한 제보와 관련하여 자신의 위반행위로 제429조의2 제1항에 따른 과징금을 부과받은 자에 대하여 그 과징금을 감경 또는 면제할 수 있다(法 448조의2②).

과징금이 감경 또는 면제되는 자의 범위와 그 기준·정도는 다음과 같다(슈 379조의2①).

라. 법 제429조의3 제1항에 규정된 위반행위의 경우: 위반 정도에 대하여는 다음의 사항을 종합적으로 고려하여 판단할 것
1) 공매도 주문금액
2) 위반행위와 관련된 거래로 얻은 이익(미실현이익을 포함한다) 또는 이로 인하여 회피한 손실액
3) 위반행위가 주식의 모집가액 또는 매출가액에 미치는 영향
4) 위반행위가 제2호 가목에 해당하는지 여부

1의2. 삭제 [2021.4.6]

2. 위반행위가 다음 각 목의 어느 하나에 해당하는 경우에는 법정최고액의 50% 이상을 과징금으로 부과할 것. 다만, 제3호 각 목의 어느 하나에 해당하는 경우에는 과징금을 감경할 수 있다.
가. 위반행위가 1년 이상 지속되거나 3회 이상 반복적으로 이루어진 경우(제428조 및 제429조에 따라 과징금을 부과하는 경우에만 해당)
나. 위반행위로 인하여 취득한 이익의 규모가 1억원 이상인 경우
다. 위반행위가 내부자거래 및 시세조종 등 자본시장법 제4편에 따른 불공정거래행위와 관련이 있는 경우(법 제428조 제3항 및 제429조에 따라 과징금을 부과하는 경우만 해당한다)

3. 위반행위가 다음 각 목의 어느 하나에 해당하는 경우에는 과징금을 감면할 것
가. 위반행위의 내용이 중요하지 아니하다고 인정되는 경우
나. 위반자가 제출한 다른 공시서류가 있는 경우로서 그 다른 공시서류에 의하여 투자자가 진실한 내용을 알 수 있는 경우
다. 위반행위에 대하여 지체 없이 시정한 경우
라. 위반행위로 인한 투자자의 피해를 배상한 경우

② 금융위원회는 법 제428조 제3항 · 제4항, 제429조, 제429조의2 및 제429조의3에 따라 과징금을 부과하는 경우에는 다음 기준을 따라야 한다.

1. 위반행위가 다음 각 목의 어느 하나에 해당하는 경우에는 해당 각 목의 구분에 따른 기준을 따를 것

1. 법 제429조의2 제1항에 따른 과징금을 부과받은 자가 다음 각 목의 요건에 모두 해당하는 경우에는 과징금을 감경하거나 면제할 수 있다.
   가. 수사기관 또는 증권선물위원회가 법 제173조의2 제2항, 제174조, 제176조 또는 제178조를 위반한 행위("미공개중요정보 이용행위등")에 대한 정보를 입수하지 못했거나 미공개중요정보 이용행위등임을 입증하는 증거를 충분히 확보하지 못한 상태에서 수사기관에 자수(증권선물위원회에 자진신고한 경우를 포함)하거나 수사·재판절차(증권선물위원회의 조사·심의·의결절차를 포함)에서 해당 사건에 관한 다른 사람의 범죄를 규명하는 진술 또는 증언이나, 그 밖의 자료제출행위 또는 범인검거를 위한 제보("자진신고등")를 했을 것
   나. 미공개중요정보 이용행위등과 관련된 사실을 모두 진술하고 관련 자료를 제출하는 등 수사·재판절차가 끝날 때까지 성실하게 협조했을 것
   다. 미공개중요정보 이용행위등을 입증한다고 볼 수 있는 새로운 증거를 제공한 최초의 자일 것(미공개중요정보 이용행위등에 참여한 자가 둘 이상인 경우로 한정한다)
2. 자진신고등을 한 자가 제1호 각 목의 어느 하나에 해당하는 경우에는 100분의 50의 범위에서 과징금을 감경할 수 있다.

2. 미공개중요정보 이용행위등에 대한 감면

미공개중요정보 이용행위등으로 과징금 부과의 대상이 된 자가 그 미공개중요정보 이용행위등 외에 그 자가 관련되어 있는 다른 미공개중요정보 이용행위등에 대해 제1항 제1호 각 목 의 요건을 모두 충족하는 경우에는 그 미공개중요정보 이용행위등에 대해 다시 과징금을 감경하거나 면제할 수 있다(슈 379조의2 ②).

3. 과징금 감면 배제

다음 중 어느 하나에 해당하는 경우에는 과징금을 감경하거나 면제하지 않는다(슈 379조의2③).

1. 다른 자에게 그 의사에 반하여 해당 불공정거래행위에 참여하도록 강요하거나 이를 중단하지 못하도록 강요한 사실이 있는 경우
2. 미공개중요정보 이용행위등을 하여 법 제429조의2 제1항에 따른 과징금부과처분을 받거나 법 제443조 또는 제445조 제22호의2에 따른 처벌을 받은 자가 과징금 부과처분 또는 벌금 이상의 형을 선고받고 그 형이 확정된 날부터 5년 이내에 다시 미공개중요정보 이용행위등을 한 경우

제 4 절 부당이득의 산정

Ⅰ. 기본 원리

1. 책임주의원칙

자본시장법 제443조 제1항 단서 및 제2항은 "위반행위로 얻은 이익"을 범죄구성요건의 일부로 삼아 그 가액에 따라 그 죄에 대한 형벌을 가중하고 있다. 따라서 이 규정을 적용함에 있어서 위반행위로 얻은 이익의 가액을 엄격하고 신중하게 산정함으로써, 범죄와 형벌 사이에 적정한 균형이 이루어져야 한다는 죄형균형원칙과 형벌은 책임에 기초하고 그 책임에 비례해야 한다는 책임주의원칙을 훼손하지 않도록 유의해야 한다.[102]

또한, 금융위원회는 불공정거래행위자에 대하여 그 위반행위로 얻은 이익(미실현 이익을 포함) 또는 이로 인하여 회피한 손실액의 2배에 상당하는 금액 이하의 과징금을 부과할 수 있는데(法 429조의2①), 이 경우에도 책임주의원칙이 적용된다.[103]

2. 부당이득의 개념

(1) 얻은 이익과 회피한 손실액

부당이득에는 위반행위로 "얻은 이익" 외에 "회피한 손실액"도 포함한다(法 443조①,②).[104][105] 자본시장법 시행령 별표 23(부당이득 산정기준)은 위반행위를 통하여 이루어진 거래로 발생한 총수입에 실현이익, 미실현이익 외에 위반행위를 통하여 이루어진 거래로 회피한 손실액을 포함한다고 규정한다.[106]

---

102) 대법원 2009. 7. 9. 선고 2009도1374 판결, 대법원 2011. 7. 14. 선고 2011도3180 판결, 대법원 2011. 10. 27. 선고 2011도8109 판결, 대법원 2013. 7. 11. 선고 2011도15060 판결, 대법원 2018. 10. 12. 선고 2018도8438 판결.

103) 구판에서는 형사책임 부분에서 부당이득에 관하여 설명하였으나, 자본시장법 개정으로 불공정거래행위자에게도 과징금이 부당이득과 연동하여 부과되므로, 이번 판부터는 편제를 바꾸어 형사책임과 과징금에 관한 설명을 먼저 하고 이어서 부당이득에 관한 설명을 한다.

104) 대법원 2009. 7. 9. 선고 2009도1374 판결.

105) 자본시장법은 위반행위로 "얻은 이익"과 함께 "회피한 손실액"도 규정하는데, 같은 법리가 적용되므로 이하에서는 "얻은 이익"을 기준으로 설명한다. 이익은 아래와 같이 매우 포괄적인 개념이다.

(2) 무형적 이익

이익은 유형적인 금전적 이익에 한정되지 않고, 기업의 경영권 획득과 같은 무형적 이익도 포함한다.[107] 다만, 무형적 이익은 구체적이고 정확하게 산정하기는 실제로는 어려울 것이고, 따라서 무형적인 이익에 의하여 가중된 법정형이 적용될 경우는 거의 없을 것이다.[108]

(3) 실현이익과 미실현이익

실현이익은 위반행위가 개시된 시점부터 위반행위 효과가 직접 반영되는 기간의 종료 시점까지의 구체적 거래로 인하여 이미 발생한 이익이고, 미실현이익은 위반행위 효과가 직접 반영되는 기간의 종료 시점 당시 보유 중인 금융투자상품의 평가이익(평가액에서 매수액을 공제한 금액)이다.[109] 종래의 판례는 실현이익뿐 아니라 미실현이익도 이익에 포함된다는 입장을 일관되게 취하여 왔고,[110] 미실현이익을 포함시키는 것은 죄형법정주의에 위배되지 않는다는 판례도 있다.[111]

3. 인과관계 있는 이익

(1) 의　　의

"위반행위로 얻은 이익"은 그 위반행위와 관련된 거래로 인한 이익을 말하는 것으로서 위반행위로 인하여 발생한 위험과 인과관계가 인정되는 것을 의미한다.[112] 위반행위로 인한 이익은 반드시 그 위반행위와 직접적인 인과관계가 있는 것만을 의미하는 것은 아니고, 그 위반행위와 관련된 거래로 인하여 얻은 이익에 해당하는 것이면 이에 해당하는 것으로 본다.[113] 위반행위와 관련된 거래란

---

106) 시행령 별표 23 1. 가. 1).

107) 구 증권거래법 제188조의4 제4항의 '부당한 이득'에 관하여, "유가증권의 처분으로 인한 행위자의 개인적이고 유형적인 경제적 이익에 한정되지 않고, 기업의 경영권 획득, 지배권 확보, 회사 내에서의 지위 상승 등 무형적 이익 및 적극적 이득뿐 아니라 손실을 회피하는 경우와 같은 소극적 이득, 아직 현실화되지 않는 장래의 이득도 모두 포함하는 포괄적인 개념으로 해석하는 것이 상당하다."라는 취지의 판례는 다수 있다(대법원 2002. 7. 22. 선고 2002도1696 판결, 대법원 2003. 11. 14. 선고 2003도686 판결, 대법원 2009. 7. 9. 선고 2009도1374 판결).

108) 기업인수합병과 유상증자 등 비전형적 이득의 산정방법에 관하여는, 노혁준, "자본시장법상 불공정거래로 인한 부당이득의 법적 문제", 증권법연구 제19권 제1호, 한국증권법학회(2018), 263면 이하 참조.

109) 시행령 별표 23 1. 가. 1).

110) 대법원 2018. 10. 12. 선고 2018도8438 판결, 대법원 2021. 9. 30 선고 2021도1143 판결.

111) 서울고등법원 2014. 6. 19. 선고 2012노4058, 2014노841 판결.

112) 대법원 2011. 10. 27. 선고 2011도8109 판결.

그 위반행위가 개입된 거래와 같은 의미로 볼 수 있다.[114]

시행령 별표 23도 총수입에 위반행위의 동기 또는 목적이 되는 거래 등으로 얻은 이익도 포함된다고 규정한다.[115]

⑵ 차액설에 따른 부당이득 산정

위반행위로 인하여 발생한 위험과 인과관계가 인정되는 이익은 통상적인 경우에는 위반행위를 통하여 이루어진 거래로 발생한 총수입에서 그 거래를 위한 총비용을 공제한 차액으로 산정한다.[116] 단일하고 계속된 범의 아래 수 개의 위반행위가 복합적으로 이루어진 경우, 그 전체 행위기간 동안 발생한 이익을 합산하여 부당이득액으로 본다.[117] 부당이득 산정시 유상증자 등 권리락·배당락으로 인한 시세변동분과 종합·업종지수상승률 등은 고려하지 않는다.[118]

㈎ 총 수 입

총수입은 위반행위가 개시된 시점부터 위반행위 효과가 직접 반영되는 기간의 종료 시점까지의 구체적 거래로 인하여 이미 발생한 이익('실현이익'), 위 종료 시점 당시 보유 중인 금융투자상품의 평가이익('미실현이익'), 위반행위를 통하여 이루어진 거래로 회피한 손실액, 위반행위의 동기 또는 목적이 되는 거래 등으로 얻은 이익을 모두 포함한다.[119] 실현이익은 구체적으로는 거래량가중평균 매수단가와 거래량가중평균 매도단가와의 차액에 매매일치수량(매수수량과 매도수량 중 더 적은 수량)을 곱한 금액이다. 시행령 별표 23은 위반행위의 동기 또는 목적이 되는 거래 등은 파생상품 거래, 유리한 합병비율 산정을 위한 시세조종 등 위반행위의 동기 또는 목적이 된 대상을 말한다고 규정하는데,[120] "파생상품 거래, 유

---

113) 대법원 2005. 4. 15. 선고 2005도632 판결(시세조종의 계획으로 장외에서 주식을 매수한 경우), 대법원 2004. 9. 3. 선고 2004도1628 판결, 헌법재판소 2003. 9. 25.자 2002헌바69, 2003헌바41 결정.

114) 서울중앙지방법원 2008. 12. 10. 선고 2008노3093 판결.

115) 시행령 별표 23 1. 가. 1).

116) 시행령 별표 23 1.가. 종래의 확립된 판례를 명문화한 것이다[서울고등법원 2021. 9. 30. 선고 2019노32 판결(대법원 2022. 12. 29. 선고 2021도13540 판결에 의하여 상고기각으로 확정)]. 한편, 대법원 2011. 10. 27. 선고 2011도8109 판결은 "위반행위와 관련된 거래"라고 설시하였는데 시행령 별표 23의 "위반행위를 통하여 이루어진 거래"와 대체로 같은 개념이지만 해석에 따라서는 시행령 규정이 보다 제한적으로 적용될 것이다.

117) 시행령 별표 23 1. 다.

118) 시행령 별표 23 1. 가. 3).

119) 시행령 별표 23 1. 가. 1).

120) 시행령 별표 23 1. 나.

리한 합병비율 산정을 위한 시세조종 등"은 위반행위의 동기 또는 목적이 된 대상을 예시적으로 규정한 것이고 이에 한정하지 않는다,

또한 단일하고 계속된 범의 아래 수 개의 위반행위가 복합적으로 이루어진 경우, 그 전체 행위기간 동안 발생한 이익을 합산하여 부당이득액으로 본다.[121]

(나) 총 비 용

"총비용"은 수수료, 거래세 등 위반행위를 통하여 이루어진 거래 과정에서 발생한 제반 비용(양도소득세, 신용거래이자비용, 미실현이익 관련 제반 비용 등은 제외)[122]을 말한다.[123] 종래의 판례도 실현이익 산정시 총매도금액에서 총매수금액 외에 그 거래를 위한 수수료, 거래세 등의 거래비용을 공제한 나머지 순매매이익을 의미한다는 입장이었다.[124] 다만, 시세조종행위를 위해 외부청약 과정에서 청약자들에게 지급하기로 한 청약환불금,[125] 대출이자,[126] 양도소득세[127] 등은 주식 매도 및 매수에 관련된 거래비용이라고 볼 수 없으므로 공제되는 거래비용에 포함되지 않는다.

(3) 제3의 요인

(가) 종래의 판례

"위반행위로 얻은 이익"은 위반행위로 인하여 발생한 위험과 인과관계가 인정되는 것이어야 하므로, 주식시장에서의 정상적인 요인에 의한 주가 상승분이나 위반행위자와 무관한 제3자가 야기한 요인에 의한 주가 상승분이 존재하는 등 구체적인 사안에서 위반행위로 얻은 이익의 가액을 위와 같은 방법으로 인정하

121) 시행령 별표 23 1. 다.

122) 종래의 판례도 양도소득세(대법원 2003. 11. 14. 선고 2003도686 판결), 대출이자(대법원 2005. 12. 9. 선고 2005도5569 판결), 미실현이익 관련 장래 처분시 예상 거래비용(대법원 2013. 7. 11. 선고 2011도15056 판결) 등은 공제대상 총비용에서 제외하는 입장이었다.

123) 시행령 별표 23 1. 가. 2).

124) [대법원 2002. 6. 14. 선고 2002도1256 판결] "이 사건 시세조종행위와 관련된 주식 매매거래의 총 매도금액은 합계 금 24,879,623,980원이고 총 매수금액은 금 24,702,867,360원으로서 거래비용을 감안하지 아니한 시세차익은 합계 금 176,756,620원이지만, 여기에서 거래비용(매수수수료, 매도수수료, 증권거래세) 금 88,521,970원을 공제하면 순매매차익은 합계 금 88,234,650원인 사실을 알 수 있는바, 원심이 이 사건 시세조종행위로 얻은 이익을 금 176,756,620원이라고 인정한 것은 '위반행위로 얻은 이익'에 관한 위와 같은 법리를 오해하여 이익액을 잘못 산정한 것이라 할 것이다." (同旨: 대법원 2009. 4. 9. 선고 2009도675 판결. 대법원 2006. 5. 12. 선고 2004도491 판결).

125) 대법원 2004. 5. 28. 선고 2004도1465 판결.

126) 대법원 2005. 12. 9. 선고 2005도5569 판결.

127) 대법원 2003. 11. 14. 선고 2003도686 판결.

는 것이 부당하다고 볼 만한 사정이 있는 경우, 형사법의 대원칙인 책임주의를 염두에 두고 위반행위의 동기, 경위, 태양, 기간, 제3자의 개입 여부, 증권시장 상황 및 그 밖에 주가에 중대한 영향을 미칠 수 있는 제반 요소들을 전체적·종합적으로 고려하여 위반행위와 인과관계가 인정되는 이익만을 따로 구분하여 산정해야 하며, 그에 관한 입증책임은 검사가 부담한다.128)

따라서 유상증자 성공에 중대한 영향을 미쳤던 다른 요인이 있는 경우에는 유상증자로 인하여 납입된 대금 전액이 사기적 부정거래행위로 인해 취득한 이익액이라고 보기 어렵고, 사기적 부정거래행위로 인한 부분과 다른 요인으로 인한 부분을 분리하여 산정할 증거를 제출할 입증책임은 검사에게 있으므로, 유상증자 납입대금 중 사기적 부정거래행위로 인한 부분만을 구분하여 특정할 수 있는 증거가 없다면 그 이득액을 알 수 없는 경우에 해당한다.129)

일부 주가상승분이 피고인 외의 제3자의 행위로 인한 경우에는 피고인의 행위로 인한 주가상승분과 제3자의 행위로 인한 주가상승분을 분리하여 산정해야 한다.130)

㈏ 유형별 제3의 요인

시행령 별표 23 제2항은 제1항의 산정 원칙에 따라 산정된 부당이득액에 위반행위로 인한 부분과 제3의 요인에 의한 부분이 결합된 경우 이를 고려하여 부당이득액을 산정할 수 있으며 이 경우의 부당이득액 산정은 다음의 방식에 의한다고 규정한다.

> 가. 위반행위로 인한 시세변동과 제3의 요인에 의한 시세변동이 불가분적으로 결합된 경우에는 다음의 어느 하나에 의한 방식에 따라 부당이득액을 산정한다.
> 1) 제3의 요인에 의한 시세변동이 위반행위로 인한 시세변동을 완전히 상쇄하였다고 인정되는 경우 제3의 요인이 발생하기 직전까지의 시점을 기준으로 부당이

128) 대법원 2004. 9. 3. 선고 2004도1628 판결, 헌법재판소 2003. 9. 25.자 2002헌바69, 2003헌바41(병합) 결정, 대법원 2009. 7. 9. 선고 2009도1374 판결, 대법원 2011. 7. 14. 선고 2011도3180 판결, 대법원 2011. 10. 27. 선고 2011도8109 판결, 대법원 2013. 7. 11. 선고 2011도15056 판결.

129) 서울고등법원 2011. 8. 26. 선고 2011노183 판결.

130) 대법원 2009. 7. 9. 선고 2009도1374 판결에서 일부 주가상승분이 피고인 외의 제3자의 행위로 인한 것이라는 이유로 파기환송되었고, 환송 후 판결인 서울고등법원 2009. 11. 26. 선고 2009노1838 판결은 피고인의 행위로 인한 주가상승분과 제3자의 행위로 인한 주가상승분을 분리하여 피고인에게 환송 전보다 감경된 형을 선고하였고, 상고심인 대법원 2010. 4. 15. 선고 2009도13890 판결은 원심을 유지하였다.

득액을 산정한다.

2) 제3의 요인에 의한 시세변동이 위반행위로 인한 시세변동을 능가하였다고 인정되는 경우 제3의 요인이 발생한 이후의 시세변동분은 1/3만 반영하여 부당이득액을 산정한다.

3) 제3의 요인에 의한 시세변동이 위반행위로 인한 시세변동에 준한다고 인정되는 경우 제3의 요인이 발생한 이후의 시세변동분은 1/2만 반영하여 부당이득액을 산정한다.

4) 제3의 요인에 의한 시세변동이 위반행위로 인한 시세변동에 미치지 못하는 경우 특별한 사정이 없는 한 그 전체를 부당이득으로 본다. 다만, 특별한 사정이 인정되는 경우에는 제3의 요인이 발생한 이후의 시세변동분은 2/3만 반영하여 부당이득액을 산정한다.

나. 가.에도 불구하고 위반행위자가 제3의 요인에 의한 시세변동을 예견하거나 이용한 경우, 그 전체를 부당이득액으로 본다.

다. 제3의 요인이란 제3자의 개입이나 이에 준하는 외부적 요인을 말하며, 막연한 소문 등 객관적으로 확인되지 않는 요인은 제외한다.

4. 부당이득 산정방법의 법정화

불공정거래행위에 대한 형사처벌과 과징금이 부당이득액에 연동되는데, 종래의 형사 판례는 형사법상의 책임주의원칙에 따라 부정거래행위와 인과관계 있는 이익액을 매우 엄격하게 산정하는 입장을 유지해왔고, 이에 따라 위반행위자가 얻은 부당이득이 사실상 인정된다 하더라도 자본시장법 제443조 제1항 단서의 '이익을 산정하기 곤란한 경우'에 해당한다고 판시하는 경우가 많았다.[131]

131) [서울고등법원 2021. 9. 30. 선고 2019노32 판결] "통상적인 경우에는 위반행위와 관련된 거래로 인한 총수입에서 그 거래를 위한 총비용을 공제한 차액을 산정하는 방법으로 인과관계가 인정되는 이익을 산출할 수 있겠지만, 구체적인 사안에서 위반행위로 얻은 이익의 가액을 위와 같은 방법으로 인정하는 것이 부당하다고 볼 만한 사정이 있는 경우에는 위반행위의 동기, 경위, 태양, 기간, 제3자 개입 여부, 증권시장 상황 및 그 밖에 주가에 중대한 영향을 미칠 수 있는 제반 요소들을 전체적·종합적으로 고려하여 인과관계가 인정되는 이익을 산정해야 한다(대법원 2009. 7. 9. 선고 2009도1374 판결 등 참조). 한편 위와 같은 인과관계가 인정되기 위하여 반드시 위반행위가 이익 발생의 유일한 원인이거나 직접적인 원인이어야만 하는 것은 아니고, 다른 원인이 개재되어 그것이 이익 발생의 원인이 되었다고 하더라도 그것이 통상 예견할 수 있는 것에 지나지 않는다면 위반행위와 이익 사이의 인과관계를 인정할 수 있으나(대법원 2017. 5. 17. 선고 2017도1616 판결), 주식시장에서의 정상적인 주가변동요인에 의한 주가상승분이나 위반행위자와 무관한 제3자가 야기한 변동요인에 의한 주가상승분이 존재하는 등으로 구체적인 사안에서 위반행위로 얻은 이익의 가액을 위와 같은 방법으로 산정하는 것이 부당하다고 볼 만한 사정이 있는 경우에는 위반행위와 인과관계가 인정되는 이익만을 따로 구분하여 산정해야 할 것이고, 그에 대한 증명책임은 검사가 부담한다(대

특히 유상증자[132] 또는 합병[133]과 관련된 불공정거래행위의 경우 위반행위로 얻은 이익을 산정하기는 용이하지 않아서 사실상의 이익액이 가중 징역형 규정 적용대상인 경우에도 위반행위와 인과관계 있는 이익산정이 불가능하다는 이유로 기본 법정형이 적용되는 경우가 많다.[134]

이에 따라 2023년 7월 개정된[135] 자본시장법은 제442조의2를 신설하여 "위반행위를 통하여 이루어진 거래로 발생한 총수입에서 그 거래를 위한 총비용을 공제한 차액을 말한다.[136] 이 경우 각 위반행위의 유형별 구체적인 산정방식은 대통령령으로 정한다."라고 규정하고, 시행령에서 위반행위 유형별로 부당이득 산정방식을 규정한다.

다만, 이와 같이 부당이득을 법정화하더라도 형사벌칙을 적용하는 경우에는 유형별 부당이득 산정에 있어서 엄격한 죄형법정주의를 적용해야 하므로 여전히 종래와 같은 취지의 자본시장법 제443조 제1항 단서의 '이익을 산정하기 곤란한 경우'에 해당하는 경우가 있을 것이다.[137] 다만, 산정방식이 법정화된 부당이득은

법원 2013. 7. 11. 선고 2011도15056 판결 등 참조)."(대법원 2022. 12. 29. 선고 2021도13540 판결에 의하여 상고기각으로 확정). 같은 취지의 판례로 의정부지방법원 2022. 10. 20. 선고 2021고합571 판결 참조. 대통령의 발언으로 인한 주가상승분도 포함되어 있으므로 이를 제외하여야 하는데, 피고인의 위반행위와 인과관계가 인정되는 부분만을 분리하여 그 이익액을 산정하기에 충분하지 않으므로 결국 이 부분 위반행위로 인한 이익액은 산정할 수 없는 경우에 해당한다는 판례(대법원 2011. 10. 27. 선고 2011도8109 판결)와, 최대주주변경공시, 10개 자회사 모두 흑자인 알짜 기업이라는 보도 등이 있는 기간 동안 허위공시 다음날 주가가 폭등하였다는 이유만으로는 허위공시로 인한 이익액을 산정할 수 없으므로 구 증권거래법 제207조의2 제2항이 아닌 제1항을 적용해야 한다는 판례(대법원 2006. 4. 8. 선고 2005도8643 판결), 기존 보유주식의 경우 허위공시 이후의 주가상승분만 인과관계 있는 이익액이라는 판례(대법원 2007. 7. 12. 선고 2007도3782 판결) 등도 있다.

132) 서울고등법원 2016. 7. 1. 선고 2016노1087 판결, 서울고등법원 2021. 7. 8. 선고 2021노679 판결.

133) 서울고등법원 2011. 6. 9. 선고 2010노3160 판결(대법원 2011. 10. 27. 선고 2011도8109 판결에 의하여 상고기각으로 확정).

134) 자본시장법 제178조 제1항 제2호의 부정거래행위와 관련하여, 유상증자의 성공을 위하여 증권신고서에 거짓 기재를 한 경우 증권신고서의 거짓 기재와 유상증자 성공 사이의 인과관계가 있으므로 회사가 유상증자로 납입 받은 대금은 위법행위로 얻은 이익에 포함된다는 판례(대법원 2011. 12. 22. 선고 2011도12041 판결)와 같이 인과관계가 인정된 사례도 있다. 다만, 이 경우 회사는 증자대금 납입에 대하여 주식을 발행해준 것이므로 발행주식의 적정 가치를 평가하여 공제해야 한다는 견해도 있다[노혁준, "증권 불공정거래와 부당이득 산정", 증권 불공거래의 쟁점(제2권), 서울대학교 금융법센터(2019.6), 449면].

135) 개정 규정은 공포 후 6개월이 경과한 날인 2024.1.19.부터 시행한다(부칙 1조).

136) 이 부분은 구증권거래법 시절부터 유지해온 판례의 취지를 명문화한 것이다(대법원 2003. 11. 14. 선고 2003도686 판결).

과징금 부과기준으로서는 유용할 것이다.

Ⅱ. 위반행위 유형별 부당이득 산정

1. 미공개중요정보이용행위

(1) 실현이익

(가) 단가차액과 매매일치수량

미공개중요정보이용행위로 인한 실현이익은 "최초형성최고종가"(이용행위 개시 시점부터 정보공개 후 최초로 형성되는 최고 종가)가 발생한 날("최초형성최고종가일")까지의 기간 중에 매도한 특정증권등에 대하여 가중평균 매수단가와 가중평균 매도단가의 차액에 매매일치수량을 곱한 금액으로 산정한다. 매매일치수량이란 매수수량과 매도수량 중 작은 수량을 말한다.[138]

호재성 미공개중요정보 이용행위 이후 정보의 공개로 인한 효과가 주가에 전부 반영된 시점까지 이루어진 실제 거래로 이미 발생한 이익이라고 표현한 판례도 있다.[139]

(나) 호재성 정보와 악재성 정보

1) 호재성 정보

호재성 정보인 경우에는 수량이 일치하는 매도단가와 매수단가를 특정하기 비교적 용이하다.[140] 물론 호재성 정보가 반영된 시점에도 계속 보유하다가 그 후 매도한 경우에는 아래 미실현이익의 산정에서와 같이 특별한 사정이 없는 한 정보공개 후 최초로 형성된 최고종가를 매도단가로 보고 이익을 산정하는 것이 타당하다.

---

137) 제443조 제2항과 같이 징역형을 부당이득에 연동하여 가중하면 부당이득이 범죄구성요건의 일부가 되면서 동시에 법정형 상한선의 기준이 되므로, 제443조 제2항을 삭제하고 최고 무기징역의 법정형을 제1항에서 규정하는 것이 처벌의 실효성 면에서 유용할 수 있다. 법정형의 상한과 하한의 폭이 너무 넓은 면이 있지만, 살인죄에 대한 형법 제250조 제1항도 법정형을 "사형, 무기 또는 5년 이상의 징역"과 같이 폭넓게 규정하고 법원이 제반 사정을 참작하여 선고형을 정하도록 하고 있다. 미국과 일본에서는 형사처벌을 부당이득에 연계하는 법제를 두고 있지 않다.

138) 시행령 별표 23 3. 가. 1) 가), 나).

139) 대법원 2021. 9. 30. 선고 2021도1143 판결.

140) (가중평균매도단가 − 가중평균매수단가) × 매매일치수량 − 제비용.

2) 악재성 정보

악재성 정보의 경우에는 악재인 미공개중요정보를 이용하여 당해 정보의 공개 전에 보유 주식을 처분함으로써 얻은 이익은 결국은 “회피한 손실액”을 의미한다.

악재성 정보를 이용하여 당해 정보 공개 이전에 보유 주식을 처분함으로써 얻은 매각대금에서 그와 같이 처분한 주식을 계속 보유하고 있었다고 가정할 때, 당해 정보의 공개가 주가하락에 영향을 미친 후의 보유 주식의 평가금액, 즉 당해 정보의 공개에 따라 하락한 주가에 위반행위자의 보유 주식 수량을 곱하여 산정한 금액을 공제하는 방법에 의해 산정하는 방법이 합리적이고 타당하다.[141]

이때 악재성 정보 공개 전에 실제로 매도한 가격에 대응하는 가격(악재성 정보가 반영된 주가)을 어느 시점의 가격으로 정할 지가 문제된다. 악재성 정보 공개 후에 형성된 가격 중 고려할 만한 가격으로는, 정보 공개 후에 최초로 형성된 최저종가와 가격이 안정된 시점에서의 가격이 있다.

최초형성최저종가는 소위 충격효과로 인하여 공개된 정보의 효과가 초기에 과다하게 반영될 가능성이 있다는 문제가 있다.[142] 일반인의 건전한 상식에 의할 때 ‘악재성 정보의 공개로 주가가 하락하다가 다시 주가가 상승하기 시작한 때, 즉 최초로 최저종가가 형성된 때’가 악재성 정보가 더 이상 시장에 영향을 미치지 않게 되었을 때라고 볼 수 있다는 점을 근거로 제시한 하급심 판례도 있다.[143]

가격안정 시점가격은 회계감사인의 부실감사로 손해를 입은 투자자가 민법상의 불법행위책임에 기한 손해배상청구권을 행사하는 경우 분식결산 및 부실감사로 인한 거래정지가 해제되고 거래가 재개된 후 계속된 하종가를 벗어난 시점에 정상적으로 형성된 주가를 기준으로 손해배상액을 산정하는 판례[144]의 입장을 기초로 한 것이다.[145][146] 가격안정 시점가격은 기간이 장기화될수록 다른 주가에 영향을 주는 다른 요인이 개입할 가능성이 커지므로 인과관계 면에서 또 다른 문제가 제기될 수 있다.

---

141) 악재성 정보의 경우정보 공개 후 매도한 경우는 문제되지 않고, 매수시점은 관계없다.

142) (가중평균매도단가 − 최초형성최저가격) × 매매일치수량 − 제비용.

143) 서울행정법원 2018. 7. 13. 선고 2017구합77398 판결(시장질서 교란행위자에 대하여 부과된 과징금에 대한 과징금부과처분취소 사건이다).

144) 대법원 1997. 9. 12. 선고 96다41991 판결.

145) 서울고등법원 2008. 6. 24. 선고 2007노653 판결, 창원지방법원 2013. 5. 30. 선고 2012고합558 판결.

146) (가중평균매도단가 − 가격안정 시점가격) × 매매일치수량 − 제비용.

시행령 별표 23은 악재성 정보를 이용한 실현이익(회피한 손실)을 매도단가와 "최초형성최저종가"(정보공개 후 최초로 형성되는 최저 종가)와의 차액에 매도수량을 곱한 금액으로 산정한다. 그러나 정보공개 후 최초형성최저종가일 전에 매매거래가 정지된 경우에는 최초형성최저종가와 매매거래 정지일의 종가의 70%에 해당하는 금액 중 낮은 금액을 기준으로 한다. 다만, 매매거래 정지로 상장폐지가 된 경우에는 0원을 기준으로 한다.[147]

(2) 미실현이익

(가) 단가차액과 잔여수량

미공개중요정보이용행위로 인한 미실현이익은 최초형성최고종가를 매도단가로 간주하여 매수단가와 매도단가의 차액에 잔여수량(최초형성최고종가일에 보유중인 수량 의미)을 곱한 금액으로 산정한다.[148]

(나) 호재성 정보와 악재성 정보

1) 호재성 정보

호재성 정보가 공개되어 그 정보가 가격에 반영된 후에도 보유 주식을 매도하지 않고 계속 보유하는 경우에는 미실현이익에 해당한다. 호재성 정보공개 직후에는 증권의 가격이 급격히 상승하였다가 시간의 경과에 따라 어느 정도는 하락하는 경우가 일반적인데, 공개된 정보가 반영된 가격과 관련하여 종래의 판례는 다양한 기준을 적용하여 왔고, 정보공개 후 최초로 형성된 최고가일 "종가"를 매도단가로 본 하급심 판례는 종래에도 적지 않게 있었으나,[149] 대법원은 특별한 사정이 없는 한 호재성 미공개중요정보 이용행위의 경우 미실현이익은 정보의 공개로 인한 효과가 주가에 전부 반영된 시점의 주가와 실제 매수단가의 차액에 그 당시 보유 중인 미공개중요정보 이용행위 대상 주식의 수를 곱하여 계산한 금액으로 산정하는 입장이다.[150]

그 밖에 특별한 사정이 있는 경우, 피고인이 아직 보유 중인 주식의 가액을 그와 동종 주식의 마지막 처분일의 종가를 기준으로 산정한 판례도 있고,[151] 피

147) 시행령 별표 23 3. 가. 3) 가), 나).

148) 시행령 별표 23 3. 가. 2) 가).

149) 서울중앙지방법원 2011. 4. 7. 선고 2010고합775 판결, 서울중앙지방법원 2015. 1. 8. 선고 2014고단4038 판결.

150) 대법원 2021. 9. 30. 선고 2021도1143 판결.

151) 대법원 2006. 5. 12. 선고 2004도491 판결(미공개중요정보를 이용하여 전환사채를 인수하고, 그 전환사채를 양도하는 대신 주식을 양수하는 계약을 체결한 후, 미매각주식을 마지막 매각

고인이 주식을 매도하기 전에 다른 호재가 발생하여 그로 인한 영향이 반영된 가격으로 매도한 경우, 이러한 호재가 언론에 대대적으로 보도되기 전일 종가를 매도단가로 본 판례도 있다.[152]

결국 정보공개로 인한 효과가 주가에 반영되는 기간의 종기(終期)를 기준으로 이익을 산정하여야 하고,[153] 그 후의 주가 변동으로 인한 손익은 인과관계가 없는 부분으로 보아야 할 것이다.[154]

2) 악재성 정보

호재성 정보의 경우에만 미실현이익이 문제되고, 악재성 정보에 불구하고 정보공개 전에 매도하지 않은 경우는 불공정거래 자체에 해당하지 아니하므로 미실현이익 문제가 발생하지 않는다. 악재성 정보의 공개 전에 보유 주식을 매도하여 얻은 이익(회피한 손실)은 실현이익이다.

(3) 기수시기와 부당이득 산정시기

미공개중요정보 이용행위의 경우 정보가 공개되어야 증권의 가격에 반영되고 부당이익(회피손실)도 산정되므로 기수시기와 부당이익의 산정시기가 일치하지 않는다.

2. 시세조종행위

(1) 시세를 상승시킨 경우

(가) 실현이익

1) 단가차액과 매매일치수량

기본적으로 미공개중요정보이용행위로 인한 실현이익 산정기준과 같다. 즉, 시세조종행위로 인한 실현이익은 "시세조종기간"(시세조종행위 개시 시점부터 시세조종행위 종료일까지의 기간) 중 매매한 상장증권 또는 장내파생상품에 대한 실현이익은 가중평균 매수단가와 가중평균 매도단가의 차액에 매매일치수량을 곱한 금액으로 산정한다.[155] 종래의 판례도 같은 방식을 채택하였다.[156] 시세조종기간

일의 주가로 평가한 특이한 사례이다).

152) 서울중앙지방법원 2007. 7. 20. 선고 2007고합159 판결(대법원 2010. 5. 13. 선고 2007도9769 판결에 의하여 상고기각으로 확정).

153) 서울고등법원 2014. 7. 24. 선고 2014노1034 판결.

154) (공개된 정보가 반영된 가격 – 가중평균매수단가) × 잔여수량.

155) (가중평균매도단가 – 가중평균매수단가) × 매매일치수량 – 제비용.

156) 대법원 2018. 10. 12. 선고 2018도8438 판결.

중 수차례에 나누어 매수와 매도를 한 경우 거래량 가중평균방법으로 각각의 매매가격을 산정한다.

2) 매수단가의 산정 기준[157)]

시세조종행위 개시일 전부터 시세조종행위와 무관하게 보유하고 있는 상장증권 또는 장내파생상품의 경우에는 시세조종행위 개시일 전일의 종가이고,[158)] 시세조종행위를 통해 보유하게 된 상장증권 또는 장내파생상품의 경우와 시세조종행위를 염두에 두고 사전에 매입하는 등 시세조종행위와 직접적인 관련성이 있는 상장증권 또는 장내파생상품의 경우에는 실제 매수단가이다.

매수행위가 존재하지 않는 담보취득주식에 대하여 합리적인 근거가 없이 자의적으로 매수가액을 산정하였다는 이유로 가중처벌규정을 적용하지 아니한 판례도 있다.[159)]

3) 처분 종료 시점

시세조종행위 종료 시점을 기준으로 하는 것은 시세조종행위 종료 후의 주가변동에 의한 이익은 인과관계 없는 부당이익이기 때문이다. 즉, 시세조종행위 종료 이후에 매도한 경우는 원칙적으로 종료시점의 미실현이익으로 된다. 그러나 시세조종행위 종료 시점 이후에도 시세조종의 효과가 지속되어 가격이 상승하는 경우에는 실제의 이익보다 작게 부당이득이 산정되는 문제가 있으므로 시세를 상승시키는 행위와 이익을 실현하는 행위 사이에 시간적 계속성과 상호연관성이 있는 경우에는 주식의 처분이 종료된 시점을 기준으로 하여 실현이익을 산정해야 한다는 판례도 있다.[160)]

4) 시세조종기간

시세조종기간은 매집기에서 주가상승기, 매도기에 이르는 일련의 기간 전체를 의미하고, 주가상승기부터 매도기에 이르는 이익 실현 기간만을 따로 떼어 지칭하는 것이 아니다.[161)]

---

157) 미실현이익 관련 매수단가 산정에도 준용된다[시행령 별표 23 2. 나. 1) 나)].

158) 실제 매수가액을 매수수량으로 가중평균한 단가를 매수단가로 적용하여야 하므로, 신주인수권증권을 취득한 뒤 이를 행사하여 주식을 발행받아 처분하였다면 신주인수권 행사가격에 신주인수권증권 매입가액을 더한 금액을 매수수량으로 가중평균한 단가를 매수단가로 본다(대법원 2018. 10. 12. 선고 2018도8438 판결).

159) 서울고등법원 2006. 9. 21. 선고 2006노59 판결.

160) 서울고등법원 2010. 6. 18. 선고 2010노514 판결.

161) 서울중앙지방법원 2006. 1. 12. 선고 2005고합420 판결.

시세조종기간이 단일 기간이 아니고 중간에 휴지기간이 있고 나서 다시 시세조종이 계속되는 경우 각 기간별로 이익을 산정하여 합산하면 통상 휴지기에는 주가가 하락하므로 부당이익액이 과다산정된다는 문제가 있다. 따라서 단일하고 계속된 범의 하에 일정기간 계속하여 행하고 그 피해법익도 동일한 경우에는 포괄일죄로 보아 전체 시세조종기간을 기준으로 이익을 산정해야 한다.

5) 연계시세조종

발행시장과 유통시장 부분을 연계한 시세조종사건에서 신주 발행이 주가조작을 위한 수단으로 이용되었다고 볼 수 있는 경우, 시세조종을 통하여 얻은 이익은 발행시장을 통하여 입고된 주식의 평균취득단가를 기초로 이익을 산정한다.[162]

6) 손익 정산

시세조종 과정에서 시세조종행위에 사용된 계좌를 통한 구체적 거래에 따라 발생한 손실은 이익에서 공제한다.[163] 일부 범인의 계좌에서 손실이 발생하였더라도 공범 전체로서는 이익이 발생한 경우에는 그 손익을 정산한 전체 이익을 기준으로 법정형을 적용해야 한다.[164] 그러나 시세조종행위 종료 후 피고인이 보유주식을 매도하여 손실을 입은 사실은 고려되지 않는다.[165]

(나) 미실현이익

1) 단가차액과 잔여수량

가) 위반행위 종료시점의 가격 　　대법원은 "이익의 산정은 시세조종행위 개시 후 종료시점까지의 구체적 거래로 인한 이익 및 시세조종행위 종료 시점 당시 보유 중이던 시세조종 대상 주식의 평가이익 등이 모두 포함되어야 할 것이다."라고 판시함으로써,[166] 시세조종기간 중에 주식매도를 통한 현실적인 시세차익을 얻은 바가 없더라도 처분하지 않고 보유중인 주식의 평가이익도 주가의 상승에 의하여 증가하므로 미실현 이익(평가이익)도 이익의 산정에 포함되어야 한다고 본다.[167]

시세조종기간 종료 후에 매도한 경우에는 미실현이익으로 보아 실무상 시세

---

162) 대법원 2004. 5. 28. 선고 2004도1465 판결.

163) 서울고등법원 2018. 4. 5. 선고 2017노3158 판결(대법원 2018. 8. 30. 선고 2018도5636 판결은 "인과관계에 관한 법리를 오해한 잘못이 없다."고 판시하면서 상고 기각).

164) 대법원 2008. 6. 26. 선고 2007도10721 판결.

165) 대법원 2010. 6. 24. 선고 2010도4453 판결.

166) 대법원 2003. 11. 14. 선고 2003도686 판결, 대법원 2004. 3. 11. 선고 2002도6390 판결.

167) (시세조종 종기의 종가 − 가중평균매수단가) × 잔여수량.

조종 종료일의 종가에 매도한 것으로 본다.

시행령 별표 23은 시세조종기간 중 처분하지 않은 상장증권 또는 장내파생상품에 대하여, 미실현이익은 시세조종행위 종료일의 종가를 매도단가로 간주하여, 매수단가와 매도단가의 차액에 잔여수량(시세조종행위 종료일에 보유 중인 수량을 의미한다)을 곱한 금액으로 산정한다. 이 경우, 매수단가의 산정은 실현이익 산정에 관한 시행령 별표 23 2. 나. 1) 가)를 준용한다.

시세조종행위의 동기 또는 목적이 되는 거래 등으로 얻은 이익의 경우의 매수단가는 시세조종행위 개시일 전일의 종가를 기준으로 한다.[168)]

나) M&A 목적 매수주식 적대적 M&A를 위한 주식취득 과정에서 일부 시세조종에 해당하는 주식거래가 있더라도 시세조종 종료시점 이후에도 피고인이 매수 주식의 대부분을 계속 보유하는 경우에 미실현이익을 시세조종의 이익에 포함시킨다면 피고인이 지분취득을 목적으로 취득한 주식 전부를 불법이익의 원천으로 보게 되는 부당한 결과가 되므로, 이러한 경우에는 미실현이익을 시세조종으로 인한 이익에 포함시키는 것은 부당하다.[169)]

같은 취지에서, 비록 시세조종기간 중에 취득한 자기주식이라 하더라도 독자적인 경영판단에 따라 취득한 자기주식을 계속 보유하고 있는 경우에는 미실현이익 산정에 포함되지 않는다.[170)]

다) 지배주주의 계속보유주식 경영권분쟁 과정에서 지배주주가 경영권 방어를 위하여 주식을 매수하는 과정에서 일부 시세조종에 해당하는 주식거래가 있더라도 계속보유주식은 처분가능성이 없으므로 그로 인하여 발생한 이익은 부당이익에서 제외하는 것이 타당하다.

라) 법적 제약에 의한 계속보유주식 미실현이익을 부당이익에 포함시키는 원래의 취지는 시세조종 행위자가 추가적인 이익을 위하여 시세조종행위 종료 후에도 계속 보유하다가 주가가 하락한 경우에는 이를 고려하지 않는다는 것이다. 따라서 시세조종행위 종료 후 법적 제약에 의하여 처분하지 못한 경우(예컨대, 보호예수)에는 미실현이익 산정을 위한 기준시점을 시세조종행위 종료시점과 달리 볼 필요가 있다. 다만, 처분금지 가처분과 같은 민사분쟁, 금융당국이나 검찰의 시

168) 시행령 별표 23 2. 나. 1) 다).

169) 서울중앙지방법원 2006. 1. 12. 선고 2005고합420 판결(대법원 2008. 4. 24. 선고 2007도9476 판결에 의하여 상고기각으로 확정).

170) 대법원 2014. 5. 16. 선고 2012도11971 판결.

세조종 적발 등에 의하여 정상적인 가격에 의한 매도가 불가능하게 되어 계속 보유한 경우에는 실제의 부당이익이 상당폭 감소하거나 극단적으로는 손실이 발생하는 경우도 있을 수 있지만 판례의 취지상 부당이익에서 제외되기 어려울 것이다.

마) 연계금융투자상품의 가치상승분 불공정거래행위의 대상인 금융투자상품과 그 가치가 연계된 금융투자상품을 보유한 경우에는 불공정거래로 인하여 불공정거래대상이 아닌 보유하는 연계금융투자상품의 가치도 상승할 것이다. 소위 현대전자주식 시세조종사건에서 대법원은 시세조종행위자가 보유한 전환사채의 미실현가격상승분을 이익에 포함하였다.[171] 불공정거래의 실효적인 규제를 위하여, 그리고 미실현평가이익도 위반행위로 인한 이익을 포함하는 판례의 취지상 이러한 해석이 필요한 면도 있지만, 원래 "연계"라는 개념 자체가 불확정적인 것이어서 그 범위를 적절히 제한할 필요가 있다.

바) 자기주식 독자적인 경영상 판단에 따라 적법한 절차에 의하여 취득한 자기주식 전부를 부당이득에 포함시켜 미실현이익 등을 계산한 것은 잘못이라는 판례도 있다.[172]

(2) 시세조종행위의 동기 또는 목적이 되는 거래

시세조종행위의 동기 또는 목적이 되는 거래 등으로 얻은 이익의 경우, 시세조종행위 개시일 전일의 종가를 기준으로 한다.[173] 합병을 앞두고 주가를 하락시켜서 주식매수청구권 비용을 절감한 경우, 합병비율을 유리하게 하여 최대주주의 지분희석을 0.22% 줄인 경우도 간접거래로 인한 부당이득에 해당한다.[174]

(3) 시세의 하락을 방어한 경우(회피손실)

시세의 하락을 방어한 경우의 매수단가는 시세조종기간 중 최저종가의 70%에 해당하는 금액을 기준으로 한다. 그 외의 부당이득액의 산정 방식은 시세를 상승시킨 경우에 관한 별표 23 2. 나. 1)을 준용할 수 있다.[175]

(4) 시세의 하락을 유도한 경우

시세의 하락을 유도한 경우의 매수단가는 시세조종행위 개시일 전일의 종가

---

171) 대법원 2003. 12. 12. 선고 2001도606 판결.
172) 서울고등법원 2012. 9. 21. 선고 2012노1380 판결.
173) 시행령 별표 23 2. 나. 1) 다).
174) 서울중앙지방법원 2008. 2. 1. 선고 2007고합71 판결. 이 사건에서 법원은 (기발행주식총수 + 합병신주) × 합병신주 상장일 종가 × 0.22의 금액을 부당이득으로 보았다.
175) 시행령 별표 23 2. 나. 2) 가), 나).

를 기준으로 한다. 그 외의 부당이득액의 산정 방식은 시세를 상승시킨 경우에 관한 별표 23 2. 나. 1)을 준용할 수 있다.[176)]

(5) 기존보유주식

시세조종[177)] 관여 전부터 보유해온 주식은 시세조종행위와 무관하다.[178)] 따라서 실제 매수가격과 시세조종 직전일의 종가의 차액은 시세조종행위와 인과관계가 인정되지 않는다.[179)] 그 결과 이익 산정에 있어서 시세조종기간 전일 주식의 종가를 매수단가로 본다.[180)][181)] 그러나 기존 보유주식이라도 향후 시세조종을 통하여 부당이익을 얻을 의도로 매수한 것이면 그 상승한 이익은 시세조종행위로 인하여 인과관계가 인정되는 이익에 포함된다는 하급심 판례와,[182)] 시세조종을 위하여 사전에 장외에서 저가에 주식을 매수한 후 이 주식을 담보로 하여 조달한 자금으로 장내에서 시세조종을 한 경우에는 장외에서 매수한 가격을 기준으로 해야 한다는 하급심 판례가 있다.[183)]

시세조종기간 전일의 종가가 정상적인 주가변동이나 위반행위자와 무관한 변동요인으로 말미암아 기존에 보유하고 있던 주식 매수가격보다 높다면, 그 차액만큼의 이익은 시세조종행위와 관계없이 얻은 것이어서 위반행위로 얻은 이익으로 볼 수 없다. 반면 시세조종기간 전일 종가가 주식 매수가격보다 낮았는데 시세조종행위로 주가가 주식 또는 신주인수권 매수가격보다 상승하였다면, 주식 매수가격과 시세조종기간 전일의 종가의 차액만큼의 이익도 시세조종행위로 형성된 것이므로 위반행위로 얻은 이익에 해당한다.

3. 부정거래행위

부정거래행위와 관련 있는 금융투자상품의 매매(증권의 경우 모집·사모·매출

176) 시행령 별표 23 2. 나. 3) 가), 나).
177) 부정거래행위도 마찬가지인데, 여기서는 편의상 시세조종으로 통칭한다.
178) 대법원 2018. 10. 12. 선고 2018도8438 판결.
179) 서울고등법원 2009. 1. 22. 선고 2008노2315 판결, 서울중앙지방법원 2006. 1. 12. 선고 2005고합420 판결, 서울중앙지방법원 2010. 10. 17. 선고 2009고합1489 판결, 서울중앙지방법원 2008. 8. 14. 선고 2008고합164 판결.
180) 대법원 2011. 10. 27. 선고 2009도1370 판결, 서울중앙지방법원 2011. 9. 22. 선고 2011고합268 판결.
181) (가중평균매도단가 − 최초 시세조종 전일 종가) × 매매일치수량.
182) 서울중앙지방법원 2010. 10. 7. 선고 2009고합1489 판결.
183) 서울중앙지방법원 2006. 1. 13. 선고 2005고합238 판결.

을 포함), 그 밖의 거래("관련 거래")가 발행거래인 경우, 별표 23 2. 가.(제3의 요인이 있는 경우)에도 불구하고 거래대금 전액을 부당이득액으로 본다.[184)]

관련 거래가 유통거래인 경우이거나 발행거래에 있어서 시세의 변동 또는 방어를 목적으로 부정거래행위를 한 경우에는 위반행위의 유형에 따라 별표 23 2. 가.(미공개중요정보이용행위로 인한 부당이득 산정 규정) 또는 별표 23 2. 나.(시세조종행위로 인한 부당이득 산정 규정)를 준용할 수 있다.[185)] 이에 따라 별표 23 2. 나.를 준용하는 경우에도 관련 거래가 비상장증권 또는 장외파생상품에 대한 거래인 경우에는 매수단가를 아래의 기준으로 정한다.[186)]

가) 직전에 정상적으로 거래한 사례가 확인되는 경우 : 해당 사례의 거래단가
나) 직전에 정상적으로 거래한 사례가 확인되지 않는 경우 : 비상장증권 또는 장외파생상품의 액면금액 또는 「상속세 및 증여세법」상 비상장주식등의 평가방식에 따른 비상장증권 또는 장외파생상품의 평가금액 중 높은 금액

4. 시장질서교란행위

미공개중요정보이용 관련 시장질서교란행위 규정(法 178조의2①) 위반행위에 대해서는 미공개중요정보이용행위에 대한 별표 23 2. 가.에 따른 산정방식을 준용한다.[187)] 시세조정행위 또는 부정거래행위 관련 시장질서교란행위 규정(法 178조의2②) 위반행위에 대해서는 시세조종행위 또는 부정거래행위에 대한 별표 23 2. 나. 또는 다.에 따른 산정방식을 준용한다.[188)]

5. 공매도 규제 위반행위

(1) 실현이익

"최초형성최저종가"(공매도 주문 시점부터 결제일 이후 최초로 형성되는 최저종가)가 발생한 날("최초형성최저종가일")까지의 기간 중에 매수(취득을 포함하되, 차입은 제외)한 상장증권에 대하여, 실현이익은 가중평균 매도단가와 가중평균 매수단가의 차액에 매매일치수량(공매도수량과 매수수량 중 작은 수량)을 곱한 금액

184) 시행령 별표 23 2. 다. 1).
185) 시행령 별표 23 2. 다. 2).
186) 시행령 별표 23 2. 다. 3).
187) 시행령 별표 23 2. 라. 1).
188) 시행령 별표 23 2. 라. 2).

으로 산정한다. 다만, 그 기간 중에 장내매수 외의 방법으로 취득한 경우에는 취득일 종가를 매수단가로 본다.[189]

⑵ 미실현이익

공매도 주문 시점부터 최초형성최저종가일까지의 기간 중에 매수하지 않은 상장증권에 대하여, 미실현이익은 최초형성최저종가를 매수단가로 간주하여 매도단가와 매수단가의 차액에 잔여수량(공매도수량에서 최초형성최저종가일까지의 매수수량을 제외한 수량)을 곱한 금액으로 산정한다.[190]

⑶ 모집 · 매출에 따른 공매도 제한

공매도 단가와 증자를 통해 취득한 주식 취득단가의 차액에 공매도 수량과 증자를 통해 취득한 주식 취득수량 중 작은 수량을 곱한 금액으로 산정한다.[191]

유상증자 공시 다음날부터 모집(매출)가액이 결정되기 전(주식발행가격 결정기간, 슈 208조의4①), 2회 이상 공매도한 경우 공매도 수량으로 가중평균한 공매도 단가를 활용한다.[192]

취득단가는 법 제123조, 제129조, 제130조 및 제391조에 의한 공시에 따라 결정된 모집가액 또는 매출가액으로 산정하며, 신주인수권증서 매입 등 거래비용은 이에 포함한다.[193] 공매도 수량은 주식발행가격 결정기간(슈 208조의4①) 이내에 공매도한 주식을 가격 경쟁에 의한 거래방식으로 매수한 경우 그 주식수는 제외한다.[194]

[자본시장조사 업무규정 별표 4 부당이득 산정방식]

1. 위반행위의 동기, 목적이 되는 거래 등으로 얻은 이익

1) 금융투자상품을 매매하는 과정에서 발생한 판매수수료, 인수대금, 운용보수 등 해당 매매로 발생한 이익

2) 위반행위를 통해 파생상품, 공매도 상품 등 다른 금융상품에서 발생한 이익

가) 위반행위를 통해 계약조건 또는 연계되는 현물의 시세를 변동시킨 경우 : 시세조종이 없었을 경우의 손익과 실제 발생한 손익의 차이로 산정하고, 시세조종

189) 시행령 별표 23 2. 마. 1).
190) 시행령 별표 23 2. 마. 2).
191) 시행령 별표 23 2. 바. 1).
192) 시행령 별표 23 2. 바. 2).
193) 시행령 별표 23 2. 바. 3).
194) 시행령 별표 23 2. 바. 4).

이 없었을 경우의 손익은 시세조종행위 개시일 전일의 다른 금융상품의 종가를 기준으로 계산한다.

3) 유리한 합병비율 산정을 위한 시세조종을 한 경우 그 합병거래에서 지분율 변경을 통해 얻은 이익

가) (실제 합병가액에 따른 지분율 − 정상 합병가액에 따른 지분율) × 합병법인의 상장 초일 시가총액

나) 정상 합병가액에 따른 지분율은 위반행위가 개시된 시점의 전일 종가를 기준으로 계약조건에 따라 재계산한 지분율을 말한다.

4) 추가담보납부를 방어하기 위하여 시세조종을 한 경우 시세조종을 통해 얻은 금융비용 절감액의 이익

가) 시세조종이 없었을 경우의 정상담보비율을 기준으로 계약조건에 따라 계산한 금융비용 절감액

나) 위반행위 개시 후부터 위반행위 종료시점까지 기간 중 최저종가의 70%를 기준으로 계산한 비율을 정상담보비율로 본다.

5) 기준주가 조작을 통해 매수청구권 가격을 하락시키기 위한 경우 매수청구권 하락으로 인한 이익

가) (정상 매수청구권 가격 − 실제 매수청구권 가격) ×매수청구권 행사 수량

나) 정상 매수청구권 가격은 위반행위가 개시된 시점의 전일 종가를 기준으로 계약조건에 따라 재계산한 매수 청구권 가격을 말한다.

6) 분식 재무제표를 사용하여 유리한 합병가액 평가를 받는 경우

가) (실제 합병가액에 따른 지분율 − 정상 합병가액에 따른 지분율) × 합병법인의 상장 초일 시가총액

나) 정상 합병가액에 따른 지분율은 분식이 제거된 재무제표를 기준으로 계약조건에 따라 합병비율을 재산정하여 계산한다.

7) 그 외 위반행위의 동기, 목적이 되는 거래 중에서 1)~6)과 유사한 구조의 거래는 1)~6)의 부당이득 산정방식을 준용할 수 있다.

3. 2.에 따라 산정된 부당이득 금액이 개별적·구체적인 사안에서 부당하다고 볼 만한 합리적인 사정이 있는 경우에는 위반행위의 동기·경위·태양·기간, 제3자의 개입 여부, 증권시장 상황 및 그 밖에 주가에 중대한 영향을 미칠 수 있는 제반요소를 전체적·종합적으로 고려하여 부당이득을 산정할 수 있다.

Ⅲ. 공범의 이익

1. 공범 전체의 이익

수인이 공동으로 위반행위를 한 경우 각 공범에게 발생한 이득액 전체를 합

산하여 부당이득액으로 본다.[195] 즉, 수인이 공동하여 불공정거래행위를 한 경우의 부당이득은 각 범인별로 얻은 이익을 말하는 것이 아니다.[196] 다만, 추징을 하는 경우에는 실질적으로 귀속한 이익만을 개별적으로 추징해야 한다.[197]

일부 범인의 계좌에서 손실이 발생하였더라도 공범 전체로서는 이익이 발생한 경우에는 그 손익을 정산한 전체 이익을 기준으로 법정형을 적용해야 한다.[198] 그러나 범행에 가담하지 아니한 제3자에게 귀속되는 이익은 이에 포함되지 않는다.[199] 특히 일부 공범이 공모가담 이전부터 보유하던 금융투자상품의 경우 실현이익은 몰라도 미실현이익까지 공범 전체가 취득한 이익으로 보기는 어렵다.

2. 승계적 공동정범

포괄일죄의 일부에 공모공동정범으로 가담한 자는 비록 그가 그 때에 이미 이루어진 종전의 범행을 알았다 하더라도 그 가담 이후의 범행에 대해서만 공모공동정범으로서 책임을 지는 것이 원칙이므로, 그가 가담한 이후의 순매매이익에 의하여 가중처벌대상 여부를 판단해야 한다.[200]

한편, 포괄일죄의 일부에 공모공동정범으로 가담한 자는 비록 그가 그때에 이미 이루어진 종전의 범행을 알았다 하여도 그 가담 이후의 범행에 대해서만 공모공동정범으로서 책임을 지는 원칙을 전제로 하면서도, "불공정거래행위에 해당하는 수개의 행위를 단일하고 계속된 범의 하에서 일정기간 계속하여 반복한 범행이라 할 것이고, 선행자가 후행자의 매도를 전제로 주식을 매수할 것이며, 후행자 역시 선행자의 매수 없이 그 주식을 매도할 수 없는 것이므로 시세조종이 행하여진 전체기간의 중간에 가담한 자도 선행자의 행위를 인식하고 이를 이용하려는 의사의 연락이 있었다고 할 것이고(공동가공의 의사의 존재), 선행자의 선행행위로 만들어진 상황을 이용하면서(공동가공의 행위의 존재) 실행에 참가한

195) 시행령 별표 23 1. 마.

196) 대법원 2005. 8. 16. 선고 2005도2710 판결, 대법원 2005. 12. 9. 선고 2005도5569 판결, 대법원 2011. 2. 24. 선고 2010도7404 판결. 시행령 별표 23 1.마도 "수인이 공동으로 위반행위를 한 경우 각 공범에게 발생한 이득액 전체를 합산하여 부당이득액으로 본다."라고 규정한다.

197) 대법원 2018. 7. 11. 선고 2018도6163 판결

198) 대법원 2008. 6. 26. 선고 2007도10721 판결.

199) 대법원 2011. 7. 14. 선고 2011도3180 판결, 대법원 2011. 4. 28. 선고 2010도7622 판결, 대법원 2016. 8. 29. 선고 2016도6297 판결.

200) 대법원 2007. 11. 15. 선고 2007도6336 판결, 대법원 2005. 1. 28. 선고 2004도6805 판결.

것이므로, 특별한 사정이 없는 한 전체 기간 동안의 시세조종행위에 대한 책임을 져야 하는 것으로 해석하는 것이 타당하다."라고 판시한 하급심판결도 있다.[201)]

피고인이 포괄일죄의 관계에 있는 범행의 일부를 실행한 후 공범관계에서 이탈하였으나 다른 공범자에 의하여 나머지 범행이 이루어진 경우에는 피고인이 관여하지 않은 부분에 대하여도 공범으로서의 책임을 부담한다.[202)] 한편, 시세조종에 가담한 자가 공범관계에서 이탈한 후에 다른 공범들의 시세조종을 제지한 사실이 없는 한 공범들이 얻은 이익의 전체를 기준으로 한 법정형이 적용된다는 하급심판결도 있다.[203)]

Ⅳ. 이익의 귀속주체

1. 행위자 본인이 얻은 이익

'위반행위로 얻은 이익'은 당해 위반행위로 인하여 행위자가 얻은 이익을 의미한다. 여러 사람이 공동으로 미공개중요정보 이용행위 금지의 범행을 저지른 경우 그 범행으로 인한 이익은 범행에 가담한 공범 전체가 취득한 이익을 말하는 것일 뿐, 범행에 가담하지 아니한 제3자에게 귀속하는 이익은 이에 포함되지 아니한다.[204)][205)]

여러 회사들을 실질적으로 소유·경영하는 회장 개인의 시세조종행위로 인한 이익의 상당 부분이 회사들에 귀속되었다 하더라도 그 이익은 회장 개인이 얻은 이익으로 볼 수 있다는 판례도 있다.[206)]

2. 고객에 귀속된 이익

고객과의 포괄적 일임매매약정에 의하여 고객의 계좌를 관리하는 증권회사 직원이 고객의 계좌를 각종 유형의 시세조종에 이용하여 결과적으로 고객에게

201) 서울고등법원 2004. 2. 9. 선고 2003노3094, 2004노131(병합) 판결.
202) 대법원 2002. 8. 27. 선고 2001도513 판결.
203) 서울중앙지방법원 2004. 9. 10. 선고 2004고합305 판결.
204) 동일한 징역형 가중 규정을 두고 있는 「특정경제범죄가중처벌등에 관한 법률」은 자본시장법과 달리 제3자로 하여금 취득하게 한 이익도 포함한다.
205) 대법원 2014. 5. 29. 선고 2011도11233 판결, 대법원 2011. 4. 28. 선고 2010도7622 판결, 대법원 2011. 7. 14. 선고 2011도3180 판결, 대법원 2011. 10. 27. 선고 2011도8109 판결.
206) 대법원 2013. 7. 11. 선고 2011도15056 판결.

귀속된 이익도 자본시장법 제443조가 규정하는 "그 위반행위로 얻은 이익 또는 회피한 손실액"에 해당하는지 여부에 대하여 법문상 명확하지 않아 논란의 여지가 있다. 이 경우는 발생한 이익이 위반행위자에게 귀속되는 것이 아니라 제3자인 고객에게 귀속되기 때문이다.

실제의 시세조종에서 증권회사 직원들이 자신이 관리하는 계좌를 이용하는 사례가 많고 이러한 경우에는 자신의 자금만 이용하여 시세조종하는 경우에 비하여 시세조종의 효과도 훨씬 클 것이므로, 단지 경제적인 이익이 위반행위자에게 귀속되지 않는다고 하여 "그 위반 행위로 얻은 이익"에 포함되지 않는다고 해석하는 것은 불합리한 면도 있다. 그러나 제3자에게 이익이 발생한 경우를 명시한 특정경제범죄가중처벌 등에 관한 법률의 규정(… 제3자로 하여금 취득하게 한 …)에 비추어 보면 죄형법정주의원칙상 행위자에게 귀속된 이익만을 특정하여야 할 것이다.

3. 자금이 혼재된 경우

통정매매는 자기와 손익의 귀속이 다른 타인 간의 매매인데, 통정매매의 양 당사자가 서로 짜고 통정매매를 한 경우에는 양 당사자의 이익을 합산하여야 하고, 만일 증권회사 직원이 고객 모르게 고객 계좌를 이용하여 통정매매를 한 경우에는 제3자인 고객에게 귀속된 이익은 "그 위반행위로 얻은 이익 또는 회피한 손실액"에는 포함되지 않는다.[207)]

따라서 피고인과 제3자의 자금이 혼재된 제3자 명의의 계좌를 이용한 시세조종인 경우, 그 계좌에서 발생한 이익 중 피고인에게 귀속되는 부분을 특정할 수 없으면 이익액에 의한 가중처벌대상이 아니다.[208)]

4. 법인 대표자의 위반행위

법인의 대표자 등의 위반행위가 인정되어 양벌규정이 적용되는 경우, 대표자 등의 부당이득 산정시 그 위반행위를 통하여 이루어진 거래로 법인 등에게 발생한 이득액을 합산한다.[209)] 법인은 대표자를 통하여 행위능력(불법행위능력)을

207) 대법원 2011. 2. 24. 선고 2010도7404 판결, 서울고등법원 2008. 11. 26. 선고 2008노1251 판결.

208) 대법원 2011. 2. 24. 선고 2010도7404 판결.

209) 시행령 별표 23 1. 라.

가지므로 법인을 "범행에 가담하지 아니한 제3자"로 볼 수 없기 때문이다.[210] 여기서 법인의 대표자라 함은 해당 법인을 실질적으로 경영하면서 사실상 대표하는 자도 포함한다.[211]

5. 정보제공자의 이익

자본시장법은 위반행위로 얻은 이익이나 회피한 손실액에 따라 법정형을 다르게 규정하는데, 정보제공자는 정보수령자와 형법상 공범이 아니므로 정보수령자의 이익을 정보제공자의 이익으로 볼 수 없다.[212] 따라서 정보제공자가 정보제공 외에 자신도 거래를 한 경우가 아니면 정보수령자의 부당이익 규모와 관계없이 제443조 제1항의 기본 법정형이 적용된다.

---

210) 대법원 2011. 12. 22. 선고 2011도12041 판결, 대법원 2013. 7. 11. 선고 2011도15056 판결, 대법원 2014. 5. 16. 선고 2012도11971 판결.

211) 대법원 2013. 7. 11. 선고 2011도15056 판결.

212) 서울고등법원 2014. 7. 24. 선고 2014노1034 판결(대법원 2015. 2. 12. 선고 2014도10191 판결에 의하여 상고기각으로 확정).

제 5 편

집합투자

제 1 장 서 론
제 2 장 집합투자기구의 종류
제 3 장 집합투자증권의 판매와 환매
제 4 장 집합투자재산
제 5 장 기 타

제1장
서 론

제1절 개 관

I. 집합투자

1. 집합투자 관련 개념

(1) 집합투자와 집합투자업

자본시장법은 종래의 「간접투자자산운용업법」상 "간접투자"의 개념 대신 "집합투자"의 개념을 도입하였다. "집합투자업"이란 이러한 집합투자를 영업으로 하는 것을 말한다(法 6조④).

자본시장법상 "집합투자"[1]란 "2인 이상의 투자자로부터 모은 금전등을 투자자로부터 일상적인 운용지시를 받지 아니하면서 재산적 가치가 있는 투자대상자산을 취득·처분, 그 밖의 방법으로 운용하고 그 결과를 투자자에게 배분하여 귀

1) 입법연혁을 보면, 1969년 8월 「증권투자신탁업법」이 제정됨에 따라 1970년부터 한국투자공사가 서울신탁은행을 수탁회사로 하여 투자신탁업무를 개시하였다(그 전인 1968년 11월 「자본시장육성에 관한 법률」에 증권투자신탁업에 관한 규정이 도입되었다). 그 후 투자신탁운용회사의 설립이 자유화되면서 많은 투자신탁운용회사가 설립되었다. 한편, 1998년 9월 증권투자회사의 설립 및 자산운용방법 등에 관한 「증권투자회사법」이 제정되면서 회사형 펀드가 법제화되었다. 「증권투자신탁업법」 및 「증권투자회사법」의 적용대상은 구 증권거래법의 "유가증권"이었고, 2001년과 2002년 「부동산투자회사법」과 「선박투자회사법」이 각각 제정되면서 투자대상이 확대되었다. 「간접투자자산운용업법」은 「증권투자신탁업법」 및 「증권투자회사법」을 통합한 법으로서, 동일한 자산운용행위에 대하여 동일한 규제를 적용하고 투자자 보호장치를 강화하여 자산운용산업에 대한 투자자의 신뢰를 회복할 수 있도록 하는 한편, 자산운용대상의 확대 등 자산운용업에 대한 규제를 개선하여 자산운용산업이 활성화될 수 있도록 하려는 목적으로 2003년 제정되었다. 그 후 2007년 제정되고 2009년 시행된 자본시장법에 종래의 간접투자에 관한 내용이 집합투자에 관한 규정으로 포함되면서 「간접투자자산운용업법」은 다른 통합대상 법률과 함께 자본시장법 시행일자에 폐지되었다. 「간접투자자산운용업법」은 투자대상자산을 구체적으로 한정하여 열거하였으나 자본시장법은 집합투자대상자산을 포괄적으로 규정한다.

속시키는 것"을 말한다(法 6조⑤).

⑵ 집합투자기구

집합투자기구(collective investment vehicle)는 집합투사를 수행하기 위한 기구를 말한다(法 9조⑱).[2] 집합투자기구는 자본시장법에서 특별히 정한 경우를 제외하고는 상법 및 민법의 적용을 받는다(法 181조). 집합투자기구는 통상 "펀드"라고 불리는데, 집합투자증권의 발행방법과 투자자의 수에 따라 공모집합투자기구와 사모집합투자기구로 분류된다. "사모집합투자기구"란 집합투자증권을 사모로만 발행하는 집합투자기구로서 대통령령으로 정하는 투자자(令 14조①)의 총수가 대통령령으로 정하는 방법에 따라 산출한 100인 이하인 것을 말하며, "기관전용사모집합투자기구"와 "일반사모집합투자기구(기관전용사모집합투자기구를 제외한 사모집합투자기구)로 구분한다(法 9조⑲).

⑶ 집합투자재산

집합투자재산이란 집합투자기구의 재산으로서 투자신탁재산·투자회사재산·투자유한회사재산·투자합자회사재산·투자유한책임회사재산·투자합자조합재산·투자익명조합재산을 말한다(法 9조⑳).

⑷ 집합투자증권

집합투자증권이란 집합투자기구에 대한 출자지분(투자신탁의 경우에는 수익권)이 표시된 것을 말한다(法 9조㉑). "집합투자기구에 대한 출자지분이나 수익권이 표시된 것"이므로 집합투자기구와 관련 없는 출자지분이나 수익권이 표시된 것은 집합투자증권에 해당하지 않는다. 자본시장법은 집합투자증권을 제4조가 규정하는 증권의 한 종류로 규정하지 않고, 6개 유형의 증권에 포섭되는 것으로 본다. 결국 투자신탁의 집합투자증권은 제4조 제2항 제3호의 "수익증권"에 속하고, 나머지 집합투자증권은 제2호의 "지분증권"에 속한다.[3] 집합투자증권은 다른 유형의 증권과 달리 발행(판매)단계뿐 아니라 집합투자기구의 설정단계에 대하여도 소정의 규제가 적용된다.

---

2) 집합투자기구에 관하여는 [제1장 제2절]에서 상술함.

3) 집합투자증권도 금융투자상품의 개념요소인, i) 이익을 얻거나 손실을 회피할 목적으로, ii) 현재 또는 장래의 특정(特定) 시점에 금전, 그 밖의 재산적 가치가 있는 것을 지급하기로 약정함으로써 취득하는 권리로서, iii) 그 권리를 취득하기 위하여 지급하였거나 지급하여야 할 금전등의 총액이 그 권리로부터 회수하였거나 회수할 수 있는 금전등의 총액을 초과하게 될 위험("투자성") 등을 구비해야 한다.

⑷ 운용방법

「간접투자자산운용업법」은 운용방법을 엄격히 제한하였으나, 자본시장법은 이러한 제한을 폐지하고 "집합투자업자가 재산적 가치가 있는 투자대상자산을 취득·처분, 그 밖의 방법"으로 운용할 수 있도록 하였다.

⑸ 운용결과 배분

집합투자는 자산의 운용결과가 투자자에게 배분되어 귀속되는 것을 요소로 한다. 이때의 투자자란 집합투자기구의 설정 당시의 투자자가 아닌 운용결과가 배분되는 시점의 투자자를 말한다.

3. 자본시장법상 집합투자에서 배제되는 경우

⑴ 개별법에 의한 사모 펀드

대통령령으로 정하는 법률[6]에 따라 사모(私募)의 방법으로 금전등을 모아 운용·배분하는 것으로서 대통령령으로 정하는 투자자[7]를 제외한 투자자의 총수가 대통령령으로 정하는 수(令 6조③: 49인)[8] 이하인 경우는 집합투자에서 제외된다(法 6조⑤1).

⑵ 자산유동화

「자산유동화에 관한 법률」 제3조의 자산유동화계획에 따라 금전등을 모아 운용·배분하는 경우는 집합투자에서 제외된다(法 6조⑤2).

명령·지시·요청 등을 하는 행위도 투자매매업자·투자중개업자의 불건전행위로서 금지된다(法 71조 7호, 令 68조⑤12의2).

6) "대통령령으로 정하는 법률"이란 다음과 같은 법률을 말한다(令 6조①).
 1. 「부동산투자회사법」
 2. 「선박투자회사법」
 3. 「문화산업진흥 기본법」
 4. 「산업발전법」
 5. 「벤처투자 촉진에 관한 법률」
 6. 「여신전문금융업법」
 7. 삭제 [2020.8.11 제30934호(벤처투자 촉진에 관한 법률 시행령)]
 8. 「소재·부품·장비산업 경쟁력 강화 및 공급망 안정화를 위한 특별조치법」
 9. 「농림수산식품투자조합 결성 및 운용에 관한 법률」

7) "대통령령으로 정하는 투자자"란 전문투자자로서 "1. 제10조 제1항 각 호의 어느 하나에 해당하는 자", "2. 제10조 제3항 제12호·제13호에 해당하는 자 중 금융위원회가 정하여 고시하는 자"에 해당하지 않는 자를 말한다(令 6조②).

8) 자본시장법상 사모펀드는 100인, 개별법상의 사모펀드는 49인의 일반투자자수를 기준으로 하는데, 개별법상 사모펀드의 일반투자자수가 50인을 초과하게 되면 자본시장법상 펀드에 해당하여 무인가집합투자업, 미등록집합투자기구로서 제재를 받게 된다.

(3) 시행령에 의한 배제

그 밖에 행위의 성격 및 투자자 보호의 필요성 등을 고려하여 다음과 같은 경우는 집합투자에서 제외된다(法 6조⑤3, 令 6조④).

(가) 별도 규정이 있는 경우

증권금융회사·신탁업자(法 74조③)가 투자자예탁금(法 74조①)을 예치·신탁받아 운용·배분하는 경우(제1호), 종합금융투자사업자가 종합투자계좌업무(法 77조의6①3)를 하는 경우(제1호의2), i) 종합재산신탁(法 103조②)으로서 금전의 수탁비율이 40% 이하인 경우, ii) 신탁재산의 운용에 의하여 발생한 수익금의 운용 또는 신탁의 해지·환매에 따라 나머지 신탁재산을 운용하기 위하여 불가피한 경우로서, 신탁업자가 신탁재산을 효율적으로 운용하기 위하여 수탁한 금전을 공동으로 운용하는 경우(제2호), 투자목적회사(法 249조의13)의 업무(제3호), 종합금융회사의 어음관리계좌 업무를 하는 경우(제4호), 「조세특례제한법」 제104조의 31 제1항에 따른 요건을 갖춘 법인이 법 제3조 제1항 각 호 외의 부분 본문에 따른 금전등을 모아 운용·배분하는 경우(제5호) 등은 별도 규정이 있으므로 집합투자에서 배제한다.

(나) 지주회사 등

지분증권의 소유를 통하여 다른 회사의 사업내용을 지배하는 것을 주된 사업으로 하는 국내회사(지주회사)가 그 사업을 하는 경우(제6호), 「가맹사업거래의 공정화에 관한 법률」 제2조 제1호에 따른 가맹사업을 하는 경우(제7호), 「방문판매 등에 관한 법률」 제2조 제5호에 따른 다단계판매 사업을 하는 경우(제8호), 「통계법」에 따라 통계청장이 고시하는 한국표준산업분류에 따른 제조업 등의 사업을 하는 자가 직접 임직원, 영업소, 그 밖에 그 사업을 하기 위하여 통상적으로 필요한 인적·물적 설비를 갖추고 투자자로부터 모은 금전등으로 해당 사업을 하여 그 결과를 투자자에게 배분하는 경우(제9호: 다만, 사업자가 해당 사업을 특정하고 그 특정된 사업의 결과를 배분하는 경우는 제외) 등은 집합투자에서 제외된다.

(다) 비영리단체

학술·종교·자선·기예·사교, 그 밖의 영리 아닌 사업을 목적으로 하는 계(契)인 경우(제10호), 종중, 그 밖의 혈연관계로 맺어진 집단과 그 구성원을 위하여 하는 영리 아닌 사업인 경우(제11호), 「민법」에 따른 비영리법인, 「공익법인의 설립·운영에 관한 법률」에 따른 공익법인, 「사회복지사업법」에 따른 사회복지법인, 「근로복지기본법」에 따른 우리사주조합, 그 밖에 관련 법령에 따라 허가·인가·등록 등을 받아 설립된 비영리법인 등이 해당 정관 등에서 정한 사업목적에 속하는 행위를 하는 경우(제12호) 등은 집합투자에서 제외된다.

(라) 투자모임

투자자로부터 모은 금전등을 투자자 전원의 합의에 따라 운용·배분하는 경우에는 집합투자에서 제외된다. "투자자 전원의 합의에 따라 운용"되는 경우이므로 어차피 "일상적 운용지시 배제"라는 집합투자의 요소가 결여되므로 주의적인 규정으로 볼 수 있다(제13호).

(마) 기업인수목적회사

다른 법인과 합병하는 것을 유일한 사업목적으로 하고 모집을 통하여 주권을 발행하는 법인["기업인수목적회사(special purpose acquisition company, SPAC)"]이 다음 요건을 모두 갖추어 그 사업목적에 속하는 행위를 하는 경우는 집합투자에서 제외된다(제14호).[9]

가. 주권(최초 모집 이전에 발행된 주권 제외)발행을 통하여 모은 금전의 90% 이상으로서 금융위원회가 정하여 고시하는 금액(금융투자업규정 1-4조의2①: 90%) 이상을 주금납입일의 다음 영업일까지 금융위원회가 정하여 고시하는 기관(금융투자업규정 1-4조의2②: 증권금융회사·신탁업자. 최초 모집 이전에 발행된 주권을 취득한 자와 그 특수관계인 제외)에 예치·신탁할 것
나. 가목에 따라 예치·신탁한 금전을 다른 법인과의 합병등기가 완료되기 전에 인출하거나 담보로 제공하지 않을 것. 다만, 기업인수목적회사의 운영을 위하여 불가피한 경우로서 주식매수청구권(法 165조의5)의 행사로 주식을 매수하기 위한 경우 등 금융위원회가 정하여 고시하는 경우(금융투자업규정 1-4조의2③)에는 인출할 수 있다.
다. 발기인 중 1인 이상은 금융위원회가 정하여 고시하는 규모(금융투자업규정 1-4조의2④: 최근 사업연도 말을 기준으로 자기자본 1,000억원) 이상의 지분증권(집합투자증권 제외) 투자매매업자일 것
라. 임원이 금융회사 임원 결격사유(금융사지배구조법 5①)에 해당하지 않을 것
마. 최초로 모집한 주권의 주금납입일부터 90일 이내에 그 주권을 증권시장에 상장할 것
바. 최초로 모집한 주권의 주금납입일부터 36개월 이내에 다른 법인과의 합병등기를

9) 기업인수목적회사는 투자회사로 분류할 수 있는데, 투자회사는 그 투자회사와 법인이사가 같은 다른 투자회사를 흡수하는 방법으로 합병하는 경우가 아니면 다른 회사와 합병할 수 없기 때문에 집합투자에서 제외할 필요가 있다(法 204조①).

완료할 것

사. 그 밖에 투자자 보호를 위한 것으로서 금융위원회가 정하여 고시하는 기준을 갖출 것(금융투자업규정 1-4조의2⑤)

(바) 기타 금융위원회가 정하는 경우

금융위원회가 다음과 같은 사항을 종합적으로 고려하여 집합투자에 해당하지 않는다고 인정하는 경우도 집합투자에서 제외된다(제15호).

가. 운용에 따른 보수를 받는 전문적 운용자의 존재 여부

나. 투자자의 투자동기가 전문적 운용자의 지식·경험·능력에 있는지, 투자자와 전문적 운용자 간의 인적 관계에 있는지 여부

다. 운용 결과가 합리적 기간 이내에 투자금액에 따라 비례적으로 배분되도록 예정되어 있는지 여부

라. 투자자로부터 모은 재산을 전문적 운용자의 고유재산과 분리할 필요성이 있는지 여부

마. 집합투자로 보지 아니할 경우에는 투자자 보호가 뚜렷하게 곤란하게 될 가능성이 있는지 여부

Ⅱ. 집합투자기구의 업무수행

1. 의결권 행사

자본시장법은 집합투자재산의 운용을 담당하는 집합투자업자의 의결권 행사를 명시적으로 규정하면서 투자회사등에 대한 예외를 규정한다. 즉, 투자신탁재산·투자익명조합재산에 속하는 지분증권(그 지분증권과 관련된 증권예탁증권 포함)의 의결권 행사는 그 지분증권의 소유권을 가진 자가 의결권을 행사하는 것이 아니라, 그 투자신탁 또는 투자익명조합의 집합투자업자가 수행하여야 하며, 투자회사등의 집합투자재산에 속하는 지분증권의 의결권 행사는 그 투자회사등이 수행해야 한다. 다만, 투자회사등은 그 투자회사등의 집합투자업자에게 그 투자회사등의 집합투자재산에 속하는 지분증권의 의결권 행사를 위탁할 수 있다(法 184조①).

2. 운용업무 수행

투자신탁재산·투자익명조합재산의 운용업무는 그 투자신탁·투자익명조합의

집합투자업자가 이를 수행하며, 투자회사등의 집합투자재산 운용업무는 그 투자회사등의 법인이사(투자회사·투자유한회사)·업무집행사원(투자합자회사)·업무집행자(투자유한책임회사)·업무집행조합원(투자합자조합)인 집합투자업자가 이를 수행한다(法 184조②). 집합투자기구인 투자신탁·투자익명조합의 운용업무를 그 집합투자업자가 수행하는 것은 당연한 것이므로 주의적 규정이고, 다만 투자회사등의 집합투자재산에 대하여는 운용업무수행자를 명시할 필요가 있어 법에 규정한 것이다.

3. 집합투자재산의 보관·관리업무 위탁

투자신탁·투자익명조합의 집합투자업자 또는 투자회사등은 집합투자재산의 보관·관리업무를 신탁업자에게 위탁해야 한다(法 184조③). 투자신탁의 수탁자는 신탁업자가 담당하는 것이 당연하며, 다만 투자익명조합, 투자회사, 투자유한회사, 투자합자회사, 투자합자조합의 경우 집합투자재산의 보관·관리업무를 누구에게 위탁할 것인지에 대하여 명시할 필요가 있다.

집합투자업자는 자신이 운용하는 집합투자재산을 보관·관리하는 신탁업자가 되어서는 아니 된다(法 184조④). 이익충돌을 방지함으로써 투자자를 보호하기 위한 것이다.

4. 판매계약의 체결

투자신탁·투자익명조합의 집합투자업자 또는 투자회사등은 집합투자기구의 집합투자증권을 판매하고자 하는 경우 투자매매업자와 판매계약을 체결하거나 투자중개업자와 위탁판매계약을 체결해야 한다.[10] 이는 펀드의 발행·판매 분리원칙에 따른 것이다. 다만, 투자신탁·투자익명조합의 집합투자업자가 투자매매업자·투자중개업자로서 자기가 운용하는 집합투자기구의 집합투자증권을 판매하는 경우에는 판매계약 또는 위탁판매계약을 체결하지 않는다(法 184조⑤).

10) 종래의 「간접투자자산운용업법」에 의하면 자산운용회사는 자기가 운용하는 간접투자기구의 간접투자증권만을 판매할 수 있었으나(間投法 5조③), 자본시장법상 집합투자업자는 투자매매업·투자중개업 인가를 받은 경우에는 다른 집합투자업자가 운용하는 집합투자기구의 집합투자증권도 판매할 수 있고, 다만 이 경우 그 집합투자업자와 판매계약 또는 위탁판매계약을 체결해야 한다.

5. 일반사무관리업무의 위탁

투자회사는 다음과 같은 업무를 일반사무관리회사에 위탁해야 한다(法 184조⑥). 투자회사는 상법상 주식회사에 해당하지만 상근임원 또는 직원을 둘 수 없으며, 본점 외의 영업소를 설치할 수 없는 페이퍼 컴퍼니(paper company)이기 때문에(法 184조⑦), 일반사무관리회사에게 위탁하도록 하는 것이다.[11]

1. 투자회사 주식의 발행 및 명의개서
2. 투자회사재산의 계산
3. 법령 또는 정관에 의한 통지 및 공고
4. 이사회 및 주주총회의 소집·개최·의사록 작성 등에 관한 업무
5. 그 밖에 투자회사의 사무를 처리하기 위하여 필요한 업무로서, 기준가격산정위탁업무 및 투자회사의 운영에 관한 업무

투자신탁의 경우에는 일반사무관리회사 선임의무가 없지만, 대부분은 일반사무관리회사를 선임하여 집합투자재산의 평가와 기준가격 산정업무를 위탁하고 있다.

6. 기 타

투자회사등은 상근임원 또는 직원을 둘 수 없으며, 본점 외의 영업소를 설치할 수 없다(法 184조⑦).

11) 금융투자업자는 그 영위하는 업무의 일부를 제3자에게 위탁할 수 있고(法 42조①), 본질적 업무(법 제42조 제4항 전단에 따른 본질적 업무)를 위탁한 경우 업무를 위탁받은 자가 해당 업무를 실제로 수행하려는 날의 7일 전까지, 그 밖의 업무를 위탁한 경우에는 업무를 위탁받은 자가 해당 업무를 실제로 수행한 날부터 14일 이내에 금융위원회에 보고하여야 하는데(法 42조②, 令 46조①), 집합투자업자의 집합투자증권 판매는 집합투자업자가 영위하는 업무가 아니므로 투자매매업자와 판매계약을 체결하거나 투자중개업자와 위탁판매계약을 체결하는 경우는 업무위탁 관련 규제가 적용되지 않는다. 반면에 집합투자업자는 일반사무관리회사의 업무를 영위할 수 있으므로(令 43조③1), 일반사무관리회사에 그 업무를 위탁하는 경우에는 업무위탁 관련 규제가 적용된다.

제2절 집합투자기구

Ⅰ. 집합투자기구 일반론

1. 집합투자기구의 의의와 유형

집합투자기구란 집합투자를 수행하기 위한 다음과 같은 기구를 말한다(法 9조⑱). 2013년 개정법은 2011년 개정상법에 따라 집합투자기구 관련 용어를 정비하였다.

1. 투자신탁: 집합투자업자인 위탁자가 신탁업자에게 신탁한 재산을 신탁업자로 하여금 그 집합투자업자의 지시에 따라 투자·운용하게 하는 신탁 형태의 집합투자기구
2. 투자회사: 상법에 따른 주식회사 형태의 집합투자기구
3. 투자유한회사: 상법에 따른 유한회사 형태의 집합투자기구
4. 투자합자회사: 상법에 따른 합자회사 형태의 집합투자기구
4의2. 투자유한책임회사: 상법에 따른 유한책임회사 형태의 집합투자기구
5. 투자합자조합: 상법에 따른 합자조합 형태의 집합투자기구
6. 투자익명조합: 상법에 따른 익명조합 형태의 집합투자기구

2. 적용법규

집합투자기구는 자본시장법에서 특별히 정한 경우를 제외하고는 상법 및 민법이 적용된다(法 181조).[12)]

3. 집합투자의 상호·명칭

집합투자기구는 그 상호 또는 명칭 중에 집합투자기구의 종류를 표시하는

---

12) 집합투자기구별로 자본시장법이 특별히 정한 경우를 보면, 투자회사에 대한 상법규정 준용(法 206조①), 적용 배제(法 206조②), 투자유한회사에 대한 상법규정 준용(法 212조①), 적용 배제(法 212조②), 투자합자회사에 대한 상법규정 준용(法 217조①), 적용 배제(法 217조②), 유한책임사원의 책임제한(法 217조③), 이익 배당시 배당률 또는 배당순서의 차등(法 217조④), 손실 배분시 배당률 또는 배당순서 차등 불가(法 217조⑤), 투자합자조합에 대한 민법규정 적용 배제(法 223조①), 간주 규정(法 223조②), 이익 배당시 배당률 또는 배당순서의 차등(法 223조③), 손실 배분시 배당률 또는 배당순서 차등 불가(法 223조④), 투자익명조합에 대한 상법규정 적용 배제(法 228조①), 신탁법규정의 준용(法 228조②) 등이 있는데, 이하 각 해당 부분에서 상술함.

문자(증권·부동산·특별자산·혼합자산 및 단기금융 등의 문자)를 사용해야 한다(法 183조①). 자본시장법에 따른 집합투자기구가 아닌 자는 "집합투자", "간접투자", "투자신탁", "투자회사", "투자유한회사", "투자합자회사", "기관전용사모집합투자기구", "투자유한책임회사", "투자합자조합", "투자익명조합", 그 밖에 이와 유사한 명칭을 사용하지 못한다. 다만, 집합투자업자 및 제6조 제5항 제1호에 규정된 것(집합투자에 해당하나 다른 법률의 적용을 받는 집합투자로서 자본시장법에 의한 집합투자의 적용이 배제되는 것)의 경우에는 이를 사용할 수 있다(法 183조②). 이 경우에는 해당 법률에 의하여 위 명칭들을 이미 사용하고 있으므로 명칭사용제한에 대한 예외를 규정한 것이다.

4. 집합투자기구의 분류

(1) 법적 구조에 따른 분류

집합투자기구는 법적 구조에 따라 (ⅰ) 계약형이라 할 수 있는 ⅰ) 신탁형(투자신탁), ⅱ) 조합형(투자합자조합·투자익명조합)과, (ⅱ) 회사형(투자회사·투자유한회사·투자합자회사)[13] 등으로 분류할 수 있고,[14] 그 외의 집합투자기구를 이용한 집합투자업은 허용되지 않는다. 자본시장법은 신탁형, 회사형, 조합형 순으로 분류하여 규정하는데, 투자자는 신탁형에서는 수익자, 회사형에서는 주주 또는 사원, 조합형에서는 조합원 또는 출자자의 지위를 가진다.[15]

13) 상법상 합명회사는 무한책임사원만으로 구성되고 따라서 만일 투자합명회사가 허용된다면 투자자도 모두 무한책임을 지게 되므로 집합투자기구에서 배제되고 투자합자회사만 허용되는 것이다.

14) 집합투자규약의 경우, 투자신탁은 투자신탁계약, 투자합자조합은 조합계약, 투자익명조합은 익명조합계약, 투자회사·투자유한회사·투자합자회사 등은 정관이다. 집합투자증권의 경우, 투자신탁은 수익증권, 투자합자조합·투자익명조합은 출자증권, 투자회사는 주식, 투자유한회사·투자합자회사 등은 지분증권이다. 집합투자업자의 경우, 투자신탁은 위탁자, 투자합자조합은 무한책임조합원, 투자익명조합은 영업자, 투자회사·투자유한회사는 법인이사, 투자합자회사는 무한책임사원이다.

15) 「간접투자자산운용업법」상 투자신탁, 투자회사, 합자회사(PEF)로 한정되었기 때문에 그 외의 간접투자기구에 투자한 투자자들의 보호에 미흡하였다(예컨대, Netizen Fund). 이에 자본시장법은 집합투자기구의 법적 형태를 매우 광범위하게 설정하고 있다. 미국의 Investment Company Act of 1940(투자회사법, ICA)에 의하면 투자회사는, i) 발행인이 만기에 액면(face−amount)에 해당하는 금액을 지급하기로 하고 일시불 또는 할부조건으로 발행하는 액면증서회사(face−amount certificates company), ii) 이사회가 없는 단위투자신탁(unit investment), iii) 이사회가 있고 투자회사의 대부분을 차지하는 관리형회사(management company)가 있다(ICA §4). 관리형회사는 중도환매 가능 여부에 따라 개방형(open−end company)과 거래소에 상장되는 폐쇄형(closed−end company)으로 분류된다[ICA §5(a)]. 영

(2) 운용대상에 따른 분류

집합투자기구는 집합투자재산의 운용대상(투자대상)에 따라 다음과 같이 분류할 수 있다(法 229조).[16)]

1. 증권집합투자기구: 집합투자재산의 50%를 초과하여 증권(대통령령으로 정하는 증권[17)]을 제외하며, 대통령령으로 정하는 증권 외의 증권을 기초자산으로 한 파생상품 포함)에 투자하는 집합투자기구로서 제2호 및 제3호에 해당하지 않는 집합투자기구
2. 부동산집합투자기구: 집합투자재산의 50%를 초과하여 부동산(부동산을 기초자산으로 한 파생상품, 부동산 개발과 관련된 법인에 대한 대출, 그 밖에 대통령령으로 정하는 방법[18)]으로 부동산 및 대통령령으로 정하는 부동산[19)]과 관련된 증권

국의 집합투자기구는 신탁형(authorized Unit Trust, AUT)과 회사형(Investment Companies with Variable Capital, ICVC)로 구분된다. 日本에서는 계약형 투자신탁만 존재하여 오다가 1998년 12월 證券投資信託業法의 개정에 의하여 회사형 투자신탁이 도입되었고, 投資信託及び投資法人に關する法律에 따라 투자신탁과 투자법인이 법제화되었다.

16) 자본시장법은 MMF를 제외한 모든 집합투자기구가 집합투자재산을 다양한 투자대상에 운용할 수 있도록 하면서 주요투자대상 자산(집합투자재산의 50%를 초과하는 투자자산)을 기준으로 분류하고, 이러한 제한을 받지 않는 혼합자산집합투자기구를 신설하였다. 그리고 파생상품집합투자기구를 별도로 분류하지 않고 집합투자기구별로 각 투자대상을 기초자산으로 하는 파생상품도 투자대상에 포함시켰다.

17) "대통령령으로 정하는 증권"은 다음과 같다(令 240조②).
   1. 다음 각 목의 어느 하나에 해당하는 자산이 신탁재산, 집합투자재산 또는 유동화자산의 50% 이상을 차지하는 경우에는 그 수익증권, 집합투자증권 또는 유동화증권
      가. 부동산
      나. 지상권·지역권·전세권·임차권·분양권 등 부동산 관련 권리
      다. 「기업구조조정 촉진법」 제2조 제1호에 따른 채권금융기관(이에 준하는 외국 금융기관과 「금융산업의 구조개선에 관한 법률」에 따른 금융기관이었던 자로서 청산절차 또는 「채무자 회생 및 파산에 관한 법률」에 따른 파산절차가 진행 중인 법인을 포함한다. 이하 이 조에서 같다)이 채권자인 금전채권(부동산을 담보로 한 경우만 해당한다)
      라. 자본시장법 제229조 제3호에 따른 특별자산
   2. 「부동산투자회사법」에 따른 부동산투자회사가 발행한 주식
   3. 「선박투자회사법」에 따른 선박투자회사가 발행한 주식
   4. 「사회기반시설에 대한 민간투자법」에 따른 사회기반시설사업의 시행을 목적으로 하는 법인이 발행한 주식과 채권
   5. 「사회기반시설에 대한 민간투자법」에 따른 하나의 사회기반시설사업의 시행을 목적으로 하는 법인이 발행한 주식과 채권을 취득하거나 그 법인에 대한 대출채권을 취득하는 방식으로 투자하는 것을 목적으로 하는 법인(같은 법에 따른 사회기반시설투융자회사는 제외한다)의 지분증권
   6. 시행령 제80조 제1항 제1호 라목부터 사목까지의 증권
   7. 「해외자원개발 사업법」 제14조의2 제1항 제2호에 따른 해외자원개발 전담회사와 특별자산에 대한 투자만을 목적으로 하는 법인(외국법인 포함)이 발행한 지분증권·채무증권

18) "대통령령으로 정하는 방법"은 다음과 같다(令 240조④).

에 투자하는 경우를 포함)에 투자하는 집합투자기구

3. 특별자산집합투자기구: 집합투자재산의 50%를 초과하여 특별자산(증권 및 부동산을 제외한 투자대상자산)에 투자하는 집합투자기구[20]
4. 혼합자산집합투자기구: 집합투자재산을 운용함에 있어서 제1호부터 제3호까지의 규정의 제한을 받지 않는 집합투자기구
5. 단기금융집합투자기구: 집합투자재산 전부를 대통령령으로 정하는 단기금융상품[21]에 투자하는 집합투자기구로서 대통령령으로 정하는 방법[22]으로 운용되는 집합

---

1. 부동산의 개발
2. 부동산의 관리 및 개량
3. 부동산의 임대 및 운영
4. 지상권·지역권·전세권·임차권·분양권 등 부동산 관련 권리의 취득
5. 「기업구조조정 촉진법」 제2조 제1호에 따른 채권금융기관이 채권자인 금전채권(부동산을 담보로 한 경우만 해당한다)의 취득

19) "대통령령으로 정하는 부동산과 관련된 증권"은 다음과 같다(슈 240조⑤).
1. 제2항 제1호(라목 제외)에 따른 증권
2. 제2항 제2호에 따른 주식
3. 제2항 제6호에 따른 증권

20) 종래의 실물펀드와 특별자산펀드를 통합한 것이다.

21) "대통령령으로 정하는 단기금융상품"이란 다음 각 호의 금융상품을 말한다(슈 241조①).
1. 원화로 표시된 다음 각 목의 금융상품
가. 남은 만기가 6개월 이내인 양도성 예금증서
나. 남은 만기가 5년 이내인 국채증권, 남은 만기가 1년 이내인 지방채증권·특수채증권·사채권(주권 관련 사채권 및 사모의 방법으로 발행된 사채권은 제외)·기업어음증권. 다만, 환매조건부매수의 경우에는 남은 만기의 제한을 받지 않는다.
다. 남은 만기가 1년 이내인 제79조 제2항 제5호에 따른 어음(기업어음증권은 제외)
라. 법 제83조 제4항에 따른 단기대출
마. 만기가 6개월 이내인 제79조 제2항 제5호 각 목의 금융기관 또는 「우체국예금·보험에 관한 법률」에 따른 체신관서에의 예치
바. 다른 단기금융집합투자기구의 집합투자증권
사. 단기사채등
2. 외화[제301조 제1항 제2호 가목에 따른 국가(홍콩을 포함한다)의 통화로 한정한다. 이하 이 조에서 같다]로 표시된 다음 각 목의 금융상품
가. 제1호 가목부터 사목까지의 금융상품
나. 제1호 가목부터 사목까지의 금융상품에 준하는 것으로서 금융위원회가 정하여 고시하는 금융상품

22) "대통령령으로 정하는 방법"은 다음과 같다(슈 241조②).
1. 증권을 대여하거나 차입하는 방법으로 운용하지 아니할 것
1의2. 남은 만기가 1년 이상인 국채증권에 집합투자재산의 5% 이내에서 금융위원회가 정하여 고시하는 범위(금융투자업규정 7-15조①: 5%)에서 운용할 것
2. 환매조건부매도는 금융위원회가 정하여 고시하는 범위(금융투자업규정 7-15조②: 5%) 이내일 것
3. 각 단기금융집합투자기구 집합투자재산의 남은 만기의 가중평균된 기간이 금융위원회가 정하여 고시하는 범위(금융투자업규정 7-15조④: 90일) 이내일 것

투자기구(MMF)

Ⅱ. 특수한 형태의 집합투자기구

1. 환매금지형집합투자기구

(1) 임의적 설정 · 설립

집합투자기구가 유동성 부족으로 현금화가 곤란하거나 평가가 곤란한 자산을 편입하는 경우 환매를 허용하면 투자자 간에 불평등한 결과가 발생할 수 있으므로 자본시장법은 환매금지형집합투자기구의 설정 · 설립을 허용한다.

투자신탁 · 투자유한회사 · 투자합자회사 · 투자유한책임회사 · 투자합자조합 및 투자익명조합을 설정 · 설립하고자 하는 집합투자업자 또는 투자회사의 발기인("집합투자업자 등")은 존속기간을 정한 집합투자기구에 대하여만 집합투자증권의 환매를 청구할 수 없는 집합투자기구("환매금지형집합투자기구")를 설정 · 설립할 수 있다(法 230조①). 즉, 환매금지형집합투자기구는 투자대상자산의 현금화 곤란 여부에 관계없이 임의적으로 설정 · 설립할 수 있다.

---

4. 각 단기금융집합투자기구(法 제76조 제2항에 따라 판매가 제한되거나 法 237조에 따라 환매가 연기된 단기금융집합투자기구는 제외한다)의 집합투자재산이 다음 각 목의 구분에 따른 기준을 충족하지 못하는 경우에는 다른 단기금융집합투자기구를 설정 · 설립하거나 다른 단기금융집합투자기구로부터 그 운용업무의 위탁을 받지 않을 것. 다만, 「국가재정법」 제81조에 따른 여유자금을 통합하여 운용하는 단기금융집합투자기구 및 그 단기금융집합투자기구가 투자하는 단기금융집합투자기구를 설정 · 설립하거나 그 운용업무의 위탁을 받는 경우에는 다음 각 목의 구분에 따른 기준을 적용하지 않으며, 다목 및 라목의 단기금융집합투자기구에 대하여는 금융위원회가 법 제238조 제1항 단서의 집합투자 재산 평가방법에 따라 그 기준을 달리 정할 수 있다.
   가. 투자자가 개인으로만 이루어진 단기금융집합투자기구 중 제1항 제1호의 금융상품에만 투자하는 단기금융집합투자기구의 경우: 3천억원 이상
   나. 투자자가 개인으로만 이루어진 단기금융집합투자기구 중 제1항 제2호의 금융상품에만 투자하는 단기금융집합투자기구의 경우: 1천5백억원 이상
   다. 투자자가 법인으로만 이루어진 단기금융집합투자기구 중 제1항 제1호의 금융상품에만 투자하는 단기금융집합투자기구의 경우: 5천억원 이상
   라. 투자자가 법인으로만 이루어진 단기금융집합투자기구 중 제1항 제2호의 금융상품에만 투자하는 단기금융집합투자기구의 경우: 2천5백억원 이상

4의2. 다음 각 목의 금융상품 중 하나의 금융상품에만 투자할 것
   가. 제1항 제1호의 금융상품
   나. 외화 중 하나의 통화로 표시된 제1항 제2호의 금융상품

5. 투자대상자산의 신용등급 및 신용등급별 투자한도, 남은 만기의 가중평균 계산방법, 그 밖에 자산운용의 안정성 유지에 관하여 금융위원회가 정하여 고시하는 내용을 준수할 것

⑵ 환매금지형 집합투자증권의 추가 발행

투자신탁·투자익명조합의 집합투자업자 또는 투자회사등은 기존 투자자의 이익을 해할 우려가 없는 등 대통령령으로 정하는 때[23]에만 환매금지형집합투자기구의 집합투자증권을 추가로 발행할 수 있다(法 230조②).

⑶ 상장의무

투자신탁의 집합투자업자 또는 투자회사는 신탁계약 또는 정관에 투자자의 환금성 보장 등을 위한 별도의 방법을 정하지 아니한 경우에는 환매금지형집합투자기구의 집합투자증권을 최초로 발행한 날부터 90일 이내에 그 집합투자증권을 증권시장에 상장해야 한다(法 230조③). 이는 물론 투자자의 투하자본 회수를 용이하게 하기 위한 것이다.[24]

⑷ 기준가격 산정 규정 배제

집합투자재산의 평가 및 기준가격의 산정에 관한 제238조 제6항부터 제8항까지의 규정은 환매금지형집합투자기구의 집합투자증권에 관하여는 적용하지 않는다. 다만, 추가로 집합투자증권을 발행할 수 있는 환매금지형집합투자기구의 경우에는 적용한다(法 230조④).

⑸ 필요적 설정·설립

집합투자업자등은 집합투자기구의 투자대상자산의 현금화하기 곤란한 사정 등을 고려하여 대통령령으로 정하는 경우[25]에는 그 집합투자기구를 환매금지형

23) "대통령령으로 정하는 때"란 다음과 같은 경우로서 기준가격과 증권시장에서 거래되는 가격을 고려하여 산정한 가격으로 발행하는 때를 말한다(令 242조①).
1. 법 제230조에 따른 환매금지형집합투자기구로부터 받은 이익분배금의 범위에서 그 집합투자기구의 집합투자증권을 추가로 발행하는 경우
2. 기존 투자자의 이익을 해칠 염려가 없다고 신탁업자로부터 확인을 받은 경우
3. 기존 투자자 전원의 동의를 받은 경우

24) 사모집합투자기구에 대하여는 제230조의 적용이 배제된다(法 249조의8①, 249조의20①).

25) "대통령령으로 정하는 경우"는 다음 각 호의 어느 하나에 해당하는 경우(일반투자자를 대상으로 하는 일반사모집합투자기구는 제5호의 경우로 한정한다)를 말한다. 다만, 제1호부터 제3호까지의 경우 금융위원회가 정하여 고시하는 시장성 없는 자산(금융투자업규정 7-22조)에 투자하지 않는 집합투자기구를 설정 또는 설립하는 경우는 제외한다(令 242조②).
1. 부동산집합투자기구를 설정 또는 설립하는 경우
2. 특별자산집합투자기구를 설정 또는 설립하는 경우
3. 혼합자산집합투자기구를 설정 또는 설립하는 경우
4. 각 집합투자기구 자산총액의 20%의 범위에서 금융위원회가 정하여 고시하는 비율을 초과하여 금융위원회가 정하여 고시하는 시장성 없는 자산에 투자할 수 있는 집합투자기구를 설정 또는 설립하는 경우
5. 일반투자자를 대상으로 하는 집합투자기구(단기금융집합투자기구 및 상장지수집합투자

집합투자기구로 설정 · 설립해야 한다(法 230조⑤).

2. 종류형집합투자기구

(1) 의 의

종류형집합투자기구란 같은 집합투자기구에서 판매보수의 차이로 인하여 기준가격이 다르거나 판매수수료가 다른 여러 종류의 집합투자증권을 발행하는 집합투자기구를 말한다(法 231조①).

(2) 종류간 전환

여러 종류의 집합투자증권 간에 전환할 수 있는 권리를 투자자에게 주는 경우 그 전환가격은 각 종류의 집합투자증권의 기준가격으로 하여야 하고, 이 경우 투자신탁 · 투자익명조합의 집합투자업자 또는 투자회사등은 전환을 청구한 투자자에게 환매수수료를 부과할 수 없다(令 243조②).

(3) 설명의무

투자매매업자 · 투자중개업자는 종류형집합투자기구의 집합투자증권을 판매하는 경우에는 판매수수료나 판매보수가 다른 여러 종류의 집합투자증권이 있다는 사실과 각 종류별 집합투자증권의 차이(투자자의 예상투자기간 등을 고려한 예상 판매 수수료·보수와 수수료 · 보수별 차이점을 포함)를 설명해야 한다(令 243조③).

(4) 종류집합투자자총회

종류형집합투자기구는 집합투자자총회의 결의가 필요한 경우로서 특정 종류의 집합투자증권의 투자자에 대하여만 이해관계가 있는 경우에는 그 종류의 투자자만으로 종류집합투자자총회를 개최할 수 있다(法 231조②).

3. 전환형집합투자기구

(1) 의 의

전환형집합투자기구란 복수의 집합투자기구 간에 각 집합투자기구의 투자자가 소유하고 있는 집합투자증권을 다른 집합투자기구의 집합투자증권으로 전환할 수 있는 권리를 투자자에게 부여하는 구조의 집합투자기구를 말한다(法 232조①).

기구는 제외한다)로서 자산총액의 50%의 범위에서 금융위원회가 정하여 고시하는 비율을 초과하여 금융위원회가 정하여 고시하는 자산에 투자하는 집합투자기구를 설정 또는 설립하는 경우

(2) 요 건

집합투자업자가 전환형집합투자기구를 설정·설립하는 경우에는 i) 복수의 집합투자기구 간에 공통으로 적용되는 집합투자규약이 있고, ii) 집합투자규약에 유형 별 집합투자기구(法 9조⑱1부터4,4의2,5,6, ⑲1) 간의 전환이 금지되어 있다는 요건을 충족해야 한다(法 232조①). 투자신탁·투자익명조합의 집합투자업자 또는 투자회사등은 전환형집합투자기구가 설정 또는 설립된 경우에는 등록신청서에 전환이 가능한 집합투자기구에 관한 사항을 기재하여야 하고(令 244조①), 전환형집합투자기구로 변경하려는 경우에는 변경등록신청서에 이러한 사항을 기재하여 변경등록해야 한다(令 244조③).

(3) 전환방법

전환형집합투자기구의 집합투자증권을 다른 집합투자기구의 집합투자증권으로 전환하는 경우에 그 전환가격은 각 집합투자기구의 집합투자증권의 기준가격으로 해야 한다. 이 경우 투자신탁·투자익명조합의 집합투자업자 또는 투자회사등은 전환을 청구한 투자자에게 환매수수료를 부과할 수 없다(令 244조②).

4. 모자형집합투자기구

(1) 의 의

다른 집합투자기구가 발행하는 집합투자증권을 취득하는 구조의 집합투자기구를 자(子)집합투자기구라 하고, 그 다른 집합투자기구를 모(母)집합투자기구라고 한다(法 233조①). 투자자는 각 자집합투자기구의 집합투자증권을 매입하고 각 자집합투자기구는 모집합투자기구의 집합투자증권에 투자하며, 모집합투자기구는 각 자집합투자기구로부터 집합된 자금을 투자대상 자산에 운용한다.

(2) 요 건

자집합투자기구를 설정·설립하는 경우에는 다음과 같은 요건을 모두 충족해야 한다(法 233조①).

1. 자집합투자기구가 모집합투자기구의 집합투자증권 외의 다른 집합투자증권을 취득하는 것이 허용되지 아니할 것
2. 자집합투자기구 외의 자가 모집합투자기구의 집합투자증권을 취득하는 것이 허용되지 아니할 것
3. 자집합투자기구와 모집합투자기구의 집합투자재산을 운용하는 집합투자업자가

동일할 것

(3) 적용 특례

집합투자업자의 자산운용제한에 관한 제81조 제1항 제3호(라목 제외)는 자집합투자기구가 모집합투자기구의 집합투자증권을 취득하는 경우에는 적용하지 않는다(法 233조②).[26)]

모집합투자기구 및 자집합투자기구("모자형집합투자기구")의 설정·설립, 집합투자증권의 판매·환매, 그 밖에 모자형집합투자기구에 관하여 필요한 사항은 대통령령으로 정한다(法 233조③).[27)]

---

26) 집합투자업자는 집합투자재산을 운용함에 있어서 다음과 같은 행위를 할 수 없다. 다만, 투자자 보호 및 집합투자재산의 안정적 운용을 해할 우려가 없는 경우로서 대통령령으로 정하는 경우에는 이를 할 수 있다(法 81조①).

3. 집합투자재산을 집합투자증권[외국 집합투자증권(法 279조①) 포함]에 운용함에 있어서 다음 각 목의 어느 하나에 해당하는 행위
   가. 각 집합투자기구 자산총액의 50%를 초과하여 같은 집합투자업자[외국 집합투자업자(法 279조①) 포함]가 운용하는 집합투자기구[외국집합투자기구(法 279조①) 포함]의 집합투자증권에 투자하는 행위
   나. 각 집합투자기구 자산총액의 20%를 초과하여 같은 집합투자기구(제279조 제1항의 외국집합투자기구를 포함)의 집합투자증권에 투자하는 행위
   다. 집합투자증권에 자산총액의 40%를 초과하여 투자할 수 있는 집합투자기구(제279조 제1항의 외국집합투자기구를 포함)의 집합투자증권에 투자하는 행위
   라. 사모집합투자기구(사모집합투자기구에 상당하는 외국사모집합투자기구를 포함)의 집합투자증권에 투자하는 행위
   마. 각 집합투자기구의 집합투자재산으로 같은 집합투자기구(제279조 제1항의 외국집합투자기구를 포함)의 집합투자증권 총수의 20%를 초과하여 투자하는 행위. 이 경우 그 비율의 계산은 투자하는 날을 기준으로 한다.
   바. 집합투자기구의 집합투자증권을 판매하는 투자매매업자·투자중개업자가 받는 판매수수료 및 판매보수와 그 집합투자기구가 투자하는 다른 집합투자기구(제279조 제1항의 외국집합투자기구를 포함)의 집합투자증권을 판매하는 투자매매업자{외국투자매매업자(외국법령에 따라 외국에서 투자매매업에 상당하는 영업을 영위하는 자)를 포함한다} 또는 투자중개업자{외국투자중개업자(외국법령에 따라 외국에서 투자중개업에 상당하는 영업을 영위하는 자)를 포함한다}가 받는 판매수수료 및 판매보수의 합계가 대통령령으로 정하는 기준을 초과하여 집합투자증권에 투자하는 행위

27) [令 245조(모자형집합투자기구)]

① 투자신탁이나 투자익명조합의 집합투자업자 또는 투자회사등은 법 제233조 제3항에 따른 모자형집합투자기구(이하 "모자형집합투자기구"라 한다)가 설정·설립된 경우에는 제211조 제1항에 따른 등록신청서에 법 제233조 제1항에 따른 자집합투자기구(이하 "자집합투자기구"라 한다)가 취득하는 법 제233조 제1항에 따른 모집합투자기구(이하 "모집합투자기구"라 한다)의 집합투자증권 등에 관한 사항을 포함해야 한다.

② 투자매매업자 또는 투자중개업자는 모집합투자기구의 집합투자증권을 투자자에게 판매하여서는 아니 된다.

(4) 증권신고서

자집합투자기구는 투자자를 대상으로 집합투자증권을 발행하므로 증권신고서 제출의무가 있지만, 자집합투자기구 외의 자가 모집합투자기구의 집합투자증권을 취득하는 것이 허용되지 아니하므로 모집합투자기구의 집합투자증권에 대하여는 증권신고서 제출의무가 요구되지 않는다.[28)]

5. 상장지수집합투자기구

(1) 의의와 요건

상장지수집합투자기구(Exchange Traded Fund: ETF, 상장지수펀드라고도 한다)는 다음과 같은 요건을 모두 갖춘 집합투자기구를 말한다(法 234조①).

1. 기초자산의 가격 또는 기초자산의 종류에 따라 다수 종목의 가격수준을 종합적으로 표시하는 지수의 변화에 연동하여 운용하는 것을 목표로 할 것. 이 경우 기초자산의 가격 또는 지수는 대통령령으로 정하는 요건[29)]을 갖추어야 한다.

---

③ 투자신탁이나 투자익명조합의 집합투자업자 또는 투자회사등은 모자형집합투자기구로 변경하려는 경우에는 제211조 제3항에 따라 자집합투자기구가 취득하는 모집합투자기구의 집합투자증권 등에 관한 사항을 포함하여 변경등록해야 한다.

④ 제3항에 따라 변경을 하려는 투자신탁이나 투자익명조합의 집합투자업자 또는 투자회사등은 집합투자기구의 집합투자재산 전부를 새로 설정 또는 설립되는 모집합투자기구에 이전하고, 이전한 집합투자재산의 금액에 상당하는 모집합투자기구의 집합투자증권을 변경되는 자집합투자기구에 교부해야 한다. 이 경우 둘 이상의 집합투자기구의 집합투자재산을 합하여 하나의 모집합투자기구에 이전하거나 하나의 집합투자기구의 집합투자재산을 분리하여 둘 이상의 모집합투자기구로 이전하여서는 아니 된다.

⑤ 제4항에도 불구하고 사모집합투자기구가 아닌 집합투자기구(존속하는 동안 투자금을 추가로 모집할 수 있는 집합투자기구로 한정한다. 이하 이 항에서 같다)로서 원본액, 주금의 잔액 또는 그 밖의 지분증권 대금의 잔액 등을 고려하여 금융위원회가 정하여 고시하는 기준에 따라 다음 각 호의 어느 하나에 해당하는 방법으로 그 집합투자기구의 집합투자재산을 이전할 수 있다.

1. 투자대상자산 등이 유사한 둘 이상의 집합투자기구의 각 집합투자재산 전부를 새로 설정·설립된 하나의 모집합투자기구에 이전하는 방법
2. 각 집합투자기구의 집합투자재산 전부를 이전하여 이미 설정·설립된 모집합투자기구(각 집합투자기구와 투자대상자산 등이 유사한 모집합투자기구로 한정한다)에 이전하는 방법

⑥ 제1항부터 제5항까지에서 규정한 사항 외에 모자형집합투자기구에 관하여 투자자를 보호하기 위하여 필요한 사항은 금융위원회가 정하여 고시한다.

28) 모집합투자기구가 다수의 자집합투자기구를 만들어 공모규제를 회피할 수 있으므로, 사모집합투자기구가 아닌 자집합투자기구는 사모집합투자기구인 모집합투자기구의 집합투자증권을 취득할 수 없도록 규제한다(금융투자업규정 7-25조③).

29) "대통령령으로 정하는 요건"은 다음과 같다(令 246조).

2. 수익증권 또는 투자회사 주식의 환매가 허용될 것30)
3. 수익증권 또는 투자회사 주식이 해당 투자신탁의 설정일 또는 투자회사의 설립일부터 30일 이내에 증권시장에 상장될 것

(2) 설정 · 설립

집합투자업자는 지정참가회사로부터 상장지수집합투자기구의 설정·추가설정 또는 설립·신주발행의 요청이 있는 경우에는 신탁계약이나 투자회사의 정관에서 정하는 바에 따라 상장지수집합투자기구의 설정·추가설정 또는 설립·신주발행을 할 수 있다(슈 248조①). 지정참가회사는 상장지수집합투자기구의 설정·추가설정 또는 설립·신주발행을 요청하려는 경우에는 투자자가 직접 납부하거나 투자매매업자·투자중개업자를 통하여 투자자가 납부한 납부금등을 설정단위에 상당하는 자산으로 변경해야 한다. 다만, 자산으로 변경이 곤란한 경우로서 금융위원회가 정하여 고시하는 경우(금융투자업규정 7-29조①)는 제외한다(슈 248조②).

(3) 환 매

(가) 설정단위별 환매청구

상장지수집합투자기구의 투자자는 그 집합투자증권을 판매하는 투자매매업자·투자중개업자(지정참가회사 제외) 또는 그 집합투자증권의 지정참가회사(그 집합투자증권을 판매한 투자매매업자·투자중개업자가 지정참가회사인 경우만 해당)에 대하여 설정단위별로 집합투자증권의 환매를 청구할 수 있다. 다만, 그 집합투자증권을 판매하는 투자매매업자·투자중개업자가 해산·인가취소·업무정지, 그 밖에 금융위원회가 정하여 고시하는 사유(금융투자업규정 7-30조①: 천재·지변 등으로 인한 전산장애, 그 밖에 이에 준하는 사유로 인하여 정상적으로 업무를 영위하는 것이 곤란하다고 금융위원회가 인정하는 경우. 이하 "해산등"이라 함)로 인하여 환매에 응할 수 없는 경우에는 지정참가회사에 대하여 환매를 청구할 수 있다(슈 249조①).

---

1. 거래소, 외국거래소 또는 금융위원회가 정하여 고시하는 시장(금융투자업규정 7-26조①)에서 거래되는 종목의 가격 또는 다수 종목의 가격수준을 종합적으로 표시하는 지수일 것
2. 제1호의 가격 또는 지수가 제1호의 시장을 통하여 투자자에게 적절하게 공표될 수 있을 것
3. 기초자산의 가격의 요건, 지수의 구성종목 및 지수를 구성하는 종목별 비중, 가격 및 지수의 변화에 연동하기 위하여 필요한 운용방법 등에 관하여 금융위원회가 정하여 고시하는 요건(금융투자업규정 7-26조②)을 충족할 것

30) ETF는 집합투자기구의 법적 형태 중 투자신탁과 투자회사 형태만 허용된다. 다만, 상장지수투자회사는 매매에 따른 증권거래세 과세가 문제되므로, 대부분의 ETF의 법적 형태는 상장지수투자신탁이다.

(나) 환매절차

상장지수집합투자기구 집합투자증권의 환매청구를 받은 투자매매업자·투자중개업자는 지정참가회사에 대하여 그 집합투자증권의 환매에 응할 것을 요구해야 한다. 다만, 지정참가회사가 해산등으로 인하여 그 집합투자증권의 환매와 관련한 업무를 할 수 없는 경우에는 투자매매업자·투자중개업자는 집합투자업자에 대하여 직접 집합투자증권의 환매에 응할 것을 요구할 수 있다(令 249조②). 상장지수집합투자기구의 투자자는 상장지수집합투자기구 집합투자증권의 환매를 청구하려는 지정참가회사가 해산등으로 인하여 그 집합투자증권의 환매와 관련한 업무를 수행할 수 없는 경우에는 집합투자업자에 대하여 직접 집합투자증권의 환매를 청구할 수 있다(令 249조③). 상장지수집합투자기구 집합투자증권의 환매를 청구받거나 요구받은 지정참가회사는 상장지수투자신탁의 집합투자업자나 상장지수투자회사에 대하여 지체 없이 환매에 응할 것을 요구해야 한다(令 249조④). 상장지수집합투자기구 집합투자증권의 투자자·투자매매업자·투자중개업자 또는 지정참가회사가 환매를 청구하거나 요구하는 경우에 환매에 응하여야 하는 집합투자업자가 해산등으로 인하여 환매에 응할 수 없는 때에는 신탁업자에 이를 직접 청구할 수 있다(令 249조⑤). 환매에 응할 것을 요구받은 상장지수투자신탁의 집합투자업자와 신탁업자는 지체 없이 환매에 응하여야 하며, 상장지수투자회사의 집합투자업자와 신탁업자는 상장지수투자회사에 대하여 지체 없이 환매에 응할 것을 요구해야 한다(令 249조⑥). 환매에 응하여야 하는 집합투자업자, 신탁업자 또는 상장지수투자회사는 환매청구를 받은 날의 집합투자재산의 운용이 종료된 후 그 상장지수집합투자기구의 집합투자재산을 기준으로 상장지수투자신탁의 일부해지 또는 상장지수투자회사 주식의 일부소각에 의하여 설정단위에 해당하는 자산[금융위원회가 정하여 고시하는 경우(금융투자업규정 7-30조②: 그 상장지수집합투자기구가 증권으로 지급이 곤란한 자산을 보유하고 있는 경우) 제외]으로 환매에 응해야 한다(令 249조⑦).

(다) 환매연기

환매를 청구받거나 요구받은 투자매매업자·투자중개업자, 지정참가회사, 집합투자업자 또는 신탁업자가 해산등으로 인하여 집합투자규약으로 정하는 날까지 집합투자증권을 환매할 수 없게 된 경우에는 환매를 연기하고 그 사실을 지체 없이 투자자에게 통지해야 한다(令 249조⑧).

⑷ 상장 및 상장폐지

상장지수집합투자증권의 상장 및 상장폐지는 증권상장규정에서 정하는 바에 따른다(令 250조①). 상장지수투자신탁의 집합투자업자와 상장지수투자회사는 상장지수집합투자기구의 집합투자증권의 상장이 폐지된 경우에는 상장폐지일부터 10일 이내에 상장지수집합투자기구를 해지하거나 해산해야 한다. 이 경우 상장지수투자신탁에 대하여는 투자신탁의 해지에 관한 제192조 제1항을 적용하지 아니한다(令 250조③). 집합투자업자는 상장지수집합투자기구가 해지 또는 해산된 경우에는 그 해지일이나 해산일부터 7일 이내에 금융위원회에 이를 보고해야 한다(令 250조④).

⑸ 소유재산 등의 공고

상장지수투자신탁의 집합투자업자 또는 상장지수투자회사는 공고일 전날의 상장지수집합투자기구의 납부자산구성내역(신규설정·추가설정 또는 신규설립·신주발행을 위한 설정단위의 자산구성내역 포함)을 증권시장을 통하여 매일 공고해야 한다(令 251조①). 거래소는 상장지수집합투자기구의 순자산가치와 추적오차율(일정 기간 동안 상장지수집합투자기구의 집합투자증권의 1좌당 또는 1주당 순자산가치의 변동률과 상장지수집합투자기구가 목표로 하는 지수의 변동률을 비교하는 지표로서 금융위원회가 정하여 고시하는 기준에 따라 산출한 비율을 말한다)을 매일 1회 이상 공고해야 한다(令 251조②).

⑹ 운용특례

집합투자업자는 동일 종목 증권투자제한, 계열회사 발행증권투자제한에 불구하고, 상장지수집합투자기구의 집합투자재산을 다음과 같은 방법으로 운용할 수 있다(令 252조①).

1. 각 상장지수집합투자기구 자산총액의 30%까지 동일 종목의 증권에 운용하는 행위. 다만, 금융위원회가 정하여 고시하는 지수에 연동하여 운용하는 상장집합투자기구의 경우 동일종목이 차지하는 비중이 30%를 초과하는 경우에는 해당 종목이 지수에서 차지하는 비중까지 동일종목의 증권에 투자할 수 있다.
2. 각 상장지수집합투자기구 자산총액으로 동일법인 등이 발행한 지분증권 총수의 20%까지 운용하는 행위

집합투자업자는 상장지수집합투자기구의 설정·추가설정 또는 설립·신주의

발행을 위한 목적으로 이해관계인(法 84조①)과 증권의 매매, 그 밖의 거래를 할 수 있다(令 252조②).

(7) 적용배제 규정

상장지수집합투자기구에는 자본시장법 제34조 제1항 제1호 · 제2호(금융투자업자의 대주주와의 거래 제한), 제87조 제3항[주요의결사항에 대한 집합투자업자의 의결권 충실행사의무(法 제186조 제2항)에서 준용하는 경우를 포함], 제88조(자산운용보고서의 교부), 제147조(주식대량보유상황보고), 제172조(단기매매차익 반환), 제173조(임원 등의 특정증권등 소유상황 보고) 및 제235조부터 제237조까지(집합투자증권의 환매)의 규정을 적용하지 않는다(法 234조①).

Ⅲ. 집합투자기구의 등록

1. 등록주체와 등록기관

집합투자기구의 등록주체(등록의무자)는 ⅰ) 투자신탁 · 투자익명조합의 경우에는 그 집합투자업자, ⅱ) 투자회사 · 투자유한회사 · 투자합자회사 · 투자유한책임회사 · 투자합자조합의 경우에는 그 집합투자기구이다.[31] 이러한 등록주체는 집합투자기구가 설정 · 설립된 경우 이를 금융위원회[32]에 등록해야 한다(法 182조①).[33] 집합투자기구 중 투자신탁 · 투자익명조합은 법인격이 없으므로 집합투자업자가 등록주체이다. 집합투자기구의 등록은 집합투자증권 발행인의 증권신고서 제출과 함께 발행시장공시에 해당한다.

투자신탁이나 투자익명조합의 집합투자업자 또는 투자회사등은 집합투자기구의 집합투자증권을 대한민국 정부와 외국 정부 간 체결한 것으로서 대통령령

---

31) ⅰ)의 경우에는 집합투자기구의 법인격이 없으므로 집합투자업자가 등록주체이고, ⅱ)의 경우에는 회사형 집합투자기구는 법인격이 있고 투자합자조합은 업무집행조합원이 있으므로 집합투자기구 자체가 등록주체이다. 그러나 ⅱ)의 경우에도 실질적으로는 집합투자업자가 등록주체라 할 수 있다. 다만 자본시장법은 두 경우 모두 해당 집합투자기구를 증권신고서 제출의무자인 발행인으로 규정한다(法 119조③).

32) 등록과 관련한 금융위원회의 업무는 자본시장법 시행령 별표20 제59호에 의거하여 실질적으로는 금융감독원이 이를 수행한다.

33) 「간접투자자산운용업법」상 간접투자기구의 등록은 투자신탁에 대하여는 신탁약관의 제정 · 보고에 의하여(間投法 29조), 투자회사에 대하여는 투자회사의 등록을 통하여(間投法 41조) 이루어졌다. 집합투자기구의 경우 사후조치에 의한 투자자구제가 용이하지 않으므로 금융위원회에 대한 사전 등록제를 시행한다.

으로 정하는 집합투자기구 교차판매에 관한 협약 등("교차판매협약등")을 체결한 해당 외국에서 판매하려는 경우에는 그 집합투자기구를 금융위원회에 교차판매 집합투자기구로 등록할 수 있다(法 182조의2①).

한편 자본시장법이 아닌 다른 법률에 의하여 설립된 집합투자기구는 해당 법률에 따라 소관부처에 등록하여야 하고, 자본시장법에 따른 등록의무는 없다.

2. 등록요건

집합투자기구의 등록요건은 다음과 같다(法 182조②).[34)]

1. 다음과 같은 자가 업무정지기간 중에 있지 아니할 것
   가. 그 집합투자재산을 운용하는 집합투자업자
   나. 그 집합투자재산을 보관·관리하는 신탁업자
   다. 그 집합투자증권을 판매하는 투자매매업자·투자중개업자
   라. 투자회사인 경우 그 투자회사로부터 업무를 위탁받은 일반사무관리회사
2. 집합투자기구가 자본시장법에 따라 적법하게 설정·설립되었을 것
3. 집합투자규약이 법령을 위반하거나 투자자의 이익을 명백히 침해하지 아니할 것
4. 그 밖에 집합투자기구의 형태 등을 고려하여 대통령령으로 정하는 요건[35)]을 갖출 것

---

34) 등록요건의 미비는 집합투자기구의 등록취소사유가 된다(法 253조①2).

35) "대통령령으로 정하는 요건"은 다음과 같다(令 209조).

1. 투자신탁의 경우: 다음 각 목의 요건. 다만, 건전한 거래질서 및 투자자 보호를 저해할 우려가 크지 않은 경우로서 금융위원회가 정하여 고시하는 경우에는 가목의 요건으로 한정한다.
   가. 등록하려는 집합투자기구의 집합투자증권에 대한 해당 집합투자업자(집합투자업자의 대주주와 계열회사, 투자설명서상 집합투자재산의 운용업무를 담당하는 자를 포함한다)의 매수 계획으로서 매수 규모·기간 등에 관하여 금융위원회가 정하여 고시하는 기준을 충족하는 계획을 수립할 것
   나. 해당 집합투자업자가 운용하는 다른 집합투자기구[존속하는 동안 투자금을 추가로 모집할 수 있는 집합투자기구(사모집합투자기구는 제외한다)로서 설정·설립 이후 1년이 지난 집합투자기구로 한정한다] 중 원본액이 50억원 미만인 집합투자기구로서 금융위원회가 정하여 고시하는 집합투자기구가 차지하는 비율이 5% 이하일 것

1의2. 투자회사의 경우: 다음 각 목의 요건. 다만, 법 제279조에 따라 등록하는 외국 집합투자기구 중 같은 조 제2항 제1호에 따라 등록하는 외국 집합투자기구의 경우에는 가목의 요건으로 한정한다.
   가. 감독이사가 「금융회사의 지배구조에 관한 법률」 제5조 제1항 각 호의 어느 하나에 해당하지 아니할 것
   나. 등록 신청 당시의 자본금이 1억원 이상의 범위에서 금융위원회가 정하여 고시하는 금액 이상일 것
   나. 제1호의 요건. 이 경우 같은 호 가목 중 "집합투자기구의 집합투자증권"은 "집합투자기구"로, "매수"는 "출자"로 본다.

3. 등록신청서의 제출

(1) 등록신청서 기재사항

투자신탁·투자익명조합의 집합투자업자 또는 투자회사등은 집합투자기구를 등록하려는 경우에는 소정의 사항[36]을 기재한 등록신청서를 금융위원회에 제출해야 한다(法 182조③).

(2) 금융위원회의 검토, 통지 및 보완요구

금융위원회는 등록신청서를 접수한 경우에는 그 내용을 검토하여 20일 이내에 등록 여부를 결정하고, 그 결과와 이유를 지체 없이 신청인에게 문서로 통지해야 한다. 이 경우 등록신청서에 흠결이 있는 때에는 보완을 요구할 수 있다(法 182조④). 검토기간을 산정함에 있어서 등록신청서 흠결의 보완기간 등 총리령으로 정하는 기간은 검토기간(規則 19조)에 산입하지 않는다(法 182조⑤).

(3) 등록거부사유

금융위원회는 등록 여부를 결정함에 있어서 ⅰ) 등록요건을 갖추지 아니한

2. 투자유한회사, 투자합자회사, 투자유한책임회사, 투자합자조합 및 투자익명조합의 경우: 다음 각 목의 요건. 다만, 법 제279조에 따라 등록하는 외국 집합투자기구 중 같은 조 제2항 제1호에 따라 등록하는 외국 집합투자기구는 그렇지 않다.
   가. 등록 신청 당시의 자본금 또는 출자금이 1억원 이상의 범위에서 금융위원회가 정하여 고시하는 금액 이상일 것
   나. 제1호의 요건. 이 경우 같은 호 가목 중 "집합투자기구의 집합투자증권"은 "집합투자기구"로, "매수"는 "출자"로 본다.

36) 집합투자기구 등록신청서 기재사항은 다음과 같다(令 211조①).
1. 집합투자기구의 명칭
2. 투자목적·투자방침 및 투자전략에 관한 사항
3. 권리의 내용 및 투자위험요소에 관한 사항
4. 운용보수, 판매수수료·판매보수, 그 밖의 비용에 관한 사항
5. 출자금에 관한 사항(투자신탁인 경우 제외)
6. 재무에 관한 사항
7. 집합투자업자(투자회사인 경우에는 발기인과 감독이사를 포함)에 관한 사항
8. 투자운용인력에 관한 사항
9. 집합투자재산의 운용에 관한 사항
10. 집합투자증권의 판매 및 환매에 관한 사항
11. 집합투자재산의 평가 및 공시 등에 관한 사항
12. 손익분배 및 과세에 관한 사항
13. 신탁업자 및 일반사무관리회사(일반사무관리회사가 있는 경우만 해당한다)에 관한 사항
14. 자본시장법 제42조에 따른 업무위탁에 관한 사항(그 업무위탁이 있는 경우만 해당한다)
15. 그 밖에 투자자를 보호하기 위하여 필요한 사항으로서 금융위원회가 정하여 고시하는 사항(금융투자업규정 7-3조: 1. 재판관할에 관한 사항, 2. 손해배상책임에 관한 사항)

경우, ii) 등록신청서를 거짓으로 작성한 경우, iii) 보완요구를 이행하지 아니한 경우 중 어느 하나에 해당하는 사유가 없는 한 그 등록을 거부하지 못한다(法 182조⑥). 즉, 금융위원회는 등록거부사유가 없는 한 반드시 등록을 허용해야 한다.

(4) 등록공고

금융위원회는 등록을 결정한 경우 집합투자기구등록부에 필요한 사항을 기재하여야 하며, 등록내용을 인터넷 홈페이지 등에 공고해야 한다(法 182조⑦).

(5) 등록시기

투자신탁·투자익명조합의 집합투자업자 또는 투자회사등이 등록신청서를 증권신고서와 함께 제출하는 경우에는 그 증권신고의 효력이 발생하는 때에 해당 집합투자기구가 등록된 것으로 본다(令 211조⑤). 이에 따라 집합투자기구의 등록시기와 증권신고의 효력발생시기는 동일하게 되므로, 투자매매업자·투자중개업자는 집합투자기구가 등록되면 해당 집합투자기구의 집합투자증권을 모집할 수 있다.

(6) 미등록에 대한 제재

투자신탁·투자익명조합의 집합투자업자 또는 투자회사·투자유한회사·투자합자회사 및 투자합자조합이 설정·설립된 집합투자기구를 금융위원회에 등록하지 아니한 경우 3년 이하의 징역 또는 1억원 이하의 벌금에 처한다(法 445조 23호).[37)]

(7) 변경등록

(가) 변경등록사유

등록주체인 투자신탁·투자익명조합의 집합투자업자 또는 투자회사등은 등록된 사항이 변경된 경우에는 투자자 보호를 해할 우려가 없는 경우[i) 자본시장법 및 시행령의 개정이나 금융위원회의 명령에 따라 등록한 사항을 변경하는 경우, ii) 등록한 사항의 단순한 자구수정 등 금융위원회가 정하여 고시하는 경미한 사항을 변경하는 경우]를 제외하고는 2주 이내에 그 내용을 금융위원회에 변경등록해야 한다(法 182조⑧). 신규 등록의 요건과 절차는 변경등록에 그대로 적용된다. 변경등록

---

37) 자본시장법상 집합투자기구는 "금융위원회에 등록한 집합투자기구"가 아니라 "집합투자를 수행하기 위한 기구"로 정의되므로(法 9조⑱), 이론상으로는 등록 전의 집합투자기구도 규제 대상이 된다. 그러나 실제로는 등록 전에 투자권유나 집합투자기구의 운용 등 해당 집합투자기구를 이용하여 집합투자업을 영위하는 경우가 아닌 한 단순히 집합투자기구의 설립 후 등록을 하지 않은 것만으로는 규제대상이 되지 않을 것이다.

은 집합투자기구가 소정의 절차를 거쳐서 변경한 사항을 금융위원회에 사후보고하는 것이다.

㈏ 변경등록 제외사유

다만 투자자 보호를 해할 우려가 없는 경우로서 다음과 같은 경우에는 변경등록의무가 없다(令 210조).

1. 자본시장법 및 시행령의 개정이나 금융위원회의 명령에 따라 등록한 사항을 변경하는 경우
2. 등록한 사항의 단순한 자구수정 등 금융위원회가 정하여 고시하는 경미한 사항(금융투자업규정 7-2조)을 변경하는 경우

㈐ 변경등록신청서 기재사항

변경등록의 신청서에는 금융위원회가 정하여 고시하는 방법에 따라 변경사유 및 변경내용을 기재하여야 하며, 변경결의를 한 집합투자자총회나 이사회의사록 사본, 집합투자규약, 등기부 등본, 주요계약서 사본 등 변경내용을 증명할 수 있는 서류를 첨부해야 한다(令 211조③).

㈑ 금융위원회의 검토

금융위원회는 등록 및 변경등록의 신청내용에 관한 사실 여부를 확인하고, 그 신청내용이 등록요건 및 변경등록요건을 충족하는지를 검토해야 한다(令 211조④).

4. 집합투자기구의 등록과 증권신고서 제출의 이중 규제

(1) 의 의

자본시장법은 집합투자기구의 등록의무와 집합투자증권 발행인의 증권신고서 제출의무 등 이중의 규제를 규정한다. 이에 따른 업무상의 부담을 줄이기 위하여 자본시장법은 몇 가지 특례를 규정한다.

(2) 등록신청서와 증권신고서가 함께 제출되는 경우

투자신탁·투자익명조합의 집합투자업자 또는 투자회사등이 등록신청서를 증권신고서와 함께 제출하는 경우에는 그 증권신고의 효력이 발생하는 때에 해당 집합투자기구가 등록된 것으로 본다(令 211조⑤). 즉, 증권신고서 제출절차로 일원화하여 증권신고의 효력 발생시점과 집합투자기구의 등록시점을 일치시킴으로써 집합투자기구가 등록된 이후 투자매매업자·투자중개업자는 당해 집합투자

기구의 집합투자증권을 모집할 수 있도록 하였다. 물론 등록신청서와 증권신고서가 별도로 제출되면 별도의 절차에 의하여 처리된다.[38]

⑶ 정정신고서와 변경등록

투자신탁·투자익명조합의 집합투자업자 또는 투자회사등이 정정신고서를 제출한 경우에는 변경등록의 신청서를 제출한 것으로 보고, 이 경우 그 정정신고의 효력이 발생하는 때에 해당 집합투자기구가 변경등록된 것으로 본다(令 211조⑥). 증권신고서의 경우와 같이 정정신고와 변경등록을 일원화하였다.[39] 원래 정정신고의 효력발생시기는 정정신고서가 수리된 날부터 3일이 지난 날이지만(規則 12조②1), 집합투자기구의 등록된 사항을 변경하기 위하여 정정신고서를 제출하는 경우에는 그 정정신고서가 수리된 날에 효력이 발생한다(規則 12조②2). 이는 정정신고서의 제출로 인하여 집합투자증권의 추가발행이나 환매가 중단되는 것을 방지하기 위한 것이다. 물론 이러한 규정은 증권신고의 효력발생시기 후에 정정신고의 효력발생시기가 도래하는 경우에만 적용된다.

Ⅳ. 기　타

1. 연대책임

집합투자업자·신탁업자·투자매매업자·투자중개업자·일반사무관리회사·집합투자기구평가회사 및 채권평가회사는 자본시장법에 따라 투자자에 대한 손해배상책임을 부담하는 경우 귀책사유가 있는 경우에는 연대하여 손해배상책임을 진다(法 185조).

2. 자기집합투자증권의 취득 제한

⑴ 원칙적 금지

투자회사등은 자기의 계산으로 자기가 발행한 집합투자증권을 취득하거나

38) 일반적으로 집합투자기구의 등록과 동시에 IPO를 하므로 등록신청서와 증권신고서가 별도로 제출되는 예는 거의 없을 것이고, 다만 동시제출 후 증권신고서를 철회하는 경우는 있을 수 있다.

39) 정정신고서는 증권신고서에 기재된 증권의 취득 또는 매수의 청약일 전일까지 제출하여야 하므로(法 122조③), 변경등록사유가 정정신고서 제출사유에 해당하는 경우 특례규정이 없으면 먼저 정정신고서를 제출하여 정정신고의 효력이 발생한 후 변경등록을 하여야 하는 번거로움이 있다.

질권의 목적으로 받지 못한다(法 186조①).

(2) 예외적 허용

다만, 투자회사등은 다음과 같은 경우에는 자기의 계산으로 자기가 발행한 집합투자증권을 취득할 수 있다(法 186조① 단서).

1. 담보권의 실행 등 권리 행사에 필요한 경우. 이 경우 취득한 집합투자증권은 취득일로부터 1개월 이내에 i) 소각, ii) 투자매매업자·투자중개업자를 통한 매도의 방법으로 처분해야 한다(令 213조).
2. 투자회사등의 집합투자증권을 환매하는 경우
3. 집합투자자총회의 결의(정관변경·합병 결의)에 반대하는 주주의 집합투자증권 매수청구권 행사에 따라 주식을 매수하는 경우

3. 투자신탁·투자익명조합에 관한 규정의 준용

투자신탁·투자익명조합의 의결권 행사(法 87조), 수시공시(法 89조), 집합투자재산에 관한 보고(法 90조), 장부·서류의 열람 및 공시(法 91조), 환매연기 등의 통지(法 92조) 등의 규정은 투자회사, 투자유한회사, 투자합자회사, 투자합자조합에도 동일하게 적용될 사항이므로 이를 준용한다(法 186조②).[40]

4. 자료의 기록·유지

투자회사등은 투자회사등의 업무와 관련한 자료를 종류별로 기록·유지해야 한다(法 187조①).[41] 투자회사등은 기록·유지하여야 하는 자료가 멸실되거나 위조

40) 이 경우 제87조 중 "집합투자업자(투자신탁·투자익명조합의 집합투자업자에 한한다)는"은 "투자회사등(투자회사등이 의결권 행사를 집합투자업자에게 위탁한 경우에는 집합투자업자를 말한다)은"으로, "집합투자업자"는 각각 "투자회사등"으로 보고, 제89조 제1항 중 "투자신탁이나 투자익명조합의 집합투자업자는"은 "투자회사등은"으로 보며, 제90조 및 제92조 중 "집합투자업자(투자신탁이나 투자익명조합의 집합투자업자에 한한다)는" 및 "집합투자업자는"은 각각 "투자회사등은"으로 보고, 제91조 중 "집합투자업자(투자신탁이나 투자익명조합의 집합투자업자에 한하며, 해당 집합투자증권을 판매한 투자매매업자 및 투자중개업자를 포함)는"은 "투자회사등(해당 집합투자증권을 판매한 투자매매업자 및 투자중개업자를 포함)은"으로, "집합투자업자"는 각각 "투자회사등"으로 본다(法 186조②).

41) 투자회사등은 다음과 같이 자료를 기록·유지해야 한다. 다만, 금융위원회는 그 기간을 단축하여 고시할 수 있다(令 214조①).
   1. 집합투자재산 명세서: 10년
   2. 집합투자증권 기준가격대장: 10년
   3. 집합투자재산 운용내역서: 10년
   4. 집합투자자총회 의사록 및 이사회 의사록: 10년

또는 변조되지 아니하도록 적절한 대책을 수립·시행해야 한다(法 187조②).

5. 은행에 대한 특칙

(1) 집합투자업겸영은행

집합투자업에 관한 금융투자업인가를 받은 은행("집합투자업겸영은행")은 인가받은 범위에서 투자신탁의 설정·해지 및 투자신탁재산의 운용업무를 영위할 수 있다(法 250조①).[42]

(2) 집합투자재산운용위원회

집합투자업겸영은행은 집합투자재산 운용업무와 관련한 의사결정을 위하여 제7항 제1호·제3호·제4호의 업무(1. 은행법에 따른 업무 3. 신탁업 4. 일반사무관리회사의 업무)를 수행하지 않는 임원 3인(사외이사 2인 포함)으로 구성된 집합투자재산운용위원회를 설치해야 한다(法 250조②).

(3) 운용업무의 제한

집합투자업겸영은행은 투자신탁재산의 운용과 관련하여 다음과 같은 행위를 하지 못한다(法 250조③).

1. 자기가 발행한 투자신탁의 수익증권을 자기의 고유재산으로 취득하는 행위
2. 자기가 운용하는 투자신탁의 투자신탁재산에 관한 정보를 다른 집합투자증권의 판매에 이용하는 행위
3. 자기가 운용하는 투자신탁의 수익증권을 다른 은행을 통하여 판매하는 행위
4. 단기금융집합투자기구를 설정하는 행위

(4) 다른 집합투자기구의 정보이용 제한

집합투자재산의 보관·관리업무를 영위하는 은행은 그 집합투자기구의 집합투자재산에 관한 정보를 자기가 운용하는 투자신탁재산의 운용 또는 자기가 판매하는 집합투자증권의 판매를 위하여 이용하지 못한다(法 250조④).

---

5. 그 밖에 법령에서 작성·비치하도록 되어 있는 장부·서류: 해당 법령에서 정하는 기간(해당 법령에서 정한 기간이 없는 경우에는 제1호부터 제4호까지의 보존기간을 고려하여 금융위원회가 정하여 고시하는 기간(금융투자업규정 7-7조)으로 한다)

42) 「간접투자자산운용업법」은 은행의 불특정금전신탁업무도 자산운용업으로 보면서 부칙 제14조에서 자산운용회사의 허가에 관하여 특례를 규정하였으나, 자본시장법은 집합운용을 하지 않는 경우에는 집합투자로 보지 않고 따라서 집합투자업인가의 대상으로 보지 않는다. 그러나 은행이 집합투자업을 영위하는 경우 보다 엄격한 요건을 제250조에서 규정한다.

⑸ 일반사무관리회사의 업무를 영위하는 은행

일반사무관리회사의 업무를 영위하는 은행은 해당 집합투자기구의 집합투자재산에 관한 정보를 자기가 운용하는 투자신탁재산의 운용 또는 자기가 판매하는 집합투자증권의 판매를 위하여 이용하지 못한다(法 250조⑤).

⑹ 집합투자증권의 판매를 영위하는 은행

투자매매업 또는 투자중개업 인가를 받아 집합투자증권의 판매를 영위하는 은행은 i) 자기가 판매하는 집합투자증권의 집합투자재산에 관한 정보를 자기가 운용하는 투자신탁재산의 운용 또는 자기가 운용하는 투자신탁의 수익증권의 판매를 위하여 이용하는 행위, ii) 집합투자증권의 판매업무와 은행법에 따른 업무를 연계하여 정당한 사유 없이 고객을 차별하는 행위 등을 하지 못한다(法 250조⑥).

⑺ 이해상충방지체계

은행이 자본시장법에 따라 집합투자업, 신탁업(집합투자재산의 보관·관리업무를 포함) 또는 일반사무관리회사의 업무를 영위하는 경우에는 임원(사실상 임원과 동등한 지위에 있는 자로서 대통령령으로 정하는 자를 포함)을 두어야 하고, 임직원에게 다음 업무를 겸직하게 하여서는 아니 되며, 전산설비 또는 사무실 등의 공동사용 금지 및 다른 업무를 영위하는 임직원 간의 정보교류 제한 등 이해상충방지체계를 갖추어야 한다(法 250조⑦).

1. 은행법에 따른 업무(아래 제2호부터 제4호까지의 업무는 제외)
2. 집합투자업
3. 신탁업
4. 일반사무관리회사의 업무

다만, 임원의 경우 제1호의 업무 중 제2호부터 제4호까지의 업무와 이해상충이 적은 업무로서 대통령령으로 정하는 업무(令 272조④)와 제2호부터 제4호까지의 업무를 겸직할 수 있으며, 신탁업 및 일반사무관리회사의 업무 간에는 겸직할 수 있다(法 250조⑦ 단서).

6. 보험회사에 대한 특칙

⑴ 집합투자업겸영보험회사

보험회사로서 집합투자업에 관한 금융투자업인가를 받은 자(“집합투자업겸영보험회사")는 인가받은 범위에서 투자신탁의 설정·해지 및 투자신탁재산의 운용 업무를 영위할 수 있다. 이 경우 투자신탁의 설정·해지 및 투자신탁재산의 운용 업무는 변액보험 특별계정(특별계정 내에 각각의 신탁계약에 의하여 설정된 다수의 투자신탁이 있는 경우 각각의 투자신탁)에 한하며, 그 특별계정은 자본시장법에 따른 투자신탁으로 본다(法 251조①). 다만 자본시장법 부칙 제5조는 신고에 의한 인가절차를 규정한다.[43]

(2) 금지행위

집합투자업겸영보험회사는 집합투자업겸영은행의 금지행위 중 "자기가 운용하는 투자신탁의 투자신탁재산에 관한 정보를 다른 집합투자증권의 판매에 이용하는 행위(法 250조③2)를 하지 못하며, 집합투자업겸영은행에 관한 규정(法 250조 제4항부터 제6항까지의 규정)은 보험회사에도 준용한다(法 251조②).[44]

(3) 임직원에 대한 규제와 이해상충방지체계

보험회사는 자본시장법에 따라 집합투자업, 신탁업(집합투자재산의 보관·관리 업무를 포함) 또는 일반사무관리회사의 업무를 영위하는 경우에는 임원(대통령령으로 정하는 방법으로 투자신탁재산을 운용하는 경우의 임원을 제외하며, 사실상 임원과 동등한 지위에 있는 자로서 대통령령으로 정하는 자를 포함)을 두어야 하고, 임직원에게 다음 업무를 겸직하게 하여서는 아니 되며, 전산설비 또는 사무실 등의 공동사용 금지 및 다른 업무를 영위하는 임직원 간의 정보교류 제한 등 이해상충방지체계를 갖추어야 한다(法 251조③).

1. 보험업법에 따른 업무(아래 제2호부터 제4호까지의 업무는 제외)
2. 집합투자업
3. 신탁업

---

43) [法 附則 제5조]

① 자본시장법 공포 후 1년이 경과한 날 당시 제6조 제1항 각 호의 어느 하나에 상당하는 업을 영위하고 있는 자는 그 영위하고 있는 업무의 범위에서 제15조의 인가유지요건 또는 제20조의 등록유지요건을 갖추어 자본시장법 공포 후 1년이 경과한 날부터 2개월 이내에 금융위원회에 신고할 수 있다.

② 금융위원회는 제1항에 따른 신고를 받은 경우에는 신고인이 제15조의 인가유지요건 또는 제20조의 등록유지요건을 갖추었는지를 확인하여 자본시장법 시행일 전일까지 그 결과를 신고인에게 통보해야 한다. 이 경우 제15조의 인가유지요건 또는 제20조의 등록유지요건을 갖춘 것으로 통보받은 자는 자본시장법 시행일에 금융투자업인가를 받거나 금융투자업등록을 한 것으로 본다.

44) 이 경우 "은행"은 "보험회사"로, "은행법"은 "보험업법"으로 본다(法 251조②).

4. 일반사무관리회사의 업무

다만, 임원의 경우 제1호의 업무 중 제2호부터 제4호까지의 업무와 이해상충이 적은 업무로서 대통령령으로 정하는 업무(令 273조④)와 제2호부터 제4호까지의 업무를 겸직할 수 있으며, 신탁업 및 일반사무관리회사의 업무 간에는 겸직할 수 있다(法 251조③ 단서).

(4) 대출방법 운용

집합투자업겸영보험회사는 투자신탁재산에 속하는 자산을 보험업법에서 정하는 방법에 따라 그 보험에 가입한 자에게 대출하는 방법으로 운용할 수 있다(法 251조④).

(5) 적용배제 규정

(가) 집합투자업겸영보험회사가 운용하는 투자신탁

다음 규정은 집합투자업겸영보험회사가 운용하는 투자신탁에는 적용되지 않는다(法 251조⑤).

1. 집합투자기구의 등록(法 182조)
2. 집합투자기구의 명칭사용(法 183조①)
3. 투자신탁 계약사항 중 "신탁원본의 가액 및 수익증권 총좌수에 관한 사항", "수익자총회에 관한 사항"(法 188조①2,6)
4. 신탁계약 변경에 관한 수익자총회의 사전결의사항(法 188조② 각 호 외의 부분 후단)
5. 수익자총회 결의에 따라 신탁계약을 변경한 경우의 수익자 통지의무(法 188조③)
6. 수익증권의 발행, 수익자총회, 반대수익자의 수익증권매수청구권, 투자신탁의 해지, 투자신탁의 합병(法 189조부터 193조까지)[45]
7. 환매금지형집합투자기구(法 230조)
8. 집합투자증권의 환매(法 235조부터 237조까지)
9. 집합투자재산 평가위원회의 구성·운영(法 238조②, 대통령령으로 정하는 방법[46]

45) 제192조 제1항 단서("수익자의 이익을 해할 우려가 없는 경우로서 대통령령으로 정하는 경우에는 금융위원회의 승인을 받지 아니하고 투자신탁을 해지할 수 있으며, 이 경우 집합투자업자는 그 해지사실을 지체 없이 금융위원회에 보고해야 한다")는 제외한다.

46) "대통령령으로 정하는 방법"이란 제1항 각 호의 어느 하나에 해당하는 방법을 말한다(令 273조⑤).
1. 운용과 운용지시업무 전체를 다른 집합투자업자에게 위탁하는 방법
2. 투자신탁재산 전체를 투자일임으로 운용하는 방법
3. 투자신탁재산 전체를 다른 집합투자증권에 운용하는 방법

으로 투자신탁재산을 운용하는 경우에 한한다)

10. 결산서류 등의 비치의무(法 239조③)
11. 집합투자기구의 등록취소(法 253조①)
12. 금융투자업자에 대한 인가·등록 취소(法 420조①)

㈏ 보험회사가 집합투자업을 영위하는 경우

보험회사가 집합투자업을 영위하는 경우, 자기집합투자증권의 취득 제한(法 82조), 성과보수의 제한(法 86조), 집합투자자총회의 결의내용에 대한 공시의무(法 89조①4), 집합투자재산에 관한 금융위 등에 대한 분기별 보고의무(法 90조), 환매연기 등의 통지의무(法 92조) 등에 관한 규정은 적용되지 않는다(法 251조⑥).

㈐ 투자성 있는 보험계약

보험회사가 투자성 있는 보험계약을 체결하거나 그 중개 또는 대리를 하는 경우에는 자본시장법 제3편제1장(증권신고서)을 적용하지 않는다(法 77소②). 따라서 집합투자증권발행에 따른 증권신고서 제출의무가 없다.

제 2 장

집합투자기구의 종류

제 1 절 신탁형 집합투자기구

I. 법률관계

1. 신탁계약의 체결

(1) 신탁계약의 당사자

투자신탁을 설정하고자 하는 집합투자업자는 위탁자로서 신탁업자와 신탁계약을 체결해야 한다(法 188조①). 집합투자업자가 신탁업자 아닌 자와 신탁계약을 체결한 경우 그 신탁계약은 무효로 된다. 투자자는 집합투자증권을 매수함으로써 투자신탁의 법률관계에 참여한다.

(2) 신탁계약체결방식의 변천

종래의 「간접투자자산운용업법」은, ⅰ) 투자신탁을 설정하고자 하는 자산운용회사는 수탁회사와 신탁계약을 체결하여야 하고(間投法 28조①), ⅱ) 신탁계약은 일정한 사항을 기재한 신탁약관에 의하여 체결하여야 하고(間投法 28조②), ⅲ) 자산운용회사는 간접투자기구의 종류별로 신탁약관을 제정하여 미리 금융위원회에 보고하여야 하고, 다만, 표준신탁약관에 따라 신탁약관을 제정하는 때에는 당해 투자신탁의 최초 설정일부터 7일 이내에 자산운용협회에 보고하여야 하고(間投法 29조①), 금융위원회는 자산운용회사 또는 자산운용협회로부터 보고받은 신탁약관 또는 표준신탁약관의 내용이 법령에 위반되거나 수익자의 이익을 해할 우려가 있는 것으로 인정하는 경우에는 그 내용을 변경하거나 보완할 것을 명할 수 있다고(間投法 32조) 규정하였다.

그러나 자본시장법은 「간접투자자산운용업법」과 같이 신탁약관에 의한 신탁계약체결방식이 아닌, 신탁계약서에 의한 신탁계약체결방식을 규정한다.

⑶ 신탁계약서 기재사항

투자신탁을 설정하고자 하는 집합투자업자는 다음과 같은 사항이 기재된 신탁계약서에 의하여 신탁업자와 신탁계약을 체결해야 한다(法 188조①). 즉, 집합투자업자와 신탁업자 간의 신탁계약은 구두로 체결할 수 없다. 아래 기재사항 중 중요한 사항이 기재되지 않은 경우 그 신탁계약은 무효로 보아야 한다.

1. 집합투자업자 및 신탁업자의 상호1)
2. 신탁원본의 가액 및 제189조 제1항 및 제3항에 따라 발행하는 투자신탁의 수익권("수익증권")의 총좌수에 관한 사항2)
3. 투자신탁재산의 운용 및 관리에 관한 사항
4. 이익분배 및 환매에 관한 사항
5. 집합투자업자 · 신탁업자 등이 받는 보수, 그 밖의 수수료의 계산방법과 지급시기 · 방법에 관한 사항. 다만, 집합투자업자가 기준가격 산정업무를 위탁하는 경우에는 그 수수료는 해당 투자신탁재산에서 부담한다는 내용을 포함해야 한다.
6. 수익자총회에 관한 사항
7. 공시 및 보고서에 관한 사항
8. 그 밖에 수익자 보호를 위하여 필요한 사항으로서 대통령령으로 정하는 사항3)

---

1) [法 제38조]
④ 집합투자업자가 아닌 자는 그 상호 중에 "집합투자", "투자신탁" 또는 "자산운용"이라는 문자 또는 이와 같은 의미를 가지는 외국어문자로서 대통령령으로 정하는 문자를 사용하여서는 아니 된다. 다만, 투자신탁인 집합투자기구는 "투자신탁"이라는 문자 또는 이와 같은 의미를 가지는 외국어문자로서 대통령령으로 정하는 문자를 사용할 수 있다.
⑦ 신탁업자가 아닌 자는 그 상호 중에 "신탁"이라는 문자 또는 이와 같은 의미를 가지는 외국어문자로서 대통령령으로 정하는 문자를 사용하여서는 아니 된다. 다만, 집합투자업자 또는 제7조 제5항에 따른 업을 영위하는 자는 그 상호 중에 "신탁"이라는 문자 또는 이와 같은 의미를 가지는 외국어문자로서 대통령령으로 정하는 문자를 사용할 수 있다.

2) 신탁계약을 체결할 당시를 기준으로 한 신탁원본의 가액 및 수익증권의 총좌수를 의미한다(法 189조⑤3).

3) "대통령령으로 정하는 사항"은 다음과 같다(슈 215조).
1. 투자신탁의 종류(法 229조의 운용대상에 따른 종류)
2. 투자신탁의 명칭
3. 투자대상자산(법 제229조 제4호에 따른 혼합자산집합투자기구인 경우를 제외하고는 주된 투자대상자산을 따로 기재해야 한다)
4. 집합투자업자와 신탁업자의 업무에 관한 사항
5. 수익증권의 추가발행과 소각에 관한 사항
6. 신탁계약기간을 정한 경우에는 그 기간
7. 투자신탁재산의 평가와 기준가격의 계산에 관한 사항
8. 이익 외의 자산 등의 분배에 관한 사항
9. 집합투자업자와 신탁업자의 변경에 관한 사항(변경사유, 변경절차, 손실보상, 손해배상 등에 관한 사항을 포함)

(4) 신탁계약의 변경

(가) 수익자의 동의가 요건인지 여부

투자신탁을 설정한 집합투자업자는 신탁계약을 변경하고자 하는 경우에는 신탁업자와 변경계약을 체결해야 한다(法 188조②). 이때 위탁자와 수탁자 간의 계약은 제3자인 수익자의 이익을 위한 민법상의 "제3자를 위한 계약"이므로 민법 제541조가 "제3자의 권리가 생긴 후에는 당사자는 이를 변경 또는 소멸시키지 못한다."고 규정하는 이상 수익자의 권리를 변경하는 신탁계약의 변경에 대하여는 수익자의 동의가 필요하다는 견해도 있을 수 있지만, 투자신탁은 단순한 제3자를 위한 계약과 달리 다수의 수익자가 있는데 신탁계약의 변경에 대해서 수익자 전원의 동의를 얻도록 요구하는 것은 비현실적이다. 따라서 자본시장법 제188조 제2항은 신탁계약의 변경에 대하여 원칙적으로 수익자의 동의를 얻을 필요가 없다는 취지로 규정한다.

(나) 중요사항변경과 수익자총회의 결의

신탁계약 중 다음과 같은 중요사항의 변경에 대하여는 미리 수익자총회의 결의를 거쳐야 한다(法 188조② 단서).

1. 집합투자업자·신탁업자 등이 받는 보수, 그 밖의 수수료의 인상
2. 신탁업자의 변경(합병·분할·분할합병, 그 밖에 대통령령으로 정하는 사유[4])로 변경되는 경우는 제외)

---

10. 신탁계약의 변경과 해지에 관한 사항
11. 투자신탁의 회계기간
12. 그 밖에 수익자를 보호하기 위하여 필요한 사항으로서 금융위원회가 정하여 고시하는 사항(금융투자업규정 7-8조: 영 제215조 제12호, 제227조 제1항 제13호, 제234조 제1항 제12호, 제236조 제1항 제12호, 제236조의2 제1항 제12호, 제237조 제1항 제11호 및 제239조 제11호에서 "금융위원회가 정하여 고시하는 사항"이란 각각 다음 각 호의 사항을 말한다 - 각 호 생략).

4) "대통령령으로 정하는 사유"란 다음과 같다(令 216조).
1. 영업양도 등으로 신탁계약의 전부가 이전되는 경우
2. 자본시장법 제184조 제4항, 제246조 제1항 등 관련 법령의 준수를 위하여 불가피하게 신탁계약의 일부가 이전되는 경우
3. 자본시장법 제420조 제3항 제1호 및 제2호에 따른 금융위원회의 조치에 따라 신탁업자가 변경되는 경우
4. 「금융산업의 구조개선에 관한 법률」 제10조 제1항 제6호부터 제8호까지의 규정에 따른 금융위원회의 명령에 따라 신탁업자가 변경되는 경우
5. 시행령 제245조 제5항에 따라 둘 이상의 집합투자기구의 자산을 다른 모집합투자기구로 이전함에 따라 그 집합투자기구의 신탁업자가 변경되는 경우

3. 신탁계약기간의 변경(투자신탁을 설정할 당시에 그 기간변경이 신탁계약서에 명시되어 있는 경우는 제외)
4. 그 밖에 수익자의 이익과 관련된 중요한 사항으로서 대통령령으로 정하는 사항[5]

⑸ 공시와 통지

투자신탁을 설정한 집합투자업자는 신탁계약을 변경한 경우에는 인터넷 홈페이지 등을 이용하여 공시하여야 하며, 수익자총회의 결의를 거쳐야 하는 변경을 한 경우에는 공시 외에 이를 수익자에게 통지해야 한다(法 188조③).[6]

⑹ 신탁원본의 납입

집합투자업자는 투자신탁을 설정하는 경우(그 투자신탁을 추가로 설정하는 경우를 포함) 신탁업자에게 해당 신탁계약에서 정한 신탁원본 전액을 금전으로 납입해야 한다(法 188조④).[7]

⑺ 신탁계약서와 약관

제188조의 신탁계약서는 다수의 상대방이 아니라 특정 상대방인 신탁업자와

---

5) "대통령령으로 정하는 사항"이란 다음과 같다. 다만, 수익자 보호 및 투자신탁재산의 안정적인 운용을 해칠 우려가 없는 경우로서 금융위원회가 정하여 고시하는 경우에는 제3호, 제5호 및 제6호의 사항만 해당한다(令 217조).

1. 투자신탁의 종류(法 229조의 운용대상에 따른 종류)의 변경. 다만, 투자신탁을 설정할 때부터 다른 종류의 투자신탁으로 전환하는 것이 예정되어 있고, 그 내용이 신탁계약서에 표시되어 있는 경우에는 제외한다.
2. 주된 투자대상자산의 변경

2의2. 투자대상자산에 대한 투자한도의 변경(제80조 제1항 제3호의2 각 목 외의 부분에 따른 투자행위로 인한 경우만 해당한다)

3. 집합투자업자의 변경. 다만, 다음 각 목의 어느 하나에 해당하는 경우는 제외한다.
   가. 합병 · 분할 · 분할합병
   나. 자본시장법 제420조 제3항 제1호 및 제2호에 따른 금융위원회의 조치에 따라 집합투자업자가 변경되는 경우
   다. 「금융산업의 구조개선에 관한 법률」 제10조 제1항 제6호부터 제8호까지의 규정에 따른 금융위원회의 명령에 따라 집합투자업자가 변경되는 경우
4. 환매금지형투자신탁(존속기간을 정한 투자신탁으로서 수익증권의 환매를 청구할 수 없는 투자신탁)이 아닌 투자신탁의 환매금지형투자신탁으로의 변경
5. 환매대금 지급일의 연장
6. 그 밖에 수익자를 보호하기 위하여 필요한 사항으로서 금융위원회가 정하여 고시하는 사항

6) 일반사모집합투자기구에 대하여는 제188조 제2항 · 제3항의 적용이 배제된다.

7) 다만 일반사모집합투자기구의 투자자(투자신탁의 경우 그 투자신탁재산을 운용하는 일반사모집합투자업자)는 객관적인 가치평가가 가능하고 다른 투자자의 이익을 해할 우려가 없는 경우에는 대통령령으로 정하는 방법에 따라 증권, 부동산 또는 실물자산 등 금전 외의 자산으로 납입할 수 있다(法 249조의8③).

의 신탁계약을 체결하기 위한 것이므로 다수의 상대방에게 획일적으로 적용하기 위한 일반적인 약관과 다르다. 따라서 미리 신탁계약서에 기재될 내용이 정해져 있더라도 이는 제56조가 규정하는 약관에 해당하지 않는다.[8)]

2. 수익자총회

(1) 의 의

투자신탁에는 전체 수익자로 구성되는 수익자총회를 둔다(法 190조①). 투자신탁에는 회사형 집합투자기구의 주주총회나 사원총회에 해당하는 기관이 없으므로 투자신탁의 운영에 관한 중대한 사항에 대하여 수익자의 총의를 결정하는 수익자총회를 두어 수익자를 보호하기 위한 것이다. 따라서 수익자총회는 투자신탁의 기관이 아니라 투자신탁의 운영에 관하여 수익자의 동의절차를 위한 협의체라 할 수 있다.[9)]

(2) 권 한

수익자총회는 자본시장법 또는 신탁계약에서 정한 사항에 대하여만 결의할 수 있다(法 190조①). 자본시장법이 정하는 수익자총회의 결의사항은, 신탁계약 중 중요사항의 변경,[10)] 투자신탁의 해지,[11)] 투자신탁의 합병,[12)] 환매의 연기[13)]

---

8) 금융투자업자는 금융투자업의 영위와 관련하여 약관을 제정 또는 변경하고자 하는 경우에는 미리 금융위원회에 신고해야 한다(法 56조①).

9) 수익자총회는 2004년 3월 「간접투자자산운용업법」 제정시 도입되었는데(間投法 69조①), 영국의 금융서비스시장법(FSMA)의 제도를 도입한 것이다.

10) [法 제188조 (신탁계약의 체결 등)]

② 투자신탁을 설정한 집합투자업자는 신탁계약을 변경하고자 하는 경우에는 신탁업자와 변경계약을 체결해야 한다. 이 경우 신탁계약 중 다음 각 호의 어느 하나에 해당하는 사항을 변경하는 경우에는 미리 제190조 제5항 본문에 따른 수익자총회의 결의를 거쳐야 한다.

1. 집합투자업자 · 신탁업자 등이 받는 보수, 그 밖의 수수료의 인상
2. 신탁업자의 변경(합병 · 분할 · 분할합병, 그 밖에 대통령령으로 정하는 사유로 변경되는 경우를 제외한다)
3. 신탁계약기간의 변경(투자신탁을 설정할 당시에 그 기간변경이 신탁계약서에 명시되어 있는 경우는 제외한다)
4. 그 밖에 수익자의 이익과 관련된 중요한 사항으로서 대통령령으로 정하는 사항

11) [法 제192조 (투자신탁의 해지)]

② 투자신탁을 설정한 집합투자업자는 다음 각 호의 어느 하나에 해당하는 경우에는 지체 없이 투자신탁을 해지해야 한다. 이 경우 집합투자업자는 그 해지사실을 지체 없이 금융위원회에 보고해야 한다.

2. 수익자총회의 투자신탁 해지 결의

12) [法 제193조 (투자신탁의 합병)]

등이다. 수익자총회는 투자신탁의 의사결정기관이 아니므로 수익자에게 직접적이고 중대한 영향을 미치는 사항에 대하여서만 결의할 수 있다.

(3) 소 집

(가) 소집시기

수익자총회는 법령이나 신탁계약에 정한 사유가 발생한 때에 소집되므로 정기총회와 임시총회의 구분이 없다.

(나) 소집권자

1) 집합투자업자 수익자총회는 투자신탁을 설정한 집합투자업자가 소집한다(法 190조②).

2) 총좌수의 5% 이상을 소유한 수익자

가) 집합투자업자에 대한 소집요청 투자신탁을 설정한 집합투자업자는 투자신탁재산을 보관·관리하는 신탁업자 또는 발행된 수익증권의 총좌수의 5% 이상을 소유한 수익자(상법상 "소수주주"에 대응하는 용어인 "소수수익자"라고 부른다)가 수익자총회의 목적과 소집의 이유를 기재한 서면을 제출하여 수익자총회의 소집을 그 집합투자업자에 요청하는 경우 1개월 이내에 수익자총회를 소집해야 한다(法 190조③).

나) 금융위원회의 승인에 의한 소집 총좌수의 5% 이상을 소유한 수익자의 소집요청에 불구하고 집합투자업자가 정당한 사유 없이 수익자총회를 소집하기 위한 절차를 거치지 않는 경우에는 그 신탁업자 또는 발행된 수익증권총좌수의 5% 이상을 소유한 수익자는 금융위원회의 승인을 받아 수익자총회를 개최할 수 있다(法 190조③).

---

② 투자신탁을 설정한 집합투자업자는 제1항에 따라 투자신탁을 합병하고자 하는 경우 다음 각 호의 사항을 기재한 합병계획서를 작성하여 합병하는 각 투자신탁의 수익자총회의 결의를 거쳐야 한다.

13) [法 제237조 (환매의 연기)]

① 투자신탁이나 투자익명조합의 집합투자업자 또는 투자회사등은 집합투자재산인 자산의 처분이 불가능한 경우 등 대통령령으로 정하는 사유로 인하여 집합투자규약에서 정한 환매일에 집합투자증권을 환매할 수 없게 된 경우에는 그 집합투자증권의 환매를 연기할 수 있다. 이 경우 투자신탁이나 투자익명조합의 집합투자업자 또는 투자회사등은 환매를 연기한 날부터 6주 이내에 집합투자자총회에서 집합투자증권의 환매에 관한 사항으로서 대통령령으로 정하는 사항을 결의(제190조 제5항 본문, 제201조 제2항 단서, 제210조 제2항 단서, 제215조 제3항, 제220조 제3항 및 제226조 제3항의 결의를 말한다)해야 한다.

㈐ 상법규정의 준용

주주총회의 소집통지에 관한 상법 제363조 제1항 및 제2항은 수익자총회의 소집통지에 관하여 준용한다(法 190조④).[14]

(4) 결의요건

㈎ 자본시장법상 결의사항

수익자총회는 출석한 수익자의 의결권의 과반수와 발행된 수익증권 총좌수의 4분의 1 이상의 수로 결의한다(法 190조⑤). 종래에는 상법상 주주총회와 달리 의사정족수가 요구되기 때문에 수익자총회의 성립이 어려운 경우가 많았는데,[15] 수익자총회의 결의요건에 굳이 의사정족수를 요구할 필요는 없다는 지적에 따라 개정법에서는 상법상 주주총회 결의요건과 동일하게 변경하였다.[16]

㈏ 신탁계약상 결의사항

자본시장법에서 정한 수익자총회의 결의사항 외에 신탁계약으로 정한 수익자총회의 결의사항에 대하여는 출석한 수익자의 의결권의 과반수와 발행된 수익증권의 총좌수의 5분의 1 이상의 수로 결의할 수 있다(法 190조⑤ 단서).

㈐ 의결권 없는 수익자

수익자총회의 결의에 있어 의결권 없는 수익자(집합투자업자가 자신이 발행한 수익증권을 소유한 경우)가 가지는 수는 발행된 수익증권 총수에 산입하지 아니하며, 수익자총회의 결의에 관하여 특별한 이해관계가 있어 의결권을 행사할 수 없는 수익자도 의결권은 출석한 수익자의 의결권의 수에 산입하지 않는다(法 190조

14) 이 경우 "주주"는 각각 "수익자"로, "주주명부"는 "수익자명부"로, "회사"는 "집합투자업자"로 본다(法 190조④). 따라서, 수익자총회를 소집할 때에는 수익자총회일의 2주 전에 각 수익자에게 서면으로 통지를 발송하거나 각 수익자의 동의를 받아 전자문서로 통지를 발송해야 한다. 다만, 그 통지가 수익자명부상 수익자의 주소에 계속 3년간 도달하지 아니한 경우에는 집합투자업자는 해당 수익자에게 총회의 소집을 통지하지 아니할 수 있다. 소집통지서에는 회의의 목적사항을 적어야 한다.

15) 상법상 종래에는 의사정족수(성립정족수, 출석정족수)도 결의요건이었으나(보통결의, 특별결의 모두 발행주식총수의 과반수 출석), 1995년 상법 개정에 의하여 의사정족수가 별도로 요구되지 않고, 보통결의는 상법 또는 정관에 다른 정함이 있는 경우를 제외하고는 출석한 주주의 의결권의 과반수와 발행주식총수의 4분의 1 이상의 수로써 하여야 하고(商法 368조①), 특별결의는 출석한 주주의 의결권의 3분의 2 이상의 수와 발행주식총수의 3분의 1 이상의 수로써 해야 한다(商法 434조). 그러나 자본시장법상의 결의는 상법상 주주총회 결의와 달리 의사정족수가 요구되었다(수익자총회에 관한 190조⑤, 투자회사의 주주총회에 관한 210조②).

16) 다만 종래에 수익자총회의 의사정족수는 실무상으로는 연기수익자총회를 소집하는 근거로서의 기능을 하고 있었다.

⑩, 상법 371조). 집합투자업자가 자신이 발행한 수익증권을 소유한 경우 외에는 의결권 없는 수익자란 있을 수 없다. 수익자는 신탁원본의 상환 및 이익의 분배 등에 관하여 수익증권의 좌수에 따라 균등한 권리를 가지기 때문에(法 189조②), 의결권 없는 수익증권은 존재하지 않는다.

㈑ 서면에 의한 의결권 행사

다수의 수익자 중 수익자총회에 출석할 수 없는 수익자도 적지 않을 것이므로 자본시장법은 수익자가 수익자총회에 출석하지 아니하고 서면에 의하여 의결권을 행사할 수 있도록 하였다(法 190조⑥ 본문). 서면에 의하여 의결권을 행사하려는 수익자는 의결권 행사를 위한 서면에 의결권 행사의 내용을 기재하여 수익자총회일 전날까지 집합투자업자(수익자총회를 소집하는 신탁업자 또는 발행된 수익증권의 총좌수의 5% 이상을 소유한 수익자 포함)에 제출해야 한다(令 221조①). 서면에 의하여 행사한 의결권의 수는 수익자총회에 출석하여 행사한 의결권의 수에 합산한다(令 221조②). 집합투자업자는 수익자로부터 제출된 의결권 행사를 위한 서면과 의결권 행사에 참고할 수 있는 자료를 수익자총회일부터 6개월간 본점에 비치해야 한다(令 221조③). 수익자는 집합투자업자의 영업시간 중에 언제든지 위 서면 및 자료의 열람과 복사를 청구할 수 있다(令 221조④).

㈒ 간주 의결권 행사

다음 요건을 모두 충족하는 경우에는 수익자총회에 출석한 수익자가 소유한 수익증권의 총좌수의 결의내용에 영향을 미치지 아니하도록 의결권을 행사("간주 의결권 행사")한 것으로 본다(法 190조⑥ 단서). 이는 수익자총회 결의불성립으로 인한 연기수익자총회 개최의 경우를 최소화하기 위한 것이다.

1. 수익자에게 대통령령으로 정하는 방법(令 221조⑥): 제2호에 따라 집합투자규약에 적힌 내용을 알리는 서면, 전화·전신·팩스, 전자우편 또는 이와 비슷한 전자통신의 방법을 말한다)에 따라 의결권 행사에 관한 통지가 있었으나 의결권이 행사되지 아니하였을 것
2. 간주 의결권 행사의 방법이 집합투자규약에 기재되어 있을 것
3. 수익자총회에서 의결권을 행사한 수익증권의 총좌수가 발행된 수익증권의 총좌수의 10분의 1 이상일 것
4. 그 밖에 수익자를 보호하기 위하여 대통령령으로 정하는 방법 및 절차[17]를 따를 것

17) "대통령령으로 정하는 방법 및 절차"란 수익자의 이익 보호와 수익자총회 결의의 공정성 등을 위하여 같은 항 각 호 외의 부분 단서에 따른 간주 의결권 행사의 결과를 수익자에게

⑸ 수익자총회의 의장

수익자총회의 의장은 수익자 중에서 총회에서 선출한다(令 221조⑤).

⑹ 연기수익자총회

㈎ 소집요건

투자신탁을 설정한 집합투자업자(수익자총회를 소집하는 신탁업자 또는 발행된 수익증권 총좌수의 5% 이상을 소유한 수익자를 포함)는 수익자총회의 결의가 이루어지지 아니한 경우 그 날부터 2주 이내에 연기된 수익자총회를 소집해야 한다(法 190조⑦). 이를 연기수익자총회라고 한다.[18]

㈏ 결의요건의 완화

연기수익자총회의 결의에 관하여는 수익자총회의 결의요건에 관한 제190조 제5항 및 제6항을 준용한다. 이 경우 "발행된 수익증권 총좌수의 4분의 1 이상"은 "발행된 수익증권 총좌수의 8분의 1 이상"으로 보고, "수익증권의 총좌수의 5분의 1 이상"은 "수익증권의 총좌수의 10분의 1 이상"으로 본다(法 190조⑧).

㈐ 평　　가

종래에는 1인의 수익자만 출석하면 연기수익자총회가 성립하므로 실제로는 의사정족수 요건이 없는 것이나 마찬가지다. 이와 같이 또한 출석한 수익자의 의결권만을 기준으로 한 결의요건만 적용하고 발행수익증권의 총좌수를 기준으로 한 결의요건을 배제한 것은 「간접투자자산운용업법」 제72조 제3항과 같은데, 민주적 의사결정에서 최소한의 기준으로 요구되는 다수결원칙에 부합하는지에 대하여는 논란이 많았다. 이에 따라 2013년 자본시장법 개정시 결의요건이 상당 수준 개선되었다. 연기수익자총회는 일반적으로 수익자들이 수익자총회에 대한 참여도가 매우 낮기 때문에 환매연기 등 중요 사항에 대한 결의를 적시에 하지 못하는 것을 해결하기 위하여 도입된 제도인데, 이와 관련하여 자본시장법 제190조 제10항의 준용규정에 상법 제368조의3(서면투표)과 제368조의4(전자투표)를 포함시키면 수익자총회의 활성화에 도움이 될 것이다.

⑺ 준용규정

상법의 주주총회의 소집지(商法 364조), 주주총회 의장의 질서유지권(商法

제공하는 것을 말한다(令 221조⑦).

18) 상법상 주주총회의 연기는 일단 성립한 주주총회가 의안 심의에 들어가지 못한 경우인데, 자본시장법상 연기수익자총회는 수익자총회가 정족수 미달로 성립하지 못한 경우라는 점에서 차이가 있다.

366조의2②,③), 검사인 선임(商法 367조), 총회의 결의방법과 의결권의 행사(商法 368조③,④), 전자적 방법에 의한 의결권 행사(商法 368조의4), 의결권(商法 369조①,②), 주주총회의 정족수(商法 371조),[19] 총회의 연기, 속행(商法 372조), 총회의 의사록(商法 373조), 결의취소의 소(商法 376조), 제소주주의 담보제공의무(商法 377조), 법원의 재량에 의한 청구기각(商法 379조), 결의무효 및 부존재확인의 소(商法 380조), 부당결의의 취소, 변경의 소(商法 381조) 등에 관한 규정은 수익자총회에 준용한다(法 190조⑩).[20]

---

19) 따라서 수익자총회의 결의에 있어 의결권 없는 수익자(집합투자업자가 자신이 발행한 수익증권을 소유한 경우)가 가지는 수는 발행된 수익증권 총수에 산입하지 아니하며, 수익자총회의 결의에 관하여 특별한 이해관계가 있어 의결권을 행사할 수 없는 수익자도 의결권은 출석한 수익자의 의결권의 수에 산입하지 않는다(法 190조⑩, 商法 371조).

20) 이 경우 "주주"는 각각 "수익자"로, "정관"은 각각 "신탁계약"으로, "주식"은 "수익증권"으로, "회사"는 각각 "집합투자업자", "이사회의 결의"는 각각 "집합투자업자의 결정"으로 본다(法 190조⑩). 상법 규정의 준용결과는 다음과 같다. 수익자총회는 신탁계약에 다른 정함이 없으면 집합투자업자의 본점소재지 또는 이에 인접한 지에 소집해야 한다(商法 364조). 수익자총회의 의장은 총회의 질서를 유지하고 의사를 정리하며, 고의로 의사진행을 방해하기 위한 발언 행동을 하는 등 현저히 질서를 문란하게 하는 자에 대하여 그 발언의 정지 또는 퇴장을 명할 수 있다(商法 366조의2②,③). 수익자총회에서는 집합투자업자가제출한 서류와 보고서를 조사하게 하기 위하여 검사인을 선임할 수 있다(商法 367조). 수익자는 대리인으로 하여금 그 의결권을 행사하게 할 수 있으며, 이 경우 대리인은 대리권을 증명하는 서면을 총회에 제출해야 한다(商法 368조③). 수익자의 의결권은 수익권 1좌마다 1개로 한다(商法 369조①). 집합투자업자가 자신이 설정·운용하는 투자신탁의 수익증권을 소유한 경우 그 의결권을 행사할 수 없다(商法 369조②). 수익자총회의 결의에 있어 의결권 없는 수익자(집합투자업자가 자신이 발행한 수익증권을 소유한 경우)가 가지는 수는 발행된 수익증권 총수에 산입하지 않는다(商法 371조①), 수익자총회의 결의에 특별한 이해관계가 있는 수익자가 가진 수익증권의 좌수는 출석한 수익자의 의결권의 수에 산입하지 않는다(商法 371조②). 수익자총회에서 회의의 연기 또는 속행을 결의할 수 있으며, 이 경우 연기회, 계속회는 그 결의를 한 총회의 연장이므로 동일성이 유지되어 별도의 소집절차를 요하지 않는다(商法 372조). 수익자총회의 의사에는 의사록을 작성하여야 하며, 의사록에는 의사의 경과요령과 그 결과를 기재하고 의장과 출석한 법인이사가 기명날인 또는 서명하여야 하며(商法 373조), 수익자총회의 결의에 하자가 있는 경우에 그 효력을 다툴 수 있는 방법에 관해서 자본시장법은 상법상 주주총회의 경우와 마찬가지로 결의취소의 소, 결의무효의 소, 결의부존재확인의 소, 특별이해관계인에 의한 부당결의취소·변경의 소 등 4종의 소를 인정하고 있다(商法 376조, 377조, 379조 내지 381조). 수익자가 총회결의취소의 소를 제기한 때에는 법원은 집합투자업자의 청구에 의하여 상당한 담보를 제공할 것을 명할 수 있다(商法 377조①). 집합투자업자가 담보제공청구를 하는 때에는 수익자의 총회결의취소 청구가 악의임을 소명해야 한다(商法 377조②). 총회결의의 소가 제기된 경우에 취소사유가 존재하더라도 결의의 내용, 투자신탁의 현황과 제반사정을 참작하여 그 취소가 부당하다고 인정한 때에는 법원은 그 청구를 기각할 수 있다(商法 379조). 수익자가 총회의 결의에 관하여 특별한 이해관계를 가짐으로 말미암아 의결권을 행사할 수 없었던 경우에 자기에게 현저하게 부당한 결의의 취소 또는 변경을 구하는 소를 제기할 수 있다(商法 381조).

3. 반대수익자의 수익증권매수청구권

(1) 의 의

투자신탁의 수익자는 신탁계약의 변경 또는 투자신탁의 합병에 대한 수익자총회의 결의에 반대하는 경우 집합투자업자에게 수익증권의 수를 기재한 서면으로 자기가 소유하고 있는 수익증권의 매수를 청구할 수 있다(法 191조①).[21]

(2) 요 건

투자신탁의 수익자는 다음과 같은 경우 집합투자업자에게 수익증권의 수를 기재한 서면으로 자기가 소유하고 있는 수익증권의 매수를 청구할 수 있다(法 191조①).

1. 신탁계약의 변경(法 188조② 후단) 또는 투자신탁의 합병에 대한 수익자총회의 결의(法 193조②)에 반대(수익자총회 전에 해당 집합투자업자에게 서면으로 그 결의에 반대하는 의사를 통지한 경우로 한정한다)하는 수익자가 그 수익자총회의 결의일부터 20일 이내에 수익증권의 매수를 청구하는 경우
2. 소규모 투자신탁의 합병(法 193조② 단서)에 반대하는 수익자가 대통령령으로 정하는 방법[22]에 따라 수익증권의 매수를 청구하는 경우

(3) 효 과

(가) 매수방법

투자신탁을 설정한 집합투자업자는 수익증권의 매수 청구가 있는 경우에는 매수청구기간이 만료된 날부터 15일 이내에 그 투자신탁재산으로 대통령령으로 정하는 방법에 따라[23] 그 수익증권을 매수해야 한다(法 191조③).[24] 즉, 반대수익자의 매수청구시 집합투자업자는 환매와 동일한 방법으로 수익증권을 매수해야 한다.

---

21) 신탁계약의 변경 또는 투자신탁의 합병 외의 결의에 관하여는 반대수익자의 수익증권매수청구권이 인정되지 않는다.

22) "대통령령으로 정하는 방법"이란 집합투자업자가 소규모 투자신탁의 합병시 수익자에 대한 통지(숙 225조의2②)를 한 날부터 20일 이내에 그 집합투자업자에게 서면으로 합병에 반대하는 의사를 통지하는 것을 말한다(숙 222조①).

23) 집합투자업자는 법 제191조 제3항 본문에 따라 투자신탁재산으로 수익증권을 매수하는 경우에는 매수청구기간의 종료일에 환매청구한 것으로 보아 신탁계약에서 정하는 바에 따라 매수해야 한다(숙 222조②).

24) 집합투자업자는 투자신탁재산으로 수익증권을 매수하는 경우에는 매수청구기간의 종료일에 환매청구한 것으로 보아 신탁계약에서 정하는 바에 따라 매수해야 한다(숙 222조).

(나) 수익자의 비용부담 불허

환매청구의 경우와 달리 투자신탁을 설정한 집합투자업자는 해당 수익자에게 수익증권의 매수에 따른 수수료 그 밖의 비용을 부담시켜서는 아니 된다(法 191조②).

(다) 매수연기

투자신탁을 설정한 집합투자업자는 매수자금이 부족하여 매수에 응할 수 없는 경우에는 금융위원회의 승인을 받아 수익증권의 매수를 연기할 수 있다(法 191조③ 단서).[25]

(라) 매수 수익증권의 소각

투자신탁을 설정한 집합투자업자는 수익증권을 매수한 경우에는 지체 없이 그 수익증권을 소각해야 한다(法 191조④).

4. 투자신탁의 해지

(1) 의 의

투자신탁의 해지란 투자신탁계약의 효력을 장래에 대하여 소멸시키고(民法 550조) 투자신탁관계를 종료시키는 행위를 말한다. 투자신탁의 해지는 해지의 사유에 따라 임의해지와 의무해지(법정해지 또는 강제해지)로 구분된다.

(2) 해지권자

집합투자업자만이 투자신탁을 해지할 수 있고, 신탁업자는 해지권을 행사할 수 없다. 집합투자업자는 투자신탁 운영을 주도하는 반면 신탁업자는 소극적인 역할을 하기 때문이다. 수익자는 투자신탁계약의 당사자가 아니고 환매청구를 할 수 있으므로 별도의 해지권이 인정되지 않는다. 다만 투자신탁을 설정한 집합투자업자는 수익자총회의 투자신탁 해지 결의가 있는 경우에는 지체 없이 투자신탁을 해지해야 한다(法 192조②2).

(3) 해지의 종류

(가) 임의해지

투자신탁을 설정한 집합투자업자는 금융위원회의 승인을 받아 투자신탁을 해지할 수 있다.[26] 다만, 수익자의 이익을 해할 우려가 없는 경우로서 대통령령

---

25) 반대수익자의 매수청구는 환매청구와 그 의의와 요건이 다르다. 즉, 환매청구시의 환매연기 사유와 달리, 주식매수청구시 매수연기는 "매수자금부족 및 금융위원회의 승인"이 요건이다.

으로 정하는 경우에는 금융위원회의 승인을 받지 아니하고 투자신탁을 해지할 수 있으며, 이 경우 집합투자업자는 그 해지사실을 지체 없이 금융위원회에 보고해야 한다(法 192조①).

"대통령령으로 정하는 경우"란 다음 각 호의 어느 하나에 해당하는 경우를 말한다. 이 경우 금융위원회가 정하여 고시하는 기준을 충족해야 한다(令 223조).

1. 수익자 전원이 동의한 경우
2. 해당 투자신탁의 수익증권 전부에 대한 환매의 청구를 받아 신탁계약을 해지하려는 경우
3. 사모집합투자기구가 아닌 투자신탁(존속하는 동안 투자금을 추가로 모집할 수 있는 투자신탁으로 한정)으로서 설정한 후 1년(시행령 제81조 제3항 제1호의 집합투자기구의 경우에는 설정 이후 2년)이 되는 날에 원본액이 50억원 미만인 경우
4. 사모집합투자기구가 아닌 투자신탁을 설정하고 1년(시행령 제81조 제3항 제1호의 집합투자기구의 경우에는 설정 이후 2년)이 지난 후 1개월간 계속하여 투자신탁의 원본액이 50억원 미만인 경우

(나) 의무해지

투자신탁을 설정한 집합투자업자는 다음과 같은 경우에는 지체 없이 투자신탁을 해지해야 한다. 이 경우 집합투자업자는 그 해지사실을 지체 없이 금융위원회에 보고해야 한다(法 192조②).

1. 신탁계약에서 정한 신탁계약기간의 종료
2. 수익자총회의 투자신탁 해지 결의

---

26) 투자신탁의 해지 승인을 신청하려는 자는 다음과 같은 사항을 기재한 해지승인신청서를 금융위원회에 제출해야 한다(令 224조①).
1. 해지대상 투자신탁에 관한 사항
2. 투자신탁의 해지사유
3. 해지대상 투자신탁의 집합투자업자, 신탁업자, 투자매매업자 및 투자중개업자에 관한 사항
4. 수익자에 관한 사항
5. 그 밖에 수익자를 보호하기 위하여 필요한 사항으로서 금융위원회가 정하여 고시하는 사항(금융투자업규정 7-10조①: 1. 수익자에 대한 통지에 관한 사항, 2. 해지금의 지급에 관한 사항)

해지승인신청서에는 다음과 같은 서류를 첨부해야 한다(令 224조②).
1. 집합투자업자의 해지결정을 증명할 수 있는 서류
2. 승인신청일 전날의 집합투자재산명세서
3. 그 밖에 해지승인의 심사에 필요한 서류로서 금융위원회가 정하여 고시하는 서류(금융투자업규정 7-10조②: 해지사유를 증빙할 수 있는 서류)

3. 투자신탁의 피흡수합병
4. 투자신탁의 등록 취소
5. 수익자의 총수가 1인이 되는 경우. 다만, 제6조에 따른 집합투자로 인정되거나 건전한 거래질서를 해할 우려가 없는 경우로서 대통령령으로 정하는 경우(令 224조의2)는 제외한다.
6. 투자신탁인 일반사모집합투자기구의 해지 명령을 받은 경우(法 249조의9①)

⑷ 공 시

집합투자업자는 집합투자기구가 해지된 날부터 2개월 이내에 결산서류를 금융위원회 및 협회에 제출해야 한다(法 239조, 90조②). 금융위원회 및 협회는 제출받은 서류를 인터넷 홈페이지 등을 이용하여 공시해야 한다(法 90조③).

⑸ 미수금 및 미지급금

집합투자업자는 투자신탁을 해지하는 경우에 미수금 채권이 있는 때에는 금융위원회가 정하여 고시하는 공정가액(금융투자업규정 7－11조①)으로 투자신탁을 해지하는 날에 그 미수금 채권을 양수해야 한다. 다만, 그 미수금 채권을 자본시장법 시행령 제87조 제1항 제3호에 따라 거래하는 경우에는 그 거래에 의할 수 있다(令 224조③). 집합투자업자는 투자신탁을 해지하는 경우에 미지급금 채무가 있는 때에는 금융위원회가 정하여 고시하는 공정가액(금융투자업규정 7－11조①)으로 투자신탁을 해지하는 날에 그 미지급금 채무를 양수해야 한다. 다만, 그 미지급금 채무가 확정된 경우로서 제87조 제1항 제3호에 따라 거래하는 경우에는 그 거래에 의할 수 있다(令 224조④).

⑹ 상환금의 지급

투자신탁을 설정한 집합투자업자는 제1항 · 제2항(제3호 제외)에 따라 투자신탁을 해지하는 경우에는 신탁계약이 정하는 바에 따라 투자신탁재산에 속하는 자산을 해당 수익자에게 지급할 수 있다(法 192조③).

⑺ 일부해지

투자신탁을 설정한 집합투자업자는 다음과 같은 경우에는 투자신탁의 일부를 해지할 수 있다(法 192조⑤, 令 225조).

1. 발행한 수익증권이 판매되지 아니한 경우
2. 수익자가 수익증권의 환매를 청구한 경우
3. 수익자가 수익증권의 매수를 청구한 경우

5. 투자신탁의 합병

(1) 의 의

투자신탁을 설정한 집합투자업자는 그 집합투자업자가 운용하는 다른 투자신탁을 흡수하는 방법으로 투자신탁을 합병할 수 있다(法 193조①). 즉, 동일한 집합투자업자가 운용하는 투자신탁 간의 합병만 인정되고, 일반적인 회사의 합병과 달리 존속합병은 인정되지 않고 흡수합병만 인정된다. 앞에서 본 바와 같이 합병반대수익자에게는 수익증권매수청구권이 인정된다.

(2) 합병계획서에 대한 수익자총회의 승인결의

투자신탁을 설정한 집합투자업자는 투자신탁을 합병하고자 하는 경우 다음과 같은 사항을 기재한 합병계획서를 작성하여 합병하는 각 투자신탁의 수익자총회의 결의를 거쳐야 한다(法 193조②).

1. 투자신탁의 합병으로 인하여 존속하는 투자신탁의 증가하는 신탁원본의 가액 및 수익증권의 좌수
2. 투자신탁의 합병으로 인하여 소멸하는 투자신탁의 수익자에게 발행하는 수익증권의 배정에 관한 사항
3. 투자신탁의 합병으로 인하여 소멸하는 투자신탁의 수익자에게 현금을 지급하는 경우 그 내용
4. 합병하는 각 투자신탁의 수익자총회의 회일
5. 합병을 할 날
6. 투자신탁의 합병으로 인하여 존속하는 투자신탁의 신탁계약을 변경하는 경우 그 내용
7. 그 밖에 대통령령으로 정하는 사항[27)]

다만, 건전한 거래질서를 해할 우려가 적은 소규모 투자신탁의 합병 등 대통령령으로 정하는 경우[28)]는 제외한다(法 193조② 단서). 이 경우 집합투자업자는

---

27) "대통령령으로 정하는 사항"은 다음과 같다(슈 226조①).
1. 투자신탁의 합병으로 인하여 이익금을 분배할 경우에는 그 한도액
2. 투자신탁의 합병으로 인하여 투자신탁의 계약기간 또는 투자신탁의 회계기간을 변경하는 경우에는 그 내용
3. 보수 또는 환매수수료 등을 변경하는 경우에는 그 내용
4. 수익증권의 합병가액을 계산하기 위한 투자신탁재산의 평가에 관한 사항
5. 합병으로 인하여 수익증권을 발행하는 경우에는 1좌에 미달하는 단수의 처리에 관한 사항

28) 투자신탁을 설정한 집합투자업자는 법 제193조 제2항 각 호 외의 부분 단서에 따라 합병하

합병하는 날의 20일 전까지 다음 사항을 수익자에게 서면으로 통지해야 한다(令 225조의2②).

1. 합병계획서 기재사항(합병하는 각 투자신탁의 수익자총회의 회일은 제외)]
2. 소규모 투자신탁의 합병에 대한 반대수익자의 수익증권매수청구권에 관한 사항

집합투자업자는 수익자에게 통지하는 경우에는 그 통지업무를 전자등록기관에 위탁해야 한다(令 225조의2③).

(3) 채권자보호절차

채권자보호절차에 관한 상법 제527조의5 제1항 및 제3항은 채권자가 있는 투자신탁이 합병하는 경우에 준용한다(法 193조③).[29)30)] 운용실적이 좋은 투자신탁과 운용실적이 저조한 투자신탁이 합병되면 전자의 투자신탁의 채권자가 손해를 입을 가능성이 있으므로, 회사의 합병에 준하여 투자신탁의 합병에 있어서도 채권자보호절차를 거쳐야 한다. 즉, 집합투자업자는 수익자총회의 승인결의가 있은 날부터 2주 내에 채권자에 대하여 합병에 이의가 있으면 1월 이상의 기간 내에 이를 제출할 것으로 공고하고, 알고 있는 채권자에 대하여는 따로따로 이를 최고해야 한다(法 193조③, 상법 527조의5①). 채권자가 그 기간 내에 이의를 제출하지 않은 경우에는 합병을 승인한 것으로 본다(法 193조③, 상법 527조의5③, 상법 232조②).

려는 투자신탁이 다음 각 호의 요건을 모두 충족하는 경우에는 같은 항 각 호 외의 부분 본문에 따른 합병계획서의 작성 및 수익자총회의 결의를 거치지 아니할 수 있다. 이 경우 합병하려는 투자신탁 중 하나 이상이 제223조 제3호 또는 제4호에 해당하지 않는 경우에는 합병비율의 적정성, 그 밖에 투자자 보호와 건전한 거래질서의 유지를 위하여 필요한 사항으로서 금융위원회가 정하여 고시하는 사항에 대하여 합병 전까지 금융위원회의 확인을 받아야 한다(令 225조의2①).

1. 합병하려는 투자신탁 중 하나 이상이 제223조 제3호 또는 제4호에 해당할 것
2. 그 투자신탁 간에 법 제229조에 따른 집합투자기구의 종류가 동일할 것
3. 그 투자신탁 간에 집합투자규약에 따른 투자대상자산 등이 유사할 것

29) 채권자보호절차에 관한 상법 제527조의5 제1항 및 제3항은 채권자가 있는 투자신탁이 합병하는 경우에 준용한다. 이 경우 "회사"는 각각 "집합투자업자"로, "주주총회"는 "수익자총회"로 본다(法 193조③).

30) 집합투자기구의 계산으로 하는 금전차입은 원칙적으로 금지되지만(法 83조①), 집합투자업자는 i) 집합투자증권의 환매청구가 대량으로 발생하여 일시적으로 환매대금의 지급이 곤란한 때, ii) 반대수익자의 수익증권매수청구(法 191조), 투자회사 주주의 주식매수청구(法 201조④)가 대량으로 발생하여 일시적으로 매수대금의 지급이 곤란한 경우에는 집합투자기구의 계산으로 금전을 차입할 수 있다(法 83조① 단서). 그 외에 각종 보수지급채무를 부담하는 경우도 있을 수 있다.

(4) 비치 · 열람 · 교부

투자신탁을 설정한 집합투자업자는 수익자총회일의 2주 전부터 합병 후 6개월이 경과하는 날까지 다음과 같은 서류를 본점 및 투자매매업자 · 투자중개업자의 영업소에 비치해야 한다. 이 경우 그 투자신탁의 수익자 및 채권자는 영업시간 중 언제든지 그 서류를 열람할 수 있으며, 그 서류의 등본 또는 초본의 교부를 청구할 수 있다(法 193조④).

1. 합병하는 각 투자신탁의 최종의 결산서류
2. 합병으로 인하여 소멸하는 투자신탁의 수익자에게 발행하는 수익증권의 배정에 관한 사항 및 그 이유를 기재한 서면
3. 합병계획서

(5) 보 고

투자신탁을 설정한 집합투자업자는 투자신탁을 합병한 경우에는 그 사실을 지체 없이 금융위원회에 보고해야 한다. 이 경우 합병되는 투자신탁의 수익증권이 증권시장에 상장되어 있는 때에는 거래소에도 보고해야 한다(法 193조⑤).

(6) 합병의 효력 및 효력발생시기

투자신탁의 합병은 존속하는 투자신탁의 집합투자업자가 금융위원회에 보고를 한 때에 그 효력이 발생한다(法 193조⑥). 통상의 회사합병은 합병 등기를 마쳐야 하지만 투자신탁의 경우에는 등기가 없으므로 금융위원회에 보고한 때에 그 효력이 발생한다. 합병으로 인하여 소멸하는 투자신탁은 해지된 것으로 보고(法 193조⑥ 후단), 합병 후 존속하는 투자신탁은 합병으로 인하여 소멸된 투자신탁의 권리 · 의무를 승계한다(法 193조⑦). 포괄승계이므로 개별적인 권리의무의 이전행위나 대항요건은 요구되지 않는다. 존속하는 투자신탁은 이러한 승계에 따라 그에 해당하는 수익증권을 발행하여 소멸하는 투자신탁의 수익자에게 교부해야 한다.

(7) 새로운 수익증권의 발행

투자신탁이 합병되는 경우 존속하는 투자신탁은 소멸하는 투자신탁의 모든 재산을 승계하고 그에 해당하는 수익증권을 발행하여 그 수익자에게 교부해야 한다. 수익증권은 예탁결제원을 통하여 일괄예탁의 방법으로 발행되고, 새로 발행되는 수익증권은 합병의 효력이 발생하는 때(금융위원회에 합병의 보고를 한 때)

그 효력이 발생한다.

Ⅱ. 수익증권의 발행과 수익자명부

1. 수익증권의 발행

(1) 수익권과 수익증권

투자신탁의 수익권은 신탁계약에서 정하는 바에 따라 투자신탁재산의 운용에서 발생한 이익의 분배를 받고 신탁원본의 상환을 받는 등의 권리를 말한다. 수익증권은 투자신탁의 수익권을 표창하는 유가증권이다. 수익자는 신탁원본의 상환 및 이익의 분배 등에 관하여 수익증권의 좌수에 따라 균등한 권리를 가진다(法 189조②).[31]

(2) 발행주체

투자신탁을 설정한 집합투자업자는 투자신탁의 수익권을 균등하게 분할하여 수익증권을 발행한다(法 189조①). 즉, 수익증권의 발행주체는 집합투자업자이다. 신탁업자는 수익증권의 발행가액 전액 납입 여부, 수익증권의 기재사항, 신탁계약서의 내용에 위반되는지 여부 등을 확인하지만, 발행주체가 되는 것은 아니다.

(3) 수익증권의 기재사항

투자신탁을 설정한 집합투자업자는 제3항에 따른 수익증권을 발행하는 경우에는 다음 사항이 전자증권법에 따라 전자등록 또는 기록되도록 해야 한다. 이 경우 그 집합투자업자 및 그 투자신탁재산을 보관·관리하는 신탁업자의 대표이사(집행임원 설치회사의 경우 대표집행임원)로부터 대통령령으로 정하는 방법과 절차에 따라 확인을 받아야 한다(法 189조⑤).

1. 집합투자업자 및 신탁업자의 상호
2. 수익자의 성명 또는 명칭
3. 신탁계약을 체결할 당시의 신탁원본의 가액 및 수익증권의 총좌수
4. 수익증권의 발행일

31) 이와 달리 일반사모집합투자기구는 집합투자규약에 따라 투자자에 대한 손익의 분배 또는 손익의 순위 등에 관한 사항을 정할 수 있다(法 249조의8⑦). 따라서 사모투자신탁의 경우에는 여러 종류의 수익증권을 발행할 수 있다.

⑷ 발행시기와 방식

투자신탁을 설정한 집합투자업자는 신탁계약에서 정한 신탁원본 전액이 납입된 경우 신탁업자의 확인을 받아 전자증권법에 따른 전자등록의 방법으로 투자신탁의 수익권을 발행해야 한다(法 189조③). 수익증권은 무액면 기명식으로 한다(法 189조④). 수익증권은 신탁재산의 순자산가치에 따라 실제의 가치가 정해지고, 추가설정 당시 수익증권의 기준가격에 의하여 추가설정되므로 액면금액은 무의미하기 때문이다. 한편 수익자총회제도상 수익자별 수익증권의 수량의 파악을 위하여 기명식으로 발행할 것을 요구하는 것이다.

2. 수익자명부

⑴ 작 성 자

원래 수익자명부는 수익증권을 발행하고 수익자총회를 소집하는 집합투자업자가 작성하는 것이 원칙이겠지만, 집합투자업자가 수익자명부를 작성하는 것은 집합투자업자가 수익증권의 직접 판매에 투자자에 대한 정보를 이용하는 이해상충문제가 있기 때문에, 투자신탁을 설정한 집합투자업자는 수익자명부의 작성에 관한 업무를 (집합투자업자, 신탁업자, 수익증권을 판매하는 투자매매업자나 투자중개업자가 아닌) 전자등록기관에 위탁해야 한다(法 189조⑥).

⑵ 기재사항

전자등록기관은 위탁을 받은 경우 다음과 같은 사항을 기재한 수익자명부를 작성·비치해야 한다(法 189조⑦).

1. 수익자의 주소 및 성명
2. 수익자가 소유하는 수익증권의 좌수

⑶ 정보제공의 금지

전자등록기관은 제7항 각 호에 관한 정보를 타인에게 제공해서는 아니 된다. 다만, 수익자총회 개최를 위하여 집합투자업자에게 제공하는 경우, 그 밖에 대통령령으로 정하는 경우에는 이를 제공할 수 있다(法 189조⑧, 令 219조).

⑷ 준용규정

상법 제337조, 제339조, 제340조 및 전자증권법 제35조 제3항 후단은 수익권 및 수익증권에 관하여 준용하며, 상법 제353조 및 제354조는 수익자명부에 관하여 준용한다(法 189조⑨).

제 2 절 회사형 집합투자기구

Ⅰ. 투자회사

1. 투자회사의 의의

투자회사란 집합투자기구 중 상법에 따른 주식회사 형태의 집합투자기구를 말한다(法 9조⑱2). 이에 따라 신탁형 집합투자기구(투자신탁)나 조합형의 집합투자기구[32]와 달리 투자자의 투자자금이 투자회사의 자본금을 구성하고, 투자자는 투자회사의 주주로 되며, 상법상 주식회사와 같이 주주총회, 이사, 이사회 등을 갖추어야 한다.[33]

2. 투자회사의 설립과 등록

(1) 설립절차의 특성

투자회사는 상법상 주식회사이지만 집합투자기구라는 특성상 자본시장법은 상법 규정과 다른 별도의 규정을 두고 있다.[34]

(2) 설립절차

(가) 발기설립

상법상 주식회사의 설립은 발기설립과 모집설립 등 두 가지 방법이 인정되지만, 자본시장법상 투자회사의 발기인은 투자회사의 설립시에 발행하는 주식의 총수를 인수하여야 하므로(法 194조⑥) 투자회사의 설립은 발기설립만 인정된다. 발기인의 수에 대하여는 상법상 주식회사와 같이 아무런 제한이 없다.

---

32) 신탁형과 조합형을 계약형으로 통칭하면서 집합투자기구의 법적 구성형태를 크게 계약형과 회사형(법인형)으로 구분하기도 한다.

33) 다만 투자회사의 이사는 법인이사와 감독이사로 구분되며, 상법상 주식회사의 대표이사나 감사는 존재하지 않는다.

34) 자본시장법상 별도로 규정되지 않는 사항에 대하여는 제206조 제2항에 의하여 그 적용이 배제되지 않는 범위에서 상법상 주식회사의 설립에 대한 규정이 적용된다.

(나) 발기인의 자격

금융투자업자 임원의 자격요건(금융사지배구조법 5조)은 투자회사의 발기인에게도 적용된다(法 194조①).[35] 따라서 결격사유 중 어느 하나에 해당하는 자는 투자회사의 발기인이 될 수 없으며, 발기인이 된 후 이에 해당하게 된 경우에는 그 지위를 상실한다.

(다) 발기인의 책임

투자회사의 발기인은 상법상 주식회사의 발기인과 동일한 책임을 부담한다.

(라) 정관 작성

발기인은 투자회사를 설립하는 경우 소정의 사항을 기재한 정관을 작성하여 발기인 전원이 기명날인 또는 서명해야 한다(法 194조②). 자본시장법은 상법상 주식회사와 달리 투자회사의 정관에 대한 절대적 기재사항을 별도로 규정한다.[36]

---

35) 금융투자업자의 임원에 대한 결격사유에 대하여는 제2편에서 상술함.

36) 발기인은 투자회사를 설립하는 경우 다음과 같은 사항을 기재한 정관을 작성하여 발기인 전원이 기명날인 또는 서명해야 한다(法 194조②).

1. 목적
2. 상호
3. 발행할 주식의 총수
4. 설립시에 발행하는 주식의 총수 및 발행가액
5. 회사의 소재지
6. 투자회사재산의 운용 및 관리에 관한 사항
7. 그 투자회사가 유지하여야 하는 순자산액(자산에서 부채를 뺀 금액)의 최저액("최저순자산액"이라 한다)
8. 이익분배 및 환매에 관한 사항
9. 공시 및 보고서에 관한 사항
10. 공고방법
11. 그 밖에 주주를 보호하기 위하여 필요한 사항으로서 대통령령으로 정하는 사항

"대통령령으로 정하는 사항"이란 다음과 같은 사항을 말한다(令 227조①).

1. 투자회사의 종류(法 229조의 운용대상에 따른 종류)
2. 투자대상자산(법 제229조 제4호에 따른 혼합자산집합투자기구인 경우를 제외하고는 주된 투자대상자산을 따로 기재해야 한다)
3. 주식의 추가발행과 소각에 관한 사항
4. 존속기간이나 해산사유를 정한 경우에는 그 내용
5. 투자회사재산의 평가와 기준가격의 계산에 관한 사항
6. 이익 외의 자산 등의 분배에 관한 사항
7. 집합투자업자·신탁업자 및 일반사무관리회사와 체결할 업무위탁계약의 개요(보수, 그 밖의 수수료의 계산방법, 지급방법 및 시기에 관한 사항을 포함)
8. 집합투자업자와 신탁업자의 변경에 관한 사항(변경사유, 변경절차, 손실보상, 손해배상 등에 관한 사항을 포함)
9. 정관의 변경에 관한 사항

3. 자 본 금

투자회사 설립시의 자본금은 주식 발행가액의 총액으로 한다(法 194조③).[37] 투자회사가 설립시에 발행하는 주식의 총수는 그 상한과 하한을 두는 방법으로 정할 수 있다(法 194조④).[38] 주식을 인수한 발기인은 지체 없이 주식의 인수가액을 금전으로 납입해야 한다(法 194조⑦). 「간접투자자산운용업법」은 객관적인 가치평가가 가능하고 주주의 이익을 해할 우려가 없는 경우에는 유가증권, 부동산 또는 실물자산으로도 납입할 수 있다고 규정하였는데(間投法 38조②), 자본시장법은 원칙적으로 실물자산에 의한 납입은 허용되지 않는다.[39]

4. 투자회사의 주식

투자회사의 주식은 무액면 기명식으로 한다(法 196조①). 투자회사는 회사 성립일 또는 신주의 납입기일에 지체 없이 전자증권법에 따른 전자등록의 방법으로 주식을 발행해야 한다(法 196조②). 투자회사가 그 성립 후에 신주를 발행하는 경우 신주의 수, 발행가액 및 납입기일은 이사회가 결정한다. 다만, 정관에서 달리 정하고 있는 경우에는 그에 따른다(法 196조③). 주주의 청구가 있는 경우 그 주주의 주식을 매수할 수 있는 투자회사("개방형투자회사")가 그 성립 후에 신주를 발행하는 경우 이사회는 다음과 같은 사항을 결정할 수 있다. 이 경우 개방형투자회사는 제3호의 방법에 따라 확정된 매일의 발행가액을 그 투자회사의 주식을 판매하는 투자매매업자·투자중개업자의 지점, 그 밖의 영업소에 게시하고,

---

10. 감독이사의 보수에 관한 기준
11. 투자회사의 회계기간
12. 정관 작성연월일
13. 그 밖에 주주를 보호하기 위하여 필요한 사항으로서 금융위원회가 정하여 고시하는 사항(금융투자업규정 7-8조)

37) 상법상 주식회사와 같이 발행주식의 액면총액을 자본금으로 규정하지 않는 이유는 투자회사 주식은 무액면주식이기 때문이다.

38) 종래에는 상법상 최저자본금의 폐지에 불구하고 투자회사의 최소자본금(1억원)규제가 있었으나, 2015년 7월 개정시 다양한 전략을 추구하는 집합투자기구의 출현을 촉진하여 투자자가 다양한 금융투자상품에 투자할 수 있도록 하기 위해 사전적 규제인 최소 자본금 요건을 폐지하였다.

39) 다만, 상장지수투자회사에 대하여는 금전 외의 자산으로 납입할 수 있고(法 234조③), 전문투자형 사모투자회사의 경우에는 「간접투자자산운용업법」의 규정과 같이 객관적인 가치평가가 가능하고 다른 투자자의 이익을 해할 우려가 없는 경우 증권, 부동산 또는 실물자산 등 금전 외의 자산으로 주식의 인수가액을 납입할 수 있다(法 249조의8③).

인터넷 홈페이지 등을 이용하여 공시해야 한다(法 196조④).

1. 신주의 발행기간
2. 발행기간 이내에 발행하는 신주수의 상한
3. 발행기간 동안 매일의 발행가액 및 주금납입기일을 정하는 방법

투자회사는 그 성립 후에 신주를 발행하는 경우 같은 날에 발행하는 신주의 발행가액, 그 밖의 발행조건은 균등하게 정해야 한다. 이 경우 신주의 발행가액은 그 투자회사가 소유하는 자산의 순자산액에 기초하여 산정한다(法 196조⑤). 투자회사의 주식을 인수한 발기인은 지체 없이 주식의 인수가액을 금전으로 납입해야 한다는 제194조 제7항은 신주를 발행하는 경우의 주식인수인에게 준용한다(法 196조⑥). 주식인수인은 투자회사가 그 성립 후에 신주를 발행하는 경우 주금의 납입과 동시에 주주의 권리·의무를 가진다(法 196조⑦).

5. 이사의 선임과 설립경과의 조사

발기인은 투자회사 설립시에 발행하는 주식의 인수가액의 납입이 완료된 경우에는 지체 없이 의결권 과반수의 찬성으로 이사를 선임하여야 하며, 선임된 이사는 투자회사의 설립에 관하여 법령이나 투자회사의 정관을 위반한 사항이 있는지를 조사하여 그 결과를 이사회에 보고해야 한다(法 194조⑧). 투자회사에는 감사라는 기관이 없고, 감독이사가 감사의 역할을 한다. 이사는 조사결과 법령 또는 투자회사의 정관을 위반한 사항을 발견한 경우에는 지체 없이 이를 발기인에게 보고해야 한다(法 194조⑨).

6. 설립등기

투자회사의 발기인은 소정의 사항에 대한 보고를 종료한 날부터 2주 이내에 설립등기를 해야 한다(法 194조⑩).

7. 제 한

투자회사의 발기인은 투자회사재산을 선박에 투자하는 투자회사를 설립할 수 없고, 투자회사는 설립 후에도 투자회사재산을 선박에 투자하는 투자회사에 해당하도록 그 투자회사의 정관을 변경할 수 없다(法 194조⑪).

8. 정관의 변경

⑴ 이사회의 결의

투자회사는 이사회 결의로 정관을 변경할 수 있다(法 195조①).[40]

⑵ 주주총회의 결의

정관의 내용 중 다음과 같은 사항을 변경하고자 하는 경우에는 제201조 제2항 본문에 따른 주주총회의 결의(출석한 주주의 과반수와 발행주식총수의 4분의 1 이상의 수에 의한 주주총회의 결의)를 거쳐야 한다(法 195조① 단서). 이러한 사항들에 관한 정관변경에 대한 주주총회의 결의에 반대하는 주주는 주식매수청구권을 행사할 수 있다(法 201조④, 191조).

1. 집합투자업자·신탁업자 등이 받는 보수, 그 밖의 수수료의 인상
2. 집합투자업자 또는 신탁업자의 변경
3. 정관으로 투자회사의 존속기간 또는 해산사유를 정한 경우 존속기간 또는 해산사유의 변경
4. 그 밖에 주주의 이익과 관련된 중요한 사항으로서 대통령령으로 정하는 사항[41]

⑶ 이사회결의와 주주총회결의가 필요없는 경우

투자회사는 합병·분할·분할합병, 그 밖에 대통령령으로 정하는 사유[42]로

---

40) 「간접투자자산운용업법」도 중요한 사항을 변경하는 때에는 주주총회를 거쳐야 하되 그 이외의 사항에 대하여는 이사회 결의를 통하여 정관변경이 가능하도록 규정하였다(間投法 44조).

41) "대통령령으로 정하는 사항"이란 다음 각 호의 사항을 말한다. 다만, 수익자 보호 및 투자회사재산의 안정적인 운용을 해칠 우려가 없는 경우로서 금융위원회가 정하여 고시하는 경우에는 제4호 및 제5호의 사항만 해당한다(令 229조①).
   1. 투자회사의 종류(法 229조의 운용대상에 따른 종류)의 변경. 다만, 투자회사를 설립할 때부터 다른 종류의 투자회사로 전환하는 것이 예정되어 있고 그 내용이 정관에 표시되어 있는 경우는 제외한다.
   2. 주된 투자대상자산의 변경
   2의2. 투자대상자산에 대한 투자한도의 변경(제80조 제1항 제3호의2 각 목 외의 부분에 따른 투자행위로 인한 경우만 해당)
   3. 개방형투자회사의 환매금지형투자회사(존속기간을 정한 투자회사로서 주식의 환매를 청구할 수 없는 투자회사)로의 변경
   4. 환매대금 지급일의 연장
   5. 그 밖에 주주 보호를 위하여 필요한 사항으로서 금융위원회가 정하여 고시하는 사항

42) "대통령령으로 정하는 사유"는 다음과 같다(令 229조②).
   1. 집합투자업자의 경우에는 다음 각 목의 어느 하나에 해당하는 경우
      가. 금융위원회의 조치에 따라 집합투자업자가 변경되는 경우

집합투자업자 또는 신탁업자가 변경된 경우에는 이사회 결의 및 주주총회의 결의 없이 정관을 변경할 수 있다(法 195조②).

(4) 공 시

투자회사는 정관을 변경한 경우에는 인터넷 홈페이지 등을 이용하여 공시하여야 하며, 제1항 단서에 따라 정관을 변경한 경우에는 공시 외에 이를 주주에게 통지해야 한다(法 195조③).

9. 이사의 구분

투자회사의 이사는 집합투자업자인 이사("법인이사")와 감독이사로 구분한다(法 197조①). 투자회사는 법인이사 1인과 감독이사 2인 이상을 선임해야 한다(法 197조②). 제197조는 일반사모집합투자기구에는 적용되지 않는다(法 249조의8①).

(1) 법인이사

(가) 의 의

법인이사는 투자회사를 대표하고 투자회사의 업무를 집행한다(法 198조①).[43]

(나) 선 임

법인이사 및 감독이사는 주주총회에서 선임된다(商法 382조①). 다만 투자회사 설립시에는 발행하는 주식의 인수가액 납입이 완료된 경우 발기인은 지체 없이 의결권 과반수의 찬성으로 이사를 선임해야 한다(法 194조⑧). 이사의 임기에 대한 상법 제383조의 규정은 투자회사에 대하여 그 적용이 배제되는데(法 206조②), 투자회사의 법인이사를 상법 규정에 따라 3년마다 재선임하여야 하는 것은 불필요한 제한이기 때문이다.[44] 다만, 감독이사의 경우에는 정관에서 임기를 규

나. 「금융산업의 구조개선에 관한 법률」 제10조 제1항 제6호부터 제8호까지의 규정에 따른 금융위원회의 명령에 따라 집합투자업자가 변경되는 경우
2. 신탁업자의 경우에는 다음 각 목의 어느 하나에 해당하는 경우
가. 영업양도 등으로 투자회사재산의 보관·관리계약의 전부가 이전되는 경우
나. 관련 법령을 준수하기 위하여 불가피하게 투자회사재산의 보관·관리계약의 일부가 이전되는 경우
다. 금융위원회의 조치에 따라 신탁업자가 변경되는 경우
라. 「금융산업의 구조개선에 관한 법률」 제10조 제1항 제6호부터 제8호까지의 규정에 따른 금융위원회의 명령에 따라 신탁업자가 변경되는 경우

43) 투자회사에는 대표이사를 두지 않고(法 206조 제2항에서 商法 389조 제1항의 적용을 배제) 법인이사가 투자회사를 대표하고 투자회사의 업무를 집행한다.

44) 투자신탁의 집합투자업자는 투자신탁의 만기시까지 집합투자업자로서의 지위가 인정된다는 점에서도 투자회사의 집합투자업자인 이사(법인이사)도 임기를 3년으로 제한할 필요가 없다.

정할 필요가 있다.

(다) 이사회의 결의

법인이사는 다음과 같은 업무를 집행하고자 하는 경우에는 이사회 결의를 거쳐야 한다(法 198조②).

1. 집합투자업자·신탁업자·투자매매업자·투자중개업자 및 일반사무관리회사와의 업무위탁계약(변경계약 포함)의 체결
2. 자산의 운용 또는 보관 등에 따르는 보수의 지급
3. 금전의 분배 및 주식의 배당에 관한 사항
4. 그 밖에 투자회사의 운영상 중요하다고 인정되는 사항으로서 정관이 정하는 사항

(라) 보 고

법인이사는 3개월마다 1회 이상 그 업무의 집행상황 및 자산의 운용 내용을 이사회에 보고해야 한다(法 198조③). 투자회사의 설립시 발기인에 의하여 선임된 이사는 투자회사의 설립에 관하여 법령이나 투자회사의 정관을 위반한 사항이 있는지를 조사하여 그 결과를 이사회에 보고해야 한다(法 194조⑧).

(마) 직무수행자 선임

법인이사는 법인이사의 직무를 정하여 그 직무를 수행할 자를 그 임직원 중에서 선임할 수 있다. 이 경우 집합투자업자는 이를 투자회사에 서면으로 통보해야 한다(法 198조④). 투자회사에 통보된 자가 그 직무 범위에서 행한 행위는 법인이사의 행위로 본다(法 198조⑤).

(2) 감독이사

(가) 감독이사의 직무

감독이사는 법인이사의 업무집행을 감독하며, 투자회사의 업무 및 재산상황을 파악하기 위하여 필요한 경우에는 법인이사와 그 투자회사재산을 보관·관리하는 신탁업자, 그 투자회사의 주식을 판매하는 투자매매업자·투자중개업자 또는 그 투자회사로부터 업무를 위탁받은 일반사무관리회사에 대하여 그 투자회사와 관련되는 업무 및 재산상황에 관한 보고를 요구할 수 있다(法 199조①). 감독이사는 그 직무를 수행함에 있어서 필요하다고 인정되는 경우에는 회계감사인에 대하여 회계감사에 관한 보고를 요구할 수 있다(法 199조②). 감독이사의 위와 같은 요구를 받은 자는 특별한 사유가 없는 한 이에 응해야 한다(法 199조③).

(나) 감독이사의 자격

다음과 같은 자는 감독이사가 될 수 없으며, 감독이사가 된 후 이에 해당하게 된 경우에는 그 직을 상실한다(法 199조④). 직무관련 정보의 이용 금지에 관한 제54조는 감독이사에게 준용한다(法 199조⑤).

1. 금융사지배구조법 제5조에 적합하지 아니한 자
2. 해당 투자회사의 발기인(法 194조 제8항에 따라 최초로 투자회사의 감독이사를 선임하는 경우에 한한다)
3. 투자회사의 대주주 및 그 특수관계인
4. 법인이사의 특수관계인 또는 법인이사로부터 계속적으로 보수를 지급받고 있는 자
5. 그 투자회사의 주식을 판매하는 투자매매업자·투자중개업자의 특수관계인
6. 그 투자회사의 이사가 다른 법인의 이사로 있는 경우 그 법인의 상근 임직원인 자
7. 그 밖에 감독이사로서의 중립성을 해할 우려가 있는 자로서 대통령령으로 정하는 자[45)]

10. 이 사 회

(1) 소 집

이사회는 각 이사가 소집한다(法 200조①). 이사는 이사회를 소집하고자 하는 경우에는 그 회의일 3일 전까지 각 이사에게 소집을 통지해야 한다. 다만, 정관이 정하는 바에 따라 통지기간을 단축할 수 있다(法 200조②).

(2) 결 의

이사회는 자본시장법과 정관이 정하는 사항에 대하여만 결의한다(法 200조③). 이사회는 이사가 결원된 경우 이사를 선임하기 위한 주주총회를 즉시 소집해야 한다(法 200조④). 이사회 결의는 이사 과반수의 출석과 출석한 이사 과반수의 찬성으로 한다(法 200조⑤).

---

45) "대통령령으로 정하는 자"는 다음과 같다(令 231조).
1. 해당 투자회사의 일반사무관리회사의 임직원
2. 해당 투자회사를 평가하는 집합투자기구평가회사의 임직원
3. 해당 투자회사의 투자회사재산의 가격을 평가하는 채권평가회사의 임직원
4. 해당 투자회사의 주식을 판매하는 투자매매업자·투자중개업자의 직원
5. 해당 투자회사의 회계감사인(회계감사인이 법인인 경우에는 그 법인에 속한 공인회계사)

11. 주주총회

(1) 소 집

(가) 이사회에 의한 소집

투자회사의 주주총회는 이사회가 소집한다(法 201조①). 이사회가 주주총회의 소집을 결의하면 대표이사가 실제의 소집업무를 집행하나, 투자회사의 경우에는 일반사무관리회사가 이를 집행한다(法 184조⑥4).

(나) 소수주주에 의한 소집

투자회사의 발행주식총수의 5% 이상을 소유한 주주가 주주총회의 목적과 소집의 이유를 기재한 서면을 제출하여 주주총회의 소집을 투자회사에 요청하는 경우 1개월 이내에 주주총회를 소집해야 한다.[46] 이 경우 투자회사가 정당한 사유 없이 주주총회를 소집하기 위한 절차를 거치지 않는 경우에는 발행주식총수의 5% 이상을 소유한 주주는 이사회의 소집결의 없이도 금융위원회의 승인을 받아 주주총회를 개최할 수 있다(法 201조③, 190조③).

또한 6개월 전부터 계속하여 투자회사의 발행주식총수의 3% 이상(최근 사업연도말 현재 자본금이 1천억원 이상인 투자회사의 경우 1.5% 이상)에 해당하는 주식을 소유한 투자회사의 주주도 이러한 상법상의 주주총회 소집에 관한 권리를 행사할 수 있다(法 205조②, 29조⑤).

(2) 결의사항

투자회사의 주주총회는 다음과 같은 사항을 결의한다. 상법상 재무제표의 승인은 정기주주총회의 결의사항이지만, 투자회사의 재무제표 승인은 이사회의 결의사항이다.[47]

(i) 정관 내용 중 중요한 사항의 변경(집합투자업자·신탁업자 등이 받는 보수, 그 밖의 수수료의 인상, 집합투자업자 또는 신탁업자의 변경, 존속기간 또는 해산사유의 변경, 정관에 명시되지 않은 투자회사 종류의 변경, 주된 투자대상자산의 변경, 개방형투자회사의 환매금지형투자회사로의 변경, 환매대금 지급일의 연장 등(法 195조① 단서, 令 229조①)

---

46) 상법상 발행주식 총수의 3% 이상을 가진 주주에게 주주총회소집권이 인정되나 투자회사의 경우에는 5% 이상으로 그 요건이 강화되었다.

47) 투자회사의 법인이사는 결산서류의 승인을 위하여 이사회 개최 1주 전까지 그 결산서류를 이사회에 제출하여 그 승인을 받아야 한다(法 239조②).

(ⅱ) 환매에 관한 사항(法 237조①, 令 257조①)
(ⅲ) 집합투자재산으로 부동산 취득 시 금전 차입에 관한 사항(令 97조① 단서)
(ⅳ) 상법상 주주총회 결의사항과 동일한 사항[이사의 선임(法 200조④), 투자회사의 해산(法 202조①2,⑤), 청산(法 203조⑤,⑥), 합병(法 204조②)]

⑶ 결의요건

주주총회는 출석한 주주의 의결권의 과반수와 발행주식총수의 4분의 1 이상의 수로 결의한다. 다만, 자본시장법에서 정한 주주총회의 결의사항 외에 집합투자규약으로 정한 주주총회의 결의사항에 대하여는 출석한 주주의 의결권의 과반수와 발행주식총수의 5분의 1 이상의 수로 결의할 수 있다(法 201조②).[48]

⑷ 의 사 록

투자회사는 주주총회의 소집·개최·의사록 작성 등에 관한 업무를 일반사무관리회사에 위탁해야 한다(法 184조⑥4).

12. 해　　산

⑴ 해산사유

투자회사의 해산사유는 다음과 같다(法 202조①).

1. 정관에서 정한 존속기간의 만료, 그 밖의 해산사유의 발생
2. 주주총회의 해산 결의
3. 투자회사의 피흡수합병
4. 투자회사의 파산
5. 법원의 명령 또는 판결
6. 투자회사 등록의 취소
7. 주주(법인이사인 주주는 제외)의 총수가 1인이 되는 경우. 다만, 건전한 거래질서를 해할 우려가 없는 경우로서 대통령령으로 정하는 경우(令 231조의2)는 제외한다.

---

48) 투자신탁의 수익자총회에 관한 제190조 제1항·제3항 및 제6항부터 제9항까지의 규정은 투자회사의 주주총회에 관하여 준용한다. 이 경우 "투자신탁"은 "투자회사"로, "신탁계약"은 "정관"으로, "투자신탁을 설정한 집합투자업자" 및 "집합투자업자"는 각각 "투자회사의 이사회"로, "투자신탁재산"은 "투자회사재산"으로, "수익증권"은 각각 "주식"으로, "총좌수"는 각각 "총수"로, "수익자"는 각각 "주주"로, "수익자총회"는 각각 "주주총회"로, "좌수"는 각각 "수"로, 같은 조 제8항 중 "제5항"은 "제2항"으로 본다(法 201조③).

⑵ 보고의무

청산인은 해산일부터 30일 이내에 해산의 사유 및 연월일, 청산인·청산감독인의 성명·주민등록번호(청산인이 법인이사인 경우에는 상호·사업자등록번호)를 금융위원회에 보고해야 한다(法 202조①).

⑶ 등 기

투자회사는 해산한 경우 법인이사가 청산인이 되는 때에는 해산일부터 2주 이내에, 청산인이 선임된 때에는 그 선임일부터 2주 이내에 다음과 같은 사항을 등기해야 한다(法 202조②).

1. 청산인의 성명·주민등록번호(청산인이 법인이사인 경우에는 상호·사업자 등록번호)
2. 청산인 중에서 대표청산인을 정하도록 하거나 2인 이상의 청산인이 공동으로 투자회사를 대표할 것을 정한 경우에는 그 내용

투자회사는 해산한 경우 감독이사가 청산감독인이 되는 때에는 해산일부터 2주 이내에, 청산감독인이 선임된 때에는 선임일부터 2주 이내에 청산감독인의 성명 및 주민등록번호를 등기해야 한다(法 202조③).

금융위원회는 ⅰ) 등록의 취소로 투자회사가 해산한 경우, 또는 ⅱ) 금융위원회가 직권으로 청산인·청산감독인을 해임한 경우에는 등기원인을 증명하는 서면을 첨부하여 투자회사의 소재지를 관할하는 등기소에 해당 등기를 촉탁해야 한다(法 202조⑨).

⑷ 청산인 및 청산감독인

투자회사가 해산한 경우(피흡수합병, 파산으로 해산한 경우 제외)에는 청산인 및 청산감독인으로 구성되는 청산인회를 둔다(法 202조④). 투자회사가 ⅰ) 정관에서 정한 존속기간의 만료, 그 밖의 해산사유의 발생, ⅱ) 주주총회의 해산 결의, ⅲ) 주주(법인이사인 주주 제외)의 총수가 1인이 되는 경우의 사유로 해산한 때에는 정관 또는 주주총회에서 달리 정한 경우 외에는 법인이사 및 감독이사가 각각 청산인 및 청산감독인이 된다(法 202조⑤).

투자회사가 다음 중 어느 하나에 해당하는 경우에는 금융위원회가 이해관계인의 청구에 의하여 청산인 및 청산감독인을 선임한다(法 202조⑥).

1. 법원의 명령 또는 판결에 의하여 해산한 경우

2. 청산인·청산감독인이 없는 경우
3. 상법상 설립무효 또는 취소의 판결이 확정된 경우(商法 193조①)

투자회사가 등록의 취소로 해산한 경우에는 금융위원회가 직권으로 청산인 및 청산감독인을 선임한다(法 202조⑦). 금융위원회는 청산인·청산감독인이 업무를 집행함에 있어서 현저하게 부적합하거나 중대한 법령 위반사항이 있는 경우에는 직권으로 또는 이해관계인의 청구에 의하여 이들을 해임할 수 있다. 이 경우 금융위원회는 직권으로 새로운 청산인·청산감독인을 선임할 수 있다(法 202조⑧).

13. 청　　산

(1) 청산인의 직무

상법상 청산인의 직무는 현존사무의 종결, 채권의 추심과 채무의 변제, 재산의 환가처분 및 잔여재산의 분배이다(商法 542조①, 254조①). 자본시장법은 재산상태의 조사 및 승인, 채권자에의 최고에 대하여는 별도로 규정한다.

(가) 재산상태의 조사 및 승인

청산인은 취임 후 지체 없이 투자회사의 재산상황을 조사하여 취임한 날부터 15일 이내에 재산목록과 재무상태표를 작성하여 이를 청산인회에 제출하여 승인을 받아야 하며, 그 등본을 지체 없이 금융위원회에 제출해야 한다(法 203조①).

(나) 채권자에의 최고

청산인은 취임한 날부터 1개월 이내에 투자회사의 채권자에 대하여 일정 기간 이내에 그 채권을 신고할 것과 그 기간 이내에 신고하지 아니하면 청산에서 제외된다는 뜻을 2회 이상 공고함으로써 최고해야 한다. 이 경우 그 신고기간은 1개월 이상으로 해야 한다(法 203조③). 청산인은 자금차입·채무보증·담보제공이 제한되는 투자회사의 경우 제3항에 불구하고 채권자에 대한 최고절차를 생략할 수 있다. 다만, 장내파생상품 매매에 따른 계약이행책임이 있는 경우 등에는 그 절차를 생략하지 못한다(法 203조④).

(다) 결산보고서

청산인은 청산사무가 종결된 경우에는 지체 없이 결산보고서를 작성하여 주주총회의 승인을 받아야 한다. 이 경우 그 결산보고서를 공고하고, 이를 금융위원회 및 협회에 제출해야 한다(法 203조⑤).

(2) 청산감독인의 직무

청산감독인은 청산인이 업무수행과 관련하여 법령이나 정관을 위반하거나, 그 밖에 투자회사에 대하여 현저하게 손해를 끼칠 우려가 있는 사실을 발견한 경우에는 금융위원회에 이를 보고해야 한다(法 203조②).

(3) 보 수

청산인·청산감독인은, 투자회사가 i) 정관에서 정한 존속기간의 만료, 그 밖의 해산사유의 발생, ii) 주주총회의 해산 결의, iii) 주주(법인이사인 주주는 제외)의 총수가 1인이 되는 경우의 사유로 해산한 때에는 정관 또는 주주총회가 정하는 바에 따라, 금융위원회가 선임한 경우에는 금융위원회가 정하는 바에 따라, 투자회사로부터 보수를 지급받을 수 있다(法 203조⑥). 청산인은 청산인회의 승인을 얻은 재산목록과 재무상태표를 청산종결시까지 투자회사에 비치하여야 하며, 이를 집합투자업자 및 투자매매업자·투자중개업자에게 송부하여 그 영업소에 비치하도록 해야 한다(法 203조⑦).

14. 합 병

(1) 합병의 방법

투자회사는 그 투자회사와 법인이사가 같은 다른 투자회사를 흡수하는 방법으로 합병하는 경우가 아니면 다른 회사와 합병할 수 없다(法 204조①).[49]

(2) 합병승인결의

투자회사의 합병승인은 출석한 주주의 의결권의 과반수와 발행주식총수의 5분의 1 이상의 수로 결의한다. 다만, 건전한 거래질서를 해할 우려가 적은 소규모 투자회사의 합병 등 대통령령으로 정하는 경우는 제외한다(法 204조②, 令233조의2).

15. 투자회사에 대한 특례

(1) 상장법인의 공시의무규정 적용배제

자본시장법 제3편 제3장(상장법인의 사업보고서 등)은 투자회사에는 적용하지 않는다(法 205조①).

49) 투자신탁의 합병에 관한 제193조 제4항·제5항 및 제8항은 투자회사의 합병에 관하여 준용한다. 이 경우 “투자신탁을 설정한 집합투자업자”, “투자신탁” 및 “투자신탁의 집합투자업자”는 각각 “투자회사”로, “수익자총회”는 각각 “주주총회”로, “수익자”는 각각 “주주”로, “수익증권”은 각각 “주식”으로 본다(法 204조③). [제5편 제2장 제1절 I. 5. 참조].

(2) 소수주주권의 요건 강화

투자회사 주주의 소수주주권은 상법에 비하여 완화된 요건이 적용되지만, 금융투자업자 주주의 소수주주권에 비하면 요건이 강화되어 있다.[50)]

16. 상법과의 관계

(1) 적용규정

투자회사에는 자본시장법에서 특별히 정한 경우를 제외하고는 상법 및 민법이 적용된다(法 181조).[51)]

(2) 배제규정

그 외에 상법의 일부 규정은 투자회사에 적용되지 않는다(法 206조②).[52)]

Ⅱ. 투자유한회사

1. 의 의

투자유한회사는 집합투자기구 중 상법상 유한회사 형태의 집합투자기구를

50) 투자회사의 주주에 관하여는 금융사지배구조법 제33조를 준용한다. 이 경우 제29조 제1항 중 "금융회사"는 "투자회사"로 보고, 같은 조 제1항 중 "1만분의 10"은 "1천분의 10"으로, 같은 조 제2항 전단 중 "1만분의 150"은 "1천분의 30"으로, "1만분의 75"는 "1천분의 15"로 보고, 같은 조 제3항 중 "10만분의 250"은 "1만분의 50"으로, "10만분의 125"는 "1만분의 25"로 보며, 같은 조 제4항 중 "100만분의 250"은 "10만분의 50"으로, "100만분의 125"는 "10만분의 25"로 보고, 같은 조 제5항 중 "10만분의 1"은 "1만분의 1"로 보며, 같은 조 제6항 중 "10만분의 50"은 "1만분의 10"으로, "10만분의 25"는 "1만분의 5"로 본다(法 205조②).

51) 상법 규정 중, 청산시 감정인평가에 의한 변제(商法 259조④), 변태설립사항의 조사를 위한 검사인 선임청구(商法 298조④), 검사인의 조사보고를 받을 권한(商法 299조), 현물출자 등의 증명(商法 299조의2), 변태설립사항에 대한 변경처분권(商法 300조), 검사인의 손해배상책임(商法 325조), 현물출자의 검사(商法 422조), 회사의 업무, 재산상태의 검사(商法 467조), 채권신고기간내의 변제(商法 536조), 청산인의 해임(商法 539조), 청산법인의 서류보존(商法 541조) 등에 관한 규정 중 "법원"은 각각 "금융위원회"로, 제176조 중 회사의 해산명령청구권자인 "검사"는 각각 "금융위원회"로 본다(法 206조①).

52) 상법 제19조, 제177조, 제288조, 제292조, 제298조 제1항부터 제3항까지, 제301조부터 제313조까지, 제330조, 제335조 제1항 단서, 제335조의2부터 제335조의7까지, 제341조, 제341조의2, 제341조의3, 제342조, 제342조의2, 제342조의3, 제343조, 제344조, 제344조의2, 제344조의3, 제345조부터 제351조까지, 제365조, 제374조의2, 제383조, 제389조 제1항, 제397조, 제408조의2부터 제408조의9까지, 제409조, 제409조의2, 제410조부터 제412조까지, 제412조의2부터 제412조의5까지, 제413조, 제413조의2, 제414조, 제415조, 제415조의2, 제417조부터 제420조까지, 제420조의2부터 제420조의5까지, 제438조, 제439조, 제449조, 제449조의2, 제450조, 제458조부터 제461조까지, 제461조의2 및 제604조는 투자회사에 적용하지 않는다(法 206조②).

말한다(法 9조⑱3).[53]

2. 투자유한회사의 설립

집합투자업자는 투자유한회사를 설립하는 경우 정관을 작성하여 기명날인 또는 서명해야 한다(法 207조①). 집합투자업자는 정관을 작성한 후 투자유한회사 설립시에 출자금을 금전으로 납입해야 한다(法 207조②).[54] 집합투자업자는 i) 목적, 상호, 법인이사의 상호·사업자등록번호, 회사의 소재지, ii) 정관으로 투자유한회사의 존속기간 또는 해산사유를 정한 경우 그 내용 등을 출자금액이 납입된 날부터 2주 이내에 설립등기를 해야 한다(法 207조③). 투자유한회사 사원의 출자의 목적은 금전에 한한다(法 207조④). 투자유한회사는 등록하기 전에는 집합투자업자 외의 자를 사원으로 가입시켜서는 아니 된다(法 207조⑤).

3. 지분증권

투자유한회사의 사원은 출자금액의 반환 및 이익의 분배 등에 관하여 지분증권의 수에 따라 균등한 권리를 가진다(法 208조①). 투자유한회사의 지분증권에는 다음과 같은 사항을 기재하고, 법인이사가 기명날인 또는 서명해야 한다(法 208조②).[55]

1. 회사의 상호
2. 회사의 성립연월일

53) 자본시장법은 제5편(집합투자기구) 제2장(집합투자기구의 구성 등) 제2절(회사 형태의 집합투자기구) 제2관(투자유한회사)에서 일반적인 투자유한회사에 대한 규정을 두고, 특수한 형태의 투자유한회사라 할 수 있는 환매금지형 투자유한회사, 종류형 투자유한회사, 전환형 투자유한회사, 모자형 투자유한회사 등에 대하여는 여타 집합투자기구와 함께 제3장(집합투자기구의 종류 등) 제2절(특수한 형태의 집합투자기구)에서 규정한다. 종래에는 상법상 유한회사 사원의 수가 50인 이내로 제한되었기 때문에 투자유한회사는 사실상 공모집합투자기구라기 보다는 사모집합투자기구에 가까운 구조로서 이용가능성이 거의 없었지만, 2011년 상법개정에 의하여 유한회사 사원의 수에 대한 제한규정이 삭제되었으므로 이용가능성이 한층 높아졌다.

54) 단, 사모집합투자기구(사모투자유한회사도 포함)의 경우에는 증권, 부동산 또는 실물자산 등 금전 외의 자산으로 납입할 수 있다(法 249조③).

55) 투자회사의 주식에 관한 제196조(제2항 제외)는 투자유한회사의 지분증권에 관하여 준용한다. 이 경우 "투자회사"는 각각 "투자유한회사"로, "주식"은 각각 "지분증권"으로, "신주"는 각각 "새 지분증권"으로, "이사회"는 각각 "법인이사"로, "주주"는 각각 "사원"으로, "주금"은 각각 "지분증권 대금"으로 본다(法 208조③). 제외되는 제2항은 "투자회사는 회사 성립일 또는 신주의 납입기일에 지체 없이 주식을 발행해야 한다"이다[제5편 제2장 제2절 I. 4. 참조].

3. 지분증권의 발행일
4. 사원의 성명(법인인 경우에는 상호)
5. 그 밖에 투자유한회사 사원의 보호에 필요한 사항으로서 대통령령으로 정하는 사항[56)]

4. 법인이사

투자유한회사에는 집합투자업자인 이사("법인이사") 1인을 둔다(法 209조①). 투자유한회사의 이사는 정관에 기재됨으로써 확정되므로 별도의 선임 절차는 필요 없다(法 209조②).[57)]

5. 사원총회

투자유한회사의 사원총회는 법인이사가 소집한다(法 210조①). 투자유한회사의 사원총회는 출석한 사원의 의결권의 과반수와 발행된 지분증권 총수의 4분의 1 이상의 수로 결의한다. 다만, 자본시장법에서 정한 사원총회의 결의사항 외에 정관으로 정한 사원총회의 결의사항에 대하여는 출석한 사원의 의결권의 과반수와 발행된 지분증권총수의 5분의 1 이상의 수로 결의할 수 있다(法 210조②).[58)]

6. 기타 준용규정

투자회사의 정관변경에 관한 제195조는 투자유한회사의 정관변경에 관하여 준용하고(法 211조①),[59)] 투자회사의 해산, 청산, 합병에 관한 제202조(제3항 및

---

56) "대통령령으로 정하는 사항"은 1. 기호 및 번호, 2. 이익 등의 분배의 시기, 3. 지분증권의 환매조건(환매를 청구할 수 없는 지분증권인 경우에는 환매를 청구할 수 없다는 뜻), 4. 존속기간을 정하는 경우에는 그 기간, 5. 그 지분증권을 판매한 투자매매업자·투자중개업자의 명칭 등이다(슈 235조).

57) 투자회사의 법인이사에 관한 제198조 제1항·제4항 및 제5항은 투자유한회사의 법인이사에게 준용한다. 이 경우 "투자회사"는 각각 "투자유한회사"로 본다(法 209조②). [제5편 제2장 제2절 I. 9. 참조].

58) 투자신탁의 수익자총회에 관한 제190조 제1항·제3항·제4항 및 제6항부터 제10항까지의 규정은 투자유한회사의 사원총회에 관하여 준용한다. 이 경우 "투자신탁을 설정한 집합투자업자" 및 "집합투자업자"는 각각 "투자유한회사의 법인이사"로, "투자신탁재산"은 "투자유한회사재산"으로, "수익증권"은 각각 "지분증권"으로, "총좌수"는 각각 "총수"로, "수익자"는 각각 "사원"으로, "수익자총회"는 각각 "사원총회"로, "수익자명부"는 "사원명부"로, "좌수"는 각각 "수"로 보고, 같은 조 제8항 중 "제5항"은 "제2항"으로 본다(法 210조③)[제5편 제2장 제1절 I. 2. 참조].

59) 이 경우 "투자회사"는 각각 "투자유한회사"로, 제195조 제1항 중 "이사회 결의로"는 "법인이사가"로, "제201조 제2항 단서"는 "제210조 제2항 단서"로, 제195조 제1항 중 "주주총회의 결의" 및 제195조 제2항 중 "이사회 결의 및 주주총회의 결의"는 각각 "사원총회의 결의"로,

제4항 제외), 제203조(제2항 제외), 제204조는 투자유한회사의 해산·청산 및 합병에 관하여 준용한다(法 211조②).[60]

7. 상법과의 관계

(1) 적용규정

투자유한회사에 상법을 적용함에 있어서 유한회사에 관한 상법 제582조(업무·재산상태의 조사), 제613조 제1항(준용규정, 제259조 제4항, 제536조 제2항 및 제541조 제2항을 준용하는 경우에 한한다) 및 제613조 제2항(준용규정, 제539조를 준용하는 경우에 한한다) 중 "법원"은 각각 "금융위원회"로 본다(法 212조①).

(2) 배제규정

상법규정 중 일부 규정은 투자유한회사에는 적용되지 않는다(法 212조②).[61]

Ⅲ. 투자합자회사

1. 투자합자회사의 설립

투자합자회사는 집합투자기구 중 상법에 따른 합자회사 형태의 집합투자기구를 말한다(法 9조⑱4).[62] 집합투자업자는 투자합자회사를 설립하는 경우 정관

"주주"는 각각 "사원"으로 본다(法 211조①)[제5편 제2장 제2절 I. 8. 참조].

60) 이 경우 "주주"는 "사원(법인이사인 사원은 제외한다)"으로, "투자회사"는 각각 "투자유한회사"로, "주주총회"는 각각 "사원총회"로, "법인이사 및 감독이사"는 "법인이사"로, "청산인 및 청산감독인" 및 "청산인 또는 청산감독인"은 각각 "청산인"으로, "재산목록과 재무상태표를 작성하여 이를 청산인회에 제출하여 그 승인을 받은 후 그 등본을"은 "재산목록과 재무상태표를 작성하여 그 등본을"로, "제201조 제2항 단서"는 "제210조 제2항 단서"로, "주식"은 "지분증권"으로 본다(法 211조②)[제5편 제2장 제2절 I. 12. 및 13. 참조].

61) 상법규정 중 투자유한회사에 적용되지 않는 규정은, 제543조 제3항, 제546조, 제560조(제341조의3, 제342조 및 제343조 제1항을 준용하는 경우에 한한다), 제568조부터 제570조까지, 제575조 단서, 제583조(제449조 제1항·제2항, 제450조, 제458조부터 제460조까지의 규정을 준용하는 경우에 한한다), 제584조부터 제592조까지, 제597조(제439조 제1항 및 제2항을 준용하는 경우에 한한다) 및 제607조 등이다(法 212조②).

62) 자본시장법은 제5편 제2장 제2절 제3관(투자합자회사)에서 일반적인 투자합자회사에 대한 규정을 두고, 특수한 형태의 투자합자회사라 할 수 있는 환매금지형 투자합자회사, 종류형 투자합자회사, 전환형 투자합자회사, 모자형 투자합자회사 등에 대하여는 여타 집합투자기구와 함께 제3장(집합투자기구의 종류 등) 제2절(특수한 형태의 집합투자기구)에서 규정한다. 또한 "경영권 참여, 사업구조 또는 지배구조의 개선 등을 위하여 지분증권 등에 투자·운용하는 투자합자회사로서, 지분증권을 사모로만 발행하는 집합투자기구"를 기관전용사모집합투자기구로 구분하여 제7장 제2절에서 따로 규정한다(法 249조의10).

을 작성하여 무한책임사원 1인과 유한책임사원 1인이 기명날인 또는 서명해야 한다(法 213조①). 집합투자업자는 정관을 작성한 후 투자합자회사 설립시에 출자금을 금전으로 납입해야 한다(法 213조②). 집합투자업자는 i) 목적, 상호, 업무집행사원의 상호·사업자 등록번호, 회사의 소재지, ii) 정관으로 투자합자회사의 존속기간 또는 해산사유를 정한 경우 그 내용을 출자금액이 납입된 날부터 2주 이내에 설립등기를 해야 한다(法 213조③). 투자합자회사 사원의 출자의 목적은 금전에 한한다(法 213조④). 투자합자회사는 등록하기 전에는 제1항에 따른 사원 외의 자를 사원으로 가입시켜서는 아니 된다(法 213조⑤).

2. 업무집행사원

투자합자회사는 업무집행사원 1인 외의 무한책임사원을 둘 수 없다. 이 경우 업무집행사원은 집합투자업자이어야 한다(法 214조①).[63][64] 상법상 합자회사의 유한책임사원은 회사의 업무집행이나 대표행위를 하지 못한다(商法 278조). 상법 제278조의 규정 중 대표권에 관하여는 "합자회사의 유한책임사원이 정관 또는 총사원의 동의로서 회사의 대표자로 지정되어 그와 같은 등기까지 경유되었다 하더라도 회사대표권을 가질 수 없다."라는 판례가 있다.[65] 즉, 제278조의 규정 중 "회사의 대표권" 부분은 강행규정이므로 유한책임사원은 정관에 의하여도 대표권을 부여받을 수 없다. 그러나 "업무집행" 부분에 관하여는 이를 직접적으로 다룬 판례도 없고, 학자들 간에 견해가 일치하지 않는다.[66] 다만, 자본시장법은 기관전용사모집합투자기구의 유한책임사원은 집합투자재산인 주식·지분의 의결권 행사 및 업무집행사원의 위탁금지업무에 관여할 수 없다는 명문의 규정을 두고 있다(法 249조의11④)

집합투자업자만 무한책임사원이 되고, 유한책임사원은 영업년도 말에 있어서 영업시간 내에 한하여 회사의 회계장부·재무상태표 기타의 서류를 열람할 수

63) 상법상 회사는 합자회사의 무한책임사원이 되지 못하나 자본시장법은 투자합자회사의 재산을 운용하는 집합투자업자가 업무집행사원이면서 유일한 무한책임사원이 되도록 규정한다.

64) 투자회사의 법인이사에 관한 제198조 제1항·제4항 및 제5항은 투자합자회사의 업무집행사원에게 준용한다. 이 경우 "법인이사"는 각각 "업무집행사원"으로, "투자회사"는 각각 "투자합자회사"로 본다(法 214조②)[제5편 제2장 제2절 I. 9. 참조].

65) 대법원 1966. 1. 25. 선고 65다2128 판결.

66) 강행규정으로 보는 견해: 이철송, 167면, 임의규정으로 보는 견해: 정경영, 735면, 정찬형, 560면.

있고 회사의 업무와 재산상태를 검사할 수 있다(商法 277조①). 중요한 사유가 있는 때에는 유한책임사원은 언제든지 법원의 허가를 얻어 열람과 검사를 할 수 있다(商法 277조②).

3. 사원총회

투자합자회사에 사원 전원으로 구성되는 사원총회를 두며, 사원총회는 자본시장법 또는 정관에서 정한 사항에 대하여만 결의할 수 있다(法 215조①). 투자합자회사의 사원총회는 업무집행사원이 소집한다(法 215조②). 투자합자회사의 사원총회는 출석한 사원의 의결권의 과반수와 발행된 지분증권 총수의 4분의 1 이상의 수로 결의한다. 다만, 자본시장법에서 정한 사원총회의 결의사항 외에 정관으로 정한 사원총회의 결의사항에 대하여는 출석한 사원의 의결권의 과반수와 발행된 지분증권총수의 5분의 1 이상의 수로 결의할 수 있다(法 215조③).[67]

4. 준용규정

투자회사의 정관에 관한 제195조는 투자합자회사의 정관변경에 관하여 준용하고(法 216조①),[68] 투자유한회사의 지분증권에 관한 제208조는 투자합자회사의 지분증권에 관하여 준용하고(法 216조②),[69] 투자회사의 해산, 청산, 합병에 관한 제202조(제3항 및 제4항 제외), 제203조(제2항 제외), 제204조는 투자합자회사의 해산·청산 및 합병에 관하여 준용한다(法 216조③).[70]

---

67) 투자신탁의 수익자총회에 관한 제190조 제3항·제4항 및 제6항부터 제10항까지의 규정은 투자합자회사의 사원총회에 관하여 준용한다. 이 경우 "투자신탁을 설정한 집합투자업자" 및 "집합투자업자"는 각각 "투자합자회사의 업무집행사원"으로, "투자신탁재산"은 "투자합자회사 재산"으로, "수익증권"은 각각 "지분증권"으로, "총좌수"는 각각 "총수"로, "수익자"는 각각 "사원"으로, "수익자총회"는 각각 "사원총회"로, "수익자명부"는 "사원명부"로, "좌수"는 각각 "수"로 보고, 같은 조 제8항 중 "제5항"은 "제3항"으로 본다[제5편 제2장 제2절 Ⅰ. 9. 참조].

68) 이 경우 "투자회사"는 각각 "투자합자회사"로, 제195조 제1항 중 "이사회 결의로"는 "업무집행사원이"로, "제201조 제2항 단서"는 "제215조 제3항"으로, 제195조 제1항 중 "주주총회의 결의" 및 제195조 제2항 중 "이사회 결의 및 주주총회의 결의"는 각각 "사원총회의 결의"로, "주주"는 각각 "사원"으로 본다(法 216조①)[제5편 제2장 제2절 Ⅰ. 8. 참조].

69) 이 경우 "투자유한회사"는 각각 "투자합자회사"로, "제209조 제1항에 따른 법인이사" 및 "법인이사"는 각각 "업무집행사원"으로 보며, 제208조 제1항 중 "사원"은 "유한책임사원"으로 본다(法 216조②)[제5편 제2장 제2절 Ⅱ. 3. 참조].

70) 이 경우 "주주"는 "사원(업무집행사원은 제외한다)"으로, "투자회사"는 각각 "투자합자회사"로, "주주총회"는 각각 "사원총회"로, "법인이사" 및 "법인이사 및 감독이사"는 각각 "업무집행사원"으로, "청산인 및 청산감독인" 및 "청산인 또는 청산감독인"은 각각 "청산인"으로, "재산

5. 상법과의 관계

⑴ 적용규정

투자합자회사에 상법을 적용함에 있어서 합명회사에 관한 규정으로서 합자회사에 준용되는 상법 제200조의2(직무대행자의 권한), 제205조(업무집행사원의 권한상실선고), 제259조(청산인의 채무변제) 및 제277조(유한책임사원의 감시권) 중 "법원"은 각각 "금융위원회"로 본다(法 217조①).

⑵ 배제규정

합명회사에 관한 규정으로서 합자회사에 준용되는 상법 제198조(사원의 경업금지), 제217조부터 제220조까지(사원의 퇴사), 제224조(지분압류채권자에 의한 퇴사청구), 제280조(유한책임사원의 출자감소 후의 책임연장) 및 제286조(합자회사의 합명회사로의 조직변경)는 투자합자회사에 적용하지 않는다(法 217조②).

그러나 자본시장법 제217조는 기관전용사모집합투자기구에 적용하지 않는다(法 249조의20①).

⑶ 유한책임사원의 책임한도

투자합자회사의 유한책임사원은 상법 제279조에 불구하고 투자합자회사의 채무에 대하여 출자를 이행한 금액을 한도로 하여 책임을 진다(法 217조③).[71] 이는 투자합자회사는 집합투자기구로서 지분증권에 대한 투자자의 환매가 자유로워야 하기 때문이다.

⑷ 이익차등배당 허용

투자합자회사는 정관이 정하는 바에 따라 이익을 배당함에 있어서 무한책임사원과 유한책임사원의 배당률 또는 배당순서 등을 달리 정할 수 있다(法 217조④).[72] 보다 다양한 형태의 투자합자회사 구성이 가능하도록 하기 위하여 무한책

목록과 재무상태표를 작성하여 이를 청산인회에 제출하여 승인을 받은 후 그 등본을"은 "재산목록과 재무상태표를 작성하여 그 등본을"로, "제201조 제2항 단서"는 "제215조 제3항"으로, "주식"은 각각 "지분증권"으로 본다(法 216조③)[제5편 제2장 제2절 Ⅰ. 12. 및 13. 참조].

71) 상법상 합자회사의 유한책임사원은 회사 채무에 대하여 출자의무를 한도로 하여 책임을 부담하므로 그 출자가액에서 이미 이행한 부분을 공제한 가액을 한도로 하여 회사채무를 변제할 책임이 있고(商法 279조①), 또한 합자회사의 이익배당에 있어서 주식회사와 같은 엄격한 규제가 없으므로 회사에 이익이 없음에도 불구하고 배당을 받을 수 있으므로, 이러한 경우에는 배당을 받은 금액은 변제책임을 정함에 있어서 이를 가산한다(商法 279조②). 합자회사의 재산으로 회사의 채무를 완제할 수 없는 때에는 각 사원이 연대하여 변제할 책임이 있다(商法 269조, 212조).

임사원과 유한책임사원의 배당률 또는 배당순서 등을 달리 정할 수 있도록 한 것이다. 그러나 투자합자회사도 주식회사의 주주평등원칙에 대응하는 투자자평등원칙이 적용되므로 유한책임사원은 이익분배 등에 관하여 지분증권의 수에 따라 균등한 권리를 가진다(法 216조②, 208조①).

⑸ 손실차등배분 금지

이익배당과 달리 손실을 배분함에 있어서 무한책임사원과 유한책임사원의 배분율 또는 배분순서 등을 달리 하지 못한다(法 217조⑤).

Ⅳ. 투자유한책임회사

1. 의 의

투자유한책임회사는 집합투자기구 중 상법상 유한책임회사 형태의 집합투자기구를 말한다(法 9조⑱4의2).

2. 투자유한책임회사의 설립

집합투자업자는 투자유한책임회사를 설립하는 경우 정관을 작성하여 사원 1인이 기명날인 또는 서명해야 한다(法 217조의2①). 투자유한책임회사의 사원은 정관을 작성한 후 설립등기를 할 때까지 출자금을 금전으로 납입해야 한다(法 217조의2②). 집합투자업자는 ⅰ) 목적, 상호, 업무집행자의 상호·사업자등록번호, 회사의 소재지, ⅱ) 정관으로 투자유한책임회사의 존속기간 또는 해산사유를 정한 경우 그 내용 등을 출자금액이 납입된 날부터 2주 이내에 대통령령으로 정하는 서류를 첨부하여 설립등기를 해야 한다(法 217조의2③). 투자유한책임회사 사원의 출자의 목적은 금전에 한한다(法 217조의2④). 투자유한책임회사는 등록하기 전에는 제1항에 따른 사원 외의 자를 사원으로 가입시켜서는 아니 된다(法 217조의2⑤).

---

72) 상법상 합자회사의 경우 정관으로 손익의 분배비율을 자유로이 정할 수 있으며, 정관에 다른 정함이 없으면 손익은 출자액에 비례하여 분배하고, 다만 유한책임사원은 출자액을 한도로 하여 손실을 분담한다(商法 269조, 195조, 민법 711조).

3. 지분증권과 지분양도제한

투자유한책임회사의 사원은 출자금액의 반환 및 이익의 분배 등에 관하여 지분증권의 수에 따라 균등한 권리를 가진다(法 217조의3①). 투자유한책임회사의 지분증권에는 다음 각 호의 사항을 기재하고, 업무집행자가 기명날인 또는 서명해야 한다(法 217조의3②).

1. 회사의 상호
2. 회사의 성립연월일
3. 지분증권의 발행일
4. 사원의 성명(법인인 경우에는 상호)
5. 그 밖에 투자유한회사 사원의 보호에 필요한 사항으로서 대통령령으로 정하는 사항[73]

투자유한책임회사의 사원은 다른 사원의 동의를 얻지 아니하면 그 지분의 전부 또는 일부를 타인에게 양도하지 못한다(商法 287조의8①). 업무를 집행하지 않는 사원은 업무집행사원 전원의 동의가 있으면 지분의 전부 또는 일부를 타인에게 양도할 수 있다. 다만, 업무집행사원이 없는 경우에는 사원 전원의 동의를 받아야 한다(商法 287조의8②). 정관에서 지분양도에 관한 사항을 위와 달리 정할 수 있다(商法 287조의8③).

4. 업무집행자

투자유한책임회사는 사원 또는 사원이 아닌 자로 업무집행자("업무집행자") 1인을 두어야 한다. 이 경우 업무집행자는 집합투자업자이어야 한다(法 217조의4①).[74]

---

73) "대통령령으로 정하는 사항"은 다음과 같다(令 236조의2③).
1. 기호 및 번호
2. 이익 등의 분배의 시기
3. 지분증권의 환매조건(환매를 청구할 수 없는 지분증권인 경우에는 환매를 청구할 수 없다는 뜻)
4. 존속기간을 정하는 경우에는 그 기간
5. 그 지분증권을 판매한 투자매매업자·투자중개업자의 명칭

74) 투자회사의 법인이사에 관한 제198조 제1항·제4항 및 제5항은 투자유한책임회사의 업무집행자에게 준용한다. 이 경우 "법인이사"는 각각 "업무집행자"로, "투자회사"는 각각 "투자유한책임회사"로 본다(法 217조의4②).

5. 사원총회

투자유한책임회사의 사원 전원으로 구성되는 사원총회를 두며, 사원총회는 자본시장법 또는 정관에서 정한 사항에 대하여만 결의할 수 있다(法 217조의5①). 투자유한책임회사의 사원총회는 업무집행자가 소집한다(法 217조의5②). 투자유한책임회사의 사원총회는 출석한 사원의 의결권의 과반수와 발행된 지분증권 총수의 4분의 1 이상의 수로 결의한다. 다만, 자본시장법에서 정한 사원총회의 결의사항 외에 정관으로 정한 사원총회의 결의사항에 대하여는 출석한 사원의 의결권의 과반수와 발행된 지분증권총수의 5분의 1 이상의 수로 결의할 수 있다(法 217조의5③).[75)]

6. 기타 준용규정

투자회사의 정관변경에 관한 제195조는 투자유한책임회사의 정관변경에 관하여 준용하고(法 217조의6①),[76)] 투자회사의 해산에 관한 제202조(제3항 및 제4항 제외), 청산에 관한 제203조(제2항 제외) 및 합병에 관한 제204조는 투자유한책임회사의 해산·청산 및 합병에 관하여 준용한다(法 217조의6②).[77)]

---

75) 제190조 제3항·제4항 및 제6항부터 제10항까지의 규정은 투자유한책임회사의 사원총회에 관하여 준용한다. 이 경우 "투자신탁을 설정한 집합투자업자" 및 "집합투자업자"는 각각 "투자유한책임회사의 업무집행자"로, "투자신탁재산"은 "투자유한책임회사재산"으로, "수익증권"은 각각 "지분증권"으로, "총좌수"는 각각 "총수"로, "수익자"는 각각 "사원"으로, "수익자총회"는 각각 "사원총회"로, "수익자명부"는 "사원명부"로, "좌수"는 각각 "수"로 보고, 같은 조 제8항 중 "제5항"은 "제3항"으로 본다(法 217조의5④). 제191조는 투자유한책임회사의 제195조 제1항 단서에 따른 정관의 변경 또는 제204조 제2항에 따른 합병에 반대하는 사원에게 준용한다. 이 경우 "신탁계약"은 "정관"으로, "투자신탁", "집합투자업자" 및 "투자신탁을 설정한 집합투자업자"는 각각 "투자유한책임회사"로, "수익자총회"는 각각 "사원총회"로, "수익자"는 각각 "사원"으로, "수익증권"은 각각 "지분증권"으로, "투자신탁재산"은 "투자유한책임회사재산"으로 본다(法 217조의5⑤).

76) 이 경우 "투자회사"는 각각 "투자유한책임회사"로, 같은 조 제1항 중 "이사회 결의로"는 "업무집행자가"로, "제201조 제2항"은 "제217조의5 제3항"으로, 같은 조 제1항 중 "주주총회의 결의" 및 같은 조 제2항 중 "이사회 결의 및 주주총회의 결의"는 각각 "사원총회의 결의"로, "주주"는 각각 "사원"으로 본다(法 217조의6①).

77) 이 경우 "주주"는 "사원(업무집행자인 사원은 제외한다)"으로, "투자회사"는 각각 "투자유한책임회사"로, "주주총회"는 각각 "사원총회"로, "법인이사 및 감독이사"는 "업무집행자"로, "청산인 및 청산감독인" 및 "청산인 또는 청산감독인"은 각각 "청산인"으로, "재산목록과 재무상태표를 작성하여 이를 청산인회에 제출하여 승인을 받아야 하며, 그 등본을"은 "재산목록과 재무상태표를 작성하여 그 등본을"로, "제201조 제2항 단서"는 "제217조의5 제3항"으로, "주식"은 "지분증권"으로 본다(法 217조의6②).

7. 상법과의 관계

(1) 적용규정

투자유한책임회사에 상법을 적용함에 있어서 상법 제287조의13(제200조의2를 준용하는 경우로 한정한다), 제287조의14(제277조를 준용하는 경우로 한정한다), 제287조의17(제205조를 준용하는 경우로 한정한다), 제287조의45(제259조 제4항을 준용하는 경우로 한정한다) 중 "법원"은 각각 "금융위원회"로 본다(法 217조의7①).

(2) 배제규정

상법 제287조의9, 제287조의10, 제287조의12, 제287조의15, 제287조의16, 제287조의23 제3항, 제287조의24부터 제287조의44까지는 투자유한책임회사에는 적용하지 않는다(法 217조의7②).

V. 회사형 집합투자기구의 비교

1. 사원의 구성

투자회사의 사원은 주주, 투자유한회사의 사원은 유한책임사원, 투자합자회사의 사원은 유한책임사원·무한책임사원, 투자유한책임회사의 사원은 유한책임사원이다.

2. 업무집행

투자회사, 투자유한회사는 집합투자업자인 이사("법인이사"), 투자합자회사, 투자유한책임회사는 집합투자업자인 업무집행사원이 업무를 집행한다.

3. 의결기구

투자회사는 주주총회, 투자유한회사, 투자합자회사, 투자유한책임회사는 사원총회가 의결기구이다.

4. 감독기구

투자회사는 감독이사, 투자유한책임회사는 사원이 감독기구이다.

5. 출자대상

투자회사·투자유한회사·투자합자회사·투자유한책임회사 모두 사원은 금전만 출자할 수 있고, 신용·노무를 출자의 목적으로 하지 못한다.

6. 출자재산의 처분 등

투자회사, 투자유한회사는 집합투자업자인 이사("법인이사")가, 투자합자회사, 투자유한책임회사는 집합투자업자인 업무집행사원이 출자재산의 처분, 변경, 보존행위를 한다.

7. 지분단위 및 지분양도제한

투자회사의 지분단위는 주식, 투자유한회사·투자유한책임회사의 지분단위는 좌이고, 투자합자회사는 지분단위 개념이 없다. 지분양도의 경우, 투자회사·투자유한회사는 원칙적으로 자유이고(정관에 의한 양도제한은 가능), 투자합자회사는 무한책임사원의 지분양도는 사원 전원의 동의가 필요하고, 유한책임사원의 지분양도는 무한책임사원 전원의 동의가 필요하다.

제 3 절 조합형 집합투자기구

Ⅰ. 투자합자조합

1. 도입 경위

2011년 개정상법은 새로운 기업형태로서 합자조합과 유한책임회사 등 두 가지 유형의 기업형태를 도입하였다.[78] 합자조합은 내부적으로는 조합의 실질을 갖추고, 외부적으로는 사원의 유한책임이 확보되는 기업 형태로서 업무집행조합원과 유한책임조합원으로 구성된다. 이로써 상법상 조합은 익명조합과 합자조합이 존재한다. 이에 따라 2013년 자본시장법 개정시 민법상 조합의 출자지분을 삭제

78) 합자조합은 회사가 아니고 조합이므로 회사편이 아니라 상행위편에 규정되어 있다.

하고,[79] 종래의 "투자조합"을 "투자합자조합"으로 변경하였다.

2. 투자합자조합의 설립

집합투자업자는 투자합자조합을 설립하는 경우 다음 사항을 기재한 조합계약을 작성하여 업무집행조합원 1인과 유한책임조합원 1인이 기명날인 또는 서명해야 한다(法 218조①).[80]

1. 목적
2. 투자합자조합의 명칭
3. 업무집행조합원의 상호·사업자등록번호
4. 투자합자조합의 소재지
5. 투자합자조합재산의 운용 및 관리에 관한 사항
6. 존속기간 또는 해산사유를 정한 경우에는 그 내용
7. 이익분배 및 환매에 관한 사항
8. 공시 및 보고서에 관한 사항
9. 그 밖에 조합원을 보호하기 위하여 필요한 사항으로서 대통령령으로 정하는 사항(令 237조①)

조합원의 출자의 목적은 금전에 한한다(法 218조②). 투자합자조합은 등록하기 전에는 제1항에 따른 조합원 외의 자를 조합원으로 가입시켜서는 아니 된다(法 218조③). 투자합자조합은 설립 후 2주 이내에 대통령령으로 정하는 서류[81]를 첨부하여 다음 사항을 등기해야 한다(法 218조④).

---

79) 민법상 조합원은 조합채무에 대하여 무한책임을 지므로 자본시장법상 증권의 개념에 해당할 수 없기 때문에 2013년 개정시 제외하였다.

80) 투자회사의 정관에 관한 제195조는 투자합자조합의 조합계약변경에 관하여 준용한다. 이 경우 "투자회사"는 각각 "투자합자조합"으로, 같은 조 제1항 중 "이사회 결의로"는 "업무집행조합원이"로, "제201조 제2항"는 "제220조 제3항"으로, 같은 조 제1항 중 "주주총회의 결의" 및 같은 조 제2항 중 "이사회 결의 및 주주총회의 결의"는 각각 "조합원총회의 결의"로, "주주"는 각각 "조합원"으로 본다(法 222조①). [제5편 제2장 제2절 Ⅰ. 8. 참조]. 투자유한회사의 지분증권에 관한 제208조는 투자합자조합의 지분증권에 관하여 준용한다. 이 경우 "투자유한회사" 및 "회사"는 각각 "투자합자조합"으로, "제209조 제1항에 따른 법인이사" 및 "법인이사"는 각각 "업무집행조합원"으로, "정관"은 "조합계약"으로, 제208조 제1항 중 "사원"은 "유한책임조합원"으로, 제208조 제2항 및 제3항 중 "사원"은 각각 "조합원"으로 본다(法 222조②)[제5편 제2장 제2절 Ⅱ. 3. 참조].

81) "대통령령으로 정하는 서류"란 다음 각 호의 서류를 말한다(令 237조②).
1. 조합계약
2. 출자금의 납부를 맡은 은행, 그 밖의 금융기관의 출자금의 납부·보관에 관한 증명서

1. 조합계약 기재사항 중 제1호부터 제4호까지의 사항
2. 조합계약으로 투자합자조합의 존속기간 또는 해산사유를 정한 경우 그 내용

3. 조합원 구성

투자합자조합은 투자합자조합의 채무에 대하여 무한책임을 지는 집합투자업자인 업무집행조합원 1인과 출자액을 한도로 하여 유한책임을 지는 유한책임조합원으로 구성된다(法 219조①).[82] 상법 제86조의4 제1항 제1호는 "(4호의 경우에는 유한책임조합원이 업무를 집행하는 경우에 한정함)"이라고 규정하므로 유한책임조합원도 업무집행조합원이 될 수 있음을 전제로 한다. 따라서 투자합자조합은 조합계약에 의하여 유한책임조합원에게도 업무집행권을 부여할 수 있다.

4. 조합원총회

투자합자조합에 조합원 전원으로 구성되는 조합원총회를 두며, 조합원총회는 자본시장법 또는 조합계약에서 정한 사항에 대하여만 결의할 수 있다(法 220조①). 투자합자조합의 조합원총회는 업무집행조합원이 소집한다(法 220조②). 투자합자조합의 조합원총회는 출석한 조합원의 의결권의 과반수와 발행된 지분증권 총수의 4분의 1 이상의 수로 결의한다. 다만, 자본시장법에서 정한 조합원총회의 결의사항 외에 조합계약으로 정한 조합원총회의 결의사항에 대하여는 출석한 조합원의 의결권의 과반수와 발행된 지분증권 총수의 5분의 1 이상의 수로 결의할 수 있다(法 220조③).[83]

5. 투자합자조합의 해산 및 청산

투자합자조합의 해산사유는, i) 조합계약에서 정한 존속기간의 만료, 그 밖

---

82) 투자회사의 법인이사에 관한 제198조 제1항·제4항 및 제5항은 투자합자조합의 업무집행조합원에게 준용한다. 이 경우 "법인이사"는 각각 "업무집행조합원"으로, "투자회사"는 각각 "투자합자조합"으로 본다(法 219조②)[제5편 제2장 제2절 Ⅰ. 9. 참조].

83) 투자신탁의 수익자총회에 관한 제190조 제3항·제4항 및 제6항부터 제10항까지의 규정은 투자합자조합의 조합원총회에 관하여 준용한다. 이 경우 "투자신탁을 설정한 집합투자업자" 및 "집합투자업자"는 각각 "투자합자조합의 업무집행조합원"으로, "투자신탁재산"은 "투자합자조합재산"으로, "수익증권"은 각각 "지분증권"으로, "총좌수"는 각각 "총수"로, "수익자"는 각각 "조합원"으로, "수익자총회"는 각각 "조합원총회"로, "수익자명부"는 "조합원명부"로, "좌수"는 각각 "수"로 보고, 같은 조 제8항 중 "제5항"은 "제3항"으로 본다(法 220조④)[제5편 제2장 제1절 Ⅰ. 2. 참조].

의 해산사유의 발생, ii) 조합원총회의 결의, iii) 투자합자조합 등록의 취소, iv) 유한책임조합원의 총수가 1인이 되는 경우(건전한 거래질서를 해할 우려가 없는 경우로서 대통령령으로 정하는 경우는 제외)[84] 등이다. 이 경우 청산인은 대통령령으로 정하는 사항을 금융위원회에 보고해야 한다(法 221조①, 令238조). 투자합자조합이 해산하는 경우 조합계약 또는 조합원총회에서 달리 정한 경우를 제외하고는 업무집행조합원이 청산인이 된다(法 221조②). 금융위원회는 투자합자조합이 청산인이 없거나 없게 된 경우에는 직권으로 청산인을 선임한다(法 221조③). 금융위원회는 청산인이 업무를 집행함에 있어서 현저하게 부적합하거나 중대한 법령 위반사항이 있는 경우에는 직권으로 또는 이해관계인의 청구에 의하여 청산인을 해임할 수 있다. 이 경우 금융위원회는 직권으로 새로운 청산인을 선임할 수 있다(法 221조④). 청산인은 투자합자조합의 잔여재산을 조합원에게 분배함에 있어서 조합계약이 정하는 바에 따라 투자합자조합재산에 속하는 자산을 그 조합원에게 지급할 수 있다(法 221조⑤).[85]

6. 상법 및 민법과의 관계

(1) 상법과의 관계

투자합자조합에 상법을 적용함에 있어서 상법 제86조의8 제2항(제200조의2를 준용하는 경우로 한정), 같은 조 제3항(제277조를 준용하는 경우로 한정) 중 "법원"은 각각 "금융위원회"로 본다(法 223조①). 상법 제86조의8 제2항(제198조, 제208조 제2항 및 제287조를 준용하는 경우로 한정한다)은 투자합자조합에는 적용하지 않는다(法 223조②).

(2) 민법과의 관계

민법 제703조, 제706조부터 제713조까지 및 제716조부터 제724조까지의 규정은 투자합자조합에 적용하지 않는다(法 223조③).

---

84) 제221조 제1항 제4호(투자합자조합의 해산사유 중 유한책임조합원의 총수가 1인이 되는 경우)는 2015. 1. 1.부터 시행한다[부칙 1조 3호].

85) 투자회사의 청산에 관한 제203조(제2항 제외)는 투자합자조합의 청산에 관하여 준용한다. 이 경우 "투자회사"는 각각 "투자합자조합"으로, "재산목록과 재무상태표를 작성하여 이를 청산인회에 제출하여 승인을 받은 후 그 등본을"은 "재산목록과 재무상태표를 작성하여 그 등본을"로, "주주총회"는 "조합원총회"로, "청산인 및 청산감독인"은 "청산인"으로 본다(法 221조⑥)[제5편 제2장 제2절 Ⅰ. 13. 참조].

(3) 간주규정

투자자가 투자합자조합의 지분증권을 매수한 경우 투자합자조합에 가입한 것으로 본다(法 223조④).

(4) 이익차등배당 허용

투자합자조합은 조합계약이 정하는 바에 따라 이익을 배당함에 있어서 무한책임조합원과 유한책임조합원의 배당률 또는 배당순서 등을 달리 정할 수 있다(法 223조⑤).

(5) 손실차등배분 금지

투자합자조합은 손실을 배분함에 있어서 무한책임조합원과 유한책임조합원의 배분율 또는 배분순서 등을 달리 하지 못한다(法 223조⑥).

Ⅱ. 투자익명조합

1. 투자익명조합의 설립

집합투자업자는 투자익명조합을 설립하는 경우 익명조합계약을 작성하여 영업자 1인과 익명조합원 1인이 기명날인 또는 서명해야 한다(法 224조①). 익명조합원의 출자의 목적은 금전에 한한다(法 224조②). 투자익명조합의 영업자는 등록하기 전에는 제1항에 따른 익명조합원 외의 자를 익명조합원으로 가입시켜서는 아니 된다(法 224조③).[86]

2. 영 업 자

투자익명조합재산은 집합투자업자인 영업자 1인이 운용한다(法 225조①).[87]

3. 익명조합원총회

투자익명조합에 익명조합원 전원으로 구성되는 익명조합원총회를 두며, 익

86) 과거에 일부 영화제작사들이 영화제작을 위하여 상법상 익명조합의 형태로 자금을 모집한 일이 있었으나 「간접투자자산운용업법」의 간접투자기구에 해당하지 아니하여 규제를 받지 않았다. 자본시장법은 이러한 경우에도 집합투자규제를 적용하기 위하여 투자익명조합을 집합투자기구의 한 종류로 규정한다(法 9조⑱6).

87) 투자회사의 법인이사에 관한 제198조 제1항·제4항 및 제5항은 투자익명조합의 영업자에게 준용한다. 이 경우 “법인이사”는 각각 “영업자”로, “투자회사”는 각각 “투자익명조합”으로 본다(法 225조②)[제5편 제2장 제2절 I. 9. 참조].

명조합원총회는 자본시장법 또는 익명조합계약에서 정한 사항에 대하여만 결의할 수 있다(法 226조①). 투자익명조합의 익명조합원총회는 영업자가 소집한다(法 226조②). 투자익명조합의 익명조합원총회는 출석한 익명조합원의 의결권의 과반수와 발행된 지분증권 총수의 4분의 1 이상의 수로 결의한다. 다만, 자본시장법에서 정한 익명조합원총회의 결의사항 외에 익명조합계약으로 정한 익명조합원총회의 결의사항에 대하여는 출석한 익명조합원의 의결권의 과반수와 발행된 지분증권 총수의 5분의 1 이상의 수로 결의할 수 있다(法 226조③).[88]

4. 기타 준용규정

투자회사의 정관에 관한 제195조는 투자익명조합의 익명조합계약변경에 관하여 준용하고(法 227조①),[89] 투자유한회사의 지분증권에 관한 제208조는 투자익명조합의 지분증권에 관하여 준용하고(法 227조②),[90] 투자합자조합의 해산 및 청산에 관한 제221조는 투자익명조합의 해산·청산에 관하여 준용한다(法 227조③).[91]

5. 다른 법률과의 관계

(1) 상법 배제규정

상법 제82조 제3항(이익배당과 손실분담에 관한 특약), 제83조(계약의 해지) 및 제84조(계약의 종료)는 투자익명조합에 적용하지 않는다(法 228조①).

---

88) 투자신탁의 수익자총회에 관한 제190조 제3항·제4항 및 제6항부터 제10항까지의 규정은 투자익명조합의 익명조합원총회에 관하여 준용한다. 이 경우 "투자신탁을 설정한 집합투자업자" 및 "집합투자업자"는 각각 "투자익명조합의 영업자"로, "투자신탁재산"은 "투자익명조합재산"으로, "수익증권"은 각각 "지분증권"으로, "총좌수"는 각각 "총수"로, "수익자"는 각각 "익명조합원"으로, "수익자총회"는 각각 "익명조합원총회"로, "수익자명부"는 "익명조합원명부"로, "좌수"는 각각 "수"로 보고, 같은 조 제8항 중 "제5항"은 "제3항"으로 본다(法 226조④)[제5편 제2장 제1절 Ⅰ. 2. 참조].

89) 이 경우 "투자회사"는 각각 "투자익명조합"으로, 제195조 제1항 중 "이사회 결의로"는 "영업자가"로, "제201조 제2항 단서"는 "제226조 제3항"으로, 제195조 제1항 중 "주주총회의 결의" 및 제195조 제2항 중 "이사회 결의 및 주주총회의 결의"는 각각 "익명조합원총회의 결의"로, "주주"는 각각 "익명조합원"으로 본다(法 227조①)[제5편 제2장 제2절 Ⅰ. 8. 참조].

90) 이 경우 "투자유한회사" 및 "회사"는 각각 "투자익명조합"으로, "제209조 제1항에 따른 법인이사" 및 "법인이사"는 각각 "영업자"로, "사원"은 각각 "익명조합원"으로, "정관"은 "익명조합계약"으로 본다(法 227조②)[제5편 제2장 제2절 Ⅱ. 3. 참조].

91) 이 경우 "투자합자조합"은 각각 "투자익명조합"으로, "유한책임조합원"은 "익명조합원"으로, "조합원총회"는 각각 "익명조합원총회"로, "업무집행조합원"은 각각 "영업자"로 본다(法 227조③)[제5편 제2장 제2절 Ⅱ. 4. 참조].

⑵ 신탁법 준용규정

신탁법 제3장은 투자익명조합에 준용한다(法 228조②).[92)]

⑶ 간주규정

투자자가 투자익명조합의 지분증권을 매수한 경우 투자익명조합에 가입한 것으로 본다(法 228조③).

제 4 절 사모집합투자기구

Ⅰ. 의 의

사모집합투자기구(사모펀드)란 ⅰ) 집합투자증권을 사모로만 발행하는 집합투자기구로서,[93)] ⅱ) 대통령령으로 정하는 투자자[94)]의 총수가 대통령령으로 정하는 방법에 따라 산출한 100인[95)96)] 이하의 것을 말한다.

92) 이 경우 "신탁재산"은 "투자익명조합재산"으로, "수탁자"는 "영업자"로, "신탁"은 "투자익명조합 가입"으로, "위탁자" 및 "수익자"는 각각 "익명조합원"으로 본다(法 228조②).

93) 사모집합투자기구는 집합투자증권을 사모의 방법으로 발행해야 하므로, 증권취득의 청약권유대상이 (청약 권유 이전 6개월 내에 같은 종류의 증권에 대하여 청약 권유를 받은 자를 합산하여) 49인 이하이어야 한다.

94) "대통령령으로 정하는 투자자"란 전문투자자로서 다음 각 호에 해당하지 않는 투자자를 말한다(令 14조①). (투자자수는 집합투자증권 발행 시점의 투자자를 의미)

1. 시행령 제10조 제1항 각 호의 어느 하나에 해당하는 자
2. 시행령 제10조 제3항 제12호[법률에 따라 설립된 기금(신용보증기금 및 기술보증기금 제외)] 및 그 기금을 관리·운용하는 법인·제13호(법률에 따라 공제사업을 경영하는 법인)에 해당하는 자 중 금융위원회가 정하여 고시하는 자

95) 법 제9조 제19항 각 호 외의 부분에 따른 사모집합투자기구의 투자자 총수는 다음 각 호의 구분에 따른 투자자의 수를 합산한 수로 한다. 이 경우 투자자의 총수를 계산할 때 다른 집합투자기구(시행령 제80조 제1항 제5호의2에 따른 사모투자재간접집합투자기구, 같은 항 제5호의3에 따른 부동산·특별자산투자재간접집합투자기구 또는 같은 호 각 목의 어느 하나에 해당하는 집합투자기구 등에 대한 투자금액을 합산한 금액이 자산총액의 80%를 초과하는 「부동산투자회사법」 제49조의3 제1항에 따른 공모부동산투자회사는 제외한다)가 그 집합투자기구의 집합투자증권 발행총수의 10% 이상을 취득하는 경우에는 그 다른 집합투자기구의 투자자(제1항에 따른 투자자)의 수를 더해야 한다(令 14조②).

1. 기관전용사모집합투자기구: 법 제249조의11 제1항에 따른 무한책임사원 및 같은 조 제6항 각 호에 따른 유한책임사원
2. 일반사모집합투자기구: 법 제249조의2 각 호에 따른 투자자

96) 제2항 각 호 외의 부분 후단에도 불구하고 그 집합투자기구를 운용하는 집합투자업자가 둘 이상의 다른 집합투자기구를 함께 운용하는 경우로서 해당 둘 이상의 다른 집합투자기구가

자본시장법은 사모집합투자기구를 다음과 같이 구분한다(法 9조⑲).[97]

1. 기관전용사모집합투자기구: 제249조의11 제6항에 해당하는 자만을 사원으로 하는 투자합자회사인 사모집합투자기구
2. 일반사모집합투자기구: 기관전용사모집합투자기구를 제외한 사모집합투자기구

Ⅱ. 일반사모집합투자기구

1. 의 의

일반사모집합투자기구란 "집합투자증권을 사모로만 발행하는 집합투자기구로서 대통령령으로 정하는 투자자의 총수가 대통령령으로 정하는 방법에 따라 산출한 100인 이하인 것으로서, 기관전용사모집합투자기구가 아닌 것"을 말한다(法 9조⑲). 일반사모집합투자기구를 통한 집합투자를 영업으로 하는 것을 일반사모집합투자업이라 한다(法 9조㉘). 일반사모집합투자기구로는 투자신탁, 투자익명조합, 투자회사 등이 있다(法 249조의2).

2. 적격투자자

일반사모집합투자기구는 다음과 같은 투자자("적격투자자")에 한정하여 집합투자증권을 발행할 수 있다(法 249조의2).

1. 전문투자자인 적격투자자: 전문투자자로서 대통령령으로 정하는 투자자[98]

그 집합투자기구의 집합투자증권 발행총수의 30% 이상을 취득(여유자금의 효율적 운용을 위한 취득으로서 금융위원회가 정하여 고시하는 경우의 취득은 제외한다)하는 경우에는 그 증권 발행총수의 10% 미만을 취득한 다른 집합투자기구의 투자자의 수도 더해야 한다(令 14조③).

97) 사모펀드 제도 개편의 경과를 보면, 1998년 사모펀드제도가 도입된 이후 2004년 구 사모투자전문회사, 2011년 구 적격투자자 사모펀드가 도입된 후 2015년 경영참여형 사모펀드와 전문투자형 사모펀드 체계가 구축되었다가(운용목적에 따라 분류되었고 투자자 범위는 동일), 2021년 4월 자본시장법 개정에 의하여 운용규제는 일원화, 완화하면서, 투자자를 기준으로 일반사모펀드와 기관전용사모펀드로 분류체계를 개편하였다.

98) "대통령령으로 정하는 투자자"란 다음과 같은 자를 말한다(令 271조①). (제2호의 투자자와 달리 투자금액제한이 없다)
1. 국가
2. 한국은행
3. 시행령 제10조 제2항 각 호의 어느 하나에 해당하는 자
4. 주권상장법인
5. 시행령 제10조 제3항 제1호부터 제8호까지 및 제13호부터 제18호까지의 어느 하나에 해당하는 자(따라서 개인인 전문투자자는 전문투자자인 적격투자자에 해당하여 투자금액

2. 기타 적격투자자: 1억원 이상으로서 대통령령으로 정하는 금액[99] 이상을 투자하는 개인 또는 법인, 그 밖의 단체(「국가재정법」 별표 2에서 정한 법률에 따른 기금과 집합투자기구를 포함)

3. 일반 사모집합투자업 등록

(1) 등록요건

일반 사모집합투자업을 영위하려면 금융위원회에 일반 사모집합투자업 등록을 해야 한다(法 249조의3①).[100] 일반 사모집합투자업 등록을 하려는 자는 다음 요건을 모두 갖추어야 한다(法 249조의3②).

1. 다음과 같은 자일 것
   가. 상법에 따른 주식회사이거나 대통령령으로 정하는 금융회사(令 271조의2①)
   나. 외국 집합투자업자(외국 법령에 따라 외국에서 집합투자업에 상당하는 영업을 영위하는 자)로서 외국에서 영위하고 있는 영업에 상당하는 집합투자업 수행에 필요한 지점, 그 밖의 영업소를 설치한 자
2. 10억원(令 271조의2③) 이상의 자기자본을 갖출 것
3. 투자자의 보호가 가능하고 그 영위하려는 일반 사모집합투자업을 수행하기에 충분한 인력과 전산설비, 그 밖의 물적 설비를 갖출 것(令 271조의2④)
4. 임원이 금융사지배구조법 제5조에 적합할 것
5. 대주주나 외국 집합투자업자가 다음 구분에 따른 요건을 갖출 것(令 271조의2⑤)[101]
   가. 제1호 가목의 경우: 대주주(법 제12조 제2항 제6호 가목의 대주주)가 충분한 출자능력, 건전한 재무상태 및 사회적 신용을 갖출 것
   나. 제1호 나목의 경우: 외국 집합투자업자가 충분한 출자능력, 건전한 재무상태

에 제한이 없다)

99) "대통령령으로 정하는 금액"이란 다음 각 호의 구분에 따른 금액을 말한다(令 271조②)
1. 법 제249조의7 제1항 각 호의 금액을 합산한 금액이 일반사모집합투자기구의 자산총액에서 부채총액을 뺀 가액의 200%를 초과하지 않는 일반사모집합투자기구에 투자하는 경우: 3억원
2. 제1호 외의 일반사모집합투자기구에 투자하는 경우: 5억원

100) 종래에는 집합투자기구의 종류별로(혼합자산펀드·증권펀드·부동산펀드·특별자산펀드) 인가단위를 구분하였으나, 2015년 7월 개정법은 일반 사모집합투자업으로 통합하고 진입규제를 인가제에서 등록제로 전환하면서 자본금, 운용인력, 전산설비, 대주주 요건 등에 있어서 대폭 완화하였다. 대주주 변경도 종래의 금융위원회 사전승인제에서 2주일 이내의 사후보고로 변경되었다.

101) 제5항에도 불구하고 금융위원회는 다음과 같은 경우 제5항 각 호의 요건을 완화하여 고시할 수 있다(令 271조의2⑥).
1. 법 제22조 각 호의 어느 하나에 해당하는 자가 일반사모집합투자업을 등록하려는 경우
2. 일반사모집합투자업자가 다른 회사와 합병·분할하거나 분할합병하는 경우

및 사회적 신용을 갖출 것

6. 경영건전성기준 등 대통령령(令 271조의2⑦)으로 정하는 건전한 재무상태와 법령 위반사실이 없는 등 대통령령(令 271조의2⑧)으로 정하는 건전한 사회적 신용을 갖출 것
7. 일반사모집합투자업자와 투자자 간, 특정 투자자와 다른 투자자 간의 이해상충을 방지하기 위한 체계를 갖출 것(令 271조의2⑨)

(2) 등록절차 · 등록요건

일반 사모집합투자업 등록을 하려는 자는 등록신청서를 금융위원회에 제출해야 한다(法 249조의3③). 금융위원회는 등록신청서를 접수한 경우에는 그 내용을 검토하여 2개월 이내에 일반 사모집합투자업 등록 여부를 결정하고, 그 결과와 이유를 지체 없이 신청인에게 문서로 통지해야 한다. 이 경우 등록신청서에 흠결이 있는 때에는 보완을 요구할 수 있다(法 249조의3④). 검토기간을 산정할 때 등록신청서 흠결의 보완기간 등 총리령으로 정하는 기간은 검토기간에 산입하지 아니한다(法 249조의3⑤). 금융위원회는 일반 사모집합투자업 등록 여부를 결정할 때 다음과 같은 사유가 없으면 등록을 거부해서는 아니 된다(法 249조의3⑥).

1. 일반 사모집합투자업 등록요건을 갖추지 아니한 경우
2. 등록신청서를 거짓으로 작성한 경우
3. 보완요구를 이행하지 아니한 경우

금융위원회는 일반 사모집합투자업 등록을 결정한 경우 일반사모집합투자업자 등록부에 필요한 사항을 적어야 하며, 등록결정한 내용을 관보 및 인터넷 홈페이지 등에 공고해야 한다(法 249조의3⑦). 일반사모집합투자업자는 등록 이후 그 영업을 영위하는 경우 제2항 각 호의 등록요건(같은 항 제6호는 제외, 같은 항 제2호 및 제5호의 경우에는 대통령령으로 정하는 완화된 요건)을 유지해야 한다(法 249조의3⑧, 令 271조의3).

4. 투자권유 · 투자광고

(1) 투자권유

(가) 적격투자자 확인

일반사모집합투자기구의 집합투자증권을 판매하는 금융투자업자는 투자자가

적격투자자인지를 확인해야 한다(法 249조의4①).

㈏ 핵심상품설명서

일반사모집합투자기구의 집합투자증권을 발행하는 집합투자업자는 「금융소비자 보호에 관한 법률」 제19조에도 불구하고 대통령령으로 정하는 사항이 포함된 설명서(핵심상품설명서)를 작성하여 그 일반사모집합투자기구의 집합투자증권을 투자권유 또는 판매하는 자에게 제공해야 한다. 그 핵심상품설명서에 기재된 사항(경미한 사항으로서 대통령령으로 정하는 경우는 제외한다)이 변경된 경우에도 이와 같다(法 249조의4②).[102)]

일반사모집합투자기구의 집합투자증권을 투자권유 또는 판매하는 자는 핵심상품설명서가 그 일반사모집합투자기구의 집합투자규약과 부합하는지 여부 등 대통령령으로 정하는 사항을 미리 검증해야 한다(法 249조의4③).

일반사모집합투자기구의 집합투자증권을 투자권유 또는 판매하는 자는 그 일반사모집합투자기구의 집합투자증권을 발행하는 자가 작성하여 제공한 핵심상품설명서를 투자자(전문투자자와 그 밖에 대통령령으로 정하는 자는 제외)에게 대통령령으로 정하는 방법에 따라 교부하고, 그 핵심상품설명서를 사용하여 투자권유 또는 판매해야 한다. 다만, 일반사모집합투자기구의 집합투자증권을 투자권유 또는 판매하는 자가 투자자가 이해하기 쉽도록 핵심상품설명서의 내용 중 대통령령으로 정하는 중요한 사항을 발췌하여 기재 또는 표시한 경우로서 그 일반사모집합투자기구의 집합투자증권을 발행한 집합투자업자와 미리 합의한 경우에는 해당 자료를 사용하여 투자권유 또는 판매할 수 있다(法 249조의4④).

㈐ 판매자의 집합투자업자의 운용행위 점검 · 시정요구

일반사모집합투자기구(일반투자자를 대상으로 하는 경우로 한정)의 집합투자증권을 판매한 자는 그 일반사모집합투자기구의 집합투자증권을 발행한 집합투자업자의 운용행위가 제2항에 따른 핵심상품설명서에 부합하는지 여부에 대하여

---

102) 집합투자규약, 핵심상품설명서, 설정 · 설립보고서, 영업보고서 등에 다음 사항을 동일하게 기재해야 한다(금융투자업규정 7－8조 5호부터 8호까지).

1. 집합투자기구의 집합투자증권이 고난도금융투자상품에 해당하는 경우 고난도금융투자상품에 해당한다는 사실
2. 집합투자재산을 금전의 대여로 운용하는 경우 금전대여 비중과 투자자 범위
3. 경영참여목적으로 운용하는 경우 경영참여목적 펀드라는 사실
4. 일반 사모집합투자기구의 집합투자증권이 전문투자자만을 대상으로 발행되는 경우 그 사실

대통령령으로 정하는 기준 및 방법에 따라 확인하고, 부합하지 않는 경우에는 그 집합투자업자에게 그 운용행위의 철회·변경 또는 시정을 요구해야 한다(法 249조의4⑤). 집합투자업자는 제5항의 요구에 대하여 금융위원회에 이의를 신청할 수 있다. 이 경우 관련 당사자는 대통령령으로 정하는 기준에 따라 행하는 금융위원회의 결정에 따라야 한다(法 249조의4⑦).

일반사모집합투자기구의 집합투자증권을 판매한 자는 제5항의 요구를 한 날부터 3영업일 이내(집합투자업자가 3영업일 이내에 요구를 이행하기 곤란한 불가피한 사유가 있는 경우로서 일반사모집합투자기구의 집합투자증권을 판매하는 자와 이행을 위한 기간을 따로 합의한 경우에는 그 기간 이내)에 그 일반사모집합투자기구의 집합투자증권을 발행한 집합투자업자가 그 요구를 이행하지 않는 경우에는 그 사실을 대통령령으로 정하는 방법에 따라 금융위원회에 보고하고 투자자에게 통보해야 한다(法 249조의4⑥).

제249조의4 제2항을 위반하여 핵심상품설명서를 작성·제공하지 아니한 자, 제249조의4 제4항을 위반하여 핵심상품설명서를 교부하지 아니한 자, 제249조의4 제5항을 위반하여 철회·변경 또는 시정을 요구하지 아니한 자는 1년 이하의 징역 또는 3천만원 이하의 벌금에 처한다(法 446조 40호의2,3,4).

(2) 투자광고

일반사모집합투자기구의 집합투자증권을 판매하는 금융투자업자가 그 사모집합투자기구의 투자광고를 하는 경우에는 전문투자자 또는 투자광고를 하는 날 전날의 금융투자상품 잔고(투자자예탁금 잔액을 포함)가 1억원 이상으로서 대통령령으로 정하는 금액[103] 이상인 일반투자자만을 대상으로 해야 한다(法 249조의5①). 제1항에 따른 투자광고를 하는 경우에는 서면, 전화, 전자우편, 그 밖에 금융위원회가 고시하는 매체를 통하여 전문투자자 또는 제1항에 따른 투자자에게 개별적으로 알려야 한다(法 249조의5②).

103) "대통령령으로 정하는 금액"이란 다음 각 호의 구분에 따른 금액을 말한다(令 271조의6).
1. 법 제249조의7 제1항 각 호의 금액을 합산한 금액이 일반사모집합투자기구의 자산총액에서 부채총액을 뺀 가액의 200%를 초과하지 않는 일반사모집합투자기구의 투자광고를 하는 경우: 3억원
2. 제1호 외의 일반사모집합투자기구의 투자광고를 하는 경우: 5억원

5. 설정 · 설립 · 보고

㈎ 사모집합투자기구를 설정 · 설립

일반사모집합투자기구인 투자신탁이나 투자익명조합의 집합투자업자 또는 일반사모집합투자기구인 투자회사등은 다음 요건을 모두 갖추어 일반사모집합투자기구를 설정 · 설립해야 한다(法 249조의6①).

1. 다음과 같은 자가 업무정지기간 중에 있지 아니할 것
   가. 그 일반사모집합투자기구의 집합투자재산을 운용하는 집합투자업자
   나. 그 일반사모집합투자기구의 집합투자재산을 보관 · 관리하는 신탁업자
   다. 그 일반사모집합투자기구의 집합투자증권을 판매하는 투자매매업자 · 투자중개업자
   라. 투자회사인 경우 그 투자회사로부터 제184조 제6항의 업무를 위탁받은 일반사무관리회사
2. 일반사모집합투자기구가 이 법에 따라 적법하게 설정 · 설립되었을 것
3. 일반사모집합투자기구의 집합투자규약이 법령을 위반하거나 투자자의 이익을 명백히 침해하지 아니할 것
4. 그 밖에 집합투자기구(法 9조⑱ 각 호)의 형태 등을 고려하여 대통령령(令 271조의7)으로 정하는 요건을 갖출 것

㈏ 설정 · 설립의 보고

일반사모집합투자기구인 투자신탁이나 투자익명조합의 집합투자업자 또는 일반사모집합투자기구인 투자회사등은 일반사모집합투자기구를 설정 · 설립한 경우 그 날부터 2주일 이내에 금융위원회에 보고해야 한다.[104] 다만, 투자자 보호 및 건전한 거래질서를 해칠 우려가 있는 경우로서 대통령령(令 271조의9②)으로 정하는 경우에는 일반사모집합투자기구가 설정 · 설립된 후 지체 없이 보고해야 한다(法 249조의6②). 금융위원회는 보고 내용에 흠결이 있는 경우에는 보완을 요구할 수 있다(法 249조의6③). 일반사모집합투자기구인 투자신탁이나 투자익명조합의 집합투자업자 또는 일반사모집합투자기구인 투자회사등은 보고한 사항이

104) 공모펀드 설정시 금융위원회에 등록해야 하는 반면, 사모펀드는 설정 후 2주 내 보고할 의무만 있다. 단, 경영참여목적 펀드가 일정 요건(상호출자제한집단 계열사가 30% 이상 투자하는 경우)을 갖춘 경우에는 설립즉시 보고해야 한다. 2021년 4월 개정 전 제249조의6 규정에 따라 설정 · 설립되어 보고된 전문투자형 사모집합투자기구는 제249조의6의 개정규정에 따라 설정 · 설립되어 보고된 일반사모집합투자기구로 본다(부칙 6조①).

변경된 경우에는 투자자 보호를 해칠 우려가 없는 경우로서 대통령령으로 정하는 경우(슈 271조의8)를 제외하고는 그 변경된 날부터 2주일 이내에 금융위원회에 변경보고를 해야 한다. 이 경우 제3항을 준용한다(法 249조의6④).

6. 집합투자재산 운용방법

(1) 차입 한도

일반사모집합투자업자가 일반사모집합투자기구의 집합투자재산(투자목적회사의 재산을 포함)을 운용하는 경우 다음 각 호의 금액을 합산한 금액이 일반사모집합투자기구의 자산총액에서 부채총액을 뺀 가액(순자산)의 400%(슈 271조의10①)를 초과해서는 아니 된다. 다만, 투자자 보호 및 집합투자재산의 안정적 운용을 해칠 우려가 없는 경우로서 대통령령으로 정하는 일반사모집합투자기구의 경우에는 제1호·제2호 및 제4호를 합산한 금액 또는 제3호의 금액이 각각 일반사모집합투자기구의 자산총액에서 부채총액을 뺀 가액의 400%를 초과해서는 아니 된다(法 249조의7①).[105]

1. 파생상품에 투자하는 경우 그 파생상품의 매매에 따른 위험평가액
2. 집합투자재산으로 해당 일반사모집합투자기구 외의 자를 위하여 채무보증 또는 담보제공을 하는 방법으로 운용하는 경우 그 채무보증액 또는 담보목적물의 가액
3. 일반사모집합투자기구의 계산으로 금전을 차입하는 경우 그 차입금의 총액
4. 그 밖에 거래의 실질이 차입에 해당하는 경우로서 대통령령으로 정하는 경우에는 대통령령으로 정하는 방법에 따라 산정한 그 실질적인 차입금의 총액(슈 271조의10②); 1. 증권을 환매조건부매도하는 경우 그 매도금액, 2. 증권을 차입하여 매도하는 경우 그 매도금액)

(2) 부동산 운용 규제

일반사모집합투자업자는 일반사모집합투자기구의 집합투자재산을 운용할 때 다음과 같은 행위를 해서는 아니 된다(法 249조의7②).

1. 대통령령으로 정하는 부동산(국내에 있는 부동산)을 취득한 후 1년(슈 271조의10④: 다만, 집합투자기구가 미분양주택(주택법 제54조에 따른 사업주체가 같은 조

---

105) 기관전용사모집합투자기구의 집합투자재산 운용에 관하여는 일반사모집합투자기구의 집합투자재산 운용에 관한 제249조의7(제3항 및 제6항은 제외)을 준용하도록 함으로써(法 249조의12①) 사모집합투자기구의 운용규제를 일원화하였다.

에 따라 공급하는 주택으로서 입주자모집공고에 따른 입주자의 계약일이 지난 주택단지에서 분양계약이 체결되지 아니하여 선착순의 방법으로 공급하는 주택을 말한다)을 취득하는 경우에는 집합투자규약에서 정하는 기간으로 한다) 이내에 이를 처분(대통령령으로 정하는 부동산을 취득한 투자목적회사가 발행한 주식 또는 지분을 처분하는 것을 포함)하는 행위. 다만, 부동산개발사업에 따라 조성하거나 설치한 토지·건축물 등을 분양하는 경우, 그 밖에 투자자 보호를 위하여 필요한 경우로서 대통령령으로 정하는 경우(슈 271조의10⑤: 일반사모집합투자기구가 합병·해지 또는 해산되는 경우)는 제외한다.

2. 건축물, 그 밖의 공작물이 없는 토지로서 그 토지에 대하여 부동산개발사업을 시행하기 전에 이를 처분하는 행위. 다만, 일반사모집합투자기구의 합병·해지 또는 해산, 그 밖에 투자자 보호를 위하여 필요한 경우로서 대통령령으로 정하는 경우(슈 271조의10⑥: 부동산개발사업을 하기 위하여 토지를 취득한 후 관련 법령의 제정·개정 또는 폐지 등으로 인하여 사업성이 뚜렷하게 떨어져서 부동산개발사업을 수행하는 것이 곤란하다고 객관적으로 증명되어 그 토지의 처분이 불가피한 경우)는 제외한다.
3. 일반사모집합투자업자가 일반사모집합투자기구의 집합투자재산을 개인 및 그 밖에 대통령령으로 정하는 자(슈 271조의10⑦: 「중소기업창업 지원법 시행령」 제4조 각 호의 업종을 영위하는 자)에게 직접 대여하거나 이를 회피할 목적으로 「대부업 등의 등록 및 금융이용자 보호에 관한 법률」 제3조에 따라 등록한 대부업자 등 대통령령으로 정하는 자(슈 271조의10⑧: 1. 「대부업 등의 등록 및 금융이용자 보호에 관한 법률」에 따른 대부업자, 2. 「온라인투자연계금융업 및 이용자 보호에 관한 법률」에 따른 온라인투자연계금융업자)와의 연계거래 등을 이용하는 행위
4. 일반사모집합투자업자가 일반사모집합투자기구의 집합투자재산을 금전의 대여로 운용하는 경우 그 집합투자기구의 집합투자증권을 다음 각 목의 자 이외의 자에게 발행하는 행위. 다만, 집합투자재산의 안정적 운용을 해칠 우려가 없는 경우로서 일반사모집합투자기구가 금전을 대여한 차주의 목적이 대통령령으로 정하는 경우(슈 271조의10⑩)에 해당하는 경우에는 그러하지 아니하다.
   가. 국가
   나. 한국은행
   다. 전문투자자 중 대통령령으로 정하는 자(슈 271조의10⑨)
5. 일반사모집합투자업자가 이 장의 규제를 회피할 목적으로 제249조의13에 따른 투자목적회사가 아닌 법인으로서 이와 유사한 목적 또는 형태를 가진 법인을 설립 또는 이용(그 법인이 발행한 지분증권에 투자하는 행위를 포함한다. 이하 이 호에서 같다)하는 행위. 다만, 외국 투자대상자산의 취득을 목적으로 설립된 외국법인 등 대통령령으로 정하는 법인(슈 271조의10⑪)을 설립 또는 이용하는 행위는 제외한다.

(3) 보고의무

일반사모집합투자업자는 대통령령으로 정하는 방법(令 271조의10⑫)에 따라 파생상품 매매 및 그에 따른 위험평가액 현황, 금전차입 현황 등에 관하여 금융위원회에 보고해야 한다(法 249조의7③). 일반사모집합투자기구인 투자신탁이나 투자익명조합의 집합투자업자 또는 일반사모집합투자기구인 투자회사등은 투자자 보호와 관련하여 대통령령으로 정한 사유가 발생한 경우(令 271조의10⑭)에는 그 날부터 3영업일 이내에 금융위원회에 보고해야 한다(法 249조의7④).

(4) 경영참여 목적과 처분의무

일반사모집합투자업자는 다른 회사(투자목적회사, 투자회사, 투자유한회사, 투자합자회사, 투자유한책임회사, 그 밖에 대통령령으로 정하는 회사(令 271조의10⑮)는 제외)에 대한 경영권 참여, 사업구조 또는 지배구조의 개선 등을 위하여 다음 각 호의 어느 하나에 해당하는 방법으로 일반사모집합투자기구의 집합투자재산을 운용하는 경우(대통령령으로 정하는 방법(令 271조의10⑯)에 따라 다른 사모집합투자기구와 공동으로 운용하는 경우를 포함) 다음 각 호의 어느 하나에 해당하는 날부터 15년이 되는 날까지 그 지분증권을 제3자에게 처분해야 한다(法 249조의7⑤).[106]

1. 다른 회사의 의결권 있는 발행주식총수 또는 출자총액의 10% 이상을 보유하게 된 날
2. 임원의 임면 등 투자하는 회사의 주요 경영사항에 대하여 사실상의 지배력 행사가 가능하도록 하는 투자로서 대통령령으로 정하는 투자를 한 날(令 271조의10⑰: 1. 투자계약을 통해 임원의 임면, 조직변경 또는 신규투자 등 주요 경영사항에 대해 권한을 행사할 수 있는 투자, 2. 투자를 통해 투자대상회사의 최대주주가 되는 투자(의결권 있는 발행주식총수 또는 출자총액의 10% 미만을 보유하는 경우로 한정한다)

(5) 의결권행사 제한 폐지

일반사모집합투자업자는 일반사모집합투자기구의 집합투자재산인 주식과 관련하여 제81조 제1항에 따른 투자한도(令 80조④: 각 집합투자기구 자산총액의 10%)를 초과하여 취득한 주식에 대하여 의결권을 행사할 수 있다(法 249조의7⑥). 다

106) 경영참여 목적의 사모펀드라도 펀드 재산 전부를 각 호의 경영참여 방법으로 운용할 필요는 없다. 자본시장법 개정 이전에 설정된 경영참여 목적 일반사모펀드는 집합투자업자가 금융회사이므로 금산법 제24조 제1항에 따라 주식 소유에 대한 금융위원회의 승인(출자승인)이 필요하다. 기관전용사모펀드는 금융회사가 업무집행사원인 경우 금융위원회의 승인 필요하다.

만, 다음과 같은 경우에는 의결권 행사가 제한된다.

1. 상호출자제한기업집단의 계열회사인 일반사모집합투자업자가 운용하는 일반사모집합투자기구
2. 같은 상호출자제한기업집단에 속하는 금융회사가 집합투자증권 총수의 30%를 초과하여 투자한 일반사모집합투자기구

7. 공모집합투자기구 규정의 적용에 대한 특례

(1) 원칙적 적용 배제

일반사모집합투자기구는 사모로만 집합투자증권을 발행한다는 특성상 자본시장법의 집합투자기구 관련 규정 중 공모집합투자기구를 전제로 하는 규정의 적용이 배제된다(法 249조의8①).[107)]

(2) 예외적 적용

일반투자자를 대상으로 하는 일반사모집합투자기구에는 공모집합투자기구를 전제로 하는 규정 중 다음 조항을 적용한다.[108)] 다만, 제5호의 경우 다른 사모집합투자기구에 투자하는 집합투자기구로서 일반투자자를 대상으로 하는 일반사모집합투자기구 등 대통령령으로 정하는 집합투자기구(令 271조의11①: 1. 다른 사모집합투자기구에 투자하는 집합투자기구로서 사모집합투자기구에 해당하지 않는 집합투자기구, 2. 다른 사모집합투자기구에 투자하는 집합투자기구로서 일반투자자를 대상으로 하는 일반사모집합투자기구)는 일반투자자로 본다(法 249조의8②).

---

107) 적용이 배제되는 규정은, 제76조 제2항부터 제6항까지, 제81조부터 제83조까지, 제88조, 제89조(제186조 제2항에서 준용하는 경우를 포함), 제90조(제186조 제2항에서 준용하는 경우를 포함), 제91조 제3항(제186조 제2항에서 준용하는 경우를 포함), 제92조, 제93조, 제94조 제1항부터 제4항까지, 같은 조 제6항, 제182조, 제183조 제1항, 제186조(제87조를 준용하는 경우는 제외한다), 제188조 제2항·제3항, 제189조 제2항, 제195조, 제196조 제5항(제208조 제3항, 제216조 제2항, 제217조의3 제3항, 제222조 제2항 및 제227조 제2항에서 준용하는 경우를 포함), 제197조, 제198조 제2항·제3항, 제199조, 제200조, 제207조 제5항, 제208조 제1항(제216조 제2항, 제222조 제2항 및 제227조 제2항에서 준용하는 경우를 포함), 제211조 제1항, 제213조 제5항, 제216조 제1항, 제217조의2 제5항, 제217조의3 제1항, 제217조의6 제1항, 제218조 제3항, 제222조 제1항, 제224조 제3항, 제227조 제1항, 제229조, 제230조, 제235조, 제237조, 제238조 제7항·제8항, 제239조 제1항 제3호, 같은 조 제2항부터 제5항까지, 제240조 제3항부터 제8항까지, 제239조 제1항 제3호, 같은 조 제2항부터 제5항까지, 제240조 제3항부터 제8항까지, 같은 조 제10항, 제241조, 제247조 제1항부터 제4항까지, 같은 조 제5항 제1호부터 제3호까지, 같은 항 제6호·제7호, 같은 조 제6항·제7항, 제248조 및 제253조 등이다.

108) "일반투자자를 대상으로 하는 일반사모집합투자기구란 집합투자규약에 전문투자자만을 대상으로 하는 펀드임을 명시하지 않은 모든 일반 사모펀드를 말한다.

1. 제76조 제2항[투자매매업자 또는 투자중개업자는 제92조 제1항(제186조 제2항에서 준용하는 경우를 포함한다)에 따른 통지를 받은 경우에는 해당 집합투자증권을 판매하여서는 아니 된다]. 다만, 제92조 제1항 제1호 및 제2호에 따른 통지를 받은 경우로 한정한다. 제1호(집합투자증권의 환매를 연기한 경우), 제2호(집합투자기구에 대한 회계감사인의 감사의견이 적정의견이 아닌 경우). 제2호는 법 제186조 제2항에서 준용하는 경우를 포함한다.
2. 제88조[집합투자업자의 투자자에 대한 자산운용보고서 교부의무] : 일반투자자에 대해서는 반드시 교부하여야 하나, 전문투자자에 대해서는 교부하지 않을 수 있다.
3. 제230조 제5항[집합투자업자등은 집합투자기구의 투자대상자산의 현금화하기 곤란한 사정 등을 고려하여 대통령령으로 정하는 경우에는 그 집합투자기구를 환매금지형집합투자기구로 설정·설립해야 한다][109]
4. 제240조 제3항부터 제10항까지의 규정[집합투자재산의 회계처리] : 다만, 투자자 전원의 동의를 얻은 경우 및 투자자의 이익을 해할 우려가 없는 경우로서 대통령령으로 정하는 경우에는 적용하지 않는다.
5. 제247조[신탁업자의 집합투자업자의 운용행위 감시], 집합투자재산을 보관·관리하는 신탁업자가 제42조 제1항에 따라 다른 신탁업자에게 업무를 위탁한 경우에는 당사자 간 합의가 있는 경우를 제외하고 위탁한 신탁업자가 제247조를 이행해야 한다). 이 경우 "투자설명서"는 "핵심상품설명서"로, "3영업일"은 "3영업일 또는 집합투자업자가 3영업일 이내에 요구를 이행하기 곤란한 불가피한 사유가 있는 경우로서 일반사모집합투자기구의 집합투자재산을 보관·관리하는 신탁업자와 이행을 위한 기간을 따로 합의한 경우에는 그 기간"으로 각각 본다.

일반사모집합투자기구의 투자자는 그 집합투자증권을 적격투자자가 아닌 자에게 양도해서는 아니 된다(法 249조의8③).

일반사모집합투자기구의 투자자(투자신탁의 경우 그 투자신탁재산을 운용하는 일반사모집합투자업자)는 제188조 제4항, 제194조 제7항(제196조 제6항에서 준용하는 경우를 포함), 제207조 제4항, 제213조 제4항, 제217조의2 제4항, 제218조 제2항 및 제224조 제2항에도 불구하고 객관적인 가치평가가 가능하고 다른 투자자의 이익을 해칠 우려가 없는 경우에는 대통령령으로 정하는 방법(令 271조의11

109) 법 제249조의8 제2항 제3호에 따라 법 제230조 제5항을 사모집합투자기구에 적용할 때에는 같은 항 제5호("5. 일반투자자를 대상으로 하는 집합투자기구(법 제229조 제5호에 따른 단기금융집합투자기구는 제외한다)로서 자산총액의 100분의 50의 범위에서 금융위원회가 정하여 고시하는 비율을 초과하여 금융위원회가 정하여 고시하는 자산에 투자할 수 있는 집합투자기구를 설정 또는 설립하는 경우")에 해당하는 경우에 한한다. 즉, 비시장성자산에 자산총액의 50%를 초과하여 투자하는 경우에는 개방형이 아닌 환매금지형 펀드를 설정·설립해야 한다.

②)에 따라 증권, 부동산 또는 실물자산 등 금전 외의 자산으로 납입할 수 있다(法 249조의8④).

집합투자자총회 및 그와 관련된 사항은 일반사모집합투자기구에는 적용하지 아니한다. 다만, 제1항에도 불구하고 일반투자자를 대상으로 하는 일반사모집합투자기구의 경우에는 환매연기에 관한 제237조를 적용하며, 이 경우 집합투자자총회 결의일은 환매를 연기한 날부터 3개월 이내로 한다(法 249조의8⑤).

일반사모집합투자기구인 투자신탁이나 투자익명조합의 집합투자업자 또는 일반사모집합투자기구인 투자회사등이 자본시장법 또는 상법에 따라 투자자에게 공시 또는 공고하여야 하는 사항에 대하여 집합투자규약에서 정한 방법으로 전체 투자자에게 통지한 경우에는 자본시장법 또는 상법에 따라 공시 또는 공고한 것으로 본다(法 249조의8⑥).

일반사모집합투자기구인 투자회사는 일반사모집합투자업자인 법인이사 1명을 두며, 상법 제383조 제1항에도 불구하고 이사의 수를 1명 또는 2명으로 할 수 있다(法 249조의8⑦). 일반사모집합투자기구는 집합투자규약에 따라 투자자에 대한 손익의 분배 또는 손익의 순위 등에 관한 사항을 정할 수 있다(法 249조의8⑧).

일반사모집합투자업자가 자신이 운용하는 일반사모집합투자기구의 집합투자증권을 판매하는 경우[금융투자업으로 보지 않는 경우(법 7조⑥3)]에는 제71조(불건전 영업행위의 금지) 제5호부터 제7호까지(제7호의 경우 같은 호에 따른 대통령령으로 정하는 행위 중 대통령령으로 정하는 것으로 한정한다), 제74조(투자자예탁금의 별도예치) 및 제76조(집합투자증권 판매 등에 관한 특례) 제1항을 준용한다. 이 경우 제74조 및 제76조 제1항 중 "투자매매업자 또는 투자중개업자는"은 "자신이 운용하는 일반사모집합투자기구의 집합투자증권을 판매하는 일반사모집합투자업자는"으로 본다(法 249조의8⑨).

8. 금융위원회의 조치

금융위원회는 다음과 같은 경우 일반사모집합투자기구의 해지·해산을 명할 수 있다(法 249조의9①, 令 271조의12).

1. 일반사모집합투자기구가 제249조의6 제1항 각 호에 따른 요건을 갖추지 못한 경우
2. 제249조의6 제2항, 제4항에 따른 보고 또는 변경보고를 하지 아니한 경우

3. 거짓, 그 밖의 부정한 방법으로 제249조의6 제2항·제4항에 따른 보고 또는 변경보고를 한 경우
4. 금융관련 법령 중 대통령령으로 정하는 법령(슈 373조②)을 위반하는 경우로서 사회적 신용을 훼손하는 등 대통령령으로 정하는 경우(슈 373조③)
5. 제2항 제3호에 따른 시정명령 또는 중지명령을 이행하지 아니한 경우
6. 그 밖에 투자자의 이익을 현저히 해칠 우려가 있거나 일반사모집합투자기구로서 존속하기 곤란하다고 인정되는 경우로서 대통령령으로 정하는 경우(슈 271조의12③)

금융위원회는 일반사모집합투자기구인 투자회사등(그 집합투자업자 또는 그 법인이사·업무집행사원·업무집행조합원을 포함)이 제1항 각 호의 어느 하나에 해당하거나 별표 2 각 호의 어느 하나에 해당하는 경우에는 그 투자회사등에 대하여 다음과 같은 조치를 할 수 있다(法 249조의9②).

1. 6개월 이내의 업무의 전부 또는 일부의 정지
2. 계약의 인계명령
3. 위법행위의 시정명령 또는 중지명령
4. 위법행위로 인한 조치를 받았다는 사실의 공표명령 또는 게시명령
5. 기관경고
6. 기관주의
7. 그 밖에 위법행위를 시정하거나 방지하기 위하여 필요한 조치로서 대통령령으로 정하는 조치[110]

금융위원회는 일반사모집합투자기구인 투자회사의 감독이사가 다음과 같은 경우에는 해임요구, 6개월 이내의 직무정지, 문책경고, 주의적 경고, 주의, 그 밖에 대통령령으로 정하는 조치(슈 271조의12④3,4,5)를 할 수 있다(法 249조의9③).

1. 제199조 제5항에서 준용하는 제54조 제1항을 위반하여 정당한 사유 없이 직무관련 정보를 이용한 경우
2. 그 밖에 투자자 보호 또는 건전한 거래질서를 해할 우려가 있는 경우로서 대통령령으로 정하는 경우(슈 271조의12⑥)

---

110) "대통령령으로 정하는 조치"란 다음과 같은 조치를 말한다(슈 271조의12④).
1. 경영이나 업무방법의 개선요구나 개선권고
2. 변상 요구
3. 법을 위반한 경우에는 고발 또는 수사기관에의 통보
4. 다른 법률을 위반한 경우에는 관련 기관이나 수사기관에의 통보
5. 그 밖에 금융위원회가 법 및 시행령, 그 밖의 관련 법령에 따라 취할 수 있는 조치

일반사모집합투자기구, 일반사모집합투자업자 및 그 임직원에 대한 조치 등에 관하여는 제422조 제3항 및 제423조부터 제425조까지의 규정을 준용한다(法 249조의9④).

Ⅲ. 기관전용사모집합투자기구

1. 의 의

기관전용사모집합투자기구란 기관투자자만을 사원으로 하는 투자합자회사인 사모집합투자기구"를 말한다(法 9조⑲1).[111] 자본시장법상 기관전용사모집합투자기구의 법적구조는 투자합자회사인데, 미국에서는 주로 합자조합(Limited Partnership)이 이용되지만 기본적으로 법적형태를 제한하지 않는다.

2. 설립 및 보고

(1) 정관작성과 설립등기

기관전용사모집합투자기구의 정관에는 소정의 사항을 기재하고 총사원이 기명날인 또는 서명을 해야 한다(法 249조의10①). 기관전용사모집합투자기구는 소정의 사항을 등기하여야 하는데(法 249조의10②), 상법상 합자회사 유한책임사원의 인적사항도 등기사항이지만(商法 271조), 투자합자회사 중 기관전용사모집합투자기구는 무한책임사원의 상호 또는 명칭·사업자등록번호·주소만 등기사항이고 유한책임사원은 일반적으로 신상정보의 노출을 회피한다는 점을 고려하여 등기사항에서 제외된다.

기관전용사모집합투자기구는 다음 요건을 모두 갖추어야 한다(法 249조의10③).

1. 기관전용사모집합투자기구가 자본시장법에 따라 적법하게 설립되었을 것
2. 기관전용사모집합투자기구의 정관이 법령을 위반하거나 투자자의 이익을 명백히 침해하지 아니할 것

(2) 보 고

기관전용사모집합투자기구는 설립등기일부터 2주일 이내에 대통령령으로 정

111) 「간접투자자산운용업법」은 그 운용형태나 지배구조의 특성을 고려하여 투자신탁, 투자회사 등 일반적인 간접투자기구와 구분하여 별도로 규정하였다(間投法 제5장의2).

하는 바에 따라 금융위원회에 보고해야 한다. 다만, 금융시장의 안정 또는 투자자 보호 및 건전한 거래질서를 해칠 우려가 있는 경우로서 대통령령으로 정하는 경우(슈 271조의13⑤)에는 기관전용사모집합투자기구의 설립등기 후 지체 없이 보고해야 한다(法 249조의10④). 금융위원회는 보고 내용에 흠결이 있는 경우에는 보완을 요구할 수 있다(法 249조의10⑤). 기관전용사모집합투자기구는 보고한 사항이 변경된 경우에는 경미한 사항으로서 대통령령으로 정하는 경우(슈 271조의13⑥)를 제외하고는 그 날부터 2주일 이내에 금융위원회에 변경보고를 해야 한다. 이 경우 제4항 및 제5항을 준용한다(法 249조의10⑥).

3. 사원 및 출자

(1) 사원의 구성

기관전용사모집합투자기구의 사원은 투자합자회사와 같이 1인 이상의 무한책임사원과 1인 이상의 유한책임사원으로 하되, 사원의 총수는 100명 이하로 한다(法 249조의11①).

(가) 무한책임사원

상법상 합자회사의 경우와 달리 회사도 무한책임사원이 될 수 있다. 상법 제173조(회사는 다른 회사의 무한책임사원이 되지 못한다)는 기관전용사모집합투자기구에 적용하지 아니한다(法 249조의20②).

(나) 유한책임사원

유한책임사원은 개인(제168조 제1항에 따른 외국인, 해당 기관전용사모집합투자기구의 업무집행사원의 임원 또는 운용인력을 제외한다)이 아닌 자로서 다음 각 호에 해당하는 자여야 한다. 무한책임사원에 대한 자격제한은 없다(法 249조의11⑥).

1. 전문투자자로서 대통령령으로 정하는 투자자[112)]

---

112) "전문투자자로서 대통령령으로 정하는 투자자"는 다음과 같다(슈 271조의14④).
1. 국가
2. 한국은행
3. 다음 각 목의 기준을 모두 충족하는 주권상장법인(코넥스시장에 상장된 법인은 제외)
   가. 금융위원회에 나목의 기준을 충족하고 있음을 증명하는 자료를 제출할 것
   나. 가목에 따라 자료를 제출한 날의 전날의 금융투자상품 잔고가 100억원(외감법에 따라 외부감사를 받는 주식회사는 50억원) 이상일 것
   다. 가목에 따라 자료를 제출한 날부터 2년이 지나지 않을 것
4. 제10조 제2항 각 호의 자(전문투자자인 금융기관)

2. 전문성 또는 위험감수능력 등을 갖춘 자로서 대통령령으로 정하는 투자자[113)]

(2) 사원 총수의 계산

기관전용사모집합투자기구 사원 총수를 계산함에 있어서 다른 집합투자기구(사모투자재간접집합투자기구 또는 부동산·특별자산투자재간접집합투자기구는 제외)가 그 기관전용사모집합투자기구의 지분을 10% 이상 취득하는 경우 등 대통령령으로 정하는 경우[114)]에는 그 다른 집합투자기구의 투자자의 수를 합하여 계산

---

5. 제10조제3항 제1호부터 제6호까지, 제6호의2, 제7호부터 제14호까지 또는 같은 항 제18호 각 목의 자. 이 경우 같은 항 제9호의 경우에는 다음 각 목의 집합투자기구로 한정한다.
   가. 기관전용사모집합투자기구
   나. 기관전용사모집합투자기구의 유한책임사원이 집합투자증권 전부를 보유하는 일반사모집합투자기구

113) "전문성 또는 위험감수능력 등을 갖춘 자로서 대통령령으로 정하는 투자자"는 다음과 같다(令 271조의14⑤).
1. 기관전용사모집합투자기구의 업무집행사원과 관련된 다음 각 목의 자(그 업무집행사원이 운용하는 기관전용사모집합투자기구에 1억원 이상 투자하는 경우로 한정한다)
   가. 기관전용사모집합투자기구의 업무집행사원의 임원이나 투자운용전문인력(法 249조의15①3)
   나. 기관전용사모집합투자기구의 업무집행사원의 모회사(상법 342조의2①)
   다. 기관전용사모집합투자기구의 업무집행사원의 임원이나 투자운용전문인력이 발행주식 또는 출자지분 전부를 보유하고 각각 1억원 이상을 출자한 법인 또는 단체
2. 기관전용사모집합투자기구의 유한책임사원이 출자지분 전부를 보유하는 「여신전문금융업법」에 따른 신기술사업투자조합
3. 다음 각 목의 기준을 모두 충족하는 재단법인
   가. 금융위원회에 나목의 기준을 충족하고 있음을 증명하는 자료를 제출할 것
   나. 가목에 따라 자료를 제출한 날의 전날을 기준으로 제10조 제2항 각 호의 자나 같은 조 제3항 제1호부터 제6호까지, 제6호의2, 제7호, 제8호, 제10호 또는 제11호의 자가 전체 출연금액의 90% 이상을 출연한 재단법인일 것
   다. 가목에 따라 자료를 제출한 날부터 2년이 지나지 않을 것
4. 다음 각 목의 기준을 모두 충족하는 법인
   가. 금융위원회에 나목 및 다목의 기준을 충족하고 있음을 증명하는 자료를 제출할 것
   나. 업무 및 사업 수행에 필요한 인적·물적 요건을 갖출 것
   다. 가목에 따라 자료를 제출한 날의 전날을 기준으로 최근 1년 이상의 기간 동안 계속해서 금융투자상품을 월말 평균잔고 기준으로 500억원 이상 보유하고 있을 것
   라. 가목에 따라 자료를 제출한 날부터 2년이 지나지 않을 것
5. 내국인의 출자지분이 없는 외국법인(기관전용사모집합투자기구에 100억원 이상을 투자하는 경우로 한정한다)
6. 그 밖에 다른 법률에 따라 설립된 기관 또는 단체로서 기관전용사모집합투자기구 투자에 필요한 전문성 및 위험관리능력을 갖추고 있다고 금융위원회가 인정하여 고시하는 기관 또는 단체

114) "대통령령으로 정하는 경우"란 다른 사모집합투자기구가 그 기관전용사모집합투자기구의 집합투자증권 발행총수의 10% 이상을 취득하는 경우를 말한다. 이 경우 그 기관전용사모집

해야 한다(法 249조의11②). 전문투자자 중 대통령령으로 정하는 자(令 271조의14②: 1. 시행령 제10조 제1항 각 호의 어느 하나에 해당하는 자. 2. 제10조 제3항 제12호 또는 제13호에 해당하는 자 중 금융위원회가 정하여 고시하는 자)는 사원의 총수 계산에서 제외한다(法 249조의11③).

(3) 유한책임사원의 업무집행권 제한

유한책임사원은 기관전용사모집합투자기구의 집합투자재산인 주식·지분의 의결권 행사 및 대통령령으로 정하는 업무집행사원의 업무(令 271조의14③, 271조의20④6)에 관여할 수 없다(法 249조의11④).[115]

(4) 사원의 출자의 목적, 가액 및 방식

기관전용사모집합투자기구 사원의 출자의 목적은 금전에 한한다.[116] 다만, 객관적인 가치평가가 가능하고 사원의 이익을 해할 우려가 없는 경우로서 유한책임사원을 포함한 모든 사원의 동의가 있는 경우에는 증권으로 출자할 수 있다(法 249조의11⑤).[117] 사원은 업무집행사원이 출자의 이행을 요구하는 때에 출자하기로 약정하는 방식으로 출자할 수 있다(令 271조의14⑪).

(5) 출자의 제한

한국산업은행과 중소기업은행은 그 설립목적에 부합하는 범위에서 기관전용사모집합투자기구에 출자할 수 있다(法 249조의11⑦). 같은 상호출자제한기업집단에 속하는 금융회사가 기관전용사모집합투자기구에 출자하는 경우에는 기관전용

합투자기구를 운용하는 업무집행사원이 둘 이상의 다른 기관전용사모집합투자기구를 함께 운용하는 경우로서 해당 둘 이상의 다른 기관전용사모집합투자기구가 그 기관전용사모집합투자기구의 집합투자증권 발행총수의 30% 이상을 취득(여유자금의 효율적 운용을 위한 취득으로서 금융위원회가 정하여 고시하는 경우의 취득은 제외한다)하는 경우에는 그 기관전용사모집합투자기구의 집합투자증권 발행총수의 10% 미만을 취득하는 경우를 포함한다(令 271조의14①).

115) 유한책임사원의 업무관여를 허용하면 투자자로부터 일상적인 운용지시를 받지 아니하면서 투자대상자산을 운용하는 집합투자업의 개념에 부합하지 않는다. 또한 유한책임사원은 대부분 업무집행권에 관심 없는 재무적 투자자이다.

116) 상법상 합자회사의 유한책임사원은 재산만을 출자할 수 있고, 무한책임사원은 재산 외에 노무와 신용도 출자할 수 있으나(商法 222조, 272조), 자본시장법은 유한책임사원과 무한책임사원을 구분하지 않고 모두 원칙적으로는 금전에 한하여, 예외적으로 증권으로 출자할 수 있도록 한다.

117) 기관전용사모집합투자기구의 유한책임사원을 포함한 모든 사원의 동의를 요건으로 하는 규정은 자본시장법 제249조의11 제5항 외에도 업무집행사원과 기관전용사모집합투자기구 간의 거래(法 249조의14⑥1), 기관전용사모집합투자기구가 소유한 자산의 명세를 사원이 아닌 자에게 제공하는 경우(法 249조의14⑥3), 무한책임사원이 출자지분을 분할하지 아니하고 타인에게 양도하는 경우(法 249조의17①) 등이 있다.

사모집합투자기구 전체 지분의 30%를 초과하는 방법으로 출자할 수 없다(令 271조의14⑨).[118] 다만 기관전용사모집합투자기구의 투자대상기업이 오로지 외국 법령에 따라 설립된 회사(설립 중인 회사를 포함)인 경우에는 그 기관전용사모집합투자기구 출자총액의 30%를 초과하여 출자할 수 있다(令 271조의14⑩).

⑹ 보고의무

기관전용사모집합투자기구는 그 업무집행사원의 특수관계인인 유한책임사원의 출자지분이 그 기관전용사모집합투자기구의 전체 출자지분 중 대통령령으로 정하는 비율(令 271조의14⑥: 30% 이상으로서 금융위원회가 정하여 고시하는 비율) 이상인 경우 해당 유한책임사원 관련 정보 및 기관전용사모집합투자기구의 투자구조 등 대통령령으로 정하는 사항(令 271조의14⑦)을 대통령령으로 정하는 기간(令 271조의14⑧: 기관전용사모집합투자기구의 업무집행사원의 특수관계인인 유한책임사원의 출자지분이 그 기관전용사모집합투자기구의 전체 출자지분 중 제6항에 따른 비율에 해당하게 된 날부터 3영업일) 이내에 금융위원회에 보고해야 한다(法 249조의11⑧).

4. 재산운용 규제 일원화

⑴ 재산운용방법

2021년 자본시장법 개정에 의하여 기관전용사모집합투자기구의 집합투자재산 운용에 관하여는 일반사모집합투자기구의 집합투자재산 운용에 관한 제249조의7(제3항 및 제6항은 제외)을 준용하도록 함으로써(法 249조의12①), 사모집합투자기구의 운용규제를 일원화하였다.[119]

⑵ 레버리지 한도 일원화 및 산정방식 개선

종래의 경영참여형 사모집합투자기구는 차입금액 및 채무보증액의 합계는 경영참여형 사모집합투자기구의 자산총액에서 부채총액을 뺀 가액(순자산총액)의 10%를 초과하지 못하였으나, 일반 사모집합투자지구와 같이 레버리지 한도가

118) 이는 금융기관이 타인의 자금으로 기관전용사모집합투자기구를 통하여 계열회사를 확대하는 것을 방지하기 위한 것이고, 유한책임사원으로 출자하는 경우와 무한책임사원으로 출자하는 경우 모두 제한된다.

119) 종래의 경영참여형 사모집합투자기구의 경우 10%였던 차입한도가 일반사모집합투자기구와 같이 순자산의 400%로 완화하고, 그 밖에 투자목적제한, 지분취득제한, 보유제한 등을 전부 폐지하였다. 이에 따라 경영참여형 사모집합투자기구 집합투자재산의 운용방법 등을 규정한 시행령 제271조의 15는 전부 삭제되었다.

400%로 완화되었다. 또한 거래의 실질이 차입에 해당하는 경우(RP 매도, 공매도)와 SPC를 활용하는 경우 SPC의 차입도 한도 산정시 포함한다.

(3) 금전대여 방식의 자산운용 허용

종래의 경영참여형 사모집합투자기구는 대출방식의 자산운용이 불가능하였으나 개정법은 기관전용사모집합투자기구도 일반사모집합투자기구와 같이 대출방식의 자산운용을 할 수 있도록 하였다. 다만, 일반투자자의 경우 대출형 사모펀드 투자가 제한되고, 차주가 부동산, 특별자산 등과 관련된 사업을 목적으로 하는 경우에만 투자가 가능하다.[120]

5. 투자목적회사

(1) 의 의

사모집합투자기구는 다음과 같은 요건을 모두 충족하는 투자목적회사의 지분증권에 투자할 수 있다(法 249조의13①).

1. 상법에 따른 주식회사 또는 유한회사일 것
2. 특정 법인 또는 특정 자산 등에 대한 효율적인 투자를 목적으로 할 것
3. 그 주주 또는 사원이 다음 중 어느 하나에 해당하되, 가목에 해당하는 주주 또는 사원의 출자비율이 50%(令 271조의19①) 이상일 것
   가. 사모집합투자기구 또는 그 사모집합투자기구가 투자한 투자목적회사
   나. 투자목적회사가 투자하는 회사의 임원 또는 대주주
   다. 그 밖에 투자목적회사의 효율적 운영을 위하여 투자목적회사의 주주 또는 사원이 될 필요가 있는 자로서 대통령령으로 정하는 자[121]

120) 즉, 대출형 사모펀드는 전문성과 위험관리능력이 있는 투자자(금융기관, 연기금 등)만 투자가 가능하다.

121) "대통령령으로 정하는 자"는 다음과 같다(令 271조의19②).
1. 투자목적회사에 대하여 신용공여(法 제34조②)를 한 금융기관(「금융위원회의 설치 등에 관한 법률」 제38조에 따른 검사대상기관을 말한다)으로서 출자전환 등을 한 자
2. 다음 각 목의 요건을 모두 충족하는 자
   가. 다음의 어느 하나에 해당하는 자가 아닐 것
   나. 국내에서 직접 임직원, 영업소, 그 밖에 사업을 하기 위하여 통상적으로 필요한 인적·물적 설비를 갖추고 「통계법」에 따라 통계청장이 고시하는 한국표준산업분류에 따른 제조업 등의 사업을 하는 자일 것
   다. 투자목적회사에 투자한 기관전용사모집합투자기구의 업무집행사원과의 합의 또는 계약 등에 따라 해당 투자목적회사가 투자하는 기업의 경영에 공동으로 참여할 것
   라. 그 밖에 사원의 이익 보호 및 건전한 거래질서 유지를 위하여 필요한 사항으로서 금융위원회가 정하여 고시하는 요건

4. 그 주주 또는 사원인 사모집합투자기구의 투자자 수와 사모집합투자기구가 아닌 주주 또는 사원의 수를 합산한 수가 100인 이내일 것[122)]
5. 상근임원을 두거나 직원을 고용하지 아니하고, 본점 외에 영업소를 설치하지 아니할 것

⑵ 적용 규정

투자목적회사에 관하여는 자본시장법에 특별한 규정이 없으면 상법의 주식회사 또는 유한회사에 관한 규정을 적용한다(法 249조의13②). 다만 주식회사 설립등기사항에 관한 상법 제317조 제2항 제2호(자본의 총액)·제3호(발행주식의 총수, 그 종류와 각종 주식의 내용과 수) 및 유한회사의 설립등기사항에 관한 제549조 제2항 제2호(자본의 총액, 출자 1좌의 금액)는 투자목적회사에는 적용하지 않는다(法 249조의13⑦).

⑶ 준용규정

투자목적회사에 관하여는 자본시장법 제242조, 제249조의11 제3항 및 제249조의18을 준용한다(法 249조의13⑤).

일반투자자를 대상으로 하는 일반사모집합투자기구가 주주 또는 사원인 투자목적회사에 관하여는 제184조 제3항·제4항 및 제249조의8 제2항 제5호를 준용한다. 이 경우 "집합투자재산"은 "투자목적회사의 재산"으로 본다(法 249조의13⑥).

6. 업무집행사원

⑴ 업무집행사원의 선임 및 업무집행권

㈎ 업무집행사원의 선임

기관전용사모집합투자기구는 정관으로 무한책임사원 중 1인 이상을 업무집행사원으로 정해야 한다. 이 경우 그 업무집행사원이 회사의 업무를 집행할 권리와 의무를 가진다(法 249조의14①).[123)]

㈏ 손익분배 등

기관전용사모집합투자기구는 정관으로 업무집행사원에 대한 손익의 분배 또

122) 즉, 100인을 계산함에 있어서 기관전용사모집합투자기구는 1인이 아니라 기관전용사모집합투자기구의 사원의 수를 기준으로 한다.

123) 상법 제278조도 합자회사의 유한책임사원은 회사의 업무집행이나 대표행위를 하지 못한다고 규정한다.

는 손익의 순위 등에 관한 사항을 정할 수 있다(法 249조의14③).

(다) 무인가영업행위 금지 규정 적용배제

기관전용사모집합투자기구의 업무집행사원이 기관전용사모집합투자기구의 집합투자재산의 운용 및 보관·관리, 기관전용사모집합투자기구 지분의 판매 및 환매 등을 영위하는 경우에는 제11조(무인가영업행위 금지)를 적용하지 아니한다(法 249조의14④).

(2) 금융회사인 업무집행사원에 대한 운용규제

금융관련 법령 중 대통령령으로 정하는 법령(令 271조의20①)에서 규정하고 있는 업무를 영위하고 있는 자는 그 법령에도 불구하고 업무집행사원이 될 수 있다. 이 경우 그 업무집행사원은 그 법령에서 제한하거나 금지하는 규정을 위반하지 않는 범위에서 업무를 집행할 수 있으며, 대통령령으로 정하는 방법으로 기관전용사모집합투자기구의 집합투자재산을 운용해야 한다(法 249조의14②).[124]

(3) 업무집행사원의 권리와 의무

(가) 충실의무

업무집행사원은 법령과 정관에 따라 기관전용사모집합투자기구를 위하여 그 직무를 충실히 수행해야 한다(法 249조의14⑤).

(나) 금지행위

업무집행사원(법인이 업무집행사원인 경우 제2호 및 제3호에 대하여는 법인의 임직원 포함)은 다음과 같은 행위를 하지 못한다(法 249조의14⑥).[125]

1. 기관전용사모집합투자기구와 거래하는 행위(사원 전원의 동의가 있는 경우는 제외)
2. 원금 또는 일정한 이익의 보장을 약속하는 등의 방법으로 사원이 될 것을 부당하게 권유하는 행위
3. 사원 전원의 동의 없이 사원의 일부 또는 제3자의 이익을 위하여 기관전용사모집합투자기구가 소유한 자산의 명세를 사원이 아닌 자에게 제공하는 행위

124) 금융회사인 업무집행사원에 대한 운용규제는 종래의 경영참여형 사모집합투자기구에 대한 규제와 동일하다.

125) 자본시장법상 이와 같이 업무집행사원과 기관전용사모집합투자기구 간의 거래를 금지하는 규정은 있지만, 투자대상기업과의 거래를 금지하는 명시적인 금지규정은 없다. 그러나 제272조 제5항의 충실의무 규정을 근거로 투자대상기업과의 거래도 금지되는 것으로 해석하여야 할 것이다. 다만 거래의 성격에 따라서는 기관전용사모집합투자기구에 유리한 거래도 있을 수 있으므로 제272조 제6항 제1호와 같이 사원 전원의 동의가 있는 경우에는 허용되는 거래로 보아야 할 것이다.

4. 그 밖에 금융시장의 안정 및 건전한 거래질서를 해칠 우려가 있는 경우로서 대통령령으로 정하는 행위[126)]

(다) 행위준칙

기관전용사모집합투자기구는 제5항 및 제6항에 따라 업무집행사원이 준수하여야 할 구체적인 행위준칙을 제정하여야 하며, 행위준칙을 제정·변경한 경우에는 지체 없이 이를 금융위원회에 보고해야 한다. 이 경우 금융위원회는 보고받은 행위준칙이 법령을 위반하거나 금융시장의 안정 및 건전한 거래질서를 해칠 우려가 있는 때에는 그 내용을 변경하거나 보완할 것을 명할 수 있다(法 249조의14⑦).

(라) 정보제공 및 설명 의무

업무집행사원은 6개월(令 271조의20⑤) 기간마다 1회 이상 기관전용사모집합

126) "대통령령으로 정하는 행위"는 다음과 같다(令 271조의20④).
1. 정관을 위반하여 기관전용사모집합투자기구 집합투자재산을 운용하는 행위
2. 기관전용사모집합투자기구 집합투자재산을 운용할 때 정당한 이유 없이 일반적인 거래조건을 벗어나는 불공정한 조건으로 거래하는 행위
3. 기관전용사모집합투자기구 집합투자재산에 관한 정보를 업무집행사원의 고유재산 운용에 이용하는 행위
4. 특정 기관전용사모집합투자기구나 투자목적회사의 이익을 해치면서 자기 또는 제3자의 이익을 도모하는 행위
5. 자본시장법 제249조의11부터 제249조의18까지의 규정에 따른 금지나 제한을 회피할 목적으로 하는 행위로서 장외파생상품거래, 신탁계약, 연계거래 등을 이용하는 행위
6. 다음 각 목의 어느 하나에 해당하는 업무를 제3자에게 위탁하는 행위
   가. 투자대상기업의 선정이나 투자목적회사의 설립 또는 선정 업무
   나. 투자대상기업이나 투자목적회사의 지분증권을 매매하는 경우에는 그 가격·시기·방법 등을 결정하는 업무
   다. 기관전용사모집합투자기구 집합투자재산이나 투자목적회사 재산에 속하는 지분증권에 대한 의결권의 행사 업무
   라. 그 밖에 금융시장의 안정 또는 건전한 거래질서의 유지를 위해 필요한 업무로서 금융위원회가 정하여 고시하는 업무
7. 기관전용사모집합투자기구의 집합투자재산의 운용을 담당하는 직원과 해당 운용에 관한 의사를 집행하는 직원을 구분하지 않는 행위. 다만, 다음 각 호의 어느 하나에 해당하는 경우는 제외한다.
   가. 법 제249조의7제5항 각 호의 방법으로 집합투자재산을 운용하는 경우
   나. 기관전용사모집합투자기구별로 계좌를 개설하고, 계좌별로 이루어지는 매매거래의 경우
   다. 장내파생상품 거래의 경우
   라. 그 밖에 집합투자재산의 공정한 운용을 저해하지 않는 경우로서 금융위원회가 정하여 고시하는 경우
8. 투자운용전문인력이 아닌 자가 기관전용사모집합투자기구의 운용업무를 하도록 하는 행위

투자기구 및 기관전용사모집합투자기구가 출자한 투자목적회사의 재무제표 등을 사원에게 제공하고 그 운영 및 재산에 관한 사항을 설명하여야 하며, 그 제공 및 설명 사실에 관한 내용을 기록·유지해야 한다(法 249조의14⑧).

(마) 보 수

기관전용사모집합투자기구는 정관에서 정하는 바에 따라 기관전용사모집합투자기구의 집합투자재산으로 업무집행사원에게 보수(운용실적에 따른 성과보수 포함)를 지급할 수 있다(法 249조의14⑪).

(바) 위탁금지업무

기관전용사모집합투자기구의 업무집행사원은 다음과 같은 업무를 제3자에게 위탁할 수 없다(令 271조의20④6).[127]

1. 투자대상기업의 선정이나 투자목적회사의 설립 또는 선정 업무
2. 투자대상기업이나 투자목적회사의 지분증권을 매매하는 경우에는 그 가격·시기·방법 등을 결정하는 업무
3. 기관전용사모집합투자기구 집합투자재산이나 투자목적회사재산에 속하는 지분증권에 대한 의결권의 행사 업무
4. 그 밖에 사원의 이익 보호 및 건전한 거래질서의 유지를 위하여 필요한 업무로서 금융위원회가 정하여 고시하는 업무

(4) 업무집행사원이 아닌 사원의 권리 의무

업무집행사원이 아닌 사원은 회사의 업무를 집행할 권리와 의무를 가지지 않지만 기관전용사모집합투자기구의 사원으로서 일정한 권리를 가진다.

(가) 장부·서류의 열람 및 등·초본 교부청구권

업무집행사원이 아닌 사원은 영업시간 내에만 기관전용사모집합투자기구 또는 기관전용사모집합투자기구가 출자한 투자목적회사의 재산에 관한 장부·서류의 열람이나 등본 또는 초본의 교부를 청구할 수 있다(法 249조의14⑨).

(나) 업무와 재산상황 검사권

업무집행사원이 아닌 사원은 업무집행사원이 업무를 집행할 때 현저하게 부적합하거나 업무수행에 중대한 위반행위가 있는 경우에는 금융위원회의 승인을 받아 기관전용사모집합투자기구 또는 기관전용사모집합투자기구가 출자한 투자

127) 제3자에는 유한책임사원도 포함되므로 업무집행사원의 업무위탁금지규정은 유한책임사원이 업무집행에 관여하는 것을 직접적으로 제한하는 규정이다.

목적회사의 업무와 재산상황을 검사할 수 있다(法 249조의14⑩).[128)]

기관전용사모집합투자기구는 정관에서 정하는 바에 따라 기관전용사모집합투자기구의 집합투자재산으로 업무집행사원에게 보수(운용실적에 따른 성과보수를 포함한다)를 지급할 수 있다(法 249조의14⑪). 금융위원회는 금융시장의 안정 또는 건전한 거래질서를 위하여 필요한 경우에는 기관전용사모집합투자기구의 업무집행사원에 대하여 기관전용사모집합투자기구의 운용에 관하여 필요한 조치를 명할 수 있다(法 249조의14⑫).

금융감독원장은 금융시장의 안정 또는 건전한 거래질서를 위하여 필요한 경우에는 기관전용사모집합투자기구의 업무와 재산상황에 관하여 기관전용사모집합투자기구 및 그 업무집행사원을 검사할 수 있다. 이 경우 제419조 제5항부터 제7항까지 및 제9항을 준용한다(法 249조의14⑬).

(5) 업무집행사원의 등록

(가) 등록요건

기관전용사모집합투자기구의 업무집행사원으로서 기관전용사모집합투자기구의 집합투자재산 운용업무를 영위하려는 자는 다음 요건을 갖추어 금융위원회에 등록해야 한다(法 249조의15①).

1. 1억원(令 271조의21①) 이상의 자기자본을 갖출 것
2. 임원(합자회사의 업무집행사원 등 대통령령으로 정하는 자를 포함한다)이 「금융회사의 지배구조에 관한 법률」 제5조에 적합할 것
3. 대통령령으로 정하는 투자운용전문인력을 대통령령으로 정하는 수 이상 갖출 것
4. 자본시장법 제44조에 따라 이해상충이 발생할 가능성을 파악·평가·관리할 수 있는 적절한 내부통제기준을 갖출 것
5. 대통령령으로 정하는 건전한 재무상태와 사회적 신용을 갖출 것[129)]

128) 유한책임사원의 감시권에 관한 상법 제277조는 유한책임사원은 영업연도말에 있어서 영업시간 내에 한하여 회사의 회계장부, 재무상태표 기타의 서류를 열람할 수 있고, 회사의 업무와 재산상태를 검사할 수 있으며(제1항), 중요한 사유가 있는 때에는 언제든지 법원의 허가를 얻어 열람과 검사를 할 수 있다(제2항)고 규정한다.

129) "대통령령으로 정하는 건전한 재무상태와 사회적 신용"이란 다음 각 호의 구분에 따른 사항을 말한다(令 271조의21⑤).
1. 건전한 재무상태: 재무건전성에 관한 기준으로서 금융위원회가 정하여 고시하는 기준을 충족할 것(「금융위원회의 설치 등에 관한 법률」 제38조에 따른 검사대상기관의 경우만 해당한다)
2. 사회적 신용: 다음 각 목의 모든 요건에 적합할 것. 다만, 그 위반 등의 정도가 경미하다고 인정되는 경우는 제외한다.

(나) 등록절차

업무집행사원으로 등록을 하려는 자는 금융위원회에 등록신청서를 제출해야 한다(法 249조의15②). 금융위원회는 등록신청서를 접수한 경우에는 그 내용을 검토하여 1개월 이내에 등록 여부를 결정하고, 그 결과와 이유를 지체 없이 신청인에게 문서로 통지해야 한다. 이 경우 등록신청서에 흠결이 있는 때에는 보완을 요구할 수 있다(法 249조의15③). 검토기간을 산정함에 있어서 등록신청서 흠결의 보완기간 등 총리령으로 정하는 기간(規則 28조의2)은 검토기간에 산입하지 않는다(法 272조의2④). 금융위원회는 등록 여부를 결정함에 있어서 다음과 같은 사유가 없는 한 그 등록을 거부할 수 없다(法 249조의15⑤).

1. 등록요건을 갖추지 아니한 경우
2. 등록신청서를 거짓으로 작성한 경우
3. 보완요구를 이행하지 아니한 경우

(다) 등록요건유지

기관전용사모집합투자기구의 업무집행사원은 제1항에 따른 등록 이후 그 기관전용사모집합투자기구의 집합투자재산 운용업무를 영위하는 경우 같은 항 각 호의 등록요건을 유지해야 한다(法 249조의15⑥).

(라) 등록취소

금융위원회는 기관전용사모집합투자기구의 업무집행사원이 다음과 같은 경우에는 그 업무집행사원의 등록을 취소할 수 있다(法 249조의15⑦).

1. 거짓, 그 밖의 부정한 방법으로 업무집행사원의 등록을 한 경우
2. 등록요건의 유지의무를 위반한 경우
3. 업무의 정지기간 중에 업무를 한 경우
4. 금융위원회의 시정명령 또는 중지명령을 이행하지 아니한 경우
5. 그 밖에 금융시장의 안정 또는 건전한 거래질서를 현저히 해칠 우려가 있거나 해당 기관전용사모집합투자기구의 집합투자재산 운용업무를 영위하기 곤란하다고

가. 최근 3년간 법, 시행령, 금융관련법령(시행령 제27조 제1항에 따른 금융관련법령), 「독점규제 및 공정거래에 관한 법률」 및 「조세범 처벌법」을 위반하여 5억원의 벌금형 이상에 상당하는 형사처벌을 받은 사실이 없을 것. 다만, 법 제448조, 그 밖에 해당 법률의 양벌 규정에 따라 처벌을 받은 경우는 제외한다.
나. 최근 3년간 「금융산업의 구조개선에 관한 법률」에 따라 부실금융기관으로 지정되었거나 법 또는 금융관련법령에 따라 영업의 허가·인가·등록 등이 취소된 자가 아닐 것

인정되는 경우로서 대통령령으로 정하는 경우[130]

등록한 기관전용사모집합투자기구의 업무집행사원은 등록사항이 변경된 경우 대통령령으로 정하는 경미한 사항을 제외하고는 그 날부터 2주일 이내에 금융위원회에 변경된 사항을 보고해야 한다. 이 경우 금융위원회는 보고 내용에 흠결이 있으면 보완을 요구할 수 있다(法 249조의15⑧).

업무집행사원(「금융회사의 지배구조에 관한 법률」 제2조 제1호에 따른 금융회사는 제외한다)은 각 사업연도의 재무제표를 작성하여 매 사업연도 경과 후 90일 이내의 범위에서 대통령령으로 정하는 기간 이내에 금융위원회에 제출해야 한다(法 249조의15⑨).

변경사항을 보고하거나 재무제표를 제출한 경우에는 제249조의10 제6항에 따른 변경보고 사항 중 업무집행사원에 관한 것으로서 대통령령으로 정하는 사항을 금융위원회에 변경보고한 것으로 본다(法 249조의15⑩).

⑹ 이해관계인과의 거래제한

업무집행사원은 기관전용사모집합투자기구의 집합투자재산을 운용할 때 대통령령으로 정하는 이해관계인("이해관계인")[131]과 거래행위를 할 수 없다. 다만, 기관전용사모집합투자기구와 이해가 상충될 우려가 없는 거래로서 다음과 같은

---

130) "대통령령으로 정하는 경우"는 다음과 같다(令 271조의21⑥).
1. 법 제249조의21제3항 제1호 나목에 따른 직무정지의 조치를 받은 날부터 1개월(직무정지의 조치를 하면서 1개월을 초과하는 보정기간을 정한 경우에는 그 기간) 이내에 해당 조건을 보정하지 아니한 경우
2. 업무와 관련하여 부정한 방법으로 타인으로부터 금전등을 받거나 타인에게 줄 금전등을 취득한 경우
3. 같거나 비슷한 위법행위를 계속하거나 반복하는 경우

131) "대통령령으로 정하는 이해관계인"은 다음과 같다(令 271조의22①).
1. 업무집행사원의 임직원과 그 배우자
2. 업무집행사원의 대주주와 그 배우자
3. 업무집행사원의 계열회사, 계열회사의 임직원과 그 배우자. 다만 다음 각 목의 어느 하나에 해당하는 회사는 계열회사로 보지 아니한다.
가. 해당 업무집행사원이 그 집합투자재산을 운용하는 기관전용사모집합투자기구가 투자한 투자대상기업 또는 투자목적회사
나. 가목의 투자대상기업이나 투자목적회사에 대하여 제271조의10 제17항 각 호의 방법으로 공동 운용함으로써 그 투자대상기업이나 투자목적회사에 투자한 다른 기관전용사모집합투자기구 및 그 업무집행사원
다. 그 밖에 금융시장의 안정 또는 건전한 거래질서를 해칠 우려가 없는 회사로서 금융위원회가 정하여 고시하는 회사

거래의 경우에는 이를 할 수 있다(法 249조의16①).

1. 증권시장 등 불특정다수인이 참여하는 공개시장을 통한 거래
2. 일반적인 거래조건에 비추어 기관전용사모집합투자기구에 유리한 거래
3. 그 밖에 대통령령으로 정하는 거래[132]

업무집행사원은 제1항 단서에 따라 허용되는 이해관계인과의 거래가 있는 경우 또는 이해관계인의 변경이 있는 경우에는 그 내용을 해당 기관전용사모집합투자기구의 집합투자재산을 보관·관리하는 신탁업자에게 즉시 통보해야 한다(法 249조의16②). 업무집행사원은 기관전용사모집합투자기구의 집합투자재산을 운용할 때 기관전용사모집합투자기구의 계산으로 그 업무집행사원이 발행한 증권을 취득해서는 아니 된다(法 249조의16③).

업무집행사원은 기관전용사모집합투자기구의 집합투자재산을 운용할 때 집합투자재산의 5%(令 271조의22③)를 초과하여 다음과 같은 계열회사가 발행한 증권[그 계열회사가 발행한 지분증권과 관련한 증권예탁증권 및 대통령령으로 정하는 투자대상자산(令 271조의22④: 시행령 제86조 제3항 각 호의 투자대상자산)을 포함한다]을 취득해서는 아니 된다. 이 경우 기관전용사모집합투자기구의 집합투자재산으로 취득하는 증권은 시가로 평가하되 평가의 방법과 절차는 대통령령으로 정하는 바(令 260조①,②)에 따른다(法 249조의16④).

1. 그 업무집행사원의 계열회사
2. 그 기관전용사모집합투자기구에 사실상 지배력을 행사하는 유한책임사원으로서 대통령령으로 정하는 자의 계열회사(令 271조의22⑥: 그 기관전용사모집합투자기구의 출자총액의 30% 이상의 출자지분을 보유한 유한책임사원)

7. 지분양도

(1) 무한책임사원과 유한책임사원

(가) 무한책임사원

기관전용사모집합투자기구의 무한책임사원은 출자한 지분을 타인에게 양도

132) "대통령령으로 정하는 거래"는 다음과 같다(令 271조의22②).
1. 시행령 제85조 각 호의 어느 하나에 해당하는 거래
2. 그 기관전용사모집합투자기구 사원 전원이 동의한 거래
3. 그 밖에 금융시장의 안정 또는 건전한 거래질서를 해칠 우려가 없는 거래로서 금융위원회가 정하여 고시하는 거래

할 수 없다. 다만, 정관으로 정한 경우에는 사원 전원의 동의를 받아 지분을 분할하지 아니하고 타인에게 양도할 수 있다(法 249조의17①).

㈏ 유한책임사원

기관전용사모집합투자기구의 유한책임사원은 무한책임사원 전원의 동의를 받아 출자한 지분을 분할하지 아니하고 타인에게 양도할 수 있다(法 249조의17②). 기관전용사모집합투자기구의 유한책임사원은 그 지분을 제249조의11 제6항 각 호에 해당하지 않는 자에게 양도해서는 아니 된다(法 249조의17⑤).

⑵ 지분의 분할양도

기관전용사모집합투자기구의 무한책임사원 및 유한책임사원은 제1항 단서 및 제2항에도 불구하고 양도의 결과 기관전용사모집합투자기구의 사원 총수가 100인을 초과하지 않는 범위에서는 지분을 분할하여 양도할 수 있다. 이 경우 제249조의11 제3항을 준용한다(法 249조의17③).

⑶ 합 병

기관전용사모집합투자기구는 다른 회사(다른 기관전용사모집합투자기구를 포함)과 합병할 수 없다(法 249조의17④).

8. 특례규정

⑴ 상호출자제한기업집단 계열 기관전용사모집합투자기구 등에 대한 제한

상호출자제한기업집단의 계열회사인 기관전용사모집합투자기구 또는 상호출자제한기업집단의 계열회사가 무한책임사원인 기관전용사모집합투자기구는 다른 회사(法 9조⑯4에 따른 외국기업은 제외한다)를 계열회사로 편입한 경우에는 편입일부터 5년 이내에 그 다른 회사의 지분증권을 그 상호출자제한기업집단의 계열회사가 아닌 자에게 처분해야 한다(法 249조의18①).

제1항에도 불구하고 다음 각 호의 자("기관전용사모집합투자기구등")를 제외한 상호출자제한기업집단의 계열회사 전체의 자산총액[금융업 또는 보험업을 영위하는 회사의 경우 자본총액(재무상태표상의 자산총액에서 부채총액을 뺀 금액) 또는 자본금 중 큰 금액으로 한다]에 대한 금융업 또는 보험업을 영위하는 회사의 자본총액 또는 자본금 중 큰 금액의 합계액의 비율이 75% 이상으로서 대통령령으로 정하는 비율 이상인 상호출자제한기업집단의 계열회사인 기관전용사모집합투자기구 또는 상호출자제한기업집단의 계열회사가 무한책임사원인 기관전용사모집합

투자기구가 다른 회사(제9조 제16항 제4호에 따른 외국 기업은 제외한다)를 계열회사로 편입한 경우에는 편입일부터 7년 이내에 그 다른 회사의 지분증권을 그 상호출자제한기업집단의 계열회사가 아닌 자에게 처분해야 한다. 다만, 대통령령으로 정하는 방법에 따라 금융위원회의 승인을 받은 경우에는 처분기한을 3년 이내에서 연장할 수 있다(法 249조의18②).

1. 기관전용사모집합투자기구
2. 제1호에 해당하는 자가 투자한 투자목적회사
3. 제2호에 해당하는 자가 투자한 투자목적회사
4. 제1호부터 제3호까지에 해당하는 자가 투자한 투자대상기업(기관전용사모집합투자기구 또는 제249조의13에 따른 투자목적회사가 제249조의7제5항 제1호 또는 제2호의 방법으로 투자한 기업을 말한다. 이하 이 장에서 같다)
5. 제4호에 해당하는 자가 지배하는 회사

상호출자제한기업집단의 계열회사인 기관전용사모집합투자기구 또는 상호출자제한기업집단의 계열회사가 무한책임사원인 기관전용사모집합투자기구는 그 계열회사(투자목적회사 및 투자대상기업은 제외)가 발행한 지분증권을 취득해서는 아니 된다(法 249조의18③). 제2항에 해당하는 상호출자제한기업집단의 계열회사는 다음과 같은 행위를 할 수 없다(法 249조의18④).

1. 기관전용사모집합투자기구등이 기관전용사모집합투자기구등이 아닌 계열회사의 지분증권을 취득 또는 소유하는 행위
2. 기관전용사모집합투자기구등이 아닌 계열회사가 제2항 제4호 또는 제5호의 자의 지분증권을 취득 또는 소유하는 행위

(2) 지주회사 규제의 특례

(가) 독점규제 및 공정거래에 관한 법률

1) 지주회사 규정 적용 유예 「독점규제 및 공정거래에 관한 법률」에 따른 지주회사에 관한 규정은 사모집합투자기구 또는 투자목적회사가 제249조의7 제5항 제1호 또는 제2호의 요건을 충족하는 경우 그 요건을 충족한 날부터 10년이 되는 날까지는 적용하지 아니한다(法 249조의19①).

2) 금융위원회 및 공정거래위원회에의 보고 및 통보 사모집합투자기구(일반사모집합투자기구인 투자신탁이나 투자익명조합의 집합투자업자를 포함한다) 또는 투

자목적회사는 제1항에 해당하는 경우 그 요건을 충족한 날부터 2주일 이내에 그 사실을 대통령령으로 정하는 방법(令 271조의24①: 금융위원회가 정하여 고시하는 서식에 따라 관련 증거자료를 첨부하는 방법)에 따라 금융위원회에 보고하여야 하며, 금융위원회는 그 사항을 공정거래위원회에 통보해야 한다(法 249조의19②).

(나) 금융지주회사법

1) 기관전용사모집합투자기구의 금융지주회사 불간주　　사모집합투자기구(기관전용사모집합투자기구의 무한책임사원 또는 일반사모집합투자기구의 집합투자업자 중 상호출자제한기업집단 계열회사 또는 금융지주회사가 아닌 자를 포함한다) 및 투자목적회사에 대해서는 제249조의7 제5항 제1호 또는 제2호의 요건을 충족하는 경우 그 요건을 충족한 날부터 10년이 되는 날까지는 「금융지주회사법」에 따른 금융지주회사로 보지 아니한다. 다만, 사모집합투자기구 또는 투자목적회사가 대통령령으로 정하는 1개 이상의 금융기관을 지배하는 경우에는 같은 법 제45조, 제45조의2부터 제45조의4까지 및 제48조를 준용한다(法 249조의19③).[133]

2) 금융기관을 지배하는 기관전용사모집합투자기구에 대한 준용규정　　회사가 기관전용사모집합투자기구의 업무집행사원 또는 일반사모집합투자기구의 집합투자업자인 경우에는 「금융지주회사법」 제45조의2부터 제45조의4까지의 규정을 준용한다. 이 경우 "은행지주회사의 주요출자자"는 "업무집행사원 또는 집합투자업자" 또는 "업무집행사원 또는 집합투자업자의 대주주"로 본다(法 249조의19④).

3) 금융지주회사의 자회사의 기관전용사모집합투자기구 지분취득 허용　　금융지주회사법에 따른 자회사는 동법 제19조에 불구하고 사모집합투자기구의 지분을 취득할 수 있다(法 249조의19⑤).

9. 적용배제

자본시장법 제182조, 제183조 제1항, 제184조 제1항 · 제2항 · 제5항 · 제6항, 제186조, 제213조부터 제215조까지, 제216조(같은 조 제3항 중 투자합자회사의 해산·청산에 관하여 준용하는 부분은 제외), 제217조, 제229조부터 제237조까지, 제238조 제2항부터 제5항까지, 같은 조 제7항 · 제8항, 제239조, 제240조 제3항부터 제

133) 준용되는 규정은 제45조(신용공여한도), 제45조의2(은행지주회사의 주요출자자에 대한 신용공여한도 등), 제45조의3(주요출자자가 발행한 주식의 취득한도 등), 제45조의4(주요출자자의 부당한 영향력 행사 금지), 제48조(자회사등의 행위제한) 등이다.

10항까지, 제241조, 제247조 제1항부터 제4항까지, 같은 조 제5항 제1호부터 제3호까지, 같은 항 제6호 · 제7호, 같은 조 제6항 · 제7항, 제248조, 제249조, 제249조의2부터 제249조의6까지, 제249조의8, 제249조의9, 제250조, 제251조 및 제253조는 기관전용사모집합투자기구에 적용하지 아니한다(法 249조의20①).

상법 제173조(회사는 다른 회사의 무한책임사원이 되지 못한다), 제198조(사원의 경업의 금지), 제217조 제2항(사원이 부득이한 사유가 있을 때에는 언제든지 퇴사할 수 있다), 제224조(지분압류채권자에 의한 퇴사청구), 제274조(지배인의 선임, 해임) 및 제286조(합명회사로의 조직변경)는 기관전용사모집합투자기구에 적용하지 아니한다(法 249조의20②).

「독점규제 및 공정거래에 관한 법률」 제11조는 제249조의18 제2항에 해당하는 상호출자제한기업집단에 속하는 기관전용사모집합투자기구 또는 그 기관전용사모집합투자기구가 투자한 투자목적회사가 소유하는 투자목적회사 또는 투자대상기업[상호출자제한기업집단에 속하는 기관전용사모집합투자기구 또는 그 기관전용사모집합투자기구가 투자한 투자목적회사의 「독점규제 및 공정거래에 관한 법률」 제7조 제1항에 따른 특수관계인(동일인 및 그 친족에 한정한다)이 주식을 소유하고 있는 기업은 제외한다]의 지분증권에 대하여 의결권을 행사하는 경우에는 적용하지 아니한다(法 249조의20③).

「독점규제 및 공정거래에 관한 법률」 제27조 및 제28조 중 유한책임사원의 현황과 관련된 것으로서 대통령령으로 정하는 사항[134]은 「독점규제 및 공정거래에 관한 법률」 제14조 제1항에 따른 공시대상기업집단의 계열회사인 기관전용사모집합투자기구 또는 공시대상기업집단의 계열회사가 무한책임사원인 기관전용사모집합투자기구 중에서 대통령령으로 정하는 기관전용사모집합투자기구에 대하여는 적용하지 아니한다(法 249조의20④).

---

134) "대통령령으로 정하는 사항"은 다음과 같다(令 271조의25①).
1. 기관전용사모집합투자기구의 유한책임사원[그 기관전용사모집합투자기구와 같은 공시대상기업집단(「독점규제 및 공정거래에 관한 법률」 제26조 제1항 각 호에 따른 공시대상기업집단)에 속하지 않는 유한책임사원으로 한정한다]의 기관전용사모집합투자기구에 대한 출자지분 현황
2. 제1호의 보유 출자지분비율이 해당 기관전용사모집합투자기구 출자총액의 1% 이상 변동이 있는 때에는 그 변동 사항
3. 제1호의 유한책임사원의 명칭, 사업내용, 재무현황, 그 밖에 금융위원회가 정하여 고시하는 일반현황
4. 그 밖에 유한책임사원의 현황과 관련된 것으로서 금융위원회가 정하여 고시하는 사항

10. 기관전용사모집합투자기구에 대한 조치

금융위원회는 일정한 사유가 발생한 경우 기관전용사모집합투자기구나 그 업무집행사원 및 그 임직원에 대하여 일정한 조치를 할 수 있다(法 249조의21).135)

135) [法 제249조의21 (기관전용사모집합투자기구에 대한 조치)]

① 금융위원회는 다음 각 호의 어느 하나에 해당하는 경우에는 기관전용사모집합투자기구의 해산을 명할 수 있다.

1. 제249조의10제4항·제6항 또는 제249조의11 제8항에 따른 보고나 변경보고를 하지 아니한 경우
2. 거짓, 그 밖의 부정한 방법으로 제249조의10 제4항·제6항 또는 제249조의11 제8항에 따른 보고나 변경보고를 한 경우
3. 기관전용사모집합투자기구가 제249조의10 제3항 각 호에 따른 요건을 갖추지 못한 경우
4. 별표 6 각 호의 어느 하나에 해당하는 경우로서 대통령령으로 정하는 경우(令 271조의26①)
5. 금융관련 법령 중 대통령령으로 정하는 법령(令 271조의26②, 373조②)을 위반하는 경우로서 사회적 신용을 훼손하는 등 대통령령으로 정하는 경우(令 271조의26③, 373조③)
6. 제2항 제3호에 따른 시정명령 또는 중지명령을 이행하지 아니한 경우
7. 그 밖에 금융시장의 안정 또는 건전한 거래질서를 현저히 해칠 우려가 있거나 기관전용사모집합투자기구로서 존속하기 곤란하다고 인정되는 경우로서 대통령령으로 정하는 경우(令 271조의26④)

② 금융위원회는 기관전용사모집합투자기구가 제1항 각 호(제4호는 제외한다)의 어느 하나에 해당하거나 별표 6 각 호의 어느 하나에 해당하는 경우에는 다음 각 호의 어느 하나에 해당하는 조치를 할 수 있다.

1. 6개월 이내의 업무의 전부 또는 일부의 정지
2. 계약의 인계명령
3. 위법행위의 시정명령 또는 중지명령
4. 위법행위로 인한 조치를 받았다는 사실의 공표명령 또는 게시명령
5. 기관경고
6. 기관주의
7. 그 밖에 위법행위를 시정하거나 방지하기 위하여 필요한 조치로서 대통령령으로 정하는 경우(令 271조의26⑤)

③ 금융위원회는 기관전용사모집합투자기구의 업무집행사원이 제1항 각 호(제4호는 제외한다)의 어느 하나에 해당하거나 별표 6 각 호의 어느 하나에 해당하는 경우에는 다음 각 호의 어느 하나에 해당하는 조치를 할 수 있다.

1. 그 업무집행사원에 대한 조치
   가. 해임요구
   나. 6개월 이내의 직무정지
   다. 기관경고
   라. 기관주의
   마. 그 밖에 위법행위를 시정하거나 방지하기 위하여 필요한 조치로서 대통령령으로 정하는 조치(令 271조의26⑥: 제5항 각 호의 조치)
2. 그 업무집행사원의 임원에 대한 조치

11. 기업재무안정 사모집합투자기구

(1) 의 의

"기업재무안정 사모집합투자기구"란 재무구조개선기업의 경영정상화 및 재무안정 등을 위하여 투자·운용하여 그 수익을 투자자에게 배분하는 것을 목적으로 하는 사모집합투자기구를 말한다(法 249조의22①).136)

(2) 대상기업

기업재무안정 사모집합투자기구의 투자대상인 재무구조개선기업(「금융산업의 구조개선에 관한 법률」에서 정하는 금융기관은 제외)은 다음과 같다(法 249조의22①).

1. 「기업구조조정 촉진법」 제2조 제7호에 따른 부실징후기업
2. 「채무자 회생 및 파산에 관한 법률」 제34조 또는 제35조에 따라 법원에 회생절차 개시를 신청한 기업
3. 「채무자 회생 및 파산에 관한 법률」 제294조 또는 제295조에 따라 법원에 파산을 신청한 기업
4. 채권금융기관(대통령령으로 정하는 금융기관: 令 271조의27①)과 대통령령으로

가. 해임요구
나. 6개월 이내의 직무정지
다. 문책경고
라. 주의적 경고
마. 그 밖에 위법행위를 시정하거나 방지하기 위하여 필요한 조치로서 대통령령으로 정하는 조치(令 271조의26⑦)

3. 그 업무집행사원의 직원에 대한 조치요구
가. 면직
나. 6개월 이내의 정직
다. 감봉
라. 견책
마. 주의
바. 그 밖에 위법행위를 시정하거나 방지하기 위하여 필요한 조치로서 대통령령으로 정하는 조치(令 271조의26⑧)

④ 기관전용사모집합투자기구 및 기관전용사모집합투자기구의 업무집행사원에 대한 조치 등에 관하여는 제422조 제3항 및 제423조 부터 제425조까지의 규정을 준용한다.

136) 2010년 3월 자본시장법 개정시 기업재무안정 사모투자전문회사가 3년간 한시적으로 도입되었고, 2013년 8월 개정에 의하여 2016년 11월 13일까지 효력을 가졌는데(부칙 2조), 재무구조 개선이 필요한 기업에 사모집합투자기구를 통한 민간의 자금 공급이 가능하도록 하기 위하여 2016년 12월 개정시 기업재무안정 사모집합투자기구를 상시화하였다. 종래에는 경영참여형 사모펀드만 기업재무안정 사모집합투자기구를 설정·설립할 수 있었으나 개정법은 일반사모집합투자기구, 기관전용사모집합투자기구 모두 기업재무안정 사모집합투자기구와 창업·벤처전문 사모집합투자기구를 설정·설립할 수 있다.

정하는 재무구조개선을 위한 약정(슈 271조의27②: 채권금융기관의 총 채권액 중 50% 이상을 차지하는 채권금융기관이 개별적으로 또는 공동으로 해당기업에 재무구조 개선을 위하여 체결한 약정)을 체결한 기업
5. 법인(그 계열회사를 포함)의 합병·전환·정리 등 대통령령으로 정하는 바에 따라 구조조정 또는 재무구조개선 등을 하려는 기업(슈 271조의27③)
6. 그 밖에 기업의 재무구조개선 또는 경영정상화의 추진이 필요한 기업으로서 대통령령으로 정하는 요건에 해당하는 기업

(3) 운용방법

기업재무안정 사모집합투자기구는 그 집합투자재산을 운용할 때에는 사원이 출자한 날부터 2년(슈 271조의27④) 이내에 출자한 금액의 50%(슈 271조의27⑤) 이상을 다음과 같은 방법으로 운용해야 한다(法 249조의22②).

1. 재무구조개선기업이 발행한 증권의 매매
2. 재무구조개선기업이 채무자인 대출채권 등 채권, 이에 수반되는 담보권 및 그 밖에 권리의 매매
3. 재무구조개선기업이 보유하고 있는 부동산, 영업권 등 경제적 가치가 있는 자산의 매매
4. 자산총액에서 부채총액을 뺀 가액을 초과하지 않는 범위에서의 재무구조개선기업에 대한 자금의 대여 및 지급의 보증
5. 제3항에 따른 투자목적회사의 지분증권에 대한 투자

위와 같이 운용하고 남은 재산은 다음과 같은 방법으로 운용할 수 있다(슈 271조의27⑥).

1. 증권에 대한 투자
2. 증권에 대한 투자위험을 회피하기 위한 장내파생상품 또는 장외파생상품에 대한 투자
3. 재무구조개선기업의 인수·합병에 드는 자금의 대여 또는 지급의 보증
4. 자본시장법 제83조 제4항에 따른 단기대출(대통령령으로 정하는 금융기관에 대한 30일 이내의 단기대출)
5. 시행령 제79조 제2항 제5호 각 목의 어느 하나에 해당하는 금융회사(이에 상당하는 외국 금융회사를 포함)에의 예치
6. 원화로 표시된 양도성 예금증서에 대한 투자
7. 제79조 제2항 제5호에 따른 어음(기업어음증권은 제외)에 대한 투자

⑷ 투자목적회사에 대한 특례

기업재무안정 사모집합투자기구가 주주 또는 사원인 경우로서 주주 또는 사원의 출자비율이 50%(令 271조의27⑦) 이상인 투자목적회사는 제249조의13 제1항 제2호에도 불구하고 제2항 제1호부터 제4호까지(제4호를 적용할 때 자산총액은 투자목적회사의 자산총액을 말한다)의 어느 하나에 해당하는 방법 및 그 밖에 대통령령으로 정하는 방법(令 271조의27⑧: 제6항 각 호의 어느 하나의 방법)으로 재산을 운용할 수 있다(法 249조의22③).

⑸ 연기금의 출자한도

「국가재정법」 제13조 제1항 제2호부터 제5호까지의 기금(2. 국민연금기금, 3. 공무원연금기금, 4. 사립학교교직원연금기금, 5. 군인연금기금)을 관리하는 자는 해당 기금 여유자금운용액의 10%(令 271조의27⑨) 이내의 자금을 해당 기금운용계획에 따라 기업재무안정 사모집합투자기구에 출자할 수 있다. 이 경우 기금이 출자한 금액은 제3항의 투자목적회사에 출자한 금액을 합하여 산정한다(法 249조의22⑤).

⑹ 지분증권의 처분제한기간

기업재무안정 사모집합투자기구 및 제3항의 투자목적회사는 6개월 미만의 기간 중에는 취득한 지분증권을 처분해서는 아니 된다. 다만, 그 지분증권을 계속 소유함으로써 사원의 이익을 명백히 해칠 우려가 있는 경우, 그 밖에 대통령령으로 정하는 경우[137]로서 미리 금융위원회의 승인을 받은 경우에는 6개월 미만의 기간 중에 이를 처분할 수 있다(法 249조의22⑥).

12. 창업·벤처전문 사모집합투자기구

⑴ 의 의

"창업·벤처전문 사모집합투자기구"란 창업·벤처기업의 성장기반 조성 및 건전한 발전을 위하여 투자·운용하여 그 수익을 투자자에게 배분하는 것을 목적으로 하는 사모집합투자기구를 말한다(法 249조의23①).

---

137) "대통령령으로 정하는 경우"란 다음과 같다(令 271조의27⑪).
1. 투자대상기업의 영업이 정지된 경우
2. 투자대상기업이 3개월 이상 조업을 중단한 경우
3. 투자대상기업의 주식에 대한 공개매수에 응하는 경우
4. 기업재무안정 사모집합투자기구의 존립기간 만료 등 해산사유가 발생한 경우
5. 투자대상기업의 합병 등으로 인하여 사원의 이익을 침해할 우려가 있는 경우

⑵ 대상기업

창업·벤처전문 기관전용사모집합투자기구의 투자대상인 창업·벤처기업은 다음과 같다(法 249조의23①).

1. 「중소기업창업 지원법」 제2조 제3호에 따른 창업기업. 다만, 해당 창업기업이 창업하거나 창업하여 사업을 개시한 중소기업이 「중소기업창업 지원법」 제5조 제1항 단서에 해당하는 업종의 중소기업인 경우는 제외한다.
2. 「벤처기업육성에 관한 특별조치법」 제2조 제1항에 따른 벤처기업
3. 「중소기업 기술혁신 촉진법」 제15조에 따른 기술혁신형 중소기업또는 같은 법 제15조의3에 따른 경영혁신형 중소기업
4. 「기술보증기금법」 제2조 제1호에 따른 신기술사업자
5. 「소재·부품·장비산업 경쟁력강화 및 공급망 안정화를 위한 특별조치법」 제2조 제5호에 따른 전문기업으로서 「중소기업기본법」 제2조에 따른 중소기업
6. 그 밖에 성장기반 조성 및 건전한 발전이 필요한 기업으로서 대통령령으로 정하는 기업

⑶ 운용방법

창업·벤처전문 기관전용사모집합투자기구는 제249조의12에도 불구하고 그 집합투자재산을 운용할 때에는 사원이 출자한 날부터 6개월 이상의 기간으로서 대통령령이 정하는 기간 이내에 출자한 금액의 50% 이상으로서 대통령령이 정하는 비율 이상을 다음과 같은 방법으로 운용하여야 하고, 그와 같이 운용하고 남은 재산은 대통령령으로 정하는 바에 따라 운용할 수 있다(法 249조의23②).

1. 창업·벤처기업등이 발행한 증권에 대한 투자
2. 제3항에 따른 투자목적회사의 지분증권에 대한 투자
3. 그 밖에 창업·벤처기업등에 대한 자금 지원을 위하여 필요한 방법으로서 대통령령으로 정하는 방법

⑷ 투자목적회사에 대한 특례

창업·벤처전문 기관전용사모집합투자기구가 주주 또는 사원인 경우로서 주주 또는 사원의 출자비율이 대통령령이 정하는 비율 이상인 투자목적회사는 제249조의13 제1항 제2호에도 불구하고 제2항 제1호, 제3호 또는 그 밖에 대통령령으로 정하는 방법으로 재산을 운용할 수 있다(法 249조의23③). 창업·벤처전문 기관전용사모집합투자기구의 집합투자재산 및 제3항의 투자목적회사 재산의 투

자비율의 산정방식, 그 밖에 창업·벤처전문 기관전용사모집합투자기구의 집합투자재산 및 제3항의 투자목적회사 재산의 운용 및 운용제한 등에 관하여 필요한 사항은 대통령령으로 정한다(法 249조의23④).

(5) 보고의무

창업·벤처전문 기관전용사모집합투자기구는 대통령령으로 정하는 바에 따라 제2항에 따른 집합투자재산 운용 현황, 그 밖에 대통령령으로 정하는 사항에 관하여 금융위원회에 보고해야 한다(法 249조의23⑤).

제3장

집합투자증권의 판매와 환매

제1절 집합투자증권의 판매

I. 판매방법과 판매주체

1. 판매계약 · 위탁판매계약

투자신탁 · 투자익명조합의 집합투자업자 또는 투자회사등은 집합투자기구의 집합투자증권을 판매하고자 하는 경우 투자매매업자와 판매계약을 체결하거나 투자중개업자와 위탁판매계약을 체결하여야 한다.[1] 다만, 투자신탁 · 투자익명조합의 집합투자업자가 투자매매업자 · 투자중개업자로서 자기가 운용하는 집합투자기구의 집합투자증권을 판매하는 경우에는 판매계약 · 위탁판매계약을 체결하지 않는다(法 184조⑤). 그러나 다른 집합투자업자가 운용하는 집합투자기구의 집합투자증권을 판매하는 경우에는 해당 집합투자기구를 운용하는 집합투자업자와 판매계약 또는 위탁판매계약을 체결하여야 한다.

전문사모집합투자업자가 자신이 운용하는 전문투자형 사모집합투자기구의 집합투자증권을 판매하는 경우에는 금융투자업으로 보지 않는다(法 7조⑥3).

2. 투자중개업자의 법적 지위와 책임

(1) 판매회사 개념의 폐지

「구 증권투자신탁업법」은 수익증권 판매와 관련하여 독자적인 판매회사 개념과 등록요건을 규정하였고, 「구 간접투자자산운용업법」도 판매회사의 독자적인 지위를 전제로 한 많은 규정을 두었다. 그러나 자본시장법은 투자중개업을

1) 투자매매업자와 판매계약을 체결하거나 투자중개업자와 위탁판매계약을 체결하도록 규정한 것은 집합투자증권의 판매를 기능별로 구별하여 규정한 것이다.

"누구의 명의로 하든지 타인의 계산으로 금융투자상품의 매도·매수, 그 중개나 청약의 권유, 청약, 청약의 승낙 또는 증권의 발행·인수에 대한 청약의 권유, 청약, 청약의 승낙[2]을 영업으로 하는 것"이라고 규정하면서(法 6조③) 구법상의 판매회사의 개념을 폐지하였다.[3] 다만, 집합투자업자와 위탁판매계약을 체결하고 집합투자증권을 투자자에게 판매하는 투자중개업자를 실무상으로는 여전히 구법상의 명칭인 판매회사라고 부르고 있다.

(2) 법적 지위에 관한 판례와 학설

판매회사의 지위를 독립적으로 규정한 구법 하에서는 판매회사가 수익자의 환매청구에 응할 지위에 있는지 여부 및 판매회사의 고유재산으로 환매대금을 지급할 의무가 있는지 여부에 관하여 논란의 대상이 되었다. 그러나 자본시장법은 투자매매업자·투자중개업자는 환매청구대상자로 규정하고(法 235조②), 투자신탁·투자익명조합의 집합투자업자 또는 투자회사등을 환매의무자로 명시적으로 규정하므로(法 235조④), 환매와 관련하여는 더 이상 논란의 여지가 없다.

다만, 근래에는 투자중개업자의 사기·착오로 인한 집합투자증권 판매 취소 가능성과 관련하여 투자중개업자의 법적 지위에 관한 논란이 있다.

(가) 독립당사자

자본시장법 이전의 판례는 수익증권의 판매에 있어서 판매회사는 단순히 자산운용회사의 대리인에 불과한 것이 아니라 투자자의 거래상대방의 지위에서 판매회사 본인의 이름으로 투자자에게 투자를 권유하고 수익증권을 판매하는 지위에 있다는 것이 기본적인 입장이었다.[4] 이러한 해석은 구법 규정에는 부합하지

---

2) 증권의 발행·인수에 대한 청약의 권유, 청약, 청약의 승낙을 모집주선이 아닌 발행주선이라 부르는 것은 사모도 포함하기 때문이다.

3) 同旨: 김건식·정순섭, 899면. 판매회사 개념의 폐지를 인정한 판례로는 서울고등법원 2023. 9. 21. 선고 2022나2017964 판결이 있다.

4) [대법원 2006. 12. 8. 선고 2002다19018 판결] "구 증권투자신탁업법(1998. 9. 16. 법률 제5558호로 개정되기 전의 것)에 의하면 판매회사의 자격을 대규모 자산을 보유한 증권회사로 제한하고 있고(제2조 제5항, 제9조 제1항), 판매회사를 위탁회사와 구분되는 '환매에 응하여야 할 자'로 예정하고 있는 점(제7조 제2항), 증권투자신탁의 현실에서도 수익증권의 판매 및 환매업무를 수행하는 판매회사는 수익자와 위탁회사를 연결하여 주는 매개체로서 수익자와 직접적인 접촉을 하며, 신탁재산 또는 수익자로부터 판매보수와 환매수수료를 직접 지급받고 있는 점, 수익증권 위탁판매계약상 위탁회사와 판매회사의 책임을 독립된 것으로 보고 있는 점 등을 종합하여 보면, 판매회사는 증권투자신탁에 있어서 단순히 위탁회사의 대리인에 불과한 것이 아니라 자신의 책임으로 수익증권 판매업무 등을 수행하는 독립된 당사자로 보아야 한다." (다만, 이 판결에서는 1998년 개정 전 법이 적용된 결과 수익자보호를 위하여 판매

만, 판매회사의 개념을 폐지한 자본시장법 하에서는 집합투자증권 판매에서의 투자중개업자의 지위를 독립된 당사자로 볼 실정법상 근거가 더 이상 존재하지 않는다는 문제가 있다.

㈏ 위탁매매인 또는 대리인

구법상 판매회사의 법적 지위에 관하여 위탁매매인으로 보는 견해와 대리인으로 보는 견해도 있었다. 자본시장법도 투자신탁·투자익명조합의 집합투자업자 또는 투자회사등은 투자중개업자와 "위탁판매계약"을 체결하여야 한다고 규정하므로 투자중개업자를 위탁매매인으로 볼 여지가 있고, 한편으로는 집합투자업자에 속하는 집합투자증권 판매업무를 투자중개업자에게 위임한 것으로 볼 수 있다는 점을 근거로 든다. 그런데 위탁매매인 또는 대리인으로 보는 견해는 투자자와의 관계에서 자본시장법상 투자중개업자의 지위와 일치하지 않는 면이 적지 않다는 문제가 있다.5)

㈐ 중 개 인

자본시장법상 집합투자업자 또는 투자회사등과 위탁판매계약을 체결한 투자중개업자는 중개라는 사실행위를 하는 중개인으로서 집합투자증권의 매매를 중개하는 지위에 있다고 본다.

상법상 중개는 계약체결 당사자 쌍방과 교섭하여 그들 간에 계약이 체결되도록 조력하는 사실행위이고, 중개인은 타인 간의 상행위의 중개를 영업으로 하

회사의 고유재산에 의한 환매책임을 인정하였으나, 개정 후의 투자신탁에 관한 대법원 2006. 10. 26. 선고 2005다29771 판결은 판매회사가 위탁회사로부터 상환금을 지급받은 때에 비로소 수익자에게 그 상환금을 지급할 의무가 인정된다고 판시하였다).

[대법원 2011. 8. 25. 선고 2010다77613 판결] "구 간접투자자산 운용업법에서 규정하는 판매회사는 수익증권의 판매에 있어서 단순히 자산운용회사의 대리인에 불과한 것이 아니라 투자자의 거래상대방의 지위에서 판매회사 본인의 이름으로 투자자에게 투자를 권유하고 수익증권을 판매하는 지위에 있다." (同旨: 대법원 2011. 7. 28. 선고 2010다101752 판결).

5) 상법상 위탁매매인은 자기명의로 타인의 계산으로 매매를 영업으로 하는 자인데(商法 101조), 1) 위탁자와 거래상대방 간에 법률관계가 성립하지 않지만 집합투자증권 판매에 있어서는 집합투자업자와 투자자 간에 각종 법률관계가 형성된다는 점, 2) 매매목적물이 위탁매매인에게 귀속되는 것과 달리 투자중개업자는 집합투자증권을 취득하지 않는다는 점, 3) 위탁매매인은 위탁자로부터 보수를 받지만 투자중개업자는 투자자나 집합투자기구로부터 판매수수료·판매보수를 받는다는 점, 4) 위탁매매인은 위탁자에게 선관주의의무를 부담하는데, 투자중개업자는 오히려 집합투자업자보다 투자자에 대하여 선관주의의무, 설명의무 등 투자자보호를 위한 각종 의무를 부담한다는 점(다만, 자본시장법이 투자자보호를 위하여 특별히 규정한 것으로 볼 수는 있다) 등에 비추어 투자중개업자의 지위를 위탁매매인으로 보기 어렵다. 대리인으로 보는 견해도 대체로 위와 같은 문제가 있다.

는 자인데(商法 93조),[6] 중개의 개념상 중개인은 법률행위의 당사자가 아니다. 위탁매매인은 자기 명의로 거래의 당사자가 된다는 점에서, 대리인은 대리의 방식으로 법률행위에 관여하지만, 중개인은 중개라는 사실행위를 할 뿐이다. 사견으로는 관련 법령과 당사자 간의 계약내용을 종합적으로 고려해보면 투자중개인은 집합투자증권 매매의 당사자 본인(독립당사자 또는 위탁매매인)이나 대리인이 아니고 중개라는 사실행위를 하는 중개인으로 보는 것이 타당하다.

㈑ 근래의 판례

한편, 근래의 하급심 판결들은 투자중개업자를 집합투자업자와는 별개의 독립된 당사자로서 투자자들과 사이에, 투자중개업자가 위탁판매계약에 따라 투자자들로부터 지급받은 펀드의 가입대금을 신탁업자에 납입하고, 투자자들로 하여금 집합투자업자가 설정·운용하는 펀드에 가입하게 함으로써 신탁계약상의 수익자 지위를 취득하게 하는 구조에 비추어, 투자중개업자가 집합투자증권을 취득하지 않는다는 점에서 집합투자기구 가입계약을 '수익증권에 대한 매매계약'으로 보기는 어렵다는 입장이다. 즉, 근래의 판례는 투자중개업자가 투자자로부터 받은 판매대금을 수령하여 보관하고 있다가 이를 신탁업자에게 전달하는 역할을 하고, 투자자는 집합투자업자로부터 집합투자증권을 직접 교부받는 것이고, 투자중개업자가 집합투자업자로부터 집합투자증권의 소유권을 취득한 다음 이를 투자자에게 다시 판매하는 것이 아니라는 점에서 무명계약을 체결한 것이라고 본다.[7]

이러한 판례는 투자중개업자와 투자자 간의 계약관계는 중개적 속성을 중심으로 하되 위탁매매나 위임의 요소가 일부 가미된 특수한 형태의 무명계약으로 보는 것이 실질에 맞다는 학계의 견해[8]를 기초로 한 것인데, 집합투자증권 판매

6) 거래의 대리 또는 중개를 영업으로 하는 상법상 대리상(商法 87조)은 특정 상인을 위하여 계속적으로 중개를 하므로, 다수의 집합투자업자의 집합투자증권을 판매하는 투자중개업자는 대리상보다는 중개인의 지위에 부합한다.

7) 서울중앙지방법원 2024. 9. 27. 선고 2023가합69600 판결, 서울고등법원 2023. 9. 21. 선고 2022나2017964 판결(원고와 피고 모두 상고하여 대법원 2023다294043 사건으로 심리진행중), 서울중앙지방법원 2023. 12. 7. 선고 2020가합524373 판결. 소위 라임 펀드에 관한 두 사건에서 원고들은 피고(투자중개업자)가 독립된 당사자라고 주장하면서 수익증권 판매계약의 사기·착오에 기한 취소를 원인으로 하여 투자원금 상당의 부당이득의 반환을 청구하였으나 법원은 두 사건에서 모두 판매계약이 사기·착오의 의사표시로 취소되었다고 보기 어렵다고 판시하고, 피고의 설명의무위반과 부당권유행위에 따른 손해배상책임만 인정하였다.

8) 권영준, "투자신탁과 부당이득", 선진상사법률연구 통권 제96호, 법무부(2021.10.) 58면. 금융소비자보호법상 예금성 상품, 보장성 상품을 '판매'한다고 표현한다고 하여 그 계약의 속성이 예금계약이나 보험계약이 아닌 매매계약으로 되지는 않는다고 설명하면서, 투자중개업자

절차에서의 투자중개업자의 지위에 관한 대법원 판결은 아직 없다.

(3) 취소와 부당이득반환청구

(가) 취소 및 부당이득반환청구의 상대방

투자자가 집합투자증권을 판매한 투자중개업자를 상대로 사기·착오에 기한 취소 및 그에 따른 부당이득반환청구를 하는 경우 부당이득반환청구의 상대방이 되는 수익자는 실질적으로 그 이익이 귀속된 주체이어야 하는데,[9] 사기·착오에 기한 취소 사유가 인정된다 하더라도[10] 투자중개업자가 부당이득반환청구의 상대방이 될 수 있는지에 관하여 많은 논란이 있다.

이와 관련하여 근래의 하급심 판결들은 집합투자증권 판매계약을 무명계약으로 보는 경우 투자중개업자는 펀드가입계약의 상대방으로서 부당이득반환책임이 있다는 입장을 취하고 있다.[11]

(나) 부당이득반환책임의 유무

사기·착오에 기한 취소가 인정되면 그에 따른 부당이득반환책임이 문제되는데, 수익증권 판매계약이 취소되는 경우에도 신탁계약, 위탁판매계약에 따라 투자중개업자가 투자자로부터 지급받은 투자금은 곧바로 신탁재산에 편입되고 투자중개업자는 투자금을 보유하지 않고 있기 때문에 현존이익의 유무가 쟁점이 된다.

부당이득 반환에 관하여 선의의 수익자는 받은 이익이 현존하는 한도에서 반환책임이 있고, 악의의 수익자는 그 받은 이익에 이자를 붙여 반환하고 손해가 있으면 이를 배상하여야 하고(民法 748조), 부당이득 반환의무자가 악의의 수익자라는 점에 대하여는 이를 주장하는 측에서 증명책임을 진다. 여기서 '악의'는 자신의 이익 보유가 법률상 원인 없는 것임을 인식하는 것을 말하고, 그 이익의 보유를 법률상 원인이 없도록 되도록 하는 사정, 즉 부당이득반환의무의 발생요건에 해당하는 사실이 있음을 인식하는 것만으로는 부족하다.[12]

취득한 부당이득이 금전상의 이득인 때에는 그 금전은 이를 취득한 자가 소

와 투자자 간의 계약관계는 중개적 속성을 중심으로 하되 위탁매매나 위임의 요소가 일부 가미된 특수한 형태의 무명계약으로 보는 것이 실질에 맞다고 설명한다.

9) 대법원 2015. 5. 29. 선고 2012다92258 판결.

10) 사기 또는 착오에 기한 취소가 인정되지 않은 판례로서 서울고등법원 2023. 9. 21. 선고 2022나2017964 판결 참고.

11) 서울고등법원 2024. 10. 17. 선고 2023나2036528 판결.

12) 대법원 2018. 10. 25. 선고 2016다42800 판결.

비하였는지 여부를 불문하고 현존하는 것으로 추정되나, 수익자가 급부자의 지시나 급부자와의 합의에 따라 그 금전을 사용하거나 지출하는 등의 사정이 있다면 위 추정은 번복될 수 있다.[13]

수익증권 판매계약의 취소에 따른 부당이득반환에 있어서 현존이익의 유무는 사실관계 문제이므로 하급심 판례마다 결론을 달리하고 있다. 즉, 투자중개업자 임직원이 적극적 기망행위를 한 경우에는 투자중개업자를 악의의 수익자로 보아 받은 이익에 이자를 붙여 반환하여야 한다는 판례도 있고,[14] 펀드 투자금이 펀드 가입 당시 예정된 대로 펀드의 신탁업자에 투자금 명목으로 납입되어 신탁재산에 편입되고, 집합투자업자의 운용지시에 따라 사용된 이상 현존이익의 추정은 깨진 것으로 보는 판례도 있다.[15]

Ⅱ. 판매규제

1. 판매가격의 제한

(1) 기준가격

(가) 미래가격

투자매매업자·투자중개업자는 집합투자증권을 판매하는 경우 투자자가 집합투자증권의 취득을 위하여 금전등을 납입한 후 최초로 산정되는 기준가격(제238조 제6항에 따른 기준가격)으로 판매하여야 한다(法 76조①). 즉, 기준가격의 공고·게시일(법 238조⑦, 사모집합투자기구의 집합투자증권의 경우에는 기준가격의 산정일) 전날의 재무상태표상에 계상된 자산총액(법 제238조 제1항에 따른 시가평가원칙에 따른 평가방법으로 계산한 것)에서 부채총액을 뺀 금액을 그 공고·게시일 전날의 집합투자증권 총수로 나누어 계산하는 방법으로 산정한 기준가격을 말한

---

13) 대법원 2022. 10. 14. 선고 2018다244488 판결.

14) 서울고등법원 2023. 12. 6. 선고 2022나2050930 판결.

15) [서울고등법원 2024. 10. 17. 선고 2023나2036528 판결] "이 사건 신탁계약, 이 사건 위탁판매계약에 따라 원고로부터 지급받은 이 사건 펀드 투자금을 곧바로 신탁재산에 편입시켜 이를 보유하지 않고, 신탁재산에서 연 0.7%의 비율에 따른 보수를 지급받을 수 있을 뿐인 피고에게 C이 주요 투자대상이 아닌 다른 투자대상에 투자금을 사용하게 하였다는 이유로 현존이익이 존재한다고 보아 투자금 전액의 반환을 인정하는 것은 선의의 수익자의 반환범위를 정한 민법 제748조 제1항의 입법취지에 맞지 않고, 나아가 부당이득반환 제도의 취지인 형평의 원칙에도 반하며, 투자중개업자의 자본시장법 등에 의한 투자자보호의무 위반으로 인한 책임과도 그 균형이 맞지 않는다."

다(令 262조①). 실무상으로는 이를 "T+1"에 공고된 기준가격이라 한다.[16]

(나) 미래가격의 예외

투자자의 이익을 해할 우려가 없는 경우로서 대통령령으로 정하는 경우에는 대통령령으로 정하는 기준가격으로 판매하여야 한다.

투자자의 이익을 해할 우려가 없는 경우로서 대통령령으로 정하는 경우에는 대통령령으로 정하는 기준가격으로 판매하여야 한다(法 76조① 단서).

"대통령령으로 정하는 경우"란 다음 각 호의 경우를 말한다(令 77조①).

1. 투자자가 집합투자규약으로 정한 집합투자증권의 매수청구일을 구분하기 위한 기준시점을 지나서 투자매매업자 또는 투자중개업자에게 금전등을 납입하는 경우
2. 투자매매업자 또는 투자중개업자가 단기금융집합투자기구의 집합투자증권을 판매하는 경우로서 다음 각 목의 어느 하나에 해당하는 경우
   가. 투자자가 금융투자상품 등의 매도나 환매에 따라 수취한 결제대금으로 결제일에 단기금융집합투자기구의 집합투자증권을 매수하기로 집합투자증권을 판매하는 투자매매업자 또는 투자중개업자와 미리 약정한 경우
   나. 투자자가 급여 등 정기적으로 받는 금전으로 수취일에 단기금융집합투자기구의 집합투자증권을 매수하기로 집합투자증권을 판매하는 투자매매업자 또는 투자중개업자와 미리 약정한 경우
   다. 「국가재정법」 제81조에 따라 여유자금을 통합하여 운용하는 경우로서 환매청구일에 공고되는 기준가격으로 환매청구일에 환매한다는 내용이 집합투자규약에 반영된 단기금융집합투자기구의 집합투자증권을 판매하는 경우
3. 다음 각 목의 어느 하나에 해당하는 자에게 단기금융집합투자기구의 집합투자증권을 판매하는 경우
   가. 「외국환거래법」 제13조에 따른 외국환평형기금
   나. 「국가재정법」 제81조에 따라 여유자금을 통합하여 운용하는 단기금융집합투자기구 및 증권집합투자기구
4. 법 제76조 제1항 본문에 따른 기준가격을 적용할 경우 해당 집합투자기구의 투자자 이익 등을 침해할 우려가 있다고 제261조에 따른 집합투자재산평가위원회가 인정하는 경우
5. 투자자가 집합투자기구를 변경하지 아니하고 그 집합투자기구의 집합투자증권을 판매한 투자매매업자 또는 투자중개업자를 변경할 목적으로 집합투자증권을 환매한 후 다른 투자매매업자 또는 투자중개업자를 통하여 해당 집합투자증권을 매수하는 경우

16) 집합투자증권을 취득하는 투자자가 기준가격과 판매가격 간의 차익을 취할 수 없도록 하기 위하여 미래가격으로 판매하도록 하는 것이다.

6. 다음 각 목의 요건을 모두 갖춘 집합투자기구의 집합투자증권을 판매하는 경우
   가. 「국가재정법」 제81조에 따라 여유자금을 통합하여 운용하는 집합투자기구일 것
   나. 집합투자재산을 다음의 금융상품에 대해서만 운용하고 있을 것. 이 경우 제2호 다목에 따른 단기금융집합투자기구의 집합투자증권에 대하여 운용하고 있어야 한다.
   1) 다른 집합투자기구의 집합투자증권
   2) 예금

"대통령령으로 정하는 기준가격"이란 다음 각 호의 구분에 따른 기준가격을 말한다(令 77조②).

1. 제1항 제1호의 경우(장마감 후 거래): 금전등의 납입일부터 기산하여 3영업일(T+2)에 산정(사모집합투자기구의 집합투자증권만 해당)되거나 공고되는 기준가격
2. 제1항 제2호, 제3호 및 제6호의 경우(과거가격): 금전등의 납입일(T일)에 공고되는 기준가격
3. 제1항 제4호의 경우: 금전등의 납입일부터 기산하여 3영업일(T+2) 또는 그 이후에 산정(사모집합투자기구의 집합투자증권만 해당)되거나 공고되는 기준가격[17)]
4. 제1항 제5호의 경우: 집합투자증권을 환매한 후 15일 이내에 집합투자규약에서 정하는 투자매매업자 또는 투자중개업자 변경의 효력이 발생하는 날에 산정(사모집합투자기구의 집합투자증권만 해당)되거나 공고되는 기준가격

(2) 판매금지 및 재개

투자매매업자·투자중개업자는 환매연기나 감사의견의 부적정 사유가 발생하였다는 통지를 받은 경우에는 해당 집합투자증권을 판매하지 못한다. 다만, 환매연기나 감사의견의 부적정 사유가 해소되었다는 통지를 받은 경우에는 판매를 다시 시작할 수 있다(法 76조②).

(3) 등록 전 판매광고 금지

투자매매업자·투자중개업자는 집합투자기구가 등록되기 전에는 해당 집합투자증권을 판매하거나 판매를 위한 광고를 하지 못한다(法 76조③). 투자자의 이익을 해칠 우려가 있기 때문이다.

---

17) 해외펀드의 경우 T+1일에 공고된 기준가격을 적용하면 투자자가 집합투자증권 취득시 개장된 해외시장에서 가격변동상황을 예측할 수 있어서 미래가격을 적용하는 취지에 반하기 때문에 T+2 또는 그 이후에 산정되거나 공고되는 기준가격을 적용한다.

(4) 등록 전 판매광고 허용

다만, 투자자의 이익을 해할 우려가 없는 경우로서 관련 법령의 개정에 따라 새로운 형태의 집합투자증권의 판매가 예정되어 있어, 그 집합투자기구의 개괄적인 내용을 광고하여도 투자자의 이익을 해칠 염려가 없는 경우에는 판매를 위한 광고를 할 수 있다. 이 경우 관련 법령의 개정이 확정되지 아니한 경우에는 광고의 내용에 관련 법령의 개정이 확정됨에 따라 그 내용이 달라질 수 있음을 표시해야 한다(法 76조③ 단서, 令 77조③).

2. 판매수수료 · 판매보수

(1) 의 의

판매수수료는 집합투자증권을 판매하는 행위에 대한 대가로 투자자로부터 직접 받는 금전을 말하고, 판매보수는 집합투자증권을 판매한 투자매매업자 · 투자중개업자가 투자자에게 지속적으로 제공하는 용역의 대가로 집합투자기구로부터 받는 금전을 말한다(法 76조④).

(2) 성과보수 금지

투자매매업자 · 투자중개업자는 집합투자증권의 판매와 관련하여 판매수수료 · 판매보수를 받는 경우 집합투자기구의 운용실적에 연동하여 판매수수료 또는 판매보수를 받아서는 아니 된다(法 76조④).[18] 집합투자업자는 집합투자기구의 운용실적에 연동하여 미리 정하여진 산정방식에 따른 보수("성과보수")를 받아서는 아니 된다(法 86조①). 다만 집합투자기구가 사모집합투자기구인 경우와, 사모집합투자기구 외의 집합투자기구 중 운용보수의 산정방식, 투자자의 구성 등을 고려하여 투자자 보호 및 건전한 거래질서를 해할 우려가 없는 경우로서 대통령령으로 정하는 경우[19]에는 성과보수를 받을 수 있다(法 86조① 단서).

---

18) 집합투자업자도 집합투자기구의 운용실적에 연동하여 미리 정하여진 산정방식에 따른 보수("성과보수")를 다음과 같은 경우 외에는 받을 수 없다(法 86조①).
   1. 집합투자기구가 사모집합투자기구인 경우
   2. 사모집합투자기구 외의 집합투자기구 중 운용보수의 산정방식, 투자자의 구성 등을 고려하여 투자자 보호 및 건전한 거래질서를 해할 우려가 없는 경우로서 대통령령으로 정하는 경우

19) "대통령령으로 정하는 경우"란 다음 요건을 모두 충족하는 경우를 말한다. 이 경우 성과보수의 산정방식, 지급시기 등에 대하여 필요한 사항은 금융위원회가 정하여 고시한다(令 88조①).
   1. 성과보수가 임의로 변경할 수 없는 객관적 기준지표 등에 연동하여 산정될 것
   2. 집합투자기구의 운용성과가 기준지표의 성과보다 낮은 경우에는 성과보수를 적용하지 않는 경우보다 적은 운용보수를 받게 되는 보수체계를 갖출 것

(3) 한 도

투자매매업자·투자중개업자가 취득하는 판매수수료·판매보수는 다음과 같은 한도를 초과할 수 없다. 다만, 사모집합투자기구에 대하여는 이러한 한도가 적용되지 않는다(法 76조⑤).

1. 판매수수료: 납입금액 또는 환매금액의 3% 이하로서 대통령령으로 정하는 한도(납입금액 또는 환매금액의 2%)
2. 판매보수: 집합투자재산의 연평균가액의 1.5% 이하로서 대통령령으로 정하는 한도(집합투자재산의 연평균가액의 1%. 다만, 투자자의 투자기간에 따라 판매보수율이 감소하는 경우로서 금융위원회가 정하여 고시하는 기간을 넘는 시점에 적용되는 판매보수율이 1% 미만인 경우 그 시점까지는 1%에서부터 1.5%까지의 범위에서 정할 수 있다).

(4) 수령방법

투자매매업자·투자중개업자는 집합투자규약으로 정하는 바에 따라, 판매수수료는 판매·환매시 일시에 투자자로부터 받거나 투자기간 동안 분할하여 투자자로부터 받는 방법으로, 판매보수는 매일의 집합투자재산의 규모에 비례하여 집합투자기구로부터 받는 방법으로 받을 수 있다(숙 77조⑤).

(5) 차등수령 허용

판매수수료는 집합투자규약으로 정하는 바에 따라 판매방법, 투자매매업자·투자중개업자, 판매금액, 투자기간 등을 기준으로 차등하여 받을 수 있다(숙 77조⑥).

3.
4.
5. 최소 존속기간이 1년 이상으로서 환매금지형집합투자기구 또는 단위형집합투자기구로 설정·설립하거나 그 밖의 경우에는 존속기한 없이 설정·설립할 것

제 2 절 집합투자증권의 환매

Ⅰ. 환매절차

1. 환매청구의 상대방과 환매의무자

(1) 환매청구

(가) 환매청구시기

투자자는 환매금지형 집합투자기구가 아닌 한 언제든지 집합투자증권의 환매를 청구할 수 있다(法 235조①).

(나) 환매청구대상

1) 투자매매업자 · 투자중개업자 투자자는 집합투자증권의 환매를 청구하고자 하는 경우에는 원칙적으로 그 집합투자증권을 판매한 투자매매업자·투자중개업자에게 청구해야 한다(法 235조②).

2) 집합투자업자 투자매매업자·투자중개업자가 해산·인가취소 또는 업무정지 등의 사유("해산" 등)로 인하여 환매청구에 응할 수 없는 경우에는 해당 집합투자기구의 집합투자업자에게 직접 청구할 수 있다(法 235조② 단서).

3) 신탁업자 환매청구를 받은 집합투자업자가 해산 등으로 인하여 환매에 응할 수 없는 경우에는 해당 집합투자재산을 보관·관리하는 신탁업자에게 청구할 수 있다(法 235조② 단서).

(2) 환매청구대상자의 의무

환매청구를 받은 투자매매업자·투자중개업자는 수익증권 또는 투자익명조합의 지분증권인 경우 해당 투자신탁 또는 투자익명조합의 집합투자업자에 대하여, 투자회사등이 발행한 집합투자증권인 경우 그 투자회사등에 대하여 각각 지체 없이 환매에 응할 것을 요구하여야 하며, 투자회사등이 발행한 집합투자증권의 환매청구를 받은 집합투자업자 또는 신탁업자는 투자회사등에 대하여 지체 없이 환매에 응할 것을 요구해야 한다(法 235조③).

(3) 환매의무자

투자신탁 또는 투자익명조합의 집합투자업자와 투자회사등이 환매의무자이고, 환매청구를 받은 투자매매업자·투자중개업자는 환매대금 지급의무를 부담하지 않는다. 판매회사는 투자자의 환매청구가 있는 경우 집합투자업자에게 환매에 응할 것을 요구하고, 그로부터 수령한 환매대금을 투자자에게 지급할 의무를 부담할 뿐이다.[20)21)]

(4) 취득의 제한

집합투자증권을 판매한 투자매매업자·투자중개업자, 집합투자재산을 운용하는 집합투자업자 또는 집합투자재산을 보관·관리하는 신탁업자는 환매청구를 받거나 환매에 응할 것을 요구받은 집합투자증권을 자기의 계산으로 취득하거나 타인에게 취득하게 하지 못한다(法 235조⑥).

다만, 집합투자증권의 원활한 환매를 위하여 필요하거나 투자자의 이익을 해할 우려가 없는 경우로서 다음과 같은 경우에는 자기의 계산으로 취득할 수 있다(法 235조⑥ 단서, 令 254조②).

1. 단기금융집합투자기구의 집합투자증권을 판매한 투자매매업자·투자중개업자가 그 단기금융집합투자기구별 집합투자증권 판매규모의 5%에 상당하는 금액 또는 금융위원회가 정하여 고시하는 금액(금융투자업규정 7-32조①: 100억원) 중 큰 금액의 범위에서 개인투자자로부터 환매청구일에 공고되는 기준가격으로 환매청

20) [대법원 2018. 8. 30. 선고 2017다281213 판결] "투자자가 집합투자증권의 환매를 청구하는 경우 집합투자업자는 자본시장법 제236조 제1항 본문에 따라 산정되는 기준가격으로 집합투자증권을 환매하여야 하고, 집합투자증권의 매매를 위탁받은 판매회사는 집합투자증권의 판매 및 환매업무와 그에 부수된 업무를 수행할 뿐이어서 투자자의 환매청구가 있더라도 판매회사가 직접 집합투자재산을 처분하여 환매대금을 마련할 수는 없다고 할 것이다. 이와는 달리 판매회사로부터 매입한 집합투자증권에 대하여 판매회사가 환매대금 지급의무를 부담한다고 인정하는 것은 판매회사의 고유재산으로 투자자의 환매청구에 응할 의무를 인정하는 것이 되는데, 이는 집합투자증권은 반드시 환매청구된 부분만큼 집합투자재산을 처분하여 조성한 현금으로만 환매청구에 응해야 한다고 규정하는 자본시장법 제235조 제5항의 규정에 반하여 허용될 수 없기 때문이다."

21) 1995. 12. 29. 법률 제5055호로 개정되고, 1998. 9. 16. 법률 제5558호로 개정되기 전의 「증권투자신탁업법」은 판매회사로 하여금 그 고유재산으로써 수익증권을 환매할 것을 규정하였는데(同法 7조④), 판례는 이에 대하여 수익자들을 보호함으로써 증권투자신탁을 활성화하기 위한 정책적인 규정으로서 투자신탁의 법리에 반하지 않는다고 판시하였다(대법원 2008. 6. 12. 선고 2007다70100 판결). 그러나 1998년 개정시 수익자로부터 환매청구를 받은 판매회사로 하여금 위탁회사에 대하여 환매에 응할 것을 요구하도록 규정하면서(1998. 9. 16. 법률 제5558호로 개정되고, 2003. 10. 4. 법률 제6987호 「간접투자자산운용업법」 부칙 제2조 제1항으로 2004. 1. 5. 폐지되기 전의 「증권투자신탁업법」 제7조 제4항), 부칙 제2조 및 시행령에서 판매회사의 고유재산에 의한 수익증권 환매의무를 장래를 향하여 폐지하였다. 따라서 1999. 9. 15. 이전에 제정 또는 변경된 신탁약관에 따라 발행된 수익증권의 환매에 대하여는 종전 규정이 적용되었다. 헌법재판소는 위 두 법의 규정을 모두 합헌이라고 결정하였다(헌법재판소 2010. 6. 24.자 2007헌바101 결정).

구일에 그 집합투자증권을 매수하는 경우
2. 투자자가 금액을 기준으로 집합투자증권(단기금융집합투자기구의 집합투자증권은 제외)의 환매를 청구함에 따라 그 집합투자증권을 판매한 투자매매업자·투자중개업자가 해당 집합투자기구의 집합투자규약에서 정한 환매가격으로 그 집합투자규약에서 정한 환매일에 그 집합투자증권의 일부를 불가피하게 매수하는 경우

(5) 환매대금의 지급기한

환매청구를 받거나 환매에 응할 것을 요구받은 투자신탁·투자익명조합의 집합투자업자(해당 집합투자재산을 보관·관리하는 신탁업자 포함) 또는 투자회사등은 투자자가 환매청구를 한 날부터 15일 이내에 집합투자규약에서 정한 환매일에 환매대금을 지급해야 한다(法 235조④).[22] 다만, 다음과 같은 경우로서 집합투자규약에서 환매청구를 받은 날부터 15일을 초과하여 환매일을 정한 경우에는 15일을 초과할 수 있다(令 254조①).

1. 각 집합투자기구 자산총액의 10%의 범위에서 금융위원회가 정하여 고시하는 비율(금융투자업규정 7-32조①: 10%)을 초과하여 금융위원회가 정하여 고시하는 시장성 없는 자산[금융투자업규정 7-32조②: 동 규정 제7-22조 각 호의 어느 하나에 해당하는 자산(외화자산을 기초로 하는 파생상품이나 파생결합증권을 포함)]에 투자하는 경우
2. 각 집합투자기구 자산총액의 50%를 초과하여 외화자산에 투자하는 경우
3. 사모투자재간접집합투자기구인 경우
4. 부동산·특별자산투자재간접집합투자기구인 경우

2. 환매의 방법

(1) 금전지급

환매는 집합투자기구의 계산으로 이루어져야 하므로 투자신탁·투자익명조합의 집합투자업자(해당 집합투자재산을 보관·관리하는 신탁업자 포함) 또는 투자회사등은 환매대금을 지급하는 경우에는 집합투자재산의 범위에서 집합투자재산으로 소유 중인 금전 또는 집합투자재산을 처분하여 조성한 금전으로만 해야 한다(法 235조⑤).

---

22) 「증권투자신탁업법」은 60일로 규정하였으나, 「간접투자자산운용업법」 제정시 15일로 단축되었다.

(2) 집합투자재산(실물자산)

집합투자기구의 투자자 전원의 동의를 얻은 경우에는 그 집합투자기구에서 소유하고 있는 집합투자재산(실물자산)으로 지급할 수 있다(法 235조⑤ 단서).

3. 소 각

투자신탁·투자익명조합의 집합투자업자(해당 집합투자재산을 보관·관리하는 신탁업자 포함) 또는 투자회사등은 집합투자증권을 환매한 경우 그 집합투자증권을 소각해야 한다(法 235조⑦). 다만 자본시장법 제235조 제6항 단서의 규정과 같이 집합투자증권을 판매한 투자매매업자·투자중개업자, 집합투자재산을 운용하는 집합투자업자 또는 집합투자재산을 보관·관리하는 신탁업자가 자기의 계산으로 취득하는 경우에는 소각의무가 없다.[23]

4. 환매와 손해액 산정

「간접투자자산운용업법」상 펀드의 수익증권을 발행한 자산운용회사와 이를 판매한 판매회사가 투자자들에게 위험성을 제대로 설명하지 않는 등 투자자 보호의무를 위반함으로써 펀드에 가입한 투자자들이 손해를 입은 사안에서, 대법원은 "자산운용회사와 판매회사의 투자자 보호의무 위반으로 투자자들이 입은 손해는 펀드에 가입함으로써 회수하지 못하게 되는 투자금액과 장차 얻을 수 있을 이익을 얻지 못한 일실수익의 합계인데, 투자자 보호의무 위반으로 인한 투자자들의 투자결정은 원칙적으로 수익증권을 만기까지 보유하는 것을 전제로 이루어졌고, 다만 투자자들에게 만기 이전에 수익증권을 환매할 수 있는 선택권이 부여되어 있을 뿐이며, 위 펀드는 만기까지 분기별 확정수익금이 지급되고 기준가격이 변동하는 구조로서 만기시점까지 회수할 수 있는 금액을 미리 예측하기도 어려우므로, 자산운용회사와 판매회사의 불법행위로 인한 투자자들의 손해는 만기시점이나 투자자들이 실제 환매한 시점에서야 현실적·확정적으로 발생하고, 그

---

23) 이와 같이 집합투자기구의 계산으로 집합투자증권을 취득한 경우에만 소각의무가 있으므로, 투자매매업자 등이 자기의 계산으로 집합투자증권을 취득하는 경우는 비록 자본시장법이 환매에 포함하여 규정하지만 그 실질은 환매라기 보다는 재매수에 해당한다. 환매와 재매수를 구별하면, 환매의 경우에는 소각에 의하여 집합투자기구의 규모가 축소되지만, 재매수의 경우에는 소각이 없으므로 집합투자기구의 규모에 변동이 없고 투자매매업자 등은 취득한 집합투자증권을 재판매할 수 있다.

시점을 기준으로 그 때까지 발생한 투자자들의 손해는 자산운용회사 및 판매회사의 가해행위와 인과관계가 있다."라고 판시하였다.[24)]

Ⅱ. 환매가격과 수수료

1. 환매가격의 결정

(1) 미래가격

투자신탁·투자익명조합의 집합투자업자 또는 투자회사등은 집합투자증권을 환매하는 경우 환매청구일 후에 산정되는 기준가격으로 해야 한다(法 236조①).[25)]

(2) 과거가격

투자자의 이익 또는 집합투자재산의 안정적 운용을 해할 우려가 없는 경우로서 다음과 같은 경우로서 환매청구일에 공고되는 기준가격으로 환매청구일에 환매한다는 내용을 집합투자규약에 정한 경우에는 환매청구일 이전에 산정된 기준가격으로 환매할 수 있다(法 236조① 단서, 令 255조①).

1. 투자매매업자·투자중개업자가 단기금융집합투자기구의 집합투자증권을 판매한 경우로서 다음과 같은 경우
   가. 투자자가 금융투자상품 등의 매수에 따른 결제대금을 지급하기 위하여 단기금

---

24) 대법원 2011. 7. 28. 선고 2010다76368 판결(대법원은 이 사건에서 펀드 가입 투자자들의 손해액을 산정할 때 투자자들이 수령한 확정수익금을 과실상계 후 공제하여야 할 이익으로 볼 수 있는지에 관하여, "투자자들이 수령한 확정수익금은 과실상계 전에 투자자들의 손해액을 산정하는 요소에 해당하는 것이지, 이를 고려하지 않고 산정된 손해액에 과실상계 또는 책임제한을 한 금액을 기준으로 다시 공제되어야 할 이득이라고 볼 수 없다."라고 판시하였다. 한편, 불법행위에 기한 손해배상청구권의 소멸시효기간인 3년의 기산일은 위험이 현실화한 펀드환매일로 보아야 할 것이다(서울고등법원 2015. 4. 3. 선고 2014나33415 판결).

25) 기준가격은 미래가격결제방식(forward pricing)에 의하여 결정되는데, 투자매매업자·투자중개업자가 투자자에게 수익증권을 판매하는 판매가격이며, 집합투자업자가 투자자로부터 수익증권을 환매하는 환매가격이다(法 76조①, 236조①). 자본시장법 제236조 제1항 본문의 환매청구일 후에 산정되는 기준가격은 환매청구일부터 기산하여 2영업일(투자자가 집합투자규약에서 정한 집합투자증권의 환매청구일을 구분하기 위한 기준시점을 지나서 환매청구를 하는 경우에는 3영업일을 말한다) 이후에 산정(사모집합투자기구의 집합투자증권만 해당한다)되거나 공고되는 기준가격으로서 해당 집합투자기구의 집합투자규약에서 정한 기준가격으로 한다(令 255조③). 제3항에도 불구하고 투자자가 집합투자기구를 변경하지 아니하고 그 집합투자기구의 집합투자증권을 판매한 투자매매업자·투자중개업자를 변경할 목적으로 집합투자증권을 환매하는 경우에는 집합투자증권의 환매를 청구한 후 15일 이내에 집합투자규약에서 정하는 투자매매업자·투자중개업자 변경의 효력이 발생하는 날에 산정(사모집합투자기구의 집합투자증권만 해당한다)되거나 공고되는 기준가격을 적용한다(令 255조④).

융집합투자기구의 집합투자증권을 환매하기로 그 투자매매업자·투자중개업자와 미리 약정한 경우

나. 투자자가 공과금 납부 등 정기적으로 발생하는 채무를 이행하기 위하여 단기금융집합투자기구의 집합투자증권을 환매하기로 그 투자매매업자·투자중개업자와 미리 약정한 경우

다. 시행령 제77조 제1항 제2호 다목에 해당하는 단기금융집합투자기구의 집합투자증권을 환매하는 경우

2. 투자매매업자·투자중개업자가 다음과 같은 자에게 단기금융집합투자기구의 집합투자증권을 판매한 경우로서 그 집합투자증권을 환매하는 경우

가. 「외국환거래법」 제13조에 따른 외국환평형기금

나. 「국가재정법」 제81조에 따른 여유자금을 통합하여 운용하는 단기금융집합투자기구 및 증권집합투자기구

3. 시행령 제77조 제1항 제6호에 따른 집합투자기구의 집합투자증권을 환매하는 경우로서 환매대금을 다음 각 목의 방법으로 마련하여 지급하는 경우

가. 시행령 제77조 제1항 제6호 나목 1) 및 2) 외의 부분 후단에 따른 단기금융집합투자기구의 집합투자증권 환매

나. 예금 인출

2. 환매수수료

집합투자증권을 환매하는 경우에 부과하는 환매수수료는 집합투자규약에서 정하는 기간 이내에 환매하는 경우에 부과한다. 이 경우 환매수수료는 환매금액 또는 이익금 등을 기준으로 부과할 수 있다(슈 255조②). 환매수수료는 집합투자증권의 환매를 청구하는 해당 투자자가 부담하며, 투자자가 부담한 환매수수료는 집합투자재산에 귀속된다(法 236조②).

Ⅲ. 환매연기와 일부환매

1. 환매연기

(1) 환매연기제도의 본질

집합투자재산의 운용결과에 따르는 손익이 모두 수익자에게 귀속되어야 하는 실적배당주의는 집합투자증권의 기준가격이 집합투자재산의 시장가치를 그대로 반영함을 전제로 하는데, 집합투자재산인 자산의 처분이 불가능한 경우 등 일

정한 사유 발생시 집합투자증권의 판매와 환매를 중지하고 그 사유가 해소된 이후에 판매와 환매를 재개하는 제도가 환매연기제도이다.

(2) 환매연기의 구분

환매연기는 펀드 전체에 대하여 환매가 제한되는 "전부환매연기"와 펀드 자산의 일부만 환매가 제한되는 "일부환매연기(또는 일부환매)"로 분류된다. 일부환매에 대하여는 아래 2항에서 설명한다. 또한 환매청구 자체가 제한되는 "환매중지"는 환매청구는 수용하되 환매의 승낙을 유보하는 "환매연기"와 다르다.

(3) 환매연기의 주체

투자신탁·투자익명조합의 집합투자업자 또는 투자회사등은 집합투자재산인 자산의 처분이 불가능한 경우 등 대통령령으로 정하는 사유로 인하여 집합투자규약에서 정한 환매일에 집합투자증권을 환매할 수 없게 된 경우에는 그 집합투자증권의 환매를 연기할 수 있다(法 237조①).

(4) 환매연기의 사유

대통령령으로 정하는 환매연기사유는 다음과 같다(令 256조).

1. 집합투자재산의 처분이 불가능하여 사실상 환매에 응할 수 없는 경우로서 다음과 같은 경우
   가. 뚜렷한 거래부진 등의 사유로 집합투자재산을 처분할 수 없는 경우
   나. 증권시장이나 해외증권시장의 폐쇄·휴장 또는 거래정지, 그 밖에 이에 준하는 사유로 집합투자재산을 처분할 수 없는 경우
   다. 천재지변, 그 밖에 이에 준하는 사유가 발생한 경우
2. 투자자 간의 형평성을 해칠 염려가 있는 경우로서 다음과 같은 경우
   가. 부도발생 등으로 인하여 집합투자재산을 처분하여 환매에 응하는 경우에 다른 투자자의 이익을 해칠 염려가 있는 경우
   나. 집합투자재산에 속하는 자산의 시가가 없어서 환매청구에 응하는 경우에 다른 투자자의 이익을 해칠 염려가 있는 경우
   다. 대량의 환매청구에 응하는 것이 투자자 간의 형평성을 해칠 염려가 있는 경우[26]
3. 환매를 청구받거나 요구받은 투자매매업자·투자중개업자·집합투자업자·신탁업자·투자회사등이 해산등으로 인하여 집합투자증권을 환매할 수 없는 경우

3의2. 교차판매 집합투자기구의 집합투자증권에 대한 투자자의 환매청구 금액이 환매청구일 현재 해당 교차판매 집합투자기구의 집합투자재산 순자산가치의 100분의 10을 초과하는 경우

---

26) 대법원 2014. 7. 10. 선고 2014다21250 판결.

4. 그 밖에 제1호부터 제3호까지의 경우에 준하는 경우로서 금융위원회가 환매연기가 필요하다고 인정한 경우27)

환매연기사유가 존재하는지는 환매를 연기할 당시를 기준으로 판단하여야 하고, 사후에 발생하거나 확인된 사유만을 들어 환매연기가 위법하거나 효력이 없다고 할 수는 없다.28)

(5) 집합투자자총회의 결의

환매연기를 결정한 투자신탁·투자익명조합의 집합투자업자 또는 투자회사등은 환매를 연기한 날부터 6주 이내에 집합투자자총회에서 집합투자증권의 환매에 관한 사항을 결의(法 190조⑤ 본문, 201조② 단서, 210조② 단서, 215조③, 220조③ 및 226조③의 결의)해야 한다(法 237조① 후단).29)

투자신탁·투자익명조합의 집합투자업자 또는 투자회사등은 집합투자자총회에서 집합투자증권의 환매에 관한 사항을 정하지 아니하거나 환매에 관하여 정한 사항의 실행이 불가능한 경우에는 계속하여 환매를 연기할 수 있다(法 237조②).

(6) 통 지

투자신탁·투자익명조합의 집합투자업자 또는 투자회사등은 집합투자자총회에서 환매에 관한 사항이 결의되거나 집합투자자총회에서 집합투자증권의 환매에 관한 사항을 정하지 아니하거나 환매에 관하여 정한 사항의 실행이 불가능하여 환매의 연기를 계속하는 경우 지체 없이 투자자에게 통지해야 한다(法 237조③). 통지를 하지 않더라도 환매연기의 효력은 발생한다고 해석된다.30)

(7) 환매연기사유의 해소

투자신탁·투자익명조합의 집합투자업자 또는 투자회사등은 환매연기사유의 전부 또는 일부가 해소된 경우에는 환매가 연기된 투자자에 대하여 환매한다는

---

27) 제1호부터 제3호까지의 사유는 환매연기의 필요성에 대한 금융위원회의 인정을 필요로 하지 않지만, 그 외의 사유는 제4호의 규정상 금융위원회가 환매연기의 필요성을 인정해야 한다.

28) 대법원 2014. 7. 10. 선고 2014다21250 판결.

29) 이는 투자자를 보호하기 위한 것인데, 결의요건은 모두 제190조 제5항 본문과 같이 출석한 수익자(또는 주주, 사원, 조합원)의 의결권의 과반수와 발행된 수익증권(또는 발행주식 총수, 발행지분증권 총수)의 총좌수의 4분의 1 이상의 수로 결의한다.

30) 구 증권투자신탁업법에 관한 대법원 2010. 10. 14. 선고 2008다13043 판결의 "환매연기사유가 존재하면 판매회사가 모든 수익자에 대해 일률적으로 환매연기를 한다는 것을 공시 또는 공표하는 등의 적극적인 환매연기조치를 취하지 않더라도 개별 수익자의 환매청구에 응하지 않는 것만으로 환매연기가 이루어진다."라는 판시도 같은 취지로 볼 수 있다.

뜻을 통지하고 환매대금을 지급해야 한다(法 237조④).

2. 일부환매

(1) 집합투자기구재산의 분리

투자신탁·투자익명조합의 집합투자업자 또는 투자회사등은 집합투자재산의 일부가 환매연기사유에 해당하는 경우 그 일부에 대하여는 환매를 연기하고 나머지에 대하여는 투자자가 소유하고 있는 집합투자증권의 지분에 따라 환매에 응할 수 있다(法 237조⑤).[31] 투자신탁·투자익명조합의 집합투자업자 또는 투자회사등은 집합투자증권을 일부환매하거나 환매연기를 위한 집합투자자총회에서 일부환매를 결의한 경우에는 일부환매를 결정한 날 전날을 기준으로 환매연기의 원인이 되는 자산을 나머지 자산("정상자산")으로부터 분리해야 한다(令 259조①). 투자신탁·투자익명조합의 집합투자업자 또는 투자회사등은 정상자산에 대하여는 집합투자규약에서 정한 방법으로 그 정상자산에 대한 기준가격을 계산하여 투자자가 소유하고 있는 집합투자증권의 지분에 따라 환매대금을 지급해야 한다(令 259조②).

(2) 별도 집합투자기구의 설정 또는 설립

투자신탁·투자익명조합의 집합투자업자 또는 투자회사등은 환매가 연기된 집합투자재산만으로 별도의 집합투자기구를 설정 또는 설립할 수 있다(法 237조⑥). 투자신탁·투자익명조합의 집합투자업자 또는 투자회사등은 이와 같이 별도의 집합투자기구를 설정 또는 설립한 경우에는 정상자산으로 구성된 집합투자기구의 집합투자증권을 계속하여 발행·판매 및 환매할 수 있다(令 259조③).[32]

3. 환매불응사유

투자신탁·투자익명조합의 집합투자업자 또는 투자회사등은 다음과 같은 경우에는 환매청구에 응하지 아니할 수 있다(法 237조⑧).

31) 일부환매제도는 「간접투자자산운용업법」상 관련 규정이 없었고, 자본시장법에서 신설된 제도이다.

32) 「간접투자자산운용업법」은 환매연기기간 중의 간접투자증권 발행 및 판매를 금지하였으나(間投法 65조②), 자본시장법에는 이러한 규정이 없기 때문에 논란이 있을 수 있다. 그러나 별도의 집합투자기구를 설정 또는 설립한 경우에는 정상자산으로 구성된 집합투자기구의 집합투자증권을 계속하여 발행·판매 및 환매할 수 있다는 규정(令 259조③)에 비추어 환매연기기간 중에는 집합투자증권의 발행·판매가 금지되는 것으로 해석해야 한다.

1. 집합투자기구(투자신탁 제외)가 해산한 경우
2. 투자회사의 순자산액이 정관이 정하는 최저순자산액에 미달하는 경우
3. 법령 또는 법령에 따른 명령에 따라 환매가 제한되는 경우
4. 투자신탁의 수익자, 투자회사의 주주 또는 그 수익자·주주의 질권자로서 권리를 행사할 자를 정하기 위하여 상법 제354조 제1항(자본시장법 제189조 제9항에서 준용하는 경우를 포함)에 따라 일정한 날을 정하여 수익자명부 또는 주주명부에 기재된 수익자·주주 또는 질권자를 그 권리를 행사할 수익자·주주 또는 질권자로 보도록 한 경우로서 이 일정한 날과 그 권리를 행사할 날의 사이에 환매청구를 한 경우. 이 경우 상법 제354조 제3항을 적용함에 있어서 "3월"을 "2개월"로 한다.

제4장

집합투자재산

제1절 평가 및 회계

Ⅰ. 집합투자재산의 평가와 기준가격

1. 시가평가원칙

(1) 시장가격

(가) 시가평가원칙

집합투자업자는 증권시장(해외증권시장 포함)에서 거래된 최종시가(해외증권의 경우 전날의 최종시가) 또는 장내파생상품이 거래되는 파생상품시장(해외파생상품시장 포함)에서 공표하는 가격(해외파생상품의 경우 전날의 가격)에 의하여 집합투자재산을 시가에 따라 평가하는 것을 원칙으로 한다(法 238조①).

(나) 시가평가의 예외

시가평가에 대한 예외로 다음과 같은 가격으로 평가할 수 있다(法 238조①, 令 260조①).

1. 기관전용사모집합투자기구가 법 제249조의12 제1항에 따라 준용되는 법 제249조의7 제5항에 따라 지분증권에 투자하는 경우에는 그 지분증권의 취득가격
2. 평가기준일이 속하는 달의 직전 3개월간 계속하여 매월 10일 이상 증권시장에서 시세가 형성된 채무증권의 경우에는 평가기준일에 증권시장에서 거래된 최종시가(해외증권의 경우 전날의 최종시가)를 기준으로 둘 이상의 채권평가회사가 제공하는 가격정보를 기초로 한 가격(해외파생상품의 경우 전날의 가격)
3. 해외증권시장에서 시세가 형성된 채무증권의 경우에는 둘 이상의 채권평가회사가 제공하는 가격정보를 기초로 한 가격

(2) 공정가액

공정가액이란 집합투자재산에 속한 자산의 종류별로 다음과 같은 사항을 고려하여 집합투자재산평가위원회(기관전용사모집합투자기구의 경우는 업무집행사원)가 충실의무(法 79조②)를 준수하고 평가의 일관성을 유지하여 평가한 가격을 말한다.

평가일 현재 신뢰할 만한 시가가 없는 경우에는 공정가액으로 평가해야 한다. 이 경우 집합투자재산평가위원회는 집합투자재산에 속한 자산으로서 부도채권 등 부실화된 자산에 대해서는 금융위원회가 정하여 고시하는 기준(금융투자업규정 7-35조①)에 따라 평가해야 한다(法 238조①, 令 260조②).[1)]

1. 투자대상자산의 취득가격
2. 투자대상자산의 거래가격
3. 투자대상자산에 대하여 다음과 같은 자가 제공한 가격
   가. 채권평가회사
   나. 「공인회계사법」에 따른 회계법인
   다. 신용평가회사
   라. 「감정평가 및 감정평가사에 관한 법률」에 따른 감정평가법인등
   마. 인수업을 영위하는 투자매매업자
   바. 가목부터 마목까지의 자에 준하는 자로서 관련 법령에 따라 허가·인가·등록 등을 받은 자
   사. 가목부터 바목까지의 자에 준하는 외국인
4. 환율
5. 집합투자증권의 기준가격

(3) 장부가격

다만, 투자자가 수시로 변동되는 등 투자자의 이익을 해할 우려가 적은 경우로서 집합투자재산의 가격변동의 위험이 크지 않은 경우로서 금융위원회가 정하여 고시하는 단기금융집합투자기구(금융투자업규정 7-36조①)의 집합투자재산의 경우에는 금융위원회가 정하여 고시하는 장부가격(금융투자업규정 7-36조②)으로 평가할 수 있다. 이 경우 집합투자업자는 장부가격에 따라 평가한 기준가격과 시

1) 「간접투자자산운용업법」은 공정가액 평가에 있어서 대상자산별로 평가방법을 규정하였으나(間投法 施行令 82조①), 자본시장법은 집합투자재산평가위원회가 집합투자재산에 속한 자산의 종류별로 평가기준을 정할 수 있도록 하였다.

장가격(令 260조①) 및 공정가액(令 260조②)에 따라 평가한 기준가격의 차이를 수시로 확인하여야 하며, 그 차이가 금융위원회가 정하여 고시하는 비율(금융투자업규정 7-36조④: 0.5%)을 초과하거나 초과할 염려가 있는 경우에는 집합투자규약에서 정하는 바에 따라 필요한 조치를 취해야 한다(法 238조① 단서, 令 260조③).

2. 집합투자재산 평가위원회

집합투자업자는 집합투자재산의 평가업무를 수행하기 위하여 평가위원회를 구성·운영해야 한다(法 238조②).

3. 집합투자재산 평가기준

집합투자업자는 집합투자재산에 대한 평가가 공정하고 정확하게 이루어질 수 있도록 그 집합투자재산을 보관·관리하는 신탁업자의 확인을 받아 다음과 같은 사항이 포함된 집합투자재산평가기준을 마련해야 한다(法 238조③).

1. 집합투자재산 평가위원회의 구성 및 운영에 관한 사항
2. 집합투자재산의 평가의 일관성 유지에 관한 사항
3. 집합투자재산의 종류별로 해당 재산의 가격을 평가하는 채권평가회사를 두는 경우 그 선정 및 변경과 해당 채권평가회사가 제공하는 가격의 적용에 관한 사항
4. 그 밖에 대통령령으로 정하는 사항

4. 집합투자업자의 통보와 신탁업자의 확인

집합투자업자는 평가위원회가 집합투자재산을 평가한 경우 그 평가명세를 지체 없이 그 집합투자재산을 보관·관리하는 신탁업자에게 통보해야 한다(法 238조④). 집합투자재산을 보관·관리하는 신탁업자는 집합투자업자의 집합투자재산에 대한 평가가 법령 및 집합투자재산평가기준에 따라 공정하게 이루어졌는지 확인해야 한다(法 238조⑤).[2]

---

2) 제238조 제4항의 집합투자업자의 통보의무와 제5항의 신탁업자의 확인의무는 일반사모집합투자기구에 대하여도 적용이 배제되고, 기관전용사모집합투자기구에 대하여는 적용이 배제되지 않는다(뒤에서 설명하는 바와 같이 기준가격 산정에 관한 제6항부터 제8항까지는 일반사모집합투자기구에 적용이 배제된다).

5. 기준가격

(1) 의 의

집합투자증권의 기준가격이란 집합투자자와 투자매매업자 · 투자중개업자간 집합투자증권 매매(판매 또는 환매) 또는 집합투자증권의 추가발행시 기준이 되는 가격으로 집합투자증권의 거래단위(1좌 · 1주 또는 1,000좌 · 1,000주)당 순자산가치를 말한다.

(2) 산정 · 변경

투자신탁 · 투자익명조합의 집합투자업자 또는 투자회사등은 제1항부터 제5항까지의 규정에 따른 집합투자재산의 평가결과에 따라 대통령령으로 정하는 방법으로 집합투자증권의 기준가격을 산정하여야 한다(法 238조⑥).

"대통령령으로 정하는 방법"이란 법 제238조 제7항에 따른 기준가격의 공고 · 게시일(사모집합투자기구의 집합투자증권의 경우에는 기준가격의 산정일로 한다.) 전날의 재무상태표상에 계상된 자산총액(법 제238조 제1항에 따른 평가방법으로 계산한 것을 말한다)에서 부채총액을 뺀 금액을 그 공고 · 게시일 전날의 집합투자증권 총수로 나누어 계산하는 방법을 말한다. 이 경우 투자신탁이나 투자익명조합의 집합투자업자 또는 투자회사등은 제261조 제3항 제2호에 따른 평가오류의 수정에 따라 산정하거나 공고 · 게시한 기준가격이 잘못 계산된 경우에는 기준가격을 지체 없이 변경해야 하며, 해당 투자신탁이나 투자익명조합의 집합투자업자 또는 투자회사등(사모집합투자기구는 제외한다)은 그 변경된 기준가격을 다시 공고 · 게시(처음에 공고 · 게시한 기준가격과 변경된 기준가격의 차이가 처음에 공고 · 게시한 기준가격을 기준으로 다음 각 호의 한도를 초과하지 않는 경우는 제외한다)해야 한다(令 262조①).

1. 자본시장법 제229조 제1호에 따른 집합투자기구로서 국내 증권시장에서 거래되는 지분증권에 투자하는 경우: 1천분의 2
2. 자본시장법 제229조 제1호에 따른 집합투자기구로서 다음과 같은 증권증권에 투자하는 경우: 1천분의 3
   가. 해외증권시장에서 거래되는 지분증권
   나. 해외증권시장에서 거래되는 지분증권에 투자하는 집합투자기구의 집합투자증권
3. 자본시장법 제229조 제5호에 따른 단기금융집합투자기구의 경우: 1만분의 5
4. 제1호부터 제3호까지의 집합투자기구 외의 집합투자기구의 경우: 1천분의 1

투자신탁·투자익명조합의 집합투자업자 또는 투자회사등은 산정된 기준가격을 매일 공고·게시해야 한다. 다만, 집합투자재산을 외화자산에 투자하는 경우로서 기준가격을 매일 공고·게시하는 것이 곤란한 경우에는 해당 집합투자규약에서 기준가격의 공고·게시주기를 15일 이내의 범위에서 별도로 정할 수 있다(法 238조⑦).

⑶ 기준가격산정업무의 위탁명령

금융위원회는 투자신탁·투자익명조합의 집합투자업자 또는 투자회사등이 거짓으로 기준가격을 산정한 경우에는 그 투자신탁·투자익명조합의 집합투자업자 또는 투자회사등에 대하여 기준가격 산정업무를 일반사무관리회사에 그 범위를 정하여 위탁하도록 명할 수 있다. 이 경우 해당 집합투자업자 및 그 집합투자업자의 계열회사, 투자회사·투자유한회사·투자합자회사·투자유한책임회사의 계열회사는 그 수탁대상에서 제외된다(法 238조⑧).

6. 사모집합투자기구의 특례

사모집합투자기구는 자본시장법의 집합투자기구 관련 규정 중 공모집합투자기구를 전제로 하는 규정의 적용이 배제되는데(法 249조의8①, 249조의20①), 집합투자재산의 평가와 집합투자증권의 기준가격에 관한 제238조의 규정도 일부 적용배제된다.[3)]

Ⅱ. 집합투자재산의 회계처리

1. 결산서류의 작성·승인·공고

⑴ 작 성

투자신탁·투자익명조합의 집합투자업자 또는 투자회사등은 집합투자기구의 결산기마다 ⅰ) 재무상태표, ⅱ) 손익계산서, ⅲ) 자산운용보고서 및 부속명세서("결산서류")를 작성해야 한다(法 239조①).[4)]

---

3) 일반사모집합투자기구에 대하여는 제6항부터 제8항까지, 기관전용사모집합투자기구에 대하여는 제2항부터 제5항까지, 제7항·제8항의 적용이 배제된다. 이와 같은 적용배제의 결과 기준가격을 평가결과에 따라 산정할 의무와 기준가격을 공고·게시할 의무가 없어서 투자자에 대한 정보제공이 미흡한 수준이므로 개선할 필요가 있다.

4) 이는 투자자 및 채권자에 대한 보고이며 감독기관에 대한 제출의무는 없다.

(2) 승 인

투자회사의 법인이사는 결산서류의 승인을 위하여 이사회 개최 1주 전까지 그 결산서류를 이사회에 제출하여 그 승인을 받아야 한다(法 239조②).

(3) 비치 · 보존 · 열람

투자신탁·투자익명조합의 집합투자업자 또는 투자회사등은 i) 결산서류, ii) 회계감사보고서, iii) 집합투자자총회 의사록, iv) 이사회 의사록(투자회사의 경우에 한한다)을 본점(투자회사등의 경우 그 투자회사등의 집합투자재산을 운용하는 집합투자업자의 본점 포함)에 비치하여야 하며, 해당 집합투자증권을 판매한 투자매매업자·투자중개업자에게 이를 송부하여 그 영업소에 비치하도록 해야 한다(法 239조③). 투자신탁·투자익명조합의 집합투자업자, 투자회사등 및 해당 집합투자증권을 판매한 투자매매업자·투자중개업자는 결산서류 및 회계감사보고서를 위 비치일부터 5년간 보존해야 한다(法 239조④). 집합투자기구의 투자자 및 채권자는 영업시간 중 언제든지 비치된 서류를 열람할 수 있으며, 그 서류의 등본 또는 초본의 교부를 청구할 수 있다(法 239조⑤).

2. 집합투자재산의 회계처리

(1) 회계처리의 주체

투자신탁·투자익명조합의 집합투자업자 또는 투자회사등은 집합투자재산에 관하여 회계처리를 하는 경우 금융위원회가 증권선물위원회의 심의를 거쳐 정하여 고시한 회계처리기준에 따라야 한다(法 240조①).

(2) 회계처리기준

금융위원회는 회계처리기준의 제정 또는 개정을 한국회계기준원에 위탁할 수 있다. 이 경우 한국회계기준원은 회계처리기준을 제정 또는 개정한 때에는 이를 금융위원회에 지체 없이 보고해야 한다(法 240조②).

(3) 회계감사

(가) 적용 대상

투자신탁·투자익명조합의 집합투자업자 또는 투자회사등은 집합투자재산에 대하여 회계기간의 말일 및 i) 계약기간 종료 또는 해지의 경우에는 그 종료일 또는 해지일, ii) 존속기간 만료 또는 해산의 경우에는 그 만료일 또는 해산일부터 2개월 이내에 회계감사인의 회계감사를 받아야 한다(法 240조③).[5]

(나) 적용 예외

투자자의 이익을 해할 우려가 없는 경우로서 대통령령으로 정하는 경우[6]에는 회계감사인의 회계감사를 받지 않아도 된다(法 240조③ 단서).

(4) 회계감사인

(가) 회계감사인의 권한 · 선임 · 교체

투자신탁 · 투자익명조합의 집합투자업자 또는 투자회사등은 집합투자재산의 회계감사인을 선임하거나 교체한 경우에는 지체 없이 그 집합투자재산을 보관 · 관리하는 신탁업자에게 그 사실을 통지하여야 하며, 그 선임일 또는 교체일부터 1주 이내에 금융위원회에 그 사실을 보고해야 한다(法 240조④).

(나) 회계감사인의 역할 및 통지의무

회계감사인은 투자신탁 · 투자익명조합재산의 집합투자업자 또는 투자회사등의 집합투자증권의 기준가격 산정업무 및 집합투자재산의 회계처리 업무를 감사함에 있어서 집합투자재산평가기준을 준수하는지 감사하고 그 결과를 투자신탁 · 투자익명조합의 집합투자업자의 감사(감사위원회가 설치된 경우에는 감사위원회) 또는 투자회사등에 통보해야 한다(法 240조⑤). 회계감사인은 제10항에 따른 감사기준 및 외감법 제16조에 따른 회계감사기준에 따라 회계감사를 실시해야 한다(法 240조⑥).

(다) 회계감사인의 자료제출 요구권

회계감사인은 i) 그 집합투자재산을 운용하는 집합투자업자, ii) 그 집합투자재산을 보관 · 관리하는 신탁업자, iii) 해당 집합투자증권을 판매하는 투자매매업자 · 투자중개업자, iv) 해당 투자회사로부터 업무를 위탁받은 일반사무관리회사 또는 투자신탁 · 투자익명조합의 집합투자업자 또는 투자회사등으로부터 기준가격 산정업무를 위탁받은 일반사무관리회사에게 집합투자재산의 회계장부 등 관계 자

---

5) 회계감사에 관한 규정 중, 일반사모집합투자기구에 대하여는 제240조 제3항부터 제8항까지와 제10항, 기관전용사모집합투자기구에 대하여는 제240조 제3항부터 제10항까지의 적용이 배제된다.

6) "대통령령으로 정하는 경우"는 회계기간의 말일과 자본시장법 제240조 제3항 각 호의 어느 하나에 해당하는 날을 기준으로 다음과 같은 경우를 말한다(슈 264조).

1. 집합투자기구의 자산총액이 300억원 이하인 경우
2. 집합투자기구의 자산총액이 300억원 초과 500억원 이하인 경우로서 회계기간의 말일과 자본시장법 제240조 제3항 각 호의 어느 하나에 해당하는 날 이전 6개월간 집합투자증권을 추가로 발행하지 아니한 경우

료의 열람·복사를 요청하거나 회계감사에 필요한 자료의 제출을 요구할 수 있다. 이 경우 요청 또는 요구를 받은 자는 지체 없이 이에 응해야 한다(法 240조⑦).

(5) 「주식회사 등의 외부감사에 관한 법률」 준용 및 적용배제

「주식회사 등의 외부감사에 관한 법률」 제20조(비밀엄수)는 제3항에 따른 집합투자재산의 회계감사에 관하여 준용한다(法 240조⑧). 외감법 제4조(외부감사의 대상) 및 제8조(내부회계관리제도의 운영)는 투자회사에는 적용하지 않는다(法 240조⑨).

3. 회계감사인의 손해배상책임

(1) 회계감사인의 책임

회계감사인은 집합투자재산에 대한 회계감사의 결과 회계감사보고서 중 중요사항에 관하여 거짓의 기재 또는 표시가 있거나 중요사항이 기재 또는 표시되지 아니함으로써 이를 이용한 투자자에게 손해를 끼친 경우에는 그 투자자에 대하여 손해를 배상할 책임을 진다. 이 경우 외감법 제2조 제7호에 나목에 따른 감사반이 회계감사인인 경우에는 해당 집합투자재산에 대한 감사에 참여한 자가 연대하여 손해를 배상할 책임을 진다(法 241조①).

(2) 연대책임과 비례책임

회계감사인이 투자자에 대하여 손해를 배상할 책임이 있는 경우로서 해당 집합투자재산을 운용하는 집합투자업자의 이사·감사(감사위원회가 설치된 경우에는 감사위원회의 위원) 또는 투자회사의 감독이사에게도 귀책사유가 있는 경우에는 그 회계감사인과 집합투자업자의 이사·감사 또는 투자회사의 감독이사는 연대하여 손해를 배상할 책임을 진다. 다만, 손해를 배상할 책임이 있는 자가 고의가 없는 경우에 그 자는 법원이 귀책사유에 따라 정하는 책임비율에 따라 손해를 배상할 책임이 있다(法 241조②). 그러나 손해배상을 청구하는 자의 소득인정액(「국민기초생활 보장법」 제2조 제8호에 따른 소득인정액)이 그 손해배상 청구일이 속하는 달의 직전 12개월간의 소득인정액 합산금액이 1억 5천만원(令 265조의2) 이하인 경우에는 회계감사인과 집합투자업자의 이사·감사, 투자회사의 감독이사는 연대하여 손해를 배상할 책임이 있다(法 241조③).

책임비율에 따라 손해를 배상할 책임이 있는 자 중 배상능력이 없는 자가 있어 손해액의 일부를 배상하지 못하는 경우에는 배상능력이 없는 자를 제외한

자가 각자 책임비율의 50%(外監令 37조②)의 범위에서 손해액을 추가로 배상할 책임을 진다(法 241조④, 외감법 31조⑥).

(3) 면책사유

감사인 또는 감사에 참여한 공인회계사가 그 임무를 게을리하지 아니하였음을 증명하는 경우에는 손해배상책임을 지지 않는다(法 241조④, 외감법 31조⑦). 따라서 원고는 피고의 과실을 증명할 필요가 없고, 피고가 무과실을 증명하여야 면책된다.

(4) 제척기간

회계감사인의 손해배상책임은 그 청구권자가 해당 사실을 안 날부터 1년 이내 또는 감사보고서를 제출한 날부터 8년 이내에 청구권을 행사하지 아니한 때에는 소멸한다. 다만, 감사인을 선임할 때 계약으로 그 기간을 연장할 수 있다(法 241조④, 외감법 31조⑨). "해당 사실"이란 "중요한 사항에 관하여 감사보고서에 기재하지 아니하거나 거짓으로 기재를 함"을 말한다. "안 날"이란 감사보고서의 부실기재라는 객관적 사실에 대하여 인식한 날을 의미하고 감사인의 고의·과실 같은 주관적 요건까지 인식한 날을 의미하지 않는다.[7)]

Ⅲ. 이익금의 분배와 준비금의 적립

1. 이익금 범위내의 이익분배

투자신탁·투자익명조합의 집합투자업자 또는 투자회사등은 집합투자기구의 집합투자재산 운용에 따라 발생한 이익금을 투자자에게 금전 또는 새로 발행하는 집합투자증권으로 분배해야 한다. 다만, 집합투자기구의 특성을 고려하여 단기금융집합투자기구를 제외한 집합투자기구의 경우에는 집합투자규약이 정하는 바에 따라 이익금의 분배를 집합투자기구에 유보할 수 있다(法 242조①). 투자회사는 이익금 전액을 새로 발행하는 주식으로 분배하려는 경우에는 정관에서 정하는 바에 따라 발행할 주식의 수, 발행시기 등 주식발행에 필요한 사항에 관하여 이사회의 결의를 거쳐야 한다(令 266조③).

7) 서울고등법원 2013. 9. 5. 선고 2012나92878 판결.

2. 이익금을 초과한 이익분배

투자신탁·투자익명조합의 집합투자업자 또는 투자회사등은 집합투자기구의 특성에 따라 이익금을 초과하여 분배할 필요가 있는 경우에는 이익금을 초과하여 금전으로 분배할 수 있다. 다만, 투자회사의 경우에는 순자산액에서 최저순자산액을 뺀 금액을 초과하여 분배할 수 없다(法 242조②). 투자신탁 또는 투자익명조합의 집합투자업자와 투자회사등은 이익금을 초과하여 금전으로 분배하려는 경우에는 집합투자규약에 그 뜻을 기재하고 이익금의 분배방법 및 시기, 그 밖에 필요한 사항을 미리 정해야 한다(令 266조④).[8]

제 2 절 보관 및 관리

Ⅰ. 선관주의의무

집합투자재산을 보관·관리하는 신탁업자는 선량한 관리자의 주의로써 집합투자재산을 보관·관리하여야 하며, 투자자의 이익을 보호해야 한다(法 244조).

Ⅱ. 적용배제

집합투자재산을 보관·관리하는 신탁업자도 자본시장법상 신탁업자이지만, 투자신탁재산을 신탁받는 경우 그 투자신탁에 관하여는 제2편 제4장 제2절 제4관(신탁업자의 영업행위 규칙)을 적용하지 않는다. 집합투자재산을 보관·관리하는 신탁업자는 집합투자업자의 지시에 따라 소극적으로 집합투자재산을 보관·관리한다는 점을 고려한 것이다. 다만, 제116조(신탁업자의 합병), 제117조(신탁업자의 청산)는 투자신탁의 신탁업자에게도 적용된다(法 245조).

---

8) 개정 전 자본시장법 제243조는 투자회사가 그 순자산액이 최저순자산액에 미달하게 된 경우에는 금융위원회에 보고하여야 하고, 금융위원회는 순자산액 미달상태가 계속되는 경우에는 등록을 취소할 수 있도록 규정하였으나, 2015년 7월 개정시 제243조를 삭제하였다.

Ⅲ. 신탁업자의 업무제한

1. 본인 또는 계열회사에 대한 보관·관리 금지

집합투자재산을 보관·관리하는 신탁업자는 다음과 같은 자의 계열회사여서는 아니 된다(法 246조①).

1. 해당 집합투자기구(투자회사·투자유한회사·투자합자회사·투자유한책임회사로 한정한다)
2. 그 집합투자재산을 운용하는 집합투자업자

2. 집합투자재산의 구분관리와 예탁

집합투자재산을 보관·관리하는 신탁업자는 집합투자재산을 자신의 고유재산, 다른 집합투자재산 또는 제3자로부터 보관을 위탁받은 재산과 구분하여 관리해야 한다. 이 경우 집합투자재산이라는 사실과 위탁자를 명기해야 한다(法 246조②). 집합투자재산을 보관·관리하는 신탁업자는 집합투자재산 중 증권, 원화로 표시된 양도성 예금증서, 그 밖에 금융위원회가 정하여 고시하는 것을 자신의 고유재산과 구분하여 집합투자기구별로 예탁결제원에 예탁해야 한다. 다만, 해당 증권의 유통 가능성, 다른 법령에 따른 유통방법이 있는지 여부, 예탁의 실행 가능성 등을 고려하여 대통령령으로 정하는 경우[9]에는 그러하지 아니하다(法 246조③).

3. 집합투자재산에 속하는 자산의 취득·처분 등의 이행

집합투자재산을 보관·관리하는 신탁업자는 집합투자재산을 운용하는 집합투자업자가 그 신탁업자에 대하여 자산의 취득·처분 등의 이행 또는 보관·관리

---

9) "대통령령으로 정하는 경우"란 다음과 같은 경우를 말한다(슈 268조②, 63조②).
1. 법 및 시행령, 그 밖에 다른 법령에 따라 해당 증권을 예탁결제원에 예탁할 수 있는 증권·증서로 발행할 수 없는 경우
2. 발행인이 투자자와 해당 증권을 예탁결제원에 예탁할 수 있는 증권·증서로 발행하지 아니할 것을 발행조건 등에 따라 약정하는 경우
3. 「외국환거래법」 제3조 제1항 제8호에 따른 외화증권(이하 "외화증권"이라 한다)을 제3항에 따른 방법으로 예탁결제원에 예탁할 수 없는 경우로서 금융위원회가 정하여 고시하는 외국 보관기관에 예탁하는 경우
4. 그 밖에 해당 증권의 성격이나 권리의 내용 등을 고려할 때 예탁이 부적합한 경우로서 총리령으로 정하는 경우

등에 필요한 지시를 하는 경우 대통령령으로 정하는 방법[10]에 따라 이를 각각의 집합투자기구별로 이행해야 한다(法 246조④).

4. 자신의 고유재산 등과의 거래제한

집합투자재산을 보관·관리하는 신탁업자는 자신이 보관·관리하는 집합투자재산을 자신의 고유재산, 다른 집합투자재산 또는 제3자로부터 보관을 위탁받은 재산과 거래하지 못한다. 다만, 집합투자재산을 효율적으로 운용하기 위하여 필요한 경우로서 대통령령으로 정하는 경우[11]에는 거래가 허용된다(法 246조⑤).

5. 이해관계인과의 거래제한

집합투자재산을 보관·관리하는 신탁업자는 자신이 보관·관리하는 집합투자재산을 그 이해관계인의 고유재산과 거래하지 못한다(法 246조⑥).

6. 정보 이용 금지

집합투자재산을 보관·관리하는 신탁업자는 그 집합투자기구의 집합투자재산에 관한 정보를 자기의 고유재산의 운용, 자기가 운용하는 집합투자재산의 운용 또는 자기가 판매하는 집합투자증권의 판매를 위하여 이용하지 못한다(法 246조⑦).

---

10) 신탁업자는 집합투자업자로부터 증권(제1항 각 호의 것 포함)의 취득·처분 등의 지시 또는 보관·관리 등의 지시를 받은 경우에는 법 제246조 제4항에 따라 증권의 인수·인도와 대금의 지급·수령을 동시에 결제하는 방법으로 이를 이행해야 한다(令 268조③).

11) "대통령령으로 정하는 경우"란 다음과 같은 경우를 말한다. 다만, 제2호 및 제3호의 경우에는 집합투자재산 중 금융기관에 예치한 총금액 또는 단기대출한 총금액의 10%를 초과할 수 없다(令 268조④).

1. 집합투자업자가 집합투자재산을 투자대상자산에 운용하고 남은 현금을 집합투자규약에서 정하는 바에 따라 신탁업자가 자신의 고유재산과 거래하는 경우
2. 금융기관에의 예치
3. 단기대출
4. 「외국환거래법」에 따라 외국통화를 매입하거나 매도하는 경우(환위험을 회피하기 위한 선물환거래를 포함)

4의2. 환위험을 회피하기 위한 장외파생상품의 매매로서 법 제5조 제1항 제3호에 따른 계약의 체결을 하는 경우(그 기초자산이 외국통화인 경우로 한정한다)

5. 전담중개업무를 제공하는 자가 일반사모집합투자기구등과 전담중개업무로서 하는 거래
6. 법 제83조 제1항 단서에 따른 금전차입 거래. 이 경우 신탁업자의 고유재산과의 거래로 한정한다.
7. 시행령 제85조 제5호의3에서 정하는 거래

Ⅳ. 운용행위감시

1. 감시의 주체 및 시정요구

(1) 투자회사재산이 아닌 경우

집합투자재산(투자회사재산 제외)을 보관·관리하는 신탁업자는 그 집합투자재산을 운용하는 집합투자업자의 운용지시 또는 운용행위가 법령, 집합투자규약 또는 투자설명서(예비투자설명서·간이투자설명서를 포함) 등을 위반하는지 여부에 대하여 확인하고 위반사항이 있는 경우에는 그 집합투자업자에 대하여 그 운용지시 또는 운용행위의 철회·변경 또는 시정을 요구해야 한다(法 247조①).[12]

(2) 투자회사재산인 경우

투자회사재산을 보관·관리하는 신탁업자는 그 투자회사재산을 운용하는 집합투자업자의 운용행위가 법령, 정관 또는 투자설명서 등을 위반하는지의 여부에 대하여 확인하고 위반이 있는 경우에는 그 투자회사의 감독이사에게 보고하여야 하며, 보고를 받은 투자회사의 감독이사는 그 투자회사재산을 운용하는 집합투자업자에 대하여 그 운용행위의 시정을 요구해야 한다(法 247조②).

2. 신탁업자의 확인의무

신탁업자는 법 제247조 제1항 및 제2항에 따라 자산의 취득·처분 등의 지시나 보관·관리 등의 지시를 이행한 후 그 지시 내용이 다음과 같은 사항을 포함하여 금융위원회가 정하여 고시하는 기준을 위반하는지를 확인해야 한다(令 269조①).

1. 자본시장법 제80조부터 제85조까지에서 규정한 사항.[13] 다만, 집합투자업자가 운용하는 전체 집합투자기구의 집합투자재산을 보관·관리하는 신탁업자가 둘 이상이어서 특정 신탁업자가 보관·관리하는 집합투자재산에 관한 정보만으로는 그

12) 자본시장법 제238조 제5항의 집합투자재산에 대한 평가 확인의무와 제247조의 운용행위 감시의무는 신탁업자의 핵심 의무라 할 수 있다. 다만, 제247조는 제5항 제4호(집합투자재산의 평가가 공정한지 여부), 제5호(기준가격 산정이 적정한지 여부)를 제외하고는 일반사모집합투자기구와 기관전용사모집합투자기구에 대하여 적용이 배제된다(法 249조의8①, 249조의20①).

13) 자본시장법 제80조(자산운용의 지시 및 실행), 제81조(자산운용의 제한), 제82조(자기집합투자증권의 취득제한), 제83조(금전차입 등의 제한), 제84조(이해관계인과의 거래제한 등), 제85조(불건전 영업행위의 금지).

위반 여부를 확인할 수 없는 사항은 제외한다.
2. 집합투자규약에서 정한 투자대상자산별 투자한도
3. 그 밖에 자산운용행위를 감시하기 위하여 필요한 사항으로서 금융위원회가 정하여 고시하는 사항

3. 운용행위의 시정요구 미이행 및 공시

집합투자재산(투자회사재산 제외)을 보관·관리하는 신탁업자 또는 투자회사의 감독이사는 해당 집합투자재산을 운용하는 집합투자업자가 제1항·제2항에 따른 요구를 3영업일 이내에 이행하지 않는 경우에는 그 사실을 금융위원회에 보고하여야 하며, 공시해야 한다. 다만, 투자회사의 감독이사가 금융위원회에 대한 보고 또는 공시에 관한 업무를 이행하지 아니한 경우에는 그 투자회사재산을 보관·관리하는 신탁업자가 이를 이행해야 한다(法 247조③). 집합투자재산(투자회사재산은 제외한다)을 보관·관리하는 신탁업자나 투자회사의 감독이사는 자본시장법 제247조 제3항 본문에 따라 다음과 같은 사항을 그 집합투자증권을 판매하는 투자매매업자·투자중개업자의 본점과 지점, 그 밖의 영업소에 게시하여 투자자가 열람할 수 있도록 하거나, 인터넷 홈페이지 등을 이용하여 공시해야 한다(令 269조②).

1. 집합투자업자의 지시내용
2. 집합투자업자의 지시내용 중 법령·집합투자규약·투자설명서 등을 위반한 사항
3. 집합투자업자가 자본시장법 제247조 제4항에 따라 금융위원회에 대하여 이의신청을 한 경우에는 그 내용과 이에 대한 금융위원회의 결정내용

4. 시정요구에 대한 이의신청 및 금융위원회의 결정에 따를 의무

집합투자업자는 제1항·제2항의 요구에 대하여 금융위원회에 이의를 신청할 수 있다. 이 경우 관련 당사자는 금융위원회의 결정에 따라야 한다(法 247조④).

5. 확인사항

집합투자재산을 보관·관리하는 신탁업자는 집합투자재산과 관련하여 다음과 같은 사항을 확인해야 한다(法 247조⑤).

1. 투자설명서가 법령 및 집합투자규약에 부합하는지 여부

2. 자산운용보고서의 작성이 적정한지 여부
3. 위험관리방법의 작성이 적정한지 여부
4. 집합투자재산의 평가가 공정한지 여부
5. 기준가격 산정이 적정한지 여부
6. 시정요구 등에 대한 집합투자업자의 이행명세
7. 그 밖에 투자자 보호를 위하여 필요한 사항으로서 대통령령으로 정하는 사항

6. 자료제출 요구권

집합투자재산을 보관·관리하는 신탁업자는 운용지시 또는 운용행위의 철회·변경 또는 시정을 요구하거나 투자회사의 감독이사에 대한 보고를 하기 위하여 필요한 경우 또는 집합투자재산 관련 사항(法 247조⑤)을 확인하기 위하여 필요한 경우에는 해당 집합투자업자, 투자회사등 또는 투자회사로부터 제184조 제6항의 업무를 위탁받은 일반사무관리회사에 대하여 관련된 자료의 제출을 요구할 수 있다. 이 경우 그 집합투자업자, 투자회사등 또는 일반사무관리회사는 정당한 사유가 없는 한 이에 응해야 한다(法 247조⑥).

Ⅴ. 자산보관·관리보고서의 교부

1. 원　　칙

집합투자재산을 보관·관리하는 신탁업자는 집합투자재산에 관하여 제90조 제2항 각 호[14]의 어느 하나의 사유가 발생한 날부터 2개월 이내에 자산보관·관리보고서를 작성하여 투자자에게 교부해야 한다(法 248조①). 또한 신탁업자는 자산보관·관리보고서를 위 기간 이내에 금융위원회 및 협회에 교부해야 한다(法 248조②).

---

14) [法 제90조(집합투자재산에 관한 보고 등)]
① 집합투자업자(투자신탁이나 투자익명조합의 집합투자업자에 한한다. 이하 이 조에서 같다)는 대통령령으로 정하는 방법에 따라 집합투자재산에 관한 매 분기의 영업보고서를 작성하여 매 분기 종료 후 2개월 이내에 금융위원회 및 협회에 제출해야 한다.
② 집합투자업자는 집합투자기구에 대하여 다음 각 호의 어느 하나에 해당하는 사유가 발생한 경우 그 사유가 발생한 날부터 2개월 이내에 제239조에 따른 결산서류를 금융위원회 및 협회에 제출해야 한다.
1. 집합투자기구의 회계기간 종료
2. 집합투자기구의 계약기간 또는 존속기간의 종료
3. 집합투자기구의 해지 또는 해산

2. 교부의무 면제

다만, 투자자가 수시로 변동되는 등 투자자의 이익을 해할 우려가 없는 경우로서 다음과 같은 경우에는 자산보관·관리보고서를 투자자에게 교부하지 아니할 수 있다(法 248조① 단서, 令 270조①).

1. 투자자가 자산보관·관리보고서를 받기를 거부한다는 의사를 서면으로 표시한 경우
2. 신탁업자가 금융위원회가 정하여 고시하는 방법(금융투자업규정 7-41조①: 신탁업자가 자산보관·관리보고서를 신탁업자, 투자매매업자·투자중개업자 및 협회의 인터넷 홈페이지를 이용하여 공시하는 방법)에 따라 다음과 같은 집합투자기구의 자산보관·관리보고서를 공시하는 경우
   가. 단기금융집합투자기구
   나. 환매금지형집합투자기구(法 230조 제3항에 따라 그 집합투자증권이 상장된 경우만 해당한다)
   다. 상장지수집합투자기구
3. 투자자가 소유하고 있는 집합투자증권의 평가금액이 10만원 이하인 경우로서 집합투자규약에서 자산보관·관리보고서를 교부하지 아니한다고 정하고 있는 경우

3. 교부방법

신탁업자는 투자자에게 자산보관·관리보고서를 교부하는 경우에는 집합투자증권을 판매한 투자매매업자·투자중개업자 또는 전자등록기관을 통하여 직접 또는 전자우편의 방법으로 교부해야 한다. 다만, 투자자에게 전자우편 주소가 없는 등의 경우에는 자본시장법 제89조 제2항 제1호(집합투자업자, 집합투자증권을 판매한 투자매매업자 또는 투자중개업자 및 협회의 인터넷 홈페이지를 이용하여 공시하는 방법) 및 제3호(집합투자업자, 집합투자증권을 판매한 투자매매업자 또는 투자중개업자의 본점과 지점, 그 밖의 영업소에 게시하는 방법)의 방법에 따라 공시하는 것으로 갈음할 수 있으며, 투자자가 우편발송을 원하는 경우에는 그에 따라야 한다(令 270조③).

4. 비용 부담

자산보관·관리보고서를 작성·교부하는 데에 드는 비용은 신탁업자가 부담한다(令 270조④).

제5장

기 타

제1절 감 독

Ⅰ. 투자회사등에 대한 감독 · 검사

금융위원회는 투자자를 보호하고 건전한 거래질서를 유지하기 위하여 투자회사등(기관전용사모집합투자기구는 제외)에 대하여, i) 집합투자재산의 운용에 관한 사항, ii) 집합투자재산의 공시에 관한 사항, iii) 그 밖에 투자자 보호 또는 건전한 거래질서를 위하여 필요한 사항 등에 관하여 필요한 조치를 명할 수 있다(法 252조①). 제419조(제2항부터 제4항까지 및 제8항 제외)는 투자회사등에 대한 검사에 관하여 준용한다(法 252조②).

Ⅱ. 집합투자기구의 등록취소

금융위원회는 다음과 같은 경우에는 집합투자기구의 등록을 취소할 수 있다. 다만, 제3호의 경우에는 등록을 취소해야 한다(法 253조①).

1. 거짓, 그 밖의 부정한 방법으로 집합투자기구의 등록이나 변경등록을 한 경우
2. 제182조 제2항 각 호에 따른 등록요건을 갖추지 못하게 된 경우
3. 집합투자기구가 해지 또는 해산한 경우
4. 투자회사의 순자산액이 3개월 이상 계속하여 최저순자산액(법 194조②7)에 미달하는 경우
5. 집합투자기구의 변경등록을 하지 아니한 경우
6. 금융위원회의 시정명령 또는 중지명령을 이행하지 아니한 경우
7. 별표 2 각 호의 어느 하나에 해당하는 경우로서 대통령령으로 정하는 경우
8. 대통령령으로 정하는 금융관련 법령 등을 위반한 경우로서 대통령령으로 정하는

경우
9. 그 밖에 투자자의 이익을 현저히 해할 우려가 있거나 집합투자기구로서 존속하기 곤란하다고 인정되는 경우로서 대통령령으로 정하는 경우

금융위원회는 투자회사등(그 집합투자업자 또는 그 법인이사·업무집행사원·업무집행조합원 포함)이 제1항 각 호(제7호 제외)의 어느 하나에 해당하거나 별표 2 각 호의 어느 하나에 해당하는 경우에는 그 투자회사등에 대하여 다음과 같은 조치를 할 수 있다(法 253조②).

1. 6개월 이내의 업무의 전부 또는 일부의 정지
2. 계약의 인계명령
3. 위법행위의 시정명령 또는 중지명령
4. 위법행위로 인한 조치를 받았다는 사실의 공표명령 또는 게시명령
5. 기관경고
6. 기관주의
7. 그 밖에 위법행위를 시정하거나 방지하기 위하여 필요한 조치로서 대통령령으로 정하는 조치

금융위원회는 투자회사의 감독이사가 다음과 같은 경우에는 해임요구, 6개월 이내의 직무정지, 문책경고, 주의적 경고, 주의, 그 밖에 대통령령으로 정하는 조치를 할 수 있다(法 253조③).

1. 제195조 제1항 각 호 외의 부분 단서를 위반하여 정관을 변경한 경우
2. 제199조 제5항에서 준용하는 제54조 제1항을 위반하여 정당한 사유 없이 직무관련 정보를 이용한 경우
3. 제200조 제3항을 위반하여 결의한 경우
4. 제247조 제2항을 위반하여 시정을 요구하지 아니하거나, 제247조 제3항을 위반하여 보고 또는 공시에 관한 업무를 이행하지 아니한 경우
5. 그 밖에 투자자 보호 또는 건전한 거래질서를 해할 우려가 있는 경우로서 대통령령으로 정하는 경우

금융위원회는 집합투자기구의 등록을 취소하거나, 투자회사의 감독이사에 대한 해임요구를 하고자 하는 경우에는 청문을 실시해야 한다(法 253조⑤). 제424조 및 제425조는 집합투자기구 및 투자회사의 감독이사에 대한 조치 등에 관하여 준용한다(法 253조⑥).

제 2 절 집합투자기구의 관계회사

Ⅰ. 일반사무관리회사

1. 일반사무관리회사의 업무

일반사무관리회사는 투자회사로부터 위탁 받은 업무(法 184조⑥ 각 호),[1] 투자신탁·투자익명조합의 집합투자업자 또는 투자회사등으로부터 위탁 받은 집합투자증권의 기준가격 산정업무(法 238조⑥) 및 기준가격의 산정을 위한 집합투자재산의 계산 업무를 영위한다(法 254조①, 슈 276조①).

2. 금융위원회 등록

(1) 등록요건

투자회사의 업무를 위탁받아 영위하려는 자는 다음과 같은 요건을 모두 갖추어 금융위원회에 등록해야 한다(法 254조②).

1. 다음 중 어느 하나에 해당할 것
   가. 상법에 따른 주식회사
   나. 명의개서대행회사(예탁결제원 포함)
   다. 그 밖에 대통령령으로 정하는 금융기관
2. 20억원(슈 276조③) 이상의 자기자본을 갖출 것
3. 상근 임직원 중 대통령령으로 정하는 기준의 전문인력[2]을 보유할 것

---

1) 자본시장법 제184조 제6항에 따른 투자회사의 위탁업무는 다음과 같다.
   1. 투자회사 주식의 발행 및 명의개서
   2. 투자회사재산의 계산
   3. 법령 또는 정관에 의한 통지 및 공고
   4. 이사회 및 주주총회의 소집·개최·의사록 작성 등에 관한 업무
   5. 그 밖에 투자회사의 사무를 처리하기 위하여 필요한 업무로서 대총령령으로 정하는 업무(슈 212조 : 1. 자본시장법 제238조 제8항에 따라 위탁받은 업무, 2. 투자회사의 운영에 관한 업무)

2) "대통령령으로 정하는 기준의 전문인력"이란 다음과 같은 기관에서 증권 등 자산가치의 계산에 관련된 업무나 집합투자재산의 보관·관리업무에 2년 이상 근무한 경력이 있는 2인 이상의 집합투자재산의 계산전문인력을 말한다(슈 276조④).
   1. 「금융위원회의 설치 등에 관한 법률」 제38조에 따른 검사대상기관
   2. 외국 금융투자업자
   3. 기금관리주체(국가재정법 9조④)가 동법 제77조 제1항에 따라 설치한 자산운용을 전담

4. 전산설비 등 대통령령으로 정하는 물적 설비를 갖출 것
5. 임원이 금융사지배구조법 제5조의 자격요건에 적합할 것
6. 대통령령으로 정하는 이해상충방지체계[3]를 구축하고 있을 것(대통령령으로 정하는 금융업(令 276조⑦)을 영위하고 있는 경우에 한한다)

(2) 등록절차

(가) 등록신청서 제출

등록을 하려는 자는 금융위원회에 등록신청서를 제출해야 한다(法 254조③).

(나) 검토 및 결정

금융위원회는 등록신청서를 접수한 경우에는 그 내용을 검토하여 30일 이내에 등록 여부를 결정하고, 그 결과와 이유를 지체 없이 신청인에게 문서로 통지해야 한다. 이 경우 등록신청서에 흠결이 있는 때에는 보완을 요구할 수 있다(法 254조④). 검토기간을 산정함에 있어서 등록신청서 흠결의 보완기간 등의 기간은 검토기간에 산입하지 않는다(法 254조⑤). 금융위원회는 등록 여부를 결정함에 있어서 다음과 같은 사유가 없는 한 그 등록을 거부하지 못한다(法 254조⑥).

1. 등록요건을 갖추지 아니한 경우
2. 등록신청서를 거짓으로 작성한 경우
3. 보완요구를 이행하지 아니한 경우

금융위원회는 등록을 결정한 경우 일반사무관리회사등록부에 필요한 사항을 기재하여야 하며, 등록결정한 내용을 관보 및 인터넷 홈페이지 등에 공고해야 한다(法 254조⑦).

하는 부서나 같은 법 별표 2에 따른 기금설치 근거 법률에 따라 기금의 관리·운용을 위탁받은 연금관리공단 등
4. 일반사무관리회사

3) "대통령령으로 정하는 이해상충방지체계"는 다음과 같다(令 276조⑤).
1. 일반사무관리회사의 업무와 그 외의 업무 간에 독립된 부서로 구분되어 업무처리와 보고가 독립적으로 이루어질 것
2. 일반사무관리회사의 업무와 그 외의 업무 간에 직원의 겸직이나 파견을 금지할 것
3. 일반사무관리회사의 업무와 그 외의 업무를 하는 사무실이 정보공유를 막을 수 있을 정도로 공간적으로 분리될 것
4. 일반사무관리회사의 업무와 그 외의 업무에 관한 전산자료가 공유될 수 없도록 독립되어 저장·관리·열람될 것

㈐ 등록요건 유지의무

등록을 한 일반사무관리회사는 등록 이후 그 영업을 영위함에 있어서 등록요건(자기자본에 대하여는 완화된 요건)을 계속 유지해야 한다(法 254조⑧). 자기자본에 대한 완화된 요건이란 최저자기자본의 70% 이상을 말한다. 이 경우에 유지요건은 매 회계연도말을 기준으로 적용하며, 특정 회계연도말을 기준으로 유지요건에 미달한 일반사무관리회사는 다음 회계연도말까지는 그 유지요건에 적합한 것으로 본다(令 276조⑧).

㈑ 준용규정

금융투자업자의 업무위탁(法 42조), 직무관련 정보의 이용금지(法 54조), 자료의 기록유지(法 60조), 손해배상책임(法 64조)에 관한 규정은 일반사무관리회사에 준용한다(法 255조).

3. 감독 · 검사

금융위원회는 투자자를 보호하고 건전한 거래질서를 유지하기 위하여 일반사무관리회사에 대하여 다음과 같은 사항에 관하여 필요한 조치를 명할 수 있다(法 256조①).

1. 고유재산의 운용에 관한 사항
2. 영업의 질서 유지에 관한 사항
3. 영업방법에 관한 사항
4. 그 밖에 투자자 보호 또는 건전한 거래질서를 위하여 필요한 사항으로서 대통령령으로 정하는 사항[4]

금융감독원장의 금융투자업자에 대한 검사에 관한 제419조(제2항부터 제4항까지 및 제8항 제외)는 일반사무관리회사에 대한 검사에 관하여 준용한다(法 256조②).

---

4) "대통령령으로 정하는 사항"은 다음과 같다(令 278조).
1. 이해상충방지에 관한 사항
2. 업무수탁에 관한 사항
3. 협회에 가입하지 아니한 일반사무관리회사에 대하여 협회가 건전한 영업질서의 유지와 투자자를 보호하기 위하여 행하는 자율규제에 준하는 내부기준을 제정하도록 하는 것에 관한 사항

4. 일반사무관리회사에 대한 처분

금융위원회는 일정한 사유가 발생한 경우 일반사무관리회사에 대하여 등록취소 등의 조치를 취할 수 있다(法 257조).

Ⅱ. 집합투자기구평가회사

1. 등 록

(1) 등록요건

집합투자기구를 평가하고 이를 투자자에게 제공하는 업무를 영위하려는 자는 금융위원회에 등록해야 한다(法 258조①).

등록을 하려는 자는 다음과 같은 요건을 모두 갖추어야 한다(法 258조②).

1. 상법에 따른 주식회사일 것
2. 투자매매업자·투자중개업자 또는 집합투자업자와 그 계열회사가 아닐 것
3. 5억원(令 280조①) 이상의 자기자본을 갖출 것
4. 상근 임직원 중 대통령령으로 정하는 기준의 전문인력[令 280조② : 제276조 제3항 제1호부터 제3호까지의 기관 또는 집합투자기구평가회사에서 증권·집합투자기구 등의 평가·분석업무나 기업금융업무에 2년 이상 종사한 경력이 있는 3인 이상의 집합투자기구 평가전문인력]을 보유할 것
5. 전산설비 등 물적 설비를 갖출 것(令 280조③)
6. 임원이 금융사지배구조법 제5조에 적합할 것
7. 집합투자기구평가체계(令 280조④)를 갖출 것
8. 이해상충방지체계(令 280조⑤)를 구축하고 있을 것[대통령령으로 정하는 금융업(令 280조⑥)을 영위하고 있는 경우에 한한다]

(2) 등록절차

(가) 등록신청서 제출

등록을 하려는 자는 금융위원회에 등록신청서를 제출해야 한다(法 258조③).

(나) 검토 및 결정

금융위원회는 등록신청서를 접수한 경우에는 그 내용을 검토하여 30일 이내에 등록 여부를 결정하고, 그 결과와 이유를 지체 없이 신청인에게 문서로 통지

해야 한다. 이 경우 등록신청서에 흠결이 있는 때에는 보완을 요구할 수 있다(法 258조④). 검토기간을 산정함에 있어서 등록신청서 흠결의 보완기간 등 총리령으로 정하는 기간(規則 26조)은 검토기간에 산입하지 않는다(法 258조⑤). 금융위원회는 등록 여부를 결정함에 있어서 다음과 같은 사유가 없는 한 그 등록을 거부하지 못한다(法 258조⑥).

1. 등록요건을 갖추지 아니한 경우
2. 등록신청서를 거짓으로 작성한 경우
3. 보완요구를 이행하지 아니한 경우

금융위원회는 등록을 결정한 경우 집합투자기구평가회사등록부에 필요한 사항을 기재하여야 하며, 등록결정한 내용을 관보 및 인터넷 홈페이지 등에 공고해야 한다(法 258조⑦).

㈐ 등록요건 유지의무

집합투자기구평가회사는 등록 이후 그 영업을 영위함에 있어서 등록요건(자기자본에 대하여는 완화된 요건)을 계속 유지해야 한다(法 258조⑧).

2. 영업행위준칙

집합투자기구평가회사는 대통령령으로 정하는 사항이 포함된 영업행위준칙을 제정해야 한다(法 259조①). 집합투자업자는 집합투자재산의 명세를 대통령령으로 정하는 방법에 따라 집합투자기구평가회사에 제공할 수 있다(法 259조②).

3. 준용규정

제54조(직무관련 정보의 이용 금지), 제60조(자료의 기록·유지) 및 제64조(손해배상책임)는 집합투자기구평가회사에 준용한다(法 260조).

4. 집합투자기구평가회사에 대한 감독·검사

금융위원회는 투자자를 보호하고 건전한 거래질서를 유지하기 위하여 집합투자기구평가회사에 대하여 다음과 같은 사항에 관하여 필요한 조치를 명할 수 있다(法 261조①).

1. 고유재산의 운용에 관한 사항
2. 영업의 질서 유지에 관한 사항
3. 영업방법에 관한 사항
4. 그 밖에 투자자 보호 또는 건전한 거래질서를 위하여 필요한 사항으로서 대통령령으로 정하는 사항[5)]

금융감독원장의 금융투자업자에 대한 검사에 관한 제419조(제2항부터 제4항까지 및 제8항 제외)는 집합투자기구평가회사에 대한 검사에 관하여 준용한다(法 261조②).

Ⅲ. 채권평가회사

집합투자재산에 속하는 채권 등 자산의 가격을 평가하고 이를 집합투자기구에게 제공하는 업무를 영위하려는 자는 금융위원회에 등록해야 한다(法 263조①). 채권평가회사로서 등록을 하려는 자는 다음과 같은 요건을 모두 갖추어야 한다(法 263조②).

1. 상법에 따른 주식회사일 것
2. 30억원(令 285조①) 이상의 자기자본을 갖출 것
3. 상호출자제한기업집단의 출자액 또는 대통령령으로 정하는 금융기관[6)]의 출자액이 각각 10% 이하일 것
4. 상근 임직원 중 대통령령으로 정하는 기준[7)]의 전문인력을 보유할 것
5. 전산설비 등 대통령령으로 정하는 물적 설비[8)]를 갖출 것

---

5) "대통령령으로 정하는 사항"은 다음과 같다(令 283조).
  1. 이해상충방지에 관한 사항
  2. 협회에 가입하지 아니한 집합투자기구평가회사에 대하여 협회가 건전한 영업질서의 유지와 투자자를 보호하기 위하여 행하는 자율규제에 준하는 내부기준을 제정하도록 하는 것에 관한 사항

6) "대통령령으로 정하는 금융기관"은 다음과 같다(令 285조②).
1. 은행 2. 한국산업은행 3. 중소기업은행 4. 신용보증기금 5. 기술보증기금 6. 보험회사 7. 금융투자업자 8. 종합금융회사

7) "대통령령으로 정하는 기준의 전문인력"은 다음의 어느 하나에 해당하는 사람 3명 이상을 포함하여 금융투자상품의 평가·분석업무에 상근하는 10명 이상의 집합투자재산 평가전문인력을 말한다(令 285조③).
  1. 금융투자상품을 분석하는 능력을 검증하기 위하여 협회에서 시행하는 시험에 합격한 자
  2. 시행령 제276조 제4항 제1호부터 제3호까지의 기관이나 채권평가회사에서 금융투자상품의 평가·분석업무에 3년 이상 종사한 자

6. 임원이 금융사지배구조법 제5조의 자격요건에 적합할 것
7. 대통령령으로 정하는 채권 등의 가격평가체계[9]를 갖출 것
8. 대통령령으로 정하는 이해상충방지체계[10]를 구축하고 있을 것(대통령령으로 정하는 금융업[11]을 영위하고 있는 경우에 한한다)

제3절 외국 집합투자증권에 대한 특례

Ⅰ. 외국 집합투자기구의 등록

1. 등록의무

외국 투자신탁이나 외국 투자익명조합의 외국 집합투자업자 또는 외국 투자회사등은 외국 집합투자증권을 국내에서 판매하고자 하는 경우에는 해당 외국 집합투자기구를 금융위원회에 등록해야 한다(法 279조①).[12][13]

---

8) "대통령령으로 정하는 물적 설비"는 다음과 같다(令 285조④).
  1. 채권평가회사의 업무를 하기에 필요한 전산설비, 업무공간 및 사무장비
  2. 정전·화재 등의 사고가 발생할 경우 업무의 연속성을 유지하기 위하여 필요한 보완설비

9) "대통령령으로 정하는 채권 등의 가격평가체계"는 다음과 같은 사항에 대한 가격평가체계를 말한다(令 285조⑤).
  1. 평가대상 채권 등에 관한 사항
  2. 채권 등의 분류기준에 관한 사항
  3. 수익률 계산방법
  4. 자료제공과 공시 등에 관한 사항

10) "대통령령으로 정하는 이해상충방지체계"는 다음과 같다(令 285조⑥).
  1. 채권평가회사의 업무와 그 외의 업무 간에 독립된 부서로 구분되어 업무처리와 보고가 독립적으로 이루어질 것
  2. 채권평가회사의 업무와 그 외의 업무 간에 직원의 겸직과 파견을 금지할 것
  3. 채권평가회사의 업무와 그 외의 업무를 하는 사무실이 정보공유를 막을 수 있을 정도로 공간적으로 분리될 것
  4. 채권평가회사의 업무와 그 외의 업무에 관한 전산자료가 공유될 수 없도록 독립되어 저장·관리·열람될 것

11) "대통령령으로 정하는 금융업"이란 다음과 같은 금융업을 말한다(令 285조⑦).
  1. 은행법에 따른 은행업
  2. 보험업법에 따른 보험업
  3. 금융투자업
  4. 종합금융회사 업무

12) 외국 투자신탁은 투자신탁과 유사한 것으로서 외국 법령에 따라 설정된 투자신탁을 말하고, 외국 투자익명조합은 투자익명조합과 유사한 것으로서 외국 법령에 따라 설립된 투자익명조합을 말하고, 외국 집합투자업자는 외국 법령에 따라 집합투자업에 상당하는 영업을 영

2. 등록요건

외국 투자신탁이나 외국 투자익명조합의 외국 집합투자업자 또는 외국 투자회사등은 외국 집합투자기구를 등록하고자 하는 경우 대통령령으로 정하는 외국 집합투자업자 적격 요건 및 외국 집합투자증권 판매적격 요건[14]을 갖추어야 한

위하는 자를 말하고, 외국 투자회사등은 외국 법령에 따라 설립된 투자회사등을 말하고, 외국 집합투자증권은 집합투자증권과 유사한 것으로서 외국 법령에 따라 외국에서 발행된 것을 말하고, 외국 집합투자기구는 집합투자기구와 유사한 것으로서 외국 법령에 따라 설정·설립된 것을 말한다.

13) 자본시장법 부칙 제28조 제4항은 "자본시장법 시행 당시 종전의 간접투자자산 운용업법에 따라 금융위원회에 신고된 외국 간접투자증권에 관하여는 종전의 간접투자자산 운용업법에 따른다."고 규정하므로, 「간접투자자산운용업법」 제157조에 따라 일부 기관투자자를 대상으로 신고 없이 판매되어 오던 외국 집합투자증권은 자본시장법에 의하여 외국 집합투자기구가 등록되지 않고는 판매할 수 없게 되었다. 다만 모든 외국 집합투자기구가 등록되어야 하는 것은 아니고, 자본시장법 제279조 제1항이 "판매하고자 하는 경우"라고 규정하므로 신규 또는 추가 판매하고자 하는 경우에만 자본시장법상 등록의무가 있는 것으로 보아야 한다.

14) "대통령령으로 정하는 외국 집합투자업자 적격 요건 및 외국 집합투자증권 판매적격 요건"은 다음과 같다(숙 301조①).

1. 외국 집합투자업자 적격 요건
   가. 최근 사업연도말 현재 운용자산규모[금융위원회가 정하여 고시하는 방법(금융투자업규정 7-53조①: 1. 외국 집합투자업자가 다른 집합투자업자에게 각 집합투자기구의 운용업무 전부를 위탁한 경우 해당 집합투자기구의 규모를 운용자산규모에서 뺄 것 2. 외국 집합투자업자가 다른 집합투자업자로부터 각 집합투자기구의 운용업무 전부를 위탁받은 경우 해당 집합투자기구의 규모를 운용자산규모에 더할 것)에 따라 계산한 것]가 1조원 이상일 것. 이 경우 외국 집합투자업자가 그 운용자산의 운용업무 전부를 다른 외국 집합투자업자에 위탁한 경우에는 위탁받은 외국 집합투자업자의 운용자산규모가 1조원 이상이어야 한다.
   나. 국내에서 판매하려는 외국 집합투자기구의 종류(法 229조에 따른 종류)에 따라 별표 1에 따른 집합투자업 인가업무 단위별 최저자기자본(증권집합투자기구의 경우 40억원) 이상일 것
   다. 최근 3년간 금융업에 상당하는 영업과 관련하여 본국이나 국내의 감독기관으로부터 업무정지 이상에 해당하는 행정처분을 받거나 벌금형 이상에 상당하는 형사처벌을 받은 사실이 없을 것
   라. 투자자를 보호하기 위하여 금융위원회가 정하여 고시하는 요건에 해당하는 연락책임자(금융투자업규정 7-53조의2②)를 국내에 둘 것
2. 외국 집합투자증권 판매적격 요건
   가. 경제협력개발기구(OECD)에 가입되어 있는 국가(속령 제외) 또는 홍콩·싱가포르 또는 투자자 보호 등을 고려하여 총리령으로 정하는 국가(중화인민공화국 : 規則 28조)의 법률에 따라 발행되었거나 발행이 예정되어 있을 것
   나. 보수·수수료 등 투자자가 부담하는 비용에 관한 사항이 명확히 규정되어 있고, 국제관례에 비추어 지나치게 높은 금액으로 설정되어 있지 아니할 것
   다. 투자자의 요구에 따라 직접적·간접적으로 환매 등의 방법으로 투자금액의 회수가 가능할 것

다. 이 경우 전문투자자 중 대통령령으로 정하는 자[15]만을 대상으로 외국 집합투자증권을 판매하고자 하는 경우에는 외국 집합투자업자 적격 요건 및 외국 집합투자증권 판매적격 요건을 달리 정할 수 있다(法 279조②).[16][17]

Ⅱ. 외국 집합투자기구의 규제

1. 외국 집합투자증권의 국내 판매

⑴ 국내 판매회사를 통한 판매

외국 투자신탁이나 외국 투자익명조합의 외국 집합투자업자 또는 외국 투자회사등은 외국 집합투자증권을 국내에서 판매하는 경우에는 투자매매업자·투자중개업자를 통하여 판매해야 한다(法 280조①).[18]

⑵ 자산운용보고서의 제공

외국 집합투자업자는 자산운용보고서를 작성하여 3개월마다 1회 이상 해당 외국 집합투자기구의 투자자에게 제공해야 한다(法 280조②).

⑶ 장부·서류 등의 열람·교부 청구권

투자자는 외국 투자신탁이나 외국 투자익명조합의 외국 집합투자업자, 외국

라. 그 밖에 투자자를 보호하기 위하여 필요한 요건으로서 금융위원회가 정하여 고시하는 요건(금융투자업규정 별표 19)을 충족할 것

15) "대통령령으로 정하는 자"란 다음에 해당하는 전문투자자를 말한다(令 301조②).
1. 국가
2. 한국은행
3. 시행령 제10조 제2항 제1호부터 제17호까지의 어느 하나에 해당하는 자
4. 시행령 제10조 제3항 제1호부터 제14호까지의 어느 하나에 해당하는 자

16) 제2항의 자만을 대상으로 외국 집합투자증권을 판매하려는 경우에는 다음 요건을 갖추어야 한다(令 301조③).
1. 최근 3년간 금융업에 상당하는 영업과 관련하여 국내의 감독기관으로부터 업무정지 이상에 해당하는 행정처분을 받거나 벌금형 이상에 상당하는 형사처벌을 받은 사실이 없을 것
2. 외국 집합투자증권의 경우 보수·수수료 등 투자자가 부담하는 비용에 관한 사항이 명확히 규정되어 있을 것

17) 집합투자기구의 등록에 관한 제182조 제2항부터 제9항까지의 규정은 외국 집합투자기구의 등록에 관하여 준용한다. 이 경우 제182조 제2항 제2호(집합투자기구가 자본시장법에 따라 적법하게 설정·설립되었을 것) 중 "자본시장법"은 "외국 집합투자기구가 설정·설립된 국가의 법"으로 본다(法 279조③).

18) 외국 집합투자기구에 대한 국내집합투자기구의 재간접투자에 관하여는 [제2편 제3장 제2절 Ⅱ. 집합투자업자] 부분 참조.

투자회사등 또는 외국 집합투자증권을 판매한 투자매매업자·투자중개업자에 대하여 영업시간 중 이유를 기재한 서면으로 그 투자자에 관련된 집합투자재산에 관한 장부·서류의 열람이나 등본 또는 초본의 교부를 청구할 수 있으며, 외국 투자신탁이나 외국 투자익명조합의 외국 집합투자업자, 외국 투자회사등 또는 외국 집합투자증권을 판매한 투자매매업자·투자중개업자는 대통령령으로 정하는 정당한 사유[19]가 없는 한 이를 거절하지 못한다(法 280조③).

⑷ 기준가격의 공고·게시

외국 투자신탁이나 외국 투자익명조합의 외국 집합투자업자 또는 외국 투자회사등은 해당 외국 집합투자증권의 기준가격을 매일 공고·게시해야 한다. 다만, 기준가격을 매일 공고·게시하기 곤란한 경우 등 대통령령으로 정하는 경우[20]에는 해당 집합투자규약에서 기준가격의 공고·게시기간을 15일 이내의 범위에서 별도로 정할 수 있다(法 280조④).

2. 외국 집합투자업자 등에 대한 감독·검사

금융위원회는 투자자를 보호하고 건전한 거래질서를 유지하기 위하여 외국 투자신탁이나 외국 투자익명조합의 외국 집합투자업자 또는 외국 투자회사등에 대하여 해당 집합투자재산의 공시 등에 관하여 필요한 조치를 명할 수 있다(法 281조①). 제419조(금융투자업자에 대한 검사, 제2항부터 제4항까지 및 제8항 제외)는

---

19) "대통령령으로 정하는 정당한 사유"란 다음과 같은 경우를 말한다. 외국 투자신탁이나 외국 투자익명조합의 외국 집합투자업자, 외국 투자회사등 또는 외국 집합투자증권을 판매한 투자매매업자·투자중개업자는 열람이나 교부가 불가능하다는 뜻과 그 사유가 기재된 서면을 투자자에게 교부해야 한다(슈 302조②).

1. 외국 집합투자기구의 집합투자재산의 매매주문내역 등이 포함된 장부·서류를 제공함으로써 제공받은 자가 그 정보를 거래 또는 업무에 이용하거나 타인에게 제공할 것이 뚜렷하게 염려되는 경우
2. 외국 집합투자기구의 집합투자재산의 매매주문내역 등이 포함된 장부·서류를 제공함으로써 다른 투자자에게 손해를 입힐 것이 명백히 인정되는 경우
3. 해지·해산된 외국 집합투자기구에 관한 장부·서류로서 자본시장법 제239조 제4항에 따른 보존기한이 지나는 등의 사유로 인하여 투자자의 열람제공 요청에 응하는 것이 불가능한 경우

20) "대통령령으로 정하는 경우"는 다음과 같다(슈 302조③).

1. 외화자산에 투자하는 경우로서 기준가격을 매일 공고·게시하기 곤란한 경우
2. 환매금지형집합투자기구에 상당하는 외국 환매금지형집합투자기구의 경우
3. 외국 집합투자기구가 설정·설립된 국가의 법령에 따라 기준가격을 매일 공고·게시하지 아니할 수 있도록 허용되어 있는 경우

외국 투자신탁이나 외국 투자익명조합의 외국 집합투자업자 또는 외국 투자회사 등에 대한 검사에 관하여 준용한다(法 281조②).

3. 외국 집합투자기구의 등록취소

금융위원회는 다음과 같은 경우에는 외국 집합투자기구의 등록을 취소할 수 있다(法 282조①).

1. 거짓, 그 밖의 부정한 방법으로 외국 집합투자기구의 등록을 하거나 변경등록을 한 경우
2. 등록요건을 갖추지 못하게 된 경우
3. 변경등록을 하지 아니한 경우
4. 외국 집합투자업자 적격 요건 또는 외국 집합투자증권 판매적격 요건을 갖추지 못하게 된 경우
5. 외국 집합투자증권의 국내판매규정(法 280조)을 위반한 경우
6. 금융위원회의 명령(法 281조①)을 위반한 경우
7. 그 밖에 투자자의 이익을 현저히 해할 우려가 있거나 외국 집합투자기구로서 존속하기 곤란하다고 인정되는 경우로서 대통령령으로 정하는 경우

금융위원회는 외국 집합투자기구의 등록을 취소하고자 하는 경우에는 청문을 실시해야 한다(法 282조②). 금융위원회의 처분 등의 기록 및 공시에 관한 제424조 및 이의신청에 관한 제425조는 외국 집합투자기구의 등록 취소에 관하여 준용한다(法 282조③).

제 6 편

금융투자업 감독기관과 관계기관

제 1 장 금융투자업 감독기관
제 2 장 금융투자업 관계기관
제 3 장 전자증권제도와 가상자산 규제

제1장

금융투자업 감독기관

제1절 감독체계

Ⅰ. 금융위원회

1. 금융위원회의 설치 등에 관한 법률

「금융위원회의 설치 등에 관한 법률」[1]은 금융위원회와 금융감독원을 설치하여 금융산업의 선진화와 금융시장의 안정을 도모하고 건전한 신용질서와 공정한 금융거래 관행(慣行)을 확립하며 예금자 및 투자자 등 금융 수요자를 보호함으로써 국민경제의 발전에 이바지함을 목적으로 한다(金設法 1조).

2. 금융위원회의 설치 및 지위

금융정책, 외국환업무취급기관의 건전성 감독 및 금융감독에 관한 업무를 수행하게 하기 위하여 국무총리 소속으로 금융위원회를 둔다(金設法 3조①). 금융위원회는 중앙행정기관으로서 그 권한에 속하는 사무를 독립적으로 수행한다(金設法 3조②).

3. 금융위원회의 구성

금융위원회는 위원장·부위원장 각 1인을 포함하여 9인의 위원으로 구성하고(金設法 4조①),[2] 금융위원회 위원장은 국무총리의 제청으로 대통령이 임명하

1) 이하에서 「금융위원회의 설치 등에 관한 법률」은 조문을 표기할 때 金設法으로 약칭한다.
2) 금융위원회는 9인의 위원으로 구성하되, 위원장·부위원장 각 1인과 다음과 같은 위원으로 구성한다(金設法 4조①).
1. 기획재정부 차관
2. 금융감독원 원장

며, 금융위원회 부위원장은 위원장의 제청으로 대통령이 임명한다(金設法 4조②). 위원장은 금융위원회를 대표하며, 금융위원회의 회의를 주재하고 사무를 통할하고(金設法 5조①), 위원장·부위원장 및 임명직 위원의 임기는 3년으로 하며, 한 차례만 연임할 수 있다(金設法 6조①).

4. 금융위원회의 운영

금융위원회의 회의는 3인 이상의 위원의 요구가 있는 때에 위원장이 소집한다. 다만, 위원장은 단독으로 회의를 소집할 수 있다(金設法 11조①). 금융위원회의 회의는 그 의결방법에 관하여 「금융위원회의 설치 등에 관한 법률」 또는 다른 법률에 특별한 규정이 있는 경우를 제외하고는 재적위원 과반수의 출석과 출석위원 과반수의 찬성으로 의결한다(金設法 11조②). 금융위원회는 심의에 필요하다고 인정하는 때에는 금융감독원 부원장·부원장보 및 기타 관계 전문가 등으로부터 의견을 청취할 수 있다(金設法 13조). 위원장은 내우외환·천재지변 또는 중대한 금융경제상의 위기에 있어서 긴급조치가 필요한 경우로서 금융위원회를 소집할 시간적 여유가 없을 때에는 금융위원회의 권한 내에서 필요한 조치를 취할 수 있다(金設法 14조①). 금융위원회의 사무를 처리하기 위하여 금융위원회에 사무처를 둔다(金設法 15조①).

5. 금융위원회의 소관 사무

금융위원회의 소관 사무는 다음과 같다(金設法 17조).

1. 금융에 관한 정책 및 제도에 관한 사항
2. 금융기관 감독 및 검사·제재에 관한 사항
3. 금융기관의 설립, 합병, 전환, 영업 양수·도 및 경영 등의 인·허가에 관한 사항
4. 자본시장의 관리·감독 및 감시 등에 관한 사항
5. 금융소비자의 보호와 배상 등 피해구제에 관한 사항
6. 금융중심지의 조성·발전에 관한 사항
7. 제1호부터 제6호까지의 사항에 관련된 법령 및 규정의 제·개정 및 폐지에 관한 사항

---

3. 예금보험공사 사장
4. 한국은행 부총재
5. 금융위원회 위원장이 추천하는 금융전문가 2명
6. 대한상공회의소 회장이 추천하는 경제계대표 1명

8. 금융 및 외국환업무취급기관의 건전성 감독에 관한 양자·다자 간 협상 및 국제 협력에 관한 사항
9. 외국환업무 취급기관의 건전성 감독에 관한 사항
10. 그 밖에 다른 법령에서 금융위원회의 소관으로 규정된 사항

Ⅱ. 증권선물위원회

1. 증권선물위원회의 업무

증권선물위원회는 금융위원회 내의 위원회로서 「금융위원회의 설치 등에 관한 법률」에 의하여 설치되고, 다음과 같은 업무를 수행한다(金設法 19조).

1. 자본시장의 불공정거래 조사
2. 기업회계의 기준 및 회계감리에 관한 업무
3. 금융위원회 소관사무 중 자본시장의 관리·감독 및 감시 등과 관련된 주요사항에 대한 사전 심의
4. 자본시장의 관리·감독 및 감시 등을 위하여 금융위원회로부터 위임받은 업무
5. 그 밖에 다른 법령에서 증권선물위원회에 부여된 업무

그 외에 자본시장법은 내부자의 단기매매차익 반환(法 172조), 불공정거래와 관련된 조사·압수·수색권(法 427조), 금융위원회 권한 중 중요한 사항의 심의(法 439조), 금융위원회가 위임한 사항(法 438조②) 등에 관한 증권선물위원회의 권한을 규정한다.

2. 증권선물위원회의 구성

증권선물위원회는 위원장 1인을 포함한 5인의 위원으로 구성하며, 위원장을 제외한 위원 중 1인은 상임으로 한다(金設法 20조①). 증권선물위원회 위원장은 금융위원회 부위원장이 겸임하며, 증권선물위원회 위원은 금융위원회 위원장의 추천으로 대통령이 임명한다(金設法 20조②).[3)]

---

3) [金設法 제20조 (증권선물위원회의 구성 등)]
② … 증권선물위원회 위원은 다음 각 호의 어느 하나에 해당하는 자중에서 … 임명한다.
1. 금융, 증권, 파생상품 또는 회계 분야에 관한 경험이 있는 2급 이상의 공무원 또는 고위공무원단에 속하는 일반직공무원이었던 사람
2. 대학에서 법률학·경제학·경영학 또는 회계학을 전공하고, 대학이나 공인된 연구기관에서 부교수 이상 또는 이에 상당하는 직에 15년 이상 있었던 사람

3. 불공정거래 조사를 위한 압수·수색

증권선물위원회는 제172조부터 제174조까지, 제176조, 제178조, 제178조의2, 제180조, 제180조부터 제180조의3까지의 규정을 위반한 행위를 조사하기 위하여 필요하다고 인정되는 경우에는 조사공무원에게 위반행위의 혐의가 있는 자를 심문하거나 물건을 압수 또는 사업장 등을 수색하게 할 수 있다(法 427조①).[4)]

Ⅲ. 금융감독원

1. 금융감독원의 설립과 지위

금융위원회 또는 증권선물위원회의 지도·감독을 받아 금융기관에 대한 검사·감독업무 등을 수행하기 위하여 금융감독원을 설립한다(金設法 24조①). 금융감독원은 무자본 특수법인으로 한다(金設法 24조②).

2. 금융감독원의 구성

금융감독원에 원장 1명, 부원장 4명 이내, 부원장보 9명 이내와 감사 1명을 둔다(金設法 29조①). 금융감독원의 원장은 금융위원회의 의결을 거쳐 금융위원회 위원장의 제청으로 대통령이 임명한다(金設法 29조②). 금융감독원의 부원장은 원장의 제청으로 금융위원회가 임명하고, 금융감독원의 부원장보는 원장이 임명한다(金設法 29조③). 감사는 금융위원회의 의결을 거쳐 금융위원회 위원장의 제청으로 대통령이 임명한다(金設法 29조④). 원장·부원장·부원장보 및 감사의 임기는 3년으로 하며, 한 차례만 연임할 수 있다(金設法 29조⑤). 원장·부원장·부원장보와 감사에 결원이 있는 때에는 새로 임명하되, 그 임기는 임명된 날부터 기산한다(金設法 29조⑥). 원장은 금융감독원을 대표하며, 그 업무를 통할한다(金設法 30조①). 원장이 부득이한 사유로 인하여 직무를 수행할 수 없는 때에는 금융감독원의 정관이 정하는 순서에 따른 부원장이 원장의 직무를 대행한다(金設法 30조②). 부원장은 원장을 보좌하고 금융감독원의 업무를 분장하며, 부원장보는 원장과 부원장을 보좌하고 금융감독원의 업무를 분장한다(金設法 30조③). 감사

---

3. 그 밖에 금융, 증권, 파생상품 또는 회계 분야에 관한 학식과 경험이 풍부한 사람

4) 증권선물위원회의 불공정거래 조사를 위한 압수·수색과 조치에 대하여는 뒤에서 상술한다.

는 금융감독원의 업무와 회계를 감사한다(金設法 30조④).

3. 금융감독원의 업무

금융감독원은 다음과 같은 업무를 수행한다(金設法 37조).

1. 검사대상기관(金設法 38조)[5]의 업무 및 재산상황에 대한 검사
2. 제1호의 검사결과에 따른 자본시장법과 다른 법령의 규정에 의한 제재
3. 금융위원회 및 소속기관에 대한 업무지원
4. 기타 자본시장법과 다른 법령에서 금융감독원이 수행하도록 하는 업무

Ⅳ. 상호관계

1. 금융위원회·증권선물위원회의 금융감독원에 대한 지도·감독·명령권

금융위원회는 금융감독원의 업무·운영·관리에 대한 지도·감독을 하며, i) 금융감독원의 정관변경에 대한 승인, ii) 금융감독원의 예산 및 결산 승인, iii) 그 밖에 금융감독원을 지도·감독하기 위하여 필요한 사항을 심의·의결한다(金設法 18조).

증권선물위원회는 증권선물위원회의 업무(金設法 19조)에 관하여 금융감독원을 지도·감독한다(金設法 23조). 금융위원회 또는 증권선물위원회는 금융감독원의 업무를 지도·감독하는 데 필요한 명령을 할 수 있다(金設法 61조①).

2. 금융감독원장의 보고의무

금융감독원장은 금융위원회나 증권선물위원회가 요구하는 금융감독 등에 필

---

5) [金設法 제38조(검사대상기관)] 금융감독원의 검사를 받는 기관은 다음 각 호와 같다.
1. 은행법에 따른 인가를 받아 설립된 은행
2. 자본시장법에 따른 금융투자업자, 증권금융회사, 종합금융회사 및 명의개서대행회사
3. 보험업법에 의한 보험회사
4. 상호저축은행과 그 중앙회
5. 신용협동조합 및 그 중앙회
6. 여신전문금융회사 및 겸영여신업자
7. 농협은행
8. 수산업협동조합법에 의한 수협은행
9. 다른 법령에서 금융감독원이 검사를 하도록 규정한 기관
10. 그 밖에 금융업 및 금융관련업무를 영위하는 자로서 대통령령이 정하는 자

요한 자료를 제출해야 한다(金設法 58조). 금융감독원장은 검사 대상 기관에 대하여 검사를 실시한 경우와, 「금융위원회의 설치 등에 관한 법률」 제41조(시정명령 및 징계요구) 및 제42조(임원의 해임권고 등)의 조치를 한 경우에는 그 결과를 금융위원회에 보고해야 한다(金設法 59조).

금융위원회는 필요하다고 인정하는 경우에는 금융감독원의 업무·재산 및 회계에 관한 사항을 보고하게 하거나 금융위원회가 정하는 바에 따라 그 업무·재산상황·장부·서류 그 밖의 물건을 검사할 수 있다(金設法 60조).

3. 권한의 위임·위탁

(1) 증권선물위원회에의 위임

금융위원회는 자본시장법에 따른 권한의 일부를 증권선물위원회에 위임할 수 있다(法 438조②).[6][7]

(2) 거래소·한국금융투자협회에의 위탁

금융위원회는 자본시장법에 따른 권한의 일부를 거래소 또는 한국금융투자협회에 위탁할 수 있다(法 438조③).[8]

---

6) 금융위원회는 다음과 같은 권한을 증권선물위원회에 위임한다(令 387조①).
1. 자본시장법 제3편을 위반한 행위에 대한 조사 권한
2. 제1호의 위반행위에 대한 법 또는 시행령에 의한 조치 권한. 다만, 다음 각 목에 해당하는 조치는 제외한다.
   가. 부과금액이 5억원을 초과하는 과징금의 부과
   나. 1개월 이상의 업무의 전부 정지
   다. 지점, 그 밖의 영업소의 폐쇄
3. 자본시장법 제178조의2에 따른 시장질서 교란행위의 금지 의무를 위반한 행위에 대한 과징금 부과 권한
4. 법 제2편 및 제5편을 위반한 행위에 대한 다음 각 목에 해당하는 과징금 및 과태료의 부과 권한
   가. 법 제428조에 따라 부과되는 과징금 중 부과금액이 5억원 이하인 경우
   나. 법 제449조에 따라 부과하는 과태료 중 부과금액이 5천만원 이하인 경우

7) "위임"이란 법률에 규정된 행정기관의 장의 권한 중 일부를 그 보조기관 또는 하급행정기관의 장이나 지방자치단체의 장에게 맡겨 그의 권한과 책임 아래 행사하도록 하는 것을 말하고(행정권한의 위임 및 위탁에 관한 규정 2조 1호). "위탁"이란 법률에 규정된 행정기관의 장의 권한 중 일부를 다른 행정기관의 장에게 맡겨 그의 권한과 책임 아래 행사하도록 하는 것을 말하고(동조 2호), "민간위탁"이란 법률에 규정된 행정기관의 사무 중 일부를 지방자치단체가 아닌 법인·단체 또는 그 기관이나 개인에게 맡겨 그의 명의로 그의 책임 아래 행사하도록 하는 것을 말한다(동조 3호).

8) 금융위원회는 다음과 같은 권한을 거래소 또는 협회에 위탁한다(令 387조②).
1. 거래소의 경우에는 다음 각 목의 권한

(3) 금융감독원장에의 위탁

금융위원회 또는 증권선물위원회는 자본시장법에 따른 권한의 일부를 금융감독원장에게 위탁할 수 있다(法 438조④).[9]

한편 금융사지배구조법도 동법에 따른 권한의 일부를 대통령령으로 정하는 바에 따라 금융감독원장에게 위탁할 수 있다고 규정한다(同法 40조).

(4) 보 고

거래소, 협회 및 금융감독원장은 위탁받은 업무의 처리내용을 6개월마다 금융위원회 또는 증권선물위원회에 보고해야 한다. 다만, 금융위원회는 금융위원회가 정하여 고시하는 업무에 대하여는 보고 주기를 달리 정할 수 있다(令 387조④).

4. 증권선물위원회의 심의

금융위원회는 일정한 경우에는 미리 증권선물위원회의 심의를 거쳐야 한다(法 439조).[10]

가. 자본시장법 제416조 제7호의 사항 중 장내파생상품 거래규모의 제한에 관한 권한
나. 그 밖에 가목에 준하는 권한으로서 금융위원회가 정하여 고시하는 권한
2. 협회의 경우 다음 각 목의 권한
가. 자본시장법 제56조 제1항 본문에 따른 보고의 접수, 제1항 단서에 따른 신고의 수리 및 약관이 자본시장법 제56조 제7항에 해당하는지에 대한 검토 권한
나. 제10조 제3항 제16호·제17호(이에 준하는 외국인 포함)에 따른 관련 자료 제출의 접수 권한
다. 제271조의10 제9항 제3호 가목에 따른 자료의 접수
라. 제271조의14 제4항 제3호 가목, 같은 조 제5항 제3호 가목 및 같은 항 제4호 가목에 따른 자료의 접수
마. 그 밖에 가목 및 나목에 준하는 권한으로서 금융위원회가 정하여 고시하는 권한

9) 금융위원회 또는 증권선물위원회는 별표 20 각 호에 따른 권한을 금융감독원장에게 위탁한다(令 387조③).

10) 자본시장법 제439조가 심의를 요하는 사항으로 규정한 것은 다음과 같다.
1. 다음 각 목의 어느 하나에 해당하는 사항을 정하는 경우
가. 제131조 제1항, 제132조, 제146조 제1항 전단 및 제2항, 제151조 제1항 전단 및 제2항, 제158조 제1항 전단 및 제2항, 제164조 제1항 전단 및 제2항에 따른 조사·조치의 절차 및 기준
나. 제165조의16에 따른 재무관리기준
다. 제426조 제5항에 따른 금융위원회의 조사·조치의 절차 및 기준
2. 다음 각 목의 어느 하나에 해당하는 조치·명령 등을 하는 경우
가. 제132조, 제146조 제2항, 제151조 제2항, 제158조 제2항, 제164조 제2항 및 제165조의18에 따른 조치
나. 제165조의15 제1항 제2호에 따른 의결권 없는 주식 발행의 인정
다. 제167조 제2항에 따른 주식소유비율 한도의 승인

5. 금융감독원장에 대한 지시 · 감독

금융위원회 또는 증권선물위원회는 자본시장법에 의한 권한을 행사하는 데에 필요하다고 인정되는 경우에는 금융감독원장에 대하여 지시·감독 및 업무집행방법의 변경, 그 밖에 감독상 필요한 조치를 명할 수 있다(法 440조①). 금융감독원은 금융위원회 또는 증권선물위원회의 지시·감독을 받아 다음과 같은 사항에 관한 업무를 행한다(法 440조②).

1. 증권신고서에 관한 사항
2. 증권의 공개매수에 관한 사항
3. 자본시장법에 따라 금융감독원장의 검사를 받아야 하는 기관의 검사에 관한 사항
4. 상장법인의 관리에 관한 사항
5. 상장법인의 기업분석 및 기업내용의 신고에 관한 사항
6. 거래소시장(다자간매매체결회사에서의 거래를 포함) 외에서의 증권 및 장외파생상품의 매매의 감독에 관한 사항
7. 정부로부터 위탁받은 업무
8. 그 밖에 자본시장법에 따라 부여된 업무
9. 제1호부터 제8호까지의 업무에 부수되는 업무

V. 기 타

1. 외국 금융투자감독기관과의 정보교환

(1) 자본시장에 대한 국제공조의 필요성

자본시장의 자유화·글로벌화에 따라 자본이 국경을 초월하여 효율적으로 분배되는 장점이 있지만 국제자본시장의 건전성이 침해될 가능성이 크기 때문에, 공시규제의 국제화와 증권범죄에 대한 국제적 공조를 위하여 공적규제기관 간의 공조와 자율규제기관 간의 공조[11]가 필요하다. 한편 국제자본시장에 대한 감독

라. 제416조에 따른 명령
마. 제426조 제5항에 따른 조사결과에 따른 조치
바. 제426조의2 제1항에 따른 지급정지 요구
사. 제426조의3에 따른 제한명령
아. 제428조, 제429조, 제429조의2 및 제429조의3에 따른 과징금부과처분
자. 제449조 제3항에 따른 과태료부과처분

3. 그 밖에 금융위원회가 증권선물위원회의 심의가 필요하다고 정하여 고시하는 사항

기관 간 공조에 있어서 국제증권위원회기구(International Organization of Securities Commission: IOSCO)와 같은 국제협력기구의 역할도 중요하다.[12)]

(2) 정보교환

금융위원회는 외국금융투자감독기관과 정보교환을 할 수 있다(法 437조①).

(3) 조사 · 검사의 협조

금융위원회[13)]는 외국금융투자감독기관이 자본시장법 또는 자본시장법에 상응하는 외국의 법령을 위반한 행위에 대하여 목적 · 범위 등을 밝혀 자본시장법에서 정하는 방법에 따른 조사 또는 검사를 요청하는 경우 이에 협조할 수 있다. 이 경우 금융위원회는 상호주의원칙에 따라 조사 또는 검사자료를 외국금융투자감독기관에 제공하거나 이를 제공받을 수 있다(法 437조②). 상호주의원칙상 외국금융투자업감독기관도 금융위원회의 조사 또는 검사요청에 협조하는 경우에만 조사 · 검사의 협조를 할 수 있다.[14)]

(4) 자료의 제공

금융위원회는 다음과 같은 요건을 모두 충족하는 경우 외국금융투자감독기관에 조사 또는 검사자료를 제공할 수 있다(法 437조③). 조사 또는 검사자료가 아닌 경우에는 이러한 제한이 적용되지 않는다.[15)]

---

11) 자율규제기관 간의 공조와 관련하여, 자본시장법 제437조 제4항, 제5항은 거래소가 금융위원회와의 사전협의를 거쳐 외국거래소와 정보교환을 할 수 있다고 규정한다. 다만 금융실명법은 이 경우 "사전협의"가 아닌 "사전승인"을 얻도록 규정한다(同法 4조 제1항 제7호 나목 단서)[상세한 내용은 제7편 제1장 제5절 참조].

12) 자본시장규제에 대한 국제적 공조에 관하여는, 오성근, "자본시장에 대한 글로벌 규제협력", 증권법연구 제8권 제1호, 한국증권법학회(2007), 87면 이하 참조.

13) 자본시장법 제172조부터 제174조까지, 제176조, 제178조, 제178조의2 및 제180조 및 제180조의2부터 제180조의6까지의 규정을 위반한 사항인 경우에는 증권선물위원회를 말한다(法 437조②).

14) 공공기관의 경우 조약, 그 밖의 국제협정의 이행을 위하여 외국정부 또는 국제기구에 제공하기 위하여 필요한 경우에 개인정보를 목적 외의 용도로 이용하거나 이를 제3자에게 제공할 수 있고(개인정보보호법 18조②6), 국제협약 등에 따라 외국의 금융감독기구에 금융회사가 가지고 있는 개인신용정보를 제공하는 경우에는 사전 동의가 필요 없고, 다만, 개인신용정보의 제공 사실 및 이유 등을 해당 신용정보주체에게 알려야 한다(신용정보의 이용 및 보호에 관한 법률 32조⑥8,⑦).

15) 2009년 2월 개정 전에는 "자본시장법에 의한 조사 또는 검사를 요청하는 경우"라고 규정하였으므로 외국금융투자업감독기관이 자국의 금융관련 법령을 위반사건에 대하여 국내 거주자를 상대로 조사 또는 검사를 요청하는 경우에는 이에 협조할 근거가 미흡하였는데, 금융위원회의 국제증권감독기구(IOSCO)의 다자간협정에 가입하는 데 장애가 될 수도 있다는 지적이 있었고, 이에 2009년 2월 개정시 "자본시장법에 의한"을 삭제하였다.

1. 외국금융투자감독기관에 제공된 조사 또는 검사자료가 제공된 목적 외의 다른 용도로 사용되지 아니할 것
2. 조사 또는 검사자료 및 그 제공사실의 비밀이 유지될 것(다만, 조사 또는 검사자료가 제공된 목적 범위에서 자본시장법에 상응하는 외국법령의 위반과 관련된 처분, 재판 또는 그에 상응하는 절차에 사용되는 경우에는 예외이다).

2. 금융투자상품 매매의 제한과 정보이용금지

자본시장법 제63조(금융투자업자 임직원의 금융투자상품 매매의 제한), 제383조 제1항(거래소 임직원의 정보이용금지) 등의 규정은 i) 금융위원회의 위원 및 소속 공무원, ii) 증권선물위원회의 위원, iii) 금융감독원의 원장·부원장·부원장보·감사 및 소속 직원 등에게 준용된다(法 441조).

3. 분 담 금

금융위원회에 증권신고서를 제출하는 발행인(집합투자증권인 경우에는 집합투자업자)은 금융감독원의 운영경비의 일부를 분담해야 한다(法 442조①). 분담금의 분담요율·한도, 그 밖에 분담금의 납부에 관하여 필요한 사항은 대통령령으로 정한다(法 442조②).[16] 구체적인 발행분담금은 금융위원회의 "금융기관 분담금징수 등에 관한 규정"에 의한다.

4. 규제의 재검토

자본시장에 대한 규제는 금융위원회, 금융감독원 등에 의한 공적규제와 한국거래소, 한국금융투자협회 등에 의한 자율규제로 분류된다. 공적규제는 규제의 실효성·공정성·형평성이 높고 자율규제에서 발생할 수 있는 이해상충문제가 없다는 장점이 있다. 그러나 공적규제는 법률에 근거하여 규제가 이루어지므로 필요한 규제를 적시에 시행하거나 개선하지 못하게 되는 문제가 있다.

이와 관련하여, 자본시장법 시행령은 금융위원회는 각종 규제에 대한 재검토

---

16) 분담금의 분담요율은 다음 각 호에서 정하는 비율의 범위에서 금융위원회가 정하여 고시하는 비율로 한다. 이 경우 증권신고서 수리 후에 발행가액총액이 변경되는 때에는 그 변경된 발행가액총액을 기준으로 한다(令 388조①).
  1. 주권을 발행하는 경우에는 발행가액총액의 1만분의 2
  2. 제1호 외의 증권을 발행하는 경우에는 발행가액총액의 1천분의 1(일괄신고서를 통하여 증권을 발행하는 경우에는 발행가액총액의 1만분의 4)

를 위하여 각 규제별로 규정한 기준일을 기준으로 3년(令 388조의3①) 또는 2년(令 388조의3②)마다(매 3년 또는 매2년이 되는 해의 기준일과 같은 날 전까지) 그 타당성을 검토하여 개선 등의 조치를 해야 한다고 규정한다.

5. 미국과 일본의 공적규제기관

(1) 미국의 SEC

(가) 조 직

Securities and Exchange Commission(SEC, 증권거래위원회)는 SEA에 의하여 창설되었는데, 연방상원의 동의를 얻어 대통령이 임명하는 5년 임기의 5인의 위원에 의하여 구성되지만 동일 정당의 당원이 3명을 초과할 수 없고 위원 중 1인이 위원장이 된다.

(나) 권 한

1) 독립행정위원회 SEC는 증권시장에서의 효율성과 완전성을 유지함으로써 연방증권법의 집행과 운용을 주된 임무로 하는 연방기관(federal agency)으로서 독립한 의사결정과 집행을 하는 독립행정위원회이고, 다만 예산에 대하여서만은 하원과 상원의 영향권 내에 있다고 할 수 있다. SEC의 준사법절차에는 SEC가 Administrative Procedure Act(행정절차법)에 근거하여 제정한 규칙인 Rules of Practice가 적용된다.

2) 공시규제권과 면제권 SEC는 증권의 발행시장과 유통시장에 관하여 강력한 공시규제권을 가진다. SEC는 증권을 공모하려는 발행인이 제출한 등록신고서를 심사하여 정지명령·거부명령 등에 의하여 허위표시 또는 누락 등이 있는 경우에 등록신고의 효력을 발생시키지 않을 수 있으며, 발행인·인수인에 대하여 장부·서류의 제출요구권·검사권 등을 가진다.

3) 검 사 권 SEC는 브로커-딜러(증권회사)와 증권관계기관의 업무를 검사할 수 있다. 구체적으로는 브로커-딜러, 투자자문회사 등에 대한 정기 및 특별검사를 통하여, 내부통제 및 위험관리, 준법검사 등을 수행한다.

4) 조 사 권 SEC는 연방증권법 또는 그 규칙을 위반하였거나, 위반하고 있거나, 위반하려고 하는지 여부를 결정하기 위하여 필요하다고 인정하는 조사(investigation)를 그 재량에 의하여 실시할 제정법상의 권한(statutory authority)을 가진다.

5) 규칙제정권 SEC는 SA와 SEA의 위임에 따라 규칙과 규정(Rules and Regulations)을 제정할 권한을 가진다. 특히 SEA는 제정 당시 각종 이해관계그룹의 견제로 인하여 선언적 성격의 규정이 대부분을 차지하므로, SEC가 제정하는 Rule이 증권의 불공정거래에 대한 실질적인 규제기능을 하고 있다.

6) 행정조치 SEC는 조사결과 위법이 확인되면 법원을 통하지 않고 행정절차를 거쳐서 제재조치를 할 수 있는데, SEC의 이러한 행정절차는 SEC에 등록된 개인과 법인(예컨대 broker－dealer, 투자상담사, 투자은행 등) 또는 SEC에 등록된 증권에 대하여서만 개시된다.

SEC에 의한 행정절차는 Administrative Procedure Act(APA, 행정절차법)에 의하여 적법절차요건을 구비해야 한다. 적법절차는 통지(notice)와 청문(hearing)을 의미한다.

7) 법원을 통한 집행 SEC는 연방증권법 및 SEC Rule을 위반한 모든 자를 상대로 연방법원에 금지명령(injunction)을 청구할 수 있다. 금지명령(injunction)은 어떠한 행위를 행하는 것을 금지하는 법원의 명령으로서 형평법상의 구제방법이다. 법원은 장래의 위반(future violation)이 행하여질 합리적 개연성(reasonable likelihood)이 있는 경우 또는 피신청인이 공중에 대하여 계속적인 위해(continuing menace)를 가하려는 자세가 보이는 경우에 금지명령을 한다.

8) SEA에 의한 등록 SEA §12에 의한 증권등록 외에, 전국증권거래소(SEA §6), 브로커－딜러(SEA §15)도 SEC에 등록하여야 하고, 증권정보업자(securities information processor), 증권거래를 위하여 필요한 청산결제기관 등의 관련기관(back－office)도 SEC에 등록을 하고 정기적으로 보고(periodic reports)를 할 의무를 부담한다.

(2) 일 본

일본의 金融庁은 금융기능의 안정과 예금자, 보험계약자, 유가증권의 투자자 등의 보호 및 금융의 원활을 목적으로 설치된 금융감독기구이다(金融庁設置法 2조, 3조). 金融庁은 금융관련 정책의 입안 및 집행, 검사 등 증권시장 규제 및 행정 전반을 담당하고 있는데, 증권시장과 관련하여 정책 및 제도입안, 증권업 등록 및 제재, 증권회사에 대한 검사, 증권거래소 및 증권업협회 등 자율규제기관에 대한 감독 등을 그 업무로 하고 있으며, 감독업무 수행을 위하여 필요한 경우 관계자에 대하여 참고가 될 보고 혹은 자료의 제출을 명할 수 있고 장부·서

류 기타 물건을 검사할 수 있다. 2001년 金融庁 산하에 설치된 증권거래등감시위원회(証券取引等監視委員会)는 증권시장에서의 거래의 공정을 도모하고 투자자 보호를 목적으로 증권거래 및 금융선물거래를 감시하는 업무를 담당하는데, 「금융상품거래법, 「투자신탁및투자법인에관한법률」(投資信託及び投資法人に関する法律), 「자산유동화에관한법률」(資産の流動化に関する法律), 「사채,주식등의대체에관한법률」(社債´ 株式等の振替に関する法律) 및 「범죄에의한수익의이전방지에관한법률」(犯罪による収益の移転防止に関する法律)에 의하여 그 권한에 속하는 사항을 처리한다. 구체적으로는 검사, 보고, 자료의 제출명령, 질문이나 의견청취, 범칙사건의 조사 등을 행하고, 필요하다고 인정되는 경우 금융상품거래의 공정과 투자자 보호, 그 외에 공익의 확보를 위한 행정처분이나 기타 조치를 내각총리대신 및 장관에게 권고할 수 있다.

6. 민감정보 및 고유식별정보의 처리

(1) 개 념

민감정보는 사상·신념, 노동조합·정당의 가입·탈퇴, 정치적 견해, 건강, 성생활 등에 관한 정보, 그 밖에 정보주체의 사생활을 현저히 침해할 우려가 있는 개인정보로서 대통령령으로 정하는 정보를 말하고(개인정보보호법 23조①),[17] 개인식별정보는 법령에 따라 특정 개인을 고유하게 식별할 수 있도록 부여된 정보로서 대통령령이 정하는 정보를 말한다[신용정보의 이용 및 보호에 관한 법률 2조 제1호의2 가목 2)].

(2) 처리기관

금융위원회, 금융감독원장, 한국금융투자협회, 거래소는 민감정보와 고유식별정보를 모두 처리할 수 있으나 예탁결제원 등 그 밖의 기관은 개인식별정보만 처리할 수 있다.

금융위원회(시행령 제57조, 제387조 제1항부터 제3항까지 및 별표 20에 따라 금융위원회의 사무를 위탁받은 증권선물위원회, 거래소, 금융감독원장을 포함) 또는 증

---

17) "대통령령으로 정하는 정보"란 다음과 같은 정보를 말한다. 다만, 공공기관이 법 제18조 제2항 제5호부터 제9호까지의 규정에 따라 다음과 같은 정보를 처리하는 경우의 해당 정보는 제외한다(同法 시행령 18조).

1. 유전자검사 등의 결과로 얻어진 유전정보
2. 「형의 실효 등에 관한 법률」 제2조 제5호에 따른 범죄경력자료에 해당하는 정보

권선물위원회(시행령 제387조 제3항 및 별표 20에 따라 증권선물위원회의 사무를 위탁받은 금융감독원장을 포함)는 사무를 수행하기 위하여 불가피한 경우, 「개인정보 보호법 시행령」 제18조 제2호에 따른 범죄경력자료에 해당하는 정보, 「신용정보의 이용 및 보호에 관한 법률」 제2조 제1호의2가목2)의 개인식별정보가 포함된 자료를 처리할 수 있다(슈 387조의2①).

금융감독원장(시행령 제372조에 따라 금융감독원장의 사무를 위탁받은 협회를 포함)은 사무를 수행하기 위하여 불가피한 경우 제1항의 개인정보가 포함된 자료를 처리할 수 있다(슈 387조의2②).

한국금융투자협회 또는 제288조의2에 따른 장외파생상품심의위원회(제4호의 사무만 해당한다)는 사무를 수행하기 위하여 불가피한 경우 제1항의 개인정보가 포함된 자료를 처리할 수 있다(슈 387조의2③).

거래소 또는 제402조에 따른 시장감시위원회는 사무를 수행하기 위하여 불가피한 경우 제1항의 개인정보가 포함된 자료를 처리할 수 있다(슈 387조의2④).[18]

제 2 절 감독 및 처분

Ⅰ. 명령 및 승인 등

1. 금융위원회의 감독의무 · 감독권

금융위원회는 투자자를 보호하고 건전한 거래질서를 유지하기 위하여 금융투자업자가 자본시장법 또는 자본시장법에 따른 명령이나 처분을 적절히 준수하는지 여부를 감독해야 한다(法 415조). 금융위원회의 금융투자업자에 대한 감독의무에 관한 규정인데, 그와 동시에 금융위원회가 금융투자업자에 대하여 가지는 일반적 감독권에 관한 규정이기도 하다. 금융위원회는 자본시장법 위반에 대하여 위반행위별로 1억원(제1항), 5천만원(제2항, 금융투자업자 임직원의 자기매매방법 위

18) 자본시장법 시행령 제387조의2는 제5항부터 제17항까지에서 예탁결제원, 금융투자상품청산회사, 증권금융회사, 신용평가회사, 명의개서대행회사, 금융투자업자, 신탁업자, 주요직무종사자(法 286조①3), 거래소 회원, 온라인소액투자중개업자, 중앙기록관리기관, 청약증거금관리기관, 전자등록기관 등에 관하여도 개인식별번호가 포함된 자료를 처리할 수 있다고 규정한다.

반), 3천만원(제3항) 이하의 과태료를 부과할 수 있다(法 449조).

2. 금융위원회의 조치명령권

금융위원회는 투자자를 보호하고 건전한 거래질서를 유지하기 위하여 긴급한 조치가 필요하다고 명백히 인정되는 경우에는 금융투자업자 및 그 임원(상법 제401조의2제1항 각 호의 자를 포함)에 대하여 다음 사항에 관하여 필요한 조치를 명할 수 있다. 다만, 제7호의 장내파생상품의 거래규모의 제한에 관한 사항에 관하여는 위탁자에게도 필요한 조치를 명할 수 있다(法 416조①).

1. 금융투자업자의 고유재산 운용에 관한 사항
2. 투자자 재산의 보관·관리에 관한 사항
3. 금융투자업자의 경영 및 업무개선에 관한 사항
4. 각종 공시에 관한 사항
5. 영업의 질서유지에 관한 사항
6. 영업방법에 관한 사항
7. 장내파생상품 및 장외파생상품의 거래규모의 제한에 관한 사항
8. 그 밖에 투자자 보호 또는 건전한 거래질서를 위하여 필요한 사항으로서 대통령령으로 정하는 사항[19]

---

19) "대통령령으로 정하는 사항"이란 다음 사항을 말한다(令 369조①).
1. 시행령 제16조 제9항 및 제21조 제8항에 따른 이해상충방지체계에 관한 사항
2. 금융투자업자가 외국에서 금융투자업에 상당하는 업을 하는 경우에 감독상 필요한 신고·보고 등에 관한 사항
3. 외국 금융투자업자가 법 제12조 제2항 제1호 나목 또는 법 제18조 제2항 제1호 나목 및 다목에 따라 국내에서 금융투자업을 하는 경우에 감독상 필요한 신고·보고 등에 관한 사항
4. 법 제40조 제1항 각 호에 따른 금융업무에 관한 사항
5. 기업어음증권의 매매나 중개업무에 관한 사항
6. 금융투자업자가 취급하는 상품의 운영에 관한 사항
7. 금융투자업자의 영업, 재무 및 위험에 관한 사항
8. 금융투자업자의 업무내용의 보고에 관한 사항
9. 협회에 가입하지 아니한 금융투자업자에 대하여 협회가 건전한 영업질서의 유지와 투자자를 보호하기 위하여 행하는 자율규제에 준하는 내부기준을 제정하도록 하는 것에 관한 사항
10. 파생상품을 취급하는 금융투자업자에 대한 일정 수준 이상의 파생상품을 거래한 자 또는 미결제약정을 보유한 자에 관한 정보의 제출에 관한 사항
11. 집합투자기구(투자신탁은 제외한다)의 청산업무와 관련한 재산의 공탁, 그 밖에 필요한 사항

"필요한 조치"란 다음 조치를 말한다(法 제416조②).

1. 채무불이행 또는 가격변동 등의 위험이 높은 자산의 취득금지 또는 비정상적으로 높은 금리에 의한 수신(受信)의 제한
2. 영업의 양도나 예금·대출 등 금융거래와 관련된 계약의 이전
3. 채무변제행위의 금지
4. 계열회사 등 제3자에 대한 송금·자산이전 등 거래 금지
5. 투자자예탁금 등의 전부 또는 일부의 반환명령이나 지급정지
6. 투자자예탁금 등의 수탁금지 또는 다른 금융투자업자로의 이전
7. 임원의 직무정지나 임원의 직무를 대행하는 관리인의 선임[20]
8. 보유자산의 처분이나 점포·조직의 축소
9. 합병 또는 제3자에 의한 해당 금융기관의 인수
10. 보고 또는 자료의 제출과 제출한 보고서 또는 자료의 공시
11. 영업의 전부 또는 일부 정지
12. 증권 및 파생상품의 매매제한
13. 파생상품의 거래규모 제한
14. 그 밖에 제1호부터 제13호까지에 준하는 조치로서 대통령령으로 정하는 조치[21]

금융위원회는 투자자를 보호하고 건전한 거래질서를 유지하기 위하여 긴급한 조치가 필요하다고 명백히 인정되는 경우에는 금융투자업자 및 그 임원(상법 제401조의2제1항 각 호의 자를 포함)에 대하여 다음 사항에 관하여 필요한 조치를 명할 수 있다. 다만, 제7호의 장내파생상품의 거래규모의 제한에 관한 사항에 관하여는 위탁자에게도 필요한 조치를 명할 수 있다(法 416조①).

3. 승인사항

금융투자업자는 다음과 같은 행위(겸영금융투자업자의 경우에는 제4호부터 제7호까지에 한한다)를 하고자 하는 경우에는 금융위원회의 승인을 받아야 한다(法 417조①).

1. 합병, 분할 또는 분할합병
2. 주식의 포괄적 교환 또는 이전

20) 제7호에 따라 금융위원회가 선임한 관리인의 권한, 해임, 등기 등에 관하여는 「금융산업의 구조개선에 관한 법률」 제14조의3을 준용한다(法 416조③).

21) 금융위원회는 법 제416조에 따라 금융투자업자에 대하여 조치를 명하는 데에 필요한 세부기준을 정하여 고시하여야 한다(令 369조②).

3. 해산
4. 투자매매업, 투자중개업, 집합투자업, 신탁업에 해당하는 금융투자업 전부(이에 준하는 경우를 포함)의 양도 또는 양수
5. 투자자문업, 투자일임업에 해당하는 금융투자업 전부(이에 준하는 경우를 포함)의 양도 또는 양수
6. 투자매매업, 투자중개업, 집합투자업, 신탁업에 해당하는 금융투자업 전부(이에 준하는 경우를 포함)의 폐지
7. 투자자문업, 투자일임업에 해당하는 금융투자업 전부(이에 준하는 경우를 포함)의 폐지
8. 주식 금액 또는 주식 수의 감소에 따른 자본금의 실질적 감소(令 370조①)

다만, 역외투자자문업자 및 역외투자일임업자의 경우에는 제1호부터 제5호까지 및 제8호에 해당하는 행위를 한 날부터 7일 이내에 금융위원회에 보고해야 한다(法 417조① 단서).

금융위원회는 승인을 한 경우 그 내용을 관보 및 인터넷 홈페이지 등에 공고해야 한다(法 417조②). 승인의 기준·방법, 그 밖의 승인업무 처리를 위하여 필요한 사항은 대통령령으로 정한다(法 417조③). 금융위원회의 사전승인을 받지 않은 경우에는 3년 이하의 징역 또는 1억원 이하의 벌금에 처한다(法 445조 45호).

금융위원회의 승인의 법적 성질에 대하여는 효력요건으로 보는 견해와 확인적 승인(행정법상의 확인)으로 보는 견해가 있는데, 대법원은 후자의 입장에서 금융기관이 다른 회사 주식을 일정 한도 이상으로 소유하는 경우 금융감독위원회(당시 명칭)의 승인을 얻도록 규정한 「금융산업의 구조개선에 관한 법률」 제24조의 취지 및 위 규정의 법적 성격을 단속규정으로 본 바가 있고,[22] 투자신탁 수익증권의 환매연기에 대한 금융감독위원회의 승인에 관하여 "환매연기는 금융감독위원회의 승인을 받지 않았다는 사정만으로 환매연기가 부적법하다거나 그 효력이 발생하지 않는다고 할 수 없다."라고 판시한 바가 있다.[23]

4. 보고사항

금융투자업자(겸영금융투자업자의 경우에는 제6호부터 제9호까지에 한한다)는 다음과 같은 경우 대통령령으로 정하는 방법에 따라 그 사실을 금융위원회에 보

22) 대법원 2003. 11. 27. 선고 2003다5337 판결.
23) 대법원 2010. 10. 14. 선고 2008다13043 판결.

고해야 한다(法 418조).[24)]

1. 상호를 변경한 때
2. 정관 중 대통령령으로 정하는 중요한 사항[25)]을 변경한 때
3. 삭제 [2015.7.31. 제13453호(금융회사의 지배구조에 관한 법률)] [시행일 2016.8.1.]
4. 최대주주가 변경된 때
5. 대주주 또는 그의 특수관계인의 소유주식이 의결권 있는 발행주식총수의 1% 이상 변동된 때
6. 투자매매업, 투자중개업, 집합투자업, 신탁업에 해당하는 금융투자업의 일부를 양도 또는 양수한 때
7. 투자자문업, 투자일임업에 해당하는 금융투자업의 일부를 양도 또는 양수한 때
8. 투자매매업, 투자중개업, 집합투자업, 신탁업에 해당하는 금융투자업의 일부를 폐지한 때
9. 투자자문업, 투자일임업에 해당하는 금융투자업의 일부를 폐지한 때
10. 지점, 그 밖의 영업소를 신설하거나 폐지한 때
11. 본점의 위치를 변경한 때
12. 본점·지점, 그 밖의 영업소의 영업을 중지하거나 다시 시작한 때
13. 그 밖에 투자자 보호 또는 건전한 거래질서를 위하여 필요한 경우로서 대통령령으로 정하는 경우[26)]

---

24) 금융투자업 전부의 양도 또는 양수, 폐지는 승인사항(法 417조 제1항 제4호부터 제7호까지)인 반면 일부의 양도 또는 양수, 폐지는 보고사항(法 417조 6호부터 9호까지)이다. 보고는 행정법적으로는 신고에 해당하는데, i) 신고서의 기재사항에 흠이 없고, ii) 필요한 구비서류가 첨부되어 있으며, iii) 기타 법령 등에 규정된 형식상의 요건에 적합한 경우 신고서가 접수기관에 도달된 때에 신고의 의무가 이행된 것으로 본다(행정절차법 40조②). 보고 그 자체는 감독기관의 직접적 감독수단이 아니지만 보고의무자로 하여금 보고사항에 대한 주의를 환기시키는 효과가 있고, 감독기관도 보고사항을 검토하여 필요한 조치를 취할 수 있다는 점에서 간접적 감독수단이 된다.

25) "대통령령으로 정하는 중요한 사항"은 다음과 같다(令 371조②).
1. 사업목적에 관한 사항
2. 주주총회, 이사회, 그 밖에 회사의 지배구조에 관한 사항
3. 회사가 발행하는 주식에 관한 사항
4. 그 밖에 투자자의 보호와 관련된 것으로 금융위원회가 정하여 고시하는 사항

26) "대통령령으로 정하는 경우"란 다음과 같은 경우를 말한다(令 371조③).
1. 자본금이 증가한 경우
2. 자본시장법 제10편(제443조부터 제449조까지)에 따라 처벌을 받은 경우
3. 해당 금융투자업자의 업무에 중대한 영향을 미칠 소송의 당사자로 된 경우
4. 해당 금융투자업자에 관하여 파산의 신청이 있거나 해산 사유가 발생한 경우
5. 「채무자 회생 및 파산에 관한 법률」에 따른 회생절차 개시신청을 한 경우, 회생절차 개시결정을 한 경우 또는 회생절차 개시결정의 효력이 상실된 경우
6. 조세체납처분을 받은 경우 또는 조세에 관한 법령을 위반하여 처벌을 받은 경우

Ⅱ. 검사 및 조치

1. 금융위원회의 설치 등에 관한 법률

(1) 검사대상기관에 대한 검사

「금융위원회의 설치 등에 관한 법률」상 검사대상기관(金設法 38조)의 업무 및 재산상황에 대한 검사는 금융감독원의 가장 중요한 업무이다(金設法 37조 1호).

금융감독원장은 업무 수행에 필요하다고 인정할 때에는 검사대상기관 또는 다른 법령에 따라 금융감독원에 검사가 위탁된 대상기관에 대하여 업무 또는 재산에 관한 보고, 자료의 제출, 관계자의 출석 및 진술을 요구할 수 있다(金設法 40조①). 검사를 하는 자는 그 권한을 표시하는 증표를 관계인에게 내보여야 한다(金設法 40조②).

금융감독원장은 검사 대상 기관의 임·직원이 다음에 해당하는 경우에는 당해 기관의 장에게 이를 시정하게 하거나 당해 직원의 징계를 요구할 수 있다(金設法 41조①). 징계는 면직·정직·감봉·견책 및 경고로 구분한다(金設法 41조②).

1. 金設法 또는 金設法에 따른 규정·명령 또는 지시를 위반한 경우
2. 金設法에 따라 원장이 요구하는 보고서 또는 자료를 허위로 작성하거나 그 제출을 태만히 한 경우
3. 金設法에 따른 금융감독원의 감독과 검사업무의 수행을 거부·방해 또는 기피한 경우
4. 원장의 시정명령이나 징계요구에 대한 이행을 태만히 한 경우

---

7. 「외국환거래법」에 따른 해외직접투자를 하거나 해외영업소, 그 밖의 사무소를 설치한 경우
8. 국내 사무소를 신설하거나 폐지한 경우(외국금융투자업자의 국내 사무소의 경우만 해당한다)
9. 발행한 어음이나 수표가 부도로 되거나, 은행과의 당좌거래가 정지되거나 금지된 경우
10. 금융투자업자의 해외현지법인, 해외지점 및 해외사무소 등에 금융위원회가 정하여 고시하는 사유(금융투자업규정 2-16조②)가 발생한 경우
11. 외국금융투자업자(국내 지점, 그 밖의 영업소를 설치한 외국금융투자업자의 경우만 해당한다)의 본점에 금융위원회가 정하여 고시하는 사유(금융투자업규정 2-16조③)가 발생한 경우
12. [삭제]
13. 그 밖에 금융투자업자의 경영·재산 등에 중대한 영향을 미칠 사항으로서 금융위원회가 정하여 고시하는 사유(금융투자업규정 2-16조④)가 발생한 경우

(2) 검사결과에 따른 조치

금융감독원장은 검사 대상 기관의 임원이 金設法 또는 金設法에 의한 규정·명령 또는 지시를 고의로 위반한 때에는 당해 임원의 해임을 임면권자에게 권고할 수 있으며, 당해 임원의 업무집행의 정지를 명할 것을 금융위원회에 건의할 수 있다(金設法 42조).

금융감독원장은 검사 대상 기관이 金設法 또는 金設法에 의한 규정·명령 또는 지시를 계속 위반하여 위법 또는 불건전한 방법으로 영업하는 경우에는 금융위원회에 i) 당해 기관의 위법행위 또는 비행의 중지, ii) 6월의 범위에서의 업무의 전부 또는 일부 정지를 명할 것을 건의할 수 있다(金設法 43조).

2. 자본시장법

(1) 금융투자업자에 대한 검사

(가) 금융감독원장의 검사

금융투자업자는 그 업무와 재산상황에 관하여 금융감독원장의 검사를 받아야 한다(法 419조①).[27] 금융감독원장은 검사를 함에 있어서 필요하다고 인정되는 경우에는 금융투자업자에게 업무 또는 재산에 관한 보고, 자료의 제출, 증인의 출석, 증언 및 의견의 진술을 요구할 수 있다(法 419조⑤). 검사를 하는 자는 그 권한을 표시하는 증표를 지니고 이를 관계자에게 내보여야 한다(法 419조⑥). 금융감독원장이 검사를 한 경우에는 그 보고서를 금융위원회에 제출해야 한다. 이 경우 자본시장법 또는 자본시장법에 따른 명령이나 처분을 위반한 사실이 있는 때에는 그 처리에 관한 의견서를 첨부해야 한다(法 419조⑦). 금융위원회는 검사의 방법·절차, 검사결과에 대한 조치기준, 그 밖의 검사업무와 관련하여 필요한 사항을 정하여 고시할 수 있다(法 419조⑨).[28]

(나) 한국은행의 검사

한국은행은 금융통화위원회가 금융투자업자의 제40조 제1항 제3호 또는 제4호의 업무와 관련하여 통화신용정책의 수행 및 지급결제제도의 원활한 운영을

27) 금융위원회의 검사는 "행정기관이 필요한 정보·자료 등을 수집하는 일체의 행정활동"을 의미하는 행정상 사실행위인 행정조사에 해당한다.

28) 금융감독원장이 실시하는 검사의 방법, 검사결과의 처리 및 제재, 기타 필요한 사항은 「금융기관의 검사 및 제재에 관한 규정」에서 정하는데, 이 규정의 구체적인 내용은 뒤에서 설명한다.

위하여 필요하다고 인정하는 때에는 제40조 제1항 제3호의 업무(국가 또는 공공단체 업무의 대리) 또는 제4호의 업무(투자자를 위하여 그 투자자가 예탁한 투자자예탁금으로 수행하는 자금이체업무)와 관련하여 통화신용정책의 수행 및 지급결제제도의 원활한 운영을 위하여 필요하다고 인정하는 때에는 이러한 업무를 영위하는 금융투자업자에 대하여 자료제출을 요구할 수 있다. 이 경우 요구하는 자료는 금융투자업자의 업무부담을 충분히 고려하여 필요한 최소한의 범위로 한정해야 한다(法 419조②). 한국은행은 금융통화위원회가 통화신용정책의 수행을 위하여 필요하다고 인정하는 때에는 금융투자업자가 영위하는 제40조 제1항 제3호 또는 제4호의 업무에 대하여 금융감독원장에게 검사를 요구하거나 한국은행과의 공동검사를 요구할 수 있다(法 419조③). 「한국은행법」 제87조(자료제출요구권) 및 제88조(검사 및 공동검사의 요구 등)와 「금융위원회의 설치 등에 관한 법률」 제62조[29]는 제2항 및 제3항의 요구 방법 및 절차에 관하여 준용한다(法 419조④).

(다) 검사업무의 위탁

금융감독원장은 검사업무의 일부를 대통령령으로 정하는 바에 따라[30] 거래소 또는 협회에 위탁할 수 있다(法 419조⑧).

(2) 금융투자업자에 대한 조치

(가) 인가 · 등록의 취소

금융위원회는 금융투자업자가 다음과 같은 경우에는 금융투자업의 인가, 업무 단위 추가등록 또는 등록을 취소할 수 있다(法 420조①).

1. 거짓, 그 밖의 부정한 방법으로 금융투자업의 인가를 받거나 등록한 경우
2. 인가조건 또는 업무 단위 추가등록조건을 위반한 경우
3. 제15조 제1항에 따른 인가요건, 같은 조 제2항에 따른 업무 단위 추가등록요건 또는 제20조 · 제117조의4 제8항 및 제249조의3 제8항에 따른 등록요건의 유지의

29) [金設法 제62조 (검사 및 공동검사 요구 등)]
② 한국은행은 금융감독원에 대하여 제1항에 따른 검사결과의 송부를 요청하거나 검사결과에 대하여 필요한 시정조치를 요구할 수 있다. 이 경우 금융감독원은 이에 응해야 한다.
③ 한국은행이 제1항에 따른 검사 및 공동검사를 요구할 때에는 검사목적 · 대상기관 · 검사범위 등을 구체적으로 밝혀야 한다.

30) 금융감독원장이 협회에 위탁할 수 있는 검사업무는 다음과 같은 사항에 대한 검사업무에 한정한다(令 372조①).
1. 주요직무 종사자와 투자권유대행인의 영업행위에 관한 사항
2. 증권의 인수업무에 관한 사항(法 286조 제1항 제1호의 업무와 관련된 사항만 해당한다)
3. 약관의 준수 여부에 관한 사항

무를 위반한 경우
4. 업무의 정지기간 중에 업무를 한 경우
5. 금융위원회의 시정명령 또는 중지명령을 이행하지 아니한 경우
6. 별표 1 각 호의 어느 하나에 해당하는 경우로서 대통령령으로 정하는 경우(令 373조①)
7. 대통령령으로 정하는 금융관련 법령(令 373조②) 등을 위반한 경우로서 대통령령으로 정하는 경우(令 373조③)
8. 「금융소비자 보호에 관한 법률」 제51조 제1항 제4호 또는 제5호에 해당하는 경우
9. 그 밖에 투자자의 이익을 현저히 해할 우려가 있거나 해당 금융투자업을 영위하기 곤란하다고 인정되는 경우로서 대통령령으로 정하는 경우(令 373조④)

금융투자업자(겸영금융투자업자 제외)는 그 업무에 관련된 금융투자업의 인가와 등록이 모두 취소된 경우에는 이로 인하여 해산한다(法 420조②).

㈏ 취소 외의 제재조치

금융위원회는 금융투자업자가 제420조 제1항 각 호(제6호 제외)의 어느 하나에 해당하거나 별표 1 각 호에 해당하는 경우 또는 금융사지배구조법 별표 각 호에 해당하는 경우(제1호에 해당하는 조치로 한정), 「금융소비자 보호에 관한 법률」 제51조 제2항 각 호 외의 부분 본문 중 대통령령으로 정하는 경우에 해당하는 경우(제1호에 해당하는 조치로 한정)에는 다음과 같은 조치를 할 수 있다(法 420조③).

1. 6개월 이내의 업무의 전부 또는 일부의 정지
2. 신탁계약, 그 밖의 계약의 인계명령
3. 위법행위의 시정명령 또는 중지명령
4. 위법행위로 인한 조치를 받았다는 사실의 공표명령 또는 게시명령
5. 기관경고
6. 기관주의
7. 그 밖에 위법행위를 시정하거나 방지하기 위하여 필요한 조치로서 대통령령으로 정하는 조치(令 373조⑤)

㈐ 외국금융투자업자의 지점등의 인가·등록의 취소 등에 대한 특례

금융위원회는 외국금융투자업자가 다음과 같은 경우에는 그 외국금융투자업자의 지점, 그 밖의 영업소에 대하여 금융투자업인가, 업무 단위 추가등록 또는 금융투자업등록을 취소할 수 있다(法 421조①).

1. 해산
2. 파산
3. 합병 또는 영업의 양도 등으로 인한 소멸
4. 국내지점, 그 밖의 영업소가 영위하는 금융투자업에 상당하는 영업의 폐지 또는 인가·등록의 취소
5. 국내지점, 그 밖의 영업소가 영위하는 금융투자업에 상당하는 영업의 중지 또는 정지
6. 외국법령을 위반한 경우(국내지점, 그 밖의 영업소가 이로 인해 영업 수행이 곤란하다고 인정되는 경우에 한한다)

외국금융투자업자의 지점, 그 밖의 영업소는 위와 같은 취소사유에 해당하는 사실이 발생한 경우에는 지체 없이 그 사실을 금융위원회에 보고해야 한다(法 421조②). 외국금융투자업자의 지점, 그 밖의 영업소는 그 업무에 관련된 금융투자업인가와 금융투자업등록이 모두 취소된 경우에는 지체 없이 청산해야 한다(法 421조③). 외국금융투자업자의 지점등의 인가·등록의 취소에 관한 제421조 제1항 및 제2항은 역외투자자문업자 또는 역외투자일임업자의 등록취소 등에 관하여 준용된다(法 421조④).[31]

⑶ 임직원에 대한 조치

㈎ 임원에 대한 조치

금융위원회는 금융투자업자의 임원이 금융투자업인가 또는 금융투자업등록의 취소사유에 관한 제420조 제1항 각 호(제6호 제외)의 어느 하나에 해당하거나 별표 1 각 호의 어느 하나에 해당하는 경우에는 다음과 같은 조치를 할 수 있다(法 422조①).[32] 임원이란 주주총회에서 선임된 이사와 감사를 말하며 사외이사

31) 이 경우 제1항 각 호 외의 부분 중 "외국금융투자업자"는 "역외투자자문업자 또는 역외투자일임업자"로, "외국금융투자업자의 지점, 그 밖의 영업소"는 "역외투자자문업자 또는 역외투자일임업자"로 보고, 제1항 제4호 및 제5호 중 "국내지점, 그 밖의 영업소가 영위하는 금융투자업"은 각각 "투자자문업 또는 투자일임업"으로, 제1항 제6호 중 "국내지점, 그 밖의 영업소"는 "역외투자자문업자 또는 역외투자일임업자"로 보며, 제2항 중 "외국금융투자업자의 지점, 그 밖의 영업소"는 "역외투자자문업자 또는 역외투자일임업자"로 본다.

32) 금융사지배구조법 제40조는 "금융위원회는 이 법에 따른 권한의 일부를 대통령령으로 정하는 바에 따라 금융감독원장에게 위탁할 수 있다."라고 규정한다. 그런데, 동법 시행령 제30조 제1항 제11호에서 "법 제35조 제1항 제3호(해당 금융회사가 상호저축은행인 경우만 해당한다)부터 제5호까지의 조치 및 같은 조 제2항 제2호부터 제5호까지의 조치 요구"라고 규정함으로써 상호저축은행을 제외한 금융회사의 임원에 대하여는 금융감독원장에게 문책경고 권한을 위임하지 않는 것처럼 규정하고 있다. 이에 따라 금융감독원장이 은행의 임원에 대하여

도 포함된다.[33)]

1. 해임요구
2. 6개월 이내의 직무정지
3. 문책경고
4. 주의적 경고
5. 주의
6. 그 밖에 위법행위를 시정하거나 방지하기 위하여 필요한 조치로서 대통령령으로 정하는 조치[34)]

금융위원회는 임원을 직접 해임할 수 없으므로 임원해임요구조치의 상대방은 임원 본인이 아니라 금융투자업자이다. 자본시장법은 금융위원회의 임원해임요구조치를 선임제한 사유로 규정하였었으나, 금융사지배구조법에서는 임원 선임 이후 금융위원회로부터 해임요구를 받게 되는 경우에는 그 즉시 임원자격이 상실되도록 규정하기 때문에(同法 5조②) 별도의 해임절차가 없더라도 해당 임원은 그 직을 잃는다.

㈏ 직원에 대한 조치

금융위원회는 금융투자업자의 직원이 제420조 제1항 각 호(제6호 제외)의 어느 하나에 해당하거나 별표 1 각 호의 어느 하나에 해당하는 경우에는 다음과 같은 조치를 그 금융투자업자에게 요구할 수 있다(法 422조②).

1. 면직
2. 6개월 이내의 정직

문책경고를 할 권한이 있는지 여부에 대하여 논란이 있었는데, 하급심법원에서 "금융위원회 고시인 「금융기관검사 및 제재에 관한 규정」 제18조 제1항은 피고가 금융기관 임원에 대한 문책경고(제3호), 주의적 경고(제4호), 주의(제5호) 조치를 취할 수 있다고 규정한다. 따라서 금융기관 임원에 대한 문책경고 조치권도 금융감독원장에게 위탁된 권한에 속한다."라는 취지로 판시한 바 있다(서울행정법원 2021.8.27. 선고 2020구합57615 판결. 다만, 해당 법원은 재량권 행사의 기초가 되는 사실인정에 오류가 있어 재량권의 일탈·남용의 위법이 있는 처분이라는 이유로 처분의 취소를 명하는 판결을 선고하였다).

33) 금융사지배구조법은 임원의 범위에 상법상 집행임원을 포함하고 있으므로(금융사지배구조법 2조 2호), 상법상 집행임원도 임원으로서 제재대상이다.

34) "대통령령으로 정하는 조치"란 다음과 같은 조치를 말한다(令 374조②).
1. 자본시장법을 위반한 경우에는 고발 또는 수사기관에의 통보
2. 다른 법률을 위반한 경우에는 관련 기관이나 수사기관에의 통보
3. 그 밖에 금융위원회가 자본시장법 및 동법 시행령, 그 밖의 관련 법령에 따라 취할 수 있는 조치

3. 감봉
4. 견책
5. 경고
6. 주의
7. 그 밖에 위법행위를 시정하거나 방지하기 위하여 필요한 조치로서 대통령령으로 정하는 조치

㈐ 퇴임 임원과 퇴직 직원

금융위원회는 금융회사의 퇴임한 임원 또는 퇴직한 직원이 재임 또는 재직 중이었더라면 금융사지배구조법 제35조 제1항부터 제5항까지에 해당하는 조치를 받았을 것으로 인정되는 경우에는 그 조치의 내용을 해당 금융회사의 장에게 통보할 수 있다. 이 경우 통보를 받은 금융회사의 장은 이를 퇴임·퇴직한 해당 임직원에게 통보해야 한다(同法 35조⑥). 실무상으로는 이러한 조치를 " ... 상당"이라고 표시하는데, 이러한 상당통보로 인하여 임원결격사유에 해당함으로써 직접적으로 취업제한의 불이익을 입게 되어 직업선택의 자유를 제한받게 되므로, 이러한 통보조치도 항고소송의 대상이 되는 행정처분에 해당한다.[35]

㈑ 관리 · 감독 책임 있는 임직원에 대한 조치

금융위원회는 금융투자업자의 임직원에 대하여 조치를 하거나 이를 요구하는 경우 그 임직원에 대하여 관리 · 감독의 책임이 있는 임직원에 대한 조치를 함께 하거나 이를 요구할 수 있다. 다만, 관리 · 감독의 책임이 있는 자가 그 임직원의 관리 · 감독에 상당한 주의를 다한 경우에는 조치를 감면할 수 있다(法 422조③).[36]

㈒ 임원 결격기간

금융사지배구조법에 의하면 제재를 받은 임직원은 제재 수준에 따라 일정 기간 금융투자업자의 임원이 될 수 없다(同法 5조①). 금융회사의 임원으로 선임된

35) 대법원 2013. 2. 14. 선고 2012두3774 판결. 다만 이 사건에서는 원고가 은행의 임원을 퇴임한 후에 은행법에 상당통보규정이 신설되었으므로 행정법규 불소급의 원칙상 위법한 조치라는 이유로 원심(서울고등법원 2012. 1. 10. 선고 2011누15222 판결)이 금융위원회의 제재처분을 취소하였고, 대법원도 같은 취지로 판시하였다. 이 판결 이후 금융감독당국도 개별법에 근거규정이 신설되기 전에 퇴직한 임원에 대하여는 위법사실통지만 하면서 임원결격사유에 해당하지 않는다는 내용도 통지에 포함하고 있다.

36) 임직원이 법 제45조 제1항 · 제2항과 제54조를 위반하는 경우 법 제45조 제3항 및 이 영 제50조 제2항에 따른 내부통제기준이 충실하게 작성 · 운영되고 있는 것으로 인정할 수 있다면 관리 · 감독의 책임이 있는 자가 그 임직원의 관리 · 감독에 상당한 주의를 다한 경우로 보아 법 제422조 제3항 단서에 따라 조치를 감면할 수 있다(令 374조③).

사람이 이에 해당하게 된 경우에는 그 직을 상실한다. 다만, 제7호에 해당하는 사람으로서 대통령령으로 정하는 경우에는 그 직을 잃지 아니한다(同法 5조②).[37)]

1. 미성년자·피성년후견인 또는 피한정후견인
2. 파산선고를 받고 복권(復權)되지 아니한 사람
3. 금고 이상의 실형을 선고받고 그 집행이 끝나거나(집행이 끝난 것으로 보는 경우를 포함) 집행이 면제된 날부터 5년이 지나지 아니한 사람
4. 금고 이상의 형의 집행유예를 선고받고 그 유예기간 중에 있는 사람
5. 이 법 또는 금융관계법령에 따라 벌금 이상의 형을 선고받고 그 집행이 끝나거나(집행이 끝난 것으로 보는 경우를 포함) 집행이 면제된 날부터 5년이 지나지 아니한 사람
6. 다음과 같은 조치를 받은 금융회사의 임직원 또는 임직원이었던 사람(그 조치를 받게 된 원인에 대하여 직접 또는 이에 상응하는 책임이 있는 사람으로서 대통령령으로 정하는 사람으로 한정한다)으로서 해당 조치가 있었던 날부터 5년이 지나지 아니한 사람[38)]
   가. 금융관계법령에 따른 영업의 허가·인가·등록 등의 취소
   나. 「금융산업의 구조개선에 관한 법률」 제10조 제1항에 따른 적기시정조치
   다. 「금융산업의 구조개선에 관한 법률」 제14조 제2항에 따른 행정처분
7. 이 법 또는 금융관계법령에 따라 임직원 제재조치(퇴임 또는 퇴직한 임직원의 경우 해당 조치에 상응하는 통보를 포함)을 받은 사람으로서 조치의 종류별로 5년을 초과하지 않는 범위에서 대통령령으로 정하는 기간이 지나지 아니한 사람[39)]

---

37) "대통령령으로 정하는 경우"란 직무정지, 업무집행정지 또는 정직요구(재임 또는 재직 중이었더라면 조치를 받았을 것으로 통보를 받은 경우를 포함한다) 이하의 제재를 받은 경우를 말한다(同法 施行令 7조④).

38) "대통령령으로 정하는 사람"이란 해당 조치의 원인이 되는 사유가 발생한 당시의 임직원으로서 다음과 같은 사람을 말한다(同法 施行令 4조①).

1. 감사·감사위원회 위원("감사위원")
2. 법 제5조 제1항 제6호 가목 또는 다목에 해당하는 조치의 원인이 되는 사유의 발생과 관련하여 위법·부당한 행위로 금융위원회 또는 「금융위원회의 설치 등에 관한 법률」에 따라 설립된 금융감독원의 원장("금융감독원장")으로부터 주의·경고·문책·직무정지·해임요구, 그 밖에 이에 준하는 조치를 받은 임원(업무집행책임자는 제외)
3. 법 제5조 제1항 제6호 나목에 해당하는 조치의 원인이 되는 사유의 발생과 관련하여 위법·부당한 행위로 금융위원회 또는 금융감독원장으로부터 직무정지·해임요구, 그 밖에 이에 준하는 조치를 받은 임원
4. 법 제5조 제1항 제6호각 목에 해당하는 조치의 원인이 되는 사유의 발생과 관련하여 위법·부당한 행위로 금융위원회 또는 금융감독원장으로부터 직무정지요구·정직요구 이상에 해당하는 조치를 받은 직원(업무집행책임자를 포함)
5. 제2호부터 제4호까지의 제재 대상자로서 그 제재를 받기 전에 퇴임·퇴직한 사람

39) "대통령령으로 정하는 기간"이란 다음 기간을 말한다(同法 施行令 7조②).

준법감시인의 결격사유와 관련하여, 최근 5년간 문책경고(임원의 경우) 또는 감봉요구(직원의 경우) 이상에 해당하는 조치를 받은 임직원은 준법감시인이 될 수 없으며, 준법감시인이 된 후 이에 해당하게 된 경우에는 그 직을 상실한다(同法 26조①,②).[40]

(4) 청 문

금융위원회는 다음과 같은 처분 또는 조치를 하고자 하는 경우에는 청문을 실시해야 한다(法 423조).

1. 종합금융투자사업자에 대한 지정취소
2. 금융투자상품거래청산회사에 대한 인가취소
3. 금융투자상품거래청산회사 임직원에 대한 해임요구 또는 면직요구
4. 신용평가회사에 대한 인가취소
5. 신용평가회사 임직원에 대한 해임요구 또는 면직요구
6. 거래소허가취소
7. 거래소 임직원에 대한 해임요구 또는 면직요구
8. 금융투자업에 대한 인가·등록취소
9. 금융투자업자 임직원에 대한 해임요구 또는 면직요구

---

1. 임원에 대한 제재조치의 종류별로 다음 각 목에서 정하는 기간
   가. 해임(해임요구 또는 해임권고를 포함): 해임일(해임요구 또는 해임권고의 경우에는 해임요구일 또는 해임권고일)부터 5년
   나. 직무정지(직무정지의 요구를 포함) 또는 업무집행정지: 직무정지 종료일(직무정지 요구의 경우에는 직무정지 요구일) 또는 업무집행정지 종료일부터 4년
   다. 문책경고: 문책경고일부터 3년
2. 직원에 대한 제재조치의 종류별로 다음 각 목에서 정하는 기간
   가. 면직요구: 면직요구일부터 5년
   나. 정직요구: 정직요구일부터 4년
   다. 감봉요구: 감봉요구일부터 3년
3. 재임 또는 재직 당시 금융관계법령에 따라 그 소속기관 또는 금융위원회·금융감독원장 외의 감독·검사기관으로부터 제1호 또는 제2호의 제재조치에 준하는 조치를 받은 사실이 있는 경우 제1호 또는 제2호에서 정하는 기간
4. 퇴임하거나 퇴직한 임직원이 재임 또는 재직 중이었더라면 제1호부터 제3호까지의 조치를 받았을 것으로 인정되는 경우 그 받았을 것으로 인정되는 조치의 내용을 통보받은 날부터 제1호부터 제3호까지에서 정하는 기간

40) 임원의 경우에는 직무정지, 업무집행정지 또는 정직요구(재임 또는 재직 중이었더라면 조치를 받았을 것으로 통보를 받은 경우를 포함한다) 이하의 제재를 받은 경우에는 그 직을 잃지 않는다는 규정이 있으나(同法 施行令 7조④), 준법감시인의 경우에는 그러한 특례규정이 없다.

⑸ 처분 등의 기록 및 공시

금융위원회는 위와 같이 처분 또는 조치한 경우에는 그 내용을 기록하고 이를 유지·관리하여야 하고(法 424조①), 취소 등의 조치를 취한 경우 그 사실을 관보 및 인터넷 홈페이지 등에 공고해야 한다(法 424조②). 금융위원회는 금융투자업자의 퇴임한 임원 또는 퇴직한 직원이 재임 또는 재직 중이었다면 제422조 제1호부터 제5호까지 또는 제422조 제2항 제1호부터 제6호까지에 해당하는 조치를 받았을 것으로 인정되는 경우에는 그 받았을 것으로 인정되는 조치의 내용을 금융감독원장으로 하여금 해당 금융투자업자에게 통보하도록 할 수 있다. 이 경우 통보를 받은 금융투자업자는 이를 퇴임·퇴직한 그 임직원에게 통보해야 한다(法 424조③).[41] 제1항은 금융투자업자가 금융위원회의 조치요구에 따라 그 임직원을 조치한 경우 및 통보를 받은 경우에 준용한다(法 424조④). 금융투자업자 또는 그 임직원(임직원이었던 자를 포함)은 금융위원회에 자기에 대한 처분 또는 조치 여부 및 그 내용을 조회할 수 있다(法 424조⑤). 금융위원회는 조회요청을 받은 경우에는 정당한 사유가 없는 한 처분 또는 조치 여부 및 그 내용을 그 조회요청자에게 통보해야 한다(法 424조⑥).

⑹ 이의신청과 행정심판

제420조(금융투자업자에 대한 조치) 제1항·제3항, 제421조(외국금융투자업자의 지점등의 인가·등록의 취소 등에 대한 특례) 제1항·제4항, 제422조(임직원에 대한 조치) 제1항 제2호부터 제6호까지(제1호 해임요구 제외) 및 제3항(제1항 제1호 해임요구 제외)에 따른 처분 또는 조치에 대하여 불복하는 자는 그 처분 또는 조치의 고지를 받은 날부터 30일 이내에 그 사유를 갖추어 금융위원회에 이의를 신청할 수 있다(法 425조①).

금융위원회는 이의신청을 받으면 그 신청을 받은 날부터 60일 이내에 그 이의신청에 대한 결과를 신청인에게 통지하여야 한다. 다만, 부득이한 사유로 60일 이내에 통지할 수 없는 경우에는 그 기간을 만료일 다음 날부터 기산하여 30일의 범위에서 한 차례 연장할 수 있다(法 425조②). 제425조 제1항 및 제2항에서 규정한 사항 외에 처분에 대한 이의신청에 관한 사항은 행정기본법 제36조에 따

41) 동 규정은 퇴직자 상당통보의 대상이 되는 임직원에 대한 조치를 해임요구·면직뿐만 아니라 임원의 경우 주의에서부터 해임요구, 직원의 경우 주의에서부터 면직 등 모든 제재조치로 확대하기 위한 것이다.

른다(法 425조③).[42)]

⑺ 행정소송

금융위원회의 제재처분에 대하여 불복하는 자는 행정소송을 제기할 수 있다. 행정청의 어떤 행위가 항고소송의 대상이 될 수 있는지의 문제는 추상적·일반적으로 결정할 수 없고, 구체적인 경우 행정처분은 행정청이 공권력의 주체로서 행하는 구체적 사실에 관한 법집행으로서 국민의 권리의무에 직접적으로 영향을 미치는 행위라는 점을 염두에 두고, 관련 법령의 내용과 취지, 그 행위의 주체·내용·형식·절차, 그 행위와 상대방 등 이해관계인이 입는 불이익과의 실질적 견련성, 그리고 법치행정의 원리와 당해 행위에 관련한 행정청 및 이해관계인의 태도 등을 참작하여 개별적으로 결정해야 한다.[43)] 자본시장법은 임원에 대한 해임요구 조치를 이의신청의 대상에서 제외하고 있지만, 해임요구 조치도 그 자체로 행정청인 피고가 공권력의 주체로서 행한 구체적 사실에 관한 법집행으로서 원고의 권리의무에 직접적으로 영향을 미치는 행위이므로 항고소송의 대상이다.

⑻ 권한 위탁

금융위원회 또는 증권선물위원회는 자본시장법에 따른 권한의 일부를 대통령령으로 정하는 바에 따라 금융감독원장에게 위탁할 수 있다(法 438조④). 금융위원회는 시행령 별표 20 각 호에 따른 권한을 금융감독원장에게 위탁한다(令 387조③). 별표 20의 101호는 "법 제422조 제1항 제4호·제5호에 따른 조치, 같은 조 제2항 제2호부터 제6호까지의 조치 요구 및 같은 조 제3항 본문에 따른 조치 및 조치 요구(법 제422조 제1항 제4호·제5호에 따른 조치 및 같은 조 제2항 제2호부터 제6호까지의 조치 요구에 해당하는 것만을 말한다)."라고 규정한다.

따라서 임원에 대하여는 금융사지배구조법상 임원결격사유에 해당하는 제재인 자본시장법 제422조 제1항 제1호(해임요구, 5년간 임원결격)·제2호(직무정지, 4년간 임원결격)·제3호(문책경고, 3년간 임원결격) 등과, 직원에 대하여는 임원결격사유에 해당하는 제재 중 제422조 제2항 제1호(면직요구, 5년간 임원결격)는 위탁대상이 아니다.[44)]

---

42) 「금융위원회의 설치 등에 관한 법률」 제70조도 금융위원회·증권선물위원회 및 금융감독원의 처분에 대한 이의신청에 관하여 자본시장법과 동일하게 규정한다.

43) 대법원 2010. 11. 18. 선고 2008두167 전원합의체 판결.

44) 직원에 대한 임원결격사유에 해당하는 제재 중 정직요구(제2호, 요구일로부터 4년간 임원결격), 감봉요구(제3호, 요구일로부터 3년간 임원결격) 등은 위탁대상이다.

3. 금융기관 검사 및 제재에 관한 규정

(1) 검사의 종류와 실시

정기검사는 금융기관의 규모, 시장에 미치는 영향력 등을 감안하여 일정 주기에 따라 정기적으로 실시하는 검사이고, 수시검사는 금융사고예방, 금융질서확립, 기타 금융감독정책상의 필요에 의하여 수시로 실시하는 검사를 말한다(규정 3조 3호, 4호).[45)]

현장검사는 검사원이 금융기관을 방문하여 실시하는 검사이고, 서면검사는 검사원이 금융기관으로부터 자료를 제출받아 검토하는 방법으로 실시하는 검사를 말한다(규정 3조 5호, 6호).

검사의 종류는 정기검사와 수시검사로 구분하고, 검사의 실시는 현장검사 또는 서면검사의 방법으로 행한다(규정 8조③).

상시감시는 금융기관에 대하여 임직원 면담, 조사출장, 영업실태 분석, 재무상태 관련 보고서 심사, 경영실태 계량평가, 기타 각종자료 또는 정보의 수집·분석을 통하여 문제의 소지가 있는 금융기관 또는 취약부문을 조기에 식금융기관의 규모, 시장에 미치는 영향력 등을 감안하여 별하여 현장검사 실시와 연계하는 등 적기에 필요한 조치를 취하여 금융기관의 안전하고 건전한 경영을 유도하는 감독수단을 말한다(규정 3조 15호).

(2) 검사의 사전통지

감독원장은 현장검사를 실시하는 경우에는 검사목적 및 검사기간 등이 포함된 검사사전예고통지서를 당해 금융기관에 검사착수일 1주일전(정기검사의 경우 1개월전)까지 통지해야 한다. 다만, 검사의 사전통지에 따라 검사목적 달성이 어려워질 우려가 있는 다음 각 호의 하나에 해당하는 경우에는 그러하지 아니하다(규정 8조의2).

1. 사전에 통지할 경우 자료·장부·서류 등의 조작·인멸, 대주주의 자산은닉 우려 등으로 검사목적 달성에 중요한 영향을 미칠 것으로 예상되는 경우

45) 종래에는 금융기관의 업무전반 및 재산상황에 대하여 종합적으로 실시하는 종합검사와 금융사고예방, 금융질서확립, 기타 금융감독정책상의 필요에 의하여 금융기관의 특정부문에 대하여 실시하는 부문검사로 구분하였는데, 2022. 3. 3. 규정 개정으로 정기검사와 수시검사로 변경되었다.

2. 검사 실시 사실이 알려질 경우 투자자 및 예금자 등의 심각한 불안 초래 등 금융시장에 미치는 악영향이 클 것으로 예상되는 경우
3. 긴급한 현안사항 점검 등 사전통지를 위한 시간적 여유가 없는 불가피한 경우
4. 기타 검사목적 달성이 어려워질 우려가 있는 경우로서 감독원장이 정하는 경우

(3) 금융기관 임직원의 조력을 받을 권리

현장검사 과정에서 검사를 받는 금융기관 임직원은 문답서 및 확인서 작성시 변호사 또는 기타 전문지식을 갖춘 사람으로서 감독원장이 정하는 사람("조력자")의 조력을 받을 수 있다(규정 8조의3②). 검사원은 문답서 및 확인서 작성시 검사를 받는 금융기관 임직원과 조력자의 주요 진술내용을 충분히 반영하여 작성하고, 검사 기록으로 관리해야 한다(규정 8조의3③).

(4) 자료제출요구

감독원장은 검사 및 상시감시업무를 수행함에 있어 필요한 경우에는 금융위설치법 제40조의 규정에 의거 금융기관에 대하여 업무 또는 재산에 관한 보고 및 자료의 제출을 요구할 수 있으며, 필요한 경우에는 자본시장법, 보험업법 등 관계법령이 정하는 바에 따라 관계자 등에 대하여 진술서의 제출, 증언 또는 장부·서류 등의 제출을 요구할 수 있다(규정 9조①). 자료의 제출은 정보통신망(정보통신망 이용촉진 및 정보보호등에 관한 법률의 규정에 의한 정보통신망)을 이용한 전자문서의 방법에 의할 수 있다(규정 9조②).

감독원장은 검사 및 상시감시 업무와 관련하여 제출받은 자료·장부·서류 등에 대해, 조작이 의심되어 원본 확인이 필요한 경우 금융기관의 자료·장부·서류 등의 원본을 금융감독원에 일시 보관 할 수 있다(규정 9조③). 일시 보관하고 있는 자료·장부·서류 등의 원본에 대하여 금융기관이 반환을 요청한 경우에는 검사 및 상시감시업무에 지장이 없는 한 즉시 반환해야 한다. 이 경우 감독원장은 자료·장부·서류 등의 사본을 보관할 수 있고, 그 사본이 원본과 다름없다는 사실에 대한 확인을 금융기관에 요구할 수 있다(규정 9조④).

(5) 권익보호담당역

감독원장은 검사 업무 수행 과정에서 금융기관 및 그 임직원의 권익보호를 위하여 금융기관 및 그 임직원의 권익보호업무를 총괄하는 권익보호담당역을 둔다(규정 10조①). 감독원장은 권익보호담당역이 업무를 수행함에 있어 독립성이

보장될 수 있도록 해야 한다(규정 10조②). 권익보호담당역의 임기는 3년으로 한다(규정 10조③).

권익보호담당역은 금융기관의 신청이 있는 경우에, 검사 과정에서 위법·부당한 검사가 진행되거나 절차상 중요한 흠결이 있다고 인정되면, 감독원장에게 검사중지 건의 또는 시정 건의를 할 수 있고(규정 10조④), 업무수행 과정에서 필요한 경우, 검사원에 대한 소명요구, 검사자료 제출요구 등 검사업무 수행 과정에 대한 조사를 할 수 있고(규정 10조⑤), 업무수행 과정에서 필요한 경우, 금융감독원의 감사 업무를 지원하는 담당부서에 검사 관련 자료를 요청하거나, 인력지원을 요청할 수 있다(규정 10조⑥).

(6) 검사결과의 보고, 통보 및 조치

감독원장은 금융기관에 대하여 검사를 실시한 경우에는 금융위설치법 제59조의 규정에 따라 그 결과를 종합정리하여 금융위에 보고해야 한다. 다만, 금융기관의 특정부문에 대하여 실시한 부문검사로서 현지조치사항만 있거나 조치요구사항이 없는 경우에는 보고를 생략할 수 있다(규정 13조①). 감독원장은 시스템리스크 초래, 금융기관 건전성의 중대한 저해, 다수 금융 소비자 피해 등의 우려가 있다고 판단하는 경우에는 제1항의 보고와 별도로 검사 종료 후 지체없이 그 내용을 금융위에 보고해야 한다(규정 13조①). 감독원장은 제47조의2의 규정에 의하여 타기관에 위임 또는 위탁한 검사에 대하여도 그 검사결과를 보고받아 제1항에서 정하는 바에 따라 금융위에 보고해야 한다(규정 13조①).

검사결과의 통보 및 조치와, 사후관리에 관하여는 「금융기관 검사 및 제재에 관한 규정」 제14조부터 제16조까지에서 규정한다.[46]

---

46) [검사제재규정 14조(검사결과의 통보 및 조치)]

① 감독원장은 금융기관에 대한 검사결과를 검사서에 의해 당해 금융기관에 통보하고 필요한 조치를 취하거나 당해 금융기관의 장에게 이를 요구할 수 있다.

② 제1항의 규정에 의한 검사서 작성 및 검사결과 조치요구사항은 다음 각 호와 같이 구분한다.

1. 경영유의사항
2. 지적사항
   가. 문책사항 : 금융기관 또는 금융기관의 임직원이 금융관련법규를 위반하거나 금융기관의 건전한 영업 또는 업무를 저해하는 행위를 함으로써 신용질서를 문란하게 하거나 당해 기관의 경영을 위태롭게 하는 행위로서 과태료·과징금 부과, 기관 및 임원에 대한 주의적경고 이상의 제재, 직원에 대한 면직·업무의 전부 또는 일부에 대한 정직·감봉·견책에 해당하는 제재의 경우
   나. 자율처리필요사항 : 금융기관 직원의 위법·부당행위에 대하여 당해 금융기관의

장에게 그 사실을 통보하여 당해 금융기관의 장이 조치대상자와 조치수준을 자율적으로 결정하여 조치하도록 하는 경우

다. 주의사항 : 위법 또는 부당하다고 인정되나 정상참작의 사유가 크거나 위법·부당행위의 정도가 상당히 경미한 경우

라. 변상사항 : 금융기관의 임직원이 고의 또는 중대한 과실로 금융관련법규 등을 위반하는 등으로 당해 기관의 재산에 대하여 손실을 끼쳐 변상책임이 있는 경우

마. 개선사항 : 규정, 제도 또는 업무운영 내용 등이 불합리하여 그 개선이 필요한 경우

3. 현지조치사항

③ 감독원장은 제1항의 규정에 의하여 조치를 요구한 사항에 대하여 금융기관의 이행상황을 관리해야 한다. 다만, 현지조치사항에 대하여는 당해 금융기관의 자체감사조직의 장이나 당해 금융기관의 장에게 위임하며, 신용협동조합·농업협동조합·수산업협동조합·산림조합에 대한 조치요구사항은 당해 설립법에 의한 중앙회장에게 위임할 수 있다.

④ 감독원장은 금융관련법규 등에 의하여 제4장에서 정하는 제재조치를 취할 수 없는 금융기관의 위법·부당행위에 대하여는 이를 당해 금융기관의 감독기관에 통보할 수 있으며, 금융관련법규 등에 의하여 제4장에서 정하는 제재조치를 취할 수 없는 금융기관의 임직원(집행간부 포함)의 위법·부당행위에 대하여는 이를 당해 금융기관의 장, 당해 금융기관의 감독기관 또는 당해임원의 임면권자(임면제청권자를 포함한다)에게 통보할 수 있다.

⑤ 감독원장은 표준검사처리기간(검사종료 후부터 검사결과 통보까지 소용되는 기간으로서 180일 이내에서 감독원장이 정하는 기간을 말한다.)운영을 통해 검사결과가 신속히 처리될 수 있도록 노력해야 한다.

⑥ 제5항의 표준검사처리기간에는 다음 각 호의 기간은 산입하지 아니한다.

1. 관련 사안에 대한 유권해석, 법률·회계 검토에 소요되는 기간
2. 제재대상자에 대한 사전통지 및 의견청취에 소요되는 기간
3. 검사종료 후 추가적인 사실관계 확인을 위해 소요되는 기간
4. 관련 소송 및 수사·조사기관의 수사 및 조사 진행으로 인하여 지연되는 기간
5. 제재심의위원회의 추가 심의에 소요되는 기간
6. 제재심의위원회의 최종 심의일로부터 금융위 의결일(금융위가 금융위원장에게 제재조치 권한을 위임한 경우 동 제재조치의 결정일)
7. 기타 표준검사처리기간에 산입하지 않는 것이 제재의 공정성 및 형평성 등을 위해 필요하다고 감독원장이 인정하는 기간

⑦ 표준검사처리기간의 운영과 관련하여 구체적인 불산입 기간 등 세부사항은 감독원장이 정한다.

⑧ 감독원장은 제5항의 표준검사처리기간을 경과한 검사 건에 대하여 그 건수와 각각의 지연사유, 진행상황 및 향후 처리계획을 매 반기 종료 후 1개월 이내에 금융위에 보고해야 한다. 다만, 검사종료 후 제6항 제1호 내지 제5호 및 제7호에서 정하는 불산입기간을 포함한 경과일수가 제5항의 표준검사처리기간을 경과한 경우에도 해당 불산입기간 및 주요 내용을 함께 보고해야 한다.

[검사제재규정 15조(조치요구사항에 대한 정리기한 및 보고)]

① 금융기관은 제14조 제1항의 조치요구사항에 대하여 특별한 사유가 있는 경우를 제외하고는 검사서를 접수한 날로부터 다음 각호의 1에서 정한 기한내에 이를 정리하고 그 결과를 기한종료일로부터 10일 이내에 <별지 제1호 서식>에 의하여 감독원장에게 보고해야 한다.

1. 경영유의사항 : 6월 이내
2. 지적사항 :

(7) 검사결과 조치

(가) 조치의 종류 및 기준

「금융기관 검사 및 제재에 관한 규정」 제4장(검사결과 조치) 제1절(조치의 종류 및 기준)은 제17조에서 기관에 대한 제재, 제18조에서 임원에 대한 제재, 제19조에서 직원에 대한 제재, 과징금 및 과태료 부과 등에 관하여 규정한다.

제재라 함은 금융감독원의 검사결과 등에 따라 금융기관 또는 그 임직원에 대하여 금융위 또는 감독원장이 「금융기관 검사 및 제재에 관한 규정」에 의하여 취하는 조치를 말한다(규정 3조 18호).

(나) 기관에 대한 제재

기관에 대한 제재로는, 1. 영업의 인가·허가 또는 등록의 취소, 영업·업무의 전부 정지, 2. 영업·업무의 일부에 대한 정지, 3. 영업점의 폐쇄, 영업점 영업의 전부 또는 일부의 정지, 4. 위법·부당행위 중지, 5. 계약이전의 결정, 6. 위법내용의 공표 또는 게시요구, 7. 기관경고, 9. 기관주의 등이 있다.[47]

가. 문책사항 : 관련 임직원에 대한 인사조치내용은 2월 이내, 문책사항에 주의사항 또는 개선사항 등이 관련되어 있는 경우에는 나목에서 정한 기한이내

나. 자율처리필요·주의·변상·개선사항 : 3월 이내

② 감독원장은 검사결과 조치요구사항(제14조 제2항 제1호의 '경영유의사항', 제14조 제2항 제2호 나목의 '자율처리필요사항' 및 제14조 제2항 제2호 마목의 '개선사항'을 제외한다)에 대한 금융기관의 정리부진 및 정리 부적정 사유가 관련 임직원의 직무태만 또는 사후관리의 불철저에서 비롯된 것으로 판단하는 경우에는 책임이 있는 임직원에 대하여 제4장에서 정하는 바에 따라 제재절차를 진행할 수 있다.

[검사제재규정 16조(자체감사결과에 따른 조치) ① 삭 제 <2017. 10. 19.>

② 금융기관은 자체감사결과 등으로 발견한 정직이상 징계처분이 예상되는 직원에 대하여 다음과 같이 조치해야 한다.

1. 위법·부당행위가 명백하게 밝혀졌을 경우에는 지체없이 직위를 해제하되 징계확정 전에 의원면직 처리하여서는 아니된다.
2. 직원이 사직서를 제출하는 경우에는 동 사직서 제출경위를 조사하고 민법 제660조 등 관계법령에 의한 고용계약 해지의 효력이 발생하기 전에 징계조치 및 사고금 보전 등 필요한 조치를 취한다.

47) [검사제재규정 17조(기관에 대한 제재)]

① 금융위설치법, 금융산업구조개선법 및 금융업관련법의 규정 등에 의거 금융기관에 대하여 취할 수 있는 제재의 종류 및 사유는 다음 각호와 같다.

1. 영업의 인가·허가 또는 등록의 취소, 영업·업무의 전부 정지

가. 허위 또는 부정한 방법으로 인가·허가를 받거나 등록을 한 경우 또는 인가·허가의 내용이나 조건에 위반한 경우

나. 금융기관의 건전한 영업 또는 업무를 크게 저해하는 행위를 함으로써 건전경영을 심히 훼손하거나 당해 금융기관 또는 금융거래자 등에게 중대한 손실을 초래한 경우

다. 영업·업무의 전부 또는 일부에 대한 정지조치를 받고도 당해 영업·업무를 계속하거나 동일 또는 유사한 위법·부당행위를 반복하는 경우
라. 위법부당행위에 대한 시정명령을 이행하지 않은 경우
2. 영업·업무의 일부에 대한 정지
가. 삭 제
나. 금융기관의 건전한 영업 또는 업무를 저해하는 행위를 함으로써 건전경영을 훼손하거나 당해 금융기관 또는 금융거래자 등에게 재산상 손실을 초래한 경우
다. 제3호의 영업점 폐쇄, 영업점 영업의 정지조치 또는 제4호의 위법·부당행위의 중지조치를 받고도 당해 영업점 영업을 계속하거나 당해 행위를 계속하는 경우
라. 제7호의 기관경고를 받고도 동일 또는 유사한 위법·부당행위를 반복하는 경우
3. 영업점의 폐쇄, 영업점 영업의 전부 또는 일부의 정지 : 금융기관의 위법·부당행위가 제2호의 규정에 해당되나 그 행위가 일부 영업점에 국한된 경우로서 위법·부당행위의 경중에 따라 당해 영업점의 폐쇄 또는 그 영업의 전부 또는 일부를 정지시킬 필요가 있는 경우
4. 위법·부당행위 중지 : 금융기관의 위법·부당행위가 계속되고 있어 이를 신속히 중지시킬 필요가 있는 경우
5. 계약이전의 결정 : 금융산업구조개선법 제2조 제3호의 규정에서 정한 부실금융기관이 동법 제14조 제2항 각호의 1에 해당되어 당해 금융기관의 정상적인 영업활동이 곤란한 경우
6. 위법내용의 공표 또는 게시요구 : 금융거래자의 보호를 위하여 위법·부당내용을 일간신문, 정기간행물 기타 언론에 공표하거나 영업점에 게시할 필요가 있는 경우
7. 기관경고
가. 제2호 나목의 규정에 해당되나 위법·부당행위의 동기, 목적, 방법, 수단, 사후수습 노력 등을 고려할 때 그 위반의 정도가 제2호의 제재에 해당되는 경우보다 가벼운 경우
나. 위법·부당행위로서 그 동기·결과가 다음 각호의 1에 해당하는 경우
(1) 위법·부당행위가 당해 금융기관의 경영방침이나 경영자세에 기인한 경우
(2) 관련점포가 다수이거나 부서 또는 점포에서 위법·부당행위가 조직적으로 이루어진 경우
(3) 임원이 위법·부당행위의 주된 관련자이거나 다수의 임원이 위법·부당행위에 관련된 경우
(4) 동일유형의 민원이 집단적으로 제기되거나 금융거래자의 피해규모가 큰 경우
(5) 금융실명법의 중대한 위반행위가 발생한 경우
(6) 위법·부당행위가 수사당국에 고발 또는 통보된 사항으로서 금융기관의 중대한 내부통제 또는 감독 소홀 등에 기인한 경우
다. 최근 1년 동안 내부통제업무 소홀 등의 사유로 금융사고가 발생하여
(1) 당해 금융기관의 최직근 분기말 현재 자기자본(자기자본이 납입자본금보다 적은 경우에는 납입자본금.)의 100분의 2 (자기자본의 100분의 2가 10억원 미만인 경우에는 10억원) 또는 다음의 금액을 초과하는 손실이 발생하였거나 발생이 예상되는 경우
(가) 자기자본이 1조5천억원 미만인 경우 : 100억원
(나) 자기자본이 1조5천억원 이상 2조5천억원 미만인 경우 : 300억원
(다) 자기자본이 2조5천억원 이상인 경우 : 500억원
(2) 손실(예상)금액이 (1)에 미달하더라도 내부통제가 매우 취약하여 중대한 금융사고가 빈발하거나 사회적 물의를 크게 야기한 경우

(다) 임직원에 대한 제재

임원에 대한 제재로는, 1. 해임권고(해임요구, 개선(改選)요구를 포함), 2. 업무집행의 전부 또는 일부의 정지, 3. 문책 경고, 4. 주의적 경고, 5. 주의 등이 있다.48)

---

8. 삭 제
9. 기관주의 : 제7호에 해당되나 위법·부당행위의 동기, 목적, 방법, 수단, 사후수습 노력 등을 고려할 때 정상참작의 사 유가 크거나 위법·부당행위의 정도가 제7호의 제재에 해당되는 경우보다 경미한 경우

② 감독원장은 금융기관이 제1항 각호에 해당하는 사유가 있는 경우에는 당해 금융기관에 대하여 제1항 제1호 내지 제6호에 해당하는 조치를 취할 것을 금융위에 건의하여야 하며, 제1항 제7호 및 제9호에 해당하는 조치를 취할 수 있다. (다만, 개별 금융업관련법 등에서 달리 정하고 있는 때에는 그에 따른다. 이하 제18조 제2항, 제19조 제1항, 제21조에서 같다.)

48) [검사제재규정 18조(임원에 대한 제재)]

① 금융위설치법, 금융산업구조개선법 및 금융업관련법의 규정 등에 의거 금융기관의 임원에 대하여 취할 수 있는 제재의 종류 및 사유는 다음 각호와 같다.

1. 해임권고[해임요구, 개선(改選)요구를 포함]
   가. 고의로 중대한 위법·부당행위를 함으로써 금융질서를 크게 문란시키거나 금융기관의 공신력을 크게 훼손한 경우
   나. 금융기관의 사회적 명성에 중대한 손상이 발생하는 등 사회적 물의를 야기하거나 금융기관의 건전한 운영을 크게 저해함으로써 당해 금융기관의 경영을 심히 위태롭게 하거나 당해 금융기관 또는 금융거래자 등에게 중대한 재산상의 손실을 초래한 경우
   다. 고의 또는 중과실로 재무제표 등에 허위의 사실을 기재하거나 중요한 사실을 기재하지 아니하여 금융거래자등에게 중대한 재산상의 손실을 초래하거나 초래할 우려가 있는 경우 또는 위의 행위로 인하여 금융산업구조개선법 제10조에서 정한 적기시정조치를 회피하는 경우
   라. 고의 또는 중과실로 감독원장이 금융관련법규에 의하여 요구하는 보고서 또는 자료를 허위로 제출함으로써 감독과 검사업무 수행을 크게 저해한 경우
   마. 고의 또는 중과실로 직무상의 감독의무를 태만히 하여 금융기관의 건전한 운영을 크게 저해하거나 금융질서를 크게 문란시킨 경우
   바. 기타 금융관련법규에서 정한 해임권고 사유에 해당하는 행위를 한 경우
2. 업무집행의 전부 또는 일부의 정지
   가. 위법·부당행위가 제1호 각 목의 어느 하나에 해당되고 제1호에 따른 제재의 효과를 달성하기 위해 필요한 경우
   나. 위법·부당행위가 제1호 각 목의 어느 하나에 해당되나 위법·부당행위의 동기, 목적, 방법, 수단, 사후수습 노력 등을 고려할 때 정상참작의 사유가 있는 경우
3. 문책 경고
   가. 금융관련법규를 위반하거나 그 이행을 태만히 한 경우
   나. 당해 금융기관의 정관에 위반되는 행위를 하여 신용질서를 문란시킨 경우
   다. 감독원장이 금융관련법규에 의하여 요구하는 보고서 또는 자료를 허위로 제출하거나 제출을 태만히 한 경우
   라. 직무상의 감독의무 이행을 태만히 하여 금융기관의 건전한 운영을 저해하거나 금융질서를 문란시킨 경우
   마. 금융관련법규에 의한 감독원의 감독과 검사업무의 수행을 거부·방해 또는 기피

직원에 대한 제재로는 1, 면직, 2. 업무의 전부 또는 일부에 대한 정직, 3. 감봉, 4. 견책, 5. 주의 등이 있다(규정 19조①).[49]

한 경우

바. 금융위, 감독원장, 기타 감독권자가 행한 명령, 지시 또는 징계요구의 이행을 태만히 한 경우

사. 기타 금융기관의 건전한 운영을 저해하는 행위를 한 경우

4. 주의적 경고

제3호 각목의 1에 해당되나 위법·부당행위의 동기, 목적, 방법, 수단, 사후수습 노력 등을 고려할 때 정상참작의 사유가 있거나 위법·부당행위의 정도가 제3호의 제재에 해당되는 경우보다 가벼운 경우

5. 주의

제4호에 해당되나 위법·부당행위의 동기, 목적, 방법, 수단, 사후수습 노력 등을 고려할 때 정상참작의 사유가 크거나 위법·부당행위의 정도가 제4호의 제재에 해당되는 경우보다 경미한 경우

② 감독원장은 금융기관의 임원이 제1항 각호에 해당하는 사유가 있는 경우에는 당해 임원에 대하여 제1항 제1호 및 제2호에 해당하는 조치를 취할 것을 금융위에 건의하여야 하며, 제1항 제3호 내지 제5호에 해당하는 조치를 취할 수 있다.

③ 감독원장은 주된 행위자로서 위법·부당행위를 한 금융기관의 임원이 과거 재직하였던 금융기관에서 주된 행위자로서 동일 또는 유사한 위법·부당행위(이미 제재를 받은 행위는 제외한다)를 한 경우에는 이를 고려하여 제1항 각 호의 제재사유에 해당하는지 여부를 판단할 수 있다.

④ 감독원장은 제1항 제1호의 조치를 동항 제2호의 조치와 함께 취할 것을 금융위에 건의할 수 있다. 다만, 금융관련법규에 따라 제1항 제1호의 조치와 동항 제2호의 조치를 함께 취할 수 없는 경우에는 그러하지 아니하다. ⑤ 금융위가 금융기관 임원에 대하여 제1항 제1호 및 제2호에 해당하는 조치를 취한 때에는 당해 기관의 장은 지체없이 필요한 조치를 취하고 그 결과를 감독원장에게 보고해야 한다.

⑥ 제1항 제2호의 규정에 의한 업무집행정지기간은 6월 이내로 한다.

49) [검사제재규정 19조(직원에 대한 제재)]

① 감독원장은 금융관련법규에 따라 다음 각호의 어느 하나에 해당하는 경우 금융위에 금융기관의 직원에 대한 면직요구 등을 건의하거나 당해 금융기관의 장에게 소속 직원에 대한 면직, 정직, 감봉, 견책 또는 주의 등의 제재조치를 취할 것을 요구할 수 있다.

1. 금융기관의 건전성 또는 금융소비자 권익을 크게 훼손하거나 금융질서를 문란하게 한 경우

2. 당해 금융기관의 내부통제체제가 취약하거나 제2항에 의한 자율처리필요사항이 과거에 부적정하게 처리되는 등 자율처리필요사항을 통보하기에 적합하지 않다고 판단되는 경우

② 감독원장은 금융기관의 직원(사실상 이사·감사 등과 동등한 지위에 있는 미등기임원 등을 제외한다)의 제1항 각호 외의 위법·부당행위에 대하여 당해 금융기관의 장에게 자율처리필요사항을 통보할 수 있다.

③ 감독원장은 주된 행위자로서 위법·부당행위를 한 사실상 이사·감사 등과 동등한 지위에 있는 금융기관의 미등기 임원 등이 과거 재직하였던 금융기관에서 주된 행위자로서 동일 또는 유사한 위법·부당행위(이미 제재를 받은 행위는 제외한다)를 한 경우에는 이를 고려하여 제1항의 제재사유에 해당하는지 여부를 판단할 수 있다.

[검사제재규정 시행세칙 제45조(직원에 대한 제재)]

① 규정 제5조 및 제19조에 의한 금융기관 직원에 대한 제재의 종류 및 사유는 다음과 같다.
1. 면직
가. 고의 또는 중대한 과실로 위법·부당행위를 행하여 금융기관 또는 금융거래자에게 중대한 손실을 초래 하거나 신용질서를 크게 문란시킨 경우
나. 횡령, 배임, 절도, 업무와 관련한 금품수수 등 범죄행위를 한 경우
다. 변칙적·비정상적인 업무처리로 자금세탁행위에 관여하여 신용질서를 크게 문란시킨 경우
라. 고의 또는 중과실로 감독원장이 금융관련법규에 의하여 요구하는 보고서 또는 자료를 허위로 제출함으로써 감독과 검사업무 수행을 크게 저해한 경우
마. 고의 또는 중과실로 직무상의 감독의무를 태만히 하여 금융기관의 건전한 운영을 크게 저해하거나 금융질서를 크게 문란시킨 경우
2. 업무의 전부 또는 일부에 대한 정직
제1호 각목의 1에 해당되나 위법·부당행위의 동기, 목적, 방법, 수단, 사후수습 노력 등을 고려할 때 정상참작의 사유가 있거나 위법·부당행위의 정도가 제1호의 제재에 해당되는 경우보다 비교적 가벼운 경우
3. 감봉
가. 위법·부당행위를 한 자로서 금융기관 또는 금융거래자에게 상당한 손실을 초래하거나 신용질서를 문란시킨 경우
나. 업무와 관련하여 범죄행위를 한 자로서 사안이 가벼운 경우 또는 손실을 전액 보전한 경우
다. 자금세탁행위에 관여한 자로서 사안이 가벼운 경우
라. 감독원장이 금융관련법규에 의하여 요구하는 보고서 또는 자료를 허위로 제출하거나 제출을 태만히 한 경우
마. 직무상의 감독의무 이행을 태만히 하여 금융기관의 건전한 운영을 저해하거나 금융질서를 문란시킨 경우
4. 견책
제3호 각목의 1에 해당되나 위법·부당행위의 동기, 목적, 방법, 수단, 사후수습 노력 등을 고려할 때 정상참작의 사유가 있거나 위법·부당행위의 정도가 제3호의 제재에 해당되는 경우보다 비교적 가벼운 경우
5. 주의
제4호에 해당되나 위법·부당행위의 동기, 목적, 방법, 수단, 사후수습 노력 등을 고려할 때 정상참작의 사유가 크거나 위법·부당행위의 정도가 제4호의 제재에 해당되는 경우보다 경미한 경우

② 감독원장은 검사결과 금융기관의 직원(이사·감사 등과 사실상 동등한 지위에 있는 미등기 임원 등을 제외한다. 이하 이 조에서 같다)이 제1항 제4호 또는 제5호에 따른 제재사유에 해당되는 위법·부당행위를 한 사실을 발견한 경우에는 규정 제19조에 따라 당해 기관의 장에게 자율처리 필요사항을 통보할 수 있다. 다만, 이사·감사 또는 사실상 이와 동등한 지위에 있는 미등기 임원 등(이하 "임원등"이라 한다. 이하 이조에서 같다)과 관련된 위법·부당행위로서 직원이 주된 행위자인 경우에는 임원등을 조치(함께 조치하는 경우를 포함한다)한 후에 직원에 대해 자율처리 필요사항으로 통보할 수 있다.

③ 감독원장은 제2항에 불구하고 다음 각 호의 어느 하나에 해당하는 경우에는 제재대상자와 제재의 종류를 지정하여 조치를 요구할 수 있다. 다만, 제2호 또는 제3호에 해당하는 위법·부당행위를 한 금융기관 직원에 대한 양정결과가 주의요구 이하로 예상되는 경우에는 제2항에 따라 자율처리 필요사항을 통보할 수 있다.

㈑ 과징금 및 과태료 부과, 기타 조치

감독원장은 금융기관 또는 그 임직원, 그 밖에 금융업관련법의 적용을 받는 자가 금융업관련법에 정한 과징금 또는 과태료의 부과대상이 되는 위법행위를 한 때에는 금융위에 과징금 또는 과태료의 부과를 건의해야 한다. 당해 위법행위가 법령 등에 따라 부과 면제 사유에 해당한다고 판단하는 경우에는 부과 면제를 건의해야 한다(규정 20조①).[50)]

㈒ 제재의 감면

기관 및 임직원에 대한 제재를 함에 있어 위법·부당행위의 정도, 고의·중과실 여부, 사후 수습 노력, 공적, 자진신고 여부 등을 고려하여 제재를 감경하거나 면제할 수 있다(규정 23조①). 금융기관 또는 그 임직원에 대하여 과징금 또는

---

1. 삭제
2. 금융관련법규상 신용공여 금지위반 또는 한도초과 행위, 금융투자업자의 증권 임의매매·불공정거래행위, 보험회사의 특별이익제공·무자격모집위탁 등으로 금융기관의 건전성 또는 금융소비자 권익을 크게 훼손한 행위
3. 금융사고, 금융실명제 위반, 회계분식, 감독 및 검사 방해·거부·기피 등으로 금융질서를 문란하게 한 행위
4. 당해 금융기관의 내부통제체제가 취약하거나 제2항에 따라 자율처리 필요사항으로 통보한 사항에 대해 부적정하게 처리하는 등 자율적인 제재가 곤란할 것으로 판단되는 경우

50) [검사제재규정 20조(과징금 및 과태료의 부과)]

① 감독원장은 금융기관 또는 그 임직원, 그 밖에 금융업관련법의 적용을 받는 자가 금융업관련법에 정한 과징금 또는 과태료의 부과대상이 되는 위법행위를 한 때에는 금융위에 과징금 또는 과태료의 부과를 건의해야 한다. 당해 위법행위가 법령 등에 따라 부과 면제 사유에 해당한다고 판단하는 경우에는 부과 면제를 건의해야 한다.

② 제1항 단서에도 불구하고 감독원장은 과징금 또는 과태료의 부과면제 사유가 다음 각호의 어느 하나에 해당하는 경우에는 금융위에 건의하지 않고 과징금 또는 과태료의 부과를 면제할 수 있다.

1. 삭 제
2. <별표2> 과징금 부과기준 제6호 라목의 (1)(경영개선명령조치를 받은 경우에 한한다), (2) 또는 마목의 (2), (4)
3. <별표3> 과태료 부과기준 제5호의 (1), (2)
4. 위반자가 「채무자 회생 및 파산에 관한 법률」에 따른 개인회생절차개시결정 또는 파산선고를 받은 경우

[검사제재규정 21조(기타 조치)]

① 감독원장은 금융기관 임직원이 위법·부당한 행위로 당해 금융기관에 재산상의 손실을 초래하여 이를 변상할 책임이 있다고 인정되는 경우에는 당해 기관의 장에게 변상조치할 것을 요구할 수 있다.

② 감독원장은 금융기관 또는 그 임직원의 업무처리가 법규를 위반하거나 기타 불합리하다고 인정하는 경우에는 당해 기관의 장에게 업무방법의 개선 등을 요구할 수 있다.

과태료를 부과하는 경우에는 동일한 위법·부당행위에 대한 기관제재 또는 임직원 제재는 이를 감경하거나 면제할 수 있다(규정 23조②). 감독원장은 금융기관 임직원(제재 이전 퇴직자 포함)의 행위가 제18조 제1항 제5호(제19조 제1항의 주의를 포함, 다만 감독자에 대한 주의는 제외)에 해당하는 경우에는 준법교육을 이수하는 것을 조건으로 조치를 면제할 수 있다(규정 23조의2①).

(바) 제재의 가중

가) 기관제재의 가중　　금융기관이 위법·부당한 행위를 함으로써 최근 3년 이내에 2회 이상 기관주의 이상의 제재를 받고도 다시 위법·부당행위를 하는 경우 제재를 1단계 가중할 수 있다. 다만, 금융기관이 합병하는 경우에는 합병 대상기관 중 제재를 더 많이 받았던 기관의 제재 기록을 기준으로 가중할 수 있다(규정 24조①).

금융기관의 서로 관련 없는 위법·부당행위가 동일 검사에서 4개 이상 경합되는 경우(제17조 제1항 제7호 또는 제9호의 사유가 각각 4개 이상인 경우에 한한다)에는 제재를 1단계 가중할 수 있다. 다만, 다음 각 호의 어느 하나에 해당하는 경우에는 그러하지 아니하다(규정 24조②).

1. 제17조 제1항 제7호의 사유에 해당하는 각각의 위법행위가 금융관련법규에서 정한 영업정지 사유에 해당하지 않는 경우
2. 경합되는 위법·부당행위가 목적과 수단의 관계에 있는 경우
3. 경합되는 위법·부당행위가 실질적으로 1개의 위법·부당행위로 인정되는 경우

나) 임원제재의 가중　　임원의 서로 관련 없는 위법·부당행위가 동일 검사에서 3개(규정 제18조 제1항 제5호의 제재가 포함되는 경우에는 4개) 이상 경합되는 경우에는 그 중 책임이 중한 위법·부당사항에 해당하는 제재보다 1단계 가중할 수 있다. 다만, 다음 각 호의 어느 하나에 해당하는 경우에는 그러하지 아니하다(규정 24조의2①).

1. 가장 중한 제재가 업무집행정지 이상인 경우
2. 경합되는 위법·부당행위가 목적과 수단의 관계에 있는 경우
3. 경합되는 위법·부당행위가 실질적으로 1개의 위법·부당행위로 인정되는 경우

임원이 주된 행위자로서 주의적경고 이상의 조치를 받고도 다시 주된 행위

자로서 동일 또는 유사한 위법·부당행위를 반복하여 제재를 받게 되는 경우에는 제재를 1단계 가중할 수 있다(규정 24조의2②). 임원이 최근 3년 이내에 문책경고 이상 또는 2회 이상의 주의적경고·주의를 받고도 다시 위법·부당행위를 하는 경우에는 제재를 1단계 가중할 수 있다(규정 24조의2③).

다) 직원제재의 가중 직원이 최근 3년 이내에 2회 이상의 제재를 받고도 다시 위법·부당행위를 하는 경우에는 제재를 1단계 가중할 수 있다(규정 25조①). 직원이 다수의 위법·부당행위와 관련되어 있는 경우에는 제재를 가중할 수 있다(규정 25조②). 사실상 이사·감사 등과 동등한 지위에 있는 미등기 임원 등에 대한 제재의 가중에 있어서는 제24조의2(임원제재의 가중) 제1항 내지 제3항을 준용하고 이 경우 해임권고·업무집행정지·문책경고·주의적경고는 각각 면직·정직·감봉·견책으로 본다(규정 25조④).

(사) 제재의 병과조치

가) 제재시 병과조치 감독원장은 금융기관 또는 그 임직원의 위법·부당행위가 금융관련법규상 벌칙, 과징금 또는 과태료의 적용을 받거나 「특정경제범죄 가중처벌 등에 관한 법률」 위반 혐의가 있다고 인정되는 경우에는 규정 제17조 내지 제19조의 규정에 의한 제재와 동시에 감독원장이 미리 정한 기준 및 절차에 따라 수사당국에 그 내용을 고발하거나 통보할 수 있으며, 제20조의 규정에 의한 과징금 또는 과태료의 부과를 금융위에 건의할 수 있다(규정 29조①). 감독원장은 기관경고를 받는 금융기관의 관련임원에 대하여 당해 위법·부당행위에 대한 관련정도에 따라 해임권고 또는 업무집행정지조치를 취할 것을 금융위에 건의하거나 경고조치를 함께 할 수 있다(규정 29조②).

나) 고발 등 조치시 병과조치 감독원장은 금융기관 또는 그 임원의 위법행위에 대하여 수사당국에 고발 등의 조치를 하는 경우에 당해 위법행위와 관련된 다른 제재조치는 다음 각 호의 1과 같이 한다(규정 30조).

1. 제17조 및 제18조의 규정에 의한 기관 또는 임원에 대한 제재를 병과할 수 있다.
2. 제20조의 규정에 의한 과태료의 부과는 하지 아니할 수 있다.

(아) 제재절차

감독원장은 검사결과 적출된 지적사항에 대하여 조치내용의 적정성 등을 심사·조정하고 제재심의위원회의 심의를 거쳐 개별 금융업관련법 등에 따라 금융위에 제재를 건의하거나 직접 조치한다(규정 33조①). 감독원장이 금융위에 건의한 제재사항에 대한 금융위의 심의 결과 감독원장이 조치해야 할 사항으로 결정된 경우에는 금융위의 결정대로 조치한다(규정 33조②). 금융감독원의 집행간부 및 감사와 직원은 금융위설치법 제35조 제2항에 따라 제재절차가 완료되기 전에 직무상 알게 된 조치예정내용 등을 다른 사람에게 누설하여서는 아니 된다. 단, 조치예정내용 등을 금융위에 제공하거나 금융위와 협의하는 경우는 이에 해당하지 아니하며, 금융위 소속 공무원은 국가공무원법 제60조에 따라 제재절차 과정에서 직무상 알게 된 비밀을 엄수(嚴守)해야 한다(규정 33조③).[51]

---

51) [검사제재규정 34조(제재심의위원회의 설치 등)]

① 감독원장은 제재에 관한 사항을 심의하기 위하여 감독원장 자문기구로서 제재심의위원회(이하 "심의회"라 한다)를 설치·운영한다.

② 심의회는 다음 각호의 사항을 심의한다. 다만, 감독원장은 필요하다고 인정하는 때에는 심의회의 심의를 생략할 수 있다.

1. 제17조 내지 제20조의 규정에 의한 제재에 관한 사항 및 기타 감독원장이 정하는 사항
2. 제1호의 규정에 의거 심의한 사항에 대한 이의신청 사항

③ 감독원장은 심의회 운영에 필요하다고 인정하는 때에는 제재대상자에게 위법·부당행위 사실, 조치예정내용 등을 미리 고지하고 구술 또는 서면에 의한 의견진술 기회를 부여할 수 있다.

④ 제3항에 따라 고지하는 조치예정내용은 감독원장이 제재할 사항과 금융위에 건의할 제재사항을 구분하여 표시해야 한다.

[검사제재규정 35조(사전통지 및 의견진술 등)]

① 감독원장이 제17조, 제18조, 제19조 및 제20조에 의하여 제재조치를 하는 때에는 위규행위사실, 관련 법규, 제재 예정내용 등을 제재대상자(제19조 제2항의 경우에는 당해 금융기관의 장을 말한다)에게 구체적으로 사전통지하고 상당한 기간을 정하여 구술 또는 서면에 의한 의견진술 기회를 주어야 한다. 다만, 당해 처분의 성질상 의견청취가 현저히 곤란하거나 명백히 불필요하다고 인정될만한 상당한 이유가 있는 등 행정절차법 제21조에서 정한 사유가 있는 경우에는 사전통지를 아니할 수 있다.

② 감독원장은 제1항에 따라 사전통지를 하는 때에는 행정절차법 제21조에 따른 것임을 표시해야 한다.

③ 제1항에 불구하고 금융업관련법 등에서 의견청취 방법을 청문 등으로 별도로 정하고 있는 때에는 그 정한 바에 따른다.

[검사제재규정 35조의3(제재대상자의 의견진술 및 열람권 보장)]

① 감독원장은 심의회 운영 등 제재절차에 있어 제재대상자의 의견진술 기회를 충분히 보장하기 위해 노력해야 한다.

② 제35조에 의한 사전통지를 받은 제재대상자(제8조의3의 "조력자"를 포함한다. 이하 이 조에서 같다)는 심의회 위원들에게 제출된 심의회 부의예정안 및 심의회에 제출될 서류(이하 "서류 등"이라 한다)를 열람할 수 있다.

③ 제2항에도 불구하고 감독원장은 금융시장의 안정, 수사의 밀행성 필요 또는 증거인멸 우려 등 관련 사안의 조사에 심각한 장애가 예상되는 등 열람을 허용하지 아니할 상당한 이유가 있다고 인정되는 경우 서류 등에 대하여 열람을 거부하거나 그 범위를 제한할 수 있다. 단, 이 경우 그 이유를 서면으로 제재대상자에게 지체없이 통지해야 한다.

(자) 금융회사 임원 결격사유

금융사지배구조법 또는 금융관계법령에 따라 임직원 제재조치(퇴임·퇴직한 임직원의 경우 해당 조치에 상응하는 통보를 포함)를 받은 사람으로서 조치의 종류별로 5년을 초과하지 않는 범위에서 대통령령으로 정하는 기간이 지나지 아니한 사람은 금융회사의 임원이 될 수 없다(금융사지배구조법 5조①7).[52]

[검사제재규정 36조(불복절차) 금융기관 또는 그 임직원에 대하여 제재를 하는 경우에 감독원장은 그 제재에 관하여 이의신청·행정심판·행정소송의 제기, 기타 불복을 할 수 있는 권리에 관한 사항을 제재대상자에게 알려주어야 한다.

[검사제재규정 37조(이의신청)]

① 이 규정에 따라서 금융위 또는 감독원장으로부터 제재를 받은 금융기관 또는 그 임직원, 그 밖에 금융업관련법의 적용을 받는 자는 당해 제재처분 또는 조치요구가 위법 또는 부당하다고 인정하는 경우에는 금융위 또는 감독원장에게 이의를 신청할 수 있다. 다만, 금융관련법규에서 별도의 불복절차가 마련되어 있는 경우에는 그에 따른다.

② 제19조 제2항의 자율처리필요사항 통보와 관련하여 당해 금융기관의 장으로부터 특정한 조치가 예정된 직원은 당해 자율처리필요사항이 위법·부당하다고 인정하는 경우에는 당해 금융기관의 장을 통하여 금융위 또는 감독원장에게 이의를 신청할 수 있다.

③ 감독원장은 금융기관 또는 그 임직원의 이의신청에 대하여 다음 각호의 1과 같이 처리한다.

1. 금융위의 제재처분에 대하여 이의신청을 받은 경우에는 그 이의신청 내용을 금융위에 지체없이 통보하고, 타당성 여부를 심사하여 당해 처분의 취소·변경 또는 이의신청의 기각을 금융위에 건의한다. 다만, 이의신청이 이유없다고 인정할 명백한 사유가 있는 경우에는 감독원장이 이의신청을 기각할 수 있다.
2. 감독원장의 제재처분 또는 조치요구사항에 대하여는 이유가 없다고 인정하는 경우에는 이를 기각하고, 이유가 있다고 인정하는 경우에는 당해 처분을 취소 또는 변경한다.

④ 제3항의 규정에 의한 이의신청 처리결과에 대하여는 다시 이의신청할 수 없다.

⑤ 감독원장은 증거서류의 오류·누락, 법원의 무죄판결 등으로 그 제재가 위법 또는 부당함을 발견하였을 때에는 직권으로 재심하여 제3항 각호에서 정하는 조치를 취할 수 있다(규정 42조).

[검사제재규정 제38조(제재내용의 이사회 등 보고)]

① 금융기관의 장은 제17조 또는 제18조에 의한 제재조치를 받은 경우 감독원장이 정하는 바에 따라 이사회앞 보고 또는 주주총회 부의 등 필요한 절차를 취해야 한다.

52) "대통령령으로 정하는 기간"이란 다음 기간을 말한다(同法 施行令 7조②).

1. 임원에 대한 제재조치의 종류별로 다음 각 목에서 정하는 기간
   가. 해임(해임요구 또는 해임권고를 포함): 해임일(해임요구 또는 해임권고의 경우에는 해임요구일 또는 해임권고일)부터 5년
   나. 직무정지(직무정지의 요구를 포함) 또는 업무집행정지: 직무정지 종료일(직무정지 요구의 경우에는 직무정지 요구일) 또는 업무집행정지 종료일부터 4년
   다. 문책경고: 문책경고일부터 3년
2. 직원에 대한 제재조치의 종류별로 다음 각 목에서 정하는 기간
   가. 면직요구: 면직요구일부터 5년
   나. 정직요구: 정직요구일부터 4년
   다. 감봉요구: 감봉요구일부터 3년
3. 재임 또는 재직 당시 금융관계법령에 따라 그 소속기관 또는 금융위원회·금융감독원장

준법감시인은 최근 5년간 금융사지배구조법 또는 금융관계법령을 위반하여 문책경고 또는 감봉요구 이상에 해당하는 조치를 받은 사실이 없는 사람이어야 한다(금융사지배구조법 26조①). 준법감시인이 된 사람이 이러한 요건을 충족하지 못하게 된 경우에는 그 직을 잃는다(금융사지배구조법 26조②).

Ⅲ. 조사 및 조치

1. 임의조사

(1) 보고·조사

금융위원회는[53] 자본시장법 또는 자본시장법에 따른 명령이나 처분을 위반한 사항이 있거나 투자자 보호 또는 건전한 거래질서를 위하여 필요하다고 인정되는 경우에는 위반행위의 혐의가 있는 자, 그 밖의 관계자에게 참고가 될 보고 또는 자료의 제출을 명하거나 금융감독원장에게 장부·서류, 그 밖의 물건을 조사하게 할 수 있고(法 426조①), 조사를 위하여 위반행위의 혐의가 있는 자, 그 밖의 관계자에게 다음 사항을 요구할 수 있다(法 426조②).[54]

1. 조사사항에 관한 사실과 상황에 대한 진술서의 제출
2. 조사사항에 관한 진술을 위한 출석
3. 조사에 필요한 장부·서류, 그 밖의 물건의 제출

금융위원회는 조사를 함에 있어서 불공정거래규제에 관한 제172조부터 제174조까지(미공개중요정보 이용행위 금지), 제176조(시세조종행위 등의 금지), 제178조(부정거래행위 등의 금지), 제178조의2(시장질서 교란행위의 금지), 제180조부터

외의 감독·검사기관으로부터 제1호 또는 제2호의 제재조치에 준하는 조치를 받은 사실이 있는 경우 제1호 또는 제2호에서 정하는 기간

4. 퇴임하거나 퇴직한 임직원이 재임 또는 재직 중이었더라면 제1호부터 제3호까지의 조치를 받았을 것으로 인정되는 경우 그 받았을 것으로 인정되는 조치의 내용을 통보받은 날부터 제1호부터 제3호까지에서 정하는 기간

53) 불공정거래규제에 관한 규정(자본시장법 제4편 제172조부터 제174조까지, 제176조, 제178조, 제178조의2, 제180조 및 제180조의2부터 제180조의6까지)을 위반한 사항인 경우에는 증권선물위원회를 말한다(426조①).

54) 제426조 제1항에 따른 금융위원회의 요구에 불응한 자는 3년 이하의 징역 또는 1억원 이하의 벌금에 처한다(법 445조 48호). 그러나 임의조사 불응에 대한 형사처벌규정의 타당성은 의문이다. 특히 휴대폰도 제3호의 "물건"에 해당하는데, 위 규정상 휴대폰 제출요구를 불응한 경우도 형사처벌 대상이 된다(서울남부지방법원 2021.1.15.자 2020고약13767 명령).

및 제180조의2부터 제180조의6까지(공매도 규제) 및 의 규정을 위반한 사항의 조사에 필요하다고 인정되는 경우에는 다음의 조치를 할 수 있다(法 426조③).

1. 제출된 장부·서류, 그 밖의 물건의 영치
2. 관계자의 사무소 또는 사업장에 대한 출입을 통한 업무·장부·서류, 그 밖의 물건의 조사[55]

⑵ 자료제출요구

금융위원회는 조사를 함에 있어서 필요하다고 인정되는 경우에는 금융투자업자, 금융투자업관계기관 또는 거래소에 대통령령으로 정하는 방법[56]에 따라 조사에 필요한 자료의 제출을 요구할 수 있다(法 426조④).

⑶ 조치사유·조치기준

금융위원회는 조사 결과 별표 15 각 호의 어느 하나에 해당하는 경우에는 시정명령, 그 밖에 대통령령으로 정하는 조치를 할 수 있으며, 조사 및 조치를 함에 있어서 필요한 절차·조치기준, 그 밖에 필요한 사항을 정하여 고시할 수 있다(法 426조⑤).[57]

---

55) 사무소 또는 사업장이라는 법문상 자택은 조사대상이 아니다. 자택에서 증권을 매매함으로써 불공정거래를 한 경우에는 자택도 제426조의 임의조사대상에 포함된다는 견해도 있으나, 인권침해를 방지하기 위하여 자택은 제427조의 강제조사대상으로 보아야 한다. 즉, 자택은 임의로 조사할 수 없고 조사공무원의 영장에 의한 압수·수색에 의한 강제조사만이 가능하다.

56) 금융위원회(法 172조부터 174조까지, 176조, 178조, 178조의2, 180조, 180조의2부터 180조의5까지의 규정을 위반한 사항인 경우에는 증권선물위원회)가 금융투자업자, 금융투자업 관계 기관 또는 거래소에 대하여 자료의 제출을 요구하는 경우에는 그 사용목적과 조사대상 금융투자상품의 종류, 종목·품목, 거래유형 및 거래기간 등을 기재한 서면으로 해야 한다(令 375조).

57) "대통령령으로 정하는 조치"란 다음과 같은 조치를 말한다(令 376조①).

1. 금융투자업자의 경우: 자본시장법 제420조 제1항·제3항 또는 자본시장법 제422조 제1항·제2항에 따른 조치
2. 거래소의 경우: 자본시장법 제411조 제1항부터 제3항까지의 규정에 따른 조치
3. 협회의 경우: 자본시장법 제293조 제1항부터 제3항까지의 규정에 따른 조치
4. 예탁결제원의 경우: 자본시장법 제307조 제1항부터 제3항까지의 규정에 따른 조치
5. 증권금융회사의 경우: 자본시장법 제335조 제1항부터 제4항까지의 규정에 따른 조치
6. 종합금융회사의 경우: 자본시장법 제354조 제1항부터 제4항까지의 규정에 따른 조치
7. 자금중개회사의 경우: 자본시장법 제359조 제1항부터 제4항까지의 규정에 따른 조치
8. 단기금융회사의 경우: 자본시장법 제364조 제1항부터 제4항까지의 규정에 따른 조치
9. 명의개서대행회사(자본시장법 제365조 제1항에 따라 등록을 한 자)의 경우: 자본시장법 제369조 제1항부터 제4항까지의 규정에 따른 조치
10. 금융투자 관계 단체의 경우: 자본시장법 제372조 제1항에 따른 조치
11. 제1호부터 제10호까지의 규정이 적용되지 않는 자의 경우: 다음 각 목의 어느 하나에

⑷ 거래소의 통보

거래소는 이상거래의 심리 및 회원에 대한 감리결과 자본시장법 또는 자본시장법에 따른 명령이나 처분을 위반한 혐의를 알게 된 경우에는 금융위원회에 통보해야 한다(法 426조⑥).

⑸ 증표의 제시

관계자의 사무소 또는 사업장에 대한 출입을 통한 업무·장부·서류, 그 밖의 물건의 조사를 하는 자는 그 권한을 표시하는 증표를 지니고 이를 관계자에게 내보여야 한다(法 426조⑦).

⑹ 공 표

금융위원회는 관계자에 대한 조사실적·처리결과, 그 밖에 관계자의 위법행위를 예방하는데 필요한 정보 및 자료를 대통령령으로 정하는 방법에 따라 공표할 수 있다(法 426조⑧).[58]

⑺ 특정 불공정거래행위 사용계좌의 지급정지

자본시장법 제173조의2 제2항(파생상품 시세에 영향을 미칠 수 있는 정보 누설·이용금지), 제174조(미공개중요정보 이용행위 금지), 제176조(시세조종행위 등의 금지), 제178조(부정거래행위 등의 금지), 제178조의2(시장질서 교란행위의 금지), 제180조(공매도의 제한) 또는 제180조의4(공매도 거래자의 모집 또는 매출에 따른 주식취득 제한)를 위반한 행위를 "특정 불공정거래 행위"라고 한다(法 426조의2①).[59]

금융위원회는 특정 불공정거래 행위를 하였다고 판단할 만한 상당한 이유가

해당하는 조치
가. 경고
나. 주의
다. 자본시장법을 위반한 경우에는 고발 또는 수사기관에의 통보
라. 다른 법률을 위반한 경우에는 관련 기관이나 수사기관에의 통보
마. 그 밖에 금융위원회가 자본시장법 및 동법 시행령, 그 밖의 관련 법령에 따라 취할 수 있는 조치

58) 금융위원회는 위법행위를 예방하는 데에 필요한 다음 각 호의 정보와 자료를 신문·방송 또는 인터넷 홈페이지 등을 이용하여 공표할 수 있다. 다만, 관계자에 대하여 고발 또는 수사기관에 통보가 된 경우 등 금융위원회가 정하여 고시하는 경우에는 공표하지 아니하거나 일부를 제외하고 공표할 수 있다(令 377조).
1. 관계자의 소속 및 인적 사항
2. 위법행위의 내용 및 조치사항
3. 그 밖에 관계자의 위법행위를 예방하는 데에 필요하다고 금융위원회가 정하여 고시하는 사항

59) 자본시장법 제462조의2의 시행일은 2025.4.23.이다.

있고 불법이익 은닉 방지를 위하여 금융거래를 정지할 상당한 필요가 있다고 인정하는 경우 특정 불공정거래 행위에 사용되었다고 의심되는 계좌의 전부 또는 일부에 대하여 「전기통신금융사기 피해 방지 및 피해금 환급에 관한 특별법」 제2조 제1호에 따른 금융회사에 지급정지를 요구할 수 있다(法 426조의2①). 수사기관은 지급정지 요구 조치를 금융위원회에 요청할 수 있다(法 426조의2②). 지급정지 기간은 6개월로 한다. 다만, 금융위원회는 불법이익 은닉 방지 등을 위하여 지급정지를 계속할 필요가 있다고 인정하는 경우에는 6개월의 범위에서 1회에 한정하여 연장을 요구할 수 있다(法 426조의2③).

지급정지 요구를 받은 금융회사는 금융위원회로부터 지급정지 조치를 요구받은 해당 계좌에 대하여 지체 없이 지급정지 조치를 하여야 하고, 그 사실을 해당 계좌의 명의인과 금융위원회에 통지하여야 한다. 다만, 명의인의 소재를 알 수 없는 경우에는 금융회사의 인터넷 홈페이지 등에 지급정지 조치에 관한 사실을 공개하여야 한다(法 426조의2④). 수사기관은 도주 또는 증거인멸 등의 우려가 있는 경우 금융회사에 명의인에 대한 통지를 유예할 것을 요청할 수 있다. 이 경우 금융회사는 제4항에 따른 통지를 유예하여야 한다(法 426조의2⑤). 지급정지 요구를 받은 금융회사에 종사하는 사람은 지급정지 조치가 완료되기 전 또는 제5항에 따른 통지 유예기간 동안 이를 명의인 등 제3자에게 누설하여서는 아니 된다(法 426조의2⑥).

금융위원회는 다음 각 호의 어느 하나에 해당하는 경우 지급정지된 계좌에 대하여 지급정지의 일부나 전부를 해제할 수 있다. 다만, 제1호 또는 제2호에 해당하는 경우에는 지급정지를 해제하여야 한다(法 426조의2(法 426조의2⑦).

1. 명의인이 특정 불공정거래 행위에 관여하지 아니하였다는 사실이 인정되는 경우
2. 해당 계좌가 불법이익 은닉에 사용된 계좌가 아니라는 사실이 객관적인 자료 등으로 소명되는 경우
3. 수사기관에 대한 고발·통보 등이 이루어졌고, 수사기관에 의한 추징보전절차 등이 진행되어 더 이상 지급정지의 필요성이 인정되지 아니하는 경우
4. 지급정지를 한 날부터 12개월이 지날 때까지 특정 불공정거래 행위 여부에 대한 증권선물위원회 의결이 존재하지 아니하는 경우
5. 그 밖에 지급정지를 유지할 필요성 등을 고려하여 대통령령으로 정하는 경우

⑺ 불공정거래행위자에 대한 거래 및 임원선임 제한

금융위원회는 투자자를 보호하고 건전한 거래 질서를 유지하기 위하여 제426조에 따른 조사 결과 특정 불공정거래 행위를 한 자에 대하여 일정 기간("제한기간") 동안 다음 각 호의 어느 하나에 해당하는 행위를 제한하는 명령("제한명령")을 할 수 있다(法 426조의3①).[60]

1. 누구의 명의로든지 자기의 계산으로 행하는 금융투자상품의 계좌 개설, 매매, 대여, 차입 및 그 밖의 거래. 다만, 거래의 성격, 그 밖의 사정 등을 고려하여 대통령령으로 정하는 경우는 제외한다.
2. 주권상장법인, 그 밖에 대통령령으로 정하는 법인("주권상장법인등")의 임원[상법에 따른 집행임원, 「금융회사의 지배구조에 관한 법률」 제2조 제5호에 따른 업무집행책임자(이 경우 "금융회사"는 "주권상장법인등"으로 본다)를 포함]으로서의 선임·재임(在任)

제한기간을 정할 때 금융위원회는 다음 각 호의 사항을 고려하여야 하며, 제한기간은 5년을 초과하여서는 아니 된다(法 426조의3②)

1. 위반행위의 내용 및 정도
2. 위반행위의 기간 및 횟수
3. 위반행위로 인하여 취득한 이익의 규모

금융위원회는 제1항 제1호(같은 호 단서는 제외)에 따른 거래가 제한되는 자("거래제한대상자")에 관한 다음 각 호의 정보 중 거래제한 조치에 필요한 정보를 금융투자업자(겸영금융투자업자 포함), 금융투자업관계기관 또는 거래소에 통보하여야 한다(法 426조의3③).

1. 거래제한대상자의 인적사항 및 거래제한대상자가 보유한 금융투자상품 계좌정보
2. 제한명령의 내용 및 제한기간
3. 그 밖에 대통령령으로 정하는 정보

금융투자업자는 제3항에 따라 통보받은 거래제한대상자로부터 금융투자상품의 거래 요청을 받은 경우 제1항 제1호(같은 호 단서는 제외)에 해당하는 거래에 대해서는 이를 거부하여야 한다. 이 경우 거래제한대상자의 거래 요청 사실(제3

60) 자본시장법 제462조의3의 시행일은 2025.4.23.이다.

항 제1호의 정보를 포함) 및 그 거부 또는 처리결과를 금융위원회 및 거래소에 통보하여야 한다(法 426조의3④). 거래소는 금융투자업자가 제4항을 위반한 혐의를 알게 된 경우에는 이를 금융위원회에 통보하여야 한다(法 426조의3⑤).

주권상장법인등은 제1항 제2호에 따른 임원으로서의 선임·재임이 제한되는 자("임원선임·재임제한대상자")를 임원으로 선임할 수 없다. 임원선임·재임제한대상자가 임원으로 재임 중인 경우에는 해당 임원을 지체 없이 해임하여야 한다(法 426조의3⑥).

금융위원회는 다음 각 호의 어느 하나에 해당하는 경우 각 호의 구분에 따른 조치 및 그 밖에 시정에 필요한 조치를 할 수 있다.

1. 거래제한대상자가 제한명령을 위반하여 금융투자상품을 취득한 경우: 6개월 이내의 범위에서 기간을 정하여 내리는 해당 금융투자상품의 처분명령
2. 주권상장법인등이 제6항 전단을 위반하여 임원선임·재임제한대상자를 임원으로 선임하거나 같은 항 후단을 위반하여 임원선임·재임제한대상자를 해임하지 아니한 경우: 해당 임원선임·재임제한대상자의 해임 요구

(7) 조사권한의 남용 금지

제426조에 따라 조사업무를 수행하는 금융감독원 소속 직원("조사원")은 자본시장법의 시행을 위하여 필요한 최소한의 범위 안에서 조사를 행하여야 하며, 다른 목적 등을 위하여 조사권을 남용할 수 없다(法 427조의2①). 이는 제427조의 조사공무원도 마찬가지이다. 금융위원회는 조사원의 조사권 남용을 방지하고 조사절차의 적법성을 보장하기 위한 구체적 기준을 정하여 고시할 수 있다(法 427조의2②).

2. 강제조사

(1) 조사공무원의 강제조사

조사공무원이란 금융위원회 소속공무원 중 증권선물위원회 위원장의 제청에 의하여 검찰총장이 지명하는 자를 말한다(令 378조). 제427조의 조사공무원은 증권선물위원회 위원장의 지휘를 받는다는 점에서 통상의 특별사법경찰관리와 다르다.[61]

61) 또한 지명절차 및 직무수행 절차·권한도 통상의 특별사법경찰관과 달리 「사법경찰관리의

증권선물위원회는 제172조부터 제174조까지, 제176조, 제178조, 제178조의2, 제180조 및 제180조의2부터 제180조의3까지의 규정을 위반한 행위를 조사하기 위하여 필요하다고 인정되는 경우에는 조사공무원에게 위반행위의 혐의가 있는 자를 심문하거나 물건을 압수 또는 사업장 등을 수색하게 할 수 있다(法 427조 ①).[62] 이는 제426조의 임의조사와 대비되는 강제조사이다. 임의조사 불응시 조사공무원의 압수·수색과 같은 강제조사가 이어질 수 있다.

(2) 일반조사와 증권범죄조사

(가) 조사의 구분

「자본시장조사 업무규정」에 의한 조사를 "일반조사"라고 하고, 「단기매매차익 반환 및 불공정거래 조사·신고 등에 관한 규정」에 의한 조사를 "증권범죄조사"라고 한다.[63] 증권범죄조사는 구체적으로 자본시장법 제4편(불공거래의 규제) 규정 중 제172조부터 제174조까지, 제176조, 제178조, 제180조의 규정에 위반한 행위("증권범죄")의 혐의가 있는 종목에 대하여 법위반자와 그 범죄사실을 확인하기 위하여 자본시장법 제427조 제1항의 규정에 따른 조사수단을 활용하여 행하는 조사활동을 말한다(조사신고규정 2조 5호).

(나) 양자 간의 전환

1) 증권범죄조사로의 전환 　일반조사의 진행 중에 다음과 같은 사유가 있는 경우에는 증권범죄조사로 전환할 수 있다(조사신고규정 11조①).

1. 일반조사중 증권범죄혐의가 있는 장부·서류·물건(이하 "증빙물건"이라 한다)을

직무를 수행할 자와 그 직무범위에 관한 법률」(약칭: 사법경찰직무법) 및 「금융감독원 특별사법경찰관리 집무규칙」에 따르지 않고 자본시장법에 정한 바에 따른다.

62) 강제조사권은 2002년 증권거래법 개정시 도입되었는데, 그 당시 조사불응자에 대한 형사책임이 있는데 미국의 SEC에게도 인정되지 않는 강제조사권 도입은 지나치다는 반대도 많았다. 그러나 불공정거래혐의자 아닌 단순불응자에 대하여는 형사제재가 곤란하고, 오늘날 증권범죄의 수법이 다양화, 복잡화, 지능화되고 있는 점에 비추어보면 현재의 강제조사권도 효율적인 불공정거래규제를 위하여는 오히려 미흡하다는 주장도 있다.

63) 「단기매매차익 반환 및 불공정거래 조사·신고 등에 관한 규정」은 단기매매차익 산정방법 및 반환예외 인정, 임원 등의 특정증권등 소유상황 보고, 임원 등의 특정증권등 거래계획 보고, 증권범죄조사, 불공정거래행위등의 신고 및 포상금 지급 등에 관하여 필요한 사항을 정함을 목적으로 한다. 본서의 본문에서는, 「자본시장조사 업무규정」은 "자본시장조사 업무규정"으로, 「단기매매차익 반환 및 불공정거래 조사·신고 등에 관한 규정」은 "불공정거래 조사·신고 등에 관한 규정"으로 각각 약칭하고, 괄호 내 조문표시에 있어서는, 「자본시장조사 업무규정」은 "조사업무규정"으로, 「단기매매차익 반환 및 불공정거래 조사·신고 등에 관한 규정」은 "조사신고규정"으로 각각 약칭한다.

발견하였으나, 혐의자가 증빙물건의 임의제출에 동의하지 않는 경우
2. 일반조사중 사업장·사무소 등에 증빙물건이 은닉된 혐의가 뚜렷하여 압수·수색이 불가피한 경우
3. 혐의사실을 은폐할 목적으로 허위자료를 제출하는 등 일반조사를 방해함으로써 정상적인 조사가 불가능하다고 판단되는 경우

금융감독원장은 일반조사를 증권범죄조사로 전환할 필요가 있다고 인정하는 경우에는 증권선물위원회 위원장과 협의하여 증권범죄조사를 요청할 수 있다. 다만, 증권선물위원회 위원장 또는 불공정거래조사·심리기관협의회가 증권범죄조사가 필요하다고 인정하는 경우에는 감독원장은 당해 사건을 증권선물위원회 위원장에게 이첩한다(조사신고규정 11조②). 증권선물위원회 위원장은 요청 또는 이첩을 받은 경우에는 조사공무원으로 하여금 증권범죄조사를 실시하게 할 수 있다. 이 경우 증권선물위원회 위원장은 효율적인 조사를 위하여 필요하다고 인정하는 때에는 감독원장에게 조사협조를 요청할 수 있다(조사신고규정 11조③). 증권선물위원회 위원장이 증권범죄조사를 실시하는 경우 감독원장은 당해사건과 관련된 조사자료 등을 인계해야 한다(조사신고규정 11조④).

2) 일반조사로의 전환 증권선물위원회 위원장은 자본시장법 제427조 제1항의 규정에 따른 압수 또는 수색으로 증빙물건의 확보 등의 목적이 달성되었다고 인정되는 경우에는 일반조사로 전환할 수 있다(조사신고규정 제24조①). 증권선물위원회 위원장은 일반조사로 전환된 사건을 감독원장과 협의하여 이첩할 수 있다(조사신고규정 제24조②). 제2항의 규정에 의하여 이첩하는 경우 증권선물위원회 위원장은 당해사건과 관련된 조사자료 등을 감독원장에게 인계해야 한다(조사신고규정 제24조③).

(3) 조사대상종목의 선정과 현장확인 내사

(가) 조사대상종목의 선정

증권선물위원회는 업무상 인지정보, 한국거래소의 심리결과 통보사항 기타 제보사항에 대한 사전내사결과, 증권범죄의 혐의가 구체적이고 명백한 종목으로서 다음 각 호의 1에 해당하는 사유가 있는 경우에 증권범죄조사의 대상을 선정할 수 있다(조사신고규정 10조).

1. 조사업무규정에 따른 불공정거래조사·심리기관협의회의 결정이 있는 때

2. 증권·파생상품시장에 미치는 영향이 크거나 공정한 거래질서를 현저히 저해할 우려가 있는 때

(나) 현장확인 내사

"내사"라 함은 증권범죄혐의의 진위를 확인하여 구체적인 증권범죄 혐의사실을 확정하기 위한 간접조사 방법으로서 피내사자 및 그 관련인이 알지 못하도록 은밀하게 조사하는 것을 말한다(조사신고규정 2조 7호). 조사공무원은 증권범죄조사에 착수하기에 앞서 구체적인 범죄혐의 내용을 재검토하고, 증빙물건의 은닉장소 등 구체적인 압수·수색 또는 영치할 장소를 선정하여 현장을 확인하는 내사를 할 수 있다(조사신고규정 12조①). 현장확인의 내사를 하는 때에는 압수·수색 또는 영치할 장소에 관한 약도, 주변상황과 장소별 동원인원, 소요장비 등을 판단하고 내사결과와 조사착수 일시 및 조사방법에 관한 의견을 증권선물위원회 위원장에게 보고해야 한다(조사신고규정 12조②). 증권선물위원회 위원장은 증빙물건의 확보 등을 위하여 법 제427조 제1항의 규정에 따른 압수 또는 수색이 필요한 경우에는 감독원장 또는 한국거래소 이사장에게 인력 등의 지원을 요청할 수 있다(조사신고규정 14조).

(4) 조사와 영장

(가) 영장주의

조사공무원이 위반행위를 조사하기 위하여 압수 또는 수색을 하는 경우에는 검사의 청구에 의하여 법관이 발부한 압수·수색영장이 있어야 하고(法 427조②), 심문·압수·수색을 하는 경우에는 그 권한을 표시하는 증표를 지니고 이를 관계자에게 내보여야 한다(法 427조③). 형사소송법 중 압수·수색과 압수·수색영장의 집행 및 압수물 환부 등에 관한 규정은 자본시장법에 의한 압수·수색과 압수·수색영장에 관하여 준용한다(法 427조④).

조사공무원이 증권범죄조사를 위하여 압수·수색을 하는 때에는 법원이 발부한 압수·수색영장이 있어야 한다. 다만, 소유자, 소지자 또는 보관자가 임의제출한 물건 또는 유류한 물건은 압수·수색영장 없이 영치할 수 있다(조사신고규정 15조).

(나) 압수·수색영장의 신청

압수·수색영장은 관할 지방검찰청(통상 서울남부지방검찰청) 검사장에게 신청한다(조사신고규정 16조①). 압수·수색영장을 신청하는 때에는 유효기간, 범죄혐의자

의 인적사항, 압수·수색할 장소, 압수할 물건 및 압수·수색을 필요로 하는 사유를 반드시 기재하여 압수·수색할 장소별로 신청하여야 하고, 증권범죄 혐의사실을 증명할 수 있는 자료가 있는 때에는 이를 첨부할 수 있다(조사신고규정 16조②).

㈐ 증권범죄조사의 집행

조사공무원이 증권범죄조사의 집행에 착수하는 때에는 관계자에게 조사명령서 및 압수·수색영장을 제시하고 증권범죄조사의 집행의 뜻을 알린 후 집행해야 한다. 다만, 압수·수색영장 없이 영치하는 경우에는 조사에 필요한 증빙물건의 임의제출에 대한 승낙을 얻은 후에 집행해야 한다(조사신고규정 17조①).

㈑ 압수 · 수색 또는 영치

조사공무원이 압수·수색 또는 영치를 하는 때에는 절차의 공정성을 보장하기 위하여 관계자나 증빙물건의 소유자, 소지자, 보관자 또는 이에 준하는 자를 입회인으로 참여시켜야 한다(조사신고규정 18조①). 입회를 거부하거나 입회인이 없는 경우에는 관할시·군의 공무원이나 경찰공무원을 참여시켜야 한다(조사신고규정 18조②). 압수 또는 영치물건이 운반 또는 보관에 불편함이 있는 때에는 소유자, 소지자, 보관자 또는 관공서로 하여금 보관하게 할 수 있다(조사신고규정 18조③).

㈒ 압수 · 영치조서의 작성

조사공무원이 영치·심문·압수 또는 수색을 한 경우에는 그 전 과정을 기재하여 입회인 또는 심문을 받은 자에게 확인시킨 후 그와 함께 기명날인 또는 서명해야 한다. 이 경우 입회인 또는 심문을 받은 자가 기명날인 또는 서명을 하지 아니하거나 할 수 없는 때에는 그 사유를 덧붙여 적어야 한다(法 427조⑤).

조사공무원이 압수·수색 또는 영치를 완료한 때에는 「압수·영치조서」 및 「압수·영치목록」 2통을 작성하여 입회인과 함께 서명날인하고, 1통은 소유자, 소지자, 보관자 또는 이에 준하는 자에게 교부해야 한다(조사신고규정 19조①).

㈓ 압수 · 영치물건의 관리

압수 또는 영치한 증빙물건은 즉시 검토하여 증권범죄조사와 관련이 없고, 후일에 필요할 것으로 예상되지 않는 증빙물건은 보관증을 받고 환부하되 필요한 때에는 언제든지 제출할 수 있도록 조치해야 한다(조사신고규정 20조①). 압수·영치한 증빙물건 중 형사소송법 제133조 제1항의 규정에 의하여 소유자, 소지자, 보관자 또는 제출인의 가환부청구가 있는 때에는 사진촬영 기타 원형보존의 조치를 취하거나, 사본에 "원본대조필"의 확인을 받아 당해 사본을 보관하고, 원본은 보관증을 받고 가환부해야 한다(조사신고규정 20조②).

(5) 심문과 문답서

(가) 심 문

조사공무원이 증권범죄조사에 착수한 때에는 증권범죄혐의자 또는 관계자에 대하여 혐의사항에 관한 질문을 할 수 있다. 다만, 증권범죄혐의자 또는 관계자의 경력, 성행 또는 정황에 따라 적절하지 아니하다고 판단되는 경우에는 이를 생략할 수 있다(조사신고규정 21조①).

(나) 문답서의 작성

조사공무원이 증권범죄의 혐의를 발견한 때에는 혐의자 또는 관계자로부터 문답서를 받아야 한다(조사신고규정 22조①). 증권범죄혐의자 또는 관계자가 증권범죄사실에 관한 문답서의 작성을 회피하거나 서명날인을 거부하는 때에는 그 뜻을 부기하고 조사공무원이 서명날인해야 한다(조사신고규정 22조②).

(다) 대리인의 조사과정 참여

조사공무원은 증권범죄혐의자의 신청이 있는 경우 증권범죄혐의자가 선임한 행정절차법 제12조제1항에 따른 대리인을 증권범죄혐의자에 대한 조사과정에 참여하게 할 수 있다. 다만, 다음 각 호의 어느 하나에 해당하는 경우에는 그러하지 아니하다(조사신고규정 22조①).

1. 증권범죄혐의자의 대리인 참여요청이 조사의 개시 및 진행을 지연시키거나 방해하는 것으로 판단되는 경우
2. 조사공무원의 승인없이 심문에 개입하거나 모욕적인 언동 등을 하는 경우
3. 증권범죄혐의자에게 특정한 답변 또는 부당한 진술 번복을 유도하는 경우
4. 심문내용을 촬영, 녹음, 기록하는 경우. 다만, 기록의 경우 증권범죄혐의자에 대한 법적 조언을 위해 증권범죄혐의자와 대리인이 기억환기용으로 메모하는 것은 제외한다.
5. 기타 제1호 내지 제4호 이외의 경우로서 조사목적 달성을 현저하게 어렵게 하는 경우

증거인멸 우려 등의 사유로 조사의 시급을 요하는 조사와 관련하여서는 증권범죄혐의자의 대리인 참여요청과 관계없이 조사의 개시 및 진행을 할 수 있다(조사신고규정 22조의2②).

㈑ 증권범죄조사중의 수사의뢰

조사공무원이 증권범죄조사에 착수하여 조사진행중 증권범죄혐의에 대한 상당한 이유가 있고, 다음과 같은 사유가 있는 경우에는 검찰에 수사의뢰할 수 있다(조사신고규정 23조).

1. 증권범죄혐의자가 일정한 주거가 없는 때
2. 증권범죄혐의자가 증거를 인멸할 우려가 있는 때
3. 증권범죄혐의자가 도주하거나 도주할 우려가 있는 때

3. 조사결과에 대한 조치

(1) 자본시장 조사업무규정

㈎ 조사결과 처리

금융위는 조사결과 발견된 위법행위에 대하여는 법 제426조 제5항 및 시행령 제376조 제1항의 규정에 따라 제24조부터 제33조까지의 규정에서 정하는 조치를 할 수 있다(조사업무규정 19조①). 조사결과 다음과 같은 경우에는 증권선물위원회 위원장이 제1항의 조치를 할 수 있다. 이 경우 제21조의 규정에 따른 심의절차를 생략할 수 있다(조사업무규정 19조②).

1. 천재 · 지변 · 전시 · 사변 · 경제사정의 급격한 변동 그 밖의 이에 준하는 사태로 인하여 상당한 기간 증권선물위원회의 개최가 곤란한 경우 그 처리에 긴급을 요하는 사항
2. 수사당국이 수사중인 사건으로서 즉시 통보가 필요한 사항
3. 위법행위가 계속되거나 반복되어 투자자보호와 공정거래질서 유지를 위하여 즉시 조치가 필요한 사항
4. 위법행위 혐의자의 도주 · 증거 인멸 등이 예상되는 사항
5. 제2호부터 제4호까지의 규정에 준하는 경우로서 투자자보호와 공정거래질서 유지를 위하여 신속한 조치가 필요하고 증권선물위원회를 개최하여 처리할 경우 그 실효성이 떨어질 것이 명백한 사항

㈏ 자본시장조사심의위원회의 심의

조사결과의 보고 및 처리안을 심의하기 위한 자문기구로서 증권선물위원회에 자본시장조사심의위원회를 둔다(조사업무규정 21조). 자본시장조사심의위원회는 조사결과 및 조치대상자의 의견을 종합적으로 고려하여 처리안에 대한 의견

을 증권선물위원회에 제시한다.

(다) 조사결과 조치

금융위는 조사결과 발견된 위법행위로서 형사벌칙의 대상이 되는 행위에 대하여는 관계자를 고발 또는 수사기관에 통보해야 한다(조사업무규정 24조). 그리고 금융위는 위법행위가 과징금 부과대상인 경우에는 과징금을(조사업무규정 25조), 과태료 부과대상인 경우에는 과태료를 부과할 수 있다(조사업무규정 26조). 또한 금융위는 조사결과 매매차익을 법인에 반환해야 하는 매매를 한 사실을 알게 된 경우에는 해당 법인에 이를 통보해야 한다(조사업무규정 28조).

(2) 불공정거래 조사·신고 등에 관한 규정

(가) 조사결과 보고

조사공무원이 위반행위의 조사를 완료한 경우에는 그 결과를 증권선물위원회에 보고해야 한다(法 427조⑥). 조사공무원이 증권범죄조사를 종료한 때에는 그 결과를 지체 없이 증권선물위원회 위원장에게 보고해야 한다(조사신고규정 25조).

(나) 고발 등

증권범죄사건을 고발, 검찰통보, 수사의뢰("고발등")하는 경우에 압수물건이 있는 때에는 압수목록을 첨부하여 담당검사에게 인계해야 한다(조사신고규정 27조①). 압수물건으로서 소유자, 소지자 또는 관공서가 보관하는 것에 대하여는 보관증으로써 인계하고 압수물건을 인계하였다는 사실을 보관자에게 통지해야 한다(조사신고규정 27조②). 조사공무원이 증권범죄혐의자를 고발등으로 처리한 때에는 관할 검찰청의 처분 또는 법원의 판결 등에 관하여 사후관리를 해야 한다(조사신고규정 27조③).

(다) 무혐의 처리

증권선물위원회 위원장은 조사결과 증권범죄의 심증을 얻지 못한 때에는 무혐의 처리하고, 압수 또는 영치한 물건은 환부해야 한다(조사신고규정 29조).

(라) 증빙물건의 보전과 관리

증권범죄사건의 조사반장은 조사를 완료한 경우에는 증권범죄사실과 관계되는 증빙물건을 다음 각 호에서 정하는 기간 동안 보전·관리해야 한다(조사신고규정 29조①).

1. 고발 등을 한 경우에는 법원의 판결이 확정되는 때

2. 과징금 또는 과태료 부과의 경우에는 불복청구기간이 경과하는 때. 다만, 행정쟁송이 제기된 경우에는 그 쟁송절차가 완료되는 때

보관중인 증빙물건 중 가환부 청구가 있는 때에는 제16조 제2항의 규정에 따라 가환부한다(조사신고규정 29조②). 기타 쟁송과 관련되지 않는 증빙물건은 그 일부를 가환부할 수 있다(조사신고규정 29조③).

(마) 준용 규정

「단기매매차익 반환 및 불공정거래 조사·신고 등에 관한 규정」에 의한 증권범죄조사결과에 대한 처리는 자본시장조사 업무규정 제19조부터 제40조까지 준용한다(조사신고규정 26조).

4. 자본시장조사단

(1) 출범 배경

불공정거래 조사·조치의 일반적인 절차는, 금융감독원이 거래소에서 적발하여 이첩하거나 자체 적발한 사건을 조사하고, 자본시장조사심의위원회의 심의와 증권선물위원회의 의결을 거쳐 검찰에 고발 또는 통보 형식으로 이첩된다. 한편, 불공정거래 조사 성과의 극대화를 위하여 금융위원회 내에 주가조작 등 불공정거래 조사를 전담하는 자본시장조사단이 2013년 설치되었다.[64)][65)]

(2) 관계기관 간 역할분담 및 협업

자본시장조사단은 거래소 등을 통해 이상거래를 포함한 모든 불공정거래 관련 정보를 통보받게 되고, 거래소 등으로부터 통보받은 정보를 토대로 신속·강제수사의 필요성 및 사회적 파장 등을 고려하여 다음과 같이 긴급·중대사건, 중요사건 및 일반사건을 관련기관에 분류·배당한다. 이 중 자본시장조사단은 중요사건에 대한 조사집행업무를 수행한다.

---

64) 박근혜 정부의 "주가조작 등 불공정거래 종합대책"에 따라 2013년 검찰에 "증권범죄 합동수사단"이 설치됨에 따라 금융위원회의 "자본시장조사단", 금융감독원의 "특별조사국", 한국거래소의 "특별심리부" 등 4개의 조직이 증권불공정거래의 심리·조사·수사 업무를 담당하였다. "증권범죄 합동수사단"은 문재인 정부에서 폐지되었다가, 2022년 윤석열 정부에서 다시 "금융·증권범죄합동수사단"으로 재출범하였다.

65) 한편, 2022년 12월「금융위원회와 그 소속기관 직제 시행규칙」개정에 따라 자본시장조사단은 폐지되고, 불공정거래의 조사와 조치 업무는 금융위원회에 신설된 자본시장국의 자본시장조사과가 담당한다.

1. 긴급·중대 사건: 신속한 강제수사 및 공소시효 정지가 필요하거나 사회적 물의 야기로 신속한 처벌이 필요한 사건으로서(예: 사회적 물의를 야기하거나 시장의 공신력을 현저하게 저해할 우려가 큰 사건, 혐의자가 도주 또는 해외로 도피할 우려가 있는 사건, 통신자료 등에 대한 적시 압수·수색이 필요한 사건), 신속처리절차(Fast Track)로 검찰에 고발·통보 조치한다.
2. 중요 사건: Fast Track 사건 이외 압수·수색 등 강제수사가 요구되는 중요 사건은 금융위에서 직접 조사하되, 필요시 금융감독원과 공동조사를 실시한다. 이를 위해 금융위 직원을 강제조사(압수수색 등)가 가능한 자본시장법상 조사공무원으로 지명한다(증권선물위원회 위원장이 제청하고 검찰총장이 지명).
3. 기타 일반 사건: 금융감독원에 배정하여 금융감독원에서 조사를 진행한다.

5. 자본시장특별사법경찰

자본시장특별사법경찰은 출석요구에 의한 임의수사와 체포·구속, 압수·수색, 금융거래내역 조사 등의 강제수사를 할 수 있는 조직인데, 2019년 금융감독원에 설치되었고, 2022년 금융위원회에도 설치되었다.

금융감독원과 금융위원회의 특별사법경찰 집무규칙은 대체로 같은데 금융위원회 특별사법경찰 집무규칙에 의하면, 수사업무를 행하는 때에는 항상 특별사법경찰관리로 지명된 자임을 증명하는 서류를 소지하여야 하고(집무규칙 3조), 금융위원장 및 금융감독원장은 자본시장특별사법경찰의 수사업무와 자본시장법 제426조, 제429조, 제429조의2, 제430조 및 제449조에 따라 조사업무를 담당하는 부서의 조사업무 간의 부당한 정보교류를 차단하기 위하여 업무 및 조직을 분리 운영해야 한다. 다만 조사실, 디지털포렌식 장비 등 조사 시설과 설비 등을 공동 사용할 수 있다(집무규칙 6조④).

자본시장특별사법경찰관은 자본시장법에 규정된 범죄 중, 1. 증권선물위원회 위원장의 긴급조치 사건 중 검사가 자본시장특별사법경찰에 수사지휘한 사건, 2. 증선위의 의결로 검찰 고발·통보한 사건 중 검사가 자본시장특별사법경찰에 수사지휘한 사건, 3. 한국거래소 이상거래 심리결과 통보에 따른 조사사건 및 공동조사사건 중 수사로 전환할 필요성이 있는 사건, 4. 기타 금융위원회 특별사법경찰 수사부서에서 범죄혐의를 인지한 사건 등의 사건에 관하여 수사를 개시할 수 있다(집무규칙 27조①).

6. 불공정거래행위의 신고 및 신고자 보호

(1) 신고 · 처리

(가) 신고 방법

자본시장법 제4편의 불공정거래행위, 그 밖에 이 법의 위반행위를 알게 되었거나 이를 강요 또는 제의받은 경우에는 금융위원회[66]에 신고 또는 제보할 수 있다(法 435조①).

불공정거래행위등을 신고하고자 하는 자는 다음 기준에 따라 증권선물위원회 또는 금융감독원장에게 신고해야 한다(조사신고규정 34조①).

1. 당해 신고의 내용이 특정인의 불공정거래행위등과 관련이 있을 것
2. 위반행위자, 장소, 일시, 방법 등 불공정거래행위등이 특정될 수 있도록 구체적인 위반사실을 적시할 것

포상금 지급대상이 되는 불공정거래행위를 신고하고자 하는 경우에는 문서, 우편, 모사전송(FAX), 인터넷 등 신고내용을 증명할 수 있는 방법에 의해야 한다(조사신고규정 34조②). 증권선물위원회가 제1항 및 제2항의 규정에 의한 신고를 접수하여 감독원장에게 이첩한 경우에는 감독원장에게 신고한 것으로 본다(조사신고규정 34조③).

(나) 신고 접수 및 처리

증권선물위원회는 신고 또는 제보를 받은 경우에는 이를 신속하게 처리하고, 그 처리결과를 신고자 또는 제보자에게 통지해야 한다(法 435조②).

증권선물위원회 또는 감독원장은 신고를 받은 경우에 신고사건 처리담당부서장으로 하여금 그 내용을 순서에 따라 불공정거래행위 신고접수대장에 기록·관리하게 해야 한다(조사신고규정 35조①). 증권선물위원회 또는 감독원장은 신고사항이 다음과 같은 경우에는 이를 접수하지 아니하거나 이미 접수한 때에는 조사 또는 심사를 하지 아니하고 처리를 종결할 수 있다(조사신고규정 35조②).

1. 제34조의 규정에 의한 신고방법에 부합되지 아니한 경우

66) 자본시장법 제172조부터 제174조까지, 제176조, 제178조, 제178조의2, 제180조 및 제180조의2부터 제180조의6까지의 규정을 위반한 사항인 경우에는 증권선물위원회를 말한다(435조①).

2. 신고자가 소재불명 등으로 연락이 두절된 경우
3. 신고내용이 명백히 허위인 경우
4. 동일한 사항에 대하여 조사가 진행 중이거나 종료된 경우
5. 공시자료, 언론보도 등에 의하여 널리 알려진 사실이나 풍문을 바탕으로 신고한 경우로서 새로운 사실이나 증거가 없는 경우
6. 신고내용이 조사 또는 심사 단서로서의 가치가 없다고 판단되는 경우
7. 기타 신고내용 및 신고자에 대한 확인결과 조사 또는 심사의 실익이 없다고 판단되는 경우

㈐ 처리결과의 통지

증권선물위원회 또는 감독원장은 신고에 대한 처리를 완결한 때에는 그 결과를 신고인에게 문서의 방법으로 통지한다. 다만, 신고인의 신원을 확인할 수 없는 예외적인 무기명 신고의 경우에는 처리결과를 신고인에게 통지하지 않을 수 있다(조사신고규정 36조①). 그러나 다음의 경우에는 구술 또는 정보통신망을 통하여 통지할 수 있다. 다만, 신고인의 요청이 있는 경우에는 처리결과에 대한 문서를 교부해야 한다.

1. 구술 또는 인터넷 등 정보통신망을 통해 접수된 경우
2. 신속을 요하거나 사안이 경미한 경우

⑵ 신고자 보호

㈎ 비밀유지

증권선물위원회는 신고자 등의 신분 등에 관한 비밀을 유지해야 한다(法 435조④). 누구든지 직무와 관련하여 알게 된 신고자의 신분 등에 관한 비밀을 누설할 수 없다(조사신고규정 42조①). 신고자의 신분비밀 보호를 위하여 필요하다고 인정되는 경우에는 조사 또는 심사결과 처리의견서 등 관련 서류 작성시 신고자의 인적사항의 전부 또는 일부를 기재하지 아니할 수 있다(조사신고규정 42조②).

㈏ 불리한 대우 금지

신고자 등이 소속된 기관·단체 또는 회사는 그 신고자 등에 대하여 그 신고 또는 제보와 관련하여 직접 또는 간접적인 방법으로 불리한 대우를 하지 못한다(法 435조⑤).

㈐ 보호의 예외

신고자 등이 신고의 내용이 거짓이라는 사실을 알았거나 알 수 있었음에도 불구하고 신고한 경우에는 자본시장법의 보호를 받지 못한다(法 435조⑥).

⑶ 포 상 금

㈎ 지급대상

금융위원회는[67] 신고자·제보자에게 포상금을 지급할 수 있다(法 435조⑦). 금융위원회는 접수된 신고 또는 제보가 불공정거래행위등의 적발이나 그에 따른 조치에 도움이 되었다고 인정하는 경우에는 20억원의 범위에서 금융위원회가 정하여 고시하는 기준에 따라 신고자등에게 금융감독원장으로 하여금 금융감독원의 예산의 범위에서 포상금을 지급하게 할 수 있다(令 384조⑧).

관련 법령 자체만에 의하여 곧바로 신고자에게 구체적인 포상금청구권이 발생한다고 볼 수 없고, 금융감독원장이 관련 규정들에 터잡아 금융위원회고시인 불공정거래 신고 및 포상 등에 관한 규정과 회계관련 부정행위 신고 및 포상 등에 관한 규정에 따라 산정한 포상금을 지급하기로 하는 행정처분을 함으로써 비로소 구체적인 포상금청구권이 발생한다.[68]

포상금은 다음과 같은 불공정거래행위를 신고한 자로서 증거자료(주가변동, 공시자료, 언론보도 등 일반에 공개된 자료는 제외한다)를 정황 정보, 구체적인 사실관계 등 혐의 입증에 도움이 되는 자료나 정보(이하 “증거자료등”이라 한다)를 제공한 자에게 지급한다. 다만, 신고인의 신원을 확인할 수 없는 예외적인 무기명 신고의 경우에는 신고인이 신고일로부터 1년 이내에 자신의 신원 및 신고인임을 입증할 수 있는 자료를 신고를 한 기관에 제출하는 경우에 한해 포상금을 지급한다(조사신고규정 37조①).

1. 자본시장법 제174조의 규정에 따른 미공개중요정보이용행위
2. 자본시장법 제176조의 규정에 따른 시세조종행위
3. 자본시장법 제178조의 규정에 따른 부정거래행위등
4. 자본시장법 제173조의2 제2항의 규정에 따른 정보의 누설 등 행위

---

67) 제426조에서 불공정거래규제에 관한 규정(자본시장법 제4편 제172조부터 제174조까지, 제176조, 제178조, 제178조의2 및 제180조부터 제180조의3까지)을 위반한 사항인 경우에는 증권선물위원회를 말한다. 따라서 불공정거래에 관하여는 증권선물위원회의 조사권한에 관한 내용이다.

68) 서울행정법원 2009. 12. 4. 선고 2009구합10239 판결.

5. 자본시장법 제119조 · 제122조 · 제123조에 따른 증권신고서 등에 거짓의 기재 또는 표시를 하거나 중요한 사항을 기재 또는 표시하지 아니한 행위 및 증권신고서 등을 제출하지 아니한 행위. 다만, 허위의 기재 또는 표시를 하거나 중요한 사항을 기재 또는 표시하지 아니한 행위가 법 제119조 · 제122조 또는 제123조에 따른 증권신고서 등의 재무에 관한 사항인 경우에는 그러하지 아니하다.
6. 자본시장법 제159조 제1항 · 제160조 · 제161조 제1항에 따른 사업보고서 등에 허위의 기재 또는 표시를 하거나 중요한 사항을 기재 또는 표시하지 아니한 행위. 다만, 허위의 기재 또는 표시를 하거나 중요한 사항을 기재 또는 표시하지 아니한 행위가 법 제159조 제1항 · 제160조에 따른 사업보고서 등의 재무에 관한 사항인 경우에는 그러하지 아니하다.

(나) 지급대상 제외

다음과 같은 경우에는 포상금을 지급하지 아니한다(조사신고규정 38조).

1. [삭제]
2. 동일한 신고내용(중요부분이 같은 경우를 포함)에 대하여 이 규정에 의한 포상금, 한국거래소의 「시장감시규정」에 의한 포상금 또는 「주식회사 등의 외부감사에 관한 법률」에 의한 포상금이 이미 지급되었거나 지급예정인 경우(다만, 이 규정에 의한 포상금 지급예정금액이 시장감시규정 또는 위 법에 의한 포상금액보다 더 큰 경우에는 시장감시규정 또는 위 법에 의한 포상금을 차감하여 지급할 수 있다)
3. 행정기관 또는 공공단체에 근무하는 자가 그 직무와 관련하여 알게 된 내용을 신고한 경우
4. 신고자가 포상금 수령을 거부하는 경우
5. 조사결과 신고자가 자신이 제보한 당해 불공정거래행위로 조치를 받는 경우(다만, 고발 또는 수사기관 통보 이외의 조치를 받거나 당해 불공정거래행위가 아닌 타 위반행위로 조치를 받는 경우에는 포상금을 지급할 수 있다)
6. [삭제]
7. 기타 포상금 지급이 명백히 불합리하다고 인정되는 경우

(다) 포상금 지급 기준

판례가 제시하는 포상금 지급 기준은 다음과 같다.[69]

1. 신고하거나 제보하는 내용이 자본시장법상 불공정거래행위 등을 비교적 용이하게 발견하고 특정할 수 있어야 한다.

---

69) 대법원 2017. 7. 18. 선고 2014두9820 판결 전반부에서 설시한 내용이다.

2. 신고·제보 내용이 불공정거래행위 등의 요건에 맞게 완결성 또는 자족성을 갖출 필요는 없고 특정인의 불공정거래행위 등과 관련이 있고 조사의 단서가 되는 사실을 알리는 것으로 충분하다. 따라서 신고·제보 내용이 단서가 되어 조사가 진행되고 불공정거래행위 등의 적발 또는 그에 따른 조치에 도움이 된 경우 포상금 지급요건을 충족한다.
3. 신고자가 혐의자를 잘못 기재하거나 구체적으로 기재하지 않은 경우라도 신고 내용에 따라 불공정거래행위자를 적발한 경우에는 포상금을 지급할 수 있고, 신고·제보 내용이나 제시한 증거를 조사한 결과 사실과 다른 부분이 포함되어 있더라도 이와 같은 사정은 구체적인 기여도에 관한 사유로서 포상금을 산정할 때에 고려하는 것이 적절하다.
4. 그러나 어떠한 신고 또는 제보 후에 해당 기관의 통상적인 조사나 위반자의 자진신고 등에 의하여 비로소 구체적인 불공정거래행위 등의 사실이 확인되었다면, 그러한 신고 또는 제보는 불공정거래행위 등을 발견하는 데 직접 관련되거나 기여를 한 것으로 볼 수 없으므로 포상금 지급대상이 되는 신고나 제보로 보기 어렵다.[70]

---

70) [대법원 2017. 7. 18. 선고 2014두9820 판결] "2. 원심은 다음과 같은 이유로, 원고가 2009. 12. 22., 2010. 4. 9., 2011. 7. 20. 피고에게 한 각 신고의 내용(이하 '원고의 신고'라 한다)이 포상금 규정 제37조 제1항 각호의 불공정거래행위를 신고한 것이 아니고, 피고가 2012. 3. 28. 주식회사 S(이하 'S'라 한다)와 관련된 자본시장 불공정거래행위를 조사하여 적발하고 그에 대한 조사결과 조치(이하 '이 사건 조치'라 한다)를 하는 데 도움이 되었다고 인정되지도 않으므로 원고는 포상금 지급대상에 해당하지 않는다고 판단하였다.

가. 원고의 신고는 A가 대규모 유상증자를 하여 공모된 자금 중 100억 원으로 S의 신주인수권부사채를 인수하여 경영권을 획득한 뒤 S의 재산을 매각하여 해외로 빼돌리는 방식으로 공모자금을 횡령하거나 이와 같은 행위가 배임에 해당한다는 사실 등이 기재되어 있을 뿐 포상금 규정 제37조 제1항 각호에서 정하고 있는 불공정거래행위가 전혀 특정되어 있지 않아 포상금 지급대상이 되는 신고라고 보기 어렵다.

나. 아래와 같은 사정에 비추어 원고의 신고가 이 사건 조치에 도움이 되었다고 보기 어렵다.

① 원고의 신고는 A가 공모된 자금을 이용한 무자본 M&A를 통해 S의 경영권을 확보한 후 해외로 빼돌린 자금을 직접 횡령하였다는 취지임에 반하여 이 사건 조치는 소외인이 사채를 자금으로 S를 인수하고 S로 하여금 소외인이 보유한 금광개발회사인 P 지분 51%를 고가에 매입하게 하여 그 매도금으로 위 사채자금을 갚고, 과대평가된 P 지분의 양수도 공시로 S가 해외금광개발 사업에 진출하는 것처럼 보이게 해 주가를 끌어올려 부당이득을 취하였다는 형식의 무자본 M&A로 그 내용이 전혀 다르다.

② 원고의 2011. 7. 20.자 신고 중 인도네시아 금광개발에 123억 원을 출자한다는 허위공시를 하였다는 내용은 이 사건 조치와 유사하나, 위 신고는 S가 상장폐지된 이후에 한 것일 뿐만 아니라, 신고 당시 피고는 이미 S에 대한 기획조사 중이었다.

③ 원고의 신고는 구체적으로 무엇이 불공정거래행위에 해당하는지에 관하여 알 수 없어 피고가 원고의 신고를 근거로 용이하게 불공정거래행위를 발견하기는 어려울 것으로 보이고, 원고의 신고에도 불구하고 피고가 조사에 나서지 않은 것을 재량권 일탈·남용으로 보기 어렵다. 한편 피고의 이 사건 조치는, 2011. 2. 11. 원고가 아닌 익명 제보자들로부터 불공정거래행위 혐의에 대한 제보를 받고 2011. 3. 8. 한국거래소에 S 주식에 대한 불공정거래 여부에

(라) 포상금 산정

포상금은 불공정거래행위를 중요도에 따라 10등급으로 구분하고, 각 등급별 기준금액에 기여율을 곱하여 산정한다(조사신고규정 39조①). 신고자가 불공정거래행위에 직접적으로 연루되어 조치를 받은 경우에는 법 위반의 정도 등을 감안하여 포상금을 감액 지급할 수 있다(조사신고규정 39조③).

1인이 둘 이상의 신고를 한 경우에는 각각의 포상금을 별도로 산정하여 지급한다. 다만, 위반행위자 또는 해당 종목이 상당부분 중첩되는 경우에는 동일한 유형의 신고로 간주하여 이를 합산하지 아니하고 가장 큰 금액을 기준으로 포상금을 지급한다(조사신고규정 37조②). 2인 이상이 동일한 사건에 대하여 각각 신고한 경우에는 최초의 신고자에 한하여 포상금을 지급한다. 다만, 동일한 사건에 대하여 최초의 신고자가 제출한 증거자료등과 상이한 증거자료등을 제출하여 혐의 입증에 도움이 된 자에게는 예외적으로 포상금을 지급할 수 있다(조사신고규정 37조③). 2인 이상이 공동명의로 신고한 경우에는 신고자가 선정한 대표명의인에게 포상금을 지급한다(조사신고규정 37조④). 포상금 수령권자가 포상금을 지급하기 전에 사망한 경우 법정상속인에게 지급한다(조사신고규정 37조⑤).

(마) 포상결정

증권선물위원회는 예산부족 등 특별한 사유가 없는 한 불공정거래행위에 대하여 증권선물위원회(금융위원회 의결이 필요한 경우에는 금융위원회)의 조사결과 조치가 확정된 날(이의신청이 있는 경우에는 재결한 날)부터 4개월 이내에 신고자에 대한 포상금 지급여부 및 지급액 등에 관하여 심의·의결한다(조사신고규정 40조①). 금융감독원장은 특별한 사유가 없는 한 매 분기별 신고내용을 심사하여 포상 대상자를 선정하고 포상을 실시해야 한다(조사신고규정 40조②).

금융감독원장이 부정행위 신고인에 대하여 포상금을 지급하지 않기로 한 처분은 항고소송의 대상이 된다.[71]

관하여 심리를 요청하여 받은 결과를 바탕으로 실시한 기획조사 결과에 따라 이루어진 것으로, 원고의 신고가 조사의 계기가 된 것은 아니다.

3. 원심판결 이유를 위에서 본 법령과 기록에 비추어 살펴보면, 원심의 판단은 정당한 것으로 수긍할 수 있다. 원심의 판단에 상고이유 주장과 같이 논리와 경험의 법칙에 반하여 자유심증주의의 한계를 벗어나거나 구 자본시장법상 불공정거래행위 등의 신고에 따른 포상금 지급에 관한 법리를 오해하여 판결 결과에 영향을 미친 잘못이 없다."

71) 서울행정법원 2009. 12. 4. 선고 2009구합10239 판결.

(바) 포상금 지급방법 및 절차

1) 지급방법

가) 포상금의 액수가 1억원 이하인 경우(조사신고규정 41조①)

1. 신고사건 처리담당 부서장은 신고의 접수·처리내역, 포상실시 여부를 검토하여 별지 10 내지 별지 13의 서식에 따라 매분기말 익월 10일까지 조사총괄부서장에 통보해야 한다.
2. 조사총괄부서장은 제1호의 규정에 따라 통보받은 내용을 심사한 후 포상금의 지급 품의를 담당하며, 필요시 신고사건 처리담당 부서장에게 보정을 요구할 수 있다.

나) 포상금의 액수가 1억원을 초과하는 경우(조사신고규정 41조②)

1. 금융감독원장은 제40조의2 제1항의 규정에 의한 포상결정이 있는 때에는 즉시 이를 해당 신고자에게 통지해야 한다.
2. 금융감독원장은 증권선물위원회의 포상결정이 있은 날로부터 1개월 이내에 포상금을 지급하고 별지15호 서식에 의한 포상금지급 관리대장에 기록해야 한다.

2) 계좌이체 포상금은 그 지급대상자의 은행계좌로 이체하여 지급한다. 다만, 부득이한 사유로 계좌입금이 어려운 경우에는 직접 전달할 수 있다(조사신고규정 41조③).

3) 환수금지 이미 지급한 포상금은 검찰, 법원 등의 무혐의 또는 무죄판결 등을 이유로 환수하지 아니한다(조사신고규정 41조④).

Ⅳ. 과 징 금

1. 과징금 부과 대상

(1) 금융투자업자에 대한 과징금

금융위원회는 금융투자업자가 제34조 제1항 제1호(대주주가 발행한 증권의 소유금지)·제2호(대주주를 제외한 특수관계인이 발행한 주식, 채권 및 약속어음의 허용비율 초과소유금지), 제34조 제2항(신용공여금지), 제77조의3 제9항(종합금융투자사업자의 계열회사에 대한 신용공여금지)을 위반한 경우에는 그 금융투자업자에 대하여 다음 구분에 따른 위반금액을 초과하지 않는 범위에서 과징금을 부과할 수 있다(法 428조①).

1. 제34조 제1항 제1호를 위반한 경우에는 취득금액
2. 제34조 제1항 제2호를 위반한 경우에는 허용비율을 초과하는 취득금액
3. 제34조 제2항을 위반한 경우에는 신용공여액
4. 삭제
5. 제77조의3 제9항을 위반한 경우에는 신용공여액

금융위원회는 금융투자업자가 제77조의3 제5항부터 제7항까지를 위반한 경우(제77조의3 제8항에 해당하는 경우는 제외)에는 그 금융투자업자에 대하여 허용금액을 초과한 신용공여액의 40%를 초과하지 않는 범위에서 과징금을 부과할 수 있다(法 428조②).[72]

금융위원회는 금융투자업자에 대하여 업무정지처분을 부과할 수 있는 경우에는 이에 갈음하여 업무정지기간의 이익의 범위에서 과징금을 부과할 수 있다(法 428조③).

금융위원회는 금융투자업자 및 그 임직원이 제54조 제2항(제42조 제10항, 제52조 제6항, 제199조 제5항, 제255조, 제260조, 제265조, 제289조, 제304조, 제323조의17, 제328조 또는 제367조에서 준용하는 경우 포함)을 위반한 경우에는 그 금융투자업자, 임직원 및 정보교류 차단의 대상이 되는 정보를 제공받아 이용한 자에게 그 위반행위와 관련된 거래로 얻은 이익(미실현 이익 포함) 또는 이로 인하여 회피한 손실액의 1.5배에 상당하는 금액 이하의 과징금을 부과할 수 있다(法 428조④).

(2) 공시의무 위반에 대한 과징금

(가) 증권공모 관련

금융위원회는 제125조 제1항 각 호의 어느 하나에 해당하는 자[73]가 다음과

---

72) [令 379조(과징금의 부과기준)]
① 법 제428조 제1항 및 제2항에 따른 과징금의 부과기준(법 제349조 제3항에서 준용하는 경우를 포함)은 별표 19의2와 같다.
② <생략 : 불공거래에 대한 과징금 부분에서 인용함>

73) 증권신고서(정정신고서 및 첨부서류를 포함)와 투자설명서(예비투자설명서 및 간이투자설명서를 포함) 중 중요사항에 관하여 거짓의 기재 또는 표시가 있거나 중요사항이 기재 또는 표시되지 아니함으로써 증권의 취득자가 손해를 입은 경우에는 다음과 같은 자는 그 손해에 관하여 배상의 책임을 진다(法 125조①).
1. 그 증권신고서의 신고인과 신고 당시의 발행인의 이사(이사가 없는 경우 이에 준하는 자를 말하며, 법인의 설립 전에 신고된 경우에는 그 발기인)
2. 상법 제401조의2 제1항 각 호의 어느 하나에 해당하는 자로서 그 증권신고서의 작성을 지시하거나 집행한 자
3. 그 증권신고서의 기재사항 또는 그 첨부서류가 진실 또는 정확하다고 증명하여 서명한

같은 경우에는 증권신고서상의 모집가액 또는 매출가액의 3%(20억원을 초과하는 경우에는 20억원) 이하의 과징금을 부과할 수 있다(法 429조①). 이 경우에는 개인에게 과징금이 부과된다.[74]

1. 증권신고서·정정신고서·투자설명서, 그 밖의 제출서류 중 중요사항에 관하여 거짓의 기재 또는 표시를 하거나 중요사항을 기재 또는 표시하지 아니한 때
2. 증권신고서·정정신고서·투자설명서, 그 밖의 제출서류를 제출하지 아니한 때

㈏ 공개매수 관련

금융위원회는 제142조 제1항 각 호의 어느 하나에 해당하는 자[75]가 다음과 같은 경우에는 공개매수신고서에 기재된 공개매수예정총액의 3%(20억원을 초과하는 경우에는 20억원) 이하의 과징금을 부과할 수 있다. 이 경우 공개매수예정총액은 공개매수할 주식등의 수량을 공개매수가격으로 곱하여 산정한 금액으로 한다(法 429조②).

1. 공개매수신고서·정정신고서·공개매수설명서, 그 밖의 제출서류 또는 공고 중 중요사항에 관하여 거짓의 기재 또는 표시를 하거나 중요사항을 기재 또는 표시하지 아니한 때
2. 공개매수신고서·정정신고서·공개매수설명서, 그 밖의 제출서류를 제출하지 아니하거나 공고하여야 할 사항을 공고하지 아니한 때

공인회계사·감정인 또는 신용평가를 전문으로 하는 자 등(그 소속단체를 포함) 대통령령으로 정하는 자

4. 그 증권신고서의 기재사항 또는 그 첨부서류에 자기의 평가·분석·확인 의견이 기재되는 것에 대하여 동의하고 그 기재내용을 확인한 자
5. 그 증권의 인수계약을 체결한 자(인수계약을 체결한 자가 2인 이상인 경우에는 대통령령으로 정하는 자)
6. 그 투자설명서를 작성하거나 교부한 자
7. 매출의 방법에 의한 경우 매출신고 당시의 그 매출되는 증권의 소유자

[사안별 과징금 부과기준에 대하여는 금융위원회의 자본시장조사 업무규정 별표 2 참조].

74) [令 379조]

③ 법 제429조에 따라 과징금을 부과하는 경우에 제2항 제2호에 따른 법정최고액을 계산하여 결정함에 있어서 법 제119조 및 법 제134조에 따른 신고서를 제출하지 아니한 경우에는 실제로 이루어진 모집·매출가액이나 공개매수총액을 기준으로 한다.

75) [法 제142조 (공개매수자 등의 배상책임)] ① 공개매수신고서(그 첨부서류를 포함한다. 이하 이 조에서 같다) 및 그 공고, 정정신고서(그 첨부서류를 포함한다. 이하 이 조에서 같다) 및 그 공고 또는 공개매수설명서 중 중요사항에 관하여 거짓의 기재 또는 표시가 있거나 중요사항이 기재 또는 표시되지 아니함으로써 응모주주가 손해를 입은 경우에는 다음 각 호의 자는 그 손해에 관하여 배상의 책임을 진다.

(다) 사업보고서 · 반기보고서 · 분기보고서 관련

금융위원회는 사업보고서 제출대상법인이 다음과 같은 경우에는 직전 사업연도 중에 증권시장(다자간매매체결회사에서의 거래를 포함)에서 형성된 그 법인이 발행한 주식(그 주식과 관련된 증권예탁증권 포함)의 일일평균거래금액의 10%(20억원을 초과하거나 그 법인이 발행한 주식이 증권시장에서 거래되지 아니한 경우에는 20억원) 이하의 과징금을 부과할 수 있다(法 429조③).

금융위원회는 대량보유보고(法 147조①)를 하여야 할 자가 다음과 같은 경우에는 같은 항에 따른 주권상장법인이 발행한 주식의 시가총액(대통령령으로 정하는 방법에 따라 산정된 금액[76])의 10만분의 1(5억원을 초과하는 경우에는 5억원)을 초과하지 않는 범위에서 과징금을 부과할 수 있다(法 429조④).

1. 자본시장법 제147조의 대량보유보고 · 합산보고 · 변경보고 등을 위반하여 보고를 하지 아니한 경우
2. 자본시장법 제147조에 따른 보고서류 또는 제151조 제2항에 따른 정정보고서 중 대통령령으로 정하는 중요한 사항(令 379조⑤ : 시행령 제157조 각 호의 사항)에 관하여 거짓의 기재 또는 표시를 하거나 중요한 사항을 기재 또는 표시하지 아니한 경우

과징금은 각 해당 규정의 위반행위가 있었던 때부터 5년이 경과하면 이를 부과하지 못한다(法 429조⑤).

(3) 시장질서 교란행위에 대한 과징금

금융위원회는 시장질서 교란행위자에 대하여 5억원 이하의 과징금을 부과할 수 있다. 다만, 그 위반행위와 관련된 거래로 얻은 이익(미실현이익을 포함) 또는 이로 인하여 회피한 손실액에 1.5배에 해당하는 금액이 5억원을 초과하는 경우에는 그 이익 또는 회피한 손실액의 1.5배에 상당하는 금액 이하의 과징금을 부과할 수 있다(法 429조의2).

---

76) "대통령령으로 정하는 방법에 따라 산정된 금액"이란 다음과 같다. 이 경우 산정된 금액이 1천억원 미만인 경우에는 1천억원으로 한다(令 379조④).

1. 법 제429조 제4항 제1호의 경우: 보고기한의 다음 영업일에 증권시장에서 형성된 해당 법인 주식의 최종가격(그 최종가격이 없을 때에는 그 날 이후 증권시장에서 최초로 형성된 해당 법인 주식의 최종가격을 말한다. 이하 이 항에서 같다)에 발행주식총수를 곱하여 산출한 금액
2. 법 제429조 제4항 제2호의 경우: 보고일의 다음 영업일에 증권시장에서 형성된 해당 법인 주식의 최종가격에 발행주식총수를 곱하여 산출한 금액

시장질서 교란행위의 경우에도 "위반행위로 얻은 이익 또는 이로 인하여 회피한 손실액"은 그 위반행위로 인하여 발생한 위험과 인과관계가 인정되는 것을 의미한다. 따라서 "위반행위로 얻은 이익"은 통상적인 경우 위반행위와 관련된 거래의 차액이라 할 수 있겠지만, 주식시장에서의 정상적인 주가변동요인에 의한 주가상승분이나 위반행위자와 무관한 제3자가 야기한 변동요인에 의한 주가상승분이 존재하는 등으로 구체적인 사안에서 위반행위로 얻은 이익의 가액을 위와 같은 방법으로 산정하는 것이 부당하다고 볼 만한 사정이 있는 경우에는 위반행위와 인과관계가 인정되는 이익만을 따로 구분하여 산정해야 한다.77)

2 과징금 부과의 요건과 절차

(1) 부과요건

第428条, 제429조(제4항은 제외) 및 제429조의3 제1항 제2호에 따른 과징금의 부과는 과징금 부과대상자(제429조 제4항 제외)에게 각 해당 규정의 위반행위에 대하여 고의 또는 중대한 과실이 있는 경우에 한한다(法 430조①).78) 과징금부과처분은 행정질서유지를 위한 의무의 위반이라는 객관적 사실에 대하여 과하는 제재이므로 대표이사의 위반행위의 효과가 회사에 귀속되는 경우 회사에게 과징금을 부과할 수 있다.79) 여러 개의 처분사유에 기하여 하나의 과징금부과처분을 하였으나 그 처분사유들 중 일부에 위법이 있다고 하더라도 위법한 부분이 그 과징금부과처분에 영향을 미치지 아니하였다면 그 부과처분 전부를 위법하다고 보아 부과처분 전부를 취소할 수는 없다.80)

자본시장법 제430조 제1항의 규정상 증권의 취득자가 손해를 입었다는 것은 과징금 부과의 요건이 아니다.81)

---

77) 시장질서 교란행위로 인한 과징금부과처분취소청구사건에서 "원고들의 이 사건 회사들 주식 거래에 관한 거래차액이 반드시 원고들의 위 위반 행위로 인한 것이라고 단정하기는 어렵다고 봄이 타당하다."라고 판시하면서 과징금부과처분을 취소한 판례도 있다[1심 : 서울행정법원 2018.8.2. 선고 2017구합76432 판결, 2심 : 서울고등법원 2018.12.13. 선고 2018누60559 판결, 상고심 : 대법원 2019.4.25. 선고 2019두30942 판결(심리불속행기각)].

78) 시장질서 교란행위에 대한 과징금에 관하여는 "고의 또는 중대한 과실이 있는 경우에 한한다"라는 규정이 없으므로, 경과실의 경우에도 부과대상이다. 다만, 자본시장조사 업무규정상 고의가 없는 경우에는 과징금 하향조정 사유가 된다.

79) 서울고등법원 2010. 11. 24. 선고 2010누18859 판결.

80) 대법원 2010. 12. 9. 선고 2010두15674 판결.

81) 대법원 2014. 6. 12. 선고 2013두21694 판결.

⑵ 고려사항

금융위원회는 제428조, 제429조, 제429조의2 및 제429조의3에 따라 과징금을 부과하는 경우에는 대통령령으로 정하는 기준에 따라 다음과 같은 사항을 고려해야 한다(法 430조②).

1. 위반행위의 내용 및 정도
2. 위반행위의 기간 및 회수
3. 위반행위로 인하여 취득한 이익의 규모[82]
4. 업무정지기간(금융투자업자에 대한 업무정지처분에 갈음하여 과징금을 부과하는 경우만 해당)

⑶ 합병의 경우

금융위원회는 자본시장법을 위반한 법인이 합병을 하는 경우 그 법인이 행한 위반행위는 합병 후 존속하거나 합병에 의하여 신설된 법인이 행한 행위로 보아 과징금을 부과·징수할 수 있다(法 430조③).

⑷ 의견제출

금융위원회는 과징금을 부과하기 전에 미리 당사자 또는 이해관계인 등에게 의견을 제출할 기회를 주어야 한다(法 431조①). 당사자 또는 이해관계인 등은 금융위원회의 회의에 출석하여 의견을 진술하거나 필요한 자료를 제출할 수 있다(法 431조②). 당사자 또는 이해관계인 등은 의견 진술 등을 하는 경우 변호인의 도움을 받거나 그를 대리인으로 지정할 수 있다(法 431조③).

3. 불복절차

⑴ 이의신청

자본시장법 제428조, 제429조, 제429조의2 및 제429조의3에 따른 과징금 부과처분에 대한 이의신청에 관하여는 제425조를 준용한다(法 432조).

⑵ 행정소송

금융위원회의 과징금부과처분에 대하여는 금융위원회를 피고로 하는 행정소송에 의하여 불복할 수 있다. 취소소송은 처분등이 있음을 안 날부터 90일 이내

82) 은행법 제65조의4 제1항 제3호도 과징금 부과기준시 고려사항으로 “위반행위로 인하여 취득한 이익의 규모”를 규정한다. 보험업법도 제196조 제4항에서 은행법 제65조의4를 준용한다.

에 제기해야 한다. 다만, 제18조 제1항 단서에 규정한 경우(다른 법률에 당해 처분에 대한 행정심판의 재결을 거치지 아니하면 취소소송을 제기할 수 없다는 규정이 있는 때)와 그 밖에 행정심판청구를 할 수 있는 경우 또는 행정청이 행정심판청구를 할 수 있다고 잘못 알린 경우에 행정심판청구가 있은 때의 기간은 재결서의 정본을 송달받은 날부터 기산한다(행정소송법 20조①). 취소소송은 처분등이 있은 날부터 1년(제1항 단서의 경우는 재결이 있은 날부터 1년)을 경과하면 이를 제기하지 못한다. 다만, 정당한 사유가 있는 때에는 그러하지 아니하다(행정소송법 20조②).[83]

4. 납부기한 연기 및 분할납부

(1) 사 유

금융위원회는 과징금을 부과받은 자에 대하여 행정기본법 제29조 단서에 따라 과징금 납부기한을 연기하거나 과징금을 분할 납부하게 할 수 있으며, 이 경우 필요하다고 인정하면 담보를 제공하게 할 수 있다(法 433조①).[84]

(2) 절 차

과징금납부의무자는 과징금납부기한의 연장을 받거나 분할납부를 하고자 하는 경우에는 그 납부기한의 10일 전까지 금융위원회에 신청해야 한다(法 433조②). 금융위원회는 납부기한이 연장되거나 분할 납부가 허용된 과징금납부의무자가 다음 중 어느 하나에 해당하게 된 경우에는 그 납부기한의 연장 또는 분할납부결정을 취소하고 과징금을 일시에 징수할 수 있다(法 433조③).

1. 분할 납부하기로 한 과징금을 그 납부기한까지 내지 아니한 경우
2. 담보 제공 요구에 따르지 아니하거나 제공된 담보의 가치를 훼손하는 행위를 한 경우
3. 강제집행, 경매의 개시, 파산선고, 법인의 해산, 국세 강제징수 또는 지방세 체납처분 등의 사유로 과징금의 전부 또는 나머지를 징수할 수 없다고 인정되는 경우

83) 자본시장법 제432조 제1항의 이의신청은 행정소송법 제20조 제1항 단서에서 정하는 행정심판의 청구에 해당한다고 볼 수 없으므로, 제소기간은 원고가 이의신청에 대한 피고의 결정을 송달받은 날이 아니라 이 사건 각 처분이 있음을 안 날부터 기산해야 한다는 하급심판례가 있다(서울행정법원 2013. 6. 13. 선고 2012구합25651 판결).

84) 행정기본법 제29조가 규정하는 과징금 연기 및 분할 납부 사유는 다음과 같다.
1. 재해 또는 도난 등으로 재산에 현저한 손실을 입은 경우
2. 사업여건의 악화로 사업이 중대한 위기에 처한 경우
3. 과징금의 일시납부에 따라 자금사정에 현저한 어려움이 예상되는 경우
4. 그 밖에 제1호부터 제3호까지의 사유에 준하는 사유가 있는 경우

4. 행정기본법 제29조 각 호의 사유가 해소되어 과징금을 한꺼번에 납부할 수 있다고 인정되는 경우
5. 그 밖에 제1호부터 제4호까지에 준하는 사유가 있는 경우

5. 과징금의 징수 및 체납처분

금융위원회는 과징금납부의무자가 납부기한 내에 과징금을 납부하지 아니한 경우에는 체납된 과징금액에 대하여 납부기한의 다음 날부터 납부한 날의 전일까지 연 6%의 비율에 의한 가산금을 징수할 수 있다. 이 경우 가산금을 징수하는 기간은 60개월을 초과하지 못한다(法 434조①, 令 382조). 금융위원회는 과징금납부의무자가 납부기한 내에 과징금을 납부하지 아니한 경우에는 기간을 정하여 독촉을 하고, 그 지정한 기간 이내에 과징금 및 가산금을 납부하지 아니한 경우에는 국세체납처분의 예에 따라 징수할 수 있다(法 434조②). 금융위원회는 과징금 및 가산금의 징수 또는 체납처분에 관한 업무를 국세청장에게 위탁할 수 있다(法 434조③). 금융위원회는 체납된 과징금의 징수를 위하여 필요하다고 인정되는 경우에는 「국세기본법」 및 「지방세기본법」에 따른 문서로 해당 세무관서의 장이나 지방자치단체의 장에게 과세정보의 제공을 요청할 수 있다. 이 경우 과세정보의 제공을 요청받은 자는 정당한 사유가 없으면 그 요청에 따라야 한다(法 434조④). 그 밖에 과징금·가산금의 징수에 관하여 필요한 사항은 대통령령으로 정한다(法 434조⑤).

6. 과오납금의 환급

금융위원회는 과징금 납부의무자가 이의신청의 재결 또는 법원의 판결 등의 사유로 과징금 과오납금의 환급을 청구하는 경우에는 지체 없이 환급하여야 하며, 과징금 납부의무자의 청구가 없어도 금융위원회가 확인한 과오납금은 환급해야 한다(法 434조의2①). 금융위원회는 과오납금을 환급하는 경우 환급받을 자가 금융위원회에 납부하여야 하는 과징금이 있으면 환급하는 금액을 과징금에 충당할 수 있다(法 434조의2②). 금융위원회는 과징금을 환급하는 경우에는 과징금을 납부한 날부터 환급한 날까지의 기간에 대하여 대통령령으로 정하는 가산금 이율[85]을 적용하여 환급가산금을 환급받을 자에게 지급해야 한다(法 434조의3).

---

85) "대통령령으로 정하는 가산금 이율"이란 금융기관의 정기예금 이자율을 고려하여 금융위원

7. 결손처분

금융위원회는 과징금 납부의무자에게 다음과 같은 사유가 있으면 결손처분을 할 수 있다(法 434조의4).

1. 체납처분이 끝나고 체납액에 충당된 배분금액이 체납액에 미치지 못하는 경우
2. 징수금 등의 징수권에 대한 소멸시효가 완성된 경우
3. 체납자의 행방이 분명하지 아니하거나 재산이 없다는 것이 판명된 경우
4. 체납처분의 목적물인 총재산의 추산가액이 체납처분 비용에 충당하면 남을 여지가 없음이 확인된 경우
5. 체납처분의 목적물인 총재산이 징수금 등보다 우선하는 국세, 지방세, 전세권·질권·저당권 및 「동산·채권 등의 담보에 관한 법률」에 따른 담보권으로 담보된 채권 등의 변제에 충당하면 남을 여지가 없음이 확인된 경우
6. 그 밖에 징수할 가망이 없는 경우로서 대통령령으로 정하는 사유에 해당하는 경우

8. 과징금과 다른 제재조치와의 병과

금융위원회는 금융투자업자가 일정한 위반행위를 하는 경우에는 금융투자업 인가 또는 금융투자업등록을 취소할 수 있고(法 420조①), 그 밖에 영업정지 등의 제재를 할 수 있다(法 420조③). 이러한 제재와 과징금을 중복 부과할 수 있는지 여부와 관련하여, 이러한 제재는 금융시장에서의 불건전한 영업행위를 차단하기 위한 것이고, 제429조의 과징금은 경제적 이익에 대한 제재이므로 중복제재가 가능하다는 것이 금융위원회의 입장이다.

그리고 과징금과 시정명령, 과태료[86] 및 형벌은 원칙적으로 그 규제목적과 성질을 달리하는 것으로서 병과할 수 있다.[87] 그러나 목적이 다른 제재라 하더라

회가 정하여 고시하는 이율을 말한다(令 383조의2).

86) 자본시장법상 사외이사선임의무를 위반한 자, 각종 보고의무를 위반한 자, 공매도금지의무를 위반한 자 등에 대하여는 1억원 이하의 과태료(法 449조①), 그 외 경미한 사항의 위반자에 대하여는 5천만원 이하의 과태료를 각 부과한다(法 449조②). 「질서위반행위규제법」이 제정·시행됨에 따라 과태료에 대하여도 책임주의원칙이 도입되었고, 질서위반행위가 종료된 날부터 5년이 경과한 경우에는 해당 질서위반행위에 대하여 과태료를 부과할 수 없고(질서위반행위규제법 19조), 과태료는 행정청의 과태료부과처분이나 법원의 과태료 재판이 확정된 후 5년간 징수하지 아니하거나 집행하지 아니하면 시효로 소멸한다(질서위반행위규제법 15조). 과태료 부과에 대한 이의제기기간은 60일이다(질서위반행위규제법 20조).

87) 시정명령은 위법행위를 시정하여 장래에 적법한 상태를 실현할 것을 목적으로 하는 반면, 과징금은 위반행위자가 취득한 경제적 이익을 환수함으로써 위반행위에 대하여 경제적 제재를

도 동일한 행위에 대한 제재로서 부과되므로 이중처벌금지, 무죄추정원칙, 비례의 원칙, 적법절차원칙 등과 관련하여 위헌 여부가 논란이 된다. 이와 관련하여 구 「독점규제 및 공정거래에 관한 법률」 제24조의2(과징금)에 대하여 헌법재판소는 비례원칙에 반한다는 등의 특별한 사정이 없는 한 합헌이라고 결정하였다.[88)]

가하려는 것을 목적으로 한다. 또한 과징금은 위법행위의 발생을 예방하는 데 주목적을 두고 있으므로, 과거의 위반행위에 대한 응징에 목적을 두는 행정형벌이나 행정질서벌과 다르다.

88) [헌법재판소 2003. 7. 24.자 2001헌가25 결정]

1. 행정권에는 행정목적 실현을 위하여 행정법규 위반자에 대한 제재의 권한도 포함되어 있으므로, '제재를 통한 억지'는 행정규제의 본원적 기능이라 볼 수 있는 것이고, 따라서 어떤 행정제재의 기능이 오로지 제재(및 이에 결부된 억지)에 있다고 하여 이를 헌법 제13조 제1항에서 말하는 국가형벌권의 행사로서의 '처벌'에 해당한다고 할 수 없는바, 구 독점규제및공정거래에관한법률 제24조의2에 의한 부당내부거래에 대한 과징금은 그 취지와 기능, 부과의 주체와 절차 등을 종합할 때 부당내부거래 억지라는 행정목적을 실현하기 위하여 그 위반행위에 대하여 제재를 가하는 행정상의 제재금으로서의 기본적 성격에 부당이득환수적 요소도 부가되어 있는 것이라 할 것이고, 이를 두고 헌법 제13조 제1항에서 금지하는 국가형벌권 행사로서의 '처벌'에 해당한다고는 할 수 없으므로, 공정거래법에서 형사처벌과 아울러 과징금의 병과를 예정하고 있더라도 이중처벌금지원칙에 위반된다고 볼 수 없으며, 이 과징금부과처분에 대하여 공정력과 집행력을 인정한다고 하여 이를 확정판결 전의 형벌집행과 같은 것으로 보아 무죄추정의 원칙에 위반된다고도 할 수 없다.
2. 위 과징금은 부당내부거래의 억지에 그 주된 초점을 두고 있는 것이므로 반드시 부당지원을 받은 사업자에 대하여 과징금을 부과하는 것만이 입법목적 달성을 위한 적절한 수단이 된다고 할 수 없고, 부당지원을 한 사업자의 매출액을 기준으로 하여 그 2% 범위내에서 과징금을 책정토록 한 것은, 부당내부거래에 있어 적극적·주도적 역할을 하는 자본력이 강한 대기업에 대하여도 충분한 제재 및 억지의 효과를 발휘하도록 하기 위한 것인데, 현행 공정거래법의 전체 체계에 의하면 부당지원행위가 있다고 하여 일률적으로 매출액의 100분의 2까지 과징금을 부과할 수 있는 것이 아니어서, 실제 부과되는 과징금액은 매출액의 100분의 2를 훨씬 하회하는 수준에 머무르고 있는바, 그렇다면 부당내부거래의 실효성 있는 규제를 위하여 형사처벌의 가능성과 병존하여 과징금 규정을 둔 것 자체나, 지원기업의 매출액을 과징금의 상한기준으로 삼은 것을 두고 비례성원칙에 반하여 과잉제재를 하는 것이라 할 수 없다.
3. 법관에게 과징금에 관한 결정권한을 부여한다든지, 과징금 부과절차에 있어 사법적 요소들을 강화한다든지 하면 법치주의적 자유보장이라는 점에서 장점이 있겠으나, 공정거래법에서 행정기관인 공정거래위원회로 하여금 과징금을 부과하여 제재할 수 있도록 한 것은 부당내부거래를 비롯한 다양한 불공정 경제행위가 시장에 미치는 부정적 효과 등에 관한 사실수집과 평가는 이에 대한 전문적 지식과 경험을 갖춘 기관이 담당하는 것이 보다 바람직하다는 정책적 결단에 입각한 것이라 할 것이고, 과징금의 부과 여부 및 그 액수의 결정권자인 위원회는 합의제 행정기관으로서 그 구성에 있어 일정한 정도의 독립성이 보장되어 있고, 과징금 부과절차에서는 통지, 의견진술의 기회 부여 등을 통하여 당사자의 절차적 참여권을 인정하고 있으며, 행정소송을 통한 사법적 사후심사가 보장되어 있으므로, 이러한 점들을 종합적으로 고려할 때 과징금 부과 절차에 있어 적법절차원칙에 위반되거나 사법권을 법원에 둔 권력분립의 원칙에 위반된다고 볼 수 없다.

제2장

금융투자업 관계기관

제1절 한국금융투자협회

Ⅰ. 설 립

1. 목 적

회원 상호 간의 업무질서 유지 및 공정한 거래를 확립하고 투자자를 보호하며 금융투자업의 건전한 발전을 위하여 한국금융투자협회를 설립한다(法 283조①). 협회는 회원조직으로서의 법인으로 한다(法 283조②). 구 증권거래법은 전업주의를 택하였으므로 증권업협회, 자산운용협회 및 선물협회 등과 같은 복수의 자율규제기관이 필요하였으나, 자본시장법은 기능별 규제를 도입하고 금융투자업의 겸영을 허용하여 전업주의를 전제로 하던 복수 자율규제기관 체제의 필요성이 감소함에 따라 이러한 자율규제기관을 한국금융투자협회로 통합한 것이다.

2. 법적 성격

협회는 민법상 비영리 사단법인이다.[1] 비영리사단은 주무관청의 허가를 얻

1) 대법원은 증권업협회가 행하는 코스닥시장의 운영업무와 관련하여 코스닥 등록이나 그 취소업무는 국가사무의 일부라고 볼 수 없다고 판시한 바 있고(대법원 2004. 3. 4.자 2001무49 결정), 헌법재판소는 한국증권선물거래소가 당사자인 사건에서, 법원의 실무상 한국증권업협회의 코스닥 등록법인에 대한 등록취소결정에 대하여는 행정소송이 아닌 민사소송에 의하여 처리되어 왔다는 이유로 증권업협회를 민법상 사단법인에 준하는 것이라고 판시하였다(헌법재판소 2005. 2. 24.자 2004헌마442 결정). 또한 공공기관의 정보공개에 관한 법률 시행령 제2조 제4호의 '특별법에 의하여 설립된 특수법인'에 해당하는지 여부에 관하여, 대법원은 "'한국증권업협회'는 증권회사 상호간의 업무질서를 유지하고 유가증권의 공정한 매매거래 및 투자자 보호를 위하여 일정 규모 이상인 증권회사 등으로 구성된 회원조직으로서, 증권거래법 또는 그 법에 의한 명령에 대하여 특별한 규정이 있는 것을 제외하고는 민법 중 사단법인에 관한 규정을 준용 받는 점, 그 업무가 국가기관 등에 준할 정도로 공동체 전체의 이익에 중요

어 이를 법인으로 할 수 있지만(民法 32조), 협회는 자본시장법에 설립 근거를 두는 법정설립 법인이므로 주무관청의 허가는 필요없다. 종래 자산운용협회 및 선물협회는 증권업협회와는 달리 금융감독위원회의 허가를 받아 설립되어 있었다.

3. 회 원

협회의 회원이 될 수 있는 자는 금융투자업자, 그 밖에 금융투자업과 관련된 업무를 영위하는 자로서 대통령령으로 정하는 자[2]로 한다(法 285조①). 따라서 비회원은 규제대상이 아니고, 자본시장법상 협회에 대한 가입의무도 없으므로 비회원에 대한 규제의 공백문제가 발생한다. 이러한 문제의 해결을 위하여 자본시장법은 협회에 가입하지 아니한 일반사무관리회사, 집합투자기구평가회사, 채권평가회사와 금융투자업자 일반에 대하여 협회가 건전한 영업질서의 유지와 투자자를 보호하기 위하여 행하는 자율규제에 준하는 내부기준을 제정하도록 규정한다. 협회는 정관이 정하는 바에 따라 회원으로부터 회비를 징수할 수 있다(法 285조②).

4. 유사명칭 사용금지

협회가 아닌 자는 "금융투자협회", "증권협회", "선물협회", "자산운용협회" 또는 이와 유사한 명칭을 사용할 수 없다(法 284조).[3]

Ⅱ. 업 무

협회는 정관이 정하는 다음과 같은 업무를 행한다(法 286조①).[4] 협회는 업

한 역할이나 기능에 해당하는 공공성을 갖는다고 볼 수 없는 점 등에 비추어, 공공기관의 정보공개에 관한 법률 시행령 제2조 제4호의 '특별법에 의하여 설립된 특수법인'에 해당한다고 보기 어렵다"고 판시하였다(대법원 2010. 4. 29. 선고 2008두5643 판결).

2) "대통령령으로 정하는 자"란 다음과 같은 자를 말한다(令 306조).
1. 일반사무관리회사
2. 집합투자기구평가회사
3. 채권평가회사
3의2. 신용평가회사
4. 그 밖에 협회 정관에서 회원으로 정하는 자

3) 금융투자업자에 관한 제38조와 같은 명문의 규정은 없지만 같은 의미를 가지는 외국어 문자도 사용할 수 없다고 해석해야 할 것이다.

4) 종래의 복수의 자율규제기관을 통합함에 따라 각 기관의 업무를 통합하면서 자본시장법의 기능별 규제를 반영하였다. 그리고 신규 업무 수요에 적시에 대처하기 위하여 협회의 정관에

무를 행함에 있어 제1항 제1호(자율규제업무), 제2호(분쟁의 자율조정) 및 제4호(장외파생상품 사전심의업무)의 업무가 다른 업무와 독립적으로 운영되도록 하여야 하며, 이를 위하여 별도의 조직을 갖추어야 한다(法 286조②).

1. 회원 간의 건전한 영업질서 유지 및 투자자 보호를 위한 자율규제업무
2. 회원의 영업행위와 관련된 분쟁의 자율조정(당사자의 신청이 있는 경우에 한한다)에 관한 업무
3. 다음과 같은 주요직무 종사자의 등록 및 관리에 관한 업무[5)]
   가. 투자권유자문인력(투자권유를 하거나 투자에 관한 자문 업무를 수행하는 자)
   나. 조사분석인력(조사분석자료를 작성하거나 이를 심사·승인하는 업무를 수행하는 자)
   다. 투자운용인력(집합투자재산·신탁재산 또는 투자일임재산을 운용하는 업무를 수행하는 자)
   라. 그 밖에 투자자 보호 또는 건전한 거래질서를 위하여 대통령령으로 정하는 주요직무 종사자[6)]
4. 금융투자업자가 다음과 같은 장외파생상품을 신규로 취급하는 경우 그 사전심의 업무[7)]
   가. 기초자산이 제4조 제10항 제4호·제5호에 해당하는 장외파생상품[8)]

신규 업무를 추가할 수 있도록 하였다.

5) "등록 및 관리에 관한 업무"는 주요직무종사자에 대한 자격시험 운영 및 적격자에 대한 등록, 보수교육 운영 등을 말한다.

6) "대통령령으로 정하는 주요직무 종사자"는 다음과 같은 자를 말한다(令 307조①).
   1. 투자권유자문 관리인력
   2. 집합투자재산 계산전문인력(令 276조④)
   3. 집합투자기구 평가전문인력(令 280조②)
   4. 집합투자재산 평가전문인력(令 285조③)
   5. 신용평가전문인력(令 324조의3④1)
   6. 그 밖에 투자자를 보호하거나 건전한 거래질서를 위하여 등록 및 관리가 필요하다고 금융위원회가 정하여 고시하는 자(금융투자업규정 8-1조: 위험관리전문인력)

7) 제4호는 기초자산 시장이 형성되어 있지 않아 정확한 가치 산정이 곤란한 장외파생상품 및 일반투자자를 대상으로 하는 장외파생상품은 대통령령으로 정하는 경우를 제외하고는 장외파생상품심의위원회의 사전심의를 거치도록 하기 위하여 2010년 3월 개정시 추가되었다. 이를 위하여 금융투자협회에 장외파생상품의 사전심의업무를 담당하는 장외파생상품심의위원회를 설치하도록 하는 규정(법 제288조의2)도 신설되었으며 부칙조항에 따라 2011년 12월 31일까지 운영되었다. 파생결합증권은 파생상품이 아니므로 사전심의 대상이 아니다.

8) [法 4조⑩]
   4. 신용위험(당사자 또는 제3자의 신용등급의 변동, 파산 또는 채무재조정 등으로 인한 신용의 변동을 말한다)
   5. 그 밖에 자연적·환경적·경제적 현상 등에 속하는 위험으로서 합리적이고 적정한 방법에 의하여 가격·이자율·지표·단위의 산출이나 평가가 가능한 것

나. 일반투자자를 대상으로 하는 장외파생상품

5. 증권시장에 상장되지 아니한 주권의 장외매매거래에 관한 업무[9)]
6. 금융투자업 관련제도의 조사 · 연구에 관한 업무
7. 투자자 교육 및 이를 위한 재단의 설립 · 운영에 관한 업무
8. 금융투자업 관련 연수업무
9. 자본시장법 또는 다른 법령에 따라 위탁받은 업무
10. 제1호부터 제9호까지의 업무 외에 대통령령으로 정하는 업무[10)]
11. 제1호부터 제9호까지의 업무에 부수되는 업무

Ⅲ. 감　　독

협회는 업무에 관한 규정을 제정 · 변경하거나 폐지한 경우에는 지체 없이 금융위원회에 이를 보고해야 한다(法 290조). 금융감독원장의 금융투자업자에 대한 검사권을 규정한 제419조(제2항부터 제4항까지 및 제8항 제외)는 협회에 대한 검사에 관하여 준용한다(法 292조). 금융위원회는 협회, 임원, 직원이 자본시장법 별표 7 각 호의 어느 하나에 해당하는 경우, 협회에 대하여는 업무정지 등, 임원에 대하여는 해임요구 등, 직원에 대하여는 면직요구 등의 조치를 할 수 있다(法 293조①,②,③).[11)] 제422조 제3항, 제423조(제1호 제외), 제424조(제2항 제외) 및 제

9) 협회의 장외매매거래업무에 관하여는 [제7편 제1장 제2절]에서 상세히 설명한다.

10) "대통령령으로 정하는 업무"란 다음과 같은 업무를 말한다(令 307조②).
1. 금융투자업자의 임직원 및 주요직무 종사자의 징계기록 유지와 관리에 관한 업무
2. 금융투자업자의 자본시장법 제30조 제1항에 따른 영업용순자본 및 제1항에 따른 총위험액의 비교공시에 관한 업무
3. 채무증권의 매매거래(증권시장 밖에서의 매매거래만 해당)에 대한 정보 관리 및 공시에 관한 업무
4. 금융투자업자 임직원의 직무 및 윤리 교육에 관한 업무
5. 투자광고의 자율심의에 관한 업무
5의2. 증권시장에 상장되지 않은 지분증권(주권을 제외한 지분증권을 말한다)의 장외매매거래에 관한 업무
6. 그 밖에 정관에서 정하는 업무

11) [法 제293조 (협회에 대한 조치)]
① 금융위원회는 협회가 별표 7 각 호의 어느 하나에 해당하는 경우에는 다음 각 호의 어느 하나에 해당하는 조치를 할 수 있다.
1. 6개월 이내의 업무의 전부 또는 일부의 정지
2. 계약의 인계명령
3. 위법행위의 시정명령 또는 중지명령
4. 위법행위로 인한 조치를 받았다는 사실의 공표명령 또는 게시명령
5. 기관경고

425조는 협회 및 그 임직원에 대한 조치 등에 관하여 준용한다(法 293조④).

제 2 절 한국예탁결제원

I. 설립 및 감독

1. 설 립

증권등(증권, 그 밖에 대통령령으로 정하는 것[12])의 집중예탁과 계좌 간 대체,

---

6. 기관주의
7. 그 밖에 위법행위를 시정하거나 방지하기 위하여 필요한 조치로서 대통령령으로 정하는 조치

② 금융위원회는 협회의 임원이 별표 7 각 호의 어느 하나에 해당하는 경우에는 다음 각 호의 어느 하나에 해당하는 조치를 할 수 있다.

1. 해임요구
2. 6개월 이내의 직무정지
3. 문책경고
4. 주의적 경고
5. 주의
6. 그 밖에 위법행위를 시정하거나 방지하기 위하여 필요한 조치로서 대통령령으로 정하는 조치

③ 금융위원회는 협회의 직원이 별표 7 각 호의 어느 하나에 해당하는 경우에는 다음 각 호의 어느 하나에 해당하는 조치를 협회에 요구할 수 있다.

1. 면직
2. 6개월 이내의 정직
3. 감봉
4. 견책
5. 경고
6. 주의
7. 그 밖에 위법행위를 시정하거나 방지하기 위하여 필요한 조치로서 대통령령으로 정하는 조치

④ 제422조 제3항, 제423조(제1호를 제외한다), 제424조(제2항을 제외한다) 및 제425조는 협회 및 그 임직원에 대한 조치 등에 관하여 준용한다.

12) "대통령령으로 정하는 것"이란 다음의 것을 말한다(슈 310조).

1. 원화로 표시된 양도성 예금증서
2. 그 밖에 금융위원회가 정하여 고시하는 것(금융투자업규정 8-2조)

[원화로 표시된 양도성 예금증서는 자본시장법 제3조 제1항 단서에 의하여 금융투자상품에서 제외된다. 구 증권거래법상으로도 양도성예금증서(CD)는 법적으로는 집중예탁 대상이 아니었고, 이에 따라 투자자, 예탁자, 예탁결제원 등의 계약에 의하여 예탁결제업무를 처리되었으므로 제3자에 대하여는 법적효력이 인정되지 않았다. 이에 자본시장법 시행령은 명문으로

매매거래에 따른 결제업무 및 유통의 원활을 위하여 한국예탁결제원을 설립한다(法 294조①). 예탁결제원은 법인으로 한다(法 294조②). 예탁결제원이 아닌 자는 "한국예탁결제원" 또는 이와 유사한 명칭을 사용할 수 없다(法 295조).

2. 업　　무

(1) 고유업무 · 예탁결제기관업무

예탁결제원은 정관으로 정하는 바에 따라 다음과 같은 업무를 행한다(法 296조①).

1. 증권의 집중예탁업무
2. 증권의 계좌 간 대체업무
3. <삭제> [상장증권에 대한 결제업무. 전자증권법 시행으로 전자등록기관으로서의 예탁결제원이 수행]
4. 증권시장 밖에서의 증권등의 매매거래(다자간매매체결회사에서의 증권의 매매거래는 제외)에 따른 증권등의 인도와 대금의 지급에 관한 업무(결제업무)[13]
5. 예탁결제원과 유사한 업무를 영위하는 외국 법인(외국예탁결제기관)과의 계좌설정을 통한 증권의 예탁, 계좌 간 대체 및 매매거래에 따른 증권의 인도와 대금의 지급에 관한 업무

(2) 부수업무

예탁결제원은 정관으로 정하는 바에 따라 고유업무 · 예탁결제기관업무에 부수하는 다음과 같은 업무를 행한다(法 296조②).

1. 증권등의 보호예수업무
2. 예탁증권등의 담보관리에 관한 업무
3. 법 제80조에 따라 집합투자업자 · 투자일임업자와 집합투자재산을 보관 · 관리하는 신탁업자 등 사이에서 이루어지는 집합투자재산의 취득 · 처분 등에 관한 지시 등을 처리하는 업무
4. 그 밖에 금융위원회로부터 승인을 받은 업무

양도성예금증서(CD)를 집중예탁 대상으로 규정한다].

13) 증권장내시장에서의 청산업무는 자본시장법에 따라 "청산기관으로서 금융위원회가 지정하는 거래소"인 한국거래소가, 결제업무는 전자증권법에 따라 예탁결제원이 각각 수행한다. 증권장외시장에서는 청산업무/결제업무를 예탁결제원이 수행한다. 파생상품시장에서의 청산 · 결제업무는 모두 거래소가 수행한다. 장외파생상품의 경우 청산업무는 금융투자상품거래청산업 인가를 받은 한국거래소가, 결제업무는 자본시장법에 따라 예탁결제원이 각각 수행한다.

⑶ 겸영업무

예탁결제원은 정관으로 정하는 바에 따라 고유업무·예탁결제기관업무·부수업무 외에 다음과 같은 겸영업무를 영위할 수 있다(法 296조③).

1. 금융위원회의 승인을 받은 업무.[14] 이 경우 자본시장법 또는 다른 법률에서 인가·허가·등록·신고 등이 필요한 경우에는 인가·허가 등을 받거나 등록·신고 등을 해야 한다.
   가. 증권의 명의개서대행업무
   나. 증권대차의 중개 또는 주선 업무
2. 자본시장법 또는 다른 법령에서 예탁결제원의 업무로 규정한 업무[15]

⑷ 예탁업무규정

예탁결제원은 증권등의 예탁과 예탁증권등의 관리를 위하여 다음 사항이 포함된 예탁업무규정을 정해야 한다(法 302조①,②).

1. 예탁대상증권등의 지정·취소 및 그 관리에 관한 사항
2. 예탁자의 계좌개설과 그 폐지에 관한 사항
3. 예탁자계좌부의 작성 및 비치에 관한 사항
4. 예탁대상증권등의 예탁·반환 및 계좌 간 대체에 관한 사항
5. 예탁증권등에 대한 담보권의 설정·소멸 및 신탁재산의 표시·말소에 관한 사항
6. 예탁증권등의 권리 행사에 관한 사항
7. 그 밖에 예탁증권등의 관리를 위하여 필요한 사항

3. 결제기관과 결제업무규정

증권시장에서의 매매거래(다자간매매체결회사에서의 증권의 매매거래를 포함한다. 이하 제303조 제2항 제5호에서 같다)에 따른 증권인도 및 대금지급 업무는 결제기관으로서 전자등록기관이 수행한다. 이 경우 전자등록기관은 대금지급 업무를 금융위원회가 따로 지정하는 전자등록기관에 위탁할 수 있다(法 297조).[16]

---

14) 금융위원회의 승인을 받은 업무로는 증권의 명의개서대행업무, 증권대차의 중개 또는 주선업무, 금지금의 보관 및 결제 업무, 전자투표·위임장관리업무, 법인식별기호(Legal Entity Identifier)의 발급 및 관리에 관한 업무, 온라인소액투자중개정보 등의 중앙기록관리업무 등이 있다.

15) 자본시장법 및 다른 법률에 따라 부여된 업무로는 증권예탁증권(DR)의 발행업무(法 298조②), 통일규격증권관리업무(法 322조), 교환사채의 교환대상주식 관리업무(商令 22조③), 수익자명부관리업무(法 189조⑦), 증권거래세징수업무(증권거래세법 3조 1호), 사채관리회사(商法 480조의3①) 등이 있다.

16) 예탁결제원은 고유업무로서 장외 증권시장의 결제업무를 수행한다.

예탁결제원 및 전자등록기관은 증권등의 매매거래에 따른 결제업무의 수행을 위하여 결제업무규정을 정해야 한다. 이 경우 결제업무규정은 자본시장법 제323조의11의 청산업무규정, 제387조의 회원관리규정 및 제393조의 업무규정과 상충되어서는 아니 된다(法 303조①).

결제업무규정에는 다음과 같은 사항이 포함되어야 한다(法 303조②).[17]

1. 예탁결제원 및 전자등록기관 결제회원의 가입·탈퇴 및 권리·의무에 관한 사항
2. 결제계좌의 개설 및 관리에 관한 사항
3. 결제시한에 관한 사항
4. 증권등의 인도 및 대금지급에 관한 사항
5. 증권시장에서의 증권의 매매거래에 따른 결제이행·불이행 결과의 거래소에 대한 통지에 관한 사항(전자등록기관의 결제업무규정에 한정한다)
6. 그 밖에 결제업무 수행을 위하여 필요한 사항

4. 예탁업무 영위 등의 금지

예탁결제원이 아닌 자는 증권을 예탁받아 그 증권의 수수를 갈음하여 계좌간의 대체로 결제하는 업무를 영위하지 못한다(法 298조①).

전자등록기관이 아닌 자는 국내에서 증권예탁증권을 발행하는 업무를 영위하여서는 아니 된다(法 298조②).[18]

5. 업무규정의 승인·보고

예탁결제원은 제296조 제1항 제5호의 업무에 관한 규정, 제302조의 예탁업무규정, 제303조의 결제업무규정을 제정·변경하거나 폐지하고자 하는 경우에는 금융위원회의 승인을 받아야 하고(法 305조①), 그 외의 업무에 관한 규정을 제정·변경하거나 폐지한 경우에는 지체 없이 금융위원회에 보고해야 한다(法 305조③).

6. 검사와 조치

(1) 금융감독원장의 검사

금융감독원장의 금융투자업자에 대한 검사에 관한 제419조(제2항부터 제4항

---

17) 결제업무에 관한 상세한 내용은 한국예탁결제원의 「증권등결제업무규정」 참조.
18) 전자증권법상 예탁결제원은 전자등록기관의 허가를 받은 것으로 본다(同法 부칙 8조).

까지 및 제8항 제외)는 예탁결제원에 대한 검사에 관하여 준용한다(法 306조).

(2) 기관 · 임직원에 대한 조치

금융위원회는 예탁결제원, 임원, 직원이 별표 8호의 어느 하나에 해당하는 경우, 예탁결제원에 대하여는 업무정지 등, 임원에 대하여는 해임요구 등, 직원에 대하여는 면직요구 등의 조치를 할 수 있다(法 307조①,②,③).[19] 제422조 제3항, 제423조(제1호 제외), 제424조(제2항 제외) 및 제425조는 예탁결제원 및 그 임직원에 대한 조치 등에 관하여 준용한다(法 307조④).

7. 증권예탁결제제도의 통일

국제증권거래 규모의 급증에 불구하고 각국의 예탁결제제도가 통일되지 못하여 각종 기구차원에서 증권예탁결제제도의 세계적 통일을 위한 노력이 기울여지고 있다. G－30이[20] 1987년 주가대폭락사건의 영향을 받아 1989년 런던심포지움에서 세계 각국의 예탁결제제도에 관한 개선을 촉구하는 9개 권고사항을 발표하였고, ISSA도[21] 1988년 증권예탁결제제도의 세계적인 표준화와 통일화를 위한 12개 권고사항을 발표하였고, FIBV도[22] 1988년 국제결제연계 등에 관한 4개 권고사항을 발표하였다.

8. 증권의 무권화

실물증권을 한 곳에 집중예탁시켜 장부상의 대체결제에 의하여 실물증권의 이동을 점차 없애는 증권의 부동화(immobilization) 추세에 따라 실물증권이 존재하지 않는 증서 없는 증권(uncertificated security)이 일반화되고 결국 증권 없는 사회(certificateless society)로 나아가게 된다. 실물증권의 발행 · 관리는 필연적으로 막대한 사회적 비용이 소요되므로 금융산업환경 변화와 증권산업의 대외경쟁력제고를 위하여 증권 무권화의 필요성에 관한 논의가 제기되는 것이다. 증권의

19) 금융위원회의 예탁결제원, 임원, 직원에 대한 조치의 내용은 금융투자협회의 경우(法 293조①,②,③)와 같다.

20) G－30(Group of Thirty)은 1978년 미국의 Rockefeller Foundation이 세계 각국의 금융전문가 30인을 선정하여 구성한 단체로서 국제경제 및 금융의 발전을 위한 대안을 제시하여 왔다.

21) ISSA[International Symposium of Securities Administration(국제증권관리자협회)]는 세계 각국의 증권관리 및 결제분야 종사자로 구성된 민간단체이다.

22) FIBV[Federation International des Bourses de Valeurs(국제증권거래소연맹)]는 세계 각국의 증권거래소가 참여한 민간단체이다.

무권화에 의하여 발행인의 발행비용과 명의개서대리인 선임비용을 절감하는 효과가 있고, 나아가 증권의 발행과 이동에 따르는 물류비용이 절감되고 국내외 결제가 신속·정확하게 이루어지게 된다. 다만, 예탁결제원이 제314조 제3항에 의하여 주권불소지신고를 함으로써 사실상 주권 실물이 발행되지 않고, 채권의 경우에는 공사채 등록법에 의하여 실물 증권이 발행되지 않는데, 이는 증권 실물의 발행을 전제로 한 제도이므로 증권의 무권화와는 다른 것이다.

Ⅱ. 예탁관련제도[23)]

1. 예탁대상증권등의 지정

(1) 예탁대상증권등 지정방법과 지정통지

예탁결제원에 예탁할 수 있는 증권("예탁대상증권등")은 예탁결제원이 지정한다(法 308조②).

발행인이 증권등을 예탁대상증권등으로 지정받고자 하는 경우에는 예탁결제원 소정의 예탁대상증권등 지정신청서를 제출해야 한다(증권등예탁업무규정 6조①).

예탁대상증권등으로 지정되면 그 증권의 발행인은 여러 가지 법적 의무를 부담하게 되므로 증권등예탁업무규정은 예탁결제원이 예탁대상증권등을 지정한 경우(지정간주되는 경우는 제외) 이를 지체 없이 그 발행인에게 통지해야 한다고 규정한다(증권등예탁업무규정 6조④).

(2) 예탁대상증권등 지정요건

지분증권(외국주권 제외)이 예탁대상증권등으로 지정되기 위하여는, ⅰ) 정관(이와 유사한 조합계약 등 포함)상 양도의 제한이 없어야 하고(다만, 그 양도의 제한에 기한이 있는 등 해당 증권의 예탁 및 계좌대체 등의 업무수행에 지장이 없다고 인정하는 경우에는 제외), ⅱ) 해당 증권의 발행인이 명의개서대행회사를 선임하였어야 하고, ⅲ) 통일규격증권(신주인수권증서의 경우 예탁결제원이 제작·교부한 용지를 이용한 증권 포함)을 사용하여야 하며, ⅳ) 해당 증권의 발행인이 주권비상장법인이어야 한다(증권등예탁업무규정 7조①).

---

23) 자본시장법 제6편 제2장(한국예탁결제원) 중 제2절(예탁관련제도)은 증권등에 표시될 수 있거나 표시되어야 할 권리가 전자증권법에 따라 전자등록된 경우 그 증권등에 대하여는 적용하지 아니한다(法 308조①). 따라서 본서의 예탁제도에 관한 내용은 주권상장법인에는 적용되지 않고 증권예탁제도를 채택한 주권비상장법인에 적용된다.

채무증권(기업어음증권)이 예탁대상증권등으로 지정되기 위하여는 ⅰ) 예탁결제원이 본원 또는 지원이 속한 어음교환소를 통하여 원리금 또는 상환금 지급청구를 할 수 있어야 하고, ⅱ) 예탁결제원이 원리금 또는 상환금 지급 개시일로부터 2영업일전까지 원리금을 확정할 수 있어야 하고, ⅲ) 예탁결제원이 원리금 또는 상환금 확정 및 지급청구 등의 업무를 처리하는데 지장이 없어야 하고, ⅳ) 한국조폐공사가 제조한 용지를 사용해야 한다(증권등예탁업무규정 7조②).

2. 증권예탁의 법률관계

(1) 법적 성질

㈎ 혼합보관

예탁결제원은 예탁증권을 종류·종목별로 혼합하여 보관할 수 있다(法 309조④).[24] 혼합보관에 의하여 예탁증권에 대한 투자자나 예탁자의 단독소유권이 소멸되고 공유지분권으로 변경된다. 즉, 증권예탁은 대체성 있는 증권의 보관 및 관리를 위하여 중앙예탁기관이 예탁자와 체결한 예탁계약에 기하여 예탁자로부터 증권을 예탁받아 혼합보관하고, 혼합보관된 예탁증권에 대한 권리의 이전·변경·소멸 등을 계좌부상 계좌대체방식에 의하여 관리하는 일련의 법률행위이다. 증권예탁의 법리는 소비임치가 아니므로 투자자가 금융투자업자에게 예탁한 증권의 소유권이 금융투자업자에게 귀속되는 것은 아니다.[25]

㈏ 혼장임치

혼장임치는 곡물·유류 등 대체물의 임치에 있어서 수치인이 임치된 물건과 동종·동질의 다른 임치물과 혼합하여 보관하고(민법상 혼장임치에 대하여는 다른 임치인들 전원의 동의가 있어야 한다), 반환할 때에는 임치된 것과 동량을 반환하면 된다는 특약이 있는 임치를 말한다.[26] 혼장임치의 경우 임치인은 각각 그들이

---

24) 예탁결제원이 예탁자계좌부를 작성함에 있어서는 예탁자의 자기소유분과 투자자 예탁분이 구분될 수 있도록 해야 한다(法 309조③).

25) 대법원 1994. 9. 9. 선고 93다40256 판결.

26) 민법상 임치는 임치물의 보관방법에 따라 단순임치·혼장임치·교환임치·소비임치 등으로 분류할 수 있는데, 단순임치·혼장임치·교환임치 등의 경우에는 임치물의 소유권이 임치인에게 남아 있으나 소비임치의 경우에는 그 소유권이 수취인에게 이전된다는 점에서 다르다. 단순임치에서는 임치물을 특정해서 보관하여야 하나 혼장임치에서는 임치물을 동종의 물건과 혼합하여 보관하므로, 공동의 임치자는 혼합물상에 임치했던 수량에 상응한 지분을 공유하게 된다.

임치한 수량에 따른 공유지분을 가진다. 증권의 집중예탁은 수수료를 받고 증권을 보관하는 임치계약과 증권의 계좌대체·원리금수령 등의 임무를 수행하는 위임계약의 혼합계약관계이고, 투자자와 예탁자는 예탁증권 총량에 대한 공유권자로서 예탁한 증권과 동일한 증권의 반환을 청구할 수 있는 것이 아니라 동종·동량의 증권만을 청구할 수 있다. 만일 동일한 증권의 반환을 청구할 수 있다면 집중예탁의 목적을 달성할 수 없기 때문에 혼장임치의 개념이 필요하다.

(다) 위 임

위임은 당사자의 일방인 위임인이 상대방인 수임인에 대하여 사무의 처리를 위탁하고 수임인이 이를 승낙함으로써 성립하는 계약이다. 따라서 예탁결제원은 증권에 관한 사무처리의 수임인으로서 위임인인 예탁자 또는 투자자를 위하여 위임사무를 처리하는 것이다. 위임계약에 기하여 예탁결제원은 예탁증권에 관한 권리를 예탁자 또는 투자자의 신청에 따라 행사하고(法 314조①), 그 외에 선량한 관리자의 주의를 다하여 예탁증권에 대한 권리를 예탁결제원 명의로 행사하여 배당금, 원리금 및 주권 등을 수령한다. 결국 증권예탁은 민법상 수치인이 임치된 물건과 동종·동질의 다른 임치물과 혼합하여 보관하고 반환할 때에는 임치된 것과 동량을 반환하면 된다는 특약이 있는 혼장임치와 위임의 혼합계약이라는 성질을 가진다.

(2) 임의예탁과 의무예탁

(가) 투 자 자

투자자는 본인의 의사에 따라 금융투자업자에게 증권을 예탁할 수 있다. 투자자의 예탁은 본인의 의사에 따르는 임의적 성격의 것이다. 그러나 전자증권법상 의무등록 대상인 증권(상장주식 등)은 예탁 대상이 아니다.

(나) 예 탁 자

투자매매업자·투자중개업자는 금융투자상품의 매매, 그 밖의 거래에 따라 보관하게 되는 투자자 소유의 증권(대통령령으로 정하는 것 포함)을 예탁결제원에 지체 없이 예탁해야 한다(法 75조). 예탁자는 투자자계좌부에 기재한 증권은 투자자 예탁분이라는 것을 밝혀 지체 없이 예탁결제원에 예탁하여야 하고(法 310조②), 다만 투자자로부터 예탁받은 증권등을 예탁결제원에 예탁하려면 투자자의 동의를 얻어야 한다(法 309조②). 투자자의 동의를 요구하는 것은 예탁증권이 혼합보관되어 투자자의 단독소유권이 소멸되기 때문인데, 통상 증권회사의 매매거래계좌 설정약정서에 이러한 동의에 관한 사항이 포함되어 있다.

⑶ 예탁의 유형

㈎ 일반예탁

일반예탁은 예탁자가 투자자로부터 예탁받은 증권이나 자기 소유의 증권의 실물을 예탁결제원에 예탁하는 것을 말한다. 증권의 실물을 예탁하는 것이므로 실물예탁 또는 단순예탁이라고도 한다. 투자자는 직접 예탁결제원에 예탁할 수 없고 반드시 예탁자에게 먼저 예탁해야 한다.

㈏ 의제예탁

투자자계좌부에 기재된 증권등은 실물증권이 아직 예탁결제원에 예탁되지 않더라도 그 기재를 한 때에 예탁결제원에 예탁된 것으로 본다(法 310조④). 이는 만일 투자자가 예탁자에게 보관시킨 증권이 예탁결제원에 예탁되기 전에 분실·도난당하는 경우 예탁결제원과 예탁자가 고객의 부족분을 전보하기 위한 것이다.

㈐ 일괄예탁

예탁자 또는 그 투자자가 증권을 인수 또는 청약하거나, 그 밖의 사유로 새로 증권의 발행을 청구하는 경우에 그 증권의 발행인은 예탁자 또는 그 투자자의 신청에 의하여 이들을 갈음하여 예탁결제원을 명의인으로 하여 그 증권을 발행할 수 있다(法 309조⑤). 발행인이 증권을 모집·매출하는 경우 증권발행비용의 절감과 집중예탁의 효율을 높이기 위하여 예탁자 또는 그 투자자의 신청에 의하여 예탁결제원 명의로 증권을 발행하는 것이다.[27)]

㈑ 대행예탁

발행회사나 명의개서대리인이 명부상 소유자에게 증권 실물을 교부하는 대신 예탁결제원이 직접 증권을 수령하여 예탁자계좌부에 기재하고 해당 예탁자에게 통지함으로써, 증권 실물의 이동 없이 예탁하는 것이다.

⑷ 예탁증권의 반환

㈎ 반환청구권자

예탁자의 투자자나 그 질권자는 예탁자에 대하여, 예탁자는 예탁결제원에 대하여 언제든지 공유지분에 해당하는 예탁증권등의 반환을 청구할 수 있다(法

27) 일괄예탁제도는 1991년 증권거래법 개정시 증권을 인수 또는 청약하는 경우를 대상으로 도입되었는데, 그 후 1997년 개정시 증권을 발행하는 모든 경우로 확대하였다. 이는 증권을 새로 발행하는 경우 이를 개별 투자자에게 교부하고 이들이 다시 이를 예탁자를 통하여 예탁결제원에 예탁함으로써 야기되는 불필요한 비용과 업무상의 부담을 방지하기 위한 것이다.

312조② 전단). 이 경우 질권의 목적으로 되어 있는 예탁증권등에 대하여는 질권자의 동의가 있어야 한다(法 312조② 후단). 증권의 반환으로 질권이 소멸되기 때문이다. 투자자는 예탁자에 대하여 예탁증권등의 반환을 청구할 수 있을 뿐 예탁결제원에 대하여 직접 반환을 청구할 수 없다.

(나) 반환청구권의 성격

예탁증권에 대한 반환청구권은 증권예탁계약에 기한 채권적 반환청구권으로서 민법상 공유물분할에서 요구되는 공유자의 동의가 요구되지 않는다.

(다) 반환절차

반환청구를 받은 예탁결제원은 해당 예탁자계좌부의 투자자 예탁분 또는 자기소유분에서 반환청구를 받은 수량을 감소기재하고 증권을 예탁자에게 교부한다. 예탁자는 투자자계좌부에 투자자 예탁분의 반환수량을 감소기재하고 증권을 투자자에게 교부한다.

(라) 반환제한

예탁결제원은 예탁자의 파산·해산, 그 밖에 대통령령으로 정하는 사유[28]가 발생한 경우 예탁증권 중 투자자 예탁분의 반환 또는 계좌 간 대체를 제한할 수 있다(法 312조③). 이는 집중예탁제도의 강화를 통해 투자자를 보호하려는 취지에서 예탁자가 파산하는 경우에도 투자자가 예탁증권을 안전하고 체계적으로 반환받을 수 있도록 하기 위한 것이다.

한편, 예탁결제원은 다음과 같은 경우 예탁증권등의 반환을 제한할 수 있다(증권예탁업무규정 22조①).

1. 규정 제17조(예탁결제원 명의로 발행 또는 등록되는 증권등의 예탁)에 따라 예탁된 경우: 예탁결제원이 해당 증권등을 교부받을 때까지
2. <삭제> [삭제전: 주식예탁증권의 경우]
3. 발행인에 대하여 매수청구권을 행사한 증권의 경우
4. <삭제> [삭제전: 발행인에 대하여 환매를 청구한 집합투자증권의 경우]
5. 집합투자증권의 설정을 위하여 증권을 납입한 경우

5의2. 예탁증권등에 관한 권리를 전자증권법에 따라 전자등록하는 날을 정한 경우: 해당 전자등록일과 그 전영업일

28) "대통령령으로 정하는 사유"는 다음과 같다(令 314조).
1. 예탁자에 대한 인가·허가·등록 등의 취소 또는 업무의 정지
2. 예탁자의 파산·해산 또는 제1호에 준하는 경우

6. 그 밖에 예탁결제원이 필요하다고 인정하는 경우

(마) 반환의 효과

예탁증권의 반환에 의하여 예탁증권에 대한 공유지분권은 소멸하는 동시에 단독소유권이 성립한다.

(5) 예탁증권의 계좌대체

(가) 계좌대체의 청구

예탁자가 예탁증권등을 계좌대체하고자 하는 경우에는 예탁결제원 소정의 계좌대체청구서에 의하여 청구해야 한다(증권예탁업무규정 24조①). 예탁결제원이 계좌대체청구를 받은 때에는 즉시 청구내용을 확인한 후 그 내용에 따라 예탁자계좌부 및 집합투자기구원장의 기재를 변경하고 그 처리사실을 해당 예탁자에게 통지해야 한다(증권예탁업무규정 24조③).

(나) 계좌대체의 제한

예탁결제원은 예탁증권이 다음과 같은 경우 계좌대체를 제한할 수 있다(증권예탁업무규정 24조④).

1. 규정 제17조에 따라 예탁된 증권등 및 규정 제19조 제1항 제2호 단서(합병 또는 전환 등으로 증권등이 교체되는 경우)의 증권등 중 주식: 예탁결제원이 해당 증권을 교부받을 때까지
2. 제19조 제1항 제2호 본문(증권등의 병합·분할, 교체 또는 전환청구 등의 기한이 있는 경우)에 의한 증권등: 해당 마감일과 그 전영업일
3. 제22조 제1항 제3호·제5호에 해당하는 경우
4. <삭제> [삭제전: 제63조에 따라 권리를 행사한 주식워런트증권]
5. 원리금 상환 등을 위한 채권, 그 밖의 증권등: 세칙으로 정하는 기간
6. 그 밖에 예탁결제원이 필요하다고 인정하는 경우(이 경우 예탁자에게 미리 그 뜻과 제한기간을 통지해야 한다)

3. 예탁자의 예탁과 예탁자계좌부

예탁결제원에 증권을 예탁하고자 하는 자는 예탁결제원에 계좌를 개설해야 한다(法 309조①). 계좌를 개설한 자를 예탁자라고 하는데, 예탁자는 자기가 소유하고 있는 증권과 투자자로부터 예탁받은 증권을 투자자의 동의를 얻어 예탁결제원에 예탁할 수 있다(法 309조②). 이와 같이 예탁제도의 당사자는 투자자·예

탁자 · 예탁결제원이다. 예탁결제원은 i) 예탁자의 명칭 및 주소, ii) 예탁증권의 종류 및 수와 그 발행인의 명칭, iii) 그 밖에 총리령으로 정하는 사항(規則 29조)을 기재하여 예탁자계좌부를 작성 · 비치하되, 예탁자의 자기소유분과 투자자 예탁분이 구분될 수 있도록 해야 한다(法 309조③).

4. 투자자의 예탁과 투자자계좌부

투자자로부터 예탁받은 증권을 예탁결제원에 다시 예탁하는 예탁자는 i) 투자자의 성명 및 주소, ii) 예탁증권의 종류 및 수와 그 발행인의 명칭, iii) 그 밖에 총리령으로 정하는 사항(規則 30조)을 기재하여 투자자계좌부를 작성 · 비치해야 한다(法 310조①). 예탁자는 위와 같이 기재한 경우에는 해당 증권이 투자자 예탁분이라는 것을 밝혀 지체 없이 예탁결제원에 예탁하여야 하고(法 310조②),[29] 해당 증권을 예탁결제원에 예탁하기 전까지는 이를 자기소유분과 구분하여 보관해야 한다(法 310조③). 투자자계좌부에 기재된 증권은 그 기재를 한 때에 예탁결제원에 예탁된 것으로 본다(法 310조④).[30]

5. 계좌부 기재의 효력

(1) 공유지분권

(가) 공유지분권의 추정

예탁자의 투자자와 예탁자는 각각 투자자계좌부와 예탁자계좌부에 기재된 증권의 종류 · 종목 및 수량에 따라 예탁증권에 대한 공유지분을 가지는 것으로 추정한다(法 312조①).[31] 공유지분권은 간주되는 것이 아니라 추정되는 것이므로

29) 예탁자가 직접 보관하는 경우에는 증권의 분실 · 도난이 우려되기 때문이다. 이와 같이 투자자와 발행회사 간에 증권의 보유를 매개하는 금융중개기관(예탁결제원, 투자매매업자 · 투자중개업자 등)이 개입하여 증권의 실질소유자가 간접적으로 증권을 보유하는 증권보유형태를 간접보유방식(indirect holding system)이라 한다. 이와 달리 직접보유방식(direct holding system)은 증권의 소유자가 증권을 실물형태로 보유하거나 무증서형태로 발행회사 또는 그 대리인이 관리하는 법적 장부에 등록하여 보유하는 방식을 말한다.

30) 예탁의 효력발생시기를 투자자계좌부에 기재된 시점으로 규정한 것은, 예탁자가 투자자의 예탁증권을 예탁결제원에 재예탁하기 위하여 시간이 소요되는데, 그 동안 투자자의 예탁증권이 분실 · 도난 · 멸실되는 경우 예탁자의 자력부족으로 투자자가 충분한 보상이 받지 못하는 경우를 고려한 것이다.

31) 투자자계좌부에 기재된 증권은 그 기재를 한 때에 예탁결제원에 예탁된 것으로 보므로(法 310조④), 해당 증권이 투자자계좌부에 기재된 때에 공유관계가 성립하게 된다.

무권리자가 투자자계좌부에 기재되더라도 진정한 권리자가 권리를 증명하면 투자자계좌부에 기재된 자의 권리를 부인할 수 있다.

(나) 효력발생시기

투자자계좌부에 기재된 증권은 그 기재가 된 때에 예탁결제원에 예탁된 것으로 보므로, 투자자계좌부에 기재된 증권의 소유자는 그 기재시점에서 종전에 이미 투자자계좌부에 기재된 증권의 소유자와 함께 공유관계를 이룬다. 따라서 증권이 예탁결제원에 현실로 인도되어 예탁되기 전이라도 분실·도난의 경우 투자자는 전보청구를 할 수 있고, 예탁결제원과 투자자를 가진 예탁자는 연대보전책임을 진다. 예탁자가 소유 증권을 예탁결제원에 예탁하는 경우 예탁자의 공유지분권은 예탁자별로 예탁자계좌부에 기재하였을 때 성립한다.

(2) 점유·교부의 간주

투자자계좌부와 예탁자계좌부에 기재된 자는 각각 그 증권을 점유하는 것으로 본다(法 311조①). 투자자계좌부 또는 예탁자계좌부에 증권의 양도를 목적으로 계좌 간 대체의 기재를 하거나 질권설정을 목적으로 질물인 뜻과 질권자를 기재한 경우에는 증권의 교부가 있었던 것으로 본다(法 311조②). 상법상 주식의 양도와 질권설정에 있어서 교부를 효력발생요건으로 하고 있으며 점유자를 소유자로 추정하는데, 자본시장법은 투자자계좌부와 예탁자계좌부에 기재된 자가 각각 그 증권을 점유하는 것으로 본다.[32] 공유지분권은 추정되지만 점유·교부는 간주된다. 계좌대체가 증권의 교부로 간주되므로 예탁증권의 양도시기는 계좌대체가 완료된 시점이다. 예탁증권이 양도되는 경우 투자자가 예탁자를 통하여 예탁결제원으로부터 증권을 반환받아 이를 다시 거래상대방에게 현실의 인도를 한다면, 계속적으로 이루어지는 대량거래가 불가능할 것이므로, 계좌대체를 증권의 교부로 간주하는 것이다.[33]

32) 따라서 A증권회사의 고객 X가 S주식 100주를 소유하여 A증권회사의 투자자계좌부에 기재되어 있는 경우 X는 S주식 100주를 나타내는 주권을 점유하고 있는 것으로 보며, X의 청구에 의하여 X의 계좌로부터 A증권회사의 고객 Y의 계좌로 S주식 100주에 대한 계좌대체가 이루어지면 X로부터 Y로 주권이 교부된 것과 같은 효력이 발생한다.

33) 증권의 교부로 간주되는 계좌대체에 대하여, 목적물반환청구권의 양도로 보는 견해와, 민법 제188조 제1항의 현실의 인도로 보는 견해가 있는데 구별의 실익은 크지 않다. 유일한 차이는 목적물반환청구권의 양도로 보면 점유자가 양도인에 대한 항변으로 양수인에 대항할 수 있는 것인데, 예탁결제제도 하에서 이러한 상황이 실제로 발생할지는 의문이다.

⑶ 연대보전의무와 구상권

㈎ 연대보전의무

예탁증권등이 투자자계좌부에 기재된 후 분실·도난·멸실 등의 사유로 부족하게 된 경우에는 예탁결제원 및 자본시장법 제310조 제1항에 규정된 예탁자(투자자로부터 예탁받은 증권등을 예탁결제원에 다시 예탁하는 예탁자)는 연대하여 이를 보전해야 한다(法 313조①, 令 315조②). 자본시장법 제310조 제1항에 규정된 예탁자는 투자자로부터 예탁받은 증권등을 예탁결제원에 다시 예탁하는 예탁자를 의미한다. 따라서 따라서 자기 소유의 증권 실물만 예탁한 예탁자는 연대보전책임이 없다. 예탁자는 예탁결제원에 개설한 계좌를 폐쇄한 이후에도 보전책임을 부담한다. 다만, 계좌를 폐쇄한 때부터 5년이 경과한 경우에는 그 책임은 소멸한다(法 313조②). 규정상 예탁결제원과 예탁자의 고의나 과실을 요건으로 하지 아니하므로 연대보전 책임은 무과실책임으로 보아야 한다. 예탁자가 증권의 실물을 예탁결제원에 예탁한 경우뿐 아니라 의제예탁의 경우도 연대보전의무가 적용된다.[34)]

예탁증권 부족분에 대한 보전책임에 대하여 구 증권거래법은 책임이 있는 예탁자가 1차적으로 보전책임을 지고 그 예탁자가 보전하지 아니한 경우 예탁결제원 및 다른 예탁자가 2차적으로 보전의무를 부담하는 방식의 순차적 책임을 규정하였으나,[35)] 자본시장법은 이러한 순차적 보전책임을 폐지하고 예탁결제원 및 모든 예탁자가 직접 연대보전의무를 부담하는 것으로 규정한다.

㈏ 구 상 권

보전의무를 이행한 예탁결제원 및 예탁자는 그 부족에 대한 책임이 있는 자에 대하여 구상권을 행사할 수 있다(法 313조① 후단).

⑷ 구체적 적용

㈎ 예탁자의 예탁증권수의 오기

A의 주식수가 실제로는 100주인데 예탁자의 실수로 투자자계좌부에 1,000주로 잘못 기재되면 비록 오기라 하더라도 A의 계좌에 1,000주가 기재된 이상 A는

---

34) 의제예탁 자체가 투자자계좌부에 기재된 증권 실물이 예탁결제원에 예탁되기 전에 분실·도난당하는 경우에도 예탁결제원과 예탁자가 고객의 부족분을 전보하기 위한 제도이다.

35) 구 증권거래법상 예탁증권 부족분에 대한 보전책임제도의 변천을 보면, 당초에는 예탁결제원과 예탁자 전원이 부족분에 대해 1차적으로 무과실 무한연대보전책임을 지는 것으로 규정하였으나, 1997년 증권거래법 개정시 예탁증권의 부족에 대하여 책임이 있는 자가 먼저 부족분을 보전하고, 책임 있는 자가 부족분을 보전하지 아니한 경우에는 예탁결제원 및 예탁자가 연대하여 부족분을 보전하도록 하였다.

1,000주의 주권에 대한 점유자로 간주되고, 따라서 증권의 점유자로서 적법한 소지인으로 추정된다. 따라서 A가 이 1,000주를 B에게 양도하여 B의 계좌에 1,000주가 대체기재된 경우, B가 선의·무중과실이라면 100주에 대하여는 적법한 권리자인 A로부터의 승계취득하는 동시에 900주에 대하여는 무권리자인 A로부터 선의취득함으로써[36] 결국 1,000주 전부를 적법하게 취득한다. 이에 따라 실물주권수가 100주임에도 1,000주의 주권이 예탁결제원의 예탁주권중에 포함되어 있는 것으로 추정되므로(法 312조①), 동일주식을 소유한 다른 공유자의 지분이 비례적으로 감소되고, 부족분인 900주에 대하여는 예탁증권의 부족분에 대하여 예탁결제원 및 예탁자가 연대하여 이를 보전하여야 하고, 이 경우 예탁결제원 및 예탁자는 그 부족에 대한 책임이 있는 자에 대하여 구상권(求償權)을 행사할 수 있다(法 313①).

㈏ 투자자가 무권리자인 경우

투자자 A가 권한 없이 진정한 소유자 B 소유의 S주권을 A의 명의로 예탁자에게 예탁하여 예탁자의 투자자계좌부에 기재되어도 그 자체만으로는 A는 아무런 권리를 취득하지 못하며, B가 실제 권리자로서 S주식에 대한 공유지분권을 취득한다. 그러나 A는 자기 명의로 투자자계좌부에 기재된 수에 해당하는 주권의 점유자로 간주되고, 이에 따라 적법한 소지인으로 추정된다(商法 336조②). 그 후 A와 C간의 S주식에 대한 매매가 이루어지고 투자자계좌부와 예탁자계좌부에 S주식이 C명의로 계좌대체된다면 양도를 목적으로 하는 계좌대체의 기재는 증권교부의 효력이 있으므로(法 311조②), C는 적법한 소유자로 추정되는 A로부터 S주권을 교부받은 것이 된다. 따라서 C는 악의 또는 중과실이 없는 한 S주식에 대한 공유지분권을 선의취득하게 되고, 그 결과 B는 공유지분을 상실한다(商法 359조, 수표법 21조).

㈐ 예탁자의 권한 없는 계좌대체

고객 C의 계좌에서 예탁자가 권한 없이 증권을 고객 A의 계좌로 계좌대체하면, 증권의 양도를 목적으로 하는 계좌대체의 경우에는 증권의 교부가 있었던

36) 선의취득은 진정한 권리유무에 불구하고 권리외관을 신뢰하고 거래한 자를 보호함으로써 거래의 안전과 신속을 도모하는 제도로서, 동산의 점유에 공신력을 인정한다. 무기명사채나 주권을 점유하는 적법한 소지인으로부터 교부에 의하여 취득한 자는 소지인이 무권리자임을 알지 못하고(선의), 선의임에 중과실이 없으면 그 증권상의 권리자로 보호받게 되어, 선의와 무과실을 요건으로 하는 민법상의 선의취득제도에 비하여 보다 강력한 보호가 이루어진다.

것과 동일한 효력을 가지므로 A는 증권의 교부를 받음으로써 그 증권을 선의취득하고 C는 권리를 상실한다.

(5) 신탁의 대항요건

신탁법은 등기 또는 등록할 수 있는 재산권에 관하여는 신탁의 등기 또는 등록을 함으로써 그 재산이 신탁재산에 속한 것임을 제3자에게 대항할 수 있고(信託法 4조①), 등기 또는 등록할 수 없는 재산권에 관하여는 다른 재산과 분별하여 관리하는 등의 방법으로 신탁재산임을 표시함으로써 그 재산이 신탁재산에 속한 것임을 제3자에게 대항할 수 있다고(信託法 4조②) 규정한다. 그러나 증권예탁제도 하에서는 증권이 예탁기관에 혼합보관되므로, 자본시장법은 예탁증권등의 신탁은 예탁자계좌부 또는 투자자계좌부에 신탁재산인 뜻을 기재함으로써 제3자에게 대항할 수 있다(法 311조③).

(6) 예탁증권에 대한 질권설정

(가) 약 식 질

1) 성립요건 상법상 주식의 약식질은 질권설정의 합의와 주권의 교부(商法 338조①)에 의하여 성립한다. 주식의 질권설정에 필요한 요건인 주권의 교부(점유 이전) 방법으로는 현실 인도, 간이인도, 반환청구권 양도 등이 허용되나, 점유개정에 의한 인도는 교부에 해당하지 않는다(民法 332조).

예탁증권의 경우에도 질권설정자가 예탁결제원으로부터 예탁증권을 반환받아 질권자에게 교부함으로써 약식질을 설정하는 방식도 가능하다.

그런데 자본시장법상 투자자계좌부 또는 예탁자계좌부에 증권의 양도를 목적으로 계좌 간 대체의 기재를 하거나 질권설정을 목적으로 질물(質物)인 뜻과 질권자를 기재한 경우(附記)에는 증권의 교부가 있었던 것으로 본다(法 311조②). 예탁주식의 경우에는 이와 같은 부기방식의 질권설정이 가능한데,[37] 투자자계좌부 또는 예탁자계좌부에 부기하는 방식에 의하는 경우는 질권자의 성명과 주소가 주주명부에 부기되지 않기 때문에 약식질이다.

자본시장법상 예탁주식의 경우 투자자계좌부 또는 예탁자계좌부에 증권의 질권설정을 목적으로 질물(質物)인 뜻과 질권자를 기재한 경우(附記)에는 증권의 교부가 있었던 것으로 본다는 규정(資法 311조②)이 있다. 참고로, 전자증권법 제

37) 구 증권거래법은 질권설정자의 계좌에서 질권자의 계좌로 대체기재하는 방식이었는데, 자본시장법은 질권설정자의 계좌부에 질권의 내용을 부기하는 방식으로 변경하였다.

35조 제3항은 교부 간주 규정을 두지 않고 질권 설정의 전자등록을 하면 입질의 효력이 발생한다고 규정한다.

2) 대항요건 주권을 점유하지 아니하면 그 질권으로써 회사 및 제3자에게 대항하지 못한다(商法 338조②). 자본시장법상 투자자계좌부와 예탁자계좌부에 기재된 자는 각각 그 증권등을 점유하는 것으로 보고(法 311조①), 질권설정을 목적으로 질물(質物)인 뜻과 질권자를 기재한 경우에는 증권등의 교부가 있었던 것으로 보므로(法 311조②) 이로써 직접 점유할 수 없는 예탁주식의 경우에도 제3자에 대하여 대항할 수 있다.

(나) 등 록 질

상법상 주식을 질권(質權)의 목적으로 한 경우에 회사가 질권설정자의 청구에 따라 질권자의 성명과 주소를 주주명부에 덧붙여 쓰고(附記) 그 성명을 주권(株券)에 적은 경우에는 질권자는 회사로부터 이익배당, 잔여재산의 분배 또는 물상대위에 따른 금전의 지급을 받아 다른 채권자에 우선하여 자기채권의 변제에 충당할 수 있다(商法 340조①). 다만, 법문에 불구하고 주권에 질권자의 성명을 적지 않아도 질권이 유효하게 성립한다는 것이 통설이다.[38] 등록질의 경우 질권자의 채권실행방법에 관한 민법 제353조가 준용된다(商法 340조②).

그런데 예탁주식의 경우에는 주주명부에 예탁결제원이 주주로 기재되므로 예탁된 상태에서 직접 등록질을 설정하는 방법은 없고, 실질주주가 예탁결제원으로부터 주권을 반환받고 회사나 명의개서대행회사가 질권설정자의 청구에 따라 질권자의 성명과 주소를 주주명부에 부기하고 그 성명을 주권에 기재하는 원래의 등록질 설정방법에 의해야 한다.

6. 예탁증권의 권리행사

(1) 의 의

예탁결제원은 예탁증권을 직접 점유하고 또한 주주명부·수익자명부 등 기명식 증권의 소유자명부에 소유자로 기재되므로 예탁증권에 관한 모든 권리를 행사할 수 있는 지위에 있다. 이에 따라 예탁결제원은 예탁자 및 투자자의 이익을 보

38) 다만, 주권에 질권자의 성명이 기재되어 있지 않으면 질권자가 주권을 분실(점유의 상실)한 경우 주권을 취득한 제3자가 주식의 선의취득 또는 질권의 선의취득등을 주장하면서 회사에 대하여 명의개서 또는 질권의 표시를 청구하면 회사는 주권점유의 추정력(제336조②)에 의하여 이를 거절할 수 없고, 결국 질권자가 권리를 잃게 되는 위험이 있다.

호하기 위하여 예탁증권에 대한 권리행사를 적절하게 해야 한다. 예탁결제원의 예탁증권에 관한 권리행사는 투자자의 의사와 관계없이 예탁결제원이 직접 행사하는 경우와 투자자의 신청 또는 발행인의 요청에 따라 행사하는 경우가 있다.

(2) 예탁결제원의 직접 권리행사

예탁결제원은 예탁증권에 대하여 자기명의로 명의개서를 청구할 수 있다(法 314조②). 이로써 예탁결제원은 예탁증권의 명부상의 소유자가 되어 증권에 관한 각종 권리를 행사할 수 있다.[39] 예탁결제원은 자기명의로 명의개서된 주권에 대하여는 예탁자의 신청이 없는 경우에도 주권불소지, 주주명부의 기재 및 주권에 관하여 주주로서의 권리를 행사할 수 있고(法 314조③),[40] 이는 예탁증권 중 기명식 증권에 관하여 준용한다(法 314조⑦). "주권에 관하여 주주로서의 권리"란 주식의 병합·분할, 회사의 합병·분할, 주식배당·무상증자 등에 의하여 발행되는 주권의 수령, 주권상실시 공시최고 등에 관한 권리를 말한다. 예탁결제원이 자기명의로 명의개서된 주권에 대하여 예탁자의 신청이 없는 경우에도 이러한 권리를 행사할 수 있도록 한 것은 예탁결제원이 권리행사 여부에 관한 실질주주의 판단을 기다릴 필요 없이 주주명부 또는 수익자명부의 기재를 기준으로 행사하는 것이 적절하기 때문이다. 결국 실질주주가 행사할 수 있는 권리는 의결권·신

39) [증권등예탁업무규정] 제2관 예탁결제원의 권리행사
제47조 (명의개서) 예탁결제원은 예탁증권등 중 주권의 경우에는 예탁일로부터 1월 이내에 (해당 기간 중 주주명부폐쇄기준일이 있는 때에는 그 날까지) 예탁결제원 명의로 명의개서를 해야 한다. 다만, 주주명부폐쇄기간 설정 등의 사유로 예탁일로부터 1월 이내에 명의개서를 하지 못하는 경우에는 그 사유 종료후 지체 없이 명의개서를 해야 한다.
제48조 (주권불소지 신고) 예탁결제원은 예탁결제원 명의의 주식에 대하여 상법 제358조의2에 따라 불소지 신고를 할 수 있다.
제49조 (주주명부의 기재 및 주권에 관한 권리행사)
① 예탁결제원은 예탁결제원 명의의 주식에 대하여 주주로서 주주명부의 기재에 관한 권리를 행사한다.
② 예탁결제원은 예탁결제원 명의의 주식에 대하여 주주로서 다음 각 호의 권리를 행사한다.
1. 주권의 병합 또는 분할청구
2. 회사의 합병, 주식의 병합·분할 등 주권의 전면적인 교체가 있는 경우에 그 주권의 교체청구
3. 자본시장법 제309조 제5항에 따라 예탁결제원 명의로 발행되는 주권의 수령
4. 주권의 사고신고 등의 신청
5. 그 밖에 제1호 내지 제4호에 준하는 사항

40) 이에 따라 예탁결제원이 주권불소지신고를 함으로써 사실상 주권 실물이 발행되지 않는다. 주주는 불소지신고를 한 후에도 언제든지 주권발행을 청구할 수 있다. 반면 실질주주는 자본시장법 제314조 제3항에 따른 권리를 행사할 수 없다. 다만, 회사의 주주에 대한 통지 및 주주명부의 열람 또는 등사 청구에 대하여는 그 권리를 행사할 수 있다(法 315조②).

주인수권·주식매수청구권 등에 한정된다.[41)]

(3) 예탁자·투자자의 신청에 의한 권리행사

(가) 권리행사 신청

예탁결제원은 예탁자 또는 그 투자자의 신청에 의하여 예탁증권등에 관한 권리를 행사할 수 있다(法 314조①). "권리를 행사할 수 있다."라고 규정되어 있으나, 예탁결제원은 예탁계약상의 수치인 또는 수임인으로서 예탁자 또는 투자자의 신청이 있는 경우 권리를 의무적으로 행사해야 한다. 예탁결제원이 모든 주주권을 행사할 수 있는 것은 아니고, 예탁결제원의 "증권등예탁업무규정"은 신청에 의하여 행사할 수 있는 권리를 명시하고 있다.[42)]

(나) 신청방법

예탁결제원은 예탁증권의 실질소유자를 알 수 없으므로 투자자는 반드시 예탁자를 통하여 권리행사를 신청해야 한다(法 314조① 후단). 의결권·신주인수권 등 투자자의 의사에 따라 행사 여부를 정하여야 하는 권리는 그 권리가 발생할 때마다 투자자가 개별적으로 신청해야 한다. 반면, 이익배당의 경우와 같이 예탁결제원이 투자자의 별도의 신청에 관계없이 당연히 권리를 행사하여야 하는 사항에 대하여는 예탁계약체결시 예탁결제원에 그 권리를 포괄적으로 위임하는 방식에 의하여 신청한다.

(다) 권리행사방법

예탁결제원의 권리행사는 예탁계약상 수임인의 지위에서 위임사무를 처리하는 것으로 보아야 한다. 다만, 의결권 행사의 경우에는 관행상 투자자로부터 위임장을 교부받아 대리권행사의 방법으로 투자자의 권리를 행사한다.

(라) 발행인의 통지의무

예탁증권등의 발행인은 예탁자·투자자의 신청에 따른 예탁결제원의 권리행사를 위하여 대통령령으로 정하는 사항[43)]을 지체 없이 예탁결제원에 통지해야

41) 김건식·정순섭, 653면.

42) 증권등예탁업무규정 "제3관 신청에 의한 권리행사"는 제50조(권리행사의 방법)에서 "법 제314조 제1항에 따라 예탁결제원은 예탁자로부터 예탁증권등에 관한 권리행사의 신청이 있는 경우에 그 신청내용에 따라 예탁결제원 명의로 그 권리를 행사한다."고 규정하고, 구체적인 권리에 따라 제51조(유상증자시 권리행사), 제52조(신주인수권증권 등에 의한 신주인수권행사 등), 제53조(전환주식 등의 권리행사), 제54조(배당금 수령 등의 권리행사), 제55조(주식매수청구권의 행사), 제56조(실기주 등에 대한 권리행사), 제57조(기타 권리행사) 등의 규정을 두고 있고, "제4관 의결권 행사"는 제58조(신청에 의한 의결권 행사)의 규정을 두고 있다.

한다(法 314조⑥).

(4) 발행인의 요청에 의한 의결권 행사제도 폐지

주식이 분산도가 높은 회사의 경우 실질주주가 의결권을 행사하지 아니하면 주주총회의 결의요건을 충족하기 곤란하다. 이에 따라 종래에는 주주총회의 회의 목적 사항이 중요한 사항이 아니고 실질주주가 의결권에 관하여 어떠한 의사표시도 하지 않은 경우에는 예탁결제원이 발행인의 요청에 의하여 실질주주의 의결권을 행사할 수 있도록 하였으나, 2013년 자본시장법 개정시 발행인의 요청에 의한 중립적 의결권 행사(shadow voting)에 관한 규정이 삭제되었다(2015. 1. 1.부터 시행).

그러나 2014년 12월 개정법은 주권상장법인이 전자투표(商法 368조의4)를 허용하고 의결권 대리행사의 권유(法 152조)를 실시한 경우에는 주주총회 목적사항 중 일정한 사항에 대하여 2017년 12월 31일까지는 한시적으로 중립적 의결권 행사(shadow voting)를 활용할 수 있도록 경과조치를 마련하였다.[44]

(5) 실기주의 관리

예탁자를 통하여 투자자에게 반환된 후 투자자의 명의로 명의개서가 되지 아니한 예탁결제원 명의의 주권(그 주권에서 발생하는 권리를 포함한다)의 관리에 대하여 필요한 사항은 대통령령으로 정한다(法 314조⑧).

예탁결제원은 예탁자를 통하여 투자자에게 반환된 후 투자자의 명의로 명의개서가 되지 않은 예탁결제원 명의의 주권의 권리행사에 따라 발행인으로부터 주권을 수령한 경우 그 주권 중 수령일부터 1년이 지난 주권은 협회를 통한 장외매매거래의 방법으로 매각하여 현금으로 관리할 수 있다. 다만, 협회를 통한 주권의 장외매매거래가 불가능한 경우 등 금융위원회가 정하여 고시하는 경우에는 그 주식의 수령일부터 1년이 지나지 않은 경우에도 증권시장 등을 통하여 이

---

43) "대통령령으로 정하는 사항"은 다음과 같다(令 316조).
1. 자본시장법 제294조 제1항에 따른 증권등의 종류 및 발행 회차
2. 증권등의 권리의 종류·발생사유·내용 및 그 행사일정
3. 증권등의 발행조건이 변경된 경우에는 그 내역
4. 발행인 또는 명의개서를 대리하는 회사가 주주명부의 주식수와 실질주주명부의 주식수를 합산하는 경우(法 316조③)에는 신주인수권 등 권리의 배정명세
5. 원리금 지급일의 변경, 그 밖에 증권등의 권리행사와 관련하여 예탁결제원이 필요하다고 인정하여 요청하는 사항

44) 이와 같이 발행인의 요청에 의한 예탁결제원의 의결권 행사제도는 당초 2015년부터 폐지될 예정이었으나, 일정한 조건 하에 제한된 사항에 대하여서 2017년말까지 3년간 폐지가 유예되었다가 2018년부터 완전히 폐지되었다.

를 매각할 수 있다(令 317조의2).

7. 실질주주의 권리행사

(1) 실질주주의 의의

예탁에 의하여 예탁결제원 명의로 명의개서된 주식의 실질적인 소유자가 실질주주가 된다.[45] 증권예탁제도에서는 혼장임치의 결과 예탁주식이 전체 실질주주의 공유에 속하게 되므로 자본시장법은 실질주주를 “예탁증권 중 주식의 공유자”라고 규정한다(法 315조①). 따라서 실질주주는 의결권·신주인수권·이익배당청구권 등 상법상의 공익권과 자익권을 가진다. 실질주주제도가 인정되지 않는다면 투자자가 주주권행사를 위하여 주권의 인출을 빈번히 함으로써 증권예탁제도의 취지가 퇴색할 것이므로, 자본시장법은 발행인의 실질주주명부 작성을 의무화하여 상법이 요구하는 명의개서절차를 거치지 않고 투자자가 주주권을 행사할 수 있도록 하였다.

(2) 권리행사요건

투자자는 발행인이 기준일을 정하는 경우 기준일까지 당해 주식을 예탁자를 통하여 예탁결제원에 예탁하기만 하면 실질주주로서의 권리를 행사할 수 있다. 예탁결제원은 해당 기준일과 그 전영업일의 예탁을 제한할 수 있다(증권등예탁업무규정 제19조①). 상법상 명의개서는 주주권행사를 위한 대항요건이므로 발행인이 정한 기준일 현재 주주명부에 기재된 주주가 주주권을 행사할 수 있다.[46] 그러나 증권예탁제도 하에서는 발행인의 주주명부에는 중앙예탁기관이 주주로 기재되어 있으므로, 실질주주는 기준일에 실질주주로서 실질주주명부에만 기재되어 있어야 주주권을 행사할 수 있다. 합병·감자 등을 위한 구주권제출에 있어서 주주명부상의 주주는 예탁결제원에 구주권을 제출하는 반면, 실질주주는 실질주

---

45) 상법상 실질주주란 타인명의로 주식을 인수하여 납입한 자나 주식을 양수한 후 명의개서를 하지 아니한 자와 같이 명의개서를 경료하지 못하였지만 주식의 실질적인 소유자인 자를 말한다. 타인명의로 주식을 인수하여 그 타인 명의로 주식이 배정된 경우, 누가 실질적인 주식인수인인지에 관하여는 명문의 규정이 없지만(商法 332조는 주식인수인으로서의 책임을 진다고 규정할 뿐 주식인수인이 된다고 규정하지 않는다), 판례는 명의차용인을 주주로 본다(대법원 2005. 2. 18. 선고 2002도2822 판결).

46) 상법상 주식의 이전은 취득자의 성명과 주소를 주주명부에 기재하지 아니하면 회사에 대항하지 못한다(商法 337조①). 즉, 주식의 이전은 명의개서를 하여야 회사에 대항할 수 있다. 명의개서 전에는 회사와의 관계에서 양도인이 여전히 주주이다. 회사 외의 제3자와의 관계에서는 명의개서 없이도 주주권을 주장할 수 있다.

주명부의 기재에 의하여 구주권제출 및 신주권교부가 이루어진 것으로 간주되므로 별도의 제출절차가 필요 없다.

(3) 실질주주가 행사할 수 있는 권리

예탁결제원은 예탁자 또는 그 투자자의 신청에 의하여 예탁증권등에 관한 권리를 행사할 수 있고, 이 경우 그 투자자의 신청은 예탁자를 거쳐야 한다(法 314조①). 또한 예탁결제원은 예탁증권등에 대하여 자기명의로 명의개서를 청구할 수 있는데(法 314조②), 자기명의로 명의개서된 주권에 대하여는 예탁자의 신청이 없는 경우에도 주권불소지, 주주명부의 기재 및 주권에 관하여 주주로서의 권리를 행사할 수 있다(法 314조③).

실질주주는 제314조 제3항의 권리를 행사할 수 없지만(法 315조③), 회사의 주주에 대한 통지 및 주주명부의 열람·등사 청구에 대하여는 주주로서의 권리를 행사할 수 있다(法 315조②).

(4) 권리행사방식

실질주주는 예탁주식의 공유자이므로 상법에 의하면 권리를 행사할 자 1인을 정하여야 하지만(商法 333조②), 상호간에 아무런 관계가 없는 실질주주들에게 이를 요구하는 것은 불합리하므로 자본시장법은 실질주주가 주주로서의 권리 행사에 있어서 각각 공유지분에 상당하는 주식을 가지는 것으로 본다고 규정한다(法 315조①). 이에 따라 실질주주는 공유자임에도 불구하고 각자 주주권을 행사할 수 있다. 실질주주는 발행인이 송부한 주주총회 참석장에 의거 직접 의결권을 행사할 수 있고, 또한 예탁결제원 또는 그 외의 대리인(商法 368조②)에게 의결권 행사를 위임하여 권리를 행사할 수 있다.[47]

8. 실질주주명부

(1) 의　　의

실질주주명부란 발행인이 작성·비치하는 주주명부에 예탁결제원 명의로 명의개서 되어있는 주식에 대한 실질소유자에 대한 명부이다. 실질주주로서 권리를 행사하려면 예탁결제원에 예탁된 주권의 주식에 관하여 발행인이 작성·비치하

---

47) 합병·자본금감소 등을 위한 구주권 제출에 있어서 주주명부상의 주주는 회사 또는 명의개서대행회사에 구주권을 제출하는 반면, 실질주주는 실질주주명부의 기재에 의하여 구주권제출 및 신주권교부가 이루어진 것으로 간주되므로 별도의 제출절차가 필요 없다.

는 실질주주명부에 주주로서 등재되어야 한다.[48)]

⑵ 작성절차

실질주주명부는 발행인이 예탁결제원으로부터 통지받은 실질주주명세에 의하여 작성한다. 먼저, 예탁증권 중 주권의 발행인은 주주명부폐쇄기간 또는 기준일을 정한 경우에는 예탁결제원에 이를 지체 없이 통지해야 한다(法 315조③ 전단).[49)] 예탁결제원은 그 일정한 기간의 첫날 또는 그 일정한 날("주주명부폐쇄기준일")의 실질주주에 관하여 ⅰ) 성명 및 주소, ⅱ) 주식의 종류 및 수를 지체 없이 그 주권의 발행인 또는 명의개서를 대리하는 회사에 통지해야 한다(法 315조③ 후단). 예탁결제원은 예탁자에게 주주명부폐쇄기준일의 실질주주에 관하여 이러한 사항의 통보를 요청할 수 있다. 이 경우 요청받은 예탁자는 지체 없이 이를 통보해야 한다(法 315조④). 자본시장법상 실질주주명부 기재사항은 상법상 주주명부 기재사항과 거의 같지만, 증권등예탁업무규정 및 그 세칙에 의하면 실제의 통지사항은 자본시장법 규정보다 훨씬 구체적이다(증권등예탁업무규정 41조부터 43조까지, 세칙 31조부터 32조까지).

⑶ 동일인 주식수 합산

발행인은 주주명부에 주주로서 기재된 자와 실질주주명부에 실질주주로서 기재된 자가 동일인이라고 인정되는 경우 주주의 권리행사에 관하여 주주명부의 주식수와 실질주주명부의 주식수를 합산해야 한다(法 316조③). 주주에 대한 권리배정에 있어 가능한 한 단수가 발생하지 않도록 하는 것이 주주의 이익에 부합하기 때문이다. 동일인은 ⅰ) 개인의 경우는 성명 및 주민등록번호, ⅱ) 법인의 경우는 명칭 및 사업자 등록번호 또는 납세번호, ⅲ) 외국인의 경우는 명칭 및 투자등록번호 또는 「금융실명거래 및 비밀보장에 관한 법률 시행령」 제3조 제4호에 따른 번호에 의하여 판단한다. 이러한 기준에 의하여 동일인이라고 인정되는 경우에는 최근 주소신고지의 실질주주에게 해당 주식수를 합산하여 통지해야 한다. 이 경우 주소가 상이한 때에는 각각의 주소를 부기해야 한다(증권등예탁업무규정

48) 실질주주명부는 과거 상장회사에 대하여 증권예탁제도가 의무화되었던 때에는 중요한 의미를 가졌으나, 전자증권제도가 시행된 현재는 그 중요성이 크게 감소하였다. 이하의 내용은 비상장회사가 증권예탁제도를 채택한 경우에 관한 내용이다.

49) [商法 제354조(주주명부의 폐쇄, 기준일)]

① 회사는 의결권을 행사하거나 배당을 받을 자 기타 주주 또는 질권자로서 권리를 행사할 자를 정하기 위하여 일정한 기간을 정하여 주주명부의 기재변경을 정지하거나 일정한 날에 주주명부에 기재된 주주 또는 질권자를 그 권리를 행사할 주주 또는 질권자로 볼 수 있다.

세칙 31조⑤). 주식수의 합산으로 인하여 추가로 발생하는 신주인수권 등 주주로서의 권리는 주주명부에 주주로 기재된 자가 직접 이를 행사한다.[50)]

(4) 작성 · 비치

예탁결제원으로부터 실질주주에 관한 사항을 통지받은 발행인 또는 명의개서를 대행하는 회사는 통지받은 사항과 통지 연월일을 기재하여 실질주주명부를 작성 · 비치해야 한다(法 316조①). 발행인 또는 명의개서를 대리하는 회사는 주주명부에 주주로 기재된 자와 실질주주명부에 실질주주로 기재된 자가 동일인이라고 인정되는 경우에는 주주로서의 권리 행사에 있어서 주주명부의 주식수와 실질주주명부의 주식수를 합산해야 한다(法 316조③).

(5) 효 력

예탁결제원에 예탁된 주권의 주식에 관한 실질주주명부에의 기재는 주주명부에의 기재와 같은 효력을 가진다(法 316조②).[51)] 따라서 주주명부의 효력인 대항력(실질주주명부 기재에 의한 회사에 대한 대항력) · 자격수여적 효력(실질주주명부 기재에 의하여 실질적인 권리를 입증할 필요 없이 주주권이 추정됨) · 면책적 효력(실질주주명부에 기재된 주주에게 의결권 · 배당금청구권 · 신주인수권 등을 인정한 경우 회사의 면책) 등이 인정된다.

이에 따라 실질주주가 예탁증권을 반환받거나 자기 명의로 명의개서하지 않고도 주주로서의 권리를 행사할 수 있다. 회사는 실질주주명부의 면책적 효력에 의하여 예탁결제원 이외에 실질주주에게 주주총회의 소집통지 등을 하면 이로써 면책된다. 그리고 해외예탁기관이 국내 법인의 신규 발행주식 또는 당해 주식발행인이 소유하고 있는 자기주식을 원주로 하여 이를 국내에 보관하고 그 원주를 대신하여 해외에서 발행하는 주식예탁증서(Depositary Receipts: DR)의 경우,

50) 동일주주의 주식수 합산과정을 보면 갑이라는 주주가 A · B 두 증권회사의 명의로 100주 · 200주를 보유하고, 주주명부에 본인명의로 등재된 300주도 보유하는 상황에서 2.2%의 무상증자를 한 경우 합산절차가 없으면 A · B 두 증권회사와 갑 명의로 각각 2.2주 · 4.4주 · 6.6주가 배정되고(실제 배정주수는 12주) 각각의 단수주에 대하여 단주대금이 지급되나, 합산하게 되면 합계 13.2주(실제 배정주수는 13주)가 배정되므로 1주를 더 배정받는 결과가 된다.

51) 간접보유방식의 경우 증권의 실질소유자인 간접보유자와 금융중개기관 중 발행인은 누구를 증권의 소유자로 보아야 하는지에 관하여, 우리나라와 일본을 포함한 대륙법계 국가에서는 간접보유자인 실질소유자가 발행인과의 관계에서 직접 권리자로 인정받는다. 그러나 영미법계 국가에서는 금융중개기관과 증권의 실질소유자 간의 관계를 신탁으로 보므로, 발행인은 금융중개기관을 증권의 권리자로 취급하고 실질소유자는 신탁의 법리에 의하여 금융중개기관에만 직접 권리를 행사할 수 있다.

해외예탁기관이 발행인의 실질주주명부에 실질주주로 기재되므로, 발행인으로서는 실질주주명부에 실질주주로 기재된 해외예탁기관에게 주주총회 소집통지 등을 하면 이로써 면책되고, 나아가 주식예탁증서의 실제 소유자의 인적 사항과 주소를 알아내어 그 실제 소유자에게까지 이를 통지할 의무는 없다.[52)]

⑹ 실질주주명부에 대한 열람 · 등사청구

실질주주명부에 대한 열람·등사청구의 허용 여부에 관하여 자본시장법에 상법 제396조 제2항과 같은 근거 규정이 없어서 논란이 되었으나, 최근 대법원은 상법 제396조 제2항이 유추적용된다고 판시하였다. 나아가 열람·등사청구의 대상은 변론종결일을 기준으로 피고 회사가 현재 작성·보관하고 있는 자본시장법상 실질주주명부 중에서 가장 최근의 실질주주명부이고, 열람·등사청구의 범위는 실질주주의 성명 및 주소, 실질주주별 주식의 종류 및 수와 같이 "주주명부의 기재사항"에 해당하는 사항에 한정된다고 판시하였다.[53)]

9. 강제집행과 보전처분

민사집행규칙은 예탁증권의 특성을 고려하여 강제집행과 보전처분에 대한 몇 가지 특칙을 두고 있다.

⑴ 예탁증권에 대한 강제집행

㈎ 예탁증권집행의 개시

예탁증권에 대한 강제집행은 예탁증권에 관한 공유지분("예탁증권지분")에 대한 법원의 압류명령에 따라 개시한다(민사집행규칙 176조).

㈏ 압류의 내용

법원이 예탁증권지분을 압류하는 때에는 채무자에 대하여는 계좌대체청구·증권반환청구(法 312조②), 그 밖의 처분을 금지하고, 채무자가 예탁결제원에 계좌를 개설한 예탁자인 경우에는 예탁결제원에 대하여, 채무자가 고객인 경우에는 예탁자에 대하여 계좌대체와 증권의 반환을 금지해야 한다(민사집행규칙 177조).

---

52) 대법원 2009. 4. 23. 선고 2005다22701, 22718 판결.

53) [대법원 2017. 11. 9. 선고 2015다235841 판결] "실질주주가 실질주주명부의 열람 또는 등사를 청구하는 경우에도 상법 제396조 제2항이 유추적용된다. 열람 또는 등사청구가 허용되는 범위도 위와 같은 유추적용에 따라 '실질주주명부상의 기재사항 전부'가 아니라 그 중 실질주주의 성명 및 주소, 실질주주별 주식의 종류 및 수와 같이 '주주명부의 기재사항'에 해당하는 것에 한정된다. 이러한 범위 내에서 행해지는 실질주주명부의 열람 또는 등사가 개인정보의 수집 또는 제3자 제공을 제한하고 있는 개인정보 보호법에 위반된다고 볼 수 없다."

(다) 예탁원 · 예탁자의 진술의무

압류채권자는 예탁결제원 또는 예탁자로 하여금 압류명령의 송달을 받은 날부터 1주 안에 서면으로 다음 사항을 진술하게 할 것을 법원에 신청할 수 있다(민사집행규칙 178조).

1. 압류명령에 표시된 계좌가 있는지 여부
2. 그 계좌에 압류명령에 목적물로 표시된 예탁증권지분이 있는지 여부 및 있다면 그 수량
3. 위 예탁증권지분에 관하여 압류채권자에 우선하는 권리를 가지는 사람이 있는 때에는 그 사람의 표시 및 그 권리의 종류와 우선하는 범위
4. 위 예탁증권지분에 관하여 다른 채권자로부터 압류·가압류 또는 가처분의 집행이 되어 있는지 여부 및 있다면 그 명령에 관한 사건의 표시·채권자의 표시·송달일과 그 집행의 범위
5. 위 예탁증권지분에 관하여 신탁재산인 뜻의 기재가 있는 때에는 그 사실

(라) 예탁증권지분의 현금화

법원은 압류채권자의 신청에 따라 압류된 예탁증권지분에 관하여 법원이 정한 값으로 지급함에 갈음하여 압류채권자에게 양도하는 명령("예탁증권지분양도명령") 또는 추심에 갈음하여 법원이 정한 방법으로 매각하도록 집행관에게 명하는 명령("예탁증권지분매각명령")을 하거나 그 밖에 적당한 방법으로 현금화하도록 명할 수 있다(민사집행규칙 179조①). 이러한 신청에 관한 재판에 대하여는 즉시항고를 할 수 있다(민사집행규칙 179조②). 이러한 재판은 확정되어야 효력이 있다(민사집행규칙 179조③).

1) 예탁증권지분양도명령　예탁증권지분양도명령의 신청서에는 채무자의 계좌를 관리하는 예탁결제원 또는 예탁자에 개설된 압류채권자의 계좌번호를 적어야 한다(민사집행규칙 180조①). 예탁증권지분양도명령이 확정된 때에는 법원사무관 등은 제1항의 예탁결제원 또는 예탁자에 대하여 양도명령의 대상인 예탁증권지분에 관하여 압류채권자의 계좌로 계좌대체의 청구를 해야 한다(민사집행규칙 180조②). 계좌대체청구를 받은 예탁결제원 또는 예탁자는 그 취지에 따라 계좌대체를 해야 한다. 다만, 민사집행법 제229조 제5항의 규정에 따라 예탁증권지분양도명령의 효력이 발생하지 아니한 사실을 안 때에는 그러하지 아니하다(민사집행규칙 180조③).

2) 예탁증권지분매각명령 법원이 집행관에 대하여 예탁증권지분매각명령을 하는 경우에 채무자가 고객인 때에는 채무자의 계좌를 관리하는 투자매매업자·투자중개업자에게, 채무자가 예탁자인 때에는 그 채무자를 제외한 다른 투자매매업자·투자중개업자에게 매각일의 시장가격이나 그 밖의 적정한 가액으로 매각을 위탁할 것을 명해야 한다(민사집행규칙 181조①). 채무자가 예탁자인 경우에 집행관은 예탁증권지분매각명령을 받은 때에는 투자매매업자·투자중개업자(채무자가 투자매매업자·투자중개업자인 경우에는 그 채무자를 제외한 다른 증권회사)에 그 명의의 계좌를 개설하고, 예탁결제원에 대하여 압류된 예탁증권지분에 관하여 그 계좌로 계좌대체의 청구를 해야 한다(민사집행규칙 181조②). 집행관으로부터 계좌대체청구를 받은 예탁결제원은 그 청구에 따라 집행관에게 계좌대체를 해야 한다(민사집행규칙 181조③). 매각위탁을 받은 투자매매업자·투자중개업자는 위탁의 취지에 따라 그 예탁증권지분을 매각한 뒤, 매각한 예탁증권지분에 관하여는 매수인의 계좌로 계좌대체 또는 계좌대체의 청구를 하고 매각대금에서 조세, 그 밖의 공과금과 위탁수수료를 뺀 나머지를 집행관에게 교부해야 한다(민사집행규칙 181조④). 집행관이 매각위탁과 계좌대체청구를 하는 경우에는 예탁증권지분매각명령 등본과 그 확정증명을, 계좌대체청구를 하는 경우에는 그 명의의 계좌가 개설되어 있음을 증명하는 서면을 각기 붙여야 한다(민사집행규칙 181조⑤).

㈒ 채권집행규정 등의 준용

예탁증권집행에 관하여는 민사집행법과 민사집행규칙의 여러 관련 규정들이 준용된다. 이 경우 "제3채무자"라고 규정된 것은 "예탁결제원 또는 예탁자"로 본다(민사집행규칙 182조).

(2) 예탁증권에 대한 보전처분

㈎ 예탁증권에 대한 가압류

예탁증권을 가압류하는 때에는 예탁원 또는 예탁자에 대하여 예탁증권지분에 관한 계좌대체와 증권의 반환을 금지하는 명령을 해야 한다(민사집행규칙 214조①). 예탁증권에 대한 가압류에는 민사집행법과 민사집행규칙의 여러 관련 규정들이 준용된다. 이 경우 "제3채무자"라고 규정된 것은 "예탁결제원 또는 예탁자"로, "채권가압류"라고 규정된 것은 "민사집행규칙 제214조 제1항의 가압류"로 본다(민사집행규칙 214조②).

(나) 예탁증권에 대한 가처분

예탁증권의 처분을 금지하는 가처분에는 예탁증권에 대한 가압류에 관한 제214조의 규정을 준용한다(민사집행규칙 217조).

10. 실질주주증명서

(1) 의 의

실질주주가 권리를 행사하기 위하여는 자신이 주주임을 증명할 수 있어야 하는데, 실질주주명부는 발행인이 주주명부폐쇄기간 또는 기준일을 정하거나 공개매수가 발생한 경우 등에 한하여 작성되므로, 그 외의 경우에 실질주주가 개별적으로 주주권을 행사하려면(소수주주권의 행사, 주주제안 등) 예탁주식을 인출하여 주주명부에 자기명의로 명의개서해야 하는 불편함이 있으므로, 소수주주권 및 주주제안권 등 개별적 권리행사를 쉽게 할 수 있도록 하기 위해 주주의 개별적인 인출 및 명의개서가 필요 없게 하고 인출시 주권분실 등의 위험이 있음을 감안하여 예탁결제원이 주식의 예탁사실을 증명하는 실질주주증명서제도가 도입되었다.[54] 즉, 실질주주가 주주로서의 권리를 행사할 수 있도록 증권의 예탁을 증명하는 문서가 실질주주증명서이다.

(2) 발 행

예탁결제원은 예탁자 또는 그 투자자가 주주로서의 권리를 행사하기 위하여 증권의 예탁을 증명하는 문서("실질주주증명서")의 발행을 신청하는 경우에는 이를 발행해야 한다. 이 경우 투자자의 신청은 예탁자를 거쳐야 한다(法 318조①). "주주로서의 권리를 행사하기 위하여"라는 요건상 실질주주가 대표소송의 제기권, 주주총회 소집청구권, 회계장부열람권 등의 주주권을 행사하고자 하는 경우에 한하여 발행되고, 단순히 보유주식의 내역을 확인하는 경우에는 발행되지 않는다.[55] 예탁결제원은 실질주주증명서의 발행신청을 받은 경우에는 예탁자의 자기소유분에 대하여는 예탁자계좌부에 의하여, 투자자 예탁분에 대하여는 해당 예탁자가 예탁결제원에 통지한 투자자계좌부에 의하여 실질주주증명서를 발행해야

54) 미국에서는 실질주주명부를 자신의 성명이 밝혀지는 것을 반대하지 않는다는 의미에서 NOBO(None-Objecting Beneficial Owners)라고 부른다.

55) 예탁결제원은 실질주주증명서를 발행하면서, 행사하려는 주주권을 명기하고, 주주권행사기간 동안에는 "주식의 매매, 반환, 계좌대체 및 기타 일체의 처분"을 할 수 없다는 취지와, 실질주주증명서에 기재된 주주권 이외의 권리를 행사할 수 없다는 취지를 증명서에 명기한다.

한다(規則 32조①). 실질주주증명서에는 i) 실질주주의 성명이나 명칭과 주소, ii) 소유주식의 종류와 수, iii) 행사하려는 주주권의 내용, iv) 주주권 행사기간 등을 기재해야 한다(規則 32조②).

(3) 주식처분의 제한

예탁결제원이 실질주주증명서를 발행하는 경우에는 그 주주권 행사기간 중에는 주주로서의 지위가 계속 유지되어야 하므로 주주권 행사기간 동안 해당 주식의 처분이 제한된다는 뜻을 예탁자의 자기소유분에 대하여는 예탁결제원이 해당 예탁자의 예탁자계좌부상에, 투자자 예탁분에 대하여는 예탁자가 해당 투자자의 투자자계좌부상에 각각 표시하여야 하며, 그 주주권 행사기간 만료 전에 실질주주증명서를 반환하는 때에는 처분이 제한된다는 뜻의 표시를 말소해야 한다(規則 32조③).

(4) 통　지

예탁결제원은 실질주주증명서를 발행한 경우에는 해당 발행인도 그 내역을 알 수 있도록 그 사실을 지체 없이 통지해야 한다(法 318조②).

(5) 효　력

주식의 이전은 취득자의 성명과 주소를 주주명부에 기재하지 아니하면 회사에 대항하지 못하는데(商法 337조①), 예탁자 또는 그 투자자가 실질주주증명서를 발행인에게 제출한 경우에는 주식이전의 대항요건인 명의개서 없이도 발행인에게 대항할 수 있다(法 318조③).

11. 실질수익자의 권리행사 규정 삭제

전자증권법 시행 전에는 투자신탁을 설정한 집합투자업자는 투자신탁의 수익권을 균등하게 분할하여 수익증권으로 표시하여야 하는데, 수익증권의 발행가액 전액이 납입된 경우 신탁업자의 확인을 받아 일괄예탁의 방법으로 수익증권을 발행해야 한다. 이 경우 수익증권은 일괄예탁제도에 의하여 예탁결제원의 명의로 발행·예탁되어 수익자명부에는 투자자 대신 예탁결제원이 수익자로 기재되므로, 실질주주제도에 대응하는 개념인 실질수익자제도가 필요하였다. 그러나 전자증권법이 2019.9.16. 시행되면서 실질수익자의 권리행사에 관한 제319조는 삭제되었다.

12. 외국예탁결제기관 등의 예탁 등에 관한 특례

(1) 외국예탁결제기관에 대한 적용 제외

국가마다 예탁결제제도의 내용이 다르므로 자본시장법의 일부 규정은 외국예탁결제기관에 적용하지 않는다. 즉, 자본시장법 제310조(투자자의 예탁자에의 예탁), 제313조(보전의무), 제314조 제6항(예탁증권등의 권리 행사 등), 제315조(실질주주의 권리 행사 등), 제316조 제3항(주주명부에 주주로 기재된 자와 실질주주명부에 실질주주로 기재된 자가 동일인이라고 인정되는 경우에는 주주로서의 권리 행사에 있어서 주주명부의 주식수와 실질주주명부의 주식수를 합산)은 외국예탁결제기관에 적용하지 않는다. 다만, 외국예탁결제기관이 그 적용을 요청하는 경우에는 적용된다(法 320조①).

(2) 외국법인인 발행인에 대한 적용 제외

자본시장법 제309조 제5항(예탁결제원을 명의인으로 한 증권의 발행 또는 등록), 제314조 제6항(예탁증권등의 권리 행사 등), 제315조(실질주주의 권리 행사 등), 제316조(실질주주명부의 작성 등) 및 제318조(실질주주증명서) 등의 규정은 예탁증권의 발행인이 외국법인등인 경우에 적용하지 않는다. 다만, 그 외국법인등이 그 적용을 요청하는 경우에는 적용한다(法 320조②).

13. 보고 및 확인

예탁결제원은 예탁자에 대하여 예탁업무에 관한 보고 또는 자료의 제출을 요구하거나, 관련 장부의 열람 또는 예탁자 자체보관 증권의 보관상황 등을 확인할 수 있다(法 321조). 투자자가 예탁자에게, 예탁자가 다시 예탁결제원에 계좌를 개설하는 방식의 계층구조 하에서 예탁결제원이 투자자를 보호하기 위하여 예탁자계좌부의 기재사항을 정확히 확인하기 위한 것이다.

14. 증권등의 관리

상장법인 및 명의개서대행회사는 증권등의 용지·발행·소각·교체발행·폐기, 그 밖에 그 관리에 관하여 예탁결제원이 정하는 규정에 따라야 한다(法 322조①). 예탁결제원은 상장법인이 증권의 발행을 위하여 예비로 보관하고 있는 증권등의 용지("예비증권")를 관리할 수 있고(法 322조②),[56] 필요하다고 인정되는 경우에는 상장법인 및 명의개서대행회사에 대하여 증권의 사무취급절차와 예비증권의 관리에 관한 자료의 제출을 요구할 수 있고, 소속직원에게 이를 확인하게 할 수 있다(法 322조③). 비상장법인이 발행하는 증권등에 관하여 예탁결제원의 규정에 따른 용지를 사용하고자 할 경우에는 예탁결제원의 승인을 받아야 한다. 이 경우 제1항부터 제3항까지의 규정을 준용한다(法 322조④). 제1항부터 제3항까지의 규정은 상장법인이 비상장법인으로 된 경우 예탁결제원의 규정에 따른 용지와 그 용지에 의하여 발행한 증권등이 전부 폐기될 때까지 준용한다(法 322조⑤). 이상은 통일규격증권용지의 사용과 관리를 위한 것이다.

15. 발행명세 및 사고증권의 명세 통지

(1) 증권발행내역의 통지

예탁대상증권등의 발행인은 새로 증권을 발행하는 경우 그 증권의 종류, 그 밖에 총리령으로 정하는 사항[57]을 예탁결제원에 지체 없이 통지해야 한다(法 323조①). 발행인이 이러한 통지를 하지 아니하거나 거짓으로 한 경우 과태료가 부과된다(法 449조③16).

(2) 발행인의 각종 통지의무와 예탁결제원의 공표

예탁대상증권등의 발행인은 증권의 압류·가압류 또는 가처분의 명령에 관한 통지를 받거나 도난·분실 또는 멸실된 증권에 대한 사고신고(민사소송법에 따른 공시최고 및 제권판결 포함)를 접수한 경우 그 증권의 종류, 그 밖에 총리령으로 정하는 사항[58]을 예탁결제원에 지체 없이 통지해야 한다(法 323조②). 위와 같은 통지를 받은 예탁결제원은 그 내용을 공표해야 한다(法 323조 ③). 예탁자 및

---

56) 예비증권은 필요한 사항이 모두 기재되고 날인만 하지 않은 것이다.

57) "총리령으로 정하는 사항"은 다음과 같은 사항을 말한다(規則 34조①).
1. 자본시장법 제294조 제1항에 따른 증권등의 발행 회차, 권종 및 번호
2. 발행가액총액
3. 발행 조건
4. 제1호부터 제3호까지에서 규정한 사항 외에 증권등의 발행 정보와 관련하여 예탁결제원이 필요하다고 인정하여 요청하는 사항

58) "총리령으로 정하는 사항"은 다음과 같은 사항을 말한다(規則 34조②).
1. 자본시장법 제323조 제2항에 따른 사고신고가 접수된 증권등의 발행 회차, 권종 및 번호
2. 사고신고를 한 자의 성명 및 주소
3. 제1호 및 제2호에서 규정한 사항 외에 증권등의 사고정보와 관련하여 예탁결제원이 필요하다고 인정하여 요청하는 사항

투자자가 그 내용을 충분히 알 수 있도록 하기 위한 것이다.

16. 보호예수

(1) 보호예수의 의의

예탁결제원이 증권을 보관하는 방식으로 예탁 외에 보호예수가 있는데, 예탁은 대량거래의 결제를 확보하기 위한 제도이고, 보호예수는 보관의 안전성과 처분제한을 위한 제도이다.[59]

자본시장법은 제296조에서 예탁결제원의 보호예수업무를 규정하고, 제326조에서 증권금융회사의 보호예수업무를 규정한다. 그 밖에 많은 금융 관련 법령에서 보호예수라는 용어가 사용된다.[60] 예탁결제원의 보호예수업무에 관하여는 "증권등보호예수업무규정"이 적용된다.[61]

(2) 보호예수의 종류

보호예수의 종류는 개봉보호예수 및 봉함보호예수 2종으로 한다(보호예수규정 4조). 의무보호예수는 봉함보호예수로 관리한다(보호예수규정 8조②).

또한, 증권의 소유자가 임의로 보관을 의뢰하는 "일반보호예수"(증권의 안전보관이 주목적)와, 보호예수의뢰인이 의무적으로 예탁결제원에 증권등을 보호예수하고 일정기간 동안 그 증권등의 반환을 제한하도록 하는 "의무보호예수"가 있다.

(3) 보호예수의 법적성질

예탁의 법적성질은 혼장임치 내지 위임이고 보관형태는 혼합보관이다. 반면에 보호예수의 법적성질은 임치이고, 보관형태는 증권을 종목별로 혼합보관하지 않고 의뢰인별 "분리보관"이다. 따라서 예탁제도에서의 소유자는 공유지분권을 가지고, 보호예수제도에서의 소유자는 단독소유권을 가진다.

예탁증권의 경우 주주명부나 채권 등록부에 예탁결제원이 소유자로 기재되나, 보호예수증권의 경우에는 실제의 소유자가 기재된다.

---

59) 보호예수와 유사한 형태이지만 법적성질이 다른 것으로, 은행이 부수업무로서 주로 외국인들을 상대로 하는 Custody 업무가 있다. Custodian(은행)은 보관증권 관련 수익(원리금, 배당등)에 대한 지급대행 업무도 하며 대부분 해당 외국인 소유자의 상임대리인 업무도 겸영한다.

60) 예컨대, 한국은행법 제72조(보호예수업무), 은행법 제27조의2(부수업무의 운영), 상호저축은행법 제11조(업무), 새마을금고법 제28조(사업의 종류) 및 제67조(사업), 농업협동조합법 제57조(사업) 및 제106조(사업), 수산업협동조합법 제60조(사업), 신용협동조합법 제39조(사업의 종류등), 산림조합법 제46조 및 제108조(사업) 등이 있다.

61) 본서에서는 "보호예수규정"으로 약칭한다.

⑷ 보호예수의 대상

보호예수의 대상은 자본시장법 제294조 제1항의 증권등(증권등에 표시될 수 있거나 표시되어야 할 권리가 전자증권법에 따라 전자등록된 경우는 제외)이다. 제294조 제1항의 증권등은 자본시장법상 집중예탁 대상증권이므로 결국 자본시장법상 집중예탁 대상증권과 보호예수 대상증권의 범위는 같다(보호예수규정 3조).

⑸ 보호예수절차

㈎ 보호예수의 의뢰

보호예수의뢰인이 증권등의 보호예수를 의뢰하고자 할 때에는 예탁결제원 소정의 보호예수의뢰서에 의해야 한다(보호예수규정 12조①). 보호예수의뢰인이 예탁결제원에 의무보호예수를 의뢰하는 경우에는 보호예수 대상 증권등에 대하여 예탁결제원과 반환제한에 관한 별도의 약정을 체결해야 한다(보호예수규정 12조②). 즉, 보호예수계약은 보호예수의뢰인과 예탁결제원 간의 계약이고, 증권의 권리자는 당사자가 아니다.

㈏ 보호예수증권등의 접수

개봉보호예수는 보호예수의뢰인의 입회하에 예탁결제원 소정의 보호예수의뢰서와 보호예수 증권등의 종목 및 수량을 확인한 후 접수한다(보호예수규정 13조①). 봉함보호예수는 보호예수의뢰인의 입회하에 예탁결제원 소정의 보호예수의뢰서와 보호예수 증권등의 종목 및 수량을 확인하고, 보호예수의뢰인이 예탁결제원 소정의 봉투에 해당 증권등을 넣고 봉인하도록 한 후 접수한다. 이 경우 봉인시 사용된 인장 및 봉인상태를 확인해야 한다(보호예수규정 13조②). 기명식 증권등이 의무보호예수되는 경우에는 반환제한약정과 그 증권등의 명의인별 종목 및 수량 등을 확인해야 한다(보호예수규정 13조③).

㈐ 보호예수증서의 교부

예탁결제원은 보호예수 증권등을 접수한 때에는 보호예수의뢰인에게 연도별 일련번호가 기재된 예탁결제원 소정의 보호예수증서를 교부해야 한다(보호예수규정 14조①). 예탁결제원은 의무보호예수로 접수한 증권등에 대하여 보호예수의뢰인의 청구가 있는 때에는 예탁결제원 소정의 의무보호예수증명서를 교부해야 한다(보호예수규정 14조②).

㈑ 보호예수증권등의 보관

예탁결제원은 보호예수된 증권등을 보호예수의뢰인 또는 보호예수순으로 분리하여 보관한다(보호예수규정 15조①).

(6) 보호예수증서

(가) 보호예수증서의 법적성질

보호예수증서는 유가증권이 아니고, 증권을 예탁결제원에 임치시켰다는 사실을 증명하는 증거증권이다. 보호예수증서의 양도, 질권설정 등 처분행위는 인정되지 아니한다(보호예수규정 21조).

(나) 보호예수증서의 사고신고

보호예수의뢰인은 보호예수증서의 분실·도난·멸실 등의 사유가 발생한 경우 지체없이 예탁결제원에 서면으로 그 사실을 신고해야 한다. 이 경우 예탁결제원은 사고증서 관리대장에 그 내역을 기재한다(보호예수규정 22조①).

보호예수의뢰인이 사고신고한 보호예수증서를 재발행 받고자 할 때에는 예탁결제원 소정의 보호예수증서 재발행신청서를 제출해야 한다(보호예수규정 22조②). 예탁결제원은 재발행신청서를 제출 받은 경우 보호예수증서 및 보호예수계좌부에 "년 월 일 재발행"이라고 표시하고, 사고신고된 보호예수증서는 무효로 한다(보호예수규정 22조③).[62]

(7) 보호예수의 법률관계

(가) 권리행사

증권의 실질소유자는 예탁결제원을 통하여 권리행사를 할 수 없기 때문에 매매·담보거래 및 권리행사 등이 필요한 경우에는 이를 반환받아야 하고, 보호예수기간이 만료되면 동종의 증권 실물을 반환받는다.

(나) 보호예수증권의 반환

보호예수의뢰인이 보호예수증권등을 반환받고자 할 때에는 해당 보호예수증서에 신고인감을 날인하여 청구해야 한다(보호예수규정 16조①). 보호예수의뢰인이 의무보호예수된 증권등을 그 반환제한기간 중에 반환받고자 할 때에는 관계법령 및 규정에서 정한 반환사유에 해당함을 증명하는 서류를 제출해야 한다(보호예수규정 16조②).

(다) 보호예수증권의 양도

보호예수증권은 인출제한으로 인하여 장내에서 매매할 수 없다. 당사자 간의

62) 보호예수증서는 유가증권이 아니므로 분실시 법원의 제권판결을 받지 않고도 예탁결제원이 재발행할 수 있다.

합의에 의하여 목적물반환청구권양도에 의한 매매를 한 경우 매매당사자 간에는 사법(私法)상 효력이 있지만, 보호예수의뢰인이 동의하지 않는 한 보호예수기간 동안 매수인이 보호예수증권을 인출할 수도 없고 이를 장내에서 매도할 수 없다.

㈑ 재보호예수

의무보호예수된 증권등을 반환제한기간중에 반환받은 보호예수의뢰인은 반환된 날의 다음날(보호예수의뢰인이 재보호예수하기로 약정한 날이 있는 경우에는 그 날)까지 해당증권등 또는 해당 증권등과 교환 또는 전환된 증권등을 다시 보호예수해야 한다(보호예수규정 18조①). 보호예수의뢰인이 제1항에 따른 보호예수를 하지 않은 경우 예탁결제원은 그 사실을 보호예수의무를 부여한 기관에 지체없이 통보해야 한다(보호예수규정 18조②).

(8) 예탁전환

개봉보호예수한 증권등이 예탁대상증권등인 경우에는 별도의 반환절차 없이 예탁증권등으로 전환할 수 있다(보호예수규정 19조). 보호예수의뢰인이 보호예수증권등을 예탁증권등으로 전환하고자 할 경우에는 자기소유분과 고객예탁분을 구분하여 예탁결제원 소정의 증권등 예탁전환청구서에 보호예수증서와 그 밖에 예탁결제원이 필요하다고 인정하는 서류를 첨부하여 청구해야 한다(보호예수규정 20조①).

(9) 의무보호예수

㈎ 의무보호예수의 의의

의무보호예수란 관계법령 등에 의하여 보호예수의뢰인이 의무적으로 예탁결제원에 증권등을 보호예수하고 일정기간동안 그 증권등의 반환을 제한하도록 한 보호예수를 말한다(보호예수규정 2조). 의무보호예수의 근거규정으로는 자본시장법, 증권발행공시규정, 거래소 상장규정[63] 등이 있다.

㈏ 의무보호예수의 관리

예탁결제원은 의무보호예수의 경우에는 해당 관계법령 및 규정 등에서 정한

---

63) [유가증권시장 상장규정 제2조 제2항]
13. "보호예수"란 이 규정에서 정한 주주 등이 가진 주식등을 일정 기간 동안 한국예탁결제원(이하 "예탁결제원"이라 한다)에 보관하게 하여 그 매각을 제한하는 것을 말한다. 다만, 외국주권등을 신규상장하는 경우로서 한국거래소(이하 "거래소"라 한다)가 필요하다고 인정하는 경우에는 대표주관회사와 매각 제한에 관한 계약을 체결함으로써 보호예수에 갈음할 수 있다.

바에 따라 관리해야 한다(보호예수규정 8조①).

㈐ 의무보호예수의 방법

의무보호예수의 방법으로는, 실물증권의 보호예수와 의무보유예탁 등 두 가지가 있다.

실물증권의 의무보호예수는 봉함보호예수로 관리한다(보호예수규정 8조①).

의무보유예탁은 증권등을 예탁결제원에 예탁하여 일정기간 의무 보유하여야 하는 경우 당해 투자자가 발행인이 지정한 예탁자("지정예탁자")에게 당해 증권등을 예탁해야 한다는 것을 의미한다. 증권등을 예탁 받은 예탁결제원은 지정예탁자가 요구하는 경우 당해 지정예탁자에게 의무보유예탁증명서를 교부해야 한다(증권예탁업무규정 26조의2①,②). 예탁결제원 및 지정예탁자는 의무보유예탁받은 증권등에 대하여 예탁자계좌부 및 투자자계좌부상 질권설정·계좌대체 및 반환 등의 처분을 제한해야 한다. 의무보유예탁한 투자자는 관계법규에서 허용하는 경우 당해 증권등에 대한 질권설정·계좌대체 또는 반환을 청구할 수 있다. 이 경우 당해 증권등에 대하여 예탁의무를 부여한 기관의 승인을 받아야 한다(증권예탁업무규정 26조의4①,②).

㈑ 전매제한조치로서의 보호예수

청약의 권유를 받는 자의 수가 50인 미만으로서 증권의 모집에 해당되지 아니할 경우에도 해당 증권이 발행일부터 1년 이내에 50인 이상의 자에게 양도될 수 있는 경우로서 증권의 종류 및 취득자의 성격 등을 고려하여 금융위원회가 정하여 고시하는 전매기준에 해당하는 경우에는 모집으로 본다(令 11조③).

증권을 발행한 후 지체 없이 한국예탁결제원에 전자등록하거나 예탁하고 그 전자등록일 또는 예탁일부터 1년간 해당 증권(증권에 부여된 권리의 행사로 취득하는 증권 포함)을 인출하거나 매각하지 않기로 하는 내용의 예탁계약을 예탁결제원과 체결한 후 그 예탁계약을 이행하는 경우에는 전매기준에 해당되지 않는 것으로 본다(증권발행공시규정 2조②1). 이때 증권의 발행인이 보호예수의뢰인이 된다.

㈒ 온라인소액투자중개를 통하여 발행된 증권의 보호예수

투자자는 온라인소액투자중개를 통하여 발행된 증권을 지체 없이 법 제309조 제5항에서 정하는 방법으로 예탁결제원에 예탁하거나 보호예수하여야 하며, 그 예탁일 또는 보호예수일부터 6개월간 해당 증권(증권에 부여된 권리의 행사로 취득하는 증권을 포함)을 매도, 그 밖의 방법으로 양도할 수 없다(法 117조의10⑦).

이 경우 증권의 실물 발행 없이 예탁결제원을 명의인으로 그 증권을 발행하여 예탁하므로 의무보유예탁의 방법으로 보호예수를 하게 된다.

⑽ 전자증권법과 의무보유등록

증권의 무권화를 전제로 한 전자증권법 하에서는 점유의 대상인 증권 실물이 없으므로 법적성격이 임치인 보호예수의 대상이 될 수 없다. 이에 따라 보호예수제도와 의무예탁제도를 일원화한 "의무보유등록"이라는 개념으로 통합 운영된다.[64)]

「주식·사채 등의 전자등록업무규정」은 제33조와 제34조에서 의무보유를 위한 전자등록에 관한 구체적인 규정을 두고 있다.[65)]

---

64) 전자등록기관의 의무보유등록업무는 예탁결제원의 보호예수업무에 대응하는 부수업무이다.

65) [주식·사채 등의 전자등록업무규정]

제33조(의무보유등록의 신청 등)

① 세칙으로 정하는 법규(이하 이 절에서 "관계법규"라 한다)에 따라 특정 주식등을 전자등록하여 일정기간(이하 이 절에서 "의무보유기간"이라 한다) 의무보유하여야 하는 자(이하 이 절에서 "의무보유자"라 한다)는 다음 각 호의 구분에 따라 전자등록해야 한다.

1. 의무보유자가 발행인이 지정한 투자매매업자 또는 투자중개업자(겸영금융투자업자를 제외하며, 이하 이 절에서 "지정계좌관리기관"이라 한다)가 아닌 경우: 의무보유하여야 하는 주식등을 지정계좌관리기관의 고객계좌부에 전자등록. 이 경우 지정계좌관리기관은 세칙으로 정하는 방법으로 전자등록기관에 전자등록해야 한다.
2. 의무보유자가 지정계좌관리기관인 경우: 의무보유자 명의의 계좌관리기관등 자기계좌부에 의무보유 하여야 하는 주식등을 전자등록

② 제1항 제1호의 투자매매업자 또는 투자중개업자 및 지정계좌관리기관은 같은 항에 따라 전자등록된 주식등(이하 "의무보유등록주식등"이라 한다)을 예탁결제원의 다른 전자등록계좌와 구분하여 별도로 관리해야 한다.

③ 예탁결제원은 지정계좌관리기관의 신청에 따라 해당 의무보유등록주식등에 대한 의무보유등록증명서를 교부할 수 있다.

제34조(의무보유등록주식등의 처분제한 등)

① 예탁결제원 및 지정계좌관리기관은 의무보유등록주식등에 대하여 의무보유기간 동안 계좌관리기관등 자기계좌부 및 고객계좌부상 다음 각 호의 전자등록을 제한해야 한다.

1. 제35조에 따른 계좌간 대체의 전자등록
2. 제37조에 따른 질권 설정 및 말소의 전자등록

② 제1항에도 불구하고 의무보유자는 관계법규에서 허용하는 경우에는 해당 의무보유등록주식등에 대하여 제1항 각 호의 전자등록을 신청할 수 있다.

③ 의무보유자가 관계법규에 따른 의무보유기간이 만료되어 해당 의무보유등록주식등을 전자등록계좌로 계좌간 대체의 전자등록을 하고자 하는 경우에는 다음 각 호의 구분에 따라 신청을 해야 한다. 다만, 의무보유기간이 만료되었음에도 그 신청이 없는 경우에는 세칙으로 정하는 바에 따른다.

1. 의무보유자가 지정계좌관리기관이 아닌 경우: 지정계좌관리기관에 계좌간 대체의 전자등록을 신청
2. 의무보유자가 지정계좌관리기관인 경우: 예탁결제원에 계좌간 대체의 전자등록을 신청

제 3 절 금융투자상품거래청산회사

Ⅰ. 청산기관

1. 지정거래소

증권시장 · 파생상품시장에서의 "매매거래(다자간매매체결회사에서의 거래를 포함)에 따른 매매확인, 채무인수, 차감, 결제증권 · 결제품목 · 결제금액의 확정, 결제이행보증, 결제불이행에 따른 처리 및 결제지시업무"는 청산기관으로서 금융위원회가 지정하는 거래소가 수행한다(法 378조①). 한국거래소는 금융위원회가 제378조 제1항에 따른 청산기관으로 지정한 것으로 본다(법률 제11845호, 2013.5.28. 부칙 15조③).[66][67]

2. 금융투자상품거래청산회사

자본시장법 제9조 제17항 제2호의2는 금융투자상품거래청산업의 인가를 받은 자를 "금융투자상품거래청산회사"라 하고, 금융투자업관계기관의 하나로 규정한다. 즉, 금융투자상품거래청산회사는 위 1항의 증권시장 · 파생상품시장과 다자간매매체결회사에서의 거래를 제외한 장외거래를 대상으로 한다.

Ⅱ. 인 가

1. 무인가 청산영업행위 금지

누구든지 자본시장법에 따른 금융투자상품거래청산업인가(변경인가 포함)를 받지 아니하고는 금융투자상품거래청산업을 영위할 수 없다(法 323조의2). 금융투자상품거래청산업을 영위하려는 자는 청산대상거래 및 청산대상업자를 구성요소로 하여 대통령령으로 정하는 업무 단위("청산업 인가업무 단위")의 전부나 일

---

④ 그 밖에 의무보유를 위한 전자등록에 관하여 필요한 사항은 세칙으로 정한다.

66) 파생상품시장에서의 "품목인도 및 대금지급업무"도 결제기관으로서 금융위원회가 지정하는 거래소가 수행하는데(法 378조②), 부칙에 의하여 한국거래소가 결제기관으로 지정된 것으로 본다.

67) 지정거래소에 관하여는 [제7편 제1장 거래소와 다자간매매체결회사] 부분에서 상술한다.

부를 선택하여 금융위원회로부터 하나의 금융투자상품거래청산업인가를 받아야 한다(法 323조의3①).[68)]

금융투자상품거래청산회사가 아닌 자는 "금융투자상품거래청산", "금융투자상품청산", "증권거래청산", "증권청산", "파생상품거래청산", "파생상품청산" 또는 이와 유사한 명칭을 사용할 수 없다(法 323조의8).[69)]

2. 인가요건

금융투자상품거래청산업인가를 받으려는 자는 다음 요건을 모두 갖추어야 한다(法 323조의3②).

1. 상법에 따른 주식회사일 것
2. 청산업 인가업무 단위별로 200억원 이상으로서 대통령령으로 정하는 금액 이상의 자기자본을 갖출 것[70)]
3. 사업계획이 타당하고 건전할 것
4. 투자자의 보호가 가능하고 그 영위하려는 금융투자상품거래청산업을 수행하기에 충분한 인력과 전산설비, 그 밖의 물적 설비를 갖출 것
5. 정관 및 청산업무규정이 법령에 적합하고 금융투자상품거래청산업을 수행하기에 충분할 것
6. 임원이 금융사지배구조법 제5조에 적합할 것

---

68) 현재 2013. 9. 11. 한국거래소가 인가받은 유일한 금융투자상품거래청산회사이다. 한국거래소는 2014. 6. 30.부터 원화이자율스왑거래의 의무청산을 시행하였다.

69) 장외파생상품의 청산제도는 2008년 금융위기 이후 장외파생상품의 결제불이행 위험을 축소하기 위한 2009년 9월 G20 정상회의의 합의사항을 국내법에 수용한 것으로서, 매매당사자 간의 거래에 청산소가 각 당사자에 대한 거래상대방이 되어 매매당사자 간의 채권채무를 차감한 잔액을 확정하고, 이러한 차감액의 결제책임을 부담함으로써 매매당사자 간의 계약이행을 보증하는 제도이다. 원래 차감결제서비스만을 제공하는 기관은 일반청산소(clearin house)라 하고, 경개나 채무인수에 의하여 매매당사자로 개입함으로써(즉, 매도자에 대하여는 매수자가 되고, 매수자에 대하여는 매도자가 됨) 결제책임을 부담하는 청산소를 중앙청산소라고 한다. 자본시장법상 금융투자상품거래청산회사가 중앙청산소에 해당한다. 중앙청산소는 매매당사자가 됨으로써 일방 당사자의 결제불이행이 연쇄적으로 다른 금융기관의 결제불이행을 유발하는 시스템 리스크를 축소하는 기능과, 차감결제(net settlement)에 의하여 거래건별로 결제할 필요 없이 매매당사자는 최종적으로 지급하거나 수령할 금액만 청산소와 결제함으로써 결제건수·결제규모·미결제잔액의 축소에 의한 유동성 리스크를 축소하는 기능이 있다.

70) "대통령령으로 정하는 금액"은 청산대상거래에 따라 다음과 같다(令 318조의3①).
1. 장외파생상품의 거래: 1,000억원
2. 청산대상인 장외거래: 200억원
3. 수탁자인 투자중개업자와 위탁자인 청산대상업자 간의 상장증권(채무증권 제외)의 위탁매매거래: 200억원

7. 대주주(法 12조②6가: 최대주주의 특수관계인인 주주를 포함하며, 최대주주가 법인인 경우 그 법인의 중요한 경영사항에 대하여 사실상 영향력을 행사하고 있는 자로서 대통령령으로 정하는 자를 포함)이 충분한 출자능력, 건전한 재무상태 및 사회적 신용을 갖출 것
8. 대통령령으로 정하는 사회적 신용을 갖출 것
9. 이해상충방지체계를 구축하고 있을 것

3. 인가요건의 유지

금융투자상품거래청산회사는 금융투자상품거래청산업인가를 받아 그 업무를 영위함에 있어서 인가요건(제8호 제외)을 유지해야 한다(法 323조의6).

4. 인가업무단위의 추가 및 인가의 변경

금융투자상품거래청산회사는 인가받은 청산업 인가업무 단위 외에 다른 청산업 인가업무 단위를 추가하여 금융투자상품거래청산업을 영위하려는 경우에는 금융위원회의 변경인가를 받아야 한다. 이 경우 예비변경인가가 가능하다(法 323조의7).

Ⅲ. 임직원과 소유규제

1. 임직원의 자격

금융투자상품거래청산회사의 상근임원은 청산대상업자의 임직원 외의 사람이어야 한다(法 323조의9①). 금융투자상품거래청산회사의 임원의 자격에 관하여는 금융사지배구조법 제5조를 준용한다(法 323조의9②). 금융투자상품거래청산회사의 상근 임직원은 청산대상업자 및 금융투자업관계기관(그 상근 임직원이 소속된 금융투자상품거래청산회사는 제외)과 자금의 공여, 손익의 분배, 그 밖에 영업에 관하여 대통령령으로 정하는 특별한 이해관계를 가져서는 아니 된다(法 323조의9③). 지정거래소가 청산기관인 경우에는 이러한 규정이 적용되지 않고 거래소 임직원 관련 규정이 적용된다.

2. 소유규제

금융투자상품거래청산회사의 의결권 있는 발행주식총수의 20%를 초과하여 금

융투자상품거래청산회사가 발행한 주식을 소유할 수 없다. 이 경우 거래소 주식소유의 제한에 관한 제406조 제2항부터 제4항까지 및 제407조를 준용한다(法 323조의18).

다만, 정부가 소유하는 경우에는 소유규제가 적용되지 않고, 다음과 같은 경우에 금융위원회의 승인을 받으면 금융투자상품거래청산회사의 의결권 있는 발행주식총수의 20%를 초과하여 금융투자상품거래청산회사가 발행한 주식을 소유할 수 있다(令 318조의10).

1. 집합투자기구가 소유하는 경우(사모집합투자기구가 소유하는 경우는 제외)
2. 외국 금융투자상품거래청산회사가 금융투자상품거래청산회사와의 제휴를 위하여 소유하는 경우
3. 거래소가 소유하는 경우
4. 금융투자상품거래청산회사의 공정한 운영을 해칠 우려가 없는 경우로서 총리령으로 정하는 금융기관 또는 금융투자업관계기관이 소유하는 경우(規則 34조의5: 예탁결제원과 증권금융회사)
5. 제4호에 따른 금융기관이 공동으로 주식을 소유하는 경우로서 다음과 같은 자의 금융투자상품거래청산회사에 대한 주식보유비율을 초과하여 주식을 소유하는 경우
   가. 「외국인투자 촉진법」 제2조 제1항 제1호에 따른 외국인
   나. 비금융회사(금융위원회가 정하여 고시하는 금융업이 아닌 업종을 영위하는 회사)

Ⅳ. 금융투자상품거래청산회사의 업무

1. 업무의 범위

(1) 청산업무

금융투자상품거래청산회사는 정관으로 정하는 바에 따라 다음과 같은 청산업무를 수행한다(法 323조의10①).

1. 청산대상거래의 확인업무
2. 청산대상거래에 따른 채무의 채무인수, 경개, 그 밖의 방법에 따른 채무부담업무
3. 청산대상거래에서 발생하는 다수의 채권 및 채무에 대한 차감업무
4. 결제목적물·결제금액의 확정 및 결제기관에 대한 결제지시업무
5. 결제불이행에 따른 처리업무
6. 제1호부터 제5호까지의 규정에 따른 업무에 수반되는 부수업무로서 금융위원회로부터 승인을 받은 업무

(2) 전업의무(타업금지)

금융투자상품거래청산회사는 청산업무 외에 다른 업무를 할 수 없다. 다만, 다음과 같은 경우에는 그러하지 아니하다(法 323조의10②).

1. 자본시장법 또는 다른 법령에서 금융투자상품거래청산회사의 업무로 규정한 업무를 행하는 경우
2. 자본시장법 또는 다른 법률에서 정하는 바에 따라 거래소, 그 밖에 대통령령으로 정하는 금융투자업관계기관(예탁결제원 및 증권금융회사)이 금융투자상품거래청산업무를 하는 경우

2. 청산업무규정

금융투자상품거래청산회사는 청산업무규정을 정해야 한다. 이 경우 청산업무규정은 제303조의 결제업무규정, 제387조의 회원관리규정 및 제393조의 업무규정과 상충되어서는 아니 된다(法 323조의11①). 금융투자상품거래청산회사는 정관 및 청산업무규정을 변경하려는 경우에는 금융위원회의 승인을 받아야 한다(法 323조의11②). 이에 따라 거래소는 "장외파생상품 청산업무규정"을 제정하였다.

청산업무규정에는 다음 사항을 포함해야 한다(法 323조의11③).

1. 청산대상거래 및 그 거래대상이 되는 금융투자상품에 관한 사항
2. 청산대상업자의 요건에 관한 사항
3. 금융투자상품거래청산업으로서 행하는 채무의 채무인수, 경개, 그 밖의 방법에 의한 채무의 부담 및 그 이행에 관한 사항
4. 청산대상업자의 채무의 이행 확보에 관한 사항
5. 청산증거금 및 손해배상공동기금에 관한 사항
6. 청산대상업자가 아닌 자가 청산대상업자를 통하여 금융투자상품거래청산회사로 하여금 청산대상거래의 채무를 부담하게 하는 경우 그 금융투자상품거래청산의 중개·주선이나 대리에 관한 사항
7. 외국 금융투자상품거래청산회사(외국의 법령에 따라 외국에서 금융투자상품거래청산업무에 상당하는 업무를 수행하는 자를 말한다)와의 협력에 관한 사항
8. 그 밖에 금융투자상품거래청산업무의 수행을 위하여 필요한 사항으로서 금융위원회가 정하여 고시하는 사항

3. 부당한 차별의 금지

금융투자상품거래청산회사는 정당한 사유 없이 특정한 청산대상업자를 차별

적으로 대우할 수 없다(法 323조의12).

4. 결제이행확보

청산대상업자가 결제를 불이행하는 경우, 청산회사는 1차적으로는 해당 청산대상업자의 청산증거금으로 그 채무의 변제에 충당하고, 2차적으로는 손해배상공동기금에 의한 손해보전 후 해당 청산대상업자에 대한 구상권을 가지고, 3차적으로는 해당 청산대상업자의 청산증거금 및 손해배상공동기금 지분에 대한 우선변제권을 가진다.

(1) 청산증거금

청산대상업자는 금융투자상품거래청산회사에 대하여 부담하는 채무의 이행을 보증하기 위하여 청산업무규정으로 정하는 바에 따라 금융투자상품거래청산회사에 금전등으로 청산증거금을 예치해야 한다. 다만, 금융투자상품거래청산회사가 인정하는 청산대상거래에 대하여는 예치하지 않아도 된다(法 323조의13①). 금융투자상품거래청산회사는 청산대상업자가 금융투자상품거래청산회사에 대하여 청산대상거래에 따른 채무를 이행하지 않는 경우에는 그 청산대상업자의 청산증거금으로 그 채무의 변제에 충당할 수 있다(法 323조의13②).

(2) 손해배상공동기금

청산대상업자는 청산대상거래에 따른 채무의 불이행으로 인하여 발생하는 손해를 배상하기 위하여 청산업무규정으로 정하는 바에 따라 금융투자상품거래청산회사에 금전등으로 손해배상공동기금을 적립해야 한다. 다만, 청산업무규정으로 정하는 청산대상업자에 대하여는 적립하지 않아도 된다(法 323조의14①).[71] 금융투자상품거래청산회사는 손해배상공동기금을 청산대상거래의 유형별로 구분하여 적립해야 한다(法 323조의14②). 청산대상업자(제1항 단서에 따른 청산대상업

71) 금융투자상품거래청산회사는 그 재산과 손해배상공동기금으로 다음 각 호의 순서와 방법에 따라 청산대상거래에 따른 채무의 불이행으로 인하여 발생하는 손해를 배상한다(令 318조의8②).

1. 채무를 불이행한 청산대상업자가 적립한 손해배상공동기금을 우선하여 사용할 것
2. 제1호에 따라 손해를 배상하고 나서 부족분이 있으면 금융투자상품거래청산회사의 재산 중 청산업무규정으로 정하는 금액을 우선하여 사용할 것
3. 제1호 및 제2호에 따라 손해를 배상하고 나서 부족분이 있으면 청산업무규정에서 정하는 순서와 방법에 따라 채무를 불이행한 청산대상업자 외의 청산대상업자가 적립한 손해배상공동기금과 금융투자상품거래청산회사의 재산을 사용할 것

자는 제외)는 손해배상공동기금의 범위에서 청산대상거래에 따른 채무의 불이행으로 인하여 발생하는 손해배상에 관하여 연대책임을 진다(法 323조의14③). 금융투자상품거래청산회사는 손해배상공동기금으로 손해를 보전한 경우에는 손해를 끼친 청산대상업자에 대하여 그 보전한 금액과 이에 소요된 비용에 관하여 구상권을 가진다(法 323조의14④).[72] 금융투자상품거래청산회사는 추심된 금액을 손해배상공동기금에 충당한다(法 323조의14⑤).

(3) 채무변제순위

청산대상업자가 청산대상거래에 따른 채무를 이행하지 아니하여 금융투자상품거래청산회사 또는 다른 청산대상업자에게 손해를 끼친 경우 그 손해를 입은 금융투자상품거래청산회사 또는 다른 청산대상업자는 그 손해를 끼친 청산대상업자의 청산증거금 및 손해배상공동기금 지분에 대하여 다른 채권자보다 우선하여 변제받을 권리를 가진다(法 323조의15①). 금융투자상품거래청산회사는 청산대상업자가 결제를 위하여 납부한 결제목적물 및 결제대금에 관하여 다른 채권자보다 우선하여 변제를 받을 권리가 있다(法 323조의15②). 금융투자상품거래청산회사는 청산대상거래에 따른 결제의 완료 전에 결제목적물 또는 결제대금이 인도된 경우에 해당 청산대상업자가 그 결제를 이행하지 아니함으로써 금융투자상품거래청산회사에 손해를 끼친 때에는 그 청산대상업자의 재산에 관하여 다른 채권자보다 우선하여 변제를 받을 권리가 있다. 다만, 그 결제의 이행 기한이 도래하기 전에 설정된 전세권·질권·저당권 또는 「동산·채권 등의 담보에 관한 법률」에 따른 담보권에 의하여 담보된 채권에 대하여는 우선하여 변제를 받을 권리가 없다(法 323조의15③).

---

72) 금융투자상품거래청산회사는 손해를 끼친 청산대상업자에 대하여 구상권을 행사한 경우 다음 각 호의 순서와 방법에 따라 그 구상권 행사로 추심된 금액을 손해배상공동기금과 금융투자상품거래청산회사의 재산에 배분한다. 다만, 채무를 불이행한 청산대상업자 외의 청산대상업자가 청산업무규정에 따라 자기의 재산으로 제2항 각 호의 순서와 방법과 다르게 청산대상거래에 따른 채무의 불이행으로 인하여 발생하는 손해를 배상한 때에는 그 구상권 행사로 추심된 금액을 그 청산대상업자의 재산에 우선하여 배분한다(令 318조의8③).

1. 제2항 제3호에 따라 사용된 금액이 있으면 청산업무규정에서 정하는 순서와 방법에 따라 손해를 끼친 청산대상업자 외의 청산대상업자가 적립한 손해배상공동기금과 금융투자상품거래청산회사의 재산에 우선하여 배분할 것
2. 제2항 제2호에 따라 사용된 금액이 있으면 제1호에 따라 배분하고 남은 금액을 금융투자상품거래청산회사의 재산에 배분할 것
3. 제1호 및 제2호에 따라 배분하고 남은 것이 있으면 제2항제1호에 따라 사용된 금액 및 손해배상 등에 소요된 비용에 대하여 청산업무규정에서 정하는 바에 따라 배분할 것

5. 거래정보의 보고

금융투자상품거래청산회사는 청산의무거래(法 166조의3), 그 밖에 대통령령으로 정하는 거래정보를 보관·관리해야 한다(法 323조의16①). 금융투자상품거래청산회사는 제1항에 따라 보관·관리하는 거래정보를 금융위원회, 그 밖에 대통령령으로 정하는 자에게 보고해야 한다(法 323조의16②).

6. 청산대상업자

자본시장법 제9조 제25항은 금융투자업자 및 대통령령으로 정하는 자를 청산대상업자라고 규정한다. "대통령령으로 정하는 자"란 다음과 같은 자를 말한다(令 14조의2①).

1. 국가
2. 한국은행
3. 시행령 제10조 제2항 제1호부터 제7호까지 및 제9호의 어느 하나에 해당하는 자
4. 시행령 제10조 제3항 제1호·제2호, 제10호 부터 제12호까지 및 제18호 가목부터 다목까지의 어느 하나에 해당하는 자
5. 외국 금융투자업자(法 12조②1나)
6. 그 밖에 금융투자상품 거래에 따른 결제위험 및 시장상황 등을 고려하여 총리령으로 정하는 자

7. 청산대상거래

청산대상거래는 다음과 같다(令 14조의2②).

1. 장외파생상품의 거래
2. 자본시장법 제166조에 따른 증권의 장외거래로서 다음의 어느 하나에 해당하는 거래
   가. 환매조건부매매
   나. 증권의 대차거래
   다. 채무증권의 거래(가목 및 나목에 따른 거래는 제외)
3. 수탁자인 투자중개업자와 위탁자인 청산대상업자 간의 상장증권(채무증권 제외)의 위탁매매거래

8. 청산방법

금융투자상품거래청산회사가 다수의 거래당사자 간에 형성된 채권채무를 자신에게 집중시키는 방법으로, i) 면책적 채무인수방식, ii) 경개방식, iii) 거래당사자방식 등이 있다. 자본시장법 제9조 제25항은 금융투자상품거래청산업을 청산대상거래를 함에 따라 발생하는 채무를 채무인수, 경개(更改), 그 밖의 방법으로 부담하는 것을 영업으로 하는 것이라고 규정함으로써 세 가지 방법을 모두 규정한다.

(1) 면책적 채무인수

청산대상업자의 채무를 금융투자상품거래청산회사가 인수하고 청산대상업자는 동일한 내용의 채무를 금융투자상품거래청산회사에 부담하는 구조이다(금융투자상품거래청산회사가 청산대상업자의 채무를 인수하고 대신 금융투자상품거래청산회사는 청산대상업자에 대하여 반대채권을 취득한다).[73]

(2) 경 개

경개(更改)는 새로운 계약에 의하여 채무의 요소를 변경함으로써 신채무를 성립시키는 동시에 구채무를 소멸케 하는 유상계약이다(기존 계약관계가 소멸되고 새로운 계약관계가 형성된다).

(3) 거래당사자방식

매도인인 청산대상업자와 청산회사 간의 거래와 매수인인 청산대상업자와 청산회사 간의 거래가 직접 체결되는 구조이다(영미의 open offer 방식, 금융투자상품거래청산회사와 매도인 간, 금융투자상품거래청산회사와 매수인 간에 직접 2개의 거래가 체결된다고 본다). 청산대상업자 간에는 아무런 계약관계가 성립하지 않는다.

(4) 청산업무규정상의 채무부담

한국거래소의 청산업무규정은 아래와 같은 방법으로 거래소와 청산회원 간에 청산약정거래를 성립시키는 것을 "채무부담"으로 정의한다(청산업무규정 2조① 8, 52조①).

---

73) 한국거래소 증권시장 및 파생상품시장에 대한 업무규정상의 청산방법이다. 거래소는 확인한 매매거래에 대하여 회원이 상대방인 회원에 부담하는 채무를 인수하고, 해당 회원은 거래소가 인수한 채무와 동일한 내용의 채무를 거래소에 부담한다. 거래소에 채무를 이전한 회원은 이전하기 전에 상대방인 회원에 대하여 부담하는 채무를 면한다(유가증권시장 업무규정 73조).

1. 청산대상거래의 일방 당사자인 청산회원과 거래소 간에 거래소의 지위가 해당 청산대상거래의 타방 당사자인 청산회원과 동일한 청산약정거래
2. 청산대상거래의 타방 당사자인 청산회원과 거래소 간에 거래소의 지위가 해당 청산대상거래의 일방 당사자인 청산회원과 동일한 청산약정거래

청산약정거래가 성립한 경우에는 청산회원 간, 청산회원과 청산위탁자 간, 청산위탁자 간 성립한 청산대상거래 및 당해 거래에서 발생한 채무는 당사자 간 합의해약의 성립에 의한 청산약정거래의 성립과 동시에 소멸한다(청산업무규정 52조②).

9. 청산의무거래

(1) 의　　의

금융투자업자는 다른 금융투자업자 및 외국 금융투자업자("거래상대방")와 대통령령으로 정하는 장외파생상품의 매매 및 그 밖의 장외거래("청산의무거래", 그 거래에 따른 채무의 불이행이 국내 자본시장에 중대한 영향을 줄 우려가 있는 경우로 한정함)를 하는 경우 금융투자상품거래청산회사, 그 밖에 이에 준하는 자로서 대통령령으로 정하는 자(令 186조의3①: 외국 금융투자업자)에게 청산의무거래에 따른 자기와 거래상대방의 채무를 채무인수, 경개, 그 밖의 방법으로 부담하게 해야 한다(法 166조의3). 이를 의무청산제도라고 한다. 장외파생상품의 거래를 한 자가 청산을 할 것인지 여부는 당사자가 임의로 결정할 수 있는 것이지만, 그 거래에 따른 채무의 불이행이 국내 자본시장에 중대한 영향을 줄 우려가 있는 경우에는 청산을 의무화한 것이다.

(2) 거래상대방

금융투자업자와 다른 금융투자업자 또는 외국 금융투자업자 간의 거래가 의무청산의 대상이므로, 청산의무거래의 상대방은 다른 금융투자업자 및 외국 금융투자업자이다.[74] 따라서 외국 금융투자업자들 간의 거래는 자본시장법상 청산의무거래의 대상이 아니다.

(3) 거래대상

청산의무거래의 대상인 "대통령령으로 정하는 장외파생상품의 매매 및 그

74) 외국 금융투자업자는 외국 법령에 따라 외국에서 금융투자업에 상당하는 영업을 영위하는 자를 말한다(法 12조②1나).

밖의 장외거래"란 원화로 표시된 원본액에 대하여 일정한 기간 동안 고정이자와 변동이자를 장래의 특정 시점마다 원화로 교환할 것을 약정하는 거래로서 기초자산, 거래의 만기 등에 관하여 금융위원회가 정하여 고시하는 요건을 충족하는 장외파생상품거래를 말한다.[75] 다만, 자본시장법 또는 자본시장법에 상응하는 외국의 법령 등에 따라 금융투자상품거래청산회사를 통한 청산이 불가능한 경우로서 금융위원회가 정하여 고시하는 거래는 제외한다(令 186조의3②).

(4) 외국금융투자상품거래청산회사

청산의무거래의 청산기관은 원칙적으로 금융투자상품거래청산회사이지만, 외국 법령에 따라 외국에서 금융투자상품거래청산업에 상당하는 업무를 하는 자("외국금융투자상품거래청산회사")로서 다음 요건을 모두 충족하는 자 중에서 금융위원회가 승인하는 자를 말한다(令 186조의3③).

1. 외국금융투자상품거래청산회사가 해당 금융투자상품거래청산업에 상당하는 업무를 하기 위하여 외국금융투자감독기관의 허가·인가 또는 승인 등을 받을 것
2. 외국금융투자상품거래청산회사가 외국금융투자감독기관으로부터 금융투자상품거래청산업에 상당하는 업무와 관련하여 적절한 감독을 받을 것
3. 금융위원회가 법 또는 법에 상응하는 외국의 법령을 위반한 외국금융투자상품거래청산회사의 행위에 대하여 법 또는 법에 상응하는 외국의 법령에서 정하는 방법에 따라 행하여진 조사 또는 검사자료를 상호주의의 원칙에 따라 외국금융투자감독기관으로부터 제공받을 수 있는 국가의 외국금융투자상품거래청산회사일 것
4. 금융위원회가 외국금융투자상품거래청산회사가 소재한 국가의 외국금융투자감독기관과 상호 정보교환 및 청산대상거래 등 금융위원회가 정하여 고시하는 사항에 관한 협력약정 등을 체결하고 있을 것

Ⅴ. 검사와 조치

1. 금융감독원장의 검사

금융투자상품거래청산회사에 대한 금융감독원장의 검사에 관하여는 제419조(제2항부터 제4항까지 및 제8항은 제외한다)를 준용한다(法 323조의19).

---

75) 현재는 원화이자율스왑거래가 금융위원회가 정하여 고시하는 요건을 충족하는 거래로서 청산의무거래의 대상이다.

2. 금융위원회의 조치

(1) 인가취소

금융위원회는 금융투자상품거래청산회사가 다음과 같은 경우에는 인가를 취소할 수 있다(法 323조의20①).

1. 거짓, 그 밖의 부정한 방법으로 인가를 받은 경우
2. 인가조건을 위반한 경우
3. 인가요건 유지의무를 위반한 경우
4. 업무의 정지기간 중에 업무를 한 경우
5. 금융위원회의 시정명령 또는 중지명령을 이행하지 아니한 경우
6. 별표 8의2 각 호의 어느 하나에 해당하는 경우로서 대통령령으로 정하는 경우
7. 대통령령으로 정하는 금융 관련 법령 등을 위반한 경우로서 대통령령으로 정하는 경우
8. 그 밖에 투자자의 이익을 현저히 해할 우려가 있거나 해당 업무를 영위하기 곤란하다고 인정되는 경우로서 대통령령으로 정하는 경우

(2) 기관 · 임직원에 대한 조치

금융위원회는 금융투자상품거래청산회사, 임원, 직원이 제1항 각 호(제6호는 제외한다)의 어느 하나에 해당하거나 별표 8의2 각 호의 어느 하나에 해당하는 경우, 금융투자상품거래청산회사에 대하여는 업무정지 등, 임원에 대하여는 해임요구 등, 직원에 대하여는 면직요구 등의 조치를 할 수 있다(法 323조의20②,③,④).[76] 제422조 제3항 및 제423조부터 제425조까지의 규정은 금융투자상품거래청산회사 및 그 임직원에 대한 조치 등에 관하여 준용한다(法 제323조의20⑤).

Ⅵ. 준용규정

금융투자업자에 관한 제54조(직무관련 정보의 이용 금지), 제63조(임직원의 금융투자상품 매매), 거래소에 관한 제383조 제1항(정보이용금지 등), 제408조(영업양도 등의 승인), 제413조(긴급사태시의 처분) 및 금융실명거래 및 비밀보장에 관한 법률 제4조는 금융투자상품거래청산회사에 준용한다(法 323조의17).

---

76) 금융위원회의 금융투자상품거래청산회사, 임원, 직원에 대한 조치의 내용은 금융투자협회의 경우(法 293조①,②,③)와 같다.

제 4 절 증권금융회사

Ⅰ. 업 무

1. 증권금융업무

자본시장법이 규정하는 증권금융업무는 다음과 같다(法 326조①).

1. 금융투자상품의 매도 · 매수, 증권의 발행 · 인수 또는 그 중개나 청약의 권유 · 청약 · 청약의 승낙과 관련하여 투자매매업자 · 투자중개업자에 대하여 필요한 자금 또는 증권을 대여하는 업무(증권인수금융)
2. 거래소시장에서의 매매거래(다자간매매체결회사에서의 거래 포함) 또는 청산대상거래에 필요한 자금 또는 증권을 청산기관인 거래소 또는 금융투자상품거래청산회사를 통하여 대여하는 업무(증권유통금융)
3. 증권을 담보로 하는 대출업무(증권담보금융)
4. 그 밖에 금융위원회의 승인을 받은 업무

2. 겸영업무

증권금융회사는 증권금융업무 외에 다음 각 호의 업무를 영위할 수 있다(法 326조②).

1. 다음과 같은 업무. 이 경우 자본시장법 또는 다른 법률에서 인가 · 허가 · 등록 등이 필요한 경우에는 이를 받아야 한다.
   가. 투자매매업 및 투자중개업 중 대통령령으로 정하는 업무
   나. 신탁업무
   다. 집합투자재산의 보관 · 관리 업무
   라. 증권대차업무
   마. 그 밖에 금융위원회의 승인을 받은 업무
2. 자본시장법 또는 다른 법령에서 증권금융회사의 업무로 규정한 업무[77]
3. 그 밖에 금융위원회로부터 승인을 받은 업무

---

77) 투자매매업자 · 투자중개업자는 투자자예탁금의 100% 이상을 고유재산과 구분하여 증권금융회사에 예치 또는 신탁해야 한다(法 74조②). 투자자예탁금을 고유재산과 구분하여 예치 · 신탁하도록 하는 것은 투자매매업자나 투자중개업자의 재산상태와 관계없이 투자자의 예탁재산을 보호하기 위한 것이다.

3. 부수의무

증권금융회사는 증권금융업무, 겸영업무 또는 자금예탁업무(法 330조)에 따른 업무에 부수하는 업무로서 다음과 같은 업무를 행한다(法 326조③).

1. 보호예수업무
2. 그 밖에 금융위원회의 승인을 받은 업무

Ⅱ. 인 가

누구든지 자본시장법에 따른 인가를 받지 아니하고는 증권금융업무(자본시장법 제326조 제1항에 따른 업무)를 영위할 수 없다. 다만, 투자자 보호 및 건전한 거래질서를 해할 우려가 없는 경우로서 대통령령으로 정하는 경우는 제외한다(法 323조의21).[78] 증권금융회사가 아닌 자는 "증권금융" 또는 이와 유사한 명칭을 사용할 수 없다(法 325조).

증권금융업 인가요건은 다음과 같다(法 324조②).

1. 상법에 따른 주식회사일 것
2. 500억원(令 319조①) 이상의 자기자본을 갖출 것
3. 사업계획이 타당하고 건전할 것
4. 투자자를 보호하고 영위하고자 하는 업무를 수행하기에 충분한 인력 및 전산설비, 그 밖의 물적 설비를 갖출 것
5. 임원이 금융사지배구조법 제5조에 적합할 것
6. 대주주(法 12조②6가)가 충분한 출자능력, 건전한 재무상태 및 사회적 신용을 갖출 것
7. 이해상충방지체계를 구축하고 있을 것

금융위원회는 인가신청서를 접수한 경우에는 그 내용을 심사하여 3개월 이내에 인가 여부를 결정하고, 그 결과와 이유를 지체 없이 신청인에게 문서로 통지해야 한다. 이 경우 인가신청서에 흠결이 있는 때에는 보완을 요구할 수 있다(法 324조④). 심사기간을 산정함에 있어서 인가신청서 흠결의 보완기간 등은 산

78) "대통령령으로 정하는 경우"란 자본시장법, 시행령 또는 금융관련법령(제27조 제1항에 따른 금융관련법령)에 따라 자본시장법 제326조 제1항 제1호·제3호에 해당하는 업무를 영위하는 경우를 말한다(令 318조의12).

입하지 않는다(法 324조⑤). 금융위원회는 인가를 하는 경우에는 경영의 건전성 확보 및 투자자 보호에 필요한 조건을 붙일 수 있다(法 324조⑥). 조건이 붙은 인가를 받은 자는 사정의 변경, 그 밖에 정당한 사유가 있는 경우에는 금융위원회에 조건의 취소 또는 변경을 요청할 수 있다. 이 경우 금융위원회는 2개월 이내에 조건의 취소 또는 변경 여부를 결정하고, 그 결과를 지체 없이 신청인에게 문서로 통지해야 한다(法 324조⑦).

Ⅲ. 임 원

증권금융회사의 상근임원은 금융투자업자의 임직원 외의 자이어야 한다(法 327조①). 금융사지배구조법 제5조는 증권금융회사의 임원에게 준용한다(法 327조②). 증권금융회사의 상근 임직원은 금융투자업자 및 금융투자업관계기관(그 상근 임직원이 소속된 증권금융회사 제외)과 자금의 공여, 손익의 분배, 그 밖에 영업에 관하여 특별한 이해관계를 가져서는 아니 된다(法 327조③).

Ⅳ. 준용규정

금융투자업자의 직무관련 정보의 이용 금지에 관한 제54조, 임직원의 금융투자상품 매매 제한에 관한 제63조, 손해배상책임에 관한 제64조 및 금융사지배구조법 제31조(제5항은 제외)는 증권금융회사에 준용한다(法 328조).

Ⅴ. 사채발행

증권금융회사는 자본금과 준비금의 합계액의 20배를 초과하지 않는 범위에서 사채를 발행할 수 있다(法 329조①). 증권금융회사는 발행한 사채의 상환을 위하여 일시적으로 그 한도를 초과하여 사채를 발행할 수 있다. 이 경우 발행 후 1개월 이내에 제1항의 한도에 적합하도록 해야 한다(法 329조②).

Ⅵ. 금융투자업자 자금의 예탁 등

증권금융회사는 금융투자업자, 금융투자업관계기관(그 증권금융회사 제외), 거래소, 상장법인, 그 밖에 총리령으로 정하는 자로부터 자금의 예탁을 받을 수 있다(法 330조①). 증권금융회사는 자금예탁업무를 위하여 필요한 경우에는 총리령으로 정하는 방법에 따라 채무증서를 발행할 수 있다(法 330조②). 증권금융회사의 자금예탁업무에 대하여는 「한국은행법」과 은행법을 적용하지 않는다(法 330조③).

Ⅶ. 금융위원회의 감독과 조치

1. 감 독

금융위원회는 증권금융회사에 대하여 자본시장법이 정하는 바에 따라 감독하며, 이에 필요한 조치를 명할 수 있다(法 331조①). 은행법 제34조 및 제46조는 증권금융회사의 경영의 건전성을 유지하기 위한 감독업무에 관하여 준용한다. 이 경우 금융위원회는 증권금융회사의 특성을 고려하여 별도의 경영지도기준을 정해야 한다(法 331조③). 증권금융회사는 제326조 제1항에 따른 업무를 폐지하거나 해산하고자 하는 경우에는 금융위원회의 승인을 받아야 한다(法 332조①). 금융위원회는 제1항에 따른 승인을 한 경우 그 내용을 관보 및 인터넷 홈페이지 등에 공고해야 한다(法 332조②). 증권금융회사는 정관을 변경한 경우에는 이를 지체 없이 금융위원회에 보고해야 한다(法 333조①). 증권금융회사는 그 업무에 관한 규정을 제정·변경하거나 폐지한 경우에는 이를 지체 없이 금융위원회에 보고해야 한다(法 333조②). 금융감독원장의 금융투자업자에 대한 검사권을 규정한 제419조(제2항부터 제4항까지 및 제8항 제외)는 증권금융회사에 대한 검사에 관하여 준용한다(法 334조).

2. 조 치

(1) 인가취소

금융위원회는 증권금융회사가 다음과 같은 경우에는 인가를 취소할 수 있다(法 335조①).

1. 거짓, 그 밖의 부정한 방법으로 인가를 받은 경우
2. 인가조건을 위반한 경우
3. 인가요건 유지의무를 위반한 경우
4. 업무의 정지기간 중에 업무를 한 경우
5. 금융위원회의 시정명령 또는 중지명령을 이행하지 아니한 경우
6. 별표 9 각 호의 어느 하나에 해당하는 경우로서 대통령령으로 정하는 경우
7. 대통령령으로 정하는 금융관련 법령 등을 위반한 경우로서 대통령령으로 정하는 경우
8. 그 밖에 투자자의 이익을 현저히 해할 우려가 있거나 해당 업무를 영위하기 곤란하다고 인정되는 경우로서 대통령령으로 정하는 경우[79]

⑵ 기관·임직원에 대한 조치

금융위원회는 증권금융회사, 임원, 직원이 제1항 각 호(제6호는 제외)의 어느 하나에 해당하거나 별표 9 각 호의 어느 하나에 해당하는 경우, 증권금융회사에 대하여는 업무정지 등, 임원에 대하여는 해임요구 등, 직원에 대하여는 면직요구 등의 조치를 할 수 있다(法 335조②,③,④).[80] 제422조 제3항 및 제423조부터 제425조까지의 규정은 증권금융회사 및 그 임직원에 대한 조치 등에 관하여 준용한다(法 제335조⑤).

제 5 절 신용평가회사

Ⅰ. 신용평가와 신용평가업

자본시장법 제9조 제26항은 "ⅰ) 금융투자상품, ⅱ) 기업·집합투자기구, 그

79) "대통령령으로 정하는 경우"는 다음과 같다(令 324조④).
1. 인가를 받은 날부터 6개월 이내에 영업을 시작하지 아니하거나 영업을 시작한 후 정당한 사유 없이 인가 받은 업무를 6개월 이상 계속해서 하지 아니한 경우
2. 업무와 관련하여 부정한 방법으로 타인으로부터 금전등을 받거나 타인에게 줄 금전등을 취득한 경우
3. 자본시장법 제335조 제2항 제1호에 따른 업무정지의 조치를 받은 날부터 1개월(업무정지의 조치를 하면서 1개월을 초과하는 보정기간을 정한 경우에는 그 기간) 이내에 해당 조건을 보정하지 아니한 경우
4. 같거나 비슷한 위법행위를 계속하거나 반복하는 경우

80) 금융위원회의 증권금융회사, 임원, 직원에 대한 조치의 내용은 금융투자협회의 경우(法 293조①,②,③)와 같다.

밖에 대통령령으로 정하는 자[81]에 대한 신용상태를 평가하여 그 결과에 대하여 기호, 숫자 등을 사용하여 표시한 등급("신용등급")[82]을 부여하고 그 신용등급을 발행인, 인수인, 투자자, 그 밖의 이해관계자에게 제공하거나 열람하게 하는 행위"를 "신용평가"라고 하고, 이를 영업으로 하는 것을 "신용평가업"이라고 규정한다.[83] 자본시장법 규정과 같이 신용평가는 금융투자상품(대부분 채무증권)에 대한 평가와 발행인에 대한 평가로 이루어진다.

Ⅱ. 신용평가업 인가

1. 무인가 신용평가 금지

누구든지 자본시장법에 따른 신용평가업인가를 받지 아니하고는 신용평가업을 영위할 수 없다. 다만, 투자자 보호 및 건전한 거래질서를 해할 우려가 없는 경우로서 대통령령으로 정하는 경우는 제외한다(法 335조의2).[84] 신용평가업을

---

81) "대통령령으로 정하는 자"는 다음과 같다(令 14조의3).
1. 국가, 2. 지방자치단체, 3. 법률에 따라 직접 설립된 법인, 4. 민법, 그 밖의 관련 법령에 따라 허가·인가·등록 등을 받아 설립된 비영리법인

82) 신용등급은 평가대상 금융투자상품과 발행인에 대한 신용평가기관의 신용평가 결과 부여된 등급으로서, 현재의 상황에서 평가대상 금융투자상품과 발해인의 상환가능성을 나타내는 것인데, 투자 및 거래에 있어서 중요한 판단기준으로 활용된다. 신용등급은 통상 A, B, C와 같은 문자들을 이용하여 매기는데, S&P의 등급체계는 가장 높은 것부터 가장 낮은 것까지 AAA, AA+, AA, AA−, A+, A, A−, BBB+, BBB, BBB−, BB+, BB, BB−, B+, B, B−, CCC+, CCC, CCC−, CC, C, D 순이고, Moody's의 등급체계는 가장 높은 것부터 가장 낮은 것까지 Aaa, Aa1, Aa2, Aa3, A1, A2, A3, Baa1, Baa2, Baa3, Ba1, Ba2, Ba3, B1, B2, B3, Caa1, Caa2, Caa3, Ca, C 순이다. 신용등급은 투자등급(investment grade)과 투기등급(speculative grade)으로 구분되는데, S&P의 등급체계 중 BBB, Moody's의 등급체계 중 Baa까지의 등급을 투자등급이라 하고, 그 아래의 등급을 투기등급이라 한다.

83) 종래의 「신용정보의 이용 및 보호에 관한 법률」 제2조 제12호의 "신용평가업무" 규정은 금융상품 및 신용공여를 평가대상으로 규정하였으나, 자본시장법 개정에 맞추어 삭제되었다.

84) "대통령령으로 정하는 경우"란 「신용정보의 이용 및 보호에 관한 법률」에 따른 기업신용조회회사가 영위하는 기업 및 법인에 대한 기업신용등급제공업무 및 기술신용평가업무로서 다음 각 호의 요건을 모두 충족하는 경우를 말한다(令 324조의2).
1. 기업에 대한 신용정보를 신용정보주체 또는 그 신용정보주체의 상거래의 상대방 등 이해관계를 가지는 자에게만 제공할 것
2. 제1호에 따라 신용정보를 제공할 때 기업신용등급제공업무 및 기술신용평가업무임을 알릴 것
3. 기업신용등급제공업무 및 기술신용평가업무를 하는 기업신용조회회사의의 신용정보를 만들어 내는 부서와 영업부서(法 제335조의8 제2항 제1호에 따른 영업조직에 준하는 부서)의 분리에 관하여 내부통제기준을 마련할 것

영위하려는 자는 금융위원회로부터 신용평가업인가를 받아야 한다(法 335조의3 ①). 신용평가회사가 아닌 자는 신용평가 또는 이와 유사한 명칭을 사용할 수 없다(法 335조의7).

2. 인가요건

신용평가업인가를 받으려는 자는 다음 요건을 모두 갖추어야 한다(法 335조의3②).

1. 상법에 따른 주식회사, 그 밖에 대통령령으로 정하는 법인일 것. 다만, 다음과 같은 자는 제외한다.
   가. 상호출자제한기업집단에 속하는 회사가 10%를 초과하여 출자한 법인
   나. 대통령령으로 정하는 금융기관(令 324조의3①)이 10%를 초과하여 출자한 법인
   다. 가목 또는 나목의 회사가 최대주주인 법인
2. 50억원(令 324조의3②) 이상의 자기자본을 갖출 것
3. 사업계획이 타당하고 건전할 것[85]
4. 신뢰성 있는 신용등급을 지속적으로 생산하기에 충분한 인력 및 전산설비, 그 밖의 물적 설비를 갖출 것[86]
5. 임원이 금융사지배구조법 제5조에 적합할 것
6. 대주주(令 324조의3⑤: 시행령 별표 13의2의 요건에 적합해야 한다)가 충분한 출자능력, 건전한 재무상태 및 사회적 신용을 갖출 것

---

85) 사업계획은 다음 요건에 적합해야 한다(令 324조의3③).
1. 수지전망이 타당하고, 실현 가능성이 있을 것
2. 사업계획에 따른 조직구조 및 관리·운용체계가 이해상충 및 불공정행위의 방지 등에 적합할 것
3. 법령을 위반하지 아니하고, 건전한 신용평가업무의 영위를 해칠 염려가 없을 것

86) 인력 및 전산설비, 그 밖의 물적설비는 다음 요건에 적합해야 한다(令 324조의3④).
1. 공인회계사 5명 이상과 금융위원회가 정하여 고시하는 요건을 갖춘 증권 분석·평가업무 경력자 5명 이상을 포함하여 20명 이상의 상시고용 신용평가 전문인력을 갖출 것. 다만, 분석·평가하려는 증권(「자산유동화에 관한 법률」 제2조 제4호에 따른 유동화증권이 아닌 증권을 말한다)의 발행인들이 경영하고 있는 업종(「통계법」 제22조 제1항에 따라 통계청장이 고시하는 한국표준산업분류의 대분류에 해당되는 업종을 말한다)이 3개 이하이거나 「자산유동화에 관한 법률」 제2조 제4호에 따른 유동화증권만을 평가하는 경우에는 공인회계사 5명 이상과 증권 분석·평가업무 경력자 5명 이상의 상시고용 신용평가 전문인력을 갖추어야 한다.
2. 법 제335조의11제2항에 따른 신용평가(신용평가 요청인에 대한 재무상태·사업실적 등 현재의 상황과 사업위험·경영위험 및 재무위험 등 미래의 전망을 종합적으로 고려해야 한다)를 하는 데 필요하다고 금융위원회가 정하여 고시하는 전산설비 및 자료관리체제를 갖출 것

7. 신용평가회사와 투자자 또는 발행인 사이의 이해상충을 방지하기 위한 체계를 갖출 것[87)]

3. 인가신청 및 심사

신용평가업인가를 받으려는 자는 인가신청서를 금융위원회에 제출해야 한다(法 335조의4①). 금융위원회는 인가신청서를 접수한 때에는 그 내용을 심사하여 3개월 이내에 인가 여부를 결정하고, 그 결과와 이유를 지체 없이 신청인에게 문서로 통지해야 한다. 이 경우 인가신청서에 흠결이 있는 경우에는 보완을 요구할 수 있다(法 335조의4②). 심사기간을 산정함에 있어서 인가신청서 흠결의 보완기간 등 총리령으로 정하는 기간(規則 36조의2)은 이를 산입하지 않는다(法 335조의4③).

4. 예비인가

신용평가업인가("본인가")를 받으려는 자는 미리 금융위원회에 예비인가를 신청할 수 있다(法 335조의5①). 금융위원회는 예비인가를 신청받은 경우에는 2개월 이내에 인가요건을 갖출 수 있는지 여부를 심사하여 예비인가 여부를 결정하고, 그 결과와 이유를 지체 없이 신청인에게 문서로 통지해야 한다. 이 경우 예비인가신청에 관하여 흠결이 있는 때에는 보완을 요구할 수 있다(法 335조의5②). 심사기간을 산정함에 있어서 예비인가신청과 관련된 흠결의 보완기간 등 총리령으로 정하는 기간(規則 36조의3)은 심사기간에 산입하지 않는다(法 335조의5③). 금융위원회는 예비인가를 하는 경우에는 신용평가회사의 경영의 건전성 확보 및 건전한 시장질서 유지에 필요한 조건을 붙일 수 있다(法 335조의5④). 금융위원회는 예비인가를 받은 자가 본인가를 신청하는 경우에는 예비인가의 조건을 이행하였는지 여부와 인가요건을 갖추었는지 여부를 확인한 후 본인가 여부를 결정해야 한다(法 335조의5⑤).

5. 본 인 가

금융위원회는 인가를 하는 경우에는 신용평가회사의 경영의 건전성 확보 및

87) 이해상충을 방지하기 위한 체계는 신용평가업의 영위와 관련하여 신용평가회사와 투자자·발행인 사이에 이해상충이 발생할 가능성을 파악·평가하고, 신용평가회사의 내부통제기준으로 정하는 방법 및 절차에 따라 이를 적절히 관리하는 체계이어야 한다(令 324조의3⑥).

건전한 시장질서 유지에 필요한 조건을 붙일 수 있다(法 335조의4④). 조건이 붙은 인가를 받은 자는 사정의 변경이나 그 밖에 정당한 사유가 있는 경우에는 금융위원회에 조건의 취소 또는 변경을 요청할 수 있다. 이 경우 금융위원회는 2개월 이내에 조건의 취소 또는 변경 여부를 결정하고, 그 결과를 지체 없이 신청인에게 문서로 통지해야 한다(法 335조의4⑤). 금융위원회는 인가를 한 경우에는 ⅰ) 인가의 내용, ⅱ) 인가의 조건(조건을 붙인 경우로 한정한다), ⅲ) 인가의 조건을 취소하거나 변경한 경우 그 내용(조건을 취소하거나 변경한 경우로 한정한다) 등을 관보 및 인터넷 홈페이지 등에 공고해야 한다(法 335조의4⑥).

6. 인가요건유지

신용평가회사는 신용평가업인가를 받아 그 업무를 영위함에 있어서 인가요건을 유지해야 한다(法 335조의6).

Ⅲ. 지배구조와 내부통제기준

1. 지배구조

금융사지배구조법 제5조 및 제31조(제5항은 제외)는 신용평가회사 및 그 임원에게 준용한다(法 335조의8①).

2. 내부통제기준과 준법감시인

(1) 내부통제기준

신용평가회사는 그 임직원이 직무를 수행함에 있어서 준수하여야 할 적절한 기준 및 절차로서 다음 사항을 포함하는 신용평가내부통제기준을 정해야 한다(法 335조의8②).

1. 평가조직과 영업조직의 분리에 관한 사항
2. 이해상충방지체계에 관한 사항
3. 불공정행위의 금지에 관한 사항
4. 신용평가 대상의 특성에 적합한 신용평가기준 도입에 관한 사항
5. 그 밖에 신용평가내부통제기준에 관하여 필요한 사항으로서 대통령령으로 정하는 사항[88)]

신용평가회사는 신용평가내부통제기준을 제정하거나 변경하려는 경우에는 이사회의 결의를 거쳐야 한다(令 324조의6②). 금융위원회는 금융감독원장의 검사 결과 법령을 위반한 사실이 드러난 신용평가회사에 대하여 법령 위반행위의 재발방지를 위하여 신용평가내부통제기준의 변경을 권고할 수 있다(令 324조의6③).

⑵ 준법감시인

신용평가회사(자산규모, 매출액 등을 고려하여 대통령령으로 정하는 법인[89] 제외)는 신용평가내부통제기준의 준수 여부를 점검하고 신용평가내부통제기준을 위반하는 경우 이를 조사하여 감사위원회 또는 감사에게 보고하는 자로서 준법감시인을 1인 이상 두어야 한다(法 335조의8③). 준법감시인은 선량한 관리자의 주의로 그 직무를 수행하여야 하며, 다음 각 호의 업무를 수행하는 직무를 담당할 수 없다(法 335조의8④).

1. 해당 신용평가회사의 고유재산의 운용업무
2. 해당 신용평가회사가 영위하고 있는 신용평가업 및 그 부수업무
3. 해당 신용평가회사가 영위하고 있는 겸영업무

금융사지배구조법 제5조(임원의 자격요건), 제25조 제3항(준법감시인 자격요건), 제26조 제1항 제1호(준법감시인 자격요건) 및 제30조(준법감시인에 대한 금융회사의 의무)는 신용평가회사의 준법감시인에게 준용한다(法 335조의8⑤).

Ⅳ. 신용평가회사의 업무규제

1. 신용평가회사의 업무

⑴ 신용평가업

신용평가업은 ⅰ) 금융투자상품, ⅱ) 기업·집합투자기구, 그 밖에 대통령령

88) "대통령령으로 정하는 사항"이란 다음과 같은 경우를 말한다(令 324조의6①).
1. 신용평가 관련 자료의 기록 및 보관에 관한 사항
2. 신용평가의 적정성을 검토하기 위한 내부절차 마련에 관한 사항
3. 임직원의 신용평가내부통제기준(法 335조의8②)의 준수 여부 점검에 관한 사항
4. 그 밖에 신용평가내부통제기준에 관하여 필요한 사항으로서 금융위원회가 정하여 고시하는 사항

89) "대통령령으로 정하는 법인"이란 최근 사업연도말을 기준으로 자산총액이 100억원 미만인 법인을 말한다(令 324조의6④).

으로 정하는 자[90]에 대한 신용상태를 평가하여 그 결과에 대하여 기호, 숫자 등을 사용하여 표시한 등급("신용등급")을 부여하고 그 신용등급을 발행인, 인수인, 투자자, 그 밖의 이해관계자에게 제공하거나 열람하게 하는 행위를 영업으로 하는 것이다(法 9조㉖).

⑵ 겸영업무

신용평가회사는 투자자 보호 및 건전한 거래질서를 해할 우려가 없는 업무로서 다음 업무를 겸영할 수 있다(法 335조의10①).

1. 채권평가회사(法 263조: 집합투자재산에 속하는 채권 등 자산의 가격을 평가하고 이를 집합투자기구에게 제공하는 업무를 영위하는 자)의 업무
2. 그 밖에 대통령령으로 정하는 업무

신용평가회사는 겸영업무를 영위하려는 때에는 영위하려는 날의 7일 전까지 이를 금융위원회에 신고해야 한다(法 335조의10③).

⑶ 부수업무

신용평가회사는 다음과 같은 업무를 포함하여 신용평가업에 부수하는 업무를 영위할 수 있다(法 335조의10②).[91]

1. 은행, 그 밖에 대통령령으로 정하는 금융기관의 기업 등에 대한 신용공여의 원리금상환 가능성에 대한 평가 업무
2. 은행, 보험회사, 그 밖에 대통령령으로 정하는 금융기관의 지급능력, 재무건전성 등에 대한 평가 업무
3. 그 밖에 대통령령으로 정하는 업무[92]

신용평가회사는 부수업무를 영위하려는 때에는 영위하려는 날의 7일 전까지

---

90) "대통령령으로 정하는 자"는 다음과 같다(令 14조의3).
1. 국가, 2. 지방자치단체, 3. 법률에 따라 직접 설립된 법인, 4. 민법, 그 밖의 관련 법령에 따라 허가·인가·등록 등을 받아 설립된 비영리법인

91) 제1호 및 제2호에서 "대통령령으로 정하는 금융기관"이란 각각 시행령 제10조 제2항 각 호의 어느 하나에 해당하는 금융기관을 말한다(令 324조의7①). 즉, 전문투자자에 속하는 금융기관을 말한다.

92) "대통령령으로 정하는 업무"란 다음과 같은 업무를 말한다(令 324조의7②).
1. 사업성 평가, 가치평가 및 기업진단 업무
2. 신용평가모형과 위험관리모형의 개발 및 제공 업무
3. 그 밖에 금융위원회가 정하여 고시하는 업무

이를 금융위원회에 신고해야 한다(法 335조의10③). 금융투자업자의 부수업무 영위에 관한 자본시장법 제41조 제2항부터 제4항까지의 규정은 신용평가회사에 대하여 준용한다(法 335조의10④).[93]

2. 독립성 · 공정성 · 충실성

신용평가회사 및 그 임직원은 신용평가에 관한 업무를 함에 있어 독립적인 입장에서 공정하고 충실하게 그 업무를 수행해야 한다(法 335조의9).

신용평가회사의 독립성은 가장 중요한 것으로서, 주주, 대상기업, 내부부서로부터의 독립으로 이루어진다.

자본시장법은 주주로부터의 독립을 위하여, 상호출자제한기업집단에 속하는 회사나 대통령령으로 정하는 금융기관(令 324조의3①)이 10%를 초과하여 출자한 법인을 인가결격사유로 규정하고(法 335조의3②1가,나), 출자한도를 초과하여 주식이나 출자지분을 보유하는 경우 의결권제한과 처분명령을 규정한다(法 335조의13). 그 밖에 대상기업으로터의 독립을 위한 규정과(法 335조의11⑦3, 令 324조의8③5, 令 324조의8④2), 내부 영업부문으로부터의 독립을 위한 신용평가내부통제기준규정(法 335조의8②)도 있다.

3. 신용평가회사의 행위규칙

(1) 신용평가방법에 따른 신용평가

신용평가회사는 신용등급의 부여 · 제공 · 열람에 제공하기 위한 방침 및 방법("신용평가방법")을 정하고, 그 신용평가방법 등에 따라 신용평가를 해야 한다(法 335조의11①). 신용평가회사는 신용평가를 요청한 자("요청인")에 대한 신용평가

93) [제41조 (금융투자업자의 부수업무 영위)]

② 금융위원회는 제1항에 따른 부수업무 신고내용이 다음 각 호의 어느 하나에 해당하는 경우에는 그 부수업무의 영위를 제한하거나 시정할 것을 명할 수 있다.

1. 금융투자업자의 경영건전성을 저해하는 경우
2. 인가를 받거나 등록한 금융투자업의 영위에 따른 투자자 보호에 지장을 초래하는 경우
3. 금융시장의 안정성을 저해하는 경우

③ 제2항에 따른 제한명령 또는 시정명령은 그 내용 및 사유가 구체적으로 기재된 문서로 해야 한다.

④ 금융위원회는 제1항에 따라 신고받은 부수업무 및 제2항에 따라 제한명령 또는 시정명령을 한 부수업무를 대통령령으로 정하는 방법 및 절차에 따라 인터넷 홈페이지 등에 공고해야 한다.

를 하는 경우에는 재무상태·사업실적 등 현재의 상황과 사업위험·경영위험 및 재무위험 등 미래의 전망을 종합적으로 고려해야 한다(法 335조의11②). 즉, 현재의 상황뿐 아니라 미래의 전망까지도 고려해야 한다.

(2) 신용평가서의 작성 및 제공

신용평가회사는 신용평가의 결과를 기술(記述)한 것으로서 다음 사항을 포함한 신용평가서를 작성해야 한다(法 335조의11③).

1. 신용등급
2. 신용평가회사의 의견
3. 해당 신용평가회사와 출자관계에 있는 자로서 신용평가를 할 수 있는 경우(令 324조의8①, 令 324조의8③에 해당하지 않는 경우) 그 출자관계에 관한 사항
4. 그 밖에 투자자 등의 합리적 의사결정에 필요한 정보로서 금융위원회가 정하여 고시하는 사항

신용평가회사는 요청인에게 신용평가서를 제공하는 경우에는 신용평가실적서(신용평가회사가 부여한 신용등급별로 원리금 상환 이행률 등을 기재한 것), 그 밖에 해당 신용평가회사의 신용평가 능력의 파악에 필요한 것으로서 금융위원회가 정하여 고시하는 서류("신용평가실적서등")를 함께 제공해야 한다(法 335조의11④).

(3) 기록보존의무

신용평가회사는 다음 사항에 대한 기록을 3년간 보존해야 한다(法 335조의11⑤).

1. 요청인의 주소와 성명
2. 요청받은 업무 내용 및 요청받은 날짜
3. 요청받은 업무의 처리 내용 또는 제공한 신용평가서 및 제공한 날짜
4. 그 밖에 투자자 보호 및 건전한 거래질서 유지를 위하여 기록 보존이 필요한 것으로서 대통령령으로 정하는 사항[94]

---

94) "대통령령으로 정하는 사항"은 다음과 같다(令 324조의8②).
1. 신용평가의 실시를 위한 계약서류 및 신용평가와 관련하여 수취한 수수료의 내역
2. 신용등급을 변경한 경우 그 변경내역 및 사유
3. 신용평가를 위하여 요청인 또는 그의 이해관계자에게 제공하거나 요청인 또는 이해관계자로부터 제출받은 자료

⑷ 비밀유지의무

신용평가회사의 임직원이나 임직원이었던 자는 직무상 알게 된 요청인의 비밀을 누설하거나 이용할 수 없다. 다만, 다음과 같은 경우에는 그러하지 아니하다(法 335조의11⑥).

1. 요청인이 제공·이용에 동의한 목적으로 이용하는 경우
2. 법원의 제출명령 또는 법관이 발부한 영장에 따라 제공되는 경우
3. 그 밖에 법률에 따라 제공되는 경우

⑸ 기타 의무

신용평가회사는 다음과 같은 행위를 할 수 없다(法 335조의11⑦).

1. 신용평가회사와 일정한 비율 이상의 출자관계에 있는 등 특수한 관계에 있는 자로서 대통령령으로 정하는 자와 관련된 신용평가를 하는 행위[95)]
2. 신용평가 과정에서 신용평가회사 또는 그 계열회사의 상품이나 서비스를 구매하거나 이용하도록 강요하는 행위
3. 그 밖에 투자자 보호 또는 건전한 거래질서를 해할 우려가 있는 행위로서 대통령령으로 정하는 행위[96)]

---

95) “대통령령으로 정하는 자”는 다음과 같다(令 324조의8③).
 1. 해당 신용평가회사에 5% 이상 출자한 법인
 2. 해당 신용평가회사가 5% 이상 출자한 법인
 3. 해당 신용평가회사와 계열회사의 관계에 있는 법인
 4. 해당 신용평가회사와 제1호부터 제3호까지의 관계에 있는 법인이 40% 이상 출자한 법인
 5. 그 밖에 신용평가업무와 관련하여 이해상충의 소지가 있는 자로서 금융위원회가 정하여 고시하는 자

96) “대통령령으로 정하는 행위”는 다음과 같다(令 324조의8④).
 1. 신용평가 과정에서 다른 신용평가회사와 면담, 협의 또는 자료의 제공 등의 방법을 통하여 신용평가대상의 신용등급에 영향을 미치는 정보를 교환하는 행위
 2. 신용평가와 관련하여 금융위원회가 정하여 고시하는 기준을 위반하여 신용평가의 요청인 및 그의 이해관계자에게 재산상의 이익을 제공하거나 이들로부터 재산상의 이익을 제공받는 행위
 3. 자본시장법 제335조의11제7항 제1호·제2호에 따른 금지 또는 제한을 회피할 목적으로 하는 행위로서 다음 각 목의 어느 하나에 해당하는 행위
  가. 신용평가회사와 제3항 각 호의 관계에 있는 자에 대하여 신용평가회사 간에 교차하여 신용평가를 하는 행위
  나. 신용평가회사의 계열회사의 상품이나 서비스의 구매와 관련하여 연계거래를 하는 행위
 4. 그 밖에 투자자 보호나 신용평가의 독립성·공정성을 해칠 염려가 있는 행위로서 금융위원회가 정하여 고시하는 행위

4. 신용평가서의 제출 및 공시

⑴ 신용평가서의 제출

신용평가회사는 신용평가방법을 정하거나 변경한 경우(法 335조의12①)와 다음과 같은 경우(法 335조의12②)에는 신용평가서를 금융위원회, 거래소 및 협회에 제출해야 한다.

1. 자본시장법 또는 금융관련 법령에 따라 발행인 등에 대하여 신용평가를 받도록 한 경우
2. 증권신고서·사업보고서 등 자본시장법 또는 금융관련 법령에 따라 의무적으로 작성되는 서류에 신용평가서를 첨부하는 경우
3. 제출한 신용평가서의 신용등급이 변동되는 경우(令 324조의9①).

신용평가회사는 신용평가의 적정성 등에 관한 것으로서 금융위원회가 정하여 고시하는 서류를 금융위원회, 거래소 및 협회에 제출해야 한다(法 335조의12③). 신용평가방법에 관한 서류는 제정 또는 개정일부터 10일 이내, 신용평가서는 신용평가의 종료일부터 10일 이내, 기타 금융위원회가 정하여 고시하는 서류는 금융위원회가 정하여 고시하는 기간(신용평가실적서는 기준일부터 10일, 신용등급변화표는 기준일부터 20일) 내에 제출해야 한다(令 324조의9③).

⑵ 신용평가서의 공시

금융위원회와 거래소는 제출받은 서류(令 324조의9②: 1. 신용평가방법에 관한 서류 2. 신용평가서 3. 금융위원회가 정하여 고시하는 서류)를 3년간 일정한 장소에 비치하고, 인터넷 홈페이지 등을 이용하여 공시해야 한다(法 335조의12④).

5. 의결권의 제한

상호출자제한기업집단에 속하는 회사 또는 금융기관이 출자한도를 초과하여 신용평가회사의 주식(출자지분 포함)을 보유하는 경우 해당 주식의 의결권 행사의 범위는 출자한도로 제한하며, 지체 없이 그 한도에 적합하도록 해야 한다(法 335조의13①). 금융위원회는 상호출자제한기업집단에 속하는 금융기관이 출자한도를 초과하여 보유하고 있는 신용평가회사의 주식을 처분할 것을 6개월 이내의 기간을 정하여 명할 수 있다(法 335조의13②).

6. 집합투자업자의 집합투자재산명세 제공

집합투자업자는 집합투자재산의 명세를 직접 또는 금융투자협회를 통하는 방법으로(令 282조②) 집합투자기구평가회사에 제공할 수 있다(法 335조의14②, 法 259조②).

V. 감독 및 조치

1. 감독 및 검사

금융위원회의 감독에 관한 제415조부터 제418조까지(감독, 조치명령권, 승인사항, 보고사항) 및 금융감독원장의 검사에 관한 제419조(한국은행과 관련된 제2항부터 제4항까지 및 거래소·협회와 관련된 제8항 제외)까지의 규정은 신용평가회사에 준용한다(法 335조의14①).

2. 금융위원회의 처분

(1) 인가취소

금융위원회는 신용평가회사가 다음과 같은 경우에는 인가를 취소할 수 있다(法 335조의15①).

1. 거짓, 그 밖의 부정한 방법으로 인가를 받은 경우
2. 인가조건을 위반한 경우
3. 인가요건 유지의무를 위반한 경우
4. 업무의 정지기간 중에 업무를 한 경우
5. 금융위원회의 시정명령 또는 중지명령을 이행하지 아니한 경우
6. 별표 9의2 각 호의 어느 하나에 해당하는 경우로서 대통령령으로 정하는 경우(令 324조의10①)
7. 대통령령으로 정하는 금융관련 법령(令 324조의10②) 등을 위반한 경우로서 대통령령으로 정하는 경우(令 324조의10③)
8. 그 밖에 투자자의 이익을 현저히 해할 우려가 있거나 해당 업무를 영위하기 곤란하다고 인정되는 경우로서 대통령령으로 정하는 경우(令 324조의10④)

⑵ 기관 · 임직원에 대한 조치

금융위원회는 신용평가회사, 임원, 직원이 위 취소사유(제6호는 제외)의 어느 하나에 해당하거나 별표 9의2의 이느 하나에 해당하는 경우, 신용평가회사에 대하여는 업무정지 등, 임원에 대하여는 해임요구 등, 직원에 대하여는 면직요구 등의 조치를 할 수 있다(法 제335조의15②,③,④).[97] 제422조 제3항(감독자에 대한 조치) 및 제423조부터 제425조까지(금융위원회의 조치절차)의 규정은 신용평가회사 및 그 임직원에 대한 조치 등에 관하여 준용한다(法 제335조의15⑤).

Ⅵ. 신용평가회사의 책임

1. 민사책임

신용평가회사가 신용평가업무를 수행하는 과정에서 투자자(정확히는 평가결과 이용자)에게 손해를 입힌 경우에는 신용등급은 투자자의 투자판단에 중요한 사항이므로, 자본시장법은 “신용평가를 전문으로 하는 자(그 소속단체를 포함)”를 발행공시 또는 유통공시 위반으로 인한 손해배상책임의 주체로 규정한다(法 125조, 162조). 또한 민법 제750조의 불법행위책임도 발생할 수 있다.

신용평가회사의 신용평가요청인이나 신용평가대상 기업(발행인)에 대한 민사책임에 대하여 자본시장법상 특칙은 없고, 민법 제390조의 채무불이행책임 또는 제750조의 불법행위책임이 발생할 수 있다.

종래의 「신용정보의 이용 및 보호에 관한 법률」은 신용정보회사의 신용정보주체와 의뢰인에 대한 손해배상책임규정을 두고 있었으나(同法 43조①,③), 2013년 자본시장법개정으로 신용평가업이 동법의 적용대상에서 제외되었고, 자본시장법은 위와 같은 손해배상책임규정을 두지 않는다.

신용평가회사의 손해배상책임이 쟁점이었던 사례는 많지 않지만, 발행인의 회계분식과 회계법인의 부실감사로 인한 평가자료에 따른 평가를 한 것이라는 이유로 신용평가회사의 주의의무 위반을 인정할만한 증거가 없다는 판례가 있다.[98]

---

97) 금융위원회의 신용평가회사, 임원, 직원에 대한 조치의 내용은 금융투자협회의 경우(法 293조①,②,③)와 같다.

98) [서울고등법원 2007. 11. 30. 선고 2007나1557 판결] “살피건대, 갑 7호증의 1, 2, 갑 12, 13호증, 갑 18호증의 1 내지 4의 각 기재만으로는 피고 신용평가사들이 코오롱TNS 발행 기업어음에 대한 신용평정시 주의의무를 위반하여 B등급으로 평정하였다는 원고 주장을 인정하

2. 형사책임

종래의 「신용정보의 이용 및 보호에 관한 법률」은 신용정보회사의 금지사항 중 하나로 "신용평가업무를 하면서 고의 또는 중대한 과실로 해당 금융투자상품, 법인 및 간접투자기구에 대한 투자자 및 신용공여자 등에게 중대한 손실을 끼치는 일"을 규정하고(同法 40조 6호), 이를 위반한 자를 3년 이하의 징역 또는 3천만원 이하의 벌금에 처한다고 규정하였다(同法 50조②7). 그러나 신용평가결과에 대한 형사책임에 대한 비판이 많았고, 이에 따라 신용평가회사회사에 관한 규정이 2013년 개정 자본시장법에 포함되면서 위 규정들은 삭제되었다. 따라서 신용평가결과 자체로 인한 형사책임은 없다.

Ⅶ. 준용규정

금융투자업자의 업무보고서 및 공시 등에 관한 자본시장법 제33조(제2항부터 제4항까지의 규정 제외), 제63조(금융투자업자 임직원의 금융투자상품 매매규제. 단, 금융투자상품의 신용평가를 담당하는 임직원으로 한정한다)의 규정은 신용평가회사에 준용한다(法 335조의14①).

기에 부족하고, 달리 이를 인정할 증거가 없으며, 위에서 본 바와 같이 B등급의 기업어음은 환경변화에 따라 적기상환능력이 크게 영향을 받을 수 있어 투기적 요소가 내포된 등급으로 B등급과 함께 투기등급으로 분류되는 점 등에 비추어 코오롱TNS가 사후 부도를 냈다는 사정만으로는 피고 신용평가사들의 평정이 잘못되었다고 볼 수 없다"[이 사건에서 원고는 공동피고였던 회계법인에게는 승소하였기 때문에 신용평가회사를 상대로는 상고하지 않음으로써 확정되었다. 이 사건 상고심에서 대법원이 "기업체의 재무제표 및 이에 대한 외부감사인의 회계감사 결과를 기재한 감사보고서는 대상 기업체의 정확한 재무상태를 드러내는 가장 객관적인 자료로서 증권거래소 등을 통하여 일반에 공시되고 기업체의 신용도와 상환능력 등의 기초자료로 그 기업체가 발행하는 회사채 및 기업어음의 신용등급평가와 금융기관의 여신제공 여부의 결정에 중요한 판단근거가 된다."라고 판시한 바와 같이(대법원 2008. 6. 26. 선고 2007다90647 판결) 발행인의 회계분식과 회계법인의 부실감사로 인한 평가자료에 따른 평가를 한 것이라는 이유로 신용평가회사의 책임이 부인되었지만, 신용평정시 주의의무 위반을 신용평가회사의 책임발생원인이 된다는 점을 명시하였다].

제 6 절 기타 관계기관

Ⅰ. 종합금융회사

1. 업 무

(1) 기본업무와 부수업무

종합금융회사(종전의 종합금융회사에 관한 법률 제3조에 따라 금융위원회의 인가를 받은 자[99])의 업무는 다음과 같다(法 336조①). 제1호부터 제7호까지의 업무는 종합금융회사의 기본업무이고, 제8호는 부수업무이다.

1. 1년 이내에 만기가 도래하는 어음의 발행·할인·매매·중개·인수 및 보증(단기금융)
2. 설비 또는 운전자금의 투융자
3. 증권의 인수·매출 또는 모집·매출의 중개·주선·대리
4. 외자도입, 해외투자, 그 밖의 국제금융의 주선과 외자의 차입 및 전대
5. 채권의 발행
6. 기업의 경영 상담과 기업인수 또는 합병 등에 관한 용역
7. 지급보증
8. 제1호부터 제7호까지의 업무에 부수되는 업무로서 대통령령으로 정하는 업무[100]

---

99) 종전의 종합금융회사에 관한 법률상 종합금융회사는 유가증권 매매, 중개, 인수, 투자 등 자본시장법상 금융투자업 외에 어음관리계좌 등 수신업무도 영위하였다. 자본시장법은 종합금융회사의 업무 중 금융투자업이 아닌 업무는 제6편 제4장에서 규정한다. 다만 자본시장법은 종합금융회사의 신규설립에 대한 규정을 두지 않고 있다.

100) "대통령령으로 정하는 업무"는 다음과 같다(令 325조②).

1. 어음관리계좌(고객으로부터 예탁받은 자금을 통합하여 어음 등에 투자하여 운용하고, 그 결과 발생한 수익을 고객에게 지급하는 것을 목적으로 종합금융회사가 개설하는 계좌) 업무
2. 팩토링 업무(기업의 판매대금채권의 매수·회수 및 이와 관련된 업무)
3. 파생상품시장에서 거래되는 장내파생상품 중 그 기초자산이 주가지수인 것을 대상으로 하는 투자매매업·투자중개업
4. 양도성 예금증서의 매매 및 그 중개·주선 또는 대리
5. 「한국은행법」 제68조에 따른 공개시장 조작의 대상이 되는 증권의 매매 및 그 중개·주선 또는 대리
6. 해당 종합금융회사가 발행한 어음을 담보로 하는 대출이나 해당 종합금융회사의 어음관리계좌에 채권을 가지고 있는 개인에 대한 대출로서 그 채권을 담보로 하는 대출
7. 선적전 무역어음 업무(선적전 무역어음의 할인·매매·중개·인수 및 보증과 선적전 무

⑵ 겸영업무

종합금융회사는 다음과 같은 업무를 자본시장법 또는 해당 법률이 정하는 바에 따라 인가·허가·등록 등을 받아 겸영할 수 있다(法 336조②).

1. 「여신전문금융업법」에 따른 시설대여업무
2. 집합투자업(투자신탁의 설정·해지 및 투자신탁재산의 운용업무에 한한다)
3. 금전신탁 외의 신탁업
4. 증권을 대상으로 하는 투자매매업 및 투자중개업(제1항 제3호에 해당되는 부분 제외)
5. 「외국환거래법」에 따른 외국환업무
6. 그 밖에 제1항 각 호의 업무 또는 제1호부터 제5호까지의 업무와 관련된 업무로서 대통령령으로 정하는 업무[101]

2. 채권의 발행

종합금융회사는 자기자본의 10배의 범위에서 채권을 발행할 수 있다(法 340조①). 종합금융회사는 발행한 채권의 상환을 위하여 필요한 경우에는 일시적으로 그 한도를 초과하여 채권을 발행할 수 있다(法 340조②). 이 경우에는 발행 후 1개월 이내에 자기자본의 10배 한도에 적합하도록 해야 한다(슈 332조②). 종합금융회사가 채권을 발행하는 경우에는 응모총액이 채권청약서 또는 증권신고서에 기재된 채권의 총액에 미달하는 경우에도 그 채권을 발행한다는 뜻을 채권청약서 또는 증권신고서에 기재한 때에는 그 응모총액을 채권의 발행총액으로 한다(슈 332조①).

역어음을 결제하기 위한 수출환어음 등의 매입과 추심의뢰 업무)
8. 업무용 부동산의 임대 업무

101) "대통령령으로 정하는 업무"는 다음과 같다(슈 325조③).
1. 장내파생상품을 대상으로 하는 투자매매업 또는 투자중개업(그 기초자산이 주가지수인 것을 대상으로 하는 투자매매업·투자중개업 제외)
2. 「신용정보의 이용 및 보호에 관한 법률」에 따른 신용정보 업무
3. 「자산유동화에 관한 법률」에 따른 유동화자산관리 업무
4. 「주택저당채권유동화회사법」에 따른 채권유동화 업무
5. 투자자문업
6. 「전자금융거래법」에 따른 전자자금이체업무(결제중계시스템의 참가기관이 되거나 대표참가기관을 경유하는 방식의 전자자금이체업무는 제외)
7. 「신용정보의 이용 및 보호에 관한 법률」에 따른 본인신용정보관리업

3. 신용공여한도

종합금융회사는 같은 개인·법인 및 그와 신용위험을 공유하는 자("동일차주")에 대하여 그 종합금융회사의 자기자본(국제결제은행의 기준에 따른 기본자본과 보완자본의 합계액)의 25%를 초과하는 신용공여(대출, 어음의 할인, 지급보증, 자금지원적 성격의 증권의 매입, 그 밖에 금융거래상의 신용위험을 수반하는 종합금융회사의 직접·간접적 거래)를 할 수 없다(法 342조①). 종합금융회사는 그 종합금융회사의 임원·자회사 및 그와 신용위험을 공유하는 자("관계인")에 대하여 그 종합금융회사의 자기자본의 15%의 한도를 초과하는 신용공여를 할 수 없다(法 342조②, 令 334조①). 종합금융회사의 동일차주 각각에 대한 신용공여가 그 종합금융회사의 자기자본의 10%를 초과하는 신용공여의 총 합계액은 매 월말 기준으로 그 종합금융회사 자기자본의 5배를 초과할 수 없다(法 342조③). 종합금융회사는 같은 개인이나 법인 각각에 대하여 그 종합금융회사의 자기자본의 20%를 초과하여 신용공여를 할 수 없다(法 342조④).

4. 대주주와의 거래의 제한

종합금융회사는 그의 대주주(그의 특수관계인 포함)에게 신용공여를 함에 있어서 자기자본의 25%의 범위에서 대통령령으로 정하는 한도(令 338조①: 자기자본의 15%에 해당하는 금액과 해당 대주주(그 특수관계인을 포함)가 소유하는 해당 종합금융회사의 의결권 있는 주식 수를 해당 종합금융회사의 의결권 있는 발행주식 총수로 나눈 비율에 해당 종합금융회사의 자기자본을 곱한 금액 중 적은 금액)를 초과하여서는 아니 되며, 대주주는 그 종합금융회사로부터 그 한도를 초과하여 신용공여를 받아서는 아니 된다(法 343조①). 종합금융회사는 그의 대주주에게 대통령령으로 정하는 금액(令 338조②: 금융위원회가 정하여 고시하는 단일거래금액이 자기자본의 1만분의 10에 해당하는 금액이나 10억원 중 적은 금액) 이상의 신용공여(令 338조③: 모집·매출의 방법에 따라 대주주가 발행하는 사채권을 취득하는 거래 포함)를 하거나 대주주가 발행한 주식을 대통령령으로 정하는 금액 이상으로 취득하려는 경우에는 미리 이사회 결의를 거쳐야 한다. 이 경우 이사회는 재적이사 전원의 찬성으로 결의한다(法 343조②). 종합금융회사는 그의 대주주에게 대통령령으로 정하는 금액(令 338조②) 이상의 신용공여를 하거나 대주주가 발행한 주식을 대통령령으로 정하는 금액(令 338조②) 이상으로 취득한 경우에는 그 사실을 금융위원회에 지체 없이 보고하고, 인터넷 홈페이지 등을 이용하여 공시해야 한다(法 343조③). 종합금융회사는 추가적인 신용공여를 하지 아니하였음에도 불구하고 자기자본의 변동 및 대주주의 변경 등으로 인하여 제1항에서 정한 한도를 초과하게 되는 경우에는 1년 이내에 제1항에 적합하도록 해야 한다(法 343조⑤). 금융위원회는 종합금융회사의 대주주(회사에 한한다)의 부채가 자산을 초과하는 등 재무구조의 부실로 인하여 종합금융회사의 경영건전성을 현저히 해칠 우려가 있는 경우로서 i) 대주주(회사만 해당하며, 회사인 특수관계인 포함)의 부채가 자산을 초과하는 경우, ii) 대주주가 둘 이상의 신용평가회사에 의하여 투자부적격 등급으로 평가받은 경우에는 그 종합금융회사에 대하여 다음과 같은 조치를 할 수 있다(法 343조⑨).

1. 그 대주주에 대한 신규 신용공여의 금지
2. 그 대주주가 발행한 증권의 신규취득 금지
3. 그 밖에 그 대주주에 대한 자금지원 성격의 거래제한 등 대통령령으로 정하는 조치[102)]

5. 금융위원회의 조치

(1) 인가취소

금융위원회는 종합금융회사가 다음과 같은 경우에는 종합금융회사의 인가를 취소할 수 있다(法 354조①).

1. 인가조건을 위반한 경우
2. 업무의 정지기간 중에 업무를 한 경우
3. 금융위원회의 시정명령 또는 중지명령을 이행하지 아니한 경우
4. 별표 10 각 호의 어느 하나에 해당하는 경우로서 대통령령으로 정하는 경우
5. 대통령령으로 정하는 금융관련 법령 등을 위반한 경우로서 대통령령으로 정하는 경우

---

102) "대통령령으로 정하는 조치"란 다음과 같은 금융투자상품의 신규취득 금지를 말한다(令 338조⑦).
1. 대주주가 발행한 증권과 관련된 증권예탁증권
2. 대주주 외의 자가 발행한 것으로서 대주주가 발행한 증권이나 제1호에 따른 증권과 교환을 청구할 수 있는 교환사채권
3. 대주주가 발행한 증권, 제1호·제2호에 따른 증권만을 기초자산으로 하는 금융투자상품(권리의 행사로 그 기초자산을 취득할 수 있는 경우만 해당한다)

6. 그 밖에 투자자의 이익을 현저히 해할 우려가 있거나 해당 업무를 영위하기 곤란하다고 인정되는 경우로서 대통령령으로 정하는 경우

(2) 기관·임직원에 대한 조치

금융위원회는 종합금융회사, 임원, 직원이 별표 10호의 어느 하나에 해당하는 경우, 종합금융회사에 대하여는 업무정지 등, 임원에 대하여는 해임요구 등, 직원에 대하여는 면직요구 등의 조치를 할 수 있다(法 354조②,③,④).[103] 자본시장법 제422조 제3항(감독자 책임), 제423조(청문), 제424조(처분 등의 기록 및 공시. 단, 관보 및 인터넷 홈페이지 공고에 관한 제2항 제외), 제425조(이의신청)의 규정은 종합금융회사 및 그 임직원에 대한 조치 등에 관하여 준용한다(法 354조⑤).

Ⅱ. 자금중개회사

1. 업 무

자금중개회사의 업무로는 금융기관 간 콜자금 거래 중개와 대차, 단기 자금거래 중개와 대차, 채권 매매 중개, 금 중개와 외국환거래법에 의한 외국환 중개 등이 있다.[104] 자금중개회사는 금융투자업자가 아니므로 금융투자업을 영위할 수 없고(法 357조①), 금융투자업을 영위하려면 해당 금융투자업 인가요건을 갖추어 인가를 받아야 한다. 다만, 자금거래의 중개업무와 경제적 실질이 유사한 것으로서 대통령령으로 정하는 금융투자업[105]은 영위할 수 있다.

2. 인가요건

금융기관 등 간 자금거래의 중개업무를 영위하려는 자는 금융위원회의 인가를 받아야 한다(法 355조①).

103) 금융위원회의 종합금융회사, 임원, 직원에 대한 조치의 내용은 금융투자협회의 경우(法 293조①,②,③)와 같다.

104) 1996년 한국자금중개(주), 2001년 서울외국환중개(주), 2006년 KIDB자금중개(주)가 각각 설립되어 영업을 하고 있다.

105) "대통령령으로 정하는 금융투자업"은 다음과 같다(令 346조①).
1. 외화로 표시된 양도성 예금증서의 중개·주선 또는 대리
2. 환매조건부매매의 중개·주선 또는 대리
3. 기업어음증권의 중개·주선 또는 대리
4. 외국통화·이자율을 기초자산으로 하는 장외파생상품의 중개·주선 또는 대리
5. 별표 1의 인가업무 단위 중 2i－11－2i의 투자중개업

인가를 받으려는 자는 다음과 같은 요건을 모두 갖추어야 한다(法 355조②).

1. 상법에 따른 주식회사일 것
2. 20억원(슈 345조②) 이상의 자기자본을 갖출 것
3. 사업계획이 타당하고 건전할 것
4. 투자자를 보호하고 영위하고자 하는 업을 수행하기에 충분한 인력 및 전산설비, 그 밖의 물적 설비를 갖출 것
5. 임원이 금융사지배구조법 제5조에 적합할 것
6. 대주주(法 12조②6가)가 충분한 출자능력, 건전한 재무상태 및 사회적 신용을 갖출 것

3. 행위규제

자금중개회사에 대하여는 금융투자업자의 경영건전성기준(法 31조), 회계처리(法 32조), 업무보고서 작성 및 공시(法 33조)에 관한 규정, 종금사의 업무폐지·해산 및 정관변경·업무방법변경에 관한 규정(法 339조, 제2항 제3호는 제외), 금융위원회의 조치명령권에 관한 규정(法 416조)이 준용된다(法 357조②).

자금중개회사는 은행, 한국산업은행, 중소기업은행, 한국수출입은행, 그 밖에 금융기관등 간의 원활한 자금거래를 위하여 필요하다고 인정하여 금융위원회가 정하여 고시하는 자(금융투자업규정 8-81조①)에 대하여 콜거래(90일 이내의 금융기관 등 간의 단기자금거래)의 중개·주선 또는 대리를 하지 못한다(슈 346조②). 자금중개회사는 자금중개를 할 경우에는 단순중개(자금중개회사가 일정한 수수료만 받고 자금대여자와 자금차입자 간의 거래를 연결해 주는 것)를 해야 한다. 다만, 콜거래중개의 경우에는 원활한 거래를 위하여 금융위원회가 정하여 고시하는 최소한의 범위(금융투자업규정 8-81조②)에서 자기계산으로 거래에 직접 참여(매매중개)를 할 수 있다(슈 346조③). 자금중개회사는 매월의 중개업무내역을 금융위원회가 정하여 고시하는 방법(금융투자업규정 8-83조)에 따라 금융위원회에 보고해야 한다(슈 346조④).

4. 금융위원회의 조치

(1) 인가취소

금융위원회는 자금중개회사가 다음과 같은 경우에는 제355조 제1항에 따른

인가를 취소할 수 있다(法 359조①).

1. 거짓, 그 밖의 부정한 방법으로 제355조 제1항에 따른 인가를 받은 경우
2. 인가조건을 위반한 경우
3. 제355조 제9항에 따른 인가요건 유지의무를 위반한 경우
4. 업무의 정지기간 중에 업무를 한 경우
5. 금융위원회의 시정명령 또는 중지명령을 이행하지 아니한 경우
6. 별표 11 각 호의 어느 하나에 해당하는 경우로서 대통령령으로 정하는 경우
7. 대통령령으로 정하는 금융관련 법령 등을 위반한 경우로서 대통령령으로 정하는 경우
8. 그 밖에 투자자의 이익을 현저히 해할 우려가 있거나 해당 업무를 영위하기 곤란하다고 인정되는 경우로서 대통령령으로 정하는 경우

(2) 기관·임직원에 대한 조치

금융위원회는 자금중개회사, 임원, 직원이 제359조 제1항 각 호(제6호를 제외)의 어느 하나에 해당하거나 별표 11 각 호의 어느 하나에 해당하는 경우, 자금중개회사에 대하여는 업무정지 등, 임원에 대하여는 해임요구 등, 직원에 대하여는 면직요구 등의 조치를 할 수 있다(法 359조②,③,④).[106] 자본시장법 제422조 제3항(감독자 책임) 및 제423조(청문), 제424조(처분 등의 기록 및 공시) 및 제425조(이의신청)의 규정은 자금중개회사 및 그 임직원에 대한 조치 등에 관하여 준용한다(法 359조⑤).

Ⅲ. 단기금융회사

1. 업　　무

자본시장법상 단기금융업무란 1년 이내에 만기가 도래하는 어음의 발행·할인·매매·중개·인수 및 보증업무와 그 부대업무로서 어음을 담보로 한 대출업무를 말한다(法 360조①, 令 348조①,②).[107]

---

106) 금융위원회의 자금중개회사, 임원, 직원에 대한 조치의 내용은 금융투자협회에 대한 조치(法 293조①,②,③)와 같다.

107) 종합금융투자사업자의 단기금융업무에 관하여는 [제2편 제4장 제2절 I. 투자매매업자 및 투자중개업자 12. 종합금융투자사업자] 부분에서 상술한다.

2. 인가요건

단기금융업무를 영위하려는 자는 금융위원회의 인가를 받아야 한다(法 360조①). 인가를 받으려는 자는 다음 요건을 모두 갖추어야 한다(法 360조②).

1. 은행, 그 밖의 금융기관일 것(슈 348조③)
2. 300억원 이상의 자기자본을 갖출 것(슈 348조④)
3. 사업계획이 타당하고 건전할 것
4. 투자자를 보호하고 영위하고자 하는 업을 수행하기에 충분한 인력 및 전산설비, 그 밖의 물적 시설을 갖출 것
5. 대주주(法 12조②6가)가 충분한 출자능력, 건전한 재무상태 및 사회적 신용을 갖출 것
6. 대통령령(슈 348조⑤)으로 정하는 건전한 재무상태와 사회적 신용을 갖출 것

금융위원회의 인가를 받지 아니하고 단기금융업무를 영위한 자는 5년 이하의 징역 또는 2억원 이하의 벌금에 처한다(法 444조 22호).

3. 금융위원회의 조치

(1) 인가취소

금융위원회는 단기금융회사가 다음과 같은 경우에는 인가를 취소할 수 있다(法 364조①).

1. 거짓, 그 밖의 부정한 방법으로 인가를 받은 경우
2. 인가조건을 위반한 경우
3. 인가요건 유지의무를 위반한 경우
4. 업무의 정지기간 중에 업무를 한 경우
5. 금융위원회의 시정명령 또는 중지명령을 이행하지 아니한 경우
6. 별표 12 각 호의 어느 하나에 해당하는 경우로서 대통령령으로 정하는 경우
7. 대통령령으로 정하는 금융관련 법령 등을 위반한 경우로서 대통령령으로 정하는 경우
8. 그 밖에 투자자의 이익을 현저히 해할 우려가 있거나 해당 업무를 영위하기 곤란하다고 인정되는 경우로서 대통령령으로 정하는 경우

⑵ 기관·임직원에 대한 조치

금융위원회는 단기금융회사, 임원, 직원이 제364조 제1항 각 호(제6호 제외) 또는 별표 12호의 어느 하나에 해당하는 경우, 단기금융회사에 대하여는 업무정지 등, 임원에 대하여는 해임요구 등, 직원에 대하여는 면직요구 등의 조치를 할 수 있다(法 364조②,③,④).[108] 자본시장법 제422조 제3항(감독자 책임) 및 제423조(청문), 제424조(처분 등의 기록 및 공시, 제2항 제외) 및 제425조(이의신청)의 규정은 단기금융회사 및 그 임직원에 대한 조치 등에 관하여 준용한다(法 364조⑤).

Ⅳ. 명의개서대행회사

1. 상법상 명의개서대리인

상법상 명의개서대리인이란 회사를 위하여 명의개서업무를 대행하는 자이다. 명의개서는 주식의 양수인이 발행회사를 상대로 청구하는 것이므로 발행회사가 명의개서를 하는 것이 원칙이지만, 대량주식이 발행되고 그 분산도가 높은 경우 명의개서에 관한 발행회사의 업무가 과중하게 되어 이를 전문으로 하는 업자에게 맡길 필요가 있고, 이에 따라 명의개서대행회사는 발행회사와의 계약에 의하여 명의개서 관련 업무를 대행해 주는 기능을 한다.

상법은 1984년 개정시 명의개서대리인제도를 채택하여 정관이 정하는 바에 따라 이사회의 결의에 의하여 명의개서대리인을 둘 수 있도록 하였다(商法 337조②). 회사가 명의개서대리인을 둔 경우에는 그 상호 및 본점소재지를 등기하여야 하고(商法 317조②11), 주식청약서(商法 302조②10, 420조 2호)와 사채청약서(商法 474조②15)에 명의개서대리인에 관한 사항을 기재해야 한다.

발행회사와 명의개서대리인의 관계는 위임계약관계인데, 민법상 위임인이 수임인에게 위탁하는 사무는 법률상·사실상 모든 행위를 포함한다.

2. 자본시장법상 명의개서대행회사

⑴ 용 어

상법과 구 증권거래법은 명의개서대리인이라는 용어를 사용하여 왔지만, 명

108) 금융위원회의 단기금융회사, 임원, 직원에 대한 조치의 내용은 금융투자협회의 경우(法 293조①,②,③)와 같다.

의개서는 법률행위가 아니므로 사법상의 대리(代理)가 있을 수 없고 대행(代行)만 있을 수 있다.[109] 자본시장법은 "명의개서대행회사"라는 용어를 사용한다(法 365조①).

(2) 명의개서대행계약 유지의무

주권상장법인[은행법에 따른 은행, 특수법인, 정부지배공공기관(정부가 전액을 출자한 법인이 주식을 가지고 있는 지주회사 포함)은 제외]은 상장이 계속되는 동안 명의개서대행회사와 명의개서대행계약을 유지해야 한다(상장규정 81조).[110]

(3) 명의개서대행회사의 등록

증권의 명의개서를 대행하는 업무를 영위하려는 자는 다음과 같은 요건을 갖추어 금융위원회에 등록해야 한다(法 365조①,②). 명의개서대행회사는 등록 이후 그 영업을 영위함에 있어서 등록요건을 계속 유지해야 한다(法 365조⑧).

1. 전자등록기관 또는 전국적인 점포망을 갖춘 은행일 것[111]
2. 전산설비 등 대통령령으로 정하는 물적 설비[112]를 갖출 것
3. 대통령령으로 정하는 이해상충방지체계[113]를 구축하고 있을 것

(4) 명의개서대행회사의 업무

이사는 회사의 주주명부를 본점에 비치하여야 하고, 명의개서대리인을 둔 때에는 주주명부 또는 그 복본을 명의개서대리인의 영업소에 비치할 수 있다(商

---

109) 상법상 명의개서대리인은 일본에서 종래 사용되어 오던 용어인데, 会社法은 "주주명부관리인"이라는 용어를 사용한다(日会 123조). 상법 시행령은 명의개서대리인이라는 용어를 사용하면서도(商令 8조), 상장회사에 관한 일부 규정(商令 30조⑤2)에서는 명의개서대행회사라는 용어를 사용한다.

110) 유가증권시장, 코스닥시장, 코넥스시장, K-OTC 등의 경우 명의개서대행계약 유지의무가 있다.

111) 현재 금융위원회에 등록된 은행은 하나은행과 KB국민은행이다.

112) "대통령령으로 정하는 물적 설비"는 다음과 같다(令 350조①).
   1. 증권의 명의개서를 대행하는 업무를 하기에 필요한 전산설비, 업무공간 및 사무장비
   2. 정전·화재 등의 사고가 발생할 경우 업무의 연속성을 유지하기 위하여 필요한 보완설비

113) "대통령령으로 정하는 이해상충방지체계"는 다음과 같다(令 350조②).
   1. 증권의 명의개서를 대행하는 업무와 그 외의 업무 간에 독립된 부서로 구분되어 업무처리와 보고가 독립적으로 이루어질 것
   2. 증권의 명의개서를 대행하는 업무와 그 외의 업무를 하는 사무실이 정보공유를 막을 수 있을 정도로 공간적으로 분리될 것
   3. 증권의 명의개서를 대행하는 업무와 그 외의 업무에 관한 전산자료가 공유될 수 없도록 독립되어 열람될 것

法 396조①). 명의개서대행회사는 고유업무인 명의개서대행 업무, 부수업무로서 증권의 배당·이자 및 상환금의 지급을 대행하는 업무와 증권의 발행을 대행하는 업무를 영위할 수 있다(法 366조).

⑸ 금융위원회의 조치

㈎ 인가취소

금융위원회는 명의개서대행회사가 다음과 같은 경우에는 등록을 취소할 수 있다(法 369조①).

1. 거짓, 그 밖의 부정한 방법으로 등록을 한 경우
2. 등록요건 유지의무를 위반한 경우
3. 업무의 정지기간 중에 업무를 한 경우
4. 금융위원회의 시정명령 또는 중지명령을 이행하지 아니한 경우
5. 별표 13 각 호의 어느 하나에 해당하는 경우로서 대통령령으로 정하는 경우
6. 대통령령으로 정하는 금융관련 법령 등을 위반한 경우로서 대통령령으로 정하는 경우
7. 그 밖에 투자자의 이익을 현저히 해할 우려가 있거나 해당 업무를 영위하기 곤란하다고 인정되는 경우로서 대통령령으로 정하는 경우

㈏ 기관·임직원에 대한 조치

금융위원회는 명의개서대행회사, 임원, 직원이 제369조 제1항 각 호(제5호 제외)의 어느 하나에 해당하거나 별표 13호의 어느 하나에 해당하는 경우, 명의개서대행회사에 대하여는 업무정지 등, 임원에 대하여는 해임요구 등, 직원에 대하여는 면직요구 등의 조치를 할 수 있다(法 369조②,③,④).[114] 제422조 제3항 및 제423조부터 제425조까지의 규정은 명의개서대행회사 및 그 임직원에 대한 조치 등에 관하여 준용한다(法 369조⑤).

⑹ 준용규정

자본시장법 제54조(직무관련 정보의 이용 금지), 제63조(임직원의 금융투자상품 매매. 단, 증권의 명의개서를 대행하는 업무를 담당하는 임직원에 한한다), 제64조(손해배상책임) 및 제416조(금융위원회의 조치명령권)는 명의개서대행회사에 준용한다(法 369조⑤). 자본시장법 제422조 제3항(감독자 책임), 제423조(청문), 제424조(처

114) 금융위원회의 명의개서대행회사, 임원, 직원에 대한 조치의 내용은 금융투자협회의 경우(法 293조①,②,③)와 같다.

분 등의 기록 및 공시), 제425조(이의신청)의 규정은 명의개서대행회사 및 그 임직원에 대한 조치 등에 관하여 준용한다(法 369조⑤).

V. 금융투자 관계 단체

1. 허 가 제

투자자 보호 및 건전한 거래질서를 위하여 투자자, 주권상장법인 또는 대통령령으로 정하는 자로 구성되는 단체를 설립하고자 하는 자는 금융위원회의 허가를 받아야 한다(法 370조①).[115] 금융위원회는 허가를 하고자 하는 경우에는 다음과 같은 사항을 심사해야 한다(法 370조②).

1. 설립취지
2. 해당 단체의 재산상황과 수지 전망
3. 발기인 및 임원의 인적 구성
4. 자본시장과 금융투자업에 대한 기여도

2. 검사와 조치

⑴ 금융감독원장의 검사

금융감독원장의 금융투자업자에 대한 검사에 관한 제419조(한국은행의 검사권에 관한 제2항부터 제4항까지 및 제8항을 제외한다)는 금융투자 관계 단체에 대한 검사에 관하여 준용한다(法 371조).

⑵ 허가취소

금융위원회는 금융투자 관계 단체가 다음과 같은 경우에는 허가를 취소할 수 있다(法 372조①).

1. 거짓, 그 밖의 부정한 방법으로 허가를 받은 경우
2. 허가조건을 위반한 경우

115) 증권시장과 밀접한 관계가 있는 코스콤(Koscom)은 자본시장법상 금융투자 관계 단체는 아니고, 증권시장 또는 파생상품시장을 운영하기 위한 전산시스템의 개발·운영 등을 거래소로부터 위탁받은 법인으로서 거래소가 출자한 상법상 주식회사이다. 코스콤은 1977년 증권시장과 증권업계 업무의 전산화를 전담하기 위해 당시 재무부와 증권거래소에 의해 설립된 회사로서(설립 당시에는 한국증권전산이었고 2005년 코스콤으로 상호변경함), 증권시장과 파생상품시장의 전산화서비스, IT인프라서비스, 금융정보서비스, 증권파생상품업무전산화서비스 등을 영위한다.

3. 정관에 따른 목적 외의 업무를 영위한 경우
4. 그 밖에 투자자 보호 또는 건전한 거래질서를 해할 우려가 있는 경우로서 대통령령으로 정하는 경우[116]

자본시장법 제423조(청문. 단, 인가취소에 관한 제2호 제외), 제424조 제1항·제2항(처분·조치내용의 기록과 유지·관리, 관보·인터넷 홈페이지 공고), 제425조(이의신청)는 금융투자 관계 단체의 허가 취소에 관하여 준용한다(法 372조②).

116) "대통령령으로 정하는 경우"는 다음과 같은 경우를 말한다(令 354조).
1. 미공개중요정보 이용행위 금지 의무를 위반한 경우
2. 시세조종행위 등의 금지 의무를 위반한 경우
3. 부정거래행위 등의 금지 의무를 위반한 경우
4. 검사를 거부·방해 또는 기피한 경우
5. 보고 등의 요구에 불응한 경우

제 3 장

전자증권제도와 가상자산 규제

제 1 절 전자증권제도

Ⅰ. 총 설

1. 상법상 전자등록제도

(1) 의 의

전자등록제도는 증권을 실물로 발행하지 않고 전자등록기관의 전자등록부에 소유관계사항을 등록한 후, 실물 증권을 소지하지 않고도 권리양도·담보설정·권리행사 등을 할 수 있는 제도를 말한다.[1)] 상법도 2011년 개정시 주식, 채권(債權) 및 기타 유가증권에 대한 전자등록제도를 도입하였다.[2)]

전자등록의 대상은 증권 자체가 아니고 증권에 표시될 수 있거나 표시되어

---

1) 이하에서 상법상 주식·채권의 전자등록에 관한 설명을 하는 부분에서는 상법 규정에 맞추어 "전자등록제도"라는 용어를 사용하고, 「주식·사채 등의 전자등록에 관한 법률」의 약칭이 전자증권법이라는 점을 고려하여 전자증권법에 관한 설명을 하는 부분에서는 "전자증권제도"라는 용어를 사용하기로 한다.

2) 日本에서는 단계적으로 전자등록제도가 도입되어 2004년 유가증권 전반에 걸친 대체제도의 입법이 완료되었는데, 유가증권을 발행하지 않고 대체계좌부의 기록에 의하여 권리의 귀속을 결정하는 제도라는 의미에서 "대체(振替)제도"라고 부른다. 입법과정을 보면, 2001년 종래의 기업어음에 해당하는 단기사채에 대하여 대체제도를 도입하였고(「단기사채등의 대체에 관한 법률」, 2002년 4월 시행), 2002년 일반사채, 국채도 적용대상으로 하였고(「사채등의 대체등에 관한 법률」, 2003년 1월 시행), 2004년 주식까지 포함함으로써(「사채, 주식등의 대체등에 관한 법률」, 2009년 1월 시행) 상장회사의 기발행주권은 모두 무효로 됨에 따라, 유가증권 전반에 대한 무권화(dematerialization) 입법을 완성하였다. 「사채, 주식등의 대체등에 관한 법률」이 2009년부터 전면시행되면서 상장회사의 기발행주권은 모두 무효로 되었다. 주식양수인이 회사에 대하여 주주임을 주장하려면 주주명부에 기재되어야 하지만(日会 130조), 대체제도를 이용하여 주식을 양수한 자가 회사에 대하여 주주임을 주장하려면, 집단적 권리행사의 경우에는 총주주통지에 의해 작성된 주주명부에 기재되어야 하며, 개별 주주권 행사의 경우에는 개별주주통지에 의하도록 하고 있다.

야 할 권리이다. 즉, 주권, 사채권이 아니라 주식, 사채가 전자등록의 대상이다. 자본시장법 제8조의2 제4항 제1호에 따른 증권시장에 상장하는 주식등과, 자본시장법에 따른 투자신탁의 수익권 또는 투자회사의 주식은 전자등록기관에 신규 전자등록을 신청해야 한다(同法 25조①).

전자등록제에 의하여 증권 실물을 발행하지 않게 되면 발행회사의 입장에서는 자금조달비용의 감소, 주식·사채 발행절차의 간소화, 주주·사채권자 관리업무부담의 경감 등의 실익이 있고, 주주·사채권자의 입장에서는 증권을 분실하거나 도난당할 우려가 없고, 증권을 소지하지 않고도 권리양도·담보설정·권리행사 등이 가능하다는 실익이 있다.[3)]

증권예탁제도는 권리양도·담보설정·권리행사가 전자적으로 이루어진다는 점에서(不動化, immobilization) 전자등록제도와 유사하지만, 전자등록제도와 유사하지만, 증권의 발행을 전제로 하므로 증권의 발행을 전제로 하므로 증권의 불발행을 전제로 하는(無券化, dematerialization) 전자등록제도와 전혀 다른 제도이다.

기존의 주권불소지제도(358조의2), 「공사채등록법」·「국채법」에 의한 등록제도, 자본시장법상 증권예탁제도 등은 기본적으로 증권 실물을 전제로 하는 것이고, 권리자가 원하는 경우에는 실물 증권을 발행해 주어야 한다는 점에서 진정한 증권의 무권화로 볼 수 없다. 즉, 「공사채등록법」상 사채등록의 경우에는 회사가 사채의 등록 여부를 사채발행결의시에 정하도록 되어 있고, 채권과 등록사채의 상호 전환을 허용한다는 점에서, 그리고 증권예탁제도는 주주가 주권발행을 청구할 수 있다는 점에서, 증권의 완전 불발행을 특징으로 하는 상법상 주식·사채의 전자등록제도와 다르다.

금전의 지급청구권, 물건 또는 유가증권의 인도청구권이나 사원의 지위를 표시하는 유가증권으로서 그 권리의 발생·변경·소멸을 전자등록하는 데에 적합한 유가증권은 전자등록기관(商法 356조의2①)의 전자등록부에 등록하여 발행할 수 있고(商法 65조② 제1문),[4)] 이 경우 주식의 전자등록에 관한 규정을 준용한다(商法 65조② 제2문). 전자등록의 절차·방법 및 효과, 전자등록기관에 대한 감독, 그 밖

3) 그 밖에도 증권 실물 관련 업무가 대폭 축소됨에 따라 명의개서대행회사, 자본시장법상 투자매매업자·투자중개업자, 집합투자업자 등의 업무가 간소화되고, 결국은 전자증권법 제1조가 규정하는 "자본시장의 건전성과 효율성을 높이고 국민경제를 발전시키는 데에 이바지함을 목적으로 한다."라는 목적에 부합하게 된다.

4) 상법은 전자등록부라고 규정하고, 전자증권법은 전자등록계좌부라고 규정한다.

에 주식의 전자등록 등에 필요한 사항은 따로 법률로 정한다(商法 356조의2④).

⑵ 주식의 전자등록

㈎ 의 의

회사는 원칙적으로 주권을 발행해야 하나, 주권을 발행하는 대신 정관으로 정하는 바에 따라 전자등록기관의 전자등록부에 주식을 등록할 수 있다(商法 356조의2①).[5] 즉, 상법은 전자등록제도를 규정하지만 "주권을 발행하는 대신"이라는 규정과 같이 주권 실물의 발행을 원칙으로 하고, 주권의 완전 불발행을 전제로 하는 전자등록제의 채택 여부는 회사의 임의적 선택에 맡겨진다.[6] 전자등록의 대상인 주식에 대하여는 주권 실물을 전제로 한 상법 규정이 적용되지 않는다.[7]

㈏ 정관에 의한 채택

주식의 전자등록은 발행회사의 정관에 이에 관한 근거규정이 있는 경우에만 할 수 있다(商法 356조의2①). 회사는 정관에서 실물발행과 전자등록 중 하나의 방법을 선택할 수 있고, 따라서 전자등록기관의 전자등록부에 주식을 등록하려는 회사는 먼저 정관변경절차를 거쳐야 한다. 상법 제356조의2 제1항은 "주식을 등록할 수 있다."라고 규정하는데, 정관에서 전자등록을 정한 경우에는 주권을 발행할 수 없고 반드시 주식을 전자등록해야 한다. 정관의 규정에 따라 이미 주권이 발행된 주식도 모두 전자등록의 대상이 될 수 있고, 또한 일단 전자등록제를 도입한 회사도 정관의 변경에 의하여 전자등록제를 폐지할 수 있다.

---

5) 종래에 양도성 예금증서를 포함한 각종 채권은 「공사채등록법」과 「국채법」의 채권등록제에 의하여 이미 무권화되었고, 집합투자증권(투자신탁의 수익증권과 투자회사의 주식)은 그 발행과 유통에 있어서 실물증권이 불필요하고 또한 주권불소지제도(358조의2)가 이용되어 왔으므로 무권화의 대상으로 문제되는 것은 주로 주식이었다.

6) 상법은 이와 같이 "opt－in"방식으로 규정하는데, 日本 회사법은 전자등록을 원칙으로 하는 "opt－out"방식으로 규정한다. 日本에서도 회사법 제정 전 상법은 "opt－in"방식으로 규정하였으나, 회사법 제정시 "opt－out"방식을 채택하였다. 즉, 日本 회사법은 주권불발행을 원칙으로 하므로, 정관에 주권을 발행한다는 규정을 둔 주식회사만 주권을 발행할 수 있다(日会 214조). 전자를 주권불발행회사, 후자를 주권발행회사라고 한다(日会 117조).

7) 주권교부에 의한 주식양도(제336조)와 입질(제338조), 주권불소지제도(제358조의2), 주권의 선의취득(제359조), 제권판결(제360조) 등이 적용되지 않는 규정이다. 한편, 정관으로 이사가 가질 주식의 수를 정할 수 있고, 이 경우 정관에 다른 규정이 없는 때에는 이사는 그 수의 주권을 감사에게 공탁하여야 하는데(제387조), 전자등록제를 채택한 회사를 위하여는 다른 방법이 도입되어야 할 것이다.

(다) 전자등록주식의 양도 · 입질

전자등록부에 등록된 주식의 양도나 입질(入質)은 전자등록부에 등록하여야 효력이 발생한다(商法 356조의2②).

(라) 전자등록부의 권리추정력과 선의취득

전자등록부에 주식을 등록한 자는 그 등록된 주식에 대한 권리를 적법하게 보유한 것으로 추정하며, 이러한 전자등록부를 선의(善意)로, 그리고 중대한 과실 없이 신뢰하고 전자등록부에 등록된 주식의 양도나 입질(入質)을 전자등록부에 등록하여 권리를 취득한 자는 그 권리를 적법하게 취득한다(商法 356조의2③).

(마) 신주인수권의 전자등록

회사는 신주인수권증서를 발행하는 대신 정관으로 정하는 바에 따라 전자등록기관의 전자등록부에 신주인수권을 등록할 수 있다. 이 경우 주식의 전자등록에 관한 규정인 제356조의2 제2항부터 제4항까지의 규정을 준용한다(商法 420조의4). 신주인수권의 전자등록은 신주인수권증서의 발행에 갈음하는 것이므로, 회사가 정관이나 이사회결의(또는 주주총회 결의)로 신주인수권을 양도할 수 있다는 것을 정한 경우에 한하여 발행할 수 있다. 전자증권법도 신주인수권증서 또는 신주인수권증권에 표시되어야 할 권리도 전자등록 대상이라고 규정한다(同法 2조 1호 바목).

(3) 채권의 전자등록

(가) 의 의

회사는 채권(債券)을 발행하는 대신 정관에서 정하는 바에 따라 전자등록기관의 전자등록부에 채권(債權)을 등록할 수 있다.[8)]

사채는 만기까지 보유하는 것이 일반적이고 따라서 주식에 비하면 유통성의 필요성이 크지 아니하다는 점과, 사채의 발행비용과 분실위험을 고려하여 「공사채등록법」(2019.9.16. 폐지)과 「국채법」에 의한 채권등록제가 이미 오래 전부터 도입되었다. 그러나 「공사채등록법」상 채권등록제도는 채권발행을 원칙으로 하고 그에 대한 특례로서 채권자청구주의에 의하여 채권을 발행하지 않고 등록제도를 이용하는 방법으로서, 등록 여부가 사채권자의 의사에 맡겨져 있고 등록사채의 채권자도 언제든지 등록말소를 청구하고 채권발행을 청구할 수 있으므로(同法 제

8) 이 경우 주식의 전자등록에 관한 상법 제356조의2 제2항부터 제4항까지의 규정을 준용한다(478조③). 즉, 상법은 주식과 사채에 관하여 별도의 규정을 두지 않고 주식의 전자등록에 관한 규정을 사채의 전자등록에 준용하는 방식을 취하고 있다. 그리고 "채권(債權)"보다는 "사채"가 정확한 용어이다.

4조⑤),[9] 채권의 완전한 불발행제도라 할 수 없었다. 이에 2011년 개정상법은 주식과 사채의 전자등록제도를 도입하였다.

(나) 정관에 의한 채택

사채의 전자등록도 발행회사의 정관에 이에 관한 근거규정이 있는 경우에 할 수 있다(商法 478조③). 상법 제478조 제3항은 "채권(債權)을 등록할 수 있다." 라고 규정하는데, 정관에서 채권의 전자등록을 규정한 경우에는 채권(債券)을 발행할 수 없고 반드시 채권(債權)을 전자등록해야 한다.

(다) 회사의 선택

회사는 정관에서 채권발행과 전자등록 중 하나의 방법을 채택할 수 있다.[10] 정관에서 전자등록을 정한 경우 회사의 모든 사채가 전자등록의 대상이 되므로 채권을 발행할 수 없다. 전자등록은 채권의 발행을 대체하는 제도이고, 상법 제478조 제3항도 "채권(債券)을 발행하는 대신"이라고 규정한다.[11]

(라) 기명사채와 무기명사채의 구분 문제

상법과 「공사채등록법」은 기명사채와 무기명사채를 구분하여 규정하지만, 실제로는 무기명사채만 발행된다. 상법에 달리 규정하지 않는 한 전자등록제도 하에서도 기명식사채와 무기명식사채는 구분된다. 그러나 무기명사채도 일단 전자등록되면 기명사채와 차이가 없어진다.[12] 즉, 무기명사채도 전자등록되면 기명사채와 마찬가지로 전자등록부에 사채권자가 기재되고, 그 권리의 이전 역시 기

---

9) 다만, 사채의 발행조건에서 채권을 발행하지 않기로 정한 경우에는 그러하지 아니한데(공사채등록법 제4조⑤단서), 대부분의 사채발행회사는 사채발행시 이러한 조건을 붙이고 있으므로, 실제로는 이러한 상황이 거의 발생하지는 않는다.

10) 상법은 전자등록제 채택 여부를 정관에서 정하도록 규정하는데, 종류주식별로 구별하여 전자등록 여부를 채택할 수 있는지 여부가 상법 규정상으로는 명확하지 않다. 그러나 전자등록업규정 제3-1조에 따르면 전자등록되었거나 전자등록하려는 주식과 관련된 권리로서 해당 주식과 이익의 배당, 잔여재산의 분배, 주주총회에서의 의결권의 행사, 상환 및 전환 등에 관하여 내용이 다른 종류의 주식(종류주식) 및 신주인수권증서 또는 신주인수권증권에 표시되어야 할 권리는 전자등록을 하도록 하고 있다. 상장회사협의회 표준정관도 그와 같은 방식을 채택하고 있다. 다만, 주식과 달리 채권은 전자등록이 의무화되지 않은 사채에 대하여는 전자등록을 하지 않을 수 있다.

11) 공사채등록법상 사채등록의 경우에는 회사가 사채의 등록 여부를 사채발행 결의시 정한다. 그리고 공사채등록법은 채권과 등록사채의 상호 전환을 허용하는데, 전자등록제도 하에서는 이러한 상호 전환은 허용되지 않는다.

12) 日本의 「사채, 주식등의 대체(振替)등에 관한 법률」 제86조의3. 美國의 UCC도 증권실물이 발행되는 증서증권(certificated security)에 대하여서만 기명식과 무기명식을 구분하고, 무증서증권(uncertificated security)에 대하여서는 이를 구별하지 않는다.

명사채와 같은 등록의 방식으로 이루어지고, 사채의 보유나 거래내역이 전자등록기관이나 금융중개기관의 계좌부에 기록, 관리되므로 무기명식의 특성이 사라지고 사실상 기명사채로 된다.[13)]

(마) 사채청약서 · 사채원부 기재사항

사채의 모집에 응하고자 하는 자는 사채청약서 2통에 그 인수할 사채의 수와 주소를 기재하고 기명날인 또는 서명해야 한다(商法 474조①). 사채청약서에는 "채권을 발행하는 대신 공인된 전자등록기관의 전자등록부에 사채권자의 권리를 등록하는 때에는 그 뜻"을 기재해야 한다(商法 474조②10의2).[14)]

사채원부 기재사항 중 채권의 번호(商法 488조 2호)와 관련하여, 전자등록사채의 경우 채권번호라는 것이 없으므로 특례규정이 필요하다. 「공사채등록법」상 등록사채는 채권의 존재를 전제로 하고 채권과 등록사채의 상호전환을 허용하므로 채권번호가 기재되어야 하지만, 전자등록사채는 채권이 발행될 수 없으므로 채권번호가 존재할 수 없다.[15)]

(바) 전자등록사채의 양도 · 입질

전자등록부에 등록된 사채의 양도·입질(入質)은 전자등록부에 등록하여야 효력이 발생한다(商法 478조③, 356조의2②).

(사) 주식의 전자등록에 관한 규정 준용

회사가 전자등록기관의 전자등록부에 채권(債權)을 등록하는 경우 주식의 전자등록에 관한 제356조의2 제2항부터 제4항까지의 규정을 준용한다(商法 478조③ 2문). 따라서 전자등록부에 사채를 등록한 자는 그 등록된 사채에 대한 권리를 적법하게 보유한 것으로 추정하며, 이러한 전자등록부를 선의(善意)로, 그리고 중대한 과실 없이 신뢰하고 전자등록부에 등록된 사채의 양도나 입질(入質)을 전자등록부에 등록하여 권리를 취득한 자는 그 권리를 적법하게 취득한다(商法 478조③, 356조의2③).

13) 다만 전자증권법은 기명사채와 무기명사채에 대한 주주확인 방법은 채권을 발행하는 경우와 유사한 체제를 취하고 있다. 즉, 무기명사채의 경우 소유자명세 통지에 의한 사채원부 작성이 인정되지 않고, 명문의 규정은 없으나 전자등록증명서를 공탁하여야 사채권자집회등에서 자신의 권리를 행사할 수 있을 것이다.

14) 주식청약서 기재사항에 관한 상법 제420조는 이러한 취지를 규정하지 않고 있으므로 입법적인 보완이 필요하다.

15) 상법은 주주명부 기재사항에 관하여 "주식의 주권을 발행한 때에는 그 주권의 번호"라고 규정하므로(商法 352조①), 주식을 전자등록하는 경우에는 주권번호를 기재할 필요가 없다.

2. 전자증권법상 전자등록제도

2016. 3. 22. 제정되고 2019. 9. 16. 시행된 「주식·사채 등의 전자등록에 관한 법률」[16]은 "주식 및 사채(社債) 등의 전자등록 제도를 마련하여 그 권리의 유통을 원활하게 하고 발행인·권리자, 그 밖의 이해관계인의 권익을 보호함으로써 자본시장의 건전성과 효율성을 높이고 국민경제를 발전시키는 데에 이바지함"을 목적으로 한다(同法 1조).[17]

전자등록의 대상은 증권 자체가 아니고 증권에 표시될 수 있거나 표시되어야 할 권리이다. 즉, 주권, 사채권이 아니라 주식, 사채가 전자등록의 대상이다. 자본시장법 제8조의2 제4항 제1호에 따른 증권시장에 상장하는 주식등과, 자본시장법에 따른 투자신탁의 수익권 또는 투자회사의 주식 및 권리자 보호 및 건전한 거래질서의 유지를 위하여 신규 전자등록의 신청을 하도록 할 필요가 있어 대통령령으로 정하는 주식등은 전자등록기관에 신규 전자등록을 신청해야 한다(同法 25조①).[18] 전자증권법은 사안별로 벌칙(同法 73조, 74조)과 과태료(同法 75조)를 규정한다.[19]

3. 전자문서증권과의 차이

전자문서증권은 증권의 존재를 전제로 증권이 표창하는 권리를 종이로 된 증서가 아닌 전자문서에 의하여 표시하는 것이다. 전자어음(전자어음법 5조)·전자선하증권(商法 862조②, 상법의 전자선하증권 규정의 시행에 관한 규정 6조) 등이 전자문서증권에 해당한다. 전자문서증권의 등록은 실물증권을 디지털화한(image

16) 전자증권법의 내용으로 보아 주권·사채권 실물을 발행하지 않고 증권의 발행·유통·권리행사를 모두 전자등록의 방법으로 처리하는 제도라는 것이 기본적인 구조이므로 "전자등록법"이라는 약칭이 보다 적절해 보이는 면이 있다. 다만, 법제처는 전자등록의 전제가 되는 전자증권(electronic securities)의 개념을 중시하여 "전자증권법"을 약칭으로 정했다. 본서에서도 약칭을 사용하는 경우에는 특별한 사정이 없으면 "전자증권법"으로 표기한다.

17) 전자증권법 부칙 제10조 제1항에 따라 상법 제356조의2 제4항도 "전자등록의 절차·방법 및 효과, 전자등록기관에 대한 감독, 그 밖에 주식의 전자등록 등에 필요한 사항은 따로 법률로 정한다."로 개정되었다. 여기서의 "법률"이 전자증권법이다. 개정 전 규정은 "전자등록의 절차·방법 및 효과, 전자등록기관의 지정·감독 등 주식의 전자등록 등에 관하여 필요한 사항은 대통령령으로 정한다."였다.

18) 따라서 비상장주식, 사채 등은 의무등록대상이 아니고 발행인의 선택에 의한 등록대상이다.

19) 전자증권법과 시행령 외에 금융위원회의 전자등록업규정, 예탁결제원의 전자등록업무규정 등이 있다.

capturing) 전자문서를 등록하는 것이고, 전자증권의 등록은 실물증권을 전제로 하지 않고 그 권리를 직접 전자등록계좌부에 등록한다는 점에서 다르다.

전자문서증권의 경우 권리의 이전은 배서전자문서의 배서에 의하고(商法 862조③·④, 전자어음법 7조, 상법의 전자선하증권 규정의 시행에 관한 규정 8조), 권리의 행사는 전자문서인 증서의 송신·수신에 의한다(商法 862조⑤, 전자어음법 9조, 상법의 전자선하증권 규정의 시행에 관한 규정 10조). 전자선하증권은 종이선하증권과 동일한 법적 효력을 가지고(862조① 제2문), 전자어음도 종이어음과 동일한 법적 효력을 가진다(전자어음법 4조).

4. 전자증권법 적용 대상

전자증권법의 적용대상인 "주식등"은 다음과 같다(同法 2조 1호). 전자증권법은 적용대상에 관하여 법적 안정성을 위하여 열거주의 방식으로 규정하면서,[20] 열거주의의 한계를 고려하여 "전자등록되는 데에 적합한 것"을 시행령에서 규정할 수 있도록 위임하고 있다.

가. 주식
나. 사채(신탁법에 따른 신탁사채 및 자본시장법에 따른 조건부자본증권을 포함)
다. 국채
라. 지방채
마. 법률에 따라 직접 설립된 법인이 발행하는 채무증권에 표시되어야 할 권리
바. 신주인수권증서 또는 신주인수권증권에 표시되어야 할 권리
사. 신탁법에 따른 수익자가 취득하는 수익권(受益權)
아. 자본시장법에 따른 투자신탁의 수익권
자. 「이중상환청구권부 채권 발행에 관한 법률」에 따른 이중상환청구권부 채권
차. 「한국주택금융공사법」에 따른 주택저당증권 또는 학자금대출증권에 표시되어야 할 권리
카. 「자산유동화에 관한 법률」에 따른 유동화증권에 표시될 수 있거나 표시되어야 할 권리
타. 자본시장법에 따른 파생결합증권에 표시될 수 있거나 표시되어야 할 권리로서

20) 자본시장법상 투자계약증권, 합자회사 출자지분, 기업어음(CP) 등을 제외한 대부분의 증권이 전자증권법의 적용대상인 "주식등"에 해당한다. 투자계약증권은 증권의 속성상 전자등록 대상으로서 부적합하고, 합자회사 출자지분은 다른 무한책임사원의 동의가 있어야 양도할 수 있고 기업어음은 종이 권면의 존재가 필수적인 설권증권이므로 전자등록 대상으로서 부적합하다. 日本의 「사채, 주식등의 대체(振替)등에 관한 법률」도 열거주의를 채택하고 있다.

대통령령으로 정하는 권리[21]

파. 자본시장법에 따른 증권예탁증권에 표시될 수 있거나 표시되어야 할 권리로서 대통령령으로 정하는 권리[同法 시행령 2조②: 증권예탁증권 중 국내에서 발행되는 것에 표시될 수 있거나 표시되어야 할 권리]

하. 외국법인등(法 9조⑯)이 국내에서 발행하는 증권(證券) 또는 증서(證書)에 표시될 수 있거나 표시되어야 할 권리로서 가목부터 타목까지의 어느 하나에 해당하는 권리

거. 가목부터 하목까지의 규정에 따른 권리와 비슷한 권리로서 그 권리의 발생·변경·소멸이 전자등록계좌부에 전자등록되는 데에 적합한 것으로서 대통령령으로 정하는 권리[22]

5. 다른 법률과의 관계

전자등록주식등에 관하여는 다른 법률에 특별한 규정이 있는 경우를 제외하고는 전자증권법에서 정하는 바에 따른다(同法 3조).

자본시장법 제6편 제2장 제2절(예탁관련제도)은 증권등에 표시될 수 있거나 표시되어야 할 권리가 전자증권법에 따라 전자등록된 경우 그 증권등에 대하여는 적용하지 아니한다(法 308조①). 전자증권법 시행일자로 「공사채 등록법」과 「전자단기사채등의 발행 및 유통에 관한 법률」은 폐지된다(同法 부칙 2조①,②).[23]

---

21) "대통령령으로 정하는 권리"란 다음과 같은 권리를 말한다(同法 시행령 2조①).
1. 자본시장법 시행령 제4조의3 제1호에 따른 증권 또는 증서에 표시된 권리
2. 그 밖에 제1호에 따른 권리와 유사한 것으로서 금융위원회가 정하여 고시하는 권리.

22) "대통령령으로 정하는 권리"란 다음과 같은 권리를 말한다(同法 시행령 2조③).
1. 양도성 예금증서에 표시될 수 있거나 표시되어야 할 권리
2. 은행법 및 금융지주회사법에 따른 조건부자본증권에 표시되어야 할 권리
3. 그 밖에 해당 권리의 유통가능성, 대체가능성 등을 고려하여 금융위원회가 정하여 고시하는 권리

23) 전자증권법 시행 당시 종전의 「공사채 등록법」 및 「전자단기사채등의 발행 및 유통에 관한 법률」에 따라 행정기관 또는 예탁결제원에 한 신청, 통지, 그 밖의 행위는 그에 해당하는 전자증권법의 규정에 따라 한 것으로 본다(同法 부칙 5조①). 전자증권법 시행 당시 종전의 「공사채 등록법」 및 「전자단기사채등의 발행 및 유통에 관한 법률」에 따라 행정기관 또는 예탁결제원이 한 등록, 승인, 그 밖의 행위는 그에 해당하는 전자증권법의 규정에 따라 한 것으로 본다(부칙 5조②).

Ⅱ. 제도운영기관

1. 전자등록기관

(1) 허가제

(가) 허가요건

상법상 전자등록기관은 유가증권 등의 전자등록 업무를 취급하는 기관을 말한다(商法 356조의2①).

전자증권법상 전자등록기관은 주식등의 전자등록에 관한 제도의 운영을 위하여 전자등록업허가를 받은 자를 말한다(同法 2조 6호). 누구든지 전자증권법에 따른 전자등록업허가(변경허가 포함)를 받지 아니하고는 전자등록업을 하여서는 아니 된다(同法 4조). 그리고 전자등록기관이 아닌 자는 “증권등록”, “등록결제” 또는 이와 유사한 명칭을 사용하여서는 아니 된다(同法 10조).

전자등록업을 하려는 자는 전자등록의 대상이 되는 주식등의 범위를 구성요소로 하여 대통령령으로 정하는 업무 단위(“전자등록업 허가업무 단위”)의 전부 또는 일부를 선택하여 금융위원회 및 법무부장관으로부터 하나의 전자등록업허가를 받아야 한다(同法 5조①). 전자등록업허가를 받으려는 자는 다음 각 호의 요건을 모두 갖추어야 한다(同法 5조②).[24]

1. 상법에 따른 주식회사일 것
2. 100억원 이상으로서 전자등록업 허가업무 단위별로 대통령령으로 정하는 금액 이상의 자기자본을 갖출 것[슈 3조②: 시행령 별표 1에 따른 전자등록업 허가업무 단위별 최저자기자본 금액]
3. 사업계획이 타당하고 건전할 것
4. 권리자의 보호가 가능하고 전자등록업을 수행하기에 충분한 인력과 전산설비, 그 밖의 물적 설비를 갖출 것

---

24) 전자등록기관이 전자등록업의 전부 또는 일부를 폐지하거나 해산하고자 하는 경우에는 금융위원회의 승인을 받아야 하고, 이 경우 금융위원회는 그 승인을 할 때에는 미리 법무부장관과 협의해야 한다(同法 12조①). 전자등록기관이 허가를 받은 전자등록업 허가업무 단위 외에 다른 전자등록업 허가업무 단위를 추가하여 전자등록업을 하려는 경우에는 금융위원회 및 법무부장관의 변경허가를 받아야 하는데(同法 9조), 합병, 분할, 분할합병 또는 주식의 포괄적 교환·이전을 하려는 경우에는 금융위원회의 승인을 받아야 하고, 금융위원회가 승인할 때에는 미리 법무부장관과 협의해야 한다(同法 11조①). 현재 한국예탁결제원은 전자증권법 공포 후 6개월이 경과한 날 전자등록기관의 허가를 받은 것으로 본다(同法 부칙 8조).

5. 정관 및 전자등록업무규정이 법령에 적합하고 전자등록업을 수행하기에 충분할 것
6. 임원(이사 및 감사)이 금융사지배구조법 제5조에 적합할 것
7. 대주주(자본시장법 제12조 제2항 제6호 가목의 대주주)가 충분한 출자능력, 건전한 재무상태 및 사회적 신용을 갖출 것
8. 대통령령으로 정하는 사회적 신용을 갖출 것
9. 이해상충방지체계를 구축하고 있을 것

㈏ 경과규정

전자증권법은 시행 당시 부칙을 통해 증권예탁 관련 제도에 대한 경과조치를 규정하고 있다. 전자증권법 공포 후 6개월이 경과한 날 당시 예탁결제원은 전자등록기관의 허가를 받은 것으로 본다(同法 부칙 8조①). 예탁결제원이 다른 법률에 따라 하고 있던 업무에 대하여는 금융위원회의 승인 및 전자증권법 또는 다른 법률에 따른 인가·허가 등을 받거나 전자증권법 또는 다른 법률에 따른 등록·신고 등을 한 것으로 본다(同法 부칙 8조②). 부칙 제3조 제1항 및 부칙 제4조 제2항에 따라 전자등록주식등으로 전환되는 주식등에 대하여 예탁결제원의 명의로 발행, 명의개서 또는 등록한 증권등은 허가를 받은 것으로 보는 전자등록기관의 명의로 발행, 명의개서 또는 등록한 증권등으로 본다(同法 부칙 8조③). 부칙 제3조 제1항 및 부칙 제4조 제2항에 따라 전자등록주식등으로 전환되는 주식등에 대하여 예탁결제원이 발행한 예탁증명서 및 실질주주증명서(실질수익자증명서 포함)는 허가를 받은 것으로 보는 전자등록기관이 발행한 전자등록증명서 및 소유자증명서로 본다(同法 부칙 8조④). 전자증권법 시행 당시 예탁결제원이 위탁받은 수익자명부의 작성에 관한 업무는 허가를 받은 것으로 보는 전자등록기관이 위탁받은 것으로 본다(同法 부칙 8조⑤).

(2) 임원과 직원

전자등록기관의 상근임원은 계좌관리기관의 임직원이 아닌 사람이어야 한다(同法 13조①). 전자등록기관의 임원의 자격에 관하여는 금융사지배구조법 제5조를 준용한다(同法 13조②). 전자등록기관의 대표이사는 주주총회에서 선임한다(同法 13조③). 금융위원회는 선임된 대표이사가 직무수행에 부적합하다고 인정되는 경우로서 대통령령으로 정하는 경우에는 법무부장관과 협의하여 그 선임된 날부터 1개월 이내에 그 사유를 구체적으로 밝혀 해임을 요구할 수 있다. 이 경우 해임 요구된 대표이사의 직무는 정지되며, 전자등록기관은 2개월 이내에 대표이사

를 새로 선임해야 한다(同法 13조④). 전자등록기관의 상근 임직원은 계좌관리기관 및 자본시장법 제9조 제17항에 따른 금융투자업관계기관(그 상근 임직원이 소속된 같은 항 제2호에 따른 예탁결제원은 제외)과 자금의 공여, 손익의 분배, 그 밖에 영업에 관하여 대통령령으로 정하는 특별한 이해관계를 가져서는 아니 된다(同法 13조⑤). 임직원의 금융투자상품 매매에 관하여 자본시장법 제63조를 전자등록기관에 준용한다. 이 경우 "금융투자업자"는 각각 "전자등록기관"으로 본다(同法 13조⑥).

(3) 전자등록기관의 업무

(가) 고유업무

전자등록기관은 정관으로 정하는 바에 따라 다음 업무를 한다(同法 14조①).

1. 주식등의 전자등록에 관한 업무
2. 발행인관리계좌, 고객관리계좌 및 계좌관리기관등 자기계좌의 개설, 폐지 및 관리에 관한 업무
3. 발행인관리계좌부, 고객관리계좌부 및 계좌관리기관등 자기계좌부의 작성 및 관리에 관한 업무
4. 외국 전자등록기관(외국 법령에 따라 외국에서 전자등록기관의 업무에 상당하는 업무를 하는 자)과의 약정에 따라 설정한 계좌를 통하여 하는 주식등의 전자등록에 관한 업무
5. 소유자명세의 작성에 관한 업무[25]
6. 전자등록주식등에 대한 권리 행사의 대행에 관한 업무
7. 주식등의 전자등록 및 관리를 위한 정보통신망의 운영에 관한 업무
8. 전자등록주식등의 발행 내용의 공개에 관한 업무
9. 그 밖에 금융위원회로부터 승인을 받은 업무

한편, 증권시장에서의 매매거래(다자간매매체결회사에서의 증권의 매매거래를 포함)에 따른 증권인도 및 대금지급 업무는 결제기관으로서 전자등록기관이 수행한다(法 297조).[26]

(나) 부수업무

전자등록기관은 정관으로 정하는 바에 따라 고유업무에 부수하는 업무로서 다음과 같은 업무를 한다(同法 14조②).[27]

---

25) 예탁결제원은 고유업무로서 실질주주명세 작성업무를 수행한다.

26) 예탁결제원은 고유업무로서 장외 증권시장의 결제업무를 수행한다.

1. 전자등록주식등의 담보관리에 관한 업무
2. 자본시장법 제80조에 따라 집합투자업자·투자일임업자와 집합투자재산을 보관·관리하는 신탁업자 등 사이에서 이루어지는 집합투자재산의 취득·처분 등에 관한 지시 등을 처리하는 업무
3. 그 밖에 금융위원회로부터 승인을 받은 업무

(다) 겸영업무

전자등록기관은 정관으로 정하는 바에 따라 제1항 및 제2항 각 호의 업무 외에 다음 각 호의 업무를 할 수 있다(同法 14조③).

1. 다음과 같은 업무. 이 경우 다른 법률에서 인가·허가·등록·신고 등이 필요한 경우에는 인가·허가 등을 받거나 등록·신고 등을 해야 한다.
   가. 주식등의 명의개서대행업무
   나. 주식등의 대차의 중개 또는 주선 업무
   다. 그 밖에 금융위원회의 승인을 받은 업무
2. 다른 법령에서 전자등록기관의 업무로 규정한 업무
3. 그 밖에 금융위원회로부터 승인을 받은 업무

2. 계좌관리기관

(1) 계좌관리기관의 범위

전자증권법상 계좌관리기관은 다음과 같은 자로서 고객계좌를 관리하는 자를 말한다(同法 2조 제7호, 19조, 22조①).

1. 자본시장법에 따른 금융투자업자로서 다음과 같은 자
   가. 증권에 관한 투자매매업자 또는 투자중개업자
   나. 신탁업자(집합투자재산을 보관·관리하는 신탁업자로 한정한다)
2. 다음과 같은 자
   가. 은행법에 따라 인가를 받아 설립된 은행(은행법 제59조에 따라 은행으로 보는 자를 포함)
   나. 수산업협동조합법에 따른 수협은행
   다. 농업협동조합법에 따른 농협은행
   라. 한국산업은행법에 따른 한국산업은행
   마. 중소기업은행법에 따른 중소기업은행
3. 한국은행

27) 전자등록기관의 의무보유등록업무는 예탁결제원의 보호예수업무에 대응하는 부수업무이다.

4. 보험업법에 따른 보험회사
5. 외국 전자등록기관
6. 명의개서대행회사(자본시장법에 따른 명의개서대행회사. 전자증권법 제29조에 따라 개설된 특별계좌를 관리하는 경우만 해당한다)
7. 법령에 따른 업무를 하기 위하여 고객계좌를 관리할 필요가 있는 자로서 대통령령(同法 시행령 11조①)으로 정하는 자
8. 그 밖에 업무의 성격 등을 고려하여 대통령령(同法 시행령 11조②)으로 정하는 자

(2) 계좌관리기관의 업무

계좌관리기관은 다음과 같은 업무를 한다(同法 20조①). 계좌관리기관이 아닌 자는 전자등록기관에 고객관리계좌, 그 밖에 이와 비슷한 계좌를 개설하여 주식등의 전자등록에 관한 업무를 하여서는 아니 된다(同法 20조②).

1. 고객계좌부에 따른 주식등의 전자등록에 관한 업무
2. 고객계좌의 개설, 폐지 및 관리에 관한 업무
3. 고객계좌부의 작성 및 관리에 관한 업무
4. 제1호부터 제3호까지의 규정에 따른 업무에 부수하는 업무

Ⅲ. 계좌의 개설

1. 발행인관리계좌

(1) 발행인관리계좌 개설주체

다음과 같은 자는 전자등록기관에 발행인관리계좌를 개설해야 한다(同法 21조①).

1. 주식등을 전자등록의 방법으로 새로 발행하려는 자
2. 이미 주권(株券), 그 밖에 대통령령으로 정하는 증권 또는 증서[令 12조①: 전자증권법 제2조 제1호 나목부터 마목까지 또는 카목에 해당하는 권리가 표시된 증권 또는 증서(증권시장에 상장하지 않은 것에 한정하되, 종전의 공사채 등록법 제3조에 따른 등록기관에 등록하여 사채권을 발행하지 않은 것을 포함), 2. 전자증권법 제2조 제1호 사목의 권리가 표시된 기명식(記名式) 증권 또는 증서]가 발행된 주식등의 권리자에게 전자등록의 방법으로 주식등을 보유하게 하거나 취득하게 하려는 자
3. 그 밖에 제1호 및 제2호에 준하는 자로서 대통령령으로 정하는 자[令 12조②: 1.

국내에서 주권(株券)을 새로 발행하려는 외국법인등, 2. 이미 국내에서 주권을 발행한 자로서 해당 주권의 권리자에게 전자등록의 방법으로 주식을 보유하게 하거나 취득하게 하려는 외국법인등]

(2) 전자등록기관의 발행인관리계좌부 작성

발행인관리계좌가 개설된 경우 전자등록기관은 다음 각 호의 사항을 기록하여 발행인(발행인관리계좌를 개설한 자)별로 발행인관리계좌부를 작성해야 한다(同法 21조②).

1. 발행인의 명칭 및 사업자등록번호, 그 밖에 발행인을 식별할 수 있는 정보로서 대통령령으로 정하는 정보[슈 12조③: 1. 발행인의 법인등록번호 또는 고유번호, 2. 발행인의 본점과 지점, 그 밖의 영업소의 소재지, 3. 발행인의 설립연월일, 업종 및 대표자의 성명, 그 밖에 이에 준하는 정보]
2. 전자등록주식등의 종류, 종목 및 종목별 수량 또는 금액
3. 그 밖에 발행인관리계좌부에 기록할 필요가 있는 사항으로서 대통령령으로 정하는 사항[슈 12조④: 1. 전자등록의 사유, 2. 전자등록주식등의 발행 일자 및 발행 방법, 3. 전자증권법 제2조 제1호 나목 또는 마목에 따른 권리로서 전자증권법 제59조 각 호의 요건을 모두 갖추고 전자등록된 것("단기사채등")인 경우 그 발행 한도 및 미상환 발행 잔액, 4. 그 밖에 전자등록기관이 전자등록업무규정(同法 15조)으로 정하는 사항]

발행인관리계좌부에 기록된 전자등록주식등의 종목별 수량 또는 금액이 다음과 같은 장부에 기재된 주식등의 종목별 수량 또는 금액과 다른 경우에는 그 장부에 기재된 수량 또는 금액을 기준으로 한다(同法 21조③).

1. 주주명부
2. 수익자명부(신탁법 제79조에 따른 수익자명부 또는 자본시장법 제189조에 따른 수익자명부)
3. 국채법, 국고금 관리법 또는 한국은행 통화안정증권법에 따른 등록부
4. 그 밖에 주식등의 권리자에 관한 장부로서 대통령령으로 정하는 장부[슈 13조: 1. 상법 제488조에 따른 사채원부, 2. 신탁법 제87조 제4항에 따른 신탁사채원부, 3. 지방재정법 제12조에 따른 지방채증권원부]

발행인은 발행인관리계좌부 기재사항이 변경된 경우에는 지체 없이 그 내용을 전자등록기관에 통지하여야 하고, 전자등록기관은 그 통지 내용에 따라 지체

없이 발행인관리계좌부의 기록을 변경해야 한다(同法 21조④). 전자등록기관은 발행인관리계좌부의 기록이 변경된 경우에는 지체 없이 다음 조치를 해야 한다(同法 21조⑤).

1. 변경 내용의 계좌관리기관에 대한 통지
2. 고객관리계좌부의 기록 및 계좌관리기관등 자기계좌부의 전자등록의 변경

계좌관리기관은 통지를 받으면 지체 없이 그 통지 내용에 따라 고객계좌부의 전자등록을 변경해야 한다(同法 21조⑥).

2. 고객계좌 및 고객관리계좌

(1) 고객계좌부

전자등록계좌부는 주식등에 관한 권리의 발생·변경·소멸에 대한 정보를 전자적 방식으로 편성한 장부이다. 전자등록계좌부는 고객계좌부와 계좌관리기관등 자기계좌부로 분류된다(同法 2조 3호).[28]

전자등록주식등의 권리자가 되려는 자는 계좌관리기관에 고객계좌를 개설해야 한다(同法 22조①). 고객계좌가 개설된 경우 계좌관리기관은 다음 사항을 전자등록하여 권리자별로 고객계좌부를 작성해야 한다(同法 22조②).

1. 권리자의 성명 또는 명칭 및 주소
2. 발행인의 명칭
3. 전자등록주식등의 종류, 종목 및 종목별 수량 또는 금액
4. 전자등록주식등에 질권이 설정된 경우에는 그 사실
5. 전자등록주식등이 신탁재산인 경우에는 그 사실
6. 전자등록주식등의 처분이 제한되는 경우에는 그에 관한 사항
7. 그 밖에 고객계좌부에 등록할 필요가 있는 사항으로서 대통령령으로 정하는 사항 [令 14조: 전자등록주식등의 수량 또는 금액이 증감하는 경우 그 증감 원인]

---

28) 전자증권제도 하에서는 상법상 명의개서청구절차가 적용되지 아니하며, 회사 및 제3자에 대한 대항력은 집단적 권리행사의 경우에는 소유자명세 통지를 받은 발행인이 통지받은 사항을 주주명부에 기재하고, 개별적 권리행사의 경우에는 전자등록계좌부 기재에 근거한 소유내용통지 또는 전자등록계좌부에 근거한 소유자증명서에 의하여 인정된다. 전자등록기관이 작성하는 고객관리계좌부는 단지 전자등록된 증권의 총수량이 기재된 것으로서 전자등록계좌부와 달리 기내재용에 대하여 법적 효력이 부여되지 않는다. 증권발행수량의 관리를 위하여 발행인이 작성하는 발행인관리계좌부도 마찬가지이다.

(2) 고객관리계좌부

계좌관리기관은 고객계좌부에 전자등록된 전자등록주식등의 총수량 또는 총금액을 관리하기 위하여 전자등록기관에 고객관리계좌를 개설해야 한다(同法 22조③). 고객관리계좌가 개설된 경우 전자등록기관은 다음 사항을 기록하여 계좌관리기관별로 고객관리계좌부를 작성해야 한다(同法 22조④).

1. 계좌관리기관의 명칭 및 주소
2. 전자등록주식등의 종류, 종목 및 종목별 수량 또는 금액
3. 그 밖에 고객관리계좌부에 등록할 필요가 있는 사항으로서 대통령령으로 정하는 사항[슈 15조: 고객관리계좌부에 기록된 전자등록주식등 수량 또는 금액의 증감원인]

3. 계좌관리기관등 자기계좌

계좌관리기관, 법률에 따라 설립된 기금, 그 밖에 전자등록기관에 주식등을 전자등록할 필요가 있는 자로서 대통령령으로 정하는 자("계좌관리기관등")가 전자등록주식등의 권리자가 되려는 경우에는 전자등록기관에 계좌관리기관등 자기계좌를 개설할 수 있다(同法 23조①).[29] 즉, 계좌관리기관에 고객계좌를 개설하지 않고 직접 전자등록기관에 자기계좌를 개설할 수 있다.

계좌관리기관등 자기계좌가 개설된 경우 전자등록기관은 다음 사항을 전자등록하여 계좌관리기관등 자기계좌부를 작성해야 한다(同法 23조②).

1. 계좌관리기관등의 성명 또는 명칭 및 주소
2. 법 제22조 제2항 제2호부터 제6호까지의 규정에 따른 사항[고객계좌에 등록될 사항 중 제1호(권리자의 성명 또는 명칭 및 주소)를 제외한 사항]
3. 그 밖에 계좌관리기관등 자기계좌부에 등록할 필요가 있는 사항으로서 대통령령으로 정하는 사항[슈 17조: 계좌관리기관등 자기계좌부에 전자등록된 전자등록주식등 수량 또는 금액의 증감원인]

4. 전자증권법상 계좌의 구조

전자등록기관에 i) 발행인관리계좌, ii) 고객관리계좌 및 계좌관리기관등 자

29) "대통령령으로 정하는 자"란 다음과 같은 자를 말한다(同法 시행령 16조).
1. 법률에 따라 설립된 기금을 관리·운용하는 법인
2. 개인, 법인 또는 그 밖의 단체로서 주식등의 보유 규모, 보유 목적 및 해당 주식등의 종류 등을 고려하여 금융위원회가 정하여 고시하는 자

기계좌가 개설되고, 계좌관리기관에 고객계좌가 개설된다.

위 i)의 계좌부에 기록된 전자등록주식등의 종목별 총수량 또는 총금액과 ii)의 계좌부에 기록, 전자등록된 전자등록주식등의 종목별 총수량 또는 총금액이 일치하고, ii)의 계좌부 중 고객관리계좌부에 기록된 전자등록주식등의 종목별 총수량 또는 총금액과 계좌관리기관의 고객계좌부에 기록된 전자등록주식등의 종목별 총수량 또는 총금액이 일치하는 것이 원칙이다.

전자등록계좌의 구조는 증권예탁계좌의 구조와 같이 복층구조(two-tier system)이다.

Ⅳ. 전자등록

1. 전자등록의 의의

전자등록이란 주식등의 종류, 종목, 금액, 권리자 및 권리 내용 등 주식등에 관한 권리의 발생·변경·소멸에 관한 정보를 전자등록계좌부에 전자적 방식으로 기재하는 것을 말한다(同法 2조 2호). 즉, 전자등록의 대상은 주식등이 아니라 주식등에 관한 권리이다. 전자등록의 사유인 발생등록, 변경등록, 소멸등록은 실물증권의 발행·교체·폐기에 대응하는 것이다.

2. 전자등록의 신청

전자증권법은 신청주의원칙을 채택하고 있다.[30] 주식등의 전자등록은 발행인이나 권리자의 신청 또는 관공서의 촉탁에 따라 한다. 다만, 전자증권법에 다른 규정이 있는 경우에는 전자등록기관 또는 계좌관리기관이 직권으로 할 수 있다(同法 24조①). 주식등의 전자등록은 전자증권법에 다른 규정이 없으면 발행인이나 권리자 단독으로 신청한다(同法 24조②). 관공서의 촉탁에 따라 전자등록을 하는 경우에 대하여는 신청에 따른 전자등록에 관한 규정을 준용한다(同法 24조③).

30) 다만, 전자증권법 시행일 당시 예탁되어 있는 의무등록 주식등은 발행인의 신규 전자등록 신청이 없더라도 전자증권법 시행일부터 일괄적으로 전자등록주식등으로 전환된다. 이에 관하여는 뒤에서 설명한다.

3. 전자등록의 유형

(1) 주식등의 신규 전자등록

(가) 임의등록

발행인은 전자등록의 방법으로 주식등을 새로 발행하려는 경우 또는 이미 주권등이 발행된 주식등을 권리자에게 보유하게 하거나 취득하게 하려는 경우 전자등록기관에 주식등의 신규 전자등록을 신청할 수 있다(同法 25조① 본문).

발행인이 의무적으로 전자등록을 해야 하는 주식등과 선택에 따라 전자등록을 하는 주식등이 있다. 이에 따라 전자등록제가 도입되었어도 예탁제도는 여전히 존재한다.

(나) 의무등록

다음 주식등에 대하여는 전자등록기관에 신규 전자등록을 신청해야 한다(同法 25조① 단서). 전자증권법은 아래 주식등의 경우 제1조의 목적에 부합하기 때문에 의무등록 대상으로 규정한다.[31]

1. 증권시장(資法 8조의2④1)에 상장하는 주식등
2. 자본시장법에 따른 투자신탁의 수익권 또는 투자회사의 주식
3. 그 밖에 권리자 보호 및 건전한 거래질서의 유지를 위하여 신규 전자등록의 신청을 하도록 할 필요가 있는 주식등으로서 대통령령으로 정하는 주식등

"대통령령으로 정하는 주식등"은 다음과 같다(同法 시행령 18조①).

1. 전자증권법 제2조 제1호 나목의 주식등 중 다음과 같은 주식등
   가. 자본시장법에 따른 조건부자본증권에 표시되어야 할 권리
   나. 자본시장법에 따른 투자매매업자가 발행한 파생결합사채(商法 469조②3)[32]
2. 전자증권법 제2조 제1호 차목·타목 또는 파목의 권리[차. 한국주택금융공사법에 따른 주택저당증권 또는 학자금대출증권에 표시되어야 할 권리, 타. 파생결합증권

31) 상법 제356조의2 제1항은 주식의 전자등록 여부를 회사의 선택에 따르도록 규정한다. 즉, 상법상 전자등록제의 채택 여부는 회사의 임의적 선택에 맡겨진다. 그러나 전자증권법 제3조는 "전자등록주식등에 관하여는 다른 법률에 특별한 규정이 있는 경우를 제외하고는 전자증권법에서 정하는 바에 따른다."라고 규정하는데, 상법을 "다른 법률"로 보면 상장주식도 임의적 등록의 대상이 된다. 이는 당연히 입법취지에 반하므로, 입법적으로 명확히 할 필요가 있다.

32) 파생결합증권은 예탁대상이다.

에 표시될 수 있거나 표시되어야 할 권리로서 대통령령으로 정하는 권리, 파. 증권예탁증권에 표시될 수 있거나 표시되어야 할 권리로서 대통령령으로 정하는 권리]

3. 은행법 및 금융지주회사법에 따른 조건부자본증권에 표시되어야 할 권리
4. 그 밖에 주식등의 발행 및 유통 구조, 주식등에 대한 권리자의 권리행사 내용과 방법 등을 고려하여 신규 전자등록 신청을 해야 할 필요가 있는 주식등으로서 금융위원회가 정하여 고시하는 권리[33]

㈐ 전자등록신청절차

발행인은 전자등록기관에 해당 주식등의 종목별로 최초로 전자등록을 신청하는 경우(同法 시행령 18조②), 신청을 하기 전에 전자등록기관에 등록거부사유(同法 25조⑥)에 대한 사전심사를 신청해야 한다(同法 25조②). 신규 전자등록이나 사전심사를 신청하는 경우 발행인은 해당 주식등의 종목별로 전자등록신청서 또는 사전심사신청서를 작성하여 전자등록기관에 제출해야 한다. 이 경우 신청하는 주식등의 종목에 관한 구체적 내용 등에 대하여는 전자등록업무규정으로 정한다(同法 25조③). 전자등록기관은 전자등록신청서등을 접수한 경우에는 그 내용을 검토하여 1개월 이내에 신규 전자등록 여부 또는 사전심사 내용을 결정하고, 그 결과와 이유를 지체 없이 신청인에게 문서로 통지해야 한다. 이 경우 전자등록신청서등에 흠결이 있을 때에는 보완을 요구할 수 있다(同法 25조④). 검토기간을 산정할 때 전자등록신청서등의 흠결에 대한 보완기간 등 대통령령으로 정하는 기간은 검토기간에 산입하지 아니한다(同法 25조⑤).

㈑ 등록 거부사유

전자등록기관의 전자등록 거부사유는 다음과 같다(同法 25조⑥). 전자등록기관은 전자등록 여부를 결정할 때 다음과 같은 사유가 없으면 신규 전자등록을 거부할 수 없다.

1. 다음과 같은 경우

---

33) [전자등록업규정 제3-1조(신규 전자등록을 신청하여야 하는 주식등의 범위)]
① 영 제18조 제1항 제4호에서 "금융위원회가 정하여 고시하는 권리"란 전자등록되었거나 전자등록하려는 주식과 관련된 권리로서 다음 각 호의 어느 하나에 해당하는 권리를 말한다.
1. 해당 주식과 이익의 배당, 잔여재산의 분배, 주주총회에서의 의결권의 행사, 상환 및 전환 등에 관하여 내용이 다른 종류의 주식
2. 해당 주식에 대한 법 제2조 제1호 바목의 권리[신주인수권증서 또는 신주인수권증권에 표시되어야 할 권리]

가. 해당 주식등이 성질상 또는 법령에 따라 양도될 수 없거나 그 양도가 제한되는 경우
나. 같은 종류의 주식등의 권리자 간에 그 주식등의 권리 내용이 다르거나 그 밖에 해당 주식등의 대체 가능성이 없는 경우
다. 그 밖에 주식등의 신규 전자등록이 적절하지 아니한 경우로서 대통령령으로 정하는 경우34)

2. 해당 주식등을 새로 발행하거나 이미 주권등이 발행된 주식등을 권리자에게 보유하게 하거나 취득하게 하는 것이 법령에 위반되는 경우
3. 이미 주권등이 발행된 주식등의 신규 전자등록이 신청된 경우로서 그 주권등에 대하여 민사소송법에 따른 공시최고절차가 계속 중인 경우. 이 경우 신규 전자등록의 거부는 공시최고절차가 계속 중인 주권등에 대한 주식등의 수량으로 한정한다.
4. 전자등록신청서등을 거짓으로 작성한 경우
5. 보완요구를 이행하지 아니한 경우
6. 그 밖에 권리자 보호 및 건전한 거래질서 유지를 위하여 대통령령으로 정하는 경우[令 21조②: 1. 주식의 신규 전자등록을 신청하는 발행인이 명의개서대행회사를 선임하지 아니한 경우, 2. 그 밖에 권리자 보호 및 건전한 거래질서 유지를 위하여 필요한 경우로서 금융위원회가 정하여 고시하는 경우]

(마) 신규 전자등록에 따른 조치

1) 새로 발행되는 주식등의 신규 전자등록 　전자등록기관은 새로 발행되는 주식등의 신규 전자등록을 할 때 전자등록의 신청 내용을 발행인관리계좌부에 기록하고 다음 조치를 해야 한다(同法 26조①).

1. 신청 내용 중 전자등록기관에 전자등록될 사항: 계좌관리기관등 자기계좌부에 전자등록

---

34) [전자증권법 시행령 제21조(신규 전자등록의 거부사유)]
① 법 제25조 제6항 제1호 다목에서 "대통령령으로 정하는 경우"란 다음 각 호의 어느 하나에 해당하는 경우를 말한다.
1. 법 제38조 제1항에 따른 전자등록기관을 통한 권리 행사가 곤란한 경우
2. 다음 각 목의 구분에 따른 주식등에 대하여 해당 각 목의 정관·계약·약관 등에서 양도가 금지되거나 제한되는 것으로 정하고 있는 경우
가. 상법 제356조의2, 제420조의4, 제478조 제3항 또는 제516조의7에 따라 전자등록하는 주식등: 해당 주식등 발행인의 정관
나. 그 밖의 주식등: 해당 주식등의 발행과 관련된 계약·약관 또는 이에 준하는 것으로서 주식등의 발행 근거가 되는 것
3. 그 밖에 주식등의 대체가능성이나 유통가능성, 권리행사 방법 등을 고려할 때 주식등의 신규 전자등록이 적절하지 않은 경우로서 금융위원회가 정하여 고시하는 경우

2. 신청 내용 중 계좌관리기관에 전자등록될 사항: 고객관리계좌부에 기록하고 지체 없이 그 신청 내용과 관련된 각각의 권리자가 고객계좌를 개설한 계좌관리기관에 통지

계좌관리기관이 위 제2호에 따른 통지를 받은 경우 지체 없이 그 통지 내용에 따라 전자등록될 사항을 고객계좌부에 전자등록해야 한다(同法 26조②).

2) 이미 주권등이 발행된 주식등의 신규 전자등록 발행인이 이미 주권등이 발행된 주식등의 신규 전자등록을 신청하는 경우에는 신규 전자등록을 하려는 날("기준일")의 직전 영업일을 말일로 1개월 이상의 기간을 정하여 다음 각 호의 사항을 공고하고, 주주명부, 그 밖에 대통령령으로 정하는 장부("주주명부등")에 권리자로 기재되어 있는 자에게 그 사항을 통지해야 한다(同法 27조①).

1. 기준일부터 주권등이 그 효력을 잃는다는 뜻
2. 권리자는 기준일의 직전 영업일까지 발행인에게 주식등이 전자등록되는 고객계좌 또는 계좌관리기관등 자기계좌(이하 "전자등록계좌")를 통지하고 주권등을 제출해야 한다는 뜻
3. 발행인은 기준일의 직전 영업일에 주주명부등에 기재된 권리자를 기준으로 전자등록기관에 신규 전자등록의 신청을 한다는 뜻

발행인은 신규 전자등록이 거부된 주식등과 관련하여 주권등에 대한 제권판결(除權判決)의 확정, 그 밖에 이와 비슷한 사유에 따라 해당 주식등에 관한 권리를 주장할 수 있는 자가 있는 경우에는 그 권리를 주장할 수 있는 자를 위하여 전자등록기관에 신규 전자등록의 추가 신청을 해야 한다(同法 27조②). 전자등록기관이 이미 주권등이 발행된 주식등의 신규 전자등록의 신청을 받은 경우 또는 제2항에 따라 신규 전자등록의 추가 신청을 받은 경우에 대하여는 제26조를 준용한다(同法 27조③).

3) 특별계좌의 개설 및 관리 발행인이 이미 주권등이 발행된 주식등을 전자등록하는 경우 신규 전자등록의 신청을 하기 전에 제27조 제1항 제2호에 따른 통지를 하지 아니하거나 주권등을 제출하지 아니한 주식등의 소유자 또는 질권자를 위하여 명의개서대행회사, 그 밖에 대통령령으로 정하는 기관("명의개서대행회사등")에 기준일의 직전 영업일을 기준으로 주주명부등에 기재된 주식등의 소유자 또는 질권자를 명의자로 하는 전자등록계좌("특별계좌")를 개설해야 한다

(同法 29조①).

특별계좌가 개설되는 때에 전자등록계좌부("특별계좌부")에 전자등록된 주식등에 대하여는 계좌간 대체의 전자등록(同法 30조), 질권 설정 및 말소의 전자등록(同法 31조), 신탁재산이라는 사실의 표시 및 말소의 전자등록(同法 32조) 등을 할 수 없다. 다만, 다음과 같은 경우에는 그러하지 아니하다(同法 29조②).

1. 해당 특별계좌의 명의자가 아닌 자가 주식등이 특별계좌부에 전자등록되기 전에 이미 주식등의 소유자 또는 질권자가 된 경우에 그 자가 발행인에게 그 주식등에 관한 권리가 표시된 주권등을 제출(주권등을 제출할 수 없는 경우에는 해당 주권등에 대한 제권판결의 정본·등본을 제출하는 것을 말한다. 이하 제2호 및 제3호에서 같다)하고 그 주식등을 자기 명의의 전자등록계좌로 계좌간 대체의 전자등록을 하려는 경우(해당 주식등에 질권이 설정된 경우에는 다음 각 목의 어느 하나에 해당하는 경우로 한정한다)
   가. 해당 주식등에 설정된 질권이 말소된 경우
   나. 해당 주식등의 질권자가 그 주식등을 특별계좌 외의 소유자 명의의 다른 전자등록계좌로 이전하는 것에 동의한 경우
2. 해당 특별계좌의 명의자인 소유자가 발행인에게 전자등록된 주식등에 관한 권리가 표시된 주권등을 제출하고 그 주식등을 특별계좌 외의 자기 명의의 다른 전자등록계좌로 이전하려는 경우(해당 주식등에 질권이 설정된 경우에는 제1호 각 목의 어느 하나에 해당하는 경우로 한정한다)
3. 해당 특별계좌의 명의자인 질권자가 발행인에게 주권등을 제출하고 그 주식등을 특별계좌 외의 자기 명의의 전자등록계좌로 이전하려는 경우
4. 그 밖에 특별계좌에 전자등록된 주식등의 권리자의 이익을 해칠 우려가 없는 경우로서 대통령령으로 정하는 경우[35]

---

35) [전자증권법 시행령 제24조(특별계좌의 개설 및 관리)]
② 법 제29조 제2항 제4호에서 "대통령령으로 정하는 경우"란 다음 각 호의 어느 하나에 해당하는 경우를 말한다.
1. 제29조 제1항에 따른 전자등록계좌("특별계좌")에 전자등록된 주식등을 상법 제360조의2에 따른 주식의 포괄적 교환 또는 상법 제360조의15에 따른 주식의 포괄적 이전에 따라 이전하는 경우
2. 특별계좌에 전자등록된 주식등을 상법 제360조의24에 따른 지배주주의 매도청구에 따라 이전하는 경우
3. 특별계좌에 전자등록된 주식 중 소유자의 명의가 한국예탁결제원인 주식의 권리행사로 인하여 예탁결제원이 발행인으로부터 수령한 주식이 있는 경우 그 수령일부터 1년이 지난 주식을 증권시장 등을 통해 매각하여 현금으로 관리하기 위한 경우. 다만, 해당 주식의 발행인이 상장폐지되는 경우 등 금융위원회가 정하여 고시하는 경우에는 그 주식의 수령일부터 1년이 지나지 않은 경우에도 증권시장 등을 통하여 해당 주식을 매각할 수 있다.

누구든지 주식등을 특별계좌로 이전하기 위하여 계좌간 대체의 전자등록을 신청할 수 없다. 다만, 특별계좌를 개설한 발행인이 합병·분할 또는 분할합병에 따라 전자등록된 자기주식 및 그 밖의 주식등을 특별계좌로 이전하는 등 대통령령으로 정하는 사유에 따라 신청을 한 경우에는 그러하지 아니하다(同法 29조③). 명의개서대행회사등이 발행인을 대행하여 제1항에 따라 특별계좌를 개설하는 경우에는 「금융실명거래 및 비밀보장에 관한 법률」 제3조에도 불구하고 특별계좌부에 소유자 또는 질권자로 전자등록될 자의 실지명의를 확인하지 아니할 수 있다(同法 29조④).

(2) 계좌간 대체의 전자등록

(가) 계좌간 대체의 전자등록 신청

전자등록주식등의 양도(다음과 같은 경우를 포함)를 위하여 계좌간 대체를 하려는 자는 해당 전자등록주식등이 전자등록된 전자등록기관 또는 계좌관리기관에 계좌간 대체의 전자등록을 신청해야 한다(同法 30조①).

1. 특별계좌에 관한 법 제29조 제2항 제1호부터 제3호까지의 어느 하나에 해당하는 경우
2. 상속·합병 등을 원인으로 전자등록주식등의 포괄승계를 받은 자가 자기의 전자등록계좌로 그 전자등록주식등을 이전하는 경우
3. 그 밖에 계좌간 대체가 필요하다고 인정되는 경우로서 대통령령으로 정하는 경우

제3호의 "대통령령으로 정하는 경우"는 다음과 같다(同法 시행령 25조①).

1. 전자등록주식등의 소유자가 법 제63조 제1항에 따라 전자등록주식등의 전자등록을 증명하는 문서("전자등록증명서")를 발행받은 경우 전자등록주식등의 소유자로부터 그 전자등록증명서를 받은 다음 각 목의 자가 전자등록증명서 발행의 기초가 된 전자등록주식등을 자신의 전자등록계좌로 이전하는 경우
   가. 전자등록주식등의 소유자가 전자등록주식등을 「공탁법」에 따라 공탁한 경우 그 공탁물을 수령할 자
   나. 전자등록주식등의 소유자가 자본시장법 제171조에 따라 납부할 보증금 또는 공탁금을 전자등록주식등으로 대신 납부한 경우 그 전자등록주식등을 납부받은 자

---

4. 그 밖에 민사집행법에 따른 강제집행의 경우 등 특별계좌에 전자등록된 주식등의 이전이 필요하고, 해당 주식등의 권리자의 이익을 해칠 우려가 없는 경우로서 금융위원회가 정하여 고시하는 경우

2. 법원의 판결(확정판결과 동일한 효력을 갖는 것을 포함)·결정·명령에 따라 전자등록주식등에 대한 권리를 취득하려는 자가 자기의 전자등록계좌로 그 전자등록주식등을 이전하는 경우[36]
3. 그 밖에 전자등록주식등의 이전이 필요하다고 인정되는 경우로서 금융위원회가 정하여 고시하는 경우[전자등록업규정 제3-4조: 상법 제59조에 따른 유질계약을 실행하기 위하여 전자등록주식등의 이전을 신청하는 경우]

㈏ 계좌간 대체의 전자등록 방법

계좌간 대체의 전자등록 신청을 받은 전자등록기관 또는 계좌관리기관은 지체 없이 다음 각 호의 방법과 절차에 따라 계좌관리기관등 자기계좌부 또는 고객계좌부에 해당 전자등록주식등의 계좌간 대체의 전자등록(해당 수량 감소의 전자등록 또는 해당 수량 증가의 전자등록)을 해야 한다(同法 30조②,③, 令 25조④). 이러한 방법과 절차가 완료한 때 양도의 효력이 발생한다.

1. 계좌관리기관등 자기계좌 간의 계좌간 대체의 전자등록 신청인 경우
   가. 전자등록기관은 양도인의 계좌관리기관등 자기계좌부에 감소의 전자등록할 것
   나. 전자등록기관은 양수인의 계좌관리기관등 자기계좌부에 증가의 전자등록할 것
2. 같은 계좌관리기관에 개설된 고객계좌 간의 계좌간 대체의 전자등록 신청인 경우
   가. 계좌관리기관은 양도인의 고객계좌부에 감소의 전자등록할 것
   나. 계좌관리기관은 양수인의 고객계좌부에 증가의 전자등록할 것
3. 계좌관리기관등 자기계좌에서 고객계좌로의 계좌간 대체의 전자등록 신청인 경우
   가. 전자등록기관은 양도인의 계좌관리기관등 자기계좌부에 감소의 전자등록할 것
   나. 전자등록기관은 양수인이 고객계좌를 개설한 계좌관리기관("양수계좌관리기관")의 고객관리계좌부에 증가 기록한 후, 그 사실을 양수계좌관리기관에 지체 없이 통지할 것
   다. 양수계좌관리기관은 지체 없이 통지 내용에 따라 양수인의 고객계좌부에 증가의 전자등록할 것
4. 고객계좌에서 계좌관리기관등 자기계좌로의 계좌간 대체의 전자등록 신청인 경우
   가. 양도인이 고객계좌를 개설한 계좌관리기관("양도계좌관리기관")은 양도인의 고

36) 전자등록절차 이행청구소송의 판결 주문례(서울중앙지방법원 2022. 9. 22. 선고 2021가합561102 판결)
   1. 피고는 원고에게 별지 목록 제1항의 전자등록주식에 관하여 같은 목록 제3항 기재 계좌로 이전하는 계좌간 대체의 전자등록절차를 이행하라.
   2. 소송비용은 피고의 부담으로 한다.
   (별지목록에는 계좌관리기관, 주식의 발행회사, 종류, 액면금과 계좌대체할 주식의 수를 표시해야 한다).

객계좌부에 감소의 전자등록한 후 그 사실을 전자등록기관에 지체 없이 통지할 것

나. 전자등록기관은 지체 없이 통지 내용에 따라 양도계좌관리기관의 고객관리계좌부에 감소 기록할 것

다. 전자등록기관은 양수인의 계좌관리기관등 자기계좌부에 증가의 전자등록할 것

5. 서로 다른 계좌관리기관에 개설된 고객계좌 간의 계좌간 대체의 전자등록 신청인 경우

가. 양도계좌관리기관은 양도인의 고객계좌부에 감소의 전자등록한 후, 그 사실을 전자등록기관에 지체 없이 통지할 것

나. 전자등록기관은 지체 없이 통지 내용에 따라 양도계좌관리기관의 고객관리계좌부에 감소 기록할 것

다. 전자등록기관은 양수계좌관리기관의 고객관리계좌부에 증가 기록한 후 그 사실을 양수계좌관리기관에 지체 없이 통지할 것

라. 양수계좌관리기관은 지체 없이 통지 내용에 따라 양수인의 고객계좌부에 증가의 전자등록할 것

(3) 질권 설정·말소의 전자등록

(가) 질권의 설정 및 말소

전자증권제도 하에서는 약식질과 등록질 모두 가능하다.[37] 전자등록계좌부에만 기재되고 주주명부에 기재되지 않는 경우는 약식질이고, 전자등록기관이 회사에 전체 주주를 통지할 때 질권자의 내역을 통지하여 주주명부에 기재되면 등록질이 된다. 약식질과 등록질은 그 효력이 다르므로, 전자등록계좌부에 질권 설정등록시 약식질인지 등록질인지 구분하여 등록하는 방식이 바람직하다.

1) 약식질

가) 성립요건 전자등록주식등에 질권을 설정하거나 말소하려는 자는 해당 전자등록주식등이 전자등록된 전자등록기관 또는 계좌관리기관에 질권 설정 또는 말소의 전자등록을 신청해야 한다(同法 31조①). 질권 설정의 전자등록 신청은 질권설정자가 해야 한다. 다만, 질권설정자가 동의한 경우에는 질권자가 질권설정자의 동의서를 첨부하여 질권 설정의 전자등록을 신청할 수 있다(同法 시행령 26조①). 질권 말소의 전자등록 신청은 질권자가 해야 한다. 다만, 질권자가

---

37) 예탁주식의 경우에는 주주명부에 예탁결제원이 주주로 기재되므로 예탁된 상태에서는 사실상 등록질을 설정할 수 없고, 실질주주가 예탁결제원으로부터 주권을 반환받아 주주명부에 자신의 명의를 기재하고 질권설정 관련 사항을 기재한 후 다시 예탁해야 한다.

동의한 경우에는 질권설정자가 질권자의 동의서를 첨부하여 질권 말소의 전자등록을 신청할 수 있다(同法 시행령 26조②).

전자등록 신청을 받은 전자등록기관 또는 계좌관리기관은 지체 없이 해당 전자등록주식등이 질물(質物)이라는 사실과 질권자를 질권설정자의 전자등록계좌부에 전자등록하는 방법으로 해당 전자등록주식등에 질권 설정 또는 말소의 전자등록을 해야 한다(同法 31조②). 이는 증권예탁제도에서와 같은 부기(附記)방식이고, 질권자의 성명과 주소가 주주명부에 부기되지 않기 때문에 약식질이다.

나) 대항요건 자본시장법상 예탁주식의 경우 투자자계좌부 또는 예탁자계좌부에 증권의 질권설정을 목적으로 질물(質物)인 뜻과 질권자를 기재한 경우(附記)에는 증권의 교부가 있었던 것으로 본다는 규정(資法 311조②)이 있지만, 전자증권법 제35조 제3항은 교부 간주 규정을 두지 않고 질권 설정의 전자등록을 하면 입질의 효력이 발생한다고 규정한다.

2) 등록질 등록질(登錄質)은 질권자의 성명이 주주명부에 기재되어야 하는데, 전자등록기관은 전자등록주식등으로서 기명식 주식등의 질권자의 신청에 따라 발행인에게 질권 내용을 통보하는 경우에는 소유자명세에 해당 내용을 포함해야 한다.[38] 이 경우 계좌관리기관에 전자등록된 기명식 주식등의 질권자는 해당 계좌관리기관을 통하여 신청해야 한다(同法 37조⑤). 회사는 전자등록기관으로부터 소유자명세의 통지를 받은 경우 통지받은 사항(질권의 내용)과 통지 연월일을 기재하여 주주명부등을 작성·비치해야 한다. 다만, 해당 주식등이 무기명식인 경우에는 그러하지 아니하다(同法 37조⑥).[39]

전자증권의 등록질은 주주명부에 질권자의 성명과 주소가 기재된 때 효력이 발생하고, 당사자 간의 질권설정 약정 후 주주명부 작성시까지는 약식질로 취급된다.

상법상 주식의 등록질은 회사가 질권설정자의 청구에 따라 질권자의 성명과 주소를 주주명부에 덧붙여 쓰고(附記) 그 성명을 주권(株券)에 적어야 한다(商法 340조①).[40] 반면에 전자증권법상 등록질은 질권자의 요청에 의하여 설정되고, 이

38) 질권설정자와 질권자가 약식질에 관하여 합의하였음에도 불구하고 질권자가 임의로 등록질권자가 되는 것을 방지하려면 법문상 명문의 규정은 없지만 질권자가 질권의 내용 통보를 요청할 때 질권설정자의 승낙서를 첨부해야 한다고 해석하는 것이 타당하다.

39) 전자증권의 경우 명의개서와 마찬가지로 등록질도 소유자명세 통지에 의하여 일괄적으로 주주명부에 반영되고 개별 질권자가 주주명부에의 질권 기재를 신청할 수 없다.

경우 질권자의 성명을 기재할 주권이 없으므로 그 성명을 전자등록계좌부에 전자등록하는 것으로 갈음한다(同法 35조③).

㈏ 이미 주권이 발행된 주식의 입질(入質) 등에 관한 특례

발행인이 이미 주권이 발행된 주식을 전자등록하는 경우 해당 주식의 질권자로서 발행인의 주주명부에 기재되지 아니한 자(약식질권자)는 질권설정자가 청구하지 아니하더라도 단독으로 기준일의 1개월 전부터 기준일의 직전 영업일까지 발행인에게 주주명부에 질권 내용을 기재하여 줄 것을 요청할 수 있다(同法 28조①).[41] 질권 내용의 기재를 위하여 필요한 경우 질권자는 발행인에게 질권설정자의 성명과 주소를 주주명부에 기재할 것을 요청할 수 있다(同法 28조②). 약식질권자는 이와 같이 등록질로의 전환을 요청하는 경우에는 지체 없이 그 사실을 질권설정자에게 통지해야 한다(同法 28조⑤). 발행인은 특별한 사정이 없으면 이러한 요청에 따라야 한다(同法 28조③). 즉, 실물주권이 발행된 후 전자등록주식으로의 전환시 약식질권자는 등록질로의 전환을 요청할 수 있고, 이 경우 질권설정자의 동의를 받을 필요 없으며 그에게 통지만 하면 된다.

명의개서대행회사가 발행인을 대행하여 질권 내용의 기재 또는 질권설정자의 성명과 주소의 기재에 관한 업무를 하는 경우에는 「금융실명거래 및 비밀보장에 관한 법률」 제3조에도 불구하고 질권설정자의 실지명의를 확인하지 아니할 수 있다(同法 28조④).

⑷ 신탁재산 표시 · 말소의 전자등록

전자등록주식등에 대하여 신탁재산이라는 사실을 표시하거나 그 표시를 말소하려는 자는 해당 전자등록주식등이 전자등록된 전자등록기관 또는 계좌관리기관에 신탁재산이라는 사실의 표시 또는 말소의 전자등록을 신청해야 한다(同法 32조①). 전자등록 신청을 받은 전자등록기관 또는 계좌관리기관은 지체 없이 해당 전자등록주식등이 신탁재산이라는 사실을 전자등록계좌부에 표시하거나 말소

40) 한편, 법문에 불구하고 주권에 질권자의 성명을 적지 않아도 질권이 유효하게 성립한다는 것이 통설이다. 다만, 주권에 질권자의 성명이 기재되어 있지 않으면 질권자가 주권을 분실(점유의 상실)한 경우 주권을 취득한 제3자가 주식의 선의취득 또는 질권의 선의취득을 주장하면서 회사에 대하여 명의개서 또는 질권의 표시를 청구하면 회사는 주권점유의 추정력(商法 제336조②)에 의하여 이를 거절할 수 없고, 결국 질권자가 권리를 잃게 되는 위험이 있다.

41) 약식질권자는 기준일의 직전 영업일까지 발행인에게 주주명부에 질권 내용을 기재하여 줄 것을 요청할 수 있고, 기준일 이후에는 특례규정이 적용되지 않고 질권설정의 전자등록에 관한 일반규정인 제31조 제1항에 의하여 질권을 설정하려는 자가 전자등록을 신청해야 한다.

하는 전자등록을 해야 한다(同法 32조②).

(5) 권리의 소멸 등에 따른 변경 · 말소의 전자등록

다음과 같은 사유로 신규 전자등록을 변경하거나 말소하려는 자는 해당 전자등록주식등이 전자등록된 전자등록기관 또는 계좌관리기관에 신규 전자등록의 변경 · 말소의 전자등록을 신청해야 한다(同法 33조①).

1. 원리금 · 상환금 지급 등으로 인한 전자등록주식등에 관한 권리의 전부 또는 일부의 소멸
2. 발행인인 회사의 정관 변경 등으로 인한 전자등록주식등의 주권등으로의 전환
3. 발행인인 회사의 합병 및 분할(분할합병을 포함)
4. 발행인인 회사의 전자등록된 주식의 병합 · 분할 · 소각 또는 액면주식과 무액면주식 간의 전환
5. 그 밖에 주식등에 대한 권리가 변경되거나 소멸되는 경우로서 대통령령으로 정하는 사유

"대통령령으로 정하는 사유"는 다음과 같다(同法 시행령 28조①).

1. 발행인이 상법 또는 그 밖의 법률에 따라 해산 · 청산된 경우
2. 법원의 판결 · 결정 · 명령이 있는 경우
3. 채권자가 전자등록주식등에 관한 채무면제의 의사표시를 한 경우
4. 자본시장법 제193조에 따른 투자신탁의 합병 또는 제204조에 따른 투자회사의 합병이 있는 경우
5. 그 밖에 전자등록주식등에 대한 권리가 변경되거나 소멸되었음이 분명한 경우로서 금융위원회가 정하여 고시하는 경우

변경 · 말소의 전자등록 신청을 받은 전자등록기관 또는 계좌관리기관은 지체 없이 전자등록주식등에 관한 권리 내용을 변경하거나 말소하는 전자등록을 해야 한다(同法 33조②).

전자등록기관 또는 계좌관리기관은 다음과 같은 경우에는 직권으로 전자등록주식등에 관한 권리 내용을 변경하거나 말소할 수 있다(同法 33조③).

1. 전자등록기관을 통한 권리 행사로 제1항 제1호의 사유(권리의 전부 또는 일부의 소멸)가 발생한 경우
2. 발행인이 상법 그 밖의 법률에 따라 해산 · 청산된 경우
3. 그 밖에 주식등에 대한 권리가 변경되거나 소멸되는 경우로서 대통령령으로 정하

는 경우[슈 29조①: 1. 법원의 판결·결정·명령이 있는 경우, 2. 전자등록기관 또는 계좌관리기관이 법 제42조에 따라 초과분을 해소하기 위해 전자등록을 말소하는 경우, 3. 그 밖에 전자등록주식등에 대한 권리가 변경되거나 소멸되었음이 분명한 경우로서 금융위원회가 정하여 고시하는 경우]

(6) 합병등에 관한 특례

전자등록주식등이 아닌 주식등의 소유자가 다음과 같은 사유로 다른 회사의 전자등록주식등을 취득하는 경우에 대하여는 제25조 제6항 제3호, 제26조, 제27조 제1항·제2항, 제28조부터 제30조까지 및 제36조 제3항을 준용한다. 이 경우 "기준일"은 각각 "합병등의 효력이 발생하는 날"로 본다(同法 34조).

1. 회사의 합병 및 분할(분할합병을 포함)
2. 주식의 포괄적 교환
3. 주식의 포괄적 이전

(7) 전자증권법 시행에 따른 기존 주식등의 전환특례

(가) 의무등록 주식등

1) 기존 예탁 주식등 　전자증권법 시행일 당시 예탁되어 있는 의무등록주식등(同法 25조① 각 호)은 발행인의 신규 전자등록 신청이 없더라도 전자증권법 시행일부터 일괄적으로 전자등록주식등으로 전환된다(同法 부칙 3조①).

2) 예탁되지 아니한 사채권등

가) 자동전환 여부 　사채권, 그 밖의 무기명식 증권("사채권등")에 표시된 권리로서 전자증권법 시행 당시 그 사채권등이 예탁결제원에 예탁되지 아니한 금액 또는 수량에 대하여는 전자등록주식등으로 자동전환되지 아니한다(同法 부칙 3조② 1문).

나) 등록된 공사채 　자동전환되지 않은 경우 그 사채권등이 종전의 「공사채 등록법」에 따라 예탁결제원에 등록된 공사채로서 전자증권법 시행 당시 예탁결제원에 예탁되지 아니한 금액 또는 수량에 대하여는 시행 후 해당 공사채에 대하여 대통령령으로 정하는 방법 및 절차에 따라 그 소유자의 신청을 받아 전자등록주식등으로 전환된다(同法 부칙 3조② 2문).

3) 전환대상 주권등 　전자등록주식등으로 전환되는 주식등에 관한 권리가 표시된 주권등("전환대상주권등")의 발행인은 전자증권법 시행 당시 예탁되지 아

니한 전환대상주권등의 권리자를 보호하기 위하여 시행일의 직전 영업일을 말일로 1개월 이상의 기간을 정하여 다음 사항을 공고하고, 주주명부등에 권리자로 기재되어 있는 자에게 그 사항을 통지해야 한다(同法 부칙 3조③).

1. 전자증권법 시행일부터 전환대상주권등이 효력을 잃는다는 뜻
2. 권리자는 전자증권법 시행일의 직전 영업일까지 발행인에게 주식등이 전자등록되는 전자등록계좌를 통지하고 전환대상주권등을 제출해야 한다는 뜻
3. 발행인은 전자증권법 시행일의 직전 영업일에 주주명부등에 기재된 권리자를 기준으로 전자등록이 되도록 전자등록기관에 요청한다는 뜻

권리자가 제3항 제2호에 따라 전자등록계좌를 통지하지 아니하거나 전환대상주권등을 제출하지 아니한 경우에 대하여는 제29조(특별계좌의 개설 및 관리)를 준용한다(同法 부칙 3조④). 전자등록기관이 제3항 제3호에 따라 요청을 받은 경우에 하여야 하는 조치에 대하여는 "새로 발행되는 주식등의 신규 전자등록에 따른 조치"에 관한 제26조를 준용한다. 이 경우 "신청 내용"은 "요청 내용"으로 본다(同法 부칙 3조⑤). 계좌관리기관이 제5항에 따라 전자등록기관으로부터 통지를 받은 경우 지체 없이 그 통지 내용에 따라 전자등록될 사항을 고객계좌부에 전자등록해야 한다(同法 부칙 3조⑥). 전환대상주권등의 발행인이 예탁되지 아니한 주권등의 질권자로서 발행인의 주주명부에 기재되지 아니한 자를 위하여 하는 조치 등에 대하여는 "이미 주권이 발행된 주식의 입질(入質) 등에 관한 특례"에 관한 제28조를 준용한다. 이 경우 "기준일"은 "이 법 시행일"로 본다(同法 부칙 3조⑦). 전환대상주권등의 효력에 대하여는 제36조 제3항을 준용한다.[42] 이 경우 "기준일"은 "이 법 시행일"로 본다(同法 부칙 3조⑧).

㈏ 예탁 비상장주식등

예탁결제원은 전자증권법 공포일부터 대통령령으로 정하는 기간의 말일 당시에 예탁결제원에 예탁된 증권등(자본시장법에 따른 증권등)에 표시된 권리로서 제25조 제1항 각 호에 해당하지 않는 주식등(사채권등은 제외, "예탁 비상장주식

---

42) [전자증권법 제36조(전자등록주식등에 대한 증권·증서의 효력 등)]
③ 이미 주권등이 발행된 주식등이 제25조 부터 제27조까지의 규정에 따라 신규 전자등록된 경우 그 전자등록주식등에 대한 주권등은 기준일부터 그 효력을 잃는다. 다만, 기준일 당시 「민사소송법」에 따른 공시최고절차가 계속 중이었던 주권등은 그 주권등에 대한 제권판결의 확정, 그 밖에 이와 비슷한 사유가 발생한 날부터 효력을 잃는다.

등")의 발행인에게 전자증권법 시행일부터 6개월 전까지 다음 사항을 통지해야 한다(同法 부칙 4조①).

1. 예탁 비상장주식등을 전자증권법 시행일에 맞추어 전자등록하려는 발행인은 해당 예탁 비상장주식등을 전자등록한다는 취지로 정관을 변경해야 한다는 뜻
2. 발행인은 전자증권법 시행일부터 3개월 전까지 예탁결제원에 해당 예탁 비상장주식등의 전자등록에 관한 신청을 해야 한다는 뜻
3. 그 밖에 대통령령으로 정하는 사항

발행인이 전자등록신청을 한 경우 해당 예탁 비상장주식등은 전자증권법 시행일부터 전자등록주식등으로 전환된다(同法 부칙 4조②). 전환되는 예탁 비상장주식등에 관한 권리가 표시된 주권등에 대하여는 부칙 제3조 제3항부터 제8항까지의 규정을 준용한다(同法 부칙 4조③).

4. 전자등록의 효력

(1) 권리추정력

상법상 주권이 발행된 경우에는 주권의 점유자를 적법한 소지인으로 추정하는데(商法 336조②), 전자등록계좌부에 전자등록된 자는 해당 전자등록주식등에 대하여 전자등록된 권리를 적법하게 가지는 것으로 추정한다(同法 35조①).[43]

전자증권법은 전자등록의 추정력만 인정할 뿐이고 창설적 효력까지 인정하는 것은 아니다. 따라서 주식등이 발행되지 않았으나 전자등록이 된 경우에는 주식등 발행의 효력이 발생하지 않는다.

자본시장법상 예탁자의 투자자와 예탁자는 각각 투자자계좌부와 예탁자계좌부에 기재된 증권의 종류·종목 및 수량에 따라 예탁증권에 대한 공유지분을 가지는 것으로 추정하지만(法 312조①), 전자증권제도 하에서는 공유지분권자가 아니라 단독의 권리자로 추정된다.

(2) 양도·질권설정의 효력

(가) 계좌대체·질권설정의 전자등록

상법상 주식의 양도·질권설정은 주권을 교부하는 방법에 의하여야 하는데

43) 주식 외에도, 권리 또는 유가증권을 전자등록한 자는 그 등록된 권리를 적법하게 보유하는 것으로 추정한다(商法 65조② 제2문, 420조의4 제2문, 478조③ 제2문, 516조의7 제2문, 862조④).

(商法 336①, 338조①),[44][45] 전자등록주식등을 양도하는 경우에는 계좌간 대체의 전자등록을 하여야 그 효력이 발생하고(同法 35조②), 전자등록주식등을 질권의 목적으로 하는 경우에는 질권 설정의 전자등록을 하여야 입질의 효력이 발생한다(同法 35조③).

(나) 계좌대체의 절차완료시

양도의 효력은 양도인이 전자등록기관 또는 계좌관리기관에 계좌대체의 전자등록을 신청한 때 발생하는 것이 아니고, 그 신청에 따라 전자등록기관 또는 계좌관리기관이 시행령 제25조 제4항의 방법과 절차를 완료한 때 발생한다.

(다) 포괄승계

물론 상속·합병 등의 포괄승계의 경우에는 그 원인사실이 발생한 시점에 권리승계의 효력이 발생한다. 다만, 포괄승계 받은 자가 이를 처분하려면 자기의 전자등록계좌로 그 전자등록주식등을 이전하기 위하여 계좌대체의 전자등록을 해야 한다(同法 30조①2).

(라) 주식발행의 효력발생요건 여부

전자등록은 주식등의 양도 및 질권설정에서는 효력발생요건이지만, 발행의 효력발생요건은 아니다. 따라서 주식등이 발행되었으면 전자등록이 이루어지지 않더라도 주식등 발행의 효력이 발생한다. 주식의 경우, 회사설립시 또는 신주납입일 다음 날 주식발행의 효력이 발생한다.

---

44) 주식의 전자등록에 관한 상법 제356조 제2항 내지 제4항은 신주인수권, 사채권자의 권리의 전자등록에 준용되고(商法 420조의4, 478조③), 전자등록된 상업증권에도 준용된다(商法 65조② 제2문). "효력이 발생한다."라는 문구상, 전자등록 없이는 당사자 간에도 양도·입질의 물권적 효력이 발생하지 않는다. 다만, 당사자 간에 채권적 효력은 발생하므로, 양수인·질권자는 양도인·질권설정자를 상대로 전자등록절차이행청구를 할 수 있다. 자본시장법상 증권예탁제도 하에서는, 투자자계좌부와 예탁자계좌부에 기재된 자는 각각 그 증권을 점유하는 것으로 보고(法 311조①), 투자자계좌부·예탁자계좌부에 증권의 양도를 목적으로 계좌 간 대체의 기재를 하거나 질권설정을 목적으로 질물인 뜻과 질권자를 기재한 경우에는 증권의 교부가 있었던 것으로 본다(法 311조②). 이와 같이 점유와 교부를 의제하는 것은 실물 주권의 발행을 전제로 하기 때문이다.

45) "전자등록부에 등록된 주식"이라는 법문상, 회사가 정관으로 전자증권제를 채택하고도 전자등록절차의 이행을 지체하는 동안에는 위와 같은 효력발생규정이 적용되지 않는다. 이와 같이 회사가 고의로 전자등록절차를 이행하지 않는 경우에는 주주명부상의 주주가 아니더라도 주식양수인은 회사에 대하여 주주권을 행사할 수 있고, 또한 "주권을 발행하는 대신" 주식을 전자등록하는 것이므로 이러한 경우에는 주권발행청구권에 상응하는 주식전자등록청구권이 발생한다고 할 것이다.

(마) 전자등록 지체와 주식양도의 효력

주식으로서의 효력이 발생하였으나 전자등록이 지체되는 동안 주식이 양도된 경우에는 당사자 시이에 지명채권양도 방식에 의하여 채권적 효력만 있고 회사에 대하여는 효력이 없다.

한편, 회사성립 후 또는 신주의 납입기일 후 6개월이 경과한 때에는 주권발행 전에 한 주식의 양도도 당사자간에는 물론 회사에 대하여도 효력이 있다는 상법 제335조 제3항 단서를 유추적용할 수 있는지에 관하여 논란의 여지가 있다. 이 문제는 결국 일단 전자등록 대상 주식이면 전자등록 여부를 불문하고 실물주권에 관한 규정과 법리가 적용되지 않는다고 볼 것인지의 문제인데, 상법 제335조 제3항은 실물 주권 발행을 전제로 한 규정이므로 6월의 기간이 경과한 후에도 회사에 대한 효력은 부인된다고 해석하는 것이 타당하나, 주주의 불이익을 구제해야 한다는 반론도 설득력이 없지 아니하므로 입법적인 보완이 필요한 부분이다.

(3) 신탁의 대항요건

전자등록주식등의 신탁은 신탁재산이라는 사실을 전자등록함으로써 제3자에게 대항할 수 있다(同法 35조④).

(4) 선의취득

선의(善意)로 중대한 과실 없이 전자등록계좌부의 권리 내용을 신뢰하고 소유자 또는 질권자로 전자등록된 자는 해당 전자등록주식등에 대한 권리를 적법하게 취득한다(同法 35조⑤).[46] 선의취득의 요건인 신뢰의 대상은 전자등록계좌부의 기재내용이다. 따라서 발행등록 단계에서는 신주인수인이 신뢰할 대상인 기재내용이 없으므로 선의취득이 인정되지 않는다.

주권의 선의취득은 유효한 주권을 취득하는 경우에만 인정된다. 그러나 전자등록된 주식의 선의취득은 주식이 유효하게 존재하는 범위를 넘어서도 인정할 필요가 있다.[47][48] "전자등록부계좌부의 권리 내용을 신뢰하고"라는 문구상, 그리고

46) 상법 제356조의2 제3항도 "전자등록부에 주식을 등록한 자는 그 등록된 주식에 대한 권리를 적법하게 보유한 것으로 추정하며, 이러한 전자등록부를 선의(善意)로, 그리고 중대한 과실 없이 신뢰하고 제2항의 등록에 따라 권리를 취득한 자는 그 권리를 적법하게 취득한다." 라고 규정한다.

47) 전자등록상 오류기재 유형별 초과분 발생 여부는 다음과 같다. (1) A가 B에게 주식을 양도하였으나 전자등록시스템상의 오류 기타 이유로 전자등록계좌부에 C가 이를 양수한 주주로 등록되더라도 C는 권리자가 아니다. 그러나 무권리자인 C가 이를 선의·무중과실인 D에게

전자등록계좌부에 대한 신뢰를 보호하지 않으면 시장에서의 거래안정성이 확보되지 않기 때문에 실물 주권의 선의취득과 달리 해석할 필요가 있기 때문이다.[49]

다만, 전자증권법 제 33조 제1항 각 호의 사유등으로 전자등록기관 또는 계좌관리기관이 전자등록주식등을 말소하는 전자등록을 했어야 함에도 불구하고 발행인의 통지 지연 또는 누락, 전산장비 오류 등으로 말소등록되지 않은 주식등의 선의취득을 인정하는 것은 이미 소멸되어 존재하지 않는 주식등의 효력을 다시 발생시키는 것과 같으므로 인정하지 않는 것이 타당할 것이다.

계좌관리기관 또는 전자등록기관은 법 제42조 제1항 또는 제2항에 따른 초과분에 대한 권리를 법 제35조 제5항에 따라 적법하게 취득한 자("초과분 선의취득자")가 있는 경우에는 지체 없이 그 초과분 선의취득자가 선의취득한 초과분 수량 또는 금액에 상당하는 초과분 전자등록주식등("초과 전자등록 종목")을 말소하는 전자등록을 해야 한다. 이 경우 초과 전자등록 종목을 보유하고 있지 않은

양도하여 전자등록계좌부에 D가 주주로 기재된 경우에는 D가 선의취득에 의하여 주식을 적법하게 취득한다. 이 경우는 초과분이 발생하지 않는다. (2) A가 B에게 주식을 양도하였으나 전자등록시스템상의 오류 기타 이유로 전자등록계좌부에 B와 C가 각각 이를 양수한 주주로 등록되고, 다시 C가 이를 선의·무중과실인 D에게 양도하여 전자등록계좌부에 D가 주주로 기재된 경우에는 D도 주주권을 적법하게 취득한다. 이 경우는 초과분이 발생한다. (3) A의 주식수가 실제로는 100주인데 전자등록시스템상의 오류 기타 이유로 전자등록계좌부에 1,000주로 잘못 기재된 후 A가 이 1,000주를 선의·무중과실인 B에게 양도하여 전자등록계좌부에 B가 1,000주의 권리자로 기재된 경우 B는 100주에 대하여는 적법한 권리자인 A로부터의 승계취득한 동시에 900주에 대하여는 무권리자인 A로부터 선의취득함으로써 결국 1,000주 전부에 대한 주주권을 적법하게 취득한다. 이에 따라 전자등록계좌부에는 유효한 주식수보다 900주만큼 초과분이 발생한다.

초과분이 발생하는 (2), (3)의 경우에는 일단 전자등록계좌부에 주주로 기재된 자의 선의취득은 인정되지만, 계좌관리기관과 전자등록기관은 그 초과분을 해소해야 한다. 초과분 해소방법에 있어서, 법 제42조 제1항에 따른 초과분이 발생한 경우에는 계좌관리기관은 초과분이 발생한 고객계좌를 확인하여 지체 없이 초과분을 말소하는 전자등록을 하여야 하며, 법 제42조 제2항에 따른 초과분이 발생한 경우에는 전자등록기관은 초과분이 발생한 계좌관리기관 등 자기계좌 또는 고객관리계좌를 확인하여 지체 없이 초과분을 말소하는 전자등록을 해야 한다(同法 시행령 35조①,②).

48) 日本의 「사채, 주식등의 대체(振替)등에 관한 법률」은 초과기재된 주식에 대하여 각 주주는 안분비례하여 주주권을 행사할 있도록 하고, 초과기재된 주식·사채에 대하여, 전자등록부기재된 대로 선의취득을 인정하는 취지에서, 전자등록기관 등이 초과분을 취득하여 소각하도록 하고, 소각이행시까지의 기간에 대한 경과조치를 두고 있다(주식에 대하여는 제145조부터 제148조까지, 사채에 대하여는 제78조부터 제81조까지).

49) 김순석, "전자증권제도 도입에 따른 주주 보호방안", 상사법연구 제22권 제3호, 한국상사법학회(2003), 299면; 심인숙, "주식 및 사채의 전자등록제 도입에 관한 상법개정안 고찰", 상사법연구 제28권 제3호, 한국상사법학회(2009), 231면.

계좌관리기관 또는 전자등록기관은 초과 전자등록 종목을 취득하여 말소하는 전자등록을 해야 한다(同法 시행령 35조③).

⑸ 자기주식의 소각

상법상 자기주식의 소각을 위한 절차에 관하여는 이사회 결의 외에 별도의 규정이 없다. 소각에 따른 후속조치로서 전자등록된 주식의 경우에는 전자등록계좌부에서 말소해야 한다.

5. 전자등록주식등에 대한 증권·증서의 효력

발행인은 전자등록주식등에 대하여는 증권 또는 증서를 발행해서는 아니 된다(同法 36조①). 이를 위반하여 발행된 증권 또는 증서는 효력이 없다(同法 36조②). 이미 주권등이 발행된 주식등이 신규 전자등록된 경우 그 전자등록주식등에 대한 주권등은 기준일부터 그 효력을 잃는다. 다만, 기준일 당시 민사소송법에 따른 공시최고절차가 계속 중이었던 주권등은 그 주권등에 대한 제권판결의 확정, 그 밖에 이와 비슷한 사유가 발생한 날부터 효력을 잃는다(同法 36조③).

이와 같이 전자등록계좌부에 전자등록된 주식등에 대해서는 증권 또는 증서를 발행해서는 아니 되고, 이를 위반하여 발행된 증권 또는 증서는 효력이 없으며, 이미 주권 등이 발행된 주식 등이 신규 전자등록된 경우 그 전자등록주식 등에 대한 주권 등은 기준일부터 그 효력을 잃는다. 따라서 전자증권법 시행 이후 상장주식에 대해서는 유효한 주권이 발행되거나 존재할 수 없으므로 주권의 발행 및 인도를 청구할 수 없다.[50)]

V. 전자등록주식등에 대한 권리 행사

1. 전자등록기관을 통한 권리 행사

전자등록주식등의 권리자는 전자등록기관을 통하여 배당금·원리금·상환금 등의 수령, 그 밖에 주식등에 관한 권리를 행사할 수 있다(同法 38조①). 권리를 행사하려는 전자등록주식등의 권리자는 전자등록기관을 통하여 권리를 행사한다는 뜻과 권리 행사의 내용을 구체적으로 밝혀 전자등록기관에 신청해야 한다. 이

50) 대법원 2024. 7. 25. 선고 2020다273403 판결.

경우 고객계좌부에 전자등록된 권리자는 계좌관리기관을 통하여 신청해야 한다(同法 38조②). 전자등록주식등의 발행인은 전자등록기관을 통한 권리 행사를 위하여 전자등록주식등의 종류 및 발행 회차(回次), 전자등록주식등의 권리의 종류·발생사유·내용 및 권리 행사 일정 등 대통령령으로 정하는 사항을 지체 없이 전자등록기관에 통지해야 한다(同法 38조③).

2. 소유자명세

(1) 소유자명세의 의의

소유자명세는 전자등록기관이 일정한 날(기준일)을 기준으로[51] 해당 주식등의 소유자의 성명 및 주소, 소유자가 가진 주식등의 종류·종목·수량 등을 기록한 명세이다. 증권예탁제도에서 예탁결제원이 작성하여 발행회사(또는 명의개서대행회사)에 송부하는 실질주주명세와 같은 목적으로 작성된다. 소유자증명서와 소유내용통지는 개별주주 확인을 위한 것이고, 소유자명세는 집단적인 주주확인을 위한 것이다.[52]

소유자명세는 발행인의 요청에 의하여 작성하거나 전자등록기관이 직권으로 작성하는데, 전자등록기관은 발행인으로부터 소유자명세의 작성을 요청 받은 경우 소유자명세를 작성하여 발행인에게 통지하므로, 소수주주권을 행사하려는 주주는 소유자증명서나 소유내용통지를 이용해야 한다.

자본시장법상 실질주주명세 작성 사유는 기준일 설정이나 공개매수청구를 받은 경우 등 한정적이지만 전자증권법상 소유자명세 작성사유는 훨씬 다양하다.

(2) 소유자명세의 작성사유

(가) 기명식 주식등

1) 의무적 요청사유 전자등록주식등으로서 기명식(記名式) 주식등의 발행인은 주주명부의 폐쇄·기준일에 관한 상법 제354조 제1항(다른 법률에서 준용하는 경우를 포함)에 따라 일정한 날(기준일)을 정한 경우에는 전자등록기관에 그 일정한 날을 기준으로 소유자명세의 작성을 요청해야 한다(당연 요청사유라고도 한다). 다만, 자본시장법에 따라 투자신탁재산을 운용하는 집합투자업자가 집합

---

51) 상법은 주주확정을 위한 제도로 기준일 외에 주주명부폐쇄제도를 두고 있으나 전자증권법하에서는 소유자명세에 의하여 일괄적으로 명의개서가 이루어지므로 기준일제도만 있다.

52) 일본의 「사채, 주식등의 대체등에 관한 법률」 제151조도 집단적 주주확인을 위한 총주주통지제도를 규정한다.

투자기구의 결산에 따라 발생하는 분배금을 배분하기 위한 경우, 그 밖에 권리자의 이익을 해칠 우려가 적은 경우로서 대통령령으로 정하는 경우에는[53] 그러하지 아니하다(同法 37조①).

2) 임의적 요청사유 전자등록주식등으로서 기명식 주식등의 발행인은 다음과 같은 경우에는 전자등록기관에 소유자명세의 작성을 요청할 수 있다(同法 37조②).[54]

---

53) "대통령령으로 정하는 경우"란 자본시장법에 따른 투자회사가 회사의 결산에 따라 발생하는 분배금을 배분하기 위한 경우를 말한다(同法 시행령 30조).

54) [令 제31조(소유자명세 작성의 주기 및 사유)]

① 법 제37조 제2항 제2호에서 "대통령령으로 정하는 주기"란 분기(分期)를 말한다.

② 법 제37조 제2항 제3호에서 "대통령령으로 정하는 주식등"이란 다음 각 호의 주식등을 말한다.

1. 교환사채
2. 법 제2조 제1호 타목의 권리 및 상법 제469조 제2항 제3호의 권리. 이 경우 권리 행사로 취득할 수 있는 기초자산이 「자본시장과 금융투자업에 관한 법률 시행령」 제139조 각 호의 어느 하나에 해당하는 증권에 표시될 수 있거나 표시되어야 할 권리인 것에 한정한다.

③ 법 제37조 제2항 제3호에서 "대통령령으로 정하는 자"란 다음 각 호의 구분에 따른 자를 말한다.

1. 증권예탁증권에 표시된 권리의 경우: 그 기초가 되는 주식등(제2항 제2호 후단에 해당하는 것에 한정한다. 이하 제2호 및 제3호에서 같다)의 발행인
2. 교환사채의 경우: 교환의 대상이 되는 주식등의 발행인
3. 제2항 제2호의 권리 및 사채의 경우" 그 기초자산이 되는 주식등의 발행인

④ 법 제37조 제2항 제4호에서 "대통령령으로 정하는 경우"란 다음 각 호의 어느 하나에 해당하는 경우를 말한다.

1. 「채무자 회생 및 파산에 관한 법률」 제147조 제1항에 따라 관리인이 주주·지분권자의 목록을 작성하기 위한 경우
2. 주식의 발행인이 상장심사(「자본시장과 금융투자업에 관한 법률」 제8조의2 제2항에 따른 거래소가 같은 법 제390조에 따른 증권상장규정에 따라 증권시장에 상장할 증권을 심사하는 것을 말한다)를 받는 경우로서 주식 소유상황 파악 등을 위하여 일정한 날을 정하여 전자등록기관에 주주에 관한 사항의 통보를 요청하는 경우
3. 발행인이 다음 각 목의 구분에 따른 주식등의 발행근거에서 정하는 바에 따라 해당 전자등록주식등의 소유자를 파악하여야 하는 경우
   가. 상법 제356조의2, 제320조의4, 제478조 제3항 또는 제516조의7에 따라 전자등록하는 주식의 경우: 해당 주식등 발행인의 정관
   나. 그 밖의 전자등록주식등의 경우: 해당 주식등의 발행과 관련된 계약·약관 또는 이에 준하는 것으로서 주식등의 발행 근거가 되는 것
4. 그 밖에 발행인이 해당 전자등록주식등의 소유자를 파악할 필요가 있는 경우로서 금융위원회가 정하여 고시하는 경우

⑤ 법 제37조 제3항에서 "대통령령으로 정하는 경우"란 다음 각 호의 어느 하나에 해당하는 경우를 말한다.

1. 상법 제469조 제2항 제2호에 따른 상환사채가 다른 주식등으로 상환되는 경우

1. 발행인이 법령 또는 법원의 결정 등에 따라 해당 전자등록주식등의 소유자를 파악하여야 하는 경우
2. 발행인이 분기별로(同法 시행령 31조①) 해당 전자등록주식등의 소유자를 파악하려는 경우
3. 자본시장법 제134조에 따라 공개매수신고서가 제출된 전자등록주식등의 발행인(그 전자등록주식등과 관련된 증권예탁증권에 표시된 권리, 그 밖에 대통령령으로 정하는 주식등의 경우에는 대통령령으로 정하는 자를 말한다)이 그 주식등의 소유상황을 파악하기 위하여 일정한 날을 정하여 전자등록기관에 주주에 관한 사항의 통보를 요청하는 경우
4. 그 밖에 발행인이 해당 전자등록주식등의 소유자를 파악할 필요가 있는 경우로서 대통령령으로 정하는 경우(同法 시행령 31조④)

(나) 무기명식 주식등

전자등록주식등으로서 무기명식(無記名式) 주식등의 발행인은 자본시장법 제165조의11에 따른 조건부자본증권이 주식으로 전환되는 경우, 그 밖에 해당 주식등이 다른 주식등으로 전환되는 경우로서 대통령령으로 정하는 경우에 소유자명세의 작성이 필요하면 전자등록기관에 소유자명세의 작성을 요청할 수 있다(同法 37조③).[55]

"대통령령으로 정하는 경우"는 다음과 같다(同法 시행령 31조⑤).

1. 상법 제469조 제2항 제2호에 따른 상환사채가 다른 주식등으로 상환되는 경우
2. 은행법 또는 금융지주회사법에 따른 조건부자본증권에 표시되어야 할 권리가 주식으로 전환되는 경우
3. 그 밖에 전자등록주식등인 무기명식 주식등이 다른 주식등으로 전환되는 경우로서 금융위원회가 정하여 고시하는 경우

---

2. 「은행법」 또는 「금융지주회사법」에 따른 조건부자본증권에 표시되어야 할 권리가 주식으로 전환되는 경우
3. 그 밖에 전자등록주식등인 무기명식 주식등이 다른 주식등으로 전환되는 경우로서 금융위원회가 정하여 고시하는 경우

⑥ 법 제37조 제7항 제3호에서 "대통령령으로 정하는 사유"란 다음 각 호의 어느 하나에 해당하는 경우를 말한다.
1. 법원의 판결·결정·명령이 있는 경우
2. 전자등록기관 또는 계좌관리기관이 법 제42조에 따라 초과분을 해소하기 위해 전자등록을 말소하는 경우
3. 그 밖에 전자등록기관이 주식등에 관한 권리를 관리하기 곤란하다고 인정되는 경우로서 전자등록업무규정으로 정하는 경우

55) 2014년 상법개정시 무기명주식제도가 폐지되었으므로 주식의 경우에는 의미가 없다.

⑶ 전자등록기관의 작성 · 통지

전자등록기관은 발행인으로부터 소유자명세의 작성을 요청 받은 경우에는 소유자명세를 작성하여 그 주식등의 발행인에게 지체 없이 통지해야 한다. 이 경우 전자등록기관은 계좌관리기관에 소유자명세의 작성에 필요한 사항의 통보를 요청할 수 있으며, 그 요청을 받은 계좌관리기관은 그 사항을 지체 없이 전자등록기관에 통보해야 한다(同法 37조④).

⑷ 질권 내용 통보

전자등록기관은 전자등록주식등으로서 기명식 주식등의 질권자의 신청에 따라 발행인에게 질권 내용을 통보하는 경우에는 소유자명세에 해당 내용을 포함해야 한다. 이 경우 계좌관리기관에 전자등록된 기명식 주식등의 질권자는 해당 계좌관리기관을 통하여 신청해야 한다(同法 37조⑤).

⑸ 전자등록기관 직권에 의한 작성

전자등록기관은 다음과 같은 사유로 말소의 전자등록이 된 주식등에 대하여 그 말소의 전자등록이 된 날을 기준으로 전자등록계좌부에 전자등록되었던 권리자의 성명, 주소 및 권리 내용 등을 기록한 명세를 작성하여 해당 주식등의 발행인에게 지체 없이 통지해야 한다(同法 37조⑦). 이 경우 명세의 작성 등에 관하여는 제4항 후단(계좌관리기관에 대한 필요 사항 통보 요청) 및 제6항(주주명부 작성 · 비치)을 준용한다(同法 37조⑧).

1. 발행인인 회사의 정관 변경 등으로 인한 전자등록주식등의 주권등으로의 전환
2. 발행인이 상법 그 밖의 법률에 따라 해산 · 청산된 경우
3. 그 밖에 전자등록기관이 주식등에 관한 권리를 관리하기 곤란하다고 인정되는 경우로서 대통령령으로 정하는 사유[令 31조⑥: 1. 법원의 판결 · 결정 · 명령이 있는 경우, 2. 전자등록기관 또는 계좌관리기관이 초과분을 해소하기 위해 전자등록을 말소하는 경우, 3. 그 밖에 전자등록기관이 주식등에 관한 권리를 관리하기 곤란하다고 인정되는 경우로서 전자등록업무규정으로 정하는 경우]

⑹ 발행인의 주주명부등 작성 · 비치의무

발행인은 전자등록기관으로부터 소유자명세의 통지를 받은 경우 통지받은 사항과 통지 연월일을 기재하여 주주명부등을 작성 · 비치해야 한다. 다만, 해당 주식등이 무기명식인 경우에는 그러하지 아니하다(同法 37조⑥). 전자증권법은

이와 같이 소유자명세를 통한 일괄적 명의개서만 허용하고 주식등의 양수인이 개별적으로 명의개서를 청구하는 것은 허용하지 않는다.56)

전자등록된 주식의 경우 실무상으로는 발행인이 주주명세통지를 받아서 확인을 하면 주주명부를 별도의 형식으로 만들 필요 없이 그 자체를 주주명부로 확정할 수 있으므로, 특별한 경우가 아니라면 주주명부 작성이 지연될 이유는 없다. 그러나 상황에 따라서는 주주명부를 별도로 작성하면서 명의개서가 기준일 이후에 이루어질 수도 있는데, 이러한 경우 기준일에 명의개서된 것으로 본다는 취지의 입법적인 보완이 필요하다.57)

3. 소유자증명서

(1) 의 의

소유자증명서란 전자등록주식등의 소유자가 자신의 권리를 행사하기 위하여 해당 전자등록주식등의 전자등록을 증명하는 문서를 말한다(同法 39조① 전단). 증권예탁제도 하에서의 실질주주증명서에 해당한다. 소유내용통지와 같이 개별주주를 확인하는 방식이지만, 소유내용통지는 전자등록기관이 발행인등[발행인 및 소유자가 전자등록주식등에 대한 권리 행사를 위하여 법원에 신청 또는 청구를 하거나 소송을 제기하려는 경우 해당 법원(同法 시행령 33조④)]에게 신청인이 전자등록주식등의 소유자임을 직접 증명해주는 방식인 반면, 소유자증명서는 신청인이 문서를 발급받는 방식이라는 점에서 다르다. 소유자증명서 자체는 유가증권이 아니고 증거증권이다.

(2) 소유자의 발행신청

전자등록기관은 전자등록주식등의 소유자가 소유자증명서의 발행을 신청하는 경우 발행해야 한다.58) 이 경우 계좌관리기관에 고객계좌를 개설한 전자등록주식등의 소유자는 해당 계좌관리기관을 통하여 신청해야 한다(同法 39조①). 계좌관리기관은 소유자증명서 발행 신청을 받으면 전자등록주식등의 소유 내용 및

---

56) 따라서 소유자증명서를 제시하는 등의 방법으로 개별적으로 명의개서를 청구할 수 없다. 전자등록주식의 경우 주권번호가 없어서 양도인을 확인할 수 없기 때문이다.

57) 일본의 「사채, 주식등의 대체등에 관한 법률」 제152조 제1항은 이러한 취지를 명시적으로 규정한다.

58) 소수주주권을 행사하려는 주주는 소유자증명서나 소유내용통지제도를 이용하면 되고, 소유자명세는 발행인만이 작성을 요청할 수 있다.

행사하려는 권리의 내용, 그 밖에 대통령령으로 정하는 사항(同法 시행령 33조③: 아래 기재사항 중 1,4,5호)을 지체 없이 전자등록기관에 통지해야 한다(同法 39조②). 주주가 자기의 권리를 행사하기 위한 경우라면 발행신청 사유에는 제한이 없다.

(3) 작성방법

(가) 전자등록된 기관별 작성방법

전자등록된 기관별 작성방법은 다음과 같다(同法 시행령 33조①).

1. 전자등록기관에 전자등록된 주식등의 소유자증명서: 계좌관리기관등 자기계좌부에 따라 증명 내용을 작성할 것
2. 계좌관리기관에 전자등록된 주식등의 소유자증명서: 해당 계좌관리기관이 전자등록기관에 통지한 고객계좌부에 따라 증명 내용을 작성할 것

(나) 기재사항

전자등록기관은 소유자증명서에 다음의 사항을 기재해야 한다(同法 시행령 33조②).

1. 전자등록주식등 소유자의 성명 또는 명칭 및 주소
2. 전자등록주식등의 종류·종목 및 수량 또는 금액
3. 전자등록주식등 소유자가 행사하려는 권리의 내용
4. 소유자증명서 제출처
5. 그 밖에 전자등록주식등 소유자의 지위 증명과 관련하여 전자등록업무규정으로 정하는 사항

전자등록업무규정은 소유자증명서 기재사항을 다음과 같이 규정한다(규정 68조③).

1. 시행령 제33조 제2항 제1호부터 제4호까지의 사항
2. 단기사채등의 경우 그 발행일과 만기일
3. 소유자가 상법 제542조의6에 따라 소수주주권을 행사하고자 하는 경우 계속 보유기간의 충족 여부
4. 소유자증명서의 유효기간
5. 그 밖에 소유자의 지위 증명과 관련하여 세칙으로 정하는 사항

⑷ 발행사실통지

전자등록기관은 소유자증명서를 발행하였을 때에는 발행인등에게 그 사실을 지체 없이 통지해야 한다(同法 39조③).

⑸ 처분제한

전자등록기관이 소유자증명서를 발행한 경우 해당 전자등록주식등이 전자등록된 전자등록기관 또는 계좌관리기관은 대통령령으로 정하는 바에 따라 전자등록계좌부에 그 소유자증명서 발행의 기초가 된 전자등록주식등의 처분을 제한하는 전자등록을 하여야 하며, 그 소유자증명서가 반환된 때에는 그 처분을 제한하는 전자등록을 말소해야 한다(同法 39조④).[59]

⑹ 발행의 효과

전자등록주식등의 소유자가 소유자증명서를 발행인이나 그 밖에 대통령령으로 정하는 자[同法 시행령 33조⑥: 1. 시행령 제33조 제4항에 따른 법원, 2. 상법에 따른 사채관리회사, 3. 그 밖에 소유자증명서에 의하여 전자등록주식등의 소유자로서의 권리를 행사할 필요가 있는 자로서 금융위원회가 정하여 고시하는 자]에게 제출한 경우에는 그 자에 대하여 소유자로서의 권리를 행사할 수 있다(同法 39조⑤). 즉, 명의개서와 관계없이 회사에 대하여 대항력을 가진다.

4. 소유내용통지

⑴ 의 의

소유내용통지란 전자등록기관이 전자등록주식등의 소유자의 신청에 따라 전자등록주식등에 대한 소유 내용을 발행인등[발행인 및 소유자가 전자등록주식등에 대한 권리 행사를 위하여 법원에 신청 또는 청구를 하거나 소송을 제기하려는 경우 해당 법원(同法 시행령 33조④)]에게 통지하는 것으로서, 소유자명세와 달리 개별주주를 확인하기 위한 제도이다.[60] 소유자증명서와 달리 소유자의 신청에 의하여

59) 자본시장법 시행규칙 제32조 제3항도 실질주주증명서를 발행하는 경우에는 그 주주권 행사기간 중에는 주주로서의 지위가 계속 유지되어야 하므로, "예탁결제원이 실질주주증명서를 발행하는 경우에는 동조 제2항 제4호에 따른 주주권 행사기간 동안 해당 주식의 처분이 제한된다는 뜻을 예탁자의 자기소유분에 대하여는 예탁결제원이 해당 예탁자의 예탁자계좌부상에, 투자자 예탁분에 대하여는 예탁자가 해당 투자자의 투자자계좌부상에 각각 표시하여야 하며, 그 주주권 행사기간 만료 전에 실질주주증명서를 반환하는 때에는 처분이 제한된다는 뜻의 표시를 말소해야 한다."라고 규정한다.

60) 일본의 「사채, 주식등의 대체등에 관한 법률」 제154조도 "개별주주통지제도"를 규정한다.

전자등록기관이 (소유자를 통하지 않고) 바로 발행회사에 통지한다. 소유자증명서와 소유내용통지는 같은 목적을 가진 제도이고, 소유자가 임의로 선택할 수 있다.

(2) 통지신청과 통지방법

(가) 통지신청

전자등록주식등의 소유자는 자신의 전자등록주식등에 대한 소유 내용을 발행인등에게 통지하여 줄 것을 신청할 수 있는데, 계좌관리기관에 고객계좌를 개설한 전자등록주식등의 소유자는 해당 계좌관리기관을 통하여 신청해야 한다(同法 40조①). 통지신청 사유에는 제한이 없다.

(나) 통지방법

1) 통지시기 　계좌관리기관은 전자등록주식등의 소유자로부터 신청을 받으면 지체 없이 전자등록기관에 통지해야 한다(同法 40조②).

2) 전자등록된 기관별 통지방법 　전자등록된 기관별 통지방법은 다음과 같다(同法 시행령 34조①).

1. 전자등록기관에 전자등록된 주식등의 소유 내용: 계좌관리기관등 자기계좌부에 따라 그 내용을 작성할 것
2. 계좌관리기관에 전자등록된 주식등의 소유 내용: 해당 계좌관리기관이 전자등록기관에 통지한 고객계좌부에 따라 그 내용을 작성할 것

3) 통지사항 　통지사항은 다음과 같다(同法 시행령 34조②).

1. 전자등록주식등 소유자의 성명 또는 명칭 및 주소
2. 전자등록주식등의 종류·종목 및 수량 또는 금액
3. 전자등록주식등 소유자가 행사하려는 권리의 내용
4. 통지 내용의 유효기간
5. 그 밖에 전자등록주식등 소유 내용의 통지와 관련하여 전자등록업무규정으로 정하는 사항[전자등록업무규정 69조③: 2. 단기사채등의 경우 그 발행일과 만기일, 3. 소유자가 상법 제542조의6에 따른 소수주주권을 행사하고자 하는 경우 계속보유기간의 충족 여부]

4) 통지방법 　구체적인 통지방법은 다음과 같다(同法 시행령 34조③).

1. 서면 또는 팩스
2. 전자우편 또는 그 밖에 이와 비슷한 전자통신

3. 그 밖에 금융위원회 고시로 정하는 방법

(3) 처분제한

전자등록기관이 소유 내용을 통지하였을 때에는 해당 전자등록주식등이 전자등록된 전자등록기관 또는 계좌관리기관은 전자등록계좌부에 그 통지의 기초가 된 전자등록주식등의 처분을 제한하는 전자등록을 해야 한다. 이 경우 그 통지에서 정한 유효기간이 만료된 때에는 그 처분을 제한하는 전자등록을 말소해야 한다(同法 40조③).

(4) 통지의 효과

전자등록주식등의 소유자는 통지된 내용에 대하여 해당 전자등록주식등의 발행인등[발행인 및 소유자가 전자등록주식등에 대한 권리 행사를 위하여 법원에 신청 또는 청구를 하거나 소송을 제기하려는 경우 해당 법원(同法 시행령 33조④)]에게 소유자로서의 권리를 행사할 수 있다(同法 40조④). 즉, 소유자증명서가 발행된 경우와 같이 명의개서와 관계없이 회사에 대하여 대항력을 가진다. 다만, 소유자증명서는 이를 제출해야 소유자로서의 권리를 행사할 수 있다는 점에서 다르다. 명문의 규정은 없으나 통지에 포함된 유효기간 내에서만 권리를 행사할 수 있다.

5. 권리 내용의 열람

전자등록기관 또는 계좌관리기관은 해당 기관에 전자등록계좌를 개설한 전자등록주식등의 권리자가 자신의 권리 내용을 주식등의 전자등록 및 관리를 위한 정보통신망 등을 통하여 열람 또는 출력·복사할 수 있도록 해야 한다(同法 41조①). 전자등록기관은 발행인관리계좌를 개설한 발행인이 자신의 발행 내용을 정보통신망 등을 통하여 열람 또는 출력·복사할 수 있도록 해야 한다(同法 41조②).

6. 전자등록계좌부와 주주명부의 관계

(1) 주주명부상 명의자

증권예탁제도 하에서는 예탁주식의 경우 주주명부에 주주 대신 중앙예탁기관이 주주로 기재된다. 주주는 예탁자의 계좌를 통하여 간접적으로 주식을 보유하기 때문이다. 그러나 직접보유 방식인 전자증권제도 하에서는 전자등록계좌부에는 물론 주주명부에도 주주가 직접 기재된다.

증권예탁제도 하에서는 상법상 주주명부에 중앙예탁기관이 예탁주식의 주주로 등재됨에 따라 자본시장법상 실질주주명부와 결합하여야 주주를 확인할 수 있는 완전한 장부가 되는데, 전자등록제도 하에서는 실질주주명부가 따로 없으므로 상법상 주주명부가 주주를 확인하는 유일한 장부이다.

(2) 명의개서

전자증권제도는 주권 실물의 발행을 대신하는 제도이고, 전자증권제를 채택한 회사도 주주명부는 작성하여 본점에 비치해야 한다.[61] 전자등록된 주식의 양도는 전자등록부에 등록하면 효력이 발생하지만(356조의2②), 주식의 전자등록은 명의개서에 갈음하는 제도가 아니므로 주주가 회사에 대항하려면(주주권을 행사하려면) 명의개서를 해야 한다. 다만, 전자증권제도 하에서는 상법상 개별적인 명의개서절차는 인정되지 않고, 발행인이 전자등록기관으로부터 통지 받은 소유자명세를 기초로 통지받은 사항과 통지 연월일을 기재하여 주주명부등을 작성하는 일괄적인 명의개서가 이루어진다. 따라서 전자증권제도에서는 명의개서 미필주주나 명의개서 부당거절 문제가 발생하지 않는다. 그리고 전자등록제도 하에서는 주주명부가 상시적으로 작성되지 않고 전자증권법에 규정된 개별적인 주주명부 작성 사유가 발생하여야 작성되고, 다음 작성사유가 발생할 때까지는 유효한 주주명부이고, 주주명부 열람·등사 청구의 대상이 된다.

(3) 소수주주권 행사자

전자등록주식등의 소유자는 소수주주권을 행사하기 위하여 전자등록기관이 발행한 소유자증명서를 발행인이나 법원에 제출한 경우와 전자등록기관이 발행인에게 소유내용을 통지한 경우에는 발행인등에게 소수주주권을 행사할 수 있다(同法 39조⑤, 同法 40조④). 그리고 전자등록기관으로부터 소유자명세의 통지를 받은 발행인은 통지받은 사항과 통지 연월일을 기재하여 주주명부등을 작성하여야 하기 때문에(同法 37조⑥), 주주명부 작성 전이라도 발행인이 소유자명세의 통지를 받은 때부터 주주로서의 권리를 행사할 수 있다.[62]

---

61) 회사가 전자등록계좌부의 내용에 따라 전자주주명부를 작성하는 경우에도, 전자주주명부는 종이로 된 종래의 주주명부 대신 전자문서로 작성하는 것일 뿐이므로(商法 352조의2①) 이것 역시 주주명부의 일종이다.

62) 물론 전자등록계좌부는 권리추정력만 있고 창설적 효력은 없으므로(同法 35조①), 소유자증명서나 소유내용통지에 표시된 주주가 진정한 주주로 되는 것은 아니고, 또한 주주변동내역이 아니라 현재 주주의 주식보유내역을 확인할 수 있으므로 이에 의하여 명의개서를 할 수도 없다.

그런데 회사에 대한 주주권 행사자에 관하여 대법원 전원합의체 판결은 "특별한 사정이 없는 한, 주주명부에 적법하게 주주로 기재되어 있는 자는 회사에 대한 관계에서 그 주식에 관한 의결권 등 주주권을 행사할 수 있고, 회사 역시 주주명부상 주주 외에 실제 주식을 인수하거나 양수하고자 하였던 자가 따로 존재한다는 사실을 알았든 몰랐든 간에 주주명부상 주주의 주주권 행사를 부인할 수 없으며, 주주명부에 기재를 마치지 아니한 자의 주주권 행사를 인정할 수도 없다."라는 입장이다.[63]

위와 같이 전자증권법 규정과 대법원 전원합의체 판결과 관련하여, 주주명부상의 주주도 소수주주권을 행사하려면 소유자증명서나 소유내용통지가 요구되는지에 관하여 논란의 여지가 있다. 일본에서는 개별주주통지 자체를 회사에 대한 대항요건으로 보고 명의개서 여부를 불문하고 항상 개별주주통지가 필요하다고 본다.[64] 소수주주권을 행사할 수 있는 주주가 이원화되는 불합리를 피하기 위하여 일본과 같은 입법적인 보완이 필요하지만, 이러한 입법이 없는 한 현행법과 판례상으로는 주주명부상 주주의 주주권 행사를 부인할 근거를 찾기 어렵다.[65]

따라서 주주명부상의 주주는 소유자증명서나 소유내용통지가 없더라도 언제든지 소수주주권을 행사할 수 있고, 전자등록주식등의 소유자는 소유자증명서를 제출한 경우에는 소유자증명서의 유효기간 동안, 소유내용통지가 있는 경우에는 통지내용의 유효기간 동안 소수주주권을 행사할 수 있다고 해석된다.[66]

(4) 주주명부 폐쇄와 기준일

전자증권제도를 채택한 회사는 기준일만 정하면 되고, 주주명부폐쇄기간을 정할 필요는 없다. 전자증권의 경우 개별적 명의개서 방법이 존재하지 아니하여 주주명부 폐쇄라는 개념 자체가 성립할 수 없기 때문이다(同法 37조①).

---

63) 대법원 2017. 3. 23. 선고 2015다248342 전원합의체 판결.

64) 最決 2010.12.7. 民集64-8-2003. 일본의 「사채, 주식등의 대체등에 관한 법률」 제154조 제1항은 대체주식의 소수주주권 행사에 대하여 회사법 제130조 제1항(명의개서의 대항력)의 적용을 배제한다고 규정하기 때문이다.

65) 同旨: 노혁준, "전자증권법의 상법상 쟁점에 관한 연구: 주식 관련 연구를 중심으로", 비교사법 제24권 4호(통권79호), 한국비교사법학회(2017.11.), 1682면.

66) 소유자증명서나 소유내용통지에 의하여 소수주주권을 행사하는 경우에는 소수주주권 행사요건과 관련하여 동일인 소유 주식수의 중복 합산을 피하기 위하여, 소유자증명서에 기재된 주식수 또는 소유내용통지에 포함된 주식수만을 기준으로 판단해야 하고, 여기에 동일인의 주주명부상 소유주식수를 다시 합산할 수 없다. 전자등록주식은 주권번호가 없어서 주식을 특정할 수 없기 때문이다.

Ⅵ. 전자등록의 안전성 확보

1. 초과분 해소의무

⑴ 계좌관리기관의 초과분 해소의무

계좌관리기관은 아래 제1호의 총수량 또는 총금액이 제2호의 총수량 또는 총금액을 초과하는 경우에는 고객계좌를 확인하여 지체 없이 그 초과분을 말소하는 전자등록을 함으로써 그 초과분을 해소해야 한다(同法 42조①, 令 35조①).[67]

1. 고객계좌부에 전자등록된 주식등의 종목별 총수량 또는 총금액
2. 고객관리계좌부에 기록된 전자등록주식등의 종목별 총수량 또는 총금액

⑵ 전자등록기관의 초과분 해소의무

전자등록기관은 아래 제1호의 총수량 또는 총금액이 제2호의 총수량 또는 총금액을 초과하는 경우에는 계좌관리기관등 자기계좌 또는 고객관리계좌를 확인하여 지체 없이 그 초과분을 해소해야 한다(同法 42조②, 令 35조②).

1. 계좌관리기관등 자기계좌부에 전자등록된 주식등의 종목별 총수량 또는 총금액과 고객관리계좌부에 기록된 전자등록주식등의 종목별 총수량 또는 총금액의 합
2. 발행인관리계좌부에 기록된 전자등록주식등의 종목별 총수량 또는 총금액

⑶ 초과분 해소의무 불이행

전자증권법 제42조 제1항 또는 제2항에 따른 초과분 해소의무의 전부 또는 일부를 이행하지 아니한 경우에는 계좌관리기관과 전자등록기관은 함께 다음과 같은 방법 및 절차에 따라 그 초과분을 해소해야 한다(同法 42조③, 令 35조④).[68]

1. 전자등록기관이 전자등록의 안전성 확보를 위해 적립한 재원(금융위원회 및 법무부장관이 공동으로 정하여 고시하는 방법에 따라 제3조 제3항 제4호의 사업계획 내용에 반영하여 적립한 재원을 말한다)을 사용하여 해소할 것
2. 제1호에 따른 초과분 해소 방법으로 초과분이 모두 해소되지 않은 경우에는 그

---

67) 구 「전자단기사채등의 발행 및 유통에 관한 법률」상 초과분 "말소 의무"라는 용어를 사용한다.

68) 매일 업무 마감시 계좌관리기관과 전자등록기관의 수량 확인에 의하여 초과분 발생 여부가 파악되므로, 초과분이 장중에 시장에서 매도되지 않는 한 초과기재로 인한 리스크가 초과분 발생 다음 날로 이어지지 않고 당일 확인 및 해소된다.

> 초과분 발생일의 최종 시장가격 및 전자등록주식등의 규모를 고려하여 금융위원회 및 법무부장관이 공동으로 정하여 고시하는 방법으로 정한 모든 계좌관리기관의 분담금액을 사용하여 해소할 것. 이 경우 부담능력이 없는 계좌관리기관의 분담금액은 전자등록기관이 부담한다.

계좌관리기관은 전자등록기관에 개설한 계좌를 폐쇄한 이후에도 전자증권법 제42조 제3항에 따른 초과분 해소 의무를 부담한다. 다만, 계좌를 폐쇄한 때부터 5년이 지난 경우에는 해당 의무가 소멸한다(同法 42조⑥).

⑷ 지급의무

전자증권법 제42조 제1항부터 제3항까지의 규정에 따른 초과분에 대한 해소 의무의 전부 또는 일부를 이행하지 아니한 경우에는 동조 제1항 또는 제2항에 따라 초과분 해소 의무가 있는 계좌관리기관 또는 전자등록기관이 대통령령으로 정하는 바에 따라 해소되지 아니한 초과분에 해당하는 전자등록주식등에 대하여 지급되는 원리금, 배당금, 그 밖에 대통령령으로 정하는 금액[슈 35조⑦: 발행인이 초과분이 발생한 전자등록주식등의 권리자로 전자등록된 자에게 지급해야 하는 분배금 등 일체의 금전]을 지급할 의무를 진다(同法 42조④).

초과분 해소 의무를 이행하지 않은 계좌관리기관 또는 전자등록기관은 다음과 같은 구분에 따라 법 제42조 제4항에 따른 금액을 지급할 의무를 진다(同法 시행령 35조⑧).

1. 계좌관리기관: 법 제42조 제1항에 따라 초과분 해소 의무가 발생한 계좌관리기관의 고객계좌부에 해당 전자등록주식등의 권리자로 전자등록된 자로서 제36조 제1항 제2호에 해당하는 자에 대하여 같은 조 제2항에 따라 산정된 수량 또는 금액에 해당하는 원리금등을 지급할 의무
2. 전자등록기관: 법 제42조 제2항에 따라 초과분 해소의무가 발생한 경우 해당 전자등록주식등의 권리자로 전자등록된 자로서 제36조 제3항 제2호에 해당하는 자에 대하여 같은 조 제4항에 따라 산정된 수량 또는 금액에 해당하는 원리금등을 지급할 의무

계좌관리기관 또는 전자등록기관이 아닌 발행인은 이러한 원리금 등 지급의무를 부담하지 않는다.

⑸ 구상권

전자증권법 제42조 제1항부터 제4항까지의 규정에 따른 의무를 이행한 계좌

관리기관 또는 전자등록기관은 각각 해당 초과분 발생에 책임이 있는 자에게 구상권(求償權)을 행사할 수 있다(同法 42조⑤). 구상권의 행사에도 불구하고 전자등록기관이 초과분 해소에 사용한 재원 중 보전(補塡)하지 못한 금액이 있는 경우에는 동법 시행령 제4항 제2호의 산정방법으로 정한 분담금액의 비율에 따라 모든 계좌관리기관이 해당 금액을 부담한다(同法 시행령 35조⑥).

2. 초과분에 대한 권리행사제한

(1) 초과분 해소의무 미이행과 권리행사제한

(가) 계좌관리기관의 초과분 해소의무 미이행

계좌관리기관의 초과분 해소의무가 이행될 때까지 그 의무가 발생한 계좌관리기관의 고객계좌부에 해당 전자등록주식등의 권리자로 전자등록된 자로서 대통령령으로 정하는 자는 대통령령으로 정하는 바에 따라 산정된 수량 또는 금액에 대한 권리를 발행인에게 주장할 수 없다(同法 43조①).

발행인에게 권리를 주장할 수 없는 자는 다음과 같다(同法 시행령 36조①).

1. 초과분 선의취득자가 없는 경우: 초과분의 권리자로 전자등록된 자
2. 초과분 선의취득자가 있는 경우: 초과 전자등록 종목의 권리자로 전자등록된 자

발행인에게 권리를 주장할 수 없는 수량 또는 금액은 다음과 같은 구분에 따라 산정된 수량 또는 금액으로 한다(同法 시행령 36조②).

1. 초과분 선의취득자가 없는 경우: 법 제42조 제1항에 따른 초과분 중 각 권리자로 전자등록된 자의 고객계좌부에 전자등록된 수량 또는 금액
2. 초과분 선의취득자가 있는 경우: A x (B / C)

A: 법 제42조 제1항에 따른 초과분 중 법 제35조 제5항에 따라 선의취득된 수량 또는 금액
B: 각 권리자의 고객계좌부에 전자등록된 초과 전자등록 종목의 수량 또는 금액
C: 해당 계좌관리기관의 고객계좌부 전체에 전자등록된 초과 전자등록 종목의 총수량 또는 총금액

(나) 전자등록기관의 초과분 해소의무 미이행

전자등록기관의 초과분 해소의무가 이행될 때까지 해당 전자등록주식등의

권리자로 전자등록된 자로서 대통령령으로 정하는 자는 대통령령으로 정하는 바에 따라 산정된 수량 또는 금액에 대한 권리를 발행인에게 주장할 수 없다(同法 43조②).

발행인에게 권리를 주장할 수 없는 자는 다음과 같다(同法 시행령 36조③).

1. 초과분 선의취득자가 없는 경우: 초과분의 권리자로 전자등록된 자
2. 초과분 선의취득자가 있는 경우: 초과 전자등록 종목의 권리자로 전자등록된 자

발행인에게 권리를 주장할 수 없는 수량 또는 금액은 다음과 같은 구분에 따라 산정된 수량 또는 금액으로 한다(同法 시행령 36조④).

1. 초과분 선의취득자가 없는 경우: 법 제42조 제2항에 따른 초과분 중 각 권리자로 전자등록된 자의 계좌관리기관등 자기계좌부에 전자등록된 수량 또는 금액
2. 초과분 선의취득자가 있는 경우: A x (B / C)

A: 법 제42조 제2항에 따른 초과분 중 법 제35조 제5항에 따라 선의취득된 수량 또는 금액
B: 각 권리자의 계좌관리기관등 자기계좌부 또는 고객계좌부에 전자등록된 초과 전자등록 종목의 수량 또는 금액
C: 계좌관리기관등 자기계좌부 및 고객계좌부 전체에 전자등록된 초과 전자등록 종목의 총수량 또는 총금액

(2) 손해배상과 구상권

권리 행사의 제한으로 해당 전자등록주식등의 권리자에게 손해가 발생한 경우 초과분 해소 의무를 부담하는 자는 해당 손해를 배상해야 한다(同法 43조③). 손해배상 의무의 전부 또는 일부가 이행되지 아니한 경우에는 계좌관리기관 및 전자등록기관은 연대하여 배상할 책임이 있다. 이 경우 해당 초과분 발생에 책임있는 자에 대한 구상권(求償權)에 관하여는 제42조 제5항 및 제6항을 준용한다(同法 43조④).

3. 전자등록 정보 등의 보안

누구든지 전자등록기관 또는 계좌관리기관의 주식등의 전자등록 및 관리를 위한 정보통신망(정보처리장치를 포함)에 거짓 정보 또는 부정한 명령을 입력하거나 권한 없이 정보를 입력·변경해서는 아니 된다(同法 44조①). 누구든지 전자등

록기관 또는 계좌관리기관에 보관된 전자등록 정보 또는 기록 정보를 멸실하거나 훼손해서는 아니 된다(同法 44조②). 누구든지 정당한 접근권한 없이 또는 허용된 접근권한을 초과하여 전자등록기관 또는 계좌관리기관의 주식등의 전자등록 및 관리를 위한 정보통신망에 침입해서는 아니 된다(同法 44조③).

4. 직무 관련 정보의 이용 금지

전자등록기관과 계좌관리기관은 전자증권법에 따른 직무상 알게 된 정보로서 외부에 공개되지 아니한 정보를 정당한 사유 없이 자기 또는 제3자의 이익을 위하여 이용해서는 아니 된다(同法 45조①). 전자등록기관 또는 계좌관리기관의 임직원 및 임직원이었던 사람에 대하여는 제1항을 준용한다(同法 45조②).

5. 보고의무 등

(1) 계좌관리기관의 보고·자료제출·장부열람허용 의무

전자등록기관은 계좌관리기관에 전자등록업무에 관한 보고, 자료의 제출 또는 관련 장부의 열람 등을 요구할 수 있다. 이 경우 계좌관리기관은 정당한 사유가 없으면 전자등록기관의 요구에 따라야 한다(同法 46조①). 계좌관리기관은 다음과 같은 경우에는 전자등록기관에 그 사실을 지체 없이 통지해야 한다(同法 46조②).

1. 전자증권법 제42조 제1항에 따른 초과분 발생을 확인한 경우
2. 영업의 정지, 인가·허가의 취소, 파산·해산, 그 밖에 전자등록업무를 정상적으로 수행할 수 없는 사유가 발생한 경우

(2) 전자등록기관의 보고의무

전자등록기관은 다음과 같은 경우에는 금융위원회에 그 사실을 지체 없이 보고해야 한다(同法 46조③).

1. 전자증권법 제42조 제2항에 따른 초과분 발생을 확인한 경우
2. 전자증권법 제46조 제2항에 따른 통지를 받은 경우
3. 그 밖에 주식등에 대한 전자등록을 위한 업무를 정상적으로 수행할 수 없다고 인정되는 경우로서 대통령령으로 정하는 사유가 발생한 경우

6. 계좌간 대체의 전자등록 제한

전자등록기관은 계좌관리기관의 파산·해산, 그 밖에 대통령령으로 정하는 사유[令 38조①): 1. 계좌관리기관에 대한 인가·허가·등록 등의 취소 또는 업무의 정지, 2. 계좌관리기관의 파산·해산 또는 제1호에 준하는 사유로서 계좌간 대체의 전자등록 업무를 정상적으로 수행할 수 없다고 금융위원회가 정하여 고시하는 사유]가 발생한 경우 해당 전자등록주식등의 종류별 또는 종목별로(同法 시행령 38조②) 고객계좌부에 전자등록된 전자등록주식등의 계좌간 대체의 전자등록을 제한할 수 있다(同法 47조).

7. 전자등록 정보 등의 보존

전자등록기관과 계좌관리기관은 전자등록 정보 또는 기록 정보를 보존해야 한다(同法 48조①). 전자등록기관은 계좌관리기관등 자기계좌부에 전자등록된 정보, 발행인관리계좌부와 고객관리계좌부에 기록된 정보를 영구적으로 보존해야 하고, 계좌관리기관은 고객계좌부에 전자등록된 정보를 해당 고객계좌부가 폐쇄된 날부터 10년간 보존해야 한다(同法 시행령 39조①,③). 이 경우 전자등록기관 또는 계좌관리기관은 전자등록 정보 또는 기록 정보를 위조 또는 변조가 불가능한 장치로 보존하고, 동일한 정보를 둘 이상의 장소(하나의 장소는 정보보호에 필요한 충분한 인력과 전산 설비, 보안 설비, 그 밖의 물적 설비를 갖춘 자가 관리하는 장소에 보존을 위탁할 수 있다)에 보존해야 한다(同法 시행령 39조②).

8. 긴급사태 시의 처분

금융위원회는 천재지변, 전시, 사변, 경제사정의 급격한 변동, 주식등의 전자등록 및 관리를 위한 정보통신망의 중대한 장애, 그 밖에 이에 준하는 사태가 발생하여 주식등의 전자등록업무가 정상적으로 이루어질 수 없다고 인정되는 경우에는 전자등록기관 및 계좌관리기관에 전자등록업무의 중단 등을 명하거나 그 밖에 필요한 조치를 할 수 있다(同法 49조①). 금융위원회는 긴급조치를 한 경우에는 법무부장관에게 지체 없이 통지해야 한다(同法 49조②).

9. 준용규정

전자등록기관 및 계좌관리기관의 전자등록 및 관리업무에 관하여는 「금융실명거래 및 비밀보장에 관한 법률」 제4조를 준용한다(同法 50조).

Ⅶ. 검사 및 감독

1. 보고 및 검사

금융위원회는 전자증권법의 목적을 달성하기 위하여 필요한 경우 전자등록기관에 보고 또는 자료의 제출을 요구하거나 소속 공무원으로 하여금 그 전자등록기관의 업무 상황이나 장부·서류 또는 그 밖에 필요한 물건을 검사하게 할 수 있다(同法 51조①). 금융위원회는 검사를 금융감독원장에게 위탁할 수 있다(同法 51조②). 금융위원회는 검사를 할 때에 필요하다고 인정되는 경우에는 전자등록기관에 전자증권법에 따른 업무 또는 재산에 관한 보고, 자료의 제출, 증인의 출석·증언 및 의견의 진술을 요구할 수 있다(同法 51조③). 검사를 하는 사람은 그 권한을 표시하는 증표를 지니고 관계인에게 보여주어야 한다(同法 51조④). 금융감독원장이 금융위원회의 위탁을 받아 검사를 한 경우에는 그 보고서를 금융위원회에 제출해야 한다. 이 경우 전자증권법 또는 전자증권법에 따른 명령이나 처분을 위반한 사실이 있으면 그 처리에 관한 의견서를 첨부해야 한다(同法 51조⑤).

2. 법무부장관의 검사 요청

법무부장관은 전자증권법의 목적을 달성하기 위하여 필요한 경우 전자등록기관에 보고 또는 자료의 제출을 요구하거나 금융위원회에 전자등록기관에 대한 검사를 요청할 수 있으며 그 검사에 법무부 소속 공무원이 참여하도록 할 수 있다(同法 52조①). 금융위원회는 법무부장관의 검사 요청을 받은 경우 그 검사를 금융감독원장에게 위탁하여 하게 할 수 있다(同法 52조②). 금융감독원장은 금융위원회의 위탁을 받아 검사를 한 경우에는 그 보고서를 법무부장관에게 제출해야 한다. 이 경우 검사보고서의 내용은 전자증권법 제14조 제1항 및 제2항의 업무 및 그 업무와 관련된 재산의 검사에 관한 사항으로 한정하며, 전자등록기관이 전자증권법 또는 전자증권법에 따른 명령이나 처분을 위반한 사실이 있으면 그 처리에 관한 의견서를 첨부해야 한다(同法 52조③).

법무부장관은 전자증권법의 목적을 달성하기 위하여 필요한 경우 금융위원회에 동법 제51조 제5항 전단에 따른 검사보고서(그 처리에 관한 의견서를 포함)를 송부하여 줄 것을 요청할 수 있다(同法 52조④).

3. 전자등록기관에 대한 조치

⑴ 허가취소의 사유와 절차

금융위원회는 전자등록기관이 다음과 같은 경우에는 전자등록업 허가를 취소할 수 있다. 이 경우 금융위원회는 허가를 취소할 때에는 미리 법무부장관과 협의해야 한다(同法 53조①).

1. 거짓, 그 밖의 부정한 방법으로 허가를 받은 경우
2. 허가조건을 위반한 경우
3. 허가요건 유지의무를 위반한 경우
4. 업무의 정지기간 중에 업무를 한 경우
5. 금융위원회의 시정명령 또는 중지명령을 이행하지 아니한 경우
6. 별표 1 각 호의 어느 하나에 해당하는 경우로서 대통령령으로 정하는 경우
7. 대통령령으로 정하는 금융 관련 법령 등을 위반한 경우로서 대통령령으로 정하는 경우
8. 정당한 사유 없이 업무를 중단한 경우
9. 정당한 사유 없이 제3항부터 제6항까지의 규정에 따른 조치 또는 제57조 제1항에 따른 업무이전명령에 따르지 않은 경우
10. 합병, 파산, 영업의 폐지 등으로 사실상 전자등록업무를 수행할 수 없게 된 경우
11. 그 밖에 권리자의 이익을 현저히 해할 우려가 있거나 전자등록업무를 하기 곤란하다고 인정되는 경우로서 대통령령으로 정하는 경우

⑵ 전자등록기관에 대한 조치

전자등록기관은 허가가 취소된 경우에도 업무이전명령에 따라 업무 이전이 완료되기 전까지는 허가 취소 전에 전자등록된 주식등에 관한 전자등록업을 계속하여 할 수 있다(同法 53조②). 금융위원회는 전자등록기관이 제1항 각 호(제6호는 제외)의 어느 하나에 해당하거나 별표 1 각 호의 어느 하나에 해당하는 경우에는 다음과 같은 조치를 할 수 있다. 이 경우 금융위원회는 조치를 할 때에는 미리 법무부장관과 협의해야 한다(同法 53조③).

1. 6개월의 범위에서 전자증권법에 따른 업무의 전부 또는 일부 정지
2. 전자증권법에 따른 업무와 관련된 계약의 인계명령
3. 위법행위의 시정명령 또는 중지명령
4. 위법행위로 인한 조치를 받았다는 사실의 공표명령 또는 게시명령
5. 기관경고
6. 기관주의
7. 그 밖에 위법행위를 시정하거나 방지하기 위하여 필요한 조치로서 대통령령으로 정하는 조치

(3) 전자등록기관 임직원에 대한 조치

(가) 임원에 대한 조치

금융위원회는 전자등록기관의 임원이 제1항 각 호(제6호는 제외)의 어느 하나에 해당하거나 별표 1 각 호의 어느 하나에 해당하는 경우에는 다음과 같은 조치를 할 수 있다. 이 경우 금융위원회는 조치를 할 때에는 미리 법무부장관과 협의해야 한다(同法 53조④).

1. 해임요구
2. 6개월 범위에서의 직무정지
3. 문책경고
4. 주의적 경고
5. 주의
6. 그 밖에 위법행위를 시정하거나 방지하기 위하여 필요한 조치로서 대통령령으로 정하는 조치

(나) 직원에 대한 조치

금융위원회는 전자등록기관의 직원이 제1항 각 호(제6호는 제외)의 어느 하나에 해당하거나 별표 1 각 호의 어느 하나에 해당하는 경우에는 다음과 같은 조치를 전자등록기관에 요구할 수 있다. 이 경우 금융위원회는 조치를 요구할 때에는 미리 법무부장관과 협의해야 한다(同法 53조⑤).

1. 면직
2. 6개월 범위에서의 정직(停職)
3. 감봉
4. 견책

5. 경고
6. 주의
7. 그 밖에 위법행위를 시정하거나 방지하기 위하여 필요한 조치로서 대통령령으로 정하는 조치

(다) 관리 · 감독자에 대한 조치

금융위원회는 전자등록기관의 임직원에 대하여 조치를 하거나 조치를 요구하는 경우 그 임직원에 대하여 관리·감독의 책임이 있는 임직원에 대한 조치를 함께 하거나 이를 요구할 수 있다. 다만, 관리·감독의 책임이 있는 자가 그 임직원의 관리·감독에 상당한 주의를 다한 경우에는 조치를 감면할 수 있다(同法 53조⑥).

(4) 청 문

금융위원회는 다음과 같은 처분 또는 조치를 하려는 경우에는 청문을 해야 한다(同法 54조).

1. 전자등록기관에 대한 허가의 취소
2. 전자등록기관 임원에 대한 해임요구
3. 전자등록기관 직원에 대한 면직요구

(5) 조치 등의 기록 및 공시

금융위원회는 전자등록기관에 대한 조치를 하거나 조치를 요구한 경우에는 그 내용을 기록하고 유지 · 관리해야 한다(同法 55조①). 금융위원회는 제53조 제1항 또는 제3항에 따라 조치를 한 경우 그 사실을 관보 및 인터넷 홈페이지 등에 공고해야 한다(同法 55조②). 금융위원회는 전자등록기관의 퇴임한 임원 또는 퇴직한 직원이 재임 또는 재직 중이었다면 전자증권법 제53조 제4항 제1호 또는 제5항 제1호에 해당하는 조치 또는 조치요구를 받았을 것으로 인정되는 경우에는 그 받았을 것으로 인정되는 조치 또는 조치요구의 내용을 전자등록기관에 통보해야 한다. 이 경우 통보를 받은 전자등록기관은 그 조치 또는 조치요구의 내용을 퇴임·퇴직한 그 임직원에게 통보해야 한다(同法 55조③). 전자등록기관이 금융위원회의 조치요구에 따라 해당 임직원을 조치한 경우 및 동조 제3항에 따라 통보를 받은 경우에는 그 내용을 기록하고 유지 · 관리해야 한다(同法 55조④). 전자등록기관 또는 그 임직원(임직원이었던 사람을 포함)은 금융위원회에 자기에 대한 조치 또는 조치요구 여부 및 그 내용을 조회할 수 있다(同法 55조⑤). 금융

위원회는 조회요청을 받은 경우에는 정당한 사유가 없으면 조치 또는 조치요구 여부 및 그 내용을 그 조회 요청자에게 통보해야 한다(同法 55조⑥).

⑹ 이의신청

전자증권법 제53조 제1항·제3항, 같은 조 제4항 제2호부터 제6호까지 및 같은 조 제6항(같은 조 제4항 제2호부터 제6호까지의 어느 하나에 해당하는 조치에 한정)에 따른 조치에 불복하는 자는 그 조치를 고지받은 날부터 30일 이내에 그 사유를 갖추어 금융위원회에 이의를 신청할 수 있다(同法 56조①). 금융위원회는 이의신청에 대하여 60일 이내에 결정을 해야 한다. 다만, 부득이한 사정으로 그 기간 이내에 결정을 할 수 없을 경우에는 30일의 범위에서 그 기간을 연장할 수 있다(同法 56조②).

⑺ 업무이전명령

㈎ 전자등록기관에 대한 업무이전명령

금융위원회는 다음과 같은 경우에는 전자등록업의 전부 또는 일부를 다른 전자등록기관에 이전할 것을 명할 수 있다. 이 경우 금융위원회는 이전을 명할 때에는 미리 법무부장관과 협의해야 한다(同法 57조①).

1. 전자등록기관이 전자등록업의 전부 또는 일부를 폐지하거나 해산한 경우
2. 전자등록업허가가 취소된 경우

㈏ 계좌관리기관에 대한 업무이전명령

금융위원회는 다음과 같은 경우에는 업무의 전부 또는 일부를 다른 계좌관리기관에 이전할 것을 명할 수 있다(同法 57조②).

1. 계좌관리기관이 정당한 사유 없이 업무를 폐지 또는 중단한 경우
2. 계좌관리기관이 합병, 파산, 영업의 폐지 등으로 사실상 전자등록업무를 수행할 수 없게 된 경우

⑻ 계좌관리기관에 대한 검사 및 조치

계좌관리기관(한국은행, 그 밖에 업무의 성격과 검사의 필요성 등을 고려하여 대통령령으로 정하는 기관은 제외)은 업무의 수행과 관련하여 그 업무와 재산상황에 관하여 금융감독원장의 검사를 받아야 한다. 이 경우 전자등록기관에 대한 검사 및 조치에 관한 제51조 제3항부터 제5항까지의 규정을 준용한다(同法 58조①).

금융위원회는 계좌관리기관 및 그 임직원이 별표 2 각 호의 어느 하나에 해당하는 경우 전자증권법 제53조 제3항 내지 제5항 각 호의 어느 하나에 해당하는 조치를 하거나 계좌관리기관에 요구할 수 있다(同法 58조②,③,④). 이 조치 등에 관하여 제53조 제6항 및 제54조부터 제56조까지(허가의 취소에 관한 부분은 제외)의 규정을 준용한다(同法 58조⑤).

Ⅷ. 단기사채등에 대한 특례

1. 단기사채등의 의의

단기사채등은 사채 또는 법률에 따라 직접 설립된 법인이 발행하는 채무증권에 표시되어야 할 권리(“사채등”)로서 다음 요건을 모두 갖추고 전자등록된 것(“단기사채등”)을 말한다(同法 59조).69)

1. 각 사채등의 금액이 1억원 이상일 것
2. 만기가 1년 이내일 것70)
3. 사채등의 금액을 한꺼번에 납입할 것
4. 만기에 원리금 전액을 한꺼번에 지급한다는 취지가 정해져 있을 것
5. 사채등에 전환권(轉換權), 신주인수권, 그 밖에 다른 권리로 전환하거나 다른 권리를 취득할 수 있는 권리가 부여되지 아니할 것71)
6. 사채등에 「담보부사채신탁법」 제4조에 따른 물상담보(物上擔保)를 붙이지 아니할 것72)

2. 발행 절차 및 발행 한도에 관한 특례

단기사채등을 발행하려는 자는 이사회의 대표이사에 대한 사채발행 위임방법에 관한 상법 제469조 제4항(다른 법률에서 준용하는 경우를 포함)에도 불구하고

69) 종래의 전자단기사채는 전자증권법의 제정으로 「전자단기사채등의 발행 및 유통에 관한 법률」이 폐지되면서 단기사채로 명칭이 변경되었다.

70) “단기”사채임을 고려한 요건이다.

71) 장기적인 주가 추이를 보면서 전환권이나 신주인수권 행사를 결정하기에는 부적절하기 때문이다.

72) 사채에 「담보부사채신탁법」 제4조에 따른 물상담보를 붙이려면 그 사채를 발행하는 회사(위탁회사)와 신탁업자 간의 신탁계약에 의하여 사채를 발행하여야 하고(同法 3조), 이 경우 신탁업자의 관리감독을 받게 되어 신탁업자가 필요할 때에는 언제든지 사채권자집회를 소집할 수 있기 때문이다(同法 41조).

이사회가 정하는 발행 한도(미상환된 단기사채등의 발행 잔액을 기준으로 한다) 이내에서 대표이사에게 단기사채등의 발행 권한을 위임할 수 있다. 이 경우 해당 발행인이 이사회 또는 대표이사의 기능을 수행하는 다른 기구 등을 둔 경우에는 명칭과 관계없이 그 다른 기구 등을 각각 전자증권법에 따른 이사회 또는 대표이사로 본다(同法 59조).

3. 사채원부 작성에 관한 특례

단기사채등에 대하여는 사채원부에 관한 상법 제488조(다른 법률에서 준용하는 경우를 포함)에도 불구하고 사채원부를 작성하지 아니한다(同法 60조).

4. 사채권자집회에 관한 특례

단기사채등에 대하여는 상법 제439조 제3항(제530조 제2항, 제530조의9 제4항 및 제530조의11 제2항에서 준용하는 경우를 포함한다), 사채관리회사에 관한 제481조부터 제484조까지 및 제484조의2(사채권자집회에 관한 부분으로 한정한다), 사채권자집회에 관한 제490조, 제491조, 제491조의2, 제492조부터 제504조까지, 제508조부터 제510조까지 및 제512조를 적용 또는 준용하지 아니한다(同法 61조).

5. 자본시장법상 특례

(1) 자본시장법상 증권신고서 제출의무 면제대상

단기사채도 자본시장법상 증권(채무증권)이므로 자본시장법상 면제사유에 해당하지 않는 한 증권신고서를 제출해야 한다. 그런데 증권신고서는 제출 후 7일이 경과하여야 증권신고서의 효력이 발생하여야 하므로 신속한 발행에 큰 장애가 된다.[73] 특히 인터넷 홈페이지를 통하여 종류, 종목, 금액, 발행 조건, 그 밖

---

73) 증권신고서는 청약권유의 대상이 50인 이상인 경우에만 제출하여야 하는데, 단기사채는 50인 이상의 투자자들 상대로 공모하는 경우는 거의 없을 것이지만, 자본시장법상 간주공모제도가 있어서 전매제한조치를 취하지 않으면 단 1인에게 청약권유를 해도 공모로 간주된다. 단기사채는 기업어음과 달리 전매제한조치인 권면분할금지를 할 수 없으므로 전매가능성 기준에 의하여 공모로 간주될 경우가 많을 것이다. 전매가능성 기준은 청약의 권유를 받는 자의 수가 50인 미만으로서 증권의 모집에 해당되지 아니할 경우에도 해당 증권이 발행일부터 1년 이내에 50인 이상의 자에게 양도될 수 있는 경우로서 증권의 종류 및 취득자의 성격 등을 고려하여 모집으로 보는 기준이다(전매가능성 기준에 관하여는 「증권의 발행 및 공시 등에 관한 규정」 제2-2조 참조).

에 대통령령으로 정하는 사항 등이 공개되는 이상 투자자보호를 위한 조치가 어느 정도 구비되었다고 할 수 있다. 이에 따라 자본시장법은 만기 3개월 이내인 단기사채를 증권신고서 제출면제대상으로 규정한다(法 118조, 令 119조②).

(2) 단기사채의 장외거래

단기사채는 CP의 대체수단으로 도입된 것이므로, 자본시장법상 투자매매업자 또는 투자중개업자의 CP 장외매매와 관련한 규제가 적용된다. 즉, 단기사채는 둘 이상의 신용평가사로부터 신용평가를 받아야 하고, 투자매매업자 또는 투자중개업자가 단기사채에 직간접적으로 지급보증을 할 수 없다(同法 시행령 183조③).

Ⅸ. 기 타

1. 발행 내용의 공개

전자등록기관은 발행인이 주식등을 전자등록한 경우에는 해당 전자등록주식등의 종류·종목, 발행조건, 그 밖에 대통령령으로 정하는 발행 내용을 해당 전자등록기관의 인터넷 홈페이지를 통하여 공개하여야 하며, 이를 지체 없이 금융위원회가 따로 지정하는 전자등록기관에 통보해야 한다(同法 62조①). 금융위원회가 따로 지정하는 전자등록기관은 통지를 받은 경우 지체 없이 대통령령으로 정하는 바에 따라 이를 인터넷 홈페이지를 통하여 공개해야 한다(同法 62조②).

2. 전자등록증명서

(1) 의 의

전자등록증명서란 전자등록주식등의 소유자가 「공탁법」에 따라 공탁하거나 자본시장법 제171조에 따라 보증금 또는 공탁금을 대신 납부하기 위하여 해당 전자등록주식등의 전자등록을 증명하는 문서를 말한다.

(2) 전자등록증명서의 발행

전자등록기관은 전자등록주식등의 소유자가 전자등록증명서의 발행을 신청하는 경우에는 대통령령으로 정하는 방법에 따라 발행해야 한다. 이 경우 계좌관리기관에 전자등록된 주식등의 소유자는 해당 계좌관리기관을 통하여 신청해야 한다(同法 63조①).

(3) 처분제한등록

전자등록기관이 전자등록증명서를 발행한 때에는 해당 전자등록주식등이 전자등록된 전자등록기관 또는 계좌관리기관은 전자등록계좌부에 그 전자등록증명서 발행의 기초가 된 전자등록주식등의 처분을 제한하는 전자등록을 하여야 하며, 그 전자등록증명서가 반환된 때에는 그 처분을 제한하는 전자등록을 말소해야 한다(同法 63조②). 누구든지 처분이 제한되는 전자등록주식등을 자신의 채권과 상계(相計)하지 못하며, 이를 압류(가압류를 포함)하려는 경우에는 대통령령으로 정하는 방법 및 절차에 따라야 한다(同法 63조③).

3. 종류주식 전환에 관한 특례

회사가 전자등록된 종류주식(種類株式)을 다른 종류주식으로 전환하는 경우[74] 이사회는 상법 제346조 제3항 제2호(2주 이상의 일정한 기간 내에 그 주권을 회사에 제출해야 한다는 뜻) 또는 제3호(그 기간 내에 주권을 제출하지 아니할 때에는 그 주권이 무효로 된다는 뜻)에 따른 사항 대신에 회사가 정한 일정한 날("전환기준일")에 전자등록된 종류주식이 다른 종류주식으로 전환된다는 뜻을 공고하고, 주주명부에 주주, 질권자, 그 밖의 이해관계자로 기재되어 있는 자에게 그 사항을 통지해야 한다(同法 64조①).

주식전환의 효력발생에 관한 상법 제350조 제1항에 불구하고 회사가 전자등록된 종류주식을 다른 종류주식으로 전환한 경우에는 전환기준일에 전환의 효력이 발생한다(同法 64조②). 전환등기에 관한 상법 제351조에도 불구하고 회사가 전자등록된 종류주식을 다른 종류주식으로 전환한 경우의 변경등기는 전환기준일이 속하는 달의 마지막 날부터 2주 내에 본점 소재지에서 해야 한다(同法 64조③).

4. 주식의 병합에 관한 특례

회사는 전자등록된 주식을 병합하는 경우에는 상법 제440조(1월 이상의 기간을 정하여 공고 및 주주와 질권자에 통지)에도 불구하고 회사가 정한 일정한 날("병합기준일")에 주식이 병합된다는 뜻을 그 날부터 2주 전까지 공고하고 주주명부

---

74) 제64조는 이미 전자등록된 종류주식을 다른 종류주식으로 전환하는 경우의 특례규정이므로, 회사가 종류주식을 다른 종류주식으로 전환하면서 전자등록을 하는 경우에는 특례 규정이 적용되지 않는다.

에 기재된 주주와 질권자에게는 개별적으로 그 통지를 해야 한다(同法 65조①). 주식병합의 효력은 주권제출기간 만료시 발생한다는 상법 제441조 본문에도 불구하고 전자등록된 주식의 병합은 병합기준일에 효력이 생긴다. 다만, 상법 제232조(합병시 채권자의 이의)의 절차가 종료되지 아니한 경우에는 그 종료된 때에 효력이 생긴다(同法 65조②).[75)]

위 제1항과 제2항은 다음 사유로 전자등록된 주식의 신규 전자등록 및 신규 전자등록의 변경·말소의 전자등록을 하는 경우에 준용한다(同法 65조③).

1. 회사의 합병 및 분할(분할합병을 포함한다)
2. 주식의 분할
3. 주식의 소각
4. 액면주식과 무액면주식 간의 전환

5. 주주명부 등에 관한 특례

기준일을 정한 발행인이 일정한 경우(同法 37조①: 자본시장법에 따라 투자신탁재산을 운용하는 집합투자업자가 집합투자기구의 결산에 따라 발생하는 분배금을 배분하기 위한 경우, 그 밖에 권리자의 이익을 해칠 우려가 적은 경우로서 대통령령으로 정하는 경우)에 소유자명세의 작성을 요청하지 아니하면, 기준일에 전자등록계좌부에 전자등록된 전자등록주식등의 권리자를 그 권리를 행사할 자로 본다(同法 66조).

6. 외국 전자등록기관 등에 관한 특례

제20조 제1항 제3호, 제37조, 제39조, 제40조, 제41조 제1항, 제42조, 제43조 제3항·제4항, 제48조 및 제63조는 외국 전자등록기관이 전자증권법에 따른 계좌관리기관의 업무를 하는 경우에 대하여는 적용하지 아니한다. 다만, 외국 전자등록기관이 그 적용을 요청하는 경우에는 적용한다(同法 67조①). 제36조 제1항에도 불구하고 외국법인등은 전자등록주식등에 대하여 증권 또는 증서를 발행할 수 있다. 이 경우 그 증권 또는 증서를 그 외국법인등의 소재지의 외국 전자등록기관 또는 금융위원회가 정하여 고시하는 보관기관에 보관하는 경우에만 해당

75) 상법상 주식병합절차에서 필요한 구주권 제출과 신주권 교부를 위한 공고·통지는 필요없고, 병합기준일만 공고·통지하면 된다.

증권 또는 증서에 표시될 수 있거나 표시되어야 할 권리의 전자등록을 할 수 있다(同法 67조②).

7. 민사집행

⑴ 민사집행규칙

전자등록주식등에 대한 강제집행, 가압류, 가처분의 집행, 경매 또는 공탁에 관하여 필요한 사항은 대법원규칙으로 정한다(同法 68조). 민사집행규칙은 제182조의2부터 제182조의9에서 상세한 규정을 두고 있다.

집행채무자는 전자등록계좌부에 자기명의로 주식등을 등록한 자이다. 제3채무자는 고객이 채무자인 경우에는 계좌관리기관, 계좌관리기관이 채무자인 경우에는 전자등록기관이다(民執則 182조의9①).

⑵ 압류명령

전자등록주식등에 대한 강제집행은 전자등록주식등에 대한 법원의 압류명령에 따라 개시한다(民執則 182조의2①). 압류의 대상은 고객계좌부나 자기계좌부에 등록된 주식등이다. 전자증권은 실물증권이 발행되지 아니하므로 집행관의 점유는 필요하지 않다.

법원이 전자등록주식등을 압류하는 때에는 채무자에 대하여는 계좌대체의 전자등록신청, 말소등록의 신청이나 추심·그 밖의 처분을 금지하고, 채무자가 계좌관리기관등인 경우에는 전자등록기관에 대하여, 채무자가 고객인 경우에는 계좌관리기관에 대하여 계좌대체와 말소를 금지해야 한다(同 規則 182조의3).

⑶ 전자등록주식등의 현금화

법원은 압류채권자의 신청에 따라 압류된 전자등록주식등에 관하여 법원이 정한 값으로 지급함에 갈음하여 압류채권자에게 양도하는 명령(전자등록주식등양도명령) 또는 추심에 갈음하여 법원이 정한 방법으로 매각하도록 집행관에게 명하는 명령(전자등록주식등매각명령)을 하거나 그 밖에 적당한 방법으로 현금화하도록 명할 수 있다. 이러한 신청에 관한 재판은 확정되어야 효력이 있고, 재판에 대하여는 즉시항고를 할 수 있다(同 規則 182조의5).

⑷ 전자등록기관 또는 계좌관리기관의 공탁

전자등록주식등 중 사채, 국채, 지방채, 그 밖에 이와 유사한 것으로서 원리금지급청구권이 있는 것(전자등록사채등)이 압류된 경우 만기 도래, 그 밖의 사유로 발행인으로부터 원리금을 수령한 전자등록기관 또는 계좌관리기관은 채무자에게 수령한 원리금 중 압류된 부분에 해당하는 금액을 지급할 수 없고, 위 금액을 지체 없이 공탁해야 한다. 다만 압류에 관련된 전자등록사채등에 관하여 수령한 금액 전액을 공탁할 수 있다(同 規則 182조의8①).

(5) 전자등록주식등에 대한 보전처분

전자등록주식등을 가압류하는 때에는 전자등록기관 또는 계좌관리기관에 대하여 전자등록주식등에 관한 계좌대체와 말소를 금지하는 명령을 해야 한다(同 規則 214조의2①). 이 규정은 전자등록주식등의 처분을 금지하는 가처분에 준용된다(同 規則 217조의2).

보전처분의 성질상 환가절차(양도명령·매각명령)와 배당절차가 없다는 점 외에는 강제집행 절차와 구조가 동일하고, 보전처분의 집행에 관하여는 특별한 규정이 없으면 강제집행에 관한 규정을 준용한다(同 規則 218조). 가압류·가처분명령이 제3채무자에게 송달된 때 가압류·가처분의 효력이 발생한다.

8. 권한의 위탁

전자증권법에 따른 금융위원회의 권한은 그 일부를 대통령령으로 정하는 바에 따라 금융감독원장에게 위탁할 수 있다(同法 69조).

9. 고유식별정보의 처리

전자등록기관은 전자증권법에 따라 수행하는 사무로서 대통령령(同法 시행령 46조①)으로 정하는 사무를 수행하기 위하여 불가피한 경우에는 「개인정보 보호법」 제24조 제1항에 따른 고유식별정보로서 대통령령(同法 시행령 46조②)으로 정하는 정보[주민등록번호, 여권번호, 운전면허의 면허번호 및 외국인등록번호]가 포함된 자료를 처리할 수 있다(同法 70조).

10. 전자등록기관의 변경

전자등록기관은 발행인이 해당 전자등록기관에 전자등록한 주식등을 다른 전자등록기관으로 이전하여 전자등록할 것을 신청하는 경우에는 해당 발행인이 전자등록한 주식등의 권리 내역 등 대통령령으로 정하는 사항을 지체 없이 발행인에게 통지해야 한다(同法 71조①). 발행인은 통지를 받은 경우 이를 지체 없이 새로 발행인관리계좌를 개설한 전자등록기관에 통지해야 한다(同法 71조②).

11. 한국은행에 관한 특례

한국은행은 다음과 같은 것("국채등")의 소유자가 되려는 자가 국채등의 발행을 청구하는 경우에는 그 소유자가 되려는 자의 신청으로 이들을 갈음하여 전자등록기관을 명의인으로 하는 국채등의 등록(「국채법」, 「국고금 관리법」, 「한국은행 통화안정증권법」에 따른 등록)을 할 수 있다(同法 72조①). 즉, 이 경우에는 한국은행이 등록 및 등록의 말소 업무를 수행하는 기관이다(國債法 8조③).

1. 「국채법」에 따른 국고채권
2. 「국고금 관리법」에 따른 재정증권
3. 「한국은행 통화안정증권법」에 따른 통화안정증권

한국은행은 전자등록기관의 명의로 등록된 국채등이 전자증권법에 따라 소유자의 명의로 전자등록될 수 있도록 등록 내용을 전자등록기관에 통지해야 한다. 이 경우 전자증권법 제25조 및 제26조를 준용한다(同法 72조②).

제 2 절 가상자산 규제

Ⅰ. 가상자산 일반론

1. 가상자산의 개념

가상자산에 대하여 각국은 규제목적에 따라 다양하게 정의하고 있으므로 국제적으로 통일된 명칭은 없다.[76] 가상자산 관련 입법 과정에서 발의되었던 법안

76) 가상화폐, 가상통화, 가상자산, 디지털통화, 디지털자산, 암호화폐, 암호통화, 암호자산 등 다양한 명칭이 사용된다. 다만, 교환의 매개기능을 가진 것은 화폐(가상화폐 또는 암호화폐)라는 명칭을 사용하기도 하고, 대법원 2018. 5. 30. 선고 2018도3619 판결도 비트코인에 대하여 가상화폐라는 용어를 사용했지만, "화폐"나 "통화"는 지급수단의 성격을 강조하여 법정통화로 오인될 우려가 있으므로 "자산"이라는 용어가 적절하다. 한편, 암호화기술을 이용한 분산원장·블록체인에 기반을 둔 것이라는 특성을 고려하면 "암호"라는 용어가 적절해 보이는 면이 있지만, 자금세탁방지기구(FATF: Financial Action Task Force)도 "가상자산(Virtual Asset)"이라는 용어를 공식적으로 사용하고 있다. "가상"이라는 용어는 실제로는 존재하지 않는다는 의미로 오인될 우려가 있으나 물리적 실체가 없다는 의미로 보면 되므로, 본서에

들의 가상자산에 대한 정의 규정도 일치하지 않고 다양하다.[77]

「가상자산 이용자 보호 등에 관한 법률」[78]은 "가상자산"을 "경제적 가치를 지닌 것으로서 전자적으로 거래 또는 이전될 수 있는 전자적 증표(그 관한 일체의 권리를 포함한다)를 말한다."라고 정의한다(同法 2조 1호).[79]

서도 국내 실정법상의 용어인 "가상자산"으로 표현한다. 일본의 「資金決済에 관한 法律」은 "가상통화(仮想通貨)"라는 용어로 규정했다가 2019년 5월 개정시 "암호자산(暗号資産)"으로 변경하였다(同法 2조 5호). 金融商品取引法도 암호자산 거래에 관한 규제 조항을 두고 있다(金商法 185조의22부터 285조의24까지). EU의 MiCA(Markets in Crypto-Assets Regulation)도 암호자산(Crypto-Assets)이라는 용어를 사용한다. 가상자산과 비교되는 개념인 "전자화폐"는 법정화폐를 전자적으로 저장한 것으로 전자금융거래법 제2조 제15호는 "전자화폐라 함은 이전 가능한 금전적 가치가 전자적 방법으로 저장되어 발행된 증표 또는 그 증표에 관한 정보로서 가목부터 마목까지의 요건을 모두 갖춘 것을 말한다."라고 규정한다.

77) 그 밖에 21대 국회에 제출된 법안의 정의규정을 보면, 「가상자산 거래에 관한 법률안」(의안번호 2110312), 「가상자산산업기본법안」(의안번호 2113016), 「가상자산산업 발전 및 이용자보호에 대한 기본법안」(의안번호 2113168)은 "경제적 가치를 지닌 것으로서 전자적으로 거래 또는 이전될 수 있는 전자적 증표"로 규정하고, 「가상자산업 발전 및 이용자 보호에 관한 법률안」(의안번호 2110190), 「가상자산업법안」(의안번호 2109935)은 "경제적 가치를 지닌 무형의 자산으로서 전자적으로 거래 또는 이전될 수 있는 전자적 증표(그에 관한 일체의 권리를 포함한다)"로 규정하고, 「가상자산 거래 및 이용자 보호 등에 관한 법률안」(의안번호 2111459)은 "컴퓨터 기술이나 생산 노력에 의하여 창조하거나 획득할 수 있는 교환의 매개수단 또는 디지털 가치저장방식으로 사용되는 모든 종류의 디지털 단위로서, 분산된 비중앙집중식 저장소 및 관리자 방식의 컴퓨터 암호학 기술에 기반을 둔 전자적 증표"로 규정하고, 「가상자산 불공정거래 규제 등에 관한 법률안」(의안번호 2118204)은 "「특정 금융거래정보의 보고 및 이용 등에 관한 법률」 제2조 제3호에 따른 가상자산"이라고 정의한다. 각종 법안의 정의규정에 나오는 "전자적으로 저장된 가치", "불특정 다수인이 지급을 위하여 사용하거나 매도·매수할 수 있는 재산적 가치", "이전 가능한 재산적 가치 등을 전자적으로 저장된 형태로 발행한 것", "분산된 비중앙집중식 저장소 및 관리자 방식의 컴퓨터 암호학 기술에 기반을 둔 것" 등에서 보듯이, "분산형 발행", "재산적 가치", "지급수단성" 및 "전자적 저장" 등이 가상자산의 핵심적인 개념요소라 할 수 있다.

78) 「가상자산 이용자 보호 등에 관한 법률」은 제목 그대로 이용자보호와 불공정거래 규제를 위한 법이고, 후속적으로 업자와 거래를 규제하는 2차적인 입법이 예정되어 있다. 본서에서는 「가상자산 이용자 보호 등에 관한 법률」을 법제처가 정한 바에 따라 "가상자산이용자보호법"으로 약칭하는데, 가상자산이용자보호법은 공포 후 1년이 경과한 2024. 7. 19.부터 시행한다(同法 부칙 1조).

79) 가상자산과 관련하여, 하급심판결에서는 암호화폐로 표기하는 경우가 많고, 판결의 이유와 주문에서 "비트코인 암호화폐 4비트코인(BTC)", "이더리움 암호화폐 200이더리움(ETH)"과 같은 방식으로 표기하는 예가 많고(서울동부지방법원 2022. 5. 26. 선고 2021고단3564 판결, 서울중앙지방법원 2021. 2. 18. 선고 2019가합556022 판결, 서울남부지방법원 2020. 3. 25. 선고 2019가단225099 판결, 전주지방법원 남원지원 2020. 6. 17. 선고 2019가단10898 판결, 서울중앙지방법원 2019. 8. 13. 선고 2018가합577534 판결, 서울중앙지방법원 2019. 7. 16. 선고 2017가단94431 판결), "가상자산 비트코인(BTC) 10개"로 표기한 판례도 있다(수원지방법원 2023. 1. 13. 선고 2021가합19029 판결, 서울중앙지방법원 2024. 11. 28. 선고 2024나4536 판결). 또한 "가상화폐"라는 용어로 표기한 판례도 많다(서울동부지방법원 2023. 11. 22. 선고 2023가단

2. 가상자산의 분류

가상자산을 분류함에 있어서 이하에서는 가상자산의 기능적 속성을 기준으로 분류한다.[80)]

(1) 지불형토큰

지불형토큰(payment token, 교환토큰)은 재화나 서비스에 대한 지급을 목적으로 하는 토큰으로서, 교환의 매개기능을 가진 비트코인(Bitcoin)이 대표적인 지불형토큰이다. 증권의 개념에 속하지 아니하므로 증권으로서 규제를 받지 않지만 자금세탁방지규제를 받는다.

(2) 유틸리티형토큰

유틸리티형토큰(utility token, 기능형토큰, 서비스이용형토큰)은 프로그램이나 서비스에 대한 디지털 접근권을 부여한 토큰이다. 이더리움(Ethereum)이 대표적인 유틸리티형토큰이다. 유틸리티형토큰은 증권규제를 받지 않지만 자금세탁방지규제를 받는다.

(3) 자산형토큰 · 토큰증권

각종 권리(지분권, 배당청구권 등)가 부여되므로 자산형 토큰(asset token) 또는 증권의 외관이 토큰이므로 토큰증권(ST: Security Token)이라 부르는데, 그 실질이 증권에 해당하므로 자본시장법상 증권규제가 적용된다.

(4) 혼합형토큰

토큰은 비트코인처럼 하나의 기능만을 가질 수도 있지만, 각 기능이 상호 배타적인 것이 아니므로 각 토큰의 특징이 결합되어 다양한 기능을 동시에 수행하는

135176 판결, 대전지방법원 2023. 8. 8. 선고 2021가단123762 판결, 서울중앙지방법원 2023. 7. 10. 선고 2021가단5326284 판결, 서울동부지방법원 2023. 5. 10. 선고 2022가합108242 판결).

80) 여기서 가상자산의 분류는 스위스 금융시장감독기구(FINMA: Swiss Financial Market Supervisory Authority)가 2018년 발표한 ICO(Initial Coin Offering) 가이드라인에 의한 것이다. ICO는 투자자가 통상 가상자산으로 투자하고 발행자가 그 대가로 투자자에게 블록체인 분산원장 내에서 생성된 토큰(token)을 발행하는 행위를 의미한다고 할 수 있다. 다만, 국내에서는 현재 ICO가 금지되어 있는데, 헌법재판소는 이러한 방침에 대한 헌법소원 사건에서 "정부기관이 ICO의 위험을 알리고 소관 사무인 금융정책·제도의 방향을 사전에 공표함으로써 일반 국민의 행위를 일정한 방향으로 유도·조정하려는 목적을 지닌 행정상의 안내·권고·정보제공 행위"라며 "국민이 스스로 판단해 행정기관이 의도하는 바에 따르게 하는 사실상의 효력을 갖지만 직접 작위·부작위 등의 의무를 부과하는 어떤 법적 구속력도 없어 헌법소원의 대상인 '공권력의 행사'에 해당된다고 볼 수 없다."라고 판시하면서 각하결정을 하였다(헌재 2022. 9. 29.자 2018헌마1169 결정).

복합적인 성격을 가지고 있는 혼합형토큰(hybrid token, 하이브리드형토큰)이 존재한다. 혼합형토큰의 결합된 특징에 따라 관련 규제가 중복하여 적용될 수 있다.

(5) MiCA의 분류

EU의 MiCA(Markets in Crypto-Assets Regulation, 암호자산시장규정)는 암호자산을 증권형토큰, 유틸리티토큰, 자산준거토큰, 전자화폐토큰 등으로 정의하면서 증권형토큰은 적용대상에서 제외한다.[81)]

3. 가상자산의 법적 성격

가상자산은 일부 지불형토큰으로 인하여 가상화폐 또는 암호화폐라고도 불리었지만, 액면가가 없는 등 화폐로서의 일반적인 특성이 결여되어 있고, 지급수단성이 없는 경우도 있으므로 명칭에 불구하고 법적 성격을 화폐로 볼 수 없고, 거래의 목적물인 자산 내지 상품에 해당한다. 미국의 IRS(국세청)는 과세목적상 가상자산을 재산(property)으로 정의하고, CFTC(상품선물거래위원회)는 비트코인을 포함한 가상자산이 Commodity Exchange Act의 규제대상이 되는 상품(commodity)에 해당한다고 보아 규제하고, 판례도 이를 인정하고 있다. CFTC는 상품 관련 파생상품거래에 대하여는 포괄적인 규제권한을 가지고, 도드-프랭크법에 의하여 상품 현물거래에 대하여는 불공정거래를 규제할 수 있는 권한을 가진다.

가상자산의 법적 성격에 관하여 대법원은 "국가에 의해 통제받지 않고 블록체인 등 암호화된 분산원장에 의하여 부여된 경제적인 가치가 디지털로 표상된 정보로서 재산상 이익"으로 본다.[82)]

한편, 판례는 비트코인을 재산적 가치가 있는 무형의 재산에 해당한다는 이유로 「범죄수익은닉의 규제 및 처벌 등에 관한 법률」에 의한 몰수의 대상이라고 본다.[83)]

---

81) MiCA는 암호자산 규제에 관한 기본법인데, 2023. 5. 31. 제정되어 2024. 6. 30.부터 시행될 예정이다. "Crypto-Assets"라는 명칭에 맞추어 암호자산으로 표기한다.

82) 대법원 2021. 12. 16. 선고 2020도9789 판결. "비트코인은 경제적인 가치를 디지털로 표상하여 전자적으로 이전, 저장과 거래가 가능하도록 한 가상자산의 일종으로 사기죄의 객체인 재산상 이익에 해당한다."라고 판시한 판례도 있다(대법원 2021. 11. 11. 선고 2021도9855 판결).

83) 대법원 2018. 5. 30. 선고 2018도3619 판결. 원심 판결(수원지방법원 2018. 1. 30. 선고 2017노7120 판결)은 비트코인의 개념과 법적 성격에 관하여 다음과 같이 구체적으로 설시하였다.

① 가상화폐는 자연인 또는 법인이 교환수단으로 사용하는 경제적인 가치의 디지털표상으로 그 경제적인 가치가 전자적으로 이전, 저장 또는 거래될 수 있는 것으로 이해된다. 비트코인은 2009년경 탄생한 비트코인 단위로 거래되는 암호화된 디지털 가상화폐로서,

4. 가상자산의 거래 구조

(1) 직접 보유

가상자산을 거래하려면 먼저 블록체인상에 가상자산 계정을 개설하고 공개키(address)와 개인키(private key, 비밀키라고도 함)를 받는다. 비밀키는 별도로 생성하는 것이 아니고 공개키 주소 생성시 자동적으로 생성된다. 공개키를 확보하더라도 소유자가 특정되는 것은 아니고 개인키를 가지는 자가 블록체인상의 가상자산에 대한 통제권을 가진다. 블록체인 계정을 통한 직접 보유의 경우 거래의 편의상 공개키와 개인키를 지갑(wallet)에 옮겨놓을 수 있는데,[84] 인터넷에 접속하여 이용할 수 있는 핫월렛(hot wallet)과 인터넷과 연결하지 않고 USB와 같은 저장매체에 보관하는 콜드월렛(cold wallet)/하드월렛(hard wallet) 등이 있다.

기존의 가상화폐와 달리 발행이나 거래의 승인 등을 담당하는 일정한 발행기관이나 감독기관이 존재하지 않는 대신 P2P 네트워크와 블록체인 기술을 이용하여 거래 기록의 보관, 승인 등을 네트워크 참가자들이 공동으로 수행하는 점에 그 특이성이 있다.

② 비트코인의 거래자는 자신의 비트코인을 디지털 공간에 구현된 전자지갑에 보관할 수 있으며, 보관 중인 비트코인은 일종의 계좌번호에 해당하는 공개주소와 비밀번호에 해당 하는 비밀키를 통해 거래된다. 거래자가 수취자의 공개주소와 이체할 비트코인의 액수를 입력하면, 수취자는 비밀키를 입력함으로써 위 비트코인을 수취하게 되는데, 이러한 모든 비트코인 거래는 약 10분마다 생성되는 블록(block)에 기록되어 기존 블록에 덧붙여짐으로써 확정되며(거래가 미확정된 상태에서 수취자는 이체받은 비트코인을 사용할 수 없다), 이러한 거래기록의 집합을 블록체인이라 한다. 비트코인의 모든 거래는 일종의 공개 장부인 위 블록체인을 통해 네트워크상에 기록되어 공유되므로 비트코인의 복제 내지 이중사용은 사실상 불가능하다[만약 해커가 비트코인을 복제하여 이중으로 사용하려고 하는 경우, 비트코인 시스템은 더 긴 블록체인을 유효한 것으로 인정하기 때문에 해커는 기존의 블록체인보다 더 긴 블록체인을 임의로 만들어야 하는데, 이는 네트워크상의 모든 컴퓨터를 합친 것보다 더 많은 컴퓨터 연산능력을 필요로 하기 때문에 사실상 불가능하다].

③ 비트코인은 비트코인 거래기록들을 이용하여 일종의 수학문제를 푸는 작업이라 할 수 있는 채굴을 통해 생성된다. 채굴에 참여하는 사람들은 그 채굴과정에서 비트코인 네트워크 시스템의 운영에 기여하게 되며, 채굴에 성공하는 자에게는 새로 발행된 비트코인이 주어진다. 비트코인은 총 2,100만 비트코인까지만 생성될 수 있도록 자체 설계되어 있고, 이에 따라 채굴의 성공에 따른 비트코인 보수도 계속하여 감소하고 있다.

④ 비트코인은 앞서 본 개별적인 거래 내지 채굴 작업을 통해 획득하는 것 외에도 거래소를 통해 획득하는 것이 가능하며, 거래소의 중개를 통해 수요와 공급의 상대적인 규모에 의해 정해진 교환비율에 따라 법정통화로 비트코인을 구입할 수 있다.

84) 서울남부지방법원 2024. 10. 24. 선고 2023가단285876 판결은 "가상자산 지갑(Virtual asset wallet)이란 가상자산을 보유하고 자산을 넣기 위해 사용되는 소프트웨어를 의미한다."라고 판시한 바 있다. 가상자산 지갑이라고 부르지만, 지갑에 보관하는 것은 가상자산 자체가 아니라 공개키와 개인키이다.

⑵ 간접 보유

가상자산의 간접 보유란 블록체인과 관계 없이 이용자가 가상자산사업자에게 개설한 계좌에 가상자산을 보유하는 것이다. 이용자는 가상자산사업자에 대하여 가상자산에 대한 반환청구권을 가진다. 가상자산사업자는 이용자의 가상자산의 전부 또는 일부를 자신의 블록체인 계정에 보관할 수도 있다.[85]

5. 가상자산과 금융투자상품

⑴ 금융투자상품의 요건

가상자산도 금융투자상품의 요건인 자본시장법 제3조 제1항의 원본손실위험(투자성)은 인정된다. 그러나 자본시장법상 금융투자상품에 해당하려면 투자성 요건을 충족하는 외에 자본시장법 제3조 제2항의 구분에 따른 증권 또는 파생상품 중 어느 하나에 해당해야 한다. 즉, 자본시장법상 증권이나 파생상품 중 어느 하나에 해당하는 가상자산만 금융투자상품에 해당할 수 있다.

⑵ 증권 해당 여부

가상자산이 증권에 해당하는지 여부는 투자자로부터 자금을 조달하면서 투자자들에게 그 대가로 자산형토큰을 발행하는 ICO 및 가상자산의 거래를 중개하거나 가상자산시장을 개설하는 가상자산사업자와 관련하여 문제된다.[86]

지불형토큰과 유틸리티형토큰은 지급청구권이 표시된 것이 아니므로 채무증권도 아니고, 출자지분 또는 출자지분을 취득할 권리가 표시된 것이 아니므로 지분증권도 아니고, 신탁의 수익권이 표시된 것이 아니므로 수익증권도 아니고, 파생결합증권이나 증권예탁증권도 아니다. 따라서 자본시장법 제4조 제2항에서 규정하는 증권의 어느 유형에도 해당하지 않는다.

그런데 자본시장법은 채무증권, 지분증권, 수익증권에 대하여 각각 "그 밖에 이와 유사한 것"을 포함하도록 규정하므로(法 4조③), 특정인에 대한 채권이 표시되거나, 출자지분이 표시되거나 수익권이 표시된 토큰증권은 발행주체에 대한 권리의 내용과 형식에 따라 채무증권, 지분증권, 투자계약증권, 파생결합증권 등에 해당할 수 있다.

---

85) 뒤에서 보듯이 가상자산이용자보호법은 가상자산사업자의 콜드월렛 이용을 의무화하고 있다.

86) 금융투자상품에 해당하는 가상자산은 자본시장법의 규제대상이 되므로, 해당 가상자산을 거래하는 가상자산사업자는 자본시장법상 진입규제, 투자자보호를 위한 각종 영업행위규제 등을 받아야 한다.

한편, 실제의 적용사례가 거의 없었던 자본시장법 제4조 제6항의 투자계약증권은 "특정 투자자가 그 투자자와 타인(다른 투자자 포함) 간의 공동사업에 금전등을 투자하고 주로 타인이 수행한 공동사업의 결과에 따른 손익을 귀속받는 계약상의 권리가 표시된 것"을 말한다(法 4조⑥). 가상자산의 발행인과 거래자 간에는 수직적 공동성, 거래자들 상호간에는 수평적 공동성이 인정되고, 여기서 "금전등"은 "금전, 그 밖의 재산적 가치가 있는 것"이므로(法 3조①) 현금이 아닌 다른 가상자산을 지급하는 경우도 일반적인 경우에는 "공동사업에 대한 금전등을 투자" 요건을 충족한다. 따라서 투자계약증권으로서의 요건을 갖춘 가상자산의 경우 증권규제가 적용된다.[87]

⑶ 파생상품 또는 기초자산 해당 여부

가상자산은 기초자산의 가격 변동에 의하여 손익이 결정되는 파생상품의 개념에 부합하지 않고, 경제적 구조도 자본시장법 제5조 제1항이 규정하는 파생상품의 유형인 선도, 옵션, 스왑의 어느 것에도 해당하지 아니하므로 가상자산 자체는 파생상품에 해당하지 않는다. 한편, 국내에서는 가상자산을 기초자산으로 하는 파생상품의 거래가 허용되지 않고 있지만,[88] 미국에서는 비트코인을 기초자

---

87) SEC는 2017년 DAO(Decentralized Autonomous Organizations)의 ICO에 관한 "DAO 보고서"에서 Howey 기준을 기초로 하여 개발자들이 ICO를 통하여 판매한 DAO 토큰은 연방증권법상 투자계약(investment contract)으로서 연방증권법의 증권규제가 적용된다고 판단하였다(다만, SEC는 여러 사정을 고려하여 연방증권법 위반에 대한 제재는 하지 않았다). SEC는 현재로서는 비트코인, 이더리움 등은 분산발행방식을 취하지 않은 리플(XRP)과 달리 충분히 탈중앙화(decentralized)되어 있으므로 증권에 해당하지 않는다고 본다. 나아가 SEC는 2020년 12월 리플의 발행·유통사인 Ripple Labs를 상대로 리플 판매계약이 증권(투자계약증권)에 해당하는데 Securities Act of 1933 §5(a), §5(c)에 의한 공시규제를 위반하였다는 이유로 금지명령(injunction), 부당이익반환(disgorgement), 민사벌금(civil penalty) 등을 청구하는 소송을 제기했다. 이 사건에서 2023년 7월 뉴욕남부연방법원에서는 기관투자자와의 거래에 대해서는 증권성을 인정하면서 개인투자자의 경우에는 가상자산 거래소에서 블라인드 거래를 했으므로 기관투자자와 달리 Howey 기준의 투자수익에 대한 기대가 있었다고 보기 어렵다는 이유로 증권성을 부인하였는데, 그 후 테라·루나 사건에서 뉴욕맨해튼연방법원은 개인투자자도 충분히 합리적으로 투자 수익을 기대했다는 이유로 투자자를 구분하지 않고 증권성을 인정하였다. 이와 같이 가상자산의 증권성 여부에 대하여 리플과 테나·루나 관련 사건에서 서로 다른 취지의 판결이 선고되었는데 연방항소법원과 연방대법원의 판결이 나올 때까지는 계속 논란의 대상이 될 것으로 보인다.

88) 가상자산을 기초자산으로 하는 파생상품의 거래를 허용할 것인지 여부는 가상자산 규제에 관한 정책방향에 따라 결정될 것이다. 자본시장법상 증권에 해당하는 가상자산은 자본시장법 제4조 제10항의 기초자산 중 제1호 금융투자상품에 해당하여 이를 기초자산으로 하는 파생상품이 인정될 수 있을 것이고, 제3호 일반상품에 해당하는지 여부는 해당 가상자산의 구체적 내용 및 그 법적 성격에 따라 판단될 것이다.

산으로 하는 파생상품이 거래되고 있으며, 비트코인 선물/현물을 대상으로 하는 ETF도 거래되고 있다.[89]

Ⅱ. 가상자산이용자보호법

1. 가상자산과 가상자산사업자

(1) 다른 법률과의 관계

가상자산 및 가상자산사업자에 관하여 다른 법률에서 특별히 정한 경우를 제외하고는 가상자산이용자보호법에서 정하는 바에 따른다(同法 4조). 자본시장법은 대표적인 다른 법률이다. 따라서 가상자산 중 자본시장법상 증권에 해당하는 토큰증권은 자본시장법이 우선 적용된다.

(2) 가상자산

(가) 가상자산의 정의

가상자산이용자보호법은 "가상자산"을 "경제적 가치를 지닌 것으로서 전자적으로 거래 또는 이전될 수 있는 전자적 증표(그에 관한 일체의 권리를 포함한다)를 말한다."라고 정의한다(同法 2조 1호).[90][91]

(나) 적용제외

가상자산이용자보호법은 다음과 같은 것을 가상자산이용자보호법의 적용대

---

89) 시카고상업거래소(CME: Chicago Mercantile Exchange)에서 비트코인을 기초자산으로 하는 선물(Bitcoin Futures)이 거래되고 있으며, 시카고옵션거래소(CBOE: Chicago Board Options Exchange)에서 비트코인 옵션(options on Bitcoin futures)이 거래되고 있다. 그리고 2021년 10월 CME에서 거래되는 비트코인 선물을 대상으로 하는 ETF(BITO)가 NYSE에 상장되었다. 결국 SEC는 2024년 1월 비트코인 자체에 대한 승인이 아니라는 취지로 ETF를 포괄하는 상위개념인 ETP(상장지수상품)로 표현하면서 11개 비트코인 현물ETF 상장신청서들을 승인하였다.

90) 「가상자산 이용자 보호 등에 관한 법률」은 가상자산에 대한 금융규제법으로서, 가상자산 이용자 자산의 보호와 불공정거래행위 규제 등에 관한 사항을 정함으로써 가상자산 이용자의 권익을 보호하고 가상자산시장의 투명하고 건전한 거래질서를 확립하는 것을 목적으로 한다(同法 1조). 자금세탁행위규제를 주목적으로 하는「특정 금융거래정보의 보고 및 이용 등에 관한 법률」과 다른 점이다. 한편, 가상자산 법제는 1단계로 가상자산 이용자 보호 및 불공정 규제를 목적으로 하는 가상자산이용자보호법을 먼저 입법하였고 2단계로 가상자산기본법의 입법을 예정하고 있다.

91) 가상자산이용자보호법은 가상자산을 정의함에 있어, 앞서 살펴본 가상자산의 개념요소인 "분산형 발행", "재산적 가치", "지급수단성" 및 "전자적 저장" 중 재산적 가치와 전자적 저장 등만 반영하고 있다. 「특정 금융거래정보의 보고 및 이용 등에 관한 법률」 제2조 제3호는 ["가상자산"이란「가상자산 이용자 보호 등에 관한 법률」 제2조 제1호에 따른 가상자산을 말한다.]라고 규정하고, 가상자산사업자에 대한 정의규정도 같은 방식으로 규정한다.

상인 가상자산 개념에서 제외한다(同法 2조 1호 단서).[92]

가. 화폐·재화·용역 등으로 교환될 수 없는 전자적 증표 또는 그 증표에 관한 정보로서 발행인이 사용처와 그 용도를 제한한 것
나. 게임물의 이용을 통하여 획득한 유·무형의 결과물(「게임산업진흥에 관한 법률」 32조①7)
다. 선불전자지급수단(전자금융거래법 2조 14호) 및 전자화폐(전자금융거래법 2조 15호)
라. 전자등록주식등(전자증권법 2조 4호)
마. 전자어음(「전자어음의 발행 및 유통에 관한 법률」 2조 2호)
바. 전자선하증권(商法 862조)
사. 한국은행이 발행하는 전자적 형태의 화폐(CBDC) 및 그와 관련된 서비스[93]
아. 거래의 형태와 특성을 고려하여 대통령령으로 정하는 것

(3) 가상자산사업자

"가상자산사업자"란 가상자산과 관련하여 다음 각 목의 어느 하나에 해당하는 행위를 영업으로 하는 자를 말한다(同法 2조 2호).[94]

가. 가상자산을 매도·매수하는 행위
나. 가상자산을 다른 가상자산과 교환하는 행위
다. 가상자산을 이전하는 행위 중 대통령령으로 정하는 행위
라. 가상자산을 보관 또는 관리하는 행위
마. 가목 및 나목의 행위를 중개·알선하거나 대행하는 행위

---

92) MiCA(Markets in Crypto−Assets)는 증권형 토큰, 비트코인가 같이 발행자가 특정되지 않는 암호자산, 대체불가토큰(NFT), 중앙은행디지털화폐(CBDC) 등을 적용대상에서 제외한다.

93) CBDC를 제외하는 것은 중앙은행의 독립적인 화폐발행 및 통화정책 수행을 보장하기 위한 것이다.

94) [대법원 2024. 12. 12. 선고 2024도10710 판결] "구 특정금융정보법 제17조 제1항, 제7조 제1항이 정한 가상자산거래를 영업으로 한 가상자산사업자에 해당하는지를 판단할 때에는 영리를 목적으로 같은 법 제2조 제1호 하목 1)부터 6)에 규정된 가상자산 관련 거래를 계속·반복하는 자인지를 살펴보아야 하고, 여기에 해당하는지 여부는 가상자산사업자를 자금세탁 및 공중협박자금조달 방지 체계 내로 편입한 구 특정금융정보법의 개정취지에다가 가상자산 관련 거래의 목적, 종류, 규모, 횟수, 기간, 태양 등 개별사안에 드러난 여러 사정을 종합적으로 고려하여 사회통념에 따라 합리적으로 판단하여야 한다. 자기의 계산으로 오로지 자기의 이익을 위하여 가상자산거래소를 통해서만 가상자산의 매매나 교환을 계속·반복하는 가상자산거래소의 일반적인 이용자는 특별한 사정이 없는 한 가상자산사업자로 보기 어려울 것이나, 불특정 다수인 고객이나 이용자의 편익을 위하여 가상자산거래를 하고 그 대가를 받는 행위를 계속·반복하는 자는 원칙적으로 가상자산사업자로 볼 수 있을 것이다."

"이용자"란 가상자산사업자를 통하여 가상자산을 매매, 교환, 이전 또는 보관·관리하는 자를 말한다(同法 2조 3호).

2. 이용자 자산의 보호

⑴ 예치금의 보호

가상자산사업자는 이용자의 예치금(이용자로부터 가상자산의 매매, 매매의 중개, 그 밖의 영업행위와 관련하여 예치받은 금전)을 고유재산과 분리하여 은행법에 따른 은행 등 대통령령으로 정하는 공신력 있는 기관("관리기관")에 대통령령으로 정하는 방법에 따라 예치 또는 신탁하여 관리하여야 한다(同法 6조①).[95] 가상자산사업자는 관리기관에 이용자의 예치금을 예치 또는 신탁하는 경우에는 그 예치금이 이용자의 재산이라는 뜻을 밝혀야 한다(同法 6조②). 누구든지 관리기관에 예치 또는 신탁한 예치금을 상계·압류(가압류를 포함)하지 못하며, 예치금을 예치 또는 신탁한 가상자산사업자는 대통령령으로 정하는 경우 외에는 관리기관에 예치 또는 신탁한 예치금을 양도하거나 담보로 제공하여서는 아니된다(同法 6조③).

⑵ 가상자산의 보관

가상자산사업자가 이용자로부터 위탁을 받아 가상자산을 보관하는 경우 이용자명부를 작성·비치하여야 하고(同法 7조①), 해킹 등의 예방을 위하여 자기의 가상자산과 이용자의 가상자산을 분리하여 보관하여야 하며, 이용자로부터 위탁받은 가상자산과 동일한 종류와 수량의 가상자산을 실질적으로 보유하여야 하고(同法 7조②), 보관하는 이용자의 가상자산 중 대통령령으로 정하는 비율 이상의 가상자산을 인터넷과 분리하여 안전하게 보관(cold wallet)하여야 한다(同法 7조③).[96]

가상자산사업자는 이용자의 가상자산을 대통령령으로 정하는 보안기준을 충족하는 기관에 위탁하여 보관할 수 있다(同法 6조④).[97]

---

95) 은행연합회가 2023. 7. 27. 제정한「가상자산 실명계정 운영지침」에 따르면, 은행은 예치금에 대해서는 매 영업일을 기준으로 가상자산사업자로부터 직전 영업일의 예치금 일별 현황과 고유재산 잔액 현황을 전송받아 은행의 자료와 비교·확인하는 등 모니터링("일일대사")을 실시하도록 하여야 한다(同 지침 12조).

96) 콜드월렛(cold wallet) 보관을 의무화하는 것은 핫월렛(hot wallet)보다 해킹 등에서 상대적으로 안전하기 때문이다. 콜드월렛 보관비율과 관련하여 일본은 95% 이상, 홍콩은 98% 이상으로 운영하고 있다.

97) 이용자자산 중 금전은 횡령 등의 가능성이 있으므로 제3의 기관(관리기관)에 대한 예치가

3. 불공정거래의 규제

(1) 불공정거래행위금지

가상자산이용자보호법의 불공정거래 규정은 자본시장법 제174조(미공개중요정보이용), 제176조(시세조종), 제178조(부정거래행위)의 규정과 거의 같다.[98)]

(가) 미공개중요정보이용

다음 각 호의 어느 하나에 해당하는 자는 가상자산에 관한[99)] 미공개중요정보(이용자의 투자판단에 중대한 영향을 미칠 수 있는 정보로서 대통령령으로 정하는 방법에 따라 불특정 다수인이 알 수 있도록 공개되기 전의 것)[100)]를 해당 가상자산의

요구되나 가상자산은 제3의 기관에 대한 예치의무는 없고 선택사항이다.

98) 다만, 가상자산에 대하여는 자본시장법 제178조의2 시장질서 교란행위 규제는 적용되지 않는다.

99) 자본시장법의 규제대상은 상장법인의 업무 등과 관련된 정보인데, 가상자산이용자보호법의 규제대상은 가상자산에 관한 정보인 점에서 차이가 있다. 따라서 자본시장법상 미공개중요정보에 시장정보는 원칙적으로 포함되지 않지만 가상자산의 경우에는 시장정보도 포함되는데, 형사처벌의 근거규정이므로 규제범위가 과도하게 넓어지지 않도록 제한할 필요가 있다.

100) [시행령 15조] "대통령령으로 정하는 방법"이란 가상자산사업자 및 가상자산을 발행하는 자(법인인 경우를 포함) 또는 그로부터 공개 권한을 위임받은 자가 다음 각 호의 어느 하나에 해당하는 방법으로 정보를 공개하고 해당 호에서 정한 기간이나 시간이 지나는 것을 말한다.

1. 「신문 등의 진흥에 관한 법률」에 따른 일반일간신문 또는 경제분야의 특수일간신문 중 전국을 보급지역으로 하는 둘 이상의 신문에 그 내용이 게재된 정보: 게재된 날의 다음 날 0시부터 6시간. 다만, 같은 법에 따른 전자간행물의 형태로 게재된 경우에는 게재된 때부터 6시간으로 한다.
2. 「방송법」에 따른 방송 중 전국에서 시청할 수 있는 지상파방송을 통해 그 내용이 방송된 정보: 방송된 때부터 6시간
3. 「뉴스통신 진흥에 관한 법률」에 따른 연합뉴스사를 통해 그 내용이 제공된 정보: 제공된 때부터 6시간
4. 가상자산거래소가 자신이 설치·운영하는 전자전달매체를 통해 그 내용을 공개한 정보: 공개된 때부터 6시간. 다만, 공개된 시점이 대한민국 표준시를 기준으로 공개된 날의 18시부터 공개된 날의 다음 날 3시 사이인 경우에는 공개된 날의 다음 날 0시부터 9시간으로 한다.
5. 가상자산을 발행하는 자 또는 그로부터 공개 권한을 위임받은 자가 다음 각 목의 요건을 모두 갖춘 인터넷 홈페이지 또는 해당 요건을 모두 갖춘 전자전달매체를 통해 그 내용을 공개한 정보: 공개된 때부터 1일
   가. 불특정 다수인이 접근할 수 있을 것
   나. 가상자산의 총 발행량, 유통량 계획, 사업계획 등 이용자의 합리적인 투자판단이나 해당가상자산의 가치에 중대한 영향을 미칠 수 있는 정보를 최근 6개월간(가상자산 발행 후 6개월이 경과하지 않은 경우에는 발행일부터 그 내용을 공개한 날까지를 말한다) 계속적으로 게재했을 것
6. 금융위원회가 정하여 고시하는 방법으로 그 내용이 공개된 정보: 금융위원회가 정하여

매매, 그 밖의 거래에 이용하거나 타인에게 이용하게 하여서는 아니 된다(同法 10조①).[101]

1. 가상자산사업자, 가상자산을 발행하는 자(법인인 경우를 포함)[102] 및 그 임직원·대리인으로서 그 직무와 관련하여 미공개중요정보를 알게 된 자
2. 제1호의 자가 법인인 경우 주요주주(금융사지배구조법 제2조 제6호 나목에 따른 주요주주. 이 경우 "금융회사"는 "법인"으로 본다)로서 그 권리를 행사하는 과정에서 미공개중요정보를 알게 된 자
3. 가상자산사업자 또는 가상자산을 발행하는 자에 대하여 법령에 따른 허가·인가·지도·감독, 그 밖의 권한을 가지는 자로서 그 권한을 행사하는 과정에서 미공개중요정보를 알게 된 자
4. 가상자산사업자 또는 가상자산을 발행하는 자와 계약을 체결하고 있거나 체결을 교섭하고 있는 자로서 그 계약을 체결·교섭 또는 이행하는 과정에서 미공개중요정보를 알게 된 자
5. 제2호부터 제4호까지의 어느 하나에 해당하는 자의 대리인(이에 해당하는 자가 법인인 경우에는 그 임직원 및 대리인을 포함)·사용인, 그 밖의 종업원(제2호부터 제4호까지의 어느 하나에 해당하는 자가 법인인 경우에는 그 임직원 및 대리인)으로서 그 직무와 관련하여 미공개중요정보를 알게 된 자
6. 제1호부터 제5호까지의 어느 하나에 해당하는 자(제1호부터 제5호까지의 어느 하나의 자에 해당하지 아니하게 된 날부터 1년이 경과하지 아니한 자를 포함한다)로부터 미공개중요정보를 받은 자
7. 그 밖에 이에 준하는 자로서 대통령령으로 정하는 자

한편, 자본시장법상 미공개중요정보와 관련하여 특정증권등의 발행수량은 특정되고 공개된 사항이므로 특별한 사정이 없는 한 투자자의 투자판단에 중대한 영향을 미칠 수 있는 정보에 해당하지 않지만, 가상자산의 특성상 유통량은 미공개중요정보에 해당한다.[103]

고시하는 기간이나 시간이 경과한 때

101) 자본시장법 제174조 제2항과 제3항은 반영하지 않았다.

102) 제1호의 "가상자산을 발행하는 자"는 자본시장법상 미공개중요정보 이용행위 금지에 관한 제174조 제1항의 특정증권등 발행인인 "상장법인"에 대응하는 개념이다. 다만, 특정증권에 따라 명확히 특정되는 상장법인과 달리 발행자가 없거나 특정할 수 없는 경우도 있고, 외국에 있는 경우 파악이 어렵고, 분화된 여러 발행 관련자들 간의 관계도 확인하기 어려운 경우가 있다는 난점이 있다.

103) [서울중앙지방법원 2022. 12. 7.자 2022카합21703 결정] "가) 가상자산 거래시장에서 유통량의 중요성 (1) 가상자산의 경우, 주식의 내재가치에 대응되는 개념을 상정하는 것이 쉽지 않아 그 가치를 객관적으로 평가하는 것이 매우 어렵고, 이에 수요·공급의 원칙에 크게 의존

㈏ 시세조종

누구든지 가상자산의 매매에 관하여 그 매매가 성황을 이루고 있는 듯이 잘못 알게 하거나, 그 밖에 타인에게 그릇된 판단을 하게 할 목적으로 다음 각 호의 어느 하나에 해당하는 행위를 하여서는 아니 된다(同法 10조②).[104)]

1. 자기가 매도하는 것과 같은 시기에 그와 같은 가격으로 타인이 가상자산을 매수할 것을 사전에 그 자와 서로 짠 후 매매를 하는 행위
2. 자기가 매수하는 것과 같은 시기에 그와 같은 가격으로 타인이 가상자산을 매도할 것을 사전에 그 자와 서로 짠 후 매매를 하는 행위
3. 가상자산의 매매를 할 때 그 권리의 이전을 목적으로 하지 아니하는 거짓으로 꾸민 매매를 하는 행위
4. 제1호부터 제3호까지의 행위를 위탁하거나 수탁하는 행위

누구든지 가상자산의 매매를 유인할 목적으로 가상자산의 매매가 성황을 이루고 있는 듯이 잘못 알게 하거나 그 시세를 변동 또는 고정시키는 매매 또는 그 위탁이나 수탁을 하는 행위를 하여서는 아니 된다(同法 10조③).

하여 가격이 결정될 수밖에 없기 때문에 '유통량'은 투자자들의 투자판단에 있어서 매우 중요한 정보 중 하나이다. (2) 그런데 발행 및 인수 과정에서 적정한 인수가액을 지불해야 하는 주식과는 달리, 채권자가 발행한 D와 같은 형태의 가상자산의 경우에는 발행인이 이미 상당한 양의 가상자산을 발행해놓고 발행인의 지갑에 이를 보관한 다음 계획유통량에 따라 이를 추가로 유통하면서 그 수익을 얻는 구조인바, 발행인 측은 아무런 추가 대가를 지급하지 않고도 계획된 유통량을 넘어 시장에 형성된 가격으로 가상자산을 유통시킴으로써 큰 수익을 얻을 수 있는 반면, 이로 인해 투자자들로서는 유통량 증가에 따른 가상자산의 시세하락 등 불측의 손해를 입게 되는데, 이러한 유통행위는 즉시 적발하기 어려울 뿐만 아니라 일정한 시간이 지나면 계획유통량 이내로 들어올 수도 있어 사후적으로 발견하기는 것 역시 쉽지 않다. (3) 특히 주식시장에서 상장법인의 경우, 주식 발행량, 증자, 감자, 소각, 자기 주식의 취득 및 처분 등을 모두 공시하도록 하고 있고, 권한을 가진 금융당국이 허위 내지 부실공시를 적발하게 되면 자본시장과 금융투자업에 관한 법률 등에 의하여 엄격한 책임을 물을 수 있는 반면, 가상자산의 경우 위와 같은 공시사항을 강제하거나 규율할 수 있는 법규 내지 제도가 마련되어 있지 않을 뿐만 아니라 금융당국으로부터 이를 적발할 권한을 부여받은 자도 없다. (4) 결국 가상자산에 대한 거래를 지원하는 가상자산 거래소로서는 가상자산 발행인이 제출하는 유통량에 관한 정보 등을 토대로 가상자산의 유통량에 대한 점검을 할 수밖에 없고, 그 과정에서 문제점이 발견될 경우 '투자자 보호'라는 공익적 차원에서 해당 가상자산 발행인에게 그 소명을 요청하는 한편, 적시에 상당한 조치를 취하여야 할 필요성이 더욱 크다."

104) 장내거래를 전제로 하는 자본시장법상 시세조종행위와 달리 가상자산의 경우에는 반드시 거래소에서의 거래를 전제로 하지 않는데, 형사처벌의 근거규정이므로 죄형법정주의원칙에 부합하도록 규제대상 거래의 범위를 명확히 할 필요가 있다. 그리고 현선연계 시세조종은 규제대상이 아니다. 아직은 가상자산에 대한 파생거래를 규제할 필요가 없기 때문이다. 다만, 현재 가상자산거래소는 복수거래소 체계이므로 거래소간 연계시세조종행위는 규제대상이다.

(다) 부정거래행위

누구든지 가상자산의 매매, 그 밖의 거래와 관련하여 다음 각 호의 행위를 하여서는 아니 된다(同法 10조④).

1. 부정한 수단, 계획 또는 기교를 사용하는 행위
2. 중요사항에 관하여 거짓의 기재 또는 표시를 하거나 타인에게 오해를 유발시키지 아니하기 위하여 필요한 중요사항의 기재 또는 표시가 누락된 문서, 그 밖의 기재 또는 표시를 사용하여 금전, 그 밖의 재산상의 이익을 얻고자 하는 행위
3. 가상자산의 매매, 그 밖의 거래를 유인할 목적으로 거짓의 시세를 이용하는 행위
4. 제1호부터 제3호까지의 행위를 위탁하거나 수탁하는 행위

(라) 자기발행 가상자산 거래 금지

가상자산사업자는 다음 각 호의 어느 하나에 해당하는 경우 외에는 자기 또는 대통령령으로 정하는 특수한 관계에 있는 자("특수관계인")[105]가 발행한 가상자산의 매매, 그 밖의 거래를 하여서는 아니 된다(同法 10조⑤).

1. 특정 재화나 서비스의 지급수단으로 발행된 가상자산으로서 가상자산사업자가 이용자에게 약속한 특정 재화나 서비스를 제공하고, 그 반대급부로 가상자산을 취득하는 경우
2. 가상자산의 특성으로 인하여 가상자산사업자가 불가피하게 가상자산을 취득하는 경우로서 불공정거래행위의 방지 또는 이용자와의 이해상충 방지를 위하여 대통령령으로 정하는 절차와 방법(시행령 16조②)을 따르는 경우

(마) 손해배상책임

가상자산 불공정거래행위를 규정한 제10조 제1항부터 제5항까지를 위반한 자는 그 위반행위로 인하여 이용자가 그 가상자산의 매매, 그 밖의 거래와 관련하여 입은 손해를 배상할 책임이 있다(同法 10조⑥).

(2) 가상자산에 관한 임의적 입·출금 차단 금지

가상자산사업자는 이용자의 가상자산에 관한 입금 또는 출금을 대통령령으로 정하는 정당한 사유 없이 차단하여서는 아니 되고(同法 11조①), 이용자의 가상자산에 관한 입금 또는 출금을 차단하는 경우에는 그에 관한 사유를 미리 이용자에게 통지하고, 그 사실을 금융위원회에 즉시 보고하여야 한다(同法 11조②).

105) "대통령령으로 정하는 특수한 관계에 있는 자"란 「금융회사의 지배구조에 관한 법률 시행령」 제3조 제1항에 따른 특수관계인)을 말한다(시행령 16조①).

위 제1항을 위반한 자는 그 위반행위로 인하여 형성된 가격에 의하여 해당 가상자산에 관한 거래를 하거나 그 위탁을 한 자가 그 거래 또는 위탁으로 인하여 입은 손해에 대하여 배상할 책임을 진다(同法 11조③). 손해배상청구권은 청구권자가 제1항을 위반한 행위가 있었던 사실을 안 때부터 2년간 또는 그 행위가 있었던 때부터 5년간 이를 행사하지 아니한 경우에는 시효로 인하여 소멸한다(同法 11조④).

(3) 이상거래에 대한 감시

가상자산시장을 개설·운영하는 가상자산사업자는 가상자산의 가격이나 거래량이 비정상적으로 변동하는 거래 등 대통령령으로 정하는 이상거래를 상시 감시하고 이용자 보호 및 건전한 거래질서 유지를 위하여 금융위원회가 정하는 바에 따라 적절한 조치를 취하여야 한다(同法 12조①).

가상자산사업자는 위 제1항에 따른 업무를 수행하면서 제10조를 위반한 사항이 있다고 의심되는 경우에는 지체 없이 금융위원회 및 금융감독원장에게 통보하여야 한다. 다만, 제10조를 위반한 혐의가 충분히 증명된 경우 등 금융위원회가 정하여 고시하는 경우에는 지체 없이 수사기관에 신고하고 그 사실을 금융위원회 및 금융감독원장에게 보고하여야 한다(同法 12조②).

(4) 불공정거래행위에 대한 형사벌칙

(가) 불공정거래에 대한 벌칙

다음 각 호의 어느 하나에 해당하는 자는 1년 이상의 유기징역 또는 그 위반행위로 얻은 이익 또는 회피한 손실액의 3배 이상 5배 이하에 상당하는 벌금에 처한다. 다만, 그 위반행위로 얻은 이익 또는 회피한 손실액이 없거나 산정하기 곤란한 경우 또는 그 위반행위로 얻은 이익 또는 회피한 손실액의 5배에 해당하는 금액이 5억원 이하인 경우에는 벌금의 상한액을 5억원으로 한다(同法 19조①).[106]

1. 제10조 제1항을 위반하여 가상자산과 관련된 미공개중요정보를 해당 가산자산의 매매, 그 밖의 거래에 이용하거나 타인에게 이용하게 한 자
2. 제10조 제2항을 위반하여 가상자산의 매매에 관하여 그 매매가 성황을 이루고 있는 듯이 잘못 알게 하거나, 그 밖에 타인에게 그릇된 판단을 하게 할 목적으

---

106) 종래의 자본시장법 제443조 제1항의 불공정거래에 대한 법정형과 같았는데, 2025. 3. 31. 시행되는 개정 자본시장법은 "4배 이상 6배 이하," "6배에 해당하는 금액이 5억원 이하인 경우"로 변경되었다.

로 같은 항 각 호의 어느 하나에 해당하는 행위를 한 자
3. 제10조 제3항을 위반하여 가상자산의 매매를 유인할 목적으로 매매가 성황을 이루고 있는 듯이 잘못 알게 하거나 그 시세를 변동 또는 고정시키는 매매 또는 그 위탁이나 수탁을 하는 행위를 한 자
4. 가상자산의 매매, 그 밖의 거래와 관련하여 제10조 제4항 각 호의 어느 하나에 해당하는 행위를 한 자

위반행위로 얻은 이익 또는 회피한 손실액이 5억원 이상인 경우에는 징역을 다음 각 호의 구분에 따라 가중한다(同法 19조③).[107]

1. 이익 또는 회피한 손실액이 50억원 이상인 경우: 무기 또는 5년 이상의 징역
2. 이익 또는 회피한 손실액이 5억원 이상 50억원 미만인 경우: 3년 이상의 유기징역

㈏ 특수관계인 발행 가상자산 거래

가상자산이용자보호법 제10조 제5항을 위반하여 자기 또는 특수관계인이 발행한 가상자산의 매매, 그 밖의 거래를 한 자는 10년 이하의 유기징역 또는 그 위반행위로 얻은 이익 또는 회피한 손실액의 3배 이상 5배 이하에 상당하는 벌금에 처한다. 다만, 그 위반행위로 얻은 이익 또는 회피한 손실액이 없거나 산정하기 곤란한 경우 또는 그 위반행위로 얻은 이익 또는 회피한 손실액의 5배에 해당하는 금액이 5억원 이하인 경우에는 벌금의 상한액을 5억원으로 한다(同法 19조②).

위반행위로 얻은 이익 또는 회피한 손실액이 5억원 이상인 경우에는 제2항의 징역을 다음 각 호의 구분에 따라 가중한다(同法 19조④).

1. 이익 또는 회피한 손실액이 50억원 이상인 경우: 3년 이상의 유기징역
2. 이익 또는 회피한 손실액이 5억원 이상 50억원 미만인 경우: 2년 이상의 유기징역

㈐ 징역과 자격정지 · 벌금의 병과

가상자산이용자보호법 제19조 제1항부터 제4항까지에 따라 징역에 처하는 경우에는 10년 이하의 자격정지와 벌금을 병과할 수 있다(同法 19조⑤).[108]

㈑ 이익 · 손실 산정

가상자산이용자보호법 제19조 제1항 및 제2항에 따른 위반행위로 얻은 이익

107) 자본시장법 제443조 제2항의 불공정거래에 대한 가중징역형과 같다.
108) 자본시장법 제447조 제1항은 징역과 벌금의 필요적 병과를 규정하는데, 가상자산이용자보호법은 임의적 병과를 규정한다.

(미실현 이익을 포함) 또는 회피한 손실액은 그 위반행위를 통하여 이루어진 거래로 발생한 총수입에서 그 거래를 위한 총비용을 공제한 차액을 말한다. 이 경우 각 위반행위의 유형별 구체적인 산정방식은 대통령령으로 정한다(同法 19조⑥).

(5) 불공정거래행위에 대한 과징금

금융위원회는 제10조 제1항부터 제4항까지를 위반한 자에 대하여 그 위반행위로 얻은 이익(미실현 이익을 포함) 또는 이로 인하여 회피한 손실액의 2배에 상당하는 금액 이하의 과징금을 부과할 수 있다. 다만, 그 위반행위와 관련된 거래로 얻은 이익 또는 이로 인하여 회피한 손실액이 없거나 산정하기 곤란한 경우에는 40억원 이하의 과징금을 부과할 수 있다(同法 17조①). 금융위원회는 과징금을 부과할 때 동일한 위반행위로 벌금을 부과받은 경우에는 과징금 부과를 취소하거나 벌금에 상당하는 금액(몰수나 추징을 당한 경우 해당 금액을 포함)의 전부 또는 일부를 과징금에서 제외할 수 있다(同法 17조②). 검찰총장은 금융위원회가 과징금을 부과하기 위하여 수사 관련 자료를 요구하는 경우에는 필요하다고 인정되는 범위에서 이를 제공할 수 있다(同法 17조③). 과징금 부과에 대한 의견제출, 이의신청, 과징금납부기한의 연장 및 분할납부, 과징금의 징수 및 체납처분, 과오납금의 환급, 환급가산금 및 결손처분에 대해서는 자본시장법 제431조부터 제434조까지 및 제434조의2부터 제434조의4까지를 준용한다(同法 17조④).

4. 감독 및 처분

가상자산이용자보호법 제4장(감독 및 처분 등)의 규정은 대부분 자본시장법의 규정과 유사하다.

(1) 가상자산사업자의 감독·검사

금융위원회는 가상자산사업자가 가상자산이용자보호법 또는 가상자산이용자보호법에 따른 명령이나 처분을 적절히 준수하는지 여부를 감독하고, 가상자산사업자의 업무와 재산상황에 관하여 검사할 수 있다(同法 13조①). 금융위원회는 이용자 보호 및 건전한 거래질서 유지를 위하여 필요한 경우 가상자산사업자 또는 대통령령으로 정하는 이해관계자에게 필요한 조치를 명할 수 있다(同法 13조②). 금융위원회는 제1항의 검사를 할 때 필요하다고 인정되는 경우에는 가상자산사업자에게 업무 또는 재산에 관한 보고, 자료의 제출, 증인의 출석, 증언 및 의견의 진술을 요구할 수 있다(同法 13조③). 제1항에 따라 검사를 하는 자는 그 권한을 표시하는 증표를 지니고 이를 관계자에게 내보여야 한다(同法 13조④).

⑵ 불공정거래행위에 대한 조사 · 조치

금융위원회는 가상자산이용자보호법 또는 가상자산이용자보호법에 따른 명령이나 처분을 위반한 사항이 있거나 이용자 보호 또는 건전한 거래질서를 위하여 필요하다고 인정되는 경우에는 위반혐의가 있는 자, 그 밖의 관계자에게 참고가 될 보고 또는 자료의 제출을 명하거나 금융감독원장에게 장부·서류, 그 밖의 물건을 조사하게 할 수 있다(同法 14조①). 금융위원회는 조사를 위하여 위반행위의 혐의가 있는 자, 그 밖의 관계자에게 다음 각 호의 사항을 요구할 수 있다(同法 14조②).

1. 조사사항에 관한 사실과 상황에 대한 진술서의 제출
2. 조사사항에 관한 진술을 위한 출석
3. 조사에 필요한 장부·서류, 그 밖의 물건의 제출

금융위원회는 제1항에 따른 조사를 할 때 제10조를 위반한 사항의 조사에 필요하다고 인정되는 경우에는 다음 각 호의 조치를 할 수 있다(同法 14조③).

1. 제2항 제3호에 따라 제출된 장부·서류, 그 밖의 물건의 영치
2. 관계자의 사무소 또는 사업장에 대한 출입을 통한 업무·장부·서류, 그 밖의 물건의 조사

금융위원회는 조사를 할 때 필요하다고 인정되는 경우에는 가상자산사업자에게 대통령령으로 정하는 방법에 따라 조사에 필요한 자료의 제출을 요구할 수 있다(同法 14조④). 위 제3항 제2호에 따라 조사를 하는 자는 그 권한을 표시하는 증표를 지니고 이를 관계자에게 내보여야 한다(同法 14조⑤). 그리고 금융위원회는 관계자에 대한 조사실적·처리결과, 그 밖에 관계자의 위법행위를 예방하는데 필요한 정보 및 자료를 대통령령으로 정하는 방법에 따라 공표할 수 있다(同法 14조⑥).

⑶ 가상자산사업자에 대한 조치

금융위원회는 가상자산사업자 또는 대통령령으로 정하는 이해관계자가 이 법 또는 이 법에 따른 명령이나 처분을 위반한 사실을 발견하였을 때에는 다음 각 호의 어느 하나에 해당하는 조치를 할 수 있다(同法 15조①).[109]

1. 해당 위반행위의 시정명령
2. 경고
3. 주의
4. 영업의 전부 또는 일부의 정지
5. 수사기관에의 통보 또는 고발

금융위원회는 가상자산사업자의 임직원이 가상자산이용자보호법 또는 가상자산이용자보호법에 따른 명령이나 처분을 위반한 사실을 발견하였을 때에는 위반행위에 관련된 임직원에 대하여 다음 각 호의 구분에 따른 조치를 할 수 있다(同法 15조②).

1. 임원에 대한 해임권고 또는 6개월 이내의 직무정지
2. 직원에 대한 면직요구 또는 정직요구
3. 임직원에 대한 주의, 경고 또는 문책요구

(4) 한국은행의 자료제출 요구

한국은행은 금융통화위원회가 가상자산거래와 관련하여 통화신용정책의 수행, 금융안정 및 지급결제제도의 원활한 운영을 위하여 필요하다고 인정하는 경우에는 가상자산사업자에 대하여 자료제출을 요구할 수 있다. 이 경우 요구하는 자료는 해당 가상자산사업자의 업무부담을 충분히 고려하여 필요한 최소한의 범위로 한정하여야 한다(同法 16조).

(6) 권한의 위탁

금융위원회는 가상자산이용자보호법에 따른 업무의 일부를 대통령령으로 정하는 바에 따라 금융감독원장에게 위탁할 수 있다(同法 18조). 자본시장법도 금융위원회 또는 증권선물위원회가 자본시장법에 따른 권한의 일부를 금융감독원장에게 위탁할 수 있다고 규정한다(法 438조④).[110]

---

109) "대통령령으로 정하는 이해관계자"란 시행령 제19조 제2항 각 호의 자(법인인 경우에는 그 임직원 포함)를 말한다(시행령 21조).

110) 금융사지배구조법 제40조와 전자증권법 제69조도 금융위원회가 권한의 일부를 금융감독원장에게 위탁할 수 있다고 규정한다.

제 7 편

금융투자상품시장

제 1 장　거래소와 다자간매매체결회사
제 2 장　장외시장

제 1 장

거래소와 다자간매매체결회사

제 1 절　금융투자상품시장 개관

자본시장법상 "금융투자상품시장"이란 증권 또는 장내파생상품의 매매를 하는 시장을 말한다(法 8조의2①). 금융투자상품거래는 그 거래가 이루어지는 장소에 따라 장내거래와 장외거래로 구분한다. 그리고 장내거래시장의 개설주체는 거래소와 다자간매매체결회사이고 거래소가 개설하는 금융투자상품시장을 "거래소시장"이라 한다(法 8조의2③). 거래소시장은 거래대상에 따라 다시 증권의 매매를 위한 증권시장과 장내파생상품의 매매를 위한 파생상품시장으로 구분한다(法 8조의2④).[1)]

"다자간매매체결회사"란 "다자간매매체결업무"를 하는 투자매매업자·투자중개업자를 말하는데, "다자간매매체결업무"란 정보통신망이나 전자정보처리장치를 이용하여 동시에 다수의 자를 거래상대방 또는 각 당사자로 하여 증권시장에 상장된 주권, 그 밖에 대통령령으로 정하는 증권의 매매 또는 그 중개·주선이나 대리 업무를 말한다(法 8조의2⑤).

장외거래는 거래소시장 또는 다자간매매체결회사 외에서의 매매, 그 밖의 거래를 말하는데(法 166조), 금융투자협회가 증권시장에 상장되지 아니한 주권의 장외매매거래를 하는 호가중개시장(K-OTC시장)에서의 거래와 기타 각종 장외거래로 나눌 수 있다.[2)]

---

1) 法名에 표시된 자본시장은 "자본"이라는 사회적 자원을 가장 효율적으로 배분하기 위하여 자금의 공급자와 수요자간의 자금융통거래가 이루어지는 금융시장(financial market) 중 특히 금융투자상품의 거래가 이루어지는 시장을 말한다. 자본시장법의 용어 구분에 의하면 금융투자상품과 증권은 그 개념과 범위에 있어서 명백히 다르지만 금융투자상품의 중심은 증권이므로 자본시장은 일반적으로 증권시장이라고 불린다.

2) K-OTC시장은 금융투자협회가 자본시장법에 따라 개설·운영하는 시장으로서 2005년 7월 개설되었으나 계속 침체상태에 있던 프리보드시장을 개편하여 2014년 8월 출범하였다.

제2절 거 래 소

Ⅰ. 거래소 발전과정

1. 증권거래소의 유가증권시장

1953년 11월 증권업계 인사들을 중심으로 대한증권업협회가 결성되고 1956년 2월 대한증권거래소가 설립되었으며 3월 3일 증권시장이 서울 명동에서 개장되었다. 그 후 증권거래법이 1962. 1. 15. 제정되고 1962. 4. 1. 시행됨에 따라 대한증권거래소는 종래의 영단제에서 주식회사제로 개편되었다.[3] 그러나 1962년 거래소 주식에 대한 매매쌍방의 투기적 거래로 인하여 매수측 증권회사가 대금결제 불능에 이르는 소위 증권파동을 겪은 후 1963년 1차 증권거래법 개정에 따라 정부 및 증권회사가 공동출자한 공영제조직으로 개편되면서 명칭도 한국증권거래소로 변경되었다. 또한 1987년 5월 정부의 공기업민영화계획 발표시 증권거래소도 민영화대상기업에 포함되었고, 1987년 11월 개정법에 의하여 1988. 3. 1. 증권회사를 회원으로 하는 회원제 법인으로 개편되었다.

2. 한국증권업협회의 협회중개시장

종래의 협회중개시장은 증권거래소의 유가증권시장에 상장되지 아니한 유가증권의 매매거래를 중개하기 위하여 한국증권업협회가 자회사인 (주)코스닥증권시장[4]을 통하여 1996년 7월부터 운영하는 시장이었는데, 증권거래법 개정으로

3) 우리나라 증권거래시장의 효시는 1920년 설립된 주식회사 경성주식현물취인시장(京城株式現物取引市場)이고, 그 후 1932년 조선취인소(朝鮮取引所)로 바뀌었다가 1943년 조선증권취인소령이 공포됨에 따라 조선증권취인소(朝鮮證券取引所)로 개편되었으나 1946년 군정법령에 의하여 폐쇄되었고, 그 후 1949년 최초의 증권회사인 대한증권(주)가 설립되어 당시 농지개혁에 따라 대량 발행된 지가증권과 정부재정을 위하여 발행된 건국국채 등의 매매가 이루어졌다. 이와 같이 한동안 거래소 없이 증권거래가 이루어지다가 1956년 금융단·보험단·증권단이 각 1억환씩 출자하여 자본금 3억환의 영단제 대한증권거래소를 설립하였고 아울러 증권시장도 개장되었다. 당시 증권회사는 49개사였으나 상장종목은 12개사(주로 시중은행과 한전)의 주식과 건국국채 3종목, 상장사채 13종목에 불과하였고, 당시 전시에 정부가 국채를 계속 발행한 결과 국채 물량이 풍부하여 거래의 대부분은 국채거래였다.

4) 당초의 상호는 (주)코스닥증권이었으나 사기업인 증권회사로 오인받는 일이 있어 상호를 변경하였다.

코스닥시장[5])으로 명칭이 변경되었다(法 2조⑧ 4, ⑭).

3. 선물거래소의 선물시장

1995년 12월 선물거래법의 제정으로 1999년 4월 부산에서 개장한 한국선물거래소(Korea Futures Exchange: KOFEX)에서는 미국달러선물·양도성예금증서(CD)·금리선물·금선물·미국달러옵션 등의 상품이 상장되었다.[6])

4. 한국증권선물거래소의 설립

(1) 단일통합거래소

한국증권선물거래소법은 종래에 한국증권거래소·한국증권업협회 및 한국선물거래소에 분산되어 있는 유가증권의 매매거래 및 선물거래에 관한 업무를 한국증권선물거래소로 통합함으로써 자본시장에서의 거래비용을 절감하고 이용자의 편의를 도모하여 국민경제의 건전한 발전에 이바지하기 위하여 제정되었다(同法 1조).[7]) 각국의 증권거래소는 경쟁력 강화를 위하여 주식회사로의 전환과 현물

5) 종래의 협회중개시장의 명칭을 코스닥시장으로 변경하여 협회중개시장의 영문 약칭인 KOSDAQ(Korea Securities Dealers Automated Quotation)시장의 한글표기를 시장명칭으로 사용하였고, 자본시장법에서도 동일한 용어를 사용하고 있는데, 이와 같이 영문 약칭을 법률용어로 사용하는 것은 이례적이지만 워낙 코스닥시장이라는 용어의 인지도와 브랜드가치가 높기 때문에 사용하는 것이다.

6) 환율·금리·원자재가격 등은 기업활동을 하는데 필수적인 경제지표들인데, 종래에는 기업이 수출을 하고도 환율변동에 따라 원화로 환산한 수출대금이 변동할 위험을 안고 있었다. 그러나 미래에 수출대금을 받을 때의 환율을 현재 환율로 고정하는 선물거래를 하면 환율변동 위험을 피할 수 있다. 또한 금리도 급변할 경우 기업이 위험부담을 감수하였으나 금리선물을 이용하면 이 같은 위험을 줄일 수 있다. 그리고, 주가지수선물에 대하여는 구 증권거래법 제2조의2가 1995년 12월 제정된 선물거래법 부칙에 의하여 삭제되고, 2000년 12월 개정된 선물거래법 시행령이 증권거래법 제2조의2를 삭제하는 부칙규정의 시행시기에 대하여 거래대상에 따라 2004년 1월 1일 또는 2004년 12월 31일로 정하였으나, 현물시장과 선물시장의 통합방침에 따라 2004년 1월 1일 이후부터는 모든 주가지수상품이 선물거래소에서 거래되었다.

7) 금융시장에는 자금조달방법에 따라 기업이 증권(주식·채권과 같은 직접증권)을 발행하여 자금을 조달하는 직접금융시장과 금융중개기관을 통하여 자금을 차입하는 간접금융시장이 있고, 거래대상인 금융자산의 기간에 따라 주로 1년 이내인 단기성 증권이 거래되고 결제수단이 화폐인 단기금융시장(화폐시장, money market)과 만기가 주로 1년 이상인 장기성 증권이 거래되는 장기금융시장(자본시장, capital market)이 있다. 직접금융이 이루어지는 거래소시장·코스닥시장 등이 장기금융시장이고, 단기금융시장은 금융기관들이 수일 이내의 여유자금을 거래하는 콜시장(call market), 상거래와 관계없이 발행한 기업어음(Commercial Paper: CP)이 할인 거래되는 기업어음시장, 은행이 발행하는 정기예금증서에 양도성을 부여한 양도성예금증서(Negotiable Certificate of Deposits: CD)가 매매되는 양도성예금증서시장, 일정기간 경과 후 해당 채권을 일정 가격으로 환매하는 조건으로 매매거래되는 채권인 환매조건부

시장간 또는 현·선물시장간 통합 등이 이루어지고 있다.[8] 거래소법은 이러한 증권시장의 환경변화에 대응하여 시장의 효율성 제고, 시장간 연계성 강화, 중복·과잉투자 회피를 통한 거래비용 절감 등을 목적으로 한국증권선물거래소를 설립하고, 다만, 선물거래소가 개설되어 있는 부산에 본점을 두고, 필요한 곳에 지점을 둘 수 있도록 하였다(同法 4조③).

(2) 주식회사제 채택

종래의 증권거래소는 회원제 조직으로서[9] 거래권(회원권)과 소유권이 일치하

채권(Repurchase Agreement: RP)이 매매되는 시장인 환매조건부채권시장, 정부가 발행하는 만기 1년 이내의 단기증권이 매매되는 재정증권시장, 한국은행이 통화량조절을 위하여 발행하는 통화안정증권이 유통되는 통화안정증권시장 등이 있다.

8) 뉴욕증권거래소(NYSE)의 모회사인 "NYSE Group"과 "Euronext"가 2007년 합병하여 "NYSE Euronext"가 되었고 이어서 미국 3위의 증권거래소인 AMEX를 합병하였는데, 2012년 말 미국의 상품거래소인 Intercontinental Exchange(ICE)가 NYSE Euronext를 인수하였다. 일본의 경우도 (株)大阪證券取引所가 2013년 1월 모회사인 (株)東京證券取引所그룹을 흡수합병하고 상호를 (株)日本取引所그룹(JPX: Japan Exchange Group)으로 변경하였고, 그 후 오사카증권거래소(2014년 오사카거래소로 명칭 변경)의 현물시장은 동경증권거래소로, 동경증권거래소의 파생상품시장은 오사카증권거래소로 각각 이관되었다. JPX는 2019년 공개매수에 의하여 동경상품거래소를 자회사로 편입했다. 다만, 일본에는 아직 나고야, 후쿠오카, 삿포로에 일본거래소와의 통합을 반대하는 3개 거래소가 남아 있다.

9) 회원제조직인 증권거래소도 민법상 비영리법인으로서 주권상장법인에 대한 상장폐지결정에 대하여는 행정소송이 아닌 민사소송에 의하여 처리되어 왔다. 즉, 헌법재판소는 구 증권거래법상 거래소의 기본적인 성격에 대하여 주권상장폐지확정결정취소사건(헌법재판소 2005. 2. 24.자 2004헌마442 결정)에서, "한국증권거래소는 유가증권의 공정한 가격형성과 안정 및 그 유통의 원활을 기하기 위하여 법 제71조의 규정에 따라 일반 사인인 증권회사를 회원으로 설립되어 유가증권시장의 개설과 유가증권의 상장, 매매거래, 공시 등에 관한 업무에 종사하는 비영리 사단법인이다. 즉, 한국증권거래소는 첫째 회원조직으로서의 법인인 점(法 71조②), 둘째 동 거래소에 대하여 법 또는 법에 의한 명령에 특별한 규정이 있는 것을 제외하고는 민법 중 사단법인에 관한 규정을 준용하도록 하고 있는 점(法 75조), 셋째 동 거래소는 회원인 증권회사의 자발적인 신청에 의하여 가입처리되는 임의가입 형태이고 회원인 증권회사는 동 거래소의 승인을 얻어 탈퇴할 수 있도록 되어 있는 점(法 76조의2, 76조의4①), 넷째 회원은 출자의무를 부담하지만 그 내용은 정관에서 정한 방식에 따르는 것인 점(法 76조의3), 다섯째 동 거래소의 임원구성에 있어서 이사장을 제외하고는 대체로 회원총회의 결의를 통하여 자발적으로 선출되는 점(法 78조), 여섯째 법률상 동 거래소의 임직원을 그 지위와 관련하여 공무원으로 간주하는 규정이 없는 점, 일곱째 동 거래소가 행한 결정에 대한 불복방법으로 행정심판에 의한 구제절차를 밟도록 하는 규정이 없는 점 등을 종합하면 피청구인의 기본적인 성격은 민법상 사단법인에 준하는 것이라고 할 것이다. 증권거래법상 한국증권업협회의 기능 및 동 협회가 행하는 협회중개시장(소위 '코스닥시장')의 관리업무는 한국증권거래소의 기능 및 동 거래소가 행하는 거래소시장 관리업무와 거의 유사하다(法 71조 내지 117조, 162조 내지 172조의4 참조). 그런데, 대법원은 한국증권업협회가 행하는 코스닥시장의 운영업무와 관련하여 코스닥 등록이나 그 취소업무는 국가사무의 일부라고 볼 수 없다고 판시한 바 있다(대법원 2004. 3. 4.자 2001무49 결정). 또한 법원의 실무상 피청구인의 주권상장법인에 대한 상장폐지결정 또는 한국증권업협회의 코스닥 등록법인에 대한 등록취소결정에 대하여

였으나, 한국증권선물거래소법은 거래권(회원권)과 소유권을 분리하여 영리목적의 주식회사제를 채택하였다. 따라서, 종래의 증권거래소와 선물거래소에 대하여 원칙적으로 민법 중 사단법인에 관한 규정(민법 39조는 제외)이 준용되었으나, 거래소에 대하여 상법 중 주식회사에 관한 규정이 적용된다(同法 3조). 이는 기존의 회원제 거래소가 가지고 있는 한계를 보완하고, 세계 주요 거래소의 주식회사 전환 추세를 반영하기 위한 것이다. 다만, 거래소의 독점성이 주식회사의 영리성과 결합하여 독점의 폐해가 발생할 수 있으므로 이에 대한 적절한 보완대책이 필요하고, 이와 관련하여 거래소법은 사외이사의 과반수 선임, 이사장에 대한 정부의 재선임요구권, 동일인 주식보유의 5% 제한 등 각종 공법적 규제를 통하여 거래소의 독점성으로 인한 폐해를 완화하는 규정을 두었다.

5. 자본시장법상 한국거래소

2013년 개정 자본시장법은 "거래소란 증권 및 장내파생상품의 공정한 가격형성과 그 매매, 그 밖의 거래의 안정성 및 효율성을 도모하기 위하여 제373조의2에 따른 금융위원회의 허가를 받아 금융투자상품시장을 개설하는 자를 말한다."고 규정함으로써, 공정가격형성을 거래소의 본질적 기능으로 정의한다(法 8조의2②). 거래소는 주식회사로서(法 373조의2②1), 자본시장법에서 특별히 정한 경우를 제외하고는 상법 중 주식회사에 관한 규정을 적용한다(法 374조).

Ⅱ. 거래소 허가제

1. 무허가 시장개설행위 금지

종래에는 한국거래소가 유일한 거래소로서 증권시장과 장내파생상품시장을 개설하였으나 2013년 개정 자본시장법은 거래소 허가제를 도입함으로써 거래소 독점제가 폐지되고 경쟁체제로 개편되었다. 따라서 누구든지 자본시장법에 따른 거래소허가를 받지 아니하고는 금융투자상품시장을 개설하거나 운영할 수 없다(法 373조). 2013년 개정 자본시장법 시행 당시의 한국거래소는 시장개설 단위의

는 행정소송이 아닌 민사소송에 의하여 처리되어 왔고, 이 사건과 관련하여 청구인이 서울남부지방법원에 제기한 상장폐지무효확인소송(2004가합378)에서도 이를 전제로 본안판단을 하였다."라고 판시하였다.

전부에 대하여 거래소허가를 받은 것으로 본다(附則 15조①).

다음과 같은 경우에는 허가를 받지 않아도 된다(法 373조 단서).

1. 다자간매매체결회사가 다자간매매체결업무(法 78조)를 하는 경우
2. 한국금융투자협회가 증권시장에 상장되지 아니한 주권의 장외매매거래(法 286조 ①5)에 관한 업무를 하는 경우
3. 그 밖에 거래소 외의 자가 금융투자상품의 매매체결에 관한 업무를 수행하더라도 공정한 가격 형성, 매매 그 밖의 거래의 안정성 및 효율성의 도모 및 투자자의 보호에 우려가 없는 경우로서 대통령령으로 정하는 경우[10]

거래소허가(변경허가 포함)를 받지 아니하고 금융투자상품시장을 개설하거나 운영한 자는 5년 이하의 징역 또는 2억원 이하의 벌금에 처한다(法 444조 27호). 가상선물거래를 하게 한 경우는 무인가 금융투자업 영위에는 해당하지 않지만 거래소허가를 받지 아니하고 금융투자상품시장을 개설·운영한 행위에 해당한다.[11]

2. 유사명칭사용금지

거래소가 아닌 자는 그 명칭 또는 상호에 한국거래소, 금융상품거래소, 금융

---

10) "대통령령으로 정하는 경우"란 다음과 같은 경우를 말한다(令 354조의2).
   1. 시행령 제176조의8 제4항 제2호에 따라[둘 이상의 금융투자업자(주권상장법인과 계열회사의 관계에 있지 아니한 투자매매업자 또는 투자중개업자를 말한다)를 통하여 신주인수권증서의 매매 또는 그 중개·주선·대리업무가 이루어지도록 하는 방법] 투자매매업자 또는 투자중개업자가 신주인수권증서를 매매 또는 그 중개·주선·대리업무를 하는 경우
   2. 시행령 제179조에 따라 채권중개전문회사가 증권시장 외에서 채무증권 매매의 중개업무를 하는 경우

11) [의정부지방법원 2023. 10. 18. 선고 2023고단1159 판결] "거래소의 허가를 받지 아니하고 선물거래의 실시간 시세와 연동되는 가상의 선물 거래 HTS 프로그램을 운영하기로 마음먹고, 인적사항을 확보한 불특정 다수의 사람들에게 영업조직을 통해 연락하거나 금융투자 관련 카카오톡 오픈채팅방을 이용하는 방법으로 사설 HTS 프로그램을 홍보하고, 유치한 회원들로 하여금 위 HTS 프로그램을 이용하도록 하여, 불특정 다수의 사람들이 선물거래를 위한 투자금을 속칭 '대포통장'으로 입금하면 해당 프로그램에서 실제 선물거래에 이용되는 지수를 연계하여 가상 선물거래를 할 수 있도록 하는 방식으로 회원들로부터 투자금 명목으로 송금받았다. 이로써 피고인들은 공모하여 거래소허가를 받지 아니하고 금융투자상품 시장을 개설하고 이를 운영하였다."(同旨: 대법원 2015. 4. 23. 선고 2015도1233 판결). 투자금을 입금한 이용자가 시장과 동일한 차트를 보면서 상품의 오르내림에 자유롭게 투자하거나 환전받을 수 있는 도박성 선물거래 HTS 프로그램을 개발·유포한 경우 무허가 금융상품시장개설과 도박공간개설에 해당한다는 판례로 부산지방법원 2023. 4. 12. 선고 2023고단137 판결, 서울북부지방법원 2023. 4. 28. 선고 2023고단525 판결 등 다수 있다.

투자상품거래소, 증권선물거래소, 증권거래소, 선물거래소, 파생상품거래소, 거래소시장, 증권시장, 유가증권시장, 코스닥시장, 선물시장, 파생상품시장 또는 이와 유사한 명칭을 사용하지 못한다(法 379조).

Ⅲ. 회 원

1. 회원의 구분과 지위

거래소는 회원의 관리를 위하여 금융위원회의 승인을 받아(法 412조①) 회원관리규정을 정하여야 하고(法 387조①),[12] 회원은 i) 거래소 결제회원, ii) 매매전문회원, iii) 그 밖에 대통령령으로 정하는 회원으로 구분한다(法 387조②).[13]

"대통령령으로 정하는 회원"이란 다음과 같은 회원을 말한다(슈 359조).

1. 증권회원
2. 파생상품회원
3. 증권시장 내의 일부 시장이나 일부 종목에 대하여 결제나 매매에 참가하는 회원
4. 파생상품시장 내의 일부 시장이나 일부 품목에 대하여 결제 또는 매매에 참가하는 회원
5. 회원관리규정으로 정하는 회원[14][15]

---

12) 회원관리규정에는 다음 각 호의 사항이 포함되어야 한다(法 387조③).
 1. 회원의 자격에 관한 사항
 2. 회원의 가입과 탈퇴에 관한 사항
 3. 회원의 권리와 의무에 관한 사항
 4. 그 밖에 회원을 관리하기 위하여 필요한 사항

13) 「유가증권시장 업무규정」에 의하면 증권회원은 다시 증권회원, 지분증권전문회원, 채무증권전문회원으로 구분되고(유가증권시장 업무규정 2조①), "결제회원"은 시장에서 자기의 명의로 성립된 증권의 매매거래 또는 매매전문회원으로부터 결제를 위탁받은 증권의 매매거래에 대하여 자기의 명의로 결제를 하는 회원을 말하고(유가증권시장 업무규정 2조②), "매매전문회원"은 시장에서 자기의 명의로 성립된 증권의 매매거래에 따른 결제를 결제회원에게 위탁하는 회원을 말한다(유가증권시장 업무규정 2조③).

14) 거래소의 회원은 참가할 수 있는 시장 및 매매거래할 수 있는 금융투자상품의 범위에 따라 다음 각호와 같이 구분한다(규정 3조①).
 1. 증권회원 : 증권시장에서 증권의 매매거래에 참가할 수 있는 자
 2. 지분증권전문회원 : 증권시장에서 지분증권(집합투자증권은 제외한다)의 매매거래에 참가할 수 있는 자
 2의2. 집합투자증권전문회원 : 증권시장에서 집합투자증권의 매매거래에 참가할 수 있는 자
 3. 채무증권전문회원 : 증권시장에서 채무증권의 매매거래에 참가할 수 있는 자
 4. 파생상품회원 : 파생상품시장에서 장내파생상품거래에 참가할 수 있는 자
 5. 주권기초파생상품전문회원 : 파생상품시장에서 주권을 기초자산으로 하는 장내파생상품

거래소의 회원이 아닌 자는 증권시장 및 파생상품시장에서의 매매거래를 하지 못한다. 다만, 회원관리규정에서 특정한 증권의 매매거래를 할 수 있도록 정한 경우에는 그 특정한 증권의 매매거래를 할 수 있다(法 388조①).[16]

회원관리규정은, 회원이란 거래소가 개설한 증권시장에서의 증권의 매매거래 또는 파생상품시장에서의 장내파생상품거래에 누구의 계산으로 하든지 자기의 명의로 참가할 수 있는 자를 말한다고 정의한다(회원관리규정 2조①1).

2. 거래의 종결

거래소는 회원이 거래의 정지를 당하거나 그 자격을 상실한 경우에는 그 회원 또는 다른 회원으로 하여금 해당 증권시장 또는 파생상품시장에서 행한 매매거래를 종결시켜야 한다. 이 경우 자격을 상실한 회원은 매매거래를 종결시키는 범위에서 회원의 자격을 가진 것으로 본다(法 389조①). 거래소가 다른 회원으로 하여금 해당 매매거래를 종결시키는 경우에는 그 회원과 다른 회원 사이에 위임계약이 체결된 것으로 본다(法 389조②).

Ⅳ. 업 무

1. 거래소의 책무

거래소는 다음 업무를 행함에 있어서 자본시장법 또는 정관등에 따라 거래소시장에서 투자자를 보호하고 증권 및 장내파생상품의 매매를 공정하게 수행할 책무를 가진다(法 373조의7).

거래에 참가할 수 있는 자

6. 통화·금리기초파생상품전문회원 : 파생상품시장에서 통화 또는 채무증권을 기초자산으로 하는 장내파생상품 거래에 참가할 수 있는 자

15) 거래소의 회원은 거래소에 대하여 증권의 매매거래 또는 장내파생상품거래에 대한 결제이행책임의 부담 여부에 따라 각각 다음 각호와 같이 구분한다(규정 3조②).

1. 결제회원 : 자기의 명의로 성립된 증권의 매매거래나 장내파생상품거래 또는 매매전문회원으로부터 결제를 위탁받은 증권의 매매거래나 장내파생상품거래에 대하여 자기의 명의로 결제를 하는 회원
2. 매매전문회원 : 자기의 명의로 성립된 증권의 매매거래나 장내파생상품거래에 따른 결제를 결제회원에게 위탁하는 회원

16) 자본시장법 제388조 제1항 단서에 따라 증권시장에서 매매거래를 할 수 있게 된 자는 제377조 제8호, 제387조, 제389조, 제394조, 제395조, 제396조 제2항, 제397조부터 제400조까지, 제404조 및 제426조 제6항을 적용함에 있어서 이를 거래소의 회원으로 본다(法 388조②).

1. 증권의 상장 및 상장폐지 업무
2. 시장감시위원회의 시장감시·이상거래심리·회원감리, 연계감시 및 징계업무
3. 그 밖에 투자자를 보호하고 공정한 거래질서를 확보하기 위하여 필요한 업무로서 대통령령으로 정하는 업무(令 354조의6: 상장법인의 신고·공시에 관한 업무)

2. 거래소의 업무

거래소는 다음과 같은 업무를 행한다. 제3호 및 제4호의 업무는 금융위원회로부터 청산기관 또는 결제기관으로 지정된 거래소만 행한다(法 377조①).

1. 거래소시장의 개설·운영에 관한 업무[17)]
2. 매매체결업무 : 증권 및 장내파생상품의 매매에 관한 업무
3. 청산업무 : 증권 및 장내파생상품의 거래(다자간매매체결회사에서의 거래를 포함)에 따른 매매확인, 채무인수, 차감, 결제증권·결제품목·결제금액의 확정, 결제이행보증, 결제불이행에 따른 처리 및 결제지시에 관한 업무
4. 결제업무 : 장내파생상품의 매매거래에 따른 품목인도 및 대금지급에 관한 업무[18)]
5. 증권의 상장에 관한 업무
6. 장내파생상품 매매의 유형 및 품목의 결정에 관한 업무
7. 상장법인의 신고·공시에 관한 업무
8. 증권 또는 장내파생상품 매매 품목의 가격이나 거래량이 비정상적으로 변동하는 거래 등 대통령령으로 정하는 이상거래의 심리 및 회원의 감리에 관한 업무
9. 증권의 경매업무
10. 거래소시장 등에서의 매매와 관련된 분쟁의 자율조정(당사자의 신청이 있는 경우에 한한다)에 관한 업무
11. 거래소시장의 개설에 수반되는 부대업무
12. 금융위원회의 승인을 받은 업무
13. 그 밖에 정관에서 정하는 업무

거래소는 제1항 각 호의 업무와 다음과 같은 업무 외에는 다른 업무를 할 수 없다(法 377조②).

1. 자본시장법 또는 다른 법령에서 거래소가 운영할 수 있도록 한 업무를 행하는 경우
2. 금융투자상품거래청산업인가를 받아 금융투자상품거래청산업을 영위하는 경우

---

17) 거래소가 증권시장 및 파생상품시장을 개설·운영하는 경우는 금융투자업으로 보지 않는다(法 7조⑥1).

18) 증권의 결제는 예탁결제원의 업무이다.

3. 청산과 결제

(1) 청산의 의의

청산(clearing)은 계약의 체결과 결제 사이의 단계로서 결제대상과 대금을 확정하는 절차이다. 청산은 거래 당사자 간의 거래조건을 확인하는 거래확인(matching)과 다수의 거래주체 간의 채권채무의 차감(netting)에 의한 최종결제의무의 확정 등의 두 단계로 구별된다. 거래확인은 거래당사자 간에 체결된 거래의 종목·가격·수량·결제일 등과 같은 거래조건을 확인하는 것이다. 자본시장법은 지정거래소가 수행할 구체적인 청산업무를 "매매거래(다자간매매체결회사에서의 거래를 포함)에 따른 매매확인, 채무인수, 차감, 결제증권·결제품목·결제금액의 확정, 결제이행보증, 결제불이행에 따른 처리 및 결제지시업무"로 규정한다(法 378조①).[19]

청산업무 중 채무인수는 청산기관이 매매거래에 따른 회원의 채무를 인수하는 행위를 말한다. 거래소가 청산업무의 핵심인 계약의 이행을 담보(결제이행보증)하기 위하여 다수의 거래당사자 간에 형성된 채권채무를 자신에게 집중시키는 방법으로, i) 면책적채무인수방식(CCP가 청산대상업자의 채무를 인수하고 대신 CCP는 청산대상업자에 대하여 반대채권을 취득한다고 본다), ii) 경개방식(기존 계약관계가 소멸되고 새로운 계약관계가 형성된다고 본다), iii) 거래당사자방식(거래확인과정에서 거래내용이 일치하면 CCP와 매도인 간, CCP와 매수인 간에 직접 2개의 거래가 체결된다고 본다) 등이 있는데, 자본시장법은 면책적채무인수방식을 채택하고 있다. 즉, 거래소는 집중거래상대방(CCP: Central Counterparty)으로서 증권시장 및 파생상품시장에서의 매매거래를 원활하게 하기 위하여 증권시장 업무규정 및 「파생상품시장 업무규정」이 정하는 바에 따라 회원을 대신하여 그 회원의 증권시장 또는 파생상품시장에서의 매매거래에 의한 채권·채무에 대하여 그 채권을 행사 또는 취득하거나 그 채무를 이행 또는 인수할 수 있다(法 398조①). 거래소의 「유가증권시장 업무규정」도, "거래소는 제72조의2[20]에 따라 확인한 매매거래에

19) 증권의 매매·청산은 거래소에서, 결제는 예탁결제원에서 각각 이루어지고, 장내파생상품의 매매·청산·결제는 모두 지정거래소에서 이루어진다. 장외거래의 청산, 결제기관은 예탁결제원이다.

20) [유가증권시장 업무규정 제72조의2(채무인수할 매매거래의 확인)] 거래소는 매매거래 성립 후 회원의 채무를 인수하고자 하는 때에는 사전에 인수할 채무의 기초가 되는 매매거래(매매

대하여 회원이 상대방인 회원에 부담하는 채무를 인수하고, 해당 회원은 거래소가 인수한 채무와 동일한 내용의 채무를 거래소에 부담한다"(유가증권시장 업무규정 73조①), "제1항의 규정에 의하여 거래소에 채무를 이전한 회원은 이전하기 전에 상대방인 회원에 대하여 부담하는 채무를 면한다"(유가증권시장 업무규정 73조②)고 규정한다. 채무의 이행 또는 인수로 인하여 거래소에 손실이 발생한 경우 해당 회원은 증권시장 업무규정 및 「파생상품시장 업무규정」이 정하는 바에 따라 거래소에 대하여 같은 채무를 부담한다(法 398조②).[21]

(2) 결제의 의의

결제(settlement)는 거래당사자의 채무이행절차로서, 거래목적물의 인도(delivery)와 대금의 지급(payment)으로 구성된다. 결제는 개별 거래의 증권 전량을 인도하고 대금의 전액을 지급하는 전량결제와 개별거래의 매도증권과 매수증권 또는 매도대금과 매수대금을 각각 차감한 잔량이나 잔액만을 인도하거나 지급하는 차감결제로 구분할 수 있다.

(3) 청산 · 결제기관

증권시장 및 파생상품시장에서의 "매매거래(다자간매매체결회사에서의 거래를 포함)에 따른 매매확인, 채무인수, 차감, 결제증권 · 결제품목 · 결제금액의 확정, 결제이행보증, 결제불이행에 따른 처리 및 결제지시업무"는 "청산기관으로서 금융위원회가 지정하는 거래소"가 수행한다(法 378조①). 파생상품시장에서의 "품목인도 및 대금지급업무"는 "결제기관으로서 금융위원회가 지정하는 거래소"가 수행한다(法 378조②).[22] 품목은 장내파생상품 매매거래에 따른 인도대상이 되는

거래의 매수로 취득한 권리의 행사로 성립하는 거래를 제외한다.)를 확인한다. 이 경우 유통매매거래와 구분하여 확인하고, 착오매매의 정정 등으로 매매거래가 변경된 때에는 변경된 매매거래를 확인한다.

21) 종래의 선물거래법은 "… 당해 회원 또는 다른 회원에게 당해 손실의 전부 또는 일부를 부담시킬 수 있다."고 규정하였는데(同法 28조②), 자본시장법은 채무부담에 관하여 보다 분명하게 규정하고 있다.

22) 증권거래에 관한 결제제도와 예탁제도의 관계에 관하여 증권의 매매에 따른 청산 · 결제와 그에 따른 증권의 예탁 · 관리업무를 분리운영하는 방식과 단일기관에서 이러한 업무를 전부 수행하는 통합운영방식이 있다. 미국과 일본은 분리운영방식을 채택하고 있고, 독일 · 스위스 · 덴마크 등 유럽국가들은 통합운영방식을 채택하고 있다. 우리나라는 증권의 매매주문 · 매매접수 · 매매체결 등은 거래소에서 이루어지나, 매매체결 이후에는 예탁결제원이 결제업무를 처리하므로 절충적인 방식이라 할 수 있다. 한편 자본시장법 제297조는 증권시장의 결제기관을 예탁결제원으로 규정하고, 이에 따라 증권인도와 대금지급에 관한 사항은 거래소의 업무규정에서도 제외된다. 이하에서는 「유가증권시장 업무규정」을 기초로 설명하는데, 파생상품

기초자산과 금전을 제외한 그 밖의 재산적 가치가 있는 것을 의미하고, 대금은 장내파생상품의 매매거래로 수수하게 되는 금전을 의미한다.

즉, i) 증권시장에서의 청산업무는 거래소가, 결세업무는 예탁결제원이 각각 수행하고, ii) 파생상품시장에서의 청산·결제업무는 거래소가 모두 수행한다.[23)]

(4) 「유가증권시장 업무규정」상 청산 · 결제제도

(가) 채무인수할 매매거래의 확인

거래소는 매매거래 성립후 회원의 채무를 인수하고자 하는 때에는 사전에 인수할 채무의 기초가 되는 매매거래(매매거래의 매수로 취득한 권리의 행사로 성립하는 거래는 제외)를 확인한다. 이 경우 유통매매거래와 구분하여 확인하고, 착오매매의 정정 등으로 매매거래가 변경된 때에는 변경된 매매거래를 확인한다(유가증권시장 업무규정 73조).

(나) 면책적 채무인수

거래소는 확인한 매매거래에 대하여 회원이 상대방인 회원에 부담하는 채무를 인수하고, 해당 회원은 거래소가 인수한 채무와 동일한 내용의 채무를 거래소에 부담한다. 거래소에 채무를 이전한 회원은 이전하기 전에 상대방인 회원에 대하여 부담하는 채무를 면한다(유가증권시장 업무규정 73조의2).

(다) 차감 및 결제증권 · 결제대금의 확정

거래소는 채무인수를 한 후 차감대상별로[24)] 거래소와 회원이 같은 날에 대금에 대한 채무를 상호 부담하거나 같은 종목의 증권에 대한 채무를 상호 부담하는 경우에는 대금간 및 같은 종목의 증권간에 차감한다(유가증권시장 업무규정 74조①). 국채전문유통시장의 매매거래의 대금에 대한 채무를 상호 부담하는 경

에 대하여는 「파생상품시장 업무규정」이 적용된다.

23) 종래에는 한국거래소가 유일한 거래소로서 당연히 위와 같은 청산·결제업무를 수행하여 왔는데, 2013년 자본시장법 개정으로 복수거래소제가 도입됨에 따라 모든 거래소가 이러한 청산·결제업무를 수행할 수 있는 것이 아니라, 금융위원회가 지정하는 거래소만이 이를 수행할 수 있고, 자본시장법 부칙 제15조 제3항은 금융위원회가 "한국거래소"를, 제378조 제1항의 개정규정에 따른 청산기관 및 제378조 제2항의 개정규정에 따른 결제기관으로 지정한 것으로 본다고 규정한다. 금융투자상품거래청산회사는 장외거래를 대상으로 하는 청산기관이다.

24) 차감대상은 다음과 같이 구별된다(유가증권시장 업무규정 74조①).
1. 주권등의 매매거래
2. 국채전문유통시장의 매매거래
3. 환매조건부채권매매거래
4. 제2호 및 제3호 외의 채무증권의 매매거래

우에는 같은 종목의 대금간에 차감한다. 이 경우 차감을 한 후에 남은 증권의 수량이 없는 종목("차금결제대상종목")의 경우에는 해당 종목 전체의 대금 간에 차감한다(유가증권시장 업무규정 74조②).

차감을 한 후에 남은 종목의 수량 및 대금의 금액을 거래소와 회원 간에 수수하는 결제증권 및 결제대금으로 확정한다. 이 경우 국채전문유통시장의 매매거래의 차감대상에 대하여는 일정규모로 분할하여 결제증권 및 결제대금을 확정한다. 결제회원은 결제위탁계약을 체결한 매매전문회원의 확정된 채권을 취득하고 채무를 부담하며 해당 매매전문회원은 결제회원에 대하여 동일한 내용의 채권을 취득하고 채무를 부담한다(유가증권시장 업무규정 74조③).

(라) 결제내역의 통지

거래소는 확정된 결제증권 및 결제대금의 내역("결제내역")을 회원, 한국예탁결제원 및 한국은행에 통지한다(유가증권시장 업무규정 75조①).

(마) 거래소와 결제회원 간 증권 및 대금의 수수

결제회원은 통지받은 결제내역에 따라 증권 또는 대금을 예탁결제원의 결제업무규정에 의한 결제시한(16시, 당일결제거래의 경우에는 16시 30분, 그 시간을 변경하는 경우에는 변경된 시간)까지 거래소에 납부하여야 하고, 거래소는 결제회원에게 증권을 인도하거나 대금을 지급한다(유가증권시장 업무규정 75조의2①). 결제회원이 증권 또는 대금을 납부하는 경우 이를 분할하여 납부할 수 있다(유가증권시장 업무규정 75조의2②). 거래소와 결제회원 간 증권 및 대금의 수수는 증권결제계좌(확정된 결제증권의 수수를 위한 계좌로서 예탁결제원에 개설된 거래소계좌를 대신하는 예탁결제원계좌) 및 대금결제계좌(확정된 결제대금의 수수를 위한 계좌로서 한국은행 또는 은행에 개설된 거래소계좌를 대신하는 예탁결제원계좌)와 결제회원계좌 간에 대체하는 방법으로 한다(유가증권시장 업무규정 75조의2③). 결제계좌를 통하여 결제회원과 증권 및 대금을 수수하는 것은 직접 거래소계좌를 통하여 결제회원과 증권 및 대금을 수수하는 것과 동일한 효력이 있는 것으로 한다(유가증권시장 업무규정 75조의2④). 대금결제계좌는 사전에 거래소와 협의를 거쳐 예탁결제원이 개설한다. 이 경우 대금결제계좌를 개설할 수 있는 은행은 세칙으로 정하는 은행으로 한다(유가증권시장 업무규정 75조의2⑤).

(바) 결제이행보증을 위한 유동성공급

거래소는 결제회원이 결제시한까지 결제대금을 납부하지 아니한 경우 결제시한을 기준으로 지체 없이 결제이행재원으로 유동성을 공급한다. 이 경우 유동성을 공급한다는 사실을 사전에 예탁결제원에 통지한다. 다만, 결제은행 전산시스템의 장애 그 밖에 불가피한 사정으로 거래소가 유동성을 공급하기 곤란하다고 인정하는 경우에는 그러하지 아니하다(유가증권시장 업무규정 75조의4①).

(사) 결제지시

거래소는 결제시한 이후 예탁결제원에 대하여 결제계좌에서 수령할 결제회원계좌로의 증권인도 또는 대금지급의 지시("결제지시")를 한다. 다만, 경제사정의 급변, 결제회원의 도산가능성 그 밖에 세칙으로 정하는 경우에는 납부할 모든 결제회원이 모든 종목의 증권 및 대금의 납부를 완료한 때에 수령할 결제회원에게 동시에 증권인도 및 대금지급의 결제지시를 할 수 있다(유가증권시장 업무규정 75조의6①).

(아) 결제불이행시의 처리

거래소는 결제회원이 매매거래의 결제를 이행하지 아니하거나 그 우려가 있다고 인정되는 경우("결제불이행")에는 일정한 기간을 정하거나 그 사유가 소멸될 때까지 다음과 같은 조치를 하거나 당해 결제회원이 부담하는 채무인수를 하지 아니할 수 있다(유가증권시장 업무규정 76조①).

1. 매매거래의 전부 또는 일부의 정지[25)]
2. 해당 결제회원이 거래소로부터 수령할 예정인 증권의 전부 또는 일부나 현금의 전부 또는 일부의 지급정지
3. 그 밖에 세칙이 정하는 조치

(5) 파생상품시장 업무규정상 청산 · 결제제도

(가) 청산제도

파생상품시장 업무규정의 채무인수할 거래의 확인, 면책적 채무인수 등은 「유

25) 2008년 금융위기 당시 금융위원회가 리먼브러더스 인터내셔날증권 서울지점에 대하여 영업일부정지 조치를 취하자, 거래소가 위 지점의 결제불이행이 예상된다는 이유로 위 지점에 대하여 매매거래정지 조치를 취한 예가 있다. 당시 거래소는 위 지점이 보유한 선물 옵션 미결제약정에 대하여 보유물량이 가장 많은 신한금융투자에게 모두 정리하여 줄 것을 요청하여 신한금융투자가 이를 반대거래하여 소멸시켰다. 이에 리먼브러더스 인터내셔날증권은 구 선물시장 업무규정 제108조 제2항에 규정된 강제매매권은 결제불이행의 처리가 필요한 경우, 즉 결제불이행이 실제로 발생한 것을 요건으로 하는데, 당시까지 결제를 불이행한 적이 없으므로 위 반대거래는 위 규정에서 정한 요건을 충족하지 못하여 위법하다는 이유로 다투었으나, 법원에서 받아들이지 않았다(대법원 2012. 11. 29. 선고 2011다53133 판결).

가증권시장 업무규정」상 청산제도와 같다(파생상품시장 업무규정 94조, 94조의2). 그리고 거래소는 파생상품계좌별로 동일한 종목의 매도와 매수의 약정수량(직전 거래일의 미결제약정수량을 포함) 중 대등한 수량을 상계한 것으로 보아 소멸시킨다(파생상품시장 업무규정 95조).

(나) 회원과 위탁자 간 선물거래의 결제

1) 일일정산 및 정산가격　　거래소와 결제회원, 지정결제회원과 매매전문회원은 선물거래의 각 종목에 대하여 거래일마다 장종료 시점을 기준으로 정산가격으로 정산하여야 한다. 이 경우 글로벌거래의 각 종목에 대하여는 글로벌거래의 종료 후에 개시되는 정규거래에 포함하여 정산한다(파생상품시장 업무규정 96조①). 정산가격은 각 종목별로 정규거래시간 중 가장 나중에 성립된 약정가격(선물스프레드거래의 성립에 따라 체결된 것으로 보는 결제월거래의 약정가격과 협의거래의 약정가격은 제외)으로 한다. 다만, 약정가격이 없거나 약정가격이 기초자산 가격의 일정 수준을 벗어나는 종목의 경우, 그 밖에 시장관리상 필요하다고 인정하는 경우에는 세칙으로 정하는 가격을 정산가격으로 한다(파생상품시장 업무규정 96조②).

2) 당일차금의 수수　　결제회원은 당일의 약정가격(직전 거래일의 글로벌거래의 약정가격을 포함)과 당일의 정산가격과의 차이에 약정수량 및 거래승수를 곱하여 산출되는 금액(이하 "당일차금"이라 한다)을 거래소와 수수하여야 한다(파생상품시장 업무규정 97조①).

3) 갱신차금의 수수　　결제회원은 직전 거래일의 정산가격과 당일의 정산가격과의 차이에 직전 거래일의 장종료 시점의 미결제약정수량 및 거래승수를 곱하여 산출되는 금액("갱신차금")을 거래소와 수수하여야 한다. 다만, 주식선물거래 기초주권의 배당락등이 있는 경우, 그 밖에 시장관리상 필요하다고 인정하는 경우에는 세칙으로 정하는 바에 따라 갱신차금을 산출한다(파생상품시장 업무규정 98조①).

(다) 회원과 위탁자 간 옵션거래의 결제

1) 옵션대금의 수수　　결제회원은 옵션거래의 각 종목에 대하여 약정가격에 약정수량 및 거래승수를 곱하여 산출되는 금액("옵션대금")을 거래소와 수수하여야 한다(파생상품시장 업무규정 99조①).

2) 권리행사의 신고　　회원이 권리행사를 하는 경우에는 종목별로 다음 각

호의 구분에 따라 권리행사수량을 신고시한 이내에 거래소에 신고하여야 한다(파생상품시장 업무규정 100조①). 손실종목(1. 콜옵션에 있어서 권리행사결제기준가격이 행사가격 이하인 종목, 2. 풋옵션에 있어서 권리행사결제기준가격이 행사가격 이상인 종목)에 대하여 권리행사의 신고를 하여서는 아니 된다(파생상품시장 업무규정 100조②)

3) 권리행사의 배정　　거래소는 제100조에 따라 신고한 각 종목의 권리행사수량을 제100조 제1항 각 호의 구분에 따라 해당 종목의 매도의 미결제약정에 대하여 무작위로 배정하되, 세칙으로 정하는 방법으로 배정하고 지체 없이 그 배정수량을 해당 회원에게 통지한다(파생상품시장 업무규정 101조①).

4) 옵션의 소멸　　최종거래일이 도래한 옵션으로서 거래종료 후에 권리행사 및 배정이 되지 않은 미결제약정으로 남아 있는 옵션은 권리행사의 배정이 이루어진 후에 소멸되는 것으로 본다(파생상품시장 업무규정 102조).

㈐ 차감결제 및 결제시한

1) 차감 및 차감결제현금 · 차감결제기초자산의 확정　　거래소는 결제일 및 결제시한이 동일한 당일차금, 갱신차금, 옵션대금, 최종결제차금, 최종결제대금 및 권리행사차금의 총지급액과 총수령액을 차감한 금액("차감결제현금")을 거래소와 회원간 수수하는 현금으로 확정한다(파생상품시장 업무규정 103조①). 거래소는 결제일 및 결제시한이 동일한 각 기초자산별로 지급할 기초자산과 수령할 기초자산을 차감한 기초자산("차감결제기초자산")을 거래소와 회원간에 수수하는 기초자산으로 확정한다(파생상품시장 업무규정 103조②). 지정결제회원은 결제위탁계약을 체결한 매매전문회원의 확정된 채권을 취득하고 채무를 부담하며 해당 매매전문회원은 지정결제회원에 대하여 동일한 내용의 채권을 취득하고 채무를 부담한다(파생상품시장 업무규정 103조③).

2) 결제내역의 통지　　거래소는 확정된 차감결제현금 및 차감결제기초자산의 내역("결제내역")을 거래소파생상품시스템을 통하여 회원파생상품시스템 또는 회원파생상품단말기로 전송하거나 그 밖의 방법으로 회원에게 통지한다(파생상품시장 업무규정 103조의2).

3) 차감결제현금 및 차감결제기초자산의 수수　　결제회원은 통지받은 결제내역에 따라 차감결제현금 또는 차감결제기초자산을 결제시한까지 거래소에 납부하여야 하고, 거래소는 결제회원에게 지급 또는 인도한다(파생상품시장 업무규정 업무규

정 104조①). 결제회원은 차감결제현금 또는 차감결제기초자산을 거래소에 납부한 때에는 이를 취소할 수 없다(파생상품시장 업무규정 104조의2).

4) 결제이행보증을 위한 유동성공급 거래소는 결제회원이 결제시한까지 차감결제현금을 납부하지 아니한 경우 결제시한을 기준으로 지체 없이 결제이행재원으로 유동성을 공급한다. 다만, 결제은행 전산시스템의 장애 그 밖에 불가피한 사정으로 거래소가 유동성을 공급하기 곤란하다고 인정하는 경우는 제외한다(파생상품시장 업무규정 105조①).

5) 결제지시 거래소는 결제시한 이후 다음 각 호의 자에 대하여 제104조 제1항 및 제2항에 따른 차감결제현금의 지급 또는 차감결제기초자산의 인도의 지시("결제지시")를 한다. 다만, 납부할 모든 결제회원이 결제시한 이전에 차감결제현금 또는 차감결제기초자산의 납부를 완료한 경우에는 해당 납부가 완료된 때에 결제지시를 할 수 있다(파생상품시장 업무규정 105조의2).

6) 결제지연손해금 결제시한까지 차감결제현금을 납부하지 아니한 결제회원은 결제지연손해금을 거래소에 납부하여야 한다. 다만, 천재지변, 경제사정의 급변, 결제은행 전산시스템의 장애 그 밖에 결제시한까지 유동성을 공급하는 것이 곤란하다고 거래소가 인정하는 경우는 제외한다(파생상품시장 업무규정 105조의3①).

7) 비용의 부담 결제 또는 결제불이행으로 인하여 발생하는 은행수수료 등 제반비용과 손실은 결제회원이 부담한다. 이 경우 결제회원은 매매전문회원과 관련하여 발생한 제반비용과 손실에 대하여 해당 매매전문회원에게 이를 부담시킬 수 있다(파생상품시장 업무규정 106조).

8) 결제불이행시 조치 거래소는 결제회원이 결제(차감결제현금 및 차감결제기초자산의 수수를 말한다) 또는 거래증거금·장중추가증거금의 예탁을 이행하지 아니하거나 그 우려가 있다고 인정하는 경우("결제불이행")에는 일정한 기간을 정하거나 그 사유가 소멸될 때까지 다음 각 호의 어느 하나에 해당하는 조치를 하거나 해당 결제회원이 부담하는 채무를 인수하지 아니할 수 있다(파생상품시장 업무규정 107조①).

1. 거래의 전부 또는 미결제약정수량을 증가시키는 거래 등 일부의 정지
2. 해당 결제회원이 거래소로부터 수령할 예정인 차감결제현금 및 차감결제기초자산

또는 거래증거금·장중추가증거금 그 밖에 해당 결제회원이 거래소로부터 수령할 금전 또는 증권의 전부 또는 일부의 지급 정지

3. 그 밖에 세칙으로 정하는 조치

4. 결제이행확보

(1) 원 칙

거래소 회원이 결제를 불이행하는 경우, 청산기관인 지정거래소는 1차적으로는 해당 회원의 거래증거금과 회원보증금으로 그 채무의 변제에 충당하고, 2차적으로는 손해배상공동기금에 의하여 손해를 보전하고, 3차적으로는 거래소의 자본금으로 채무를 이행한다.

(2) 회원보증금과 증거금

(가) 회원보증금

회원은 장래 증권시장·파생상품시장에서의 매매거래와 관련하여 발생할 수 있는 채무의 이행을 보증하기 위하여 거래소에 회원보증금을 예치해야 한다(法 395조①). 거래소는 회원을 대신하여 채무를 이행 또는 인수함으로써 취득한 채권을 그 회원에 대한 회원보증금과 상계하지 못한다(法 395조②). 회원에게 증권·장내파생상품의 매매를 위탁한 자는 그 위탁으로 발생한 채권에 대하여 그 회원의 회원보증금에 관하여 다른 채권자보다 우선하여 변제받을 권리가 있다(法 395조③). 회원보증금의 최저한도·운용 및 관리 등에 관하여 필요한 사항은 거래소의 회원관리규정으로 정한다(法 395조④).

(나) 위탁증거금과 거래증거금

거래소의 회원은 파생상품시장에서의 매매의 수탁과 관련하여 거래소의 파생상품시장 업무규정이 정하는 바에 따라 위탁자로부터 위탁증거금을 받아야 한다(法 396조①).[26]

1) 기본예탁금

가) 위탁증거금의 예탁 회원이 미결제약정이 없는 위탁자로부터 거래의 위탁을 받는 때에는 사전에 위탁자의 재무건전성 및 신용상태 등을 감안하여 세

26) 자본시장법은 파생상품시장에 대해서만 위탁증거금 징수의무를 규정하는데, 「유가증권시장 업무규정」은 "회원은 위탁자로부터 매매거래의 위탁을 받을 때에는 매수의 경우에는 현금 또는 대용증권으로, 매도의 경우에는 해당 매도증권, 현금 또는 대용증권으로 위탁증거금을 징수할 수 있다."라고 규정한다(유가증권 업무규정 87조①).

칙이 정하는 금액(기본예탁금액) 이상의 현금, 대용증권 또는 외화를 기본예탁금으로 예탁받아야 한다(파생상품시장 업무규정 127조①). 회원은 위탁자의 파생상품 계좌별로 위탁증거금을 예탁받아야 한다(파생상품시장 업무규정 132조①).

나) 위탁증거금의 구분 위탁증거금은 위탁자로부터 거래의 위탁을 받기 이전에 예탁받는 위탁증거금(사전위탁증거금)과 정규거래시간의 종료 후에 예탁받는 위탁증거금(사후위탁증거금)으로 구분한다(파생상품시장 업무규정 132조②).

다) 위탁증거금의 지급·충당 회원은 위탁자의 예탁총액(예탁된 현금과 대용증권의 대용가액, 외화 및 외화증권의 평가가액의 합계액)이 위탁증거금액을 초과하거나 예탁현금이 현금예탁필요액을 초과하는 경우에는 해당 초과하는 금액 이하의 금액을 지급하거나 위탁자로부터 예탁받아야 하는 위탁증거금에 충당할 수 있다(파생상품시장 업무규정 136조①).

라) 위탁증거금의 일별 추가예탁 회원은 장종료 시점을 기준으로 사전위탁증거금을 적용받는 위탁자의 예탁총액이 유지위탁증거금액보다 적거나 예탁현금이 유지현금예탁필요액보다 적은 경우에는 위탁증거금을 추가로 예탁받아야 한다(파생상품시장 업무규정 137조①).

마) 위탁증거금의 장중 추가예탁 회원은 정규거래시간 중 세칙으로 정하는 경우를 기준으로 위탁자의 예탁총액이 장중 유지위탁증거금액보다 적은 경우에는 위탁증거금을 추가로 예탁받아야 한다(파생상품시장 업무규정 137조의2①).

바) 위탁증거금의 추가예탁 등 불이행시의 조치 회원은 위탁자가 위탁증거금을 추가로 예탁하지 아니하거나 사후위탁증거금을 예탁하지 아니하는 경우에는 선량한 관리자의 주의로써 세칙으로 정하는 바에 따라 해당 위탁자의 미결제약정을 소멸시키게 되는 매도 또는 매수를 하거나 위탁증거금으로 예탁받은 대용증권, 외화 또는 외화증권을 매도할 수 있다(파생상품시장 업무규정 138조).

이러한 반대매매는 결제불이행 위험을 줄여 부실채권의 발생을 방지하려는 것이므로 미결제약정의 강제청산은 증권회사의 계약상 권한에 해당한다.[27] 그리고 반대매매가 반드시 고객에게 불리한 결과를 초래하는 것이라고 단정할 수도 없다.[28] 나아가 결제능력이 없는 사람의 결제불이행을 방지하기 위하여 그가 보

27) 서울고등법원 2020. 5. 8. 선고 2019나2038602 판결.
28) 서울남부지법 2016가합101885 판결(서울고법 2017나2022337 판결에 의하여 항소기각으로 확정).

유한 파생상품 전량을 반대매매 하는 것이 과다하다고 보기 어렵다.[29)]

2) 거래증거금 예치 회원은 증권시장·파생상품시장에서의 매매거래를 함에 있어서 거래소에 대하여 부담하는 채무의 이행을 보증하기 위하여 증권시장 업무규정·파생상품시장 업무규정이 정하는 바에 따라 거래소에 거래증거금을 예치해야 한다(法 396조②).[30)]

㈐ 거래증거금과 회원보증금의 채무변제충당

거래소는 회원이 거래소 또는 다른 회원에 대하여 증권시장·파생상품시장에서의 매매거래에 관한 채무를 이행하지 아니한 경우에는 그 회원의 거래증거금과 회원보증금으로 그 채무의 변제에 충당할 수 있다(法 397조).

(3) 손해배상공동기금

회원은 증권시장·파생상품시장에서의 매매거래에 따른 채무의 불이행으로 인하여 발생하는 손해를 배상하기 위하여 거래소에 손해배상공동기금("공동기금")을 적립해야 한다. 다만, 증권시장·파생상품시장에서의 매매거래에 대한 결제이행의 책임을 부담하지 않는 회원 등 거래소가 정하는 회원은 공동기금을 적립하지 아니할 수 있다(法 394조①). 거래소는 공동기금을 증권시장·파생상품시장으로 구분하여 적립해야 한다(法 394조②). 회원(제1항 단서에 따른 회원 제외)은 공동기금의 범위에서 회원의 증권시장 또는 파생상품시장에서의 매매거래에 따른 채무의 불이행으로 인하여 발생하는 손해배상에 관하여 연대책임을 진다(法 394조③). 공동기금의 총적립규모, 회원별 적립률, 적립방법, 사용, 관리, 환급, 그 밖에 그 운용에 관하여 필요한 사항은 대통령령으로 정한다(法 394조④).

---

29) 서울남부지법 2016가합101885 판결.

30) 유가증권시장의 결제회원은 세칙으로 정하는 회원 및 위탁자(투자중개업자로부터 위탁의 주선을 받은 경우에는 그 투자중개업자에 위탁한 자를 포함한다)의 주권등의 거래량에 대하여 장종료 시점을 기준으로 산출한 순위험증거금액과 변동증거금액을 합산한 금액 이상의 금액을 거래증거금으로 거래소에 예탁하여야 한다. 이 경우 순위험증거금액과 변동증거금액을 합산한 금액이 0원 이하인 경우에는 거래증거금은 0원으로 한다(유가증권시장 업무규정 72조의2①). 파생상품시장의 결제회원은 회원 및 위탁자(투자중개업자로부터 위탁의 주선을 받은 경우에는 그 투자중개업자에 위탁한 자를 포함)의 파생상품거래에 관한 계좌("파생상품계좌")별로 장종료 시점을 기준으로 기초자산의 가격·수치, 변동성 등이 일정한 수준으로 변동하는 경우에 발생할 수 있는 최대순손실상당액과 해당 최대순손실상당액이 신용위험한도를 초과하는 경우에 발생할 수 있는 신용위험손실상당액을 합한 금액 이상의 금액을 거래증거금으로 거래소에 예탁하여야 한다(파생상품시장 업무규정 88조).

5. 거래소의 손해배상책임과 구상권

거래소는 회원의 증권시장·파생상품시장에서의 매매거래의 위약으로 인하여 발생하는 손해에 관하여 배상의 책임을 진다(法 399조①). 거래소가 손해를 배상하는 경우에는 대통령령으로 정하는 바에 따라 거래소의 재산과 적립된 공동기금에서 우선 충당한다(法 399조②). 거래소는 그 재산과 공동기금으로 다음 순서와 방법에 따라 증권시장 또는 파생상품시장에서의 매매거래의 위약으로 인하여 발생하는 손해를 배상한다(슈 362조②).

1. 위약한 회원이 적립한 공동기금을 우선하여 사용할 것
2. 제1호에 따라 손해를 배상하고 나서 부족분이 있으면 거래소의 재산 중 회원관리규정으로 정하는 금액을 우선하여 사용할 것
3. 제1호 및 제2호에 따라 손해를 배상하고 나서 부족분이 있으면 회원관리규정에서 정하는 순서와 방법에 따라 위약한 회원 외의 회원이 적립한 공동기금과 거래소의 재산을 사용할 것

거래소는 공동기금을 적립한 회원별로 구분할 수 있도록 관리하되, 다른 재산과 구분하여 회계처리해야 한다(슈 362조③). 거래소는 탈퇴하는 회원에 대하여 회원관리규정으로 정하는 바에 따라 그 회원의 공동기금을 환급해야 한다(슈 362조④). 거래소는 제5항에 따라 공동기금을 운용함으로써 발생한 과실을 회원관리규정으로 정하는 바에 따라 공동기금의 원본에 산입해야 한다(슈 362조⑥).

거래소는 손해를 배상한 경우에는 위약한 회원에 대하여 그 배상한 금액과 이에 소요된 비용에 관하여 구상권을 가진다(法 399조③). 거래소는 손해를 배상하는 경우에는 이를 금융위원회에 보고하여야 하며, 공동기금을 속히 보전할 수 있는 방법으로 위약한 회원에 대하여 구상권을 행사해야 한다(슈 363조①).

거래소는 위약한 회원에 대하여 구상권을 행사한 경우 다음 각 호의 순서와 방법에 따라 그 구상권 행사로 추심된 금액을 손해배상공동기금과 거래소의 재산에 배분한다(法 399조⑤, 슈 363조②).

1. 제362조 제2항 제3호에 따라 사용된 금액이 있으면 회원관리규정에서 정하는 순서와 방법에 따라 위약한 회원 외의 회원이 적립한 공동기금과 거래소의 재산에 우선하여 배분할 것

2. 제362조 제2항 제2호에 따라 사용된 금액이 있으면 제1호에 따라 배분하고 남은 금액을 거래소의 재산에 배분할 것
3. 제1호 및 제2호에 따라 배분하고 남은 금액이 있으면 제362조 제2항 제1호에 따라 사용된 금액 및 손해배상 등에 소요된 비용에 대하여 회원관리규정에서 정하는 바에 따라 배분할 것

6. 채무변제순위

⑴ 회원의 회원보증금·거래증거금 및 공동기금 지분

거래소의 회원이 증권시장·파생상품시장에서의 매매거래에 따른 채무를 이행하지 아니하여 거래소 또는 다른 회원에게 손해를 끼친 경우 그 손해를 입은 거래소 또는 다른 회원은 그 손해를 끼친 회원의 회원보증금·거래증거금 및 공동기금 지분에 대하여 다른 채권자보다 우선하여 변제받을 권리를 가진다(法 400조①).

⑵ 회원이 결제를 위하여 납부한 대금·증권 및 품목

거래소는 회원이 증권시장 또는 파생상품시장에서의 매매에 따른 결제를 위하여 납부한 대금·증권 및 품목에 관하여 다른 채권자보다 우선하여 변제를 받을 권리가 있다(法 400조②).

⑶ 회원의 일반재산

거래소는 증권시장·파생상품시장에서의 매매에 따른 결제완료 전에 대금·증권 및 품목이 인도된 경우에 해당 회원이 그 결제를 이행하지 아니함으로써 거래소에 손해를 끼친 때에는 그 회원의 재산에 관하여 다른 채권자보다 우선하여 변제를 받을 권리가 있다. 다만, 그 결제의 이행 기한이 도래하기 전에 설정된 전세권·질권·저당권 또는 「동산·채권 등의 담보에 관한 법률」에 따른 담보권에 의하여 담보된 채권에 대하여는 우선하여 변제를 받을 권리가 없다(法 400조③). 제1항부터 제3항까지의 규정에 따른 거래소의 우선권은 위탁자의 회원보증금에 대한 권리보다 우선하는 효력을 가진다(法 400조④).

V. 지배구조

1. 기본사항

거래소에 대하여는 자본시장법에서 특별히 정한 경우를 제외하고는 상법 중 주식회사에 관한 규정이 적용된다(法 374조).

2. 임 원

거래소에 이사장 1인, 상근이사인 감사위원회 위원 1인, 시장감시위원장 1인, 이사 12인 이내(총 15인 이내)의 임원을 둔다(法 380조①). 임원의 임기는 3년으로 하며, 정관이 정하는 바에 따라 연임할 수 있다(法 380조②). 이사장은 대통령령으로 정하는 금융에 관한 경험과 지식을 갖추고 거래소의 건전한 경영과 공정한 거래질서를 해할 우려가 없는 자 중에서 이사후보추천위원회의 추천을 받아 주주총회에서 선임한다(法 380조③). 금융위원회는 선임된 이사장이 직무수행에 부적합하다고 인정되는 경우로서 대통령령으로 정하는 경우에는 그 선임된 날부터 1개월 이내에 그 사유를 구체적으로 밝혀 해임을 요구할 수 있다. 이 경우 해임 요구된 이사장의 직무는 정지되며, 거래소는 2개월 이내에 이사장을 새로 선임해야 한다(法 380조④). 거래소의 사외이사(상시적인 업무에 종사하지 않는 자로서 거래소의 정관이 정하는 요건을 갖춘 자)와 상근이사인 감사위원회의 위원은 후보추천위원회의 추천을 받아 주주총회에서 각각 선임한다. 이 경우 최대주주와 그 특수관계인, 그 밖에 대통령령으로 정하는 자가 소유하는 거래소의 의결권 있는 주식의 합계가 거래소의 의결권 있는 발행주식총수의 3%(정관으로 그 비율을 더 낮게 정한 경우에는 그 비율로 한다)를 초과하는 경우 그 주주는 그 초과하는 주식에 관하여 상근이사인 감사위원회 위원의 선임 및 해임에 있어서는 의결권을 행사하지 못한다(法 380조⑤). 금융투자업자의 감사위원회 위원의 결격사유(法 384조③ 각 호)에 해당하는 자는 거래소의 상근이사인 감사위원회의 위원이 될 수 없으며, 상근이사인 감사위원회의 위원이 된 후 이에 해당하게 된 경우에는 그 직을 상실한다. 다만, 거래소의 상근이사인 감사위원회의 위원으로 재임 중이거나 재임하였던 자는 상근이사인 감사위원회의 위원이 될 수 있다(法 380조⑥).

3. 이 사 회

거래소에 이사회를 둔다. 이 경우 사외이사가 이사회의 과반수를 구성하도록 해야 한다(法 381조①). 거래소 이사회의 효율적인 업무수행을 위하여 이사회 내에 각 시장별로 이사회가 위임한 사항을 심의·결의하는 이사회 내 위원회로서 소위원회를 설치한다(法 381조②).

4. 임원의 자격

금융투자업자의 임원의 자격요건에 관한 금융사지배구조법 제5조는 거래소의 임원에게 준용한다(法 382조①). 사외이사 결격사유에 관한 금융사지배구조법 제6조 제1항(제1호는 제외) 및 제2항은 거래소의 사외이사에게 준용한다(法 382조②). 거래소의 임원은 둘 이상의 거래소의 임원의 지위를 겸직할 수 없다(法 382조③).

5. 정보이용금지

거래소의 임직원 및 임직원이었던 자는 그 직무에 관하여 알게 된 비밀을 누설 또는 이용하지 못한다(法 383조①). 거래소의 상근 임직원은 금융투자업자 및 금융투자업관계기관과 자금의 공여, 손익의 분배, 그 밖에 영업에 관하여 대통령령으로 정하는 특별한 이해관계를 가져서는 아니 된다(法 383조②). 제63조는 거래소의 임직원에게 준용한다(法 383조③).

6. 감사위원회

거래소에 감사위원회를 설치해야 한다(法 384조①). 감사위원회는 다음 요건을 모두 충족해야 한다(法 384조②).

1. 총 위원의 3분의 2 이상이 사외이사일 것
2. 위원 중 1명 이상은 대통령령으로 정하는 회계 또는 재무전문가일 것
3. 감사위원회의 대표는 사외이사일 것

다음과 같은 사람은 사외이사가 아닌 감사위원회의 위원이 될 수 없으며, 사외이사가 아닌 감사위원회의 위원이 된 후 이에 해당하게 된 경우에는 그 직을

상실한다. 다만, 거래소의 상근감사 또는 사외이사가 아닌 감사위원회의 위원으로 재임 중이거나 재임하였던 사람은 제2호에도 불구하고 사외이사가 아닌 감사위원회의 위원이 될 수 있다(法 384조③).

1. 거래소의 주요주주
2. 거래소의 상근 임직원 또는 최근 2년 이내에 상근 임직원이었던 사람
3. 그 밖에 거래소의 경영에 영향을 미칠 수 있는 사람 등 사외이사가 아닌 감사위원회의 위원으로서의 직무를 충실하게 수행하기 곤란한 사람으로서 대통령령으로 정하는 사람

거래소는 사외이사의 사임·사망 등 사전에 예측하지 못한 사유로 사외이사의 수가 제2항에 따른 감사위원회의 구성요건에 미치지 못하게 된 경우에는 그 사유가 발생한 후 최초로 소집되는 주주총회에서 제2항에 따른 요건을 충족하도록 조치해야 한다(法 384조④). 감사위원회의 위원이 되는 사외이사의 선임에 관하여는 감사선임 시 의결권 행사의 제한에 관한 상법 제409조 제2항 및 제3항을 준용한다(法 384조⑤).

7. 이사후보추천위원회

거래소에 이사장·사외이사의 적정한 선임을 위하여 후보추천위원회를 둔다(法 385조①). 이사장은 다음과 같은 자를 후보추천위원회 위원으로 위촉하며, 후보추천위원회의 위원장은 위원 간의 호선으로 선출한다(法 385조②).

1. 사외이사인 이사 5인
2. 협회가 추천하는 2인
3. 대통령령으로 정하는 주권상장법인 대표 2인[31]

Ⅵ. 거래소시장에 대한 규제

1. 시장의 개설

거래소는 시장을 효율적으로 관리하기 위하여 증권시장 또는 파생상품시장

31) "대통령령으로 정하는 주권상장법인"이란 거래소가 개설·운영하는 증권시장 중 금융위원회가 정하여 고시하는 증권시장별로 주권상장법인을 구성원으로 하여 각각 설립된 단체의 추천을 받은 주권상장법인을 말한다(令 358조).

별로 둘 이상의 금융투자상품시장을 개설하여 운영할 수 있다(法 386조).

2. 증권시장

증권시장이란 증권의 매매를 위하여 거래소가 개설하는 시장으로서(法 8조의2④1), 한국거래소의 증권시장에는 유가증권시장, 코스닥시장, 코넥스시장 등이 있다.[32] 다만, 이들 시장의 명칭은 한국거래소가 개설한 시장의 명칭이고, 다른 거래소에서는 다른 명칭을 사용할 수 있다.

(1) 유가증권시장

유가증권시장은 자본시장법 제4조 제2항 각 호의 증권(채무증권·지분증권·수익증권·투자계약증권·파생결합증권·증권예탁증권)의 매매를 위하여 개설하는 시장을 말한다.

(2) 코스닥시장과 코넥스시장

코스닥시장은 유가증권시장에 상장되지 아니한 증권의 매매를 위하여 개설하는 시장을 말한다. 코넥스(Konex: Korea New Exchange)시장은 코스닥시장 상장요건이 부담스러운 중소기업을 위하여 코스닥시장과 별도로 운영되는 시장으로서 자본시장법상 거래소시장에 포함된다. 코넥스시장 상장요건은 중소기업으로서 지정자문인을 선임하고 감사의견이 적정이면 되고, 별도의 재무요건이 없으며 국제회계기준의 의무적용도 면제된다.

(3) 상장규정

(가) 상장법인의 분류

자본시장법상 상장법인·비상장법인·주권상장법인·주권비상장법인은 다음과 같은 자를 말한다(法 2조⑮).

1. 상장법인: 증권시장에 상장된 증권(상장증권)을 발행한 법인
2. 비상장법인: 상장법인을 제외한 법인
3. 주권상장법인: 다음과 같은 법인
   가. 증권시장에 상장된 주권을 발행한 법인
   나. 주권과 관련된 증권예탁증권이 증권시장에 상장된 경우에는 그 주권을 발행한 법인

---

32) 증권시장(securities market)은 증권의 발행인이 최초로 증권을 발행하여 투자자에게 매도하는 발행시장(primary market)과 이미 발행된 주식이 거래되는 유통시장(secondary market, aftermarket)으로 분류된다. 제7편의 증권시장은 그 중에서도 유통시장을 다룬다.

4. 주권비상장법인: 주권상장법인을 제외한 법인

주권상장법인은 세부적으로 상장된 시장의 종류에 따라 유가증권시장 주권상장법인·코스닥시장 상장법인·코넥스시장 상장법인으로 분류된다.33)

㈏ 상장규정의 제정

거래소는 증권시장에 상장할 증권의 심사 및 상장증권의 관리를 위하여 증권상장규정을 정해야 한다. 이 경우 거래소가 개설·운영하는 둘 이상의 증권시장에 대하여 별도의 상장규정으로 정할 수 있다(法 390조①).34)

상장규정에는 다음과 같은 사항이 포함되어야 한다(法 390조②).35) 제2호 상장폐지 관련 규정은 포괄위임금지원칙이 적용되지 않고, 법률유보조항에 위반되지 아니한다.36)37)

---

33) 유가증권시장에는 주권 외에 채무증권·집합투자증권·파생결합증권 등도 상장되므로 주권이 상장된 법인은 주권상장법인이라 부른다. 코스닥시장과 코넥스시장에는 주권만 상장되므로 관련 규정에서는 단순히 상장법인이라고 표기되지만 자본시장법상 주권상장법인을 의미한다. 단, 코스닥시장에는 주권(외국주식예탁증권 포함) 외에 신주인수권증권·신주인수권증서도 상장된다. 따라서 유가증권시장 주권상장법인·코스닥시장 상장법인·코넥스시장 상장법인이 상법상 상장회사에 해당한다.

34) 한국거래소에는 유가증권시장규정, 코스닥시장규정, 코넥스시장규정, 파생상품시장규정 등이 있는데, 유가증권시장규정, 코스닥시장규정, 코넥스시장규정으로 각각의 업무규정, 상장규정, 공시규정이 있고, 파생상품시장규정으로 업무규정이 있다. 파생상품시장에는 상장이라는 절차가 없으므로 상장규정이 따로 없다. 이하에서 규정 인용시 업무규정, 상장규정, 공시규정이라고만 표시한 것은 편의상 유가증권시장의 규정을 인용한다.

35) 상장규정은 주권·채무증권·집합투자증권·상장지수펀드·파생결합증권 등의 상장요건과 절차에 관하여 규정하는데, 여기서는 주권, 그 중에서도 가장 중요한 보통주권의 상장을 중심으로 본다.

36) [헌법재판소 2021. 6. 25.자 2019헌바332 결정] "상장규정은 '자본시장과 금융투자업에 관한 법률'이 거래소로 하여금 증권의 상장 및 상장폐지 등에 관한 사항을 스스로 정하도록 하여 제정된 자치규정이고, 심판대상조항(제390조 제2항 제2호)은 거래소의 상장규정에 포함시켜야 하는 '내용을 제시'한 것으로서, 헌법상의 위임규정에서 말하는 '위임'이 될 수는 없어 포괄위임금지원칙이 원칙적으로 적용되지 아니한다. 다. 상장폐지는 기업의 규모와 형태, 증권거래의 양태, 경제상황 등 다양한 요소를 고려하여 결정되어야 하고, 상장폐지의 구체적인 내용·절차 등은 탄력적으로 시장의 상황을 반영해야 하는 세부적·기술적 사항으로, 반드시 의회가 정하여야 할 사항이라고 볼 수 없다. 따라서 심판대상조항은 법률유보원칙에 위반되지 아니한다."

37) [대법원 2004. 1. 16.자 2003마1499 결정] "증권거래법 제88조는, 제2항에서 유가증권시장에 상장할 유가증권의 심사 및 유가증권시장에 상장되어 있는 유가증권의 관리를 위하여 증권거래소가 상장규정을 정해야 한다고 규정한 다음, 제3항에서 그 상장규정에서 정할 사항을 열거하고 있는바, 이는 법률이 공법적 단체인 증권거래소의 자치적인 사항을 그 규정으로 정하도록 위임한 것으로서 이러한 경우에는 헌법 제75조, 제95조가 정하는 포괄적인 위임입법의 금지가 원칙적으로 적용되지 않을 뿐만 아니라 위와 같은 상장규정은 고도로 전문적이고

1. 증권의 상장기준 및 상장심사에 관한 사항
2. 증권의 상장폐지기준 및 상장폐지에 관한 사항
3. 증권의 매매거래정지와 그 해제에 관한 사항
4. 그 밖에 상장법인 및 상장증권의 관리에 관하여 필요한 사항

㈐ 상장규정의 성격

거래소가 그 유가증권시장, 코스닥시장 및 코넥스시장에 증권의 상장을 희망하는 발행회사와 체결하는 상장계약은 사법상의 계약이고, 상장회사의 신청이 없는 상태에서의 거래소에 의한 상장폐지 내지 상장폐지결정은 그러한 사법상의 계약관계를 해소하려는 거래소의 일방적인 의사표시이다.[38)]

거래소가 자본시장법의 규정에 따라 제정한 상장규정은 자본시장법이 거래소로 하여금 자치적인 사항을 스스로 정하도록 위임함으로써 제정된 자치 규정으로서, 계약의 일방 당사자인 거래소가 다수의 상장신청법인과 상장계약을 체결하기 위하여 일정한 형식에 의하여 미리 마련한 계약의 내용, 즉 약관의 성질을 가진다.

다만, 거래소는 고도의 공익적 성격을 가지고 있고, 또한 증권상장규정은 상장법인 내지 상장신청법인 모두에게 당연히 적용되는 규정으로서 실질적으로 규범적인 성격을 가지고 있으므로, 증권상장규정의 특정 조항이 비례의 원칙이나 형평의 원칙에 현저히 어긋나서 정의관념에 반한다거나 다른 법률이 보장하는 상장법인의 권리를 지나치게 제약함으로써 그 법률의 입법 목적이나 취지에 반하는 내용을 담고 있다면 그 조항은 위법하여 무효라는 판례도 있다.[39)]

이와 관련하여, 신주발행의 효력에 관한 소송이 제기되기만 하면 해당 상장신청법인의 상장을 유예할 수 있도록 규정한 조항은 비례의 원칙이나 형평의 원칙에 현저히 어긋남으로써 정의관념에 반하거나 다른 법률이 보장하는 상장법인의 권리를 지나치게 제약하여 상장신청법인에게 부당하게 불리하고 신의성실의 원칙에 반하여 공정을 잃은 조항으로서 약관법 제6조 제1항, 제2항 제1호에 따라 무효라는 이유로 상장유예결정의 효력을 정지하면서, 다만 이와 같이

기술적인 내용에 관한 것으로서 제도나 환경의 변화에 따른 탄력성이 요구되므로, 위 제3항이 상장규정에 정할 사항의 하나로 '유가증권의 상장기준·상장심사 및 상장폐지에 관한 사항'이라고만 규정하였다고 하여 그것이 포괄위임입법금지의 원칙에 위반된다고 볼 수 없다."

38) 대법원 2019. 6. 13. 선고 2016다243405 판결.

39) 대법원 2007. 11. 15. 선고 2007다1753 판결.

신주에 관한 상장절차이행청구권이 인정되더라도 거래소에 직접적이고 즉각적인 상장절차이행을 구할 피보전권리 및 보전의 필요성에 관하여 충분한 고도의 소명이 있다고 보기 부족하다는 이유로 상장절차이행가처분은 기각한 하급심 결정도 있다.[40]

㈑ 상장예비심사청구

1) 상장주선인 · 상장대리인의 선임 다음과 같은 상장신청인은 상장주선인을 선임해야 한다. 다만, 상장신청인이 제18조 제9호에 따른 공공적법인등인 경우, 그 밖에 거래소가 상장주선인 선임이 필요하지 않다고 인정하는 경우에는 선임하지 않을 수 있다(상장규정 12조①).

1. 보통주권의 신규상장, 우회상장 및 재상장
2. 외국주권등의 신규상장 및 우회상장
3. 부동산투자회사주권의 신규상장
4. 그 밖에 공익 실현과 투자자 보호를 위하여 상장주선인의 선임이 필요하다고 인정하여 세칙으로 정하는 경우

외국보통주권, 외국주식예탁증권, 외국채무증권, 외국상장지수펀드증권에 대한 상장신청인은 국내에 주소 또는 거소를 둔 자로서 해당 법인과 거래소 사이에서 이 규정에 따른 모든 행위를 대리하는 상장대리인을 선임해야 한다(상장규정 14조①).

2) 상장예비심사청구 보통주권의 신규상장신청인은 신규상장을 신청하기 전에 세칙으로 정하는 상장예비심사신청서와 첨부서류를 거래소에 제출하여 상장예비심사를 받아야 한다(상장규정 26조).

㈒ 주권신규상장신청

보통주권의 신규상장신청인이 거래소의 상장예비심사를 통과한 후에 해당 보통주권을 신규상장하려면 상장예비심사 결과를 통지받은 날부터 6개월 이내(제출기한이 연장된 경우에는 그 연장된 날까지)에 세칙으로 정하는 신규상장신청서와 첨부서류를 거래소에 제출해야 한다(상장규정 28조①). 그러나 신규상장신청인이 상장예비심사를 신청한 후에 모집·매출을 하지 않거나 상장예비심사를 신청한 때에 제출한 서류에서 바뀐 사항이 없는 경우에는 해당 첨부서류의 제출을

40) 서울남부지방법원 2011. 3. 8.자 2011카합113 결정(가처분 결정 이유 전문은 본서 2019년 참조).

생략할 수 있다(상장규정 28조②). 상장규정은 보통주권 신규상장신청인에 대한 형식적 심사요건을 항목별로 상세히 규정한다.[41]

41) [상장규정 제29조 (형식적 심사요건)]
① 보통주권의 신규상장신청인은 다음 각 호의 형식적 심사요건을 모두 충족해야 한다.
1. 영업활동기간: 상장예비심사 신청일 현재 설립 후 3년 이상이 경과하고 계속 영업을 하고 있을 것
2. 기업규모: 상장예비심사 신청일 현재 다음 각 목의 요건을 모두 충족할 것. 이 경우 상장예비심사를 신청한 후에 모집·매출을 하는 법인은 신규상장신청일을 기준으로 판단한다.
가. 상장예정인 보통주식총수가 100만주 이상일 것
나. 자기자본이 300억원 이상일 것. 이 경우 종속회사가 있는 법인(지주회사가 아닌 경우에는 한국채택 국제회계기준을 적용한 사업연도만 해당한다)의 자기자본은 연결재무제표상 자본총계에서 비지배지분을 제외한 금액을 기준으로 하며, 이하 이 조에서 같다.
3. 주식분산: 상장예비심사 신청일 현재의 보통주식을 기준으로 다음 각 목의 요건을 모두 충족할 것. 이 경우 상장예비심사를 신청한 후에 모집·매출을 하는 법인은 신규상장신청일을 기준으로 판단한다.
가. 일반주주의 소유주식 수 등이 다음의 어느 하나에 해당할 것. 다만, 「금융지주회사법」 제2조 제1항 제5호의 은행지주회사 중 세칙으로 정하는 경우에는 이 목을 적용하지 않는다.
⑴ 일반주주가 보통주식총수의 25% 이상을 소유하고 있을 것. 다만, 일반주주의 소유주식 수가 500만주 이상으로서 세칙으로 정하는 수량 이상인 경우에는 이 요건을 충족한 것으로 본다.
⑵ 모집(자본시장법 시행령 제11조 제3항에 따라 모집으로 보는 경우를 제외한다. 이하 이 조에서 같다) 또는 매출로 발행하거나 매각한 주식의 총수가 보통주식총수의 25% 이상일 것. 다만, 모집 또는 매출로 발행하거나 매각한 주식의 총수가 500만주 이상으로서 세칙으로 정하는 수량 이상인 경우에는 이 요건을 충족한 것으로 본다.
⑶ 상장예비심사를 신청한 후에 모집 또는 매출로 발행하거나 매각한 주식의 총수가 신규상장신청일 현재 보통주식총수의 10% 이상으로서 다음의 어느 하나에 해당할 것
㈎ 상장예비심사신청일 현재의 자기자본을 기준으로 다음의 어느 하나에 해당할 것
1) 자기자본 500억원 이상 1,000억원 미만인 법인: 100만주 이상
2) 자기자본 1,000억원 이상 2,500억원 미만인 법인: 200만주 이상
3) 자기자본 2,500억원 이상인 법인: 500만주 이상
㈏ 신규상장신청일 현재의 기준시가총액을 기준으로 다음의 어느 하나에 해당할 것
1) 기준시가총액 1,000억원 이상 2,000억원 미만인 법인: 100만주 이상
2) 기준시가총액 2,000억원 이상 5,000억원 미만인 법인: 200만주 이상
3) 기준시가총액 5,000억원 이상인 법인: 500만주 이상
⑷ 국내외 동시공모를 하는 법인의 경우에는 국내외 동시공모로 발행하거나 매각한 주식의 총수가 신규상장신청일 현재 보통주식총수의 10% 이상이고, 국내에서 모집 또는 매출로 발행하거나 매각한 주식의 총수가 100만주(액면주

식인 경우에는 액면가액 5,000원을 기준으로 한다) 이상일 것

나. 삭제<2014.6.18>

다. 일반주주의 수가 500명 이상일 것

4. 경영성과: 다음 각 목의 어느 하나에 해당할 것

가. 매출액과 수익성이 다음의 요건을 모두 충족할 것

(1) 매출액: 최근 사업연도에 1,000억원 이상이고, 최근 3사업연도(1사업연도가 1년 미만인 경우에는 3년으로 한다. 이하 이 조에서 같다) 평균 700억원 이상일 것. 이 경우 지주회사는 연결재무제표상 매출액을 기준으로 하며, 이하 이 조에서 같다.

(2) 수익성: 법인세비용차감전계속사업이익 또는 자기자본이익률이 다음 어느 하나에 해당할 것. 이 경우 종속회사가 있는 법인(지주회사가 아닌 경우에는 한국채택 국제회계기준을 적용한 사업연도만 해당한다)은 연결재무제표상 금액으로 하되, 자기자본이익률은 당기순이익에서 비지배지분을 제외한 금액을 기준으로 한다.

(가) 법인세비용차감전계속사업이익: 최근 사업연도에 30억원 이상이고, 최근 3사업연도의 합계가 60억원 이상일 것

(나) 자기자본이익률: 최근 사업연도에 5% 이상이고, 최근 3사업연도의 합계가 10% 이상일 것. 이 경우 최근 3사업연도 중 어느 한 사업연도의 자기자본이익률을 산출할 수 없는 때에는 해당 요건을 충족하지 못한 것으로 본다.

(다) 법인세비용차감전계속사업이익 · 자기자본이익률 · 영업현금흐름: 상장예비심사 신청일 현재 자기자본이 1,000억원 이상인 법인으로서 최근 사업연도의 법인세비용차감전계속사업이익이 50억원 이상이거나 자기자본이익률이 100분의 3 이상이고, 최근 사업연도의 영업활동에 따른 현금흐름(이하 "영업현금흐름"이라 한다)이 양(+)일 것. 이 경우 지주회사는 연결재무제표상 영업현금흐름을 기준으로 한다.

나. 최근 사업연도의 매출액이 1,000억원 이상이고, 신규상장신청일 현재의 기준시가총액이 2,000억원 이상일 것

다. 최근 사업연도의 법인세비용차감전계속사업이익이 50억원 이상이고, 신규상장신청일 현재의 기준시가총액이 2,000억원 이상일 것

라. 신규상장신청일 현재의 기준시가총액이 5,000억원 이상이고, 자기자본이 1,500억원 이상일 것

마. 신규상장신청일 현재의 기준시가총액이 1조원 이상일 것

5. 감사의견: 최근 3사업연도의 개별재무제표와 연결재무제표에 대한 감사인의 감사의견이 다음 각 목의 모두에 해당할 것. 이 경우 종속회사가 있는 법인(지주회사를 제외한다)은 한국채택 국제회계기준을 적용한 사업연도만 연결재무제표를 적용한다.

가. 최근 사업연도에 대하여 적정일 것

나. 최근 사업연도의 직전 2사업연도에 대하여 적정 또는 한정(감사범위 제한에 따른 한정을 제외한다)일 것

6. 삭제<2014.6.18>

7. 주식양도 제한: 주식의 양도에 제한이 없을 것. 다만, 법령에 따라 주식의 양도가 제한되는 경우로서 그 제한이 유가증권시장의 매매거래를 해치지 않는다고 거래소가 인정하는 경우에는 이 호를 적용하지 않는다.

8. 사외이사: 지주회사의 경우 신규상장신청일 현재 제77조의 사외이사 선임 의무를 충족하고 있을 것. 이 경우 「상법 시행령」 제34조 제1항 제3호의 신규상장법인에 대한 유예기간 규정을 준용하지 않는다.

9. 감사위원회: 지주회사의 경우 신규상장신청일 현재 제78조의 감사위원회 설치 의무를 충족하고 있을 것. 이 경우「상법 시행령」제37조 제1항 제4호의 신규상장법인에 대한 유예기간 규정을 준용하지 않는다.

② 보통주권을 신규상장하려는 지주회사에는 제1항의 심사요건 중 일부를 다음 각 호와 같이 적용한다.

1. 제1항 제1호의 영업활동 기간은 주요 자회사의 실질적인 영업활동기간을 고려할 수 있다.
2. 제1항 제4호의 경영성과는 다음 각 목과 같이 적용한다.
   가. 지주회사의 설립일 또는 전환일이 속한 사업연도의 이전 사업연도에 대하여는 각 사업연도의 자회사 매출액에 설립 또는 전환 당시의 자회사에 대한 지분율을 곱하여 매출액을 산정한다.
   나. 설립 또는 전환 후 3년이 경과하지 아니한 지주회사에 대하여는 설립일 또는 전환일이 속한 사업연도의 이전 사업연도는 자회사의 그 당시 재무제표를 기준으로 하되 다음의 적용방법을 따른다.
      (1) 자기자본이익률 산정시 기준이 되는 이익액은 각 사업연도의 자회사 당기순이익에 설립 또는 전환시의 지주회사 지분율을 곱한 금액으로 하고, 자본총계는 개시재무상태표상 자본총계를 적용한다.
      (2) 설립 또는 전환 후 1사업연도가 경과하지 아니한 지주회사는 각 자회사의 최근 사업연도의 영업이익, 법인세비용차감전계속사업이익, 당기순이익 각각의 합이 양(+)이어야 한다.
   다. 지주회사의 설립 또는 전환 후 1사업연도가 경과하지 아니한 지주회사는 각 자회사의 최근 사업연도의 영업현금흐름에 설립 또는 전환시의 지주회사 지분율을 곱하여 영업현금흐름을 산정한다.
   라. 지주회사 설립, 지주회사로의 전환 또는 지주회사의 주식교환의 방법으로 다른 회사의 완전자회사화를 위하여 기업구조 변경을 한 경우에는 제1항 제6호를 적용하지 않는다.
3. 제1항 제5호의 감사의견은 설립 또는 전환 후 3년이 경과하지 아니한 지주회사는 설립일 또는 전환일이 속하는 사업연도의 이전 사업연도는 자회사의 그 당시 재무제표에 대한 감사인의 감사보고서를 기준으로 한다.

③ 삭제<2014.6.18>

④ 거래소는 매출액이나 자기자본이익률이 제1항에 따른 형식적 심사요건의 1. 3배 이하인 경우에는 신규상장신청인의 최근 2사업연도 재무제표에 대하여 증권선물위원회에 재무제표 감리를 요청할 수 있다.

⑤ 제1항에도 불구하고 설립 후 3사업연도가 경과되지 않은 신규상장신청인이 상장예비심사를 신청하기 전에 합병, 분할, 분할합병 등 세칙으로 정하는 사유에 해당하는 경우에는 제1항의 심사요건 중 일부를 다음 각 호와 같이 적용한다.

1. 제1항 제1호의 영업활동기간 요건과 같은 항 제4호의 경영성과 요건은 실질적인 영업활동기간을 고려할 수 있다.
2. 제1항 제5호의 감사의견 요건은 다음 각 목의 기준에 해당하는 때에 해당 요건을 충족한 것으로 본다.
   가. 경과된 사업연도의 재무제표(설립 후 1사업연도가 경과되지 않은 경우에는 경과월분의 재무제표를 말한다)에 대한 감사의견이 각각 적정일 것. 다만, 최근 사업연도의 직전 사업연도는 한정(감사범위 제한에 따른 한정을 제외한다)을 포함한다.
   나. 상장예비심사 신청일부터 3년 전의 날이 속하는 사업연도부터 설립 전까지 이전된 영업부문의 재무제표에 대한 검토의견이 각각 적정일 것

(바) 주권의 관리종목지정기준

상장규정 제47조는 거래소는 보통주권의 관리종목 지정에 관하여 규정한다.[42)]

---

⑥ 제1항의 심사요건을 적용하는데 필요한 세부 적용 방법 등은 세칙으로 정한다.
[상장규정 제30조 (질적 심사요건)]
① 거래소는 제29조의 형식적 심사요건을 충족한 법인의 보통주권을 상장하는 것이 적합한지에 대하여 다음 각 호의 사항을 종합적으로 고려하여 심사한다.
1. 영업, 재무상황, 경영환경 등에 비추어 기업의 계속성이 인정될 것
2. 기업지배구조, 내부통제제도, 공시체제, 특수관계인과의 거래 등에 비추어 경영투명성이 인정될 것
3. 지분 당사자 간의 관계, 지분구조의 변동 내용·기간 등에 비추어 기업 경영의 안정성이 인정될 것
4. 법적 성격과 운영방식 측면에서 상법상 주식회사로 인정될 것
5. 그 밖에 공익 실현과 투자자 보호를 해치지 않는다고 인정될 것
② 제1항에도 불구하고 거래소는 다음 각 호의 요건을 모두 충족하는 법인(그 적용에 필요한 사항은 세칙으로 정한다)에 대하여는 제1항 제1호의 기업 계속성을 고려하지 않고 심사한다. 다만, 거래소가 공익 실현과 투자자 보호를 위하여 필요하다고 인정하는 경우에는 그러지 아니한다.
1. 자기자본: 상장예비심사 신청일 현재 4,000억원 이상일 것
2. 매출액: 최근 사업연도에 7,000억원 이상이고, 최근 3사업연도(1사업연도가 1년 미만인 경우에는 3년으로 한다. 이하 이 조에서 같다) 평균 5,000억원 이상일 것
3. 법인세비용차감전계속사업이익: 최근 사업연도에 300억원 이상이고, 최근 3사업연도의 합계가 600억원 이상일 것. 이 경우 각 사업연도에 이익이 있어야 한다.

42) [상장규정 제47조 (관리종목지정)]
① 거래소는 보통주권 상장법인이 다음 각 호의 어느 하나에 해당하는 경우에는 해당 보통주권을 관리종목으로 지정한다.
1. 정기보고서 미제출: 사업보고서, 반기보고서 또는 분기보고서를 법정 제출기한까지 제출하지 않은 경우
2. 감사인 의견 미달: 감사인의 감사의견 또는 검토의견이 다음 각 목의 어느 하나에 해당하는 경우
가. 최근 사업연도의 개별재무제표 또는 연결재무제표에 대한 감사의견이 감사범위 제한에 따른 한정인 경우
나. 최근 반기의 개별재무제표 또는 연결재무제표에 대한 검토의견이 부적정이거나 의견거절인 경우
3. 자본잠식: 최근 사업연도 말 현재 자본금의 50% 이상이 잠식된 경우. 다만, 종속회사가 있는 법인은 연결재무제표상의 자본금과 자본총계(비지배지분을 제외한다)를 기준으로 해당 요건을 적용한다.
4. 주식분산 미달: 최근 사업연도 말 현재 보통주식의 분포 상황이 다음 각 목의 어느 하나에 해당하는 경우. 다만, 정부등이 최대주주인 법인이나 공공적 법인에는 이 호를 적용하지 않는다.
가. 일반주주(해당 법인의 주주 중에서 최대주주등과 주요주주를 제외한 주주)의 수가 200명 미만인 경우
나. 일반주주가 소유한 주식의 총수가 유동주식수의 5% 미만인 경우. 다만, 다음의 어느 하나에 해당하는 경우에는 이 목을 적용하지 않는다.
(1) 일반주주가 소유한 주식의 총수가 200만주 이상으로서 세칙으로 정하는 수량

이상인 경우
(2) 신규상장 당시에 제29조 제1항 제3호 가목(4)의 국내외 동시공모 요건을 적용받은 경우로서 일반주주가 소유한 주식의 총수가 70만주 이상인 경우
5. 거래량 미달: 보통주권을 기준으로 반기의 월평균거래량이 해당 반기 말 현재 유동주식수의 100분의 1 미만인 경우. 다만, 다음 각 목의 어느 하나에 해당하는 경우에는 이 호를 적용하지 않는다.
가. 월평균거래량이 2만주 이상인 경우
나. 일반주주가 소유한 주식의 총수가 유동주식수의 20% 이상이고, 해당 일반주주의 수가 300명 이상인 경우
다. 신규상장법인의 경우. 다만, 신규상장일이 속하는 반기에 한정한다.
라. 반기 중 매매거래정지일 수가 해당 반기의 매매거래일 수의 50% 이상인 경우
마. 해당 반기 말 현재 업무규정 제20조의3 제1항에 따른 유동성공급계약(계약기간이 6개월 이상인 것만 해당한다)이 체결되어 있는 경우
6. 지배구조 미달: 제77조의 사외이사 선임 의무나 제78조의 감사위원회 설치 의무를 위반한 경우로서 다음 각 목의 어느 하나에 해당하는 경우. 다만, 지배구조 미달 사유가 주주총회의 정족수 미달로 발생한 경우로서 보통주권 상장법인이 주주총회 성립을 위해 전자투표제도 도입 등 세칙으로 정하는 노력을 한 사실을 종합적으로 고려하여 거래소가 인정하는 경우에는 해당 보통주권을 관리종목으로 지정하지 아니한다.
가. 최근 사업연도의 사업보고서상 사외이사수가 제77조 제1항에서 정하는 수에 미달한 경우
나. 최근 사업연도의 사업보고서상 사외이사의 수가 사외이사의 사임, 사망 등의 사유로 제77조 제1항에서 정하는 수에 미달하게 된 경우로서 그 사유가 발생한 후 최초로 소집되는 주주총회에서 그 수를 충족하지 못하는 경우
다. 최근 사업연도의 사업보고서상 제78조에 따라 감사위원회가 설치되지 않은 경우
라. 최근 사업연도의 사업보고서상 감사위원의 수가 사임, 사망 등의 사유로 제78조의 감사위원회의 구성요건에 미달하게 된 경우로서 그 사유가 발생한 후 최초로 소집되는 주주총회에서 그 수를 충족하지 못하는 경우
7. 매출액 미달: 최근 사업연도 말 현재 매출액이 50억원 미만인 경우. 이 경우 지주회사는 연결재무제표상 매출액을 기준으로 한다. 다만, 제29조 제1항 제4호 라목 또는 마목의 경영성과 요건을 충족하여 신규상장한 법인의 경우에는 상장일이 속하는 사업연도 및 그 다음 사업연도부터 연속하는 5개 사업연도에 대해서는 이 호를 적용하지 않는다.
8. 삭제 [2022.12.12] (삭제 전: 주가 미달)
9. 시가총액 미달: 보통주권의 상장시가총액이 50억원 미달인 상태가 30일 동안 계속되는 경우
10. 파산신청: 「채무자 회생 및 파산에 관한 법률」에 따른 파산신청이 있는 경우. 다만, 공익 실현과 투자자 보호 등을 고려하여 관리종목지정이 필요하지 않다고 거래소가 인정하는 경우를 제외한다.
11. 회생절차개시신청: 「채무자 회생 및 파산에 관한 법률」에 따른 회생절차개시의 신청이 있는 경우
12. 공시의무 위반: 공시규정에 따라 벌점을 부과 받는 경우로서 해당 벌점을 포함하여 과거 1년 이내의 누계벌점이 15점 이상이 되는 경우
13. 상장폐지 사유의 발생 : 제48조 제1항 각 호(제10호 및 제12호는 제외한다)의 상장폐지사유가 발생한 경우
14. 그 밖에 공익 실현과 투자자 보호를 위하여 관리종목으로 지정하는 것이 필요하다

(사) 상장폐지

1) 상장폐지사유 상장규정은 상장증권별로 상장폐지기준을 규정하는데, 여기서는 보통주권 상장법인의 상장폐지사유를 중심으로 본다(상장규정 48조).[43]

고 거래소가 인정하는 경우

② 제1항에 따라 관리종목으로 지정 된 후 다음 각 호의 어느 하나에 해당하는 경우 거래소는 지체 없이 그 관리종목지정을 해제한다.

1. 제1항 제1호부터 제9호까지 및 제14호의 경우: 사업보고서 등으로 관리종목지정 사유를 해소한 사실이 확인된 경우. 다만, 다음 각 목의 어느 하나에 해당하는 경우에는 관리종목지정 사유를 해소한 것으로 본다.
   가. 제1항 제1호에 해당하는 경우
      (1) 해당 사업연도의 분기보고서 미제출 후 반기보고서 또는 사업보고서를 제출한 경우
      (2) 반기보고서 미제출 후 사업보고서를 제출한 경우
      (3) 사업보고서 미제출 후 10일 이내에 해당 사업연도 사업보고서를 제출한 경우
   나. 제1항 제5호에 해당하는 경우: 반기말 현재 업무규정 제20조의3 제1항에 따른 유동성공급계약(계약기간이 6개월 이상인 것만 해당한다)이 체결되어 있는 경우
2. 제1항 제10호의 경우: 법원의 파산신청 기각결정이 있은 때
3. 제1항 제11호의 경우: 법원의 회생절차종결 결정이 있은 때
4. 제1항 제12호의 경우: 관리종목지정일부터 1년이 지난 때. 다만, 최근의 관리종목지정기간 중에 불성실공시법인지정 등에 따라 추가적으로 부과 받은 누계벌점이 15점 이상이 되는 경우에는 그 날부터 1년이 지난 때로 한다.
5. 제1항 제13호의 경우: 제48조 제1항 각 호(제10호 및 제12호는 제외한다)의 상장폐지사유가 해소되었다고 인정되는 때

③ 거래소는 제1항을 적용함에 있어 기업인수목적회사주권 상장법인이 주권비상장법인과 합병한 경우에는 합병 후 존속법인에 대하여 제1항 제4호 가목 및 제7호는 합병등기일이 속하는 사업연도의 다음 사업연도에 대한 사업보고서를 기준으로 적용하고, 제5호는 합병등기일이 속하는 반기의 다음 반기부터 적용한다.

④ 거래소는 관리종목지정 사유의 적용 방법, 관리종목 지정 및 해제 시기, 그 밖에 필요한 사항을 세칙으로 정한다.

43) [상장규정 제48조 (상장폐지)]

① 거래소는 보통주권 상장법인이 다음 각 호의 어느 하나에 해당하는 경우에는 해당 보통주권을 상장폐지한다.

1. 정기보고서 미제출: 사업보고서, 반기보고서 또는 분기보고서와 관련하여 다음 각 목의 어느 하나에 해당하는 경우
   가. 사업보고서 미제출로 제47조 제1항 제1호에 따라 관리종목으로 지정된 상태에서 해당 사업보고서를 그 법정 제출기한부터 10일 이내에 제출하지 않은 경우
   나. 분기보고서나 반기보고서의 미제출로 제47조 제1항 제1호에 따라 관리종목으로 지정된 상태에서 추가로 사업보고서, 반기보고서 또는 분기보고서를 법정 제출기한까지 제출하지 않은 경우
2. 감사인 의견 미달: 감사인의 감사의견이 다음 각 목의 어느 하나에 해당하는 경우
   가. 최근 사업연도의 개별재무제표 또는 연결재무제표에 대한 감사의견이 부적정이거나 의견거절인 경우
   나. 감사범위 제한에 따른 한정으로 제47조 제1항 제2호 가목에 따라 관리종목으로 지정된 상태에서 최근 사업연도에도 개별재무제표 또는 연결재무제표에 대한 감

사의견이 감사범위 제한에 따른 한정인 경우
3. 자본잠식: 최근 사업연도 말 현재 자본금 전액이 잠식된 경우. 이 경우 종속회사가 있는 법인은 연결재무제표상의 자본금과 자본총계(비지배지분을 제외한다)를 기준으로 해당 요건을 적용한다.
4. 주식분산 미달: 보통주식의 분포 상황이 다음 각 목의 어느 하나에 해당하는 경우
가. 일반주주 수 미달로 제47조 제1항 제4호 가목에 따라 관리종목으로 지정된 상태에서 최근 사업연도 말 현재에도 일반주주의 수가 200명 미만인 경우
나. 일반주주 지분율 미달로 제47조 제1항 제4호 나목에 따라 관리종목으로 지정된 상태에서 최근 사업연도 말 현재에도 일반주주가 소유한 주식의 총수가 유동주식수의 5% 미만인 경우. 이 경우 제47조 제1항 제4호 나목 단서의 예외 규정을 준용한다.
5. 거래량 미달: 거래량 미달로 제47조 제1항 제5호에 따라 관리종목으로 지정된 상태에서 다음 반기에도 보통주권의 월평균거래량이 해당 반기 말 현재 유동주식수의 100분의 1 미만인 경우. 다만, 제47조 제1항 제5호 각 목의 어느 하나에 해당하는 경우에는 이 호를 적용하지 않는다.
6. 지배구조 미달: 사외이사 선임 의무 또는 감사위원회 설치 의무 위반으로 제47조 제1항 제6호에 따라 관리종목으로 지정된 상태에서 최근 사업연도에도 해당 사유를 해소하지 못한 경우. 다만, 지배구조 미달 사유가 주주총회의 정족수 미달로 발생한 경우에는 해당 상장폐지 사유를 적용하지 아니한다.
7. 삭제 [2022.12.12] (삭제 전: 매출액 미달)
8. 삭제 [2022.12.12] (삭제 전: 주가 미달)
9. 시가총액 미달: 시가총액 미달로 제47조 제1항 제9호에 따라 관리종목으로 지정된 후 90일 동안 보통주권의 상장시가총액이 다음 각 목의 어느 하나라도 충족하지 못하는 경우
가. 50억원 이상인 상태가 10일 이상 계속될 것
나. 50억원 이상인 일수가 30일 이상일 것
10. 해산: 법률에 따른 해산 사유가 발생한 경우
11. 최종부도 또는 은행거래 정지: 발행한 어음이나 수표가 최종부도로 처리되거나 은행과의 거래가 정지된 경우. 다만, 기업구조조정 촉진 등과 관련하여 세칙으로 정하는 경우에는 이 호를 적용하지 않는다.
12. 지주회사 편입등: 보통주권 상장법인이 지주회사의 완전자회사(지주회사가 발행주식총수를 소유하는 자회사를 말한다)로 되는 등 최대주주등이 발행주식을 전부 소유하는 경우
13. 주식양도 제한: 주식의 양도가 제한되는 경우. 다만, 법령에 따라 양도가 제한되는 경우로서 그 제한이 유가증권시장의 매매거래를 해치지 않는다고 거래소가 인정하는 경우에는 이 호를 적용하지 않는다.
14. 우회상장기준 위반: 우회상장과 관련하여 다음 각 목의 어느 하나에 해당하는 경우
가. 우회상장예비심사를 통과하지 못한 주권비상장법인을 대상으로 우회상장을 완료한 경우
나. 우회상장예비심사신청서를 제출하기 전에 우회상장을 완료한 경우. 다만, 중요한 영업양수 또는 자산양수에 관한 주요사항보고서를 제출한 후 6개월 이내에 공시규정에 따라 최대주주 변경을 신고하고, 해당 신고일부터 1개월 이내에 우회상장예비심사신청서를 제출하여 심사를 받은 경우에는 이 목을 적용하지 않는다.

② 거래소는 다음 각 호의 어느 하나에 해당하는 보통주권 상장법인에 대하여 제49조에 따라 상장적격성 실질심사를 실시한 결과 기업의 계속성, 경영의 투명성, 그 밖에 공익 실

2) 상장적격성 실질심사 거래소는 보통주권 상장법인이 제48조 제2항 각 호의 어느 하나에 해당하는 사실을 확인한 날부터 15일(영업일 기준) 이내에 그 법인이 기업심사위원회의 심의 대상인지를 결정해야 한다. 다만, 심의 대상인지를 결정하기 위하여 추가조사가 필요한 경우에는 15일 이내에서 그 기간을 연장할 수 있다(상장규정 49조①). 거래소는 보통주권 상장법인을 기업심사위원회의 심의 대상으로 결정한 경우에는 지체 없이 기업심사위원회를 개최하여 상장적격성 유지 여부 또는 개선기간 부여, 그 밖에 세칙으로 정하는 사항을 심의한다(상장규정 49조②). 거래소는 심사 또는 심의에 필요하다고 인정하는 경우에 해당 보

현과 투자자 보호 등을 종합적으로 고려하여 필요하다고 인정하는 경우에는 해당 보통주권을 상장폐지한다.

1. 자본잠식으로 제47조 제1항 제3호에 따라 관리종목으로 지정된 상태에서 최근 사업연도 말 현재에도 자본금의 100분의 50 이상이 잠식된 경우. 이 경우 종속회사가 있는 법인은 연결재무제표상의 자본금과 자본총계(비지배지분을 제외한다)를 기준으로 해당 요건을 적용한다.
2. 매출액 미달: 제47조 제1항 제7호에 따라 관리종목으로 지정된 상태에서 최근 사업연도 말 현재에도 매출액이 50억원 미만인 경우. 이 경우 지주회사는 연결재무제표상 매출액을 기준으로 한다.
3. 회생절차개시신청으로 제47조 제1항 제11호에 따라 관리종목으로 지정된 상태에서 법원의 회생절차개시신청 기각, 회생절차개시결정 취소, 회생계획 불인가, 회생절차 폐지의 결정 등이 있는 경우. 다만, 간이회생절차개시신청의 경우 「채무자 회생 및 파산에 관한 법률」 제293조의5 제2항 제2호 가목의 회생절차개시결정이 있거나 같은 조 제4항에 따라 회생절차가 속행되는 경우를 제외한다.
4. 공시의무 위반으로 제47조 제1항 제12호에 따라 관리종목으로 지정된 상태에서 다음 각 목의 어느 하나에 해당하는 법인
   가. 불성실 공시에 따른 누계벌점이 최근 1년간 15점 이상 추가된 경우
   나. 기업 경영에 중대한 영향을 미칠 수 있는 사항에 대하여 고의나 중과실로 공시의무를 위반하여 불성실공시법인으로 지정된 경우
5. 상장 또는 상장폐지 심사 과정에서 제출한 서류에 투자자 보호와 관련하여 중요한 사항이 거짓으로 적혀있거나 빠져있는 사실이 발견된 경우
6. 보통주권 상장법인이 다음 각 목의 어느 하나에 해당하는 경우. 이 경우 구체적인 판단기준은 세칙으로 정한다.
   가. 유상증자, 분할 등이 상장폐지를 회피하기 위한 것으로 인정되는 경우
   나. 해당 법인에 상당한 규모의 횡령·배임 등과 관련된 공시가 있거나 사실 등이 확인된 경우
   다. 국내회계기준을 중대하게 위반하여 재무제표를 작성한 사실이 확인되는 경우
   라. 주된 영업이 정지된 경우
   마. 자본잠식으로 제1항 제3호의 상장폐지 사유에 해당된 보통주권 상장법인이 사업보고서의 법정 제출기한까지 세칙으로 정하는 감사보고서를 제출하여 그 사유를 해소한 사실이 확인되는 경우
   바. 그 밖에 공익 실현과 투자자 보호를 위하여 상장폐지가 필요하다고 인정되는 경우

통주권 상장법인에 대하여 관련 자료의 제출 또는 관계자의 의견진술을 요청하거나 현지조사를 실시할 수 있다(상장규정 49조③).44)

3) 상장폐지 이의신청 거래소는 주권상장법인이 상장폐지 사유에 해당하는 경우에는 다음 사항 모두를 해당 주권상장법인에 서면으로 알린다(상장규정 25조①).

1. 상장폐지의 사유 및 근거
2. 상장폐지에 대하여 이의신청 할 수 있다는 내용
3. 그 밖에 거래소가 상장폐지 및 이의신청과 관련하여 필요하다고 인정하는 사항

통지를 받은 주권상장법인이 해당 상장폐지에 대하여 이의가 있는 경우에는 그 통지를 받은 날부터 15일(영업일을 기준으로 한다) 이내에 세칙으로 정하는 서류 등을 첨부하여 거래소에 이의를 신청할 수 있다(상장규정 25조②). 거래소는 이의신청이 있는 경우에는 상장공시위원회의 심의를 거쳐 상장폐지 또는 개선기간 부여 여부 등을 결정한다(상장규정 25조③). 거래소는 제3항에 따라 부여된 개선기간이 종료된 경우에는 개선계획의 이행 여부 등에 대한 상장공시위원회의 심의를 거쳐 상장폐지 여부를 결정한다(상장규정 25조④). 거래소는 주권상장법인이 다음과 같은 경우에는 상장공시위원회의 심의를 거쳐 상장폐지의 시기를 단축할 수 있다(상장규정 25조⑤).

1. 개선계획을 이행하지 않는 경우
2. 영업활동에 필요한 자산을 보유하지 않거나 영업활동이 사실상 중단되는 등 계속기업으로서의 존립이 어렵다고 인정되는 경우
3. 해당 주권상장법인의 신청이 있는 경우

4) 상장폐지심사와 대상 기업의 절차참여권 증권상장규정의 상장폐지기준과 상장폐지에 관한 사항 등은 상장법인의 영업, 재무상황이나 기업지배구조 등 기업투명성이 부실하게 된 경우 그 기업의 상장을 폐지하여 시장건전성을 제고하고 잠재적인 다수의 투자자를 보호하기 위한 조치를 취하기 위한 것이다. 그러나 상장폐지로 인하여 대상 법인의 평판이 저해되고 투자자들도 증권의 유통성

44) 종래의 상장폐지 실질심사 제도는 그 명칭에 "폐지"라는 용어가 포함되어 사유 발생시 시장에서는 상장폐지 되는 것으로 인식함에 따라 불필요한 시장충격 유발을 피하기 위하여 "상장폐지"를 "상장적격성"으로 변경한 것이다.

상실 등으로 피해를 입을 수 있으므로, 상장폐지 여부에 대한 심사는 투명하고 공정하게 이루어져야 하고, 그 과정에서 상장폐지 대상 기업의 절차참여권은 충분히 보장되어야 한다. 그러나 상장규정에서 상장적격성 실질심사의 전 과정에 대상 법인의 절차참여권을 충분히 보장하고 있는 데다가 상장적격성 실질심사 개시 여부에 관한 판단이 신속하게 이루어질 필요가 있는 사정 등을 참작하면, 상장적격성 실질심사 대상 법인을 "선정하는 단계에서" 대상법인의 의견진술권 등 절차참여권을 보장하지 않은 것을 절차적 위법이라고 볼 수 없다.[45]

(4) 공시규정

거래소는 주권, 그 밖에 대통령령으로 정하는 증권을 상장한 법인("주권등상장법인")의 기업내용 등의 신고·공시 및 관리를 위하여 주권등상장법인 공시규정을 정해야 한다. 이 경우 거래소가 개설·운영하는 둘 이상의 증권시장에 대하여 별도의 공시규정으로 정할 수 있다(法 391조①).[46]

공시규정에는 다음과 같은 사항이 포함되어야 한다(法 391조②).

1. 주권등상장법인이 신고하여야 하는 내용에 관한 사항
2. 주권등상장법인이 신고함에 있어서 준수하여야 할 방법 및 절차에 관한 사항
3. 주권등상장법인에 관한 풍문이나 보도 등의 사실 여부 및 그 법인이 발행한 증권의 가격이나 거래량의 현저한 변동의 원인 등에 대한 거래소의 신고 또는 확인 요구에 관한 사항
4. 주권등상장법인의 경영상 비밀유지와 투자자 보호와의 형평 등을 고려하여 신고·공시하지 아니할 사항
5. 주권등상장법인이 신고한 내용의 공시에 관한 사항
6. 주권등상장법인의 제1호부터 제4호까지의 위반유형, 위반 여부 결정기준 및 조치 등에 관한 사항
7. 매매거래의 정지 등 주권등상장법인의 관리에 관한 사항
8. 주권등상장법인의 신고의무 이행실태의 점검에 관한 사항
9. 그 밖에 주권등상장법인의 신고 또는 공시와 관련하여 필요한 사항

은행은 주권등상장법인에 대하여 i) 발행한 어음이나 수표가 부도로 된 경우, ii) 은행과의 당좌거래가 정지 또는 금지된 경우에는 이를 지체 없이 거래소에 통보해야 한다(法 392조①). 거래소는 신고사항과 신고 또는 확인 요구사항에

45) 대법원 2019. 6. 13. 선고 2016다243405 판결.
46) 한국거래소의 유가증권시장 공시규정은 [제3편 제4장 제5절 수시공시]에서 상술함.

대하여 투자자의 투자판단에 중대한 영향을 미칠 우려가 있어 그 내용을 신속하게 알릴 필요가 있는 경우에는 행정기관, 그 밖의 관계기관에 대하여 필요한 정보의 제공 또는 교환을 요청할 수 있다. 이 경우 요청을 받은 기관은 특별한 사유가 없는 한 이에 협조해야 한다(法 392조②). 거래소는 주권등상장법인이 신고를 한 경우에는 이를 지체 없이 금융위원회에 송부해야 한다(法 392조③). 금융위원회는 송부를 받은 경우에는 이를 인터넷 홈페이지 등을 이용하여 공시해야 한다(法 392조④).

⑸ 업무규정

㈎ 의 의

증권시장에서의 매매거래에 관하여 다음과 같은 사항은 거래소의 증권시장 업무규정으로 정한다. 이 경우 거래소가 개설·운영하는 둘 이상의 증권시장에 대하여 별도의 증권시장 업무규정으로 정할 수 있다(法 393조①).

1. 매매거래의 종류 및 수탁에 관한 사항
2. 증권시장의 개폐·정지 또는 휴장에 관한 사항
3. 매매거래계약의 체결 및 결제의 방법. 다만, 증권인도와 대금지급에 관한 것을 제외한다.
4. 증거금(證據金)의 납부 등 매매거래의 규제에 관한 사항
5. 그 밖에 매매거래에 관하여 필요한 사항

㈏ 호가와 주문

호가는 회원이 시장에서 매매거래를 하기 위한 매도 또는 매수의 의사표시를 말하고,[47] 주문은 위탁자가 매매거래를 하기 위한 매도 또는 매수의 의사표시

---

47) 호가는 다음과 같이 구분한다(유가증권시장 업무규정 2조④).

1. 지정가호가: 상장증권의 종목, 수량 및 가격(외화표시채무증권의 경우에는 포인트를 가격으로 보며, 환매조건부채권매매거래의 경우에는 환매이자율을 가격으로 본다)을 지정하는 호가
2. 시장가호가: 종목 및 수량은 지정하되, 가격은 지정하지 않는 호가
3. 조건부지정가호가: 장종료시의 가격을 단일가격에 의한 개별경쟁매매의 방법으로 결정하는 경우 시장가호가로 전환할 것을 조건으로 하는 지정가호가
4. 최유리지정가호가: 종목 및 수량은 지정하되 가격은 매도호가의 경우 매수호가의 가격, 매수호가의 경우 매도호가의 가격을 기준으로 시행세칙이 정하는 가격으로 지정한 것으로 보아 매매거래를 하고자 하는 호가
5. 최우선지정가호가: 종목 및 수량은 지정하되 가격은 매도호가의 경우 다른 매도호가의 가격, 매수호가의 경우 다른 매수호가의 가격을 기준으로 세칙이 정하는 가격으로 지정

를 말한다.[48] 동시호가는 호가시간의 선후를 구분하지 않는 호가를 말한다(유가증권시장 업무규정 2조⑥). 업무규정은 프로그램매매호가의 관리(제16조), 공매도호가의 제한(제17조), 차입공매도호가의 가격제한(제18조), 공매도호가의 사후관리(제18조의2), 호가의 가격제한폭(제20조), 유동성공급호가(제2절의2) 등에 관한 규정을 두고 있다.

(다) 시장의 운영

1) 시장의 구분 　유가증권시장은 다음과 같이 구분하고(유가증권시장 업무규정 4조①), 주식시장, 상장지수집합투자기구 집합투자증권시장, 상장지수증권시장에는 정규시장 외에 시간외시장을 둔다(유가증권시장 업무규정 4조②).

1. 주식시장
2. 상장지수집합투자기구 집합투자증권시장
2의2. 상장지수증권시장
3. 신주인수권증서시장
4. 신주인수권증권시장
4의2. 주식워런트증권시장
5. 수익증권시장
6. 채무증권시장

한 것으로 보아 매매거래를 하고자 하는 호가
6. 경쟁대량매매호가: 종목과 수량은 지정하되, 가격은 제30조의2 제1항(장중경쟁대량매매호가간의 매매거래성립가격) 또는 제34조의3 제1항(시간외경쟁대량매매호가간의 매매거래성립가격)에 따른 가격으로 매매거래를 하고자 하는 호가

48) 주문은 다음과 같이 구분한다(유가증권시장 업무규정 2조⑤).
1. 지정가주문: 종목, 수량 및 가격을 지정하는 주문
2. 시장가주문: 종목 및 수량은 지정하되, 가격은 지정하지 않는 주문
3. 조건부지정가주문: 장종료시의 가격을 단일가격에 의한 개별경쟁매매의 방법으로 결정하는 경우 시장가호가로 전환할 것을 조건으로 하는 지정가주문
4. 최유리지정가주문: 종목 및 수량은 지정하되 가격은 매도주문의 경우 매수주문의 가격, 매수주문의 경우 매도주문의 가격을 기준으로 세칙이 정하는 가격으로 지정한 것으로 보아 매매거래를 하고자 하는 주문
5. 최우선지정가주문: 종목 및 수량은 지정하되 가격은 매도주문의 경우 다른 매도주문의 가격, 매수주문의 경우 다른 매수주문의 가격을 기준으로 세칙이 정하는 가격으로 지정한 것으로 보아 매매거래를 하고자 하는 주문
6. 목표가주문: 종목 및 수량은 지정하되, 가격은 세칙으로 정하는 거래량가중평균가격 등 특정의 가격수준을 목표로 매매체결이 이루어지는 것을 조건으로 하는 주문
7. 경쟁대량매매주문: 종목과 수량은 지정하되, 가격은 제30조의2 제1항(장중경쟁대량매매호가간의 매매거래성립가격) 또는 제34조의3 제1항(시간외경쟁대량매매호가간의 매매거래성립가격)에 따른 가격으로 매매거래를 하고자 하는 주문

2) 매매거래시간 유가증권시장의 매매거래시간은 다음과 같다. 다만, 거래소가 전산장애발생 등 시장관리상 필요하다고 인정하여 세칙으로 정하는 경우에는 이를 임시로 변경할 수 있다(유가증권시장 업무규정 4조③).

1. 정규시장: 9시부터 15시 30분(제23조 제1항 제4호의 장종료시의 가격을 결정하는 경우에는 15시 30분 이후 당해 가격이 결정되는 시점)까지로 하되, 제30조의2에 따른 장중경쟁대량매매는 9시부터 15시까지로 한다.
2. 시간외시장의 경우 다음 각 목의 시간
   가. 장개시전 시간외시장: 8시부터 9시까지로 하되, 시간외종가매매 및 시간외경쟁대량매매는 8시 30분부터 8시 40분까지로 한다.
   나. 장종료후 시간외시장: 15시 40분부터 18시까지로 하되, 시간외종가매매의 경우에는 15시 40분부터 16시까지로 하고, 시간외단일가매매의 경우에는 16시부터 18시(최종가격을 결정하는 경우에는 18시 이후 당해 가격이 결정되는 시점)까지로 한다.

3) 매매계약의 체결

가) 매매거래의 종류 매매거래는 개별경쟁매매의 방법에 의하며, 개별경쟁매매는 단일가격에 의한 개별경쟁매매와 복수가격에 의한 개별경쟁매매로 구분한다(유가증권시장 업무규정 22조①). 개별경쟁매매에 있어서의 호가의 우선순위는 다음과 같이 정한다(유가증권시장 업무규정 22조②).

1. 낮은 가격의 매도호가는 높은 가격의 매도호가에 우선하고, 높은 가격의 매수호가는 낮은 가격의 매수호가에 우선한다. 다만, 시장가호가는 지정가호가에 가격적으로 우선하되, 매도시장가호가와 하한가의 매도지정가호가, 매수시장가호가와 상한가의 매수지정가호가는 각각 동일한 가격의 호가로 본다.
2. 동일한 가격호가간의 우선순위와 시장가호가간의 우선순위는 호가가 행하여진 시간의 선후에 따라 먼저 접수된 호가가 뒤에 접수된 호가에 우선한다.

나) 단일가격에 의한 개별경쟁매매 다음과 같은 가격의 결정은 단일가격에 의한 개별경쟁매매에 의한다(유가증권시장 업무규정 23조①). 신규상장종목의 매매거래개시일의 최초의 가격결정은 단일가격에 의한 개별경쟁매매방법에 의한다(유가증권시장 업무규정 37조①).

1. 시가

2. 시장이 재개된 후 최초의 가격
3. 매매거래가 재개된 후 최초의 가격
4. 장종료시의 가격
5. 업무규정 제26조의2 제1항에 따라 매매계약체결방법을 변경한 후 최초의 가격

다) 복수가격에 의한 개별경쟁매매 제23조 제1항 각 호 외의 정규시장의 매매거래시간중 가격의 결정은 복수가격에 의한 개별경쟁매매에 의하며(유가증권시장 업무규정 24조①), 가격을 결정하는 경우 시장가호가는 그 수량이 전량매매될 때까지 다음과 같은 가격으로 호가한 것으로 본다.

1. 매도시장가호가의 경우 다음 각 목의 가격 중 가장 낮은 가격
   가. 매도지정가호가가 없는 경우에는 직전의 가격, 매도지정가호가가 있는 경우에는 당해 지정가호가중 가장 낮은 지정가호가보다 1호가가격단위 낮은 가격(하한가를 한도로 한다)
   나. 가장 낮은 매수지정가호가의 가격
2. 매수시장가호가의 경우 다음 각 목의 가격 중 가장 높은 가격
   가. 매수지정가호가가 없는 경우에는 직전의 가격, 매수지정가호가가 있는 경우에는 당해 지정가호가 중 가장 높은 지정가호가보다 1호가가격단위 높은 가격(상한가를 한도로 한다)
   나. 가장 높은 매도지정가호가의 가격

4) 매매계약체결의 특례

가) 장중경쟁대량매매 장중경쟁대량매매는 장중경쟁대량매매를 위한 호가접수시간동안 종목(주권, 외국주식예탁증권, 상장지수집합투자기구 집합투자증권 및 상장지수증권에 한한다. 이하 이 조 및 제31조·제32조에서 같다)에 대하여 경쟁대량매매호가를 접수받아 다음 각 호의 가격으로 경쟁대량매매호가간에 매매거래를 성립시킨다. 장중경쟁대량매매에 참여하는 호가의 우선순위는 먼저 접수된 호가가 뒤에 접수된 호가에 우선한다(유가증권시장 업무규정 30조의2).

1. 해당 경쟁대량매매거래의 성립 후부터 장종료시까지 정규시장에서 성립된 해당 종목의 매매거래를 기준으로 산출한 거래량가중평균가격. 이 경우 거래량가중평균가격의 산출방법은 세칙으로 정한다.
2. 제1호의 거래량가중평균가격이 없는 경우에는 당일의 종가로 한다. 다만, 당일의 종가가 없는 경우에는 세칙에서 정하는 가격으로 한다.

나) 장중대량매매 장중대량매매는 정규시장의 매매거래시간 동안 종목, 수량 및 가격이 동일한 매도호가 및 매수호가로 회원이 매매거래를 성립시키고자 거래소에 신청하는 경우 당해 종목의 매매거래를 성립시키는 방법으로 한다. 다만, 당해 호가의 접수직전까지 정규시장에서 매매거래가 성립하지 아니한 경우에는 매매거래를 성립시키지 않는다. 장중대량매매를 신청하여 호가할 수 있는 가격은 당해 호가의 접수직전까지 정규시장에서 형성된 최고가격과 최저가격 이내의 가격으로 한다(유가증권시장 업무규정 31조).

다) 장중바스켓매매 장중바스켓매매는 정규시장의 매매거래시간 동안 바스켓을 구성하는 각각의 종목(주권, 외국주식예탁증권 및 상장지수집합투자기구 집합투자증권시장에 한한다)에 대하여 수량 및 가격이 동일한 매도호가 및 매수호가로 회원이 매매거래를 성립시키고자 거래소에 신청하는 경우 당해 바스켓을 구성하는 종목을 일괄하여 매매거래를 성립시키는 방법으로 한다. 장중바스켓매매를 신청하여 호가할 수 있는 가격은 각각의 종목에 대하여 당해 호가의 접수직전까지 정규시장에서 형성된 최고가격과 최저가격 이내의 가격으로 한다(유가증권시장 업무규정 32조).

라) 시간외매매 시간외시장은 다음 각호의 매매거래가 이루어지는 시장으로 한다. 다만, 제2호의 매매거래는 장종료후 시간외시장에 한하고, 제2호의2는 장개시전 시간외시장에 한한다(유가증권시장 업무규정 33조).

1. 시간외종가매매
2. 시간외단일가매매
2의2. 시간외경쟁대량매매
3. 시간외대량매매
4. 시간외바스켓매매

마) 시간외종가매매 시간외종가매매는 시간외종가매매의 호가접수시간동안 호가를 접수받아 당일(장개시전 시간외시장의 경우에는 전일로 한다) 종가로 매매거래를 성립시킨다. 다만, 당일 정규시장의 매매거래시간중 매매거래가 성립하지 아니한 경우에는 매매거래를 성립시키지 아니한다(유가증권시장 업무규정 34조①).

바) 시간외단일가매매 시간외단일가매매는 시간외단일가매매의 호가접수시간 동안 호가를 접수받아 단일가격에 의한 개별경쟁매매방법에 의하여 매매거

래를 성립시킨다. 다만, 당일 정규시장의 매매거래시간중 매매거래가 성립하지 아니한 경우에는 매매거래를 성립시키지 않는다(유가증권시장 업무규정 34조의2①).

사) 시간외경쟁대량매매 시간외경쟁대량매매는 장개시전 시간외시장의 호가접수시간 동안 경쟁대량매매호가를 접수받아 경쟁대량매매호가간에 매매거래를 성립시킨다(유가증권시장 업무규정 34조의3).

아) 시간외대량매매 시간외대량매매는 시간외시장의 호가접수시간(오전 8시~9시, 오후 3시 40분~6시이다) 동안 종목, 수량 및 가격이 동일한 매도호가 및 매수호가로 회원이 매매거래를 성립시키고자 거래소에 신청하는 경우 당해 종목의 매매거래를 성립시키는 방법으로 한다. 다만, 당일(장개시전 시간외시장의 경우에는 전일로 한다) 정규시장의 매매거래시간중 매매거래가 성립하지 아니한 경우에는 매매거래를 성립시키지 않는다. 시간외대량매매를 신청하여 호가할 수 있는 가격은 당일의 상한가와 하한가 이내의 가격으로 한다. 정부 또는 예금보험공사로부터 시간외대량매매에 의한 방법으로 자기주식을 매수하고자 하는 주권상장법인 또는 금융위원회의 승인을 얻어 시간외대량매매에 의한 방법으로 자기주식을 매수하고자 하는 주권상장법인으로부터 매매거래를 위탁받은 회원(상대방 회원을 포함)은 위탁받은 회원이 호가한 가격으로 매매거래를 성립시킬 수 있다. 시간외대량매매에 의한 방법으로 자기주식을 매도하고자 하는 주권상장법인으로부터 매매거래를 위탁받은 회원은 당해 종목의 당일종가를 기준으로 5% 높은 가격(상한가를 한도로)과 5% 낮은 가격(하한가를 한도로) 이내의 가격으로 호가를 하여야 한다. 이 경우 장개시전 시간외시장의 경우에는 전일종가를 기준으로 적용하되, 전일종가를 적용하는 것이 적절하지 아니하다고 인정되는 경우에는 세칙이 정하는 바에 의한다(유가증권시장 업무규정 35조).

자) 시간외바스켓매매 시간외바스켓매매는 시간외시장의 호가접수시간 동안 바스켓을 구성하는 각각의 종목에 대하여 수량 및 가격이 동일한 매도호가 및 매수호가로 회원이 매매거래를 성립시키고자 거래소에 신청하는 경우 당해 바스켓을 구성하는 종목을 일괄하여 매매거래를 성립시키는 방법으로 한다. 시간외바스켓매매를 신청하여 호가할 수 있는 가격은 각각의 종목에 대하여 당일의 상한가와 하한가 이내의 가격으로 한다(유가증권시장 업무규정 36조).

3. 파생상품시장

(1) 파생상품거래의 의의와 종류

파생상품거래란 한국거래소가 개설한 파생상품시장에서 이루어지는 장내파생상품의 거래를 말한다(파생상품시장 업무규정 2조①1). 이하에서는 대표적인 파생상품거래인 선물거래와 옵션거래를 중심으로 본다.

선물거래는 i) 당사자가 장래의 특정 시점에 특정한 가격으로 기초자산을 수수할 것을 약정하는 매매거래, ii) 당사자가 기초자산에 대하여 사전에 약정한 가격이나 이자율, 지표, 단위 및 지수 등의 수치와 장래의 특정 시점의 해당 기초자산의 가격이나 수치("최종결제가격")와의 차이로부터 산출되는 현금을 수수할 것을 약정하는 거래 중 어느 하나에 해당하는 파생상품거래를 말한다(파생상품시장 업무규정 2조①2). 옵션거래는 당사자 중 한 쪽이 다른 쪽의 의사표시에 의하여 i) 기초자산의 매매거래, ii) 행사가격과 권리행사일의 기초자산의 가격이나 수치("권리행사결제기준가격")와의 차이로부터 산출되는 현금을 수수하는 거래, iii) 위 제2호의 i)과 ii)의 선물거래를 성립시킬 수 있는 권리("옵션")를 다른 쪽에게 부여하고, 다른 쪽은 그 한 쪽에게 대가를 지급할 것을 약정하는 파생상품거래를 말한다(파생상품시장 업무규정 2조①3).

(2) 업무규정

파생상품시장에서의 매매에 관하여 다음과 같은 사항은 거래소의 파생상품시장 업무규정으로 정한다(法 393조②). 파생상품시장에 관하여는 상장규정·공시규정이 없다.

1. 장내파생상품 매매의 수탁에 관한 사항
2. 취급하는 장내파생상품 매매의 유형 및 품목
3. 장내파생상품 매매의 결제월·결제주
4. 파생상품시장의 개폐·정지 또는 휴장에 관한 사항
5. 장내파생상품 매매에 관한 계약의 체결 및 제한에 관한 사항
6. 위탁증거금 및 거래증거금에 관한 사항
7. 결제의 방법
8. 그 밖에 장내파생상품 매매 및 그 수탁에 관하여 필요한 사항

(3) 파생상품시장의 구분

"파생상품시장"이란 장내파생상품의 매매를 위하여 거래소가 개설하는 시장을 말한다(法 9조⑭).[49]

(4) 거래시간

파생상품시장의 정규거래시간은 8시 45분부터 15시 45분까지로 한다. 다만, 기초자산의 특성, 거래 수요 및 거래의 편의성 등을 고려하여 세칙으로 정하는 바에 따라 시장별로 달리 정할 수 있다(파생상품시장 업무규정 4조①).

(5) 상장파생상품

(가) 주식상품

1) 주가지수선물거래

가) 기초자산 주가지수선물거래의 기초자산은 다음과 같은 주가지수로 한다(파생상품시장 업무규정 10조).

1. 국내지수선물거래: 거래소 또는 지수산출전문기관이 주식시장을 대상으로 산출하는 국내주가지수로서 해당 지수의 대표성 및 상품성, 거래 수요 등을 고려하여 세칙으로 정하는 주가지수
2. 삭제 [2017.2.8] (삭제 전: 코스닥150선물거래의 경우)
3. 섹터지수선물거래의 경우: 다음 각 목의 요건을 충족하는 섹터지수(주식시장 상장주권을 대상으로 산업군별 또는 유형별로 구분하여 산출한 지수를 말한다.)로서 구성종목과의 가격상관성 및 거래수요 등을 고려하여 세칙으로 정하는 주가지수
   가. 거래소 또는 지수산출전문기관이 산출할 것
   나. 시가총액이 10조원 이상일 것

---

49) 파생상품시장은 주식상품시장, 금리상품시장, 통화상품시장, 일반상품시장, 선물스프레드시장 및 플렉스시장으로 구분하고, 각 시장은 다음과 같이 구분한다(파생상품시장 업무규정 3조①,②).
   1. 주식상품시장: 국내지수선물시장, 섹터지수선물시장, 해외지수선물시장, 국내지수옵션시장, 변동성지수선물시장, 국내주식선물시장, 해외주식선물시장, 국내주식옵션시장, ETF선물시장 및 ETF옵션시장
   2. 금리상품시장: 국채선물시장 및 단기금리시장
   3. 통화상품시장: 통화선물시장 및 통화옵션시장
   4. 일반상품시장: 금선물시장 및 돈육선물시장
   5. 선물스프레드시장의 경우: 국내지수선물스프레드시장, 섹터지수선물스프레드시장, 해외지수선물스프레드시장, 변동성지수선물스프레드시장, 국내주식선물스프레드시장, 해외주식선물스프레드시장, ETF선물스프레드시장, 국채선물스프레드시장, 단기금리선물스프레드시장, 통화선물스프레드시장, 금선물스프레드시장 및 돈육선물스프레드시장 및 국채선물상품간스프레드시장
   6. 플렉스시장: 플렉스선물시장

다. 구성종목이 10종목 이상일 것. 다만, 산업의 특수성 등을 고려하여 세칙으로 정하는 경우에는 구성종목이 5종목 이상일 것

4. 해외지수선물거래의 경우: 다음 각 목의 요건을 충족하는 해외주가지수로서 해당 지수의 대표성 및 상품성, 거래 수요 및 거래의 편의성 등을 고려하여 세칙으로 정하는 주가지수
   가. 해외파생상품시장에서 거래되는 파생상품의 기초자산일 것
   나. 해외증권시장(자본시장법 시행령 제2조에 따른 해외증권시장)을 대상으로 산출할 것
   다. 외국거래소(법 제406조 제1항 제2호에 따른 외국 거래소) 또는 지수산출전문기관이 산출할 것
   라. 해당 지수 또는 해당 지수를 기초자산으로 하는 파생상품 거래에 관한 권한을 가진 자와 그 지수의 사용 또는 그 파생상품의 거래 등에 관하여 제휴 또는 계약을 체결할 것

나) 결 제 월 주가지수선물거래의 결제월은 다음과 같다(파생상품시장 업무규정 11조, 세칙 4조의7①).

1. 코스피200선물거래, 코스닥150선물거래 및 섹터지수선물거래의 경우: 3월, 6월, 9월 및 12월("분기월")
2. 미니코스피200선물거래의 경우: 매월
3. 해외지수선물거래의 경우: 분기월. 다만, 해외파생상품시장의 결제월 및 거래의 편의성 등을 고려하여 세칙으로 정하는 거래의 경우에는 매월로 할 수 있다.

다) 최종결제 주가지수선물거래의 최종결제는 최종거래일까지 소멸되지 아니한 미결제약정수량("최종결제수량")에 대하여 최종결제차금(최종거래일의 정산가격과 최종결제가격과의 차이에 최종결제수량 및 거래승수를 곱하여 산출되는 금액)을 수수하는 방법으로 한다(파생상품시장 업무규정 14조①).

2) 주가지수옵션거래

가) 기초자산, 거래수량단위 및 거래승수 주가지수옵션거래의 기초자산은 코스피200으로 한다(파생상품시장 업무규정 15조, 세칙 5조의2).[50]

나) 결제월·결제주와 행사가격의 설정 주가지수옵션거래의 결제월은 매월로 하고, 주가지수옵션거래의 행사가격은 각 결제월의 거래개시일에 설정하고,

---

50) 즉, 권리행사가격이 60P인 10월물 call option을 2P의 프리미엄을 주고 10계약을 사면 매수대금은 2P×10계약×25만원으로 500만원이다.

거래개시일의 다음 거래일 이후에는 행사가격을 추가로 설정할 수 있다(파생상품시장 업무규정 16조①). 결제주거래의 경우 목요일을 거래개시일로 하고 다음 목요일을 최종거래일로 한다. 이 경우 거래개시일이나 최종거래일이 휴장일인 경우에는 각각 순차적으로 앞당긴다. 다만, 새로운 결제주거래의 거래개시일이 해당 거래의 최종거래일이 되거나, 최종거래일이 결제월거래의 최종거래일과 동일한 경우에는 해당 결제주거래를 개시하지 아니한다(파생상품시장 업무규정 16조②, 세칙 5조의4).[51)]

다) 권리행사결제　　주가지수옵션거래의 권리행사결제는 권리행사수량 및 배정수량("권리행사결제수량")에 대하여 권리행사차금(행사가격과 권리행사결제기준가격과의 차이에 권리행사결제수량 및 거래승수를 곱하여 산출되는 금액)을 수수하는 방법으로 한다(파생상품시장 업무규정 21조①).

3) 주식선물거래

가) 기초자산　　주식선물거래의 기초자산은 다음 구분에 따른 주권("기초주권")으로 한다한다(파생상품시장 업무규정 22조①).

1. 기초자산이 국내 주권인 경우: 주식시장에 상장된 보통주식 중에서 유동성, 안정성, 시가총액, 재무상태 등을 감안하여 세칙으로 정하는 주권
2. 기초자산이 해외주권인 경우: 다음 각 목의 요건을 충족하는 해외주권 중에서 상품성, 거래 수요 및 거래의 편의성 등을 감안하여 세칙으로 정하는 주권
   가. 해외파생상품시장에서 거래되는 파생상품의 기초자산일 것
   나. 해외증권시장에 상장된 해외주권일 것
   다. 해당 해외주권을 기초자산으로 하는 파생상품 거래 등에 관한 권한을 가진 자와 그 파생상품의 거래 등에 관하여 제휴 또는 계약을 체결할 것

나) 결 제 월　　주식선물거래의 결제월은 매월로 한다(파생상품시장 업무규정 24조, 세칙 8조의4①).

4) 주식옵션거래

가) 기초자산　　주식옵션거래의 기초자산은 주식선물거래의 기초자산에 관

51) 결제주거래는 매월 만기가 정해진 정규 옵션과 달리 매주 만기가 돌아오는 상품으로서 위클리 옵션이라고 부르는데, 2019년 9월 파생상품 업무규정 및 세칙 개정에 의하여 도입되었다. 위클리 옵션은 미국의 CBOE가 2009년 도입한 이래 주요국의 파생상품시장에 이미 널리 도입되었다(아시아에서는 대만은 2012년, 일본은 2015년 도입). 위클리 옵션은 잔존만기가 단기이므로 정규 옵션에 비하여 옵션 프리미엄이 작고 기초자산의 가격변화에 대한 민감도가 크다는 특징이 있다.

한 기준에 해당하는 보통주식 중에서 시가총액, 재무상태 등을 감안하여 세칙으로 정하는 기초주권으로 한다(파생상품시장 업무규정 28조①).

나) 결 제 월　　주식옵션거래의 결제월은 매월로 한다. 주식옵션거래의 행사가격은 각 결제월의 거래개시일에 설정하고, 거래개시일의 다음 거래일 이후에는 행사가격을 추가로 설정할 수 있다(파생상품시장 업무규정 30조).

다) 권리행사결제　　주식옵션거래의 권리행사결제는 권리행사결제수량에 대하여 권리행사차금을 수수하는 방법으로 한다(파생상품시장 업무규정 37조①).

(나) 기타 파생상품

1) 금리상품선물거래

가) 기초자산　　금리선물거래의 기초자산은 다음과 같은 구분에 따른 국고채권표준물로 한다(파생상품시장 업무규정 38조①, 세칙 26조의6①).

1. 3년국채선물거래: 액면 100원, 만기 3년, 표면금리 연 5%, 6개월 단위 이자지급방식의 국고채권표준물
2. 5년국채선물거래: 액면 100원, 만기 5년, 표면금리 연 5%, 6개월 단위 이자지급방식의 국고채권표준물
3. 10년국채선물거래: 액면 100원, 만기 10년, 표면금리 연 5%, 6개월 단위 이자지급방식의 국고채권표준물

나) 거래단위　　금리선물거래의 거래단위는 액면 1억원으로 한다(파생상품시장 업무규정 38조②, 세칙 20조의6①).

다) 결 제 월　　금리선물거래의 결제월은 분기월로 한다(파생상품시장 업무규정 39조①, 세칙 20조의7①).

2) 통화상품거래

가) 통화선물거래　　통화선물거래의 기초자산은 미국달러, 엔, 유로 및 위안으로 한다. 통화선물거래의 거래수량단위는 다음과 같은 구분에 따른 금액으로 한다(파생상품시장 업무규정 44조, 세칙 25조의2).

1. 미국달러선물거래: 1만달러
2. 엔선물거래의 경우: 1백만엔
3. 유로선물거래의 경우: 1만유로
4. 위안선물거래의 경우: 10만위안

나) 통화옵션거래 　통화옵션거래의 기초자산은 미국달러로 하고, 거래단위는 1만 미국달러로 한다(파생상품시장 업무규정 49조, 세칙 28조의2).

3) 일반상품선물거래 　일반상품선물거래의 기초자산은 다음 각 호의 구분에 따른 기초자산으로 한다(파생상품시장 업무규정 56조①).[52]

1. 금선물거래의 경우: 금지금(「KRX금시장 운영규정」에 따른 금지금을 말한다)
2. 돈육선물거래의 경우: 돈육대표가격(돈육대표가격은 품질평가원이 「돈육 대표가격 관리기준」에 따라 공표하는 일별 대표가격으로서 공표일 직전 2일간 축산물도매시장에서 형성된 돈육도체별 경락가격의 합계액을 도체중량 합계액으로 나누어 산출하는 돈육의 1킬로그램당 평균가격)

4) 선물스프레드거래 　"선물스프레드"는 2개 선물거래종목의 가격차이인데, "선물스프레드거래"는 종목간스프레드거래와 상품간스프레드거래로 구분한다. "종목간스프레드거래"란 기초자산 및 거래승수가 같은 선물거래의 2개 종목 중 동일한 수량으로 한쪽 종목의 매도와 다른 쪽 종목의 매수를 동시에 성립시키기 위하여 해당 2개 종목의 가격 차이를 기초자산으로 하는 거래를 말하고, "상품간스프레드거래"란 기초자산이 다른 선물거래의 2개 종목 중 한쪽 종목의 매도와 다른 쪽 종목의 매수를 동시에 성립시키기 위하여 해당 2개 종목의 선물스프레드를 기초자산으로 하는 거래를 말한다(파생상품시장 업무규정 2조①14가,나). 종목간스프레드거래의 종목은 기초자산 및 거래승수가 동일한 선물거래에서 세칙으로 정하는 2개의 종목 간 선물스프레드별로 구분한다(파생상품시장 업무규정 62조①). 종목간스프레드거래에서 가격은 원월종목(최종거래일이 나중에 도래하는 종목)의 가격에서 근월종목(최종거래일이 먼저 도래하는 종목)의 가격을 뺀 가격으로 한다. 다만, 금리상품의 경우에는 근월종목의 가격에서 원월종목의 가격을 뺀 가격으로 한다(파생상품시장 업무규정 62조②). 종목간스프레드거래에서 매도는 근월종목의 매수 및 원월종목의 매도를 하는 거래로 한다. 다만, 금리상품의 경우에는 근월종목의 매도 및 원월종목의 매수를 하는 거래로 한다(파생상품시장 업무규정 62조③). 종목간스프레드거래에서 매수는 근월종목의 매도 및 원월종목의 매수를

52) 일반상품선물거래의 거래단위는 i) 금선물거래의 경우에는 중량 1천그램, ii) 미니금선물거래의 경우에는 중량 1백그램, iii) 돈육선물거래의 경우에는 중량 1천킬로그램이고(파생상품시장 업무규정 56조②), 거래수량단위는 1계약으로 하고, 1계약의 금액은 가격에 거래승수(금선물, 돈육선물은 1천, 미니금선물은 1백)를 곱하여 산출되는 금액으로 한다(파생상품시장 업무규정 56조③).

하는 거래로 한다. 다만, 금리상품의 경우에는 근월종목의 매수 및 원월종목의 매도를 하는 거래로 한다(파생상품시장 업무규정 62조④). 종목간스프레드거래가 성립된 경우에는 해당 체결된 수량과 동일한 수량으로 기초자산 및 거래승수가 동일한 선물거래의 근월종목과 원월종목의 결제월거래가 동시에 세칙으로 정하는 가격을 약정가격으로 하여 체결된 것으로 본다(파생상품시장 업무규정 63조). 상품간스프레드거래의 종목은 기초자산이 다른 선물거래에서 세칙으로 정하는 2개의 종목 간 선물스프레드별로 구분한다(파생상품시장 업무규정 63조의2①). 상품간스프레드거래의 가격, 매수·매도의 구분 방법, 호가가격단위 및 가격의 표시방법 등은 거래 비용, 거래 편의, 1계약 금액의 수준, 거래의 유동성 및 가격형성의 연속성 등을 고려하여 세칙으로 정한다(파생상품시장 업무규정 63조의2②).

5) 플렉스선물거래 　플렉스선물거래는 매 거래일별로 거래를 구분한다. 플렉스선물거래는 특정한 최종거래일 및 최종결제방법으로 하는 플렉스협의거래가 최초로 신청되는 날을 새로운 종목의 거래개시일로 한다. 거래소는 천재·지변, 전시·사변, 시장에서의 화재, 경제사정의 급변 또는 급변이 예상되는 경우, 그 밖에 시장관리상 필요하다고 인정하는 경우에는 플렉스선물거래의 최종거래일을 변경할 수 있다(파생상품시장 업무규정 64조의2). 플렉스선물거래의 기초자산은 시장에 상장된 파생상품 중 거래 수요 등을 고려하여 세칙으로 정한다(파생상품시장 업무규정 64조의3).

(6) 거래의 중단

(가) 거래의 임의적 중단

거래소는 다음과 같은 경우에는 관련되는 종목의 거래를 중단 또는 정지할 수 있고(파생상품시장 업무규정 76조①), 거래를 중단 또는 정지한 후 그 사유가 해소되는 경우 또는 시장관리상 필요하다고 인정하는 경우에는 거래를 재개할 수 있다(파생상품시장 업무규정 76조②).

1. 거래소파생상품시스템 또는 회원파생상품시스템의 장애 발생으로 정상적인 거래를 할 수 없는 경우로서 세칙으로 정하는 경우
2. 주식시장의 시스템장애가 세칙이 정하는 시간 이상 발생하여 주가지수의 구성종목 중 세칙으로 정하는 종목 수 이상에 대하여 매매거래를 할 수 없는 경우
3. 주식선물거래 및 주식옵션거래에 있어서 기초주권의 매매거래의 중단·정지, 그 밖에 세칙으로 정하는 경우

4. 선물스프레드거래에 있어서 그 거래를 구성하는 선물거래의 2개 종목 중에서 거래가 중단된 종목이 있는 경우
5. 돈육선물거래에 있어서 품질평가원이 돈육 대표가격 관리기준에서 정한 축산물도매시장의 과반수가 거래를 중단하는 경우
6. 플렉스선물거래에 있어서 플렉스선물거래의 대상이 되는 선물거래가 중단되는 경우
7. 금선물거래에 있어서 KRX금시장의 매매거래가 중단되는 경우
8. ETF선물거래 및 ETF옵션거래에 있어서 ETF의 매매거래의 중단·정지, 그 밖에 세칙으로 정하는 경우
9. 그 밖에 거래상황에 이상이 있거나 그 우려가 있어 거래를 계속하는 것이 곤란하다고 거래소가 인정하는 경우

㈏ 주가지수선물거래의 필요적 중단

거래소는 주식시장 등의 매매거래를 중단하는 경우에는 해당 주식시장 등을 대상으로 하는 모든 주식상품거래(주식시장 등을 대상으로 하는 선물스프레드거래를 포함)를 중단하고(파생상품시장 업무규정 77조①), 거래소는 주식상품거래를 중단한 후 주식시장 등의 매매거래를 재개하는 경우에는 즉시 중단된 주식상품거래를 재개한다(파생상품시장 업무규정 77조②). 거래소는 주식시장 등의 매매거래를 종결하는 경우에는 해당 주식시장을 대상으로 하는 모든 주식상품거래의 당일 정규거래를 종결한다(파생상품시장 업무규정 77조③). 유가증권시장 및 코스닥시장에 상장된 주권 중 양 시장 종목에 대하여 거래소가 산출한 주가지수를 대상으로 한 선물거래의 중단, 재개 및 종결은 해당 주가지수의 구성 비중 및 거래의 편의성 등을 고려하여 세칙으로 달리 정할 수 있다(파생상품시장 업무규정 77조④).

(7) 거래소·회원·위탁자 간 결제

㈎ 거래소와 회원 간 결제

1) 통　　칙

가) 거래의 결제방법　　거래소는 거래의 성립후 회원의 채무를 인수하려는 경우에는 사전에 인수할 채무의 기초가 되는 거래를 확인한다(파생상품시장 업무규정 94조). 거래소는 확인한 거래에 대하여 회원이 상대방인 회원에 부담하는 채무를 인수하고, 해당 회원은 거래소가 인수한 채무와 동일한 내용의 채무를 거래소에 부담한다. 다만 외국인 통합계좌의 경우 예외로 한다(파생상품시장 업무규

정 94조의2).

나) 매도·매수 대등 수량의 소멸　　거래소는 파생상품계좌별로 동일한 종목의 매도와 매수의 약정수량(직전 거래일의 미결제약정수량 포함) 중 대등한 수량을 상계한 것으로 보아 소멸시킨다(파생상품시장 업무규정 95조).

2) 선물거래의 결제방법

가) 일일정산 및 정산가격　　거래소와 결제회원, 지정결제회원과 매매전문회원은 선물거래의 각 종목에 대하여 거래일마다 장종료 시점을 기준으로 정산가격으로 정산해야 한다. 이 경우 글로벌거래의 각 종목에 대하여는 글로벌거래의 종료 후에 개시되는 정규거래에 포함하여 정산한다(파생상품시장 업무규정 96조①). 정산가격은 각 종목별로 정규거래시간 중 가장 나중에 성립된 약정가격(선물스프레드거래의 성립에 따라 체결된 것으로 보는 결제월거래의 약정가격과 협의거래의 약정가격 제외)으로 한다. 다만, 약정가격이 없거나 약정가격이 기초자산 가격의 일정 수준을 벗어나는 종목의 경우, 그 밖에 시장관리상 필요하다고 인정하는 경우에는 세칙으로 정하는 가격을 정산가격으로 한다(파생상품시장 업무규정 96조②).

나) 당일차금의 수수　　결제회원은 당일의 약정가격과 당일의 정산가격과의 차이에 약정수량 및 거래승수를 곱하여 산출되는 금액("당일차금")을 거래소와 수수하여야 하고(파생상품시장 업무규정 97조①), 매매전문회원은 당일차금을 지정결제회원과 수수해야 한다(파생상품시장 업무규정 97조②).

다) 갱신차금의 수수　　결제회원은 직전 거래일의 정산가격과 당일의 정산가격과의 차이에 직전 거래일의 장종료 시점의 미결제약정수량 및 거래승수를 곱하여 산출되는 금액("갱신차금")을 거래소와 수수해야 한다. 다만, 주식선물거래 기초주권의 배당락등이 있는 경우, 그 밖에 시장관리상 필요하다고 인정하는 경우에는 세칙으로 정하는 바에 따라 갱신차금을 산출한다(파생상품시장 업무규정 98조①). 매매전문회원은 갱신차금을 지정결제회원과 수수해야 한다(파생상품시장 업무규정 98조②).

3) 옵션거래의 결제방법

가) 옵션대금의 수수　　결제회원은 옵션거래의 각 종목에 대하여 약정가격에 약정수량 및 거래승수를 곱하여 산출되는 금액("옵션대금")을 거래소와 수수해야 한다(파생상품시장 업무규정 99조①). 매매전문회원은 옵션대금을 지정결제회원

과 수수해야 한다(파생상품시장 업무규정 99조②).

나) 옵션의 소멸 최종거래일이 도래한 옵션으로서 거래종료 후에 권리행사 및 배정이 되지 않은 미결제약정으로 남아 있는 옵션은 권리행사의 배정이 이루어진 후에 소멸되는 것으로 본다(파생상품시장 업무규정 102조).

4) 차감결제 거래소는 결제일 및 결제시한이 동일한 당일차금, 갱신차금, 옵션대금, 최종결제차금, 최종결제대금, 권리행사차금 및 권리행사결제대금의 총지급액과 총수령액을 차감한 금액(차감결제현금)을 거래소와 회원 간 수수하는 현금으로 확정하고(파생상품시장 업무규정 103조①), 결제일 및 결제시한이 동일한 각 기초자산별로 지급할 기초자산과 수령할 기초자산을 차감한 기초자산(차감결제기초자산)을 거래소와 회원 간에 수수하는 기초자산으로 확정한다(파생상품시장 업무규정 99조②). 지정결제회원은 결제위탁계약을 체결한 매매전문회원의 확정된 채권을 취득하고 채무를 부담하며 해당 매매전문회원은 지정결제회원에 대하여 동일한 내용의 채권을 취득하고 채무를 부담한다(파생상품시장 업무규정 103조③). 결제일 및 결제시한은 다음의 일시까지로 한다(파생상품시장 업무규정 103조④).

1. 당일차금 및 갱신차금의 경우: 해당 차금이 발생한 날의 다음 거래일의 16시
2. 옵션대금의 경우: 옵션거래가 성립한 날의 다음 거래일의 16시
3. 최종결제차금, 최종결제대금, 권리행사차금, 권리행사결제대금 및 기초자산의 경우: 현금을 수수하는 파생상품거래는 최종결제일 또는 권리행사결제일의 16시, 기초자산을 수수하는 파생상품거래는 최종결제일 또는 권리행사결제일의 세칙이 정하는 시간

(나) 회원과 위탁자 간 결제

1) 선물거래의 결제방법

가) 일일정산 및 정산가격 회원은 선물거래의 각 종목에 대하여 거래일마다 장종료 시점을 기준으로 정산가격으로 위탁자와 정산해야 한다. 이 경우 글로벌거래의 각 종목에 대하여는 글로벌거래의 종료 후에 개시되는 정규거래에 포함하여 정산한다(파생상품시장 업무규정 140조).

나) 당일차금의 수수 회원과 위탁자는 당일차금을 결제금액으로 수수해야 한다(파생상품시장 업무규정 141조).

다) 갱신차금의 수수 회원과 위탁자는 갱신차금을 결제금액으로 수수해

야 한다. 이 경우 갱신차금의 산출에 관하여는 제98조 제1항 단서를 준용한다(파생상품시장 업무규정 142조).

라) 매도·매수 대등 수량의 소멸 회원은 위탁자의 파생상품계좌별로 동일한 종목의 매도와 매수의 약정수량(직전 거래일의 미결제약정수량 포함) 중 대등한 수량을 상계한 것으로 보아 소멸시킨다. 다만 외국인 통합계좌의 경우 예외로 한다(파생상품시장 업무규정 143조).

마) 최종결제 회원과 위탁자는 최종결제수량에 대하여 현금을 수수하거나 기초자산을 수수하는 방법으로 최종결제를 해야 한다. 현금을 수수하는 선물거래의 최종결제는 최종결제차금을 수수하는 방법으로 행한다. 기초자산을 수수하는 선물거래의 최종결제는 해당 기초자산과 최종결제대금을 세칙으로 정하는 바에 따라 수수하는 방법으로 행한다(파생상품시장 업무규정 144조).

2) 옵션거래의 결제방법

가) 옵션대금의 수수 회원과 위탁자는 옵션대금을 결제금액으로 수수해야 한다(파생상품시장 업무규정 145조).

나) 매도·매수 대등 수량의 소멸 회원은 위탁자의 파생상품계좌별로 동일한 종목의 매도와 매수의 약정수량(직전 거래일의 미결제약정수량 포함) 중 대등한 수량을 상계한 것으로 보아 소멸시킨다. 다만 외국인 통합계좌의 경우 예외로 한다(파생상품시장 업무규정 146조).

다) 위탁자의 권리행사 신고 위탁자가 권리행사를 하려면 세칙으로 정하는 시한까지 회원에게 권리행사의 신고를 해야 한다(파생상품시장 업무규정 147조).

라) 권리행사결제 회원과 위탁자는 권리행사결제수량에 대하여 현금을 수수하는 방법으로 권리행사결제를 해야 한다. 현금을 수수하는 옵션거래의 권리행사결제는 권리행사차금을 수수하는 방법으로 행한다(파생상품시장 업무규정 148조).

3) 차감결제 및 결제시한

가) 차감결제 회원이 위탁자와 수수하는 현금은 수수일 및 수수시한이 동일한 당일차금, 갱신차금, 옵션대금, 최종결제차금, 최종결제대금, 권리행사차금 및 권리행사결제대금의 총지급액과 총수령액의 차감액("차감결제현금")으로 한다. 회원이 위탁자와 수수하는 기초자산은 수수일 및 수수시한이 동일한 각 기초자산별로 지급할 기초자산과 수령할 기초자산을 차감한 기초자산("차감결제기초

자산")으로 한다. 회원은 파생상품계좌를 두 개 이상 개설한 위탁자와 결제를 하는 경우 수수일 및 수수시한이 동일한 파생상품계좌 간에 현금을 차감하거나 기초자산을 차감하여 수수한다. 수수시한은 다음 각 호의 시간까지로 한다(파생상품시장 업무규정 149조).

1. 당일차금 및 갱신차금: 수수일의 12시
2. 옵션대금: 수수일의 12시
3. 최종결제차금, 최종결제대금, 권리행사차금, 권리행사결제대금, 기초자산: 현금을 수수하는 파생상품거래는 수수일의 12시, 기초자산을 수수하는 파생상품거래는 세칙으로 정하는 시간

나) 위탁자의 결제시한 　　회원과 위탁자 간의 차감결제현금 및 차감결제기초자산의 수수시한은 수수일의 12시까지로 한다. 다만, 기초자산을 수수하는 파생상품거래는 기초자산을 수수하는 파생상품거래의 수수시한으로 한다. 거래소는 시장관리상 필요하다고 인정하는 경우에는 차감결제현금 및 차감결제기초자산의 수수일 또는 수수시한을 변경할 수 있다. 회원은 결제불이행의 우려가 있다고 인정되는 위탁자에 대하여는 차감결제현금 및 차감결제기초자산의 수수시한을 앞당길 수 있다(파생상품시장 업무규정 150조).

다) 기초자산 수수의 책임 　　회원은 거래소로부터 기초자산의 인도에 상당하는 금액을 지급받은 경우에는 그 금액을 위탁자에게 지급함으로써 기초자산의 인도에 갈음할 수 있다(파생상품시장 업무규정 151조).

라) 위탁자의 결제불이행시 조치 　　회원은 i) 위탁자가 차감결제현금 또는 차감결제기초자산을 납부하지 않는 경우에는 선량한 관리자의 주의로써 세칙으로 정하는 바에 따라 해당 위탁자의 미결제약정을 소멸시키게 되는 매도 또는 매수를 하거나 위탁증거금으로 예탁받은 대용증권, 외화 또는 외화증권을 매도할 수 있고, ii) 조치를 한 후에도 부족액이 발생하는 경우에는 해당 위탁자에 대하여 그 부족액을 징수할 수 있고, iii) 위탁자가 납부하지 아니한 결제금액 등에 대하여 연체기간 동안의 연체료를 징수할 수 있고, iv) 결제를 이행하지 아니한 위탁자에게 결제의 불이행으로 인하여 회원이 부담한 손실 및 제반비용을 징수할 수 있다(파생상품시장 업무규정 152조).

4. 시세의 공표

거래소는 전산설비에 의하거나 증권 및 장내파생상품의 시세 등 증권시장과 파생상품시장의 정보를 주로 취급하는 간행물에 게재하는 방법(令 364조①)에 따라 다음과 같은 증권 및 장내파생상품의 시세(다자간매매체결회사가 다자간매매체결업무를 할 때 형성된 시세는 제외)를 공표해야 한다(法 401조).[53]

1. 증권의 매일의 매매거래량 및 그 성립가격과 최고·최저 및 최종가격
2. 장내파생상품의 종목별 매일의 총거래량, 최초·최고·최저 및 최종거래 성립가격 또는 약정수치
3. 대용가격(代用價格)[54]

5. 착오거래의 구제

거래소의 증권시장·파생상품시장에서 회원 또는 위탁자의 착오로 인하여 본래의 의사와 다르게 성립된 거래에 대하여 민법 제109조 착오에 의한 취소 규정에 의하여 거래를 취소할 수 있는지가 문제이다. 착오거래의 취소 인정 여부는 물론 취소의 상대방이 확인되는 경우에 한한다.

그리고 상대방이 표의자의 착오를 알고 이용한 경우에만 착오취소가 가능한데, 이와 관련하여 아래 두 판결을 참고할 만하다.

판례는 선물스프레드 거래의 주문착오사건에서, ① 자본시장법에 따라 거래소가 개설한 금융투자상품시장에서 이루어지는 증권이나 파생상품 거래의 경우 그 거래의 안전과 상대방의 신뢰를 보호할 필요성이 크다고 하더라도 거래소의 업무규정에서 민법 제109조의 적용을 배제하거나 제한하고 있는 등의 특별한 사정이 없는 한 그 거래에 대하여 민법 제109조가 적용되고, ② 다만, 매수주문을 함에 있어서 중대한 과실이 있었다고 하더라도 상대방이 주문자의 착오로 인한 주문임을 충분히 알고 이를 이용한 경우에는 착오를 이유로 이를 취소할 수 있다고 판시하면서 착오취소를 인정하였다.[55]

---

53) 제1호의 성립가격은 매 거래마다 체결되는 가격을 의미한다. 제2호는 제1호와 달리 최초성립가격을 명시적으로 규정한다.

54) 현금에 갈음하여 위탁증거금으로 징수할 수 있는 증권을 대용증권이라 한다(유가증권시장 업무규정 88조①). 대용증권의 대용가격의 산출시기·산출방법, 사정비율 그 밖에 대용증권에 관하여 필요한 사항은 세칙으로 정한다(유가증권시장 업무규정 88조②).

반면에 증권회사가 소프트웨어에 의하여 자동으로 호가가 생성·제출되는 방식으로 옵션거래를 하는 과정에서 소프트웨어에 입력할 변수 중 이자율을 계산하기 위한 설정 값을 잘못 입력하는 바람에 대량의 비정상적인 호가가 제출되었고, 이러한 호가에 따라 거래가 체결되자 증권회사가 거래 상대방과 그의 투자중개업자들에게 착오를 이유로 매매거래를 취소하는 의사표시를 한 사건에서, 대법원은 그 착오가 표의자의 중대한 과실로 인한 것이라고 하더라도 상대방이 표의자의 착오를 알고 이를 이용한 경우에는 표의자가 그 의사표시를 취소할 수 있지만, 단순히 표의자가 제출한 호가가 당시 시장가격에 비추어 이례적이라는 사정만으로 표의자의 착오를 알고 이용하였다고 단정할 수 없다는 이유로 착오에 기하여 매매거래를 취소할 수 없다고 판시하였다.[56]

한편, 현행 「유가증권시장 업무규정」과 「파생상품시장 업무규정」은 대규모 착오매매에 대한 구제의 근거와 방법을 구체적으로 규정하고 있으므로 이러한 규정이 적용되는 경우에는 민법 제109조의 요건과 관계없이 구제가 가능하다.[57]

---

55) [대법원 2014. 11. 27. 선고 2013다49794 판결] "피고로서는 최초에 매매계약이 80원에 체결된 후에는 이 사건 매수주문의 주문가격이 80원인 사실을 확인함으로써 그것이 주문자의 착오로 인한 것임을 충분히 알고 있었고, 이를 이용하여 다른 매도자들보다 먼저 매매계약을 체결하여 시가와의 차액을 얻을 목적으로 단시간 내에 여러 차례 매도주문을 냄으로써이 사건 거래를 성립시켰으므로, 원고가 이 사건 매수주문을 함에 있어서 중대한 과실이 있었다고 하더라도 착오를 이유로 이를 취소할 수 있다"착오가 표의자의 중대한 과실로 인한 것이라고 하더라도 상대방이 표의자의 착오를 알고 이를 이용한 경우에는 표의자가 그 의사표시를 취소할 수 있다는 것은 확립된 판례이다(대법원 2008. 5. 29. 선고 2007다84192 판결, 대법원 2014. 11. 27. 선고 2013다49794 판결). 다만, 이 사건에서의 거래는 복수가격에 의한 개별경쟁방식의 거래인 선물스프레드 거래인데, 단일가격에 의한 개별경쟁거래 방식인 경우에는 착오로 입력된 주문가격이 공표되지 아니하므로 상대방이 표의자의 착오를 알고 이용하였다는 점(악의)이 인정되기 어려울 것이다. 장 개시 전 단일가격에 의한 개별경쟁거래 방식에 의하여 매매계약이 체결되는 주가지수옵션거래에 관한 서울고등법원 2005. 6. 24. 선고 2004나68412 판결에서는 착오주문의 취소가 인정되지 않았다.

56) 대법원 2023. 4. 27. 선고 2017다227264 판결.

57) 「유가증권시장 업무규정」 제28조의2 제1항은 "거래소는 정규시장의 매매거래시간 중 개별경쟁매매의 방법으로 거래된 주권, 외국주식예탁증권, 상장지수집합투자기구 집합투자증권, 상장지수증권, 주식워런트증권 및 수익증권과 관련하여 회원 또는 위탁자의 착오로 인하여 본래의 의사와 다르게 성립된 거래 중 대규모착오매매(결제가 곤란하고 시장에 혼란을 줄 우려가 있다고 인정하는 경우로서 세칙으로 정하는 요건을 충족하는 거래를 말한다. 이하 같다)에 대하여 회원의 신청이 있는 경우에는 이를 구제할 수 있다. 다만, 시장상황의 급변, 그 밖에 시장관리상 필요하다고 인정하는 경우에는 제외한다."라고 규정하고, 「파생상품시장 업무규정」 제81조의2 제1항도 같은 취지를 규정한다(다만, 대량투자자착오거래라는 용어로 규정)

Ⅶ. 시장감시

1. 시장감시위원회

시장감시위원회는 다음 사항 및 이에 부수하는 사항이 포함된 시장감시규정을 제정하고, 이에 따라 업무를 수행한다. 수행한다(法 403조).

1. 시장감시, 이상거래의 심리 및 회원에 대한 감리(지정거래소가 다자간매매체결회사에 관하여 행하는 감시, 이상거래의 심리 또는 거래참가자에 대한 감리를 포함)
2. 증권시장과 파생상품시장 사이의 연계감시(지정거래소가 행하는 거래소시장과 다른 거래소시장 사이 및 거래소시장과 다자간매매체결회사 사이의 연계감시를 포함)[58)]
3. 제1호 및 제2호에 따른 이상거래의 심리, 회원에 대한 감리, 연계감시의 결과에 따른 회원 또는 거래참가자에 대한 징계 또는 관련 임직원에 대한 징계요구의 결정
4. 불공정거래의 예방 등을 위한 활동

2. 시장감시

(1) 용어의 정의

"시장감시"란 시장에서의 증권 또는 장내파생상품의 매매("거래")나 그 주문·호가의 상황 또는 이와 관련된 제보·공시·풍문·보도 등("풍문 등")을 감시 및 분석하는 것을 말한다(시장감시규정 2조②).

(2) 시장감시의 방법과 조치

시장감시위원회는 심리의 수행을 위하여 이상거래혐의종목을 선정하고, 감리의 수행을 위하여 거래소의 업무관련규정 또는 자본시장법 제178조의2를 위반할 우려가 있는 거래를 선정하며, 불공정거래의 예방 등을 위하여 이상거래의 염려가 있는 경우 공시, 풍문, 보도 등을 고려하여 집중적인 감시가 필요한 종목("이상급등종목")을 선정하는 등 시장감시를 한다(시장감시규정 11조①). 이상거래혐의종목은 증권 또는 장내파생상품의 종목의 거래양태, 가격변동, 거래량규모, 시세·거래관여도 및 풍문등의 내용 등을 고려하여 위원회가 정하는 기준에 따라 선정한다(시장감시규정 11조②).

시장감시위원회는 시장감시의 과정에서 거래상황의 급변 또는 풍문등과 관

---

58) "연계감시"란 연계시장감시, 연계심리 및 연계감리를 구분한다(시장감시규정 18조). "연계거래"란 가격 연동성이 있는 2개 이상으로서 증권의 종목 간, 장내파생상품의 종목 간 또는 증권의 종목과 장내파생상품의 종목 간을 연계하는 거래를 말한다(시장감시규정 2조⑨).

련하여 투자자보호를 위하여 필요하다고 인정하는 경우에는 해당 시장에 대하여 다음과 같은 조치를 요구할 수 있다(시장감시규정 12조①).

1. 거래상황 급변과 관련한 공시사항의 유무 또는 풍문등의 사실 여부에 대한 조회
2. 증권의 매매거래정지 또는 장내파생상품의 거래정지
3. 증권의 매매계약체결방법의 변경

3. 이상거래의 심리와 회원의 감리

(1) 심리와 감리

(가) 이상거래의 심리

1) 용어의 정의 "이상거래"란 증권시장(다자간매매체결회사에서 상장주권의 매매가 중개되는 경우를 포함) 또는 파생상품시장에서의 증권의 종목 또는 장내파생상품의 매매 품목("종목")의 가격이나 거래량에 뚜렷한 변동이 있는 거래 등 시행령 제355조의 이상거래를 말한다(시장감시규정 2조①). "심리"란 이상거래의 혐의가 있다고 인정되는 종목("이상거래혐의종목")의 거래나 그 주문 또는 호가 등이 법 제147조, 제172조부터 제174조까지, 제176조, 제178조, 제178조의2, 제180조부터 제180조의3까지를 위반하는 등 불공정거래 행위에 해당하는지 여부를 확인하는 것을 말한다(시장감시규정 2조③). 시장감시위원회는 심리의 수행을 위하여 이상거래혐의종목을 선정하고, 감리의 수행을 위하여 거래소의 업무관련규정을 위반할 우려가 있는 거래를 선정하는 등 시장감시를 한다(시장감시규정 11조①). 이상거래혐의종목은 증권 또는 장내파생상품의 종목의 거래양태, 가격변동, 거래량규모, 시세·거래관여도 및 풍문등의 내용 등을 고려하여 위원회가 정하는 기준에 따라 선정한다(시장감시규정 2조②). 심리는 자본시장법상 불공정거래행위를 대상으로 하고, 감리는 회원사의 거래소의 매매 관련 규정 위반행위를 대상으로 한다.

2) 심리의 구분 시장감시위원회는 다음 구분에 따라 심리를 실시한다(시장감시규정 13조①).

1. 일반심리: 시장감시를 통하여 선정된 이상거래혐의종목에 대하여 실시하는 심리
2. 특별심리: 보도·민원 등의 사유로 처리의 시급을 요하거나 위원회가 필요하다고 인정하는 사항 등에 대하여 실시하는 심리

3) 심리의 방법　　위원회는 심리를 위하여 필요한 경우(「금융실명거래 및 비밀보장에 관한 법률」 제4조 제1항 제7호 나목의 규정에 의한 금융거래정보등의 제공을 요구하는 경우를 포함)에는 회원에 대하여 이상거래 등과 관련된 보고, 사료의 제출 또는 관계자의 출석·진술("자료제출등")을 요청할 수 있다(시장감시규정 14조①). 위원회가 회원에게 자료제출등을 요청하는 경우에는 그 사유, 자료의 종류·제출기한 및 출석일시 등을 기재한 서면으로 해야 한다. 다만, 신속한 자료의 징구 등을 위하여 필요하다고 인정하는 경우에는 시장감시요원(심리를 담당하는 직원에 한한다)이 회원의 본점·지점 그 밖의 영업소를 직접 방문("현지출장")하여 요청할 수 있다(시장감시규정 14조②). 위원회는 심리를 위하여 필요한 경우에는 회원이 아닌 금융투자업자(증권 또는 장내파생상품을 대상으로 금융투자업을 영위하는 투자매매업자 또는 투자중개업자에 한한다)에게 그 사유, 자료의 종류 또는 제출기한 등을 기재한 서면으로 관련자료의 제출을 요청할 수 있다(시장감시규정 14조③).

시장감시위원회는 상장주식 및 선물·옵션의 거래와 관련된 매매 및 호가상황이나 이와 관련된 제보·공시·풍문 및 보도를 감시·조사·분석하여 이상거래 의심종목(계좌)을 적출하고 적출된 종목 등에 대하여 거래소가 정한 기준에 의하여 일정기간 주시를 하여 이상거래의 징후가 발견될 경우 관련부서에 심리를 의뢰한다. 증권 및 선물·옵션 종목의 가격 또는 거래량이 과거 가격 및 거래량을 기초로 한 통계모델에 의하여 만들어진 매매적출 기준을 벗어나 상승(하락) 또는 증가할 경우 이상거래 의심종목(계좌)으로 적출된다. 이상거래 의심종목(계좌)으로 적출될 경우 일정기간 주가·거래량 또는 매매거래양태 등을 주시하여 매매 및 호가상황 등을 분석하고 그 집중성, 반복성 등을 조사한다. 이상거래 의심종목(계좌)으로 적출되어 일정기간 동안의 매매거래상황 등을 주시한 결과 매매 및 호가 양태가 불공정매매로 의심된 종목(계좌) 등에 대하여 심리담당부서에 추적조사를 의뢰한다.

시장감시시스템은 유가증권시장과 코스닥시장의 주식감리시스템, 지수선물·옵션감리시스템, 파생상품감리시스템, 현선연계 시장감시시스템으로 구성되어 있다.

(나) 회원의 감리

1) 용어의 정의　　"감리"란 회원이 거래소의 업무관련규정을 준수하는지

또는 법 제178조의2를 위반하는지를 확인하기 위하여 그와 관련된 회원의 업무·재산상황·장부·서류, 그 밖의 물건을 조사하는 것을 말한다(시장감시규정 2조④).

2) 감리의 구분 시장감시위원회는 다음 구분에 따라 심리를 실시한다(시장감시규정 16조①).

1. 정기감리: 위원회가 감리계획에 따라 정기적으로 실시하는 감리
2. 수시감리: 위원회가 필요하다고 인정하여 수시로 실시하는 감리

3) 감리의 방법 위원회는 제1항의 규정에 의한 감리를 위하여 필요하다고 인정하는 경우에는 회원에게 자료제출등을 요청하거나 회원이 자체적으로 조사를 실시하고 그 결과를 위원회에 통보하도록 요구할 수 있다(시장감시규정 17조②). 실지감리를 실시하는 경우에는 시장감시요원은 위원회가 발부한 감리명령서와 감리증표를 휴대하고 이를 관계자에게 제시해야 한다(시장감시규정 17조③).

㈐ 심리 · 감리 결과의 조치

시장감시요원이 심리·감리를 종료한 때에는 그 결과를 위원회에 서면으로 보고해야 한다(시장감시규정 20조①). 위원회는 심리·감리의 결과 법에 위반한 혐의를 알게 된 경우에는 금융위원회에 통보해야 한다. 이 경우 금융위원회에의 통보는 위원회의 징계등에 영향을 미치지 아니한다(시장감시규정 20조②). 위원회는 심리·감리의 결과 이 규정외의 거래소의 업무관련규정을 위반한 사실을 알게 된 때에는 이를 해당 시장에 통보한다(시장감시규정 20조③).

⑵ 거래소의 권한

거래소는 다음과 같은 경우 금융투자업자(증권 또는 장내파생상품을 대상으로 금융투자업을 영위하는 투자매매업자·투자중개업자에 한한다)에게 그 사유를 밝힌 서면으로 관련 자료의 제출을 요청하거나, 회원에 대하여 그와 관련된 업무·재산상황·장부·서류, 그 밖의 물건을 감리할 수 있다(法 404조①).

1. 거래소시장에서 이상거래의 혐의가 있다고 인정되는 해당 증권의 종목 또는 장내파생상품 매매 품목의 거래상황을 파악하기 위한 경우
2. 회원이 거래소의 업무관련규정을 준수하는지를 확인하기 위한 경우
3. 회원이 시장질서 교란행위 금지의무(法 178조의2)를 위반하는지를 확인하기 위한 경우

거래소는 심리 또는 감리를 위하여 필요한 경우에는 회원에 대하여 이상거래 또는 업무관련규정 위반혐의와 관련된 보고, 자료의 제출 또는 관계자의 출석·진술을 요청할 수 있고, 지정거래소는 다른 거래소 또는 다자간매매체결회사에 대하여 이상거래의 심리 및 감리와 관련한 정보의 제공 또는 교환을 요구할 수 있다(法 404조②). 요청 또는 요구를 거부하거나 감리에 협조하지 않는 경우 시장감시규정이 정하는 바에 따라 회원의 자격을 정지하거나 증권 및 장내파생상품의 매매거래를 제한할 수 있고, 지정거래소는 다른 거래소 또는 다자간매매체결회사에 대하여 회원 또는 거래참가자의 자격을 정지하거나 거래를 제한할 것을 요구할 수 있다(法 404조③).

Ⅷ. 분쟁조정

1. 시장감시위원회의 분쟁조정

시장감시위원회는 분쟁의 자율조정을 위하여 필요한 분쟁조정규정을 정하고(法 405조①), 분쟁조정을 위하여 필요하다고 인정되는 경우에는 당사자에 대하여 사실의 확인 또는 자료의 제출 등을 요구할 수 있으며(法 405조②), 당사자, 그 밖의 이해관계인의 의견을 들을 필요가 있다고 인정되는 경우에는 이들에게 회의에 출석하여 의견을 진술할 것을 요청할 수 있다(法 405조③).

2. 분쟁조정절차

신청인이 한국거래소의 분쟁조정센터에 조정신청을 하면 회원사로부터 자료를 제출받아 사실조사를 한 후, 회원사의 배상책임이 인정되면 먼저 쌍방에 대하여 합의를 권고하고 합의권고가 수용되지 않는 경우에는 분쟁조정심의위원회의 심의를 거쳐서 시장감시위원회가 조정결정을 한다. 쌍방이 조정결정을 수락하면 민법상 화해의 효력이 발생한다.

3. 금융감독원 금융분쟁조정위원회

「금융위원회의 설치 등에 관한 법률」 제38조 각 호의 기관("조정대상기관"), 금융소비자 및 그 밖의 이해관계인 사이에 발생하는 금융 관련 분쟁의 조정에 관한 사항을 심의·의결하기 위하여 금융감독원에 금융분쟁조정위원회를 둔다(同

法 33조①). 조정대상기관, 금융소비자 및 그 밖의 이해관계인은 금융과 관련하여 분쟁이 있을 때에는 금융감독원장에게 분쟁조정을 신청할 수 있다(同法 36조①).

Ⅸ. 소유규제

1. 주식소유의 제한

(1) 소유한도와 예외

누구든지 다음과 같은 경우 외에는 거래소의 의결권 있는 발행주식총수의 5%를 초과하여 거래소가 발행한 주식을 소유할 수 없다(法 406조①).

1. 집합투자기구가 소유하는 경우(사모집합투자기구가 소유하는 경우는 제외)
2. 외국거래소(외국법령에 따라 외국에서 거래소에 상당하는 기능을 수행하는 자)와의 제휴를 위하여 필요한 경우로서 금융위원회가 자본시장의 효율성과 건전성에 기여할 가능성, 해당 거래소 주주의 보유지분 분포 등을 고려하여 구체적인 보유한도를 정하여 승인한 경우
3. 정부가 소유하는 경우
4. 그 밖에 거래소의 공정한 운영을 해할 우려가 없는 경우로서 대통령령으로 정하는 경우

(2) 주식소유의 간주

다음과 같은 경우에는 제한되는 주식의 소유로 본다(法 406조②).

1. 신탁계약, 그 밖의 계약 또는 법률의 규정에 따라 그 주식에 대한 의결권을 행사할 수 있는 권한 또는 그 의결권의 행사를 지시할 수 있는 권한을 가지는 경우
2. 대통령령으로 정하는 특수관계에 있는 자가 주식을 소유하는 경우[59)]
3. 그 밖에 제1호 및 제2호에 준하는 경우로서 대통령령으로 정하는 경우[60)]

---

59) "대통령령으로 정하는 특수관계에 있는 자"란 특수관계인 및 제141조 제2항에 따른 공동보유자를 말한다. 이 경우 특수관계인인지에 관하여는 제141조 제3항을 준용한다(슈 366조①). 따라서 공개매수와 관련된 특별관계자(특수관계인과 공동보유자)의 범위와 동일하다.

60) "대통령령으로 정하는 경우"란 특수관계인 및 제142조 각 호(제3는 제외)의 어느 하나에 해당하는 경우를 말한다(슈 366조②). 따라서 공개매수와 관련된 "소유에 준하는 보유" 개념에서 제3호인 "법률의 규정이나 금전의 신탁계약·담보계약, 그 밖의 계약에 따라 해당 주식 등의 의결권(의결권의 행사를 지시할 수 있는 권한을 포함)을 가지는 경우"를 제외한 나머지 경우들을 의미한다.

(3) 위반에 대한 제재

주식소유의 제한 규정을 위반하여 주식을 소유하는 경우 그 초과분에 대하여는 의결권을 행사할 수 없으며, 소유한도를 위반하여 주식을 소유한 자는 지체 없이 소유한도에 적합하도록 해야 한다(法 406조③). 금융위원회는 6개월 이내의 기한을 정하여 그 한도를 초과하는 주식을 처분할 것을 명할 수 있다(法 406조④).

2. 이행강제금

금융위원회는 제406조 제4항에 따른 주식처분명령 또는 제426조의3 제7항 제1호에 따른 금융투자상품의 처분명령을 받은 후 그 기한 이내에 그 처분명령을 이행하지 아니한 자에 대하여는 다시 상당한 이행 기한을 정하여 그 주식 또는 금융투자상품을 처분할 것을 명하고, 그 기한까지 처분명령을 이행하지 않는 경우에는 그 처분하여야 하는 주식 또는 금융투자상품의 취득가액의 5%를 초과하지 않는 범위에서 이행강제금을 부과한다(法 407조①). 금융위원회는 이행강제금을 부과하기 전에 이행강제금을 부과·징수한다는 뜻을 미리 문서로써 통지하여야 하고(法 407조②), 이행강제금을 부과하는 경우에는 이행강제금의 금액, 이행강제금의 부과사유, 이행강제금의 납부기한 및 수납기간, 이의제기방법 및 이의제기기관 등을 밝힌 문서로써 해야 한다(法 407조③). 금융위원회는 처분명령을 한 날을 기준으로 하여 1년에 2회 이내의 범위에서 그 처분명령이 이행될 때까지 반복하여 이행강제금을 부과·징수할 수 있다(法 407조④). 금융위원회는 처분명령을 받은 자가 처분명령을 이행한 경우에는 새로운 이행강제금의 부과를 중지하되, 이미 부과된 이행강제금은 징수해야 한다(法 407조⑤). 과징금의 부과 및 징수에 관한 제430조(제2항 제외)부터 제434조까지의 규정은 이행강제금의 부과 및 징수에 관하여 준용한다(法 407조⑥).

3. 영업양도 등의 승인

거래소는 영업양도, 합병, 분할, 분할합병 또는 주식의 포괄적 교환·이전을 하고자 하는 경우에는 금융위원회의 승인을 받아야 한다(法 408조).

4. 거래소 증권의 상장 및 상장폐지의 승인

거래소는 자기가 발행한 증권을 상장하거나 상장을 폐지하고자 하는 경우에는 금융위원회의 승인을 받아야 한다(法 409조①). 거래소는 상장한 경우에는 이상거래의 심리, 회원의 감리, 수시공시, 그 밖의 상장관리 등을 자체적으로 수행하고 그 결과를 금융위원회에 보고해야 한다(法 409조②).

X. 감　　독

1. 보고와 검사

금융위원회는 투자자 보호 또는 건전한 거래질서를 위하여 필요하다고 인정되는 경우에는 거래소에 대하여 그 업무 및 재산에 관한 보고 또는 참고가 될 자료의 제출을 명하고, 금융감독원장에게 그 업무·재산상황·장부·서류, 그 밖의 물건을 검사하게 할 수 있다(法 410조①). 검사를 하는 자는 그 권한을 표시하는 증표를 지니고 관계인에게 내보여야 한다(法 410조②). 금융감독원장은 검사를 한 경우에는 그 결과를 금융위원회에 보고해야 한다. 이 경우 자본시장법 또는 자본시장법에 따른 명령이나 처분을 위반한 사실이 있는 때에는 그 처리에 관한 의견서를 첨부해야 한다(法 410조③).

2. 금융위원회의 조치

(1) 거래소허가취소

금융위원회는 거래소가 다음과 같은 경우에는 거래소허가를 취소할 수 있다(法 411조①).

1. 거짓, 그 밖의 부정한 방법으로 거래소허가를 받은 경우
2. 허가조건을 위반한 경우
3. 거래소허가요건 유지의무를 위반한 경우
4. 업무의 정지기간 중에 업무를 한 경우
5. 금융위원회의 시정명령 또는 중지명령을 이행하지 아니한 경우
6. 별표 14 각 호의 어느 하나에 해당하는 경우로서 대통령령으로 정하는 경우(令 367조①)

7. 대통령령으로 정하는 금융관련 법령(令 367조②) 등을 위반한 경우로서 대통령령으로 정하는 경우(令 367조③: 令 373조③)
8. 그 밖에 투자자의 이익을 현저히 해할 우려가 있거나 해당 업무를 영위하기 곤란하다고 인정되는 경우로서 대통령령으로 정하는 경우(令 367조④)

(2) 거래소·임직원에 대한 조치

금융위원회는 거래소, 임원, 직원이 위 거래소허가취소사유(제6호는 제외)에 해당하거나 별표 14 각 호의 어느 하나에 해당하는 경우, 거래소에 대하여는 업무정지 등, 임원에 대하여는 해임요구 등, 직원에 대하여는 면직요구 등의 조치를 할 수 있다(法 411조).[61] 금융투자업자의 임원에 관한 제422조 제3항(감독자 책임), 제423조(청문, 제1호는 제외), 제424조[처분 등의 기록 및 공시, 제2항(관보 및 인터넷 홈페이지 등에 공고)은 제외] 및 제425조(이의신청)는 거래소 및 그 임직원에 대한 조치 등에 관하여 준용한다(法 411조⑤).

3. 거래소 규정의 승인

거래소는 회원관리규정·증권시장 업무규정·파생상품시장 업무규정·상장규정·공시규정·시장감시규정·분쟁조정규정, 그 밖의 업무에 관한 규정을 제정·변경하거나 폐지하고자 하는 경우에는 금융위원회의 승인을 받아야 한다(法 412조①).

4. 긴급사태시의 처분

금융위원회는 천재지변, 전시, 사변, 경제사정의 급격한 변동, 그 밖에 이에 준하는 사태의 발생으로 인하여 매매거래가 정상적으로 이루어질 수 없다고 인정되는 경우에는 거래소에 대하여 개장시간의 변경, 거래의 중단 또는 시장의 휴장을 명하거나, 그 밖에 필요한 조치를 할 수 있다(法 413조).[62]

---

61) 금융위원회의 금융투자상품거래청산회사, 임원, 직원에 대한 조치의 내용은 금융투자협회의 경우(法 293조①,②,③)와 같다.

62) 조치사례로는, 1950년대 국채파동시 매매에 대한 취소명령이 있었고, 1962년 증권파동 및 화폐개혁시 각각 1일, 한달 간 휴장조치가 있었으며, 1963년 대증주 폭락사태시 70여일간 휴장한바 있다. 개장시간 연기는 1993년 금융실명제실시와 2001년 미국의 911사태시 있었다. 긴급사태와 관련하여 금융위원장은 내우·외환·천재·지변 또는 중대한 금융경제상의 위기에 있어서 긴급조치가 필요한 경우로서 금융위원회를 소집할 시간적 여유가 없을 때에는 금융위원회의 권한범위 안에서 필요한 조치를 취할 수 있다(金設法 14조①).

5. 시장효율화위원회

증권시장 및 파생상품시장의 거래비용 절감과 관련한 사항에 대한 심의를 위하여 금융위원회에 시장효율화위원회를 설치한다(法 414조①). 자본시장법에 따라 설립된 기관, 그 밖에 대통령령으로 정하는 기관[63]이 수수료 등을 변경하거나 대통령령으로 정하는 금액 이상으로 전산에 대한 투자를 하고자 하는 경우에는 시장효율화위원회의 심의를 거쳐야 한다(法 414조②).

6. 외국거래소와의 정보교환

거래소는 외국거래소와 정보교환을 할 수 있다. 이 경우 거래소는 미리 금융위원회와 협의해야 한다. 다만, 일반인에게 공개된 정보를 교환하는 경우, 그 밖에 대통령령으로 정하는 경우[64]에는 금융위원회와 협의를 하지 아니할 수 있다(法 437조④).[65] 거래소가 외국거래소와 정보교환을 하는 경우에는 금융위원회의 외국금융투자감독기관과의 정보교환에 관한 제437조 제2항을 준용한다. 이 경우 제2항 중 "금융위원회"를 각각 "거래소"로 보며, "외국금융투자감독기관"을 각각 "외국거래소"로, "조사 또는 검사"는 각각 "심리 또는 감리"로 본다(法 437조⑤).[66]

---

63) "대통령령으로 정하는 기관"이란 다음 각 호의 기관을 말한다(令 368조①).
1. 한국거래소
2. 증권시장 또는 파생상품시장을 운영하기 위한 전산시스템의 개발·운영 등을 한국거래소로부터 위탁받은 법인으로서 한국거래소가 출자한 법인
3. 전자등록기관

64) "대통령령으로 정하는 경우"는 다음과 같다(令 386조).
1. 증권시장·파생상품시장의 제도와 현황 등에 관한 일상적인 정보를 교환하는 경우
2. 거래소가 자본시장법 및 동법 시행령, 그 밖의 관련 법령이나 규정 등에 따라 취득한 기록, 그 밖의 정보 등으로서 그 공시가 의무화되어 있는 경우
3. 거래소가 자본시장법 및 동법 시행령, 그 밖의 관련 법령이나 규정 등에 따라 취한 조치 결과에 관한 정보를 교환하는 경우
4. 미리 금융위원회와 협의하여 교환한 정보와 같거나 비슷한 정보를 교환하는 경우

65) 금융실명법은 금융실명법 적용대상인 정보교환의 경우 사전에 금융위원회의 승인을 얻도록 규정하고 예외사유도 인정하지 않는다(同法 4조① 7 나목 단서). 금융실명법은 다른 법률과 저촉될 경우 우선 적용되므로(同法 9조①) 금융위원회의 사전승인을 받아야 한다. 그러나 금융실명법 적용대상이 아닌 정보의 교환에 대하여는 이러한 제한이 적용되지 않고 자본시장법에 따라 금융위원회와 협의하면 된다.

66) 따라서 거래소에는 다음과 같은 규정이 적용된다. "거래소는 외국거래소가 자본시장법 또는 자본시장법에 상응하는 외국의 법령을 위반한 행위에 대하여 목적·범위 등을 밝혀 자본시장법에서 정하는 방법에 따른 심리 또는 감리를 요청하는 경우 이에 협조할 수 있다. 이 경우 금융위원회는 상호주의원칙에 따라 심리 또는 감리자료를 외국거래소에 제공하거나 이

제 3 절 다자간매매체결회사

Ⅰ. 의 의

"다자간매매체결회사(ATS)"란 정보통신망이나 전자정보처리장치를 이용하여 동시에 다수의 자를 거래상대방 또는 각 당사자로 하여 증권시장에 상장된 주권, 그 밖에 대통령령으로 정하는 증권("매매체결대상상품")의 매매 또는 그 중개·주선이나 대리 업무("다자간매매체결업무")를 하는 투자매매업자·투자중개업자를 말한다(法 제8조의2⑤).[67][68]

Ⅱ. 업 무

1. 매매체결대상상품과 매매가격결정방법

(1) 매매체결대상상품

㈎ 포함대상

다자간매매체결회사에서 매매체결이 가능한 상품은 증권시장에 상장된 주권, 그 밖에 대통령령으로 정하는 증권이다(法 제8조의2⑤). 규정상 "증권"만 매매체결대상상품에 포함되고 장내파생상품은 포함되지 않는다.

"대통령령으로 정하는 증권"이란 다음과 같은 것을 말한다(令 7조의2①).[69]

를 제공받을 수 있다."

67) 다자간매매체결회사의 업무인가단위의 코드는, 금융투자업이 투자매매업인 경우에는 1a-1-2, 투자중개업자인 경우에는 2a-1-2이다(시행령 별표 1).

68) 2001년 3월 증권거래법 개정에 의하여 ECN이 도입된 후 증권회사들의 공동출자에 의하여 전자장외증권중개회사(한국ECN증권)가 출범하였으나, 2005년 5월말까지 운영되다가 해산하였다. 개정 전 자본시장법은 제386조 제2항의 유사시설금지원칙의 예외로서, 제78조에서 정보통신망이나 전자정보처리장치를 이용하여 동시에 다수의 자를 각 당사자로 하여 증권시장에서 공표된 해당 상장주권의 최종가격이나 단일한 가격으로서 총리령이 정하는 방법에 따라 정하여지는 가격으로 하는 상장주권 매매의 중개업무를 전자증권중개업무라 하고, 이러한 전자증권중개업무를 하는 투자중개업자를 전자증권중개회사라고 규정하였으나, 2013년 개정법은 실제로는 운영되지 않는 전자증권중개회사제도를 폐지하고 다자간매매체결회사제도를 도입하기 위하여 제78조를 다자간매매체결회사에 관한 특례규정으로 변경하였다. 현재 넥스트레이드 주식회사가 2023년 7월 다자간매매체결회사 예비인가를 받고 2025년 초부터 업무 개시를 위하여 준비중이다.

1. 주권과 관련된 증권예탁증권으로서 증권시장에 상장된 것
2. 그 밖에 공정한 가격 형성 및 거래의 효율성 등을 고려하여 총리령으로 정하는 증권

(나) 제외대상

다자간매매체결회사에 대한 자본시장법상 업무기준(法 제78조①, 令 78조①1)에 따르면 다음 증권은 매매체결대상상품에서 제외된다.

1. 거래소가 증권상장규정(法 390조)에 따라 관리종목 또는 이에 준하는 종목으로 지정한 매매체결대상상품
2. 의결권이 없는 상장주권
3. 그 밖에 매매거래계약의 체결실적이 낮은 매매체결대상상품 등 투자자 보호와 거래의 특성 등을 고려하여 금융위원회가 정하여 고시하는 매매체결대상상품

(2) 매매가격결정방법

다자간매매체결회사의 매매체결대상상품에 대한 매매가격은 다음 방법으로 결정한다(法 제8조의2⑤).[70)]

1. 경쟁매매의 방법(매매체결대상상품의 거래량이 대통령령으로 정하는 기준을 넘지 않는 경우로 한정한다)[71)]

---

69) 따라서 당분간은 상장주권과 주권관련예탁증권이 다자간매매체결회사에서의 매매가능상품이다.

70) 제1호의 경쟁매매방법은 매도인과 매수인의 매매주문을 경쟁적으로 대응시켜 거래를 성립시키는 방법으로서, 가격발견기능이 가능한 주문주도형(order－driven) 거래시스템의 허용을 의미한다. 매매체결대상상품의 거래량이 대통령령으로 정하는 기준을 넘지 않는 경우로 한정한 이유는 거래규모가 클수록 투자자 보호의 필요성이 커지기 때문에 거래규모가 큰 다자간매매체결회사는 거래소로 전환하도록 유도하기 위한 것이다. 제2호의 방법은 과거 종가로 매매를 체결하던 한국ECN증권의 매매가격결정방법인데 외부에서 형성된 매매가격을 이용하는 것이므로 자체적인 가격발견기능은 없다. 제3호의 방법은 금융투자협회의 호가중개시장의 매매체결방법과 유사한 방법이다.

71) "대통령령으로 정하는 기준을 넘지 아니하는 경우"란 다음 각 호의 요건을 모두 충족하는 경우를 말한다(令 7조의3②).
   1. 매월의 말일을 기준으로 법 제4조 제2항에 따른 증권의 구분별로 과거 6개월간 해당 다자간매매체결회사의 경쟁매매의 방법을 통한 매매체결대상상품(법 제8조의2 제5항 각 호 외의 부분에 따른 매매체결대상상품을 말한다.)의 평균거래량(매매가 체결된 매매체결대상상품의 총수량을 매매가 이루어진 일수로 나눈 것을 말한다. 이하 이 항 및 제78조에서 같다)이 같은 기간 중 증권시장에서의 매매체결대상상품의 평균거래량의 15% 이하일 것
   2. 매월의 말일을 기준으로 과거 6개월간 해당 다자간매매체결회사의 경쟁매매의 방법을

2. 매매체결대상상품이 상장증권인 경우 해당 거래소가 개설하는 증권시장에서 형성된 매매가격을 이용하는 방법
3. 그 밖에 공정한 매매가격 형성과 매매체결의 안정성 및 효율성 등을 확보할 수 있는 방법으로서 대통령령으로 정하는 방법(令 7조의2③: 매매체결대상상품의 종목별로 매도자와 매수자 간의 호가가 일치하는 경우 그 가격으로 매매거래를 체결하는 방법)

2. 업무기준과 업무규정

(1) 업무기준

다자간매매체결회사는 다자간매매체결업무를 함에 있어서 다음 사항에 대하여 대통령령으로 정하는 업무기준을 준수해야 한다(法 78조①).[72)]

통한 종목별 매매체결대상상품의 평균거래량이 같은 기간 중 증권시장에서의 그 종목별 매매체결대상상품의 평균거래량의 30% 이하일 것

72) "대통령령으로 정하는 업무기준"이란 다음과 같은 기준을 말한다(令 78조①).
1. 다음 각 목의 어느 하나에 해당하는 매매체결대상상품에 대하여는 다자간매매체결업무를 영위하지 아니할 것
   가. 거래소가 증권상장규정(法 390조)에 따라 관리종목 또는 이에 준하는 종목으로 지정한 매매체결대상상품
   나. 의결권이 없는 상장주권
   다. 그 밖에 매매거래계약의 체결실적이 낮은 매매체결대상상품 등 투자자 보호와 거래의 특성 등을 고려하여 금융위원회가 정하여 고시하는 매매체결대상상품
2. 거래참가자(다자간매매체결회사에서의 거래에 참가하는 자)는 매매체결대상상품에 관한 투자매매업자 또는 투자중개업자로 할 것
3. 거래소가 매매체결대상상품의 거래를 정지하거나 그 정지를 해제하였을 때에는 해당 매매체결대상상품의 거래를 정지하거나 그 정지를 해제할 것
4. 매수하거나 매도하려는 호가·수량의 공개기준 및 매매체결의 원칙과 방법 등을 정할 것. 이 경우 매매체결대상상품의 가격의 변동에 관한 제한의 범위는 그 매매체결대상상품을 상장한 거래소의 기준에 따라야 한다.
5. 청산기관으로 지정된 거래소의 증권시장 업무규정에서 정하는 바에 따라 매매확인, 채무인수, 차감 및 결제불이행에 따른 처리 등 청산에 관한 사항을 정할 것. 이 경우 매매거래에 따른 청산업무를 위하여 관련 내역을 거래소에 제공하는 절차 및 방법을 포함해야 한다.
6. 전자등록기관의 결제업무규정에서 정하는 바에 따라 증권의 인도와 대금의 지급 등 결제에 관한 사항을 정할 것
7. 지정거래소의 증권시장 업무규정에 따라 수탁을 거부하여야 하는 사항 등 수탁에 관한 사항을 정할 것
8. 종목별 매일의 가격과 거래량을 공표할 것
9. 다자간매매체결업무를 정지하는 기간과 그 사유 및 중단하는 날을 정할 것
10. 지정거래소의 시장감시규정에서 정하는 바에 따라 자본시장법 제78조 제3항 각 호의 사항을 지정거래소에 제공하는 절차 및 방법 등을 정할 것
11. 자본시장법 제8조의2 제5항 제1호에 따른 경쟁매매의 방법을 사용할 경우 매매체결대

1. 매매체결대상상품 및 다자간매매체결회사에서의 거래참가자에 관한 사항(令 78조①1,2)
2. 매매체결대상상품의 매매정지 및 그 해제에 관한 사항(令 78조①3)
3. 매매확인 등 매매계약의 체결에 관한 사항과 채무인수·차감 및 결제방법·결제책임 등 청산·결제에 관한 사항(令 78조①4,5,6)
4. 증거금 등 거래참가자의 매매수탁에 관한 사항(令 78조①7)
5. 매매체결대상상품의 발행인 등의 신고·공시에 관한 사항(시행령에 별도의 규정이 없다)
6. 매매결과의 공표 및 보고에 관한 사항(令 78조①8)[73)]
7. 다자간매매체결업무의 개폐·정지 및 중단에 관한 사항(令 78조①9)
8. 그 밖에 다자간매매체결업무의 수행과 관련하여 필요한 사항(令 78조①10,11,12)

(2) 업무규정

다자간매매체결회사는 시행령이 정하는 업무기준 사항이 포함된 업무규정을 정하여야 하고(令 78조②), 업무규정을 정하거나 이를 변경하였을 때에는 금융위원회에 지체 없이 보고하고, 인터넷 홈페이지 등을 이용하여 공시해야 한다(令 78조③). 금융위원회는 시장의 공정한 가격형성 및 투자자 보호 등을 위하여 필요한 경우 해당 다자간매매체결회사에 대하여 업무규정의 변경을 요구할 수 있다(令 78조④).

3. 거래규모와 규제차별

다자간매매체결회사(경쟁매매의 방법에 따라 매매가격을 결정하는 다자간매매체결회사는 제외)는 매매체결대상상품의 거래량이 대통령령으로 정하는 기준을 넘는 경우에는 투자자 보호 및 매매체결의 안정성 확보 등을 위하여 대통령령으로 정하는 조치를 해야 한다(法 제78조⑦). 경쟁매매의 방법에 따라 매매가격을 결정하는 다자간매매체결회사는 추가적인 조치를 취할 필요가 없으므로 제외하는 것이다.

상상품의 평균거래량이 제7조의2 제2항 각 호의 요건에 적합하도록 다자간매매체결업무를 영위하는 기준과 방법을 정할 것

12. 그 밖에 투자자 보호 및 다자간매매체결업무의 공정성 확보 등을 위하여 금융위원회가 정하여 고시하는 사항을 준수할 것

73) 시행령 제78조 제1항 제8호의 "종목별 매일의 가격과 거래량을 공표할 것"은 투자매매업자·투자중개업자의 최선집행의무(法 68조)의 이행을 위한 것이다.

"대통령령으로 정하는 기준을 넘는 경우"란 매매체결대상상품의 거래량이 다음과 같은 경우를 말한다(令 78조⑦).

1. 매월의 말일을 기준으로 자본시장법 제4조 제2항에 따른 증권의 구분별로 과거 6개월간 해당 다자간매매체결회사의 매매체결대상상품의 평균거래량이 같은 기간 중 증권시장에서의 매매체결대상상품의 평균거래량의 5%를 초과하는 경우
2. 매월의 말일을 기준으로 과거 6개월간 해당 다자간매매체결회사의 종목별 매매체결대상상품의 평균거래량이 같은 기간 중 증권시장에서의 그 종목별 매매체결대상상품의 평균거래량의 10%를 초과하는 경우

"대통령령으로 정하는 조치"는 다음과 같은 조치를 말한다(令 78조⑧).

1. 다자간매매체결회사의 사업계획 및 이해상충방지체계 등이 투자자 보호와 거래의 공정성 확보에 적합하도록 하는 조치
2. 다자간매매체결업무를 안정적으로 영위하기 위하여 필요한 인력과 전산설비 등 물적 설비를 갖추도록 하는 조치

4. 청산 및 결제

자본시장법 부칙 제15조 제3항은 금융위원회가 "한국거래소"를, ⅰ) 제378조 제1항의 개정규정("증권시장 및 파생상품시장에서의 매매거래(다자간매매체결회사에서의 거래를 포함한다)에 따른 매매확인, 채무인수, 차감, 결제증권·결제품목·결제금액의 확정, 결제이행보증, 결제불이행에 따른 처리 및 결제지시업무는 금융투자상품거래청산회사에 관한 제323조의2 및 제323조의3에도 불구하고 청산기관으로서 금융위원회가 지정하는 거래소가 수행한다")에 따른 청산기관, ⅱ) 제378조 제2항의 개정규정("파생상품시장에서의 품목인도 및 대금지급업무는 결제기관으로서 금융위원회가 지정하는 거래소가 수행한다")에 따른 결제기관으로 지정한 것으로 본다고 규정한다. 따라서 다자간매매체결회사에서의 거래를 위한 청산업무는 지정거래소인 한국거래소가 수행하고, 파생상품에 관한 결제업무는 지정거래소가 수행한다.

증권인도 및 대금지급 업무는 증권시장에서의 결제기관인 전자등록기관(法 297조)이 수행한다.

Ⅲ. 지정거래소의 감시 · 감리

1. 지정거래소의 감시

지정거래소는 다자간매매체결회사에서의 투자자 보호 및 건전한 거래질서를 위하여 다음 사항을 감시할 수 있다(法 제78조③).[74]

1. 매매체결대상상품의 매매에 관한 청약 또는 주문이나 거래참가자가 다자간매매체결회사에 제출하는 호가의 상황
2. 매매체결대상상품에 관련된 풍문·제보나 보도
3. 매매체결대상상품의 발행인 등에 관한 신고 또는 공시
4. 그 밖에 매매체결대상상품의 가격 형성이나 거래량에 영향을 미치는 상황 또는 요인(令 78조⑤: 매매가격·거래량 및 매매체결의 시간 등 매매체결대상상품의 매매체결에 관한 정보)

2. 지정거래소의 자료제출요청 및 감리

지정거래소는 다음과 같은 경우에는 거래참가자에게 그 사유를 밝힌 서면으로 관련 자료의 제출을 요청하거나, 거래참가자에 대하여 그와 관련된 업무·재산상황·장부·서류, 그 밖의 물건을 감리할 수 있다. 이 경우 제404조 제2항 및 제3항을 준용한다(法 제78조④).[75]

1. 증권 또는 장내파생상품 매매 품목의 가격이나 거래량이 비정상적으로 변동하는 거래 등 대통령령으로 정하는 이상거래의 혐의가 있다고 인정되는 매매체결대상상품의 종목 또는 매매 품목의 거래상황을 파악하기 위한 경우
2. 거래참가자가 제1항에 따른 업무기준을 준수하는지를 확인하기 위한 경우

---

74) 자본시장법 부칙 제15조 제3항은 한국거래소는 제78조 제3항의 개정규정에 따른 지정거래소, 제378조 제1항의 개정규정에 따른 청산기관 및 제378조 제2항의 개정규정에 따른 결제기관으로 지정한 것으로 본다고 규정한다.

75) 거래소는 심리 또는 감리를 위하여 필요한 경우에는 회원에 대하여 이상거래 또는 업무관련규정 위반혐의와 관련된 보고, 자료의 제출 또는 관계자의 출석·진술을 요청할 수 있고, 지정거래소는 다른 거래소 또는 다자간매매체결회사에 대하여 이상거래의 심리 및 감리와 관련한 정보의 제공 또는 교환을 요구할 수 있다(法 404조②). 요청 또는 요구를 거부하거나 감리에 협조하지 않는 경우 시장감시규정이 정하는 바에 따라 회원의 자격을 정지하거나 증권 및 장내파생상품의 매매거래를 제한할 수 있고, 지정거래소는 다른 거래소 또는 다자간매매체결회사에 대하여 회원 또는 거래참가자의 자격을 정지하거나 거래를 제한할 것을 요구할 수 있다(法 404조③).

Ⅳ. 소유규제

누구든지 다자간매매체결회사의 의결권 있는 발행주식총수의 15%를 초과하여 다자간매매체결회사가 발행한 주식을 소유할 수 없다. 이 경우 거래소의 주식 소유제한에 관한 제406조 제2항(주식소유의 간주), 제3항(한도초과시 의결권제한과 초과분 해소), 제4항(금융위원회의 처분명령), 제407조(초과지분 처분명령 위반시 이행강제금의 부과·징수)를 준용한다(法 제78조⑤).[76]

다만, 다음과 같은 경우에는 이러한 한도를 초과하여 주식을 소유할 수 있다(法 제78조⑤ 단서).

1. 집합투자기구가 소유하는 경우(사모집합투자기구가 소유하는 경우는 제외)
2. 정부가 소유하는 경우
3. 그 밖에 대통령령으로 정하는 바에 따라 금융위원회의 승인을 받아 소유하는 경우[77]

Ⅴ. 적용배제규정과 준용규정

다자간매매체결회사는 투자매매업자·투자중개업자로서 금융투자업자 및 투자매매업자·투자중개업자에 대한 행정제재와 형사처벌이 적용되지만, 시장으로서의 특수한 지위를 고려하여 자본시장법 제40조(금융투자업자의 다른 금융업무 영위), 제72조(신용공여), 제73조(매매명세의 통지) 및 제419조 제2항부터 제4항까

---

76) 다자간매매체결회사 주식의 소유제한은 매매체결기능을 수행하는 다자간매매체결회사를 특정 주주가 과도한 지배를 할 수 없도록 하기 위한 것이다. 거래소는 의결권 있는 발행주식총수의 5%를 초과하여 소유할 수 없다는 제한이 있다(法 406조)

77) 다음과 같은 경우에는 금융위원회의 승인을 받아 다자간매매체결회사의 의결권 있는 발행주식총수의 15%를 초과하여 다자간매매체결회사가 발행한 주식을 소유할 수 있다(슈 78조⑥).
1. 외국 다자간매매체결회사(외국 법령에 따라 외국에서 다자간매매체결회사에 상당하는 업무를 하는 자)가 다자간매매체결회사와의 제휴를 위하여 소유하는 경우
2. 다자간매매체결회사의 공정한 운영을 해칠 우려가 없는 경우로서 총리령으로 정하는 금융기관, 금융투자업관계기관 또는 외국 다자간매매체결회사가 다자간매매체결회사의 의결권 있는 발행주식총수의 30%까지 주식을 소유하는 경우
3. 제2호에 따른 금융기관이 공동으로 주식을 소유하는 경우로서 다음과 같은 자의 다자간매매체결회사에 대한 주식보유비율을 초과하여 주식을 소유하는 경우
   가. 외국인투자 촉진법 제2조 제1항 제1호에 따른 외국인
   나. 비금융회사(금융위원회가 정하여 고시하는 금융업이 아닌 업종을 영위하는 회사)

지(한국은행의 금융투자업자에 대한 검사)의 규정은 다자간매매체결회사인 투자매매업자·투자중개업자에게는 적용하지 않는다(法 제78조②). 그리고 거래소에 관한 규정 중 제383조(정보이용금지 등) 제1항·제2항, 제408조(영업양도 등의 승인) 및 제413조(긴급사태시의 처분)는 다자간매매체결회사에 준용한다(法 제78조⑥).

제 2 장

장외시장

제 1 절 협회의 장외매매거래업무

Ⅰ. 호가중개시스템

1. 업무기준

호가중개시스템은 금융투자협회나 종합금융투자사업자가 증권시장에 상장되지 아니한 주권의 장외매매거래에 관한 업무를 수행하는 것을 말한다(令 178조①1).[1]

금융투자협회(종합금융투자사업자도 같음)는 장외매매거래에 관한 업무를 수행하는 경우 다음 업무기준을 준수해야 한다(令 178조①1).[2]

1. 불특정 다수인을 대상으로 협회가 증권시장에 상장되지 않은 주권의 장외매매거래에 관한 업무(法 286조①5)를 수행하거나 종합금융투자사업자가 제77조의6 제1항 제1호에 따라 증권시장에 상장되지 않은 주권의 장외매매거래에 관한 업무를 수행하는 경우: 다음 각 목의 기준에 따를 것
   가. 동시에 다수의 자를 각 당사자로 하여 당사자가 매매하기 위해 제시하는 주권의 종목, 매수하기 위해 제시하는 가격("매수호가") 또는 매도하기 위해 제시하는 가격("매도호가")과 그 수량을 공표할 것

1) 협회는 모든 투자자를 위한 K－OTC 시장과 전문투자자등을 위한 K－OTC PRO 시장을 운영하고, 그 밖에 상장시장이나 K－OTC(Korea Over－The－Counter)시장에서 거래되지 않는 모든 비상장주식의 호가를 게시하는 K－OTCBB(K－OTC Bulletin Board)도 운영한다.

2) 시행령 제178조 제1항 제1호는 K－OTC에 대한 규정이고, 제2호는 K－OTC PRO에 관한 규정이다. K－OTC PRO는 기관투자자와 전문투자자를 대상으로 모든 비상장법인의 주식, 펀드지분의 거래를 위한 장외거래 플랫폼인데, 협상, 입찰, 경매 등 다양한 방법을 통한 거래가 가능하다. 금융투자협회 또는 종합금융투자사업자 외의 자는 증권시장 및 다자간매매체결회사 외에서 이러한 방법으로 주권 매매의 중개업무를 할 수 없다. 금융투자협회 또는 종합금융투자사업자 외의 자는 증권시장 및 다자간매매체결회사 외에서 이러한 방법으로 주권 매매의 중개업무를 할 수 없다(令 178조②).

나. 주권의 종목별로 금융위원회가 정하여 고시하는 단일의 가격 또는 당사자 간의 매도호가와 매수호가가 일치하는 경우에는 그 가격으로 매매거래를 체결시킬 것
다. 매매거래대상 주권의 지정·해제 기준, 매매거래방법, 결제방법 등에 관한 업무기준을 정하여 금융위원회에 보고하고, 이를 일반인이 알 수 있도록 공표할 것
라. 금융위원회가 정하여 고시하는 바에 따라 재무상태·영업실적 또는 자본의 변동 등 발행인의 현황을 공시할 것

2. 소액매출특례

호가중개시장은 증권시장에 포함되지 않으므로 이를 통하여 비상장주권의 매도를 위한 호가 제시는 자본시장법상 매출에 해당한다. 따라서 매도호가가 기준금액인 10억원 이상이면 증권신고서 제출대상이 된다. 그러나 호가중개시스템을 통한 소액매출(매도호가 10억원 미만)로서 다음과 같은 요건을 "모두" 충족하는 경우 형식상 매출에 해당하더라도 신고서를 제출하지 않는 모집·매출시 발행인의 조치의무를 이행한 것으로 본다(슈 137조③).

1. 해당 증권의 매출이 협회를 통한 장외거래(슈 178조) 방법에 의할 것
2. 소액출자자(해당 증권의 발행인과 인수인 제외)가 매출하는 것일 것
3. 해당 증권의 발행인이 다음과 같은 내용을 금융위원회가 정하여 고시하는 방법(증권발행공시규정 2-18조①)에 따라 공시할 것
   가. 발행인에 관한 사항
   나. 발행인의 재무상태와 영업실적에 관한 사항을 기재한 서류

Ⅱ. 전문투자자간 비상장주권 장외매매거래

시행령 제11조 제2항 각 호의 어느 하나에 해당하는 자(전문투자자등)만을 대상으로 협회가 증권시장에 상장되지 아니한 주권의 장외매매거래에 관한 업무(法 286조①5), 증권시장에 상장되지 않은 지분증권(주권을 제외한 지분증권)의 장외매매거래에 관한 업무(슈 307조②5의2)를 수행하는 경우, 1) 매매거래방법 등에 관한 업무기준을 정하여 비상장법인 및 시행령 제11조 제2항 각 호의 어느 하나에 해당하는 자가 알 수 있도록 공표하고 2) 금융위원회가 정하여 고시하는 방법으로 업무를 수행하는 등의 기준에 따라야 한다(슈 178조①2).[3]

---

3) "금융위원회가 정하여 고시하는 방법"이란 다음 각 호의 기준을 말한다(금융투자업규정 5-2조의2①).

제 2 절 장외거래

Ⅰ. 장외거래의 의의

1. 거래소시장 · 다자간매매체결회사 외에서의 거래

장외거래라 함은 거래소시장 또는 다자간매매체결회사 외에서의 (금융투자상품의) 매매, 그 밖의 거래를 말한다(法 166조). 넓은 의미의 장외거래는 금융투자업자를 통하지 않고 거래당사자 간의 합의에 의하여 성립하는 거래(직접거래, 대면거래)도 포함하지만, 이러한 의미의 장외거래에 대하여는 불공정거래 외에는 자본시장법이 특별히 문제되지 않는다. 장외시장에서 증권의 매도인은 투자매매업자 임직원의 투자자보호의무와 유사한 매수인보호의무를 부담하지 않는다는 것이 판례의 입장이다.[4] 물론 투자중개업자 임직원의 장외거래에 관한 부당권유로 투자자에게 손해가 발생한 경우 투자중개업자는 사용자책임을 부담할 가능성이 있다.[5]

2. 단주거래

단주거래, 즉 매매수량 단위 미만의 거래도 장외거래에 의한다. 투자매매업자는 투자자로부터 증권시장의 매매수량 단위 미만의 상장주권(단주, 端株)에 대하여 증권시장 외에서 매매주문을 받은 경우에는 이에 응해야 한다. 다만, 그 투자매매업자가 소유하지 아니한 상장주권에 대하여 매수주문을 받은 경우에는 이에 응하지 아니할 수 있다(令 185조②).[6]

---

1. 시행령 제11조 제2항 각 호의 어느 하나에 해당하는 자 간의 장외매매거래에 관한 업무만을 수행할 것
2. 장외매매거래에 관한 정보를 거래당사자의 동의 또는 정당한 사유 없이 제3자에게 제공하거나 누설하지 아니할 것

4) 대법원 2006. 11. 23. 선고 2004다62955 판결.

5) 대법원 2003. 1. 10. 선고 2000다34426 판결.

6) 단주 장외거래에 관하여는 금융투자업규정 제10장(제5-43조부터 제5-48조까지)에서 상세히 규정한다.

3. 장외거래 방법

거래소시장·다자간매매체결회사 외에서 증권이나 장외파생상품을 매매하는 경우에는 단일의 매도자와 매수자 간에 매매하는 방법으로 해야 한다. 단, 협회를 통한 장외거래(令 178조①)와 채권중개전문회사를 통한 장외거래(令 179조)의 경우는 예외이다(令 177조).[7)]

그 외에 증권시장 및 다자간매매체결회사 외에서의 증권등의 매매와 결제방법, 그 밖에 필요한 사항은 증권등의 종류와 매매, 그 밖의 거래의 형태 등에 따라 금융위원회가 정하여 고시하는 방법에 따른다(令 185조③, 금융투자업규정 5-3조부터 5-9조까지).

Ⅱ. 장외증권거래에 대한 규제

주요 장외거래로는 채권중개전문회사를 통한 장외거래(令 179조), 채권전문자기매매업자를 통한 장외거래(令 180조), 환매조건부매매(令 181조), 증권의 대차거래(令 182조), 기업어음증권의 장외거래(令 183조) 등이 있다. 주식과 채권의 성질을 동시에 가지는 전환사채(CB)와 신주인수권부사채(BW)는 주권과 같이 증권시장에서의 거래가 가능하다. 그 밖에 종합금융투자사업자도 장외거래를 할 수 있다(法 77조의3③2).

1. 채권중개전문회사를 통한 장외거래

채권중개전문회사란 자본시장법 시행령 별표 1 인가업무 단위 중 2i-11-2i의 인가를 받은 투자중개업자를 말한다. 채권중개전문회사가 증권시장 외에서 채무증권 매매의 중개업무를 하는 경우에는 다음과 같은 기준을 준수해야 한다(令 179조).

1. 채무증권 매매의 중개는 매매의 중개대상이 되는 채무증권에 관하여 다음과 같은 자 간의 매매의 중개일 것
   가. 제10조 제2항 제1호부터 제17호까지의 자 및 제10조 제3항 제1호부터 제13호

7) 종합금융투자사업자의 장외거래에 관하여는 [제2편 제4장 제2절 I. 투자매매업자 및 투자중개업자 12. 종합금융투자사업자] 부분에서 상술한다.

까지의 자

나. 「우체국 예금·보험에 관한 법률」에 따른 체신관서

다. 그 밖에 금융위원회가 정하여 고시하는 자

2. 동시에 다수의 자를 각 당사자로 하여 당사자가 매매하고자 제시하는 채무증권의 종목(환매조건부매매의 중개업무를 하는 경우에는 그 매매의 대상인 여러 종목의 채무증권을 하나의 종목으로 볼 수 있다), 매수호가 또는 매도호가와 그 수량을 공표할 것
3. 채무증권의 종목별로 당사자 간의 매도호가와 매수호가가 일치하는 가격으로 매매거래를 체결시킬 것
4. 업무방법 등이 금융위원회가 정하여 고시하는 기준(금융투자업규정 5-10조)을 충족할 것

2. 채권전문자기매매업자를 통한 장외거래

채권전문자기매매업자란 자본시장법 제166조에 따라 채권을 대상으로 하여 투자매매업을 하는 자가 소유하고 있는 채권에 대하여 매도호가(매도수익률호가) 및 매수호가(매수수익률호가)를 동시에 제시하는 방법으로 해당 채권의 거래를 원활하게 하는 역할을 수행하는 자로서 금융위원회가 지정하는 자를 말한다. 채권전문자기매매업자는 다음과 같은 채권에 대하여 투자자의 매매에 관한 청약이 있는 경우에 해당 채권전문자기매매업자가 정한 투자자별 한도 이내에서 이에 응해야 한다(令 180조①).

1. 매도호가와 매수호가를 동시에 제시하는 채권
2. 해당 채권전문자기매매업자가 투자자에게 매도한 채권

채권전문자기매매업자의 지정과 지정취소의 기준, 채권전문자기매매업자의 의무사항, 채권전문자기매매업자에 대한 지원사항, 그 밖에 채권전문자기매매업자에 관하여 필요한 사항은 금융위원회가 정하여 고시한다(令 180조②).[8]

---

8) 투자매매업자등과 일정한 범위의 전문투자자(令 7조④3) 간 채권의 장외거래의 결제는 다음 방법에 따라 채권과 대금을 동시에 결제해야 한다. 다만, 예탁결제원이 따로 정하는 경우에는 그러하지 아니하다(금융투자업규정 5-4조③).

1. 채권은 예탁결제원이 작성·비치하는 예탁자계좌부에서의 계좌 간 대체
2. 대금은 한국은행, 은행, 투자매매업자 또는 투자중개업자를 통한 자금이체

3. 환매조건부매매

(1) 의 의

환매조건부매매(Repurchase Agreement: Repo, RP)란, i) 증권을 일정기간 후에 (원매도가액에 이자 등 상당금액을 합한 가액으로) 환매수할 것을 조건으로 하는 매도(슈 81조①1: "환매조건부매도")와, ii) 증권을 일정기간 후에 (원매수가액에 이자 등 상당금액을 합한 가액으로) 환매도할 것을 조건으로 하는 매수(슈 85조 3호나: "환매조건부매수")를 말한다.[9] 환매조건부매매는 증권의 소유권이 매도인으로부터 매수인에게 이전되고 매도인과 매수인은 동종동량의 증권을 만기에 환매매할 의무를 부담한다. 환매조건부매매의 법적성질에 대하여 부담부소비대차로 보는 견해와 증권의 매매로 보는 견해가 있는데, 대법원은 증권의 매매로 본다.[10]

(2) 준수할 기준

투자매매업자는 일반투자자 등과 환매조건부매매를 하는 경우에는 대상증권과 매매방법에 관한 다음과 같은 기준을 준수해야 한다(슈 181조①).

1. 국채증권, 지방채증권, 특수채증권, 그 밖에 금융위원회가 정하여 고시하는 증권(금융투자업규정 5-18조①)을 대상으로 할 것
2. 금융위원회가 정하여 고시하는 매매가격으로 매매할 것[11]
3. 환매수 또는 환매도하는 날을 정할 것. 이 경우 환매조건부매수를 한 증권을 환매조건부매도하려는 경우에는 해당 환매조건부매도의 환매수를 하는 날은 환매조건부매수의 환매도를 하는 날 이전으로 해야 한다.
4. 환매조건부매도를 한 증권의 보관·교체 등에 관하여 금융위원회가 정하여 고시하는 기준을 따를 것(금융투자업규정 5-21조, 제5-22조①)

---

9) 환매조건부매매는 매매계약과 환매계약이 동시에 이루어지는 거래이다. 대차거래는 증권의 조달을 목적으로 하는 반면, 환매조건부매매는 채권을 담보로 하여 자금의 조달과 운용을 목적으로 한다. 환매거래는 환매조건부거래 특약에 의하여 이루어지는 거래 자체이다. 「채무자회생 및 파산에 관한 법률」 제120조 제3항 제2호의 환매거래는 정확히는 환매조건부거래이다.

10) [대법원 1988. 3. 22. 선고 87누451 판결] "내국법인의 국·공채취득이 환매조건으로 이루어졌고, 매도금액 또한 환매기간에 따른 일정이율에 의하여 계산된 이자를 가산하여 정하였으며, 점유의 이전도 현실의 이전이 아닌 점유개정의 방법으로 이루어졌다 하더라도 당사자 사이에 실질적으로 그 권리를 이전하려는 의사가 존재하는 한 이를 매매로 볼 것이지, 국·공채를 담보로 한 금전소비대차 거래로 볼 것은 아니다"(법인세부과처분취소사건에 대한 판례이다).

11) "금융위원회가 정하여 고시하는 매매가격"이란 매매대상 증권을 공정한 시세로 평가한 가액("시장가액")에서 환매수 또는 환매도의 이행을 담보하기 위하여 제공하거나 제공받는 추가담보상당가액을 차감한 가액을 말한다(금융투자업규정 5-19조).

별표 1의 인가업무 단위 중 11r-1r-1의 인가를 받은 겸영금융투자업자(금융위원회가 정하여 고시하는 자는 제외)는 일반투자자 등을 상대로 환매조건부매수업무를 영위하시 못한다(令 181조②).

시행령 제7조 제4항 제3호 각 목의 어느 하나에 해당하는 자가 상호간에 환매조건부매매를 할 경우 다음 사항을 준수해야 한다(令 181조③).

1. 대상 증권의 매수자는 담보증권의 특성과 매도자의 신용위험을 반영한 최소증거금률(환매조건부매매가액 대비 그 증권의 시장가액의 비율을 말한다)을 설정·적용할 것
2. 대상 증권의 매도자는 금융위원회가 정하여 고시하는 바에 따라 현금성 자산을 보유할 것

시행령 제7조 제4항 제3호 각 목의 어느 하나에 해당하는 자는 다음과 같은 경우에는 금융위원회가 정하여 고시하는 방법에 따라 그 대상증권과 대금을 동시에 결제해야 한다. 다만, 금융위원회가 정하여 고시하는 경우에는 그 대상증권과 대금을 동시에 결제하지 아니할 수 있다(令 181조④).

1. 제7조 제4항 제3호 각 목의 어느 하나에 해당하는 자 상호 간에 투자중개업자를 통하여 환매조건부매매를 한 경우
2. 투자매매업자를 상대방으로 환매조건부매매를 한 경우(신탁업자가 신탁재산으로 환매조건부매매를 한 경우는 제외한다)

(3) 결제방법

일정한 범위의 전문투자자(令 7조④3)는 다음과 같은 경우 금융위원회가 정하여 고시하는 방법에 따라 그 대상증권과 대금을 동시에 결제해야 한다.

1. 일정한 범위의 전문투자자 상호 간에 투자중개업자를 통하여 환매조건부매매를 한 경우
2. 투자매매업자를 상대방으로 환매조건부매매를 한 경우(신탁업자가 신탁재산으로 환매조건부매매를 한 경우는 제외)

다만, 금융위원회가 정하여 고시하는 경우에는 그 대상증권과 대금을 동시에 결제하지 아니할 수 있다(令 181조③ 단서).

4. 증권대차거래

⑴ 증권대차거래의 의의

증권대차거래(securities lending and borrowing)는 대여자(대여자는 은행·자산운용사·보험회사·연기금 등과 같이 일반적으로 증권을 장기보유하는 기관투자자들이다)가 차입자(증권회사·헤지펀드·투자회사 등)에게 증권을 대여하면서 수수료를 받고, 차입자는 일정 기간 경과 후 동종·동량의 증권을 대여자에게 반환하는 거래로서, 그 법적 성질은 (일반적으로는 담보부) 소비대차에 해당한다.[12] 우리나라에서는 1996년 예탁결제원이 대차중개업무를 개시하였다.[13] 대차거래는 증권시장의 유동성을 증대시키는 한편 결제불이행 위험을 방지하는 기능을 하고,[14] 대여자로서는 포트폴리오를 유지하면서 보유 증권을 대여하여 대여수수료를 얻을 수 있고, 차입자로서는 저렴한 비용으로 다양한 투자전략을 실행할 수 있다.

⑵ 대차거래방식과 중개기관

대차거래는 당사자 간의 직접 협상에 의한 직접거래와 중개기관의 중개를 통한 중개거래로 분류된다. 증권의 소유자는 자격에 특별한 제한이 없이 누구나 대여자가 될 수 있지만, 중개거래의 경우 중개기관의 필요에 따라 대차거래의 참가자를 기관투자자로 제한하고 있다. 주요 대여자는 외국인투자자·연기금·집합투자업자·투자매매업자·투자중개업자·은행·보험회사 등인데, 특히 외국인투자자의 비중이 크다. 대차거래의 대상증권은 소비대차의 성질상 대체성 있는 증권, 즉 동종·동량의 증권으로의 교환 가능성이 있는 증권이어야 한다.

증권의 대차거래 또는 그 중개·주선·대리업무를 영위할 수 있는 자는 투자매매업자·투자중개업자, 예탁결제원, 증권금융회사 등이다. 투자매매업자·투자중개업자와 예탁결제원은 주로 주식의 대차거래를, 증권금융은 주로 채권의 대차

12) 증권대차거래의 법률관계에 관한 상세한 내용은, 박철영, "증권대차거래에 관한 법적 고찰", 증권법연구 제10권 제2호, 한국증권법학회(2009), 183면 이하 참조.

13) 신용공여제도 중 증권시장에서의 매매거래를 위하여 개인투자자에게 제공하는 매도증권의 대여인 대주(신용거래대주)는 대차거래와 유사하고 나아가 대차거래의 한 종류라고 볼 수 있지만, 거래의 대상에 있어서 대차거래는 상장주권, 상장채권, 상장지수집합투자기구의 집합투자증권 등을 대상으로 하지만, 대주는 상장주권만 대상으로 하고, 담보에 있어서 대차거래는 증권, 현금, 금융기관 예치금 등을 담보로 하지만 대주는 매도대금을 담보로 한다는 점에서 다르다.

14) 주식 장내거래에서 결제 부족분이 발생하는 경우 해당 참가자는 대차거래를 통해 증권을 빌려 결제함으로써 결제불이행 문제를 해소할 수 있다.

거래를 중개한다. 예탁결제원은 KDR도 거래대상으로 하고 있다.

(3) 중개 등 업무의 기준

투자매매업자·투자중개업자는 증권의 대차거래 또는 그 중개·주선·대리업무를 하는 경우에는 다음과 같은 기준을 준수해야 한다(슈 182조①).

1. 금융위원회가 정하여 고시하는 방법(금융투자업규정 5-25조①)에 따라 차입자로부터 담보를 받을 것. 다만, 증권의 대여자와 차입자가 합의하여 조건을 별도로 정하는 대차거래로서 투자매매업자·투자중개업자가 필요하다고 인정하는 대차거래의 중개[제2항에 따른 대차중개(투자매매업자등이 자기계산으로 특정 당사자로부터 증권을 차입하여 다른 당사자에게 대여하는 형식)는 제외]의 경우에는 담보를 받지 아니할 수 있다.
2. 금융위원회가 정하여 고시하는 방법에 따라 그 대상증권의 인도와 담보의 제공을 동시에 이행할 것(다만, 외국인 간의 대차거래의 경우에는 예외)(금융투자업규정 5-26조①)
3. 증권의 대차거래 내역을 협회를 통하여 당일에 공시할 것

투자매매업자·투자중개업자는 대차중개(금융투자업규정 5-27조①: 투자매매업자 등이 자기계산으로 특정 당사자로부터 증권을 차입하여 다른 당사자에게 대여하는 형식으로 중개하는 것)의 방법으로 대차거래의 중개를 할 수 있다(슈 182조②). 담보비율·관리, 대차거래의 공시방법 등에 관하여 필요한 사항은 금융위원회가 정하여 고시한다(슈 182조③).

투자매매업자·투자중개업자 외의 자로서 법에 따라 설립되거나 인가를 받은 자가 증권의 대차거래 또는 그 중개·주선·대리업무를 하는 경우에는 이상의 규정을 준용한다(슈 182조④).[15)]

(4) 증권 대차거래의 중개 등에 관한 규정

예탁결제원의 "증권 대차거래의 중개 등에 관한 규정"은 대차거래의 종류,[16)]

15) 과거 증권업감독규정은 증권회사의 대차거래중개업무에 관하여 규정하였으나 이러한 규제가 다른 대차거래 중개기관인 예탁결제원과 증권금융에 대하여는 적용되지 않았는데, 자본시장법 시행령 제182조 제4항에 따라 다른 기관도 투자매매업자·투자중개업자와 동일한 규제를 받는다.

16) [증권 대차거래의 중개 등에 관한 규정 제2조(용어의 정의)]
① 이 규정에서 사용하는 용어의 정의는 다음 각 호와 같다.
1. "대차거래"란 예탁결제원의 중개를 통하여 참가자간에 필요한 증권을 대여 또는 차입하는 거래를 말하며, 다음 각 목과 같이 구분한다.
가. 결제거래: 유가증권시장에서의 매매거래에 따른 결제증권의 부족분 보전 등을 목적

대차거래의 대상증권[17] 중개업무 등의 범위, 대차거래의 담보관리, 거래당사자의 채무불이행시의 처리방법 등 증권대차거래에 관하여 필요한 사항을 규정한다.

(5) 차입공매도 목적 대차거래 의무사항

차입공매도를 목적으로 상장증권의 대차거래 계약을 체결한 자는 계약체결 일시, 종목 및 수량 등 대통령령으로 정하는 대차거래정보를 대통령령으로 정하는 방법으로 5년간 보관하여야 한다(法 180조의5①).[18] 이는 공매도에 대한 관리를 보다 엄격히 함으로써 시장의 신뢰성을 제고하기 위한 것이다.

1. 계약체결 일시
2. 계약상대방의 성명(법인인 경우 법인명을 말한다)
3. 계약종목 및 계약수량
4. 결제일
5. 상장증권의 대차기간 및 대차수수료율
6. 그 밖에 제1호부터 제5호까지의 거래정보에 준하는 것으로서 금융위원회가 정하여 고시하는 거래정보

으로 이루어지는 대차거래
나. 경쟁거래: 대차수수료율의 호가경쟁에 의하여 이루어지는 대차거래
다. 맞춤거래: 참가자간 대차수수료율 및 담보비율 등 대차거래 조건에 관한 합의에 따라 체결한 기본계약(「채무자 회생 및 파산에 관한 법률」 제120조 제3항 각 호 외의 부분 본문에 따른 기본계약)에 의하여 이루어지는 거래로서 예탁결제원이 제32조에 따른 대이행책임을 부담하지 아니하는 대차거래
라. 지정거래: 거래상대방이 특정되고 예탁결제원을 담보권자로 하는 대차거래
마. 연계거래: 전담중개업자등(예탁결제원의 지정을 받은 자)의 알선을 통하여 참가자간 대차수수료율이 정하여지는 대차거래
바. 담보거래: 기본계약에 대한 담보 또는 증거금을 제공할 목적으로 이루어지는 대차거래

17) [증권 대차거래의 중개 등에 관한 규정 제3조(대차거래의 대상증권)]
① 대차거래의 대상증권은 다음 각 호와 같다.
1. 상장주권
2. 상장채권
3. 상장지수집합투자기구의 집합투자증권
4. 그 밖에 이 규정 시행세칙으로 정하는 증권
② 제1항에 불구하고 연계거래 및 담보거래의 대상증권은 다음 각 호와 같다.
1. 연계거래 : 제1항 제1호, 제3호(상장주식으로만 지수가 구성된 것에 한한다) 및 제4호의 증권
2. 담보거래 : 제1항 제2호의 증권 중 국채증권 및 통화안정증권

18) 차입공매도를 목적으로 상장증권의 대차거래 계약을 체결한 자가 보관해야 하는 대차거래 정보의 범위와 보관방법에 관하여는 공매도에 관한 [제4편 제2장 제2절 II. 공매도] 부분에서 상세히 인용함.

차입공매도를 목적으로 상장증권의 대차거래 계약을 체결한 자가 대차거래 정보를 보관하는 방법은 다음의 요건을 모두 갖춘 방법을 말한다(法 180의5①, 슈 208의5②).

1. 정보통신처리장치를 통해 대차거래정보를 전자적으로 보관할 것
2. 대차거래정보의 위·변조 또는 훼손을 방지할 수 있는 설비 또는 시스템을 갖출 것
3. 대차거래정보의 불법 접근을 방지하기 위한 절차 및 기준을 마련할 것
4. 그 밖에 정보의 효율적 보관을 위해 금융위원회가 정하여 고시하는 요건(금융투자업규정 6-35조)을 갖출 것

5. 기업어음증권 등의 장외거래

투자매매업자·투자중개업자는 기업어음증권을 매매하거나 중개·주선 또는 대리하는 경우에는 다음과 같은 기준을 준수해야 한다(슈 183조①).[19]

1. 둘 이상의 신용평가회사로부터 신용평가를 받은 기업어음증권일 것
2. 기업어음증권에 대하여 직접 또는 간접의 지급보증을 하지 아니할 것

기업어음 거래에 있어서 신용등급은 그 기업어음의 가치에 중대한 영향을 미치는 중요정보에 해당하므로, 판례는 증권회사가 고객에게 거래의 대상인 기업어음의 신용등급을 제대로 고지하지 않았다면 달리 고객이 이미 그 신용등급을 알고 있었다거나 신용등급을 제대로 고지하였더라도 그 기업어음을 매수하였으리라는 등의 특별한 사정이 없는 한, 이로써 고객보호의무 위반으로 인한 손해배상책임이 성립한다는 입장이다.[20]

---

19) [금융투자업규정 5-28조 (취급방법의 제한 등)]
① 투자매매업자 또는 투자중개업자가 기업어음증권을 매매 또는 중개하는 경우에는 투자매매업자 또는 투자중개업자가 책임을 지지 아니하는 무담보매매·중개방식으로 한다.
② 투자매매업자 또는 투자중개업자는 환매조건부 기업어음증권매매 등 기업어음증권을 매개로 하는 자금거래를 하여서는 아니 된다.
[금융투자업규정 5-29조 (신용평가 방법)]
① 기업어음증권에 대한 신용등급은 어음발행인의 최근사업연도 수정재무제표를 기준으로 평가한 것이어야 한다.
② 기업어음증권의 발행인이 최근사업연도 종료일부터 수정재무제표를 기준으로 평가한 복수신용등급을 받지 못한 경우 최근사업연도 종료일로부터 6개월이 경과하기 전까지는 제1항에 불구하고 직전사업연도의 수정재무제표를 기준으로 평가한 복수신용등급을 적용할 수 있다.

20) 대법원 2006. 6. 29. 선고 2005다49799 판결.

6. 해외시장 거래

일반투자자[금융위원회가 정하여 고시하는 전문투자자(금융투자업규정 5-31조 ①: 외국환거래규정 제1-2조 제4호에 따른 기관투자가에 해당하지 않는 전문투자자) 포함]는 해외증권시장이나 해외파생상품시장에서 외화증권 및 장내파생상품의 매매거래(외국 다자간매매체결회사에서의 거래 포함)를 하려는 경우에는 투자중개업자를 통하여 매매거래를 해야 한다(令 184조①).

다만, 외화증권을 매도하려는 경우로서 다음의 요건을 모두 충족하는 경우에는 투자중개업자를 통하지 않고 매매거래를 할 수 있다(令 184조① 단서).

1. 투자매매업자를 상대방으로 하거나 투자중개업자를 통하여 취득한 외화증권이 아닐 것
2. 외화증권의 취득이 「외국환거래법」 제18조 제1항 단서에 따라 신고의무가 면제되는 자본거래로서 금융위원회가 정하여 고시하는 거래에 해당될 것

투자중개업자가 일반투자자로부터 해외증권시장 또는 해외파생상품시장에서의 매매거래를 수탁하는 경우에는 외국투자중개업자 등에 자기계산에 의한 매매거래 계좌와 별도의 매매거래 계좌를 개설해야 한다(令 184조②).[21)]

7. 기타 장외거래

투자매매업자가 아닌 자는 보유하지 아니한 채권을 증권시장 및 다자간매매체결회사 외에서 매도할 수 없다(令 185조①). 즉, 투자매매업자만이 채권을 공매도할 수 있다.

투자매매업자는 투자자로부터 증권시장 및 다자간매매체결회사의 매매수량단위 미만의 상장주권에 대하여 증권시장 및 다자간매매체결회사 외에서 매매에 관한 청약을 받은 경우에는 이에 응해야 한다. 다만, 그 투자매매업자가 소유하지 아니한 상장주권에 대하여 매수에 관한 청약을 받은 경우에는 이에 응하지 아니할 수 있다(令 185조②).

---

21) 해외금융투자상품시장 거래에 관하여는 금융투자업규정 제9장(제5-30조부터 제5-42조까지)에서 상세히 규정한다.

Ⅳ. 장외파생상품거래에 대한 규제

1. 일반투자자범위의 확대

주권상장법인은 원칙적으로 전문투자자에 해당하지만, 장외파생상품거래에 있어서는 전문투자자와 같은 대우를 받겠다는 의사를 금융투자업자에게 서면으로 통지하는 경우에 한하여 전문투자자로 된다(法 9조⑤4 단서).

2. 파생상품업무책임자

자산규모 및 금융투자업의 종류 등을 고려하여 대통령령으로 정하는 금융투자업자(겸영금융투자업자를 포함)[22]는 상근 임원(商法 401조의2① 각 호의 자를 포함)인 파생상품업무책임자[23]를 1인 이상 두어야 한다(法 28조의2①). 파생상품업무책임자는 i) 파생상품 투자자 보호에 필요한 절차나 기준의 수립 및 집행에 관한 관리·감독업무, ii) 장외파생상품 매매에 대한 승인 등의 업무를 수행한다(法 28조의2②).

3. 적정성원칙

금융소비자보호법상 금융상품판매업자는 대통령령으로 각각 정하는 보장성 상품, 투자성 상품 및 대출성 상품에 대하여[24] 일반금융소비자에게 계약체결을

22) "대통령령으로 정하는 금융투자업자"란 다음과 같은 자를 말한다(令 32조의2①).
  1. 장내파생상품에 대한 투자매매업 또는 투자중개업을 경영하는 자로서 최근 사업연도말일을 기준으로 자산총액이 1천억원 이상인자.
  2. 장외파생상품에 대한 투자매매업 또는 투자중개업을 경영하는 자

23) "대통령령으로 정하는 파생상품업무책임자"란 금융투자업자의 파생상품업무를 총괄하는 자로서 자본시장법 제24조 각 호의 어느 하나에 해당하지 않는 자를 말한다(令 32조의2②).

24) "대통령령으로 각각 정하는 보장성 상품, 투자성 상품 및 대출성 상품"이란 다음 각 호의 구분에 따른 상품을 말한다(시행령 12조①).
  2. 투자성 상품
    가. 파생상품
    나. 파생결합증권(단, 자본시장법 시행령 제7조 제2항 각 호의 증권은 제외)
    다. 집합투자재산을 금융위원회가 정하는 기준을 초과하여 파생상품이나 파생결합증권으로 운용하는 집합투자기구에 대한 집합투자증권. 다만, 금융위원회가 정하여 고시하는 집합투자기구의 집합투자증권은 제외한다.
    라. 상법 제469조 제2항, 제513조 및 제516조의2에 따른 사채와 다른 종류의 사채로서 일정한 사유가 발생하는 경우 주식으로 전환되거나 원리금을 상환해야할 의무가 감면될 수 있는 사채
    마.고난도금융투자상품

권유하지 아니하고 금융상품 판매 계약을 체결하려는 경우에는 미리 면담·질문 등을 통하여 다음과 같은 구분에 따른 정보를 파악해야 한다(同法 18조①).

4. 불초청권유 금지

투자자로부터 투자권유의 요청을 받지 아니하고 방문·전화 등 실시간 대화의 방법을 이용하는 불초청권유는 증권과 장내파생상품에 대하여 투자권유를 하는 행위는 허용되나(슈 54조①), 장외파생상품에서는 금지된다(法 49조 3호).

5. 투자권유준칙

금융투자업자는 투자권유를 함에 있어서 금융투자업자의 임직원이 준수하여야 할 구체적인 기준 및 절차("투자권유준칙")를 정하여야 하는데, 파생상품등에 대하여는 일반투자자의 투자목적·재산상황 및 투자경험 등을 고려하여 투자자 등급별로 차등화된 투자권유준칙을 마련해야 한다(法 50조①).

6. 매매규제

투자매매업자·투자중개업자는 장외파생상품을 대상으로 하여 투자매매업 또는 투자중개업을 하는 경우에는 다음과 같은 기준을 준수해야 한다(法 166조의 2①).[25]

1. 장외파생상품의 매매 및 그 중개·주선 또는 대리의 상대방이 일반투자자인 경우에는 그 일반투자자가 대통령령으로 정하는 위험회피 목적의 거래[26]를 하는 경우

바. 가목부터 마목까지의 금융상품 중 어느 하나를 취득·처분하는 금전신탁계약(자본시장법 제110조 제1항의 "금전신탁계약")의 수익증권(이와 유사한 것으로서 신탁계약에 따른 수익권이 표시된 것을 포함)

사. 고난도금전신탁계약

아. 고난도투자일임계약

자. 그 밖에 금융위원회가 정하여 고시하는 금융상품

25) 자본시장법 제166조의2는 투자매매업자·투자중개업자가 장외파생상품을 대상으로 투자매매업 또는 투자중개업을 하는 경우에는 증권이나 장내파생상품을 대상으로 하는 경우에 비하여 위험이 훨씬 크기 때문에 투자자를 보호하기 위한 규정이다(자본시장법 제정 당시에는 시행령 제186조에서 규정하였으나 2009년 2월 개정시 자본시장법으로 이관되었다).

26) "대통령령으로 정하는 위험회피 목적의 거래"란 위험회피를 하려는 자가 보유하고 있거나 보유하려는 자산·부채 또는 계약 등("위험회피대상")에 대하여 미래에 발생할 수 있는 경제적 손실을 부분적 또는 전체적으로 줄이기 위한 거래로서 계약체결 당시 다음과 같은 요건을 충족하는 거래를 말한다(슈 186조의2).

에 한할 것. 이 경우 투자매매업자·투자중개업자는 일반투자자가 장외파생상품 거래를 통하여 회피하려는 위험의 종류와 금액을 확인하고, 관련 자료를 보관해야 한다.

2. 장외파생상품의 매매에 따른 위험액[금융위원회가 정하여 고시하는 위험액(금융투자업규정 5-49조①)]이 금융위원회가 정하여 고시하는 한도(금융투자업규정 5-49조②)를 초과하지 아니할 것
3. 순자본비율[영업용순자본에서 총위험액을 차감한 금액을 인가업무 또는 등록업무 단위별 자기자본(대통령령으로 정하는 완화된 요건)을 합계한 금액으로 나눈 값]이 150%에 미달하는 경우에는 그 미달상태가 해소될 때까지 새로운 장외파생상품의 매매를 중지하고, 미종결거래의 정리나 위험회피에 관련된 업무만을 수행할 것
4. 장외파생상품의 매매를 할 때마다 파생상품업무책임자의 승인을 받을 것. 다만, 금융위원회가 정하여 고시하는 기준(금융투자업규정 5-49조④)을 충족하는 계약으로서 거래당사자 간에 미리 합의된 계약조건에 따라 장외파생상품을 매매하는 경우는 제외한다.
5. 월별 장외파생상품(파생결합증권 포함)의 매매, 그 중개·주선 또는 대리의 거래내역을 다음 달 10일까지 금융위원회에 보고할 것[27]

장외파생상품 거래의 매매에 따른 위험관리, 그 밖에 투자자를 보호하기 위하여 필요한 사항은 금융위원회가 정하여 고시할 수 있다(法 166조의2②). 금융감독원장은 투자매매업자·투자중개업자의 장외파생상품의 매매 등과 관련하여 위 기준의 준수 여부를 감독해야 한다(法 166조의2③).

7. 장외거래의 청산의무

금융투자업자는 다른 금융투자업자 및 외국 금융투자업자와 일정 범위의 장

---

1. 위험회피대상을 보유하고 있거나 보유할 예정일 것
2. 장외파생거래 계약기간 중 장외파생거래에서 발생할 수 있는 손익이 위험회피대상에서 발생할 수 있는 손익의 범위를 초과하지 아니할 것

[시행령 제186조의2는 2009년 2월 시행령 개정시 KIKO와 같은 거래를 규제하기 위하여 신설한 규정으로, 제1호의 "보유할 예정일 것"은 향후 받을 수출대금에 관한 것이고, 제2호는 본래의 의미의 헤지거래가 아니라 투기거래(speculation)로 볼 수 있는 소위 오버헤지(over-hedge)를 규제하기 위한 것이다].

27) 자본시장법 제44조 제4항은 금융투자업자가 매월의 업무 내용을 적은 보고서를 다음 달 말일까지 금융위원회에 제출해야 한다고 규정하면서 제9호에서 "장외파생상품 매매, 그 밖의 거래의 업무내용, 거래현황과 평가손익현황(장외파생상품의 위험을 회피하기 위한 관련 거래의 평가손익 포함) 등에 관한 사항"을 규정하여 제166조의2 제5호의 적용범위와 구별이 애매하다. 두 규정의 차이라면 제34조 제4항을 위반하여 보고서를 제출하지 않거나 거짓으로 작성하여 제출하면 1억원 이하의 과태료 부과대상이다(法 449조①15의2).

외파생상품의 매매 및 그 밖의 장외거래를 하는 경우 금융투자상품거래청산회사, 그 밖에 이에 준하는 자로서 대통령령으로 정하는 자에게 청산의무거래에 따른 자기와 거래상대방의 채무를 채무인수, 경개, 그 밖의 방법으로 부담하게 해야 한다(法 166조의3).[28]

V. 「채무자 회생 및 파산에 관한 법률」의 적용배제

1. 청산결제제도 참가자에 대한 회생절차개시

자본시장법 그 밖의 법령에 따라 증권·파생금융거래의 청산결제업무를 수행하는 자 그 밖에 대통령령에서 정하는 자가 운영하는 청산결제제도의 참가자에 대하여 회생절차가 개시된 경우 그 참가자와 관련된 채무의 인수, 정산, 차감, 증거금 그 밖의 담보의 제공·처분·충당 그 밖의 청산결제에 관하여는 「채무자 회생 및 파산에 관한 법률」의 규정에 불구하고 그 청산결제제도를 운영하는 자가 정한 바에 따라 효력이 발생하며 해제·해지·취소·부인의 대상이 되지 아니한다(同法 120조②).[29] 회생절차상의 해제·해지·취소·부인의 적용을 배제함으로써 청산결제의 완결성을 보장하기 위한 것이다.

2. 적격금융거래 당사자에 대한 회생절차개시

일정한 금융거래에 관한 기본적 사항을 정한 하나의 기본계약[30]에 근거하여

---

28) 이러한 거래를 청산의무거래라고 한다. 청산의무거래에 관하여는 [제6편 제2장 제3절]에서 상술함.

29) 「채무자 회생 및 파산에 관한 법률」 적용의 배제는 장외파생상품거래만이 아니고 증권·파생금융거래를 대상으로 하지만, 장외파생상품이 주된 대상이므로 여기서 설명한다. 「채무자 회생 및 파산에 관한 법률」 제120조의 규정은 같은 조에서 정한 지급결제제도 또는 청산결제제도의 참가자 또는 적격금융거래의 당사자 일방에 대하여 파산선고가 있는 경우 이를 준용한다. 이 경우 제120조 제1항 내지 제3항의 "회생절차가 개시된 경우"는 "파산선고가 있는 경우"로 보고, 제120조 제3항 단서의 "회생채권자 또는 회생담보권자"는 "파산채권자 또는 별제권자"로 본다(同法 336조). 한편, 위 제120조 제2항은 "채무의 인수"라고 규정하는데, 자본시장법 제9조 제25항은 금융투자상품거래청산업을 청산대상거래를 함에 따라 발생하는 채무를 채무인수, 경개(更改), 그 밖의 방법으로 부담하는 것을 영업으로 하는 것 등 세 가지 방법을 규정하므로, "채무의 인수"는 이러한 세 가지 방법을 모두 포함하는 개념(즉, "채무의 부담")으로 해석하는 것이 타당하다.

30) 적용배제의 요건인 기본계약(Master Agreement)은 국제스왑·파생상품협회(ISDA)에서 제정한 "ISDA Master Agreement"가 대표적이지만, 이에 한정되는 것은 아니다.

아래와 같은 "적격금융거래"를 행하는 당사자 일방에 대하여 회생절차가 개시된 경우 적격금융거래의 종료 및 정산에 관하여는 「채무자 회생 및 파산에 관한 법률」의 규정에 불구하고 기본계약에서 당사자가 정한 바에 따라 효력이 발생하고 해제, 해지, 취소 및 부인의 대상이 되지 아니하며, 제4호의 거래는 중지명령 및 포괄적 금지명령의 대상이 되지 아니한다(同法 120조③).

1. 통화, 유가증권, 출자지분, 일반상품, 신용위험, 에너지, 날씨, 운임, 주파수, 환경 등의 가격 또는 이자율이나 이를 기초로 하는 지수 및 그 밖의 지표를 대상으로 하는 선도, 옵션, 스왑 등 파생금융거래로서 대통령령이 정하는 거래[31]
2. 현물환거래, 유가증권의 환매거래, 유가증권의 대차거래 및 담보콜거래[32]
3. 제1호 내지 제2호의 거래가 혼합된 거래
4. 제1호 내지 제3호의 거래에 수반되는 담보의 제공·처분·충당

다만, 위와 같은 특칙을 남용할 우려가 있으므로 「채무자 회생 및 파산에 관한 법률」은 채무자가 상대방과 공모하여 회생채권자 또는 회생담보권자를 해할 목적으로 적격금융거래를 행한 경우에는 적용배제대상이 아니라고 규정한다(同法 120조③ 단서).

---

31) "대통령령으로 정하는 거래"는 다음 각 호의 기초자산 또는 기초자산의 가격·이자율·지표·단위나 이를 기초로 하는 지수를 대상으로 하는 선도, 옵션, 스왑거래를 말한다(채무자 회생 및 파산에 관한 법률 시행령 14조①). (자본시장법상 파생결합증권, 파생상품의 기초자산과 같다)
   1. 금융투자상품(유가증권, 파생금융거래에 기초한 상품)
   2. 통화(외국의 통화를 포함)
   3. 일반상품(농산물·축산물·수산물·임산물·광산물·에너지에 속하는 물품 또는 이 물품을 원재료로 하여 제조하거나 가공한 물품 그 밖에 이와 유사한 것)
   4. 신용위험(당사자 또는 제3자의 신용등급의 변동·파산 또는 채무재조정 등으로 인한 신용의 변동)
   5. 그 밖에 자연적·환경적·경제적 현상 등에 속하는 위험으로서 합리적이고 적정한 방법에 의하여 가격·이자율·지표·단위의 산출이나 평가가 가능한 것

32) 현물환거래는 결제일이 거래일로부터 2영업일 이내인 외환거래이고(2영업일 초과시 선물환거래), 환매거래는 환매조건부거래 특약에 의하여 이루어지는 거래 자체이므로 여기서 환매거래는 정확히는 환매조건부거래를 의미한다. 담보콜거래는 단기금융시장에서 금융기관 간 증권을 담보로 하는 담보부소비대차거래이다.

판례색인

헌법재판소 1997. 3.27.자 94헌바24 결정 ········· 920, 950
헌법재판소 2002. 4.25.자 2001헌가27 결정 ········· 1017
헌법재판소 2002.12.18.자 99헌바105, 2001헌바48(병합) 결정 ········· 867, 868, 876, 879, 905
헌법재판소 2003. 7.24.자 2001헌가25 결정 ········· 1384
헌법재판소 2003. 9.25.자 2002헌바69, 2003헌바41(병합) 결정 ········· 1113, 1115
헌법재판소 2003.12.18.자 2002헌가23 결정 ········· 573, 1092, 1093
헌법재판소 2005. 2.24.자 2004헌마442 결정 ········· 1385, 1558
헌법재판소 2006.11.30.자 2006헌바53 결정 ········· 1017, 1018
헌법재판소 2007.10.25.자 2006헌바50 결정 ········· 1018
헌법재판소 2007.11.29.자 2005헌가10 결정 ········· 1101
헌법재판소 2010. 6.24.자 2007헌바101 결정 ········· 221, 1270
헌법재판소 2010. 7.29.자 2009헌가25 등 전원재판부 결정 ········· 1100
헌법재판소 2011. 2.24.자 2009헌바29 결정 ········· 1092, 1099
헌법재판소 2013. 6.27.자 2013헌가10 결정 ········· 1101
헌법재판소 2015. 5.28.자 2013헌바82, 2014헌바347 · 356(병합) 결정 ········· 784
헌법재판소 2017. 5.25.자 2014헌바459 결정 ········· 413, 1103, 1581
헌법재판소 2017. 6.29.자 2015헌바376 결정 ········· 859
헌법재판소 2020.12.23.자 2018헌바230 결정 ········· 1093
헌법재판소 2022. 9.29.자 2018헌마1169 결정 ········· 1536

대법원 1966. 1.25. 선고 65다2128 판결 ········· 1208
대법원 1968.11.19. 선고 68다1882 판결 ········· 791
대법원 1973. 5.30. 선고 72다1726 판결 ········· 209
대법원 1977. 3. 8. 선고 76다1292 판결 ········· 759, 760
대법원 1980. 1.29. 선고 78다1237 판결 ········· 202, 1085
대법원 1980. 2.12. 선고 79다509 판결 ········· 645
대법원 1988. 3.22. 선고 87누451 판결 ········· 1637
대법원 1989. 5.23. 선고 88다카16690 판결 ········· 701
대법원 1991. 1.11. 선고 90다카16006 판결 ········· 274

대법원 1991. 5.24. 선고 90다14416 판결 ······ 271
대법원 1993. 2.23. 선고 92다35004 판결 ······ 270
대법원 1993. 5.14. 선고 93도344 판결 ······ 609, 932, 1100
대법원 1993. 7.27. 선고 92다52795 판결 ······ 579
대법원 1993. 9.28. 선고 93다26618 판결 ······ 246, 271
대법원 1993.10.12. 선고 92다21692 판결 ······ 701
대법원 1993.12.21. 선고 93다30402 판결 ······ 1075
대법원 1993.12.28. 선고 93다8719 판결 ······ 701
대법원 1993.12.28. 선고 93다26632, 93다26649 판결 ······ 273
대법원 1994. 1.14. 선고 93다30150 판결 ······ 270
대법원 1994. 4.26. 선고 93도695 판결 ······ 905, 951, 954, 956
대법원 1994. 9. 9. 선고 93다40256 판결 ······ 1395
대법원 1994.10.25. 선고 93도2516 판결 ······ 995, 996, 997
대법원 1995. 2.28. 선고 94다34579 판결 ······ 701
대법원 1995. 5.26. 선고 95도230 판결 ······ 610, 1101
대법원 1995. 6.29. 선고 95도467 판결 ······ 949, 951, 953, 954, 957
대법원 1995. 6.30. 선고 94도2792 판결 ······ 928
대법원 1995.10.12. 선고 94다16786 판결 ······ 246
대법원 1995.11.21. 선고 94도1598 판결 ······ 248
대법원 1996. 6.25. 선고 96다12726 판결 ······ 760
대법원 1996. 8.23. 선고 94다38199 판결 ······ 254
대법원 1997. 2.14. 선고 95다19140 판결 ······ 226
대법원 1997. 2.14. 선고 96도2699 판결 ······ 1101
대법원 1997. 6.13. 선고 95누15476 판결 ······ 84
대법원 1997. 6.27. 선고 97도163 판결 ······ 1130
대법원 1997. 9.12. 선고 96다41991 판결546, 570, 571, 572, 577, 858, 859, 860, 861, 1119
대법원 1997.10.24. 선고 97다24603 판결 ······ 255
대법원 1998. 4.24. 선고 97다32215 판결 ······ 572, 860, 1074
대법원 1998.10.13. 선고 97다44102 판결 ······ 703
대법원 1999. 6.25. 선고 99다18435 판결 ······ 47
대법원 1999.10.22. 선고 97다26555 판결 ······ 860, 861
대법원 1999.12.24. 선고 99다44588 판결 ······ 227, 987, 1132
대법원 2000. 3.28. 선고 98다48934 판결 ······ 535
대법원 2000.11.10. 선고 98다39633 판결 ······ 246

대법원 2000.11.24. 선고 2000다1327 판결 ························ 246
대법원 2000.11.24. 선고 2000도2827 판결 ················ 949, 952, 953, 954, 1093, 1094, 1130
대법원 2000.12.22. 선고 2000도4267 판결 ························ 1093
대법원 2001. 1.19. 선고 2000도4444 판결 ························ 1016
대법원 2001. 4.24. 선고 99다30718 판결 ························ 226
대법원 2001. 4.27. 선고 2001도506 판결 ························ 947
대법원 2001. 5.15. 선고 2001다15484 판결 ························ 244
대법원 2001. 6.26. 선고 99도2282 판결 ························ 995, 998
대법원 2001. 9. 7. 선고 2001도2917 판결 ························ 698
대법원 2001. 9. 7. 선고 2001도2966 판결 ························ 225
대법원 2001.11.27. 선고 2001도3567 판결 ························ 990, 991
대법원 2001.12.28. 선고 2001도5158 판결 ························ 944
대법원 2002. 1.25. 선고 2000도90 판결 ························ 934, 935, 943, 944, 951, 979, 980
대법원 2002. 3.29. 선고 2001다49128 판결 ························ 254
대법원 2002. 4.12. 선고 2000도3350 판결 ························ 927
대법원 2002. 4.26. 선고 2001다8097 판결 ························ 579
대법원 2002. 5.14. 선고 99다48979 판결 ························ 542
대법원 2002. 6.11. 선고 2000도357 판결 ························ 121
대법원 2002. 6.14. 선고 2002도1256 판결 ························ 994, 996, 1095, 1114
대법원 2002. 7.22. 선고 2002도1696 판결 ······ 668, 990, 991, 994, 995, 1035, 1107, 1112, 1123
대법원 2002. 7.26. 선고 2001도4947 판결 ························ 994, 995, 998, 1094, 1097
대법원 2002. 7.26. 선고 2002도1855 판결 ························ 1094, 1095, 1099
대법원 2002. 8.23. 선고 2001두5651 판결 ························ 194
대법원 2002. 8.27. 선고 2001도513 판결 ························ 1131
대법원 2002. 9.24. 선고 2001다9311, 9328 판결 ·········· 541, 542, 545, 555, 737, 851, 852, 855, 856, 1008
대법원 2002. 9.24. 선고 2001다9311, 9328 판결 ························ 545, 551
대법원 2002.10.11. 선고 2001다59217 판결 ························ 245, 247
대법원 2002.10.11. 선고 2002다38521 판결 ························ 735
대법원 2002.12.10. 선고 2002도5407 판결 ························ 985
대법원 2002.12.26. 선고 2000다23440, 23457 판결 ························ 254, 1075
대법원 2002.12.26. 선고 2000다56952 판결 ························ 226, 270
대법원 2003. 1.10. 선고 2000다34426 판결 ························ 1634

대법원 2003. 1.10. 선고 2000다50312 판결 ························ 244, 270, 274
대법원 2003. 1.10. 선고 2002도5871 판결 ························ 935
대법원 2003. 1.24. 선고 2001다2129 판결 ························ 226, 227
대법원 2003. 2.28. 선고 2002도7335 판결 ························ 1096
대법원 2003. 4.11. 선고 2003도739 판결 ························ 474, 506
대법원 2003. 5.16. 선고 2001다44109 판결 ························ 759, 765
대법원 2003. 6.24. 선고 2003도1456 판결 ························ 950
대법원 2003. 6.27. 선고 2003다20190 판결 ························ 579
대법원 2003. 7.11. 선고 2001다11802 판결 ························ 305
대법원 2003. 9. 2. 선고 2003도3455 판결 ························ 930
대법원 2003. 9. 5. 선고 2003도3238 판결 ························ 956
대법원 2003.11.14. 선고 2003도686 판결 ··········· 966, 1013, 1015, 1031, 1033, 1112, 1114, 1117, 1120, 1121, 1123, 1583
대법원 2003.11.27. 선고 2003다5337 판결 ························ 1327
대법원 2003.11.28. 선고 2002도2215 판결 ························ 1094
대법원 2003.12.12. 선고 2001도606 판결 ························ 994, 1097, 1098, 1101, 1125
대법원 2003.12.26. 선고 2003다49542 판결 ························ 247, 1080
대법원 2004. 1.16.자 2003마1499 결정 ························ 1581
대법원 2004. 1.27. 선고 2001다24891 판결 ························ 579
대법원 2004. 1.27. 선고 2003도5915 판결 ························ 985, 1034
대법원 2004. 2.12. 선고 2002다69327 판결 ························ 892
대법원 2004. 2.13. 선고 2001다36580 판결 ························ 867, 876, 879, 880, 892
대법원 2004. 2.13. 선고 2003도7554 판결 ························ 454
대법원 2004. 3. 4.자 2001무49 결정 ························ 1385, 1558
대법원 2004. 3.11. 선고 2002도6390 판결 ························ 1114, 1121, 1123, 1133
대법원 2004. 3.25. 선고 2003다64688 판결 ························ 202
대법원 2004. 3.26. 선고 2003도7112 판결 ························ 947, 957, 990, 995, 1094
대법원 2004. 4.27. 선고 2003다29616 판결 ························ 701
대법원 2004. 5.27. 선고 2003다55486 판결 ························ 1080
대법원 2004. 5.28. 선고 2003다60396 판결 ························ 867, 879
대법원 2004. 5.28. 선고 2003다69607, 69614 판결 ························ 1074, 1080
대법원 2004. 5.28. 선고 2004도1465 판결 ························ 1097, 1114
대법원 2004. 6.11. 선고 2000다72916 판결 ························ 1080
대법원 2004. 6.17. 선고 2003도7645 전원합의체 판결 ························ 475

대법원 2004. 6.17. 선고 2003도7645 판결 670, 674
대법원 2004.10.28. 선고 2002도3131 판결 1003, 1004
대법원 2004.12.10. 선고 2003다41715 판결 178
대법원 2005. 1.28. 선고 2004도6805 판결 1130
대법원 2005. 2.18. 선고 2002도2822 판결 1409
대법원 2005. 3.25. 선고 2004다30040 판결 194, 891, 892
대법원 2005. 4.15. 선고 2005도632 판결 1113, 1115
대법원 2005. 4.29. 선고 2005도1835 판결 957, 958
대법원 2005. 5.27. 선고 2005다480 판결 202
대법원 2005. 7.14. 선고 2004다67011 판결 579
대법원 2005. 8.16. 선고 2005도2710 판결 1130
대법원 2005. 9. 9. 선고 2005도4653 판결 957
대법원 2005. 9.30. 선고 2003두9053 판결 449
대법원 2005.10. 7. 선고 2005다11541 판결 254
대법원 2005.11.10. 선고 2004도1164 판결 1017, 1095, 1096, 1097, 1098
대법원 2005.12. 8. 선고 2003다41463 판결 451
대법원 2005.12. 9. 선고 2005도5569 판결 1097, 1114, 1130
대법원 2006. 2. 9. 선고 2005다63634 판결 255
대법원 2006. 2. 9. 선고 2005도8652 판결 1031, 1033, 1034
대법원 2006. 2.10. 선고 2005다57707 판결 246
대법원 2006. 4. 8. 선고 2005도8643 판결 1117
대법원 2006. 4.14. 선고 2003도6759 판결 994, 1023, 1024
대법원 2006. 4.14. 선고 2004두14793 판결 194
대법원 2006. 4.27. 선고 2003도135 판결 97
대법원 2006. 5.11. 선고 2003도4320 판결 949, 950, 1582
대법원 2006. 5.12. 선고 2004도491 판결 949, 1114
대법원 2006. 6.15. 선고 2004도1639 판결 1101
대법원 2006. 6.29. 선고 2005다49799 판결 1642
대법원 2006. 8.25. 선고 2004다26119 판결 870
대법원 2006. 9. 8. 선고 2006다26694 판결 579
대법원 2006.10.12. 선고 2005다75729 판결 759
대법원 2006.10.26. 선고 2006도5147 판결 608
대법원 2006.11.23. 선고 2004다62955 판결 1634
대법원 2006.12.22. 선고 2004다63354 판결 548

대법원 2007. 1.11. 선고 2005다28082 판결 ······ 578
대법원 2007. 2.22. 선고 2005다77060, 77077 판결 ······ 932
대법원 2007. 3.30. 선고 2007도877 판결 ······ 1095, 1096, 1098
대법원 2007. 4.12. 선고 2004다4980 판결 ······ 255, 632
대법원 2007. 4.12. 선고 2004다38907 판결 ······ 255
대법원 2007. 4.12. 선고 2004다62641 판결 ······ 236
대법원 2007. 6. 1. 선고 2005다5812 판결 ······ 451
대법원 2007. 6.14. 선고 2004다45530 판결 ······ 245, 246
대법원 2007. 7.12. 선고 2006다53344 판결 ······ 227, 255
대법원 2007. 7.12. 선고 2007도3782 판결 ······ 930, 1033, 1035, 1117
대법원 2007. 7.26. 선고 2007도4716 판결 ······ 930
대법원 2007. 9. 6. 선고 2004다53197 판결 ······ 306
대법원 2007. 9. 6. 선고 2007다40000 판결 ······ 652
대법원 2007. 9.21. 선고 2006다81981 판결 ······ 558, 560, 568, 731, 735, 736
대법원 2007.10.25. 선고 2006다16758, 16765 판결 ······ 568, 570, 571, 576, 577, 733, 735, 736, 737, 738, 854, 858
대법원 2007.11.15. 선고 2007도6336 판결 ······ 1098, 1130, 1131
대법원 2007.11.30. 선고 2006다58578 판결 ······ 1078, 1080
대법원 2007.11.30. 선고 2007다24459 판결 ······ 869
대법원 2007.11.30. 선고 2007도635 판결 ······ 1105
대법원 2008. 1.10. 선고 2007다64136 판결 ······ 783
대법원 2008. 3.13. 선고 2006다73218 판결 ······ 867, 874, 879
대법원 2008. 3.27. 선고 2008도89 판결 ······ 691
대법원 2008. 4.24. 선고 2007도9476 판결 ······ 1033, 1124, 1126
대법원 2008. 5.15. 선고 2007다37721 판결 ······ 737
대법원 2008. 5.15. 선고 2007도11145 판결 ······ 1015, 1037, 1039
대법원 2008. 5.29. 선고 2007다84192 판결 ······ 1613
대법원 2008. 6.12. 선고 2007다70100 판결 ······ 1270
대법원 2008. 6.26. 선고 2007다90647 판결 ······ 1455
대법원 2008. 6.26. 선고 2007도10721 판결 ······ 1123, 1130
대법원 2008. 9.11. 선고 2007도7204 판결 ······ 941
대법원 2008.11.27. 선고 2007도6558 판결 ······ 989, 996
대법원 2008.11.27. 선고 2008다31751 판결 ······ 542, 544, 878
대법원 2008.11.27. 선고 2008도6219 판결 ······ 952, 954, 955, 975

대법원 2008.12.11. 선고 2006도2718 판결 ………………………… 997, 999
대법원 2009. 2.12. 선고 2008도6551 판결 ………………………… 1097
대법원 2009. 2.12. 선고 2008도9476 판결 ………………………… 691
대법원 2009. 3.26. 선고 2006다47677 판결 ………………………… 202
대법원 2009. 4. 9. 선고 2009도675 판결 ………………………… 990, 994, 995, 1017, 1096, 1114
대법원 2009. 4.23. 선고 2005다22701, 22718 판결 ………………………… 694, 1413
대법원 2009. 5.29. 선고 2007도4949 전원합의체 판결 ………………………… 811
대법원 2009. 7. 9. 선고 2007다90395 판결 ………………………… 270
대법원 2009. 7. 9. 선고 2009도1374 판결 … 538, 942, 955, 1001, 1032, 1035, 1104, 1105, 1108, 1111, 1112, 1113, 1115, 1119, 1122, 1125, 1126
대법원 2009.11.26. 선고 2008도9623 판결 ………………………… 953, 955
대법원 2009.12.10. 선고 2008도6953 판결 ………………………… 933, 942, 945, 946
대법원 2010. 1.28. 선고 2007다16007 판결 ………………………… 464, 490, 575, 737
대법원 2010. 1.28. 선고 2009도13912 판결 ………………………… 1105
대법원 2010. 2.25. 선고 2009도4662 판결 ………………………… 933, 956, 957, 1055
대법원 2010. 4.15. 선고 2009도13890 판결 …… 1034, 1037, 1039, 1105, 1108, 1115, 1122, 1126
대법원 2010. 4.29. 선고 2008두5643 판결 ………………………… 1386
대법원 2010. 4.29. 선고 2009도14993 판결 ………………………… 1093
대법원 2010. 5.13. 선고 2007도9769 판결 ………………………… 931, 952, 957, 1121
대법원 2010. 5.13. 선고 2010도2541 판결 ………………………… 942
대법원 2010. 6.24. 선고 2007도9051 판결 ………………………… 990
대법원 2010. 6.24. 선고 2010도4453 판결 ………………………… 1118, 1120, 1123
대법원 2010. 7.22. 선고 2008다37193 판결 ………………………… 791
대법원 2010. 7.22. 선고 2009다40547 판결 ………………………… 226
대법원 2010. 8.19. 선고 2007다66002 판결 ………………………… 887
대법원 2010. 8.19. 선고 2008다92336 판결 ………………………… 324, 543, 735, 736, 737
대법원 2010.10.14. 선고 2008다13043 판결 ………………………… 1276, 1327
대법원 2010.11.11. 선고 2010다55699 판결 ………………………… 404
대법원 2010.11.18. 선고 2008두167 전원합의체 판결 ………………………… 1339
대법원 2010.12. 9. 선고 2009도6411 판결 ………………………… 667, 1030, 1032, 1037
대법원 2010.12. 9. 선고 2010두15674 판결 ………………………… 1379
대법원 2010.12.23. 선고 2008다75119 판결 ………………………… 122
대법원 2011. 1.13. 선고 2008다36930 판결 ………………………… 857

대법원 2011. 1.13. 선고 2009다103950 판결 ······ 572
대법원 2011. 1.13. 선고 2010도9927 판결 ······ 1095
대법원 2011. 1.27. 선고 2010다15776, 15783 판결 ······ 227
대법원 2011. 2.24. 선고 2010도7404 판결 ······ 987, 1093, 1130, 1132
대법원 2011. 3.10. 선고 2008도6335 판결 ······ 1015, 1024, 1038
대법원 2011. 3.10. 선고 2010다84420 판결 ······ 882, 887
대법원 2011. 4.28. 선고 2009다23610 판결 ······ 758
대법원 2011. 4.28. 선고 2010다94953 판결 ······ 791
대법원 2011. 4.28. 선고 2010도7622 판결 ······ 994, 1130, 1131
대법원 2011. 7.14. 선고 2011도3180 판결 ······ 994, 1023, 1037, 1111, 1115, 1131
대법원 2011. 7.28. 선고 2008도5399 판결 ······ 667, 1030
대법원 2011. 7.28. 선고 2010다76368 판결 ······ 1273
대법원 2011. 7.28. 선고 2010다101752 판결 ······ 1261
대법원 2011.10.27. 선고 2011도8109 판결 ······ 670, 1016, 1027, 1029, 1033, 1036, 1092, 1096, 1097, 1104, 1111, 1112, 1113, 1115, 1116, 1117, 1131
대법원 2011.11.24. 선고 2011다41529 판결 ······ 237, 1072, 1073
대법원 2011.12.22. 선고 2011도12041 판결 ······ 1117, 1133
대법원 2012. 1.12. 선고 2011다80203 판결 ······ 579, 859, 885
대법원 2012. 1.27. 선고 2011도14247 판결 ······ 1104
대법원 2012. 3.29. 선고 2011다80968 판결 ······ 333
대법원 2012. 6.28. 선고 2012도3782 판결 ······ 1034
대법원 2012.10.11. 선고 2010다86709 판결 ······ 729, 736
대법원 2012.10.11. 선고 2010도2986 판결 ······ 105
대법원 2012.11.15. 선고 2010다49380 판결 ······ 811
대법원 2012.11.15. 선고 2011다10532 판결 ······ 306
대법원 2012.11.29. 선고 2011다53133 판결 ······ 1568
대법원 2012.12.13. 선고 2011다25695 판결 ······ 236, 533
대법원 2013. 2.14. 선고 2012두3774 판결 ······ 181, 1335
대법원 2013. 2.15. 선고 2012도12829 판결 ······ 125
대법원 2013. 5. 9. 선고 2011도15854 판결 ······ 195
대법원 2013. 7.11. 선고 2011도15056 판결 ······ 988, 990, 992, 1111, 1114, 1117, 1133
대법원 2013. 7.25. 선고 2013도1592 판결 ······ 125
대법원 2013. 9.12. 선고 2011다57869 판결 ······ 761
대법원 2013. 9.26. 선고 2013도5214 판결 ······ 987

대법원 2013.11.28. 선고 2012도4230 판결 ······ 124
대법원 2013.11.28. 선고 2013도10467 판결 ······ 125
대법원 2014. 1.16. 선고 2013도9933 판결 ······ 1027, 1028
대법원 2014. 1.16. 선고 2013도4064 판결 ······ 1028
대법원 2014. 1.23. 선고 2013도4065 판결 ······ 1028
대법원 2014. 1.23. 선고 2013도8127 판결 ······ 1028
대법원 2014. 2.13. 선고 2013도1206 판결 ······ 1028
대법원 2014. 5.16. 선고 2012다46644 판결 ······ 111, 112, 354, 355
대법원 2014. 5.16. 선고 2012도11971 판결 ······ 1124, 1133
대법원 2014. 5.29. 선고 2011도11233 판결 ······ 1092, 1105, 1131
대법원 2014. 7.10. 선고 2014다21250 판결 ······ 1275, 1276
대법원 2014. 8.28. 선고 2013다18684 판결 ······ 819
대법원 2014.11.27. 선고 2013다49794 판결 ······ 1613
대법원 2015. 1.29. 선고 2013다217498 판결 ······ 221
대법원 2015. 1.29. 선고 2014다207283 판결 ······ 735, 856
대법원 2015. 2.12. 선고 2014도10191 판결 ······ 1133
대법원 2015. 2.12. 선고 2012도4842 판결 ······ 933, 943
대법원 2015. 2.26. 선고 2014다17220 판결 ······ 404, 408
대법원 2015. 3.26. 선고 2014다214588 판결 ······ 404
대법원 2015. 4. 9.자 2013마1052, 2013마1053 결정 ······ 1024, 1028, 1084
대법원 2015. 4.23. 선고 2015도1233 판결 ······ 100, 124, 1560
대법원 2015. 5.14. 선고 2013다2757 판결 ······ 1013, 1014, 1082
대법원 2015. 6.24. 선고 2013다13849 판결 ······ 355
대법원 2015. 7.23. 선고 2015다1871 판결 ······ 202
대법원 2015. 9.10. 선고 2012도9660 판결 ······ 77, 123, 125, 588
대법원 2015. 9.15. 선고 2015다216123 판결 ······ 407
대법원 2015.10.29. 선고 2015도12838 판결 ······ 1104
대법원 2015.11.12. 선고 2014다15996 판결 ······ 306, 1260, 1261, 1262, 1263, 1264
대법원 2015.11.27. 선고 2013다211032 판결 ······ 572
대법원 2015.12.10. 선고 2012다16063 판결 ······ 537, 539
대법원 2015.12.23. 선고 2013다88447 판결 ······ 538, 542, 546
대법원 2015.12.23. 선고 2015다210194 판결 ······ 571
대법원 2016. 3.24. 선고 2013다2740 판결 ······ 1002
대법원 2016. 3.24. 선고 2012다108320 판결 ······ 1028

대법원 2016. 3.24. 선고 2013다210374 판결 ········· 879
대법원 2016. 8.29. 선고 2016도6297 판결 ········· 1027, 1032, 1130
대법원 2016.10.27. 선고 2015다218099 판결 ········· 856, 858
대법원 2016.11. 4.자 2015마4027 결정 ········· 582, 590, 592, 593, 594
대법원 2016.12.15. 선고 2015다60597 판결 ········· 854, 855, 856, 857, 858
대법원 2016.12.15. 선고 2015다243163 판결 ········· 569, 734, 736, 851, 854, 857, 858
대법원 2016.12.15. 선고 2016다206932 판결 ········· 733
대법원 2017. 1.12. 선고 2016도10313 판결 ········· 949, 953, 971, 973, 1534, 1537
대법원 2017. 1.25. 선고 2014도11775 판결 ········· 955, 959, 974, 1056
대법원 2017. 3.23. 선고 2015다248342 전원합의체 판결 ········· 1515
대법원 2017. 7.18. 선고 2014두9820 판결 ········· 1372, 1373
대법원 2017.10.31. 선고 2015도5251 판결 ········· 959, 960
대법원 2017.10.31. 선고 2015도8342 판결 ········· 934, 936, 967, 968
대법원 2017.11. 9. 선고 2015다235841 판결 ········· 1413
대법원 2017.12. 5. 선고 2014도14924 판결 ········· 32, 220, 412, 413, 1028, 1084, 1085
대법원 2018. 2.18. 선고 2013다26425 판결 ········· 355
대법원 2018. 4.12. 선고 2013도6962 판결 ··· 408, 994, 999, 1000, 1016, 1017, 1027, 1028, 1036, 1037, 1038, 1100, 1101
대법원 2018. 6.15. 선고 2016다212272 판결 ········· 356, 357
대법원 2018. 6.28. 선고 2017도8108 판결 ········· 946
대법원 2018. 6.28. 선고 2018다223566 판결 ········· 1075, 1082
대법원 2018. 7. 5.자 2017마5883 결정 ········· 585
대법원 2018. 7.24. 선고 2018다215664 판결 ········· 1082
대법원 2018. 8. 1. 선고 2015두2994 판결 ········· 169, 537
대법원 2018. 8.30. 선고 2017다281213 판결 ········· 1270
대법원 2018. 8.30. 선고 2018도5636 판결 ········· 1123
대법원 2018. 9.13. 선고 2018다241403 판결 ········· 1075, 1082
대법원 2018. 9.28. 선고 2015다69853 판결 ········· 306, 407, 412, 431, 432, 1025, 1030, 1033
대법원 2018.10.12. 선고 2018도8438 판결 ········· 1111, 1112, 1121, 1122, 1126
대법원 2018.12.13. 선고 2018도13689 판결 ········· 537
대법원 2018.12.28. 선고 2018도16586 판결 ········· 953
대법원 2019. 4.25. 선고 2019두30942 판결 ········· 1379
대법원 2019. 6.13. 선고 2016다243405 판결 ········· 1582, 1593, 1613
대법원 2019. 6.13. 선고 2018다258562 판결 ········· 121, 122

대법원 2019. 7.11. 선고 2016다224626 판결 ······ 306, 342, 356
대법원 2019. 7.12. 선고 2017도9087 판결 ······ 946
대법원 2020. 2.27. 선고 2016다223494 판결 ······ 306
대법원 2020. 2.27. 선고 2016두30750 판결 ······ 553
대법원 2021. 2.18. 선고 2015다45451 전원합의체 판결 ······ 202
대법원 2021. 4. 1. 선고 2018다218335 판결 ······ 205, 392, 402
대법원 2021. 4.29. 선고 2017다261943 판결 ······ 202
대법원 2021. 5. 7. 선고 2018도12973 판결 ······ 691
대법원 2021. 6.10. 선고 2019다226005 판결 ······ 554
대법원 2021. 9.15. 선고 2017다282698 판결 ······ 226
대법원 2021. 9.30 선고 2021도1143 판결 ······ 1112
대법원 2021.10.28. 선고 2020다208058 판결 ······ 761
대법원 2021.11.25. 선고 2017도11612 판결 ······ 346
대법원 2021.12.16. 선고 2020도9789 판결 ······ 1537
대법원 2022. 1.13. 선고 2021도11110 판결 ······ 691
대법원 2022. 4.14.자 2016마5394,5395,5396 결정 ······ 803
대법원 2022. 5.26. 선고 2018도13864 판결 ······ 1028, 1037, 1039
대법원 2022. 6.30. 선고 2020다271322 판결 ······ 307
대법원 2022. 7.28. 선고 2019다202146 판결 ······ 731, 737, 858
대법원 2022. 9. 7. 선고 2022다228056 판결 ······ 733, 735, 736, 858
대법원 2022.10.14. 선고 2018다244488 판결 ······ 1264
대법원 2022.10.27. 선고 2018도4413 판결 ······ 112, 355
대법원 2022.12.29. 선고 2021도13540 판결 ······ 1104, 1113, 1117
대법원 2023. 2. 2. 선고 2021도4152 판결 ······ 688
대법원 2023. 3.30. 선고 2022두67289 판결 ······ 477
대법원 2023. 4.27. 선고 2017다227264 판결 ······ 1613
대법원 2023. 6.23.자 2018마6745 결정 ······ 588
대법원 2023. 8.31. 선고 2022다253724 판결 ······ 882
대법원 2023.12.21. 선고 2017다249929 판결 ······ 32, 1028, 1084, 1085
대법원 2024. 7.25. 선고 2020다273403 판결 ······ 1504
대법원 2024.11.14. 선고 2019다292750 판결 ······ 1085
대법원 2024.12.12. 선고 2024도10710 판결 ······ 1542

서울고등법원 1989.11.10. 선고 88나29677 판결 ······ 270

서울고등법원 1990. 3.30. 선고 89나25207 판결 ······ 274
서울고등법원 1995. 9.28. 선고 93구13744 판결 ······ 454
서울고등법원 1996. 6.14. 선고 94나21162 판결 ······ 1070
서울고등법원 1997. 5.13.자 97라51 결정 ······ 667
서울고등법원 1999. 7.23. 선고 98나50335 판결 ······ 539
서울고등법원 1999.12. 3. 선고 98나51680 판결 ······ 83
서울고등법원 2001. 5. 9. 선고 2000나21378 판결 ······ 866
서울고등법원 2001. 6.24. 선고 2010도4453 판결 ······ 1123
서울고등법원 2003. 9.19. 선고 2002나16981 판결 ······ 1073
서울고등법원 2003.12. 9. 선고 2002나3343, 2002나3350 판결 ······ 1080
서울고등법원 2003.12. 9. 선고 2003다15527 판결 ······ 255
서울고등법원 2004. 2. 9. 선고 2003노3094, 2004노131(병합) 판결 ······ 1131
서울고등법원 2004. 6.23. 선고 2004노714 판결 ······ 999
서울고등법원 2005. 6.24. 선고 2004나68412 판결 ······ 1613
서울고등법원 2005.10.19. 선고 2005노1123 판결 ······ 998, 1098
서울고등법원 2005.10.21. 선고 2005노684 판결 ······ 1034
서울고등법원 2005.10.26. 선고 2005노1530 판결 ······ 998
서울고등법원 2006. 9. 6. 선고 2006나32851 판결 ······ 878
서울고등법원 2006.11.30 선고 2005노946, 2557 판결 ······ 1033
서울고등법원 2007. 5.10. 선고 2007노322 판결 ······ 958, 1034
서울고등법원 2007. 6. 8. 선고 2007노402 판결 ······ 933
서울고등법원 2007. 8.23. 선고 2006나89550 판결 ······ 888
서울고등법원 2007.10.19. 선고 2007노1819 판결 ······ 957
서울고등법원 2007.11.30. 선고 2007나1557 판결 ······ 1454
서울고등법원 2008. 6. 4. 선고 2008노145 판결 ······ 1033
서울고등법원 2008. 6.24. 선고 2007노653 판결 ······ 929
서울고등법원 2008. 6.24. 선고 2008노518 판결 ······ 1038
서울고등법원 2008.10.10. 선고 2008노1552 판결 ······ 955
서울고등법원 2008.10.15. 선고 2008노1447 판결 ······ 1033
서울고등법원 2008.11.26. 선고 2008노1251 판결 ······ 987, 1132
서울고등법원 2009. 1. 6. 선고 2008노1506 판결 ······ 1098
서울고등법원 2009. 1.22. 선고 2008노2315 판결 ······ 1037
서울고등법원 2009. 1.23. 선고 2008노2564 판결 ······ 999, 1028, 1033, 1096
서울고등법원 2009. 2. 5. 선고 2008노210 판결 ······ 1033, 1034, 1037

서울고등법원 2009. 3.19. 선고 2008노2314 판결 ········ 930, 997
서울고등법원 2009.11.26 선고 2009노1838 판결 ········ 1115
서울고등법원 2010. 3.31. 선고 2009나97606 판결 ········ 33
서울고등법원 2010.11.24. 선고 2010누18859 판결 ········ 1379
서울고등법원 2011. 6. 9. 선고 2010노3160 판결 ········ 538, 670, 1019, 1028, 1031, 1033, 1117
서울고등법원 2011. 8.17. 선고 2011나14345 판결 ········ 579
서울고등법원 2011. 8.26. 선고 2011노183 판결 ········ 538, 1115
서울고등법원 2011.12. 9.자 2011라1303 결정 ········ 796
서울고등법원 2012. 1.10. 선고 2011누15222 판결 ········ 181, 1335
서울고등법원 2012.12.14. 선고 2012나12360 판결 ········ 1013
서울고등법원 2013.10.16. 선고 2012나80103 판결 ········ 546, 555
서울고등법원 2014. 6. 7. 선고 2013누22828 판결 ········ 1371, 1374
서울고등법원 2014. 6.19. 선고 2012노4058, 2014노841 판결 ········ 1112
서울고등법원 2014.10.31. 선고 2014노597 판결 ········ 193, 195, 198
서울고등법원 2015. 4. 3. 선고 2014나33415 판결 ········ 1273
서울고등법원 2015. 7.16.자 2015라20503 결정 ········ 770
서울고등법원 2015.12. 9. 선고 2015누36623 판결 ········ 553
서울고등법원 2016. 4.15. 선고 2014나2000572 판결 ········ 550
서울고등법원 2016. 7. 1. 선고 2016노1087 판결 ········ 1117
서울고등법원 2017. 8. 4.자 2016라21279 결정 ········ 582
서울고등법원 2017.10.19. 선고 2016노313 판결 ········ 951
서울고등법원 2018. 1.19. 선고 2016고합437 판결 ········ 999
서울고등법원 2018. 2. 9. 선고 2017나2023996 판결 ········ 859, 1075, 1082
서울고등법원 2018. 2. 9. 선고 2017나2045804 판결 ········ 1081
서울고등법원 2018. 4. 5. 선고 2017노3158 판결 ········ 1123
서울고등법원 2018. 5.10. 선고 2017나2037841 판결 ········ 1075
서울고등법원 2018. 5.17. 선고 2018노52 판결 ········ 955, 974
서울고등법원 2018.12.13. 선고 2018누60559 판결 ········ 1379
서울고등법원 2019. 6.28. 선고 2019노157 판결 ········ 1117
서울고등법원 2019. 8.22. 선고 2018노3161 판결 ········ 1034
서울고등법원 2019.10.31. 선고 2015나2000630 판결 ········ 1085
서울고등법원 2020. 5. 8. 선고 2019나2038602 판결 ········ 1573
서울고등법원 2021. 7. 8. 선고 2021노679 판결 ········ 1117

서울고등법원 2021. 8.18. 선고 2020누62077 판결 ········· 1063
서울고등법원 2021. 9.30. 선고 2019노32 판결 ········· 1104, 1113
서울고등법원 2021.12.22. 선고 2021나2014685 판결 ········· 254
서울고등법원 2022. 5.12. 선고 2021나2042277 판결 ········· 254
서울고등법원 2022. 5.13. 선고 2020누53226 판결 ········· 1063
서울고등법원 2022. 6.10. 선고 2021나2028370 판결 ········· 392
서울고등법원 2022.11.23. 선고 2021누62203 판결 ········· 476
서울고등법원 2023. 2.17. 선고 2020노2289 판결 ········· 1034
서울고등법원 2023. 7. 6. 선고 2022노2197 판결 ········· 1032
서울고등법원 2023. 8.25. 선고 2023노393 판결 ········· 1037
서울고등법원 2023. 9.21. 선고 2022나2017964 판결 ········· 1260, 1262
서울고등법원 2023.12. 6. 선고 2022나2050930 판결 ········· 1264
서울고등법원 2024.10.17. 선고 2023나2036528 판결 ········· 1264
서울고등법원 2024.12 .5. 선고 2022다2048906 판결 ········· 228
광주고등법원 2008. 7.10. 선고 2007노281 판결 ········· 945
부산고등법원 1998. 8.27. 선고 98나574 판결 ········· 1079

서울중앙지방법원 2004. 4. 9. 선고 2004고합267 판결 ········· 1024
서울중앙지방법원 2004. 9.10. 선고 2004고합305 판결 ········· 1131
서울중앙지방법원 2005. 4.28. 선고 2005고합65 판결 ········· 1033
서울중앙지방법원 2005. 5. 6. 선고 2004노4301 판결 ········· 990
서울중앙지방법원 2005. 7. 8. 선고 2005고합108 판결 ········· 1031
서울중앙지방법원 2006. 1.12. 선고 2005고합420 판결 ········· 1124, 1126
서울중앙지방법원 2006. 1.13. 선고 2005고합238 판결 ········· 1126
서울중앙지방법원 2006. 7.27. 선고 2005고합1056 판결 ········· 668
서울중앙지방법원 2006. 9.29. 선고 2006고합115 판결 ········· 1039
서울중앙지방법원 2006.12.19. 선고 2006고합729 판결 ········· 986
서울중앙지방법원 2007. 1.12. 선고 2006고합770 판결 ········· 989
서울중앙지방법원 2007. 2. 9. 선고 2006고합332 판결 ········· 970, 971, 974
서울중앙지방법원 2007. 6. 1. 선고 2006가합92511 판결 ········· 881
서울중앙지방법원 2007. 6.22. 선고 2007고합11 판결 ········· 986
서울중앙지방법원 2007. 7.20. 선고 2007고합159 판결 ········· 931, 971, 974, 1058
서울중앙지방법원 2007. 9. 6. 선고 2007가합30237 판결 ········· 881
서울중앙지방법원 2007.12.21. 선고 2005가합57139 판결 ········· 881

서울중앙지방법원 2007.12.21. 선고 2007고합569 판결 ········· 670, 980
서울중앙지방법원 2007.12.26. 선고 2007노3274 판결 ········· 1055
서울중앙지방법원 2008. 5.23. 선고 2007고합243 판결 ········· 991
서울중앙지방법원 2008. 6.20. 선고 2007가합90062 판결 ········· 879, 880
서울중앙지방법원 2008. 8.14. 선고 2008고합164 판결 ········· 1126
서울중앙지방법원 2008.11.27. 선고 2008고합236 판결 ········· 933, 934, 949, 957, 973, 1055
서울중앙지방법원 2008.12.10. 선고 2008노3093 판결 ········· 954, 956
서울중앙지방법원 2008.12.30.자 2008카합3816 결정 ········· 397
서울중앙지방법원 2009. 1.22. 선고 2008고합567 판결 ········· 1038, 1039
서울중앙지방법원 2009. 1.22. 선고 2008고합569 판결 ········· 667
서울중앙지방법원 2009. 8.14. 선고 2008고합1308, 2009고합290(병합) 판결 ········· 667
서울중앙지방법원 2010. 3.17.자 2010카합521 결정 ········· 671, 673, 685
서울중앙지방법원 2010.10. 7. 선고 2009고합1489 판결 ········· 1126
서울중앙지방법원 2010.10.14. 선고 2010고합458 판결 ········· 1027
서울중앙지방법원 2010.10.17. 선고 2009고합1489 판결 ········· 1126
서울중앙지방법원 2011. 9.22. 선고 2011고합268 판결 ········· 1033, 1126
서울중앙지방법원 2011.11.28. 선고 2011고합600 판결 ········· 1027, 1028
서울중앙지방법원 2012. 7.26. 선고 2011가합78083 판결 ········· 404
서울중앙지방법원 2012. 9.21. 선고 2012고합662 판결 ········· 1039
서울중앙지방법원 2012.11.29. 선고 2012고합142 판결 ········· 1039, 1040
서울중앙지방법원 2013.10.25. 선고 2013가합504531 판결 ········· 546, 555
서울중앙지방법원 2014. 6.13. 선고 2013고합17 판결 ········· 1027
서울중앙지방법원 2014. 8.22. 선고 2013노1066 판결 ········· 1013
서울중앙지방법원 2015. 1. 8. 선고 2014고단4038 판결 ········· 1120
서울중앙지방법원 2015. 3.27.자 2015카합80223 결정 ········· 769
서울중앙지방법원 2016. 9.29.자 2014카기3556 결정 ········· 593
서울중앙지방법원 2017.11.23. 선고 2015가합9047 판결 ········· 586
서울중앙지방법원 2017.11.23.자 2012가합17061 결정 ········· 602
서울중앙지방법원 2020. 9.18. 선고 2013가합74313 판결 ········· 593
서울중앙지방법원 2021. 2.18. 선고 2019가합556022 판결 ········· 1535
서울중앙지방법원 2022. 9.22. 선고 2021가합561102 판결 ········· 1493
서울중앙지방법원 2022.12. 7.자 2022카합21703 결정 ········· 1545
서울중앙지방법원 2022.12.13. 선고 2022나48716 판결 ········· 254
서울중앙지방법원 2023. 3.23. 선고 2022고합577 판결 ········· 1029

서울중앙지방법원 2023. 4. 7. 선고 2022고합900 판결 ············ 1029
서울중앙지방법원 2023. 7.10. 선고 2021가단5326284 판결 ············ 1535
서울중앙지방법원 2023.10.13. 선고 2022고합1025 판결 ············ 1017
서울중앙지방법원 2023.11. 3. 선고 2021가합594997 판결 ············ 125
서울중앙지방법원 2023.12. 7. 선고 2020가합524373 판결 ············ 1262
서울중앙지방법원 2024.11.28. 선고 2024나4536 판결 ············ 1535
서울중앙지방법원 2024.12.13. 선고 2015가합9047 판결 ············ 579
서울동부지방법원 2011.12.30. 선고 2011고합221 판결 ············ 971
서울동부지방법원 2022. 5.26. 선고 2021고단3564 판결 ············ 1535
서울동부지방법원 2023. 5.10. 선고 2022가합108242 판결 ············ 1535
서울동부지방법원 2023.11.22. 선고 2023가단135176 판결 ············ 1535
서울서부지방법원 2017.11. 2.자 2017카합50538 결정 ············ 686
서울서부지방법원 2018.11.20.자 2016카기44 결정 ············ 539, 591, 592, 594, 596, 854
서울남부지방법원 2004.10.15. 선고 2004노948 판결 ············ 940
서울남부지방법원 2014. 1.17. 선고 2011가합18490 판결 ············ 236, 550, 551, 559
서울남부지방법원 2016. 1. 7. 선고 2014고합480 판결 ············ 951
서울남부지방법원 2017. 4. 7. 선고 2016가합101885 판결 ············ 1573, 1574
서울남부지방법원 2017. 9.21. 선고 2017노390 판결 ············ 975
서울남부지방법원 2018. 7.13. 선고 2011가합19387 판결 ············ 600
서울남부지방법원 2019. 4.10. 선고 2018고단3255 판결 ············ 1029, 1063
서울남부지방법원 2020. 3.25. 선고 2019가단225099 판결 ············ 66, 1535, 1536
서울남부지방법원 2021. 1.15.자 2020고약13767 명령 ············ 1354
서울남부지방법원 2021. 1.21. 선고 2019가합102087 판결 ············ 254
서울남부지방법원 2021. 1.22. 선고 2019고단1005 판결 ············ 955, 961
서울남부지방법원 2021. 3.23. 선고 2019노1760 판결 ············ 671, 681, 688
서울남부지방법원 2023. 8. 1.자 2023카합20171 결정 ············ 73
서울남부지방법원 2024. 2.29. 선고 2022가단225594 판결 ············ 403
서울남부지방법원 2024.10.24. 선고 2023가단285876 판결 ············ 1538
서울북부지방법원 2023. 4.28. 선고 2023고단525 판결 ············ 1560
서울북부지방법원 2024.10.11. 선고 2023나40268 판결 ············ 226
서울민사지방법원 1993. 6. 9. 선고 92가단86475 판결 ············ 245
서울지방법원 1991. 3.22. 선고 89가합53281 판결 ············ 536
서울지방법원 1998. 9. 1. 선고 98가합5079 판결 ············ 83
서울지방법원 1999. 5.12. 선고 98고단13351 판결 ············ 996, 1000

서울지방법원 2000. 2.11. 선고 99고단13171 판결 ··· 1023, 1024
서울지방법원 2002. 1.23. 선고 2001고단10894 판결 ··· 933, 1055
서울지방법원 2002. 3. 6. 선고 2002고단1118 판결 ··· 999
서울지방법원 2002. 7. 3. 선고 2002노4911 판결 ··· 1023
서울지방법원 2002.10. 2. 선고 2002노1389 판결 ··· 945
서울지방법원 2002.10.30. 선고 2002노2509 판결 ··· 1096
서울지방법원 2003. 1. 8. 선고 2002고단11557 판결 ··· 1023
서울지방법원 2003. 4.10. 선고 2002고합1086 판결 ··· 1098
서울지방법원 남부지원 1994. 5. 6. 선고 92가합11689 판결 ··· 534, 559, 1070, 1073, 1287
서울지방법원 남부지원 2003. 3.24. 선고 99가합7825 판결 ··· 867
서울행정법원 2008. 9. 5. 선고 2008구합23276 판결 ··· 683
서울행정법원 2009. 7. 9. 선고 2017구합77398 판결 ··· 1053, 1054, 1057
서울행정법원 2013. 6.13. 선고 2012구합25651 판결 ··· 1381
서울행정법원 2018. 6. 7. 선고 2007구합79592 판결 ··· 1055
서울행정법원 2018. 8. 2. 선고 2017구합76432 판결 ··· 1379
서울행정법원 2019. 1.10. 선고 2017구합89377 판결 ··· 936, 1051, 1058
서울행정법원 2020. 8.13. 선고 2019구합80428 판결 ··· 1061
서울행정법원 2021. 8.27. 선고 2020구합57615 판결 ··· 1334
서울행정법원 2023. 8.29. 선고 2021구합69080 판결 ··· 115, 195, 508
대구지방법원 2005. 7.22. 선고 2005노1343 판결 ··· 958
대구지방법원 2019.11.22. 선고 2019가단100896 판결 ··· 254
대전지방법원 2023. 8. 8. 선고 2021가단123762 판결 ··· 1535
대전지방법원 천안지원 2011. 5.25. 선고 2010고합228 판결 ··· 979
부산지방법원 2005. 1.25. 선고 2004고단6886 판결 ··· 1031
부산지방법원 2023. 4.12. 선고 2023고단137 판결 ··· 1560
수원지방법원 2006. 2.14. 선고 2004가합19015 판결 ··· 878
수원지방법원 2008. 8.29. 선고 2008고합112 판결 ··· 956
수원지방법원 2008. 8.29. 선고 2008고합114 판결 ··· 1034
수원지방법원 2010. 4.30.자 2009가합8829 결정 ··· 598
수원지방법원 2013. 6.26. 선고 2013노1182 판결 ··· 667
수원지방법원 2023. 1.13. 선고 2021가합19029 판결 ··· 1535
의정부지방법원 2022.10.20. 선고 2021고합571 판결 ··· 1117
의정부지방법원 2023.10.18. 선고 2023고단1159 판결 ··· 1560
의정부지방법원 고양지원 2009.11. 6. 선고 2009고단1319 판결 ··· 958

창원지방법원 2003. 8.14. 선고 2003고단951 판결 ········· 940
창원지방법원 2013. 5.30. 선고 2012고합558 판결 ········· 1119

Amgen Inc. v. Connecticut Retirement Plans and Trust Funds, 133 S.Ct. 1184 (2013) ········· 1089
Basic Inc. v. Levinson, 485 U.S. 224 (1988) ········· 954
Bateman Eichler, Hill Richards, Inc. v. Berner, 105 S.Ct. 2622 (1985) ········· 937
Carpenter v. United States, 484 U.S. 19 (1987) ········· 915
Chiarella v. United States, 445 U.S. 222 (1980) ········· 910, 972
Dirks v. S.E.C., 463 U.S. 646 (1983) ········· 937
Elkind v. Liggett & Myers, Inc., 635 F.2d 156 (2d Cir. 1980) ········· 1067, 1090
Feit v. Leasco Data Processing Equipment Corp., 332 F.Supp. 544 (E.D.N.Y. 1971) ········· 557
Friedrich v. Bradford, 542 F.2d 307 (6th Cir. 1976) ········· 1090
Ganino v. Citizens Utilities Co., 228 F.3d 154 (2d Cir. 2000) ········· 957, 1031
Green v. Occidental Petroleum Corp., 541 F.2d 1335 (9th Cir. 1976) ········· 596
Halliburton Co. v. Erica P. John Fund, Inc., 134 S.Ct. 2398 (2014) ········· 1089
Hanson Trust PLC v. SCM Corp., 774 F.2d 47 (2d Cir. 1985) ········· 612
Hirk v. Agri-Research Council, Inc., 561 F.2d 96 (7th Cir. 1977) ········· 64
Integrated Research Services, Inc. v. Illinois Secretary of State, Securities Dept., 765 N.E.2d 130 (Ill.App. 1 Dist. 2002) ········· 65
King v. Pope, 91 S.W.3d 314 (Tenn. 2002) ········· 64
Lampf, Pleva, Lipkind, Prupis & Petigrow v. Gilbertson, 501 U.S. 350 (1991) ········· 1090
McGill v. American Land & Exploration Co., 776 F.2d 923 (10th Cir. 1985) ········· 64
Moss v. Morgan Stanley Inc., 719 F.2d 5 (2d Cir. 1983) ········· 914
Oran v. Stafford, 226 F.3d 275 (3d Cir. 2000) ········· 1031
S.E.C. v. Capital Gains Research Bureau, Inc., 375 U.S. 180 (1963) ········· 251
S.E.C. v. Edwards, 540 U.S. 389 (2004) ········· 64, 65
S.E.C. v. Materia, 745 F.2d 197 (2d Cir. 1984), cert. denied, 471 U.S. 1053 (1985) ··· 914
S.E.C. v. SG Ltd., 265 F.3d 42 (1st Cir. 2001) ········· 64
S.E.C. v. Switzer, 590 F.Supp. 756 (W.D.Okl. 1984) ········· 912, 919
S.E.C. v. Texas Gulf Sulphur Co., 312 F.Supp. 77 (S.D.N.Y. 1970), aff'd 446 F.2d 1301 (2d Cir. 1971) ········· 910
S.E.C. v. Texas Gulf Sulphur Co., 401 F.2d 833 (2d Cir. 1968) ········· 907, 948, 954

S.E.C. v. Unique Financial Concepts, Inc., 196 F.3d 1195 (11th Cir. 1999) 65
S.E.C. v. Yun, 327 F.3d 1263 (11th Cir. 2003) 919
Schofield v. First Commodity Corp. of Boston, 638 F.Supp. 4 (D.Mass. 1985) 64
Shapiro v. Merrill Lynch, Pierce, Fenner & Smith, Inc., 495 F. 2d 288 (2d Cir. 1974) 1067
Shapiro v. Merrill Lynch, Pierce, Fenner & Smith, Inc., 495 F. 2d 156 (2d cir. 1974) 907, 939
TSC Industries, Inc. v. Northway, Inc., 426 U.S. 438 (1976) 954, 1031
United States v. Bryan, 58 F.3d 933 (4th Cir. 1995) 916, 972
United States v. Chestman, 947 F.2d 551 (2d Cir. 1991) 912, 918
United States v. Newman, 664 F.2d 12 (2d Cir. 1981), cert. denied, 464 U.S. 863 (1983) 914
United States v. O'Hagan, 521 U.S. 642 (1997) 917
United States v. Simon, 425 F.2d 796 (2d Cir. 1969) 556
United States v. Victor Teicher & Co., L.P., 785 F.Supp. 1137 (S.D.N.Y. 1992) 939
Weinberger v. Jackson, Not Reported in F.Supp., 1990 WL 260676 (N.D.Cal. 1990) 557
Wellman v. Dickson, 475 F. Supp. 783 (S.D.N.U. 1979), aff'd., 682 F. 2d 355 (2d Cir. 1982), cert. denied, 460 U.S. 1069(1983) 612
Wielgos v. Commonwealth Edison Co., 892 F.2d 509 (7th Cir. 1989) 957

最高裁第一小法廷平成 28・11・28 決定 平成27年(あ)第168号 950

국문색인

[ㄱ]

가격의 연계성 1009
가상통화 1534
가장매매 988
간이투자설명서 421, 512, 521, 528
간접공모 463, 464
간접유동화 484
간접정범 940
간접지득포함설 575
간접투자자산운용업법 10, 11, 110
간주의결권행사 1179
간주증권 73, 1423
감독기관 1311
감독이사 1197
감독체계 1311
감리 1616
감사권의 범위 828, 830
감사위원회 1578
감사증명 849
감정인 558
강제조사권 1314, 1359
강형 가설 903
같은 종류의 증권 455
개방형 집합투자증권 525
개별경쟁매매 1596
개별재무제표제출면제 721
갱개 1434
갱신차금 1569, 1608, 1609
거래 관련성 970
거래금지 당사자 192
거래금지 의무자 158, 162, 166, 192
거래당사자방식 1434, 1564
거래목적물의 인도 1565
거래소 결제회원 1561
거래소시장 1555
거래소의 법적 성격 1559, 1560
거래소의 업무 1562, 1624, 1626, 1629
거래소집중원칙 93
거래의 임의적 중단 1606
거래인과관계 546, 570, 575, 737, 855,
1071, 1078
거래증거금 1572, 1576, 1607
거짓의 시세 1035
건전성규제 183
건전한 재무상태 132, 1085
검사권 1321
결산기의 요건 831, 833
결손처분 1383
결정예정정보 954
결정정보 953, 954
결제 1565
결제기관 1564
결제불이행 1040
결제시한 1610
결제업무 1390
결제월 1602
결제위험 1029, 1363, 1375
결제이행보증 782, 1351, 1474, 1568,

1589
결제주 1600, 1602
결제지시 1353, 1568, 1571
결제회원 1567
겸영금융투자업자 146, 147, 168
겸영업무 208
경개방식 1564
경영건전성 186
경영건전성의 내용 183, 186
경영건전성확보 조치 187
경영공시 190
경영권프리미엄 891
경영상황 보고 191, 200
경영실태평가 185, 186
경영참여행위 682
경쟁매매 4
경품응모권 32
계열회사 927, 1105
계좌 간 대체 1389
계좌관리기관 1481
계좌부 기재 1400
고객계좌부 1484
고객관리계좌 1484
고난도금융투자상품 37
고유재산 358
공개 또는 회피 의무 905, 926
공개매수 121, 122, 125, 611, 614, 961
공개매수강제 619, 666
공개매수규정 위반 656
공개매수기간 638
공개매수사무취급자 618
공개매수설명서 642
공개매수설명서 교부의무 643
공개매수신고서 562, 633, 634, 637, 647
공개매수에 대한 규제 648
공개매수의 공고 633
공개매수의 목적 654
공개매수의 사전절차 121, 122, 125, 614
공개매수의 요소 615
공개매수의 절차 633
공개매수의 정의 611
공개매수의 철회 649
공개매수자 634
공개매수자금의 조달 615
공개매수정보 912
공개매수조건 653
공개매수종료일 641
공개매수통지서 643
공개방법 856, 947
공고 634
공공기관의 정보공개에 관한 법률 598
공공자금관리기금법 45
공공적 법인 693, 709, 837, 847
공동기금 1574, 1576
공동기금 지분 1576
공동목적보유자 625
공동보유자 624, 669, 1423
공동사업 63, 65, 66
공매도 1014, 1040
공매도 호가 1043
공모개혁 495
공모공동정범 1096
공소시효의 기산점 691
공시규정 1593
공시규제 712, 713
공시규제권 1321
공시시한 753
공시위반제재금 552, 749, 750

공시유보 747
공시의 실효성 748
공시의무위반 728
공시의무의 주체 739
공영제조직 1556
공유지분권 892, 1400
공인회계사 549, 558
공적규제 1320
공적규제기관 1321
공정가액 1280
공정거래위원회 1250
공정공시 751
공정공시대상정보 752
공정공시의무위반 754
공정공시정보제공대상자 752
공정공시정보제공자 752
공정공시제도 751
공정성 3
공정의무 389
공통영업행위규제 204
공표 612
과거의 정보 489
과당거래 273
과당매매 254, 1026
과실상계 570
과오납금의 환급 1382
과징금 532, 661, 729, 1375, 1378
과징금의 부과 723, 1379
과징금의 징수 1382
과태료 610, 662
관리보고서 1293
관리종목지정기준 1587
관할법원 584, 597, 782
관할합의 351, 390
교부의무 349
교차판매협약 1161
교환공개매수 644
구상권 1402
국내예탁증권 72
국내지수선물거래 1601
국제증권거래소연맹 1393
국제증권관리자협회 1393
국제증권위원회기구 1319
국제협력기구 1319
국채증권 45, 471, 478, 500, 505
권리근거사실 566
권리소멸사실 566
권리예탁 1397, 1414
권리장애사실 566
권리행사결제 1610
권리행사결제기준가격 1600
권리행사결제수량 1603
권리행사과정 929, 972
권리행사요건 1409
권리행사차금 1603
권유 612
권유대상 주식 697
규제반대론 904
규제찬성론 904
규칙제정권 1322
근로자복지기본법 816
금리상품선물거래 1604
금리상품시장 86, 1601
금리스왑 85
금리옵션 82
금선물거래 1605
금설법 1311
금융·증권범죄합동수사단 1367

금융감독원 1314
금융감독원장 1315, 1317
금융교육 427
금융기관별 규제 125
금융기능별 규제 125
금융물 75
금융상품 379
금융상품거래법 1323
금융상품등광고 416
금융상품자문업 382
금융상품자문업자 383
금융상품직접판매업자 382
금융상품판매대리 · 중개업 381
금융상품판매대리 · 중개업자 382
금융상품판매업 381
금융상품판매업자 382
금융서비스개혁법 12
금융서비스시장법 12
금융선물 75
금융소비자정책 427
금융스왑 85
금융옵션 81
금융위원회 1311
금융위원회의 설치 등에 관한 법률 30, 1311
금융위원회의 소관사무 1312
금융위원회의 조치 843
금융위원회의 조치명령권 438, 439, 441, 442, 443, 445, 1325
금융자원분배의 효율성 904
금융정책 1311
금융지주회사법 1251
금융통합법 12
금융투자관계단체 1467
금융투자상품 12, 31, 75
금융투자상품 개념 12, 31
금융투자상품거래청산 1427
금융투자상품거래청산회사 1426
금융투자상품청산 1427
금융투자업 12
금융투자업 감독기관 1311
금융투자업 관계기관 1385, 1469
금융투자업등록 121
금융투자업별 규제 206
금융투자업의 분류 101
금융투자업인가 121, 135
금융투자업자의 업무위탁 212, 1063
금융투자업협회 516
금융회사의 지배구조에 관한 법률 (금융회사지배구조법) 145
금전의 대여 320
금전의 지급 12, 32
금전의 투자 65
금전차입 319
금지행위 970
기간요건 881
기관별 규제 12
기관전용사모집합투자기구 1222
기관투자자의 거래 906
기능별 규제 12
기수 975
기수시기 946, 974
기업공시제도 712
기업어음증권 57, 1642
기업의 경영구조개선 및 민영화에 관한 법률 841
기업인수목적회사 1143, 1349
기준가격 1282, 1283

기준금액 469
긴급피난 1098, 1099

[ㄴ]
내가격 83
내부자 868, 925, 927
내부자거래 865
내부자거래규제 904
내부자거래규제의 법리 905
내부자거래규제의 필요성 905
내부자거래규제이론 905, 906
내부자거래 및 증권사기집행법 906
내부자거래유보 978
내부자거래의 순기능 904
내부자거래제재법 906
내부자의 대리인 · 사용인 · 종업원 932
내부자의 보수이론 904
내부자 지위의 연장 932
내부정보 970
내부정보이용 866, 970
내부통제 및 위험관리 1321
내용규제 712
내재가치 84
냉각기간 498, 683, 684, 1619
네티즌 펀드 61
누락 1037, 1038

[ㄷ]
다자간매매체결회사 1624
단계적 규정 방식 31
단기금융업무 1462
단기금융집합투자기구 1150
단기금융회사 1462
단기매매 865
단기매매차익 867
단기매매차익반환 865
단기매매차익 반환의무 869
단기매매차익 반환제도 865, 878, 891
단기매매차익 반환청구권 885
단기사채등에 대한 특례 1527
단순중개 1461
단일 매매 303, 994
단일통합거래소 1557
담보비율 267
담보의 임의처분 270
담보제공 320, 1421
담보처분시기 270
담보처분의무 270
당기이익선급설 831
당일차금 1569, 1608, 1609
대규모내부거래 199
대규모착오매매 1613
대금융자 265
대금의 지급 1565
대금지급청구권 807
대기기간 498, 511
대량매매 987
대량보유보고서 179, 683
대량보유보고의무 666, 673, 1559
대량보유보고의무 면제자 673
대량보유보고제도 614, 615, 662, 1556
대량보유자 678
대량투자자착오거래 1613
대륙법체계국가 30
대리권의 증명 700
대리권증명서면 700
대리인란 703
대면거래 4

대용증권 266
대위청구 884
대주주변경의 보고 174
대주주변경의 승인 172
대주주와의 거래규제 192
대차거래 1635
대차거래방식 1431, 1434, 1435, 1639
대체성 87
대표당사자의 사임 594
대표당사자의 선임 589
대표이사 등의 확인·서명 487
대한증권업협회 1556
도박죄 100
독립금융상품자문업자 425
독립행정위원회 1321
독점규제 및 공정거래에 관한 법률 1250
돈육선물거래 1605
동일인한도 288
동중주가지수 95
등가격 83
등록거부사유 335, 1162, 1165, 1167
등록기관 1063, 1160
등록신청서 140, 1162
등록업무 단위 127, 129
등록요건 133, 1161
등록절차 140
등록주체 1063, 1160
등록질 1495

[ㅁ]
만기일 83
맞춤거래 1646
매도압력 612
매도위탁 246
매도차익거래 78
매도청약 617
매도청약의 권유 617
매도헤징 78
매매거래시간 286, 1596
매매거래정지 750
매매계약의 체결 1596, 1597
매매명세의 통지 273
매매성황 989
매매성황오인유발행위 936, 994, 995, 1063
매매유인목적 990, 992
매매유인목적행위 992
매매전문회원 1561
매매중개 1461
매매차익산정기준 886
매수가격 균일원칙 655
매수가격의 결정 801
매수기간 620
매수대상 차별금지 655, 671
매수 상대방의 수 621
매수장소 621
매수청구 796
매수최저가매도최고가방식 886
매수헤징 78
매출의 주체 478
매출증권의 소유자 553, 559
면제거래 469
면제권 1321
면제증권 471, 472
면책대상 560
면책대상 공시자료 561
면책대상 발행인 560
면책사유 659, 730

면책적 채무인수 1434, 1541, 1546, 1566, 1568
면책적 채무인수방식 1434, 1564
명시적 사적소권 1087
명의개서대리인 1464
명의개서대행회사 1418, 1440, 1464
명의대여의 금지 208
명의대여자 208
명확성의 원칙 1018
모자형집합투자기구 1154
모집 449
모집주선 465
모집합투자기구 1154
묘석광고 527
무권대리행위 246
무단매도 245
무단매매 243
무단매수 236, 246
무명계약 1262
무보증사채 46
무이동화 1393
무차입공매도 1040
무한책임사원 1248
무효설 694
묵시적 사적소권 1087
묵시적 추인 247
문서송부촉탁 598
문서제출명령 598
미결제약정수량 1602
미공개 947, 956
미공개정보 965, 968
미공개정보이용금지 867
미공개정보이용행위 1066
미공개중요정보 662, 947, 959, 965
미공개중요정보이용행위 891, 902, 971, 1058
미국금융안정회복법 94
미국달러플렉스선물거래 1606
미국식 옵션 81
미래가격 1263, 1264
미확정공시 746
민법상 불법행위책임 533
민법상 손해배상책임 533
민법상 청약 451
민사집행 1413
민영화대상기업 1556

[ㅂ]

반기보고서 722
반대매매 1573
반대수익자 1182
반대의사통지 796
반환된 이익의 귀속 884
반환의무자 866
반환절차 883
반환청구권 1398
반환청구권자 865, 884
발기설립 1191, 1360, 1361, 1362, 1364, 1365, 1366, 1369, 1371
발생예정정보 954
발생정보 953, 954
발판취득 614
발행가격 810, 812, 813, 814
발행가액 527
발행공시의무 517
발행공시제도 468
발행방법의 제한 840
발행시장 539

발행예정기간 495
발행인 73, 477, 514, 557
발행인관리계좌 1482
발행인의 조치 514
발행한도 확대 839
발행회수 495, 1233
방조 941
배당의 종류 833
배상액산정방법 533
배상액의 추정 734
배상책임자 730
배상청구권 576
배상청구권의 소멸 576
범죄수익은닉의 규제 및 처벌 등에 관한 법률 1102
법원결정가격 802
법원의 인가 819
법인의 임직원·대리인 928, 1105
법인이사 1196, 1206
법정매수가격 801, 804
법정형 1091
변경보고 176, 682, 1437, 1455
변경인가 139
변동보고사유 665
변동보고의무 면제자 673
변론종결시점 1073
변호사강제주의 585
별도매수금지 651
별도예치 275
병합심리 583
보고기간 892
보고기준일 678
보고대상 증권 893
보고시기 677
보고의무의 주체 893
보고의무자 892, 1118, 1559, 1624
보관·관리업무 1145
보유비율 산정방법 626, 670, 675
보증금 861, 1109
보증사채 46
보호예수 281
보호의무 254
복임권 703
본인가 137
부당권유 226
부당권유행위 225
부당권유행위 금지 412
부당한 이득 942, 1034, 1112
부동산집합투자기구 1149
부수업무 12, 211
부실의견표명 649
부실표시 535, 538, 568, 1031
부실표시 기준시점 539
부실표시 사용행위 1029
부적격자 253
부적정상품 399
부적합계약 396
부적합투자권유 금지 165, 290, 625
부정거래행위 729, 738, 1014, 1023, 1049, 1083, 1087, 1091
부정유용이론 913, 919, 1001, 1050, 1112
부정한 수단 1021
분기배당 833
분기배당의 요건 832, 833
분기배당제도 831, 832, 833
분기보고서 722
분담금 1320
분류확인의무 391

분배계획안 435, 437, 602
분배관리인 434, 436, 601, 607
분배보고서 605, 607
분배절차 433, 436, 600, 606
분배종료보고서 606
분석정보의 제공 111, 113
분쟁의 자율조정 1387
분쟁조정기능 1618
분할 776, 783
분할합병 776, 783
불건전 영업행위의 금지 248
불고불리의 원칙 1094
불공정거래 1383
불공정거래 조사를 위한 강제조사권 1314, 1359
불리한 대우 금지 1370
불성실공시법인 지정 750
불초청권유 금지 1645
불특정금전신탁 357, 360
불특정다수인 615
불포함설 541
비금융상품 951
비금융투자상품 33
비금융특수채 46
비금전신탁계약 62, 66
비례적 책임 852
비밀유지 1370
비밀유지의무 913, 915, 918
비상장주권 516, 1633
비영리단체 1142
비영리사단 1385
비율 612
비율매수원칙 655
비트코인 옵션 1541

[ㅅ]
사건연구 1078
사고증권 1419, 1420
사기적 행위의 금지 912
사모 449, 470
사모집합투자기구 1221
사모펀드 1141, 1221
사법상 효력 201, 239, 254, 300, 517
사설투자조합 671
사실상 추정설 574
사실심변론종결시점 271
사업계획서 341
사업계획의 타당성 · 건전성 130
사업보고서 713, 715
사업보고서의 기재사항 715
사외이사 149, 277
사외이사의 선임 146, 148, 150, 153, 154, 155, 157, 158, 166, 898
사외이사의 자격요건 150, 278
사외이사의제 841
사원총회 1206, 1209
사적소권 1087
사전매수 614
사채권 46
사채발행 820, 822
사채발행회사 51
사회적 법익 1099
사회적 신용요건 132
산업발전법 1254, 1256
상당인과관계 1072, 1073, 1088, 1089, 1090, 1091, 1092
상법상 소수주주권 146, 147, 148, 149, 153, 169, 171, 177, 351, 871, 1353, 1354

상법상 신주인수권 808, 1634
상법상 인수 467
상법특례법제정특별위원회 757
상장규정 306, 1580, 1581
상장대리인 1583
상장법인 923, 958
상장법인에 관한 법률안 757
상장시초가 997, 999
상장예비심사청구 409, 1581, 1583
상장의무 1152
상장적격성 실질심사 1591
상장주선인 431, 1414, 1415, 1583
상장지수집합투자기구 1156
상장파생상품 86, 895, 1466, 1497, 1504, 1508, 1511, 1517, 1525, 1537, 1568, 1601
상장폐지신청 1397, 1415
상품선물 75
상품선물거래위원회 93
상품선물현대화법 93, 100
상품스왑 85
상품옵션 81
상호 205
상호관계 1315
상호자유주의 205
상호진실주의 205
상호출자제한기업집단 1249
선관의무 305, 342, 355
선관주의의무 1288
선도 76
선도거래 77
선물거래 77, 1600
선물거래법 11
선물거래소 1557
선물거래의 결제방법 1608
선물거래의 기능 78
선물스프레드 1605
선물스프레드거래 1605
선물스프레드시장 86, 1601
선물시장 1557
선물옵션 81
선물협회 1385
선순환종료 1079
선입선출법 886
선행매매 1026
선행매매 금지 249
설명서 제공의무 407
설명의무 403, 779
설정단위별 환매청구 1157
성과보수 327
성과보수 금지 1267
성과보수 산정방식 324, 328
성과보수 제한 327
성과보수 허용 1245, 1247, 1338, 1339
성실성 563
소규모공모 469
소멸시효 858, 1075, 1081, 1082, 1087
소송절차 597
소송허가결정 555, 582, 589, 595
소송허가신청 588
소송허가신청서 594
소송허가요건 243, 1356, 1358, 1359
소송허가절차 587
소액공모 469
소액매출 516
소유내용통지 1511
소유상황 보고의무 892, 897
소유자명세 1505

소유자증명서 1509
소유주식보고제도 663
소유증권의 예탁 231
속인주의 13
속지주의 13
손실보전·이익보장 약정의 효력 226, 227, 499, 1362, 1363
손실액 1053, 1054, 1055, 1056, 1057
손실차등배분 1211
손해 기준 1074
손해배상공동기금 1431, 1612
손해배상액 범위 567
손해배상액 산정 851, 852, 853, 855, 856
손해배상액 산정기준시점 271, 578, 579
손해배상액 추정 567
손해배상책임 532, 658, 690, 709, 1066, 1620, 1621
손해배상책임 범위 861, 1073
손해배상책임 주체 547
손해배상청구권자 538, 539, 658, 1068, 1076, 1235
손해의 산정 1072, 1073, 1087, 1090, 1092
손해인과관계 571, 658, 737, 1078, 1079
수리권 528
수수료 1273, 1426, 1428, 1443, 1446
수시공시 333, 712, 739
수시공시사항 724, 951
수시공시제도 724
수익권 1189
수익자명부 1189, 1190
수익자총회 1174, 1176
수익증권 61, 92, 368, 1189
수익증권매수청구권 1182
수익증권 발행계획서 368
수익증권의 분류 61
수직적 공동성 기준 64
수탁자의 신탁사무처리의무 355
수탁행위 988
수평적 공동성 기준 63
숙고기간 511
순매매이익 1114
스왑 84
스캘핑 1026
승계적 공동정범 1098, 1112
승낙적격 451
시간가치 84
시간외단일가매매 1598, 1599
시간외대량매매 768, 772, 987, 1599
시간외바스켓매매 1599
시간외종가매매 1598
시리즈펀드 476
시세변동매매 995
시세변동행위 994
시세의 고정 1003
시세의 고정·안정행위 1001
시세조작유포행위 999
시세조종 984, 985, 995, 998
시세조종의 방법 996
시세조종행위 682, 984, 1066, 1076, 1091, 1114
시장가격 1279
시장감시위원회 1614
시장매매의무 241
시장사기이론 546, 576, 957, 1078
시장의 운영 1372, 1595, 1617
시장의 진실이론 957
시장의 효율성 904

시장조성 1001, 1003, 1004
시장조성가격 1007
시장조성신고 1005, 1006
시장조성 포기 1007
시장조성행위 1098
시장질서 교란행위 1051, 1106, 1111
시카고상업거래소 92, 1541
시카고상품거래소 92
시카고옵션선물거래소 93
신고의무의 주체 478
신고의무자 477
신고인 547
신고자 보호 1314, 1359, 1367, 1368, 1369
신규발행증권 871, 925
신규상장신청 418, 422, 435, 437, 1582
신기술의 도입 809
신뢰관계이론 910
신뢰성 3
신용거래 266
신용거래대주 265, 1639
신용거래융자 265
신용거래의 제한 272
신용거래종목 162, 272
신용공여 264
신용공여금액 266
신용공여약정의 체결 266
신용공여의 방법 265
신용공여총액한도 288
신용공여한도 1458
신용등급 1443
신용부도스왑 85
신용위험 35
신용평가서 1450
신용평가회사 1442
신의성실의무 204, 241, 389, 444
신인의무 912
신인의무이론 910, 911, 912, 1000, 1118, 1120
신임의무이론 910
신종사채 823
신종사채의 확대허용 823
신주인수권 806
신주인수권부사채권자 809
신주인수권증권 58, 59, 60
신주인수권증서 60
신탁계약 1172
신탁계약서 1173, 1175
신탁계약 체결방식 1172
신탁사무처리의무 355
신탁선행형 484
신탁업 115
신탁업법 11
신탁업자 355
신탁업자의 업무제한 1289
신탁재산 359, 367, 372
신탁재산의 운용 362, 368
신탁재산의 회계처리 372
신탁형 1148
신탁형 집합투자기구 1172
실사보고서 341
실손해산정방식 1079
실질설 518
실질수익자 1417
실질수익자제도 1417
실질수익자증명서 1498
실질적 개연성 기준 954
실질적 동일성 476

실질적인 가능성 538
실질주주 1409
실질주주명부 1410
실질주주명세 1411
실질주주의 권리행사 1409
실질주주증명서 1416
심리 1615
쌍방불출석규정 599

[ㅇ]
악의의 항변 560
안정조작 1001, 1003, 1004
안정조작가격 1006
안정조작신고 1005
암호자산 1534
암호통화 1534
암호화폐 1534
압류명령 1413
액면미달발행 819
약관규제 225, 228, 430
약관변경명령 229, 236
약식제출 721, 750
약식질 1494
약형 가설 903
양벌규정 609, 1100
업무관련성 959, 1100
업무규정 1453, 1594
업무보고서 190, 351, 353
업무상배임죄 236, 247
업무위탁 운영기준 215, 243
업무위탁의 허용 212
업무의 추가 139
업무제한 778, 780, 801, 1364, 1366
업무집행관여자 869, 895
업무집행권 1238, 1241
업무집행사원 1208, 1241
업무집행조합원 1217
여유자금의 운용 1429, 1447, 1454, 1579
역법적 계산법 949
역사적 유형 903
역외적용 13
역외투자일임업자 350, 351, 354
역외투자자문업자 350
연결손익계산서 713, 718
연결자본변동표 718
연결재무상태표 713, 718
연결재무제표 718, 783
연결재무제표 작성대상법인 718
연결포괄손익계산서 718
연결현금흐름표 718
연계시세조종 1008, 1011
연계시세조종행위 984, 1008, 1009
연고자 455
연기금 1256
연기금의 출자한도 1256
연기수익자총회 1180
연대보전의무 1402
연락책임자 349, 351, 390, 410, 424, 429, 445, 1263
연차보고서 713
열람권 371
영단제 1556
영업개시 135, 139
영업자 1219
영업행위규제 204, 239
영업행위준칙 1301
예비음모자 1103
예비인가 137

예비증권 1418
예비투자설명서 421, 512, 521, 527
예측정보 489, 560, 659, 691, 719, 732
예측정보 기재 563
예측정보 명시 563
예치 · 신탁 금액 275, 296
예치 · 신탁 기관 275
예탁 간주 231
예탁결제원의 권리행사방법 1407
예탁대상증권 281, 1394
예탁업무 1392
예탁유가증권 892
예탁유가증권지분매각명령 1414
예탁유가증권지분양도명령 1414
예탁의 유형 1397, 1420
예탁자 1396
예탁자계좌부 1399, 1400, 1500
예탁자의 권한 없는 계좌대체 1403
예탁증권 281
예탁증권담보융자 265
예탁증권의 권리행사 1405
예탁증권의 반환 1397
예탁증권의 예탁 281
5% Rule 614, 663, 664
50인의 수 산정기준 453
오해유발표시행위 1000
옵션 79
옵션거래의 결제방법 1608
외가격 83
외국거래소 1429, 1436, 1447, 1454, 1579
외국금융투자감독기관 1318
외국금융투자업자 126
외국예탁결제기관 848, 1418
외국인의 증권 846
외국인투자기업 817
외국인투자촉진법 817, 847
외국집합투자기구 1303, 1305
외국집합투자증권 1303
외국집합투자증권의 국내판매 1305
외국투자신탁 1304
외국투자익명조합 1304
외국환업무취급기관 1311
외부평가기관 767, 768, 770, 771, 772, 773, 774, 779, 798, 814, 818, 1378, 1380
외부평가기관의 평가 784
외환증거금거래 88
요구설 574
요증사실 566
우리사주조합원 809, 816
우선배정권 816
우선지급 277
우편전신사기법 906
우호적 공개매수 645
운용행위감시 1291
원본보장형 예금 33
원본손실가능성 35
원본초과손실발생가능성 89
원주권 72
원화표시채권 503
월가개혁 및 소비자보호법 77, 94, 715
위계 1037
위계사용행위 960, 1037, 1058, 1060
위법계약 해지 436
위법성조각사유 1098, 1099, 1116
위법행위의 신고 1314, 1354, 1359, 1367, 1368
위임 1316

위임계약의 성립 698
위임의 철회 699
위임장 700, 703
위임장경쟁 693
위임장소지인 700
위임장 용지 700
위장거래 984, 986
위탁계약의 체결 157, 159, 172, 193, 213, 242, 632, 1269, 1341, 1355
위탁금지업무 216
위탁매수 245
위탁증거금 1424, 1574, 1575
위탁판매계약 329, 335, 336, 337, 338, 507, 514, 516, 1145, 1152, 1153, 1154, 1160, 1162, 1163, 1164, 1165, 1166, 1259, 1260, 1261, 1271, 1272, 1273, 1275, 1276, 1277, 1282, 1283, 1284, 1285, 1287, 1288
위탁행위 988
위험관리방법 339
위험발생의 우연성 33
위험에 관한 지표 338
위험평가액 310
위험평가액의 산정방법 312
유가증권시장 1556, 1580
유가증권집중예탁제도 892
유동성공급자 1098
유동화자산 34, 46, 484, 1375
유동화전문회사 483, 485
유동화증권 479, 483, 485
유럽식 옵션 81
유사명칭 사용금지 1386
유사투자일임행위 115
유사투자자문업 352, 391
유상양수 619
유상취득 619
유지의무 139
유통공시제도 712
유통시장 540
유통시장에서의 취득자 540, 541, 543, 544
유틸리티형토큰 1536
유포 1037
유한책임사원 1230, 1238, 1240, 1249, 1300
유효설 693
응모의 취소 649
응모취소권 650
응모행위 616
의견표명 648, 706
의견표명문서 649
의견표명의무 649
의결권 806
의결권공동행사 625
의결권권유자 693
의결권대리행사 692
의결권대리행사권유 692, 696
의결권대리행사권유규제 708
의결권 없는 주식 838
의결권제한 주식 628
의결권피권유자 693, 695
의결권 행사 1144
의결권행사제한 686, 1621
의무공시 739
의무등록 1487
의무예탁 1396
의무정정 506, 640, 641, 707
의무해지 1184

의제예탁 1397, 1413
이득반환청구 1081, 1093
이론가격 78
이사회 소집청구권 829
이사회의 결의 766, 773, 833
이사회출석·의견진술권 828, 830
이사후보추천위원회 1579
이상거래 1615
이상거래의 심리 1614, 1615
이상거래혐의종목 1615
이용하게 하는 행위 961, 979, 981
이의신청 1380
이익금의 분배 1287
이익 기준 1074
이익배당 806, 831, 837
이익배당총액 837
이익의 기대 65
이익차등배당 1210, 1219
이전설 872, 888
이전응모주주 642
이해상충관리의무 217
이해상충방지 217
이해상충의 관리 217
이행불능시점 271
익명조합원총회 1219
인가신청서 135
인가신청서 심사 136
인가신청서 제출 135
인가업무단위 127, 128, 150, 151, 356, 357
인가요건 129
인가절차 135
인과관계 573
인수계약체결자 552
인수의 종류 465
인수인 466
인수인단 557
일괄신고서 정정신고서 508
일괄신고서 제출 요건 494
일괄신고제도 182, 493
일괄신고 추가서류 497
일괄예탁 1414, 1421
일련의 거래 994
일련의 매매 1003
일반공모증자 648, 808, 810
일반공모증자제도 810
일반금융소비자 392, 398, 426, 428, 444
일반면제권한 469
일반사모집합투자기구 1175, 1222
일반사무관리업무 1146
일반사무관리회사 1297
일반상품선물거래 1605
일반상품시장 86, 1601
일반예탁 1397, 1399, 1413, 1421, 1422, 1498
일반투자자 129, 199, 403, 868, 1643
일반투자자범위의 확대 1644
일별 추가예탁 1573
일부해지 1185
일부환매 1277
일일정산 1569, 1608, 1609
일임매매 244, 254
일임매매 금지 253
1차수령자 942, 979
임원의 자격요건 적합 여부 보고 153
임의등록 1487
임의매매 243
임의매매의 추인 247

임의상환 269
임의예탁 1396, 1622, 1625
임의정정 506, 640, 707
임의처분시점 271
임의해지 1183
임직원 867, 874

[ㅈ]
자격요건 129
자구행위 1098
자금거래의 중개업무 1460
자금운용계획서 368
자금중개회사 1439, 1460, 1633
자기계약의 금지 240
자기계좌 1485
자기매매 232
자기주식의 예외적 취득 243
자기주식취득 757, 758
자기주식취득규제 763
자기집합투자증권 319
자료제출 요구권 1293
자발적 공시 490
자본금 1193
자본시장과 금융투자업에 관한 법률 (자본시장법) 3, 11
자본시장국 1367
자본시장법상 상호규제 206, 1355
자본시장법상 소수주주권 147
자본시장법상 손해배상 535
자본시장법상 인수 467
자본시장법상 일반공모증자 810, 822, 841, 1635
자본시장법상 청산·결제제도 1125, 1391, 1480, 1494, 1536, 1540, 1542, 1548, 1551, 1565, 1576
자본시장법상 협회 1386
자본시장 육성에 관한 법률 756
자본시장조사과 1367
자본의 공동화 319
자본충실원칙 819
자산보유자 46, 48, 49, 51, 53, 54, 55, 56, 57, 484
자산운용 307, 1632
자산운용보고서 331
자산운용보고서 교부의무 331, 333
자산운용의 제한 309
자산운용지시 307
자산운용협회 1385
자산유동화 483, 484, 1141
자산유동화에 관한 법률 1323
자산유동화의 구성요소 484
자산의 집합 1139
자산형토큰 1536
자율공시 745
자율규제기관 724, 1385
자율규제업무 1387
자집합투자기구 1154
자회사의 공정공시대상정보 753
잔액인수 465
잠행매수 614
장내파생상품 86, 896, 898, 900, 901
장부가격 1280
장외시장 1632
장외파생상품 88
장외파생상품 사전심의업무 1387
장외파생상품 운용 339
장중대량매매 987, 1597, 1598
장중바스켓매매 1598

장중 추가예탁 1573
재간접투자한도 311
재무건전성 183
재무관리기준 841
재무구조의 개선 809
재산상의 이익 1034
재산상황 검사권 1244
재산운용방법 1228, 1239
재위탁금지 215, 243, 1356, 1413, 1422
재정거래 78
적격계약참가자 94
적극적 부실표시 956
적극적 항변 906
적기시정조치 184
적대적 공개매수 645
적법절차요건 1322
적법투자한도 312
적용대상스왑계약 100
적정성 원칙 1644
적합성 원칙 221, 224, 391, 426, 428, 443
전담중개업무 106, 117, 146, 285, 385, 387
전담중개업무계약 286
전매제한조치 458
전문가 455
전문금융소비자 391
전문사모집합투자기구 1222
전문신탁업 357
전문투자자 129
전문투자형 사모집합투자기구 1222
전부매수 653
전업주의 1385
전자공시시스템 492
전자공시제도 755
전자금융거래법 1535
전자등록기관 1478
전자등록기관의 업무 1532
전자등록부 1513
전자등록증명서 1529
전자문서 524, 555, 754
전자문서에 의한 신고 754
전자문서에 의한 제출 492
전자적증권중개 629
전자적 투자조언장치 326
전자증권중개업무 292
전자증권중개회사 772, 1378
전환사채 46, 1475, 1486, 1487, 1500, 1504
전환형집합투자기구 1153
절충설 694
절충주의 205
정기공시 712
정기공시제도 713
정당방위 1098, 1099
정당행위 1098
정보공개방법 950
정보공개요구 905
정보교류의 차단 217
정보교류차단의무 217
정보비공개행위 1067
정보생성시기 954
정보소유이론 906
정보수령자 925, 934
정보수령자 규제 936
정보수령자의 정보제공 939, 960
정보수령자의 책임 938, 941
정보의 교환 727
정보의 구체성 66, 82, 936

정보의 보유와 이용 971, 979
정보의 비대칭 920
정보의 진실성 956
정보이용금지 1320, 1578
정보제공자의 책임 937, 940, 963, 964
정보제공행위 981
정보파악의무 41, 394, 398, 426, 443
정보평등이론 907
정상가격 78
정상거래 998
정상주가 1080
정식투자설명서 421, 512, 526, 527
정정공고 638
정정기간 708
정정명령 686, 708
정정신고 638
정정신고서 195, 491, 499, 503, 504, 530, 638
정정신고서 제출기간 508, 641
정정신고서 제출의 효력 509
정정신고서 효력발생시기 499
정정요구권 528
제3자배정증자 648
제3자의 신주인수권 809
제로섬 989
제반정황기준 612
제소기간 885
제소기한 577
제소시의 가치 569
제외신고 582
제척기간 576, 660, 1049
제출의무자 724, 725, 1534, 1536, 1537, 1538, 1539, 1541, 1543
조건부 청약 612
조사권 529, 685, 708
조사분석인력 1387
조사분석자료 250, 1026
조사분석자료 공표 250
조선증권취인소령 4
조작주가 1080
조직범죄통제법 906
조치권 531, 686
조합원총회 1216, 1217
조합형 1148
조합형 집합투자기구 1215
조회공시 745
조회공시요구의 방법 746
종류형집합투자기구 1153
종합금융투자사업자 283, 292
종합금융회사 1438, 1456
종합금융회사에 관한 법률 11
죄수론 1095
죄형법정주의 1017
주가관리 998
주가지수선물거래 1601
주가지수선물거래의 필요적 중단 1466, 1607
주가지수옵션 82
주가지수옵션거래 1602
주권 60
주권발행 전 주식양도 1404, 1425
주권불소지신고 1394
주권비상장법인 463, 777
주권상장법인 777, 816, 840, 869
주권상장법인에 대한 특례 756
주권장외거래시스템 516
주문 975
주식대량보유상황보고제도 664

주식매수대금지급 806
주식매수선택권 568, 657, 688, 735, 769, 1028
주식매수청구권 789
주식매수청구권의 철회 807
주식매수청구권행사 806
주식모집 644
주식배당 836
주식상품시장 86, 1601
주식선물거래 1603
주식소유제한제도 664
주식예탁증서 1412
주식옵션 81
주식옵션거래 1603
주식워런트 1098
주식의 포괄적 교환 776
주식처분명령 1620
주식파킹 625
주식회사의 외부감사에 관한 법률 30, 850
주식회사제 1556, 1558
주요사항보고서 723, 727, 767, 770, 773
주요주주 867, 929, 1001
주의문구 564
주의의무 355, 356, 1579
주의표시의 원칙 564
주주명부폐쇄기간 791
주주명부폐쇄기준일 791, 1411
주주의 신주인수권 808
주주의 지위소멸 806
주주차별금지 655
주주총회결의취소사유 709
주주총회결의하자 709
주주평등원칙 760, 836
(주)코스닥증권시장 1556
준강형 가설 903
준내부자 930
준법감시인의 의무 436
준법검사 1321
준비금의 자본전입 838
준수의무 840, 841
중개기관 1639
중앙거래당사자 1564
중요사항 488, 491, 537, 1030
중요사항변경 1174
중요성 요건 950, 965, 968
중요한 정보 951
즉시매수 653
증거보전 597
증권거래등감시위원회 1323
증권거래법 4, 11, 110
증권거래소 1556
증권거래위원회 93
증권거래청산 1427
증권관련 집단소송 535, 579
증권관련 집단소송법 580
증권관련 집단소송절차 597
증권금융업무 1438
증권금융회사 1426, 1438, 1442
증권대여 265
증권대차거래 1639
증권발행공시규정 841
증권발행내역 1419, 1420
증권발행선행형 484
증권발행실적보고서 529, 530, 712
증권분석기관 464
증권선물법 12
증권선물위원회 870, 883, 1313, 1316,

1323, 1329, 1330, 1340
증권선물위원회의 대위청구 884
증권시장 1556, 1580, 1624
증권신고서 449, 468, 479, 498, 530, 535, 648, 712, 1214
증권신고서 심사 491
증권신고서 제출기준 469
증권신고서 제출의 면제 470, 476, 477
증권신고서 효력발생시기 498, 1214
증권업 허가제 121
증권업협회 1385
증권예탁 1395
증권예탁결제제도 1392, 1393
증권예탁의 법률관계 1395
증권예탁의무 231
증권예탁증권 72
증권의 개념 42
증권의 무권화 1393
증권의 인수 463
증권집합투자기구 1149
증권투자신탁업법 10, 1137
증권투자회사법 11, 1137
증명책임 538, 565, 566
증명책임의 분배 566
증명책임전환설 575
증서 없는 증권 1393
지급시기 833
지방채증권 45, 237, 471
지배구조 97
지분증권 59, 75, 463
지분증권의 분류 59
지불형토큰 1536
지연이자지급청구권 807
지주회사 1142
직권증거조사 597
직무관련 정보 224, 427, 438
직무관련성 866, 933
직무대행자 238
직무수행자 1197, 1472
직접공모 463
직접취득 307
진입규제 121, 145
진입요건 12
집중예탁 1389
집합투자 1137
집합투자규약 1139, 1141
집합투자기구 1138, 1147, 1534
집합투자기구의 등록 1129, 1160
집합투자기구의 분류 1148
집합투자기구의 종류 1172
집합투자기구평가회사 1300
집합투자업 106, 381, 1137, 1222, 1223
집합투자업겸영보험회사 1168
집합투자업겸영은행 1167
집합투자업자 305
집합투자자총회 1139, 1271, 1276
집합투자재산 335, 1138, 1279
집합투자재산의 회계처리 1284
집합투자재산평가기준 1281
집합투자재산평가위원회 1280, 1281
집합투자증권 363, 366, 479, 482, 525, 1138
집합투자증권의 판매 1259
집합투자증권의 환매 1269

[ㅊ]

차감결제 1427, 1609, 1610
차감결제기초자산 1570

차감결제현금 1570
차등수령 1268
차액결제방식 33, 77
차액배상책임 762
차액산정방식 1079, 1080
차액정산방식 33, 77
차액정산형 70
차익거래 78
차익반환의무자 869, 880
차익반환청구권 867
차입공매도 1042
차입금지 360
찬반명기 702
채권자보호절차 374, 852, 1187, 1287, 1361
채권자에의 최고 1202
채권전문자기매매업자 1636
채권중개전문회사 1635
채권평가회사 1302
채무보증 284, 300, 320, 1421
채무증권 44, 74
채무증권의 분류 44
책임제한 570
처분명령 656, 657, 670, 686, 689, 1620
처분제한등록 1510, 1513
철회가능기간 504
철회불능위임장 699
철회신고서 503
철회의 공시 504
청구권경합 860, 1106
청구기간 800
청문 1337
청산 341, 375, 1202, 1564
청산대상거래 1433
청산대상업자 1433
청산사무의 감독 341
청산업무규정 1430
청산의무거래 1435
청산인 341, 375, 443, 1202
청산증거금 1431
청약 451
청약의 권유 451, 515
청약의 권유방법 458
청약자금대출 265
청약 철회권 433
체납처분 1382
초과분 해소의무 1516
총액차감법 886
최소징수비율 736, 781, 858
최저발행가액 820
최저자기자본 130
최종결제가격 1600
최종결제차금 1602
최초공모 561
추가면제사유 469
추가지급위험 90
추가지급의무 42, 89
추인 246
추적요건 543
출자증권 59
출자지분 59, 61
충실의무 254, 353, 355, 422, 1236, 1242, 1245
취득금액의 한도 764
취득방법 761, 764
취득의 절차 766
취득자 539, 543
취득자의 악의 565

취득한도 위반 765
취득한도초과분 848

[ㅋ]
칸자스시티상품거래소 93
코스닥150선물거래 1601
코스닥시장 1556, 1580
코스콤 1467
콜옵션 80

[ㅌ]
타인의 노력 65
토큰증권 1536
통정매매 986, 991
통지기간 797, 808
통지방법 796
통지의무의 위반 274
통화상품거래 1604
통화상품시장 86, 1601
통화선물거래 1604
통화옵션 82
통화옵션거래 1605
투기거래 79
투자계약증권 62, 63, 1536, 1548, 1552
투자권유 220
투자권유대행인 222
투자권유대행인의 금지행위 222
투자권유대행인의 등록 222
투자권유대행인의 투자권유방법 222
투자권유자문인력 1387
투자금의 반환 319
투자대상별 제한 309
투자대상자산 323
투자 등록 848
투자매매업 101, 106
투자매매업인가 간주 282
투자매매업자 275, 1438
투자목적회사 1240
투자비율 312
투자설명서 160, 303, 493, 512, 518, 521, 524, 525, 526, 530, 535, 562, 1004, 1010, 1341
투자설명서 개념 518, 526
투자설명서 교부 강제 513, 523
투자설명서 사용의무 512
투자설명서 작성·교부자 553
투자설명서 제출과 비치 513
투자설명서 종류 526
투자설명서 허위기재 519
투자설명회 561
투자성 33, 34, 39, 226, 1510, 1512, 1518
투자성 개념 33, 39, 226, 1510, 1512, 1518
투자성 기준 33
투자성 요건 33
투자성 있는 보험계약 282, 471, 1171
투자성 있는 예금계약 42, 101, 282, 471
투자신탁 319, 333, 1148
투자신탁의 합병 1186
투자신탁재산 1138
투자운용인력 1387
투자유한책임회사 1211
투자유한회사 1148, 1204
투자익명조합 319, 333, 1148, 1219
투자일임보고서 348, 349
투자일임업 113
투자자 953, 1396
투자자계좌부 1400, 1500

투자자문업 110
투자자문업자 342
투자자보호의무 204
투자자분류확인의무 199, 391
투자자예탁금 275, 276
투자자의 열람권 337
투자자의 유형 129
투자자의 청약 513
투자자이익우선의무 204
투자자정보파악의무 199
투자자정보확인 199
투자자평등원칙 1211
투자조합 1148
투자중개업 104, 106, 380, 387
투자중개업자 275, 1438
투자중개업자의 위탁거부 421, 436, 769, 1179, 1474, 1583
투자클럽 1143
투자합자조합 1215, 1216
투자합자회사 1148, 1207, 1211
투자회사 1148, 1191
투자회사의 주식 1193
특별계좌 1490
특별관계자 669
특별목적기구 485
특별자산집합투자기구 1150
특수관계인 623, 669, 1423
특수채 471
특수채증권 46
특정금전신탁 357
특정증권 등 924

[ㅍ]
파생결합사채 1476, 1477
파생결합증권 68
파생상품 74
파생상품거래 1600
파생상품거래청산 1427
파생상품시장 86, 1600, 1601
파생상품시장의 분류 718, 1465
파생상품업무책임자 1644
파생상품청산 1427
판례법주의국가 30
판매계약 1145
판매광고 1259, 1264
판매규제 1264
판매금지 1264
판매방법 1259
판매보수 1267
판매수수료 1267
판매주체 1259
8요소기준 612
평가업무금지기간 780
평가이익 1123
평균법 886
포괄일죄 1097
포괄적 개념 42
포괄적 사기금지규정 985, 1016, 1019
포괄적 일임매매약정 1131
포괄적인 금지규정 985
포괄주의 12, 31
포함설 540
표제부 520
표준약관 228, 235
표준화 87
풋옵션 80
풍문 등 745
풍문의 유포 959, 1035, 1036, 1057, 1059

프로그램매매 78
프리미엄 68, 69, 83, 612
플렉스시장 86, 1601
플렉스협의거래 1606
피이용자 590, 591, 592, 940, 1053, 1054, 1055, 1056, 1057, 1122, 1123
피해자의 승낙 1098

[ㅎ]
하이브리드형토큰 1537
한국거래소 1555
한국금융투자협회 1385, 1469
한국선물거래소 1557
한국예탁결제원 1389
한국증권선물거래소 1557
한국증권선물거래소법 11, 1557
한국증권업협회 1556
한국회계기준원 372
한정적 열거주의 12, 31
합리성 563
합리성의 기준 557
합리적인 투자자 538
합병 375, 776, 1203
합병가액의 산정 776, 783, 789, 792, 794, 795
합병계획서 1186
합산대상 453
합산보고 677
해산 1200
해석상 면제 388, 473
해외발행증권 72
해외시장 1643
해외예탁증권 72
행사가격 81, 83
행위자의 처벌규정 609
행위준칙 1225, 1243, 1246, 1331, 1346
행정상 제재 728
행정심판 1338
행정절차법 1322
행정조치 1322
향후전망정보 489
허가제 1467
허수주문 996
허위정보 수령자 935, 945
허위표시 1000, 1045
헤지 78
헤지거래 78
현금결제형 70
현물거래 77
현물결제방식 77
현물옵션 81
현물출자 644
현물출자심사 645
현·선 연계시세조종행위 1009
현실매매 995
협의가격 801
협회중개시장 1556
형사벌칙 608
형사책임 660, 690, 708, 1622, 1623
형사처벌 1091
형식설 519
호가중개시스템 516
호가중개시장 1632
혼장임치 1114, 1395, 1399, 1421, 1422, 1616
혼합계약관계 892
혼합보관 892, 1113, 1395, 1615
혼합자산집합투자기구 1150

확인 322
확인·서명 의무자 488
확인자 551
확정기한부청약 612
확정 조건 612
환매가격 1273, 1426, 1428, 1443, 1446
환매금지형집합투자기구 1151
환매불응사유 1277
환매연기 338, 1158, 1274
환매연기제도 1274
환매연기통지 338
환매절차 69, 1158
환매조건부매매 1635, 1637
환매청구 1269
환매청구시기 1260, 1269
회계감사 372
회계감사 대상 849
회계감사인 373, 849, 850, 1108, 1153, 1285
회계감사인의 책임 373, 1286
회계처리기준 372, 1284
회사외부자 913
회사형 1148
회사형 집합투자기구 1191
회원보증금 1569, 1572, 1576
회원의 감리 1615
회원제 법인 1556
효력발생기간 498, 1214
효력발생시기의 특례 501
효율성 3, 904
효율적 자본시장 가설 902

외국어색인

[A]

abbreviated term sheet 528
active and widespread solicitation 612
Additional exemptions 469
ADR(American Depositary Receipts) 72
affirmative defenses 906
allocation efficiency 904
American option 81
annual report 713
APA(Administrative Procedure Act) 1322
arbitrage 78
ATM(At-The-Money) 83
asset token 1536
ATS 1624
average price test 886
awareness of information 906

[B]

bespeaks caution doctrine 564
best effort underwriting 465
Bitcoin 1540
Bitcoin Futures 1541
BITO 1541
block purchase 614
broker-dealer 1322
business conduct regulation 204
BW(Bond with Warrant) 48

[C]

call option 80
capping 1003
catch-all provision 985
CB(Convertible Bond) 46
CBOE(Chicago Board Options Exchange) 93, 1541
CBOT(Chicago Board of Trade) 92
CCC 790
CEA(Commodity Exchange Act of 1936) 93
CFMA(Commodity Futures Modernization Act of 2000) 93, 94, 95, 100
CFTC(Commodity Futures Trading Commission) 93, 1537
churning 273, 1026
clearing 1564
CME(Chicago Mercantile Exchange) 93, 95, 1541
CME Group, Inc. 93
commodity futures 75
commodity option 81
commodity swap 85
common enterprise 63
conduct of business regulation 122
Contingent 612
cooling period 498, 511, 684
corporate disclosure system 712

corporate outsider 913
covered short sale 1040
covered swap agreement 100
CP(commercial paper) 57
credit default swap 85
creeping tender offer 614

[D]
DART(Data Analysis, Retrieval and Transfer System) 492
direct product 573
disclosure regulation 713
Dodd-Frank Wall Street Reform and Consumer Protection Act 94
DPO(direct public offerings) 463
DR(Depositary Receipt) 72, 1412
duty of confidentiality 913

[E]
EB(exchangeable bond) 51
ECMH(Efficient capital market hypothesis) 902
ECP(eligible contract participant) 94
efficiency 904
efforts of others 63
eight-factor test 612
ELS(Equity Linked Securities) 68
ELW(Equity Linked Warrant) 68, 1028
equal access theory 907
equity 59
ETF(Exchange Traded Fund) 1156
Ethereum 1540
ETN(Exchange Traded Note) 68
European option 81
event study 1078
exchange offer 644
exchange trading requirement 93
Exempted securities 469
Exempted Transactions 469
exercise price 83
expectation of profit 63
expiration date 83
extraterritorial application 13

[F]
Fair Disclosure 751
fairness 904
FATF(Financial Action Task Force) 1534
FIBV(Federation International des Bourses de Valeurs) 1393
fictitious transaction 986
fiduciary duty theory 910, 911
final prospectus 526, 527
financial futures 75
financial option 81
financial products 75
financial swap 85
FINMA 1536
firm commitment underwriting 465
Firm terms 612
first-in-first-out computation 886
forward-looking information 489
forwards 76
fraud on the market theory 546, 1078
free writing 526
friendly tender offer 645

front running 250, 1026
FSMA(Financial Services and Market Act) 12
FSRA(Financial Services Reform Act) 12
functional regulation 12, 125
fungibility 87
futures option 81

[G]
GAAP(generally accepted accounting principles) 556
GDR(Global Depositary Receipts) 72
General Exemptive Authority 469

[H]
hard information 489
hedging 78
historical pattern 903
horizontal commonality test 63
hostile tender offer 645
Howey test 63
hybrid token 1537

[I]
ICE(Intercontinental Exchange) 1558
immobilization 1393
insider 926
insider abstention 978
institutional regulation 12, 125
institutional trading 906
interest rate swap 85
intrinsic value 84
investment contract 63
investment of money 65
IOSCO(International Organization of Securities Commission) 1319
IPO(initial public offering) 253, 561
IR(Investor Relation) 474
ISDA(International Swaps and Derivatives Association) 75, 1647
ISSA(International Symposium of Securities Administration) 1393
ITM(In-The-Money) 83
ITSA(Insider Trading Sanctions Act of 1984) 906
ITSFEA(Insider Trading and Securities Fraud Enforcement Act of 1988) 906, 1087

[J]
JPX(Japan Exchange Group) 1558

[K]
K-OTC 1555
KCBT(Kansas City Board of Trade) 93
KDR 72
KIND(Korea Investor' s Network for Disclosure System) 492
knowing possession 971
KOFEX(Korea Futures Exchange) 1557
Koscom 1467
KOSPI200 81

[L]
LBO(leveraged buyout) 615
limitation of actions 577

Limited time 612
long hedging 78
loss causation 1079
lowest-in-highest-out test 886
LP(liquidity provider) 1098

[M]
M&A 105
Mail and Wire Fraud Statute 906
market efficiency 904
market making 1003, 1098
matched order 986
merit regulation 712
MiCA 1537
misappropriation theory 913
misleading statement 536

[N]
naked short sale 1040
net settlement 1427
Nikkei 225 95
NOBO(None-Objecting Beneficial Owners) 1416
NYMEX(New York Mercantile Exchange) 93
NYSE 790
NYSE Euronext 1558

[O]
offering price 527
option 79
options on Bitcoin futures 1541
Organized Crime Control Act of 1970 906
OTM(Out-of-The-Money) 83

[P]
paper company 1146
payment token 1536
Percentage 612
physical option 81
pooling of funds 63
possession theory 906
prearranged trading 906
preliminary prospectus 527
Premium 83, 612
Pressure 612
private placement 449
pro rata purchase rule 655
professional standards 556
prospectus 526
proxy 700
proxy contest 693
proxy holder 700
proxy solicitation 692
prudent person 557
prudential regulation 204
Public announcements 612
put option 80

[R]
Racketeer Influence and Corrupt Organization Act 906
reasonable investigation 556
reasonable investor 538
red herring 527

Regulation FD 751, 939
Restoring American Financial Stability Act of 2010 94
RICO Act 906
RP(Repo: Repurchase Agreement) 1637
Rule 10b-5 1019
Rule 10b5-1 906
Rule 10b5-2 906
Rule 14e-3 912
Rules of Practice 1321

[S]
S&P 500 93
scalping 251, 1026
scienter 906
SEC(Securities and Exchange Commission) 93, 1321
SEC Schedule 13D 670
securities lending and borrowing 1639
Securities Offering Reform 495
semi strong-form ECMH 903
series of transaction 994
settlement 1565
SFA(Securities and Futures Act) 12
short hedging 78
short swing 865
Solicitation 612
spot trading 77
SRO 724
stabilization 1003
stand-by underwriting 465
standard of reasonableness 557
standardization 87
statutory authority 1321
striking price 83
Strong-form ECMH 903
subscription 467
substantial likelihood 538
substantially likelihood test 954
summary prospectus 528
swap 84

[T]
take-over bid 611
tender offer 611
time value 84
Tippee 869, 926, 981
Tipper 981
toehold acquisition 614
tombstone ad 527
TOPIX(Tokyo Stock Exchange Price Index) 95
transaction causation 546
transactional causation 573
truth on the market theory 957

[U]
uncertificated security 1393
underlying assets 70
underwriter syndicate 557
underwriting 467
utility token 1536

[V]
Value Line Average Stock Index 93
vertical commonality test 64

Volcker Rule 94
voluntary disclosure 490

[W]
waiting period 498, 511
Wall Street Reform and Consumer Protection Act of 2009 94
Wall Street Transparency and Accountability Act of 2010 95
warrant 58, 59, 60
weak-form ECMH 903
Williams Act 655
WKSI(well-known seasoned issuer) 495

[Z]
zero sum 989

[기타]
不正の手段 1021
信任義務理論 910
信認義務理論 910
屬人主義 13
屬地主義 13
日經平均 95
朝鮮證券取引所令 4
犯罪による収益の移転防止に関する法律 1323
要證事實 566
証券取引等監視委員会 1323
誤認表示 536
資産の流動化に関する法律 1323
金融商品去來法 12
金融庁 1322
金融庁設置法 1322

[저자약력]
서울대학교 법과대학 졸업(1980), 13기 사법연수원 수료(1983), Kim, Chang & Lee 법률사무소(1983), Research Scholar, University of Washington School of Law(1993～1995), 법무법인 나라 대표변호사(1995～2005), 경찰청 경찰개혁위원(1998～1999), 삼성제약 화의관재인(1998～1999), 재정경제부 증권제도선진화위원(1998～1999), 사법연수원 강사(1998～2005), 인포뱅크 사외이사(1998～2005), 금융감독원 증권조사심의위원(2000～2002), 공정거래위원회 정책평가위원(2000～2003), 한국종합금융 파산관재인(2001～2002), 한국증권거래소 증권분쟁조정위원(2001～2003), KB자산운용 사외이사(2002～2006), 증권선물위원회 증권선물조사심의위원(2002～2004), 한국증권선물거래소 증권분쟁조정위원(2003～2006), 서울중앙지방법원 조정위원(2003～2006), 서울지방변호사회 감사(2005～2006), 경찰청 규제심사위원회 위원장(2005～현재), 성균관대학교 법과대학·법학전문대학원 교수(2005～2010), 제48회 사법시험 위원(상법)(2006), 법무부 상법쟁점사항 조정위원(2006～2007), 법무부 상법특례법 제정위원(2007), ICC Korea 국제중재위원회 자문위원(2006～현재), 재정경제부 금융발전심의위원회 증권분과위원(2007～2008), 대한상사중재원 중재인(2010～현재), 금융위원회 금융발전심의위원회 자본시장분과위원(2011～2013), 금융감독원 제재심의위원(2012～2014), 법무법인 율촌 변호사(2011～2024), 코스닥협회 법률자문위원(2013～현재), 법무부 증권관련 집단소송법 개정위원회 위원장(2013～2014), 한국증권법학회 회장(2015～2017), 한국상장회사협의회 자문위원(2017～현재), 한국예탁결제원 예탁결제자문위원회 위원장(2019～2021), 한국예탁결제원 증권결제자문위원회 위원장(2021～2023)
[현재 : 법무법인 린 변호사] (연락처 : jylim57@gmail.com)

[저 서]
미국회사법 (박영사, 초판 1995, 수정판 2004)
증권규제법 (박영사, 초판 1995)
증권거래법 (박영사, 초판 2000, 전정판 2006)
회사법강의 (성균관대학교 출판부, 초판 2007)
증권판례해설 (성균관대학교 출판부, 초판 2007)
미국기업법 (박영사, 초판 2009)
미국증권법 (박영사, 초판 2009)
주주총회실무 (공저, 박영사, 초판 2018, 제2판 2020)
회사소송 (공저, 박영사, 초판 2010, 제4판 2021)
자본시장과 불공정거래 (박영사, 초판 2014, 제4판 2023)
회사법 I,II (박영사, 초판 2012, 개정9판 2024)

2025년판
자본시장법

초판발행 2010년 1월 10일
2025년판발행 2025년 2월 25일

지은이 임재연
펴낸이 안종만 · 안상준

편 집 한두희
기획/마케팅 조성호
표지디자인 이수빈
제 작 고철민 · 김원표

펴낸곳 (주) 박영사
서울특별시 금천구 가산디지털2로 53, 210호(가산동, 한라시그마밸리)
등록 1959. 3. 11. 제300-1959-1호(倫)
전 화 02)733-6771
f a x 02)736-4818
e-mail pys@pybook.co.kr
homepage www.pybook.co.kr
ISBN 979-11-303-4909-1 93360

정 가 79,000원